MANUEL THÉORIQUE ET PRATIQUE

ET

FORMULAIRE

GÉNÉRAL ET COMPLET

DU NOTARIAT.

Paris.—Imprimerie de COSSE et J. DUMAINE, rue Christine, 2.

MANUEL THÉORIQUE ET PRATIQUE

ET

FORMULAIRE

GÉNÉRAL ET COMPLET

DU NOTARIAT

CONTENANT :

1° Des Explications développées de droit et de pratique
sur chacun des actes qui peuvent être passés devant notaire ;
2° Les Formules variées de ces actes ;
3° Un Résumé des règles de la jurisprudence en matière d'enregistrement placé
à la suite de chaque espèce d'acte ;

Par ÉDOUARD CLERC,

Ancien Président de la Chambre des Notaires de Besançon ; Membre de l'Académie de la même ville
Auteur de la *Théorie du notariat*, du *Traité de l'enregistrement*, etc.

SUIVI

DU CODE DES NOTAIRES EXPLIQUÉ,

Contenant : 1° le Commentaire de la loi du 25 ventôse an XI sur le Notariat et des lois relatives aux
droits d'enregistrement, de timbre, d'hypothèque, de transcription et de greffe ; 2° un Traité abrégé
de la discipline et des Chambres des notaires ; 3° une Collection des lois et règlements usuels du
notariat ; 4° le Commentaire de la loi du 23 mars 1855 sur la transcription hypothécaire ;

Par ARMAND DALLOZ,

Avocat, auteur du *Dictionnaire général et raisonné de Législation, de Doctrine
et de Jurisprudence,*

ET D'UN TRAITÉ ABRÉGÉ

DE LA RESPONSABILITÉ DES NOTAIRES,

Par CH. VERGÉ,

Avocat, Docteur en droit.

5e Édition.

Augmentée et mise au courant de la Législation et de la Jurisprudence.

TOME SECOND.

PARIS,

IMPRIMERIE ET LIBRAIRIE GÉNÉRALE DE JURISPRUDENCE.
COSSE ET MARCHAL, IMPRIMEURS-ÉDITEURS,
LIBRAIRES DE LA COUR DE CASSATION.
PLACE DAUPHINE, 27.

1863.

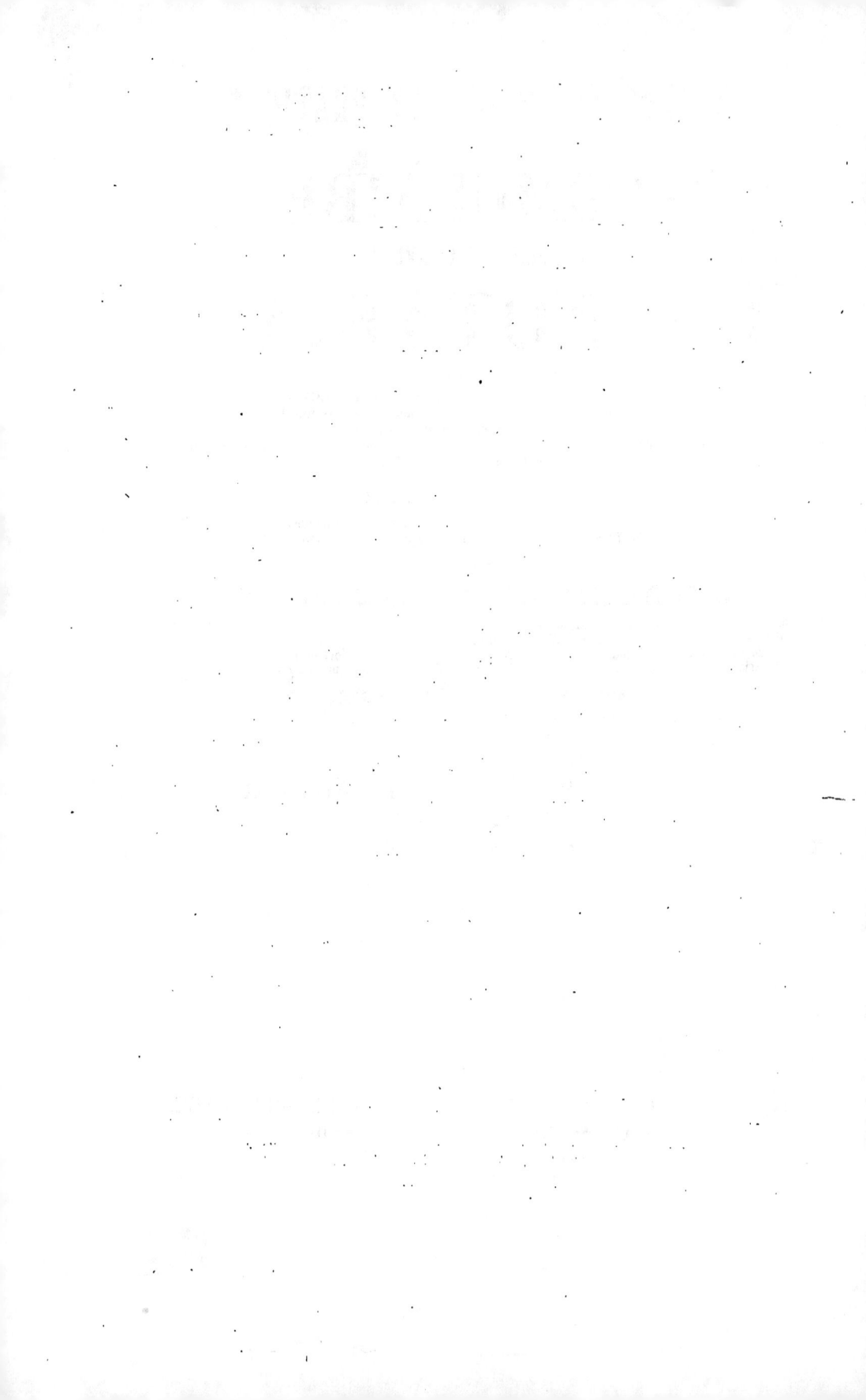

COMMENTAIRE ABRÉGÉ

DE LA LOI CONTENANT

ORGANISATION DU NOTARIAT

Des 25 vent.-5 germ. an XI (16-26 mars 1803).

1.—Avant de présenter le commentaire des dispositions de la loi du 25 ventôse an XI, il n'est pas inutile de jeter un coup d'œil rapide sur l'origine de l'institution du notariat en France.

2.—Déjà chez les Egyptiens, les Juifs et les Grecs, il existait des scribes qui recevaient les conventions des particuliers ; mais leurs actes ne devenaient authentiques que lorsque les parties contractantes les avaient présentés devant témoins au magistrat chargé de les revêtir du sceau public.

Les Romains eurent des *tabulaires, tabularii,* véritables scribes sans caractère public (Cujas, sur la loi *Universos,* 14, C. *de Decur.*). Plus tard, des *tabellions* furent créés, et leurs fonctions érigées en office public. Eux seuls avaient le pouvoir de rédiger et de rendre obligatoires les conventions des parties. Les scribes ou tabulaires, auxquels on donnait aussi le nom de *cursores* ou *logographi* (écrivant aussi vite que la parole), de *notarii* (écrivant par abréviation ou par note), devinrent les clercs des *tabellions.* Le notaire ou clerc du tabellion prenait note de l'acte qu'on voulait passer. Cette note s'appelait *scheda* et servait à la rédaction définitive, *complexio contractûs,* qui formait seul le lien de droit. Il fallait aussi que deux témoins certifiassent la vérité de l'acte du tabellion, en le revêtant de leurs cachets (Nov. 44, 71 et 73).—Chez les Romains, les actes des tabellions n'acquéraient l'authenticité que par l'enregistrement *apud acta,* c'est-à-dire par la transcription, à l'instar des jugements, sur le registre d'audience, L. 1ʳᵉ, C. de *Magn. municip.,* l. 18, C. *de Testam.* ; l. 6, C. *de Re judicatâ.* Cette insinuation en justice passa en usage : d'où les actes, qu'on nommait auparavant *scripturæ forenses,* furent appelés *scripturæ publicæ,* Nov. 49 et 75.

3.—En France, le droit de passer les actes se confondit longtemps avec celui de rendre la justice. Des seigneurs, ce droit passa aux juges. Leurs secrétaires ou greffiers s'accoutumèrent à expédier et publier les contrats hors leur présence ; mais on y parlait toujours en leur nom. De là vient qu'en France, dit Loyseau (*Off.*, liv. 2, ch. 5, nᵒˢ 48 et 49), les contrats ont exécution parée ainsi que les sentences, ce qu'ils n'avaient pas dans le droit romain.

4.—En 1270, Louis IX créa soixante notaires pour la prévôté de Paris. Il leur fut enjoint d'*instituer* leurs actes au nom du prévôt, de les passer uniquement dans le *Châtelet,* d'être toujours *deux* pour les recevoir, et de les porter *ensemble* à l'officier chargé d'y apposer le sceau du *Châtelet.* Ici les fonctions des notaires se séparent, comme on voit, de celles des juges ; mais on rattache encore, par des liens de forme, le notariat à l'autorité judiciaire. En 1302, Philippe le Bel établit, dans tous ses domaines, des notaires à l'instar de ceux de Paris ; cet exemple fut peu suivi par les barons. — Il ne fut d'ailleurs porté aucune atteinte à l'institution des notaires, par la création, en 1542 et 1575, d'offices de *tabellions, gardes-notes et gardes-scels.* Par un édit de 1597, Henri IV réunit bientôt les offices de *tabellions* et de *gardes-notes* à ceux des *notaires,* qu'il rendit héréditaires. En 1706 Louis XIV supprima les offices de *gardes-scels,* et enjoignit aux notaires d'avoir chacun un sceau aux armes du roi, et de l'apposer eux-mêmes sur leurs actes. Remarquons seulement que les soixante notaires créés par Louis IX pour Paris cumulèrent toujours les fonctions de notaires et de tabellions, fonctions distinctes et incompatibles dans les autres parties de la France, où les seconds avaient, comme à Rome, le droit exclusif de délivrer les grosses des actes qui étaient reçus par les premiers.

5.—Les notaires étaient divisés en trois classes : *notaires royaux,* qui exerçaient

II.					1

en vertu de provisions délivrées par le roi et dans le ressort des bailliages et sénéchaussées auxquels ils étaient attachés, excepté ceux de Paris, de Montpellier et d'Orléans, qui avaient le privilége de pouvoir instrumenter dans toute la France ; *notaires seigneuriaux*, nommés par les seigneurs justiciers, dont la juridiction était bornée au ressort de la justice qui les avait établis, et qui ne pouvaient recevoir d'actes que pour les habitants du lieu ressortissant à cette justice ; enfin *notaires apostoliques*, créés principalement pour les prises de possession de bénéfices et pour les autres actes ecclésiastiques (Ord. de Philippe le Bel de 1402). — Loyseau, *des Seigneuries*, ch. 8 ; édits de sept. 1547 et déc. 1691. — *V.* Dalloz, *Jur. gén.*, vᵒ *Notaire*, nᵒˢ 5 et suiv. ; Rolland de Villargues, *Rép. du not.*, 2ᵉ édit., vᵒ *Notaire*, nᵒˢ 3 et suiv.

6. — Tel fut le notariat en France jusqu'aux lois des 6 octobre 1791 et 25 ventôse an XI, qui rompirent les derniers liens qui attachaient la juridiction volontaire à la juridiction contentieuse. «Il faut observer, dit Toullier, t. 6, nᵒ 211, que ces lois ont opéré un changement remarquable dans la nature des fonctions des notaires. Ils sont aujourd'hui les délégués directs et spéciaux du pouvoir exécutif, pour rendre exécutoires tous les actes et contrats auxquels les parties doivent ou veulent faire donner le caractère d'authenticité attaché aux actes de l'autorité publique. Leur autorité n'est plus, comme on le pensait autrefois, une émanation de l'autorité judiciaire, mais une délégation immédiate de la puissance exécutive. »

En effet, la loi des 29 sept.-6 oct. 1791 supprima les qualifications anciennes des notaires, abolit la vénalité et l'hérédité de leurs offices, et les réunit en un seul corps, sous la seule dénomination de *notaires publics*. Chacun d'eux eut le droit d'exercer dans toute l'étendue du département de sa résidence, et non au delà (Sect. 1ʳᵉ, art. 2 et 3 ; sect. 2, art. 1, 2, 11 et 12). — La loi du 25 ventôse an XI, qui vint plus tard, maintient cette seule qualification d'officiers publics. — « Toutefois, dit M. Rolland de Villargues, *eod.*, p. 368, en note, une lettre du ministre de la justice du 3 mess. an XIII voulait que les notaires prissent le titre de *notaires impériaux* ; et, sous la Restauration, des notaires continuant, à cet égard, l'usage qui s'y était établi, avaient cru généralement devoir adopter la qualification de *notaires royaux*. Mais depuis la révolution de 1830, le seul titre de *notaire* a été conféré par les ordonnances de nomination ;

et les notaires n'en ont pas pris d'autre. » Les notaires, et surtout ceux de Paris, jouissaient autrefois de priviléges étendus. L'égalité consacrée par les lois nouvelles a mis fin à ces prérogatives exceptionnelles : les notaires ne jouissent plus, en cette qualité, que des droits inhérents à l'exercice des fonctions notariales.

7. — La loi du 25 ventôse, qui abroge expressément celle du 6 octobre 1791, a embrassé les mêmes principes et organisé le notariat sur les bases où il est assis aujourd'hui. — Cette loi est divisée en trois titres : dans le premier, elle règle les fonctions, ressorts et devoirs des notaires, les actes, leur forme, les minutes, grosses, expéditions et répertoires ; dans le deuxième, elle détermine le nombre, le placement et le cautionnement des notaires, les conditions pour être admis et le mode de nomination au notariat, l'institution des chambres de discipline, dont l'organisation a été réglée par l'arrêté du Gouvernement du 8 nivôse an XII, les garde, transmission, tables des minutes et recouvrements ; enfin, dans le troisième, elle pose quelques dispositions transitoires et quelques dispositions générales.

La loi de ventôse, quoiqu'elle soit organisatrice du notariat, se complète : 1ᵒ quant aux testaments, par les art. 971 et suiv. du C. Nap. ; 2ᵒ pour les inventaires, par les art. 941 et suiv. du C. proc. ; 3ᵒ pour les contrats de mariage, par les art. 67 et 68, C. comm., et par les dispositions des lois des 8 et 10 juill. 1850 ; 4ᵒ pour les ventes de meubles, par la loi du 22 pluv. an VII et celle du 1ᵉʳ juill. 1841 ; 5ᵒ pour les expéditions et grosses, par les art. 839 et suiv., C. proc. ; 6ᵒ pour certains partages, par l'art. 977, C. proc. ; enfin par d'autres lois et règlements indiqués ou rapportés dans la collection qu'on trouvera plus bas et qui sont tous sanctionnés par des amendes plus ou moins élevées ou par des pénalités portées jusqu'à la destitution, sans préjudice de la responsabilité envers les tiers, établie par les art. 68 de la loi de ventôse, et 1382 et suiv., C. Nap., rapportés plus bas à leur date. Les plus importants sont : 1ᵒ l'arrêté du 2 nivôse an XII, ou plutôt l'ordonnance royale du 4 janvier 1843, qui a abrogé cet arrêté, et qui, en même temps qu'il organise la chambre des notaires, contient des dispositions étendues relativement à la discipline, crée l'honorariat et remplit quelques lacunes laissées par la loi du 25 ventôse touchant les clercs des notaires ou aspirants au notariat ; tout ce qui a trait, dans cette ordonnance, à l'organisation des chambres des notaires et à la discipline, se trouve expliqué dans le traité qui suit immédiatement le commentaire dont on s'occupe ici ; 2° la loi du 21 juin 1843, relative aux notaires en second, dont il est parlé sous les articles 8 et suivants, et qui est recueillie à sa date.

TITRE Ier.—Des notaires et des actes notariés.

8. — Les actes notariés sont ceux qui sont reçus par un notaire. Dans la pratique du notariat, ils ont diverses dénominations suivant leur objet.—On les appelle contrats, actes, actes simples, procès-verbaux, actes impropres.—Les *contrats* sont les actes qui contiennent des engagements respectifs, des obligations synallagmatiques, etc., dont il doit être gardé minute.—Sous le mot *actes*, on désigne tous ceux qui renferment les engagements d'une seule partie ; on les nomme aussi *actes simples*, en ce qu'ils sont d'ordinaire délivrés en brevet, sans qu'il en soit laissé minute (*V.* l'art. 20 de cette loi).— Les *procès-verbaux* sont les actes dans lesquels un notaire rend compte de ce qu'il a fait, d'une mission qu'il a remplie dans l'exercice de ses fonctions : tels sont les comparutions par suite de sommation, les inventaires, les comptes et partages judiciaires, les actes respectueux, etc. (*V.* Rolland de Villargues). — Enfin les actes impropres sont ceux qui ne sont pas astreints aux formalités ordinaires, tels que les certificats de propriété, les certificats de vie (autres que ceux des rentiers sur l'Etat), les mentions de quittance, etc.

Dans le langage des études, on désigne sous le nom d'*obligations* les actes de prêt ou de placement d'argent et, en général, toutes les reconnaissances de sommes. *V.* t. 1, p. 187, n° 1.

Parmi les actes notariés, les uns sont de la *juridiction volontaire*, les autres de la *juridiction contentieuse*. A cette dernière catégorie se rapportent particulièrement les procès-verbaux ; ils ne se font pas, en général, les jours fériés (*V.* n° 58).

9.—Enfin, sous le rapport de la forme, les actes notariés se divisent en *originaux* et en *copies*, en *minutes* et en *brevets* (*V.* articles 20 et 21).—Ceux qui n'ont pas reçu l'accomplissement de toutes les formalités requises pour leur validité sont nommés *actes imparfaits* (*V.* l'art. 68).

La forme des divers actes notariés dont il vient d'être parlé n'est pas toujours la même. La loi du 11 ventôse trace, art. 8 et suiv., les formes communes à la plupart de ces actes, à tous ceux notamment de la juridiction gracieuse. On les fera connaître sous chacun des articles de cette loi.

SECTION Ire.—Des fonctions, ressort et devoirs des notaires.

ARTICLE 1er.—Les notaires sont les fonctionnaires publics établis pour recevoir tous les actes et contrats auxquels les parties doivent ou veulent faire donner le caractère d'authenticité attaché aux actes de l'autorité publique, et pour en assurer la date, en conserver le dépôt, en délivrer des grosses et des expéditions.

10.—Ce résumé, tracé par la loi même d'institution du notariat, suffit pour en faire comprendre l'étendue et l'importance. Le notariat français est un des plus anciens établissements nationaux, et le corps des notaires a conservé, avec ses hautes attributions, les nobles traditions de lumières et de probité que les siècles précédents lui ont léguées.

11.—La mission du notaire est loin de s'arrêter aux garanties de forme qu'il doit donner à ses actes. Il éclaire les parties sur le mérite et les conséquences de leurs conventions, il les dirige dans les opérations à l'aide desquelles elles cherchent à augmenter leur fortune ou à réparer leurs pertes. Il est le conseiller de tous leurs intérêts, et souvent l'arbitre amiable de leurs différends. Il intervient dans les principaux actes de la vie civile ; il recueille les dernières volontés, et sa sollicitude s'étend au delà de la vie, par le soin qu'il apporte au règlement des droits des héritiers.

12. — Un tel ministère, on pourrait presque dire une telle magistrature, commande à ceux qui l'exercent une exactitude, une délicatesse, une probité à toute épreuve ; et à ces qualités doivent se joindre des notions exactes et une connaissance pratique des affaires. Le notariat touche à toutes les relations sociales. Il faut que le notaire sache bien et vite. Pour cela, il est nécessaire qu'il contracte l'habitude d'écrire, de rendre ses pensées avec clarté, car c'est de la rédaction des actes que dépendent souvent le sort des conventions et le repos des familles ; enfin, il doit se faire remarquer par un zèle soutenu pour les intérêts des parties qui se confient à ses lumières (*V.* l'introd. de M. Clerc).

13.—Aussi M. Réal disait-il dans l'exposé des motifs, en parlant du notariat... « Une quatrième institution est nécessaire, et à côté des fonctionnaires qui concilient, qui jugent.., la tranquillité appelle d'autres fonctionnaires qui, conseils désintéressés des parties, aussi bien que rédacteurs impartiaux de leurs volontés, leur faisant connaître toute l'étendue des obligations qu'elles contractent, rédigeant ses engagements avec clarté, leur donnant le caractère d'acte authentique et la force d'un jugement en dernier ressort, perpétuant leur souvenir et conservant leur dépôt avec fidélité, empêchent les différends de naître entre les hommes de bonne foi, et enlèvent aux hommes cupides, avec l'espoir du succès, l'envie d'élever une injuste contestation. Ces conseils désintéressés, ces rédacteurs impartiaux, cette espèce de juges volontaires qui obligent irrévocablement les parties contractantes, sont les notaires ; cette institution est le notariat. »

14. — On va reprendre successivement chacune des expressions de l'article 1er, dans lequel le caractère et les attributions ordinaires des notaires sont définis. On parlera ensuite de quelques attributions qui dérivent virtuellement, soit de l'art. 1er de la loi de l'an XI, soit du caractère des notaires, soit de lois spéciales.

15.—1° *Les notaires sont les fonctionnaires publics établis pour*, etc. — M. Favard, dans son rapport au Tribunat, disait sur ce point : « Votre section a d'abord reconnu que l'attribut le plus essentiel du notariat pour toutes les classes de citoyens, c'est d'authentiquer les conventions, d'en certifier la date et de leur donner, en les recevant, le caractère et la force de l'exécution parée. Le notaire exerce ici une partie de l'autorité de la justice : ce qu'il écrit fait la loi des parties : aussi on ne saurait trop faire pour environner les notaires de toute la dignité qui commande et inspire la confiance. C'est dans cette vue que la loi de 1791 (tit. 1er, sect. 2, art. 1er) les avait placés au rang des fonctionnaires publics. C'est aussi la qualification que leur donne l'art. 1er du projet.

16.—Remarquez d'abord que les attributions conférées aux notaires sont exclusives, quand les textes spéciaux ne portent pas le contraire. En effet, la loi ne dit pas que les notaires sont *des* fonctionnaires établis pour, etc.; mais qu'ils sont *les* fonctionnaires. Cette rédaction n'est ni involontaire, ni équivoque, car elle a remplacé celle de l'art. 1er, tit. 1er, sect. 2, de la loi du 6 oct. 1791, et celle du projet qui portait : les notaires sont *des* fonctionnaires. Par là sont écartées les prétentions des officiers publics qui voudraient s'ingérer dans les fonctions notariales (*V.* Loret, *Éléments de la science du notariat*, sur l'art. 1er ; Massé, *Parf. not.*, liv. 1er, ch. 1er ; Dalloz, v° *Notaire*, n° 232; Ed. Clerc, *Tr. gén. du not.*, t. 1er, n° 256; Rolland de Villargues, n° 289.)

Jousse, t. 2, p. 372, reconnaissait aussi aux notaires un droit privatif). Par là encore, se trouve protégée leur personne contre les insultes lorsqu'ils sont dans l'exercice de leurs fonctions (art. 222, C. pén.).

Il a été jugé toutefois que les notaires ne sauraient être assimilés, en ce qui touche les diffamations publiquement commises contre eux, ni aux dépositaires ou agents de l'autorité publique dans le sens de l'art. 16 de la loi du 17 mai 1819, ni aux fonctionnaires publics dans le sens de l'art. 6 de la loi du 25 mars 1822 ; qu'ils ne peuvent être considérés en cette matière que comme de simples particuliers (Bordeaux, 21 mars 1860, D.P.60. 5.118; *V.* aussi crim. cass. 9 sept. 1836, D.P.36.1.345 ; Paris, 19 nov. 1836, D.P. 37.2.37; Riom, 13 nov. 1846, D.P.47.2. 37; crim. rej. 17 août 1849, D.P.49.1. 223).

17.—Mais les notaires sont-ils des officiers ministériels ? Bien qu'ils soient investis de quelques attributions communes aux officiers ministériels et comme tels placés sous la censure du garde des sceaux, il a été jugé qu'ils ne sont pas des officiers ministériels proprement dits, leurs fonctions étant en général incompatibles avec celles des officiers (Rennes, 9 juill. 1834, D.P.38.2.226; Cass., 12 août 1835, D.P.35.1.415 ; Agen, 16 août 1854, D. P.56.2.170 ; *V.* aussi *eod.*, 38.3.197). Cependant la jurisprudence leur accordant leurs taxes honoraires le bénéfice de l'art. 60, C. proc., on peut en conclure qu'ils sont, dans certains cas, assimilés à ces officiers ou qu'ils sont des officiers ministériels de la *juridiction volontaire* (*Conf.* Rolland de Villargues, v° *Off. min.*, n° 4 ; Dalloz, *Jur. gén.*, v° *Notaire*, n° 229). Carré, *Quest.* 2783; Favard, v° *Off. min.*; Toullier, t. 7, p. 265, et Boncenne, t. 1er, p. 583, se fondant sur ce que le ministère des notaires est forcé, estiment qu'il sont officiers ministériels, expression dérivée du mot *ministerialis*, lequel signifiait, d'après Ducange, *serviteur* attaché au baron pour son service.

18.—De ce que les officiers publics ne peuvent s'ingérer dans les fonctions des notaires, il résulte, à plus forte raison, que les simples particuliers ne peuvent, en aucun cas, usurper les attributions qui leur sont réservées.

L'usurpation des fonctions notariales tombe sous l'application de l'art. 258, C. pénal, qui réprime toute immixtion sans titre dans les fonctions publiques (Crim. rej., 7 mai 1858; D.P.58.1. 260). Il y a, de la part d'un agent d'affaires, immixtion frauduleuse dans les fonctions notariales lorsque, dans le but de faire croire que les actes rédigés avec son concours ont la même valeur que les actes notariés, il a recours à des formules spéciales de rédaction, appositions de cachet, formalités de conservation des minutes, etc., dont l'utilité n'existe que dans l'accomplissement même du ministère des notaires (même arrêt ; V. aussi Paris, 1ᵉʳ mars 1859, D.P.59.5.21).

L'intervention d'un tiers pour la rédaction d'actes sous seings privés n'est licite qu'autant qu'elle est dépouillée de formes propres à faire illusion aux parties sur la valeur de l'acte (Crim. rej., 7 mai 1858, D.P.58.1.260). Ainsi il a été décidé qu'un individu sans caractère public, tel qu'un arpenteur, avait pu, après avoir fait l'arpentage des biens à partager, et du consentement des copartageants, former des lots, rédiger l'acte de partage, le signer, avec les parties, en rester dépositaire, à charge d'en délivrer des copies aux copartageants, sans qu'il y ait là, de sa part, usurpation des fonctions de notaire et contravention à l'art. 1ᵉʳ de la loi du 25 ventôse an XI, alors, d'ailleurs, qu'il est exprimé dans l'acte qu'il sera réalisé devant notaire, à toutes réquisitions des parties (Req., 31 mai 1831 ; D.P.31.1. 279). Rolland de Villargues, nº 302, critique cette décision, qui nous a paru se renfermer dans les règles rigoureuses du mandat et qui ne dégénérerait en usurpation qu'autant qu'un arpenteur serait dans l'habitude de recevoir de pareils actes (V. Dalloz, vº Notaire, nº 235).

19.—De même, la circonstance que des ventes par actes sous seing privé et en détail, d'immeubles appartenant à des majeurs, ont été précédées d'enchères et qu'elles se réfèrent à un cahier des charges commun, ne constituent pas un empiètement sur les attributions des notaires, qui rende les particuliers, qui se sont ainsi dispensés de recourir au ministère de ces officiers publics, passibles de dommages-intérêts envers eux.., alors, d'ailleurs, que les actes de ventes ne constatent ni des affiches, ni même des enchères préalables (Req. 20 fév. 1843 ; D.P.43.1.53 ; Conf., Bruxelles, 26 juin 1811, D.P.11.2.197). Cette décision, contraire à plusieurs solutions ministérielles et au jugement du tribunal de Château-Thierry (D.P.39.5.4 et 104), est critiquée par Rolland de Villargues, nº 302 bis, qui s'en exagère, à nos yeux, l'importance. Il suffit de songer aux dangers qui peuvent résulter du mode suivi dans cette espèce et dans celle qui précède, pour

comprendre qu'il ne formera jamais une pratique un peu dommageable pour le notariat. V. aussi nos observations sur les deux arrêts de la Cour de cassation ; D.P. 3.11.279 ; 43.1.53. V. encore Req., 7 juin 1850, cité infrà, nº 43.

20. — C'est à raison du droit exclusif des notaires de recevoir les actes dont les parties veulent obtenir l'authenticité que les notaires de Paris prirent, le 24 déc. 1750, la délibération suivante : « Nous sommes tous unanimement convenus, et avons promis, en parole d'honneur, que nous ne souffrirons, directement ou indirectement, qu'il soit fait des actes dépendants de nos fonctions, que les signatures en soient reçues, et que les expéditions, copies ou extraits en soient faits sous nos vues, à notre su, et sous nos ordres, par nos clercs travaillant actuellement dans nos études, et résidant chez nous, sans pouvoir nous prêter sur cela aucune facilité, convention, ni accommodement, quand bien même ce serait à titre purement gratuit, à cause du danger qu'il y aurait pour le public et pour nous d'en user autrement. »

Par la même délibération, les notaires se sont promis, en parole d'honneur, de ne pas recevoir d'actes qui auraient été rédigés hors de leur présence par des agents d'affaires.

21.—Si des actes authentiques étaient reçus par un autre qu'un notaire, comme ils auraient besoin, pour authenticité, de la signature d'un notaire, celui qui aurait signé s'exposerait à des peines disciplinaires.

22.—...Recevoir tous les actes et contrats. —Les notaires n'ont pas seulement mission de rédiger les conventions des parties, mais de dresser acte de tout fait quelconque qu'un individu peut avoir intérêt à faire constater (Toullier, 8, nº 145 ; Loret, t. 1ᵉʳ, p. 155 ; Dalloz, Jur. gén., vº Notaire, nº 237 ; Rolland de Villargues, nº 247).—En général, tous les actes de la juridiction volontaire leur sont permis, sauf les exceptions des art. 75, 477, C. Nap., et 486, C. comm. — Tous ceux, au contraire, de la juridiction contentieuse leur sont interdits, sauf aussi les exceptions des art. 154, C. Nap., et 173, C. comm.

23. La loi parle des actes et contrats des parties ; elle emploie le mot parties et non le mot de citoyens, individus, particuliers, etc., afin de montrer que les attributions des notaires s'étendent aux actes passés même avec des établissements, ou avec des fonctionnaires publics, quelle que soit l'élévation de leur position so-

ciale (Loret, p. 156). —Ainsi les contrats de vente, acquisition ou autres faits par le chef de l'État lui-même, doivent, pour jouir de l'authenticité, être reçus et gardés par un notaire. Il y a exception pour les contrats de mariage des princes et princesses de la famille impériale ; ils sont reçus par le chancelier ; mais il en doit être déposé copie chez un notaire, qui peut, dit Rolland de Villargues, n° 251, en délivrer expédition comme s'il avait reçu la minute. V. aussi, en ce qui concerne le testament de l'Empereur, statut du 30 juin 1853, art. 21 et 22 (D.P. 53.4.141).

24.—Les mots *actes et contrats* embrassent dans leur généralité tous les traités, tous les engagements, toutes les conventions, tous les faits que les citoyens peuvent avoir intérêt à faire constater légalement, comme les testaments, inventaires, états de lieux, compromis, actes de notoriété, etc. (V. n° 64 ; *conf.*, Rolland de Villargues, n° 247 ; Dalloz, v° *Notaire*, n° 239);—Et quels que soient le domicile ou la nation des parties, pourvu que l'acte soit reçu dans le ressort notarial.—Les notaires pourraient même recevoir des actes d'appel, pourvu qu'on les fît signifier par un huissier ; c'est la remarque de Rolland de Villargues, n° 40, qui cite l'arrêt du 19 mai 1806, Pau, qui l'a ainsi jugé. Mais on conçoit que cette condition que l'acte soit signifié par un huissier rend cette attribution du notaire véritablement illusoire. Ce n'est que pour l'honneur du principe qu'il convient de la faire connaître (Dalloz, v° *Notaire*, n° 239).

25. — Cependant les attributions des notaires ont leurs limites comme celles de tous les fonctionnaires ; les actes et contrats que la loi leur confie sont les transactions de la vie sociale, c'est-à-dire ce qui intéresse l'état et la fortune des individus. Cependant un notaire ne peut être judiciairement nommé à l'effet de recevoir un inventaire par commune renommée (Douai, 1ᵉʳ juin 1847 ; D.P.47.4. 339). Pour les autres actes dans lesquels des individus voudraient faire constater quelque événement remarquable, comme le passage d'un prince, les notaires ont bien le droit de les recevoir et de leur conférer l'authenticité de la forme ; mais les constatations qu'ils renferment ne sont pas authentiques au fond, parce qu'elles excèdent la mission et les pouvoirs du notaire (Toullier, t. 8, n° 144 ; Dalloz, v° *Notaire*, n° 240 ; V. art. 8 et 19)

26.—3°… *Auxquelles les parties* doivent ou veulent *faire donner le caractère*, etc.; ces mots *doivent* ou *veulent* indiquent

qu'il y a des actes qui doivent nécessairement être passés devant notaire ; d'autres, qui, au gré des parties, peuvent être passés devant notaires, ou être rédigés sous signatures privées. Les premiers sont les donations et les mandats pour les accepter (art. 931, 933, C. Nap.), les testaments, autres que le testament olographe, et la révocation faite en cette forme (art. 971, 976, 1035), les contrats de mariage (art. 1394, 1396), les actes qui rétablissent la communauté (1451), les actes respectueux (154), consentements à mariage (73), reconnaissances d'enfant naturel (334), les constitutions d'hypothèques et les mainlevées (2127, 2158), les procurations pour désaveu (art. 353, C. proc.), et pour la plupart des actes ci-dessus (L. 21 juin 1843, art. 2), les certificats de propriété et de vie, les actes de notoriété, les décharges à donner aux monts-de-piété, les cessions de brevet d'invention, les actes de subrogation (art. 1250, C. Nap.), etc., etc.

27. — Il paraît superflu de faire remarquer que les actes ne cessent pas d'être volontaires, et, par suite, dans les attributions de la juridiction gracieuse, par cela que la loi exige qu'ils soient passés devant notaires.

28. —Les parties peuvent choisir leurs notaires, sauf les cas de nomination d'office. Il a toujours été défendu aux juges d'imposer aux parties le notaire qui devra passer un acte ou un inventaire (Turin, 4 août 1809 ; S.10.2.229).

Par suite, un notaire ne peut accepter, ni conserver le choix qui serait fait de lui à l'exclusion de ses confrères (Statuts des notaires de Paris, 30 janv. 1690, 29 juill. 1760; *conf.*, Rolland de Villargues, n° 281).—Et alors même qu'un testateur a déclaré qu'il entendait que l'inventaire et le partage de sa succession fussent faits par le notaire, les héritiers ou légataires peuvent en choisir un autre. C'est là un précepte nu, une indication plutôt qu'une véritable obligation (Massé, t. 1ᵉʳ, ch. 18; Rolland de Villargues, n° 280). Enfin, après l'ouverture d'une succession, l'exécuteur n'est pas en droit d'imposer aux héritiers légitimes et aux légataires universels le notaire de son choix, à l'effet de faire l'inventaire du mobilier (Dalloz, v° *Scellés*, n° 183; — *Contrà* Denisart, v° *Exécut. test.*, n° 24; Toullier, t. 5, n° 584; Delvincourt, t. 2, p. 375, notes; Duranton, t. 9, n° 405; Ed. Clerc, t. 1ᵉʳ, n° 519; Paris, 9 fév. 1806, *Jur. gén.*, v° *Disp. entre-vifs et test.*, n° 4073; 17 janv. 1843; S.43.2.94). — S'il y a dissidence entre les parties, le choix doit être fixé, non par les divers motifs de préférence qu'on peut invoquer, mais par une nomination faite d'office par le président du tribunal (art. 1031, 1034, C. Nap.; art. 955, C. proc.; Bordeaux, 15 avril 1835; D.p.35.2.112). Dans ce cas, c'est en référé qu'il y a lieu de se pourvoir (Carré, sur l'art. 935; Ed. Clerc, *Traité gén. du Not.*, t. 1ᵉʳ, nᵒ 515; Orléans, 31 mars 1808).—S'il y a contestation entre le créancier et le débiteur sur le choix du notaire qui doit passer l'acte de constitution d'hypothèque, c'est au débiteur, qui paie les frais de l'acte, qu'il appartient de faire le choix, bien qu'on allègue un usage contraire pour ce cas (Req., 3 juill. 1844; D.p.44.1.279). — Mais c'est par le tribunal que doit être désigné le notaire à commettre pour procéder à la licitation d'un bien de mineur; dans ce cas le choix n'appartient point aux parties (Nancy, 20 fév. 1846, D.p.46.2.118).—V. aussi Cass., 30 juin 1856 (D.p.56.1.261).

29.—4°...*Donner le caractère d'authenticité attaché aux actes de l'autorité publique.*—Il faut, pour cela, deux notaires, ou un notaire et deux témoins (V. à cet égard, art. 8 et suiv.).

30.—Par le mot *authenticité, authentique,* expression tirée du grec (αυθεντες), on entend ce qui se réfère à un auteur certain, ce qui a de l'autorité, ce à quoi l'on doit accorder confiance; et c'est en ce sens que l'art. 1319, C. Nap., dit que l'acte authentique fait pleine foi, c'est-à-dire qu'il suffit que l'acte soit représenté pour qu'on doive y déférer, sans qu'il soit besoin de vérification préalable (V. les observat. sur cet article); la signature de l'officier public, légalisée par un fonctionnaire supérieur ou une autorité dont le sceau a plus de notoriété, est, comme la loi elle-même, réputée connue de tout le monde (Nouv. Denisart, *Acte auth.*, p. 159; Toullier, t. 8, nᵒ 87; t. 9, nᵒ 322).

31.—Comme on le pressent, il y a quatre sortes d'actes authentiques : 1° les actes législatifs; 2° les actes administratifs; 3° les actes de juridiction contentieuse; 4° les actes de juridiction gracieuse ou volontaire; c'est à cette dernière classe qu'appartiennent les actes notariés qui sont l'objet de la loi du 25 ventôse an xi, dont on présente ici le commentaire (Toullier, t. 8, nᵒ 54; Solon, nᵒ 70; Dalloz, *Jur. gén.*, vᵒ *Obligations,* nᵒ 3020).

32. — L'authenticité est établie pour prévenir les contestations sur la preuve des actes ou des conventions: aussi l'art. 1317, C. Nap., définit-il l'acte authenti-

que, celui qui a été reçu par officiers publics, ayant le droit d'instrumenter dans le lieu où l'acte a été rédigé, et avec les solennités requises. Cette définition est incomplète, car elle ne s'applique pas à tous les actes authentiques, notamment aux actes législatifs (Solon, nᵒ 70).—Un acte public est donc essentiellement un acte authentique, pourvu que l'officier qui l'a reçu ait agi en sa qualité. *Persona publica agens contra officium personæ publicæ, non est digna spectari ut persona publica* (Dumoulin, Pothier, nᵒ 740).

33.—Mais un acte cesse d'être authentique : 1° si l'officier qui l'a reçu était incapable, ce qui doit s'entendre en ce sens, que les actes par lui reçus sont nuls, à moins qu'il n'existe une véritable erreur commune sur sa capacité, cas auquel on appliquerait la règle, *Error communis facit jus* (Duranton, t. 13, nᵒ 77).—Cette incapacité peut provenir, soit de ce que la nomination de cet officier a été subreptice, soit de ce qu'il était révoqué, suspendu ou destitué de ses fonctions au moment où il a passé l'acte. Mais on considère comme valables les actes qu'il a faits jusqu'à la signification du jugement de suspension ou d'interdiction (Duranton, eod., nᵒ 75; Cass., 25 nov. 1813; D.A.7.700), à moins qu'un jugement ne soit point nécessaire pour prononcer la déchéance de fonctions, comme on en a des exemples dans les art. 61, 65, 68 de la loi de l'an xi; ici l'erreur commune n'est pas admise (Turin, 21 avril 1807; *Dict. gén.*, vᵒ *Preuve litt.*, nᵒ 62).—Toutefois ceci est rigoureux; car les citoyens ne peuvent vérifier la capacité de l'officier public qu'ils ont vu lier encore dans l'exercice de ses fonctions, sans que l'autorité ait pris les précautions nécessaires pour rendre la déchéance notoire et pourvoir même à son remplacement: aussi, quoique les art. 4, 5, 7 et 53 prévoient des cas où le notaire est réputé démissionnaire, nous ne croyons pas que les actes reçus par lui, jusqu'à ce que son remplacement ait eu lieu ou lui ait été notifié, soient affectés de nullité. La décision du 19 janv. 1837, indiquée nᵒ 91, *in fine,* dit bien que le notaire ne peut continuer l'exercice de ses fonctions jusqu'à son remplacement; mais c'est là une mesure d'ordre qui trace le devoir du notaire, sans affecter les actes que des tiers peuvent passer de bonne foi devant lui; 2° si le notaire est incompétent, c'est-à-dire s'il a instrumenté hors de son ressort, ou s'il a agi hors du cercle de ses attributions (Merlin, *Répert.*, vᵒ *Filiation,* nᵒ 6; Duranton, t. 13, nᵒ 70;

3° si l'acte est destitué des formes prescrites par la loi, quoique dans ce cas il puisse valoir comme écriture privée, aux termes de l'art. 68 de la loi de vent. et de l'art. 1318, C. Nap., articles applicables au cas où l'incompétence de l'officier public résulte de ce qu'il a agi hors de ses attributions, tout aussi bien que lorsqu'il a instrumenté hors de son ressort. C'est à tort, en effet, que M. Duranton, t. 13, n° 74, soutient que l'art. 1318 n'a eu en vue, comme l'art. 68 de la loi de ventôse, que les actes notariés et l'incompétence résultant de ce qu'un notaire agirait hors de son ressort : l'art. 1318 est général; il serait difficile de ne pas accorder à l'adjudication que les parties passeraient devant un préfet, un sous-préfet, un maire, alors qu'elle porterait leur signature, la même autorité qu'il accorde aux actes reçus par un notaire incompétent (*Conf.*, Rolland de Villargues, v° *Acte auth.*, n° 38).

34. —L'authenticité peut encore être attribuée à des actes sous seing privé, par le dépôt qui en est fait en l'étude d'un notaire; mais, pour cela, il faut que les deux parties fassent ce dépôt et qu'elles déclarent que l'acte contient leurs volontés. C'était déjà la disposition des lois romaines (*Conf.*, Pothier, *Introd.* au tit. 20 de la *Cout. d'Orléans*, n° 13 de l'art. 107 de cette *Cout.*; Merlin, *Rép.*, v° *Acte sous seing privé*, 4, et *Hyp.*, sect. 2, art. 10; Grenier, *des Hyp.*, n° 67; D.A., t. 9, p. 194; Persil et Troplong, sur l'art. 2127; Toullier, t. 8, n° 200; Rolland de Villargues, v° *Acte auth.*, n° 42). Suivant ces auteurs, l'acte déposé devient authentique; et, d'après la jurisprudence, il en est ainsi, encore bien que l'acte sous seing privé se trouverait nul pour défaut de rédaction en autant d'originaux qu'il y a de parties ayant un intérêt distinct (art. 1325, C. Nap.). *V.* Bordeaux, 13 mars 1829 et 23 déc. 1843; D.P.29.2.97; 44.4 304; Req., 29 mars 1852; D.P.54.1.392. — On devrait décider de même, quoique l'acte ne serait remis au notaire que par une seule partie, pourvu que ce fût le débiteur ou la partie seule obligée; c'est ce qui résulte de ces expressions de Treilhard : « S'il n'était déposé que par l'une des parties, à moins que ce ne fût par le débiteur, la reconnaissance ne serait pas complète » (*Conf.*, sur l'art. 2127; *Conf.*, Toullier, t. 8, n° 200; Dalloz, v° *Obligat.*, n° 3233; Cass., 11 juill. 1815).—Il a été jugé, à plus forte raison, qu'il en devrait être ainsi, lorsqu'après le dépôt fait par le débiteur seul, le créancier a lui-même, dans les actes publics, reconnu implicite-

ment la signature par lui apposée au bas de l'acte (Cass., 27 mars 1821); ou qu'il s'est fait délivrer une grosse de l'acte déposé et poursuit l'exécution des conventions qu'il renferme (Bourges, 27 juin 1823). — Enfin, l'authenticité résulterait du dépôt effectué par une partie seule si elle avait mandat de l'autre partie (*Conf.*, Troplong, *eod.*; Dalloz, v° *Oblig.*, n° 3221; Caen, 22 juin 1824; *V.* ces quatre arrêts, D.A.9.200; 11.648; 7.708; D.P.25.2.112). — Dans tous ces cas, et quoiqu'il ne paraisse pas nécessaire que l'acte de dépôt contienne une attestation ou reconnaissance formelle de ce qui est contenu en l'acte sous seing privé déposé, et quoique cette reconnaissance résulte implicitement du dépôt (Merlin, *Rép.*, v° *Acte sous seing privé*, § 4, à la note; Troplong, n° 506; Persil, sur l'art. 2127; Rolland de Villargues, *eod.*, n° 49; Dalloz, v° *Oblig.*, n° 3236; *Contrà*, Pothier, Toullier et Grenier, *loc. cit.*), il est toujours plus convenable que l'acte de dépôt en contienne l'énonciation.

35. Ce qu'on vient de dire de l'authenticité pour les actes sous seing privé s'applique-t-il aux actes qui *doivent* être rédigés en forme authentique, et ces actes, s'ils étaient d'abord rédigés sous seing privé, acquerraient-ils l'authenticité par le dépôt que les parties en feraient dans l'étude d'un notaire? L'intérêt du notariat, la sécurité des contractants eux-mêmes, doivent faire adopter la négative, au moins en thèse générale. C'est l'opinion émise par Pothier, *eod.*, n° 28; par Merlin, *Rép.*, v° *Filiation*, n° 12, et *Donations*, sect. 2, § 1ᵉʳ; Grenier, n° 159; Dalloz, v° *Oblig.*, n° 3230; Larombière, sur l'art. 1317, n° 40; pour les donations, lesquelles doivent être refaites, lorsqu'elles contiennent une nullité (art. 1339, C. Nap.; *contrà*, Furgole, sur l'art. 1ᵉʳ de l'*Ord. de* 1731). Rolland de Villargues, *eod.*, n° 52, rejette, comme absolument vicieuse, la forme privée pour les donations entre-vifs, les contrats de mariage et les testaments. « Il ne saurait, dit-il, y avoir de difficulté. » A l'égard de la reconnaissance d'un enfant naturel, consignée dans un acte sous seing privé, rédigé par le père, qui l'a déposé entre les mains d'un notaire, en lui déclarant que c'est son propre ouvrage, Merlin, v° *Filiation*, n° 12, soutient qu'un tel acte est valable comme authentique. Rolland de Villargues n'admet une telle proposition (*eod.*, n° 54) que parce qu'il y voit une nouvelle reconnaissance « qui se suffit à elle-même, indépendamment de l'acte privé. » Mais ce n'est pas ainsi, à l'aide

d'une telle subtilité, que Merlin entend résoudre la question qui, au reste, paraît devoir être décidée suivant l'opinion de M. Rolland de Villargues, au moins depuis la loi du 21 juin 1843, qui, pour la solennité des formes, met les reconnaissances d'enfant sur la même ligne que les donations, les testaments et les révocations de ces actes, les contrats de mariage et les procurations pour consentir (*Contrà*, Loiseau, *Tr. des enf. nat.*, p. 472). Quoique la loi de 1843 n'ait pas parlé de la société anonyme, il semble que les formes particulières de ce contrat, qui doit être soumis à l'approbation du Gouvernement, ne sont pas compatibles avec la rédaction sous seing privé (*Conf.*, Rolland de Villargues, n° 57).

Au surplus, Rolland de Villargues, *eod.*, n° 55, pense que le consentement à mariage résulterait valablement d'un acte sous seing privé, déposé en l'étude d'un notaire. Il applique ici la raison de décider qu'il a émise au paragraphe qui précède. C'est ce qu'il fait encore, *eod.*, n° 56, au sujet de l'affection hypothécaire, bien qu'elle ne puisse être consentie que par acte passé dans la forme authentique devant notaire (art. 2127, C. Nap.; Paris, 11 juill. 1815; 27 mars 1821; 15 fév. 1832; *Contrà*, Delvincourt, t. 3, p. 500; Metz, 24 mars 1819). Le dépôt d'un acte sous seing privé est, aux yeux de Rolland de Villargues, n° 58, l'équivalent d'une ratification qui couvre les vices de l'acte. D'un autre côté, l'obligation devient exécutoire contre le débiteur, et le notaire peut la délivrer en forme de grosse en même temps que l'acte de dépôt avec lequel elle s'identifie (*Conf.*, Merlin, *Quest.*, v° *Acte sous seing privé*, n° 4; Rolland de Villargues, n° 59; Cass., 27 mars 1821; D.A.11.648, n° 2.

Sur les dépôts d'actes, *V.* aussi n° 38.

36. — L'authenticité des actes notariés ne dépend plus, comme sous la législation précédente, de l'accomplissement de la formalité de l'enregistrement; elle tient au caractère de l'officier public et à l'accomplissement des formes inhérentes à l'acte au moment où il est passé (Locré, *Esp. du C. pr.*, 4, 73; Berriat, p. 86; Favard, v° *Acte not.*, § 1, n° 3; Merlin, *Rép.*, t. 6, p. 405; *Dict. not.*, n° 8).—Il a été jugé en ce sens : 1° Qu'un acte notarié n'a pas besoin d'être revêtu de l'enregistrement pour faire foi en justice, surtout après la mort du notaire à qui cette obligation était exclusivement imposée. Ce ne serait pas le cas d'appliquer l'art. 9 de la loi des 5-19 déc. 1790, qui

considérait comme sous seing privé tout acte authentique non enregistré dans les délais prescrits (Bruxelles, 12 janv. 1808; S.10.2.543);—2° Qu'un acte notarié ne perd pas son caractère d'authenticité lorsque l'enregistrement qu'il a reçu, dans le délai prescrit par la loi, a été bâtonné par le receveur, faute de paiement du droit (Cass., 16 déc. 1811; D.A.8.651);—3° Enfin, que le défaut d'enregistrement d'un acte notarié, dans les délais prescrits, n'a plus d'autre effet que de soumettre les notaires au paiement d'une amende, et non de faire considérer l'acte comme sous seing privé, la loi du 22 frimaire an VII ayant abrogé celle du 29 sept. 1790 (Loi, 22 frim. an VII, art. 73, et tit. 6, art. 33; Req., 23 janv. 1810; D.A.6.150).—Quant aux obligations des notaires, relativement à l'enregistrement de leurs actes, *V. infrà*, *Comment. des lois de l'enregistrement*, n°s 253 et suivants.

37.—5°... *Assurer la date.*—Des auteurs ont soutenu que l'enregistrement était nécessaire pour conférer à l'acte, même notarié, une date certaine. C'est une erreur que réfute énergiquement l'art. 1er de la loi du 25 vent. an XI : d'où la conséquence que le défaut d'enregistrement d'un acte, dans le délai voulu par la loi, n'a point porté atteinte à son authenticité (Dalloz, v° *Notaire*, n° 246; Rolland de Villargues, n° 166, et plus haut, n° 36).

38.—6°... *Conserver le dépôt.*—«Les notaires, porte l'art. 20 de la même loi, seront tenus de garder minute de tous les actes qu'ils recevront.» Ils sont sous ce rapport *gardes-notes* et responsables de ces minutes. *V.* art. 20 et 60.

Les notaires ne sont pas seulement dépositaires des actes qu'ils reçoivent; ils peuvent aussi recevoir en dépôt toute sorte de pièces (Req., 27 déc. 1831, D.P. 32.1.9). Ainsi, un acte sous seing privé est souvent déposé chez un notaire, dans la crainte qu'il ne s'égare, ou pour lui faire acquérir, au moyen de ce dépôt, dont il doit toujours être dressé acte (L. 22 frim. an VII, art. 3), l'authenticité qui lui manque (Dalloz, v° *Notaire*, n° 247; *V.* n° 34).

Mais il a été décidé, d'un côté, que le notaire à l'honneur plutôt qu'à la fonction duquel un acte sous seing privé est confié, n'est point tenu de rédiger acte du dépôt, sous peine d'amende (Trib. Villefranche, 17 fév. 1837; Sol. de la rég., 26 avr. 1837; D.P.38.3.22), et, d'autre part, qu'il n'est pas nécessaire que les notaires dressent un acte de dépôt de la remise des testaments olographes (Décis. minist., 9 sept. 1812).

39.—7° *Délivrer des grosses et expédi-tions.*—Pour la distinction à faire entre les grosses et expéditions, *V.* l'art. 21.

40.—8° *Autres fonctions des notaires qui dérivent implicitement, soit de l'art. 1er, soit de leur caractère, soit de lois spéciales.*—Quoique la loi ne le dise pas expressément, les notaires comptent, parmi leurs attributions les plus importantes, les conseils qu'ils donnent à leurs clients, et le dépôt qu'ils reçoivent des secrets des familles (*Conf.*, Rolland de Villargues, nos 285 et suiv.).

41.—Les anciennes lois et les anciens usages avaient donné aux notaires un grand nombre d'attributions exclusives, que la législation n'a pas maintenues.— Rolland de Villargues, § 9, exprime le vœu de les leur voir restituer dans toute leur étendue; mais c'est là un vœu qui restera longtemps stérile, et nous doutons même qu'il soit de l'intérêt bien entendu des notaires qu'il y soit donné satisfaction.

Outre leurs attributions générales, les notaires en ont quelques autres, telles que d'être commis par les tribunaux pour représenter les présumés absents dans les inventaires, comptes, partages et liquidations dans lesquels ces derniers se trouvent intéressés (art. 113, C. Nap.); telles encore que d'être commis dans les partages judiciaires, pour procéder aux comptes que les copartageants ont à se rendre, ainsi qu'à la formation de la masse générale et à la composition des lots (art. C. Nap., 828, 331, 842; art. 976, C. pr.).—Et dans ce cas, ils procèdent seuls, comme délégués de la justice. — Les notaires sont appelés aussi à concourir aux ventes judiciaires (art. 459, 806, 827, C. Nap.; art. 747, 904, 955, 970, 988 et 1001, C. pr.; art. 564, C. comm.). *V.* à ce sujet, Req., 13 janv. 1824, et 27 nov. 1834; D.P.35,1. 335; Pau, 10 janv. 1835; D.P.35.2.172; Paris, 29 août 1845; D.P.45.4.526; Douai, 10 août 1850; D.P.55.2.185; Riom, 7 janv. 1856; D.P.56.2.73.

Le notaire devant lequel les parties ont été renvoyées pour procéder à la liquidation d'une succession (art. 976, C. pr.) peut se livrer *seul* au travail à faire pour remplir sa mission, dès que les titres, pièces et renseignements lui ont été remis par les héritiers copartageants (C. Nap., 828; C. pr., 976); Amiens, 21 déc. 1830; D.P.34.2.9).

42.—Les notaires peuvent aussi se charger des commissions qui tiennent à l'exécution de leurs actes, ou qui sont une suite nécessaire de leurs attributions.

—Souvent ils sont chargés, même par les actes qu'ils reçoivent, du dépôt des prix de vente ou des sommes prêtées, jusqu'à l'accomplissement des formalités hypothécaires (*Conf.*, Rolland de Villargues, nos 303 et suiv.).

Les commissions de cette nature qu'ils consentent à recevoir, et celles que la loi leur impose, rentrent dans la classe de leurs devoirs et obligations, dont il sera traité plus bas, nos 47 et 50.

43.—Le droit des notaires de recevoir les actes et contrats étant exclusif, les greffiers et les juges ne peuvent recevoir des actes de cette espèce, mais il y a exception pour les baux d'apprentissage que l'art. 2 de la loi des 22 fév.-4 mars 1850 leur permet de recevoir, et le fait d'un greffier de justice de paix d'avoir estimé des meubles appartenant à un pupille, d'en avoir dressé acte avec quelques-unes des énonciations de l'art. 943, C. pr., et de l'avoir déposé au rang de ses minutes, ne constitue pas une usurpation de fonctions notariales (Req., 7 juin 1850; D.P. 1850.1.323).—Ce principe ayant été souvent violé sous l'ancienne monarchie, les ordonnances ont ramené, à plusieurs reprises, les magistrats à son exécution (Edits du 5 juin 1317; de nov. 1542; du 11 déc. 1543; du 4 déc. 1553; Code Henri, tit. 22, art. 14 et 26; arrêt du 25 août 1758; Rolland de Villargues, n° 291).

44.—Quoique distrait aujourd'hui de la juridiction des tribunaux ordinaires, le notariat continue à y être rattaché par plusieurs dispositions de loi. C'est ainsi qu'il demeure dans les attributions du ministre de la justice (L. 19 brum. an iv), et qu'il est placé sous la surveillance disciplinaire des tribunaux, dans les cas prévus par la loi. — Rolland de Villargues, nos 29 et suiv., s'attache à réunir les textes des lois nouvelles qui lui paraissent prouver que le notariat fait toujours partie de l'ordre judiciaire. Cette proposition ne paraît pas pourtant d'une complète exactitude, ni d'une utilité pratique bien réelle, car en prenant à la lettre les inductions de cet auteur, il faudrait dire que les avocats et les avoués en font partie également.

45.—Bien que la ligne de démarcation, tracée par les lois nouvelles entre les magistrats et les fonctionnaires de tout autre ordre, ne permette plus aucune confusion entre les notaires et les membres des Cours et tribunaux, cependant certaines attributions des juges de paix ont donné lieu à des conflits entre eux et les notaires.—On appuyait les prétentions des juges de paix sur ce qu'ils peuvent, par leurs procès-verbaux de conciliation, consacrer les engagements entre parties. Mais cette usurpation fut justement proscrite par une circulaire du ministre de la justice, du 29 brum. an v, fondée principalement sur ce que les juges de paix n'ont de compétence que pour les affaires vraiment contentieuses, et nullement à l'égard des contrats purement volontaires. Depuis lors, les juges de paix ont invoqué l'art. 7, C. pr., qui leur permet de juger les différends des parties qui se présentent volontairement devant eux; mais cet article suppose des différends à juger; il n'autorise pas à en simuler de fictifs pour entreprendre sur les attributions des notaires, et dénaturer le ministère du juge (Pigeau, t. 1er, p. 44; Rolland de Villargues, nos 294 et suiv.; Ed. Clerc, *Traité gén. du Not.*, t. 1er, nos 256 et 257).

46.—Quant aux greffiers, qui ne sont, en quelque sorte, que les secrétaires des juges (Ferrière, *Parf. not.*, liv. 1, ch. 2), ils ne peuvent, dans aucun cas, exercer aucune des fonctions réservées aux notaires, à moins d'une disposition spéciale pour certains actes. *V.* plus haut, n° 43 (*Conf.*, Rolland de Villargues, n° 38).

47.—Les notaires ne peuvent non plus être confondus avec les avoués, encore moins avec les huissiers, ministres de la juridiction contentieuse, et seulement pour les actes forcés.

48.—Ce sont les huissiers qui sont exclusivement chargés des notifications, de l'exécution des actes et jugements.—Les notaires ne peuvent faire des notifications que dans certains cas exceptionnels. (*V.* n° 24). Ainsi, ils ne peuvent signer un transport (Brux., 23 mars 1811). Cependant ils ont qualité pour faire des protêts (art. 173, C. comm.), ainsi que des offres réelles (art. 1258, C. Nap.). Et pour les sommations d'assister à la consignation des offres par eux faites (art. 1259, C. Nap.; Agen, 17 mai 1836; Bordeaux, 30 juin 1836; D.P.37.2.101; 37.2.115). C'est à eux seuls qu'il appartient de signifier les actes respectueux (art. 154, C. Nap.). —Peuvent-ils faire tous les actes et notifications extrajudiciaires étrangers aux exécutions forcées? — *V.* la dissertation insérée, D.P.35.1.545. En tout cas, il a été jugé que la déclaration faite devant notaire qu'on entend appeler d'un jugement, et signifiée ensuite par un huissier, vaut comme acte d'appel (Pau, 16 août 1809; D.P.10.2.26).

49.—Les notaires ont le droit exclusif de dresser des inventaires (art. 933, C. pr.), excepté en cas de faillite (art. 479, C. comm.). Toutefois, dans diverses localités, les greffiers de justice de paix, lorsque les parties se présentent devant eux pour la nomination d'un tuteur ou d'un subrogé tuteur, ajoutent au procès-verbal des nominations, sous le titre de description sommaire, un état détaillé des effets mobiliers délaissés par le défunt; mais il est aisé de remarquer qu'un tel acte, privé des solennités de l'inventaire, ne saurait tenir lieu de ce dernier acte. Du reste, cette pratique vicieuse ne peut se justifier que par la modicité des successions dans lesquelles on y a recours.

50.—Ils dressent des procès-verbaux de carence concurremment avec les juges de paix (L. 6 mars 1791).

51.—Il paraît superflu de dire en terminant sur l'art. 1er, que les fonctionnaires de l'ordre administratif ne doivent se permettre aucun empiétement sur les attributions des notaires.

Art. 2.—Ils sont institués à vie.

52.— « S'il est, a dit l'orateur du Gouvernement qui a exposé les motifs de la loi du 25 vent. an xi, une circonstance où l'institution à vie ne présente aucun inconvénient, c'est sans doute lorsqu'elle s'applique à un notaire. Quoiqu'il soit nommé à vie, il est, à chaque instant, soumis à un choix, à une véritable élection, dans laquelle l'électeur parfaitement libre ne peut être déterminé dans son choix que par une probité et des talents dont il aura fait l'expérience, ou qui lui auront été attestés par la voix publique. » C'est déjà en ce sens que s'expliquait le rapporteur de la loi du 6 oct. 1791.

De cette institution à vie, il résulte que les notaires ne sont pas révocables, en ce sens qu'ils ne peuvent être destitués ou même suspendus que par des jugements. C'est là un principe ancien (Merlin, *Rép.*, v° *Notaire*, § 3; Dalloz, v° *Notaire*, n° 2309). Ils ne peuvent non plus être déplacés de résidence (Rolland de Villargues, v° *Notaire*, n° 7; Dalloz, *loc. cit.*). En Algérie, ils sont révocables (*V.* Arrêté du 30 déc. 1843).

Art. 3. — Ils sont tenus de prêter leur ministère lorsqu'ils en sont requis.

53. — Cette disposition reproduit un principe ancien. Chassanée, sur la Cout. de Bourgogne, p. 257, n° 48, disait déjà : *Notarius recusans recipere instrumenta si est rogatus de hoc, debet privari officio.* Et Ferrière, *Parfait not.*, liv. 1, ch. 16, a dit aussi : « On tient qu'on peut contraindre un notaire de recevoir un acte. La raison est qu'il est personne publique

et qu'il était en son pouvoir d'accepter ou de refuser l'office de notaire; mais sitôt qu'il l'a accepté et qu'il en est revêtu, il ne lui est pas permis de refuser son ministère. Il doit faire les fonctions de sa charge pour tous ceux qui l'en requièrent. »—Le rapporteur de la commission chargé d'examiner un projet de résolution sur le notaire, M. Cailly, s'est exprimé en ces termes au conseil des Anciens, séance du 12 prair. an VII : « Le ministère du notaire est un *ministère nécessaire* ; il ne peut le refuser lorsqu'il en est requis, et ce serait aller contre le principe de la matière que de lui laisser la liberté du refus. S'il participe aux fonctions d'une honorable magistrature, son temps et ses facultés appartiennent à tous ses concitoyens et à tous ceux qui ont besoin de son ministère. Comme le juge se doit tout à l'administration de la justice, le notaire se doit tout entier aux fonctions que la loi lui délègue ; elle devait donc le *rendre garant* d'un refus déplacé. »—Cette assimilation du notaire au juge avait été faite par Blondela, *Tr. des Connaiss. nécess. à un notaire*, t. 1, p. 57.

Ainsi, il est tenu d'aller prêter son ministère hors de sa résidence, pourvu que ce soit dans son ressort. La loi, en effet, veut qu'il défère aux réquisitions des parties, et elle règle même les frais de voyage (*Ann. not.*, t. 7, p. 142; Rolland de Villargues, vᵒ *Notaire*, nᵒ 396; Dalloz, vᵒ *Notaire*, nᵒ 279). Mais on conçoit que cette rigueur à l'égard du notaire ne se manifestera guère que dans les cas où il y a urgence, comme lorsqu'il s'agit de recevoir le testament d'un malade.

54.—Il résulte : 1ᵒ de la circulaire du 28 vent. an XV, rapportée à sa date, que le refus illégal de prêter son ministère entraînerait, contre le notaire, la suspension et même la destitution, suivant les circonstances; 2ᵒ de l'art. 1382, C. Nap., et du rapport de M. Cailly, qu'il pourrait être passible de dommages-intérêts envers les parties, si celles-ci, même quand elles l'auraient fait commettre par le juge, ressentaient un préjudice de ce refus... ou si, comme cela a été jugé, le refus du notaire de signer ou clore un testament a été déterminé par dol ou fraude (Bordeaux, 3 août 1841 ; D.P.42.2.13).

55.—Cependant le notaire échapperait à tout reproche s'il était dans un cas d'empêchement légitime.

En effet, la loi du 6 oct. 1791, tit. 1ᵉʳ, sect. 2, art. 6, les projets de loi qui ont précédé celle de l'an XI, indiquaient déjà ce dernier cas de refus. Le projet de loi adopté en l'an VIII, au conseil des Cinq-Cents, portait : « A moins d'*empêchement légitime*, les notaires ne peuvent refuser leur ministère lorsqu'ils en sont légalement requis par des personnes *en état de contracter*, et pour des actes *licites*, à peine de dommages-intérêts envers les parties requérantes qui auraient souffert de leur refus, constaté par une sommation, laquelle contiendra, de la part des requérants, l'offre réelle des droits et honoraires de l'acte, et de la part du notaire, les motifs de son refus. » Ces cas d'empêchement ne sont pas reproduits dans la loi de l'an XI, au moins d'une manière aussi précise ; mais la raison et même la force des choses révèlent bientôt qu'ils y sont comme sous-entendus. C'est l'avis de tous les auteurs, notamment de Rolland de Villargues, vᵒ *Notaire*, nᵒ 355; Dalloz, vᵒ *Notaire*, nᵒ 281; Ed. Clerc, *Traité gén. du Not.*, t. 1ᵉʳ, nᵒ 280.

Ils peuvent être ramenés à trois principaux : 1ᵒ si le notaire est dans un cas d'empêchement physique ou légal; 2ᵒ si les parties sont incapables; 3ᵒ si l'acte est illicite.

56.—Au reste, ces cas de refus doivent être examinés avec soin, car l'omission, dans la loi, des mots cités a sans doute eu lieu ; et c'est surtout lorsqu'on articule, soit l'incapacité des parties, soit le caractère illicite des actes, qu'une grande circonspection est imposée au notaire. En effet, la nullité n'est pas toujours certaine; elle fait naître parfois de grandes controverses, et souvent elle n'est que relative. — Le notaire ne doit donc refuser son concours qu'après mûr examen : il avertira les parties ; il mentionnera, au besoin, dans l'acte, leur persistance, malgré l'avis qu'il leur aura donné : par ce moyen, il se mettra presque toujours à l'abri du reproche; et, si les parties s'opposent à cette mention dans l'acte, il pourra, dans le cas surtout où il n'y a pas urgence, et où d'autres notaires exercent dans la localité, refuser son ministère, tant qu'il ne sera pas commis par le juge.

Toutefois, si, comme le remarque M. Rolland de Villargues, vᵒ *Notaire*, nᵒ 357, — « le premier devoir du notaire est de ne mettre sous la garantie de la loi que des volontés purement légales » (*V.* aussi Loret, t. 1ᵉʳ, p. 166 ; *Ann. not.*, t. 1ᵉʳ, p. 168), il ne faut pas perdre de vue qu'il est, d'après le même auteur, *eod.*, nᵒ 389, une foule d'actes qu'il n'est pas interdit aux notaires de passer, quoique la loi n'en sanctionne pas toutes les dispositions, ou qu'elle ne les autorise pas formellement.

Mais voyons les trois cas de refus légitime rappelés plus haut.

57. — 1° *Si le notaire est dans un cas d'empêchement physique ou légal.* — La raison dit qu'il pourra s'abstenir, sauf la faculté qu'il a de se faire substituer. Tel serait le cas de maladie ou d'absence, celui où il serait requis d'aller instrumenter dans un lieu dont les abords sont impraticables ou dangereux, ce qu'il doit prouver (Rolland de Villargues, n° 391 ; Ed. Clerc, *Traité gén. du Not.*, t. 1er, n° 282); — S'il est requis de prêter son ministère hors de son *ressort*, ou si, au moment où il est demandé, il se trouve déjà occupé ; mais ce dernier empêchement ne peut être que très-momentané, et il n'en résulterait aucun de ce que le pays serait envahi par l'ennemi (V. L. 28 frim. an VIII), si, d'ailleurs, les communications ne sont pas empêchées ou prohibées.

58.—À cette nature d'empêchement se réfèrent les cas où le notaire est requis de prêter son ministère : 1° le dimanche ou un jour de fête légale (L. 18 germ. an x, art 17); 2° à une heure indue, à minuit, par exemple, et sans qu'il y ait extrême urgence (Cothereau, *Théor. et prat. du not.*, p. 17; *Ann. not.*, t. 7, p. 142) : il peut alors refuser son ministère ; il le doit même lorsqu'il est requis de procéder un jour férié, à des actes de juridiction contentieuse, comme les compulsoires, sommations respectueuses, inventaires, à moins qu'il n'y ait urgence (Loret, t. 1er, p. 168 ; Rolland de Villargues, n° 395, v° *Notaire*; Ed. Clerc, *Traité gén. du Not.*, t. 1er, n° 287) ; ou dans des lieux et des temps suspects (Ord. juill. 1304, art. 6; art. 1037, C. proc.).

59.—Enfin, le notaire ne pouvant recevoir l'acte dans lequel il est partie, ou intéressé, ou parent au degré prohibé de l'une des parties (V. l'art. 8), devrait refuser son ministère; il le pourrait aussi dans le cas où les parties lui étant inconnues, leur individualité ne serait pas attestée par des témoins (V. art. 11), et dans celui où elles ne lui consigneraient pas les droits d'enregistrement et honoraires de l'acte (V. n° 54, 3°).

60.—2° *Si les parties sont incapables.*— « Sans doute, lit-on dans un arrêt de la Cour de justice d'Alger, du 17 avril 1833 (D.P.34.2.16), le législateur n'a pas voulu rendre le notaire juge de la validité des actes qu'il doit passer; cependant les devoirs de la magistrature qu'il remplit lui imposent des obligations, et de ce nombre est celle de refuser son ministère aux parties qui sont, d'après la notoriété publique, *incapables* de contracter. »

61. —Cependant une distinction est à faire entre les incapables d'une manière absolue, et ceux qui ne sont affectés que d'une incapacité relative, comme les mineurs, les femmes mariées, les interdits, et, d'après la jurisprudence, les communes. — Ces individus peuvent rendre leur condition meilleure. Le notaire ne devrait donc pas leur refuser son ministère, surtout pour des actes qui leur sont favorables (Dalloz, v° *Notaire*, n° 287; Ed. Clerc, t. 1er, n° 290). — Cela est controversé.

62.—Mais il doit le refuser à l'aliéné qui veut s'obliger, à l'individu qui veut tester lorsqu'il ne lui paraît pas sain d'esprit (Bordeaux, 3 août 1841 ; D.P.42.2.13), car le notaire, dit l'arrêt, est juge de la capacité et de l'état mental de la personne qui se propose de tester ; à celui qui est en état d'ivresse (Loret, t. 1er, p. 166; Circ. min., 17 mai 1821 ; Colmar, 27 août 1819), ou sous le coup de violence et de contrainte actuelle (art. 1109, C. Nap.); au maire qui se présente pour contracter au nom d'une commune sans être autorisé (Lettr. min., 21 mai 1826) ; toutefois il est d'usage que le notaire dresse l'acte et ne le signe qu'après que le préfet a mis au pied de l'acte son autorisation si elle doit être donnée par le Gouvernement (dans le cas de donation, par exemple); il doit encore être obtempéré au vœu des parties, sauf ratification, et sous réserves dans l'acte (V. Circul. minist. de l'intérieur, 6 septembre 1853; D.P.53.3.44, et Circul. minist. des fin., 13 juin 1854; D.P. 54.3.71; V. aussi n° 382 *bis*); à celui qui prend la qualité de mandataire sans produire une procuration (art. 13), ou lorsqu'il est de notoriété publique qu'elle est révoquée (Alger, 17 avril 1833 ; D.P.34.2.16). — Enfin, il peut refuser de recevoir l'enchère d'un insolvable, alors que le cahier des charges arrêté entre *majeurs* veut qu'on n'admette que des enchérisseurs fournissant une caution solvable (Pau, 10 janv. 1835; D.P.35.2.172). V. encore Bordeaux, 8 nov. 1853 ; D.P.54.2. 57).—Tout ceci est fort délicat.

63.—Un notaire requis par une veuve commune en biens, et par les héritiers de son mari, au nombre desquels se trouvent plusieurs mineurs, de procéder, soit dans une étude, soit à la chambre d'adjudication des notaires, *à la vente aux enchères*, mais sans l'accomplissement des formalités prescrites par la loi, d'une propriété appartenant pour des portions indivises auxdits mineurs, doit-il, encore bien que les héritiers majeurs offrent de se porter fort des mineurs, et de laisser la portion afférente à ceux-ci dans le prix ès mains de l'adjudicataire jusqu'à l'époque de leur majorité et de la ratification, refuser son ministère ?

—La chambre des notaires de Paris a été d'avis que, dans cette circonstance, le notaire devait refuser son ministère (Délibér., 10 oct. 1822). Cet avis est-il bien fondé ? Les notaires peuvent-ils refuser l'appareil de la publicité et de la concurrence à un acte dans lequel figurent des personnes qui ne peuvent pas se défendre, et qui n'a pas, à leur égard, un caractère irrévocable (Rolland de Villargues, n° 361, ne le pense pas)? — La question est délicate, et nous ne croyons pas, lorsque les droits des incapables sont complétement sauvegardés, que les notaires doivent refuser leur concours ou encourent des reproches pour l'avoir accordé.—Sans doute, les majeurs ont pu prendre une voie plus facile et vendre sans publicité. Mais ce n'est pas là une raison de les dépouiller des avantages de la publicité (*Conf.* Dalloz, vᵒ *Notaire*, n° 290).

64.—3° *Si l'acte est illicite.*—Le projet de l'an VIII, ci-dessus rappelé, portait : À moins d'empêchement légitime, les notaires ne peuvent refuser leur ministère.., *pour des actes licites*, à peine, etc. (*V.* n° 54). — Si la loi de l'an XI reproduisait cette disposition, nul ne songerait à critiquer, en principe, le droit du notaire de refuser son ministère pour des actes *illicites*; il s'induirait *à contrario* du silence du législateur, quant à ces sortes d'actes. — Mais le doute vient de ce que la loi de l'an XI ne l'a pas reproduite, ou plutôt de ce qu'elle s'est bornée, dans son art. 17, à indiquer quelques cas particuliers dans lesquels le notaire pourrait refuser d'insérer certaines stipulations dans les actes. Or, la conséquence qui se tire de là est toute simple. En indiquant certains cas où le notaire peut refuser son ministère, ou plutôt certaines stipulations, il annonce, peut-on dire, qu'il a entendu que son ministère fût obligé pour tous les cas qu'il n'a point prévus, *inclusio unius est exclusio alterius.* — Cependant, à nos yeux, le principe qui autorise le refus du notaire n'est pas moins constant que fondé en raison : « Le notaire, dit très-bien M. Loret, t. 1ᵉʳ, p. 167, est l'officier établi par la loi pour recevoir les conventions des parties, et leur donner le caractère d'authenticité qui en assure l'exécution ; mais la loi ne consacre pas ces conventions, elle n'en garantit l'exécution qu'autant qu'elles sont en harmonie avec les lois générales relatives à la matière qui fait l'objet du contrat. L'art. 1131, C. Nap.,

d'accord en cela avec les principes de notre ancienne législation, dit que l'obligation fondée sur une cause *illicite* ne peut avoir aucun effet : or, tout contrat qui serait un attentat contre les bonnes mœurs, qui serait en opposition avec les lois positives, serait fondé sur une cause illicite. Si donc on proposait à un notaire de recevoir des actes de cette espèce, il serait obligé de s'y refuser. Son caractère de ministre de la loi doit lui faire rejeter tout ce qui est condamné par elle. Ce refus, dans une pareille circonstance, est de sa part l'observation de ses devoirs et un hommage qu'il rend à la pureté de son ministère. »

Qu'on y prenne garde, cependant : cette théorie, poussée trop loin, aurait de graves inconvénients ; et c'est la raison peut-être qui a déterminé le législateur de l'an XI à ne pas reproduire la disposition du projet adopté en l'an VIII.—Sans doute, si tout ce qui est illicite se présentait avec un caractère d'évidence, telle qu'il ne fût pas possible de s'y méprendre, le législateur n'aurait pas manqué de s'expliquer positivement et d'enjoindre aux notaires de ne point recevoir de tels actes ; s'il a gardé le silence, c'est qu'il a vu les inconvénients d'un texte précis, et il a laissé au bon sens du notaire le soin de discerner les cas dans lesquels il est convenable qu'il refuse son ministère à des actes qu'il croit illicites. Et, pour avoir une idée des embarras que le législateur aurait éprouvés, il suffit de voir, dans la *Jurisprudence générale*, de MM. Dalloz, *Jur. gén.*, vᵒ *Obligation*, les exemples nombreux de contestations élevées au sujet d'actes qu'on prétendait illicites : il suffit de songer à tous ceux que les accidents de la vie peuvent faire éclore chaque jour, pour comprendre ce qu'il y a eu de sagesse dans le silence de la loi. *V.* aussi Dalloz, vᵒ *Notaire*, n° 291 ; Ed. Clerc, *Traité gén. du Not.*, t. 1ᵉʳ, nᵒˢ 296 et 297.

65. — D'abord, on regarde comme *illicites* les actes qui sont contraires à l'ordre public ou aux mœurs (Cod. civ., 1133).

Tels seraient les actes où il s'agirait de conspirations (Parl. de Grenoble, arrêt de 1460, rapp. par Papon dans ses *Arrêts*, liv. 4, t. 14, n° 8); — ceux où il s'agirait d'une protestation contre les lois du pays, —c'est ce qui s'est vérifié au sujet d'une protestation contre les lois organiques du concordat ; le notaire et l'huissier qui l'avaient notifiée furent destitués sur le motif qu'ils n'avaient pu recevoir et notifier un acte aussi visiblement contraire au respect dû aux lois et aux actes du Gouvernement, que par un entier oubli de leur devoir (Arr. 29 niv. an XI).

66.—Autrefois, il était défendu aux notaires de recevoir aucunes contre-lettres sur les traités d'offices [de procureur au parlement et d'huissier de la même Cour, pour porter le prix au delà de la fixation des offices et de l'estimation des pratiques (Jousse, t. 1, p. 375 ; arrêt 7 déc. 1691 et 8 août 1714). Ces contre-lettres étant aujourd'hui interdites par une jurisprudence qui devient chaque jour de plus en plus constante, il semble que le refus de ministère serait tout à fait légal.

67.—Le refus de recevoir des actes tendant à rétablir la féodalité ou à rappeler le régime féodal serait légal aussi (art. 17). Il en serait de même du refus de recevoir les plaintes en matière criminelle (Rolland de Villargues, v° *Notaire*, n° 376)..., ou un acte de délégation de contributions pour l'électorat, hors des cas prévus par la loi (*Circ. ch. not. de Paris*, 31 juill. 1838)..., ou la déclaration de deux individus de se prendre pour mari et femme (*eod.*, n° 378)..., ou une procuration à l'effet de contracter mariage (*Stat. not. de Paris*, 14 nov. 1811)..., ou des actes contenant des déclarations calomnieuses ou injurieuses pour autrui (Rennes, 14 fév. 1842)..., ou des déclarations de grossesse (Rolland de Villargues, *eod.*, n° 382)..., ou des actes frauduleux pour les tiers (Trib. de la Seine, 2 juill. 1838; D.P. 40.3.64), ou un acte usuraire (Caen, 15 déc. 1828 ; D.P.30.2.130).... ou des déclarations par manière de déposition, de révélation sur des minutes ou autrement (*Stat. not. de Paris*, 28 mars 1688 ; Rolland de Villargues, *eod.*, n° 385)..., ou des actes de vente, d'acquisition, d'échange, de cession ou transport, de concession de rente, de transaction au nom des établissements ecclésiastiques et des communautés religieuses de femmes, s'il n'est pas justifié de l'ordonnance royale portant autorisation de l'acte, et qui devra y être entièrement insérée (Ord. 14 janv. 1831). —Le même refus, à défaut d'autorisation préalable, devrait avoir lieu pour les autres établissements; le principe, dit très-bien Rolland de Villargues, *eod.*, n° 374, est le même. La loi d'août 1749, art. 22, prescrivait déjà aux notaires de ne recevoir de tels actes au profit des gens de mainmorte ou des fondations pieuses, que sur lettres patentes. — Mais si le notaire était invité à passer contrat de mariage entre un oncle et une nièce, ou entre un beau-frère et une belle-sœur, il ne serait pas fondé à refuser son ministère jusqu'à production de la dispense ; car il est même

d'usage d'ajouter à l'appui de la demande en dispense une expédition du contrat de mariage, dans lequel se trouvent arrêtées les conditions civiles des futurs, conditions que l'autorité a le droit d'apprécier, et qui sont de nature à influer sur sa détermination (ceci regarde l'officier de l'état civil...), pas plus qu'il ne serait fondé à refuser au tuteur la rédaction d'un état de situation, sous prétexte que de tels actes doivent être rédigés sans frais sur papier non timbré (art. 470, C. Nap.); seulement le tuteur supporterait les frais (*Conf.*, Rolland de Villargues, *eod.*, n° 390, Dalloz, v° *Notaire*, n° 296). — *V.* encore trib. de la Seine, 2 juill. 1838 (D.P.40.3.64).

ART. 4.—Chaque notaire devra résider dans le lieu qui lui sera fixé par le Gouvernement. En cas de contravention, le notaire sera considéré comme démissionnaire : en conséquence, le grand juge ministre de la justice, après avoir pris l'avis du tribunal, pourra proposer au Gouvernement le remplacement.

68. — « Le fond de cette disposition, a dit M. Réal, se trouve dans toutes les lois anciennes; on la revoit dans la loi d'octobre 1781, tit. 1, sect. 2, art. 10, et dans les projets soumis aux deux conseils. L'abus que cette disposition veut réprimer, est, pour ainsi dire, aussi ancien que l'institution. Sous l'ancien régime, il fut la source d'une foule de procès : les troubles de la révolution permirent à cet abus de se développer avec une nouvelle énergie. Tous les points de la République et même de la capitale offrent des preuves d'atteintes multipliées portées par cet abus à la propriété. » — Le tribun Favart ajoutait : « Si le notaire pouvait transférer à son gré sa résidence, la loi aurait manqué son but, tant pour l'avantage de la société que pour celui des notaires en particulier. On verrait la majeure partie d'entre eux abandonner les campagnes et venir habiter les villes pour la résidence desquelles d'autres notaires auraient payé un cautionnement plus considérable. »

69. — La *résidence* est le lieu où le notaire est obligé d'avoir une demeure fixe et habituelle pour l'exercice de ses fonctions. La *résidence*, qu'il ne faut pas confondre avec le *ressort*, a été aussi imposée d'une manière générale, aux fonctionnaires publics, par la loi des 29 mars-12 sept. 1791, art. 1er, qui, après le *seul* fait de leur contravention à cet article, « sont censés avoir renoncé à leur fonction et devront être remplacés » (art. 13),

et par les lois des 28 floréal an x et 20 avril 1810, qui autorisent le remplacement des magistrats en cas d'absence.

70. — Le principe de cette résidence se trouve déjà dans l'art. 22 de l'ord. de juillet 1304 : *Dicti notarii in locis certis, villis seu castris residebunt.* — Cependant il arrivait souvent qu'on les autorisait à résider où ils voulaient, pourvu que ce fût dans l'étendue de la juridiction à laquelle ils étaient attachés. (Loret, t. 1, p. 170). L'art. 4 ne permet plus cette faculté.

71. — Pour assurer l'exécution de l'art. 4, l'art. 45 veut que la commission énonce le lieu fixe de la résidence, et l'art. 12 exige que ce lieu soit indiqué dans les actes que le notaire reçoit, à peine de 100 fr. d'amende (réduite à 20 fr. par l'art. 10 de la loi du 16 juin 1824). Et il a été jugé qu'il ne pourrait se prévaloir de sa *demeure réelle*, à l'effet d'établir que son domicile politique n'est pas au lieu de sa résidence (Rennes, 4 nov. 1834 ; D.P.35 2.50).

72. — La loi établit les bases d'après lesquelles le nombre des notaires est réglé dans chaque département ; mais c'est au Gouvernement qu'est dévolu le droit de fixer les résidences, suivant que l'exigent les besoins variables des localités (art. 4 et 31) ; et sur le rapport de M. de Tascher, la Chambre des pairs a écarté, par ordre du jour, le 22 janv. 1831, une pétition qui demandait qu'elles fussent fixées par une loi. — « Ainsi, disait M. de Tascher, lorsque les besoins d'une population nouvelle ou la modification qu'elle a subie nécessitent, soit la création d'une nouvelle étude, soit le déplacement d'une étude ancienne, cette création ou ce changement de résidence a lieu par une décision du ministre de la justice, qui ne la rend que lorsque les intérêts ont été consultés et entendus. »

73. — Il est convenable que la chambre de discipline, qui est appelée à donner son avis sur une question de résidence, entende, en leurs observations, tant le demandeur que les notaires qui auraient un intérêt opposé (Inst. minist., 29 sept. 1836).

74. — Quoique, d'après Rolland de Villargues, v° *Résidence*, n° 16, il soit aujourd'hui admis au ministère que les notaires peuvent résider dans tel lieu de la commune qu'il leur plaît de choisir, par exemple dans un hameau et non au centre, parce qu'ils sont à la commune et non à telle ou telle fraction, cependant une ordonnance du 28 août 1822 (V. plus bas à sa date), rendue sur avis du conseil d'Etat, porte qu'un notaire ne peut, *sans autorisation*, se transporter dans un hameau dépendant du chef-lieu de la commune qui lui a été assignée par sa commission (V. dans le même sens décis. minist., 28 mai 1837 ; — *Contrà*, Metz, 21 juill. 1818 ; D.A.10.424, n° 2) ;..... ou dans une des sections de cette commune (Toulouse, 31 déc. 1844 ; D.P.45.1.66). V. cependant cons. d'Etat, 30 nov. 1854, D.P.51.3.508).

75. — Et, par contre, le notaire nommé en remplacement d'un titulaire en résidence dans un hameau ne peut aller résider dans une ville, siége de la commune dont ce hameau dépend, encore bien que sa commission lui assignerait cette commune, sans limitation (Ord. cons. d'Etat, 9 mai 1838 ; D.P.39.3.86).

76. — Un notaire cède son étude à un aspirant à qui sa commission assigne une autre résidence et qui est déchu à défaut de prestation de serment ;..... jugé que l'ancien, qui continue ses fonctions, n'est pas astreint à la nouvelle résidence (Ord. cons. d'Etat, 23 juin 1832, aff. E... ; *Jurisp. du not.*, art. 3290).

77. — Et les décisions rendues par les ministres sur ces points sont des actes de haute administration qui ne sont pas susceptibles d'être déférés au conseil d'Etat (V. les décisions indiquées sous l'art. 45).

78. — C'est au lieu de sa résidence que le notaire doit avoir son étude, ses clercs, le dépôt de ses minutes (Avis cons. d'Etat, 7 fruct. an XII). L'étude ne doit pas être divisée, c'est-à-dire tenue en plusieurs maisons (Ferrière, Rolland de Villargues, *loc. cit.*, n° 25 ; Dalloz, v° *Notaire*, n° 43. V. n° 83).

79. — Cependant le notaire peut, sans enfreindre la loi de la résidence, se transporter dans les diverses communes de son ressort pour instrumenter (Avis cons. d'Etat, 7 fruct. an XII).

80. — Mais il faut qu'il en soit *requis* (arr. 7 fruct. an XII ; décis. minist. de la just., 30 oct. 1834 ; 3 déc. 1836 ; D.P.36. 3.48) ; car les notaires n'exercent leur ministère que sur réquisition qui n'a besoin ni d'être écrite, ni faite par huissier (Chamb. député., 8 avril 1837), et qu'on doit, jusqu'à preuve contraire, supposer avoir existé (*Conf.*, Rolland de Villargues, n° 30 ; Toulouse, 14 août 1843, et req. 30 avril 1845 ; D.P.45.1.303).

Toutefois la preuve que le notaire n'a pas été requis par les parties pourrait être admise, malgré la mention faite par le notaire qu'il a été demandé par elles, car cette mention ne touche pas à la substance de l'acte ; elle est étrangère aux parties, et si elle était reconnue mensongère, elle ne ferait qu'aggraver les torts du notaire (*V.* n° 69).

81. — Mais il y a infraction à l'obligation de résider :

1° Si le notaire s'absente, sans autorisation, de sa résidence ou de son ressort et abandonne ainsi ses fonctions. C'est ce qui résulte des lois relatives aux fonctionnaires en général, citées n° 69, du discours de M. Joubert et implicitement de l'art. 4. — Les caractères de cette infraction ne sont pas déterminés par la loi ; c'est au Gouvernement de les apprécier en raison, soit de la durée de l'absence, soit des circonstances extraordinaires qui ont pu la motiver ou empêcher le notaire de demander une autorisation (*Conf.* Rolland de Villargues, n° 34). Il n'est pas exigé, en effet, que l'absence soit permanente. L'abandon de l'étude peut n'être que momentané, partiel et non absolu, et cependant constituer une infraction à l'art. 4 (*Conf.* Rolland de Villargues, *eod.*, n° 40). — On est même allé jusqu'à voir une infraction dans le fait de se rendre habituellement, à jour fixe, dans une commune voisine, pour y recevoir des actes (Turin, 9 janv. 1810, D.A.10.424, n° 2 ; Nîmes, 23 déc. 1825 ; D.P.26.2.82 ; Cass., 24 juin 1829, D.P. 29.1.281 ; 11 janv. 1841, D.P.41.1.78 ; Req. 30 mai 1859, D.P.59.1.269 ; Caen, 4 juin 1857, D.P.59.2.142 ; Déc.min. just., 2 nov. 1835, D.P.36.3.47, et 26 nov. 1836, D.P.37.3.134. *V.* encore Rennes, 24 août 1841, D.P.42.2.9 ; Riom, 12 mars 1844, D.P.44.2.197, et 28 déc. 1846, D.P.47. 2.31 ; Bordeaux, 21 août 1854, D.P.55.2. 292.

82.—Et si, malgré les avertissements, il persiste dans le même système de conduite, le ministre peut le déclarer démissionnaire (Déc. min. just., 2 nov. 1835 ; D.P.36.3.47).

83.—Si, sans être requis, il se transporte habituellement dans une commune autre que la sienne, bien qu'elle soit de son ressort ; s'y installe, soit dans une auberge, soit dans un local qui lui est affecté, et provoque les clients à venir passer leurs actes par-devant lui, il est vrai de dire que, dans ce cas, il ouvre une étude nouvelle et tient une double résidence, au préjudice de ses confrères (Rolland de Villargues, n° 29). — *V.* les décisions citées dans les numéros suivants ; elles posent ce principe d'une manière aujourd'hui incontestable. Il y aurait là, d'ailleurs, une de ces tentatives d'usurpation de clientèle flétries jadis sous le nom de corbinage (*V.* n° 85 ; *V.* aussi le *Tr. de la discipline*). *V.* toutefois req., 21 fév. 1827 (D.P.27.1.148), et 30 avril 1845 (D.P.

45.1.303) ; Paris, 14 mai 1832 (D.P.32.2. 122) ; trib. de Pont-Audemer, 29 mars 1838 (D.P.39.3.46).

84.—Mais quelque fréquents que soient les voyages ou transports d'un notaire hors de sa commune, ils ne sauraient constituer une infraction, s'il en a été requis (Cass., 21 fév. 1827 ; Paris, 14 mai 1832 ; Décis. min. just., 5 déc. 1836 ; D.P.27.1.148 ; 32.2.122) ; ils ne prouvent que la confiance dont il jouit.

85. — Les tentatives d'usurpation de clientèle au préjudice d'un confrère ont été flétries de tout temps. C'est ce qu'anciennement on nommait *corbinage*. On appelait corbineur le notaire qui s'en rendait coupable (*V.* Rolland de Villargues, v° *Notaire*, n° 509, note).

86.—Les conséquences de l'infraction sont :

1° *Que le notaire sera considéré comme démissionnaire.* Cette disposition de l'art. 4, conforme aux lois citées n° 69, n'emporte, malgré l'emploi du mot *sera*, ni une déchéance absolue, ni une démission de droit : c'est ce qui résulte du mot *pourra* dont se sert le même article, et du discours de M. Joubert au Tribunat, qui explique et justifie ainsi l'art. 4 : « Une autre conséquence, c'est que le Gouvernement *puisse* et doive remplacer le notaire qui ne résiderait pas dans le lieu qui lui aurait été fixé. Les notaires sont nommés pour les besoins des citoyens ; leur nombre et leur placement seront, en effet, déterminés d'après les localités. Si donc un notaire ne réside pas au milieu d'eux, le Gouvernement ne doit voir qu'un démissionnaire dans celui qui renonce, par son fait, au pacte solennel qu'il avait formé avec la société. Un jugement ne doit pas être nécessaire pour un cas qui rentre dans l'administration générale. — Le Gouvernement n'usera de son droit qu'après avoir pris l'avis de la Chambre. »—Ainsi faculté, pouvoir discrétionnaire pour le Gouvernement de réputer démissionnaire le notaire qui s'absente. —M. Fouquet, *Biblioth. du barreau*, 1829, t. 2, p. 35, dit que le silence du ministre équivaut à une remise de la peine ; mais cette opinion n'est exacte qu'en ce sens que la remise ne sera définitive qu'autant qu'il se sera écoulé un délai assez considérable pour qu'on doive supposer l'intention du ministre de ne pas user du droit rigoureux, et en ce sens qu'une première absence pourra être prise en considération en cas d'un nouvel abandon, même de peu de durée. Mais, encore une fois, nous sommes ici dans le domaine discrétionnaire du ministre, et l'exercice, même tardif, de ce droit conféré par l'art. 4 n'engagerait que la responsabilité ministérielle. Toutefois, si le notaire qui a enfreint sa résidence donne sa démission, il n'y a plus lieu de le poursuivre, en vertu de l'art. 4 (Décis. min., 17 oct. 1837; D.P.38.3.42).

87. Mais la poursuite ne serait pas paralysée par la mention, dans les actes, qu'ils ont été passés dans le lieu de la résidence du notaire. La vérité de cette mention pourrait être recherchée (Trib. de Villefranche, 29 mars 1838; D.P.39.3. 47).

88.—Au reste, bien que déclaré démissionnaire, le notaire peut présenter un successeur (Déc. min., 19 janv. 1837; D.P.37.3.135).

89. — Enfin, le notaire déclaré démissionnaire pour infraction à sa résidence doit cesser immédiatement ses fonctions; de telle sorte qu'il ne peut en continuer l'exercice jusqu'à son remplacement (Déc. min., 19 janv. 1837 ; D.P.37.3. 135).

90. — Le notaire lésé par une infraction de résidence peut adresser contre son confrère une plainte, soit à la chambre de discipline, qui doit se borner à rappeler celui-ci au devoir, et qui ne doit en saisir l'autorité qu'autant qu'il y a persévérance abusive (V. Loret, sur l'art. 4, et Rolland de Villargues, eod., nᵒ 42, soit directement au procureur impérial ou au ministre.

91. — Il résulte d'une circulaire ministérielle du 24 vend. an VI que, sur une première plainte, le ministre se borne à faire des injonctions officieuses, et, par exemple, à charger le procureur impérial d'avertir le notaire et de le prévenir qu'à défaut par lui de tenir sa résidence, il sera poursuivi disciplinairement. — Si celui-ci persévère, le ministre charge le procureur impérial de demander l'avis du tribunal, non par voie contentieuse, mais par simple voie *consultative*, et sans qu'il soit astreint de présenter un réquisitoire au tribunal (Req., 24 juin 1829; D.P.29. 1.281).

92. — Celui-ci, s'il ne se croit pas assez éclairé, soit par la plainte, soit par les renseignements que la chambre ou le ministère public ont pu lui fournir, ordonne une enquête qui a lieu à la diligence de ce dernier et contradictoirement avec l'inculpé, s'il est présent. La délibération est adressée au ministre par le procureur impérial, qui a le droit de s'en faire délivrer une expédition (Poitiers, 1ᵉʳ juill. 1831, aff. G. ; D.P.32.2.72). En cet état, le ministre provoque, s'il y a lieu, l'ordon-

nance de démission, laquelle est notifiée au notaire par le procureur impérial, qui, dans l'usage, « se borne dit Rolland de Villargues, nᵒ 52, à transmettre à cet officier la copie de l'ordonnance, avec injonction de cesser immédiatement ses fonctions, » et qui, en cas de résistance, requiert l'apposition des scellés sur les minutes du notaire, eod., nᵒ 53 (V. aussi Dalloz, *Jur. gén.*, vᵒ *Notaire*, nᵒ 53).

93. — 2ᵒ *Que le notaire encourra des peines disciplinaires;* — Car on a considéré aussi l'infraction à la résidence comme une atteinte à la dignité de la profession notariale et un préjudice causé à des confrères (Nancy, 26 juin 1826, D.P.26.2.234; Cass., 11 janv. 1841, D.P. 41.1.78; Toulouse, 31 déc. 1844, D.P.44. 2.66; Trib. de Roanne, 5 déc. 1844, D.P. 44.3.64. V. encore Paris, 31 janv. 1843; Grenoble, 30 janv. 1856, D.P.56.2.92; Dalloz, *Jur. gén.*, vᵒ *Notaire*, nᵒ 56 ; Ed. Clerc, *Traité gén. du not.*, t. 1ᵉʳ, nᵒ 23. — *Contrà* Nîmes, 23 déc. 1825, D.P.26.2.83; Req., 21 fév. 1827, D.P.27.1.148; Paris, 14 mai 1832, D.P.32.2.122) — Les tribunaux civils ont compétence à cet égard (Trib. d'Evreux, 27 août 1836, D.P.37.3. 135; Toulouse, 31 déc. 1844, D.P.44.2.66; *Contrà* C. de Metz, du 20 juin 1846, D.P. 46.2.160), lors même que l'infraction aurait eu lieu pendant de longues années. Mais ces peines ne doivent pas aller jusqu'à la destitution, car elles empiéteraient sur le pouvoir que l'art. 4 défère au Gouvernement (Turin, 9 janv. 1810, D.A.10. 424, nᵒ 2; Cass., 24 juin 1829, D.P.29.1. 281), sauf, bien entendu, le cas où l'infraction serait accompagnée de faits gravement répréhensibles, tels qu'énonciations mensongères ou frauduleuses : la destitution pourrait alors être prononcée par les juges, qui devraient baser leur décision sur ces faits et non sur la simple infraction à l'obligation de résider. C'est ce qui a décidé à l'égard d'un notaire qui avait abandonné sa résidence pour échapper à une action criminelle dirigée contre lui : le ministre a pensé que ce n'était pas le cas de le considérer simplement comme démissionnaire par l'application de l'art. 4, mais qu'on devait poursuivre sa destitution judiciairement (Déc. min. just., 11 juill. 1835).

94. — Les tribunaux ne se sont arrêtés, et avec raison, ni à la circonstance que le notaire n'avait pas un dépôt de minutes dans la commune où il allait ainsi indûment exploiter (Arrêt cité, Rouen, 26 juin 1837)...—ni à l'allégation de bonne foi de sa part (Même arrêt).

95.—Au surplus , le ministère public qui aurait mal qualifié le fait de résidence, ne serait pas fondé à prétendre pour la première fois, devant la Cour de cassation, qu'on doit lui donner une qualification différente ; et, après y avoir vu l'infraction qui consiste à offrir son ministère sans réquisition, il serait non recevable à prétendre qu'il constitue une infraction à la résidence (Req., 14 juill. 1840 ; D.P. .40.1.245).

96.—3° *Enfin, le notaire s'expose à une action en dommages-intérêts*, formée par le notaire ou les notaires qui éprouvent un préjudice par suite du transport illégal de résidence (Dalloz, *Jur. gén.*, v° *Notaire*, n° 53). C'est ce que la jurisprudence reconnaît d'une manière constante (Riom, 18 mai 1833, D.P.34.2.14 ; 28 fév. 1834 ; Rouen, 26 juin 1837, D.P.38.2.8 ; 9 fév. 1839 ; Lyon, 30 nov. 1838 ; 28 mars 1840, D.P.40.2.166 ; Cass., 15 juill. 1840, D.P. 40.1.246 ; 11 janv. 1841, D.P.41.1.68 ; Rennes, 24 août 1841, D.P.42.2.9 ; 11 déc. 1843, D.P.44.2.197 ; Req., 30 mai 1859, D.P.59.1.269 ; Caen, 4 juin 1857, D.P. 59.2.142 ; 28 mai 1861, D.P.62.2.47 ; Paris, 31 janv. 1843). *V.* encore Bordeaux, 21 août 1854 (Dalloz, *Jur. gén.*, n° 62 ; Ed. Clerc, *Tr. gén. du not.*, t. 1er, n° 23).

Les tribunaux de Brignolles, d'Aurillac, de Draguignan, de Pont-Audemer, de Tournon, de Villefranche, etc., se sont prononcés dans le même sens ; et la doctrine de l'arrêt de la Cour de Metz, du 21 juill. 1818 (D.A.10.424, n° 22), qui avait rejeté cette action par le motif que la question d'infraction de résidence, tout entière de haute police et d'administration publique, était du ressort exclusif du garde des sceaux, a été généralement abandonnée. Des peines disciplinaires infligées au notaire ne le soustrairaient même point à l'action privée, laquelle est indépendante de l'action publique (Trib. de Draguignan, 14 fév. 1837 ; Nîmes, 17 juin 1839, D.P.38.3.42). — Les dommages-intérêts peuvent être demandés par la voie civile (Rennes, 11 déc. 1843, D.P.44.2.297). —Le préjudice, en cas pareil, résulte du fait seul d'usurpation de la clientèle ; c'est aussi la remarque de Rolland de Villargues, v° *Résidence*, n° 63. Comme base d'appréciation de ce préjudice, les juges ont d'abord le montant des honoraires des actes indûment passés ; ils doivent en outre prendre en considération le tort éventuel résultant du détournement de la clientèle.

Enfin peu importe qu'il justifiât de réquisitions préalables des parties, s'il apparaît que ces réquisitions n'ont eu pour objet que de couvrir la contravention.

Peu importe encore que la rédaction définitive de ces actes ait lieu dans l'étude du notaire, la contravention ne résultant pas seulement du fait de la rédaction matérielle de l'acte hors de la résidence légale du notaire, mais des conseils que le notaire y a donnés aux parties, et du consentement qu'il a pris de leur convention.

Du 1er avril 1846, trib. de Bourbon-Vendée (D.P.46.4.374). *V.* décisions analogues des Cours de Riom, 12 mars 1844 (D.P.44.2.97) et 28 déc. 1846 (D.P.47.2. 31), et Grenoble, 2 mars 1850 (D.P.52.2. 119).—Au reste, la preuve de l'infraction peut être faite par les notaires lésés à l'aide tant de titres que de témoins (Trib. de Villefranche, 29 mars 1838, D.P.39.3. 47). Mais *V.* l'arrêt de Grenoble, 2 mars 1850, précité.

97. — Les conséquences de l'infraction à la loi de résidence ainsi expliquées, nous ferons remarquer, en terminant, sur l'art. 4 : 1° qu'on tient que le notaire institué à vie ne peut être changé de résidence sans son consentement.

2° Que la simple translation de résidence dans le même canton n'exige pas une nomination nouvelle. Et le notaire n'est pas astreint à un autre serment, lequel n'est exigé que lorsqu'il y a translation d'un ressort dans un autre, parce que, dans ce cas, la chancellerie considère qu'il y a eu nomination nouvelle : il ne peut cependant emporter ses minutes, pas plus dans un cas que dans l'autre, de la commune qu'il a quittée, ainsi que le décide le ministre de la justice en se fondant sur l'art. 54 (*Contrà* Loret et Rolland de Villargues, n° 187). — Enfin, il ne doit pas d'indemnité au notaire du ressort dans lequel il est admis ; et l'on se fonderait en vain, pour le cas de changement de résidence ou de création nouvelle, sur ce qui se pratique en cas de suppression d'office (Rennes, 12 avr. 1843, aff. Dupouet). *Contrà* Rolland de Villargues, v° *Résidence*, n° 77.

On peut consulter sur l'art. 4, relatif à la résidence, la *Jurisp. gén.* de MM. Dalloz, v° *Notaire*, nos 30 et suiv.

ART. 5. — Les notaires exercent leurs fonctions, savoir :

Ceux des villes où est établi le tribunal d'appel, dans l'étendue du ressort de ce tribunal ;

Ceux des villes où il n'y a qu'un tribunal de première instance, dans l'étendue du ressort de ce tribunal ;

2.

Ceux des autres communes, dans l'étendue du ressort du tribunal de paix.

98.—Le ressort est l'étendue territoriale dans laquelle un notaire a le droit d'instrumenter et hors de laquelle il est sans pouvoir, sans caractère.

Quoiqu'il résulte de l'examen des anciennes ordonnances, que les limites des ressorts n'étaient pas alors parfaitement réglées, on ne lit pas moins dans le rapport du tribun Favard que « De tous temps l'exercice du notariat a été circonscrit dans les limites territoriales hors desquelles le notaire n'avait plus de caractère : le projet consacre le même principe. »

On connaissait avant la révolution trois classes de notaires, ainsi qu'on l'a dit *suprà*, n° 5 : 1° les notaires de Paris, d'Orléans et de Montpellier, les premiers ayant en tous lieux la prééminence, même sur ceux de ces deux dernières villes ; 2° les notaires royaux des provinces ; 3° les notaires seigneuriaux (*V.* Rolland de Villargues, v° *Ressort*, n° 3).—La loi du 6 oct. 1791, tit. 1er, sect. 2, art. 11, supprima ces différences et n'établit qu'une seule classe de notaires avec pouvoir d'exercer dans toute l'étendue du département de leur résidence. Mais cette loi, qui exagérait les principes d'égalité et d'uniformité et qui créait le germe d'une concurrence désastreuse, a fait place à la disposition ci-dessus, qui, donnant aux officiers de la juridiction volontaire la même limite de ressort qu'aux magistrats de la juridiction contentieuse, pose avec netteté la limite hors de laquelle finit leur empire.

99.—«Distribuer les notaires par ressort, disait le tribun Favard, les circonscrire dans ce même ressort, c'est les attacher à leur place, c'est se préparer le moyen de les réduire au nombre nécessaire, c'est enfin les rendre plus utiles aux citoyens pour lesquels ils sont établis. D'ailleurs, l'étendue des justices de paix qui forment le dernier ressort se trouve plus considérable que ne l'était celle d'une foule de petites juridictions anciennes auxquelles la majeure partie des notaires étaient attachés, et, sous ce rapport, l'institution nouvelle leur est avantageuse. » — M. Réal ajoutait : « Les affaires plus difficiles exigeant une instruction plus parfaite, la nature des choses condamne la *concurrence*, et la loi doit, dans la distribution des ressorts qu'elle donne aux notaires, établir une différence proportionnée à la différence qu'elle suppose dans l'instruction. »

Cette classification des notaires, la différence d'instruction, de cautionnements et d'honoraires qui en étaient la suite, ont pu faire croire qu'il existait deux catégories de notaires, ceux des villes et ceux des campagnes. « Ce serait, disait le tribun Joubert, aller contre l'ordonnance même du projet que de regarder les notaires comme divisés en notaires de villes et notaires de campagne. Les ressorts sont différents ; il y en a de trois espèces : une grande partie des notaires appartiennent à des villes où il n'y a pas de tribunal : ces notaires seront aussi de la troisième classe. La qualité du ressort ne tend donc pas à établir cette distinction qu'on paraissait craindre des notaires de villes et des notaires de campagne. » — Le même orateur pense que la faculté d'aller instrumenter dans un ressort inférieur accordée à certains notaires ne s'exerce, le plus souvent, que pour aller consommer les affaires qui ont pris naissance dans le ressort.

Enfin, la division de l'art. 5 a été critiquée. Favard, *Rép.*, v° *Notaire*, sect. 1, aurait voulu qu'il n'y eût que deux classes de notaires (sauf l'exception pour Paris), les uns exerçant dans tout le département, et les autres dans tout l'arrondissement : on les aurait répartis par cantons avec obligation de résidence au lieu assigné : le nombre des notaires eût été diminué, leur état plus lucratif, la surveillance plus sévère : on aurait prévenu les faux qui sont commis parfois pour dissimuler des usurpations de ressort.—D'autres ne voudraient que deux classes adaptées aux deux degrés de juridiction : ils suppriment les notaires de canton. — Mais à la Chambre des députés, le 19 nov. 1831, à la Chambre des pairs, le 29 avril, même année, il a été passé à l'ordre du jour sur des pétitions qui demandaient la suppression de la 3e classe. Ces Chambres ont vu, et avec raison, dans cette suppression, des inconvénients au moins aussi graves que ceux contre lesquels on réclamait. V. Rolland de Villargues, v° *Ressort*, n° 9.

100.—Si la ville dans laquelle siège, soit une Cour d'appel, soit un tribunal de première instance, est le chef-lieu d'une ou même de plusieurs justices de paix dans la circonscription desquelles se trouvent des communes rurales assignées pour résidence à des notaires, ceux-ci doivent-ils être considérés comme notaires de la ville, et ont-ils droit à une commission de 1re ou 2e classe ? — Non, a répondu le conseil d'Etat, par décision du 7 fruct. an XII : — « Attendu qu'on ne peut regarder comme tels que les notaires dont la résidence est fixée dans les villes où siégent ces tribunaux ; que les notaires résidant dans les communes rurales ne sont que de la 3e classe. »

101. — Toutefois, ceux-ci ayant le droit d'exercer dans toute l'étendue de la justice de paix, peuvent, lorsqu'ils en sont requis, se transporter dans la partie de ces villes dépendant de la justice de paix, pour y instrumenter ; mais ils ne peuvent ouvrir étude ni conserver le dépôt de leurs minutes ailleurs que dans le lieu de leur résidence. — Même décision. — Conf. déc. min. just., 7 juin 1837.

102. — Des tribunaux de première instance siégent, quant à présent, dans des villes autres que celles pour lesquelles ils ont été établis. Ainsi, le siége du tribunal fixé pour Pontarlier est à Arbois, celui de Mézières est à Charleville, etc. : — Sont-ce les notaires du tribunal de fait ou ceux du tribunal de droit qui doivent être réputés de deuxième classe ? Le garde des sceaux a décidé que ce sont les notaires du tribunal de fait ; que c'est à eux qu'appartient le droit d'instrumenter dans tout le ressort. Cette décision est fondée sur la lettre de la loi qui place dans la deuxième classe ceux qui ont leur résidence dans une ville où il y a un tribunal de première instance.

103. — Si une ville, qui n'est le siége ni d'une Cour d'appel ni d'un tribunal de première instance, a deux justices de paix, les notaires de l'une ne peuvent instrumenter dans la partie de la ville comprise dans le ressort de l'autre. Loret, se fondant sur l'art. 34, qui fixe le taux du cautionnement sur la population, est d'un avis contraire (V. l'art. 31).

104. — Le notaire qui désire entrer dans une classe supérieure doit en former la demande : il ne lui suffirait pas de consigner le cautionnement requis pour exercer dans ce ressort supérieur, cela est trop évident (V. art. 31).

105. — Le roi pouvait autrefois lever les incompatibilités; il n'a plus cette faculté (V. Rolland de Villargues, n° 23).

ART. 6. — Il est défendu à tout notaire d'instrumenter hors de son ressort, à peine d'être suspendu de ses fonctions pendant trois mois, d'être destitué en cas de récidive, et de tous dommages-intérêts.

106. La règle adoptée par l'art. 6 était regardée anciennement comme trop sévère, et, quoiqu'elle résultât, dit Rolland de Villargues, v° Ressort, n° 17, assez clairement de l'édit de novembre 1542,

on cherchait à la restreindre (V. Ferrière, Parf. Not., liv. 1er, chap. 8; Blondela, n° 231 ; Loret, sur l'art. 6). — Il a même été jugé qu'en raison de l'incertitude des limites seigneuriales et des juridictions, les notaires n'étaient passibles que d'une amende, sans que leurs actes fussent déclarés nuls (Cass., 5 avril 1836 ; D.p.36. 1.143).

107. — La règle du ressort s'applique aux notaires en second. — Conf. Loret, sur l'art. 6 ; Dalloz, Jur. gén.; v° Notaire, n° 74.

108. — Elle ne s'applique pas, bien entendu, aux parties, lesquelles peuvent être domiciliées dans un autre ressort, sans que le notaire cesse d'avoir juridiction tant qu'il ne sort pas de son territoire (Louet, lett. N, nomb. 10, n° 1 ; Ferrière, Blondela, loc. cit. ; Rolland de Villargues, n° 16 ; Dalloz, loc. cit.

109. — Un notaire ne peut être commis ou délégué par les juges pour instrumenter hors de son ressort (Rolland de Villargues, v° Ressort, n° 22).

110. — Le rang d'ancienneté se perd par le changement de ressort, mais non par celui de simple résidence. — Conf. Rolland de Villargues, v° Ancienneté, n° 9, et Ressort, n° 32. V. décis. min., 15 mai 1845 (D.p.45.4.363, n° 22).

111. — Les notaires en activité, lors de la loi de l'an XI, ont pu, jusqu'à ce qu'ils aient reçu de nouvelles provisions, continuer d'instrumenter dans toute l'étendue du ressort de leur résidence (Cass., 6 avril 1809, D.a.9.196).

112. — Mais ceux qui n'ont pas reçu leur commission confirmative ont dû, à peine de nullité, se renfermer dans le ressort fixé par la loi (Cass., 10 déc. 1816; D.a.10.640, n°s 1 et 2).

113. — Un notaire n'est pas réputé avoir instrumenté hors de son ressort par cela qu'il était hors de la limite de ce ressort, lorsqu'il a assisté aux pourparlers des parties, a entendu leurs explications et pris note de leurs conventions. C'est ce qui résulte de ce passage de M. Ph. Dupin, rapporteur de la loi sur les notaires en second : «La réception des actes, c'est l'instant où le contrat se forme, et où le notaire, donnant lecture de ce contrat aux parties, leur dit : Est-ce là votre volonté ? C'est l'instant où les parties signent. » — M. Ph. Dupin ajoute « que l'opinion de M. Delangle, qui avait dit que la réception d'un acte devait s'entendre aussi des discussions préliminaires, des débats plus ou moins étendus qui ont existé entre les parties, en présence des notaires, a étonné le Palais. » Ces deux opinions sont

trop exclusives, ou plutôt peuvent être fort exactes, suivant l'espèce dans laquelle elles ont été émises. Celle de M. Ph. Dupin est conforme à l'esprit dans lequel a été entendue la loi du 21 juin 1843, explicative du mot *reçu* de l'art. 8 de la loi de ventôse ; celle de M. Delangle serait irréprochable, s'il l'avait exprimée au sujet d'une poursuite disciplinaire dirigée contre un notaire qui serait dans l'habitude d'aller, hors de son ressort, et sans être requis, provoquer des affaires qu'il terminerait ensuite dans son étude (Dalloz, *Jur. gén.*, v° *Notaire*, n° 80).—Il a été jugé qu'un notaire est réputé instrumenter hors de son ressort, lorsqu'il entend les parties et reçoit leurs conventions comme notaire hors de ce ressort, bien qu'il n'en signe l'acte qu'à sa résidence (Toulouse, 31 déc. 1844, D.P.45.2.66). *V.* dans le même sens Trib. de Roanne, 5 déc. 1844 (D.P.45.3.64), et Rolland de Villargues, n° 8. — Au surplus, on doit regarder comme étant dans l'exercice légal de ses fonctions, par exemple, le notaire, à partir du moment où il écrit l'acte. *V.* plus haut, n° 83.

114. — Il suffit qu'il soit déclaré en fait que des actes d'adjudication ont été passés et signés dans le lieu de la résidence d'un notaire, pour qu'il doive échapper à la poursuite disciplinaire (la suspension) intentée contre lui, encore bien qu'il aurait procédé à l'adjudication hors de son ressort (Cass., 3 juill. 1826 ; D.P.26.1. 312). La Cour de Douai s'était fondée, en droit, sur ce que l'art. 6 ne s'appliquait qu'au cas où un notaire *rédigeait* des actes hors de son ressort; ce qui n'est pas péremptoire, car l'art. 6 se sert aussi du mot *instrumenter*. — La Cour de cassation s'est tirée d'embarras par une sorte d'équivoque. Rolland de Villargues, v° *Ressort*, n° 19, critique cette décision il cite, à l'appui de son opinion, un jugement du tribunal de Blois, du 3 mars 1841. *V.* aussi, en ce sens, Ed. Clerc, *Traité gén. du Not.*, t. 1er, n° 29.

115. — La constatation en fait, dont on vient de parler, a paru, à la Cour de cassation, d'une telle gravité, qu'elle a maintenu un arrêt de la même Cour de Douai, qui avait rejeté les poursuites en suspension dirigées contre un notaire, bien qu'une promesse de vente sous seing privé eût été rédigée dans le lieu même de l'adjudication (Cass., 3 juill. 1826 ; D.P. 26.1.312).

116. — Un notaire assiste, comme ami ou conseil, à la rédaction d'un acte de vente sous seing privé ; les parties vont ensuite réaliser cet acte, en forme authen-

tique, à la résidence de ce notaire, et devant lui : y a-t-il contravention à l'art. 6 ? Non, dit Rolland de Villargues, n° 21 ; jamais la prohibition d'instrumenter hors du ressort n'a comporté un pareil sens. « Très-souvent, au contraire, on voit des notaires aussi bien que des avocats se transporter hors de leur arrondissement pour servir de conseil aux parties..... Pourrait-il être ensuite interdit aux parties de rapporter le conseil privé du notaire, leur conseil, ou de le réaliser en acte public? Evidemment non. » *V. Conf.* Trib. de Metz, 24 avr. 1837 (D.P. 38.3.115).— Cette opinion doit être comprise en ce sens que le cas auquel elle s'applique se présentera naturellement, et sans dessein ni habitude de s'attirer la clientèle d'un confrère (Dalloz, *Jur. gén.*, v° *Notaire*, n° 85).

117. — La disposition de l'art. 6 est prescrite à peine de nullité (art. 68). De là, il suit que l'acte doit contenir la preuve qu'il a été passé dans le ressort, et que la mention qu'il renferme à cet égard ne peut être détruite que par la voie d'inscription de faux.

118. — Suffit-il, en cas de contravention à l'art. 6, que les peines qu'il prononce (suspension et destitution) soient requises, pour que les juges doivent les prononcer? — L'affirmative est adoptée par MM. Fouquet, *Bibl. du barr*, 1809, t. 2, p. 39 ; Rolland de Villargues, n° 28, qui pensent que ces peines sont forcées ; mais cette opinion nous semble trop absolue : là, comme partout, les juges ont leur droit de libre examen ; ils ne doivent punir le notaire qu'en cas de mauvaise foi ou de négligence coupable ; et, par exemple, s'il y a eu méprise de sa part sur l'étendue de son ressort, par suite d'une erreur commune, il devrait être acquitté. *Conf.* Dalloz, *Jur. gén.*, n° 89.

119. — Aussi un acte a-t-il été maintenu comme authentique dans une espèce où, pendant un long espace de temps, le notaire a été inscrit sur le tableau de l'arrondissement où l'acte a été passé, alors qu'il y a toujours instrumenté sans réclamation du ministère public, et que le lieu où l'acte a été passé est situé sur les confins des deux arrondissements (Angers, 30 mai 1817 ; D.A. 10.647, n° 1).

ART. 7.—Les fonctions de notaires sont incompatibles avec celles de juges, commissaires du Gouvernement près les tribunaux, leurs substituts, greffiers, avoués, huissiers, préposés à la recette des contributions directes et indirectes, juges, greffiers et huissiers des justices de paix, commissaires de police et commissaires aux ventes.

120. — On entend par fonctions incompatibles des fonctions qui s'excluent, qui, par des raisons d'ordre ou de convenance, ne peuvent se rencontrer dans la même personne. L'incompatibilité ne doit pas être confondue avec l'empêchement. Il est parlé de ce dernier aux art. 3, 8, 17, etc.

121. — Toutes les législations ont admis des incompatibilités. La loi du 24 vendémiaire an III pose cette règle générale : « Aucun citoyen ne pourra exercer ni concourir à l'exercice d'une autorité chargée de la surveillance médiate ou immédiate des fonctions qu'il exerce dans une autre qualité. » — *Chargée de la surveillance*, c'est déjà sur un motif pareil que Loiseau, *Des Offices*, ch. 10, n° 46, se fondait pour justifier les incompatibilités qui trouvent, d'ailleurs, une justification toute naturelle dans ces considérations, qu'un fonctionnaire doit tout son temps à l'emploi qui lui est confié; qu'il ne peut suffire aux soins qu'exige plusieurs fonctions, et qu'il est juste que les faveurs, les immunités sociales, au lieu d'être concentrées sur un seul individu, soient partagées.

122. — Au reste, le principe des incompatibilités a été dès longtemps étendu aux notaires (*V.* Denisart, v° *Incompat. d'offices*; Ferrière, *Parf. Not.*, liv. 1er, ch. 11 ; Jousse, *Just. civ.*, t. 2, p. 411). — Leurs fonctions étaient déclarées incompatibles avec celles de juge et de procureur du roi (Edit, 3 mars 1536; L. 24 vend. an III); de juge de paix (L. 1er brum. an II); d'avocat (Arr. des 30 janv. 1616, 4 août 1760, 23 janv. 1766, cités par Denisart, v° *Incompat. d'off.*; Jousse, t. 2, p. 475; de greffiers des tribunaux (L. 6 oct. 1791); d'huissiers (Edit d'av. 1664); de procureur (Edit. fév. 1740, nov. 1741, sept. 1760, 6 oct. 1791) ; de commissaire de police (L. 8 juin 1792); de préposé à la recette des contributions (L. 6 oct. 1791). — On n'observait pas toujours à la rigueur celles des incompatibilités qui n'étaient par prononcées par les ordonnances : dans les juridictions subalternes, on permettait aux notaires les fonctions de greffiers, de procureurs et d'huissiers; celui qui avait été reçu avoué pouvait, en province, en exercer la profession, à moins que, dans les affaires où il était appelé à exercer ses fonctions, il n'eût pas fait des actes de son ministère (Ferrière et Denisart, *eod.*).

123. — Depuis la loi de l'an XI, les fonctions de notaire ont été déclarées incompatibles avec celles d'avocat (Décret, 14 déc. 1810; ord. 20 nov. 1822, art. 42), dont un notaire ne peut même prendre le titre (Lettre min. just., 13 juill. 1829 : *contrà*, Rolland de Villargues, *eod.*, n° 16) ; avec celles de commissaire-priseur (Ord. 31 juill. 1822, qui révoque celle du 26 juin 1816).

124. — Un notaire, s'il est licencié ou gradué, peut être juge suppléant d'un tribunal civil (Req., 3 janv. 1822 ; D.A.11. 71, n° 1), les fonctions de celui-ci n'étant pas habituelles, mais accidentelles. (L. 27 vent. an VIII, art. 12; Carré, *Compétence*, t. 1er, p. 123 ; Ed. Clerc, *Traité gén. du not.*, t. 1er, n° 271). — Rolland de Villargues dit, v° *Incompatibilités*, n° 10, « pourvu qu'il réunisse les conditions prescrites par l'art. 64 de la loi du 20 avril 1810; l'usage est d'ailleurs conforme à cette opinion. » — Or, ces conditions sont d'être licencié, d'avoir prêté serment et d'avoir été inscrit au tableau pendant deux ans. — L'arrêt de la chambre des requêtes est moins rigoureux. — M. Augan, p. 16, voudrait que, dans ce cas, la loi prononçât l'incompatibilité, ce dont il n'y a pas de justes raisons, à notre avis, car le notaire n'est appelé d'ordinaire que dans des cas très-rares et où le service manquerait. Pourquoi se priver d'un tel auxiliaire ?

125. — Il peut être suppléant de juge de paix (Lett. min., 22 janv. 1827). Rolland de Villargues, *eod.*, n° 8, dit avec raison que « l'usage confirme cette opinion. » Toutefois, il ne pourrait pas procéder en même temps à la levée des scellés comme juge suppléant, et à l'inventaire, comme notaire : l'art. 7 serait ici applicable; les deux fonctions s'excluent. Comme juge, même accidentel, il se trouve exercer un contrôle sur lui-même agissant comme notaire (*Conf.* Loret, t. 1er, p. 188; Rolland de Villargues, *eod.*, n° 9 ; Ed. Clerc, *Traité gén. du not.*, t. 1er, n° 271). — Il peut être maire ou adjoint (Lett. min., 22 janv. 1827; Loret, t. 1er, p. 192; Rolland de Villargues, *eod.*, n° 20). — Mais il ne peut être ni greffier de justice de paix, ni greffier de maire tenant l'audience de police (Legraverend, t. 2, p. 306), ni secrétaire de mairie (Lettre du procureur du roi de Castres, du 6 janv. 1848, D.P.48.3.86).

Peut-il être commis pour remplacer *momentanément* un greffier de justice de paix empêché? Oui (*Ann. not.*, t. 9, p. 222; Rolland de Villargues, *eod.*, qui prouve que l'art. 7 ne s'entend pas des fonctions accidentelles). Pourquoi alors restreindre cette aptitude accidentelle au greffe de justice de paix?

126. — Il ne peut être membre d'un conseil de prud'hommes (Rolland de Villargues, qui cite une décision du min. de just. de 1808 ou 1809) ni receveur de l'enregistrement (L. 21 germ. an v), ni conservateur des hypothèques (L. 21 vent., 9 mess. an III), ni contrôleur des contributions (Décis. minist. fin., 8 prair. an XIII), ni directeur de la poste aux lettres (Décis. minist. fin., 5 fév. 1805; Loret, t. 1er, p. 191; Rolland de Villargues, eod., n° 22).

127. — ...Ni conseiller de préfecture (Avis cons. d'Et., 10 vent. an XIII), ni sous-préfet, ni secrétaire de préfecture ou de sous-préfecture. — La loi du 24 vendém. an III, tit. 2, art. 5, déclare en effet les fonctions de directoire de département (il exerçait celles dévolues aujourd'hui au conseil de préfecture) et de district (sous-préfet), de greffier de ces administrations (aujourd'hui les secrétaires), incompatibles avec celles de notaire (Rolland de Villargues, cod., n° 18).

128. — Quoiqu'il ne puisse être commissaire-priseur, il peut procéder aux prisées et ventes de meubles dans les lieux où il n'en existe pas (V. v° Ventes publiques de meubles, n° 5; Ed. Clerc, Traité gén. du not., t. 2, n° 269).

129. — Un notaire peut être dispensé d'accepter une tutelle dans un autre département (C. 427; Conf. Rolland de Villargues, v° Incompatib., n° 26. — Contrà Favard, v° Tutelle, qui se fonde sur ce que les notaires ne sont pas assujettis à une résidence continuelle). — Mais, à ce compte, les autres fonctionnaires non plus, car les uns et les autres peuvent s'absenter, quoiqu'ils ne le puissent qu'en vertu d'une autorisation. — Ce qu'on dit ici est-il applicable au curateur, lorsque les biens qu'il s'agit d'administrer ou de protéger sont situés hors du département? Cela s'appliquerait au curateur commis à l'administration des biens d'un absent. Rolland de Villargues, cod., n°s 28 et 29, dit que le notaire pourrait alléguer l'incompatibilité sur le premier point, mais non sur le second, parce que la curatelle à l'absence est un mandat que l'art. 1994, C. Nap., permet de substituer. L'incompatibilité ne nous semble pas exister pour les diverses curatelles, la plupart volontaires, dont s'occupent nos lois. — Toutefois il pourrait être nommé conseil de tutelle.

130. — Il est interdit aux notaires de se livrer, porte l'édit de 1765, à des « travaux incompatibles avec leurs fonctions

et qui les font sortir des bornes de leur état, » comme se livrer à des opérations de commerce, de banque, de finance.

Il a même été décidé que l'exercice d'un commerce par la femme d'un notaire peut motiver contre celui-ci, de la part du ministre de la justice, une injonction d'opter entre la conservation de ses fonctions et la continuation de ce commerce (Cons. d'Et., 2 août 1854, D.P.55. 3.26. — V. aussi trib. de Mende, 8 oct. 1845; D.P.47.3.111).

131. — Quelle peine est infligée au notaire qui accepte des fonctions incompatibles? Dans quel délai doit-il opter (V. art. 66)?

SECTION II. — Des actes, de leurs formes, des minutes, grosses, expéditions et répertoire.

ART. 8. — Les notaires ne pourront recevoir des actes dans lesquels leurs parents ou alliés en ligne directe à tous les degrés, et en collatérale jusqu'au degré d'oncle ou de neveu inclusivement, seraient parties, ou qui contiendraient quelque disposition en leur faveur.

132. — Le tribun Favard, dans son rapport, justifiait ainsi cet article : « S'il est défendu aux notaires de recevoir des actes pour leurs parents jusqu'à certains degrés, on a voulu par là leur conserver un caractère d'impartialité qui ne doit jamais les abandonner. Cette mesure les met à l'abri de tous les combats que l'intérêt livre à la probité, et l'affection aux devoirs, combats dans lesquels la probité triomphe, mais qu'il est bon d'éviter à la généralité des hommes publics. »

133. — Le droit ancien était conforme à la disposition de l'art. 8. « L'arrêt de règlement du 8 juin 1635, a dit Merlin, Rép., v° Notaire, § 5, n° 4, est conçu dans des termes qui répondent parfaitement à ceux de l'art. 8 de la loi du 25 ventôse : « Fait défenses aux notaires, porte-t-il, d'instrumenter pour leurs fils, gendres et parents au degré de l'ordonnance. » Ces mots instrumenter pour comprennent évidemment le cas où les parents ou alliés du notaire sont parties dans l'acte, et le cas où l'acte dispose en leur faveur, sans qu'ils y soient parties.

134. — Un arrêt de règlement du 11 août 1607 avait déjà fait défense à tous notaires de passer ou recevoir aucuns contrats au profit de leurs enfants, gendres, pupilles, étant en leurs tutelles ou curatelles, et cousins germains, ni de prendre aucuns de leurs parents en pareil degré pour témoins desdits contrats.

135. — Une des difficultés les plus graves auxquelles l'art. 8 ait donné naissance, est celle de savoir si les mots *disposition en leur faveur* que contient cet article se réfèrent aux parties elles-mêmes ou aux notaires. Voici en quels termes Grenier, *des Donat.*, n° 249, s'exprime sur la question : « J'ai vu prétendre, dit-il, que ces mots. *en leur faveur*, ne se rapportaient pas aux notaires, mais bien à leurs parents ou alliés au degré déterminé par cet article. Mais cette prétention ne paraît pas fondée : elle est contraire aux règles grammaticales. Si le premier pronom, *leurs*, se rapporte aux notaires, il en est de même du second *leur*, qui a le même régime. S'il en était autrement, cet article aurait dit deux fois la même chose, en ce qui concerne les parents ou alliés des notaires ; car, ces mots : « des actes dans lesquels leurs parents ou alliés seraient parties, » comprennent, dans le sens de la loi, les testaments comme les autres actes, quoique les légataires ne soient pas, à proprement parler, parties dans ces testaments. Cet article a donc deux dispositions, l'une qui regarde les parents ou alliés du notaire, l'autre qui le concerne personnellement ; et c'est sans doute parce que cet article contenait une législation sur le cas des dispositions faites en faveur des notaires par tous actes quelconques, que le Code Napoléon ne s'en est pas expliqué en parlant, soit des testaments, soit des donations. » — Toullier, t. 8, n° 73 ; Rolland de Villargues, v° *Notaire*, n° 405 ; Augan, t. 2, p. 71, sont de cet avis, qui trouve d'ailleurs un appui dans l'arrêté du 30 déc. 1842 sur l'Algérie, dont l'art. 33 défend aux notaires « d'insérer dans les actes des dispositions dont ils retireraient un *profit personnel*. » Merlin, *Rép.*, v° *Notaire*, § 5, n° 4 ; Loret, t. 1er, p. 208 ; Duranton, t. 13, n° 28 ; Ed. Clerc, *Traité gén. du not.*, t. 1er, n° 531, pensent, au contraire, que les mots *en leur faveur*, de l'art. 8, ne s'appliquent qu'aux parents et alliés du notaire, tout en ne doutant pas que la prohibition de l'art. 8 doive être étendue aux notaires.

C'est à cette dernière opinion que nous serions disposés à nous ranger. En effet, l'argumentation grammaticale de M. Grenier nous paraît tomber devant la construction de la phrase dont se compose l'art. 8, qui est celle-ci : « Les actes dans lesquels les parents du notaire seraient parties ou qui contiendraient quelque disposition en leur faveur. » Or, de quelle parenté se préoccupe le législateur ? De celle des parties avec le notaire. — Quelle disposition excite sa sollicitude ? Celle qui est faite en leur faveur. Ce sont les parents du notaire que la loi a en vue principalement : le notaire ne s'offre à lui qu'accessoirement. Il est des actes dans lesquels des parents du notaire figurent comme *parties*, il en est dans lesquels, sans être parties, ils reçoivent un avantage. Aux premiers se réfèrent particulièrement les actes entre-vifs, ceux entre autres qui contiennent des stipulations ou des promesses, des engagements synallagmatiques ou unilatéraux ; dans la seconde classe se rangent surtout les actes dans lesquels ces parents, sans y figurer comme parties, sont l'objet de quelque avantage, de quelque faveur : telles sont les stipulations faites pour eux par des tiers, les exécutions de mandat, et surtout les actes de dernière volonté. Or, à l'égard des uns comme à l'égard des autres, le ministère du notaire, qui est leur parent ou allié jusqu'au troisième degré, est prohibé. Voilà l'économie de la loi, qui, expliquée de cette manière, ne présente aucune espèce d'ambiguïté, tandis que l'incertitude et la confusion naissent dès qu'on prétend appliquer au notaire les mots *en leur faveur*, qu'on lit dans l'art. 8. Avec cette dernière interprétation, en effet, il n'y aurait de prohibition du ministère du notaire, 1° à son égard, qu'autant que l'acte renfermerait une disposition en sa faveur, c'est-à-dire qu'il pourra figurer lui-même comme partie dans les actes qu'il reçoit, s'y obliger, y jouer, en un mot, le principal rôle, dès lors qu'aucune disposition en sa faveur n'y sera stipulée ; 2° à l'égard des parents du notaire, toutes les fois qu'au lieu de paraître comme parties, ils ne figureront dans les actes que d'une manière passive, encore qu'ils y soient l'objet des plus larges faveurs ! Or, en présence de ces suppositions qu'on ne peut admettre, l'interprétation qui rattache les mots, *en leur faveur*, aux parents des notaires et non à ces derniers, doit être adoptée (*Conf.* Dalloz, *Jur. gén.*, v° *Notaire*, n° 368).

Des auteurs ont soutenu aussi que les mots *en leur faveur* comprennent tout à la fois les parents et les notaires : mais c'est là une prétention que détruit le sens grammatical de la disposition, laquelle, par la disjonctive *ou*, entend marquer une opposition entre les actes dans lesquels les parents du notaire comparaissent *comme parties* et ceux dans lesquels ils reçoivent quelque avantage. Pour que le notaire pût être compris dans cette expression, il faudrait qu'il eût figuré dans le premier membre de la phrase qui parle des parties dans l'acte, et qu'il eût été mis sur la même ligne que ces parties : or, c'est ce qui n'a point eu lieu ; et, ce qui démontre d'une manière péremptoire que l'interprétation qu'on relève ici ne saurait être admise, c'est que, comme on l'a déjà dit, l'art. 8 ne se trouverait avoir prévu que le cas où l'acte contiendrait une disposition en faveur du notaire, et nullement celui dans lequel il prendrait part aux actes comme partie (V. en ce sens Dalloz, *Jur. gén.*, v° *Notaire*, n° 370).

136. — Est-ce à dire pour cela que toute latitude ait été laissée aux notaires, soit qu'ils stipulent comme parties dans les actes qu'ils reçoivent, soit qu'ils y soient l'objet de dispositions avantageuses? Est-ce à dire que les législateurs, qui ont senti le besoin de donner à la société des garanties et de protéger le notariat contre toute suspicion fâcheuse, les ait livrés, la société aux plus graves périls, les notaires aux séductions de l'intérêt le plus facile à satisfaire? Non très-certainement : l'incapacité des notaires résulte virtuellement de la loi de leur institution qui en a fait des fonctionnaires publics pour recevoir les actes auxquels les *parties* veulent faire donner le caractère d'*authenticité*, et qui a ainsi imprimé une force tout extraordinaire aux témoignages qu'ils portent touchant les conventions et les déclarations qu'ils consignent dans leurs actes. Or, est-il besoin d'écrire dans une loi qu'une autorité pareille ne peut être attribuée qu'à des actes dans lesquels le notaire non-seulement ne figure point comme partie, mais dans lesquels il ne saurait avoir aucun intérêt? — La prohibition s'induit virtuellement des art. 8, 9, 10, 11, 12, 13, de la loi de ventôse, qui, en proscrivant l'intervention des notaires et des témoins dans les actes où leurs parents jusqu'au troisième degré (et même jusqu'au quatrième à l'égard de témoins testamentaires, art. 975, C. Nap.) figurent soit comme parties, soit comme intéressés, a entendu manifestement que les uns et les autres ne pourraient rendre témoignage dans leur propre cause : *Nemo testis idoneus in re suâ.* L'incapacité des notaires pour instrumenter dans les actes qui les concernent tient donc aux principes les plus élevés, aux fondements mêmes de l'institution du notariat ; toute expression à cet égard était superflue, et, dans la prohibition qui résulte contre eux, l'interprétation ne saurait, soit dans l'intérêt de leur considération, soit dans l'intérêt de la société, être trop large et trop générale

(V. en ce sens Dalloz, n° 369 ; Ed. Clerc, *Traité gén. du not.*, t. 1er, n° 131).

137. — D'après ces explications, il se présente quatre hypothèses dans lesquelles les notaires sont également incapables d'instrumenter : 1° actes dans lesquels leurs parents ou alliés au degré prohibé sont parties ; — 2° actes qui contiennent quelques dispositions en faveur de ces parents ; — 3° actes dans lesquels les notaires figurent comme parties ; — 4° actes contenant des dispositions en leur faveur. — Voilà, suivant nous, l'économie de la loi ; la marche qu'elle trace est aussi simple que facile à reconnaître.

138.—Mais il convient d'abord de remarquer : 1° que la loi de ventôse est générale pour le notariat et pour les actes notariés ; qu'elle s'applique aux testaments comme aux actes entre-vifs, sauf les dérogations ou modifications que des lois spéciales et le Code Napoléon peuvent présenter (par exemple, l'art. 975, plus sévère que l'art. 13 de la loi de ventôse; *V. infrà*, n° 149) ; qu'on objecte en vain qu'il n'y a pas de *partie* dans un testament, ce qui impliquerait l'idée que l'art. 8 ne leur est pas applicable ; que le mot *partie* est générique et que le testateur est partie au testament comme celui qui s'oblige dans un contrat (Massé, liv. 3, ch. 16 : Duranton, t. 9, n° 52 ; Vazeille, *des Donat..* art. 975, n° 4 ; Dalloz, n° 374 ; Ed. Clerc, *Traité gén. du not.*, t.1er, n°533) ; que l'ancienne jurisprudence était conforme (Jousse, t. 2, p. 382.—*Contrà* Pothier, *eod.*, ch. 1, art. 3, §2) ;—2° que l'art. 8 s'applique au contrat de mariage comme aux actes ordinaires (Riom, 20 nov. 1848 et 28 mai 1824. *Contrà* Colmar, 16 mars 1813 ; Riom, 12 fév. 1818 ; D. A. 10.651, n°s 2,3 ; 652 ; 651 ; 650) ; — 3° qu'il s'applique à l'adjudication dont un notaire est chargé, soit par les parties, soit par commission des juges (Loret, t. 1er, p. 207 ; Massé, *Ann. du not.*, t. 16, p. 152 ; Dalloz, n° 379 ; — *V.* cependant n°s 154, 179).

139. — 4° Que la nullité des actes est absolue, et doit être appliquée, quelque éventuelle et modique que soit la disposition (Bourges, 30 juin 1828 ; D.P.29.2. 307), qu'elle est indivisible (n° 214).

140. — 5° Que la prohibition atteint le notaire en second comme celui qui garde la minute : le motif de la loi est le même, car ils reçoivent l'acte conjointement (Merlin, *Rép.*, v° *Notaire*, § 5, n° 4 ; Rolland de Villargues, v° *Parenté*, n° 52).

141. — 6° Qu'un notaire serait passible des dommages-intérêts qu'entraînerait la nullité de l'acte qu'il ferait à son profit sous le nom d'une personne interposée

(Toullier, n° 73 ; Rolland de Villargues, *eod.*, n° 454). — *V.* aussi n°⁵ 181, 182 et 206.

7° Un notaire peut-il délivrer une expédition affectée d'un vice prévu par l'art. 8? *V.* l'art. 21.

— Passons aux diverses catégories de l'art. 8.

142. — *1° Actes dans lesquels les parents ou alliés du notaire sont parties.*

143. — *Parenté.* — La parenté est le lien établi par la nature entre des personnes qui descendent les unes des autres ou d'un même auteur, ou par le seul effet de la loi, entre l'adoptant, par exemple, et l'adopté. — Elle diffère de l'alliance ou affinité qui est le lien résultant du mariage entre un époux et son conjoint et ses *parents naturels*, etc.; cette sorte de parenté, quoiqu'elle en résulte que des usages sociaux, identifie tellement un époux à l'autre, qu'elle produit presque toujours les mêmes effets que celle qui dérive des liens du sang.

144. — La parenté se reconnaît particulièrement à deux signes, la prohibition du mariage et la capacité de succéder.

145. — A l'égard de la ligne directe, il ne s'élève pas de difficultés, la prohibition s'étend à tous les degrés de la parenté ou de l'alliance. — Mais en collatérale, il y a des incertitudes; il semble que, pour les lever, il vaut mieux s'en tenir à la *lettre* de l'art. 8, qui restreint la prohibition au troisième degré.

146. — L'*alliance* produit les mêmes incapacités que la parenté (Rolland de Villargues, n° 61); mais on entend par là l'alliance véritable et non cette espèce de rapport improprement qualifié d'affinité qui existe entre un conjoint et les *alliés* de ce conjoint. Ainsi le notaire est l'allié de la sœur de sa femme, mais non du mari de celle-ci : *affinitas affinitatem non parit* (Nancy, 2 fév. 1838 ; D.P.38.2. 66). — Ainsi, si sa belle-mère se remarie, le second mari est le beau-père de la femme du notaire et non de ce dernier. Rolland de Villargues, *eod.*, n° 56, estime que le notaire peut passer des actes pour les beau-frère et beau-père de sa femme. Loret, t. 1ᵉʳ, p. 200, est d'avis contraire; mais cet avis, bien qu'il trouve appui dans les art. 283 et 378, C. pr., relatifs aux témoins et aux juges, doit être rejeté comme allant au delà des termes rigoureux de la loi (Dalloz, *Jur. gén.,* v° *Notaire,* n° 382). — Il peut aussi recevoir les actes dans lesquels les beau-père et belle-mère, beau-frère et belle-sœur de son fils ou de sa fille, sont parties : l'affinité résultant du mariage ne remonte pas plus haut que les époux (Rolland de Villargues, n° 57; Dalloz, *loc. cit.*).

147. — On doit dès lors, et sans aucun doute, considérer comme allié du notaire l'enfant que sa femme a eu d'un premier lit (Dalloz, n° 383).

148. — On doit par analogie appliquer la prohibition aux parents *naturels* et *adoptifs,* dans les degrés, bien entendu, où il y a parenté ou alliance (Fouquet, *Biblioth. du barreau,* 1809, t. 2, p. 45; Loret, t. 1ᵉʳ, p. 203; Rolland de Villargues, n° 58; Dalloz, n° 384).—Ainsi il n'y a, en droit strict, ni parenté ni alliance entre le notaire et la mère de son enfant naturel, même reconnu; mais les convenances commandent au notaire de s'abstenir ou au moins de n'agir qu'avec une grande circonspection (Rolland de Villargues, n° 59; Dalloz, *loc. cit.* — *Contrà* Fouquet, p. 49); — Ni entre un notaire enfant naturel et le fils que son père a adopté : la parenté adoptive se restreint aux cas prévus par la loi. A plus forte raison lorsqu'elle est en contact avec la parenté naturelle (Fouquet, p. 50; Rolland de Villargues, n° 60);... ni entre l'adopté et les frères ou sœurs de l'adoptant; ni entre le notaire père adoptif et le frère naturel de l'enfant qu'il a adopté (Dalloz, *loc. cit.*).

149. — La prohibition fondée sur la parenté des parties avec le notaire en ligne collatérale s'applique aux testaments, et elle est limitée au troisième degré, comme pour les actes entre-vifs inclusivement. — En conséquence, le notaire peut recevoir le testament d'un cousin germain, c'est-à-dire d'un parent au quatrième degré : l'art. 975, C. Nap., n'est établi que contre les témoins et non contre le notaire (Grenier, n° 249; Toullier, *loc. cit.;* Vazeille, sur l'art. 975, n° 4; Augan, t. 1, p. 70; Dalloz, n° 375; Ed. Clerc, *Traité gén. du not.,* t. 1ᵉʳ, n° 534; Riom, 3 déc. 1827, D.p.29.2.234; *Contrà* Delvincourt, t. 2, p. 315; Massé, liv. 3, chap. 16; Douai, 17 mars 1815. D.A.5. 679). *V. infrà,* n° 162.

150. — *Partie.* On doit considérer comme parties, dans le sens prohibitif de l'art. 8, c'est-à-dire comme rendant le notaire, qui est parent au degré prohibé, incapable de recevoir l'acte dans lequel elles figurent :

151. — ... 1° Le mandant, même dans les actes où il est représenté par son mandataire, c'est lui qui a intérêt à l'acte, lui qui est véritablement la partie contractante (Carré, *Org. Jud.,* p. 396; Loret, t. 1, p. 206; Rolland de Villargues; v° *Parenté,* n° 68; Dalloz, n° 385; Trib.

de Gray, du 24 fév. 1835, et les motifs de l'arrêt de cassation, du 29 déc. 1840 ; D.P.41.1.48, dans lesquels il est dit «qu'on doit réputer parties dans les actes des notaires, non-seulement ceux qui stipulent pour d'autres, comme leurs mandataires ou représentants, et qui signent les actes, mais encore et surtout les parties *intéressées* »).

152. — ...2° Le tuteur agissant au nom de son pupille (Cass., 29 déc. 1840 ; D. p.41.1.48).

153. — ...3° Celui qui passe des actes comme mandataire,—peu importe qu'il ne stipule rien pour lui et qu'il n'ait aucun intérêt personnel : — il suffit qu'il soit stipulant pour que, dans le sens de la loi notariale et vis-à-vis du notaire, il doive être réputé partie dans l'acte; c'est ce qui résulte implicitement des art. 11, 13, 14 et 15 de la loi. D'ailleurs, outre que les limites du mandat peuvent être excédées, ce qui constituerait le mandataire partie pour tout ce qui serait en dehors de ses pouvoirs, on conçoit que les conséquences du mandat peuvent être de nature à l'intéresser personnellement. — Aussi la pratique des notaires de Paris est-elle dans le sens de la prohibition (Conf. déc. min. just., 5 fév. 1823 ; Cass., 29 déc. 1840; D.P.41.1.48; Carré, *eod.*; Rolland de Villargues, vᵒ *Parenté*, nᵒ 71. — *Contrà* Loret, t. 1, p. 205; Duranton, t. 8, nᵒ 428; Augan, t. 1, p. 70 ; Pont, *Dissertation insérée*, D.P.34.1.422), à la suite de l'arrêt de cassation, du 30 juill. 1834, dont les motifs, contraires à l'opinion qui voit une partie dans le mandataire, doivent être connus : « Attendu que la prohibition faite aux notaires par la loi du 25 vent. an XI ne s'applique qu'aux actes dans lesquels certains parents ou alliés du notaire seraient parties, ou dans lesquels quelques dispositions formelles en faveur du notaire seraient contenues ; — Attendu, en outre, que la qualité de mandataire même *salarié* ne donne pas le titre de partie au mandataire qui ne figure dans l'acte qu'en cette qualité; que, par conséquent, cette qualité ne donne point l'intérêt direct auquel le législateur attache la peine de nullité. » — Cet arrêt est d'autant plus digne d'être remarqué, qu'il refuse la qualité de partie même au mandataire *salarié*; mais il ne faut pas perdre de vue : 1° qu'il est antérieur de plusieurs années à celui de 1841, qui, par la généralité de ses expressions (V. le nᵒ 150), semble avoir montré qu'il a entendu condamner la doctrine de l'arrêt de 1834 ; 2° que ce n'est que dans leurs *motifs* que l'un et l'autre de ces ar-

rêts résolvent la question, que la spécialité de l'une et l'autre des espèces leur permettait d'éviter. — Toutefois on ne doit réputer partie ni le mandataire parent du notaire, qui n'est pas présent à l'acte de procuration pour l'accepter (Loret, t. 1, p. 205 ; Rolland de Villargues, nᵒ 77 ; Dalloz, vᵒ *Notaire*, nᵒ 387) ; — Ni à plus forte raison le mandataire dont le nom serait plus tard inséré dans une procuration en blanc ou en brevet, à moins, toutefois, que ce nom ne soit celui du notaire même qui a reçu la procuration (Dalloz, *loc. cit.*; V. *infrà*, nᵒ 171).

154. — ...4° Le syndic d'une faillite ou l'administrateur d'un hospice ou d'un bureau de bienfaisance (Rolland de Villargues, *eod.*, nᵒ 74; Dalloz, nᵒ 388.—*Contrà* Loret, t. 1ᵉʳ, p. 207; mais non, d'après Rolland de Villargues, nᵒ 75, 1ʳᵉ édit., le notaire chargé par justice de représenter un absent. V. cependant nᵒˢ 179 et 180).

155. — 5° Le gérant d'une société, même anonyme. — L'arrêt cité nᵒ 153, du 30 juill. 1834, a refusé de le considérer comme partie, tout en voyant en lui un mandataire, et sans s'arrêter à cette particularité qu'il n'avait pas figuré dans l'acte, ce qui aurait pu dispenser la Cour de se prononcer sur le principe (D.P.34.1.421).

156. — ...6° Le gérant d'affaires, *negotiorum gestor*, car il agit, il contracte, il peut être désavoué; il est passible de recours (Fouquet, *Bibl. du barr.*, 1810, p. 341; Dalloz, *Jur. gén.*, vᵒ *Notaire*, nᵒ 388).

157. — ...7° Celui qui se porte fort et même, d'après la jurisprudence, les individus dans l'intérêt desquels on se porte fort pour d'autres individus (Metz, 6 janv. 1841 ; Rennes, 31 août 1841 ; Cass., 29 déc. 1840 ; D.P.41.1.48; 2.124). — Cette dernière solution est critiquée par Rolland de Villargues, *eod.*, nᵒ 70, en ce qu'elle tend à paralyser le bénéfice des art. 1120 et 1121, C. Nap. V. l'art. 13).

158. — ...8° Le mari qui comparaît à l'acte uniquement pour autoriser sa femme. En effet, le mari agit, stipule, se comporte, en un mot, comme une partie en ce qui concerne son autorisation, *parte in quâ* (Dalloz, nᵒ 389). — Cependant un arrêt de la Cour de Nancy, du 2 fév. 1838 (D.P.38.2.26), a adopté une opinion contraire : « Attendu que l'on n'est partie dans un acte que lorsqu'on y figure pour contracter, c'est-à-dire pour *fournir une déclaration*, une promesse, une stipulation qui engage le stipulant personnellement, et non lorsqu'on y comparaît seulement pour assister une partie contractante; que, spécialement, le mari ne peut

être considéré comme partie dans l'acte, lorsqu'il n'y figure que pour assister ou autoriser sa femme; si d'ailleurs il ne contracte aucun engagement personnel ou s'il ne retire de l'acte aucun avantage qui lui soit propre. » — Mais le mari doit être regardé comme partie, s'il a intérêt à l'acte pour lequel il doit autoriser sa femme, que cet intérêt soit indirect ou direct. — C'est ce que le même arrêt reconnaît; et, sur le pourvoi, cet arrêt a été maintenu le 27 mars 1839, mais par le motif unique qu'il était déclaré en fait que le mari était intéressé dans l'acte par lui autorisé (D.P.39.1.111).

159. —...9° La partie qui a figuré dans un acte dont on veut faire le dépôt chez un notaire parent de cette partie, et bien que celle-ci ne figure pas dans l'acte de dépôt. L'absence de la partie parente du notaire, au moment de la passation de l'acte de dépôt, ne doit être d'aucune influence; car, absente comme présente, elle a le même intérêt : par suite, les mêmes motifs de prohibition dominent. D'ailleurs, les dispositions d'une loi ne peuvent être ainsi éludées à l'aide d'un dépôt qu'il serait si facile à l'une des parties d'effectuer (Conf. Rolland de Villargues, n° 91 ; Ed. Clerc, t. 1er, n° 541-7°). — Il a été jugé cependant que le dépôt d'un acte dans les minutes d'un notaire qui serait incapable de le recevoir à raison, par exemple, de la parenté ou de l'alliance existant entre lui et l'une des parties contractantes, n'entraîne pas la nullité de cet acte (Req., 6 janv. 1862, D.P.62.1.124).

160. —...10° Les individus qui figurent dans une pièce qu'on veut annexer à un acte que le notaire reçoit, si le nouvel acte se réfère aux dispositions de la pièce qu'on veut annexer et qui contient des stipulations en faveur d'un parent du notaire (Rolland de Villargues, n° 92).

161. — Toutefois on ne considérait pas comme parties, 1° les personnes appelées comme conseils ou par honneur à signer un contrat de mariage, pourvu que, bien entendu, l'acte soit signé par deux notaires ou par un notaire et deux témoins ayant la capacité requise : le témoignage d'honneur ou d'estime que l'usage permet ainsi de rendre à certaines personnes ne présente rien qui puisse nuire à l'acte ni infirmer son authenticité (Conf. Rolland de Villargues, v° Partie, n° 2); 2° et, d'après la jurisprudence, l'actionnaire d'une société anonyme représentée par son gérant (Grenoble, 8 mars 1832, et sur pourvoi, rej., 30 juill. 1834, aff. Durant, D.P. 34.1.421), surtout si son intérêt est d'une importance minime qui ne permette pas de suspecter son impartialité (Paris, 28 mai 1848, D.P.1848.2.116), restriction fort sage dont les notaires doivent bien se pénétrer. On comprend, en effet, que l'individu qui serait porteur de la plupart des actions pourrait être considéré comme intéressé direct dans le sens de l'art. 8 de la loi. Au reste, devant le défaut de précision de ces arrêts, il est sage et prudent de s'abstenir.

162. —2° Dispositions en faveur des parents du notaire. Il y a intérêt dans le sens de l'art. 8, si des parents ou alliés du notaire au degré prohibé sont institués légataires; c'était déjà l'ancienne jurisprudence (Jousse, t. 3, p. 383; Ferrière, Parf. Not., t. 2, p. 224), qui doit être encore suivie (Merlin, Rép., v° Notaire, § 5, n° 4, et Testam., sect. 2, § 3, art. 2, n° 8; Toullier, t. 5, n° 388; Duranton, t. 9, n° 52; Poujol, sur l'art. 971; Douai, 29 mai 1810; 8 mai 1811 ; 17 mars 1815; D.A.10.648, n° 2; 5.292.679); et cela, quelque modique et quelque éventuelle que soit la disposition, comme si, par exemple, un testateur, en léguant un immeuble, déclare que, si le légataire veut le vendre un jour, il sera tenu d'en donner la préférence à un tel, neveu du notaire (Favard, Rép. not., t. 2, p. 659); Bourges, 30 juin 1828; D.P.29.2.207). Cependant la disposition de l'art. 975, Cod. Nap., qui modifie celle de la loi de ventôse an XI (art. 8), quant aux témoins appelés aux testaments par acte public, ne s'applique pas aux notaires (V. ci-dessus, n° 149) : en conséquence, ce dernier peut recevoir le testament dans lequel sa cousine germaine est instituée légataire (23 janv. 1850. Douai, D.P.50.2.68; Grenoble, 11 fév. 1850, D.P.52.2.44). — En tout cas, le testament qui, après institution d'un légataire universel, contient divers legs particuliers au profit des héritiers de la testatrice, sans désignation, ne peut être annulé pour cause de parenté entre le notaire rédacteur et l'un des légataires particuliers institués, ce notaire n'ayant pu connaître son incapacité (Req., 15 déc. 1847; D.P.49.1.188; V. sur le sens des mots en leur faveur, n°s 187 et suiv.).—En ce qui concerne spécialement le testament mystique, V. comme argum. ce qui est dit infra, n° 194.

163.—La nullité qui résulte du vice de parenté peut être couverte par la ratification, lorsque les parties sont toutes capables de contracter, et que l'objet de l'acte est susceptible de confirmation. C'est à tort que le tribunal de Toulouse avait allégué l'ordre public en faveur de la thèse contraire ; son jugement fut justement réformé (Toulouse, 1er mars 1822).—Tout ceci, bien entendu, sauf l'exception de l'art. 1339, C. Nap., pour les donations.

164. — 3° *Le notaire ne peut pas être partie dans les actes qu'il reçoit.* « Il est incompatible, dit Brillon, v° *Notaire*, n° 25, que le même qui reçoit le contrat soit aussi la partie contractante : il doit y avoir de la différence entre le stipulant et le promettant. » C'est en ce sens que s'expriment Loret, t. 1er, p. 202, et Rollaud de Villargues, *eod.*, n° 430, qui ajoute que le notaire « ne peut jouer deux rôles à la fois : certifier la présence et les déclarations d'une partie et être lui-même cette partie : autrement il serait juge dans sa propre cause. » Tout cela serait de soi-même évident, quand la loi ne l'aurait pas érigé en règle absolue.

165.—L'incapacité existe, quoique l'acte ne lui procurât aucun avantage et même lui fût défavorable. Qui ne comprend, en effet, que le notaire pourrait, par la tournure qu'il saurait donner à la rédaction, affaiblir des conséquences que l'acte serait susceptible de produire contre lui?—D'ailleurs, il est partie dans l'acte, et à ce titre il ne peut lui donner le caractère d'authenticité. Cependant Guy-Pape, *Question* 328; Despeisses, t. 2, p. 188; Jousse, t. 2, p. 384; Rousseau-Lacombe, v° *Notaire*, n° 15, étaient d'un avis contraire. » Un notaire, dit ce dernier, peut instrumenter dans sa propre affaire, lorsque l'acte n'est pas à son avantage, par exemple, lorsqu'il s'oblige lui-même : *Quoniam nullum ipsius commodum est* (L. 22, § 10, D. *De Leg. Cornel., de fals.*).

166.—Dans quel cas le notaire doit-il être réputé partie? Il semble que, pour être partie, il faut qu'il s'oblige dans l'acte, qu'il y stipule comme promettant ou acceptant, car, dit très-bien M. Rolland de Villargues, n° 433, « un acte peut renfermer des stipulations qui concernent le notaire, sans que cet officier doive y être intéressé comme partie. » *Conf.* Dalloz, v° *Notaire*, n° 395.

167. — Ainsi il ne peut : 1° passer ni l'acte d'une vente de biens qui lui appartiennent, lors même que ce serait sous le nom d'un tiers. — Il s'agit d'une nullité d'ordre public, et l'acte nul, comme acte public, ne peut valoir ni comme acte sous seing privé, ni même comme convention verbale (Orléans, 5 mai 1849, D. r. 1849.2.113), ni même comme commencement de preuve par écrit (Cass., 15 juin 1853, D.P. 53.1.211), et la doctrine contraire adoptée par la Cour de Turin, 23 frim. an XI, ne saurait être admise. *V.*

cependant Douai, 10 févr. 1851; D.P.51.2. 61.—Un tel acte ne pourrait valoir comme acte sous seing privé qu'autant qu'il réunissait toutes les conditions essentielles à la validité de ces sortes d'actes (Orléans, 31 mai 1845 ; D.P.49.2.100). — Au reste, l'acte serait valable, si, au lieu d'être reçu par le notaire qui y est intéressé, il l'avait été par un confrère suppléant de ce notaire, encore qu'il eût été rédigé dans l'étude du notaire qui doit en profiter, avec stipulation que celui-ci en garderait minute (Angers, 13 mars 1847; D.P.47. 2.80).

— ... 2° Ni y recevoir une somme à lui due, ni consentir une subrogation (*Conf.* Rolland de Villargues, *eod.*, n° 438; Dalloz, n° 397); Ed. Clerc, *Traité gén. du not.*. t. 1er, n° 549; Rolland de Villargues, n° 440) ; ni recevoir un acte portant obligation de sommes en apparence au profit d'un tiers, mais en réalité à son profit (Orléans, 15 mars 1845, D.P.49.2.97). *V.* aussi Cass., 15 juin 1853, cité au n° précédent ; mais *V.* Req., 25 nov. 1856 (D.P.57.1.19).

168.—... 3° Ni se rendre, par personne interposée, acquéreur d'immeubles vendus devant lui : l'acte ne vaut que comme sous seing privé, conformément à l'art. 68 (Colmar, 9 fév. 1835, aff. Gaudin ; *Jurisp. not.*, art. 2951 ; *V.* n°s 181 et 206).

169. — ... 4° Ni accepter valablement, au nom de la partie absente à l'acte qu'il reçoit, se portât-il fort pour elle (Toulouse, 31 juill. 1830 ; D.P.31.2.424), par exemple, stipuler au nom du prêteur absent et accepter l'engagement de l'emprunteur (Cass., 11 juill. 1859, D.P.59.1. 401 ; Grenoble, 8 juill. 1858 , D.P.59. 2.83). — L'acceptation du notaire, dit Rolland de Villargues, 2e édit., *eod.*, n° 449, ne serait qu'une chose surabondante et qui ne pourrait vicier l'acte. » — Mais cette observation n'est pas exacte, et, par sa généralité, elle prête à erreur. En effet, si l'obligation est bilatérale, elle se trouvera nulle, à défaut de liens réciproques ; si elle n'exige pas un double lien, l'intervention directe du notaire signale toujours un oubli du devoir dont il ne doit pas s'écarter (*V.* notre observation. D.P., *eod.*, dans laquelle nous avons relevé cette erreur, qui se trouve déjà dans la 1re édit. du même auteur). — Au surplus, la nullité résultant de l'acceptation pour l'absent peut être couverte par le silence gardé jusqu'au jugement (Arg., Toulouse, 7 déc. 1832, D. P.32.2.235). *V.* encore civ. rej., 3 août 1847 (D.P.47.1. 303) ; Limoges, 11 juill. 1854 (D. P. 54.5. 504), et Amiens, 9 avr. 1856 (D.P.57.2.20).

170.—... 5° Ni passer l'acte par lequel

il serait constitué dépositaire de sommes ou valeurs, que le dépôt soit gratuit ou salarié (*Conf.* Rolland de Villargues, *eod.*, n° 446 ; Rouen, 2 fév. 1829, D.P.30.2. 154).— Il en serait autrement, si la charge de garder un impôt non salarié était imposée au notaire dans un testament (*V.* n° 197).

171. — ... 6° Ni passer une procuration dans laquelle il est constitué mandataire, parce que, comme mandataire, il est partie dans l'acte, lorsqu'il accepte, et c'est avec raison (Dalloz, n° 397; Ed. Clerc, *Traité gén. du not.*, t. 1er, n° 549); que Rolland de Villargues, n° 440, va jusqu'à interdire au notaire de se charger d'une procuration qu'il aurait précédemment reçue en blanc : il serait, en effet, trop facile d'éluder la prohibition de la loi, s'il suffisait de laisser en blanc le nom du mandataire pour que, sous prétexte que l'acceptation du mandat a été un fait postérieur qui n'a pu invalider la procuration, il fût permis au notaire de se charger du mandat. « Quel moyen d'ailleurs, dit Rolland de Villargues, d'établir que le nom du mandataire n'aurait été rempli que postérieurement à l'acte, s'il avait été délivré en brevet ? et ce n'est que dans cette forme que les procurations se délivrent en blanc : concluons donc, ajoute-t-il, que la prohibition de la loi pourrait toujours être méconnue ; aussi l'usage est conforme à notre opinion. » *Conf.* Dalloz et Ed Clerc, *loc. cit.*

Cependant, si le mandant remplissait de bonne foi la procuration du nom du notaire devant qui elle aurait été reçue, en déclarant constituer celui-ci mandataire aux termes de cette procuration, cet acte vaudrait-il comme authentique, ou n'aurait-il que le caractère d'un mandat sous seing privé ? De ce qui a été dit au numéro qui précède, on peut conclure que la procuration n'aurait de valeur que comme acte sous seing privé, car, en y insérant le nom du notaire qui l'a reçue, celui-ci ou le mandant communique à l'acte un vice qui en altère le caractère public (*Conf.* Dalloz, n° 397).—Ceci est le droit rigoureux ; mais les circonstances de bonne foi, du temps écoulé depuis la passation de la procuration et peut-être de la cessation de fonctions du notaire, peuvent le modifier beaucoup.

172. — Il suffit qu'un notaire stipule dans un acte, comme mandataire, pour que cet acte perde son caractère d'authenticité, encore bien qu'il s'agisse d'un acte unilatéral, et que les notaires soient dans l'usage abusif de recevoir les actes de cette nature, en l'absence de la partie au profit de laquelle l'obligation est souscrite, et

d'accepter en son nom (Rouen, 2 fév. 1829, D.P.30.2.154).

173. — Toutefois on ne devrait pas assimiler au mandat dont il vient d'être parlé la clause d'un cahier de charges dressé par un notaire, dans laquelle il serait dit que les intérêts du prix en seraient remis au notaire pour en faire la répartition : ce n'est là qu'une indication qui ne lie ni le notaire envers les parties, ni celles-ci envers lui (Cass., 5 mars 1828 ; D.P.28.1.162).

174. — Le notaire qui a usé du droit de se substituer un mandataire autorisé par la procuration ne peut non plus recevoir comme notaire les actes consentis par le mandataire substitué, par la raison qu'il répond des faits de celui-ci, qui est censé tenir ses pouvoirs du notaire, et qu'il doit lui en rendre compte. — Il en serait autrement si la désignation du mandataire, qui devrait être substitué, se trouvait faite mandant : le substitué serait alors le mandataire direct du mandant (*Conf.* Rolland de Villargues, v° *Substit. de not.*; Dalloz, v° *Notaire*, n° 399). — *V.* encore Besançon, 17 juill. 1844 (D.P.45.2. 171), et civ. rej., 3 août 1847, cité au n° 169.

175. — ... 7° Ni signifier des actes respectueux, s'il a été constitué mandataire, à l'effet de les adresser aux père et mère (Douai, 8 janv. 1828 ; D.P.28.2.97).

176. — ... 8° Ni dresser le compte de la gestion qu'il aurait eue d'une succession dont la liquidation lui est confiée, ni en fixer le reliquat, ni en recevoir quittance ou décharge (Rolland de Villargues, v° *Compte de succ.*, n° 32 ; Dalloz, n° 401).

177. — Il ne lui est pas défendu de traiter de bonne foi avec le mandataire nommé dans une procuration qu'il a reçue, et, par exemple, d'acheter les biens que ce mandataire est chargé de vendre : la vente est un acte subséquent parfaitement distinct de la procuration, et qui est valable, quoique, pour éviter toute allégation de surprise ou de fraude, le notaire ferait plus sagement de s'abstenir (*Conf.* Rolland de Villargues, v° *Notaire*, n° 445; Dalloz, *eod.*, n° 400.

178. — Et c'est ce qui lui serait imposé non moins à titre de droit rigoureux que de convenance, s'il était désigné dans la procuration comme étant celui à qui la vente doit être consentie. C'est ce qui s'induit, au reste, de l'opinion citée de M. Rolland de Villargues.

179. — ... 9° Ni instrumenter dans les opérations où il représente des absents (Loi, 6 oct. 1791, tit. Ier, sect. 2, art. 7; *Résol. sur le notariat*, 1er floréal an VII, art. 21). *V.* n° 154.

180. — ... 10° Ni recevoir les actes entre-vifs concernant les gestions qui lui sont confiées. Si donc il est tuteur, syndic d'une faillite ou maire d'une commune, administrateur d'un hospice ou d'un bureau de bienfaisance, il n'a capacité de recevoir les actes pour le mineur, la faillite, la commune ou l'hospice, qu'autant qu'un administrateur autre que le notaire figure dans l'acte auquel il doit n'avoir d'ailleurs aucun intérêt personnel (Déc. min. fin., 11 avr. 1809; Rolland de Villargues, vᵒ *Notariat*, p. 420 ; Montpellier, 4 juin 1855, D.p.56.2.126), ou qu'il y a d'autres administrateurs ayant délibéré l'acte (Avis, comité de l'int., 7 avr. 1843, D.p.44.3.6). Il serait intéressé dans une faillite s'il était du nombre des créanciers et que l'acte contînt une répartition de sommes (*V. suprà*, nᵒ 154).

181. — L'art. 175, C. pén., qui défend, sous des peines correctionnelles et même sous peine d'interdiction, d'exercer à jamais aucune fonction, à tout officier public, de prendre intérêt dans les adjudications dont il a, en tout ou en partie, la *surveillance ou l'administration*, s'applique à un notaire commis par la justice pour recevoir l'adjudication d'un immeuble, encore bien que les parties fussent présentes à l'adjudication (Cass., 28 déc. 1816; D. A.2.597) Colmar, 9 février 1835, aff. Gaudin. — *Conf.* Merlin, *Quest.*, vᵒ *Notaire*, § 11 ; Favard, *eod.*, 7, nᵒ 12; Rolland de Villargues, nᵒ 427. — Chauveau et Elie sont d'avis contraire, *Théorie*, t. 1, p.139). Mais cet article ne s'applique pas à un notaire qui se rend, sous le nom d'un tiers, cessionnaire de la créance, dont il reçoit l'acte de cession sur la réquisition des parties (Cass., 18 av. 1817; D.A.10.427, nᵒ 3; Toullier, t. 8, nᵒ 148; Chauveau et Hélie, *eod.*, t. 4, p. 139; Augan, t. 1, p. 139; Rolland de Villargues, nᵒ 425).

182. — Il ne s'appliquerait pas, non plus, au cas où le notaire, qui s'est rendu adjudicataire par l'entremise d'un prête-nom, a procédé à l'adjudication, à la requête de l'autorité administrative dans la forme ordinaire. « Considérant, porte l'arrêt, que, quelque blâmable que soit une telle conduite, les faits appris ne rentrent pas dans les cas prévus et punis par l'art. 175, C. pénal; que cet article ne s'applique, en effet, qu'aux fonctionnaires, officiers publics ou agents du Gouvernement, qui prennent ou reçoivent quelque intérêt dans des opérations, faits, adjudications, entreprises ou régies dont ils ont l'administration ou la surveillance; que V... était bien, comme notaire, fonctionnaire ou officier public, mais qu'il n'était

chargé d'aucune administration ; que la surveillance de la vente des biens communaux de Plélan ne lui était pas confiée; qu'il n'avait reçu aucune délégation, et qu'il n'avait d'autre mission que celle de dresser acte de vente lorsque le prix en était fixé et après que l'adjudication avait été prononcée par le maire ; que c'était à ce magistrat et aux conseillers municipaux que l'administration et la surveillance de l'opération appartenaient, d'après les clauses mêmes du cahier des charges, et qu'eux seuls avaient le droit, aux termes de l'art. 16 de la loi du 18 juill. 1837, de statuer sur toutes les difficultés qui pourraient s'élever. » — On doit rappeler que le notaire qui se trouve dans le cas de l'art. 175 peut être destitué, et que cette destitution peut être prononcée par les tribunaux civils (Cass., 30 déc. 1811, D.A.10.1.126, nᵒ 1). *V.* nᵒˢ 168, 206.

183.—Le notaire peut passer le contrat de mariage de mineur dont il est subrogé tuteur ; car le mineur est assisté de son tuteur, qui n'agit, d'ailleurs, qu'en exécution de la délibération du conseil de famille, et le subrogé tuteur reste étranger au contrat ; il n'intervient que dans le cas où les intérêts du pupille seraient en opposition avec ceux du tuteur. *Conf.* Dalloz, *Jur. gén.*, vᵒ *Notaire*, nᵒ 404.

184.—Il peut, s'il a nommé séquestre, recevoir les actes dans lesquels il donne quittance ou décharge des sommes qu'il reçoit en cette qualité. Cela paraît constant d'après Rolland de Villargues, nᵒ 451.

185.—Il a été de même décidé qu'il peut recevoir la décharge du prix d'une vente d'immeubles qu'il a faite, pourvu que dans le cas où la partie ne sait pas signer, il intervienne dans l'acte un second notaire ou deux témoins (Avis, cons. d'Etat, 24 oct. 1809; Rolland de Villargues, *eod.*, nᵒ 452 *bis*). Mais cette solution souffre difficulté à nos yeux : si la partie sait signer, la décharge a, sans doute, effet contre elle, mais seulement comme acte sous seing privé. Si elle ne sait ni ne peut signer, nous ne voyons pas que l'intervention d'un notaire ou de deux témoins suffise pour rendre le contrat parfait à son égard : il faudrait, ce semble, un notaire du ressort *et* deux témoins. *V.* encore sur ce point rej. 16 déc. 1856 (D.p.57.1.100). Au reste, d'après la pratique attestée par Rolland de Villargues nᵒ 452 : « Toutes les fois qu'un notaire est constitué, par acte passé devant lui, soit dépositaire de titres ou sommes, soit mandataire ou *débiteur à tout autre titre*, la décharge qui lui est donnée est reçue par un confrère. » *V.* aussi Cass., 24 janv. 1853 (D.p.53.1.29).

186.—Un notaire peut remplir les fonctions d'expert lorsqu'il est chargé, comme notaire, de dresser procès-verbal de la visite qu'il opère. Cela s'induit implicitement de l'art. 317 du Code de procédure, dans lequel on voit que le procès-verbal d'expertise doit être rédigé par les experts eux-mêmes, et que ce n'est que par exception que le greffier peut en être chargé. — *Conf.* Rolland de Villargues, nᵒ 453, qui rappelle que c'est là ce qui se pratique dans les inventaires.

187.—3ᵘ *Dispositions en faveur du notaire.* Le notaire ne doit avoir aucun intérêt personnel aux actes qu'il reçoit : la loi veut qu'il conserve un caractère d'impartialité qui le rende étranger aux intérêts des parties (*V.* Orléans, 5 mai 1849, D.P. 49.2.113). C'est ainsi qu'on écarte les témoins qui sont intéressés dans un débat ; *nemo in re suâ testis idoneus.* — La loi 9, Cod. de *testib.*, porte aussi : *omnibus in re propriâ dicendi testimonii facultatem jura submoverunt.* — L'intérêt doit être actuel ou futur ; mais il n'y aurait pas nullité s'il n'était né que depuis la passation de l'acte (Cass., 12 fév. 1844, D.P.44.4. 269).

188.—Dans quel cas une disposition doit-elle être réputée faite dans l'intérêt du notaire ? D'abord, l'intérêt que le notaire peut avoir se vérifie surtout dans les actes de dernière volonté ou à titre gratuit, encore plus que dans les contrats onéreux. En second lieu, il a intérêt, lorsque l'acte contient une disposition dont il peut se prévaloir, et qu'elle constitue un titre en sa faveur. C'est particulièrement ce qui a lieu dans le cas où il est nommé parmi les légataires, parmi les personnes auxquelles il est dans la volonté du testateur de faire une libéralité, ou lorsque, par exemple, dans un acte entre-vifs, on s'est porté fort pour lui. —Mais, lorsque l'acte n'est qu'énonciatif en sa faveur plutôt qu'attributif d'un droit, lorsqu'il rappelle, par exemple, une dette en faveur du notaire qu'il charge son héritier d'acquitter, lorsqu'il désigne celui-là comme dépositaire de certains objets de la succession, dans ces cas il ne serait pas exact, ce semble, de considérer la disposition comme le rendant intéressé à l'acte dans lequel il ne fait aucune déclaration de son chef, et auquel il ne prend part qu'en sa qualité d'officier public. *V.* en ce sens Dalloz, nᵒ 408.

189.—Ainsi un notaire ne peut : 1ᵒ ni recevoir un testament qui contient un legs à son profit (Brillon, vᵒ *Legs,* 106; Ricard, *des Donat.*, nᵒ 539 ; Grenier, nᵒ 249 ; Vazeille, sur l'art. 975, nᵒ 4).

190.—... 2ᵒ Ni celui par lequel le tes-

tateur se reconnaît son débiteur (Toullier, t. 8, nᵒ 73 ; Rolland de Villargues, vᵒ *Notaire,* nᵒ 408 ; Dalloz, nᵒ 411). — Mais ceci ne doit être entendu que dans le sens indiqué nᵒ 188 : car il a été jugé avec raison que le testament qui charge le légataire universel de payer au notaire rédacteur une somme déterminée et les intérêts que le testateur déclare devoir à ce notaire par billet n'est pas nul comme contenant une *disposition en faveur du notaire,* alors toutefois que le billet est représenté, qu'il n'est pas prescrit, et qu'il est reconnu, en fait, que le testament n'a ni changé, ni amélioré la situation du notaire (4 mai 1840, req ; D.P.40.1.195). *V.* aussi Cass., 27 mai 1845 (D.P.45.1.316).

191.—Il a été jugé encore qu'un testament par lequel le testateur lègue « à *tous ses débiteurs* les intérêts qu'ils lui devront à son décès » n'est pas nul comme contenant une disposition dans l'intérêt du notaire, lequel se trouve (ainsi que sa femme et son père) au nombre de ces débiteurs, en vertu d'actes sous seing privé sans date certaine à l'époque du testament... et l'arrêt qui a annulé un tel acte doit être cassé, bien qu'il ait déclaré en fait qu'à l'époque du testament comme au décès du testateur, le notaire et ses parents étaient *débiteurs d'intérêts,* et qu'ainsi si il y avait legs à leur profit (Cass., 20 juin 1827; D.P.27.1.278).

192-193. — Maintenant, il convient de remarquer que la disposition dont on s'occupe ici s'applique aux actes de dernière volonté comme aux dispositions entre-vifs (Douai, 29 mai 1810 ; D.A.10. 648). *V.* comme exemple, Riom, 23 mai 1855 (D.P.57.5.224).

194. — Est-elle applicable au testament mystique qui contient des dispositions en faveur du notaire ou de ses parents aux degrés prohibés ? Ce notaire peut-il recevoir l'acte de suscription ? L'affirmative se fonde sur ce que ce dernier acte est distinct du testament, et que le notaire est réputé ignorer les dispositions testamentaires (Brillon, vᵒ *Legs,* nᵒ 106) ; Merlin, *Rép.*, vᵒ *Testam.*, sect. 2, § 3 art. 3, nᵒ 20; Grenier, nᵒ 269 *bis,* Favard, vᵒ *Testament,* sect. 1, nᵒ 5 ; Duranton, t. 9, nᵒ 126 ; Dalloz, nᵒ 412 ; Ed. Clerc, *Traité gén. du not.*, t. 1ᵉʳ, nᵒ 535; Montpellier, 9 fév. 1836 (D.P.38.2.116) ; l'opinion contraire a été soutenue par M. Spinael, *Annotat. critiques,* nᵒ 152; mais elle ne pourrait être admise que dans le cas où il serait bien reconnu que le notaire a eu connaissance des dispositions que le testament contenait à son profit ; c'est en ce sens que se sont prononcés Grenier, nᵒ 269 ;

Favard et Dalloz, *loc. cit.*; Ed. Clerc, *Traité gén. du not.*, t. 1er, n° 536; Rolland de Villargues, v° *Actes de suscript.*, n° 12. — *Contrà* Merlin, *eod.*; Toullier, t. 5, n° 466; Nîmes, 21 fév. 1821, D.a.6.10.

195. — Le notaire serait réputé avoir connu le testament mystique, s'il l'avait écrit, s'il en avait entendu la lecture au moment de la suscription. — Cependant Grenier, Merlin, Toullier, *loc. cit.*, estiment que, si ce n'est que comme personne privée que cette connaissance lui est arrivée, il a pu recevoir l'acte de suscription, et que son legs est valable. Rolland de Villargues, *eod.*, n° 14, et l'arrêt cité (Nîmes, 21 fév. 1821), se prononcent dans ce dernier sens. Toutefois Rolland de Villargues, remarque qu'il est toujours fort convenable que les notaires s'abstiennent, soit de recevoir les suscriptions des testaments qui contiennent des dispositions en leur faveur ou en celle de leurs parents aux degrés prohibés, soit de se servir de témoins parents au même degré du testateur. « Combien cette réflexion, ajoute-t-il, n° 15, acquiert de force lorsque le testament ne contient de dispositions qu'en faveur du notaire ou des témoins, comme lorsqu'il les institue héritiers universels ! »

196. — Il ne peut recevoir le testament qui le nomme, *moyennant salaire*, pour exécuteur testamentaire. Il importerait peu que le notaire refusât plus tard de remplir le mandat qu'il avait dabord accepté (Douai, 15 janv. 1834 (D.P.34.2.127. Il en serait autrement si la charge était gratuite : l'acte serait onéreux plutôt qu'avantageux, et aurait pour objet d'assurer aux héritiers ou aux légataires un conseil éclairé et utile à leurs intérêts (Dalloz, v° *Notaire*, n° 444).

197.—Par la disposition d'un testament qui constitue le notaire dépositaire des valeurs léguées, on ne peut dire qu'il soit devenu partie ou intéressé dans l'acte, et, par suite, incapable de le recevoir : un tel dépôt n'a pour but que l'exécution du testament, et ne saurait présenter un intérêt pour le notaire (C. Nap., 971 ; req., 27 déc. 1831 ; D.P.32.1.9). Cette décision nous a paru juste en tant que le dépôt est gratuit et non salarié. — *V.* nos observ. D.P. *eod.* — *V.* aussi *suprà*, n° 170.

— Remarquons qu'il s'agit ici d'un testament. Le notaire serait incapable de recevoir un acte entre-vifs, par lequel il consentirait à se charger d'un dépôt de sommes ou valeurs quelconques : il serait partie dans l'acte alors même qu'il n'y aurait aucun intérêt, et l'on doit rejeter, comme trop général, un motif de l'arrêt

de la Cour de Nîmes, dans l'affaire précédente, où il est dit qu'un notaire a capacité pour constater des dépôts dans la forme authentique (*V*, D.p.32.1.9, n° 3).

198. — Il peut recevoir un compromis où il est nommé arbitre (Toulouse, 17 juill. 1826 ; 18 août 1837 ; D.p.27.2.20; 38.2.17).

199. — Il peut : 1° recevoir un cahier de charges dans lequel il est dit que les intérêts du prix seront remis au notaire pour les répartir entre les colicitants majeurs, ceux-ci ayant toujours la faculté de demander la consignation des intérêts (Argum. de l'arrêt du 5 mars 1828 ; D.p. 28.1.162). — 2° Dresser un inventaire dans lequel il énonce les sommes qui lui sont dues, une telle énonciation ne lui conférant pas de titre (Arg. délib., 13 août 1831 ; D.p.33.3.34).

200.—Il peut recevoir mainlevée d'une opposition formée entre ses mains, car c'est la quittance de décharge du débiteur ou ayant cause qui peut le libérer, et non l'acte de mainlevée, qui n'a pour objet la faculté de verser les fonds dont il est détenteur en d'autres mains que celles du saisissant. Il en serait autrement s'il avait un intérêt à la mainlevée, en ce qu'elle lui permettrait d'opposer une compensation aux saisies ou en ce qu'elle validerait des paiements qu'il aurait faits illégalement (*Conf.* Rolland de Villargues, v° *Notaire*, n° 417).

201.—Il ne peut recevoir l'acte de dépôt d'un testament qui l'institue légataire (Grenier, *des Donat.*, n° 6; Dalloz, n° 415). Mais l'acte de dépôt seul serait nul (Rolland de Villargues, v° *Dépôt de test.*, n° 6; Dalloz, *loc. cit.* — *V.* n° 159). — Cependant il peut être commis pour recevoir le dépôt d'un testament qui le nomme exécuteur testamentaire, ou même qui contient un legs à son profit (Rolland de Villargues, v° *Dépôt de test.*, n°s 56 et 57; Dalloz, *loc. cit.*)

202. — Comme exécuteur testamentaire, il ne peut faire l'inventaire et les autres actes relatifs à la succession qui lui est confiée et qu'il doit surveiller (*Conf.*, Rolland de Villargues, *eod.*, n° 419).

203. — Il peut recevoir le testament contenant un legs au profit de l'hospice ou bureau de bienfaisance dont il est membre (*Conf.*, Rolland de Villargues, *eod.*, n° 421).

204. — Il peut recevoir des actes au nom d'une société anonyme, encore qu'il soit lui-même actionnaire de la société (Cass., 30 juill. 1834 ; D.p.34.1.421. — *V.* n° 155). — Jugé aussi qu'il pourrait

recevoir des actes pour une société de commerce dont il serait actionnaire, pourvu que son intérêt y fût d'une faible importance (Paris, 22 mai 1848; D.P.48.2.116).

205. — Il peut recevoir les actes relatifs à un placement de fonds qn'il a été chargé de procurer, alors que ce n'est pas comme mandataire qu'il prend part à ce placement, mais par pure obligeance et par intérêt pour son client. En cas pareil, il n'est point intéressé, et il s'induit virtuellement de l'ordonnance du 4 janv. 1843, art. 12, qu'il est dans ses attributions de procurer des placements semblables: aussi a-t-il été jugé qu'il pouvait n'être pas considéré comme mandataire du prêteur pour opérer le prêt (Riom, 5 juillet 1841, *Jurispr. not.*, art. 5385).

205 bis. — Un notaire n'est pas réputé personne intéressée dans un acte d'emprunt par cela seul que l'emprunteur lui a ultérieurement versé la somme empruntée, en paiement d'une dette qu'il avait envers lui, et, par suite, il a pu recevoir cet acte, sans qu'il y ait lieu d'appliquer la nullité édictée par les art. 1, 8 et 68 de la loi de ventôse an XI (Rej., 15 avr. 1862; D.P.62.1.280).

206. — Si, pour couvrir la nullité résultant de l'intérêt que le notaire peut avoir à un acte qui est passé devant lui, il recourait à l'entremise d'une personne interposée, la nullité n'existerait pas moins. La loi ne distinguant pas, atteint la disposition indirecte comme celle qui est faite directement au notaire. Il y a même en cas pareil une fraude à la loi qui aggrave la conduite de ce dernier (Colmar, 9 fév. 1835, *Jurispr. du not.*, art. 2955. — *V.* ci-dessus, nos 181, 182).— Mais il a été jugé que les notaires peuvent valablement recevoir les actes dans lesquels figurent leurs clercs, soit comme parties intéressées, soit comme mandataires des parties intéressées (Lyon, 11 fév. 1851; D.P.52.2.136).

207. — Aux points qui viennent d'être examinés se rattache naturellement la question de savoir si, lorsque le notaire instrumentaire a des droits réels ou connaît l'existence de droits semblables appartenant à des tiers, tels qu'usufruit, hypothèque, etc., etc., sur la chose qui fait l'objet du contrat qu'il reçoit, il est tenu de les déclarer. — On distingue d'abord entre les droits des tiers ou clients du notaire et ceux du notaire lui-même. A l'égard des premiers, et quoiqu'il soit de son devoir d'instruire les parties, de les éclairer sur les résultats de leurs stipulations, on pense généralement que la

discrétion dont le notaire ne doit pas se départir ne lui permet pas de leur faire aucune révélation. — Un notaire qui passe un acte, dit Ferrière, *Parf. not.*, liv. 1, ch. 18, ne peut jamais être obligé de déclarer un fait dont il a connaissance. A l'exception de son propre fait, il n'est point garant de ce qui est dit dans le contrat par lui reçu, d'autant qu'il est obligé de garder le secret des parties. C'est en ce sens que s'étaient prononcés les arrêts des 23 déc. 1592, 16 juillet 1653 (Jousse, t. 2, p. 380 et 406; Louet, lett. 12, no 6, 5°; Langlois, ch. 45, p. 406).— Mais, si les charges existent au profit du notaire, par exemple, s'il est vendu des biens qu'il sait lui appartenir, s'il est hypothéqué des immeubles sur lesquels il a pris inscription, doit-il révéler ces charges à l'acheteur ou au créancier à peine de responsabilité? La négative résulte des motifs d'un arrêt de cassation, du 10 nov. 1828 (D.P.28.1.438), portant que « le notaire qui reçoit un tel acte n'est point partie dans cet acte, et ne fait que recevoir et rédiger les conventions des parties; qu'il ne peut même se refuser à les transcrire comme elles lui sont dictées, et ne peut ni protester contre elles, ni faire personnellement aucunes réserves sur ce qui y est exprimé. »

On peut même ajouter avec Ferrière, liv. 1, ch. 20, que les notaires « n'étant point parties dans un acte, sont tenus de recevoir les conventions des parties, sans connaissance de cause. » On peut dire enfin qu'ils ne peuvent jouer deux rôles, certifier les déclarations des parties et les contester, c'est-à-dire être à la fois juge et partie; qu'on les a toujours considérés comme étrangers aux actes passés devant eux; comme conseils désintéressés, et qu'ils sortiraient de cette mission élevée s'ils se constituaient les contradicteurs des parties. — Mais ces considérations n'ont jamais été admises, et ce n'est pas en ce sens que le rôle de conseil et le secret ont été imposés au notaire. « A l'égard des notaires, dit Proudhon, *de l'Usufr.*, no 2178, l'instruction qu'ils doivent apporter dans les fonctions qu'ils remplissent, la connaissance plus approfondie qu'ils doivent avoir des affaires qui se traitent devant eux, le ministère dont ils sont revêtus pour la garantie de tous les intérêts, sont autant de causes qui doivent faire peser sur eux une plus grande responsabilité : ils ne sont pas de simples témoins, ils sont aussi des officiers instrumentaires sur la scrupuleuse exactitude desquels les parties ont le droit de compter. En écrivant un acte, ils doivent

3.

savoir tout ce qui y est renfermé, et il ne peut leur être permis de dissimuler impunément une énonciation fausse qui y serait consignée : il faut donc dire qu'en thèse générale, l'exception du dol leur est opposable. » Cette doctrine était celle aussi de Ferrière, *Parf. not.*, liv. 1, 20 ; de Massé, liv. 1., ch. 15.

208. — Cette doctrine a été reconnue applicable à une clause de *franc et quitte d'hypothèque* insérée dans un acte reçu par un notaire à qui les biens avaient été hypothéqués précédemment et qui avait dissimulé cette circonstance, et l'on décidait que le notaire avait préjudicié à son hypothèque par son silence ; qu'il ne pouvait plus dès lors l'exercer de préférence au nouveau créancier (L. 26, § 1, D. *de Pign. et hypoth.*; L. 9, § 1, D. *quid. mod. pign. solv.*; Basnage, *des Hypoth.*, ch. 17 ; Pothier, *Hypoth.*, ch. 3, § 5; Jousse, *Just. civ.*, t. 2, p. 406; Ferrière, liv. 1, ch. 20; Louet, lett. 12, n° 6, 1°; arrêts 21 mars 1581 et déc. 1598). — C'est aussi dans ce sens que Grenier, *des Hypoth.*, n° 508, Massé, liv. 1, ch. 15 ; Troplong, *des Hypoth.*, n°s 869 et 871 ; Duranton, t. 20, n° 303 ; Dalloz, v° *Notaire*, n° 418, se sont prononcés. « Le système de la publicité, dit Grenier, ne saurait changer cette décision, parce que ce système ne bannit pas la bonne foi des contrats et n'autorise ni le dol ni la mauvaise foi : aussi voyons-nous que la publicité des inscriptions n'excuse pas du délit de stellionat celui qui présente comme libres des biens hypothéqués ou qui déclare des hypothèques moindres que celles dont ces biens sont chargés. »

209. — Il en serait de même, suivant Basnage, Ferrière, Louet et Massé, *loc. cit.*, si, sans déclarer ses biens francs et quittes, le débiteur les hypothéquait spécialement à un nouveau créancier, bien qu'ils le fussent déjà au profit du notaire. Quoique ceci fasse plus de difficulté, le silence de ce dernier doit le faire déchoir de son antériorité hypothécaire par rapport au nouveau créancier; et l'on cite un arrêt du 22 janv. 1590 qui l'aurait ainsi jugé. Rolland de Villargues, *eod.*, n° 498, n'admet pas cette doctrine : il pense que la possibilité qu'a le nouveau créancier de s'éclairer au bureau des hypothèques le rend non recevable à se plaindre du silence du notaire; mais, si cette raison était bonne, elle aurait la même valeur au sujet de la clause de franc et quitte. L'opinion de Rolland de Villargues doit donc être rejetée comme contradictoire avec celle qu'il a émise pour la clause de franc et quitte.—Disons toutefois que cet auteur

déclare ne raisonner qu'en thèse générale et sans prétendre que les circonstances particulières ne pourraient pas motiver une autre solution. — Mais c'est la thèse générale elle-même qui nous semble contestable : d'après nous, le notaire est en faute s'il a gardé le silence : c'est le principe général ; il ne pourrait échapper à la responsabilité qu'à raison de circonstances exceptionnelles, comme s'il apparaissait que la déclaration du notaire n'aurait pas empêché le nouveau créancier de prêter ses fonds, ou si, au jour de l'acte, l'hypothèque du notaire ne pouvait, en raison de la valeur actuelle des biens grevés, faire préjudice à celle qui était stipulée dans l'acte. *V.* aussi en ce sens Dalloz, n° 419.

210. — Ajoutons, en terminant, sur ces points délicats, que la doctrine de la Cour de cassation, dans son arrêt du 10 nov. 1828 (*V.* n° 207), si elle était prise dans les termes généraux où elle est énoncée, serait plus rassurante pour le notariat que celle des autorités qui ont été citées plus haut ; que cette énonciation prend un caractère de gravité plus marqué lorsqu'on voit qu'elle se trouve dans un arrêt de cassation, dont les motifs sont communément l'objet d'une attention plus scrupuleuse de la Cour ; que si nous avons cédé aux autorités contraires, c'est qu'il nous a paru y voir des traces d'une pratique notariale dont il est toujours fâcheux de s'écarter : car elles forment la règle commune des notaires, tout en ne nous dissimulant pas que ces fonctionnaires ont besoin d'être à l'abri de toute allégation de surprise ou de mauvaise foi et de n'être pas inquiétés au sujet de la discrétion qu'ils auront gardée envers les parties. C'est dans cet esprit, sans doute, que, dans la première édition de son *Répertoire*, Rolland de Villargues avait dit, n° 232 : « Qu'en droit rigoureux, le notaire ne saurait être tenu de cette déclaration (celle de son hypothèque), mais que c'est pour lui un devoir moral. » — Toutefois, dès qu'on convient qu'il y a devoir moral pour le notaire, on arrive bien près de la limite où se rencontre la responsabilité ; car, si une Cour royale voyait dans le silence du notaire une faute envers un client, cette décision pourrait bien, suivant les cas, échapper à la censure de la Cour de cassation.

211. — Il est sensible que la situation du notaire s'aggraverait de son silence, s'il avait intérêt à le garder, comme si, créancier lui-même de l'emprunteur, il devait recevoir tout ou partie des fonds, et s'il pouvait craindre que la valeur des biens

hypothéqués ne suffit pour le désintéresser (Dalloz, n° 420).

212. — D'autres exemples du préjudice que le silence du notaire peut lui faire encourir sont proposés par les auteurs : « Si, comme notaire, dit Pothier, *du Louage*, n° 105, j'ai passé un bail par lequel le bailleur donnait à ferme un héritage que je savais m'appartenir, au moins pour la jouissance, et que depuis j'aie intenté une action contre le fermier pour l'expulser, le fermier est bien fondé à m'y prétendre non recevable par l'exception du dol, ma réticence étant un dol qui l'a induit en erreur. » (*Conf.* Proudhon, n° 2178). — Ainsi, dit aussi ce dernier, *eod.*, un notaire qui serait usufruitier d'un fonds et qui recevrait sans réclamation l'acte par lequel le propriétaire le vendrait en plein domaine à un autre devrait être déchu de son droit, sinon comme y ayant tacitement renoncé, du moins comme passible de l'exception de dol envers l'acquéreur.

213.—Cependant cette doctrine ne doit pas être poussée jusqu'à une extrême rigueur ; l'arrêt de cass. du 10 nov. 1828 montre que la Cour suprême ne serait pas disposée à imposer au notaire une initiative indiscrète dans les transactions qui sont passées devant lui, à l'obliger à des révélations qu'on ne lui demande pas et qu'on peut lui contester le droit de faire énoncer dans l'acte, afin de se mettre à l'abri de toute action récursoire dans le cas où, malgré ses révélations, les parties persévéreraient.—Aussi a-t-il été décidé : 1° qu'un notaire qui a reçu des baux à ferme dont le cahier des charges porte que les frais et émoluments seraient payés par les preneurs conserve, nonobstant cette clause, son action solidaire contre les débiteurs (Cass., 10 nov. 1828 ; D.P. 28.1.438) ; — 2° qu'on ne peut invoquer comme formant un commencement de preuve par écrit contre un notaire les énonciations qui peuvent se trouver dans l'acte passé devant lui (Bordeaux, 14 fév. 1832 ; D.P.32.2.119).

214. — Au reste, il a été jugé que la nullité résultant de ce qu'un notaire est intéressé dans un testament ne doit faire annuler que la disposition relative au notaire, et reste sans influence sur les autres legs ou dispositions (Limoges, 4 mai 1830 ; D.P.32.1.9), et il a été soutenu sans succès que l'acte étant indivisible quant à la forme, la nullité dont il était vicié en raison de l'incapacité du notaire se communiquait à l'acte en entier ; qu'autrement, et si elle devait être restreinte à la disposition relative au notaire, rien ne serait plus facile que de prévenir les effets de cette nullité, en souscrivant une contre-lettre à son profit.—M. de Broë a incliné dans son rapport pour la nullité absolue, en se fondant sur les arrêts des 1er oct. 1810 et 20 juin 1827 (D.P.27.1. 278, n° 1). — Ajoutons que la loi ne distingue point ; que lorsqu'elle prononce une nullité, cette nullité doit atteindre toutes les dispositions de l'acte qui peuvent avoir été passées sous son influence, c'est-à-dire qu'elle doit frapper l'ensemble de l'acte, car, si l'on suppose que l'intérêt du notaire a pu le faire sortir du caractère d'impartialité que le législateur a jugé nécessaire pour donner force authentique à l'acte, il semble que la même suspicion doit se communiquer à toutes les dispositions, à celles en vue desquelles on aura obtenu l'intervention complaisante du notaire, comme à celles qui doivent lui profiter personnellement. Au reste, c'est l'opinion de Grenier, n° 249 ; Toullier, t. 5, n° 406 ; Merlin, *Rép.*, v° *Témoins inst.*, § 4, n° 3, 16° ; Dalloz, v° *Notaires*, n° 424 ; Delvincourt, t. 2, p. 315 ; Duranton, t. 9, n° 120 ; Rolland de Villargues, n° 113.—*V.* n°s 139 et 167. *V.* toutefois Cass., 30 avr. 1844 (D.P.44.1.207).

ART. 9.—Les actes seront reçus par deux notaires, ou un notaire assisté de deux témoins, citoyens français, sachant signer, et domiciliés dans l'arrondissement communal où l'acte sera passé.

215.—*Les actes seront reçus…* Ces mots, qui ont donné lieu à la loi additionnelle du 21 juin 1843, ont été l'objet d'une vive et sérieuse controverse dans la jurisprudence et parmi les auteurs. Quelle est leur signification ? La réception des actes se compose de quatre parties : la discussion des conventions, leur rédaction, la lecture et la signature. La loi de ventôse a-t-elle entendu que le notaire en second (ou les deux témoins, lorsqu'il n'y a pas de second notaire) pourra se dispenser d'être présent à ces quatre phases de la réception de l'acte, et qu'il suffira qu'il le signe après coup ? Des arrêts nombreux, dont plusieurs émanent de la Cour de cassation, et quelques auteurs, ayant à leur tête M. Toullier, ont proclamé que la présence du notaire en second, au moins à la lecture et à la signature des actes, était nécessaire, à peine de nullité. — Les notaires des villes et des localités dans lesquelles l'usage contraire s'était établi attaquaient cette opinion comme impraticable en fait, comme inutile dans son but, en ce que des plaintes sérieuses ne réclamaient pas contre l'usage établi; enfin, comme préjudiciable aux parties qui, en définitive, seraient obligées de supporter les frais de déplacement d'un second notaire. Toutefois, les notaires et les auteurs qui soutenaient leur système convenaient que, pour les testaments et même pour les donations, il était d'usage que le notaire en second fût présent à la réception de ces actes. Cet usage, il faut le dire, n'avait aucune limite bien déterminée, et tout le monde, dans une matière si grave et si usuelle, éprouvait le besoin de lui voir une sanction dans la loi. Ajoutons qu'il est des actes dont l'importance et la solennité ne sont pas moins grandes que celles des testaments. Or, pour ces actes, l'usage n'offrait aucune protection. C'est en présence de ce vague et de ces dangers, en présence surtout des graves responsabilités dont, en différentes occasions, des arrêts avaient frappé des notaires qui s'étaient conformés de bonne foi à l'usage qu'ils avaient vu pratiquer par leurs devanciers; c'est en présence d'une responsabilité qui avait été étendue jusqu'au notaire en second, que nous avons soutenu que la loi de l'an XI devait être exécutée dans sa lettre au moins pour l'avenir, et jusqu'à ce qu'une loi nouvelle fût intervenue, tout en faisant sentir la nécessité d'amnistier, en quelque sorte, le passé, en plaçant les actes sous la protection de la règle *error communis facit jus.*

216. — C'est dans ce conflit (*V.* le tableau de la jurisprudence à laquelle il a donné lieu dans Dalloz, *Jur. gén.,* vº *Obligat.,* nᵒˢ 3248 et suiv.), et au milieu des émotions causées dans le notariat, que le projet de la loi du 21 juin 1843 a été discuté (*V.* cette discussion, D.P.43.3.166). Là, le législateur agissant en maître; il n'avait pas, comme les juges, besoin de s'appuyer sur l'erreur commune pour maintenir ce qui avait été fait; c'est par voie d'interprétation qu'il a procédé : puis, reconnaissant que l'usage avait sagement interprété les mots *seront reçus* de la loi de ventôse, il a cru devoir, afin de laisser moins de doute sur sa pensée, reproduire le même mot ou son équivalent dans l'art. 1ᵉʳ de cette loi.

Et depuis il a été jugé que cet article est applicable à tous les actes antérieurs, sans distinction, à la lecture desquels les témoins ont assisté, et, par exemple, à ceux sur lesquels il existait, lors de sa promulgation, un procès engagé et un pourvoi même admis (C. rej., 23 déc. 1845; D.P.1.48.302).

Vient ensuite l'art. 2 qui énumère les actes pour lesquels la présence de deux notaires ou d'un notaire et des témoins est requise au moment de la lecture des actes par le notaire, et de la signature par les parties. — Enfin, il est dit dans l'art. 3 que *les autres actes* continueront à être régis par l'art. 9 de la loi de ventôse, tel qu'il est expliqué dans l'art. 1ᵉʳ.

217. — Que résulte-t-il de tout ce qui précède? c'est que, pour les actes autres que ceux qu'énumère l'art. 2 de la loi du 21 juin 1843 (et pour les testaments qui ont toujours été exceptés), la présence du notaire en second ou des témoins n'est exigée, ni à la discussion des articles, ni à la rédaction, ni à la lecture, ni même à la signature par les parties : « Il est bien entendu, a dit M. Sauzet, président de la Chambre des députés, en résumant la discussion élevée sur ces points, que la présence du notaire en second ou des témoins instrumentaires n'est exigée, comme condition de validité, *à aucune des phases de la réception des actes* » (*V.* aussi nᵒ 219).

218. — La loi du 21 juin 1843 est additionnelle à l'art. 9 de la loi de ventôse. Il importe, dès lors, d'en relever toutes les expressions.

« *Loi du 21 juin 1843 sur la forme des actes notariés.*

« Art. 1ᵉʳ. Les actes notariés passés depuis la promulgation de la loi du 25 ventôse an XI ne peuvent être annulés par le motif que le notaire en second ou les deux témoins instrumentaires n'auraient pas été présents à la réception desdits actes.

« 2. A l'avenir, les actes notariés contenant donation entre-vifs, donation entre époux pendant le mariage, révocation de donation ou de testament, reconnaissance d'enfants naturels, et les procurations pour consentir ces divers actes, seront, à peine de nullité, reçus conjointement par deux notaires ou par un notaire en présence de deux témoins.

« La présence du notaire en second ou des deux témoins n'est requise qu'au moment de la lecture des actes par le notaire et de la signature par les parties. Elle sera mentionnée à peine de nullité.

« 3. Les autres actes continueront à être régis par l'art. 9 de la loi du 25 ventôse an XI, tel qu'il est expliqué dans l'art. 1ᵉʳ de la présente loi.

« 4. Il n'est rien innové aux dispositions du Code Napoléon sur la forme des testaments. »

219. La discussion de la loi du 21 juin a donné lieu à plusieurs solutions des Chambres, qu'on va retracer :

Quel est le sens des mots : « reçus *conjointement* par deux notaires ou par un notaire en présence de deux témoins, » qu'on lit dans l'art. 2 de la loi du 21 juin? — M. *Philippe Dupin* a dit : « La commission a donné mission expresse à son rapporteur d'expliquer que, par ces mots, on ne doit pas entendre que le second notaire et les témoins seront présents à toutes les discussions de parties, ni aux conférences préliminaires des actes de donation. Il suffit qu'ils soient présents au moment de la formation définitive du contrat, c'est-à-dire au moment où les conventions sont échangées et fixées irrévocablement, en d'autres termes, au moment où les conventions sont lues, vérifiées, acceptées et certifiées par les signatures de tous ceux qui doivent concourir à l'acte. » — Par suite de cette explication, la première partie du deuxième alinéa de l'art. 2 a été ajoutée. Cette addition, a dit M. *le président*, a pour objet d'expliquer en quoi consiste la réception conjointe du premier alinéa de l'article.

220. — Le deuxième alinéa de l'art. 2 se terminait ainsi : « La présence du notaire en second ou des deux témoins sera mentionnée *à peine de nullité;* il a été expliqué que cette disposition irritante n'était pas innovative; qu'elle n'avait rien de sacramentel; que ce n'était pas une formule que l'on entendait faire, mais une formule dont on prescrivait la constatation. — « C'est du fait de la mention, a dit M. le président, en résumant le débat, et non pas de la formule qu'il s'agit : il n'y a rien de sacramentel. » Il résulte de là que plusieurs modes peuvent être employés pour constater l'accomplissement de la formalité; que l'essentiel est que l'acte contienne le témoignage ou la déclaration de l'officier public, que tout s'est passé conformément à la loi (*V.* la discussion, D.P.43.3.182, nº 5).

Ainsi la mention, en tête d'un acte notarié, de la présence des témoins instrumentaires, constate légalement, et sans qu'il soit besoin d'une nouvelle mention en fin d'acte, que ces témoins ont assisté à l'entière réception de l'acte, et par conséquent à la lecture de cet acte et à la signature par les parties (Req., 14 janv.1844; D.P.44.1.284, et 8 nov. 1848; D.P.48.1.231; Civ. cass., 28 nov. 1849; D.P.50.1.46). Mais il faut que la mention de la présence des témoins à tous les moments de l'acte ne prête à aucune équivoque. Ainsi la mention de leur présence à la rédaction et à la lecture de l'acte ne constate pas suffisamment leur présence à la signature des parties (Dijon, 12 août 1847 ; D.

P.48.2.105). Ainsi encore, l'acte de donation entre-vifs clos par cette formule : « *Fait et passé, l'an... le... à l'égard du donateur et à l'égard du donataire, le... en présence de M..., témoins, etc.* » a été annulé comme ne contenant pas preuve suffisante de la présence des parties et des témoins aux deux dates données à l'acte (Riom, 3 janv. 1852 ; D.P.53.2.97).

221.—Les contrats de mariage sont régis par l'art. 3 et non par l'art. 2, quoiqu'ils contiennent des donations.—On a pensé que les préliminaires qui précèdent d'ordinaire ces actes sont tels, que, pour eux, les précautions de l'art. 2 étaient sans objet (Bordeaux, 27 mai 1853 ; D.P. 54.2.90. *V.* conf. circ. de la Ch. des not. de Paris, 24 juin 1843 ; D.P.43.3.288). L'art. 2 ne s'applique pas non plus aux testaments qui renferment à la fois les dernières volontés du testateur et la révocation de testaments antérieurs, mais seulement aux actes notariés ordinaires, contenant révocation de testaments (Poitiers, 5 déc. 1854; D.P.55.2.83).

222.—Lors de la discussion de l'art. 3, on a demandé que les dispositions de l'art. 2 fussent applicables à tous les actes notariés qui ne sont pas signés par *toutes les parties.*—On faisait remarquer que l'art. 2 ne parle que des donations ordinaires et non des donations déguisées qui peuvent se cacher sous toutes sortes d'actes, et que, dans les campagnes où ce mode de disposer est presque toujours suivi, la fortune des familles est à la merci d'un notaire; que le droit conféré aux notaires est exorbitant et sans exemple dans nos usages; que le magistrat lui-même ne donne authenticité aux actes qu'autant qu'il est assisté de son greffier. On a dit que, dans les cinq dernières années, soixante notaires avaient été poursuivis pour faux commis presque tous par supposition de personnes, au préjudice de citoyens illettrés; qu'au moyen de ventes faites par un notaire sans l'assistance de son confrère et sans témoins, il peut arriver à consommer la ruine d'une famille aussi complétement que par un testament; que ces faits n'étaient malheureusement que trop fréquents; que le danger est d'autant plus grave qu'il s'exerce envers la partie de la population qui a le moins de moyens de s'en défendre.—On a répondu que les actes passés par les gens illettrés ne sont d'ordinaire que de peu d'importance ; que, d'ailleurs, l'abus est très-rare; qu'on ne se plaint pas que la disposition que l'on propose présente une innovation qui tend à compliquer la loi d'une manière fâcheuse; qu'elle est, de plus, inexécutable, par la raison qu'il faudrait traîner avec soi le second notaire ou les témoins, car un acte commencé dans une localité est souvent terminé dans une autre.—L'amendement a été rejeté.

On a demandé aussi que les actes pussent être rédigés par un seul notaire sans témoins.—En cela, disait-on, il convient de remplacer la fiction par la réalité : car un notaire qui signe après coup, des témoins qui signent après coup, ne prennent véritablement point part à la confection de l'acte.—Un autre député a demandé si c'était bien ainsi, c'est-à-dire en ce sens, que les notaires et les témoins auront le pouvoir de signer après coup, que la commission entend l'art. 3 de la loi.— M. le garde des sceaux : « Cela ne fait pas de doute. »—M. le président : « La commission ayant dit que les autres actes continueront à être régis par l'art. 9 de la loi de ventôse tel qu'il a été expliqué, et l'explication consistant à dire que la présence à la réception n'est pas nécessaire, et que la réception ne peut être annulée par défaut de présence, il ne saurait y avoir aucun doute, l'explication est donnée. » — L'amendement a été retiré ; il avait d'ailleurs été combattu par le motif qu'il tend à enlever aux citoyens une garantie, si faible qu'elle soit.

223. — L'art. 977, C. proc., en cas de partage et de licitation, permet aux notaires de procéder seuls, sans l'assistance d'un autre notaire ou des témoins : « Je m'imagine, a dit M. Dufaure, que cet article spécial, quoique nous fassions une loi générale ou postérieure, ne sera pas abrogé ; mais, comme on n'a pas fait pour lui la réserve formelle que notre art. 4 pour les testaments, je désire que le Gouvernement et la commission s'en expliquent. » — M. le garde des sceaux : « Il est bien entendu que nous faisons une loi toute spéciale. »—M. le rapporteur : « La loi actuelle est une loi toute spéciale sur la loi de ventôse ; nous n'avons entendu toucher en rien, soit au Code Napoléon, soit au Code de procédure. »—M. le président : « Il est bien entendu que les matières spéciales réglées par le Code Napoléon et par le Code de procédure continueront à être gouvernées par les dispositions des deux Codes, et notamment pour ce qui est relatif aux testaments et aux actes respectueux réglés par l'art. 54 du Code Napoléon. »

224.—A la Chambre des pairs, M. Boyer a demandé si la signature du second notaire ou des témoins devait entraîner pour eux une responsabilité quelconque : il aurait voulu que la loi nouvelle contînt une

disposition précise à cet égard. M. Franck-Carré a répondu que la Chambre n'était point appelée à faire une loi sur la responsabilité des notaires, mais seulement une loi sur la forme des actes notariés ; qu'il laissait par conséquent en dehors, parfaitement intacte et toujours soumise à l'appréciation des tribunaux, la question de savoir si les circonstances doivent faire admettre ou repousser la responsabilité du notaire en second ou des témoins instrumentaires. Ce n'est pas là une question de principe, mais une question de fait qui demeure livrée à l'appréciation, à l'arbitrage des tribunaux (V. le Traité de la responsabilité).

225. — Par deux notaires.—Le but de la loi, lorsqu'elle appelle un second notaire, est signalé par M. Toullier, t. 8, p. 74, en ces termes : « L'homme est faible quand il est seul ; il peut être facilement séduit ou induit en erreur, il a moins de force pour résister au combat que l'intérêt ou la séduction livrent à sa probité et à sa bonne foi. C'est pour soutenir, c'est pour fortifier le notaire autant que pour l'éclairer que la sagesse de la loi le place à côté d'un surveillant devant lequel il rougirait de se montrer faible, partial ou injuste. — Le second notaire n'est pas, en effet, autre chose qu'un surveillant que la loi donne à chaque notaire. » Toullier, t. 8, nᵒ 74 (V. plus haut, nᵒˢ 217 et suiv., ce qui est dit sur le second notaire).

226. — Il ne peut y avoir plus de deux notaires pour recevoir un acte (Arrêt de règl., 10 fév. 1615 ; Statut des notaires de Paris, 5 niv. an XIV; 20 nov. 1816). S'il s'en présente un plus grand nombre, les plus anciens excluent les autres (Rolland de Villargues, vᵒ Acte notarié, nᵒ 133). S'il en était admis un plus grand nombre que celui fixé par l'art. 9, l'acte ne serait pas nul ; ce qui abonde dans un acte ne le vicie pas : c'est ce qui a été jugé au sujet d'un testament dans lequel on avait admis un plus grand nombre de notaires que la loi ne l'exigeait (Cass., 6 avril 1809, D.A.5.787).

Quand il y a deux notaires, on désigne sous le nom de notaire en premier le notaire instrumentaire, c'est-à-dire celui qui est requis ou choisi par les parties, et notaire en second celui qui est appelé pour assister celui-là. C'est le notaire en premier qui choisit le notaire en second, et lorsqu'ils sont désignés tous deux par les parties, celui qui reste dépositaire de la minute conserve le titre de notaire en premier (Rolland de Villargues, vᵒ Acte notar., nᵒˢ 123 et 124). Cette distinction n'est pas sans importance, car on tient assez généralement que le notaire en second, qui ne signe d'ordinaire dans l'acte qu'en qualité de *collègue*, et après coup, sauf le cas où il s'agit des actes indiqués par l'art. 2 de la loi du 21 juin (*V.* n° 218), n'est pas responsable des vices qu'il peut renfermer, pas plus que ne le sont les témoins lorsqu'il n'y a qu'un notaire.

227.—Lorsque Louis IX établit au Châtelet de Paris une sorte de confrérie de soixante notaires, il voulut qu'ils fussent toujours *deux* pour recevoir les actes. C'est à cette création que se reporte sans doute l'idée du notaire en second, car l'ordonnance de 1498, § 66, est la première qui en parle; mais on donne à entendre que déjà les contrats étaient passés par deux notaires. Les ordonnances de 1539, art. 175, de 1579, art. 66, mentionnent les deux notaires. D'après Ferrière, *Parf. not.*, Riom, p. 58; Rolland de Villargues, v° *Acte notarié*, n° 117, le notaire en second tient lieu de deux témoins. Il doit, bien entendu, avoir le droit d'instrumenter dans le ressort où il est appelé, à peine de nullité.

228. — Cependant il est des cas où un seul notaire suffit et où il peut instrumenter seul, comme s'il s'agit : 1° de partage judiciaire (art. 977, C. proc.); 2° d'inventaires pour lesquels un notaire a été commis par justice; 3° de ventes judiciaires envoyées devant lui; 4° de la délivrance de copies collationnées; 5° de procès-verbaux de compulsoire; 6° de secondes grosses; 7° de délivrance de certificats de propriété et de certificats de vie aux rentiers et pensionnaires de l'Etat; 8° enfin de mentions qui n'exigent pas le concours d'un notaire en second ou de deux témoins (Rolland de Villargues, *eod.*, n° 144).

—Il a été décidé, au reste, qu'un contrat de mariage n'avait pu être valablement reçu par un seul notaire sans témoins (Riom, 12 fév. 1818; D.A.10.650).

229.— *Ou par un notaire assisté de deux témoins.*—L'art. 166 de l'ordonn. de Blois, de 1579, portait : « et afin d'obvier *aux faussetés et suppositions* qui peuvent se commettre pour ce regard, nous voulons qu'ès lieux où jusques à présent a esté permis qu'un seul notaire, en présence de deux témoins, puisse recevoir et puisse contracter testaments et autres, ledit notaire, s'il est ès-villes ou gros bourgs, ès-quels vraisemblablement on puisse avoir témoins qui sachent signer, et au cas que la partie qui s'oblige ne puisse signer, soit tenu d'appeler pour le moins un témoin qui sache signer, et lequel actuellement signera avec lui la minute. » — « Les témoins instrumentaires, dit d'Aguesseau,

sont ceux qui, par leurs signatures, assurent la vérité et la foi des actes. Leurs fonctions approchent de celles des notaires, et ils partagent avec eux la confiance de la loi. » Enfin, Toullier, t. 5, s'exprime ainsi : « Les témoins appelés par la loi sur le notariat pour assister le notaire, sont ses coopérateurs : c'est lui qui les appelle : ils exercent concurremment avec lui une portion de la puissance publique, puisqu'ils coopèrent à conférer aux actes l'exécution parée, c'est-à-dire le droit d'employer la force publique, pour les faire exécuter. »—Il a été jugé que si la loi exige seulement que les actes notariés soient reçus par un notaire assisté de deux témoins ou par deux notaires, il ne s'ensuit point qu'ils soient nuls lorsqu'ils ont été reçus par deux notaires en présence de deux témoins, le concours de ces derniers n'étant qu'une garantie de plus de la sincérité de ces actes (Riom, 7 fév. 1855, D.p.57.2.33).

230. — Pour les testaments, la solennité est plus grande. Les deux notaires, ou le notaire et les deux témoins exigés par l'art. 9, ne suffisent pas; il faut en effet : 1° pour le testament public, deux témoins et deux notaires, ou quatre témoins et un notaire (art. 976, Cod. Nap.) : il en faut même un plus grand nombre si le testament est reçu dans la forme mystique; car, pour l'acte de suscription d'un testament mystique, la loi exige six témoins avec un notaire, et même sept si le testateur n'a su ou pu signer son testament (art. 976 et 977, Cod. Nap.). *V.* plus bas, n° 251.

231.—C'est au notaire de s'assurer de la capacité des témoins appelés aux actes (aux testaments), (Req., 15 janv. 1835; D.p.35.1.156); c'est à lui qu'il appartient de les choisir (Blondela, t. 1, n° 427; Loret, t. 1, p. 215; Grenier, n° 247; Rolland de Villargues, v° *Respons.*, n° 73). — « Dans les testaments, au contraire, dit Toullier, n° 396, les témoins ne sont pas appelés par le notaire; ils sont choisis par le testateur pour être présents pour attester un fait passé en leur présence. » C'est aussi ce que disent Bigot-Préameneu et Grenier, n° 247, un arrêt de Toulouse, du 23 juill. 1838.—La présomption est donc que les témoins testamentaires sont appelés par le testateur (Grenier, *eod.*; Rolland de Villargues, v° *Témoin inst.*, n° 8); ce qui n'empêche pas qu'ils doivent être connus du notaire, qui engage sa responsabilité s'il ne s'enquiert pas de leur capacité.

232.—Quoiqu'il soit dans l'esprit de la loi que les témoins sachent ce que contient l'acte auquel ils doivent assister, cependant ils ne sont pas responsables de la nullité qui résulterait du défaut de leur présence à la signature : c'est là un fait qui regarde le notaire. *Conf.* Rolland de Villargues, vᵒ *Témoin inst.*, nᵒ 10.

233.—Le silence d'un témoin touchant les droits qu'il a sur ce qui fait l'objet du contrat, comme une hypothèque, une vente antérieure à lui consentie, ne lui préjudicie pas et ne le rend point non recevable à se prévaloir contre les parties ou l'une d'elles, soit de son hypothèque, soit de l'antériorité de son titre de vente (Proudhon, *de l'Usuf.*, nᵒ 2178 ; Poitiers, 6 avril 1838, D.p.40.2.27).

234.—Il paraît hors de doute que, sur une plainte en faux, on peut faire attester par les témoins, contrairement à ce qui résulte de leur signature, qu'ils n'ont pas assisté à la confection de l'acte; mais on ne doit pas se contenter de leur attestation toute nue; il faut des circonstances, des indices qui l'autorisent. *V.* les arrêts indiqués dans la *Jur. gén.* de Dalloz, vᵒ *Oblig.*, nᵒˢ 3152 et suiv.

235.—*Citoyens français.* — Cela se résume en ces mots : qu'il faut être Français, majeur, mâle, jouissant des droits droits civils et ayant l'exercice des droits politiques ou l'aptitude pour les exercer. —Sont donc incapables : 1ᵒ les condamnés à une peine emportant la dégradation publique (Constit. 22 frim. an VIII, art. 4; Cod. pén., 8, 28 et 34), ou à des peines correctionnelles avec interdiction d'être témoin dans les actes pendant le temps déterminé par le jugement (art. 42, C. pén.);—2ᵒ les étrangers même admis à jouir en France des droits civils (art. 13, C. Nap.; Merlin, *Rép.*, § 2, nᵒ 3; Grenier, nᵒ 247; Dalloz, vᵒ *Oblig.*, nᵒ 3295; Cass., 23 janv. 1811; Colmar, 13 fév. 1818; D.G., vᵒ *Test.*, nᵒ 696); ou qui auraient appartenu à un pays ci-devant réuni à la France s'ils n'ont pas fait la déclaration exigée par l'ord. du 14 oct. 1814 (Dalloz, *Jur. gén.*, vᵒ *Droits civils*, nᵒ 107; Cass., 14 avr. 1818, D.a.6.466; 2 août 1827, D.p. 28.2.56; 23 av. 1828, D.p.28.1.223); 3ᵒ les *domestiques* à gages attachés au service de la personne ou du ménage (Const. an VIII, art. 5; Rennes, 23 juin 1827; aff. M....; Toulouse, 9 juin 1843, aff. Lafage, D.p.44.2.21); 4ᵒ l'héritier immédiat, détenteur à titre gratuit de la succession totale ou partielle d'un failli (Const., art. 5), ce que Rolland de Villargues, nᵒ 21, 2ᵒ, hésite, et avec raison, à admettre.

236.—L'ord. de 1304 exigeait que les témoins des actes fussent connus et dignes de foi: *coram testibus ac etiam fide*

dignis. C'est là un précepte qui est tellement de l'essence du notariat, que le législateur n'a sans doute pas cru devoir le consigner dans la loi d'une manière expresse.

237.—La capacité est la règle générale, l'incapacité l'exception. Tout Français peut être témoin, s'il n'est privé de ce droit par un jugement ou par un texte précis de la loi. Les causes d'incapacité doivent se restreindre plutôt que s'étendre par l'interprétation. — Toullier, t. 5, nᵒ 590, et Merlin, *Rép.*, *loc. cit.* ; D.a., *eod*, nᵒ 2.

238. — Ne sont incapables d'être témoins : 1ᵒ ni le failli, la privation du droit de tester dans un acte entre-vifs ne se trouvant pas dans la nomenclature que font les lois de commerce des droits dont les faillis doivent être privés (Cass., 10 juin 1824, D.a.12.566, nᵒ 1.—*V. contrà*, Rouen, 13 mai 1839, D.p.39.2.166 ; Carré, *Org. et com.*, nᵒ 585; Renouard, *Faillites*, t. 2, p. 480 ; Grenier, *Donat.*, t. 1, p. 452; Toullier, t. 8, nᵒ 76; Massé, t. 1, p. 27; Larombière, *Tr. des oblig.*, sur l'art. 1317, nᵒ 18; Dalloz, vᵒ *Oblig.*, nᵒ 3299); 2ᵒ ni l'individu dont l'inconduite est notoire; 3ᵒ ni celui qui exerce la profession religieuse, car outre que les incapacités ne s'étendent pas, cette profession ne prive plus des droits civils (Dalloz, vᵒˢ *Dispos. entre-vifs et testam.*, nᵒ 3165, et *Oblig.*, nᵒ 3303) ; 4ᵒ ni le domestique attaché au labour et à la culture des terres (Toulouse; 9 juin 1843, cité au nᵒ 235).

239. — L'incapacité des témoins ne se présumant pas, c'est à l'héritier qui l'allègue d'en faire la preuve.—Merlin, *Rép.*, t. 17, p. 604.

240.—Cet héritier ne serait pas astreint à la voie rigoureuse de l'inscription de faux; car le notaire auquel la loi n'ordonne que de mentionner le nom et la demeure des témoins n'a pas qualité pour constater authentiquement leur capacité qui repose sur des faits étrangers à la confection du testament, seul objet que la loi ait confié au notaire; D.a.5.805, nᵒ 3.

241. — Jugé même que l'héritier peut, sans s'inscrire en faux, prouver que les indications relatives à une qualité accidentelle de témoins, par exemple, le domicile, sont mensongères, s'il produit un commencement de preuve par écrit de ce fait; c'est alors au légataire à établir l'exactitude des indications (art. 980, C. Nap.).—Bruxelles, 13 avril 1811; D.a.5. 798.—Cette décision est contestable; car, le fait constaté, la demeure des témoins

est un fait matériel qui doit être connu du notaire.

242.—Indépendamment de la capacité civile, les témoins doivent avoir la capacité physique ou morale. Ainsi, ils doivent entendre la langue des parties ou celle dans laquelle l'acte est rédigé (Ricard, *des Donat.*, part. 1, 1603 ; Furgole, *des Testam.*, ch. 3, sect. 1, n° 6 ; Maleville, sur l'art. 972 ; Grenier, n° 235 ; Toullier, t. 5, n° 393 ; Merlin, *Rép.*, v° *Témoins instrum.*, §2, n°s 3-24, et *Quest. de droit*, v° *Testam.*, §17; Dalloz, v° *Oblig.*, n° 3304) ; sinon, il doit y avoir un interprète, dont la mission et la capacité sont examinées sous l'art. 13.

243.—La loi laisse aux magistrats le soin de décider si les témoins appelés aux testaments étaient dans un état physique tel qu'ils aient vu et entendu le testateur, qu'ils aient compris ses dispositions, qu'ils se soient rendu compte de tout ce qui s'est passé devant eux. — Merlin, *Rép.*, t. 13, v° *Témoin instrum.*, § 2, n° 4 ; Toullier, t. 5, n° 390 ; Favard, v° *Témoins*, n° 2 ; Delvincourt, t. 2, n° 313, notes; Dalloz, v° *Oblig.*, n° 3305. V. aussi v° *Disp. entre-vifs et test.*, n° 3153.

244. — Ainsi, ne peuvent être témoins d'un testament, les aveugles, les sourds, les sourds-muets, les fous.—Grenier, t. 1, n° 254 ; Toullier, t. 5, n° 394 ; Merlin, *Rép.*, *loc. cit.* ; Favard, *loc. cit.* ; Duranton, n° 104 ; Dalloz, *Jur. gén.*, v° *Disposit. entre-vifs et testam.*, n° 3154.

245.—Grenier comprend parmi les incapables les muets, que le droit romain excluait effectivement de la faculté d'être témoins. Mais le muet sachant écrire voit, entend et comprend ce qui se passe ; il peut attester par sa signature que toutes les formalités ont été observées en sa présence. L'exclusion de la loi romaine ne serait plus admise. — Toullier, n° 392 ; Favard, Duranton, Merlin, *loc. cit* ; Dalloz, *loc. cit.*, n° 3156.

246. — La prodigalité n'est plus une cause d'interdiction. La nomination d'un conseil n'enlève point au prodigue ses droits civils, ni, par conséquent, le droit d'être témoin.—Duranton, t. 9, n° 108 ; Dalloz, *eod.*, n° 3158.

247.—On ne peut appeler comme témoins : 1° ni ceux qui sont parties dans l'acte : cela résulte, et du principe retracé n° 150, et implicitement de l'art. 10, qui défend de prendre pour témoins les parents ou alliés des parties, c'est-à-dire de ceux pour lesquels l'acte est rédigé : comment supposer qu'on ait pu avoir l'idée de les admettre à attester la sincérité d'un acte qui est fait par elles et pour elles ? (*Conf.* Limoges, 27 mai 1831) ; Rolland

de Villargues, n° 35, dit qu'il ne résulterait pas une nullité de ce que, dans un acte unilatéral, l'un des témoins déclarerait accepter pour le créancier ; il ne voit là qu'une énonciation de vieux style, surabondante, mais qui ne vicie pas l'acte, encore bien que le témoin ait déclaré avoir mandat pour accepter. — Quoi qu'il en soit de cette remarque qu'il appuie d'un arrêt du 27 août 1833, nous croyons que les notaires doivent s'abstenir de constater les déclarations de cette nature.— V. n° 169.

2° Ni les témoins qui ont un intérêt personnel dans les actes où ils figurent. —V. n° 187. — V. aussi Dalloz, *loc. cit.*, n°s 3178 et suiv.

L'exclusion n'atteindrait pas les habitants d'une commune : ils peuvent rendre témoignage dans un acte passé entre le maire et un autre individu. Cela est constant. V. Bordeaux, 10 janv. 1856 (D.P. 57.5.318), et autres arrêtés cités dans la *Jur. gén.* de MM. Dalloz, v° *Enquête*, n°s 522, 524 et suiv.—Jugé aussi que des témoins ne sont pas incapables de figurer dans un acte notarié, par cela seul que certaines conventions des parties insérées dans cet acte sont de nature à leur profiter indirectement, alors que leur rôle a été tellement passif que tout autre eût pu le remplir, sans changer les stipulations de l'acte (Rej., 8 mai 1843, D.P.43.1.297).

248. — Au reste, il a été dérogé à l'article 9 de la loi de ventôse par l'art. 980, C. Nap., postérieur en date, qui, pour les testaments, exige seulement que les témoins soient « mâles, majeurs, sujets du roi, jouissant des droits civils, » et qui, par suite, puisqu'il n'impose pas la condition de la jouissance des droits politiques, permet d'appeler comme témoins à un testament les individus en état de domesticité, pourvu qu'ils aient d'ailleurs les autres conditions requises par l'art. 980. Duranton, t. 9, n°s 110, 111 ; Cass., 3 août 1841 (D.P.41.1.321) ; *Conf.* Cass., 3 juill. 1838 (D.P.38.1.304). V. aussi Montpellier, 17 avr. 1847 (D.P.47.2.121).

249. — S'il a été appelé à un acte un témoin qui, d'après l'opinion commune, réunit toutes les conditions de capacité prescrites par la loi, alors que, dans la réalité, il en était dépourvu, quel est l'effet de cette incapacité ? La capacité putative prévaut-elle ici sur la capacité réelle ? En d'autres termes, l'acte auquel un témoin a pris part doit-il être protégé par la loi *Barbarius Philippus*, 5 Dig. *de Officio prætorum*, et être maintenu d'après la maxime *error communis facit jus?* — L'affirmative est admise d'une manière

générale (Furgole, *des Testam.*, ch. 3, sect. I, n° 7 ; Merlin, *Rép.*, v° *Témoins inst.*, § 2, n°ˢ 3, 26 ; Delvincourt, t. 2, p. 312 ; Grenier, n° 256 ; Toullier, t. 5, n° 407 ; Duranton, t. 9, n° 109 ; Dalloz, v° *Dispos. entre-vifs et testam.*, n°ˢ 3211 et suiv. — « Toutefois, dit ce dernier, pour que l'erreur commune équivale à la capacité effective, il faut que cette erreur résulte d'une série d'actes multipliés qui forme pour lui une possession publique et paisible de l'état qu'elle suppose ; car c'est alors seulement qu'il est impossible de ne pas se tromper. Il importerait peu que le notaire et les témoins eussent l'opinion erronée de la capacité du témoin ; leur croyance n'a d'effet que quand elle est partagée par le public et qu'elle coïncide avec la possession de l'état supposé. Ainsi, la déclaration du témoin qu'il est sujet du roi, qu'il jouit de ses droits civils, ne couvrirait pas la nullité du testament, si cette déclaration se trouvait fausse. » Par suite de ces principes, on a refusé d'annuler : 1° des actes, sous prétexte qu'on y avait appelé comme témoins des individus réputés citoyens français, mais qui, dans le fait, étaient étrangers (Cass., 28 fév. 1821, D.A.5.812 ; 18 janv. 1830, D.P.30.1.83 ; 28 juin 1831, D.P.31.1.259 ; 24 janv. 1839 ; D.P.39.1.294) ; — 2° des testaments, encore bien qu'un témoin, qui exerçait paisiblement et publiquement ses droits civils, ait été frappé précédemment d'une condamnation emportant mort civile (Limoges, 7 déc. 1809, D.A.5.799 ; Grenoble, 14 août 1811, D.A.5.741).

3° Enfin, il a été jugé qu'il faut que les actes de possession publique motivent et justifient l'erreur commune ; il ne suffit point que l'opinion de la capacité du témoin soit généralement répandue, si elle l'est sans motifs plausibles. — Cass., 24 juill. 1839 ; D.P.39.1.294. — Jugé aussi que le vice d'un acte authentique tenant au défaut de capacité de l'un des témoins intrumentaires n'est pas couvert par l'erreur commune, lorsque, avec une vigilance ordinaire, l'incapacité de ce témoin pouvait être découverte (Besançon, 28 janv. 1829, D.P.44.2.206).

250. — Mais l'erreur commune ne protège pas l'acte dans lequel aurait figuré un témoin affecté d'une incapacité morale ou telle que celle résultant de l'âge, du sexe, de la parenté. Le notaire et les parties pouvaient, devaient prendre ou exiger des renseignements à cet égard. Telle est au moins l'opinion de Merlin, de Toullier, de Grenier, de Delvincourt, de Dalloz, *loc. cit.* Cependant cette opinion, qui tend à placer en dehors de la règle commune l'erreur sur l'une des qualités qui viennent d'être énoncées, souffre quelque difficulté. Rolland de Villargues, v° *Tém. inst.*, n° 44, ne semble pas porté à la partager, et il cite un arrêt de la Cour de Turin, du 17 avr. 1806, d'où il induit un précédent contraire. Mais cet arrêt nous a semblé cité à tort ; car, outre que la Cour y paraît peu disposée à étendre la loi *Barbarius* au delà de ses termes, elle annule formellement un acte dans lequel on avait appelé deux jeunes gens d'un état obscur, et qu'on prétendait avoir, dans l'opinion commune, l'âge requis, bien qu'ils ne l'eussent pas en réalité. *V.* les motifs de cet arrêt, D.A.5.811.

Au reste, on peut citer en faveur de l'opinion de Rolland de Villargues deux arrêts, l'un de la Cour d'Aix, du 29 juill. 1838 (D.P.39.2.10), qui a validé un testament dans lequel figurait comme témoin un mineur qui s'était déclaré fils majeur, quoiqu'il lui manquât 33 jours, et qui avait déjà figuré dans plus de vingt actes publics ; l'autre de la Cour de cass., du 31 juill. 1834 (D.P.34.1.425), qui a maintenu un testament portant institution de tous les filleuls du testateur, lesquels étaient en très-grand nombre : ce qui n'avait pas permis de reconnaître la parenté de l'un des témoins avec l'un des légataires : d'où résultait, suivant l'arrêt, que l'erreur dans laquelle était tombé le notaire était invincible.

Remarquez qu'on n'annulerait pas l'acte dans lequel un nombre de témoins, excédant celui prescrit par la loi, aurait été appelé. *V. suprà*, n° 229 ; — Ni celui dans lequel l'un des témoins excédant le nombre légal serait incapable : c'est ce qui se voit surtout dans les contrats de mariage, qui sont signés le plus souvent par les membres de la famille. — *Conf.* Rolland de Villargues, v° *Témoins instr.*, n°ˢ 47 et 48, qui cite par inadvertance, comme ayant jugé ces questions, deux arrêts qui ont résolu des questions toutes différentes.

251. — *Sachant signer.* — Les témoins doivent savoir signer, car ils sont obligés d'apposer leurs signatures aux actes. Cette condition n'est pas exigée d'une manière si absolue pour les témoins des testaments reçus dans les *campagnes* : il suffit que l'un des deux ou deux des quatre témoins signent (art. 974, C. Nap.). — *V.* sur la signature des actes ce qui est dit sous l'art. 14.

252. — *Et domicilié dans l'arrondissement communal où l'acte sera passé.* — Cette condition a été regardée comme

tellement importante, que son infraction a fait annuler une donation contenue même dans un contrat de mariage. Grenoble, 21 déc. 1827 ; D.P.28.2.77.

253. — Mais est-il nécessaire, à peine de nullité, que les témoins d'un testament soient domiciliés dans l'arrondissement communal où l'acte a été passé ? Non, d'après la jurisprudence. Le Code Napoléon, par son silence (art. 890), a dérogé en ce point à la loi du notariat. Il y a, en effet, des différences essentielles entre le testament public et les autres actes notariés : 1° un testateur qui veut tenir secrètes ses dispositions appellera des témoins étrangers à la localité ; 2° il faut plus de témoins pour le testament, quand il n'y a qu'un notaire ; 3° c'est le testateur lui-même, et non le notaire, qui, selon l'usage, choisit les témoins. — Grenier, t. 1, nos 217 et 247 bis ; Delvincourt, t. 2, p. 313 ; Duranton, n° 112 ; Dalloz, v° Disposit. entre-vifs et testam., nos 3135 et suiv. — Bruxelles, 13 février 1808 (D.A.5.793); Limoges, 7 déc. 1809 (D.A.5.799) ; Douai, 27 avr. 1812 (D.A.5. 800); Caen, 10 août 1812 (ibid.); Paris, 18 avr. 1814 (ibid.) ; Cass., 10 mai 1825 (D.P.25.1.332); 4 janv. 1826 (D.P.26.1. 46); 3 août 1841 (D.P.41.1.321).

L'opinion contraire se fonde sur ce que la loi de ventôse est commune à tous les actes notariés, et qu'il faudrait dans le Code une dérogation expresse, pour se dispenser de l'appliquer. — Toullier, t. 3, n° 397 ; Merlin, Rép., v° Tém. instr., t. 17, p. 614; Favard, v° Testam., sect. 1, § 3, art. 3, n° 10. — Bruxelles, 13 avril 1811 ; D.A.5.798. Il est toujours plus sage de prendre les témoins dans la commune.

ART. 10. — Deux notaires parents ou alliés au degré prohibé par l'art. 8, ne pourront concourir au même acte.

Les parents, alliés, soit du notaire, soit des parties contractantes, au degré prohibé par l'art. 8, leurs clercs et leurs serviteurs ne pourront être témoins.

254. — Cette disposition est conforme : 1° à un arrêt de règlement du Parlement de Paris, du 22 mai 1556, qui défend à tous notaires du ressort: « de eux accoupler ensemble, pour passer ou recevoir contrats, le père, le fils, les deux frères, l'oncle et le neveu, le beau-père et le gendre; » — 2° à celui du 24 nov. 1601, qui fait la même défense aux notaires père et fils; — 3° à celui du 8 juin 1635, qui faisait défense aux notaires « d'instrumenter pour leurs fils, gendres et tous

autres parents au degré de l'ordonnance. » — L'art. 10 ne s'applique pas, bien entendu, aux membres de la chambre des notaires dans laquelle peuvent figurer des notaires aux degrés les plus rapprochés. Rolland de Villargues, v° Assemblée des not., 51. — Seulement, l'ord. du 4 janv. 1843, art. 19, leur interdit de prendre part à la délibération, s'ils sont parents au degré prévu par l'art. 8, du plaignant ou de l'inculpé.

255. — Deux notaires parents ou alliés. Le concours au même acte, dont parle l'art. 10, doit s'entendre de celui qui a lieu dans le cas où deux notaires agissent comme officiers publics instrumentaires : l'article ne s'appliquerait pas au cas où, dans un inventaire reçu par un confrère, figurerait un notaire commis par justice pour représenter un absent. Ici, en effet, ce n'est pas comme officier instrumentaire qu'agit ce dernier ; ce serait plutôt comme mandataire de l'absent, nommé dans un cas où l'intervention de la justice couvre toute irrégularité, à supposer qu'un mandataire doive, ainsi que nous l'avons pensé, être considéré comme partie dans un acte.

256. — La prohibition s'applique aux testaments comme aux actes ordinaires. Jousse, t. 2, p. 381 ; Merlin, Répert., v° Tém. instr., § 2; Grenier, n° 251 ; Duranton, t. 9, n° 255.

257. — Parents et alliés, soit du notaire, soit des parties. — L'arrêt de règlement d'août 1607 établissait la prohition jusqu'aux cousins germains ; mais celui du 4 sept. 1685 se bornait à défendre au notaire d'employer ses enfants ou domestiques pour témoins. Voilà l'ancien droit en ce qui concerne la parenté des témoins avec le notaire. Mais pour les actes ordinaires, la parenté entre les témoins et les parties n'était l'objet d'aucune prohibition ; seulement on lit dans la déclaration du 14 fév. 1737 : « Défenses aux notaires d'employer pour témoins, dans les actes passés en matière de bénéfice, les parents ou alliés du résignant ou du résignataire, jusqu'au degré de germain inclusivement. » — V. ces dispositions plus haut.

258. — Une question qui a occupé beaucoup les auteurs et qui donne lieu à une controverse dont le terme n'est pas encore arrivé, est celle de savoir si l'art. 975, Cod. Nap., doit seul être consulté pour le règlement de la capacité des témoins dans les testaments; en d'autres termes, si cet article a rendu sans effet, en ce qui concerne ces témoins, non-seulement les dispositions contraires de la loi

de l'an XI, mais encore celle de cette loi, notamment de l'art. 10, qui pourrait se concilier avec l'art. 975, dont la disposition porte : « Ne peuvent être pris pour témoins du testament par acte public, ni les légataires, à quelque titre qu'ils soient, ni leurs parents ou alliés jusqu'au quatrième degré inclusivement, ni les clercs de notaires par lesquels les actes seront reçus. »

Comme on le voit, cet article étend aux parents ou alliés des légataires, au degré de cousin germain, l'incapacité que, en collatérale, la loi du 25 ventôse an XI (art. 8 et 10) n'établit qu'à l'égard des parents ou alliés jusqu'au degré d'oncle ou de neveu inclusivement, c'est-à-dire au troisième degré seulement. Il exclut d'ailleurs comme la loi de ventôse (art. 10), les clercs des notaires par lesquels les actes sont reçus. —Mais, d'un autre côté, cet article garde le silence sur la parenté et l'alliance des témoins, soit avec le notaire, soit avec le testateur ; il laisse aussi à savoir si les serviteurs, soit du notaire, soit du testateur et des légataires, peuvent être témoins testamentaires.

259. — Dans la combinaison de cette disposition avec l'art. 10 de la loi de ventôse, la doctrine tend à rejeter tout système trop exclusif. Elle laisse subsister, dans le silence de l'art. 976, celles des prohibitions de l'art. 10 qui lui paraissent basées sur les raisons fondamentales : en un mot, elle repousse, soit l'opinion de M. Jaubert dans son discours sur le titre des *Donat. et des Testam.*, d'après lequel la loi de ventôse, « cette loi générale ne peut plus être invoquée dans la matière des testaments, pour lesquels une loi particulière règle tout ce qui est relatif aux témoins ; » soit celle de Delvincourt, t. 2, p. 315 ; soit enfin les motifs de l'arrêt de la Cour de cassation du 3 août 1841, D.P.41.1.321. Ce n'est pas à dire qu'elle trace une règle plus simple pour les notaires : loin de là, ceux-ci auront à rechercher ce qu'il y a de fondamental, de permanent dans la prohibition de la loi de ventôse, ce qui a survécu après la publication du Code Napoléon.

260. — Ainsi, on a pensé qu'on pouvait appeler comme témoins dans les testaments : 1° les serviteurs des légataires (Merlin, *eod*; Caen, 4 déc., 1812 ; D.A.5. 815 ; Limoges, 8 juillet 1814, aff. Mathis) ; mais non les parents ou alliés des légataires que ceux-ci aient été institués universels ou à titre universel ou à titre particulier, substitués ou non (Cass. 27 nov. 1833 ; D.P.34.1.28 ; Rolland de Villargues, v° *Parenté*, n° 110. *V.* aussi Req., 4 fév.

1850, D.P.50.1.108 ; Cass., 4 août 1851, D.P.1.1.220. ; Rej., 10 août 1853, D.P. 53.1.341, et Zachariæ, t. 3, p. 104, note 16) : c'est ce qui résulte de l'art. 975, qui s'est montré à leur égard plus sévère que la loi de l'an XI, puisqu'il les repousse jusqu'au degré de cousin germain, mais plus circonspect que l'ancien droit qui ne prononçait pas d'exclusion contre ces témoins (Merlin, *Rép.*, eod., nᵒˢ 3-16) ; ni leurs conjoints, lesquels sont le principe de l'affinité (Delvincourt, t. 2, p. 313 ; Dalloz, v° *Dispos. entre-vifs et test.*, n° 3203 ; Duranton, t. 9, n° 114 ; Poujol, sur l'art. 980, n° 33 ; Rolland de Villargues, v° *Parenté*, n° 111).

261. — 2° Les parents ou alliés du testateur : le témoignage de ceux-ci, en effet, n'a rien de suspect, dès que le testament ne contient aucune disposition en leur faveur, cela paraît être généralement admis (Merlin, § 2, n° 17 ; Toullier, t. 5, n° 399 ; Delvincourt, t. 2, p. 315 ; Dalloz, n° 3202 ; Duranton, t. 9, n° 116 ; Vazeille, art. 965, n° 9 ; Poujol, art. 975, n° 16 ; Troplong, *Donat. et test.*, n° 1603 ; Metz, 23 mars 1820).— 3° Ses serviteurs (Cass., 3 août 1841 ; D.P.41.1.321).— 4° Son conjoint (mêmes autorités).— 5° Plusieurs témoins, parents entre eux, même aux degrés les plus rapprochés (Grenier, t. 1, n° 252 ; Toullier, t. 5, n° 403 ; Favard, v° *Testam.*, sect. 1, § 3, art. 2, n° 11 ; Dalloz, v° *Disp. entre-vifs et Test.*, n° 3204 ; Delvincourt, t. 2, p. 75 ; Duranton, t. 9, n° 117 ; Vazeille, art. 795, n° 6 ; Poujol, *eod.*, n° 17 ; Loret, t. 1, p. 226 ; Massé, liv. 1, ch. 20 ; Bruxelles, 25 mars 1806, D.A.5.685 ; « Mais il ne faut pas perdre de vue, dit ce dernier, la judicieuse observation de Ricard, que la réunion de plusieurs témoins de la même famille doit être évitée, parce que, si elle n'est pas une cause de nullité, elle peut, dans certaines circonstances, devenir une présomption de fausseté ou de suggestion. » — 6° Le tuteur des légataires et le tuteur nommé par le testateur à l'un de ses descendants (Merlin, § 2, n° 19 ; Toullier, t. 5, n° 401 ; Delvincourt, t. 2, p. 315 ; Dalloz, *loc. cit.*, n° 3205).

262. — Mais, nonobstant le silence du Code Napoléon, les auteurs ont pensé que quelques personnes devaient, en raison de la position subordonnée dans laquelle elles se trouvent à l'égard du notaire, être repoussées comme témoins testamentaires. Tels sont les serviteurs (*V.* n° 272), ses parents ou alliés au degré prévu par l'art. 8. Ici s'applique l'art. 10 de la loi de ventôse, et l'on objecte en vain que l'art. 975 du Code Napoléon

n'ayant reproduit la prohibition qu'à l'égard du clerc de notaire, il doit être présumé avoir reconnu la capacité de ses parents ou alliés. Le Code est à consulter pour les incapacités qui ont leur cause dans la personne même du témoin considéré abstractivement, mais non pour celle résultant de ses rapports avec le notaire ou le testateur (Grenier, Toullier, *loc. cit.*; Dalloz, *loc. cit.*, n° 3209; Merlin, *Rép.*, v° *Tém. inst.*, § 2, n° 13; Duranton, t. 9, n° 115.—*Contrà* Delvincourt, t. 2, p. 315; Vazeille, art. 975, n° 9). — La jurisprudence ancienne s'était prononcée dans le sens de la prohibition (Ferrière, *Parf. Not.*, liv. 11, ch. 1; Denizart, v° *Notaire*, n° 73; Jousse, t. 2, p. 383, qui cite comme conformes les arrêts des 14 janv. 1621, 25 fév. 1647, 3 oct. 1703). Mais sur ce point encore, Merlin, *Rép.*, v° *Tém. instr.*, sect. 2, § 3, n° 3, 13°, repousse l'application aux testaments de l'arrêt de règlement de 1607 relatif aux contrats, et il cite des arrêts en ce sens.

263. — La nullité qui résulte de l'infraction à l'art. 975 affecte le testament tout entier, alors même que le légataire parent du témoin, n'est institué qu'à titre particulier et qu'il existe des légataires même à titre universel auxquels le témoin est étranger (Riom, 26 déc. 1809, D.A.5. 818; Metz, 1er fév. 1821, *ibid.*; Cass., 27 nov. 1833, D.p.34.1.28).

264. — *Leurs clercs et leurs serviteurs.* — Des arrêts de règlement des 4 septembre 1685, 2 juill. 1708 et 12 avril 1726 excluaient déjà des fonctions de témoins instrumentaires, les clercs et serviteurs du notaire : l'art. 10 étend l'exclusion aux clercs et serviteurs des parties contractantes elles-mêmes, parce qu'il y a parité de suspicion (Toullier, t. 8, n° 76; Loret, t. 1, p. 230; Augan, t. 1, p. 83).

265. — Ce qui constitue la qualité de clerc de notaire dans le sens de la loi, c'est le travail *habituel dans l'étude* d'un notaire, et non pas seulement l'occupation momentanée. La loi veut d'ailleurs que le stage des aspirants au notariat se fasse sans interruption.

266. — Celui qui travaille habituellement dans l'étude d'un notaire doit être réputé clerc de notaire, lors même qu'il n'est pas porté sur le tableau des aspirants, ou sur le registre des clercs, existant dans certaines chambres de discipline (Bruxelles, 12 avril 1810, D.p.10.2.107).

267. — Que le clerc soit salarié ou non, ce n'est toujours que le travail habituel dans l'étude qui détermine la qualité de clerc. On sait d'ailleurs qu'il y a des clercs qui ne reçoivent aucune indemnité, comme ceux qu'à Paris on nomme *externes*; il faut supposer, en général, que le clerc s'occupe plutôt pour son instruction et pour remplir son stage que pour retirer un prix de son travail (*Dict. du not.*, 3e édition, v° *Clerc*, n° 5 et 10; D.A.5.808, n° 25).

268. — L'individu qui travaille dans l'étude d'un notaire, mais non habituellement, ne doit pas être considéré comme clerc, dans le sens de l'art. 975; et du reste, la loi n'ayant pas déterminé les caractères du clerc de notaire, l'arrêt qui le décide ainsi est à l'abri de la cassation (Bruxelles, 7 mai 1819; D.A.5.816).

269. — N'est pas clerc non plus celui qui fait, par intervalles, quelques expéditions chez un notaire, et dont l'occupation principale est de se livrer, au dehors, à des opérations de commerce (Bruxelles, 20 mars 1811; Grenoble, 7 avril 1837; D.p.12.2.70; 29.1.138; req., 10 avril 1855, D.p.55.1.112).

270. — ... Ou qui fait gratuitement des écritures dans l'étude d'un notaire, et exerce en même temps des fonctions indépendantes de la cléricature, comme celles de commis-greffier, secrétaire de sous-préfecture (Agen, 18 août 1824, D.p. 25.2.66).

270 *bis.* — ... Ou qui donne accidentellement son concours à un notaire pour la rédaction des actes et la surveillance du travail de l'étude, et qui exerce d'ailleurs une profession différente (celle d'arpenteur-géomètre), pour laquelle il est imposé (Colmar, 4 nov. 1857, D.p.59.2. 129).

271. — ... Ou qui, à une époque précédente, avait fréquenté assidûment et même uniquement l'étude d'un notaire, mais ne devait plus être considéré comme clerc, parce qu'il résultait d'une enquête « que son travail ordinaire était la confection des rôles de contributions, de procès-verbaux de domaines nationaux et d'autres opérations qui lui venaient de l'extérieur, sauf quelques actes qui lui étaient confiés pour *sa satisfaction*. » (Bruxelles, 20 mars 1811; *Dict. du not.*, 3e édit., v° *Clerc*, n° 9).

272. — *Serviteurs.* — Quoique l'art. 975, Code Nap., n'ait exclu comme témoins des testaments que les clercs du notaire, on doit, à plus forte raison, appliquer ici la loi de ventôse an XI, qui n'admet pas le témoignage des serviteurs du notaire, placés encore dans une dépendance plus directe (Grenier, t. 1, n° 253; Toullier, t. 5, n° 402; Duranton, n° 115; Dalloz, n° 3209. — *Contrà* Merlin, *loc. cit.*; Delvincourt, t. 2, p. 316).

Mais on pourrait appeler à un testament les personnes demeurant dans la maison du notaire ou même chez lui, ses commensaux, que l'ordonnance de 1735, art. 42, appelait domestiques, expression que sa trop grande généralité a fait rejeter de la loi de l'an XI et du Code Napoléon.

En tout cas les notaires doivent s'abstenir d'employer comme témoins toutes les personnes que l'on pourrait considérer, sous quelque rapport que ce fût, comme leurs subordonnés.

ART. 11. — Le nom, l'état et la demeure des parties devront être connus des notaires, ou leur être attestés dans l'acte par deux citoyens connus d'eux, ayant les mêmes qualités que celles requises pour être témoin instrumentaire.

273.—Le principe de cette disposition, qui reproduit presque textuellement l'art. 5, tit. 1ᵉʳ, sect. 2, de la loi du 6 oct. 1791, se trouvait déjà dans les ordonnances de mars 1498 et oct. 1535, qui défendaient aux notaires de «recevoir aucun contrat s'ils ne connaissent les personnes, ou qu'ils soient certifiés et témoignés être ceux qui contractent, sous peine de privation de leur office.» Il se trouvait surtout dans l'édit de juin 1627.—Ferrière, *Parf. Not.*, liv. 1, ch. 12, a dit aussi : « Les notaires ne doivent recevoir d'actes que des personnes qu'ils connaissent, et ce pour éviter les fraudes et suppositions de personnes qui passeraient des obligations ou autres actes au nom d'un autre, auquel abus il est d'une très-grande conséquence d'obvier. »

274. —Lorsqu'un notaire n'a pas appelé de témoins pour certifier l'individualité, c'est-à-dire l'identité de la personne qui agit dans les actes avec celle dont le nom y est indiqué, il y a présomption légale qu'il la connaît, et il n'est pas tenu de le mentionner.

275.—En conséquence, quand une partie, un testateur sont connus du notaire, celui-ci peut se dispenser de faire constater leur individualité, et l'on ne peut tirer une nullité de ce qu'il ne l'a point fait (Colmar, 22 fév. 1812, aff. Jager ; Rolland de Villargues, vᵒ *Individualité*, nᵒ 31). Cette décision, qui est bien celle de l'arrêt, ne peut souffrir difficulté.

276. — L'art. 11 s'applique : 1ᵒ aux actes synallagmatiques comme aux actes bilatéraux ; il ne distingue pas, quoique la supposition soit plus facile dans ces derniers actes que dans les premiers où les parties sont en présence, tous ceux qui

contractent sont intéressés à réclamer son exécution. *Conf.* Rolland de Villargues, vᵒ *Individualité*, qui tire argument de l'arrêt de cass. du 29 déc. 1828, quoique la question n'y paraisse pas avoir été agitée, tant elle est peu susceptible d'un doute.—*Contrà* Loret, t. 1, p. 236.

277. — 2ᵒ Aux adjudicataires dans les ventes aux enchères. Il y a, dans ce cas, majorité de raisons pour que le notaire prenne plus de précaution, à cause du concours plus grand des acheteurs, et bien qu'on puisse objecter que la loi a pris elle-même des précautions en repoussant les insolvables.—*Conf.*, Rolland de Villargues, *eod.*, nᵒ 8.

278.—3ᵒ Aux mandataires qui se présentent même avec une procuration délivrée en blanc.—On oppose en vain qu'en donnant une telle procuration, le mandant a voulu qu'elle pût servir au porteur. Cet acte peut avoir été perdu, détourné ; le notaire doit faire certifier si le porteur est bien le même que l'individu dont il prend le nom.

279.—Ce sont les notaires qui, dans les départements où il n'existe pas d'agents de change, sont autorisés, par l'ordonn. du 14 avril 1819, art. 6, à délivrer les certificats d'individualité du vendeur de rentes sur l'État. Mais ces actes, on le comprend, ne sont que des espèces de passe-port, comme le remarque très-bien Rolland de Villargues, *eod.*, nᵒ 10 ; et il suffirait que la signature apposée sur le certificat d'individualité fût véritable pour que le notaire dût échapper à toute action résultant de ce qu'une fausse signature aurait été apposée sur l'acte de transfert.—Cela fait pressentir qu'il y a ici prescription d'une mesure qui n'est pas pleinement rassurante.

280.—*Noms, demeure, état des parties :* voilà tout ce qu'on connaît ordinairement sur un individu d'une manière notoire. Tels sont aussi les points sur lesquels doit porter le certificat d'individualité. « Exiger davantage, a dit Réal, eût été interdire aux notaires de prêter leur ministère dans un nombre infini de circonstances et réduire en particulier les notaires des villes frontières à l'impossibilité presque absolue de recevoir aucun acte. »

281.—Ainsi, la disposition de l'art. 11, concernant le nom des parties, ne peut être étendue aux prénoms, lesquels n'ont pas la même notoriété que les noms de famille. On pousserait la rigueur au delà de toute limite raisonnable si l'on voulait rendre le notaire, qui est de bonne foi, responsable de ce que les parties lui auraient déclaré de faux prénoms (Dalloz,

Jur. gén., v° *Obligat.*, n° 3393 ; Cass., 8 janv. 1823, D.A.10.653, n° 1).

282.—Ni aux qualités que prennent les parties, quoiqu'il soit mieux, quand on le peut et quand cela pourrait être utile, de les faire certifier. « Le notaire, dit Loret, t. 1, p. 237, n'est point garant des qualités que les parties s'attribuent, dans un acte qu'il reçoit, comme celles de mari, de femme, de tuteur ; il n'est responsable que de leur individualité. On ne peut admettre une extension que la loi n'autorise pas et que la jurisprudence n'a jamais adoptée. » *V.* en ce sens, Alger, 17 avr. 1833 (D.P.34.2.16) ; *V.* aussi Lyon, 12 mars 1817 (D.P.47.2.78). — Cela paraît exact ; mais le notaire pourrait être déclaré en faute, si, pouvant faire constater la qualité, il avait omis de le faire, quoique cela fût d'un intérêt réel et facile à reconnaître.—Jugé encore que les notaires ne sont point tenus de se faire attester, par les parties contractantes, la position de celles-ci au point de vue de leur état civil (Orléans, 24 juill. 1856, D.P.57.2.17).

283.—...Ni à l'âge ou à la capacité des parties pour s'obliger en tant que majeure ou mineure, et, par suite, la fausse certification de la majorité d'une partie qui est mineure et dont l'âge ne doit être établi que par la production de son acte de naissance, ne saurait rendre les témoins responsables (Paris, 11 fév. 1826, D.P.26.2.152). — ... Ni à l'âge ou à la capacité des parties placées sous l'assistance d'un conseil judiciaire. — Mais le notaire ne peut ignorer si un individu de son arrondissement est interdit. *V.* l'art. 18. *V.* aussi Aix, 23 avril 1847 (D.P.47.2.188).

284.—*Attestés dans l'acte.* C'est dans l'acte même, et non ailleurs, que la certification de l'individualité doit se trouver ; l'art. 11 le dit expressément, et l'art. 13 veut que les actes soient écrits en un seul et même contexte. Mais il ne résulterait pas une nullité de cette infraction à l'art. 11 ; il n'en naîtrait qu'une action en garantie contre le notaire, mais non contre des témoins qu'on aurait requis à cet effet, et qui seraient de bonne foi.

285.—*Par deux citoyens ayant les mêmes qualités que les témoins instrumentaires.*—La prohibition fondée sur la parenté ne s'applique pas aux témoins certificateurs, bien qu'ils doivent avoir les qualités exigées des témoins instrumentaires, lesquels ne peuvent être ni parents ni alliés du notaire, ni des parties (Favard, v° *Acte not.*, § 2, n° 7 ; et Augan, p. 52). En effet, les qualités exigées par l'art. 9, auquel l'art. 11 semble renvoyer, sont d'être citoyen, domicilié dans l'ar-

rondissement et sachant écrire ; d'ailleurs les témoins instrumentaires coopèrent à l'acte, tandis que les témoins certificateurs ne sont nullement nécessaires à sa perfection ; leur intervention n'a pour effet que de transporter sur les notaires la garantie de l'individualité attestée (Dalloz, v° *Oblig.*, n° 3347 ; Carré, *Organ.*, 414). Rolland de Villargues ajoute qu'aucun témoignage n'a plus de poids que celui des *parents* de la partie inconnue dont il s'agit d'attester l'individualité.

286.--L'individualité d'une partie peut être attestée par les témoins instrumentaires ; il n'est pas nécessaire que cette attestation soit faite par deux autres témoins appelés à cet effet. La fonction des certificateurs est de même nature que celle des instrumentaires ; il n'est pas exact de dire qu'ils sont parties dans l'acte et responsables comme elles le seraient à ce titre ; Augan, p. 53 ; Dalloz, v° *Oblig.*, n° 3348 ; Rolland de Villargues, n° 23 ; req., 7 juin 1825, D.P.25.1.337. — *Contrà* Loret, t. 1, p. 237 ; Carré, p. 411 ; *Dict. du not.*, v° *Individualité*, n° 18.

287.—*Par deux citoyens connus du notaire.* Le notaire prend des renseignements, en se transportant aux lieux habités par les témoins et les parties (Augan, p. 53 ; Dalloz, n° 3349).

288. — D'où il suit qu'il serait responsable si ces témoins étaient frappés de quelque incapacité : c'est lui qui les choisit ; l'erreur commune pourrait seule le soustraire aux suites de sa négligence. L'arrêt de la Cour de Trèves, du 13 nov. 1812, que cite Rolland de Villargues, n° 24, arrêt qui a été rendu en matière de testament et dans une espèce où le testateur avait lui-même choisi les témoins, dont l'un était incapable, n'est d'aucune valeur dans la question, où il s'agit de certification d'individualité et où la mission du notaire est précisément de prendre des précautions pour empêcher la fraude, puisque les parties ou l'une d'elles lui sont inconnues. — Jugé que le notaire qui reçoit un acte dans lequel contracte une partie qu'il ne connaît pas, doit faire attester son identité par deux témoins connus de lui, et offrant des garanties satisfaisantes de moralité et de sincérité, et qu'il ne suffirait pas, par exemple, qu'elle fût attestée par deux témoins dont l'un logeait en hôtel garni, dont l'autre était sans domicile connu, et qui n'ont pu être retrouvés à une époque rapprochée de l'acte (Paris, 29 janv. 1847, D.P.47.4.425).

289.—A l'égard des marins et des militaires nouvellement arrivés dans un port ou dans une garnison où ils ne sont pas encore connus, on était anciennement dans l'usage de faire certifier leur identité par deux officiers du régiment ou du navire. — « Une décision du ministre de la justice, dit Rolland de Villargues, n° 27, autorise encore cet usage. » — Cet auteur ne voit dans cette décision qu'une marche enseignée aux notaires, un conseil qui leur est donné : la circulaire ne peut modifier une loi, et, si les certificateurs se trouvaient frappés de quelque incapacité, le notaire serait, à son avis, responsable envers les tiers, ce qui ne nous paraît pas admissible alors qu'il n'y a d'autre faute à reprocher au notaire que de s'être conformé à la circulaire ; seulement il nous paraîtrait convenable que l'acte retraçât la situation dans laquelle le notaire a rédigé son acte.

290.—Mais le notaire doit s'abstenir de passer l'acte, procuration, testament, ou autres, qu'un voyageur ou un militaire marchant isolément, mais inconnu dans la localité, le requerrait de dresser ; c'est aussi l'avis de Rolland de Villargues, eod., n° 25. — On devait regretter qu'il ne fût pas permis au notaire de passer un tel acte, dans lequel il relaterait qu'un individu se disant, etc., etc., l'a requis à cet effet, et de n'attribuer ainsi à l'acte que la valeur que les juges croiraient devoir lui accorder, si le danger d'un tel mode de procéder ne devait être beaucoup plus grave que l'inconvénient presque frivole auquel on prétendrait remédier.

291. — L'inobservation de la formalité relative au certificat d'individualité n'est pas une cause de nullité : l'art. 11 n'est pas compris dans l'énumération de l'art. 68 (Toullier, 1.8, n° 71 ; Duranton, t. 13, n° 38; Rolland de Villargues, n° 30; Dalloz, v° *Oblig.*, n° 3352).

292. — Par suite de ce qu'un testament a été rédigé par un notaire, sur la seule présentation du passe-port du testateur, il ne résulte pas une nullité de ce que le notaire, à qui cet individu était inconnu, n'aurait pas fait certifier son identité, alors d'ailleurs que cette identité est bien constante... ; à plus forte raison si, parmi les témoins, il s'en trouvait qui n'eussent été appelés que pour attester surabondamment l'identité (Cass., 6 avril 1809, D.A.5.787).

293.—Lorsqu'il résulte pour les parties un préjudice du défaut de constatation d'individualité, le notaire en est responsable, s'il y a faute ou négligence de sa part. — Mais l'acte n'est pas nul.—Denizart, v° *Notaire*, n° 81; Toullier ; Duranton, *loc. cit.*; Dalloz, v^is *Oblig.*, n° 3352,

et *Responsabilité*, n° 403 ; Paris, 19 mai 1806; Toulouse, 28 janv. 1820 et 19 déc. 1821, D.A.10.789, n° 10. *V.* aussi *infrà,* le *Traité de la responsabilité des notaires,* n° 58.

294.—Si l'attestation de l'identité d'une partie inconnue du notaire est faite par l'autre partie connue du notaire, l'acte perd-il son caractère d'authenticité? On ne le pense pas ; tel est l'avis de Rolland de Villargues, n° 28 ; le notaire fait, sous sa responsabilité, ce qu'il entend : la confiance qu'il a dans l'attestation de l'un des contractants peut être telle qu'il n'ait pas jugé à propos d'appeler des témoins. Cela est, cela peut être un tort, car nous ne croyons pas que, dans une situation semblable, un notaire doive se contenter de l'espèce de sûreté qui peut résulter de la déclaration de la partie connue du notaire.

295.—Aussi a-t-on déclaré responsable un notaire qui avait négligé l'accomplissement de l'art. 11 vis-à-vis de l'une des parties qui lui était inconnue, et alléguait en vain qu'il avait dû croire que cette partie était connue de l'autre contractant qu'il connaissait lui-même (Cass., 29 déc. 1828, D.P.29.1.83).

296.—Le notaire, dans le cas où l'emprunteur inconnu lui a été amené par le prêteur qui le connaissait, a pu être déchargé envers celui-ci de la responsabilité, pour inobservation de l'art. 11 (Cass., 17 mars 1828, D.P.28.1.177).—Il en doit être autrement si c'est le notaire qui a procuré l'emprunteur.

297.—Il répond des suites du faux nom pris par un mandant, quoiqu'au mandat se trouverait déjà jointe une quittance sous seing privé donnée par avance. C'est ce qui résulte d'un arrêt de la Cour de Paris, du 19 août 1826, aff. Duprat, cité par Rolland de Villargues, eod., n° 43.

297 *bis.* — Le notaire peut être déclaré irresponsable s'il établit que les témoins lui ont été présentés par les parties (Req., 7 août 1843, D.P.43.1.458).

298.—La responsabilité s'étend-elle au notaire en second ?—L'affirmative s'induit de l'arrêt du 11 nov. 1835 (Req., D.P.35. 1.408).—Mais cette solution serait rigoureuse en présence de la discussion à laquelle a donné lieu la loi du 21 juin 1843, relativement aux notaires en second. — *V.* n°s 218 et suiv. *V.* aussi *infrà, Tr. de la respons. du not.,* n° 117.

299.—Un notaire qui ne s'assure pas si les personnes qui comparaissent devant lui portent bien le nom qu'elles prétendent avoir, s'expose même à être suspendu de ses fonctions, si on l'a trompé sur ce point (art. 11 et 53.—Poitiers, 21 mai 1854, D.A.10.654).

ART. 12. — Tous les actes doivent énoncer les nom et lieu de résidence du notaire qui les reçoit, à peine de cent francs d'amende contre le notaire contrevenant.

Ils doivent également énoncer les noms des témoins instrumentaires, leur demeure, le lieu, l'année et le jour où les actes sont passés, sous les peines prononcées par l'art. 68, ci-après, et même de faux, si le cas y échoit.

300.—On distingue dans les actes notariés trois parties : le préambule, où sont énoncés le nom des notaires et la comparution des parties; le corps de l'acte, qui comprend les clauses et conventions; la clôture de l'acte, où se trouvent les mentions et énonciations que la loi requiert pour la solennité de l'acte.

301.—L'art. 12 est renouvelé des ord. de juill. 1304, art. 5; d'août 1539, art. 7; de Blois, 1579, art. 167; de l'édit de juin 1550, art. 3.—Il est d'usage d'énoncer, au commencement de l'acte, le nom du notaire qui le reçoit et l'assistance du notaire en second, et de mettre, dans la clôture de l'acte, celui des témoins instrumentaires. Rolland de Villargues, v° *Acte notarié*, n° 164, dit qu'il serait convenable de mentionner le nom des uns et des autres en commençant l'acte; que tous composent également le tribunal volontaire devant lequel comparaissent les parties. Mais quelle que soit la place que ces énonciations occupent dans l'acte, il ne saurait résulter de là une nullité. La loi ne fixe pas la partie de l'acte qu'elles doivent occuper. Aussi cette mention : « Fait et passé en l'étude de Me..., etc., » satisferait, suivant nous, au vœu de la loi, quoique M. Loret, p. 89, paraisse d'une opinion contraire. L'essentiel est qu'un acte contienne la preuve qu'il est émané d'un notaire, c'est-à-dire d'un officier ayant qualité pour instrumenter dans le lieu où il est reçu : c'est pour cela que l'on exige l'énonciation des nom et lieu de résidence du notaire. V. aussi en ce sens Dalloz, v° *Oblig.*, n° 3358.

302.—*Nom du notaire.* Son énonciation dans l'acte était exigée par les ord. de 1304 et 1539; les autres se bornaient à prescrire la mention de ses qualité et résidence, et l'usage était conforme.—Par délibération du 17 juin 1813, les notaires de Paris se sont interdit de prendre aucun nom, surnom ou prénom autre que ceux sous lesquels ils auront obtenu leur nomination ou prêté leur serment, à moins que les changements ne soient légalement autorisés. Au reste, sous l'expression *nom*, la loi ne comprend pas les prénoms, qu'il serait utile cependant d'énoncer, s'il existait dans la résidence plusieurs notaires du même nom (*Conf.* Augan, p. 54; Rolland de Villargues, *eod.*, n° 170; Dalloz, v° *Oblig.*, n° 3359). Enfin, le défaut d'indication du nom du notaire n'est pas puni avec la même rigueur que l'omission du nom des témoins; il ne donne lieu qu'à une amende, comme au cas d'omission du nom des parties. — *V.* n° 359.

303.—De la nécessité d'énoncer le nom du notaire, il s'induit qu'il y aurait contravention si l'acte se bornait à s'exprimer en ces termes : « Par-devant le notaire soussigné » (Déc. min. fin., 20 oct. 1807). La signature qui termine l'acte ne serait pas suffisante pour compléter l'énonciation; et d'ailleurs, suivant Loret, *eod.*, l'indication du nom ne devient nécessaire ou au moins utile pour confirmer la signature elle-même (*Conf.* Rolland de Villargues, *eod.*, n° 169; Dalloz, v° *Oblig.*, n° 3360).

304. — La qualité du notaire doit-elle être exprimée dans l'acte ? C'est cette qualité qui donne l'authenticité à l'acte. Il est donc convenable qu'elle s'y trouve énoncée. Doit-elle l'être à peine de nullité ? L'affirmative est enseignée par Merlin, v° *Testam.*, sect. 2, § 2, art. 3, et t. 17, p. 688, qui se fonde sur les édits de déc. 1691, art. 13, et de juin 1550 dont l'art. 3 voulait « que la foi ne fût ajoutée aux instruments reçus par les notaires, s'il n'y était fait mention de la qualité desdits notaires », et sur cette rédaction proposée par le Tribunat : « Tous les actes doivent énoncer les nom, qualité et lieu de résidence des notaires. » Merlin dit que si le mot *qualité* a depuis été retranché, c'est que l'addition en a paru inutile. Toullier, t. 5, n° 556, prétend que l'omission de la qualité de notaire n'annule pas l'acte. MM. Dalloz, v° *Dispos. entre-vifs et test.*, n° 2797, penchent, après une longue discussion, vers ce dernier avis, qui n'implique point, comme le prétend Merlin, que la nullité ne pourrait atteindre l'acte qui n'indiquerait ni le nom, ni la qualité, ni la résidence du notaire. Ceci, en effet, est une question toute différente. M. Rolland de Villargues, *eod.*, n° 172, adopte l'opinion de Merlin. Au reste, ce n'est qu'en droit que la question est ici examinée, car la qualité du notaire ressortira presque toujours d'une manière

4.

virtuelle de l'ensemble de l'acte; et, comme la loi n'a point imposé de termes sacramentels pour la mention d'une qualité qu'il n'a pas même prescrite expressément, les équivalents s'induiraient aisément soit de la forme de l'acte, soit de ses énonciations, comme s'il y est dit : « Pardevant Mᵉ tel, à la résidence de..., soussigné, soit de l'emploi du style usité dans le notariat, si le notaire a parlé de luimême à la troisième personne ou s'est servi du pronom *nous*, qui ne convient qu'à une personne publique, s'il a été assisté d'un collègue, si l'acte a été signé avec les solennités d'usage, enregistré comme acte notarié, placé au rang des minutes (*Conf.* Toullier, Dalloz, Duranton, Rolland de Villargues, *loc. cit.*).—Les notaires devaient prendre la qualité de notaires impériaux, d'après une décision du min. de la just., du 3 mess. an XIII, et recevoir les actes en cette qualité. Depuis la chute de l'Empire, en 1814, ils se sont bornés à prendre celle de notaire, sans y ajouter. Une lettre du min. de la just., du 13 juill. 1829, leur interdit même d'ajouter à leur qualité celle d'avocat.

305.—*Lieu de résidence.*—L'indication de ce lieu est nécessaire pour s'assurer que le notaire n'a pas instrumenté hors de son ressort. — Le défaut d'énonciation du lieu de la résidence du notaire n'entraîne pas nullité, mais seulement une amende contre le notaire (Rolland de Villargues, nº 178 *bis*; Duranton, t. 13, nº 41; Dalloz, vⁱˢ *Dispos. entre-vifs et test.*, nº 2794, et *Oblig.*, nº 3363; Augan, p. 55; *Contrà* Toullier, t. 8, nº 84). C'est ce qu'on jugeait déjà sous la loi du 6 oct. 1791 (Poitiers, 15 prair. an XI, D.A.10.655). Il en serait évidemment de même aujourd'hui.—Pour le cas où plusieurs communes porteraient le même nom, ce qui arrive assez fréquemment, il est bon d'indiquer dans les actes le canton et le département; mais, ainsi qu'on vient de le dire, l'omission de cette indication, qui est recommandée par le statut notarial de Paris, du 17 juin 1813, au moins pour les notaires de troisième classe, ne serait pas une cause de nullité (Loret, t. 2, p. 18; Massé et Lherbette, t. 1, p. 96; Rolland de Villargues, nº 178; Dalloz, vº *Oblig.*, nº 3363).

306.—Quant au notaire en second, l'indication de son nom dans l'acte n'est pas nécessaire. Tel est l'usage, qui se fonde sur ce que l'art. 12 n'exige que la mention du notaire *qui reçoit* l'acte. « C'était aussi en ce sens, dit Rolland de Villargues, nº 181, que s'exprimait l'ord. de 1539, art. 175; il suffit donc que le notaire en second soit désigné sous le nom de confrère ou de collègue, comme cela a toujours été l'usage (Loret, Massé, liv. 1, ch. 20; Carré, p. 400; Favard, vº *Acte notarié*, § 2, nº 8; Augan, p. 54; Dalloz, vº *Oblig.*, nº 3364). « Toutefois, on met, ajoute Rolland de Villargues, nº 184, le nom du notaire en second dans les testaments, les actes respectueux et les actes dans lesquels les deux notaires concourent également. » Depuis la loi du 21 juin 1843 sur les notaires en second, le nom de ce notaire devrait être exprimé dans tous les actes qu'énumère l'art. 2. Au reste, la qualité du notaire en second résulte suffisamment de la qualification de *collègue* ou de *confrère* qui lui est donnée par l'acte (Loret, sur l'art. 12). Sa résidence doit aussi être mentionnée; elle ne serait pas suffisamment indiquée par la qualification de collègue (*Contrà* Loret, *eod.*); car cette qualité ne prouve pas l'identité de résidence. Pour que la mention soit régulière, il faut dire, et tel est l'usage : « Par-devant Mᵉ tel et son collègue, notaires à.... » (*Conf.* Rolland de Villargues, nº 188). Il est convenable de mettre les noms des deux notaires, lorsque le notaire en second n'a pas la même résidence que le premier.

307.—*A peine de 100 fr. d'amende* (réduite à 20 fr. par l'art. 10 de la loi du 17 juin 1824). — C'est d'amende seulement qu'est punie l'infraction à ce premier alinéa de l'art. 12. La peine de nullité n'est attachée qu'à l'inobservation du second alinéa dont on va présenter l'explication (Merlin, *Rép.*, vº *Testam.*, sect. 2, § 3, art. 2, nº 8; Carré, nº 588; Loret, sur l'art. 12; Duranton, t. 13, nº 41; Dalloz, vº *Oblig.*, nº 3365; Toullier, t. 8, nº 84, qui a rétracté l'opinion contraire qu'il avait émise).

308.—*Ils doivent également énoncer.*—Les énonciations de ce 2ᵉ alinéa sont relatives aux témoins. Plus rigoureuses que celles prescrites par l'art. 13 pour les parties et les témoins certificateurs d'individualité, elles sont prescrites à peine de nullité. Néanmoins il n'y a ni formules ni termes sacramentels pour leur expression (*Conf.* nᵒˢ 359 et 361-2º).

309. — *Noms des témoins instrumentaires.* — L'énonciation des noms et témoins instrumentaires est prescrite à peine de nullité; la loi n'exige pas celle de leurs prénoms et qualités (Augan, p. 56; Toullier, nº 85; Dalloz, vº *Oblig.*, nº 3367; Rolland de Villargues, nᵒˢ 189, 191); mais il est mieux de les mettre, et cela se pratique ainsi. Il faudrait que l'erreur dans l'énonciation des noms fût bien grave pour qu'elle fît annuler l'acte, car il est rare qu'elle ne puisse être facilement suppléée

par les mentions de l'acte. Ainsi donner à un témoin le nom de *Barbet* au lieu de *Bardet*, ce n'est pas commettre une nullité alors qu'aucun individu dans la commune ne porte le nom de Barbet (Cass., 24 juill. 1840, D.P.40.1.332). Cependant on a vu une nullité dans la substitution du nom Galland à Gallemand (trib. de Versailles, 21 janv. 1835, aff. Lamy). On a annulé, à plus forte raison, un testament signé par un témoin sous un faux nom, bien que ce faux nom lui soit donné dans le monde, si d'ailleurs il a figuré dans ses rapports avec l'autorité publique sous son nom véritable : on a refusé de voir là une erreur commune (Amiens, 2 avril 1840. D.P.40.2.147). — *V.* n° 362.

310. — La qualité ou la profession du témoin doit-elle être indiquée ? L'art. 167 de l'ord. de 1579 l'exigeait, mais sans y attacher de nullité. Aujourd'hui, et quoiqu'il soit mieux de faire cette mention, son omission ne rendrait pas l'acte nul (Toullier, t. 8, n° 85; Merlin, v° *Tém. instr.*, § 2, n° 3-21°; Dalloz, v° *Disp. entre-vifs et test.*, n° 3148; Rolland de Villargues, n° 192). Tel serait le cas où un officier de santé aurait été qualifié de docteur en médecine (Lyon, 23 avril 1812, D.A. 5.745; Bourges, 9 mars 1836, D.P.37.2.2). Au surplus, il faut, dans un acte notarié, déclarer que les témoins paraissent en cette qualité de témoins; c'est cette qualité qui donne le caractère d'authenticité à leur mission (Loret, t. 2, p. 37; Rolland de Villargues, n° 199).

311. — *Demeure des témoins.* — L'acte doit mentionner cette demeure ; il ne s'agit plus en effet d'une simple qualité des témoins, mais d'une énonciation prescrite par la loi du notariat, sans que le Code ait dispensé de cette formalité les actes testamentaires. C'est, d'ailleurs, un moyen indispensable pour vérifier la capacité légale des témoins (Merlin, *Rép.*, v° *Tém. instr.*, § 2, n° 3-21°; Delvincourt, t. 2, p. 313, notes; Duranton, t. 9, n° 112; Dalloz, v° *Disp. entre-vifs et test.*, n° 3139 et s.; Cass., 1er oct. 1810, D.A.5.801 ; Aix, 26 août 1813, D.A.5.725 ; Limoges, 8 août 1821, D.A.5.801 ; — Cass., 4 janv. 1826, D.P.26.1.46). — Un arrêt a décidé que cette mention est prescrite à peine de nullité, même depuis la loi interprétative du 21 juin 1843, qui n'a point dérogé en cela aux prescriptions des art. 12 et 68 de la loi du 25 vent. an XI (Nîmes, 22 avr. 1857, D.P.58.2.7). — Quant au mode de mention, la loi ne réprouve point l'emploi de mots autres que celui de *demeure*, pourvu qu'ils fassent connaître avec certitude le lieu qu'habitent les témoins (Dal-

loz, *eod.*, n° 3143). — Ainsi l'énonciation de la demeure a paru résulter suffisamment de ces mots : Fait et passé en présence de tels et tels, de tel endroit, bien qu'on n'ait pas employé les mots *demeurant à* (Aix, 3 déc. 1812, D.A.5.708);—Ou de ces mots : En présence de tels et tels, de telle commune (Cass., 28 fév. 1861, D.A.5.802 ; — Ou de ceux-ci : En présence de tels et de tels, tous de telle commune (Cass., 23 nov. 1825, D.P.26.1.11). — Toutefois la mention du *domicile*, au lieu de *demeure*, a été trouvée insuffisante (Colmar, 1er fév. 1812, D.A.5.771). Mais cela nous a paru d'autant plus rigoureux que les deux mots sont souvent employés comme synonymes; et la Cour de Liége, par arrêt du 20 oct. 1824 (D.A.5.805), a regardé cette mention comme satisfaisant à la loi. — Si l'on se borne à indiquer le lieu de la demeure sans parler de la commune, ou le nom de la rue sans indiquer la ville, il n'y a pas nullité, alors que ces lieu et rue sont situés dans l'endroit où l'acte est reçu. C'est au moins ce qu'ont jugé les Cours d'Agen, 5 août 1824, et de Rennes, 1er juillet 1816 (D.P.25.2.60; D.A.5.699). — L'indication de la demeure peut être suppléée par la mention de la fonction, alors que cette fonction emporte résidence, comme s'il est dit que le témoin est receveur des contributions directes (Grenoble, 7 août 1828, D.P.29.2.19). — Mais énoncer une fausse demeure, c'est n'en indiquer aucune. Il faudrait des circonstances spéciales pour que la nullité ne fût pas admise. Tel serait le cas proposé par M. Rolland de Villargues, n° 198, où le témoin n'aurait changé de domicile que depuis deux jours, ce qui aurait causé l'erreur ; l'erreur sur la rue et sur le numéro devrait aussi n'être le plus souvent d'aucune considération. — Au reste, sur tous ces points, il est aisé aux notaires de prévenir les difficultés, qu'on ne saurait trop les engager à se servir de désignations claires et précises ; et c'est le cas de dire avec la Cour de cassation, lorsqu'une telle énonciation existe, elle fait foi comme partie intégrante d'un acte authentique (Cass., 3 juill. 1838, D.P.38.1.304).—*V.* n° 366.

312. — *Lieu où l'acte est passé.* — Cette mention, qui était déjà prescrite par les ordonnances de 1304, art. 5, et de 1779, art. 167, est exigée à peine de nullité, même pour les testaments (Lyon, 28 janv. 1832, D.P.32.2.179). C'est elle qui fait connaître si le notaire a instrumenté dans son ressort. Quoiqu'il soit d'usage que les actes soient passés dans l'étude des notaires, ils peuvent néanmoins être faits en tous lieux convenables, pourvu que ce ne soit

pas hors de leur ressort.—Que comprend-on par ce mot *lieu*? Est-ce seulement la commune? Est-ce en outre la maison où le notaire instrumente, c'est-à-dire ce que les docteurs appelaient *locus loci?* L'art. 175 cité obligeait les notaires de mettre « la maison où les contrats sont passés; » l'usage s'est conservé, et l'on fait bien de le suivre (Carré, p. 401; Augan, p. 59). cette mention a de l'utilité, par exemple, lorsque l'acte est attaqué pour dol ou pour ivresse : en cas pareil, il est bon de savoir si c'est dans une auberge ou dans une maison mal famée qu'il a été reçu (*V.* Loret sur l'art. 12). — Deux arrêts des 1er juin 1714 et 13 août 1722 exigeaient que le prisonnier qui veut contracter fût amené entre deux guichets : c'est un lieu où il est censé jouir de sa liberté. Il importe de le mentionner pour le cas où l'on se plaindrait de violence ; mais l'omission de cette mention ne rend pas l'acte nul (Massé, liv. 2, ch. 13). On doit repousser aujourd'hui l'opinion contraire de Ferrière, t. 1, p. 123.

313.—Au reste, il paraît bien constant que l'omission de la maison n'affecte pas l'acte de nullité. Cela résulte du silence du Code à cet égard (Merlin, *Quest.*, v° *Date*, § 2; Toullier, t. 8, n° 82 ; Dalloz, v° *Disp. entre-vifs et test.*, n° 2796, et v° *Oblig.*, n° 3374; Favard, *Rép.*, v° *Not.*, t. 1, p. 60; Duranton, t. 13, p. 42; Carré, p. 401; Augan, p. 58; Massé, t. 1, p. 60; Cass., 28 fév. 1816, D.A.5.802; 23 nov. 1825, D.P.26.1.11).—Cela se jugeait ainsi, même sous l'ordonnance de 1579. Ainsi la mention: *Fait à Sauveterre*, c'est-à-dire sans indication de maison et de rue, a été déclarée suffisante (même arrêt, 23 nov. 1825). — Il importe peu que la commune ou la ville soit plus ou moins considérable ; toute distinction serait ici arbitraire (Massé et Lherbette, t. 1, p. 101 et suiv. ; Augan, p. 60; Rolland de Villargues, n° 272, qui cite en ce sens un arrêt de Bruxelles du 10 juin 1819, aff. Coninck).

314. — Il ne pourrait y avoir quelque difficulté que dans les cas ou un notaire n'a qualité que pour instrumenter dans une partie de la ville où l'acte a été reçu ; il semble qu'alors il devienne nécessaire de désigner avec plus de précision le lieu, le *locus loci*, afin qu'on puisse s'assurer de sa compétence. Toutefois, en faisant mention du *lieu*, l'on a rigoureusement satisfait, sinon au but, au moins au texte de la loi. (Dalloz, v° *Oblig.*, n° 3375). — Rolland de Villargues, n° 273, est d'un avis contraire, qu'il fonde sur ce que l'acte doit offrir la preuve de l'accomplissement de toutes les formalités ; il rétracte l'opi-

nion contraire émise dans sa première édition.

315.—Il est d'usage d'énoncer que l'acte a été reçu *en l'étude*, et l'on ajoute le nom du notaire à qui l'étude appartient, quand l'acte a été reçu par deux notaires. Il y a même présomption qu'un acte a été passé dans l'étude, lorsqu'un notaire exprime seulement le nom de la commune: cela résulte naturellement de la formule ordinaire : « Devant nous..., notaire, ont comparu... » (Toullier, n° 82 ; Duranton, n° 42; Rolland de Villargues, n° 275 ; Dalloz, v° *Oblig.*, n° 3376).

316.—La loi ne prescrit aucune formule pour l'énonciation du lieu où l'acte a été passé ; les juges ont donc le pouvoir de chercher dans les clauses de l'acte la preuve de l'accomplissement de cette formalité. — Dalloz, v° *Disposit. entre-vifs et testam.*, n° 2796 ; les arrêts des Cours de Rennes, 9 mars 1809, Douai, 28 novembre 1814 ; Bruxelles, 10 juin 1819 (D.A.10.656 ; 5.782.611), fournissent des exemples de cette appréciation ; et il a été jugé qu'un acte notarié n'est pas nul par cela seul que le notaire n'y a pas fait une mention expresse du lieu où il l'a reçu : qu'il suffit, au contraire, pour que le vœu de la loi soit rempli, qu'à la lecture de l'acte il ne reste aucun doute sur le lieu où il a été passé (Rennes, 9 mars 1809, D A.10.656, n° 2; *V.* n° 304, 318, 359). Au surplus, lorsqu'un acte a été reçu ou signé dans plusieurs lieux différents, le notaire doit mentionner cette circonstance (Rolland de Villargues, n° 280).

317. — La mention du lieu se met à la fin dans les actes purement volontaires ; dans les actes tenant à la juridiction contentieuse, elle se met habituellement dans le préambule (*Conf.* Loret, sur l'art. 12 ; Rolland de Villargues, n° 281).

318. — *L'année et le jour.* — Les actes notariés doivent être datés : l'art. 12 exige qu'ils énoncent l'année et le jour où ils sont passés. La loi a omis de parler du mois d'où il résulte que le jour du mois peut être indiqué par celui d'une fête publique fixe, comme Noël, l'Assomption (Toullier, t. 8, n° 81; Rolland de Villargues, n° 285; Larombière, sur l'art. 1317, n° 21; Dalloz, v° *Disp. entre-vifs et test.*, n° 2654, et v° *Oblig.*, n° 3380). L'omission du mois pourrait aussi, ce semble, être réparée par la date de l'enregistrement (*V.* n° 319). L'arrêt de règlement du 4 sept. 1685 exigeait l'énonciation du mois; il est d'usage de l'indiquer.

La mention de l'heure n'est ordonnée que pour certains actes de procédure. Elle peut aussi être utile pour les assurances, pour les testaments, à cause de la révocation qui aurait lieu par d'autres testaments du même jour (Toullier, t. 8, n° 81 ; Rolland de Villargues, 287, 288 ; Denizart, v° *Date*; Merlin, *Rép.*, v° *Testam.*, sect. 2, § 3, art. 3, n° 13 ; Dalloz, v° *Oblig.*, *ibid.*; Cass., 6 vent. an XIII); pour les déclarations de command (*V.* *Jurisp. gén.*, nouv. éd., v° *Date*, n°s 12 et 24, et *Enregistrement*, n° 2597); enfin, pour fixer les honoraires des notaires.

La mention du jour de la semaine n'est utile que pour les actes que la loi défend de faire le dimanche ou les jours de fête légale (Augan, p. 60; Toullier, t. 8, n° 81 ; Rolland de Villargues, n° 286 ; Dalloz, v° *Oblig.*, *ibid.*). Dans les inventaires, ventes aux enchères, procès-verbaux et autres actes qui peuvent exiger plusieurs séances, on indique, à chaque séance, l'heure d'ouverture et celle de la fin (Déc., 10 brum. an XIV).

Toullier, t. 8, n° 82, est le seul auteur qui pense que l'expression du lieu fait partie de la date (*Contrà* Solon, p. 115, note ; Dalloz, v° *Oblig.*, n° 3381). La mention qu'un acte a été signé *tel jour*, *en tel lieu*, satisfait à la loi, qui veut qu'il soit fait mention du jour et du lieu où l'acte a été passé (Douai, 28 nov. 1814).

319.—À défaut de date ou d'approuvé de la surcharge de la date d'une donation passée devant notaire, l'enregistrement suffit-il pour donner à l'acte l'authenticité, et pour qu'il vaille comme acte notarié ? —L'affirmative a été adoptée dans une espèce régie par la loi de 1790 (Cass., 6 mars 1827, D.P.33.1.303). Mais cette décision serait difficilement admise en présence de la nullité prononcée par l'art. 68, qui, en exigeant que l'acte fût daté, a voulu qu'il eût une date indépendante de l'enregistrement.

320.—Lorsqu'un acte, où figurent plusieurs parties, n'a été signé ou consenti par chacune d'elles qu'à des jours différents, le notaire doit donner à l'acte plusieurs dates (*V.* Trib. de Schelestadt, 10 déc. 1836, D.P.57.3.65); à la rigueur, cependant, le notaire ne serait pas répréhensible pour n'avoir mis à son acte que la date du jour de la dernière signature; ce n'est qu'alors que l'acte devient parfait et que l'on peut dire qu'il existe réellement (*Conf.* Rolland de Villargues, n° 294). — Quand un acte porte plusieurs dates, c'est la dernière seule qui peut être opposée aux tiers. — « Il est généralement d'usage, dit Rolland de Villargues, n° 296, d'exprimer cette pluralité de dates en énonçant qu'à l'égard de telle partie, l'acte a été passé tel jour, qu'à l'égard de

telle autre partie il a été passé tel jour, etc.; et cela peut avoir l'utilité dont nous avons parlé plus haut (prévenir une accusation de faux, un alibi). On doit surtout indiquer les différents lieux où l'acte a été signé pour que la mention soit complète. » — Enfin, lorsqu'un acte renferme deux dates, la prescription des contraventions commises dans cet acte ne court qu'à partir de la dernière date, et le jour de la rédaction n'est point compris dans le délai de deux ans (Paris, 11 déc. 1847, D.P. 48.2.28).

321. — La loi ne dit pas si la date doit être placée au commencement ou à la fin de l'acte ; cette énonciation, qui se lie à celle du lieu, est mise d'ordinaire à la fin. —En tout cas, il est prescrit aux notaires de dater les actes avant de les faire signer par les parties, et surtout avant de les signer eux-mêmes (Décl., 14 juill. 1669, art. 13).—Sur ce point, M. Toullier, t. 8, n° 106, critique sévèrement, et avec raison, l'abus qui s'est quelquefois pratiqué de laisser la date en blanc afin de prolonger le délai de dix ou quinze jours, accordé par l'art. 20 de la loi de l'an VII pour l'enregistrement.

Disons, en terminant, que les erreurs de date qui peuvent se glisser dans un acte ne sont pas une cause de nullité, lorsque les énonciations de l'acte permettent de les réparer ou de suppléer à leur omission : *error librarii in transcribendis verbis non nocet* (L. 92, D. de *Reg. jur.*; Toullier, t. 8, n° 83 ; Dalloz, v° *Date*, n°s 17 et suiv.; *Disp. entre-vifs et test.*, n°s 2684 et suiv.; 2800, 2806, et *Oblig.*, n° 3386; Larombière, sur l'art. 1317, n° 21).

322. — *Sous les peines prononcées par l'art.* 68 *ci-après*, c'est-à-dire sous peine d'être déclaré nul ou de ne valoir, s'il y a lieu, que comme acte sous seing privé.

ART. 13. —Les actes des notaires seront écrits en un seul et même contexte, lisiblement, sans abréviation, blanc, lacune, ni intervalle; ils contiendront les noms, prénoms, qualités et demeures des parties, ainsi que des témoins qui seraient appelés dans le cas de l'art. 11; ils énonceront en toutes lettres les sommes et les dates; les procurations des contractants seront annexées à la minute, qui fera mention que lecture de l'acte a été faite aux parties : le tout à peine de cent francs d'amende contre le notaire contrevenant.

322 *bis.*—Cet article ne fait guère que

reproduire les dispositions des ordonnances qui, en tous temps, prirent soin de régler la manière dont les actes notariés devaient être écrits.—C'est par l'amende qu'il punit les infractions aux règles qu'il établit.

323. — *Les actes des notaires seront écrits, etc.*—Les notaires ne sont pas tenus d'écrire eux-mêmes leurs actes (à moins qu'il ne s'agisse de testament public ou mystique, art. 972, 979, C. Nap.), quoiqu'il serait mieux qu'ils le fissent, quand ils ne sont pas empêchés ; mais, dans les grandes villes, où les clercs sont instruits et où le temps des notaires est pris par des affaires qu'ils sont obligés de suivre eux-mêmes, ils peuvent faire écrire les actes par leurs clercs. Des défenses furent faites à ce sujet aux notaires de Paris, en 1317 ; mais François Iᵉʳ les leva par lettres patentes du 1ᵉʳ sept. 1541.—Il y a plus, c'est qu'en l'absence d'un texte prohibitif dans l'art. 13, on ne pourrait annuler un acte notarié qui serait écrit par une personne étrangère à l'étude, ou même par une des parties. Le doute qui a pu exister dans l'ancien droit n'est plus permis aujourd'hui ; seulement, et en cas d'allégation de fraude, cette circonstance pourrait être prise en considération par le juge (*Conf.* Loret, t. 1, p. 156; Rolland de Villargues, n⁰ 238; Larombière, sur l'art. 1317, n⁰ 27; Dalloz, v⁰ *Oblig.*, n⁰ 3408). ✦

324.—Quoique la loi n'exige pas que les actes soient écrits en *présence* des parties, et que cela soit même souvent impossible, ils doivent cependant être écrits pleinement et entièrement, avant qu'ils soient soumis à leur signature. Cette recommandation, faite par les ordonnances d'oct. 1485, art. 7, et 1535, ch. 19, art. 4, par la coutume de Bourbonnais, art. 77, doit être rappelée ici.

325.— Est-il défendu aux notaires de faire imprimer ou lithographier la formule des actes qu'ils sont souvent appelés à passer, comme les lettres de change, les protêts, les procurations, etc., soit en minute ou brevet, soit en expédition ?—Quoique la négative soit enseignée par Carré, *Org. jud.*, p. 406; Augan, p. 57; Rolland de Villargues, n⁰ 240, et que l'usage, suivant la remarque de ce dernier auteur, paraisse conforme, la chambre des notaires de Paris a pris, le 21 mars 1839, la délibération dont voici les termes : « En ce qui touche l'usage que pourraient faire les notaires des actes imprimés ou lithographiés :—Vu l'art. 13 de la loi du 25 vent. an xi;—Considérant que cet usage, s'il s'établissait, porterait un préjudice

grave aux intérêts du public, en ce qu'il tendrait à détruire les garanties qu'il a le droit d'attendre d'une rédaction spéciale, de la discussion qui la prépare, du travail qui la produit ;—Considérant que cet usage ne serait pas moins funeste au notariat, dont il altérerait la dignité, réduirait l'importance, et, par suite, compromettrait l'avenir ;—Considérant que ces principes d'un intérêt général, conforme à toutes les traditions du notariat, ne sauraient fléchir, même à la demande des parties ; — Est d'avis que les notaires ne doivent jamais recevoir, soit en minutes, soit en brevet, d'actes imprimés, lithographiés ou autographiés. En ce qui touche la délivrance par les notaires, d'expéditions, grosses ou extraits imprimés ou lithographiés : — Considérant qu'aucune loi, ni aucun règlement, ne contiennent de prescription à cet égard ; — Que les motifs d'un ordre si élevé, qui décident la question relativement aux minutes, ne sauraient trouver ici leur application ;—Mais, considérant la responsabilité des notaires, relativement à la délivrance des expéditions, des extraits, et surtout des grosses, et l'obligation que la loi leur impose de garder le secret des actes qui leur sont confiés ;—Est d'avis qu'un notaire ne peut user de la lithographie ou de l'imprimerie pour la confection de ses expéditions, grosses ou extraits, qu'en cas de nécessité démontrée, et avec l'autorisation des parties. » — Jugé aussi que le mot *écrit*, employé dans l'art. 13 de la loi du 25 vent. an xi, doit s'entendre dans le sens d'écrits à la main, et que, par suite, un notaire contrevient à cet article, lorsqu'il emploie des formules imprimées ou lithographiées pour les minutes de ses actes, même les plus fréquents, tels que des actes de prêt avec constitution d'hypothèque (C. d'app. de Bruxelles, 28 mars 1849, D.p.51.2.40).

326.—Depuis l'ordonnance de 1539, les actes publics doivent être écrits et rédigés *en français*. Plusieurs ordonnances locales ont été rédigées dans le même sens. Une loi du 2 therm. an ii portait que nul acte ne pourrait, dans quelque partie que ce fût du territoire français, être *écrit qu'en langue française*. L'exécution de cette loi fut suspendue indéfiniment, peu de temps après sa publication. — Un arrêté du 24 prair. an xi ordonna que les actes publics, dans les départements nouvellement réunis à la France et dans les autres où l'usage de dresser lesdits actes se serait maintenu, fussent tous écrits en langue française. Toutefois le même arrêté porte que les officiers publics pourront écrire à mi-marge de la minute française la traduction en idiome du pays lorsqu'ils en seront requis par les parties. Le 24 therm. an XII, lettre du ministre de la justice aux notaires de Bruxelles, décidant que, pour les testaments, les notaires doivent rédiger l'acte en français, quelle que soit la langue dans laquelle il leur est dicté par le testateur, sauf à eux à écrire la traduction à mi-marge, et à lire cette traduction au testateur et aux témoins. Ces règles sont de nature à s'appliquer aujourd'hui à ceux de nos départements où la langue populaire est un patois ou un idiome étranger (Dalloz, v° *Disp. entre-vifs et test.*, n° 2877).

327. — Il résulterait de l'ensemble de ces dispositions réglementaires que le notaire peut et doit, s'il en est requis, traduire à mi-marge en langue étrangère. Cependant il faut distinguer : si les témoins entendent la langue étrangère, nul doute que le notaire ne puisse faire la traduction, puisque les témoins pourront en contrôler la fidélité. Mais si les témoins ne comprennent pas cette langue, ils ne seront pas en état de s'assurer de l'exactitude des paroles du notaire, ils ne sauront pas les choses par un témoignage indépendant et personnel, autant du moins qu'il peut l'être. — Il y aurait lieu, dans ce cas, à la nomination d'un interprète (*V.* n° 392).

328. — L'acte devant être rédigé en français, il faut que les témoins sachent le français (*V.* n° 390, 3°).

329. — En général, si un notaire ne comprend pas la langue des parties, il peut instrumenter pour elles à l'aide d'un interprète, ce que toutefois le notaire doit faire avec circonspection (Toullier, t. 8, n° 99 ; Favard, v° *Langue franç.*, Dict. du not., eod, n°s 5, 6). A plus forte raison, si une partie ne comprend pas le français, et que ni les témoins, ni le notaire, ne comprennent la langue que parle cette partie, il y a nécessité d'appeler un interprète. — Si l'un des témoins connaît cette langue, peut-il servir lui-même d'interprète ? (*V.* n° 393).

330. — Un acte notarié, écrit en langue étrangère, au lieu d'être rédigé en français, est-il nul ? Les avis sont partagés sur cette question. Toullier, t. 8, n° 101, se prononce pour la nullité, après avoir émis le sentiment contraire ; il se fonde sur d'anciennes lois et ordonnances qu'il regarde comme non abrogées. Toutefois une note de cet auteur, à l'endroit cité, indique un retour à sa première doctrine. La nullité est également soutenue par M. Larombière, sur l'art. 1317, n° 33. Les autres auteurs ont une opinion plus arrê-

tée. La validité de l'acte, quoique rédigé en langue étrangère, est soutenue par Merlin, *Rép.*, v° *Langue franç.*; — *Quest.*, v° *Test.*, §17 ; Grenier, *Donat.*, n° 255 bis ; Favard, et *Dict. du not.*, v° *Lang. franç.*; Rolland de Villargues, v° *Langage des actes*, n° 12 ; Vazeille, sur l'art. 972, note 4, et Marcadé, *eod.*, n° 2 ; *V.* aussi en ce sens, Bruxelles, 13 sept. 1808 ; M. Dalloz, *loc. cit.*, n° 2885, paraît pencher pour cette opinion ; il se fonde sur ce que les anciens monuments législatifs invoqués ne parlent pas des actes notariés, ou n'avaient pas reçu leur exécution, ou n'avaient qu'une autorité purement locale, et sur ce que les lois nouvelles n'ont point prononcé la nullité, qui, dès lors, ne peut être suppléée.

331. — Il est à regretter que l'état de la législation et de la jurisprudence manque, sur ce point, de l'unité qui est l'essence du système fondé par la révolution de 1789. N'est-il pas étrange que le droit de conférer l'authenticité et la force exécutoire, qui est une délégation de la puissance nationale, puisse varier, dans les formes de sa manifestation, suivant les différentes provinces de l'empire ? Ne doit-il pas y avoir une langue officielle, exclusive, nécessaire, à peine de nullité, pour tous les actes authentiques, comme il n'y a qu'un seul système légal de poids, de mesures, de monnaies ?

332. — Si l'on regarde l'acte notarié rédigé en langue étrangère comme nul en tant qu'acte authentique, il faut, s'il est signé de toutes les parties contractantes, lui reconnaître la force d'un écrit sous seing privé (Toullier, t. 8, n° 102 ; Rolland de Villargues, n° 13 ; *Dict. du not.*, eod.; Dalloz, v° *Oblig.*, n° 3445.

333. — On a présenté à des notaires de Paris des modèles de procuration en anglais pour retirer des fonds des caisses publiques d'Angleterre, ou pour négocier des effets publics de ce pays ; le notaire n'y était appelé que pour attester la signature du mandant. Mais, par une circulaire du 2 janvier 1817, la chambre des notaires a décidé que les notaires ne devant jamais s'écarter des formes qui leur sont prescrites, ils devaient recevoir tous leurs actes en langue française.

334. — Un notaire dépositaire de minutes écrites en idiome autre que le français ne doit délivrer des expéditions qu'en langue française. S'il connaît la langue dans laquelle ces minutes sont écrites, pourra-t-il faire lui-même la traduction ? Quoiqu'il semble que la loi doive avoir autant de confiance en lui que dans un traducteur, il sera mieux qu'il fasse appeler un traducteur juré. Dans tous les cas, il

fera bien de transcrire à mi-marge le texte de la minute dans la langue originale (*Dict. du not.*, nº 15). — *V.* nº 392.

335. — Lorsque des pièces qu'on veut déposer chez un notaire sont écrites en langue étrangère, elles doivent préalablement être traduites (Rolland de Villargues, 1ʳᵉ éd., vº *Traduct. de pièces*, nº 7).

336. — Le notaire qui s'aperçoit qu'il a commis une erreur ou omission ne doit faire aucune correction sans l'aveu de toutes les parties. Si l'une des parties refusait de laisser corriger l'erreur, elle ne pourrait y être obligée en justice. Le devoir du notaire serait de constater les irrégularités dans l'expédition (Toullier, t. 8, nº 129; Rolland de Villargues, nᵒˢ 136 et 137).

337. — Comment doivent être écrites les énonciations relatives au calendrier, aux monnaies, poids et mesures? (*V.* ci-après art. 17).

Après les explications générales qui précèdent, reprenons chacune des expressions de l'art. 13.

338. — 1º *Un seul et même contexte.* — Ces expressions, développées par celles qui les suivent, signifient que les dispositions contenues dans les actes doivent être exprimées d'une manière complète, rédigées de suite, sans interruption par des objets étrangers, sans lacune ni intervalle (Grenier, *Donat.*, nº 251; Dalloz, vº *Dispos. entre-vifs et test.*, nº 2821, et vº *Oblig.*, nº 2411; Rolland de Villargues, 1ʳᵉ éd., vº *Contexte*, nº 2).

339. — Certains actes, comme des procès-verbaux, sont rédigés à des intervalles différents. Ce n'est pas, à proprement parler, une dérogation à la règle de l'unité de contexte, car chaque portion de ces actes forme un tout complet qui a une existence indépendante; c'est plutôt un composé d'actes différents qu'un seul et même acte.—(*Dict. du not.*, vº *Contexte*, nº 2; Rolland de Villargues, *eod.*, nᵒˢ 3 et 4; Dalloz, *loc. cit.*).

340. — L'obligation de rédiger les actes en un seul et même contexte n'empêche pas l'usage des alinéa pour distinguer les diverses clauses ou parties d'un acte.

341. — L'unité de contexte est impérieusement exigée pour les testaments mystiques, par l'art. 976, C. Nap., qui porte : « tout ce que dessus sera fait de suite sans divertir à autres actes. » Dans la confection d'un testament public, elle n'est pas nécessaire à ce point que l'on ne puisse, après la clôture et la signature de l'acte, disposer de nouveau, par renvoi, séance tenante (Bordeaux, 17 mai 1833, D. P. 34.2.76). — Ce n'est point de cette

espèce de contexte qu'il s'agit dans l'art. 13. Il n'y est question que de l'unité de contexte quant à la forme. Il ne prescrit pas l'unité quant au temps ; car un acte ne serait pas nul pour avoir été commencé le matin et terminé le soir. Il ne prescrit pas davantage l'unité d'acte, car rien n'empêche qu'un même acte renferme une vente et une procuration, un louage et une société, etc. (Duranton, t. 13, nº 43; Rolland de Villargues, *eod.*, nᵒˢ 2, 3 et 5; Larombière, sur l'art. 1317, nº 28; Dalloz, vⁱˢ *Disp. entre-vifs et test.*, nº 2821, et *Oblig.*, nº 3414).

342. — Remarquez que la loi prescrit l'unité de contexte, non à peine de l'unité de l'acte, mais à peine d'amende contre le notaire.

343. — 2º *Lisiblement.* — La recommandation d'écrire lisiblement se trouve déjà dans l'ordonnance de juill. 1304, art. 3, dans l'arrêt de règlement du 4 sept. 1685, et l'édit de Lorraine du 14 août 1721, art. 51, qui voulait aussi que les noms propres et les sommes fussent écrits d'un caractère plus gros que le reste de l'acte.

344. — La peine, pour illisibilité de l'écriture n'est prononcée contre le notaire qu'autant que c'est par son fait que l'écriture de l'acte est illisible. On ne peut, en aucune façon, le rendre responsable des accidents qui auraient rendu illisibles les clauses ou énonciations d'un acte écrit primitivement d'une manière lisible. — Les clauses tellement effacées qu'on ne peut plus les lire, sont nulles (L. D., *De his quæ in testam. del.*, Rolland de Villargues, vº *Illisible*, nᵒˢ 3 et 4). — On peut prouver par témoins l'accident qui a rendu un acte illisible, par exemple, lorsque le papier a été corrompu par l'humidité, altéré par des agents chimiques, rongé par des animaux, percé par des insectes, etc. (Toullier, t. 9, nº 220; Rolland de Villargues, vº *Illisible*, nº 5). — Une signature mal orthographiée ou presque illisible ne rend pas un acte nul (*Dict. du not.*, vº *Illisible*, nº 3). Ceci s'applique principalement aux signatures des parties et des témoins : il ne dépend pas des notaires de leur imposer un mode quelconque de signature ; ils ne peuvent user que de recommandations officieuses.—*Conf.* Dalloz, vº *Oblig.*, nº 3417.

345. — 3º *Sans abréviation.*—L'abréviation est le retranchement de quelques lettres, mots ou phrases dans l'écriture. — La défense, déjà ancienne (*V.* l'ord. de 1304, art. 3 ; l'arr. de règl. du 4 sept. 1685, et l'édit de Lorraine de 1721, art. 60), des abréviations dans les actes notariés est surtout relative aux noms, dates et sommes;

mais la loi de ventôse, en renouvelant la prohibition, l'étend sans distinction à toutes les abréviations, tant celles des phrases que celles des mots. — La loi ne déclare pas les abréviations nulles, comme elle fait pour les surcharges, interlignes ou additions. Les abréviations n'emportent nullité qu'autant qu'elles rendent une clause inintelligible, ou qu'elles ne permettent pas de lire un mot essentiel constatant l'accomplissement d'une formalité requise à peine de nullité. Dans ce cas, le notaire encourrait évidemment la responsabilité vis-à-vis les parties, indépendamment de l'amende.—En effet, les abréviations n'emportent pas, en général, la nullité des actes, les questions qu'elles soumettent n'ont ordinairement d'intérêt que pour l'application de la peine dont le notaire est passible. C'est en ce sens qu'il importe d'apprécier les abréviations qui peuvent se trouver dans un acte.

346. — Doivent être considérés comme abréviations défendues les caratères abrégés qu'on emploie pour l'indication des mois, comme nov., déc., etc. (Toullier, t. 7, n° 501 ; Rolland de Villargues, 1re édit., v° *Abrév.*, n° 10 ; *Dict. du not.*, *eod.*, n° 3). — Sont également considérées comme abréviations défendues, les suivantes : *So*e pour *somme*, — *no*re pour *notaire*, — *co*e pour *comme*, — *signif.* pour *signification*, — *oblig.* pour *obligation*. Rolland de Villargues, *eod.*, n° 9, pense que la régie et les tribunaux peuvent consulter l'usage suivi à cet égard, afin d'apprécier, s'il y a lieu pour l'une, à poursuivre, pour les autres, à condamner le notaire. — La défense des abréviations ne s'étend point à celles que l'usage a consacrées ; par exemple, celle de Mr, Mme, Mlle, Vol., N°, C., R°, V°, pour monsieur, madame, mademoiselle, volume, numéro, case, recto, verso. — Loret, sur l'art. 13 ; Dalloz, v° *Oblig.*, n° 3419.

Il en est de même de MM. pour messieurs, Sr pour sieur, led., lad., pour ledit, ladite, Md pour marchand, lorsque ce mot précède l'indication spéciale d'un commerce (Rolland de Villargues, n°s 5, 7 ; *Dict. du not.*, v° *eod.*, n° 4). — On peut ajouter à cette nomenclature l'abréviation *et C*e usitée pour la désignation de la raison sociale des sociétés, surtout en matière de commerce. — Les lettres *etc.* indiquent suffisamment l'expression *et cœtera.* — Dans les énonciations d'hypothèques, on admet les abréviations vol. et n° pour volume et numéro. — Lorsqu'une phrase a un sens complet, le notaire n'encourt pas de peine en y ajoutant un *etc.* Mais il en est autrement si l'*etc.*

laisse dans l'indécision la phrase commencée ; le notaire est passible de l'amende, et la clause est nulle si l'intention des parties ne se trouve pas suffisamment expliquée par les autres stipulations ou énonciations de l'acte (Rolland de Villargues, v° *eod.*; Dalloz, *loc. cit.*).

347. — Les notaires encombraient autrefois leurs actes d'une foule de locutions abrégées, vieilles formules de style, dont le notariat moderne commence à faire justice. Tels sont les mots *auquel lieu, nonobstant, promettant, obligeant, renonçant, transportant, dessaisissant, voulant*, etc. Toutes ces expressions, qui ne sont que des commencements de phrases dont la fin est supposée connue, tombent dans la prohibition de la loi (Dalloz, v° *Oblig.*, n° 3426 ; Augan, p. 57 ; *Dict. du not.*, v° *Abrév.*, n. 14). — *Contrà* Rolland de Villargues, *eod.*, qui regarde leur inutilité comme un motif de les soustraire à l'application de la loi. — Un usage, encore plus abusif que ces abréviations elles-mêmes, était celui d'en développer le sens dans les grosses des actes, usage contraire aux premiers principes du notariat, suivant lesquels aucune extension ne peut être donnée, dans les grosses, à ce qui est dit dans les minutes.

348. — Certaines abréviations sont, non-seulement permises, mais ordonnées : ce sont celles qui résultent de la suppression de clauses ou qualifications tenant au régime féodal, ou contraires aux lois de l'Empire.

349. — Un notaire ne se rend pas coupable de contravention par des abréviations étrangères à l'acte, et qu'il n'a écrites que pour sa gouverne. Ainsi, il peut placer des annotations abrégées, non signées de lui, en marge d'un procès-verbal de vente de meubles, pour désigner, par exemple, les adjudicataires qui ont payé. (*Dict. du not.*, v° *Abrév.*, n° 12 ; Colmar, 28 juill. 1827, D. P. 28.2.58).

350. — Pour les abréviations faites dans les grosses ou expéditions, *V.* n. 347. — Dans les extraits analytiques ou raisonnés, il est évident que les phrases peuvent être réduites. Dans les extraits littéraux, elles peuvent être rapportées en partie, sauf à indiquer le reste par un *etc.* (*Dict. du not.*, v° *Abrév.*, n° 8). S'il en était autrement, l'acte serait une copie et non un extrait.

351. — Quel que soit le nombre des abréviations, il n'est dû qu'une seule amende pour l'acte qui les renferme (Rolland de Villargues, n° 11 ; *Dict. du not.*, n° 11 ; Cass., 24 avril 1809, D. A. 10.66.2).

352. — 4° *Sans blanc, lacune, ni in-*

tervalle. Cette disposition, qui se trouve déjà dans l'ord. de 1304, art. 3, de 1555, ch. 19, art. 8, dans l'arrêt de 1685 et dans l'édit déjà cité de 1721, art. 69, s'applique aux expéditions, grosses et copies, aussi bien qu'aux minutes, avec les restrictions indiquées *suprà*, nᵒ 347.

353. — La défense de laisser des blancs n'entraîne pas celle d'établir des alinéa (Trib. d'Oléron, 15 mars 1838, D.p.39.3. 9). — La chambre des notaires de Paris a pris, le 28 pluv. an XII, un arrêté fort sage qui recommande aux notaires du ressort de tirer des traits de plume pour remplir les blancs laissés par les alinéa, tant dans les expéditions que dans les minutes (*Dict. du not.*, vᵒ *Blanc*, nᵒ 2; Rolland de Villargues, *eod.*, nᵒ 5; Dalloz, vᵒ *Oblig.*, nᵒ 3420). — Il y a contravention lorsqu'un renvoi paraphé, mis à la marge ou au bas d'un acte est laissé en blanc (*Dict. de l'enreg.*, vᵒ *Blanc*, nᵒ 6). — C'est par un abus, contre lequel s'élève Toullier, t. 8, nᵒ 106, que les notaires laissent quelquefois en blanc la date de leurs actes, afin de prolonger la date de l'enregistrement. — Néanmoins, dans certains cas, les notaires se trouvent obligés de laisser des blancs dans leurs actes; c'est ce qui arrive lorsque les parties ne sont pas d'accord sur une clause et qu'elles passent à la rédaction des autres clauses, sauf à revenir plus tard sur celle qui a motivé leur dissentiment, ou bien encore lorsqu'elles ne fournissent pas de renseignements suffisants, soit pour l'indication des qualités des parties, soit pour la description des choses qui font la matière du contrat. Les blancs qui peuvent rester par suite de ces circonstances sont remplacés, par l'usage, par autant de barres horizontales qu'il y aurait eu de lignes d'écriture. C'est la seule manière d'exécuter la loi. L'usage, à cet égard, a été consacré par une circulaire du garde des sceaux, du 8 juill. 1823, adressée aux procureurs généraux, et reproduite dans une instruction du directeur général de l'enregistrement, du 9 août 1823 (Dalloz, *loc. cit.*). Une autre circulaire a été adressée par le garde des sceaux, sur le même sujet, le 30 août 1825.

354. — D'après ces circulaires, les barres destinées à remplacer les blancs doivent être approuvées par les parties. Le ministre avait pensé, dans sa circulaire de 1823, qu'il suffisait que l'approbation fût donnée avant l'enregistrement de l'acte; mais, d'accord avec le ministre des finances, il a reconnu, par la circulaire du 30 août 1825, que c'est au moment même de la signature de l'acte que le notaire doit faire approuver les barres par les parties. —

L'approbation se fait comme celle des renvois ordinaires, en marge de la page correspondante ou à la fin de l'acte. Elle doit être paraphée par le notaire en second ou les témoins instrumentaires (Rolland de Villargues, vᵒ *Blanc*, nᵒ 11; *Dict. du not.*, *eod.*, nᵒ 5). Si l'approbation des barres n'a pas eu lieu, le notaire peut-il être poursuivi comme ayant contrevenu à la disposition qui défend de laisser des blancs dans les actes? La circulaire du 8 juill. 1823 décide affirmativement, en se fondant sur ce que les barres constatent qu'il y a eu des blancs, et prouvent que la loi a été enfreinte. Rolland de Villargues, nᵒ 12, et le *Dict. du not.*, nᵒ 4, répondent que si les barres montrent qu'il y a eu des blancs, elles prouvent aussi qu'il n'y en a plus; que, s'il n'est pas prouvé que ces barres n'ont pas été faites après coup, il ne saurait y avoir contravention.—Cependant la Cour de Paris a jugé que l'existence, dans un acte notarié, de lignes blanches couvertes par des barres constitue une contravention à l'art. 13 de la loi du 25 vent. an XI, lorsque ces barres n'ont pas été approuvées (Paris, 11 déc. 1847, D.p.48.2.28). *Conf.* Cass., 21 juill. 1852 (D.p.1.239)). *V.* encore Trib. de Rennes, 28 mai 1845 (D.p.45.4.417). — *Contrà* Trib. de la Seine, 5 janv. 1842 (D.p.42.3.43).

354 *bis.* — Il a été décidé aussi que les mots par lesquels les blancs d'un acte notarié ont été garnis après coup sont nuls, encore bien qu'ils auraient été écrits par le notaire sans fraude et avec le consentement des parties, s'ils n'ont pas été spécialement approuvés par celles-ci (Caen, 18 juill. 1854, D.p.55.5.351). *V.* nᵒ 547.

355. — La régie et le ministre de la justice avaient d'abord pensé que les préposés de l'enregistrement pouvaient et devaient constater, en marge de l'acte notarié, l'existence des blancs et des contraventions qu'ils y avaient découverts; mais cette marche a été justement proscrite. Les employés de la régie ne peuvent constater les contraventions que par des procès-verbaux séparés, et ils n'ont pas le droit de faire aucune mention marginale sur les actes argués d'irrégularité (Circul. du 8 juill. 1823 et 30 août 1825).

356. — Lorsque, dans un acte notarié, existent un blanc et un interligne, les tribunaux doivent condamner pour le fait seul de la contravention matérielle, sans examiner si le blanc et l'interligne sont préjudiciables (Nancy, 18 janv. 1840 (D.p. 40.2.94). *V.* aussi Toulouse, 7 déc. 1850 (D.p.51.2.84).

357. — L'omission de la constatation

des mots biffés dans la minute d'un contrat, omission qui se fait remarquer par le blanc laissé dans le renvoi établi pour constater des mots rayés, constitue une contravention à l'art. 13 (Trib. d'Oléron, 15 mars 1838, D.p.39.3.9).

358. — D'après un usage fort ancien, on excepte les procurations en brevet de la règle qui défend de laisser des blancs dans les actes notariés (Toullier, n° 108; Augan, p. 57). En effet, la défense de laisser des blancs ne s'applique point aux procurations (Aix, 28 avril 1842, D.p.43. 4.348). — Mais il a été jugé qu'elle était applicable aux procurations reçues en minute (Nancy, 20 août 1841, D.p.41.2.233; 20 janv. 1842, D.p.42.2.161 ; Douai, 12 déc. 1842, D.p.43.2.83).

359. — Noms, prénoms, qualités et demeures des parties et des témoins certificateurs. — Il importe, d'abord, de remarquer que ces énonciations, quoique fort importantes, ne sont pas prescrites à peine de nullité; il n'y a lieu, en cas d'omission, qu'à une amende contre le notaire; il eût, en effet, été trop rigoureux d'annuler un acte pour une erreur, un lapsus calami, quelquefois sans grande importance, et qui peut être presque toujours suppléée par les énonciations de l'acte (Conf. Toullier, t. 7, n° 501; Augan, p. 55; Favard, v° Acte notarié, § 2, n° 6; Dalloz, v° Oblig., n° 3388. V. aussi n°s 308 et 361-2°).

360. — Lorsque la même feuille de papier timbré contient deux actes distincts, et à des dates séparées, les énonciations ci-dessus doivent se trouver dans les deux actes, bien qu'ils forment le complément l'un de l'autre, comme si le même papier contenait à la fois l'acte de vente et la quittance du prix (Metz, 2 juill. 1836, D.p. 41.2.124; Cass., 14 juin 1843, D.p.43.1. 344). — Jugé cependant que le notaire qui, en dressant une quittance de prix de vente à la suite de la minute, s'est référé à cet acte pour la désignation des prénoms et qualités des parties, n'a commis aucune contravention à l'art. 13 de la loi du 25 vent. an xi (Paris, 4 mars 1842, D. p.42.2.194).

361.—On a vu plus haut, n°s 150 et suiv., qu'il y a controverse sur le point de savoir ce que l'on doit entendre par le mot parties. — On a considéré comme parties dans le sens de l'art. 13 : 1° non-seulement les mandataires, mais encore les mandants, ou personnes intéressées, au nom desquels ils stipulent (Cass., 29 déc. 1840, D.p.41. 1.48; Trib. de Gray, 24 fév. 1834, D.p.36. 3.84; Trib. de Metz, 2 août 1836, D.p.37. 3.143. — V. art. 8 et 10.

— 2° Les personnes pour lesquelles on se porte fort (Cass., même arrêt; Metz, 6 janv. 1841, D.p.41.2.124; Douai, 13 déc. 1842, D.p.43.2.83 ; Cass. 18 janv. 1848, D.p.48.1.38; Trib. d'Altkirch, 8 avr. 1859, D.p.59.5.268). — Contrà Rennes, 30 juin 1845, D.p.45.2.127.

En effet, il peut être urgent d'agir pour un individu dont les prénoms ne sont pas connus de celui qui intervient en sa faveur; et il semble que, dès que les prénoms du porte-fort, c'est-à-dire de la seule partie qui stipule dans l'acte, sont mentionnés, le vœu de l'art. 13 est satisfait : c'est une exception qui est ici déterminée par la force des choses. Ajoutons que tant que celui pour lequel on s'est porté fort ne se présente pas pour ratifier ce qui a été fait, il n'est pas partie, à proprement parler, dans l'acte; ce cas diffère de celui où l'on agit pour un mandant dont on a les pouvoirs, et qu'on est censé connaître (Conf. Dalloz, v° Oblig., n° 3390).—Au reste, la difficulté est bien frivole, car, dès lors qu'on aura des doutes, il sera toujours aisé d'échapper à l'amende que prononce l'art. 13, en donnant un prénom quelconque, mais en indiquant toutefois celui pour lequel on s'oblige par des désignations telles qu'il ne puisse y avoir aucune méprise sur son identité.

362.—Le nom dont il est parlé dans l'art. 13 est celui qui désigne la famille de la partie, ou celui sous lequel elle est connue; il est bien qu'il soit écrit en caractère plus gros; l'exactitude est ici très-importante. — L'obligation d'insérer les noms reçoit exception pour les procurations. V. n° 358. Il y en avait une autrefois pour les promesses d'obligation; mais la défense de laisser en blanc les noms fut faite au notaire (Sent. du Châtel., 12 déc. 1615; ordonn. de 1629, art. 147; Stat. des Not. de Paris de 1681, art. 25); et la prohibition n'a plus été levée. Les surnoms ou sobriquets peuvent être utiles pour assurer l'identité dans les endroits où plusieurs individus d'une même famille peuvent avoir les mêmes noms et prénoms (V. n° 309).

363. A l'égard des prénoms, on doit les énoncer tous et dans l'ordre de l'acte de naissance, ce qui est utile quand il y a divers individus du même nom; mais une inexactitude sur ce point ne devrait pas, ce semble, rendre le notaire responsable, car il a dû s'en rapporter à la déclaration des parties qu'il n'a, le plus souvent, aucun moyen de contrôler (Conf. Rolland de Villargues, n° 210).—Le notaire n'est tenu d'indiquer que les noms ou surnoms

des légataires, lesquels, au reste, ne sont pas parties dans l'acte (*V.* nº 309).

Toutefois l'erreur dans l'orthographe du nom ou du prénom ne vicierait pas l'acte si l'identité était certaine (Dalloz, vº *Oblig.*, nº 3393 ; Augan, p. 55 ; Riom, 4 déc. 1809, aff. Brugnon).

364.—Par la mention des *qualités* que la loi exige, il faut entendre celle de la profession. L'amende ne s'appliquerait pas au notaire qui aurait omis d'énoncer les titres de noblesse d'une partie ou sa qualité de tuteur, curateur ou autre (Rolland de Villargues, nº 214). Ce ne sont pas là des qualités dans le sens de l'art. 13. Quand les contractants n'exercent point de profession, il semble que les notaires pourraient, sans encourir l'amende, se dispenser d'ajouter, comme ils le font d'ordinaire, après les noms et prénoms, les mots *sans profession* (Augan, p. 55 ; Dalloz, vº *Oblig.*, nº 3396 ; Trib. de Bordeaux, 31 août 1835. Il a été jugé, en conséquence, que le silence absolu gardé par le notaire sur la qualité et la profession de la partie qui figure dans un acte ne constitue pas une contravention, si cette partie n'a ni profession ni qualité ; le notaire n'est pas même tenu d'en faire mention (Trib. de Metz, 2 août 1836, D.P.37.2.145).—Toutefois il est plus prudent d'ajouter dans ce cas les mots *sans profession*. — Enfin, l'énonciation de la qualité de *propriétaire* a été suffisante dans un exploit d'huissier, quoique la partie eût un emploi, celui de percepteur des contributions indirectes (Paris, 17 août 1810, aff. Defalque.—*V.* nº 310).—Jugé aussi que l'obligation imposée à un notaire d'énoncer la qualité des parties est satisfaite aussi bien lorsqu'il exprime leur condition sociale, telle que celle d'époux, de veuf, fils, majeur, mineur, etc., que lorsqu'il désigne leur profession (Trib. de Lunéville, 18 mars 1845, D.P.45.4.417).

364 bis. — D'après quelques décisions, le défaut d'indication des noms et qualités des parties ne constitue pas de contravention lorsque les actes où il se remarque sont annexés à d'autres actes auxquels ils se réfèrent pour cette indication. Et, par exemple, le notaire qui, en dressant une quittance de prix de vente, à la suite de la minute, se réfère à cet acte pour la désignation des prénoms et qualités des parties, ne commet aucune contravention (*V.* Trib. de la Seine, 5 janv. 1842, D.P.42.3.43 ; Paris, 4 mars 1842, D.P.42.2.194).—Mais l'opinion contraire, qui nous paraît plus sûre, a été consacrée par un arrêt de la Cour de Metz, du 3 juill. 1836 (D.P.41.2.124), et un arrêt de la

chambre des requêtes, du 14 juin 1843 (D.P.43.1.344).

365. —Disons, en terminant sur ce point, que la patente doit être énoncée lorsqu'il s'agit d'un acte qui a rapport au commerce des parties ; car, outre que cette mention prouve la qualité de commerçant du patenté, elle a aussi pour objet de déterminer plus sûrement le caractère de l'acte ; du reste, l'omission de la mention de la patente ne donne plus lieu à une amende contre le notaire (*V.* loi du 18 mai 1850).

366.—*Demeure.* —La demeure que le notaire doit mentionner, c'est le domicile réel (art. 102, C. Nap.). —Quand une partie demeure dans une commune peu connue, il est bon d'indiquer au moins le département. Dans les grandes villes, les notaires doivent, par précaution, mentionner le nom de la rue et même le numéro de la maison où demeurent les parties. Dans l'usage, on désigne en outre le lieu où une partie se trouve momentanément, comme une maison de campagne (Loret, sur l'art. 13 ; Rolland de Villargues, nº 219 et suiv. ; Dalloz, vº *Obligations*, nº 3398). — La demeure d'un fonctionnaire est suffisamment indiquée par la qualité de ce fonctionnaire, alors qu'une résidence est nécessairement attachée à l'exercice de ses fonctions (*V.* nº 311).

367. — *Ainsi que les témoins appelés dans le cas de l'art.* 11.—Lorsque le notaire, ne connaissant pas les parties, s'est fait attester leur individualité par deux *témoins certificateurs*, il doit mentionner les noms, prénoms, qualités et demeures de ces témoins.—A ces énonciations s'appliquent aussi les observations précédentes. Seulement, on remarque que, pour ces témoins spéciaux, que le notaire doit bien connaître et qui sont choisis par lui, l'acte doit énoncer leurs *prénoms* et *qualités*, tandis que cela n'est pas exigé par l'art. 12 pour les témoins instrumentaires, qu'il peut n'avoir pas choisis et même ne pas connaître. — Quelques auteurs trouvent, entre ces deux dispositions, une absence de logique dont l'allégation n'est pas justifiée, à notre avis.

368. —5º *Énonciation des sommes et dates en toutes lettres.* —La Novelle 107, ch. 1, défendait l'emploi des chiffres dans les désignations des pertes des copartageants.—L'art. 13 de la loi de ventôse contient une disposition semblable pour l'indication des *sommes* et des *dettes* dans les actes notariés ; mais la plus grande tolérance existe pour les actes sous seing privé, et l'exception de l'art. 1326, C.

Nap., ne fait que confirmer la règle à leur égard. Au surplus, il est à remarquer que les mots écrits en chiffres ne sont pas frappés de nullité comme les surcharges. —La prohibition des chiffres s'étend à l'expression des conventions des parties, et à tout ce qui concerne les justifications d'actes et de titres (*Dict. du not.*, v° *Chiffres*, n° 2).—Dans les procès-verbaux de ventes de meubles et effets mobiliers, les notaires doivent inscrire en toutes lettres le prix de chaque objet adjugé, et tirer ensuite ce prix hors ligne, à peine de 5 fr. d'amende (L. 22 pluv. an VII, art. 5; 16 juin 1824, art. 10), seule applicable (Rolland de Villargues, v° *Chiffres*, n° 10).—Il est d'usage de porter en chiffres, dans les actes, les numéros des maisons, ceux des divisions adoptées pour distinguer et classer les clauses d'un acte, ceux des patentes des commerçants, des inscriptions hypothécaires, des rentes sur le grand-livre, des actions sur la Banque (*Dict. du not.*, n° 8).—Les énonciations en chiffres ne sont pas défendues lorsqu'elles ne forment que la répétition des sommes déjà exprimées en toutes lettres (*Dict. du not., eod.*). —Le notaire qui a énoncé en chiffres, dans une liquidation, la somme particulière que chaque intéressé est appelé à recueillir, n'est point en contravention avec l'art. 13, s'il a énoncé en toutes lettres les sommes composant les masses actives et passives (Colmar, 18 mai 1829, D.P.30.2.106).— Ce qui peut être indiqué en chiffres dans les minutes peut l'être de même dans les expéditions et extraits, pourvu que le nombre de lignes et de syllabes fixé par la loi se trouve dans chaque page (*Dict. du not., eod.*, n° 10).—Il est reconnu que les actes peuvent renfermer des tableaux en chiffres, lorsqu'on ne peut les syncoper sans en détruire l'intelligence (Inst. gén., 20 juill. 1820, n° 942); mais il est plus légal de rappeler d'abord les sommes en toutes lettres (*Conf.* Augan, p. 55; Royer, *Dict. des contr.*, v° *Chiffres*; Rolland de Villargues, *eod.*, n° 11; Dalloz, v° *Oblig.*, n° 3403).—On peut écrire en chiffres, sur le répertoire, le numéro d'ordre, la date de l'acte, celle de l'enregistrement et le montant des droits perçus (Déc. min. fin., 5 mai 1807; 10 mai 1808).—Enfin, de même que pour les abréviations, il n'y a qu'une seule amende pour les différentes contraventions qui résulteraient de l'emploi des chiffres plusieurs fois répétés dans un même acte.

369.—6° *Les procurations des contractants seront annexées à la minute.*—Cette annexe, que prescrit l'art. 13, n'est pas la seule en usage; nous allons parler de diverses sortes d'annexes.

370.—*Caractères de l'annexe; différences avec le dépôt des pièces.* — Il y a annexe quand la pièce jointe est relative à l'acte passé, en forme un accessoire, et doit, en quelque sorte, ne faire qu'un avec lui; par exemple, s'il s'agit d'un acte ratifié joint à la ratification. Si la copie jointe est étrangère à l'acte passé, par exemple, si, à un acte de vente, l'acquéreur joint le brevet d'une procuration qu'il donne à un tiers pour administrer les biens acquis, c'est un dépôt et non plus une annexe (*Dict. de l'enreg.*).

371.—Le dépôt de pièces est soumis à un droit fixe d'enregistrement: l'annexe n'emporte l'application d'aucun droit (Rolland de Villargues, 1re édit., v° *Annexe*, n° 1). — Le dépôt se constate par un acte spécial; l'annexe par une simple mention sur les actes auxquels sont annexées les pièces jointes (*Dict. du not.*, v° *Annexe*, n° 1).—Pour qu'il y ait annexe, et non dépôt, il ne suffit pas qu'une pièce soit jointe, il faut que l'annexe soit mentionnée. Autrement, la pièce annexée resterait isolée parmi les minutes du notaire. Elle serait considérée comme acte déposé; et si l'acte de dépôt n'avait pas été dressé, il y aurait contravention donnant lieu à une amende de 10 fr. (L. 22 frim. an VII, art. 43; 16 juin 1824, art. 10; Décis. min. fin. et min. de la just., 18 avril 1817; J. Enreg., n° 5738; Rolland de Villargues, n° 3).—La régie paraît avoir abandonné quelque chose de la sévérité de cette décision (*Dict. du not.*, v° *Annexe*, n° 27).

372. — Quoique aucune loi ne le prescrive, il est d'usage que, lorsque la pièce annexée est un écrit sous seing privé, ou qu'elle émane d'une juridiction étrangère au notaire, elle soit certifiée véritable par la partie qui en fait le dépôt (Rolland de Villargues, n° 44; *Dict. du not.*, n° 28).

373.—*Mention de l'annexe.*—L'art. 13 prescrit l'annexe des procurations; mais il n'exige pas qu'il en soit fait mention dans l'acte, quoiqu'il soit mieux qu'elle soit opérée, puisqu'elle constate une formalité importante pour les parties et pour les tiers. Le seul défaut de cette mention ne suffirait donc pas pour faire encourir une peine au notaire (Décis. min. fin., 11 avril 1815 (*Dict. du not.*, n° 25).—Rolland de Villargues, n° 24; Dalloz, v° *Oblig.*, n° 3460. — *V.* néanmoins le numéro précédent.

374.—Il est d'usage de mentionner l'annexe sur la pièce annexée. Cette mention est signée du notaire et des témoins, ou des deux notaires (Rolland de Villargues, n° 43; *Dict. du not.*, n° 26).'— La loi n'exige pas qu'il soit fait lecture ni, par suite, mention de la lecture des procurations annexées (*Dict. du not.*, n° 29).

375.—*Annexe des procurations; autorisation ou consentement.*—L'annexe des procurations est obligatoire, sous peine de 20 fr. d'amende contre le notaire (L. 16 juin 1824, art. 10). — Et quel que soit le nombre des pièces, la contravention du notaire n'entraîne qu'une seule amende (Déc. rég. de l'enregist., 7 fév. 1818). — L'obligation d'annexer s'étend même au cas où ce n'est pas le mandataire lui-même qui paraît ; le notaire ne doit jamais s'en rapporter aux déclarations des parties ou du tiers sur leurs pouvoirs respectifs ; il doit exiger sur-le-champ la représentation et l'annexe des procurations. Massé, t. 1, p. 106, avait professé un sentiment contraire ; mais il est repoussé par Augan, p. 62 ; *Dict. du not.*, n° 3 ; Rolland de Villargues, n°ˢ 5 et 6 ; Loret, t. 1, p. 264 ; Dalloz, v° *Oblig.*, n° 3461.

376. — Jugé aussi que les notaires doivent, sous peine d'encourir l'amende, exiger la représentation des procurations en vertu desquelles quelques parties disent agir, et annexer sur-le-champ ces procurations à leurs minutes, encore bien que ce ne fût pas le procureur fondé lui-même, mais un tiers se portant fort pour lui, qui contracterait l'obligation à laquelle la procuration n'a point été annexée (Metz, 10 déc. 1817, D.ᴀ.10.657, note). Les notaires ne peuvent donc, sans contravention, se borner à énoncer que les procurations ont été représentées et rendues (*Dict. du not.*, v° *Annexe*, n° 4; Rolland de Villargues, n° 10).

377.—Si la procuration a été passée en minute par le même notaire qui reçoit l'acte passé par le mandataire, il n'y a pas lieu d'annexer une expédition de cette procuration; non plus que lorsque la procuration se trouve déjà annexée à un acte précédemment passé dans la même étude. Il suffit de s'y référer (Rolland de Villargues, n° 21 ; *Dict. du not.*, n° 6 ; Déc. min. just., 28 mars 1807, et min. fin., 17 nov. 1809 ; Loret, t. 1ᵉʳ, p. 265).—Toutefois il faut faire exception pour les donations. La procuration donnée par un majeur pour l'acceptation d'une donation doit être toujours jointe, soit à la minute de la donation, soit à celle de l'acceptation, si elle a eu lieu par acte séparé (art. 933, C. Nap.; Rolland de Villargues, *Dict. du not.*, n° 7).

378.—Il est évident qu'il n'y a pas lieu d'appliquer l'art. 13, lorsque le manda-

taire déclare agir en vertu d'un mandat purement verbal.—Rolland de Villargues, n° 12 ; *Dict. du not.*, n° 11; Lherbette, t. 1, p. 106.

379.—L'annexe doit être faite aux actes en brevet comme aux expéditions. Si l'acte auquel on a annexé la procuration est de nature à être délivré en brevet, les pièces annexées peuvent être remises à la partie à qui l'acte en brevet a été consenti (Rolland de Villargues, n° 14 ; *Dict. du not.*, n° 5).—La loi ne distingue pas non plus, quant aux annexes, les procurations passées en minute devant un notaire de la même résidence et celles qui ont été passées devant un notaire éloigné (Augan, p. 55 ; Rolland de Villargues, n° 13 ; Rennes, 2 février 1833, D.ᴘ.34.2.219). — Quant aux procurations générales, il suffit d'en annexer un extrait concernant l'acte auquel il se rattache (Rolland de Villargues, n° 23 ; *Dict. du not.*, n° 8). — Les procurations des héritiers absents doivent être annexées, non au procès-verbal de levée des scellés, mais à l'inventaire dressé par le notaire. Seulement, le juge de paix peut en faire mention dans son procès-verbal (Décis. min. just., 3 avril 1827; 28 avril 1832 ; circ. not. de Paris, 29 déc.1813; Rolland de Villargues, n° 18).—Toutefois il semblerait bien rigoureux de condamner un notaire qui se serait contenté de relater dans l'inventaire la procuration du mandataire, en énonçant qu'elle est annexée au procès-verbal de levée des scellés (*Conf.* Rolland de Villargues, n° 19).

380.—L'obligation d'annexer s'applique aux autorisations données par un mari à sa femme pour contracter. Ces autorisations sont de vrais mandats, puisqu'elles confèrent à la femme le pouvoir de contracter (Augan, p. 56 ; Rolland de Villargues, n° 15 ; Dalloz, v° *Oblig.*, n° 3468 ; *Dict. du not.*, n° 12).—Il en est de même des différents consentements, en vertu desquels un acte est passé (*Stat. not. de Paris*, 9 vent. an ᴠɪɪɪ; Rolland de Villargues, n° 16 ; Dalloz, *loc. cit.*; *Dict. du not.*, n° 13). — *Contrà* Royer, *Man. des contrav.*, v° *Annexe*). — Mais il ne serait pas nécessaire d'annexer la procuration à la minute de l'acte qui contiendrait substitution de procuration ; il suffirait que l'acte de substitution et la procuration originaire dont le substitué devra toujours justifier, soient annexés à l'acte passé pour ce dernier (*Conf.* Dalloz, v° *Oblig.*, n° 3468; Rolland de Villargues, n° 17, qui cite le *Journ. de l'enreg.* comme contraire à cet avis).

381.—*Annexes de pièces autres que les procurations.* — Ici le notaire n'encourt pas d'amende pour défaut d'annexe. Cette peine ne s'applique qu'à l'annexe des procurations. Mais le défaut d'annexe à de certains actes peut produire des irrégularités, quelquefois même des nullités.—En cas de délivrance d'une grosse par ampliation, ou d'une seconde grosse, l'ordonnance du juge et les autres pièces sont annexées au procès-verbal, rédigé par le notaire à l'effet de la délivrance de l'ampliation de la seconde grosse.

382. — Lorsqu'un individu figure dans un acte comme mari exerçant les droits de sa femme, comme tuteur, comme administrateur d'un hospice ou autre établissement public, il n'est pas nécessaire d'annexer les actes qui constituent sa qualité, parce que les actes existent sur les registres, dans des dépôts auxquels on peut toujours recourir ; il suffit que la qualité soit constante (Loret, t. 1er, p. 266 ; Rolland de Villargues, n° 26 ; Dalloz, v° Oblig., n° 3472). — Ainsi, il n'est pas nécessaire d'annexer à l'acte de vente d'un immeuble dotal une expédition du contrat de mariage qui donne pouvoir au mari d'aliéner ses biens dotaux (19 oct. 1847, délib. de la rég., D.P.48.3.72).—Mais les notaires annexent à l'acte qui excède les bornes de l'administration d'un tuteur ou administrateur, l'expédition de la délibération du conseil de famille, et la grosse du jugement d'homologation, ou enfin la pièce qui contient une autorisation suffisante (Dict. du not., n° 19 ; Dalloz, v° Oblig., n° 3473 ; Rolland de Villargues, n° 27).

382 bis. — Les notaires annexent aux baux des biens des hospices, les approbations des préfets ; aux procès-verbaux d'adjudication, partages et autres actes, la grosse du jugement ou l'ordonnance du juge-commissaire qui renvoie devant eux, ainsi que les pièces justificatives des annonces et publications ; aux donations, les états de dette et d'effets mobiliers (Dalloz, n° 3473 ; Dict. du not., nos 20, 21 et 22).

383.—L'ordonnance qui commet un notaire pour représenter un absent à un inventaire ou à un partage, demeure annexée à la minute de l'acte par lequel elle est délivrée (Dalloz, n° 3474 ; Dict. du not., n° 23 ; Rolland de Villargues, n° 32).

384. — Les demandes d'origine et les pièces justificatives des droits et qualités des cohéritiers s'annexent aux partages et autres actes déclaratifs de propriété, pour que les notaires puissent délivrer des certificats de propriété (Dalloz, n° 3475 ; Dict. du not., n° 24 ; Rolland de Villargues, n° 3).

385. — Quand les notaires rédigent un acte de notoriété ayant pour objet d'obtenir la rectification d'actes de l'état civil,

ils doivent s'abstenir d'y annexer l'extrait de ces actes, parce qu'ils doivent être représentés en original au tribunal qui ordonne la rectification (Dalloz, n° 3476 ; Rolland de Villargues, n° 35).

386.—Quelques notaires sont dans l'habitude de ne pas retenir par voie d'annexe ou de dépôt les expéditions, extraits ou brevets d'actes reçus par d'autres notaires ressortissant à la même chambre (Rolland de Villargues, n° 36). Mais cet usage est loin d'être général.

387. — Expéditions des pièces et actes annexés.—Un notaire a le droit, quand il délivre expédition d'un acte qu'il a reçu, de délivrer en même temps copie ou expédition de la pièce qui y est annexée. C'est au notaire d'apprécier, selon l'usage qui devra être fait de la pièce, s'il doit ou non délivrer expédition des annexes (Loret, t. 1er, p. 346 ; Rolland de Villargues, n° 51 ; Dalloz, n° 3479 ; Dict. du not., n° 31). — C'est par abus, dans ce cas, que les notaires, au lieu de délivrer expédition d'une procuration annexée, se bornent à en donner un extrait en se contentant de déclarer qu'elle est spéciale à l'effet de l'acte. Il faut que la teneur de la procuration soit connue par les termes et non par l'opinion du notaire (Délib. not. de Paris, 25 nov. 1817 ; Rolland de Villargues, n° 52).

388.—Les notaires peuvent donner isolément copie des pièces et actes sous seing privé, ou passés dans les pays étrangers ou dans les colonies, qui sont annexés aux minutes des actes de leur étude (Dict. du not., n° 33). En est-il de même pour les copies isolées des pièces annexées dont les minutes se trouvent en France, dans les études d'autres notaires ? L'affirmative semblerait assez conforme à la nature des fonctions des notaires. Toutefois une lettre du garde des sceaux, du 6 mai 1826, porte que « les notaires ne peuvent délivrer copie séparée que des actes qu'ils ont reçus ; que, quant aux actes judiciaires surtout, il ne peut en être demandé copie qu'aux greffiers. » Le Dict. du not. approuve cette décision, v° Annexe, n° 34. Rolland de Villargues, v° Abrév., nos 53, 54, pense qu'elle paraît devoir être restreinte au cas où un notaire voudrait annexer à ses minutes la grosse d'un jugement, pour en délivrer ensuite des expéditions ou plutôt des copies. — Au reste, les notaires de Paris, par délibération du 9 vent. an XIII, et ceux de quelques autres villes, s'étaient déjà interdit le pouvoir de délivrer expéditions ni extraits isolés de pièces annexées à leurs actes, quand il y en a minute dans l'étude d'un autre notaire du même ressort (Conf. Lett. min.).

388 bis.—Les notaires doivent veiller à

la conservation des minutes ainsi que des annexes faisant corps avec elles, dont ils ne sont que dépositaires et qui restent la propriété des parties contractantes, de manière à pouvoir toujours représenter les originaux et en donner des copies en forme. — Le notaire qui se trouve dans l'impossibilité de satisfaire à cette obligation, par suite de la disparition d'un titre confié à sa garde, est responsable de cette perte vis-à-vis des intéressés. — Ceux-ci sont fondés à exiger de lui, même par corps, le rétablissement de ce titre dans le lieu affecté à son dépôt, ou, à défaut de ce faire, soit un acte équivalent, soit une indemnité qui tienne lieu de la chose perdue (Colmar, 17 déc. 1861, D.P.62.2. 42).

389.—7° *Mention de la lecture.*—L'art. 13 veut que les actes notariés soient lus aux parties. — Quelque importante que soit cette formalité, elle n'est pas prescrite à peine de nullité, parce qu'on suppose, sans doute, qu'une partie ne signe point de confiance, et que, si elle le fait, elle ne doit imputer qu'à elle-même les résultats fâcheux que peut avoir son imprudence.—C'est du moins ce qu'il faut induire de ce que la nullité n'est point attachée au défaut de mention de la lecture, bien qu'il en soit autrement pour les actes testamentaires (art. 972 et 1001, C. Nap.; Toullier, t. 9, n° 97; Dalloz, v° *Oblig.*, n° 3482). Augan, p. 73, rappelle qu'on a abandonné la prétention d'obliger les notaires à donner lecture des procurations lorsque les actes sont passés en vertu de procuration (*Conf.* Rolland de Villargues, v° *Acte notarié*, n° 307).—La lecture doit avoir lieu pour les renvois des actes (*V.* art. 14), comme pour les dispositions qui sont prohibées par la loi (Motifs de l'arrêt de cass., 24 nov. 1835, D.P.36.1.24); elle doit être faite avant les signatures.

390.—8° *Lecture de l'acte aux parties.* —*Interprète.*—En exigeant que mention soit faite à la minute de la lecture de l'acte aux parties, la loi suppose manifestement le cas le plus ordinaire, celui où les parties se sont exprimées dans la langue française, et où, par conséquent, le notaire leur donne lecture des conventions qu'elles ont expliquées dans leur langue maternelle. Mais il peut arriver que les parties ou l'une d'elles soient étrangères, qu'elles ne sachent pas le français et que le notaire n'entende pas leur langue. Quelle est, dans ce cas, la marche à suivre, pour le notaire? La loi spéciale, ni aucune autre ne s'en sont expliquées. La nécessité, en l'absence d'une disposition expresse sur ce point, force de recourir à ce qui est établi pour un cas analogue, par le Code d'instruction criminelle. Aux termes de l'art. 332 de ce Code, « dans le cas où l'accusé, les témoins ou l'un d'eux ne parleraient pas la même langue ou le même idiome, le président nommera d'office un interprète, âgé de 21 ans au moins, et lui fera prêter serment de traduire fidèlement les discours à transmettre entre ceux qui parlent des langues différentes. » Par parité de raison, le notaire appelé pour recevoir un acte par une personne qui ne sait pas le français, et dont lui-même il n'entend pas la langue, devra nécessairement appeler un interprète, qui lui explique les volontés de la partie, et qui, faisant ensuite connaître à cette partie comment ses volontés ont été exprimées, la mette à même de savoir si elles ont été exactement reproduites (*V.* Ferrière, *Parfait notaire*, Toullier, t. 8, n° 99; Dalloz, v° *Oblig.*, n° 3483).

Il n'est pas douteux, d'ailleurs, que la nécessité de recourir à un interprète existerait également pour le notaire dans le cas où les témoins instrumentaires ignoreraient la langue française, ou même celle que parle la partie contractante : il y a lieu alors, comme dans l'hypothèse où c'est la partie elle-même qui ne connaît pas la langue française, de donner un interprète au témoin (Merlin, *Rép.*, v° *Témoins inst.*, § 2, n° 24; *Quest.*, v° *Test.*, § 17, art. 2; Maleville, sur l'art. 972; Grenier, *des Donat.*, t. 1, n° 225; Toullier, t. 5, n° 395; Delvincourt, t. 2, p. 313, note; Favard, v° *Langue française*; Dalloz, v° *Dispos. entre-vifs et test.*, n°ˢ 2878, 2880, 3133 et 3134).

391. — Mais comment cet interprète devra-t-il être donné? Il est de règle très-ancienne que l'interprète soit élu et agréé par les parties (Pardoux-Duprat, *Prat. de l'art du not.*). Cependant, si les parties ne s'accordent pas, il y aurait lieu de recourir à une autre règle indiquée par Ferrière, *loc. cit.*, suivant lequel « l'interprète doit être nommé par le juge ordinaire du lieu où se fait la convention, au bas d'une requête qui est présentée à cet effet. » Toutefois ce mode de nomination, que Ferrière paraît signaler comme devant toujours être suivi, doit être, comme nous l'avons dit, subordonné, ce nous semble, à celui qui est indiqué par Pardoux-Duprat. C'est seulement lorsque les parties ne peuvent pas s'accorder et fixer à l'amiable leur choix entre les interprètes dont chaque tribunal est ordinairement entouré et auxquels il accorde sa confiance, qu'il y a lieu de s'adresser au juge ordinaire, comme le dit Ferrière, c'est-à-dire aujourd'hui au

président du tribunal (*Sic.* Rolland de Villargues, v° *Interprète*, n°s 11 et suiv.; Dalloz, v° *Oblig.*, n° 3449).

392. — D'ailleurs il ne paraît pas douteux que le notaire ne pourrait pas servir lui-même d'interprète, s'il connaissait la langue dans laquelle les parties s'expriment et que les témoins ne l'entendissent pas. « Le notaire, dit Merlin, *Quest.*, v° *Testament*, § 7, art. 2, n'est point établi par la loi, interprète, et il serait absurde de lui supposer ce caractère, alors qu'il est si évident que les témoins sont appelés par la loi conjointement avec lui pour partager ses fonctions, pour en surveiller l'exercice. » Et en effet, on conçoit que cette surveillance serait complétement illusoire, puisque les témoins ne pourraient savoir ce qu'ils font ou ce qu'ils attestent qu'à l'aide du notaire lui-même, c'est-à-dire de celui qu'ils doivent surveiller.—Toutefois on comprend qu'il en serait autrement si les témoins entendaient eux-mêmes, comme le notaire, le langage dans lequel s'expriment les parties. La traduction qu'en ferait le notaire dans sa rédaction porterait sur des volontés parfaitement comprises de tous; et il n'y a pas de doute, Merlin le reconnaît, *loc. cit.*, que le vœu de la loi ne fût complétement rempli dans ce cas, où les témoins ont su individuellement et par eux-mêmes ce qui s'est fait en leur présence. *Conf.* Dalloz, v° *Oblig.*, n° 3450.

393. — Si c'est le notaire qui n'entend pas la langue des parties, et qu'au contraire elle soit connue d'un témoin, il y a plus de difficulté sur le point de savoir si ce dernier pourrait être employé comme interprète par le notaire. Pour l'affirmative, Toullier a dit, *loc. cit.* : « Les art. 368 et 369 de la loi du 3 brum. an IV permettaient à l'un des témoins ou des jurés d'être interprète dans les procès criminels. Si l'art. 332, C. d'inst. crim., a défendu aux témoins, aux jurés et même aux juges de faire les fonctions d'interprètes, sa prohibition ne paraît pas devoir être étendue aux interprètes que le notaire est forcé de prendre, puisque les règlements existants lui permettent d'être lui-même interprète et traducteur, s'il sait la langue du déposant. » Et cette même doctrine s'induit d'un arrêt de la Cour de cassation qui a jugé que, pour déterminer la foi qui est due à un acte notarié, il n'y a pas à examiner quelle langue parlaient respectivement le notaire qui a reçu l'acte et les parties qui y ont figuré et l'ont signé; qu'un tel acte fait essentiellement foi jusqu'à l'inscription de faux, encore qu'il y soit dit que l'un des témoins instrumentaires a servi d'interprète entre le notaire et les parties qui ne parlaient pas la même langue (Cass., 19 déc. 1815, D.P.16.1.158).

Toutefois cet arrêt ne contient aucun motif sur la question, et quant à ceux qu'invoque Toullier, ils sont loin d'être concluants. D'une part, en effet, si les art. 368 et 369 du Code des délits et des peines permettaient de prendre l'interprète parmi les témoins et les jurés, la permission d'abord était subordonnée au consentement de l'accusé et de l'accusateur public, preuve certaine que, sans ce consentement, il serait résulté de l'emploi d'un juré ou d'un témoin en qualité d'interprète, une nullité qui eût été de droit. Mais, d'ailleurs, ce que le Code des délits et des peines permettait à cet égard a été formellement rejeté par le Code de 1808, et pourquoi? Précisément parce qu'il a été reconnu, dans la discussion de ce dernier Code, que la permission créée par les articles précités de brumaire était contraire aux principes. D'une autre part, en ce qui concerne les règlements d'où Toullier ferait résulter la faculté pour le notaire lui-même de servir d'interprète ou de traducteur aux contractants lorsqu'il entend leur langue, ce ne peut être que l'arrêté du 24 prair. an XI. Or, cet arrêté se borne à permettre, par son art. 2, aux officiers publics des lieux où l'on ne parle pas français, d'écrire, à mi-marge de la minute française, la traduction en idiome du pays, lorsqu'ils en seront requis par les parties. Mais il n'ajoute pas que le notaire pourra, si les deux témoins ignorent la langue parlée par les parties contractantes, servir d'interprète à ces témoins, et les habiliter, par là, à remplir leurs fonctions. Cela est même si éloigné de l'esprit de cet arrêté, que le ministre de la justice qui l'avait rédigé écrivait dans une lettre du 4 therm. an XII, rappelée par Toullier lui-même, *loc. cit.*, n° 98, que « *la traduction n'aurait pas l'authenticité de la rédaction française.* » Ainsi, les deux motifs invoqués par ce dernier auteur à l'appui de la thèse que l'un des témoins instrumentaires pourrait être employé par le notaire en qualité d'interprète, sont également mal fondés.

Aussi nous ne pensons pas que sa doctrine et celle qui résulte de l'arrêt précité de la Cour de cassation doivent être suivies. Et nous dirons avec Merlin, qui fournit à la doctrine contraire le plus solide appui (*V. loc. cit.*, à la note) : « Que faut-il pour qu'un acte entre-vifs soit authentique? Qu'il soit reçu par un notaire et deux témoins. Ce n'est donc qu'au concours du notaire et des deux témoins que la loi accorde le degré de confiance d'où naît l'authenticité de l'acte. Or, ce concours existe-t-il lorsque le notaire ne sait pas par lui-même ce dont les parties conviennent devant lui? Qu'il puisse appeler un interprète pour la lui expliquer, à la bonne heure; cet interprète, surtout s'il est assermenté, sera un autre lui-même, et le vœu de la loi qui exige le concours de trois personnes pour constater authentiquement les intentions des parties contractantes sera rempli. Mais prendre cet interprète parmi les deux témoins qui l'assistent, c'est effectivement réduire à deux (et même à un seul, s'il n'y a qu'un des deux témoins qui entende la langue des parties) les trois témoignages que la loi exige. » *V.* en ce sens Dalloz, vᵒ *Oblig.*, nᵒ 2451. Telle paraît être encore l'opinion de Rolland de Villargues, vᵒ *Interprète*, nᵒ 10. — Remarquons cependant que, depuis la loi du 21 juin 1843, qui n'exige pas la présence des témoins à la réception de certains actes, cette opinion fera plus de difficulté.

394. — Par analogie encore avec le cas prévu par l'art. 332, Code d'inst. crim., l'interprète employé par le notaire doit réunir les qualités qui sont requises de celui qui doit être nommé d'office par le président, lorsque l'accusé, les témoins ou l'un d'eux ne parlent pas la même langue ou le même idiome. Cependant Toullier, *loc. cit.*, va plus loin : cet auteur pense que l'interprète doit avoir dans ce cas la qualité que la loi sur le notariat exige dans les témoins instrumentaires. C'est ajouter, ce nous semble, à la loi et assimiler deux positions qui sont fort distinctes. Toutefois, comme l'enseigne Rolland de Villargues, vᵒ *Interprète*, nᵒ 7, les notaires feraient prudemment peut-être, pour éviter toutes difficultés, de se conformer à l'opinion de Toullier. *Conf.* Dalloz, vᵒ *Oblig.*, nᵒ 3452.

395. — Les anciens auteurs pensaient que le notaire devait exiger le serment de l'interprète ; cette règle serait encore convenablement suivie aujourd'hui. Toutefois l'omission ne pourrait en aucune manière entraîner la nullité de l'acte (Dalloz, vᵒ *Oblig.*, nᵒ 3453).

396. — Le notaire doit avoir soin de référer que telle partie, ne sachant pas le français, a manifesté, dans sa langue maternelle, ses volontés qui ont été rendues en français, soit par le notaire (si les témoins entendaient aussi cette langue), soit par tel, qui a fait les fonctions d'interprète, et qui a reporté et expliqué son interprétation à la partie intéressée. Il faut également, à la fin de l'acte, faire mention que la lecture a été faite par l'interprète dans la langue maternelle de la partie ; et, dans tous les cas, il est à propos, comme le permet l'arrêt précité du 24 prair. an XI, de mettre à mi-marge de l'original français la traduction dans la langue que parle celui qui ne sait pas le français. *Sic*, Toullier, t. 8, nᵒ 99 ; Dalloz, vᵒ *Oblig.*, nᵒ 3454.

Lorsqu'un acte notarié a été rédigé sans le secours d'un interprète, dans le cas où il est nécessaire, il doit être déclaré nul, car il ne mérite aucune foi. Cet acte ne peut pas être réputé l'œuvre des parties qui y ont figuré et qui ignoraient la langue (*Conf.* Dalloz, nᵒ 3455).

397.—9ᵒ *A peine de 100 francs d'amende contre le notaire.* — Cette amende, qui, s'il s'agissait d'un testament, serait indépendante de la nullité prononcée par l'art. 972, C. Nap., montre l'importance attachée à la lecture, est réduite, comme on sait, à 10 fr., par la loi du 21 juin 1824. — Elle est encourue pour la contravention à une seule des formalités ci-dessus ; mais il n'est dû qu'une seule amende si le même acte contient plusieurs contraventions, ainsi qu'on l'a déjà fait remarquer sur l'art. 12. Le notaire serait passible de l'amende, alors même que la contravention ne se trouverait que dans l'expédition ou la grosse, car c'est là un acte de notaire aussi bien que la minute ; il en serait autrement si la contravention ne provenait que d'une erreur de copiste, ce qu'il appartiendrait aux tribunaux d'apprécier suivant les circonstances (Dalloz, vᵒ *Oblig.*, nᵒ 3481 ; Toullier, t. 8, nᵒ 107).

ART. 14. — Les actes seront signés par les parties, les témoins et les notaires, qui doivent en faire mention à la fin de l'acte.

Quant aux parties qui ne savent ou ne peuvent signer, le notaire doit faire mention, à la fin de l'acte, de leurs déclarations à cet égard.

398. — *Les actes seront signés.* — La signature est une formalité essentielle des actes : c'est le signe du consentement ; jusque-là, il n'y a que projet (Toullier, t. 8, nᵒ 344).

On parlera ici : 1ᵒ de la signature des parties ; 2ᵒ de celle des témoins ; 3ᵒ de celle du notaire ou des notaires ; 4ᵒ de la manière dont elle doit être formée ; 5ᵒ de la mention des signatures ; 6ᵒ. des mentions relatives au défaut de signature ; 7ᵒ du lieu où doivent être placées ces mentions.

399. — 1ᵒ *Signature des parties.* — C'est l'ordonnance d'Orléans, de 1560, qui, la première, paraît avoir rendu obligatoire la signature des parties. Son article 84 porte que les notaires « sont tenus de faire signer aux parties et aux témoins instrumentaires (s'ils savent signer) tous actes et contrats qu'ils recevront. » — Des lettres patentes du 11 oct. 1561 dispensèrent de cette obligation les notaires de Paris, dispense qui fut abrogée par l'ord. de 1579, laquelle prescrivait de nouveau la formalité de la signature.

400. — Il paraît que les aveugles sont dispensés de signer, à cause de l'abus qu'on

ourrait faire de cette infirmité; la signature st suppléée par la déclaration motivée du notaire (Rolland de Villargues, v° *Signat.*, n° 31; Dalloz, v° *Oblig.*, n° 3496).

401. — Malgré la généralité de la règle qui prescrit la signature, il est des actes pour lesquels la signature des parties ne paraît pas être exigée à peine de nullité : ce sont ceux surtout qui ont un caractère judiciaire. Tels sont les actes respectueux, les adjudications, licitations, procès-verbaux de comparution, protêts, ventes judiciaires; mais pour les adjudications notamment, il est mieux que les notaires exigent la signature.

C'est en ce sens qu'il a été jugé que l'adjudication d'un bail fait dans l'intérêt d'un hospice, passée devant un notaire désigné par le préfet, est valable, nonobstant le défaut de signature de l'adjudicataire, de même que si elle était faite en justice ou devant le notaire commis par elle (Rouen, 23 août 1837, D.p. 39.1.331).

D'ailleurs il suffit que, dans un acte notarié postérieur, l'adjudicataire ait, dans ce cas, fait des déclarations d'où l'on peut induire la reconnaissance, de sa part, qu'il s'est rendu adjudicataire, pour que l'adjudication doive produire son effet (Cass., 13 août 1839, D.p. 39.1.331).

Il a été jugé cependant que les adjudications volontaires reçues par les notaires doivent, comme tous les autres actes de vente, être signées, tant de l'adjudicataire que des vendeurs; l'enchère ne peut tenir lieu de la signature. Ici ne s'applique pas l'art. 707, C. proc. (Cass., 24 janv. 1814, D.p.14.1. 179).

402. — Remarquons que ce ne sont pas seulement les parties qui s'obligent qui doivent signer. Ce sont aussi celles qui acceptent. Il est défendu aux notaires d'employer les mots *présents* et *acceptant*, si les parties ne sont pas réellement présentes pour signer et déclarer qu'elles ne le savent (Rolland de Villargues, v° *Acte notarié*, n° 316).

403. — Lorsqu'il n'y a qu'une partie qui s'oblige, comme dans les actes unilatéraux, c'est la signature de cette partie qui est celle requise à peine de nullité; le défaut de signature de l'autre partie ne vicie pas dès lors le contrat (Toullier, t. 8, n° 72: Rolland de Villargues, v° *Acte notarié*, n° 318; Dalloz, v° *Oblig.*, n° 3491). — Ainsi jugé, soit à l'égard d'une obligation pure et simple d'un débiteur envers un créancier qui a omis de la signer (Cass., 8 juill. 1818, D.A.10.658), soit au sujet d'une quittance signée seulement de celui qui déclare avoir reçu la somme (Parlem. de Paris, 5 août 1749, aff. Legros; Loret, t. 1, p. 276).

404. — Dans l'usage, on signe son nom patronymique. Cela s'observe même à l'égard des femmes ; mais l'acte qu'elles signeraient du nom de leur mari, comme elles le font d'ordinaire dans les actes de la vie privée, ne serait pas nul.

Si c'est un étranger qui signe en employant des caractères particuliers, comme en Allemagne, il est d'usage qu'on dise qu'il a écrit son nom dans les caractères de sa langue.

405. — La précaution qui consiste à faire mettre par les parties, au bas du recto de chaque feuillet, leur paraphe ou leurs initiales, comme pour les renvois, est fort sage, car les notaires ne paraphent pas les bas de pages (Loret, t. 1, p. 283; Rolland de Villargues, n° 323). Les notaires ont l'habitude de faire parapher ou signer les renvois avant la signature de l'acte, afin d'éviter les inconvénients d'un refus d'apposer ces paraphes après la signature de l'acte (Garnier-Deschênes, n° 87; Rolland de Villargues n° 327). Mais cela n'est pas exigé à peine de nullité (Req., 30 juill. 1856, D.p.57.1.92).

406. — La signature des parties est en général apposée en présence du notaire : c'est surtout l'attestation de cet officier qui donne l'authenticité à l'acte signé (*V.* n° 31 ; arrêt de règl., 4 sept. 1685; Loret, t. 1, p. 275; Rolland de Villargues, n° 328; Dalloz, v° *Oblig.*, n° 3498). Un arrêt du 2 déc. 1599, que rapporte Charondas, liv. 10, ch. 66, annula un mariage en ce qu'il y était constaté que le notaire, étant malade, n'avait pu être présent aux signatures des parties, et qu'on lui avait porté à signer. — Aussi a-t-il été recommandé aux notaires de s'abstenir de demander aux confrères de signer de confiance des actes en premier : il n'est permis, sous aucun prétexte, de déférer à de telles demandes (Stat. not. de Paris, 4 juill. 1823).—Jugé que le testament public qui n'a été signé du notaire et des témoins qu'après la mort du testateur est nul (Gand, 5 avril 1833, D.p.33.2.156; *Conf.* Toullier, t. 5. *V.* n° 415).

407. — La signature peut être divisée en ce sens qu'il n'est pas d'absolue nécessité que les parties signent toutes en même temps; l'une peut signer en l'absence de l'autre, car la simultanéité de consentement n'est pas exigée. Il ne serait donc pas permis à un notaire de supprimer un acte déjà signé de quelques-unes des parties, parce que les autres *tarderaient* ou *refuseraient* de comparaître. Car, outre qu'il peut résulter de cet acte des droits irrévocablement acquis au profit de quelque personne, là signature, retardée par une foule de causes prévues ou non, peut toujours être donnée tant que le signataire ne s'est pas rétracté. — Aussi a-t-on vu qu'on devait, en certain cas, donner à l'acte plusieurs dates (Loret, t. 1, p. 273; Rolland de Villargues, n°ˢ 331 et 333).

408. — 2° *Signature des témoins.* — Les ordonnances de 1560 et 1579 n'exigeaient pas

que les témoins sussent signer, à moins qu'il ne s'agît d'actes passés dans les villes ou gros bourgs, ou par une partie ne pouvant signer; en ces cas, l'art. 166 de l'ordonnance de 1579 voulait qu'au moins un témoin sût signer; mais l'arrêt de règlement du 4 sept. 1685 prescrivit, sans distinction, qu'il y eût au moins un témoin qui sût signer et qui signât actuellement, à peine de nullité. — La loi de ventôse exige, comme on l'a vu, implicitement que les deux témoins sachent signer. On sait que l'art. 974, C. Nap., déroge en ce point pour les testaments, dont les témoins, au reste, sont plus nombreux.

Les témoins signent après les parties. Leur signature est aussi indispensable que celles des parties et des notaires. — L'arrêt de règlement du 4 sept. 1685 enjoignait aux notaires de faire signer les témoins aussi bien que les parties, à *l'instant de la passation des actes*. Mais cette prescription n'était pas suivie. Aujourd'hui, la signature peut être apposée après coup, sauf les cas prévus par l'art. 2 de la loi du 21 juin 1843 (*V*. n° 218).

409. — Quand les témoins ont omis de signer, il faut réparer immédiatement cette omission. Si l'on tardait à les faire signer, on s'exposerait à des poursuites en faux, et la signature pourrait être considérée comme faite tardivement, dans le seul but de priver les parties de l'action en nullité. — Il a été jugé, en effet, que si l'acte n'a été signé par un témoin que neuf ans après sa passation et postérieurement au décès des parties et du notaire, il pourrait être argué de faux (Cass., 7 nov. 1812, D.A.8.362). — Il est cependant à remarquer que la question n'est résolue dans cet arrêt, rendu sur une poursuite en faux, qu'en pure théorie. — L'art. 3 de la loi du 21 juin 1843, en permettant aux notaires de faire signer certains actes après coup, autorise une tolérance qui n'avait d'appui que dans la pratique (*V*. n° 414).

410. — Quand l'acte est passé en présence de *conseils*, dit Rolland de Villargues, n° 324, l'usage est qu'ils signent seulement à la fin, sans parapher les renvois ni les pages. — La même chose a lieu: 1° à l'égard de ceux qui ne signent les contrats de mariage que par honneur; 2° à l'égard des témoins certificateurs d'individualité.

411. — *Signature du notaire.*—C'est cette signature qui opère le complément et la perfection de l'acte.

Mais si elle confère l'authenticité à l'acte, elle n'ajoute rien à l'effet obligatoire résultant du consentement des parties (Bordeaux, 5 janv. 1893, D.P.33.2.94). — Jugé aussi que l'acte passé en présence d'un notaire et de témoins qui l'ont signé avec les parties ne devient authentique que par la signature du notaire; en conséquence, il doit être considéré comme étant sous seing privé,

tant que ce fonctionnaire ne l'a pas revêtu de cette dernière formalité (Cour de cass. de Belgique, 2 avril 1833, D.P.36.3.127).

412. — Le notaire devant, par sa signature, certifier les autres et donner à l'acte son complément et sa perfection, ne signe qu'après les parties et les témoins (Arr. de règlem., 21 mars 1659, et 4 sept. 1685; Ferrière, *Parf. Not.*, liv. 1, ch. 13 et 14; avis du cons. d'Etat, 16 juin 1810; Loret, t. 1, p. 279; Rolland de Villargues, n° 339; Dalloz, v° *Oblig.*, n° 3510). Mais, d'un autre côté, sa signature étant nécessaire, les parties et les témoins qui ont signé peuvent le forcer à donner sa signature. Les parties ont le même droit vis-à-vis des témoins, mais il n'est pas d'exemples qu'elles en aient usé; le témoin refusant aurait sans doute un motif valable. — Le notaire qui aurait *omis* de signer ou de faire signer les témoins serait responsable de la nullité de l'acte, s'il n'avait aucune excuse légitime à présenter (Jousse, t. 2, p. 392; arrêt, 11 mai 1604; Dalloz, v° *Oblig.*, n° 3511; Rolland de Villargues, v° *Signature*, n° 52, qui cite, Paris, 1er flor. an XI, affaire Delaage; Bourges, 29 avr. 1823, affaire Raisonnier).

413. — Il n'est pas absolument nécessaire que la signature du notaire intervienne en présence des parties. On est d'autant plus autorisé à le penser que le projet de loi sur le notariat portait: les actes seront simultanément signés par les parties, les témoins et les notaires; et que le mot simultanément a été retranché de la rédaction définitive (Loret, t. 1, p. 277; Rolland de Villargues, v° *Actes not.*, n° 341; Dalloz, v° *Oblig.*, n° 3512). — Mais on n'a pas besoin de faire remarquer qu'il est convenable que le notaire signe l'acte dès l'instant que toutes les autres signatures y sont apposées, afin de prévenir les rétractations et l'action en responsabilité. — Un notaire qui, par un oubli involontaire, a négligé de signer, peut donc, si les choses sont encore entières, réparer cette négligence en apposant sa signature (Arg., art. 138, C. proc., Rolland de Villargues, *eod.*).

414. — Si l'acte est reçu par des notaires, la signature du notaire en second est indispensable; mais elle peut être donnée après coup, ainsi que cela résulte de la discussion de la loi du 21 juin 1843 (*V*. n° 217). — Il est bien entendu que cette signature doit être donnée avant l'enregistrement de l'acte, et qu'il pourrait résulter des inconvénients graves d'une signature trop retardée (Rolland de Villargues, v° *Signature*, n° 50).

415. — Si le notaire meurt avant d'avoir signé, mais après la signature des parties et des témoins, Favard, *Rép.*, v° *Act. not.* § 2, n° 18, et Augan, p. 78, pensent qu'il y a lieu d'obtenir du tribunal la nomination d'un autre notaire de l'arrondissement pour signer

la minute restée imparfaite, et qu'il faudrait suivre la même marche et se faire autoriser aux recherches nécessaires dans le cas où les minutes auraient été détruites. Cette marche aurait, ce semble, besoin d'être approuvée par toutes les parties, ou bien, pour être admise malgré l'opposition de l'une d'elles, il faudrait qu'un accident extraordinaire, de force majeure, eût empêché le notaire de signer au moment où, après avoir constaté la convention des parties, il s'apprêtait à apposer sa signature. — Cela souffre même difficulté. Aussi Pigeau, t. 2, p. 536, et Rolland de Villargues, v° *Actes not.*, n° 349, rejettent-ils l'opinion ci-dessus sans faire aucune des distinctions que nous venons de signaler.

416. — Bien qu'un acte ne soit pas signé par le notaire, s'il l'est par les parties, il est obligatoire comme acte sous seing privé, à moins que l'intention des parties n'ait été de faire dépendre l'obligation de la perfection notariale de l'acte.

416 *bis.* — Mais l'acte signé par les parties, et que le notaire ne signe pas, sur leur réquisition et par suite d'un désaccord survenu entre elles, ne doit être ni porté au répertoire, ni soumis à l'enregistrement (Trib. d'Espalion, 19 août 1847, D.P.48.5.300).

417.—Le notaire est garant et conservateur de l'acte qui a été signé par les parties et qui ne peut plus être changé par l'une sans le consentement de l'autre. La signature du notaire doit être conforme à celle dont il a fait le dépôt au greffe; il ne peut la changer sans autorisation (*V.* l'art. 49).

418. *Manière dont la signature doit être formée.* — La signature, telle qu'elle est usitée aujourd'hui, consiste à tracer soi-même son nom au bas d'un acte, de la manière qu'on a coutume de l'écrire en pareil cas. Voilà ce qui résulte de l'usage, car la loi ne dit nulle part en quoi consiste la signature; les appréciations des juges sur le point de savoir si tels ou tels caractères constituent la signature de l'une des parties, échapperont le plus souvent à la censure de la Cour de cassation. — Cette question est distincte de celle de savoir si tels ou tels signes ou lettres forment une signature; il y a, dans ce dernier cas, une question de droit pour la solution de laquelle cette Cour ne serait pas enchaînée par la qualification des juges du fond. *V.* les observations (Dalloz, v° *Cass.*, n°s 707 et suiv., D.P.43.1.200).

419. — Avant le xiie siècle, divers modes de signature étaient pratiqués. On signait : 1° en écrivant de sa propre main son nom c1 sa qualité, ce qui était rare; — 2° en formant une croix ou le mot *signum*, ou même l'initiale S; le notaire retraçait alors les lettres des noms des parties; — 3° en se servant de monogrammes ou de symboles arbitraires; — 4° en écrivant les noms des parties ou des témoins dans le corps de l'acte, et l'acte mentionnait le mode de souscrire (Mabillon, *de Re diplom.*, p. 160). Durant le xiiie siècle, ces signatures disparurent (*V.* Henrion de Pansey, *du Pouv. municip.*, p. 385).

420. — L'ordonnance de 1566, dite de Moulins, suppose même que les sceaux étaient encore en usage vers cette époque; ils suffisaient, d'après Toullier, t. 8, p. 308, à la note, pour autoriser la preuve par témoins des actes sous seing privé; mais cela nous semble faire difficulté (*V.* n° 432).—Dans les actes publics, on apposait le sceau ou la signature manuelle. Les notaires, depuis leur institution en titre d'office [par saint Louis, n'ont plus employé que la signature manuelle dans les actes qu'ils recevaient (V. *Nouv. tr. diplom.*, t. 2, p. 429).—« Il y a, dit Rolland de Villargues, v° *Signat.*, n° 3, quelques exemples contraires dans le xive siècle. »

421.— La signature établit l'individualité ; or, dans l'état actuel de la société, la marque la plus distinctive d'un individu, c'est son nom de famille ; en général, le nom propre forme la signature (Toullier, t. 8, n° 94 ; Augan, p. 77 ; Dalloz, v° *Disp. entre-vifs et testam.*, n°s 2720 et 3007 ; Duranton, t. 19, n° 48 ; Rolland de Villargues, v° *Signature*, n° 100). — La signature par le nom se complète au moyen des prénoms constatés par l'acte de naissance, conformes à la loi sur les noms et les citoyens. — L'émission des prénoms n'annulerait pas une signature, si d'ailleurs l'identité de la personne était clairement établie (Dalloz, *loc. cit.*, n° 2721).

422. — Malgré l'abolition du régime féodal, la signature donnée par un nom de terre ou de propriété serait jugée valable si la partie était dans l'usage de signer ainsi (Toullier, t. 8, n° 84 ; Merlin, *Rép.*, v° *Signat.*, § 3, art. 4 ; Rolland de Villargues, v° *Signature*, n° 101. — *Conf.* Cass., 10 mars 1829, D.P. 29.1.173. — Dalloz, *loc. cit.*, n°s 2723, 3007 et 3008, n'accepte cette solution qu'avec réserve, et la combat en principe, tout en admettant l'exception résultant de la publicité de l'usage, publicité qui demeure livrée tout entière à l'appréciation des tribunaux.

423.—Il est difficile d'admettre comme valable la signature par un simple surnom ou sobriquet ; autrement il dépendrait de chacun de se donner des noms de fantaisie et de faire perdre la trace de son individualité ; on suppose que les parties n'ont pas agi sérieusement. Toutefois, la notoriété du surnom ou sobriquet pourrait déterminer les tribunaux à maintenir une pareille signature (Toullier, t. 8, n° 94 ; Rolland de Villargues, n° 102 ; Dalloz, eod.; Duranton, eod.). On devrait aussi maintenir toute obligation contractée sérieusement et exécutée de bonne foi ; il ne faut pas qu'un nom pris par caprice ou par vanité nuise à des contrats formés sérieusement et exécutés. — En tout cas, la signature même d'un surnom ou sobriquet vaudrait comme commencement de preuve par écrit.—Jugé : 1° qu'un acte notarié n'est pas nul parce que la partie, au lieu de signer de son véritable nom de famille, a signé d'un autre nom sous lequel elle était connue, et qu'elle portait dans sa vie publique et privée (Bourges, 19 août 1824, D.P.25.2.62).

2° Que, de ce qu'un individu signe sous un autre nom que celui sous lequel il est désigné dans l'acte, il ne s'ensuit pas qu'il y ait nullité, s'il est reconnu que la même personne est connue sous les deux noms indistinctement (Grenoble, 7 avril 1827, aff. Fauchery; *Jurisp. not.*, art. 465). — 3° Qu'un procès-verbal signé Maillard par un employé connu sous ce nom, mais dont le vrai nom est Goujat, est valable (Cass., 20 janv. 1834).

424. — Les femmes mariées signent ordinairement de leur nom de filles, suivi de leur nom de femmes; l'omission du nom de filles ne serait pas une cause de nullité de la signature. — *Conf.* Rolland de Villargues, n° 104 ; Dalloz, *loc. cit.*, n° 2722).

425. — Certaines classes de personnes ont adopté l'usage de ne signer qu'après l'apposition de leurs prénoms, précédés seulement quelquefois de l'initiale de leur nom. C'est ce que font les évêques, et une signature ainsi apposée : J. B. évêque de Clermont, *au lieu de* Jean-Baptiste Massillon, évêque de Clermont, a été reconnue valable (*Sent.*, 7 avril 1743. — *Conf.* Req., 23 mars 1824, D.A. 5.653; Grenier, n° 224). M. Dalloz, *eod.*, n°s 2724 et 3011, pense qu'il faut rigoureusement restreindre ces décisions à l'espèce. S'il en était autrement, il résulterait de l'arrêt qu'un fonctionnaire, un simple particulier pourrait signer par la désignation de sa qualité, par des initiales, par une croix, par un signe quelconque, pourvu qu'il fût constant qu'il avait l'habitude de signer de cette manière ; pour les personnes illettrées, il suffirait d'une marque quelconque choisie suivant le caprice du moment. Il n'est pas probable que la Cour suprême ait entendu consacrer un pareil arbitraire.

426. — En général, on reconnaît qu'une signature n'existe pas quand elle ne consiste que dans les initiales ou quelques lettres seulement des noms et prénoms (Dalloz, *eod.*, n°s 2726 et 3010 ; Merlin, *Rép.*, t. 17, p. 584). — Jugé ainsi que les initiales d'un prénom et d'un nom de famille, suivies de quelques caractères confus et informes, ne forment pas une signature (Cass., 25 avril 1825, D. P.25.1.278).

426 *bis.*—Mais il a été décidé que l'absence du paraphe habituel dans la signature d'un testament, ne vicie pas ce testament, lorsqu'il n'est pas contesté que cette signature

soit de la main du testateur (Aix, 27 janv. 1846, D.P.46.2.230).

427.—Il est évident que si un testateur mourait en faisant sa signature, mais avant de l'avoir terminée, le testament serait nul (Dalloz, *loc. cit.*, n° 3021).

428.—Les incorrections d'une signature, la difficulté de la lire, les fautes d'orthographe qu'elle renferme, ne sont pas des causes de nullité (Toullier, t. 6, n° 443, et 8, n° 96; Rolland de Villargues, v° *Sign.*, n° 107).—Ainsi jugé au sujet de la signature : 1° d'un témoin testamentaire nommé Nicolas Rosse, qui avait signé *Nicolasse* (Req., 4 mai 1841, D.P.41.1.238) ; 2° d'une testatrice nommée Lacquererie Ducheylard, qui avait signé *Laquererie Ducheyla* (Bordeaux, 5 mai 1828).—« Et où arriverait-on, dit M. Duplan, rapporteur dans cette affaire, si l'on se montrait exigeant sur la correction des signatures, quand nous voyons la plupart de nos hauts fonctionnaires, de nos officiers publics et des citoyens eux-mêmes, signer avec des caractères où l'on ne peut distinguer aucune lettre de la langue française ? » (*Conf.* Cass., 10 mars 1829, D.P. 29.1.175).

429.—Ainsi, ces signatures de testateur, *Constintin* pour Constantin; *Delooz* pour Delau, ont été validées (Parlem. de Flandre, 23 fév. 1742 ;—Parl. de Paris, 5 juill. 1582). — Il est reconnu 1° qu'en Flandre le peuple prononçait *an* comme la syllabe *in*; 2° que Delau signait par vanité le nom de Delooz, se prétendant issu d'une ancienne famille de ce nom.

430.—Il en doit être ainsi, surtout lorsqu'il s'agit de testaments rédigés le plus souvent en un moment où l'esprit et les sens sont déjà tombés dans une extrême faiblesse (Dalloz, n° 3015). Ainsi jugé que la signature, dont la sincérité n'est d'ailleurs pas révoquée en doute, ne peut être annulée par cela que quelques lettres en ont été retouchées (Agen, 5 août 1824, D.P.25.2.60).

431.—L'illisibilité même d'une signature ne serait pas une cause de nullité (Merlin, *Rép.*, v° *Sign.*, § 3, art. 4; Rolland de Villargues, *eod.*, n° 110).—On peut invoquer à l'appui de cette opinion deux arrêts de la chambre des req., des 19 juill. 1842 et 31 déc. 1850, D.P.42.1.327, 51.1.52. — *V.* toutefois Dalloz, *loc. cit.*, n° 3019.

432.—Dans plusieurs provinces, les parties qui ne savaient pas signer faisaient une marque, une croix, et le notaire écrivait alentour : *marque d'un tel.* Cet abus a cessé. On ne regarde plus une simple marque comme une signature; un acte qui ne serait signé que de cette manière ne vaudrait pas même comme commencement de preuve par écrit (Merlin, *Rép.*, v° *Sign.*, § 1, n° 8; Loret, 1, p. 272; Rolland de Villargues, n°s 118, 119;

Dalloz, v° *Oblig.*, n° 3530; Bruxelles, 27 janv. 1807; Paris, 13 juin 1807, 20 août 1808; Colmar, 23 déc. 1809.

433.—Une signature faite à l'aide d'une main étrangère sur laquelle on s'est appuyé seulement pour pouvoir former une signature plus lisible, ne serait pas nulle (Turin, 5 pluv. an XIII; Rolland de Villargues, v° *Sign.*, 114); elle ne l'est pas non plus, si le testateur, qui avait bien la volonté de révoquer, a fait tenir sa main passive et inerte à l'effet de signer : la personne qui a tenu la main ne peut donc pas être rendue passible de la peine de faux (Cass., 18 mars 1830, D.P. 30.1.173).—Toutefois, un arrêt du parlement de Douai, du 24 mars 1784, que cite Merlin, *Quest*, v° *Témoin*, § 2, a annulé un testament dans lequel le testateur s'était laissé conduire la main, parce qu'il était incapable de signer autrement. Cette décision, dont l'espèce diffère de celle qui précède, ne doit pas, ce semble, être suivie, même en matière de testament, et, en supposant, bien entendu, que tout se soit passé avec sincérité. Que doit-on craindre, en effet? L'emploi de la violence? Mais la violence ne pourra avoir lieu qu'avec l'adhésion du notaire. Or, si le notaire est complice, il se gardera bien de conseiller un mode de signer qui exigera l'emploi de la violence dont les traces se verront dans la signature même. Il déclarera plutôt que le testateur se trouvait, par suite de la maladie ou autrement, dans l'impossibilité de signer.—On suppose, en effet, qu'il s'agit ici d'un testateur rendu, par la maladie, presque inhabile à tracer sa signature (Dalloz, v° *Oblig.*, n° 3532; V. le numéro qui suit).

434. — Une signature, quoique tracée d'après un modèle, n'en étant pas moins le fait de celui qui l'a copiée, est valable, quoiqu'il soit mieux de ne pas signer quand on ne peut le faire qu'à l'aide d'un secours étranger (Rolland de Villargues, n° 117).

435.—Des règles particulières sont prescrites pour la signature des notaires (V. l'art. 49).

436. — 6° *Mention des signatures.*—Elle était exigée, à peine de nullité, par l'ordonnance de 1560, art. 84, par celle de 1679, art. 165, et par l'arrêt de règlement du 4 sept. 1685.—Jugé qu'elle l'était même pour les actes portant dons mutuels entre époux (Cass., 16 juill. 1833. D.P.33.1.316).

437.—Aujourd'hui encore, il doit être fait mention, à peine de nullité, de toutes les signatures requises (art. 14 et 68). — Cette disposition s'applique à tous les actes notariés : les testaments ne sont point exceptés.—Par suite est nul l'acte de donation qui ne contient pas la mention de la signature du donateur et des témoins (Cass., 6 juin 1821, D.A.10.21).—Le défaut de mention de la si-

gnature des témoins rend l'acte nul, encore qu'il soit en effet revêtu de cette signature (Bourges, 28 juill. 1829, D.P.33.2.113). V. aussi Douai, 18 mai 1841 (D.P.42.2.113).

438.—La mention prescrite doit être claire et précise, mais n'est assujettie à aucune formule sacramentelle (Dalloz, v° *Oblig.*, n° 3538, et *Disp. entre-vifs et test.*, nos 3032 et 3033; V. aussi n° 220).

439. — La mention de la signature, par exemple, dans un testament, est suffisamment exprimée en ces termes : « Ayant interpellé les témoins et le testateur de signer le testament, ils ont tous déclaré le faire » (Cass., 16 fév. 1814, D.A.5.766).—Cet arrêt exprime suffisamment la mention des signatures, mais il place dans la bouche des témoins et du testateur, ce qui n'est pas régulier.

440.—Le notaire qui termine un contrat de mariage par ces mots : *Et ont les futurs et les parents déclaré ne savoir signer, à la réserve des soussignés* (des témoins) ne fait pas une suffisante mention de la signature des témoins (Paris, 25 mai 1826, D.P.27.2.114).

441.—La loi veut la mention que les parties *ont signé;* on a pensé que la mention qu'une partie *déclare signer* n'équivaut pas à la mention qu'elle a effectivement signé (Liége, 2 déc. 1807, aff. Delaforge).—Mais cette solution paraît plus subtile que fondée en droit et en raison (*Conf.* Rolland de Villargues, v° *Sign.*, n° 53).

442.—Au reste, la mention de signature ou de défaut de signature est nulle quand elle renferme des énonciations contradictoires (Dalloz, v° *Disp. entre-vifs et test.*, n°3036).

443.—En quelques termes que le notaire exprime la mention des signatures, il faut toujours qu'il présente cette mention comme émanant de lui-même; il a seul qualité pour constater l'accomplissement des formes légales. Il ne suffirait pas de mettre la mention de déclaration de signature dans la bouche des parties ou des témoins (Dalloz, *eod.*, n° 3035; Merlin, *Rép.*, t. 17, p. 580).

444.—Quoique la loi demande indistinctement la mention de la signature des parties, des témoins et du notaire, on a douté de la nécessité absolue de la mention de la signature du notaire, laquelle est, par elle-même, authentiquement constatée. — La Cour de Besançon (5 déc. 1809, D.P.10.569, n° 4) a vu une nullité dans le défaut de mention de la signature du notaire. Mais, depuis, on a pensé que cette mention n'était pas nécessaire (Avis du cons. d'Etat, du 16 juin 1810, approuvé le 20; Cass., 11 mars 1812, D.A.10.659; Duranton, t. 13, n° 45; Toullier, t. 8, n° 92; Dalloz, v° *Disp. entre-vifs et test.*, n° 3026, et *Oblig.*, n° 3544).

445. — Toutefois, et quoiqu'on admettrait

la nécessité de cette mention, elle ne s'appliquerait pas à la signature du notaire en second (Même arrêt, 11 mars 1812).—Enfin, le défaut de mention de la signature d'une personne qui, quoique intéressée dans l'acte, n'avait pas besoin de le signer, n'entraîne pas la nullité.

446.—*Mentions relatives au défaut de signature.*—« Si les parties, porte l'art. 14, ne savent ou ne peuvent signer, le notaire doit faire mention de leurs *déclarations* à cet égard. —L'art. 84 de l'ordonn. d'Orléans de 1560 disposait en termes différents; il portait : « Et en cas que les parties ou témoins ne sauront signer, les notaires ou tabellions feront mention de la *réquisition* par eux faite aux parties et témoins de signer et de leur *réponse* qu'ils ne savent signer. »

L'art. 14 de la loi de ventôse exige, comme on l'a vu, la *déclaration* de ne savoir ou pouvoir signer.—Pour les testaments, l'art. 973 pousse la sévérité plus loin; il exige que le notaire fasse mention expresse de la déclaration du testateur qu'il ne sait ou ne peut signer, ainsi que de la *cause* qui l'en empêche (Dalloz, vᵒ *Oblig.*, nᵒ 3546, et vᵒ *Disp. entre-vifs et test.*, nᵒˢ 3038 et suiv., 3062 et suiv.; Toullier, t. 8, nᵒ 90), et un arrêt, rendu sous la présidence de M. Troplong, veut en outre qu'il soit fait mention spéciale que cette déclaration elle-même a été lue au testateur en présence des témoins (Paris, 14 juill. 1851, D.p.52.2.179). Cette solution peut être critiquée comme ajoutant aux rigueurs de la loi (*V. eod.*). V. en sens contraire, Aix, 16 fév. 1853; Dijon, 2 mars 1853; Douai, 24 mai 1853 (D.p.53.2.119); 66 et 84; Bastia, 10 avril 1854 (D.p.54.2.216); rej., 8 mai 1855 (D.p.55.1.167); Dalloz, vᵒ *Disp. entre-vifs et test.*, nᵒ 2919.—M. Rolland de Villargues, vᵒ *Sign.*, nᵒˢ 43 et 45, conseille aux notaires d'indiquer dans les actes entre-vifs, comme le voulaient les anciennes ordonnances, la cause qui fait que les parties ne peuvent signer; mais il reconnaît aussi avec Toullier, t. 8, nᵒ 90, que cette mention n'est plus de rigueur absolue.—C'est là une sage précaution qui peut être fort utile, surtout dans le cas où l'acte est attaqué pour surprise, fraude, etc.

447.—La déclaration de ne pouvoir ou ne savoir signer n'est soumise à aucune formule sacramentelle; il suffit qu'elle soit mentionnée en termes assez clairs pour ne laisser aucun doute sur l'accomplissement de la formalité. Les notaires feront sagement d'adopter des formules nettes et précises qui ne soient pas susceptibles de donner lieu aux difficultés qu'on va retracer dans quelques-uns des numéros qui suivent.

448.—Ce n'est pas la mention du fait d'impuissance ou d'ignorance, mais celle de la *déclaration* des parties que la loi demande

au notaire; c'est de celles-ci, en un mot, et non du notaire, que la déclaration doit émaner (Toullier, t. 8, nᵒ 91; Augan, p. 75; Duranton, t. 13, nᵒ 46; Rolland de Villargues, vᵒ *Sign.*, nᵒ 35; Dalloz, vⁱˢ *Disp. entre-vifs et test.*, nᵒˢ 3071 et s., et *Oblig.*, nᵒ 3548; Grenier, t. 1, nᵒ 242; Toullier, t. 5, nᵒ 437; Merlin, *Rép.*, t. 17, p. 566; Limoges, 17 juin 1808; Cass., 15 avr. 1835, D.A.5.781; D.p. 35.221).

449.—On a vu que les ord. d'Orléans, art. 84, et de Blois, art. 85, voulaient que les notaires fissent mention et de la *réquisition* par eux faite aux parties, et de la réponse de celles-ci. Néanmoins, sous ces lois et malgré la clarté des termes, on jugeait que la réquisition ou interpellation supposait la réponse, comme la réponse supposait la réquisition; qu'ainsi, l'une des deux formalités était suffisante.—« La loi des 29 sept.-6 oct. 1791 proscrivit cette *mauvaise jurisprudence*, dit, avec raison, Merlin, *Rép.*, vᵒ *Sign.*, § 3, art. 2, et voulut que les notaires fissent mention formelle, tout à la fois de la réquisition, par eux faite aux témoins ou testateur de signer, et de leur déclaration ou réponse de ne pouvoir signer, le tout à peine de nullité. » — L'art. 14 de la loi de ventôse et l'art. 913, C. civ., se bornent à exiger la mention de la *déclaration* des parties ou des témoins.—Ici se reproduit donc la question de savoir si cette mention serait suppléée par celle de l'interpellation ou réquisition faite aux parties ou aux témoins de signer. Non, répond avec raison Merlin, *Rép.*, t. 17, p. 568, car l'interpellation ne suppose pas nécessairement la réponse : on pourrait croire que c'est le notaire qui s'est lui-même constitué juge de l'impossibilité qu'il atteste (*Conf.* Dalloz, nᵒ 3073). — Rolland de Villargues paraît être d'un avis contraire.—V. vᵒ *Sign.*, nᵒ 46.

450.—Toutefois la mention de la déclaration de ne savoir ou pouvoir signer se trouve virtuellement dans ces expressions : « ...Qui ont signé..., non ledit Borrès, non plus que le testateur, pour ne savoir, de ce requis, l'un après l'autre, par nous (Toulouse, 27 avr. 1813, D.A.5.777; Grenoble, 22 janv. 1810, D.A. eod.; Toulouse, 29 juin 1821, D.A. 5.777); » —Ou dans celle-ci : « lequel n'a signé pour ne savoir, de ce requis... » (Grenoble, 20 janv. 1830, D.p.30.2.100; *Conf.* Toullier, t. 5, nᵒ 438; Rolland de Villargues, nᵒ 46).—Il y a, dans ces deux espèces, quelque chose de plus que dans la proposition générale exprimée au numéro qui précède.—Mais il est mieux d'éviter ces locutions qui laissent de l'ambiguïté.

451. Evidemment, il n'y a pas de nullité non plus lorsque le notaire, après avoir mentionné son interpellation, constate un fait qui suppose nécessairement que le testateur a répondu ne savoir signer; par exemple, dans le cas où un testament se termine ainsi : «Et a, la testatrice, fait sa marque pour ne savoir écrire ni signer, de ce requise suivant la loi » (Dalloz, v° *Disp. entre-vifs et test.*, n° 3076; Merlin, *Rép.*, t. 17, p. 569; Colmar, 13 nov. 1813, D.A.5.780).

452.—La mention de la déclaration de ne savoir ou pouvoir *signer* ne serait pas remplacée par celle de ne savoir ou pouvoir *écrire*; car il y a des personnes qui ne savent pas écrire, et qui savent signer leur nom (Favard, *eod.*, § 4, n° 5; Duranton, t. 9, n° 95; Rolland de Villargues, n° 36; Douai, 9 nov. 1809). Cependant l'opinion contraire est le plus généralement admise. *V.* Toullier, t. 5, n° 438; Vazeille, sur l'art. 973, C. Nap., n° 10; Marcadé, *eod.*, n° 2; Dalloz, *loc. cit.*, n° 3043; Bruxelles, 9 déc. 1815, D.A.5.770. 771; Bourges, 20 nov. 1816; Req., 11 juill. 1816 (D.P.16.1.557).— La déclaration qu'on est *illettré* ne remplirait pas non plus le vœu de la loi (*Ann. not.*, t. 10, p. 286; Rolland de Villargues, n° 38).

453.—Cependant Merlin, *Rép.*, t.17, p.564, et Toullier, t. 5, n° 438, estiment qu'il y aurait mention suffisante, même dans le cas où le notaire ayant demandé à une partie si elle *sait écrire*, elle se serait bornée à déclarer qu'elle ne *sait écrire*, ces mots devant, suivant eux, s'entendre naturellement de la signature, et non de l'écriture en général. Delvincourt, t. 2, p. 304, à la note, est d'une opinion contraire, et avec raison, suivant nous : car ce cas ne doit pas être confondu avec celui du n° 456. Mais il arrivera rarement qu'un notaire fasse l'interpellation d'*écrire* au lieu de faire celle de signer; et la réponse de l'interpellé, mentionnée dans l'acte, sera presque toujours conçue en termes qui lèveront l'équivoque. Aussi Merlin, *Rép.*, t. 17, p. 560, et Dalloz, *loc. cit.*, n° 3049, enseignent-ils et il est même jugé que la déclaration de ne *pouvoir pas écrire*, implique celle de ne pouvoir pas signer. L'empêchement actuel qui s'oppose à ce que l'on trace des caractères d'écriture, frappe sur la signature comme sur toute autre réunion de lettres; il en est de même lorsqu'il y a déclaration *de ne savoir pas écrire, à cause de la faiblesse de sa vue*, à cause de telle maladie, *à cause d'une faiblesse à la main* (Colmar, 1er fév. 1812; Bruxelles, 6 oct. 1815; 3 déc. 1818; D.A.5.771, 773).

454.—Ainsi encore, si la déclaration de ne savoir écrire est précédée ou suivie d'énonciations qui démontrent que le déclarant ne savait réellement pas signer, par exemple, si, après avoir dit qu'il ne sait pas écrire, il appose une croix ou une autre marque quelconque au lieu de signature, la mention sera suffisante (Merlin, *Rép.*, t. 17, p. 562; Del-

vincourt, t. 2, p. 304; Cass., 11 juill. 1816, D.A.5.772).

455. — Mais, d'un autre côté, la mention de la déclaration de la partie qu'*elle ne sait signer*, n'est point suppléée valablement par la mention d'un fait qui peut seulement faire présumer l'ignorance ou l'impuissance, par exemple, l'apposition d'une croix ou d'une marque (Augan, p. 76; Rolland de Villargues, *eod.*, n° 40; Dalloz, v° *Oblig.*, n° 3552). —Jugé, en conséquence, que la mention dans un acte public qu'une partie a apposé *sa marque ordinaire* ne dispense pas le notaire de mentionner, à peine de nullité, que cette partie a déclaré ne savoir signer (Colmar, 4 mars 1817, D.A.10.661).

456. —La déclaration de ne savoir écrire est encore suffisante, lorsqu'elle a été précédée d'une interpellation du notaire à la partie de signer ou de déclarer si elle sait signer. On suppose que la réponse a été conçue dans le même sens que l'interpellation (Dalloz, v° *Disp. entre-vifs et test.*, n° 3043; Merlin et Delvincourt, *eod.*; Bruxelles, 13 mars 1810, D.A.5.771).

457. Remarquez que l'art. 14 ne prescrit la mention de la déclaration de ne pouvoir signer *que de la part des parties*. Quant aux *témoins*, la seule chose nécessaire, c'est leur signature, la mention de cette signature ou la mention par le notaire qu'ils ne pouvaient ou ne savaient signer (Merlin, *Rép.*, t. 17, p. 559; Grenier, t. 1, n. 242; Dalloz, *loc. cit.*, n°s 3054 et 3055).

458. — Lorsqu'une personne sachant signer, déclare faussement, dans un acte entre-vifs à titre onéreux, ne pas le savoir, un pareil mensonge, de la part d'une partie, serait sans effet pour invalider l'acte; une partie ne peut se prévaloir de sa mauvaise foi pour se jouer de ses engagements (Merlin, *Quest.*, v° *Signat.*; Toullier, t. 5, n° 439; Augan, p. 75; Dalloz, v° *Oblig.*, n° 3554; Duranton, t. 13, n° 47; Rolland de Villargues, n° 41); — mais, de la part d'un testateur, un tel mensonge entraînerait la nullité du testament. On suppose, dans ce cas, que le testateur a cédé à l'obsession ou à la contrainte, ou que la déclaration n'a pas été faite. Ce point est très-constant : il l'était même dans l'ancien droit. —Il en serait autrement si le testateur, homme illettré, signant mal et avec peine, était dans l'habitude tantôt de signer, tantôt de ne pas signer (Montpellier, 27 juin 1834, D.P.35.2.67).

459. — Au surplus, il n'est pas exigé, à peine de nullité, qu'il soit donné lecture de la mention faite par le notaire, que le testateur a déclaré qu'il ne peut ou ne sait signer (art. 973, C. N.; Req. 3 juill. 1834, D.P.34.1.302 (V. *suprà*, n° 446).

460.— *Lieu où doivent se placer les men-*

-tions relatives aux signatures. — La mention doit être faite à la fin de l'acte. — L'acte serait-il nul, si elle se trouvait ailleurs ? Oui, selon Toullier, t. 8, n° 95. — Mais qu'importe que la mention se trouve dans telle partie ou telle autre ? L'art. 14 a indiqué la fin de l'acte seulement, parce que c'est la place naturelle et la plus usitée : cet article est simplement indicatif (Conf. Merlin, Rép., v° Signat.; Augan, p. 74 ; Rolland de Villargues, n° 69 ; Larombière, sur l'art. 1317, n° 23 ; Dalloz, v° Oblig., n° 3556 ; Turin, 25 fév. 1810, D.A. 10.660.)

461. — La nullité prononcée pour l'inobservation de l'art. 14 ne s'applique spécialement qu'au défaut de mention de la signature (des témoins), et non au cas où cette mention a été faite au commencement de l'acte, au lieu de l'être à la fin (Cass., 4 juin 1823, D.A.10. 660). — Jugé aussi que l'art. 14 doit, quant à la nullité qu'il prononce, être divisé et tenu pour impératif et obligatoire quant à la mention des signatures, mais indicatif seulement quant à la place la plus convenable pour l'apposition de cette mention (Metz, 22 janv. 1833, D.P.34.2.158).

462. — En supposant même que la nullité soit applicable au placement de la mention ailleurs qu'à la fin, il faudrait s'entendre sur ce qui constitue la fin d'un acte. Ces expressions n'indiquent que la fin des clauses ou conventions que l'acte renferme : autrement, il faudrait aller jusqu'à dire que la signature même des parties doit précéder la mention dont il s'agit (Merlin, Rép., t. 17, p. 372 ; Dalloz, v° Disp. entre-vifs et test.; n° 3090, et v° Oblig., n° 3557). — Jugé en ce sens : 1° qu'on doit entendre par les mots fin d'un acte notarié tout ce qui suit les clauses essentielles qui ont fait l'objet de cet acte (Metz, 22 janv. 1833, D.P.34.2.158) ; — 2° qu'il suffit que la mention soit renfermée dans la dernière phrase, bien qu'elle n'en forme pas le dernier membre (Douai, 28 nov. 1814, D.A. 5.782 ; Consultat., D.P.34.1.302) ; — 3° qu'elle soit insérée dans la conclusion de l'acte, encore qu'elle soit suivie de plusieurs autres énonciations (Paris, 25 nov. 1813, D.A.5. 783) ; — 4° qu'elle est valablement placée entre la dernière disposition et la date (Cass., 18 août 1817, D.A.5.784). — Au reste, elle doit être mise après la mention de la lecture du testament au testateur (Consult., D.P.34. 1.302).

463. — Il s'est élevé une controverse sérieuse sur la question de savoir si la disposition dont il s'agit ici s'applique aux testaments par acte public. — Mais le Code Napoléon gardant le silence sur la place que la mention doit occuper (V. l'art. 973), on a pensé que le notaire pouvait, à plus forte raison, la placer où il jugerait le plus convenable (Toullier, t. 5, n° 434 ; Dalloz, v° Disp. entre-vifs et

test., n° 3086, et v° Oblig., n° 3558), quoiqu'il soit mieux que, suivant l'usage, il la place à la fin de l'acte. La jurisprudence s'est prononcée en ce sens. — V. notamment req., 10 mars 1824 ; Poitiers, 16 avr. 1842 (D.P.1. 1342 ; 42.2.142).

Quant à la suscription des testaments mystiques, il n'est pas besoin non plus que la mention de la signature des témoins soit mise à la fin de l'acte (V. D.P.35.1.153).

464. — 8° Effets du défaut de signature ou de mention. — Le défaut de signature du notaire ou de mention des signatures n'empêche pas l'acte signé par toutes les parties de valoir comme acte sous seing privé (art. 68), à moins qu'il n'ait été dans leur volonté de faire dépendre l'acte de sa perfection notariale, ce qui devrait être formellement convenu et exprimé (Conf. Merlin, Rép., v° Acte not.; Rolland de Villargues, v° Signat., n°s 58, 62) Dalloz, v° Oblig., n° 3559 ; Cass., 6 juin 1821, D.A.10.21).

ART. 15. — Les renvois et apostilles ne pourront, sauf l'exception ci-après, être écrits qu'en marge ; ils seront signés ou paraphés, tant par les notaires que par les autres signataires, à peine de nullité des renvois et apostilles. Si la longueur du renvoi exige qu'il soit transporté à la fin de l'acte, il devra être non-seulement signé ou paraphé comme les renvois écrits en marge, mais encore expressément approuvé par les parties, à peine de nullité du renvoi.

465. — Renvois et apostilles. — Le renvoi est plus particulièrement la marque (croix ou autre signe) qui, dans un acte, se réfère à une marque semblable placée en marge ou à la fin de l'acte. L'apostille est l'addition qui est mise au-dessous ou à la suite de cette marque, de ce signe ou renvoi. — Dans le langage, ces mots sont synonymes, ou plutôt le mot renvoi comprend et la marque et l'apostille elle-même.

466. — Ce n'est pas que nous entendions dire avec Loret, sur l'art. 15, que l'emploi des mots renvoi et apostilles présente une sorte de redondance. Cette locution était en quelque sorte commandée au législateur par le besoin de montrer qu'il n'entendait pas innover sur ce point, ce qui aurait pu être prétendu s'il n'avait admis que l'une ou l'autre de ces expressions, à moins qu'il ne définit le sens qu'il entendait donner à celle qu'il aurait conservée, définition dont les législateurs s'abstiennent ordinairement et avec raison. — Quoi qu'il en soit de cette remarque presque frivole, les renvois et apostilles sont le moyen légal de réparer les erreurs et omissions, de compléter ou d'expliquer une

ensée mal saisie ou mal rendue. — Au reste, il ne faut pas confondre avec les renvois et apostilles, certaines mentions que le notaire fait quelquefois sur les minutes, comme celles qui ont trait aux honoraires, aux délivrances de grosses, expéditions, aux modifications introduites par des actes subséquents; les renvois et apostilles ne s'entendent que des additions qui ont lieu pendant la rédaction de l'acte, des corrections et changements qui doivent être signés et paraphés des parties.

467. Le renvoi ou la marque qui l'annonce consiste d'ordinaire en une espèce de croix, c'est-à-dire en une petite ligne horizontale traversée d'une ligne verticale placée dans le corps de l'acte à l'endroit où le renvoi doit être mis.—Le renvoi est ensuite annoncé à la marge par un signe semblable à la ligne horizontale qui est tirée sur toute la longueur de la marge. S'il y a deux, trois renvois, chaque ligne horizontale est coupée par deux, trois lignes verticales. Le notaire doit ranger ces renvois dans le corps de l'acte et à la marge correspondante, de manière que leur ordre numérique soit bien assuré. *Conf.* Loret, sur l'art. 15; Rolland de Villargues, v° *Renvoi*, n° 6; Dalloz, v° *Oblig.*, n° 3565.

468.—La disposition de l'art. 15 relative aux renvois et apostilles est conforme à l'ord. d'oct. 1535, ch. 19, art. 8; à l'arrêt de règl. du 4 sept. 1685 qui portait 100 fr. d'amende et qui fixait à trois doigts l'espace des marges dans toutes les pages des minutes, marges pour lesquelles l'art. 4 de l'édit de juill. 1304 recommandait déjà aux notaires de laisser un espace raisonnable.

469.—Les dispositions de l'art. 15 s'appliquent aux testaments par acte public, le Code Nap. ayant, par son silence, renvoyé implicitement aux lois qui régissent les actes notariés en général (Duranton, t. 9, n° 58; Vazeille, sur l'art. 971, C. Nap., n°s 10 et suiv.; Coin-Delisle, *eod.*, n° 29; Dalloz, v° *Disp. entre-vifs et test.*, n° 2807; Grenoble, 26 déc. 1832, D.p.33.2.100).

470.—*Renvois écrits en marge.*—En général, les renvois doivent être écrits en marge : c'est leur place naturelle.—L'art. 8 de l'ord. d'oct. 1535 défendait aux notaires de faire aucunes apostilles, soit en marge, soit en tête de leurs actes, et prescrivait qu'elles fussent mises à la fin.—Mais on vient de voir que l'arrêt de 1685 avait abrogé cette disposition.

471.—Quoique l'ord. citée de 1535 ait distingué entre l'espace laissé en blanc à côté ou en bas des pages et celui qui est en tête, il semble qu'on doit les comprendre les uns et les autres sous le mot *marge* : ce sont, en effet, les marges de l'acte (*Conf.* Rolland de Villargues, v° *Marge*, n° 2).

472.—*Signé et paraphé.*—Il a été question précédemment de la signature; le paraphe s'entend soit de la marque formée de certains traits de plume qui accompagnent la signature, soit des lettres initiales des noms et prénoms : celle-là est employée surtout par les officiers publics ; elle a le double but, dit Loret, t. 1, p. 288, de donner à la signature plus de dignité et d'opposer plus de difficulté pour contrefaire la signature : celle-ci, moins usitée, est employée par quelques personnes. — Le paraphe qui résulte des initiales des nom et prénoms, bien qu'il offre moins de sécurité, est consacré par l'usage et par la jurisprudence.—Il a été jugé, en effet, qu'il suffit qu'un renvoi, même essentiel, mis en marge d'un acte notarié (un testament) soit suivi des initiales de la partie, pour qu'il y ait paraphe dans le sens de l'art. 15 de la loi de ventôse (Bourges, 9 mars 1836, D.p.37.2.2).

473.—Quand on use de ce dernier mode, il serait mieux qu'on employât toutes les initiales des noms et prénoms compris dans la signature. Mais il n'y aurait pas nullité du renvoi en ce qu'une partie n'aurait écrit que l'initiale de son nom, sans ajouter celle de ses prénoms, si elle était dans l'habitude de se servir de ce mode de parapher les actes, et même quoiqu'elle ne serait pas dans cette habitude : dès qu'il y a paraphe de sa part, cela suffit. Au reste, l'emploi d'un paraphe différent de celui qu'on est dans l'usage de tracer, serait pris en considération par le juge dans le cas où l'on s'inscrirait en faux contre le renvoi. — Il n'y a donc pas lieu d'adopter l'opinion des auteurs des *Ann. not.*; t. 1, p. 247, d'après laquelle un renvoi est nul s'il ne comprend à la fois les initiales des noms et prénoms : « autrement, disent-ils, le paraphe serait incomplet et de nulle valeur, de même que l'est une signature où l'on aurait oublié un nom de famille, même une seule lettre ou autre signe nécessaire pour compléter cette signature.—Toutefois, lorsqu'une partie n'appose pas l'initiale de son nom, il serait bon qu'elle y ajoutât le signe ou trait de plume dont elle est dans l'usage d'accompagner sa signature.—C'est, au reste, une recommandation que le notaire doit lui faire lorsqu'elle emploie des initiales autres que celles de ses nom et prénoms : sans cela, « il serait impossible, dit Loret, t. 1er, p. 289, de savoir à qui appartient ce paraphe. »—Cette opinion, avons-nous dit, n'est pas exacte. C'est aussi l'avis de Rolland de Villargues, v° *Paraphe*, n° 4. — Ajoutons aussi que celle qui précède n'est pas moins inexacte en ce qui touche la signature, que les auteurs des *Annales* annulent pour des erreurs ou omissions qui ne devraient pas, en général, en entraîner la nullité; *V.* aussi, en ce sens, Dalloz, v° *Oblig.*, n° 3569.

474. — Lorsque la même marge contient plusieurs renvois, le notaire doit laisser entre chacun la place nécessaire pour une approbation spéciale (Augan, p. 68).

Et chacun des renvois doit être spécialement signé ou paraphé à peine de nullité (Loret, *cod.*; Rolland de Villargues, v° *Renvoi*, n° 11).

475.—*Tant par les notaires que par les autres signataires.*—Sous ces mots *et autres signataires*, on entend les parties contractantes et les témoins (Arrêt régl. du 4 sept. 1685), mais non les personnes qui ne figurent que par honneur ou déférence. —Lorsqu'un renvoi ne concerne que quelques-unes des parties contractantes, il semble qu'il doive suffire de leurs signatures ou paraphes, ainsi que de ceux des témoins et du notaire (Dalloz, v° *Oblig.*, n° 3571). — Il a été cependant jugé que le renvoi d'un cahier des charges dont la confection avait été immédiatement suivie d'une adjudication devant notaire, devait être signé ou paraphé non-seulement par le notaire ou les témoins, mais encore par l'adjudicataire (Caen, 9 janv. 1827, D.P.27.2.141).

476.—Si les parties ne savaient ou ne pouvaient signer ou parapher, leur approbation résulterait de leur déclaration à ce sujet; il en serait de ce cas comme de la signature de l'acte (Rolland de Villargues, v° *Renvoi*, n° 12 ; Dalloz, v° *Oblig.*, n° 3572). — Jugé que la déclaration dans un testament notarié, que le testateur, après avoir signé l'acte, a éprouvé un tremblement qui ne lui a pas permis de parapher un renvoi, équivaut au paraphe de ce renvoi, comme elle équivaudrait à la signature même du testament (Req., 30 juill. 1856, D.P.57.1.92). *V. suprà*, n° 405.

477.—*Renvois transportés à la fin de l'acte.*—L'art. 15 a prévu le cas où la longueur du renvoi exigerait qu'il fût porté à la fin de l'acte; et il a augmenté les précautions afin de prévenir les abus. « Cet article veut, dit Loret, que l'apostille soit reportée à la fin de l'acte, dans le cas où elle serait trop longue pour pouvoir être placée à la marge; cette longueur doit faire présumer que l'addition est destinée à ajouter de nouvelles clauses ou à modifier celles qui se trouvent dans l'acte; c'est le motif pour lequel la loi a exigé, de la part des parties contractantes, une solennité plus grande pour constater leur adhésion, que pour les simples apostilles qui sont apposées en marge de l'acte. »

478.—Remarquez cependant que c'est une facilité que la loi accorde, et non une restriction qu'elle établit. Ainsi, l'on ne pourrait considérer comme irrégulier un renvoi qui aurait été rejeté à la fin de l'acte, bien qu'il eût pu être écrit en marge. Dans ce cas, le renvoi offre même plus de garantie, puisque, à la différence du renvoi en marge, qui n'a

besoin que d'une signature ou d'un paraphe, il doit être revêtu d'une approbation expresse. D'ailleurs, la volonté des parties fait ici la loi (Toullier, t. 8, n° 410; Rolland de Villargues, v° *Renvoi*, n° 17 ; Dalloz, v° *Oblig.*, n° 3575). —Aussi a-t-il été jugé que, quoiqu'il soit dans le vœu de la loi que les renvois ne soient placés à la fin de l'acte que lorsque leur longueur l'exige, cependant la loi n'ayant pas prononcé de nullité à ce sujet, on ne saurait annuler un renvoi composé seulement de trois lettres, en ce qu'il aurait été placé à la fin de l'acte et non en marge (Angers, 20 mai 1825, D.P.29.1.194).

479.—L'ordonnance de 1535 exigeait que l'apostille fût mise à la fin de l'acte, *et au-dessous avant qu'il fût signé*, et qu'elle fût signée si *près de la lettre* qu'on ne pût y rien ajouter. Mais il paraît que, malgré ces précautions, on avait abusé de la faculté que laissait l'ordonnance de placer les renvois à la fin de l'acte. Aussi un arrêt de règlement de 1685 voulut que ce qui serait ajouté aux actes fût, *à l'instant même de leur passation*, expressément approuvé et paraphé par les parties, les témoins et le notaire, et « à condition que ce qui sera ajouté n'entrerait point dans la signature des parties, des témoins et notaire, à peine de nullité des actes. » La disposition de cet arrêt est, on le voit, à peu près reproduite dans l'art. 15 de la loi de ventôse.

480.—Lorsque le renvoi est, à cause de sa longueur, rejeté à la fin de l'acte, il est prudent de le placer après la formule de clôture; autrement, il se confondrait avec les clauses de l'acte (Dalloz, v° *Oblig.*, n° 3576. — Il peut donc être mis, sans contravention, après les mots *fait et passé*, etc. (Délib. des 6 avr. 1823 et 1ᵉʳ juin 1825; Rolland de Villargues, n° 19).—Mais il faut le mettre avant les signatures. C'est satisfaire à la loi : car par les mots *fin de l'acte*, on entend la fin des clauses et énonciations qu'il renferme. D'un autre côté, la loi ne déterminant pas avec précision ce qu'il faut entendre par fin de l'acte, des renvois ne seraient pas nuls pour avoir été rejetés même après les signatures de l'acte. L'arrêt du 23 mars 1829 le suppose ainsi (*Conf.* Loret, sur l'art. 15; Rolland de Villargues, v° *Renvoi*, n° 22; Dalloz, *loc. cit.* V. aussi Req., 13 août 1844 (D.P.44.1.293); 18 août 1856, 57.1.34).

481. — Les renvois transportés à la fin de l'acte sont, comme on le voit, entourés de précautions toutes spéciales; ils doivent être signés ou paraphés, comme ceux qui sont écrits en marge : de plus, il faut qu'ils soient expressément *approuvés* par les signataires. Il suit de là que la signature unique pour tout l'acte, même avec approbation, ne suffirait pas; il faut toujours une signature spéciale et une approbation expresse (Dalloz, *Disp. en-*

re-vifs et test., n° 2811, et v° *Oblig.*, n° 3578; Larombière, sur l'art. 1317, n° 24; Augan, 67 et 68).—C'est en ce sens qu'il a été jugé : 1° qu'un renvoi placé à la fin de l'acte, avant les signatures, mais sans approbation spéciale, est nul (Paris, 25 mai 1826, D.p.27.2.114); — 2° que le renvoi mis à la fin d'un acte notarié, avant les signatures qui s'appliquent au corps de cet acte, doit, à peine de nullité, de même que s'il était placé après ces signatures, être revêtu d'une signature ou d'un paraphe particulier, et de plus être expressément approuvé; il ne suffirait pas, dès lors, qu'avant les signatures de l'acte, le notaire se fût borné à exprimer que le renvoi a été lu au testateur et aux témoins, et approuvé par eux; et il y a lieu de prononcer la nullité, sans qu'il soit besoin d'attaquer cette énonciation par l'inscription de faux (Cass., 23 mars 1829, D.p.29.1.193; Caen, 18 juill. 1854, D.p.55.5.352); — 3° enfin que ces renvois ainsi placés à la fin des actes notariés, même avant les signatures, doivent, à peine de nullité, être revêtus des signatures ou paraphes, et de l'approbation des parties et du notaire, *indépendamment de celles* qui terminent l'acte (Lyon, 18 janv. 1832, D.p.32.2.179; Grenoble, 26 déc. 1832, D.p.33.2.100). Peu importe même, dans ce dernier cas, que la longueur du renvoi écarte toute présomption qu'il ait été mis après coup, ou que l'usage du ressort fût de ne pas faire signer et approuver de tels renvois. —Même arrêt de la Cour de Grenoble.—En effet, la loi est générale, et quant à l'usage invoqué, il est sensible qu'un usage sans généralité ne saurait jamais abroger la loi.

482.—A l'égard de l'*approbation expresse* qu'exige l'art. 15, MM. Augan, p. 68, Rolland de Villargues, n° 26, et Dalloz, v° *Oblig.*, n° 3580, disent que cette approbation est une constatation qui doit émaner du notaire et qu'il n'est pas nécessaire qu'elle soit écrite par les parties lors même qu'elles sauraient écrire. — Loret, *eod.*, est d'un avis contraire, et l'on ne peut nier que les termes de la loi (*approuvé par les parties*) ne donnent appui à son opinion : aussi pensons-nous qu'il est plus sûr d'exiger l'approbation des parties.

483.—C'est pénétré de l'idée que l'approbation doit émaner des parties, que M. Augan, p. 68, dit que si les parties ne savent écrire que leurs noms, et, par conséquent, ne peuvent donner elles-mêmes l'approbation expresse au renvoi final, le notaire peut se charger de l'écrire (1).

484.—Au reste, en supposant que l'approbation soit valablement écrite par le notaire, il peut être bon, mais il n'est pas nécessaire qu'elle mentionne les signatures ou paraphes qui l'accompagnent (*Conf.* Loret, *eod.*; Rolland de Villargues, n° 30; Dalloz, v° *Oblig.*, n° 3581.

485.—Ni qu'elle mentionne expressément que le renvoi a été lu aux parties, cette mention étant réputée comprise dans celle de la lecture de l'acte (Dalloz, *loc. cit.*).

486. — S'il y a plusieurs renvois à la fin de l'acte, chacun d'eux doit être revêtu des signatures ou paraphes et approbation expresse que la loi prescrit (*Conf.* Rolland de Villargues, n° 27; Dalloz, n° 3582).

487. — Il paraît superflu d'ajouter que le défaut d'approbation du renvoi en entraîne la nullité, quoique les autres formalités auraient été observées. C'est ce qui s'induit virtuellement de l'art. 15, dont toutes les formalités sont irritantes (*Conf.* Rolland de Villargues, n° 25; Dalloz, n° 3583.)

487 bis. — Les renvois et ratures doivent être réputés non avenus, et les mots raturés rétablis dans leur état primitif, si ces renvois et ratures ne sont point approuvés par les parties, encore qu'ils aient reçu l'approbation du notaire rédacteur de l'acte (Bordeaux, 18 déc. 1845, D.p.47.2.40).

488.—Mais il ne faut pas confondre avec un renvoi les additions interdites par l'art. 16. — En effet, si, après la clôture d'un acte, mais avant les signatures, il est ajouté une clause additionnelle terminée par une nouvelle clôture de l'acte, cette clause ne doit pas être considérée comme un simple renvoi qui serait nul pour défaut d'approbation (Bordeaux, 14 mars 1840, aff. Logarelie), car une disposition additionnelle doit contenir la mention spéciale de toutes les formalités nécessaires à la validité de l'acte lui-même, et, s'il s'agit d'un testament, la déclaration faite par le testateur de *n'avoir pu signer pour cause de faiblesse* (Grenoble, 26 déc. 1832, D.p.33.2.100).

489. — De même, lorsqu'après la signature d'un acte, on ajoute une clause additionnelle importante et qui déroge, par exemple, à d'autres stipulations du même acte, si cette clause est écrite en marge ou au pied de l'acte après les signatures, il faut, pour sa validité, qu'elle soit revêtue séparément des mêmes formalités, c'est-à-dire qu'elle soit de nouveau signée par les parties, ou, si elles ne peuvent signer, qu'il soit fait une nouvelle

___

(1) Voici la formule proposée par Rolland de Villargues, v° *Renvoi*, n° 31, p. 244 : « Et ont les parties approuvé expressément le présent renvoi contenant *tant* de lignes, signé (ou paraphé), la présente approbation avec le notaire et les témoins, après lecture; »

Ou bien : « Et ont les parties approuvé expressément le présent renvoi contenant *tant* de lignes, en réitérant leurs déclarations de ne savoir (ou de ne pouvoir) signer, de ce interpellées par le notaire, qui a signé (ou paraphé) avec les témoins, la présente approbation, après lecture.

mention du motif de leur empêchement (Cass., 30 mars 1840, D.P.40.1.180).

490. — *Règles communes aux deux sortes de renvois.* — L'usage est de faire signer ou parapher et approuver les renvois avant de faire signer l'acte.

491.—En général, quand on dit qu'un renvoi n'est pas *approuvé*, cela s'entend de l'inaccomplissement de quelques-unes ou de toutes les formalités prescrites par l'art. 15, et non de *l'approbation spéciale* qui est exigée, en raison de la longueur du renvoi, par le deuxième alinéa de cet art. 15. — C'est en ce sens qu'on dit que, d'après le règlement du 4 sept. 1685, le défaut d'approbation régulière des renvois emportait la peine de nullité de l'acte, plus une amende de 100 livres.

492. — C'est au moment de passation de l'acte que les renvois doivent être faits, et non après sa perfection. L'arrêt de règlement du 4 septembre 1685 portait à cet égard : « Lui fait défense (au notaire) de faire aucune apostille dans les minutes, que l'apostille ne soit approuvée à la marge et l'approbation signée, *dans l'intérêt* des parties, des témoins et du notaire. »

493. — Rolland de Villargues, vᵒ *Renvoi*, nᵒ 32, dit que les renvois ne peuvent être mis après coup, même du consentement des parties. Et cela est conforme à la doctrine de Ferrière, *Parf. not.*, liv. 1, ch. 15, qui s'exprime ainsi : « Quoiqu'il soit permis aux contractants de changer ce qu'ils veulent dans l'acte qu'ils ont passé, néanmoins, quand cet acte est une fois signé d'eux, des témoins et du notaire, il est entièrement parfait, et il faut un autre acte passé avec les mêmes formalités pour y pouvoir ajouter ou diminuer la moindre chose : outre que si l'apostille était faite l'après-dînée et que l'acte eût été passé le matin, il y aurait fausseté dans l'apostille, qui se trouverait n'être pas de même date que l'acte, quoiqu'elle fût réputée en faire partie... Un autre inconvénient qui pourrait arriver, c'est qu'en ajoutant un renvoi ou apostille, l'une des parties ne voulant pas le parapher, l'acte deviendrait nul et imparfait ; cela est arrivé plusieurs fois. — Il faut donc, dans le cas où les parties veulent changer quelque chose dans l'acte par elles signé, que le notaire en ajoute un autre au bas du premier, dans lequel les nouvelles conventions soient insérées avec les mêmes formalités. » — M. Massé a donné son assentiment à l'opinion de Ferrière.

494. — Cette doctrine peut être exacte en droit rigoureux, mais les choses ne se mènent pas avec cette rigidité. Si, l'acte signé, il apparaît aux parties qu'un renvoi est nécessaire pour expliquer mieux leur pensée ou pour lever une équivoque de rédaction, un notaire intelligent ne manquera pas de s'as-

surer de l'accord des parties touchant la nécessité de réparer l'erreur et de maintenir l'acte dans son intégrité ; il donnera, au besoin, une nouvelle lecture aux parties et aux témoins de l'acte ainsi que du renvoi, qu'il aura soin de leur faire approuver et signer ; à quoi bon refaire un acte qu'un simple renvoi peut compléter, et que les parties ont la ferme volonté de maintenir tel qu'elles viennent de le signer ? — Aussi Rolland de Villargues a-t-il fait, vᵒ *Acte notarié*, nᵒ 277, sur l'opinion de Ferrière, l'observation fort judicieuse que voici : « Dans l'usage, dit-il, l'on n'est pas aussi strict. Quand toutes les parties sont d'accord, le notaire se prête aux changements qu'elles désireraient faire ; il le fait avec les précautions convenables, et il ne peut en résulter aucun des inconvénients que signale Ferrière. En effet, d'une part, les actes n'étant plus datés avant ou après midi comme anciennement, peu importe à quelle heure de la journée les changements interviennent : la date reste exacte. D'une autre part, le défaut de signature du renvoi qu'on aurait fait ajouter n'entraînerait plus la nullité de l'acte ; ces renvois seuls seraient comme non avenus. Il est étonnant que M. Massé ait reproduit, sur ce dernier point, l'observation de Ferrière, et n'ait pas fait attention au changement de législation. » *Conf.* Dalloz, vᵒ *Oblig.*, nᵒ 3587.

495. — Si les notaires s'aperçoivent qu'ils ont omis de faire approuver régulièrement des renvois, ils doivent réunir les parties et les faire approuver (Toullier, t. 8, nᵒ 112) ; mais, si l'une des parties s'y refuse, il ne reste à l'autre que le recours à la justice. Encore est-il douteux que l'on puisse être admis à prouver ce que renferme le renvoi non signé ou paraphé, ni approuvé, quoique écrit par le notaire : ce serait, d'après Pothier, *des Oblig.*, nᵒ 760, prouver contre le contenu de l'acte, car il n'existe, à proprement parler, de renvois que ceux qui sont revêtus des formalités légales. *Conf.* Ferrière et Massé, *eod.* ; Duranton, *des Contr.*, nᵒ 1393 ; Loret, *eod.* ; Rolland de Villargues, nᵒ 34 ; Dalloz, nᵒ 3588. Au reste, l'approbation faite après coup, à plusieurs jours d'intervalle, ne pourrait pas nuire aux tiers (Toullier, t. 8, nᵒ 113 ; Dalloz, *loc. cit.*) ; mais elle serait opposable aux ayants cause des signataires (Dalloz, *loc. cit.*).

496. — L'inobservation, dans les renvois ou apostilles, des formalités prescrites par l'art. 15, ne donne plus lieu à l'amende contre le notaire ; elle n'entraîne que la nullité du renvoi (Cass., 24 avril 1809, D.A.10.661 ; Rennes, 5 mai 1824 ; Bourges, 19 janv. 1838, D.P.38.2.227 ; Douai, 18 mai 1841, D.P.40. 2.2).

497. — Elle n'affecte pas non plus l'acte de nullité, comme sous l'arrêt de règlement du 4 sept. 1685. Cet acte conserve toute sa vaeur, malgré l'irrégularité des renvois, lesquels lui deviennent étrangers (*Conf.*, Rolland de Villargues, n° 39; Dalloz, n° 3590). C'est ce qui a été jugé à l'occasion d'un renvoi qui se trouvait dans un contrat de mariage passé même avant la loi de l'an XI (en l'an VII). Le renvoi contenait une constitution d'hypothèque, signée seulement par le notaire, qui a été réputée non écrite (Nîmes, 13 juill. 1808; D.A.9.289). Et cette doctrine, qui résulte des termes exprès de l'art. 15, a été appliquée aux renvois mis dans les testaments par acte public (Pau, 17 janv. 1835, aff. Darmusey; *Jurisp. du not.*, art. 2881; Cass., 24 nov. 1835; D.P.36.1.24).

498. — Cependant le principe n'est pas tellement général qu'il ne soit susceptible d'exception. Supposez, en effet, que le renvoi ait pour objet une chose essentielle au contrat, par exemple le prix d'une vente, l'acte sera nul comme authentique, si le renvoi est vicié de nullité, puisque ce n'est que dans ce renvoi que se trouve l'un des éléments sans lesquels il n'y a pas de vente (*Conf.* Duranton, t. 13, n° 50; Dalloz, v° *Oblig.*, n° 3591).

499. — La loi déclarant nuls les renvois non approuvés, les notaires doivent éviter de les insérer dans la grosse ou expédition qu'ils délivrent. Il serait bon, néanmoins, d'en faire mention. Si l'approbation était seulement irrégulière, il faudrait insérer le renvoi, mais avec mention de l'irrégularité (Toullier, t. 8, n° 111; Dalloz, n° 3592).

500. — Quant aux renvois qui peuvent être faits sur les grosses et expéditions, il paraît d'usage que les notaires qui délivrent ces actes se bornent à les parapher. Toutefois une délibération des notaires de Paris, du 27 avril 1834, porte : « Les renvois sur les grosses, expéditions et extraits, doivent être *signés* par le notaire qui les délivre. »

501. — L'art. 15 n'exigeant pas une mention de lecture distincte pour les renvois, ceux-ci sont compris dans la mention générale de l'acte entier (Dalloz, v° *Disp. entrevifs et test.*, n°s 2821 et 2999, et v° *Oblig.*, n° 3594; Cass., 3 août 1808, D.A.5.760). — Il a été jugé aussi que la mention de lecture faite *du tout*, à la fin d'un testament, se réfère, dans sa généralité, aux renvois en marge approuvés, comme au corps de l'acte (Bordeaux, 17 mai 1833; D.P.34.2.66). Cependant, s'il arrivait qu'un renvoi, mis en marge ou à la fin d'un testament, n'eût pas été lu au testateur, ce qui pourrait avoir lieu dans le cas où le renvoi aurait une autre date ou aurait été ajouté après la lecture et la signature du testament, l'acte entier serait-il nul? — L'affirmative résulte des motifs de l'arrêt de la Cour de cassation du 24 nov. 1835 (D.P.36.1.24); mais cette solution ne paraît pas légale. Elle ne le serait qu'autant que le testateur, ou s'il s'agissait d'un acte entre-

vifs, qu'autant que les parties auraient déclaré que leur intention a été de subordonner le maintien de l'acte à la validité du renvoi, ce qui pourrait être induit de l'importance du renvoi et de son influence sur l'ensemble des dispositions de l'acte.

502. — Enfin, Loret remarque qu'il est mieux de mentionner cette lecture, si les renvois sont importants. — C'est là une bonne précaution, alors surtout qu'on peut craindre qu'en raison de sa gravité, l'addition soit considérée, non comme un simple renvoi, mais comme une clause additionnelle dans le sens de celle dont il est parlé, *infrà*, n°s 544 et suiv. (*Conf.* Dalloz, v° *Oblig.*, n° 3595).

503. — Les receveurs de l'enregistrement doivent parapher les renvois en même temps qu'ils enregistrent les actes (Arr. du cons., 21 juin 1773; ord. gén. rég., art. 30; inst. gén., 15 mars 1831, art. 26, n° 1351).

504. — Les renvois doivent être écrits sans blancs ni intervalles; ils doivent aussi être exempts de ratures ou surcharges : car il ne faut pas qu'une énonciation destinée à rectifier un acte exige elle-même des rectifications (Dalloz, v° *Oblig.*, n° 3596).

Ainsi, il a été jugé : 1° qu'un notaire commet une contravention passible d'amende, s'il a laissé un blanc au-dessus du paraphe des parties pour y inscrire un renvoi qui n'a pas été fait (Trib. de Coutances, 16 juin 1841); — 2° que lorsque des ratures ont été faites dans un renvoi, l'approbation de ces ratures ne peut être insérée sous ce renvoi même, et qu'elle doit être faite d'une manière distincte (Bourges, 19 janv. 1838; D.P.38.2.227). *V. suprà*, n° 487 *bis*.

ART. 16. — Il n'y aura ni surcharge, ni interligne, ni addition dans le corps de l'acte ; et les mots surchargés, interlignés ou ajoutés, seront nuls. Les mots qui devront être rayés, le seront de manière que le nombre puisse en être constaté à la marge de leur page correspondante, ou à la fin de l'acte, et approuvé de la même manière que les renvois écrits en marge ; le tout à peine d'une amende de 50 fr. contre le notaire, ainsi que de tous dommages-intérêts, même de destitution en cas de fraude.

505. — *Surcharges, interlignes, additions.* —La *surcharge* est la substitution d'un mot à un autre, par le changement, opéré sur ce dernier, des lettres qui le composent. L'*interligne*, c'est l'espace laissé entre deux lignes d'écriture. L'*addition* est toute écriture ajoutée dans le corps d'un acte; elle se place plus spécialement à la fin des alinéas; autrement, elle constituerait une surcharge ou un interligne.

II.

6

506.—L'art. 16 a une double sanction pour assurer l'observation des prohibitions qu'il a établies : 1° il annule les mots, surcharges, interlignes, ajoutés dans les actes notariés; cette disposition a trait aux intérêts des parties; on en parle plus bas en recherchant quels sont les effets des surcharges entre elles ou envers les tiers; — 2° il établit une amende de 50 fr. (réduite à 10 fr. par l'art. 16 de la loi du 10 juin 1824); ceci ne regarde que le fisc et est indépendant des peines de destitution et de dommages-intérêts dont le notaire se rendrait passible si les intercalations étaient pratiquées de mauvaise foi, et même des peines de faux, si elles allaient jusqu'à l'altération des dispositions de l'acte.

C'est en ce sens qu'il a été jugé que la peine d'amende n'empêche pas que la surcharge ne soit qualifiée de faux, si elle a été faite méchamment, à dessein de nuire, fût-ce pour frauder le droit sur l'enregistrement (Cass., 20 fév. 1809).

507. — Les surcharges, interlignes et additions sont défendus sous peine d'amende, pour les expéditions comme pour les autres actes (Conf., Rolland de Villargues, n° 76; Dalloz, v° *Oblig.*, n° 3601).

508. — La loi les déclare nuls les uns et les autres, ou, en d'autres termes, non écrits; ils n'altèrent point, dès lors, la validité de l'acte lorsque, de lui-même et abstraction faite des additions, il est régulier et complet (*V.* n° 511).

509. — Il n'est dû qu'une amende pour les diverses surcharges, interlignes et additions qui sont dans un acte; mais, s'il y a plusieurs actes, il est dû autant d'amendes qu'il y a d'actes dans lesquels se trouvent les contraventions à l'art. 16 (*V.* n° 522).

510. — On ne parle ici que des actes notariés : car les surcharges, additions et interlignes produisent leur effet dans les actes sous seing privé, dès que cela paraît être la volonté des parties. C'est ce qui a été jugé dans un cas où il était établi que des mots interlignés étaient, ainsi que l'acte, écrits de la main de la partie qui les désavouait (Bordeaux, 17 juin 1829, D.p.29.2.205). Mais il semble qu'on ne doit, en général, pouvoir les opposer à la partie qui ne les a pas écrits, qu'autant qu'ils ont été approuvés ou signés par elle. Au reste, c'est aux juges de rechercher si les surcharges, interlignes ou additions émanent bien des parties, ou s'ils ont été faits par une main étrangère; ils ont, à cet égard, un pouvoir d'appréciation fort étendu, car ils ont toujours, selon la remarque de Merlin, *Quest.*, v° *Testaments*, § 16, à vérifier la sincérité des mots.

Reprenons les diverses expressions de la loi pour en déterminer la valeur et la portée :

511. — *Surcharges.* — Les anciennes ordonnances ne paraissent pas s'être occupées des surcharges. L'art. 16 contient sur ce point une disposition qui a donné lieu à de vives controverses.

512. — La première question que cet article fait naître est celle de savoir ce que la loi a entendu désigner par cette expression, les mots *surchargés*. — Par cette expression, l'art. 16 entend parler, suivant nous, des mots qui sont substitués à d'autres mots, soit en employant pour la formation de ceux-là tout ou partie des lettres dont ceux-ci sont composés, soit en écrivant d'autres mots sur eux. Ainsi, ce sont les mots nouveaux, non ceux qui ont été primitivement tracés, que la loi a eus en vue. Les termes de l'art. 16 sont formels, puisqu'il met sur la même ligne la surcharge, les interlignes et les additions, c'est-à-dire tout ce qui vient changer l'économie de l'acte originaire. — Ajoutons que son esprit ne l'est pas moins, car c'est dans la vue de prévenir les fraudes qu'il a disposé, et qu'il a vu dans la surcharge une contravention qui rend le notaire passible d'amende, qu'elle soit préjudiciable ou non. Or, ce n'est pas en vue des mots primitivement écrits que le législateur avait à prendre des précautions, mais en vue de ceux qui ont pu être ajoutés ou formés après coup. *Conf.* Dalloz, v° *Oblig.*, n° 3608.

513. — Cela bien compris, il convient de rechercher les cas dans lesquels une surcharge se rencontre.

514. — Les *mots surchargés*, dit la loi; d'où il semble résulter qu'il est nécessaire qu'un mot nouveau ait été formé avec ou sur l'ancien, pour qu'il y ait surcharge.

515. — Ainsi, lorsqu'en écrivant il échappe au notaire une faute d'orthographe, ou l'omission d'une lettre, d'un jambage, on ne pourrait qualifier de surcharge une correction visible et légère, surtout si le mot ne tenait pas à une disposition importante de l'acte; d'ailleurs, disent Toullier, t. 8, n° 114, et Rolland de Villargues, n° 4, la loi ne parle que des *mots*, et non de simples lettres surchargées. — Cette théorie est conforme à celle des auteurs du *Journ. de l'enregist.*, art. 4447, d'après lesquels il n'y a que les surcharges réprouvées par la loi, c'est-à-dire celles qui ont eu pour objet de substituer un mot à un autre, qui puissent constituer une contravention. Hors ce cas, la surcharge d'une ou de plusieurs lettres *insignifiantes* n'est qu'une irrégularité qui ne donne pas lieu à l'amende. — Ainsi pour apprécier s'il y a eu ou non contravention lorsque quelques lettres sont changées dans un mot, on doit considérer si elles ont eu pour objet une simple correction d'écriture ou d'orthographe, ou si elles ont eu pour but de substituer un mot à un autre. Dans ce dernier cas, il y a contravention, lors même que le mot écrit d'abord aurait été mis par erreur,

que le sens de la phrase exigerait l'emploi second. V. aussi en ce sens, Dalloz, *Oblig.*, n° 3609.

Ainsi, il faudrait qu'il apparût d'une maère bien évidente qu'un mot a été surargé, c'est-à-dire formé après coup sur un tre mot, pour qu'il y eût surcharge proement dite. Si donc, pendant qu'il écrit n mot, ou même après qu'il l'a terminé, le ribe retouche la lettre mal formée ou inu-e qu'il vient de tracer, mais sans changer mot lui-même, qui n'a pas cessé d'être rfaitement lisible, la surcharge n'existe as (Dalloz, *loc. cit.*).

C'est au reste, ce qui a été jugé au sujet mot *dicté* d'un testament dont le C, formé al à propos en capitale, avait été corrigé Cass., 3 août 1808; D. a. 5,760). V. cepenant Paris, 6 déc. 1853 (D p.54.5.600).

516. — Mais il y a surcharge, et par suite ontravention passible d'amende, quoique la rcharge porte sur des mots insignifiants et susceptibles de changer le sens de la clause : Attendu que la loi est générale et qu'il erait dangereux que la loi reçût à cet égard a moindre modification; que peu importe, ès lors, la valeur des mots surchargés.» Déc. nin. fin., 8 nov. 1814; 1er oct. 1832; (Colnar, 1er fév. 1831, D p.31.2.230).

517. — ... Ou qu'elle porte sur la date de 'acte, attendu que la date fait partie essenielle de l'acte, et que c'est à tort qu'on souient le contraire (Cass., 20 fév. 1816, D. a. 7.353).

...Ou qu'elle existe soit dans un renvoi approuvé, ou dans l'indication des mots rayés Bourges, 19 janv. 1838, D.p.40.2.2); soit même, d'après Rolland de Villargues, v° *Surcharge*, n° 25, dans une expédition authenique (Arg. de l'art. 13).

518. — On a assimilé avec raison à une surcharge passible d'amende la substitution d'un mot à un autre, à l'aide du grattoir (Bruxelles, 28 juillet 1830, D.p.33.2.216).

519. — Il a été même jugé que la circonstance que des surcharges seraient approuvées par les parties, que les mots surchargés seraient reproduits à la marge, ne ferait pas disparaître la contravention, « attendu que l'art. 16 prohibe d'une manière absolue toutes les surcharges dans les actes notariés » (Trib. de Vire, 1er fév. 1840; d'Avesnes, 15 sept. 1840; de Châteaubriant, 1er juill. 1841; D.p. 42.3.384 ; Rennes, 14 mars 1843 ; *Jurisp. du not.*, art. 4043, 5633, 6066). Mais cela a été trouvé rigoureux, car la précaution que le notaire a eue de répéter les mots à la marge et de les faire approuver doit, a-t-on dit, faire assimiler la surcharge à un renvoi ou à une rature valablement approuvée, d'autant plus qu'il est possible que ce soit à la demande même des parties, et pour conserver la trace de ce qui avait été arrêté d'abord, que la sur-

charge aura été opérée. Il semble que la volonté de celles-ci doit tout couvrir dans un acte qui les concerne personnellement et alors, d'ailleurs, que tout a été approuvé à l'instant même par elles. Aussi a-t-il été professé que le notaire, dans ce cas, n'était pas passible d'amende (Toullier, t. 8, n° 110 ; Rolland de Villargues, n°s 26 et 28 ; décis. min. fin., 17 janv. 1817).

Nous ne sommes pas de cet avis : les surcharges, l'interligne, les additions, sont des moyens illégaux et partant odieux, ne fût-ce qu'au point de vue des dangers qu'ils offrent ou des procès qu'ils font naître, et même lorsqu'ils ont été pratiqués de bonne foi : le notaire est donc en faute lorsqu'il en introduit dans son acte. Ce cas, au reste, ne doit pas être confondu avec celui qu'on examine au n° 537.

Au surplus, il résulte de la jurisprudence qu'on approuve ici, que les notaires feront sagement d'employer, lorsque la chose sera possible, la voie de la rature ou de l'apostille, plutôt que celle de la surcharge, pour remplacer les mots qui devront disparaître de l'acte.

520. — Toutefois si, au moment où les surcharges sont constatées par la régie, l'acte avait cessé d'être en la possession du notaire rédacteur (s'il s'agit, par exemple, d'un acte délivré en brevet), et que rien ne constatât qu'il fût l'auteur de la contravention, il ne serait pas passible d'amende (Trib. de la Seine, 19 mai 1841, D.p. 41.3.344).

521. — Les notaires ne doivent point écrire à la marge des mots qu'ils refont ou surchargent, une approbation de ces mots : le seul moyen qu'ils aient de corriger une erreur, sans compromettre le sort de l'acte et sans s'exposer à une amende, c'est de rayer le mot et de le remplacer par un renvoi, dûment approuvé, ou de le raturer, s'il y a lieu (V. n° 59, n° 1 ; Augan, p. 69, 70 ; Dalloz, v° *Oblig.*, n° 3614).

522. — Ces principes posés, il s'agit de signaler les *effets* des surcharges.

L'un de ces effets est de soumettre le notaire à une amende. Et il a été jugé que le notaire n'est pas passible d'autant d'amendes qu'il y a d'endroits interlignés, surchargés ou ajoutés dans le corps du même acte. Toutes les contraventions à l'art. 16, qui se trouvent dans le même acte, ne le soumettent qu'à une seule amende (Cass., 24 avril 1809 ; D.a.10. 661). — Mais il est passible d'une amende pour chaque acte qu'il a reçu, et dans lequel se trouvent des surcharges, interlignes ou additions, lors même que plusieurs contraventions de ce genre ont été constatées par un seul procès-verbal (Cass., 29 janv. 1812, 20 fév. 1816, D.a.10.662, n° 26 ; 7.353).

523. — Un autre effet de la surcharge est de rendre *nuls* les mots surchargés.

6.

Cette disposition, qui a trait principalement à l'intérêt des parties contractantes, a été souvent l'objet d'interprétations qui nous paraissent aller au-delà des termes de la loi. — En effet, rien de plus clair en apparence que les termes de l'art. 16. « Les mots surchargés, dit-il, les mots interlignés ou ajoutés seront *nuls*», ce qui revient à dire qu'ils doivent être réputés non écrits. Or, que suit-il de là ? Que l'acte doit être lu tel qu'il a été écrit avant la surcharge ou comme s'il n'y avait pas eu de surcharge. Un acte notarié est quelque chose de trop grave pour que la surcharge d'un mot essentiel à sa validité, punie d'une simple amende et si facile à opérer, doive entraîner la nullité de l'acte. La loi ne va pas jusque-là ; elle se contente de réputer la surcharge non écrite, ce qu'elle fait, au surplus, pour les interlignes et les additions qui, certainement n'opèrent pas non plus la nullité de l'acte notarié. — Or, d'après cette interprétation, et alors même que la surcharge attaquerait un mot sans lequel l'acte ne saurait subsister, le juge devrait conserver sa valeur réelle à ce mot s'il est reconnaissable, ou la lui restituer en consultant les diverses clauses de l'acte, si la surcharge à été faite de telle manière que le mot primitif ne puisse être rétabli : ce n'est que dans le cas où les surcharges étant nombreuses et rendant l'acte d'une vérification impossible dans ses parties fondamentales, dégénéreraient en une véritable destruction de l'acte, que les juges devraient se déterminer à l'annuler. Il ne faudrait pas non plus qu'à la faveur de ce pouvoir des tribunaux, on s'imaginât qu'on peut au moyen de surcharges qui les rendraient méconnaissables, couvrir une nullité viscérale dont cet acte serait affecté. Le juge saurait sans doute se tenir dans une limite qui mettrait la société en garde contre une pareille manœuvre. *Conf.* Dalloz, vᵒ *Oblig.*, nᵒ 3616.

Il a été soutenu que la nullité s'appliquait à la fois et au mot primitivement écrit et au mot substitué ou écrit au moyen de la surcharge. — C'est là, à notre avis, une erreur. Les mots surchargés ne sont, dans l'esprit comme dans la lettre de la loi, rien d'autre que les mots ajoutés ; autrement, et si les uns et les autres étaient compris dans la prohibition, qui oserait soutenir en présence d'une nullité formelle, que les mots primitifs, lorsqu'ils demeurent reconnaissables et que, d'ailleurs, ils n'impliquent pas contradiction avec les dispositions de l'acte, doivent conserver toute leur valeur ? C'est cependant ce qui se soutient chaque jour, et ce que la jurisprudence reconnaît. — On fonde l'opinion que nous critiquons ici sur les mots *surcharges* et *mots surchargés* de l'art. 16 : on applique celui-là aux mots primitifs, à ceux sur lesquels la surcharge a été opérée, et ceux-ci aux mots ajoutés. — C'est là une évidente confusion :

pour s'en convaincre, il suffit de de remarquer que les expressions *surcharges* et *mots surchargés* sont toujours accolées aux mots *interlignes* et *additions*. Or, ce n'est que des expressions, des phrases nouvelles que ces derniers mots peuvent s'entendre. — Au reste, il est des cas où les mots primitifs doivent être annulés, lors, par exemple, qu'ils ont été rendus illisibles ou que ce qui peut en être lu n'est plus en harmonie avec les conditions de validité de l'acte. V. aussi en ce sens Dalloz, vᵒ *Oblig.*, nᵒ 3617.

524. — Tel nous paraît être le sens de l'art. 16 ; et dans l'application, on tient assez généralement que toute surcharge n'annule pas indistinctement le mot où elle se trouve. La jurisprudence tend à confier aux tribunaux un pouvoir appréciateur quant à l'effet des surcharges, dans les actes mêmes où la loi déploie le plus de sévérité pour l'observation des formes, par exemple dans les testaments. (Merlin, *Quest.*, vᵒ *Test.*, §16 ; Dalloz, vᵒ *Dispos. entrevifs* et *Testam.* nᵒˢ 2801 et suiv., 2815 et suiv., et vᵒ *Oblig.*, nᵒ 3618.

525. — Ainsi on n'annule pas l'acte dans lequel un mois ayant été surchargé et remplacé par un autre mois, le premier reste toujours visible, alors, d'ailleurs, qu'il est indifférent que l'acte ait été fait dans un mois ou dans l'autre (Grenoble, 22 fév. 1809 ; D.A.5.580). — « Voilà une jurisprudence, dit Toullier, t. 8, nᵒ 174, à la note, à laquelle la raison applaudit. »

526. — Ni celui dans lequel les mots primitifs restent lisibles, comme si les mots *sur les* ont été remplacés par les mots *mil huit*, et bien que ceux substitués fassent partie de la date de l'acte (Cass., 21 mai 1838 ; D.P. 38.1.234).

527. — Ni le testament dans lequel se trouve la surcharge ou correction d'un mot d'abord mal orthographié, surtout si l'on ne peut dire qu'il y ait eu un autre mot à la place (Cass., 3 août 1808 ; *Dict. gén.*, vᵒ *Test.*, nᵒ 291). — Ceci mérite examen ; la solution est nouvelle, car la question qui était engagée était celle de savoir si, contrairement à la définition donnée par les auteurs, on peut dire qu'il y a surcharge dans le sens de l'art. 16, alors que le mot surchargé n'a pas été fait en remplacement d'un autre mot et ne présente en quelque sorte qu'une rectification d'orthographe. Or, la solution nous paraît bien rendue ; autrement la moindre inadvertance ou imperfection, soit de l'encre, soit de la plume, obligerait de recommencer l'acte. *Est modus in rebus.*

528. — Duranton, *Droit civil*, t. 13, nᵒ 52, regarde aussi comme conforme à la logique, mais comme répugnant à une interprétation équitable de la loi, la décision qui annulerait un acte notarié pour cause de surcharge du nom du lieu où il serait passé. — Évidem-

ment, si le lieu primitif, resté lisible, est dans le ressort du notaire, il n'y a pas de nullité : il n'y en a pas, à plus forte raison, si le lieu primitif et le lieu ajouté en surcharge sont l'un et l'autre dans ce ressort. Mais, si ce dernier est placé seul dans le ressort notarial, la nullité doit, ce semble, être inévitablement prononcée, d'après la combinaison des art. 6, 12 et 68 de la loi. — Enfin, une quatrième hypothèse se présente : le mot primitif est illisible; le mot mis en surcharge indique un lieu placé dans le ressort du notaire : que décidera-t-on ? C'est d'un cas pareil que Duranton a sans doute voulu parler, quand il a recommandé une interprétation favorable à la validité de l'acte. Or, il nous semble que, si la surcharge a été faite après coup, sans emprunter aucune lettre au mot primitif, et avec le dessein marqué de faire disparaître ce dernier, la nullité devra encore être prononcée. C'est aussi l'avis de M. Dalloz, v° *Oblig.*, n° 3623.

529. — Aussi, une interprétation plus rigoureuse et plus légale que celle enseignée par Duranton a été adoptée, et, par application de l'art. 16, on a annulé :

530. — 1° Un acte de donation dans lequel les quatre dernières lettres du mot *vingtième* ont été remplacées par le mot *unième*, ce qui fait *vingt-unième*; l'acte a été annulé tout entier à défaut de date (Agen, 20 juin 1807, aff. N...), et dans un autre acte de donation où le montant de la somme paraissait être de *seize mille* francs, et où le mot seize avait été remplacé, au moyen de surcharge, par le mot six, ce qui ne laissait plus que *six* mille francs, on a annulé tout à la fois les mots *seize* et *six*, en sorte qu'on n'a conservé que mille francs (Cass., 27 juill. 1825; D.P.25.1.384).

531. — 2° Un testament où le nom d'un témoin a été substitué à un autre mot, ou à un autre nom laissé illisible, alors que le témoin dont le nom est illisible n'a pas signé le testament qui est signé par le témoin mis par surcharge (Toulouse, 29 avril 1826, D.P. 29.2.5). — Rolland de Villargues, v° *Surcharge*, n° 9, et Dalloz, v° *Disp. entre-vifs et test.*, n° 3104, indiquent un arrêt de la Cour d'Aix, du 15 janv. 1824, qui serait conforme.

532. — 3° Un testament présentant, sur les nom et qualité de l'un des témoins, une surcharge qui met en doute lequel a assisté au testament de celui dont le nom a été écrit en surcharge ou de celui dont le nom a été primitivement inscrit, alors que ce dernier était incapable (Nîmes, 22 juin 1841; D.P.41.2.245).

533. — 4° Un acte de vente notarié daté du 19 juin 1807, où les mots *dix-neuf juin*, mis en surcharge, avaient remplacé d'autres mots *illisibles* (Cass., 27 mars 1812; D.A.10. 662). — Merlin a soutenu dans l'espèce, que tant qu'on ne s'était pas pourvu, par la voie d'inscription de faux, à l'effet de prouver que

les mots substitués à ceux primitivement écrits l'avaient été par falsification de l'acte, l'acte ne pouvait être réputé avoir une autre date; que les mots *dix-neuf juin* étaient jusque-là réputés avoir été écrits par le notaire ; ou que ces mots étant surchargés se trouvaient atteints de nullité, et que l'acte se trouvait ainsi manquer de date. — Ce système n'a pas été consacré dans sa généralité d'une manière expresse. La Cour de cassation a rejeté le pourvoi : « attendu qu'il a été déclaré qu'au moyen de la nullité des mots concernant la date qui était surchargée, ledit acte n'était réellement point daté. »

Toullier, t. 8, n° 114, en note, fait sur cet arrêt l'observation que voici : « Cette décision est très-rigoureuse. Dans l'espèce, il n'y avait que deux mots de la date surchargés. *Quid*, s'il n'y en avait eu qu'un ? L'acte serait-il nul ? Nous avons vu que l'omission d'un mot faite par inadvertance ne doit pas vicier l'acte. On gâte la jurisprudence, et l'on commet une injustice contre l'esprit de la loi, par une rigueur mal entendue. » M. Duranton, t. 13, n° 52, approuve l'arrêt. — Sans relever ce qu'il y a d'inexact dans cette remarque de Toullier, que l'omission d'un mot ne doit pas vicier l'acte, puisqu'il est, au contraire, des mots d'une telle importance que leur omission entraîne radicalement la nullité de l'acte, nous ferons observer que la Cour de cassation a borné sa décision à l'espèce même, en prenant pour base la déclaration de la Cour royale d'après laquelle, et vu la nullité des mots mis en surcharge, l'acte ne se trouvait réellement pas daté. — Or, ne résulterait-il pas de ce motif que sa décision eût été tout autre si la Cour royale avait assigné pour date, à l'acte de vente, celle des mots primitivement écrits ? Nous inclinons pour l'affirmative. — Mais quels étaient ces mots primitifs? Aucun des recueils du temps ne les fait connaître. Merlin, *Rép.*, v° *Ratif.*, n° 9, dit qu'ils étaient illisibles. Or, dès qu'il n'était pas possible de les lire, et que la Cour n'avait pas trouvé dans l'acte le moyen de suppléer à l'absence de ces mots, il est manifeste que l'acte était, aux yeux de la Cour de cassation, dépourvu de sa date, ce qui, d'après les art. 12 et 68, était une cause de nullité manifeste.

C'est dans le sens de cette dernière remarque qu'il est dit par M. Dalloz (v° *Oblig.*, n° 3619), que, pour qu'on puisse annuler un acte à défaut de date, il faut que la date soit entièrement surchargée, et que ce qui en reste ne suffise pas pour fixer la date de l'acte.

534. — Toutefois la jurisprudence tend à admettre ici un correctif remarquable au sujet des dates surchargées. D'après cette jurisprudence, si, dans un acte de donation daté le *vingt et un*, le mot *un* a été surchargé du mot *huit*, tellement qu'on y lise à la fois la date

du 21 et du 28, il suffit que l'acte ait été enregistré pour que la date soit devenue certaine, et que l'acte vaille comme acte notarié (Cass., 6 mars 1827; D.P.33.1.303).

535. — Au reste, il paraît être admis que, s'il est établi que la surcharge a eu lieu après la passation de l'acte et est étrangère aux parties, la nullité n'atteindra que les mots surchargés et non l'acte; mais ceci doit être entendu sans doute en ce sens que les mots primitifs pourront être reproduits à l'aide de l'acte lui-même, et que, ces mots rétablis, l'acte sera d'ailleurs complétement régulier.

536. — Toutefois, sur la question de savoir comment on fait la preuve que les mots ont été surchargés après coup, M. Merlin, on l'a vu, nº 353, estime que, s'agissant d'un faux, la preuve ne pourra être faite que par la voie d'inscription de faux, soit principal ou incident. — Conf., Rolland de Villargues, nº 14. — Mais cette opinion n'a pas été admise, au moins dans une espèce où la chose, c'est-à-dire la surcharge après coup, paraissait tellement manifeste, que les yeux des juges suffisaient pour l'apercevoir (Cass., 20 fév. 1821; D.A.6.149).

537. — Nous croyons que les parties peuvent paralyser, en ce qui les concerne, l'effet de cette annulation, en approuvant les surcharges d'une manière expresse et en prenant la précaution, afin d'éviter les équivoques, de faire reproduire à la marge ou à la fin de l'acte les mots ainsi retouchés ou ajoutés : ce ne seraient plus là, en réalité, que de simples renvois. Mais il y aurait en cela superfétation. Mieux vaudrait prendre directement le parti de raturer les mots qu'on voudrait supprimer, en approuvant ces ratures à la fin de l'acte, ou de compléter la phrase à l'aide d'un renvoi. — Cependant on conçoit que les parties pourraient avoir intérêt à ce que les mots qu'elles entendent condamner soient simplement couverts par une surcharge qui conserve en quelque sorte à l'acte sa forme primitive, et il semble qu'en approuvant ces mots qu'elles auront fait reproduire en marge, elles s'enlèvent le droit de demander ultérieurement la nullité (Conf., Toullier, t. 8, nº 410; Dalloz, vº Oblig., nº 3627; Rolland de Villargues, nº 12). Il en serait autrement si les parties se bornaient à approuver les mots surchargés, sans explication. — Au reste, il a été jugé que si, dans un renvoi régulièrement approuvé par les parties, il se trouve des mots surchargés, il n'est pas nécessaire qu'il y ait, en outre, une approbation pour ces surcharges (Douai, 18 mai 1841; D.P.42.2.113). — C'est là une décision qui ne doit pas être suivie; des renvois réguliers font partie de l'acte; tout ce qui s'y trouve surchargé doit être annulé, s'il n'y a pas approbation expresse des surcharges, et même énonciation des mots surchargés, à supposer

qu'on admette comme valable la surcharge approuvée (V. nº 517, 2ᵉ alin.).

538. — Interlignes. — On a donné plus haut (V. nº 505) la définition du mot interlignes. — Par cette expression, lit-on dans un arrêt, l'art. 16 entend, non pas des mots formant une ligne qui fait suite au corps de la phrase, quoique cette ligne soit plus serrée que les autres, mais seulement des mots placés au-dessus des expressions de la phrase pour en parachever le sens (Angers, 20 mai 1825; D.P.29.4.194).

539. — Quoi qu'il en soit, l'ancien droit défendait déjà les interlignes dans les actes notariés (Ord. de juill. 1304, art. 4; d'oct. 1535, ch. 9, art. 8; Ferrière, Parf. not., liv. 1ᵉʳ, ch. 15). — L'art. 16 les punit d'amende (V. nº 506). Il paraît inutile d'indiquer la raison de cette sévérité des lois, lorsqu'elles ont proscrit un abus à l'aide duquel il serait si facile de modifier, de dénaturer les actes.

Les notaires doivent écrire les actes sur leurs répertoires, sans blancs ni interlignes (L. 22 frim. an VI, art. 49).

540. — La prohibition des interlignes existe pour les expéditions (V. nº 507).

Elle n'existe pas pour les actes sous seing privé (V. nº 510).

541. — L'acte entier pourrait être déclaré nul si l'on avait placé dans l'interligne la mention d'une formalité essentielle, comme, par exemple, la mention, dans un testament, de la lecture en présence des témoins. Il en est de ce cas comme de celui des surcharges (Conf. Dalloz, vº Oblig., nº 3631; Rolland de Villargues, vº Interl., nº 4, qui cite un arrêt de Colmar, du 25 avril 1812, qui l'aurait ainsi jugé).

542. — La clause ajoutée en interligne serait nulle, alors même qu'elle aurait été faite avant la signature de l'acte par le notaire et par les parties (Toulouse, 7 déc. 1850; D.P. 51.2.84). Mais l'interligne serait valable si les parties l'avaient expressément approuvé (V. nº 537), ce qui n'absoudrait pas d'amende le notaire, car il savait que l'interligne était défendu, et il lui était aisé d'employer plus sûrement la voie de l'apostille ou renvoi (Conf. Rolland de Villargues, nº 5, eod.). — Ce cas présente, il est vrai, quelque dissonance avec celui de la surcharge indiquée nº 519; mais il nous semble que la loi doit recevoir une interprétation uniforme pour des cas qu'elle a compris dans une même prohibition, et qu'elle frappe d'une même amende.

543. — Peut-il être prononcé plusieurs amendes s'il y a plus d'un interligne (V. nº 522)?

544. — Additions. — On en a donné la définition plus haut, nº 505. Il y a addition de mots, lorsqu'on écrit dans le vide d'un alinéa

ou dans l'espace qu'on laisse au commencement ou à la fin d'une page ; il y a addition de lettres, si l'on en ajoute quelques-unes au commencement ou à la fin d'un ou de plusieurs mots, pour substituer le pluriel au singulier, ou pour changer les sommes ou les dates (*Dict. du not.*, v° *Addit.*, n° 1). On comprend que les additions insignifiantes et peu nombreuses de lettres, en vue de rétablir l'orthographe, seront rarement assimilées à des additions, même au regard de la régie.

545. — Il y aurait addition si le notaire ajoutait quelque chose à la fin de l'acte, *et près de la lettre*, sans le faire approuver par les parties ; ce qui serait ainsi ajouté serait nul, et les signatures ne le protégeraient pas (Ord. 1535, tit. 11, art. 8 ; arr. de règl., 4 sept. 1635).

546. — Les notaires ne peuvent ajouter même des paroles inutiles, des mots de style, et, à plus forte raison, des énonciations essentielles, sans les faire parapher ou approuver (*Journ. des aud.*, à la suite de l'arrêt du 27 déc. 1627) ; — Et il y a contravention, quoique l'addition soit sans influence sur la validité de l'acte (Colmar, 1er fév. 1831).

547.—Lorsque des mots ont été écrits dans le corps d'un acte, sur des points qui remplissaient une partie de la ligne, il y a addition dans le sens de l'art. 16 (Colmar, 1er fév. 1831 ; D.P.31.2.230).—Rolland de Villargues, *eod.* n° 7, critique cette décision ; il pense qu'il est permis au notaire, au moment où il rédige un acte, de remplir la ligne qu'il avait d'abord laissée en blanc (ce qui n'est pas la question jugée) ; il ne croit pas non plus que des points puissent être assimilés à des barres, sur lesquelles on ne peut écrire, et constituer une contravention. — Il est vrai que des points ne sont pas des barres, mais ils énoncent que la ligne ne doit pas être autrement remplie, et cela suffit, ce semble, pour qu'on doive voir une addition dans les mots qui ont été écrits sur ces points (*Conf.* Dalloz, v° *Oblig.*, n° 3639). — Aussi M. Rolland de Villargues finit-il par dire qu'il serait mieux de faire un renvoi. *V.* Caen, 18 juill. 1854 (D.P.55.5.351), et *suprà*, n° 354 *bis*.

548.—Ils ne peuvent, après coup, même du consentement des parties, faire des additions par renvois ou apostilles, surtout s'il s'est écoulé plusieurs jours depuis que l'acte a été reçu. Il faut un nouvel acte pour faire des changements à un acte consommé (*Conf.* Rolland de Villargues, *eod.*, n° 3). *V.* aussi Trib. de Rennes, 28 mai 1845 (D.P.45.4.417).

549.—Des additions faites après coup, dans l'intention de nuire, peuvent prendre le caractère d'un faux.—Mais si ces mots étaient inutiles ou indifférents, insusceptibles en un mot, d'opérer obligation, décharge, etc., ils ne constitueraient pas un fait de la nature de ceux prévus par le Code pénal, art. 147 et suiv. (Cass., 9 janv. 1806 ; D.A.8.342).

550.—Dès qu'une addition existe, il n'est pas nécessaire, pour qu'il y ait contravention, de prouver qu'elle a eu lieu après coup ou en l'absence des parties (*Conf.* Rolland de Villargues, v° *Addition*, n° 11 ; Dalloz, v° *Oblig.*, n° 3647.

551.—*Mots rayés, ratures.*—On entend par rature l'annulation ou effaçure d'un mot au moyen d'un trait de plume.

On va parler des cas où il y a ratures, du mode de les former, et de la nécessité de leur approbation. On parlera ensuite des effets du défaut d'approbation régulière.

552.—L'arrêt de règlement du 4 sept. 1685 défendait aux notaires de raturer soit des lignes entières, soit des mots, sans faire approuver la rature à la marge, et sans faire signer l'approbation par les parties et les témoins ; il ordonnait, de plus, que les ratures fussent faites par une barre et un trait de plume simple passant sur les mots, afin de pouvoir compter et distinguer facilement la quantité de mots rayés, à peine d'amende arbitraire. Des dispositions relatives aux ratures se trouvent encore dans l'édit de février 1719 ; l'arrêt du conseil du 21 janv. 1723 ; l'édit de Lorraine du 14 août 1721, art. 66.

553.—On a vu plus haut que l'art. 16 de la loi de ventôse se rapproche, sur ce point, de l'arrêt de 1685. D'après cet article, en effet, les mots qui devront être rayés le seront de manière que le nombre puisse en être constaté à la marge de leur page correspondante, ou à la fin de l'acte, et approuvé de la même manière que les renvois écrits en marge.

554. — Aussi Rolland de Villargues, v° *Rature*, n° 3, dit-il qu'aujourd'hui, comme sous l'arrêt de 1685, pour opérer une rature, on passe une barre ou un trait de plume sur les mots, afin de pouvoir compter et distinguer facilement la quantité de mots rayés. — « Les notaires attentifs, dit Garnier-Deschênes, p. 78, ont le soin, en comptant les lignes ou mots rayés, de les numéroter afin d'éviter toute méprise. » *V.* aussi Dalloz, v° *Oblig.*, n° 3649.

555.—La rature entière d'un mot qui reste illisible doit être assimilée à une surcharge (Bruxelles, 28 juill. 1830 ; D.P.32.2.216).

Des ratures ou des mots sont illisibles lorsqu'on ne peut en apercevoir le sens par la vue et qu'on est obligé d'y suppléer par l'intelligence ou par des conjectures (L. 1 ; Dig., *de his quæ in test. del.*) — Les clauses qui sont tellement effacées qu'on ne peut les lire sont nulles (même loi).

556.—On ne doit considérer que comme un seul mot les mots composés, tels que *c'est-à-dire, ledit, ladite, ayant-cause, beau-frère*, etc. ; on ne pourra les compter séparément, sans leur donner un sens entièrement différent de celui que présente leur réunion (Favard, v° *Rature* ; Loret, sur l'art. 16 ; Rolland de Villargues, v° *Rature*, n° 4 ; Dalloz, v° *Oblig.*, n° 3651). — Mais réciproquement des mots mis en abrégé, tels que le mot *sieur* indiqué par la lettre *S*, doivent, lorsqu'ils sont raturés, être comptés dans l'approuvé comme des mots, et non comme des lettres dont la rature peut n'être prise en aucune considération (Trib. de Montdidier, 20 mars 1846 ; D.p.46.3.192).

557. — Lorsque l'acte présente des lignes entières raturées, le but de la loi semble atteint si l'on énonce le nombre des lignes rayées, auquel on ajoute le nombre de mots épars dans la page ou dans l'acte (Loret, *eod.* ; Rolland de Villargues, *cod.* n° 5).

557 *bis.* — Jugé aussi que la mention des mots raturés peut indistinctement se faire en exprimant le total de ces mots en une ou plusieurs fois ; qu'ainsi l'approuvé de *quatre mots rayés nuls, plus cinq autres mots rayés comme nuls*, est aussi régulier que s'il eût été formulé en ces termes : *approuvés neuf mots rayés comme nuls* (Trib. de Fougères, 29 janv. 1845 ; D.p.45.4.420).

558. — On doit, jusqu'à preuve contraire, présumer que des ratures non approuvées ont été faites après la passation de l'acte (Bruxelles, 28 juill. 1830 ; D.p.33.2.216).

Et, dès qu'une rature existe, il y a présomption pareillement qu'il y avait quelque chose d'écrit avant la rature (même arrêt).

559. — L'approbation des ratures peut se mettre à la marge ou à la fin de l'acte. Ce dernier mode est plus simple, car il multiplie moins les signatures ; il est aussi plus usité. Dans ce cas, on met d'ordinaire à la marge qui correspond à la clôture de l'acte une indication en ces termes : *rayé tant de mots nuls*, ou *tant de lignes.* Cette approbation est signée ou paraphée par les parties, les témoins et le notaire. — On peut aussi placer l'approbation à la fin de l'acte, immédiatement au-dessous de son contexte et avant les signatures (Loret, sur l'art. 16 ; Augan, p. 71 ; Rolland de Villargues, *cod.*, n°ˢ 8, 9 et 10 ; Dalloz, v° *Oblig.*, n° 3654). — Mais, dans ce dernier cas, l'approbation doit, pour être valable, être revêtue d'une signature *spéciale* de la part du notaire, des parties et des témoins. — La simple signature qui termine l'acte est insuffisante, quoique l'approbation ait été écrite avant la signature (Montpellier, 13 fév. 1829 ; D.p.30.2.9).—Il a été jugé, au contraire, que, dans le silence de la loi, il n'est pas nécessaire que, dans cette espèce, les ratures soient approuvées par une signature ou un paraphe particulier (Trib. d'Oléron, 15 mars 1838 ; D.p.39.3.9). Cette dernière décision ne paraît pas devoir être suivie.

560.—On ne pourrait pas insérer l'approbation immédiatement après les ratures, dans le corps même de l'acte. La loi n'autorise pas ce mode d'approbation, qui serait une véritable introduction d'additions dans les actes (*Conf.* Rolland de Villargues, *eod.*, n° 12 ; Dalloz, v° *Oblig.*, n° 3656 ; Trib. de Mirecourt, 15 avril 1844 ; D.p.45.4.420).

561.—Il a été jugé, en conséquence, que l'approbation des mots rayés dans un renvoi était nulle si elle se trouvait faite dans le renvoi lui-même (Bourges, 19 janv. 1838 ; D.p.40.2.2 ; Trib. de Mirecourt, 22 avril 1844 ; D.p.45.4.421). — Elle ne pourrait pas être placée non plus au-dessus ou au-dessous du mot rayé : ce serait un interligne, qui est prohibé.

562.—L'approbation des ratures par le notaire seul, même si elle attestait le consentement des parties, ne suffirait pas sans leurs signatures pour prouver qu'elles ont consenti aux ratures. Le notaire ne pourrait se permettre de donner de pareilles approbations sans commettre une faute notable, ou au moins une haute imprudence (Toullier, t. 8, n°ˢ 127 et 129 ; Dalloz, v° *Oblig.*, n° 3658).

563.—A plus forte raison, si le notaire a oublié de faire constater, sur la minute, avant la signature, les ratures convenues, il ne doit point y remédier après coup sans l'aveu des parties. Il doit avertir les parties et les amener, s'il est possible, à s'entendre sur les rectifications à opérer (Dalloz, n° 3659). —« Le texte d'un acte est sacré, dit Toullier, t. 8, n° 129, avec un sens très-profond ; la main plus qu'imprudente qui oserait y toucher, sous prétexte d'en corriger les erreurs, s'habituerait facilement à l'altérer et à le falsifier.»

Si les parties ne s'accordent pas, Toullier, *loc. cit.*, pense qu'il y a lieu de recourir à la justice ; Rolland de Villargues, n° 18, estime, au contraire, que l'acte n'est plus susceptible d'aucun changement, même par autorité de justice ; il faut un autre acte consenti par les parties pour réparer les vices du premier ; et cette opinion paraît exacte, car, dès qu'une nullité existe, il n'est pas au pouvoir d'une partie de forcer l'autre à la réparer : l'acte est comme non avenu en cette partie, si la validité de l'acte dans ses autres dispositions n'en est pas affectée ; il sera nul en totalité, si la nullité est de telle nature qu'elle doive réfléchir sur l'acte tout entier.

564.—*Effet des ratures.*—Cet effet est de deux sortes : 1° il rend le notaire passible d'amende ; — 2° il affecte en certains cas la régularité de l'acte.

D'abord, quant à l'amende, le notaire est passible d'amende pour les ratures non constatées et approuvées, encore bien qu'aucune fraude ne puisse lui être imputée (Bourges,

19 janv. 1838, D.P.40.2.2). En cas pareil, il y a lieu à autant d'amendes qu'il y a d'actes dans lesquels le notaire a enfreint la loi (Même arrêt.—V. n° 522).

564 bis. — Toutefois, il n'y a nécessité de faire approuver les ratures dans les actes notariés que lorsqu'elles concernent des mots compris dans le corps de l'acte ou se rapportant à son objet ; par suite, n'est pas en contravention le notaire qui n'a pas fait approuver la rature d'une signature étrangère à l'acte, alors d'ailleurs qu'il ne manque à cet acte aucune des signatures exigées (Trib. de Versailles, 16 fév. 1859 ; D.P.60.3.23).

565. — Enfin, le notaire qui, pour substituer un mot à un autre dans un acte, raye ce dernier mot, et, par un renvoi en marge dûment paraphé par lui, les parties et les témoins, fait cette mention : *Bon pour le rétablissement du mot* hyds *aux lieu et place du mot* Paris *raturé nul*, ne commet aucune contravention : car, quoiqu'il soit vrai que le notaire ait employé une mauvaise locution, puisqu'on ne peut, en bon français, rétablir un mot dans un acte qu'autant qu'il a été écrit, et que le mot *hyds* ne l'avait pas été, on ne peut cependant lui infliger une amende, la loi de ventôse an XI ne punissant point les fautes de grammaire ou les mauvaises locutions qui peuvent se rencontrer dans les actes que reçoivent les notaires (Trib. de Montluçon, 14 janv. 1837 ; D.P. 38.4.9).

566.—Ensuite, et quant à l'influence des ratures sur la validité des clauses ou des mots qui les recèlent, il est d'abord à remarquer que la loi ne dit point que les mots rayés sont nuls, comme elle le fait pour les mots surchargés, interlignés. Or, la différence de ce langage est sensible. Quand on annule des mots mis en surcharge, en interligne, on ne fait que supprimer la cause de toutes les irrégularités possibles dans les actes, en conservant ce qui a été primitivement fait. — Mais si l'on avait annulé les mots raturés dans un acte, c'est précisément l'inverse qu'on aurait fait : on aurait anéanti ces mots sur le seul motif que des ratures, frauduleuses peut-être, mais irrégulières en tout cas, les auraient atteints. On aurait détruit une clause etmême, en certains cas, un contrat solennel, scellé par toutes les parties, au profit de barres ou ratures sans valeur insérées dans l'acte sans aucune garantie, sans solennité. Il était donc juste que la loi ne déclarât pas nuls les mots rayés (*Conf.* Merlin, *Rép.*, v° *Rature;* Rolland de Villargues, v° *Rature ;* Dalloz, v° *Oblig.*, n° 3663 ; Toullier, t. 8, n° 128 ; Larombière, sur l'art. 1317, n° 29).

Aussi a-t-il été jugé qu'on doit regarder les ratures non approuvées comme nulles et non avenues; que les mots rayés doivent être rétablis dans leur état primitif, et être

censés avoir toujours fait partie de l'acte (Montpellier, 23 fév. 1829 ; D.P.30.2.9).

Mais il a été décidé, au contraire, que lorsque, des mots raturés dans un acte notarié ayant été remplacés par d'autres mis en renvoi, ce renvoi se trouve annulé par défaut d'approbation, les mots raturés ne doivent pas être considérés comme continuant de faire partie de l'acte (Lyon, 18 janv. 1832 ; D.P.32.2.179). — Cette décision, alors qu'il n'est pas déclaré que les mots rayés ne sont pas compatibles avec les dispositions de l'acte, ne paraît pas devoir passer en jurisprudence.

567. Toutefois, une clause raturée dans un acte doit être réputée non écrite, lorsqu'il apparaît que la rature a été faite avant la perfection de l'acte et approuvée par les parties, quoique l'un des témoins ne l'aurait pas régulièrement approuvée : on ne saurait même être admis à suppléer à cette clause par la preuve testimoniale (Toulouse, 20 juill. 1820, aff. Canceris). — Pour qu'une telle décision soit légale, il nous semble qu'il est indispensable que la preuve que les ratures ont précédé la perfection de l'acte résulte des stipulations de l'acte même, ce qui peut en effet se rencontrer fréquemment, lorsque les clauses qui suivent celle qui aura été rayée ont été rédigées dans a supposition que celle-ci a cessé d'exister.—C'est aussi l'avis de M. Dalloz, v° *Oblig.*, n° 3665.

568. — Au surplus, on admet sur ce point plusieurs distinctions.—D'une part, si les ratures sont approuvées, il est évident que les mots ou les dispositions rayés sont nuls ; l'intention et le fait concourent alors ensemble avec une force irrésistible. L'approbation prouve d'ailleurs que les ratures ont été faites avant la perfection de l'acte, et avec une pleine connaissance de ce que les parties voulaient en retrancher (Solon, n° 82 ; Duranton, 13, n° 53 ; Dalloz, v° *Oblig.*, n° 3667 ; Augan, p. 97). — Néanmoins si l'approbation avait pour objet de valider les mots rayés, il serait difficile de les annuler, d'autant mieux qu'ils se trouveraient réellement répétés dans l'approbation, au moins implicitement. Dans un pareil cas, on ne peut pas dire qu'il y ait, à proprement parler, approbation des ratures ; il y a plutôt approbation des mots que l'on reconnaît avoir été rayés mal à propos. Ce mode présenterait de graves inconvénients ; il est toujours plus sûr et aussi facile de recommencer ce qui a été rayé quand on reconnaît que la rature a été faite à tort (Dalloz, *loc. cit.*)

569.—En second lieu, et quant aux ratures non approuvées, plusieurs nouvelles distinctions, puisées pour la plupart dans le titre, au Dig., *De his quæ in testamento delentur,* sont nécessaires : 1° Si les ratures, quelles qu'elles soient, ont été faites par des tiers sans le concours ou consentement des parties elles ne nuisent ni à la validité de l'acte, ni à celle des mots rayés, à moins que les ratures ne soient telles qu'elles empêchent de lire les mots qu'elles couvrent; — 2° Il en est de même si l'on prouve que les ratures n'ont eu lieu, de la part des parties ou de l'une d'elles, que sans dessein ou inconsidérément, *inconsulto*, par colère, étourderie, etc., *ni-hilominùs valent*, L. 1 Dig., *eod.*; — 3° Quand aux ratures volontaires, méditées, faites à dessein, *consulto*, il faut distinguer celles qui sont antérieures et celles qui sont postérieures à la perfection de l'acte. Dans le premier cas, la partie rayée seule est nulle; dans le second cas, il en est de même, quand la rature provient du côté des deux parties. — Si une seule fait la rature, elle ne peut nuire à l'autre; mais elle peut être déclarée lui profiter s'il s'agit de la radiation d'un titre existant contre elle : on y peut voir une remise de la dette; — 4° Si les ratures faites postérieurement rendent l'acte entièrement illisible, celui qui veut le faire valoir a une action en dommages-intérêts contre l'auteur des ratures; il a contre la partie une action en exécution, si l'on peut encore reconnaître la teneur de l'acte; — 5° Lorsque les ratures portent sur des parties inutiles, des phrases indifférentes, elles ne sont d'aucune influence; si elles tombent sur des parties essentielles, il faut d'abord distinguer entre les ratures de la minute et celles de la grosse ou expédition (Toullier, nᵒˢ 116 et suiv.; Rolland de Villargues, nᵒˢ 29 et suiv.; Dalloz, n° 3668.)

570. — Lorsque les ratures de la minute ne sont pas constatées, Toullier, 8, 125 et suiv., pense, contrairement à l'opinion de Merlin, *Rép.*, vᵒ *Ratif.*, et de Duranton, 13, n° 54, que cet état de la minute, qui constitue le notaire en faute, n'est pas présumé antérieur à la signature de l'acte, et que les ratures sont, jusqu'à preuve contraire, censées postérieures; on peut penser que l'acte a été falsifié. Quel que soit l'auteur de ces ratures, si elles ne sont point consenties, elles ne peuvent préjudicier aux droits résultant du contrat : elles doivent être regardées comme non avenues, de même que les additions non approuvées (Dalloz, n° 3669; Rolland de Villargues, n° 52.)

571. — Quand aux ratures sur la grosse ou sur les expéditions, lorsqu'elles ont été constatées et approuvées, elles ne sont considérées que comme des erreurs de copiste, sauf à la partie qui se plaindrait à demander la représentation de la minute. Si les ratures ne sont pas constatées, il faut appliquer les distinctions faites pour les ratures qui se trouvent sur la minute; elles sont censées faites par celui chez qui se trouve l'acte (Toullier, t. 8, nᵒˢ 130, 131 et 132; Dalloz, n° 3671; Rolland de Villargues, nᵒˢ 54 et suiv.

572. — Quoique les mêmes règles doivent être suivies pour les actes qui auraient été délivrés en brevet, et dans lesquels se trouveraient des ratures non approuvées (*Conf.* Toullier, n° 131; Dalloz, n° 3672; Rolland de Villargues, n° 58), il a été jugé cependant que l'art. 16 de la loi de ventôse, relatif à l'approbation des mots rayés nuls, n'est point applicable aux actes en brevet; que cette disposition ne distingue pas, il est vrai, entre les actes en minute et les actes en brevet, mais que la différence qui existe entre ces deux sortes d'actes nécessite une distinction : en effet, les premiers restent à perpétuité dans les mains du notaire, d'où les seconds sortent immédiatement pour n'y plus rentrer ou du moins pour n'y rentrer que d'une manière accidentelle; que tout ce que peut faire le notaire, c'est de constater l'état de ces actes au moment de leur délivrance aux parties; que s'ils éprouvent ultérieurement quelques altérations, l'officier public rédacteur ne saurait justement ni raisonnablement en être responsable (Trib. de la Seine, 21 juill. 1837, D. P. 37. 4. 195.)

ART. 17. — Le notaire qui contreviendra aux lois et aux arrêtés du Gouvernement concernant les noms et qualifications supprimés, les clauses et expressions féodales, les mesures et l'annuaire de la République, ainsi que la numération décimale, sera condamné en une amende de cent francs, qui sera double en cas de récidive.

573. — *Noms et qualifications supprimés.* — Ces expressions se réfèrent particulièrement au sénatus-consulte du 22 fruct. an XIII, qui a ordonné qu'à compter du 1ᵉʳ janv. 1806 le calendrier grégorien serait mis en usage dans toute la France. Par ce sénatus-consulte, s'est trouvée abrogée la défense d'employer dans les actes, soit publics, soit privés, aucune autre date ni indication que celle tirée du calendrier républicain, à peine d'amende contre les particuliers et contre les fonctionnaires publics, et même, en cas de récidive, de destitution contre les notaires (arrêté, 4 germ. an VI; — L. 23 fruct. an VI). — A partir du sénatus-consulte, les notaires qui contreviennent aux lois concernant l'annuaire de l'Empire encourent une amende de 100 fr., réduite à 20 fr. par l'art. 10 de la loi du 16 juin 1824.

574. — *Clauses et expressions féodales.* — Les dispositions de cet article relatives aux qualifications et expressions féodales se réfèrent notamment à la loi du 8 pluviôse an II, dont l'art. 4 est ainsi conçu : « Il est fait défense à tous notaires, greffiers et autres dépositaires quelconques, d'insérer à l'avenir dans les minutes, expéditions ou extraits d'actes de toute nature quelle que soit leur date, des

clauses, qualifications, énonciations ou expressions tendant à rappeler d'une manière directe ou indirecte le régime féodal ou nobiliaire, ou la royauté, sous les peines portées par l'art. 7 du décret du 7 juill. 1793, sauf auxdits dépositaires à délivrer lesdits extraits ou expéditions, après les avoir purgés de tout ce qui est prescrit par le présent décret et ceux antérieurs. « Le décret des 27 sept.-16 oct. 1791, art. 4, disposait déjà en ce sens.

Depuis, Napoléon ayant jugé la création d'une nouvelle noblesse nécessaire à son empire, rétablit les titres de prince, d'altesse sérénissime, duc, comte, baron et chevalier, avec hérédité à certaines conditions. Il voulut que les armoiries et livrées fussent fixées par lettres patentes : il créa les majorats. Ces divers points furent l'objet du sénatus-consulte du 14 août 1808, et des décrets du 1er mars 1808, et enfin de l'art. 259 du Code pénal de 1810, qui punit de six mois à deux ans de prison l'usurpation de titres non légalement conférés. Toutefois, comme l'ancienne noblesse aurait pu croire qu'elle se trouvait rétablie dans ses titres, l'un de ces derniers décrets dit, art. 15 : « Défendons à tous nos sujets de s'arroger des titres et qualifications que nous ne leur aurions pas conférés, et aux officiers de l'état civil, notaires et autres, de les leur donner; renouvelant autant que besoin serait, contre les contrevenants, les lois actuellement en vigueur. » Mais la charte de 1814, confirmée par celle de 1830, dont l'art. 62 porte : « la noblesse ancienne reprend ses titres, la nouvelle conserve les siens, » a virtuellement modifié, en ce qui concerne les anciens nobles, les prohibitions des décrets de 1791, de l'an II, de l'art. 17 de la loi de vent. an VIII, et, enfin, de l'art. 15 du décret du 1er mars 1808.

575.—La disposition précitée de l'art. 259, C. pén., fut abrogée par la loi du 28 avril 1832, et à partir de cette époque, les titres de noblesse purent être pris impunément par tout le monde, ce qui, selon nous, n'empêchait point, ainsi que nous l'avons dit dans nos précédentes éditions, que la défense faite aux notaires par l'art. 17 de la loi du 25 vent. an XI et par l'art. 15 de l'un des décrets du 1er mars 1808, ne continuât de subsister dans une certaine mesure. Le lendemain de la révolution de février 1848, le Gouvernement provisoire rendit un décret par lequel il déclarait abolis tous les anciens titres de noblesse, et défendait de prendre publiquement ou de faire figurer dans un acte public quelconque les qualifications qui s'y rattachaient. Mais ce décret, confirmé par la constitution de 1848, a été abrogé par décret des 24-27 janv. 1852 (D.P.52.4.40). Enfin, une loi des 28 mai-6 juin 1858 (D.P.58.4.58), est venue rétablir avec de légères modifications, la prohibition édictée par l'art. 259 du Code

pénal de 1810 et rendre ainsi plus rigoureuse la défense portée contre les notaires.—Il résulte de cette loi que les notaires, dans les actes qu'ils sont appelés à rédiger, ne doivent attribuer aux parties que les titres et les noms qu'elles justifient être en droit de porter (Circ. min. just., 19 juin 1858, D.P.58.3.48).

576. — Les mesures. — Expression qui comprend aussi les poids. La diversité des poids et mesures qui, avec celle des lois, existait en France, était regardée, avec juste raison, comme l'un des premiers obstacles au progrès social. C'est pour arriver à l'uniformité tant désirée en cette matière que la réforme a été entreprise. — Mais cet avantage, dont les Romains avaient joui, qu'ils introduisirent dans la Gaule, où il subsista jusqu'à la fin du règne de Charlemagne, et que plusieurs rois tentèrent en vain de rétablir, n'est pas un de ceux qui s'acquièrent en un jour; il n'a pas fallu moins d'un demi-siècle pour l'atteindre (V. dans Dalloz, Jur. gén., v° Poids et mesures, les phases si variées de la législation, et l'histoire des expédients auxquels elle a été obligée d'avoir recours). — Encore est-il vrai de dire qu'il ne se trouve réalisé qu'à demi; et, sans le secours de l'instruction primaire, le législateur aurait sans doute été condamné, pour longtemps encore, à recourir aux mêmes expédients. V., dans la première partie de cet ouvrage, un tableau des poids et mesures et de leurs dénominations.

577. — La jurisprudence est quelquefois venue au secours des notaires eux-mêmes.—La loi du 1er vend. an IV avait « enjoint à tous notaires, officiers publics, d'exprimer en mesures nouvelles toutes les quantités de mesures qui seront à énoncer dans les actes qu'ils recevront, sous peine de 50 fr. d'amende » (portée à 100 fr. pour les notaires par l'art. 17 de la loi de ventôse, réduite à 20 fr. par celle de 1824).

578. — Cependant il a été successivement décidé : 1° que les notaires pouvaient placer les anciennes mesures à côté des nouvelles, afin d'en présenter comme la traduction ou l'explication (Arrêté, 13 brum., an IX; Inst. gén., 14 déc. 1853; Cass., 12 nov. 1834; Aix, 23 janv. 1834; Amiens, 12 juill. 1834; D.P. 35.1.25; 34.2.81);

579. — 2° Que, bien que les officiers publics ne pussent d'abord employer, pour l'expression des quantités en mesures nouvelles que les dénominations du système général fixées par la loi du 18 germ. an III (Arr. min. de l'int., 30 frim. an XIV, art. 4), cependant ils ont pu, depuis le décret du 12 fév. 1812, se servir des dénominations vulgaires autorisées, pour les usages du commerce, par ce décret, et par exemple, des notaires ont pu employer ces locutions : aune de 120 centimètres, boisseau métrique, etc. (Cass., 7 janv.

1834, D.p.34.1.76; Rennes, 5 mai 1834, D.p.38.2.227.)

580.—Mais tous ces expédients ou tempéraments ont dû cesser à partir de 1840. C'est ce qui résulte de la loi du 4 juill. 1837, dont l'art. 5 porte : « A compter du 1ᵉʳ janvier 1840, toutes dénominations de poids et mesures autres que celles portées dans le tableau annexé à la présente loi, et établies par la loi du 18 germinal an III, sont interdites dans les actes publics ainsi que dans les affiches et annonces. Les officiers publics contrevenants seront passibles d'une amende de 20 francs, qui sera recouvrée par contrainte comme en matière d'enregistrement. »—Cette loi abroge le décret du 12 fév. 1812, à partir de la même époque.

Ainsi, désormais, il n'est plus permis d'énoncer les anciens poids et mesures à côté des nouveaux : l'indication de ceux-là concurremment avec ceux-ci aurait pu avoir pour résultat de retarder une réforme que les tâtonnements du pouvoir n'ont que trop différée.

581.—Toutefois, la défense d'énoncer dans les actes les anciennes mesures ne s'applique qu'à l'avenir : par suite, il est permis aux notaires et officiers publics de reproduire *textuellement* les anciennes dénominations de poids, mesures et monnaies dans les copies et extraits d'actes antérieurs au 1ᵉʳ janv. 1840, ou dans les analyses qui en sont faites dans les actes postérieurs. Mais il doit être indiqué dans l'acte nouveau qu'en employant les anciennes dénominations, on analyse l'ancien titre (Trib. de Meaux, 28 mai 1840; de Coulommiers, 24 août 1840; d'Orléans, 18 déc. 1840; de la Seine, 6 janv. 1841, D.p.41.3. 239; déc. min. fin. et com., 5 août 1842; instr. gén., 20 août 1842, n° 1671; D.p.43.3. 16).—*Contrà*, Ch. des députés, 4 juin 1842; D.p.42.3.197).

581 *bis.* — Il résulte aussi d'un jugement du tribunal de Tarascon, du 26 juin 1846, (D.p.46.4.421), que l'emploi, par un officier public, de la dénomination de 150 *quintaux* de foin, dans un acte de son ministère, ne constitue pas une contravention, alors qu'il n'est pas établi qu'il ait entendu se référer à l'unité de poids anciens plutôt qu'à l'unité nouvelle.

582. — Si un notaire employait, pour la désignation de pièces de terre ou de vigne, la dénomination de *sillons* et de *rangs*, contreviendrait-il à l'art. 5 de la loi de 1837? Le tribunal de Saint-Jean-d'Angély s'est prononcé pour la négative, le 25 juill. 1848, attendu que ce ne sont pas là des mesures de terrain, et que la loi de 1837 n'a interdit que la dénomination applicable à des mesures anciennes. — Il en faut dire autant des expressions qui s'appliquent à un vaisseau ou à une quantité quelconque dont la mesure et le poids ne sont pas déterminés, comme une bouteille, un tonneau, un baril de vin, une voiture, une botte de foin, cent fagots ou bourrées, un tombereau, une brouette de sable, enfin de toutes les expressions qui ne déterminent pas expressément une certaine quantité fixe de poids et mesures (Délib., 6 avril 1832; solut. 30 avril 1832, *Journ. de l'Enreg.*, n° 10345).—Cette décision, quoique rendue avant la loi de 1837, devrait, ce semble, encore être suivie : il n'est pas à craindre qu'un mode pareil passe en usage. D'ailleurs, s'il devait être pratiqué, ce ne serait qu'à la longue, et le pouvoir ne manquerait pas de moyens pour le faire cesser.— Enfin, une fois que, dans une localité, les termes indiqués deviendraient l'expression de mesures ou poids usuels, les tribunaux de répression seraient compétents pour la faire cesser. *V.* aussi trib. d'Avesnes, 8 août 1844 (D.p.45.4.396.)

583.—Il n'y aurait pas contravention non plus dans l'énonciation, que contiendrait une procuration, des mesures usitées en pays étranger où l'acte devrait être exécuté : la loi n'est pas applicable aux conventions qui doivent avoir leur exécution en pays étranger, ou qui sont stipulées en valeurs étrangères (Solut. 14 janv. 1832, Dalloz, v° *Poids et mesures*, n° 171). — Mais il contreviendrait à la loi s'il se servait de dénominations de trois quarts d'hectolitre, trois huitièmes d'hectolitre, « attendu qu'admettre le mélange de l'unité décimale avec les anciennes fractions ordinaires, ce serait consacrer l'accouplement de deux systèmes qui reposent sur des bases essentiellement différentes, détruire toute l'économie de la loi et manquer le but que le législateur s'est proposé (Trib. de Lisieux, 23 déc. 1842, D.p.43.3.80).

584. — *Numération décimale.* — La division décimale des monnaies énoncée par la loi du 24 août 1793, confirmée par celle du 16 vend. an II, a été établie par celle du 28 therm. an III. Ces lois ont ordonné que l'unité monétaire porterait désormais le nom de *franc*, que le franc serait divisé en 10 décimes, le décime en 10 centimes, et que le titre et le poids des monnaies seraient indiqués par les divisions décimales. — L'art. 2 de la loi du 17 flor. an VII porte : « A partir de la même époque (1ᵉʳ vend. an VIII), toutes transactions ou actes entre particuliers exprimeront également les sommes en francs et centimes, ou les sommes seront censées évaluées de cette manière, quand mêmes elles seraient énoncées en livres, sous et deniers. » — Enfin, l'arrêté du 26 vend. an VIII présente des tableaux de conversion des francs en livres tournois, et des livres en francs (*V.* ces tableaux dans la première partie de cet ouvrage.

585. — Malgré ces textes, il a été jugé que le notaire qui, dans un testament, emploie d'anciennes dénominations monétaires pour

es valeurs léguées par le testateur, ne contrevient point à la loi du notariat (Trib. de Saint-Dié, 30 août 1832, D. P.33.3.20), et cela paraît conforme au principe qui veut que le testament soit écrit tel qu'il est dicté. — Le notaire doit cependant proposer au testateur la numération décimale ; mais, si le testateur résiste, soit par ignorance du système nouveau, soit pour toute autre cause que, pour sa garantie, le notaire devrait mentionner, nous ne voyons pas que celui-ci puisse encourir une amende.

586. — *Amende de* 100 *fr.* —Elle a été réduite à 20 fr. par l'art. 10 de la loi du 16 juin 1824, et surabondamment, pour la contravention à la loi sur les poids et mesures, par celle du 4 juill. 1857, art. 5.

ART. 18.—Le notaire tiendra exposé, dans son étude, un tableau sur lequel il inscrira les noms, prénoms, qualités et demeures des personnes qui, dans l'étendue du ressort où il peut exercer, sont interdites ou assistées d'un conseil judiciaire, ainsi que la mention des jugements relatifs ; le tout immédiatement après la notification qui en aura été faite, et à peine des dommages-intérêts des parties.

587. — Cet article, qui a son origine dans d'anciens arrêts de réglement (V. *Cod. du not.*, 18 mars 1614), est l'exécution des art. 501, C. Nap., et 897, C. proc. civ., qui ont été promulgués après lui. — Ajoutons qu'il est un peu modifié et qu'il est complété par l'art. 501. Voici, au surplus, le texte des art. 501, C. Nap., et 897, C. proc. civ.

Art. 501, C. Nap. — « Tout arrêt ou jugement portant interdiction, ou nomination d'un conseil, sera, à la diligence des demandeurs, levé, signifié à partie, et inscrit, dans les dix jours, sur les tableaux qui doivent être affichés dans la salle de l'auditoire et dans les études des notaires de l'arrondissement.» —Art. 897, C. proc. civ. — «Le jugement qui prononcera défenses de plaider, transiger, emprunter, recevoir un capital mobilier, en donner décharge, aliéner ou hypothéquer sans assistance du conseil, sera affiché dans la forme prescrite par l'art. 501 du Code Napoléon. »

588. — *Un tableau.* — A Paris, la chambre des notaires est dans l'usage de tenir registre, pour elle, des interdictions et nominations de conseil ; cette mesure est utile pour la réparation des omissions que les notaires du ressort peuvent avoir commises. La forme du placard serait difficile à suivre à cause du grand nombre d'extraits qui peuvent être publiés. Chaque notaire en tient le tableau dans un registre, et la mention de cette me-

sure est affichée dans l'étude (Rolland de Villargues, v° *Tableau des interdits*, n°⁵ 8 et 9.

589. — *Inscrire exactement les noms.* — Le notaire qui tronquerait les noms de l'interdit, sur le tableau qu'il afficherait dans son étude, serait passible des dommages-intérêts, pourvu que l'erreur fût de nature à tromper les parties sur l'individualité de la personne désignée (*eod.*, n° 12).

590. — Il y aurait aussi responsabilité si le notaire avait, par son dol, empêché la partie de prendre connaissance du tableau. Mais il faudrait, pour juger qu'il y a dol, que le tribunal eût des preuves positives, et ce cas est très-peu probable.

591. — *Dans le ressort.* — De la combinaison de l'art. 18 avec l'article 501, C. Nap., il résulte que le tableau doit contenir des interdictions et dations de conseils faites dans l'arrondissement : « et c'est ainsi, dit Rolland de Villargues, v° *Tabl. des interd.*, n° 3, qu'on l'a toujours entendu. » V. aussi Ed. Clerc, *Tr. gén. du Notar.*, t. 1ᵉʳ, n° 391.

Ce n'est que de l'arrondissement de l'interdit ou du prodigue, de celui, en un mot, dans lequel le jugement est rendu, que la loi entend parler et non des divers arrondissements dans lesquels ils peuvent avoir contracté des obligations (Arg. Cass., 29 juin 1819, D.A.9.561).

592. — *Du jugement.* — L'insertion au tableau doit avoir lieu, quoique le jugement d'interdiction ou de nomination de conseil puisse être réformé sur l'appel. Dans le cas d'appel, il faut que le jugement et l'arrêt soient remis successivement à la chambre des notaires (*Conf.* Rolland de Villargues, *eod.*, n° 4).

593. — *Immédiatement.* — L'art. 501, C. Nap., exige que l'inscription soit faite dans les *dix jours* de la signification à partie (V. ce qui suit).

594. — *Après la notification qui leur en est faite.* — Il résulte des art. 92 et 175 du tarif qu'il n'est pas nécessaire que le jugement soit signifié aux notaires ; il suffit que l'extrait en soit remis au secrétaire de leur chambre, qui en donne récépissé et le communique à ses collègues. Les notaires de l'arrondissement sont tenus de prendre, à leur chambre, note de ce jugement et d'en faire afficher l'extrait dans leurs études (Toullier, t. 2, n° 1332). Cet extrait écrit sur un papier timbré de 50 c. et enregistré, est fait par l'avoué qui le dépose ou le fait déposer au secrétariat de la chambre (Rolland de Villargues, *eod.*, n° 6). Si les notaires négligeaient de retirer la note des extraits de jugement, le secrétaire devrait la leur adresser le plus promptement possible : il importe que des tiers ne puissent pas être trompés sur la capacité des interdits.

595. — *A peine de dommages-intérêts.* —

Quand la mention a eu lieu conformément à la loi, le notaire peut-il être soumis à des dommages-intérêts à raison de l'incapacité de l'interdit? Oui, suivant l'arrêt du 17 janv. 1662, Denisart et les auteurs des *Pandectes françaises*. Non, suivant Ferrière, Langlois, Merlin, *Rép.*, nᵒ *Interd.*, § 6 ; Loret, Garnier Deschênes, Massé et Pagès, *Respons. du not.*, p. 78. La loi ne déclare responsable le notaire que quand il n'a pas tenu dans son étude le tableau des interdits ; c'est aux parties à s'imputer de n'avoir pas consulté ce tableau : *volenti non fit injuria*. Il nous semble que le notaire devant lequel un pareil acte serait passé, sans qu'il eût pris la précaution d'avertir la partie de l'incapacité, pourrait, s'il était reconnu qu'il savait très-pertinemment que l'interdiction n'était pas levée, être déclaré responsable.

596. — Au reste, bien que la loi ne prescrive pas la publicité des jugements de mainlevée d'interdiction (V. Dalloz, vᵒ *Interdiction*, nᵒ 242), il est d'usage, à Paris, d'en remettre l'extrait au secrétaire de la chambre qui en fait mention dans une colonne particulière.

ART. 19. — Tous actes notariés feront foi en justice, et seront exécutoires dans toute l'étendue de la République.

Néanmoins, en cas de plainte en faux principal, l'exécution de l'acte argué de faux sera suspendue par la déclaration du jury d'accusation, prononçant qu'il *y a lieu à accusation :* en cas d'inscription de faux, faite incidemment, les tribunaux pourront, suivant la gravité des circonstances, suspendre provisoirement l'exécution de l'acte.

597. — « Par cette disposition, a dit M. Réal dans l'*Exposé de motifs*, la loi constitue véritablement le notariat en donnant aux actes que le notaire reçoit le caractère et la force que la loi donne aux jugements qui sont passés en force de chose jugée. Mais, pour éviter les interruptions forcées que l'on pourrait donner au principe véritablement conservateur de la tranquillité des familles et de la propriété, pour empêcher qu'il ne puisse, dans la main d'un faussaire, être une arme dont rien ne pourrait arrêter les funestes effets, le projet prévient les observations suivantes, etc. »

Cette disposition est celle que contient le 2ᵉ alinéa de l'article qui a fourni au tribun Favard, dans son rapport, les dispositions qu'on va lire :

« On a objecté, y est-il dit, que la faculté accordée aux tribunaux de suspendre, dans certains cas, l'exécution des actes notariés, était une innovation à laquelle on pouvait opposer les principes de la matière. On a observé que, suivant l'art. 25, les actes notariés n'étaient exécutoires qu'en forme de grosses, et que la forme des grosses était la même que celle des jugements d'où l'on a tiré la conséquence que ce qui concernait les jugements, en matière d'exécution, devait être applicable aux actes notariés ; que si le pourvoi en cassation, si l'admission même de la requête, n'arrêtait pas l'exécution des jugements, si les jugements devaient être exécutés tant qu'ils ne sont pas cassés, les actes notariés devaient l'être également tant qu'ils ne sont pas annulés.

« La réponse à cet objection est simple. L'exécution parée et provisoire, attribuée de tout temps, même en cas de faux, aux actes notariés, est une conséquence nécessaire et rigoureuse de leur authencité légale ; mais, à la vue des faux qui se commettent journellement, n'est-il pas du devoir du législateur d'en prévenir les effets par les mesures proposées ? Le principe général reste toujours. La foi et l'exécution sont dues à l'acte notarié ; tel est le premier vœu de la loi. La modification n'est établie que pour deux cas d'exception tellement rigoureux que le principe n'en doit souffrir aucune atteinte.

« Le premier est le cas de la plainte en faux principal contre un acte dont l'exécution est provisoire. Si l'accusation est admise par un jury spécial, l'intérêt de la société n'exige-t-il pas que l'exécution d'un pareil acte demeure suspendue ? C'est le faussaire que la loi veut atteindre, mais l'acte reste toujours conservé dans ses effets, qui sont simplement suspendus et reprendront toute leur force, s'il est jugé qu'il n'y a pas de faux.

« Le second, quoique moins précisé, rentre néanmoins dans les mêmes intentions que le premier. Le faux incident devant être jugé par le tribunal civil saisi déjà de l'affaire principale, le projet de loi ne pouvait mieux faire que de l'établir jury, en quelque sorte, dans cette plainte incidente de faux.

« Ainsi, c'est à lui à peser, dans sa sagesse, le mérite des preuves qui lui sont présentées, à apprécier les circonstances, à juger leur caractère plus ou moins grave, et, s'il lui est suffisamment prouvé que le faux existe, à ordonner la suspension provisoire de l'acte.

« Dans ces deux cas d'exception extraordinaire, le projet ne détruit pas l'exécution provisoire de l'acte, il ne fait que la suspendre, c'est une mesure simplement provisoire, qui pourrait être prise de même contre un jugement attaqué comme faux, et pour lequel l'accusation aurait été admise. Le tribunal que l'on aurait supposé avoir rendu ce jugement pourrait certainement en suspendre l'exécution. Ainsi, l'article proposé ne porte point atteinte à l'exécution parée des actes notariés. »

Nous allons reprendre maintenant les di-verses expressions de l'art. 19.

598.—*Tous actes notariés feront foi.*—On vu plus haut, n°s 31 et suiv., que les actes notariés jouissent de l'authenticité, ou, en d'autres termes, qu'ils sont des actes authentiques ; or, le caractère principal de l'acte authentique est de faire foi, c'est-à-dire de commander créance, d'imprimer une vérita-ble certitude aux actes et contrats qu'il constate, en un mot, de faire preuve pleine et complète sans avoir besoin d'en invoquer d'autre : *instrumentum est probatio probata et non probando*, Fabre.—(*Conf.* Mascardus, *de Probat.*, concl. 1148, n° 2).—C'est ce qui résulte expressément de la combinaison des art. 1 et 19 de la loi avec l'art. 1319, C. Nap. — Or, sous ce rapport, un inventaire est un acte authentique dont les énonciations ne peuvent être détruites par des présomp-tions (Cass., 2 déc. 1835 ; D.p.36.1.70).

Quelle est la nature de la foi due aux actes notariés ? A quelle condition cette foi est-elle due ? entre quelles personnes ?

599.—§ 1er. *Nature de la foi due aux actes notariés.*—L'acte notarié fait pleine foi, non-seulement de ce qu'il atteste directement, mais encore de ce qu'il atteste indirectement ou obliquement, c'est-à-dire de ce qui en est une suite nécessaire et infaillible (Merlin, *Rép.*, v° *Moyens de faux*, t. 17, p. 209). Ainsi, une partie, en attestant que des té-moins étaient présents à la dictée, à l'écri-ture, prouve virtuellement qu'ils n'étaient pas ailleurs ou qu'ils ne sont pas arrivés après que tout était écrit.

600.— On a demandé si la foi due aux actes authentiques est tellement indivisible que le faux dans une partie d'un acte en-traîne la nullité pour le tout.—Fabre enseigne que la foi est une et indivisible *cùm totius instrumenti fides una et individua sit.* Solon, n° 80, penche pour cette opinion.—Serpillou, *du Faux*, p. 491 ; Muyard, *Instit.*, p. 332 ; Toullier, t. 8, n° 117 ; Merlin, *Rép.*, v° *Faux* ; Dalloz, v° *Oblig.*, n° 3141 ; *Dict. du not.*, v° *Acte authent.*, n° 21 ; Rolland de Vil-largues, *eod.*, n° 82, pensent, au contraire, que le faux dans une partie de l'acte n'an-nule pas les autres dispositions, lorsqu'elles n'ont point de connexité avec celles qui sont falsifiées, *cùm instrumenti capitula sunt sepa-rata et æque principalia.* Ainsi, dans un acte énonçant que Paul doit à Pierre diverses sommes, dont l'une aurait été prêtée à Bor-deaux, la preuve que ce dernier prêt n'est pas véritable n'empêche pas les autres de va-loir.

681.—L'acte fait pleine foi, c'est-à-dire qu'aucune preuve testimoniale contraire à ce qu'il renferme n'est admise ; on a rejeté l'an-cien brocard : *témoins passent lettres*, et l'on dit avec la loi 2, Cod., *de Testibus* : *contrà scriptum testimonium non scriptum non fer-tur.*

602.—Il y a plus : pour détruire la foi lé-galement due à l'acte authentique, l'inscrip-tion de faux ne suffit pas : il faut prouver, en outre, qu'il contient un faux. L'acte ne cesse de faire foi que lorsque la preuve du faux est acquise. S'il en était autrement, la foi due à l'acte authentique serait à la merci du pre-mier intéressé, qui viendrait en nier le con-tenu ; c'est précisément pour assurer les actes contre des attaques téméraires que la loi a éta-bli l'authenticité (Nancy, 24 juill. 1833 , D.p.34.2.204). A la vérité, l'art. 1319, C. Nap., porte qu'en cas de plainte en faux principal, l'exécution de l'acte sera suspen-due par la mise en accusation ; et qu'en cas d'inscription de faux incident, les juges pour-ront, suivant les circonstances, suspendre provisoirement l'exécution de l'acte. Mais cet article, en disant que l'exécution de l'acte cessera ou pourra cesser par suite d'une pro-cédure de faux, ne suspend ou ne permet de suspendre que l'effet attribué à l'acte, mais non la foi qui lui est due (Merlin, *Rép.*, t. 17, p. 206 ; Duranton, t. 13, n° 83 ; Rolland de Villargues, n° 89).

603. — L'acte authentique continuant de faire foi après l'inscription de faux, il ne peut être infirmé par des allégations non jus-tifiées, par des inductions, même vraisem-blables, mais qui laisseraient subsister la possibilité que ce que l'acte atteste soit vrai (Merlin, *eod.*, 208 ; Rolland de Villar-gues, n°s 90, 93). — Ainsi, la partie admise à s'inscrire en faux contre un acte authen-tique ne peut se borner à offrir la preuve né-gative des faits constatés par l'acte incri-miné ; mais elle doit articuler des faits positifs contraires (Nancy, 22 fév. 1841 ; D.p.41.2.191).

604.—Des auteurs vont même jusqu'à pré-tendre que la foi due aux actes est de telle importance, que l'on ne peut pas demander à faire la preuve directe contraire soit aux faits attestés par l'acte, soit à ceux qui en ré-sultent par induction nécessaire, mais que cette preuve doit porter sur d'autres faits ou circonstances qui viennent établir, par une induction nécessaire et infaillible, la fausseté de ceux énoncés dans l'acte. Ce sont des faits *extérieurs*, des faits *indirects*, en un mot, des *moyens de faux* qui doivent faire l'objet de la preuve demandée (art. 229 et 232 C. pr. ; Merlin, *eod.* ; Rolland de Villar-gue, *eod.*, n° 91).—Ainsi, il ne suffit pas de prouver contre l'attestation de l'acte qu'un témoin n'était pas présent à sa rédaction, si l'on n'offre de prouver qu'il se *trouvait à cette époque*, dans un autre lieu (Instit., *de stipul. unit.* ; Merlin, *eod.*). — Il a été jugé, en conséquence, que la déclaration de tous les témoins instrumentaires sur inscription de faux que le testament n'a été écrit en entier, ni dicté, ni signé en leur présence, cette déclaration, isolée de toutes autres preuves ou circonstances, est insuffisante pour établir la fausseté des énonciations contenues dans l'acte attaqué (Bourges, 2 mai 1832 ; D.P. 33.2.47; *V.* aussi Poitiers, 27 nov. 1850, D.P.51.2.93).—Il en doit être de même si les déclarations des témoins instrumentaires ne sont pas *unanimes* (Colmar, 22 nov. 1829; D.P.30.2.180).

605. — C'est ici le lieu d'examiner jusqu'à quel point le témoignage des notaires et des témoins peut être invoqué pour atténuer la foi due aux actes notariés.

En général, lorsqu'il s'agit de prouver des faits relatifs à des actes notariés, et que la preuve est admise par la loi, les témoignages des notaires et de témoins instrumentaires doivent être reçus, sauf les reproches particuliers qui pourraient s'élever contre eux.

606. — Nul doute sur ce point lorsque les faits à prouver n'ont rien de contraire à ceux attestés dans l'acte, par exemple, s'il s'agit de faits de fraude ou de violence, venus à la connaissance des témoins et du notaire depuis la passation de l'acte, ou d'un fait de numération fictive (Toullier, n°s 309 et 310).

607.—Mais un notaire et des témoins peuvent-ils être entendus sur des faits directement contraires à ceux qu'ils ont eux-mêmes attestés? Il faut distinguer. Hors le cas d'une procédure de faux, le notaire et les témoins instrumentaires ne peuvent être admis à déclarer, contrairement au matériel de l'acte, que les conventions n'ont pas été réellement dictées par les parties. Mais ils peuvent déposer sur la sincérité des conventions, sur les faits de simulation qui seraient venus à leur connaissance (Toullier, t. 9, n° 315. *V.* Req., 2 fév. 1842 (D.P.42.1.156); Rennes, 10 mars 1846 (D.P.46.2.232).

608. — Toutefois, les déclarations du notaire et des témoins sur les faits de simulation ne doivent être reçues qu'autant qu'ils auraient acquis la connaissance de ces faits hors du temps où l'acte a été passé. On ne saurait admettre des notaires à venir déclarer qu'ils se sont prêtés sciemment aux simulations dont les parties se rendaient coupables. C'est ainsi que l'arrêt du 8 prairial an XII (D.A.10.671, n° 2) a maintenu un acte notarié dont on avait demandé la nullité, parce que le notaire qui l'avait reçu avait reconnu, dans un écrit privé, que l'une des parties n'était que prête-nom.

609. — Mais les choses ne sont plus les mêmes lorsqu'un acte notarié est incriminé de faux. Alors, non-seulement il est permis d'entendre les notaires et les témoins, mais leurs dépositions ou interrogatoires deviennent nécessaires.

610.—Jugé aussi qu'aucune loi ne défend au juge d'admettre l'audition des témoins instrumentaires d'un acte public argué de faux ; c'est à lui seul qu'il appartient d'apprécier l'intérêt, la portée et les résultats des dépositions (Req., 12 mars 1838 ; D.P.38.1.99; Toulouse, 2 juin 1842, D.P.43.2.32. — *V.*, en sens cont., *Dict. gén.*, v° *Témoin*, n°s 12 et suiv.). Cependant il a été décidé que la seule déposition de ces témoins ne fait pas preuve complète du faux; elle peut seulement être admise en complément de preuve (Montpellier, 9 déc. 1828, D.P.30.2.41; Grenoble, 15 juin 1852, D.P.55.2.2667). — *V.* aussi Req., 26 juin 1854, D.P.54.1.227).

611.—Si le notaire était lui-même inculpé de faux, les témoins pourraient déposer, bien que les faits déclarés par eux fussent en opposition avec ceux attestés par leur signature. S'ils étaient impliqués dans la procédure, ils n'auraient pas, non plus que le notaire, de déposition à faire, mais bien des interrogatoires à subir ; leurs aveux seraient d'un grand poids, s'ils n'étaient pas décisifs (Toullier, t. 9, n°s 311 et 312).

612.—Au reste, la foi due aux actes authentiques n'est pas inébranlable dans tous les cas; la loi n'a ni dû, ni voulu assurer l'empire du mensonge.—D'abord, pour qu'un tel acte puisse faire foi, il faut que son état matériel ne résiste pas à cette croyance que la loi commande pour ses énonciations.—Si donc, à la simple *inspection oculaire* de l'acte produit devant eux, les juges reconnaissent que sa contexture et sa forme accusent des vices patents et matériels qui lui enlèvent tous les caractères d'authenticité, ils peuvent refuser à cet acte foi et exécution, sans être tenus de subordonner leur conviction et leur jugement à l'inscription en faux (art. 1319, C. Nap.; art. 214, C. pr.; Req. 12 janv. 1833, D.P.33.1.108). Si, dans un acte de donation où le montant de la somme donnée paraît être de *seize* mille francs, le mot *seize* a été altéré et remplacé par le mot *six*, les juges peuvent aussi, sans inscription de faux, n'avoir aucun égard aux mots *six* ou *seize*, et borner la quotité de la somme à *mille* francs, seuls mots écrits d'une manière claire et lisible (Req. 27 juill. 1825, D.P.25.1.384). Ainsi encore, l'erreur résultant de ce qu'un commandement réclame une somme de 944 fr. pour deux années d'arrérages, et en vertu d'un bail dont copie est donnée au débiteur, a pu être corrigée et la somme allouée être de 977 fr., si cela résulte de l'acte signifié (Req., 3 déc. 1838, D.P.39.1.37).

613. — § 2. *Conditions sous lesquelles pleine foi est due aux actes.* — D'abord, il est indispensable que l'officier public ait ca-

actère pour attester les faits consignés dans
es actes. En effet, la foi due aux actes authentiques se restreint aux actes qui sont
dans les attributions de l'officier public, à
ce qu'il a mission de recevoir, d'authentiquer : car nul fonctionnaire n'a de pouvoir
que celui que la loi lui a départi. Ce qu'il
ait au delà est nul; c'est l'acte d'une personne privée (Toullier, t. 8, nᵒˢ 145 et suiv.;
Meyer, *Inst. jud.*, liv. 7, chap. 13; Dalloz,
vᵒ *Oblig.*, nᵒˢ 3064 et suiv.).

614. — Ainsi, le notaire est institué, aux
termes de l'art. 1ᵉʳ, pour recevoir tous les
actes et contrats, ce qui doit s'entendre des
transactions civiles intéressant les familles
ou les individus, leur état ou leur fortune :
il n'a pas de mission au delà. Il peut bien
constater la vente d'une chose par une partie à une autre qui l'achète, le paiement du
prix, etc.; dresser procès-verbal d'une prise
de possession de la chose vendue, etc., mais
il n'a pas attribution pour rédiger dans les
formes et avec les caractères d'un acte notarié la relation de quelque événement public
ou privé, comme le passage d'un prince, les
détails d'une fête de famille. L'acte reçu par
un notaire pour constater de tels faits, dit
avec raison Toullier, 8, nᵒ 145, ne leur donnera pas plus d'authenticité que n'en ont
acquis les prétendus miracles du diacre Pâ-
ris, par les nombreux procès-verbaux qui,
dans le dernier siècle, ont été dressés pour
les constater.

615. — Ainsi, il est dans ses attributions
de constater l'accomplissement des formes,
les faits qui se passent sous ses yeux, tels que
l'énumération des espèces, la déclaration
émanée des parties. Ce sont là des faits *matériels* dont le notaire a la perception au
moyen de ses sens. Mais la sincérité des déclarations, la bonne foi des parties, la fixité
d'esprit des contractants, la liberté de volonté, leur état d'ivresse, sur tous ces points,
il ne peut donner qu'une opinion, et se
trouve sans mission pour communiquer à sa
déclaration, à cet égard, l'effet de produire
foi pleine et entière : la simulation, la démence, l'intervalle lucide, l'ivresse, etc., ne
pourront pas moins être prouvés par la simple voie testimoniale, etc., sans qu'il soit
besoin de recourir à une inscription de faux
(Toullier, t. 8, nᵒˢ 144 à 147; Delvincourt,
2.608; Duranton, 13, nᵒ 302; Meyer, *Inst.
jud.*, liv. 8, chap. 14; Dalloz, vᵒ *Dispos. entre-
vifs et test.*, nᵒˢ 235 et 3236; Rolland de
Villargues, nᵒˢ 65 et suiv.).

616.—Jugé, en conséquence, que l'inscription de faux n'est pas nécessaire à l'effet d'être
admis à prouver : 1ᵒ qu'un testateur qui est
dit, dans le testament, avoir été sain d'esprit au moment de sa rédaction, ne l'était
pas en réalité (Cass., 27 fév. 1821, D.A.11.
63, nᵒ 8; Caen, 9 fév. 1824; Bourges, 26 fév.

1855, D.P.24.2.145; 55.2.295); ou qu'il était
incapable d'exprimer une volonté (Douai,
28 juin 1839, D.P.40.2.26). *V.* toutefois Req.
24 nov. 1851 (D.P.51.1.327); Poitiers, 10 fév.
1857 (D.P.57.2.126).

617. — 2ᵒ Qu'une partie était en démence,
quoique l'acte notarié atteste que le contractant se trouvait dans son moment lucide
(Pau, 18 déc. 1807, aff. Pascau).

618. — 3ᵒ Qu'une partie avait été plongée
à dessein dans un état d'ivresse et était
incapable de donner un consentement (Lyon,
9 fév. 1837; Dalloz, vᵒ *Oblig.*, nᵒ 3096).

619.—4ᵒ Qu'un acte a été obtenu par violence et qu'il est dénué de consentement
réel (Cass., 5 fév. 1828, D.P.28.1.122).

620. — 5ᵒ Qu'un acte est entaché de dol
et de fraude (Paris, 7 déc. 1814, D.A.10.673,
nᵒ 2; Cass., 31 juill. 1833; 12 mars 1839,
D.P.33.4.324, 39.1.132; req. 17 août 1853,
D.P.54.5.594). Rien de plus constant. — Peu
importe même qu'on argumente de l'invrai-
semblance et de la fausseté des énonciations
qu'il renferme : l'inscription de faux n'est
pas plus nécessaire (Aix, 12 juill. 1813,
D.A.10.687, nᵒ 2).—Il est bien entendu que
la fraude dont on peut faire preuve, malgré
les énonciations de l'acte authentique et sans
recourir à l'inscription de faux, est celle qui
serait du fait des parties. On ne serait pas
recevable à attaquer de cette manière un
acte authentique par des reproches dirigés
contre l'officier public lui-même (Cass., 27
août 1811, D.P.14.1.455).—Du reste, la foi
due à un acte authentique ne peut fléchir
devant la simple allégation d'une fraude, sans
articulation de faits à l'appui (Cass., 8 juill.
1856, D.P.56.1.278).

621.—6ᵒ Que des sommes énoncées avoir
été numérées en présence du notaire n'ont
pas été réellement payées en tout ou en
partie à celui qui est dit les avoir reçues
(Cass., 28 juin 1821, D.A.12.823, nᵒ 16;
Douai, 5 janv. 1846, D.P.46.2.202); Cass.,
9 août 1852, 54.1.155. *V.* cependant Agen,
3 mars 1846, D.P.49.2.137). — Que nonobstant les mots *payé comptant*, exprimés dans
l'acte, le paiement a été simulé (Aix, 2 fév.
1832, D.P.32.2.171), et qu'une vente n'est,
dans la réalité, qu'une donation déguisée
(Poitiers, 29 janv. 1813, D.A.5.76). *V.* encore
Cass., 4 déc. 1855 (D.P.56.1.58).

622. — 7ᵒ Que la qualification de *futurs
époux* donnée aux parties et la mention que
le contrat est fait en vue du mariage ne sont
pas exactes, et que le mariage est postérieur à l'acte : ce ne sont pas là des énonciations directes dans le sens de l'art. 1320,
C. Nap. (Riom, 11 janv. 1837, D.P.37.2.124).

623. — 8ᵒ Que le contenu en l'acte notarié n'est pas sincère..., s'il y a aveu de la
partie et commencement de preuve par écrit

(Cass., 26 janv. 1820, D.A.10.672, n° 1).—
V. aussi Angers, 15 janv. 1846 (D.P.49.5.
198).

624. — 9° Qu'un engagement pour *prêt
précédemment fait* n'est en réalité (surtout
en matière commerciale, où les simples présomptions sont admises), et quoiqu'il n'y ait
pas allégation de fraude, qu'une simple garantie pour crédit ouvert (Cass., 23 mars
1824, D.A.10.672, n° 2).

625. — 10° Que, malgré la mention qu'une
délimitation a été faite en présence des riverains dont aucun n'est cependant nommé,
l'un de ces riverains n'y était pas présent
(Cass., 23 déc. 1835, D.P.36.1.36).

626.—11° Qu'un vendeur est majeur malgré l'énonciation de l'acte qu'il *n'est âgé que
de 20 ans 9 mois,* si l'on ne rapporte un acte
de naissance qui l'établisse (Cass., 14 fév.
1828, D.P.28.1.132).

627. — Enfin, c'est d'après les mêmes règles qu'on soutient que le serment décisoire
peut être déféré contre les obligations consignées dans un acte authentique. Dans ce cas,
le serment porte sur la sincérité de l'acte et
non sur l'authenticité. C'est en ce sens que
se fixe aujourd'hui ce point qui était douteux sous l'ancien droit (Toullier, t. 10. n°
380 ; Dalloz, v° *Oblig.,* n° 3115).

627 *bis.* — Au surplus, les preuves puisées
en dehors d'un acte authentique n'en mécon-
naissent pas l'autorité, alors même qu'elles
en contrediraient les énonciations, si elles
ne font que fortifier subsidiairement l'appréciation donnée au contenu de cet acte (Req.,
13 août 1855, D.P.56.1.165).

628. — Il résulte de ces décisions que la
chambre civile de la Cour de cassation a admis un principe trop général dans son arrêt
du 19 déc. 1815 ainsi motivé : « Attendu
qu'il résulte de ces textes (les art. 19 et 68
de la loi de ventôse ; 1317 et 1319, C. Nap.)
que tout acte notarié fait foi en justice et que
les tribunaux doivent en ordonner l'exécution, *à moins,* 1° qu'il ne soit attaqué au fond
par la voie de faux principal incident ; 2° qu'il
ne soit dans la forme en contravention à l'une
des dispositions dont l'art. 68 ordonne l'exécution à peine de nullité. »

Et c'est d'après ces motifs que la Cour a
cassé un arrêt qui avait décidé qu'on pouvait, sans prendre la voie préalable de l'inscription de faux, faire annuler un acte, sur
le seul motif que l'obligé n'entendait pas le
français, et que le notaire n'entendait pas la
langue de l'obligé (Cass., 19 déc. 1815, D.A.
10.656).— Il ne s'agit ici d'un arrêt de
rejet déterminé par la considération du pouvoir discrétionnaire dont l'art. 19, dans sa
disposition finale, a investi le juge du fond,
mais d'un arrêt de *cassation,* ce qui imprime
à la décision plus d'autorité.

628 *bis.* — Du reste, comme l'a très-bien

décidé un arrêt de la Cour de Bordeaux, du
29 déc. 1856 (D.P.57.2.173), la règle que les
actes notariés font foi, jusqu'à inscription
de faux, des conventions qu'ils constatent,
ne s'applique pas au cas où les contractants
n'ont pu s'exprimer que par signes, comme
si, par exemple, ils étaient sourds-muets :
l'interprétation donnée à ces signes par le
notaire ne constitue qu'une simple appréciation, susceptible d'être contestée à l'aide
des diverses preuves juridiques, et notamment de la preuve testimoniale.

629. — § 3. *Entre quelles personnes l'acte
notarié fait foi.* — L'acte fait pleine foi entre les
parties contractantes et leurs héritiers ou
ayants cause (art. 1319, C. Nap.). On peut
induire du silence que cet article garde à l'é-
gard des tiers, que ceux-ci ne sont pas compris dans sa disposition. Ce serait une erreur :
l'authenticité a un caractère absolu, en ce sens
que l'acte authentique fait preuve complète envers et contre tous, même à l'égard des tiers,
contrà omnes (Dumoulin, *Cout. de Paris,* §.8,
gl. 1r°, n° 18 ; Pothier, *des Oblig.,* n° 704) :
« C'est, dit Toullier, t. 8, n° 149, le cri-
tère de vérité le plus certain que l'on
connaisse dans la vie civile... un des fondements les plus solides de la paix dans
la société. » — En se bornant à dire « l'acte
authentique fait pleine foi.... entre les parties contractantes et leurs héritiers ou ayants
cause...». l'art. 1319 ne contient qu'une restriction apparente de la force probante des
titres. En effet, un partage, une vente sont
des actes que les tiers comme les parties doivent respecter, sauf les cas de fraude ou de
simulation, lesquels forment aussi une exception au profit des parties elles-mêmes. Autrement qu'arriverait-il ? C'est que le légitime
propriétaire obligé de se défendre contre un
usurpateur dont la possession remonterait à
moins d'une année se trouverait réduit, comme
le remarque Toullier, t. 8, n° 148, à l'impossibilité de prouver sa propriété, puisqu'il
ne pourrait opposer ses titres, ses contrats
d'acquêts, ses partages à l'usurpateur (V. Dalloz, v° *Oblig.,* n° 3077, et les nombreux auteurs qui y sont cités).

630. — Mais qu'est-ce que l'acte prouve à
l'égard des tiers ? Il prouve *rem ipsam,* c'est-
à-dire la convention, les faits que le notaire
atteste s'être passés devant lui, au moment
de l'acte, *tempore gesti instrumenti,* et non
ceux qu'il n'a appris que par d'autres ou par
le résultat de conférences. Ceux-ci ne sont
que de simples *énonciations* (art. 1320), auxquelles le caractère d'authenticité ne peut
plus s'appliquer, au moins avec la même
extension. En effet, *entre les parties,* l'acte
authentique et même l'acte sous seing privé
font foi de ce qu'ils n'expriment qu'en termes
énonciatifs, si l'énonciation a un rapport
direct à la disposition ; les énonciations étran-

gères à la disposition ne servent que de commencement de preuve (art. 1320) : la difficulté consiste à distinguer les énonciations qui ont un rapport direct à la disposition de celles qui lui sont étrangères (*V.* Pothier, n°ˢ 736 et 737; Toullier, t. 8, n° 158; Delvincourt, t. 2, 610; Duranton, *Tr. des contrats,* n° 1222, 1223). — *A l'égard des tiers,* les simples énonciations ne peuvent pas même servir de commencement de preuve par écrit; elles ne peuvent ni leur nuire, ni leur profiter, à moins qu'elles ne se trouvent dans les titres anciens (Toullier, n° 162; *V.,* en ce sens, Cass., 14 fév. 1828 (D.P. 28.1.132), et rej., 21 janv. 1857 (D.P.57. 4.66).—Jugé aussi que l'acte authentique, où un tiers a déclaré figurer pour l'une des parties, n'a pas d'effet à l'égard de celui au nom duquel a eu lieu cette déclaration, la preuve d'un mandat n'en résultant pas suffisamment (Req., 9 mai 1855, D.P.55.1.240). —*V.* encore Douai, 10 fév. 1853 (D.P.54.2. 199).

631. — Tout ce qu'on dit ici ne s'applique pas aux *contre-lettres,* actes occultes, qui ne peuvent jamais être opposés aux tiers, qu'elles soient authentiques ou sous seing privé (*V.* Dalloz, v° *Oblig.,* n° 3196).

632.—*Seront exécutoires.*—L'acte notarié est, d'après l'art. 19, exécutoire de plein droit. Autrefois, et sous la loi des 29 sept.- 6 oct. 1791, l'exécution ne s'arrêtait qu'après le jugement définitif rendu sur l'inscription de faux. Aussi, sous cette loi, un simple soupçon de fraude ne pouvait-il, à plus forte raison, suspendre l'exécution (Cass., 23 brum. an XIII, D.A.10.671, n° 2).

633.—Aujourd'hui, dès qu'un acte notarié est présenté au juge, il n'a point à vérifier si la preuve de la convention est acquise; elle résulte de l'acte même qui tient lieu de loi entre les parties (art. 1134, C. Nap.). La loi existe-t-elle? L'acte est-il revêtu extérieurement des formes légales? Si la loi et les formes ont été observées, le juge ne peut se dispenser d'ordonner l'exécution, quels que soient les allégations des parties ou les soupçons qu'il aurait conçus sur la sincérité de l'acte. Tout crédit, toute confiance seraient ébranlés, si cette force d'exécution n'était pas attribuée à l'acte authentique (Toullier, t. 9, n° 322; Rolland de Villargues, n°ˢ 100, 102 et 103).

Par suite, le juge ne peut surseoir aux poursuites ou saisies faites en vertu de contrats emportant exécution parée: L'art. 1244, C. Nap., qui permet aux juges d'accorder un délai et de surseoir aux poursuites, ne concerne que les cas où les juges ont eux-mêmes prononcé la condamnation et non à ceux où il s'agit d'un acte public emportant exécution parée (Discuss. Cons. d'Etat sur l'art. 1244; Pigeau, 1.618; Toullier, t. 6, n°ˢ 659 et 660;

Duranton, t. 12, n° 89; Carré, sur les art. 122 et 806; Berriat, p. 506; Boncenne, t. 2, p. 518; Pau, 26 nov. 1807; Bruxelles, 18 juin 1812; Colmar, 14 avril 1815; cités par Dalloz, v° *Oblig.,* n° 1777. — *Contrà* Thomine, sur l'art. 122, C. pr.; Marcadé, sur l'art. 1244, n° 3; Chauveau sur Carré, quest. 524; Poujol, *Oblig.,* sur l'art. 1185, n° 8; Rodière, *Proc.,* t. 1, p. 370; Larombière, sur l'art. 1244, n° 23; Req., 14 nov. 1811; Dalloz, v° *Oblig.,* n° 1778-1°; Aix, 17 déc. 1813, D.A.10.557, n° 2; Bordeaux, 28 fév. 1814, D.A.10.557; Pau, 12 juin 1822, D.A.10.558; Agen, 6 déc. 1824, D.P.33.2.75; Paris, 23 avril 1831, D.P.31.2.141; Paris, 2 août 1849, D.P.52.2. 239; Colmar, 29 juill. 1850, D.P.52.2.239). *V.* Bordeaux, 22 juin 1843 (D.P.44.4.156).

634.—Ainsi, un tribunal ne peut pas suspendre l'exécution, par cela seul qu'il a ordonné que le créancier sera interrogé sur faits et articles (Turin, 12 déc. 1809, D.A.9. 577), ou qu'il y a citation en référé (Caen, 10 avril 1827, D.P.28.2.79) ; ou que le débiteur offre de donner caution (Rennes, 3 janv. 1826, D.P.26.2.188); ou qu'il a été formé contre un arrêt, soit une tierce opposition, soit un pourvoi en cassation (Paris, 7 janv. 1812, D.A.1.488) ou une simple opposition (Colmar, 14 avril 1815, D.P.15.2.117).

635. — L'art. 2212, C. Nap., contient cependant une exception; il dispose qu'une expropriation forcée peut être arrêtée si le débiteur justifie, par baux authentiques, que le revenu net et libre de ses immeubles pendant une année suffit pour le paiement de la dette, en capital, intérêts et frais, et s'il en offre la délégation aux créanciers.

636. — La jurisprudence présente des exemples d'actes authentiques dont les tribunaux ont arrêté l'exécution par la considération de circonstances qui militaient fortement contre les énonciations qui y étaient contenues : de pareilles décisions ne doivent être admises qu'avec beaucoup de précaution (D.A.10.672, n° 3).

637. — Ainsi il a été jugé que l'exécution peut être suspendue, lorsque, d'après les conventions mêmes des parties et les circonstances de la cause, il apparaît au juge que son exécution entraînerait pour l'un des contractants un préjudice qui ne saurait être réparé (Req., 29 nov. 1832, D.P.33.1.108).

638. — On comprend aussi que les juges peuvent surseoir à l'exécution d'un acte authentique lorsque ses dispositions sont contradictoires; car il faut, avant tout, décider en quel sens cette exécution aura lieu.— Jugé, en conséquence, qu'il suffit qu'un acte authentique, qui d'ailleurs est attaqué pour simulation, contienne des dispositions et faits contradictoires, pour qu'il puisse être ordonné qu'il sera sursis à son exécution, sans

7.

qu'il soit besoin de prendre la voie d'inscription de faux (Rouen, 2 fév. 1829, D.P.30.2.154).

639.—...Ou lorsqu'il y a conflit de titres authentiques entre les parties qui demandent chacune de leur côté l'exécution des actes de l'autorité publique (Angers, 29 août 1811, aff. Fouqueré).

640.—...Ou s'il est survenu une loi (celle par exemple du papier-monnaie) qui a réduit l'obligation du débiteur (Req., 5 déc. 1810; D.A.11.545).—C'est là un fait de prince, un événement de force majeure qui est supérieur aux règles de droit privé, fussent-elles établies dans un but d'ordre public.

641.—...Ou si le créancier a un gage suffisant pour la conservation de son droit (Paris, 29 fév. 1836, D.P.36.2.47).

642.—...Ou si le débiteur a opposé des compensations qui ont éteint le titre (Rennes, 3 janv. 1826, D.P.26.2.188; Req., 29 nov. 1832, D.P.33.1.108); et s'il y a opposition aux poursuites fondées sur la compensation (Req., 1ᵉʳ fév. 1830, D.P.30.1.127).

643.—...Ou s'il y a demande en nullité de l'acte authentique, fondée sur le dol, l'erreur, la violence, la simulation, l'incapacité, la démence, etc. (V. n° 666); Toullier, t. 8, n° 65, et t. 10, n° 380; Delvincourt, 2,608; Loret, 1,323; Rolland de Villargues, n° 109; Bordeaux, 13 fév. 1806, D.A.5.304; Cass., 10 juin 1816, D.A.10.755, n° 1).

644.—Le juge peut encore ordonner le séquestre d'un objet litigieux, alors même que la partie qui le possède le détient en vertu d'un acte authentique (Req., 10 mars 1814, D.A.3.719).

645.—Enfin, il a été jugé que dès qu'un acte était attaqué en nullité au fond, le juge des référés avait le droit d'examiner le motif sur lequel le débiteur se fondait et d'en suspendre l'exécution (Paris, 29 fév. 1836, D.P.36.2.47).

646.—Un autre effet de la force exécutoire des actes notariés, c'est qu'il n'est pas besoin de jugement pour les mettre à exécution, et qu'on regarde comme frustratoires les frais et dépens qui ont été faits dans cet objet, quoique la jurisprudence présente des cas où, à raison de certaines circonstances, l'action a été accueillie et les dépens ont été mis à la charge du débiteur (V. entre autres Req., 1ᵉʳ fév. 1830, D.P.30.1.101).

647.—Au reste, pour qu'un acte authentique soit exécutoire de droit, il faut qu'il se trouve revêtu de la formule exécutoire. Il faut, de plus, si l'exécution doit avoir lieu dans un autre ressort que celui où l'acte a été passé, qu'il ait été légalisé. — V. les art. 25 et 28 de la loi.—Mais le défaut de légalisation ne pourrait être opposé par une partie; il ne saurait l'être que par des tiers. — Quant aux règles relatives au mode d'exécu-

tion des actes authentiques, V. art. 26, et Dalloz, Jur. gén., v° Oblig., n°ˢ 3157 et suiv.

648. — Inscription de faux principal ou incident.—Sous la loi du notariat du 6 oct. 1791, elle ne suffisait pas pour suspendre l'exécution. Mais l'art. 19 de la loi de ventôse dispose que la mise en accusation sur une plainte en faux principal arrêtera l'exécution, et qu'en cas d'inscription de faux incident, les juges pourront, suivant les circonstances, suspendre provisoirement l'exécution des actes (notariés). L'art. 1319, C. Nap., étend cette disposition à tous les actes authentiques en général.

649.—Au surplus, l'inscription de faux ne doit être admise que lorsque les faits sur lesquels elle est fondée sont appuyés de présomptions graves qui les rendent probables : le sort d'un acte public ne peut être facilement abandonné aux résultats incertains de la preuve testimoniale. Et, par exemple, l'inscription de faux fondée sur ce qu'un acte public, au lieu d'avoir été reçu par le notaire qu'il désigne, n'a été reçu que par son principal clerc, doit être rejetée, si cette allégation est combattue par les mêmes termes de l'acte (Paris, 23 juin 1840, D.P.40.2.244). V. dans le même sens, Caen, 9 mai 1844 (D.P.44.2.134); Grenoble, 15 juin 1852, D.P. 55.2.266); Angers, 8 mars 1855 (D.P.55.2.129). V. aussi supra, n°ˢ 603 et 604.

De même, l'inscription de faux tendant à démontrer qu'un témoin indiqué comme présent à l'acte était réellement absent, doit être rejetée lorsque ce témoin, au lieu d'être témoin instrumentaire, nécessaire, dès lors, à la validité de l'acte, n'était que certificateur d'identité, alors surtout que l'identité n'est pas contestée (même arrêt).

650.—Suspension de l'exécution. — L'inscription de faux a un effet différent suivant qu'on prend la voie du faux principal ou du faux incident. Pour que celle-là soit suspensive d'exécution, il faut qu'il soit déclaré qu'il y a lieu à accusation ; et il été jugé avec raison que, tant que cette mise en accusation n'a pas été prononcée, la partie n'est pas recevable à demander le sursis (Colmar, 3 mai 1808, D.A.8.431); mais il est à remarquer que la mise en accusation n'est exigée que pour les actes exécutoires et authentiques, comme certains actes d'huissier (Req., 15 fév. 1810, D.A.8.405 et 408).—Au contraire, dès qu'il y a inscription de faux incident légalement formée, le juge est autorisé à accorder le sursis ; mais c'est là, pour lui, une faculté, non un devoir impérieux. Telle est l'économie des art. 19 de la loi de ventôse, et 1319, C. Nap. Et ce n'est que sous le bénéfice de ce qui résulte de ces dispositions que l'art. 135, C. pr., dispose que l'exécution provisoire doit être ordonnée lorsqu'il y a titre authentique (Bordeaux, 2 oct. 1832, D.P.33.2.50).

651. — Pour qu'il y ait lieu à surseoir, on doit justifier d'une inscription loyalement formée.

652. — Il ne suffit donc pas de dire qu'on s'inscrit en faux, si l'acte est produit (Req., 17 nov. 1830, D.P.30.1.395); ou qu'on entend s'inscrire en faux, même en matière commerciale (Paris, 9 août 1809, D.A.8.427); ou qu'on a *menacé* de s'inscrire en faux, menace non réalisée (Cass., 14 août 1823, D.P. 35.1.26; Cr. rejet. 22 août 1850, D.P.50.5. 282).

653. — Mais si une partie a demandé acte devant le tribunal de commerce de ce qu'elle déclare s'inscrire en faux, le tribunal est autorisé à surseoir (Req., 1er avril 1829, D.P. 29.1.206).

654. — Jugé aussi qu'il suffit qu'une partie ait *déclaré* s'inscrire en faux contre une lettre de change, pour que le tribunal ait pu ordonner le dépôt de la pièce au greffe, quoique les formalités prescrites par les art. 215 et 219, C. proc. civ., n'aient pas été remplies (Req., 1er avril 1829, D.P.29.1.206).

655. — Si la pièce arguée de faux n'est relative qu'à l'un des chefs de la demande, il peut être passé outre au jugement des autres chefs (C. proc. civ., 427).

ART. 20. — Les notaires seront tenus de garder minute de tous les actes qu'ils recevront.

Ne seront néanmoins compris dans la présente disposition, les certificats de vie, procurations, actes de notoriété, quittances de fermages, de loyers, de salaires, arrérages de pensions et rentes, et autres actes simples qui, d'après les lois, peuvent être délivrés en brevet.

656. — La minute est l'original que le notaire garde en sa possession pour en délivrer des expéditions ou des grosses.

Le nom de *minutes* vient de ce que, jadis, l'on écrivait les actes en notes ou écriture menue (*minuta*), pour plus de promptitude. Le notaire ou tabellion en faisait ensuite des copies, en caractères plus gros, pour délivrer aux parties; de là l'origine du mot *grosses*. On donnait aussi aux minutes le nom de *briefs*, *brefs* ou *brevets*. Dans l'origine, les notaires remettaient les briefs ou originaux aux parties, et ne conservaient que le brouillon ou les notes informes qu'ils avaient faites avant de mettre au net la minute. Pour éviter les inconvénients qui résultaient de cette remise de la minute, les notaires prirent l'habitude de transcrire leurs actes sur des registres nommés *protocoles*. Une ordonnance du mois de juillet 1304 leur en fit une obliga-

tion. C'était, dès lors, le droit commun, rappelé dans une ordonnance de Charles VII, du 1er déc. 1437, qui en fit l'application aux notaires du Châtelet de Paris. Cette disposition fut renouvelée et généralisée par les ordonnances de 1539; d'Orléans en 1560, de Blois en 1579. D'après ces ordonnances et celles qui sont intervenues pour en régulariser l'exécution, les minutes des actes étaient toujours remises aux parties; les registres et protocoles des notaires ne présentaient que la copie des minutes des actes, et non les minutes elles-mêmes. Il paraît que ce ne fut que sous Louis XII qu'il fut enjoint aux notaires de garder les minutes. Toutefois, la conservation des originaux des actes fut due au zèle des notaires, plutôt qu'à aucune loi positive; car la règle générale, sous l'ancienne législation, était que le notaire pouvait délivrer tous les actes en brevet, à l'exception de ceux dont des lois spéciales, par exemple, l'ordonnance de 1721, sur les donations, prescrivait de garder minute (Toullier, t. 8, n° 447; Dalloz, v° *Oblig.*, n° 3674; Rolland de Villargues, v° *Minute*, n°s 1 à 8).

657. — On va reprendre les termes de l'art. 20 et parler successivement : 1° de la *garde* des minutes; 2° des actes qui doivent être *conservés en minute*; 3° des actes *simples* ou *en brevet*; 4° de leur *forme*; 5° de la *forme* et rédaction des minutes; 6° enfin du *concours* entre deux notaires pour la garde des minutes.

658. — § 1er. *Seront tenus de garder minute.* — Le principe est ancien (Act. not., 30 mars 1686, 18 nov. 1687). — C'est aux notaires eux-mêmes que la loi confie la garde de leurs minutes. Ils sont dépositaires légaux des titres et actes qui intéressent le plus les citoyens, véritable dépôt public qui tient à l'essence de leurs fonctions, puisque l'art. 1er de la loi les a établis pour *conserver le dépôt* des actes et contrats, ce qui est de la plus haute importance (Toullier, t. 8, n° 425; Loret, t. 1er, p. 327; Dalloz, v° *Oblig.*, n° 3676). *V.* toutefois *inf.*, n° 1255.

659. — Les notaires doivent avoir leurs minutes chez eux, dans la maison où ils tiennent leur étude. Ils ne pourraient les déposer hors de chez eux, et, à plus forte raison, dans une maison située hors du lieu de leur résidence ou de leur ressort (Ferrière, Massé, liv. 1er, ch. 29, *Dict. du not.*, n° 62; Dalloz, v° *Oblig.*, n° 3677). Ils ne doivent négliger aucune précaution pour mettre leurs minutes à l'abri des dangers d'inondation, d'incendie, d'humidité; ils seraient responsables de leur négligence à cet égard. Mais ils ne répondent pas des accidents purement fortuits (Rolland de Villargues, n° 125; Dalloz, *loc. cit.*). Le même soin et la même surveillance doivent être donnés par les notaires à la garde des testaments olographes qui leur sont con-

fiés, sans qu'il en ait été dressé acte de dépôt; ils doivent les tenir dans un lieu sûr et secret, et n'en donner connaissance ni aux héritiers présomptifs, ni aux légataires, avant le décès du testateur (Edit du duc de Lorraine, 14 août 1721). Ce n'est qu'après la présentation de l'acte au président du tribunal qu'il convient de le faire connaître aux intéressés.

660. — D'après l'ancienne jurisprudence, pour réparer la perte d'une minute, arrivée par cas fortuit ou force majeure, le notaire ou les parties pouvaient obtenir du juge une ordonnance portant que les personnes à qui aurait été délivrée une expédition de l'acte perdu auraient à le rapporter chez le notaire, afin qu'il en tirât une copie qui tînt lieu de minute. D'après un décret du 16 août 1793, le notaire est, dans ce cas, autorisé à compulser les registres de l'enregistrement, pour extraire les actes dont les minutes sont détruites. La loi du 25 vent. an v ne s'oppose pas à ce que l'on suive l'une ou l'autre marche (Fouquet, *Biblioth. barr.*; — Favard, *Rép.*, v° *Acte notarié*, § 2, n° 18; *Dict. du not.*, n°⁸ 84,85; Rolland de Villargues, v° *Perte d'un acte*; Dalloz, v° *Oblig.*, n° 3678).—Il a été jugé que lorsque l'existence d'un acte est déniée par le notaire qui l'a reçu, et qu'on n'en trouve pas la minute sur son répertoire, l'extrait des registres du bureau de l'enregistrement où cet acte a été inscrit est suffisant pour en établir la preuve, lorsque, d'ailleurs, le notaire ne peut pas justifier de la tenue d'un répertoire régulier (Douai, 1er juill. 1816, D.A.10.665.

661. — Un notaire qui s'apercevrait de la disparition d'une de ses minutes et qui saurait comment elle lui a été enlevée, pourrait se pourvoir contre celui qui la lui aurait soustraite ou qui la retiendrait; il devrait faire déposer les témoins présents à la passation de l'acte, pour justifier de son existence et de sa forme (Ferrière, liv. 1er, ch. 21; Loret, *cod.*; Rolland de Villargues, v° *Minute*, n° 81; Dalloz, v° *Oblig.*, n° 3680).

662. — Il n'est permis aux notaires de se dessaisir de leurs minutes que dans les cas prévus par la loi (*V.* l'art. 22); et le dépôt doit être conservé, quoique la cause de l'acte n'existerait plus et que les charges ou obligations seraient éteintes. Nul n'est juge de l'importance d'un tel acte, qui doit toujours pouvoir être consulté et qui peut avoir un intérêt perpétuel (Loret, t. 1er, p. 333; Rolland de Villargues, v° *Minute*, n° 116; Dalloz, n° 3679).

663. — De ce que les notaires sont tenus de conserver soigneusement leurs minutes, il suit qu'ils ne peuvent consentir que les parties y mettent aucun acte sous seing privé.

664. — Les minutes échappent, en tant que choses publiques, au privilége du propriétaire de la maison.

665. — Les notaires ne sont pas tenus de garder minute des actes qu'ils n'ont pas signés; car l'authenticité est une condition essentielle de leur validité (Bordeaux, 3 août 1841, D.P.42.2.13). — *V.* cependant ce qui est dit, art. 26, sur les actes imparfaits. Par suite, l'action en délivrance de l'expédition de tels actes n'est pas admissible (même arrêt).

666. — Lorsqu'un notaire est appelé pour recevoir la quittance ou décharge donnée à un confrère dépositaire de titres ou sommes, mandataire ou débiteur à tout autre titre, il est d'usage de constituer ce dernier détenteur de la minute; mais il est fait mention de cette circonstance tant sur la minute que sur les répertoires des deux notaires (Rolland de Villargues, v° *Notaire*, n° 452; Dalloz, n° 3683).

667. — § 2. *De tous les actes.* — Le principe général est que les notaires doivent garder minute de tous les actes : c'est la disposition du premier alinéa de l'art. 20; mais il est fait à ce principe de nombreuses exceptions, dans le 2e alinéa, pour ce qu'il appelle les *actes simples* ou actes délivrables en *brevet*.

668. — La distinction entre ces actes est importante, puisque, s'il est délivré en brevet un acte dont il doit rester minute, l'acte est nul, à moins qu'il ne soit susceptible de valoir comme acte sous seing privé (art. 68).

669. — Aussi, lorsqu'on doute si un acte doit être délivré en brevet, il est prudent de le passer en minute; car c'est pour économiser les frais que le mode de délivrance en brevet a été adopté, et l'on peut garder minute de tous actes susceptibles d'être délivrés en brevet (*Conf.* Rolland de Villargues, v° *Brevet* (*acte en*), n°⁸ 26, 27; Dalloz, n° 3686). En un mot, il est facultatif aux parties de renoncer au droit qu'elles ont d'obtenir en brevet les actes simples et d'exiger qu'il en soit conservé minute (*Conf.* n° 28; Dalloz, *loc. cit.*).

670. — Mais, quand un acte doit être passé en minute, il n'est pas permis aux parties d'autoriser le notaire à le délivrer en brevet (*Conf.* Rolland de Villargues, v° *Brevet*, n° 3; Dalloz, n° 3687; l'ordonnance de 1560, art. 84, était contraire); et celui-ci ne pourrait se dispenser d'en garder minute, même en délivrant l'acte en double brevet, remis à chacune des parties, ainsi que l'a décidé un arrêt du parlement de Paris, du 19 avril 1714, en annulant sur ce motif l'acte de vente d'une maison (Rolland de Villargues, *cod.*, n° 4). — En cas d'insistance par les parties pour avoir de tels actes en brevet, Rolland de Villargues, n° 30, estime que le notaire pourrait mettre sa responsabilité à couvert en mentionnant la réquisition expresse des parties : mais nous ne croyons pas qu'une

telle réquisition puisse couvrir le notaire qui reçoit un acte dans une forme qu'il sait être irrégulière et irritante : il doit plutôt refuser son ministère.

671. — La distinction entre les actes dont il doit être gardé minute et les actes simples qui sont délivrés en brevet semble avoir pris naissance dans la déclaration du 7 déc. 1723. — Cette déclaration, qui supprime le contrôle, y substitue un autre droit qui, à l'avenir, devait être perçu sur le papier et le parchemin qu'on devait employer aux actes ; elle établit des formules particulières pour les papiers et parchemins timbrés dont on se servira pour les *brevets*, *minutes* et *expéditions*. Les actes simples ou ordinaires y sont soumis à un droit moindre ; mais, on le verra, c'est au plus ou moins d'importance des actes que le législateur semble s'être attaché dans cette distinction, plutôt qu'à l'essence ou à la nature des actes, car il classe parmi les actes simples, soit des actes synallagmatiques, soit des actes qui ont un caractère en quelque sorte permanent.

Les nomenclatures de la déclaration de 1723 méritent d'être connues, quoiqu'on y trouve moins une interprétation exacte de l'art. 20 de la loi de ventôse que l'origine des actes *simples* dont la dénomination est restée dans le notariat, à peu près telle que l'avait faite la déclaration.

Nous allons citer les articles principaux de cette déclaration, qui doivent être consultés non comme dispositions législatives encore en vigueur, mais comme contenant, ainsi que le fait remarquer M. Massé (*Parf. not.*, liv. 1er, ch. 24), des indications auxquelles il est bon de recourir, pour appuyer ce qu'il faut entendre par les *actes simples*. Voici ces articles :

Art. 4. «Tous les actes, y est-il dit, seront et demeureront divisés en deux classes : la première sera composée des *actes simples* qui se passent *ordinairement* sans minute, savoir : les procurations, avis de parents, attestations ou certificats, autorisation d'un mari à sa femme, désaveu, répondant de domestique, désistements, consentements, mainlevées, élargissements, décharges de pièces, papiers et meubles, cautionnements, et généralement tous les actes simples qui n'ont rapport à aucun titre ou acte, et ne contiennent aucune obligation respective; les apprentissages ou alloués, transport d'iceux, quittances ou gages de domestiques, arrérages de pensions ou rentes, quittances d'ouvriers et autres personnes du commun, pour choses concernant leur état et métiers, quittances de loyers et fermages, cautionnements des employés dans nos fermes et affaires ; le tout à quelques sommes qu'ils puissent monter ; les conventions, marchés, obligations qui n'excéderont point la somme de 300 livres ;

les commissions d'archidiacres pour desservir une cure, les actes de vêture, noviciat ou profession dans les monastères, les nominations de gradués, procuration pour compromettre, requérir, résigner, céder ou rétrocéder un bénéfice, celles pour notifier les noms, titres et qualités de gradués, ou pour consentir création ou extinction de pension, révocations desdites procurations, rétractations, significations desdits actes et des brefs, bulles, signature, rescrits apostoliques, des concordats et attestations de temps d'études, notification de degrés et autres représentations, réquisitions de visa, de fulmination de bulles, d'admission à prendre l'habit, à faire noviciat et profession, celles pour satisfaire au décret d'une provision de bénéfice régulier, et celles faites aux curés pour publier aux prônes des messes les prises de possession, les publications à issues de messes des prises de possession, en cas de refus des curés, actes de refus d'ouvrir les portes pour prendre possession ou autrement, opposition à la prise de possession, lettres d'intronisation et les répudiations des provisions. — Et la seconde classe sera composée de tous les autres actes non compris dans ladite première classe.

Art. 5.—«Il sera fait une première sorte de formule pour les actes de la première classe, intitulée *actes de la première classe*, dont le droit de marque, pour tenir lieu de droit de contrôle, sera de dix sous outre le prix du papier timbré ; et si les parties jugent à propos qu'il reste minute de quelqu'un desdits actes, et qu'il leur en soit délivré des expéditions, lesdites expéditions ne pourront être faites que sur le papier de la même marque, ou sur des carrés de parchemin, dont le droit de marque sera de vingt sous.

Art. 6. «Les minutes des actes de la seconde classe seront écrites sur un papier intitulé, etc.»

672. — Les projets de loi de l'an VII et de l'an VIII portaient cette disposition : «Ils sont tenus (les notaires), sous les peines portées en l'article...., de garder minute de tous les *actes synallagmatiques*, ainsi que de ceux obligatoires pour un seul contractant, mais qui sont *attributifs de droit à des tiers* non présents à l'acte.»

C'est en ce sens que Favard, en présentant le projet de loi au Corps législatif, disait : « L'art. 20 veille à la conservation et à la perpétuité des conventions, en obligeant les notaires à garder minute de tous leurs actes. Il n'admet d'exception que pour ceux dont le contenu, la nature et les effets ne présentent qu'un objet ou un intérêt simple en lui-même et passager. » — D'après les coutumes de la Marche, art. 38, et du Bourbonnais, art. 78, les notaires devaient aussi faire protocoles et registres des *lettres perpétuelles* par eux reçues. »

673. — Enfin, de la discussion au conseil d'État sur l'art. 20, et aussi de la disposition de cet article lui-même, il semble qu'on peut tirer cette règle qu'il doit être gardé minute : 1° de tous les actes synallagmatiques ; 2° de ceux qui contiennent quelques dispositions au profit des tiers, ou que ceux-ci peuvent invoquer ; 3° de tous ceux dont l'effet est perpétuel et se transmet des parties contractantes à leurs héritiers ou ayants cause à perpétuité (*Conf.* Langlois, ch. 53, sect. 1ʳᵉ ; Massé, liv. 1, ch. 24 ; Loret, t. 1, p. 330 ; Merlin, *Rép.*, vᵒ *Acte notarié* ; Rolland de Villargues, vᵒ *Minute*, nᵒ 12 ; Dalloz, vᵒ *Oblig.*, nᵒ 3690.

674. — Au nombre des actes dont il doit être gardé minute se placent, en première ligne, les actes qui ont trait à l'état civil des hommes et à leurs transactions de famille : ces actes ont un intérêt permanent, perpétuel. — Telle est la reconnaissance de l'enfant naturel que la loi du 21 juin 1843 range parmi les actes qui exigent la présence ou le concours réel de deux notaires ou d'un notaire, et de deux témoins au moment où ils sont passés. — Rolland de Villargues, vᵒ *Minute*, nᵒ 16, leur assimile les *actes respectueux* (Arg. art. 154, C. Nap.) qu'il avait, dans sa 1ʳᵉ édition, vᵒ *Brevet*, nᵒ 17, considérés comme actes simples. Mais il nous semble pousser trop loin son principe.

675. — Dans cette catégorie des actes dont il doit rester minute, et qui comprend tout ce qui n'est pas excepté par la loi, se trouvent aussi les contrats de mariage (art. 1394) ; — les quittances ou reconnaissances de dot (Loret, t. 1, p. 330) ; — les donations (article 931) ; ce qui comprend : 1° la création des pensions viagères par forme de don et récompense (Massé, *eod.* ; Loret, *eod.*) ; 2° les procurations contenant pouvoir d'accepter les donations ou de les révoquer, de reconnaître un enfant (Arg., art. 2 ; L. 21 juin 1843, nᵒ 217) ; 3° l'acceptation de la donation par acte postérieur ; — les testaments et codicilles, contrairement au droit ancien qui permettait de les délivrer au testateur (Cir. min. just., 6 vend. an XIII ; avis cons. d'État, 7 avril 1821) ; — les actes relatifs à la propriété des immeubles, dont l'effet a un caractère permanent, ce qui comprend les contrats de vente et d'échange (Massé, *cod.*) ; les constitutions de servitude ; les mainlevées d'inscription de saisie immobilière (Massé, *eod.* ; Loret, p. 331) ; — tous les actes synallagmatiques, si faible qu'en soit l'importance (Massé et Loret, *eod.*) ; tels que les baux en général, les devis d'ouvrages et marchés, les sociétés, les transactions, les contrats de constitutions de rente ; et c'est à tort que Massé dit que ces contrats peuvent être dé-

livrés en brevet, puisqu'ils contiennent des engagements réciproques ; — *Conf.*, Rolland de Villargues, nᵒ 32) ; les obligations contenant remise d'un gage mobilier, l'antichrèse, sur lesquels le débiteur conserve un droit ; les titres nouvels ; — les contrats de constitution d'aliments (art. 205 et suiv., C. Nap.) ou réparation d'un dommage (Rolland de Villargues, nᵒˢ 37, 38) ; — les actes de dépôt à cause des obligations réciproques qui en naissent (Rolland de Villargues, nᵒ 41 ; Loret, p. 331) ; — les mainlevées de saisie ou opposition au trésor, lorsque les créances ont un caractère de perpétuité, comme les cautionnements de titulaires ; — le trésor se contente de mainlevées en brevet dans certains cas qu'il détermine d'une manière un peu arbitraire (Massé, *eod.* ; Rolland de Villargues, nᵒ 43) ; les actes d'acceptation de communauté (Rolland de Villargues, vᵒ *Accept. de comm.*, nᵒ 16) ; les comptes, partages et autres règlements renvoyés au notaire par le tribunal, et sujets à homologation (Déc. min. just., 30 janv. 1812 ; art. 981, C. pr. ; Rolland de Villargues, 48) ; — les inventaires ou récolements en cas de communauté, d'absence, interdiction ou décès (Rolland de Villargues, vᵒ *Minute*, nᵒ 45) ; — les procès-verbaux de vente judiciaires (Cir. min. ; inst. 28 floréal an XII ; et de la régie, 8 prair. suiv. ; déc. min. fin., 2 juin 1807) et de vente de meubles (déc. min. just., 8 fév. 1830) ; — enfin les actes simples lorsqu'ils se rattachent à un titre antérieur ; comme, par exemple, les quittances finales de sommes dues en vertu d'actes authentiques dont il y a minute (Loret, *eod.*), tels que certains actes de notoriété, certaines procurations générales ou pour affaires importantes (Rolland de Villargues, nᵒ 51. *Conf.* Dalloz, vᵒ *Oblig.*, nᵒ 3692.

676. — Un contrat d'assurance est un acte synallagmatique ; il ne peut donc être délivré en brevet, quand il est rédigé par des notaires. Rolland de Villargues, vᵒ *Assurance*, nᵒ 85, 1ʳᵉ édit., pense qu'il y a lieu d'excepter le cas où la prime a été acquittée soit comptant, soit en billets de prime, parce qu'alors le contrat n'est plus qu'unilatéral, et n'intéresse plus que l'assuré. Ce motif ne paraît pas exact ; il suppose que l'assuré, après la signature de la police, n'a plus d'autre obligation que celle de payer la prime ; il n'en est point ainsi, et le contrat ne cesse pas d'être synallagmatique par cela seul que la prime a été payée (Dalloz, nᵒ 3693).

677. — Du reste, l'obligation imposée au notaire de garder minute s'étend aux minutes de ses prédécesseurs, et généralement à toutes celles qui existent dans son étude, à quelque titre et de quelque manière qu'elles y aient été déposées (Favard, *Rép.*, vᵒ *Acte notarié*, § 5, nᵒ 2). — Aussi a-t-il

été jugé que le notaire qui prend possession, sans inventaire ni récépissé, des répertoires et minutes de son prédécesseur, est responsable de la perte ou non-représentation des minutes répertoriées qu'il ne peut représenter (Angers, 23 juin 1847, D.p.47.2.137). — *V. infrà*, n° 834.

678-679.—§ 3.—*Actes simples qui peuvent être délivrés en brevet.*—Les actes simples ou en brevet (dérivé du mot *brief, brevis*) sont ceux dont il ne reste pas minute, et qu'on délivre en original.—Sur l'origine des actes simples, *V.* ce qui est dit plus haut, n° 671. Le Tribunal avait demandé le retranchement des mots *actes simples*, en se fondant sur ce que l'article contenant ces mots: « qui, *d'après les lois*, peuvent être délivrés en brevet », il n'y avait plus qu'à rechercher si la délivrance en brevet était autorisée par quelque loi. Le retranchement n'eut pas lieu, et ce fut, ce semble, avec raison : il se pouvait, en effet, que les lois n'eussent pas indiqué tous les actes délivrables en brevet, et, dans ce cas, il était mieux d'insérer dans la disposition les mots *actes simples*, dont le sens et la portée étaient à peu près fixés.—Il résulte de ces expressions, que la loi n'est pas limitative, mais seulement indicative, car, dans l'impossibilité de faire une énumération qui aurait nécessairement été défectueuse, quoiqu'on eût sous les yeux la déclaration du 7 déc. 1723, le législateur s'est servi d'une locution générale qui permet de rechercher, d'après la nature des actes, et à l'aide de l'analogie, quels sont ceux qu'on doit réputer *actes simples*.

680.—Par argument *à contrario* de ce qui est dit plus haut, n° 673, il suit qu'on doit regarder comme actes simples les actes *unilatéraux*, qui ne renferment pas de stipulations que les tiers puissent invoquer, et n'ont pas un caractère permanent, à quelque somme que les obligations puissent monter, et que la limitation à 300 francs portée par la déclaration de 1723 ne doit plus être admise, parce que c'est d'après la nature de l'acte et non d'après l'importance variable de la somme, que la classification dans l'une ou l'autre catégorie doit être établie.

681.—Ainsi, l'on délivre en brevet : 1° les autorisations que l'effet de contracter, données par un mari à sa femme (Rolland de Villargues, n° 16, remarque avec raison que cela est constant) ; 2° les procurations authentiques exigées de la part de ceux qui se font représenter dans les actes de l'état civil (art. 36, C. Nap. — *Conf.* Rolland de Villargues, v° *Brevet*, n° 15) ; — 3° les actes simples passés par des mandataires, quoiqu'il doive y être annexé une procuration, circonstance qui ne change pas la nature de l'acte (*Conf.* Rolland de Villargues, n° 17) ; —4° les actes de transport pur et simple,

c'est-à-dire sans mélange de stipulation synallagmatique et sans contrat permanent (*Conf.* Massé, liv. 1, chap. 24 ; Rolland de Villargues, n° 19) ;—5° l'agrément que l'Empereur et les princes donnent, par acte séparé, à un contrat de mariage.—Mais comme de tels actes sont des monuments que les familles aiment à conserver, il est mieux de les passer en minute ou d'en déposer le brevet au notaire qui a reçu le contrat de mariage (Délib. not. de Paris, 4 juill. 1822; *Conf.* Dalloz, v° *Oblig.*, n° 3696).

682.—Il est des actes qu'on regarde comme simples, mais dont il importe cependant de garder minute : c'est l'intérêt des parties qui a commandé cette exception dans l'exception, et la pratique l'a admise.—Ainsi on conserve minute des actes simples qui se réfèrent à un titre antérieur. C'est ce qu'on induit de ces mots de l'ordonnance de 1723, art. 4, « et généralement de tous autres actes simples qui n'ont rapport à aucun titre. » — Et, dans cette catégorie se trouvent : 1° le transport d'une créance opérée en extinction d'une dette du cédant résultant, soit d'un acte dont il existe minute, soit d'un jugement (Massé, liv. 1, ch. 24 ; Rolland de Villargues, n° 36) ; — 2° les quittances de remboursement de rentes ou de capitaux dont il a été pareillement gardé minute. Telle est, du moins, l'opinion de Garnier-Deschênes, n° 90, et de Rolland de Villargues, n° 34, fondée sur le silence de l'art. 20 à l'égard de telles quittances. — *Contrà* Favard, qui se fonde sur ce que la quittance n'est pas un acte bilatéral. Il en est ainsi des obligations unilatérales, telles que remise d'un gage, antichrèse, promesse de remploi ou de subrogation, constitution d'aliments, etc. (*Conf.* Rolland de Villargues, n° 32).

683.—§ 4.—*Forme des actes en brevet.*— La délivrance d'un acte en brevet est constatée authentiquement par sa mention dans le répertoire du notaire : il n'est pas besoin que l'acte la constate, quoique cela se fasse communément à la fin de l'acte, ni que la partie en donne décharge au notaire.—L'acte en brevet n'est pas délivré dans la forme exécutoire (*Jurisp. du not.*, n° 1680); et si le créancier veut obtenir une grosse exécutoire, il doit le rapporter au notaire qui l'a reçu; cette grosse ne pourrait être délivrée par un autre notaire qu'autant que les parties lui en auraient fait le dépôt (Rolland de Villargues, n°s 46 et 48).—Quelquefois il est en double original ou par *duplicata*, lorsque, par exemple, il doit être envoyé au loin, ou qu'on craint qu'il ne s'égare. C'est ainsi que les lettres de change se délivrent par 1re, 2e, 3e, etc. — Enfin, les brevets doivent porter l'empreinte du sceau du notaire ; ils peuvent être délivrés sur papier timbré de toute dimension (Déc. min. fin., 12 vent. an VII;

Circul., 2 prair. an VII), et remis aux parties après enregistrement (L. 22 frim. an VII, art. 41) : ils sont passibles des droits d'après la nature de leurs stipulations sans distinction entre eux et ceux qui sont gardés en minute.

684.—Enfin, quand un brevet est, ainsi qu'il a été dit ci-dessus, n° 683, rapporté au notaire qui l'a reçu, il en dresse un acte de dépôt nommé «acte de rapport pour minute d'un brevet; il est écrit sur une feuille de papier particulière. Tel est l'usage à Paris. Il semble plus régulier que celui de beaucoup de notaires de province, qui se contentent 'de mentionner sur le répertoire le rapport du brevet (Rolland de Villargues, v° *Rapport pour minute*); mais d'autres et avec raison, indiquent aussi sur le brevet : *rapporté pour minute*, ainsi que la date de ce dépôt.

685.—§5.—*Forme et rédaction des minutes.* —La minute est l'original de l'acte notarié. En traçant les formes de celui-ci, on a par là même fait connaître les formes de celle-là.— On va cependant rappeler quelques points qui n'ont trait qu'à la forme matérielle des minutes.

Il n'est pas interdit aux notaires de faire imprimer ou lithographier le préambule de certaines de leurs minutes, ce qui peut leur être nécessaire quand ils ont à passer un grand nombre d'actes semblables, tels que ventes volontaires (Rolland de Villargues, v° *Minute*, n° 66 ; *Dict. du not.*, *eod.*, n° 55; Dalloz, v° *Oblig.*, n° 3702). Les notaires doivent écrire leurs minutes, non sur des registres, mais sur des feuilles isolées (Décis. min. just., 15 fév. 1809, D.A.10.666, n° 63). —Ils peuvent prendre du papier timbré de la dimension qui leur convient. Il est d'usage de laisser trois doigts de marge dans toutes les pages des minutes, pour y ajouter facilement les apostilles qu'il serait nécessaire d'y mettre (Arr. réglem. du parlem. de Paris, 4 sept. 1685). Cette disposition peut être considérée comme implicitement reproduite par l'art. 15, loi 25 vent. an XI (*Dict. du not.*, v° *Marge*; Rolland de Villargues, *eod.*; Dalloz, *loc. cit.*).—Beaucoup de notaires ont adopté l'usage prudent de faire parapher par les parties le *recto* de chacun des rôles dont se composent les minutes. Les paraphes se mettent en bas des pages.

686. — Comme l'obligation de garder minute forme aujourd'hui le droit commun, et que c'est au notaire recevant que la minute reste, il n'est plus nécessaire, comme autrefois, que la minute mentionne qu'elle est restée en la possession de tel notaire (Rolland de Villargues, n° 73 ; Dalloz, v° *Oblig.*, n° 3703).

687. — Dans la rédaction des minutes, le notaire n'est que le secrétaire des parties; il doit seulement écrire clairement leurs volontés et mentionner l'accomplissement des formalités légales: c'est le concours de la volonté des parties qui fait la loi du contrat (Toullier, t. 6, n° 212).—Il lui est défendu, par l'arrêt de règlement du 4 sept. 1685, d'ajouter quoi que ce soit à la fin des actes, si ce n'est à l'instant de la passation, et en les faisant, à l'instant même, approuver et parapher par les parties et les témoins (*V.* l'art. 13). — Un arrêt du conseil, du 9 nov. 1706, a défendu, en outre, aux notaires, de faire aucune mention sur leurs minutes, des quittances sous signature privée données par les parties, ni de souffrir que les parties écrivent ou signent sur les minutes aucunes quittances, ratifications, actes quelconques, sous signature privée.

688.—Peut-il être gardé plusieurs minutes d'un même acte? Les notaires de Paris prirent, le 10 déc. 1775, une délibération par laquelle ils défendaient l'usage des doubles minutes : « Il ne pourra y avoir du même acte plusieurs minutes. L'usage des doubles minutes qui s'est introduit depuis plusieurs années sera regardé à l'avenir comme une contravention formelle à l'art. 17 de nos règlements. » Un arrêt de règlement, du 17 mars 1783, les proscrivit aussi. « Il ne sera tenu, y lit-on, qu'une seule minute des actes passés par-devant deux notaires. »—Toutefois, l'arrêt du conseil, du 16 déc. 1769, supposant que les actes pouvaient être passés en double minute, réglait pour cela le mode du contrôle. Les décisions des ministres et de la régie supposent aussi que l'usage n'est pas défendu, car elles règlent le mode d'enregistrement (Déc. de la régie, 26 fév. 1806; 27 nov. 1832 ; Déc. min., 16 août 1808, 12 déc. 1832).—Loret, t. 1, p. 337, et Rolland de Villargues, v° *Minute*, n° 58, disent que la loi de l'an II n'ayant pas défendu la double minute, on ne peut annuler un acte qui serait rédigé dans cette forme. Cela paraît très-exact, quoiqu'il soit mieux de s'abstenir de ce mode, qui, du reste, n'est supposé, par la décision citée, être pratiqué que dans le cas où un notaire d'une classe supérieure concourt, dans son ressort, avec un notaire de classe inférieure, et qui paraît avoir présenté des inconvénients en raison du double dépôt et du droit appartenant à chaque notaire de délivrer des grosses (Dalloz, v° *Oblig.*, n° 3705). — Au surplus, il est bien que l'acte fasse mention de la rédaction en double minute, en autant que chaque notaire est resté en possession d'une de ces minutes. C'est aussi pour éviter toute incertitude que la régie exige l'indication expresse du notaire chargé de payer le droit d'enregistrement, paiement dont le mode est réglé par la décision ministérielle du 16 août 1808.

689. — *Concours entre notaires pour la garde de la minute; ancienneté.*—Il ne faut pas confondre le cas où un notaire est ap-

pelé en second par son confrère, avec celui où, chaque partie se faisant assister de son notaire de confiance, les deux notaires concourent à la rédaction (Règl. int. des not. de Paris, du 27 avril 1847). Dans ce cas, et lorsque deux notaires sont ainsi appelés, la minute appartient au plus ancien en réception, quoique les actes ou contrats auraient été dressés par le plus jeune (Stat. des not. de Paris, 13 mai 1681, art. 17).... ou que celui-ci serait choisi par plusieurs parties, tandis que celui-là ne serait appelé que par une seule. La *Jurisp. du not.* rapporte, art. 54, une ordonnance de référé du 17 mars 1828, qui l'a ainsi jugé en faveur de Me Barbier. Le nombre des voix ne doit influer en rien pour l'attribution des minutes : il s'agit ici d'une prérogative de l'âge, des égards et des respects que mérite l'ancienneté. — C'est par un motif semblable que la compagnie des notaires de Paris a attribué la minute d'un bail au notaire le plus ancien, quoiqu'il n'eût été nommé que par l'un des bailleurs ou propriétaires et par le preneur, tandis que l'autre notaire avait été appelé par tous les autres bailleurs ou propriétaires (Stat. not., 23 sept. 1696).

690.—La règle ne fléchit pas, quoique l'acte soit rédigé en forme de procès-verbal et à la suite de sommations données pour comparaître dans l'étude du notaire moins ancien (Stat. not., 2 av. 1807).

691.—Fondée sur l'ancienneté, cette règle a été appliquée, en matière d'inventaire et de récolement, soit au notaire de l'époux survivant et commun en biens (Paris, 4 janv. 1833, aff. Saint-Amand), soit à celui de la veuve, commune en biens et usufruitière universelle (Nancy, 25 août 1835, aff. Fortier; *Jur. not.,* art. 1895 et 3133);... quoique le notaire plus jeune ait reçu le testament du défunt, et qu'il représente les parties qui ont le plus fort intérêt dans la succession (Colmar, 30 juill. 1826. D.P.26.2.50);... quoique le plus ancien ne réside pas sur les lieux, et que le plus jeune, qui y réside, ait été choisi pour l'exécuteur testamentaire par la majorité des héritiers (Paris, 22 août 1831, D.P.31.2.249);... quoique le plus jeune ait été commis par la justice pour un inventaire (Stat. not., 24 sept. 1818), ou qu'il ait toujours été le notaire de la famille (Paris, 13 juin 1832, D.P.33.2.91). C'est toujours au plus ancien que doivent être renvoyés le partage et la liquidation de la succession (Même arrêt). — Toutefois, dans une espèce où deux notaires ayant été commis par un jugement de séparation de corps, pour procéder à l'inventaire et à la liquidation de la communauté, il avait été jugé sur l'appel que la liquidation aurait lieu à la requête et diligence du mari, demandeur en séparation, dont le notaire était le moins ancien, la Cour de Paris a pensé que, dans

l'esprit de cette décision, c'était évidemment le notaire du mari qui devait être le premier en nom dans l'inventaire et qui devait conserver la minute dudit inventaire, ensemble les autres actes auxquels devait donner lieu la liquidation (Arrêt, 28 oct. 1844, aff. D...; *Journ. Pal.,* t. 76, p. 568). — C'est là, comme on voit, une interprétation d'une décision précédente plutôt qu'un principe de droit général que la Cour a entendu poser.

691 *bis.* — D'après un arrêt de la Cour de Paris, du 17 janv. 1845 (D.P.45.4.359), lorsque deux notaires résidant dans le même ressort de Cour d'appel, mais dans des départements ou arrondissements différents, sont appelés à concourir au même inventaire, la minute de cet inventaire doit être retenue par celui de ces notaires qui réside dans l'arrondissement du domicile de la personne décédée.—Mais la Cour de Bourges a décidé, dans un cas où les deux notaires étaient établis à la même résidence, que la minute doit demeurer au plus ancien, s'il n'apparaît pas que l'une des parties ait un intérêt grave à ce qu'elle soit remise au notaire de son choix (Arrêt du 24 nov. 1845, D.P.45. 4.360).

692. — C'est aussi au plus ancien notaire de Paris qu'appartient : 1° la minute d'un compte de tutelle, d'exécution testamentaire et de bénéfice d'inventaire (Stat. not. de Paris, 2 oct. 1817, 23 août 1823). — Le projet de résolution du 23 frim. an VIII, cité plus haut, attribuait la minute des comptes au notaire de l'ayant (Rolland de Villargues, vo *Minute,* n° 88); — 2° la minute d'une donation, quoiqu'il y soit fait vente de quelque objet au donataire (Stat. not., 24 juill. 1695); — 3° la minute d'un transport de bail (Stat. not., 20 mai 1824).

693. — La règle qui détermine, en faveur de l'ancienneté, la préférence pour la garde des minutes, a reçu de nombreuses exceptions qui sont en général fondées sur cette considération d'équité que la minute doit être laissée au notaire de la partie qui est la plus intéressée à la conservation. Et c'est encore dans les statuts ou règlements des notaires de Paris qu'on trouve ces sages exceptions, que MM. Augan, p. 74, et Rolland de Villargues, n° 91, résument ainsi : Les minutes des contrats de vente appartiennent au notaire de l'acquéreur; — Celles des échanges avec soulte au notaire de l'échangiste qui paie ou doit la soulte; — Celles des obligations ou constitutions de rentes, au notaire du prêteur; — Celles des transports au notaire du cessionnaire; — Celles des contrats de mariage et des inventaires ou transports en conséquence de ces contrats, au notaire de la future; — Celles des baux à ferme ou à loyer, au notaire du bailleur; —

Celles des quittances au notaire de celui qui fait le paiement (Stat. not., 13 mai 1682), et par exemple, au notaire de la caisse des consignations, si c'est celle-ci qui fait la remise des sommes consignées (*Conf.* Rolland de Villargues, n° 96, qui remarque que tel est l'usage). Peu importe que la quittance porte constitution de rente pour une partie du prix, une telle constitution n'étant dans l'acte qu'un accident (Stat., 19 oct. 1698).

694. — Par une conséquence du principe que ces dernières solutions consacrent, on décide que la minute d'une décharge de prix de vente publique de meubles, donnée personnellement au notaire qui a fait la vente, quoique signée par un autre notaire, reste à la garde du notaire dont elle opère la libération (Avis cons. d'Etat, 21 oct. 1809; *V.* Rolland de Villargues, v° *Décharge de prix de vente*).

695. — D'autres exceptions ont été faites : ainsi, on attribue au notaire du créancier la minute d'un titre nouvel (Rolland de Villargues, n° 94); — au notaire de l'usufruitier : 1° la minute d'une obligation souscrite pour l'usufruit, au profit de Paul, et pour la nue propriété, au profit de Jean (Stat. not., 24 sept. 1812); 2° celle du contrat de vente d'un bien dont l'usufruit est acquis par un individu autre que le nu propriétaire (Stat. not., 16 nov. 1815).

696. — Voici d'autres règles qui résultent des statuts des notaires de Paris :

697. — 1° Le notaire qui a prêté les deniers pour faire un paiement est exclu par le notaire de celui qui paie (Stat. not., 23 janv. 1695). — Celui de l'enfant naturel est exclu dans les inventaires, partages de la succession, par le notaire des héritiers légitimes, ou du conjoint survivant, ou de l'exécuteur testamentaire (Stat. not., 23 janv. 1806, art. 1 et 2). — Dans tous les autres cas, les droits de concurrence et ceux de garde des minutes, entre les notaires des enfants naturels et des autres parties intéressées, se déterminent d'après les règles ordinaires (Stat. not., 1681, art. 3).

698. — 2° Les minutes des baux à vie de maisons et héritages doivent rester aux notaires des preneurs et acquéreurs, et les minutes des actes de délaissement pour dots doivent rester aux notaires des épouses, comme une suite des contrats de mariage (Stat. not. de Paris, 28 oct. 1725).

699. — 3° Si le vendeur a fait, dans une quittance du prix d'un fonds vendu, indication du paiement ou délégation de la somme comprise dans la quittance, ou si cette somme fait le montant d'une créance inscrite, colloquée utilement dans un ordre, le notaire du créancier exclut celui du vendeur. — Mais le notaire de celui-ci exclut le notaire du créancier, s'il n'y a ni indication de paiement, ni délégation, ni collocation (Stat. not. de Paris, 1er sept. 1814).

700. — 4° Le notaire qui a par-devers lui les minutes des inventaires, contrats ou autres actes auxquels son confrère a été appelé avec lui, ne peut en délivrer copies ou extraits que les expéditions originales n'en aient auparavant été signées de son confrère et délivrées; ni faire signer lesdites expéditions, copies ou extraits, à d'autres notaires, sinon en cas de maladie pour laquelle il ne puisse signer, ou d'absence et éloignement de cette ville; nonobstant laquelle maladie ou absence il a une même part à l'émolument que s'il avait signé lesdites expéditions, laquelle part le gardien des minutes sera tenu de lui envoyer (Stat. not. de Paris, homologués le 31 mai 1681, art. 18); *V.* aussi un règlement antérieur de la chambre des notaires de Paris, du 27 avr. 1847 (D.p.47.3. 189).

701. — 5° Autrefois il était d'usage à Paris que quand un notaire était appelé pour suppléer un collègue empêché pour cause de parenté, c'était au suppléé que la garde de l'acte était confiée. Une décision du ministre de la justice, en date du 18 janv. 1809, veut que l'acte reste au suppléant, c'est-à-dire au notaire qui l'a reçu, quand même les parties consentiraient à ce qu'il fût confié au notaire suppléé. — Mais si l'empêchement provient d'absence ou de maladie, l'acte reste au notaire suppléé, à la charge d'en faire mention et de le porter sur son répertoire (*Conf.* Dalloz, v° *Oblig.*, n° 3725; Augan, p. 86).

702. — Les questions relatives à la réception et à la garde des minutes sont soumises à la chambre des notaires (Ord., 4 janv. 1843, art. 2, 2°).

702 *bis.* — Quant à la transmission des minutes après démission, destitution, remplacement ou décès d'un notaire, *V.* les art. 54 et suiv.

ART. 21. — Le droit de délivrer des grosses et des expéditions n'appartiendra qu'au notaire possesseur de la minute ; et, néanmoins, tout notaire pourra délivrer copie d'un acte qui lui aura été déposé pour minute.

Cet article s'occupe : 1° des *grosses* et *expéditions* ; 2° des *dépôts d'actes pour minutes*. Il est parlé de ceux-ci à la première partie. — On va parler particulièrement de celles-là.

703. — *Expéditions, grosses, copies.* — Ces trois mots se trouvent dans l'art. 21 : chacun exprime l'idée de la reproduction littérale d'un original, et, dans le cas particulier, d'une minute.

Le Code Napoléon, art. 1334 et suiv., emploie le mot *copie*, comme expression générale : les expéditions et grosses sont des espèces particulières. Dans l'art. 21, le mot *copie* paraît être synonyme du mot *expédition*, quoique le contraire ait été prétendu (*V*. 1re part., p. 1 et suiv.).

L'*expédition* est le mot employé dans le notariat pour désigner la copie littérale de la minute.

On la nomme *grosse* quand elle est revêtue de la forme exécutoire, et *ampliation* quand elle est faite sur une grosse dont la minute n'existe plus.

Elle prend le nom d'*extrait* lorsqu'elle ne comprend pas l'acte entier (*V*. 1re part., p. 3).

On la désigne sous le nom de *copie*, quand elle est faite sur des actes déposés pour minute (art. 21, 2e alin.), ou annexée à quelque acte.

C'est une *copie collationnée*, si elle a été faite sur pièces représentées au notaire, et par lui rendues (Augan, p. 101 et 102; *V*. nos 722 et 765).

On va parler : 1° des expéditions, n° 704; — 2° des grosses ou premières expéditions, n° 730 ; — 3° des copies et secondes expéditions tirées avec ou sans l'autorisation du magistrat ou des parties, nos 754 et 756; — 4° des copies tirées par un autre que le dépositaire de la minute, n° 764 ; — 5° des copies de copies, ou copies collationnées, n° 765; —6° des copies tirées par des particuliers ou des personnes publiques hors de leurs fonctions, n° 772; — 7° de la transcription des actes sur les registres publics, n° 774; —8° des actes récognitifs et confirmatifs, n° 782;— 9° de la ratification ou confirmation des actes, n° 796.

704.—*Par qui l'expédition est-elle délivrée?* Par le possesseur de la minute. S'il a été fait une *double minute*, le droit d'en délivrer expédition est commun aux deux notaires. — *V*. toutefois, Cass., 7 juill. 1846 (D. p. 46.1.330).

Mais l'expédition peut être délivrée par un seul notaire, le possesseur de la minute, quoique l'acte ait été reçu par deux notaires. Brillon cite, comme conformes sur ce point peu controversée en présence des termes de l'art. 21, un arrêt de juillet 1457, et un arrêt de règlement de 1534. D'après Jousse, t. 2, p. 402 : « Les grosses et expéditions doivent être signées du notaire qui les délivre, et alors elles ont toute leur force; et il n'est pas, pour cela, nécessaire d'y joindre la signature d'un second notaire ou des deux témoins. » C'est en ce sens aussi que la Cour de Paris s'est prononcée par arrêt du 25 janv. 1834, aff. Pancemont, qui a adopté les motifs d'un jugement ainsi conçu : « Attendu que, d'après l'art. 21 de la loi du 25 vent. an XI, la signature du notaire, dépositaire de la minute, suffit pour la validité et l'au-

thenticité de l'expédition entière ou par partie; que la signature d'un second notaire, pour les expéditions ou extraits d'actes, qui a été admise en usage parmi les notaires de Paris, peut servir à attester la vérité de la signature du notaire dépositaire de la minute; que la signature en second est une espèce de légalisation officieuse de la signature en premier; qu'elle rend les faux plus difficiles, et qu'elle peut aussi être un moyen de surveillance réciproque dans la forme extérieure des expéditions et extraits; mais qu'elle n'a nullement pour objet d'attester la conformité de l'expédition ou de l'extrait avec la minute, qui n'est jamais représentée au notaire en second; qu'inutile pour la validité et l'authenticité légales de l'expédition ou de l'extrait, elle ne peut jamais rendre le notaire qui la donne responsable du contenu de l'extrait ou de l'expédition. » — En conformité de cet arrêt, la chambre des notaires de Paris a pris, le 27 avril 1834, une délibération portant que les grosses, expéditions et extraits d'actes ne doivent être signés que par le notaire possesseur de la minute (*Conf*. Rolland de Villargues, v° *Expédit.*, n° 49; Dalloz, v° *Oblig.*, n° 4306; *Contrà* Loret, t. 1, p. 343).

705. — Cette doctrine n'est pas restreinte aux premières expéditions et grosses; elle s'applique aussi aux expéditions subséquentes; peu importe que l'expédition soit délivrée par le notaire qui a reçu la minute ou par son successeur: le concours d'un second notaire ou de témoins instrumentaires n'est nécessaire dans aucun cas (Dalloz, v° *Oblig.*, n° 4307). — Toullier, t. 8, n° 446, émet, mais sans le discuter, un avis contraire qui n'est pas partagé par MM. Augan, t. 1, p. 172, et Rolland de Villargues, *eod.*, n° 50.

Mais ce concours est regardé comme nécessaire si l'expédition est tirée sur une pièce dont le notaire n'est pas dépositaire, qui lui a été représentée, et qui a été par lui rendue aux parties (Rolland de Villargues, v° *Copie collat.*, 10).

Il paraît même qu'on est dans l'usage de ne mentionner le notaire en second qu'autant que son nom se trouve sur la minute.

706.—Un notaire empêché par maladie ou par une cause autre que la parenté, de délivrer expédition d'un acte, peut être substitué, pour cette délivrance, par un confrère, sans qu'il soit besoin de commission du tribunal. Tel paraît, d'après Rolland de Villargues, n° 30, être l'usage pratiqué à Paris. —Mais, en cas de décès, le président désigne le notaire qui, jusqu'à son remplacement, doit délivrer les expéditions. C'est là une pratique déjà attestée par Brillon, v° *Notaire*, n° 60.

707.—Il n'est pas interdit aux notaires de délivrer expédition d'actes dans lesquels eux ou leurs parents sont intéressés. Cependant, pour prévenir tout soupçon sur la fidélité des expéditions, ils s'abstiennent de les délivrer eux-mêmes, ils présentent requête au président du tribunal, lequel commet un notaire de la résidence ou du ressort pour délivrer les expéditions (Arg., art. 842, C. proc. civ.), au bas desquelles la commission est indiquée.

708.—Par qui sont délivrées les expéditions de minutes qui se trouvent dans les dépôts publics ou les greffes ? V. art. 60.

709. — *Formes des expéditions.* — Sur ce point, on renvoie d'abord aux formules transcrites à la 1ʳᵉ partie, p. 1 et suiv.

L'expédition devant être la copie de la minute, doit reproduire fidèlement jusqu'à la ponctuation et l'orthographe de l'original, sauf à mentionner que cette orthographe et cette ponctuation appartiennent à l'original (Rolland de Villargues, nᵒˢ 64, 67).

Mais dans les expéditions ou copies, les notaires doivent omettre les clauses, qualifications, énonciations ou expressions tendant à rappeler le régime féodal, à peine de 20 fr. d'amende, disposition qu'il faut concilier avec le rétablissement de la noblesse (V. l'art. 17).

710.—Les expéditions sont écrites, en général, par les clercs des notaires. Une délibération des notaires de Paris, du 24 déc. 1730, porte que les expéditions, copies ou extraits de leurs actes ne seront faits que sous leur vue, à leur su et sous leurs ordres, par leurs clercs travaillant actuellement dans leurs études et résidant chez eux, sans pouvoir se prêter pour cela à aucune facilité, convention ni accommodement, quand bien même ce serait à titre purement gratuit, à cause des dangers qu'il y aurait pour le public et pour eux d'en user autrement.

Il nous semble qu'un notaire ne manquerait à aucune règle en faisant, pour des cas urgents, écrire des expéditions par des personnes étrangères, pourvu que ce fût sous ses yeux et dans son étude.

711.—On tient que les dispositions de la loi relatives aux interlignes, blancs, lacunes, surcharges, ratures, renvois, etc., s'appliquent aux expéditions, et que les ratures, et renvois ou apostilles doivent être approuvés par eux. — Les blancs de chaque alinéa sont remplis par une barre tirée jusqu'au bout de la ligne.

712.—Il n'est pas d'usage de rapporter dans les expéditions et grosses les signatures qui sont apposées sur la minute reçue par le notaire qui délivre l'expédition (Arrêté, 15 prair. an XI; Massé, liv. 13, ch. 19; Rolland de Villargues, nᵒ 78; Dalloz, vᵒ *Oblig.*, nᵒ 4294).—Et cet usage n'est proscrit par aucune loi (Lyon, 30 août 1848, D.P.48.2.189). — Mais on les rapporte dans les expéditions d'actes passés devant ses prédécesseurs, ou

à la fin des expéditions de pièces déposées ou énoncées et des copies collationnées, de la vérité desquels il ne peut répondre comme de ceux qu'il a passés lui-même (Massé, *eod.* ; Rolland de Villargues, *eod.*, nᵒ 79; Dalloz, *loc. cit.*).

713. — Les expéditions délivrées par les notaires, des actes par eux retenus en minute, de ceux qui leur sont déposés, ou qui se trouvent annexés à leurs minutes, ne peuvent être écrites sur du papier inférieur à celui appelé moyen papier (de 1 fr. 50 cent.), à peine de 10 fr. d'amende, outre le paiement des droits de timbre (L. 13 brum. an VII, art. 19 et 26; 28 avril 1816, art. 63; 16 juin 1824, art. 10, et 2 juill. 1862, art. 17); les copies collationnées se font sur du papier de toute dimension, quoiqu'il soit d'usage de les écrire sur du papier d'expédition.

Elles ne peuvent contenir, compensation faite d'une feuille à l'autre, plus de vingt-cinq lignes par page de moyen papier, et plus de trente lignes par page de grand papier, à peine de 5 fr. d'amende, outre le paiement des droits de timbre (L. 13 brum. an VII, art. 20 et 26, nᵒ 5; 16 juin 1824, art. 10).—S'il y a des tableaux qui ne puissent être fractionnés, on les reproduit quel que soit le nombre de lignes. Il suffit que la compensation dont il vient d'être parlé se retrouve.

714. — Les expéditions doivent contenir quinze syllabes à la ligne (Décr. 16 fév. 1807, art. 174). Mais la contravention à cette disposition, résultant de ce qu'il y aurait plus de quinze syllabes à la ligne, ne fait encourir au notaire aucune amende.

715.—Elles doivent reproduire les renvois, ratures, surcharges, interlignes et additions de la minute, même non approuvés (*Conf. Ann. not.*, t. 13, p. 249; Carré, *Cours élém. d'org. jud.*, p. 422; Augan, t. 1, p. 171 ; Duranton, t. 13, nᵒ 238; Rolland de Villargues, nᵒ 74; Dalloz, nᵒ 4293. — *Contrà* Toullier, t. 8, nᵒˢ 111 et 128, qui enseigne que le notaire ne doit en tenir aucun compte, et qu'il doit copier l'acte comme il a été primitivement rédigé ; il se fonde sur ce motif que les renvois, surcharges, etc., non approuvés, sont regardés comme non avenus, et sur un arrêt de régl. du 17 déc. 1627 qui défendait aux notaires d'insérer dans les expéditions les apostilles non approuvées). — Cette opinion que Rolland de Villargues avait adoptée dans sa 1ʳᵉ édition, *eod.*, nᵒ 32, doit être rejetée par ces raisons péremptoires, à notre avis, 1ᵒ qu'il est possible que, sans les mots ou les phrases contenues en renvois, interlignes, etc., l'acte ne soit pas intelligible ; 2ᵒ que le notaire n'est pas juge de la valeur et des irrégularités de la minute, qui peuvent avoir plus ou moins de gravité, qui peuvent laisser aux mots ajoutés ou retouchés la valeur d'un commencement de preuve par écrit et qui, enfin, peuvent n'être pas critiqués par les parties.

716.—Si l'acte est affecté de quelque nullité à défaut de signature d'une partie ou de témoins, ce serait un acte imparfait dont le notaire ne devrait pas délivrer expédition sans ordonnance du juge (*Ann. not. eod.*; Rolland de Villargues, *eod.*, n° 75). — *V.* l'art. 26.

717.—On doit transcrire la légalisation ou au moins énoncer par qui elle a été faite, dans les expéditions ou extraits d'actes de dépôt ou d'actes représentés et rendus (Délib. not., Paris, 25 sept. 1817).

718. —Le notaire détenteur de la minute paraphe seul le bas de chaque recto. Les deux notaires, dans les cas où ils signent tous deux l'expédition, paraphent les renvois et la mention, ou l'approbation des mots rayés, et ils signent à la fin. Le notaire en premier signe et paraphe à droite. Le paraphe au bas de chaque recto n'est qu'une précaution toute volontaire : la loi ne l'exige pas, même pour les minutes (Rolland de Villargues, n° 86).

719. — Quand l'acte a été reçu par deux notaires, le nom du possesseur de la minute est indiqué à la fin avant la transcription de la mention de l'enregistrement (Ferrière, liv. 1, ch. 13). — On fait aussi connaître la place que cette mention occupe sur la minute.

720. — « Il est assez d'usage à Paris, dit Rolland de Villargues, n° 87, de mettre au bas de l'expédition, après l'enregistrement, une mention indicative de l'objet de l'acte expédié, lorsque la dernière feuille employée ne contient que quelques mots ou quelques lignes sur le recto du premier rôle de cette feuille. En effet, on pourrait détacher celle-ci et l'appliquer à un corps d'expédition tout différent, en y mettant un paraphe toujours facile à imiter. »

721. — Le nombre des rôles, des renvois et mots rayés est indiqué à la fin de chaque expédition, par une mention marginale (Délib. not. de Paris, 27 avril 1834).

722. — Tout le monde comprend la nécessité de collationner les expéditions sur les minutes : de là est venu l'usage de quelques notaires d'indiquer cette collation par le mot *collationné*, mis à la fin, dans la marge.

723. — L'obligation de mentionner sur la minute la délivrance des expéditions prescrites par l'arrêt de règlement du 4 sept. 1685 n'est pas renouvelée par la loi de ventôse, qui ne l'exige que pour les grosses (art. 26). Cela se pratique encore, mais dans un simple but d'ordre : ce sont les clercs qui écrivent eux-mêmes *fait expédition* : il n'y a ni paraphe ni signature du notaire.

724. — Les expéditions doivent porter le sceau du notaire en premier.

725. —Les actes qui ne sont que la conséquence d'autres actes, comme les quittances de prix de vente, les ratifications, et par la même raison les actes annexés, tels que procurations, doivent, ce semble, pouvoir être expédiés à la suite de ceux auxquels ils se réfèrent. — Mais ils ne peuvent l'être s'ils ne sont pas dans ces deux catégories (Rolland de Villargues, n°s 92 et 94).

725 *bis.* — Il a été décidé, avec raison, que le notaire, tenu, comme dépositaire, de délivrer et certifier les expéditions de minutes qui sont dans son étude, ne saurait être contraint à certifier des expéditions de minutes qu'il ne peut déchiffrer lui-même (Ord. de réf. du présid. du trib. de la Seine, 10 janv. 1845, D.p.46.4.373).

726. — *Foi due aux expéditions.* — On vient de voir les précautions qui sont prises pour assurer la fidélité des expéditions. C'est de là que naît la foi qui leur est due. Délivrées par le possesseur de ces minutes, il y a présomption qu'elles sont conformes à l'original.

Aussi a-t-il été jugé : 1° que la loi, accordant à l'expédition délivrée par un notaire le même degré de confiance et d'autorité qu'à la minute elle-même, elle ne peut être attaquée que par la voie de l'inscription de faux, encore que la partie qui la produit ne puisse pas représenter la minute, et qu'on ne trouve aucune mention du prétendu acte sur les registres de l'enregistrement (Cass., 17 mess. an x, D.A.10.666, n° 4) ;

2° Qu'il suffit que l'expédition d'un testament olographe constate que la minute existe dans un dépôt public, pour que son exécution n'en puisse être suspendue jusqu'à représentation de la minute, dont l'apport, au reste, n'est pas à la charge de l'héritier institué (Toulouse, 9 août 1834, D.p.35.2.16).

727. — Cependant la présomption ne va pas jusqu'à dispenser le notaire de représenter la minute : au contraire, les parties peuvent exiger cette communication à l'effet de collationner elles-mêmes les expéditions qui leur sont délivrées (Arg., art. 1334, C. Nap. — *V.* art. 23 de la loi ; Duranton, t. 13, n° 87 ; Carré, *Cours élém. d'org. jud.*, p. 422).

En conséquence les notaires ne peuvent point, en offrant de délivrer aux parties ou à leurs ayants droit, des expéditions des actes qu'ils ont reçus, refuser de leur en représenter les minutes (Paris, 22 juill. 1809, D.A.10.666, n° 3). — Comment se fait cette représentation ou communication ? *V.* l'art. 23).

728. — C'est pour le cas où la minute n'existe plus que l'art. 1335, C. Nap., a réglé le degré de foi que doivent obtenir les expéditions ou copies. A cet égard il les a distinguées en plusieurs classes que nous allons

examiner. Au premier rang se placent les grosses.

729.—Quant à la force probante, les premières expéditions sont mises, par l'art. 1335, sur la même ligne que les grosses.

730. — *Des grosses ou premières expéditions.* — *De leur nature.* — Une grosse est une copie authentique, délivrée en forme exécutoire. Le but de la grosse est d'assurer à celui à qui elle est délivrée la voie d'exécution de plein droit. Cette prérogative est une délégation de la puissance publique (Toullier, t. 6, n°⁵ 209 et suiv.). Il ne faut donc pas confondre les grosses avec les expéditions, qui ne sont pas revêtues de la formule exécutoire. Toute grosse est une expédition, mais toute expédition n'est pas une grosse; c'est la différence de l'espèce et du genre (Toullier, t. 8, n° 418).—L'expédition donne le droit d'agir en justice; la grosse autorise à exécuter directement sans avoir recours aux tribunaux. — Du reste, quoique non exécutoire, l'expédition n'est pas moins authentique, et ne fait pas moins foi que la grosse (Toullier, n° 426).

731. — Le droit du notaire de délivrer une première grosse ne cesse point par cela qu'il en aurait été précédemment donné une ou plusieurs expéditions non exécutoires. C'est l'usage suivi par les notaires (Augan, p. 118); mais cet usage a rencontré quelques contradictions devant les tribunaux (D.A., 10.706, n° 8).

732. — *Quels actes peuvent être délivrés en grosses?* — Ce sont les actes susceptibles d'exécution parée. Et pour cela, il faut qu'ils soient authentiques (*V.* n°ˢ 30 et suiv.), qu'ils contiennent obligations de choses liquides et certaines (art. 2213, C. Nap.; 551, C. proc.; Rolland de Villargues, v° *Grosse,* n°ˢ 8 et 16; Dalloz, v° *Oblig.,* n° 4332). — Toutefois les actes sous seing privé, devenant authentiques par le dépôt qui en est fait par les parties chez un notaire, il peut être délivré des grosses de ces actes par le notaire auquel ils sont déposés, et qui les compte parmi ses minutes (*Conf.* Req., 27 mars 1821, D.A.11.648, n° 2). — C'est ce qui est reconnu nonobstant le mot *copie,* de l'art. 21, ce mot *copie* étant une expression qui comprend, d'après l'art. 1335, C. Nap., tous les modes de reproduction littérale de l'original, les grosses comme les expéditions. Toullier (t. 8, n° 422) ne reconnaît au notaire que le pouvoir de délivrer de simples *copies*; mais si l'art. 21 ne parle que de copie, c'est qu'il suppose que tout notaire peut en délivrer, même celui qui n'a pas reçu l'acte. Augan, p. 118, pense que l'acte déposé pour minute peut être revêtu de la forme exécutoire, lorsque toutes les parties ont reconnu leur signature, ou que, depuis le dépôt, l'acte a été relaté dans un titre authentique où a figuré la partie qui n'aurait pas con-

couru au dépôt (*Conf.* Dalloz, v° *Oblig.,* n° 4333; Rolland de Villargues, v° *Grosses,* n° 9). — *V.* plus haut, n° 34.

733. — Une ordonnance de référé, rendue par le président du tribunal civil, et consignée sur un procès-verbal reçu par un notaire, peut être délivrée par celui-ci en forme de grosse (Stat. des not. de Paris, 29 sept. 1814; Rolland de Villargues, n° 14).

734. — On peut délivrer en forme de grosse : 1° un contrat de mariage s'il contient obligation de payer une certaine somme dans un certain temps, soit par des tiers aux époux, soit par ceux-ci à des tiers. Il ne peut l'être si le contrat de mariage ne contient que le règlement des droits éventuels des époux (*Conf.* Rolland de Villargues, n° 24; Dalloz, n° 4334); — 2° une obligation à ordre qui aurait été reçue en minute, qu'elle ait ou non un caractère commercial (Rolland de Villargues, n° 26; Dalloz, n° 4335).

735. — Il importe peu qu'un titre soit prescrit par sa date, car le titre seul reste tant que la prescription n'est pas prononcée. — Mais, après trente ans, le notaire, dit Rolland de Villargues, n° 28, ne peut délivrer la grosse d'un titre sans avoir pris toutes les précautions nécessaires pour s'assurer si la créance n'est pas remboursée : autrement, cette délivrance pourrait lui être imputée à faute.

736. — Mais on ne peut délivrer en forme de grosse : 1° les actes imparfaits, lesquels n'ont pas le caractère de l'authenticité; ni les actes délivrés en brevet, car il résulte des art. 21, 25 et 26, que les grosses ne se délivrent que sur la minute (Massé, liv. 12, ch. 20; Carré, *Cours élém. d'organ. jud.,* n° 136; Toullier, t. 8, n° 422; Rolland de Villargues, n° 10; Dalloz, n° 4337), à moins qu'il n'ait été rapporté au notaire ou déposé à un autre notaire pour minute (Rolland de Villargues, *eod.,* n° 11; Trib. d'Aubusson, 13 juill. 1844, D.P.46.3.39); ni un testament, quoiqu'il renferme le legs d'une somme déterminée, parce que le légataire ne peut se mettre en possession qu'à compter du jour de la demande en délivrance (*Conf.* Rolland de Villargues, n° 25; Dalloz, *loc. cit.*).

737.—*A quelles personnes les grosses peuvent-elles être délivrées?* — A chacune des parties intéressées, c'est-à-dire à celles qui ont le droit de poursuivre l'*exécution* de l'acte (Loret, t. 1, p. 387; Massé, liv. 1, ch. 29; Toullier, t. 8, n° 420; Duranton, *Tr. des contr.,* n° 1318; Dalloz, n° 4338). — A chacune des parties intéressées : c'était déjà la disposition de l'ordonnance d'août 1539, art. 178. Il faut, en effet, que si l'obligation a été contractée envers plusieurs conjointement, chacun, en vertu du principe de division, ait le droit de poursuivre l'exécution pour son compte : mais, dans ce cas, la grosse n'est délivrée que pour ce qui est dû à celui qui la

requiert (Loret, p. 387; Augan, t. 1, p. 177; Rolland de Villargues, n°32 ; Dalloz, *loc. cit.*).
— *V.* Dijon, 21 janv. 1847 (D.P.47.2.108).
— *V. infrà*, n° 837.

Il paraît cependant être d'usage que le notaire se fasse autoriser à délivrer plusieurs grosses, lorsque la dette n'est pas divisée dans le titre. — Enfin, la circonstance d'une délivrance multiple est mentionnée au bas de chaque grosse.

738. — Il ne peut être délivré autant de grosses d'un titre nouvel qu'il y a d'héritiers copropriétaires. Le débiteur ne leur doit qu'un titre à tous; comme il n'en devait qu'un au créancier originaire; c'est à eux à se servir de la voie d'ampliation, s'ils veulent avoir chacun une grosse.

739. — Le notaire peut refuser la grosse aux créanciers lorsque les frais et déboursés, soit de la minute, soit de cette grosse, lui sont dus (Arg., art. 85, C. proc.).

Par qui les grosses sont-elles délivrées? — Par le notaire possesseur de la minute. — Quand l'acte est passé en double minute, le droit de délivrer la grosse doit être déterminé par les mêmes règles que celles qui fixent la conservation des minutes (*V.* l'art. 20). — Toullier, t. 8, n° 421, pense que le droit de délivrer les grosses n'appartient qu'au notaire qui a reçu l'acte. Augan, p. 116, Loret, t. 1, p. 341, Rolland de Villargues, v° *Grosse*, n° 39, et M. Dalloz, v° *Oblig.*, n° 4342, enseignent que ce droit peut être exercé par le notaire possesseur de la minute, soit qu'il l'ait reçue lui-même, soit qu'elle l'ait été par ses prédécesseurs. *V.* aussi le jugement du tribunal d'Aubusson, cité au n° 736.

740.—Par qui sont délivrées les grosses des minutes déposées dans les dépôts publics ? *V.* art. 60 et 61.

741.—*Formes des grosses.*—Les formes des grosses sont, en général, les mêmes que celles des expéditions (*V.* n° 709). Elles portent, de plus, la formule exécutoire (*V.* l'art. 52, et Rolland de Villargues, n°s 55 et suiv.).

742.—Un acte pouvant contenir de longs détails, et des clauses étrangères les unes aux autres, les notaires sont autorisés à délivrer des grosses par extraits, malgré l'induction qui se tire de l'art. 673, C. proc. Mais, pour éviter toute contestation de la part des débiteurs, ils agissent prudemment en ne délivrant les grosses par extrait que sur une autorisation qu'ils rapportent dans la grosse ou dans le style de délivrance (*Conf.* Rolland de Villargues, n° 52).

743.—Les grosses et expéditions des contrats de mariage en suite desquels il existe des changements ou contre-lettres, ne peuvent être délivrées, à peine de dommages-intérêts des parties, et sous plus grande peine, s'il y a lieu, sans que ces change-

ments ou contre-lettres soient transcrits en suite de ces grosses et expéditions (art. 1397, C. Nap.).

744.—Il doit être fait mention sur la minute de la délivrance d'une première grosse. Cette mention ne résulte pas des initiales F. G., fait grosse : on doit mentionner la délivrance, et le notaire doit signer. Un jugement du tribunal d'Orléans, du 24 juin 1839, l'a ainsi jugé (*Jurisp. du not.*, art. 4541), et tel paraît être l'usage à Paris.

745.—*Effets des grosses.*—Quant à l'exécution du contrat, les grosses ont plus de force que la minute même ou l'original, car elles ont seules le privilége de l'exécution parée (Toullier, t. 8, n° 420). — La remise volontaire de la grosse du titre fait présumer la remise de la dette ou le paiement, sauf la preuve contraire (art. 1283, C. Nap.). — La remise de la grosse à l'un des débiteurs solidaires a le même effet au profit de ses codébiteurs (art. 1234).—Le créancier qui perd sa première grosse ne peut plus obtenir la voie d'exécution parée que par l'autorité de justice, et en obtenant la délivrance d'une seconde grosse (Toullier, 8.422). — Mais la perte de la grosse n'entraîne pas celle du droit hypothécaire.

746.—La remise de la grosse à l'huissier vaut pouvoir pour toutes exécutions autres que la saisie immobilière et l'emprisonnement, pour lesquels il faut un pouvoir spécial (art. 556, C. proc.).

747.—*Foi due aux grosses et premières expéditions.*—Lorsque l'original subsiste, les grosses, comme toutes les copies en général, ne font foi que de ce qui est contenu dans l'original (art. 1334, C. Nap.).—Pour assurer cette disposition, « la représentation du titre original peut toujours être exigée » (même article), ce qui s'applique au cas où la copie, en vertu de laquelle on agit, est une grosse (*V.* n° 727).

748.—Mais la demande de représentation de l'original n'autorise pas les juges à surseoir à l'exécution de l'acte ; car la grosse est exécutoire de plein droit, et son exécution ne pourrait être arrêtée que par une inscription de faux.

749.—Les grosses et premières expéditions font foi, non-seulement quand elles ont été été délivrées sur la minute même de l'acte reçu par le notaire, mais encore lorsqu'elles ont été délivrées sur un acte déposé pour minute au notaire. — Il importe peu qu'elles aient été délivrées par le successeur de celui qui a reçu l'acte ; la loi reconnaît le droit de délivrer les grosses, au notaire *possesseur* de la minute, sans exiger que ce soit lui qui ait reçu l'acte (Rolland de Villargues, 1re *édit.*, n° 17.—*Contrà*, Toullier, 8.421).

750.—Que si l'original n'existe plus, les grosses ou premières expéditions font la

II.

8

même foi que lui. C'est ce qui ressort de l'art. 1335, qui place sur la même ligne les grosses et premières expéditions. Elles ne diffèrent que quant à la formule exécutoire et l'exécution qui en est la suite ; du reste, elles ont les mêmes effets quant à la force probante (Toullier, t. 8, n° 426 ; Duranton, n° 1324). *V.* aussi trib. d'Aurillac, 24 juill. 1841 (D.P.42.3.38). — Au surplus, une expédition peut être réputée la *première* qui ait été délivrée, lorsque le contraire n'est pas établi (Req., 29 nov. 1830; D.P.31.1.7).

751. — *Expéditions ou copies tirées par l'autorité des magistrats ou du consentement des parties.* — Elles font la même foi que l'original perdu (art. 1335, 1°, C. Nap.).

752. — Malgré l'assimilation, quant à la force probante, des grosses ou premières expéditions et des copies tirées par l'autorité du magistrat ou du consentement des parties, Dumoulin a signalé entre ces actes une différence que la loi nouvelle ne repousse point. Les grosses et premières expéditions font foi de leur date et de leur contenu envers toutes personnes, tandis que toutes les copies tirées par l'autorité du magistrat ou avec le consentement des parties ne font pas foi contre les tiers; cependant elles prouvent, comme le ferait l'acte privé, *rem ipsam*, lorsqu'elles ont acquis une date certaine (Toullier, t. 8, n°ˢ 430 et 431 ; Duranton, t. 13, n° 244; Dalloz, v° *Oblig.*, n° 4360; Rolland de Villargues, v° *Copie*, 1ʳᵉ édit., n°ˢ 25 et et 26.—*Contrà*, Solon, n° 110).

753.—Elles peuvent servir de commencement de preuve par écrit, induction qui se tire de l'art. 1335, n° 2 (Toullier, n°ˢ 432 et 433).

754. — Si l'original était un acte sous seing privé, la copie qui le remplacerait, et qui aurait été tirée par autorité de justice ou du consentement des parties, aurait plus de force que lui : car elle ne serait pas soumise à la reconnaissance ou à la vérification d'écritures (Rolland de Villargues, *eod.*, v° *Copie*, n° 29).

755.—De ce que les copies faites du consentement des parties tirent leur force de ce consentement, on peut conclure qu'il doit être constaté authentiquement, et qu'il doit émaner de personnes capables de contracter. — Si les parties étaient incapables de contracter, l'expédition ou la copie ne feraient pas foi contre elles, contre leurs héritiers ou ayants cause, même après trente ans (Toullier, t. 8, n° 454; Delvincourt, t. 2, p. 289).

755 *bis.*— La Cour de cassation a jugé que la copie d'un acte du xvᵉ siècle, certifiée par deux notaires royaux comme étant extraite du livre coté des actes d'un ancien notaire, se trouvant entre les mains des héritiers, doit faire foi devant les tribunaux, bien que les notaires certificateurs attestent que l'ori-

ginal n'était revêtu d'aucune signature (Req., 8 mars 1841, D.P.41.1.151).

756.—*Copies et secondes expéditions tirées sans l'autorité des magistrats ou sans le consentement des parties.*—« Les copies qui, sans l'autorité du magistrat, ou sans le consentement des parties, et depuis la délivrance des grosses ou premières expéditions, auront été tirées sur la minute de l'acte par le notaire qui l'a reçu, ou par l'un de ses successeurs, ou par officiers publics qui, en cette qualité, sont dépositaires des minutes, peuvent, en cas de perte de l'original, faire foi quand elles sont anciennes. Elles sont considérées comme anciennes quand elles ont plus de trente ans. — Si elles ont moins de trente ans, elles ne peuvent servir que comme commencement de preuve par écrit.» (art. 1335, n° 2, C. Nap.).

757.—Comme il ne s'agit dans le n° 2 de l'art. 1335 que de copies tirées depuis la délivrance de la grosse ou première expédition, si la première expédition a été délivrée en forme simple, elle a la même foi que l'original, bien qu'elle n'ait pas trente ans de date (Duranton, *cod.*).

758. — Il résulte du même article qu'une copie ayant moins de trente ans de date ne peut faire foi comme ancienne (Req., 10 nov. 1830; D.P.31.1.77).

759. — Les trente ans nécessaires pour qu'une copie soit ancienne se comptent, non pas du jour de l'acte reçu, mais du jour où la copie a été tirée, de sorte qu'il ne suffirait pas que l'acte fût ancien si la copie était récente (Toullier, t. 8, n° 434; Duranton, n° 1325; Dalloz, v° *Oblig.*, n° 4373).

760. — Pour juger si une copie est ancienne, il faut donc connaître la date. Si la copie n'a point de date, elle ne peut faire preuve dans les conditions voulues par l'art. 1335.—Cependant elle ne doit pas non plus être considérée comme non avenue. — Et il a été jugé qu'il suffit qu'une copie, quoique non datée, soit mentionnée dans des actes, pour qu'en cas d'inexistence de la minute, cette copie puisse être, sinon regardée comme preuve du contenu de l'acte non représenté, au moins valoir comme commencement de preuve par écrit (Req., 10 nov. 1830, D.P. 31.1.77).—L'art. 1325, n° 2, en ne reconnaissant à la copie d'autre force que celle de commencement de preuve par écrit, diffère de l'art. 1347, qui définit le commencement de preuve par écrit l'acte émané de celui à qui on l'oppose : ici, ce n'est point la partie qui a écrit la copie. Il résulte encore de ce n° 2 de l'art. 1335 que la preuve testimoniale et le serment d'office sont admissibles pour compléter la preuve (Toullier, t. 8, n° 436; Duranton, t. 13, n° 247; Dalloz, v° *Oblig.*, n° 4375).

761.—Du reste, les juges sont seulement

autorisés, mais nullement obligés à admettre les copies ayant moins de trente ans comme commencement de preuve par écrit (Duranton, t. 13, n° 246).

762.—Une expédition d'acte peut être réputée ancienne, dans le sens de l'art. 1335, § 2, C. Nap., lorsque le contraire n'est pas établi (Req., 29 nov. 1830, D.P.31.1.7).

763.—Les copies anciennes tirées, parties non présentes ni appelées, ne peuvent faire pleine foi que quand elles sont soutenues de la possession; autrement le droit serait prescrit, puisqu'on suppose que le titre remonte à plus de trente ans (Pothier, n° 705; Toullier, t. 8, n°s 164 et 435; Rolland de Villargues, v° Copie, 1re édit., n° 98).

764.—*Copies tirées par un autre que par le dépositaire de la minute.*—En cas de non-existence de l'original, « lorsque les copies tirées sur la minute d'un acte ne l'auront pas été par le notaire qui l'a reçu, ou par l'un de ses successeurs, ou par officiers publics qui, en cette qualité, sont dépositaires des minutes, elles ne pourront servir, quelle que soit leur ancienneté, que de commencement de preuve par écrit » (art. 1335, n° 3, C. Nap.). Cette disposition prévoit le cas où le porteur d'un acte délivré en brevet le présente à un notaire autre que celui qui l'a reçu, et le cas où, par quelque événement fortuit ou de force majeure, la minute sera tombée au pouvoir d'un individu qui en aurait fait tirer copie par un fonctionnaire public quelconque. De pareils actes sont abandonnés à l'appréciation des juges, qui peuvent les considérer comme un commencement de preuve par écrit, mais n'y sont pas obligés (Toullier, t. 8, n°s 437 et 438; Duranton, t. 13, n° 248; Rolland de Villargues, eod., n° 44; Dalloz, v° Oblig., n° 4377). Du reste, l'article s'applique à tous fonctionnaires quelconques qui n'ont pas caractère pour conserver les minutes et en délivrer régulièrement copie.

L'expédition d'un acte notarié, délivrée hors la présence des parties par un notaire auquel la minute a été représentée et retirée, et à laquelle ni lui ni ses successeurs n'ont concouru, forme un commencement de preuve par écrit, quoiqu'elle remontât à moins de trente ans. Une décision contraire s'induit d'un arrêt du 27 janv. 1825 (Req., D.P. 25.1.126).

765. — *Copies de copies, Copies collationnées.* — Les copies de copies, porte l'art. 1335, 4°, pourront, suivant les circonstances, être considérées comme simples renseignements. On entend par copies de copies celles qui, sans autorité de justice, et parties non appelées ni présentes, ont été tirées par un officier public, non sur la minute d'un acte, mais sur une autre copie ou expédition délivrée, soit par celui qui a reçu l'acte, soit par tout autre officier public, dépositaire de la minute (Pothier, n° 741; Toullier, t. 8, n° 439; Rolland de Villargues, v° Copies, n° 48). V. comme exemple, Civ. rej., 21 déc. 1842 (D.P.43.1.70). Les secondes grosses délivrées par ampliation sur une grosse déposée, et les expéditions tirées d'une grosse déposée chez un notaire, ne sont, à vrai dire, que des copies de copies; mais on comprend aisément que ce n'est pas de ces sortes d'actes que l'art. 1335 entend parler (Duranton, 13,250).

766. — Les copies dont il s'agit peuvent se faire de plusieurs manières, et elles varient dans leurs effets. Lorsqu'elles sont faites par un notaire sur une copie ou expédition délivrée par un officier public dépositaire de la minute, en présence des parties, elles ont entre les parties ou leurs ayants cause la même force que le premier acte. Quant aux tiers non appelés, la copie de copie ne fait pas preuve contre eux; mais, d'après Dumoulin et Pothier, elle forme une présomption; c'est plus qu'un simple renseignement. Toullier, t. 8, n°s 440 et 442, et Duranton pensent que l'effet de la copie de copie est, dans ce cas, de fortifier d'autres conjectures, et de pouvoir fournir des présomptions que l'art. 1335 autorise les juges à consulter. Les copies, demandées par une partie, d'une grosse ou d'une expédition qui lui a été remise, et qui ont été tirées même par un notaire, et, à plus forte raison, celles tirées par le créancier ou ses successeurs, ne servent que de simples renseignements (Duranton, 13, n°s 251, 252; Rolland de Villargues, eod., n°s 50 et s.).

767. — Les collations de pièces sont judiciaires lorsqu'elles se font pendant le cours d'un procès et en vertu d'une ordonnance du juge : elles se font par les notaires; mais elles peuvent être faites aussi par le juge lui-même. V. art. 24.

768. — Les collations extra-judiciaires, que l'art. 1335 a plus spécialement en vue, peuvent être faites sur des actes sous seing privé (Lett. min. fin., 5 sept. 1809).

769. — On ne doit point considérer comme simples collations les grosses ou expéditions délivrées par les notaires, des actes qui se trouvent dans les dépôts publics des minutes. Lorsqu'un tribunal a confié temporairement les minutes d'un notaire décédé à un autre notaire, en l'autorisant à délivrer des expéditions, ces expéditions ne sont pas non plus des copies collationnées (Dict. enreg., v° Collation; Rolland de Villargues, 1re édit. v° Copies collat., n°s 10 et 11).

770. — Plusieurs pièces peuvent être comprises dans une même copie collationnée, et une seule signature suffit pour les certifier. Mais il faut qu'elles soient copiées les unes à la suite des autres d'un seul et même contexte; elles doivent être datées et signées par les officiers qui les font enregistrer dans

8.

le même délai que les autres actes (*Conf.* Rolland de Villargues, *eod.*, nᵒˢ 12 et 13).

771. — Les copies collationnées n'étant pas des actes proprement dits, il semble qu'elles ne requièrent pas l'assistance d'un notaire en second, ni de témoins. Elles doivent être portées sur le répertoire (Rolland de Villargues, *eod.*, nᵒˢ 14, 15, 17).

772. — *Copies tirées par des particuliers ou des personnes publiques hors de leurs fonctions.* — Si les copies ont été faites par des personnes privées ou, ce qui revient au même, par des personnes publiques hors de l'exercice de leurs fonctions, elles ne fournissent qu'un indice léger. Pothier les nomme *copies absolument informes.* Toullier, t. 8, nᵒ 444, pense, d'après Dumoulin, que, si quelqu'un a produit une semblable copie et en a tiré des inductions, son adversaire peut s'en servir et la lui opposer, parce qu'en s'en appuyant on en reconnaît la vérité (Dalloz, vᵒ *Oblig.*, nᵒ 4307; Rolland de Villargues, 1ʳᵉ éd. vᵒ *Copie*, nᵒ 11).

773. — La force des copies tirées par une personne publique dépend de la circonstance que cette personne a agi ou non dans l'exercice de ses fonctions. Toullier, t. 8, nᵒ 446, en conclut que le notaire qui les délivre doit être assisté d'un notaire en second ou de deux témoins. Mais, aux nᵒˢ 47 et suiv., Toullier établit la distinction que voici : les notaires sont obligés, sauf quelques exceptions, de garder minute des actes; c'est à celui qui les a dressés et qui reste dépositaire de la minute à délivrer l'expédition; et à cet effet, la loi n'ordonne pas la signature du second notaire ni des témoins. Quant aux autres expéditions ou copies, il faut que le notaire qui dresse l'acte où il certifie la copie conforme à la minute qu'il possède soit assisté d'un second notaire ou de deux témoins, personnes nécessaires pour qu'il soit considéré comme fonctionnaire public. *Conf.*, *Théorie sur les nullités*, Solon, nᵒ 115. Duranton avait d'abord rejeté la distinction entre les grosses ou premières expéditions et les autres expéditions ou copies. Suivant son premier avis, si la grosse ou expédition peut être regardée comme la minute qu'autrefois les notaires remettaient aux parties, c'est en ce sens qu'elle tient lieu de la minute en cas de perte; mais elle n'est réellement pas la minute, et elle peut être infidèle. L'auteur a rétracté ce sentiment et considéré l'assistance d'un second notaire comme inutile pour la délivrance d'une seconde grosse, par la raison que l'art. 844, C. pr., qui trace des formes spéciales, n'exige pas celle-là (t. 13, nᵒ 63; Dalloz, nᵒ 4403).

774. — *Transcription des actes sur les registres publics.* — Pothier applique les principes qu'il pose aux registres d'insinuation des donations. L'insinuation a été abolie; la loi nouvelle reconnaît la transcription des do-

nations et aliénations immobilières (art. 1336).

775. — «La transcription d'un acte sur les registres publics, porte l'art. 1336, C. Nap., ne pourra servir que de commencement de preuve par écrit; et il faudra même pour cela, 1ᵒ qu'il soit constant que toutes les minutes du notaire, de l'année dans laquelle l'acte paraît avoir été fait, soient perdues, ou que l'on prouve que la perte de la minute de cet acte a été faite par un accident particulier; 2ᵒ qu'il existe un répertoire, en règle, du notaire, qui constate que l'acte a été fait à la même date.

«Lorsqu'au moyen du concours de ces deux circonstances, la preuve par témoins sera admise, il sera nécessaire que ceux qui ont été témoins de l'acte, s'ils existent encore, soient entendus. »

776. — La condition relative au répertoire n'était point exigée autrefois. Elle est surtout fort sage lorsqu'il s'agit de prouver la perte d'une minute par un accident particulier. Tel serait par exemple, le cas où toutes les minutes de l'année ne seraient pas perdues, et où il ne manquerait que la minute de l'acte transcrit, circonstance qui ferait douter de la vérité ou de la forme de l'acte (Toullier, t. 8, nᵒ 469; Dalloz, vᵒ *Oblig.* nᵒ 4401; Rolland de Villargues, 1ʳᵉ édit., vᵒ *Perte d'acte*, nᵒˢ 12 et 13). Si le répertoire du notaire a péri avec ses minutes, on recourt au double déposé au greffe du tribunal, et qui est signé du notaire (Dalloz, *loc. cit.*; Rolland de Villargues, *eod.* nᵒ 16).

777. — La transcription acquiert un grand degré de force quand elle s'accorde avec le registre du receveur de l'enregistrement (Toullier, t. 8, nᵒ 470; Dalloz, nᵒ 4402; Rolland de Villargues, *eod.*, nᵒ 15).

778. — L'art. 1336 ne parle pas de l'enregistrement des actes authentiques non sujets à transcription; aucun texte ne donne à la mention sur les registres de l'enregistrement la force de commencement de preuve par écrit. Duranton, t. 13, nᵒ 255, pense qu'il n'y a pourtant pas d'inconvénient à admettre l'enregistrement comme un commencement de preuve par écrit : car il rend vraisemblable le fait allégué. L'enregistrement, réuni aux autres conditions dont parle l'art. 1336, rend le fait plus vraisemblable qu'une simple copie de copie tirée par un autre que l'officier public compétent, laquelle peut cependant valoir comme commencement de preuve par écrit (Delvincourt, t. 2, nᵒ 380; Rolland de Villargues, *eod.*, nᵒ 17; Dalloz, nᵒ 4403. — *Contrà*, Toullier, t. 9, nᵒ 72).

Jugé ainsi que la mention expresse et littérale, sur les registres de l'enregistrement, de la date d'une procuration, du nom du mandant et de l'objet de l'acte, équivaut à la transcription entière de cet acte, et peut, sous les conditions imposées par l'art. 1336, C. Nap., servir de commencement de preuve par écrit (Cass., 15 fév. 1837, D.p.37.1.253).

Décidé cependant que la copie entière d'un titre à son enregistrement ne peut valoir comme commencement de preuve par écrit, tendant à constater l'existence et la validité de ce titre non représenté ; le receveur n'a point qualité pour relever copie d'un titre, et en outre cette copie, faite en l'absence de la partie intéressée à la contester, ne peut être d'aucune valeur (Aix, 21 fév. 1840 ; D.p.40. 2.128).

779. — Lorsque deux sœurs, mariées, ont transigé par acte notarié sur la succession de leur mère commune, mais que la transaction ne se trouve plus dans les minutes du notaire et est déniée par l'une des parties, les tribunaux peuvent considérer comme formant un commencement de preuve par écrit et établissant des présomptions graves de l'existence de l'acte, la souscription d'un billet signé par le mari de l'une des deux sœurs, le jour même de la transaction, et payé par lui, ainsi que la mention de la transaction sur le répertoire du notaire et le registre de l'enregistrement. Dans ce cas, les tribunaux peuvent, même sans ordonner la preuve testimoniale, prononcer que la transaction sera refaite (Req., 17 mars 1825, D.p.25.1.209).

780. — Il est clair que les conditions énumérées dans l'art. 1336 ne s'appliquent pas aux actes sous seing privé. Il suffit qu'ils soient transcrits sur un registre public pour servir de commencement de preuve par écrit ; car cette transcription rend vraisemblable le fait allégué (art. 1347, C. Nap.; Rolland de Villargues, eod., n° 19., Duranton, t. 13, n° 255).

781. — Les témoins de l'acte qui doivent être entendus (art. 1336), s'ils existent encore, sont les témoins instrumentaires. S'ils n'existent plus, il ne suffit pas de faire entendre des témoins qui aient seulement vu l'acte, mais il faut des témoins qui l'aient lu ou en aient appris les clauses de la bouche de la partie intéressée à le combattre ; les tribunaux apprécient leurs dépositions (Dalloz, v° Oblig., n° 4410 ; Pothier, n° 738 ; Toullier, t. 8, n° 471 ; Rolland de Villargues, eod. n° 21).

Il a été jugé que, si les témoins sont décédés, il peut y être suppléé par des présomptions graves, précises et concordantes, sans que l'appréciation de ces présomptions puisse être soumise à la Cour (Req., 16 fév. 1837, D.p.37.1.253).

782. — Actes récognitifs et confirmatifs. — Les canonistes ont établi des règles pleines de subtilité sur les confirmations d'actes. Dumoulin avait adapté ces principes aux institutions féodales. Pothier résume la doctrine de Dumoulin, et les auteurs du Code l'ont suivie, quoiqu'elle eût son origine dans des usages que le temps a détruits (Toullier, t. 8, n°s 474 et suiv.; Dalloz, v° Oblig., n°s 4441 et suiv.; Duranton, 13, n° 263).

783. — L'acte récognitif est celui que le débiteur, principalement d'une redevance annuelle, donne au créancier, en reconnaissance du droit, afin d'empêcher la prescription.

L'acte confirmatif est celui par lequel on donne force à un acte précédent qui en était dépourvu ou qui n'en avait pas une entière ; parmi ces actes on distingue ceux de confirmation et ceux de ratification (Duranton, t. 13, n°s 256 et 257).

784. — La règle générale est que « les actes récognitifs ne dispensent pas de la représentation du titre primordial, à moins que sa teneur n'y soit spécialement relatée » (art. 1337, C. Nap.).

785. — Le principe que les actes récognitifs ne dispensent pas de la représentation du titre primordial ne s'applique qu'au cas où le nouveau titre a pour objet de reconnaître l'existence du titre primitif, lequel continue d'exister ; il n'est pas applicable au cas où un acte est passé pour constater une obligation préexistante, soit qu'elle n'ait pas été constatée, soit que les parties aient voulu remplacer le titre originaire par un nouveau titre destiné à leur servir de règle : ici la représentation de l'acte ancien ne peut être exigée, le nouvel acte étant, non pas récognitif, mais constitutif de l'obligation qui doit désormais lier les parties (Pau, 14 août 1828, D.p. 29.2.106).

786. — D'après l'ancienne distinction entre les actes récognitifs in formâ speciali ex certâ scientiâ, et ceux in formâ communi, lorsque la teneur du titre primordial est spécialement relatée dans l'acte récognitif, on ne peut exiger la présentation du premier, quelque récente que soit la reconnaissance (art. 1337 ; — Toullier, t. 8, n° 485 ; Dalloz, n° 4442 ; Rolland de Villargues, 1re édit., v° Titre nouvel, n° 28). — Il importe peu qu'il n'existe qu'une pièce contenant la relation spéciale de la teneur du titre, et qu'il soit ou non soutenu d'une longue possession (Toullier, t. 8, n° 485 ; Rolland de Villargues, n° 28 ; Duranton, t. 13, n° 260). — Il a été jugé qu'il suffit qu'un acte ancien soit relaté dans une transaction passée en exécution de ce titre, transaction qui a d'ailleurs été exécutée et a servi de base à des jugements, pour que celui qui invoque le titre précédent soit dispensé de le représenter (Metz, 10 fév. 1836, D.p.38.2.153).

787. — Le Code n'exige pas la copie littérale du titre, mais la relation spéciale de sa teneur, la relation du titre, sans celle de sa teneur, ne suffirait pas. Mais en quoi la relation d'un titre diffère-t-elle de sa teneur ? C'est une question délicate, abandonnée à la prudence des tribunaux (Toullier, t. 8, n° 484, et t. 10, n° 312 ; Rép. de Favard, v° Acte récognitif, sect. 1re, n° 5 ; Rolland de Villar-

gues, nᵒˢ 30, 31, 32; Dalloz, nᵒ 4444). — Par exemple, l'arrêté d'un conseil de préfecture qui établit d'une manière positive l'existence d'un titre de concession au profit de particuliers, et en rappelle les principales clauses, sans en être la copie fidèle, a pu être considéré comme un acte récognitif émané du Gouvernement, relatant en termes suffisants la teneur du titre primordial, dans le sens de l'art. 1337, C. Nap., et pouvant dispenser de sa représentation, alors d'ailleurs que ce titre avait été produit au conseil de préfecture, et non rendu aux concessionnaires (Req., 11 juin 1833; D:ᴘ.33.1.274).

788. — Les actes récognitifs qui ne contiennent que la relation du titre primordial, et non la relation spéciale de la teneur de ce titre, ne pouvant dispenser le créancier de représenter ce titre, il s'ensuit qu'il n'en prouve pas l'existence quand il est perdu (Toullier, nᵒˢ 486, 487; Rolland de Villargues, eod., nᵒ 34). — Jugé cependant que la circonstance que la teneur du titre primordial n'y est pas spécialement relatée est même indifférente lorsqu'il y a difficulté entre les parties, non sur la quotité, la nature ou l'époque de l'exigibilité de la rente, mais sur son existence (Poitiers, 28 fév. 1823; D.ᴀ.10. 700, nᵒ1).

789.—Mais les actes récognitifs qui ne réfèrent que le titre primordial et non sa teneur servent à confirmer ce titre et à interrompre la prescription (Pothier, nᵒ 743; Toullier, t. 8, nᵒ 476; Rolland de Villargues, nᵒ 33).

790. — Alors même que la teneur du titre est spécialement relatée dans l'acte récognitif, et que le créancier est dispensé de produire ce titre, le débiteur peut le représenter pour établir que les clauses n'y sont pas telles que la reconnaissance le porte (Dalloz, vᵒ Oblig., nᵒ 4455; Rolland de Villargues, nᵒ 27). — Foi est due au titre primordial; c'est pourquoi l'art. 1337, 2ᵒ, veut que ce que les actes récognitifs contiennent de plus que le titre primordial,₊ₑ.ou ce qui s'y trouve de différent, n'ait aucun effet. Peu importent, à cet égard, le nombre et l'ancienneté des reconnaissances; il faut excepter le cas de la novation (Toullier, t. 8, nᵒ 488; Duranton, t. 13, nᵒ 261; Pothier, nᵒ 744; Dalloz, loc. cit.; Rolland de Villargues, nᵒˢ 38, 39, 42).

791.—Par application de l'art. 1337, 1ᵒ et 2ᵒ, il a été jugé :

1ᵒ Le registre-journal, servant anciennement à la perception des rentes domaniales, bien que revêtu de la forme exécutoire, ne peut tenir lieu du titre constitutif de ces rentes (Paris, 2 déc. 1836; D.ᴘ.37.2.71). — V. cependant Angers, 27 janv. 1842 (D.ᴘ. 42.2.102).

2ᵒ Le contrat de vente, qui met à la charge de l'acquéreur le service d'une rente due par le vendeur, n'a pas pour effet de remplacer le titre primordial de la rente, alors que le créditrentier n'est pas intervenu au contrat (Même arrêt).

3ᵒ La renonciation du débiteur à se prévaloir des dispositions de l'art. 1337, C. Nap., qui soumet le créancier à la représentation du titre primordial, est obligatoire, alors même que, s'agissant d'une rente, le débiteur prétendrait, mais sans en justifier, qu'elle a une origine féodale (Cass., 5 déc. 1837; D. ᴘ.38.1.391).

4ᵒ Bien que ce qui est contenu dans le titre nouvel de plus ou de différent que le titre primordial soit sans effet, cependant il ne faut pas en conclure qu'il ne puisse y être ajouté des conditions accessoires, pourvu qu'elles ne touchent en rien à l'essence de l'obligation primitive. Ainsi, en matière de rente foncière, la solidarité stipulée par les débiteurs, comme clause additionnelle dans le titre nouvel, doit avoir tous ses effets (Toulouse, 5 avril 1838; D.ᴘ.39.2.112).

792. — Le § 3 de l'art. 1337 dispense le créancier de représenter le titre primordial lorsqu'il y a plusieurs reconnaissances conformes, soutenues de la possession, et dont l'une a plus de trente ans, dans le cas où l'acte récognitif ne relate pas spécialement la teneur du titre. Une seule reconnaissance, soutenue de la possession, et remontant à plus de trente ans, ne suffirait pas pour dispenser le créancier de représenter le titre. Duranton, t. 13, nᵒ 263; Delvincourt, t. 2, nᵒ621, n'admettent cette décision qu'à l'égard des tiers, et non à l'égard de celui de qui émane la reconnaissance. Favard, loc. cit., nᵒ 5, Toullier, t. 8, nᵒ 487, pensent que le texte est précis, et que le créancier qui n'a qu'une reconnaissance, ou qui en a plusieurs qui ne réunissent pas les conditions voulues, n'a d'autre ressource que l'aveu du débiteur, son serment ou la preuve de la perte et de la teneur du titre (Dalloz, nᵒ 4459, Rolland de Villargues; nᵒ 37).

Jugé ainsi qu'il n'est pas nécessaire de représenter un titre primordial, lorsqu'on produit des reconnaissances soutenues d'une possession immémoriale conforme (Cass., 5 juill. 1837; D.ᴘ.37.1.472).

792 bis. — Quelques arrêts sont allés jusqu'à décider que la représentation d'un titre primordial peut être suppléée par la preuve testimoniale soutenue d'un commencement de preuve par écrit, constatant l'existence du titre contesté (Angers, 19 janv. 1843; D.ᴘ.43. 2.48; Rennes, 28 mai 1845; 45.4.407). Mais on doute que cette doctrine doive être suivie.

793.—La disposition du § 3 de l'art. 1337 s'applique aux actes antérieurs comme aux actes postérieurs au Code Napoléon (Pau, 30 janv. 1828; D.ᴘ.29.2.105). — Jugé, au contraire, par la même Cour, qu'à l'égard des actes antérieurs au Code Napoléon, une seule reconnaissance peut être déclarée suffisante (Pau, 14 août 1828; D.p.29.2.106).

794.—Les reconnaissances successives dont il est parlé dans le § 3 de l'art. 1337 peuvent résulter, au profit d'un individu, d'actes passés avec des tiers, dans lesquels ces droits sont reconnus (Cass., 6 fév. 1832; D.p.32.1. 98).

795.—Suivant Pothier, si, dans le cas où l'acte récognitif serait plus favorable au débiteur, il y a plusieurs reconnaissances conformes dont l'une remonte à trente ans, le créancier ne pourrait, en représentant le titre primordial, prétendre plus qu'il n'est porté par les reconnaissances, la prescription étant acquise au débiteur pour le surplus, pourvu qu'elle ait pu courir contre le créancier (*Conf.*, Duranton, t. 13, n° 262; *Rép.* de Favard, *loc. cit.*, n° 4, et Delvincourt, t. 2, n° 622. — *Contrà*, Toullier, t. 8, n° 489; Rolland de Villargues, n°s 40 et 41).

796.—Enfin, à l'égard des actes qui contiennent une *ratification* ou *confirmation*, leurs formes et leurs effets sont réglés par les art. 1338, 1339 et 1340, C. Nap., dont voici les termes:

« Art. 1338.—L'acte de confirmation ou ratification d'une obligation contre laquelle la loi admet l'action en nullité ou en rescision, n'est valable que lorsqu'on y trouve la substance de cette obligation, la mention du motif de l'action en rescision, et l'intention de réparer le vice sur lequel cette action est fondée. — A défaut d'acte de confirmation, ou ratification, il suffit que l'obligation soit exécutée volontairement après l'époque à laquelle l'obligation pouvait être valablement confirmée ou ratifiée. — La confirmation, ratification, ou exécution volontaire dans les formes et à l'époque déterminées par la loi, emporte la renonciation aux moyens et exceptions que l'on pouvait opposer contre cet acte, sans préjudice néanmoins du droit des tiers.

« Art. 1339.—Le donateur ne peut réparer par aucun acte confirmatif les vices d'une donation entre-vifs; nulle en la forme, il faut qu'elle soit refaite en la forme légale.

« Art. 1340.—La confirmation ou ratification ou exécution volontaire d'une donation par les héritiers ou ayants cause du donateur, après son décès, emporte leur renonciation à opposer soit les vices de forme, soit toute autre exception. »

Tout ce qui a trait à la forme des actes de confirmation et de ratification ainsi qu'aux droits dont ils sont passibles est exposé à la 1re partie, tit. 2, ch. 9, p. 52. A l'égard des difficultés auxquelles ces mêmes articles ont donné lieu sur le fond du droit, on peut en voir le tableau développé dans la *Jurisp.*

gén. de M. Dalloz, v° *Oblig.*, n°s 4468 et suiv.; un commentaire des art. 1338, 1339 et 1340, C. Nap., sortirait du cadre de ce travail.

ART. 22. — Les notaires ne pourront se dessaisir d'aucune minute, si ce n'est dans les cas prévus par la loi et en vertu d'un jugement.

Avant de s'en dessaisir, ils en dresseront et signeront une copie figurée, qui, après avoir été certifiée par le président et le commissaire du tribunal civil de leur résidence, sera substituée à la minute, dont elle tiendra lieu jusqu'à sa réintégration.

797. — Reprenons les termes de cet article:

798.—*Ne pourront se dessaisir.*—C'était déjà l'ancienne règle.—«Lesquelles minutes, porte l'acte de notoriété du 18 nov. 1687, ne doivent point sortir de leur possession, ni être par eux portées hors de leurs études, s'il ne leur est ordonné par les magistrats, ou qu'il soit nécessaire de mettre au pied ou à la marge de la minute quelque acte qui se passe en exécution, ou de décharge, ou qu'il y ait ordonnance de justice de les porter au greffe lorsqu'il y a eu inscription de faux formée contre lesdits actes. » — Un arrêt de règlement du 13 avril 1720 est dans le sens de cet acte. Enfin, on lit dans l'arrêt de règlement du 21 avril 1751 : « Fait défense auxdits juges d'ordonner que les minutes seront apportées à leurs greffes, si ce n'est qu'elles soient inscrites en faux et dans les autres cas de droit. » — Ajoutons que l'arrêt de règlement du 15 mars 1567 punissait une pareille infraction de la perte de l'office, quoique le titre fût éteint.

799. — Il est bien entendu que le notaire ne doit pas être réputé se *dessaisir* de la minute lorsqu'il se transporte, lui ou son clerc, hors de l'étude pour la faire enregistrer; quoique l'acte notarié fasse foi de sa date indépendamment de l'enregistrement, c'est une formalité qu'on doit regarder en quelque sorte comme un complément de l'acte.

799 *bis.* — Il faut observer, du reste, que la défense faite aux notaires de se dessaisir de leurs minutes, n'est pas prononcée à peine de nullité de l'acte dont le notaire n'aurait pas conservé la minute (Cass., 6 déc. 1852, D.r. 53.1.48).

800. — Les principes et leurs exceptions, concernant les minutes, s'appliquent également aux actes déposés pour minutes.

801.—Les cas où un notaire peut se dessaisir de ses minutes sont d'abord ceux de poursuite en faux principal et en faux incident (art. 452, C. inst. crim.; art. 214, C.

proc. civ.); de vérification d'écriture (art.
200, *cod.*). Et ce n'est pas seulement la pièce
arguée de faux ou dont la vérification est
demandée qui peut être déplacée, mais encore
celles qui peuvent servir de pièces de *comparaison* (art. 200 et suiv., C. proc. civ.; art. 453
et 454, C. inst. crim.). Rolland de Villargues,
n° 135, fait remarquer que l'ordonnance de
juillet 1737 est le premier acte qui ait ordonné aux notaires de se dessaisir de leurs minutes pour fournir des pièces de comparaison, en cas de faux; ils se bornaient jusque-
là, à présenter leurs minutes au parquet des
gens du roi ou à la Cour, lors du jugement
des procès.

802.—Lorsqu'un notaire commis judiciairement, par suite de difficultés élevées sur
les opérations d'un partage, a renvoyé les
parties à se pourvoir devant le juge-commissaire, il doit déposer au greffe le procès-
verbal des dires respectifs (art. 977, C. proc.
civ.).

803.—Les cas qui viennent d'être rappelés
ne sont pas les seuls où les notaires peuvent
être contraints de se dessaisir de leurs minutes. Il a été décidé que les juges peuvent
ordonner l'apport à leur greffe des actes notariés, toutes les fois que l'inspection de ces
actes peut éclairer leur religion (Cass. 6 janv.
1830; D.P.30.1.52). — Mais cette décision,
qui donne à la conjective *et* de l'art. 22 le
même sens qu'à la disjonctive *ou*, ne paraît
pas devoir être admise avec cette généralité.
Dans l'esprit comme dans la lettre de l'art.
22, la communication ne doit être ordonnée
que dans les cas prévus par les lois, et même
dans ces cas, il faut un jugement exprès qui
la prescrive. Or, on ne peut croire qu'il ait
été dans l'intention du législateur de permettre aux tribunaux d'ordonner à leur
gré, dans les cas non prévus par les lois
comme dans ceux où elles l'autorisent, une
telle mesure, qui est coûteuse et susceptible
de beaucoup d'inconvénients. — *Conf.* Rolland de Villargues, n° 141, qui dit que, dans
l'usage, on invite le notaire à apporter lui-
même sa minute dans la chambre du conseil pour la communiquer aux magistrats,
qui la rendent immédiatement. « Il n'y a
rien là d'irrégulier, dit-il; le notaire ne se
dessaisit pas de son acte : il se borne à en
donner communication dans l'intérêt des
parties ou de leurs ayants cause, et rien ne
règle la forme de cette communication, que
le notaire donne de la manière qu'il juge
convenable. » — Cet auteur dit aussi que
c'est ce qu'il a *toujours vu pratiquer.*

804.—Un notaire peut aussi transporter
dans une autre étude la minute d'un acte,
lorsqu'il s'agit de mettre à la suite un nouvel acte qui contient l'exécution du premier,
ou qui en porte quittance ou décharge (Rolland de Villargues, n° 131).

805.—Mais le notaire qui, obligé de rendre
compte en justice, joint à ses pièces justificatives la minute d'un acte reçu par lui,
pour qu'elle soit remise au juge-commissaire, encourt les peines de discipline portées contre le notaire qui se dessaisit d'une
minute hors les cas prévus par la loi (Metz,
7 mai 1822; D.A.10.666).

806.—Un notaire ne peut non plus se dessaisir de la minute d'un bail fait par l'administration d'un hospice ou de tout autre acte
intéressant des établissements publics ou des
communes, pour que cet acte soit soumis à
l'approbation du préfet (*Dict. du not.*, n°
67). Le notaire doit, en pareil cas, par dérogation à l'art. 41 de la loi du 22 frimaire an
VII, qui défend la délivrance de la copie
d'aucun acte avant l'enregistrement, délivrer au préfet une copie sur le vu de laquelle l'approbation pourra être donnée par
un arrêté séparé qui devra rester annexé à
la minute (Inst. min. int., 6 sept. 1853; D.P.
53.3.44; Inst. rég., 13 juin 1854; D.P.54.3.
71). *V.* aussi Lettre du min. de la just., 22
fév. 1830 (D.P.36.3.57).

807. — Enfin, le notaire qui procède à la
vente de biens de mineurs, d'après la délégation du juge doit garder la minute de la
vente, et non la déposer au greffe (Circul.
rég., 8 prair. an XII).

808. L'art. 22 s'applique-t-il aux testaments,
ou, en d'autres termes, un notaire peut-il
être contraint de remettre au testateur, qui
veut la supprimer, la minute du testament
de celui-ci? L'affirmative était adoptée dans
l'ancienne jurisprudence, qui a paru à Merlin,
Rép., v° *Notaire*, § 6; à Delvincourt, t. 2,
p. 301; à Toullier, t. 5, n° 659; à Massé,
Parf. not., t. 1, p. 80, devoir être encore
suivie; et le trib. de Clamecy, par jugement
du 14 juill. 1836 (D.P.36.3.67), a consacré
cette interprétation, qui se fonde sur ce que
les anciens règlements *spéciaux* sur la matière, conservés expressément par la loi du
6 oct. 1791, art. 6, ne doivent pas être réputés abrogés par la loi *générale* du notariat, et sur ce qu'il doit être permis à un
testateur de supprimer un acte dont il a dû
se croire l'arbitre jusqu'à sa mort, qu'il peut
modifier sans cesse et qu'il peut avoir le
plus grand intérêt à faire disparaître, soit
dans l'intérêt de sa propre considération,
soit dans l'intérêt de sa famille.—L'opinion
contraire au dessaisissement est adoptée par
les avis du conseil d'Etat du 7 avril 1821;
par les statuts des notaires de Paris du 8
germ. an XII; par Grenier, t. 1er, n° 177;
Dalloz, *Jurisp. gén.*, v° *Disp. entre-vifs et
test.*, n° 2822; Duranton, t. 9, n°s 61 et 470;
Rolland de Villargues, v° *Minute*, n° 143;
Troplong, *Donat. et test.*, n° 1508; Éd. Clerc,
Tr. gén. du not., t. 1er, n° 311; Trib. d'A-
miens, 29 nov. 1837 (D.P.38.3.201). —Elle

repose sur ce que la loi du notariat doit être réputée avoir abrogé tous les anciens règlements relatifs à la garde et à la conservation des minutes, puisqu'elle a des dispositions complètes sur cette matière-là; qu'autrement, on se trouverait replongé dans toute l'incertitude que l'ancienne législation faisait naître, et qu'enfin nn testament peut renfermer des stipulations, des dispositions favorables à des tiers, comme une reconnaissance d'enfant naturel ou de dette, qu'il ne doit pas être permis de supprimer sans le consentement des personnes que cette reconnaissance concerne.

809.—Il importerait peu, dès lors, qu'on offrît au notaire de lui remettre, pour sa décharge, un acte même notarié constatant la remise qu'il opérerait. Cet expédient, admis par le jugement précité du tribunal de Clamecy, ne ferait pas disparaître les inconvénients reprochés à la suppression de la minute, inconvénients qui ne sont ni sans réplique, ni les plus grands de ceux que le système du tribunal fait naître.

810. — Si c'est le testament d'un étranger que le notaire a reçu, ou s'il lui a été fait dépôt du testament olographe de ce dernier, il ne peut s'en dessaisir, même sur la demande du Gouvernement auquel cet étranger appartient (Déc. min. just., 9 oct. 1836).

811.—Les notaires peuvent être contraints par corps à faire le dépôt ou la représentation de leurs minutes ordonnée par justice (art. 201 et 221, C. pr., et 2,000, C. Nap.).

812. — Lorsqu'un notaire est empêché, pour cause de maladie ou autrement, de se transporter au greffe du tribunal civil pour y faire le dépôt, il peut être décidé que ce dépôt sera fait au greffe de justice de paix de la résidence de ce notaire (Bordeaux, 16 juin 1838, aff. Parenton; Jurisp. not., art. 4270).

813. — Copie figurée. — Ainsi nommée parce qu'elle est conforme à l'original dont elle doit reproduire le tableau trait pour trait dans sa forme matérielle et dans sa substance. « Ainsi, dit Loret, elle doit faire connaître toutes les imperfections de l'original, les ratures, les surcharges, les interlignes, les fautes d'orthographe, l'indication des blancs, lacunes, renvois et autres circonstances.» C'est ce qui s'induit aussi des art. 226 et 227, C. pr.

814. — Quand la minute dont l'apport est ordonné se trouve sur un registre tel que les anciens protocoles que l'on tenait autrefois, le tribunal, porte l'art. 455, C. inst. crim., peut dispenser de la copie figurée ou collationnée. Mais, dans ce cas, les grosses et expéditions dont on peut avoir besoin sont délivrées aux parties, qui ont droit d'en obtenir par le greffier et non par le notaire (art. 245, C. pr.).

815. — Certifiée. — La certification est l'attestation par la signature de la vérité d'un fait, d'un acte. Les art. 203, C. proc. et 455, C. inst. crim., disent que la copie des actes dont le déplacement est ordonné en matière de vérification d'écriture et d'inscription de faux sera vérifiée par le président, qui en dressera procès-verbal, et qu'il sera fait mention de ce procès-verbal lorsqu'il sera délivré expédition de la copie figurée.

816. — Il ne doit être dressé qu'un seul procès-verbal, lorsqu'il est fait envoi par le notaire de plusieurs actes. C'est l'opinion très sage de Carré (art. 203, C. pr.), fondée sur la nécessité d'économiser les frais.

817. — Ces frais, tant pour le procès-verbal que pour l'expédition qui en est délivrée au notaire, sont avancés par lui au greffe, ce qui du reste n'a pas lieu en matière criminelle où tous les actes sont faits à la requête du ministère public. De son côté, le notaire est remboursé de ses frais sur la taxe du juge, d'après le tarif civil ou criminel (art. 303, C. proc.; Carnot, sur l'art. 455. C. inst. crim.).

818. — Le président du tribunal civil..., ou, en cas soit d'absence, soit d'empêchement, par le juge qui le remplace. — Ce magistrat doit, aux termes de l'art. 203, C. proc. civ., et 455, C. inst. crim., relatifs à la vérification d'écriture et au faux, dresser procès-verbal de la pièce figurée ou collationnée. V. le nᵒ qui suit.

819. — Le commissaire du tribunal civil. — C'est-à-dire le procureur impérial, ou, en cas d'empêchement ou d'absence, son substitut. — On a demandé si le concours de ce magistrat au procès-verbal que l'art. 203, C. pr. civ., relatif aux vérifications d'écriture, charge le président de rédiger, est nécessaire. M. Rolland de Villargues, eod., nᵒ 7, dit sur ce point ; « Cela est exigé par l'art. 22 de la loi de ventôse. Mais la loi n'exige plus cette formalité lorsqu'il s'agit d'une vérification d'écriture. » Il cite Carré comme étant de cet avis, lequel devrait être étendu à l'inscription de faux, puisque l'art. 455, C. inst. crim., ne prescrit pas non plus ce concours. — Est-ce bien là le sens des articles qui viennent d'être cités? — D'abord, il résulte de l'opinion de M. Rolland de Villargues que la certification prescrite par l'art. 22 est un véritable procès-verbal, puisqu'il dit que le concours du procureur impérial à ce dernier acte est exigé par l'art. 22, quoiqu'il n'y soit parlé que de certification; ensuite et implicitement, que cet article est modifié par l'art. 203, C. proc. Or, l'une et l'autre de ces conséquences ne nous paraissent pas admissibles. L'art. 22 n'a trait qu'aux actes notariés; l'art. 203, C. pr., et l'art. 455, C. inst. crim., disposent pour tous les actes qui se trouvent dans les dépôts publics. — Que le dessaisissement d'une minute déposée dans l'étude d'un notaire soit nécessité par une vérification d'écriture ou une inscription de faux, la

certification par le procureur impérial, sur la copie figurée qui doit, jusqu'à réintégration, remplacer la minute, n'est pas moins indispensable que celle du président; elle est indépendante du procès-verbal qui doit être dressé par ce dernier magistrat, aux termes des art. 203 et 255.

820. — *Du lieu de leur résidence.* — Si les actes ne peuvent être déplacés ou si les notaires sont trop éloignés, il est laissé à la prudence du tribunal d'ordonner que la vérification se fera dans le lieu de la demeure des dépositaires ou dans le lieu le plus proche.

821. — *Dont elle tiendra lieu.* — En effet, le notaire pourra délivrer des grosses ou expéditions de cette copie. Dans les cas des art. 203, C. pr., 455, C. inst. crim., il doit faire mention du procès-verbal. — Toutefois la copie figurée dont il est ici question ne saurait avoir le même effet que les copies qui sont tirées, conformément à l'art. 1335, C. Nap., de l'ordre du magistrat, les parties *présentes* ou dûment *appelées*, et qui sont assimilées à l'original. — Mais, en cas de perte de la minute, on comprend qu'elle doit établir une forte présomption en faveur de la partie qui a besoin de l'invoquer (*Conf.*, Carré, sur l'art. 203 ; Rolland de Villargues, n° 16).

ART. 23. — Les notaires ne pourront également, sans l'ordonnance du président du tribunal de première instance, délivrer expédition ni donner connaissance des actes à d'autres qu'aux personnes intéressées en nom direct, héritiers ou ayants droit, à peine des dommages-intérêts, d'une amende de cent francs, et d'être, en cas de récidive, suspendus de leurs fonctions pendant trois mois; sauf néanmoins l'exécution des lois et règlements sur le droit d'enregistrement, et de celles relatives aux actes qui doivent être publiés dans les tribunaux.

822. — La disposition de cet article peut être ramenée aux points suivants : 1° la communication à donner aux parties intéressées ; 2° la forme à suivre pour l'obtenir et les conséquences d'une communication illégale ; 3° la communication à donner aux établissements publics ; 4° le dépôt des contrats de mariage des commerçants.—On va reprendre ces divers points.

823. — 1° *Communication aux parties intéressées ; — délivrance d'expédition et connaissance des actes.* — La première rédaction de l'art. 23 portait : « Les notaires ne pourront également, sans jugement préalablement rendu, délivrer expédition ou même

donner connaissance des actes qui sont en leur possession à d'autres personnes qu'à celles intéressées dans ces actes, à peine des dommages-intérêts des parties, d'une amende de 100 fr., et, en cas de récidive, d'être pendant trois mois suspendus de leurs fonctions. Il n'est point dérogé par la présente disposition à celles contenues en l'article 54 de la loi du 22 frim. an VII, non plus qu'aux dispositions des lois relatives aux actes qui doivent être publiés dans les tribunaux. » — Les 3° et 4° rédactions étaient conformes; si ce n'est que les mots *sans jugement préalable* avaient été substitués aux mots *sans jugement préalablement rendu.* Enfin, le Tribunal proposa de mettre : « Les notaires ne pourront, sans ordonnance du président du tribunal de première instance, etc., etc. ; » il ajouta au mot *intéressés* les mots *en nom direct, héritiers ou ayants droit.*

824. — L'ordonnance de Villers-Cotterets d'août 1539, art. 117 et 179, défendait déjà aux notaires de délivrer copie de leurs actes à d'autres qu'aux parties intéressées. — Cette prescription était une conséquence de la réserve, du secret, qui sont commandés au notaire, et qui n'ont pu être méconnus qu'à une époque où, sous prétexte de civisme, on violait les lois les plus immuables de la conscience, en imposant la révélation comme un devoir dont l'infraction était punie de mort. Le notaire est l'homme des parties, investi de leur confiance : il leur doit donc garder le secret d'autant plus que l'acte est leur propriété (*Nouv. Denisart*, v° *Compuls.*, p. 66; Toullier, t. 8, n° 424).

825. — C'est par suite de cette discrétion imposée aux notaires qu'ils regardent comme un devoir de refuser de déposer en justice sur des faits qu'ils n'ont connus que dans l'exercice ou à l'occasion de l'exercice de leurs fonctions ; et la jurisprudence des tribunaux a consacré leurs prétentions à cet égard (Montpellier, 24 sept. 1827, D.P.29.2.88. Bordeaux, 16 juin 1835, D.P.35.2.138; Tribunal de Moulins, 9 mai 1828; Tribunal de Rochechouart, 2 juin 1828. — Mais la Cour de cassation, par arrêt du 23 juill. 1830 (D.P. 30.1.324), les a soumis à l'obligation de déposer au moins en matière criminelle, se rangeant en cela à l'opinion de Legraverend, t. 1, p. 239, et à celle de Favard, *Rép.*, v° *Notaire*, qui fait une distinction entre les matières criminelles et les matières civiles, et pense que ce n'est que dans les enquêtes civiles que les notaires sont autorisés à se taire sur ce qui a été dit en leur présence. *V.* aussi Crim. rej., 10 juin 1853 (D.P.53.1. 205). — Quoi qu'il en soit de l'intérêt de la société, les règles de la morale et de la conscience sont partout les mêmes ; elles disent que ce qu'on n'a appris que par la suite de la confiance qu'on a en nous, et du ministère

auquel les citoyens ont été obligés de recourir, ne doit pas être facilement divulgué. Aussi le notaire qui révélerait d'une manière indiscrète les secrets dont il serait dépositaire à l'occasion de ses fonctions encourrait-il la peine d'un mois à six mois d'emprisonnement et une amende de 100 fr. à 500 fr., portée par l'art. 378, C. pén. *Conf.* Dalloz, v° *Révélat. de secrets*, n°ˢ 11 et suiv.; Ed. Clerc, *Tr. gén. du not.*, t. 1ᵉʳ, n° 321.

826. — La communication autorisée par l'art. 23 diffère du compulsoire dont parle l'art. 24, en ce que celui-ci est particulièrement requis dans le cours de l'instance judiciaire (Rouen, 13 mars 1826; D.p.26.2.198).

827. — Que faut-il entendre par ces mots de l'art. 23 : *intéressées en nom direct?* — Voici à cet égard l'observation que faisait le Tribunat : « Le mot *intéressées* est trop vague et présente une latitude telle qu'elle atténue la force de la disposition. En ajoutant *en nom direct, héritiers ou ayants droit*, la rédaction sera plus précise, et l'exception sera renfermée dans les justes limites qui séparent le droit de l'abus. » — Pigeau, t. 3, p. 327, et Carré, sur l'art. 842, qui parlent des parties intéressées en nom direct, pensent qu'on doit entendre par ces derniers mots ceux mêmes qui ont contracté par l'acte et pour eux, et non ceux qui ont contracté pour autrui ou dont il serait parlé dans l'acte, sans cependant qu'ils eussent contracté.

828. — Un légataire institué par testament, un tiers auquel l'une des parties s'engage à servir une rente, sont des parties intéressées dans le sens de l'art. 23 (Arg., Rouen, 13 mars 1826; D.p.26.2.198).

829. — Aussi celui qui se prétend héritier mais sans justifier de sa qualité, ne serait-il pas recevable à exiger la communication (Arg., Cass., 28 janv. 1835; D.p.35.1.154). — *V.* art. 24.

830. — Un individu, bien qu'il soit mineur et qu'il allègue son indigence, ne peut réclamer le concours du ministère public pour faire la recherche, dans les études des notaires, des actes dont il a besoin, car le ministère public n'agit d'office que dans l'intérêt et pour assurer l'exécution de la loi (Déc. min. just., 26 nov. 1835).

831. — La disposition qui donne aux parties intéressées le droit de demander communication des actes s'applique au répertoire des notaires (Langlois, ch. 48 ; Rolland de Villargues, v° *Communes*, n° 8 ; Dalloz, v° *Notaire*, n° 330, Ed. Clerc, *Tr. gén. du not.*, t. 1ᵉʳ, n° 324 ; mais elle ne s'applique pas aux testaments, qui, pendant la vie du testateur, doivent rester secrets pour les légataires et autres y nommés (Parlement de Provence, 14 fév. 1664 ; Louet, lett. N, x, n° 24; Ed. Clerc, t. 1ᵉʳ, n° 323.—Si le légataire universel avait

fait ordonner le dépôt, dans les minutes d'un notaire, du testament qui l'institue, celui qui en contesterait la sincérité ne pourrait faire condamner ce légataire à lui en donner communication (Bordeaux, 29 mai 1839). C'est en effet au notaire qu'il devrait s'adresser; mais il semble qu'il faudrait qu'il fût averti du dépôt qui aurait été effectué.

832. — Un notaire ne peut refuser la communication d'un acte sous prétexte qu'il est contraire aux bonnes mœurs (Arr. parlement de Bretagne, du 29 avr. 1608). C'est, en effet, comme le remarque Brillon, parce que le contrat est contre les bonnes mœurs qu'on a intérêt de se pourvoir pour empêcher son exécution.

833. — Les mémoires ou projets préparés par le notaire, ou sur lesquels il a composé sa minute, doivent-ils être communiqués aux parties? C'est au notaire à juger de l'opportunité de cette communication, qui ne peut être exigée de lui à titre de droit rigoureux (Ferrière, liv. 1, ch. 23 ; Massé, liv. 1, ch. 2 ; Rolland de Villargues, *eod.*, n° 9 ; Dalloz, n° 932 ; Ed. Clerc, *Tr. gén. du not.*, t. 1ᵉʳ, n° 325 ; arr. 21 fév. 1558, rapp. par Bouchel, v° *Notaire*), car ces projets et mémoires sont sa propriété ; ce ne serait que s'il les avait écrits sous la dictée des parties que la prétention de celles-ci pourrait être fondée.

834. — Il est nécessaire que celui qui demande communication d'un acte en indique la date précise : c'est au moins ce qui fut reconnu par un arrêt du 5 juin 1736, dans une espèce où des héritiers demandaient qu'un notaire de Paris fût tenu de représenter les minutes des actes de remboursement qui avaient été faits par le roi à leur auteur, en 1715 et 1720. L'arrêt trouva l'indication insuffisante : «Déboute les parties, y est-il dit, sauf à elles à indiquer dûment les actes dont elles pourront avoir besoin, et qu'elles voudront faire compulser, lesquels seront communiqués en la manière accoutumée.» — Langlois, qui rapporte cet arrêt, ch. 48, p. 496, fait l'observation que voici : « Les doyens et syndics des notaires de Paris ayant été remercier, sur cet arrêt, M. le premier président et M. l'avocat général, ces deux magistrats leur dirent que la Cour avait senti de quelle importance il était pour le public de ne point dévoiler le secret de leurs minutes; mais qu'en même temps son intention était que les notaires facilitassent le plus qu'ils pourraient, aux parties la délivrance des actes dont elles auraient besoin ; principalement lorsque ces parties se trouvaient être héritiers de ceux qui avaient contracté : auquel cas, ces héritiers pouvant n'avoir que de légères idées des actes qu'ils demandaient, les notaires devaient faire une exacte recherche de tous ceux qu'ils avaient reçus pour ceux à qui ces héritiers succédaient; et que même, dans le cas de compulsoire pris

par une partie étrangère, ils ne devaient pas s'attacher tellement à la date indiquée, que n'y trouvant point l'acte demandé, ils se dispensassent d'en faire la recherche à quelque légère distance, au-dessus et au-dessous de cette date.» Ces observations portent avec elles un caractère de sagesse qui leur conserve toute autorité, même sous la loi nouvelle. Toutefois, ici, comme au cas de compulsoire, on rejetterait une demande en communication d'actes qu'on n'indiquerait que d'une manière vague et dépourvue de toute précision (Bourges, 17 juin 1829; D.P.30.2. 164, et *suprà*, nᵒ 677 ; Arg., Cass., 28 janv. 1835 ; D.P.35.1.154); *V.* aussi l'art. 24.

834 *bis*. Il est à peine utile de dire que, lorsque l'office a été cédé, l'obligation dont il s'agit passe au successeur (Dalloz, vᵒ *Notaire*, nᵒ 334 ; V. aussi Bourges, 17 juin 1829, D.P. 30.2.164; Angers, 23 juin 1847, D.P.47.2. 137).

835. — *De quelle manière la communication doit-elle être donnée ?* — L'art. 177 de l'ordonnance citée de 1569 portait : «Défendons à tous notaires et tabellions de ne montrer et communiquer lesdits registres et protocoles, fors aux contractants, leurs héritiers, etc., etc. » — Le mot *montrer* indique qu'il s'agit ici d'une communication en quelque sorte oculaire. Dans l'usage, le notaire se borne à donner lecture de l'acte ; mais, on le comprend, les parties peuvent être intéressées à en vérifier la minute et à en constater l'état : aussi le notaire ne refuse-t-il jamais de la montrer, à moins qu'il n'ait des soupçons qui lui fassent craindre pour la conservation de sa minute, dont il ne doit se dessaisir qu'en vertu de jugement. Si donc il pouvait appréhender quelque soustraction ou lacération, il pourrait exiger, par exemple, que la communication en fût faite en présence du président du tribunal (Arg., art. 852, C. proc.; Pau, 12 fév. 1833 ; D.P.33.2.199). Responsable de la perte des minutes, le notaire indique dans le silence de la loi, le moyen qui lui paraît le plus convenable pour en assurer la conservation, sauf, s'il y a contestation, à recourir au juge.

836. — Si un notaire doit à la partie communication de la minute, il n'est pas obligé de la lui remettre entre les mains un seul instant *(Dict. du not.*, nᵒ 68).

837. — Les notaires ne sont pas tenus de délivrer expédition d'un acte à d'autres qu'aux parties intéressées et à leurs héritiers et ayants droit, lorsqu'il n'y a pas d'instance engagée entre les tiers qui demandent l'expédition et les parties qui ont signé l'acte (Paris, 8 fév. 1810 ; D. A.3.702).

Le cessionnaire d'une rente constituée dans un contrat de mariage peut, comme ayant droit du cédant, exiger expédition entière de ce contrat de mariage. Le notaire prétendrait vainement qu'il ne doit délivrer à ce cessionnaire qu'un extrait de la portion du contrat relative à la constitution de la rente cédée (L. 25 vent. an XI, art. 23; C. proc. art. 839; C. de Dijon, 21 janv. 1847; D.P.48. 2.108).

838. — Le notaire doit refuser, soit la communication, soit la délivrance de la grosse à la personne qui se présente comme étant aux droits du créancier, en vertu seulement d'un écrit sous signature privée (Trib. de Redon, 19 déc. 1832 ; *Mémorial*, nᵒ 4556).

839. — La convention intervenue entre le notaire démissionnaire et son successeur, par laquelle celui-ci s'engage à communiquer à celui-là les minutes pour le partage des honoraires, serait frappée de nullité (Toulouse, 14 nov. 1835 ; *Mémorial*, nᵒ 3970; D.P.36.2. 42).

840. — 2ᵒ *Formes de la demande d'expédition ou de communication ; conséquences d'une communication illégale.* — L'art. 839, C. proc., porte : «Le notaire..., qui refusera de délivrer expédition ou copie d'un acte aux parties intéressées en nom direct, héritiers ou ayants droit, y sera condamné, et par corps, sur assignation à bref délai, donnée en vertu de permission du président du tribunal de première instance, sans préliminaire de conciliation. » — L'art. 840 ajoute que « l'affaire sera jugée sommairement, et le jugement exécuté, nonobstant opposition ou appel.»

841.—Lorsque la communication a lieu en vertu d'ordonnance, il n'y est appelé aucune autre partie, et nul procès-verbal n'est dressé.

842. — Il suffit qu'il soit présenté au notaire une ordonnance du président autorisant la délivrance d'une expédition à un tiers intéressé, pour qu'il ne soit pas admis à en discuter le mérite : il doit s'y conformer et il trouve là elle sa garantie (Rouen, 13 mars 1826; D.P.26.2.198).

843. — Cette demande doit, en tant que personnelle au notaire, être portée devant le tribunal de son domicile (*Conf.*, Carré, t. 3, p. 384).

844. — Le notaire devant lequel un acte a été passé est tenu d'en fournir expédition aux parties contractantes, soit par lui-même, soit par son successeur, tellement qu'il est responsable, envers la partie qui a intérêt à l'obtenir, du dommage résultant pour celui-ci de sa production tardive dans un ordre (Bourges, 17 juin 1829 ; D.P.30.2.163).

845. — Les infractions à la disposition prohibitive de la communication des actes aux parties qui n'ont pas qualité pour l'obtenir donnent lieu à des dommages-intérêts, à l'amende et même, en cas de récidive, à la suspension, contre les notaires. — De ces divers modes de sanction, l'amende et la suspension sont requises par le ministère public ; les

dommages-intérêts n'ont trait qu'à la partie à laquelle la communication illégale a pu faire éprouver un préjudice : celles-là sont encourues par le notaire dès qu'il y a eu infraction à l'art. 23 ; mais, pour que des dommages-intérêts soient dus, il faut, suivant la règle générale, qu'un préjudice ait été éprouvé : or, une partie serait sans droit d'en demander, si elle ne pouvait justifier d'aucun dommage souffert par elle (Dalloz, v° *Notaire* n° 338).

846. — Quant à la suspension, en cas de récidive, elle paraît être absolue ; les tribunaux ne pourraient, ce semble, en dispenser le notaire (Dalloz, *loc. cit.*).

847. — Il paraît inutile de dire que les frais extraordinaires auxquels donne lieu la communication doivent être supportés par la partie et non par le notaire (Pau, 12 fév. 1833 ; D.P.33.2.199).

848. — Quoique, dans l'usage, la communication se fasse gratuitement, cependant, si elle exigeait un temps un peu considérable, soit pour des opérations de calculs, soit pour la recherche des actes, il serait juste d'allouer un honoraire qui serait fixé sur le pied des vacations ordinaires. La loi du 25 juillet 1790 réglait à 10 sous l'honoraire dû pour la communication des pièces relatives aux biens nationaux ; mais, aujourd'hui, ce tarif serait tout à fait insuffisant pour les communications réclamées par les parties ou leurs héritiers.

849. — 3° *Communication aux préposés de l'enregistrement et aux établissements publics.* — Les notaires sont obligés de communiquer, à toute réquisition, aux préposés de l'enregistrement qui se présentent chez eux, *sans déplacer*, les actes dont ils sont dépositaires et leurs répertoires, à peine, en cas de refus, d'une amende de 10 fr. (*V.* les art. 52 et 54 de la loi du 22 frim. an VII). Mais les receveurs de l'enregistrement ne sont pas tenus, eux, de communiquer leurs registres aux parties ; ils leur en délivrent seulement des extraits (*V.* l'art. 58 de la loi du 2 frim. an VII).

850. — Les notaires doivent aussi donner avis aux administrateurs des établissements de bienfaisance, des dispositions faites en faveur des pauvres (Arr. 4 pluv. an XII, art. 2 ; déc. 12 août 1807 ; ord. 16 juin 1814 et 2 avril 1817). Cet avis est donné, à Paris, au préfet qui préside ces établissements. —Cette disposition se retrouve : 1° dans le décret du 30 déc. 1809, concernant les fabriques d'églises ; 2° dans le décret du 6 déc. 1813 sur l'administration des biens du clergé ; 3° dans l'ord. du 2 avril 1817, relative aux donations et legs en faveur des établissements ecclésiastiques, dont l'art. 5. porte : «Tout notaire dépositaire d'un testament contenant un legs au profit de l'un des établissements mentionnés dans l'art. 3 sera tenu de leur en donner avis, lors de l'ouverture ou publication du testament.» — Les décrets et ordonnances

ci-dessus doivent être observés, lors même que le disposant a choisi une tierce personne pour exécuter sa libéralité (Circ. min. just., 4 mai 1835 ; *Mémorial*, n° 3767).

851.—Les notaires devaient, suivant une loi du 25 juill. 1790, communiquer aux officiers municipaux et aux particuliers les baux des biens nationaux ; mais cette loi est devenue sans objet.

852.—4° *Dépôts des contrats de mariage de commerçants.*—Cette disposition de l'art. 23 se réfère à la publication des contrats de mariage des commerçants, ordonnée par l'art. 67 du Code de commerce, qui porte : « Tout contrat de mariage entre époux dont l'un sera commerçant sera transmis par extrait, dans le mois de sa date, aux greffes et chambres désignés par l'art. 872, C. proc., pour être exposé au tableau conformément au même article. Cet extrait annoncera si les époux sont mariés en communauté, s'ils sont séparés de biens, ou s'ils ont contracté sous le régime dotal. » L'art. 68 ajoute : « Le notaire qui aura reçu le contrat de mariage sera tenu de faire la remise ordonnée par l'article précédent, sous peine de 100 fr. d'amende, et même de destitution et de responsabilité envers les créanciers, s'il est prouvé que l'omission soit la suite d'une collusion. »

853.—Qu'entend-on par commerçants ? A quels signes reconnaît-on les commerçants ? Voici ce que le ministre de la justice répondait le 7 avril 1811 : « J'ai été consulté plusieurs fois sur le sens attaché au mot *commerçants* dans le cas de l'art. 67, C. comm., et j'ai toujours répondu que l'on devrait d'abord considérer comme tels tous négociants, banquiers, fabricants et marchands ; mais qu'il ne paraissait pas qu'on dût ranger dans cette classe le simple artisan qui, ne travaillant qu'au fur et à mesure des commandes qu'il reçoit journellement, ne fait point de son état un objet de spéculation. Il serait au surplus difficile d'établir une règle bien précise à cet égard : c'est au notaire à apprécier les circonstances dans les cas particuliers qui se présentent. »

Toute insuffisante qu'elle est, cette définition contenait une indication que la jurisprudence a consacrée, et qui se trouve reproduite dans la loi des patentes du 25 avril 1844, dont les dispositions, plus précises et plus développées, sont suivies de tableaux qui contiennent la nomenclature de toutes les professions commerciales jusqu'ici connues.—Sur les indices auxquels on peut reconnaître la qualité de commerçant, *V.* Dalloz, *Jur. gén.*, v° *Commerçant* ; Arm. Dalloz, *Dict. gén.*, v° *Commerçant* et *Table de quinze ans*, *ibid.*

854. — Il paraît superflu de dire qu'on peut faire des actes de commerce sans être

commerçant. Il est même des actes, tels que la signature d'une lettre de change, qui constituent des actes de commerce : ce n'est que l'habitude de faire des actes de commerce, la circonstance, en un mot, qu'on fait du commerce sa profession, qui imprime à un individu la qualité de commerçant (C. comm., art. 1).—A quels caracrères reconnaît-on les actes de commerce? Quels actes peuvent être qualifiés tels? *V.* Dalloz, *Jur. gén.*, vᵒ *Acte de comm*; Arm. Dalloz, *Dict. gén.*, vᵒ *Acte de comm.*, et *Table de quinze ans, ibid.*

855.—Si, par erreur, un individu était qualifié commerçant dans son contrat de mariage, il semble que le notaire échapperait aux conséquences des articles cités, dans le cas où il n'en aurait pas déposé un extrait : la fiction ne doit pas tenir la place de la vérité, et le notaire qui, mieux informé, reconnaît une erreur , n'est pas, ce semble, obligé de se conduire de la même manière qu'il le ferait, si cette erreur n'existait pas. La loi d'ailleurs n'exige que la publication du contrat de mariage des *commerçants,* et non de ceux qui sont étrangers au commerce : or, une qualification erronée ne saurait donner à une partie une profession qu'elle n'a pas (*Conf.* Bourges, 27 fév. 1826 ; *Mémorial,* nᵒ 57; Trib. de la Pointe-à-Pitre, 30 déc. 1852; D.p.54.3.22; Trib. de Strasbourg, 13 mai 1855, D.p.55.5.291). — Cependant, le contraire a été jugé par la Cour de Colmar le 4 mai 1829 (D.p.30.2.21).—Au surplus, pour peu que la profession de celui qui s'est dit commerçant ait d'analogie avec les habitudes du commerce, le notaire agira sagement en faisant le dépôt, et même en le faisant dans tous les cas afin de ne pas se constituer juge d'une qualité qu'il a constatée lui-même.

Le notaire serait passible d'amende, si l'époux exerçait *notoirement* la profession de marchand, bien qu'il n'ait pas pris cette qualité dans le contrat : il doit connaître l'état ou la profession des parties (Bordeaux, 22 juin 1836).

856.—Si le futur qui a pris dans son contrat la qualité d'ébéniste s'est constitué en dot *son fonds* de commerce, doit être réputé commerçant (Bordeaux, 19 fév. 1835; *Mémorial,* nᵒ 3597).—Le contraire a été jugé dans une espèce où il était constitué en dot à un *ouvrier* chapelier un fonds de commerce de chapellerie pour en jouir à compter de la célébration du mariage (Trib. de Loches, 18 juill. 1841 (D.p.41.3.334).—On aperçoit facilement toute la différence qui existe entre cette espèce et la précédente. — *V.* encore, comme exemples, décis. du direct. de l'enregistr. de Lille, 31 déc. 1844 (D.p.45.4.357) ; Trib. de Beaune, 29 mars 1845 (D.p.45.3.112); Trib. de Draguignan, 10 oct. 1854 (D.p.55.5.78).

857. — Les notaires doivent déposer au greffe des tribunaux civil et de commerce et au secrétariat des chambres d'avoués et de notaires les extraits des contrats de mariage des commerçants et des actes de société (C. proc., 272; C. comm., 42, 67 et 68).—Le dépôt doit avoir lieu lorsque c'est le mari qui a la qualité de commerçant (Toullier, t. 12, nᵒ 70; Pardessus, nᵒ 92).

858.—L'insertion au tableau de la chambre des notaires et des avoués n'est obligatoire qu'autant qu'il existe une chambre d'avoués et de notaires dans le lieu même du domicile du mari (Paris, 16 mars 1821 ; D.A.1. 379. — *Contrà,* Bourges, 13 juin 1826; D.p. 28.2.63). L'affiche à la maison commune seule peut suppléer à cette omission (Même arrêt de Bourges).

Sur ce point, une décision du garde des sceaux, du 16 juill. 1823, porte que l'extrait du contrat de deux époux dont l'un est commerçant doit être affiché aux greffes des tribunaux de première instance et de commerce; et, à défaut de ce dernier tribunal, dans la principale salle de la mairie du domicile du mari, *et toujours dans les chambres* désignées par l'art. 872, C. proc., parce qu'elles existent au chef-lieu de chaque arrondissement. L'usage est conforme (Rolland de Villargues, vᵒ *Dépôt de contr. de mar.,* nᵒ 26).

859.—Si le siége du commerce de la femme est dans un lieu autre que le domicile du mari, l'affiche doit également être faite dans les auditoires des chambres de ce lieu (Pardessus, nᵒ 92).

860.—C'est le notaire dépositaire de la minute du contrat de mariage qui est chargé de l'exécution de la formalité (art. 68, C. comm.).

861.—Si les différents lieux où le dépôt doit être fait se trouvent hors de l'arrondissement ou du ressort de ce notaire, il n'en demeure pas moins chargé d'envoyer l'extrait du contrat aux greffes, ou aux mairies où il doit être affiché (Rolland de Villargues, *V. Dépôt de contr. de mar.,* eod., nᵒˢ 16 et 17).

862.—Lorsque le dépôt doit se faire dans un lieu autre que celui de la résidence du notaire, le délai d'un mois, accordé par l'art. 67, C. comm., est augmenté d'un jour par cinq myriamètres de distance (Décis. min. fin., 19 oct. 1813).

863.—La loi du 16 juin 1824, qui réduit à 20 fr. les amendes de 100 fr. prononcées par les lois sur le notariat, est générale et applicable à l'amende de 100 fr. que prononce l'art. 68, C. comm., contre le notaire qui n'a pas fait le dépôt du contrat de mariage d'un commerçant (Cass., 27 août 1828; Colmar, 4 mai 1829 ; Délib. de la régie, 21 oct. 1828; D.p.28.1.403; 30.2.1). La Cour de Colmar a depuis rétracté sa jurisprudence par arrêt du 10 juin 1834 (D.p.40.2.179), mais il est douteux que sa doctrine soit suivie.

864. — Il n'est dû qu'une seule amende, quoique le dépôt ait été omis dans plusieurs greffes ou chambres; il n'y a qu'une contra-vention (Déc. min. fin., 4 mai 1824), mais il y a lieu à autant d'amendes qu'il y a de contrats de mariage non déposés (Déc. min. fin., 5 sept. 1826).

864 bis.—Il a été jugé avec raison que le notaire rédacteur de l'acte portant rétablissement, après séparation de biens judiciaire, de la communauté entre époux dont l'un est commerçant, n'est point tenu de faire lui-même procéder à la publication de cet acte, comme il l'est d'effectuer le dépôt d'un extrait du contrat de mariage d'un commerçant aux lieux indiqués par l'art. 67, C. comm. (Trib. de la Seine, 30 juill. 1856, D.P.57.3.27).

ART. 24.—En cas de compulsoire, le procès-verbal sera dressé par le notaire dépositaire de l'acte, à moins que le tribunal qui l'ordonne ne commette un de ses membres, ou tout autre juge, ou un autre notaire.

865. — On donne le nom de *compulsoire* à la voie qui est prise pour obtenir expédition ou extrait d'un acte dans lequel on n'a pas été partie, et dont on a besoin dans le cours d'une instance judiciaire; on le donne aussi au procès-verbal rédigé dans ce cas par le notaire ou autre officier public.

866. — Le compulsoire a une origine déjà ancienne; il était réglé par les lettres patentes du 12 août 1779.—On va parler ici des cas où il y a lieu à compulsoire, et de ses formes.

867.—1° *Cas où il y a lieu à compulsoire.* —Ce n'est que dans le cours d'une instance que le compulsoire peut être demandé; c'est ce qui résulte des termes mêmes de l'art. 846, C. proc.; c'est aussi ce qui résultait des lettres patentes du 12 août 1779, qui, dans leur préambule, supposent que les parties sont en contestation; et cette opinion, qui paraît être combattue par Berriat-Saint-Prix, est celle de Pigeau, t. 2, p. 341; Favard, t. 2, p. 488; Thomine, t. 2, p. 250; Carré, *Lois de la pr.*, quest. 2876; Ed. Clerc, *Tr. gén. du not.*, t. 1er, n° 338; Dalloz, v° *Compulsoire*, n° 25. Elle est consacrée par arrêts des Cours de Paris, 4 juill. 1809 et 8 fév. 1810; de Rouen, 13 mars 1826, D.P.26.2.198). — *Contrà*, Chauveau sur Carré, quest. 2876; Berriat, p. 660, n° 16).

868. — Il convient d'abord de remarquer que la voie de compulsoire s'applique aux actes authentiques en général; mais il paraît admis qu'elle n'est pas applicable à des actes sous seing privé restés entre les mains des parties contractantes, et confiés à des tiers à titre de dépôt (Dalloz, *loc. cit.*, n°9).—Ainsi,

il a été jugé : 1° que les livres et registres des particuliers sont leur propriété privée, et que nul n'a le droit d'en pénétrer le secret par voie de compulsoire (Rennes, 21 juin 1811; D.A.3.702); — 2° qu'une partie, et, par exemple, une fabrique, ne peut être autorisée à compulser les actes de famille d'un débiteur, à l'effet de prouver les reconnaissances faites dans ces actes de l'existence d'une rente que celui-ci soutient être prescrite (Rouen, 13 juin 1827; D.P.27.2.164).

869. — Au reste, on n'assimilerait pas à un compulsoire la vérification des livres et papiers d'un négociant, ordonnée par le tribunal de commerce, et, par suite, les formes de compulsoire n'ont pas dû être observées (Paris, 28 août 1813; Amiens, 9 mai 1821; D.A.3.703,704).

870.—Le compulsoire de l'inventaire dressé après le décès d'un prétendu débiteur peut-il être autorisé à l'effet d'y trouver la preuve que la créance résulte d'un acte privé énoncé en cet inventaire? La négative a été adoptée par jugement du tribunal de la Seine, du 31 janv. 1838, aff. Royer; mais cette décision ne nous paraît pas exempte de critique, car, outre qu'un inventaire est un acte authentique, c'est-à-dire un acte déposé dans un lieu public, les termes de l'art. 24 sont généraux, et dès que la demande de compulsoire est jugée reposer sur des motifs réels et sérieux, elle doit, ce semble, être accueillie; on ne se livre ici à aucune visite domiciliaire; et, quant aux secrets des familles, dont le tribunal appréhende la divulgation, ils sont toujours dévoilés plus ou moins, suivant le contenu des actes à compulser (*Conf.*, Rolland de Villargues, v° *Compulsoire*, n° 6).

Si l'acte est entre les mains d'un particulier, Pigeau, t. 2, p. 165, pense que le compulsoire peut être ordonné; mais M. Dalloz, *loc. cit.*, n° 14, et Ed. Clerc, *Tr. gén. du not.*, t. 1er, n° 334, sont d'avis contraire : la question nous semble dépendre des circonstances, c'est-à-dire de la cause plus ou moins confidentielle qui aura fait passer l'acte dans les mains d'un tiers.

871. — Quant aux actes authentiques, le compulsoire leur est applicable; mais il faut distinguer deux espèces d'actes authentiques : 1° les uns, entièrement publics de leur nature, intéressent la société tout entière. Les dépôts qui les renferment sont ouverts à tous les citoyens, et chacun peut s'en faire délivrer expédition ou copie. Tels sont les actes de l'état civil (art. 45, C. Nap.), les inscriptions hypothécaires (art. 2196, C. Nap.), les jugements ou autres actes judiciaires dont les greffiers sont dépositaires (art. 853, C. proc.), les matrices de rôles des contributions, etc. (Dalloz, *Jur. gén.*, v° *Compuls.*, n° 5). Il n'est pas besoin de recourir à la voie du compulsoire, par exemple, pour obtenir communi-

cation d'actes déposés dans un greffe (Colmar, 15 juin 1814; D.A.3.701; arg., conf. Cass., 23 nov. 1829; D.P.30.1.41). Il a toutefois été jugé qu'un greffier ne peut être forcé ni autorisé à délivrer à des *tiers* expédition d'un arrêt par lequel un magistrat a été suspendu de ses fonctions (Aix, 11 janv. 1825; D.P.32.2.80); — 2° Les autres actes authentiques intéressent spécialement les parties contractantes, et sont relatifs à leurs affaires privées. Comme ils font pleine foi, même contre les tiers, tant de la convention elle-même que des faits qu'elle renferme, lorsque ces faits se sont passés sous les yeux du notaire et qu'en les opposant aux tiers ils peuvent ainsi leur porter préjudice, par une juste réciprocité, nos lois ont accordé à ces derniers le droit de recourir à l'autorité du juge pour contraindre le dépositaire de l'acte à en donner expédition, nonobstant la prohibition générale qui lui défend d'en délivrer aux tiers; tel est le but de la demande en compulsoire (Dalloz, *eod.*, nᵒˢ 5 et 6).

872. — Il y a une distinction entre les parties intéressées et les tiers intéressés qu'on lit dans les art. 23 de la loi du 25 ventôse, et 839 et 846, C. proc. Celles-là sont les parties contractant ou stipulant directement dans l'acte; ceux-ci sont les individus qui n'ont pas assisté au contrat, mais en faveur desquels les contractants ont fait des stipulations quelconques (Rouen, 13 mars 1826; D.P.26. 2.198). — Lorsque les énonciations d'un acte notarié renferment la preuve d'obligations ou de faits allégués par un tiers, et, par exemple, la preuve de l'existence d'un bail verbal, les juges peuvent ordonner un compulsoire, à l'effet de faire délivrer à ce tiers par le notaire rédacteur de l'acte un extrait relatif à la clause contenant la preuve dont il s'agit (Paris, 20 mai 1858, D.P.59.2.39). — Mais il n'y a pas lieu au compulsoire quand les actes sont étrangers à la partie contre laquelle il est requis (Bourges, 24 mars 1841; Dalloz, *loc. cit.*, nᵒ 27).

873. — Lorsqu'en déposant une pièce cachetée chez un notaire, les parties conviennent qu'elles ne pourront en demander l'ouverture que dans le cas où elles justifieraient que l'une des conditions sous lesquelles le dépôt a eu lieu s'est réalisée, il n'est pas permis à l'un des déposants, tant que cette justification n'a pas eu lieu, de requérir, par voie de compulsoire, copie de l'acte secret pour y puiser des preuves contre l'autre, et malgré lui; il ne peut qu'obtenir expédition de l'acte de dépôt (Cass., 2 mai 1838; D.P. 38.1.88).

874.—Il n'est pas nécessaire de recourir au compulsoire lorsque l'une des parties qui a figuré dans un acte demeuré imparfait veut en obtenir expédition ou extrait, ni lorsqu'on veut en obtenir une seconde grosse,

par suite de la perte ou destruction de la première. En cas pareils, l'ordonnance du juge suffit; Ed. Clerc, *Tr. gén. du not.*, t. 1ᵉʳ, nᵒ 336.

875. — Le notaire ne peut discuter le mérite de l'ordonnance du juge autorisant un compulsoire; il doit s'y conformer (Rouen, 13 mars 1826; D.P.26.2.198).

876.—L'autorisation de compulser les actes d'un notaire pour y puiser, en cas d'inexistence reconnue des actes de l'état civil, les preuves de la filiation du demandeur, ne peut être rejetée sous le seul prétexte qu'il resterait encore à prouver des degrés intermédiaires, alors surtout qu'il est dit dans la demande que les actes à rechercher ou à compulser pourraient contenir des mentions utiles à la preuve de ces degrés (Cass., 10 juin 1833; D.P.33.1.254).

877.—Les juges ont un pouvoir discrétionnaire pour admettre ou rejeter le compulsoire (Cass., 2 mai 1838; D.P.38.1.188). C'est en effet une voie d'instruction à laquelle il peut leur paraître inutile de recourir, s'ils ont déjà sous les yeux des documents suffisants pour asseoir leur opinion, ou si le compulsoire requis ne leur paraît pas devoir jeter une nouvelle lumière dans le débat, ou si le titre n'a pas un rapport direct à l'objet en litige, et doit rester sans influence dans la cause (Carré, sur l'art. 846, C. proc.; Rennes, 27 juill. 1809; Cass., 28 janv. 1835; D.P.35.1.154).

877 *bis.* — Au surplus, le compulsoire ne peut être ordonné que relativement à certains actes déterminés : la vérification de la totalité des minutes d'un notaire n'est permise qu'autant qu'il s'agit d'action publique (Grenoble, 2 mars 1850, D.P.52.2.118).

878. — 2° *Formes du compulsoire.* — La demande à fin de compulsoire est formée par requête d'avoué à avoué (art. 847, C. proc.). — Pour l'obtenir, il n'est pas nécessaire d'indiquer la date du titre recherché et le nom du notaire qui l'a reçu (Ordonn. de 1667, tit. 12; art. 1334, C. Nap.; art. 847, C. proc.; Paris, 1ᵉʳ mars 1809; D.A.3.701). — On peut répondre à la requête par laquelle le compulsoire est demandé (art. 75 du tarif; *conf.*, Rolland de Villargues, vᵒ *Compulsoire*, nᵒ 15). — La demande est portée à l'audience sur un simple acte; le jugement est rendu sommairement, sans aucune procédure, et il est exécutoire nonobstant appel ou opposition (art. 847 et 848, C. proc.). — *V.* cet ouvrage, 1ʳᵉ part.).

879. — Le jugement ordonnant le compulsoire doit être signifié non-seulement aux parties en cause, mais encore à toutes les parties intéressées à l'acte (*Conf.*, Pigeau et Carré. — *Contrà*, Dalloz, *Jur. gén.*, vᵒ *Compulsoire*, nᵒ 38; Bioche, *Dict. de proc.*, vᵒ *Compulsoire*, nᵒ 32; Chauveau sur Carré, nᵒ 2883; Ed. Clerc, *Tr. gén. du not.*, t. 1ᵉʳ, nᵒ 339).

880. — La signification du jugement contient sommation de paraître chez le dépositaire des actes, à jour et heure indiqués, pour assister au compulsoire. Pareille signification est faite au dépositaire, avec commandement de représenter la pièce aux jour et heure qui lui sont indiqués (Massé, t. 1er, p. 91; Rolland de Villargues, n° 18). — Les procès-verbaux de compulsoire sont dressés, et l'expédition ou copie délivrée par le notaire ou dépositaire, à moins que le tribunal qui l'a ordonné n'ait commis un de ses membres ou tout autre juge du tribunal de première instance, ou un autre notaire (art. 849, C. proc.).

D'après ces idées, il a été décidé que le juge commis pour procéder à une vérification de registres peut modifier, par une seconde ordonnance, celle qu'il avait précédemment rendue pour régler la forme de la vérification à faire, s'il s'aperçoit que cette forme est contraire au texte de l'arrêt (Amiens, 9 mai 1821, D.A.3.704).

881.—Lorsque le compulsoire doit se faire par un juge, ce magistrat indique les jour et heure par une ordonnance qu'il rend sur la requête à lui présentée à cet effet; et il est procédé, non pas en l'étude du notaire, mais au lieu où siége le tribunal (Arg., art. 1040, C. proc.), ou à l'hôtel du juge, selon qu'il est également indiqué par l'ordonnance (Dict. du not., n° 15).

882. — Dans tous les cas, les parties peuvent assister au procès-verbal et y insérer tels dires qu'il leur convient (art. 850, C. pr.). Les avoués des parties ont aussi le droit d'assister au procès-verbal de compulsoire et d'y insérer leurs dires (Arg., art. 850, C. proc.; Tarif, art. 92; Dict. du not., n° 18). Cette assistance est même nécessaire lors du procès-verbal de compulsoire ou collation de pièces (Arg., Tarif, 92; Rolland de Villargues, n° 26). — Si l'une des parties ne comparaît pas, il est donné défaut contre elle. — Toutefois on ne doit commencer à procéder au compulsoire qu'une heure après l'échéance de l'assignation donnée à la partie, lorsqu'elle ne se présente pas (Arg. de l'art. 2 du tit. 12 de l'ord. 1667; Carré et Chauveau, quest. 2886; Favard, t. 2, p. 488; Demiau, p. 527; Bioche, v° Compuls., n° 44; Ed. Clerc, Tr. gén. du not., t. 1er, n° 339; Dict. du not., n° 13; Rolland de Villargues, n° 25). — V. n° 925.

883. — Les parties peuvent collationner l'expédition ou copie avec la minute, dont lecture est faite par le dépositaire. Si elles prétendent que l'expédition ou copie n'est pas conforme à la minute, il en est référé, à jour indiqué par le procès-verbal, au président du tribunal, lequel fait la collation; à cet effet, le dépositaire est tenu d'apporter la minute (art. 852, C. proc.).

884. — Le notaire qui procède au compulsoire décrit les actes ou répertoires, dans l'état où ils se trouvent. Il constate l'état et le nombre de feuillets, les renvois, les signatures et paraphes, les blancs, lacunes et altérations (Ed. Clerc, Tr. gén. du not., t. 1er, n° 340; Dict. du not., n° 23).

885. — Quand la pièce est compulsée par un autre que par le notaire, celui-ci dresse une expédition ou copie de la pièce compulsée et en représente l'original à l'officier commis, qui collationne cette expédition ou copie et en fait mention sur l'acte (Dict. du not., n° 25).

886. — Le procès-verbal de compulsoire se fait habituellement en minute, et alors les copies ou expéditions délivrées par le notaire sont terminées par un style de délivrance daté du jour du compulsoire, indiquant la collation qui en a été faite par lui sur les originaux, et le jugement qui a ordonné le compulsoire. Le notaire fait aussi mention de la délivrance sur la pièce compulsée (Ed. Clerc, Tr. gén. du not., t. Ier, n° 340; Dict. du not., n° 26).

887. — Rien ne s'oppose à ce que le procès-verbal de compulsoire soit fait en brevet; mais alors la grosse du jugement qui l'a ordonné doit y demeurer annexée, et l'expédition de la pièce compulsée doit être insérée en ce procès-verbal (Rolland de Villargues, n° 34). Le notaire doit apposer au bas du procès-verbal, s'il est fait en brevet, sinon au bas de l'expédition de la pièce compulsée, le reçu de ses frais ou honoraires; de sorte que le montant en puisse être compris dans les dépens auxquels l'une des parties sera condamnée (Dict. du not., n° 28). Dans le cas où le procès-verbal de compulsoire est fait en brevet, comme on y insère l'expédition, il doit être dressé sur du papier de dimension, qui ne peut être au-dessus du moyen papier. Autrement le procès-verbal peut être sur du papier de toute dimension (Dict. du not., n° 30).

888. — Les frais du procès-verbal de compulsoire et ceux du transport par le dépositaire, dans le cas où ce n'est pas le notaire qui compulse, sont avancés par le requérant (art. 852, C. proc.; Dict. du not., n° 22).

889. — Il est taxé aux notaires, pour chaque vacation de trois heures aux compulsoires faits en leur étude, et devant le juge, en cas de transport devant lui, à Paris, 9 fr., dans les villes où il y a un tribunal de première instance, 6 fr., et partout ailleurs, 4 fr. (Décret du 16 fév. 1807, art. 168).

889 bis. — Le notaire ne peut se refuser au compulsoire, sans encourir une condamnation par corps, comme dans le cas de l'art. 839, C. proc. (Rolland de Villargues, n° 33; V. ci-dessus, n° 840); à moins cependant qu'il n'ait pas été payé des frais et déboursés de la minute de l'acte dont le compulsoire est demandé (art. 851, C. proc.).

II.

9

ART. 25. — Les grosses seules seront délivrées en forme exécutoire; elles seront intitulées et terminées dans les mêmes termes que les jugements des tribunaux.

890. — On parle, 1° sous l'art. 21, des grosses, de leurs formes (ces formes sont aussi indiquées à la première partie de cet ouvrage), de leurs effets, et de la foi qui leur est due; 2° sous l'art. 26, des secondes grosses et des ampliations ainsi que des voies à prendre pour les obtenir. — L'art. 25, qu'on vient de lire, donne lieu de parler de la formule exécutoire.

891. — Les premières rédactions de cet article portaient : « Les grosses qui seront délivrées en forme exécutoire seront intitulées dans les mêmes termes que les jugements des tribunaux. » — Le Tribunat fit l'observation que voici : — D'après la rédaction de cet article, il semblerait qu'il peut y avoir des grosses qui ne soient pas délivrées en forme exécutoire, tandis qu'elles le sont toujours, qu'elles seules peuvent l'être pour tous les actes notariés, et que c'est ce qui constitue la différence entre la grosse et l'expédition. L'addition du mot *terminées* est indispensable pour exprimer que la forme exécutoire des grosses est la même que celle des jugements. On propose de rédiger l'article ainsi qu'il suit : « Les grosses seules seront délivrées « en forme exécutoire et terminées dans les « mêmes termes que les jugements des tri- « bunaux. »

892. — La formule qui rend exécutoire les actes notariés ne doit donc être apposée que sur les grosses, et non sur les simples expéditions, copies ou extraits (Circ. min. just., 1er mars 1825).

On admet cependant qu'un simple extrait peut être délivré en forme exécutoire, lorsqu'il s'agit, par exemple, d'une obligation consentie au profit de plusieurs créanciers, avec des stipulations différentes pour chacun d'eux.

893. — C'est par une délégation du pouvoir royal que les notaires communiquent aux actes qu'ils reçoivent la force exécutoire, au moyen de la formule réglée par les lois. La formule exécutoire a été déterminée d'une manière uniforme, d'abord par la loi des 29 sept.-6 oct. 1791, art. 14, puis par un arrêté du Gouvernement, du 15 prair. an XI; elle n'a changé que quant aux dénominations nouvelles introduites par les changements dans la constitution politique. C'est à la formule déterminée par le gouvernement impérial que renvoient les art. 146 et 545, C. proc. Un avis du conseil d'Etat, du 2° jour complémentaire an XIII, décide que cette formule n'est point nécessaire pour les grosses délivrées antérieurement, lesquelles sont exécutoires sous la formule dont elles ont été revêtues au moment de leur confection.

894. — Un contrat notarié a pu être mis à exécution sans que la grosse délivrée par le notaire, dans l'intervalle du 21 sept. 1792, époque de l'abolition de la royauté, à la publication de la loi du 25 vent. an XI, fût revêtue de la formule qui, dans l'usage, avait été généralement substituée à celle établie par la loi du 6 oct. 1791 (Cass., 21 vend. an XI, D.A.10.667; 8 août 1808, D.A.10.667). — Jugé de même qu'il n'est pas nécessaire que les actes déjà exécutoires par eux-mêmes le soient encore rendus dans les formes nouvelles (Bruxelles, 25 juin 1807, D.A.10.667).

895. — Sous la Restauration, les grosses étaient intitulées : Louis, ou Charles, roi de France et de Navarre. L'ordonnance du 16 août 1830 a établi l'intitulé suivant : « Louis- « Philippe, roi des Français, à tous présents « et à venir, salut. » — A l'égard de la formule prescrite sous l'Empire, V. t. 1er, de cet ouvrage.

Aux termes d'un décret du 2 déc. 1852, l'intitulé des grosses et expéditions doit être ainsi conçu : N... (*prénom de l'Empereur*), par la grâce de Dieu et la volonté nationale, Empereur des Français, à tous présents et à venir, salut.

896. — La formule du mandement final, réglée par l'art. 141 du sénatus-consulte organique du 28 flor. an XII, n'a pas varié depuis cette époque.

Voici dans quels termes elle est conçue : « Mandons et ordonnons à tous huissiers sur « ce requis, de mettre ledit arrêt (*ou* ledit « jugement, *etc.*) à exécution; à nos procu- « reurs généraux et à nos procureurs près « les tribunaux de 1re instance, d'y tenir la « main; à tous commandants et officiers « de la force publique d'y prêter main-forte, « lorsqu'ils en seront légalement requis. » — V. le décret précité du 2 déc. 1852. — V. au reste, 1re part. de cet ouvrage.

897. — Il suffit que les actes et jugements soient intitulés au nom de l'Empereur et terminés par un simple mandement aux huissiers de les mettre à exécution, sans qu'il soit besoin, à peine de nullité, d'y ajouter un mandement aux procureurs généraux et aux procureurs impériaux, et à tous commandants et officiers de la force publique; en ce cas, l'art. 68 de la Charte a abrogé l'art. 141 du sénatus-consulte du 28 flor. an XII (Nancy, 9 juill. 1829, D.P.30.2.22).

898. — D'après l'ord. du 30 août 1815, les porteurs de grosses, délivrées pendant l'absence du roi, devaient s'en procurer d'autres, et les expéditions, délivrées sous la République, d'actes passés avant la révolution, devaient être revêtues de la formule exécutoire prescrite par cette ordonnance et par l'art. 545, C. proc. — V. n° 894.

899. — Les porteurs de grosses anciennes avaient, d'après la même ordonnance de 1815, la faculté de s'en servir, à charge d'en faire rectifier la formule. Le notaire bâtonnait la formule existante, et y substituait, par inter-ligne ou à la marge, la formule royale ; il da-tait et signait cette rectification, qui se fai--sait sans frais (art. 2 et 3, ord.).

900. — Il a été décidé, conformément à la jurisprudence antérieure à la Restauration, par une circulaire du garde des sceaux, en date du 20 déc. 1830, que toutes les grosses doivent conserver la formule exécutoire en usage à l'époque de leur délivrance, s'il n'y a pas été substitué une autre formule, en con-formité de l'ordonnance du 30 août 1815, et que, si cette substitution a été faite, les choses doivent rester dans l'état où elles se trouvent.

901. — Il suivrait de là que les tribunaux ont à apprécier la conformité de l'intitulé et du mandement des actes avec la formule pre-scrite à chaque époque.

Ainsi jugé que la formule adoptée pour l'in-titulé des lois, par l'art. 140 du sénatus-con-sulte organique du 28 flor. an XII, étant tom-bée en désuétude depuis 1808, en ce qu'elle faisait dériver la puissance du pouvoir exécu-tif des constitutions *de la République*, ce der-nier mot a pu être omis dans l'intitulé des actes, depuis cette époque, sans que cette omission atténuât leur force exécutoire. — En conséquence, une saisie immobilière n'est pas nulle parce que la formule énoncée au contrat ne serait pas exactement la même que celle portée dans l'art. 140 précité, si d'ail-leurs elle était conforme à celle insérée dans les lois et décrets du temps où l'acte a été fait (Bordeaux, 14 août 1832, D.P.33.2.96).

901 bis. — Mais, d'après l'art. 3 du décret du 2 déc. 1852, rappelé plus haut, les por-teurs des expéditions et grosses délivrées avant le 1er du même mois de déc., qui vou-draient les faire mettre à exécution, doivent préalablement les présenter à un notaire (lors-qu'il s'agit d'actes notariés), afin que la for-mule prescrite par ce décret soit ajoutée à celles dont elles étaient revêtues auparavant; et cette addition est faite sans frais.

901 ter. Il a été jugé, du reste, qu'on ne doit pas annuler les poursuites exécutées en vertu d'actes authentiques revêtus seulement de la formule exécutoire usitée à l'époque où ils ont été rédigés, si les ordonnances ou dé-crets qui, ayant créé postérieurement une nouvelle formule exécutoire, en ont exigé l'insertion au bas des actes anciens, n'ont pas prescrit, à peine de nullité, l'accomplisse-ment de cette formalité (Trib. d'Angers, 5 juill. 1849, D.P.49.3.96 ; Paris, 3 janv. 1852, D.P.52.2.173). — Mais *V.* en sens contraire, Paris, 20 janv. 1849 (D.P.49.2.137); Orléans, 14 août 1849 (D.P.50.2.60).

902. — Les expressions : *à tous ceux qui*

ces présentes verront, salut*, peuvent être considérées comme l'équivalent de celles-ci : *à tous présents et à venir, salut*, qu'on trouve dans l'art. 140 de la loi du 28 flor. an XII. (Même arrêt).

903. — La voie d'exécution parée n'appar-tient qu'aux actes notariés signés par les parties (D.A., 10,667, n° 68). — Mais non aux procès-verbaux de vente de meubles non signés par elles (*V.* n° 732).

904. — L'addition, par le successeur d'un notaire, de la formule exécutoire à une ex-pédition que celui-ci avait délivrée, n'a pas besoin d'être précédée de l'accomplissement des formalités prescrites par l'art. 844, C. proc., pour la délivrance d'une seconde grosse (Agen, 31 mai 1837, D.P.38.2.228).

ART. 26. — Il doit être fait mention, sur la minute, de la délivrance d'une première grosse, faite à chacune des parties intéressées : il ne peut lui en être délivré d'autre, à peine de destitu-tion, sans une ordonnance du président du tribunal de première instance, la-quelle demeurera jointe à la minute.

905. — Ce qu'on a à dire sur cet article s'applique : 1° aux *secondes grosses* et aux *ampliations*; 2° aux voies à prendre pour se procurer des grosses ou copies d'actes, soit parfaits, soit imparfaits : mais auparavant, il convient de faire remarquer que ces expres-sions du premier alinéa de cet article qui por-tent : « qu'il doit être fait mention, sur la mi-nute, de la délivrance d'une première grosse faite à *chacune des parties intéressées*, » doi-vent être entendues dans ce sens, que la grosse est délivrée à chaque partie ayant droit de poursuivre l'exécution de l'acte, et non en ce sens qu'elle est remise au débiteur comme au créancier : le débiteur n'a droit qu'à une expédition dépourvue de la formule exécutoire. L'art. 26 dispose pour le cas où l'acte contient des obligations respectives susceptibles d'être poursuivies par voie d'exé-cution, aux termes des art. 545 et 251, C. proc. (Augan, p. 116 et 117, 2e édit.; Toul-lier, t. 8, n°s 420 et 421; Favard, *Rép.*, v° *Acte notarié*, § 4; Duranton, *Tr. des con-trats*, n° 1318; D.A., 10.706, n° 5).

Cela entendu, on va retracer les principa-les difficultés qui naissent du 2e alinéa de l'art. 26, mis en parallèle avec les art. 839 et suiv. du Code de procédure.

906. — 1° *Seconde grosse.* — C'est ordi-nairement la perte de la première grosse ou son mauvais état par suite de quelque acci-dent, ou la résistance d'un tiers, d'un cohé-riter qui refuse de s'en dessaisir (*V.* n° 918), qui donnent lieu à la demande d'une seconde grosse. Il ne faut pas que ces circonstances, étrangères à la volonté de la partie qui a be-

9.

soin de son titre, paralysent l'exercice de ses droits. C'est ce qui était déjà reconnu avant la loi de l'an XI (Ord. d'août 1539, art. 177 et 178; Ferrière, *Parf. not.*, liv. 1, ch. 25; Toullier, t. 8, nᵒˢ 455 et 456).

907. — Le créancier qui a perdu la grosse de son titre peut en exiger une seconde, si le débiteur qui se prétend libéré ne justifie pas que l'obligation est éteinte; et, dans ce cas, le débiteur ne peut prouver sa libération que par des preuves écrites ou par des présomptions légales : de simples présomptions ne suffiraient pas pour faire admettre la preuve testimoniale, si les parties ne se trouvaient dans aucun des cas où elle est permise. C'est en vain aussi qu'on fonderait la présomption de libération sur ce que la demande d'une seconde grosse serait frauduleuse, et n'aurait pour objet que de faire revivre une obligation acquittée, la fraude ne tombant pas, dans ce cas, sur l'obligation, mais sur un fait postérieur (art. 1315, 1319, 1341, 1353 et 1356, C. Nap.; Cass., 20 mars 1826, D.P.26.1.215).

908. — Des formalités particulières sont exigées pour la délivrance d'une seconde grosse (*V.* plus bas, nᵒ 919), et le notaire encourrait la *destitution*, s'il ne s'y conformait pas, à moins qu'il ne soit de bonne foi, comme s'il ignorait qu'une première grosse eût été délivrée, en ce que son prédécesseur n'en aurait pas fait mention sur la minute (*Conf.* Loret, t. 1, p. 389; Rolland de Villargues, nᵒ 88); ou si le débiteur a consenti à la délivrance (*V.* nᵒˢ 914 et 925).

909. — Ainsi, la partie doit préalablement obtenir *une ordonnance du président.*—L'ordonnance d'août 1539, art. 178 et 179, voulait déjà que la délivrance fût ordonnée par *justice*, et cela, *parties ouïes*, le tout sous peine de privation de l'office.—La présomption de remise de dette ou de paiement qui résulte de la possession de la grosse par le débiteur justifie suffisamment cette rigueur.

910. — Et l'ordonnance est nécessaire, quoique la première grosse fût irrégulière, le notaire n'étant pas juge des vices de l'acte (Cass., 23 août 1826, D.P.27.1.10). Mais, si la première grosse a été annulée pour vice de forme, la seconde est, dans la réalité, une première grosse pour l'obtention de laquelle on n'a pas été obligé de requérir l'ordonnance (Cass., 24 mars 1835, D.P.35.1.254).

911. — Toullier, t. 8, nᵒˢ 423 et 425, applique cette disposition aux secondes expéditions. Augan, p. 122; D.A., 10,706, nᵒ 9, pensent au contraire que l'art. 26 ne peut s'étendre aux expéditions, et que le notaire peut en délivrer autant qu'il lui en est demandé.

912. — Il y aurait contravention à cette défense, si un notaire, après avoir délivré une grosse à la partie, en délivrait une autre au cessionnaire ou aux héritiers de cette partie (Rolland de Villargues, nᵒ 87).

913. — Quoique l'art. 844 se serve du mot *la partie*, il est sensible que l'héritier de cette partie a besoin aussi de se faire autoriser par ordonnance du président (*V.* nᵒ 927).

914. — Sans l'autorité du magistrat, le notaire peut délivrer une seconde ou troisième grosse, pourvu que les parties, capables à cet effet, y donnent toutes leur consentement (Toullier, t. 8, nᵒ 454; Delvincourt, 2.619; Duranton, 13, nᵒ 62; D.A., 10.706, nᵒ 10, et Rolland de Villargues, vᵒ *Grosse*, nᵒ 89, qui rétracte l'opinion contraire qu'il avait émise dans la 1ʳᵉ édition, nᵒ 62).—Ce consentement, qui doit être donné dans la forme authentique (Toullier, nᵒ 453; Rolland de Villargues, nᵒ 89 *bis*), est joint à la minute de l'acte. Rolland de Villargues, nᵒ 90, exige qu'il soit dressé procès-verbal et de la demande d'une seconde grosse par le créancier, et du consentement du débiteur.

915. — Les secondes grosses et les ampliations légalement tirées sont exécutoires comme les premières (Toullier, t. 8, nᵒ 457).

916. — Il n'est pas nécessaire de faire mention, sur la minute, de la délivrance d'une seconde grosse; la loi n'exige cette mention que pour la première; quant à la seconde grosse, la délivrance est établie par le procès-verbal qui la constate (Massé, liv. 1, ch. 29; Rolland de Villargues, nᵒ 120. — *Contrà* Toullier, nᵒ 459).

917. — Les notaires peuvent délivrer des grosses et expéditions distinctes faisant partie des dépôts publics, sans les soumettre à l'enregistrement, et sans les inscrire sur leur répertoire, comme les copies collationnées (Déc. min., 18 avril 1809).

918. — 2ᵒ *Ampliations.* — On appelle ainsi les secondes grosses qu'un notaire délivre sur une grosse originale qui lui a été déposée. Elles diffèrent des grosses, en ce que celles-ci sont expédiées sur la minute. — Il y a lieu à la délivrance d'ampliations, par exemple, pour l'exécution des créances appartenant à plusieurs héritiers, ou contre eux personnellement à un même créancier, ou lorsque le propriétaire d'une créance en fait le transport à plusieurs personnes distinctes (Toullier, t. 8, nᵒ 456; Rolland de Villargues, vᵒ *Ampliation*, nᵒ 1). — Pour éviter les frais des ampliations, celui à qui la grosse du titre est remise peut s'obliger à en aider les autres, ce qui arrive fréquemment dans l'usage (Rolland de Villargues, nᵒ 3).—Une ampliation devant être considérée comme une seconde grosse, il s'ensuit qu'il faut, pour en obtenir la délivrance, suivre la même procédure que pour celle des secondes grosses (Pigeau, Locré, Carré, Rolland de Villargues, nᵒ 4. *V.* plus bas, nᵒ 920). — Le notaire qui délivrerait une ampliation sans

ordonnance du juge serait passible d'une amende de 20 fr. (art. 23 ; L. 16 juin 1824, art. 10).

919. — 3° *Des voies à prendre pour se procurer la copie d'un acte.* — Il faut distinguer entre le cas où l'on n'a pas été partie, par soi ou ses auteurs, et celui où l'on a été partie à l'acte. Pour le premier cas, la loi du 25 vent. an XI veut que les notaires ne puissent délivrer expédition ni donner connaissance de leurs actes à d'autres qu'aux parties intéressées en nom direct, héritiers ou ayants droit (*V.* art. 23). Les tiers qui veulent avoir copie ou communication d'un acte doivent employer la voie du compulsoire (*V. eod.*).

Pour le second cas, il faut distinguer entre l'acte *parfait* et l'acte *imparfait* ou *non enregistré*, et quant aux actes parfaits, il faut encore distinguer entre les *secondes grosses* et les *expéditions* ou *copies*.

920. — *Actes parfaits.* — La partie qui voudra se faire délivrer une *seconde grosse*, soit d'une minute d'acte, soit par forme d'*ampliation* sur une grosse déposée, présentera, à cet effet, requête au président du tribunal de première instance (art. 844, C. proc.). C'est le président du tribunal de l'arrondissement où réside le notaire dépositaire de la minute et non celui du défendeur dont l'article, d'après Toullier, 1ʳᵉ édit., t. 8, n° 455 ; Demiau, sur l'art. 844 ; Rolland de Villargues, v° *Grosse*, n° 94, a entendu parler. — (*Contrà* Augan, t. 1, p. 181 ; Pau, 31 août 1837, D.p.39.2.93).

921. — Cette requête se fait par le ministère d'un avoué ; et les frais de la délivrance sont à la charge de celui qui l'obtient (Rolland de Villargues, *eod.*, n° 95 ; Duranton, *eod.*). — La requête expose les motifs de la demande, laquelle ne peut être écartée par des présomptions de paiement non établies par la loi (Cass., 20 mars 1826, D.p.26.2.215 ; Ferrière, liv. 1, ch. 25 ; Debelleyme, *Ordonn. sur requêtes,* 3ᵉ édit., t. 1ᵉʳ, p. 124 ; Rolland de Villargues, n° 112).

922. — Lors même qu'une première grosse a été délivrée sans être revêtue des formes voulues lors de sa confection pour qu'elle eût force exécutoire, le notaire n'en peut délivrer une seconde sans l'observation des formalités prescrites par l'art. 844, C. proc. ; autrement cette seconde grosse ne peut servir de base à aucun acte d'exécution (Req., 23 août 1826, D.p.27.1.10).

923. — En vertu des ordonnances du président, « la partie fait sommation au notaire pour faire la délivrance à jour et heure indiqués, et aux parties intéressées pour y être présentes (art. 844, C. proc.). »—A Paris, le président indique l'huissier qui fait la sommation (Debelleyme, t. 1ᵉʳ, p. 121) ; dont l'original n'a pas besoin d'être visé par le notaire (*Conf.* Rolland de Villargues, n° 100. — *Contrà* Carré, sur l'art. 845).

924. — Il n'y a pas de délai indiqué pour la sommation au notaire ; le demandeur peut donc n'indiquer que celui de vingt-quatre heures. Le délai doit être augmenté, si les parties intéressées sont éloignées, d'un jour par trois myriamètres de distance (art. 1033, C. proc. — *Conf.* Carré, sur l'art. 843 ; Rolland de Villargues, n° 99).

925. — La disposition de l'art. 844 fait supposer le refus du débiteur. Si, postérieurement à l'ordonnance, le débiteur consent à la délivrance, la seconde grosse est délivrée par le notaire sans autres formalités que celles qui constatent la délivrance (Rolland de Villargues, n° 101). — Si les parties ne se présentent pas chez le notaire au jour et à l'heure indiqués, le notaire donne défaut contre elles et délivre la grosse en leur absence (Toullier, t. 8, n° 461 ; Carré, *eod.* ; Rolland de Villargues, n° 101, 3°). — Ce défaut peut, à la rigueur, être donné après une heure d'attente ; mais, d'ordinaire, on attend trois heures (Rolland de Villargues, *eod.*, n° 102. *V.* n° 882).

926. — En cas de contestation, les *parties* se pourvoiront en référé (art. 845, C. proc.). Alors la délivrance ne peut avoir lieu que sur la signification, au notaire, de l'ordonnance de référé ou du jugement. C'est devant le président qu'on doit se pourvoir en référé, sauf renvoi à l'audience, s'il y a lieu (Toullier, t. 8, n° 458 ; Carré, Rolland de Villargues, nᵒˢ 106 et 107).

927. — Lorsque, pour l'obtention d'une seconde grosse d'un acte dans lequel son auteur a été partie contractante, l'héritier s'est fait autoriser par le président du tribunal de première instance, il n'est pas tenu, sur le refus du notaire de délivrer la grosse, fondé sur une opposition formée entre ses mains, de l'assigner à bref délai, conformément à l'art. 839, C. proc. — Le président, saisi par voie de référé, de cette opposition, doit en donner mainlevée, alors qu'elle n'est pas fondée sur le défaut de qualité du réclamant et qu'elle n'a pour base qu'un fait qui ne peut être réfuté ou détruit par l'héritier qu'à l'aide du titre dont la grosse lui est refusée (Toulouse, 20 mars 1838, D.p.39.2.73).

928. — S'il y a renvoi à l'audience, le juge doit procéder sommairement (Carré, *eod.*), quoique la demande en délivrance doive, en tant qu'indéterminée, être soumise aux deux degrés de juridiction (Bordeaux, 20 janv. 1831, D.p.31.2.91).

929. — Si le juge de référé ordonne que le notaire délivrera la grosse, Rolland de Villargues, n° 113, p. 114, dit que le créancier doit faire signifier copie du jugement au notaire avec certificat attestant qu'il n'est parvenu ni opposition ni appel, et avec sommation de lui faire délivrance, à laquelle il est dès lors inutile d'appeler le débiteur (art.

548, C. proc.). — Mais, d'après Loret, liv. 1, p. 388, il suffit, dans ce cas, d'annexer à la minute de l'acte dont la grosse est délivrée, l'ordonnance ou le jugement qui ordonne cette délivrance ainsi que les exploits de sommation et de signification, et de mentionner seulement, soit ces divers actes, soit la délivrance de la seconde grosse. Cette dernière voie est plus simple; mais elle offre moins de sécurité pour le notaire, qui, s'il veut la suivre, en tant que moins coûteuse, doit s'assurer s'il n'y a ni opposition ni appel.

930.—La seconde grosse doit porter mention de l'ordonnance, ainsi que de la somme pour laquelle on pourra exécuter, si la créance est acquittée ou cédée en partie (art. 844, C. proc.).

931.—La délivrance de la seconde grosse, opérée volontairement ou par ordre de justice, est constatée par un procès-verbal du notaire (Toullier, 458; Pigeau, 2, 331; Demiau, p. 528; Rolland de Villargues, nᵒˢ 104, 106).

Ce procès-verbal doit être dressé dans la forme des actes notariés, c'est-à-dire par deux notaires ou par un notaire et deux témoins (Conf. Rolland de Villargues, nᵒ 117; Toullier, t. 8, nᵒ 458).

932. — Les frais sont à la charge de celui qui obtient une seconde grosse (V. Ord. 30 août 1815, art. 4), laquelle peut être refusée tant que les frais de la première ne sont pas payés (art. 851, C. proc.).

933.—Les formalités prescrites pour obtenir une seconde grosse s'appliquent aux grosses subséquentes (Loret, t. 1, p. 390), ainsi qu'à la délivrance des grosses par ampliation (Rolland de Villargues, (nᵒ 123).

934. — Les secondes grosses, ou les ampliations, demandées dans l'intérêt de l'État, ne s'obtiennent qu'au moyen des mêmes formalités. Toutefois la demande se fait sur simple mémoire, sans avoué, suivant les règles de procédure concernant les affaires de la régie (L. 27 vent. an IX, art. 17; Avis du cons. d'Et., 12 mai 1807; Inst. gén., 4 juillet 1809, nᵒ 436; Rolland de Villargues, nᵒ 124).

Enfin, lorsqu'il s'agit d'un acte *parfait, enregistré*, etc., d'une *expédition* ou *copie*, et non d'une seconde grosse, le droit de la demander appartient, ainsi qu'on l'a vu, aux parties intéressées. Ce droit est sanctionné par l'art. 839, C. proc., ainsi conçu : « Le notaire ou autre dépositaire qui refusera de délivrer expédition ou copie d'un acte aux parties intéressées en nom direct, héritiers ou ayants droit, y sera condamné, et par corps, sur assignation à bref délai, donnée en vertu de permission du président du tribunal de première instance, sans préliminaire de conciliation. »

935.—La demande étant personnelle, doit être portée devant le tribunal de la résidence du notaire ou dépositaire (Carré, sur l'art. 839; Rolland de Villargues, 1ʳᵉ éd., vᵒ Copie, nᵒ 73). — Avant d'assigner le notaire, doit-on le mettre en demeure? Non, selon Carré, qui se fonde sur le silence de la loi et sur la facilité qu'a le notaire de faire valoir devant le tribunal les motifs de son refus. Oui, selon Demiau, p. 520; car la loi prévoit le *refus* du notaire; il faut donc le constater, afin d'en venir à la fâcheuse mesure d'une assignation; c'est cette dernière voie qu'on suit ordinairement, mais il paraît inutile de faire constater le refus du notaire. — L'affaire est jugée sommairement, et le jugement exécuté nonobstant opposition ou appel (art. 840, C. proc.).

936. — Outre la contrainte par corps, le notaire peut encore, suivant les circonstances, être condamné aux dommages-intérêts envers la partie; il est, en outre, passible d'une amende de 20 fr. et de suspension pendant trois mois, en cas de récidive (L. 25 vent. an XI, art. 23; L. 16 juin 1824, art. 10).

937. — 3ᵒ *Actes imparfaits ou non enregistrés*. — Un acte imparfait est celui dans lequel on n'a pas observé toutes les formalités prescrites. Tel est l'acte que toutes les parties n'ont pas signé, celui qui n'est pas signé de l'officier public ou des témoins, celui qui émane d'un officier public incompétent, l'acte sous seing privé synallagmatique non fait double. — Il est des cas où un tel acte peut valoir comme acte sous seing privé, il en est d'autres où il a l'effet d'un commencement de preuve. — L'acte non enregistré n'est pas pour cela un acte imparfait. Aussi l'art. 841, C. proc., qu'on verra ci-après, distingue-t-il ces deux sortes d'actes (Rolland de Villargues, vᵒ Acte imparf., nᵒ 12, quoique la marche pour en avoir copie soit la même. Un notaire ne peut, dans aucun cas, se permettre de supprimer un acte imparfait; cela résulte de la loi qui autorise les parties à s'en faire délivrer expédition ou copie (Rolland de Villargues, nᵒˢ 2 et suiv.; eod., nᵒ 15); V. cependant Bordeaux, 3 août 1841 (D.p.42.2.13), et supra, nᵒ 665. — Il ne pourrait non plus lui donner la perfection qui lui manque, dès qu'il est survenu une difficulté entre les parties.

938. — La partie qui voudra obtenir copie ou extrait d'un acte resté imparfait présentera requête au président du tribunal de première instance (art. 841, C. proc.). — Elle pourrait aussi demander un extrait de l'acte (Conf. Rolland de Villargues, nᵒ 25). — Il suit de là que le notaire ne pourrait, *de plano*, et de sa seule autorité, délivrer la copie demandée (Dict. du not., nᵒ 8); .... surtout si l'acte imparfait a de plus été déclaré nul

comme frauduleux (Cass., 15 mars 1836, D.P.36.1.196). — La partie qui présente sa requête, dans laquelle elle expose les raisons qu'elle a d'obtenir copie de l'acte, tout imparfait qu'il se trouve, n'a pas besoin d'appeler l'autre partie (*eod.*, n° 12). — La délivrance est faite, s'il y a lieu, en exécution de l'ordonnance mise en suite de la requête; et il doit en être fait mention par le notaire au bas de la copie délivrée (article 842, C. proc.).

939. — Le notaire peut refuser d'obtempérer à l'ordonnance du président. Cela résulte des mots *s'il y a lieu*, etc., de l'art. 843, qui suppose le refus du notaire (Pigeau, t. 2, n° 333; Carré, sur l'art. 842; *Dict. du not.*, n° 14). — « En cas de refus, porte l'art. 843, de la part du notaire ou dépositaire, il en est référé au président du tribunal de première instance. » — Le référé doit être introduit, non par le notaire, mais par la partie qui a demandé l'expédition (Pigeau, t. 2, n° 335; Carré, *loc. cit.*; *Dict. du not.*, n° 15). — La loi exigeant que la condamnation par corps ne soit prononcée que par un jugement, le président ne peut, par une seule ordonnance sur référé, prononcer cette contrainte; il ne peut non plus condamner aux dépens. Il faut, pour ces deux objets, assigner devant le tribunal (Rolland de Villargues, n° 34).

939 bis. — Un notaire peut, par ordonnance du président, rendue conformément à l'art. 841, C. proc., être contraint de délivrer copie d'un acte reçu par lui, quoique cet acte ne portant aucune signature, soit resté inachevé, et que la copie qui en a été requise doive servir de base à une action en responsabilité contre ce notaire. — Et spécialement, lorsqu'il est allégué qu'un notaire, après avoir écrit un testament, a suspendu, sans nécessité, l'accomplissement des dernières formalités légales, qui n'ont pu ensuite être remplies, à cause de la mort du testateur survenue au moment où il allait y être procédé par la signature de ce testateur, celles des témoins et du notaire, le légataire désigné a le droit d'exiger, en se conformant à l'art. 878, C. proc., une copie de l'acte ainsi demeuré incomplet, pour en faire contre le notaire, à la faute duquel il impute l'état inachevé du testament, la base d'une action en responsabilité (Civ. rej., 28 avr. 1862, D.P.62.1.239).

940.—Quand le notaire consent à délivrer la copie, on doit lui remettre la requête et l'ordonnance, afin qu'il les annexe au procès-verbal dressé pour constater la délivrance (Pigeau, t. 2, n° 334; Carré, *eod.*; Rolland de Villargues, n° 35).

941. — L'art. 841 prescrit les mêmes formes pour obtenir délivrance de la copie d'un acte *non enregistré*, sauf l'exécution *des lois et règlements* relatifs à l'enregistrement. —

Quoiqu'il semble résulter de cet article que la partie qui demande expédition de l'acte non enregistré peut n'être pas obligée de les payer, néanmoins, si elle en a les moyens, le notaire peut la contraindre à en faire l'avance, sauf recours contre la partie directement débitrice (Rolland de Villargues, v° *Acte non enreg.*, n° 2).

942. — Il n'y a pas lieu de recourir à cette procédure pour obtenir copie d'un acte notarié et parfait, non enregistré dans le délai; car il suffit au notaire de faire enregistrer l'acte et d'en payer les droits et l'amende ou double droit, pour pouvoir en délivrer expédition. On ne pourrait appliquer l'art. 841 qu'au cas où le notaire refuserait d'enregistrer, refus qui l'exposerait aux contraintes de la régie. Aussi cette disposition est-elle rarement exécutée (*Dict. du not.*, v° *Acte non enreg.*, n° 2).

ART. 27. — Chaque notaire sera tenu d'avoir un cachet ou sceau particulier, portant ses nom, qualité et résidence, et, d'après un modèle uniforme, le type de la République française.

Les grosses et expéditions des actes porteront l'empreinte de ce cachet.

943. — On lisait dans les premières rédactions : « Les grosses *ou* expéditions, etc. » Sur la demande du Tribunat, la conjonction *et* a été substituée à la disjonctive *ou*.

944. — M. Favard, dans son discours au Tribunat, retraçait ainsi l'objet de cet article : « Le cachet exigé.... de chaque notaire est un garant de plus, en leur faveur et pour la société, contre la fraude et les faussaires : c'est une sorte de légalisation donnée aux actes notariés pour tout le département ou le ressort du notaire qui les délivre. Aussi ces mêmes actes ne sont-ils astreints à la légalisation judiciaire que lorsqu'on veut s'en servir au delà du département ou du ressort du notaire. Cette mesure produit l'heureux effet de faciliter et d'accélérer l'exécution des actes. Elle sera surtout utile pour l'obtention et la conservation des hypothèques pour lesquelles le moindre retard peut devenir très-nuisible. »

945. — D'après l'ordonnance du 9 nov. 1291, foi ne devait être ajoutée qu'aux actes scellés. — Louis XIII, par édit de juin 1627, enjoignit aussi de faire sceller les actes notariés. A cet effet, un édit de novembre 1696 établit des officiers nommés gardes-scel, qui furent supprimés par un autre édit de novembre 1706, portant que les notaires scelleraient eux-mêmes leurs actes. — A cet effet, les notaires devaient avoir un sceau particulier aux armes de France et indiquant le tribunal auquel ils étaient immatriculés. — Le décret des 9-14 sept. 1792 établit une nouvelle for-

mule du scel des actes des notaires en ces termes : «L'Assemblée nationale décrète qu'à l'avenir les actes des notaires, au lieu de ces mots : *sous le scel du roi*, porteront ceux-ci : *sous le scel de la nation*. » — Le type et la légende du sceau furent déterminés par la loi du 6 pluv. an XIII. — Au type de la République a succédé celui de l'Empire, puis celui de la royauté : c'était la représentation du sceau de l'État. — Enfin, après la révolution de 1830, la forme du sceau notarial fut d'abord indiquée sans type, par ordonnance du 14 août 1830 ; mais la forme des timbres et cachets a été déterminée depuis par l'ordonnance du 19 nov. 1830, et enfin par un décret du 2 déc. 1852 (D.P.52.4.219).

946.—Le scel des actes notariés est une ancienne formalité que la fiscalité avait détournée de son but primitif. La loi ne la prescrit pas à peine de nullité. Toullier, t. 8, n° 60, dit que si l'on présentait une grosse non scellée, les tribunaux pourraient ordonner que la partie qui poursuit l'exécution en produisit préalablement une, revêtue du sceau (Ed. Clerc, *Tr. gén. du not.*, t. 1ᵉʳ, n° 405 ; *Dict. du not.*, n° 13). — Loret, t. 1ᵉʳ, p. 392, pense que, sans cette formalité, les grosses ne pourraient servir à exercer la contrainte contre le débiteur (*Contrà* Toullier, t. 8, n° 60). — Il dit aussi que les expéditions, copies collationnées ou extraits qui ne seraient pas revêtus du sceau n'auraient pas en justice la même foi que si cette formalité avait été remplie. Mais cette opinion est généralement repoussée, par cette raison que l'art. 545, C. proc., exige seulement, pour la mise à exécution des actes, qu'ils portent le même intitulé que les lois, et qu'ils soient terminés par un mandement aux officiers de justice (Toussaint, t. 8, n° 60 ; Dalloz, v° *Notaire*, n° 320 ; Rolland, v° *Sceau*, n° 11 ; Ed. Clerc, t. 1ᵉʳ, n° 404). — Jugé en ce sens que l'apposition du sceau du notaire sur la grosse d'un contrat n'est pas nécessaire pour faire produire à ce titre les effets de l'exécution parée(Bordeaux, 28 janv. 1853; D.P.54.5.332).

947.— Ici, sous le nom d'expédition, la loi entend toutes copies authentiques délivrées par les notaires ; ainsi les extraits, les copies collationnées, même les actes en brevet doivent également être revêtus du cachet (Rolland de Villargues, n° 11 ; *Dict. du not.*, n° 12).

948.—La loi n'exige plus que, comme autrefois, l'apposition du cachet du notaire soit accompagnée d'une mention constatant l'observation de cette formalité (Rolland de Villargues, n° 13).

949.—Les notaires doivent se considérer comme gardiens du sceau qui leur est confié, et ne s'en servir que pour les actes de leur ministère, et non pour des usages privés (*Dict. du not.*, n° 15).

950.—Il n'est dû aucun honoraire pour l'application du sceau (Rolland de Villargues, n° 14 ; Ed. Clerc, t. 1ᵉʳ, n° 406 ; *Dict. du not.*, n° 14).

951.—L'apposition du sceau se fait à la marge qui correspond à la signature du notaire. On mettait autrefois au-dessous de l'empreinte les mots : *scellé lesdits jour et an*, avec la signature ou le paraphe du notaire ; on fait encore cette mention, quoique la loi ne l'exige pas.

ART. 28. — Les actes notariés seront légalisés, savoir : ceux des notaires à la résidence des tribunaux d'appel, lorsqu'on s'en servira hors de leur ressort et ceux des autres notaires, lorsqu'on s'en servira hors de leur département.

La légalisation sera faite par le président du tribunal de première instance de la résidence du notaire, ou du lieu où sera délivré l'acte ou l'expédition.

952. — La légalisation est l'attestation par un officier public ou fonctionnaire qui a mission, pour la donner, de la vérité des signatures apposées à un acte, et des qualités de ceux de qui il est émané. — Son but est de certifier les signatures et qualités hors du ressort du notaire, à l'effet de rendre l'acte exécutoire dans tout le royaume ; elle confirme l'authenticité, mais elle ne la constitue pas (Toullier, t. 8, n° 58 ; Berriat, p. 90 ; D.A., t. 10, p. 668, n° 69 ; Rolland de Villargues, v° *Légalisation*, n° 2 ; Cass., 22 oct. 1812, D.A.8.361).

953. — La légalisation est chez nous de date déjà ancienne. Il existe au *Trésor des chartes* une copie des statuts des tailleurs de Montpellier, délivrée par deux notaires de la même ville, au bas de laquelle sont deux légalisations datées de 1323, et données, l'une par le juge royal de Montpellier, l'autre par l'official de Maguelonne (Denisart, v° *Légalisation*). — Les actes passés par les notaires du Châtelet de Paris faisaient foi dans tout le royaume sans avoir besoin de légalisation (Denisart, *cod.*; Loret, t. 1, p. 395). Les résolutions sur le notariat, des 6 vendém. et 23 frim. an VIII, art. 81, portaient que l'empreinte du cachet (du notaire) tiendrait lieu de légalisation pour constater sa qualité et la vérité de sa signature dans toute l'étendue de la république. Jousselin s'est exprimé dans le même sens au conseil des Anciens, séance du 13 prair. an VII ; mais une telle valeur n'est plus attribuée aujourd'hui à l'emploi du cachet notarial : il faut la signature du notaire (*V.* plus haut, n° 945), et c'est pour en procurer la connaissance à ceux de qui la légalisation doit émaner que la loi as-

treint les notaires à faire, avant d'entrer en fonctions, le dépôt au greffe de leurs signature et paraphe.

— Quels actes doivent être légalisés, et par qui? — Quels sont les effets de la légalisation? — Comment doivent être légalisés les actes produits, soit aux colonies, soit en pays étranger, et ceux passés aux colonies et à l'étranger, lorsqu'ils sont produits en France?

954.— 1° *Actes légalisables et par qui?* — Les actes qui ont besoin d'être légalisés sont, en général, ceux émanés d'un fonctionnaire public, lorsqu'on les produit hors du ressort où il exerce ses fonctions, et en particulier les actes notariés, mais non les jugements, à moins qu'on n'en fasse usage en pays étrangers. — La légalisation est aussi exigée pour les certificats de vie des rentiers et pensionnaires de l'Etat, pour-les actes de l'état civil, lorsqu'on doit s'en servir hors du ressort (art. 45, C. Nap.).

955.—Elle peut avoir lieu non-seulement pour les actes des fonctionnaires qui sont encore vivants, mais encore de ceux qui sont morts, au moment où la formalité est requise, pourvu que la qualité, le sceau et la signature de ces officiers soient connus par la tradition ou autrement (Rolland de Villargues, v° *Légalisation*, n° 9).

956.—Confirmative de l'authenticité des actes, la légalisation ne s'applique qu'à des actes émanés d'officiers publics, et non à des actes sous seing privé, dont une simple dénégation suffit pour arrêter l'effet. — Aussi les administrateurs doivent-ils s'abstenir de légaliser ces derniers actes, auxquels ils ont à craindre de donner une autorité qu'ils ne justifient pas. Quoiqu'on lise dans l'art. 11 de la loi des 6-27 mars 1791 : « La légalisation des actes sera faite, les certificats de vie seront donnés par les présidents des districts, par les juges qui en feront les fonctions, et, concurremment, par les maires, mais seulement, par ces derniers, pour les actes des officiers publics, ou pour les citoyens qui seront domiciliés dans l'étendue de la commune; » une telle disposition ne doit s'appliquer qu'aux actes d'administration, d'ordre ou d'intérêt général, comme seraient ceux émanés des commissaires de police, des médecins, chirurgiens, membres des bureaux de charité, receveurs particuliers et agents des contributions, des institutrices et maîtresses de pension, et enfin de certaines personnes ayant un caractère public ou remplissant des fonctions qui donnent une certaine authenticité à leur signature (Circ. préf. de la Seine, 18 fév. 1808 et 13 nov. 1816). — Les mêmes circulaires prescrivent aux maires de refuser leur légalisation à toutes les procurations et autres actes sous seing privé étrangers à l'administration publique,

et qui n'auraient rapport qu'à des intérêts privés. — Enfin, la légalisation du maire ne saurait jamais donner à un acte le caractère d'authenticité qu'il n'aurait point par lui-même. Cet acte conserverait, quoique légalisé, la nature d'acte sous seing privé (Déc. min. fin., 30 oct. 1822; arg., n° 973). — Il a été jugé, conformément à ce qui précède, que la légalisation n'est nécessaire que pour les signatures de fonctionnaires ou officiers publics; qu'elle n'est point applicable aux signatures apposées sur des actes sous seings privés; et il en est ainsi même en ce qui touche la légalisation exigée à la Guadeloupe, par les arrêtés coloniaux des 8 vent. an XII et 8 janv. 1815, pour les actes provenant soit de l'étranger, soit de la métropole, ces arrêtés ne concernant que les actes publics; qu'en conséquence, la signification à la Guadeloupe d'un transport, par acte privé, consenti en France, est valable, quoique cet acte n'ait point été revêtu de la légalisation et visa prescrits par lesdits arrêtés (Civ. rej., 17 mai 1858, D.P.58,1.212).

957.—Au reste, les maires sont autorisés à donner leurs légalisations : 1° en matière de saisie-immobilière et de vente judiciaire (art. 698, 699 et 959, C. pr.); 2° en matière de conflit, lorsqu'une partie a signé seule un mémoire (Ord., 12 déc. 1821, art. 5). — Le droit de légalisation leur a été reconnu par le conseil d'Etat dans deux cas remarquables dont il va être parlé : 1° il s'était élevé la question de savoir si les habitants de Seine-et-Oise pourraient se contenter de donner de simples procurations sous seing privé, légalisées par le maire ou par le sous-préfet, pour suivre, auprès du Trésor public, la liquidation du prix de chevaux par eux fournis à l'Etat. Le conseil d'Etat, par avis du 26 nov. 1819, a décidé « que les sous-préfets et les préfets ne doivent pas se refuser à légaliser les signatures des maires lorsque ceux-ci se sont bornés à certifier les signatures des habitants de leurs communes; 2° sur la question de savoir si la légalisation des signatures par les maires ou fonctionnaires administratifs peut être refusée dans les cas non prévus par la loi, le conseil d'Etat, par avis du 22 avril 1831, a dit : «Considérant que cette obligation (des maires) ne saurait s'appliquer qu'aux cas prévus par la loi, et constituer un droit au profit des réquérants que dans ces seuls cas; que, néanmoins, toutes les fois qu'il s'agit d'un acte sous seing privé, de la délivrance d'un certificat de vie, ou, en un mot, de toutes pièces ayant un caractère légal d'utilité, les maires ne peuvent refuser de légaliser les signatures des habitants de leurs communes; mais que les maires peuvent refuser la légalisation qui leur serait demandée pour certifier des signatures apposées à des écrits qui n'ont aucun but d'utilité judiciaire ou administrative, et, à plus forte raison, lorsqu'ils seraient de nature à porter préjudice à des tiers. » — Ces motifs, on le voit, n'infirment pas d'une manière absolue la recommandation que nous avons faite plus haut aux fonctionnaires de refuser la légalisation à des actes d'intérêt privé; le conseil d'Etat l'improuve lorsque ces actes sont de nature à nuire à des tiers, ou qu'ils n'ont pas l'intérêt public pour objet; or, une telle limitation suffit pour démontrer tout ce qu'il y a d'instable et de peu rassurant dans la légalisation qui s'attache à des actes d'intérêt privé, car il est peu de ces actes qui ne soient de nature à nuire, ne fût-ce que d'une manière indirecte, à des tiers, ou à les inquiéter.

958. — Il paraît superflu de faire observer que les fonctionnaires ne doivent donner de légalisation qu'autant qu'ils connaissent la qualité de l'officier public qui a reçu l'acte, la signature et le sceau dont il est dans l'usage de se servir. — S'ils n'ont pas une connaissance personnelle de ces qualités et signatures, ils peuvent, d'après le *Répert. de juris.*, v° *Légalisation*, légaliser l'acte suivant ce qu'ils tiennent par tradition, ou à la relation d'autrui, pourvu qu'ils s'informent des faits qu'il s'agit d'attester. — Mais on comprend sans peine avec quelle circonspection un fonctionnaire doit agir dans de telles circonstances.

959. — L'art. 28 indique les fonctionnaires par lesquels la légalisation des actes notariés peut être faite. Aux termes de cet article, c'est le président du tribunal de première instance de la résidence du notaire, ou du lieu où sera délivré l'acte ou l'expédition. Et l'on a toujours pensé que le président peut, lorsqu'il est empêché, être substitué par un membre du tribunal. — La disposition de l'art. 28 a été modifiée par une loi des 2-4 mai 1861 (D.P.61.4.54). D'après cette loi (art. 1), les juges de paix qui ne siégent pas au chef-lieu du ressort d'un tribunal de première instance sont autorisés à légaliser, concurremment avec le président du tribunal, les signatures des notaires qui résident dans leur canton.

960. — Un notaire de première classe qui délivre un acte ou une expédition, hors de sa résidence, mais dans son ressort, peut, ce semble, faire légaliser sa signature, soit par le président du tribunal du lieu où l'acte est délivré, soit par le président du tribunal du lieu de sa résidence: le dépôt des signature et paraphe de ce notaire dans tous les greffes du ressort de la Cour royale où il réside, rend cette faculté sans inconvénient. — Mais un notaire de deuxième ou troisième classe ne pourrait faire légaliser ses actes dans un autre ressort que le sien : c'est ce qui résulte de l'économie de l'art. 28 (Conf. Ed. Clerc, *Tr. gén. du not.*, t. 2, n° 1842).

961. — Le préfet légalise les actes des sous-préfets, même ceux des maires quand ils doivent être envoyés hors du département. — Les actes des agents inférieurs de l'administration sont légalisés sans frais par les préfets et sous-préfets, lesquels, au reste, ne doivent pas refuser leur légalisation à la signature des maires, bien que ceux-ci se soient bornés à certifier des actes d'intérêt privé (*V.* n° 957). — Les maires légalisent la signature des imprimeurs, des journaux contenant insertion des placards dans le cas de l'art. 698, C. proc.—Les présidents des tribunaux civils légalisent les extraits des actes de l'état civil. D'après la loi des 2-4 mai 1861 (D P.61.4.54), les juges de paix qui ne siégent pas au chef-lieu du ressort d'un tribunal de première instance sont autorisés à légaliser, concurremment avec le président, les signatures des officiers de l'état civil des communes qui dépendent du canton, soit en totalité, soit en partie. — La loi du 21 vent. an VII, art. 14, et la loi des 2-4 mai 1861 (précitée), art. 3, attribuent 25 cent. aux greffiers pour chaque légalisation.

962. — 2° *Effet de la légalisation.* — On a vu que le défaut de légalisation ne nuisait pas à l'authenticité de l'acte; qu'en conséquence le faux commis sur un acte de naissance doit être réputé faux en écriture publique, bien qu'il n'ait pas encore été légalisé (Cass., 22 oct. 1812, D.A.8.361). Il a été jugé aussi qu'il ne nuisait pas non plus à sa validité (Cass., 10 juill. 1817, D.A.10.668); que par suite, lorsque l'exécution d'un acte est poursuivie hors du ressort où il a été reçu, il n'y a pas nullité de la procédure (même arrêt). *V.* dans le même sens, Req., 8 nov. 1853 (D.P.54.1.420).

963. — Toutefois il y a lieu à surseoir aux poursuites jusqu'à ce que la formalité ait été remplie; et comme les frais qu'occasionne cette mesure sont imputables au poursuivant, c'est lui qui doit les supporter (mêmes arrêts; Toullier, Favard, *eod.*; Carré, sur l'art. 549). — Enfin, l'acte ne peut être exécuté s'il n'a été préalablement légalisé (Colmar, 26 mars 1808, D.A.10.668).

964. — On ne légalise que les grosses ou premières expéditions, en vertu desquelles on peut exécuter sans jugement, et non les minutes qui restent en dépôt chez le notaire (Duranton, 13, n° 64; Dalloz, *Jur. gén.*, v° *Oblig.*, n° 3771).

965. — Lorsqu'on agit en vertu d'un acte qui a été légalisé, il est nécessaire ou au moins utile de le mentionner. Si c'est une expédition ou un extrait d'un tel acte que l'on délivre, il est utile de transcrire la légalisation, ou, du moins, d'énoncer par qui elle a été faite (Stat. not. de Paris, 25 sept. 1817).

966. — Enfin, la légalisation des signatures d'officiers publics apposées sur des actes
publics, ou de particuliers apposées sur des
actes sous seing privé, est exempte de l'enregistrement (L. 22 frim. an VII, art. 70, § 3,
n° 11 ; 15 mai 1818, art. 80 ; déc. min., 30
oct. 1822).

967. — 3° *Actes produits aux colonies ou
à l'étranger.* — Quoique aucune loi n'ordonne
que les actes publics et les actes notariés destinés aux colonies, soient, indépendamment
de la légalisation à laquelle ils sont soumis en
France, lorsqu'on doit les exécuter hors du
département ou du ressort de la Cour royale,
légalisés par le ministre dans les attributions
duquel se trouvent ces officiers publics et
soient visés par celui de la marine, cependant cela paraît être exigé par les règlements
coloniaux. C'est ce que décide un arrêté du
8 vent. an XII, fait par l'autorité locale de la
Guadeloupe, et ce qui s'induit des ordonnances des 9 fév. 1827 et 27 août 1828, conférant au gouverneur de la Martinique, de la
Guadeloupe et de la Guyane française, la
mission de légaliser les actes venant de l'é-
tranger. Or, comment ce fonctionnaire ferait-
il cette légalisation, si la signature ne lui était
pas connue ? Et la signature qu'un chef de colonie doit connaître ne peut être, ce semble,
que celle du ministre de la marine auquel il
ressortit directement. Au reste, tel est l'usage,
ainsi qu'on le voit sous le n° 969. Il a été
jugé, en conséquence, que les actes provenant de la France ou des pays étrangers ne
peuvent être ni employés dans les transactions passées à la Guadeloupe, ni produits
devant les tribunaux, ni signifiés par des huissiers de cette colonie, s'ils ne sont légalisés
par l'autorité compétente. Par suite, est nul
l'acte d'appel d'un jugement de cette colonie
interjeté en vertu d'une procuration sous
seing privé, laquelle n'était pas légalisée, et
même ne pouvait pas l'être (Cass., 10 mai
1825, D.P.25.1.315).

968.—Mais comment la légalisation est-elle
donnée, si l'acte doit être produit en Algérie ?
En ce cas, les signatures sont légalisées non-
seulement par le président du tribunal de
l'arrondissement et par le ministre de la
justice, mais elles sont, en outre, visées par
le ministre de la guerre. C'est ce qui résulte
d'une lettre du garde des sceaux du 16 mars
1837 portant : « Il en est des actes passés en
France et qui doivent être produits à Alger,
comme des mêmes actes à produire dans une
autre colonie ; à la différence seulement qu'au
lieu du visa du ministre de la marine, ils doivent encore recevoir celui du ministre de la
guerre, de l'administration duquel dépendent
les possessions françaises du nord de l'Afrique, et la nomination des fonctionnaires qui
y sont en exercice. »

969. — A l'égard des actes qui viennent

des colonies, ils doivent, après avoir été légalisés par l'autorité locale compétente, et
par exemple, par le président du tribunal,
s'il s'agit d'actes notariés, l'être par le gouverneur de la colonie (Ord., 21 août 1825 ;
9 fév. 1827 ; 27 août 1828) ; ils sont ensuite
visés au ministère de la marine, ou, si l'acte
vient de l'Algérie, par le ministre de la guerre.

970. — Lorsque l'acte doit être exécuté en
pays étranger, la signature du fonctionnaire
qui a légalisé doit être légalisée par le garde
des sceaux ; celle de ce ministre l'est par le
ministre des affaires étrangères ; enfin, cette
dernière est certifiée vraie par l'ambassadeur
ou consul de la puissance dont il s'agit (Ordonn., 25 oct. 1833, art. 10). Les actes étrangers produits en France doivent avoir été légalisés par l'ambassadeur ou autre ministre
français, et visés au ministère des affaires
étrangères ; si la France n'a point d'envoyé
dans ce pays, les actes doivent être légalisés
par le ministre étranger accrédité à Paris, et
visés au ministère des affaires étrangères
(Ord., 20 mai 1818, art. 2 ; 26 juill. 1824, 25
oct. 1833, art. 9).

971. — En cas d'urgence, il suffirait de la
légalisation par l'agent du ministère des affaires étrangères qui se trouverait dans le
lieu de la passation de l'acte (Lettre du garde
des sceaux, 9 déc. 1828 ; ord. 25 oct. 1833 ;
Dict. du not., v° *Légalisation,* n° 7). En ca-
pareil, nos consuls, lorsqu'ils légalisent les
actes des fonctionnaires publics étrangers,
doivent avoir soin de mentionner la qualité
du fonctionnaire ou de l'autorité de laquelle
l'acte est émané, et d'attester qu'il est à leur
connaissance que ce fonctionnaire a actuellement, ou qu'il avait, lorsque l'acte a été
passé, la qualité qu'il y prend (Ord., 25 oct.
1833).

972. — Quant aux actes notariés destinés
aux Etats-Unis d'Amérique, ils sont légalisés
directement par le consul de ce pays, pourvu
que le notaire lui justifie de sa qualité et qu'il
lui fasse le dépôt de sa signature (Lettre du
consul Barnet aux notaires de Paris, 4 sept.
1832, D.P.32.3.114).

973. — C'est par le consul ou celui qui le
remplace que les actes reçus par le chancelier du consulat doivent être légalisés (Pardessus, n° 1461).—A l'égard des actes sous seing
privé signés à l'étranger, l'art. 8 de l'ordonn.
du 25 oct. 1833 porte : « Nos consuls ne sont
point obligés de donner de légalisation aux
actes sous signatures privées, sauf aux intéressés à passer, si bon leur semble, ces actes, soit en chancellerie, soit devant des fonctionnaires publics compétents. Toutefois,
lorsque des légalisations ou attestations de
signature auront été données sur des actes
sous seing privé, soit par des fonctionnaires
publics, soit par des agents diplomatiques ou
consulaires du pays où nos consuls sont éta-

blis, ils ne pourront refuser de légaliser la signature de ces fonctionnaires. »

974. — Tout ce qui vient d'être dit s'applique aux jugements rendus, soit en France, soit à l'étranger (*eod.*, art. 10).

ART. 29. — Les notaires tiendront répertoire de tous les actes qu'ils recevront.

975. — Le répertoire est un registre sur lequel les notaires sont tenus d'inscrire jour par jour les actes qu'ils reçoivent. L'article qu'on vient de lire, en imposant aux notaires l'obligation de tenir un répertoire, n'a fait que reproduire et confirmer la loi du 22 frim. an VII sur l'enregistrement, qui ne s'est pas seulement bornée à poser les principes, mais encore qui l'a organisé (*V.* art. 49 et suiv. de cette loi). C'est donc particulièrement dans les commentaires de ces articles que se trouve tout ce qui concerne la forme et la tenue du répertoire, les actes qui y doivent être portés, la communication qui doit en être faite aux receveurs de l'enregistrement et le *visa* qui y est apposé par ces fonctionnaires, le dépôt annuel du double du répertoire au greffe du tribunal de première instance, enfin le mode de poursuites pour le recouvrement des amendes. Nous y renvoyons le lecteur.

976. — Notons seulement ici, en ce qui concerne la forme des répertoires, que, par une circulaire du 28 mars 1810, le ministre de la justice a adressé aux procureurs du roi un modèle de répertoire qui a été transmis aux chambres de discipline, et adopté depuis longtemps à Paris, avec l'addition d'une colonne. La forme de ce modèle, ainsi modifié, pourrait être suivie partout, car il réunit tous les avantages. Dans ce but, et pour rendre les frais d'impression moins onéreux, les chambres des différents arrondissements d'un même département pourraient, suivant l'observation du ministre, se concerter sur cet objet ; et c'est, en effet, ce qui a lieu dans un grand nombre de localités.

977. — Les répertoires des notaires sont assujettis au droit de timbre, en raison de la dimension du papier (*V.* L. 13 brum. an VII, art. 12, 2°). A cet égard, nous avons placé sous cette loi spéciale sur le timbre, et notamment sous les art. 18 et s., les obligations auxquelles les notaires sont tenus, et les conditions sous lesquelles les prescriptions de la loi peuvent être considérées comme exactement remplies. Nous y renvoyons pareillement le lecteur.

978. — Les notaires doivent, aux termes de la loi, tenir répertoire de tous *les actes qu'ils reçoivent.* Il n'y a que de très-rares exceptions à cette règle ; et nous les avons indiquées dans notre commentaire de la loi du 22 frim. an VII (art. 49, n° 10). Mais com-

ment la règle doit-elle être entendue, et, par exemple, s'applique-t-elle même aux actes imparfaits ou frappés de nullité, soit par l'art. 68 de la loi du 25 vent. an XI, soit par d'autres dispositions de la loi ? L'administration n'a pas toujours suivi sur ce point la même doctrine. Ainsi, dans une espèce où un acte n'avait pas été signé par le notaire, faute par les parties de lui avoir fourni le montant des droits d'enregistrement, il résulte d'une délibération du conseil d'administration du 26 sept. 1815, rapportée par le *Contrôleur*, art. 569, que le seul défaut de signature du notaire n'aurait pas dispensé l'acte de l'inscription au répertoire, parce que, dans ce cas, l'imperfection de l'acte eût été du fait du notaire, et que, d'ailleurs, la nullité n'en eût pas été absolue aux termes de l'art. 68 de la loi de vent. Mais cette doctrine se trouvait formellement contredite dans un arrêt de rejet du 2 nov. 1807 (D.A.7.364), par lequel, dans une espèce où un notaire, qui s'était dispensé de porter au répertoire un acte non signé de lui et de le faire enregistrer, était poursuivi sur ce chef, la Cour de cassation déclara « qu'un pareil acte ne devait pas être considéré comme un acte public, dès lors qu'il était dénué de la signature de l'officier public chargé de le recevoir, signature qui seule pouvait constater légalement l'intervention de cet officier. » Et plus tard, la régie invoquant cet arrêt en a appliqué le principe dans une solution du 7 oct. 1823. D'après cela, et dans le dernier état de la jurisprudence, le notaire ne serait pas tenu d'inscrire sur son répertoire un acte qu'il n'a pas jugé devoir signer et qui, par conséquent, n'est pas un acte notarié, surtout si l'absence de la signature du notaire a été le fait de la réquisition des parties dont le désaccord n'est survenu qu'après leur signature (Trib. d'Espalion, 19 août 1847, D.p.48.300). Tel est aussi l'usage, et il est généralement approuvé par les auteurs (*V.* le *Contrôleur, loc. cit.,* et Rolland de Villargues, v° *Rép. des not.,* n°77).

979. — Toutefois il n'en serait plus ainsi, dès que le notaire aurait apposé sa signature sur l'acte imparfait. On peut dire, à la vérité, en prenant aussi texte de l'arrêt précité du 2 nov. 1807, que si l'acte ne se trouve pas sans effet d'une manière absolue, il est du moins privé, malgré la signature du notaire, des avantages de l'authenticité ; qu'il n'est pas un acte public et ne peut valoir que comme sous seing privé ; et qu'en conséquence, dans ce cas même, le notaire n'est pas tenu de le porter sur son répertoire. — Mais ces considérations, qui pourraient peut-être, dans certaines circonstances, être utilement invoquées par le notaire, ne suffiraient pas, en thèse générale, pour justifier l'omission de l'inscription au répertoire. « Le notaire, a dit avec raison M. Daufresne (*Rép.*, Rolland de Villargues,

loc. cit., n° 78), n'a dû signer l'acte qu'après s'être assuré que toutes les autres signatures nécessaires pour sa validité avaient été apposées, que toutes les formalités prescrites par la loi avaient été remplies. S'il s'est trompé, il se doit soumettre aux conséquences de son erreur, quelque fâcheuses qu'elles puissent être ; et il ne lui est pas permis, sous le prétexte d'imperfection ou même des nullités qui ne seront peut-être pas proposées, ou qui, le plus souvent, pourront être couvertes par la ratification de l'acte, de manquer à l'engagement qu'il a pris, par l'apposition de la signature, de donner à l'acte, autant qu'il était en lui, les avantages de l'authenticité, d'en constater l'existence et d'en assurer la conservation comme acte public. Le notaire s'est obligé, en un mot, et il ne lui appartient pas de se rendre juge du mérite d'un engagement qu'il a cru d'abord valable. »

ART. 30. — Les répertoires seront visés, cotés et paraphés par le président, ou, à son défaut, par un autre juge du tribunal civil de la résidence ; ils contiendront la date, la nature et l'espèce de l'acte, les noms des parties, et la relation de l'enregistrement.

980. — La loi reproduit ici en substance les diverses obligations prescrites par la loi de frim. relativement à la tenue des répertoires (*V.* l'art. 50 de cette loi et notre commentaire). Remarquons seulement, d'une part, que le présent article modifie la loi de l'an VII, art. 53, en ce qui concerne le magistrat par lequel doit être visé, coté et paraphé, le répertoire des notaires. D'après cette dernière loi, c'était le juge de paix du canton qui était chargé de ce soin : d'après la présente, il est dévolu au président, et, à son défaut, à un autre juge du tribunal de première instance de la résidence du notaire.

981. — D'une autre part, l'article ci-dessus ne se borne pas à exiger, comme l'art. 50 de la loi de frim. an VII, mention sur le répertoire de la *nature* de l'acte : il veut que le répertoire contienne la *nature* et l'*espèce* de l'acte. Par là, le législateur a fait cesser le doute qui s'était d'abord élevé sur le point de savoir si le notaire pouvait tenir concurremment deux répertoires particuliers, l'un pour les minutes, l'autre pour les brevets. En exigeant mention, sur le répertoire, de la *nature* de l'acte, c'est-à-dire que le répertoire fasse connaître si l'acte est une vente, une quittance, etc., et l'*espèce*, c'est-à-dire que le répertoire indique si l'acte est en minute, ou s'il est en brevet, le législateur a virtuellement déclaré qu'il n'y aurait qu'un seul et même répertoire pour les minutes et pour les brevets.

TITRE II. — Régime du Notariat.

SECTION 1re. — Nombre, placement et cautionnement des notaires.

ART. 31. — Le nombre des notaires pour chaque département, leur placement et résidence, seront déterminés par le Gouvernement, de manière, 1° que, dans les villes de cent mille habitants et au-dessus, il y ait un notaire, au plus par six mille habitants ; 2° que, dans les autres villes, bourgs ou villages, il y ait deux notaires au moins, ou cinq au plus, par chaque arrondissement de justice de paix.

982. — A toutes les époques, le nombre des notaires a dû être limité par le gouvernement. Une loi qui proclamerait l'entière liberté de la profession de notaire aurait pour effet inévitable d'altérer ou de détruire même la juste confiance qu'on accorde à cette classe de fonctionnaires, en y appelant une foule avide de travail et de fortune, qui ne trouvant bientôt plus, dans leurs fonctions, de quoi suffire à leurs besoins, seraient forcés d'y ajouter d'autres professions où viendraient échouer le talent, la réputation et quelquefois l'honneur. En sorte que, dans la réalité, la limitation du nombre des notaires constitue moins un privilége pour ceux qui sont investis qu'une garantie pour la société tout entière. Aussi la nécessité de restreindre et de fixer le nombre des notaires a-t-elle été constamment motivée sur les abus nombreux qui naissaient d'une liberté illimitée. Déjà, dans son ordonnance de juin 1510, Louis XII disait : « Pour ce qu'à l'occasion de la grande et effrénée multitude des notaires qui sont à présent en nostre royaume et que indifféremment toutes manières de gens y sont reçus, sont par ci-devant advenus plusieurs abus et inconvéniens ; avons, en suivant les ordonnances de nos prédécesseurs, ordonné et ordonnons que lesdits notaires seront réduits à certain nombre qui sera par nous ordonné. » C'est sur ce fondement que l'ordonn. d'Orléans de 1560, art. 82, et l'édit du 29 avril 1664 fixèrent le nombre des notaires royaux, et que l'édit de novembre 1582 régla celui des notaires seigneuriaux.

983. — Ces dispositions prohibitives ne semblent pas, du reste, avoir été obéies : car, à l'époque de la Révolution, on comptait en France *quarante mille* notaires royaux, seigneuriaux, héréditaires ou casuels, avec ou sans finances. Les abus signalés par l'ordonn. de 1510 s'étaient reproduits dans toute leur force. « Il n'était point de village un peu fort, lit-on, en effet, dans les *Considérations sur le notariat* de M. Bonnomet, où l'on ne trouvât des notaires ; et comme la nature des affaires et des propriétés rurales entraînait

peu de mutations et de transactions, on conçoit que dans les campagnes les notaires
étaient peu occupés, que leurs places ne pouvaient suffire à leurs besoins, et qu'ils étaient
obligés, pour y subvenir, d'y joindre d'autres
professions souvent disparates ; en sorte que
ceux qui y arrivaient avec quelque instruction ne tardaient pas à la perdre ; le besoin
amenait la mauvaise foi, qui, réunie à l'ignorance, alimentait la chicane et multipliait les
procès. » Ces abus firent passer, dans la loi
du 6 oct. 1791, le principe de la limitation
qui avait été posé dans l'ordonn. de 1510.
« Autrement, disait le rapporteur de la loi,
l'on verrait bientôt s'accroître outre mesure
cette classe de fonctionnaires, qui ne serait
pas l'élite des citoyens probes et instruits,
mais un rassemblement d'hommes médio-
crement éclairés, se disputant non la confiance, mais le produit de la confiance de
leurs concitoyens, et tous trop rarement
employés pour être satisfaits d'un légitime
salaire. » Ces considérations, toujours subsistantes, ont déterminé la disposition de
l'art. 31 de la loi spéciale sur le notariat, et
plus tard, après la révolution de 1830, elles
ont fait toujours écarter les pétitions adressées aux Chambres et par lesquelles les pé-
titionnaires provoquaient une loi qui affran-
chît les notaires de toute entrave et proclam-
mât la liberté de cette profession (Ch. des
pairs, séance du 22 janv. 1831 ; Ch. des dép.,
séances du 10 sept. 1831 et 31 mars 1832).

984. — Du reste la limitation, par le Gouvernement, du nombre des notaires, ne doit
pas être entendue en ce sens que le nombre
en soit fixé d'une manière invariable. Ce nombre est, en effet, susceptible d'augmenter ou
de diminuer, suivant les besoins des localités. L'art. 31 ci-dessus tient compte de cette
nécessité, en prenant, pour base de la fixation, soit la population, pour les villes de cent
mille habitants et au-dessus, soit, pour les
autres villes, la division du territoire par canton ou justice de paix. « Au moyen de cette
disposition, a-t-il été dit dans l'exposé des
motifs, le Gouvernement, en combinant les
éléments particuliers qu'il peut obtenir avec
ceux que la loi lui donne pour règle principale, peut déterminer facilement une fixation
assez étendue pour qu'elle suffise aux besoins
des citoyens, mais assez limitée cependant
pour que l'homme probe et instruit qui veut
se livrer aux longues études qu'exige le notariat, puisse le faire avec l'espoir d'y trouver une honnête existence. »

985. — C'est d'après la base indiquée par
la loi que le Gouvernement s'est attaché à
déterminer, sur l'avis des chambres de discipline des notaires qui ont été consultées
sur ce point, en 1810 et en 1811, le nombre
nécessaire dans chaque canton. Depuis, des
ordonnances spéciales ont pourvu aux be-

soins des arrondissements et des cantons, a
mesure des mutations.

986. — Quant au nombre des notaires de
Paris, qui était fixé à cent treize par lettres
patentes d'octobre 1639, il s'est trouvé porté
à cent quatorze, en 1790, par la réunion, à
la capitale, du Roule, où résidait un notaire.
Un arrêté du 21 fruct. an XI a déclaré qu'il
ne serait fait aucune réduction dans ce nombre de cent quatorze notaires pour Paris.
Enfin la loi du 16 juin 1859 (D.P.59.4.84),
l'a élevé à 122.

987. — Mais, bien que le Gouvernement
ait fixé par des ordonnances spéciales le nombre des notaires d'un canton, il n'en conserve pas moins le droit de l'augmenter encore suivant les besoins des localités, tant
que le *maximum* fixé par la loi, c'est-à-dire
un notaire par six mille habitants dans les
villes de cent mille habitants et au-dessus,
et dans les autres, cinq notaires par chaque
arrondissement de justice de paix, n'est pas
atteint. Seulement, il s'est élevé, dans ce cas,
une difficulté, c'est celle de savoir si les notaires déjà établis et qui, par suite de la création d'une place nouvelle, souffrent un préjudice, ont droit à une indemnité. La question
a été résolue négativement par l'administration, qui a constamment refusé les indemnités qui ont été sollicitées, et s'est opposée
même à toutes les stipulations de ce genre.
Il y en a, d'ailleurs, un motif qui nous semble décisif : c'est que les créations de places
nouvelles ne sont déterminées que par les
besoins des populations, c'est-à-dire par l'intérêt public, et que cet intérêt ne saurait
être subordonné à celui des notaires, ni être
pour eux, le principe d'une indemnité (*Conf.*
Dalloz, *Jur. gén.*, vᵒ *Notaire*, nᵒ 20).

Disons-le cependant, cette solution, qui
est exacte en principe, est susceptible de recevoir des modifications dans les circonstances particulières. La loi du 25 juin 1841 sur
les droits d'enregistrement dus sur les offices,
le suppose elle-même lorsqu'elle dit, dans
son art. 12, « qu'en cas de création nouvelle
de charges ou offices..... si les nouveaux titulaires sont soumis, comme condition de
leur nomination, à payer une somme déterminée pour la valeur de l'office, le droit de 2
pour 100 sera exigible pour cette somme... »
Par là, le législateur fait clairement entendre qu'une indemnité peut, selon les circonstances, être imposée comme condition d'une
création, et c'est, en effet, ce qui a eu lieu, en
1839, lorsque le nombre des courtiers de
Marseille fut élevé de 70 à 150. L'art. 2 de
l'ordonnance royale, rendue à ce sujet, disposait que, « pour cette fois seulement, un
candidat pourrait être présenté à l'agrément
du roi par chacun des soixante-dix courtiers
en exercice. » Ces courtiers, en exécution
de la disposition, ont présenté chacun un

candidat après avoir stipulé une indemnité; et bien que la mesure ait été limitée par cette expression *pour cette fois seulement*, il est clair qu'elle pourrait, aujourd'hui, être prise encore, dans des cas analogues, si elle paraissait juste et convenable. L'art. 12 précité de la loi du 25 juin 1841 ne permet pas le doute à cet égard. — Nous avons donc eu raison de dire qu'en principe la question proposée doit être résolue négativement; mais que cette solution n'a rien d'absolu, et qu'elle peut, si l'autorité le juge convenable, être modifiée par les circonstances.

ART. 32.—Les suppressions ou réductions de places ne seront effectuées que par mort, démission ou destitution.

988.—Cette disposition est la conséquence nécessaire de celle qui précède. Après avoir déterminé le nombre des notaires pour chaque canton, en fixant un maximum et un minimum, il était indispensable de donner au Gouvernement le pouvoir de réduire le nombre des notaires existants. C'est ce pouvoir qu'établit la présente disposition, et qui a été expressément confirmé par la loi de 1816, laquelle, après avoir accordé aux notaires et à d'autres fonctionnaires la faculté de présenter un successeur, a ajouté : « Cette faculté ne déroge point, au surplus, au droit de Sa Majesté de réduire le nombre desdits fonctionnaires, notamment celui des notaires, dans les cas prévus par la loi du 25 vent. an XI sur le notariat. »

989. — Seulement, il a fallu fixer le nombre des notaires qu'il conviendrait de maintenir, d'après les bases de la loi, dans chaque canton, de manière à opérer successivement les réductions. Ce fut l'objet qu'on se proposa lors de la promulgation de la loi de vent. an XI, ainsi que cela résulte d'une circulaire du 5 flor. an XI, par laquelle le ministre de la justice sollicitait des renseignements des membres des parquets. Mais ce travail n'a été fait que plus tard par le concours des chambres de discipline et des magistrats. On lit, en effet, dans une autre circulaire du 8 juill. 1819 : « Les chambres de discipline des arrondissements, par suite de l'autorisation qu'elles en avaient reçue, ont émis, en 1810 et 1811, des avis sur la manière dont les prescriptions de la loi du 25 ventôse devraient s'exécuter dans chaque arrondissement cantonal. Cette loi ayant fixé deux bases, celle du minimum et du maximum, et laissé au Gouvernement à déterminer, par canton, le nombre et l'emplacement des études, il est nécessaire d'arrêter un travail à cet égard : c'est ce travail qui a été préparé par les délibérations précitées. Bien qu'elles n'aient point reçu d'homologation de l'autorité supérieure dans toutes ses

parties, ces bases ont été, en général, considérées, sinon comme définitives, du moins comme graves et dignes de la plus sérieuse attention, sauf les modifications que l'intérêt public et le mouvement qui s'est opéré dans l'industrie ont pu exiger depuis. » — Le travail mentionné dans cette circulaire sert encore de base aujourd'hui pour les réductions qui sont prononcées, non pas, toutefois, d'une manière absolue, mais en ce sens qu'il sert de contrôle aux nouveaux renseignements que l'on prend, et qui sont fournis par les chambres de discipline existantes, et par les magistrats actuels.

990. — La suppression est prononcée par une ordonnance spéciale, ou accessoirement à l'ordonnance de réduction. Cette ordonnance détermine en outre la quotité de l'indemnité à laquelle a droit le notaire dont la charge est supprimée, ou ses héritiers (Ed. Clerc, *Tr. gén. du not.*, t. 1er, no 1431 ; Dalloz, vo *Notaire*, no 28).

991. — On comprend, en effet, que si le Gouvernement peut réduire le nombre des notaires, ce ne doit être jamais qu'à la condition que les fonctionnaires atteints par la mesure ou leurs représentants soient indemnisés de l'espèce d'expropriation qu'ils subissent. Aussi le principe de l'indemnité a-t-il été admis de tout temps. Mis en avant par Loyseau, dans son *Traité des offices*, liv. 1er, ch. 10, nos 25 et 36, il a été consacré par l'administration avant comme depuis la loi de 1816, dont il est une suite toute naturelle (*V.* les décrets des 19 et 25 mars 1808, et la circulaire du 29 août 1823), et, enfin, il a été sanctionné, pour ainsi dire, par le législateur lui-même, lorsqu'il dit, dans l'art. 14 de la loi du 25 juin 1841, relative aux droits d'enregistrement sur les offices, « qu'en cas de suppression d'un titre d'office, lorsqu'à défaut de traité, *l'ordonnance qui présentera l'extinction fixera une indemnité à payer* au titulaire de l'office supprimé ou à ses héritiers, l'expédition de cette ordonnance devra être enregistrée... »

992. — Mais il importe d'examiner par qui l'indemnité peut être réclamée, contre qui elle peut l'être, comment elle doit être supportée et comment elle se règle. Sur ces divers points, il s'est présenté quelques difficultés.

993.—L'indemnité tenant lieu de droit de présentation dont le titulaire ou ses héritiers auraient joui, aux termes de l'art. 91 de la loi du 28 avril 1816, si l'office n'avait pas été supprimé, c'est par eux qu'elle peut être réclamée en cas de réduction ou de suppression. Cependant l'indemnité ne pourrait être réclamée par ceux qui auraient négligé de fournir le supplément de cautionnement exigé par la loi précitée de 1816 ; ni par ceux dont le titre serait devenu vacant avant la promulgation de cette loi. Le droit de présentation n'existait pas, en effet, en faveur des premiers, et quant aux seconds, faute par eux d'avoir complété le cautionnement, le titre est demeuré éteint de plein droit, et sans indemnité (Déc. min., 2 déc. 1835, D.P.38. 3.1).

994. — Il semblerait encore que l'indemnité ne peut être réclamée par le titulaire ou les héritiers dont le titre est supprimé, s'il y a eu destitution. Cela s'induit de l'art. 91 de la loi du 28 avr. 1816, qui, dans ce cas, refuse le droit de présentation au titulaire (Déc. min., 18 avr. 1836). Toutefois l'administration, déterminée par les circonstances et usant en quelque sorte d'un pouvoir discrétionnaire, a pensé que l'indemnité due pour la suppression ne devait pas toujours et nécessairement être refusée dans ce cas (Déc. min., 30 mai 1843).

995. — Les héritiers d'un notaire dont le titre doit être supprimé peuvent, encore bien qu'ils aient traité de la cession des minutes et recouvrements, réclamer une indemnité pour la suppression du *titre* (*Déc. min. just.*, 1836). Ce sont là deux valeurs distinctes, et le traité dont la première a été l'objet ne saurait empêcher qu'ils soient indemnisés de la privation de la seconde.

996. — La loi ne fixe en aucune manière comment l'indemnité peut être supportée. Cela tient, sans doute, à ce que le législateur n'a pas encore réalisé la promesse de la loi de 1816 qui, après avoir posé le principe de la présentation, ajoutait : « Il sera statué, par une loi particulière, sur l'exécution de cette disposition, et sur les moyens d'en faire jouir les héritiers ou ayants cause desdits officiers.» En attendant donc qu'une loi organise le principe posé dans celle de 1816, il a fallu suppléer au silence de la législation, et on l'a fait, en recourant, par analogie, à ce qui se pratique à l'égard d'autres officiers ministériels en cas de suppression. L'ordonnance royale du 19 janv. 1820, portant fixation du nombre des avoués près le tribunal de première instance, dans le ressort de la Cour royale de Paris, énonce le mode qui a été suivi à l'égard des notaires : «Jusqu'à ce que les titres actuellement existants, porte l'art. 2 de cette ordonnance, aient été réduits au nombre ci-dessus déterminé, il ne sera présenté à notre nomination aucun candidat qui ne soit porteur de deux démissions ou présentations, soit de la part des titulaires, soit de celle de leurs ayants cause, aux termes de l'art. 91 de la loi des finances du 28 avr. 1816.» Ainsi procède-t-on à l'égard des notaires. Pour eux comme pour les avoués, les réductions ne s'opèrent jamais qu'une à une. Ils peuvent donc être nommés quoique le nombre des notaires existants dépasse celui qui est fixé; mais aucun candidat ne peut obtenir sa nomination s'il n'est porteur de deux

démissions ou présentations, soit de la part des titulaires ou de leurs ayants cause, et dont l'une soit émanée du notaire auquel le candidat demande à succéder, et l'autre de l'un des notaires dont le titre doit être supprimé (1ᵉʳ mai 1832; Lett. du garde des sceaux, D.P.33.3.76; déc. min., 2 déc. 1835; D.P. 38.3.1). Il faut, en effet, indépendamment de la production de deux titres distincts, que l'un de ces deux titres, du moins, soit celui d'un notaire vivant, pour être nommé notaire dans le canton où le nombre de ces officiers dépasserait celui qui a été fixé; autrement, ainsi que le dit M. le garde des sceaux dans sa lettre précitée du 1ᵉʳ mai 1832, la réduction se trouverait indéfiniment ajournée, ce qui serait contraire à l'art. 32 de la loi du 25 vent. an XI.

997. — Remarquons cependant que la règle d'après laquelle aucune nomination ne peut avoir lieu, dans un canton où le nombre des notaires doit être réduit, que sur la production de deux titres, souffre quelques exceptions. Ainsi, on a reconnu que l'aspirant qui se présente peut être nommé sur un seul titre, lorsqu'il est cessionnaire d'une étude *consolidée*, c'est-à-dire qui a déjà contribué à la réduction ou aux charges de l'extinction (Déc. min., 30 déc. 1834. D.P.36.3.119; 1ᵉʳ mars 1837; 17 oct. 1837, D.P.38.3.42.)

998. — Ainsi encore il a été reconnu que, quoiqu'il y ait une réduction à effectuer dans le nombre des notaires du canton, ceux de ces fonctionnaires qui occupent des résidences conservées peuvent être remplacés sur un seul titre, si le notaire menacé de suppression déclare, même en se réservant la faculté de continuer ses fonctions, qu'il consent à ce que son étude demeure éteinte, sans indemnité pour ses héritiers, lors de son décès (Déc. du garde des sceaux, 15 mai 1836, et 25 juill. 1837, D.P.37.3,64, et 38.3.117).

999.—Ainsi encore, dans le cas de réduction arrêtée dans le nombre des notaires d'un canton, *n'excédant pas le maximum fixé par la loi*, un aspirant peut être nommé sur un seul titre à une résidence conservée, en justifiant que les notaires menacés de suppression ont refusé, soit de donner leur démission en sa faveur, soit d'aller occuper cette résidence (Déc. min. just., 15 juin 1835, (D.P. 36.3.79). Car il faut remarquer que le notaire dont l'office doit être supprimé a droit à la préférence sur le candidat qui se présente pour être pourvu d'une étude vacante dans une résidence conservée du même canton (Déc. min., 17 oct. 1837, D.P.38.3.42). Il faut, toutefois, qu'il consente à transférer sa résidence dans la commune siège de l'étude cédée, et qu'il s'oblige à tenir les conditions du traité fait avec le démissionnaire (Déc. min., 18 nov. 1834, D.P.36.3.38).

1000. — Mais lorsque, conformément à une ordonnance royale, il y a lieu à réduction du nombre des notaires d'un canton, réduction qui doit porter, proportionnellement, tant sur la ville chef-lieu d'arrondissement que sur les communes·rurales, les notaires du chef-lieu qui n'ont été nommés que sur la production d'un seul titre, ne peuvent pas transmettre leur office en offrant de rapporter la cession du titre d'un notaire d'une des communes rurales du même canton. C'est d'un office même de la ville qu'ils doivent obtenir la cession pour en opérer l'extinction (Déc. du min. de la just., 30 déc. 1834; D.p.36.3.129).

1001. — Le point de savoir contre qui l'indemnité doit être réclamée n'a pas été fixé sans quelques difficultés. On a soutenu d'abord qu'elle devait être supportée en entier par le premier candidat qui se présentait. Ainsi les autres titulaires d'office conservés, bien qu'ils profitassent de la réduction, et quelquefois plus encore que le candidat qui se présentait, n'étaient en rien tenus à l'indemnité. C'est ainsi qu'il a été décidé que le notaire dont le titre a été supprimé par suite de réduction, n'a droit, non plus que ses héritiers, à aucune indemnité, soit contre le notaire de la commune voisine, soit contre tous les notaires du canton : dès lors, c'est à tort qu'il s'opposerait à la nomination du successeur du notaire voisin, jusqu'au paiement de l'indemnité (trib. de Valence, 27 mars 1832, D.p.32.3.85).

1002. — Mais, en considération des résultats injustes de cette décision, l'administration a pris le parti de faire supporter l'indemnité par tous les titulaires conservés dans la proportion du bénéfice que chacun doit retirer de la suppression. Cette doctrine a été confirmée par un avis du conseil d'administration du ministre de la justice, approuvé le 8 oct. 1834, et conçu en ces termes : « Considérant qu'aux termes d'une ordonnance de fixation du 8 fév. 1826, l'étude occupée à Lafitole par le sieur Lalanne, décédé en 1823, dans l'intégrité de ses droits, devant être supprimée, la nomination du sieur Ducos ne peut qu'être subordonnée au désintéressement des héritiers du sieur Lalanne ; considérant, en fait, que loin de profiter seul de ladite extinction, le sieur Ducos en retrouve moins d'avantage que le notaire établi à la résidence de Lavaulx; qu'il est donc juste d'y faire contribuer ce dernier au moins pour moitié ; — Est d'avis de faire nommer le sieur Ducos aux fonctions qu'il sollicite, à la charge par lui de payer la somme de 1,000 fr., formant la moitié de celle de 2,000 fr., à laquelle demeure fixée l'indemnité due aux héritiers Lalanne, le surplus de ladite indemnité demeurant à la charge du notaire de Lavaulx. » — Depuis,

cette décision a servi de base à l'administration, dont la jurisprudence sur ce point paraît définitivement fixée. Toutefois ce ne sont que les notaires du même ressort de justice de paix qui demeurent en exercice qui doivent supporter une part de l'indemnité. Il en serait autrement des notaires étrangers à ce ressort, si, par une circonstance quelconque, ils venaient à profiter de la réduction (Déc. min., 28 déc. 1838, D.p.39.3.66).

1002 bis. — L'héritier d'un notaire qui a vendu seulement les minutes et répertoires du défunt, mais a laissé éteindre l'office en ne présentant pas de successeur, a le droit de réclamer une indemnité aux notaires du même ressort qui ont profité de cette suppression (Riom, 5 juill. 1851, D.p.52.2.290). En pareil cas, le titulaire nommé directement par l'administration pour compléter le nombre des notaires du ressort, peut opposer la prescription à la demande en indemnité de l'héritier du notaire dont l'office a été supprimé, s'il s'est écoulé plus de trente ans depuis sa nomination (même arrêt).

1003. — Les parties intéressées peuvent fixer à l'amiable l'indemnité et la part contributoire de chacun des notaires conservés. Il peut même intervenir entre les notaires du ressort une convention sur ce point, avant que les vacances soient arrivées (Cass., 4 juin 1835, D.p.35.1.233). L'administration se borne alors à vérifier les bases du traité et à s'assurer que l'on ne s'est pas écarté des limites prescrites. V. Décis. du garde des sceaux, 24 déc. 1844 (D.p.45.4.379). — Un tel arrangement suffit pour laisser aux titulaires conservés la libre disposition de leurs titres : Seulement, les mutations ne sont autorisées que sous la réserve des droits des indemnitaires, et le titulaire, s'il est indemnisé à l'avance, n'a plus qu'un titre viager (Ed. Clerc, Tr. gén. du not., t. 1er n° 1433).

1004. — Mais lorsqu'un arrangement amiable n'a pas pu avoir lieu, soit par le fait du titulaire dont le titre est supprimé, ou de ses héritiers, soit par le fait des notaires conservés, l'administration prend l'avis de la chambre de discipline, du tribunal de première instance et des magistrats du parquet; et, sur les renseignements produits, le montant de l'indemnité est fixé, aussi bien que les proportions dans lesquelles les notaires conservés doivent concourir au paiement (17 oct. 1837, Déc. min.; D.p.38.3.42). — Dans le cas où le refus de traiter vient de ces derniers, comme l'administration ne peut donner contre eux un titre exécutoire, il faut attendre qu'une mutation survienne dans leurs études. Le paiement de l'indemnité devient alors la condition de leur remplacement, et aucun candidat n'est admis qu'en rapportant quittance dont l'étude qu'il sollicite a été grevée pour l'extinction (Déc. 28 août 1837, 9 fév.

II.

10

1839 et 2 mars 1841; Ed. Clerc, *Tr. gén. du not.*, t. 1er, n° 1438).

1005. — A défaut de convention contraire, l'indemnité doit être payée immédiatement par les notaires conservés, comme par le nouveau notaire nommé. Toutefois l'indemnité n'est rigoureusement exigible des notaires conservés que lors de leur démission ou de leur décès; ils peuvent donc se refuser au paiement jusque-là; mais alors M. le garde des sceaux, auquel il en doit être référé par la partie intéressée, fait prévenir ces officiers qu'il ne sera autorisé de mutation dans leurs études qu'après le paiement de la portion d'indemnité mise à la charge de chacun d'eux (Déc. min., 8 fév. 1839, 2 mai 1841).

1006. — Lorsque le paiement de l'indemnité n'a pas lieu immédiatement, les intérêts en sont dus à compter du jour de la demande; c'est une conséquence qui résulte de la nature même des choses; il est certain, en effet, que les notaires conservés profitent immédiatement de la réduction.

1007. — En règle générale, ainsi que nous l'avons dit, la quotité de l'indemnité et la portion pour laquelle chacune des études y doit contribuer, sont déterminées par l'ordonnance spéciale qui prononce l'extinction de l'étude supprimée ou accessoirement à l'ordonnance de nomination. Lorsque ces deux points sont ainsi établis, il n'appartient aux tribunaux ni de résoudre la même question, ni d'intercepter la décision qui a été rendue (Rennes, 29 juin 1833, D.P.34.2.41); des tribunaux ne pourraient qu'ordonner l'exécution des décisions administratives prises à cet égard.

1008. — Mais si l'administration a refusé de prendre la décision, ou si elle a omis de le faire, il faut distinguer : dans le cas de refus, il y a une décision de l'administration, ou plutôt il y a un parti pris par elle de ne pas accorder l'indemnité, ce qu'elle a pu faire dans le cercle de ses attributions, sauf, bien entendu, le recours à l'autorité supérieure. Les tribunaux seraient donc ici encore incompétents; il faudrait alors se pourvoir pour faire réformer la décision; et, comme le dit Rolland de Villargues, v° *Réduction du nomb. des not.*, n° 57, la voie ouverte serait le recours au conseil d'État; mais, dans le cas qui sera d'ailleurs infiniment rare, d'omission par l'administration de déterminer l'indemnité, elle ne sera pas complétement dépouillée du droit de le faire, si les choses sont entières, c'est-à-dire si le candidat nommé n'a pas prêté serment. Le Gouvernement, qui pourrait alors rapporter l'ordonnance de nomination, pourrait, à plus forte raison, réparer l'omission qu'il aurait commise. Ce serait autre chose si le candidat nommé avait prêté serment. « L'administration, dit avec raison Rolland de Villargues,

loc. cit., n° 56, n'aurait plus de condition à imposer à la nomination, puisque cette nomination serait un fait consommé et devenu irrévocable; mais il nous paraît qu'en ce cas le recours aux tribunaux serait ouvert à l'ancien titulaire dont l'office aurait été déclaré supprimé, ou à ses héritiers, pour faire statuer sur l'indemnité qui leur est due par suite de la suppression prononcée de leur office. C'est ainsi que lorsqu'il a été nommé à un office, sans qu'il y ait eu de présentation de la part de l'héritier du présent titulaire (ce qui est arrivé quelquefois), les tribunaux ont admis l'action en indemnité contre le nouveau notaire nommé.

1008 *bis*. — L'administration laisse au notaire dont l'office est à supprimer la faculté de se faire pourvoir de l'un des offices conservés dans le même canton, qui viendraient à vaquer; mais cette faculté est personnelle à ce notaire, et ne passe pas à ses héritiers (Décis. du garde des sceaux, 29 oct. 1844, D.P.45.4.380).

ART. 33. — Les notaires exercent sans patente; mais ils sont assujettis à un cautionnement fixé par le Gouvernement, d'après les bases ci-après, et qui sera spécialement affecté à la garantie des condamnations prononcées contre eux, par suite de l'exercice de leurs fonctions.

Lorsque, par l'effet de cette garantie, le montant du cautionnement aura été employé en tout ou en partie, le notaire sera suspendu de ses fonctions, jusqu'à ce que le cautionnement ait été entièrement rétabli; et, faute par lui de rétablir, dans les six mois, l'intégralité du cautionnement, il sera considéré comme démissionnaire, et remplacé.

1009. — Cet article est un de ceux qui ont donné lieu aux plus sérieuses controverses.

1010. — Deux dispositions distinctes sont comprises dans son premier paragraphe : l'exemption de la patente et l'obligation du cautionnement.

Relativement à la patente, les notaires, qui en étaient affranchis par l'art. 16, sect. 2, tit. 2, de la loi du 6 oct. 1791, y avaient été soumis par les lois postérieures, qui, dans leur système d'égalité, avaient assimilé ces fonctionnaires, sous ce rapport, aux commerçants et aux artisans (V. la loi du 1er brum. an VII, tarif, 2e classe). L'exemption résultant du texte ci-dessus n'a donc été qu'un retour à un principe qui, depuis, a été sévèrement maintenu, quoiqu'on ait souvent demandé le rétablissement de la disposition de la loi de l'an VII. En effet, la prétention de soumettre les notaires à une patente a été soulevée en

834, en 1835, et plus tard encore à l'occa-
ion de la loi du 25 avril 1844 sur les pa-
entes. Mais elle a été constamment écartée
ar le motif qu'on ne peut ranger dans la
lasse des commerçants et dans celle des ar-
isans, des fonctionnaires qui exercent une
éritable magistrature domestique et sont les
rganes de la loi. Aussi l'exemption consa-
rée par le texte ci-dessus a-t-elle été repro-
uite et confirmée par la loi précitée du
5 avril 1844 (*V.* art. 13, 2°). — Depuis, les
otaires ont été soumis, comme les avocats,
on à une patente proprement dite, mais au
roit proportionnel du 15ᵉ de leurs loyers
D.P.50.4.92, note 24, *eod.*, p. 196, tabl. G).
— Il a été jugé cependant par le conseil
d'Etat que l'impôt professionnel établi par
a loi de 1850, notamment à l'égard des no-
aires, constitue une véritable patente ; qu'en
onséquence les contribuables doivent, in-
épendamment du droit de patente, le prix
le la formule délivrée au patentable en vertu
le l'art. 26 de la loi du 25 avril 1844 (Décis.
8 nov. 1852, D.P.53.3.23. — *V.* aussi Cons.
l'Et. 11 nov. 1852, D.P.55.3.38).

1011. — Quant au cautionnement, le texte
i-dessus confirme, en principe, la loi des 29
ept.-6 oct. 1791, la première qui, par ses
rt. 16, 17, 18 et 19, a assujetti le notaire à
l'obligation de fournir un cautionnement dont
lle a fixé la quotité, la destination et le
node de versement. — Ce n'est pas que le
autionnement fût, à cette époque, une meure absolument nouvelle. Loin de là : dans
ous les temps, et pour ainsi dire dans tous
es Etats, les législateurs ont compris la né-
essité de prémunir et le prince et les parti-
uliers contre l'infidélité ou les abus que
ourraient commettre, dans l'exercice de
eurs fonctions, certains comptables ou fonc-
ionnaires publics ; et le cautionnement a été
dmis comme la mesure qui pouvait le mieux
épondre à cette nécessité et y satisfaire.
C'est ainsi que, dans les principes de la loi
omaine, le titulaire d'une charge vénale qui
ésignait ses fonctions était responsable des
aits de son successeur (*V.* L. unique au C.
De periculo eorum, etc.); c'est ainsi encore
jue, dans notre ancienne législation, l'obli-
ation du cautionnement imposée aux comp-
ables, d'abord par un arrêt du conseil du
0 avril 1758, avait été confirmée et étendue
jar un nouvel arrêt du 17 fév. 1779, dont la
égislation actuelle s'est approprié à peu près
outes les règles.

1012.—Cependant, ni ces arrêts du con-
eil, ni aucune autre disposition législative
j'avaient assujetti les notaires à un cautionnement. Dans le système de vénalité qui exis-
ait à cette époque, la finance de l'office,
c'est-à-dire la somme que les notaires étaient
bligés de payer au roi et de verser dans la
aisse du Trésor, présentait plus encore que

le cautionnement, une garantie suffisante ;
car cette finance était affectée aux créanciers pour faits de charge, par un privilège
spécial et si favorable que ses créanciers
étaient préférés même au vendeur de l'office
non payé ou aux bailleurs de fonds. C'est,
ainsi que nous l'avons dit, la loi des 29 sept.-
6 oct. 1791 qui, en réorganisant le notariat,
a exigé de ceux qui en voudraient suivre la
carrière cette garantie jusque-là inconnue
pour eux du cautionnement. Du reste, cette
innovation législative a été expliquée dans
le rapport qui a précédé la loi de 1791 en des
termes qu'il n'est pas inutile de rappeler ici.
« Les notaires, a dit le rapporteur, M. Fro-
chot, sont destinés à remplir des fonctions
trop importantes pour que rien ne garantisse
à la société la réparation de leurs erreurs, et
même, autant qu'il est possible, celles de
leurs prévarications. Ainsi, vous abolirez la
vénalité des offices notariaux, mais vous
n'enlèverez pas au public le gage de sa confiance : vous rendrez, au contraire, ce gage
plus certain encore, en lui assignant une
destination unique et précise qu'il n'avait pas
pas antérieurement. — Donnés aux citoyens
comme instruments de leur volonté, les notaires sont comptables envers tous de la vérité des actes qu'ils souscrivent ; ils le sont
conservateurs des traités les plus précieux
aux familles, les dépositaires de tous leurs
intérêts. Sous cet aspect, l'immense responsabilité de ces officiers est sans doute peu
facile à évaluer ; ou plutôt elle est inappré-
ciable, si l'on veut parcourir toutes les
chances où elle peut être exercée, et calcu-
ler sa masse sur la possibilité des malversa-
tions, des erreurs ou des négligences graves,
souvent aussi préjudiciables que la mauvaise
foi elle-même.

« Mais résulte-t-il de cette considération
que l'on ne puisse exiger des notaires aucun
gage de responsabilité, ou que l'on doive l'é-
lever à une valeur considérable ? — Les comités ont cru devoir se déterminer, à cet
égard, d'après les principes qui vous ont gui-
dés en fixant les cautionnements des divers
fonctionnaires publics que vous y avez assujettis ; ils ont consulté les convenances raisonnables, persuadés, comme l'Assemblée
nationale semble l'avoir été, que la fixation
de ces sortes de garanties ne peut jamais
être qu'arbitraire par la nature même des
choses ; car il n'existe pas de bases certaines
pour l'établir ; et si, dans le fait, elles existaient, elles donneraient des résultats impossibles à remplir. — Le mode que nous vous
présenterons ne portera pas à une valeur
excessive le fond de responsabilité des notaires ; et nous avouerons même que nous
l'avons plutôt calculé comme moyen de répondre des erreurs ou des négligences graves
de ces officiers, que comme une garantie

10.

contre leur prévarication. Le plus sûr gage de responsabilité en ce genre doit être placé dans les sages précautions apportées au choix des sujets, ou plutôt c'est là seulement qu'il peut exister; l'expérience du passé est même pour nous, relativement aux notaires, un heureux présage de l'avenir; car sous le règne de la vénalité, si cette classe de fonctionnaires a présenté bien rarement des hommes peu dignes de l'estime publique, que ne devrons-nous pas attendre de ceux qui devront leur mission à un choix plus épuré?»

1013. — Depuis la loi des 29 sept.-6 oct. 1791, l'obligation de fournir un cautionnement avait été successivement effacée et rétablie par la loi, pour les notaires (*V.* la loi du 12 pluv. an II, art. 29; et celle du 7 vent. an VIII). Mais les rédacteurs de la loi spéciale du 25 vent. an XI sur le notariat ont définitivement maintenu la mesure du cautionnement, et, s'inspirant particulièrement des motifs qui avaient déterminé le législateur de 1791, ils ont pensé que cette mesure «tournerait au profit de l'État et des citoyens; qu'il en résulterait une plus grande sûreté contre les notaires qui, pour raison des faits de leurs fonctions, encourraient des condamnations pécuniaires» (Discours de M. Jaubert, sur la loi de vent. an XI).

1014.—Ainsi qu'on le voit, cet article détermine l'objet du cautionnement : il sera, dit-il, spécialement affecté à la garantie des condamnations prononcées contre les notaires, par suite de l'exercice de leurs fonctions : ce sont les condamnations qui sont ordinairement qualifiées sous la dénomination de condamnations pour faits de charge. Mais ce n'est pas là l'objet unique du cautionnement; le complément de la présente disposition, sous ce rapport, se trouve dans la loi du 25 vent. an XIII sur les mesures relatives au remboursement du cautionnement, loi dont l'art. 1er, en confirmant ce premier objet du cautionnement, en signale d'autres. — Cet article dispose en effet : «les cautionnements fournis par les agents de change, etc..., sont, comme ceux des notaires, affectés par premier privilège à la garantie des condamnations qui pourraient être prononcées contre eux, par suite de l'exercice de leurs fonctions; par second privilège, au remboursement des fonds qui leur auraient été prêtés pour tout ou partie de leur cautionnement, et subsidiairement au paiement, dans l'ordre ordinaire, des créances particulières qui seraient exigibles sur eux.» Ces deux privilèges sont susceptibles d'observations particulières à chacun; nous verrons ensuite, en parlant des *oppositions*, quels sont les droits des créanciers ordinaires auxquels le cautionnement est subsidiairement affecté.

1015. — 1° *Créanciers pour faits de charge.* — C'est à ces créanciers qu'est principalement accordée la garantie du cautionnement. Les condamnations pour faits de charge sont, en général, celles qui sont prononcées pour prévarications commises dans l'exercice des fonctions; ainsi le fait par un notaire, qui a reçu des fonds pour les placer, de les avoir gardés et de n'avoir remis en échange qu'une obligation entachée de nullité constitue un fait de charge (Paris, 4 mars 1834, D.P.34. 2.115). Ce sont ces faits et les faits analogues qui donnent lieu au privilège de premier ordre. *V.* notamment Douai, 17 mai 1850 (D.P.54.5.100); Nîmes, 12 juill. 1852 (D.P.53.2.3).—Disons seulement que les faits de charge ne peuvent produire cet effet que lorsque le créancier a été légalement forcé d'employer le ministère du fonctionnaire. Il en serait autrement s'il s'agissait d'opérations amenées par la confiance volontaire dans le notaire hors de l'exercice de ses fonctions (Rouen, 15 fév. 1838, D.P.39.2.75). C'est dans cette mesure que doit être reconnu le privilège de premier ordre établi par la loi.

Ainsi, le cautionnement d'un notaire n'est frappé de privilège que pour sûreté de créances nées de faits dommageables se rattachant nécessairement à l'exercice des fonctions de ce notaire, et non lorsque ces faits n'ont été commis par le notaire qu'à l'occasion de ses fonctions, et sans qu'aucune nécessité obligeât les parties à recourir à lui (L. 25 vent. an XI, art. 33, et 1er, C. Nap., 2102; Trib. de la Seine, 26 avril 1850, D.P.50.3.47). *V.* Dalloz, *Jur. gén.*, v° *Cautionnement de fonct.*, nos 62, 70 et suiv.

La jurisprudence est si bien établie sur ce point, qu'il n'y a de charges qu'autant qu'il s'agit d'un acte se rattachant au ministère forcé de l'officier ministériel ou du notaire.

Ainsi, le notaire qui, chargé d'un placement de fonds sous certaines conditions déterminées, a fait ce placement sans se conformer à ces conditions, engage sa responsabilité personnelle; mais on ne saurait voir là un fait de charge donnant lieu, sur le cautionnement du notaire, au privilège établi par l'art. 33 de la loi du 25 vent. an XI, et l'art. 2102, C. Nap. (*V.* Douai, 20 déc. 1849; D.P. 50.2.75; Nîmes, 13 fév. 1851; D.P.51.2.414; Bourges, 6 mai 1851, D.P.53.2.2; Paris, 11 mars 1852 et 15 nov. 1853, D.P.52.5.83; 55. 1.12; Cass., 18 janv. 1854, D.P.54.1.70).

1016. — Il faut, d'ailleurs, remarquer que ce privilège ne s'applique pas seulement aux condamnations que de simples particuliers auraient obtenues pour ce qu'on appelle des faits de charge. La généralité des termes de la loi exige qu'on l'étende encore aux condamnations que la régie aurait obtenues contre les notaires pour droits d'enregistrement et même aux amendes qu'elle aurait fait prononcer. En effet, la loi affecte expressément le cautionnement « à la garantie des condamnations qui pourraient être prononcées contre les notaires *par suite de l'exercice de leurs fonctions*. » Or, la condamnation obtenue par la régie pour droits d'enregistrement lui confère une créance qui dérive éminemment de l'exercice des fonctions et qui n'a rien de défavorable. Pourquoi donc ne serait-elle pas garantie par un privilége, aussi bien que ce qu'on appelle les condamnations pour faits de charge ?... Il en est ainsi des amendes dont la condamnation a sa source dans une contravention commise dans l'exercice des fonctions; et, en présence des termes généraux de la loi, il ne saurait y avoir aucun motif raisonnable de considérer le cautionnement comme ne devant pas répondre des amendes, d'autant plus que ces cautionnements ont été, dans la pensée de la loi, une sûreté donnée à l'État aussi bien qu'aux simples particuliers, contre les infractions des notaires. Aussi la jurisprudence n'a fait aucune distinction; et il ne paraît pas que les auteurs en aient fait davantage. Les amendes aussi bien que les droits d'enregistrement ont été considérées comme atteignant le cautionnement au même titre que les faits de charge proprement dits (Cass., 1er juin 1814, D.A.2.424; 26 mars 1821, D.P.21.1.414; 4 fév. 1822, D.P.22.1. 314; 25 juill. 1827, D.P.27.1.320). V. aussi Rolland de Villargues, v° *Caut. de tit.*, n° 15.

Cependant il a été décidé que le défaut de paiement des droits et doubles droits d'enregistrement ne constitue pas le notaire coupable envers la régie d'abus et de prévarication dans l'exercice de ses fonctions. En conséquence, la régie n'a pas de privilége sur le cautionnement du notaire pour la répétition de ces droits (26 avril 1850, Trib. de la Seine, D.P.1850.3.47).

Mais les parties qui ont versé entre les mains des notaires les sommes nécessaires au paiement des droits d'enregistrement, ont pour sûreté du remboursement de ces sommes non payées un privilége sur son cautionnement (*ibid.*).

1017.—Il y a cette circonstance importante à remarquer que, relativement aux amendes, le fisc ne pourrait pas saisir les fonds du cautionnement au préjudice des créanciers pour fait de charge. Cela a été constamment admis dans l'ancienne jurisprudence, ainsi que l'attestent Loyseau, *des Offices*, liv. 1er, ch. 4, n° 65, et Basnage, *des Hyp.*, ch. 13; et c'est aujourd'hui la doctrine de la Cour de cassation (7 mai 1816, D.A.9.83; Cass., 18 janv. 1854, D.P.54.1.70) et celle de la Cour de Paris (21 janv. 1837, D.P.37.2.175) qui se fondent sur la règle du droit romain, *Fiscalium pœnarum petitio, creditoribus postponitur*, règle que les art. 2098 et 2202 du C. Nap.

semblent avoir voulu adopter (*Conf.* Grenier, *Hyp.*, t. 2, n° 298; Dard, p. 92; Troplong, *Hyp.*, n° 95 *bis*; Rolland de Villargues, v° *Caut. de tit.*, n° 16).

1018. — 2° *Bailleurs de fonds.* — Le privilége de second ordre a été accordé aux bailleurs de fonds de cautionnement, par application du droit commun consacré par l'art. 2103, n° 2, du C. Nap., et établi par les lois romaines, droit selon lequel celui qui a prêté des fonds pour construire ou réparer une maison ou un navire, a un privilége sur cette maison ou sur ce navire (L. 5, D. *Qui pot. in pig. vel hyp. hab.*, et L. 26, D. *De rebus auct. jud. possid.*). La proposition avait été même faite de consacrer ce second privilége sur le cautionnement par l'art. 2102, C. Nap., lors de la discussion de cet article au conseil d'État; et elle fut rejetée par plusieurs motifs, entre autres par le motif que si la disposition était placée dans le Code Napoléon, elle deviendrait une règle absolue, et gênerait les opérations de la caisse d'amortissement, qui n'a pas de bureau d'opposition; mais qu'on pourrait la prendre en considération lorsqu'on s'occuperait des lois annoncées par l'art. 2098 (*V.* Fenet, *Trav. prép. du C. Nap.*, t. 15, p. 355). On voit, en effet, comment cette demande a été prise en considération par le législateur dans la loi spéciale sur le remboursement du cautionnement fourni par les titulaires : le privilége des bailleurs de fonds y est expressément consacré. Toutefois ce privilége n'existe que suivant l'accomplissement de certaines formalités énumérées par cette loi spéciale elle-même, et en vertu des décrets des 28 août 1808 et 22 déc. 1812.

1019.—Aux termes de l'art. 4 de la loi du 25 nivôse an XIII, l'effet du privilége était assuré aux bailleurs de fonds au moyen d'une déclaration faite en leur faveur à la caisse d'amortissement au moment même du versement. Cette déclaration leur tenait lieu de l'opposition à laquelle étaient et sont encore assujettis les autres créanciers, comme nous l'indiquerons bientôt.

Ainsi, le privilége de bailleur de fonds sur les cautionnements de comptables publics est subordonné à la déclaration notariée de l'existence de ce privilége, faite par le débiteur et inscrite sur les registres de la caisse d'amortissement, conformément à l'art. 4 du décret du 22 déc. 1812.

En conséquence, le bailleur de fonds ne peut, à défaut de cette déclaration avant la faillite du débiteur, réclamer le droit de préférence sur ces fonds versés (4 déc. 1848, Req., D.P.1848.1.227).

1020.—Le décret du 28 août 1808 est survenu après, qui, pour faciliter aux titulaires l'emprunt dont ils auraient besoin pour leur cautionnement, disposa, par son art. 1er, que « les prêteurs de fonds pour cautionnement qui n'auraient pas fait remplir, à l'époque de la prestation, les formalités exigées par les art. 2, 3, 4, de la loi du 25 niv. an xiii pour s'assurer de la jouissance du privilége de second ordre, pourraient l'acquérir à quelque époque que ce fût, en rapportant au bureau des oppositions établi à la caisse d'amortissement (aujourd'hui au ministère des finances, division de la dette inscrite), en exécution de la susdite loi du 25 nivôse, la preuve de leur qualité et mainlevée des oppositions existantes sur le cautionnement, ou le certificat de non-opposition du tribunal de première instance. » Le décret ajoutait, dans les art. 2 et 3, qu'il « serait délivré aux prêteurs de fonds inscrits sur les registres des oppositions et déclarations de la caisse d'amortissement, et sur leur demande, un certificat conforme au modèle annexé (1), et que les prêteurs de fonds ne pourraient exercer le privilége de second ordre qu'en représentant le certificat, à moins, cependant, que leur opposition ou la déclaration faite à leur profit ne fût consignée aux registres des oppositions et déclarations de la caisse d'amortissement; faute de quoi, ils ne pourraient exercer de recours contre la caisse d'amortissement que comme les créanciers ordinaires, et en vertu des oppositions qu'ils auraient formées au greffe des tribunaux indiqués par la loi. »

1021. — Ce décret, en autorisant la délivrance du certificat de bailleur de fonds, *à quelque époque que ce fût*, en faveur des prêteurs qui n'auraient pas fait remplir au moment de la prestation les formalités exigées par la loi de l'an xiii, entendait évidemment parler de ceux que l'art. 1ᵉʳ de cette loi signale comme ayant un privilége de second ordre, c'est-à-dire de ceux qui avaient prêté tout ou partie du cautionnement. Ainsi entendu, il est clair que le décret du 28 août 1808 offrait aux titulaires des facilités incontestables pour se procurer les fonds de leur cautionnement sans compromettre la sûreté du prêteur. Mais interprété avec toute l'extension que comportait la généralité de ses termes, il peut devenir la source de véritables abus : rien ne s'opposait, en effet, à ce qu'on en fît servir les dispositions en faveur de créanciers qui n'étaient pas sérieux, ou qui, du moins, ne méritaient pas la faveur qui s'attache aux bailleurs de fonds de cautionnement dans l'intérêt desquels le décret

avait été exclusivement conçu ; rien ne s'opposait à ce que le titulaire attribuât des avances à des personnes qui ne les avaient pas faites réellement, ou qui, du moins, les avaient faites dans un autre but que celui du cautionnement.

1022. — On sentit donc bientôt la nécessité d'empêcher les déclarations frauduleuses. Ce fut l'objet qu'on se proposa en rendant le décret du 22 déc. 1812. « Les déclarations à faire à l'avenir, porte l'art. 1ᵉʳ du décret, par les titulaires de cautionnements en faveur de leurs bailleurs de fonds, pour leur faire acquérir le privilége du second ordre, seront conformes au modèle ci-annexé (2) passées devant notaires et légalisées par le président du tribunal de l'arrondissement. » — L'art. 2 ajoute : « Dans le cas où le versement à la caisse d'amortissement serait antérieur de plus de huit jours à la date de ces déclarations, elles ne seront valables qu'autant qu'elles seront accompagnées du certificat de non-opposition, délivré par le greffier du tribunal du domicile des parties, dont il sera fait mention dans lesdites déclarations, lesquelles, au surplus, ne seront admissibles à la caisse d'amortissement, s'il y a des oppositions à cette caisse, que sous la réserve de ces oppositions. » Ainsi, en vertu de ce décret, le bailleur de fonds a un délai de huitaine, à partir du versement du cautionnement, pour remplir les formalités nécessaires à la conservation de son privilége. Pendant ce délai, aucune opposition ne peut être faite à son préjudice ; c'est seulement après la huitaine expirée qu'il est primé par les oppositions antérieures à la déclaration d'origine des deniers.

1023. — En multipliant les formalités, le décret de 1812 n'atteignit cependant pas le but qu'on se proposa. Ainsi que le dit très-bien M. Dard, *des Offices*, p. 55, il aurait fallu, pour prévenir complétement les fraudes, quand la déclaration du privilége est faite après les huit jours du versement des fonds exigés, outre le certificat de non-opposition, la preuve authentique que les fonds

---

(1) Modèle de certificat. « Je soussigné, chef de bureau des oppositions à la caisse d'amortissement, certifie que N.... s'est conformé aux dispositions prescrites par la loi des 25 niv.–16 vent. an xiii, pour acquérir le privilége de second ordre; qu'en conséquence, il est inscrit sur le registre à ce destiné comme bailleur de fonds du cautionnement de N...., pour la totalité *ou* jusqu'à concurrence de la somme de...., qu'il a prêtée audit N.... pour acquitter partie de son cautionnement.—*Vu par nous, administ....* »

(2) *Modèle de la déclaration annexée au décret.* « Par-devant, etc., s'est présenté N..... (*mettre les noms, qualité et demeure*), lequel a, par ces présentes, déclaré que la somme de...., que le comparant a versée à la caisse.... pour la (*totalité ou partie*) du cautionnement auquel il est assujetti en sadite qualité, appartient en capital et intérêts à N.... (*mettre les noms, qualité et demeure*), ou à NN... ; savoir : à N...., jusqu'à concurrence de la somme de...; et à N...., jusqu'à concurrence de celle de. , pourquoi il requiert et consent que la présente déclaration soit inscrite sur les registres de la caisse d'amortissement, afin que ledit N.... ait et acquière (*ou lesdits NN.... aient et acquièrent*) le privilége de second ordre sur ledit cautionnement, conformément aux dispositions de la loi du 25 niv. an xiii et du décret du 28 août 1808.—Dont acte, etc.... »

employés pour fournir le cautionnement provenaient en tout ou en partie du créancier au profit duquel est faite la déclaration du privilége de second ordre. — Quoi qu'il en soit, cette garantie n'est pas consacrée par la loi ; il n'y aurait donc aucun moyen, dans l'état actuel de la législation, d'en exiger la réalisation.

1024. — Mais l'administration avait d'abord usé, sous ce rapport, d'une tolérance qui, si la jurisprudence ne fût pas intervenue, aurait fini par rendre complétement illusoires les dispositions du décret de 1812. Pendant longtemps, en effet, les déclarations au profit des bailleurs de fonds ont été reçues, sans qu'on exigeât de ceux en faveur desquels elles étaient faites, aucune preuve que les deniers versés pour le cautionnement avaient été réellement fournis par le prêteur. La tolérance de l'administration allait même jusqu'à délivrer des déclarations à un second ou troisième bailleur de fonds, après une première déclaration devenue sans objet par le remboursement du prêt fait au titulaire de l'office. Il est cependant évident, comme le fait remarquer l'auteur précité, que le second ou le troisième bailleur de fonds n'avait pas fourni les deniers pour le cautionnement, puisque le prêt qu'il avait fait était postérieur à l'époque du versement des fonds qui avaient été prêtés par d'autres bailleurs déjà remboursés. Mais aucun délai n'étant fixé par la loi pour faire la déclaration, on admettait que celle qui était faite par le titulaire sous le nom duquel les fonds du cautionnement avaient été versés suffisait, à quelque époque qu'elle eût été faite. C'est là ce que la jurisprudence n'a pas admis et ne pouvait pas admettre : la raison dit assez que la condition nécessaire pour donner naissance au privilége du second ordre, est que les deniers versés par le bailleur de fonds proviennent réellement de celui au profit duquel la déclaration est faite. Aussi a-t-il été formellement décidé que la déclaration du titulaire d'un cautionnement ne peut produire aucun effet, lorsqu'il est prouvé que les deniers prêtés par le bailleur de fonds n'ont pu être employés à fournir le cautionnement déposé (Paris, 4 mars 1834, D.P.34.2.115), et cette doctrine a été reproduite dans un second arrêt de la même Cour, du 11 juill. 1836 (D.P.36.2.139), contre lequel on s'est vainement pourvu en cassation (30 mai 1838, Req.; D.P.38.1.226. — V. encore, 19 juill. 1842; Req.; D.P.42.1. 344); Rej., 19 juillet 1842 (D.P.42.1.344), et 4 déc. 1848 (D.P.48.1.227) ; Bourges, 8 mars 1844 (D.P.45.2.155). Mais la déclaration faite par le titulaire du cautionnement, après le versement de ce cautionnement au Trésor, que les fonds en ont été fournis par un tiers, suffit pour assurer au prêteur le privilége de second ordre, une telle déclaration établis-

sant, sauf la preuve contraire, que les deniers prêtés étaient affectés et ont servi au cautionnement de l'emprunteur (Civ. rej.,16 avril 1855, D.P.56.1.464).

1025. — Depuis ces arrêts, il n'est plus délivré de déclaration de privilége lorsque le premier bailleur de fonds, au profit duquel il a été fait une première déclaration, a été remboursé, et que son privilége a été éteint. Le bailleur de fonds ne peut plus transférer son privilége à un autre prêteur qu'au moyen d'une subrogation consentie par lui au moment où il reçoit son remboursement de ce nouveau bailleur de fonds (Dalloz, *Jur. gén.*, v° *Cautionn. de fonct.*, n° 83).

1026. — Tel est le moyen ordinaire de conserver et d'assurer le privilége de second ordre. Cependant il convient d'ajouter que, dans la pratique, il en est employé d'équivalents qui produisent le même effet. Ainsi, par exemple, si, en principe, la déclaration dont nous venons de parler tient lieu aux bailleurs de fonds de l'opposition que les autres créanciers sont tenus de faire pour arriver à l'exercice de leurs droits (L. 25 niv. an XIII, art. 4), il n'en est pas moins vrai que, lorsqu'elle a été omise, le bailleur de fonds pourrait y suppléer par une opposition faite dans les termes de l'art. 1er de la même loi. Cela résulte de l'art. 2, qui autorise les réclamants, sans distinction, à faire l'opposition. Mais l'opposition, dans ce cas, devrait être signifiée au Trésor ; lui seul, en effet, peut recevoir la déclaration sur l'origine des deniers du cautionnement. Si elle n'était signifiée qu'au greffe, elle n'aurait d'autre effet, pour le bailleur de fonds, que celui qu'elle produit pour les opposants ordinaires, dont les droits vont être bientôt indiqués. Tout cela s'induit du décret du 28 août 1808, art. 3, et de celui du 22 déc. 1812, art. 4, qui ont réglé l'exécution de la loi de l'an XIII. — D'ailleurs, l'opposition se périmerait par cinq ans, à compter de sa date, si elle n'était renouvelée (L. 9 juill. 1836, art. 14; L. 8 juill. 1837, art. XI; V. cependant Instr. de la régie, 12 juill. 1847, D.P.47.3.204), et, dans tous les cas, elle laisserait à juger par les tribunaux la valeur et la légitimité du titre sur lequel on établit le privilége de second ordre (Conf., Rolland de Villargues, v° *Caut. de tit.*, n°s 58 et suiv.; Dalloz, *Jur. gén.*, v° *Caut. de fonct.*, n° 84.).—Un décret du 14 déc. 1853 a disposé qu'à partir du 1er janv. 1854, l'inscription des déclarations du privilége de second ordre notifiées au Trésor public sera faite sur les registres tenus au bureau des oppositions, qui délivrera le certificat mentionné en l'art. 2 du décret du 28 août 1808, après qu'il aura été revêtu du visa du contrôle général, conformément à l'art. 5 de la loi du 24 avril 1833. V. l'arrêt de rejet du 16 avril 1855, cité au n° 1024, *in fine*.

1027. — D'un autre côté, dans l'hypothèse

prévue aux précédents numéros, lorsque les fonds ne peuvent pas être réputés avoir été fournis par le nouveau créancier, et qu'aucune subrogation n'a été faite au moment du remboursement du créancier précédent, on y supplée par la cession, ou transport, des fonds de cautionnement consenti par le titulaire à son nouveau créancier, et signifiée par ce dernier au bureau des oppositions établi auprès du ministre des finances. Ce bureau reçoit chaque jour des significations de transport de cette espèce ; le chef du bureau met son visa sur l'original de la signification, comme à toutes significations d'opposition faites au Trésor ; et par l'effet du transport, le cessionnaire est regardé comme un propriétaire valablement saisi, entre les mains duquel le Trésor se libère régulièrement comme il pourrait le faire entre les mains du titulaire, sauf, bien entendu, les oppositions des créanciers nantis d'un privilège préférable.

A la vérité, la validité du transport des fonds de cautionnement a été contestée ; et même il a été formellement jugé, par l'arrêt déjà cité de la Cour de Paris, du 11 juill. 1836, qu'un tel transport est radicalement nul. « Le titulaire, a dit la Cour, doit être propriétaire des fonds de son cautionnement ; il ne pourrait en transférer la propriété à un tiers sans renoncer à l'exercice de ses fonctions. Sans doute, on peut acquérir, d'après la loi, un privilège de second ordre sur le cautionnement ; mais il faut remplir les conditions que la loi a prescrites. Le transport-cession serait un moyen détourné d'obtenir l'équivalent d'un pareil privilège ; et, dans la réalité, ce serait un moyen d'accorder la jouissance de ce privilège à d'autres qu'à ceux au profit desquels il a été créé. »

Mais cette doctrine n'a pas dû prévaloir. D'abord, aucune loi n'a dit que les titulaires doivent être propriétaires des deniers qu'ils sont tenus de verser à titre de cautionnement. Le législateur a même si peu entendu exiger d'une manière absolue qu'ils seraient toujours propriétaires, qu'il a permis à un tiers de fournir le cautionnement, et a assuré à ce tiers la restitution intégrale à son profit, sauf, bien entendu, les faits de charge pour la garantie desquels le cautionnement est fourni. Ainsi, quand ce n'est pas le titulaire lui-même qui a fourni le cautionnement, le véritable propriétaire, c'est le bailleur de fonds dont le privilège constitue un véritable droit de propriété. Et cela établit invinciblement que la propriété ne doit pas résider nécessairement sur la tête du propriétaire. A la vérité, les lois spéciales ont fait découler ce privilège de l'accomplissement de certaines formalités. Mais qu'en peut-on conclure ? Seulement que, pour faciliter aux officiers ministériels le moyen de se procurer des

fonds pour leurs cautionnements, elles ont introduit des formes plus simples et moins onéreuses, susceptibles d'assurer aux bailleurs de fonds le privilège du second ordre. Mais on n'en peut, en aucune manière, conclure que la loi spéciale ait entendu abroger le droit commun. Or, la faculté, pour les titulaires du cautionnement, d'en céder et transporter aux tiers les fonds, ou plutôt l'action en revendication qu'ils ont contre le Trésor, est essentiellement dans le droit commun ; et, dès lors, il n'y a aucun motif de leur interdire cette faculté à laquelle la loi spéciale n'a pas directement mis obstacle. Aussi le Trésor a reconnu depuis longtemps la validité de tels transports au sujet desquels il ne peut plus aujourd'hui s'élever aucun doute (V. en ce sens Paris, 24 avril 1834 ; D.P. 1834.2.181 ; Rouen, 27 fév. 1838 ; Req., 17 nov. 1841, D.P.42.1.33 ; Paris, 17 avr. 1845, D.P.45.4.66 ; 11 mars 1852, D.P.45.4.66 ; 52.5.83 ; Lyon, 30 avr. 1852, D.P.53.2.50). V. aussi Favard, vᵒ Cautionnem., sect. 3, § 4 ; Dard, p. 68 et suiv. ; Encyclopédie de Sebire et Carteret, vᵒ Caut. de tit., nᵒ 52 ; Dalloz, Jur. gén., vᵒ Cautionn. de fonct., nᵒ 106 ; Ed. Clerc, Tr. gén. du not., t. 1ᵉʳ, nᵒ 219 ; Rolland de Villargues, eod., nᵒ 95). V. cependant Bourges, 8 mars 1844, D.P.45.2.155.

1028. — Ainsi, en nous résumant sur le privilège du second ordre, il résulte de la loi expliquée par la jurisprudence, en premier lieu, que le bailleur de fonds a un délai de huitaine, à partir du versement du cautionnement, pour remplir les formalités nécessaires à la conservation de son privilège, délai après lequel il est primé par les oppositions antérieures à la déclaration d'origine des deniers. Il en résulte, en second lieu, qu'il ne peut exercer son privilège qu'en justifiant de l'accomplissement des formalités et sur la représentation du certificat d'inscription de la déclaration faite en sa faveur, à moins que la déclaration n'ait été consignée sur le registre des oppositions ou déclarations ; en troisième lieu, que le bailleur de fonds remboursé ne peut plus transmettre son privilège à un nouveau bailleur, qu'au moyen de la subrogation consentie au moment même où il a reçu son remboursement, et enfin que, lorsque cette subrogation n'a pas eu lieu, le nouveau bailleur ne peut trouver que dans la cession-transport, qui lui serait faite par le titulaire des fonds du cautionnement, l'équivalent à peu près du privilège du second ordre qu'il ne peut plus acquérir.

1029. — Lorsque le titulaire change d'emploi, ou que son emploi est supprimé et qu'il en obtient un autre, le bailleur de fonds peut consentir, par acte notarié, à ce que le cautionnement non remboursé serve pour le nouvel emploi obtenu par son débiteur (Ord.,

25 sept. 1816, art. 3). — Il y a plus : il résulte d'une formule insérée dans un décret du 25 sept. 1806, relativement au cautionnement du préposé des contributions indirectes, qu'un tel consentement peut être donné par avance, c'est-à-dire pour l'exercice futur de nouvelles fonctions.

1030. — 3° *Oppositions ou saisies-arrêts sur les cautionnements.* — Ce n'était pas tout que d'affecter à la garantie de certains faits et de certains créanciers les fonds du cautionnement ; d'instituer divers rangs de priviléges : il fallait encore, le cas échéant où les causes de la garantie viendraient à se réaliser, assurer aux créanciers leurs droits et en régler l'exercice. Dans la pensée de la loi, l'opposition sur les fonds du cautionnement est le premier acte qui soit à la disposition du créancier. — On comprend, d'ailleurs, que, par la nature même des choses, le créancier ne pourrait procéder par la voie de la saisie-exécution. Cette saisie ne peut, en effet, être exercée que contre le débiteur directement, et sur les objets dont il est personnellement en possession. Or, le titulaire n'est pas en possession du cautionnement, c'est le Trésor qui en est le détenteur. Et, puisque la somme se trouve ainsi déposée en mains tierces, il demeure évident qu'il ne peut être procédé légalement, par les tiers, que par voie de saisie-arrêt ou d'opposition (*Conf.* Cass., 11 juin 1811 ; D.a.2.424).

1031. — L'opposition, au surplus, cela résulte de tout ce qui précède, doit être également admise, soit de la part des créanciers pour faits de charge ayant un privilége de premier ordre, soit de la part des bailleurs de fonds de cautionnements ayant privilége du second ordre, soit enfin de la part des créanciers ordinaires, c'est-à-dire de ceux auxquels la loi affecte les fonds du cautionnement subsidiairement aux deux classes de créanciers qui viennent d'être indiquées. Les uns et les autres sont manifestement autorisés par la loi de l'an XIII à former opposition ; et il n'est pas même nécessaire qu'ils aient un titre : il leur suffit d'une permission du juge, conformément à l'art. 558, C. pr. civ.

1322. — Mais en quelle forme doit être faite l'opposition, et quels en sont les effets? Les règles varient, à cet égard, suivant qu'il s'agit de telle ou telle classe de créanciers.

1033. — En ce qui concerne la forme, nous nous sommes déjà expliqué *suprà*, n° 1810, relativement aux créanciers ayant un privilége de second ordre ; nous y avons indiqué les formalités auxquelles ils sont assujettis pour s'assurer la jouissance de ce privilége. Nous n'avons donc à parler ici que des créanciers pour faits de charge et des créanciers ordinaires.

1034. — Les formalités communes à ces deux classes de créanciers, relativement à l'opposition tendante à empêcher que le titulaire retire, à leur préjudice, les fonds de cautionnement, sont indiquées par l'art. 2 de la loi du 25 nivôse an XIII. « Les réclamants, porte cet article, seront admis à faire sur les cautionnements des oppositions motivées, soit directement à la caisse d'amortissement (aujourd'hui bureau des oppositions établi au ministère des finances), soit au greffe des tribunaux dans le ressort desquels les titulaires exercent leurs fonctions, savoir : pour les notaires, etc., au greffe des tribunaux civils ; ... » Ainsi les créanciers ont le choix de faire signifier leur opposition, soit au Trésor, soit au greffe des tribunaux.

1035. — Mais il importe de remarquer que les oppositions faites au greffe n'arrêtent que le remboursement des capitaux du cautionnement, et nullement le paiement des intérêts servis annuellement aux titulaires ou aux bailleurs de fonds. Le paiement de ces intérêts n'est arrêté que par les oppositions faites au Trésor (12 avril 1807, avis déjà cité du cons. d'Etat). Sous ce rapport, il n'est pas sans importance que les créanciers adressent de préférence leurs oppositions au Trésor.

1036. — Les oppositions doivent être motivées, c'est-à-dire énoncer la créance pour laquelle elles sont faites. Elles sont soumises, d'ailleurs, aux formalités établies par le décret du 18 août 1807, et par les lois de finances des 9 juill. 1836 et 8 juill. 1837, et par une ordonnance du 16 sept. suivant. Ainsi, les originaux doivent être visés au Trésor, par le conservateur des oppositions du ministère des finances, et, dans les greffes des tribunaux, par le greffier du tribunal où les oppositions ont été signifiées. Elles doivent être dénoncées ensuite au débiteur saisi, avec assignation en validité de la saisie, et contre-dénoncées, soit au ministre des finances, soit au greffier. *V.* cependant Dijon, 19 juill. 1853 (D.p.54.2.106. — Les oppositions doivent être renouvelées tous les cinq ans, sans quoi elles tomberaient en péremption. (Lois précitées du 9 juill. 1836, art. 14, et du 8 juill. 1837, art. 11). — *Contrà*, Instr. de la rég., 12 juill. 1847 (D.p.47.3.204).

1037. — On comprend, d'ailleurs, que cette forme de procéder cesse d'être applicable dans les colonies et dans l'île de Corse, lorsque le cautionnement a été fourni en immeubles (V. *infrà*, sous l'article suivant, n° 1050). La garantie des créanciers ne peut alors s'exercer qu'en provoquant la vente des immeubles, dans les formes judiciaires prescrites au titre des partages et licitations du Code de procédure (4 juill. 1821, ordonnance rendue pour la Corse). — Quant à la compétence, V. Cass., 17 juill. 1849 (D.p.50.1.131).

1038. — En ce qui concerne les effets de l'opposition, la doctrine et la jurisprudence ont établi une différence marquée entre le cas où l'opposition provient d'un créancier pour faits de charge, et celui où elle est formée par un créancier ordinaire.

A l'égard des créanciers pour faits de charge, on a admis que leur opposition affecte le cautionnement à l'instant même, et qu'ils ont le droit de l'exercer sans attendre la vacance du titre par démission, décès ou autrement. On a objecté contre cette doctrine que la loi du 25 niv. an XIII, art. 5, refuse au titulaire la faculté de le réclamer sans avoir satisfait à certaines formalités qui garantissent aux tiers l'exercice de leurs droits, espèce de purge établie dans l'intérêt de tous les créanciers du titulaire, sans distinction, mais qui deviendrait sans application, si l'un des créanciers, même privilégiés du titulaire, qui aurait obtenu contre lui une condamnation, pouvait, par voie d'exécution immédiate, obtenir le versement des fonds dans ses mains, au préjudice des autres créanciers pour faits de charge eux-mêmes, auxquels ces fonds étaient également affectés, et qui ont dû croire qu'il leur suffisait, pour la conservation de leurs droits, de former opposition dans les trois mois de l'affiche de la déclaration de cessation des fonctions du titulaire, comme l'exige la loi précitée. Tel est notamment l'avis de M. Dard, p. 83 et suiv.

1039. — Mais cette doctrine a été constamment rejetée par la jurisprudence qui a admis l'exercice, sur les fonds du cautionnement, du privilège du créancier pour fait de charge, à l'instant même de l'opposition, sans attendre le décès ou la démission du titulaire (Cass., 11 juin 1811; D.A.2.423; 1er juin 1814; cod., 424, 26 mars 1821, ibid.; 26 fév. 1822, ibid.). Et, il en faut convenir, le texte, aussi bien que la raison et la nature même des choses, justifient cette solution. En effet, non-seulement la loi du 25 nivôse an XIII n'oblige pas le créancier pour faits de charge qui a obtenu une condamnation à attendre la vacance de l'office, ce qui pourrait se prolonger indéfiniment au gré du titulaire; mais encore le texte de l'art. 33 de la loi de ventôse, que nous commentons ici, serait manifestement contraire à cette limitation « lorsque, par l'effet de cette garantie (celle des faits de charge), dit cet article, le montant du cautionnement aura été entièrement rétabli.... » C'est donc à dire que le cautionnement peut être entamé ou même absorbé complétement pendant la durée de l'exercice du titulaire; et comment peut-il l'être, si ce n'est précisément par l'effet d'oppositions formées en vertu de condamnations et suivies d'une exécution immédiate? La loi de ventôse ne permet donc pas de douter de l'exactitude des décisions intervenues sur ce point; et, s'il fallait des considérations nouvelles, la raison et la nature même des choses en fourniraient de puissantes. Le cautionnement, en effet, a pour objet de garantir les créanciers pour faits de charge, et de réparer le préjudice que la fraude, ou la mauvaise gestion, du notaire pourrait leur causer. Or, c'eût été manquer le but que le législateur voulait atteindre, que de les forcer à attendre, pour l'exercice de leurs droits, une époque où ils seraient devenus peut-être complétement illusoires. Aussi, de même qu'il a prévalu dans la jurisprudence, ce sentiment a prévalu aussi parmi les auteurs (V. Dalloz, Jur. gén., v° Cautionn. du fonct., n° 54; Ed. Clerc, Tr. gén. du not., t. 1er, n° 185; Rolland de Villargues, v° Cautionn. de tit., n°s 86 et suiv. — V. encore Limoges, 19 nov. 1842 (Jur. gén., eod. n° 54).

1040. — Mais les mêmes raisons de décider n'existaient pas pour le créancier bailleur de fonds ni pour les créanciers ordinaires. Aussi tient-on qu'ils ne peuvent se faire payer immédiatement sur le capital du cautionnement. On peut dire, il est vrai, que les biens du débiteur formant le gage commun de ses créanciers, ils peuvent être saisis toutes les fois qu'une disposition expresse de la loi ne les en a pas affranchis, et qu'aucune loi ne déclare insaisissable le cautionnement. Si donc, peut-on ajouter, les créanciers, pour faits de charge, peuvent saisir le cautionnement, sans attendre la démission ou le décès du titulaire, les créanciers ordinaires doivent avoir le même droit.

Cette conclusion a été généralement repoussée et avec raison; d'abord, le texte de la loi de ventôse que nous commentons en ce moment ne permet pas de douter que c'est seulement aux dettes pour faits de charges qu'il attribue l'effet d'entamer le cautionnement, et, par suite, de donner lieu à la suppression ou au remplacement du notaire. Le même droit ne saurait donc appartenir aux créanciers ordinaires. Cela, d'ailleurs, se conçoit très-bien, si l'on réfléchit que ce n'est pas en faveur de ces créanciers qu'est établie la garantie du cautionnement; elle n'est, pour eux, qu'une ressource éventuelle et fort incertaine, car elle peut être absorbée par les créanciers pour faits de charge auxquels elle est affectée essentiellement et par premier privilége. On peut ajouter, avec Dalloz, loc. cit., qu'à l'égard des créanciers autres que ceux pour faits de charge, le cautionnement doit être assimilé à une créance à terme qu'aurait le débiteur, et dont il ne pourrait exiger le paiement, de la part du tiers saisi, qu'à l'échéance. Ici, le tiers saisi, c'est l'Etat, et le terme, le décès ou la démission du titulaire. Cette doctrine a été à peu près unanimement accueillie. Il en résulte que, si le capital du cautionnement peut être saisi par les créanciers ordinaires, pendant l'exercice du titulaire, il ne peut pas du moins leur être distribué avant la vacance du titre (Grenoble, 15 fév. 1823, D.A.24.25;

Bordeaux, 18 et 25 avr. 1833, D.p.34.2.21 et 22 ; Bourges, 14 juill. 1851 et 5 juin 1852, D.p.52.2.72; 54.2.125). — *V.* aussi Dalloz, n° 104; Ed. Clerc, *Tr. gén. du not.*, t. 1er, n° 186; Bioche, *Dict. de proc.*, v° *Cautionn.*, n° 36 ; Roger, *de la Saisie-arrêt*, p. 532 ; Dard, p. 95 et suiv.; Rolland de Villargues, *loc. cit.*, n° 93). — Cela, du reste, ne s'applique qu'au capital du cautionnement : car, en ce qui touche les intérêts, les créanciers, même ordinaires, en peuvent réclamer la distribution à leur profit, s'ils ne sont pas touchés par un bailleur de fonds. — *V.* encore Cass., 17 juill. 1849 (D.p.50.1.131).

1041.—Ajoutons encore que, si des oppositions ont été formées, même par des créanciers ordinaires, sur le montant du cautionnement, le créancier qui a obtenu une condamnation pour faits de charge ne peut obtenir du Trésor la remise de tout ou partie de ce cautionnement qu'autant que le Trésor a été condamné à cette remise par suite de la procédure suivie par le créancier privilégié, et qu'autant que les créanciers opposants ont été appelés. Dans cette hypothèse, le paiement ne peut être ordonné par le Trésor, au profit du créancier réclamant, que sur la production, au directeur de la dette inscrite, de l'expédition du jugement ayant acquis force de chose jugée, et qui ordonne ou ce paiement *par premier privilége ou préférence à tous autres saisissants*, ou la délivrance des deniers du cautionnement à tous les créanciers admis à concourir, si ces deniers sont suffisants pour les payer. — *V.* cependant l'arrêt de Limoges, 19 nov. 1842, cité au n° 1039. Quand les deniers sont insuffisants, et qu'il est nécessaire de procéder à une distribution par contribution, chacun des créanciers ne peut être payé du Trésor que sur la remise du mandement de collation délivré en exécution des art. 665 et 671, C. proc. (Instr. gén., 5 mars 1838).

1042. — Mais, si ceux qui avaient formé opposition conjointement avec le créancier privilégié réclamant, et l'officier ministériel titulaire du cautionnement, consentaient au paiement, par *préférence*, des sommes dues à ce créancier, la production de l'acte authentique de ce consentement et du certificat du greffier constatant les oppositions existantes suffirait, auprès de la direction de la dette inscrite, pour l'ordonnancement au profit du réclamant (*Ibid.*).

S'il n'existe pas, sur les fonds du cautionnement, d'autres oppositions que celle du créancier privilégié réclamant, celui-ci, pour obtenir son paiement, doit en justifier au moyen d'un certificat du greffier, visé par le président du tribunal, et par l'examen des registres des oppositions tenu au Trésor (*Ibid.*).

— Aussitôt que le Trésor s'est dessaisi de tout ou partie des fonds du cautionnement, le directeur de la dette inscrite doit en informer le procureur impérial près le tribunal du domicile de l'officier ministériel, afin que ce magistrat puisse prendre des mesures pour le rétablissement du cautionnement dans son intégrité (*Ibid.*).

1043. — Le deuxième paragraphe de l'art. 33 de la loi de ventôse prononce la suspension du notaire dont le cautionnement est employé en tout ou en partie par l'effet de la garantie, jusqu'à l'entier rétablissement ; et, faute par lui de le rétablir dans les six mois, il le considère comme démissionnaire (*V.* à cet égard l'article suivant).

ART. 34.—Le cautionnement sera fixé par le Gouvernement, en raison combinée des ressort et résidence de chaque notaire, d'après un *minimum* et un *maximum*, suivant le tableau ci-après, savoir :

ET RÉSIDENCES	POUR LES NOTAIRES DES RESSORTS DE					
	TRIBUNAUX d'appel. DROITS.		TRIBUNAUX de 1re inst. DROITS.		JUSTICES de paix. DROITS.	
	Min.	Max.	Min.	Max.	Min.	Max.
Au-dessous de 5,000 habitants.	fr. »	fr. »	fr. 1,000	1,500	fr. 500	fr. 800
De 5,000 à 10,000. .	2,000	2,500	1,500	1,800	800	1,000
De 10,000 à 25,000.	2,500	3,200	1,800	2,200	1,000	1,400
De 25,000 à 50,000.	3,200	3,800	2,200	2,800	1,400	2,000
De 50,000 à 75,000.	3,800	4,400	2,800	3,400	»	»
De 75,000 à 100,000	4,400	5,000	3,400	4,000	»	»
De 100,000 et au-dessus.	»	6,000	»	»	»	»
De Paris.	»	12,000	»	»	»	»

Ces cautionnements seront versés, remboursés, et les intérêts payés conformément aux lois sur les cautionnements, sous la déduction de tous versements antérieurs.

1044. — La loi règle ici la quotité du cautionnement à fournir par le notaire, et pour le surplus, c'est-à-dire le versement et le paiement des intérêts, elle renvoie aux lois spéciales sur le cautionnement. Reprenons successivement les termes de la loi ; nous indiquerons en quoi les dispositions législatives ultérieures l'ont modifiée.

1045. — *D'après un minimum et un maximum, suivant le tableau ci-après.* — L'importance des fonctions, les chances qu'elles présentent, les produits qu'elles assurent, la responsabilité qu'elles entraînent, telles sont, en général, les bases sur lesquelles est déterminée la quotité du cautionnement : c'est la population principalement qui peut servir de point d'appréciation pour fixer ces bases, et c'est ainsi que le texte que nous commentons a déterminé, d'après un maximum et un minimum qu'il indique, la quotité du cautionnement en raison combinée des ressort et résidence de chaque notaire. Mais remarquons que le maximum et le minimum déterminés par la présente loi ont été successivement augmentés par la loi du 2 vent. an XIII, qui a doublé le cautionnement des notaires de Paris, et augmenté d'un tiers celui des autres notaires, et par la loi du 28 avril 1816, qui a établi un nouveau tarif, reposant d'ailleurs sur les mêmes bases. C'est celui qui subsiste encore aujourd'hui. Il en résulte que les cautionnements sont de 1,800 fr. à 5,200 pour les notaires de 3e classe ; de 3,000 fr. à 12,000 fr. pour les notaires de 2e classe; de 4,000 fr. à 25,000 fr. pour les notaires de première classe, et, enfin, de 50,000 fr. pour les notaires de Paris.

1046. — Mais aucune modification ne peut être faite à la fixation du cautionnement fourni pour raison d'un mouvement survenu en plus dans la population, depuis la nomination de l'employé ou du fonctionnaire. Cette circonstance ne doit pas être invoquée contre lui pour aggraver les conditions sous lesquelles il est entré en fonction. Toute autre manière de procéder placerait les officiers publics dans un état d'incertitude que le législateur a dû éviter (Déc. min., 3 mai 1836).

1047.—*Les cautionnements seront versés :*—Le versement du cautionnement est la première formalité que doit remplir le notaire après sa nomination: il ne serait pas admis à être installé et à prêter serment avant de l'avoir accompli, s'il n'en justifie par la quittance (*V. infrà*, art. 47; *V.* aussi L. 28 avr. 1816, art. 96); *V.* encore Circ. min. de la just., 17 août 1848 (D.P.48.3.119). — Mais où et comment ce versement doit-il être effectué? Aux termes des lois spéciales sur le cautionnement auxquelles renvoie la présente disposition, c'est au Trésor que le versement doit être fait, pour Paris, et pour les autres localités, dans les caisses des receveurs de département et d'arrondissement (L. 7 et 27 vent. an VIII, art. 5; Arrêté du 26 prair. an XI; L. 28 avr. 1816, art. 93).

1048. – Le cautionnement se verse en numéraire et en une seule fois, suivant la loi de 1816, art. 16; et quant au supplément de cautionnement que cette loi a exigé des titulaires en fonctions, le mode de versement en a été réglé par une ordonnance royale du 1er mai suivant. Une autre ordonnance du 19 fév. 1817 a prorogé le délai du versement; et, enfin, une dernière ordonnance, du 12 janv. 1820, a déclaré révoqués, après deux mois de la promulgation, les notaires

et autres officiers ministériels qui n'auraient pas versé le supplément.

1049. — Cependant la disposition de la loi de 1816, relative au versement en numéraire, n'a pas empêché que ceux des titulaires qui étaient en exercice à l'époque où cette loi fut promulguée restassent, quant à la nature du cautionnement qu'ils avaient fourni, sous l'empire de la législation précédente. Cette loi ne pouvait, en effet, pas plus qu'une autre, avoir un effet rétroactif. Ainsi, il existait, même après la loi de 1816, des titulaires dont le cautionnement, fourni sous l'empire des lois précédentes, était, en tout ou en partie, formé de rentes sur l'Etat. De là, lorsque la conversion des rentes fut opérée, l'ordonnance royale du 28 juin 1825, qui détermina les bases de ces cautionnements, et dont l'art. 1er dispose : « Les inscriptions de rente en trois pour cent ou en quatre et demi qui proviendront de la conversion de rente en cinq pour cent, affectées à des cautionnements envers le Trésor royal ou les administrations publiques, remplaceront les cautionnements primitifs, sans que ces cautions puissent être tenues de compléter la somme en rentes précédemment affectées. »

1050. — Au surplus, il existe encore aujourd'hui deux exceptions à la règle, que le cautionnement doit être fourni en numéraire. L'une résulte de l'ordonnance royale du 4 juill. 1821, rendue pour les notaires et autres officiers ministériels de l'île de Corse, qui, aux termes de cette ordonnance, sont autorisés à fournir provisoirement les cautionnements et suppléments de cautionnements exigés d'eux par la loi de 1816, en immeubles, pour la totalité ou pour partie; l'autre est établie pour la législation des colonies qui, exigeant un cautionnement de 10,000 fr. pour les notaires, les autorise pareillement à les fournir en immeubles, en prescrivant seulement que les immeubles excèdent d'un tiers le taux du cautionnement.

1051. — Le cautionnement versé doit être toujours intégral dans les caisses du Trésor. C'est ainsi que l'art. 33 de la présente loi dispose que, lorsque, par suite des condamnations prononcées contre le notaire pour faits de charge, le montant du cautionnement a été employé en tout ou en partie, cet officier sera *suspendu* de ses fonctions jusqu'à ce que le cautionnement ait été rétabli, et considéré comme *démissionnaire*, si le rétablissement n'a pas lieu dans les six mois. —Remarquons, d'ailleurs, que tant que le notaire n'est pas remplacé, il doit être admis à rétablir son cautionnement, le délai fût-il même expiré. Cela est vrai, surtout si le notaire n'a pas été mis en demeure, ce qui ne veut pas dire que la mise en demeure soit nécessaire; mais, comme cela est dans les convenances et dans les usages de l'administration, le titulaire a pu facilement se laisser aller à la négligence, tant qu'un avertissement officieux ne lui a pas rappelé la mesure grave à laquelle il était exposé.

1052.—En principe, la somme versée ne peut garantir que les faits d'une seule personne. Par suite, le cautionnement du titulaire qui résigne ses fonctions ne devenant libre, et dès lors transférable, qu'après des formalités assez longues, on n'admet pas que le précédent titulaire puisse transporter son cautionnement au successeur. Le transport qu'il lui en ferait ne serait pas valable, et le successeur serait tenu de fournir un cautionnement pour sa propre gestion (Cir., 31 oct. 1836). Cela même a été appliqué au notaire qui change seulement de résidence : on a décidé, en effet, que le cautionnement par lui fourni à raison de ses premières fonctions ne peut lui servir pour les mêmes fonctions qu'il va exercer dans une autre localité (Même cir.; adde circ. 21 juin et 28 déc. 1838; décis. min des fin., 14 nov. 1842 (D.P. 43.3.72).

1053. — *Remboursement.* —En ce qui concerne le remboursement du cautionnement du notaire, pour lequel il est aussi renvoyé aux lois spéciales, il s'effectue à Paris par le Trésor, et, dans les départements, par l'intermédiaire des receveurs généraux et particuliers (Arr., 26 prair. an XI; L., 7 et 27 vent. an VIII). Mais le remboursement ne peut pas être exigé, par le titulaire et ses héritiers, immédiatement après la cessation des fonctions; des formalités préalables doivent être remplies, dont le but est de faire appel à tous ceux à qui les fonds du cautionnement sont affectés, et de les mettre à même de réclamer le bénéfice attaché par la loi à la nature de leurs créances. Ces formalités sont prescrites par l'art. 5 de la loi du 25 niv. an XIII. «Les notaires, porte cet article, seront tenus, avant de pouvoir réclamer leur cautionnement à la caisse d'amortissement, de déclarer, au greffe du tribunal dans le ressort duquel ils exercent, qu'ils cessent leurs fonctions : cette déclaration sera affichée dans le lieu des séances du tribunal, pendant trois mois; après ce délai et la levée des oppositions directement faites à la caisse d'amortissement, s'il en était survenu, leur cautionnement leur sera remboursé par cette caisse, sur la présentation et le dépôt d'un certificat du greffier, visé par le président du tribunal qui constatera que la déclaration prescrite a été affichée dans le délai fixé; que, pendant cet intervalle, il n'a été prononcé contre eux aucune condamnation pour faits relatifs à leurs fonctions, et qu'il n'existe au greffe du tribunal aucune opposition à la délivrance du certificat, ou que les oppositions survenues ont été levées. » — Si le titulaire négligeait ou refusait de faire la déclaration de cessation de fonctions, prescrite par cet article, les créanciers pourraient, après l'avoir mis en demeure par une sommation, la faire à sa place, en justifiant soit de la destitution du titulaire, soit de la démission donnée par lui, acceptée par le Gouvernement et suivie de la nomination d'un successeur reçu et ayant prêté serment.

1054. — Indépendamment de l'intérêt des tiers, auquel satisfont les formalités qui viennent d'être indiquées, il y a celui du Trésor, qui serait exposé à payer deux fois, s'il ne veillait pas à ce que le remboursement ne fût pas fait à d'autres que ceux à qui les fonds appartiennent. C'est dans cet intérêt que d'autres formalités plus minutieuses ont été imposées aux titulaires du cautionnement ou à leurs ayants droit. Ces formalités sont indiquées dans une instruction du ministre des finances, du 16 déc. 1833, qui donne « la nomenclature des pièces à déposer, à partir de 1834, à la Cour des comptes, avec les ordonnances de remboursement de capitaux de cautionnement en numéraire. » Il résulte de cette instruction, qu'accompagne le modèle imprimé des pièces exigées, que les pièces à produire sont : 1º une lettre de demande en remboursement, adressée au ministre des finances, énonciative des pièces produites à l'appui et indiquant le département et l'arrondissement de sous préfecture où devra s'effectuer ce remboursement; 2º le certificat d'inscription au nom du titulaire, et, à défaut, une déclaration de perte faite sur papier timbré et dûment légalisée; ou, enfin, s'il n'a pas eu de certificat d'inscription, les récépissés des versements ou certificats des comptables du Trésor public (Arr., 24 germ. an VIII). — Les bailleurs de fonds, au lieu du certificat d'inscription, doivent produire le certificat de second ordre, et, à défaut, une déclaration de perte, etc.

1055. —Lorsque ce sont les héritiers, légataires, créanciers ou ayants droit à quelque titre que ce soit, qui demandent le remboursement du cautionnement, ils doivent fournir en outre un certificat de propriété, conformément aux dispositions du décret du 18 sept. 1806, inséré au *Bulletin des Lois*, nº 122. Ces certificats peuvent être délivrés par un notaire, par un juge de paix ou par un greffier.

1055 bis. — La demande en remboursement du cautionnement d'un ancien notaire doit être adressée au garde des sceaux et non au ministre des finances (Décis. min. de la just., 4 sept. 1844, D.P.45.4.357).

1056. — Le montant des cautionnements dont le remboursement n'a pas été effectué par le Trésor public, faute de production ou de justification suffisantes, dans le délai d'un an, à compter de la cessation des fonctions du titulaire, peut être versé en capital et intérêts à la caisse des dépôts et consignations, à la conservation des droits de qui il appartiendra. Ce versement libère définitivement le Trésor public (Inst., 9 juill. 1836, art. 16).

1057. — *Les intérêts payés.* — La loi du 6 oct. 1791 ne parlait pas des intérêts des cautionnements. C'est dans la loi du 7 vent. an VIII qu'a été établie, pour la première fois, l'obligation pour l'Etat de les payer. La loi du 25 vent. an XI a maintenu cette obligation, en renvoyant aux lois sur les cautionnements (V. *sup.*, l'art. 34). Le taux de ces intérêts, fixé d'abord à 5 p. 100 par an, sans retenue, par la loi du 7 vent, an VII, a été réduit à 4 p. 100, sans retenue aussi, par celles du 15 sept. 1807, art. 21, du 28 avril 1816, art. 94, et l'ordonnance du 11 janvier suivant, art. 1 et enfin à 3 p. 100 par la loi du 4 août 1844, art. 7. Mais cela n'empêche pas que le créancier ayant un privilége pour frais de charge, ou le bailleur de fonds ne puisse recevoir du titulaire des intérêts à raison de 5 pour 100 de sa créance, parce que la fixation du taux de l'intérêt à 3 p. 100 n'a été faite que dans l'intérêt du Trésor.

1058. — Les intérêts dus par la caisse courent à compter de la date, soit des versements en numéraire, soit de l'acquittement des obligations (L. 24 germ. an VIII, art. 8). Mais il n'en peut être fait aucun paiement que sur la représentation de la quittance définitive du Trésor, constatant le versement total du cautionnement (*Ibid.*).

1059. — L'intérêt se paie soit aux titulaires, soit aux bailleurs de fonds, soit à tous autres ayants droit (*Ibid.*, art. 4), sur la réprésentation de la lettre d'avis de paiement qui leur est adressée et des inscriptions ou duplicata d'inscriptions, ou des jugements, procurations, etc., suivant qu'il s'agit des titulaires, bailleurs de fonds, créanciers ou mandataires. Les paiements se constatent par l'apposition d'estampilles différentes au dos des inscriptions ou duplicata, et les parties prenantes donnent une quittance suivant la formule imprimée qui leur est remise.

1060. — Les intérêts des cautionnements se prescrivent, aux termes d'un avis du cons. d'Etat, du 24 mars 1808, par cinq ans, selon le droit commun. Il a été décidé, par application de cet avis, que, lorsque cinq années se sont écoulées entre le dernier acte qui a interrompu la prescription et la nouvelle demande formée par un propriétaire ou ses ayants cause, les intérêts remontant au delà de cinq années antérieures à ladite demande sont de nouveau prescrits (Ord. cons. d'Etat. 28 mai 1838, D.P.39.3.101).

1061. — D'après un autre avis du conseil d'Etat, du 12 août 1807, le Trésor doit être considéré comme régulièrement libéré des intérêts du cautionnement payés aux titulaires, d'après ses ordonnances ou mandats,

lors même qu'il surviendrait des oppositions dont il aurait connaissance, dans l'intervalle compris entre le jour de l'ordonnance et celui où le paiement aura été effectué.

1061 *bis.* — Une ordonnance royale du 24 août 1841 a disposé que les ordonnances d'intérêts du cautionnement ne seront délivrées que sur la caisse du payeur du département des titulaires, et que le remboursement ne sera autorisé que dans celui où ils auront exercé en dernier lieu.

SECTION II. — **Conditions pour être admis, et mode de nomination au notariat.**

ART. 35. — Pour être admis aux fonctions de notaire, il faudra : — 1° jouir de l'exercice des droits de citoyen ; — 2° avoir satisfait aux lois sur la conscription militaire ; — 3° être âgé de vingt-cinq ans accomplis ; — 4° justifier du temps de travail prescrit par les articles suivants.

1062. — Disons d'abord qu'un aspirant peut être nommé notaire dans un canton où son frère exerce les mêmes fonctions, parce qu'il n'existe dans la loi aucun empêchement dérivant des liens de parenté entre les notaires d'un même canton (Déc. du garde des sceaux, 10 juin 1846, D.P.46.33.132), et reprenons les diverses dispositions de cet article :

1° *Jouir de la qualité de citoyen.* — Le mot *citoyen* est complexe ; il implique à la fois la jouissance des droits civils et des droits civiques ou politiques. Or, on sait que l'exercice de ceux-là est indépendant de ceux-ci (art. 7, C. Nap.). Pour être Français, il faut jouir des droits civils ; il faut jouir en outre des droits civiques ou politiques ou être apte à en jouir, pour être citoyen français. On peut être Français sans être citoyen, tandis qu'on ne peut être citoyen si l'on n'est pas Français.

Comment devient-on Français? Comment devient-on citoyen? Comment se constate l'exercice de cette qualité?

1063. — On est *Français* par la naissance, par la naturalisation, par la réintégration.

Le Français de *naissance* est celui qui est né en France, ou à l'étranger, d'un Français jouissant de cette qualité qu'il n'a pas perdue (art. 9, C. Nap.), et que ce dernier tenait lui-même, soit de son origine française, soit de naturalisation, ce qui est indifférent.

L'enfant suit la condition du père, sa nationalité. — Il est Français, si son père est Français, quoique celui-ci ait épousé une étrangère. Il est étranger si son père, bien qu'il ait épousé une femme française, est étranger.

1064. — La même règle s'applique à l'enfant naturel qui est Français, quoique né d'une mère étrangère, si le père qui l'a reconnu est Français (Arg., art. 158, 383 et 707, C. Nap.; Proudhon, *Droit civil*, t. 1, p. 68; Toullier, t. 1, n° 207; Delvincourt, t. 1, p. 23; Dalloz, *Jur. gén.*, v° *Droits. civils*, n°s 71 et suiv.; Ed. Clerc, t. 1, n° 33, *Tr. gén. du not.*). — *Contrà*, Duranton, t. 1, n° 124, qui se fonde sur la maxime *partus sequitur ventrem*. — Il est étranger, si, quoique né d'une Française, il est reconnu par un étranger (*Conf.* Toullier, *eod.* — *Contrà*, Coin-Delisle, n° 11). — Il paraît inutile de dire que, si l'enfant naturel n'est pas reconnu, il suit la condition de sa mère. Si la mère étrangère devient ensuite française par le mariage avec un Français, l'enfant naturel reste étranger, s'il n'est pas reconnu par le mari (Déc. min. just. 2 mai 1826; Ed. Clerc, *loc. cit.*)

1065. — Les individus nés dans les pays qui avaient été réunis à la France, depuis la réunion, et qui en ont été séparés par les traités de 1814 et 1815, sont devenus étrangers s'ils n'ont pas obtenu des lettres de déclarations de naturalité, ou n'ont pas fait les déclarations prescrites par l'art. 9, C. Nap. (Déc. min. just., 9 janv. 1827; Cass., 16 juill. 1834; D.P.34.1.305; 1er août 1836, 37.1.118). — Peu importe même que leur père ait obtenu des lettres de naturalité : ces lettres sont personnelles. — Mais sont considérés comme Français 1° les descendants des religionnaires fugitifs, s'ils n'ont rien fait pour perdre cette qualité (Ch. dép., aff. B. Constant; Cass., 13 juin 1811; D.A.6.515); 2° l'individu né en France d'un père étranger ou devenu étranger avant la naissance, si, dans l'année qui suit sa majorité, il a réclamé la qualité de Français et s'est conformé, d'ailleurs, à l'art. 9, dans le délai *rigoureux* qu'il établit, en faisant sa déclaration, en France, à la mairie de sa résidence, et, à l'étranger, devant l'ambassadeur ou le consul, déclaration qui, d'après l'opinion suivie au ministère, opère de plein droit (Rolland de Villargues, *eod.*, n° 102). — *Contrà*, Guichard, *Droit civ.*, n° 72, qui pense que le ministère peut refuser. — Plus favorisé, l'enfant né d'un Français devenu étranger peut *toujours* réclamer la qualité de Français : c'est un bénéfice du sang qui coule dans ses veines.

1066. — Le Français par la *naturalisation* est celui qui, avant le décret du 17 mars 1809, étant étranger, âgé de 21 ans accomplis, a déclaré, à la mairie de sa résidence, l'intention de se fixer en France et y a résidé pendant dix années *consécutives*, conformément à l'art. 3 de la Constitution de l'an VIII. — C'est aussi celui qui, depuis le décret de 1809, à partir duquel il n'y a plus eu de naturalisation de plein droit, a obtenu, en outre, des lettres de naturalisation.

1067. — Le Français *réintégré* est celui qui, après avoir perdu la qualité de Français, s'est conformé à l'art. 18, C. Nap., portant : « Le Français qui aura perdu la qualité de Français pourra *toujours* la recouvrer en rentrant en France *avec l'autorisation du roi*, et en déclarant qu'il veut s'y fixer et qu'il *renonce à toute distinction* contraire à la loi française. » — De l'avis du conseil d'Etat, des 14-21 janv. 1812, 8e et 9e questions, on a induit que la demande devait être adressée au ministre de la justice. En tout cas, la déclaration exigée par l'art. 18, C. Nap., est faite à la mairie du lieu où le réclamant doit s'établir; elle pourrait, par argument de ce qui est dit n° 1065, être faite devant l'ambassadeur ou le consul, s'il n'a pas encore obtenu la permission de rentrer en France. — C'est là tout ce que l'on exige : il n'est pas nécessaire d'obtenir des lettres patentes (Déc. min., 23 juill. 1831). — Mais si la perte de la qualité de Français a été le résultat d'un service non autorisé, pris à l'étranger, le réclamant doit tout à la fois, et obtenir l'autorisation de rentrer en France, et remplir la condition imposée à l'étranger pour devenir citoyen français (art. 21, C. Nap.), c'est-à-dire qu'il devra résider en France pendant dix années *consécutives*, à moins que le Gouvernement n'use envers lui du pouvoir qui lui permet de réduire à une année le stage politique de l'étranger (Sénat.-cons., 19 fév. 1808; Dalloz, *Jur. gén.*, v° *Droits civils*, n° 35).

La qualité de *citoyen* s'acquiert et se conserve conformément à la loi constitutionnelle (art. 7, Cod Nap.); c'est elle qui donne l'exercice des droits politiques et civiques, ou plutôt l'aptitude à les exercer, car ils sont de plusieurs sortes, et l'on peut jouir des uns sans avoir la jouissance des autres; l'essentiel est qu'on ne soit pas privé de tout ou partie de ces droits par l'effet d'une condamnation. — Qu'un individu, par exemple, ait encouru la dégradation civique, tous les droits de citoyen sont perdus pour lui (art. 34 et 42, C. pén.).

1068. — De ce qu'on peut être privé de certains droits civiques, comme droits de vote et de port d'armes, et conserver cependant la jouissance de ceux qui suffisent pour l'exercice des fonctions publiques (art. 42, 43, 109, 123, 185, 186, 401, 405, 406 et 410, C. pén.), il semble qu'une privation partielle n'élèverait pas une exclusion absolue des fonctions du notariat. Seulement, cette condamnation et les faits qui l'auraient motivée soulèveront l'examen d'une question de moralité à l'appréciation discrétionnaire du Gouvernement et des chambres de discipline (*Conf.* Rolland de Villargues, n° 115), qui, on le comprend bien, devront se montrer sévères dans le choix d'un homme dont le ministère est forcé; et qui doit devenir le dépositaire, sinon l'arbitre, des intérêts de toute une localité (Dalloz, *Jur. gén.*, vᵒ *Notaire*, nᵒ 93).

1069. — C'est par la production d'un certificat délivré par le maire de son domicile que l'aspirant au notariat doit justifier qu'il jouit des droits civiques et civils. On ne devrait pas admettre, ce semble, les certificats qui émaneraient des juges de paix, du président du tribunal et même du sous-préfet : ces personnages sont sans qualité à cet égard. C'est aussi l'avis de MM. Favier, *de l'Admiss. au not.*, nᵒ 80, et Rolland de Villargues, nᵒ 118. — Si les faits ne sont pas à la connaissance personnelle du maire, il délivre le certificat sur la déclaration de deux témoins domiciliés dans la commune. — M. Rolland de Villargues, nᵒ 119, remarque avec raison que le domicile de l'aspirant dont on parle ici est celui de l'art. 102, C. Nap., et non le domicile spécial exigé par l'art. 167, *eod.*, nᵒ 79, pour le mariage ; il cite M. Favier comme étant d'une opinion contraire. — Si l'aspirant est privé de quelques droits civiques, le certificat doit le faire connaître. Comme acte administratif, ce certificat doit être légalisé par le sous-préfet et par le président du tribunal. (*Conf.* Dalloz, *Jur. gén.*, vᵒ *Notaire*, nᵒ 94).

1070. — 2ᵒ *Avoir satisfait aux lois sur le recrutement.* — La preuve de la libération est présumée de droit si l'aspirant est âgé de trente ans accomplis (L. 21 mars 1832, art. 48) ; c'est là un bénéfice d'âge qui rend inutile le certificat de l'autorité administrative constatant la libération (Déc. min. just., 5 nov. 1836), l'aspirant eût-il, par suite d'omission sur le tableau de recensement, échappé au tirage. Rolland de Villargues cite, *eod.*, nᵒ 127, sous la date de *mars* 1837, une décision du ministre de la justice qui l'a ainsi résolu.

1071. — L'aspirant peut se trouver dans deux cas : 1ᵒ être âgé de moins de trente ans ; 2ᵒ avoir trente ans accomplis.—Si l'aspirant a atteint sa trentième année, il n'a besoin de produire aucun certificat à l'effet d'établir qu'il a satisfait à la loi du recrutement : la présomption de droit est en faveur de la libération (Décis. min. just., 5 nov. 1836) ; il est libéré par bénéfice d'âge, bénéfice applicable en quelque situation qu'il se trouve et bien que, omis sur les tableaux de recensement, il n'ait pas participé au tirage. Que s'il a moins de trente ans, il doit produire des certificats, des preuves de libération qui varient suivant la situation dans laquelle il se trouve.

En effet, a-t-il obtenu sa *libération définitive*, laquelle est prononcée en masse par le conseil de révision, après la clôture de la liste du contingent, en faveur de ceux dont les numéros ne sont pas compris dans

cette liste ; — Est-il *exempté* par le conseil de révision pour infirmité, défaut de taille ou motif d'humanité (L. 21 mars 1832, art. 13 et 15), rayé de la liste du contingent et remplacé dans l'ordre des numéros subséquents (même loi, art. 13) ? — Dans ces divers cas, le certificat de libération ou d'exemption est délivré par le préfet ou par le maire (Favier, nᵒˢ 110, 111 et 120).

1072. — La libération peut aussi provenir, soit de dispenses, comme celles qu'obtiennent les jeunes gens qui ont remporté les grands prix de l'Institut et de l'Université, et qui peuvent être admis aux fonctions publiques en produisant le certificat du conseil de révision (même loi, art. 14 et 15) ; — soit de *l'exonération* obtenue par le versement de la prestation fixée chaque année par le ministre de la guerre (L. 26 avril 1855, art. 5 et suiv.) ; l'aspirant est tenu de produire le certificat d'exonération qui lui a été délivré soit par le préfet, soit par le conseil d'administration, selon que l'exonération a eu lieu sur la liste du contingent ou au corps (Décr. 9 janv. 1856, art. 41 et 44) ; — soit du *remplacement* qui continue d'être autorisé, conformément à la loi du 21 mars 1832, entre frères, beaux-frères et parents jusqu'au quatrième degré (L. 26 avril 1855, art. 10) l'aspirant est tenu de produire, avec l'acte de remplacement reçu par le préfet, un certificat constatant la présence au corps de son remplaçant ; et il peut être admis aux fonctions de notaire (L. 21 mars 1832, art. 19 et 23), quoique l'année pendant laquelle il répond, en cas de désertion du remplaçant, ne soit pas écoulée ; — soit par *substitution de numéro* autorisée par le conseil de révision (L. 21 mars 1832, art. 17, 18 et 28) : l'aspirant doit produire l'acte reçu par le préfet qui admet la substitution (art. 24) ; — soit de congé définitif ou de réforme, délivré avant ou après la libération de la classe, pièce qui doit seule être produite par l'aspirant (Favier, nᵒ 146) ; — soit enfin de la preuve qu'on a obtenu sa radiation des registres de l'inscription maritime (L. 3 brum. an IV).

1073. — Mais il ne serait pas satisfait aux lois de recrutement si l'aspirant était seulement *admis à la réserve* (Déc., 16 juin 1808 ; L. 11 oct. 1830 ; 21 mars 1832, art. 29), à moins qu'il ne justifiât d'un remplacement régulier (Décis. min. just., 21 avril-5 mai 1830) ; — ou s'il était en *congé illimité*, c'est-à-dire renvoyé dans ses foyers pour un temps indéterminé (L. 21 mars 1832, art. 30) ; — en cas pareil, l'aspirant ne cessant pas de faire partie de l'armée, ne peut être admis aux fonctions de notaire (Déc. min. just., 18 mars 1839 ; *Jurisp. not.*, art. 4551).

1074. — 3ᵒ *Être âgé de vingt-cinq ans accomplis.* — L'ordonnance de 1560, art. 82, exigeait déjà cet âge, et l'art. 4 de celle des

29 sept.-6 oct. 1791 l'avait maintenu : c'est l'âge de la majorité judiciaire. — D'après l'art. 35, les vingt-cinq ans doivent être *accomplis* le jour de la nomination. Ainsi, né le 1er juill. 1810, l'aspirant n'aura ses vingt-cinq ans accomplis que le 2 juillet 1835. — L'âge se prouve par l'acte de naissance, auquel on joint une traduction légale, s'il n'est pas écrit en français. — D'après M. Favier, n° 323, il n'est pas toujours nécessaire de traduire l'extrait même des registres de l'état civil : le ministre de la justice admet des copies de ces extraits, lorsqu'ils se trouvent dans un dépôt public. — Le président du tribunal légalise les actes de naissance (art. 45, C. Nap.). — Il est suppléé à ces actes, pour les enfants trouvés, par un extrait de la déclaration qu'exige l'art. 58, C. Nap., et, pour toutes autres personnes, par le résultat d'une procédure criminelle (art. 198, 199 et 327, C. Nap.); l'inscription du jugement sur les registres de l'état civil tient lieu d'un acte de l'état civil. — L'âge plus ou moins avancé ne saurait être un motif d'exclusion, l'aspirant eût-il plus de 70 ans, ce qui l'affranchirait de la contrainte par corps (*Contrà*, Favier, n° 160); mais il faudrait des raisons bien majeures pour que le Gouvernement fît un choix pareil. — Toutefois il ne lui serait pas permis d'admettre des dispenses d'âge; elles ne sont plus autorisées (*Conf.*, Favier, n° 161; Rolland de Villargues, n° 150; Dalloz, v° *Notaire*, n° 96; Déc. du garde des sceaux, 29 juill. 1843, D.P.43.4.307).

1075. — 4° *Justifier du temps de travail prescrit par les articles suivants.* —Ce temps de travail, exigé de ceux qui aspirent aux fonctions de notaire, est ce qu'on nomme *stage*, et il ne peut être utilement fait que dans l'étude d'un notaire en exercice, et non dans le cabinet d'un notaire, dont les fonctions ont cessé (Déc. min., 12 juill. 1847; D.P.48.3.14).

C'est une condition essentielle, dont M. Jaubert a fait sentir toute l'importance et la nécessité dans son discours sur la loi du 25 vent. an XI: « Eh! quelle profession, a dit l'orateur du Gouvernement, plus que celle des notaires, exige une éducation analogue? Ne sait-on pas que la plus savante théorie ne suffirait pas pour faire un bon notaire; qu'il faut aussi une pratique assidue pour apprendre les formes, pour connaître les lois relatives, pour exprimer avec clarté des conventions qui se diversifient à l'infini, pour éviter des pièges qui trop souvent sont tendus à la candeur et à la bonne foi? Pour tout cela, sans doute, il faut de la perspicacité naturelle, mais il faut aussi de l'habitude. Loin de nous de considérer le ministère des notaires comme l'ouvrage d'une routine vulgaire! mais chaque profession a ses règles; celle du notaire a de plus son style particulier, l'habitude seule peut donner ce genre d'instruction.

« Un des plus grands avantages du stage doit être aussi d'aider les candidats à se bien pénétrer de l'esprit de la profession. Il n'est plus question ni d'esprit de corps, ni d'esprit de corporation, mais il est utile, il est nécessaire que, dans chaque profession, il y ait un esprit de l'état; il excite l'émulation, honore le cœur, élève l'âme. Lorsqu'un homme estime sa profession, il sait prendre les moyens de se faire estimer lui-même. »

1076. — Ces avantages du stage ont été constamment sentis: aussi, il fut dans tous les temps un préliminaire nécessaire pour quiconque a voulu être admis aux fonctions du notariat. La durée et les conditions seules ont varié. Selon un arrêt de règlement du 4 sept. 1685, faits pour les notaires du ressort du parlement de Paris, non compris ceux de cette ville, le stage notarial devait être de cinq ans dans une étude de notaire ou de procureur. Quant aux notaires de Paris, leurs anciens règlements obligeaient à un stage de dix ans, dont cinq au moins en qualité de maître clerc. — Enfin la loi du 29 sept.-6 oct. 1791, d'après laquelle les places de notaire ne devaient être occupées que par des sujets entièrement désignés au concours (tit. 4, art 1), exigea, d'une manière générale, un stage de huit ans sans interruption, savoir: les quatre premiers dans les études des notaires et des avoués en quelque lieu que ce fût du royaume, et les quatre derniers nécessairement en qualité de clerc de notaire dans l'étendue du département où le concours devait avoir lieu (tit. 4, art. 4).

1077. — Aujourd'hui, la durée du stage varie suivant la classe dans laquelle l'aspirant se propose d'entrer, et quelquefois aussi en raison de l'aptitude et de la capacité que fait supposer la position particulière dans laquelle le candidat se trouve placé. Ces variations sont indiquées par les art. 36, 37, 38, 39, 40 et 41, dont le commentaire va suivre.

1078. — Pendant la durée de leur stage, les aspirants au notariat sont connus sous la dénomination générique de *clercs*. Il y a, sur la position des clercs dans l'étude, sur leurs droits et leurs devoirs, sur leurs relations avec le notaire ou patron, les règles et les usages qui complètent les notions relatives au stage, et qui, à ce titre, doivent trouver leur place ici.

1079. — La loi, d'abord, n'a pas déterminé les caractères auxquels on pourrait reconnaître la profession de clerc; de là on tire la conclusion que c'est au ministère qu'il appartient d'apprécier les circonstances d'où l'on peut induire qu'un individu travaillant chez un notaire a cette qualité, quand il s'agit de justifier le stage; ou bien que c'est aux tribunaux, lorsque la question est portée devant eux, par exemple, s'il s'agissait de l'application de l'art. 10 de la présente loi (*V. suprà*, cet article et nos explications, p. 471, n°s 264 et suiv.).

1080. — Toutefois il résulte d'une manière à peu près générale, des diverses applications qui ont été faites, que la qualité de clerc s'induit d'une double condition, à savoir : le travail dans l'*étude* et le travail *habituel*. Ainsi, celui-là ne serait pas considéré comme clerc qui, hors de l'étude, travaillerait même habituellement pour un notaire ; et d'un autre côté, on ne considérerait pas davantage, en général du moins, comme tel, celui qui, même dans l'étude, ne ferait que quelques expéditions d'actes pour le notaire, surtout s'il avait une autre occupation principale et ordinaire (Grenoble, 7 avril 1827, D.p.29.1.1387. Et dans les localités où le nombre des clercs de chaque étude a été fixé par règlement intérieur, le temps de travail ne compte pour le stage qu'autant qu'il a été accompli en qualité de clerc titulaire (Déc. min., 3 avril 1847, D.p.48.3.15).

1081. — Les clercs sont *externes* et internes. Seulement, la qualification *d'externe* n'implique en aucune manière l'idée d'un travail en dehors de l'étude ; elle s'applique aux clercs qui ne reçoivent aucun salaire, ce qui, à Paris, est la condition de la plupart des jeunes gens qui travaillent dans les études. En général, le clerc externe n'entre pas dans la hiérarchie qui existe dans l'étude ; mais il n'est pas douteux que le temps qu'il fait en cette qualité ne doive, aussi bien que s'il était interne, lui être compté dans la supputation de la durée de son stage, lorsqu'il se présente pour remplir les fonctions de notaire, s'il a accompli, d'ailleurs, les autres conditions qui seront ci-après indiquées.

1082. — La qualité de clerc n'est point une fonction publique ; il est bien évident que le titre est exclusivement personnel au patron, et cela encore même que le clerc recevrait de lui, pour traitement, une partie du produit de l'étude. Néanmoins il s'attache une sorte de caractère légal à la qualité de clerc, que la loi reconnaît, puisqu'elle fait de la première cléricature une condition nécessaire pour être admis aux fonctions de notaire (*V.infrà*, les art. 36, 37 et 39), et puisque, d'un autre côté, un droit de surveillance générale sur leur conduite est attribué aux chambres de notaires avec la faculté de prononcer des peines disciplinaires (*V.* ci-après). Aussi tient-on, sans difficulté, que le clerc ne peut pas être considéré comme le *serviteur* de son patron, conformément à l'observation qui a été faite par le Tribunat, sur l'art. 10 de la présente loi, ni, à plus forte raison, comme son domestique. Cependant, il faut le dire, l'art. 386, 3°, du Code pénal, a été constamment appliqué dans le cas où un clerc

salarié s'est rendu coupable d'une soustraction frauduleuse au préjudice de son patron, par la jurisprudence qui considère le clerc comme rentrant dans la classe des *hommes de service à gages* dont parle cet article (Cass., 27 mars 1829, D.p.29.1.202). Mais cette appréciation semble avoir été condamnée par le deuxième paragraphe ajouté à l'art. 408 du du Code proc., par la loi du 28 avril 1832. Ce paragraphe punit l'abus de confiance commis par un domestique, *homme de service à gages*, élève *clerc* ou commis : d'où il paraît résulter que les clercs ne sont pas compris dans les termes d'homme de service à gages, puisque le législateur a cru nécessaire de les énoncer à côté de ces derniers. Cela ne veut pas dire, toutefois, qu'au fond, l'aggravation des peines résultant de l'art. 386, 3° du Code pénal, ne doive pas être prononcée contre le clerc qui aurait commis une soustraction frauduleuse au préjudice de son patron. En effet, si le clerc n'est pas compris dans les termes d'*homme de service à gages*, c'est-à-dire dans la première partie du n° 3 de l'art. 386, il est nécessairement compris dans la troisième partie de la même disposition qui s'applique à *tout individu travaillant habituellement dans l'habitation* où il aura commis la soustraction frauduleuse. Sous ce rapport, le clerc serait passible de l'aggravation de peine, et ainsi entendue, la jurisprudence qui prononce cette aggravation ne pourrait qu'être approuvée (*V.* Hélie et Chauveau, *Th. du Code pénal*, t. 7, p. 15 ; Dalloz, v° *Notaire*, n° 101.)

1083. — Il existe entre les clercs d'une étude une hiérarchie que la loi du notariat reconnaît virtuellement elle-même, lorsqu'elle parle du *premier clerc*, et que l'ordonnance réglementaire du 4 janvier 1843 a reconnue d'une manière explicite, lorsqu'elle laisse toute liberté pour l'inscription sur le registre servant à constater le stage *jusqu'au quatrième grade* et exige l'autorisation de la chambre pour l'inscription de *grades inférieurs* (*V.infrà*, n° 1097). Ainsi, le signe matériel de la hiérarchie, c'est la distinction des clercs par grade, dont chacun, du reste, ne peut plus aujourd'hui être géminé (*V.* sur ce point l'art. 36 ci-après de la présente loi, n°s 1118 et 1119), et cette distinction a pour fondement, en général, l'expérience et l'aptitude personnelle de chacun des clercs. Par suite, la répartition du travail se fait entre tous les clercs, suivant l'importance des affaires qui se traitent dans l'étude, et selon le rang que chacun d'eux occupe dans la hiérarchie. — L'effet nécessaire de la hiérarchie est l'obligation de déférences réciproques sans lesquelles il n'y aurait pas d'ordre possible dans l'étude. Ainsi, le dernier clerc, dans la hiérarchie, et ceux même qui n'entrent pas dans cette hiérarchie, comme tous les clercs externes qui n'ont aucun grade, doivent reconnaître l'autorité morale des grades supérieurs, et ainsi de tous les grades jusqu'au premier clerc qui, placé en tête de la hiérarchie, a droit, de la part de tous, à une déférence que, du reste, lui assurent ses longs travaux, son savoir et la bienveillance dont il use habituellement envers ses jeunes collaborateurs. — La loi ne reconnaît pas le titre de premier clerc adjoint (Décis. garde des sceaux, 10 janv. 1841, D.P.44.3.5). — V. infrà, n° 1118.

1084. — En général, les fonctions des clercs consistent à écrire et expédier les actes qui se font dans l'étude. Cependant il ne faut pas croire que le clerc doive nécessairement écrire sous la dictée de son patron. Il peut préparer la rédaction des actes après avoir entendu les explications des parties. Les nombreux détails qui constituent les occupations d'une étude ne permettent même pas qu'il en soit autrement ; et le notaire ne pourrait pas évidemment suffire à ses obligations, s'il ne pouvait faire préparer les actes par ses clercs, sauf ensuite à réviser, et, au besoin, à régulariser la rédaction. C'est d'ailleurs ainsi que le stage peut être réellement utile aux clercs qui, livrés à eux-mêmes pour la rédaction des projets qu'ils préparent, s'exercent plus utilement aux fonctions qu'ils rempliront un jour.

1085. — Des devoirs particuliers sont imposés aux clercs. Le premier de tous consiste dans une soumission absolue à leur patron pour tout ce qui concerne les travaux de l'étude et les fonctions de leur charge. Comme on l'a dit très-bien, les relations qui existent entre eux ne sont pas seulement celles du commettant et de ses préposés : ce sont encore celles du maître et de ses *élèves*. Les clercs sont des élèves choisis, qui doivent s'inspirer des exemples de leur patron. Il leur transmet les bonnes traditions ; il s'efforce de les former au bien par une surveillance et des soins paternels qui doivent lui mériter leurs respects, sans rien ôter à la confiance » V. Rolland de Villargues, v° *Clerc*, n° 48.

1086. — Ce n'est pas tout : les clercs ne peuvent pas se livrer à des travaux autres que ceux de l'étude. Aussi les notaires de Paris se sont-ils interdit d'admettre ou de conserver aucuns clercs qui se livreraient à des occupations étrangères au notariat ou contraires à ses usages, et, à plus forte raison, qui auraient accepté des fonctions déclarées par la loi incompatibles avec celles de notaire (Stat. not. de Paris, 4 juill. 1822). Cependant ces défenses, du moins en ce qui n'est pas incompatible avec le notariat ou contraire à ses usages, sont de pure convenance ; il n'est pas sans de nombreux exemples que des clercs, par l'effet d'une confiance toute personnelle, soient chargés de procuration pour passer

des actes, ou bien de la négociation d'affaires qu'on leur confie, ou de dépôts de sommes d'argent ou effets mobiliers. Et ces affaires qui, du reste, se font sous la responsabilité exclusive du clerc, et sans engager jamais celle du patron qui y reste étranger, ne font pas, en général, perdre sa qualité au clerc, ou ne sont pas un obstacle à ce qu'il soit reçu comme titulaire.

1087. — En ce qui concerne sa demeure de fait, le clerc n'est pas absolument libre dans le choix qu'il en peut faire. On est allé jusqu'à dire qu'il est nécessaire qu'il la prenne dans la commune où le notaire est établi (V. Favier, n° 361). Mais la jurisprudence administrative est moins absolue ; elle exige seulement que la demeure ne soit pas tellement éloignée qu'elle exclue le travail assidu que suppose la fonction de clerc (Déc. min. just., juill. 1835).

1088. — Les clercs de notaire participent, en général, aux affaires de l'étude, soit par leurs travaux, soit par leurs démarches ; de là il suit qu'ils sont les préposés et mandataires tacites des notaires, relativement au affaires dont ils se mêlent, et, par conséquent, que le notaire peut être actionné à raison du fait de ses clercs. Mais les clercs ne sont considérés comme mandataires que dans les choses qui se rattachent directement et nécessairement à l'exercice de leur emploi ; et conséquemment, c'est à cela aussi que se borne la responsabilité du notaire. Ainsi, le notaire est responsable des titres et papiers qui seraient confiés à un clerc pour dresser un acte, si ces papiers s'égarent ou viennent à être soustraits. Il le serait également à l'égard des deniers remis pour acquitter les droits d'enregistrement, ou pour les honoraires : dans ces cas et d'autres analogues, la remise faite au clerc est évidemment censée faite au notaire lui-même. — La jurisprudence est même allée parfois bien plus loin (V. le *Traité de la responsabilité*, à la fin de cet ouvrage).

1089. — Avant l'ordonnance réglementaire du 4 janv. 1843, aucun texte n'avait fixé l'âge auquel le stage notarial pouvait commencer utilement. En l'absence d'une disposition précise sur ce point, on se prononçait par analogie de ce qui a eu lieu pour l'admissibilité dans les facultés. Nul ne pouvant être reçu avant seize ans (L. 22 vent. an XII), c'est-à-dire avant l'âge où la loi suppose le discernement (art. 66, C. pén.), plusieurs chambres de notaires avaient décidé que le stage ne pourrait commencer utilement qu'après seize ans accomplis. D'après cela, il avait été décidé que le candidat dont les premières années de stage remontaient à l'âge de dix ans ne pourrait être admis (Déc. min. just., 19 mai 1836, D.P.37.3.136). Cependant ces solutions n'avaient aucune base dans la loi spéciale, et il a paru nécessaire de combler la lacune qu'elle présentait sous ce rapport. C'est ce qu'a fait l'ordonnance réglementaire du 4 janv. 1843, dont l'art. 34 dispose qu'aucun aspirant au notariat ne sera admis à l'inscription au stage, s'il n'est âgé de *dix-sept ans* accomplis.

1090. — Cette même ordonnance a rempli une lacune que présentait encore la loi, sous un autre rapport. Il n'existait, en effet, aucune disposition législative qui fixât le mode de constater le stage. La preuve du stage était faite au moyen de certificats délivrés aux candidats par les notaires chez lesquels ils avaient travaillé. Un grand nombre de chambres de discipline avaient établi, il est vrai, des registres de stage; mais ce n'était jamais qu'un moyen secondaire, tellement que le défaut de mention de stage sur un registre n'était pas, pour l'administration, un motif de rejeter le candidat, et même que la production d'un extrait de ces registres n'empêchait pas que l'on ne dût justifier des certificats délivrés par les patrons (Déc. min. just., 23 juin 1838, D.P.39.3.65). — Il en est autrement aujourd'hui : l'ordonnance réglementaire du 4 janv. 1843 a réglé tout ce qui concerne la constatation du stage par une série d'articles dont il ne sera pas sans utilité de présenter ici le commentaire succinct.

1091. — D'après l'art. 31 de l'ordonnance précitée, « tout clerc qui aspirera aux fonctions de notaire se pourvoira d'un certificat du notaire chez lequel il travaillait. Ce certificat constatera le grade qu'il occupe dans l'étude du notaire; » et d'après l'art. 32, « l'inscription au stage prescrite par les art. 36 et suiv. de la loi du 25 vent. an xi aura lieu sur la production faite par l'aspirant de son acte de naissance et du certificat mentionné en l'article précédent. » — Ainsi ce ne sont plus les certificats d'étude qui doivent désormais constater le stage ; cependant ils n'en sont pas moins encore un élément essentiel de la constatation, puisque c'est seulement sur la production de ce certificat que peut avoir lieu l'inscription au stage prescrite par l'ordonnance.

1092. — L'art. 33 de l'ordonnance fixe ensuite le mode et le délai de l'inscription. « Il sera tenu à cet effet, dit cet article, par le secrétaire, un registre qui sera coté et paraphé par le président. — Les inscriptions audit registre seront signées tant par le secrétaire de la chambre que par l'aspirant. — Elles devront être faites dans les trois mois de la date du certificat délivré comme il est dit en l'art. 31. — Ce certificat et l'acte de naissance resteront déposés aux archives de la chambre. » Il y a, sur cette disposition, plusieurs remarques à faire.

1093. — En premier lieu, c'est l'aspirant lui-même qui, en principe, doit requérir l'inscription : cela s'induit nécessairement du texte d'après lequel les inscriptions doivent être signées par lui. Cependant on a dit avec raison qu'en cas de maladie dûment constatée de l'aspirant, l'inscription pourrait être requise par le notaire ou par tout autre fondé de pouvoirs, sauf la nécessité de laisser déposés aux archives, avec le certificat d'étude et l'acte de naissance, le pouvoir et le certificat du médecin (*Conf.*, Favier, nᵒ 333 ; Dalloz, vᵒ *Notaire*, nᵒ 111).

1094. — En second lieu, le délai de l'inscription est de trois mois à partir de la date du certificat d'étude délivré par le notaire. C'est aussi, sauf le point de départ du délai, ce qui résultait d'une délibération du 26 vend. an xiii, prise par les notaires de Paris, et aux termes de laquelle « les clercs qui entraient chez les notaires, ou changeaient d'études ou de grades, étaient tenus de s'inscrire dans les trois mois de leur entrée ou de leur mutation, les inscriptions ne devant constater que les trois mois antérieurs à leur date. » L'art. 33 de l'ordonnance de 1843 est, comme on le voit, la reproduction de cette délibération, avec cette modification seulement que le point de départ des trois mois serait aujourd'hui à la date du certificat d'étude délivré par le notaire, et non plus au jour de l'entrée de l'aspirant dans l'étude, ou de chaque mutation (Dalloz, *loc. cit.*).

1095. — Mais remarquons que l'effet de l'inscription est le même, en ce sens que, si elle est prise dans le délai de trois mois, le stage court du jour de l'entrée dans l'étude (jour que le certificat du notaire doit nécessairement constater), pourvu cependant que le jour ne remonte pas lui-même à plus de trois mois avant celui où l'inscription est prise, cette inscription ne devant aujourd'hui, comme sous l'empire de la délibération précitée, constater que les trois mois antérieurs à sa date. Ainsi, par exemple, un certificat d'étude constatant l'entrée de l'aspirant dans l'étude et fixant cette entrée au premier janvier est délivré par le notaire le premier mars à l'aspirant, qui requiert l'inscription ce même jour premier mars : cette inscription constatera évidemment les deux mois de stage écoulés depuis le mois de janvier. Mais si, au lieu de se faire inscrire le premier mars, l'aspirant ne requiert son inscription que le premier mai, bien qu'il soit encore dans le délai de trois mois depuis la délivrance du certificat, cette inscription ne constatera pas, pour son stage, les quatre mois écoulés depuis l'entrée à l'étude ; elle ne lui vaudra que pour les trois mois qui l'auront précédée. *V.* Rolland de Villargues, vᵒ *Stage*, nᵒ 138 ; Dalloz, *eod. vᵒ*, nᵒ 112.

1096. — Ainsi que nous l'avons dit *suprà*, nᵒ 1089, aucun aspirant au notariat ne peut être admis à l'inscription s'il n'est âgé de dix-sept ans accomplis. C'est la disposition textuelle de l'art. 34 de l'ordonnance du 4 janv. 1843. Mais cet article ne déterminant l'âge que pour l'inscription au stage et nullement pour ce qui concerne la hiérarchie établie entre les clercs d'une étude, il s'ensuit qu'il n'y aurait aucun obstacle, ainsi que l'enseigne M. Favier, n° 333, à ce qu'un jeune homme, qui aurait accompli sa dix-septième année, fût inscrit comme second ou comme premier clerc. — *V.* aussi Dalloz, v° *Notaire*, n° 113.

1097. — Aux termes de l'art. 35 de l'ordonnance de 1843, «les inscriptions pour les grades inférieurs à celui de quatrième clerc ne seront admises que sur l'autorisation de la chambre, qui pourra la refuser lorsque le nombre des clercs demandé sera évidemment hors de proportion avec l'importance de l'étude. — Le même grade ne pourra être conféré concurremment à deux ou plusieurs clercs dans la même étude.» — La dernière de ces deux dispositions a été exclusivement dirigée contre l'usage qui s'était introduit d'établir des premiers clercs *adjoints* dans les études de notaire et de considérer la qualité de premier clerc adjoint comme atteignant le but de la loi, laquelle n'admet au rang de notaire que s'il a été *premier clerc* pendant un an au moins : le commentaire s'en place naturellement à côté de celui de l'art. 36 de la loi (*V. infrà*, sur cet article, les n°ˢ 1118 et 1119. — La première a été empruntée aux statuts des notaires de Paris, qui, en effet, admettaient l'intervention de la chambre dans les grades inférieurs à celui de quatrième clerc.

1098. — L'ordonnance de 1843 a fait de cette disposition une règle commune et applicable dans toutes les localités. Mais elle s'est servie des termes restrictifs dans lesquels l'intervention était admise par les statuts des notaires de Paris, et en cela il semble qu'elle n'a pas suffisamment tenu compte de la différence essentielle qui existe entre les études de Paris et celles de la plupart des autres localités. On conçoit que, pour Paris, le nombre de quatre clercs soit un minimum pour toutes les études, et que par suite les statuts n'aient permis à la chambre d'intervenir pour apprécier la demande d'un notaire que lorsqu'elle avait pour objet de faire inscrire un plus grand nombre de clercs. Mais ce qui est exact pour les études de Paris ne l'est assurément pas pour la majeure partie des études des autres localités : le nombre de quatre clercs est un maximum auquel même le plus grand nombre n'atteint pas. Cependant il résulte des termes de l'art. 35 de l'ordonnance que le notaire même dont l'étude est de la plus minime importance peut faire inscrire quatre clercs, sans que la chambre ait le droit de s'enquérir si ce nombre n'est pas hors de toute proportion pour l'étude,

puisque ce n'est que relativement aux inscriptions pour les grades *inférieurs à celui de quatrième clerc*, qu'aux termes de cet article, l'autorisation de la chambre est nécessaire. Il est évident que par là on facilite l'abus des certificats de complaisance. Aussi ce danger a-t-il amené quelques auteurs à penser que la chambre pourrait intervenir et empêcher l'inscription même dans le cas où le nombre des clercs demandés ne dépasserait pas celui de quatre, si ce nombre était hors de proportion avec l'importance de l'étude (*V.* notamment Rolland de Villargues, v° *Stage*, n° 149). Mais, quoique cette restriction ne se trouve pas dans les termes de l'ordonnance, qui n'exige l'autorisation de la chambre que relativement à l'inscription *pour les grades inférieurs à celui de quatrième clerc*, et quoiqu'on puisse dire que tout notaire ayant le droit de recevoir quatre clercs dans son étude, doit, pour que ce droit ne soit pas paralysé, jouir de la faculté de les faire inscrire au stage, il nous semble que des circonstances peuvent se rencontrer où la simulation sera tellement évidente, en raison de la nullité des affaires de l'étude, que la chambre sera autorisée à refuser l'inscription de quatre stagiaires. C'est aussi l'avis de M. Dalloz, *eod. v°*, n° 115, et de M. Ed. Clerc, *Tr. gén. du not.*, t. 1ᵉʳ, n° 82. Seulement ce dernier auteur pense que la chambre devrait, en ce cas, en référer à l'autorité supérieure, qui statuerait définitivement. — Dans cette matière, c'est de stage qu'il s'agit, c'est-à-dire de la préparation à une fonction publique et partant d'une institution d'ordre public, encore plus que de convenance particulière. Or, est-ce trop que de soumettre le droit du notaire au contrôle de la chambre ?

1099. — Au reste, si l'inscription d'un cinquième clerc était demandée, et que la chambre, usant de la faculté que lui donne l'art. 35 de l'ordonnance, refusât de l'autoriser, l'aspirant n'aurait aucun moyen de se pourvoir contre cette décision : le pouvoir de la chambre est souverain en cette matière ; rien dans le texte ou dans l'esprit de l'ordonnance n'en limite l'exercice. — *Conf.*, Dalloz, *eod. v°*, n° 116.

1100. — Mais la décision par laquelle la chambre refuserait l'inscription d'un cinquième clerc n'est point irrévocable. Il est évident que l'étude peut acquérir une importance plus grande que celle qu'elle avait au moment de la décision ; et rien dès lors n'empêcherait un aspirant de se présenter pour réclamer son inscription comme cinquième clerc, puisque l'état des choses étant changé, la chambre pourrait, sur une délibération nouvelle, donner une autorisation qu'elle aurait dû d'abord refuser (Dalloz, *loc. cit.*; Ed. Clerc, *Tr. gén. du not.*, t. 1ᵉʳ, n° 82).

1101. — L'inscription que prévoient les

art. 31, 32 et 33 ci-dessus, a pour objet de constater l'entrée de l'aspirant dans l'étude ; mais le registre des inscriptions est destiné, en outre, à constater les phases diverses du stage. Aussi l'art. 36 de l'ordonnance de 1843 dispose-t-il que « toutes les fois qu'un aspirant passera d'un grade à un autre ou changera d'étude, il sera tenu d'en faire, dans les trois mois, la déclaration, qui sera reçue dans la forme prescrite par l'art. 33 ci-dessus. Cette déclaration sera toujours accompagnée d'un certificat constatant son grade. » — Remarquons que la date du certificat dont il est parlé dans cet article n'est plus, comme la date de celui dont il est question dans les art. 31, 32 et 33, le point de départ du délai de trois mois dans lequel doit être faite la déclaration dont il s'agit ici ; le point de départ de ce délai est placé par l'ordonnance à l'époque même du changement d'étude ou de grade. Si la déclaration était faite après, il s'ensuivrait une interruption dans le stage (*Conf.*, Favier, nᵒ 340 ; Dalloz, *eod. vᵒ*, nᵒ 117 ; Ed. Clerc, *loc. cit.*, nᵒ 85).

1102. — Comme les notaires eux-mêmes, les aspirants sont soumis à la surveillance générale des chambres, qui peuvent prononcer des peines disciplinaires plus ou moins graves suivant les circonstances et qui peuvent aller jusqu'à « la suppression du stage pendant un temps déterminé, qui ne peut excéder une année » (Ordonnance du 4 janv. 1843, art. 37). Mais, ainsi que l'enseigne M. Favier, nᵒ 349, la privation d'un certain temps de stage prononcée par voie disciplinaire s'applique à l'ensemble du stage et ne porte pas spécialement sur le stage courant. Sans quoi, il y aurait interruption entre le travail antérieur et celui auquel l'aspirant continuerait à se livrer, ce qui serait, dans certains cas, une aggravation notable de la peine, la loi faisant de la non-interruption du stage une condition nécessaire de l'admissibilité de l'aspirant aux fonctions de notaire (*V. infrà*, les art. 36 et suiv. de la loi de vent. et le commentaire). Ainsi, en supposant qu'un aspirant tenu à un stage de six ans se soit rendu coupable, à l'expiration de la troisième année, d'une faute qui a motivé la suppression d'une année de son stage, cette suppression répartie sur l'ensemble du stage aura pour effet de prolonger la durée du travail, en la portant à sept ans au lieu de six. Mais la suppression aurait un effet autrement grave, si elle s'appliquait exclusivement au stage courant, c'est-à-dire si elle se plaçait à l'époque contemporaine de la faute commise. Il y aurait alors une interruption nécessaire entre la troisième et la quatrième année du stage, et il s'ensuivrait que l'aspirant, tenu de justifier d'un travail non interrompu pendant six ans, serait obligé de recommencer à l'expiration de la quatrième année, et aurait fait en définitive un stage de dix ans. Ainsi la peine prononcée entraînerait, dans la réalité, une suppression du stage pendant trois ans, ce qui est inadmissible, puisque, dans les termes de l'ordonnance, cette suppression ne peut, en aucun cas, aller au delà d'une année (*V.* en ce sens Dalloz, *eod. vᵒ*, nᵒ 118).

1103. — Enfin, l'ordonnance de 1843, organisant en quelque sorte l'exécution des dispositions précédentes relatives à l'inscription, a disposé, par son art. 38, que « dans le mois de la publication de l'ordonnance, le registre d'inscription prescrit par l'art. 33 sera ouvert au secrétariat des chambres où ce mode de constater le stage ne serait pas déjà établi. — Tous les aspirants, ajoute ce même article, travaillant dans les études du ressort desdites chambres, seront tenus de se faire inscrire, au plus tard, avant le 1ᵉʳ avril prochain, et la première inscription de chacun d'eux, faite dans ledit délai, constatera tout le temps de stage qui leur sera acquis en vertu des certificats qu'ils représenteront, lesquels, pour cette première inscription, devront être visés par le syndic de la chambre. » Ainsi, tous les clercs qui travaillaient encore chez les notaires le 12 janvier 1843, date de la promulgation de l'ordonnance du 4 janvier, ont dû se faire inscrire, quelle que fût la durée de leur temps de travail, au plus tard avant le 1ᵉʳ avril 1843 ; l'inscription était obligatoire pour tous. Néanmoins il est constant que le clerc qui a négligé de se faire inscrire avant cette époque a pu se prévaloir de son stage antérieur, soit que ce stage fût complet, soit même qu'il n'ait été complet que depuis la promulgation de l'ordonnance, qui n'a pu avoir d'effet rétroactif (Déc. min., 15 déc. 1843 et 23 janv. 1854). Mais le stage commencé après la publication de l'ordonnance ne peut être constaté que dans la forme que cette ordonnance a établie (Dalloz, *eod. vᵒ*, nᵒ 119).

1104. — Il est à peine nécessaire de dire que le stage doit être fait en France. Les considérations présentées par M. Jaubert, dans son discours sur la loi du 25 vent. an XI (*V. suprà*, nᵒ 1075), indiquent de la manière la plus péremptoire que, fait partout ailleurs qu'en France, le stage ne pourrait, sous aucun rapport, répondre aux vues du législateur. — Disons seulement que ce n'est pas nécessaire dans la France continentale que le stage doit être fait ; le candidat au notariat qui aurait subi, dans nos colonies et à Alger, l'épreuve du travail pendant toute la durée fixée par la loi, serait sans difficulté admis dans la métropole (*Conf.* Rolland de Villargues, vᵒ *Stage*, nᵒˢ 9 et 10 ; Dalloz, *loc. cit.* ; Éd. Clerc, *Tr. gén. du not.*, t. 1, nᵒ 88, Favier-Coulomb, nᵒ 366).

ART. 36. — Le temps de travail ou

stage sera, sauf les exceptions ci-après, de six années entières et non interrompues, dont une des deux dernières, au moins, en qualité de premier clerc chez un notaire d'une classe égale à celle où se trouvera la place à remplir.

1105. — Le stage dont cet article fixe les conditions et la durée est le stage ordinaire. On désigne comme exceptionnel celui dont la durée ou les conditions sont modifiées par les articles suivants. — Il y a, relativement au stage ordinaire, des règles assez nombreuses à noter : elles vont être reprises successivement.

1106. — La première de toutes consiste dans la durée. Elle doit être de *six années*. Ainsi la loi actuelle a pris un terme moyen entre les anciennes dispositions, qui fixaient la durée du stage à cinq, et dix ans (*V.* sur l'art. 35, n° 1076). « Chacun, a dit le tribun Favard à l'appui de la nouvelle disposition, a reconnu la nécessité de la justification d'un temps de travail ; mais on a été divisé sur le temps à passer chez un notaire. Les uns le désiraient plus long que ne l'exige le projet, parce qu'ils pensaient que, si l'aspirant au notariat doit se livrer à l'étude des lois, s'il peut acquérir au barreau des connaissances très-utiles, il n'en est pas moins vrai que c'est dans les études des notaires que l'on acquiert surtout le talent de la rédaction des actes, l'habitude de la conciliation, tout ce qui donne enfin la pratique si nécessaire dans cet état. La section s'est cependant réunie à penser que le projet annonçait assez cette vérité, et qu'on pouvait se dispenser de mettre de plus grandes entraves à l'admission des aspirants jugés capables de remplir les fonctions de notaire. »

1107. — Aujourd'hui, ce sont des réclamations en sens contraire qu'on a fait entendre. On a pensé que la durée du stage pourrait être réduite sans difficulté à cinq ans, c'est-à-dire à un temps correspondant à celui qui est exigé pour arriver aux fonctions de juge, et qui, on le sait, se décompose ainsi : trois ans pour les études de droit et deux ans de stage comme avocat. L'autorité elle-même a paru reconnaître la justice de ces réclamations, dans l'arrêté du 30 déc. 1842, lorsqu'en réglementant le notariat dans une de nos colonies, elle a fixé la durée du stage à cinq ans, dont un au moins en qualité de maître clerc (art. 5).

1108. — Cependant la disposition ci-dessus subsiste : le stage doit donc durer six années, et, par argument de l'art. 132, C. comm., ces années et les mois qui les composent sont comptés de quantième à quantième, suivant le calendrier grégorien, bien que, d'après ce calendrier, les mois soient inégaux

(*Conf.* Favard-Coulomb, n° 368 ; Dalloz, v° *Notaire*, n° 122 ; Ed. Clerc, t. 1. n° 92).

1109. — Selon l'expression de la loi, les six années doivent être *entières*. Il suit de là que, ne manquât-il qu'une fraction même insignifiante de stage, l'aspirant ne pourrait être admis, encore qu'il présentât des garanties *spéciales* de capacité. Favier-Coulomb, n° 369, enseigne le contraire, surtout, dit-il, s'il est établi que le candidat, depuis son examen par la chambre de discipline, continue à travailler dans une chambre de notaire. Nous ne pensons pas que cette doctrine puisse prévaloir. La loi fixe un terme commun à tous, et, hors de sa prescription, il n'y aurait qu'arbitraire. Quel serait le degré de capacité auquel le candidat devrait atteindre pour qu'on pût abréger, en sa faveur, la durée du stage ? Et ce point établi, quelle serait la mesure dans laquelle cette durée pourrait être abrégée ? Serait-ce trois mois, deux mois, quinze jours ? Et il n'y aurait évidemment, sur ce point, ni règles précises, ni limites raisonnables à poser, rien n'empêcherait que si, dans un intérêt particulier, le stage pouvait être réduit à cinq ans et neuf mois, on ne pût, plus tard, et dans un autre intérêt, particulier encore, mais plus recommandable, le réduire à cinq ans. Ces dérogations à la loi commune prendraient leur source dans un même principe, et, si l'une pouvait être considérée comme juste et permise, on ne voit pas pourquoi l'autre ne le serait pas également. Le seul moyen d'éviter l'arbitraire, c'est de s'en tenir au texte de la loi, d'exiger indistinctement un stage de six années entières, sans prendre l'avenir en considération (*Conf.*, Dalloz, *eod.* v°, n° 123 ; Ed. Clerc, n° 93.

1110. — Non-seulement il faut que les six années soient entières, mais encore il est indispensable, d'après le texte de la loi, *qu'elles ne soient pas interrompues.* Cependant cette exigence de la loi doit être sainement interprétée. Ainsi, on considérera comme interruption du stage toute discontinuation, par le candidat, de ses études pour se livrer à des occupations étrangères au notariat ou même pour rester inoccupé (Dalloz, *eod.* v°, n° 126). C'est ainsi qu'il a été jugé que celui qui fait des expéditions chez un notaire, et dont l'occupation principale est de se livrer, au dehors, à des opérations de commerce, n'est pas clerc de notaire dans le sens de la loi (Grenoble, 7 avril 1827 ; D.p.29.1.138).

1111. — Mais la continuité du stage ne sera pas censée interrompue par une maladie grave et dûment constatée (Déc. min. just., 14 nov. 1837) ; toutefois le temps de suspension ne peut être compté dans la supputation totale du stage (Déc. min. just., 9 juill. 1847 D.p.47.3.205) ; — ni par le temps passé au service militaire (Déc. min. just., oct. 1831,

Déc. min., 19 déc. 1845, D.P.1848.3.14), ou dans les écoles de droit et de notariat, dans des études d'avoués ou d'avocats, dans les bureaux des receveurs des domaines et de l'enregistrement; ni dans une préfecture, s'il y occupait une place de sous-chef de bureau (Déc. min., 10 sept. 1847, D.P.48.3.14); ni enfin par l'exercice de fonctions publiques analogues à celles de notaire, telles que celles d'huissier (Déc. min., 1825), de greffier de juge de paix (Déc. min., 8 sept. 1830), de surnuméraire de l'enregistrement (Déc. min., juillet 1836). Dans tous ces cas et ceux analogues, qui tous sont, on le comprend bien, abandonnés à la sagesse du Gouvernement, l'interruption de fait que le stage a éprouvée ne devra pas être opposée au candidat qui, légalement, sera censé avoir rempli la condition de continuité exigée par la loi (*Conf.* Ed. Clerc, *Tr. gén. du not.*, nᵒˢ 95 et 96).

1112. — Cependant ce n'est pas à dire que l'on dût compter au candidat, dans les six ans que doit durer son stage, le temps pendant lequel il aurait été forcé de l'interrompre. La durée du stage pendant six ans est une condition essentielle, en sorte que si, après un an, par exemple, l'aspirant était forcé de l'interrompre pendant l'année suivante, il serait censé, sans doute, n'avoir pas interrompu, mais il n'en aurait pas moins à faire cinq années qui, ajoutées à celle qu'il avait déjà faite, compléteraient le nombre de six années rigoureusement nécessaire; (Dalloz, *cod.* *vᵒ*, nᵒ 117; Ed. Clerc, nᵒ 85). Bien plus, il résulte d'une décision ministérielle du 31 juill. 1839, qu'on ne devrait pas compter à un aspirant le stage qu'il aurait fait chez un notaire concurremment avec l'exercice d'une fonction publique : « car, est-il dit dans la décision, l'aspirant qui aurait d'autres devoirs à remplir n'apporterait point à l'étude du notaire l'assiduité qui peut seule garantir sa capacité. » — Décidé de même à l'égard d'un candidat qui exerçait, pendant le temps du stage, les fonctions de percepteur des contributions directes (Déc. min., 25 juill. 1834).

1113. — Mais l'on s'est demandé si, en exigeant un stage de six années entières et non interrompues, la loi doit être entendue en ce sens qu'il soit nécessaire que le stage se prolonge jusqu'à l'époque où le candidat se présente pour être admis au notariat? La chambre des notaires de Paris a décidé l'affirmative sur cette question délicate, par délibération du 19 nov. 1812. On peut dire, dans ce sens, avec Loret, t. 1, p. 432, « qu'il serait ridicule, parce qu'on aurait autrefois travaillé six ans chez un notaire, qu'après une interruption d'une ou de plusieurs années, on se prétendît en droit d'aspirer à une place de notaire. Le sanctuaire du notariat ne peut être ouvert qu'au candidat qui,

étant toujours resté dans la carrière, n'aura jamais perdu les bons modèles et se sera montré digne de remplir les fonctions dont il aura été le constant coopérateur. » — Cependant cette doctrine nous paraît trop absolue. Ainsi que le dit Favard, *Rép.*, vᵒ *Notariat*, sect. 4, « elle n'est pas entièrement conforme à ce qui se pratique habituellement au ministère de la justice. Lorsque les six années de travail datent d'une époque éloignée, on s'assure, par des investigations particulières, de la nature des occupations intermédiaires de l'aspirant... » C'est seulement quand les occupations étaient étrangères au notariat, ou contraires à ses usages, que le candidat n'est pas admis. La généralité des auteurs s'est prononcée en ce sens (*V.* Dalloz, vᵒ *Notaire*, nᵒ 130; Favier, nᵒ 117; Rolland de Villargues, vᵒ *Stage*, nᵒ 33; Ed. Clerc, t. 1ᵉʳ, nᵒ 98. — *V.* aussi les décisions ministérielles des 5 janv. 1829, sept. 1836, 2 juin 1838, etc. — *V.* encore nᵒ 1122).

1114. — Indépendamment des conditions que nous avons indiquées, l'art. 36 exige que, pendant l'une des deux années au moins du stage, *l'aspirant ait travaillé en qualité de premier clerc*. C'est pendant l'une des dernières années, et non pendant la dernière seulement, que doit être exercée la fonction de premier clerc. « Il eût été trop rigoureux, a dit le Tribunat, d'exiger que ce fût absolument la dernière, vu qu'il peut arriver qu'un clerc fort instruit se trouve premier clerc la cinquième année et que, la dernière, il l'ait passée dans une autre étude où il n'ait pu être reçu en cette qualité, la place étant déjà remplie par un autre. »

1115. — Le projet de loi y avait mis même plus de tolérance, car, en se bornant à exiger que, sur les six années de stage, l'aspirant en eût passé une au moins en qualité de premier clerc, ce projet ne fixait pas l'époque à laquelle devait se placer cette année de première cléricature, et par là, il faisait supposer qu'il était indifférent que ce fût dans la cinquième ou sixième année, plutôt que dans une autre. Mais le Tribunat proposa la modification qui est passée dans la loi, et il fit remarquer que «faute de déterminer à quelle époque des six années il est nécessaire d'avoir en cette qualité, il serait possible qu'un aspirant au notariat eût la qualité de premier clerc dès la première année de son stage, place qu'il était hors d'état de remplir, et qu'il n'aurait point conservée, mais qu'on lui aurait donnée d'abord, afin que, cette condition une fois accomplie, il n'eût plus à faire qu'un stage de forme. On préviendra cet inconvénient, ajoutait le Tribunat, si l'on exige que l'aspirant ait eu cette qualité de premier clerc au moins une des dernières années du stage. » C'est là, en effet ce qui a été exigé par la loi ; et par les motifs qui ont déterminé le législateur, et que le Tribunat a exposés, on voit que la condition doit être rigoureusement remplie. Aussi a-t-il été décidé qu'il ne suffirait pas qu'un aspirant eût fait la quatrième année de son stage comme premier clerc (Décis. min., 10 mai 1840).

1116. — D'ailleurs une année de première cléricature fractionnée entre les deux dernières années du stage, par exemple six mois dans la cinquième et six mois dans la sixième, ces deux fractions fussent-elles séparées par l'intervalle de six mois ou d'un an, rempliraient le vœu de la loi. Il suffirait que, pendant l'intervalle, l'aspirant ne se fût pas livré à des occupations étrangères (*Conf.* Rolland de Villargues, v° *Stage*, n°s 42 et suiv.; Dalloz, v° *Notaire*, n° 132.

1117. — Mais l'année de première cléricature est de rigueur, et l'on ne pourrait admettre, en compensation, des années de travail en qualité de simple clerc au delà des six années exigées (*V.* Favier, n° 389); pas plus qu'on ne pourrait admettre le stage de second clerc, à Paris, comme l'équivalent du stage de premier clerc dans une autre résidence. La première de ces positions n'équivaut pas à la seconde, et, par conséquent, elle ne donne pas les conditions d'idonéité suffisante pour être nommé notaire dans une résidence inférieure (Déc. du garde des sceaux, 10 mai 1840, D.P.44.3.5).

1118. — Il y a plus : le titre de premier clerc adjoint ne suffirait pas pour l'admissibilité de l'aspirant aux fonctions de notaire. Déjà, après une assez longue pratique contraire, on avait fini par décider, même avant la publication de l'ordonnance réglementaire du 4 janv. 1843, que « la loi ne reconnaît pas le titre de premier clerc adjoint : en conséquence, l'aspirant au notariat qui justifie, non d'un certificat de premier clerc en titre, mais seulement de premier clerc adjoint, ne peut être admis (Déc. du garde des sceaux, 10 janv. 1841, D.P.44.3.5; 3 avr. 1847, D.P. 48.3.15).

1119. — Aujourd'hui cette solution résulte invinciblement de l'ordonnance précitée, dont l'art. 35 dispose que « le même grade ne pourra être conféré concurremment à deux ou plusieurs clercs dans la même étude. » — Peut-être pourrait-on dire avec M. Favier, *Comm. de l'ord.* du 4 janv. 1843, p. 127, que pour Paris, du moins, où les mutations de premier clerc se présentent assez rarement, cette disposition ne laisse pas que d'être rigoureuse, en ce qu'elle enlève à beaucoup d'aspirants le seul moyen qui rendait possible pour eux le complément des études. (*V.* aussi en ce sens Dalloz, n° 135).

1119 *bis.* — Il a été jugé encore que ni la qualité d'ancien élève de l'École polytechnique, ni celle d'ancien officier de l'état-major,

ni l'obtention des grades de licencié et de docteur en droit ne donnent des titres à être dispensé d'une portion de l'année de première cléricature exigée par l'aspirant au notariat (Déc. garde des sceaux, 19 déc. 1845, D.P.48.3.14).

1120. — Enfin, la dernière condition exigée par l'art. 36 consiste dans la nécessité d'exercer la cléricature chez un notaire d'une classe égale à celle où se trouve la place à remplir. — Une décision du ministère de la justice, du 15 sept. 1840 (D.P.44.3.6), a interprété cette prescription de la loi, en ce sens que, lorsqu'un aspirant au notariat justifie d'une durée de travail de six années, il n'y a pas lieu de rechercher où le travail s'est accompli, *sauf l'année de première cléricature exigée par l'art. 36.* D'où il résulterait que c'est pour cette année seulement, et non pas pour toute la durée du stage, que le travail devrait avoir été fait chez un notaire d'une classe égale à celui où se trouve la place à remplir.

1121. — Cette interprétation, nous en convenons, pourrait se justifier par le texte, ou, du moins, par la ponctuation de l'art. 36. Mais en y réfléchissant, elle détruit toute l'économie de la loi, qui, dans les articles suivants, ainsi qu'on va le voir, abrége ou prolonge la durée du stage, suivant qu'il est fait chez un notaire d'une classe inférieure ou supérieure à celle où se trouve la place à remplir, ce qui indique bien que l'art. 36 est relatif à l'hypothèse où il s'agit d'un stage fait dans une classe qui n'est ni supérieure ni inférieure, mais égale à la place à remplir. Aussi, l'art. 36 a été constamment entendu en ce sens que c'est le stage entier et non pas seulement l'année de première cléricature qui doit être fait chez un notaire d'une classe égale à celle où se trouve la place à remplir. (*Conf.* Dalloz, v° *Notaire*, n° 136; Favier-Coulomb, n° 399; Ed. Clerc, *Tr. gén. du not.*, t. 1er, n° 102).

1122. — Les années de travail passées dans une étude de notaire, antérieurement à la loi du 25 vent. an xi, doivent être comptées utilement pour la formation du stage exigé par cette loi, alors même qu'on n'aurait pas travaillé chez aucun notaire depuis sa promulgation (Déc. min. just., 15 déc. 1835, D.P. 36.3.48).

ART. 37.—Le temps de travail pourra n'être que de quatre années, lorsqu'il en aura été employé trois dans l'étude d'un notaire d'une classe supérieure à la place qui devra être remplie, et lorsque, pendant la quatrième, l'aspirant aura travaillé, en qualité de premier clerc, chez un notaire d'une classe supérieure ou égale à celle où se trouvera la place pour laquelle il se présentera.

1123. — Cet article consacre la première exception à la règle des six années établie par l'article précédent; elle est établie en faveur de ceux qui sont clercs chez un notaire de la classe supérieure à celle où ils veulent être admis, et a pour objet de réduire d'un tiers la durée de leur stage. On a pensé, ainsi que cela résulte de l'exposé des motifs de la loi, que les moyens d'instruction sont d'autant plus grands pour l'aspirant, que l'étude dans laquelle il travaille appartient à une classe plus élevée.

1124.—Dans les termes de la loi, la durée de quatre ans fixée par le stage, dans ce cas, se décompose ainsi : trois années chez un notaire de première classe, et une année en qualité de premier clerc chez un notaire de première ou de seconde classe. M. Rolland de Villargues, vᵒ *Stage*, nᵒ 54, enseigne qu'il n'y a rien de rigoureux dans l'ordre indiqué par la loi; qu'ainsi, il importerait peu que l'aspirant eût travaillé d'abord un an dans la première classe, un an comme premier clerc dans la seconde, et, enfin, deux ans dans la première, parce que, dans cette hypothèse, nonobstant l'ordre dans lequel le temps de cléricature se serait accompli, le candidat aurait, en définitive, passé trois ans chez un notaire de première classe, et un an en qualité de premier clerc chez un notaire de seconde, et que c'est là tout ce qu'exige la loi (*V.* aussi, en ce sens, Favier-Coulomb, nᵒ 45). — Il est évident, à la lecture de l'article ci-dessus, que la loi exige davantage. Ce qu'elle veut, c'est, dans le même intérêt que nous avons déjà signalé (*V.* sur l'art. 36, nᵒ 1115), que l'année de première cléricature se trouve la quatrième. Or, cela ne se rencontre pas dans l'hypothèse que prévoit Rolland de Villargues, et dès lors l'aspirant qui s'y trouverait placé serait infailliblement refusé, comme ne remplissant pas les conditions de la loi (*Conf.* Dalloz, vᵒ *Notaire*, nᵒ 139; Ed. Clerc, *Tr. gén. du not.*, nᵒ 107).

1125. — Les quatre années de stage, dans le cas particulier de l'art. 37, doivent être non interrompues comme les six années dans le cas de l'art. 36. Sous ce rapport, les observations que nous avons présentées à propos de ce dernier article trouvent ici leur entière application (*Conf.* Ed. Clerc, nᵒ 108).

1126. — Au surplus, l'art. 37, malgré son apparente généralité, s'applique seulement au cas où l'aspirant veut exercer dans la deuxième classe. S'il aspirait à la troisième, sa condition serait régie par l'art. 41 ci-après, qui, ainsi qu'on le verra, limite à trois ans et non au delà la durée du stage chez un notaire d'une classe supérieure.

ART. 38. — Le notaire déjà reçu, et exerçant depuis un an, dans une classe inférieure, sera dispensé de toute justification de stage, pour être admis à une place de notaire vacante dans une classe immédiatement supérieure.

1127.—Mais cette exemption de toute justification de stage ne peut être invoquée que par le notaire qui passe dans une classe *immédiatement supérieure.* Ainsi, elle ne profiterait pas au notaire qui, exerçant dans la troisième classe, aspirerait à la première. Celui-là devrait faire la justification exigée de tout autre candidat, sans égard à sa position particulière. Et même, si de la troisième il voulait passer à un office de notaire de seconde classe, mais, toutefois, sans justifier complétement des trois années de stage de première classe exigées, il demanderait sans succès que le stage qui lui manque dans la première classe soit compensé avec le stage qu'il a fait dans la seconde classe (Déc. min., 5 juill. 1847, D.P.1847.3.205).

Ainsi un notaire, après treize ans d'exercice dans une étude de troisième classe, ne peut être nommé dans la première classe, si son stage primitif est insuffisant (L. 25 vent. an XI, art. 36 et 38; Déc. du garde des sceaux du 28 sept. 1845, D.P.1846.3.48). — Cette décision est rigoureuse.

1128. — Toutefois il est arrivé dans des cas spéciaux, [quand il s'est agi de sujets distingués, et d'après l'attestation des chambres de discipline et des magistrats, qu'on s'est écarté de cette règle, et que l'on a considéré l'exercice des fonctions de notaire de troisième classe comme équivalant à un travail en qualité de clerc dans une étude de première classe (Favier, nᵒˢ 414 et 415). — *V.* cependant Rolland de Villargues, vᵒ *Stage*, nᵒ 61; Ed. Clerc, nᵒ 112; Dalloz, *eod.* vᵒ, nᵒ 144).

1129. — Par un *à fortiori* manifeste de la disposition ci-dessus, il n'y a lieu à aucune justification du stage à l'égard d'un notaire d'une classe supérieure qui voudrait occuper un notariat d'une classe inférieure (Dalloz, *eod. vᵒ*, nᵒ 145; Ed. Clerc, nᵒ 109).

1130. — Il faut remarquer que la dispense est accordée par la loi au notaire exerçant depuis un an. C'est donc le commencement de son exercice, c'est-à-dire le jour où il a prêté le serment, qui doit servir de point de départ au délai d'un an, et non pas sa nomination (*Conf.* Rolland de Villargues, vᵒ *Stage*, nᵒ 58; Dalloz, *eod. vᵒ*, nᵒ 146; Ed. Clerc, nᵒ 110).

1131. — Mais le bénéfice de la loi n'est-il acquis qu'au notaire qui exerce actuellement, et ne profite-t-il pas aussi à celui qui a cessé d'exercer? Le Gouvernement n'a vu aucune différence entre ces deux positions. Dans l'une et l'autre hypothèse, la disposition de l'art. 38 a été appliquée (*V.* Rolland de Villargues, *loc. cit.*, n° 59; Favier, n° 413; Dalloz, *eod. v°*, n° 147; Ed. Clerc, *Tr. gén. du not.*, n° 111).

ART. 39. — L'aspirant qui aura travaillé pendant quatre ans, sans interruption, chez un notaire de première ou de seconde classe, et qui aura été, pendant deux ans au moins, défenseur ou avoué près d'un tribunal civil, pourra être admis dans une des classes où il aura fait son stage, pourvu que, pendant l'une des deux dernières années de son stage, il ait travaillé, en qualité de premier clerc, chez un notaire d'une classe égale à celle où se trouvera la place à remplir.

1132. — Cette disposition ne s'applique pas à un aspirant qui aurait travaillé, pendant les quatre années dont il est question, chez un notaire de troisième classe. L'exception n'a lieu que pour le stage dans les études de première ou de seconde classe (*Conf.* Ed. Clerc, t. 1er, n° 114).

1133. — Cette exception est faite en faveur du défenseur et des avoués près d'un tribunal civil; elle n'établit pas, en leur faveur, une dispense absolue, mais seulement une réduction de stage : ainsi, l'avoué qui veut devenir notaire ne peut, dans aucun cas, être dispensé du stage; il ne peut invoquer qu'une réduction, s'il a exercé les fonctions d'avoué pendant plus de deux ans (Déc. min. just., 19 mai 1836, D.P.37.3.136).

1134. — La dispense est établie en faveur des *défenseurs* près un tribunal civil. Mais quelle est la portée de cette expression ? Elle comprend, sans aucun doute, les avocats reçus et qui exercent près d'une Cour impériale ou d'un tribunal de première instance. Mais elle ne s'étend pas au simple licencié qui, n'ayant pas été reçu au serment, ne possède qu'un titre académique (Déc. du garde des sceaux, 21 sept. 1835, D.P.36.3.48).

1135. — M. Rolland de Villargues, v° *Stage*, n° 68, enseigne que la dispense ne devrait pas non plus être accordée aux agréés, mais à tort, suivant nous, si du moins les agréés sont en même temps licenciés; et l'on n'imiterait probablement pas l'exemple donné par le conseil de l'ordre des avocats de Paris, lequel refuse d'admettre dans son sein les avocats qui ont exercé les fonctions d'agréé, quelque honorable que soit leur caractère. C'est ce qui a eu lieu à l'égard de Me Augier. Mais une pareille exclusion semble avoir été inspirée par les idées ou plutôt par les préjugés d'un autre âge (*Conf.* Ed. Clerc, n° 118).

1136. — Du reste, il faut que l'avocat qui réclame la réduction de stage *exerce* sa profession; c'est le sens évident de la disposition ci-dessus : il ne lui suffirait donc pas d'être seulement inscrit sur le tableau des avocats (Déc. du garde des sceaux, 19 janv. 1836). C'est l'exercice qui a lieu, soit en plaidant, soit en consultant, qui rend applicable le bénéfice de la loi (Déc. min., 3 avril 1847, D.P. 1848.3.15; *Conf.* Favier-Coulomb, *Traité de l'admission au notariat*).

1137. — C'est pourquoi un avocat, même stagiaire, est admis à l'invoquer, pourvu qu'il justifie de son exercice par un certificat de la chambre de discipline et des juges de la Cour ou du tribunal auxquels le candidat appartient. Exiger de l'avocat l'inscription au tableau, ce serait exiger plus que la loi, et distinguer là où elle ne distingue pas. *V.* en ce sens, Décis. du garde des sceaux, 3 avril 1847 (D.P.48.3.15).

1138. — D'ailleurs, dans tous les cas, les quatre années de cléricature et les deux années d'exercice comme défenseur ou comme avoué doivent être distinctes et successives, et non pas simultanées. En effet, l'art. 39 de la loi du 25 vent. an XI permet seulement d'ajouter deux ans d'exercice comme avocat à quatre années de travail comme clerc, pour compléter le temps de stage exigé par l'art. 36 de la même loi; mais ni par sa lettre, ni par son esprit, l'art. 39 n'autorise l'admission aux fonctions de notaire lorsque les quatre années de cléricature et les deux années de profession d'avocat se sont accomplies simultanément : il faut toujours dans le cas prévu par cet article, qu'en somme on retrouve les six années d'étude exigées par l'art. 36 (Déc. du garde des sceaux, 25 sept. 1843).

1139. — Mais remarquons qu'il ne suffit pas que ces six années s'y trouvent d'une manière quelconque : il faut aussi qu'en les décomposant, on y trouve complet chacun des éléments indiqués par la disposition ci-dessus, à savoir : quatre ans entiers de cléricature et deux ans aussi entiers d'exercice comme avoué ou comme avocat. Ainsi, le temps d'exercice comme avocat au delà de deux années exigées par la loi ne pourrait, en aucune manière, compenser ce qui manquerait à l'aspirant des quatre années de stage notarial exigées également (Déc. min. just., 21 sept. 1835, D.P.36.3.48).

1140. — Enfin, la loi exige que les quatre années dont le stage se compose aient été faites sans interruption. Sous ce rapport, nous nous référons aux observations qui accompagnent l'art. 36 ci-dessus : les règles d'interprétation qui y sont exposées sont de tous points applicables ici. — Mais la non-interruption n'est pas également exigée par le texte relativement aux deux années d'exercice comme avocat ou comme avoué. Peut-être la non-interruption, à cet égard, est-elle dans l'esprit de la loi. Mais il faut convenir que, dans le silence qu'elle a gardé, ce serait y ajouter que de faire de cette non-interruption une condition nécessaire de l'admission de l'aspirant (*Conf.* Rolland de Villargues, vᵒ *Stage*, nᵒ 70; Dalloz, vᵒ *Notaire*, nᵒ 155; Ed. Clerc, *Tr. gén. du not.*, nᵒ 119).

1141. — En ce qui concerne l'année de première cléricature exigée par la loi, elle doit se placer à la quatrième année du stage; c'est une condition indispensable; et rien ne pourrait suppléer l'exercice de cette première cléricature (Déc. min. just., janv. 1837. *V.* *supra*, nᵒ 117).

ART. 40. — Le temps de travail exigé par les articles précédents, devra être d'un tiers en sus, toutes les fois que l'aspirant, ayant travaillé chez un notaire d'une classe inférieure, se présentera pour remplir une place d'une classe immédiatement supérieure.

1142. — Ainsi, le stage qu'aurait fait un aspirant chez un notaire d'une classe immédiatement inférieure à celle où il veut être admis ne lui compterait que pour deux tiers. Cela s'applique au stage ordinaire prévu par l'art. 36 ci-dessus, comme au stage exceptionnel que règlent les art. 37 et 39. Chacune de ces hypothèses donne lieu à des observations particulières.

1143. — Dans le cas de l'art. 36, le stage est de six années, dont une au moins en qualité de premier clerc. Si le stage s'est accompli dans une étude de seconde classe, et que le candidat aspire à une place de notaire dans la première, il faudra qu'il justifie, en vertu de l'article ci-dessus, d'un temps de travail plus long *d'un tiers* que celui dont il aurait dû justifier, s'il n'eût aspiré qu'à une étude de seconde classe : ainsi son stage, dans ce cas, devra avoir eu une durée de huit années. — Mais la disposition de l'art. 40 est-elle applicable à l'année de première clérication exigée par l'art. 36? MM. Rolland de Villargues (vᵒ *Stage*, nᵒˢ 78 et 81) et Dalloz (vᵒ *Notaire*, nᵒ 159) se prononcent pour l'affirmative : « De même que la durée du stage entier est prolongée, dit ce dernier auteur, de même aussi doit être prolongée et dans la même proportion la durée de la première cléricature. Dans le cas où l'aspirant n'eût pas tendu vers une classe supérieure à celle où il a exercé comme clerc, la première cléricature n'aurait été que d'un an; elle doit être de seize mois dès qu'il aspire à une classe immédiatement supérieure. Le stage devra donc se décomposer ainsi, dans cette hypothèse : un an quatre mois au moins, comme premier clerc, et six ans huit mois comme simple clerc. » Tout

en adoptant cette interprétation, M. Dalloz exprime le vœu que dans la pratique il en soit fait peu d'application : car, dit-il, dans l'intérêt des clients du notaire, il vaudrait mieux que ce dernier eût fait un noviciat d'un an, comme maître clerc, dans les conditions de classe et de travail où il doit instrumenter comme patron. — Une décision du ministre de la justice est venue donner une consécration officielle à ce vœu en refusant de nommer un aspirant à une étude de première classe, par le motif qu'il ne justifiait pas d'une année de première clérication dans une étude de classe égale (Déc. min. just. 24 sept. 1858; Ed. Clerc, t. 1ᵉʳ, nᵒ 122). Une décision semblable avait été rendue le 10 juillet 1857 (Gillet, nᵒ 3723).

1144. — Le tiers en sus que la loi exige ne doit pas nécessairement s'appliquer à la totalité du stage, lorsque, par sa position et par la durée du stage qu'il a fait dans les classes diverses, l'aspirant n'a besoin d'invoquer la compensation que pour une partie. Ainsi, dans la même hypothèse où un candidat aspirerait à une étude de deuxième classe, si, au lieu des six ans de stage dans cette classe, dont un an au moins en qualité de premier clerc, l'aspirant ne justifiait que d'une fraction, par exemple, trois ans, dont seize mois en qualité de premier clerc, il est évident qu'il serait admis à compléter la fraction de trois ans qui lui manquerait par le stage qu'il aurait fait dans une étude de troisième classe. C'est alors dans cette dernière fraction seulement que devrait porter le tiers en sus exigé par la loi : ainsi, dans l'hypothèse prévue, l'aspirant qui, outre le stage de trois ans, dont seize mois dans la deuxième classe, pourrait invoquer un stage de quatre ans accompli dans la troisième classe, aurait fait les justifications nécessaires et satisfait à toutes les exigences de la loi (*Conf.*, délib., 20 sept. 1836; Rolland de Villargues, vᵒ *Stage*, nᵒ 79; Dalloz, vᵒ *Notaire*, nᵒ 160; Favier-Coulomb, nᵒ 430; Ed. Clerc, t. 1ᵉʳ, nᵒ 123).

1145. — Dans le cas de l'art. 37 ci-dessus, le stage du candidat qui aspire à la seconde classe est réduit, ainsi que nous l'avons vu, à quatre ans, lorsque trois ont été employés dans la première classe, et un comme premier clerc dans la première ou dans la seconde classe. Mais, si le candidat est dans la troisième classe, et qu'aspirant à la seconde, il puisse exciper d'un stage antérieur fait dans la première, le tiers en sus dont il devra justifier dans ce cas, d'après l'article ci-dessus, devra-t-il être calculé sur les six années du stage ordinaire fixé par l'art. 36, ou sur les quatre années du stage exceptionnel que prévoit l'art. 37? La question a été implicitement résolue dans ce dernier sens par le ministre de la justice. Dans l'espèce,

M. A... fait un traité pour l'acquisition d'une étude de notaire de deuxième classe. Il n'avait pas travaillé pendant six années dans le notariat, et, par conséquent, il dut invoquer les dispositions exceptionnelles de l'art. 37. Il justifia donc d'un stage de un an deux mois en qualité de premier clerc dans la deuxième classe, de deux ans six mois dans la première, et, enfin, de onze mois dans la troisième : en tout quatre ans sept mois. Ce stage, comme on le voit, ne pouvait satisfaire à la première condition exigée par l'art. 37, puisqu'au lieu de trois ans de travail dans la première classe, le candidat ne justifiait que de deux ans six mois. Mais il compensait les six mois qui lui manquaient par les onze mois qu'il avait passés en travaillant dans la troisième classe. Cette compensation a été admise par le motif que les onze mois formaient plus d'un tiers en sus des six mois qui manquaient au candidat (Déc. min. just., 15 juin 1837, D.P.38.3.80). Cette solution n'est, selon nous, qu'une application exacte des art. 37 et 40 combinés (V. aussi Dalloz, v° Notaire, n° 161). Elle est cependant critiquée vivement par MM. Favier, n° 431, et Rolland de Villargues, v° Stage, n° 80, d'après lesquels ce n'est pas sur les trois années de cléricature dans la première classe, ou sur ce qui s'en manquait, que devait être calculé le tiers en sus, mais bien sur les six années en vue desquelles l'art. 40 a exigé les excédants du candidat qui veut arriver à une place de notaire immédiatement supérieure. M. Ed. Clerc, Tr. gén. du not., (t. 1er, n° 124) trouve les raisons de ces derniers auteurs fondées en principe.

1146. — Quant à la seconde partie du stage exigé par l'art. 37, c'est-à-dire l'année de première cléricature, elle donne lieu à une question analogue à celle qui a été examinée au n° 1143; elle a été résolue contradictoirement par le ministre de la justice. Ainsi il a été décidé que celui-là peut être reçu notaire de deuxième classe qui, indépendamment d'un stage de trois ans dans des études de première classe, justifie de seize mois de travail en qualité de premier clerc dans une étude de troisième classe (Déc. min. just., 23 juin 1838, D.P.39.3.65). Mais une interprétation contraire ressort de la décision plus récente du 24 sept. 1858, rapportée par M. Ed. Clerc, t. 1er, n° 122.

1147. — Dans le cas de l'art. 39, qui réduit à quatre années le stage des défenseurs et des avoués qui veulent devenir notaires, la combinaison de cet article avec l'art. 40 n'est pas susceptible de présenter des difficultés. L'avocat ou l'avoué exerçant qui aspireront à une place de notaire dans une classe immédiatement supérieure à celle où ils auront fait leur stage devront nécessairement justifier d'un temps de travail de cinq ans quatre mois, savoir, quatre ans d'après l'art. 39, et d'après l'art. 40, seize mois formant le tiers en sus de ces quatre ans (Conf., Dalloz, n° 163).

1148. — L'art. 40 ne parle que du candidat qui aspire à devenir notaire dans une classe immédiatement supérieure. Il semblerait résulter de là que le clerc qui a fait son stage dans des études de troisième classe ne peut aspirer à une place de notaire de première classe, quel que soit le nombre d'années qu'il aurait passées dans ces études, en sorte que le clerc d'une étude d'une classe inférieure, même avec un tiers de temps de plus, ne peut aspirer qu'à une place d'une classe immédiatement supérieure. Tel n'a pu être le vœu de la loi : aussi l'administration lui donne-t-elle une autre interprétation : elle décide que, pour être admis dans la seconde classe, il suffit de huit années de stage dans la troisième, et que, pour être admis dans la première, il suffit de neuf années de stage dont sept dans la troisième, et deux dans la seconde classe (Déc. 10 mai 1833, 26 août 1834, juin 1838; Dalloz, n° 164; Favier-Coulomb, n° 435; — V. cependant Loret, sur l'art. 40; Rolland de Villargues, v° Stage, n° 83, et Ed. Clerc, t. 1er, n° 125).

ART. 41.—Pour être admis à exercer dans la troisième classe des notaires, il suffira que l'aspirant ait travaillé, pendant trois années, chez un notaire de première ou de seconde classe, ou qu'il ait exercé, comme défenseur ou avoué, pendant l'espace de deux années, auprès du tribunal d'appel ou de première instance, et qu'en outre il ait travaillé, pendant un an, chez un notaire.

1149. — Cet article prévoit deux hypothèses distinctes, relativement à la troisième classe de notaires dont il s'occupe spécialement : celle où c'est un aspirant ayant travaillé dans une classe supérieure, qui veut être admis dans la troisième, et celle où c'est un défenseur ou un avoué exerçant près d'un tribunal ou d'une Cour.

1150. — Dans la première hypothèse, le stage est réduit à trois ans, au lieu de six qu'il aurait duré nécessairement si le candidat eût aspiré à une place de classe égale. Ainsi le temps d'étude, chez un notaire d'une classe supérieure à la troisième, compte double pour le stage de cette troisième classe. Il importe peu d'ailleurs que les trois ans aient été passés dans la deuxième ou la première classe : la loi est formelle sur ce point.

1151.—Mais, si le temps de stage compte double, c'est seulement dans le cas où les trois années sont complètes; au-dessous, il ne compterait que pour sa valeur. On a soutenu, et il a même été décidé que la présomption de la loi étant que le stage fait dans la classe supérieure est plus profitable que celui fait dans une classe inférieure, il y a lieu de suivre la présomption dans tous les cas (Déc. min., 25 juin 1837 ; D.p.37.3.105 ; délib., 24 août 1838, D.p.39.3.105). Cependant la jurisprudence administrative est revenue sur ce point ; elle a établi que « la disposition de l'art. 41 est exceptionnelle ; que, comme toute exception, elle doit donc être renfermée dans ses termes ; qu'il n'est plus permis de compléter le stage qu'elle exige par un stage de troisième classe, fût-il double, que de le dédoubler lui-même pour parfaire un stage de classe inférieure » (Déc. min., 2 déc. 1843 ; Conf., Déc. min., 19 juin 1838, D.p.39.3.105 ; Joye, Ann. de la magistr., p. 141 ; Favier-Coulomb, nᵒˢ 445 et suiv.; Rolland de Villargues, nᵒ 91). M. Ed. Clerc (t. 1ᵉʳ, nᵒ 29) trouve cette interprétation trop rigoureuse.

1152. — Dans les trois années qu'exige l'art. 41, il n'est pas nécessaire que le candidat ait été premier clerc : il suffit qu'il ait travaillé dans des études de première ou de deuxième classe (Loret, sur l'art. 41 ; Favier-Coulomb, nᵒ 442 ; Rolland de Villargues, nᵒ 90 ; Dalloz, vᵒ Notaire, nᵒ 168 : Ed. Clerc, t. 1ᵉʳ, 128). — Mais il faut que les trois années de travail n'aient pas été interrompues. L'art. 41 ne le dit pas sans doute, mais la non-interruption est une règle fondamentale en cette matière. Toutefois il n'y aurait pas interruption si les trois années se trouvaient séparées entre elles par un stage dans la troisième classe, par exemple, si le candidat avait travaillé deux ans dans la première, qu'il fût ensuite passé, pour un an, dans la troisième, et enfin qu'il fût rentré dans la première où il serait demeuré un an. Les trois années ne seraient pas consécutives, sans doute, mais on ne pourrait pas dire non plus que la continuité du stage eût été interrompue (Dalloz, nᵒ 167).

1153. — Dans la seconde hypothèse prévue par l'art. 41, celle où un défenseur ou un avoué aspire à une place de notaire de troisième classe, il résulte des termes de la loi que l'avocat ou l'avoué n'a pas besoin non plus d'avoir été premier clerc, et quant à l'année de son travail chez un notaire, peu importe la classe du notaire chez lequel il a employé cette année.

1154. — Seulement, il faut que cette année de travail et les deux années d'exercice comme avocat ou avoué soient distinctes et non pas simultanées, comme dans le cas de l'art. 39 ci-dessus (V. suprà, sur cet article, nᵒ 1138). — Mais il importerait peu que l'aspirant eût successivement, pendant ces deux années d'exercice comme avocat ou comme avoué, rempli ces deux fonctions : rien n'indique dans la loi qu'il doive avoir exercé exclusivement l'une ou l'autre (Conf., Rolland de Villargues, vᵒ Stage, nᵒ 96 ; Dalloz, nᵒ 171 ; Ed. Clerc, t. 1ᵉʳ, nᵒ 130.

ART. 42. — Le Gouvernement pourra dispenser de la justification du temps d'étude les individus qui auront exercé des fonctions administratives ou judiciaires.

1155. — Les motifs de la loi ont été exprimés en ces termes, lors de la discussion, par M. Réal : « Cette disposition est essentiellement transitoire, et le Gouvernement désire voir arriver promptement le moment où il en proposera l'abrogation ; mais il faudrait ignorer qu'il s'est fait une révolution en France pour contester la nécessité de cette mesure ; il faudrait, d'un autre côté, méconnaître quelles sont les intentions, quels sont les intérêts du Gouvernement ; il faudrait surtout méconnaître avec quelle précaution, avec quelle prudence et avec quelle sagesse le Gouvernement fait ses choix, pour craindre que cette mesure fût, dans ses mains, la source d'aucun abus. » Ces observations ont fait maintenir une disposition qui, passée dans la loi comme essentiellement transitoire, n'en a pas moins subsisté depuis sa promulgation et subsiste encore. Mais on comprend que, si le Gouvernement peut l'invoquer encore aujourd'hui, il ne doit le faire du moins qu'avec la plus grande réserve.

1156. — D'après les termes de la loi, la dispense du temps d'étude peut être accordée aux individus ayant exercé des fonctions administratives ou judiciaires. Cette disposition, en ce qui concerne les fonctionnaires de la première catégorie, a souffert quelques difficultés. Le Tribunat en proposa formellement le rejet : « On peut être un bon administrateur, disait-il, et ne pas connaître les premiers éléments de la science du notaire. Étendre à tous ceux qui ont administré l'art. 42, ce serait renverser le système de la loi. Tant de citoyens ont été administrateurs depuis plus de douze ans, que presque tous les Français seraient dans le cas de la dispense, en sorte que ce qui serait l'exception, deviendrait, par le fait, règle générale. Parmi les fonctionnaires qui sont aujourd'hui qualifiés administrateurs, il en est un grand nombre, tels que les membres des conseils généraux, qui ne se sont occupés que de la répartition des contributions, qui n'exercent leurs fonctions que peu de jours chaque année, et qui les exerceraient toute leur vie sans acquérir les connaissances qu'un clerc de notaire peut se procurer en trois mois d'étude… » Malgré ces observations, la rédaction de la loi a été maintenue, et, par suite, le Gouvernement est resté autorisé à accorder des dispenses aux individus qui ont exercé des fonctions administratives.

1157. — Mais dans l'application, ces dispenses ne sont accordées qu'à ceux qui justifient d'une capacité incontestable, jointe à des services administratifs bien établis et d'une durée notable. Sous ces conditions, la dispense est applicable aux membres du conseil d'Etat, aux préfets, aux sous-préfets, aux conseillers de préfecture, et même aux fonctionnaires des services financiers (Conf., Favier-Coulomb, nos 464 et suiv.; Rolland de Villargues, nos 103 et suiv.; Dalloz, nos 174 et suiv., Éd. Clerc, Tr. gén. du not., t. 1er, n° 135; Déc. min. just., 14 juill. 1840, Gillet, 2684; 24 août 1846; Gillet, 3021).

1158. — Elle l'est également aux maires et à leurs adjoints, car ces fonctionnaires sont les délégués du Gouvernement, en même temps que les représentants de la commune (Mêmes autorités).

1159. — Mais les fonctions de conseiller municipal étant restreintes aux seuls intérêts de la commune ne sont pas de véritables fonctions administratives, propres à motiver l'application de la dispense de stage autorisée par l'art. 42 précité (Déc. min. just., 19 mai 1836, D.P.37.3.136).

1160. — Les directeurs du domaine, les conservateurs des hypothèques, les inspecteurs, vérificateurs et receveurs de l'enregistrement, sont des fonctionnaires de l'ordre administratif auxquels la dispense de stage peut être accordée (Déc. min., 14 juill. 1840).

1161. — Mais il en serait autrement des simples surnuméraires de la régie de l'enregistrement. En conséquence, ceux qui se présentent pour être nommés notaires ne peuvent être dispensés de la justification du stage, alors même qu'ils auraient remplacé, par intérim, le titulaire d'un emploi (Déc. min. just., 13 juin 1835, D.P.36.3.48). Les fonctions de sous-chef de bureau dans une préfecture ne donnent droit à aucune dispense (Déc. min., 10 sept. 1847, D.P.1848.3.14).

1161 bis. — Du reste, les fonctionnaires de l'ordre administratif, et spécialement les receveurs de l'enregistrement, n'ont droit aux dispenses du stage notarial qu'autant qu'ils justifient, non-seulement de leur nomination, mais d'un exercice réel de leurs fonctions (Déc. du garde des sceaux, 18 avril 1847; D.P.48.3.14).

1162. — Dans l'ordre judiciaire, on comprend dans le nombre de fonctionnaires, auxquels la dispense peut être accordée, tous les magistrats, depuis la Cour de cassation jusqu'aux plus simples justices de paix. On y comprend même les membres de la Cour des comptes (Déc. min., 14 nov. 1835), et d'après Rolland de Villargues, v° Stage, n° 113, ceux des tribunaux de commerce (V. cependant Favier, n° 475; Ed. Clerc, t. 1er, n° 139).

— Il en est ainsi des juges suppléants, même des suppléants des juges de paix, lesquels sont membres d'un tribunal et exercent des fonctions judiciaires (V. Favier, loc. cit.). Enfin cela s'applique encore aux greffiers et à leurs commis assermentés qui, par un très-grand nombre de décisions, ont été déclarés dans le cas d'obtenir la dispense (V., entre autres, Déc. min., 31 janv. 1836, D.P. 36.3.71). — Toutefois la dispense n'a pas lieu pour les commis greffiers de justice de paix (Déc. du garde des sceaux, 27 août 1844; D.P.45.4.365).

1163. — Mais les avocats, les avoués et les huissiers, n'exerçant pas de fonctions judiciaires dans le sens de l'art. 42, n'ont droit évidemment à aucune dispense, sauf, en ce qui concerne les avocats et les avoués, l'application des dispositions particulières des art. 39 et 41 ci-dessus (Conf., Dalloz, n° 178; Ed. Clerc, t. 1er, n° 140).

ART. 43. — L'aspirant demandera à la chambre de discipline du ressort dans lequel il devra exercer, un certificat de moralité et de capacité. Le certificat ne pourra être délivré qu'après que la chambre aura fait parvenir au commissaire du Gouvernement du tribunal de première instance l'expédition de la délibération qui l'aura accordé.

1164. — La moralité et la capacité sont les deux conditions essentielles pour être admis aux fonctions de notaire. La loi indique ici le mode à l'aide duquel le candidat pourra justifier de l'accomplissement de ces deux conditions. Ce mode, d'ailleurs, n'est plus celui qui se pratiquait, soit sous l'empire de la loi du 6 oct. 1791, qui a réorganisé le notariat, soit sous l'ancienne législation. En effet, d'après la loi de 1791, la capacité des aspirants au notariat résultait du concours public qui devait avoir lieu dans tous les chefs-lieux de département et dans lesquels étaient désignés par avance les sujets qui pourraient occuper les places de notaire. La loi du 25 vent. an XI a supprimé ce mode, que ses rédacteurs ont considéré comme peu sûr pour établir la capacité relative de chaque candidat. « Le concours, a dit en effet le tribun Jaubert, trahit souvent un talent modeste, il peut aussi favoriser un sujet peu capable; s'il est vrai que le vainqueur doit avoir nécessairement quelque talent, il ne prouve pas toujours que le vaincu n'en a pas un supérieur. Elle sera donc bonne, cette loi qui aura diminué les obstacles en faveur de la modestie, surtout pour l'admission à une profession calme par elle-même, qui ne consiste pas à parler disertement, qui exige toujours de la réflexion, et conséquemment du temps, pour la combinaison des dées et leur rédaction.—Les moyens proposés pour éclairer le choix du Gouvernement nous ont donc paru propres à atteindre le but désiré. »

Ces moyens, on le voit par le texte de la loi, consistent dans la certification de moralité et de capacité que l'aspirant doit obtenir. Par là, le législateur de l'an XI s'est rapproché des pratiques de l'ancienne législation, mais il les a modifiées sous un rapport essentiel. En effet, d'après les anciennes ordonnances, tout aspirant au notariat devait subir un examen devant les juges qui étaient appelés à recevoir son serment (Ord. 28 déc. 1490, art. 20; arrêt de règl. du 14 sept. 1685). Le moyen est resté le même en règle générale, du moins, sous l'empire de la loi de l'an XI; mais l'autorité chargée d'apprécier la capacité a été changée, car c'est aujourd'hui à la chambre de discipline du ressort dans lequel le candidat peut exercer qu'il doit demander le certificat de capacité et de moralité. Il doit même en demander un nouveau, si celui qu'il a obtenu porte une date ancienne (Déc. min., 23 mai 1846, D.P. 1846.3.132), et il ne peut l'obtenir qu'autant qu'il a atteint l'âge d'admission aux fonctions de notaire, c'est-à-dire l'âge de 25 ans accomplis (Déc. min., 9 fév. 1847, D.P.1848.5. 15). A l'appui de cette innovation, l'orateur du Tribunat, M. Favard, disait : « Ce qui a surtout déterminé l'adoption des règles proposées pour le stage de chaque aspirant, c'est l'obligation que lui impose l'art. 43 de rapporter un certificat de moralité ou de capacité de la chambre de discipline du ressort dans lequel il devra exercer. Cette disposition, infiniment honorable pour l'institution du notariat, doit rassurer sur la capacité, l'instruction et la probité des aspirants, qui seront examinés par leurs pièces. — La garantie de la société entière repose donc sur les chambres de discipline; la loi leur en confie le soin et s'en rapporte à leur conscience. Elles sentiront toute l'importance des obligations qui leur sont imposées, elles sauront les remplir avec courage et sans exception, pour que le Gouvernement soit toujours éclairé sur ses choix. »

Après avoir fait l'historique de cet art. 43, il resterait à exposer les difficultés assez nombreuses qui se rattachent à cet article. Mais elles sont discutées in extenso dans notre Tr. de la discipl. not., ch. 1, sect. 1ʳᵉ, § 3, nᵒˢ 24 et suiv. Nous y renvoyons le lecteur.

ART. 44.—En cas de refus, la chambre donnera un avis motivé, et le communiquera au commissaire du Gouvernement, qui l'adressera au grand juge, avec ses observations.

1165. — Cet article se rattache au précédent, et, comme celui-ci, il a été l'objet d'un examen spécial dans notre Traité de la discipl. not. (V. loc. cit., nᵒˢ 56 et suiv.).

ART. 45. — Les notaires seront nommés par le premier Consul, et obtiendront de lui une commission qui énoncera le lieu fixe de la résidence.

1166.—En tous temps, il a été de principe en France qu'au souverain seul appartient le droit d'instituer les notaires, sinon les notaires seigneuriaux, c'est-à-dire ceux qui étaient créés par les seigneurs dans l'étendue de leur seigneurie, du moins les notaires royaux, c'est-à-dire ceux qui étaient établis par le roi dans les justices royales. C'est ce principe qui a été formellement consacré par l'art. 45, et dont le tribun Jaubert a proclamé la nécessité en ces termes : « Les fonctions des notaires sont une émanation de l'autorité publique et de la conséquence que les notaires doivent être institués et librement nommés par le chef de l'autorité publique. » Dans les derniers temps, le pouvoir suprême de la nation n'intervint que pour la signature d'un diplôme. — L'autorité publique est une. Il fallait donc que toutes ses attributions ne vinssent que de leur source naturelle. Aussi le projet porte avec raison que les notaires seront nommés par le premier consul.

1167. — Ce principe avait été considéré comme applicable aux notaires de l'Algérie, et, par suite, il avait été jugé que l'institution et la nomination d'un notaire, faites par un sous-intendant militaire dans une province de l'Algérie, peu de jours après sa conquête, devaient être réputées nulles et non avenues, et que, dès lors, les actes reçus par un notaire ainsi nommé ne pouvaient valoir comme actes authentiques (Cass., 9 mai 1842, D.P.42.1.243). — Mais il a été établi, depuis cet arrêt, par arrêté du ministre de la guerre, du 30 déc. 1842, portant règlement de l'exercice et de la discipline de la profession de notaire en Algérie, que « les notaires continueraient d'être nommés, et lorsqu'il y aura lieu, révoqués par le ministre de la guerre sur le rapport du procureur général » art. 2, V. D.P.43.3.51).

1168.—Hors ce cas, la nomination est proposée par le garde des sceaux à l'Empereur, qui, éclairé par tous les renseignements qu'exigent les articles précédents de la loi, l'accorde ou la refuse à sa volonté. C'est même là un acte de haute administration qui, à ce titre, n'est susceptible d'aucun recours (Ord. cons. d'Etat, 28 août 1822 et 9 mai 1838).

1169.—Du reste, lorsque la nomination est accordée, elle fait l'objet d'un décret im-

érial, comme pour tous les autres fonction-
aires qui sont à la nomination de l'empereur.

e décret énonce, aux termes de l'article
-dessus, le lieu fixe de la résidence ; mais
n'attribue toujours que le titre à l'office
t ne dispense pas le titulaire nouvellement
ourvu de la réception et de l'installation qui
oivent compléter son caractère d'officier,
éception et installation dont il va être parlé
ous les articles suivants.

1170. — Disons seulement ici que le décret qui nomme un notaire reste sans effet
ar suite du refus de l'impétrant de se faire
istaller ; l'impétrant peut refuser cette no-
iination, sauf l'action en dommages-inté-
êts qui peut être formée contre lui (Décis.
iin., 18 juill. 1836, D.P.37.3.133). — Il ré-
ulte même de cette décision que le refus,
ar le candidat, de la nomination à l'em-
loi de notaire qui lui est confié par décret,
e ferait pas obstacle à ce que le candidat
it promu, par une seconde ordonnance, aux
iêmes fonctions dans une autre résidence.
lais, sous ce dernier rapport, le ministre
éserve formellement le droit d'apprécier les
notifs du refus, afin que, s'il était le résultat
l'un manque de foi condamnable et d'un cal-
ul intéressé, l'administration pût le déjouer,
oin de le favoriser en agréant une seconde
ois le candidat qui violerait ainsi ses engagements.

1170 bis. — Un aspirant qui n'est présenté
que comme intérimaire ne peut être nommé
notaire (Décis. du garde des sceaux, 31 juill.
1843, D.P.44.3.5).

1170 ter. — Avant d'obtenir sa nomination,
e candidat doit produire les justifications nécessaires et des pièces dont nous allons don-
ier le détail d'après M. Ed. Clerc, Tr. gén. du
not. (t. 1er, n° 234) : — 1° Une demande à fin
le nomination adressée au ministre de la
ustice ; — 2° un acte sous seing privé portant démission par le titulaire et présentation
du candidat pour être admis en remplacement ; — 3° si le titulaire est décédé, la présentation est faite par ses héritiers ou ayants
cause, et dans ce cas il faut y joindre son
acte de décès et un acte de notoriété constatant le nombre et la qualité de ses héritiers ;
— 4° un double ou une expédition du traité
de cession de l'office, ou de l'acte qui le remplace, comme un contrat de mariage, un partage, une donation, un testament ; — 5° un
tableau certifié par le notaire démissionnaire,
ou ses représentants, des actes reçus pendant les cinq dernières années par le notaire
à remplacer, et une indication des droits
d'enregistrement payés et des produits de
l'étude ; — 6° l'acte de naissance de l'aspirant ;
— 7° un certificat de jouissance des droits
civiques et civils ; — 8° un certificat de
bonnes vie et mœurs, délivré par le maire
du domicile de l'aspirant ; — 9° l'acte de
libération du service militaire, si l'aspirant a
moins de trente ans ; — 10° les certificats
constatant le stage ; — 11° la délibération de
la chambre de discipline accordant le certificat de moralité et de capacité ; — 12° un
état détaillé et certifié par l'aspirant des
pièces jointes à sa demande. — Si l'aspirant
invoque, comme titre d'admission, l'exercice
de fonctions qu'il a remplies antérieurement,
il doit en produire les pièces justificatives.

ART. 46. — Les commissions de notaires seront, dans leur intitulé, adressées au tribunal de première instance
dans le ressort duquel le pourvu aura
sa résidence.

1171. — Il résulte de ce qui a été dit sous
l'article précédent, qu'on s'est écarté, dans
la pratique, de la forme indiquée par celui-ci.
Le décret de nomination est substitué à la
commission, dont le présent article prescrit
la délivrance. Et, en effet, dit très-bien
Rolland de Villargues, v° *Notaire*, n° 214,
« le terme de *commission* ne s'est jamais
employé que pour désigner une fonction
temporaire ou révocable ; ainsi, on était loin,
dans l'ancienne jurisprudence, de se servir
d'une pareille expression. L'expression employée était celle de *provision*. Le roi ne délivrait que des lettres de provision, c'est-à-
dire qu'il se bornait à *pourvoir* d'un office de
notaire la personne qui lui était désignée ou
présentée par le titulaire ou propriétaire de
cet office. » — Aussi la disposition de l'art. 46
n'est point suivie au ministère. L'ampliation
du décret de nomination a paru, jusqu'à présent, un titre suffisant pour faire admettre
l'impétrant à la prestation du serment.

ART. 47. — Dans les deux mois de sa
nomination, et à peine de déchéance, le
pourvu sera tenu de prêter, à l'audience du tribunal auquel la commission aura été adressée, le serment que
la loi exige de tout fonctionnaire public, ainsi que celui de remplir ses fonctions avec exactitude et probité. — Il ne
sera admis à prêter serment qu'en représentant l'original de sa commission
et la quittance du versement de son
cautionnement. — Il sera tenu de faire
enregistrer le procès-verbal de prestation de serment au secrétariat de la
municipalité du lieu où il devra résider,
et aux greffes de tous les tribunaux
dans le ressort desquels il doit exercer.

1172. — La présente disposition a trait à
la fois à la réception des notaires et à leur installation, deux choses que l'on a toujours

soigneusement distinguées. Après la provision, dit en effet Loyseau, il faut encore passer par la réception solennelle, qui est celle qui lui transfère la puissance publique, l'ordre et le caractère d'officier. Comme donc la provision met l'office entre les mains du pourvu, aussi la réception le joint et applique directement à sa personne : celle-là le fait seigneur de l'office, et celle-ci le fait officier; celle-là lui en attribue le droit et la disposition, celle-ci l'effet et l'exercice; celle-là le titre et la seigneurie, celle-ci la qualité et le rang. » Puis, après avoir expliqué que la réception consiste dans la prestation de serment, Loyseau ajoute : « Ce serment reçu, voilà l'officier reçu et désormais fait personne publique ayant toute la puissance qui dépend de son office. Or, cette réception des officiers ne leur attribue pas la possession actuelle de leurs offices. Il faut une appréhension corporelle pour acquérir la vraie possession des offices aussi bien que de toute autre chose... Le commencement de l'exercice des offices est donc la prise de possession d'iceux, qui s'appelle proprement *installation*, pour ce qu'ès offices de judicature et quelques autres, on met et installe solennellement l'officier en son siége et place de l'auditoire. » (V. *Traité des offices*, liv. 1, ch. 2, nᵒˢ 41, 42, 46 et 47, ch. 4, nᵒˢ 67, 68 et 92). D'après cela, la réception du notaire consiste dans la prestation du serment qui lui attribue le caractère d'officier, et son installation est la mise en possession de l'office.

Lorsque deux notaires nommés dans une même localité ont été admis à prêter serment le même jour, ils doivent être portés au tableau d'ancienneté dans l'ordre des dates de leur nomination (Décis. min. de la just., 2 nov. 1846, et 26 août 1847, D.P.54.3.71).

1173. — La prestation du serment doit, aux termes de l'article ci-dessus, avoir lieu dans les deux mois de la nomination, à peine de déchéance. Mais cette peine est-elle simplement comminatoire, ou bien a-t-elle lieu de plein droit et sans qu'il soit besoin de la faire prononcer? M. Loret résout la question dans ce dernier sens, et c'est aussi ce qui est établi dans une décision ministérielle du 18 juill. 1835, où on lit : « Attendu qu'une telle déchéance est acquise de plein droit, qu'il en est des déchéances comme des prescriptions, puisque les premières ne sont autre chose que des prescriptions de courte durée; que le Code de procédure en contient une disposition expresse (art. 1029); que s'il en était autrement à l'égard des dispositions qui prescrivent des formalités d'honneur et d'installation avant l'exercice de fonctions publiques, il suivrait de là que, jusqu'à une déclaration de déchéance, pour laquelle les tribunaux sont dépourvus de compétence, le caractère du fonctionnaire public serait par-

tagé, que ce caractère ne résiderait pas sur une seule tête, que le démissionnaire l'aurait à la fois perdu et conservé. » — Cependant on s'est relâché de cette doctrine si rigoureuse, et on admet, dans l'usage, que, quoique plus de deux mois se soient écoulés depuis la nomination, le candidat peut encore être admis à la prestation du serment, si rien, d'ailleurs, ne s'oppose à ce qu'il soit reçu et à ce qu'il fasse connaître les motifs qui l'ont empêché de remplir la formalité (*Conf.* Ed. Clerc, *Tr. gén. du not.*, t. 1ᵉʳ, nᵒ 243).

1174. — Au surplus, il est également dans l'usage de ne prononcer jamais la déchéance, laquelle implique l'idée d'une peine. Lorsque le candidat nommé ne demande pas à être reçu, ou lorsqu'il refuse formellement de profiter du bénéfice de l'ordonnance qui l'a nommé, on se borne à annuler cette ordonnance.

1175. — Dans ce cas, on le conçoit bien, le candidat n'a pas le droit de présenter un successeur, ni de concourir à cette présentation : ce droit réside toujours sur la tête de l'ancien titulaire, qui, par le fait, n'a pas été remplacé (Déc. min., 8 juill. 1835).

1176. — D'après l'art. 47, le serment doit être prêté à l'audience publique de première instance dans le ressort duquel le pourvu doit exercer. Mais quelle est la formule de ce serment? La loi ne la détermine pas ; elle se borne à dire que le pourvu sera tenu de prêter le serment que la loi exige de tout fonctionnaire public, ainsi que celui de remplir ses fonctions avec exactitude et probité. Un décret du 28 mars 1852 (D.P.52.4.102) exige aussi à la fois le serment politique et le serment professionnel. Voici, en effet, la formule du serment qu'il impose aux notaires : « Je jure obéissance à la Constitution et fidélité à l'Empereur. — Je jure et promets aussi de bien et loyalement remplir mes fonctions, et d'observer en tout les devoirs qu'elles m'imposent. »

1177. — Indépendamment du serment que les notaires ont dû prêter, toujours devant les magistrats, ils en ont de tout temps prêté un autre dans l'intérieur de la compagnie. La formule de ce serment a varié; Rolland de Villargues rapporte, vᵒ *Serment des notaires*, nᵒ 9, celle qui était transcrite en 1558, sur le registre des immatricules des notaires de Paris, formule très-développée à cette époque, et qui depuis a été fort simplifiée. En 1781, ce serment se bornait à promettre, sur l'Évangile, d'exécuter les règlements de la compagnie, et de tenir ses délibérations secrètes. Les statuts qui furent faits à cette époque, c'est-à-dire en 1781, réduisirent encore ce serment à la promesse d'observer les règlements dont il était ensuite délivré un exemplaire au nouvel élu. « C'est encore dans les mêmes termes, dit

Rolland de Villargues, *loc. cit.*, n° 10, que ce serment se prête à Paris, non plus lors de l'immatricule, mais à l'assemblée générale qui suit la réception.

1178. — Au surplus, le notaire qui ne fait que changer de résidence, sans quitter son ressort, c'est-à-dire son canton, n'est pas astreint à prêter de nouveau le serment prescrit par l'art. 47. *Conf.* Rolland de Villargues, *loc. cit.*, n° 6; Ed Clerc, *Tr. gén. du not.*, t. 1er, n° 238) ; et il conserve son rang d'ancienneté (Décis.du garde des sceaux, 15 mai 1845, D.P.45.4.363, n° 22).

1179. — Un procès-verbal constatant la prestation du serment est dressé, dans lequel il est d'usage, à Paris, de transcrire l'acte ou décret de nomination. Le greffier délivre une expédition entière de ce procès-verbal au notaire, qui est tenu de la faire enregistrer aux différents lieux indiqués dans l'article ci-dessus, c'est-à-dire au secrétariat de la municipalité du lieu où le notaire devra résider, et aux greffes de tous les tribunaux dans le ressort desquels il doit exercer. — En outre, l'enregistrement doit avoir lieu à la chambre de discipline de l'arrondissement du notaire qui doit y faire consigner son immatricule sur un registre tenu à cet effet (Stat. not. de Paris, 31 mai 1684, art. 10, et 6 nov. 1808). — C'est là le premier acte de la prise de possession par le nouveau notaire. — *V.* ci-après n°s 1192. et suiv.

1180. — Mais on remarque que la loi ne fixe pas pour cette formalité, comme pour la prestation du serment, un délai dans lequel elle doive être accomplie. De là est née la question de savoir si, faute par le notaire d'avoir fait enregistrer le procès-verbal de prestation du serment dans les lieux indiqués, son remplacement peut être demandé. La négative est enseignée par Rolland de Villargue, v° *Installation*, n° 11, et nous pensons que c'est avec raison. Il paraît on ne peut plus juste de dire, avec cet auteur, que l'objet principal de la loi, c'est-à-dire la prestation du serment, étant rempli, il serait par trop rigoureux de vouloir que l'inaccomplissement d'une formalité peu importante en elle-même entraînât contre le notaire une peine aussi grave que celle du remplacement. *Conf.* Ed. Clerc, *Tr. gén. du not.*, t. 1er, n° 250.

1181. — On a vu que l'art. 47 exige des notaires le serment de remplir leurs fonctions avec exactitude et probité. — *Exactitude et probité :* ces mots comprennent l'ensemble des devoirs qui sont imposés aux notaires, et dont l'infraction peut entraîner contre eux, soit des peines de discipline, soit des actions en dommages-intérêts.

A l'égard des peines disciplinaires, nous avons retracé, dans le *Traité abrégé de la discipline*, ch. 2, sect. 1, § 3, les faits principaux qui y donnent lieu. Nous nous bornons à y renvoyer. — Quant à la responsabilité et aux faits auxquels elle s'applique, il en est parlé dans le traité qui termine cette deuxième partie.

Nous allons indiquer succinctement les actes dont l'usage ou les règlements ont considéré l'observation comme formant l'ensemble des devoirs des notaires. — Les uns ont une sanction particulière dans les lois et règlements ; les autres résultent plutôt des usages, des convenances de la société, et constituent ce qu'on appelle les devoirs moraux qui sont imposés aux notaires.—Ces derniers devoirs sont de deux sortes : les uns, qui leur tracent une règle de conduite envers la société et particulièrement à l'égard de leurs clients ou des parties qui se présentent devant eux ; les autres, qui indiquent la manière dont les notaires doivent se conduire entre eux.

1182.—Les obligations qui dérivent de la loi et des règlements sont de résider dans le lieu fixé aux notaires par leur commission (*V.* art. 4);—de prêter leur ministère quand ils en sont requis (*V.* art. 3) ; — de ne pas instrumenter hors de leur ressort (*V.* art. 6); —de ne pas accepter de fonctions incompatibles avec les leurs (*V.* art. 7);—de fournir leur cautionnement (*V.* art. 33);— de ne communiquer les actes qu'à ceux qui ont qualité pour l'exiger (*V.* art. 23);—de prêter serment et déposer leur signature et paraphe avant d'entrer en fonctions (*V.* art. 47);—d'avoir un cachet ou sceau particulier (*V.* art. 27);—de conserver avec soin leurs minutes(*V.* art. 21,22,23 et 26); de tenir dans leurs études un tableau des jugements d'interdiction et de nomination de conseils judiciaires (*V.* art. 18);—de tenir un registre pour l'inscription des protêts, art. 176 et 187, C. comm. ;—d'en tenir un énonçant les noms des rentiers viagers et des pensionnaires de l'Etat auxquels ils délivrent des certificats de vie (Déc., 21 août 1806); — de tenir un registre ou répertoire dans lequel ils inscrivent tous les actes qu'ils reçoivent (*V.* art. 29);—de faire le dépôt des contrats de mariage des commerçants et des actes de société (*V.* art. 23, 42, 43, 44, 67 et 68, C. comm.) ; — de faire notifier au garde des sceaux le décès des titulaires des majorats dont ils sont appelés à faire l'inventaire, lorsque cette notification n'a pas eu lieu (Déc., 4 mai 1809);—de faire observer dans les actes qu'il reçoivent les lois qui intéressent l'ordre public et les bonnes mœurs (*V.* art. 3 et 17); — de s'y conformer eux-mêmes et observer dans leurs actes les formes que la loi a tracées, ce qui implique, comme on le voit, la connaissance très-précise de la législation; —de rédiger leurs actes dans la langue française;—de se conformer aux lois d'enregistrement, de timbre, etc.;—de ne pas recevoir les actes dans lesquels eux et leurs parents, au degré prohibé,

12.

seraient parties intéressées en nom direct ou indirect (*V.* art. 8 et 19); — et, jusqu'en 1850, de mentionner la patente des commerçants (*V.* Dalloz, v° *Oblig.*, n°s 3404 et suiv.).

1183. — Le notaire et ses clercs doivent s'abstenir de participer à la rédaction de contre-lettres qui auraient pour objet de détruire des conventions reçues par le notaire.

1184.—Les anciens règlements de 1696 et 1699, défendaient aux notaires d'écrire pour autrui, ou de signer, comme témoins, des actes sous seing privé. Mais cette législation a été abrogée par les lois des 19 déc. 1790 et 22 frim. an VII (Avis cons. d'Etat, 26 mars-1er avril 1808 ; Cass., 30 nov. 1807, D.A.10. 423, n° 1).— Ils doivent user avec beaucoup de circonspection du droit d'écrire des actes privés, afin de ne pas diminuer le crédit dont jouissent à juste titre, les actes authentiques. Il est bon dans ce cas, de faire écrire l'acte par un clerc ; c'est ce qui se pratique à Paris.

1185.— L'ordonnance du 4 janvier 1843 a établi aussi contre les notaires diverses prohibitions dont quelques désastres, arrivés les années précédentes, et qui avaient alarmé l'opinion publique, faisaient sentir la nécessité. — L'énumération de ces prohibitions n'est et ne pouvait être qu'énonciative. Les droits que les magistrats tiennent de la loi du 25 vent. an XI, et celle du 20 avril 1810 restant les mêmes, « il a seulement paru nécessaire de leur signaler, ainsi qu'aux justiciables et aux notaires eux-mêmes, certains actes auxquels ces fonctionnaires ne sauraient se livrer sans s'exposer à compromettre leur position et les intérêts de leur clients » (Inst. min., 12 janv. 1843 ; D.P. 43.3.43).

Les diverses infractions mentionnées dans l'ordonnance du 4 janv. 1843 donnent lieu à des poursuites disciplinaires, même en l'absence d'une partie plaignante.

1186. — L'ordonnance leur défend : 1° de se livrer à aucune spéculation de bourse, opération de commerce, escompte et courtage (Ord., 4 janv. 1843, art. 12). — C'était déjà la disposition des stat. des not. de Paris (Délib., 2 août 1827), et une circulaire du garde des sceaux, du 8 février 1840, portait sur ce point : « En attendant que cette sage prescription ait passé dans la loi, et qu'elle ait ainsi prévenu ces faillites de notaires-banquiers, qui depuis quelques années, affligent et alarment la confiance publique, au grand dommage du notariat lui-même, j'appelle votre surveillance la plus active, et je vous charge de provoquer celle des chambres de discipline sur l'abus que je viens de signaler, et sur tous les actes auxquels se livreraient les officiers publics, contrairement aux devoirs de leur ministère ; » — 2° de se constituer garants ou cautions de prêts opérés ou constatés par eux (Ord., 4 janv. 1843, art. 12), même dans un acte sous seing privé :

l'ordonnance est générale ; —3° de se servir de prête-nom en aucune circonstance même pour des actes autres que ceux désignés ci-dessus (Ord. 4 janv. 1843, art. 12), et par suite, de faire intervenir leurs clercs, suivant un abus quelquefois pratiqué, en qualité de mandataires d'une ou de plusieurs des parties dans les actes passés devant lui : c'est aussi la disposition de l'art. 33 de l'arrêté du 30 déc. 1842 pour l'Algérie ; — 4° de placer en leur nom personnel des fonds reçus, même à condition d'en servir l'intérêt (Ord., 4 janv. 1843, art. 12).—En effet, dans un cas pareil, il y a, ou abus d'un dépôt, ou opération, soit de banque, soit d'escompte ;—5° de s'intéresser dans aucune affaire pour laquelle ils prêtent leur ministère (Ord., 4 janv. 1843, art. 12) : la prohibition est applicable, que l'intérêt soit direct ou indirect, que le notaire ait opéré par lui-même ou par personne interposée (*V.* n° 181);—6° de faire des spéculations relatives à l'acquisition et et à la revente des immeubles, à la cession des créances, droits successifs, actions, industrielles et autres droits incorporels (Ord., 4 janv. 1843, art. 12); mais, *V.* Cass., 24 janv. 1853 (D. P.53.1.29); — 7° de s'immiscer dans la gestion d'une société entreprise ou compagnie de finances (Ord., 4 janv. 1843, art. 12; *Conf.,* stat. not. de Paris, 2 août 1927); ou dans l'entreprise ou administration de toute bourse commune, ou souscription relative au recrutement ou au remplacement, bien qu'il s'agirait d'un établissement autorisé (Délib. not. de Paris, 10 avril 1813).

1187. — Les *devoirs moraux* des notaires sont particulièrement ceux que les lois positives n'ont pas déterminés, mais qui résultent plutôt des usages et des convenances de la société : il en est parlé sous divers articles de cette loi (*V.* art. 3, 4, 6, 7, 8 et 10), et dans les traités abrégés *de la discipline* et de la *responsabilité.*—Ils consistent, par exemple, à diriger leurs clients et à les éclairer sur la légalité, les effets et les conséquences de leurs stipulations (*V.* sur ce point Loret, t. 1, p. 79; Nancy, 2 fév. 1838, D.P.38.2.26; Paris, 12 août 1842, D.P.44.4.141; Guadeloupe, 18 fév. 1842, D.P.44.1.5); à leur indiquer les délais et les formes auxquels ils devront se conformer pour les inscriptions, l'enregistrement, les transcriptions, etc. ;— à refuser leur ministère aux actes frauduleux et contraires aux lois d'ordre public (*V.* art. 3 ; Rolland de Villargues, v° *Notaire*, n°s 489, 490); *V.* aussi *suprà*, n°s 64 et suivants); — à faire connaître les droits qu'ils peuvent avoir (mais non ceux des tiers) comme créanciers ou autrement sur les choses qui sont l'objet des actes qu'ils reçoivent (*V.* n° 207), lorsque ces droits sont ignorés de l'une des parties, mais de garder le secret sur les confidences qui leur sont faites dans l'exercice de leurs fonctions ; c'est là un des devoirs les plus sérieux des notaires et auxquels, du reste, ils manquent très-rarement : sans discrétion il n'y a ni délicatesse ni probité véritables (*V.* n° 824). *V.* encore Nîmes, 28 janvier 1852 (D.P.54.2.144) ; Rej., 3 mai 1854 (D.P.54.1.370).

1188. — *Devoirs des notaires entre eux.* — Les notaires sont soumis pareillement à des observances particulières que la délicatesse et les besoins d'une sorte de confraternité ont introduites. Ainsi, ils doivent s'abstenir de toutes tentatives directes ou indirectes, publiques ou secrètes, dans le but de s'attirer une clientèle au préjudice de leurs confrères. A cet égard il y a des limites : ainsi, ils ne devraient pas prêter leurs noms à des confrères plus jeunes, afin de leur conserver des affaires ou la garde de minutes dont ceux-ci prévoyaient qu'ils seraient exclus par des collègues plus anciens. La chambre de Paris, dans le cas où des réclamations à ce sujet lui sont parvenues, a exigé que le notaire accusé d'intelligence affirmât qu'il n'avait pas prêté son nom (Stat. not. de Paris, 4 août 1686 et 24 avril 1595).

1189. — Il est interdit aux notaires : 1° d'occuper le logement habité par l'un de leurs collègues, si ce n'est trois années après que celui-ci l'a quitté (Stat. not. de Paris, 17 juin 1808 ; 7 fév. 1811) ; délai que les statuts des notaires de Gray (art. 1284) réduisent à un an ; — 2° de contracter aucune société pour les fonctions notariales, et de résider dans la même maison comme associés ou autrement (Stat. not. de Paris, 10 déc. 1780) ; l'arrêté du 30 déc. 1842 pour l'Algérie interdit aussi, art. 8, à tous notaires de s'associer, soit avec d'autres notaires, soit avec des tiers pour l'exploitation de son office ; — 3° de prendre un clerc sorti de l'étude d'un autre notaire sans le consentement de ce dernier, ou, en cas de refus, sans celui des syndics (Stat. not. de Paris, 6 déc. 1688 ; 1er juill. 1808).

1190. — Enfin, les statuts des notaires de Gray ont établi des règles qui ne sauraient être trop méditées, et qu'il importe de retracer, car elles contiennent, sur la conduite que les notaires doivent observer entre eux, des préceptes auxquels la délicatesse et la loyauté ne sauraient qu'applaudir.

En voici quelques dispositions que Rolland de Villargues a fait connaître dans son *Rép. du notariat* : « La confraternité, y est-il dit, oblige les notaires à s'entr'aider de leurs conseils, de leurs services et à se porter un mutuel appui » (art. 1278).

« Les notaires, soit titulaires, soit honoraires, doivent scrupuleusement s'interdire de critiquer les actes de leurs confrères, de s'expliquer sur les défectuosités qu'ils pourraient y remarquer, et de donner des conseils dont le but tendrait à nuire à ces derniers ou à diminuer leur clientèle. — Dans le cas où ils seraient consultés sur les vices de quelques actes, ils doivent, au contraire, apaiser, autant que possible, les parties lésées, prendre le temps d'en conférer secrètement avec leurs confrères inculpés, et aviser, avec ceux-ci, aux moyens de réparation, s'il en existe. — Le notaire convaincu de chercher à découvrir les cas de nullité ou de contraventions qui existeraient dans les minutes dont il serait dépositaire des actes de ses prédécesseurs, et d'en donner connaissance aux parties intéressées ou aux agents du fisc, pour en faire résulter une action en dommages-intérêts ou une condamnation à amende, encourrait la plus forte peine que la chambre pût prononcer » (art. 1281).

« Les notaires ne doivent pas souffrir qu'en leur présence on parle de leurs confrères d'une manière désavantageuse. — Leur devoir, au contraire, est d'imposer silence aux personnes qui attaquent leur collègue absent, s'ils ne peuvent parvenir à détruire l'effet de la calomnie ou de la médisance » (art. 1280).

1191. — Il est interdit pareillement aux notaires, par les statuts de Gray, « de faire des démarches directes ou indirectes, publiques ou secrètes, pour s'attirer la clientèle de leurs confrères ou la détourner : ce serait se rendre coupable de manœuvres qui seraient indignes de l'honneur du notariat et qui mériteraient d'être sévèrement réprimées, lorsque la connaissance en parviendrait à la chambre.

« Il existerait une plus grande culpabilité, et par conséquent une répression plus forte devrait avoir lieu, par exemple : — 1° Si le notaire d'une certaine résidence, sachant qu'un de ses collègues doit venir recevoir un acte dans la commune de cette même résidence ou dans le ressort du canton de ce dernier, avait l'impudeur de menacer d'employer son influence, ou celle de ses affidés, pour contre-carrer cet acte ou empêcher qu'il ait lieu ; — 2° Si les notaires de troisième classe répandaient et accréditaient, dans leur canton, le bruit mensonger que les actes qui s'y passent doivent nécessairement être reçus par eux, sans que les contractants aient la faculté de s'adresser aux notaires de classe supérieure qui auraient leur confiance, ou s'ils insinuaient, pour empêcher qu'on y fît venir ceux-ci, que leurs droits d'expédition et leurs frais de voyage sont plus chers ; — 3° Si les notaires de classe supérieure cherchaient à réclamer les actes pour lesquels on manifesterait l'intention de s'adresser aux notaires de troisième classe, sous le prétexte qu'on trouverait auprès de ces derniers moins d'instruction et d'habitude des affaires (art. 1279).

« Dès qu'une opération quelconque aura

été annoncée par affiches devoir avoir lieu en l'étude d'un notaire indiqué, les autres notaires de l'arrondissement s'interdisent la faculté de recevoir l'acte en résultant, si ce n'est avec le concours de ce premier. — A défaut de ce concours, celui-ci aura droit à la moitié des honoraires de la minute de l'acte, comme s'il y avait assisté. — S'il refuse de l'accepter, elle sera versée dans la bourse commune, sans que, dans aucun cas, le notaire rédacteur puisse en profiter. —Un exemplaire de chaque affiche sera remis au secrétariat de la chambre, afin de constater l'annonce » (art. 1282 *bis*).

Art. 48.—Il n'aura le droit d'exercer qu'à compter du jour où il aura prêté serment.

1192. — C'est une conséquence du principe que la prestation du serment investit le notaire de ses fonctions : il résulte de là et du texte ci-dessus que, jusque-là, il n'a point le caractère d'officier public, et l'officier en remplacement duquel il est nommé continue d'avoir le droit d'instrumenter.

1192 *bis*. — Il a été jugé en conséquence qu'un notaire ne peut être autorisé par aucun événement, quelque extraordinaire qu'il puisse être, à entrer en fonctions avant d'avoir prêté le serment prescrit par la loi, et que tout acte reçu par lui avant cette prestation de serment est nul comme acte notarié (Cass., 9 mai 1842, D.P.42.1.243).

1192 *ter*. — En outre, si le pourvu entrait en fonctions sans avoir prêté serment, il pourrait être poursuivi et puni d'une amende de 16 à 150 fr. (art. 196, C. pén.).

1192 *quater*. — D'après une circulaire du procureur général près la Cour de Paris, du 15 mars 1855 (Addenet, *Codes annotés des circul.*, p. 181), le lendemain du jour où le nouveau titulaire a prêté serment, le procureur impérial doit informer le procureur général par une lettre où il lui fait connaître la date de la prestation de serment de cet officier ministériel, ses nom, prénoms, et le nom du prédécesseur auquel il succède. Cette circulaire ajoute qu'il est inutile d'envoyer une copie du procès-verbal de prestation de serment.

Art. 49. — Avant d'entrer en fonctions, les notaires devront déposer au greffe de chaque tribunal de première instance de leur département, et au secrétariat de la municipalité de leur résidence, leurs signature et paraphe.— Les notaires à la résidence des tribunaux d'appel feront, en outre, ce dépôt au greffe des autres tribunaux de première instance de leur ressort.

1193. — La mesure prescrite par cet article a existé à peu près de tout temps dans la législation. L'ordonnance de 1535, ch. 19, art. 2, en contenait une disposition en ces termes : « Que le serment presté comme dit est, ils seront reçus et inscrits en la matricule dudit lieu qui sera ordonné à ce, et y sera mis le jour de la réception d'un chacun, qui sera tenu de mettre son nom, surnom et seing manuel de quoi il entend soy aider, le lieu dont il est, et en quel lieu et pour quel lieu il a été créé notaire, dès quel temps, par qui, et comme, le jour de la réception d'iceluy : le quel nom dès iceluy temps il ne pourra changer ne muer. » Cette mesure, qui, du reste, était empruntée à l'ordonnance royale du mois de juillet 1304, contenant règlement pour les tabellions, notaires, et dont l'art. 18 prescrivait le dépôt des signatures dans chaque Cour de justice, cette mesure a passé dans la loi du 6 oct. 1791, qui a réorganisé le notariat.

L'art. 19, tit. 4, disposait en effet : « Dans le procès-verbal de ladite prestation de serment le notaire public reçu consignera les signature et paraphe dont il entend se servir dans l'exercice de ses fonctions. Et il ne pourra en employer d'autres à peine de faux. »

1194. — La loi du 25 vent. an XI, en prescrivant la même formalité, n'a donc fait que suivre une marche tracée dès longtemps ; mais elle a rendu la mesure plus utile en ce que le mode qu'elle a établi arrive plus sûrement au but vers lequel cette mesure a toujours tendu. Ce qu'on s'est proposé par le dépôt des signature et paraphe, c'est, en effet, comme le dit M. Loret, *Elém. de la science not.*, t. 1, p. 468, de mettre les juges, dans toute l'étendue du royaume, en état de vérifier les signatures apposées au bas des actes notariés, actes que la législation déclare exécutoires dans toute la France sans visa ni pareatis. Or, le dépôt du signature et paraphe, tel qu'il est prescrit par l'article ci-dessus, est bien autrement susceptible de mettre les juges qui pourraient avoir à faire la vérification à portée de la faire, que la simple consignation de ces paraphe et signature dans le procès-verbal de prestation de serment prescrit par loi de 1791.

1195. — C'est dans le même but que le dépôt doit être fait par le notaire, aux termes de la loi, avant d'entrer en fonctions. Toutefois la loi ne fixe à cet égard aucun délai, et ne prononce aucune déchéance, pas plus qu'elle ne l'a fait à l'égard de l'enregistrement du procès-verbal de prestation de serment dont nous avons parlé sous l'art. 47. La solution que nous avons donnée relativement à l'enregistrement (*V.* art. 47, n° 1180) devrait donc être suivie relativement au dépôt. L'inaccomplissement de la formalité ne saurait entraîner le remplacement du notaire, d'autant plus que celui-ci est toujours à portée de remplir cette formalité, et que, d'ailleurs, l'inobservation ne peut nuire en rien aux actes reçus par le notaire en retard pour faire le dépôt (*V.* Favard, v° *Paraphe*; Rolland de Villargues, v° *Installation*, n° 9; Dalloz, v° *Notaire*, n° 219.; Ed. Clerc, *Tr. gén. du not.*, t. 1er, n° 252). Mais toujours est-il que le dépôt doit être effectué dans le plus bref délai possible. « Sans tenir strictement, porte une circulaire du ministre de la justice, du 6 nov. 1821, à ce que le dépôt soit effectué avant l'entrée en fonctions, il est bon cependant de veiller à ce qu'il se fasse dans le plus court délai possible, et surtout à ce qu'un notaire n'instrumente pas dans le ressort d'un tribunal où ses signature et paraphe n'auraient pas encore été déposés.

1195 *bis.* — Ainsi que nous l'avons vu précédemment (n°s 959 et 961), les juges de paix qui ne siégent pas au chef-lieu du ressort d'un tribunal de première instance ont été autorisés, par la loi des 2-4 mai 1861 (D.P.61.4.54), à légaliser, concurremment avec le président du tribunal, les signatures des notaires qui résident dans leur canton et celles des officiers de l'état civil des communes qui en dépendent. En conséquence, l'art. 2 de cette loi porte que les notaires et les officiers de l'état civil déposeront leurs signatures et leurs paraphes au greffe de la justice de paix où la légalisation peut être donnée.

1195 *ter.* — C'est sur papier au timbre de 35 cent. (maintenant 50 cent.) que le notaire doit apposer sa signature et son paraphe pour en effectuer le dépôt au greffe de la justice de paix, conformément à la loi du 2 mai 1861 sur la légalisation. — Les dépôts de signatures doivent être faites séparément et par feuilles distinctes; les actes constatant ces dépôts sont portés distinctement aussi, et sans perception de droit d'enregistrement ni de greffe, sur un registre spécial ouvert au greffe de chaque justice de paix et formé de papier non timbré. — L'omission du dépôt prescrit ne fait pas obstacle à la légalisation, par le juge de paix, de la signature d'un notaire de son ressort. — Toutes ces propositions résultent d'une instruction de la régie du 14 août 1861 (D.P.61.3.86).

1196. — Aux termes de l'ordonnance précitée de 1535, le dépôt de la signature avait pour effet d'y interdire tout changement de la part du notaire. « *Lequel nom dès iceluy temps,* disait l'ordonnance, *il ne pourra changer ne muer.* » Cette prohibition se rencontre aussi, et sous la plus grave des sanctions, dans la loi de 1791 ; le changement y était interdit *à peine de faux.* C'est aussi ce qui était établi dans le projet de la loi de l'an XI qui, en outre, prononçait accessoirement l'amende, la suspension et la destitution en cas de récidive. Mais la disposition spéciale qui

prononçait toutes ces peines a été supprimée par le Tribunat, qui n'en a donné aucun motif. Il n'y a donc plus aujourd'hui aucune sanction pénale attachée à la prohibition de la loi ; ce qui n'empêcherait pas, on le comprend bien, que le changement fait à la signature ou au paraphe, dans une intention criminelle et dans l'intention de nuire, ne fût susceptible d'entraîner la peine du faux (*Conf.,* Dalloz, v° *Notaire,* n° 220).

1197. — D'ailleurs, il peut arriver qu'un notaire soit forcé de changer la forme de sa signature, par exemple, s'il lui arrive un accident qui l'empêche de se servir de sa main droite; s'il est autorisé à changer de nom, etc. Il est clair que, dans ces cas et dans les cas analogues, le notaire pourra se faire autoriser à changer ses signature et paraphe; mais il en devra faire un nouveau dépôt dans le greffe et aux lieux indiqués par l'article ci-dessus : il y a même raison que pour le dépôt qui avait été primitivement fait (*Conf.,* Dalloz, *eod.,* v° n° 221).

1198. — En général, le dépôt au greffe du tribunal civil de l'arrondissement de chaque notaire se fait en personne. Mais, si les notaires ne font pas en personne le dépôt, soit au greffe du tribunal civil de l'arrondissement de leur résidence, soit au greffe des tribunaux dans le ressort desquels ils ont le droit d'exercer, les signature et paraphe sont transmis par la chambre de discipline des notaires, après que la fidélité des signature et paraphe contenus sur une feuille particulière de papier a été attestée par le doyen et les syndics de la chambre, et que les signatures de ceux-ci ont été légalisées par le président du tribunal civil (Déc. min. fin. et just., 17 oct. 1821 ; circ. min., 6 nov. 1821). Toutefois, Rolland de Villargues, v° *Dép. des sign. et paraphe du not.,* n° 14, fait remarquer que « la légalisation des signatures du doyen et des syndics par le président du tribunal civil, n'est de nécessité que dans le cas où il se trouve parmi eux des notaires d'une classe différente de celle du notaire dont ils transmettent les signature et paraphe. S'ils sont d'une classe égale à celle de ce notaire, les signature et paraphe de ces doyen et syndics ont dû être déposés précédemment par ceux-ci aux mêmes greffes, et ils y sont connus; et la légalisation des signatures des notaires n'est utile que lorsqu'elles sont apposées à des actes qui doivent servir hors du ressort de ces fonctionnaires. »

SECTION III. — Chambre de discipline.

ART. 50. — Les chambres qui seront établies pour la discipline intérieure des notaires seront organisées par des règlements.

1199. — Conformément à la disposition

contenue dans cet article, il a été rendu, le 2 niv. an XII, un arrêté qui a établi les chambres des notaires, en a fixé les attributions et l'organisation, en a réglé les pouvoirs dans les moyens de discipline et le mode de procéder, a déterminé le mode de nomination des membres de la chambre, et la durée de leurs fonctions. Jusqu'à ces derniers temps, les chambres des notaires ont été placées sous l'empire de cet arrêté. Mais il a été formellement abrogé par une ordonnance royale du 4 janv. 1843, qui a repris la matière dans son ensemble et forme aujourd'hui la loi spéciale qui règle les pouvoirs et les attributions des chambres des notaires. Tout ce qui s'y rattache a fait l'objet de notre *Traité de la discipline notariale*, placé à la suite de cette loi. Nous y renvoyons le lecteur.

ART. 51.—Les honoraires et vacations des notaires seront réglés, à l'amiable, entre eux et les parties; sinon, par le tribunal civil de la résidence du notaire, sur l'avis de la chambre, et sur simples mémoires, sans frais.

1200. — De tous temps, il a été permis aux notaires en France de réclamer des salaires. Il y a, sous ce rapport, une différence marquée avec ce qui s'est d'abord pratiqué chez les Romains. « Les ministres des magistrats, comme greffiers, notaires, sergents et autres semblables, dit Loyseau, *des Off.*, liv. 1, ch. 8, nº 22, ne prenaient du commencement rien des parties : témoin ce formulaire du serment des gouverneurs de province, qui porte ces mots : *Tales studebo assumere circa me omnes, ut non ego solùm purus sim, sed etiam qui circa me sunt.* Et se collige encore mieux de la loy : *Ne damna provincialib., inf. lig.*, du C. Théod., où il leur est défendu, à peine de la vie, de prendre aucuns présents des parties, bien qu'ils leur fussent offerts. Aussi étaient-ils réduits en milices et avaient, ainsi que les soldats, *stipendia, seu annonas publicas*; même ils étaient de la famille et du train ordinaire du magistrat, et il y a apparence qu'ils avaient bouche à cour chez lui... »

1201. — Cependant, même à Rome, comme le dit Loyseau, *loc. cit.*, nº 23, les ministres des magistrats « à succession de temps s'avantagèrent par bienséance et par forme de présents de prendre de ceux qui avaient affaire à eux certains salaires qu'ils appelaient *sportulas; sportulæ enim propriè sunt executorum seu apparitorum, non judicum (de Sport. et execut. lit.* C.), tous, ainsi que nous disons donner le vin, quand on baille une pièce d'argent à des messagers, à des clercs ou autres menus gens, pour aller boire... Et finalement Justinien autorisa ces sportules, *occasione*, dit-il, *consuetudinum,*

Nov. 8; ch. 8, *tolerabilia enim sunt quæ longa consuetudo comprobat*, dit la loi pénultième *de Pollic.* »

1202. — Quoiqu'il en soit, ces usages ne furent originairement suivis en France qu'à l'égard des magistrats. Quant à leurs ministres, tels que les notaires, il en était autrement. « Pour cela, à la vérité, ajoute Loyseau, nº 26, qu'ils n'estoient pas vray officiers pourvus par le roy, mais commis par les juges, que partant ils n'avoient ni gages du roy, ni bouche à cour, comme à Rome; ce n'est pas de merveille qu'il leur fust permis de prendre salaire modéré des parties, pour s'entretenir en servant le public.» Aussi toutes les ordonnances ont reconnu en principe le droit pour les notaires de réclamer un honoraire des parties (*V.* juill. 1304, art. 7; 1ᵉʳ avril 1315, art. 18; 26 juill. 1433; juill. 1580, etc.); et ce droit a été proclamé en ces termes par le rapport sur la loi du 6 oct. 1791 : « Trop souvent, en établissant des fonctions publiques, on perd de vue l'intérêt du fonctionnaire; on croit n'avoir plus rien à faire lorsque ses devoirs lui ont été tracés; il semble alors que tout ait été prévu pour le plus grand avantage de la société; mais ce n'est pas encore assez, il faut que ces devoirs soient remplis, et il n'est guère de moyen plus sûr d'atteindre ce but de toute institution que d'attacher les fonctionnaires par leur propre intérêt à l'accomplissement de leurs devoirs et au succès de leur mission. — On se le dissimulerait vainement, peu d'hommes ont la faculté de se livrer aux fonctions publiques par le seul désir d'être utiles; un si noble dévouement est au-dessus du patriotisme des uns ou de la fortune des autres; et si l'on excepte quelques places qu'une grande considération accompagne, ou que de grandes espérances environnent, la plupart resteront vacantes, si l'intérêt et le besoin n'y appelaient des concurrents; c'est au législateur à s'emparer de cette vérité, affligeante si l'on veut, mais utile pour lui, et à s'en servir comme d'un nouveau gage de l'exécution de ses lois. — Qui pourrait, par exemple, se vouer aux fonctions de notaire, qui pourrait surtout se livrer aux longues études que cet état exige, sans l'espoir d'y trouver une honnête existence ? Plus ces fonctions sont importantes, plus il faut qu'un légitime intérêt y attache ceux qui sont chargés de les remplir : car, enfin, on ne s'attend pas que ces places soient recherchées à l'avenir, pas plus qu'elles ne l'ont été avant nous, par des motifs absolument étrangers aux moyens de subsister.» — D'après ces considérations, la loi de 1791 ne s'est pas attachée à consacrer le droit des notaires à des honoraires, elle l'a supposé existant par la nature même des choses, et ne s'est occupée qu'à régler le mode d'en établir la quotité. C'est aussi dans cet esprit qu'a été conçu l'article ci-dessus de la loi du 25 vent. an XI.

1203. — Nous aurons à parler successivement, dans le commentaire de cet article, des diverses espèces d'honoraires, de leur quotité, des personnes qui doivent les payer, et des actions dont ils sont la source.

1204. — 1° *Diverses espèces d'honoraires.* — Les rétributions accordées aux notaires pour les actes passés devant eux et pour les opérations qui leur sont confiées se divisent en cinq espèces. Ce sont : 1° les *honoraires* proprement dits, qui sont dus comme une récompense pour la rédaction des actes ; 2° les *vacations*, qui sont la rétribution accordée pour le temps que le notaire a employé à la confection d'un procès-verbal, tel qu'un inventaire, une comparution des parties ; 3° les *droits d'expédition*, qui sont dus pour la délivrance de l'expédition d'un acte, indépendamment de la minute ; 4° les *frais de voyage*, qui sont une indemnité accordée au notaire, lorsqu'il est appelé pour instrumenter hors du lieu de sa résidence ; 5° enfin, les droits qu'on peut appeler *divers*, parce qu'ils sont accidentels et s'appliquent à des objets différents.

1205. — 2° *Quotité des honoraires.* — Les rétributions des quatre dernières espèces signalées dans le numéro précédent ont été réglées par le tarif du 16 fév. 1807 ; elles ne doivent donc, en aucun cas, être augmentées ou diminuées. Aussi n'y a-t-il pas de difficultés bien sérieuses à l'égard de ces quatre espèces d'honoraires, et nos observations seront brèves sur ce point. — Remarquons seulement, par forme d'observation générale, que, pour l'application du tarif, les notaires sont divisés en quatre classes : ceux de Paris, Lyon, Bordeaux et Rouen forment la première ; la deuxième se compose des notaires qui résident dans les autres chefs-lieux de Cours impériales ; la troisième, des notaires habitant les villes où il y a un tribunal de première instance ; et la quatrième, des notaires qui résident dans les cantons. — Cela posé, indiquons la quotité des honoraires réglés par le tarif.

1206. — Quant aux *vacations*, les actes qui y donnent droit sont, en général, ceux qui doivent contenir la mention de l'heure à laquelle la rédaction a commencé, et de celle à laquelle cette rédaction a fini. Tels sont les inventaires, les actes respectueux, les dépôts de testaments olographes faits en vertu d'ordonnance du président, puisqu'ils ne donnent pas lieu, au profit des notaires, à des émoluments proportionnels (Req., 24 juill. 1849 ; D.P.1849.1.318) ; les comptes, liquidations et partages, les actes de comparution pour compte, délivrance de secondes grosses, etc. ; cette espèce d'actes est connue sous le nom de procès-verbaux (Remy, *des Emol. des not.*, p. 52). — La durée de chaque vacation est fixée à trois heures (Tarif, art. 166). Il n'en est passé en taxe, aux notaires qui opèrent dans le lieu de leur résidence, que trois par jour, dont deux par matinée, et une seule l'après-dîner (*ibid.*, 151). — Mais ceux qui opèrent hors de leur résidence peuvent faire quatre vacations par jour (Arg., tarif, 161 et 170). — Chaque vacation de trois heures est taxée aux notaires, à Paris, 9 fr. ; dans les villes où il y a un tribunal de première instance, 6 fr.; partout ailleurs, 4 fr. (Tarif, art. 168). Mais le troisième décret du 16 fév. 1807 a ajouté à ce tarif, en disposant, par son art. 1er, que le premier était rendu commun aux Cours de Lyon, Bordeaux et Rouen, et que toutes les sommes portées au tarif seraient réduites d'un dixième pour la taxe des frais et dépens dans les autres Cours impériales. Ainsi, en vertu du troisième décret du 16 fév. 1807, chaque vacation de trois heures est taxée à 9 fr. pour Lyon, Bordeaux et Rouen, comme pour Paris, et 8 fr. 10 c. pour les autres Cours impériales.

1207. — Remarquons toutefois qu'il y a une taxe faite d'une manière générale pour tous les dépositaires, qui doivent représenter les pièces de comparaison, ou vérification d'écriture, ou arguées de faux, en inscription de faux incident. D'après cette taxe, qui varie suivant que le dépositaire est un greffier, un notaire, un avoué ou un huissier, chaque vacation de trois heures devant le juge-commissaire ou le greffier est taxée à 9 fr. pour les notaires de Paris, et à 6 fr. 75 c. pour ceux des départements (Tarif, 166). On avait d'abord pensé que la disposition précitée du troisième décret du 16 fév. 1807 portait une dérogation à ce tarif, relativement aux vacations des notaires dans les cas particuliers qu'elle prévoit : d'où l'on avait conclu que l'art. 170 de ce même tarif réglait ces vacations dans tous les cas. Mais on est revenu de cette opinion, et l'on enseigne unanimement aujourd'hui que le troisième décret prémentionné se réfère, sur tous les points, au tarif, dont il ne change aucune disposition, se bornant seulement à le réduire d'un dixième pour certaines localités (*V.* Remy, p. 110 ; Chauveau, *Comm. du Tarif*, t. 1, p. 260 ; *V.* aussi 14 nov. 1838, trib. de Vesoul, D.P.39. 3.152).

1208. — Dans tous les cas où il est alloué des vacations aux notaires, il ne leur est rien passé pour les minutes de leurs procès-verbaux (Tarif, 169).

1209. — Dans certaines circonstances aussi, les notaires sont payés de leurs vacations, non pour la confection d'un acte, mais pour leur simple présence ou assistance : ainsi, par exemple, pour compulsoire, transport

devant le juge, ouverture du testament, référé, dépôt de procès-verbaux et d'extraits
(art. 1007, C. Nap.; art. 849, 852 et 977, C.
pr. civ.; art. 67 et 68, C. comm.; art. 455,
C. inst. crim.).

1210. — Pour les droits d'*expédition*, leur
fixation a pour base la longueur de l'écriture
ou le nombre des rôles que contient l'expédition. La quotité du droit, en se reportant
à la distinction en quatre classes faite entre
les notaires, est, pour chaque rôle, de 3 fr.
pour les notaires de première classe; 2 fr.
70 c. pour ceux de deuxième; 2 fr. pour ceux
de troisième, et 1 fr. 50 c. pour ceux de quatrième (Tarif, art. 174, et 3ᵉ déc. du 16 fév.
1807). — Le rôle ne doit être composé que
de 25 lignes à la page et de 15 syllabes à la
ligne (*Ibid.*, 174). — Du reste, lorsqu'une
expédition contient moins d'un rôle d'écriture, il est dû néanmoins le rôle entier; mais
il y a lieu à la réduction proportionnelle du
droit d'expédition pour le second ou subséquent rôle qui n'est écrit qu'en partie (Déc.
min., 10 oct. 1835, D.ᴘ.37.3.83; *V.* aussi
Remy, p. 467). — Ces règles diverses, sont
applicables aux extraits; l'usage constant
est de les faire payer au rôle.

1211. — Mais il y a des règles ou une quotité particulière pour les expéditions qui se
délivrent dans l'intérêt public. La loi du 5-10
déc. 1790 avait fixé l'honoraire de chaque
rôle à 2 sols 6 deniers, et il avait d'abord
paru que cette disposition n'avait pas été
abrogée, que l'art. 174 du tarif de 1807 n'avait
eu pour objet que de régler le salaire des
notaires entre les particuliers. Toutefois une
décision du 9 janv. 1808, concertée entre les
ministres des finances et de la justice, a
établi « que les notaires seraient suffisamment indemnisés en recevant, par chaque
rôle, des expéditions délivrées dans l'intérêt
public, 75 c. à Paris, et 50 c. dans les départements. »

1212. — Dans tous les cas, lorsque des
expéditions ont été faites frustratoirement,
l'honoraire n'en peut pas être demandé. C'est
ce qui a été jugé dans un cas où le notaire, chargé de rédiger d'abord un état de
situation en minute, puis un compte de tutelle, avait délivré expédition des deux actes,
quoique l'expédition fût inutile (Cass., 11 nov.
1833, D.ᴘ.34.1.36). Le même arrêt a reconnu
que le notaire qui pour obtenir la taxe de ce
qui lui est dû par ses clients, a remis au
juge des expéditions inutiles aux parties,
n'est pas fondé à répéter les frais de ces expéditions, sous prétexte qu'il ne doit pas déplacer ses minutes; et en outre, qu'un notaire
ne peut être admis à répéter des honoraires
pour une copie faite sur papier libre.

1213. — Si deux notaires ont concouru au
même acte, les honoraires de l'expédition
doivent se partager également. Mais ceux de

la seconde expédition et des suivantes ne
sont dus qu'au notaire détenteur de la
minute.

1214. — Lorsque le notaire est dépositaire
de minutes reçues par un notaire d'une autre
classe, le droit d'expédition exigible par le
notaire dépositaire est dû à raison de la
classe de l'étude dans laquelle les minutes
seront réintégrées, si le dépôt n'est que
provisoire; mais, si le dépôt est définitif, le
notaire est fondé à réclamer le droit alloué à
la classe dont il fait partie (Déc. min., 10 oct.
1835, D.ᴘ.37.3.83).

1214 *bis.* — Certains honoraires des notaires sont taxés sur l'importance pécuniaire
de l'acte. Ainsi, l'art. 14 de l'ordonn. du 10
oct. 1841, rendue pour l'exécution de la loi
du 2 juin de la même année, sur les ventes
judiciaires d'immeubles, porte que les notaires
devant lesquels de telles ventes auront été
renvoyées par les tribunaux, auront droit sur
le prix des biens vendus, jusqu'à 10,000 fr.,
à 1 p. 100; sur la somme excédant 10,000 fr.
jusqu'à 50,000 fr., à 1/2 p. 100; sur la somme
excédant 50,000 fr. jusqu'à 100,000 fr., à
1/4 p. 100, et sur l'excédant de 100,000 fr.
indéfiniment, à 1/8 de 1 p. 100. — Il a été
jugé que la remise allouée par cet article
doit, lorsque les immeubles mis en vente sont
adjugées par lots, être calculée sur le prix
total des lots réunis, encore que ces lots
fussent composés d'immeubles distincts :
l'art. 11 de cette même ordonnance, qui,
dans ce cas, veut que la remise soit calculée
sur le prix séparé de chaque lot, ne concerne que la remise due aux avoués dans les
ventes faites en justice (Req. 4 juin 1851,
D.ᴘ.51.1.192; 10 mai 1858, D.ᴘ.58.1.402).

L'art. 18 dispose que dans tous les cahiers
des charges il est expressément défendu de
stipuler, au profit des officiers ministériels,
d'autres et plus grands droits que ceux énoncés dans cette même ordonnance, et que
toute stipulation, quelle qu'en soit la forme,
sera nulle. — Il a été jugé que cet art. 18
est une disposition d'ordre public dont toute
partie intéressée peut se prévaloir (Cass., 7
déc. 1847, D.ᴘ.47.1.360).

1214 *ter.* — D'après la loi du 5 juin 1851
(D.ᴘ.51.4.85), les notaires partagent avec
d'autres officiers ministériels, le droit de
procéder aux ventes volontaires de fruits et
récoltes pendants par racines, et de coupes
de bois taillis. Un décret de la même date
renferme le tarif des droits alloués, dans
ce cas, aux officiers ministériels, droits
basés encore sur l'importance pécuniaire de
la vente.

1214 *quater.* — Les notaires ont-ils droit à
des remises proportionnelles pour d'autres
actes ? — A cet égard, il a été jugé, d'une
part, que le simple dépôt d'un testament olographe en l'étude d'un notaire, en vertu de

l'ordonnance du président, ne donne pas lieu à un émolument proportionnel (trib. d'Angers; 13 juill. 1847, D.p.49.318 ; Req. 22 août 1854, D.p.55.1.23), et, d'autre part, que les notaires qui ont servi d'intermédiaire pour un placement hypothécaire ne peuvent réclamer aucun droit de négociation (Toulouse, 25 janv. 1842, D.p.42.2.131). — Mais en ce qui concerne le dépôt d'un testament olographe, il a été décidé aussi que le notaire peut réclamer des honoraires à titre de droit d'ouverture du testament comprenant tous les soins auxquels cette ouverture, ainsi que la conservation et l'exécution du testament, ont donné lieu ; et que pour fixer ces honoraires le juge peut prendre en considération tant l'importance des sommes dont il a été disposé par le testament, que l'exécution donnée à cet acte ; que ce n'est pas là allouer un émolument proportionnel (Cass., 14 nov. 1855, D.p.56.1.76).

1215. — Quant aux *frais de voyage,* ils sont fixés par l'art. 170 du tarif, ainsi conçu : « Quand les notaires seront obligés de se transporter à plus d'un myriamètre de leur résidence, indépendamment de leur journée, il leur sera alloué, pour tous frais de voyage et de nourriture, par chaque myriamètre, un cinquième de leurs vacations et autant pour le retour ; et par journée, qui sera comptée à raison de cinq myriamètres, aussi pour l'aller et le retour, quatre vacations. » — Quelques auteurs enseignent que, lorsque le voyage est à la distance seulement d'un myriamètre ou au-dessous, le notaire a droit à une indemnité proportionnelle à la distance. Nous croyons que c'est une erreur. L'art. 170 ne nous paraît disposer que pour les cas où les notaires sont obligés de se transporter à plus d'un myriamètre de leur résidence. C'est aussi l'avis de MM. Rolland de Villargues, v° *Voyage (frais de),* n° 6, et Ed. Clerc, *Tr. gén. du not.,* t. 1er, n° 609. Nous pensons toutefois, avec ce dernier auteur (n° 610), que lorsqu'un notaire se transporte à moins d'un myriamètre de sa résidence pour un procès-verbal dont les honoraires se règlent par vacation, il peut comprendre dans le compte de ses vacations le temps employé pour son transport et pour le retour.

1215 *bis.* — Le tarif de 1807 n'a rien réglé pour la manière de compter les fractions de myriamètre. Il faut donc résoudre la question par ce qui est décidé pour des cas analogues. Or, d'après les art. 23 et 66 de ce tarif, les frais de transport soit pour les juges de paix et leurs greffiers, soit pour les huissiers, doivent se compter par myriamètre et demi-myriamètre, sans fraction. D'un autre côté, le décret du 18 juin 1811, contenant règlement pour l'administration de la justice en matière criminelle, de police correctionnelle et de simple police, et tarif général des frais,

dispose dans son art. 92, rendu applicable aux notaires par l'art. 15 : « L'indemnité sera réglée par myriamètre et demi-myriamètre. Les fractions de huit ou neuf kilomètres seront comptées pour un myriamètre, et celles de trois à sept kilomètres pour un demi-myriamètre. » — A défaut d'autres dispositions plus spécialement applicables aux cas ordinaires, nous pensons qu'on doit suivre celles du tarif de 1811, plutôt que de compter par kilomètre (Ed. Clerc, t. 1er, n° 613).

1216. — Ajoutons que les frais de voyage sont encore accordés aux notaires, outre leurs vacations, dans le cas particulier de l'art. 166 du tarif déjà cité, c'est-à-dire lorsque, dans une procédure de faux incident ou de vérification d'écriture, ou dans une instruction de faux, ils sont obligés de se transporter au-delà d'un myriamètre pour aller déposer des pièces dans un greffe. Mais le tarif n'indique pas, dans ce cas, la quotité de l'indemnité allouée au notaire. Quelle sera donc cette quotité ? Dans le silence de la loi, on a décidé qu'il y avait lieu de régler l'indemnité à raison de 3 fr. par myriamètre pour l'aller et le retour, par application de la disposition finale de l'art. 167 du même tarif (14 nov. 1838, trib. de Vesoul, D.p.39.3.152). Nous nous sommes élevé contre cette solution en rapportant le jugement précité, et nous persistons à penser, d'accord en cela, d'ailleurs, avec MM. Chauveau, t. 1, p. 260, Dalloz, v° *Notaire,* n° 465, et Ed. Clerc, t. 1er, n° 617, qu'il est probable que le législateur, en réservant dans l'art. 166 les frais de voyage aux greffiers, notaires, avoués et huissiers, a entendu renvoyer, sur ce point, aux autres dispositions du tarif où les frais de même nature se trouvent fixés relativement à chacun de ces officiers. Dans cette supposition, c'est l'art. 170 du tarif qui serait applicable aux notaires, et non l'art. 167 ; et l'indemnité serait, par chaque myriamètre, d'un cinquième de leurs vacations, et autant pour leur retour, au lieu de 3 fr.

1217. — On accorde également une indemnité, mais de frais de voyage seulement, pour le second voyage que font les notaires pour aller reprendre leurs minutes (Déc. min., 4 mars 1820 ; V. Dalloz, v° *Notaire,* n° 467).

1218. — Relativement aux rétributions extraordinaires comprises sous le nom collectif de droits divers, elles peuvent être dues pour actes imparfaits, actes impropres, actes respectueux, apport de pièces au greffe, indépendamment des frais de voyage, consignations, protêts, recherches d'actes, ventes judiciaires d'immeubles, ventes de meubles, etc., etc. Ces droits sont, en général, réglés par le tarif. Ajoutons ce qui concerne les honoraires des notaires certificateurs : ces honoraires, d'après des instructions ministérielles des 12 sept. 1806 et 1er août 1826, sont fixés,

sur les sommes à recevoir, comme il suit :
— *Certificats de la première espèce.* — Pour
les rentes, pensions, etc., de 601 fr. et au-
dessus, à 2 fr. ; pour celles de 301 à 600 fr.,
1 fr. ; pour celles de 101 à 300 fr., 75 c. ; et
pour celles de 100 fr. et au-dessous, 50 c.
(Déc., 21 août 1806). — *Certificats de la
deuxième espèce.* — Pour les pensions de
601 fr. et au-dessus, 1 fr. ; pour celles de
301 à 600 fr., 50 c.; pour celles de 101 à
300 fr., 35 c.; pour celles de 51 à 100 fr.,
20 c.; pour celles de 50 fr. et au-dessous,
zéro (Ordonn. du 20 juin 1817, art. 12).
Lorsque les certificats de vie s'appliquent à
plusieurs rentes ou pensions, la rétribution
des notaires est proportionnelle au total des
arrérages à recevoir (Déc. min. fin., 10 nov.
1817 et 1ᵉʳ août 1826). — *Certificats de la
troisième classe.* — Ils ne sont point tarifés ;
à Paris, ils se payent 2 fr., sans avoir égard
au montant des arrérages à recevoir.

1219. — Il nous reste à traiter maintenant, sous le rapport de la quotité, de la cinquième espèce des rétributions accordées aux
notaires ; nous voulons parler des *honoraires*
proprement dits. Ici les difficultés sont plus
sérieuses.

A cet égard, la quotité n'est pas déterminée par le tarif ; elle dépend d'abord du règlement amiable à faire entre les notaires et
les parties ; et ce n'est que dans le cas où il
y a contestation qu'il y a lieu de recourir à
la taxe du juge. Telle est la disposition de
l'article ci-dessus. Il paraît résulter d'une
semblable disposition que cette rétribution
particulière qui constitue de véritables honoraires, ne doit pas de plein droit être soumise
à la taxe, pas plus qu'elle ne peut être l'objet
d'un tarif.

1220. — Sous le rapport de la taxe, cela
avait été admis, en effet, par une jurisprudence constante émanée des Cours impériales
et des tribunaux, soit de la Cour de cassation elle-même. Il résultait de cette jurisprudence que le règlement amiable d'honoraires
intervenu entre les notaires et les parties,
conformément à l'art. 51 de la loi du 25 vent.
an XI, rendait celles-ci non recevables à recourir à la taxe, sauf le cas de fraude, d'erreur ou de surprise, alors surtout qu'elles
avaient exécuté volontairement cette convention (Cass., 17 mars 1829; D.ᴘ.29.1.181;
27 mai 1829; 29.1.236). — Il est même remarquable que ces décisions ne distinguent
nullement entre les actes spécialement tarifés
et ceux dont la taxe, à raison de leur nature,
dépend des circonstances, et que, dans l'un
comme dans l'autre cas, elles proclament la
force obligatoire du règlement amiable, sans
permettre aucun recours en répétition des honoraires excédant le taux du tarif. — Sous
l'empire de cette jurisprudence, on tenait
comme un principe qu'il ne *pouvait y avoir*

lieu à la taxe des honoraires qu'*en l'absence*
d'un règlement amiable ; et ce règlement
amiable, dès qu'il était intervenu, faisait irrévocablement la loi des parties, à moins qu'il
n'eût pas été éclairé par une entière connaissance des faits, et conséquemment qu'il n'eût
pas le caractère d'un engagement sérieusement et librement consenti (Amiens, 9 mai
1823, D.ᴀ.10.433, n° 1; Req., 10 avr. 1827;
D.ᴘ.27.1.195; Civ. rej., 19 janv. 1831; D.ᴘ.
31.1.46).

1221. — Mais, plus tard, la réserve faite
par la jurisprudence ancienne, pour ce dernier cas, a été généralisée, et, conformément
à la décision fortement motivée d'un jugement du tribunal de Joigny, du 27 mai 1837
(D.ᴘ.38.3.111) la Cour de cassation et quelques Cours impériales ont posé en principe
que le décret du 16 fév. 1807 a dérogé a
l'art. 51 de la loi de vent. an XI, qui autorisait les règlements amiables des honoraires.
Et, par suite, elles ont décidé que les actes
du ministère des notaires, spécialement tarifés ou non par le décret du 16 fév. 1807,
n'en sont pas moins soumis à la taxe du juge,
sans que les règlements amiables intervenus
y puissent faire obstacle ; et que le droit de
recourir à la taxe dans tous les cas est d'ordre public et appartient, dès lors, aux parties (Paris, 14 mars 1848 et 10 juill. 1852;
D.ᴘ.49.2.54; 52.2.287; Orléans, 7 janv.
1852, D.ᴘ.52.2.198; Cass., 29 nov. 1852,
D.ᴘ.53.1.130, et 2 mai 1853, D.ᴘ.53.1.147.
— V. aussi Cass., 25 mars 1851, D.ᴘ.54.5.
415), même après qu'elles ont exécuté volontairement le règlement amiable, en payant
les honoraires fixés par cette convention
(Cass., 1ᵉʳ déc. 1841. D.ᴘ.42.1.17; Cass., 22
août 1854, D.ᴘ.55.1.23; 4 av. 1859, D.ᴘ.59.
1.161; Paris, 29 déc. 1859, D.ᴘ.60.2.11;
30 janv. 1860, D.ᴘ.60.2.49). — Et afin
que cette règle ne pût être éludée, il a été
jugé que la convention dont l'effet est d'enlever à la partie débitrice de frais et honoraires envers un notaire tout intérêt à
en requérir la taxe est nulle, aussi bien
que la renonciation absolue au droit de demander cette taxe ; qu'ainsi la clause d'un
acte de vente notarié portant que si la taxe des
frais et honoraires amiablement fixés était requise par l'acquéreur, malgré sa renonciation
au droit d'exiger cette taxe, la réduction qui
pourrait être prononcée profiterait, non à lui,
mais au vendeur, est nulle, surtout quand il
est constaté, en fait, que la clause dont il
s'agit a été insérée au profit exclusif du notaire et dans le but de le soustraire à la taxe
(Paris, 29 déc. 1859, D.ᴘ.60.2.11; Req. 20
juin 1860, D.ᴘ.60.1.346).

Cette doctrine a été vivement combattue, notamment par Rolland de Villargues,
vᵒ *Honoraires*, n° 19. On ne peut se dissimuler, toutefois, que l'art. 173 du tarif ne

lui prête un très-puissant appui. Aux termes de cet article, tous les autres actes du ministère des notaires (c'est-à-dire les actes non tarifés), notamment les partages et ventes volontaires qui auront lieu par devant eux, «*seront taxés par le président du tribunal de première instance* de leur arrondissement, suivant leur nature et les difficultés que leur rédaction aura présentées, et sur les renseignements qui lui seront fournis par les notaires et les parties.» L'art. 171 du même tarif vient encore à l'appui de la solution, lorsqu'il dit que «il sera passé aux notaires, pour la formation des comptes que les copartageants peuvent se devoir, de la masse générale de la succession, des lots et des fournissements à faire à chacun des copartageants, une somme correspondante au nombre des vacations que le *juge arbitrera avoir été employées* à la confection de l'opération.» Certes, ces dispositions, qui mettent en avant l'arbitrage du juge, impliquent bien l'idée qu'il y a eu innovation à l'art. 51 de la loi de l'an XI, où c'était le règlement amiable qui était mis au premier rang. Comme l'a dit le tribunal de Joigny dans l'espèce de l'arrêt du 1er déc. 1841, précité, «si, sous l'empire de la loi de ventôse, en cas de règlement entre le notaire et les parties, celles-ci étaient non recevables à l'attaquer et à réclamer l'intervention des tribunaux, il n'en est plus ainsi depuis la promulgation du décret du 16 fév. 1807. — En effet, la loi du 25 ventôse n'avait soumis à aucun tarif, à aucune taxe légale, les actes des notaires, et en avait laissé la fixation sous l'empire du droit commun et à l'arbitrage des officiers et des parties, et s'était bornée, en cas de contestation, à tracer un mode spécial et plus simple devant les tribunaux. — Sous cette législation, les conventions amiables des parties étant la règle, elles devaient leur tenir lieu de loi et devaient, contre toute réclamation, être une légitime fin de non-recevoir. — Mais cet état de choses a été nécessairement changé par l'intervention du décret du 16 fév. 1807. — Par ce décret le législateur, après avoir établi complétement le droit civil par la promulgation du Code civil et du Code de procédure, a voulu régler aussi les droits et honoraires des officiers ministériels appelés à le mettre en action, et a proclamé pour tous la nécessité d'une fixation légale et l'obligation de s'y soumettre. — En présence de cette disposition générale et absolue, le règlement amiable entre les officiers et les parties n'a plus été qu'une exception volontaire *de la part de celles-ci*, et qui ne peut leur interdire le recours aux magistrats, si elles veulent *ensuite* l'invoquer. — Adopter cette exception à la nécessité de la taxe serait en rendre la règle presque entièrement illusoire, parce que les officiers ministériels pourraient toujours profiter du besoin qu'ont d'eux les parties pour s'y soustraire en imposant leurs conditions à l'avance. — Aussi le décret de 1807 a si peu entendu admettre ce règlement amiable comme exception à l'application de ses dispositions, qu'à plusieurs reprises il a formellement interdit à ces officiers d'y déroger par des conventions contraires. — Le décret du 16 fév. 1807 a entendu soumettre à ses règles les notaires, tout aussi expressément que les autres officiers ministériels, puisqu'il leur a consacré un chapitre tout entier. — On ne peut non plus pouvoir distinguer entre les divers actes des notaires et excepter de ses dispositions ceux pour lesquels il n'a pas établi de tarif spécial. — En effet, si le législateur a compris que certains actes, d'après leur nature, ne pouvaient pas être évalués avec certitude, et si, en conséquence, il n'en a point fixé le prix, il a montré qu'il ne voulait point les soustraire à la règle d'une fixation légale, puisque par une disposition expresse, il les a soumis à la taxe, et, par les art. 171 et 173, a confié leur évaluation, dans chaque cas particulier, à l'appréciation du juge-commissaire ou du président du tribunal. — Les prohibitions faites par le décret aux officiers ministériels, de déroger à ses dispositions, s'étendent aux notaires aussi bien qu'aux avoués et huissiers, et aux actes non tarifés spécialement, comme à ceux qui le sont. — Si les art. 129 et 151, qui contiennent ces prohibitions, sont placés dans d'autres chapitres que celui particulier aux notaires, cependant ceux-ci sont nommés expressément dans l'art. 151, et l'art. 171 se réfère nécessairement à cet art. 151 pour les successions, comme l'art. 172 se réfère aux art. 113 et 129 pour les remises accordées en cas d'adjudication. — Ainsi, les prohibitions de cet article sont générales et sans exception.» Ces considérations nous paraissent fort justes. V. aussi dans Dalloz, *Recueil périodique* (29.1.181), une dissertation dans laquelle on s'efforce d'établir que le règlement amiable fait à l'avance n'est pas irrévocable.

Mais c'est du règlement fait à l'avance que nous avons parlé, et c'est aussi dans cette limite qu'il faudrait entendre, selon nous, l'arrêt du 1er déc. 1841. A la vérité, cet arrêt, pas plus que le jugement du tribunal de Joigny, dont il a confirmé la doctrine, n'ont fait cette limitation. Le jugement et l'arrêt ont statué en thèse générale. Disons-le, cependant : si, après que tout a été consommé, et lorsque les parties ne se trouvent plus sous la dépendance des notaires, une fixation amiable, exempte de surprise, était acceptée par les parties et exécutée par elles, il paraît difficile d'admettre que le notaire qui aurait reçu de bonne foi la rémunération de ses soins et d'un travail exigeant une grande expérience, pût encore être soumis à une action en répétition par voie de taxe ou autrement. L'erreur seule ou la fraude pourrait, à notre avis, ouvrir, dans cette hypothèse, une action en répétition ou en rescision du règlement amiable. V. aussi les développements donnés sur cette question par M. Dalloz, *Jur. gén.*, v° *Notaire*, n°s 509 et suiv.

1221 *bis*. — Il a été jugé qu'en admettant que, d'après le décret de 1807, le règlement amiable d'honoraires constitue une fin de non-recevoir contre la demande de taxe, c'est devant le président, investi de la plénitude de juridiction en matière de taxe, que cette exception doit être proposée (Trib. de Tours, nov. 1844, D.P.45.4.309). — Cette exception ne peut être opposée pour la première fois devant la Cour de cassation (Cass., 25 mars 1851, D.P.54.5.415).

1221 *ter*. — Du reste, il n'y a de règlement amiable entre un notaire et son client que lorsque ce dernier a donné au mémoire contenant le détail des déboursés et honoraires son approbation expresse (Orléans, 7 janv. 1852, D.P.52.2.198).

1222. — En ce qui concerne l'inapplicabilité d'un tarif aux actes dont il s'agit ici, le décret de 1807 n'a fait que le confirmer. On a vu que l'art. 173 impose au juge taxateur l'obligation de consulter, pour la fixation des honoraires, la nature de l'acte, les difficultés que sa rédaction aura présentées, et les renseignements fournis par les notaires et les parties. Toutefois on a mis en question s'il ne conviendrait pas d'établir des tarifs qui comprendraient tous les honoraires dus aux notaires, comme il en existait autrefois dans beaucoup de localités. La question a été même soumise, en 1829, à la Chambre des députés; mais la proposition a été rejetée par des considérations décisives. « Il y a des actes, a dit notamment M. Dupin, dans la séance du 24 avril 1829, dont la valeur peut d'avance être appréciée; par exemple, les vacations de telle ou telle durée, etc. Aussi existe-t-il, pour tous ces objets, un tarif établi par le décret du 6 fév. 1807. — Mais les autres actes des notaires, ceux qui ont pour objet d'attester les conventions des parties, et qui varient au gré de leurs caprices, de leurs besoins et de leurs spéculations, ne sont pas susceptibles d'un tarif uniforme. Quelle base, en effet, prendriez-vous pour les évaluer? — L'importance des sommes? Mais l'acte de prêt d'un million n'est pas plus long ni plus difficile à faire que l'acte constatant un prêt de mille écus. — Classerez-vous les actes selon leur nature, tant pour une procuration, tant pour une vente, tant pour une liquidation, tant pour une transaction? Cela est impossible, vous allez en être convaincus. Rien n'est plus simple, assurément, qu'une procuration pour un objet unique;

par exemple, pour paraître au bureau de paix; on la rédigera, je suppose pour cinq francs. Mais, s'il s'agit d'une procuration pour gérer une usine, pour suivre les opérations d'une société de commerce, pour faire toutes les affaires d'un homme qui va s'absenter pour un voyage de long cours, le même salaire sera-t-il en proportion avec le travail de prévision qu'aura exigé cette procuration? — Pour les ventes, l'impossibilité d'arriver à une taxe uniforme est encore plus palpable : si deux paysans viennent chez un notaire lui dire : Moi Paul, j'ai vendu à Pierre un journal de terre moyennant deux cents francs, écrivez. Certes, voilà un acte fort simple, il sera bientôt dressé, le taux n'en sera pas cher. Mais s'il s'agit d'un domaine ou d'une terre considérable; mais si le vendeur et l'acheteur ne sont pas d'accord; s'il faut longuement discuter sur le prix, sur les termes, sur l'établissement de la propriété; si l'acheteur, soupçonnant que son vendeur a de mauvaises affaires, prie le notaire d'étudier minutieusement sa position, de vérifier les titres, de voir s'il a bien payé, lui et ses auteurs, en remontant à plus de trente années, quel prix la loi assignera-t-elle d'avance à une telle suite de travaux? — La même observation s'applique aux liquidations, selon qu'une succession sera faible ou considérable, nette ou embrouillée, selon qu'elle pourra finir en peu de jours ou durer plusieurs années. — Que dirai-je surtout des transactions, de ces actes qui sont le triomphe du notariat, et dans lesquels les hommes qui exercent cette profession se font tant d'honneur, quand ils ont été, je ne dis pas seulement les rédacteurs du traité de paix, mais les négociateurs, les plénipotentiaires, les promoteurs de la conciliation; quand, par leurs sages conseils, à force de soin, d'assiduité, de persévérance, ils sont parvenus à rapprocher les esprits, à réunir les volontés, et qu'ils sont venus à bout de terminer un procès existant, ou de prévenir un procès prêt à éclater? — Faites donc descendre de pareils services au taux fixé d'avance par un tarif froidement calculé! — Avec un prix invariable pour telle ou telle nature d'acte, on ferait alternativement injustice au notaire et à la partie, on risquerait perpétuellement d'accorder ou trop ou trop peu. Trop en prenant pour base un prix moyen, qui se trouverait exagéré pour les affaires minimes, et insuffisant quand on l'appliquerait à des intérêts considérables et à des travaux de difficile appréciation. Avec cette uniformité de salaire et de récompense vous détruiriez toute émulation; l'acte mal fait serait aussi bien payé que l'acte rédigé avec soin; l'acte le plus succinct autant que l'acte le plus compliqué; le notaire inhabile et insouciant, autant que l'homme soigneux et expérimenté. » L'application d'un tarif ne pouvait pas prévaloir sur ces considérations si nettes et si judicieuses : le principe posé dans l'art. 51 de la loi de ventôse, et confirmé par l'art. 173 du décret de l'an VII, devait nécessairement l'emporter.

1223. — Mais il n'a été rien précisé en ce qui concerne les bases d'après lesquelles les honoraires du notaire doivent être fixés. A cet égard, et ainsi que cela s'induit, d'ailleurs, des observations ci-dessus rapportées de M. Dupin, la fixation trouve sa base naturelle dans l'importance des affaires, et dans le plus ou moins de travaux et de difficultés présentés par l'opération qui y donne lieu. Ajoutons, avec M. Augan, t. 1, p. 197, qu'on doit aussi consulter les usages locaux, car, en cette partie, il existe des différences notables entre Paris et les principales villes, et entre celles-ci et les villes inférieures. Les notaires doivent entrevoir le danger auquel ils s'exposeraient, soit en excédant les usages reçus, soit en s'en écartant par une trop grande modicité. Dans le premier cas, ils exciteraient des réclamations qui leur seraient préjudiciables, et dans le second ils déprécieraient eux-mêmes leur travail.

1223 bis. — On a agité la question de savoir si des règlements généraux de la taxe des actes non tarifés par la loi peuvent être faits soit par les notaires d'un arrondissement, soit par leur chambre réunie en assemblée générale. La négative a été généralement admise. V. Nîmes, 30 août 1811 (D.P. 2.781); Bourges, 30 juin 1829 (D.P.29.2.272); Lett. min., 26 janv. 1833 (D.P.38.3.116); trib. de L...., 16 déc. 1835 (D.P.36.3.109); Cass., 20 avril 1853 (D.P.53.1.228). — V. cependant une inst. min. du 5 mai 1834, citée par Rolland de Villargues, v° Assembl. gén., n° 70 ; Req., 26 janv. 1841 (D.P.41.1.97); Ed. Clerc., Tr. gén. du not., t. 1er, n° 667).

1224. — Au reste, certaines règles ont été admises dans la pratique : elles préviennent l'arbitraire en même temps qu'elles sont susceptibles de concilier l'intérêt des notaires et celui des parties. Il résulte de ces règles que les actes sont divisés en deux classes, les uns, qu'on a considérés comme devant rendre exigible un honoraire proportionnel, parce qu'ils contiennent des valeurs déterminées ou susceptibles de l'être ; les autres, qui ont paru ne pouvoir être soumis qu'à un honoraire fixe, parce qu'ils ne présentent dans leurs stipulations aucune valeur, et ne laissent à considérer que le travail qu'ils exigent. C'est, comme le dit Rolland de Villargues, v° Honoraires, n° 39, sous ce double point de vue que des tarifs ont été adoptés par plusieurs chambres et proposés dans divers écrits. V. aussi les ouvrages de MM. Renaud et Vernet. — Ajoutons que c'est la classification qui est suivie par la loi sur l'enregistrement, et, en outre, que, dans les colonies, l'autorité locale a fait, à des époques plus ou moins récentes, des tarifs dans lesquels les actes des notaires sont également divisés en deux séries, dont l'une est rétribuée par un honoraire fixe et l'autre par un honoraire proportionnel.

1224 bis. — La taxe des frais et honoraires d'une adjudication d'immeubles faite devant un notaire peut être réclamée par toutes les parties, et non pas seulement par celle à la charge de laquelle les frais et honoraires ont été mis, soit par la loi, soit par la convention ; — et spécialement le vendeur ou ses créanciers ont qualité pour requérir cette taxe, quoique les frais et honoraires à taxer soient payables par l'adjudicataire en sus de son prix ; — ... sauf la décision à intervenir entre le vendeur et l'acheteur sur le point de savoir si la réduction opérée par le juge taxateur profitera au premier ou au second (Cass., 4 avril 1859, D.P.59.1.161 ; V. aussi Rouen, 21 mai 1859, D.P.60.5.194). — Mais il en est autrement dans les ventes de gré à gré (Rouen, même arrêt).

1225. — La taxe est faite par le président du tribunal de première instance de la résidence du notaire. C'est ce qu'établit l'art. 173 du tarif du 16 fév. 1807, qui, sous ce rapport, a modifié l'art. 51 ci-dessus de la loi de ventôse, aux termes de laquelle c'était le tribunal tout entier qui devait faire la fixation en cas de dissentiment entre le notaire et les parties. Mais la taxe des honoraires d'un notaire faite par le président en vertu de l'art. 173 du tarif, n'a pas le caractère d'un jugement ; par suite, si les parties n'acquiescent pas à ce règlement, c'est devant le tribunal civil que doit être portée leur réclamation, conformément à l'art. 51 de la loi du 25 vent. an XI, auquel l'art. 173 du tarif n'a pas dérogé à ce point de vue. Peu importe, d'ailleurs, que la taxe ait été réglée par le président après le débat contradictoire, ou par défaut contre l'une des parties (Cass., 21 avril 1845, D.P.45.1.235, et 15 mars 1847, D.P.47.1.152. Contrà, trib. de Tours, nov. 1844, D.P.45.4.307).

1226. — Ce même article voulait que la fixation fût faite sur l'avis des chambres, et cette disposition n'a pas été reproduite par le tarif de 1807, dont l'art. 173 se borne à indiquer au juge taxateur, comme base de la taxe, la nature des actes, les difficultés que leur rédaction aura présentées, et les renseignements fournis par les notaires et les parties. De là est née la question de savoir si le tarif a abrogé l'art. 51 de la loi de ventôse, en ce qui concerne l'avis des chambres, que le tribunal devait prendre aux termes de ce dernier article. Nous avons examiné cette question dans notre Tr. de la discip. not., où nous avons tâché d'établir que, depuis le décret de 1807, l'avis des chambres n'a plus été nécessaire pour arriver à la fixation des honoraires, et qu'il est entièrement facultatif au président de prendre cet avis ou de taxer sur les seuls renseignements des intéressés (*V. loc cit.*, nº 18). C'est aussi l'opinion de M. Augan, t. 1, p. 198. — Il a été jugé que le moyen tiré de l'absence de l'avis préalable de la chambre des notaires, ne tenant pas à la compétence, n'est pas d'ordre public, et ne peut, dès lors, être présenté pour la première fois devant la Cour de cassation (Req., 9 mars 1858, D.ᴘ.58.1.202). — Le président peut également prendre en considération des règlements que les chambres font, d'après l'usage, sur la taxe des actes non tarifés par la loi. Ces règlements ne sont pas obligatoires, sans doute, pour les notaires, ni, à plus forte raison, pour les parties (Nîmes, 30 août 1811, D.ᴀ.10.434; Bourges, 30 juin 1829, D.ᴘ.29.2.272). Mais rien ne s'oppose à ce qu'ils soient pris en considération par le juge taxateur, ou même par les tribunaux, surtout lorsque ces tarifs sont exécutés depuis un certain nombre d'années, en présence des chefs de la magistrature locale (17 fév. 1840, D.ᴘ.41.2.3; Cass.,26 janv. 1841, D.ᴘ.41.1.97).

Au surplus, cet article ne s'applique qu'aux contestations qui portent sur la quotité de ces honoraires, et non au cas où il s'agit de savoir si des honoraires sont dus.

Et tout cas, le notaire ne peut se plaindre du défaut de l'avis de la chambre, lorsqu'il a saisi lui-même le tribunal de sa demande d'honoraire, sans réclamer cet avis (Cass., 24 juill. 1849, D.ᴘ.49.1.318).

1226 bis. — La cour impériale qui, saisie sur appel de la question de savoir auquel, du vendeur ou de l'adjudicataire, doit profiter la taxe des honoraires dus au notaire, infirme le jugement de première instance, ne peut évoquer le fond et commettre un de ses membres pour procéder à la taxe: le président du tribunal de l'arrondissement du notaire est exclusivement chargé de cette opération (Paris, 30 janv. 1860, D.ᴘ.60.2.50).

1226 ter. — Cependant la taxe des actes de notaire par le président du tribunal civil n'est pas d'ordre public dans un sens absolu, et rien ne s'oppose à ce que, par un compromis régulier, les parties intéressées donnent mission à des tiers de statuer sur les sommes dues pour coût d'actes par un client à son notaire. — Dans tous les cas, est valable le compromis par lequel un notaire et son client chargent des arbitres de juger les difficultés qui les divisent comme amiables compositeurs et sans aucun recours, encore qu'il s'agisse de régler un compte dans lequel entrent, pour la plus grande partie des articles, des coûts d'actes notariés non taxés; la partie intéressée pouvant toujours, même après la sentence, demander la taxe régulière des actes et

le sursis aux poursuites (Orléans, 11 décemb. 1861, D.ᴘ.62.2.28).

1226 quater. — La taxe faite par le président et ensuite, en cas d'opposition, par le tribunal, des honoraires dus aux notaires pour les actes non tarifés, ne peut être soumise au contrôle de la cour de cassation. Ainsi le notaire devant lequel des immeubles distincts, dépendant d'une même succession, ont été vendus par lots séparés, et qui a dressé, par actes également séparés, les quittances des prix de ces ventes, ne peut se faire un grief devant la Cour de cassation de ce que les honoraires relatifs aux diverses quittances par lui rédigées ont été calculés, non sur les prix partiels payés par chacun des acquéreurs, mais sur la totalité du prix de vente, comme s'il n'avait reçu qu'une quittance unique, une telle taxe étant l'œuvre du pouvoir discrétionnaire du magistrat auquel elle a été confiée et du tribunal qui a statué sur l'opposition dont le notaire l'a frappée (Req., 10 mai 1858, D.ᴘ.58.1.402).

1226 quinquies. — Dans le cas où le cahier des charges impose à l'adjudicataire l'obligation de payer au notaire, pour frais et honoraires, en sus du prix, une somme proportionnelle à ce prix, par exemple, 12 1/2 p. 100, c'est au vendeur seul, et non point à l'adjudicataire, que doit profiter la réduction opérée par le juge taxateur (Paris, 30 janv. 1860, D.ᴘ.60.2.49).

1227. — Les honoraires des actes auxquels deux notaires ont coopéré ne peuvent pas être plus élevés que s'il n'y avait qu'un seul notaire (Arg. stat. not. de Paris de 1681, art. 15). De là il suit, sauf ce que nous avons dit *suprà*, à l'occasion des vacations, qu'en cas de coopération de plusieurs notaires à un même acte, les honoraires doivent se partager également entre eux (Stat. not. de Paris, du 27 fév. 1823 et 27 avril 1847, D.ᴘ.47.3. 204).

1228. — Mais pour qu'il y ait lieu au partage des honoraires par portions égales, il faut que la coopération du second notaire ait été entière. Il en serait autrement si cette coopération n'avait été qu'accessoire. Cela est constant dans la pratique. Ainsi, le notaire qui serait intervenu dans un acte important, par exemple dans un partage, pour une partie qui aurait un simple consentement ou une mainlevée à donner, n'aurait pas droit à la moitié des honoraires; il ne devrait, en toute équité, être admis à demander que les honoraires du consentement à la mainlevée (*Conf.*, Chauveau, *Comment. du tarif*, nº 38 ; Rolland de Villargues, vᵒ *Honoraires*, nº 202).

1229. — Mais que faudrait-il décider à l'égard du notaire qui substituerait un confrère pour cause de maladie ou d'absence ? Il a été jugé qu'un tel notaire serait fondé à percevoir la moitié des honoraires de l'acte qu'il aurait ainsi reçu (Trib. d'Apt, 15 mars 1839, D.p. 40.3.103). Remarquons toutefois qu'il y avait dans cette espèce cette circonstance particulière, que le notaire substituant n'avait pas entendu agir uniquement en cette qualité; et, en effet, l'acte avait été reçu en double minute, l'une devant rester dans son étude, et l'autre dans celle du notaire substitué. Sans cette circonstance, il est probable que les honoraires auraient été exclusivement attribués au notaire substitué. Il est d'usage, en effet, dans l'hypothèse d'une substitution véritable, que le notaire substituant n'ait aucune part dans les honoraires. Et cet usage, ainsi que le dit avec raison Rolland de Villargues, v° *Honoraires*, n° 196, « est fondé sur ce que le notaire qui substitue un confrère momentanément empêché, exerce son ministère, non pas précisément à la réquisition des parties, mais pour obliger son confrère, afin de conserver à ce dernier sa clientèle, la garde de l'acte et les émoluments qui sont attachés à sa réception. Cette substitution est même mentionnée dans l'acte, et il y est ajouté que la minute de cet acte restera en la possession du notaire substitué. »

1230. — 3° *Des personnes qui doivent payer les honoraires.* « En général, dit M. Augan, t. 1, p. 203, les frais occasionnés par les actes sont à la charge de celle des parties à qui la convention doit profiter, ou dans la main de qui elle doit former un titre utile; ainsi, d'après le Code Napoléon, les frais de quittance sont à la charge de la partie qui se libère (1248), et les frais de vente sont à la charge de l'acheteur (1539). » C'est, d'ailleurs, en suivant le même principe que la loi sur l'enregistrement dispose que « les droits des actes emportant obligation, libération ou translation des actes de propriété ou d'usufruit de meubles ou immeubles, seront supportés par les débiteurs et nouveaux preneurs, et que ceux de tous les autres actes le seront par les parties auxquelles les actes profiteront, lorsque, dans ces derniers cas, il n'aura pas été stipulé de dispositions contraires dans les actes. » (L. 22 frim. an VIII, art. 31). — Ainsi, c'est aux débiteurs et aux nouveaux possesseurs que la demande des honoraires doit être faite par le notaire, et c'est ce qui se pratique dans l'usage (*V.* Dalloz, v° *Notaire*, n° 526; Ed. Clerc, *Tr. gén. du not.*, t. 1er, n° 690).

1231. — Dans le cas où plusieurs débiteurs de sommes inégales renouvellent les titres, la règle s'applique encore en ce sens que chaque débiteur ne doit naturellement qu'une part de frais proportionnels à sa dette. « Sans cette juste répartition, dit avec raison M. Vernet, p. 94, il pourrait arriver qu'un débiteur payât, en frais, plus qu'il ne doit en principal. »

1232. — Mais il peut se faire que la demande d'honoraires adressée par le notaire à celle des parties qui doit les supporter, soit infructueuse; comme il ne serait pas juste qu'un notaire perdît ses avances et le fruit de ses travaux, la loi lui a donné le droit de se faire payer par les autres signataires de l'acte. Ce droit résulte de la nature même des fonctions du notaire. Chargé par plusieurs contractants de rédiger un acte qui les intéresse tous, il est véritablement le mandataire commun de tous ces contractants, et il a une action solidaire contre chacun d'eux. Cette obligation de toutes les parties envers le notaire est comparée à celle du mandant envers un mandataire. Tel est le principe admis par la jurisprudence. Le notaire étant ainsi considéré comme le mandataire de tous ceux qui figurent dans l'acte, il suit naturellement qu'il a contre chacun d'eux l'action accordée aux mandataires pour se faire rembourser des frais et des avances qu'il a faits (art. 1999 et 2002, C. Nap.). Son mandat, qui s'étend aux honoraires, est, par sa nature même, comme celui de tout officier public, salarié, et ne peut être considéré comme gratuit : cela est fondé encore sur ce que, relativement aux officiers publics, l'emploi du temps et des soins doit être assimilé aux déboursés (*Conf.*, Augan, t. 1, p. 201; Vernet, p. 38; Rolland de Villargues, v° *Honoraires*, n°s 211 et suiv.; Dalloz, *eod. v°*, n° 527; Ed. Clerc, t. 1er, n° 692).

1233. — Du reste, le principe de la solidarité a été fréquemment appliqué par la jurisprudence, et notamment à l'égard des honoraires d'une vente (Cass., 26 juin 1820, D.A. 10.436 ; Cass., 20 mai 1829, D.P.29.1.247), d'un bail (Cass., 10 nov. 1828, D.P.28.1.438), d'une quittance (Cass., 10 avril 1826, D.P.26. 1.240), d'une liquidation de succession (Cass., 27 janv. 1812, D.A.10.435, n° 2), etc. — Remarquons que plusieurs de ces décisions ont consacré le principe de la solidarité, en présence d'une stipulation expresse de l'acte par laquelle il était convenu de faire supporter les droits et les honoraires exclusivement par l'une des parties qui était nommément désignée. C'est qu'en effet une stipulation de cette nature ne peut avoir pour objet que de régler l'intérêt des parties entre elles, de déterminer celle qui devra supporter les frais *en définitive*; mais elle ne peut nullement déroger à l'obligation solidaire d'indemnité contractée envers les notaires par toutes les parties qui ont requis leur ministère. C'est ce qu'expriment nettement les arrêts précités des 26 juin 1820 et 20 mai 1829. *V.* aussi Ed. Clerc, *Tr. gén. du not.*, t. 1er, n° 695.

1234. — Toutefois ces décisions se restreignent au seul cas où l'acte a eu lieu du consentement unanime de toutes les parties, et dans leur intérêt commun; elles seraient

II.

inapplicables au cas où le notaire aurait agi sur la demande d'une seule d'entre elles (Augan, p. 204; Rolland de Villargues, vᵒ *Honoraires*, nᵒ 217; Ed. Clerc, t. 1ᵉʳ, nᵒ 697). C'est ainsi qu'il a été décidé que le notaire qui a rédigé une promesse de vente, sur la demande du vendeur, et sans mandat de l'acheteur, ne peut réclamer ses honoraires que contre le vendeur (Cass., 5 janv. 1819, D.A. 10.436, nᵒ 3), et que lorsqu'un traité d'adjudication est resté imparfait par le refus de signer de quelques-unes des parties mentionnées dans l'acte comme acquéreurs solidaires, le notaire instrumentaire ne peut exercer l'action solidaire en paiement de ses honoraires et du droit d'enregistrement, contre les signataires ou non-signataires, s'il n'avait pas d'ailleurs reçu d'eux le mandat d'acheter l'immeuble mis en vente (Cass., 16 juill. 1832, D.P.32.1.413).

1235. — De même, aussi, le principe de la solidarité se restreint aux seuls droits qui sont dus lors de la passation de l'acte, et qui en sont une suite immédiate; quant aux droits dont l'obligation ne naît qu'après la passation de l'acte, ils ne concernent que celle des parties qui ont séparément requis le ministère du notaire (*V.* Remy, p. 132; Vernet, p. 93; Augan, t. 1, p. 204; Dalloz, vᵒ *Notaire*, nᵒ 529; Éd. Clerc, nᵒˢ 702 et 703). Ainsi, le notaire aurait incontestablement une action solidaire contre toutes les parties, pour les premières expéditions d'un acte, et surtout si cet acte porte qu'elles seront délivrées; mais relativement aux expéditions délivrées ensuite sur la demande de l'une des parties, le notaire n'aurait d'action que contre celle-ci, par la raison que, seule, elle aurait requis son ministère (V. les auteurs cités, Rolland de Villargues, vᵒ *Honoraires*, nᵒˢ 226 et suiv.).

1236. — La solidarité existe en faveur du notaire aussi bien pour les avances et déboursés, par exemple, le timbre et l'enregistrement qu'il est tenu de faire, que pour ses honoraires. Le principe sur lequel la solidarité est fondée est le même absolument, c'est le mandat. La Cour de cassation a dit, en effet, dans l'arrêt précité du 26 juin 1830, que « le recours donné aux notaires par l'art. 30 de la loi sur l'enregistrement est conforme au droit commun, suivant lequel le mandataire constitué par plusieurs personnes pour une affaire commune, a une action solidaire contre chacune d'elles *pour le remboursement de ses avances* et le paiement du salaire qui peut lui être dû, droit consacré par les art. 1999 et 2002, C. Nap. » *V.* en ce sens, trib. de la Seine, 30 mars 1842 (D.P.42.3. 141); Cass., 9 avril 1850 (D.P.50.1.124). — *V.* toutefois Amiens, 28 déc. 1849 (D.P.52. 2.2).

1237. — La conséquence qui semblera s'induire de ce principe, c'est que le notaire a droit aux intérêts des avances par lui faites du jour où il les a effectuées; car, après avoir posé en règle, dans l'art. 1999, C. Nap., que le mandant doit rembourser au mandataire les avances faites par celui-ci, le législateur ajoute, dans l'art. 2001, que l'intérêt de ces avances est dû au mandataire du jour des avances constatées. Or, la jurisprudence en reconnaissant l'identité de position qui existe entre le notaire et le mandataire ordinaire, entre le client et le mandant, semble avoir, par cela même, tranché la question des intérêts. C'est ce qu'enseignent la généralité des auteurs. « L'analogie une fois reconnue et consacrée, dit M. Augan, t. 1, p. 205, il n'y a pas eu à s'occuper de cette question, par la raison bien simple que sa solution ne pourrait être qu'une dépendance de la question principale, et que cette solution, d'ailleurs, se trouve écrite dans l'art. 2001, C. Nap. Qu'exige, en effet, la loi? *Que les avances soient constatées.* Or, à l'égard des notaires, cette condition est remplie de la manière la plus formelle par les registres de la régie. Ainsi, nulle raison de penser que les avances d'enregistrement ne soient pas productives d'intérêts du jour où elles ont été faites. » — C'est, en effet, ce qui a été jugé à plusieurs reprises (Trib. de la Seine, 10 fév. 1830, Grenoble, 14 juill. 1838; Riom, 8 déc. 1838, D.P.39.2.94 et 251).

1238. — Disons cependant que la Cour de cassation a constamment rejeté cette doctrine; elle n'a admis le droit du notaire aux intérêts de ses avances qu'à dater de sa demande en justice. C'est ce qu'elle a jugé par un premier arrêt du 30 mars 1830 (Cass., D.P.30. 1.188), et elle a maintenu sa doctrine par un nouvel arrêt du 24 juin 1840 (Cass., D.P. 40.1.259), lors duquel le conseiller rapporteur M. Troplong, a présenté des considérations qui prêtent à cette doctrine un bien solide appui. « Sans doute, a dit M. Troplong, le notaire est le mandataire des parties pour recevoir leurs dispositions et les convertir en acte public. Mais quand il s'agit du paiement des droits que le fisc prélève sur ces actes, le notaire n'agit plus dans le rôle de mandataire des parties. Ce n'est pas par suite de son mandat, et pour le conduire jusqu'au bout qu'il paye; il paye, parce que la loi fiscale lui en impose l'obligation spéciale. D'après elle, il est débiteur envers le Trésor, il est lié personnellement envers lui, sauf son recours. C'est donc dans la loi fiscale qu'il faut aller puiser les conséquences de l'obligation extraordinaire qu'elle impose; de cette obligation, qui dépasse les limites du mandat, car on ne la trouverait pas dans le mandat, si la loi ne l'imposait expressément. Or, la loi du 22 frim. an VII, qui, dans son art. 29, constitue le notaire débiteur du fisc, lui donne, dans l'art.

30, les moyens d'assurer son remboursement du côté de la partie débitrice, et là elle ne parle par des intérêts de plein droit ; elle les repousse donc pas son silence, et dès lors les intérêts ne peuvent être dus que du jour de la demande.—Les matières d'enregistrement ne sont pas les seules où l'on voit le fisc assurer le paiement de l'impôt en se donnant plusieurs débiteurs. Quelquefois le propriétaire est tenu de payer l'impôt pour le locataire. Quelquefois le preneur est tenu d'en faire l'avance pour le propriétaire. Cependant on n'a jamais prétendu que celui qui, dans ces cas, a fait l'avance de l'impôt, pût le recouvrer en exigeant les intérêts de plein droit. La raison est que celui qui paye n'a pas agi purement et simplement pour le compte de l'autre, pour satisfaire à son désir, pour lui rendre service. C'est avant tout et en premier ordre, pour s'exonérer envers le Trésor, qui voit en lui un obligé personnel, et qui lui ferait rigoureusement expier son retard.—Donc le motif dominant de l'art. 2001 manque ici. Il manque d'autant plus que le notaire a trouvé dans la passation de l'acte une occasion de profit ; que son ministère a été convenablement rétribué par des honoraires qui dépassent le salaire d'un mandataire sans caractère public ; qu'ainsi ce serait grever les parties outre mesure que de se faire de l'avance des frais une occasion de faire courir des intérêts légaux.—Mais ce n'est qu'une considération. La véritable raison est que la loi de la matière est muette sur les intérêts de plein droit, et que l'art. 2001, C. Nap., ne peut suppléer à ce silence expressif. »—V. encore Conf. Cass., 18 mars 1850 (D.P.50.1.101). — En tout cas, le notaire ne pourrait réclamer les intérêts dont il s'agit qu'à partir de la demande en justice (Trib. de Lombez, 18 mars 1842, D.P.46.3. 128).

1239. — 4° Actions auxquelles donne lieu l'obligation des honoraires. — Le notaire a une action en justice pour le paiement de ses honoraires : c'est la conséquence nécessaire du droit que la loi lui donne de les réclamer. Cependant on a dit avec raison qu'il est de la dignité, et même de l'intérêt des notaires, de n'avoir recours aux tribunaux que dans les cas d'une évidente nécessité. Disons, à ce propos, que la jurisprudence a plusieurs fois consacré en principe le droit qu'aurait le notaire non payé et qui ne voudrait pas recourir aux voies judiciaires, de retenir les pièces à lui fournies pour la rédaction d'un acte, jusqu'à parfait paiement (Paris, 13 oct. et 28 nov. 1834, D.P.35.2.5 et 27 ; trib. de la Pointe-à-Pitre, 13 mars 1838, D.P.39.3.107).—Pareillement, le notaire pourrait, aux termes de l'art. 851, C. proc., refuser la délivrance des expéditions aux parties et les forcer ainsi de recourir elles-mêmes en justice (art. 839 et 840), où

elles seraient condamnées au paiement des droits du notaire, par leur propre fait, puisque les motifs du refus devraient être incidemment jugés.—Mais le notaire ne peut retenir les sommes provenant du prix de ventes immobilières passées devant lui pour se faire payer les frais non taxés d'autres actes, ni établir une compensation entre ces frais et les sommes reçues (Angers, 24 mai 1843, D.P. 43.2.154).—Il ne peut pas non plus se payer de ses honoraires taxés ou non taxés, sur des sommes qui lui ont été confiées avec une destination spéciale de lui connue et par lui acceptée (Montpellier, 16 janv. 1856, D.P. 57.2.138).

1240.—Lorsque des moyens indirects d'arriver au paiement des honoraires n'existent pas pour le notaire et qu'il rencontre une résistance absolue dans ses clients, quelle est la forme dans laquelle l'action doit être exercée, et quelles sont les justifications qui doivent l'appuyer ? A cet égard, il faut distinguer : les parties peuvent vouloir payer, et elles contestent seulememnt la quotité de l'honoraire ; ou bien elles peuvent être en retard ou refuser de payer les honoraires réclamés, abstraction faite de leur montant. Dans la première hypothèse, le notaire devra recourir à la taxe de son mémoire par le président du tribunal de sa résidence. La taxe a lieu conformément aux règles que nous avons indiquées suprà, nos 1219 et suiv.—Mais elle n'est établie que dans l'intérêt des parties, qui peuvent y renoncer.

Ainsi, le notaire qui enfreint lui-même cette disposition en constituant avoué ; et engage ainsi son adversaire à le suivre dans cette voie, ne peut se plaindre de ce mode de procéder (Cass., 24 juill. 1849, D.P.49.1.318).

1241.—Cependant, alors même qu'il a fait taxer ses honoraires, le notaire n'a pas, pour cela un titre exécutoire. Le notaire n'aurait pas même le droit de se faire délivrer un exécutoire par le greffier (Rolland de Villargues, v° Honoraires, n° 277 ; contrà, trib. de Poitiers, 15 déc. 1840, D.P.41.3.553) ; cet exécutoire ne peut être délivré aux parties que dans deux cas déterminés : 1° lorsqu'il s'agit d'inscription de faux incident (art. 203, C. proc.) ; 2° pour droit d'enregistrement et de timbre (L. 22 frim. an VII, art. 30 ; V. trib. de Lombez, 18 mars 1842 ; D.P.46.3.128).—Ainsi, hors de ces deux cas, la taxe ne forme point entre les mains du notaire un titre qu'il puisse exécuter ; elle n'a pas l'effet d'une décision judiciaire ; elle ne constitue qu'un préalable d'instance auquel les parties peuvent s'arrêter, mais qui peut aussi être suivi, à leur gré, d'une contestation devant le tribunal.

1242.—Mais une question plus difficile est de savoir comment cette décision sera attaquée, si les parties ne veulent pas l'accepter.

13.

Il y a eu sur ce point nombre de décisions qui ont admis la voie d'opposition devant le tribunal de première instance (*V.* notamment Paris, 22 déc. 1832, D.P.33.2.85). Mais il a été reconnu, et c'est le parti qui a prévalu devant la Cour de cassation, que le président qui procède à la taxe des frais dus à un notaire ne remplace pas le tribunal; qu'il ne juge pas, comme, par exemple, lorsqu'il statue en état de référé; qu'il remplit des fonctions purement gratuites, et qu'ainsi la décision qu'il rend est plutôt un avis qu'un jugement. De là on a conclu qu'il n'y avait pas nécessité de se pourvoir par opposition ou par appel contre cette décision; et que si les parties ne consentent pas à l'accepter, elle doivent nécessairement se pourvoir par voie d'action principale devant le tribunal de première instance, par application de l'art. 51 de la loi de ventôse, qui attribue compétence à ce tribunal seul (Cass., 11 nov. 1833; D.P.34.1. 36; et les arrêts cités au nᵒ 1225; *V.* aussi Cass. 7 janv. 1846, D.P.46.1.14). Dans ce système qui n'établit aucun antagonisme entre l'art. 31 de la loi de l'an xi et l'art. 173 du tarif, le président remplit un office de conciliation nécessaire dans le triple intérêt: 1ᵒ de la bonne harmonie entre un notaire et son client; 2ᵒ de la considération du notariat; 3ᵒ de l'administration de la justice, en ce qu'il établit une sorte de juridiction de premier degré dans une matière qui atteint rarement au deuxième ressort. *V.* cependant Orléans, 7 janv. 1852 (D.P.52.2.198).

1243.—Dans la seconde hypothèse, lorsque les parties refusent de payer les honoraires, abstraction faite de leur quotité, le notaire doit les assigner directement en justice. Mais il se présente deux systèmes pour engager l'action. Ils consistent, l'un dans les formes du droit commun, telles qu'elles sont déterminées par le Code de procédure en matière personnelle, l'autre dans les formes spéciales établies par l'art. 60 du même Code et par l'art. 9 du second décret du 16 fév. 1807. D'après le premier de ces systèmes, le tribunal compétent serait celui du domicile de la partie débitrice, et le juge de paix, dans le cas où la quotité des honoraires ne s'élèverait pas au-dessus de 200 fr.; enfin le notraire ne pourrait assigner devant le tribunal sans avoir pris le préliminaire de conciliation. D'après le second, le tribunal compétent serait, dans tous les cas, celui où les frais auraient été faits, et à quelque somme que ces frais se fussent élevés: c'est devant ce tribunal que l'action devrait être portée *de plano*, et sans préliminaire de conciliation.

Quel est, entre les deux systèmes, celui qu'il faut adopter? La Cour royale de Poitiers s'est prononcée en faveur du premier par arrêt du 7 déc. 1830, et il existe, dans le même sens, quatre décisions de M. le garde des sceaux, en date des 4 déc. 1826, 8 nov. 1827, 28 mai 1828 et 30 nov. 1829. *V.* aussi *Conf.*, *Just.*, de paix de Senlis, 7 mai 1842 (D.P. 43.3.145); trib. de la Rochelle, 24 janv. 1845, (D.P.45.3.109). Toutes ces décisions reposent sur un même motif, à savoir: que les dispositions de l'art. 60, C. proc., et de l'art. 9 du décret du 16 fév. 1807, d'après lesquelles les demandes formées pour frais par les *officiers ministériels*, doivent être portées au tribunal où les frais ont été faits, et sans préliminaire de conciliation, ne s'appliquent pas aux notaires.

Mais cette doctrine, qui est d'ailleurs admise par plusieurs auteurs (*V.* Lepage, *Quest.*, p. 107; Chauveau, *Comm. du tarif*, t. 1. p. 127), n'a pas généralement prévalu. Et, en effet, à supposer qu'il fallût faire, relativement à l'application de l'art. 60, C. proc., et de l'art. 9 du décret de 1807, la distinction proposée entre les notaires et les officiers ministériels, et que, par conséquent, il fallût laisser ces articles de côté, il resterait encore l'art. 51 ci-dessus de la loi de ventôse an xi, d'après lequel les honoraires des notaires doivent être réglés...*par le tribunal civil de la résidence du notaire*. Or, on ne peut pas supposer que le législateur ait voulu que deux tribunaux différents puissent être saisis de la même affaire, l'un quant à la taxe et l'autre quant à la condamnation au paiement des honoraires taxés. L'inapplicabilité de l'art. 60, C. proc., étant donc hypothétiquement admise, dans le cas particulier, il resterait encore l'art. 51 de la loi de ventôse, dont la disposition consacre virtuellement la compétence du tribunal de la résidence du notaire.

Mais, ensuite, comment pourrait-on dire que l'art. 60 ne régit pas les notaires comme les avoués, les huissiers et les greffiers? La disposition de cet article d'après laquelle les demandes formées pour frais par les officiers ministériels doivent être portées au tribunal où les frais ont été faits, a été motivée notamment sur ce que ce tribunal est celui qui peut taxer les frais le plus exactement, et sur ce qu'il importe au public que ces officiers, dont le ministère est forcé, ne soient pas détournés de leurs fonctions, et qu'il ne serait pas juste, lorsqu'ils ne peuvent les refuser, de les exposer à poursuivre au loin les vacations et avances qui leur seraient dues. Or, il est de toute évidence que ces motifs s'appliquent, avec autant de raison, aux notaires qu'aux avoués et autres officiers ministériels. Aussi a-t-on admis, d'une manière à peu près générale, en doctrine, qu'ils peuvent porter leur action en paiement d'honoraires devant le tribunal de leur arrondissement, quel que soit le domicile des parties (*V.* Carré, sur l'art. 60, C. pr.; Boncenne, t. 2, p. 253; Loret, t. 1, p. 494; Augan, t. 1, p. 207; Rolland de Villargues, vᵒ *Honoraires*, nᵒ 241;

Dalloz, v° *Notaire*, n° 528 ; Ed. Clerc, t. 1er, n°s 717 et 718). La jurisprudence s'est également prononcée dans ce sens, c'est par application des principes qui viennent d'être rappelés qu'elle a proclamé que le juge de paix est incompétent, *ratione materiæ*, pour statuer sur la demande en paiement d'honoraires formée par un notaire, ces honoraires fussent-ils au-dessous de la somme de 200 fr. (Trib. de Civray, 24 avril 1841, D.P.41.3. 431; Orléans, 15 mai 1832 et 12 déc. 1844 (D.P.45.4.306); Rennes, 28 nov. 1840, D.P. 41.2.180; Dijon, 22 avril 1844; Cass., 21 avril 1845, D.P.45.1.237; Cass., 7 déc. 1847, D.P.47.1.361; Poitiers, 27 janv. 1846, D.P. 46.2.185; Paris, 21 juill. 1856, D.P.57.5.186; Cass., 25 janv. 1859, D.P.59.1.76).

1244. — Du reste, ainsi que le fait remarquer M. Augan, p. 209, « les formes ordinaires pourraient être admises en certains cas, si on veut les considérer comme simplement facultatives : ainsi, par exemple, s'il y a eu règlement amiable de frais entre le notaire et son client, ou si celui-ci n'élève pas de contestation sur la quotité des honoraires, s'il n'y a d'autres difficultés à juger que celles qui résulteraient des paiements allégués par le client, ou de la demande d'un délai pour se libérer, dans ces différents cas, aucune disposition, soit du décret de 1807, soit de la loi de ventôse, ne paraît interdire l'usage des formes communes de la procédure. Il est donc loisible au notaire de porter sa demande suivant la marche ordinaire, soit devant le tribunal du domicile des parties, si la somme des honoraires réclamés excède 200 fr., soit devant le juge de paix également du domicile du défendeur, si les honoraires ne s'élèvent pas au-dessus de cette somme.

1244 *bis*. — Mais c'est devant le tribunal du domicile du défendeur que doit être portée la demande du notaire lorsqu'elle a pour objet des honoraires s'appliquant à des actes qui ne rentrent point dans les attributions de celui-ci (Bourges, 22 fév. 1842, D.P.44. 2.45).

1245. — Dans tous les cas, il doit être donné, en tête de l'assignation, copie du mémoire des honoraires réclamés (2° tarif de fév. 1807, art. 9). C'est là la pièce principale que le notaire doit produire à l'appui de sa demande. Mais elle n'est pas la seule : l'exhibition des minutes peut lui être demandée; il doit se tenir prêt à les représenter. Cette représentation suffit, d'ailleurs, pour établir ses droits, soit que les actes aient été reçus par le notaire lui-même, soit qu'ils l'aient été par l'un de ses prédécesseurs : ce serait à la partie qui se prétendrait libérée à donner la preuve de sa libération (Cass., 14 oct. 1811, D.A.10.434, n° 2; Cass., 4 avril 1826, D.P. 26.1.224).

1246. — Cependant, comme la plupart des clients sont dans l'usage de ne point retirer de récépissé des paiements faits au notaire, s'il leur avait été délivré expédition des actes sans réserve des frais, la représentation de ces expéditions serait une présomption de paiement, surtout si, à cette première circonstance, se réunissait celle d'un long silence de la part du notaire (Cass., 18 nov. 1813, D.A.10.1.435, n° 1; Douai, 13 fév. 1834, D.P.36.2.61; trib. de Moulins, 23 janv. 1843, D.P.45.4.307). — Mais cette présomption céderait devant l'engagement que le client aurait pris de prouver que les frais ont été payés au notaire (Riom, 14 mars 1845, D.P. 45.4.308).

1246 *bis*. — La présomption légale de paiement résultant, d'après l'art. 1283 C. Nap., de la remise volontaire de la grosse du titre, faite par le créancier à son débiteur, s'applique au notaire qui remet à son client la grosse de l'acte notarié dont les frais lui sont dus : ces frais sont, par l'effet d'une telle remise, réputés avoir été payés au notaire, l'acte à raison duquel ils sont dus constituant le titre dans le sens de l'art. 1283 (Req. 26 janv. 1858, D.P.58.1.160).

1247. — La présomption de paiement des frais d'actes antérieurs résulterait aussi de la quittance donnée à raison de frais d'actes passés plus récemment (Bordeaux, 8 déc. 1835, D.P.37.2.26).

1248. — D'ailleurs, le notaire peut déférer le serment à la partie qui invoque la présomption de paiement résultant des circonstances ci-dessus (*Conf.* Chauveau, n° 57).

1248 *bis*. — La déclaration faite par un notaire, dans le procès-verbal de non-conciliation du juge de paix, qu'une somme dont un de ses clients lui demande compte, en soutenant la lui avoir laissée après l'avoir empruntée par acte passé devant lui, est effectivement dans ses mains, mais à titre de paiement de son avance, constitue, à défaut d'autre preuve de la remise de cette somme, un aveu indivisible ; et dès lors le notaire ne peut être tenu de rendre compte de la somme qu'il n'a reconnu avoir reçue que pour la destination par lui indiquée (Req. 29 mai 1861, D.P.61.1.389).

1248 *ter*. — L'action en paiement des honoraires dus au notaire pour des actes non tarifés par le décret du 16 fév. 1807 n'est recevable qu'autant qu'elle a été précédée de la taxe de ces honoraires par le président du tribunal civil (Cass., 7 mai 1850, D.P. 50.1.161; Trib. de Colmar, 16 mars 1854; D.P.54.5.416. *V. suprà*, n°s 1219 et suiv.).

1248 *quater*. — La disposition de l'art. 51 de la loi du 25 vent. an XI, d'après laquelle les contestations concernant les honoraires des notaires doivent être jugées sur simples mémoires et sans frais, n'est établie que dans l'intérêt des parties, qui peuvent, dès lors, y renoncer (Cass., 24 juill. 1849, D.p.49.1. 318).

1249.—Le tribunal, s'il trouve la demande justifiée, condamne le défendeur au paiement; au contraire, il rejette la demande si la libération de la partie lui paraît établie. Mais, dans l'un et l'autre cas, le jugement est soumis aux voies de recours ouvertes contre les jugements ordinaires, car la loi n'a fait, à cet égard, aucune dérogation au droit commun. De là il suit que l'appel peut être interjeté contre ce jugement, si la demande excédait le taux du dernier ressort (Paris, 22 déc. 1832, D.p.33.2.85; trib. d'Apt, 15 mars 1838. — *Conf.* Rolland de Villargues, vᵒ *Honoraires*, nᵒˢ 249 et 250.

1249 *bis.* — La revente sur folle enchère d'un immeuble adjugé par suite de licitation devant notaire peut être provoquée par le notaire, à défaut de paiement de ses frais, lorsque le cahier des charges porte que les frais de l'adjudication seront à la charge de l'adjudicataire, et qu'à défaut d'exécuter les clauses et conditions de l'adjudication les vendeurs pourront faire revendre les biens par folle enchère, dans les termes de la loi (Req. 19 juill. 1859, D.p.59.1.13).

1250.—Du reste, comme toutes les actions, celle des notaires en paiement des frais est sujette à la prescription. Mais aucune loi n'en ayant réglé la durée, il s'ensuit que cette prescription tombe dans la règle générale, et que l'action dure 30 ans, aux termes de l'art. 2262, C. Nap. (Troplong, *de la Prescript.*, nᵒ 984; Augan, t. 1, p. 210; Loret, t. 1, p. 492; Rolland de Villargues, vᵒ *Honoraires*, nᵒ 309; Ed. Clerc, t. 1ᵉʳ, nᵒ 726).

ART. 52. — Tout notaire suspendu, destitué ou remplacé, devra, aussitôt après la notification qui lui aura été faite de sa suspension, de sa destitution ou de son remplacement, cesser l'exercice de son état, à peine de tous dommages-intérêts, et des autres condamnations prononcées par les lois contre tout fonctionnaire suspendu ou destitué qui continue l'exercice de ses fonctions. — Le notaire suspendu ne pourra les reprendre, sous les mêmes peines, qu'après la cessation du temps de la suspension.

1251. — La loi règle ici les effets de la suspension, de la destitution ou du remplacement d'un notaire. Les effets sont identiques dans les trois circonstances : c'est la nécessité, pour le notaire, de cesser l'exercice de son état aussitôt que notification lui est faite de sa suspension, de sa destitution ou de son remplacement. Néanmoins, il convient de parler successivement des trois cas, à raison de quelques particularités qu'ils présentent.

1252. — *De la suspension.* — La suspension est l'état du notaire auquel l'exercice de ses fonctions est temporairement interdit. C'est une peine que la loi prononce dans divers cas, et qui a existé à peu près en tout temps dans la législation. Elle n'est pas, néanmoins, sans de graves inconvénients. En premier lieu, elle se concilie mal avec le principe qui fixe la résidence et le nombre des notaires d'après les besoins des localités. Ensuite elle est, par sa nature, susceptible de porter à la considération de l'officier qui en est frappé une atteinte irréparable. Aussi a-t-on cherché dans l'usage, un terme moyen entre la suspension et la destitution. Quand les chambres sont appelées à donner leur avis sur la suspension, et que le cas est grave, sans, toutefois, qu'il paraisse devoir motiver la destitution, elles engagent le notaire inculpé à donner sa démission. Si l'inculpé, comme le dit M. Rolland de Villargues, vᵒ *Discipline notariale*, nᵒ 149, consent à prendre sa retraite, justice est faite, et la peine devient plus efficace qu'une suspension, sans en avoir les inconvénients pour le notaire lui-même et pour le public. V. aussi Dalloz, vᵒ *Notaire*, nᵒ 545.

1253. — Quoi qu'il en soit, la peine de la suspension subsiste, dans la loi qui la prononce, dans plusieurs cas déterminés. Notamment, il y a lieu à la suspension du notaire, d'après l'art. 6 de la présente loi, si le notaire a instrumenté hors de son ressort (V. *suprà*, cet article); il y a lieu encore à cette peine, d'après l'art 23 de la même loi, si le notaire a délivré expédition ou donné connaissance d'un acte par lui reçu à d'autres qu'aux personnes intéressées en nom direct, héritiers ou ayants cause. Aux termes de l'art. 53 de cette même loi, la suspension doit également être prononcée contre le notaire dont le cautionnement se trouve absorbé en tout ou en partie par l'effet de la garantie à laquelle ce cautionnement est affecté, et la suspension dure jusqu'à ce que le cautionnement ait été rétabli en entier, pourvu toutefois que ce rétablissement soit effectué dans les six mois, délai après lequel le notaire serait considéré comme démissionnaire (V. *suprà*, art. 33); enfin, un quatrième cas de suspension est prévu par la loi du 4 mai 1809, art. 12 : c'est lorsqu'un notaire procède à un inventaire après le décès d'un titulaire de majorat sans se faire représenter le certificat de notification de ce décès, et sans en faire mention dans l'intitulé de l'inventaire.

1254. — Tels sont les cas de suspension nommément établis par la loi. Mais, il importe de le remarquer, la loi n'est point limitative en ce point : il résulte d'une jurisprudence constante que la suspension peut être prononcée dans tous les cas de faute grave, sans que le silence de la loi puisse mettre le notaire à l'abri de l'application de cette peine disciplinaire. Nous donnons, dans notre travail sur la discipline notariale, nᵒˢ 143 et suiv., des exemples nombreux qui viennent ici à l'appui de la proposition ci-dessus; il suffira d'y renvoyer le lecteur.

1255. — L'effet immédiat de la suspension est, ainsi que nous l'avons dit d'après l'article ci-dessus, l'obligation, pour le notaire, de cesser l'exercice de son état. Le notaire qui continuerait, après notification à lui faite de sa suspension, l'exercice de ses fonctions, se rendrait passible des peines prononcées par l'art. 197, C. pén., sans préjudice de tous dommages-intérêts. Il en serait ainsi du notaire qui reprendrait ses fonctions avant l'expiration du temps de la suspension . — Du reste, le notaire frappé de suspension est, pendant la durée de sa peine, privé de la garde de ses minutes aussi bien que de l'exercice de ses autres fonctions; le président du tribunal peut, sur les réquisitions du ministère public, en ordonner le dépôt dans l'étude d'un autre notaire (Limoges, 24 nov. 1851, D.P.52.2.270; Orléans, 21 janv. 1854, D.P.54.2.50; Cass., 22 mai 1854, D.P. 54.1.217), et il a la faculté de choisir ce notaire hors de la commune et même hors du canton où réside le notaire suspendu (arrêt précité d'Orléans). — V. *infrà* nᵒ 1353 *bis*.

1256. — Indépendamment de l'effet qui est attribué à la suspension par l'article ci-dessus, la loi en détermine un autre, qui n'est qu'une conséquence du premier, dans l'art. 68 ci-après duquel il résulte que l'acte fait en contravention à la disposition que nous commentons ici est nul, s'il est pas revêtu de la signature de toutes les parties; et que, lorsque l'acte est revêtu de la signature de toutes les parties contractantes, il ne vaut que comme écriture sous seing privé. Qu'il en soit ainsi lorsque les parties ont connu la circonstance de la suspension, cela ne peut pas être un seul instant douteux; la disposition de la loi est formelle. Mais cette disposition s'applique-t-elle également dans le cas où les parties ont été de bonne foi, c'est-à-dire lorsqu'elles n'ont pas su que le notaire était suspendu? L'erreur dans laquelle le notaire les a laissées à cet égard suffirait-elle pour valider l'acte qu'elles auraient passé devant lui? (*V.* sur ce point, *suprà*, nᵒ 33).

1257. — *De la destitution.* — La destitution est la privation, encourue par un officier public, de ses fonctions à raison de quelque faute grave. Un notaire peut, comme tout fonctionnaire ou employé, encourir cette peine; la disposition de l'art. 2 de la présente loi, qui déclare les notaires *institués à vie*, n'y fait

aucunement obstacle; car, en déclarant que les notaires sont institués à vie, le législateur de l'an II a voulu seulement les distinguer de certains fonctionnaires et employés que le Gouvernement peut suspendre ou révoquer à son gré, et sans autres motifs que sa volonté; mais il n'a pas entendu que les notaires ne pourraient jamais être destitués par les tribunaux pour des causes graves. C'est en ce sens seulement, et avec cette limitation, que les notaires ne sont pas révocables; irrévocables en principe au gré du Gouvernement, ils n'en peuvent pas moins être destitués, pourvu que ce soit dans les formes prévues par la loi, c'est-à-dire par des jugements.

1258. — Aussi voit-on que la loi spéciale sur le notariat elle-même a prévu plusieurs cas de destitution. Ainsi, la destitution du notaire peut être prononcée : 1ᵒ si, après avoir été suspendu de ses fonctions pour avoir instrumenté hors de son ressort, il récidive (*suprà*, art. 6); 2ᵒ s'il y a fraude dans la contravention à ce qui est prescrit au sujet des surcharges, interlignes et additions, et des ratures dans les actes par lui reçus (*suprà*, art. 16); 3ᵒ s'il délivre une seconde grosse d'actes, sans y avoir été autorisé par ordonnance du juge (*suprà*, art. 26).

1259. — Indépendamment de ces cas prévus par la loi spéciale, il en est d'autres que déterminent des lois particulières, dans lesquels la destitution du notaire peut être aussi prononcée; ainsi : 1ᵒ s'il est prouvé que l'omission du dépôt du contrat de mariage des époux, dont l'un est commerçant, est la suite d'une collusion (art. 68, C. comm.); 2ᵒ si le notaire ne laisse pas de copie exacte des protêts et ne les inscrit pas entiers, jour par jour, et par ordre de date, dans le registre particulier qu'il doit tenir à cet effet (art. 176, C. comm.); 3ᵒ s'il n'a pas versé à la caisse des consignations les sommes dont il était dépositaire dans les cas prévus par l'ordonnance du 3 juill. 1816, relative aux allocations de la caisse des dépôts et consignations, créée par la loi du 18 avril 1816 (art. 10). Dans ce dernier cas, l'ordonnance suppose que le notaire pourrait être révoqué et remplacé sans jugement préalable; c'est une erreur sans doute : il s'agit ici d'une destitution : les tribunaux seuls pourraient donc la prononcer. Il n'y a que trois cas dans lesquels un notaire peut être remplacé sans jugement préalable : nous les indiquerons bientôt en parlant du *remplacement*.

1260. — Remarquons même qu'en signalant ces divers cas de destitution, la loi ne s'est pas exprimée *limitativement* et n'a pas dit que, dans d'autres cas aussi graves ou plus graves encore, les notaires ne pourraient pas être destitués par les tribunaux. Il en est de la destitution comme de la suspension, dont nous venons de parler; rien ne s'oppose à ce qu'elle soit prononcée hors le cas spécialement indiqué. Et cela s'induit de l'art. 53 ci-après de la loi de ventôse an XI, qui dit d'une manière absolue, et nullement par relation aux cas qu'elles a indiqués, que *toutes destitutions* des notaires seront prononcées par les tribunaux. Aussi, le pouvoir discrétionnaire de prononcer la destitution du notaire, dans tous les cas de faute suffisamment grave, a-t-il été proclamé, en principe, en faveur des tribunaux, par la jurisprudence (Cass., 20 nov. 1811, D.P.12.1.181; rej., 20 juill. 1844, D. P.41.1.315; Bordeaux, 5 déc. 1827, D.P.28. 2.140).

1261. — Toute la difficulté consiste à savoir quelles sont les fautes que l'on doit considérer comme assez graves pour entraîner la destitution (V., à cet égard le *Traité de la discip. not.*, n°s 144 et suiv., et n° 245).

1262. — La destitution, comme nous l'avons dit, et ainsi que cela résulte de l'article suivant doit être prononcée par le tribunal civil de la résidence du notaire. Il y a donc une instance à poursuivre. Mais il est évident que, pendant cette instance, le notaire dont la destitution est provoquée doit continuer ses fonctions parce qu'en général, personne ne doit être dépouillé provisoirement de son état.

1263. — C'est seulement lorsque la destitution est prononcée et que notification du jugement est faite au notaire, que celui-ci doit immédiatement cesser l'exercice de son état, sous peine de tous dommages-intérêts, aux termes de l'article ci-dessus, indépendamment des peines publiques que prononce l'art. 197, C. pén. Comme dans le cas de suspension, tous les actes faits après la notification de la destitution seraient nuls, aux termes de l'art. 68, et ces actes ne pourraient même valoir, quoique, par suite de l'appel, le jugement prononçant la destitution viendrait à être infirmé (Conf., Roll., v[o] *Destitution*, n° 53; Dalloz, v[o] *Notaire*, n° 551).

1264. — Le jugement qui prononce la destitution d'un *notaire certificateur* ne doit pas être entendu dans un sens limité et comme se rapportant seulement au titre de *certificateur*, mais bien comme emportant déchéance absolue du titre de notaire et de toutes les fonctions qui y sont indistinctement attachées; en conséquence, la chambre de discipline, invitée à procéder à l'examen des candidats qui se présentent pour remplacer le notaire destitué, ne peut, sans commettre un excès de pouvoir, refuser d'optempérer à cette invitation (Déc. min. just., 29 oct. 1835; D.P.36.3.75).

1265. — Le notaire destitué n'a pas, aux termes de la loi du 28 avril 1816, art. 91, la faculté de présenter son successeur.

1265 *bis.* — Il perd le droit de disposer des minutes de son étude, alors surtout que la valeur paraît en avoir été comprise dans l'indemnité qui lui a été accordée; et son refus de remettre ces minutes le soumet à des dommages-intérêts envers le titulaire nommé à l'office vacant (Angers, 11 fév. 1841, D.P.41.2.83; trib. de Largentière, 31 mai 1844, D.P.45.4.361; Ed. Clerc, t. 1er, n° 761. — *Contrà*, trib. de Barcelonnette, 15 janv. 1841, D.P.41.3.552; Ord. du prés. du trib. de Remiremont, 27 juill. 1844, D.P.45.4.360). — V. *infrà*, n°s 1291 et 1315.

1265 *ter.* — En principe, les recouvrements d'un notaire constituent une propriété privée, distincte de celle de l'office, et ne sont pas compris dans l'indemnité accordée à ce notaire en cas de destitution (Trib. de Lyon, 4 mars 1845, D.P.45.4.377; Lyon, 28 juin 1845, D.P.46.4.382).

1266. — *Du remplacement.* — Le remplacement n'est pas en principe, une peine proprement dite. Cela est évident, lorsqu'il est la suite d'une démission volontaire donnée par le notaire; mais il en est encore ainsi dans les cas de la démission forcée que la loi spéciale a prévus. Le remplacement a, sans doute quelque chose de très-grave dans ces cas, mais il ne constitue pas une peine dans le sens légal du mot, car la révocation encourue de plein droit dans ce cas n'a pas besoin d'être prononcée par les tribunaux; le notaire est considéré par la loi elle-même comme démissionnaire, ce qui met le Gouvernement dans la nécessité de pourvoir à son remplacement (V. le *Traité de la discip. not.*, n° 244).

1267. — Ainsi, dans tous les cas, le remplacement suppose une démission préalable, laquelle est volontaire ou expresse, ou bien tacite et forcée.

1268. — La loi spéciale sur le notariat prévoit trois cas dans lesquels un notaire peut ou doit être réputé démissionnaire. Ces trois cas sont : 1[o] si le notaire ne réside pas dans le lieu qui lui a été fixé par le Gouvernement (art. 4 et 5); 2[o] s'il accepte des fonctions incompatibles avec celles du notariat (art. 7 et 66); 3[o] enfin, s'il ne rétablit pas, dans les six mois, l'intégralité de son cautionnement absorbé en tout ou en partie par l'effet de la garantie à laquelle ce cautionnement est affecté (art. 33). — Remarquons que la question de démission présumée est administrative et exclusivement dans les attributions du ministre de la justice. C'est à lui seul qu'il appartient de proposer le remplacement, sauf à prendre l'avis du tribunal du ressort.

1269. — Lorsque la démission est volontaire, il est évident que la volonté doit être manifestée en termes exprès. Mais en quelle forme cette volonté doit-elle être exprimée? C'est un point qui a subi quelques variations. Avant la loi de 1791, qui a réorganisé le notariat, la démission se donnait en la forme d'une procuration en brevet passée devant notaire, par laquelle le titulaire donnait pouvoir de résigner l'office entre les mains du roi, en faveur de celui avec qui il avait traité de la finance. C'était ce qu'on appelait la procuration *ad resignandum*, que le résignataire, dont le nom était d'ailleurs laissé en blanc, présentait au chancelier, dont l'agrément devait être demandé. Cet ordre de choses fut modifié par la loi de 1791, sous l'empire de laquelle la démission dut être pure et simple, les places de notaires ne pouvant plus être occupées que par des sujets antérieurement désignés dans un concours public. — La loi du 25 vent. an XI, tout en abolissant ce concours, n'avait pas, en principe, dû apporter un grand changement à cette forme de la démission, car cette loi n'autorisait pas le titulaire à présenter officiellement son successeur, puisqu'elle laissait au gouvernement le choix des candidats (art. 45). Mais, en fait, le gouvernement admettait toujours comme successeur le candidat indiqué par le titulaire, pourvu qu'il réunît les conditions exigées de la loi. Ce droit de présentation, qui était admis dans l'usage, a été ensuite érigé en loi par celle du 28 avril 1816, art. 91. La forme de la démission a subi l'influence de ce nouvel état de choses, et aujourd'hui, le notaire qui a l'intention de se démettre remet à la chambre de discipline de son ressort, pour être transmise avec les autres pièces au procureur impérial, une déclaration écrite sur papier timbré portant ce qui suit: « Je soussigné..., notaire à..., déclare, par ces présentes, donner à S. M., entre les mains de M. le garde des sceaux, ministre de la justice, ma démission de notaire à..., en faveur de M..., premier clerc de M°..., notaire à..., que je supplie S. M. de vouloir bien agréer pour mon successeur. — A..., ce... » — Il doit toujours être justifié de la démission par un acte particulier et distinct, destiné à rester aux archives de la chancellerie, comme preuve de la transmission régulière du titre. Cette pièce ne peut être suppléée par la production du traité, que l'on est dans l'usage de rendre aux parties après la nomination (Circ. pr. gén. de Paris, 13 fév. 1833).

1270. — Du reste, il est de jurisprudence, dans l'administration, que le Gouvernement ne doit pas accepter la démission d'un notaire contre lequel il existe des faits de nature à motiver une action en destitution (Déc. min., 20 nov. 1837; D.p.38.3.117). Cette jurisprudence est, en apparence, contraire à une décision du 17 oct. 1837, de laquelle il résulte que le notaire à qui on reproche d'avoir enfreint sa résidence peut arrêter les poursuites en donnant sa démission. Mais si l'on compare cette faute, purement disciplinaire, aux faits criminels imputés au notaire contre lequel est intervenue la décision du 20 novembre, on se rendra aisément compte de la divergence de ces deux solutions.

1270 *bis.*—Dans le cas même où le notaire se trouve sous la prévention de faits qui le rendent seulement passible de peines disciplinaires, le procureur impérial ne peut accepter sa démission : ce magistrat doit en référer au ministre de la justice (Cir. min. de la just., 20 août 1843, D.p.44.3.7).

1271.—En principe, la démission donnée par le titulaire d'un office est révocable tant qu'elle n'a pas été admise, sauf l'action en dommages-intérêts de celui avec lequel un traité a été passé. De son côté, le successeur désigné peut aussi se rétracter, sous la même condition des dommages-intérêts.

1272.—Mais, dès que la démission donnée par le notaire a été *admise*, c'est-à-dire acceptée par un acte ministériel notifié au démettant, elle devient irrévocable. Il n'importe même pas que la nomination du successeur soit faite. L'acceptation du Gouvernement suffit pour compléter le contrat, et elle a pour effet de lier le démissionnaire (*Conf.*, Dard, *des Offices*, p. 164; Rolland de Villargues, v° *Démission*, n° 23; Dalloz, v° *Notaire*, n° 560; Ed. Clerc, t. 1ᵉʳ, n° 768). Aussi a-t-il été décidé, dans ce sens, que la démission pure et simple donnée par un notaire ne peut plus être retractée par ce dernier, dès l'instant qu'elle a été acceptée par l'administration, et le notaire doit cesser ses fonctions aussitôt qu'apparaît l'ordonnance qui le déclare démissionnaire (Ord., 30 mars 1838, D.p.38.3.196. — *Conf.*, décis. du garde des sceaux, 9 janv. 1837, D.p.37.3.138).

1273.—La démission volontaire ou forcée, tacite ou expresse de la part du titulaire, a pour effet immédiat de donner au Gouvernement le droit de pourvoir au remplacement du titulaire, sauf néanmoins un cas particulier prévu par les art. 31 et 32 de la présente loi. En effet, dans les communes où le nombre des notaires est encore excessif, la démission d'un notaire, de même que son décès ou sa destitution, donne lieu à la suppression de sa charge, par réduction, jusqu'à ce que les notaires exerçants se trouvent réduits au nombre déterminé par la loi pour la commune ou le ressort (V. *suprà*, articles précités).

1274. — Hors ces cas, le remplacement doit être effectué. Mais comment? Cela varie suivant les circonstances. S'agit-il d'une démission tacite et forcée, le garde des sceaux, après avoir pris l'avis du tribunal du ressort, propose à l'Empereur le remplacement en faveur de qui bon lui semble.

1275. — Mais s'agit-il d'une démission volontaire et expresse, il faut distinguer. La solution, ou le mode de remplacement sera le même que dans le cas précédent, si le notaire n'a pas désigné de successeur, à cela près seulement que le garde des sceaux, en proposant un candidat à l'Empereur, n'est pas tenu de prendre l'avis du tribunal.

1276. — Au contraire, si le démissionnaire a désigné son successeur, c'est celui-ci qui doit être nommé, s'il est agréé par le Gouvernement; sinon, le garde des sceaux rend une décision motivée.

1277.— Le notaire qui a donné sa démission n'en doit pas moins remplir ses fonctions jusqu'à l'installation de son successeur, qui a lieu par la prestation de serment devant le tribunal. Jusque-là, les effets de la démission sont suspendus, tant dans l'intérêt public que dans celui du notaire lui-même. C'est seulement lorsque la démission est entièrement consommée par la nomination et l'installation du successeur que le précédent titulaire doit immédiatement cesser l'exercice de ses fonctions, sous les sanctions diverses que nous avons déjà indiquées en parlant de la *suspension* et de la *destitution* (Conf., Rolland de Villargues, vᵒ *Démission*, nᵒ 35; Dalloz, vᵒ *Notaire*, nᵒ 565; Ed. Clerc, t. 1ᵉʳ, nᵒ 763; —V. cependant déc. min. just. 19 janv. 1837, D.P.37.3.135).

1278.—Il a été néanmoins fait une exception à cette règle pour le cas d'une démission tacite et forcée. Il a été décidé, en effet, que le notaire déclaré démissionnaire pour infraction à sa résidence doit cesser immédiatement ses fonctions de telle sorte qu'il ne peut continuer l'exercice de ses fonction jusqu'à son remplacement (Déc. min. just. 19 janv. 1837, D.P.37.3.135).—Néanmoins, cette décision ne semble pas devoir être suivie; elle a été justement critiquée, à notre avis, par Rolland de Villargues, vᵒ *Démission*, nᵒ 35, qui dit avec raison : « Il est de principe que le notaire démissionnaire ne doit cesser ses fonctions que du jour où il reçoit la notification de son remplacement. Cela se fonde d'ailleurs, sur les inconvénients qui résultent toujours de la vacance d'une place. Or, pourquoi, dans l'espèce s'écarterait-on de ce principe? Il est constant que la démission tacite ou forcée n'a aucunement le caractère d'une destitution. Elle n'élève aucune suspicion quant à l'exercice des fonctions. Ainsi, un notaire a abandonné sa résidence, il a accepté des fonctions incompatibles; il n'a pas rétabli son cautionnement : tout cela empêche-t-il de continuer ses services au public, et y a-t-il inconvénient? Nullement. En un mot, l'ordonnance qui intervient pour prononcer la démission d'un notaire dans les cas qui viennent d'être énumérés, ne fait que remplacer l'acte volontaire qui aurait dû être donné par le notaire; elle n'a pas d'autre objet; ses conséquences ne peuvent pas être différentes. » (V. aussi en ce sens Dalloz, vᵒ *Notaire*, nᵒ 565.)

1279.—Le notaire démissionnaire doit remettre son cachet à la chambre; celui du notaire décédé est retiré par les syndics au moment de l'apposition des scellés sur les minutes. Les cachets, remis ou retirés, sont de suite brisés et annulés; il en est tenu un état qui reste aux archives (Stat. des not. de Paris, 15 oct. 1812).

Le notaire qui, après son remplacement, délivre, même en vertu d'un traité secret passé avec son successeur, des expéditions ou des extraits des actes qu'il avait reçus, certifiés par lui, se rend coupable du délit de continuation illégale de ses fonctions par un fonctionnaire révoqué, prévu par les art. 197, C. pén., et 52 de la loi du 25 vent. an XI, et non du délit d'immixtion illégale dans des fonctions publiques, prévu par l'art. 258, C. pén. (Cour d'Orléans, 10 déc. 1850, D.P. 51.2.175).

ART. 53. — Toutes suspensions, destitutions, condamnations d'amende et dommages-intérêts, seront prononcées contre les notaires par le tribunal civil de leur résidence, à la poursuite des parties intéressées, ou d'office, à la poursuite et diligence du commissaire du Gouvernement.—Ces jugements seront sujets à l'appel, et exécutoires par provision, excepté quant aux condamnations pécuniaires.

1280. — Cet article fixe la compétence des tribunaux qui peuvent prononcer contre les notaires, les suspensions, les destitutions,etc., et la voie de recours est ouverte contre le jugement. D'un autre côté, l'ordonnance du 4 janv. 1843, qui a remplacé l'arrêté du 2 niv. an XII, place dans les attributions des chambres de notaires, le droit de prononcer ou de provoquer, suivant les cas, l'application de toutes les dispositions de discipline (art. 1ᵉʳ).—Il résulte de là que l'action disciplinaire se partage aujourd'hui entre les tribunaux civils et les chambres de discipline. Mais comment et dans quelle proportion ce partage a-t-il lieu? C'est ce qui a été examiné dans le *Traité de la discip. not.*, où se trouve le commentaire complet de la disposition ci-dessus (V. nᵒˢ 122 et suiv., et 252 et suiv.).

Toutefois cet article est inapplicable aux notaires honoraires.—Par suite, les tribunaux sont incompétents pour prononcer la révocation de leurs titres (Cour d'Agen, 9 déc. 1850, D.P.50.2.63).

SECTION IV. — **Garde, transmission, tables des minutes et recouvrements.**

ART. 54.—Les minutes et répertoires d'un notaire remplacé ou dont la place aura été supprimée, pourront être remis par lui ou par ses héritiers à l'un des notaires résidant dans la même commune, ou à l'un des notaires résidant dans le même canton, si le remplacé était le seul notaire établi dans la commune.

1281. — L'ordonnance de 1560, art. 83, voulait déjà qu'après le décès d'un notaire, il fût dressé un *inventaire* de ses registres et protocoles, et qu'il en fût fait dépôt au greffe de la juridiction de sa résidence. — C'était le greffier qui, après le dépôt, délivrait les grosses et expéditions des actes moyennant un salaire, dont la moitié était remise aux héritiers, pour leur tenir lieu des recouvrements à faire sur l'acte.—Des lettres patentes du 11 oct. 1561 exceptèrent les notaires de Paris de cette disposition, touchant le dépôt des minutes au greffe, et ils furent autorisés à les transmettre à leurs successeurs.—Un édit d'Henri III, daté de mars 1575, créa dans chaque bailliage, sénéchaussée et siège royal, des offices de notaires garde-notes dont les fonctions étaient d'avoir le dépôt des minutes des notaires qui, par décès ou autrement, cesseraient l'exercice de leur emploi, et d'en délivrer des grosses et expéditions aux parties.—Mais un édit de mai 1597 supprima tous les offices des notaires royaux, greffiers, clercs, tabellions et garde-notes qui existaient dans le royaume et créa, pour les remplacer, des offices de notaires garde-notes et tabellions héréditaires, à l'instar des notaires du Châtelet de Paris qui étaient déjà ainsi constitués.—Un arrêt de règlement du 28 fév. 1667 déclara qu'en cas de transmission des offices, les minutes seraient contrairement à ce qui semblait résulter de l'art. 83 de l'ordonnance de 1560, remises aux successeurs, qu'il en serait fait un état sommaire, et que l'émolument des expéditions appartiendrait aux héritiers (Jousse, *Rec. des ordonn.*).—Ces offices, qui ont existé comme une propriété dans les mains des notaires et de leurs héritiers, et qui ont été transmissibles, avec les minutes, dans les mains des titulaires successifs ont été supprimés par la loi du 6 oct. 1791, qui a aboli la vénalité de ces charges. — Enfin, des mesures propres à assurer la remise des minutes, après la démission ou le décès d'un notaire, au remplacement duquel il n'y avait lieu de pourvoir, ont été établies par un arrêté du 2 vend. an VII.

1282. — Il résulte de l'art. 54 qu'en cas de remplacement, comme au cas de suppression, le notaire reste propriétaire de ses minutes et répertoires, mais sous une restriction sévère ; il doit les remettre dans le mois en cas de remplacement, et dans les deux mois en cas de suppression (art. 55 et 56), à un notaire de sa commune, ou, s'il est seul, à un notaire du canton dont dépend cette commune. — A défaut de cette remise, ils passent à son successeur. — Ce n'est qu'à défaut d'autres notaires existant dans la commune que les minutes et répertoires doivent être remis à un notaire du canton, et il importerait peu, même en cas d'existence de deux études dans la même commune, que l'étude devenue vacante dût être supprimée : il est dans l'esprit de la loi que ces actes soient conservés dans la localité : l'objection tirée de ce qu'il n'y aurait plus alors de concurrence pour la fixation du prix des minutes, et que l'autre notaire resterait maître de terminer à son gré, est sans valeur, car on sait qu'en cas de discord, la fixation peut être arbitrée par la chambre. L'opinion qui tend à dire qu'il faut qu'il y ait toujours deux notaires au moins qui puissent recevoir le dépôt, et que si un seul notaire est conservé dans la commune, les autres notaires du canton ont qualité pour traiter avec l'ancien titulaire ou ses héritiers, cette opinion de M. Gagneraux, p. 227, n° 13, ne doit être admise qu'à défaut d'acceptation, par le notaire de la commune, des conditions qui lui sont faites, soit par l'ancien titulaire ou ses héritiers, soit par la chambre des notaires. — *V.* n° 1284.

1283.—Par suite, on doit regarder comme susceptible d'être critiquée la décision de la Cour de Dijon, du 1er avril 1818 (D.A.10.440, n° 2), d'après laquelle, lorsque de deux notaires exerçant leurs fonctions dans la même commune, l'un d'eux donne sa démission, il peut remettre ses minutes et répertoires au notaire nommé pour le remplacer, quoique ce dernier n'ait reçu sa nomination qu'à la charge d'aller exercer dans une autre commune, pourvu que ce soit dans le même canton (*Mémorial*, art. 2557).

1284. — Le notaire qui obtient la translation de son étude dans une autre commune du canton, peut-il transférer ses minutes dans cette commune, ou doit-il les remettre au notaire résidant dans la commune qu'il a quittée ? La loi du 6 oct. 1791 voulait que les minutes restassent dans l'ancienne résidence du notaire, et cette règle doit être encore suivie. On objecterait en vain que la loi de ventôse, plus favorable aux notaires que celle de 1791, doit être interprétée dans un sens conforme à cet esprit de faveur. Mais ce n'est pas de faveur qu'il doit s'agir ici, c'est de la convenance et de l'intérêt des citoyens de la localité, en présence desquels l'intérêt du notaire n'est que d'une bien faible considération ; les minutes ne doivent pas être déplacées, emportées dans une autre résidence tant que la première subsiste. Telle est à nos yeux la règle que le Gouvernement doit observer (*Conf.*, Déc. du garde des sceaux, 15 mai 1845, D.p.45.4.362; Dalloz, v° *Not.*, n° 575 ; — *V.* toutefois Rolland de Villargues, v° *Minute*, n° 187; Loret, t. 1, p. 507;

Ed. Clerc, t. 1ᵉʳ, nᵒ 779; Dijon, 1ᵉʳ avril 1818, D.ᴀ.10.440; Aix, 29 sept. 1838, D.ᴘ. 39.2.416); mais la distance d'une commune à l'autre, même d'un autre canton, peut être si faible que la chancellerie ne croie pas devoir en tenir compte. *V.* nᵒ 1282. —Lorsque le notaire admis à transférer sa résidence dans un autre canton, n'obtient pas l'autorisation d'y transporter ses minutes, il doit les remettre à un notaire de l'ancienne résidence, et non aux archives de la chambre de discipline (Déc. du 15 mai 1845, précitée).

1285. — Il résulte de l'art. 54 que les minutes sont à la fois une propriété publique, en ce que les parties peuvent s'en faire délivrer des expéditions et grosses, et en ce que, après le décès ou le remplacement, elles doivent être remises, soit au successeur, soit à un autre notaire de la localité ; et une propriété privée, car les titulaires ou leurs représentants ont le droit exclusif de percevoir les droits auxquels ces délivrances donnent lieu, et aussi d'exiger un prix pour leur remise, dans le cas où c'est un notaire autre que le successeur qui l'a obtenue.

1286. — De là il résulte aussi que si, par testament, donation ou vente, un notaire transmet ses minutes et répertoires à un individu qui n'est pas notaire, l'acte ne peut recevoir d'effet qu'autant que le légataire, le donataire ou l'acquéreur se fera recevoir notaire, ou qu'il aura le droit de faire lui-même la remise des minutes à un autre notaire pour en retirer l'émolument (Déc. min. just., 26 juill. 1816).

1287. — Les limites territoriales respectées, un notaire ou ses héritiers sont autorisés à choisir le notaire qu'ils croiront devoir rendre dépositaire des minutes et répertoires : ils ne sont pas obligés d'en traiter avec le successeur, alors même qu'il est de leur choix (*Conf.*, Rolland de Villargues, vᵒ *Minute*, nᵒ 184; Favier-Coulomb, nᵒ 833; Ed. Clerc, t. 1ᵉʳ, nᵒ 1303). Cependant la cession des minutes accompagne ordinairement toute cession d'un office ; elle y est même sous-entendue, et il n'est pas douteux qu'à défaut de réserve à cet égard, la vente d'un office de notaire ne comprenne, de plein droit, la cession ou remise des minutes et répertoires, ainsi que la clientèle (*Conf.*, Loyseau, *Des Offices*, liv. 2, ch. 6, nᵒ 12; Ferrière, *Parf. not.*, liv. 1, ch. 24; Ed. Clerc, t. 1ᵉʳ, nᵒ 781). M. Ed. Clerc (nᵒ 1303) pense même que si un traité était fait avec la réserve du droit de disposer des minutes, cette réserve ne serait pas acceptée par la chancellerie.

1288. — La disposition d'après laquelle les minutes d'un notaire décédé ne peuvent sortir du canton est applicable aux minutes dont un ancien tabellion était resté dépositaire aux termes de l'art. 60 (Déc. min. just., 21 avri 1830).

1289. — Les héritiers peuvent faire leur choix sans attendre que leur auteur ait été remplacé : ils peuvent, en effet, désigner immédiatement celui qu'ils entendent constituer dépositaire, et rendre par là inutile l'intervention du président du tribunal (Colmar, 14 juin 1811, D.ᴀ.10.440, nᵒ 21). — Du reste, le dépôt effectué par eux est définitif; de telle sorte que, si le notaire dépositaire vient à décéder, les minutes doivent être remises à son successeur, alors même qu'elles auraient été déposées provisoirement entre les mains d'un autre notaire, en vertu d'une ordonnance du président, et les premiers déposants n'ont pas le droit d'autoriser celui-ci à les garder (Bastia, 2 août 1842, D.ᴘ.42. 2.217).

1290. — La remise des minutes ne peut, pas plus que le droit de présentation pour la nomination d'office, être l'objet d'une adjudication aux enchères entre les notaires qui auraient droit d'y concourir : tout doit se passer avec discrétion, et en quelque sorte de gré à gré ; l'intervention de la chambre est destinée à supprimer toutes causes de discussion trop vives et trop retentissantes (Dalloz, vᵒ *Notaire*, nᵒ 576 ; Ed. Clerc, nᵒ 784).

1291. — Le droit de disposer des minutes et répertoires n'appartient pas au notaire destitué (*V. suprà*, nᵒ 1265 *bis*) : seulement les recouvrements à opérer sur les actes passés se font pour son compte par le successeur. *V.* nᵒ 1315).

1292. — Le notaire démissionnaire doit remettre à son successeur non-seulement les minutes de l'étude, mais encore les papiers qui lui ont été confiés comme notaire (Bourges, 20 fév. 1837). *V.* aussi trib. de Nîmes, 12 mars 1850 (Dalloz, vᵒ *Notaire*, nᵒ 577; Ed. Clerc, nᵒ 1303).

1292 bis. — A supposer que la remise puisse être faite pour un temps limité, si elle a eu lieu volontairement et sans ordonnance du juge, elle doit être considérée comme définitive, jusqu'à preuve du contraire (Orléans, 11 déc. 1828, D.ᴘ.29.2.126).

1293.—Enfin, l'art. 2,—6ᵒ, de l'ordonnance du 4 janv. 1843, porte qu'il est dans les attributions des chambres de discipline de recevoir en dépôt les états des minutes dépendant des études de notaires supprimées.

ART. 55. — Si la remise des minutes et répertoires du notaire remplacé n'a pas été effectuée, conformément à l'article précédent, dans le mois, à compter du jour de la prestation de serment du successeur, la remise en sera faite à celui-ci.

1294. — Cette disposition se rapproche des art. 13 et 14, titre 3, de la loi du 6 oct. 1791, qui voulaient que, dans tous les cas, le possesseur de l'office fût en même temps le possesseur des minutes, et qu'il fût chargé des recouvrements. L'intention des deux lois est manifeste ; on a voulu favoriser le successeur de l'ancien titulaire, en lui accordant le dépôt des minutes, dans le cas où, soit le remplacé, soit les héritiers, n'en auraient pas disposé dans le mois, délai qui paraît être de rigueur, car c'est un droit qu'on attribue au remplaçant, et, dans la lutte de ce droit avec celui du remplacé ou de ses héritiers, la loi elle-même a prononcé : si ceux-ci n'ont pas effectué la remise des minutes et répertoires à un autre notaire, c'est le remplaçant qui se trouve investi du droit de les revendiquer.

Cependant cette rigueur ne va pas, ce semble, au point d'autoriser la revendication, dans le cas où la remise aurait déjà commencé à s'effectuer, ou dans celui où un événement de force majeure y aurait mis empêchement. — Mais ce droit de revendication s'exercerait à l'encontre du notaire qui aurait été indûment investi des minutes et répertoires, après la déchéance encourue (*Conf.*, Dalloz, vᵒ *Notaire*, nᵒ 580).

1295. — Le délai d'un mois, à partir de la prestation de serment, doit s'entendre en ce sens que le délai ne court qu'à dater du moment où la prestation a été notifiée à l'ancien titulaire. Jusque-là, il a pu l'ignorer ou compter sur une certaine indulgence de la part du remplaçant dans l'exercice du bénéfice que la loi confère à celui-ci.

1296. — C'est en ce sens que la question a été jugée au profit de la veuve d'un titulaire qui avait, plus d'un mois après la promulgation de la loi de ventôse, remis les minutes et répertoires de son mari à l'un des notaires du canton : on a pensé que le remplaçant aurait dû, avant la remise effectuée par la veuve, faire notifier sa nomination ou prestation de serment, avec sommation de déposer entre ses mains les minutes et répertoires (Cass., 26 mess. an XII ; Nîmes, 14 mars an XII, D.A.10.493).

ART. 56.—Lorsque la place de notaire sera supprimée, le titulaire ou ses héritiers seront tenus de remettre les minutes et répertoires dans le délai de deux mois du jour de la suppression, à l'un des notaires de la commune, ou à l'un des notaires du canton, conformément à l'art. 54.

1297. — Cet article, en fixant le délai de deux années à dater de la suppression, pour la remise des minutes et répertoires, prend un terme moyen entre l'arrêt de règlement du 4 sept. 1695, qui accordait trois mois, et l'art. 13, tit. 3, de la loi du 6 oct. 1791, qui fixait le délai à un mois. Il n'investit pas, comme l'article précédent, un remplaçant du droit de réclamer les minutes et répertoires ; il ne désigne pas même le notaire auquel la remise devrait être faite : c'est à un notaire du canton que cette remise est accordée, et l'article suivant donne au procureur impérial le droit de désigner le titulaire qui devra l'obtenir. — On verra, dans cet article, que le délai n'est pas fatal ; quelque notoriété qu'ait obtenue la suppression de l'office, il faut une sommation pour que la négligence du titulaire ou de ses héritiers à effectuer la remise soit punie de l'amende portée dans cet article, § 2. C'est à la requête, soit du procureur impérial, soit même de la chambre des notaires, que la notification de la suppression de l'office et de la désignation du notaire indiqué, après les deux mois, pour recevoir les minutes et répertoires doit être faite.

1298. — De ce qui est dit ici, on ne doit pas inférer qu'il soit toujours nécessaire de notifier la suppression de l'office au titulaire ou à ses héritiers : il se pourrait que cette suppression eût reçu une telle notoriété, comme si, par exemple, elle résultait d'une loi publiée dans le *Bulletin*, ou d'une distraction de territoire dont l'autorité étrangère se serait emparée par ses commissaires, que toute notification fût devenue superflue.

On ne devrait pas en inférer, non plus, que la notification ne puisse être faite qu'à la requête du procureur impérial ; elle pourrait l'être aussi à la requête du préfet ou du sous-préfet.

ART. 57. — Le commissaire du Gouvernement près le tribunal de première instance est chargé de veiller à ce que les remises ordonnées par les articles précédents soient effectuées ; et dans le cas de suppression de la place, si le titulaire ou ses héritiers n'ont pas fait choix, dans les délais prescrits, du notaire à qui les minutes et répertoires devront être remis, le commissaire indiquera celui qui en demeurera dépositaire.

Le titulaire ou ses héritiers, en retard de satisfaire aux dispositions des articles 55 et 56, seront condamnés à 100 francs d'amende par chaque mois de retard, à compter du jour de la sommation qui leur aura été faite d'effectuer la remise.

1299. — Le droit de désignation d'un notaire pour recevoir les minutes et répertoires, que cet article confère au commissaire du Gouvernement, n'est établi qu'au cas de la suppression d'un office : s'il y a lieu à simple remplacement, on a vu que l'art. 55 attribuait au successeur le dépôt des minutes, à défaut par le titulaire d'en avoir fait, dans le mois, la remise au notaire de son choix.

Ici, le délai est, au contraire de deux mois. La différence s'explique par cette raison que la suppression est une mesure qui frappe inopinément le titulaire, qui est toute de rigueur contre lui, et que, dans cette situation, on a dû lui donner d'autant plus de facilités pour s'arranger de gré à gré avec un autre titulaire, que l'événement a été moins prévu.

C'est d'après la même considération qu'on doit décider, à notre avis, que le délai de deux mois, à partir de la suppression, n'est pas fatal, et que le titulaire ou ses héritiers pourront faire choix d'un notaire tant que le commissaire du Gouvernement n'aura pas fait signifier l'indication par lui faite d'un autre notaire : c'est, au reste, ce qui s'induit du 2ᵉ alinéa de l'article qui exige une sommation pour opérer la mise en demeure d'effectuer le dépôt.

Cette indication, au surplus, n'a pas besoin d'être notifiée d'une manière spéciale : il suffit qu'elle se trouve dans la sommation d'effectuer la remise que l'art. 57 exige pour faire courir l'amende.

1300. — La sanction pénale que contient le 2ᵉ alinéa de l'art. 57 a été établie sur la demande du Tribunat : « Pour que cet article, a-t-on dit, ne soit pas illusoire, on propose de la terminer par une disposition pénale qui en garantisse l'exécution : cette disposition formerait un second paragraphe ainsi conçu, etc. » (comme au 2ᵉ alinéa). — L'amende de 100 francs, réduite à une seule amende de 10 francs par l'art. 10 de la loi du 16 juin 1824, quel que soit le temps écoulé depuis la sommation (Déc. min. fin., 9 oct. 1850), est encourue de droit : l'art. 57 dispose en termes impératifs, et ce ne serait qu'en cas de force majeure que les juges pourraient se dispenser de l'appliquer, à supposer même qu'ils consentissent à admettre une exception pour ce cas.

1301. — Les frais de sommations faites aux notaires destitués, pour les contraindre au dépôt de leurs minutes, doivent, comme frais de justice, être avancés par les receveurs de l'enregistrement, sauf recours contre les parties intéressées.

1302. — Si un notaire ou ses héritiers refusaient de faire la remise des minutes et répertoires, ou ce qui est le même, n'obtempéraient à la sommation qui leur est faite à cet égard, ils seraient, ce semble, contraignables par corps, aux termes des art. 2060, nᵒ 7, C. Nap., et 221, C. proc.

Le notaire qui est investi, par suite de création nouvelle et par ordonnance royale, de l'office qui avait appartenu à son père et avait été momentanément supprimé au décès de celui-ci, ne peut, à raison de la seule détention matérielle des minutes de l'étude paternelle, être tenu d'en délivrer des expéditions aux parties intéressées, alors qu'il a renoncé à la succession de son père et qu'il apparaît qu'il ne détient ces minutes que pour le compte de la succession.

L'obligation de délivrer des expéditions commence du moment où il est devenu dépositaire des minutes, en vertu d'un arrêté du procureur impérial pris en conformité de l'art. 57 de la loi du 25 vent. an XI.

Art. 58. — Dans tous les cas, il sera dressé un état sommaire des minutes remises; et le notaire qui le recevra, s'en chargera au pied de cet état, dont un double sera mis à la chambre de discipline.

1303. — La mesure que cet article prescrit n'est pas nouvelle : c'est dans l'intérêt de la responsabilité de l'ancien et du nouveau titulaire qu'elle est ordonnée; aux termes d'un arrêt de règlement du parlement de Paris, du 27 juin 1716, un *inventaire sommaire* des minutes et répertoires laissés par le notaire décédé devait être fait par les juges ordinaires. « Ce règlement, dit Ferrière, *Parf. not.*, liv. 1, ch. 24, était bien nécessaire, car auparavant les minutes des tabellions et greffiers des seigneurs qui décédaient, passaient entre les mains de leurs veuves et héritiers : ces minutes se perdaient ou chacun s'en emparait au préjudice du public, et si un acquéreur avait en sa possession la minute de son contrat de vente, il était impossible à un demandeur en déclaration d'hypothèque de lui justifier son acquisition : avant le règlement ci-dessus, cela causait un désordre bien commun. » — L'édit de février 1761, portant suppression des tabellionages qui subsistaient encore à cette époque dans plusieurs provinces, prescrivit la confection d'un état sommaire, pour la remise à faire aux notaires du ressort, des minutes qui en dépendent. « Voulons, y est-il dit, que lesdites minutes soient délivrées à chacun desdits notaires, ou à leurs successeurs auxdits offices, lesquels seront tenus de se charger desdites minutes, chacun en droit soi, et d'en donner décharge audit greffier, au pied d'un état sommaire qui en sera dressé en la forme ci-dessus mentionnée. » Cet état était dressé par le principal officier de chacun des siéges, en présence du procureur du roi.

1304. — Il résulte de la lettre de l'art. 58 que l'état sommaire doit avoir lieu dans tous les cas, celui du décès du titulaire comme celui de remplacement ou de suppression de l'office. Il est dressé avant la prise de possession : c'est ainsi qu'on l'entendait avant la loi de l'an XI, et telle doit être l'interprétation nouvelle : « Chaque notaire, porte une délibération de la chambre des notaires de Paris, du 6 nov. 1808, est tenu, dans le mois à compter du jour de sa prestation de serment, en inscrivant et signant son immatricule sur le registre établi à cet effet aux archives de la chambre, de déposer aux archives le double, certifié par lui, de l'état sommaire exigé par ledit art. 58, ou de déclarer que la remise des minutes et répertoires de ses prédécesseurs ne lui a pas été faite. L'immatricule doit constater le dépôt de cet état. Dans le cas où les minutes et répertoires d'un notaire seraient remis par lui ou ses héritiers à un notaire autre que le successeur, le notaire auquel cette remise aurait été faite devrait effectuer le dépôt de l'état sommaire desdites minutes : le tout soit dans le mois de la prestation de serment du successeur, soit dans les deux mois de la suppression de la place, aux cas prévus par l'art. 56. — Lorsque la remise n'aura pas été constatée de la manière et dans les délais fixés par les articles précédents, il sera pris à la chambre, à la diligence des syndics, toutes informations nécessaires, tant sur les motifs de ces retards et des empêchements qui pourraient exister, que sur les moyens de les faire cesser, pour ensuite en être référé, s'il y a lieu, à M. le procureur impérial près le tribunal de première instance. »

L'état sommaire est dans l'intérêt respectif du titulaire ancien et du nouveau : s'il n'en était pas dressé, celui-ci pourrait être réputé avoir reçu les minutes intégralement. En même temps que l'état décharge, l'un, il charge l'autre de la responsabilité des minutes. Tous deux sont donc également intéressés à ce que la mesure soit exécutée. Aussi, est-ce en présence de l'ancien titulaire ou de ses héritiers, non moins qu'en celle du nouveau notaire, ou eux dûment appelés, que l'état doit avoir lieu. — Que si l'un d'eux ne comparaissait pas, il semble que la mesure pourrait être exécutée avec le concours du syndic de la chambre des notaires, ou même du juge de paix. — C'est aussi l'avis de Rolland de Villargues, v° Etat sommaire, n° 12. — Si le nouveau titulaire apprenait que, par malveillance, imprudence ou par toute autre cause, des minutes eussent été distraites, il devrait en donner avis à la chambre et même au procureur impérial, et, dans le but de se mettre à l'abri contre les actions récursoires, le faire constater (Conf., Dalloz, v° Notaire, n° 592).

1305. — L'état sommaire exigé par l'art. 58 diffère d'un inventaire, lequel devrait désigner chaque minute, énoncer les noms des parties, la nature, la date et l'enregistrement de l'acte (Loret, sur l'art. 58). Aussi n'est-il pas besoin d'un inventaire détaillé, même lorsque les minutes ont été, après décès du notaire, placées sous les scellés, conformément à l'art. 61. C'est ce que le ministre de la justice a reconnu par décision du 21 avril 1828, ainsi conçue : « L'art. 61 de la loi doit, y est-il dit, s'expliquer par l'art. 58 qui le précède. Le but de la loi, en exigeant les diverses garanties spécifiées dans ces articles, est d'assurer le sort des minutes et de préserver de tout risque leur existence. Or, le but de la loi est également atteint, soit que l'on procède à un inventaire, toujours long, toujours coûteux, soit que l'on procède à un simple récolement sur les répertoires, suivi de l'état sommaire indiqué par l'art. 58 de la loi du 25 ventôse an II. Placé, ainsi que l'art. 61, sous la même rubrique, applicable à des circonstances d'une similitude parfaite, l'art. 58 de la loi du 25 ventôse an XI a été dans la pensée du législateur, destiné pour tous les cas où il y aurait dépossession ou transmission de minutes, quelles que fussent la cause et la nature de cette transmission, et de quelque mode qu'elle dût s'opérer. Je pense donc que c'est avec raison que M. le président du tribunal a décidé, par son ordonnance du 7 mars dernier, que l'état sommaire et descriptif devait remplacer, dans l'espèce l'inventaire prescrit par l'art. 787, C. proc. civ. On sent bien, au surplus, que cet article s'exécuterait pour le surplus des biens composant la succession du notaire. »

1306. — Il résulte de cette décision que l'état sommaire peut se faire au moyen d'un simple récolement sur les répertoires, et on le fait suivre, bien entendu, des observations qu'il peut être utile de consigner. C'est déjà la marche que prescrivait l'arrêt de règlement du 6 avril 1632 ; c'est encore celle que le ministre de la justice a indiquée par décision du 30 mai 1838, dont voici les termes : « Le sieur D..., ancien notaire, remplacé le 7 oct. dernier par le sieur T..., expose qu'il n'a pas encore effectué entre les mains de son successeur la remise des minutes de son ancienne étude, parce qu'il a été arrêté par la difficulté de rédiger l'état sommaire mentionné dans l'art. 58 de la loi du 25 vent. an XI. Il demande quelle est la forme à suivre pour la rédaction de cet état. L'article précité ne contenant à cet égard aucune règle spéciale, les parties ont la faculté d'adopter le mode qui leur paraît plus convenable, pourvu que l'acte de dépôt contienne des indications suffisantes pour assurer la conservation des minutes. Il est d'usage dans plusieurs arrondissements de procéder à un simple récolement sur les répertoires, et de constater ensuite dans l'acte de dépôt les minutes qui existent en nature et celles qui se trouvent en déficit. Cet acte peut être fait par les parties elles-mêmes sous leurs signatures privées ; il doit seulement être en double original. On ne peut qu'engager le sieur D... à prendre des renseignements auprès de la chambre de discipline, et à se conformer à l'usage suivi dans son arrondissement. »

1307.— Voici le mode qui est indiqué pour la confection de l'état sommaire : on divise les minutes du notaire remplacé ou supprimé en autant d'exercices qu'il y a de notaires qui les ont reçues ; on énonce le nom et les prénoms de chaque notaire, le lieu de sa résidence, la durée de son exercice et le nombre d'actes inscrits sur le répertoire ; ensuite on fait, sur les répertoires, le récolement des minutes qui existaient et de celles qui manquent, en se bornant à désigner les unes et les autres par les numéros des répertoires où elles sont inscrites, relatant celles qui manquent dans un tableau qui reproduit leur énonciation portée aux répertoires, et signalant les lacérations ou irrégularités matérielles qu'elles peuvent offrir. — On constate, en même temps, l'état des répertoires, en les cotant et paraphant, en y énonçant la remise qu'on en a faite entre les mains du nouveau dépositaire, qui, dès lors, se trouve chargé de les représenter à toute réquisition et qui donne décharge du tout, conformément à l'art. 58 (V. Loret, sur l'art. 58 ; Rolland de Villargues, vᵒ État sommaire, nᵒ 18 ; Dalloz, nᵒ 575 ; Ed. Clerc, t. 1ᵉʳ, nᵒ 791).

1308. — Il résulte de la décision qui précède, nᵒ 1306, que l'état sommaire peut être fait sous seing privé (Conf. Dalloz, nᵒ 596 ; — Contrà, Loret), et qu'il n'est pas nécessaire qu'il soit rédigé en double original, bien que, en même temps qu'il décharge un notaire, il charge le dépositaire des minutes. C'est ce qu'on peut induire et de la disposition qui porte que le notaire qui reçoit les minutes s'en chargera au pied de cet état, et de celle qui veut qu'un double de cet état soit déposé à la chambre de discipline : « Alors, a dit le Tribunat, auteur de cette dernière disposition, plus d'embarras pour les recherches ; c'est à la chambre de discipline qu'on trouve la filiation des différents corps de minutes dans le cas où ils seraient passés d'une étude à l'autre. »

1309.—Lors du décès d'un notaire, le juge de paix doit, dans l'intérêt public, et sans obtenir de droits de vacation, constater le dépôt des minutes du notaire et veiller à ce que les transmissions soient faites par les héritiers du défunt à qui de droit (Orléans, 11 janv. 1815).

1310. — Lorsque les scellés ont été apposés, l'état sommaire doit être dressé en présence du juge : c'est le seul moyen de constater que les minutes remises au successeur sont telles qu'elles ont été laissées par le no-

taire décédé (Déc. min. just., 22 mai 1828 ; Mémorial, art. 1324).

1311. — Un notaire peut, en vertu d'une ordonnance du juge, faire apposer les scellés dans les lieux où il présume que sont déposés les papiers et minutes appartenant à son étude, et indûment retenus par son prédécesseur (Bourges, 18 août 1836, D.P.37.2. 101).

1312. — L'effet de la reconnaissance, mise au pied de l'état sommaire, opère la décharge entière de l'ancien titulaire ou de ses héritiers, et c'est sur le nouveau possesseur que pèse dès lors la responsabilité, en cas de perte de tout ou partie des minutes. D'après le paragraphe 6 de l'art. 2 de l'arrêté du 2 niv. an XII, une des attributions de la chambre de discipline est « de recevoir en dépôt les états de minute des places de notaires supprimés.» De cette disposition, il semblerait résulter que ce n'est qu'au cas de suppression de places, c'est-à-dire au cas où il ne doit pas être nommé d'autres notaires en remplacement, que le dépôt doit être fait ; mais ce n'est pas ainsi qu'on doit l'entendre : les mots notaires supprimés doivent, dans la combinaison de cet article avec l'art. 58 de la loi de ventôse être compris comme synonymes de ceux-ci : notaires qui ont cessé leurs fonctions. La remise de l'état sommaire à la chambre doit avoir lieu dans tous les cas, et on ne doit attribuer qu'à un vice de rédaction l'induction contraire que fournit l'arrêté du 2 niv. an XII (V. en ce sens Dalloz, vᵒ Notaire, nᵒ 597).

1313. — Les chambres des notaires ne peuvent être soumises à aucune responsabilité, relativement aux minutes d'actes déposées dans leur salle, lorsque les dépôts n'ont pas été ordonnés par elles, et qu'ils n'ont eu lieu que pour la commodité de quelques notaires de l'arrondissement (Bourges, 17 juin 1829, D.P.30.2.163).

1314. — Il n'est pas dû d'honoraires au notaire de la chambre de discipline, pour la délivrance des certificats qui attestent les différents dépôts faits à la chambre dans les cas prescrits par la loi (Déc. min. just., 16 fév. 1835, D.P.36.3.126), bien que cela ne paraisse pas suivi à Paris.

Art. 59. — Le titulaire ou ses héritiers, et le notaire qui recevra les minutes, aux termes des articles 54, 55 et 56, traiteront, de gré à gré, des recouvrements à raison des actes dont les honoraires sont encore dus, et du bénéfice des expéditions. — S'ils ne peuvent s'accorder, l'appréciation en sera faite par deux notaires dont les parties conviendront, ou qui seront nommés d'office parmi les notaires de la même résidence, ou, à leur défaut, parmi ceux de la résidence la plus voisine.

1315. — Cet article consacre, au profit des titulaires ou de leurs héritiers, un droit qui leur est acquis et qui ne saurait leur être enlevé sans injustice, même en cas de destitution : l'ancienne législation était conforme (Lett. pat., 11 déc. 1543 ; arr. de règl., 28 fév. 1662 ; L. 6 oct. 1791, tit. 3, art. 14). V. plus haut, nos 1265 bis et ter et 1291.

1316. — Les recouvrements dont il est ici question comprennent les honoraires déjà dus au jour du remplacement ou de la suppression de l'office ; les déboursés pour droits de timbre, d'enregistrement et autres ; le bénéfice éventuel résultant de la délivrance des grosses et expéditions ; les vacations qu'un acte aurait pu occasionner et dont les frais seraient dus à l'ancien notaire (Dalloz, vo Notaire, no 601 ; — Contrà, Loret, t. 1, p. 523 ; Ed. Clerc, t. 1er, no 1307).

1317. — Dans l'évaluation des sommes dues pour honoraires, on doit suivre l'usage admis, et tenir compte des éventualités et retards que le paiement peut offrir.

1318. — A Paris, les frais des premières expéditions entrent dans les honoraires de l'acte, celles-là peuvent seules, dès lors, être l'objet d'une évaluation moins variable. A l'égard des autres expéditions, dont la délivrance est requise facultativement par les parties, le profit qu'elles offrent est tout à fait éventuel. « Il n'y a donc, dit Rolland de Villargues, vo Recouvrement, no 13, que les expéditions dont le coût se payerait à part qui doivent entrer dans la fixation des recouvrements. »

Relativement aux expéditions des anciens actes, « le bénéfice, dit le même auteur, ne doit en être considéré que comme une juste indemnité de la garde des minutes et de la responsabilité attachée à cette délivrance. » Cela paraît juste (V. aussi en ce sens Dalloz, cod. vo, no 602).

1319. — Lorsque les deux notaires choisis par les parties ne s'accordent pas pour faire l'évaluation, peuvent-ils, comme sous la loi du 6 oct.1791, tit. 3, art. 15, prendre un autre notaire de la résidence pour les départager? Massé, liv. 1, ch. 28, enseigne l'affirmative ; car la loi de l'an XI n'abroge les dispositions de celle-là « qu'en ce qu'elles ont de contraire à la présente.» — D'après Rolland de Villargues, eod. vo, no 17, le législateur a voulu s'en référer sur ce point au droit commun, et c'est le président du tribunal qui lui paraît être investi du droit de nommer le tiers arbitre qui doit départager les deux notaires (art 1012 et 1017 C. proc.); il se fonde sur ce que le projet de la loi de ventôse consacrait une disposition analogue à celle de la loi de 1791, qui a été retranchée. Quant à

nous, nous ne voyons pas un arbitrage véritable dans l'attribution conférée aux deux notaires par l'art. 59 de la loi, et, par suite, les art. 1012 et 1017, C. proc., ne sont pas applicables. Dans le silence de la loi, il nous paraît plus conforme de suivre l'opinion de M. Massé, qui a sa base dans une loi spéciale au notariat, et qui n'est abrogée que dans des dispositions contraires à celles de l'an XI. V. Dalloz, eod. vo, no 603 ; Nîmes, 28 janv. 1852 (D.P.54.2.144).

1320. — Traiteront de gré à gré. — Voici ce que nous disions sur ce point dans les premières éditions : « On pourrait croire qu'il résulte de ces mots que c'est une faculté que la loi confère au notaire remplacé ou supprimé, et qu'il lui est loisible de conserver le droit d'exiger ces recouvrements. Mais ce serait là une erreur : l'article est d'ordre public et doit être entendu dans un sens impératif, car ces recouvrements sont un produit de l'étude qui, pour être perçu, a presque toujours besoin qu'on ait la possession des actes : or, l'immixtion de l'ancien titulaire dans le mouvement des affaires de l'étude et dans la détention des minutes est regardée comme contraire à l'essence du notariat : aussi la jurisprudence a-t-elle proscrit toutes les réserves de cette nature qui ont pu être faites dans les actes de cession, et les recouvrements doivent être cédés en même temps que les minutes de l'office (Circ. proc. gén. de Riom, 10 déc. 1839 ; Orléans, 12 juin 1839 ; Cass., 12 janv. 1841 ; Déc. min. just., 10 août 1843 ; D.P.40.136 ; 41.1.70 ; 43.4.314.—Conf., Rolland de Villargues, no 5, Trib. de Lombez, 18 mai 1842, D.P.46.3.128).—Par suite, on déclarerait nul le compromis qui aurait pour objet de régler le mode d'après lequel, en cas de contestation, le nouveau titulaire devrait délivrer à l'ancien les expéditions des minutes, afin d'assurer les recouvrements (Cass., 12 janv. 1841 ; D.P.41.1.70), et l'insertion de clauses semblables dans les traités avec le successeur serait à bon droit regardée comme un obstacle à la nomination de celui-ci. — En cas de décès du notaire, le recouvrement des déboursés et honoraires qui lui étaient dus doit être poursuivi par ses héritiers, tant que le dépôt des minutes n'est fait que provisoirement ; mais lorsque le dépôt est définitif, et que les héritiers de l'ancien titulaire ont traité des minutes, ainsi que l'art. 59 leur en impose l'obligation, le notaire dépositaire a seul qualité pour opérer le recouvrement des sommes dues, tant pour avances et déboursés que pour honoraires ou droits d'expédition. Il doit prendre les précautions nécessaires pour que les débiteurs en retard ne puissent se libérer valablement en payant les héritiers de l'ancien notaire » (Déc. min. just., 1er oct. 1835 ; Jurisp. not., art. 5247).

—Depuis que cela a été écrit, la chancellerie s'est relâchée de cette rigueur : elle permet au cédant de se réserver ses recouvrements (Circ. du proc. gén. de la Cour de Paris, 21 sept. 1848, D.p.48.3.414; *Circ. min. just.*, 3 nov. 1848, D.p.49.3.73; 28 juin 1849, D.p. *cod.*, p. 62; Paris, 8 juin 1850, D.p.51.2.97; Dijon, 24 nov. 1857, D.p.58.2.36). Toutefois, il est interdit au cédant de se réserver, pour faciliter la rentrée des recouvrements, le droit de s'immiscer dans la gestion de son successeur et de compulser ses minutes (Circ. précitée du 28 juin 1849).

1321.—La cession des recouvrements doit contenir un prix distinct de celui de l'office : l'administration le veut ainsi.

1322.— De là il suit que la cession de l'office n'implique pas la cession des recouvrements, dont l'évaluation peut être faite par acte séparé, ou, en tout cas, avoir un prix distinct (Besançon, 25 mars 1828, D.p.28.2.210).

Il suit aussi de là que le legs de l'office ne devrait pas, à la rigueur comprendre les recouvrements (Duranton, t. 9, n° 237; — *Contrà*, Merlin, *Rép.*, v° *Legs*, sect. 4. § 3, n° 18); mais c'est en thèse de droit rigoureux qu'on s'exprime ici, car c'est le contraire qui aura lieu le plus souvent, pour peu que les termes du testament prêtent à l'interprétation qui tendrait à ne pas séparer les recouvrements de l'étude : les règles adoptées par la chancellerie ne sont pas d'une grande influence dans l'interprétation des actes testamentaires. Aussi M. Rolland de Villargues, n° 21, dit-il sur ce point : « Toutefois, il faudrait examiner les *termes* du testament et interpréter la *volonté* du défunt. »

1323.— A l'égard de la cession des minutes faite sans explication, elle emporte celle des recouvrements; c'est aussi l'avis de M. Favier-Coulomb, n° 33; en effet, la possession des minutes est sans aucune valeur entre les mains de l'ancien titulaire; il y a plus : il doit en faire la remise dans un délai, passé lequel elles appartiennent de droit à son successeur. Lors donc qu'il est attaché un prix à la remise de ces minutes, ce prix doit comprendre tous les émoluments qui peuvent découler de la possession des minutes et répertoires, par suite, les recouvrements qui, le plus souvent, ne peuvent être opérés sans le secours des papiers de l'étude, dont l'ancien titulaire a été obligé de se dessaisir.— Néanmoins, M. Rolland de Villargues, *eod. v°*, n° 22, ne voit là que « des présomptions qui devraient céder devant la preuve contraire, qui serait faite par l'ancien titulaire ou ses héritiers. »— Certainement, si des preuves contraires résultant d'écrits, par exemple sont produites, les recouvrements ne seront pas réputés avoir été cédés; mais, dans le conflit entre de simples présomptions avec celle dont on parle ici, c'est

cette dernière qui doit l'emporter ; d'autant plus qu'il y a là plus d'une simple présomption; il y a l'interprétation toute naturelle de l'acte, et il faudrait qu'il s'y trouvât des expressions précises dans le sens de la réserve des recouvrements, pour que les juges fussent autorisés à juger que ceux-ci ont été réservés (Dalloz, v° *Notaire*, n° 607).—Il n'est pas douteux que, dans les recouvrements dont il est ici parlé, on ne doive comprendre que ce qui se rapporte aux minutes cédées et non à l'argent prêté, par exemple.

1324.— Si le prix fixé pour les recouvrements n'est pas payé, le vendeur conserve son privilége sur ces recouvrements, tant qu'ils n'ont pas été opérés, soit que les minutes se trouvent encore entre les mains de son successeur, soit qu'elles aient été rétrocédées à un autre titulaire, qui aura été averti ou qui aura su que le prix n'était pas encore payé (Dalloz, v° *Notaire*, n° 608). Mais il a été jugé que ce privilége, alors qu'il a été fixé moyennant un prix particulier, ne s'étendait pas au prix de vente de l'office (Paris, 23 mai 1838, D.p.38.2.110).—Il ne s'étend pas non plus aux recouvrements dus au successeur pour des actes autres que ceux qui ont été cédés (Paris, 8 juin 1836, D.p.36.2.124.— *Contrà*, Dard, *des Offices*, p. 460).

1325.— A partir du moment où le nouveau titulaire est nommé, tous les émoluments de l'étude lui appartiennent, en ce sens que, si des honoraires pour des actes nouveaux ont été payés à l'ancien titulaire, il a le droit de les réclamer contre celui-ci, encore bien qu'il offrirait de prouver que c'est lui qui les a rédigés depuis sa nomination (Bordeaux, 6 janv. 1834, D.p.34.2.146).

1326.— *Qui seront nommés d'office.* — Par qui cette nomination doit-elle être faite dans les cas où les parties ne parviennent pas à s'entendre sur le choix des notaires? Elle peut l'être, ce semble, par le président du tribunal de première instance, auquel il est, à cet effet, présenté une requête sommaire au bas de laquelle intervient une ordonnance qui désigne deux notaires pour procéder à l'estimation des recouvrements et au bénéfice des expéditions; c'est l'avis de M. Gagneraux, p. 235, n°5. Mais ce n'est qu'au cas où les parties entendent déférer à ce magistrat le droit de désigner les notaires qu'il peut en être ainsi ; car, s'il y a résistance de l'une d'elles, il s'agit alors d'un débat qui ne peut être vidé que par le tribunal (Dalloz, *eod. v°*, n° 610).

ART. 60. — Tous dépôts de minutes, sous la dénomination de *Chambres de contrats*, *Bureaux de tabellionage*, et autres, sont maintenus à la garde de leurs possesseurs actuels. Les grosses et expéditions ne pourront en être délivrées que par un notaire de la résidence des dépôts, ou, à défaut, par un notaire de la résidence la plus voisine.

Néanmoins, si lesdits dépôts de minutes ont été remis au greffe du tribunal, les grosses et expéditions pourront, dans ce cas seulement, être délivrées par le greffier.

1327. — *Tous dépôts de minutes, sous la dénomination de chambres de contrats, bureaux de tabellionage et autres.* — L'édit du 26 juill. 1833 institua des tabellions auxquels les minutes devaient être remises par les notaires, pour être, après le décès de ces tabellions, déposées au greffe de la juridiction où des expéditions et des grosses en seraient délivrées par les greffiers (*V.* aussi l'ord. d'Orléans, de 1560, art. 8).—Cet édit ne reçut qu'une exécution incomplète. Aussi, par un autre édit de mai 1575, les veuves et héritiers des notaires furent tenus de délivrer les minutes, registres et protocoles du titulaire défunt, à des notaires garde-notes institués à cet effet dans chaque bailliage, sénéchaussée ou siége royal. — Un autre édit de mai 1597 supprima, à la charge du remboursement de la finance, les offices de tabellions et de garde-notes; il les unit et incorpora à ceux des notaires royaux qui devoient prendre à l'avenir le titre de *notaires garde-notes-tabellions*, et qui eurent le droit de transmettre leurs minutes à leurs successeurs. — Il paraît que plusieurs de ces tabellionages ne furent pas remboursés, ce qui donna lieu à l'édit de fév. 1761 portant qu'ils seraient immédiatement supprimés et réunis aux offices des notaires royaux; que les minutes existantes dans ces dépôts seraient remises aux greffiers des juridictions royales de leur ressort, et *ensuite rendues* par les greffiers aux notaires qui seraient successeurs de ceux qui auraient anciennement reçu les actes. L'édit ne comprenait pas des tabellions établis dans l'étendue des terres de l'apanage du duc d'Orléans, ni ceux créés dans les ressorts du parlement de Flandre et dans l'Artois; il ne dérogea pas non plus au droit que les seigneurs pouvaient avoir d'établir les tabellions dans l'étendue de leurs seigneuries. — Enfin, on doit ajouter à ces tabellionages ceux qui sous quelque titre que ce soit, dépendaient de pays réunis à la France pendant la révolution. — C'est en cet état que fut rendue la loi des 29 sep.–6 oct. 1791, dont les art. 1er et suiv. du tit. 3 contiennent diverses dispositions relatives à la garde et au dépôt des minutes et depuis, l'art. 60 de la loi de l'an XI, plus spécial sur la matière qui nous occupe.

1328. — Les ordonnances des 17 déc. 1823 et 6 mars 1828 contiennent, sur les anciens dépôts publics de minutes, des dispositions qu'il importe de connaître.

1329. — L'obligation qu'impose la première de ces ordonnances relatives aux actes reçus à Saint-Domingue, est-elle applicable aux dépôts des actes notariés passés dans cette île, dont les parties intéressées avaient fait le dépôt entre les mains d'un notaire?—Par arrêt du 17 juin 1828, aff. Lauly (la Cour de cassation a adopté la négative).

1330. — L'édit de juin 1776 astreint les notaires des colonies à dresser une double minute de leurs actes pour en faire l'envoi à Paris, et faire partie d'un dépôt des papiers publics des colonies.

1331. — *De leurs possesseurs actuels.* — De ces expressions, il résulte que l'art. 60 est transitoire en ce point; il diffère de la disposition de l'édit de 1761, en ce qu'il maintient les minutes dans les mains de leurs possesseurs *actuels,* tandis que l'édit voulait qu'elles fussent remises au greffe de la juridiction, pour être ensuite rendues au notaire successeur, disposition qui se rapproche, comme on le voit, de celle de l'art. 61.

1332. — L'art. 60 contient une exception au principe d'après lequel la délivrance des grosses et expéditions n'appartient qu'au possesseur de la minute. — Rolland de Villargues, v° *Dépôt de minutes*, n° 22, dit qu'on « a vu des notaires, cessionnaires en commun d'un office supprimé, faire à la chambre des notaires le dépôt des minutes de cet office, en attendant qu'ils pussent s'accorder sur celui d'entre eux qui en resterait dépositaire. » — Il ne semble pas qu'une telle mesure, prise ainsi sous la surveillance de la chambre, puisse être critiquée, lorsqu'elle est très-limitée dans sa durée, et que des précautions ont été prises pour la conservation du dépôt. — Il paraît bien certain, au surplus, que ce dépôt n'affranchirait pas les notaires qui l'ont fait de leur responsabilité.

1333. — Il est dans l'esprit de l'art. 60 que les possesseurs de minutes, autres que les greffiers, puissent en disposer, pourvu que la transmission s'en fasse au profit d'un notaire, d'après les règles posées par les articles qui précèdent.

1334. — *Les grosses et expéditions ne pourront en être délivrées que par un notaire de la résidence des dépôts.* — Dans ce cas, le notaire doit-il partager les honoraires de l'expédition avec le dépositaire de la minute? — Dans le silence de la loi, l'affirmative doit, ce semble, être adoptée; elle trouve un appui dans l'arrêt de règlement du 27 juin 1716, dont il est parlé plus bas, n° 1338 (*Conf.*, Loret t. 1, p. 525).

1335. — Quelle foi s'attache à ces grosses et expéditions? V. les art. 24 et 26 de la loi du 25 vent. an XI, *suprà.*

1336. — Les notaires peuvent délivrer ces

14.

grosses et expéditions sans les inscrire sur leurs répertoires et sans les soumettre à l'enregistrement, ainsi qu'ils y sont tenus pour les copies collationnées (Déc. min. fin., 18 avril 1809.'— V. nᵒ 1347).

1337. — Les tribunaux civils sont compétents pour connaître des questions d'indemnité relatives aux anciens dépôts de minutes d'actes notariés (Déc. min. just., 30 oct. 1834, D.p.36.3.48).

1338. — Il a été remarqué que, dans plusieurs localités, des minutes se trouvaient entre les mains de personnes privées. Le ministère public, lorsqu'il en a connaissance, doit prendre des mesures pour obtenir leur remise aux notaires de la résidence, car ces dépôts, quelle que soit leur ancienneté, n'ont rien de légal. — Cela, au reste, s'est déjà vu anciennement, ainsi que le constate un arrêt de règlement du 27 juin 1716, portant : « Et à l'égard des minutes des contrats et autres actes reçus par les notaires desdites justices à présent décédez ou qui s'estoient démis de leurs offices et dont les baux sont expirez, et lesquelles minutes passées du temps de leurs exercices, sont demeurées entre leurs mains ou celles de leurs héritiers ou ayants cause, seront aussi remises entre les mains des notaires et actuellement en charge et dans l'exercice d'icelle, qui s'en chargeront au bas des répertoires, à la charge que l'émolument des grosses qui en seront délivrées demeurera, pour les deux tiers, à ceux qui en auront retenu les minutes, à leurs héritiers ou ayants cause, et l'autre tiers aux notaires actuellement en charge, qui expédieront et qui signeront lesdites grosses, à l'effet de quoy seront faits des inventaires sommaires, et séparez sans frais, par les juges ordinaires des lieux, à la requeste et en présence des substituts de notre procureur général et des procureurs fiscaux desdites justices, de tout et chacun les actes et pièces des exercices des charges de greffiers et de notaires qui peuvent être en la possession de personnes non faisant fonctions de greffiers et notaires.—A la représentation desdits actes et pièces, ceux qui en sont saisis seront contraints par toutes voies dues et raisonnables, même par corps, en vertu du présent arrest, et sans qu'il en soit besoin d'autre. »

1339. —. Pour rendre inutile la possession des minutes entre les mains des personnes privées, la chambre des notaires d'Aurillac a pris la délibération que voici : « Il est expressément défendu au notaire de signer les expéditions ou grosses de tout acté dont la minute ne serait pas en son pouvoir, à peine de censure avec réprimande et de l'interdiction de l'entrée dans la chambre pour la seconde fois. »

1340. — Dans une pétition adressée au Conseil des Cinq-Cents, il avait été demandé qu'on

établît, dans chaque département, un dépôt où seraient réunis les doubles des minutes des actes qui y étaient passés. M. Légier fit, le 19 fruct. an. vi, un rapport favorable ; mais, après un ajournement, le projet fut rejeté le 13 therm. an vii, sur un rapport contraire de M. Favard. — Depuis, M. Joye, alors chef du bureau du notariat au ministère de la justice, a présenté une pétition dans laquelle il a demandé qu'il fût établi à Paris, dans les attributions du ministère de la justice, un dépôt central où seraient réunis les doubles des minutes des actes notariés passés dans toute l'étendue du royaume, à l'instar de ce qui a lieu pour les colonies. Par décision du 21 avril 1836, le renvoi de la pétition au garde des sceaux et au ministre des finances fut ordonné, mais il est resté sans résultat; et peut-être devait-il l'être, car la commission de la chambre adoptait précisément l'idée que le conseil des Cinq-cents avait rejetée en l'an vii : « Votre commission, disait-elle, convaincue de l'utilité de la mesure proposée, pense que, s'il n'était pas possible de la mettre à exécution par la création d'un dépôt central, on devrait s'arrêter à l'idée d'un établissement par département.... C'est une idée à étudier, à méditer.... Pour nous, nous pencherions de préférence vers le projet de M. Joye : ce projet est gigantesque, si l'on veut, mais son utilité est fort importante, et il n'en faut pas davantage pour qu'une grande nation comme la France doive l'adopter, dès que l'idée justifie l'étendue de la dépense. Les chemins de fer d'une part, l'électricité de l'autre, doivent amener une telle rapidité de communication entre les hommes, que la centralisation sera en quelque sorte la loi des générations futures. »

ART. 61. — Immédiatement après le décès du notaire ou autre possesseur de minutes, les minutes et répertoires seront mis sous les scellés par le juge de paix de la résidence, jusqu'à ce qu'un autre notaire en ait été provisoirement chargé par ordonnance du président du tribunal de la résidence.

1341.—Cette disposition, qui prescrit une mesure d'ordre public, et qui a paru nécessaire pour prévenir les abus qui ont si souvent existé anciennement, a été insérée dans la loi sur les observations du Tribunat. Les règlements anciens se bornaient à prescrire un inventaire ou état sommaire des minutes à la requête des juges des lieux (Ord. 1560, art. 83; arrêt de règl., 27 juin 1716); le ministère public avait bien le droit de requérir l'apposition des scellés (V. Denisart, vᵒ Scellés, nᵒ 10; Pigeau, Procéd. du Chât., t. 2, p. 270); mais cela ne s'observait pas à Paris,

où l'on procédait de la manière suivante :
« Aussitôt un décès ou tout événement quelconque qui enlève un officier à son état, les
syndics se transportent en sa maison, et soit
qu'il y ait scellé ou non, ils le dessaisissent
seuls des minutes, brevets et expéditions de
tous les actes, ainsi que de tous les papiers
qui intéressent le public : ils les renferment
dans une ou plusieurs pièces, et après avoir
pourvu à la sûreté du dépôt et constaté par
un procès-verbal les précautions que leur prudence leur suggère, le syndic en exercice demeure chargé des clefs ; et tant que la vacance dure, il délivre, sur les demandes que
lui en font les parties, et pour que le service
du public ne périclite pas, toutes les expéditions, copies collationnées et extraits nécessaires à ceux qui y ont droit ; et, cette fonction remplie, il rétablit dans le dépôt les
pièces qu'il en avait retirées.

« Du moment qu'il se trouve un successeur
reconnu capable par le corps, et pourvu sur
l'agrément des magistrats, le syndic, par
acte au pied du procès-verbal qui le chargeait,
met le nouveau titulaire en jouissance de toutes les minutes, titres et pièces qui composaient la pratique du prédécesseur, après récol-
lement fait par ce nouveau titulaire sur les
répertoires du notaire auquel il succède, et
qui sont continués et parachevés avant la
remise, s'ils ne se trouvent pas complets »
(*Continuation manuscrite du traité des droits
des notaires*, de Langlois ; Stat. not. de Paris,
6 déc. 1689 ; Rolland de Villargues, v° *Minute*, n° 152 ; Dalloz, v° *Notaire*, n° 613).

1342. — Comme on le voit, la mesure à
prendre a passé de la communauté des notaires aux juges de paix, et, en cas d'omission
ou négligence, elle peut-être provoquée par
le ministère public, qui serait, au besoin,
averti par la chambre de discipline, s'il n'en
avait pas connaissance. D'après les statuts des
notaires de Paris, du 3 brum. an XIII, ce soin
concernait particulièrement les syndics ; et
Rolland de Villargues, *eod.*, n° 155, enseigne que l'opposition des scellés pourrait
même, dans ce cas, être faite à la requête du
syndic de la chambre ; que cela ne fait aucune difficulté et que tel est l'usage à Paris.
— Si respectables que soient cet usage et le
motif qui lui sert d'appui, on ne peut se dissimuler que le droit de requérir l'apposition
des scellés, mesure d'intérêt public, n'est
pas attribué expressément par la loi à la
chambre des notaires ; mais l'intervention
d'office de celle-ci se justifie par la pureté
des motifs qui la font agir. Aujourd'hui on
invoquerait l'esprit de l'ordonnance du 4 janv.
1843, et notamment l'art. 1er, qui investit la
chambre d'un droit général de *provocation*
disciplinaire (*Conf.* Dalloz, v° *Notaire*, n°
614).

1343. — Il importerait peu que la mesure

fût considérée comme inutile par les héritiers
du notaire décédé, tous majeurs ; l'intérêt qui s'attache à la conservation des minutes n'est pas susceptible de s'abaisser ou de
fléchir devant les convenances particulières
des héritiers.

1344. — S'il existe des actes qui ne soient
pas encore revêtus de toutes les formalités,
comme s'il fallait les soumettre à l'enregistrement ou les expédier, le juge de paix fait
alors une description succincte de ces actes.

1345. — Cependant, comme il pourrait résulter un préjudice pour l'étude de cette apposition des scellés, si elle se prolongeait
trop longtemps, l'art. 61 autorise le président
du tribunal de la résidence à charger *provisoirement* du dépôt des minutes un autre notaire ; cette mesure peut être provoquée par
tous les intéressés, même par le juge de
paix lui-même ou par le ministère public.
— Dans ce cas, le premier acte du président consiste dans la levée des scellés,
qu'il n'est pas nécessaire d'accompagner d'un
inventaire des minutes, lesquelles sont placées sous la garde du notaire commis, qui se
borne à s'en charger sous sa responsabilité,
jusqu'à ce que le successeur ait été nommé
et l'état sommaire dressé. Tout ceci semble
ne pouvoir avoir lieu que dans le cas où les
héritiers n'ont pas encore traité des recouvrements avec un notaire compétent, cas
dans lequel celui-ci serait autorisé à obtenir,
sur requête au président, la levée des scellés
et la cessation de la mission provisoire (Dalloz, *eod.* v°, n° 617).

1346. — Si, avant la mesure provisoire, il
devenait urgent de se procurer une grosse ou
expédition, on pourrait s'adresser, par requête, au président du tribunal, qui ordonnerait la levée momentanée des scellés à l'effet de rechercher la minute dont un notaire
commis ferait l'expédition, et le juge de
paix réapposerait les scellés (Dalloz, *eod.* v°,
n° 619). — On suppose que le dépôt provisoire ne pourra, par suite de quelque circonstance, être exécuté assez rapidement
pour parer à l'urgence.

1347. — Une conséquence du dépôt provisoire, c'est que le notaire qui en est chargé
a le droit de délivrer les grosses et expéditions qui sont demandées : il a ce droit en
vertu de l'ordonnance même qui le commet
et dont c'est le principal objet (Déc. min.
just., 22 juin 1813). — « En ce cas, porte
cette décision, le notaire subrogé dans les
fonctions qu'exerçait son collègue en prend
toute la responsabilité quant à la délivrance
des expéditions. Son ministère est celui d'un
successeur temporaire ; et comme il a, pendant sa durée, les mêmes effets que le ministère du successeur nommé définitivement, il
s'ensuit que les expéditions délivrées ne sont
point sujettes à l'enregistrement, et qu'à plus

forte raison, elles ne sont point susceptibles d'être inscrites sur le répertoire du notaire dépositaire, comme les actes délivrés en brevet ou les copies collationnées. »

1348. — On est même allé plus loin à Paris : le notaire commis provisoirement est chargé de recevoir les actes de l'étude, comme remplaçant l'ancien titulaire ; l'intérêt de l'étude et des clients qui sont dans l'usage d'y passer leurs actes le veut ainsi. — La formule des ordonnances de référé est tracée ainsi par M. de Belleyme : « Attendu qu'il est instant de pourvoir à la délivrance des grosses, expéditions et extraits de minutes demandés par les parties intéressées, et aussi de pourvoir à la passation de tous les actes concernant la clientèle ; — attendu, quant à ces actes, qu'il importe que les minutes en restent dans ladite étude, où les clients ont l'habitude d'avoir et de trouver toutes minutes relatives à leurs affaires, etc. »

1349. — L'art. 54 servira de règle dans le choix du notaire que le président doit désigner provisoirement ; l'art. 61 ne le dit pas, mais il y a même raison de le décider ; on comprend même que le droit de ce magistrat ne doit pas être plus étendu que celui des héritiers qui exercent un droit de propriété.

1350. — Ce n'est pas seulement le décès qui donne lieu aux mesures prescrites par l'art. 61 ; elles peuvent avoir lieu, si le notaire se trouve, pour toute autre cause, telle que la destitution ou la démission, privé de l'exercice de ses fonctions. C'est ainsi qu'il a été jugé que les scellés ont pu être apposés, à la requête du ministère public, sur les minutes d'un notaire déclaré démissionnaire pour défaut de prestation de serment (Rennes, 5 mars 1832, D.P.35.2.70.—Conf., Delpierre, p. 77 ; Rolland de Villargues, v° *Minute*, n° 167 ; Dalloz, *eod.* v°, n° 628). Il devrait en être de même si, par suite de poursuites criminelles ou d'absence prolongée, l'étude d'un notaire se trouvait livrée à l'abandon. Telle est aussi la pensée des auteurs qui viennent d'être cités.

1351. — La levée des scellés est accompagnée, comme au cas de l'art. 58, d'un état sommaire et non d'un inventaire. — Si, lors de cette levée, on trouvait des papiers appartenant à un tiers qui ne les réclamerait pas à l'instant, le juge de paix ne serait pas autorisé à en dresser un état descriptif ; on devrait les remettre au successeur du notaire ; ici se s'applique pas l'art. 939, C. pr. (Paris, 8 sept. 1825, D.P.26.2.57).

1352. — Quoique le juge de paix, comme conservateur de l'intérêt public, soit témoin de la remise intégrale du dépôt, il n'a nullement le droit d'en constater l'état matériel (Orléans, 11 janv. 1815 ; V. Colas-Delanoue, t. 1, n° 644). — En cas pareil, la mission du juge de paix consiste dans sa présence à la rédaction de l'état sommaire exigé par la loi (Déc. min. just., 22 mai 1828 ; V. Gagneraux, *Comment. de la loi de l'an* XI, p. 238, n° 7).

1353. — Les employés de l'enregistrement n'ont pas le droit d'assister à la levée des scellés ni à l'inventaire des papiers particuliers d'un notaire décédé : la vérification qui serait faite à cette époque pourrait être déclarée intempestive, surtout par rapport aux actes sous seing privé non timbrés ni enregistrés que l'on trouverait dans l'étude ; il convient, dans ce cas, d'attendre que le dépôt en soit fait dans les mains d'un officier public contre lequel on puisse agir comme dépositaire (Déc. min. fin., 12 janv. 1818 ; V. Gagneraux, p. 239, n° 9). Le Tribunal du Puy, par jugement du 28 août 1817, avait reconnu le même principe au sujet d'une promesse sous seing privé non timbrée, qui avait été découverte lors de l'inventaire des papiers trouvés chez un notaire décédé, « attendu, y est-il dit, que la découverte de ce billet n'ayant eu lieu, de la part du vérificateur, que par une extension de la vérification de l'étude, il en résultait que la direction générale possédait cet écrit par un moyen non légal ni avoué par les règlements sur ses attributions ; qu'elle ne pouvait, dès lors, exciper de cet écrit isolé, non suivi de quelque présomption sur son exécution, pour demander l'amende qu'encourent ceux qui écrivent des billets ou actes sur papier non timbré, etc. » M. Gagneraux, qui rapporte ce jugement, *eod.*, p. 239, n° 10, dit qu'il a été exécuté par la régie. — Toutefois, si le ministère public avait appelé un préposé de l'enregistrement pour assister à la levée des scellés requise par lui, on doit, d'après un jugement du tribunal de Beauvais, du 6 mai 1835, décrire sommairement les actes sous seing privé dans l'inventaire. « Mais cette décision, dit M. Dalloz (*eod.* v°, n° 627), ne doit pas être suivie ; car elle ne peut présenter que des dangers dans la révélation d'actes privés étrangers au notaire dans les papiers duquel ils se trouvent. »

1353 bis. — Enfin, au cas de suspension, comme au cas de décès d'un notaire, il y a lieu de commettre un autre notaire pour recevoir le dépôt provisoire des minutes et répertoires ; c'est en vain que, pour échapper à cette mesure, le notaire suspendu offrirait de porter lui-même les minutes de ses actes en l'étude du notaire désigné, toutes les fois qu'il y aurait lieu d'en délivrer expédition (Limoges, 24 nov. 1851, D.P.52.2.270). Cette solution paraît ajouter à la lettre de la loi : aussi a-t-on objecté avec raison que, dans le silence de celle-ci, les instructions ministérielles n'avaient pas cru devoir aller jusqu'à assimiler le cas de suspension au cas de décès. On induisait même, à ce sujet, des termes de l'art. 55 de l'arrêté pris le 30 déc. 1842, par le ministre de la guerre, pour réglementer l'exercice de la profession de notaire en Algérie, que le Gouvernement avait autrement interprété l'art. 61 de la loi du 25 vent. an XI, appliqué par extension dans l'espèce de l'arrêt qu'on recueille ici. Voici le texte de l'art. 55 de l'arrêté du ministre de la guerre : « Aucun notaire suspendu de ses fonctions ne pourra, pendant la durée de sa suspension, se faire substituer, même pour la délivrance des grosses ou expéditions des actes déposés dans son étude.—En ce cas, lorsqu'il y aura lieu à délivrance de grosses ou expéditions desdits actes, elle ne pourra être faite que par un autre notaire de la même résidence, spécialement commis à cet effet par le procureur impérial. — Dans le même cas, le notaire suspendu sera tenu de communiquer au notaire délégué, sur son récépissé, les minutes à expédier, lesquelles devront ensuite être rétablies dans l'étude où elles sont déposées... » — L'interprétation qu'on proposait, en s'appuyant sur le texte qu'on vient de transcrire, doit d'autant mieux, ce semble, être admise, qu'elle ne heurte aucun texte de loi, qu'en abandonnant au ministère public l'appréciation des mesures à prendre en circonstance pareille, l'instruction avait sauvegardé tous les intérêts, et qu'il serait d'une rigueur voisine de l'injustice, lorsqu'une suspension n'a été prononcée que pour quelques jours, d'obliger le notaire, non-seulement à supporter les frais d'un double inventaire et du déplacement de ses minutes, qui en est la suite, mais encore à encourir la chance de voir, par l'effet de la réunion momentanée de son étude à celle de son confrère, sa clientèle s'affaiblir et même se détourner. En prévoyant cette grave conséquence de la solution par lui admise, l'arrêt cité plus haut ne nous paraît pas avoir indiqué un palliatif efficace. Cependant cette solution a été aussi consacrée, soit par la Cour d'Orléans (21 janv. 1854, D.P.54.2.50), soit par la Cour de cassation (Civ. cass., 22 mai 1854, D.P.54.1.217). — V. également Dalloz, v° Notaire, n° 630.

TITRE III.—Des Notaires actuels.

ART. 62.—Sont maintenus définitivement tous les notaires qui, au jour de la promulgation de la présente loi, seront en exercice.

1354. — Définitivement. — Ce mot se réfère à l'état de choses existant avant la loi de l'an XI; les notaires exerçaient alors leurs fonctions provisoirement (L. 6 oct. 1791, tit. 1, art. 4; déc. 18 brum. an II, art. 1). L'art. 62 a converti cet état de provisoire en état définitif; il a maintenu tous les notaires en

exercice, sans distinction de leur origine ou de la régularité de leurs titres.

ART. 63.—Sont également maintenus définitivement les notaires qui, au jour de la promulgation de la présente loi, n'ayant point été remplacés, n'auraient interrompu l'exercice de leurs fonctions ou n'auraient été empêchés d'y entrer que pour cause, soit d'incompatibilité, soit de service militaire.

1355. — Définitivement. — Cette expression s'applique aux notaires qui, ayant opté pour des fonctions administratives ou judiciaires, avaient été autorisés, par les décrets des 21 vent. et 11 therm. an III, à reprendre leurs fonctions de notaires dans lesquelles ils n'avaient pas été remplacés.

ART. 64.—Tous lesdits notaires exerceront ou continueront d'exercer leurs fonctions, et conserveront leur rang entre eux, suivant la date de leurs réceptions respectives. — Mais ils seront tenus, dans les trois mois du jour de la publication de la présente loi.—1° de remettre au greffe du tribunal de première instance de leur résidence, et sur un récépissé du greffier, tous les titres et pièces concernant leurs précédentes nomination et réception; — 2° de se pourvoir, avec ce récépissé, auprès du Gouvernement, à l'effet d'obtenir du premier consul une commission confirmative, dans laquelle seront rappelés la date de leurs nomination et réception primitives, ainsi que le lieu fixe de leur résidence.

1356. — L'exécution de cet avis est prescrite sous la sanction de l'art. 68 de la loi. Ainsi, on a jugé qu'un ancien notaire qui n'avait pas remis ses titres et pièces au tribunal dans le délai de trois mois était déchu de plein droit de ses fonctions; qu'en conséquence, un testament par lui reçu après l'expiration de ce délai était nul, s'il n'avait été compris dans la confirmation ultérieure du Gouvernement; qu'à cet égard, on ne pouvait se prévaloir de l'erreur commune pour faire maintenir l'acte (Turin, 21 avril 1807. — En tous cas, un tel notaire, non confirmé par le Gouvernement dans le délai a dû, ou cesser ses fonctions, ou se renfermer dans l'arrondissement déterminé par la règle générale, à peine de nullité des actes reçus hors de cet arrondissement (Req., 10 déc. 1816, Dalloz, v° Notaire, n° 71-2°). Mais l'ancien notaire en exercice qui avait effectué le dépôt de ses titres au greffe dans le délai de trois mois a pu, même depuis la loi de l'an XI, instrumenter dans tout le département de sa résidence, quoiqu'il n'eût pas encore reçu la nouvelle commission du Gouvernement qui devait circonscrire son ressort (Cass., 6 avril 1809, D.A.9.196 ; Cass., 4 juin 1855, D.P.55.1.386).

ART. 65. — Dans les deux mois qui suivront la délivrance de cette commission, chacun desdits notaires sera tenu de prêter le serment prescrit par l'article 47, et de se conformer aux dispositions de l'article 49 pour le dépôt des signature et paraphe.

Le présent article et le précédent seront exécutés, à peine de déchéance.

1357. — Cet article est pareillement prescrit sous la sanction de l'art. 68. Sa disposition a été exécutée, ou doit être réputée avoir été remplie par les notaires qui sont encore en exercice aujourd'hui.

Que si, par impossible, quelques-uns ne s'y étaient pas conformés, la bonne foi tirée de l'erreur commune devrait aujourd'hui protéger les actes passés devant eux.

ART. 66. — Les notaires qui réunissent des fonctions incompatibles seront tenus, dans les trois mois du jour de la publication de la présente loi, de faire leur option, et d'en déposer l'acte au greffe du tribunal de première instance de leur résidence : sinon, ils seront considérés comme ayant donné leur démission de l'état de notaire, et remplacés ; et dans le cas où ils continueraient à l'exercer, ils encourront les peines prononcées par l'article 52.

1358. — Cet article n'est-il que transitoire ? N'a-t-il pas, au contraire, abrogé l'art. 3, tit. 4, de la loi du 24 vend. an 3, relative aux incapacités, qui est beaucoup plus sévère et qui porte : « Ceux qui seraient appelés à l'avenir à remplir des fonctions non compatibles avec celles qu'ils exerçaient déjà seront pareillement tenus sous la même peine (de destitution des deux fonctions), dans la décade qui suivra la notification qui leur sera faite du nouveau choix qui aura lieu en leur faveur. » — Merlin, Rép., vᵒ Notaire, § 4 ; Massé, liv. 1, ch. 8 ; Rolland de Villargues, eod., nᵒ 21, pensent que ce dernier article a été abrogé en ce qui touche les notaires, et que l'art. 66 doit seul être suivi, ce qui, en logique rigoureuse, peut être contesté (Dalloz, vᵒ Notaire, nᵒ 274). — V., sur les incompatibilités, ce qui est dit sous l'art. 7 ; V. aussi l'art. 52. — Il semble inutile de dire

que la disposition de l'art. 66 est prescrite sous la sanction de l'art. 68.

ART. 67. — A compter du jour de leur option, ils auront un délai de trois mois pour obtenir la commission du premier Consul, et pour remplir les formalités prescrites aux articles 47 et 49 ; le tout sous les mêmes peines.

1359. — De la combinaison de cet article avec l'art. 65, il résulte que les anciens notaires qui exerçaient des fonctions incompatibles ont eu, pour se mettre en règle : 1ᵒ trois mois, à partir de la publication de la loi, pour faire leur option et en déposer l'acte au greffe ; 2ᵒ trois mois à partir de cette formalité pour obtenir la commission du premier consul et se conformer aux articles 47 à 49 ; 3ᵒ deux mois pour prêter serment : ensemble huit mois. — Cet article est, comme les trois qui précèdent, placé sous la sanction de l'art. 68.

Dispositions générales.

ART. 68. — Tout acte fait en contravention aux dispositions contenues aux articles 6, 8, 9, 10, 14, 20, 52, 64, 65, 66 et 67, est nul, s'il n'est pas revêtu de la signature de toutes les parties ; et lorsque l'acte sera revêtu de la signature de toutes les parties contractantes, il ne vaudra que comme écrit sous signature privée : sauf, dans les deux cas, s'il y a lieu, les dommages-intérêts contre le notaire contrevenant.

1360. — Cet article, qui contient la sanction de plusieurs prescriptions de la loi, présente deux dispositions principales, l'une relative à l'effet des actes qui sont dépourvus d'authenticité ; l'autre qui a trait aux dommages-intérêts dont le notaire peut être déclaré passible en cas de nullité des actes. — Sur celle-ci, voyez, à la fin de cet ouvrage, le Traité de la responsabilité des notaires.

Quant à la première, elle n'est pas nouvelle, car elle ne fait que consacrer un principe bien ancien et attesté par Pothier, nᵒ 87, Boiceau, partie 2, ch. 4 ; Louet, lettre 12, nᵒ 10 ; Toullier, t. 9, nᵒ 87. — Déjà, sous la loi romaine, une convention ne cessait pas d'être valable, quoique l'acte qui la renfermait fût nul dans la forme, si d'ailleurs il pouvait subsister de manière à en fournir la preuve (L. 4, D., de Pignor. et hypoth.; L. 17, C., de Pactis).

1361. — Les conventions doivent être distinguées des actes qui les renferment ; un acte qui ne présente pas les formes nécessaires pour valoir comme authentique peut donc subsister comme convention privée, si, d'ailleurs, il réunit les conditions exigées pour la formation d'un contrat. Sur ce principe reposent l'art. 1318, C. Nap., et l'art. 68, loi de l'an XI, qui validént comme écriture privée, s'il est signé des parties, l'acte qui n'est point authentique par l'incompétence de l'officier, ou pour défaut de forme (Toullier, t. 8, n° 134; Dalloz, v° *Obligation*, n°s 3784 et suiv.). L'art. 1318 ne concerne pas les actes solennels, c'est-à-dire ceux qui sont nécessairement assujettis à l'authenticité et ne peuvent valoir que sous cette forme, par exemple, le testament notarié (Dalloz, v° *Dispos. entre-vifs et test.*, n° 2825; Troplong, *Donat. et test.*, t. 3, n° 1576; Turin, 14 mars 1807, D.A.5.680), le contrat de mariage, la donation, la constitution d'hypothèque; de pareils actes sont irrévocablement nuls, s'ils manquent de l'une des conditions voulues pour leur authenticité (Delvincourt, t. 2, p. 607; Duranton, Favard, v° *Acte notarié*, § 7, n° 5; Dalloz, v° *Oblig.*, n° 3782).

Ainsi, une donation entre-vifs ne pouvant valoir, lorsqu'elle est nulle, comme acte authentique, n'a pas même la force d'un acte sous seing privé, si elle est annulée pour avoir été reçue par un notaire hors de son ressort (Pau, 11 mars 1811; D.A.10.647). — De même, est nul le contrat de mariage, même signé de toutes les parties, qui ne peut valoir comme acte notarié (Colmar, 16 mars 1813; D.A.10.651, n° 2). — Du reste, les dispositions de l'art. 1318, C. Nap., et 68 de la loi de ventôse, s'appliquent à toutes les nullités résultant de l'inobservation des formalités prescrites pour la validité des actes comme authentiques (Toullier, n° 134; Dalloz, v° *Oblig.*, n° 3781).

1362. — Quand il s'agit d'acte que la loi permet de faire sous seing privé, la signature des parties couvre la nullité qui résulte de l'incompétence ou de l'incapacité de l'officier public. Un notaire est incompétent quand il agit hors de son ressort : il est incapable lorsque, par exemple, il est parent d'une des parties ou partie intéressée lui-même, ou lorsqu'il a été suspendu ou destitué (Duranton, t. 13, n°s 75, 76 et 77; Dalloz, v° *Oblig.*, n°s 3788 et suiv.). Et il a été jugé : 1° que l'acte reçu par deux notaires, nul comme acte authentique, vaut comme acte sous signature privée, s'il est signé des parties, quoique le notaire serait l'une de ces parties (Cass., 28 brum. an XIV, D.A.10.661, n° 1. — *Conf.* Lherbette, t. 1, p. 78).

2° Qu'il est nul, quoique reçu au profit de l'un des notaires ou en faveur de l'un de ses parents au degré prohibé (Aix, 8 prair. an XII, D.A.10.671, n° 2; arg., *conf.* Cass., 28 brum, an XIV; Douai, 10 fév. 1851, D.P.51.2.61. — *Contra* Orléans, 31 mai 1845 et 5 mai 1849 (D.P.49.2.100 et 113). — V. aussi Angers, 13 mars 1847 (D.P. 47.2.80).

1362 *bis.* — L'acte de prêt passé devant un notaire qui a déclaré stipuler pour le prêteur absent ne vaut que comme acte sous seing privé, non-seulement en ce qui touche le contrat de prêt, mais encore en ce qui concerne le cautionnement qu'un tiers a consenti, par le même acte, au profit du prêteur; — En conséquence, l'hypothèque constituée dans cet acte par la caution, pour sûreté du cautionnement, est nulle comme dépourvue d'authenticité (Cass. 11 juill. 1859, D.P.59.1.401).

1362 *ter.* — L'acte notarié constatant simplement la reconnaissance par l'emprunteur qu'il doit la somme formant l'objet du prêt vaut comme acte authentique, quoiqu'il ait été passé hors la présence du prêteur et que celui-ci ne l'ait signé que postérieurement; mais l'acte dans lequel le notaire, stipulant pour le prêteur absent, règle lui-même les conditions du prêt et promet la ratification de celui-ci ne vaut, même après qu'il a été ratifié que comme acte sous seing privé; et dès lors la validité de l'hypothèque prise en vertu d'un tel acte est à bon droit contestée par les intéressés dans l'ordre ouvert contre l'emprunteur (Grenoble, 8 juill. 1858, D.P.59.2.83).

1363. — Les actes d'un notaire qui a surpris sa nomination, en faisant croire faussement qu'il réunissait les conditions légales pour exercer le notariat, ne valent pas seulement, jusqu'à sa révocation notifiée, comme actes privés, mais ils valent encore comme actes authentiques (V. *suprà* et Duranton, t. 13, n°s 75, 76 et 77; D.A.671, n° 8).

1364. — Au cas où l'incompétence de l'officier public résulte, non pas de ce qu'il a passé l'acte hors de son ressort, mais de ce que la nature de ses fonctions ne le rendait pas apte à recevoir les conventions des parties, par exemple, s'il s'agit d'un contrat passé devant un préfet, un maire, un huissier, alors qu'il aurait dû être passé devant un notaire, Duranton, t. 13, n° 74, pense que l'acte ne vaut comme acte sous seing privé qu'autant qu'il est, conforme aux art. 1325 et 1326, C. Nap.; car un pareil acte n'a pas été, à proprement parler, reçu par un officier public : il n'est qu'un acte sous signature privée, et, comme tel, soumis aux formes nécessaires à la validité de tels actes. — Il en est de même, à plus forte raison, de tout acte qui aurait été reçu en l'absence du notaire et rédigé par son clerc (Paris, 17 déc. 1829, D.P.30.2.167). V. *infrà*, n° 1376.

1365. — Parmi les formes dont l'inobservation entraîne la nullité de l'acte comme authentique, se trouve l'énonciation des témoins instrumentaires et de la date, bien que l'art. 68, dans la disposition dont il s'agit ici, ne renvoie pas expressément à l'art. 12, qui prescrit cette mention (Rolland de

Villargues, 1re édit., v° *Acte notarié*, n° 259 ; Toullier, t. 8, n° 434 ; Merlin, *Rép.*, v° *Ratif.*, n° 9).

1366. — Il en serait de même de l'acte que le notaire aurait omis de signer (L. 25 vent. an xi, art. 14 et 68 ; Rolland de Villargues, n° 260).

1367. — Si la signature des parties suffit pour que l'acte nul comme authentique vaille comme acte sous seing privé, il faut, du moins, que toutes les parties l'aient signé.
— Et il a été jugé que des actes reçus par des notaires hors de leur ressort ne peuvent valoir comme acte sous seing privé s'ils ne sont pas signés de toutes les parties contractantes (Pau, 11 mars 1811, D.A.10.647).

1368. — Mais, pour que la signature soit indispensable, il faut que ce soit celle d'une partie nécessaire à l'acte (Dalloz, v° *Oblig.*, n° 3806). — Ainsi, dans la vente qu'un mari fait d'un bien qui lui est propre, le consentement de la femme n'offrant à l'acquéreur qu'une garantie à laquelle il lui est loisible de recourir, il s'ensuit que, lorsque l'acte est nul comme authentique, il vaut comme acte sous signature privée, s'il est signé de l'acquéreur et du vendeur, encore que la femme de celui-ci, qui est dite *partie*, ait refusé de le signer (Cass., 3 juin 1824, D.A.10.669, n° 2). — Jugé de même que, si l'art. 1318, C. Nap., exige que l'acte qui n'est point authentique, pour défaut de forme, soit signé des parties pour valoir comme écriture privée, cela ne peut s'entendre que des parties contractantes et non de celles qui n'y ont figuré qu'accessoirement, dont l'absence n'a point d'influence directe sur la validité du contrat, et spécialement d'une femme qui n'a figuré comme covenderesse dans la vente consentie par son mari d'un objet sur lequel elle n'a aucun droit de propriété que par forme de fidéjussion (Colmar, 12 déc. 1821, D.A.10.670, n° 2).

1369. — S'il n'est question que d'un engagement unilatéral, la signature de la partie qui s'oblige est suffisante ; cette signature suffirait même pour un acte authentique (Delvincourt, *loc. cit.*; Duranton, t. 13, n° 73 ; *Répert.* de M. Favard, *loc. cit.* ; Dalloz, v° *Oblig.*, n° 3808).

1370. — Si l'acte n'est pas signé, en vain porterait-il l'énonciation que l'une des parties ne sait signer (Dalloz, v° *Oblig.*, n° 3805 ; Rolland de Villargues, n° 266).

1370 bis. — Un acte rédigé par un juge de paix sur la réquisition des parties ne vaut, alors qu'il n'a pas été revêtu de la signature de celles-ci, ni comme acte public ni comme acte privé (Bourges, 21 fév. 1842, D.P.44.2.133 ; 45.4.96).

1371. — S'il y a plusieurs obligés solidaires, il faut qu'ils aient tous signé pour que l'acte soit maintenu comme acte sous seing

privé (Toullier, t. 9, n° 135, et Delvincourt, t. 2, p. 608, notes ; Duranton, t. 13, n° 72 ; Rolland de Villargues, n° 268 ; Merlin, *Répert.*, v° *Ratific.*, n° 8 ; Dalloz, v° *Oblig.*, n° 3809). — Il a été jugé, en conséquence, qu'un acte nul comme acte authentique ne peut pas valoir comme acte sous seing privé, s'il ne porte pas la signature de toutes les parties, et *spécialement* si, étant passé entre trois personnes, dont deux, le mari et la femme solidaires, il n'est pas signé par la femme qui a déclaré ne savoir signer (Cass., 27 mars 1812, D.A.10.662, n° 2).

1372. — Le créancier qui a signé peut refuser d'exécuter le contrat jusqu'à ce que les obligés solidaires aient tous signé, ou autrement accepté le contrat. Il peut aussi demander la nullité, ou plus simplement, rétracter son consentement avant la signature ou l'acceptation des coobligés solidaires ; il ne perdrait pas ce droit par l'offre ultérieure qu'ils lui feraient de signer ou d'accepter (Toullier, *eod.* ; Rolland de Villargues, *eod.*, n°s 270, 271). — Celui des codébiteurs solidaires qui a signé l'acte peut, d'après Toullier, *eod.*, en demander l'exécution contre les autres qui n'ont pas signé (*Contrà*, Rolland de Villargues, n°s 272 273 ; *Dict. du not.*, v° *Acte notarié*, n° 53). — Jusqu'à ce que le créancier ait manifesté la volonté d'exécuter l'obligation en totalité, les coobligés solidaires qui n'ont pas signé peuvent lui notifier qu'ils retirent leur consentement et considèrent le contrat comme non avenu (Toullier, Rolland de Villargues., *iisd.* vis, *Dict. du not.*, n° 55).
— Si les obligés solidaires qui ont signé exécutent l'obligation, ils peuvent de leur côté, contraindre à l'exécution le créancier, qui n'a plus d'intérêt à exiger le concours des non-signataires (Toullier, t. 8, n° 137 ; Rolland de Villargues, n° 275). — Il en serait autrement, si l'obligation n'était pas de nature à recevoir sur-le-champ sa complète exécution, par exemple, s'il s'agissait d'une rente viagère ou d'une créance remboursable seulement à une époque déterminée (Toullier, t. 8, n° 138 ; Rolland de Villargues, n° 276).

1373. — Lorsqu'un même acte contient des conventions distinctes, que les unes sont valablement signées, et les autres dénuées des signatures nécessaires, celles qui sont signées peuvent et doivent être exécutées (Massé et Lherbette, t. 1, p. 111 ; Rolland de Villargues, 1re édit., v° *Acte notarié*, n°s 277, 278 et 279 ; Pigeau, 2.936).

1374. — Ceux qui n'ont pas signé peuvent offrir de le faire ou l'exécuter, tant que les parties signataires n'ont pas manifesté la volonté de rétracter leur consentement (Toullier, t. 8, n° 139 ; Rolland de Villargues, *eod.* v°, n°s 280 et suivants).

1375. — L'acte notarié, nul pour défaut

de signature des parties, vaut comme commencement de preuve par écrit, du moins contre ceux qui l'ont signé (Toullier, t. 8, n° 140 ; Rolland de Villargues, n°ᵒˢ 285 et 286). Sur les caractères du commencement de preuve par écrit, *V.* Dalloz, v° *Oblig.*, n°ˢ 4744 et suiv.; *Dict. not.*, v° *Acte notarié*, n° 56). — Cette décision semble fort contestable. Du reste, il en est autrement de l'acte notarié nul en ce que le notaire qui l'a reçu y était intéressé (Toulouse, 13 mai 1843, D.P.45.4.96).

1376. — Lorsque la signature d'un acte nul comme authentique existe, la loi ne demande rien de plus : ainsi la rédaction en double est inutile, dans l'hypothèse prévue par l'art. 1318; le dépôt dans les minutes du notaire assure la conservation de l'acte et son exécution mieux que ne le fait l'art. 1325 (Delvincourt, *loc. cit.*; Duranton, t. 13, n° 71 ; Merlin, *Rép.*, *loc. cit.* ; Rolland de Villargues, n° 264). — Ainsi, il a été jugé qu'un acte notarié, signé de toutes les parties, et nul par défaut de forme, n'a pas besoin d'être fait double pour valoir comme écriture privée (Bruxelles, 17 juin 1812 ; Paris, 13 avril 1813 ; Colmar, 12 déc. 1831 ; Cass., 8 mai 1827, D.A.10.669, n° 3, et 670, n° 2 ; D.P.27.1.235). — Jugé toutefois qu'un acte synallagmatique énonçant qu'il a été passé devant Mᵉ....., notaire à...., ne peut, s'il n'a été signé par ce notaire, ni fait double, valoir ni comme acte authentique, ni comme acte sous signatures privées, encore qu'il ait été signé par les parties (Paris, 14 août 1815, D.A. 10.670, n° 1). — Dans cette espèce où le notaire n'avait pas gardé de minute, et où rien n'établissait que l'acte eût été reçu par lui, il ne restait plus qu'un acte sous seing privé, qui, comme tel, devait être double. — Enfin, il a été décidé, dans le même sens, qu'un acte, rédigé en l'absence du notaire par son clerc, et non signé du notaire, ne peut valoir comme acte sous seing privé, quoique signé par les parties, si, renfermant des conventions synallagmatiques, il n'a pas été fait en double écrit (Paris, 17 déc. 1829, D.P.30.3.167). — *V.* encore *Conf.* Cass. 16 avril 1845 (D.P.45.1. 293), et Nîmes, 13 juin 1855 (D.P.56.2.223).

1377. — La signature des parties ne paraît pas à Delvincourt, t. 2, p. 608, suffisante pour faire valoir une obligation de payer une somme, si l'acte ne porte pas le bon ou approuvé, exigé par l'art. 1326 (*Contrà* Duranton, t. 13, n° 73).

1378. — Alors même que l'acte, annulé comme authentique, serait encore nul comme acte sous seing privé, la convention n'en serait pas moins valable, si elle était établie d'une autre manière, par exemple, par un aveu (Dalloz, v° *Oblig.*, n° 3803 ; Toullier, t. 8, n° 134; Duranton, t. 13, n° 78). — Cela résulte de la distinction qu'il faut faire entre l'acte et la convention. — Dans ce cas, il faut apprécier si, en rédigeant leurs conventions par écrit, les parties ont eu l'intention de subordonner à la confection et à la régularité de l'acte la validité du contrat, ou si elles n'ont voulu rédiger leurs conventions que pour en assurer la preuve. On comprend que c'est dans ce cas seulement, et non dans le premier, que le contrat existe, quoique l'acte ne puisse valoir ni comme acte authentique, ni même comme écriture privée (Duranton, t. 13, n° 79).

1379. — L'acte notarié contenant vente d'immeubles, nul comme acte authentique à défaut de la signature du notaire ou des témoins, mais signé par les parties, et, par conséquent, valable comme acte sous signature privée, rend l'acquéreur passible des droit, et double droit, s'il n'a pas été enregistré dans le délai de trois mois (L. 22 frim. an VII, art. 22 et 38; Trib. de Cambrai, 30 juin 1841, D.P.41.3.523).

ART. 69. — La loi du 6 octobre 1791, et toutes autres, sont abrogées en ce qu'elles ont de contraire à la présente.

1380. — Les premières rédactions de cet article portaient : la loi du 6 oct. 1791 et toutes autres *relatives au notariat* sont abrogées, en ce qu'elles *sont* contraires à la présente.—Le Tribunat fit observer qu'il s'était glissé dans cet article une légère faute typographique : qu'ainsi au lieu des mots en ce qu'elles *sont* contraires à la présente, » il fallait lire, en ce qu'elles *ont de contraire* à la présente. Cette dernière rédaction fut adoptée. — C'est à partir du 7 germ. an XI que la loi du notariat est devenue exécutoire dans le département de la Seine, c'est-à-dire un jour franc après la promulgation faite le 5 germinal; elle l'a été dans les autres départements après le même délai, augmenté d'autant de jours qu'il y avait de fois 10 myriamètres entre Paris et le chef-lieu de chaque département. Le tableau des distances joint à l'arrêté du 25 therm. an XI servira à déterminer le moment précis où les anciennes lois sur le notariat, remplacées par celle de l'an XI, ont cessé d'être obligatoires. — Remarquons, sur ce point, que le délai doit, d'après un arrêt de la Cour de cassation du 16 avril 1831 (D.P.31.1.214), être augmenté non-seulement d'un jour par chaque 10 myriamètres, mais encore d'un jour pour la fraction d'un à dix myriamètres qui peut exister en sus. Aussi l'augmentation a dû être de deux jours pour les lieux placés à 12, 15, 18 myriamètres de distance de Paris.

TRAITÉ ABRÉGÉ

DISCIPLINE ET DES CHAMBRES DE NOTAIRES. [1]

1. — L'ordonnance du 4 janv. 1843, qui, par son art. 40, abroge l'arrêté du 2 nov. an XII, dont il a reproduit néanmoins la plupart des dispositions, distingue, dans son intitulé, les chambres de notaires de la discipline du notariat. Et c'est avec raison, car l'organisation de ces chambres et les attributions que le législateur leur départit en divers cas ne touchent nullement à la discipline proprement dite. Toutefois, comme les objets dont les chambres ont à s'occuper sont uniquement relatifs au service intérieur et aux intérêts du notariat, elles ont été envisagées principalement par le législateur sous le rapport de leurs attributions disciplinaires, qui sont, comme on le sait, les plus importantes de celles que la loi leur a départies. Aussi, dans l'intitulé de ses divisions, l'ordonnance du 4 janvier, à l'instar de l'arrêté de l'an XII, se sert-elle de ces mots : *Des chambres de discipline des notaires et de leurs attributions; — De la discipline*, etc.

Sans nous préoccuper de ces distinctions peu importantes, nous allons diviser notre matière en deux chapitres, l'un relatif aux chambres de notaires et à leurs attributions, l'autre qui aura pour objet l'action disciplinaire, et nous les soumettrons l'un et l'autre aux divisions et subdivisions qui vont être indiquées (2).

DIVISION.

CHAP. 1. — *Des chambres de notaires.*

SECT. 1. — *Attributions des chambres de notaires.*

§ 1.—*Des fonctions de conciliateur.*
§ 2.—*Des fonctions de conseiller.*

§ 3.—*Des fonctions d'administrateur.*
§ 4.—*Des règlements faits par les chambres de notaires.*

SECT. 2.— *Organisation des chambres de discipline, nomination de leurs membres et leurs fonctions.*

SECT. 3.—*Mode de procéder des chambres de notaires dans l'exercice de leurs attributions.*

SECT. 4.—*De la rédaction, de la notification, de la communication au ministère public, de l'expédition, de l'exécution des délibérations de la chambre des notaires, des voies de recours dont elles sont susceptibles.*

CHAP. 2.—*De l'action disciplinaire.*

SECT. 1.—*De l'action disciplinaire en général.*
§ 1.—*A qui appartient l'action disciplinaire.*
§ 2.—*Contre qui l'action disciplinaire peut être exercée.*
§ 3.—*Faits qui donnent lieu à l'exercice de l'action disciplinaire.*

SECT. 2.—*De l'exercice de l'action disciplinaire devant les chambres de discipline.*
§ 1.—*De l'instruction devant les chambres de discipline.*
§ 2.—*Des délibérations et des peines qu'elles appliquent.*
§ 3.—*Des voies de recours contre les délibérations des chambres de discipline.*

SECT. 3.—*De l'exercice de l'action disciplinaire devant les tribunaux.*
§ 1.—*Par qui et dans quel délai l'action disciplinaire est exercée devant les tribunaux.*
§ 2.—*Des formes de la procédure.*
§ 3.—*Des peines disciplinaires infligées par les tribunaux.*
§ 4.—*De l'exécution des jugements disciplinaires et des moyens de les attaquer.*

(1-2) Le travail qu'on publie ici doit être considéré principalement sous le rapport de la discipline ; il ne présente pas l'explication complète de toutes les dispositions de l'ordonnance du 4 janvier 1843 ; il est borné à la discipline et aux attributions des chambres des notaires. C'est dans l'ordonnance même, qui est insérée plus bas au tableau chronologique de la législation du notariat, qu'il faut lire ce qui se rapporte, 1° aux assemblées générales des notaires dont il est parlé dans les art. 22, 23, 24, 25 et 39 de cette ordonnance ; 2° à l'honorariat (art. 29 et 30) ; 3° à la bourse commune, laquelle est réglementée par l'art. 39 de l'ordonnance. (*V.* aussi ce traité, n°s 24 et 78).—A l'égard des aspirants au notariat dont s'occupent les art. 31 et suiv. de l'ordonnance du 4 janvier, on devra consulter, 1° les articles cités de cette ordonnance ; 2° les numéros 22 et suiv. de ce traité, où il est fait mention d'eux en tant qu'ils sont soumis à la discipline ; 3° le commentaire des art. 36 et suiv. de la loi du 25 vent. an XI, relatifs aux clercs ou aspirants au notariat et au stage qui est exigé d'eux. Sur l'objet de ce traité. Voy. la *Jur. gén.*, v° *Discipline*, n°s 244 et suiv., et *Notaire*, n°s 634 et suiv.

CHAP. Iᵉʳ. — DES CHAMBRES DE NOTAIRES.

2. — Qui dit corporation doit dire aussi discipline; aucun corps ne peut subsister sans les moyens de maintenir dans son sein l'ordre et la paix, de garder au dehors sa pureté morale. Cela est vrai surtout pour le notariat : ses fonctions, toutes de confiance, supposent une sévérité de principes et de traditions qui ne saurait être entretenue avec trop de soin. C'est dans l'intérêt même de l'institution que les lois et les usages ont consacré des mesures de bonne administration intérieure, des récompenses et des peines.

3. — Les mesures d'administration intérieure consistent dans la création et les attributions multipliées des chambres de notaires; les récompenses sont les honneurs dont les notaires peuvent être l'objet de la part du Gouvernement, et l'honorariat qui peut leur être accordé à la suite d'une carrière bien remplie ; les peines appliquées, soit par les chambres de discipline, soit par les tribunaux, embrassent toutes les infractions et s'étendent même aux écarts de conduite privée dont un notaire pourrait se rendre coupable ; selon la gravité des cas, elles vont depuis le simple rappel à l'ordre jusqu'à la destitution ; enfin, pour assurer au notariat un recrutement honorable, des conditions d'admission et de stage et une discipline spéciale sont imposées aux aspirants du notariat.

4. — La législation sur la discipline notariale n'est ni complète ni homogène. En réorganisant le notariat, la loi du 25 vent. an xi inscrivit parmi ses dispositions, quatre articles qu'elle plaça sous la rubrique de *Chambres de discipline*. Cet intitulé est vicieux : des quatre articles auxquels il s'applique, le premier seul (art. 50 de la loi) concerne les chambres de discipline, et il ne les mentionne que pour disposer qu'elles sont organisées par des règlements.

5. — Les règlements annoncés se sont trouvés d'abord dans l'arrêté du 2 nivôse an xii, relatif à l'établissement et à l'organisation des chambres de discipline. L'art. 23 porte qu'il sera pourvu, lors du règlement général à faire pour l'exécution de la loi du 25 ventôse an xi, à toutes autres dispositions qui pourraient concerner les chambres de discipline. Le règlement général dont cet article indiquait le besoin et faisait espérer la rédaction n'a jamais été fait. Cependant, l'insuffisance des dispositions existantes était signalée de toutes parts ; les abus de l'esprit de spéculation qui menaçait d'envahir le notariat, et quelques scandales déplorables attestant le relâchement de la discipline, mettaient le Gouvernement en demeure de faire quelque chose. Il invoqua l'art. 23, dont l'es-

prit plutôt que la lettre l'appelait son intervention, pour servir de point d'appui à l'ordonnance des 4-12 janv. 1843.

6. — Cette ordonnance ne se borne pas à un nouveau règlement des attributions, de l'organisation et du mode de procéder des chambres de discipline : elle introduit des dispositions nouvelles relatives à la discipline en elle-même, à l'honorariat et à la discipline particulière des aspirants au notariat. Avec la loi du 25 ventôse an xi, elle forme aujourd'hui le Code de la discipline notariale. Son importance est d'autant plus grande que l'art. 40 abroge expressément l'arrêté du 12 vent. an xii. Ce n'est pas à dire que les documents de jurisprudence antérieurs à l'ordonnance aient perdu leur autorité ; ils servent à expliquer la nouvelle ordonnance dans les dispositions, en grand nombre, qu'elle a empruntées à l'arrêté de l'an xii. Cette observation devra souvent être prise en considération.

7. — On l'a dit : dans son intitulé, l'ordonnance du 4 janv. 1843 emploie avec raison l'expression *chambres des notaires*, au lieu de celle de *chambres de discipline*, qui ne s'applique qu'à une des attributions de ces assemblées. Il n'y a qu'une chambre de notaires par arrondissement.

Sect. Iʳᵉ — Attributions des chambres de notaires.

8. — Les notaires réunis en chambre exercent ou peuvent exercer les fonctions de conciliateurs, d'administrateurs, de conseillers, de juges ; en cette dernière qualité, ils participent à l'action disciplinaire, qui fera l'objet d'un chapitre spécial. Nous allons rapidement parcourir leurs autres attributions ; elles se rattachent plus ou moins directement à la discipline notariale, car elles ont pour objet le maintien des règlements de la profession, et l'exercice consciencieux et éclairé des fonctions du notariat.

§ 1ᵉʳ. — Des fonctions de conciliateur.

9. — Les chambres de notaires sont chargées de prévenir ou concilier tous différends entre notaires. Cette attribution est générale : les exemples que donne l'art. 2, n° 2, de l'ordonnance du 4 janv. 1843, conforme à l'article correspondant de l'arrêté du 2 niv. an xii, sont explicatifs et nullement limitatifs. Toutefois, les différends dont il est question ne sont que ceux qui concernent les fonctions notariales : les chambres de notaires n'auraient aucun droit d'intervention dans les contestations élevées entre notaires, si elles étaient étrangères au notariat, par exemple, s'il s'agissait d'une question de propriété immobilière, d'une affaire administrative, d'une discussion électorale, etc.

10. — A l'occasion de cette disposition, on a demandé si, dans un traité de cession d'un office, on pouvait valablement stipuler que la chambre des notaires connaîtrait des difficultés qui pourraient s'élever sur l'exécution de ce traité. Cette question, qui renferme celle de la validité des clauses compromissoires, serait aujourd'hui résolue négativement par la jurisprudence : la stipulation serait nulle à défaut de désignation de l'objet du litige. Cependant il faut croire qu'il est peu de notaires, jaloux de la dignité de leur institution, qui se détermineraient à la contester.

10 bis. — Lorsqu'un débat s'élève entre notaires sur une question de préférence ou de concurrence dans les inventaires, partages et autres actes, la chambre des notaires qui est appelée à concilier le différend, ne peut, en cas de non-conciliation, qu'émettre un simple avis ; elle ne peut, sans excès de pouvoir, décider qu'un notaire sera admis à partager les honoraires d'actes reçus hors de son ressort (Cass., 24 juill. 1854, D.P.54. 1.308).

11. — La chambre des notaires est appelée aussi à remplir l'office de conciliateur relativement aux plaintes et réclamations, non plus entre notaires, mais de la part des tiers contre les notaires ; cette fois, l'ordonnance ajoute expressément : *à raison de leurs fonctions.*

12. — Ici, la seule attribution qui soit et qui puisse être donnée étant celle de prévenir et de concilier, si les parties ne s'entendent pas, la chambre des notaires ne peut prononcer irrévocablement, car elle n'a aucune juridiction sur des personnes étrangères au notariat. Aussi Rolland de Villargues, vᵒ *Chambre de discipline des notaires*, nᵒ 60, fait-il remarquer « que, dans de telles positions que les chambres de discipline se trouvent placées, leur pouvoir ne s'étend jamais sur les tiers, à moins qu'ils n'y consentent, et que ce pouvoir peut même recevoir des bornes à l'égard des notaires ; qu'ainsi, bien que les chambres puissent prendre connaissance des différends qui s'élèvent entre des notaires et des tiers, cependant leurs décisions ne sont point irrévocables à l'égard de ceux-ci, qui peuvent par conséquent porter leurs demandes devant les tribunaux. »

13. — Il en serait autrement, bien entendu, si les membres de la chambre avaient statué comme arbitres et sur compromis.

§ 2. — Des fonctions de conseiller.

14. — Lorsque des chambres ne sont point parvenues à prévenir ou à concilier des différends élevés entre notaires relativement à des affaires notariales, elles sont chargées d'émettre leurs opinions par simples avis : ce sont les termes de l'ordonnance de 1843, conformes à ceux de l'arrêté de l'an XII.

15. — La législation, sur ce point, n'ayant pas changé, les décisions du garde des sceaux, en date des 6 mai et 21 juin 1830, sur la question de savoir si une chambre des notaires, consultée par le ministre de la justice sur la valeur d'une étude de notaire, peut se déclarer incompétente, devraient encore être suivies. Le ministre s'est prononcé pour la négative, par les raisons que voici : « Considérant qu'en prenant un pareille délibération, la chambre a jugé une question qui ne lui est pas soumise et a méconnu ses devoirs et ses attributions ; qu'en effet, les notaires sont des fonctionnaires publics, et que tout fonctionnaire public doit au Gouvernement qui l'a institué son concours dans le cercle de ses connaissances, toutes les fois qu'il est consulté sur des objets qui touchent à l'intérêt public ou à l'intérêt particulier de son corps, ce concours est dû plus particulièrement par les chambres de discipline, qui sont, d'après leur institution, spécialement chargées d'éclairer le Gouvernement sur tout ce qui touche aux intérêts des corps qu'elles représentent. Dans le cas particulier, la chambre de discipline a eu d'autant plus tort de se déclarer incompétente, qu'il s'agissait d'un différend entre notaires à raison de leurs offices, et que l'art. 1, nᵒ 2, de l'arrêté du 2 niv. an XII (aujourd'hui de l'ordonnance du 4 janv. 1843), charge la chambre de concilier tous différends entre notaires, et, en cas de non-conciliation, d'émettre son opinion par forme de simple avis. D'ailleurs, un corps, comme fonctionnaire public, ne doit se déclarer incompétent que lorsqu'on lui demande un acte de juridiction hors de ses attributions, mais nullement lorsqu'il ne s'agit que d'un simple avis, qui n'oblige à rien, qu'on pourrait se dispenser de lui demander, et qu'il n'a d'autre objet que d'éclairer l'autorité sur une mesure qu'elle a jugée utile. » V. dans le même sens un arrêté du garde des sceaux, du 10 juill. 1841 (D.P.41.3.540).

16. — La chambre donne son avis sur les dommages-intérêts qui pourraient être dus par des notaires à des tiers (art. 2, nᵒ 3, de l'ordonnance de 1843) ; les tribunaux seuls peuvent condamner à ces dommages-intérêts sans être tenus, d'ailleurs, de s'en rapporter à l'opinion des notaires sur l'indemnité réclamée.

17. — La chambre agit encore comme conseil lorsqu'elle donne son avis sur les difficultés concernant le règlement des honoraires et vacations des notaires, ainsi que sur tous différends soumis à cet égard au tribunal civil (Ordonn. de 1843, art. 2, nᵒ 4).

18. L'art. 51 de la loi du 25 vent. an XI rend obligatoire pour les tribunaux cet avis préalable de la chambre des notaires. Comment cet article se concilie-t-il avec l'art.

173 du tarif du 16 fév. 1807, aux termes duquel « tous les autres actes du ministère des notaires (c'est-à-dire ceux non tarifés par la loi), notamment les partages et ventes volontaires qui auront lieu par-devant eux seront taxés par le président du tribunal de première instance de leur arrondissement, suivant leur nature et les difficultés que leur rédaction aura présentées, *et sur les renseignements* qui lui seront fournis *par les notaires et par les parties?* » Sans soulever la question, désormais vidée par la jurisprudence, de la légalité de l'abrogation d'une loi par un simple décret, il ressort, sans équivoque possible, des termes même de l'acte de 1807, des innovations importantes : 1° c'est le président qui est d'abord chargé de taxer; 2° le président décide sur les renseignements qui lui sont fournis par *les notaires* et les parties. Si ces renseignements, ainsi délivrés contradictoirement par les plaideurs, sont suffisants, il en résulte évidemment que le président n'est plus tenu de prendre l'avis préalable de la chambre des notaires.

Si donc on suppose que le président rend une décision définitive, ayant les caractères d'un véritable jugement, c'est-à-dire qui ne serait passible que d'opposition ou d'appel, il est certain que l'art. 173 du tarif a modifié ou obrogé l'art. 51 de la loi de l'an XI. C'est dans ce sens que la jurisprudence montre le plus de tendance à se prononcer (*V.* Dalloz, vᵒ *Notaire,* nᵒ 492 et suiv.; Cass., 19 mars 1828, D.P.28.1.180; Bourges, 30 déc. 1829, D.P.30.1.64; Cass., 12 fév. 1838, D.P. 38.1.110; Orléans, 7 janv. 1852, D.P.52.2. 198). — *V.* aussi Cass., 24 juill. 1849, D.P. 49.1.318). En cas pareil, en un mot, la juridiction du tribunal serait totalement remplacée par celle du président, et la taxe faite par ce dernier magistrat ne saurait dès lors, être réformée par le tribunal, c'est-à-dire par une autorité égale en degré à la sienne. On devrait donc rejeter l'interprétation des arrêts qui ont jugé que le règlement du président pouvait être déféré, par opposition, au tribunal dont il fait partie.

Que si, au contraire, on ne voit dans l'attribution conférée à ce magistrat qu'une mission purement consultative qui ne lie pas les parties, à laquelle celles-ci ne sont tenues de déférer qu'autant que cela leur convient, si l'on n'y voit, en un mot, qu'une attribution à peu près semblable à celle qu'il exerce en matière de séparation de corps, la thèse change totalement : l'art. 173 du tarif n'a plus alors qu'un caractère purement innovatif; il n'abroge ni ne modifie l'art. 51 de la loi de l'an XI; il se borne à créer, dans l'intérêt du notaire et de son client, une sorte de juge conciliateur dont l'avis, pour n'être pas obligatoire pour les parties, ne sera pas moins suivi presque toujours par

elles.—Dans cette interprétation, l'art. 173 a son objet spécial et déterminé et l'art. 51 de la loi de l'an XI conserve toute sa valeur pour les cas graves, c'est-à-dire pour ceux où les parties, ne croyant pas devoir déférer à la taxe du président, recourront à la voie judiciaire (*V.* plus haut, notre *Comment. de de l'art.* 51 de la loi de ventôse, nᵒ 1242).

18 *bis.*—Le notaire qui est l'objet d'imputations calomnieuses ou diffamatoires dont il ne connaît pas l'auteur, et, par exemple, contre lequel on fait courir le bruit qu'il a reçu de la chambre de discipline l'injonction de vendre son office, peut réclamer de la chambre elle-même un certificat de nature a prouver la fausseté de ces bruits;.... et, après avoir pris l'avis du ministère public, la chambre peut délivrer au notaire diffamé le certificat qu'elle a jugé devoir lui accorder (Ch. de discip. de Dijon, 28 avr. 1846 ; D.P.46.3.192).

19.—La chambre a encore dans ses attributions la mission de donner tous avis motivés, de les adresser ou communiquer à qui de droit, qaund il s'agit des demandes de certificats de la part des aspirants au notariat (Ord. de 1843, art. 2, nᵒ 5).

20. —Enfin, si le Gouvernement juge à propos de consulter une chambre de notaires sur quelque sujet que soit, elle peut, elle doit même exprimer son avis : c'est ici le cas de rappeler les principes sages émis par M. le garde des sceaux dans la décision rapportée ci-dessus, nᵒ 15.

§ 3. — Des fonctions d'administrateur.

21.—Les chambres des notaires ont les attributions de véritables administrateurs. Elles délibèrent sur toutes les mesures à prendre pour l'intérêt de la corporation. Ainsi, elles ont à régler les dépenses concernant la bourse commune, établie et administrée d'après les prescriptions de l'art. 39 de l'ordonnance de 1843.

22. — En cette qualité d'administrateurs, les membres de la chambre délivrent ou refusent tous certificats de bonnes mœurs et capacité, demandés par les aspirants au notariat, et prennent à ce sujet toutes les délibérations nécessaires. Ces dispositions de l'ordonnance de 1843, empruntées à l'arrêté de l'an XII, ne sont que l'application des art. 43 et 44 de la loi du 25 vent. an XI.

23. — Ce n'est pas ici le le lieu de traiter ce qui regarde les conditions du stage; on peut voir plus haut le commentaire de la loi du 25 vent. an XI, art. 26 et suiv. Nous devons seulement faire remarquer les précautions nouvelles prises par l'ordonnance, et les attributions qui en résultent pour les chambres de notaires. D'abord, l'art. 33 ordonne la tenue d'un registre spécial pour les inscriptions au stage : ce soin est confié au secrétaire de chaque chambre. L'art. 35

exige l'autorisation de la chambre chaque fois qu'il s'agit d'une inscription pour les grades inférieurs à celui de quatrième clerc, et la chambre pourra refuser si le nombre de clercs demandés est évidemment hors de proportion avec l'importance de l'étude. D'après l'art. 36, la déclaration du passage d'un grade à un autre, ou de changement d'étude, devra être faite dans la même forme que l'inscription au stage. Enfin, l'art. 37 donne aux chambres, sur la conduite des clercs, un pouvoir de surveillance et de discipline que nous exposerons en parlant de l'action disciplinaire. Avant l'ordonnance, le mode de constater l'inscription, le grade et le stage des clercs, n'était déterminé que par d'anciens arrêts ou par des statuts de notaires, actes fort sagement combinés, mais qui ne pouvaient avoir la puissance et la généralité de la nouvelle ordonnance; le Gouvernement, en réglementant cette matière, a comblé une lacune regrettable et cédé aux vœux exprimés par le notariat (Sur l'ancien état de choses, *V.* Dalloz, vᵒ *Notaire,* nᵒˢ 108 et 109; Ed. Clerc, *Tr. gén. du not.,* t. 1ᵉʳ, nᵒ 142).

24.—Nous avons à parler spécialement ici du droit et de l'obligation, pour les chambres de notaires, de statuer sur les demandes de certificats de moralité et de capacité, condition essentielle que doivent remplir les aspirants. Sous ce titre d'aspirants, il ne faut évidemment comprendre que les personnes qui ont accompli les autres conditions imposées pour qu'on puisse être nommé notaire. Une chambre de notaires ne serait pas tenue de s'occuper de la demande d'un prétendu aspirant qui ne le serait réellement pas aux yeux de la loi. C'est aussi ce que pense Rolland de Villargnes, vᵒ *Certificat de moralité et de capacité,* § 1ᵉʳ, nᵒ 6.

25.—Le certificat ne peut être demandé à toute chambre indistinctement; il ne peut l'être qu'à la chambre du ressort dans lequel l'apirant devra exercer. Cela est écrit dans l'art. 43 de la loi du 25 vent. an XI. Il en résulte qu'une chambre du ressort où un aspirant aurait fait son stage devrait refuser le certificat, si l'aspirant devait exercer dans un autre ressort; il en résulte aussi que, pour que la chambre puisse connaître sa compétence, la demande du certificat doit indiquer le lieu où l'aspirant se propose de résider; c'est en ce sens que les instructions ministérielles prescrivent aux chambres de notaires d'examiner avant tout s'il convient de nommer un notaire dans le lieu désigné par la demande (Circ. des 22 vent. an XII, 6 vend. et 28 vent. an XIII, 18 juill. 1819; Rolland de Villargues, *loc. cit.,* nᵒˢ 16 et 17; Dalloz, vᵒ *Notaire,* nᵒ 185). Toutefois, ainsi que le fait remarquer M. Armand Dalloz dans le *Dict. gén.,* vᵒ *Notaire,* nᵒ 139, cette condition d'indication du lieu de résidence, utile pour l'ap-

préciation de la convenance d'établir un nouveau notaire, ne semble devoir exercer aucune influence sur l'opinion que la chambre peut avoir de la moralité et de la capacité du candidat.

26.—L'aspirant, après avoir fait connaître son intention au président et au syndic de la chambre, et leur avoir donné communication des pièces relatives à son traité avec le titulaire ou ses héritiers, s'il y en a un, est présenté à la chambre le jour fixé. Il remet les pièces nécessaires pour constater son âge, son état civil et politique, sa libération de la loi du recrutement, son stage, sa conduite dans les études où il a travaillé, la démission, la retraite ou le décès du titulaire à remplacer, la demande d'agrément par l'empereur. Ces pièces sont déposées et avant que la chambre ne statue, une circulaire est écrite aux notaires de l'arrondissement, afin qu'ils soient mis à même de signaler à la chambre les faits relatifs à la moralité et à la capacité de l'aspirant, s'ils avaient des renseignements à fournir à cet égard (*V.* Rolland de Villargues, nᵒˢ 20, 21 et 22; Dalloz, vᵒ *Notaire,* nᵒ 186, et Armand Dalloz, *Dict. gén.,* vᵒ *Notaire,* nᵒ 133).

27. —Le premier soin d'une chambre devant laquelle un aspirant s'est présenté doit être d'examiner les pièces qu'il a produites à l'appui de sa demande; si elles sont complètes, elle doit donner son avis; mais il ne lui appartient pas de juger les pièces fournies. On lit, à ce sujet, dans une décision du ministre de la justice, en date du 23 oct. 1829 : « Il n'entre point dans les attributions de la chambre de discipline de prononcer sur la légalité des justifications imposées à tout aspirant aux fonctions du notariat. Elle doit se borner à examiner si celui qui se présente devant elle offre, par sa moralité et sa capacité, des garanties suffisantes pour remplir les fonctions auxquelles ils aspire, sauf à émettre son avis sur la légalité et la sincérité des certificats qui lui sont soumis, et dont il appartient au Gouvernement d'apprécier le mérite. »

28. — Il suit de ces principes que si, par exemple, un candidat, qui n'a pas justifié de son stage prétend se trouver dans le cas de dispense prévu par l'art. 42 de la loi du 25 vent. an XI, en faveur des personnes qui ont rempli des fonctions administratives ou judiciaires, la chambre ne doit pas se borner à donner son avis sur cette prétention, en renvoyant le candidat à se pourvoir préalablement pour obtenir la dispense ; elle doit délibérer sur la moralité et la capacité, sauf à donner son avis sur les motifs de dispense allégués. C'est aussi ce qu'a décidé le ministre de la justice (Circul. du 6 vend. an XII ; décis. du 29 mai 1837).

29. — A plus forte raison, dit Rolland

de Villargues, n° 25, en s'appuyant sur la décision déjà citée du 23 octobre 1829, la chambre ne pourrait refuser de délibérer par le motif que le stage du candidat n'aurait pas été continué jusqu'au jour de la demande. Le même auteur, n° 26, dit que, si le candidat n'avait pas l'âge prescrit, la chambre n'aurait pas à délibérer, des dispenses ne pouvant pas être accordées. Toutefois, ajoute-t-il, dans quelques circonstances qui ont pu paraître favorables, les chambres ont admis des aspirants auxquels il ne manquait que peu temps, le temps que doit durer l'instruction de la demande, pour atteindre l'âge requis : le ministre lui-même aurait autorisé, dans ce cas, la délivrance du certificat de moralité et de capacité. Cet abandon de la rigueur des principes, dans des cas tout à fait exceptionnels, et qui devront se présenter rarement hors de certains motifs d'urgence de nature à provoquer une application large et facile des exigences légales, nous semble, en effet, complétement équitable et opportun. — *V.* cependant dans un sens plus absolu une décision du garde des sceaux, du 9 fév. 1847 (D.P.48.3. 15).

30. — Ce qu'il importe de ne jamais perdre de vue, c'est que les chambres de notaires n'ont, en règle générale, qu'un simple avis motivé à donner, sur la moralité et la capacité de l'aspirant ; mais le Gouvernement seul a le droit de statuer en dernier ressort, soit sur la capacité et la moralité des aspirants, soit sur leur idonéité sous le rapport du stage et des autres conditions énoncées en l'art. 35 de la loi, soit enfin sur l'opportunité de pourvoir à l'étude dont ils font la demande. Conforme à la pratique du Gouvernement, cette règle hiérarchique l'est aussi à l'opinion de MM. Favard, Dalloz, *Jur.*, *gén.*, v° *Notaire*, n° 187 ; Arm. Dalloz, *Dict. gén.* v° *Notaire*, n° 140, et Ed. Clerc, *Tr. gén. du not.*, t. 1ᵉʳ, n° 154.

30 *bis.* — Dans le cas où il a été délivré à un aspirant au notariat, par la chambre des notaires, un certificat de capacité non motivé, le ministère public n'a pas le droit d'exiger qu'il soit dressé procès-verbal détaillé de l'examen, ainsi que des questions adressées et répondues, et que l'expédition lui en soit délivrée (ch. de discipl. d'Avesnes, 25 fév. 1845, D.P.45.3.109).

31. — Si, d'un côté, les chambres de notaires ne peuvent, sur les matières dont il s'agit ici, que donner leur avis, qui s'exprime par la délivrance ou le refus motivé du certificat, d'un autre côté, elles ne peuvent pas ne pas donner cet avis. Cette règle est absolue chaque fois que l'aspirant a réellement cette qualité, et que, d'ailleurs, le maximum du nombre de notaires fixé par la loi n'est pas rempli dans une résidence. La chambre ne pourrait même se refuser à délibérer sous

prétexte qu'il n'est pas nécessaire d'augmenter le nombre des notaires. C'est ce que portent les circulaires du ministre de la justice, des 22 vent. an XII, 6. vendém. et 28 vent. an XIII. «Je vous faisais observer, lit-on dans cette dernière, que, lorsque le maximum de la loi n'était pas rempli, les chambres ne pouvaient se dispenser de délibérer sur les demandes qui leur étaient proposées ; qu'elles avaient bien la liberté de faire les observations quelles jugeaient convenables, mais qu'elles ne pouvaient, par un refus absolu de délibérer, s'arroger indirectement le droit d'admettre ou de rejeter les demandes du notariat, droit qui ne peut appartenir qu'au Gouvernement. Il faut mettre un terme à une résistance qui est quelquefois aussi injuste qu'illégale et qui est presque toujours inspirée par les intérêts personnels.»

32. — Bien que le nombre et le placement des études de notaires aient fait, en 1810, l'objet d'un travail spécial, néanmoins, lorsque le Gouvernement invite les chambres de notaires à examiner les demandes des aspirants dans leurs effets sur les fixations de 1810, elles doivent délibérer sur la capacité et la moralité (Circul. du 18 juill. 1819 ; Rolland de Villargues, *Certific. de mor.*, n°ˢ 28 et 29).

33. — Supposons que le nombre des notaires d'un arrondissement ait été fixé par des ordonnances ou décrets, et qu'il n'existe actuellement aucune vacance, on a demandé si des aspirants pouvaient requérir la chambre de délibérer sur leur moralité et capacité, sous prétexte qu'ils ont besoin du certificat, par exemple, pour obtenir le rétablissement d'une étude qui aurait été supprimée dans le ressort. La Cour de Douai a jugé, le 25 mars 1831, que, dans un pareil cas, la délibération de la chambre ne pouvait pas être exigée (D.P.31. 2.148). Rolland de Villargues, *loc. cit.*, n° 30, estime que cette décision est conforme à la lettre et à l'esprit de la loi et des instructions ministérielles ; en effet, dit-il, «ces mots : *dans le ressort de laquelle il devra exercer*, supposent manifestement l'indication d'une place pour laquelle il sollicite l'examen. Ce n'est pas tout : les circulaires n'obligent les chambres à examiner les candidats qui se présentent, toutes les fois que le maximum n'est pas rempli, que parce qu'elles ne peuvent pas s'arroger de régler le nombre des notaires, droit qui n'appartient qu'au Gouvernement. Or, ce motif n'existe plus, lorsque le Gouvernement a pris soin de régler le nombre des notaires dans un ressort ; il exerce son droit, et la chambre qui refuse alors de délibérer, ne peut plus être taxée de vouloir exercer un pouvoir qui ne lui appartient point.» — On conçoit très-bien que les notaires refusent, comme inutile ou prématurée, sur la demande d'un simple particulier, une délibération dont ils ne pourraient s'abste-

nir, si elle était requise par le ministre, dans un intérêt d'administration publique.

34. — Les raisons qui empêcheraient, comme on vient de le voir, la chambre de délibérer, l'obligeraient à le faire, s'il s'agissait d'un aspirant qui se présenterait dans un canton qui excéderait le maximum légal. L'étude excédante ayant été établie par le Gouvernement, il n'appartient pas à la chambre des notaires de décider qu'il y a lieu de rentrer dans les limites du maximum, par une réduction dans le ressort où la mutation est demandée. Elle doit délibérer sur la demande de certificat, sauf à donner son avis sur l'opportunité ou la convenance de la réduction. Le ministre de la justice s'est prononcé en ce sens par une décision du 15 juill. 1829.

35. — La chambre n'a pas le droit de refuser de délibérer sur la demande d'un certificat, sous prétexte que le titulaire a cédé son office à une époque où il n'avait plus le droit de céder, étant alors tombé en faillite (Déc. du min. de la justice, 31 mars 1829) ; — ni en se fondant sur la qualité d'ancien huissier du titulaire, et en regardant cette qualité comme incompatible avec la considération du corps notarial (Déc. du garde des sceaux, 20 déc. 1844, D.P.45.4.357).

36. — Il en serait de même dans le cas où des notaires démissionnaires seraient poursuivis criminellement ou correctionnellement pour faits relatifs à leurs fonctions. Mais alors la chambre devrait avertir le Gouvernement, puisque, le notaire poursuivi ayant perdu le droit de céder, le garde des sceaux ne pourrait proposer de sanctionner aucune transmission. Cette solution s'appliquerait même au cas d'acquittement des poursuites criminelles (Circ. du 18 juill. 1819).

37. — La chambre de discipline peut et doit délivrer le certificat de capacité et de moralité qui lui est demandé, alors même qu'un créancier du notaire cédant lui demande, par acte extrajudiciaire, de surseoir à cette délivrance jusqu'à ce qu'il soit justifié, par le candidat, du paiement de la somme qui lui est due, surtout si le traité paraît avoir été fait de bonne foi, et spécialement s'il ne porte pas quittance du prix stipulé. Toutefois, on peut considérer cette opposition comme un renseignement à transmettre à l'administration supérieure. Mais, dans ce cas, le ministre de la justice peut ordonner que l'impétrant ne sera admis à prêter serment qu'après avoir consigné le prix de la cession, à moins qu'à raison de termes stipulés pour le paiement du prix, le créancier du titulaire cédant n'ait le temps de faire tous actes conservatoires de ses droits (Déc. du garde des sceaux, 9 fév. 1838, D.P.38.3.196).

38. — Si deux candidats se présentent pour un même notariat, la chambre doit examiner la moralité et la capacité de chacun d'eux, et délivrer ou refuser le certificat selon le résultat de cet examen. Telle est l'opinion exprimée par M. Arm. Dalloz, *Dict. gén.*, vᵒ *Notaire*, § 9, nᵒ 141 ; c'est aussi celle de Rolland de Villargues (*V.* nᵒ 50).

39. — Qu'arrivera-t-il, si, malgré l'obligation qui lui est imposée par la loi et les instructions ministérielles, de délibérer sur les demandes de certificat, une chambre refuse de s'en occuper ? Il y a là un mauvais vouloir qui doit être réprimé ; on peut y signaler un manquement grave, une sorte d'insubordination, qui suffit, surtout lorsqu'il y a eu injonction de la part du Gouvernement, pour soumettre les membres de la chambre récalcitrante à des peines disciplinaires, qui seraient prononcées par les tribunaux. Telle est la marche indiquée par la circulaire du ministre de la justice, du 28 vent. an XIII, et par la décision du 15 juill. 1829.

40. — L'exercice de l'action disciplinaire aurait donné, dans ce cas, satisfaction à l'ordre méconnu ; mais quelle satisfaction pourrait, à son tour, obtenir l'intérêt du candidat dont la chambre aurait illégalement refusé d'examiner la demande ? La question n'est pas sans difficulté. Reconnaissons d'abord, avec MM. Rolland de Villargues, nᵒ 38, et Dalloz, *Jur. gén.*, vᵒ *Notaire*, nᵒ 198, que le candidat lui-même n'aurait pas le droit de s'adresser aux tribunaux pour leur demander l'examen et le certificat. D'une part, il s'agit d'une matière administrative, placée hors de la compétence des tribunaux ; d'une autre part, les actes de la chambre des notaires ne sont soumis, par aucune loi, au recours judiciaire.

Comme tout intérêt lésé doit pouvoir obtenir réparation, c'est au pouvoir supérieur, au Gouvernement, que le candidat doit s'adresser. Saisi de la réclamation, que devra, ou plutôt, que pourra faire le garde des sceaux ? M. Joye, *Annuaire de la magistrature et du notariat*, p. 143, dit que le ministre, usant du droit qui lui est conféré par l'art. 44 de la loi de ventôse, s'adresse au tribunal de première instance, et le prie de faire comparaître le candidat dans la chambre du conseil, et de s'assurer de sa capacité et de sa moralité. Rolland de Villargues, nᵒ 36, repousse l'application de l'art. 44, qui, en effet, suppose que la chambre a délibéré, tandis que nous sommes dans l'hypothèse d'un refus de délibération. Le même auteur pense que la pratique, par le ministre, d'inviter le procureur impérial à transmettre les renseignements qu'il aurait recueillis sur la moralité et la capacité d'un candidat, s'accorderait mieux avec l'esprit de l'art. 43 de loi, qui impose à la chambre l'obligation de communiquer ses délibérations relatives à la moralité et à la capacité des candidats au ministère public seulement ; cependant il n'admet pas non plus cette manière de procéder ; suivant lui, la chambre de discipline a seule reçu de la loi la mission de délivrer les certificats dont il s'agit. Si elle oublie son devoir, si elle refuse de l'accomplir, s'il ne s'ensuit pas qu'aucune autre autorité puisse s'emparer d'attributions qui n'appartiennent qu'à ce corps ; la résistance de la chambre sera vaincue par les poursuites disciplinaires dirigées contre ses membres, et comme ils peuvent être condamnés, suivant les cas, à la suspension et même à la destitution, *il est impossible* que force ne demeure pas à la loi. Improbable, oui ; impossible, non ; si donc le cas, peu probable, à la vérité, d'un refus persévérant, se présentait, il faudrait bien donner une solution, et c'est ce que ne fait pas Rolland de Villargues. Il nous semble que la nécessité de rendre justice à qui elle serait due, et l'intervention légale du Gouvernement et du ministère public dans les délibérations des chambres, dont la communication n'a pas été dans la pensée du législateur une formalité stérile, suffisent pour autoriser le ministre à demander des renseignements au procureur impérial, et à les considérer, s'ils sont suffisants, comme suppléant au certificat qui n'a pu être obtenu (*V.* aussi en ce sens Dalloz, v° *Notaire*, n° 198). Rolland de Villargues, n° 37, cite une affaire dans laquelle il paraît que le garde des sceaux avait procédé de cette manière, en annulant une délibération par laquelle une chambre de notaires avait subordonné la délivrance du certificat à une condition illégale. Le ministre nous paraît avoir agi avec autant de régularité que de sagesse.

41. — Après avoir exposé le droit et le devoir, pour les chambres, de délibérer sur les demandes de certificats, nous avons à examiner l'objet et le mode de ces délibérations. La chambre doit d'abord s'enquérir de la moralité de l'aspirant. Une première délibération constate la présentation du candidat, et, à la suite, une circulaire est adressée (du moins tel est l'usage à Paris) à tous les notaires de l'arrondissement, afin de provoquer des renseignements. La chambre doit se montrer sévère sur la moralité. Rolland de Villargues, n° 45, regarde comme un des éléments de cette enquête sur la moralité l'examen des conditions du traité d'acquisition, et en même temps des moyens financiers à l'aide desquels le candidat pourra remplir ces conditions (*V.* aussi Dalloz, *eod.* v°, n° 201).

42. — C'est en ce sens aussi qu'il a été décidé que l'enquête sur la moralité doit porter non-seulement sur la conduite du candidat dans les rapports privés, mais encore et principalement sur les actes relativement à

la profession de notaire qu'il demande à exercer (Déc. min., 3 fév. 1857, D.P.38.3.43).

43. — La capacité se constate ordinairement par un examen ; la chambre a évidemment le droit d'imposer cette épreuve, qui offre le moyen le plus naturel de s'assurer de la capacité du candidat. Cela était d'usage dans l'ancien droit, d'après l'ordonnance d'octobre 1535 ; l'exposé des motifs de la loi de l'an XI parle expressément de l'examen, et la raison l'indique avant tout autre moyen. En cela donc, la pratique des chambres de notaires n'a pas besoin d'être justifiée par l'autorité des auteurs.

44. — L'examen n'est pas prescrit ; il est seulement permis : les chambres de notaires peuvent y renoncer, si elles le jugent inutile, si elles se sont assurées autrement de la capacité ou de l'incapacité du candidat : aussi une décision du ministre de la justice a-t-elle confirmé, le 29 mai 1837, une délibération d'une chambre qui avait refusé le certificat de capacité sans avoir voulu faire subir l'examen au candidat. « Considérant, portait cette délibération, que les moyens d'appréciation de la capacité de l'aspirant sont laissés par la loi à la conscience des chambres de discipline, qui sont moralement responsables, envers la société, de la bonté des choix du Gouvernement qu'elles sont appelées à éclairer ; que les chambres de discipline sont autorisées à accorder ou refuser le certificat sur la seule vérification des pièces produites, si ces pièces établissent d'une manière suffisante à leurs yeux la capacité ou l'incapacité de l'aspirant ; qu'aucune loi ne leur impose l'obligation de faire subir un examen aux candidats, lorsqu'elles sont convaincues que le résultat de cet examen, quel qu'il puisse être, ne saurait assurer la preuve d'une capacité pratique et d'une expérience nécessaires pour accomplir dignement les fonctions de notaire ; que, dans l'espèce, la conviction de la chambre sur l'incapacité de.... pourrait être détruite par un examen » (*V.* D.P.183.3.43).

45. — L'examen peut être exigé, non-seulement du candidat qui aspire à la première fois au notariat, mais de tout autre candidat, du notaire qui change de ressort, de la personne qui a déjà exercé des fonctions judiciaires. Ainsi l'a décidé le ministre de la justice, le 9 juin 1835 (D.P.36.3.80), pour un notaire qui, sans changer de classe, demandait à passer dans une autre résidence ; c'est également l'opinion de MM. Rolland de Villargues, n° 50 ; M. Loret, t. 1er, p. 446 ; Dalloz, *Jur. gén.*, *eod.* v°, n° 205 ; Arm. Dalloz, *Dict. gén.*, v° *Notaire*, n° 146 et suiv.

Il a été décidé par le ministre qu'il n'y a pas de nouveau certificat à exiger d'un notaire de troisième classe qui, étant en exercice depuis plus d'un an, demande à être nommé de deuxième classe (Déc. du 15 janv. 1836, D.P.36.3.71). — Une chambre de notaires a même dispensé de certificat un ancien notaire qui demandait à reprendre ses fonctions qu'il avait cessé de remplir depuis deux ans (D.P.36.3.80), solution qui nous paraît fort contestable, et qui est contraire aussi à l'avis de Rolland de Villargues, v° *Notaire*, n° 177.

45 *bis*. — D'après une décision du garde des sceaux, du 23 mai 1846 (D.P.46.3.132), lorsque le certificat de moralité et de capacité produit par un aspirant au notariat porte une date ancienne, il est de règle d'exiger la production d'un certificat plus nouveau.

46. — En général, l'examen est oral, mais des candidats peuvent avoir à redouter les effets d'une grande timidité ou de l'inexpérience de la parole. Il est alors permis de les interroger par des questions écrites (Dalloz, *Jur. gén*, v° *Notaire*, n° 206). Rolland de Villargues, n° 52, ajoute que ce mode d'examen ne devrait être employé que s'il était demandé par le candidat; mais la chambre pourrait, à notre avis, l'ordonner d'office.

47. — L'examen comprend tout ce qui concerne les droits et fonctions des notaires; il doit s'étendre au droit civil et à la jurisprudence, dans ce qui a rapport avec le notariat et la rédaction des actes (Dalloz, *eod.* v°, n° 207; Rolland de Villargues, n° 54).

48. — Lorsque les chambres se sont édifiées sur la moralité du candidat, et qu'elles l'ont examiné sur sa capacité, elles doivent se prononcer; elles ne peuvent le faire que de deux manières, par la délivrance ou par le refus du certificat. Si l'une ou l'autre des conditions dont elles ont à certifier l'accomplissement n'est pas remplie, il n'y a pas lieu de scinder le certificat, mais de le refuser: il est indivisible dans ses deux objets (Déc. min. just., 29 mai 1837).

49. — De ce que le certificat doit être péremptoirement accordé ou refusé, il s'ensuit qu'une chambre ne pourrait ajourner. L'ajournement ne pourrait guère s'appliquer qu'à la capacité, car, pour la moralité, la chambre doit avoir recueilli ses renseignements avant de procéder à l'examen de capacité; d'un autre côté, si des taches existent sur la vie d'un candidat, ce n'est pas un ajournement qui les effacerait. Quant à la capacité, elle peut sans doute se développer, mais elle doit exister au moment où le candidat se présente, et c'est avec raison qu'un magistrat du ministère public a soutenu que l'aspirant qui, après examen, ne paraît pas posséder une instruction suffisante, ne peut être ajourné par la chambre à une époque déterminée pour subir devant elle un nouvel examen, à la suite duquel il serait statué de

nouveau sur sa capacité et sa moralité (*V.* D.P.36.3.118). Seulement dans l'une comme dans l'autre hypothèse (refus pour moralité et capacité), il nous semble que le candidat peut avoir montré depuis une telle conduite ou avoir acquis une telle instruction, qu'il pourra se représenter avec succès.

50. — Si deux ou plusieurs candidats se présentent pour une place vacante ou un notariat nouveau, la chambre doit examiner la moralité et la capacité de chacun d'eux, et leur accorder ou refuser le certificat, suivant les cas. Elles peuvent indiquer celui des candidats qui leur paraît mériter la préférence : c'est seulement dans cette circonstance, qui rend les comparaisons nécessaires, que la même délibération peut comprendre plusieurs aspirants (Circ. min. just., 6 vendém. et 28 vent. an XIII, Dalloz, v° *Notaire*, p. 587 et 588; Rolland de Villargues, v° *Certificat de moralité*, n°ˢ 66 et 68).

51. — Nous avons à parler maintenant des formalités que les chambres de notaires doivent suivre lorsqu'elles accordent ou lorsqu'elles refusent le certificat.

52. — Dans aucun cas, la décision ne leur est laissée sans contrôle : l'autorité publique intervient pour prévenir les effets également dangereux de la faiblesse ou de la malveillance.

53. — Supposons d'abord que la chambre ait accordé le certificat demandé. La loi du 25 vent. an XI, art. 43, veut qu'il ne puisse être délivré qu'après que la chambre aura fait parvenir au procureur impérial l'expédition de la délibération qui l'aura accordé. De plus, d'après une circulaire du 15 juill. 1820, quand une présentation a eu lieu, les procureurs généraux sont chargés de donner personnellement au ministre tous les renseignements nécessaires pour l'éclairer.

54. — D'après la circulaire ministérielle du 22 vent. an XII (*V.* Dalloz, v° *Notaire*, p. 586), la délibération de la chambre, soit qu'elle accorde, soit qu'elle refuse le certificat, est communiquée au procureur impérial, qui fait ses observations et renvoie le tout à la chambre, qui *délibère de nouveau*, et confirme ou change sa première délibération. Telle était la jurisprudence constante de l'administration, ainsi que l'attestent MM. Joye, *Annuaire*, p. 192, et Rolland de Villargues, v° *Certificat de mor.*, n° 59.

Cet état de choses a été changé par une décision du ministre de la justice, du 8 mai 1837, aux termes de laquelle, lorsque la chambre de discipline a exprimé un avis favorable à l'aspirant, et que le procureur impérial n'a fait aucune observation contraire, la délivrance du certificat de capacité et de moralité n'est plus qu'une formalité pour laquelle une nouvelle réunion de la chambre ne paraît pas indispensable : il convient donc d'éviter aux notaires qui en font partie, et qui demeurent souvent dans les communes éloignées, un déplacement qui peut nuire à leurs intérêts et à ceux de leurs clients. Le certificat de moralité et de capacité peut dans ce cas être délivré régulièrement par le président ou par tout autre fonctionnaire de la chambre, délégué à cet effet, dans la délibération prise sur la demande de l'aspirant; une nouvelle délibération n'est indispensable que lorsque le procureur impérial a refusé son *admittatur* (D.P.38.1.112).

Cette décision est conforme à la loi de l'an II, qui suppose que c'est la délibération qui *accorde* le certificat, bien qu'il ne puisse être délivré qu'après l'envoi des observations du procureur impérial, délivrance qui n'est plus qu'un simple acte d'exécution. Quoique légale, la nouvelle marche adoptée par le ministère laisse des regrets à Rolland de Villargues, qui trouve l'ancienne plus conforme à l'esprit de la loi. M. Arm. Dalloz exprime, au contraire, au *Dict. gén. suppl.*, vº *Notaire*, nos 136 et 137, l'opinion que c'est avec raison que l'administration paraît avoir senti que lorsque le candidat a réuni *l'unanimité* des suffrages en sa faveur, il devient inutile de le soumettre à une nouvelle épreuve. La marche tracée par la circulaire précitée ne devra donc être désormais suivie que lorsqu'il n'y a eu décision favorable qu'à la simple majorité, sur l'aptitude et la moralité de l'aspirant, ou bien lorsque le procureur impérial a refusé son *admittatur*. Conf. Dalloz, vº *Notaire*, nº 210.

55. — Si le procureur impérial n'approuve pas la délibération qui accorde le certificat, il fait ses observations et les renvoie à la chambre, qui délibère de nouveau et persiste ou change d'avis. La nouvelle délibération de la chambre est encore adressée au procureur impérial (Circ., 22 vent. an XII; déc. min. just., 8 mai 1827). Ce dernier ne pourrait critiquer une délibération favorable à l'aspirant, sous prétexte qu'elle ne renfermerait pas assez de détails. C'est ce qu'a jugé une décision du 25 fév. 1845 (*V.* D.P. 45.3.109). *V.* aussi *suprà*, nº 30 *bis*.

56. —Lorsque, au lieu d'accorder, la chambre croit devoir refuser le certificat, elle donne son avis motivé et le communique au procureur impérial, qui l'adresse, avec ses observations, au ministre de la justice par l'intermédiaire du procureur général (L. du 25 vent. an XI, art. 44). Il suit de là que, malgré le refus de la chambre, la demande du candidat n'en doit pas moins être présentée au Gouvernement, qui a égard non-seulement à la délibération de la chambre, mais à tous les renseignements qui lui sont adressés par le ministère public (*Conf.* Rolland de Villargues, vº *Certif. de mor.*, nº 62). — Le même auteur, nos 64 et 65, dit avec raison

que l'obligation de motiver le refus n'entraîne pas pour la chambre le devoir de mentionner en détail tous les faits qui l'ont déterminée, et que l'administration ne doit pas aisément passer outre, malgré la désapprobation d'un corps auquel on ne saurait supposer, sans de graves motifs, d'autres mobiles que celui de son propre honneur et de son intérêt bien entendu. — *V.* aussi Dalloz, *eod.* vº, nº 212.

57. — Selon Rolland de Villargues, nº 70, le candidat auquel la chambre aurait refusé un certificat ne pourrait pas se faire délivrer expédition de la délibération. En effet, si l'arrêté du 2 niv. an XII et l'ordonn. de 1843, disent que l'avis motivé de la chambre doit être communiqué à *qui de droit*, ces expressions générales sont précisées et limitées par l'art. 44 de la loi du 25 vent. an XI, qui ordonne la communication par la chambre au procureur impérial, et par celui-ci au ministre. On comprend que les renseignements sont confidentiels et n'ont pour objet que d'éclairer la religion du ministre ; il est vrai que le candidat frappé d'un refus a intérêt à en connaître les motifs, afin de pouvoir y répondre, mais il est peu probable qu'il n'en ait pas la connaissance ou le sentiment ; d'ailleurs, les magistrats ou l'administration se font un devoir de recevoir ou de provoquer des explications sur les faits qui peuvent être imputés à l'aspirant. *V.* cependant trib. d'Epernay, 22 nov. 1861 (D.P.62.3.59).

58. — Les termes et les motifs de la délibération qui refuse le certificat n'étant pas officiellement connus de l'aspirant, celui-ci n'a pas le droit de demander aux tribunaux la radiation de cette délibération, sous prétexte qu'elle nuit à la considération par les faits qu'elle énonce. C'est ce qu'a sagement décidé la Cour de Bruxelles, le 10 nov. 1829 (D.P.1832.2.196).

59. — Par les mêmes considérations, la chambre ne pourrait être attaquée en diffamation pour les faits qu'elle aurait énoncés dans sa délibération sur la capacité ou la moralité d'un candidat. En motivant son refus, la chambre n'a fait que remplir son devoir ; son opinion, dépouillée de toute publicité, n'a aucun des caractères injurieux qui la feraient tomber sous le coup de la loi. « N'est-il pas visible, d'ailleurs, dit avec raison Rolland de Villargues, nº 71, que, si les chambres n'étaient pas à l'abri d'une plainte en diffamation, elles ne pourraient remplir leur mission avec l'indépendance qu'elle exige ? Que deviendrait leur suffrage s'il n'était pas parfaitement libre ? » —. *V.* cependant Cass., 31 août 1831 (D.P.31.1.326). — Le même auteur, nº 73, et M. Loret ajoutent, ce qui ne paraît pas moins certain, que les notaires qui, de bonne foi, auraient fourni des renseignements à la chambre, renseignements

essentiellement secrets, ne seraient pas plus que la chambre elle-même passibles d'une action en diffamation. Ils seraient même encore plus à l'abri de toute poursuite, rien ne constatant, dans la délibération, la source des faits sur lesquels elle se fonde.

60. — M. Joye, *Annuaire*, p. 143, et Rolland de Villargues, n° 73, disent que la chambre à la faculté de révoquer le certificat qu'elle aurait délivré à un aspirant qui n'en était pas digne. Cela est vrai en théorie ; mais une chambre qui remplit consciencieusement sa mission aura bien rarement l'occasion de se dédire ainsi : car elle ne se prononcera qu'après s'être assurée qu'elle ne donnait son approbation qu'à une personne digne de l'agrément du pouvoir, et faite pour figurer honorablement dans la corporation (Dalloz, v° *Notaire*, n° 216).

61. — Nous devons mentionner maintenant l'exposé des attributions administratives des chambres de notaires.

62. — Elles délibèrent sur les demandes de changements de résidence formées par des notaires du ressort : elles suivent à cet égard la même instruction que pour les certificats de moralité et de capacité (Circ. du 18 juill. 1819).

63. — Chaque nouveau notaire est tenu, par la loi du 25 vent. an XI, art. 49, de déposer au greffe des tribunaux du ressort et à la municipalité de sa résidence sa signature et son paraphe. Afin de faciliter l'exécution de cette disposition, les chambres de notaires ont été autorisées à transmettre les signatures et paraphes des nouveaux notaires à chaque tribunal de l'arrondissement, après que le président et syndic les ont certifiés, et que les signatures de ces derniers ont été légalisées (Décis. min. fin. et just., 17 oct. 1821 ; circ. min., 6 nov. 1821 ; Dalloz, v° *Notaire*, n° 223).

64. — Les chambres reçoivent en dépôt les états des minutes dépendant des études supprimées ; enfin, elles représentent tous les notaires de l'arrondissement collectivement, sous le rapport de leurs droits et intérêts communs (Ordonnance de 1843, art. 2, n°ˢ 6 et 7). Il est d'usage que, lorsque la chambre représente tous les notaires du ressort, elle fasse préalablement connaître, en assemblée générale, les objets pour lesquels elle peut être appelée à représenter ainsi tous les notaires (Dalloz, v° *Notaire*, n° 685 ; Rolland de Villargues, v° *Ch. de discip.*, n° 166).

65. — En cette qualité de représentant de tous les notaires de l'arrondissement, la chambre a exclusivement le droit d'exprimer son avis sur l'acceptation ou le refus des libéralités faites à la corporation : ce droit n'appartient donc pas à l'assemblée générale. Ainsi décidé par délibération de la chambre

des notaires de Paris, en date du 3 déc. 1842 (D.P.44.3.133).

66. — Remarquons, avec Rolland de Villargues, v° *Ch. des notaires*, n° 70, que la chambre n'étant que mandataire des notaires, elle n'a pas le droit de contrôle et de révision sur les délibérations de l'assemblée générale des notaires qui lui ont conféré ses pouvoirs.

67. — Le droit de représenter les notaires s'applique à toutes les actions judiciaires, à toutes les demandes, soit principales, soit formées par intervention (Rolland de Villargues, n°ˢ 155 et 156).

68. Ainsi, en demandant, contre d'autres officiers publics, à être maintenus dans un droit qui leur est contesté, les notaires agissent valablement dans leur intérêt et dans celui de leur compagnie (Aix, 23 janv. 1832 , D.P.33.2.74).

69. — De même, la chambre peut intervenir, par son syndic, dans une instance d'appel dont le but serait de faire restreindre les attributions des notaires. Ainsi l'a jugé la Cour de Colmar, le 30 janv. 1827 (D.P.27. 2.130).

70.—Le syndic serait évidemment trop intéressé personnellement pour n'avoir pas le droit d'intervenir dans une instance où serait attaquée la délibération qui l'a nommé membre de la chambre (Arrêt de la Cour de Paris, du 25 août 1834 , D.P.35.2.12).

71. — Il a été jugé plusieurs fois qu'un simple intérêt d'honneur suffit pour autoriser l'intervention d'un notaire (*V.* Dalloz, v° *Intervention*, n°ˢ 31 et suiv.). Nous croyons avec Rolland de Villargues, v° *Ch. de discipline*, n° 161, que cette solution doit s'étendre aux chambres de notaires, qui, dans leur action collective, représentent chacun des notaires individuellement ; dans une corporation loyale et bien dirigée, l'honneur de tous est intéressé à ce que l'honneur d'aucun ne reçoive la moindre atteinte (*V.* cependant Dalloz, v° *Intervent.*, n° 34).

72. — Rolland de Villargues, n° 164, enseigne que la chambre ne doit former une action ou y défendre qu'après avoir délibéré. Cette proposition n'a besoin, pour se soutenir, que de sa propre évidence ; il est inutile de chercher à cet égard du secours dans le texte de l'arrêté du 2 niv. an XII, aujourd'hui de l'ordonnance de 1843, qui suppose, en effet, une délibération, puisqu'il dit que le syndic agit pour la chambre dans tous les cas, et conformément à ce qu'elle a délibéré.

73. — Il n'y a de lien légal qu'entre les notaires d'un même arrondissement ; une chambre ne pourrait donc, dans aucune circonstance, engager d'autres chambres à lui prêter leur concours, sous prétexte qu'il s'agirait de l'intérêt de tout le corps des no-

taires. Rolland de Villargues, n° 165, partage cet avis.

74. — Dans les chambres de discipline, il doit y avoir un tableau destiné à l'exposition, des extraits des demandes en séparation de biens, des jugements prononçant la séparation debiens ou la séparation de corps et de biens, des contrats de mariage entre époux dont l'un est commerçant; des contrats de mariage de tout époux, séparé de biens ou marié sous le régime dotal, qui embrasserait le commerce depuis son mariage. C'est aussi à la chambre des notaires que se trouvent les extraits de jugements d'interdiction destinés à entrer dans le tableau qui doit en être exposé dans toutes les études des notaires de l'arrondissement. Nous n'insistons pas ici sur cet objet qui appartient à l'organisation et aux fonctions du notariat (*V.* au surplus, *Comment. de la loi de ventôse*, n°s 587 et suiv.; n°s 852 et suiv.).

§ 4. — Des règlements faits par les chambres de notaires.

75. — Il entre dans les attributions, soit des chambres de notaires, soit des assemblées générales, de faire des règlements pour l'exercice de leurs pouvoirs et fonctions. Seulement de pareils règlements, qui touchent à de graves intérêts, ne peuvent recevoir leur exécution qu'avec l'approbation du ministre de la justice auquel ils sont adressés par le procureur général; celui-ci les reçoit du procureur impérial, à qui ils ont été remis par les assemblées ou chambres qui les ont délibérés (Ord. du 4 janv. 1843, art. 23). *V.* décis. du min. de la just., 8 sept. 1843 (D.p.43.3.32); Cass., 29 janv. 1855 (D.p.55. 1.120).

76. — Les règlements délibérés par les notaires doivent être annulés par l'autorité compétente, s'ils empiètent sur les attributions de la loi, de l'ordonnance ou de l'administration publique.

77. — C'est ainsi qu'il a été décidé que les notaires d'un arrondissement, réunis en assemblée générale, ne peuvent, sans commettre un excès de pouvoir, arrêter entre eux un tarif déterminant leurs honoraires, alors même qu'ils déclareraient cette mesure non obligatoire pour l'autorité compétente (Arrêté du tribunal de...., 16 décemb. 1835, D.p. 36.3.109).

78. — De même, la fixation, par une délibération d'une assemblée générale, d'un droit à percevoir au profit de la bourse commune sur la délivrance d'un certificat de moralité et de capacité, est illégale, et le recouvrement ne peut conséquemment en être poursuivi devant les tribunaux (Déc. min. du 20 mars 1834, D.p.36.3.47).

78 *bis.* — Décidé encore que la délibération d'une assemblée générale de notaires

qui établit pour l'avenir, sous peine de confiscation d'honoraires, un mode de vider les différends entre notaires sur la réception et la garde des minutes, est nulle (Décis. du garde des sceaux, 2 juin 1843, D.p.44.3.3).

Sect. 2. — Organisation des chambres de notaires, nomination de leurs membres et leurs fonctions.

79. — L'organisation des chambres de notaires est réglée par les art. 4 et suivants de l'ordonnance du 4 janv. 1843. Le nombre de leurs membres y est fixé. Aux termes d'une décision ministérielle du 19 fév. 1837, lorsque le nombre des notaires d'un arrondissement, qui était primitivement supérieur à 50, a été successivement réduit au-dessous, le nombre des membres de la chambre doit être réduit de 9 à 7, de la manière suivante : à la première élection, il n'y a lieu de remplacer qu'un des trois membres sortants; aux élections des deux années suivantes, les deux autres tiers doivent se renouveler successivement; enfin, la quatrième année, les membres formant ces deux mêmes tiers doivent tirer au sort celui d'entre eux qui devra céder une place pour compléter la série entamée par suite de la réduction du nombre des notaires de l'arrondissement, et aucun membre de la chambre ne peut rester en fonctions plus de trois ans, si ce n'est dans le cas où le membre réélu serait le seul notaire exerçant du chef-lieu (Déc. min., 3 mai 1845, D.p.1846.3.48). — Décidé aussi, en ce sens, que lorsque, dans une ville qui n'est pas un chef-lieu de Cour impériale, mais où siége un tribunal de première instance, il y a seulement deux notaires, celui de ces deux notaires qui vient d'être pendant trois ans membre de la chambre ne peut être réélu, bien qu'il résulte de là que l'élection de l'autre notaire soit forcée, l'art. 25 de l'ord. du 4 janv. 1843 voulant que l'un des membres de la chambre soit nécessairement choisi parmi les notaires de cette ville : la règle posée par l'art. 26 de la même ordonnance, qu'un membre de la chambre ne peut conserver ses fonctions plus de trois ans consécutifs ne reçoit exception que dans le cas où il n'y a qu'un seul notaire au chef-lieu (Cons. d'Ét., 29 janv. 1857, D.p.57.3.73). Le président de la chambre de discipline doit, sauf le cas prévu par l'art. 8 de l'ordonn. du 4 janv. 1843, être choisi parmi les membres appartenant à la classe d'ancienneté; et en cas d'inexécution de cette disposition, l'élection doit être renouvelée, sans qu'il soit besoin pour cela de prononcer administrativement la nullité de la première opération (Déc. min., 15 oct. 1845, D.p.1847.3.174).

80. — L'ordonnance de 1843, art. 5 et 9, règle le nombre de membres dont la pré-

sence est nécessaire pour que la chambre puisse délibérer.

81. — L'absence d'un ou de plusieurs membres est constatée par le procès-verbal de la séance, lequel indique les noms des membres présents ; il n'est pas nécessaire de mentionner les excuses des absents. A Paris, il est d'usage que les membres fassent connaître les empêchements qui leur surviennent, et qu'ils demandent un congé, s'ils peuvent le faire à temps. Le procès-verbal fait mention de l'avertissement donné ou des congés accordés, mais sans en exprimer la cause. Toutefois, dit Rolland de Villargues, vᵒ Ch. de discipl., nᵒ 85, la mention de cette clause deviendrait, sinon nécessaire, du moins convenable dans le cas où l'absence des membres devrait empêcher les délibérations : car le ministère public pourrait alors puiser dans le procès-verbal des renseignements sur les mesures qu'il croirait devoir prendre à l'égard des membres absents.

82. — Que faut-il faire si les membres, régulièrement convoqués, ne se trouvent pas en nombre suffisant pour délibérer ? Rolland de Villargues, nᵒˢ 87 et 88, pense qu'il n'est pas nécessaire d'ajourner la séance pour y appeler de nouveau les absents ; qu'on peut alors légalement appeler, pour suppléer les défaillants, des notaires résidant dans la ville où la chambre tient ses séances : il s'appuie sur l'arrêté du 2 nivôse an XII, et sur ce qui se pratique pour le jury et pour la magistrature ; il ajoute que cette marche a été approuvée au ministère de la justice.

Nous ne saurions admettre cette manière de procéder. La composition légale d'un corps délibérant est une des conditions essentielles pour la validité de ses actes : on ne doit donc y apporter aucune modification arbitraire : les analogies ne suffisent pas : il faut un texte positif. L'art. 5 de l'ordonn. de 1843 porte, en termes exprès, que les chambres ne peuvent délibérer valablement qu'autant qu'il y a un nombre de... membres présents et votants. Ce que cette ordonnance exige, c'est la présence d'un nombre déterminé, non pas de notaires, mais de notaires ayant été investis par leurs collègues, à la suite d'une délibération et d'un scrutin, d'un mandat spécial. Il est évident que la simple désignation, par le président de la chambre, d'un ou de plusieurs suppléants, ne saurait être un équivalent de l'investiture solennelle conférée par l'assemblée générale. Aussi l'ordonnance n'admet-elle point de suppléants pour remplacer un membre nommé par l'élection.

A la vérité, l'art. XI autorise le président ou la majorité des membres présents à désigner des suppléants pour remplir, en cas d'absence ou d'empêchement, les fonctions d'un des officiers de la chambre. Mais ce suppléant est pris, le texte le dit, parmi les membres de la chambre, et ne saurait, en aucun cas, être choisi hors de son sein.

Les art. 10] et 11 de l'arrêté du 2 niv. an XII, reproduits par les art. 14 et 15 de l'ordonn. de 1843, ne sauraient non plus recevoir ici aucune application : ils admettent le concours des notaires étrangers à la chambre ; mais dans quelle situation, et pour quel but ? Il s'agit de poursuites disciplinaires assez graves pour entraîner la suspension ou la destitution. Alors, bien qu'il ne s'agisse que de donner un simple avis, l'ordonnance prescrit l'adjonction, aux membres de la chambre, d'autres notaires de l'arrondissement, tous choisis par la voie de l'élection, et dont aucun ne peut manquer de ce titre sans que la base de la juridiction ne s'écroule. Si, dans l'hypothèse des art. 14 et 15, qu'invoque Rolland de Villargues, la doctrine de cet auteur était juste, il s'ensuivrait que la chambre pourrait délibérer en s'adjoignant non-seulement les membres qu'il lui est expressément permis d'appeler, mais encore ceux qui lui seraient nécessaires pour compléter son organisation ordinaire. Ne serait-ce pas l'exposer à renouveler les éléments réguliers de sa composition ?

On doit supposer que le minimum fixé par l'ordonnance sera toujours complet ; si, par malheur, il ne l'était pas, l'inconvénient d'un ajournement et d'une convocation nouvelle ne serait certes pas aussi grand que celui d'une délibération viciée par l'irrégularité de l'assemblée qui l'aurait prise.

83. — Il ne suffit pas de la présence du nombre exigé de membres de la chambre : il faut que ce nombre se compose de membres pouvant délibérer et voter. On devrait donc ne pas compter celui qui n'a pas voix délibérative ; tel serait le parent ou allié au degré prohibé d'un plaignant ou intéressé. C'est aussi la remarque de Rolland de Villargues, nᵒ 89.

83 bis. — La privation de voix délibérative dans l'assemblée générale, prononcée contre un notaire, lui enlève le droit de voter dans cette assemblée (Déc. garde des sceaux, 29 sept. 1843, D.P.44.4.268).

84. — Le mode de nomination des membres de la chambre et la durée de leurs fonctions forment l'objet des art. 25 et suivants de l'ordonn. de 1843, qui règlent plusieurs points restés jusqu'alors indécis.

85. — Les chambres des notaires sont électives ; elles sont nommées par l'assemblée générale des notaires de l'arrondissement convoquée à cet effet. La nomination a lieu chaque année dans la première quinzaine de mai ; la chambre doit nommer ses officiers, au plus tard, le 15 mai, et se constituer aussitôt après les élections (Ordonn., art. 25 et 28). — Rolland de Villargues, vᵒ Ch. de

discipl. des notaires, n° 16, fait remarquer que les opérations de l'assemblée générale sont distinctes de celles de la chambre qui en est le produit ; il pense, en conséquence, qu'elles doivent être l'objet de délibérations séparées, et il blâme le procédé suivi dans certains départements, où les membres nommés par l'assemblée générale, se constituant immédiatement en comité particulier, désignent leurs officiers par le même procès-verbal qui constate la délibération de cette assemblée, et dans un seul contexte, tout cela paraît cependant rigoureusement conforme à la lettre de la loi, qui n'exige pas deux procès-verbaux distincts.

86. — La nomination, par l'assemblée générale, des membres de la chambre, se fait au scrutin secret par bulletin de liste contenant un nombre de noms qui ne peut excéder celui des membres à nommer. Cette dernière disposition de l'art. 25 de l'ordonnance de 1843 ne défend que d'excéder le nombre des noms : il ne défend pas de rester au-dessous en portant sur le bulletin moins de noms qu'il n'y avait de membres à nommer. Ainsi l'enseigne Rolland de Villargues.

86 *bis*.—Les décisions par lesquelles le ministre de la justice statue sur la validité de l'élection des membres de la chambre des notaires et sur la capacité des candidats élus, sont susceptibles de recours devant le conseil d'État par la voie contentieuse de la part des notaires (Cons. d'Et., 29 janv. 1857, D.P.57.3.73).

86 *ter*.—Quand les chambres se réunissent pour nommer leurs officiers, leurs anciens élus n'ont plus de pouvoirs ; la présidence n'appartient donc à aucun d'eux. Il est d'usage à Paris et dans plusieurs collèges que le doyen des notaires présents préside, et que le plus jeune soit nommé secrétaire (*V.* Rolland de Villargues, v° *Discipl.*, n° 17 et v° *Assemblée gén.*, n° 20).

87. — M. Rolland, n° 22, estime, et nous trouvons comme lui qu'il est convenable que le procès-verbal constate le fait de la constitution de la chambre, résulte de la nomination des officiers ; c'est, en effet, une sorte d'installation pour les nouveaux venus.

88. — La question de savoir si les officiers élus peuvent refuser les fonctions à eux déférées avait fait doute (*V.* Rolland de Villargues, n° 23) ; l'art. 27 de l'ordonnance de 1843 a levé toute incertitude en déclarant : « Les membres élus officiers ne pourront refuser.» Il est bien entendu qu'il ne s'agit que d'un refus non motivé ; aujourd'hui, comme auparavant, un notaire qui croirait avoir un légitime empêchement à l'acceptation d'une fonction dans la chambre pourrait le proposer à ses collègues ; mais la chambre en serait juge, et, si elle rejetait la demande, le notaire ne pourrait se dispenser d'accomplir le mandat

donné par la confiance de la chambre (Déc. min. du 19 juin 1838). Cette opinion se corrobore par la disposition nouvelle de l'ordonnance de 1843, qui dit, art. 25, que le notaire élu membre de la chambre ne pourra refuser les fonctions qui lui auront été déférées, *qu'autant que son refus aura été agréé par l'assemblée générale*. Évidemment c'est dans le même sens que doit être entendu l'art. 27, qui défend le refus aux officiers élus par la chambre. Quel motif pourrait établir, à cet égard, une différence entre les officiers nommés par la chambre et les notaires nommés par l'assemblée générale membres de la chambre ?

Il en serait de même de la démission d'un officier qui aurait d'abord accepté ; la chambre aurait le droit d'en apprécier les motifs, et de l'admettre ou de la rejeter (M. Rolland de Villargues, n° 28 ; D.P.39.3.11).

89.—Il est de règle qu'une expédition de la délibération de la chambre, qui nomme ses officiers, soit immédiatement adressée au procureur impérial pour être transmise au ministre de la justice (Rolland de Villargues, n° 26).

90.—Le secrétaire de la chambre est dans l'usage, ainsi que le rappelle Rolland de Villargues, n° 27, de faire connaître annuellement, par une circulaire, sa composition à tous les notaires de l'arrondissement, afin de leur faciliter les moyens de correspondre avec les officiers nommés.

91.—Les officiers nommés par la chambre sont un président, un syndic, un rapporteur, un secrétaire et un trésorier. Les art. 6 et suiv. de l'ordonnance de 1843 déterminent les attributions de ces divers fonctionnaires.— Les fonctions de secrétaire et de trésorier ne peuvent être cumulées lorsque le nombre des membres de la chambre n'est pas au-dessus de sept (Décis. du garde des sceaux, du 14 oct. 1843 (D.P.44.3.6) ; et même, d'après une autre décision ministérielle, du 14 sept. 1844 (D.P.45.4.357), ce cumul ne peut avoir lieu lorsque la chambre se compose de sept membres.

91 *bis*. — L'art. 11 a prévu le cas où il serait nécessaire de nommer momentanément des suppléants. Il est naturel de penser, et cela est d'usage à Paris, que les suppléants ne doivent être nommés qu'au moment où il y a lieu, et non au commencement de la session ; tel paraît être l'esprit de l'ordonnance ; et d'ailleurs, si l'on procédait autrement, ne s'exposerait-on pas à voir les suppléants désignés ainsi d'avance se trouver eux-mêmes empêchés précisément lorsqu'on aurait besoin de leur intervention ? Nous reconnaissons volontiers avec Rolland de Villargues, n° 47, qu'une marche différente n'est point contraire à la loi ; mais nous venons de dire que les inconvénients doivent la faire repousser.

92. — Il est prudent de mentionner, dans les délibérations où figurent des suppléants, que les formalités exigées pour leur nomination ont été remplies. Toutefois, nous croyons, comme Rolland de Villargues, n° 48, que l'absence de cette constatation ne serait pas une cause de nullité : il suffit de constater le fait du remplacement. Celui qui prétendrait que les formalités n'ont pas été remplies devrait en faire la preuve.

93. — Celui des fonctionnaires de la chambre qui agit pour elle, c'est le syndic (Ordonn. de 1843, art. 6, 3°). Il ne peut agir qu'en vertu d'une délibération de la chambre, sauf le cas d'urgence, ainsi que le fait judicieusement observer Rolland de Villargues, n° 169.

94. — Dans les chambres où il y a plusieurs syndics, cas prévu par l'ordonn., art. 7, ils agissent collectivement. L'action syndicale, dit Rolland de Villargues, n° 170, réside alors dans tous les syndics, comme elle réside dans un seul quand il n'y en a qu'un.

95. — L'action du ministère public pour faire annuler ou rectifier une délibération de la chambre peut être dirigée contre le syndic. Ainsi jugé par le tribunal de Rennes, le 4 août 1832 (D.P.33.3.32) ; cette décision suppose la compétence des tribunaux pour statuer sur la validité de la délibération d'une chambre de notaires, compétence plus que douteuse, ainsi qu'on le verra ci-après, n° 119.

96. — Le syndic a le droit de convoquer l'assemblée générale des notaires (Déc. du min. de la just. du 15 oct. 1834, D.P.36.3.38).

97. — Les syndics seuls représentant la chambre, les tribunaux ne doivent point admettre l'intervention de commissaires spéciaux désignés par la chambre. La Cour de Paris l'a ainsi jugé par arrêt du 25 août 1834 (D.P.35.2.21).

98. — Les syndics n'agissant que dans la limite des pouvoirs qu'ils ont reçus, il faut qu'une délibération spéciale les autorise à appeler, à se pourvoir en cassation, à moins que la première délibération ne leur ait donné l'autorisation de parcourir tous les degrés de juridiction, de former toutes les espèces de recours. C'est aussi la remarque de Rolland de Villargues, n° 172. Le même auteur, n° 173, fait observer que les syndics ne peuvent, sans de nouvelles autorisations, se désister de l'instance, compromettre, transiger : tout cela est parfaitement exact, puisqu'il faut un mandat spécial pour ces divers actes. — V. Rouen, 23 juin 1845 (D.P.45.2.156).

Sect. 3. — Mode de procéder des chambres de notaires dans l'exercice de leurs attributions.

99. — Les chambres délibèrent à huis clos et non en séance publique. Aussi, rien de ce qui s'y dit ne peut donner lieu au dehors à des réclamations ou poursuites pour injure ou diffamation.

100. — Les chambres de notaires procèdent différemment, selon qu'elles remplissent les fonctions de juges, de conciliateurs ou d'administrateurs. Comme juges, elles statuent sur des faits de discipline. Voy., à cet égard, le chap. 2, sect. 2, ci-après.

101. — Lorsqu'il s'agit de conciliation, c'est-à-dire dans les différends entre notaires et les difficultés entre des notaires et des tiers, sur lesquels la chambre est chargée d'émettre son avis, le mode de procéder est réglé par l'art. 18 de l'ordonn. de 1843, conforme à l'arrêté du 2 niv. an XII.

Rolland de Villargues, vᵒ Ch. de discipl. des notaires, n° 101, applique la faculté de paraître contradictoirement devant la chambre, sans assignation, aux tiers engagés dans des difficultés avec des notaires. Comme faculté, cela n'est pas douteux, mais il ne nous paraît pas moins certain que des tiers ne sauraient être obligés de venir devant la chambre des notaires qu'en vertu d'une citation régulière ; encore seraient-ils libres de ne pas comparaître. Le seul inconvénient qui en résulterait pour eux, c'est que l'avis que la chambre doit donner ne reposerait que sur les renseignements de la partie qui aurait comparu.

102. — Les affaires entre des notaires et des tiers ne pouvant être vidées sans l'avis préalable de la chambre, ces derniers s'adressent au président de la chambre, qui, ordinairement, fait inviter le notaire à se présenter, sur une simple lettre du secrétaire. A défaut de ce moyen, les tiers sont forcés d'avoir recours à la citation par voie d'huissier. Cette marche est celle qu'indique Rolland de Villargues, n° 102.

103. — Les parties doivent, avant que la chambre donne son avis, avoir été entendues et appelées ; elles peuvent se faire représenter par un notaire (Ord. de 1843, art. 20), ce qui n'exclut pas tout autre fondé de pouvoirs, ainsi que le remarque Rolland de Villargues, n° 104, qui ajoute, n° 105, avec non moins de raison, que la procuration peut être sous seing privé.

104. — L'ordonnance ne parle que du droit de se faire représenter, et non de celui de se faire défendre. Rolland de Villargues, n° 107, dit que l'usage, du moins à Paris, est que les parties sont admises à se faire défendre devant la chambre par qui bon leur semble, et que si elles choisissent à cet effet des avocats ou des avoués, ceux-ci se présentent alors comme défenseurs et non comme mandataires. Ce que Rolland de Villargues signale ici comme un simple usage nous semble un droit général et absolu. La défense est de droit commun devant toutes les juridictions, devant toutes

les assemblées qui font comparaître des tiers devant elles ; soit que les parties viennent elles-mêmes devant la chambre des notaires, soit qu'elles n'y comparaissent que par l'intermédiaire d'un fondé de pouvoir, elles ont toujours le droit de faire plaider leur cause par un défenseur de leur choix.

105. — Lors même que le différend à concilier est entre notaires, la chambre ne peut jamais, s'il n'y a pas d'arrangement à l'amiable, prononcer par voie de décision et porter contre l'une des parties une condamnation pécuniaire. Son avis n'empêche jamais les parties de recourir aux tribunaux. Rolland de Villargues, nᵒˢ 111 et 112, fait ressortir le caractère purement consultatif de cette partie des attributions de la chambre.

106. — Quand la chambre agit dans ses fonctions purement administratives, elle suit, quant au mode de procéder, soit l'usage, soit ses propres règlements, à moins que des actes du Gouvernement ne lui prescrivent une marche déterminée. On a vu plus haut quelles formes elle doit suivre pour la délivrance des certificats de moralité et de capacité.

Sect. 4. — De la rédaction, de la notification, de la communication au ministère public, de l'expédition, de l'exécution des délibérations des chambres de notaires ; des votes de recours dont elles sont susceptibles.

107. — L'art. 20 de l'ordonnance de 1843 règle les formes générales de toutes les délibérations des chambres de notaires.

108. — Elles doivent être inscrites sur un registre et non écrites sur de simples feuilles volantes (Circ. min. just., 22 vent. an XII ; ord. du 4 janv. 1843, art. 3).

108 bis. — La délibération par laquelle une chambre de notaires consent à statuer sur une contestation intéressant un notaire, sans exprimer que ceux qui la composent ont accepté cette mission, non comme membres d'une chambre de notaires, mais comme simples particuliers, doit être inscrite sur les registres de la chambre (Trib. de Saint-Calais, 27 juill. 1849, D.P.50.3.45).

108 ter. — La non-inscription d'une délibération de chambre de notaires sur les registres de cette chambre est passible, suivant la gravité des cas, soit des peines prononcées par l'art. 53 de la loi du 25 vent. an XI, soit de celles établies par l'art. 14 de l'ord. du 4 janv. 1843 (même jug.).

109. — Les délibérations, en général, sont et restent secrètes. Toutefois, il peut y avoir lieu de les faire connaître, soit à des notaires, soit à des tiers. Alors la notification se fait dans la même forme que la citation (Ord. de 1843, art. 20).

110. — Les personnes qui sont parties intéressées dans une délibération, ayant besoin de la connaître, ont le droit d'en demander expédition ; mais ce droit n'appartient qu'à elles, et, ainsi qu'on le verra plus loin, au ministère public, c'est le secrétaire qui délivre les expéditions ; elles ne pourraient, dans aucun cas, être demandées au président (Rolland de Villargues, nᵒˢ 125 et 126).—Le secrétaire de la chambre de discipline des notaires n'est pas fondé à réclamer aucun droit de rédaction ou d'expédition pour les actes auxquels il procède en cette qualité (Déc. min. just., 16 fév. 1835, D.P.36.3.126).

111. — On a demandé si un notaire ou une personne qui prétendrait avoir été inculpée dans son honneur par la délibération d'une chambre de notaires aurait le droit de se faire délivrer une expédition. L'affirmative semble avoir été jugée par un arrêt de la Cour de cassation du 30 août 1831, dont la décision est présentée en ces termes dans le *Recueil périod.* de MM. Dalloz (31.1.325) : « Lorsque le candidat à un titre de notaire croit avoir été calomnié dans les délibérations prises par la chambre, à l'occasion de sa sollicitation, il a le droit de demander communication et expédition de ces délibérations, et les tribunaux peuvent, en cas de refus, l'ordonner et désigner celles des délibérations dont la communication sera faite par l'intermédiaire du procureur impérial. »

Rolland de Villargues, nᵒˢ 144 et suiv., craignant qu'on ne donne trop d'extension à ce qui a été jugé par cet arrêt, examine les faits de l'espèce et résume ainsi son opinion : « Nous croyons qu'on peut faire résulter de cette décision un principe de dommages-intérêts contre les chambres, mais seulement quand celles-ci sont sorties du cercle de leurs attributions pour attaquer gratuitement et sans nécessité un notaire ou toute autre personne dans son honneur et sa réputation. » Cette restriction est fort sage ; elle repose sur le principe, rappelé par Rolland de Villargues, qu'un fonctionnaire qui se renferme dans ses devoirs n'encourt aucune responsabilité, si l'accomplissement légal de ses obligations entraîne un dommage pour autrui. Ceci s'explique et se justifie par un exemple que Rolland de Villargues tire de la cause même qui a fait naître cette discussion. Ainsi, une chambre de notaires, consultée seulement sur une demande de création d'une nouvelle étude, ne doit délibérer que sur la question de savoir s'il est nécessaire d'établir un nouveau notaire dans la résidence où l'aspirant a dessein de s'établir (Circul., 28 vent. an XII) : si, outre-passant sa mission, elle donne des motifs défavorables à la personne, elle sort de la limite de ses droits, et sa délibération illégale pouvant donner lieu à une réclamation à raison du préjudice causé par les faits portés à la connaissance du Gouvernement, la partie lésée doit pouvoir obtenir l'expédition de la délibération, afin que les tribunaux jugent s'il y a lieu à une action en dommages-intérêts. Supposez, au contraire, que la chambre délibère sur la moralité d'un aspirant, comme les faits sur lesquels elle s'appuierait rentrent dans le domaine de son appréciation et de ses devoirs, il n'en saurait résulter aucune responsabilité judiciaire.

112. — Des différents textes qui établissent les rapports des tribunaux avec les notaires, ou qui, plus spécialement, ordonnent certaines communications des chambres de notaires, par exemple, lorsqu'il s'agit des délibérations relatives aux certificats demandés par les aspirants, la jurisprudence avait sagement conclu que le ministère public avait le droit d'exiger la communication de toutes les délibérations des chambres de notaires (V. Dalloz, v° *Notaire*, n° 715; Rolland de Villargues, n°ˢ 177 et suiv.). — L'art. 3 de l'ordonnance de 1843 a rendu toute incertitude à cet égard impossible, en décidant que toute délibération de la chambre serait inscrite sur un registre, et que ce registre serait communiqué au ministère public à sa première réquisition. V. aussi instr. minist. 12 janv. 1843 (D.P.43.3.43).

113. — La jurisprudence antérieure à l'ordonnance étendait ce droit d'exiger communication, non-seulement à toute délibération, même de simple discipline intérieure, mais à toutes les pièces sur lesquelles interviennent les délibérations (V. Dalloz, *loc. cit.*, n° 716). Sous le régime de l'ordonnance, la communication forcée embrasse évidemment toutes les délibérations, de quelque nature qu'elles soient. Mais la question relative aux pièces autres que la délibération n'est pas tranchée par le nouveau texte. Toutefois, si l'on se tient strictement à la lettre, on peut croire que le droit du ministère public ne serait pas aussi étendu que le font les arrêts de quelques Cours. En effet, l'ordonnance veut que les délibérations soient toutes inscrites sur un registre et que ce registre soit communiqué au ministère public à sa première réquisition; la communication du registre et la transcription sur ce registre des délibérations semblent marquer à la fois la limite des devoirs de la chambre et des droits du ministère public. Si la délibération mentionnait des annexes, les pièces ainsi désignées devraient être communiquées, car elles feraient partie de la délibération. Mais, si, sans ordonner aucune annexe, la délibération s'appuyait sur des faits, sur des documents dont l'analyse ou la mention paraîtraient insuffisantes au ministère public, celui-ci pourrait en demander la communication. Mais alors, et ceci est à nos yeux essentiel, la demande ne

serait plus, du moins ne devrait plus être fondée sur le droit absolu de communication, mais appuyée sur les motifs qui rendraient cette communication nécessaire. La différence est grande entre les deux positions : dans l'une, le tribunal n'a qu'une injonction à formuler, qu'une exécution de l'ordonnance à imposer; dans l'autre, il devrait peser les motifs de la résistance des membres de la chambre. Cette distinction est d'autant plus importante que la désobéissance à une disposition formelle de l'ordonnance serait une cause d'application, à la chambre, d'une peine disciplinaire, tandis que la défense d'un droit réclamé ne saurait être par elle-même, et si elle est présentée avec convenance, la base d'aucune peine. Remarquons, en terminant, que les chambres de notaires ont, en général, trop d'intérêt à la bonne intelligence avec le ministère public, pour mettre les susceptibilités de l'esprit de corps au-dessus du loyal accomplissement des devoirs qui leur sont prescrits vis-à-vis les représentants de l'ordre public et du Gouvernement. Les contestations dont il s'agit ne sont donc pas de nature à se présenter fréquemment. Nous reviendrons sur cette question en traitant de l'action disciplinaire.

113 bis. — Toutefois, il résulte d'un arrêté du garde des sceaux, du 11 avril 1846 (D.P. 46.3.185), que le ministère public a le droit d'exiger la communication, non-seulement des registres des délibérations des chambres de discipline, mais encore des pièces et documents produits à ces chambres et qui ont servi de base à ces délibérations.

114. — La réquisition du ministère public à fin de communication du registre peut être dirigée contre le secrétaire de la chambre (Bourges, 8 déc. 1828, D.P.29.2.97); elle serait, ce semble, plus régulièrement formée contre le syndic (Ordonn. du 4 janv. 1843, art. 6, 3°), mais non contre le président.

115. — L'action, si elle devenait nécessaire à la suite d'une réquisition, serait portée devant le tribunal siégeant en audience publique et non en chambre du conseil. Rolland de Villargues, n° 185, cite aussi comme ayant jugé en ce sens le jugement du tribunal de Montauban, du 12 fév. 1838, rapporté D.P. 38.3.197.

116. — Nous avons déjà eu l'occasion de dire que les délibérations des chambres de notaires n'ont, en général, qu'un caractère consultatif. Elles n'ont donc de force obligatoire qu'autant que les notaires se sont engagés à leur reconnaître, comme cela a été établi à Paris par des statuts du 30 mai 1734.

117. — Un notaire qui refuserait d'exécuter une délibération de la chambre pourrait-il être soumis à une peine disciplinaire? Nous examinerons cette question au chap. 3.

118. — Quant aux tiers, il est évident que les chambres n'ont aucun moyen de contrainte pour l'exécution des délibérations. Pour éviter les ennuis d'une discussion sans issue, il arrive quelquefois, et cela est fort sage, que les parties convertissent, par un compromis, l'avis à intervenir en véritable arbitrage, et constituent la chambre en juge du différend (Rolland de Villargues, nos 151 à 153). — Il a été jugé cependant qu'une chambre ne peut, même du consentement des parties, se dépouiller de son pouvoir et se transformer en tribunal arbitral, pour statuer sur des contestations placées dans ses attributions disciplinaires (Trib. de Saint-Calais, 27 juill. 1849, D.P.50.3.45).

119. — Les délibérations des chambres de notaires ne sauraient être à l'abri de tout recours, de toute annulation ; les chambres peuvent commettre différentes sortes d'irrégularités, de violations de formes, des excès de pouvoir, par exemple, procéder sans être régulièrement constituées, délibérer sans être en nombre, exprimer un refus de délibérer quand leur devoir leur prescrivait une délibération, sortir de leurs attributions en établissant des perceptions arbitraires, résister à des actes de l'autorité, porter atteinte à l'ordre public. Que de pareilles délibérations doivent être annulées, cela ne saurait faire doute ; mais par quelle voie ? On avait d'abord pensé que, sur la demande du ministère public, les tribunaux pouvaient être saisis de cette question, soit directement, soit accessoirement à une poursuite disciplinaire dirigée contre les membres de la chambre. Rolland de Villargues, nos 151 et suiv., cite plusieurs exemples de cette manière de procéder (1), mais il la blâme, et nous n'hésitons pas plus que lui dans l'expression de notre désapprobation.

En effet, aucune loi ne confère aux tribunaux la connaissance des délibérations notariales ; cette attribution serait contraire aux principes de la séparation des pouvoirs. L'ordonnance de 1843, art. 20, comme déjà l'arrêté du 2 niv. an XII, déclare que les délibérations des chambres des notaires ne sont que de *simples actes d'administration :* or, il est de l'essence de l'administration que ses actes ne tombent point sous la juridiction des tribunaux ; l'autorité judiciaire n'agit sur les notaires et sur les chambres que lorsqu'il s'agit de peines de discipline. Mais, comme corps administratifs, les chambres de notaires relèvent du ministre de la justice,

qui seul a le droit d'annuler leur délibération irrégulière. Outre les règles générales du droit, qui prescrivent cet ordre hiérarchique, plusieurs dispositions de l'ordonnance prouvent que telle est l'intention du Gouvernement, d'accord avec la loi sainement entendue. N'est-ce pas évidemment parce que le ministre a son action directe sur les chambres, que les délibérations sur l'établissement des bourses communes, et tous les règlements des chambres ou des assemblées générales, doivent être soumis à l'approbation du garde des sceaux (Art. 23 et 39 de l'ordon.)?

L'opinion que nous soutenons est consacrée par la marche suivie depuis plusieurs années au ministère de la justice. Ainsi dès le 26 janv. 1833, une lettre de M. le garde des sceaux portait que la délibération prise par des notaires réunis en assemblée générales, qui autorise l'un de ces membres à résister à une demande en restitution d'honoraires qui lui est personnelle, et qui met tous les frais du procès à la charge de la compagnie, est viciée d'excès de pouvoir ; par suite, elle n'est pas obligatoire, même pour ceux qui l'ont signée, et elle peut être annulée par le ministre pour excès de pouvoir (D.P.38.3.116).

Un arrêté du garde des sceaux, en date du 10 juill. 1841, a décidé, en principe, que les délibérations prises par les chambres des notaires sont des actes administratifs, soumis au contrôle du garde des sceaux. Ces délibérations, bien que prises à titre consultatif, sont susceptibles d'être annulées par le ministre (D.P.41.3.540). — Par suite, les tribunaux sont incompétents pour statuer sur les différends auxquels ces délibérations peuvent donner lieu entre notaires (Décis. garde des sc., 2 juin 1843, D.P.44.3.3).

Au reste, en annulant une délibération inconvenante, le ministre peut ordonner qu'elle sera biffée, et que la décision ministérielle sera transcrite en marge (Lett. min. just., du 17 mars 1828).

Les expéditions ou extraits des délibérations des chambres de discipline ne sont admis par le ministre de la justice qu'autant qu'ils sont écrits sur papier timbré (*V*. Décis. garde des sceaux, 19 janv. 1844, D.P.44.4. 269 ; Déc. min. des fin. 30 juin 1843, et instr. de la régie, 20 juill. 1843, eod.).

CHAP. II. — DE L'ACTION DISCIPLINAIRE.

120. — Un notaire, comme tout officier public, est soumis à un pouvoir de discipline ; l'exercice de ce pouvoir constitue l'action disciplinaire. Avant d'exposer les règles spéciales aux deux juridictions qui prononcent en matière de discipline notariale, il importe d'indiquer les principes qui leur sont

(1) C'est en ce sens que le tribunal de Rennes avait jugé, le 14 août 1833 (D.P.33.3.32), que la composition des chambres intéressant l'ordre public, le ministère public avait qualité pour poursuivre l'annulation ou rectification d'une délibération qui maintiendrait une composition irrégulière.

communs, d'examiner les questions dont la solution est nécessaire pour la délimitation de leurs attributions.

Sect. 1ʳᵉ. — De l'action disciplinaire en général.

121. — Ici nous avons à faire connaître la compétence des autorités qui prononcent, les personnes qui peuvent être poursuivies et les faits qui peuvent donner lieu aux poursuites.

§ 1ᵉʳ.—A qui appartient l'action disciplinaire.

122. — L'art. 53 de la loi du 25 vent. an XI porte que les suspensions, destitutions, condamnations d'amende et dommages-intérêts seront prononcées contre les notaires par les tribunaux civils. D'un autre côté, l'art. 1ᵉʳ de l'ordonnance du 4 janv. 1843, qui a remplacé, en le modifiant et en le fortifiant, l'arrêté du 2 niv. an XII, dispose que les attributions de la chambre des notaires sont : 1° de prononcer ou de provoquer, suivant les cas, l'application de toutes les dispositions de discipline.

123. — Il résulte de ces textes que l'action disciplinaire est partagée entre les chambres de discipline et les tribunaux. Dans quelles proportions a lieu ce partage ?

On voit bien que le pouvoir des chambres est limité, qu'elles peuvent prononcer certaines peines moindres, et que, pour les peines plus graves, la suspension, la destitution, elles n'ont qu'un droit de provocation. On voit aussi que les tribunaux ont seuls pouvoir de prononcer la suspension et la destitution. Mais ce que la loi ne dit pas, c'est que la compétence des tribunaux soit limitée à cette attribution exclusive, et qu'ils ne puissent jamais agir hors des cas qui leur sont réservés ; en un mot, la loi ne dit pas que les tribunaux ne peuvent intervenir que quand ils sont seuls compétents. De là la question fondamentale de savoir si, et dans quelles circonstances, le pouvoir disciplinaire des tribunaux peut concourir avec celui des chambres de discipline.

Si l'on examine la question du point de vue de l'autorité, d'après les données de la jurisprudence, la compétence générale des tribunaux paraît assez fortement établie : la Cour de Bourges, le 23 juill. 1827 (D.P. 28. 2.60), celle de Paris, le 9 janv. 1837 (D.P. 37.2.174) ; le tribunal de Blois, le 8 fév. 1837 (D.P.37.3.136) ; la Cour de Rennes, le 1ᵉʳ avr. 1840 (D.P.40.2.135) ; la Cour de Bordeaux, le 4 août 1841 (D.P.42.2.71) ; le tribunal de Tulle, le 31 mai 1843 (D.P.44.3.36) ; la Cour d'Amiens, le 16 avril 1845 (D.P.45.2.82) ; la Cour de Lyon, le 13 mai 1851 (D.P.54.2.97), et, ce qui est plus grave encore, la chambre des requêtes de la Cour de cassation, par deux arrêts, l'un du 16 juin 1836 (D.P.36.1. 264), et l'autre du 23 déc.1839 (D.P.41.1. 162), ont expressément reconnu aux tribunaux le pouvoir de prononcer, concurremment avec les chambres, des peines de simple discipline. Enfin, un auteur, généralement favorable à l'indépendance et aux intérêts des notaires, Rolland de Villargues, v° *Discipline*, nᵒˢ 3 et suiv., s'applique à bien établir cette doctrine de la plénitude de juridiction disciplinaire des tribunaux.—Une Cour, celle de Nancy, persiste dans le système contraire (V. ses arrêts des 2 juin 1834, D.P. 34.2.219, et 9 juin 1843, D.P.43.2.170), et la chambre civile de la Cour de cassation, par un arrêt de rejet, du 1ᵉʳ avril 1844 (D.P. 44.1.150), et par un arrêt de cassation, du 20 janv. 1847 (D.P.47.1.48), a consacré formellement le principe de la séparation des deux juridictions. V. aussi Conf. Metz, 20 juin 1846 (D.P.46.2.160) ; Rouen, 1ᵉʳ fév. 1853 (D.P.53.2.111). Voici en quels termes cette dernière jurisprudence a été défendue dans une dissertation que M. Grün, ancien avocat, connu par plusieurs ouvrages de jurisprudence, nous a communiquée, et que l'importance de la question nous détermine à publier :

« Pour établir la compétence absolue des tribunaux, y est-il dit, on part de ce principe, que la plénitude de la juridiction disciplinaire leur appartient, parce que la loi de l'an XI place les notaires sous leur surveillance et leur autorité ; par voie de conséquence, on induit de là qu'ils ont le droit de prononcer toutes les peines disciplinaires applicables aux notaires. Le principe est-il constant ? La conséquence est-elle rigoureuse ?

« Non. Aucun texte ne consacre cette pensée de la plénitude de juridiction ; c'est par induction seulement qu'on la fait sortir de l'art. 53 de la loi du 25 vent. an XI. Mais cet article dit seulement que les tribunaux prononcent les suspensions, destitutions, amendes et dommages-intérêts. Or, une désignation de quatre espèces de condamnations placées dans les attributions des tribunaux n'entraîne évidemment pas par elle-même l'idée d'une juridiction générale ; il nous paraît également difficile d'y voir le germe d'une autorité générale de surveillance : on ne saurait trouver dans la contexture fort claire de l'article que l'attribution de cette portion de la surveillance qui consiste à examiner si des notaires se sont mis dans le cas d'encourir la suspension, la destitution, une amende ou des dommages-intérêts et à leur appliquer une de ces peines s'il y a lieu. C'est sans doute une partie essentielle de la surveillance et de la discipline, mais ce n'est pas toute la surveillance, toute la discipline.

« D'un autre côté, la surveillance, quelque générale qu'on la suppose, n'implique pas forcément le droit de punir; on conçoit aisément la vigilance qui constate le méfait, séparée de pouvoir qui indige le châtiment : c'est ainsi que l'instruction criminelle tout entière se partage en deux grandes divisions, la police judiciaire et la justice. Il ne suffirait donc pas, pour constituer une juridiction sur les notaires, que la loi eût donné aux tribunaux une surveillance : si elle avait entendu (ce qui peut s'admettre un moment par hypothèse) réserver à une juridiction spéciale certains faits disciplinaires, les prérogatives de la surveillance judiciaire consisteraient dans la constatation des fautes et la dénonciation à l'autorité compétente pour les punir.

« On invoque les articles de l'arrêté du 2 nivôse an XII, aujourd'hui remplacé par l'ordonnance du 4 janv. 1843, qui indiquent les rapports des notaires avec les tribunaux, qui ordonnent la communication de certains avis et de toutes les délibérations des chambres au procureur impérial. Ces dispositions très-sages donnent au ministère public le moyen de s'enquérir, le droit de se faire rendre compte de tous les faits, de tous les actes des notaires ou de leurs chambres, qui pourraient s'écarter de l'ordre qu'il doit faire maintenir. Mais, nous le répétons, est-il logique de conclure de la surveillance disciplinaire à la juridiction? L'immixtion du ministère public a pour effet de dénoncer les abus et les fautes à l'autorité compétente, mais c'est dans d'autres textes qu'il faut chercher la désignation de cette autorité.

« On dit encore : l'art. 53 de la loi du 25 vent. an XI confère des pouvoirs disciplinaires aux tribunaux et leur donne même la mission de prononcer les peines les plus graves. Comment donc pourraient-ils être incompétents d'une manière absolue, quand il s'agit d'appliquer des peines moindres? Les tribunaux correctionnels ne peuvent-ils pas, sur la poursuite dirigée contre un fait qualifié délit, se borner à prononcer des peines de simple police? — Ecartons d'abord l'analogie : pour les tribunaux correctionnels, le droit de prononcer comme juges de police résulte d'un texte formel et non d'une simple induction. Mais la question n'est pas là; et, cependant, si on invoquait cet exemple, n'opposerait-on pas avec raison que les tribunaux correctionnels saisis d'un fait qualifié simple contravention devraient se déclarer incompétents, sous peine de bouleverser tout le système de la loi et tout l'ordre de juridiction (1)? Le droit de prononcer des peines plus fortes

n'entraîne pas *de plano* celui de connaître de faits passibles d'une peine moindre. Ce n'est pas sans raison que le législateur a créé divers degrés de tribunaux avec des attributions différentes, exclusives, avec des formes variées, des appareils plus ou moins compliqués ou imposants. Pour ne parler que des notaires, la loi a réservé à une sorte de tribunal de famille, comme le disait M. Favard, orateur du Tribunat, les fautes de discipline les moins graves; il a voulu, selon les expressions du même orateur, concentrer dans ce tribunal tout ce qui pourrait déconsidérer les notaires. Ainsi, pour les infractions de pure discipline, point de publicité, point de solennité, point d'intervention étrangère au notariat. Le grand jour, l'éclat de l'audience judiciaire ne sont-ils pas contraires à ce vœu, à ce soin de l'honneur du corps et de ses membres? Le rôle des tribunaux commence quand ces considérations cèdent devant les exigences de l'ordre public et quand les conséquences de la condamnation sont tellement graves pour le notaire, que ce n'est pas trop de toute l'indépendance de la magistrature pour offrir à l'inculpé des garanties suffisantes d'impartialité. Les deux juridictions reposent sur des bases bien distinctes et répondent à des besoins différents : il semble donc difficile de donner à l'une tous les pouvoirs de l'autre, d'imposer aux notaires un tribunal public au lieu d'un tribunal secret, un débat retentissant à la place d'une discussion sans écho.

« On s'appuie sur l'art. 2 de l'arrêté de nivose an XII (aujourd'hui de l'ordonnance de 1843), qui, après avoir autorisé, dans les différends des notaires avec des tiers, les chambres à prononcer la censure et toutes autres peines disciplinaires, ajoute : *sans préjudice de l'action devant les tribunaux, s'il y a lieu*: le recours aux tribunaux pour les faits de simple discipline est donc réservé aux chambres. — Il faut prendre garde de détourner, pour le besoin de se créer des arguments, le sens d'expressions qui n'ont aucun rapport avec la question agitée ici. Le paragraphe 3 de l'art. 2 de l'arrêté et de l'ordonnance charge les chambres de discipline de prévenir et concilier les différends des notaires avec des tiers, et, en cas de non-conciliation, de donner leur avis sur les dommages et intérêts, ainsi que de prononcer la censure et autres peines disciplinaires; mais comme, à l'égard des tiers, les délibérations des chambres ne sont jamais que consultatives, l'action de ceux-ci devant les tribunaux leur est expressément réservée, quelle que soit l'opinion émise par la chambre. Il ne s'agit nullement là, comme on le voit, de l'action disciplinaire, mais bien de l'action civile des tiers contre les notaires. L'économie de l'article, sa rédaction, son objet spé-

_____

(1) Ils le devraient, en effet, s'ils étaient saisis *directement*. *V*. n° 124.

cial, ne permettent pas de lui donner un autre sens; si l'on avait entendu réserver l'action disciplinaire des tribunaux à côté et en sus de celle des chambres, ce n'est pas par une phrase incidente jetée à la fin d'un paragraphe exclusivement relatif à une nature particulière de contestations, qu'on s'en serait expliqué; on l'aurait dit, soit dans les mêmes termes, *sans préjudice*, etc., soit en mots équivalents placés dans le paragraphe 1ᵉʳ, qui porte, en termes généraux, que les chambres de notaires sont chargées *de prononcer ou de provoquer l'application de toutes les peines de discipline.*

« Ces dernières expressions, si précises, rapprochées de la loi de l'an xi, semblent tout résumer. Les chambres prononcent toutes les peines de discipline qui sont dans leurs attributions ; elles provoquent l'application des autres qui sont réservées aux tribunaux. Ainsi, deux rôles bien tracés, deux compétences bien imitées.

« Aux arguments tirés des textes, on ajoute enfin des considérations d'intérêt public. Il faut une surveillance, une discipline pour les notaires; or, selon l'ordre hiérarchique, qui doit en être chargé, si ce n'est les tribunaux? Les notaires ne font-ils pas aussi partie de l'ordre judiciaire, puisqu'ils ont une juridiction? L'indépendance des tribunaux n'est-elle pas pour les notaires une garantie d'impartialité plus forte que l'intervention ministérielle dans les condamnations notariales? L'action du ministère public n'est-elle pas aussi la meilleure garantie contre les abus tolérés, contre les atteintes portées à la dignité de la chambre elle-même?

« Ces raisons sont excellentes pour justifier ce qui a été fait, c'est-à-dire la soumission des notaires à la surveillance des tribunaux pour tous leurs actes par le ministère du procureur impérial, et à leur discipline pour les fautes les plus graves. Mais elles ne motiveraient en rien la destruction des barrières qui ont été sagement élevées entre la surveillance et la juridiction, entre les affaires de famille et les condamnations publiques. La coexistence des deux juridictions, chacune agissant dans sa sphère, garantit tous les intérêts; il n'est pas nécessaire pour cela que les tribunaux prennent la place et remplissent le rôle des chambres de discipline.

« Restent deux objections dont nous ne nous dissimulons pas la puissance. Par un esprit de corps mal entendu, peut-être par quelque connivence coupable, une chambre de discipline pourra se montrer trop indulgente dans le châtiment; elle pourra même aller jusqu'à fermer les yeux sur la faute et donner l'encouragement, le scandale de l'impunité. — Dans le premier cas, le mal est moindre, car les tribunaux, si l'infraction a une haute gravité, pourront agir pour pro-

noncer la suspension ou la destitution, bien que cette solution fasse difficulté. Mais dans le cas du silence complet, de l'inaction absolue de la chambre, l'inconvénient est immense : si, malgré les provocations du ministère public, malgré les injonctions ou invitations du garde des sceaux, la chambre refuse de poursuivre, l'ordre public sera-t-il donc désarmé? Nous avouons que, dans le système que nous développons, il n'y a pas de remède absolu contre cette situation extrême. Mais arrivera-t-il souvent que la lutte en vienne là? Remarquez, d'ailleurs, que le refus de la chambre serait un motif suffisant pour exercer l'action disciplinaire devant les tribunaux contre les membres individuellement; d'un autre côté, si des tiers étaient engagés dans une contestation d'où serait né le scandale de l'action reprochée au notaire, la mauvaise volonté des confrères céderait probablement devant la crainte d'un éclat judiciaire; enfin, l'action disciplinaire devant les tribunaux étant imprescriptible, et les chambres de notaires se reformant tous les ans, il n'est pas probable que la majorité de l'assemblée générale voulût, en nommant la chambre, perpétuer le conflit malheureux élevé par la chambre précédente. »

Malgré cette argumentation, il nous semble que l'attribution des tribunaux, même pour les cas autres que ceux énoncés dans l'art. 53 de la loi de ventôse, peut être justifiée et par l'esprit, soit de cet article, soit de l'ordonnance du 4 janv. 1843, qui a eu pour objet, comme on sait, de renforcer la discipline du notariat (*V.* le rapport au roi, dont cette ordonnance est précédée), et par l'art. 11 de l'arrêté du 2 niv. an xii, aux termes duquel les tribunaux connaissent, d'une manière générale, de toute inculpation qui *paraît assez grave* pour mériter la suspension; et, enfin, par l'art. 45 de la loi du 20 avril 1810, qui attribue au ministère public la surveillance des officiers ministériels, c'est-à-dire des notaires comme des autres officiers à l'égard desquels les tribunaux exercent le pouvoir disciplinaire. — Les considérations sur lesquelles cette attribution repose sont : 1° que la distinction entre les infractions punies de suspension ou destitution, et celles qui ne sont passibles que de peines moins graves, n'a pas été toujours faite par le législateur; qu'elle n'est pas même possible, parce qu'elle dépend souvent de la sévérité plus ou moins grande, ou au moins de l'appréciation du juge; qu'il serait dès lors bizarre d'obliger un tribunal de se dessaisir, par cela qu'il ne croirait devoir infliger que la réprimande ou la privation de l'entrée dans la chambre de discipline à un notaire qu'il aurait pu, pour le même fait, frapper de suspension; 2° qu'en raison de l'influence que les notaires, dont le ministère est forcé, ont sur les intérêts des familles et dont il leur serait facile d'abuser par suite de la confiance qu'on est obligé d'avoir en eux, il a été utile de créer, à côté de la chambre de discipline, une autorité répressive dont on n'aurait à craindre ni la mollesse, ni l'esprit de corps, ni l'indulgence intéressée; que cette autorité est même indispensable, soit dans le cas où, malgré les injonctions du procureur impérial ou des ministres, la chambre refuserait de punir certains faits disciplinaires, non susceptibles d'entraîner la suspension ou la destitution, soit dans l'hypothèse où les poursuites devraient être dirigées contre la chambre tout entière, peu disposée, on le pense bien, à se punir elle-même; —3° Enfin que, dénier aux tribunaux l'attribution disciplinaire que nous soutenons leur appartenir, c'est, d'une part, soumettre le notaire inculpé à deux poursuites pour le même fait; c'est, d'autre part, aggraver encore sa situation, en ce que le tribunal, pour en finir, aimera souvent mieux lui infliger une suspension de courte durée, que de lui faire subir les tribulations d'une nouvelle poursuite devant sa chambre, qui, d'ailleurs, si elle se déclarait incompétente, sous le prétexte que le fait lui paraîtrait devoir entraîner la suspension, pourrait paralyser l'action disciplinaire, nul n'ayant le droit de vaincre, dans ce cas, sa résistance.

La seule raison que les notaires puissent opposer à l'attribution du tribunal se tire de la publicité de l'audience, que la jurisprudence a admise dans cette matière, contrairement à la nature de l'institution disciplinaire. Mais le dernier mot n'a sans doute pas encore été dit sur ce point par les tribunaux ou par le législateur. La publicité n'a pas lieu à l'égard des magistrats et des autres officiers ministériels: pourquoi la veut-on pour les notaires?

123 bis.—Dans un système intermédiaire, on décide que les tribunaux saisis de poursuites disciplinaires dirigées contre un notaire à raison de fautes dont la répression rentre dans leurs attributions, sont compétents, pour prononcer des condamnations du ressort de la chambre de discipline, lorsque les faits incriminés perdent de leur gravité dans le débat (Cass., 8 avril 1845, D.P.45.1.238; 20 nov. 1848, D.P.48.1.253; trib. de Saint-Calais, 27 juill. 1849, D.P.50.3.45.; Paris, 20 juin 1852, D.P.54.2.114). Ce système a été adopté par MM. Dalloz, v^{is} Discipline, n° 265, et Notaire, n° 734, et Ed. Clerc, Tr. gén. du notar., t. 1er, n°s 938 et suiv., et particulièrement n° 949.

124.—Au reste, ce n'est, comme on vient de le voir, qu'à l'occasion d'une action disciplinaire en suspension, destitution ou dommages-intérêts, et d'une manière, en quelque sorte, subsidiaire, que les tribunaux prononcent des peines de discipline intérieure: ils

ne pourraient être saisis *directement* des faits de simple discipline sur la poursuite du ministère public, qu'autant que la chambre aurait refusé d'en connaître sur l'injonction, soit du procureur impérial, soit du ministre. C'est là une déférence qui est due à la juridiction instituée plus particulièrement pour réprimer ces sortes d'infractions; et, comme il ne s'agit que de fautes légères (puisqu'elles ne sauraient donner lieu à une poursuite devant la justice répressive), il ne peut jamais y avoir une grande urgence dans la poursuite. Cette interprétation, au reste, s'induit, par analogie, de l'art. 54 de la loi du 20 avril 1810, portant que les Cours impériales exerceront les droits de discipline attribués aux tribunaux de première instance, *lorsque ceux-ci auront négligé de les exercer* (Conf., Rolland de Villargues, n° 11). — On objecterait en vain que cette disposition ne saurait être étendue d'un cas à un autre: 1° en ce qu'elle est une exception aux règles ordinaires de l'organisation des tribunaux; 2° en ce que, d'ailleurs, on ne saurait comparer les rapports des tribunaux de première instance et des chambres de notaires avec ceux des Cours impériales et des tribunaux; 3° en ce qu'enfin, si le législateur avait voulu les mêmes dispositions dans les deux cas, il l'aurait dit.—Il faut répondre qu'on est ici dans un matière spéciale; que la loi est silencieuse, et que c'est le cas de suppléer à son silence par l'interprétation puisée dans une loi de même nature plutôt que dans des lois établies pour des matières qui n'ont pas d'analogie avec celle-ci.

125.—D'un autre côté, les tribunaux saisis par le ministère public de la connaissance des faits qui ont entraîné déjà une peine disciplinaire prononcée par la chambre des notaires n'ont pas le droit de prononcer à leur tour, pour les mêmes faits, une peine de discipline, parce que ce serait méconnaître la juridiction propre des chambres de discipline et l'autorité de la chose jugée (Conf. Nancy, 2 juin 1834, D.P.34.2.219; Ed. Clerc, t. 1er, n° 950; mais V. contrà Toulouse, 31 déc. 1844 (D.P.45.2.66).—Quel que soit le caractère d'indépendance des deux juridictions, la justice est satisfaite dès que le fait a été apprécié par l'une d'elles, non bis in idem. Mais ceci doit être entendu avec le correctif indiqué, n° 128. V. aussi infrà, n° 182.

126. — Dans le système qui a été examiné au n° 123, Rolland de Villargues, v° Discipline, n° 12, enseigne qu'il serait inutile d'exiger une constatation préalable de la négligence de la chambre de discipline; et il suffirait, pour autoriser l'action judiciaire, qu'il se fût écoulé un délai moral sans poursuites de la part de la chambre: c'est là une doctrine qui fut consacrée, il y a plusieurs années, dans l'affaire Parquin. — Il nous

semble qu'il devait être justifié d'une mise en demeure ou d'une dénonciation faite à la chambre de discipline.

127. — Quand on attribue aux tribunaux la plénitude de la juridiction disciplinaire, on est naturellement conduit à décider que si, sur une demande de suspension ou de destitution, ils estiment que cette peine est trop sévère, ils peuvent se borner à prononcer une des peines plus douces qui se trouvent ordinairement dans les attributions des chambres de discipline. C'est la conséquence forcée du principe (*V.* Arm. Dalloz, *Dict. gén.*, v° *Discipline*, 245 ; Rolland de Villargues, n° 16).

128. — Si un notaire, poursuivi devant la chambre de discipline, n'a été frappé que d'une peine légère, ou n'a pas été puni du tout, le ministère public n'est pas moins libre de demander aux tribunaux une des peines graves qu'ils ont le droit d'appliquer. Ici les deux juridictions agissent dans toute leur indépendance et sans sortir de leurs limites (*Conf.* Rolland de Villargues, n°s 17 et 18 ; Éd. Clerc, t. 1er n° 951). Mais il est bien entendu que les juges ne pourront plus prononcer de peines de simple discipline (*V.* n° 125).

§ 2. — Contre qui l'action disciplinaire peut être exercée.

129.—Le pouvoir disciplinaire s'étend sur toute la carrière notariale.

130.—Comme les clercs n'ont pas encore la qualité de notaires, on avait pensé que les dispositions relatives à la discipline ne leur étaient pas applicables ; et cependant on ne pouvait se dissimuler les dangers que présenterait l'impunité des désordres ou de l'inconduite d'une personne participant aux travaux, initiée, jusqu'à un certain point, aux secrets d'une étude. Quelques statuts locaux avaient essayé d'établir, à cet égard, des mesures nécessairement incomplètes et inefficaces, parce qu'elles manquaient de l'appui de la loi ou des règlements publics. L'ordonnance du 4 janv. 1843 a comblé cette lacune ; l'art. 37 porte que les chambres exercent une surveillance générale sur la conduite de tous les aspirants de leur ressort, et pourront, suivant les circonstances, prononcer contre eux soit le rappel à l'ordre, soit la censure, soit enfin la suppression du stage pendant un temps déterminé, qui ne pourra excéder une année ; il ajoute qu'il sera procédé contre les clercs dans les mêmes formes que contre les notaires, sauf les dispositions relatives spécialement à la suspension et à la destitution, qui ne leur sont évidemment pas applicables ; enfin, il veut que, dans tous les cas, le notaire chez lequel travaille le clerc inculpé soit préalablement entendu ou appelé.

131. — Dès que les notaires sont en exercice, il deviennent passibles, sans distinction de classes, de toutes les dispositions de la discipline notariale.

132. — Les chambres de notaires peuvent commettre, dans leurs délibérations, des actes répréhensibles, s'écarter de la loi, résister à l'autorité ; de pareils torts ne sauraient rester impunis, ils appellent le châtiment disciplinaire. Mais comment la poursuite sera-t-elle intentée ? S'adressera-t-elle à la chambre, en corps, ou bien ira-t-elle chercher individuellement chacun des membres de la chambre ? Rolland de Villargues n'hésite pas ; il admet, n°s 24 et suiv., l'action contre toute la chambre collectivement ; les analogies ne manquent pas, en effet, pour légitimer cette opinion. Les lois de l'organisation judiciaire attribuent à la Cour de cassation le droit de discipline sur les Cour impériales, et aux Cours impériales sur les tribunaux de première instance ; et, dans plusieurs occasions, les Cours impériales ont poursuivi disciplinairement des membres de conseils d'avocats, comme corps et non comme individus, Rolland de Villargues, n° 25, reconnaît toutefois qu'il est arrivé souvent que des membres de chambres de notaires ont été poursuivis individuellement, par exemple, pour avoir résisté aux injonctions de l'autorité, en refusant de procéder à l'examen d'aspirants qui demandaient à exercer dans leur arrondissement ; peut-être, ajoute-t-il, a-t-on pensé que c'était là le mode le plus convenable d'apprécier la capacité de chacun.

On ne peut nier l'analogie invoquée, ni la convenance de frapper en masse pour un acte commun auquel chacun a pris part, sans qu'on puisse demander un compte plus rigoureux à un des membres qu'à un autre ; dans ces cas, c'est l'acte que l'on atteint et non les personnes. L'inconvénient de cette doctrine, c'est de demeurer forcément soumise à des restrictions arbitraires. En effet, on peut bien prononcer contre une chambre de notaires une censure, une réprimande, mais il y a des peines impossibles. Ainsi, la privation de voix délibérative dans l'assemblée générale, l'interdiction de l'entrée de la chambre pendant plusieurs années, ne se conçoivent pas quand il s'agit des chambres elles-mêmes considérées collectivement. Cela ne semble-t-il pas indiquer, en l'absence de toute distinction fondée sur la différence des peines, que la poursuite devrait se faire individuellement ? La faute de tous étant commune à chacun, n'est-il pas naturel que chacun aussi en supporte la peine ? L'effet d'un châtiment personnel n'est-il pas plus grand que celui d'une peine qui n'atteint qu'un corps moral, et qui, frappant tout le monde, ne tombe sur personne et ne s'individualise que par l'effet d'une solidarité toute d'opinion ? — Il nous semble que, nonobstant les impossibilités qui viennent d'être indiquées, et qui tiennent à la nature des choses, la chambre peut être poursuivie collectivement. C'est aussi l'avis de M. Dalloz, v° *Notaire*, n° 747.—Au reste, ce cas de poursuite, soit en corps, soit individuellement, ramène la question de compétence et donne occasion d'appuyer la nécessité de la juridiction des tribunaux sur l'impossibilité de faire juger par une chambre les fautes qu'on lui reproche à elle-même.

133. — En admettant les poursuites collectives, Rolland de Villargues, *eod.*, se croit obligé de faire une exception pour les peines vraiment répressives, comme la suspension et la destitution. Il paraît certain, en effet, que la suspension ne pourrait être prononcée contre une chambre de discipline ; car celle-ci a des devoirs nombreux et importants à remplir, dans l'intérêt public comme dans l'intérêt collectif des notaires de l'arrondissement. Or, la compagnie tout entière et les tiers qui sont dans la nécessité de recourir à elle ne peuvent être obligés d'attendre jusqu'à ce que la suspension ait cessé. — A l'égard de la destitution de la chambre, en tant que juridiction disciplinaire, rien ne s'oppose, peut-on dire, à ce que cette destitution, qui équivaudrait à une véritable dissolution, soit prononcée : ce serait là un appel fait à la sagesse de la compagnie entière des notaires, qui, du reste, pourrait réélire les mêmes membres, si elle approuvait leur conduite.—Mais, outre que la destitution dont parle l'art. 53 de la loi de vent. an xi n'a pas d'analogie avec la simpe dissolution, à quel corps une attribution pareille serait-elle dévolue ? Est-ce au tribunal de première instance, qui n'est que l'égal, en degré, de la chambre des notaires ? Ne serait-ce pas plutôt, et par assimilation de ce qui existe pour les juges et pour les avocats, à la Cour impériale ? Enfin, les fonctions de ces chambres étant administratives plus que judiciaires, le droit de réprimer leurs écarts, de les dissoudre, ne doit-il par résider exclusivement dans l'administration supérieure, et spécialement dans les mains du garde des sceaux ? Nous pencherions vers cette opinion. *Conf.* Dalloz, v° *Notaire*, n° 748 ; Ed. Clerc, *Tr. gén. du not.*, t. 1er, n° 959.

134.—Une poursuite collective ne suppose pas des actes dirigés contre tous les membres de la chambre ; l'action serait valablement dirigée contre le président. Rolland de Villargues, n° 27, tire cette solution de l'analogie avec ce qui se pratique à l'égard des bâtonniers de l'ordre des avocats (*V.* aussi Ed. Clerc, t. 1er, n° 958).

135. — Lorsqu'une faute n'est imputable qu'à certains membres de la chambre, c'est contre eux seuls que l'action doit être dirigée ; par exemple, il n'y a lieu de poursuivre que le secrétaire et le président, s'ils ont refusé

communication d'une délibération (*Conf.* Rolland de Villargues, n° 28 ; Ed. Clerc, t. 1er, n° 960).

136. — La Cour de Bourges est allée jusqu'à décider qu'il y a lieu de punir disciplinairement le secrétaire qui, *d'après les ordres de la chambre*, a refusé de délivrer au ministère public expédition entière d'une délibération. Nous avons fait remarquer que, dans la situation délicate où les ordres de la chambre plaçaient ce secrétaire, une telle sévérité était excessive (D.p.29.2.97).—*V.* n° 159 *bis.*

137.—Un notaire n'échappe point au pouvoir disciplinaire par cela seul qu'il a donné sa démission. S'il en était autrement, l'impunité deviendrait trop facile (Ed. Clerc, t. 1er, n° 954). Aussi la Cour de cassation a-t-elle jugé, le 12 avril 1837, que la démission d'un notaire et la présentation qu'il a faite de son remplaçant n'empêchent pas l'application des peines disciplinaires (D.r.37.1.298). Le tribunal de Mayenne a rendu un jugement analogue, le 12 déc. 1837 (D.p.38.3.70), lors même qu'il s'agit de faits se rapportant à la vie privée (Cass., 7 avril 1851, D.p.51.1.90).

138.—Les poursuites disciplinaires ne pourraient plus avoir lieu, si le notaire inculpé et démissionnaire avait été remplacé et que son successeur eût été installé. Dans un cas pareil, les poursuites déjà commencées devraient s'arrêter, et les juges déclarer qu'il n'y a lieu de statuer ; ainsi décidé par le tribunal de Vassy, le 23 nov. 1838 (D.p.40.3.53). MM. Dalloz font remarquer (v° *Notaire*, n° 744, *in fine*) que le Gouvernement pourrait suspendre le remplacement d'un notaire placé sous le coup d'une action disciplinaire qui pourrait amener sa destitution.

139. — D'un autre côté, le ministre de la justice a décidé, le 17 oct. 1837 (D.p.38.3.42), que, lorsqu'un notaire prévenu d'une infraction à la loi sur la résidence donne volontairement sa démission, il y a lieu d'ajourner les poursuites propres à lui faire appliquer l'art. 4 de la loi du 25 vent. an xi.— *V. suprà*, notre Comm. de la loi du 25 vent. an xi, n°s 68 et suiv. ; Dalloz, v° *Notaire*, n°s 742 et 743.

140. — Rolland de Villargues, n° 33, se demande si les notaires honoraires sont soumis à l'action disciplinaire des chambres. La difficulté, selon lui, naît de ce que ces notaires ne sont pas légalement reconnus, et que les chambres ne peuvent agir que dans le cercle de leurs attributions légales ; il pense, toutefois, que la chambre de discipline, ayant pour mission de veiller à tout ce qui tient à l'honneur du corps, doit, si des avertissements officieux étaient insuffisants, déférer la conduite de l'inculpé à l'assemblée générale, qui pourrait prononcer la radiation de l'honorariat auquel elle l'avait admis ; il cite,

16.

à l'appui, une délibération de la chambre des notaires de Paris, du 1ᵉʳ mai 1843.

Rolland de Villargues écrivait avant l'ordonnance de 1843, qui a fait une innovation heureuse en consacrant l'institution de l'honorariat; tel est l'objet des art. 29 et 30. L'incompétence des chambres de notaires ne pourrait donc plus se fonder sur ce que l'honorariat n'est pas légalement reconnu. D'un autre côté, les chambres ne pourraient, en aucun cas, prononcer la révocation de l'honorariat, parce que ce ne sont plus elles qui le confèrent, mais bien l'empereur, sur la proposition des chambres et le rapport du garde des sceaux (Ord., art. 29). — Il en est de même des tribunaux; l'art. 53 de la loi du 25 ventôse est inapplicable aux notaires honoraires (Agen, 9 déc. 1850, D.P.51.2.63).

141. — Reste la question de savoir si des peines de simple discipline pourraient être prononcées contre un notaire honoraire. Nous penchérions volontiers pour l'affirmative. Non-seulement il est bien qu'un corps honorable ait les moyens de réprimer tout ce qui pourrait porter atteinte à sa pureté, à sa bonne renommée; mais, en particulier, les prérogatives importantes que l'ordonnance attache au titre de notaire honoraire nous semblent demander des garanties. L'honorariat n'est pas un honneur pur et simple, un titre qui récompense le passé en déshéritant complétement le présent. Aux termes de l'art. 30, les notaires honoraires assistent aux assemblées générales et y ont voix consultative. Ils appartiennent donc assez intimement au corps des notaires; ils en suivent d'assez près les destinées pour en avoir encore les obligations morales et en subir aussi la discipline (Conf. déc. min., 24 juin 1846, D.P.46.4.161); et les peines peuvent être prononcées par les chambres de discipline ou par les tribunaux (ibid.). Conf. Ed. Clerc, t. 1ᵉʳ, nº 956.

§ 3.—Faits qui donnent lieu à l'exercice de l'action disciplinaire.

142. — La loi du 25 vent. an xi, art. 52, prononce des peines contre quelques infractions des notaires aux obligations de leur ministère. Ainsi, l'art. 4 considère comme démissionnaire le notaire qui ne réside pas dans le lieu fixé par le Gouvernement; l'art. 6 prononce la suspension, et, en cas de récidive, la destitution contre tout notaire qui instrumentera hors de son ressort. L'art. 46 porte la peine d'amende, et même de destitution en cas de fraude, s'il y a eu altération par surcharge, interligne ou addition dans le corps de l'acte; l'art. 23 prononce une amende, et, en cas de récidive, la suspension contre des notaires qui, sans autorisation judiciaire, délivreraient à d'autres que ceux qui peuvent le requérir expédition ou connaissance d'un

acte. La suspension et la destitution, dont i est encore question aux art. 26 et 33, sont appliquées par les tribunaux. Quant aux chambres de discipline, ni la loi du 25 vent. an xi, ni l'arrêté du 2 niv. an xii, ne mentionnent aucun des faits qui rentrent dans leur juridiction; l'art. 9 de l'arrêté dit que la chambre prononcera par voie de décision, *pour les cas de police et de discipline intérieure*; l'art. 15 porte que le syndic déférera à la chambre *les faits relatifs à la discipline*.

L'ordonnance de 1843 est plus explicite; elle a spécifié, art. 12, sept prohibitions, et elle ajoute, art. 13: « Les contraventions aux prohibitions portées en l'article précédent seront, *ainsi que les autres infractions à la discipline*, poursuivies et punies, selon la gravité des cas, conformément à la loi du 25 vent. an xi et à la présente ordonnance. » Reste encore à décider quelles sont les autres infractions à la discipline, non spécifiées par l'ordonnance.

Si l'on s'attache à la nature du pouvoir disciplinaire et aux motifs qui l'ont fait établir, on verra qu'il doit s'étendre aussi loin que les actes, quels qu'ils soient, qui pourraient porter atteinte à l'honneur de la corporation, ou qui s'écarteraient de la délicatesse, de la probité, de la bonne conduite, sans lesquelles un notaire perdrait l'estime et la confiance des citoyens et du Gouvernement; c'est dire assez que le pouvoir disciplinaire embrasse toutes les fautes et toutes les faiblesses.

Telle a été la pensée, conforme d'ailleurs aux traditions des auteurs de la loi du 25 vent.: « Dans le commerce ordinaire de la vie, l'homme qui manque aux lois ordinaires de la délicatesse, celui même qui ne fait pas tout ce que la probité commande, est presque toujours hors des atteintes des lois; aucun tribunal ne peut leur infliger des peines; mais, lorsqu'il s'agit d'un notaire, un manque de délicatesse est déjà un délit répréhensible, et le défaut de probité est un crime qui doit être sévèrement puni. Ce code pénal plus sévère, ce tribunal plus austère, nous le trouvons dans l'institution des chambres de discipline... Il faut que le notaire que la loi ne pourrait atteindre, il faut que le notaire que les tribunaux ne pourraient intimider, voie sans cesse dans ses confrères des juges aussi éclairés, aussi infaillibles que sa conscience, aussi inévitables que ses remords. » Ainsi s'exprimait M. Réal, orateur du Gouvernement.

On voit donc que le pouvoir disciplinaire, soit des tribunaux, soit des chambres, comprend non-seulement les infractions commises par les notaires contre les lois de leur profession, mais même les actions blâmables qu'on pourrait leur reprocher en dehors de leur ministère. Prévoir tous ces actes est chose impossible; mais, dans l'exposé des cas qui se sont présentés, et dans les observations qui s'y rattachent, les juges des faits disciplinaires trouveront, avec d'utiles exemples, des guides pour les éventualités qui les attendent.

D'après ces principes, le tribunal de Saint-Calais a décidé que tous les faits qui portaient atteinte à l'honneur des notaires à qui on les impute tombent sous le pouvoir disciplinaire, soit qu'ils se rapportent aux fonctions de ce notaire, soit qu'ils ne concernent que la vie privée (Trib. de Saint-Calais, 27 juill. 1849, D.P.50.3.45; Cass., 10 avril 1849, D.P.49.1. 154, et 7 avril 1851, D.P.51.1.190).

143. — C'est le manquement au devoir qui fonde l'action disciplinaire, indépendamment de toute considération de préjudice pécuniaire. Aussi la Cour de cassation a-t-elle jugé avec raison, par arrêt du 19 août 1844, que l'action disciplinaire n'est pas subordonnée à la constatation d'un préjudice causé aux parties ; par suite, le notaire auquel une infraction disciplinaire est imputée, ne saurait invoquer, comme moyen de défense, qu'il n'a nui à personne (Cass., 19 août 1844, D.P.44.1.397). V. aussi, en ce sens, Ed. Clerc, t. 1er, n° 964.

144. — 1° *Faits étrangers à l'exercice des fonctions de notaire.* L'immoralité dans la vie privée rejaillit sur la fonction ; c'est pourquoi elle donne ouverture à l'action disciplinaire. Quand il y a scandale public, surtout quand il y a délit contre les mœurs, des peines de discipline peuvent être appliquées, quoique, d'ailleurs, la probité du notaire ne soit pas mise en doute. La Cour de Bordeaux a jugé en ce sens, le 6 juin 1833 (D.P.33. 2.226).

145. — Toutefois, il faut prendre garde de pousser la rigueur à l'excès ; il faut surtout éviter tout ce qui ressemblerait à une sorte d'inquisition dans la vie privée. Des habitudes relâchées, des faiblesses déplorables, mais cachées, peuvent bien diminuer un homme dans l'opinion publique, sans pour cela devoir attirer sur lui le stigmate d'un châtiment ; c'est plutôt le cas d'un avertissement officieux que d'une punition officielle. Les conseils d'une sage réserve ont été exposés dans une lettre du procureur général à la Cour royale de Paris, en date du 21 mars 1821 ; il s'agissait d'un notaire auquel on reprochait d'avoir obtenu les faiblesses d'une jeune fille de 19 ans, et le magistrat était d'avis d'abandonner cette faute à la conscience du coupable et au blâme moral de l'opinion (*V.* Rolland de Villargues, v° *Discipline*, n° 40; Ed. Clerc, t. 1er, n° 967).

146. — On lit dans les motifs d'un arrêt, que le notaire obéré de dettes emportant la contrainte par corps doit être considéré comme manquant de l'indépendance nécessaire pour exercer avec dignité ses fonctions (Limoges, 21 juin 1838, D.P.39.2.6).

Le notaire qui consent, même par pure complaisance, à endosser des effets de commerce souscrits par ses clients, à les présenter à l'escompte et à en signer le bordereau, encourt une peine disciplinaire et, par exemple, le rappel à l'ordre (Chambre des notaires d'Orléans, 11 juin 1846, D.P.1846.4. 159).

147. — Jugé de même qu'un notaire qui, par suite de désordres dans ses affaires, est obligé de prendre des arrangements avec ses créanciers, et qui expose ses clients à ne pas être intégralement payés de sommes qu'ils lui ont confiées, encourt une peine de discipline (Toulouse, 13 mai 1836, D.P.37.2. 28). — Il peut aussi être déclaré en faillite (Douai, 4 juin 1849, D.P.1850.5.327). V. encore Paris, 10 nov. 1845 (D.P.46.4.157).

147 *bis*. — Le notaire qui tolère que sa femme tienne un café dans la maison même où se trouve son étude, est passible d'une peine disciplinaire pour manquement à la dignité de sa profession (Trib. de Mende, 8 oct. 1845, D.P.47.3.111).

148. — Un abus de confiance, commis en dehors des fonctions notariales, suffirait pour entraîner l'application de la peine disciplinaire (arrêt de la Cour de Paris, du 26 mars 1839, D.P.39.2.131). Devrait aussi être puni disciplinairement un notaire qui appliquerait à son usage personnel des fonds qu'il serait chargé de recevoir, alors même qu'il serait prouvé qu'il n'avait pas l'intention de se les approprier, et bien qu'il eût opéré la restitution à son commettant. Une délibération notariale du 22 août 1836, a consacré cette loyale solution (D.P.37.3.140). Il en serait de même s'il plaçait en son nom personnel des sommes dont il serait dépositaire (Trib. du Mans, 3 janv. 1846, D.P.1846.4.160). — Le notaire qui s'est mis dans la nécessité de proposer à ses clients de garder pour son compte et sur sa simple signature des fonds que ceux-ci l'avaient chargé de placer, est avec raison frappé d'une condamnation disciplinaire (de la destitution, par exemple), dans le cas même où il aurait réussi à faire accepter son offre (Bordeaux, 2 mars 1859, D.P.59.2.101).

149. — Serait également passible d'une peine disciplinaire le notaire frappé d'une condamnation pour délit d'habitude d'usure (Cass., 24 juin 1828, D.P.28.1.292).

Bien plus, le notaire qui rédige des actes sous seings privés destinés à couvrir des stipulations illicites (par exemple, un contrat pignoratif imaginé pour déguiser l'usure) s'expose à des poursuites disciplinaires, bien que ces actes soient passés en dehors de ses fonctions de notaire (Trib. de Saint-Marcellin, 16 avril 1847, D.P.49.5.115).

150. — Le notaire qui, comme condition d'un prêt effectué par son entremise, stipule qu'il aura le droit de prélever une portion des honoraires alloués à un autre notaire chargé de vendre les biens de l'emprunteur, et qui, plus tard, sur le refus d'exécuter cette convention, cherche à entraver la vente, en proposant à un huissier d'exercer différentes poursuites hypothécaires sur les biens déjà vendus, en lui offrant en même temps de partager les bénéfices qui proviendraient de ces poursuites, commet une infraction grave aux devoirs de sa profession, et se rend passible de peines disciplinaires. Ces circonstances ont été ainsi sagement appréciées par un arrêt de la Cour de Paris, du 11 janv. 1841 (D.P.41.2.148).

151. — Une chambre de notaires, dont la délibération est rapportée D.P.37.3.137, après avoir posé le principe que les notaires sont soumis aux peines de discipline intérieure pour les actes de leur vie privée qui tendent à compromettre leur caractère, en a fait une application rigoureuse, en décidant qu'il y avait lieu de punir de censure avec réprimande un notaire qui avait écrit une lettre injurieuse à une personne avec laquelle il se trouvait en relations d'affaires.

152. — Des opinions, quelque subversives qu'elles soient, pourvu qu'elles ne sortent point, dans leur mode de manifestation, du cercle de la légalité, ne donnent lieu à aucune poursuite. Il en serait différemment si elles se traduisaient en actes séditieux. Aussi la Cour d'Agen a-t-elle jugé qu'un notaire peut être poursuivi disciplinairement pour avoir pris part à un mouvement insurrectionnel (Arrêt du 18 janv. 1842, D.P.42.2.195).

— Il a été décidé aussi, qu'un notaire peut être suspendu de ses fonctions pour avoir exercé des voies de fait (un soufflet) envers un particulier (Trib. de Thionville, 8 mai 1844, D.P.45.3.16).

153. — Un notaire coupable d'irrévérence contre un magistrat dans l'exercice de ses fonctions est passible de peines de discipline. Ainsi jugé par la Cour de Bordeaux, le 4 août 1841 (D.P.42.2.71).

Un notaire a pu être condamné par la chambre des notaires à la privation temporaire de voix délibérative dans l'assemblée générale, pour avoir tenu sciemment des propos mensongers sur le compte d'un candidat aux élections municipales, et notamment pour avoir dit, avec connaissance de la fausseté de l'allégation, que ce dernier avait été suspendu de ses fonctions de notaire pour s'être livré à l'usure. (Cass., 10 avril 1849, D.P.1849.1.134).

154. — 2° *Infractions commises dans l'exercice du notariat.* Il est évident, d'abord,

que tout notaire qui manque à l'une des obligations qui lui sont imposées par les lois et règlements de sa profession s'expose à une punition disciplinaire, alors même que la disposition violée ne porterait aucune sanction pénale. Cette règle s'appliquerait à l'infraction commise contre les conditions mêmes auxquelles est attachée la jouissance de la qualité et des fonctions notariales. Ainsi, comme le fait remarquer Rolland de Villargues, n° 47, un notaire encourrait les peines disciplinaires s'il instrumentait avant d'avoir prêté serment, ou s'il avait continué ses fonctions après qu'il aurait eu la connaissance officielle de sa suspension. Rolland de Villargues ajoute : *ou de sa destitution.* Mais c'est là une erreur, car le notaire destitué n'est plus soumis à la juridiction disciplinaire (*Conf.* Dalloz, vᵒ *Notaire*, n° 764).

155. — La désobéissance aux règles concernant l'organisation du corps des notaires, par exemple, la composition et la réunion des assemblées générales et des chambres de notaires, exposerait le récalcitrant à des peines de discipline ; il manquerait, en effet, à ce qu'il doit à l'ordre public, aux principes d'une bonne administration et aux bons rapports avec ses collègues.

156. — Quand les contraventions de cette nature se sont produites, elles ont trouvé une juste répression dans le notariat et devant les tribunaux. Ainsi, il a été décidé qu'une peine disciplinaire doit frapper le notaire qui, sans excuse valable, ne se rend pas à la convocation de l'assemblée générale réunie pour le renouvellement de la chambre (Bourges, 23 juill. 1857, D.P.28.2.60 ; Délibérat. de la Ch. des not. de Bergerac, 3 juill. 1834, D.P.36.3.77 ; Trib. de Tulle, 31 mai 1843, D.P.44.3.36) ; mais que l'assemblée générale des notaires est incompétente pour prononcer une peine de discipline intérieure contre un notaire, et, par exemple, pour punir d'amende son inexactitude à assister aux réunions. — L'amende n'est pas, d'ailleurs, au nombre des peines de discipline intérieure (Déc. min., 24 août 1847, D.P.1848.3.14). — Il en serait de même de l'absence, non motivée, d'une assemblée générale convoquée pour tout autre objet.

157. — Ce qui vient d'être dit des assemblées générales s'appliquerait aussi aux réunions de la chambre des notaires ; Rolland de Villargues, vᵒ *Discipline*, n° 59, fait la même observation.

158. — Un notaire qui refuse d'exécuter la délibération d'une chambre, prise en conséquence du règlement arrêté par cette chambre, est passible d'une peine disciplinaire. Ainsi l'a décidé, le 22 déc. 1837, une chambre dont la délibération est recueilie D.P. 38.1.70. Rolland de Villargues, vⁱˢ *Chambre*

des notaires, n° 150, et *Discipline,* n° 55, pense que, dans ce cas, l'application d'une peine dépend des circonstances, et doit avoir lieu si le manquement prend le caractère de l'insubordination. Et la Cour de cassation s'est prononcée dans le même sens (2 déc. 1856, D.P.57.1.264). Mais un notaire ne pourrait être condamné à une peine disciplinaire pour infraction aux usages de la corporation, si l'auteur de la prétendue infraction n'a fait qu'exécuter une décision régulière et rendue par des juges compétents (Cass., 30 juin 1856, D.P.56.1.264).

158 *bis.* — Le fait de la part d'un notaire de s'être adressé directement à une personne pour traiter avec elle, au nom et dans l'intérêt de son client, de l'acquisition d'une propriété, au lieu de s'adresser au notaire qu'il savait être le notaire habituel de cette personne, contrairement à l'injonction qui lui en était faite par un règlement de la chambre des notaires, n'est pas passible de peines disciplinaires, comme constituant l'exercice pur et simple d'un droit, si ce règlement n'a pas été approuvé par le ministre de la justice (Cass., 7 avril 1862, D.P.62.1.278).

159. — Il résulte d'une circulaire du ministre de la justice, du 28 vent. an XIII, que les membres d'une chambre de notaires pourraient être poursuivis disciplinairement s'ils avaient refusé de délibérer, quoiqu'ils en eussent été régulièrement requis ; ce pourrait être, pour les tribunaux, un motif de prononcer la suspension et même la destitution.

159 *bis.* — Le refus de la part du président de la chambre de discipline des notaires d'accuser réception d'une communication du ministère public, ou d'en donner avis à ses collègues, le soumet à une poursuite disciplinaire, et il peut même être suspendu de ses fonctions en cas de récidive (Trib. de Paimbœuf, 22 nov. 1844, D.P.45.4.149). — Jugé aussi que le notaire qui refuse toute communication de ses minutes au ministère public, même son déplacement, à moins d'un compulsoire ou d'une ordonnance du tribunal, est passible d'une peine disciplinaire (Trib. de Montmorillon, 13 août 1845, D.P.46.3.185). — *V.* encore Trib. de Saint-Calais, 27 juill. 1849 (D.P.50.3.45).

160. — Toute altération de la vérité, commise par un notaire, donne lieu à l'application d'une peine disciplinaire. Aucun doute ne saurait exister s'il s'agissait d'un véritable faux. Dans une espèce jugée par la Cour de cassation, le 24 juin 1828, la suspension et même la destitution n'avaient pas été trouvées trop graves, parce qu'en effet, il s'agissait de deux procédures en faux contre les actes reçus par un notaire (D.P.38.1.292). *V.* aussi Bordeaux, 20 déc. 1842 (D.P.44.4.142).

161. — La Cour de Colmar a refusé de voir un cas de destitution dans un faux commis sans intention frauduleuse et sans qu'il y ait eu préjudice causé à personne (Arrêt du 8 mars 1825, D.P.25.2.183). Les circonstances, en effet, pouvaient militer contre l'application la plus sévère de toutes les peines de discipline ; mais il ne faudrait pas conclure de cette décision indulgente que les magistrats aient entendu regarder une pareille faute comme non punissable. Elle est, au contraire, de celles qui doivent attirer sur un notaire une de ces punitions qui répriment sans tuer, si on peut s'exprimer ainsi, c'est-à-dire sans enlever à un notaire sa position dans la société.

162. — Plus sévère que la Cour de Colmar, le tribunal de Mayenne a regardé comme constituant la faute de discipline la plus grave, et comme méritant la destitution, le faux commis par un notaire, quoique sans intention de préjudicier à personne (Jugem. 12 déc. 1837, D.P.38.4.88). *V. inf.,* n°ˢ 178 et 182.

163. — Les notaires et les tribunaux se montrent, avec juste raison, sévères contre les faux commis dans les certificats délivrés aux clercs ; de pareils actes tendent à déprécier le notariat en y introduisant l'incapacité ou l'immoralité au moyen du mensonge : le résultat n'est pas moins funeste que le procédé n'est coupable. De fortes peines ont été prononcées contre des notaires qui avaient déclaré mensongèrement, dans un certificat, qu'un aspirant avait travaillé dans leur étude pendant un temps déterminé (Poitiers, 10 août 1824, D.A.10.437, n° 2), et cela encore que le notaire n'eût agi que par complaisance, et sans aucun motif de cupidité (Cour d'Agen, 28 fév. 1825, D.P.26.2.107). La Cour de Poitiers n'admit pas comme excuse l'aveu fait par le notaire à la chambre qu'il avait donné une attestation contraire à la vérité.

Le notaire qui, après le décès de son client, s'est présenté à son domicile, a pénétré jusque dans la chambre mortuaire, et s'est fait remettre, par un domestique, le testament du défunt, est passible des peines de discipline intérieure (Chambre des notaires de Fontainebleau, 2 sept. 1846, D.P.47.167).

164. — Dissimuler, dans une vente, une partie du prix d'adjudication, pour frauder les droits d'enregistrement, c'est, de la part d'un notaire, un acte répréhensible, et qui peut donner ouverture aux poursuites de discipline. C'est ce que porte une instruction du ministre de la justice, en date du 2 août 1838 (D.P.39.3.4). Rolland de Villargues, n° 63, pense aussi que toute dissimulation d'une portion du prix dans une vente notariée exposerait le notaire à une peine disciplinaire. — Il a été décidé, toutefois, qu'un notaire qui, après avoir reçu un acte de vente, participe à la confection d'une contre-lettre, en l'écrivant de sa main, n'est pas

passible des peines disciplinaires prononcées par l'art. 53 de la loi du 25 vent. an XI, lorsque cette contre-lettre a pour objet un supplément de prix dont il n'est pas fait mention dans l'acte authentique (Lyon, 18 fév. 1841, *Rec. de Lyon*, t. 19, p. 50). — La Cour de Dijon a, dans un cas analogue, décidé que la peine peut être atténuée jusqu'au degré d'une simple peine de discipline intérieure, mais que la dissimulation de prix ne peut donner lieu à l'application d'une amende contre le notaire (Cour de Dijon, 24 fév. 1846, D.P.46.1.158). V. Conf. trib. de Péronne, 18 avril 1852 (D.P.54.3.16); Trib. de Loches, 4 fév. 1857 (D.P.57.3.39); Agen, 16 août 1854 (D.P.56.2.169). — Suivant un autre arrêt, le notaire qui, dans la rédaction d'un acte de vente, se prête à une dissimulation de partie du prix, encourt une peine disciplinaire, même dans le cas où la dissimulation n'aurait pas précisément pour but la diminution des droits de mutation qu'elle doit nécessairement amener (Bordeaux, 14 mars 1839, D.P.59.2.208). — Ce sont là, on le comprend, des appréciations qui peuvent varier suivant les circonstances diverses dans lesquelles elles se produisent.

165. — La chambre des notaires de Nancy avait précédemment décidé que le syndic devrait poursuivre tout notaire qui se permettrait la moindre altération de la vérité dans l'expression du prix aux procès-verbaux de ventes aux enchères (Délibération du 3 mai 1836, D.P.39.3.4). V. aussi Nancy, 20 nov. 1841 (Dalloz, vᵒ *Notaire*, nᵒ 758); Trib. de Vassy, 21 mai 1847 (D.P.49.5.415); Trib. de Civray, 9 mai 1844 (D.P.45.4.147); Amiens, 16 avril 1845 (D.P.45.2.82); Paris, 5 juill. 1845 (D.P.45.2.176).

166. — La dissimulation du prix véritable d'un office peut entraîner l'application de peines de discipline contre un notaire. Ce principe a été plusieurs fois consacré par la jurisprudence (V. Arm. Dalloz, *Dict. gén.*, *Suppl.*, vᵒ *Office* nᵒ 106, 14ᵒ; V. aussi la *Table de quinze ans*, vᵒ *Discipline*, nᵒˢ 14 et suiv.). — Ces peines peuvent même être portées jusqu'à celles de la suspension ou de la destitution, lorsqu'au lieu de refuser le paiement des contre-lettres, les cessionnaires des offices emploient, pour les déguiser, des mensonges et des subterfuges (Cass., 19 août 1847, D.P.48.1.104; Cass., 6 nov. 1850, D.P.50.1.324).

167. — S'appuyant sur un arrêt de la Cour de Nîmes, du 20 août 1840, Rolland de Villargues applique la même solution à un notaire qui, en sollicitant sa nomination, a dissimulé à l'administration les conditions de son traité d'acquisition, et c'est en ce sens que la question serait sans doute résolue par les tribunaux, devenus plus sévères contre les notaires.

167 *bis*. — Il a été jugé même que si le seul fait, par le titulaire d'un office (de notaire), de poursuivre en justice la nullité d'un traité secret passé entre lui et son cédant, et la restitution du supplément de prix qu'il a payé en exécution de ce traité, ne le rend pas passible d'une peine disciplinaire; cette peine, et, par exemple, celle de la destitution, peut être prononcée à raison des circonstances dans lesquelles l'action a été exercée (Cass., 28 août 1854, D.P.54.1.321).

167 *ter*. — Le notaire qui traite secrètement de son office avec un individu encore mineur, et qui, pour masquer cette infraction à la loi du notariat, présente pour son successeur un prête-nom, puis, moyennant le paiement d'une somme annuelle, abandonne sa résidence durant les démarches faites pour obtenir l'agrément de la chancellerie, et laisse la gestion de son office à son acheteur et à un autre clerc, encourt la peine de la suspension (Trib. de Nantes, 28 mai 1846, D.P.46.1.157).

167 *quater*. — Le fait, par un notaire, d'insister auprès des aspirants qui veulent acquérir son office, pour qu'ils consentent à dissimuler une partie du prix dans le traité, constitue un manquement à la délicatesse et aux devoirs de sa profession qui le rend passible de peines disciplinaires; et cela encore bien que ses propositions n'aient pas abouti. — Toutefois, dans ce cas, il doit être frappé d'une peine moins sévère (par exemple, de la simple censure avec réprimande) (Bordeaux, 27 avril 1857, D.P.57.2.144).

167 *quinquies*. — L'association formée entre un notaire et son successeur désigné, jusqu'à ce que celui-ci ait atteint l'âge exigé par la loi pour être nommé, est illicite, et rend le titulaire passible de peines disciplinaires (Trib. de Valenciennes, D.P.42.3.33).

168. — La résidence des notaires est une de leurs principales obligations; on la leur impose de la manière la plus rigoureuse. S'ils y contreviennent, le Gouvernement peut prononcer leur remplacement en les considérant comme démissionnaires. Divers arrêts avaient d'abord décidé que cette répression, par le Gouvernement, atteignait seule les contraventions à l'obligation de résidence, et que ces faits ne pouvaient être l'objet d'une action disciplinaire (V. D.P.45.2.66, note 1ʳᵉ). — Mais d'autres décisions, dont une, en date du 11 janv. 1841, émanée de la chambre civile de la Cour de cassation, établissent une jurisprudence contraire, que MM. Dalloz jugent préférable (D.P., cod, et sup., p. 16, nᵒ 93). — Le Gouvernement n'est pas tenu, mais il a seulement le droit de remplacer le notaire qui a enfreint le devoir de résidence. S'il n'a pas provoqué ce châtiment extrême, la faute du notaire ne doit pas rester impunie; la chambre ou les tribunaux, selon la

gravité des cas, sont naturellement appelés à proportionner une peine à l'infraction (V. *cod.*, nᵒˢ 86 et suiv.).—La jurisprudence paraît aujourd'hui bien établie en ce sens. V. Trib. de Roanne, 5 déc. 1844 (D.P.45.3.64); Trib. de Bourbon-Vendée, 1ᵉʳ avril 1846 (D.P.46.4.374); Grenoble, 30 janv. 1856 (D.P. 56.2.92); Agen, 4 août 1857 (D.P.57.2.164); Req. 22 août 1860 (D.P.61.1.58). — Ainsi le notaire qui se transporte périodiquement dans une commune autre que celle de sa résidence, où il a un bureau ouvert dans une chambre qu'il loue à cet effet peut être déclaré passible de peines disciplinaires, comme ayant compromis la dignité de ses fonctions, s'il est constaté qu'il a passé ainsi le plus grand nombre des actes de son ministère, en cherchant à couvrir ses infractions par la mention de réquisitions simulées des parties, et au mépris de la promesse par lui faite devant la chambre des notaires de ne plus enfreindre le devoir de la résidence (Req. 22 août 1860, D.P.61.1.58).

169. — Rolland de Villargues, nᵒ 59, pense que le fait de la réclamation, par un notaire, d'honoraires excessifs ne donnerait pas lieu à une poursuite disciplinaire, parce que les parties qui auraient payé, tandis qu'elles pouvaient contester en justice, sont présumées avoir consenti au règlement. L'acquiescement des parties intéressées ne nous paraît pas être un obstacle à ce que la chambre agisse, par voie de discipline, pour l'honneur du corps et la punition d'un défaut de délicatesse. Ce sont les circonstances qui la détermineraient; il est évident, et Rolland de Villargues le reconnaît, qu'il y aurait lieu à poursuites disciplinaires si le notaire inculpé avait exigé des honoraires excessifs en abusant de son influence sur les clients.

Il y a manquement par un notaire aux devoirs de sa profession dans la négligence à délivrer en temps utile la grosse d'un acte pour laquelle il a reçu la totalité ou la presque totalité de ses honoraires et déboursés (Paris, 29 juin 1852, D.P.54.2.114).

Le notaire qui fait un prêt pour son client, et passe successivement, en vue d'émoluments, et à de courts intervalles, deux actes, l'un qui constate purement et simplement le prêt, l'autre par lequel l'emprunteur consent une hypothèque au profit du prêteur, encourt une peine disciplinaire (Rennes, 1ᵉʳ fév. 1848, D.P.49.2.231).

169 *bis.* — Le fait, par un notaire, d'avoir insulté un de ses clients, à l'occasion de la demande que lui faisait ce dernier d'un état détaillé d'actes reçus par lui, et dont son client avait besoin pour la justification d'un compte, peut être considéré comme une infraction aux devoirs et à la dignité du notariat, et comme tombant, dès lors, sous l'exer-

cice du pouvoir disciplinaire conféré à la chambre des notaires par l'art. 2, § 1, de l'ordonnance des 4-12 janv. 1843 (Cass., 29 juill. 1862, D.P.62.1.339).

170.—Les notaires doivent prêter leur ministère dès qu'ils en sont requis. Toutefois, ce principe ne va pas jusqu'à les obliger de donner leur concours à des actes illicites; il serait absurde de supposer que jamais la loi ait entendu forcer les notaires à l'immoralité et à l'illégalité; loin de là, on doit admettre qu'elle le leur défend. C'est donc avec raison que des notaires ont été condamnés à des peines de discipline pour avoir prêté sciemment leur ministère à des prêts usuraires, bien qu'ils n'y eussent, d'ailleurs, aucun intérêt personnel (Caen, 15 déc. 1828, D.P.30. 2.130.—V. le *Comment. de la loi du 25 vent.*, art. 3, plus haut, nᵒ 149). V. aussi Bordeaux, 8 nov. 1853 (D.P.54.2.57).

L'obligation où sont les notaires de prêter leur ministère aux parties qui le requièrent n'est pas telle qu'ils ne puissent le refuser quand leur intervention serait de nature à compromettre la dignité de leurs fonctions ou la gravité de leur caractère. Il y a abaissement de ses fonctions et de la gravité de son caractère dans le fait du notaire dont le ministère est requis par un réfugié politique, et qui va lui-même à l'étranger à la recherche des renseignements qui lui manquent sur l'individualité de ce réfugié, se constituant ainsi l'agent personnel de ce dernier, son faiseur d'affaires, pour des soins qui le concerneraient uniquement. En conséquence, le notaire qui, dans de telles circonstances, aurait manqué à sa dignité professionnelle, peut encourir les peines disciplinaires édictées par l'art. 14 de l'ordonnance du 12 janv. 1843, et les tribunaux sont compétents, en vertu de l'art. 53 de la loi du 25 vent. an xi, pour lui appliquer la peine de la censure (Lyon, 13 mai 1851, *Rec. de Lyon*, t. 29, p. 169).

Un notaire qui se fait suppléer par un de ses clercs dans la réception des actes se rend passible des peines disciplinaires (Trib. de Cambrai, 2 oct. 1858, D.P.59.5.268), et il peut être condamné à la suspension pendant huit jours (Trib. de Béthune, 15 janv. 1846, D.P.46.156).—Dans cette dernière espèce, il avait été fait, par le même clerc, le même jour, dans deux communes différentes, deux actes, une vente mobilière et une vente d'immeubles.—Jugé même que cette infraction ne peut être excusée par l'état de maladie du notaire ni par la difficulté qu'il aurait rencontrée à se faire suppléer par un collègue (Paris, 29 juin 1852, D.P.54.2.114).

170 *bis.*—Le refus, par un notaire, d'employer les moyens propres à faire disparaître une irrégularité commise par un de ses confrères, dans un acte où il figurait comme

notaire en second, peut, au point de vue des procédés et des rapports de confraternité, être déclaré passible d'une peine disciplinaire, et notamment du rappel à l'ordre, à la différence du refus du même notaire de signer cet acte, à raison de son irrégularité (Cass., 18 juin 1862, D.P.62.1.363).

171.— Le notaire qui viole, dans des vues d'intérêt privé, les diverses prohibitions établies dans la loi de l'an XI, dans l'art. 12 de l'ordonnance du 4 janv. 1843, ou dans d'autres dispositions spécialement relatives aux notaires, encourt, à bon droit, les peines disciplinaires. Rolland de Villargues dit avec raison, n° 62, que le notaire qui se rend cessionnaire de droits litigieux, malgré l'art. 1397, C. Nap., s'expose à des peines disciplinaires, car il viole ses devoirs de notaire.

171 bis. — Par application du même principe, il a été jugé qu'un notaire mérite la suspension, quand il fait des ventes en détail d'immeubles qu'il a achetés seul ou en société avec d'autres personnes (Nancy, 20 nov. 1841, cité au n° 166). — Toutefois, d'après un arrêt de la Cour de Bordeaux, du 27 avril 1857 (D.P.57.2.144), le notaire qui, après avoir acquis un immeuble pour faire emploi de ses capitaux, le revend quelque temps après en détail, en vue d'une meilleure acquisition, ou même pour toute autre cause, ne se rend pas passible d'une peine disciplinaire par ce seul fait, dans lequel on ne saurait voir une spéculation dans le sens de l'art. 12, n° 3, de l'ord. du 4 janv. 1843. Il n'en serait autrement que si, l'opération se renouvelant, on pouvait y voir une habitude. V. aussi Cass., 24 janv. 1853 (D.P.53.1.29).

171 ter.—Le notaire qui se livre à des opérations de banque, même pour le compte d'autrui, et sans y avoir un intérêt personnel, et sans danger pour sa fortune, encourt la peine de la suspension (Trib. de Mâcon, 31 août 1844, D.P.45.4.146); — Contrà, délib. ch. des not. de Mâcon, 14 août 1844, D.P.45.4.146).

172.—Le notaire qui reçoit des actes d'achat ou de revente dans lesquels il est intéressé par suite d'association en participation avec l'un des contractants est passible d'une peine disciplinaire : il invoquerait en vain sa bonne foi ; moins que personne il serait admis à prétendre qu'il ignorait la loi (Cass., 19 août 1844, D.P.44.1.397). — Il en est de même s'il reçoit l'acte obligatoire d'une somme prêtée par son client, dont il est responsable (Rennes, 1ᵉʳ fév. 1848, D.P.49.2.231). — Le notaire qui instrumente sous le nom d'un confrère, au mépris de la peine de suspension prononcée contre lui, encourt la destitution, et le confrère qui lui a prêté son nom peut être puni de la suspension (Trib. de Lure, 23 mai 1846, D.P.46.127). — Le notaire qui procède à des adjudications dans un cabaret, au milieu de distributions de vins, se rend passible de peines disciplinaires (Metz, 2 juin 1845, D.P.46.16). Le notaire qui, sans nécessité, procède à une adjudication dans une auberge, quoique dans une pièce séparée de celle où l'on donne à manger, et invite les adjudicataires à payer une certaine somme pour faire face aux dépenses d'un repas donné à ceux-ci, et auquel le notaire et son clerc assistent, compromet par là la dignité de son caractère, et encourt des peines de discipline, encore bien qu'il se serait abstenu de prendre part au repas, et qu'il serait d'usage d'en agir ainsi (Rennes, 1ᵉʳ fév. 1848 (D.P.49.2.231). V. aussi Lyon, 13 mai 1851 (D.P.54.2.97).

172 bis. —La suspension peut être prononcée contre le notaire qui passe un acte pour des parties adressées à un de ses confrères, en laissant croire aux parties qu'elles ont affaire au notaire désigné à leur confiance, et en recevant même d'elles une lettre destinée à celui-ci (Trib. de Castellane, 5 janv. 1844 (D.P.45.4.147).

172 ter. — Mais le notaire seul commis pour procéder à une vente d'immeubles ne peut être frappé d'une peine disciplinaire pour n'y avoir pas appelé son confrère, alors même qu'il aurait reconnu le droit de celui-ci de concourir à cette vente (Cass., 30 juin 1856, D.P.56.1.261). — Aucune peine disciplinaire ne peut non plus être prononcée contre le notaire qui accepte la suite d'une affaire d'abord confiée à un autre notaire, s'il n'est pas établi que des circonstances d'indélicatesse aient accompagné l'acceptation de ce nouveau mandat (Cass., 12 nov. 1856, D.P.56.1.393). V. aussi Cass., 29 janv. 1855 (D.P.55.1.120).

172 quater. — La justice disciplinaire ne peut rechercher et punir des faits ou des actes qui ne sont que l'exercice d'un droit ou d'une faculté légitime, et qui, par les circonstances dont ils sont accompagnés, n'ont rien de contraire à la probité, à la délicatesse ou à l'honneur ; — il importe qu'il s'agisse de faits ou d'actes prohibés par des délibérations ou des règlements de la chambre ou du corps auquel appartient l'inculpé, si ces délibérations ou règlements n'ont pas reçu l'approbation du ministre compétent; — spécialement le fait, de la part d'un notaire, de s'être adressé directement à une personne pour traiter avec elle, au nom et dans l'intérêt de son client, de l'acquisition d'une propriété, au lieu de s'adresser au notaire qu'il savait être le notaire habituel de cette personne, contrairement à l'injonction qui lui en était faite par un règlement de la chambre des notaires, n'est pas passible de peines disciplinaires, comme constituant l'exercice pur et simple d'un droit, si ce règlement n'a pas été approuvé par le ministre

de la justice (Cass., 7 avril 1862, D.p.62.1. 278).

173. — 3° *Cumul de plusieurs actions fondées sur le même fait.* Il est de principe constant que l'action disciplinaire est indépendante de l'action civile ou de l'action criminelle dont un notaire serait l'objet à raison des mêmes faits. Le sort de l'une n'entraîne pas celui de l'autre.

174. — Ainsi, qu'un notaire soit traduit devant une Cour d'assises, mais acquitté, il peut être poursuivi disciplinairement à raison des mêmes faits dont il a été déclaré non coupable au point de vue criminel ; il ne serait pas fondé à invoquer la chose jugée. Il le pourrait d'autant moins que les décisions du jury n'étant jamais motivées, laissent dans le doute, en cas d'acquittement, si elles ont entendu nier l'existence du fait, ou seulement l'intention coupable. La jurisprudence est conforme à cette doctrine (*V.* Dalloz, vᵒ *Discipline,* n° 30 ; Ed. Clerc, t. 1ᵉʳ, n° 986, et arr. de la Chambre des requêtes, 22 avril 1837, D.p.37.1.298 ; 29 déc. 1836, D.p.37.1. 63 ; Lyon, 14 nov. 1838, *Rec.* de Lyon, t. 13, p. 294).

175. — Toutefois, la chambre civile, par arrêt du 24 janv. 1837 (D.p.37.1.64), s'est prononcée en sens contraire ; nous avons émis des doutes sur le bien jugé de cet arrêt ; l'application rigoureuse de la règle *non bis in idem* ne nous a pas semblé opportune quand elle doit tomber sur une classe de citoyens tenue à des obligations plus étroites. Un notaire peut fort bien ne pas mériter la répression sévère du droit commun, être pur aux yeux du Code pénal, mais avoir encore encouru la peine de son code professionnel, avoir manqué à la délicatesse plus étroite qu'exige son ministère, et se trouver ainsi, quoique innocent légalement, dans le sens de la criminalité, inculpé sous le rapport de la discipline notariale.

176. — Aussi, malgré l'arrêt de la chambre civile, les Cours royales ont continué de juger dans le sens que nous avons soutenu ; par exemple, la Cour de Limoges, le 21 juin 1838 (D.p.39.2.6), la Cour d'Agen, le 18 janvier 1842 (D.p.42.2.195), et la Cour de Bordeaux, le 20 déc. 1842 (D.p.44.4.141). Et la chambre des requêtes elle-même a persisté dans sa jurisprudence. *V.* Cass., 21 mai 1851 (D.p.51.1.274) ; 2 août 1848 (D.p.48.1. 185). *V.* aussi trib. de Castellane, 5 janv. 1844 (D.p.45.4.146) ; Trib. de Mâcon, 13 nov. 1844 (D.p.45.4.147).

177. — Ce qui vient d'être dit pour le cas d'une déclaration de non-culpabilité par les jurés s'appliquerait à une déclaration de non-lieu, *faute de charges suffisantes* ; elle n'affranchirait pas le notaire des poursuites de discipline (Colmar, 5 et 8 mars 1825, D.p. 25.2.183). — Ainsi, le notaire inculpé de faux peut, nonobstant l'arrêt de non-lieu intervenu sur cette accusation, être disciplinairement poursuivi et destitué à raison des mêmes faits. — Et la destitution peut être prononcée *de plano* par le tribunal, sur l'action du ministère public, sans qu'il y ait lieu de saisir préalablement la chambre de discipline (L. 25 vent. an xi, art. 53 ; Cass., 2 août 1848, D.p.48.1.185).

178. — La Cour de Bourges, par arrêt du 20 avril 1825, a décidé qu'il en serait autrement si la chambre d'accusation avait déclaré le fait criminel prescrit (D.p.25.2.249). Mais cette solution semble contredire un principe généralement admis et dont nous parlerons plus tard, à savoir, que l'action disciplinaire des tribunaux est imprescriptible.

179. — Il en serait de l'acquittement par le tribunal correctionnel comme de la déclaration de non-culpabilité par le jury ; il n'empêcherait point l'action disciplinaire ultérieure. La chambre des requêtes a fait application de ce principe dans une espèce où la poursuite de l'action criminelle était prescrite (30 déc. 1824, D.p.25.1.129). — Mais n'en devrait-il pas être autrement, et l'acquittement prononcé par la justice correctionnelle ne devrait-il pas emporter absolution de la peine disciplinaire, si le jugement intervenu sur l'action publique niait clairement l'existence du fait qui est la base commune de l'une et de l'autre action, ou la participation du prévenu à ce fait? M. Ed. Clerc, t. 1ᵉʳ, n° 985, se prononce pour l'affirmative, et nous croyons que c'est avec raison (*V.* aussi anal. Cass., 7 mars 1855, D.p.55.1.81).

180. — Si, au lieu d'être acquitté, le notaire est condamné, l'action disciplinaire, étrangère à l'action publique, n'est point épuisée par cette condamnation ; l'homme a été atteint, le notaire peut encore l'être. Plusieurs décisions judiciaires ont statué en ce sens à l'égard d'un notaire condamné à une peine correctionnelle (*V.* Merlin, *Quest.,* vᵒ *Non bis in idem,* § 2 ; Dalloz, vⁱˢ *Discipline,* n° 30, et *Chose jugée,* nᵒˢ 521 et suiv.; Ed. Clerc, t. 1ᵉʳ, n° 985). — La Cour de Lyon a décidé notamment qu'un notaire peut être destitué par le tribunal à l'expiration de la peine qu'il a encourue pour escroquerie (30 août 1844, *Rec. de Lyon,* t. 22, p. 279). — Le tribunal de Lure a aussi prononcé la destitution d'un notaire qui avait été interdit des droits civiques et civils par les tribunaux correctionnels, en vertu de l'art. 42, C. pén. (3 juill. 1844, D.p.47.3.205).

180 *bis*. — L'appréciation du fait incriminé, constatée par le jugement correctionnel, ne permet plus au condamné de discuter sa criminalité devant le tribunal civil, pour repousser l'application de la peine disciplinaire

(Lyon, 30 août 1844, *Rec. de Lyon*, t. 22, p. 279).

181. — L'indépendance des deux actions criminelle et disciplinaire a encore cette conséquence, que cette dernière peut être exercée avant que la première ait été jugée. Rolland de Villargues, vᵒ *Discipline*, nᵒ 68, enseigne aussi que les mêmes faits pour lesquels un notaire est poursuivi criminellement ou correctionnellement peuvent encore, bien que l'affaire ne soit pas jugée, motiver l'action disciplinaire (*Conf.* Ed. Clerc, t. 1ᵉʳ, nᵒ 989). Une décision du ministre de la justice, du 11 juillet 1835, reconnaît ces principes dans une affaire où il s'agissait d'une accusation de faux (D.P.36.3.71. — V. *sup.*, nᵒ 178).

182. — Nul doute que l'application d'une simple peine de discipline intérieure n'opposerait aucun obstacle à l'action du ministère public qui croirait voir dans les faits le caractère d'un délit ; elle ne mettrait obstacle qu'à l'application des peines disciplinaires de même nature (*V.* nᵒ 125). De même, la décision disciplinaire de la chambre des notaires n'empêcherait pas l'action civile devant les tribunaux de la part des parties lésées.

Dans le cas où les tribunaux prononcent les peines de discipline, ils peuvent statuer simultanément sur la peine et sur les dommages-intérêts : c'est une économie de temps et de frais. Les arrêts déjà cités de la Cour de Lyon, du 28 mars 1840, et de la Cour de cassation, du 11 janv. 1841, ont admis ce mode de procéder.

182 *bis*. — Les décisions disciplinaires, prononcées pour infraction aux devoirs professionnels des notaires, n'ont pas l'autorité de la chose jugée, relativement aux demandes en nullité fondées sur les mêmes infractions (Cass. 25 nov. 1856, D.P.57.1.19).

182 *ter*. — L'action disciplinaire est imprescriptible (V. *infrà*, nᵒ 233).

Sect. 2. — De l'exercice de l'action disciplinaire devant les chambres de discipline.

183. — Cette matière est réglée par les nouvelles dispositions de l'ordonnance de 1843, par les instructions ministérielles et par la jurisprudence des tribunaux. Nous allons traiter, en trois paragraphes distincts, de l'instruction, des délibérations et des peines qu'elles appliquent, des recours contre les décisions.

§ 1ᵉʳ.—De l'instruction devant les chambres de discipline.

184. — Remarquons d'abord que c'est devant les chambres de discipline et non devant les assemblées générales, que doivent être portées les poursuites de discipline contre les notaires ; les assemblées générales ne peuvent ni excuser, ni punir leurs membres, même à raison de leur absence aux réunions (*V.* aussi Rolland de Villargues, vᵒ *Discipline*, nᵒˢ 78, 79).

185. — Quand les fautes commises par les notaires, et dont la connaissance parvient aux chambres, excèdent la compétence disciplinaire de ces dernières, elles doivent les dénoncer au ministère public, afin qu'il poursuive devant les tribunaux (Rolland de Villargues, vᵒ *Discipline*, nᵒ 70).

186. — Le syndic de la chambre exerce auprès d'elle les fonctions du ministère public ; c'est lui qui lui défère les faits relatifs à la discipline. Il est tenu de les lui dénoncer, soit d'office, soit sur la provocation des parties intéressées ou d'un des membres de la chambre. On se demandait si le procureur impérial pouvait renvoyer au syndic les plaintes ou renseignements qui lui sont parvenus (*V.* Rolland de Villargues, nᵒˢ 74 et 75). L'art. 17 de l'ordonnance du 4 janv. 1843 lève les doutes, en disant que le syndic devra dénoncer les faits de discipline, soit d'office, *soit sur l'invitation du procureur impérial.*

187. — C'est encore une question de savoir si un tribunal pourrait renvoyer un notaire devant la chambre de discipline. Rolland de Villargues, nᵒ 76, se fondant sur la plénitude de juridiction disciplinaire qu'il reconnaît aux tribunaux à l'égard des notaires (*V.* ci-dessus, nᵒ 123), adopte l'affirmative ; il invoque un plaidoyer de Merlin dans une affaire où il s'agissait d'un avoué, tout en reconnaissant que les notaires ne sont pas soumis, au même degré que les avoués, au pouvoir disciplinaire des tribunaux. — Il nous paraît que le tribunal qui serait saisi directement d'un fait de simple discipline pourrait se déclarer incompétent, mais qu'il excéderait ses pouvoirs en renvoyant le notaire devant la chambre de discipline de son arrondissement ; celle-ci ne serait pas légalement saisie par un tel renvoi (*Conf.* Dalloz, vᵒ *Notaire*, nᵒ 798 ; Ed. Clerc, t. 1ᵉʳ, nᵒ 993).

188. — Quand la chambre est saisie par la plainte d'un notaire contre un autre notaire, cette plainte doit lui être adressée directement et non par l'intermédiaire du procureur impérial (Délib. du 5 août 1836, sur une partie seulement de laquelle est intervenue la décision du garde des sceaux, du 2 janv. 1837 (D.P.37.3.136).

189. — L'art. 17 de l'ordonnance règle la manière dont le syndic doit citer le notaire inculpé à comparaître devant la chambre. Il est d'usage, dit Rolland de Villargues, nᵒ 82, et cela nous paraît de toute justice, que le notaire en retard supporte les frais de l'exploit d'huissier, à moins que la chambre ne l'en décharge (*V.* aussi Dalloz, vᵒ *Notaire*,

n° 799 ; Ed. Clerc, t. 1ᵉʳ, n° 994). — Nous pensons, avec les mêmes auteurs, que si, au lieu de citer d'abord le notaire par une simple lettre, le syndic l'a fait immédiatement assigner par huissier, ce ne serait pas une cause de nullité de la poursuite, mais un juste motif pour le notaire de se refuser à payer les frais de la citation.

190. — Une chambre de discipline pourrait-elle se saisir incidemment de l'action disciplinaire ? Rolland de Villargues, n° 84, croit que non. Suivant lui, une chambre commettrait évidemment un excès de pouvoir si, oubliant qu'elle n'est point saisie d'une action disciplinaire, elle prenait sur elle, en statuant sur une réclamation civile, et à la suite de son avis, de déclarer qu'un notaire a manqué à son devoir, et de prononcer contre lui une peine de discipline ; le syndic, ajoute Rolland de Villargues, peut alors faire des réserves, et, quand l'intérêt civil est satisfait, intenter l'action disciplinaire. — Nous ne croyons pas cette opinion à l'abri de critique. Aucun texte de la loi ni de l'ordonnance ne défend le cumul des deux procédures devant les chambres ; on a vu ci-dessus, sect. 1ʳᵉ, que les tribunaux civils peuvent prononcer simultanément, quand il y a lieu, sur l'action en dommages-intérêts et sur l'action disciplinaire. Pourquoi en serait-il autrement devant la chambre des notaires ? N'entre-t-il pas dans l'esprit de l'institution d'éteindre dans l'intimité les reproches qu'on pourrait avoir à faire à un collègue, d'éviter les formalités et les frais, de procéder en famille ? N'est-ce pas agir dans cet esprit que d'en finir avec une mesure de discipline, quand l'inculpé est présent et a pu donner ses explications ? La lettre de citation est nécessaire sans doute, quand le notaire n'a été appelé pour aucun motif devant la chambre ; mais, quand il s'y trouve, à quoi bon multiplier les actes ? Tel est aussi l'avis de MM. Dalloz, v° *Notaire*, n° 800, et Ed. Clerc, t. 1ᵉʳ, n° 996. — Nous supposons, on le voit, que le notaire inculpé serait présent, aurait présenté sa défense, et que la poursuite disciplinaire pourrait être vidée sans instruction ultérieure (*V.* n° 238).

191. — Aux termes de l'art. 6 de l'ordonnance du 4 janv. 1843, le rapporteur recueille les renseignements sur les faits imputés aux notaires et en fait rapport à la chambre. Il est bien entendu que le rapporteur peut et doit s'entourer de tous les renseignements avant de faire son rapport ; c'est dans ce but qu'une délibération des notaires de Paris, du 16 pluv. an XII, l'autorise à donner, soit chez lui, soit ailleurs, des rendez-vous aux notaires à qui il a des explications à demander ou à donner.

192. — L'office du rapporteur n'est pas exclusif ; il n'empêche pas la chambre d'or-

donner une enquête devant un de ses membres ; le mode d'instruction tracé par l'ordonnance, comme précédemment par l'arrêt de nivôse an XII, n'a rien qui ne se concilie avec l'idée d'une audition de témoins devant un notaire. La chambre des notaires de Privas avait pensé ainsi, par délibération du 2 mai 1836, attaquée pour incompétence devant le tribunal civil ; cette délibération fut infirmée par jugement du 30 août 1836. Mais, à son tour, la Cour de Nîmes, par arrêt du 5 janv. 1837, approuva la procédure ordonnée par la chambre des notaires (D.ᴘ.38.2.168).

193. — Indiquée par la nature des choses, conseillée par le légitime désir d'arriver à la vérité, l'audition des témoins est sans doute un moyen légal de se bien renseigner, et aucun motif plausible ne peut empêcher une chambre de discipline d'y recourir. Mais, pour qu'une enquête soit complétement efficace, il faut que celui qui y procède ait le droit d'obliger à comparaître les témoins qu'il regarde comme utiles : or, ce droit de coaction n'existe pas dans les mains des notaires ; on peut, comme Rolland de Villargues, n° 90, regretter que les chambres ni leurs rapporteurs ne soient armés de cette prérogative ; mais il faut reconnaître, comme nous l'avons déjà fait nous-même, que la comparution des témoins devant les chambres de discipline est essentiellement volontaire, et que la prestation de serment ne peut être exigée de ceux qui se présentent. Une décision du garde des sceaux, du 20 nov. 1837, proclame ces principes (D.ᴘ.38.3.117).

194. — Nous avons cru devoir faire une exception pour le cas où ce serait un notaire (encore faut-il que ce soit un notaire de l'arrondissement) qui serait appelé en témoignage. Il ne pourrait se refuser à comparaître devant la chambre. S'il le faisait, son refus constituerait un manquement à l'ordre et aux égards dus aux gardiens de la discipline notariale. Il n'y aurait, à la vérité, aucun moyen de contrainte contre lui, mais il s'exposerait à une peine de discipline.

195. — L'enquête ordonnée par une chambre n'emporte pas l'obligation d'entendre tous les témoins désignés par le notaire inculpé ; la chambre reste libre d'admettre ou de refuser tel mode de former sa conviction.

196. — La délibération du 5 août 1836, intervenue dans l'affaire rappelée ci-dessus, n° 189, a prononcé en ce sens et a également décidé que, dans une enquête de cette nature, on peut entendre des notaires qui, dans la chambre et avant la poursuite, se seraient exprimés sur l'inculpation. Ils peuvent donner des renseignements, et cela suffit pour que leurs collègues puissent s'adresser à eux : tout est de faculté et de convenance dans cette sorte d'instruction intérieure.

197. — Après le rapport, toutes les personnes intéressées et l'inculpé sont entendus. — Jugé qu'une chambre des notaires commet un excès de pouvoir quand elle prononce une peine disciplinaire contre un notaire inculpé, sans l'avoir préalablement entendu dans sa défense (Cass., 1ᵉʳ mars 1853, D.P.53.1.64). — Une délibération du 5 août 1836, dans l'affaire Br... (D.P.37.3.136), a refusé à un notaire le droit de se présenter, assisté, pour sa défense, d'un notaire agissant à titre d'ami. Cette restriction au droit de défense ne nous paraît pas légitime. En vain a-t-on cherché à l'appuyer sur l'art. 15 de l'arrêté du 2 niv. an XII, reproduit par l'art. 20 de l'ordonnance du 4 janv. 1843, qui, dit-on, n'accorde qu'aux tiers la faculté de se faire représenter ou assister par un notaire. Le texte se refuse à cette interprétation : il accorde la faculté dont il s'agit *aux tiers qui voudront être entendus*. Quoiqu'il semble que la demande volontaire d'être entendu suppose le désir de s'expliquer par soi-même, on n'a pas voulu que le droit d'avoir un défenseur, même à la compagnie à laquelle appartient l'adversaire, pût souffrir aucun doute. Mais la même mention expresse n'était pas nécessaire, et le même doute ne pouvait pas exister à l'égard du notaire, qui n'a pas seulement quelques intérêts pécuniaires, mais sa considération, son honneur, peut-être son état, à défendre. Serait-il juste, peut-on regarder comme légal, de gêner l'exercice de la défense dans une pareille situation ? A Paris, et c'est là aussi une remarque de Rolland de Villargues, vᵒ *Discipline*, nᵒ 94, on laisse au notaire inculpé toute latitude de se faire assister par un autre notaire, par un avocat ou par tout autre conseil de son choix. On accorde cette faculté aux magistrats cités devant la Cour de cassation (V. D.P.44.1.278 *V.* aussi en ce sens Ed. Clerc, t. 1ᵉʳ, nᵒ 999).

197 *bis*. — Une chambre de discipline ne peut se fonder, pour prononcer une peine disciplinaire, sur un règlement non revêtu de l'approbation du garde des sceaux (Cass., 29 janv. 1855, D.P.55.1.120). Mais elle peut puiser dans une de ses précédentes délibérations les éléments d'une décision disciplinaire, alors que le fait imputé au notaire inculpé se trouve établi par cette délibération (Cass., 16 nov. 1846, D.P.46.1.346).

198. — Les règles d'instruction dont il a été question jusqu'ici concernent les affaires dans lesquelles les chambres prononcent des peines disciplinaires. Lorsqu'il s'agit de destitution, et même, d'après une innovation introduite par l'ordonnance de 1843, de suspension, les chambres n'ont plus le droit de punir, mais seulement celui de provoquer la peine ; elles procèdent alors par de simples avis, dans les formes indiquées par les art. 15 et 16 de l'ordonnance.

199. — L'adjonction des notaires n'est exigée que pour former l'avis qui doit être donné ; elle ne l'est pas pour procéder à des actes d'instruction ordonnés par la chambre ; ces préliminaires appartiennent à la chambre : cela est d'autant plus sagement jugé par la Cour de Nîmes (5 janv. 1837, D.P.38.2.168), qu'il peut arriver, si l'instruction est favorable, que la chambre renonce à provoquer la suspension.

200. — Quand la majorité est d'avis qu'il y a lieu de se prononcer pour la suspension ou la destitution, nous croyons, comme Rolland de Villargues, nᵒ 145, que la délibération doit être notifiée au notaire inculpé. Bien que l'art. 20 de l'ordonnance ne parle que de la notification des délibérations qui appliquent des peines, et que la même disposition ne soit pas écrite pour les simples avis, néanmoins les mêmes motifs doivent entraîner la même décision. Il importe au notaire de connaître, pour les combattre devant les tribunaux, les raisons du précédent qu'établit contre lui l'opinion de ses collègues.

201. — L'avis portant qu'il y a lieu à suspension ou destitution peut-il être frappé d'opposition ou d'autre recours par le notaire intéressé ? Rolland de Villargues, nᵒ 147, pense que oui ; selon lui, si l'on s'attache à l'objet de la délibération, à ses formes, à son influence, on ne peut s'empêcher de reconnaître, dans l'avis de la chambre, une véritable décision disciplinaire, à la vérité non définitive ; d'ailleurs, ajoute-t-il, comment refuser tout recours contre une décision qui, sans compter les erreurs du fond, peut présenter des vices de formes ? — Malgré l'évident intérêt qu'a le notaire à ne pas voir arriver jusque devant les tribunaux la discussion des faits qui lui sont imputés, nous avons quelque peine à lui ouvrir, pour ce cas, une voie de recours ; cela ne peut se faire qu'en effaçant la distinction bien tranchée entre les décisions disciplinaires qui appliquent une peine, et les avis qui tendent à indiquer seulement qu'il y aurait lieu d'en appliquer une. Les premières prononcent, elles jugent ; les autres instruisent, préparent le jugement ; les tribunaux ne sont point liés par l'avis qu'on leur donne ; ils peuvent y trouver la trace de quelque jalousie, de quelque intrigue, ou d'une susceptibilité excessive, d'un esprit de corps poussé au delà des bornes. On ne se pourvoit pas contre une consultation, quelque solennelle qu'elle soit. Le notaire inculpé a une puissante garantie dans l'adjonction d'un certain nombre de ses collègues aux membres ordinaires de la chambre. D'ailleurs, bien que l'ordonnance ne le dise pas, rien ne s'oppose à ce qu'il soit entendu ou appelé ; alors

qu'il aura été entendu, de quoi se plaindrait-il ? *V.* aussi en ce sens Dalloz, V° *Notaire*, n° 808.

§ 2. — Des délibérations et des peines qu'elles appliquent.

202. — La première condition pour la validité des délibérations, c'est qu'elles soient rendues par une chambre régulièrement composée; les règles à cet égard sont établies par l'ordonnance du 4 janv. 1843, et ne diffèrent pas de ce qui est prescrit par les délibérations non disciplinaires, sauf quelques dispositions spéciales dont il sera parlé ci-après (*V.* pour les délibérations, en général, ce qui a été dit plus haut).

203. — Si le président est empêché, il peut être remplacé par le syndic, dont les fonctions sont alors remplies par un autre membre (Déc. min. just., 2 janv. 1837, D.p.37.3.136). Rolland de Villargues, v° *Discipline,* n° 99, pense qu'il ne saurait en être ainsi lorsque le syndic titulaire a rempli ses fonctions dans l'affaire, qu'il a entamé ou commencé l'instruction; car on ne peut être à la fois accusateur et juge.

L'art. 10 de l'ordonn. du 4 janv. 1843 porte que, dans les affaires où le syndic est partie poursuivante, il ne prend pas part à la délibération. Il a été jugé que la mention, dans une délibération de la chambre de discipline des notaires, que la chambre, après avoir entendu dans ses conclusions le syndic, partie poursuivante, *s'est retirée pour en délibérer,* ou *a ensuite délibéré,* constate suffisamment que ce syndic n'a pas pris part à la délibération (Cass., 12 mai et 29 juill. 1862, D.p.62.1.339).

Du reste, quand il n'est pas partie poursuivante dans l'action disciplinaire, ce qui arrive quand c'est le ministère public qui, avant de poursuivre, demande l'avis de la chambre, le syndic a voix délibérative (Décision de 1836, rappelée ci-dessus).

203 *bis.* — Il a été jugé aussi que la décision prise contre un notaire est valable, bien que le syndic y ait concouru, s'il n'a opiné qu'avec voix consultative, et si d'ailleurs le nombre des membres délibérants et votants était de cinq non compris le syndic (Cass., 10 mars 1846, D.p.46.1.346).

204. — Tous les membres de la chambre peuvent prendre part aux délibérations; les notaires honoraires n'y ont que voix consultative (Ord. de 1843, art. 30).

La décision disciplinaire rendue par la chambre des notaires sans constatation de la présence du rapporteur à la délibération et qui énonce même que ce rapporteur s'était retiré avec le syndic, partie poursuivante, au moment de la délibération, est nulle, comme émanée d'une juridiction dépourvue de l'un de ses éléments constitutifs et essentiels (Cass. 26 août 1862, D.p.62.1.340).

Le membre d'une chambre de discipline qui n'a pas assisté à une séance dans laquelle un notaire inculpé a été officieusement invité à donner des explications sur le fait qui lui est imputé, a pu valablement concourir à la décision disciplinaire ultérieurement rendue contre ce notaire, lorsque cette décision a été précédée de plusieurs séances auxquelles ce membre a assisté et dans lesquelles le notaire inculpé a été mis à même de présenter tous ses moyens de défense (Cass., 16 nov. 1846, D.p.1846.1.346).

Les membres d'une chambre des notaires qui ont concouru à une délibération non inscrite sur les registres de cette chambre peuvent être tous poursuivis disciplinairement, sauf l'application d'une peine plus sévère au président de la chambre (Trib. de Saint-Calais, 25 juill. 1849, D.p.1850.3.45).

205. — L'art. 19 de l'ordonnance du 4 janv. 1843 exclut des délibérations disciplinaires le notaire parent ou allié, en ligne directe à tout degré, et, en ligne collatérale, jusqu'au degré d'oncle ou neveu inclusivement, du plaignant ou du notaire inculpé. Cette disposition est nouvelle, et lève des doutes qui s'étaient produits. Comme les causes d'exclusion ne s'étendent pas, nous pensons qu'on ne saurait invoquer d'autres motifs que la parenté comme moyens de récusation contre des notaires membres de la chambre de discipline (*Conf.* Ed. Clerc, t. 1er, n° 1003). Rolland de Villargues, n° 100, estime aussi que l'on ne peut, sous ce rapport, assimiler les chambres de discipline aux tribunaux, et il ajoute que, lorsque la loi accorde la faculté de récusation, elle le dit expressément, par exemple, pour les prud'hommes, pour les conseils de discipline de la garde nationale. — *V.* cependant n° 208.

206. — Rolland de Villargues, n° 101, est d'avis que les notaires qui déclarent avoir été témoins du fait qui donne lieu aux poursuites devant la chambre peuvent prendre part à la délibération; en effet, les formes n'ont point ici la rigueur judiciaire : la chambre s'éclaire comme elle l'entend, et c'est surtout dans les renseignements venus de ses propres membres qu'elle place naturellement sa confiance. *V.* aussi en ce sens Dalloz, v° *Notaire,* n° 812.

207. — Il est bien entendu que si un membre de la chambre est plaignant contre un notaire, il ne pourra prendre aucune part à la délibération, ni même siéger avec voix consultative. MM. Rolland de Villargues, n° 105, et Ed. Clerc, t. 1er, n° 1004, font également cette observation.

208. — Les notaires que la chambre est obligée de s'adjoindre quand il s'agit de provoquer la suspension ou la destitution d'un

notaire paraissent avoir rempli leur mission spéciale quand ils ont délibéré sur la question de suspension ou de destitution ; il semble donc qu'ils ne pourraient prendre part à la délibération par laquelle la chambre, rejetant l'extrémité qui lui était proposée, se bornerait à l'application d'une simple peine de discipline. Nous devons dire, toutefois, qu'une chambre de notaires, par délibération du 3 août 1835 (D.p.36.3.125), a pensé le contraire. Mais c'est à tort, selon nous (Conf. Dalloz, vᵒ Notaire, nᵒ 814 ; Ed. Clerc, t. 1ᵉʳ, nᵒ 1006).

209. — L'art. 20 de l'ordonnance de 1843 veut que toutes les délibérations soient motivées, et signées par le président et le secrétaire, et contiennent les noms des membres présents ; mais il ne prescrit aucune formalité pour la délibération intérieure ; Rolland de Villargues, nᵒ 106 , pense, en conséquence, qu'il suffit que la majorité soit constatée ; à Paris, l'usage est de voter par mains levées.

210. — La loi et l'ordonnance déterminent la compétence disciplinaire des chambres de notaires ; l'art. 14 de l'ordonn. du 4 janv. 1843 renferme l'énumération des peines qu'elles peuvent prononcer : dans aucun cas et sous aucun prétexte, elles ne peuvent en appliquer d'autres,

211. — Ainsi, il ne leur appartiendrait pas d'ordonner qu'un notaire serait rayé du tableau des membres de la chambre ; ce serait, d'ailleurs, une usurpation sur les droits de l'assemblée générale, qui seule nomme les membres de la chambre. Nous avons déjà exprimé ce sentiment (D.p.33.1.358).

212. — Le ministre de la justice a décidé, le 29 oct. 1835, par suite des mêmes principes, que les chambres ne peuvent prononcer la privation du titre de notaire certificateur.

213. — Les délibérations disciplinaires des chambres étant des actes de police intérieure, Rolland de Villargues, nᵒ 112, regarde comme entachés d'illégalité les règlements d'une chambre qui a autorisé la censure avec publicité ; cette publicité, contraire à l'esprit qui a présidé à l'établissement des chambres, est, en effet, une sorte de peine additionnelle, qu'aucune loi n'autorise. Par le même motif, Rolland de Villargues, nᵒ 113, croit qu'il y a excès de pouvoir de la part d'une chambre lorsqu'elle ordonne que la décision qui interdit à un notaire le droit de voter aux assemblées générales pendant un certain nombre d'années sera lue, chaque année, dans l'assemblée générale, pendant le même nombre d'années. On peut multiplier les exemples des peines dont on peut frapper illégalement un notaire : la règle la plus sûre, en cas pareil, est de se renfermer dans le cercle des pénalités que le législateur a établies.

214. — Les chambres ne peuvent, dans aucun cas, condamner à l'amende (Décis. garde des sceaux, 24 août 1847, D.p.48.3.14), ni à des dommages-intérêts ; sur ce dernier point, elles n'ont qu'un avis à donner (V. suprà, nˢ 198 et suiv.).

215. — En restant dans les limites de sa compétence, une chambre ne peut prononcer contre un notaire plusieurs peines disciplinaires ; c'est ainsi qu'une délibération du 3 août 1835 a cumulé la privation de voix délibérative dans l'assemblée générale avec l'interdiction de l'entrée de la chambre (D.p. 36.3.125).

215 bis. — La chambre des notaires, investie par l'ordonnance des 4-12 janvier 1843 du droit de prévenir ou de concilier tous différends entre notaires, peut ordonner la suppression d'écrits produits devant elle, par un notaire, dans une poursuite disciplinaire exercée contre lui, sur la plainte d'un autre notaire, et qui ont, pour ce dernier, un caractère injurieux : cette mesure de prudence ne constitue point une peine disciplinaire non prévue par l'ordonnance précitée (Cass., 18 juin 1862, D.p.62.1.363).

216. — Pour être exécutées, les délibérations ont besoin d'être connues légalement, et cette connaissance légale résulte de la notification. L'art. 20 de l'ordonn. de 1843 porte que la notification se fait dans la même forme que les citations. Jusqu'à ce qu'elles aient été notifiées dans la forme légale, les décisions disciplinaires ne peuvent produire aucun effet. C'est ainsi que la Cour de Paris a décidé qu'un notaire, privé de voix délibérative dans l'assemblée générale, avait eu néanmoins le droit de coopérer à ses travaux, parce que la délibération qui lui infligeait la peine ne lui avait pas été notifiée régulièrement (Arr. du 25 août 1834, D.p.35.2.12).

216 bis. — La chambre de discipline des notaires peut, en prononçant une peine disciplinaire contre un notaire, ordonner que sa décision soit notifiée au plaignant, une telle notification ne pouvant être confondue avec la publication de cette décision (Cass., 29 juill. 1862, D.p.62.1.339).

217. — Le notaire frappé d'une peine disciplinaire peut exiger une expédition de la délibération ; c'est son intérêt , c'est son droit ; le tribunal de Provins, cité par Rolland de Villargues, nᵒ 120, a eu raison de le proclamer. Nous pensons avec le même auteur, nᵒ 121, que la notification faite au notaire ne lui enlèverait pas le droit de demander l'expédition. Conf. Dalloz, vᵒ Notaire, nᵒ 821.

218. — Quant à la partie plaignante, si elle n'a pas demandé de dommages-intérêts, évidemment elle n'est pas fondée à exiger une expédition de la délibération qui aurait prononcé ou refusé de prononcer une

peine disciplinaire : la discipline du notariat lui est chose étrangère. Mais s'il y a eu réclamation de dommages-intérêts, l'expédition ne pourra être refusée, en ce qui touche du moins ce chef : car c'est sur l'avis de la chambre des notaires que le plaignant s'appuiera, s'il n'y a pas eu transaction ni compromis devant la chambre, pour obtenir ses dommages-intérêts devant les tribunaux. Rolland de Villargues, n° 122, envisage la question de la même manière. *V.* aussi Dalloz, v° *Notaire*, n° 822.

219.—Il est inutile aujourd'hui de rechercher si le procureur impérial peut se faire donner expédition, puisque, d'après l'ordonnance de 1843, il a le droit de requérir communication du registre où doivent être inscrites toutes les délibérations de la chambre (*V.* plus haut).

§ 3. — Des voies de recours contre les délibérations des chambres de discipline.

220.—Les délibérations disciplinaires des chambres de notaires n'ont pas rigoureusement le caractère de jugements : ce sont, dit l'art. 20 de l'ordonn. de 1843, de simples actes d'ordre ou de discipline, ou de simples avis. De pareilles mesures ne peuvent être confiées qu'aux notaires eux,-mêmes ; de plus, le vœu de l'institution est, comme nous avons eu déjà l'occasion de le dire, que les affaires disciplinaires expirent dans l'enceinte des chambres, et y reçoivent solution sans retentissement ; ainsi que le demanderaient les différends de famille. Il s'ensuit de là que le mérite, au fond, d'une délibération de discipline, ne peut être déféré à aucune autre juridiction. Les tribunaux n'ont point reçu compétence à cet égard, et personne ne l'a réclamée pour eux ; bien au contraire (*V.* Rolland de Villargues, v° *Discipline*, n° 133 ; Ed. Clerc, t. 1, n° 1024 ; *conf.*, Cass., 10 mars 1846 ; D.p.46.1.211).

221. — Le garde des sceaux n'aurait non plus aucun pouvoir de prononcer sur le mérite d'une délibération, rendue compétemment, avec les formes voulues, et appliquant une peine de discipline intérieure (Ed. Clerc, t. 1ᵉʳ, n° 1024). La jurisprudence du ministère lui-même sur ce point est constante (Décis. du 28 déc. 1829, du 2 janv. 1837 et du 12 avril 1839 ; la première est rapportée par Rolland de Villargues, n° 134, et celle du 2 janv. 1837, D.p.37.3.136).

222. — Si, par suite de l'examen d'une délibération qui lui serait adressée, le ministre trouvait la peine trop douce comparativement aux faits reprochés, il pourrait provoquer l'action du ministère public, lequel, d'ailleurs, aurait le droit d'agir d'office, et de demander devant les tribunaux la suspension ou la destitution ; cette poursuite serait com-

plétement indépendante de la mesure disciplinaire prise par la chambre. Rolland de Villargues, n° 135, et Ed. Clerc, t. 1ᵉʳ, n°.1024, s'expriment dans le même sens (*V.* n° 125).

223. — Mais, au lieu d'une délibération régulière, légale, supposez qu'une chambre de notaires ait prononcé hors de sa compétence, ait commis un excès de pouvoir, ou bien ait violé les formes prescrites, la décision sera-t-elle à l'abri de tout recours? Nous ne le pensons pas; il est contraire à toute hiérarchie, à toute bonne administration de la justice, qu'une décision quelconque rendue contrairement aux lois, surtout aux lois de compétence et de distribution des pouvoirs, ait l'impunité assurée. Aucune raison n'existe qui conduise à placer, sous ce rapport, la juridiction des chambres de notaires dans un privilége exceptionnel. Ces idées ont été développées au recueil périodique de Dalloz (D.p.33.1.360); ce sont aussi celles qu'admettent Rolland de Villargues, n° 136, et Ed. Clerc, t. 1ᵉʳ, n° 1025 ; et, en vérité, elles ne sont pas de nature à souffrir une sérieuse contradiction (*V.* aussi Cass., 30 juill. 1850, D.p.50.1.216 ; 29 janv. 1855, D.p.55.1.119). Aussi n'est-ce pas là que se présentent les difficultés.

224. — Mais ce qui est réellement embarrassant, c'est de savoir par quel moyen et devant quelle juridiction le recours pourra être exercé. A cet égard, une vive controverse s'est élevée devant les tribunaux. La Cour de cassation a déclaré non recevable un pourvoi porté devant elle contre une délibération disciplinaire attaquée comme contenant un excès de pouvoir (Cass., 4 déc. 1833, D.p.33.1.358). La Cour de Nîmes, par son arrêt, déjà cité, du 5 janv. 1837, a jugé que ce n'est qu'en cas d'excès de pouvoir que les décisions des chambres de discipline des notaires peuvent être attaquées par le notaire condamné, et qu'elles doivent l'être par voie d'action directe ou d'exception devant les tribunaux ordinaires. Au contraire, la Cour de Caen, par arrêt du 5 avril 1838 (D.p.38. 2.175), a décidé que les délibérations disciplinaires des chambres de notaires, qui contiennent, soit une violation des formes constitutives, soit un excès de pouvoir, ou une incompétence, doivent être attaquées, non par la voie de l'action en nullité devant le tribunal civil, mais par celle du pourvoi en cassation (Cass., 16 nov. 1846, D.p. 1846. 1.346).

Ainsi, le fait par une chambre de notaires d'avoir rendu une décision disciplinaire à laquelle aurait concouru un membre qui n'aurait pas entendu la défense du notaire inculpé, constitue un excès de pouvoir suffisant pour autoriser le recours en cassation (Cass., 16 nov. 1846, D.p.1846.1.346).

Cette dernière doctrine est celle que M. Dalloz aîné a soutenue et développée lors de l'arrêt de 1833 (*V.* aussi *Jur. gén.*, vⁱˢ *Discipline*, n° 278, et *Notaire*, nᵒˢ 826 et suiv.), et à laquelle s'est rangé, en la discutant Rolland de Villargues, v° *Discipline*, n° 137. Nous avons alors combattu le mode de recours indiqué par M. l'avocat général. Nicod, l'action en dommages-intérêts contre les membres de la chambre; en effet, on concevrait difficilement une pareille action fondée sur une simple erreur sans reproche de passion adressé aux membres de la chambre : si on l'admettait, on ouvrirait un moyen de remettre en lumière, de discuter les délibérations; on provoquerait les luttes et les inimitiés.

En faveur de l'action en nullité portée devant les tribunaux ordinaires, on a invoqué l'analogie avec l'arbitrage; on a dit que ce moyen doit d'autant plus être admis que les décisions de chambres de discipline peuvent être affectées de diverses sortes de nullités radicales, par exemple si elles condamnaient un notaire sans l'avoir mis à même de se défendre, si elles émanaient d'une chambre composée d'un nombre de membres inférieur à celui qu'exige l'ordonnance. Toutefois l'attribution de la Cour de cassation est mieux fondée; elle est plus prompte, plus directe, plus économique, moins retentissante dans la localité, et, par conséquent, plus en harmonie avec la nature du pouvoir disciplinaire. On objecte vainement que par leur nature, par l'absence de formalités, et d'après le texte même de l'ordonnance, les décisions des chambres de notaires ne sont pas des jugements, et, par suite, échappent à la juridiction de la Cour suprême. Cette objection, qui diminue la portée d'une grande institution, tombe devant la loi du 27 vent. an VIII, qui charge la Cour de cassation d'annuler, non pas seulement tous les jugements ou arrêts, mais tous les *actes* pour lesquels les juges étaient incompétents, ou dans lesquels ils ont excédé leurs pouvoirs, ou violé des formalités essentielles et d'ordre public.

Cependant, n'y a-t-il pas une distinction à faire entre les décisions du tribunal et celles des chambres de discipline? Celles-ci, considérées comme des mesures d'intérieur, des actes de police notariale, ne devraient-elles pas être déférées au garde des sceaux en cas d'excès de pouvoir, et celles-ci, véritables *actes judiciaires*, dénoncées à la Cour de cassation? Nous pencherions volontiers vers cette distinction, en regrettant qu'elle n'ait pas encore été proposée, et qu'elle soit même repoussée d'avance par les dispositions citées n° 222.

225.— On a demandé si le notaire appelé devant la chambre de discipline peut former opposition à la décision qui l'a condamné par défaut. Un arrêt de la Cour de Paris, du 25 août 1834, suppose cette faculté, mais ne juge pas la question *in terminis* (D.P.34.2.229). Les auteurs admettent généralement le droit d'opposition (*V.* notamment Dalloz, v° *Discipl. jud.*, n° 123; Carnot, *Discipl. jud.*; Rolland de Villargues, v° *Discipline*, n° 127; Morin, *Tr. de la discipl.*, t. 2, nᵒˢ 778 et suiv.; Ed. Clerc, t. 1ᵉʳ, n° 1022). En effet, le droit de faire défaut, et, ensuite, celui de s'opposer à la chose décidée, sont reçus dans toutes les juridictions, lorsqu'une loi formelle ne consacre pas le contraire. Les formes spéciales d'un avertissement par lettres du syndic, ensuite par un exploit d'huissier, la déclaration que la délibération sera prise après que le notaire aura été entendu ou dûment appelé, ne constituent pas des dérogations au droit commun : le préliminaire d'une simple lettre a pour but d'empêcher l'éclat d'un acte extrajudiciaire, mais ne peut faire double emploi avec la constatation authentique qui était nécessaire, dans le cas prévu, et qui résulte de la citation. D'ailleurs, une citation, même réitérée, prouve seulement qu'on a été averti, mais n'enlève pas le droit de faire défaut, lequel tient essentiellement à celui de se défendre de la manière et au moment où on le veut, droit précieux, surtout lorsqu'il s'agit d'une décision où l'honneur personnel peut être engagé. De ce que le notaire aura été dûment appelé, il ne suivra pas que la décision ne saurait être frappée d'opposition : si cette formalité essentielle n'avait pas été observée, c'est par voie de cassation, ainsi qu'on l'a vu ci-dessus, ou par voie administrative, si l'on admet la distinction que nous avons proposée, que la décision devrait être attaquée; mais le recours alors ne porterait pas sur le fond, comme le fait l'opposition.

226. — La faculté d'opposition étant admise, Rolland de Villargues, nᵒˢ 128 et suiv., pense, et cela nous semble tout à fait raisonnable dans l'absence de dispositions qu'a laissé subsister l'ordonnance de 1843, que ce recours devrait, aux termes du Code de procédure, être formé dans la huitaine à partir de la signification de la décision de la chambre, par lettre du syndic, contenir les moyens d'opposition et suivre les formes de la procédure civile et non celles de la procédure en matière correctionnelle. *Conf.* Dalloz, v° *Notaire*, n° 829; Rolland de Villargues, v° *Discipl. notar.*, nᵒˢ 127 et suiv.; Ed. Clerc, t. 1ᵉʳ, n° 1023.

Sect. 3. — De l'exercice de l'action disciplinaire devant les tribunaux.

227. — Il nous reste à exposer par qui et dans quel temps l'action disciplinaire s'exerce devant les tribunaux, quelle est la forme de

la procédure, quelles peines les tribunaux peuvent prononcer, enfin de quel recours leurs décisions sont passibles.

§ 1er. — Par qui et dans quel délai l'action disciplinaire est exercée devant les tribunaux.

228. — L'art. 53 de la loi du 25 vent. an XI, après avoir énuméré les diverses peines que les tribunaux sont autorisés à prononcer contre les notaires, ajoute que ces peines sont prononcées à la poursuite et du diligence du procureur impérial. Ce magistrat trouve des renseignements dans les procédures judiciaires où un notaire peut être impliqué (Rolland de Villargues, nos 166 et 167), dans la notoriété publique, dans les délibérations des chambres de discipline qu'il a toujours le droit de se faire communiquer, dans les plaintes ou dénonciations qui lui sont adressées (V. aussi Dalloz, vo Notaire, no 831).

229. — L'action disciplinaire devant les tribunaux appartient au ministère public exclusivement ; les tribunaux ne sauraient, à cet égard, prendre aucune initiative ; les invitations ou injonctions de ce genre sont contraires aux règles hiérarchiques de l'organisation judicaire (Conf., Rolland de Villargues, vo Discipline, nos 151 et 152 ; Dalloz, vo Notaire, no 832 ; Ed. Clerc, t. 1er, no 1031 ; — V. cependant no 188).

230. — Si, dans l'exercice de ses fonctions disciplinaires, le ministère public est indépendant des tribunaux, à plus forte raison l'est-il des chambres de discipline : il peut donc provoquer la punition légale des notaires, d'office, et sans avoir pris, au préalable, l'avis de la chambre (Conf., Ed. Clerc, t. 1er, no 1032) : un arrêt de la chambre des requêtes, du 13 mai 1807, un de la Cour de Bourges, du 23 juill. 1827, et un autre du 3 déc. de la même année, ont consacré ce principe (V. D.A.10.436, no 1 ; D.P.28.2.60 et 140). Il est aussi rappelé dans l'instruction ministérielle du 12 janv. 1843, explicative de l'ordonnance du 4 du même mois (D.P.43. 3.43). V. Conf., Cass., 2 août 1848 (D.P.48. 1.185).

231. — L'action disciplinaire et judiciaire est publique et tout à fait personnelle ; il s'ensuit qu'elle n'admet aucune intervention étrangère, ni de la part d'autres notaires, ni de la part des tiers, par exemple des créanciers, intéressés à ce que leur débiteur ne perde pas son état par un jugement de destitution. C'est aussi ce que pensent Rolland de Villargues, vo Destitution, no 39 ; Dalloz, vo Notaire, no 835, et Ed. Clerc, t. 1er, no 1034.

232. — Nous rappelons ici ce que nous avons déjà dit, que l'action disciplinaire est indépendante de l'action civile, qu'elle peut être exercée simultanément avec celle-ci, et qu'elle ne trouve pas d'obstacle dans l'acquittement de poursuites criminelles dont les mêmes faits auraient été l'objet (V. no 174).

233. — On a vu, section 1re, no 179, un arrêt décidant que l'action disciplinaire peut être exercée après l'acquittement de poursuites déclarées prescrites ; un autre arrêt de la Cour de Bourges, du 20 avril 1825 (D.P. 25.2.249), a refusé aux tribunaux le droit de destituer un notaire pour un fait criminel déclaré prescrit par une chambre d'accusation. Sans chercher à concilier ces deux décisions, nous dirons que la question a été jugée en principe par un arrêt de la chambre des requêtes, du 23 avril 1839 (D.P.39.1. 153), et un arrêt de la Cour de Limoges, du 21 juin 1838 (D.P.38.2.6), portant que l'action disciplinaire est imprescriptible ; qu'on ne saurait la soumettre aux diverses prescriptions qui atteignent l'action publique, dont elle diffère essentiellement. Or, les limites plus ou moins étendues de la prescription n'ont aucune application dans cet ordre d'idées. V. aussi dans ce sens Dalloz, vo Discipl., nos 38 et suiv. ; Morin, De la Discipl., t. 2, no 655 ; Ed. Clerc, t. 1er, no 988.

Cette importante décision, dit M. Armand Dalloz, Dict. gén., vo Discipline, Suppl., nos 239-5o, paraît découler, comme conséquence rigoureuse, de l'institution d'un pouvoir disciplinaire, établi dans l'intérêt même des notaires et de la dignité de leur profession, non moins que dans l'intérêt des tiers auxquels il est d'absolue nécessité que les notaires, par l'intégrité de leur réputation de probité et de délicatesse, inspirent une entière confiance.

§ 2. — Des formes de la procédure.

234. — La loi du 25 vent. an XI ne s'explique point à cet égard ; elle attribue seulement la compétence au tribunal civil. Ces termes suffisent pour indiquer que, quoique la juridiction disciplinaire suppose l'application de peines, même de peines très-graves, comme la destitution, les jugements disciplinaires doivent être considérés comme appartenant à la justice civile ; cela est d'autant plus évident que les peines disciplinaires n'ont pas les caractères afflictifs ou déshonorants de plusieurs des peines criminelles ou correctionnelles. Il s'ensuit de là que, pour intenter les poursuites disciplinaires, on doit suivre les règles de la procédure civile. C'est aussi l'opinion de Rolland de Villargues, no 158, et de Dalloz, vis Displ. jud.; no 150, et Notaire, no 838 ; et on procède ainsi dans la pratique : on verra plus loin les conséquences tirées par un arrêt de la Cour de Rennes, du 7 janv. 1839 (D.P.39.2.261), quant à la signification des jugements.

235. — On a conclu de là qu'une assignation était nécessaire pour qu'un tribunal

puisse prononcer la destitution d'un notaire (Turin, 12 janv. 1810, D. A. 10,438, nº 2).

235 bis. — Toutefois, les poursuites disciplinaires contre les notaires ne sont pas rigoureusement soumises aux formes ordinaires de la procédure. Ainsi l'exploit d'assignation est régulier, bien qu'il ne renferme pas l'exposé sommaire des moyens qui doivent servir de base à la poursuite, si d'ailleurs les griefs y sont indiqués (Paris, 12 août 1842, D. P. 44.4.141). V. aussi dans le même sens, Cass., 23 janv. 1855 (D. P. 55.1.344); Cass., 22 mai 1855 (D. P. 55.1.214). — Un arrêt de la Cour de Montpellier, du 27 déc. 1852 (D. P. 53.2.65), a même décidé que l'action disciplinaire doit être introduite et suivie dans les formes et délais des actions correctionnelles. Mais ce système, qui méconnaît le caractère civil de l'action disciplinaire, a été proscrit avec raison par l'arrêt précité de cass., du 23 janv. 1855.

236. — Les notaires sont assignés devant la chambre civile où siège habituellement le président; celui-ci peut retenir l'affaire ou la renvoyer à une autre chambre. (Déc. du 30 mars 1808, art. 58 et 61).

237. — Nous pensons avec MM. Rolland de Villargues, vº Discipline, nº 160, Dalloz, vº Notaire, nº 841, et Ed. Clerc, t. 1ᵉʳ, nº 1046, que l'action disciplinaire doit toujours être formée par une instance principale, et jamais d'une manière incidente : elle est, en effet, essentiellement distincte de toute contestation que pourraient soulever les actes d'un notaire, et, d'ailleurs, il serait indigne de l'action publique de se trouver comme subordonnée, comme accessoire, d'un intérêt privé quelconque. Il n'y a aucun rapport entre ce cas et celui des fautes commises par les officiers ministériels et découvertes à l'audience. Ces officiers font, en quelque sorte, partie des tribunaux; c'est auprès d'eux, pour les affaires judiciaires, qu'ils exercent leur ministère : il n'est donc pas étonnant qu'ils soient placés dans une subordination plus étroite. La loi a entendu donner aux notaires la pleine garantie des deux juridictions pour les poursuites de discipline. Cette action doit donc être examinée pour elle-même et seule, par le tribunal civil, puis, s'il y a appel, par la Cour impériale (V. cependant, nº 191).

Ainsi, la voie d'action principale est la seule voie ouverte contre le notaire qui aurait commis quelque infraction à la discipline notariale, infraction découverte dans une instance civile, et c'est à tort que, par voie d'incident à l'instance principale, le ministère public aurait requis, en vertu de l'art. 402 du décret du 2 mars 1808, une peine disciplinaire contre lui (L. 25 vent. an XI, et ord., 4 janv. 1843; Douai, 14 août 1849, D. P. 50.4.328).

238. — Bien que cela ait été contesté, nous croyons que le notaire inculpé peut comparaître par un avoué, à moins que le tribunal n'ordonne sa comparution en personne. Soumis à une action civile, il peut en revendiquer les formes et les prérogatives (Conf., Rolland de Villargues, nº 163 et 164; Morin, t. 2, nº 761; Ed. Clerc, t. 1ᵉʳ, nº 1044).

239. — D'un autre côté, et par les mêmes motifs, le notaire doit constituer avoué; il y a exception pour les officiers ministériels, parce que, à la différence des notaires, ils sont jugés disciplinairement, non pas en audience publique, mais sans procédure et dans la chambre du conseil. Rolland de Villargues, nº 165, est de cet avis; il s'appuie sur ce que les actions dirigées contre les notaires devant les tribunaux sont réglées par le droit commun.

240. — On s'accorde généralement à regarder la publicité comme une garantie précieuse pour les notaires. Les cours et les tribunaux saisis de l'action disciplinaire contre un notaire doivent donc prononcer en audience publique, et non en assemblée générale, ou en chambre du conseil; le règlement de 1808, relatif aux officiers ministériels, qui autorise les décisions en chambre du conseil, a été déclaré inapplicable aux notaires, qui doivent jouir, dit-on, comme tous autres citoyens, du droit d'être jugés avec les solennités protectrices. La publicité, quand il s'agit de censure disciplinaire, n'est pas, il est vrai, ajoute-t-on, dans l'intérêt personnel des notaires ou de leur corporation; mais alors elle importe à l'ordre public, troublé par les méfaits de fonctionnaires qui doivent donner l'exemple de la délicatesse et de la probité. Enfin, ce point de droit est aujourd'hui parfaitement établi (V. les arrêts indiqués par Dalloz, vº Notaire, nº 842, ainsi que les décisions du ministre de la justice, des 17 juin 1833, 16 déc. 1834 et 22 déc. 1835). — Voilà où en est la question : telles sont les raisons par lesquelles on soutient applicable aux notaires une publicité qui n'est pas requise ou qu'on a crue dangereuse, lorsqu'il s'agit de poursuites dirigées contre des magistrats ou contre les autres officiers ministériels. Or, si la publicité est bonne, protectrice pour ceux-là, elle doit l'être aussi pour ces derniers; si l'ordre public y gagne dans un cas, on ne voit pas qu'il doive y perdre dans l'autre. Mais, c'est le contraire qui doit, ce semble, être soutenu : l'action disciplinaire s'applique à des faits qui, dans l'ordre commun, ne seraient pas soumis à une répression pénale ou à des actes qui ont déjà été réprimés par les tribunaux. Dans l'un comme dans l'autre cas, la publicité ajoute à la condamnation, par la déconsidération qu'elle appelle sur le fonctionnaire, une peine bien plus grande que celle qui lui est infligée. Or, ce résultat ne dépasse-t-il pas le but que le législateur

a voulu atteindre en instituant des juges disciplinaires ? Et, enfin, la règle ne devrait-elle pas être la même pour tous les fonctionnaires (*V.* n° 123, *in fine*)? Au surplus, la décision ministérielle précitée, du 22 déc. 1835, prévoyant les inconvénients que pourrait présenter la discussion publique, accorde que le débat peut avoir lieu à huis clos, si les juges le croient convenable, mais sauf à prononcer toujours la décision en audience publique.

240 *bis*. — La condamnation à la peine de la destitution prononcée contre un notaire pour des faits à l'égard desquels le jugement ne s'est expliqué qu'avec une réserve que commandait la nature de ces faits (des actes d'immoralité) ne viole pas la règle *actore non probante reus absolvitur*, si d'ailleurs le juge a établi, comme fait constant, l'existence de deux suspensions précédentes et de torts graves de la vie privée du notaire condamné, qui ont compromis son caractère d'officier public (Cass., 1er avril 1851, D.p.51.1.90).

240 *ter*. — En matière de discipline notariale, les tribunaux jouissent d'un pouvoir souverain pour statuer sur la pertinence des faits dont le ministère public demande à faire preuve (Cass., 15 déc. 1846, D.p.47.1.30).

241. — Un arrêt de la Cour de Rennes, du 7 janv. 1839 (D.p.39.2.61), se fonde sur ce que l'action disciplinaire a pour but une mesure d'ordre et d'intérêt public, pour décider qu'elle est essentiellement célère et peut être portée devant la chambre des vacations. Cette solution ne nous semble pas reposer sur un bon motif. De ce qu'une affaire est d'ordre public, il ne s'ensuit pas qu'elle requière célérité ; mais ce qui est vrai, ce qui nous paraît convenable, c'est que l'on considère une action disciplinaire comme urgente, et qu'on la soumette à une chambre de vacation, si, dans l'espèce, il y a des raisons de se hâter, par exemple, si le scandale des faits qui motivaient la poursuite exige une prompte répression, on demande même que les fonctions notariales ne soient pas laissées dans des mains indignes de les exercer. Ce sont les circonstances qui indiqueront aux juges ce que les convenances peuvent réclamer.

241 *bis*. — Toute condamnation rendue en matière disciplinaire contre un notaire est sujette à appel (Cass., 29 mars 1841, D.p.41.1.198 ; Cass., 21 mars 1844, D.p.44.1.230) ; et le notaire renvoyé de l'action de première instance peut être condamné sur l'appel du ministère public, à raison de faits qui n'avaient pas été appréciés par les premiers juges (Cass., 20 juill. 1841, D.p.41.1.315). V. *infrà*, n°s 255 et suiv. 241 *ter*.

241 *ter*. — Le pourvoi en cassation n'est pas suspensif de l'exécution des condamna-

tions disciplinaires, et notamment de celle qui prononce la destitution, en ce sens du moins que, nonobstant le pourvoi de l'officier ministériel destitué, on peut se livrer légalement aux informations préalables à son remplacement, et, par exemple, à l'évaluation de l'office (Déc. min., 16 août 1847, D. p.48.3.14). *V. infrà*, n°s 262 et suiv.

§ 3. — Des peines disciplinaires infligées par les tribunaux.

242. — La législation actuelle ne reconnaît plus de peines arbitraires. En matière de discipline notariale, les peines sont spécifiées par la loi du 25 vent. an XI et par l'ordonnance du 4 janv. 1843. Les unes et les autres peuvent être appliquées par les tribunaux, si l'on adopte l'opinion d'après laquelle l'autorité judiciaire serait investie de la plénitude de la juridiction disciplinaire (*V.* n° 123). Si, au contraire, on admet une ligne de démarcation bien tranchée entre les pouvoirs des chambres et ceux des tribunaux, ces derniers ne devront être considérés comme autorisés qu'à prononcer les peines mentionnées dans l'art. 53 de la loi du 25 vent. an XI, la suspension et la destitution.

A la vérité, le même article ajoute l'amende et les dommages-intérêts ; mais les dommages-intérêts ne constituent qu'une condamnation purement pécuniaire et civile ; quant à l'amende, elle ne peut être infligée que dans les cas où une disposition spéciale l'autorise ; en la comprenant dans l'art. 53, le législateur n'a eu en vue que de donner attribution et compétence aux juges civils : il n'a pas entendu leur conférer le pouvoir exorbitant de frapper d'amende à leur discrétion. Rolland de Villargues, v° *Discipline*, n° 173, fait la même remarque. Cette doctrine est consacrée par un arrêt de la Cour de cassation, du 11 janv. 1841 (D.p.41.1.178) qui décide expressément que la peine disciplinaire ne peut être remplacée par une amende arbitrée par les juges, lorsqu'il s'agit d'un fait (l'infraction à la résidence) pour lequel la loi ne prononce pas d'amende. *V. Conf.*, Paris, 29 juin 1852 (D.p.54.2.114). — Il a été jugé cependant que les peines disciplinaires de la suspension, de la destitution ou de l'amende, que l'art. 53 de la loi du 25 vent. an XI autorise les tribunaux à appliquer aux notaires, peuvent, en l'absence de dispositions légales spécifiant les cas pour lesquels elles sont établies, être prononcées pour toute infraction disciplinaire dont la gravité est souverainement appréciée par les juges du fait, et notamment pour contravention au devoir de la résidence, accompagnée de circonstances qui la transforment en une atteinte à la dignité des fonctions notariales (Req., 22 août 1860, D.p.61.1.58).

242 *bis*. — L'injonction d'être plus circon-

spect à l'avenir, dont l'art. 102 du décret du 30 mars 1808 permet de punir les officiers ministériels en cas de contravention aux lois et règlements, n'est pas applicable aux notaires : elle ne concerne que les officiers ministériels placés sous la juridiction directe du ministre de la justice (Agen, 16 août 1854, D.p.56.2.169).

En tous cas, cette peine, comme toute autre peine disciplinaire, doit être prononcée textuellement telle qu'elle est écrite dans la loi : les juges ne peuvent à cet égard se servir d'équipollents. — Ainsi, est nul le jugement qui, au lieu d'enjoindre à un notaire d'être plus circonspect à l'avenir (à supposer qu'une telle peine soit applicable à cet officier public), *l'invite à plus de circonspection et de régularité dans la tenue de ses minutes* (même arrêt).

· 242 ter. — Il a été décidé aussi que le décret du 30 mars 1808, relatif aux délits d'audience, n'est pas applicable aux notaires, lesquels sont des fonctionnaires publics et non des officiers ministériels dans le sens de ce décret; que, par suite, le tribunal ne peut à leur égard, se saisir spontanément d'une action disciplinaire pour faute découverte à l'audience (Orléans, 22 fév. 1845, D.p.45.4.148). V. aussi Nîmes, 14 avril 1842 (D.p.42.2.237). — Mais l'application des peines disciplinaires peut être directement faite par les tribunaux à un notaire coupable d'irrévérence envers un magistrat dans l'exercice de ses fonctions : le tribunal ne saurait être tenu de renvoyer le contrevenant devant la chambre des notaires (Bordeaux, 4 août 1841, D.p.42.2.71).

243. — Le remplacement des notaires est une peine assurément fort grave; elle a été prévue et infligée par les art. 5, 33 et 62 de la loi du 25 vent. an xi; mais ce n'est pas une peine proprement dite dans le sens légal du mot : en effet, la révocation, encourue de plein droit par l'accomplissement du fait qui la motive, n'a pas besoin d'être prononcée par les tribunaux. Le notaire coupable du fait est considéré, par la loi même, comme démissionnaire, ce qui met le gouvernement dans la nécessité de pourvoir à son remplacement (Dalloz, vº *Notaire*, nº 848, et Armand Dalloz, *Dict. gén.*, vº *Discipline*, nº 220).

244. — Pour ce qui est de la suspension et de la destitution, ce sont de vraies peines disciplinaires infligées par les tribunaux; la loi du 25 ventôse an xi spécifie plusieurs cas de suspension ou destitution, notamment dans les art. 6, 16, 23, 26 et 33. Les cas de destitution sont aussi prévus par les art. 68 et 176, C. comm., et par l'art. 10 de l'ordonnance du 3 juill. 1816 (V. encore *Comment. de la loi de l'an* xi, art. 53). Mais on comprend que ces dispositions ne sauraient être limitatives, la loi de l'an xi donne

aux tribunaux le droit de prononcer les peines de suspension et de destitution, c'est-à-dire qu'elle les autorise à punir ainsi les notaires qui manqueraient gravement à leurs devoirs moraux, aux obligations spéciales de leur profession; il est impossible de prévoir et de mesurer à l'avance les infractions qui mériteraient ces châtiments. Il rentre dans la nature du pouvoir disciplinaire de s'appliquer à tous les écarts de conduite et de profession, et dans les attributions des juges qui l'exercent, de choisir, dans les limites de leur compétence, la peine qui leur paraîtra le mieux appropriée à la faute (V. plus haut, nºs 142 et suiv., et *Comment. de la loi de l'an* xi, art. 53).

Ces principes sont consacrés par la jurisprudence (Cass., 20 juill. 1841, D.p.41.1.315 et 6 nov. 1850, D.p.50.1.325). Ainsi, on voit, dans les espèces rapportées dans cet endroit, et que nous avons déjà citées nº 142 et suiv., la suspension ou la destitution prononcées pour habitude d'usure, pour immoralité, pour certificat mensonger délivré à un aspirant, pour une atteinte aux bonnes mœurs, pour la participation à un mouvement insurrectionnel, pour dérangement dans les affaires privées, pour dissimulation du prix de vente, pour abus de confiance, pour faux commis en actes publics, quoique sans intention de porter préjudice. Rolland de Villargues, vº *Destitution*, nº 13, expose quelques sages idées théoriques destinées à guider le juge dans l'appréciation de la gravité des fautes que peut commettre un notaire, et qui entraînent pour lui la perte de son état ou la simple suspension (V. aussi le *Comment. de l'art. 53 de la loi de l'an* xi).

245. — L'art. 4 de la loi du 25 vent. an xi considère comme démissionnaires les notaires qui contreviennent à l'obligation de la résidence (V. ce qui est dit plus haut sur ce point, nº 168). Le soin d'apprécier la culpabilité appartient aux tribunaux. Le plus souvent, dans ces circonstances, la difficulté est de savoir si, en effet, le notaire a contrevenu, par l'acte qu'on lui reproche, à l'obligation de résidence; cette difficulté est quelquefois assez grande, comme on peut s'en convaincre en examinant les arrêts qui ont interprété l'art. 4 de la loi sur le notariat.

246. — La destitution est une peine que les tribunaux prononcent; le Gouvernement n'a pas le droit de la prononcer, comme il a celui de remplacement, quand le notaire est considéré comme démissionnaire. C'est sur cette distinction que reposent un jugement du 31 déc. 1834 (D.p.36.3.130) et une décision du ministre de la justice, du 14 juill. 1835 (D.p.36.3.71).

247. — Les tribunaux, lorsqu'ils prononcent la destitution d'un notaire, prononcent, par cela même, la déchéance absolue de son

titre : ainsi, on ne pourrait soutenir, s'il s'agit de la destitution d'un notaire certificateur, que le jugement ne s'applique pas à la qualité de certificateur (Déc. min. just., 29 oct. 1835, D.P.36.3.75).

248. — En prononçant la destitution d'un notaire, les tribunaux violeraient la loi et excéderaient leurs pouvoirs, s'ils l'autorisaient à présenter un successeur. Ainsi jugé par la Cour de Bordeaux, le 6 juin 1833 (D.P.33.2.226).

248 bis. — La notification du nom du notaire désigné pour délivrer les grosses des expéditions durant les délais de la suspension d'un notaire, fait courir le délai de cette suspension (Rennes, 14 juill.1845, D.P.45.4.149).

249. — Nous pensons avec Rolland de Villargues, n° 175, que les tribunaux ne peuvent ordonner l'impression et l'affiche des décisions qui infligent aux notaires des peines disciplinaires ; aucune loi n'autorise cette punition additionnelle. C'est également ce qu'a jugé la Cour de Douai, le 13 fév. 1843 (D.P.43.2.216). Le même arrêt décide que les tribunaux ne peuvent non plus ordonner que leur jugement sera lu devant tous les membres de la compagnie et inscrit sur les registres de la chambre. V. conf., Cass., 28 août 1854 (D. P.54.1.321) ; et 22 mai 1855 (D.P.55.1.214).

250.—Ils ne peuvent non plus condamner un notaire à la contrainte par corps pour le paiement des dépens de la condamnation disciplinaire (Douai, 13 sept. 1834 ; D.P.35.2.159).

§ 4.—De l'exécution des jugements disciplinaires et des moyens de les attaquer.

251. — 1° Il résulte de l'art. 52 de la loi sur le notariat que la suspension ou la destitution n'a d'effet qu'après que le jugement qui l'ordonne a été notifié au notaire condamné. Il en serait de même des jugements interlocutoires rendus sur la poursuite, par exemple, d'un jugement de compétence, et de celui qui ordonnerait une enquête (Rennes, 7 janv. 1839 ; D.P.39.2.261).

252. — Aussitôt après la notification, le notaire suspendu ou destitué doit cesser ses fonctions, sous peine de dommages-intérêts et de nullité de ses actes (L. 25 vent. an XI, art. 52).

253.—Les jugements des tribunaux civils, en matière de discipline notariale, sont soumis aux mêmes règles de procédure que les autres décisions de ces tribunaux ; ils doivent donc être rédigés dans les mêmes formes, et sont attaquables par les mêmes moyens.

254. — Ils sont donc susceptibles d'opposition, s'ils ont été rendus par défaut. Les formes et les délais de l'opposition sont ceux fixés par le Code de procédure (D.P.35.1.85 ; Rolland de Villargues, v° Discipline, n° 185).

La Cour de cassation l'a jugé dans une espèce où un notaire avait été destitué sans avoir été assigné (Arrêt du 20 nov. 1811 ; D.A.10.437, n° 1). V. néanmoins Cass., 21 mai 1844 (D.P.44.1.231).

255. — 2° Aux termes de l'art. 53 de la loi de l'an XI, le jugement est toujours sujet à l'appel, soit de la part du notaire, soit de la part du ministère public : seulement, il est exécutoire par provision excepté quant aux condamnations pécuniaires.

La garantie du double degré de juridiction ne peut être enlevée aux notaires, par l'application du décret de 1808, par une Cour impériale, qui aurait cru être en droit de prononcer la peine disciplinaire contre un notaire pour infraction par lui commise dans des actes produits devant elle. V. les décisions en ce sens indiquées par Dalloz, v° Notaire, n° 860).

256.—Le ministère public peut appeler du jugement qui décide qu'il n'y a pas lieu d'appliquer la peine de destitution provoquée par lui (Cass., 13 mai 1807 ; D.A.10.436, n° 1).

257. — Selon les principes généraux de l'acquiescement, le ministère public a le droit d'appeler d'un pareil jugement, alors même qu'il l'a signifié au notaire avec ordre de s'y conformer. La Cour de cassation l'a décidé expressément, par arrêt du 13 déc. 1824 (D. P.25.1.8).

Il n'en serait pas de même du notaire qui aurait exécuté le jugement qui le condamnerait à une peine de discipline : il ne serait plus recevable, en raison de son acquiescement, à interjeter appel. Telle est aussi l'opinion de Rolland de Villargues, n° 190, qui invoque l'autorité de Carnot.—V. toutefois Toulouse, 7 fév. 1843 (Dalloz, v° Notaire, n° 864).

258. — Ce n'est pas le syndic de la chambre de discipline, mais le ministère public seul, qui peut appeler d'un jugement rejetant la demande de suspension d'un notaire, demande conforme à l'avis qu'aurait exprimé la chambre (Arrêt de la Cour de Caen, 11 déc. 1826 ; D.P.27.2.127).

259. — Pour les formes de l'appel, on doit suivre les formes ordinaires du Code de procédure (Conf. Dalloz, v° Notaire, n° 866 ; Éd. Clerc, t. 1er, n° 1062) : aussi la Cour de Douai a-t-elle annulé un appel d'une condamnation disciplinaire prononcée contre un notaire, parce qu'il avait été interjeté au greffe du tribunal civil (Arrêt du 13 sept. 1834, D.P.35.2.159). V. cependant Montpellier, 27 déc. 1852, D.P.53.2.65). Mais V. aussi notre observation ci-dessus, n° 235 bis.

260. — Quoique les tribunaux prononcent des peines disciplinaires comme ils jugent civilement, et que les faits sur lesquels ils statuent ne constituent pas des délits, c'est devant la Cour impériale que doivent être

portés les appels de condamnations disciplinaires (Cass. 30 juin 1814, D.A.1.380).

261. — L'évocation, par la Cour qui juge
sur l'appel et qui infirme, est permise en cette
matière. *V.* Dalloz, v^{is} *Notaire*, n° 867 ; *Degrés
de jurid.*, n°s 543 et suiv. ; *Discipline*, n°s 73
et suiv.

262. — Le recours en cassation n'est recevable qu'après que la voie de l'appel a été
épuisée. Telle est la règle général de la procédure (*V.* Dalloz, v° *Notaire*, n° 868 ; Ed.
Clerc, t. 1er n° 1063).

263. — De même que pour l'appel, le ministère public n'est pas non recevable dans son
pourvoi, par cela seul que l'arrêt disciplinaire
aurait été rendu conformément à sa conclusion (Cass. 20 nov. 1811, D.A.10.437, n° 1 ;
V. aussi Dalloz, v^{is} *Notaire*, n° 869, et
Acquiescem., n° 869).

264. — Le pouvoir du ministère public devient sans objet et doit être rejeté, si, au
moment où il a été formé, le notaire inculpé
avait donné sa démission, suivie même déjà
du remplacement par le Gouvernement et de
l'installation du successeur. Cette décision de
la Cour de cassation, du 11 juill. 1827 (D.P.
27.1.301), est conforme aux principes de
l'action disciplinaire (*V.* ci-dessus sect. 1re).

265. — Sur quoi peut se fonder le pourvoi
en cassation ? La chambre des requêtes a jugé,
le 24 juin 1828 (D.P.28.1.292), que l'appréciation des fautes commises par les notaires,
et qui seraient de nature à entraîner leur suspension ou destitution, appartient exclusivement aux tribunaux ; et que, quelles que
soient leurs décisions à cet égard, soit sous
le rapport du fait, soit quant à la peine disciplinaire appliquée, elles échappent à la cassation (*V.* aussi Cass. 26 juin 1823 ; Dalloz,
v° *Notaire*, n° 871-2°).

La question s'est représentée devant la
Cour suprême (D.P.39.1.153), mais elle n'a
pas été expressément résolue. M. Arm. Dalloz
(*Dict. gén. suppl.*, v° *Discipline*, n° 246)
dit, avec raison, selon nous, que si la preuve,
la constatation des faits inculpés disciplinairement, sont abandonnées à l'appréciation

souveraine des juges du fond, il n'en est pas
de même du caractère légal de ces faits (*V.*
aussi Dalloz, v^{is} *Notaire*, n° 872, et *Cassation*,
n°s 1224 et suiv. ; Ed. Clerc, t. 1064).

La Cour de cassation, abondant dans le
sens de la distinction que nous venons de
faire, a décidé, le 19 août 1844, que si les
Cours impériales ont un pouvoir discrétionnaire pour constater et apprécier la gravité
des faits disciplinaires, leurs arrêts n'échappent pas à la censure de la Cour de cassation,
quand elles se déterminent uniquement par
des raisons de droit : ainsi, elles ne peuvent
refuser d'appliquer une peine disciplinaire à
un notaire, après avoir constaté, en fait,
qu'il s'était mis en contradiction avec une
disposition formelle de la loi, sans que leur
décision encoure la cassation (D.P.44.1.397).
— *V.* aussi Cass. 20 juill. 1841 (D.P.41.1.
315).

Du reste, il nous a paru que la Cour suprême
pourrait annuler un jugement disciplinaire
pour incompétence, excès de pouvoir ou vices
de formes essentielles (*V.* n°s 225 et suiv.).

266. — Il n'est besoin d'invoquer aucune
autorité pour établir que le ministre de la
justice n'a nul droit de révision sur les jugements disciplinaires des tribunaux. En est-il
de même à l'égard des décisions que rendent
les chambres de discipline (*Voy.* la distinction
faite plus haut, n° 225, *in fine*) ?

Mais il ne s'ensuit pas que les tribunaux
aient le droit de refuser ou celui de critiquer
la transcription que le ministre de la justice
est dans l'usage d'ordonner sur les registres
des délibérations, des arrêtés qu'il prend dans
les affaires disciplinaires sur lesquelles ils
ont statué. La Cour de cassation, en jugeant
ainsi, le 29 nov. 1837 (D.P.38.1.260), a décidé
par le même arrêt que la délibération d'un
tribunal, qui enjoint au greffier de n'inscrire
à l'avenir sur le registre des délibérations
aucun arrêté du ministre sans l'avoir communiqué au président, doit être annulée
pour excès de pouvoir et comme statuant,
d'ailleurs, par voie de dispositions réglementaires.

FIN DU TRAITÉ ABRÉGÉ DE LA DISCIPLINE ET DES CHAMBRES DE NOTAIRES.

TABLEAU CHRONOLOGIQUE

DES

LOIS ET RÈGLEMENTS PRINCIPAUX

RELATIFS AU NOTARIAT. (1)

25 avril 1411. — LETTRES de sauvegarde et de garde-gardienne accordées par le roi Charles VI aux notaires de Paris, et qui les autorise en outre à mettre des panonceaux.

Juin 1510. — ORDONNANCE de Louis XII sur la réformation de la justice, qui réduit le nombre des notaires et ordonne qu'ils garderont minute de leurs actes (excepté les notaires de Paris), et qu'ils ne pourront recevoir de contrats usuraires.

8 janvier 1522. — ARRÊT de règlement qui décide que le choix des notaires pour la passation des actes, et particulièrement des inventaires appartient aux parties et non aux tribunaux ni autres autorités.

Août 1539. — ORDONNANCE dite de Villers-Cotterêts, du roi François Iᵉʳ, sur le fait de la justice, contenant plusieurs dispositions sur la forme des actes, telles que l'obligation d'en garder minute, l'obligation de les rédiger en langue française, sur leur exécution, sur les honoraires des notaires, sur les communications que les notaires peuvent faire, la délivrance des secondes grosses, les peines encourues en cas de contravention, l'indication du notaire en second, etc.

1ᵉʳ sept. 1541. — LETTRES PATENTES du roi François Iᵉʳ, qui dispense les notaires de Paris d'écrire eux-mêmes leurs contrats, et leur permet de les faire écrire et grossoyer par leurs clercs. Il renouvelle en même temps l'obligation de garder minute des actes.

22 mai 1550. — ARRÊT de règlement sur le degré de parenté des deux notaires qui reçoivent des actes ensemble (2).

19 août 1551. — ARRÊT de règlement portant défense aux notaires de recevoir des actes ni d'y rien ajouter, sinon en la présence des parties, à peine de nullité et de dommages-intérêts.

17 oct. 1559. — ARRÊT du parlement de Bretagne qui défend aux notaires de passer des actes dans les cabarets.

15 mars 1567. — ARRÊT de règlement qui défend aux notaires de se dessaisir de leurs minutes et de les remettre aux parties.

Mai 1579. Ordonnance dite de Blois, du roi Henri III, qui défend aux notaires de recevoir des promesses de mariage, par paroles de présents, les oblige à quittancer eux-mêmes les sommes à eux payées, et permet à leurs héritiers de faire faire inventaire par des notaires de leur choix.

9 mars 1585. — ARRÊT de règlement portant que l'et cœtera, des notaires se doit plutôt restreindre qu'amplifier, et enjoint aux notaires qui passent contrat portant renonciation par les femmes aux privilèges introduits en leur faveur d'exprimer particulièrement et de leur donner à entendre le contenu aux renonciations du sénatus-consulte velléien, à peine de dommages-intérêts.

30 février 1592. — ARRÊT de règlement qui adjuge aux notaires la préséance sur les procureurs.

4 déc. 1604. — ARRÊT de règlement qui ordonne que les parties qui acceptent doivent, aussi bien que celles qui s'obligent, signer les contrats.

Août 1607. — ARRÊT de règlement qui défend aux

---

(1) En général, on n'a pas compris ici les règlements spéciaux des chambres de notaires, même de celle de Paris, soit parce que ces règlements se trouvent imprimés séparément et dans plusieurs ouvrages, soit parce qu'ils ont été, pour la plupart, rappelés dans le cours du *Commentaire de la loi du 25 ventôse an* xi. Il n'y a eu d'exception que pour deux ou trois règlements.

(2) Un autre arrêt de règlement, du 24 nov. 1601, fait la même prohibition aux notaires *père et fils* (*Ibid.*).

Il paraît que, dans l'usage, la prohibition n'était admise que dans ce dernier degré de parenté (V. *les registres des Bannières du Châtelet et Langlois*).

notaires de recevoir aucuns contrats au profit de leurs enfants, gendres, pupilles étant en leur puissance, et cousins germains, ni de prendre aucuns parents en pareils degrés pour témoins (1).

16 juillet 1611. — Arrêt de règlement qui ordonne qu'en toutes assemblées publiques les notaires auront la préséance sur les procureurs, et règle le costume des uns et des autres (2).

7 février 1612. — Arrêt de règlement qui décide que les notaires ne peuvent s'associer pour les fonctions de leurs charges, c'est-à-dire pour tenir étude commune et partager leurs honoraires (3).

19 février 1615. — Arrêt de règlement qui défend que plus de deux notaires concourent à la confection d'un acte.

6 mars 1620. — Arrêt de règlement qui défend aux notaires d'insérer dans les contrats et obligations conçus pour prêt les déclarations de majorité et extraits baptistaires, à peine de nullité, et d'en répondre en leur propre et privé nom.

10 février 1622. — Arrêt de règlement qui attribue aux notaires le droit exclusif de procéder aux inventaires, même en matière criminelle.

17 déc. 1627. — Arrêt de règlement, portant que les notaires doivent comprendre dans les expéditions des actes les apostilles approuvées des parties, et non celles qui ne sont point approuvées.

Ordonne que le notaire délivrera la quittance à lui demandée par l'appelant avec les apostilles signées et approuvées des parties, sans y insérer celles qui ne le sont pas ; fait défense à tous notaires de mettre ni insérer aucune chose ès actes qu'ils recevront hors la présence des parties et sans leur faire approuver et signer.

12 mai 1635. — Arrêt de règlement qui ordonne le dépôt des testaments olographes entre les mains des notaires (4).

27 février 1665. — Arrêt de règlement qui enjoint surtout aux notaires de tenir répertoire de

leurs actes et de le faire parapher tous les six mois par un de leurs syndics (V. Ordonn. de juin 1680, déclaration du 19 juin 1694, art. 15 ; édit du contrôle de 1693 ; arrêt du conseil du 21 juill. même année, et du 24 juin 1694 ; déclaration du 19 mars 1696).

Août 1670. — Ordonnance du même roi qui défend aux notaires de recevoir les plaintes en matière criminelle.

15 janvier 1684. — Arrêt de règlement du parlement de Paris sur les appositions de scellés et inventaires, contenant, entre autres dispositions, défenses aux notaires de se faire souscrire des promesses ou obligations pour leurs honoraires.

Mars 1693. — Édit du roi Louis XIV sur le contrôle des actes, lequel statue sur l'effet des actes non contrôlés, et autorise les notaires à remettre aux testateurs la minute de leurs testaments (5).

Louis, etc. Il est important pour le repos des familles que les contrats et les titres qui établissent la propriété de leurs biens ne puissent recevoir d'atteinte dans la suite des temps par des doutes ou contestations, ou par des suppositions et des antidates, et l'on ne saurait les rendre trop authentiques en se servant des moyens capables de s'assurer entièrement de la fidélité des personnes qui les passent..... Entre tous ceux qui ont été recherchés et prescrits, il ne s'en est point trouvé de si certain et si facile que la création du contrôle des titres, ordonnée par édit du roi Henri III, du mois de juin 1581 : lequel n'ayant eu son exécution que dans notre province de Normandie en conséquence d'un autre édit de Henri le Grand, du mois de juin 1606, cet établissement y a été trouvé si utile, qu'il y a toujours été depuis considéré comme un des principaux usages de cette province. Et comme il y a plusieurs actes que l'usage y a dispensés du contrôle, quoique ledit contrôle n'ait d'autre effet que d'assurer la priorité d'hypothèque, sans être nécessaire pour la translation de propriété, exécution et validité des actes, nous avons résolu d'y assujettir indistinctement et nécessairement toutes sortes d'actes qui seront

---

(1) Il a été rendu d'autres arrêts de règlement dans ce sens les 14 janv. 1621, 8 juin 1637, 25 fév. 1647, 3 oct. 1703. Cependant il a été jugé que, lorsque les actes qu'un notaire passe pour ses parents ne renferment aucune disposition à leur profit, ils ne doivent pas être annulés (Arrêts des 9 juill. 1659 et 14 fév. 1641). Jousse approuvait cette opinion (t. 2, p. 384).—(V. Rolland de Villargues, Code du Notariat, p. 482.)

(2) V. Langlois. — V. aussi Code du Notariat, p. 483.

(3) V. Code du Notariat, p. 484.

(4) Il a été rendu d'autres arrêts semblables les 23 mai et 16 déc. 1647, 23 sept. 1660, 18 août 1763, 24 mai et 14 juill. 1764, 10 sept. 1777, etc., tous rapportés par Langlois et dans sa continuation manu-

scrite. Enfin, il y a sur ce point un arrêt de règlement du conseil, du 27 mai 1737, suivi de lettres-patentes du 9 juillet suivant, que nous rapporterons à leur date (Observ. de Rolland de Villargues au Code du Notariat, t. 1ᵉʳ, p. 189).

(5) Il avait déjà été jugé, par arrêt du 8 août 1656, que le notaire pouvait rendre au testateur, sur sa réquisition, la minute de son testament (Soëfve, t. 2, cent. 1, ch. 44). Depuis l'édit que nous venons de rapporter, l'exécution de la disposition qu'il renferme a été sujet a été ordonnée par trois arrêts des 15 nov. 1738, 24 juin 1749 et 23 juin 1772, rapportés par Merlin, vᵒ Notaire, § 5, et l'usage s'était établi en ce sens ; mais voyez ci-après à la date du 7 avril 1821 (Observ. de Rolland de Villargues, Code du Notariat, p. 239).

passés à l'avenir, sans quoi ils ne pourront avoir aucun effet, et d'établir aussi le même ordre dans le reste de notre royaume. A ces causes, etc....

Art. 5. Déclarons que les particuliers ne pourront, en vertu d'actes non contrôlés, acquérir aucun privilége, hypothèque, propriété, décharge, ni aucun autre droit, ni action, exception, dérogeant à cet effet à toutes les coutumes, ordonnances, édits, déclarations, arrêts, règlements et usages à ce contraires...

7. Exceptons néanmoins de la rigueur desdits enregistrements tous les testaments et donations pour cause de mort, qui demeureront déposés, soit entre les mains des notaires ou en celles des particuliers, qu'il sera loisible aux parties de retirer, quand bon leur semblera, desquels les notaires ne pourront délivrer aucunes expéditions après le décès des testateurs, qu'ils n'aient auparavant fait contrôler les minutes en la manière ci-dessus; et, en cas que lesdites minutes ne leur aient pas été remises après le décès desdits testateurs, lesdits testaments ne pourront avoir aucune exécution qu'ils n'aient été contrôlés comme dit est.

4 février 1702. — ARRÊT du conseil qui reconnaît qu'aux notaires appartient, à l'exclusion des officiers de la chambre des comptes, le droit de faire les inventaires des comptables.

3 sept. 1713. — ARRÊT de règlement qui exige que les actes soient reçus par les notaires en personne, et que le notaire en second ou les témoins instrumentaires y soient présents.

8 mai 1716. — ACTE de notoriété du Châtelet, portant que les notaires ont le droit d'accepter une obligation pour le créancier absent (1).

27 juin 1716. — ARRÊT de règlement qui détermine le mode de transmission des minutes et les mesures à prendre pour leur conservation (2).

Février 1731. — ORDONNANCE de Louis XV sur les donations, qui défend aux notaires d'accepter pour les donataires absents.

Février 1771. — ÉDIT du même roi concernant les offices des jurés-priseurs vendeurs de meubles.

Juin 1771.—ÉDIT du même roi portant règlement pour la précédure civile en Corse, et particulièrement pour les notaires.

7 juillet 1771. — LETTRES PATENTES du même

(1) V. Ordonnance de février 1731, ci-après.
(2) V. aussi les délib. de la chambre de Paris des 6 déc. 1689, 3 brum. an XIII, 6 nov. 1808 et 16 août 1827.

roi données en exécution de l'édit précédent du mois de février.

21 août 1775. — ARRÊT du conseil qui défend à toutes personnes, même aux propriétaires de meubles et effets mobiliers, d'en faire la vente publique, au préjudice du droit des notaires, greffiers et huissiers.

13 nov. 1778.—ARRÊT du conseil, suivi de lettres patentes, qui fait défense à toutes personnes, sous peine de confiscation de 1,000 liv. d'amende si ce n'est les notaires, greffiers et huissiers, de faire des prisées et ventes de meubles.

12 août 1779. — LETTRES PATENTES du roi Louis XVI concernant les compulsoires.

25 juillet 1790. — Loi qui oblige les notaires à communiquer, soit aux officiers municipaux, soit aux particuliers, les baux de biens nationaux étant en leur possession, et règle à 40 sous l'honoraire dû pour communication, et 40 sous en sus lorsqu'on en tirera des notes ou des extraits.

26 juillet 1790.—Loi qui supprime les offices de jurés-priseurs et qui autorise les notaires et autres officiers à faire des ventes de meubles aux lieu et place des jurés-priseurs.

Art. 1er. Les offices des jurés-priseurs, créés par édit de 1771 ou autres, demeureront supprimés à compter de ce jour.

2. Le droit de quatre deniers pour livre du prix des ventes, qui leur avait été attribué, continuera d'être perçu au profit du Trésor public par les officiers qui feront la vente, et le produit en sera versé par eux dans les mains des préposés à la recette.

3. Les finances desdits offices seront liquidées.

4. Il sera délivré à ceux qui auront droit aux finances treize coupons d'annuités payables d'année en année, dans lesquels l'intérêt à 5 pour 100 sera cumulé avec le capital.

5. Il sera prélevé sur le produit des quatre deniers pour livre une somme annuelle de huit cent mille livres, qui sera versée dans la caisse du trésorier de l'extraordinaire, et employée par lui au paiement de ces annuités.

6. Les notaires, greffiers, huissiers et sergents sont autorisés à faire les ventes de meubles dans tous les lieux où elles étaient ci-devant faites par les jurés-priseurs.

7. Les procès-verbaux de ventes et de prisées faites par les officiers ci-dessus désignés ne seront soumis qu'aux mêmes droits de contrôle que ceux des jurés-priseurs.

8. Il ne pourra être perçu par lesdits officiers que deux sous six deniers pour l'enregistrement d'une opposition, et une livre dix sous par vacation de prisée, conformément à l'article 6 de l'édit de février 1771; et ce

sans préjudice des conventions particulières qui pourront modifier ou abandonner les droits.

9. Les quatre deniers pour livre du prix des ventes seront versés, par les officiers qui les auront faites, dans les mains du contrôleur des actes ou receveur des domaines, lesquels en compteront à la régie des domaines.

5 nov. 1790. — Loi portant que le ministère des notaires n'est pas nécessaire pour les baux des biens nationaux et les autres actes administratifs.

Tit. 2, art. 14. Le ministère des notaires ne sera nullement nécessaire pour la passation desdits baux, ni pour tous les autres actes d'administration. Ces actes, ainsi que les baux, seront sujets au contrôle, et ils emporteront hypothèque et exécution parée. La minute sera signée par les parties qui sauront signer, et par les membres présents du Directoire, ainsi que par le secrétaire, qui signera seul l'expédition.

27 mars 1791. — Loi relative au nouvel ordre judiciaire qui attribue aux notaires, à l'exclusion des juges de paix, la confection des inventaires et des procès-verbaux de carence, et aux présidents et municipalités la délivrance des certificats de vie et les légalisations.

12 sept. 1791. — Loi relative aux clauses impératives et prohibitives, contraires aux lois ou aux mœurs, insérées dans les testaments, donations et autres actes.

Toute clause impérative ou prohibitive qui serait contraire aux lois et aux bonnes mœurs, qui porterait atteinte à la liberté religieuse du donataire, héritier ou légataire, qui gênerait la liberté qu'il a, soit de se marier même avec telle personne, soit d'embrasser tel état, emploi ou profession, ou qui tendrait à le détourner de remplir les devoirs imposés et d'exercer les fonctions déférées par la constitution aux citoyens actifs et éligibles, est réputée non écrite.

29 sept.-6 oct. 1791. — Loi sur la nouvelle organisation du notariat et sur le remboursement des offices de notaires.

TITRE 1ᵉʳ. — SUPPRESSION DES NOTAIRES ROYAUX ET AUTRES, ET CRÉATION DES NOTAIRES PUBLICS.

SECTION Iʳᵉ. — *Suppression des notaires royaux et autres.*

Art. 1ᵉʳ. La vénalité et l'hérédité des offices royaux des notaires, tabellions, notaires, clercs aux inventaires, notaires connus en quelques lieux sous le nom de greffiers, ou sous toute autre dénomination que ce soit, sont abolies.

2. Les offices de notaires ou tabellions authentiques, seigneuriaux, apostoliques, et tous autres offices du même genre, sous quelque dénomination qu'ils existent, sont supprimés.

3. Ces divers officiers seront remplacés par des notaires publics, dont l'établissement sera formé, pour le présent et pour l'avenir, ainsi qu'il sera dit ci-après.

4. Jusqu'à la formation dudit établissement, les officiers supprimés par les art. 1 et 2 seront libres de continuer provisoirement leurs fonctions dans l'étendue de leur ancien arrondissement.

5. Les actes qui, jusqu'à la publication du présent décret, auraient été reçus par lesdits officiers hors des limites de leur ancien arrondissement, ne pourront être attaqués pour cause d'incompétence.

SECTION II. — *Création des notaires publics.*

Art. 1ᵉʳ. Il sera établi, dans tout le royaume, des fonctionnaires publics chargés de recevoir tous les actes qui sont actuellement du ressort des notaires royaux et autres, et de leur donner le caractère d'authenticité attaché aux actes publics.

2. Ces fonctionnaires porteront le nom de *notaires publics*; ils seront institués à vie, et ils ne pourront être destitués que pour cause de prévarication préalablement jugée.

3. L'exercice des fonctions de notaire public sera incompatible avec celui des fonctions d'avoué et de greffier, et avec la recette des contributions publiques.

4. Provisoirement, et jusqu'à la confection du Code civil, les actes des notaires publics seront reçus dans chaque lieu suivant les anciennes formes; et, néanmoins, dans les lieux où la présence de deux notaires était textuellement requise et déclarée suffisante pour certains actes, ils pourront être reçus par un seul notaire public et deux témoins âgés de vingt et un ans, sachant signer et ayant d'ailleurs les autres qualités requises par les coutumes et ordonnances.

5. Les notaires ne pourront instrumenter sans connaître le nom, l'état et la demeure des parties, ou sans qu'ils leur soient attestés dans l'acte par deux citoyens ayant les mêmes qualités que celles requises pour être témoin instrumentaire.

6. A moins d'empêchement légitime, les notaires publics seront tenus de prêter leur ministère lorsqu'ils en seront requis; ils seront au surplus, observer, dans les conventions, les lois qui intéressent l'ordre public; et, tant à cet égard qu'en ce qui concerne la conservation des minutes et généralement l'exercice de leurs fonctions, ils se conformeront aux anciennes ordonnances et règlements concernant les notaires royaux, jusqu'à

ce qu'il ait été autrement statué par le pouvoir législatif.

7. Les notaires pourront, sur la seule réquisition d'une partie intéressée, représenter dans les inventaires, ventes, comptes, partages et autres opérations amiables, les absents qui n'auront pas de fondés de procurations spéciales et authentiques ; mais ils ne pourront en même temps instrumenter dans lesdites opérations.

8. Le nombre et le placement de ces fonctionnaires seront déterminés, pour chaque département, par le Corps législatif, d'après les instructions qui lui seront adressées par les directoires du département.

9. Pour les villes, la population, et pour les campagnes, l'éloignement des villes et l'étendue du territoire combinés avec la population, seront les principales bases de l'établissement des notaires publics.

10. Les notaires publics seront tenus de résider dans les lieux pour lesquels ils auront été établis.

11. Ils ne pourront exercer leurs fonctions hors des limites des départements dans lesquels ils se trouveront placés ; mais tous ceux du même département exerceront concurremment entre eux dans toute son étendue.

12. Ils prendront, en conséquence, la qualité de *notaires publics établis pour le département de...*, *à la résidence de la ville ou bourg de...*

13. Les actes de notaires publics seront exécutoires dans tout le royaume, nonobstant l'inscription de faux, jusqu'à jugement définitif.

14. A cet effet, leurs grosses et expéditions exécutoires seront intitulées de la manière suivante : (le nom du roi) : *Par la grâce de Dieu et la loi constitutionnelle de l'État, roi des Français, salut. Savoir faisons que par-devant, etc.* Et elles seront terminées, immédiatement avant la date, par cette autre formule : *Mandons que les présentes soient mises à exécution par qui il appartiendra.*

15. Et, néanmoins, lorsque ces actes devront être mis à exécution hors du département dans lequel ils auront été passés, les grosses ou expéditions seront, en outre, légalisées par l'un des juges du tribunal d'immatriculation du notaire public qui les aura délivrées, sans qu'il soit besoin d'aucun autre scel ni de *visa*.

16. Il sera déposé, par chaque notaire public, à titre de garantie des faits de ses fonctions, un fonds de responsabilité en deniers, dont le versement se fera entre les mains des receveurs de district, qui en feront aussitôt la remise au Trésor national.

Les notaires n'en recevront aucun intérêt ; mais ils seront exempts de tous droits de patentes.

17. Ce fonds de responsabilité demeure dès à présent fixé, savoir :

Pour les notaires publics de la ville de Paris, à 40,000 livres ; pour ceux des villes de soixante mille âmes et au-dessus, à 15,000 livres ; pour ceux des villes de quarante à soixante mille âmes, à 8,000 livres ; pour ceux des villes de vingt à quarante mille âmes, à 4,000 livres ; pour ceux des villes de dix à vingt mille âmes, à 3,000 livres ; pour toutes les autres villes, bourgs ou villages, à 2,000 livres.

18. Il sera délivré à chaque notaire public une reconnaissance du montant de son dépôt ; et, lors des démissions ou des décès, le capital de ces reconnaissances sera remboursé au notaire public démis, ou à l'héritier du décédé, par le sujet qui aura été nommé pour le remplacer, en justifiant qu'il n'existe pas d'empêchement entre les mains des conservateurs des oppositions.

19. Et, dans le cas où, après la démission ou le décès d'un notaire public, il n'y aurait pas lieu de pourvoir à son remplacement, le remboursement dudit fonds de responsabilité lui sera fait, ou à ses héritiers, par le Trésor public, dans l'année de la démission ou du décès.

TITRE II. — ÉTABLISSEMENT DES NOTAIRES PUBLICS.

Art. 1er. Les notaires publics seront, à l'avenir, nommés et institués dans les formes prescrites par le titre IV de ce décret ; mais leur premier établissement sera fait d'après les dispositions suivantes :

2. Les notaires, ou tabellions royaux qui, à l'époque de cet établissement, se trouveront en exercice, soit en vertu de provisions, soit en vertu de commissions émanées du sceau, et tous les autres officiers supprimés par les art. 1er et 2 de la 1re section du titre 1er, seront, dans chaque département, considérés sous trois classes :

1° Les notaires royaux, résidant actuellement dans les lieux où il sera établi des notaires publics, et les notaires seigneuriaux des mêmes lieux lorsqu'ils tenaient à une juridiction seigneuriale ayant son principal siége dans cette résidence, et ressortissant nûment à une Cour souveraine ;

2° Les notaires royaux qui résident actuellement dans les lieux où il ne sera pas établi de notaires publics ;

3° Les notaires seigneuriaux autres que ceux désignés dans la première classe.

3. Les notaires de la première classe seront admis de préférence à se faire recevoir notaires publics dans les lieux où ils résident ; mais ils ne pourront, dans aucun cas, opter pour une autre résidence.

Quel que soit leur nombre, ils seront tous admis à exercer, et ne seront point tenus de se réduire ; leur réduction ne s'opérera que par mort ou par démission.

4. En conséquence, après la fixation des chefs-lieux de résidence et du nombre des notaires publics, le procureur général syndic de chaque département fera notifier dans tout le département, aux notaires de la première classe, en la personne du plus ancien d'entre eux dans chaque résidence, qu'ils aient à lui déclarer dans le mois de cette notification, et chacun individuellement, s'ils veulent être confirmés dans l'exercice de leurs fonctions en qualité de notaires publics.

5. Ceux desdits notaires qui, dans ce délai, n'auront pas envoyé d'acceptation, seront présumés avoir renoncé à leurs droits; leurs places, de même que celles des notaires qui auront donné un refus formel, seront comprises dans le tableau des places vacantes, si le nombre n'est pas complet ; et, dès l'expiration du mois, ils seront irrévocablement déchus de toute préférence.

6. Immédiatement après ledit délai, le directoire du département vérifiera les acceptations remises; et pour les lieux où le nombre de ces acceptations complétera ou lors même qu'il excéderait celui requis, le tableau nominatif des acceptants sera dressé suivant l'ordre de leur ancienne réception en qualité de notaires.

7. Si, au contraire, en certains lieux, le nombre des acceptations se trouve insuffisant, il sera complété ainsi qu'il suit :

8. Les notaires de la seconde classe et ceux de la troisième pourront se présenter pour remplir les places de notaires publics vacantes dans les diverses résidences du département, en désignant la résidence à laquelle ils demanderont à être attachés.

9. En conséquence, après le premier placement qui aura été fait en conformité des art. 3 et 4, le directoire du département fera publier et afficher dans son arrondissement le tableau des places vacantes, soit dans les résidences nouvellement créées, soit dans les résidences conservées, et où le nombre des notaires ne sera pas complet.

10. Dans le mois après cette publication, les notaires de la seconde et de la troisième classe qui voudront occuper des places de notaires publics seront tenus d'adresser au procureur général syndic du département leurs déclarations portant désignation de la résidence dans laquelle ils demandent à être placés.

Seront d'abord préférés les notaires de la seconde classe; ensuite, parmi les notaires de la troisième, seront préférés ceux qui demeuraient dans le lieu où une résidence de notaire public aura été établie.

Les notaires ainsi appelés par degré à occuper des places de notaires publics seront admis suivant l'ancienneté de leur exercice, jusqu'à ce que le nombre soit rempli.

11. Ceux qui, dans le délai d'un mois, n'auront pas fait leur déclaration, seront censés avoir renoncé à leur droit, et ne pourront plus se faire inscrire pour les places vacantes.

12. Les notaires qui n'auront pu être placés dans la résidence par eux désignée pourront en indiquer une autre dans laquelle il y aurait encore des places vacantes, et ainsi de suite, jusqu'à ce que toutes les résidences du département soient complètes ; et les mêmes règles de préférence et d'ancienneté seront observées dans ce cas comme dans ceux ci-dessus spécifiés.

13. Immédiatement après le premier placement et les placements successifs, le tableau nominatif des notaires publics attachés à chaque résidence sera envoyé par le procureur général syndic au commissaire du roi près le tribunal dans l'arrondissement duquel sera le chef-lieu de résidence de ces notaires publics.

Et à l'égard des villes où il existe plusieurs tribunaux judiciaires, cet envoi sera fait au commissaire près celui desdits tribunaux dans le ressort duquel la maison municipale se trouve située.

14. Dans le délai de deux mois, à compter du jour de la réquisition qui en sera faite à chacun d'eux par le commissaire du roi, les officiers inscrits sur le tableau seront tenus d'effectuer le dépôt de leur fonds de responsabilité, de se retirer par-devers le roi, à l'effet d'obtenir une commission, et de se présenter au tribunal pour y être reçus en qualité de notaires publics.

La commission du roi ne pourra leur être refusée, en justifiant par eux du dépôt de leur fond de responsabilité, et elle rappellera, au surplus, la date de leur ancienne réception.

15. Sur la présentation de cette commission, ils seront admis devant le tribunal, pour consigner au bas du procès-verbal qui sera dressé à cet effet, les signature et paraphe dont ils entendent se servir dans l'exercice de leurs fonctions, et prêter le serment prescrit par l'article dernier du titre 4.

16. Il sera remis à chacun d'eux un extrait de ce procès-verbal, lequel extrait leur servira d'institution et réception, et de ce jour seulement ils prendront la qualité de notaires publics, et auront le droit d'exercer dans tout le département.

17. Faute par lesdits notaires d'avoir rempli, dans le délai de deux mois, les formalités prescrites par les art. 14 et 15, leurs places seront réputées vacantes ; et, sur l'avis qui en sera donné au directoire du département par le commissaire du roi, il sera pourvu à leur remplacement.

18. — Lorsque tous les notaires de la se-

conde et de la troisième classe, inscrits pour devenir notaires publics, seront placés ou lorsque, n'ayant pu l'être dans les résidences qu'ils auront désignées, ils n'auront pas fait de désignation nouvelle, s'il y a encore des places vacantes, il y sera pourvu suivant les formes qui vont être établies par le titre 4 de ce décret.

19. Dans chaque département, après la clôture du placement des notaires publics, le directoire enverra aux commissaires du roi auprès des divers tribunaux de son ressort un état nominatif des anciens notaires royaux ou autres qui, par refus formel, par défaut d'acceptation ou par toute autre cause, ne se trouveront pas compris dans le nouvel établissement.

Cet état sera publié et affiché sans délai, à la diligence desdits commissaires du roi, tant dans les nouvelles que dans les anciennes résidences de notaires de leur arrondissement respectif; et huitaine après cette publication, tous les anciens notaires non placés seront tenus de cesser l'exercice de leurs fonctions, à peine de faux et de nullité.

20. Et à l'égard des notaires admis dans le placement, mais qui s'en trouveraient déchus aux termes de l'art. 17, ils seront tenus pareillement, et sous les mêmes peines, de cesser leurs fonctions, huitaine après l'injonction qui leur en sera faite par le commissaire du roi.

TITRE III. — DE LA CONSERVATION ET DU DÉPÔT DES MINUTES D'ACTES DES NOTAIRES.

Art. 1er. Les minutes dépendant des offices de notaires royaux et autres supprimés par le titre 1er de ce décret seront mises en la garde des notaires publics établis dans la résidence la plus prochaine du lieu de leur dépôt actuel.

2. En conséquence, les minutes actuellement conservées dans les lieux où il sera établi des notaires publics ne pourront en être déplacées, et celles qui se trouveront partout ailleurs seront portées dans le plus prochain chef-lieu de résidence de notaire public, en suivant, à cet égard, la démarcation par cantons.

3. À cet effet, après que le directoire de l'administration du département aura fait publier le tableau des notaires publics de chaque résidence, le directoire de l'administration du district dressera l'état des anciens offices, soit du lieu même, soit des lieux circonvoisins, dont les minutes doivent être remises auxdits notaires publics, et adressera cet état au commissaire du roi du tribunal.

4. Les notaires royaux et autres devenus notaires publics dans les lieux où leurs minutes devront rester ou être apportées, en conserveront exclusivement le dépôt.

5. Les notaires qui auront cessé d'exercer, ou qui auront été placés dans une autre résidence que celle où leurs minutes doivent être déposées, ainsi que les héritiers des anciens titulaires décédés, pourront, dans un mois, à compter du jour de la notification qui leur sera faite par le commissaire du roi, remettre leurs minutes à celui des notaires publics qu'ils jugeront à propos de choisir parmi ceux établis dans le chef-lieu de résidence où les minutes devront être apportées, et faire, sur les recouvrements, telles conditions que bon leur semblera.

6. Mais, à défaut de remise dans le cours de ce délai, les possesseurs de ces minutes seront tenus de les déposer incontinent, avec les répertoires, entre les mains du plus ancien notaire public de cette résidence, lequel s'en chargera provisoirement sur son récépissé, après récolement et vérification.

Ils remettront en même temps un état des recouvrements à faire sur lesdites minutes, et seront tenus de déclarer par écrit s'ils veulent que lesdits recouvrements soient faits pour leur compte, ou s'ils préfèrent en céder la perception.

7. Au premier cas, les minutes et répertoires, ainsi que l'état des recouvrements, seront remis, après nouvelle vérification, à celui des notaires publics de la résidence qui offrira de se charger du tout et d'effectuer les recouvrements; et, à défaut, ou en cas de concurrence, la remise en sera faite par la voie du sort.

8. Lorsque, au contraire, les anciens possesseurs auront déclaré vouloir céder les recouvrements, la possession des minutes sera adjugée, eu égard auxdits recouvrements, sur enchères, entre les notaires publics de la résidence, par-devant le maire ou premier officier municipal.

Et, néanmoins, si le prix de la dernière enchère est au-dessous des trois quarts du total des recouvrements, les possesseurs auront la faculté d'empêcher l'adjudication, en demandant que la perception des recouvrements soit faite pour leur compte; et dans ce cas, on suivra les règles prescrites par l'art. 7 du présent titre.

9. Les minutes d'actes des notaires qui se trouveront contenues dans les bureaux de tabellionage ou autres dépôts publics établis en certains lieux y seront provisoirement conservées.

Celles qui peuvent exister encore dans les greffes des ci-devant justices seigneuriales seront, à la diligence des commissaires du roi, remises incessamment aux greffes des tribunaux de district dans le ressort desquels elles sont actuellement en dépôt.

Les gardiens desdites minutes pourront en délivrer des expéditions, en se conformant aux ordonnances.

10. A l'égard des minutes existant dans les archives des ci-devant seigneurs, ou entre les mains de toutes autres personnes privées, elles seront remises, avec les répertoires, s'il s'en trouve, au plus ancien notaire public de la résidence voisine, huitaine après la sommation qui en sera par lui faite aux possesseurs actuels, lesquels, à raison de cette remise, ne pourront exiger aucun remboursement ni indemnité.

11. Ces minutes seront d'abord classées en corps distincts, formés par la réunion des actes dépendant d'un même office ; et les corps complets seront ensuite distribués un par un, avec les répertoires, entre les notaires publics de la résidence, en commençant par le plus ancien, et continuant jusqu'à l'entière distribution.

A l'égard des minutes qui se trouveront faire partie d'un corps déposé dans une autre résidence, elles seront immédiatement envoyées dans le lieu de ce dépôt, pour y être réunies.

12. Deux mois au plus tard après la distribution de ces corps de minutes anciennes, les notaires publics qui en auront reçu le dépôt seront tenus d'en faire la déclaration au greffe du tribunal dans le ressort duquel leur résidence se trouvera située, et d'indiquer en même temps le nom des divers notaires de qui lesdites minutes proviennent.

Ils dresseront, en outre, dans les six mois du dépôt, un répertoire exact des minutes, s'il n'en existait pas lors de la distribution.

13. Lors de la démission ou du décès des notaires publics au remplacement desquels il n'y aurait pas lieu de pourvoir, les démettants ou les héritiers des décédés auront la faculté de remettre leurs minutes à l'un des notaires publics de la résidence, et de s'arranger pour les recouvrements, dans le délai d'un mois, à compter de la démission et du décès ; et, après ce délai, le commissaire du roi auprès du tribunal poursuivra la remise des minutes entre les mains du plus ancien des notaires publics, pour être procédé à leur dépôt, ainsi qu'il a été procédé par les art. 6, 7 et suiv.

14. A l'avenir, dans tous les cas où il y aura lieu au remplacement d'un notaire public par démission ou décès, les minutes passeront à son successeur, et la remise lui en sera faite, sauf à tenir compte des recouvrements.

15. L'évaluation des recouvrements sera faite de gré à gré, s'il est possible, sinon par deux notaires choisis de part et d'autre parmi ceux de la résidence du notaire démettant ou décédé, et, à leur défaut, parmi ceux de la résidence la plus voisine ; lesquels appréciateurs, en cas de diversité d'avis, prendront un autre notaire de la résidence pour les départager.

16. A compter du 1ᵉʳ janvier 1793, les notaires seront tenus de déposer, dans les deux premiers mois de chaque année, au greffe du tribunal de leur immatriculation, un double par eux certifié du répertoire des actes qu'ils auront reçus dans le cours de l'année précédente, à peine de 100 liv. d'amende pour chaque mois de retard.

TITRE IV. — NOUVELLE FORME DE NOMINATION ET D'INSTITUTION DES NOTAIRES PUBLICS.

Art. 1ᵉʳ. Les places de notaires publics ne pourront être occupées à l'avenir que par des sujets antérieurement désignés dans un concours public, qui aura lieu, à cet effet, le 1ᵉʳ septembre de chaque année, dans les villes chefs-lieux de département.

Le premier concours se fera extraordinairement le 1ᵉʳ mars prochain.

2. Les juges du concours seront au nombre de neuf, savoir : deux membres du tribunal établi dans le lieu où se fera le concours, le commissaire du roi près le même tribunal, deux membres du directoire du département, le procureur général syndic, et trois notaires publics de la ville, pris par ordre d'ancienneté, à tour de rôle.

3. Dans les villes où il se trouvera plusieurs tribunaux, les juges et les commissaires du roi seront pris alternativement dans chacun d'eux, en commençant par le numéro 1ᵉʳ pour le premier concours.

4. Pour être admis à concourir, il faudra :

1° Avoir satisfait à l'inscription civique, en quelque lieu du royaume que ce soit ;

2° Être âgé de vingt-cinq ans accomplis ;

3° Avoir travaillé pendant huit années sans interruption, savoir : pendant les quatre premières, soit dans les études des ci-devant procureurs ou des avoués, soit dans les études de notaires, en quelque lieu que ce soit du royaume, mais nécessairement pendant les quatre dernières, en qualité de clerc de notaire, dans l'étendue du département où le concours aura lieu, et y être actuellement employé en cette qualité.

Les juges et les hommes de loi remplissant les deux premières conditions, et exerçant, depuis cinq ans, dont trois au moins dans l'étendue du département, seront pareillement admis au concours.

5. Dans le mois qui précédera le concours, lequel, après celui du 1ᵉʳ mars prochain, se fera toujours le 1ᵉʳ septembre, sans avoir besoin d'être annoncé ni proclamé, et sans que, sous aucun prétexte, il puisse être retardé ou n'avoir pas lieu, tous ceux qui désireront être admis audit concours remettront au commissaire du roi, désigné par l'un des juges, les titres et certificats servant à constater les qualités et conditions ci-dessus requises ; et les clercs rapporteront, en outre,

avec les certificats d'études qui leur auront
été délivrés par les divers officiers chez lesquels ils les auront faites, des attestations de
leurs vie et mœurs, signées par lesdits officiers, et dûment légalisées.

6. Les ci-devant notaires royaux qui, après
avoir fait les déclarations prescrites par le titre II, n'auront pu être employés lors du prochain établissement, seront dispensés du
concours ; et ils pourront, sur leur demande,
être inscrits en premier ordre, et en suivant
entre eux le rang de leur réception, sur le
premier tableau de candidats qui sera dressé.

7. Mais ceux desdits notaires royaux qui
n'auront fait aucune déclaration, ainsi que
les notaires ci-devant seigneuriaux qui n'auraient pas été placés, soit qu'ils aient ou non
demandé à l'être, seront simplement admis à
concourir sur la seule énonciation et justification de leur ancienne qualité.

8. Les juges qui procéderont à l'examen
commenceront par vérifier les titres des sujets qui se présenteront, pour savoir s'ils
remplissent les conditions requises.

Les sujets qui rempliront ces conditions
seront seuls admis à l'examen ; il consistera
dans un interrogatoire fait à chacun séparément, sur les principes de la constitution,
les fonctions et devoirs de notaire public, et
dans la rédaction d'un acte dont le pro-
gramme sera donné par les juges, et rempli,
sans déplacer, par les aspirants.

9. La capacité des sujets sera jugée à la
majorité absolue des voix.

10. Ceux qui seront ainsi reconnus capables seront déclarés, par les juges de l'examen, habiles à remplir les fonctions de notaires publics, et inscrits aussitôt sur un tableau, suivant le nombre des voix qu'ils auront
eues pour leur admission. En cas d'égalité de
suffrages pour deux ou trois aspirants, ils seront inscrits sur le tableau à raison de leur
temps d'étude ou d'exercice, et, en cas d'é-
galité de temps, à raison de leur âge.

11. Ce tableau sera continué chaque année
de la même manière. Il restera affiché dans
la principale salle de l'administration du département, et sera envoyé par le procureur
général syndic à tous les tribunaux du ressort, pour y être pareillement affiché.

12. Jusqu'à leur placement effectif, les sujets ainsi élus continueront sans interruption
dans leur département, savoir les clercs, leurs
études chez les notaires, et les autres, leurs
fonctions de juges ou d'hommes de loi.

13. En cas de décès ou de démission, les
sujets inscrits sur le tableau des anciens auront droit à la place vacante, suivant la priorité de leur rang et la date de l'inscription.

Néanmoins les juges et les hommes de loi
ne pourront prétendre aux places vacantes
dans les résidences qui entraîneront un fonds
de responsabilité de 15,000 liv. et au-dessus

qu'autant qu'il ne se trouvera aucun clerc
desdites résidences inscrit sur le tableau.

14. En conséquence, lorsqu'une place de
notaire public deviendra vacante, la municipalité de la résidence en donnera avis au
directoire du département, lequel sera tenu
de faire aussitôt annoncer cette vacance par
proclamation et affiches dans tout son ressort, avec réquisition aux sujets inscrits
d'envoyer leur acceptation dans les quinze
jours au procureur général syndic.

15. Après ledit délai, le directoire conférera la place vacante au premier rang par
rang et date d'inscription de ceux qui, ayant
droit de la requérir, auront donné leur acceptation ; et ceux qui les précédaient dans
l'ordre, mais qui se seront trouvés en retard
de fournir leur acceptation, ne pourront être
admis à réclamation, pour cette fois, sans
néanmoins préjudicier à leurs droits pour
l'avenir.

16. Il sera remis au sujet ainsi nommé un
extrait du procès-verbal de sa nomination,
et, avec cet extrait, il se pourvoira auprès du
roi à l'effet d'obtenir une commission qui ne
pourra lui être refusée, pourvu qu'il justifie
préalablement du remboursement par lui fait
à son prédécesseur ou héritier du montant
de son fonds de responsabilité et de ses recouvrements, ou d'arrangement pris à ce
sujet.

17. Après avoir obtenu la commission du
roi, le sujet se présentera au tribunal dans
le ressort duquel sa résidence se trouvera
placée.

18. Sur la présentation de l'extrait de son
inscription au tableau, de sa nomination et
de la commission du roi, il sera admis à prêter le serment à l'audience publique, en rapportant aussi préalablement un certificat de
sa continuation d'exercice ou d'étude, depuis
son inscription au tableau, de ses vie et
mœurs, lequel certificat sera donné, pour les
juges et hommes de loi, par le président du
tribunal dans lequel ils auront exercé leurs
fonctions, et pour les clercs, par les notaires chez lesquels ils auront travaillé.

19. Dans le procès-verbal de ladite prestation de serment, le notaire public reçu
consignera les signature et paraphe dont il
entend se servir dans l'exercice de ses fonctions, et il ne pourra en employer d'autres à
peine de faux.

20. La formule du serment sera ainsi conçue : « Je jure sur mon honneur d'être fidèle
à la constitution et aux lois du royaume, et
de remplir mes fonctions avec exactitude et
probité. »

TITRE V.— REMBOURSEMENT DES NOTAIRES
ROYAUX.

Art. 1er. Attendu que l'évaluation des offices de notaires au ci-devant Châtelet de Pa-

ris, faite en exécution de l'édit de 1771, est dans une disproportion immense avec la valeur effective desdits offices et accessoires, et que beaucoup de titulaires sont dans l'impossibilité de constater par pièces authentiques le montant de leurs acquisitions, il sera établi, pour le remboursement desdits notaires, un prix commun sur le prix des acquisitions faites par les soixante-dix derniers pourvus, tel qu'il se trouvera établi par traités, quittances et autres actes authentiques.

2. La masse de ces prix réunis, divisée par leur nombre, donnera le prix de chacun des cent treize offices de notaires.

3. Les titulaires de ces cent treize offices seront divisés en trois classes :

La première comprendra tous ceux qui auront été reçus antérieurement au 1ᵉʳ juillet 1771 ;

La seconde, tous ceux qui auront été reçus depuis le 1ᵉʳ juillet 1771 jusqu'au 1ᵉʳ juillet 1781 exclusivement;

La troisième classe sera formée de tous ceux qui ont été reçus depuis le 1ᵉʳ juillet 1781 jusqu'à présent.

4. Sur le prix moyen, il sera retranché aux divers titulaires tant pour les recouvrements et meubles d'études confondus dans leurs acquisitions qu'à cause de leurs temps d'exercice, savoir : un tiers aux titulaires de la troisième classe, un sixième aux titulaires de la seconde classe, et un douzième aux titulaires de la troisième classe, excepté, toutefois, ceux reçus depuis le 1ᵉʳ janv. 1785, lesquels ne supporteront aucune déduction.

5. Ce qui restera du prix moyen pour les divers titulaires assujettis à une déduction, et la totalité pour ceux qui en sont affranchis, sera payé aux titulaires de chaque classe individuellement, tant à titre de remboursement qu'à titre d'indemnité, sans qu'ils puissent exercer aucune autre répétition, soit pour leurs offices, soit pour les taxes ou finances qu'ils ont pu fournir de leurs deniers, soit enfin pour les remboursements qu'ils ont pu faire aussi de leurs deniers sur leurs emprunts collectifs.

6. Quant aux offices de notaires royaux des autres villes et départements, ils seront distingués en deux classes :

1° Ceux qui ont été évalués en exécution de l'édit de 1771 ;

2° Ceux qui n'ont pas été évalués.

7. Il sera donné aux titulaires des offices de la première classe, tant pour remboursement que pour indemnité, d'abord le montant de l'évaluation, sans aucune déduction, et ensuite le surplus du prix de leur acquisition constaté par actes authentiques, à la déduction du prix des recouvrements, s'il est spécifié dans le contrat; et s'il n'est pas déterminé, la déduction sera de moitié de ce qui restera du prix total de l'acquisition, l'évaluation prélevée.

Si le contrat ne porte aucune vente de recouvrements, le prix de l'acquisition sera remboursé en totalité, à moins que l'évaluation ne soit inférieure au tiers de ce prix, auquel cas il ne sera payé que le montant de l'évaluation, et deux tiers du prix porté au contrat.

8. A l'égard des titulaires des offices de la deuxième classe, ils recevront la totalité du prix de leur acquisition, établi par pièces authentiques, si le contrat ne porte aucune vente de recouvrements.

Mais lorsqu'il y aura des recouvrements compris dans l'acquisition, le prix en sera aussi déduit, s'il est spécifié dans le contrat; et, s'il n'est pas déterminé, la déduction sera d'un sixième du prix total.

Et, à défaut de preuves authentiques du prix des acquisitions, il ne sera payé à ces derniers titulaires que le montant des finances versées dans le Trésor public.

9. Les dispositions du décret des 2 et 6 septembre 1790, et de l'art. 24 du décret du 24 décembre suivant, relativement aux frais de provisions des officiers et aux dettes des compagnies, seront exécutées, tant pour les notaires du ci-devant Châtelet de Paris que pour les notaires des autres départements.

10. Les intérêts courront, en faveur de chaque titulaire, à compter du jour de la remise des titres nécessaires pour sa liquidation.

11. Les fonds de responsabilité à fournir par les notaires royaux qui deviendront notaires publics demeureront compensés jusqu'à due concurrence avec les remboursement qui leur seront dus pour leurs offices et accessoires; et, à ce moyen, les priviléges et hypothèques dont les offices pourraient être chargés seront transférés aussi jusqu'à due concurrence, sur les fonds de responsabilité, pour n'avoir lieu néanmoins que subordonnément à la garantie des fonctions desdits notaires.

12. Les notaires dont le remboursement s'élèvera au delà du fonds de responsabilité déterminée ne recevront ce remboursement qu'en déclarant s'ils se font inscrire sur le tableau des notaires publics, ou s'ils renoncent à exercer cet état : dans le premier cas, ce fonds de responsabilité leur sera retenu sur la somme qui leur reviendra, dans le second, toute la somme leur sera remboursée.

13. Il pourra, au surplus, leur être délivré des reconnaissances applicables au paiement de domaines nationaux, dans la proportion et suivant les formes réglées pour d'autres officiers par les précédents décrets, lesquels décrets leur deviendront communs.

14. Ceux des notaires dont le remboursement sera inférieur au fonds de responsabi-

lité recevront un certificat du montant de leur liquidation et seront tenus de compléter ledit fonds de responsabilité un mois après, entre les mains du receveur du district de leur résidence, faute de quoi ils cesseront toute fonction, à peine de faux et de nullité.

. 15. Les anciens notaires appelés en troisième ordre à occuper, dans le prochain établissement, des places de notaires publics, et qui n'ont aucun remboursement à recevoir, seront, sous la même peine, tenus de fournir leur fonds de responsabilité dans un mois après leur inscription sur le tableau des notaires publics.

16. Tous les notaires publics seront tenus de constater au commissaire du roi du tribunal de leur résidence qu'ils ont exécuté les dispositions contenues dans les art. 14 et 15 du présent titre.

1ᵉʳ août 1793. — Loi qui établit l'uniformité et le système général des poids et mesures, et néanmoins en ajourne l'exécution à une époque indiquée.

---

16 août 1793.—Loi relative à des minutes d'actes incendiés, et au mode de leur remplacement.

La Convention nationale, après avoir entendu le rapport de son comité de législation sur la pétition du citoyen Paul-Antoine Robert, notaire à Voncy, district de Vouziers, département des Ardennes, décrète :

Art. 1ᵉʳ. Le citoyen Robert est autorisé à compulser les registres du bureau d'enregistrement d'Attigny, à l'effet de faire l'extrait des actes dont les minutes ont été incendiées par les émigrés, dans son étude, la nuit du 24 au 25 septembre dernier.

2. Les extraits seront enregistrés gratis par le receveur du droit d'enregistrement.

---

17 sept. 1793. — Loi qui autorise les notaires, greffiers et huissiers, à faire les prisées et ventes de meubles, et fixe l'honoraire des vacations (1).

Art. 1ᵉʳ. Les notaires, greffiers et huissiers sont autorisés à faire les prisées et ventes de meubles dans toute l'étendue de la république.

2. En conséquence, les huissiers-priseurs de Paris et les huissiers ci-devant de l'Hôtel cesseront les fonctions attribuées à leurs offices ; néanmoins, ceux d'entre eux qui avaient le droit d'exercer les autres fonctions d'huissier auront la faculté de les remplir concurremment avec ces derniers.

3. Il ne pourra être perçu à Paris, par lesdits officiers, lorsqu'ils procéderont aux ventes, que trois livres par vacation, dont la durée sera de trois heures, et cinq sous pour l'enregistrement d'une opposition. Il leur sera accordé, en outre, les deux tiers du prix des

---

(1) V. plus bas l'arrêté du Directoire exécutif du 27 niv. an v, et la note.

vacations pour l'expédition du procès-verbal de chaque séance, sans y comprendre les droits d'enregistrement et de timbre.

4. Les officiers publics qui rempliront les mêmes fonctions dans les départements ne pourront également y percevoir que les deux tiers du prix des vacations, ainsi qu'elles sont fixées par le décret du 21 juillet 1790.

La Convention nationale rapporte l'art. 8 de ce même décret, qui autorisait à percevoir deux sous six deniers par rôle de grosse des procès-verbaux.

5. La Convention nationale ajourne les autres articles du projet de décret, et renvoie à l'examen de son comité de législation la question de savoir s'il ne serait pas possible de supprimer les huissiers.

---

18 brum. an II (8 nov. 1793). — Loi relative à l'exercice et au ressort des fonctions de notaires.

Art. 1ᵉʳ. Provisoirement, et jusqu'à ce qu'il en ait été autrement ordonné, les notaires conservés dans leurs fonctions par l'art. 4 de la première section du titre 1ᵉʳ du décret du 26 sept. 1791 pourront, comme ceux qui ont pu être institués en vertu de la seconde section du même titre, les exercer dans toute l'étendue du département où est fixée leur résidence.

2. Les actes que les notaires auraient reçus ou recevraient hors les limites du département dans l'étendue duquel leur résidence est fixée, ne pourront pas être annulés du chef de l'incompétence de ces officiers.

3. Mais tout notaire qui, à l'avenir, recevra un acte hors de son département, sera puni, pour la première fois, d'une amende de mille livres, et, en cas de récidive, destitué.

4. Les peines portées par l'article précédent seront prononcées par le tribunal du district dans l'étendue duquel le notaire aura reçu incompétemment un acte ; et elles seront poursuivies, soit par le procureur de la commune du lieu de la passation de l'acte, soit par le procureur-syndic du district, soit par le procureur général syndic du département dans lequel cette commune se trouve comprise.

5. En cas de faux de la part du notaire dans la date du lieu de la passation d'un acte, il sera poursuivi dans la forme prescrite par les titres 11 et 12 de la seconde partie du décret du 16 sept. 1791 sur les jurés.

---

21 frim. an II (11 déc. 1793). — Loi sur la remise des titres de créances sur l'État, contenant des dispositions sur le mode de suppléer les grosses et titres perdus et la délivrance de nouveaux titres par les notaires.

Art. 6. Ceux qui auront perdu soit la grosse ou l'ampliation du contrat de consti-

18.

tution ou reconstitution, soit la grosse ou ampliation du titre nouvel, et ceux dont lesdits titres ont été brûlés ou se trouvent dans les pays occupés par les ennemis ou par les brigands, pourront requérir du notaire ou dépositaire la remise de la grosse déposée ou de la minute du contrat, en fournissant une décharge suivant le modèle annexé au présent décret.

7. La remise sera faite, quoique le requérant n'ait droit qu'à une partie de la rente; et ce titre servira pour les coïntéressés à ladite rente.

8. La décharge fournie par le propriétaire au notaire ou dépositaire tiendra lieu de la grosse ou minute, lorsqu'elle lui sera demandée.

8 pluv. an II (27 janv. 1794). — Loi portant défense aux notaires d'insérer dans les actes des clauses et qualifications féodales, nobiliaires ou royales, ainsi que de délivrer des expéditions ou extraits d'anciens actes, sans les purger de tout ce que dessus (1).

Art. 4. Il est fait défense à tous notaires et autres dépositaires quelconques, d'insérer à l'avenir dans les minutes, expéditions ou extraits d'actes de toute nature, quelle que soit leur date, des clauses, qualifications, énonciations ou expressions tendant à rappeler d'une manière directe ou indirecte le régime féodal ou nobiliaire, ou la royauté, sous les peines portées par l'art. 7 du décret du 17 juillet, sauf auxdits dépositaires à délivrer lesdits extraits ou expéditions, après les avoir purgés de tout ce qui est prescrit par le présent décret et ceux antérieurs.

23 floréal an II (12 mai 1794). — Extrait de la loi relative à la remise et à l'annulation des titres de créances viagères sur le grand-livre.

Art. 65. Dans le mois qui suivra le dépôt du grand-livre de la dette viagère aux archives nationales, les commissaires surveillants du bureau de comptabilité se feront remettre, par les notaires de Paris, les minutes de tous les contrats et autres titres constatant la dette viagère de la nation, portés sur leurs répertoires; ils les feront annuler et détruire; ils feront annuler aussi l'indication portée sur le répertoire.

66. Dès que le dépôt du grand-livre de la dette viagère sera fait aux archives nationales, les commissaires de la Trésorerie en préviendront les administrations de département et de district, qui seront tenues de se faire remettre de suite, par tous les dépositaires publics, tous les titres, pièces et indi-

cations qui constatent les créances viagères dues par la nation, lesquels seront annulés et détruits.

11 mess. an II (29 juin 1794). — Loi qui autorise la délivrance des expéditions des actes désignés dans la loi du 8 pluv. sans les purger, sur la demande des autorités constituées.

Art. 1er. Pourront les notaires, greffiers et autres dépositaires publics et privés, délivrer des extraits, expéditions ou copies des actes désignés dans la loi du 8 pluviôse, sans les purger, aux termes de l'art. 4 de ladite loi, sur la demande par écrit des communes, autorités constituées et agents nationaux.

2. Lesdites autorités constituées sont spécialement chargées de veiller à ce qu'il ne soit point fait, desdits actes, d'usage contraire à la loi, et à ce qu'ils soient déposés aux époques et aux lieux qui seront indiqués pour le brûlement général.

2 therm. an II (20 juillet 1794). — Loi portant qu'aucun acte public ne peut, dans quelque partie que ce soit de la France, être écrit qu'en langue française.

Art. 1er. A compter du jour de la publication de la présente loi, nul acte public ne pourra, dans quelque partie que ce soit du territoire de la république, être écrit qu'en langue française.

2. Après le mois qui suivra la publication de la présente loi, il ne pourra être enregistré aucun acte, même sous seing privé, s'il n'est écrit en langue française.

3. Tout fonctionnaire ou officier public, tout agent du Gouvernement, qui, à dater du jour de la publication de la présente loi, dressera, écrira ou souscrira, dans l'exercice de ses fonctions, des procès-verbaux, jugements, contrats ou autres actes généralement quelconques, conçus en idiomes ou langues autres que la française, sera traduit devant le tribunal de police correctionnelle de sa résidence, condamné à six mois d'emprisonnement et destitué.

4. La même peine aura lieu contre tout receveur du droit d'enregistrement qui, après le mois de la publication de la présente loi, enregistrera des actes, même sous seing privé, écrits en idiomes ou langues autres que la française.

4 therm. an III (22 juillet 1795). — Loi qui oblige les notaires à faire mention de la patente des parties en tête des actes relatifs à leur commerce (1).

Art. 7. Tous ceux qui sont assujettis aux patentes ne pourront former aucune de-

(1) V. ci-dessus.—V. aussi infrà, à sa date, la loi des 28 mai-6 juin 1858 sur les titres de noblesse.

(1) V. plus loin, à leurs dates, les lois des 6 fruct. an IV et 18 mai 1850.

mande, fournir aucune exception ou défense en justice, passer aucun acte ou transaction authentique, dans tout ce qui peut être relatif au commerce, sans produire leur patente en original ou expédition ; le tout à peine d'une amende du quadruple du prix de la patente.

Ladite patente sera rappelée en tête des actes ou exploits, à peine de cinq cents livres d'amende contre les huissiers ou notaires.

———

1er vendém. an IV (23 sept. 1795). — Loi sur les nouveaux poids et mesures.

Art. 1er. Au 1er nivôse prochain, l'usage du mètre sera substitué à celui de l'aune dans la commune de Paris, et dix jours après dans tout le département de la Seine.

2. En conséquence, tous les marchands en gros et en détail, sédentaires et ambulants, qui se servent de l'aune, seront tenus de se procurer des mètres, comme il est dit ci-après.

3. L'agence temporaire des poids et mesures adressera, sous le plus bref délai, d'abord aux administrations municipales de Paris, et ensuite à celles des autres communes du département de la Seine, le nombre de mètres ou demi-mètres, convenablement divisés, que l'administration du département aura indiqué être nécessaire respectivement pour les arrondissements desdites municipalités.

Ces administrations en donneront leur reçu à l'agence temporaire des poids et mesures, et nommeront un préposé à la garde et à la délivrance desdites mesures.

4. Avant la fin de frimaire prochain, les marchands se servant de l'aune remettront à l'administration municipale tout ce qu'ils ont entre leurs mains de ces anciennes mesures ; et, sur l'exhibition de leur patente, il leur sera donné en échange un mètre pour chaque aune, et un demi-mètre pour chaque demi-aune. Néanmoins, il ne sera d'abord délivré à chacun desdits marchands qu'une seule mesure de chaque espèce, et il leur sera donné une reconnaissance pour l'excédent, qui leur sera fourni ultérieurement.

5. Il sera en même temps remis à chacun desdits marchands une affiche explicative, contenant le rapport de l'ancienne aune au mètre et partie de mètre, rendu sensible par des échelles graduées, au moyen desquelles chacun pourra facilement faire les évaluations des quantités ou du prix qui l'intéressent.

6. Le renouvellement des anciens poids et mesures de toute espèce sera progressivement exécuté dans toute la France, en conformité de l'art. 9 de la loi du 18 germ. dernier et des dispositions du présent décret.

A cet effet, dès que la fabrication des nouvelles mesures et les autres moyens préparatoires permettront d'opérer le remplacement dans une partie déterminée de la république, il en sera rendu compte au Directoire exécutif, qui fera une proclamation pour annoncer les moyens de ce remplacement et rappeler ce qui est prescrit par les lois à ce sujet.

7. Deux mois après la publication et l'affiche de cette proclamation, l'usage des mesures républicaines qui en seront l'objet deviendra obligatoire pour tous les marchands dans l'étendue du territoire désigné.

8. Les dispositions de l'art. 4 de la présente loi seront appliquées aux diverses parties de la république, lorsqu'il s'agira d'y introduire les nouvelles mesures de longueur.

9. A compter de l'époque à laquelle chaque espèce de mesure républicaine sera devenue obligatoire, il est enjoint à tous notaires et officiers publics des lieux où cette obligation sera en activité d'exprimer en mesures républicaines toutes les quantités de mesures qui seront à énoncer dans les actes que lesdits notaires ou officiers publics passeront ou recevront.

Les actes qui seraient en contravention avec le présent article seront sujets à un excédant de droit d'enregistrement de la valeur de 50 francs : cette somme sera payée comme une amende par le notaire ou l'officier public qui aura passé l'acte, sans que, sous aucun prétexte, elle puisse être imputée aux parties pour qui l'acte aura été passé.

10. Semblablement, aucun papier de commerce, livre et registre de négociant, marchand ou manufacturier, aucune facture, compte, quittance, même lettre messive, faits ou écrits dans les lieux où l'usage des mesures républicaines sera en activité, ne pourront être produits et faire foi en justice qu'autant que les quantités de mesures exprimées dans lesdits livres, papiers, lettres, etc., le seraient en mesures républicaines, ou du moins la traduction en sera faite préalablement et constatée aux frais des parties par un officier public.

11. Les municipalités et les administrations chargées de la police feront, dans leurs arrondissements respectifs, et plusieurs fois dans l'année, des visites dans les boutiques et magasins, dans les places publiques, foires et marchés, à l'effet de s'assurer de l'exactitude des poids et mesures.

Les contrevenants seront punis de la confiscation des mesures fausses ; et, s'ils sont prévenus de mauvaise foi, ils seront traduits devant le tribunal de police correctionnelle, qui prononcera une amende dont la valeur pourra s'élever jusqu'à celle de la patente du délinquant.

12. L'agence temporaire des poids et mesures enverra à chaque administration de département des modèles de mètres, ainsi que des modèles de mesures de capacité et de poids, autant qu'il sera nécessaire pour diriger la fabrication ou la vérification des diverses sortes de mesures républicaines.

13. Il y aura, dans les principales communes de la république, des vérificateurs chargés d'apposer sur les nouvelles mesures le poinçon de la république et leur marque particulière. Le pouvoir exécutif déterminera d'après les localités et les besoins du service, le nombre des vérificateurs, leurs fonctions et leur salaire : ces vérificateurs seront nommés par les administrations de département, trois mois après que l'usage des nouvelles mesures aura été rendu obligatoire dans leur arrondissement. Jusqu'à cette époque, la vérification sera faite gratuitement par des artistes commis à cet effet par l'agence temporaire.

14. Au moyen des dispositions des deux derniers articles qui précèdent, et attendu la suppression des districts, les articles 3 et 17 de la loi du 18 germinal dernier demeurent sans effet.

15. Pendant les six premiers mois après l'obligation proclamée des mesures républicaines dans un lieu, les marchands qui se servent de ces mesures seront tenus d'exposer à la vue des acheteurs les échelles graduées, pour la comparaison des quantités et des prix, ainsi que l'explication, qui seront publiées à cet effet, afin que chacun puisse y recourir au besoin.

16. Aussitôt que l'usage du mètre sera devenu obligatoire pour les marchands dans une commune, les ouvriers, artistes ou agents, sous quelque dénomination que ce soit, qui s'y trouvent, et qui emploient le pied, la toise, les mesures de superficie ou d'arpentage, ou autres mesures anciennes analogues, ne pourront produire en justice aucun titre dans lequel seraient rapportées des quantités de ces mesures, à moins qu'elles ne soient traduites concurremment en expression de mesures républicaines.

17. Le Gouvernement, les ministres, chacun en leur partie, les administrations de département, et généralement tous les fonctionnaires publics, donneront des ordres et prendront tous les moyens qui dépendent d'eux, pour que, le plus tôt possible, les employés, ouvriers ou agents qui travaillent sous leur autorité, n'emploient d'autres mesures que les mesures républicaines, tant pour les ouvrages à faire que pour les comptes à rendre.

18. A compter du 1ᵉʳ brumaire prochain, les quantités de mesures dans les décrets et procès-verbaux du Corps législatif, seront exprimées concurremment en mesures anciennes et en mesures républicaines, jusqu'à ce que celles-ci puissent être exclusivement employées sans inconvénient.

Le comité des décrets est chargé de faire ajouter la traduction en nouvelles mesures sur les minutes et expéditions où elles auraient été oubliées.

19. Le pouvoir exécutif donnera des ordres pour que le même usage soit suivi dans les autres actes de l'autorité publique, aussitôt que le permettra la propagation des nouvelles mesures.

20. La disposition de l'art. 3 de la loi du 17 frimaire an II, concernant l'obligation d'exprimer par émargement, dans les comptes des dépenses publiques, les sommes en francs, décimes et centimes, est prorogée pendant les six premiers mois.

La Trésorerie nationale et le bureau de comptabilité ne recevront plus à l'avenir de pièces qui seraient en contravention avec ladite loi et les subséquentes.

21. L'agence temporaire continuera ses fonctions, sous l'autorité du ministre qui aura la partie des travaux publics. Ce ministre tiendra la main à l'exécution des lois sur les nouveaux poids et mesures, et prendra tous les moyens les plus propres à accélérer leur établissement : il fera en sorte qu'il soit entièrement terminé avant le 1ᵉʳ vend. de l'an VI. Il prendra sur les fonds affectés annuellement aux travaux publics les sommes nécessaires pour acquitter les dépenses indispensables auxquelles cette opération donnera lieu.

22. En attendant l'organisation du ministère, il est affecté, par le présent décret, une somme de 500,000 fr., pour continuer les opérations relatives au renouvellement des poids et mesures. La Trésorerie nationale tiendra, à cet effet, cette somme à la disposition de la commission d'instruction publique.

23. Le Directoire exécutif présentera, chaque année, au Corps législatif, le compte des progrès du renouvellement des poids et mesures, et de tout ce qui aura été fait pour parvenir à l'uniformité prescrite par la Constitution.

---

19 brum. an IV (10 nov. 1795). — Loi portant que le notariat et les objets qui lui sont relatifs sont compris dans les attributions du ministère de la justice.

---

16 flor. an IV (5 mai 1796). — Loi qui détermine le lieu où doit être déposé chaque année le double du répertoire des actes reçus par les notaires publics.

Art. 1ᵉʳ. Les notaires publics seront tenus d'effectuer, chaque année, au greffe du tribunal civil du département de leur résidence, le dépôt du double par eux certifié du répertoire des actes par eux reçus dans le cours de l'année précédente, et ce, dans le délai et sous les peines portées par l'art. 16 du titre III de la loi des 29 septembre-6 octobre 1791.

2. Le commissaire du Directoire exécutif près le tribunal civil de chaque département demeure chargé, sous sa responsabilité, de poursuivre les notaires en retard ; il les fera condamner à l'amende déterminée par la loi précitée, et cette amende sera recouvrée par le receveur des domaines de l'arrondissement de la résidence du notaire qui l'a encourue.

---

6 fruct. an IV (23 août 1796).—Loi qui porte que nul ne pourra former de demande, fournir aucune exception ou défense en justice, passer aucun acte, pour tout ce qui peut être relatif à son commerce, sa profession et son industrie, sans justifier de sa patente, dont mention sera faite en tête des actes, à peine de nullité (art. 48), et qui comprend les notaires parmi les patentables (1).

---

12 fruct. an IV (29 août 1796). — Arrêté du Directoire exécutif portant défense à tous autres que les notaires, greffiers et huissiers, de s'immiscer dans les prisées et ventes de meubles.

Le Directoire exécutif, après avoir entendu le rapport du ministre de la justice sur les abus résultant du droit que des particuliers s'arrogent, dans quelques cantons de faire des ventes publiques de meubles et effets mobiliers;

Considérant que l'art. 1er de la loi du 17 sept. 1793, en autorisant les notaires, greffiers et huissiers à faire des ventes publiques, a suffisamment fait connaître que ce droit ne pouvait être exercé par des citoyens ou même par des fonctionnaires publics qui ne seraient ni huissiers, ni greffiers, ni notaires; que l'intention de cette loi est encore plus clairement manifestée par l'exception qu'elle établit, art. 2, en faveur de ceux d'entre les huissiers-priseurs qui avaient le droit d'exercer les autres fonctions d'huissier, et à qui elle accorde, par cette raison, la faculté de les remplir, concurremment avec les huissiers, greffiers et notaires, faculté qu'il serait illusoire et sans objet d'accorder par une disposition expresse, si elle appartenait de droit à tous les individus;

Considérant que cette vérité acquiert encore un nouveau degré d'évidence lorsqu'on réfléchit que, par la loi qui vient d'être citée, ainsi que par celle des 21-26 juillet 1790, les notaires, les greffiers et les huissiers ont été

subrogés aux droits des ci-devant huissiers-priseurs, à qui une foule de règlements, et notamment l'édit de février 1771, avaient attribué celui de faire *seuls, et à l'exclusion de tous autres, la prisée, exposition et vente de tous biens meubles, soit qu'elles fussent faites volontairement, après inventaire ou par autorité de justice, en quelque sorte et manière que ce pût être, et sans aucune exception;*

Considérant qu'il est instant d'assurer au Trésor public le recouvrement de tous les droits d'enregistrement et de timbre auxquels sont assujettis les prisées, inventaires et ventes publiques de meubles et effets mobiliers, et qu'éludent presque toujours les citoyens qui, sans caractère légal, se permettent de procéder à ces actes;

Arrête ce qui suit :

Art. 1er. Conformément aux lois des 21-26 juillet 1790 et 17 septembre 1793, et aux règlements antérieurs, maintenus provisoirement par le décret de la Convention nationale du 21 septembre 1792, il est défendu à tous autres que les notaires de s'immiscer dans les prisées, estimations et ventes publiques de meubles et effets mobiliers, soit qu'elles soient faites volontairement, après inventaire, ou par autorité de justice, en quelque sorte et manière que ce puisse être, et sans aucune exception.

2. Les contrevenants seront poursuivis devant les tribunaux, à la requête et diligence des commissaires du Directoire exécutif près les administrations, pour être condamnés aux amendes portées par les règlements non abrogés, sans préjudice des dommages-intérêts des notaires, greffiers et huissiers, pour raison desquels ceux-ci se pourvoiront contre eux ainsi qu'ils aviseront.

Le présent arrêté sera imprimé au *Bulletin des Lois.* Il sera publié et exécuté dans les neuf départements réunis par la loi du 9 vendémiaire dernier, avec les lois des 26 juillet 1790 et 17 septembre 1793.

---

27 niv. an V (16 janv. 1797).—Arrêté du Directoire exécutif qui ordonne l'exécution des anciens règlements par lesquels le droit exclusif de faire les prisées et ventes de meubles est attribué aux notaires, huissiers et greffiers (1).

Le Directoire exécutif, vu l'art. 2 de son arrêté du 12 fructidor an IV, portant que les contrevenants au droit exclusif des notaires, huissiers et greffiers de faire les prisées et ventes publiques de meubles et effets mobiliers, seront poursuivis devant les tribunaux, à la requête et diligence des commissaires du

---

(1) Cette loi a été abrogée par l'art. 22 de la loi des finances du 18 mai 1850. Les notaires ne sont plus dans l'obligation de mentionner la patente des commerçants dans leurs actes.—V. *infrà*, cette loi du 18 mai 1850, à sa date.

(1) Cette loi est toujours en vigueur, et l'art. 7 de la loi du 23 juin 1841 l'a sanctionnée en frappant les contrevenants, dans certains cas, d'amendes considérables. V. plus bas la loi du 10 fév. 1799.

Directoire exécutif près les administrations, *pour être condamnés aux amendes portées par les règlements non abrogés.*

Considérant qu'il importe au recouvrement des droits d'enregistrement et de timbre de remettre sous les yeux des citoyens et des autorités constituées les règlements qui ont déterminé ces amendes, et que l'art. 11 de la loi du 12 vend. an IV autorise le Directoire exécutif à faire republier les lois anciennes ou récentes, lorsqu'il le juge convenable, et que la loi du 21 sept. 1792 maintient expressément, jusqu'à révocation, toutes les lois anciennes non encore abrogées ;

Considérant que les lois des 21-26 juill. 1790 et 17 sept. 1793 ayant subrogé les notaires, huissiers et greffiers aux ci-devant huissiers-priseurs, dans toutes les attributions relatives aux prisées et ventes de meubles qu'elles n'ont pas formellement exceptées, il en résulte que les dispositions pénales qui ont été portées précédemment contre les contrevenants au droit exclusif des huissiers-priseurs de faire les prisées et ventes de meubles, doivent être republiées pour être appliquées aux contrevenants au même droit transmis aux notaires, greffiers et huissiers ;

Vu, en conséquence,

1° L'édit du mois de février 1771, portant ce qui suit, art. 5, etc.;

2° Les lettres patentes du 7 juill. 1771, lesquelles ordonnent, etc.;

L'arrêt du ci-devant conseil d'Etat, du 21 août 1775, lequel ordonne, etc.;

3° L'arrêt du ci-devant conseil d'Etat, du 13 nov. 1778, qui ordonne, etc.;

Après avoir entendu le ministre de la justice ;

Arrête que les dispositions ci-dessus seront, avec le présent arrêté, réimprimées et publiées de nouveau, pour être exécutées selon leur forme et teneur, jusqu'à ce que, par le Corps législatif, il en ait été autrement ordonné.

7 brum. an VI (28 octobre 1797). — Loi qui porte que les notaires paieront le droit de patente de la deuxième classe, et les oblige sous peine d'amende, à énoncer la patente des parties dans les actes relatifs à leur commerce, à leur industrie ou profession (1).

Art. 3. Les notaires paieront le droit de la seconde classe.

26. Outre la peine de nullité prononcée par l'article de la loi du 6 fruct. an IV, les notaires, greffiers, huissiers ou autres officiers publics qui dresseront ou signifieront des actes et jugements en contravention audit jugement seront condamnés à une amende égale au droit de la patente qui aurait dû être prise. Cette amende pourra aussi être pro-

noncée contre ceux qui, par de fausses déclarations ou des certificats contraires à la vérité, contribueront à faire exempter de la patente des citoyens qui y seraient sujets.

19 brum. an VI (9 nov. 1797).—Loi qui défend de procéder à la vente publique d'ouvrages d'or et d'argent s'ils ne sont contrôlés.

Art. 28. Les ouvrages déposés au mont-de-piété et dans les autres établissements destinés à des ventes ou à des dépôts de ventes sont assujettis à payer les droits de garantie, lorsqu'ils ne les auront pas acquittés avant le dépôt.

2 vendém. an VII (23 sept. 1798). — ARRÊTÉ du Directoire exécutif contenant des mesures pour assurer la remise des minutes après la démission ou le décès d'un notaire public non à remplacer.

Le Directoire exécutif, vu l'art. 13 du titre 3 de la loi des 29 septembre-6 octobre 1791, sur l'organisation du notariat, lequel est ainsi conçu : « Lors de la démission ou du décès des notaires publics au remplacement desquels il n'y aura pas lieu de pourvoir, les démettants ou les héritiers des décédés auront la faculté de remettre leurs minutes à l'un des notaires publics de la résidence, et de s'arranger pour les recouvrements, dans le délai d'un mois, à compter de la démission ou du décès ; et, après ce délai, le commissaire du pouvoir exécutif auprès du tribunal poursuivra la remise des minutes entre les mains du plus ancien des notaires publics, pour être procédé à leur dépôt, ainsi qu'il est dit par les art. 6, 7 et suivants ; »

Considérant que la mesure sage prescrite par l'article ci-dessus cité reste souvent sans exécution, soit par la négligence des héritiers des notaires décédés, qui ne font pas lever les scellés apposés sur leurs minutes, soit par l'incurie des fonctionnaires chargés de veiller sur la conservation de ces dépôts de la fortune des citoyens ; qu'il résulte de l'inexécution de cette mesure que plusieurs citoyens ne peuvent obtenir des expéditions de titres et actes par eux ou souscrits ou déposés dans les études desdits notaires ; qu'il est instant de faire cesser un pareil abus, si nuisible à l'ordre social et au repos des familles ; après avoir entendu le ministre de la justice, arrête ce qui suit :

1° Lors de la démission ou du décès d'un notaire public au remplacement duquel il n'y aura pas lieu de pourvoir, le commissaire du Directoire exécutif près l'administration municipale dans l'arrondissement de laquelle lesdits démission ou décès auront eu lieu, donnera sur-le-champ avis au commissaire près l'administration centrale, qui le transmettra au commissaire près le tribunal civil ; celui-ci en donnera avis, dans la décade, au ministre de la justice ;

---

(1) *V.* ci-dessus la loi du 6 fruct. an IV, et le renvoi.

2° Lorsqu'il aura été disposé des minutes du notaire démettant ou décédé, de la manière qu'il est prescrit par l'art. 13 ainsi que par les art. 6, 7 et suivants de la loi ci-dessus citée, le commissaire du Directoire exécutif près le tribunal civil en informera également le ministre de la justice.

3° Dans le mois qui suivra la publication du présent arrêté, les commissaires près les tribunaux civils, après avoir pris les renseignements convenables, informeront le même ministre des diligences qu'ils auront faites pour la remise des minutes dont il n'aurait pas encore été disposé.

4° Les commissaires ci-dessus désignés sont respectivement rendus responsables de tous les délais qu'ils mettraient à s'acquitter de ce qui leur est imposé par le présent arrêté.

Le ministre de la justice fera connaître au Directoire exécutif ceux qui se rendraient coupables de négligence.

5° Les ministres de la justice et de l'intérieur sont chargés, etc.

1er brum. an VII (22 oct. 1798). — Loi sur la mention des patentes (1).

---

22 pluv. an VII (10 fév. 1799). — Loi sur les ventes de meubles et effets mobiliers.

Art. 1er. A compter du jour de la publication de la présente, les meubles, effets, marchandises, bois, fruits, récoltes et tous autres objets mobiliers, ne pourront être vendus publiquement et par enchères, qu'en présence et par le ministère d'officiers publics ayant qualité pour y procéder.

2. Aucun officier public ne pourra procéder à une vente publique, et par enchères, d'objets mobiliers, qu'il n'en ait préalablement fait la déclaration au bureau de l'enregistrement dans l'arrondissement duquel la vente aura lieu.

3. La déclaration sera inscrite sur un registre qui sera tenu à cet effet, et elle sera datée. Elle contiendra les noms, qualité et domicile de l'officier, ceux du requérant, ceux de la personne dont le mobilier sera mis en vente, et l'indication de l'endroit où se fera la vente et du jour de son ouverture. Elle sera signée par l'officier public, et il lui en sera fourni une copie, sans autres frais que le prix du papier timbré sur lequel cette copie sera délivrée.

Elle ne pourra servir que pour le mobilier de celui qui y sera dénommé.

4. Le registre sera en papier non timbré; il sera coté et paraphé, sans frais, par le juge de paix de l'arrondissement duquel sera le bureau d'enregistrement.

---

(1) V. plus haut, 23 août 1796 et la note.

---

5. Les officiers publics transcriront, en tête de leurs procès-verbaux de vente, les copies de leurs déclarations.

Chaque objet adjugé sera porté de suite au procès-verbal; le prix y sera écrit en toutes lettres, et tiré hors ligne en chiffres.

Chaque séance sera close et signée par l'officier public et deux témoins domiciliés.

Lorsqu'une vente aura lieu par suite d'inventaire, il en sera fait mention au procès-verbal, avec indication de la date de l'inventaire, du nom du notaire qui y aura procédé, et de la quittance de l'enregistrement.

6. Les procès-verbaux de vente ne pourront être enregistrés qu'aux bureaux où les déclarations auront été faites.

Le droit d'enregistrement sera perçu sur le montant des sommes que contiendra cumulativement le procès-verbal des séances à enregistrer dans le délai prescrit par la loi sur l'enregistrement.

7. Les contraventions aux dispositions ci-dessus seront punies par les amendes ci-après, savoir:

De cent francs contre tout officier public qui aura procédé à une vente sans en avoir fait la déclaration:

De vingt-cinq francs, pour défaut de transcription, en tête du procès-verbal, de la déclaration faite au bureau d'enregistrement;

De cent francs, pour chaque article adjugé et non porté au procès-verbal de vente, outre la restitution du droit;

De cent francs aussi, pour chaque altération de prix des articles adjugés faite dans le procès-verbal, indépendamment de la restitution du droit et des peines de faux;

Et de quinze francs pour chaque article dont le prix ne serait pas écrit en toutes lettres au procès-verbal.

Les autres contraventions que pourraient commettre les officiers publics contre les dispositions de la loi sur l'enregistrement seront punies par les amendes et restitutions qu'elle prononce.

L'amende qu'aura encourue tout citoyen pour contravention à l'art. 1er de la présente, en vendant ou faisant vendre publiquement et par enchères, sans le ministère d'un officier public, sera déterminée en raison de l'importance de la contravention; elle ne pourra cependant être au-dessous de cinquante francs ni excéder mille francs pour chaque vente, outre la restitution des droits qui se trouveront dus.

8. Les préposés de la régie de l'enregistrement sont autorisés à se transporter dans tous les lieux où se feront des ventes publiques et par enchères, et à s'y faire représenter les procès-verbaux de vente et les copies des déclarations préalables.

Ils dresseront des procès-verbaux des contraventions qu'ils auront reconnues et constatées ; ils pourront même requérir l'assistance d'un officier municipal, ou de l'agent ou de l'adjoint de la commune ou de la municipalité où se fera la vente.

Les poursuites et instances auront lieu ainsi et de la manière prescrite par la loi du 22 frimaire dernier sur l'enregistrement.

La preuve testimoniale pourra être admise sur les ventes faites en contravention à la présente.

9. Seront dispensés de la déclaration ordonnée par l'art. 2 les officiers publics qui auront à procéder aux ventes du mobilier national et à celles des effets des monts-de-piété.

10. Toutes dispositions des lois contraires à la présente sont abrogées.

---

17 floréal an VII (6 mai 1799). — Loi concernant l'exécution du nouveau système monétaire (1).

Art. 1er. A compter du 1er vendémiaire prochain, tous stipulations et comptes de valeur monétaire pour le service public de l'exercice de l'an VIII ne pourront être énoncés qu'en francs et fractions décimales de franc : en conséquence, les traitements des fonctionnaires publics et les impositions de toute nature de l'exercice de l'an VIII seront calculés et payés en ces valeurs, en substituant le franc à l'ancienne livre tournois.

2. A partir de la même époque, toutes transactions ou actes entre particuliers exprimeront également les sommes en francs, décimes et centimes, ou les sommes seront censées évaluées de cette manière, quand même elles seraient énoncées en livres, sous et deniers.

3. L'acquittement des obligations antérieures à l'époque ci-dessus désignée, soit entre particuliers, soit pour le service public, sera fait en valeur de l'ancienne livre tournois, quand même l'expression de franc se trouverait écrite dans les actes au lieu de celle de livre, sauf le cas où la valeur du nouveau franc aurait été formellement stipulée.

4. Les pièces d'or et d'argent à l'ancien type et au poids légal continueront d'avoir cours, même pour les paiements à faire en francs, mais à la charge par celui qui se libérera d'ajouter un centime et un quart (trois deniers) à chaque livre, afin de les porter à la valeur de franc.

---

28 floréal an VII. (17 mai 1799). — Loi relative aux transferts de la dette publique, au mode de délivrance des certificats de propriétés.

Art. 1er. A compter de la publication de la présente, les transferts des inscriptions de la dette publique seront faits à la Trésorerie nationale, de la manière ci-après.

2. Il sera établi et tenu à la Trésorerie nationale, près le grand-livre, des registres destinés à servir de minutes aux transferts et mutations de propriétés de la dette publique.

Ces registres seront imprimés et conçus d'après le modèle annexé à la présente.

3. Le vendeur se présentera au bureau chargé de recevoir les transferts, pour y faire sa déclaration ; il y remettra l'extrait d'inscription qu'il entend transférer, et dont la signature sera biffée en sa présence. Il lui sera expédié un bulletin de cette remise.

La minute du transfert sera signée par le vendeur ou son fondé de pouvoir spécial (1).

4. Deux jours après le transfert, l'acheteur pourra se présenter en personne ou par le porteur du bulletin qui aura été remis au vendeur, pour retirer l'extrait de la nouvelle inscription de la rente qu'il aura acquise. Cet extrait d'inscription lui sera délivré sur-le-champ.

Il en donnera décharge en marge de la minute du transfert.

5. Les tranferts qui seront faits au profit de la république le seront de la même manière ; il sera délivré au cédant, en remplacement de l'extrait d'inscription, un extrait de transfert, qu'il remettra à la caisse des recettes, pour en obtenir la rescription qui devra servir à le libérer de la dette pour laquelle il aura fait le transfert.

Les inscriptions ainsi transférées seront éteintes.

6. En cas de mutations autres que celles-ci-dessus exprimées, le nouvel extrait d'inscription sera délivré à l'ayant droit, sur simple rapport de l'ancien extrait d'inscription, et d'un certificat de propriété ou acte de notoriété, contenant ses nom, prénoms et domicile, la qualité en laquelle il procède et possède, l'indication de sa portion dans la rente et l'époque de sa jouissance.

Le certificat qui sera rapporté, après avoir été dûment légalisé, sera délivré par le notaire détenteur de la minute, lorsqu'il y aura eu inventaire ou partage, par acte public ou transmission gratuite, à titre entre-vifs ou par testament.

Il le sera par le juge de paix du domicile du décédé, sur l'attestation de deux citoyens, lorsqu'il n'existera aucun desdits actes en forme authentique.

Si la mutation s'est opérée par jugement, le greffier dépositaire de la minute délivrera le certificat.

Quant aux successions ouvertes à l'étranger, les certificats délivrés par les magistrats

---

(1) V. plus bas, p. 284.

(1) Ce pouvoir doit être revêtu de la forme authentique.

autorisés par les lois du pays seront admis lorsqu'ils seront rapportés dûment légalisés par l'agent de la république française.

7. Les certificats fournis en exécution de l'article précédent opéreront la décharge de la Trésorerie nationale et seront admis dans le jugement de ses comptes par la comptabilité nationale.

8. Toutes dispositions d'autres lois contraires à la présente sont abrogées.

7 vent. an VIII (26 fév. 1800). — Loi sur les cautionnements qui assujettit les notaires à cette mesure.

Art. 1er. Il sera fourni des cautionnements en numéraire par les régisseurs, administrateurs et employés des régies et administrations de l'enregistrement et des domaines, des douanes, des postes et de la loterie nationale, dénommés dans l'état annexé à la présente, et d'après les fixations qui y sont déterminées.

2. Il en sera pareillement fourni par les notaires, suivant le tableau ci-annexé.

3. Les cautionnements seront versés au Trésor public : le paiement en sera fait un quart en numéraire, dans le mois à compter de la publication de la présente, et le surplus en trois obligations d'égales portions, payables de trois mois en trois mois.

4. Les fonds provenant des cautionnements sont mis à la disposition du Gouvernement pour être employés aux dépenses de l'an VIII.

5. A compter de l'an IX, il sera fait un fonds spécial pour le paiement des intérêts de ces cautionnements, à raison de cinq pour cent par an, sans retenue.

6. A compter de l'an X, il sera fait un fonds de deux millions cinq cent mille francs qui seront destinés, chaque année, au rétablissement du principal des cautionnements dans la caisse d'amortissement, et affectés à l'amortissement de la dette publique.

7. Dans tous les cas de vacance par mort ou autrement, le cautionnement du nouveau titulaire servira au remboursement de celui de son prédécesseur; et, en cas de suppression d'emploi, il sera pourvu au remboursement par la caisse d'amortissement, sur les fonds qui lui auront été versés.

8. Tout citoyen qui n'aura pas satisfait, dans les délais fixés, au paiement de son cautionnement, ne pourra continuer l'exercice de ses fonctions, sous peine de destitution s'il est employé des régies et administrations, et quant aux notaires, d'une amende égale à la moitié de la somme fixée pour le cautionnement, et, en cas de récidive, d'une amende égale au montant du cautionnement.

Tableau des cautionnements à fournir par les notaires, en exécution de l'art. 2 de la loi.

Les cautionnements à fournir par les notaires sont fixés, savoir :

1° Pour ceux habitant dans les chefs-lieux de département,
Dans les villes de cinq mille âmes et au-dessous, mille francs ; dans celles de cinq à dix mille âmes, douze cents francs ; dans celles de dix mille à vingt-cinq mille, quinze cents francs ; dans celles de vingt-cinq mille à cinquante mille, deux mille francs ; dans celles de cinquante mille à cent mille, trois mille francs ; dans celles de cent mille et au-dessus, quatre mille francs ; dans la ville de Paris, six mille francs.

2° Pour les notaires habitant dans les chefs-lieux d'arrondissements communaux,
Dans les villes de cinq mille âmes et au-dessous, six cents francs ; dans celles de cinq mille à dix mille, huit cents francs ; dans celles de dix mille à vingt-cinq mille, mille francs ; dans celles de vingt-cinq mille à cinquante mille, quinze cents francs ; dans celles de cinquante mille à cent mille, deux mille francs ; dans celles de cent mille et au-dessus, trois mille francs.

3° Pour les notaires habitant dans les autres villes, ou dans les campagnes, bourgs et villages,
De cinq mille âmes et au dessous, quatre cents francs ; de cinq mille à dix mille, six cents frans ; de dix mille à vingt-cinq mille, huit cents francs ; de vingt-cinq mille et au-dessus, douze cents francs.

18 vent. an VIII (9 mars 1800). — Arrêté des consuls qui prescrit les modes et les délais pour le versement des cautionnements.

24 germ. an VIII (14 avril 1800). — Arrêté du Gouvernement relatif au mode de versement des cautionnements et au paiement de leurs intérêts.

Art. 1er. Les dispositions de l'arrêté du 18 ventôse dernier, qui règlent la forme du recouvrement des cautionnements établis par la loi du 7 du même mois, sont applicables aux cautionnements établis par la loi des 27 ventôse dernier et 4 germinal présent mois. En conséquence, et conformément à l'art. 2 dudit arrêté, le versement desdits cautionnements, tant en numéraire qu'en obligations, sera fait, pour Paris, au Trésor public, et pour les départements, dans la caisse du receveur général.

2. Chaque receveur particulier des contributions, et chaque payeur ou caissier du Trésor public, justifiera au ministre des finances du paiement de son cautionnement, dans la forme et dans les délais prescrits,

ainsi qu'il est réglé par les art. 4 et 5 de l'arrêté du 18 ventôse.

3. Les receveurs généraux des départements adresseront, aux administrateurs de la caisse d'amortissement le *duplicata*, signé par eux, des bordereaux indicatifs des versements qui leur auront été faits sur les cautionnements, et qu'ils doivent adresser au Trésor public, conformément à l'art. 3 du même arrêté; il en sera de même pour les cautionnements qui seront réalisés à la caisse des recettes journalières à Paris.

4. D'après ces bordereaux, les administrateurs de la caisse d'amortissement ouvriront un compte tant en capital qu'en intérêts, à chacun des fonctionnaires et employés qui se seront mis en devoir d'acquitter leurs cautionnements.

5. A cet effet, lesdits fonctionnaires et employés seront tenus d'adresser auxdits administrateurs de la caisse d'amortissement tant les quittances provisoires qui leur auront été fournies par les receveurs généraux de département, ou par le caissier des recettes générales à Paris, que leurs obligations soldées.

6. En échange desdites quittances et obligations soldées, il sera remis successivement auxdits fonctionnaires et employés, par la caisse d'amortissement, des récépissés provisoires, pour être convertis en quittances définitives après l'acquittement total du cautionnement.

7. Les intérêts de l'universalité des cautionnements seront acquittés par la caisse d'amortissement aux époques et dans les proportions fixées par les lois des 6 frimaire, 7 et 27 ventôse derniers, et 4 germinal présent mois. Le remboursement desdits cautionnements s'effectuera à la même caisse, dans les cas prévus par les mêmes lois.

8. Aucun paiement d'intérêts ne pourra être fait que sur la représentation de la quittance définitive à délivrer par les administrateurs de la caisse d'amortissement. Lesdits intérêts courront à compter de la date, soit des versements en numéraire, soit de l'acquittement des obligations.

Le ministre des finances est chargé de l'exécution du présent arrêté.

---

13 brum. an IX (4 nov. 1800). — ARRÊTÉ relatif au mode d'exécution du système décimal des poids et mesures.

Art. 1ᵉʳ. Conformément à la loi du 1ᵉʳ vendémiaire an IV, le système décimal des poids et mesures sera définitivement mis à exécution pour toute la république, à compter du 1ᵉʳ vendémiaire an X.

2. Pour faciliter cette exécution, les dénominations données aux mesures et aux poids pourront, dans les actes publics comme dans les usages habituels, être traduites par les noms français qui suivent :

NOMS systématiques.	TRADUCTION.	VALEUR.
MESURES ITINÉRAIRES.		
Myriamètre..	Lieue. . . .	10,000 mètres.
Kilomètre. . .	Mille.	1,000 mètres.
MESURES DE LONGUEUR.		
Décamètre. . .	Perche.. . .	10 mètres.
Mètre.	. . . .	Unité fondamentale des poids et mesures, dix-millionième partie du quart du méridien terrestre.
Décimètre. . .	Palme (le). .	10ᵉ de mètre.
Centimètre. .	Doigt.	100ᵉ de mètre.
Millimètre. . .	Trait.	1,000ᵉ de mètre.
MESURES AGRAIRES.		
Hectare. . . .	Arpent. . . .	10,000 mètres carrés.
Are.	Perche carrée.	100 mètres.
Centiare. . . .	Mètre carré.	
MESURES DE CAPACITÉ POUR LES LIQUIDES.		
Décalitre. . . .	Velte.	10 décimètres cubes.
Litre.	Pinte.	Décimètre cube.
Décilitre. . . .	Verre.	10ᵉ de décimètre cube.
MESURES DE CAPACITÉ POUR LES MATIÈRES SÈCHES.		
Kilolitre. . . .	Muid.	1 mètre cube ou 1,000 décimètres cubes.
Hectolitre. . .	Setier. . . .	100 décimètres cubes.
Décalitre. . . .	Boisseau. . .	10 décimètres cubes.
Litre.	Pinte.	Décimètre cube.
MESURES DE SOLIDITÉ.		
Stère.	. . . .	Mètre cube.
Décistère. . . .	Solive. . . .	10ᵉ de mètre cube.
POIDS.		
. . . .	Millier. . . .	1,000 livres (poids du tonneau de mer).
. . . .	Quintal. . . .	100 livres.
Kilogramme. .	Livre. . . .	Poids de l'eau sous le volume du décimètre cube, contient dix onces.
Hectogramme..	Once. . . .	10ᵉ de la livre, contient 10 gros.
Décagramme. .	Gros. . . .	10ᵉ de l'once, contient 10 deniers.
Gramme.. . .	Denier. . . .	10ᵉ de gros, contient 10 grains.
Décigramme. .	Grain. . . .	10ᵉ du denier.

3. La dénomination *mètre* n'aura point de synonyme dans la désignation de l'unité fondamentale des poids et mesures; aucune mesure ne pourra recevoir de dénomination publique qu'elle ne soit un multiple ou diviseur décimal de cette unité.

4. Le mesurage des étoffes sera fait par mètre, dixième et centième de mètre.

5. La dénomination *stère* continuera d'être employée dans le mesurage du bois de chauf-

fage et dans la désignation des mesures de solidité : dans les mesures des bois de charpente, on pourra diviser le stère en dix parties, qui seront nommées solives.

6. Les dénominations énoncées dans l'art. 2 pourront être inscrites à côté des noms systématiques sur les mesures et les poids déjà fabriqués ; elles pourront être inscrites ou seules, ou à côté des premiers noms, sur les poids et mesures qui seront fabriqués par la suite.

7. Dans tout acte public d'achat ou de vente, de pesage ou de mesurage, on pourra, suivant les dispositions précédentes, se servir de l'une ou de l'autre nomenclature.

8. Le ministre de l'intérieur adressera, dans le plus bref délai, à tous les préfets et sous-préfets, des mesures matrices pour servir de modèles; elles seront déposées au secrétariat. Ces mesures modèles seront prises dans les poids et mesures aujourd'hui appartenant à la république; le surplus sera vendu, et toute fabrication pour le compte du Gouvernement cessera.

9. Le ministre de l'intérieur présentera au consul, dans le plus court délai, d'après l'avis des préfets, le tableau des communes dans lesquelles il doit être établi des vérificateurs, en exécution de l'art. 13 de la loi du 1er vend. an IV. Il fera rédiger et publier les tableaux et instructions nécessaires à l'exécution des articles précédents.

Le ministre de l'intérieur est chargé, etc.

---

7 therm. an X (26 juillet 1802). — Arrêté des consuls portant qu'il ne sera plus reçu au Trésor aucune signification de transport, cession ou délégation de pensions à la charge de l'État.

Art. 2. Il ne sera reçu, à l'avenir, au Trésor public, aucune signification de transport, cession, délégation de pension à la charge de la république.

3. Les créanciers d'un pensionnaire ne pourront exercer qu'après son décès, et sur le décompte de sa pension, les poursuites et les diligences nécessaires pour la conservation de leurs droits.

---

25 vent. an XI. — Loi contenant organisation du notariat.—V. cette loi et le commentaire dont elle est accompagnée, plus haut, p. 1 et suiv.

---

5 floréal an XI (25 avril 1803).—Circulaire du ministre de la justice aux commissaires du Gouvernement près les tribunaux pour la mise en activité de la loi du 25 vent. an XI, considérée principalement par rapport aux cautionnements à fournir, aux nouvelles commissions à obtenir par les notaires, et aux nouveaux ressorts dans lesquels chacun d'eux a dû se renfermer.

La loi du 25 ventôse dernier, sur l'organisation du notariat, n'est pas, citoyen commissaire, un des moindres bienfaits dont la nation sera redevable à la session actuelle du Corps législatif. Il était temps de régulariser une institution si utile, en l'assujettissant à une discipline exacte, et en exigeant de ceux qui y seraient admis des preuves non équivoques de leur moralité et de leur capacité ; il fallait surtout donner de la consistance et de la considération à des fonctionnaires qui ont des communications journalières avec les citoyens de toutes les classes, et dont l'intervention, dans les arrangements de famille, est si fréquente et si indispensable : il ne s'agit plus que de mettre à exécution ce que le législateur a aussi heureusement conçu que sagement ordonné. Vous devez y concourir de plusieurs manières.

D'abord le supplément de cautionnement qui est établi par la loi donnera lieu à des instructions de la part du ministre des finances, qu'il transmettra aux préfets et aux receveurs de l'enregistrement et du domaine. Ce sera à vous à poursuivre le recouvrement de ce cautionnement contre ceux qui seront en retard de l'acquitter, d'après l'avis et les états que les receveurs vous adresseront. La marche que vous aurez à suivre sera la même que celle que prescrivaient, pour le premier cautionnement, la loi du 7 vent. an VIII, l'arrêté du 18 du même mois, et autres subséquents. Vous devez surtout considérer que ce n'est point ici une opération fiscale, mais un accroissement de garantie que le Gouvernement a cru devoir offrir aux citoyens qui emploient le ministère des notaires; et, sous ce rapport, vous vous pénétrerez mieux de l'importance de cette mesure et des soins qu'on doit donner à son exécution.

Suivant l'art 64, tous les notaires en exercice doivent obtenir une commission nouvelle du premier consul; il faut, avant de l'obtenir, qu'ils remettent au greffe de votre tribunal, sur un récépissé du greffier, tous les titres et pièces concernant leurs précédentes nominations ou réceptions. Il se pourrait que quelques-uns d'entre eux ne fussent plus possesseurs de leurs titres, pour les avoir déposés à la liquidation ou ailleurs ; dans ce cas, ils remettront un duplicata des pièces qui justifient ce dépôt. Vous dresserez ensuite un état, canton par canton, des pièces et titres remis, dans lequel vous ferez mention de la date de ces actes, de la résidence assignée à chacun de ces notaires ; vous m'adresserez le tout, avec vos observations, si vous jugez à propos d'en faire. Ce moyen est préférable à l'envoi partiel que les notaires me feraient de récépissés qu'ils auraient obtenus du greffier de leur arrondissement.

Ce qui rend surtout indispensable l'état que je vous demande, c'est la nécessité où je suis de connaître le nombre de notaires qu'il sera nécessaire d'établir, et les réductions qu'il y aura à faire d'après les bases fixées par la loi. Il convient donc d'indiquer le nombre des notaires à conserver dans chaque canton, et les résidences qu'il faut leur assigner, suivant l'importance des lieux, leur population et la quantité des affaires. Vous vous concerterez avec le président du tribunal pour me donner ces indications; vous ne sauriez y apporter trop d'attention. Les résultats de la nouvelle organisation reposent sur une fixation sage, réservée et proportionnée aux véritables besoins des administrés. Vous ferez connaître encore votre avis sur les changements de résidence qui pourraient être demandés, en y joignant les motifs sur lesquels votre opinion sera fondée.

Vous aurez soin de me transmettre tous ces renseignements aussitôt que les trois mois que la loi accorde aux notaires pour la remise de leurs titres seront expirés. D'après les plaintes qui m'ont déjà été adressées, je crois devoir vous prévenir que les greffiers ne doivent exiger d'autres droits pour la remise des titres exigés des notaires, que ceux qui sont autorisés par la loi du 21 ventôse an VII.

Quant aux remplacements qui devront avoir lieu par mort, démission ou autrement, il y a de nouvelles formes, de nouvelles conditions à remplir par les aspirants, et on ne pourra s'occuper de cet objet qu'après que le premier sera terminé.

Voilà, citoyen commissaire, les points les plus importants sur lesquels j'avais à vous entretenir. Je ne crois pas avoir besoin de dire qu'en attendant que l'organisation soit terminée, chaque notaire doit rester à son poste et se renfermer dans le nouveau ressort que la loi lui assigne. La formule des actes doit encore rester la même que celle qui est usitée dans l'arrondissement de votre tribunal, jusqu'à ce que le Gouvernement en arrête une qui soit uniforme pour tous les départements.

Le Gouvernement se repose sur votre zèle, et il sera bien agréable pour moi de pouvoir lui certifier que son espoir n'a pas été trompé.

———

15 prairial an XI (4 juin 1803). — ARRÊTÉ du Gouvernement qui détermine la formule exécutoire des grosses d'actes passés devant notaire.

———

24 prairial an XI (13 juin 1803). — ARRÊTÉ du Gouvernement sur la rédaction des actes publics en langue française dans les pays réunis à la France.

Art. 1ᵉʳ. Dans un an, à compter de la publication du présent arrêté, les actes publics, dans les départements de la ci-devant Belgique, dans ceux de la rive gauche du Rhin, et dans ceux du Tanaro, du Pô, de Marengo, de la Stura, de la Sésia et de la Doire, et dans les autres où l'usage de dresser lesdits actes dans la langue de ces pays se serait maintenu, devront tous être écrits en langue française.

2. Pourront néanmoins, les officiers publics, dans les pays énoncés au précédent article, écrire à mi-marge de la minute française la traduction en idiôme du pays, lorsqu'ils en seront requis par les parties.

3. Les actes sous seing privé pourront, dans ces départements, être écrits dans l'idiome du pays, à la charge des parties qui présenteront des actes de cette espèce à la formalité de l'enregistrement, d'y joindre, à leurs frais, une traduction française desdits actes, certifiée par un traducteur-juré.

Le grand juge ministre de la justice et le ministre des finances sont chargés de l'exécution du présent arrêté.

———

26 prairial an XI (15 juin 1803). — ARRÊTÉ du Gouvernement relatif au versement des cautionnements à fournir par les notaires.

Art. 1ᵉʳ. Les cautionnements à fournir par les notaires, conformément à la loi du 25 vent. an XI, seront versés au Trésor public dans les caisses des receveurs de département et d'arrondissement.

2. Les rôles soumissionnés pour le recouvrement de ces cautionnements, et préparés par la caisse d'amortissement, seront suivis pour opérer ledit recouvrement.

3. Le ministre du Trésor public fera connaître, chaque mois, au Gouvernement le progrès des rentrées sur lesdits cautionnements.

4. Le remboursement de ces cautionnements à la caisse d'amortissement sera fait par le Trésor public, suivant le mode prescrit par les lois des 7-27 vent. an VIII.

Les ministres du Trésor public et des finances sont chargés de l'exécution du présent arrêté.

———

21 fruct. an XI (8 sept. 1803). — ARRÊTÉ du Gouvernement portant qu'il ne sera fait aucune réduction dans le nombre des notaires de Paris qui demeure fixé à 114.

Nota. V. ci-dessus des lettres patentes du mois d'octobre 1639, qui fixaient le nombre des notaires de Paris à 113.

Un notaire, M. Delamare, qui résidait au Roule, s'est trouvé faire partie des notaires de Paris lorsque cette commune a été réunie, en 1790, à la capitale. C'est de cette manière que le nombre des notaires de Paris s'est trouvé être de 114.

———

3 brum. an XII (26 oct. 1803). — ARRÊTÉ du Gouvernement qui déclare les fonctions de notaires incompatibles avec celles de sous-préfet.

———

6 brum. an XII (31 oct. 1803). — CIRCULAIRE du grand juge, ministre de la justice, qui prescrit le dépôt annuel d'un double des répertoires au greffe.

Je me suis aperçu, citoyen, par ma correspondance, qu'il s'était élevé un doute général sur la question de savoir si les notaires devaient continuer à déposer annuellement au greffe le double de leurs répertoires, conformément à la loi du 6 oct. 1791 et à celle du 16 flor. an IV. On s'est persuadé que la loi du 25 vent. dernier ne prescrivant pas cette formalité, elle était abolie. C'est une erreur qu'il importe de rectifier : la loi du 25 vent. (art. 693) ne déroge aux lois précédentes sur la même matière qu'en ce qu'elles ont de contraire à ses dispositions. Or, il n'y a dans ce cas-ci aucune contradiction : cette mesure, salutaire sous bien des rapports, est parfaitement en harmonie avec les autres : elle doit donc être conservée ; et j'ai cru devoir vous donner cet avertissement pour vous mettre à portée de surveiller exactement l'exécution des lois sur cet objet.

---

2 nivôse an XII (24 déc. 1803). — ARRÊTÉ du Gouvernement relatif à l'établissement et à l'organisation des chambres des notaires (1).

LE GOUVERNEMENT DE LA RÉPUBLIQUE, sur le rapport du grand juge ministre de la justice,

Le conseil d'État entendu,

ARRÊTE CE QUI SUIT :

Chambre des notaires et ses attributions.

Art. 1er. Il sera établi auprès de chaque tribunal civil de première instance, et dans son chef-lieu, une chambre des notaires de son ressort, pour leur discipline intérieure.

2. Les attributions de la chambre seront :

1° De maintenir la discipline intérieure entre les notaires, et de prononcer l'application de toutes les censures et autres dispositions de discipline ;

2° De prévenir ou concilier tous différends entre les notaires, et notamment ceux sur des communications, remises, dépôts et rétentions de pièces, fonds et autres objets quelconques ; sur des questions, soit de réception et garde des minutes, soit de préférence ou concurrence dans les inventaires, partages, ventes ou adjudications et autres actes ; et, en cas de non-conciliation, d'émettre son opinion par simple avis ;

3° De prévenir ou concilier également toutes plaintes et réclamations de la part de tiers contre des notaires, à raison de leurs fonctions ; donner simplement son avis sur les dommages-intérêts qui en résulteraient, et réprimer, par voie de censure et autres dispositions de discipline, toutes infractions

---

(1) Cet arrêté a été abrogé par l'ordonn. du 4 janv. 1843 rapportée plus bas à sa date.—V. aussi le Traité abrégé de la discipline et des chambres de notaires qui précède.

qui en seraient l'objet, sans préjudice de l'action devant les tribunaux, s'il y a lieu ;

4° De donner, comme tiers, son avis sur les difficultés concernant le règlement des honoraires et vacations des notaires, ainsi que sur tous les différends soumis à cet égard au tribunal civil ;

5° De délivrer ou refuser, s'il y a lieu, tous certificats de bonnes mœurs et capacité à elle demandés par les aspirants qui se présenteront pour être admis aux fonctions de notaires ; prendre à ce sujet toutes délibérations, ou donner tous avis motivés, les adresser ou communiquer à qui de droit ;

6° De recevoir en dépôt les états de minutes dépendant des places de notaires supprimés ;

7° Et, enfin, de représenter tous les notaires de l'arrondissement collectivement, sous les rapports de leurs droits et intérêts communs.

Organisation de la chambre.

3. Chaque chambre de notaires sera composée de membres désignés par eux parmi les notaires de l'arrondissement.

Leur nombre est fixé à dix-neuf pour la chambre des notaires de Paris ; à neuf, lorsque celui des notaires du ressort de la chambre sera au-dessus de cinquante, et à sept lorsqu'il sera au-dessous.

4. Les membres de la chambre ne pourront délibérer valablement qu'autant que ceux présents et votants seront au moins au nombre de douze pour Paris, de sept pour les chambres composées de neuf membres, et de cinq pour les autres chambres.

5. Les membres de la chambre choisiront entre eux :

1° Un président qui aura voix prépondérante en cas de partage d'opinion ; il convoquera la chambre extraordinairement quand il le jugera à propos, ou sur la réquisition motivée de deux autres membres ; il aura la police d'ordre dans la chambre.

2° Un syndic qui sera partie poursuivante contre les notaires inculpés ; il sera entendu préalablement à toutes les délibérations de la chambre, qui sera tenue de délibérer sur tous ses réquisitoires ; il aura, comme le président, le droit de la convoquer ; il poursuivra l'exécution de ses délibérations de la forme ci-après déterminée, et agira pour la chambre dans tous les cas et conformément à ce qu'elle aura délibéré ;

3° Un rapporteur qui recueillera les renseignements sur les affaires contre les notaires inculpés, et en fera rapport à la chambre ;

4° Un secrétaire, qui rédigera les délibérations de la chambre, qui sera le gardien der archives, et délivrera toutes les expéditions ;

5° Un trésorier, qui tiendra la bourse commune ci-après établie, fera les recettes et dépenses autorisées par la chambre: il en rendra compte à la fin de chaque trimestre à la chambre assemblée, qui les arrêtera ainsi que de droit, et lui en donnera sa décharge.

6. Le nombre des membres qui doivent composer les chambres de notaires, d'après l'art. 3, celui qui, d'après l'art. 4, est nécessaire à la validité de délibération de la chambre, pourront être, suivant les localités, réduits ou augmentés par le Gouvernement.

Le nombre des syndics pourra être porté à trois pour Paris, et à deux pour les chambres dont le ressort comprendra plus de cinquante notaires.

7. Indépendamment des attributions particulières données aux membres désignés dans l'art. 5, chacun d'eux aura voix délibérative, ainsi que les autres membres, dans toutes les assemblées de la chambre; et, néanmoins, lorsqu'il s'agira d'affaire où le syndic sera partie contre un notaire inculpé, le syndic n'aura que voix consultative, et ne sera point compté parmi les votants, à moins que son opinion ne soit à décharge.

8. Les fonctions spéciales attribuées par l'art. 5 à chacun des membres dont il ordonne la création, pourront être cumulées lorsque le nombre des membres composant la chambre sera au-dessous de sept; et, néanmoins les fonctions de président, de syndic et de rapporteur, seront toujours exercées par trois personnes différentes.

Quel que soit le nombre des membres composant la chambre, la même cumulation de fonctions pourra avoir lieu momentanément, en cas d'absence ou d'empêchement de quelqu'un des membres désignés dans l'art. 5, lesquels, pour ce cas, se suppléeront entre eux, ou pourront même être suppléés par tel autre membre de la chambre.

Les suppléants momentanés seront nommés par le président de la chambre, ou, s'il est absent, par la majorité des membres présents en nombre suffisant pour délibérer.

Pouvoir de la chambre dans les moyens de discipline.

9. La chambre prononcera par voie de décision pour les cas de police et discipline intérieure.

10. La chambre mandera les notaires à ses séances, prononcera contre eux, par forme de discipline et suivant la gravité des cas, soit le rappel à l'ordre, soit la censure simple par la décision même; soit la censure avec réprimande, par le président, aux notaires en personne, dans la chambre assemblée, soit la privation de voix délibérative dans l'assemblée générale; soit l'interdiction de l'entrée de la chambre pendant un espace de temps qui ne pourra excéder trois ans pour la première fois, et qui pourra s'étendre à six ans en cas de récidive.

11. Si l'inculpation portée à la chambre contre un notaire paraît assez grave pour mériter la suspension d'un notaire inculpé, la chambre s'adjoindra, par la voie du sort, d'autres notaires de son ressort, savoir: celle de Paris, dix notaires; et les autres chambres un nombre égal, plus un, à celui de leurs membres.

La chambre ainsi composée émettra, par forme de simples avis et à la majorité absolue des voix, son opinion sur la suspension et sa durée.

Les voix seront recueillies, en ce cas, au scrutin secret, par *oui* ou par *non*; mais l'avis ne pourra être formé si les deux tiers au moins de tous les membres appelés à l'assemblée n'y sont présents.

12. Quand l'avis émis par la majorité des membres de la chambre sera pour la suspension, il sera déposé au greffe du tribunal; expédition en sera remise au commissaire du Gouvernement, qui en fera l'usage prescrit par la loi.

Mode de procéder en la chambre.

13. Le syndic déférera à la chambre les faits relatifs à la discipline; et il sera tenu de les lui dénoncer soit sur la provocation des parties intéressées, soit sur celle d'un des membres de la chambre.

Les notaires inculpés seront cités à la chambre, avec délai suffisant, qui ne pourra être au-dessous de cinq jours, à la diligence du syndic, par une simple lettre indicative de l'objet, signée de lui, et envoyée par le secrétaire, qui en tiendra note.

Si le notaire ne comparaît point sur la lettre du syndic, il sera cité une seconde fois dans le même délai, à la même diligence par ministère d'huissier.

14. Quant aux différends entre les notaires et aux difficultés sur lesquelles la chambre est chargée d'émettre son avis, les notaires pourront se présenter contradictoirement, et sans citation préalable, aux séances de la chambre; ils pourront également y être cités, soit par simples lettres indicatives des objets, signées des notaires provocants, et renvoyés par le secrétaire, auxquel ils en laisseront des doubles, soit par des citations ordinaires, dont ils déposeront les originaux au secrétariat. Ces citations officielles, ou par lettres, seront données avec les mêmes délais que celles du syndic, après avoir été préalablement soumises au président de la chambre.

15. La chambre prendra ses délibérations, dans les affaires particulières, après avoir entendu ou dûment appelé, dans la forme ci-dessus prescrite, les notaires inculpés ou

intéressés, ensemble les tierces parties qui voudront être entendues, et qui, dans tous les cas, pourront se faire représenter ou assister par un notaire.

Les délibérations de la chambre seront motivées et signées sur la minute, par le président et le secrétaire, à la séance même où elles seront prises.

Chaque délibération contiendra les noms des membres présents.

Ces délibérations, n'étant que de simples actes d'administration, d'ordre et de discipline intérieure, ou de simples avis, ne seront, dans aucun cas, sujettes au droit d'enregistrement, non plus que les pièces y relatives.

Les délibérations de la chambre seront notifiées, quand il y aura lieu, dans la même forme que les citations, et il en sera fait mention par le secrétaire, en marge desdites délibérations.

16. Les assemblées de la chambre se tiendront en un local à ce destiné dans la ville où elle sera établie.

Chaque année, il y aura de droit deux assemblées générales, et il pourra y en avoir d'autres extraordinaires toutes les fois que les circonstances l'exigeront et que la chambre le jugera convenable.

Les assemblées générales ou extraordinaires seront convoquées conformément aux dispositions rappelées en l'art. 5. Tous les notaires du ressort de la chambre seront invités à s'y rendre, soit pour les nominations dont parle l'art. 18 ci-après, soit pour se concerter sur ce qui intéressera l'exercice de leurs fonctions.

17. Il ne pourra être pris de délibération en assemblée générale qu'autant que le nombre des notaires présents sera au moins du tiers de tous ceux du ressort de la chambre, non compris dans ce tiers les membres de la chambre.

Nomination des membres de la chambre, et durée de leurs fonctions.

18. Les membres de la chambre seront nommés par l'assemblée générale des notaires de son ressort, convoqués à cet effet.

La moitié desdits membres seront choisis dans les plus anciens en exercice, formant le tiers de tous les notaires du ressort.

La nomination aura lieu à la majorité absolue des voix, au scrutin secret, et par bulletin de liste contenant un nombre de noms qui ne pourra excéder celui des membres à nommer.

19. Les membres de la chambre seront renouvelés chaque année, et par tiers, pour les nombres qui comportent cette division, et par portions approchant le plus du tiers pour les autres nombres, en faisant alterner, chaque année, les portions inférieures et su-

périeures au tiers, mais en commençant par les inférieures, et de manière que, dans tous les cas, aucun membre ne puisse rester en fonctions plus de trois ans consécutifs.

Les deux premiers renouvellements seront indiqués par le sort, les autres par l'ancienneté de nomination.

20. Les membres désignés pour composer la chambre nommeront entre eux, en suivant le mode de l'art. 18, les président et autres officiers dont parle l'art. 5. Le président sera toujours pris parmi les plus anciens désignés dans l'art. 18.

Cette nomination particulière se renouvellera chaque année; les mêmes pourront être réélus : à égalité de voix, le plus ancien d'âge obtiendra la préférence.

21. La nomination des membres de la chambre se fera de droit le 13 brumaire de chaque année.

Ils entreront en fonctions le 1er frimaire suivant, et, le même jour, ils nommeront les président et autres officiers, qui, tout de suite, entreront aussi en fonctions.

La première nomination aura lieu, au plus tard, le 15 pluviôse prochain; et les membres entreront en fonctions dans la huitaine qui suivra leur nomination.

Fonds pour les dépenses de la chambre.

22. Il y aura une bourse commune pour les dépenses de la chambre.

Elle sera établie de manière qu'elle n'excède pas les dépenses nécessaires.

Elle sera consentie par l'assemblée générale, répartie sur les divers membres de l'arrondissement, et le rôle rendu exécutoire par le président du tribunal d'appel du ressort, sur le rapport et d'après l'avis du commissaire établi près le même tribunal.

L'arrêté qui aura ainsi établi la bourse commune sera adressé au grand juge, qui prononcera sur les réclamations.

23. Il sera pourvu, lors du règlement général à faire pour l'exécution de la loi du 25 ventôse an XI, sur le notariat, à toutes autres dispositions qui pourraient concerner les chambres de discipline.

24. Le grand juge, ministre de la justice, est chargé de l'exécution du présent arrêté, qui sera inséré au *Bulletin des lois.*

4 pluv. an XII (25 janv. 1804). — Arrêté du Gouvernement qui enjoint aux notaires qui ont reçu des donations et actes testamentaires en faveur des hospices d'en donner avis aux administrateurs de l'établissement (1).

22 vent. an XII (13 mars 1804). — Circulaire du grand juge, ministre de la justice, aux procu-

(1) Conf. édit d'avril 1656; décrets, 30 déc. 1809, art. 58; 6 nov. 1843, art. 67; ord. 2 avril 1817.

reursimpériaux, sur le mode de procéder relativement aux certificats de moralité et de capacité qui sont nécessaires aux aspirants, et qui prescrit de porter sur les registres les délibérations prises à ce sujet.

Les chambres de discipline des notaires, citoyens, étant organisées, ou sur le point de l'être, dans toute l'étendue de la république, en vertu de l'arrêté du Gouvernement du 2 niv. dernier, il m'a paru nécessaire de leur tracer une marche uniforme pour la rédaction du certificat qui leur sera demandé, lorsqu'il se présentera des aspirants au notariat. Il est d'autant plus essentiel que ce certificat soit fait dans les formes ordonnées par la loi, qu'en constatant que les candidats ont les qualités qu'elle exige d'eux, il servira presque toujours à fixer la détermination du Gouvernement.

Voici donc le procédé que la chambre devra suivre :

1° Lorsqu'il se présente un aspirant, la première chose que la chambre doit considérer, c'est s'il est nécessaire d'établir un nouveau notaire dans la résidence où l'aspirant a dessein de s'établir. Elle verra d'abord si cette demande n'est pas contraire à ce que prescrit l'art. 31 de la loi du 25 vent. an XI ; c'est-à-dire, si le nombre des notaires, pour le canton dont il s'agit, est au-dessous, ou non, du minimum fixé par la loi. Dans le premier cas, il n'est pas douteux que la nomination ne doive avoir lieu ; il ne reste plus qu'à examiner la capacité de celui qui se présente pour la place vacante. Dans le second cas, lorsque le minimum de la loi est rempli, la chambre a d'abord à s'occuper de la question de savoir s'il est nécessaire de l'excéder. Son avis sur ce sujet doit être motivé d'après les circonstances et les localités.

J'ajoute une observation à cet égard, et elle me paraît nécessaire pour diriger surtout l'opinion de la chambre sur les premières nominations qu'il sera question de faire.

Il peut arriver, en effet, que, quoique le nombre de notaires que comporte un arrondissement de justice de paix soit complet, et qu'il excède même, il y ait une vacance dans une commune dont la population ou la localité nécessite l'établissement d'un notaire : alors, cet établissement doit avoir lieu, quel que soit d'ailleurs le nombre de notaires qui se trouve dans les autres communes du même canton. La réduction se fera ensuite par la démission ou la mort des notaires résidant dans les lieux où leur nombre est trop considérable, et où même il n'est pas nécessaire qu'il y en ait.

2° La chambre vérifiera ensuite si les conditions prescrites par l'art. 35 sont fidèlement remplies par l'aspirant, et elle fera une mention particulière de cet objet, en détail-

lant chaque condition exigée, et les pièces qui en justifient l'accomplissement.

3° Elle exécutera ensuite l'art. 43, où il est dit que « le certificat ne pourra être délivré qu'après que la chambre aura fait parvenir au commissaire du Gouvernement du tribunal de première instance l'expédition de la délibération qui l'aura accordé. »

En conséquence, il faut d'abord que la délibération de la chambre de discipline tendant à accorder ou à refuser le certificat, soit communiquée au commissaire du Gouvernement, qui fait à cet égard ses observations, et les renvoie à la chambre de discipline : celle-ci délibère de nouveau, et persiste dans son opinion, ou la change, suivant ce qu'elle juge convenable. Sa détermination ultérieure est de nouveau adressée au commissaire, qui, à son tour, me la fait passer, avec toutes les pièces justificatives, accompagnée de ses propres observations sur chacun des objets sur lesquels la chambre aura délibéré.

Enfin, il est essentiel que la chambre de discipline fasse attention que, d'après l'art. 5 de l'arrêté du Gouvernement, toutes ses délibérations doivent être inscrites sur un registre, et rédigées par un secrétaire, qui en délivre les expéditions. Elles ne doivent donc pas être écrites sur des feuilles volantes, et signées individuellement par les membres qui les ont prises.

Chaque délibération doit faire mention du nombre et du nom des notaires présents.

Je ne saurais trop insister, citoyens, sur l'exactitude que la chambre doit mettre à suivre la marche que je vous indique. On ne fera de nomination que lorsque tous ces préliminaires auront été remplis. Pour vous faciliter les moyens de répandre la connaissance de l'instruction que je vous adresse, vous trouverez ci-joints plusieurs exemplaires de ma circulaire. Vous en remettrez quelques-uns à la chambre de discipline de votre arrondissement. Vous aurez soin de m'en accuser réception.

30 vent. an XII (24 mars 1804).—DISPOSITIONS du Cod. Nap. concernant spécialement les notaires. V. entre autres, les art. 974, 976, 979 pour les testaments publics ; 1007 pour les testaments olographes ; 1035 pour les révocations de testaments ; 1348 pour les titres exécutoires ; 1349 pour l'authenticité ; 1334, 1335, 1336, pour les copies, grosses et expéditions.

28 floréal an XII (18 mai 1804). — CIRCULAIRE du grand juge, ministre de la justice, prescrivant aux notaires de conserver en minute les actes de vente des biens des mineurs faits devant eux, par délégation de justice, en exécution de l'art. 459, Cod. Nap.

L'art. 20 de la loi du 25 vent. an XI, citoyens, enjoint aux notaires de garder minute de tous les actes qu'ils recevront, à quelques exceptions près qui s'y trouvent énoncées, et qui ne concernent que les actes en brevet.

Cet article est-il applicable aux ventes de biens de mineurs faites par délégations du tribunal, en exécution de l'art. 459 du Code Nap.?

J'avais d'abord pensé que ces sortes de ventes, dans lesquelles les notaires n'agissaient que comme mandataires du tribunal, n'étaient autre chose que des ventes judiciaires dont les procès-verbaux devaient être déposés dans les greffes des tribunaux qui les avaient ordonnées, et que ce qui s'observait à cet égard, de la part des juges de paix, par suite des mandats qui étaient adressés par les tribunaux, devait également être suivi par les notaires.

Mais en examinant avec plus d'attention la nature des ventes dont il s'agit, les formes dont elles doivent être revêtues, le caractère de ceux qui sont chargés de les recevoir, et enfin l'obligation imposée à tout notaire de conserver les minutes des actes qu'il reçoit, il me semble que les ventes faites par délégation du tribunal ne diffèrent des ventes ordinaires que par l'autorisation qui les précède, et que, les unes et les autres étant du ministère des notaires, l'art. 20 de la loi du 25 vent. leur est également applicable : les notaires doivent donc en conserver les minutes et pourvoir à leur enregistrement, puisqu'une loi précise leur impose cette obligation pour tous les actes qu'ils reçoivent.

Il faut convenir, d'ailleurs, que la translation de ces minutes dans les greffes des trinaux n'est pas sans danger, et que les parties ont un intérêt évident à ce qu'elles ne soient pas déplacées.

Une autre difficulté à laquelle il n'est pas moins important de remédier, c'est celle que présente l'enregistrement de ces actes dans le délai prescrit par la loi ; et, en effet, si le notaire ne reste pas dépositaire de la minute, l'enregistrement ne peut pas être à sa charge, et le préposé de la régie ne peut diriger contre lui aucune poursuite ; il ne peut pas davantage s'adresser au greffier, dont l'obligation ne commence que du moment où le notaire lui a renvoyé la minute ; et ce renvoi veut être plus ou moins différé, puisqu'il n'existe point de règle à cet égard.

En laissant les minutes entre les mains des notaires, tous ces inconvénients disparaissent, et le vœu de la loi me paraît mieux rempli.

Vous aurez soin de m'accuser la réception de cette circulaire, et d'en surveiller l'exécution.

26 mess. an XII (15 juill. 1804). — DÉCISION du ministre des finances portant que les copies collationnées de pièces doivent être inscrites au répertoire.

Nota. Il existait déjà une décision semblable, du 9 prairial précédent.

4 therm. an XII (23 juill. 1804). — LETTRE du grand juge, ministre de la justice, au procureur général de Bruxelles, qui décide qu'un testament est valable, rédigé en français par un notaire, encore qu'il ait été dicté par le testateur en langue étrangère.

Le Gouvernement a expressément décidé, monsieur, que l'arrêté du 24 prair. an VI serait exécuté : ainsi, toute observation contraire est absolument superflue. — Au surplus, la loi ne met aucun obstacle à l'exécution de cet arrêté : lorsqu'elle dit (art. 972) que le testateur dictera son testament, elle ne dit point que ce sera en français ; on ne peut forcer quelqu'un de parler une langue qu'il ne sait point. Le notaire est seulement tenu de rédiger le testament en langue française ; rien n'empêche, d'ailleurs, qu'il n'en fasse une traduction en flamand, à mi-marge : l'arrêté même du 24 prairial l'y autorise, art. 2 ; mais cette traduction n'aura pas l'authenticité de la rédaction française.

Nota. Autre lettre écrite le 20 du même mois, dans le même sens, à la chambre des notaires de Bruxelles.

12 therm. an XII (31 juillet 1804). — DÉCISION du ministre des finances qui règle le mode d'inscription au répertoire des inventaires faits par les notaires de leur résidence, hors du bureau d'enregistrement n° 290).

Il a été décidé « qu'il y a lieu d'admettre les notaires résidant dans les villes où il y a un tribunal d'appel à faire enregistrer les inventaires à leur rapport, aux bureaux des lieux où ils auront instrumenté, dans les dix ou quinze jours de chaque vacation, suivant que la commune où l'opération aura été faite se trouvera ou non chef-lieu de bureau, à la charge néanmoins par lesdits notaires : 1° de soumettre la dernière séance, contenant la clôture de leurs inventaires, à la formalité de l'enregistrement au bureau de leur résidence, dans les quinze jours de sa date ; 2° de porter les inventaires sur leurs répertoires, avec mention des jours qu'ils auront duré, des divers enregistrements dans chaque bureau, de leur date et de la désignation de ces bureaux.

«Cette faculté n'étant accordée que pour les inventaires, les préposés de l'administration tiendront la main à ce qu'elle ne soit pas étendue au delà, ni à des notaires autres que ceux qui résident dans les villes où siège un tribunal d'appel. »

19.

7 fruct. an XII (25 août 1804). — Avis du conseil d'Etat qui détermine le ressort des notaires qui résident dans les bourgs et villages faisant partie d'une justice de paix dont le chef-lieu est une ville où siége un tribunal.

Le conseil d'Etat, qui, d'après le renvoi fait par Sa Majesté impériale, a entendu le rapport de la section de législation sur les questions suivantes :

1° Les notaires résidant dans les bourgs ou villages qui font partie d'une justice de paix dont le chef-lieu se trouve dans une ville où est établie une Cour d'appel ou un tribunal de première instance doivent-ils être considérés comme notaires de la ville ? Sont-ils recevables à demander une commission de notaire de première ou de seconde classe? Doivent-ils en fournir le cautionnement?

2° Si ces notaires, attachés à des justices de paix dont le chef-lieu est fixé dans une ville où siège un tribunal supérieur, ne sont considérés que comme notaires de troisième classe, auront-ils le droit d'exercer dans la ville, concurremment avec les notaires de la Cour d'appel ou du tribunal de première instance?

3° Les notaires résidant actuellement dans la ville concourront-ils avec ceux résidant dans les bourgs et villages pour former l'établissement des notaires de la justice de paix dont le chef-lieu est dans l'intérieur de la ville ?

Est d'avis, sur la première question, qu'on ne peut considérer comme notaires ayant droit d'instrumenter dans tout le ressort d'une Cour d'appel ou d'un tribunal de première instance que ceux qui résident dans les villes où siègent ces tribunaux; qu'au contraire, ceux qui résident dans d'autres communes n'ont droit de réclamer qu'une commission de notaire de justice de paix, et ne sont tenus de fournir de cautionnement qu'en cette qualité ;

Sur la seconde question, que la loi du 25 vent. an XI accordant aux notaires de simple justice de paix, ou de troisième classe, le droit d'exercer leurs fonctions dans toute l'étendue de la justice de paix, ceux résidant dans une commune rurale dont le chef-lieu est dans une ville où siége, soit une Cour d'appel, soit un tribunal de première instance, peuvent, lorsqu'ils en sont requis, se transporter dans la partie de ces villes dépendant de leur justice de paix pour y instrumenter ; mais qu'ils ne peuvent ouvrir étude ni conserver le dépôt de leurs minutes ailleurs que dans le bourg ou village qui leur est assigné pour lieu de résidence ;

Sur la troisième question, que l'art. 31 de la loi du 25 vent. an XI voulant que le nombre des notaires soit fixé en raison de la population et du ressort, les notaires de la ville doivent, dans le cas posé en la seconde question, concourir avec ceux des bourgs et villages pour former l'établissement des notaires de justice de paix, dans la proportion du nombre d'habitants que renferme la ville avec celui des communes rurales dépendant de la même justice de paix.

---

6 vendém. an XIII (28 sept. 1804). — Circulaire du ministre de la justice sur la question de savoir si les testateurs ont le droit de retirer la minute de leurs testaments, et qui décide que les testaments doivent être portés sur les répertoires. Règle pour la délivrance des certificats de moralité et de capacité.

L'exécution de la loi du 25 vent. an XI relative au notariat a donné lieu, messieurs, à de nouvelles difficultés. Parmi les questions qui m'ont été proposées à ce sujet, j'en distingue deux d'une importance majeure.

La première consiste à savoir si, lorsqu'un testateur est dans l'intention de révoquer ou de supprimer ses dispositions de dernière volonté, et que le testament qui les contient a été fait par acte public ou dans la forme mystique, le notaire qui l'a reçu ou qui en a dressé l'acte de suscription peut lui en rendre la minute.

Il s'agit, dans la seconde, de déterminer si les notaires doivent, avant le décès du testateur, faire mention, dans leurs répertoires, des testaments qu'ils ont reçus, et si, en y faisant cette mention, ils doivent y insérer le nom du testateur.

Les doutes qui s'élèvent sur le droit des personnes qui contient leurs dernières dispositions, quand ils sont dans l'intention de les révoquer ou de les supprimer, viennent principalement de la disposition de l'art. 20 de la loi du 25 vent. an XI, portant que *les notaires seront tenus de garder minute de tous les actes qu'ils recevront.*

La loi ajoute bien quelques exceptions à la règle générale qu'elle établit; mais je ne trouve pas que les testaments y soient positivement compris ; et, quoique l'on fût peut-être autorisé à l'induire de quelques expressions de la loi, rapprochées des anciens usages, cependant cette difficulté m'a paru si grave, que j'ai cru devoir en faire le sujet d'un rapport au Gouvernement.

Quant à la seconde question, qui concerne la manière dont les notaires doivent insérer dans leurs répertoires les testaments des personnes vivantes, la loi du 25 vent. ne laisse aucun doute à cet égard ; elle veut, art. 29, que les notaires tiennent répertoire de *tous les actes* qu'ils recevront.

Tous les actes; aucun n'est excepté : donc les testaments des personnes vivantes y sont compris comme les autres; donc aussi leur insertion dans le répertoire doit contenir non-seulement *la date*, mais encore *le nom des parties,* ainsi que la loi le prescrit pour les actes dont elle parle. Cette disposition est d'ailleurs conforme aux anciens règlements.

Un arrêt du conseil d'Etat du 23 juin 1772, rendu en exécution de plusieurs lois antécédentes qu'il rappelle, enjoint aux notaires de la ville de Laon « de porter sur leurs répertoires tous les actes sans aucune exception, qui seront passés devant eux, même les testaments qu'ils ont reçus ou qui leur ont été déposés jusqu'à présent, ensemble ceux qu'ils recevront ou qui leur seront déposés à l'avenir, de la date desquels ils feront mention, ainsi que des noms, qualités et demeures des testateurs; sauf ensuite, si les particuliers qui les auront faits les retirent eux-mêmes, à s'en faire fournir des décharges ou reconnaissances à la date courante de leurs répertoires.

Ainsi, la loi du 25 vent. n'a fait que consacrer, par une disposition générale, ce que les règlements antérieurs avaient déjà ordonné avec plus de détail; et il était bien naturel que les lois anciennes et nouvelles s'accordassent sur ce point, vu l'utilité démontrée de ces répertoires, destinés à prévenir les antidates, ainsi que les soustractions et suppressions des actes. Ces répertoires doivent encore, comme par le passé, être déposés annuellement au greffe des tribunaux de chaque arrondissement.

Il me reste à vous donner quelques instructions sur des objets d'une moindre importance.

Je m'aperçois qu'un grand nombre de chambres de discipline doutent si elles ont le droit d'examiner les candidats qui se présentent pour le notariat, et qui sont munis de certificats constatant le temps d'étude exigé par la loi.

Ces certificats doivent être sans doute d'un grand poids, surtout quand ils sont donnés par des hommes dont les lumières et l'impartialité sont généralement reconnues.

Mais lorsque la chambre a lieu de croire qu'ils sont l'ouvrage de la complaisance ou le produit de l'importunité, rien ne l'empêche de recourir à un examen, pour s'assurer, d'une manière plus sûre, de la capacité du candidat. Mais en cela, comme en tout, elle doit être dirigée par un esprit d'équité, sans chercher à embarrasser le candidat par des questions trop difficiles, et surtout par des questions étrangères au notariat.

Lorsqu'il y a plusieurs candidats pour une même place, la chambre doit indiquer celui qu'elle juge le plus digne de l'obtenir, soit sous le rapport de la capacité, soit sous celui de la moralité.

Toutes les fois que le *maximum* n'est point rempli dans une résidence, la chambre ne peut pas se refuser, ainsi qu'on le fait quelquefois, à délibérer sur les demandes qui lui sont adressées, sous le prétexte qu'il n'est pas nécessaire d'augmenter le nombre des notaires. La chambre peut bien consigner dans son avis les motifs qu'elle a de s'opposer à cette augmentation; mais elle doit toujours en donner un sur la capacité et la moralité de l'aspirant : sans cela elle empiéterait sur l'autorité du Gouvernement, à qui seul il appartient de régler le nombre des notaires de chaque résidence.

Enfin, il arrive quelquefois qu'un candidat n'a pas rempli le stage requis par la loi, et qu'il se croit néanmoins dans le cas d'obtenir la dispense que Sa Majesté l'Empereur a le droit d'accorder. J'ai vu que presque toujours la chambre refuse de donner son avis en pareil cas, et qu'elle renvoie le candidat à se pourvoir pour obtenir préalablement la dispense qui lui est nécessaire.

Ce procédé n'est pas régulier.

La chambre de discipline doit toujours délibérer sur la capacité et la moralité de l'aspirant, et, quand elle n'est arrêtée que par le défaut de stage, elle doit donner son avis sur les motifs que l'aspirant allègue pour obtenir la dispense du temps qui lui manque.

Le Gouvernement se trouve par là plus à portée d'apprécier ces motifs auxquels il a égard, ou qu'il rejette alors en connaissance de cause.

Voilà, messieurs, les instructions que j'ai cru devoir ajouter à celles que renferme déjà ma circulaire du 22 vent. dernier; elles en seront le complément. Vous ne manquerez pas d'en faire part aux chambres de discipline de vos arrondissements respectifs et de veiller à ce qu'elles aient soin de s'y conformer.

Nota. V. ci-après à la date du 28 vent. an XIII.

———

25 niv. an XIII (15 janv. 1805). — Loi sur le mode de remboursement des cautionnements des notaires et autres officiers publics.

Art. 1er. Les cautionnements fournis par les agents de change, les courtiers de commerce, les avoués, greffiers, huissiers et les commissaires-priseurs, sont comme ceux des notaires (art. 33 de la loi du 25 vent. an XI), affectés, par premier privilège, à la garantie des condamnations qui pourraient être prononcées contre eux par suite de l'exercice de leurs fonctions ; par second privilège au remboursement des fonds qui leur auraient été prêtés pour tout ou partie de leur cautionnement, et subsidiairement, au paiement, dans l'ordre ordinaire des créances particulières qui seraient exigibles sur eux.

2. Les réclamants, aux termes de l'article précédent, seront admis à faire sur ces cautionnements des oppositions motivées, soit directement à la caisse d'amortissement, soit

aux greffes de tribunaux dans le ressort desquels les titulaires exercent leurs fonctions, savoir : pour les notaires, commissaires-priseurs, avoués, greffiers et huissiers, au greffe des tribunaux civils ; et pour les agents de change...., courtiers, au greffe des tribunaux de commerce.

3. L'original des oppositions faites sur les cautionnements, soit à la caisse d'amortissement, soit au greffe des tribunax, y restera déposé pendant vingt-quatre heures pour y être visé.

4. La déclaration au profit des prêteurs des fonds de cautionnement, faits à la caisse d'amortissement à l'époque de la prestation, tiendra lieu d'opposition pour leur assurer l'effet du privilége du second ordre, aux termes de l'article 1ᵉʳ.

5. Les notaires, avoués, greffiers et huissiers près les tribunaux, ainsi que les commissaires-priseurs, seront tenus, avant de pouvoir réclamer leur cautionnement à la caisse d'amortissement, de déclarer au greffe du tribunal dans le ressort duquel ils exercent qu'ils cessent leurs fonctions ; cette déclaration sera affichée dans le lieu des séances du tribunal pendant trois mois après ce délai et après la levée des oppositions directement faites à la caisse d'amortissement, s'il en était survenu ; leur cautionnement leur sera remboursé par cette caisse, sur la présentation et le dépôt d'un certificat du greffier, visé par le président du tribunal, qui constatera que la déclaration prescrite a été affichée dans le délai fixé, que, pendant cet intervalle, il n'a été prononcé contre eux aucune condamnation pour fait relatif à leurs fonctions, et qu'il n'existe au greffe du tribunal aucune opposition à la délivrance du certificat, ou que les oppositions survenues ont été levées.

6. Les agents de change et courtiers de commerce seront tenus de remplir les formalités ci-dessus devant les tribunaux de commerce ; ils feront, en outre, afficher, pendant le même délai, la déclaration de la cessation de leurs fonctions à la bourse près de laquelle ils exercent, et ils produiront à la caisse d'amortissement le certificat du syndic de cette bourse, relatif à l'affiche de leur démission, joint au certificat du greffier, visé par le président du tribunal, motivé ainsi qu'il est prescrit par l'article précédent.

7. Seront assujettis aux mêmes formalités, pour la notification de la vacance, ceux qui seront destitués, et les héritiers de ceux qui seront décédés dans l'exercice de leurs fonctions.

6 pluv. an XIII (26 janv. 1805).—Loi qui détermine les types et légendes du sceau de toutes les autorités.

Art. 2. Le sceau de toutes les autorités portera pour type l'aigle impériale, tel qu'il formera un des côtés du grand sceau de l'Etat ; et pour légende, le titre de l'autorité publique par laquelle il sera employé.

2 vent. an XIII (21 fév. 1805). — Loi qui augmente le cautionnement d'une moitié en sus pour les notaires de Paris, et d'un tiers en sus pour les notaires des autres villes de France, et détermine le mode de paiement de ce supplément.

Art. 20. Le cautionnement des notaires, tel qu'il a été fixé en exécution de la loi du 25 ventôse an XI, est porté au double pour les notaires de la ville de Paris, et au tiers en sus de la fixation actuelle pour ceux des autres villes des départements.

24. Ces divers cautionnements et suppléments de cautionnements seront fournis, savoir : le premier quart dans les trois mois qui suivront la publication de la présente loi, et les trois autres quarts dans les mois de vendémiaire, germinal et thermidor an XIV.

25. L'intérêt de ces cautionnements continuera d'être payé sur le même pied que par le passé.

10 vent. an XIII (1ᵉʳ mars 1805). — Avis du conseil d'Etat qui déclare les fonctions de notaires incompatibles avec celles des membres du conseil de préfecture.

19 vent. an XIII (10 mars 1805). — Décret impérial qui accorde une surséance pour l'emploi de la langue française dans la rédaction des actes publics en Corse.

28 vent. an XIII (19 mars 1805). — Circulaire du ministre de la justice relative : 1° au timbre des expéditions des délibérations des chambres des notaires ; 2° à l'obligation où elles sont de délibérer sur toutes demandes de notariat qui leur sont soumises ; 3° à la forme des démissions de notaire.

Je m'aperçois, messieurs, que la plupart des expéditions des délibérations des chambres de discipline des notaires qui me sont adressées ne sont point sur papier timbré. Ces chambres croiraient-elles que la loi du 13 brumaire an VII, sur le timbre, ne leur est point applicable ?

Ce serait une erreur que je ne dois pas laisser se prolonger davantage. Les registres des délibérations des chambres des notaires, ainsi que les expéditions qu'on en donne, doivent être sur papier timbré, conformément à l'arrêté du 2 nivôse an XII, et à la loi même du 13 brumaire an VII.

En effet, l'art. 15 de l'arrêté du 2 nivôse ne dispense les délibérations que du droit d'enregistrement : d'où l'on peut conclure qu'elles restent assujetties à celui du timbre ; et s'il pouvait y avoir quelques doutes à cet égard, ils seraient facilement levés par ces termes de la loi du 13 brum. an XII : « Sont assujettis au droit du timbre établi en raison de la dimension, tous les papiers à employer pour les actes et écritures, soit publics, soit privés, savoir..., et généralement tous actes et écritures, extraits, copies et expéditions, soit publics, soit privés, devant ou pouvant faire titre, ou être produits pour obligation, décharge, justification, demande ou défense; 2°..., et généralement tous livres, registres, qui sont de nature à être produits en justice et dans le cas d'y faire foi, ainsi que les extraits, copies et expéditions qui sont délivrés desdits livres et registres. »

Je vous charge d'enjoindre à la chambre des notaires de votre arrondissement de se conformer à ces dispositions.

Je remarque aussi qu'un grand nombre de chambres de discipline refusent, sous divers prétextes, de délibérer sur les demandes du notariat qui leur sont soumises. Je vous avais déjà donné des instructions à ce sujet, dans ma circulaire du 6 vendémiaire dernier. Je vous ferai observer que lorsque le maximum de la loi n'était pas rempli, les chambres ne pouvaient se dispenser de délibérer sur les demandes qui leur étaient proposées; qu'elles avaient bien la liberté de faire les observations qu'elles jugeaient convenables, mais qu'elles ne pouvaient, par un refus absolu de délibérer, s'arroger indirectement le droit d'admettre ou de rejeter les demandes de notariat, droit qui ne peut appartenir qu'au Gouvernement. Il faut mettre un terme à une résistance qui est quelquefois aussi injuste qu'illégale, et qui est presque toujours inspirée par des intérêts personnels.

Suivant l'art. 3 de la loi du 25 ventôse an xi, les notaires sont tenus de prêter leur ministère quand ils en sont requis, et cet article s'applique à ceux qui composent les chambres de discipline comme à tous les autres. En refusant de délibérer lorsqu'ils en sont requis, ils sont dans le cas d'être punis d'une interdiction ou d'une suspension plus ou moins longue, suivant la gravité des circonstances. C'est à vous à le requérir auprès du tribunal, conformément à l'art. 53 de la même loi. Je vous en charge expressément.

Vous préviendrez encore les chambres de discipline qu'elles doivent toujours joindre à leurs délibérations les pièces justificatives des faits sur lesquels elles sont appuyées, et que ces délibérations ne doivent jamais comprendre plusieurs aspirants à la fois, excepté dans le cas où il y a lieu d'indiquer celui qui mérite d'être préféré.

Lorsqu'un notaire donne sa démission, elle doit être pure et simple, et sans condition; le Gouvernement n'en admet pas d'autre.

Prairial an XIII (mai-juin 1805).—CIRCULAIRE du ministre de la justice qui confirme l'usage des panonceaux.

8 prairial an XIII (28 mai 1805). — ARRÊTÉ du Gouvernement qui déclare les fonctions de notaire incompatibles avec celles de contrôleur des contributions.

10 mess. an XIII (29 juin 1805). — DÉCISION du ministre de la justice sur les incompatibilités de parenté entre les membres de la chambre de discipline.

Lorsqu'un notaire se trouve parent, au degré prohibé par l'art. 8 de la loi du 25 ventôse, d'une partie qui forme une réclamation à la chambre de discipline, il doit s'abstenir de toute délibération, ainsi que l'ordonne l'article dont il s'agit; car, ne pouvant rédiger des actes dans lesquels ce parent est partie, il ne peut, par la même raison, prendre part à la délibération où ce parent est intéressé.

22 fruct. an XIII (9 sept. 1805). — SÉNATUS-CONSULTE portant qu'à compter du 11 nivôse prochain (1er janv. 1806) le calendrier grégorien sera mis en usage dans tout l'empire français.

4e complém. an XIII (21 sept. 1805). — AVIS du conseil d'État qui décide que les grosses délivrées avant le sénatus-consulte du 28 floréal an xii, peuvent être exécutées avec la formule exécutoire dont elles ont été revêtues au moment de leur confection, sans qu'il soit besoin d'y ajouter une nouvelle formule.

10 brum. an XIV (1er nov. 1805).— DÉCRET qui règle le mode de constater les vacations dans les inventaires, ventes publiques et autres actes dont la confection peut exiger plusieurs séances.

Art. 1er. Tous officiers ayant droit d'apposer des scellés, de les reconnaître et de les lever, de rédiger les inventaires, de faire des ventes ou autres actes dont la confection peut exiger quelques séances, sont tenus d'indiquer, à chaque séance, l'heure du commencement et celle de la fin.

2. Toutes les fois qu'il y a interruption dans l'opération, avec renvoi à un autre jour ou à une autre heure de la même journée, il en sera fait mention dans l'acte, que les parties et les officiers signeront sur-le-champ, pour constater cette interruption.

3. Le procès-verbal est sujet à l'enregistrement dans le délai fixé par la loi (1).

4. Le droit d'enregistrement, fixé à deux francs par vacation, est exigible par vacation, dont aucune ne peut excéder quatre heures.

5. Notre grand juge, ministre de la justice, et notre ministre des finances sont chargés de l'exécution du présent décret.

5 fév. 1806. — LETTRE du ministre de la justice

(1) V. le commentaire de la loi du 22 frim. an VII, n° 542.

portant qu'il y a incompatibilité entre les fonctions de notaire et celles de directeur de la poste aux lettres.

24 mars 1806. — Loi qui règle le mode des transferts et ventes d'inscriptions appartenant à des mineurs ou interdits.

14 avril 1806. — Dispositions du Code de procédure, concernant les attributions des notaires. V. les art. 204, 202, 203, 204, 205, pour les compulsoires; 224, 223, 224, 241, 242, 243, 245, 515, 547, pour les vérifications de pièces; 747 pour les enchères; 839, pour les expéditions; 844, 842, 843, 844, 845, 846, 847, 848, 849, 850, 851, 852, pour les inventaires; 928, 929, 935, 944, pour les licitations; 953, 954, 955, pour les partages judiciaires; 969, 970, 975, 976, 984, 982, 984, 985, 987, 988, 4004, pour les successions vacantes, et 1037, pour les significations.

21 avril 1806. — Circulaire du ministre de la justice qui défend aux notaires de passer des actes pour des maires de communes, et consentis par eux en cette qualité, sans l'autorisation du Gouvernement.

Le ministre de l'intérieur me mande, messieurs, que plusieurs maires dont les communes avaient besoin de maisons pour loger leurs curés ou desservants, ou pour établir des écoles, en ont acheté sans autorisation préalable, les uns par acte devant notaires, d'autres aux enchères publiques, et que ces acquisitions, postérieurement approuvées par les préfets, ont été déclarées nulles par le conseil d'Etat, ce qui a compromis à la fois l'intérêt des communes et celui des vendeurs.

Je vous charge de prévenir les notaires de votre arrondissement qu'ils ne doivent jamais faire de pareils actes pour les maires, sans l'autorisation préalable du Gouvernement. Vous aurez également soin de vérifier si cette formalité est remplie lors des adjudications qui pourront être faites par le tribunal près lequel vous exercez vos fonctions.

21 août 1806. — Décret portant que les certificats de vie nécessaires pour le paiement des rentes et pensions viagères sur l'Etat seront délivrés par des notaires, nommés par l'Empereur notaires certificateurs.

Art. 1er. Les certificats de vie nécessaires pour le paiement des rentes viagères et pensions sur l'Etat, qui seront réclamés à l'ouverture du second semestre de l'année 1806, seront exclusivement délivrés par les notaires qui seront nommés par nous à cet effet, sur la présentation de notre ministre des finances.

2. Quarante des notaires de Paris y exerceront les fonctions de certificateurs. Les rentiers viagers domiciliés à Paris seront distribués entre ces notaires par série de numéros et en nombre à peu près égal.

3. Ceux des pensionnaires qui sont domiciliés à Paris pourront s'adresser indistinctement à ceux des quarante notaires certificateurs qu'ils voudront choisir.

4. Il y aura dans chaque sous-préfecture un ou plusieurs notaires certificateurs également nommés par nous, auxquels devront s'adresser les rentiers et pensionnaires domiciliés dans l'arrondissement.

5. Les notaires certificateurs devront tenir registre des têtes viagères et des pensionnaires auxquels ils auront délivré des certificats de vie. Ce registre énoncera, outre les noms, prénoms et la date de naissance des rentiers et pensionnaires, le montant de la rente ou de la pension, et le domicile.

6. Les notaires certificateurs, tant de Paris que des départements, donneront connaissance au ministre des finances des décès qui surviendront parmi les rentiers et pensionnaires inscrits sur leur registre.

7. Ils adresseront en outre au même ministre, le 1er mars de chaque année, la liste des rentiers et pensionnaires qui, dans le cours de l'année qui aura précédé, n'auraient pas réclamé un certificat de vie.

8. Le ministre des finances communiquera au ministre du Trésor public les extinctions qui lui seront notifiées, tant sur la dette viagère que sur les pensions.

9. Les notaires certificateurs seront garants et responsables envers le Trésor public de la vérité des certificats de vie par eux délivrés, soit qu'ils aient ou non exigé des parties requérantes l'intervention de témoins pour attester l'individualité, sauf, dans tous les cas, leur recours contre qui de droit.

10. Les certificats de vie délivrés aux rentiers et pensionnaires seront conformes aux modèles annexés au présent décret : ils ne seront plus sujets à enregistrement, et seront expédiés sur papier du timbre de vingt-cinq centimes. La rétribution des notaires certificateurs sera, outre la valeur du papier, de cinquante centimes pour les rentes et pensions de cent francs et au-dessous ;

De soixante-quinze centimes pour celles de cent un francs à trois cents francs ;

D'un franc pour celles de trois cent un francs à six cents francs ;

Et de deux francs pour celles au-dessus.

11. Les certificats de vie de rentiers et pensionnaires résidant hors de l'empire seront délivrés par les chancelleries de nos légations et consulats, qui se conformeront aux dispositions du présent décret pour la formation et l'envoi des listes, et la notification des décès des rentiers et pensionnaires.

12. Dans le cas où le domicile desdits rentiers et pensionnaires en pays étranger serait éloigné de plus de six lieues de la résidence de nos envoyés ou consuls, les certificats de vie pourront, comme par le passé,

être délivrés par les magistrats du lieu ; mais ils ne seront admis au Trésor public que revêtus de la légalisation de nosdits envoyés ou consuls faisant mention de cet éloignement.

13. Nos ministres des relations extérieures, des finances, de l'intérieur et du Trésor public, sont chargés de l'exécution du présent décret.

Modèle de certificat de vie à délivrer par les notaires.

Je soussigné, notaire à   , l'un des certificateurs nommés par Sa Majesté l'Empereur et Roi, certifie que (*mettre les nom, prénoms, profession et domicile*), né le   , suivant son acte de naissance qu'il m'a présenté, jouissant d'une pension sur l'Etat de   ou sur la tête duquel existe une rente viagère de est vivant pour s'être présenté cejourd'hui devant moi ; en foi de quoi j'ai délivré le présent qu'il a signé avec moi.

Fait à   , le

Nota. Faire légaliser par le préfet et le sous-préfet la signature des notaires certificateurs des départements.

Modèle de certificat de vie à délivrer par les ambassadeurs.

Nous (*ambassadeur, envoyé, consul, ou autre chargé d'affaires de Sa Majesté l'Empereur et Roi*), certifions et attestons que (*mettre les nom, prénoms, profession et domicile*), né le suivant son acte de naissance, qu'il nous a représenté, jouissant d'une pension de   ou sur la tête duquel existe une rente viagère de · est vivant pour s'être présenté aujourd'hui devant nous, en foi de quoi nous lui avons délivré le présent qu'il a signé avec nous.

Fait à   , le

_____

9 sept. 1806.—Décision du ministre des finances relative : 1° au dépôt annuel aux greffes d'un double des répertoires; 2° au visa trimestriel par le receveur; 3° à la forme du visa et au mode de constater les contraventions en cette matière.

1° Les dispositions de l'art. 16 du tit. 3 de la loi du 6 oct. 1791, concernant le dépôt annuel au greffe d'un double des répertoires des notaires, ainsi que le vœu des articles 49, 50, 51 et 52 de la loi du 22 frimaire, n'étant pas contraires à celles du 25 ventôse an XI sur l'organisation du notariat, continueront d'avoir leur effet ; le dépôt s'effectuera annuellement à l'avenir, à compter de l'expiration de la présente année, *avant le premier mars*. La présentation au *visa* du receveur de l'enregistrement aura lieu dans les dix premiers jours de janvier, avril, juillet et octobre...

5° La présentation au *visa* du receveur, et la vérification qu'il fera des répertoires, seront désormais constatées *par un enregistrement dans une case particulière à la date du jour de la présentation, comme il est pre-scrit pour les actes*, savoir : sur le registre des actes civils, pour les répertoires des fonctionnaires administratifs et des notaires ; sur le registre des actes judiciaires, pour ceux des greffiers, et sur le registre des exploits, pour ceux des huissiers.

Cet enregistrement indiquera le nombre des actes passés, reçus ou faits depuis le dernier *visa*, les omissions, doubles emplois, renvois, intercalations et ratures, ainsi que la date des procès-verbaux, s'il en a été rapporté. Les mêmes mentions seront faites dans le certificat du *visa* apposé au bas du dernier article inscrit au répertoire, avec indication du folio et du numéro de la case de l'enregistrement.

6° Le 1er décembre prochain, chaque receveur constatera, par un seul procès-verbal, qu'il affirmera, dans les vingt-quatre heures, devant le juge de paix, quels sont les fonctionnaires et officiers publics qui n'auront pas présenté leurs répertoires au *visa*.

Le receveur de l'enregistrement des actes civils près chaque tribunal de première instance constatera, en outre, le même jour, par un autre procès-verbal également affirmé, quels sont les notaires qui, à cette époque, seront en retard de déposer un double de leurs répertoires des années antérieures à 1806 : ce dernier procès-verbal sera, sans différer, adressé au procureur impérial près du tribunal ;

7° Dans la huitaine suivante, chaque receveur invitera les fonctionnaires et officiers publics désignés dans le procès-verbal à acquitter, dans huit jours, les amendes qu'ils auront encourues, et à présenter leurs répertoires au *visa*; s'ils ne satisfont pas à cette invitation, il décernera des contraintes, les fera signifier avec commandement, et y donnera suite jusqu'au paiement.

Il en usera de même en ce qui concerne les amendes pour irrégularités constatées lors du *visa*.

8° A compter de l'année 1807, au 11 de chacun des mois de *janvier*, *avril*, *juillet* et *octobre*, chaque receveur, pour son arrondissement, constatera les contraventions alors commises pour défaut de présentation des répertoires au *visa*, et poursuivra la rentrée des amendes encourues, comme il est indiqué à l'art. 7 ci-dessus;

9° Le 1er *mars de chaque année*, aussi à compter de 1807, les receveurs près des tribunaux de première instance constateront par un procès-verbal, comme il est dit à l'art. 6, quels sont les notaires de l'arrondissement communal qui n'ont pas déposé le double de leurs répertoires, et ils remettront ce procès-verbal au procureur impérial.

_____

18 sept. 1806. — Décret sur le mode de remboursement de cautionnements des titulaires décédés ou interdits.

Art. 1ᵉʳ. La caisse d'amortissement est autorisée à rembourser les cautionnements des titulaires décédés ou interdits, aux héritiers ou ayants droit, sur simple rapport :

1° Du certificat d'inscription ou des titres constatant le paiement du cautionnement ; 2° des certificats de *quitus*, d'affiche et de non-opposition, prescrits par les lois des 25 niv. et 6 vent. an XIII ; 3° et d'un certificat ou d'un acte de notoriété, contenant les nom, prénoms et domicile des héritiers et ayants droit, la qualité en laquelle ils procèdent et possèdent, l'indication de leurs portions dans le cautionnement à rembourser, et l'époque de leur jouissance.

Ce certificat devra être délivré par le notaire détenteur de la minute, lorsqu'il y aura eu inventaire ou partage par acte public, ou transmission gratuite à titre entre-vifs ou par testament.

Il le sera par le juge de paix du domicile du décédé, sur l'attestation de deux témoins, lorsqu'il n'existera aucun desdits actes en forme authentique.

Si la propriété est constatée par jugement, le greffier dépositaire de la minute délivrera le certificat.

2. Ces certificats seront assujettis au simple droit d'enregistrement d'un franc ; ils devront être légalisés par le président du tribunal de première instance, et conformes aux modèles annexés au présent décret.

3. Le ministre des finances est chargé de l'exécution du présent décret.

Modèle du certificat à délivrer par un greffier.

« Je soussigné (*nom et prénoms*), greffier du tribunal de   , département de   , certifie, conformément au décret impérial du 18 septembre 1806, que, par jugement dudit tribunal, en date du   ; tels *ou* tels (*nom, prénoms et qualité*), et que ledit   ou lesdits   a *ou* ont seuls droit de recevoir le remboursement dudit cautionnement, en capital ou intérêts.

Fait à

Nota. Ce certificat énoncera la portion afférente à chacun des ayants droit, la qualité dans laquelle cette portion lui est dévolue, si c'est comme héritier, donataire, légataire ou créancier ; il contiendra les noms des tuteurs et des mineurs, s'il en existe ; et, enfin, il devra être légalisé par le président.

Modèle du certificat à délivrer par un juge de paix.

« Je soussigné (*nom, prénoms*), juge de paix du canton de   , arrondissement de   , département de   , certifie, conformément au décret impérial du 18 sept. 1806, et sur l'attestation de (*noms, prénoms, qualités et*

résidence des deux témoins), que le sieur (*nom, prénoms et qualité du titulaire*), est décédé à le   , *ab intestat*; qu'après son décès il n'a pas été fait d'inventaire, et que dame sa veuve, demeurant à   , *ou* que tel ou tels (*mettre les noms, prénoms, qualités et résidences*), son seul héritier *ou* ses seuls héritiers, est propriétaire *ou* sont propriétaires du capital et des intérêts du cautionnement que ledit sieur a fourni en sadite qualité, et qu'il a *ou* qu'ils ont droit d'en recevoir le remboursement.

(Ce certificat concernera la portion afférente à chacun des ayants droit, et, s'il y a des mineurs, les noms des tuteurs qui ont droit de toucher pour eux.)

Fait à

Nota. Ces sortes de certificats de propriété ne doivent et ne peuvent être délivrés par un juge de paix qu'autant qu'il n'existe aucun acte de transmission de propriété passé devant notaires. S'il en existe, ils doivent être délivrés par les notaires détenteurs des minutes desdits actes.

Ce certificat doit être légalisé.

Modèle de certificat de propriété à délivrer par un notaire.

« Je, soussigné (*nom et prénoms*), notaire à (*résidence, arrondissement et département*), certifie, conformément aux dispositions du décret impérial du 18 sept. 1806, que N. *ou* NN. (*mettre les noms, prénoms, qualités, résidences, arrondissements et départements de tous les ayants droit*), a *ou* ont seuls le droit de recevoir le capital et les intérêts du cautionnement de (*nom, prénoms, qualités, résidence, arrondissement et département*). (Le surplus comme ci-dessus).

Nota. Il faudra aussi indiquer, lorsqu'il y aura plusieurs ayants droit, la portion revenant à chacun, à quel titre il en est propriétaire, soit comme héritier, soit comme donataire ou légataire, comme cessionnaire, soit enfin, en vertu d'abandon fait par le partage de la succession du titulaire décédé. Il sera également nécessaire de relater les différents actes de transmission de propriété, tels qu'inventaire, partage, transport, donation et testament, soit olographe, soit devant notaires. S'il s'agit d'un testament olographe, on énoncera que le légataire s'est fait envoyer en possession de son legs, et on relatera l'ordonnance rendue par le président du tribunal, à l'effet dudit envoi en possession.

Si le titulaire décédé a laissé une veuve commune ou non commune, le certificat en fera mention, ainsi que de son droit de propriété si elle est commune.

Si le titulaire est décédé célibataire, il en sera fait mention.

Si, dans le nombre des ayants droit, il y a des tuteurs, soit naturels, soit judiciaires, il faudra les dénommer et énoncer leurs résidences, arrondissements et départements, ensemble les noms et titres des mineurs qu'ils représentent. Il en sera de même des interdits.

Le notaire terminera son certificat de la manière suivante :

« Le tout ainsi qu'il résulte des actes susénoncés, *soit* inventaire, *soit* partage, transport, donation *ou* testament.

« Le tout en ma possession.

« Fait à

Ce certificat devra être légalisé par le président du tribunal.

---

23 sept. 1806.—DÉCRET impérial concernant les attestations à délivrer aux rentiers viagers et pensionnaires de l'Etat qui ne peuvent se transporter au domicile du notaire certificateur.

Art. 1er. Les rentiers viagers et pensionnaires de l'Etat qui, par cause de maladie ou d'infirmités, ne pourront se transporter au domicile du notaire certificateur de leur arrondissement, lui adresseront une attestation du maire de leur commune, visée du sous-préfet ou du juge de paix, constatant leur existence, leur maladie ou infirmité.

2. Les notaires certificateurs sont autorisés à délivrer, sur le vu de cette attestation, le certificat exigé par l'art. 1er de notre décret du 21 août 1806, pour le paiement des rentes viagères et pensions, dans lequel ils feront mention détaillée de ladite attestation, qui restera déposée entre leurs mains, et ne pourra servir pour un autre semestre.

3. Les dispositions des deux articles précédents sont applicables aux rentiers viagers et pensionnaires de l'Etat, domiciliés dans les îles françaises d'Europe où il n'existera pas de notaires certificateurs.

---

16 fév. 1807 (EXTRAIT du tarif du). — (V. les art. 38, 42, 105, 107, 168, 169, 170, 171, 172, 174, 175).

16 fév. 1807. — DÉCRET qui rend commun aux Cours impériales de Lyon, Bordeaux et Rouen, le tarif des frais et dépens pour Paris, et en réduit les sommes d'un dixième pour les autres Cours.

28 mars 1807. — LETTRE du ministre de la justice à M. Goux, notaire, portant que, lorsqu'une procuration se trouve déjà annexée à un acte, il n'est plus nécessaire de l'annexer aux actes subséquents passés dans la même étude (1).

La loi du 25 vent. an XI n'a pas introduit une règle nouvelle touchant la nécessité d'annexer les procurations à la minute de l'acte. Cette obligation existait auparavant ; elle dérive de la nature des choses. Elle est nécessaire pour que le constituant qui est partie dans l'acte soit valablement obligé ; mais dès que le notaire a annexé la procuration à un premier acte passé en son étude, la jonction des copies qui en seraient faites

---

(1) *Conf.* autre décision du 4 juill. 1848.

---

aux minutes des actes subséquents deviendrait sans objet. Il faut observer, toutefois, que le notaire, en délivrant les expéditions, doit y joindre l'expédition de sa procuration, pour qu'ils soient exécutoires.

12 août 1807. — DÉCRET qui attribue aux notaires la passation des baux à ferme des hospices, et porte qu'il sera dressé un tarif de leurs droits, lequel ne paraît pas avoir été fait.

12 août 1807.—AVIS du conseil d'Etat sur la libération des mandats délivrés par la caisse d'amortissement et sur les effets des oppositions aux cautionnements des fonctionnaires publics.

Le conseil d'Etat, qui a entendu la section des finances sur un renvoi qui lui a été fait par Sa Majesté d'un rapport du ministre des finances dans lequel le ministre propose les questions suivantes :

1° La caisse d'amortissement doit-elle être considérée comme régulièrement libérée des intérêts de cautionnements payés aux titulaires d'après ses ordonnances ou mandats, lors même qu'il surviendrait à sa connaissance des oppositions dans l'intervalle du jour de l'ordonnance à celui où le paiement aura été effectué ?

2° Toutes les oppositions formées à la caisse d'amortissement seront-elles censées affecter le capital et les intérêts échus et à échoir, à moins que mention expresse ne soit faite pour les restreindre au capital seulement ?

3° Les oppositions faites aux greffes des tribunaux ne pourront-elles valoir que pour les capitaux, tant qu'elles n'auront pas été notifiées à la caisse d'amortissement ?

Vu les lois des 25 niv. et 6 vent. an XIII, qui ont réglé les droits et privilèges des créanciers des fonctionnaires publics et comptables sur les cautionnements en numéraire auxquels ils sont assujettis, et qui les autorisent à former, sur ces cautionnements, des oppositions motivées, soit directement à la caisse d'amortissement, soit aux greffes des tribunaux dans le ressort desquels les titulaires exercent leurs fonctions ;

Est d'avis, sur la première question, que la caisse d'amortissement est libérée du moment qu'elle a délivré ses mandats ;

Sur la seconde question, que les oppositions formées à la caisse d'amortissement affectent le capital et les intérêts échus et à échoir, à moins que mention expresse ne soit faite pour les restreindre au capital seulement ;

Sur la troisième question, que les oppositions faites au greffe des tribunaux ne peuvent valoir que par les capitaux, tant qu'elles n'ont pas été notifiées à la caisse d'amortissement.

10 sept. 1807. — Dispositions du Code de commerce relatives aux notaires. V. les art. 40, 44, 67, 68, 69, 70, 79, 173, 176 et 314.

15 sept. 1807. — Loi qui réduit à 4 et à 5 pour cent, à compter du 1ᵉʳ janvier 1808, les intérêts des cautionnements, qui avaient été précédemment fixés à 5 et à 6 pour cent (art. 24).

19 oct. 1807. — Décision du ministre des finances qui porte que le notaire n'est pas tenu d'inscrire sur le répertoire l'état estimatif joint aux donations entre-vifs (Inst. gén., nᵒ 354).

20 oct. 1807. — Décision du ministre des finances portant que les notaires qui n'énoncent pas leurs noms en tête des actes, mais se bornent à mettre : Par-devant le notaire soussigné, commettent nécessairement une contravention passible d'amende.

16 nov. 1807. — Ordonnance de M. le premier président de la Cour d'appel de Paris, qui homologue le règlement pour la bourse commune fait par les notaires de Paris.

An 1808. — Décision du ministre de la justice, portant qu'il y a incompatibilité entre les fonctions de notaire et celles de secrétaire d'un conseil de prud'hommes.

Le Conseil des prud'hommes étant une juridiction dont les attributions sont déterminées par une loi organique, le secrétaire attaché à ce conseil exerce les fonctions de greffier, et, d'après l'incompatibilité établie entre ces fonctions et celles de notaire, on ne peut pas les cumuler.

9 janv. 1808. — Décision des ministres des finances et de la justice qui fixe à 75 cent. pour Paris, et à 50 cent. pour les départements, outre les droits de timbre, l'honoraire dû aux notaires pour chaque rôle des expéditions qu'ils délivrent aux préposés de l'enregistrement et des domaines, dans l'intérêt public (Inst. gén. du 23 fév. suiv., nᵒ 369). — V. la loi du 3-19 déc. 1790, art. 17.

11 janv. 1808. — Avis du conseil d'État qui décide que les héritiers bénéficiaires ne peuvent, sans autorisation, faire le transfert d'inscriptions de rente au-dessus de 50 francs.

1ᵉʳ mars 1808. — Décret sur les nouveaux titres de noblesse, portant des défenses aux notaires

15. Défendons à tous nos sujets de s'arroger des titres et qualifications que nous ne leur aurions pas conférés, et aux officiers de l'état civil, notaires et autres, de les leur donner; renouvelant, autant que besoin serait, contre les contrevenants, les lois actuellement en vigueur (1).

(1) V. ci-dessus, notre comment. de la loi du 25 vent. an xi, nᵒˢ 574 et 575, et plus loin la loi du 28 mai-6 juin, sur les titres de noblesse.

7 mars 1808. — Lettre du ministre de la justice au procureur impérial de Draguignan, portant qu'il n'y a pas d'incompatibilité entre les fonctions de notaire et celles d'adjoint au maire.

Vous n'ignorerez pas, monsieur, que les dispositions prohibitives sont, en général, de droit étroit ; et il y a d'autant moins lieu de supposer que le législateur ait eu l'intention d'interdire aux notaires l'exercice des fonctions d'adjoint de maire, à raison de leur qualité d'officiers de police judiciaire, que ces dernières places existaient à l'époque de la loi du 25 vent. an xi, qui a prononcé l'incompatibilité entre les fonctions de notaire et celles de commissaire de police.

15 mars et 25 avril 1808. — Décisions des ministres des finances et de la justice portant que c'est au ministère public de poursuivre les contraventions à la loi du 25 vent. an xi et à certaines autres lois, et que les préposés n'ont que le droit de les dénoncer (1).

Toutes les fois qu'il s'agit de contraventions aux lois des 6 oct. 1791, 16 flor. an iv et 25 vent. an xi, dont l'exécution intéresse particulièrement l'ordre social, les fonctions de l'administration de l'enregistrement et de ses préposés se bornent à les dénoncer, quand ils en ont connaissance, au ministère public; et c'est toujours à celui-ci qu'il appartient de requérir d'office les condamnations prononcées par les lois pour ces contraventions, et, lorsque les jugements rendus ne contiennent pas ces condamnations, ou en prononcent de moindres, de se pourvoir également d'office contre ces jugements.

7 mai 1808. — Décret concernant les obligations souscrites par les titulaires des cautionnements.

Art. 1ᵉʳ. Les titulaires de cautionnement qui, d'après les lois des 7 et 27 vent. an viii, ont souscrit des obligations à échéance fixe pour une partie de leurs cautionnements, et qui ne peuvent les représenter acquittées pour obtenir leur titre de la caisse d'amortissement, seront tenus, pour remplacer ces obligations et obtenir leur titre définitif, de produire une déclaration par laquelle ils affirmeront qu'ils les ont acquittées, et un certificat du receveur général de leur département, constatant qu'il n'a pas eu connaissance que ces obligations soient revenues protestées et qu'elles ne sont point restées en dépôt à la recette générale.

2. A dater du 1ᵉʳ oct. 1808, les porteurs de ces obligations qui auraient négligé de se les faire rembourser par les souscripteurs ne pourront avoir aucun recours contre le Trésor public, faute d'avoir fait en temps utile

(1) Conf. autre décision du ministre des finances du 5 nov. 1849.

les diligences nécessaires pour en obtenir le remboursement.

3. Les ministres des finances et du Trésor public sont chargés, etc.

27 juin 1808. — CIRCULAIRE du ministre de la justice portant que les greffiers doivent constater par acte la remise qui leur est faite annuellement par les notaires du double de leurs répertoires. — *Contrà*, Cass., 11 janv. 1816.

16 août 1808. — DÉCISION des ministres des finances et de la justice qui, supposant que les actes notariés peuvent être passés en double minute, règle, pour ce cas, le mode de leur enregistrement (1).

28 août 1808. — DÉCRET qui prescrit les formalités pour l'acquisition d'un privilége de second ordre des bailleurs de fonds sur les cautionnements.

Art. 1er. Les prêteurs de fonds pour cautionnement qui n'auraient pas fait remplir, à l'époque de la prestation, les formalités exigées par les art. 2, 3 et 4 de la loi du 25 niv. an XIII, pour s'assurer de la jouissance du privilége du second ordre, pourront l'acquérir à quelque époque que ce soit, en rapportant au bureau des oppositions établi à la caisse d'amortissement, en exécution de la susdite loi du 25 nivôse, la preuve de leur qualité et mainlevée des oppositions existantes sur le cautionnement ou le certificat de non-opposition du tribunal de première instance.

2. Il sera délivré aux prêteurs de fonds inscrits sur le registre des oppositions et déclarations de la caisse d'amortissement, et sur leur demande, un certificat conforme au modèle annexé au présent.

3. Les prêteurs de fonds ne pourront exercer le privilége du second ordre qu'en représentant le certificat mentionné en l'article précédent, à moins cependant que leur opposition ou la déclaration faite à leur profit ne soit consignée au registre des oppositions et déclarations de la caisse d'amortissement ; faute de quoi, ils ne pourront exercer de recours contre la caisse d'amortissement que comme les créanciers ordinaires, en vertu des oppositions qu'ils auraient formées au greffe des tribunaux indiqués par la loi.

4. Notre ministre des finances est chargé, etc.

Modèle du certificat.

Je, soussigné, chef du bureau des oppositions à la caisse d'amortissement, certifie que N... s'est conformé aux dispositions prescrites par les lois des 23 niv. et 6 vent. an XIII, pour acquérir le privilége du second ordre, qu'en conséquence il est inscrit sur le registre à ce destiné, comme bailleur de fonds du cau-

tionnement de N... pour la totalité *ou* jusqu'à concurrence de la somme de... qu'il a prêtée audit N... pour acquitter partie de son cautionnement.

Vu par nous, administrateur.

12 déc. 1808. — DISPOSITIONS du Code d'inst. crim., réglant la manière dont les notaires doivent se dessaisir de leurs actes en cas de faux. — V. les art. 452, 454, 455 et 463.

15 février 1809. — LETTRE du ministre de la justice au procureur impérial de Toulouse portant que les notaires ne peuvent plus recevoir les minutes de leurs actes sur des registres, mais qu'ils doivent au contraire les inscrire sur des feuilles isolées.

Je vous transmets, monsieur, un mémoire du sieur Cabanis, notaire impérial à la résidence de Toulouse, d'après lequel il paraît que les notaires de votre arrondissement ne s'accordent pas sur la manière de recevoir les actes qu'ils passent, les uns inscrivant sur des feuilles isolées, ainsi que cela doit se pratiquer, et d'autres sur des registres.

Ces derniers se fondent sur un ancien usage qu'ils se croient autorisés à suivre, attendu qu'aucune loi, selon eux, ne prohibe ce mode. Il est bien vrai que la loi du 25 vent. an XI, qu'il faut consulter ici, ne dit pas en termes formels que les minutes des actes se feront sur des feuilles détachées ; mais on ne saurait douter néanmoins que ce ne soient là son intention et son vœu : c'est ce que l'on peut inférer de bien des articles de cette loi, et notamment de l'art. 22. — Il est constant, d'un autre côté, qu'on ne pourrait inscrire les actes à la suite les uns des autres sans contrevenir à l'art. 23 de la loi du 13 brumaire an VII, qui défend de porter deux actes à la suite l'un de l'autre sur une même feuille de papier timbré, ce qui suffit pour faire cesser toute incertitude à cet égard.

Vous voudrez bien veiller à ce que les minutes des actes soient tenues à l'avenir sur des feuilles détachées, et communiquer, à cet effet, cette instruction à la chambre de discipline, pour que chacun des notaires de votre arrondissement soit averti de s'y conformer.

9 mars 1809. — DÉCISION du ministre des finances portant que le registre des protêts tenu par des notaires n'est point soumis au visa du receveur, comme les répertoires ; mais que ce registre ne dispense point de porter les protêts sur le répertoire, comme les autres actes.

24 mars 1809. — AVIS du conseil d'État portant que la caisse d'amortissement doit rejeter toute demande d'intérêts de cautionnement qui remonterait au delà de cinq ans, si la prescription n'a été interrompue.

_____

(1) *Conf.* autre décis. du min. des fin. du 12 déc. 1832.

11 avril 1809. — Lettre des ministres de la justice et des finances qui décide que le syndic gérant d'un hospice, qui exerce en même temps les fonctions de notaire, peut recevoir, en cette dernière qualité, les baux et autres actes qui intéressent cet hospice.

18 avril 1809. — Décision du ministre des finances qui porte que les notaires peuvent, sans contravention, délivrer des grosses des actes déposés aux archives de la préfecture. Elles ne sont sujettes ni à l'enregistrement ni à l'inscription au répertoire.

L'art. 60 de la loi du 25 vent. an xi porte que tous dépôts de minutes, sous la dénomination de *chambre de contrats, bureaux de tabellionage et autres*, sont maintenus à la garde de leurs possesseurs actuels; mais que les grosses et expéditions ne pourront en être délivrées que par un notaire de la résidence des dépôts, ou, à défaut, par un notaire de la résidence la plus voisine; que, néanmoins, si les dépôts ont été remis au greffe d'un tribunal, les grosses et expéditions pourront, dans ce cas, être délivrées par le greffier.

En principe général, les notaires ne peuvent faire que des copies collationnées des actes dont ils ne sont pas dépositaires; mais l'article ci-dessus cité établit formellement une exception en faveur des actes qu'il désigne, puisqu'il porte expressément que les grosses et expéditions pourront en être délivrées par un notaire de la résidence : ce notaire est constitué, par la loi, dépositaire fictif des minutes qui sont maintenues à la garde du possesseur actuel. Une simple copie collationnée ne pourrait, d'ailleurs, avoir tout l'effet d'une grosse, et on ne peut restreindre à la première de ces deux qualifications l'expédition à laquelle le notaire et la loi donnent la seconde.

Ainsi, dans le cas dont il s'agit, les notaires peuvent délivrer des grosses, et même de simples expéditions, sans les soumettre à l'enregistrement, et, par conséquent, sans les inscrire sur leur répertoire; mais ils sont soumis à ces deux obligations, s'ils ne délivrent que des copies collationnées.

27 juin 1809. — Décision du ministre des finances qui porte que les frais du dépôt des contrats de mariage des commerçants doivent être avancés par les notaires, sauf leur recours contre les parties.

17 sept. 1809. — Lettre du ministre de la justice qui décide que l'amende due pour omission du dépôt des répertoires au greffe est encourue le 1ᵉʳ mars.

L'art. 1ᵉʳ de la loi du 16 flor. an iv prescrit aux notaires l'obligation de déposer chaque année, au greffe du tribunal civil du lieu de leur résidence, le double du répertoire des actes par eux reçus dans le cours de l'année précédente, et ce dans le délai des deux premiers mois, à peine de cent francs d'amende par chaque mois de retard. J'ai eu occasion de remarquer que les tribunaux ne s'accordent point sur l'application de cet article: les uns pensent que l'amende est encourue au 1ᵉʳ mars, les autres qu'elle n'est due qu'à l'expiration du troisième mois.

Cette dernière opinion, qui a plusieurs fois excité les réclamations de la régie de l'enregistrement, et qui avait prévalu dans bien des tribunaux, vient d'être rejetée par un arrêt de la Cour de cassation, en date du 6 juin dernier. Les motifs de cette décision sont que c'est dans le cours des deux premiers mois que les notaires sont tenus d'effectuer le dépôt ordonné; que l'amende est encourue par le seul fait du retard, et qu'étant réglée par mois et non par jour, elle est due le premier jour qui suit l'expiration du délai, comme pour tout le mois. Cet arrêt devant fixer la jurisprudence des tribunaux, j'ai cru devoir vous en donner connaissance pour vous servir de règle à l'avenir. Je vous recommande en même temps de faire part de cette décision aux chambres de discipline, afin que chaque notaire puisse être averti des suites qu'entraînerait la moindre négligence de sa part à effectuer le dépôt de son répertoire dans le délai prescrit.

7 oct. 1809. — Lettre du ministre de la justice portant que deux personnes parentes peuvent être témoins instrumentaires.

Mᵉ E....., notaire à M....., me demande, monsieur, si deux personnes parentes aux degrés énoncés dans l'art. 8 de la loi du 25 vent. an xi, peuvent être témoins instrumentaires d'un acte notarié. Il est de principe qu'il n'y a de nullités que celles qui sont textuellement prononcées par la loi, et la loi n'en prononce point dans le cas dont il s'agit. Vous ferez néanmoins observer à M. E.... qu'il est de la prudence d'un notaire d'éviter, autant que les circonstances le lui permettront, tout ce qui pourrait servir à contester et à faire suspecter les actes qu'il passe.

21 oct. 1809. — Avis du conseil d'État sur les quittances et décharges à donner par les parties aux notaires et autres officiers qui ont procédé aux ventes de meubles.

Le conseil d'État, qui, d'après le renvoi ordonné par Sa Majesté, a entendu le rapport de la section des finances sur celui du ministre de ce département, relatif aux quittances et décharges données par les parties aux notaires, greffiers commissaires–priseurs et huissiers qui ont procédé à des ventes à l'encan d'objets mobiliers, et présentant les questions de savoir :

1° Si l'on peut placer ces décharges sur les minutes des ventes, sans contrevenir à l'art. 23 de la loi du 13 brum. an VII, relative au timbre ;

2° Et, dans le cas où ce placement serait permis, si l'officier public est tenu de faire enregistrer les décharges ainsi données dans le délai accordé par la loi pour l'enregistrement des ventes ;

Vu : 1° l'art. 23 de la loi du 28 brum. an VII, ainsi conçu : « Il ne pourra être fait ni expédié deux actes à la suite l'un de l'autre sur la même feuille de papier timbré, nonobstant tout usage ou règlement contraire.— Sont exceptées les ratifications des actes passés en l'absence des parties, les quittances de prix de ventes, etc. » ;

2° L'art. 42 de la loi du 22 frim. an VII, ainsi conçu :—« Aucun notaire, huissier, greffier, secrétaire ou autre officier public, ne pourra faire ou rédiger un acte en vertu d'un acte sous signature privée, ou passé en pays étranger, l'annexer à ses minutes, ni le recevoir en dépôt, ni en délivrer extrait, copie ou expédition, s'il n'a été préalablement enregistré, à peine de cinquante francs d'amende etc. » ;

3° Les n°s 22 et 27 de l'art. 68 de la même loi du 22 frim an VII, qui assujettissent au droit fixe d'un franc les décharges pures et simples données aux officiers publics ;

Considérant, 1° en ce qui concerne la première question, que l'art. 23 de la loi du 13 brum. an VII porte formellement que les quittances de prix de ventes peuvent être mises à la suite de l'acte qui y a rapport ; que cette forme offre un avantage pour les officiers publics et leurs ayants cause, en ce qu'une décharge ainsi donnée n'est pas susceptible de s'égarer ;

2° Relativement à la deuxième question : qu'aux termes de l'art. 42 de la loi du 22 frim. an VII, un officier public ne peut annexer à ses minutes un acte quelconque non enregistré ; que la quittance ou décharge qui est donnée, par la partie, du prix de vente d'effets mobiliers est un acte qui cesse d'être privé du moment où il est porté à la suite d'un procès-verbal rédigé par un officier public ; que cette décharge réunit alors tous les caractères d'un acte public, et qu'elle doit être rédigée et assujettie aux droits comme les autres actes de cette espèce ;

Considérant qu'un usage presque général a, jusqu'à présent, fait oublier ces principes, et que leur application rigoureuse pour le passé exposerait les officiers publics qui ont négligé de se conformer à la loi à supporter personnellement les peines qu'elle prononce par l'impossibilité où ils seraient de découvrir les parties qui ont été requis les ventes;

Est d'avis : 1° que les quittances et décharges de prix de ventes mobilières faites par les notaires, greffiers, commissaires-priseurs et huissiers, peuvent être mises ou en marge des procès-verbaux de ventes ;

2° Que, dans ce cas, les quittances et décharges doivent être rédigées en forme authentique, c'est-à-dire que l'officier public attestera que la partie est comparue devant lui pour régler le reliquat de la vente, dont elle lui donnera décharge, et que cet acte sera signé tant par l'officier que par la partie, et, si la partie ne sait pas signer, par un second officier de la même qualité ou par deux témoins ;

3° Que les quittances et décharges ainsi rédigées doivent être enregistrées dans les délais fixés par l'art. 20 de la loi du 22 frim. an VII, savoir : pour les notaires, dans les dix ou quinze jours de leur date ; pour les greffiers, dans les vingt jours, pour les commissaires-priseurs, dans les quatre jours ;

Qu'il n'est dû que le droit fixe d'un franc, conformément aux n°s 22 et 27 de l'art. 68 de la même loi ;

4° Qu'il ne doit être fait aucune recherche pour les quittances et décharges sous seing privé données antérieurement à la publication du présent avis.

---

22 nov. 1809.— Décision du ministre de la justice, portant que le notaire qui se trouve dans l'impossibilité de recevoir un acte ne peut, quand il se fait substituer un autre notaire, retenir le dépôt de l'acte.

Vous pensez avec raison, monsieur, qu'un notaire ne peut, dans aucun cas, s'attribuer le dépôt d'un acte qu'il n'a pas reçu, car c'est par mesure d'ordre public et dans l'intérêt des parties que la loi règle le dépôt : d'où il suit que ce n'est point un simple droit, une faculté attribuée au notaire instrumentaire et à laquelle il puisse renoncer en faveur de l'un de ses confrères, mais bien une véritable obligation qui lui est imposée personnellement. Vous voudrez bien veiller à ce que la loi reçoive en ce point sa et pleine entière exécution.

---

16 févr. 1810.—Dispositions du Code pénal relatives aux notaires.—V. art. 123, 145, 146, 174, 175 et 378.

---

23 févr. 1810. — Lettre du ministre de la justice au procureur impérial d'Alba, qui décide que, lorsqu'un notaire a été condamné correctionnellement à la prison, les scellés doivent être apposés sur ses minutes.

Vous m'informez, monsieur, que le notaire Taricchi a été condamné à six mois d'emprisonnement pour délit en matière de conscription, et vous me demandez la conduite que vous avez à tenir en cette circonstance, soit à l'égard du notaire, soit relativement à la conservation de ses minutes. Vous devez d'abord requérir l'apposition des scellés sur les minutes de ce notaire, et déférer ensuite sa conduite au tribunal qui pourra, en vertu de l'art. 53 de la loi du 25 vent. an XI, prononcer sa destitution. Vous ferez observer au tribunal qu'il est investi d'un pouvoir *discrétionnaire* pour prononcer telle peine de discipline que les circonstances peuvent exiger. Vous aurez soin de me rendre compte du résultat de vos diligences à cet égard.

20 mars 1810. — DÉCISION du ministre des finances portant : 1° que les greffiers des tribunaux sont tenus de faire autant d'actes de dépôt qu'il y a de notaires qui déposent au greffe le double de leur répertoire ; 2° que les notaires ne peuvent être obligés de lever une expédition de ces actes. — Autres décisions semblables, les 11 janv. 1816 et 24 juin 1821.

2 mars 1810. — CIRCULAIRE du ministre de la justice aux procureurs impériaux, qui règle la forme des répertoires.

Il a été proposé, messieurs, un mode propre à établir la régularité et l'uniformité dans la tenue des répertoires des notaires.

Il consiste à faire imprimer les feuilles qui servent à la minute du répertoire et au double qui doit en être déposé, chaque année, au greffe du tribunal d'arrondissement.

Cette mesure, qui a été concertée avec Son Excellence le ministre des finances, réunit tous les avantages qui doivent la faire adopter ; elle tend principalement à rendre la conservation des répertoires plus facile et plus assurée.

Le papier doit être fourni par la régie, conformément à l'art. 18 de la loi du 13 brum. an VII.

Le format au timbre de 1 fr. étant d'une dimension plus grande que celui de 75 cent., laissera plus d'espace pour les colonnes, et doit sous ce rapport être préféré. L'emploi que les notaires de Paris en font depuis longtemps pour cet usage a démontré que ce format est le plus commode.

Quant aux frais d'impression, la répartition faite sur un grand nombre de feuilles en garantit la modicité. Le soin d'y pourvoir doit être laissé aux notaires individuellement, et aux chambres de discipline, qui, à l'exemple de celle de Paris, peuvent faire imprimer les feuilles du répertoire, et les distribuer comme elles l'entendront ; et pour rendre les frais d'impression moins onéreux, les chambres des différents arrondissements d'un même département pourront se concerter ensemble sur cet objet ; il suffira qu'elles aient un modèle conforme à celui dont les notaires de Paris font usage.

Vous voudrez bien transmettre ces instructions à la chambre de discipline de votre arrondissement, et veiller à ce qu'elles soient exécutées. Vous m'en accuserez la réception.

(Le modèle ci-après, n'est qu'indicatif des colonnes qui doivent composer le répertoire, et non du format.)

Modèle du Répertoire.

NUMÉROS du répertoire.	DATES des actes.	NATURE ET ESPÈCE DES ACTES		NOMS ET PRÉNOMS ET DOMICILE DES PARTIES.	DROITS de l'enregistrement.	
		En brevets.	En minutes.	Indication, situation et prix des biens.	Dates.	Droits.

Ce modèle est conforme à l'art. 50 de la loi du 22 frim. an VII, sauf qu'il porte que l'indication des biens doit faire l'objet d'une colonne particulière, ce qui a lieu dans l'usage.

20 juin 1810. — Avis du conseil d'Etat qui décide que la peine de nullité des actes notariés ne s'applique point au défaut de mention de la signature des notaires.

Le conseil d'Etat, qui, d'après le renvoi ordonné par Sa Majesté, a entendu le rapport de la section de législation sur celui du grand juge, ministre de la justice, relatif à la question de savoir si la peine de nullité, prononcée par les art. 14 et 68 de la loi du 25 vent. an XI, doit être appliquée au défaut de mention de la signature des notaires à la fin des actes par eux reçus ;

Vu la loi du 25 vent. an XI ;

Vu l'arrêté du 15 prairial de la même année, inséré au *Bulletin des lois*, et qui détermine la forme des grosses et des actes passés devant notaires ;

Considérant que si les expressions qui terminent le premier paragraphe de l'art. 14 de la loi du 25 vent. an XI ont donné lieu d'élever la question de savoir si la nullité prononcée par l'art. 68, s'étendait même au défaut de mention, à la fin de l'acte, de la signature des notaires, cette question ne peut être que négativement résolue, d'après l'esprit de la loi et des règlements qui l'ont immédiatement suivie ;

Qu'en effet, l'arrêté du 15 prair. an XI, donnant une formule pour la rédaction des actes et y appelant les mentions nécessaires, n'y comprend point celle de la signature même des notaires ; qu'ainsi la loi a déjà été expliquée presque au moment où elle venait de paraître ;

Que toute interprétation contraire, outre qu'elle serait excessivement rigoureuse, serait sans aucune utilité pour la société et deviendrait même nuisible par l'application d'une nullité inusitée dans tous les temps ;

Que si cette nullité a un but utile, en tant qu'elle s'applique au défaut de mention des signatures de la partie ou des témoins qui n'ont pas un caractère authentique, cette raison cesse à l'égard des notaires eux-mêmes, dont la signature est publique et devient la certification des autres ;

Est d'avis que la peine de nullité prononcée par l'art. 68 de la loi du 25 vent. an XI ne doit être appliquée qu'au défaut de mention de la signature soit des parties, soit des témoins, et ne doit pas être appliquée au défaut de la mention de la signature des notaires qui ont reçu l'acte.

16 nov. 1810.—Lettre du ministre de la justice au procureur impérial d'Alba, portant que, pour traduire un notaire devant les tribunaux par action disciplinaire, le ministère public n'a pas besoin d'un avis préalable de la chambre de discipline.

14 déc. 1810. — Décret qui prononce incompatibilité de l'exercice de la profession d'avocat avec celle de notaire.

10 janv. 1811. — Lettre du ministre de la justice au procureur général de Turin, qui décide qu'un notaire peut être l'objet d'une action disciplinaire pour les mêmes faits qui l'ont fait traduire devant le tribunal correctionnel, et que les cas de destitution prévus par la loi du notariat ne sont pas limitatifs.

7 avril 1811. — Lettre du ministre de la justice au procureur impérial du tribunal des Deux-Ponts sur ce qu'on doit entendre par commerçant, dans le sens des art. 1 et 67, C. comm.

J'ai été consulté plusieurs fois, monsieur, sur le sens à attacher au mot *commerçant*, dans le cas de l'art. 67, C. comm., et j'ai toujours répondu que l'on devait d'abord considérer comme tels tous *négociants, banquiers, fabricants* et *marchands* ; mais qu'il ne paraissait pas qu'on dût ranger dans cette classe le simple artisan qui, ne travaillant qu'au fur et à mesure des commandes qu'il reçoit journellement, ne fait point de son état un objet de spéculation. Il serait, au surplus, difficile d'établir une règle bien précise à cet égard : c'est au notaire à apprécier les circonstances dans les cas particuliers qui se présentent.

18 juin 1811. — Décret contenant le tarif des frais de justice criminelle, lequel règle notamment le mode de transport et de remise des pièces arguées de faux, et les vacations dues en ce cas aux notaires. — *V.* notamment les art. 43, 45, 91, 92, 93, 94, 95 et 96.

2 oct. 1811. — Lettre du ministre de la justice à M. le procureur impérial de Bruges, pour empêcher que les simples particuliers ne s'arrogent le droit de faire des ventes d'immeubles aux enchères.

Je reçois de nouvelles plaintes, monsieur, contre un abus qui s'est introduit dans votre arrondissement, et qui consiste en ce que des individus sans caractère, et formant une association entre eux, s'arrogent le droit de faire des ventes aux criées publiques et après affiches préalables, en la forme usitée à l'égard de celles qui se passent devant notaires. La loi laisse bien à chacun la faculté de faire des ventes sous seing privé, mais elle ne permet point de les faire précéder par ces publications et ces formes solennelles réservées aux seules ventes publiques.

Car, s'il n'est pas loisible à un particulier de faire des ventes publiques de son mobilier, quoiqu'il lui soit libre d'en disposer de la main à la main, on ne saurait raisonnablement prétendre qu'il soit fondé à en agir autrement à l'égard d'un immeuble ; il peut encore bien moins y avoir lieu d'autoriser *des tiers* à se charger de semblables ventes.

Aussi, Son Excellence le ministre des finances réclame vivement contre cet abus, comme portant préjudice au Trésor public en même temps qu'il favorise une usurpation sur les fonctions du notariat. Vous voudrez bien, en conséquence, prendre les mesures convenables pour les faire cesser, et vous concerter, à cet effet, s'il y a lieu, avec le préfet de votre département.

30 janv. 1812. — DÉCISION du ministre de la justice portant que les notaires doivent garder minute des règlements, comptes, etc.

Vous demandez, monsieur, si les notaires doivent garder minute des comptes, partages et autres règlements qui leur sont renvoyés et tribunal, et qui sont sujets à l'homologation.

L'affirmative ne peut pas faire la matière d'un doute, d'abord parce que les notaires doivent garder minute de tous les actes qu'ils sont chargés de faire (Loi de vent. an XI, art. 20); en second lieu, parce que l'art. 984 du Code judiciaire dit que l'homologation sera poursuivie sur l'expédition qui sera délivrée par le notaire à la partie la plus diligente ; ce qui prouve assez clairement que le notaire conserve la minute et que le tribunal n'en a pas besoin pour homologuer.

12 fév. 1812. — DÉCRET concernant les poids et mesures.

Art. 1ᵉʳ. Il ne sera fait aucun changement aux unités des poids et mesures de l'Empire, telles qu'elles ont été fixées par la loi du 19 frim. an VIII.

2. Notre ministre de l'intérieur fera confectionner, pour l'usage du commerce, des instruments de pesage et de mesurage qui présentent soit les fractions, soit les multiples desdites unités le plus en usage dans le commerce, et accommodés aux besoins du peuple.

3. Ces instruments porteront sur leurs diverses faces la comparaison des divisions et des dénominations établies par les lois, avec celles anciennement en usage.

4. Nous nous réservons de nous faire rendre compte, après un délai de dix années, des résultats qu'aura fournis l'expérience sur les perfectionnements que le système des poids et mesures serait susceptible de recevoir.

5. En attendant, le système légal continuera à être seul enseigné dans toutes les écoles de notre Empire, y compris les écoles primaires, et à être seul employé dans toutes les administrations publiques, comme aussi dans les marchés, halles, et dans toutes les transactions commerciales et autres entre nos sujets.

6. Nos ministres sont chargés, etc.

2 et 14 juillet 1812. — DÉCISION des ministres de la justice et des finances, portant que les no-

taires qui, dans le cours d'une année, n'ont reçu aucun acte, et, par conséquent, n'ont eu aucune inscription à faire sur le répertoire, ne peuvent être astreints, à défaut de double de ce répertoire, de déposer au greffe un certificat négatif. — Quelle que puisse être l'utilité de cette mesure, il ne saurait y avoir lieu de poursuivre ceux des notaires qui, en semblable cas, négligent de déposer le certificat négatif.

18 août 1812. — DÉCISION du ministre des finances qui règle le mode d'inscrire les inventaires sur les répertoires.

La première vacation des inventaires doit seule être inscrite *à sa date* sur le répertoire. Mais il est utile de rappeler à la suite, et dans le même contexte de l'article, la date successive des autres vacations.

9 sept. 1812. — DÉCISION du ministre de la justice portant : 1° qu'il n'est pas nécessaire que les notaires dressent un acte de dépôt de la remise des testaments olographes ; 2° mais que ces testaments doivent, dans tous les cas, être portés au répertoire.

22 déc. 1812. — DÉCRET sur les déclarations à faire par les titulaires de cautionnements en faveur des bailleurs de fonds pour leur faire acquérir le privilége de second ordre (1).

Art. 1ᵉʳ. Les déclarations à faire à l'avenir par les titulaires de cautionnements en faveur de leurs bailleurs de fonds, pour leur faire acquérir le privilége de second ordre, seront conformes au modèle ci-annexé, passées devant notaires et légalisées par le président du tribunal de l'arrondissement.

2. Dans le cas où le versement à la caisse d'amortissement serait antérieur de plus de huit jours, à la date de ces déclarations, elles ne seront valables qu'autant qu'elles seront accompagnées du certificat de non-opposition, délivré par le greffier du tribunal du domicile des parties, dont il sera fait mention dans lesdites déclarations, lesquelles, au surplus, ne seront admissibles à la caisse d'amortissement, s'il y a des oppositions à cette caisse, que sous la réserve de ces oppositions.

3. Le droit d'enregistrement de ces déclarations est fixé à un franc.

4. Il n'est point dérogé par le présent décret à celui du 28 août 1808, portant que « les prêteurs de fonds ne pourront exercer le privilége de second ordre qu'en représentant le certificat mentionné à l'art. 2 de ce décret, » à moins cependant que leur opposition, ou la déclaration faite à leur profit, ne soit consignée aux registres des oppositions et déclarations de la caisse d'amortissement ; faute de quoi ils ne pourront exercer de recours contre la caisse d'amortissement que comme les créanciers ordinaires, et en vertu

_____

(1) V. ci-dessus la loi du 25 niv. an XII.

des oppositions qu'ils auraient formées aux greffes des tribunaux indiqués par la loi.

3. Notre grand juge, ministre de la justice, et notre ministre des finances, sont chargés, etc.

5 mai 1813. — CIRCULAIRE du ministre de la justice qui enjoint aux secrétaires des chambres des notaires de tenir un registre destiné à constater la remise qui leur est faite d'extraits des contrats de mariage des commerçants ou des jugements de séparations de biens entre époux dont l'un est négociant, en exécution des art. 67, C. comm., et 872, C. pr. civ.

22 juin 1813. — DÉCISION du ministre des finances qui porte que le notaire à qui un tribunal a confié les minutes d'un confrère décédé est subrogé dans les fonctions qu'exerçait ce dernier et en prend toute la responsabilité quant à la délivrance des expéditions.

En pareil cas, le notaire subrogé dans les fonctions qu'exerçait son collègue, en prend toute la responsabilité quant à la délivrance des expéditions. Son ministère est celui d'un successeur temporaire, et, comme il a, pendant sa durée, les mêmes effets que le ministère du successeur nommé définitivement, il s'ensuit que les expéditions délivrées ne sont point sujettes à l'enregistrement, et qu'à plus forte raison elles ne sont point susceptibles d'être inscrites sur le répertoire du notaire dépositaire comme des actes délivrés en brevet, ou comme des copies collationnées.

13 oct. 1813. — DÉCISION du ministre des finances portant que le délai d'un mois accordé par l'art. 67, C. comm., pour le dépôt des contrats de mariage des commerçants doit être augmenté d'un jour par cinq myriamètres de distance du lieu où a été passé le contrat à celui où le dépôt doit être fait.

30 juin 1814.—ORDONNANCE du roi Louis XVIII qui autorise tous les notaires de Paris, indistinctement, à délivrer des certificats de vie aux rentiers viagers et pensionnaires de l'État, et maintient les règlements antérieurs en ce qui concerne, soit les notaires certificateurs dans les départements, soit les rentiers et pensionnaires résidant hors du royaume.

Art. 1er. A compter de ce jour, tous les notaires de Paris, indistinctement, pourront délivrer des certificats de vie aux rentiers viagers et pensionnaires de l'État, à la charge par eux de se conformer exactement aux dispositions du décret du 21 août 1806, et au modèle ci-annexé dont l'impression et le format seront uniformément déterminés.

2. Les dispositions du décret du 21 août 1806, concernant le choix des notaires certificateurs dans les départements, la tenue du registre des rentiers viagers et pensionnaires, la connaissance des décès à donner par les notaires à notre ministre des finances, la garantie et la responsabilité des notaires envers le Trésor royal, la valeur du timbre et celle de la rétribution des notaires sont confirmées.

3. Les dispositions du décret du 23 sept. 1806 relatives aux attestations à délivrer aux rentiers viagers et pensionnaires qui ne peuvent, pour cause de maladie ou d'infirmités, se transporter au domicile du notaire, sont également maintenues.

4. Les certificats de vie des rentiers et pensionnaires résidant hors du royaume, continueront à être délivrés par les chancelleries de nos légations et consulats, ou par les magistrats du lieu, dans le cas où le domicile desdits rentiers et pensionnaires serait éloigné de plus de six lieues de la résidence de nos ambassadeurs, envoyés ou consuls : ces certificats seront admis au Trésor royal, revêtus de la légalisation de nos agents diplomatiques, ou de ceux des puissances étrangères et amies résidant dans ces pays.

Modèle de certificat de vie à délivrer par les notaires.

Je, soussigné, notaire à , département d , arrondissement d , certifie que (*mettre les nom, prénoms, profession et domicile*), né à , département d le , suivant son acte de naissance, qu' m'a représenté jouissant d'une pension sur l'État de , inscrite n° , *ou* sur la tête d quel existe une rente viagère inscrite n° , est vivant, pour s'être présenté cejourd'hui devant moi (1). En foi de quoi j'ai délivré le présent, qu' a signé avec moi.
Fait à le

Nota. Faire légaliser, par le préfet ou sous-préfet, la signature des notaires des départements.

Modèle de certificat de vie à délivrer par les ambassadeurs.

Nous (*ambassadeur, envoyé, consul* ou *autre chargé des affaires de S. M.*), certifions et attestons que (*mettre les nom, prénoms, profession et domicile*), né à département d le , suivant son acte de naissance, qu' nous a représenté, jouissant d'une pension de , inscrite n° , ou sur la tête d quel, existe une rente viagère de , inscrit n° , est vivant , pour s'être présenté cejourd'hui devant nous (2). En foi de quoi nous lui avons délivré le présent qu' a signé avec nous.

Fait à le

Nota. V. ci-après les ordonnances des 20 mai 1818 et 26 juill. 1821.

(1) Pour les certificats à délivrer aux pensionnaires, il convient d'ajouter la déclaration suivante :
« Lequel m'a déclaré que, depuis l'obtention de la pension ci-dessus désignée, il ou elle n'a joui d'aucune autre pension ni d'aucun autre traitement d'activité. »

(2) V. la note qui précède.

20.

23 déc. 1814. — Ordonnance du roi Louis XVIII qui renouvelle l'obligation, pour les notaires, greffiers, avoués et huissiers, d'énoncer dans leurs actes la patente des parties, conformément à l'art. 37 de la loi du 1er brumaire an 7.

11 avril 1815. — Décision du ministre des finances portant que l'art. 13 de la loi du 25 vent. an xi n'obligeant pas les notaires à faire mention de l'annexe des procurations, le défaut de cette mention ne peut entraîner l'amende.

30 août 1815 — Ordonnance du Roi qui prescrit la rectification de la formule des grosses délivrées depuis l'abolition de la royauté.

Louis, etc. Les actes, arrêts ou jugements expédiés pendant notre absence, l'ont été au nom de ceux qui se sont successivement emparés de l'autorité. On continue de s'en servir, et les exécutions et poursuites judiciaires sont, la plupart du temps, fondées sur des actes qui rappellent un pouvoir illégitime, et retracent aux Français des souvenirs odieux et affligeants. Il nous a paru urgent de faire cesser un tel état de choses, et d'imprimer aux titres dont nos sujets sont dans le cas de faire usage, un caractère de légitimité qui ne peut émaner que de nous.

A ces causes, sur le rapport du garde des sceaux de France, ministre secrétaire d'Etat de la justice, nous avons ordonné et ordonnons ce qui suit :

Art. 1er. Du jour de la publication de la présente ordonnance, il ne pourra plus être mis en exécution, dans l'étendue de notre royaume, aucun acte, arrêt ou jugement, qui ne sera pas revêtu de la formule royale, à peine de nullité.

2. Les porteurs des grosses ou expéditions des actes et jugements délivrés pendant notre absence, au nom d'un pouvoir illégitime, seront tenus de s'en procurer de nouvelles. Ils auront cependant la liberté de se servir de celles qu'ils possèdent, en les présentant préalablement à un greffier de nos Cours et tribunaux, pour les arrêts et jugements, ou à un notaire royal, pour les actes publics, aux fins d'en faire rectifier la formule.

3. Le greffier ou le notaire bâtonnera la formule existante, soit au commencement de l'acte, soit à la fin, et y substituera, par interligne ou à la marge, la formule royale; il datera et il signera cette rectification, qui sera faite sans frais.

4. Les grosses nouvelles seront aux frais de ceux qui les demanderont; elles seront considérées comme premières grosses; l'obtention n'en sera soumise à aucune autorisation.

Le notaire qui la donnera en fera seulement mention dans l'expédition.

5. Les procédures commencées en vertu de grosses portant l'ancienne formule, et antérieurement à la présente ordonnance, seront continuées.

6. Le ministre de la justice est chargé, etc.

24 janv. 1816. — Ordonnance du Roi concernant la délivrance des certificats de vie de rentiers viagers ou pensionnaires servant dans les armées ou domiciliés dans les colonies.

Art. 1er. Les certificats de vie des rentiers viagers et des pensionnaires de l'Etat domiciliés dans nos colonies seront délivrés par les notaires, à la charge, par ceux-ci, de se conformer aux dispositions du décret du 21 avril 1806 (1), et au modèle ci-annexé.

2. Les certificats de vie des militaires servant dans nos armées, qui jouissent de rentes viagères ou de pensions, ou sur la tête desquels reposent des rentes viagères, continueront à être délivrés par les conseils d'administration des corps, ou officiers en remplissant les fonctions, pour les militaires en troupes, et par les inspecteurs ou sous-inspecteurs aux revues, pour les officiers sans troupe et les employés des armées, en se conformant au modèle ci-joint :

Modèle de certificat de vie à délivrer par les notaires dans les colonies.

Je, soussigné, notaire à   , certifie que (mettre les nom, prénoms, profession et domicile),   né à   , département d   , suivant son acte de naissance, qu'il m'a représenté, jouissant d'une pension sur l'Etat de   , inscrite n°   , ou sur la tête duquel il existe une rente viagère de   n°   est vivant, pour s'être présenté aujourd'hui devant moi (2).

En foi de quoi j'ai délivré le présent, qu'il a signé avec moi.

Fait à   le

(Faire légaliser la signature du notaire par le président du tribunal dans le ressort duquel il exerce.)

Modèle de certificat à délivrer aux militaires et employés des armées.

Nous, membres composant le conseil d'administration du   ou Je, soussigné, commandant un détachement de   , ou Je, soussigné, inspecteur, ou sous-inspecteur aux revues, certifie que (mettre les nom, prénoms et profession), né à   , département d   , suivant son acte de naissance, qu'il nous a représenté, jouissant d'une pension sur l'Etat de   , inscrite n°   ou sur la tête duquel existe une rente viagère

_____

(1) C'est le 24 août qu'il faut lire.

(2) Pour les certificats à délivrer aux pensionnaires, il faut ajouter la déclaration suivante : « Lequel m'a déclaré ou nous a déclaré que, depuis l'obtention de la pension ci-dessus désignée, il ou elle n'a joui d'aucune autre pension ni d'aucun traitement d'activité. »

Pour les pensions provenant de solde de retraite, ajouter : Aucun traitement d'activité militaire.

de   , n°   , est vivant pour s'être présenté
cejourd'hui devant nous (1).

En foi de quoi nous avons délivré le présent, qu'il a
signé avec nous.

Fait à   le

(Faire légaliser par l'inspecteur ou sous-inspecteur aux revues, aujourd'hui l'intendant ou sous-intendant militaire.)

14 février 1816. — ORDONNANCE du Roi concernant le remboursement ou la compensation des cautionnements fournis par les fonctionnaires comptables nés en France ou naturalisés Français, pour les places qu'ils ont exercées dans les départements séparés de la France, et qui contient de nouvelles règles pour le cas où un fonctionnaire assujetti à un cautionnement est nommé à une autre fonction de même nature.

LOUIS, etc.;—Vu les art. 15, 16, 17, 18 et 19 de la loi du 2 vent. an XIII, et les autres lois relatives aux cautionnements à fournir par les comptables du Trésor, par les agents de change, courtiers de commerce, notaires et officiers de justice ;

Considérant qu'il importe de statuer sur le remboursement des cautionnements qui ont été fournis par des individus nés en France, ou naturalisés Français depuis le 30 mai 1814, pour les places qu'ils ont exercées dans des départements aujourd'hui séparés de la France ; voulant accélérer ce remboursement, autant que le permet la situation de notre Trésor ;

Considérant qu'il importe aussi de régler que la nomination d'un comptable à une autre place de la même nature ne donne pas lieu à exiger un nouveau cautionnement, puisque, dans ce cas, la gestion nouvelle n'est qu'une continuation de la gestion première, sauf le changement de résidence ;

Sur la proposition de notre ministre secrétaire d'Etat des finances, avons ordonné et ordonnons :

Art. 1er. Les cautionnements fournis par des Français, ou par des étrangers naturalisés Français depuis le 30 mai 1814, pour les places qu'ils ont exercées dans les départements aujourd'hui séparés de la France, serviront :

1° A compenser le débet qui pourraient résulter des comptes rendus par lesdits individus;

2° A garantir les nouvelles fonctions auxquelles ils auraient pu ou pourraient être appelés en France.

2. Dans le cas où ces ex-fonctionnaires ne seraient ni débiteurs ni replacés, leurs cautionnements leur seront remboursés, aux termes de la loi du 2 vent. an XIII, en rapportant, pour les receveurs généraux, un arrêté de leur compte, réglé par notre Trésor royal, au lieu du compte de clerc à maître

(1) *V.* la note 2 à la page précédente.

qui ne peut plus être arrêté par leurs successeurs ; pour les receveurs particuliers, le quitus du receveur général ; pour les percepteurs, la décharge du receveur particulier ; pour les payeurs, celle du payeur général duquel ils dépendent ; pour les autres comptables, l'extrait de leur compte arrêté par les régies et administrations auxquelles ils étaient subordonnés, et, pour les autres fonctionnaires, des certificats de non-opposition, conformément aux lois des 25 nivôse et 6 ventôse an XIII, et à notre ordonnance du 10 fév. 1815.

3. Notre ministre secrétaire d'Etat des finances est autorisé à faire ce remboursement en bons de notre Trésor royal, payables par tiers, à huit, douze et seize mois d'échéance, et portant intérêt à six pour cent par année.

4. Ce remboursement n'aura lieu qu'après qu'il aura été fourni un cautionnement en immeubles, pour garantie de l'apurement de leur gestion, par ceux de ces fonctionnaires qui sont assujettis à cette obligation par la loi du 2 vent. an XIII.

5. Tout fonctionnaire assujetti à un cautionnement, qui sera appelé à une fonction de même nature, ne sera pas tenu de fournir un nouveau cautionnement : le premier cautionnement garantira la nouvelle gestion, et l'excédant en numéraire pourra même être retiré, en se conformant à la loi du 2 vent. an XIII.

6. Notre ministre des finances est chargé, etc.

28 avril 1816. — Loi de finances qui augmente le cautionnement des notaires et de certains autres officiers publics, leur attribue le droit de présenter leurs successeurs à l'agrément du Roi, et établit des commissaires-priseurs dans les départements.

TITRE IX. — DES CAUTIONNEMENTS.

Art. 88. Les cautionnements des avocats à la Cour de cassation, notaires, avoués, greffiers et huissiers à notre Cour de cassation et dans les Cours royales et tribunaux de première instance, tribunaux de commerce et justices de paix, sont fixés en raison de la population et du ressort des tribunaux de la résidence de ces fonctionnaires, conformément au tarif annexé à la présente loi sous les n°s 7, 8 et 9.

89. Il pourra être établi, dans toutes les villes et lieux où Sa Majesté le jugera convenable, des commissaires-priseurs dont les attributions seront les mêmes que celles des commissaires-priseurs établis à Paris par la loi du 26 vent. an IX.

Ces commissaires n'auront, conformément à l'art. 1er de ladite loi, de droit exclusif que dans le chef-lieu de leur établissement. Ils auront, dans tout le reste de l'arrondissement, la concurrence avec les autres officiers ministériels, d'après les lois existantes.

En attendant qu'il ait été statué par une loi générale sur les vacations et frais desdits officiers, ils ne pourront percevoir autres et plus forts droits que ceux qu'a fixés la loi du 17 sept. 1793.

90. Il sera fait par le Gouvernement une nouvelle fixation des cautionnements des agents de change et courtiers de commerce; cet état sera réglé sur la population et le commerce des lieux où résident lesdits agents de change et courtiers, et portera les cautionnements au *minimum* de quatre mille francs, et au *maximum* de cent vingt-cinq mille francs.

91. Les avocats de la Cour de cassation, notaires, avoués, greffiers, huissiers, agents de change, courtiers, commissaires-priseurs, pourront présenter à l'agrément de Sa Majesté des successeurs, pourvu qu'ils réunissent les qualités exigées par les lois. Cette faculté n'aura pas lieu pour les titulaires destitués.

Il sera statué, par une loi particulière, sur l'exécution de cette disposition et sur les moyens d'en faire jouir les héritiers ou ayants cause desdits officiers.

Cette faculté de présenter des successeurs ne déroge point, au surplus, au droit de Sa Majesté de réduire le nombre desdits fonctionnaires, notamment celui des notaires, dans les cas prévus par la loi du 25 vent. an xi le notariat (1).

92. Les cautionnements et suppléments de cautionnement demandés par la présente loi seront versés au Trésor, savoir : un quart en numéraire, un mois après la promulgation de

la présente loi, et les trois autres quarts en obligations payables à la fin des mois de juillet, octobre et décembre 1816.

À l'égard des cautionnements intégraux à fournir pour des créations de places nouvelles, ou pour des mutations, ils seront versés en numéraire avant l'installation des fonctionnaires.

93. L'intérêt des cautionnements et des suppléments de cautionnement continuera d'être payé, comme pour le cautionnement primitif, au taux et aux époques usités pour le passé.

94. Les fonds de tous les cautionnements fournis jusqu'à ce jour ayant été remis au Trésor, il demeure chargé de rembourser le capital lorsqu'il y aura lieu, et d'en payer les intérêts, ainsi que ceux des suppléments et des cautionnements nouveaux qu'il recevra en exécution de la présente loi.

L'intérêt des cautionnements nouveaux sera fixé à quatre pour cent, sans retenue.

95. Il sera pourvu au remplacement des fonctionnaires qui ne fourniraient pas les cautionnements et suppléments de cautionnement dans le délai ci-dessus fixé, ou qui manqueraient de s'acquitter aux époques déterminées ci-dessus.

96. Nul ne sera admis à prêter serment et à être installé dans les fonctions auxquelles il aura été nommé, s'il ne justifie préalablement de la quittance de son cautionnement.

97. La faculté conservée à des fonctionnaires de l'ordre judiciaire, employés des administrations civiles, receveurs des communes et comptables de deniers publics, de fournir tout ou partie de leurs cautionnements en immeubles ou en rentes sur l'Etat, ne sera pas accordée à ceux qui seront nommés à partir de la publication de la présente loi. Ces cautionnements devront, en conséquence, être fournis, à l'avenir, en numéraire pour la totalité.

---

(1) *V.* sur ce droit de présentation et sur la transmission des offices ce qui est dit dans le *Manuel* de M. Clerc, première partie de cet ouvrage, p. 169 et suivantes.

Cautionnement des Notaires, d'après les lois des 2 ventôse an XI, 2 ventôse an XIII, et 28 avril 1816.

RÉSIDENCE DES COURS IMPÉRIALES.			RÉSIDENCE DES TRIBUNAUX DE PREMIÈRE INSTANCE.			RÉSIDENCE DES JUSTICES DE PAIX.		
Population.	Ancien.	Nouveau.	Population.	Ancien.	Nouveau.	Population.	Ancien.	Nouveau.
	fr.	fr.		fr.	fr.		fr.	fr.
5,000 hab. et au-dessous	2,667	4,000	2,000 hab. et au-dessous.	1,333	3,000	2,000 hab. et au-dessous.	667	1,800
5,000 à 6,000	2,800	4,500	2,001 à 2,500	1,467	3,200	2,001 à 2,500	733	1,900
6,001 à 7,000	2,933	5,000	2,501 à 3,000	1,600	3,400	2,501 à 3,000	800	2,000
7,001 à 8,000	3,067	5,500	3,001 à 3,500	1,733	3,600	3,001 à 3,500	867	2,400
8,001 à 9,000	3,200	6,000	3,501 à 4,000	1,867	3,800	3,501 à 4,000	933	2,200
9,001 à 10,000	3,333	6,500	4,001 à 4,500	1,867	4,000	4,001 à 4,500	1,067	2,300
10,001 à 12,000	3,467	7,000	4,501 à 5,000	2,000	4,200	4,501 à 5,000	1,067	2,400
12,001 à 14,000	3,600	7,500	5,001 à 5,500	2,000	4,400	5,001 à 5,500	1,067	2,500
14,001 à 16,000	3,733	8,000	5,501 à 6,000	2,000	4,600	5,501 à 6,000	1,067	2,600
16,001 à 18,000	3,867	8,500	6,001 à 6,500	2,433	4,800	6,001 à 6,500	1,067	2,700
18,001 à 20,000	4,000	9,000	6,501 à 7,000	2,433	5,000	6,501 à 7,000	1,067	2,800
20,001 à 22,000	4,267	9,500	7,001 à 7,500	2,433	5,200	7,001 à 7,500	1,200	2,900
22,001 à 24,000	4,433	10,000	7,501 à 8,000	2,267	5,400	7,501 à 8,000	1,200	3,000
24,001 à 26,000	4,200	10,500	8,001 à 8,500	2,267	5,600	8,001 à 8,500	1,200	3,100
26,001 à 28,000	4,267	11,000	8,501 à 9,000	2,267	5,800	8,501 à 9,000	1,200	3,200
28,001 à 30,000	4,400	11,500	9,001 à 9,500	2,267	6,000	9,001 à 9,500	1,200	3,300
30,001 à 32,000	4,533	12,000	9,501 à 10,000	2,400	6,200	9,501 à 10,000	1,333	3,400
32,001 à 34,000	4,667	12,500	10,001 à 11,000	2,400	6,400	10,001 à 11,000	1,333	3,500
34,001 à 36,000	4,800	13,000	11,001 à 12,000	2,400	6,600	11,001 à 12,000	1,334	3,600
36,001 à 38,000	4,933	13,500	12,001 à 13,000	2,400	6,800	12,001 à 13,000	1,467	3,700
38,001 à 42,000	5,067	14,000	13,001 à 14,000	2,533	7,000	13,001 à 14,000	1,467	3,800
42,001 à 46,000	5,200	14,500	14,001 à 15,000	2,533	7,200	14,001 à 15,000	1,467	3,900
46,001 à 50,000	5,333	15,000	15,001 à 16,000	2,533	7,400	15,001 à 16,000	1,467	4,000
50,001 à 55,000	5,467	15,500	16,001 à 17,000	2,667	7,600	16,001 à 17,000	1,600	4,100
55,001 à 60,000	5,600	16,000	17,001 à 18,000	2,687	7,800	17,001 à 18,000	1,600	4,200
60,001 à 65,000	5,733	16,500	18,001 à 19,000	2,668	8,000	18,001 à 19,000	1,600	4,300
65,001 à 70,000	5,867	17,000	19,001 à 20,000	2,800	8,200	19,001 à 20,000	1,600	4,400
70,001 à 75,000	6,067	17,500	20,001 à 25,000	2,933	8,400	20,001 à 25,000	1,733	4,500
75,001 à 80,000	6,433	18,000	25,001 à 30,000	3,067	8,600	25,001 à 30,000	2,000	4,600
80,001 à 85,000	6,267	18,500	30,001 à 35,000	3,333	8,800	30,001 à 35,000	2,267	4,700
85,001 à 90,000	6,490	19,000	35,001 à 40,000	3,467	9,000	35,001 à 40,000	2,400	4,800
90,001 à 95,000	6,533	19,500	40,001 à 50,000	3,733	9,200	40,001 à 50,000	2,683	4,900
95,001 à 100,000	6,667	20,000	50,001 à 60,000	4,000	9,400	50,001 à 60,000	2,683	5,000
100,001 et au-dessus	8,000	25,500	60,001 à 70,000	4,267	9,600	60,001 à 70,000	2,683	5,100
A Paris	24,000	50,000	70,001 et au-dessus.	5,333	12,000	70,000 et au-dessus.	2,683	5,200

1er mai 1816. — ORDONNANCE du Roi concernant l'exécution de la loi ci-dessus, en ce qui concerne les cautionnements.

Louis, etc. Vu le titre 9 de la loi du 28 avril 1816 :

Art. 1er. Les suppléments de cautionnements à fournir, en exécution de ladite loi, par les receveurs généraux, receveurs particuliers d'arrondissement, payeurs des divisions militaires et des départements, employés des contributions directes, conservateurs des hypothèques, agents de l'administration des douanes, agents de change et courtiers de commerce, sont fixés conformément aux états annexés à la loi sous les nos 1, 2, 3, 5, et à ceux joints à la présente ordonnance sous les nos 11, 12 et 13.

2. Les préfets feront dresser : 1° des états qui présenteront le montant des recouvrements sur les quatre contributions directes de 1815 dont était chargé chaque percepteur de leur département, et le montant de son cautionnement primitif ; les préfets détermineront, d'après ces recouvrements, et suivant les proportions fixées par l'art. 82 de la loi du 28 avril 1816, le supplément de cautionnement que les percepteurs auront à fournir ;

2° De semblables états, pour les receveurs communaux : ces états seront aussi basés sur les recettes de 1815, et fixeront le supplément à fournir par les receveurs communaux, d'après l'art. 83 de la loi.

3. Nos procureurs généraux près les Cours royales feront dresser, par nos procureurs près les tribunaux de première instance, des états séparés des notaires, avoués, greffiers et huissiers près des Cours et tribunaux, greffiers des justices de paix et commissaires-priseurs attachés au ressort de chaque tribunal, ou de ceux qu'il sera convenable d'y attacher.

Ces états, certifiés par nos procureurs près les tribunaux de première instance, présenteront le nom du titulaire, le lieu de sa résidence, la population de la ville où il exercera, son cautionnement actuel, et le supplément qu'il devra fournir conformément à l'art. 88 de la loi du 28 avril, et aux états annexés à ladite loi sous les nos 7, 8 et 9.

Nos procureurs généraux, après avoir visé les états que leur enverront nos procureurs près les tribunaux, les adresseront au préfet du département.

4. Le préfet rendra ces exécutoires, ainsi que ceux qu'il aura fait dresser lui-même pour les percepteurs et les receveurs communaux. Il ordonnera aussitôt aux fonctionnaires qui feront partie de ces divers états d'acquitter dans la huitaine le supplément de cautionnement, soit en argent, soit en obligations, entre les mains du receveur général du département. Il sera, en conséquence,

remis copie de ces états exécutoires au receveur général ; une autre copie sera adressée, sans délai, à notre ministre secrétaire d'État des finances.

5. Les suppléments de cautionnement dont la fixation est faite par les états annexés à la loi du 28 avril 1816, ou par ceux joints à la présente ordonnance, seront versés, dans la quinzaine à compter de ce jour, aux receveurs généraux de département, savoir : un quart en numéraire, et les trois autres quarts en obligations payables les 30 juin, 30 sept. et 31 décembre prochains.

6. Les souscripteurs des obligations seront tenus d'en faire remettre les fonds, aux échéances, au domicile du receveur général : à défaut, les obligations seront protestées audit domicile ; et sur l'envoi que le receveur général en fera à notre Trésor avec l'acte de protêt, il sera remboursé du montant des obligations. Nos ministres pourvoiront sur-le-champ, conformément à l'art. 95 de la loi du 28 avril 1816, au remplacement du fonctionnaire qui aurait manqué de s'acquitter.

Il en sera usé de même à l'égard des fonctionnaires qui retarderaient de faire les versements ordonnés par les articles 4 et 6 ci-dessus.

7. Dans le cas où un souscripteur d'obligations pour supplément de cautionnement cesserait ses fonctions avant le 31 décembre prochain, les obligations par lui souscrites et qui resteront à acquitter seront payées par son successeur comme si celui-ci les eût souscrites lui-même ; le souscripteur sera entièrement libéré du montant de ces obligations au moment où il quittera ses fonctions.

8. Les intérêts du supplément de cautionnement courront à partir de la date des paiements.

9. Les suppléments de cautionnement exigés par la loi du 28 avril 1816 seront transmis au Trésor, et, au moyen d'obligations que les receveurs généraux souscriront, à l'ordre du caissier général de la caisse de service, payables un mois après, celle des fonctionnaires qui sont assujettis à ces suppléments.

Ce délai d'un mois tiendra lieu de toute remise et commission aux receveurs généraux pour la recette et la transmission de ces fonds.

10. Nos ministres de la justice et des finances sont chargés, etc.

1er mai 1816. — ORDONNANCE du Roi qui prescrit de porter au procès-verbal les objets exposés en vente, quoique adjugés au propriétaire.

Louis, etc. Vu le mémoire de la chambre des commissaires-priseurs du département de la Seine, tendant à ce qu'il soit statué sur la question de savoir si, lorsqu'un objet quelconque a été exposé en vente publique, et qu'il a reçu une ou plusieurs enchères sur sa première mise à prix, il doit, dans ce cas, être adjugé et le prix porté sur le procès-verbal que dresse le commissaire-priseur, quand bien même cet objet serait adjugé au propriétaire comme dernier enchérisseur;

Vu la loi du 22 pluviôse an VII, qui détermine les obligations imposées aux officiers publics ayant droit de procéder aux ventes mobilières;

Vu les rapports de l'administration de l'enregistrement et des domaines, et les observations y relatives de notre garde des sceaux;

Considérant que la mise en vigueur des dispositions de l'arrêt rendu, le 15 novembre 1778, par le Roi notre auguste frère, ne peut qu'assurer l'exécution plus complète de la loi susdite du 22 pluv. an VII, et prévenir toute omission frauduleuse au préjudice soit des parties, soit de notre Trésor, dans les procès-verbaux des ventes mobilières;

Sur le rapport de notre ministre secrétaire d'Etat des finances, nous avons ordonné et ordonnons ce qui suit:

Art. 1er. La disposition de l'arrêt du conseil d'Etat, du 13 nov. 1778, qui oblige les notaires, greffiers, huissiers et tous autres officiers publics ayant droit de procéder aux ventes mobilières, de comprendre dans leurs procès-verbaux tous les articles exposés en vente; tant par eux adjugés soit en totalité ou sur simple échantillon que ceux *retirés* ou *livrés* par les propriétaires ou les héritiers pour le prix de l'enchère et de la prisée, sous peine de cent francs d'amende, est remise en vigueur et sortira sa pleine et entière exécution.

2. Nos ministres de la justice et des finances sont chargés, etc.

1er mai 1816. — Ordonnance du Roi qui autorise le Trésor à payer les rentes et pensions sur des procurations, quand les titulaires ne jugeront pas à propos de se dessaisir de leurs inscriptions.

Louis, etc. Informé des réclamations qui se sont élevées par suite de l'exécution trop absolue donnée aux dispositions de la loi du 22 floréal an VII, relatives au paiement des arrérages et pensions sur l'Etat, nous nous sommes fait représenter cette loi qui, *pour dégager le paiement des rentes et pensions des formalités gênantes et coûteuses*, porte que les arrérages en seront payés *au porteur de l'inscription au grand-livre*;

Nous avons jugé que ladite loi, ayant pour but de faciliter le paiement des arrérages de la dette publique, n'avait pu créer pour les rentiers et pensionnaires des difficultés qui n'existaient pas précédemment, en leur interdisant la faculté de constituer des fondés de pouvoirs, et en les obligeant à remettre leurs titres à des tiers au lieu de procurations;

Considérant que la remise de ces titres serait contraire aux droits de propriété, si elle était obligatoire, et qu'elle ne peut être que facultative; que cette remise, imposée jusqu'à ce jour par une interprétation trop littérale de la loi, inspire aux propriétaires des inquiétudes dont il est important de les dégager; qu'elle détourne les capitalistes du désir de placer leurs fonds en inscriptions, et qu'elle nuit par là au développement d'une concurrence favorable au cours des rentes; qu'enfin plus d'un tiers porteur d'inscriptions peut en abuser après le décès des titulaires, pour en recevoir indéfiniment les arrérages au préjudice des héritiers et ayants droit; voulant remédier à ces inconvénients et concilier les facilités accordées par la loi du 22 floréal an VII avec les convenances et la sûreté des créanciers;

Sur le rapport de notre ministre secrétaire d'Etat des finances, et de l'avis de notre conseil, nous avons ordonné et ordonnons ce qui suit:

Art. 1er. Les propriétaires de rentes et pensions sur l'Etat qui, ne pouvant recevoir par eux-mêmes les arrérages échus, ne jugeront pas à propos de confier leurs inscriptions à des tiers, sont libres d'y suppléer par des procurations spéciales qui seront passées par devant notaires.

2. Ces procurations rappelleront les numéros et sommes des inscriptions dont elles tiendront lieu entre les mains des fondés de pouvoirs; elles seront déposées chez les notaires de Paris, qui en délivreront des extraits, conformément au modèle dont le ministre des finances réglera la forme. L'un de ces extraits sera joint à la première quittance de paiement, et l'autre, après avoir été visé du directeur du grand-livre, demeurera au fondé de pouvoirs, pour être par lui présenté, lieu des inscriptions, à chaque semestre.

3. Le dernier extrait recevra l'empreinte du paiement prescrite par l'art. 9 de la loi précitée du 22 floréal an VII.

4. Ces procurations seront valables pendant dix ans, sauf révocation; et si, dans l'intervalle, le titulaire se présente pour recevoir un semestre, sa quittance sera interprétée comme la révocation des pouvoirs qu'il aura précédemment donnés.

5. Les fondés de pouvoirs qui, ayant connaissance du décès de leurs commettants, auront néanmoins reçu des arrérages postérieurement au décès, sans avoir fait opérer la mutation, seront, à la diligence de l'agent judiciaire du Trésor, poursuivis conformément aux lois.

6. Notre ministre des finances est chargé, etc.

Nota. V. ci-après, à la date du 9 janvier 1818.

25 juin 1816. — ORDONNANCE du Roi qui déclare les fonctions de commissaire-priseur compatibles avec celles de notaire, ailleurs qu'à Paris (Art. 11).

3 juillet 1816. —ORDONNANCE du Roi sur les consignations, contenant diverses obligations imposées aux notaires.

3 juillet 1816. — ORDONNANCE du Roi qui autorise la caisse des dépôts et consignations à recevoir les dépôts volontaires des particuliers.

Art. 1er. Conformément à la faculté accordée par l'art. 7 de la loi du 18 janv. 1805 (28 niv. an XIII), la caisse des dépôts et consignations est autorisée à recevoir les dépôts volontaires des particuliers.

2. Ces dépôts ne pourront être faits qu'à Paris, et seulement en monnaie ayant cours d'après les lois et ordonnances, ou en billets de la Banque de France.

3. La caisse et ses préposés ne pourront, sous aucun prétexte, exiger de droit de garde ni aucune rétribution, sous quelque dénomination que ce soit, tant lors du dépôt que lors de sa restitution.

4. La caisse sera chargée des sommes versées, par les récépissés du caissier, visés par le directeur, conformément à l'art. 19 de notre ordonnance du 22 mai dernier. Le déposant devra, sur ce même récépissé et par la déclaration lui signée, élire dans la ville de Paris un domicile qui sera attributif de juridiction pour tout ce qui aurait trait audit dépôt, conformément à l'art. 111 du Code civil.

5. Les sommes déposées porteront intérêts à trois pour cent, pourvu qu'elles soient restées à la caisse trente jours. Si elles sont retirées avant ce temps, la caisse ne devra aucun intérêt.

6. Le dépôt sera rendu à celui qui l'aura fait, à son fondé de pouvoirs ou à ses ayants cause, à l'époque convenue par l'acte de dépôt, et, s'il n'en a pas été convenu, à simple présentation. Ceux qui retireront ainsi leurs fonds ne seront soumis à aucune autre condition que celle de remettre la reconnaissance de la caisse et de signer leur quittance.

7. Les sommes déposées ne pourront être saisies et arrêtées que dans les cas, les formes et sous les conditions prévus par les art. 557 et suiv., C. proc. civ.

Pourront néanmoins être reçues des oppositions, sans que lesdites formes soient observées :

1° De la part du déposant qui déclarerait avoir perdu son récépissé ;

2° De la part des agents ou syndics d'un failli, comme il est dit dans l'art. 149, C. comm.

8. Les départements et communes sont autorisés à déposer à la caisse, ou à ses préposés, dans les villes autres que Paris, les fonds qui sont ou seront à leur disposition, soit d'après les lois annuelles sur les finances, soit d'après celles qui les auraient autorisés à quelques impositions extraordinaires, soit enfin les sommes qui proviendraient de leurs revenus ordinaires et extraordinaires, excédants de recettes sur les dépenses, coupes de bois et autres causes semblables.

La même faculté est accordée à tous les établissements publics.

9. La caisse ou ses préposés effectueront les remboursements entre les mains du receveur de l'établissement au nom duquel le dépôt aura été fait, d'après les mandats des préfets, des maires ou administrateurs compétents.

10. Le caissier et autres préposés qui, sans motifs fondés sur les dispositions de la présente ordonnance, refuseraient de faire un remboursement, seraient personnellement condamnés à bonifier les intérêts à la partie prenante sur le pied de cinq pour cent, et poursuivis par voie de contrainte par corps, tant pour le capital que pour les intérêts, sans préjudice du recours du créancier contre la caisse, qui devra elle-même ladite bonification de retard, comme garante des faits de ses préposés, et sauf son recours contre eux.

11. En cas de perte d'un récépissé, le déposant devra former opposition fondée sur cette cause ; ladite opposition sera insérée par extrait dans le journal officiel, aux frais et diligence du réclamant; un mois après ladite insertion, la caisse sera valablement libérée en lui remboursant le dépôt sur sa quittance motivée.

12. Notre ministre des finances est chargé, etc.

27 janv. 1817. —DÉCISION du ministre des finances qui porte que la surcharge des mots cesse d'être une contravention dès qu'elle est approuvée régulièrement.

21 fév. 1817. — CIRCULAIRE du garde des sceaux sur les règles qui doivent être observées dans les traités d'office que passent les notaires, greffiers, avoués et autres officiers ministériels, avec leurs successeurs, en vertu de l'art. 91 de la loi du 28 avril 1816 (1).

On se plaint avec raison que le prix des

_____

(1) Cette circulaire ne paraît pas être suivie, quoiqu'elle soit souvent invoquée.

traités que font les officiers ministériels avec les sujets qui se proposent de leur succéder excède de beaucoup la proportion des produits de leur état. Les successeurs, qui sont souvent des jeunes gens sans expérience, contractent des engagements dont ils sentent bientôt toute la dureté. Privés, par ce surcroît de charge, de moyens honorables d'existence, plusieurs cherchent des ressources dans des opérations étrangères à leurs fonctions, et qui compromettent leur considération personnelle ; d'autres, et le nombre en est assez grand, ne craignent pas d'ajouter à leurs profits par des exactions ; une cupidité honteuse remplace, tous les jours, la modération et le désintéressement dont ces officiers devraient faire profession. C'est pour mettre un mettre à des désordres aussi déplorables pour la société, et dont la preuve est consignée dans les plaintes multipliées que je reçois, que je vous en signale une des principales causes.

L'usage des traités s'était introduit depuis longtemps sans avoir été autorisé. On n'y avait aucun égard, avant la loi du 28 avril 1816, toutes les fois qu'il y avait lieu de faire des nominations, le Roi étant entièrement libre dans ses choix.

Quelques officiers ministériels ont pensé que l'art. 91 de cette loi avait entièrement changé cet ordre de choses, en leur laissant la libre disposition de leur état.

Il est vrai que la loi dont il s'agit donne aux avocats à la Cour de cassation, notaires, avoués, greffiers, huissiers, agents de change, courtiers et commissaires-priseurs, la faculté de présenter des successeurs à l'agrément de S. M. ; mais il serait déraisonnable de penser que cette faculté ne doit pas être subordonnée à des règles d'ordre public.

Il vous appartient, monsieur le procureur du Roi, de prévenir, dans votre ressort, les abus qui pourraient résulter d'une fausse interprétation de la loi du 28 avril 1816. Vous êtes, sans doute, bien convaincu qu'elle n'a pas fait revivre la vénalité des offices, qui n'est pas en harmonie avec nos institutions ; vous ne devez donc voir dans les dispositions de l'art. 91 qu'une condescendance, qu'une probabilité de préférence accordée aux officiers ministériels, comme un dédommagement qui, étant susceptible d'une évaluation, doit les circonscrire, pour l'avantage qu'ils peuvent en tirer, dans les limites qu'il ne leur est pas permis de dépasser.

Il serait bon de surveiller les traités patents ou secrets qui peuvent être faits par tous ces officiers ; mais j'appelle surtout votre attention sur ceux des greffiers. Les abus dont on se plaint sont devenus plus sensibles dans cette classe d'officiers, et ils sont aussi plus multipliés. Plusieurs greffiers, même parmi ceux des justices de paix, ont trafiqué avec un empressement vraiment scandaleux (et quelques-uns à un prix exorbitant) des places auxquelles ils venaient à peine d'être nommés.

Comme ces officiers tiennent de plus près à la magistrature, vous devez aussi apporter une attention plus sévère sur tout ce qui a rapport à leur existence et à leur considération. On ne peut en tout point les assimiler aux autres officiers ministériels ; il n'existe pas pour eux de concurrence, et conséquemment ils ne doivent ni à leur zèle, ni à leur aptitude plus ou moins reconnue, une clientèle. Le recours à leur ministère est obligatoire pour les justiciables ; il est tout à fait inconvenant que l'on mette ainsi à l'enchère des fonctions qui font, en quelque sorte, partie du pouvoir judiciaire. Je vous charge expressément de ne point souffrir que les greffiers mettent à la présentation des sujets qu'ils proposent pour leur succéder des conditions trop onéreuses, et de refuser à ces derniers votre *admittatur* s'ils en avaient accepté de semblables. En général, vous pourrez prendre pour base du sacrifice que peut faire l'impétrant en faveur de son prédécesseur une somme égale, au plus, au montant du cautionnement, ou à une ou deux années du produit du greffe.

Vous pourrez établir une base un peu plus large pour les autres officiers ministériels qui, à la différence des greffiers, se forment des clientèles ; il est juste d'avoir des égards particuliers pour des hommes investis d'une confiance que la conduite et les lumières peuvent seules commander. On peut leur laisser plus de latitude ; mais, cependant, vous devez veiller avec soin à ce que l'indemnité qu'ils stipulent soit fixée avec discrétion. Vous vous concerterez, à ce sujet, avec les syndics de leurs compagnies respectives, de manière à concilier la justice due aux titulaires avec l'intérêt public.

Vous ne devez pas, sans doute, vous reposer de cette surveillance sur les chefs de ces compagnies ; mais il est naturel que vous donniez quelque chose à la confiance, lorsqu'ils vous paraîtront personnellement recommandables, et toutes les fois que vous n'aurez pas lieu de craindre que leur intérêt particulier ne se trouve trop fortement en opposition avec les règles d'équité et de modération que vous aurez soin de leur tracer.

Si vous veniez à découvrir qu'un officier public, pour obtenir son admission, eût produit un traité simulé, vous m'en donneriez avis aussitôt. Un homme qui se serait conduit d'une manière aussi répréhensible ne mériterait pas de conserver son état, et je provoquerais, sans aucun ménagement, sa destitution. Vous préviendrez les candidats des suites qu'entraînerait une semblable fraude, et vous avertirez aussi les divers officiers ministériels de votre ressort, ou les syndics de leurs compagnies, que je prendrai les ordres du Roi pour punir toutes les collusions qui auraient pour objet des traités simulés.

Ils ne devront pas perdre de vue que le droit de destitution pur et simple est complétement réservé au Roi : il sera de mon devoir de provoquer sa juste sévérité toutes les fois que je croirai que le bon ordre public y est intéressé.

20 juin 1817. — Extrait de l'ordonnance du Roi concernant les pensions sur l'Etat, laquelle renferme des dispositions sur les certificats de vie.

Art. 10. L'art. 27 de la loi rendant incompatible la jouissance d'une pension avec celle d'un traitement d'activité, de retraite ou de réforme, tous les pensionnaires seront tenus de déclarer, dans leur certificat de vie, qu'ils n'ont aucun traitement, ni aucune autre pension ou solde de retraite, soit à la charge de l'Etat, soit sur les fonds de retenue des diverses administrations, ou des Invalides de la marine. En cas de fausse déclaration, la restitution des sommes indûment perçues sera poursuivie contre les délinquants, sans préjudice des autres peines que les lois et règlements prononcent....

11. Les pensions militaires définitives, connues sous la dénomination de *soldes de retraite*, assujetties, conformément à la loi du 28 fruct. an VII, à une retenue proportionnelle à leur quotité, savoir, de deux centimes par franc au-dessous de neuf cents francs, et de cinq centimes à neuf cent francs et au-dessus, devant continuer à subir la même retenue, seront inscrites sur deux registres séparés, et auront en conséquence deux séries de numéros distinctes.

Le paiement de toutes ces pensions, sans exception, sera effectué par trimestre.

Notre ministre secrétaire d'Etat des finances prendra les mesures nécessaires pour les faire payer dans le lieu le plus voisin du domicile des titulaires.

12. Ces titulaires seront tenus de produire des certificats de vie délivrés par les notaires certificateurs. Ces certificats seront exempts du droit du timbre, comme l'étaient précédemment ceux délivrés par les maires : il ne sera donc rien exigé pour le prix du papier. La rétribution des notaires certificateurs est réglée comme suit :

1 fr. pour les sommes à recevoir de 601 fr. et au-dessus ;

50 c. pour celles de 301 à 600 ;

35 c. pour celles de 101 à 300 ;

25 c. pour celles de 100 à 50 ;

0 pour celles au-dessous de 50.

12 août 1817. — Arrêté du ministre des finan-

ces sur la forme des certificats de vie des rentiers et pensionnaires de l'Etat, et sur les obligations des notaires à ce sujet.

Art. 3. La déclaration à faire par les pensionnaires en général, dans les certificats de vie, sera, conformément à l'art. 10 de l'ordonnance du 20 juin, conçue en ces termes : « Nous a déclaré ledit

qu'il ne jouit d'aucun traitement ni d'aucune pension de retraite, soit à la charge de l'Etat, soit sur les fonds de retenues des diverses administrations ou des Invalides de la marine. »

Cette déclaration sera exigée, à compter du trimestre échéant, le 1ᵉʳ octobre prochain, pour les pensions militaires, ainsi que pour tous les titulaires de pensions sur les fonds de retenues inscrites au Trésor, et à compter du semestre échéant, le 22 déc. 1817, pour les autres pensionnaires.

Si les pensionnaires militaires jouissent d'un traitement civil d'activité, ils en feront la déclaration, en désignant la nature de l'emploi pour lequel ils le reçoivent.

4. A l'échéance de chaque trimestre, les pensionnaires militaires se présenteront, avec le certificat d'inscription qui leur aura été délivré, au notaire certificateur le plus à leur convenance, dans le département où ils devront être payés de leurs arrérages, pour faire constater leur existence. Ils donneront, au bas du certificat de vie, leur acquit de la somme due pour le trimestre, s'ils préfèrent le recevoir par l'intermédiaire du même notaire.

5. Les notaires certificateurs dresseront, tous les huit jours, un bordereau général de tous les certificats de vie qu'ils auront expédiés dans la huitaine aux militaires pensionnés qui voudront recevoir par leur intermédiaire. Ce bordereau indiquera les noms, prénoms des titulaires, le numéro de chaque inscription, le montant de la solde de retraite et de la solde du trimestre dont il aura été donné quittance.

Les bordereaux, accompagnés des certificats de vie et d'inscription, seront adressés par les notaires au payeur du département chargé d'en effectuer le paiement.

6. Pour le montant de toutes les pensions dont le paiement ne serait pas susceptible d'être ajourné, à raison d'irrégularité dans les certificats de vie ou autrement, le payeur adressera au notaire certificateur, soit directement, soit par l'intermédiaire du sous-préfet de son arrondissement, un ou plusieurs mandats délivrés par les receveurs généraux sur les receveurs des contributions directes de son canton. Il joindra à l'envoi qu'il en fera le bordereau mentionné à l'art. 5, et les certificats d'inscription revêtus du timbre trimestriel, ainsi que les pièces produites par les titulaires dont le paiement au-

rait été ajourné, avec la note indicative des motifs de l'ajournement.

7. Les notaires certificateurs recevront, sur leur acquit, le montant des mandats qui leur auront été délivrés, et en feront la répartition entre tous les ayants droit, dans la huitaine, au plus tard, de la réception des mandats.

Les pensionnaires auront néanmoins la faculté de recevoir personnellement à la caisse du payeur, ou d'y faire recevoir, par l'entremise de telle personne qu'il leur plaira de choisir, le montant de leurs pensions, en se conformant d'ailleurs aux autres formalités prescrites.

14. Les dispositions des art. 4, 5, 6 et 7 du présent arrêté sont applicables aux pensions qui, pour cause d'insuffisance des fonds de retenues, seront inscrites au Trésor royal, et qui sont également payables par trimestre. Elles le sont aussi à tous les autres pensionnaires civils, ecclésiastiques et veuves de militaires, quoique leur paiement ne doive avoir lieu que par semestre.

15. Toutes les décisions, tant générales que particulières, qui seraient contraires aux dispositions de l'art. 27 de la loi du 25 mars 1817, et au présent arrêté, sont révoquées, et cesseront d'avoir leur effet à compter du semestre échu le 22 juin dernier.

27 août 1817. — ORDONNANCE du Roi qui déclare incessibles et insaisissables les pensions affectées sur les fonds de retenue.

LOUIS, etc. — Vu la déclaration du 7 janv. 1779 ; vu la loi du 22 flor. an VII ; vu l'arrêté du Gouvernement du 7 therm. an X ; vu les différents règlements concernant les pensions de retraite affectées sur les fonds de retenue ; — Considérant qu'aux termes des lois, les pensions payées par l'Etat sont incessibles et insaisissables ; que les pensions sur les fonds de retenue sont essentiellement de même nature que celles acquittées directement par le Trésor royal, et conséquemment qu'elles sont soumises à la même législation ; —Notre conseil d'Etat entendu, —Nous avons ordonné et ordonnons ce qui suit :

Art. 1er. Il ne sera reçu aucune signification de transport, cession ou délégation de pensions de retraite affectées sur des fonds de retenue.

2. Le paiement desdits pensions ne pourra être arrêté par aucune saisie ou opposition, à l'exception des oppositions qui pourraient être formées par le propriétaire du brevet de la pension.

3. Nos ministres sont chargés, etc.

27 Août 1817. — ORDONNANCE du Roi pour l'application aux pensionnaires de la marine des dispositions de la loi du 25 mars précédent, sur les certificats de vie.

Art. 2. Les dispositions de l'art. 27 de la loi des finances du 25 mars 1817, portant interdiction du cumul de deux pensions, ou d'une pension avec un traitement d'activité, de retraite ou de réforme, sont applicables aux pensionnaires du département de la marine, sous la réserve exprimée audit article en faveur des pensions susceptibles d'être cumulées avec un traitement civil d'activité.

Les titulaires ne pourront toucher leur solde de retraite ou pension qu'après avoir déclaré, dans leurs certificats de vie, sous les peines portées par les lois et règlements, qu'ils ne jouissent d'aucun traitement ni d'aucune autre pension quelconque à la charge du Trésor ou des divers fonds de retenue.

24 oct. 1817. — DÉCISION du ministre des finances portant que, lorsqu'un notaire dresse un procès-verbal de visite de lieux, comme chargé de cette opération par le tribunal, il doit inscrire ce procès-verbal sur son répertoire.

12 nov. 1817. — DÉCISION du ministre des finances qui porte que c'est par le notaire successeur que doit être fait le dépôt du répertoire du notaire démissionnaire.

Le ministre a considéré que le notaire démissionnaire, ayant remis à son successeur ses minutes et son répertoire, n'exerçait plus les fonctions de notaire à l'époque où le dépôt du double de ce répertoire devait avoir lieu, et qu'il n'avait plus aucune espèce de qualité pour l'effectuer ; que l'obligation de déposer regardait nécessairement son successeur.

9 janv. 1818. — ORDONNANCE du Roi sur les procurations nécessaires pour toucher les arrérages des rentes perpétuelles et viagères sur l'Etat.

LOUIS, etc. — Vu notre ordonnance du 1er mai 1816, qui accorde aux propriétaires de rentes sur l'Etat la faculté d'en faire toucher les arrérages par des fondés de procuration, sans obligation de représenter l'extrait de l'inscription ; Voulant ajouter aux facilités qui en résultent pour les rentiers étrangers ou régnicoles non habitant la capitale, et épargner à ceux qui font de nouveaux placements les frais qu'entraînerait l'obligation de donner de nouveaux pouvoirs ; Sur le rapport de notre ministre secrétaire d'Etat des finances, — Avons ordonné et ordonnons ce qui suit :

Art. 1er. Les procurations données à l'effet de recevoir les arrérages des rentes perpétuelles et viagères sur l'Etat pourront vouloir, sans désignation spéciale de numéros et de sommes, pour toutes les inscriptions possédées par les propriétaires au moment du mandat, et même pour celles qu'ils pourraient acquérir par la suite, lorsque, toutefois, ces procurations en contiendront la clause expresse.

2. Les procurations passées à l'étranger ou dans les départements seront déposées chez un notaire de Paris; il en sera produit un seul extrait ou expédition au directeur du grand-livre, qui en délivrera autant d'extraits qu'il y aura de parties de rente au nom du même propriétaire; la forme de ces extraits sera réglée par notre ministre des finances.

3. Les dispositions de notre ordonnance du 1er mai 1816 ci-dessus rappelées, auxquelles il n'est point dérogé par la présente, continueront de recevoir leur exécution.

4. Notre ministre des finances est chargé, etc.

20 mai 1818. — ORDONNANCE du Roi qui modifie l'art. 4 de celle du 30 juin 1814, concernant la délivrance et la légalisation des certificats de vie des rentiers viagers de l'Etat résidant hors du royaume.

LOUIS, etc. — Vu l'art. 4 de notre ordonnance du 30 juin 1814, relatif à la délivrance et à la légalisation des certificats de vie des rentiers viagers et pensionnaires de l'Etat résidant hors du royaume;

Voulant apporter quelques modifications aux dispositions de cet article en ce qui concerne seulement les rentiers viagers;

Sur le rapport de notre ministre secrétaire d'Etat des finances, — Nous avons ordonné et ordonnons ce qui suit:

Art. 1er Les certificats de vie des rentiers viagers résidant hors du royaume, pourront être délivrés indifféremment, soit par nos ambassadeurs, envoyés et consuls dans les pays qu'ils habitent, soit par les magistrats du lieu, soit même par les notaires ou tous autres officiers publics ayant qualité à cet effet, quelle que soit la distance du lieu qu'ils habiteront à celui de la résidence des agents français.

Dans l'un et l'autre de ces deux derniers cas, les certificats de vie devront être légalisés par les agents diplomatiques ou consulaires français établis dans l'étendue du territoire de la puissance sous la domination de laquelle se trouvera le lieu de la résidence des rentiers viagers.

2. Néanmoins, relativement aux rentiers viagers domiciliés dans le grand-duché du Bas-Rhin, et autres parties du territoire prussien qui touchent aux frontières de notre royaume, dans la Savoie et l'île de Sardaigne, dans le grand-duché de Varsovie (1), ainsi que dans les îles anglaises et autres possessions de l'Angleterre au delà des mers, où il n'existe pas de consuls français, et pour le temps que ces mêmes pays en seront privés, les certificats de vie pourront être légalisés à Paris par les ambassadeurs ou chargés d'affaires de chaque puissance respective.

7 oct. 1818. — ORDONNANCE du Roi qui autorise, à certaines conditions, la mise en ferme, devant notaire, de biens communaux qui ne seraient pas nécessaires à la dépaissance des troupeaux.

Art. 1er. Les biens des communautés d'habitants restés en jouissance commune depuis la loi du 10 juin 1793, et que les conseils municipaux ne jugeront pas nécessaires à la dépaissance des troupeaux, pourront être affermés, sans qu'il soit besoin de recourir à notre autorisation lorsque la durée des baux n'excédera pas neuf années; à l'effet de quoi il est spécialement dérogé aux dispositions du décret du 31 octobre 1804 (9 brumaire an XIII).

2. La mise en ferme de ces biens ne pourra se faire qu'après avoir été délibérée par le conseil municipal, et que sous les clauses, charges et conditions insérées au cahier des charges qui en sera préalablement dressé par le maire et homologué par le préfet sur l'avis du sous-préfet.

3. Il sera procédé par le maire à l'adjudication des baux desdits biens, en présence des adjoints et d'un membre du conseil municipal désigné par le préfet, à la chaleur des enchères, et d'après affiches et publications faites dans les formes prescrites tant par l'art. 13 de la loi du 5 nov. 1790, et par les dispositions de la loi du 11 fév. 1791, que par le décret du 12 août 1807.

4. Conformément à l'art. 1er du décret du 12 août 1807, il sera passé acte de l'adjudication par-devant le notaire désigné par le préfet.

5. L'adjudication ne sera définitive qu'après l'approbation du préfet, et le délai pour l'enregistrement sera de vingt jours après celui où elle aura été donnée, conformément à l'art. 78 de la loi du 15 mai dernier.

6. En cas d'opposition légale de la part des habitants au changement de jouissance, le préfet surseoira à l'approbation de l'adjudication, et il en rendra compte à notre ministre secrétaire d'Etat de l'intérieur, pour, sur son rapport, être par nous statué ce qu'il appartiendra.

7. Les baux des biens communaux et des biens patrimoniaux des communes pour une durée excédant neuf années, continueront d'être soumis aux règles prescrites par le décret du 28 mars 1801 (7 germinal an IX).

14 avril 1819. — LOI relative à l'ouverture, dans chaque département, d'un livre auxiliaire du grand-livre de la dette publique.

---

(1) Le royaume actuel de Pologne et non les parties appartenant à l'Autriche et à la Prusse, ord. du 29 juill. 1814.

14 avril 1819. — ORDONNANCE du Roi relative à l'exécution de la loi précédente.

6. La vente des rentes représentées par les inscriptions départementales s'opérera par un émargement sur le livre auxiliaire, à l'article correspondant, et en outre, par une déclaration de transfert reçue sur un registre (modèle n° 3) tenu par le receveur général. L'émargement et les déclarations seront signés du propriétaire de la rente ou d'un fondé de procuration spéciale, assisté d'un agent de change, ou, à défaut, d'un notaire, pour certifier l'individualité des parties, la vérité de leurs signatures et celle des pièces produites, conformément à l'art. 15 de l'arrêté du 27 prairial an x.

18 mai 1819. — CIRCULAIRE du garde des sceaux qui prescrit aux greffiers des tribunaux de première instance d'inscrire sur un registre, à la suite les uns des autres, les dépôts annuels des répertoires.

Une circulaire du 27 juin 1808 a rappelé aux officiers du ministère public que les greffiers devaient dresser acte du dépôt qui leur est fait annuellement par les notaires du double de leurs répertoires, et tenir registre desdits actes.

D'après cette circulaire, les greffiers des différents tribunaux se sont crus autorisés à tenir un registre particulier de ces actes, et cela à l'instar de celui de Paris, qui leur était cité dans la circulaire comme ayant adopté cette méthode. Mais cette faculté, qui peut être nécessaire à Paris, attendu la multiplicité des affaires et le grand nombre des notaires et autres officiers publics assujettis au dépôt annuel de leurs répertoires, ne présente pas le même caractère d'utilité dans les autres départements; elle peut y avoir, au contraire, différents inconvénients, et entre autres celui de donner les moyens de favoriser, par des antidates, les notaires qui sont en retard d'effectuer le dépôt, abus qui serait à peu près impossible si les actes constatant les dépôts de répertoires étaient inscrits sur le registre ordinaire des dépôts.

Il me paraît donc indispensable de ramener à l'application uniforme de l'art. 2 du décret du 12 juill. 1808 les officiers publics qui s'en sont écartés. Cet article veut que tous les actes de dépôt soient mis *à la suite les uns des autres* sur les registres destinés en général à les recevoir: c'est une règle qu'il importe de maintenir. Vous voudrez donc bien donner à MM. les procureurs du Roi près des tribunaux de première instance du ressort de la Cour des instructions nécessaires pour que les greffiers de ces tribunaux inscrivent les actes du dépôt annuel qui leur est fait des doubles des répertoires sur le registre ordinaire des actes de dépôt des titres

et pièces, prévu à l'art. 2 du décret susénoncé.

11 nov. 1819. — DÉCISION du ministre des finances sur les formalités à remplir pour les actes passés devant un notaire substituant son confrère, et pour les décharges données aux notaires à la suite d'actes par eux reçus.

Il n'y a pas d'uniformité dans le mode suivi relativement aux formalités à remplir pour les actes faits par les notaires qui suppléent leurs confrères en cas d'absence ou de maladie, et pour les décharges ou quittances données personnellement à un notaire, en marge ou à la suite d'actes qu'il a rédigés.

Dans quelques départements, les notaires qui remplacent un de leurs confrères, pour la rédaction d'un acte, sont dans l'usage de porter cet acte sur leur répertoire, de le faire enregistrer au bureau de leur domicile, et de le mettre au rang de leurs minutes. Ailleurs, c'est le notaire suppléé qui consigne sur son répertoire l'acte dressé à son lieu et place par son confrère, qui le fait revêtir de la formalité de l'enregistrement au bureau de son domicile, et en conserve la minute.

A l'égard des décharges ou quittances, les notaires, dans quelques arrondissements, ne se croient pas autorisés à retenir la minute de celles qui opèrent leur libération personnelle, et qui sont rédigées à la suite de leurs actes par un autre notaire; alors la minute est remise au notaire rédacteur de la décharge ou de la quittance, et est portée sur son répertoire. Dans d'autres localités, la minute reste en l'étude du notaire à qui la décharge est donnée, et est inscrite sur le répertoire de ce dernier.

Des chambres de notaires ayant demandé qu'il intervînt une décision pour régler la marche à suivre dans les cas dont il s'agit, Son Excellence le ministre des finances et Monseigneur le garde des sceaux ont décidé:

« 1° Que, dans les cas où un notaire aura remplacé son confrère pour la rédaction d'un acte, cet acte contiendra la mention que la minute est restée au notaire suppléé, lequel demeurera responsable du préjudice de la substitution;

« Que la minute sera portée à la fois sur le répertoire du notaire *substitué* et sur celui du notaire *substituant*, avec mention, par celui-ci, que la minute est restée au notaire suppléé, et qu'elle sera enregistrée au bureau de l'enregistrement de ce dernier;

« 2° Qu'en ce qui concerne la minute d'une quittance ou décharge donnée personnellement à un notaire, à la suite d'un acte par lui reçu, cette quittance ou décharge, quoique signée par un autre notaire, restera en la garde du notaire, dont elle opère la libération ;

« Que cette quittance doit néanmoins être enregistrée au bureau de l'arrondissement du notaire qui l'a reçue, et être portée sur son répertoire, avec mention de la garde par l'autre notaire, sans qu'il soit besoin de l'inscrire sur le répertoire de celui-ci. »

Les préposés se conformeront à cette décision.

---

5 fév. 1820. — LETTRE du garde des sceaux portant que le notaire qui a été établi dépositaire de sommes par jugement doit les déposer à la caisse des consignations.

Vous m'avez rendu compte d'un jugement portant que les scellés qui avaient été apposés chez le sieur..... seraient levés, et que les espèces monnayées qui existeraient sous les scellés resteraient, à titre de dépôt provisoire, entre les mains du notaire commis pour procéder à l'inventaire ; qu'il a été trouvé une somme d'environ 3,000 fr. que ce notaire a gardée par-devers lui en exécution de ce jugement, et vous demandez s'il peut se dispenser d'en faire remise à la caisse d'amortissement.

Il me paraît incontestable que le notaire commis pour recevoir les sommes dont la propriété est litigieuse entre le légataire et les héritiers est un véritable séquestre ; qu'ainsi il doit faire le dépôt de ces sommes à la caisse des consignations, aux termes de l'art. 2, n° 5, de l'ordonnance royale du 3 juill. 1816, et cela sous les peines portées par l'art. 10 de la même ordonnance.

---

4 mars 1820. — DÉCISION du garde des sceaux qui règle les honoraires dus aux notaires pour faire le dépôt de leurs minutes au greffe.

L'art. 166 du tarif ne prévoit que le cas du transport du notaire avec ses minutes, et de son retour après la vérification, et il en a fixé les droits ; mais si, par une circonstance quelconque, indépendante du notaire, l'opération n'est pas achevée dans le jour, s'il est obligé de se déplacer une seconde fois pour aller reprendre ses minutes, il n'est pas convenable que ce second déplacement soit à sa charge et qu'il fasse à ses frais un voyage qui n'est point de son fait, et qui n'est occasionné que par le retard dû à la durée de la vérification. De ce que cette circonstance n'est point prévue par le tarif, on n'en peut rien conclure contre la réclamation des notaires, qui me paraît fondée. Seulement, dans ce dernier cas, il me paraît qu'ils n'ont droit à aucune vacation, puisqu'ils n'ont fait que se présenter au greffe et en retirer leurs minutes.

---

25 avril 1820. — ORDONNANCE du Roi qui règle les formalités à observer lors des scellés et inventaires qui auront lieu après le décès des princes ou princesses de la famille royale, ou en toute autre occasion les concernant.

---

26 mai 1820. — DÉCISION du ministre des finances portant que l'impression des colonnes des répertoires peut porter sur le timbre sans qu'il y ait contravention.

---

7 avril 1821. — AVIS du conseil d'État qui décide que les notaires ne peuvent remettre aux testateurs la minute de leurs testaments (1).

Le comité de législation du conseil d'État, sur le renvoi fait par M. le pair de France, sous-secrétaire d'État au département de la justice, d'un rapport de M. le chef de la division des affaires civiles présentant la question de savoir si, lorsqu'un testateur est dans l'intention de révoquer ses dispositions de dernière volonté, et que le testament qui les contient a été fait par acte public, le notaire qui l'a reçu et placé dans ses minutes peut en rendre l'original au testateur ;

Vu l'édit de mars 1693, la déclaration de 1723 ; la loi du 25 vent. an XI, art. 20 et 22 ;

Considérant 1° qu'aux termes de l'art. 20 de la loi du 25 ventôse an XI, les notaires seront tenus de garder minute de tous les actes qu'ils passent ; — Que, suivant le même article, il n'y a d'exception à cette règle que pour les actes simples qui peuvent être expédiés en brevets ; — Que les actes simples sont, ainsi que le mot l'indique, ainsi que la déclaration de 1723 l'entendait, ainsi que le rapporteur de la loi du 25 ventôse l'a expliqué au Corps législatif, « ceux dont le contenu, la nature et les effets ne présente qu'un objet ou un intérêt simple en lui-même et passager ; » — Que l'on ne peut dès lors comprendre sous la dénomination d'actes simples les testaments qui, quant à leur contenu, nature et à leurs effets, sont, sans contredit, les actes les plus sérieux et les plus solennels ; — D'où la conséquence que les testaments par actes publics ne peuvent être expédiés en brevet, et doivent nécessairement être passés en minute ;

Considérant 2° que, d'après l'art. 22 de la loi précitée de ventôse, les notaires ne peuvent se dessaisir d'aucune de leurs minutes, si ce n'est en vertu d'un jugement, et à la charge que la pièce extraite de leur étude y soit réintégrée ; que cette disposition étant générale, s'applique aux minutes des testaments comme à celles des autres actes ; d'où il suit que les notaires ne peuvent se dessaisir, de leur autorité privée, de l'original d'un testament qu'ils ont reçu.

Considérant 3° que, si l'édit de 1693 per-

---

(1) V. ci-dessus l'édit de mars 1693.

mettait aux notaires de remettre, sans aucune formalité, à un testateur, la minute même de son testament, cette disposition, étant in-conciliable avec l'art. 22 de la loi de ventôse, est par cela même formellement abrogée, et que l'on ne peut en exciper;

Considérant 4° que les dispositions de la loi de ventôse ne gênent en aucune manière la liberté des testateurs, puisque, s'ils veulent révoquer en tout ou en partie leurs testaments, il n'est pas nécessaire qu'ils en suppriment la minute; l'art. 1035, C. civ., leur indique un moyen non moins facile et plus propre que tout autre à les garantir de toutes suggestions et surprises;

Est d'avis que les notaires ne peuvent remettre au testateur l'original du testament qu'ils ont reçu; que cet acte ne peut être révoqué en tout ou en partie que suivant les formes prescrites par l'art. 1035, Cod. civ.

Nota. 9 sept. 1822, cet avis a été approuvé par le garde des sceaux.

17 mai 1821. — CIRCULAIRE du ministre de la justice aux procureurs généraux qui défend aux notaires de recevoir des enchères de personnes en état d'ivresse.

4 juill. 1821. — ORDONNANCE du Roi relative aux cautionnements et suppléments à fournir par les notaires et autres fonctionnaires de l'île de Corse.

26 juin 1821. — ORDONNANCE du Roi concernant la législation des certificats de vie délivrés aux rentiers viagers et pensionnaires de l'Etat dans les pays où il n'existe pas de consuls français ou autres agents d'une puissance amie.

Art. 1er. La disposition par laquelle, en dérogeant à l'art. 4 de notre ordonnance du 30 juin 1814, celle du 20 mai 1818 a limité dans certains pays y dénommés et aux rentiers viagers la faculté de faire légaliser à Paris, par les ambassadeurs ou chargés d'affaires de chaque puissance respective, les certificats de vie délivrés à ces rentiers pour le paiement de leurs arrérages, est étendue à tous les États sans distinction où, soit présentement, soit accidentellement, il n'existerait pas, lors de la délivrance des certificats, des agents français ou de puissances étrangères ou amies; comme aussi à tous rentiers et pensionnaires résidant dans ces pays et autorisés à y jouir des rentes et pensions dont ils sont titulaires.

6 nov 1821. — CIRCULAIRE du garde des sceaux aux procureurs généraux sur le mode de dépôt des signatures et paraphes dans les greffes.

L'art. 49 de la loi du 25 vent. an XI a prescrit : 1° qu'*avant d'entrer en fonctions*, les notaires devraient déposer au greffe du tribunal de première instance de leur département, et au secrétariat de la municipalité de leur résidence, leurs signature et paraphe; 2° que les notaires à la résidence des tribunaux d'appel feraient, en outre, ce dépôt aux greffes des autres tribunaux de première instance de leur ressort.

Cependant, je suis informé que l'on est dans l'usage de n'effectuer le dépôt prescrit par le second paragraphe de cet article que longtemps après la réception des notaires, parce que les chambres de discipline attendent qu'il y ait un certain nombre de signatures sur le même tableau ou sur la même feuille pour en faire la transmission aux greffes des différents tribunaux du ressort.

Sans tenir strictement à ce que ce dépôt, prescrit par le deuxième paragraphe, soit effectué avant l'entrée en fonctions, il est bon cependant de veiller à ce qu'il se fasse dans le plus court délai possible, et surtout à ce qu'un notaire n'instrumente pas dans le ressort d'un tribunal où ses signature et paraphe n'auraient pas encore été déposés.

En donnant des instructions analogues aux chambres des notaires, vous voudrez bien leur faire observer que chaque signature doit être sur une feuille distincte de papier timbré; que, pour éviter aux notaires nouvellement reçus des déplacements dispendieux, la transmission de leurs signature et paraphe peut être faite par la chambre de discipline après que la fidélité de ces signature et paraphe aura été attestée par le doyen et les syndics de la communauté, et que celles de ces derniers auront été légalisées par le président du tribunal civil; que les actes qui seront reçus aux greffes de ces dépôts de pièces doivent être exempts de la formalité de l'enregistrement, mais soumis à la perception des droits de greffe, et qu'en conséquence les chambres devront pourvoir à l'acquittement de ces droits.

Cette circulaire a été concertée avec Son Excellence le ministre des finances quant aux points qui rentrent dans ses attributions.

10 juin 1822. — LETTRE du garde des sceaux au procureur général de Bourges, portant que l'art. 173 du tarif n'a point abrogé par l'art. 54 de la loi du notariat, qui exige l'avis préalable de la chambre de discipline pour la taxe des honoraires.

J'ai reçu, avec votre lettre du 20 mai dernier, la copie de celle qui vous a été écrite par votre substitut près le tribunal de première instance de Châteauroux, au sujet d'une délibération de la chambre des notaires de Châteauroux, qui a pour objet de faire décider :

1° Si les honoraires des notaires, hors les cas spécialement prévus par le décret du 16 février 1807, doivent être basés avec une juste modération sur l'importance des actes et la responsabilité qu'ils entraînent, comme sur les difficultés que présente la rédaction de ces mêmes actes ;

2° Si ce décret a abrogé ou non les dispositions de la loi du 25 vent. an XI, et de l'arrêté du Gouvernement du 2 niv. an XII, qui emportent l'obligation de consulter les chambres des notaires de l'arrondissement avant de prononcer sur les difficultés élevées entre le notaire et les parties.

Si l'on considère ces questions isolément et abstraction faite des difficultés qui les ont fait naître, elles ne présentent aucune difficulté.

La première est résolue affirmativement par l'art. 173 du tarif, qui veut que les taxes des actes notariés soient faites suivant la nature et les difficultés que leur rédaction aura présentées.

Quant à la seconde question, elle a été déjà plusieurs fois soumise à mon ministère ; et il a toujours été décidé que l'art. 173 du tarif n'a point abrogé, mais qu'il a seulement modifié l'art. 51 de la loi du 25 vent an XI, en chargeant le président du tribunal de la taxe, et que cette modification n'exclut pas, lorsque les difficultés s'élèvent entre les notaires et les parties sur le règlement des émoluments, l'avis préalable de la chambre des notaires. Cet avis préalable ne peut que contribuer à éclairer le juge taxateur sur la difficulté, et il a de plus l'avantage de mettre les parties à même de contredire les demandes qui leur sont faites à cet égard.

31 juill. 1822. — Ordonnance du Roi qui rapporte celle du 25 juin 1816, laquelle permettait d'exercer les fonctions de commissaire-priseur cumulativement avec celle de notaire.

28 août 1822. — Ordonnance du Roi sur avis du conseil d'Etat, qui décide : 1° qu'un notaire ne peut, sans autorisation, transporter sa résidence dans un hameau dépendant du lieu qui lui a été assigné par sa commission ; 2° qu'il n'y a pas lieu à recours contre les décisions du garde des sceaux relatives à la fixation des résidences.

5 fév. 1823. — Lettre du garde des sceaux qui porte qu'un notaire ne peut recevoir un acte dans lequel figure un fondé de procuration qui lui est parent au degré prohibé.

29 avril 1823. — Instruction du ministre des finances sur la délivrance des certificats de vie aux rentiers et pensionnaires de l'Etat.

Quelques notaires certificateurs ont soumis au ministre la solution d'une difficulté à laquelle les exposent souvent leurs fonctions de certificateurs ; elle est relative à la déclaration que doivent faire les pensionnaires qui ne jouissent d'aucun traitement, sous quelque dénomination que ce soit, ni d'aucune pension ou solde de retraite, soit à la charge de l'Etat, soit sur les fonds de la caisse des Invalides de la guerre ou celle de la marine. Il s'agit de savoir s'il suffit d'interroger le pensionnaire sur ce fait, et si, sur sa réponse négative, encore qu'il soit à la connaissance personnelle du certificateur qu'elle est mensongère, il doit ou non signer le certificat de vie.

Le ministre a décidé que, dans ce cas, le notaire certificateur devait s'abstenir de délivrer le certificat de vie, lui signaler immédiatement les pensionnaires qui, jouissant de pensions et traitements dans les cas prévus par l'art. 14 de la loi du 15 mai 1818, refuseraient d'en faire la déclaration, et lui indiquer en même temps la nature et la quotité de ces mêmes traitements et pensions.

Cette décision est fondée sur ce que les pensionnaires, obligés de faire la déclaration dont il s'agit, ne peuvent pas être juges de la faculté du cumul, dans les cas d'exception déterminés par la loi ; que la décision dont leur position est susceptible appartient en première ligne au payeur chargé de pourvoir à leur paiement, d'après les instructions qui lui sont transmises, sauf le recours des pensionnaires au ministre, dans les cas où ils se croiraient fondés à réclamer contre l'application qui leur aurait été faite des dispositions restrictives du cumul.

Le ministre a été aussi informé que la plupart des notaires certificateurs négligeaient de veiller à l'exécution de la disposition ci-après de leurs instructions, qui leur est expressément recommandée ; elle est ainsi conçue :

« Les rentiers viagers et les pensionnaires de l'Etat peuvent s'adresser, pour obtenir des certificats de vie, aux notaires certificateurs qui se trouvent le plus à leur convenance, quand même ils ne seraient pas domiciliés dans l'arrondissement de leur canton ; mais dès qu'ils ont fixé leur choix sur un notaire, ils doivent continuer de s'adresser à lui et ne peuvent requérir le ministère d'un autre qu'après avoir obtenu du premier une attestation de la déclaration qu'ils lui ont faite que leur intention est de faire certifier leur existence dans un autre canton » (bien entendu que cette disposition s'applique à tout changement de certificateur, soit qu'il réside ou non dans le canton où le pensionnaire est domicilié).

Son Excellence, convaincue de la nécessité de tenir la main à l'exécution de cette disposition, a décidé qu'un notaire certificateur ne pourrait certifier l'existence d'un pensionnaire que sur la remise, dont il serait fait mention dans le certificat de vie, de l'attestation et de la déclaration de changement prescrite ainsi qu'il est dit ci-dessus, et que, dans toutes ces attestations, le notaire certificateur quitté serait tenu d'énoncer et d'indiquer, avec exactitude, tout ce qui serait parvenu à sa connaissance personnelle sur la nature et la quotité des pensions et traitements dont jouirait le pensionnaire.

28 juin 1823. — CIRCULAIRE du directeur général des contributions indirectes portant que les ouvrages d'or et d'argent peuvent être exposés en vente sans avoir été préalablement poinçonnés.

16 juill. 1823. — DÉCISIONS des ministres des finances et de la justice sur les lieux où doit être fait le dépôt de contrats de mariage des commerçants.

L'extrait du contrat de mariage passé entre époux, dont l'un est commerçant, doit être affiché aux greffes des tribunaux de première instance et de commerce, et, à défaut de l'existence de ce dernier tribunal, dans la principale salle de la mairie du domicile du mari, et toujours dans les chambres désignées par l'art. 872, Cod. proc. civ., parce qu'elles existent au chef-lieu de chaque arrondissement.

10 sept. 1823. — CIRCULAIRE du garde des sceaux aux procureurs généraux sur le mode de constater les blancs et les contraventions à la loi sur le notariat.

Son Excellence le ministre des finances, convaincu de la nécessité d'adopter et de faire suivre un mode uniforme pour la constatation de toutes les contraventions à la loi du 25 vent. an XI, commises par les notaires dans la rédaction des actes, m'a communiqué et j'ai approuvé comme elle la mesure suivante :

« L'existence des blancs réservés par les notaires dans leurs actes, et généralement celle de toutes les contraventions qui peuvent s'y trouver, sera constatée par une mention placée en marge, paraphée *ne varietur*, et de plus par un procès-verbal qui rappellera les articles paraphés et dont la sincérité sera reconnue par le notaire, sauf, en cas de refus de ce dernier, à l'affirmer devant le juge de paix. »

Je vous prie d'adresser à chacun de vos substituts un exemplaire de cette circulaire, et de les charger d'en donner connaissance aux chambres des notaires de leurs arrondissements respectifs, afin que les notaires s'y conforment exactement.

11 sept. 1823. — CIRCULAIRE du ministre de la justice aux procureurs généraux, relative à la clause de numération des espèces à la vue des notaires.

Vous voudrez bien enjoindre à vos substituts d'avoir à exercer la plus active surveillance sur la rédaction des actes, et à faire savoir officiellement à la chambre des notaires de leur arrondissement respectif que, dès à présent, tout notaire qui, par le résultat d'une information ou d'une procédure, sera convaincu d'avoir faussement énoncé dans un acte une numération de deniers qu'il n'aura pas vu compter, sera poursuivi criminellement, sans préjudice de l'action disciplinaire à fin de destitution, dans le cas où il serait acquitté.

16-26 déc. 1823. — ORDONNANCE du Roi qui prescrit aux anciens officiers publics de Saint-Domingue résidant en France de faire la remise, au département de la marine, des minutes d'actes passés par eux dans cette colonie, et dont ils seraient détenteurs, et impose la même obligation aux notaires du royaume qui auraient reçu en dépôt de semblables actes.

30 avril 1824. — CIRCULAIRE du garde des sceaux aux procureurs généraux sur le lieu où doit être fait le dépôt des contrats de mariage des commerçants (1).

Des difficultés se sont élevées sur l'application des art. 67 du Code de commerce et 872 du Code de procédure civile ; il importe de les faire cesser. Dans quelques localités, on a pensé que l'extrait du contrat de mariage passé entre époux, dont l'un est commerçant, ne devait être inséré au tableau exposé en la chambre des avoués et des notaires qu'autant que ces chambres auraient leur siège dans le lieu même du domicile de cet époux : c'est ce qu'on induisait des expressions *s'il y en a*, qu'offre la rédaction de l'art. 872.

Mais si, par le texte de l'art. 872, la prévoyance du législateur a suppléé à l'absence du tribunal de commerce et désigné la salle principale de la maison commune à l'effet d'y déposer l'extrait des jugements et contrats, d'un autre côté, il n'y aurait plus garantie suffisante pour les tiers dans la publicité prescrite, si les insertions au tableau des chambres d'avoués et de notaires n'étaient exigées que lorsque les parties, ou l'une d'elles, sont domiciliées dans le lieu où ces chambres siègent, et la précaution générale de la loi se trouverait restreinte, contre son vœu évident.

L'art. 67 du Code de commerce n'a fait que consacrer le principe de la publicité des contrats de mariage entre commerçants ; et, pour régler le mode d'exécution de la formalité, il a renvoyé à l'art. 872, sans ménager d'exception.

Il faut donc tenir pour certain que les jugements de séparation et les contrats de mariage entre commerçants doivent, et dans tous les cas, être publiés par extraits aux tableaux

(1) V. ci-dessus décision des ministres des finances et de la justice, du 16 juill. 1823.

exposés dans les chambres de discipline des notaires et des avoués de l'arrondissement, quel que soit d'ailleurs le domicile des parties.

Vous voudrez bien faire connaître à vos substituts cette décision, concertée avec Son Excellence le ministre des finances, les charger de veiller à ce qu'elle soit observée, et m'accuser la réception de cette lettre.

16 juin 1824. — Loi contenant diverses dispositions sur les amendes relatives au notariat.

23 déc. 1824. — Lettre de M. le procureur du Roi de la Seine relative aux diverses obligations des officiers publics chargés de procéder aux ventes d'ustensiles d'imprimerie et de livres.

Dans cette lettre, écrite en exécution des art. 22 du règlement sur la librairie du 28 fév. 1723, et 4 du décret du 2 fév. 1811, il est dit que, pour prévenir l'existence des imprimeries clandestines, le garde des sceaux charge M. le procureur général d'enjoindre à tous les officiers publics chargés de faire les ventes d'ustensiles d'imprimerie de donner avis au bureau de la librairie, dans les villes où il y en a un, et au procureur du Roi, dans les autres, de toutes les ventes de presses, de caractères et autres ustensiles d'imprimerie, auxquelles ils seront chargés de procéder.

Les inspecteurs de la librairie, ainsi avertis, se rendront sur les lieux et veilleront à ce que ces objets ne passent que dans les mains de ceux qui ont le droit de les recevoir.

Les lois sur cette matière atteignant également les ventes aux enchères et les ventes de gré à gré, il est du devoir des officiers publics de ne tolérer aucune fraude à cet égard, en laissant les parties intéressées disposer de ces objets à l'amiable envers des personnes qui ne pourraient s'en rendre adjudicataires aux ventes publiques.

Un autre abus est signalé par S. G. comme méritant, par sa gravité, d'attirer toute l'attention des magistrats.

Il se fait des ventes journalières de livres dans des salles préparées à cet effet; les officiers publics y président. On expose souvent sur la table un certain nombre de volumes en ballots ou couverts de papier, et qui sont mis à l'enchère sans être montrés aux acheteurs; ce sont pour l'ordinaire des productions impies et licencieuses, ou des ouvrages condamnés par les tribunaux. Ils sont livrés au public sans que le procès-verbal de vente en fasse aucune mention; les bouquinistes les répandent dans le commerce, souvent sans en apprécier tout le danger.

Monseigneur le garde des sceaux recommande d'enjoindre aux officiers chargés de ces ventes d'examiner avec attention les titres des divers ouvrages lors de l'inventaire préalable à la vente. Ils devront mettre de côté les livres notoirement immoraux et ceux qui ont subi quelque condamnation judiciaire, donner avis aux bureaux de la librairie ou au procureur du Roi des jour et heure de chaque vente, et aider, autant qu'il sera en eux, la surveillance des inspecteurs de la librairie qui assisteront à ces ventes.

Les instructions de Monseigneur le garde des sceaux prescrivent encore aux officiers publics ne point laisser exposer en vente des ballots de livres dont le titre ne serait pas visible. Pour assurer l'observation de cette défense, le crieur devra annoncer le titre de chaque ouvrage en le mettant aux enchères, et l'officier chargé de la vente fera, dans son procès-verbal, le détail exact et nominatif de tous les ouvrages vendus, sans en omettre un seul.

Je vous invite, messieurs, à vouloir bien faire connaître ces instructions à chacun des notaires du ressort, afin qu'ils puissent s'attacher à les exécuter scrupuleusement en ce qui les concerne, et à m'accuser réception des présentes instructions.

1er mars 1825. — Circulaire du garde des sceaux portant que la formule royale qui rend exécutoire les actes notariés ne doit être apposée que sur les grosses, et non sur de simples expéditions, copies ou extraits.

6 juill. 1825. — Décision du ministre des finances portant que l'irrégularité des renvois et apostilles ne donne pas lieu à l'amende, parce que la loi n'en prononce pas.

30 août 1825. — Circulaire du garde des sceaux aux procureurs généraux sur les blancs laissés dans les actes notariés et le mode de constater les contraventions.

Ma circulaire du 28 juillet 1825, n° 5683, B. 5, relative à l'exécution de l'art. 15 de la loi du 16 mars 1803 (25 ventôse an XI), vous invite à prescrire aux notaires de faire approuver par les parties, avant l'enregistrement des actes, les barres tracées pour remplir les blancs laissés dans les actes, lors de leur rédaction. Ces expressions, *avant l'enregistrement des actes*, qui semblaient accorder aux notaires la faculté de toucher à l'acte après la signature et avant l'enregistrement, ont été l'objet de justes et sérieuses réclamations, à raison des abus qui pouvaient en résulter, et il ne m'a point paru douteux que l'acte, parfait par la signature des parties, des notaires et témoins, ne pouvait recevoir aucune modification après la signature, bien que dans le délai accordé par l'enregistrement; il était donc nécessaire de s'expliquer sur ce point pour éviter toute équivoque.

Une autre circulaire, sous la date du 10

septembre de la même année, n° 4972, B. 5, concertée, comme la première, avec Son Excellence le ministre des finances, prescrivait de constater l'existence des blancs réservés dans les actes par les notaires, et celle de toutes les contraventions à la loi déjà citée, par une mention placée en marge et paraphée *ne varietur*, et, de plus, par un procès-verbal.

Un examen plus approfondi des motifs et des effets de cette mention, l'expérience des difficultés et des inconvénients qui s'y rattachent, ont démontré la nécessité de la supprimer pour l'avenir, et de s'en tenir, pour constater les contraventions, au procès-verbal de l'agent de la régie du domaine et de l'enregistrement, dont la sincérité devra être reconnue par le notaire contrevenant, sauf, en cas de refus, à l'affirmer devant le juge de paix.

En conséquence, et après m'être entendu sur ces deux points avec Son Excellence le ministre des finances, il a été décidé :

1° Que c'est au moment même de la signature de l'acte que le notaire instrumentaire doit faire approuver par les parties les barres tirées pour remplir les blancs laissés dans les actes et non remplis par l'écriture ;

2° Que les agents de la régie du domaine et de l'enregistrement qui rapporteront un procès-verbal de contravention à la loi du 16 mars 1803 devront s'abstenir de faire aucune mention marginale sur les actes argués d'irrégularité.

Vous voudrez bien m'accuser réception de cette circulaire, en adresser à chacun de vos substituts un exemplaire, et les charger d'en donner connaissance aux chambres de discipline des notaires de leurs arrondissements respectifs, afin que les notaires y trouvent la règle de leur conduite.

Nota. La régie a fait connaître ces dispositions à ses préposés par son instruction générale du 24 déc. 1830, n° 1347, § 15, et les a engagés à s'y conformer.

6 sept. 1825. — Décision du garde des sceaux qui porte que c'est illégalement que des notaires perçoivent pour chacun des actes qu'ils reçoivent un droit dit de garde-minute.

Par votre lettre, en date du 3 août dernier, vous me faites connaître que les notaires de l'arrondissement de B.... perçoivent habituellement pour chacun des actes qu'ils reçoivent un droit dit *garde-minute*, qu'ils portent à 35 c. par année, sans que cette perception soit autorisée autrement que par l'usage, et vous me demandez à ce sujet mes instructions.

Toute perception non autorisée par la loi, lorsque la loi s'est positivement occupée de régler les droits des officiers qui font cette perception, est évidemment illicite et doit

être réprimée. Vous voudrez donc bien donner des instructions dans ce sens aux notaires des arrondissements où l'usage que vous me signalez s'est introduit, et leur faire connaître que, faute par eux de s'y conformer, vous seriez forcé de requérir contre eux l'application des peines de discipline que la loi met à votre disposition.

1er août 1826. — Instruction du ministre des finances sur la délivrance des certificats de vie aux rentiers et pensionnaires de l'Etat et sur les honoraires qui sont dus aux notaires (1).

Le ministre a remarqué que, dans les instructions précédemment adressées aux notaires certificateurs, il ne leur a été prescrit aucune règle particulière sur les précautions à prendre et sur les formalités à exiger lors de la délivrance des certificats de vie réclamés par deux classes de pensionnaires qui sont placés dans une position différente des autres.

Ces pensionnaires sont :

1° Les orphelins de militaires en jouissance, sur les fonds du Trésor, de secours dont la durée est limitée à l'époque de leur vingtième ou vingt et unième année (suivant la date de la concession), et quelques mineurs titulaires de pensions civiles ;

2° Les militaires retraités et autres pensionnaires qui, détenus dans les prisons de l'Etat pour diverses causes, sont dans l'impossibilité de se présenter en personne pour faire certifier leur existence.

A l'égard des premiers, il a paru que les certificats de vie dont ils ont besoin pour être payés des arrérages de leurs pensions ne devaient plus leur être délivrés sur la seule présentation de leurs certificats d'inscription et de leurs actes de naissance, attendu que la comparution, devant un notaire, d'un mineur, incapable, jusqu'à sa majorité, de tous les actes de la vie civile, n'offre aucune garantie légale, mais peut encore donner lieu à des abus qu'il est nécessaire de prévenir. L'intérêt du Trésor, celui même des ayants droit, veulent qu'une autre personne atteste l'identité du titulaire, et fasse en son nom la déclaration de non-jouissance de pension et traitement exigée de tous les pensionnaires par l'art. 14 de la loi du 15 mars 1818. Or, cette personne ne peut être que le tuteur nommé par la délibération du conseil de famille. Comme comptable de la gestion des biens de son pupille, c'est entre ses mains que le titre de pension doit être déposé ; lui seul a charge et qualité pour le représenter dans toutes les circonstances où il s'agit de recevoir un revenu quelconque, et où il existe une responsabilité à encourir.

_____

(1) V. ci-dessus instruction du 29 avril 1823.

Par ce motif, il est indispensable qu'à l'avenir aucun notaire ne délivre de certificat de vie à un mineur pensionnaire sans qu'il soit fait mention que ce mineur a été assisté par son tuteur dont les nom, prénoms et domicile seront relatés dans l'acte, et que c'est ce dernier qui, en sa qualité, a déclaré que son pupille ne jouissait d'aucune autre pension ni traitement, soit à la charge de l'Etat, soit sur la caisse des Invalides de la guerre ou de la marine. A cet effet, la signature de ce tuteur devra être apposée au bas du certificat de vie concurremment avec celle du titulaire, à moins que l'un ou l'autre, ou tous les deux, ne sachent signer, circonstance qui sera énoncée dans la forme ordinaire.

Quant aux pensionnaires en état de détention, il convient que l'administration ne soit pas tenue dans l'ignorance des causes qui les ont privés de leur liberté. En général, les notaires se contentent de donner à ces pensionnaires, sur les certificats de vie qu'ils leur délivrent, la seule qualification de *détenus*. Cette indication est trop vague pour que les payeurs puissent distinguer le cas où ils doivent ou non s'abstenir d'acquitter les pensions inscrites au profit de ces individus. Divers exemples ont prouvé, d'ailleurs, que, faute d'explications positives à cet égard, des arrérages ont été payés, pendant plusieurs années de suite, sur la production de certificats de vie ainsi annotés incomplétement, à des militaires qui, se trouvant dans le cas prévu par l'art. 3 de la loi du 28 fruct. an VII, et de l'art. 16 de l'ordonnance royale du 27 août 1814 (remplacé aujourd'hui par l'art. 36 de la loi du 11 avril 1831), avaient perdu tout droit à la jouissance de leur solde de retraite. Il est aussi arrivé que le Trésor, n'étant point informé de la détention des pensionnaires condamnés correctionnellement, n'a pu prendre à leur égard aucune mesure propre à assurer le recouvrement des sommes dont il était débiteur pour amendes ou frais de procédure mis à leur charge.

Pour obvier à ces inconvénients voici quelle est la marche que doivent tenir les notaires certificateurs.

Lorsqu'un pensionnaire hors d'état, par l'effet de la détention qu'il subit, de se présenter devant eux, vient à réclamer leur ministère pour faire certifier son existence, il leur est expressément recommandé de ne jamais obtempérer à cette demande, sans la production préalable d'un certificat du greffier ou du geôlier de la prison où ce pensionnaire est renfermé, énonçant les motifs de l'emprisonnement, la date du jugement qui l'a ordonné, ainsi que la nature de la peine infligée. Ces renseignements, que les notaires certificateurs n'exigeront que la première fois, devront être non-seulement consignés sur leurs registres, mais relatés en marge du certificat de vie de chaque semestre ou trimestre.

Si c'est pour cause de démence que le pensionnaire est renfermé, ils procéderont de la même manière qu'il leur est prescrit à l'égard des mineurs en exigeant l'assistance du tuteur ou du curateur nommé à son interdiction. Si la détention a lieu pour vagabondage, défaut de ressources, mesure de sûreté ou accusation, il sera nécessaire qu'à chaque échéance on leur rapporte la preuve que la position du titulaire n'a point changé, et alors ils se borneront à énoncer le motif de cette détention sur le certificat de vie. Mais si, au contraire, il résultait de la pièce produite que le pensionnaire détenu a été l'objet d'un jugement, ils devront en donner avis immédiatement au ministre, et surseoir, en outre, à toute délivrance du certificat de vie, lorsque la peine prononcée contre le titulaire leur aura paru d'une nature afflictive ou infamante.

Il reste encore à éclaircir un autre point qui intéresse une classe nombreuse de créanciers de l'Etat, et sur lequel tous les notaires certificateurs n'ont pas paru fixés d'une manière uniforme. Il s'agit du taux de la rétribution allouée par le décret du 21 août 1806, et par l'ordonnance royale du 20 juin 1817, pour la délivrance des certificats de vie des rentiers viagers et des pensionnaires. Cette rétribution, ainsi qu'il a été expliqué dans une circulaire ministérielle adressée à tous les préfets, le 11 novembre 1817, ne doit pas être calculée d'après la somme que les titulaires reçoivent annuellement, mais réglée sur celle qui leur revient par semestre ou par trimestre.

Ainsi, par exemple, conformément aux tarifs établis,

1° Par l'art. 10 du décret du 21 août 1806, pour les rentes et pensions dont le semestre est de				2° Par l'article 12 de l'ordonnance royale du 20 juin 1817, pour les pensions militaires dont le semestre est de			
au-dessus de 600 fr.	de 600 fr. à 301 fr.	de 301 fr. à 101 fr.	de 100 fr. et au-dessous.	600 fr. et plus.	600 fr. à 301 fr.	300 fr. à 101 fr.	100 fr. à 50 fr.	au-dessous de 50 fr.

Le notaire n'est fondé à exiger, pour chaque certificat de vie, que

| 2 fr. | 1 fr. | 75 c. | 50 c. | 1 fr. | 50 c. | 35 c. | 20 c. | rien. |

Cependant, s'il arrivait qu'un rentier viager ou un pensionnaire eût besoin d'un certificat de vie pour toucher plusieurs termes arriérés, ce ne serait plus alors sur le pied d'un semestre ou d'un trimestre que la rétribution serait basée, mais sur la totalité des arrérages dus par le Trésor.

21 nov. 1826. — DÉCISION du garde des sceaux contre les notaires qui procéderaient à des ventes de biens de mineurs sans les formalités judiciaires.

Je suis informé que les notaires de.... ont l'habitude de procéder à la vente des biens des mineurs sans aucune des autorisations prescrites par la loi.

Il conviendra d'abord d'avertir de la gravité de ces abus la chambre des notaires, et de lui rappeler les conséquences qu'une pareille conduite pourrait entraîner, aux termes des lois.

En effet, l'art. 53 de la loi du 25 ventôse an XI donne au ministère public le droit de poursuivre, et au tribunal celui de prononcer, selon les cas, la suspension, la destitution ou l'amende contre un notaire, et rien ne s'oppose à ce que vous usiez de ce pouvoir pour réprimer l'abus dont il s'agit, puisque la Cour de cassation, par ses arrêts des 31 octobre, 20 novembre 1811, a décidé que ces peines peuvent s'appliquer dans les cas même où la loi ne les prononce pas formellement.

De plus, il résulte des art. 457, 1314, 1594 et autres du Code civil, que les ventes dont il s'agit peuvent être sujettes à rescision ou frappées de nullité. Vous pouvez donc faire prévoir aux notaires que, dans le cas où le défaut des formalités prescrites occasionnerait des procès, les parties pourraient exercer un recours contre ces officiers publics. Le principe de cette responsabilité est dans l'art. 68 de la loi de ventôse an XI.

20 nov. 1827. — DÉCISION du ministre des finances portant qu'en faisant viser dans les dix premiers du mois de janvier le répertoire de l'année précédente, les notaires ne sont pas tenus de soumettre au visa le répertoire nouvellement ouvert pour les actes reçus depuis le 1er janvier.

10 mai 1828. — AVIS du conseil d'Etat portant qu'il n'est pas nécessaire que le successeur désigné pour un office de notaire et autre semblable produise à l'appui de sa demande de nomination (cette formalité est maintenant exigée), le traité contenant les conditions de la cession et dûment enregistré.

Les comités du contentieux, de l'intérieur et des finances, réunis par ordre de monseigneur le garde des sceaux, pour délibérer sur une proposition de l'administration des domaines à Son Excellence le ministre des finances, qui a pour but de faire décider qu'aucune demande tendant à obtenir l'autorisation de transmettre, soit un des offices pour lesquels les titulaires ont reçu de la loi du 28 avril 1816 la faculté de présenter leurs successeurs

à l'agrément du Roi, soit un brevet d'imprimeur ou de libraire ne sera admise, si elle n'est accompagnée d'un acte authentique ou d'un acte sous seing privé contenant les conditions de la cession et dûment enregistré, conformément à l'art. 23 de la loi du 12 déc. 1798 (22 frimaire an VII), sauf toutefois à restituer le droit proportionnel, si le cessionnaire n'était pas agréé;

Vu la lettre de Son Excellence le ministre des finances du 18 janv. 1828, relative à cette proposition, deux délibérations du conseil d'administration de l'enregistrement et des domaines, en date des 5 nov. 1823 et 18 mai 1827, et un rapport de M. le directeur général de la même administration, du 6 juill. 1827;—Vu un rapport de la direction des affaires civiles du ministère de la justice, en date du 14 mars 1828, et concluant à l'adoption de la proposition du ministre des finances;—Vu les décrets de l'Assemblée constituante qui ont supprimé la vénalité des charges et offices; — Vu les lois et règlements relatifs : 1º aux officiers ministériels dénommés dans l'art. 91 de la loi du 28 avril 1816; 2º aux professions d'imprimeur et libraire;—Vu la loi du 12 déc. 1798 (22 frim. an VII), sur l'enregistrement; — Vu l'art. 91 de la loi du 28 avril 1816; —Vu la circulaire du ministre de la justice aux procureurs du Roi, en date du 21 fév. 1817, écrite pour l'exécution de l'art. 91 de la loi du 28 avril 1816, et peu de temps après sa promulgation, ladite instruction portant, en substance, que cette loi n'a pas rétabli la vénalité des offices; qu'elle n'accorde à l'officier ministériel qu'une probabilité de préférence en faveur du candidat qu'il présente pour lui succéder; — Qu'il est bon de surveiller les traités patents et secrets auxquels peut donner lieu l'exercice du droit de présentation, afin d'empêcher que des engagements disproportionnés avec les produits des offices ne portent les nouveaux titulaires à des exactions ou à des opérations étrangères à leurs fonctions;—Que les procureurs du Roi doivent surtout porter leur attention sur les traités des greffiers, soit parce qu'ils tiennent de plus près à la magistrature, soit parce que le recours à leur ministère est obligatoire pour les justiciables, et qu'il y a lieu de refuser l'admission lorsque le prix du traité excède le montant du cautionnement, ou le produit de l'office pendant un ou deux ans;

En ce qui touche les officiers ministériels désignés dans l'art. 91 de la loi du 28 avril 1816 : — Considérant que cette loi ne contient aucune disposition sur les traités auxquels peut donner lieu l'exercice de la faculté qu'elle accorde à ces officiers de présenter leurs successeurs; — Que la loi annoncée dans celle du 28 avril 1816 n'a pas été portée;—Que la circulaire du 21 fév. 1817 n'est qu'une instruction ministérielle, qui ne peut servir de base à la perception d'un droit d'enregistrement;—Que cette instruction ne considère d'ailleurs les traités dont il s'agit que relativement à l'exercice du droit d'admission, et n'envisage les prix stipulés que dans l'effet moral que l'exagération de ce prix peut avoir sur la conduite du nouveau titulaire ;—D'où il suit que, dans l'état actuel de la législation, ces traités ne peuvent être considérés que comme des conventions privées, étrangères dans leurs stipulations à l'administration, qu'elles ne lient point et dont la validité et les effets ne peuvent être appréciés que par les tribunaux, d'après les règles de droit commun ;—Considérant que, si la loi du 12 déc. 1798 (22 frim. an VII) soumet au droit d'enregistrement les traités sous seing privé produits en justice ou devant toute autorité constituée, les traités de cette espèce produits devant l'autorité administrative n'ont jamais été soumis à l'enregistrement que lorsqu'il appartenait à cette autorité, dans l'exercice de la juridiction qui lui est propre, d'apprécier la validité et les effets de cette convention ;—Mais que l'on n'exige point, et que l'on ne pourrait sans inconvénient exiger l'enregistrement des conventions sous seing privé, lorsqu'elles ne sont produites devant l'autorité administrative que comme de simples renseignements, et pour l'éclairer sur des actes purement administratifs, tels que l'exercice du droit d'admission;

En ce qui concerne les imprimeurs et libraires :—Considérant que l'art. 91 ne s'applique pas à ces professions, et que les lois qui les régissent ne contiennent aucune disposition qui donne à ceux qui les exercent la faculté de présenter leurs successeurs, et qui règle les stipulations particulières dont la cession de leurs fonds peut être l'objet; d'où il suit que les considérations qui précèdent sont, à plus forte raison, applicables à ces professions;

Sont d'avis :—1° Que la proposition de l'administration des domaines est inadmissible dans l'état actuel de la législation ; —2° Qu'elle ne pourrait être l'objet que d'une loi telle que celle qui est annoncée dans l'art. 91 de celle du 28 avril 1816 ;—3° Mais qu'un projet de loi sur cette matière donnerait à résoudre des questions sur lesquelles les comités ne sont pas admis à délibérer.

Nota.—Cet avis a été approuvé, le 2 juin 1828, par le garde des sceaux.

16 sept. 1828. — LETTRE du garde des sceaux sur les honoraires dus aux notaires et autres officiers publics qui procèdent à des ventes de meubles.

Vous m'annoncez que la perception, exigée par le sieur L..., commissaire-priseur, sur le prix de ventes auxquelles il procède, de droits fixes et proportionnels autres que ceux qui lui sont accordés par la loi, excitant des réclamations, vous avez, de concert avec M. le procureur du Roi, résolu d'obliger ce commissaire-priseur à ne percevoir, dorénavant, que les droits fixes établis par les lois des 17 sept. 1793 et 28 avril 1816, mais que toutefois, sous le motif qu'il pouvait être quelquefois avantageux aux parties d'accorder, sur le prix des ventes, un droit proportionnel à l'officier qui en est chargé, vous avez autorisé M. le procureur du Roi à tolérer les conventions qui dérogeaient, sous ce rapport, aux lois précitées, sous la condition que ces conventions seraient préalablement approuvées par ce magistrat, qui s'assurerait qu'elles ont été librement consenties.

Malgré le motif louable qui vous a fait prendre cette détermination, je ne puis donner mon assentiment à l'autorisation que vous avez accordée à votre substitut. Le ministère public ne peut s'immiscer dans les conventions particulières, qui n'ont pas d'ailleurs besoin d'être autorisées lorsqu'elles ont été consenties librement entre personnes capables de disposer de leurs droits, et qu'elles ne sont contraires ni à l'ordre public, ni aux bonnes mœurs.

Je vous invite donc à vous borner à exercer une surveillance active et sévère sur la conduite du sieur L..., et à empêcher qu'il ne puisse, à l'avenir, exiger des parties d'autres émoluments que ceux auxquels les lois lui donnent droit.

1er et 6 juin 1829. — DÉCISION des ministres de la justice et des finances portant que les notaires qui ne sont point dans l'usage de faire des protêts ne sont pas assujettis à tenir un registre sur lequel ils n'auraient aucun acte à inscrire ; qu'ils ont la faculté de n'ouvrir ce registre qu'au moment où ils auront à rédiger un acte de cette nature, ou après qu'ils l'auront reçu.

13 juill. 1829. — LETTRE du garde des sceaux portant qu'un notaire ne peut, en tête de ses actes, joindre à son titre celui d'avocat (1).

15 juill. 1829. — DÉCISION du garde des sceaux portant que les chambres de discipline ne peuvent refuser de délibérer sur les demandes de certificats de capacité et de moralité formées par les aspirants au notariat.

Monsieur le procureur général, j'ai reçu les deux délibérations par lesquelles la chambre de discipline de l'arrondissement de... a

_____

(1) *Conf.* décisions des 6 oct. 1820, 12 oct. 1829 (cette dernière rendue sur la réclamation provoquée par celle qu'on rapporte ici), 26 avril 1853. — V. plus haut, *Comment. de la loi du 25 vent.* an XI, n° 123.

refusé de procéder à l'examen du sieur F..., sur le motif que le démissionnaire n'a pas le droit de disposer de son office, attendu que le maximum légal est excédé dans le canton.

Vous pensez avec raison que la chambre a entièrement méconnu, dans cette circonstance, la limite de ses attributions. Elle pouvait sans doute donner son avis sur le point de savoir s'il y a lieu ou non à réduction dans le canton où la mutation est demandée; mais il ne lui appartenait pas de se constituer juge de la question Et elle ne pouvait surtout se dispenser d'examiner le candidat qui se présenterait devant elle.

En persistant dans leur refus, malgré les injonctions du procureur du Roi, les membres de cette chambre ont particulièrement montré un esprit d'insubordination qu'il est essentiel de réprimer immédiatement. Je veux bien toutefois leur accorder, pour satisfaire à leurs obligations, un délai, passé lequel ils ne devront plus compter sur la même indulgence.

Je vous prie, en conséquence, de charger sans retard le procureur du Roi de faire convoquer la chambre des notaires, et de lui donner un délai de dix jours pour procéder à l'examen du sieur...; et, dans le cas où elle persisterait dans le refus qu'elle a manifesté deux fois, de traduire immédiatement les membres qui la composent devant le tribunal de première iustance, en requérant contre chacun d'eux l'application d'une peine de discipline.

Il y aura lieu, dans le même cas, d'autoriser le sieur... à se présenter devant la chambre du conseil du tribunal, au jour qui lui sera fixé par le président, pour y subir l'examen exigé par l'art. 43 de la loi du 25 vent. an XI.

12 oct. 1829. — Décision du garde des sceaux sur la manière de rectifier les actes de naissance des aspirants au notariat, lorsque leur nom patronymique est mal orthographié.

Le nom de *Blaive*, que l'aspirant prend dans sa demande, n'est pas celui que lui donne son acte de naissance, dans lequel il est désigné sous le nom de *Blesve*. Il produit, il est vrai, un certificat de notoriété constatant que c'est le premier de ces noms qui lui appartient réellement; mais on ne peut, sur un pareil acte, lui conférer, par ordonnance, un autre nom que celui qu'il a droit de prendre, d'après son titre de naissance.

Je vous prie, en conséquence, de faire connaître au sieur Blaive ou Blesve qu'il ne sera donné suite à sa demande que lorsque son acte de naissance aura été rectifié, conformément aux art. 99, C. Nap., 855 et suiv., C. proc., ce dont il devra justifier par la représentation d'un nouvel extrait des registres de l'état civil, délivré en conformité de la loi.

12 oct. 1829. — Ordonnance du Roi portant que les fonctions de greffier de justice de paix peuvent dispenser un aspirant au notariat de la justification du stage.

... Et attendu que l'impétrant exerce depuis 1825 les fonctions de greffier de la justice de paix de Quingey, nous lui accordons la dispense de deux ans un mois de stage dont il lui restait à justifier.

23 oct. 1829. — Décision du garde des sceaux portant que les chambres de discipline n'ont pas à statuer sur la légalité ou sur la suffisance des justifications imposées aux aspirants au notariat, mais seulement à donner leur avis.

Vous ferez connaître à la chambre de discipline des notaires qu'il n'entre point dans ses attributions de prononcer sur la légalité des justifications imposées à tout aspirant aux fonctions du notariat; qu'elle doit se borner à examiner si celui qui se présente devant elle offre, par sa moralité et sa capacité, des garanties suffisantes pour remplir les fonctions auxquelles il aspire, sauf à émettre son avis sur la légalité ou la sincérité des certificats qui lui sont soumis, et dont il appartient au Gouvernement d'apprécier le mérite.

30 nov. 1829. — Décision du ministre de la justice portant que l'action des notaires pour leurs honoraires doit être soumise au tribunal, sans qu'il soit besoin du préliminaire de la conciliation (1).

L'art. 60, C. proc., décide, il est vrai, que les demandes formées, pour frais, par des officiers ministériels, doivent être portées au tribunal où les frais ont été faits; mais cette disposition ne doit s'entendre que des *avoués* et des *huissiers* qui ont occupé ou instrumenté dans une affaire; car alors il est tout naturel que le tribunal, sous les yeux duquel ont été faits tous les actes de la procédure, prenne connaissance des contestations relatives au paiement de ces actes.

Le décret du 16 fév. 1807, sur la liquidation des dépens, confirme cette interprétation. « Les demandes des avoués (y est-il dit, art. 9) et autres *officiers ministériels*, en paiement de frais contre les parties pour lesquelles ils ont occupé ou instrumenté, seront portées à l'audience, etc. »

Relativement aux vacations et honoraires des notaires, ils devaient être réglés, sous l'empire de la loi du 25 ventôse an XI, par le tribunal de la résidence du notaire, dans le cas où ils ne l'auraient pas été à l'amiable. Cette disposition a été modifiée par l'art. 173

(1) *Conf.* décisions des 10 sept. 1824, 3 déc. 1824, 4 déc. 1826, 24 nov. 1827, 29 juill. 1828. — *Contr.* décisions des 5 prair. an XII, 25 fév. 1807, 13 sept. 1819. V. plus haut, *Comment. de la loi du 25 vent. an XI*, n°ˢ 1226 et 1242.

du tarif du 16 fév. 1807, qui a conféré au président seul le droit de taxer les mémoires des notaires, *après avoir pris toutefois l'avis de la chambre de discipline.* Les mémoires une fois taxés, on rentre dans le droit commun, et ce n'est plus la quotité de la somme qui détermine la compétence du tribunal devant lequel doivent être intentées les poursuites.

—————

4 déc. 1828. — Décision des ministres de la justice et des finances qui porte que, lorsque les surcharges non constatées qui existent dans un acte notarié sont insignifiantes, il n'y a pas contravention susceptible d'être poursuivie.

Nota. 1er oct. 1832, même décision pour les ratures et les blancs sans importance qui ont été laissés dans le corps de l'acte.

—————

9 déc. 1829. — Avis du conseil d'Etat portant que les officiers publics chargés de procéder aux ventes de meubles sont tenus de conserver les minutes de leurs procès-verbaux.

—————

28 avril 1832. — Circulaire du garde des sceaux qui décide que les procurations des héritiers doivent être annexées, non au procès-verbal de levée de scellés, mais à l'inventaire dressé par le notaire (1).

L'art. 13 de la loi du 25 vent. an XI, sur l'organisation du notariat, prononce une amende contre le notaire qui néglige d'annexer à la minute d'un acte les procurations des contractants.

J'apprends qu'il s'élève fréquemment des difficultés à ce sujet entre les juges de paix et les notaires, et qu'il en résulte, pour les préposés de l'enregistrement, de l'incertitude sur l'application de cet article.

Pour conserver ces procurations, les juges de paix allèguent qu'agissant les premiers, et réglant par leurs procès-verbaux les obstacles qui peuvent survenir avant l'inventaire, ils ne peuvent se dispenser d'annexer les procurations à ces procès-verbaux, et que, dans ce cas, c'est aux notaires à faire mention dans leurs inventaires que les procurations sont restées annexées auxdits procès-verbaux; mais cette manière de procéder ne peut se concilier avec les dispositions de la loi du 25 vent an XI. En effet, l'art. 13 de la loi ordonne, sous peine d'amende contre le notaire, l'annexe des procurations à la minute des actes reçus par cet officier.

Or, le notaire ne pouvant éviter cette peine qu'en justifiant qu'il s'est conformé à la disposition de la loi, il est de toute nécessité que la procuration lui soit remise pour être jointe à son inventaire, d'autant que la loi n'établit pas la même nécessité pour le juge de paix ni pour son greffier.

—————

(1) *Conf.*, déc. min. just., 3 avril 1827.

D'ailleurs, l'inventaire ayant toujours été considéré comme un acte qui doit établir les qualités des héritiers, il ne peut être parfait qu'en y réunissant les actes indispensables, au nombre desquels il faut nécessairement comprendre les procurations. Ce motif seul suffirait donc, même en l'absence d'un texte formel, pour qu'elles dussent toujours être annexées à l'inventaire, sauf au juge de paix à en faire mention dans son procès-verbal.

Le but de la loi ne serait pas atteint davantage si les juges de paix croyaient pouvoir garder les procurations pour les annexer à leurs procès-verbaux d'apposition et de levée des scellés, en délivrant aux notaires des extraits en forme de ces procurations pour les joindre à l'inventaire, sauf le cas cependant où ces procurations auraient pour objet l'apposition ou la levée des scellés. Le juge de paix serait alors suffisamment autorisé à les conserver, à la charge de les remettre au notaire lorsqu'il y aurait inventaire; car les procurations données par des héritiers pour faire procéder aux diverses opérations d'une succession sont des actes indivisibles, puisqu'ils se rattachent à un seul et même objet, tandis que les procès-verbaux d'apposition et de levée de scellés ne sont, relativement aux inventaires, que des actes préparatoires. D'ailleurs, les inventaires, destinés surtout à établir les qualités des parties et la situation active et passive des successions, intéressent plus spécialement les héritiers. Dès lors, les procurations doivent de préférence être annexées aux inventaires, sauf, comme je l'ai dit, aux juges de paix à mentionner dans leurs procès-verbaux qu'elles ont été remises aux notaires pour demeurer jointes auxdits inventaires.

Je vous prie de donner des instructions dans ce sens à MM. les procureurs du Roi de votre ressort, pour qu'ils les communiquent aux juges de paix et aux notaires de leur arrondissement respectif, afin qu'il n'y ait plus de divergence sur ce point.

—————

23 juin 1832. — Ordonnance du Roi portant que le notaire démissionnaire continue ses fonctions, lorsque son successeur nommé a été révoqué, faute d'avoir prêté serment dans le délai.

—————

18 avril 1833. — Circulaire du garde des sceaux aux procureurs généraux, qui fixe au 3 mai de chaque année la réunion des assemblées générales des notaires.

Je vous rappelle que les notaires de chaque arrondissement doivent être bientôt convoqués en assemblée générale pour procéder au renouvellement de discipline et aux autres opérations prescrites par l'arrêté du Gouvernement, en date du 2 nivôse an XII. Je vous charge de tenir la main à ce qu'il soit procédé partout uniformément et régulièrement à cette mesure. Le jour fixé par le décret du 4 avril 1806 pour la réunion des assemblées générales des notaires est le 1er mai. Comme ce jour est consacré à la fête du Roi, il y aura lieu de remettre les assemblées au 3 du même mois.

Mon intention étant de préparer, pour l'année prochaine, une instruction générale à l'effet de régulariser la composition des chambres de discipline, de les ramener partout à l'esprit de leur institution, et de leur rappeler leurs véritables attributions, je vous prie de me transmettre, avec les procès-verbaux des opérations de ces assemblées, les observations que l'expérience vous suggérera sur ce sujet.

---

10 août 1833. — Décision du garde des sceaux portant que le notaire démissionnaire en faveur de ses collègues doit continuer ses fonctions, et conserver le dépôt de ses minutes jusqu'à ce que sa démission ait été acceptée.

---

5 juin 1837. — Instruction de la régie concernant le mode de constatation, par procès-verbaux ou autres actes, des contraventions relatives au notariat, la perception des amendes, le paiement des frais, etc.

L'instruction que nous rapportons ci-après, où se trouve résumée la jurisprudence concernant la poursuite et la procédure en matière de contravention aux lois sur le notariat, est le corollaire de l'instruction du 15 mars 1831 (D.P.1835.3.33). Sous ce rapport elle offre un double intérêt, voici ses termes :

Les préposés de l'administration constatent, par des procès-verbaux qu'ils transmettent au procureur du Roi, les contraventions aux lois des 6 oct. 1791 et 16 floréal an IV, concernant le dépôt annuel des répertoires des notaires ; à l'art. 37 de la loi du 1er brumaire an VII, relatif à la mention de la patente dans les actes ; à la loi du 25 vent. an XI sur l'organisation du notariat ; aux art. 67 et 68, C. comm., touchant la publication des contrats de mariage de commerçants, et à l'art. 176 du même Code, ordonnant l'inscription littérale des protêts sur un registre particulier (Inst., n° 265, 384, 668, 1050, § 17 ; 1089 et 1293, § 18) (1).

En ce qui concerne la loi du 25 vent an XI, sur l'organisation du notariat, les préposés doivent rédiger des procès-verbaux pour les contraventions auxquelles la loi attache une peine quelconque. À l'égard des irrégularités qui n'entraînent aucune peine, ils en forment un relevé qui, de même que les procès-verbaux, est remis au procureur du Roi. Enfin, quant aux contraventions, telles que lacunes, surcharges, interlignes et additions, qui au-

raient servi à altérer la date des actes, pour éluder les peines encourues par suite du défaut d'enregistrement dans le délai, ou à dissimuler le montant des sommes stipulées, ou autres conventions des parties, afin d'atténuer les droits d'enregistrement, les préposés, en même temps qu'ils constatent la contravention par procès-verbal, ont à poursuivre, par voie de contrainte, le paiement des droits simples ou en sus d'enregistrement, que la contravention a eu pour but d'éviter (Instr., n° 263 et 284).

Les préposés qui rapportent des procès-verbaux de contravention à la loi du 25 vent. an XI, sur le notariat, doivent s'abstenir de faire aucune mention marginale sur les actes argués d'irrégularité (Déc. min. just. et fin., 30 août 1827 ; Instr., n° 1347, § 15).

Le préposé fait reconnaître la sincérité du procès-verbal par le notaire contrevenant ; en cas de refus, il l'affirme devant le juge de paix dans les vingt-quatre heures (Déc. min. just. et fin., 8 et 25 juill. 1820 ; Instr., n° 1089).

Les procès-verbaux des préposés, constatant des contraventions aux lois relatives au notariat, font foi jusqu'à preuve contraire (Rennes, 22 avr. 1833 ; Cass., 16 mars 1836 (1).

C'est au ministère public exclusivement qu'il appartient de requérir les condamnations encourues pour contraventions aux lois sur le notariat. L'administration n'a pas qualité pour engager la demande en son nom et à la requête, poursuite et diligence du procureur du Roi. La nullité du premier acte de procédure fait en cette forme vicierait tous les actes ultérieurs (Déc. min. just. et fin., 15 mars et 25 avril 1808 ; Cass., 10 déc. 1822 ; Instr., n° 284) (2).

Aux termes de l'art. 53 de la loi du 25 vent. an XI, les contraventions doivent être poursuivies devant le tribunal civil de l'arrondissement de la résidence du notaire, et non devant le tribunal de *police correctionnelle* (Cass., 30 juin 1814) (3).

Les amendes encourues pour contraventions aux lois sur le notariat ne peuvent être perçues par les receveurs de l'enregistrement avant la décision des tribunaux, sur les poursuites exercées d'office par le ministère public. En conséquence, les receveurs doivent refuser les offres réelles qui seraient faites par les notaires contrevenants, avant le jugement de condamnation (Paris, 17 déc. 1833) (4).

D'après la disposition expresse de l'art. 53 de la loi du 25 vent. an XI, les jugements des

---

(1) V. Dalloz, *Rép. pér.*, 1836.1.146.

(1) V. Dalloz, *Rec. pér.*, 1834.2.79 ; 1836.1.146.
(2) V. Dalloz, *Rec. alph.*, 1.379.
(3) V. *ibid.*, 1.380.
(4) V. Dalloz, *Rec. pér.*, 1834.2.183.

tribunaux civils, en matière de contraventions aux lois sur le notariat, notamment aux art. 67 et 68, C. comm., relatifs au dépôt des contrats de mariage des commerçants, sont sujets à l'appel et ne peuvent être immédiatement attaqués en cassation lors même que les amendes dont la demande a été faite ne s'élèvent pas à 1,000 fr. (Metz, 15 janv. 1819, Cass., 29 oct. 1830) (1).

Le procureur du Roi a le droit exclusif d'interjeter appel des jugements et de se pourvoir en cassation contre les arrêts concernant les contraventions aux lois sur le notariat (Déc. min. just. et fin. 15 mars et 25 avr. 1808 ; Cass., 12 juin 1811 et 20 oct. 1830 ; Instr., no 384).

Le pourvoi en cassation peut être formé au moyen d'une déclaration indiquant le motif du pourvoi déposé au greffe et transmis au greffe de la Cour de cassation par l'intermédiaire du ministre de la justice et du procureur général (Cass. 4 juill. 1820).

Les frais de poursuites faites par les procureurs du Roi pour la répression des contraventions aux lois sur le notariat doivent être avancés par les receveurs de l'enregistrement, comme *frais de justice*, et remboursés à l'administration selon le mode établi pour les dépenses dont le ministère de la justice est chargé (Déc. min. fin., 10 fév. 1817; instr., no 773; instr. de la régie, 5 juin 1857, no 1537).

6 juin 19 juill. 1839. — ORDONNANCE du Roi qui autorise tous les notaires du royaume, indistinctement, à délivrer des certificats de vie. — V. 1re partie de cet ouvrage, p. 16, n. 14, et D.P. 39.3.104.

27 juin 1839. — INSTRUCTION du ministre des finances, du 27 juin 1839, pour la délivrance des certificats de vie.

Voy. cette instruction expliquée et rapportée plus haut, 1re partie, p. 16 et suiv., et D.P.40.3.17.

2-3 juin 1841. — LOI sur les ventes judiciaires de biens immeubles.

Voy. le commentaire de cette loi, qui a pris place dans le Code de procédure, dans Dalloz, *Jur. gén.*, vo *Vente publique d'immeubles.*

25 juin-1er juill. 1841. — LOI sur les ventes aux enchères de marchandises neuves (Bull., no 3989) (2).

Art. 1er. Sont interdites les ventes en détail des marchandises neuves, à cri public,

soit aux enchères, soit au rabais, soit à prix fixe proclamé avec ou sans l'assistance des officiers ministériels.

2. Ne sont pas comprises dans cette défense les ventes prescrites par la loi, ou faites par autorité de justice, non plus que les ventes après décès, faillite ou cessation de commerce, ou dans tous les autres cas de nécessité dont l'appréciation sera soumise au tribunal de commerce.

Sont également exceptées les ventes à cri public de comestibles et objets de peu de valeur connus dans le commerce sous le nom de menue mercerie.

3. Les ventes publiques et en détail de marchandises neuves qui auront lieu après décès ou par autorité de justice seront faites selon les formes prescrites, et par les officiers ministériels préposés pour la vente forcée du mobilier, conformément aux art. 625 et 945, C. proc.

4. Les ventes de marchandises après faillite seront faites, conformément à l'art. 486, C. comm., par un officier public de la classe que le juge-commissaire aura déterminée.

Quant au mobilier du failli, il ne pourra être vendu aux enchères que par le ministère des commissaires-priseurs, notaires, huissiers ou greffiers de justice de paix, conformément aux lois et règlements qui déterminent les attributions de ces différents officiers.

5. Les ventes publiques et par enchères, après cessation de commerce, ou dans les autres cas de nécessité prévus par l'art. 2 de la présente loi, ne pourront avoir lieu qu'autant qu'elles auront été préalablement autorisées par le tribunal de commerce, sur la requête du commerçant propriétaire, à laquelle sera joint un état détaillé des marchandises.

Le tribunal constatera, par son jugement, le fait qui donne lieu à la vente ; il indiquera le lieu de son arrondissement où se fera la vente ; il pourra même ordonner que les adjudications n'auront lieu que par lots dont il fixera l'importance.

Il décidera, d'après les lois et règlements d'attribution, qui, des courtiers ou des commissaires-priseurs et autres officiers publics, sera chargé de la réception des enchères.

L'autorisation ne pourra être accordée pour cause de nécessité qu'au marchand sédentaire, ayant, depuis un an au moins, son domicile réel dans l'arrondissement où la vente doit être opérée.

Des affiches, apposées à la porte du lieu où se fera la vente, énonceront le jugement qui l'aura autorisée.

6. Les ventes publiques aux enchères de marchandises en gros continueront à être faites par le ministère des courtiers, dans les cas, aux conditions et selon les formes indiqués par les décrets des 22 nov. 1811,

_____

(1) V. Dalloz, *Rec. pér*, 1830.1.370.
(2) V. dans Dalloz, *Jur. gén.*, vo *Vente publ. de marchand. neuv.*, l'analyse de la discussion.

17 avril 1812, la loi du 15 mai 1818 et les ordonnances des 1er juillet 1818 et 9 avril 1819.

7. Toute contravention aux dispositions ci-dessus sera punie de la confiscation des marchandises mises en vente, et, en outre, d'une amende de cinquante à trois mille francs, qui sera prononcée solidairement, tant contre le vendeur que contre l'officier public qui l'aura assisté, sans préjudice des dommages-intérêts, s'il y a lieu.

Ces condamnations seront prononcées par les tribunaux correctionnels.

8. Seront passibles des mêmes peines les vendeurs ou officiers publics qui comprendraient sciemment dans les ventes faites par autorité de justice, sur saisie, après décès, faillite, cessation de commerce, ou dans les autres cas de nécessité prévus par l'art. 2 de la présente loi, des marchandises neuves ne faisant pas partie du fonds ou mobilier mis en vente.

9. Dans tous les cas ci-dessus où les ventes publiques seront faites par le ministère des courtiers, ils se conformeront aux lois qui les régissent, tant pour les formes de la vente que pour les droits de courtage.

10. Dans les lieux où il n'y aura point de courtiers de commerce, les commissaires-priseurs, les notaires, huissiers et greffiers de justice de paix feront les ventes ci-dessus, selon les droits qui leur sont respectivement attribués par les lois et règlements.

Ils seront, pour lesdites ventes, soumis aux formes, conditions et tarif imposés aux courtiers.

———

10-25 oct. 1841. — Ordonnance du Roi contenant le tarif des frais et dépens relatifs aux ventes judiciaires de biens immeubles (*Bulletin*, n° 9609).

TITRE Ier. — Dispositions communes à tout le royaume.

CHAPITRE Ier. — Greffiers des tribunaux de première instance.

Art. 1er. Il est alloué aux greffiers des tribunaux de première instance :

Pour la communication sans déplacement, tant du cahier des charges que du procès-verbal d'expertise;   15 fr. 00 c.

Ce droit sera dû, soit qu'il y ait, soit qu'il n'y ait pas d'expertise. Toutefois, si l'expertise a été ordonnée en matière de licitation, le droit sera réduit à   12 fr. 00 c.

Il sera perçu, lors du premier dépôt au greffe, soit du procès-verbal d'expertise, soit du cahier des charges.

CHAPITRE II. — Conservateurs des hypothèques.

2. Il est alloué aux conservateurs des hypothèques, pour :

La transcription de chaque procès-verbal de saisie immobilière et de chaque exploit de dénonciation de ce procès-verbal au saisi (art. 677 et 678, C. proc. civ.), par rôle d'écriture du conservateur, contenant 25 lignes à la page et 18 syllabes à la ligne,   1 fr. 00 c.

L'acte du conservateur, contenant son refus de transcription en cas de précédente saisie (art. 680, C. proc.),   1 fr. 00 c.

Chaque extrait d'inscription ou certificat qu'il n'en existe aucune (argument de l'art. 692, C. proc. civ.),   1 fr. 00 c.

La mention des deux notifications prescrites par les art. 691 et 692, Cod. proc. (art. 693, C. proc. civ.),   1 fr. 00 c.

La radiation de la saisie immobilière (art. 693, C. proc. civ.),   1 fr. 00 c.

La mention du jugement d'adjudication (art. 716, C. proc.),   1 fr. 00 c.

La mention du jugement de conversion (art. 748, C. proc. civ.),   1 fr. 00 c.

TITRE II.—Dispositions pour le ressort de la Cour royale de Paris.

CHAPITRE 1er. — Huissiers.

§ 1er. — *Huissiers ordinaires.*

3. Actes de première classe.

Il est alloué aux huissiers ordinaires (art. 673, C. proc. civ.),

Pour l'original du commandement tendant à saisie immobilière :

A Paris,   2 fr. 00 c.
Dans le ressort,   1   50

Pour chaque copie, le quart de l'original.

Pour droit de copie du titre, par rôle contenant 20 lignes à la page, et 10 syllabes à la ligne, ou évalué sur ce pied :

A Paris,   0 fr. 25 c.
Dans le ressort,   20

(Art. 681.) Pour l'original de l'assignation en référé ;

(Art. 684.) De la demande en nullité de bail ;

(Art. 685.) De l'acte d'opposition entre les mains des fermiers ou locataires, ou de la simple sommation aux mêmes ;

(Art. 687.) De la signification aux créanciers inscrits de l'acte de la consignation faite par l'acquéreur en cas d'aliénation, qui peut avoir lieu après saisie immobilière, sous la condition de consigner ;

(Art. 691, 692.) De la sommation à la partie saisie et aux créanciers inscrits de prendre communication du cahier des charges;

(Art. 716.) De la signification du jugement d'adjudication ;

(Art. 717.) De la demande en résolution qui doit être formée avant l'adjudication, et notifiée au greffe;

(Art. 718.) De l'exploit d'ajournement;

(Art. 725.) De la demande en distraction de tout ou partie des objets saisis immobilièrement contre la partie qui n'a pas avoué en cause ;

(Art. 732.) De l'acte d'appel qui doit être en même temps notifié au greffier du tribunal, et visé par lui ;

(Art. 735.) De la signification du bordereau de collocation avec commandement ;

(Art. 736.) De la signification des jour et heure de l'adjudication sur folle enchère ;

(Art. 837.) De la sommation à faire à l'ancien et au nouveau propriétaire, et, s'il y a lieu, au créancier surenchérisseur ;

(Art. 962.) De l'avertissement qui doit être donné au subrogé tuteur ;

(Art. 969.) De la demande en partage ;

Et généralement de tous actes simples non compris dans l'article suivant :

A Paris,   2 fr. 00 c.
Dans le ressort,   1   50

Pour chaque copie, le quart de l'original.

4. Procès-verbaux et actes de seconde classe.

(Art. 675.) Pour un procès-verbal de saisie immobilière auquel il n'aura été employé que trois heures :

A Paris,   6 fr. 00 c.
Dans le ressort,   5   00

Et cette somme sera augmentée, par chacune des vacations subséquentes qui auront pu être employées, de :

A Paris,   5 fr. 00 c.
Dans le ressort,   4   00

L'huissier ne se fera pas assister de témoins.

(Art. 670.) Pour la dénonciation de la saisie immobilière à la partie saisie :

A Paris,   2 fr. 50 c.
Dans le ressort,   2   00

Pour la copie de ladite dénonciation, le quart.

(Art. 832, C. proc.; C. Nap., art. 2185.) Pour l'original de l'acte contenant réquisition d'un créancier inscrit, à fin de mises aux enchères et adjudication publique de l'immeuble aliéné par son débiteur :

A Paris,   5 fr. 00 c.
Dans le ressort,   4   00

Et pour la copie, le quart.

L'original et la copie de cette réquisition seront signés par le requérant ou par son fondé de procuration spéciale.

(Art. 699, 704, 709, 735, 741, 743, 836, 959, 972, 988, 997.) Pour le procès-verbal d'apposition de placards dans toutes les ventes judiciaires, y compris le salaire de l'afficheur :

A Paris,   8 fr. 00 c.
Dans le ressort,   6   00

5. Il ne sera rien alloué aux huissiers pour transport jusqu'à un demi-myriamètre.

Il leur sera alloué au delà d'un demi-myriamètre pour frais de voyage qui ne pourra excéder une journée de 5 myriamètres (10 lieues anciennes), savoir, au delà d'un demi-myriamètre, et jusqu'à un myriamètre pour aller et retour :

A Paris,   4 fr. 00 c.
Dans le ressort,   4   00

Au delà d'un myriamètre, il sera alloué par chaque demi-myriamètre, sans distinction,   2 fr.

Il sera taxé pour visa de chacun des actes qui y sont assujettis :

A Paris,   1 fr. 00 c.
Dans le ressort,   0   75

§ 2. *Huissiers audienciers des tribunaux de première instance.*

6. Il est alloué aux huissiers audienciers des tribunaux de première instance (C. proc. civ., art. 659),

Pour la publication du cahier des charges :

A Paris,   1 fr. 00 c.
Dans le ressort,   0   75

(Art. 705, 706). Lors de l'adjudication, y compris les frais de bougies, que les huissiers disposeront et allumeront eux-mêmes :

A Paris,   5 fr. 00 c.
Dans le ressort,   3   75

Ce droit sera alloué à raison de chaque lot adjugé, quelle qu'en soit la composition, sans qu'il puisse être exigé sur un nombre de lots supérieur à six.

Lorsque, après l'ouverture des enchères, l'adjudication n'aura pas lieu, il sera alloué aux huissiers, y compris les frais de bougies, et quel que soit le nombre des lots :

A Paris,   5 fr. 00 c.
Dans le ressort,   3   75

CHAPITRE II. — AVOUÉS DE PREMIÈRE INSTANCE.

§ 1ᵉʳ. *Emoluments spéciaux à chaque nature de vente.*

7. Saisie immobilière.

Il est alloué aux avoués de première instance, pour chacune des vacations suivantes (C. proc. civ., art. 678) :

Vacation à faire transcrire la saisie immobilière et l'exploit de dénonciation ;

(Art. 692.) Vacation pour se faire délivrer l'extrait des inscriptions ;

(Art. 692.) Vacation à l'examen de l'état d'inscription et pour préparer la sommation au vendeur de l'immeuble saisi ;

(Art. 693.) Vacation à la mention, aux hypothèques, de la notification prescrite par les art. 691 et 692, C. proc.;

(Art. 716.) Vacation à la mention sommaire du jugement d'adjudication en marge de la transcription de la saisie ;

(Art. 748.) Vacation à la mention sommaire du jugement de conversion en marge de la transcription de la saisie :

A Paris,   6 fr. 00 c.

Dans le ressort,   4   50
(Art. 695.) Pour la vacation à la publication, compris les dires qui pourront avoir lieu :
A Paris,   3 fr. 00 c.
Dans le ressort.   2   45

(Art. 720.) Pour l'acte de la dénonciation de la plus ample saisie au premier saisissant, à la requête du plus ample saisissant, avec sommation de se mettre en état :
A Paris,   3 fr. 00 c.
Dans le ressort,   2   25
Pour la copie, le quart.

(Art. 726.) Vacation pour déposer au greffe les titres justificatifs d'une demande en distraction d'objets immobiliers saisis :
A Paris,   3 fr. 00 c.
Dans le ressort,   2 . 45

(Art. 745.) Requête non grossoyée et non signifiée, sur le consentement de toutes les parties intéressées pour demander, après saisie immobilière, que l'immeuble saisi soit vendu aux enchères par-devant notaire ou en justice ;
A chaque avoué signataire de la requête :
A Paris,   6 fr. 00 c.
Dans le ressort,   4   50

8. Surenchère sur aliénation volontaire.

(Art. 832.) Requête pour faire commettre un huissier :
A Paris,   2 fr. 00 c.
Dans le ressort,   1   50
Vacation pour faire au greffe la soumission de la caution et déposer les titres justificatifs de sa solvabilité :
A Paris,   3 fr. 00 c.
Dans le ressort,   2   25
Vacation pour prendre communication des pièces justificatives de la solvabilité de la caution :
A Paris,   . 3 fr. 00 c.
Dans le ressort,   2   25

9. Vente de biens de mineurs.

(Art. 954.) Requête à fin d'homologation de l'avis du conseil de famille pour aliéner les immeubles de mineurs :
A Paris,   7 fr. 50 c.
Dans le ressort,   5   50
(Art. 956.) Vacation à prendre communication de la minute du rapport des experts :
A Paris,   6 fr. 00 c.
Dans le ressort,   4   50
Requête pour demander l'entérinement du rapport :
A Paris,   7 fr. 50 c.
Dans le ressort,   5   50
Il sera alloué aux avoués, sans distinction de résidence, dans le cas où l'expertise n'aura pas lieu, à raison des soins et démarches nécessaires pour la fixation de la mise à prix :   25 f. 00 c.
Sans préjudice du supplément de remise

proportionnelle accordé par l'art. 11 de la présente ordonnance.

(Art. 954.) Vacation à prendre communication du cahier des charges, au cas de renvoi devant notaire :
A Paris,   6 fr. 00 c.
Dans le ressort,   4   50
(Art. 963.) Requête pour obtenir l'autorisation de vente au-dessous de la mise à prix :
A Paris,   7 fr. 50 c.
Dans le ressort,   5   50
Ces émoluments seront les mêmes lorsqu'il s'agira de vente d'immeubles dépendant d'une succession bénéficiaire, d'immeubles dotaux ou provenant, soit d'une succession vacante, soit d'un débiteur failli, ou qui a fait cession.

10. Partages et licitations.

(Art. 969.) Requête à fin de remplacement du juge ou du notaire commis :
A Paris,   3 fr. 00 c.
Dans le ressort,   2   25
(Art. 971.) Vacation à prendre communication du procès-verbal d'expertise :
A Paris,   6 fr. 00 c.
Dans le ressort,   4   50
Acte de conclusion d'avoué à avoué pour demander l'entérinement du rapport :
A Paris,   7 fr. 50 c.
Dans le ressort,   5   50
Pour chaque copie, le quart.
Il sera alloué aux avoués, sans distinction de résidence, dans le cas où l'expertise n'aura pas lieu, à raison des soins et démarches nécessaires pour la fixation de la mise à prix en cas de vente, ou pour l'estimation et la composition des lots, en cas de partage en nature :   25 fr. 00 c.
Sans préjudice du supplément de remise proportionnelle accordé par l'art. 11 de la présente ordonnance. Aucune remise proportionnelle ne sera due toutefois dans le cas de partage en nature.

(Art. 973.) Sommation de prendre communication du cahier des charges :
A Paris,   1 fr. 00 c.
Dans le ressort,   0   75
Pour chaque copie, le quart.
Vacation à prendre communication du cahier des charges, au greffe, pour chaque avoué colicitant;
En l'étude du notaire, pour l'avoué poursuivant et pour chaque avoué colicitant :
A Paris,   6 fr. 00 c.
Dans le ressort,   4   50
Acte de conclusions d'avoué à avoué, pour obtenir l'autorisation de vendre au-dessous de la mise à prix :
A Paris,   7 fr. 50 c.
Dans le ressort,   5   50
Pour chaque copie, le quart.

§ 2. *Emoluments communs aux différentes ventes.*

11. (C. pr. civ., art. 690.) Pour la grosse du cahier des charges, qui ne sera signifiée, dans aucun cas, par rôle contenant 25 lignes à la page et 13 syllabes à la ligne :

A Paris,   2 fr. 00 c.
Dans le ressort,   1   50

Vacation pour déposer au greffe le cahier des charges :

A Paris,   3 fr. 00 c.
Dans le ressort,   2   45

(Art. 696.) Pour l'extrait qui doit être inséré dans le journal désigné par les Cours royales :

A Paris,   2 fr. 00 c.
Dans le ressort,   1   50

Il sera passé autant de droits à l'avoué qu'il y aura eu d'insertions prescrites par le Code.

(Art. 697.) Pour obtenir l'ordonnance tendant à faire l'insertion extraordinaire :

A Paris,   2 fr. 00 c.
Dans le ressort,   1   50

Cette vacation ne sera allouée qu'autant que l'autorisation aura été obtenue.

Pour faire faire l'insertion extraordinaire :

A Paris,   2 fr. 00 c.
Dans le ressort,   1   50

(Art. 698.) Pour faire légaliser la signature l'imprimeur par le maire :

A Paris,   2 fr. 00 c.
Dans le ressort,   1   50

(Art. 699.) Pour l'extrait qui doit être imprimé et placardé, qui servira d'original et ne pourra être grossoyé :

A Paris,   6 fr. 00 c.
Dans le ressort,   4   50

L'avoué poursuivant aura droit à cette allocation toutes les fois que de nouvelles appositions de placards auront été nécessaires.

(Art. 702.) Vacation à l'adjudication :

A Paris,   15 fr. 00 c.
Dans le ressort,   12   00

Ce droit sera alloué à raison de chaque lot adjugé, quelle qu'en soit la composition, sans que ce droit puisse être exigé sur un nombre de lots supérieur à six.

Néanmoins, la somme provenant de la réunion de tous les droits alloués sera répartie également entre tous les adjudicataires, quel qu'en soit le nombre.

Indépendamment des émoluments ci-dessus fixés, il sera alloué à l'avoué poursuivant, sur le prix des biens dont l'adjudication sera faite au-dessus de 2,000 fr., savoir : depuis 2,000 jusqu'à 10,000 fr., 1 pour 100 ; sur la somme excédant 10,000 fr. jusqu'à 50,000 fr., 1/2 pour 100; sur la somme excédant 50,000 fr. jusqu'à 100,000 fr., 1/4 pour 100 ; et sur l'excédant de 100,000 fr. indéfiniment, 1/8 de 1 pour 100. En cas d'adjudication, par lots de biens compris dans la même poursuite, en

l'état où elle se trouvera lors de l'adjudication, la totalité du prix des lots sera réunie pour fixer le montant de la remise.

Le montant de la remise sera calculé sur le prix de chaque lot, séparément, lorsque les lots seront composés d'immeubles distincts.

Cette remise, lorsque le tribunal n'aura pas ordonné l'expertise, dans le cas où elle est facultative, sera, depuis 2,000 fr. jusqu'à 10,000 fr., de 1/2 pour 100; sur la somme excédant 10,000 fr. jusqu'à 100,000 fr., de 1 pour 100; sur l'excédant de 100,000 fr jusqu'à 300,000 fr., de 1 1/2 pour 100 ; et sur l'excédant de 300,000 fr., indéfiniment, du 1/4 pour cent.

La remise proportionnelle sur le prix de l'adjudication sera divisée, en licitation, ainsi qu'il suit :

Moitié appartiendra à l'avoué poursuivant;

La seconde moitié sera partagée par égales portions entre tous les avoués qui ont occupé dans la licitation, y compris l'avoué poursuivant, qui aura sa part comme les autres dans cette seconde moitié.

(Art. 703.) Vacation au jugement de remise :

A Paris,   6 fr. 00 c.
Dans le ressort,   4   90

(Art. 706.) Vacation pour enchérir :

A Paris,   7 fr. 50 c.
Dans le ressort,   5   65

(Art. 707.) Vacation pour enchérir et se rendre adjudicataire :

A Paris,   15 fr. 00 c.
Dans le ressort,   11   25

(Art. 707.) Vacation pour faire la déclaration de command :

A Paris,   6 fr. 00 c.
Dans le ressort,   4   50

Les vacations pour enchérir ou pour les déclarations de command sont à la charge de l'enchérisseur ou de l'adjudicataire.

12. (C. pr. civ., art. 708.) Vacation pour faire au greffe la surenchère du sixième au moins du prix principal de l'adjudication :

A Paris,   15 fr. 00 c.
Dans le ressort,   11   25

Pour acte de la dénonciation de la surenchère contenant avenir :

A Paris,   1 fr. 00 c.
Dans le ressort,   75

Pour chaque copie, le quart.

(Art. 734-964.) Vacation pour requérir le certificat du greffier ou du notaire constatant que l'adjudicataire n'a pas justifié de l'acquit des conditions exigibles de l'adjudication :

A Paris,   3 fr. 00 c.
Dans le ressort,   2   25

Les émoluments des avoués pour le dépôt de l'acte tenant lieu du cahier des charges, pour les extraits à placarder ou à insérer dans les journaux, pour enchérir, se rendre adjudicataire et faire la déclaration de command, par suite de la surenchère autorisée par l'art. 708, ou de la folle enchère, seront taxés comme il est dit dans l'art. 11 : le droit de remise proportionnelle sur l'excédant produit par la surenchère sera alloué à l'avoué qui les aura poursuivies.

Les autres incidents des ventes judiciaires ne pourront donner lieu à d'autres et plus forts droits que ceux établis pour les matières sommaires.

13. Les copies de pièces, qui appartiendront à l'avoué, seront taxées, à raison du rôle de 25 lignes à la page et de 12 syllabes à la ligne :

À Paris, ... 0 fr. 30 c.
Dans le ressort, ... 0   25

CHAPITRE III. — DES NOTAIRES.

14. Dans les cas où les tribunaux renverront des ventes d'immeubles par-devant les notaires, ceux-ci auront droit pour la grosse du cahier des charges, par rôle contenant 25 lignes à la page et 12 syllabes à la ligne :

À Paris, ... 2 fr. 00 c.
Dans le ressort, ... 1   50

Ils auront droit, en outre, sur le prix des biens vendus, jusqu'à 10,000 fr., à 1 p. 100; sur la somme excédant 10,000 fr. jusqu'à 50,000 fr., à un demi pour cent; sur la somme excédant 50,000 fr. jusqu'à 100,000, à un quart pour cent; et sur l'excédant de 100,000 fr. indéfiniment, à un huitième de un pour cent. Moyennant les allocations ci-dessus, les notaires sont chargés de la rédaction du cahier des charges, de la réception des enchères et de l'adjudication ; ils ne pourront rien exiger pour les minutes de leurs procès-verbaux d'adjudication.

Les avoués restent chargés de l'accomplissement des autres actes de la procédure; ils auront droit aux émoluments fixés pour ces actes, et lorsque l'expertise est facultative et n'aura pas été ordonnée, les avoués auront droit, en outre, à la différence entre la remise allouée pour ce cas par l'art. 11 de la présente ordonnance, et la remise fixée par le § 2 du présent article.

CHAPITRE IV. — DES EXPERTS.

15. (C. pr. civ., art 955, 956.) Il sera taxé aux experts, par chaque vacation de trois heures quand ils opéreront dans les lieux où ils sont domiciliés ou dans la distance de 2 myriamètres, savoir : dans le département de la Seine,

Pour les artisans ou laboureurs, 4 fr. 00 c.
Pour les architectes et autres artistes,
. . . . 8 fr. 00 c.

Dans les autres départements :
Aux artisans et laboureurs, 3   00
Aux architectes et autres artistes,
. . . . 6 fr. 00 c.

Au delà de 2 myriamètres, il sera alloué par chaque myriamètre, pour frais de voyage et nourriture aux architectes et autres artistes, soit pour aller, soit pour revenir :

À ceux de Paris, ... 6 fr. 00 c.
À ceux des départements, 4   50

Il leur sera alloué pendant leur séjour, à la charge de faire quatre vacations par jour, savoir :

À ceux de Paris, ... 32 fr. 00 c.
À ceux des départements, 24   00

La taxe sera réduite dans le cas où le nombre des quatre vacations n'aurait pas été employé.

S'il y a lieu à transport d'un laboureur au delà de 2 myriamètres, il sera alloué 3 fr. par myriamètre pour aller et autant pour le retour, sans néanmoins qu'il puisse être rien alloué au delà de 5 myriamètres.

Il sera encore alloué aux experts deux vacations, l'une pour leur prestation de serment, l'autre pour le dépôt de leur rapport, indépendamment de leurs frais de transport s'ils sont domiciliés à plus de 2 myriamètres de distance du lieu où siége le tribunal; il leur sera accordé par myriamètre, en ce cas, le cinquième de leur journée de campagne.

Au moyen de cette taxe, les experts ne pourront rien réclamer, ni pour frais de voyage et de nourriture, ni pour s'être fait aider par des écrivains ou par des toiseurs et porte-chaînes, ni sous quelque autre prétexte que ce soit, ces frais, s'ils ont eu lieu, restant à leur charge.

Le président, en procédant à la taxe de leurs vacations, en réduira le nombre, s'il lui paraît excessif.

TITRE III.—Dispositions pour le ressort des autres Cours royales.

16. Le tarif réglé par le titre précédent pour le tribunal de première instance établi à Paris sera commun aux tribunaux de première instance établis à Marseille, Lyon, Bordeaux et Rouen.

Toutes les sommes portées en ce tarif seront réduites d'un dixième dans la taxe des frais et dépens pour les tribunaux de première instance établis dans les villes où siége une Cour royale, ou dans les villes dont la population excède 30,000 âmes.

Dans tous les autres tribunaux de première instance, le tarif sera le même que celui qui est fixé pour les tribunaux du ressort de la Cour royale de Paris autres que celui qui est établi dans cette capitale.

Néanmoins, le droit fixe de 25 fr. établi par les art. 9 et 10 de la présente ordonnance, et les remises proportionnelles fixées par les art. 11 et 14, seront perçus dans tout le royaume, sans distinction de résidence.

Les dispositions du chap. 4 du titre précédent seront appliquées sans autre distinction,

II. 22

à raison de la résidence, que celle qui se trouve indiquée dans ce chapitre.

TITRE IV. — Dispositions générales.

17. Tous actes et procédures relatifs aux incidents des ventes immobilières, et qui ne sont pas l'objet de dispositions spéciales dans la présente ordonnance, seront taxés comme actes et procédures en matière sommaire, conformément à l'article 718, C. pr. civ., et suivant les règles établies par le dernier paragraphe de l'art. 12 qui précède.

Si, à l'occasion d'une procédure de vente judiciaire d'immeubles, il s'élève une contestation qui n'ait pas le caractère d'incident, et qui doive être considérée comme matière ordinaire, les actes relatifs à cette contestation seront taxés suivant les règles établies pour les procédures en matière ordinaire.

18. Dans tous les cahiers des charges, il est expressément défendu de stipuler au profit des officiers ministériels d'autres et plus grands droits que ceux énoncés au présent tarif. Toute stipulation, quelle qu'en soit la forme, sera nulle de droit (1).

19. Outre les fixations ci-dessus, seront alloués les simples déboursés justifiés par pièces régulières.

Le timbre des placards autorisés par les art. 699 et 700, C. pr., ne passera en taxe que sur un certificat délivré par le président de la chambre des avoués, constatant que le nombre des exemplaires a été vérifié par lui.

20. Sont et demeurent abrogés les nos 11, 12, 13, 14 et 15 du tableau annexé au décret du 21 sept. 1810; les §§ 44, 45, 46, 47, 48, 49, de l'art. 29; les art. 47, 48, 49, 50 et 63; les §§ 14, 15, 16, 17, de l'art. 78; les art. 153, 154, 155, 172, du premier décret du 16 fév. 1807; la disposition de l'art. 65 du même décret relative à l'apposition des placards; le paragraphe de l'art. 70 applicable à l'acte de signification du cahier des charges; le paragraphe de l'art. 75 applicable aux requêtes contenant demande ou réponse en entérinement du rapport des experts; le paragraphe de l'article 76 applicable à la commission d'un huissier, à l'effet de notifier la réquisition de mise aux enchères.

Sont également abrogées les dispositions des art. 102, 103, 104, 105, 106, 107, 108, 109, 110, 111, 112, 113, 114, 115, 116, 117, 118, 119, 120, 121, 122, 123, 124, 125, 126, 127, 128, 129, en tant qu'elles concernent les saisies immobilières, les surenchères

sur aliénation volontaire, les ventes d'immeubles de mineurs et de biens dotaux, dans le régime dotal; les ventes sur licitation, les ventes d'immeuble dépendant d'une succession bénéficiaire ou vacante, ou provenant d'un débiteur failli ou qui a fait cession.

24-27 mai 1842. — Loi relative à la saisie des rentes constituées sur particuliers, et qui remplace le titre 10 du liv. 5 de la 1re partie du Code de proc. (art. 636 à 655 inclus.).

Voy. le résumé des discussions dont cette loi a été précédée au *Dict. gén.*, suppl., vo *Saisie de rente.*

18-20 juin 1843. — Loi sur le tarif des commissaires-priseurs (2).

Art. 1er. Il sera alloué aux commissaires-priseurs:

1o Pour droits de prisée pour chaque vacation de trois heures à Paris, Lyon, Bordeaux, Rouen, Toulouse et Marseille,　　6 fr.
Partout ailleurs,　　5 fr.

2o Pour assistance aux référés et pour chaque vacation à Paris, Lyon, Bordeaux, Rouen, Toulouse et Marseille,　　5 fr.
Partout ailleurs,　　4 fr.

3o Pour tous droits de vente, non compris les déboursés pour y parvenir et en acquitter les droits, non plus que la rédaction des placards, six pour cent sur le produit des ventes, sans distinction de résidence.

Il pourra en outre être alloué une ou plusieurs survacations sur la réquisition des parties, constatée par procès-verbal du commissaire-priseur, à l'effet de préparer les objets mis en vente.

Ces vacations extraordinaires ne seront passées en taxe qu'autant que le produit de la vente s'élèvera à 3,000 fr.

Chacune de ces vacations de trois heures donnera droit aux émoluments fixés par le numéro premier du présent article.

4o Pour expédition ou extrait de procès-verbaux de vente, s'ils sont requis, outre le timbre et pour chaque rôle de vingt-cinq lignes à la page et de quinze syllabes à la ligne,　　1 fr. 50 c.

Pour consignation à la caisse, s'il y a lieu, à Paris, Lyon, Bordeaux, Rouen, Toulouse et Marseille,　　6 fr.
Partout ailleurs,　　5 fr.

Pour assistance à l'essai ou au poinçonnage des matières d'or et d'argent, à Paris, Lyon,

---

(1) Cette disposition est d'ordre public, et toute partie intéressée peut s'en prévaloir. Ainsi, la stipulation faite dans le cahier des charges d'une licitation en justice renvoyée devant notaire, au sujet des honoraires de ce notaire, est frappée d'une nullité radicale qui peut être opposée par l'adjudicataire comme par les colicitants.—C. civ., 7 déc. 1847, D.P.1847.1.360.

(2) Dans certaines localités il est fait application de cette loi aux notaires; dans d'autres, ils sont rétribués par vacations; il est urgent pour eux de les constater afin d'être rétribués d'une manière convenable dans le cas où les parties requerraient la taxe. — V. l'analyse de la discussion dont cette loi a été précédée aux chambres, D.P.43.3.493.

Bordeaux, Rouen, Toulouse et Marseille, 6 fr.

Partout ailleurs,   5 fr.

Pour paiement des contributions, conformément aux dispositions des lois des 5-18 août 1791 et 12 nov. 1808, à Paris, Lyon, Bordeaux, Rouen, Toulouse et Marseille, 4 fr.

Partout ailleurs,   3 fr.

2. L'état des vacations, droits et remises alloués aux commissaires-priseurs, sera délivré sans frais aux parties. Si la taxe est requise, elle sera faite par le président du tribunal de première instance ou par un juge délégué.

3. Toutes perceptions directes ou indirectes, autres que celles autorisées par la présente loi, à quelque titre et sous quelque dénomination qu'elles aient lieu, sont formellement interdites.

En cas de contravention, l'officier public pourra être suspendu ou destitué, sans préjudice de l'action en répétition de la partie lésée et des peines prononcées par la loi contre la concussion.

4. Il est également interdit aux commissaires-priseurs de faire aucun abonnement, ou modification à raison des droits ci-dessus fixés, si ce n'est avec l'Etat et les établissements publics.

Toute contravention sera punie d'une suspension de quinze jours à six mois. En cas de récidive, la destitution pourra être prononcée.

5. Il y aura, entre les commissaires-priseurs d'une même résidence, une bourse commune dans laquelle entrera la moitié des droits proportionnels qui leur seront alloués sur chaque vente.

Néanmoins, les commissaires-priseurs attachés aux monts-de-piété et les commissaires-priseurs du domaine feront leurs versements à la bourse commune conformément aux traités passés entre eux et les autres commissaires. Ces traités seront soumis à l'homologation du tribunal de première instance, sur les conclusions du procureur du Roi.

6. Toute convention entre les commissaires-priseurs, qui aurait pour objet de modifier directement ou indirectement le taux fixé par l'article précédent, est nulle de plein droit, et les officiers qui auraient concouru à cette convention encourront les peines prononcées par l'art. 4 ci-dessus.

7. Les fonds de la bourse commune sont affectés comme garantie principale au paiement des deniers produits par les ventes : ils seront saisissables.

8. La répartition des émoluments de la bourse commune sera faite, tous les deux mois, par portions égales, entre les commissaires-priseurs.

9. Les commissaires-priseurs de Paris continueront à être régis par les dispositions de l'arrêté du 29 germ. an IX, relativement à leur chambre de discipline.

Les dispositions de cet arrêté pourront être étendues, par ordonnance royale rendue dans la forme des règlements d'administration publique, aux chambres de discipline qui seraient instituées dans d'autres localités.

10. Toutes les dispositions contraires à la présente loi sont et demeurent abrogées.

---

26 déc. 1842.-17 janv. 1843. — ORDONNANCE du Roi qui institue en Algérie des curateurs aux successions vacantes. (Bull., n° 10,462.)

26 déc. 1842.-17 janv. 1843. — ORDONNANCE du Roi portant qu'à partir du 1er mars 1843 il sera fait usage, en Algérie, des poids et mesures établis par les lois du 18 germ. an III et 19 frim. an VIII.

---

30 déc. 1842. — ARRÊTÉ du ministre de la guerre portant règlement de l'exercice et la discipline de la profession de notaire en Algérie (1).

Le président du conseil, ministre de la guerre, — Vu l'art. 73, § 1er, de l'ordonn. royale du 26 sept. 1842, —Arrête :

CHAP. Ier. — INSTITUTION, NOMINATION, NOMBRE ET PLACEMENT DES NOTAIRES. — CONDITIONS D'ADMISSIBILITÉ. — CAUTIONNEMENT. — PRESTATION DE SERMENT. — OBLIGATION DE RÉSIDER. — INCOMPATIBILITÉ. — INCESSIBILITÉ DES OFFICES.

Art. 1er. Les officiers publics, sous le titre de notaires, sont institués en Algérie pour y recevoir tous les actes et contrats auxquels les parties doivent ou veulent faire donner le caractère d'authenticité attaché aux actes de l'autorité publique, pour en assurer la date, en conserver le dépôt, en délivrer des grosses et expéditions, et remplir toutes autres fonctions qui sont attribuées aux notaires de France, le tout conformément aux dispositions ci-après.

2. Les notaires continueront d'être nommés, et, lorsqu'il y aura lieu, révoqués par le ministre de la guerre, sur le rapport du procureur général.

---

(1) Les dispositions les plus remarquables de cet arrêté sont celles qui prohibent d'une manière absolue tout traité entre le titulaire et le successeur, sous peine de révocation (art. 42); puis celles qui leur défendent de souscrire aucun billet à ordre ou lettre de change (art. 33, n. 7), enfin celles qui les obligent à tenir des répertoires pour y consigner les sommes qu'ils reçoivent en dépôt, et testaments déposés (art. 26-29), les noms des clercs admis à leur étude (art. 25), et leur défendent de laisser intervenir leurs clercs comme mandataires de personnes qui contractent devant eux (art. 33, n. 5), le tout sous des peines graduées jusqu'à la révocation (art. 42).

22.

L'arrêté de nomination fixera la résidence dans laquelle ils devront s'établir.

3. Le nombre des notaires sera réglé par le ministre de la guerre, selon les besoins du service.

Il est provisoirement fixé, savoir : à huit pour l'arrondissement du tribunal de première instance d'Alger ; à deux, pour chacun des arrondissements de Bône, Oran et Philippeville.

4. A l'avenir, nul ne pourra être nommé notaire :

1° S'il n'est Français ;

2° S'il n'est âgé de vingt-cinq ans accomplis ;

3° S'il n'a satisfait à la loi du recrutement de l'armée ;

4° S'il ne jouit de ses droits civils et civiques ;

5° Si, hors les cas de dispense prévus par l'article suivant, il ne justifie de l'accomplissement du temps de stage ou de travail, dans une étude de notaire, exigé par le même article ;

Le tout indépendamment de ce qui est prescrit en l'art. 6 ci-après.

5. Le temps de travail requis par le n° 5 du précédent article sera de cinq années entières et consécutives, dont une au moins en qualité de premier clerc, dans l'étude d'un notaire de France ou de l'Algérie.

Pourront être dispensés de la justification de tout ou partie du temps de stage réglé par le présent article :

1° Les avocats, avoués ou défenseurs ayant exercé leur profession, soit en France, soit en Algérie, pendant plus de deux années ;

2° Les aspirants qui auraient rempli, pendant cinq années au moins, des fonctions administratives ou judiciaires ;

3° Ceux qui auraient précédemment exercé la profession de notaire en Algérie ou en France.

6. Tout aspirant à l'emploi de notaire devra, lors même qu'il se trouverait dans l'un des cas de dispense de stage spécifiés en l'art. précédent, se pourvoir préalablement à l'effet d'obtenir un certificat de moralité et de capacité.

Ce certificat sera délivré par une commission formée, à Alger, par le procureur général, qui désignera, pour la composer, l'un des magistrats attachés aux tribunaux d'Alger et deux des notaires en exercice dans la même résidence.

Cette commission, présidée par le magistrat qui aura été désigné pour en faire partie, procédera à l'examen de la capacité du candidat, après vérification des pièces fournies par celui-ci et information sur sa moralité. Elle dressera de tout procès-verbal, et

délivrera ensuite, s'il y a lieu, le certificat de moralité et de capacité.

En cas de refus, la délibération motivée que la commission sera tenue de prendre sera adressée par son président au procureur général, qui la transmettra, avec son avis personnel, au ministre de la guerre, en même temps que la demande de l'aspirant et les pièces produites à l'appui.

Nonobstant le refus de certificat, le ministre restera juge des titres du candidat.

Pourront, au surplus, être dispensés de l'accomplissement des conditions prescrites par le présent article, les aspirants qui produiraient un certificat de moralité et de capacité, à eux délivré, conformément à l'art. 43 de la loi du 25 vent. an XI, par la chambre de discipline des notaires de leur dernière résidence en France.

7. Les notaires sont assujettis à un cautionnement provisoirement fixé, savoir : pour ceux de la résidence d'Alger, à 6,000 fr. ; pour ceux des autres localités à 4,000 fr. (1).

Ce cautionnement, qui devra être fourni en numéraire, sera spécialement, et par premier privilége, affecté à la garantie des condamnations qui pourraient être prononcées contre le titulaire, à raison de l'exercice de ses fonctions.

8. Avant d'entrer en fonctions, les notaires prêteront, à l'audience du tribunal de première instance de l'arrondissement dans lequel leur résidence aura été fixée, le serment dont la formule suit :

« Je jure fidélité au roi des Français, obéissance à la Charte constitutionnelle, aux lois du royaume, aux ordonnances, arrêtés ou règlements ayant force de loi en Algérie, et de remplir avec exactitude et probité les devoirs de ma profession. »

Ils ne seront admis à prêter ce serment qu'après avoir produit le récépissé constatant le versement de leur cautionnement.

9. Aussitôt après avoir prêté serment, et préalablement à tout exercice de leurs fonctions, les notaires devront déposer ou faire déposer leurs signature et paraphe, ainsi qu'un extrait certifié du procès-verbal de leur prestation de serment, dans chacun des greffes de la Cour royale, des tribunaux de première instance, de commerce et de paix, et des divers commissariats civils de l'Algérie.

Les dépôts de leurs signature et paraphe seront renouvelés par eux toutes les fois que, pour des causes graves et dûment justifiées, ils auront été autorisés à les changer, par ordonnance du tribunal de leur résidence, rendue sur requête, le ministère public entendu.

_____

(1) Il n'était que de 3,000 fr. en vertu d'une décision du 15 juillet 1840.

10. Les notaires seront tenus de résider dans le lieu qui leur aura été assigné par l'arrêté de nomination, et ne pourront s'absenter de l'Algérie sans un congé délivré par le procureur général, qui en fixera la durée et en rendra compte au ministre de la guerre.

Ils exerceront leurs fonctions, savoir :

1° Ceux des villes où est établi un tribunal de première instance, dans l'étendue du ressort de ce tribunal, à l'exception néanmoins de celles des localités dépendant de ce ressort avec lesquelles on ne peut communiquer que par mer ;

2° Ceux des localités dans lesquelles il n'existe qu'un tribunal de paix ou un commissariat civil, dans l'étendue du ressort de cette juridiction.

Néanmoins, le notaire établi à Blidah pourra instrumenter, concurremment avec les notaires d'Alger, dans le ressort des commissariats civils de Boufïarick, Douérah et Coléah.

11. Les fonctions de notaires sont incompatibles avec tous autres offices ministériels, avec toutes fonctions publiques salariées et avec toute espèce de négoce.

12. Seront réputés démissionnaires et pourront être immédiatement remplacés :

1° Les notaires qui, sans avoir justifié d'une excuse légitime, n'auraient pas prêté le serment prescrit par l'art. 8 et ne seraient pas entrés en fonctions dans les trois mois, à dater du jour où leur nomination leur aura été notifiée ;

2° Ceux dont le cautionnement serait employé, en tout ou en partie, à l'acquit de condamnations pour faits de charge, ou frappé de saisies-arrêts déclarées valables par jugement, même pour des causes étrangères aux faits de charge, et qui n'auraient pas, dans le délai de trois mois, au plus tard, à partir de l'invitation qui leur en sera faite par le procureur du Roi, sur l'avis du directeur des finances, soit rétabli en entier ledit cautionnement, soit produit un acte authentique ou un jugement définitif portant mainlevée des oppositions ou saisies-arrêts ;

3° Ceux qui, s'étant établis hors du lieu qui leur est assigné par l'arrêté de nomination, n'y auraient pas fixé leur résidence dans les trois jours de l'avertissement qui leur sera donné par le procureur du Roi ;

4° Ceux qui se livreraient à l'exercice de fonctions ou professions incompatibles avec le notariat ;

5° Ceux qui s'absenteraient de l'Algérie sans congé régulièrement délivré.

13. Les notaires seront tenus de prêter leur ministère toutes les fois qu'ils en seront requis, à moins de motifs légitimes d'abstention qu'ils devront immédiatement communiquer au procureur du Roi.

Dans le cas où ces motifs ne seraient pas justifiés, le procureur du Roi pourra, sur la demande des intéressés, enjoindre aux notaires d'instrumenter ; à défaut par eux de déférer à cette injonction, ils seront passibles de telles peines de discipline qu'il appartiendra.

Ils seront également tenus, sous les mêmes peines, de représenter gratuitement, lorsqu'ils seront désignés à cet effet, dans les divers cas prévus par les lois, les militaires et marins absents, et de procéder, au besoin, dans l'intérêt de ceux-ci, sans autre indemnité que celle des simples déboursés dûment justifiés, à tous actes du ministère des notaires.

14. Les offices de notaires sont incessibles ; il ne pourra être traité, sous aucun prétexte, à prix d'argent ou moyennant tout autre prix, quelle qu'en soit la nature, soit par le titulaire, soit par ses héritiers ou ayants cause, de la cession de son titre et de sa clientèle, sauf néanmoins ce qui sera dit en l'art. 51 ci-après, en ce qui concerne les recouvrements.

CHAP. II. — ACTES NOTARIÉS. — LEUR FORME. — FONCTIONS ET DEVOIRS DES NOTAIRES.

15. Les actes seront reçus par le notaire, en présence de deux témoins, et, s'il s'agit d'un testament par acte public, en présence de quatre témoins mâles majeurs, Européens, ayant au moins une année de résidence en Algérie, jouissant de leurs droits civils, sachant signer, et, autant qu'il se pourra, parlant la langue française.

Les mêmes témoins ne pourront être habituellement employés.

Le tout sans préjudice de la faculté accordée par les lois aux notaires de procéder sans assistance de témoins à certains actes, pour lesquels ils sont commis par les tribunaux.

16. Toutes les fois qu'une personne ne parlant pas la langue française sera partie ou témoin dans un acte, le notaire devra être, en outre, assisté d'un interprète assermenté, qui expliquera l'objet de la convention avant toute écriture, expliquera de nouveau l'acte rédigé et signera comme témoin additionnel.

Les signatures qui ne seraient pas écrites en caractères français seront traduites en français, et la traduction en sera certifiée et signée au pied de l'acte par l'interprète.

Les parents ou alliés, soit du notaire, soit des parties contractantes, en ligne directe, à tous les degrés, et en ligne collatérale jusqu'au degré d'oncle ou de neveu inclusivement, ne pourront remplir les fonctions d'interprète dans les cas prévus par le présent article. Ne pourront aussi être pris pour interprètes d'un testament par acte public les légataires, à quelque titre que ce soit, ni leurs parents ou alliés, jusqu'au degré de cousin-germain inclusivement.

17. Les actes des notaires seront écrits en langue française, en un seul contexte, lisiblement, sans abréviation, blanc, lacune ni intervalle. Les sommes et les dates y seront écrites en toutes lettres; les renvois en marge et au bas des pages, et le nombre des mots rayés dans tout le texte de l'acte, seront apppouvés par l'initiale du nom propre ou le paraphe de chacune des parties, des témoins et du notaire.

Ces actes énonceront : 1° les noms et lieu de résidence du notaire qui les reçoit; 2° les noms, prénoms, qualités et demeures des parties, et la mention de leur patente, si l'acte est relatif à leur commerce, profession ou industrie; 3° les noms, âge, professions et demeures des témoins; 4° les nom et demeure de l'interprète, s'il y a lieu; 5° le lieu, l'année, le jour où les actes sont passés; 6° les procurations des contractants, lesquelles, certifiées par les parties qui en feront usage, demeureront annexées à la minute; 7° la lecture faite aux parties par le notaire, et, le cas échéant, l'accomplissement des interprétations prescrites par le premier alinéa de l'article précédent, sans préjudice des formalités spéciales auxquelles certains actes sont assujettis par la loi.

Ils exprimeront les sommes en francs, décimes et centimes, et en mesures métriques toutes les quantités, poids ou mesures à énoncer. Toutefois les sommes et quantités pourront être exprimées par les appellations usitées en Algérie ou dans le lieu du domicile des contractants, pourvu qu'elles soient, à la suite de la traduction ou conversion en dénominations nouvelles, conformes au système décimal ou métrique de France.

18. Les notaires seront tenus d'annexer aux actes par eux reçus l'original, ou, en tout cas, la traduction certifiée par un interprète assermenté, et signée des parties, des actes émanés des officiers publics indigènes, ou de tous fonctionnaires étrangers, et auxquels les nouvelles conventions se référeraient. Le contenu desdites pièces devra être, en outre, mentionné sommairement dans l'acte auquel elles seront annexées.

19. Si le nom, l'état et la demeure des parties ne sont pas connus du notaire qui recevra leurs conventions, ils devront lui être attestés par deux témoins connus de lui et ayant les mêmes qualités que celles qui sont requises pour être témoin instrumentaire.

En matière de transaction immobilière ou de contrat hypothécaire, l'existence des immeubles qu'il s'agira d'aliéner ou d'hypothéquer devra être également connue du notaire instrumentaire, ou lui être attestée, ainsi qu'il est dit au premier alinéa du présent article.

20. Lorsque l'état d'une partie qui s'oblige, par acte passé devant eux, ne leur sera pas connu, les notaires devront, indépendamment de l'attestation prescrite par le précédent (1) article, exiger, avant la passation de l'acte, la représentation du contrat de mariage de ladite partie, si elle se déclare mariée, ou son affirmation personnelle et sous serment qu'elle n'a point fait de conventions matrimoniales; et, si elle déclare n'être point mariée, son affirmation, également sous serment, que réellement elle ne l'est pas.

L'accomplissement de ce qui précède sera expressément constaté dans l'acte par le notaire, à peine, contre lui, de tous dommages-intérêts, s'il y a lieu.

21. Dans les actes translatifs de propriétés immobilières, les notaires énonceront la nature, la situation, la contenance, les tenants et aboutissants des immeubles, les noms des précédents propriétaires, et, autant qu'il se pourra, le caractère et la date des mutations successives.

22. Chaque notaire tiendra exposés dans son étude : 1° un tableau sur lequel il inscrira les noms, prénoms, qualités, professions et demeures des personnes qui, dans l'étendue du ressort où il peut exercer, sont interdites ou assistées d'un conseil judiciaire, ainsi que la mention des jugements y relatifs; 2° un autre tableau, où il inscrira également l'extrait des contrats de mariage intervenus entre époux domiciliés dans son ressort, et dont l'un serait commerçant, ledit extrait contenant les indications prescrites par l'art. 68, § 2, C. comm.

Ces inscriptions auront lieu immédiatement après la notification qui devra être faite aux notaires, savoir : par le greffier de la juridiction qui aura rendu le jugement définitif d'interdiction ou de nomination de conseil judiciaire, de l'extrait dudit jugement, et par le notaire qui, dans le cas prévu par le n° 2 du précédent paragraphe, aura reçu le contrat de mariage d'un commerçant, de l'extrait dudit contrat.

23. Les notaires seront tenus d'apposer sur les grosses et expéditions des actes l'empreinte d'un sceau particulier, d'après le modèle adopté pour les notaires de France.

Les actes notariés sont légalisés par le président du tribunal civil de la résidence du notaire ou du lieu où sera délivré l'acte ou l'expédition, mais seulement lorsque les grosses ou expéditions qui en seront délivrées devront être employées en dehors de l'Algérie.

24. Si un notaire décède avant d'avoir signé l'acte qu'il a reçu, mais après la signature des parties contractantes et des témoins, le

---

(1) *Précédent.* — Des recueils ont imprimé *présent.*

tribunal de première instance du ressort pourra, sur la demande des parties intéressées ou de l'une d'elles, ordonner que cet acte sera régularisé par la signature d'un autre notaire du même arrondissement. Dans ce cas, l'acte vaudra comme s'il avait été signé par le notaire instrumentaire.

25. Les notaires tiendront répertoire de tous les actes qu'ils recevront.

Ces répertoires seront visés, cotés et paraphés, savoir : ceux des notaires établis dans les villes où siége un tribunal de première instance, par le président ou par un juge de ce tribunal, et ceux des notaires établis en dehors des lieux où siégent les tribunaux de première instance, par le juge de paix ou l'un de ses suppléants, et, s'il n'y a pas de justice de paix, par le commissaire civil de leur résidence.

Chaque article du répertoire sera dressé jour par jour et contiendra : 1° son numéro d'ordre ; 2° la date de l'acte ; 3° la nature de l'acte ; 4° son espèce, c'est-à-dire s'il est en minute ou en brevet ; 5° les noms, prénoms et demeures des parties ; 6° l'indication des biens, leur situation et le prix, lorsqu'il s'agira d'actes ayant pour objet la propriété, l'usufruit ou la jouissance de biens immeubles ; 7° la somme prêtée, cédée ou transportée, s'il s'agit d'obligation, cession ou transport ; 8° la relation de l'enregistrement.

Les notaires feront aussi mention sur leur répertoire, tous les trois mois, et avant le visa du receveur de l'enregistrement, des noms des clercs qui, pendant le précédent trimestre, auront été en cours de stage dans leur étude, du temps de travail que lesdits clercs auront accompli, et de leur rang de cléricature.

26. Les notaires devront, en outre, tenir un registre particulier, qui sera visé, coté et paraphé, comme il est dit pour le répertoire en l'article précédent, et sur lequel ils inscriront, à la date du dépôt, les noms, prénoms, professions, domiciles et lieux de naissance des personnes qui leur remettront un testament olographe. Ce registre ne fera aucune mention de la teneur du testament déposé ; il sera soumis, de même que le répertoire, au visa des préposés de l'enregistrement.

Si, à l'époque où ils auront connaissance du décès de la personne dont le testament olographe aura été déposé en leur étude, aucune partie intéressée ne se présente pour requérir l'exécution de l'art. 1007, C. civ., ils devront eux-mêmes faire les diligences nécessaires pour la présentation dudit testament au président du tribunal de première instance du ressort, après en avoir donné avis au procureur du Roi.

Dans le même cas, les notaires établis dans les mêmes lieux où il n'existe pas de tribunal de première instance, et à la distance de plus de cinq myriamètres du siége de ce tribunal, seront autorisés à présenter le testament au juge de paix, et, s'il n'y a pas de justice de paix, au commissaire civil de leur résidence, qui le fera parvenir clos et cacheté au président du tribunal par l'intermédiaire du procureur du Roi, et qui pourra même en faire l'ouverture, si les communications étaient interrompues entre le lieu de leur siége et le chef-lieu judiciaire.

27. Seront également autorisés, les notaires établis à plus de 5 myriamètres de distance de la ville où siége le tribunal de première instance du ressort, à présenter, dans le cas prévu par le deuxième alinéa de l'art. 1007, C. civ., les testaments mystiques reçus par eux, soit au juge de paix, soit, à défaut de juge de paix, au commissaire civil de leur résidence, lequel pourra faire l'ouverture desdits testaments en présence des témoins signataires de l'acte de suscription qui se trouveront sur les lieux, ou eux dûment appelés.

28. Le notaire dépositaire d'un testament contenant des dispositions au profit d'un établissement public devra en donner avis au procureur du Roi dans le mois de l'ouverture de ce testament.

29. Indépendamment du répertoire et du registre prescrits par les art. 25 et 26, les notaires tiendront un registre coté, paraphé, soumis au visa des préposés de l'enregistrement, conformément auxdits articles, sur lequel ils devront mentionner, jour par jour, par ordre de dates, sans blancs, lacunes, ni transports en marge, 1° toutes les sommes ou valeurs qu'ils recevront en dépôt, à quelque titre que ce soit ; 2° les noms, prénoms, professions et demeures des déposants ; 3° la date des dépôts ; 4° l'emploi qui aura été fait des valeurs déposées.

30. Sont, au surplus, rendues communes aux notaires de l'Algérie, sauf les modifications qui précèdent et celles qui seront énoncées ci-après, ou qui sont ou seraient ultérieurement établies par la législation spéciale du pays, les dispositions des lois et règlements de France, relatifs à la forme des actes notariés, à leur effet et aux formalités à remplir par les notaires, notamment celles des art. 8, 10, §§ 2, 13 à 18, 20 à 27, 29, 30 et 68 de la loi du 25 vent. an XI ; 971 à 977, 979, 1317 à 1320, Cod. civ.

31. Sont également rendues communes aux notaires de l'Algérie, en tout ce qui n'est pas contraire au présent arrêté et à la législation spéciale du pays : 1° les attributions particulières conférées par les lois françaises aux notaires de France ; 2° les obligations imposées par les mêmes lois et par les règlements en vigueur dans la métropole à ces officiers publics, en matière d'enregistrement des actes notariés, de tenue, visa, vérifica-

tion par les préposés de l'enregistrement et dépôt des répertoires; 3° les amendes applicables aux notaires de France, pour toutes contraventions, omissions, irrégularités et autres inobservations des règles prescrites par lesdites lois, ainsi que les formes des poursuites à diriger pour le recouvrement de ces amendes.

32. Les notaires exerceront, d'ailleurs, toutes autres fonctions ou attributions qui leur sont ou qui leur seraient particulièrement conférées par la législation spéciale de l'Algérie.

Ils ne pourront faire ni protêts faute d'acceptation ou de paiement de lettres de change et autres effets commerciaux, ni actes d'offres réelles et procès-verbaux de consignation de ces offres, que dans le cas où lesdits actes ne pourraient pas être formalisés par des huissiers.

33. Il est expressément interdit à tout notaire:

1° D'employer, même temporairement, à son profit, les sommes dont il s'est constitué détenteur ou dépositaire en sa qualité de notaire, ou de placer en son nom personnel les fonds qu'il aurait reçus de ses clients, à la condition de leur en servir l'intérêt;

2° De retenir entre ses mains, sans motifs légitimes, les sommes qui doivent être par lui versées à la caisse des dépôts et consignations, dans les divers cas prévus par les lois, ordonnances ou règlements;

3° De prendre directement ou indirectement un intérêt dans les opérations où il intervient comme notaire, ou d'emprunter pour ses affaires personnelles le nom d'un tiers dans les actes qu'il reçoit;

4° De se constituer garant ou caution, à quelque titre que ce soit, des prêts qui auraient été faits par son intermédiaire, ou qu'il aurait été chargé de constater par acte public ou privé;

5° De faire ou laisser intervenir ses clercs en qualité de mandataires d'une ou de plusieurs des parties qui contractent devant lui;

6° De se rendre cessionnaire, soit de procès, droits ou actions litigieux ou successifs, alors même qu'ils seraient hors de la compétence du tribunal dans le ressort duquel il exerce ses fonctions, soit d'indemnités ou rentes dues en Algérie à des particuliers par l'Etat ou par la colonie;

7° De se livrer directement ou indirectement, comme principal obligé, ou comme associé, même en participation, à des spéculations ou entreprises, à une ou plusieurs opérations de bourse, commerce, change, banque, escompte ou courtage; de s'immiscer dans l'administration d'aucune entreprise ou compagnie de finance, de commerce ou d'industrie, de spéculer sur l'acquisition et la revente des immeubles, sur la cession

des créances, actions industrielles et autres droits incorporels, et de souscrire, à quelque titre et sous quelque prétexte que ce soit, des lettres de change ou billets à ordre négociables;

8° D'insérer dans les actes des dispositions dont il retirerait un profit personnel, ou de stipuler pour autrui;

9° De prêter son ministère pour la vente de biens qu'il saurait être inaliénables, ou qui ne pourraient être aliénés qu'après l'accomplissement des formalités prescrites par la législation spéciale de l'Algérie ou les anciennes lois du pays;

10° De passer des actes pour le compte d'un notaire suspendu de ses fonctions, et de substituer en quelque manière que ce soit, sauf ce qui sera dit en l'article 54 ci-après;

11° De s'associer, soit avec d'autres notaires, soit avec des tiers, pour l'exploitation de son office;

12° D'instrumenter hors de son ressort, ainsi que d'ouvrir étude et de conserver le dépôt de ses minutes ailleurs que dans le lieu qui lui a été fixé pour résidence.

Le tout sans préjudice de la prohibition contenue en l'art. 14 ci-dessus, et de toutes autres défenses faites aux notaires par celles des dispositions de la loi du 25 vent. an XI, auxquelles se réfère le présent arrêté.

CHAP. III. — FRAIS D'ACTES, HONORAIRES ET DROITS DES NOTAIRES.

34. Le tarif établi par les décrets du 16 fév. 1807, pour le règlement des vacations et droits de voyage des notaires de Paris, est rendu applicable aux notaires de l'Algérie, avec réduction d'un dixième.

Les droits d'expédition ou de grosse de tous actes sont fixés à 2 fr. 50 c. par le rôle de trente lignes à la page, et de quinze syllabes à la ligne.

35. Pour tous actes non tarifés par les décrets précités du 16 fév. 1807, les honoraires seront réglés amiablement entre les parties et les notaires.

En cas de difficulté, avant comme après le paiement, la taxe des honoraires sera faite par le tribunal de première instance du ressort, en chambre du conseil, sur simples mémoires et sans frais, le ministère public entendu.

36. Le notaire ne pourra réclamer ou recevoir des honoraires de deux parties ayant des intérêts différents, comme de l'emprunteur et du prêteur, de l'acquéreur et du vendeur, excepté dans les contrats d'échange et de société.

Les actes délivrés en brevet et les grosses ou expéditions des actes dont il doit être gardé minute énonceront en détail les sommes reçues ou réclamées par les notaires, en distinguant les déboursés, droits et honoraires, le tout à peine, en cas de contravention, de telles mesures de discipline qu'il appartiendra.

37. Les demandes en paiement de droits et honoraires formées par les notaires de l'Algérie seront instruites et jugées, sans préliminaire de conciliation, en la même forme que celles des notaires en France.

CHAP. IV. — DISCIPLINE DES NOTAIRES.

38. Indépendamment des amendes qui seraient encourues par eux, aux termes de l'art. 31 ci-dessus, pour omissions, irrégularités et autres violations ou inobservations des règles prescrites par les lois qui leur sont rendues applicables, les notaires seront passibles, pour les mêmes infractions, comme pour toutes contraventions aux dispositions du présent arrêté, et pour tous manquements aux devoirs de leur profession, de l'application de peines disciplinaires, sans préjudice de peines plus graves, en cas de crimes ou de délits.

39. Les peines de discipline applicables aux notaires sont :

1° Le rappel à l'ordre ;

2° La censure avec réprimande ;

3° La suspension pendant trois mois au plus ;

4° La révocation.

40. Le rappel à l'ordre et la censure avec réprimande seront prononcés, lorsqu'il y aura lieu, par le procureur général d'office, ou sur le rapport du procureur du Roi près le tribunal de la résidence du notaire, après que l'inculpé aura été entendu ou dûment appelé.

Ils seront toujours notifiés par écrit audit notaire, et il en sera fait mention, tant au parquet du procureur général qu'en celui du procureur du Roi, sur un registre spécialement tenu à cet effet.

Le procureur général informera, sans retard, le ministre de la guerre de tout rappel à l'ordre ou censure avec réprimande qu'il aura prononcés contre des notaires.

41. Lorsqu'il y aura lieu à suspension ou révocation, il sera procédé à l'enquête disciplinaire par le procureur du Roi de la résidence du notaire inculpé, qui devra toujours être entendu ou dûment appelé, et pourra fournir, dans le délai qui lui sera fixé, ses explications par écrit sur les griefs dont il lui sera donné communication.

Le procureur du Roi adressera ensuite les pièces de l'enquête, les explications de l'inculpé, et son rapport au procureur général, qui transmettra le tout avec son avis personnel au ministre de la guerre.

Il sera statué par le ministre.

Néanmoins, en cas d'urgence, le gouverneur général pourra, sur la proposition du procureur général, prononcer provisoirement la suspension, à charge d'en rendre compte au ministre de la guerre.

Il y aura lieu à cette suspension provisoire toutes les fois que, par l'effet de condamnations prononcées pour faits de charges, le cautionnement des notaires se trouverait employé en tout ou en partie.

42. La révocation sera toujours prononcée :

1° Contre le notaire qui aurait contrevenu à l'une des prohibitions portées aux nos 1, 2, 3, 4, 5, 6, 7, 8, 9, 10 et 11 de l'art. 33 ci-dessus ;

2° Contre celui qui, ayant été suspendu, continuerait directement ou indirectement, pendant la durée de la suspension, l'exercice de ses fonctions, ou le reprendrait avant l'expiration de la peine, sans préjudice des peines portées en l'art. 197, C. pén.;

3° Contre celui qui, en contravention à l'art. 14 ci-dessus, aurait traité à prix d'argent, ou moyennant toute autre indemnité, de la cession de son office, lors même que la convention n'aurait pas été suivie d'effet, et contre le nouveau titulaire qui, par suite d'une telle convention, aurait obtenu sa nomination ;

4° Contre celui qui, ayant précédemment subi la peine de la suspension, tomberait dans la récidive.

43. La suspension et même la révocation seront prononcées, selon le cas, contre le notaire qui se trouvera dans l'un des cas prévus par les nos 8 et 12 de l'art. 33, et contre celui qui, par sa conduite privée et habituelle, ou par un fait grave quelconque, compromettrait sa dignité, sa délicatesse, son honneur ou son caractère d'officier public.

44. Il sera fait mention, sur le registre prescrit par le 2e alinéa de l'art. 40 ci-dessus, de toutes suspensions prononcées contre un notaire, soit par le ministre de la guerre, soit même provisoirement par le gouverneur général, aux cas prévus par l'art. 41.

45. Les décisions portant peine de suspension et de révocation contre un notaire lui seront notifiées, à la diligence du procureur du Roi de sa résidence, soit par simple lettre, soit même, s'il en est besoin, par le ministère d'un huissier. Elles seront exécutées à partir du jour de cette notification.

46. Au commencement de chaque année, le procureur général nommera, parmi les notaires d'Alger, un syndic dont les attributions consisteront :

1° A donner son avis, après information, s'il y a lieu, sur toutes plaintes qui seraient portées contre un notaire de son ressort ;

2° A intervenir officieusement, et comme conciliateur, dans les débats qui s'élèveraient, soit entre les notaires de son ressort, soit entre les mêmes notaires et leurs clients ;

3° A donner son avis, lorsqu'il en sera requis par les magistrats, sur les difficultés que feraient naître les réclamations d'honoraires, vacations et droits, formées par les notaires ;

4° A représenter sa compagnie toutes les fois qu'il s'agira de ses intérêts collectifs, et dans toutes ses relations ou communications avec l'autorité judiciaire.

Le syndic nommé continuera ses fonctions jusqu'à son remplacement; il sera indéfiniment rééligible.

CHAP. V. — REMISES A FAIRE DES MINUTES ET RÉPERTOIRES PAR LES NOTAIRES QUI CESSENT LEURS FONCTIONS, OU PAR LEURS REPRÉSENTANTS. — RECOUVREMENTS.

47. Les minutes et répertoires d'un notaire décédé, démissionnaire, révoqué ou remplacé par suite de déchéance, seront remis à son successeur immédiat, et, jusqu'à ce que celui-ci soit installé, déposés, selon les localités et les circonstances, soit en l'étude d'un autre notaire de la même résidence, désigné par le procureur du Roi du ressort, soit au greffe du tribunal de première instance, de la justice de paix, ou du commissariat civil du lieu.

Le procureur du Roi veillera à ce que la remise et le dépôt prescrits soient effectués sur inventaire régulier qui devra être dressé par le notaire ou greffier dépositaire.

Le double de cet inventaire, au pied duquel le dépositaire donnera récépissé des minutes et répertoires, sera mis au greffe du tribunal civil du ressort, excepté dans le cas où le dépôt serait opéré dans ledit greffe.

48. Les possesseurs ou détenteurs de minutes qui, dans le cas prévu par le précédent article, refuseraient d'en effectuer la remise, après avoir été mis en demeure par le procureur du Roi, seront poursuivis, à la requête de ce magistrat, devant le tribunal de première instance du ressort, pour y être condamnés à l'amende portée par l'art. 58 de la loi du 25 vent. an XI.

49. Dans le cas de suppression d'office, les minutes et répertoires du notaire supprimé seront remis immédiatement, et après inventaire dressé conformément à l'art. 47, à celui des notaires du même ressort qui sera désigné par le ministre de la guerre, sur la proposition du procureur général.

50. Aussitôt après le décès, la démission ou la notification de la révocation d'un notaire, les minutes, papiers et répertoires de l'étude seront, s'il y a nécessité, et s'ils ne peuvent être immédiatement transportés, soit dans l'étude, soit dans le greffe où ils devront être déposés, placés sous les scellés, même d'office, par le juge de paix, ou, à défaut de juge de paix, par le commissaire civil de la résidence du notaire, jusqu'à ce que le dépôt puisse en être effectué.

L'apposition des scellés aura toujours lieu dans le cas où la résidence du notaire décédé, démissionnaire ou révoqué, se trouverait en dehors du lieu où siége le tribunal de première instance.

51. Lorsque les minutes auront été déposées dans le greffe du tribunal de première instance, ou dans celui d'un tribunal de paix ou d'un commissariat civil, les grosses et expéditions pourront être délivrées par le greffier dépositaire, qui aura droit, dans ce cas, à la moitié de la rétribution fixée par l'art. 35, § 2, ci-dessus, à la charge par lui de se conformer aux règles prescrites aux notaires pour la délivrance desdites grosses et expéditions.

52. Nonobstant la disposition de l'art. 14 du présent arrêté, le nouveau titulaire ou le notaire qui recevra les minutes, dans le cas de suppression d'office, sera tenu d'indemniser l'ancien titulaire ou ses héritiers, jusqu'à concurrence du montant des recouvrements qui pourraient être à exercer au profit de ceux-ci, à raison des actes dont les frais, honoraires ou droits quelconques, resteraient dus.

Dans tous les cas, le montant de cette indemnité sera réglé sans frais par le tribunal de première instance, en chambre du conseil, le ministère public et les parties intéressées entendus. Le règlement n'en sera définitif qu'après l'approbation du ministre de la guerre, auquel la décision de la chambre du conseil devra être transmise par le procureur général.

Tout traité de gré à gré sur le montant de ladite indemnité sera nul et entraînera la révocation du titulaire qui l'aura souscrit, avant ou après la remise des minutes.

CHAP. VI. — DISPOSITIONS PARTICULIÈRES.

53. Le notaire qui, par suite d'infirmités physiques ou morales, se trouverait hors d'état de continuer l'exercice de ses fonctions, sera remplacé.

54. En cas de maladie, d'absence ou d'empêchement autre que celui résultant, soit d'une suspension disciplinaire, soit de parenté ou d'alliance, les notaires pourront être substitués, avec l'autorisation préalable du procureur du Roi de leur ressort, ou par un autre notaire de la même résidence.

La minute de l'acte reçu par le notaire substituant restera en l'étude du notaire substitué, ce qui sera énoncé dans ledit acte.

La minute devra, en outre, être portée à la fois sur le répertoire du notaire substitué et sur celui du notaire substituant, avec mention par celui-ci que cette minute est restée au notaire suppléé.

Le notaire suppléé et le notaire substituant seront solidairement responsables de toute inobservation des formalités prescrites pour la validité de l'acte, et passibles, selon les circonstances, en cas de contravention, des mêmes peines disciplinaires.

55. Aucun notaire suspendu de ses fonctions ne pourra, pendant la durée de la suspension, se faire substituer, même pour la délivrance des grosses ou expéditions des actes déposés dans son étude.

En ce cas, lorsqu'il y aura lieu à délivrance de grosses ou expéditions desdits actes, elle ne pourra être faite que par un autre notaire de la même résidence, spécialement commis à cet effet par le procureur du Roi du ressort, sur la demande des parties intéressées, et il sera fait mention expresse de la délégation au bas de la grosse ou de l'expédition délivrée.

Dans le même cas, le notaire suspendu sera tenu de communiquer au notaire délégué, sur son récépissé, les minutes à expédier, lesquelles devront ensuite être rétablies dans l'étude où elles sont déposées.

Les droits dus pour les grosses ou expéditions ainsi délivrées ne pourront être perçus qu'au profit du notaire commis.

Toute contravention au présent article sera punie de révocation, sans préjudice de peines plus graves, s'il y a lieu.

56. Dans les lieux où il n'existe qu'un seul notaire en exercice, si ce notaire est empêché par l'un des notaires énoncés aux deux articles précédents ou pour cause de parenté ou d'alliance, il pourra être provisoirement remplacé, sur la demande expresse des parties intéressées et avec l'autorisation du procureur du Roi du ressort, soit par le greffier du tribunal de première instance, soit par celui de la justice de paix, et, à défaut du tribunal de première instance ou de paix, par le secrétaire du commissariat civil de la résidence dudit notaire.

En ce cas, l'autorisation délivrée par le procureur du roi et la cause de l'empêchement du notaire seront énoncées dans l'acte dressé ou dans les grosses ou expéditions délivrées par le substituant. La minute de l'acte dressé par le substituant sera déposée dans l'étude du notaire substitué, et, si celui-ci est suspendu de ses fonctions, dans l'étude de celui des notaires les plus voisins qui sera désigné par les parties intéressées.

Le substituant se conformera, d'ailleurs, soit pour la rédaction et la forme des minutes ou brevets, soit pour la délivrance des grosses et expéditions, à toutes les règles prescrites pour les notaires, au moyen de quoi ses actes vaudront comme actes notariés.

Dans les divers cas prévus par le présent article, le substituant pourra percevoir à son profit, indépendamment des honoraires, la moitié des vacations et droits réglés par l'art. 35 ci-dessus.

57. Dans celles des villes du littoral où sont établis des commissariats civils, et pour lesquelles il n'existe pas de notaires, les secrétaires des commissariats recevront et rédigeront, en la forme des actes notariés, les conventions des parties qui requerront leur ministère à cet effet. En ce cas, ils déposeront et conserveront dans les archives du secrétariat la minute desdites conventions, et pourront, lorsqu'ils en seront requis, en délivrer aux intéressés des expéditions qui leur seront payées d'après le taux réglé par l'art. 24 de l'arrêté ministériel du 18 déc. 1842, portant organisation des commissariats civils.

Les actes ainsi rédigés ne vaudront que comme écrits sous signature privée.

Le tout sans préjudice des attributions exceptionnelles conférées aux mêmes secrétaires par l'arrêté précité, en matière d'inventaire.

58. Les parties intéressées à des actes reçus par un notaire de l'Algérie pourront lever à leurs frais, pour leur sûreté, et déposer au greffe du tribunal de première instance du ressort, des expéditions desdits actes, collationnées et signées par le notaire, et légalisées par le président du tribunal de la résidence de cet officier.

Le greffier sera tenu de recevoir ce dépôt, sur la réquisition de la partie, et de le garder dans les archives du greffe.

Il sera fait mention sommaire dudit dépôt sur un registre tenu à cet effet dans chaque greffe de première instance, et coté et paraphé par le président du tribunal.

CHAP. VII. — DISPOSITIONS FINALES.

59. Sont maintenus, chacun dans leur résidence actuelle, sans qu'il soit besoin de leur délivrer des commissions confirmatives, et seulement à charge par eux de remplir, dans le délai de deux mois, à dater de l'époque où le présent arrêté sera exécutoire, les formalités prescrites par le premier alinéa de l'art. 9 du même arrêté, les notaires précédemment institués et nommés par le ministre de la guerre, et qui seront en exercice au moment de la promulgation de ces présentes.

60. Les notaires qui auront exercé leurs fonctions avec honneur pendant vingt années consécutives pourront obtenir le titre de notaire honoraire.

Ce titre sera conféré par le ministre de la guerre, sur la proposition du procureur général.

61. Il n'est rien innové par le présent arrêté en ce qui concerne les attributions conservées aux cadis, en matière de notariat, par l'art. 43, §§ 2 et 3 de l'ordonn. royale du 26 sept. 1842.

62. Toutes dispositions contraires aux présentes sont abrogées.

63. Le gouverneur général de l'Algérie est chargé de l'exécution du présent arrêté, qui sera publié dans le *Bulletin officiel* des actes du Gouvernement de l'Algérie et dans le *Moniteur algérien*, et qui sera exécutoire à partir du 1ᵉʳ mars 1843.

30 déc. 1842. — Arrêté du ministre de la guerre.

4-12 janv. 1843. — Ordonnance du Roi relative à l'organisation des chambres de notaires et à la discipline du notariat (1). Bull., n° 10,556.)

Louis-Philippe, etc. ; — Sur le rapport de notre ministre de la justice et des cultes ;

---

(1) Les diverses dispositions de cette ordonnance ont été expliquées dans notre Traité abrégé de la discipline et des chambres de notaires. On va indiquer, sous chacun des articles de l'ordonnance, les numéros du traité auxquels il convient de se référer. Toutefois, comme les dispositions relatives aux assemblées générales (art. 4, 22, 23, 24), à l'honorariat (art. 29 et 30), à la bourse commune (art. 39), n'entraient pas dans le cadre de ce traité, on en présente ci-dessous l'explication succincte. — Avant d'aller plus loin, il convient de retracer d'abord le rapport au Roi dont l'ordonnance de 1843 a été précédée. En voici le texte :

« Sire, le notariat a toujours été environné d'une grande considération. Le législateur de l'an xi, en donnant aux notaires le titre de fonctionnaires publics, a proclamé l'importance de leur profession. La nécessité de les soumettre à des conditions particulières et à un régime spécial n'a jamais été méconnue, et même à des époques où des idées exagérées de concurrence et d'égalité dominaient dans la législation, elle a échappé à la suppression qui avait frappé les différentes corporations groupées autour de la magistrature. C'est l'étendue de la confiance que le notariat doit inspirer qui le place dans ce rang élevé ; cette confiance ne s'applique pas à des faits isolés : les actes pour lesquels son intervention est réclamée se rattachent à tous les événements successifs de la vie de la famille et à toutes les transactions qu'amènent le mouvement des affaires et les déplacements volontaires de la propriété ; c'est ainsi qu'appelés à constater les volontés les plus sacrées et à donner force aux droits les plus précieux, les notaires exercent une sorte de magistrature qui contribue puissamment au repos des familles et au maintien de la moralité publique.

« Mais, plus l'institution a d'importance et d'utilité, plus il est nécessaire de réprimer les abus qui tendraient à s'y introduire. Dans ces dernières années, des fautes graves ont été révélées, des désastres dont la pensée publique s'est vivement émue ont éclaté, et l'on s'est demandé s'il ne devenait pas nécessaire de donner une force nouvelle aux moyens consacrés par la loi pour prévenir le retour de semblables malheurs.

« Aux termes de la loi du 25 vent. an xi, le notariat est placé sous la surveillance des tribunaux. Il est juste et convenable, en effet, que la magistrature étende son autorité sur des fonctionnaires entre les mains desquels la loi remet les intérêts des justiciables, et qui, par leur origine, remontent aux premiers établissements de l'ordre judiciaire.

« Auprès des tribunaux existent des chambres de discipline chargées d'aider cette surveillance.

« Ces chambres ont été instituées par l'arrêté du 2 niv. an xii, qui a conféré aux notaires eux-mêmes le droit de les former par voie d'élection.

« Pris en vertu du pouvoir que l'art. 50 de la loi de ventôse an xi conférait au Gouvernement, cet arrêté n'a pas cessé d'être en vigueur, mais il avait sagement prévu, dans son art. 23, que l'expérience rendrait nécessaire une organisation plus complète des chambres de discipline : c'est l'accomplissement de cette prévision que nous nous sommes proposé en préparant le projet d'ordonnance que nous venons soumettre à Votre Majesté.

« Les dispositions nouvelles de ce projet, qui a été délibéré en conseil d'Etat, ont toutes pour but de fortifier, en matière de discipline, l'action des chambres de notaires et celle des tribunaux.

« La plus importante des modifications adoptées est celle qui donne aux chambres des notaires le droit de provoquer la destitution des membres de la compagnie qui ont manqué à la probité, à l'honneur ou aux règles de leur ordre. Le nouveau droit qui leur est conféré leur permettra d'exercer leur surveillance avec plus d'autorité.

« L'arrêté de l'an xii ne s'était pas occupé de régler ce qui a rapport à la cléricature, et d'offrir une récompense aux notaires qui se retirent après avoir exercé leurs fonctions avec distinction.

« Cependant, veiller à ce que les aspirants au notariat s'y disposent par un travail assidu et une conduite régulière, promettre une rémunération à la fin d'une carrière honorablement parcourue, c'est préparer de bons choix, c'est encourager les efforts vers le bien.

« Deux titres du projet d'ordonnance sont consacrés aux aspirants à la profession de notaire et à l'honorariat.

« Les chambres surveilleront la conduite des aspirants, et s'assureront qu'ils se rendent dignes des fonctions auxquelles ils prétendent.

« Quant à l'honorariat, une ordonnance rendue par Votre Majesté le conférera sur la proposition des chambres de discipline et le rapport du ministre de la justice.

« Cette disposition donne un nouveau relief à l'institution ; elle place le notariat sous l'influence de cette pensée d'ordre et de conservation, si chère à la magistrature, qui rattache les magistrats, comme membres honoraires, aux compagnies dont ils cessent de partager les travaux.

« L'art. 12 renferme une des dispositions principales du projet : il défend aux notaires de se livrer à certaines opérations qu'il détermine ; la plupart ne sont pas répréhensibles en elles-mêmes, mais elles tendent à compromettre la position de ces officiers publics et à exposer leurs clients à des risques contre lesquels ceux-ci sont sans défense, parce qu'ils n'ont pas dû les prévoir. La règle est que les notaires doivent se renfermer soigneusement dans l'exercice de leurs fonctions.

« Les tribunaux, qui sont chargés par la loi de l'an xi de la discipline du notariat, feront respecter ces règles, dont l'application rassurera l'opinion publique. En même temps qu'ils veilleront à ce que ses prohibitions soient scrupuleusement observées à l'avenir, ils apporteront une sage mesure dans l'appréciation des faits qui ont été accomplis notoirement, de bonne foi et sans contradiction, soit des chambres de discipline, soit des magistrats.

— Vu la loi du 25 vent. an XI, contenant organisation du notariat, et l'arrêté du 2 niv. an XII, relatif à l'établissement et à l'organisation des chambres de notaires, — Notre conseil d'Etat entendu ; — Nous avons, etc.

CHAMBRE DE DISCIPLINE DES NOTAIRES ET SES ATTRIBUTIONS.

Art. 1er. Il y a près de chaque tribunal civil de première instance, et dans la ville où il siége, une chambre des notaires, chargée du maintien de la discipline parmi les notaires de l'arrondissement (1).

2. Les attributions de la chambres sont :

1° De prononcer ou de provoquer, suivant les cas, l'application de toutes les dispositions de discipline (2) ;

2° De prévenir ou concillier tous différends entre notaires, et notamment ceux qui pourraient s'élever, soit sur des communications, remises, dépôts ou rétentions de pièces, fonds et autres objets quelconques, soit sur les questions relatives à la réception et garde des minutes, à la préférence ou concurrence dans les inventaires, partages, ventes ou adjudications et autres actes; et, en cas de non-conciliation, d'émettre son opinion par simple avis ;

3° De prévenir ou concilier également toutes plaintes et réclamations de la part de tiers contre les notaires, à raison de leurs fonctions ; donner simplement son avis sur les dommages-intérêts qui pourraient être dus, et réprimer, par voie de censure et autres dispositions de discipline, toutes infractions qui en seraient l'objet, sans préjudice de l'action devant les tribunaux, s'il y a lieu (3) ;

4° De donner son avis sur les difficultés concernant le règlement des honoraires et vacations des notaires, ainsi que sur tous différends soumis à cet égard au tribunal civil (4);

5° De délivrer ou refuser tous certificats de bonnes mœurs et capacité à elle demandés par les aspirants aux fonctions de notaires, prendre à ce sujet toutes délibérations,

donner tous avis motivés, les adresser ou communiquer à qui de droit (5) ;

6° De recevoir en dépôt les états des minutes dépendant des études de notaires supprimées (6).

7° De représenter tous les notaires de l'arrondissement collectivement sous le rapport de leurs droits et intérêts communs (7) .

3. Toute décision ou délibération sera inscrite sur un registre coté et paraphé par le président de la chambre (8).

Ce registre sera communiqué au ministère public à sa première réquisition (9).

ORGANISATION DE LA CHAMBRE.

4. Les notaires de chaque arrondissement choisissent parmi eux les membres de leur chambre.

La chambre des notaires de Paris est composée de dix-neuf membres; les chambres établies dans les arrondissements où le nombre des notaires est au-dessus de cinquante sont composées de neuf membres ; celles de tous autres arrondissements , de sept (10).

5. Les chambres ne peuvent délibérer valablement qu'autant que les membres présents et votants sont au moins au nombre de douze pour Paris, de sept pour les chambres composées de neuf membres, et de cinq pour les autres chambres (11).

6. Les membres de la chambre choisissent entre eux un président, un syndic, un rapporteur, un secrétaire et un trésorier.

Le président a voix prépondérante en cas de partage d'opinions ; il convoque la chambre extraordinairement, quand il le juge à propos ou sur la réquisition motivée de deux autres membres ; il a la police de la chambre.

Le syndic est partie poursuivante contre les notaires inculpés ; il est entendu préalablement à toutes les délibérations de la chambre, qui est tenue de statuer sur ses réquisitions ; il a, comme le président, le droit de la convoquer ; il poursuit l'exécution de ses délibérations dans la forme ci-après détermi-

---

« L'ordonnance dont je viens d'exposer les bases principales manifeste clairement la juste sollicitude dont le gouvernement du Roi est animé pour le notariat ; elle se rattache soigneusement dans toutes ses prescriptions aux principes de l'institution telle que l'ont faite les lois antérieures et les nécessités révélées par l'expérience : c'est dire assez que, tout en réservant dans toute sa plénitude le droit de nomination, dépendance nécessaire de la puissance publique, et garantie indispensable contre les abus, le Gouvernement regarde aussi comme hors d'atteinte le droit de transmission des offices créé par la loi du 28 avril 1816. A aucune époque, il n'a songé à admettre ni à proposer aucune altération de ce droit, et les inquiétudes qui ont pu se répandre à ce sujet n'ont jamais eu le moindre fondement.

« J'ai l'honneur de soumettre à l'approbation de Votre Majesté le projet d'ordonnance relatif à l'organisation des chambres de notaires et à la discipline du notariat.

« *Signé :* Martin du Nord. »

(1) V. *Traité abrégé de la discip.*, nos 15 et 122. — (2) V. *eod.*, n° 9. — (3) V. *eod.*, n° 16. — (4) V. *eod.*, n° 17. — (5) V. *eod.*, n° 21. — (6) V. *eod.*, n° 64. — (7) V. *eod.*, n° 64. — (8) V. *eod.*, n° 112. — (9) V. *eod.*, nos 112 et suiv., 219. V. aussi n° 159 *bis.* — (10) Cette réunion est ce qu'on appelle l'assemblée générale des notaires. V. art. 22 et suiv. — V. aussi *Traité de la discipline*, n° 79. — (11) *Eod.*, n° 80.

née; enfin, il agit pour la chambre dans tous les cas et conformément à ce qu'elle a délibéré (1).

Le rapporteur recueille les renseignements sur les faits imputés aux notaires, et en fait rapport à la chambre.

Le secrétaire rédige les délibérations de la chambre, est gardien des archives et délivre toutes les expéditions (2).

Le trésorier fait les recettes et dépenses autorisées par la chambre. A la fin de chaque trimestre, la chambre assemblée arrête son compte et lui en donne décharge.

7. Le nombre des syndics peut être porté à trois pour Paris, et à deux pour les chambres dont le ressort comprend plus de cinquante notaires (3).

8. Le président ou le syndic et le secrétaire des chambres établies dans un chef-lieu de Cour royale sont nécessairement choisis parmi les notaires résidant au chef-lieu.

Quant aux autres chambres, le président ou le syndic, ou le secrétaire, est nécessairement choisi parmi les notaires de la ville où siége le tribunal de première instance.

Lorsque le secrétaire ne réside pas dans la ville où siége le tribunal, le président ou le syndic a la garde des archives, tient le registre prescrit par l'art. 33 ci-après, et délivre les expéditions des délibérations de la chambre.

9. Une ordonnance royale peut, suivant les localités, réduire ou augmenter le nombre des membres qui doivent composer les chambres, conformément aux dispositions de l'art. 4. Dans ce cas, elle détermine le nombre des membres dont la présence est nécessaire à la validité des délibérations.

L'ordonnance qui réduira le nombre des membres de la chambre déclarera, s'il y a lieu, que les membres sortants pourront être réélus (4).

10. Indépendamment des attributions particulières données aux membres désignés en l'art. 6, chacun d'eux a voix délibérative, ainsi que les autres membres, dans toutes les assemblées de la chambre; et néanmoins, lorsqu'il s'agit d'affaires où le syndic est partie poursuivante, il ne prend pas part à la délibération.

11. Les fonctions spéciales attribuées par l'art. 6 à chacun des officiers de la chambre peuvent être cumulées lorsque le nombre des membres qui la composent est au-dessous de sept, dans le cas déterminé par l'art. 9 de la présente ordonnance; et néanmoins, les fonctions de président, de syndic,

et de rapporteur sont toujours exercées par trois personnes différentes.

Quel que soit le nombre des membres composant la chambre, les mêmes fonctions peuvent aussi être cumulées momentanément, en cas d'absence ou empêchement de quelqu'un des membres désignés en l'art. 6, lesquels, pour ce cas, se suppléent entre eux, ou peuvent même être suppléés par un autre membre de la chambre.

Les suppléants sont nommés par le président ou, s'il est absent, par la majorité des membres présents en nombre suffisant pour délibérer (5).

DE LA DISCIPLINE.

12. Il est interdit aux notaires, soit par eux-mêmes, soit par personnes interposées, soit directement, soit indirectement:

1° De se livrer à aucune spéculation de bourse ou opération de commerce, banque, escompte et courtage;

2° De s'immiscer dans l'administration d'aucune société, entreprise ou compagnie de finances, de commerce ou d'industrie;

3° De faire des spéculations relatives à l'acquisition et à la revente des immeubles, à la cession de créances, droits successifs, actions industrielles et autres droits incorporels;

4° De s'intéresser dans aucune affaire pour laquelle ils prêtent leur ministère;

5° De placer en leur nom personnel des fonds qu'ils auraient reçus, même à la condition d'en servir l'intérêt;

6° De se constituer garants ou cautions, à quelque titre que ce soit, des prêts qui auraient été faits par leur intermédiaire ou qu'ils auraient été chargés de constater par acte public ou privé;

7° De se servir de prête-noms en aucune circonstance, même pour des actes autres que ceux désignés ci-dessus (6).

13. Les contraventions aux prohibitions portées en l'article précédent seront, ainsi que les autres infractions à la discipline, poursuivies, lors même qu'il n'existerait aucune partie plaignante, et punies, suivant la gravité des cas, en conformité des dispositions de la loi du 25 vent. an XI et de la présente ordonnance (7).

14. La chambre pourra prononcer contre les notaires, suivant la gravité des cas, soit le rappel à l'ordre, soit la censure simple par la décision même, soit la censure avec réprimande, par le président, aux notaires en personne, dans la chambre assemblée, soit la privation de voix délibérative dans l'assemblée générale, soit l'interdiction de

<hr/>

(1) V. Tr. abrégé de la discipl., n°° 93 et suiv., 186 et 203.—(2) Eod., n°° 94 et 192 et suiv.—(3) Eod., n°° 94 et 94. — (4) Eod., n° 80. —

(5) Eod., n°° 82 et 94. — (6) Eod., n° 142, 2°.—(7) Eod., n° 142, 2°.

l'entrée de la chambre pendant un espace de temps qui ne pourra excéder trois ans, pour la première fois, et qui pourra s'étendre à six ans en cas de récidive (1).

15. Si l'inculpation paraît assez grave pour mériter la suspension ou la destitution du notaire inculpé, la chambre s'adjoindra, par la voie du sort, d'autres notaires de l'arrondissement, savoir : celle de Paris, dix notaires, et les autres chambres, un nombre inférieur de deux à celui de leurs membres.

La chambre ainsi composée émettra, par forme de simple avis, et à la majorité absolue des voix, son opinion sur la suspension et sa durée, ou sur la destitution.

Les voix seront recueillies, en ce cas, au scrutin secret, par *oui* ou par *non*, mais l'avis ne pourra être formé qu'autant que les deux tiers au moins de tous les membres appelés à l'assemblée seront présents (2).

16. Quand la chambre, ainsi composée, sera d'avis de provoquer la suspension ou la destitution, une expédition du procès-verbal de sa délibération sera déposée au greffe du tribunal, et une expédition en sera remise au procureur du Roi (3).

17. Le syndic déférera à la chambre les faits relatifs à la discipline, et il sera tenu de les lui dénoncer, soit d'office, soit sur l'invitation du procureur du Roi, soit sur la provocation des parties intéressées ou d'un des membres de la chambre.

Le notaire inculpé sera cité à comparaître devant la chambre dans un délai qui ne pourra être au-dessous de cinq jours, à la diligence du syndic, par une simple lettre indicative des faits, signée de lui, et envoyée par le secrétaire qui en tiendra note.

Si le notaire ne comparaît point sur la lettre du syndic, il sera cité une seconde fois, dans le même délai, à la même diligence, par ministère d'huissier (4).

18. Quand aux différends entre notaires et aux difficultés sur lesquelles la chambre est chargée d'émettre son avis, les notaires pourront se présenter contradictoirement et sans citation préalable devant la chambre ; ils pourront également y être cités, soit par simples lettres énonçant les faits, signées des notaires qui s'adressent à la chambre, et envoyées par le secrétaire auquel ils en remettent des doubles, soit par des actes d'huissier, dont ils déposeront les originaux au secrétariat. Les lettres et citations seront préalablement visées par le président de la chambre. Le délai pour comparaître sera celui fixé par l'art. 17 de la présente ordonnance (5).

19. Lorsqu'un notaire sera parent ou allié, en ligne directe, à quelque degré que ce soit, et en ligne collatérale jusqu'au degré d'oncle ou de neveu inclusivement, de la partie plaignante ou du notaire inculpé ou intéressé, il ne pourra prendre part à la délibération (6).

20. La chambre prendra ses délibérations sur les plaintes et réclamations des tiers, après avoir entendu ou dûment appelé, dans la forme ci-dessus prescrite, les notaires inculpés ou intéressés, ensemble les tiers qui voudront être entendus, et qui, dans tous les cas, pourront se faire représenter ou assiter par un notaire.

Les délibérations de la chambre seront motivées et signées par le président et le secrétaire à la séance même où elles seront prises.

Chaque délibération contiendra les noms des membres présents.

Ces délibérations n'étant que de simples actes d'administration, d'ordre ou de discipline, ou de simples avis, ne sont, dans aucun cas, sujettes à l'enregistrement, non plus que les pièces y relatives.

Les délibérations de la chambre sont notifiées, quand il y a lieu, dans la même forme que les citations, et il en est fait mention par le secrétaire en marge desdites délibérations (7).

21. Les assemblées de la chambre se tiendront en un local à ce destiné, dans la ville où elle sera établie (8).

22. Il y aura chaque année deux assemblées générales des notaires de l'arrondissement (9).

D'autres assemblées générales pourront avoir lieu toutes les fois que la chambre le jugera convenable (10).

Les assemblées générales ou extraordi-

---

(1) *Eod.*, n° 82, 4°, 241 : — (2) *Eod.*, n° 82, 4°, 199 et suiv.—(3) *Eod.*, n° 199.—(4) *Eod.*, n°° 187 et suiv. — (5) *Eod.*, n° 104. — (6) *Eod.*, n° 206. —(7) *Eod.*, n°° 103, 107, 198, 204 et 210.
(8) Ce local est aussi celui dans lequel auront lieu les assemblées générales.
(9) On a prétendu que ces deux assemblées par année étaient de droit ; qu'elles étaient nécessaires pour le maintien de l'esprit de corps et des bonnes traditions ; pour la discussion des intérêts communs et des difficultés que les notaires peuvent rencontrer dans leur pratique ; pour apprendre à se connaître et s'apprécier, ne fût-ce qu'en vue des élections. Ajoutons qu'une circulaire du min. de la just. du 18 avril 1833

a exprimé le désir que le ministère public veillât à ce que les deux réunions par an eussent lieu. Néanmoins, dans beaucoup d'arrondissements, il ne se tient qu'une assemblée annuelle : on s'évite par là un déplacement qu'on juge inutile, et le droit de convocation extraordinaire, autorisé par le § suivant, peut justifier cette interprétation. Mais il serait mieux de se conformer à l'ordonnance et de tenir deux assemblées générales, car c'est la chambre et non l'assemblée des notaires qui d'ordinaire convoque les réunions *extraordinaires*.
(10) Quoique la chambre soit juge de l'opportunité de ces réunions extraordinaires, il ne serait pas interdit à l'assemblée générale, si elle prévoyait quelque

naires seront convoquées conformément aux dispositions de l'art. 6 (1).

Tous les notaires du ressort de la chambre seront invités à s'y rendre, soit pour les nominations dont parle l'art. 25 ci-après, soit pour se concerter sur ce qui intéressera l'exercice de leurs fonctions (2).

23. Les règlements qui seront faits, soit par l'assemblée générale, soit par la chambre, seront remis au procureur du Roi, adressés par lui au procureur général et soumis à l'approbation de notre garde des sceaux, ministre de la justice (3).

24. La présence du tiers des notaires de

---

circonstance grave pour le notariat, d'arrêter elle-même le jour où il devrait y en avoir une : l'ordonnonce ne le défend pas.

(1) 1. Cette convocation doit toujours avoir lieu, car il est bon que cette solennité soit rappelée d'une manière précise au souvenir des notaires, puisque c'est pour eux un devoir d'y assister. Il paraît qu'avant l'ordonnance, quelques chambres de notaires avaient cru pouvoir se dispenser de cette convocation, en se fondant sur ce qu'elle était fixée au 3 mai par une circulaire ministérielle (V. l'art. 28, 2°). Mais cette solution a été critiquée par Rolland de Villargues. Elle est contraire au vœu de l'ordonnance, qui ne fait au reste que reproduire les dispositions des art. 5 et 16 de l'arrêté de nivôse. — Ajoutons que si une résolution pareille pouvait être prise, elle devrait émaner de l'assemblée générale ; mais cela même serait encore illégal, car les notaires qui n'ont pas assisté à cette assemblée et ceux qui ont été nommés depuis pourraient ignorer le jour de la réunion, si une convocation ne le leur rappelait pas.

2. D'après l'art. 6, le président convoque la *chambre* extraordinairement quand il le juge à propos ou sur la réquisition de deux autres membres. Le syndic a, comme le président, le droit de convoquer la chambre. Quel est le sens du renvoi qui est fait à cet article ? — Pour les assemblées générales *de droit*, il paraît que la convocation est faite, soit par le président ou son suppléant (art. 11, 3°), soit par le syndic. — Mais à l'égard des réunions extraordinaires, on demande si elles peuvent être convoquées d'office, soit par le président, soit sur la réquisition motivée de deux membres. Le doute semble levé par le § 2 de l'art. 22, qui porte que c'est à la chambre de décider s'il convient qu'il y ait une assemblée extraordinaire. Tant que celle-ci ne l'a pas arrêté, la convocation ne peut pas avoir lieu. En un mot, le § 3, en renvoyant à l'art. 6, a trait à la forme et non au droit de convocation, lequel est réglé par le § 2. — Les convocations même de droit sont précédées, à Paris, d'une délibération de la chambre. *Jurisp. not.*, art. 3028.

3. Les lettres de convocation sont signées par le président ou par le syndic. Il semble qu'elles pourraient être écrites par le secrétaire de la chambre, pourvu qu'il y fût mentionné qu'il n'agit que sur la réquisition du président ou du syndic : c'est au moins ce qui a été reconnu dans l'affaire Becq, par arrêt de la Cour de Douai, du 15 juin 1835, *Jurisp. not.*, art. 3066.

C'est le secrétaire qui fait les convocations extraordinaires arrêtées par la délibération de la chambre, et il doit y mentionner cette délibération.

Le local est celui de la chambre des notaires (V. art. 21) ; on ne pourrait tenir l'assemblée chez le président ou chez tel autre membre (Arrêt du 4 août 1644) : autrement la convocation pourrait être rendue illusoire. Mais si l'on avait été prévenu à temps, il semble qu'il ne résulterait pas de là une nullité, surtout si les motifs étaient sérieux.

4. La convocation ne pourrait être requise par le ministère public, qui, en cas de retard du président, devrait se borner à inviter celui-ci ou le syndic à la faire, sauf, en cas de refus, à les déférer à la chambre de discipline ou au tribunal, pour faire prononcer la suspension, si les circonstances donnaient de la gravité à ce refus. — Il semble que ce ne serait qu'alors, c'est-à-dire qu'après infliction d'une peine qui empêcherait ces fonctionnaires d'agir dans l'intérêt de la chambre, qu'on pourrait les considérer comme *empêchés*, et par suite, comme pouvant être suppléés aux termes de l'art. 11.

(2) Tous les notaires, même les notaires honoraires (art. 30), quoique ceux-ci n'aient pas voix délibérative, et ceux qui sont privés de voix délibérative dans l'assemblée générale : ils ont intérêt à connaître et à discuter ce qui s'y passe. *Conf.* Rolland de Villargues, *eod.*, n. 32. — L'absence aux assemblées générales sans cause légitime est un manquement qui rend les notaires passibles de peines disciplinaires (Instr. min. de la just., 12 janv. 1843, D.P.43.3.43).

(3) 1. Les règlements dont il est ici question sont ce qu'on appelait autrefois statuts, avis ou délibérations des chambres ; il a toujours été permis aux notaires de se réunir pour s'occuper de leurs intérêts collectifs (V. Rolland de Villargues, vᵉ *Assemb. gén. des not.*, nᵒˢ 54 et 57. V. aussi le *Traité abrégé de la discip.*, nᵒˢ 75 et suiv.). Ainsi, la formation de la bourse commune, l'établissement des registres de stage, le mode d'instruction des clercs, etc., sont les objets principaux dont ces réunions ont à s'occuper. Mais ces règlements ne sont que de simples avis et non des conventions qui puissent leur être opposées à titre de droit rigoureux par les tiers, bien que ceux-ci ne manqueront pas d'en tirer argument, lorsque le notaire y aura fait quelque infraction qui leur porterait préjudice. C'est qu'alors il y aurait, de la part des notaires, manquement aux devoirs sanctionnés par leur compagnie elle-même.

2. Anciennement les notaires faisaient homologuer leurs statuts. L'art. 22 de l'arrêté de nivôse autorisait aussi l'homologation, mais dans un seul cas, pour l'établissement d'une bourse commune. — Des officiers ministériels, les huissiers de l'arrondissement de Tarbes, étaient parvenus, sous l'empire de cet arrêté, à faire homologuer une délibération dont le but était d'assurer à leur corporation le droit exclusif de faire les copies à signifier à l'encontre des avoués ; mais cette décision fut cassée comme statuant par voie générale et réglementaire (Cass., 24 juill. 1832, D.P.32.1.347). Aujourd'hui, l'approbation ministérielle a remplacé l'homologation même pour la bourse commune (art. 39, 2°), les limites des délibérations des assemblées générales se restreignant aux intérêts communs. Il ne paraît pas douteux que si ces assemblées établissaient des peines en dehors des cas de discipline, si elles faisaient des tarifs excessifs d'honoraires dont les notaires requerraient l'application, bien qu'ils n'auraient pas été approuvés conformément à l'art. 23 de l'ordonnance de 1843, leurs règlements ne fussent censurés, de même que l'ont été des délibérations prises par des chambres de notaires dans des cas pareils (Bourges, 30 juin 1829, D.P.29.2.272). — C'est aussi ce qui devrait arriver si elles empiétaient sur les attributions de la chambre des notaires, soit en discutant les comptes trimestriels, soit en

l'arrondissement |non compris les membres de la chambre sera nécessaire pour la validité des délibérations de l'assemblée générale et pour les élections auxquelles elle procédera (1).

NOMINATION DES MEMBRES DE LA CHAMBRE ET DURÉE DE LEURS FONCTIONS.

25. Les membres de la chambre seront nommés par l'assemblée générale des notaires convoquée à cet effet.

---

prononçant sur des faits de discipline contre des notaires (Déc. min. just. d'oct. 1834 ; *Jurisp. not.*, art. 3029), soit en exerçant des poursuites ou une action qui n'appartiendrait qu'aux syndics. Mais la délibération qu'elles prendraient à l'effet d'autoriser l'un de leurs membres à résister à une demande en restitution d'honoraires, même aux frais de la compagnie, ne serait qu'un libre usage de leurs droits. C'est ce que le ministre de la justice a reconnu par décision du 3 mai 1834 contenant rétractation d'une opinion contraire consignée dans une lettre écrite au procureur du roi de Saint-Omer, en date du 26 sept. 1833.

3. Les opérations de l'assemblée générale doivent être constatées par des procès-verbaux, dont le ministère public peut exiger la communication (Bourges, 23 mars 1829 : *Jur. gén.*, v° *Notaire*, n° 715-2° : on se fonderait aujourd'hui sur l'art. 3-2° de l'ordonnance, bien qu'il ne parle que des registres des chambres de notaires), et dans lesquels on indique, d'après Rolland de Villargues, v° *Assemblée gén.*, n° 73, « la convocation qui a eu lieu ainsi que sa forme, comment le bureau a été formé, l'absence des notaires et les excuses qu'ils ont pu faire valoir, et qui ne doivent pas être fondées sur l'intérêt purement individuel. Le procès-verbal indique si l'assemblée était en nombre suffisant pour délibérer ; si l'on s'est conformé pour les nominations, aux règles tracées par les art. 18 et 19 de l'arrêté de nivôse (aujourd'hui par l'ordon. de 1843) ; si l'on a voté dans la forme prescrite..., si les membres nommés ont accepté. » Un tableau des notaires par rang d'ancienneté devrait aussi être joint. Le procès-verbal est signé par le président et le secrétaire ; expédition en est adressée de suite au procureur du roi (Circul. proc. gén. de Paris, 16 juin 1825 et 27 avril 1826 ; Rolland de Villargues, *eod.*, n° 76), expédition qui doit être *entière* (Amiens, 23 août 1828 ; Bourges, 8 déc. 1828, D.p. 29.2.69 ; Cass., 25 août 1829 ; D.p.29.1.346).

4. Lorsque les opérations de l'assemblée générale sont irrégulières en ce que, par exemple, le vote n'a pas eu lieu au scrutin secret, que les membres n'étaient pas en nombre pour délibérer, qu'ils ont choisi leurs représentants hors des délégués, ou en ce que l'assemblée a excédé ses pouvoirs, les opérations doivent être annulées. — Mais comment procédera-t-on ? Par une instruction en date du 26 sept. 1833, le ministre de la justice a invité la *chambre* des notaires à *rapporter* elle-même la délibération de l'assemblée. C'est là un mode défectueux, car il ne doit pas être permis à la chambre, produit de l'élection de l'assemblée générale, d'annuler ce que celle-ci a fait. Il paraîtrait plus régulier que, d'elle-même, ou sur la réquisition du procureur du Roi, la chambre convoquât une assemblée extraordinaire et que celle-ci, après avoir rétracté sa délibération, procédât à une opération nouvelle et régulière. — Si la chambre ou l'assemblée générale refuse d'obtempérer aux réquisitions du ministère public, il paraît être d'usage que ce dernier poursuive, contre la chambre, l'annulation de la délibération devant les tribunaux (Trib. de Rennes, 14 août 1832, D.p.33.3.32), par voie d'ajournement et en audience publique, et non sur simple requête en la chambre du conseil (*Conf.*, Rolland de Villargues, v° *Ass. gén. des not.*, n° 87, qui cite une

décision contraire du 19 déc. 1835, rendue par un tribunal dont il n'indique pas le nom). — Les membres élus sont recevables à intervenir pour défendre la délibération. — Au reste, cette délibération étant un acte administratif, il semble qu'il serait plus simple que le ministre, instruit par le procureur du Roi, fît inviter la chambre à convoquer l'assemblée extraordinairement à l'effet de prendre une délibération nouvelle, ou qu'il annulât lui-même, en cas de refus, celle qui aurait été prise. Cette invasion ministérielle dans les opérations des assemblées générales serait plus expéditive et aurait moins d'inconvénients que le recours aux voies judiciaires.

5. L'ordonnance semble avoir laissé l'assemblée générale libre de se constituer comme elle l'entendra. Aussi, ce qu'une assemblée arrêterait, à cet égard, ne pourrait obliger les assemblées futures : il ne s'y attacherait que la valeur d'un précédent. — Ici, le président de la chambre et le secrétaire remplissent les mêmes fonctions dans l'assemblée générale : là, c'est le doyen d'âge et le plus jeune. Rolland de Villargues, v° *Discipline*, n° 17, dit que ce dernier mode est suivi à Paris (il dit, v° *Assembl. gén.*, n° 20), que c'est le premier mode qui y est observé). — Ailleurs, on procède par voie de scrutin. — La même latitude est laissée pour la désignation des scrutateurs qu'il a paru nécessaire d'admettre pour le dépouillement des votes et la composition du bureau. Le président recueille les voix, il proclame le résultat du scrutin, il statue avec les scrutateurs sur les difficultés relatives à l'élection, il a la police de l'assemblée ; mais c'est à celle-ci de prendre, sur la proposition du président, les mesures qui touchent à l'intérêt commun des membres. *V.*, au reste, sur l'art. 23, le *Traité de la discipline*, n° 75.

(1) 1. Quel est le sens de ces mots : le *tiers* des notaires, *non compris* les membres de la chambre ? — Une instruction du min. de la just., de déc. 1829, porte que la présence du tiers des notaires du ressort ne suffit pas pour la formation régulière d'une assemblée générale, qu'il faut en outre que les membres de la chambre de discipline se trouvent présents, soit en totalité, soit au moins quant au nombre exigé pour la validité des délibérations de cette chambre ; qu'ainsi, dans un arrondissement où il y a quinze notaires, l'assemblée ne pourrait être composée de moins de dix personnes, savoir : *cinq* notaires formant le *tiers* de ceux du ressort, et *cinq membres* de la chambre de discipline. — Rolland de Villargues, v° *Assemblée gén.*, n° 31, pense, au contraire, qu'il résulte du sens naturel des expressions citées plus haut de l'art. 24 (celles qui sont les mêmes que celles de l'arrêté du 2 nivôse an XII, sous lequel il a écrit) « que la délibération est valable lorsque le *tiers des notaires du ressort* est réuni, et que la présence des membres de la chambre est nulle, dès lors, complétement inutile. » — Cette dernière opinion, qui ne nous paraît tenir aucun compte des mots *non compris les membres de la chambre*, ne nous semble point admissible : la décision ministérielle a mieux saisi le sens véritable et peu douteux, à notre avis, de la disposition dont il s'agit.

2. Une autre question est de savoir comment le *tiers* doit être fixé, lorsque le nombre des notaires

La moitié au moins desdits membres sera choisie dans les plus anciens en exercice formant les deux tiers de tous les notaires du ressort.

Deux au.moins des membres appelés à faire partie des chambres établies dans un chef-lieu de Cour royale seront nécessairement choisis parmi les notaires résidant au chef-lieu.

Quant aux autres chambres, un de leurs membres sera nécessairement choisi parmi les notaires de la ville où siége le tribunal de première instance.

La nomination aura lieu à la majorité absolue des voix, au scrutin secret et par bulletin de liste contenant un nombre de noms qui ne pourra excéder celui des membres à nommer.

Le notaire élu membre de la chambre ne pourra refuser les fonctions qui lui auront été déférées qu'autant que son refus aura été agréé par l'assemblée générale (1).

26. La chambre sera renouvelée par tiers chaque année, pour les nombres qui comportent cette division, et par portion approchant le plus du tiers pour les autres nombres, en faisant alterner chaque année les portions inférieures et supérieures au tiers, mais en commençant par les inférieures, et de manière que, dans tous les cas, aucun

membre ne puisse rester en fonctions plus de trois ans consécutifs, sauf ce qui est dit en l'article précédent.

27. Les membres désignés pour composer la chambre nommeront entre eux, en suivant le mode de l'art. 25, le président et les autres officiers dont parle l'art. 6.

Le président sera toujours pris parmi les plus anciens désignés dans l'art. 25, sauf l'application de l'art. 8.

Ces nominations se renouvelleront chaque année ; les mêmes pourront être réélus ; à égalité de voix, le plus ancien d'âge sera préféré.

Les membres élus officiers ne pourront refuser (2).

28. La nomination des membres de la chambre aura lieu dans la première quinzaine du mois de mai de chaque année (3).

L'élection des officiers sera faite, au plus tard, le 15 mai, et la chambre sera constituée aussitôt après cette élection (4).

DES NOTAIRES HONORAIRES.

29. Le titre de notaire honoraire pourra être conféré par nous, sur la proposition de la chambre et le rapport de notre garde des sceaux, ministre de la justice, aux notaires qui auront exercé leurs fonctions pendant vingt années consécutives (5).

n'est pas susceptible d'une division exacte, comme dans le cas où le nombre total des notaires est de *seize*, *vingt-deux*, *vingt-cinq*, etc. A Paris, on prend la fraction la plus forte. Ainsi, on porte à 48, et non pas seulement à 47, le tiers des membres dont la compagnie est composée. — *Conf.* Rolland de Villargues, *eod.*, n° 30.

(1) V. *Traité abrégé de la discipl.*, nᶜˢ 84 et 88. — (2) *Eod.*, n° 88. — (3) *Eod.*, n° 85.

(4) 1. L'art. 18 de l'arrêté de nivôse voulait que la première des deux assemblées générales, celle qui est spécialement consacrée à la nomination des membres de la chambre, eût lieu le 15 brum. de chaque année (5 nov.). Le décret du 4 avril 1806 la reporta au 1ᵉʳ mai à dater de 1807 ; et comme ce jour était, sous le règne de Louis-Philippe, la fête du roi, une circ. du min. de la just., du 18 avril 1833, prorogea la réunion au 3 mai ; — mais à Paris, c'est le 2 mai que la chambre se réunit, et le ministre ne paraît pas avoir improuvé cet usage.

2. La circulaire qui fixe l'assemblée générale au 3 mai était-elle légale et obligatoire ? L'affirmative a été consacrée par un arrêt de la Cour de Douai du 15 juin 1835, ainsi conçu : « Attendu que la circulaire du ministre de la justice qui, en 1833, a changé le jour fixé par le décret du 4 avril 1806 pour la réunion des assemblées générales des notaires, ne porte que sur une disposition essentiellement réglementaire ; que dès lors elle est obligatoire ; — Attendu qu'en refusant d'obtempérer à cette circulaire, ainsi qu'à la délibération de l'assemblée générale des notaires qui avait décidé qu'il serait passé outre à ses travaux, Becq a commis une faute de nature à entraîner à sa charge une peine disciplinaire ; — Déclare nul l'appel interjeté par Becq. »

La question élevée sous l'empire de la circulaire ne

pourrait être reproduite avec quelque chance de succès, sous l'art. 28-2° de l'ordonnance, qui a pu proroger l'arrêté réglementaire du 2 niv. an XII.

3. Il n'est pas fixé de jour pour la deuxième assemblée générale. En partageant l'année en deux fractions, on peut dire qu'elle doit être tenue du 1ᵉʳ au 15 novembre. Elle a eu lieu à Paris, le 6, jour de la Saint-Nicolas, patron des notaires. En l'absence d'une fixation légale, les notaires de chaque arrondissement peuvent arrêter tel jour qui leur convient le mieux.

(5) 1. L'honorariat remonte aux Romains, qui l'accordaient aux consuls, aux préteurs, lorsqu'ils avaient rempli le temps de leur magistrature, et leur conservaient ainsi un rang honorable dans le sénat : *Acclamatione excipiantur solitâ, nec prætereantur ut incogniti*, L. 1, a, C. *de quæstoribus et magistris officiorum.* — La l. 1, a C. *de primicerio et secumdicerio, et notariis*, autorisait aussi les notaires qui, pour vivre dans le repos ou à cause de leur grand âge, ou même leur élévation en dignité, cessaient leurs fonctions, à conserver le titre de leur charge, et à l'ajouter à celui de leur dignité. Les lettres patentes de 1637 et 1736 conservaient en France le privilége de l'honorariat, même aux veuves. Les statuts des notaires de Paris, homologués par arrêt du 13 mai 1681, portaient que « les notaires qui résigneront leurs offices après en avoir fait l'exercice pendant vingt années consécutives, jouiront des honneurs, séances, *voix délibératives* et distributions de la communauté. » — D'après une délibération des notaires de Paris du 15 brumaire an XIII, « les notaires qui se retirent après vingt années d'exercice sont admis à demander la qualité de notaires honoraires, et les droits attachés à cette qualité, et l'assemblée générale délibère sur chacune des demandes, d'après un rapport

30. Les notaires honoraires auront le droit d'assister aux assemblées générales.

Ils auront voix consultative (1).

DES ASPIRANTS AU NOTARIAT.

31. Tout clerc qui aspirera aux fonctions de notaire se pourvoira d'un certificat du notaire chez lequel il travaillera. Ce certificat constatera le grade qu'il occupe dans l'étude du notaire (3).

32. L'inscription au stage prescrit par les art. 56 et suivants de la loi du 25 ventôse an XI aura lieu sur la production faite par l'aspirant de son acte de naissance et du certificat mentionné en l'article précédent (3).

33. Il sera tenu à cet effet par le secrétaire un registre qui sera coté et paraphé par le président.

Les inscriptions audit registre seront signées tant par le secrétaire de la chambre que par l'aspirant.

Elles devront être faites dans les trois mois de la date du certificat délivré comme il est dit en l'art. 31.

Le certificat et l'acte de naissance de l'aspirant resteront déposés aux archives de la chambre (4).

34. Aucun aspirant au notariat ne sera admis à l'inscription, s'il n'est âgé de dix-sept ans accomplis (5).

35. Les inscriptions pour les grades inférieurs à celui de quatrième clerc ne seront admises que sur l'autorisation de la chambre, qui pourra la refuser lorsque le nombre de clercs demandé sera évidemment hors de proportion avec l'importance de l'étude.

Le même grade ne pourra être conféré concurremment à deux ou plusieurs clercs dans la même étude (6).

36. Toutes les fois qu'un aspirant passera d'un grade à un autre, ou changera d'étude,

il sera tenu d'en faire, dans les trois mois, la déclaration qui sera reçue dans la forme prescrite par l'art. 33 ci-dessus. Cette déclaration sera toujours accompagnée d'un certificat constatant son grade.

37. Les chambres exerceront une surveillance générale sur la conduite de tous les aspirants de leur ressort, et pourront, suivant les circonstances, prononcer contre eux, soit le rappel à l'ordre, soit la censure, soit, enfin, la suppression du stage pendant un temps déterminé, qui ne pourra excéder une année.

Il sera procédé contre les clercs dans les mêmes formes que celles prescrites par la présente ordonnance à l'égard des notaires.

Néanmoins, les dispositions des art. 15 et 16 ne seront pas applicables.

Dans tous les cas, le notaire dans l'étude duquel travaillera le clerc inculpé sera préalablement entendu ou appelé (7).

38. Dans le mois de la publication de la présente ordonnance, le registre d'inscription prescrit par l'art. 33 sera ouvert au secrétariat des chambres où ce mode de constater le stage ne serait pas déjà établi.

Tous les aspirants travaillant dans les études du ressort desdites chambres seront tenus de se faire inscrire, au plus tard, avant le 1er avril prochain, et la première inscription de chacun d'eux, faite dans ledit délai, constatera tout le temps de stage qui leur sera déjà acquis en vertu des certificats qu'ils représenteront, lesquels, pour cette première inscription, devront être visés par le syndic de la chambre (8).

DE LA BOURSE COMMUNE.

39. Il y aura une bourse commune pour les dépenses de la chambre (9).

Il n'y sera versé que les sommes nécessaires

---

de la chambre. » Enfin une délibération des mêmes notaires, du 2 fructidor an XIII, porte : « Considérant qu'il est des cas où l'avantage de la compagnie peut solliciter l'admission parmi les honoraires des notaires retirés avant vingt années d'exercice, soit parce qu'ils auraient rendu des services importants à la compagnie, soit parce qu'ils se seraient distingués par des travaux connus, soit parce qu'ils auraient obtenu des dignités ou des magistratures, arrête qu'elle pourra conférer aux notaires retirés avant vingt ans la qualité d'honoraires lorsqu'il y aura des motifs suffisants pour commander une exception au principe général. » Mais il résulte, au contraire, d'une décision du garde des sceaux, du 9 juillet 1847 (D.P.47.3.205), que le titre de notaire honoraire ne peut être accordé qu'aux notaires qui ont au moins 20 années d'exercice.

2. D'après l'art. 29, ce n'est plus l'assemblée qui confère le titre d'honoraire, mais le ministre de la justice sur la proposition de la chambre. — Par là se trouve abrogée la décision ministérielle du 18 février 1830, d'après laquelle le gouvernement n'accorde pas le titre de notaire honoraire, mais il tolère que les assemblées générales le confèrent à ceux des notaires

qui se sont distingués dans l'exercice de leurs fonctions. Par là aussi se trouve rempli le vœu des compagnies que cette matière fût réglée par un acte de l'autorité supérieure, vœu renouvelé par Rolland de Villargues, vᵒ *Honoraires*, nᵒ 9. V. sur ce point *le Tr. de la discip.*, nᵒˢ 140 et 141. V. aussi décision du garde des sceaux, du 14 oct. 1843 (D.p.44.3.6).

(1) C'est là une dérogation aux anciens statuts qui leur accordait *voix délibératives*. V. *eod.*, nᵒˢ 141 et 205.

(2, 3, 4, 5, 6). V. le commentaire de la loi du 25 vent. an XI, art. 35 à 45, p. 782, nᵒˢ 1075 et suiv., et le *Traité de la discipline*, nᵒˢ 24 et suiv., 56, 150. V. *suprà*, comment. de la loi du 25 vent. an XI, nᵒ 1280, *in fine*.

(7, 8). V. le comment. de la loi du 25 vent. an XI, art. 35 à 43, p. 782, nᵒˢ 1075 et suiv., et le *Tr. de la discipline*, nᵒˢ 24 et suiv., 56, 130.

(9) La bourse commune est la mise que les notaires font en commun d'une somme fixe ou d'une partie de leurs droits sur les actes, pour subvenir à des dépenses faites dans l'intérêt de la compagnie. — L'ordonn. de Philippe le Bel du 5 juin 1300 contient les

pour subvenir aux dépenses votées par l'assemblée générale (1).

La délibération par laquelle l'assemblée générale l'aura établie sera soumise à l'approbation de notre garde des sceaux, ministre de la justice, ainsi qu'il est dit en l'art. 23 ci-dessus (2).

La répartition des sommes votées entre les

---

premières règles sur la bourse commune. Les notaires du Châtelet arrêtèrent plus tard des articles que le parlement de Paris homologua par arrêt des 9 sept. 1673, 13 mai 1684 et 1er juin 1695. L'arrêté du 2 nivôse an xii, art. 22, est le dernier acte qui ait organisé les bourses communes des notaires. Ses dispositions sont à peu près les mêmes que celles de l'art. 39 de l'ordonn. du 4 janv. 1843. — La bourse commune n'est pas une société : c'est à proprement parler le budget de la communauté des notaires destiné à faire face à ses dépenses nécessaires. — Le mode de contribution n'est pas réglé par l'ordonnance qu'il ne l'était par l'arrêté de l'an ii : il en est deux principaux, le droit d'entrée et la cotisation annuelle : celui-là consistant dans le versement d'une somme fixe, une fois payée au moment de la réception des notaires ; celle-ci imposant à chaque membre l'obligation de payer chaque année une certaine somme, sans égard au produit de l'étude, ou une somme proportionnée à ses produits. C'est le droit d'entrée qui est encore en usage à Paris ; il n'est payé qu'après la prestation du serment, car jusque-là le candidat nommé n'a aucun caractère public. Aussi a-t-on regardé comme arbitraire et illégale la fixation d'une rétribution à percevoir sur la délivrance des certificats de capacité et de moralité (Déc. min. just., 20 oct. 1834 ; Jurisp. not., art. 3129).

Au reste, c'est à l'assemblée générale des notaires à fixer le mode de contribution qu'il lui convient d'adopter ; mais elle ne pourrait y faire entrer les amendes dont les notaires seraient passibles dans certains cas par elle déterminés, par exemple en cas d'absence de l'assemblée ou de la chambre de discipline ; et c'est avec raison que l'exécution a été refusée à des délibérations semblables, car l'amende est une peine qui ne peut être prononcée que dans les cas prévus par la loi et par les tribunaux ; il en serait autrement des libéralités qui seraient faites à une communauté de notaires après qu'elles auraient été autorisées par le Gouvernement : le montant de leurs revenus devrait réduire d'autant les cotisations.

Enfin, un règlement de l'assemblée générale des notaires de Paris, du 16 sept. 1807, homologué par le premier président de la Cour impériale, le 16 nov. suivant, est ainsi conçu :

« Art. 1er. La bourse commune pour les dépenses de la chambre consistera dans une cotisation individuelle et fixe. — Art. 2. La cotisation annuelle sera de 300 fr. pour chaque notaire résidant à Paris, et de 50 fr. pour chaque notaire résidant extra muros dans le ressort de la chambre. — Art. 2. Cette cotisation sera versée en quatre portions égales de trimestre en trimestre. — Art. 4. Chaque récipiendaire, ayant sa résidence de Paris, fournira une bourse de 250 jetons, dont les deux cinquièmes seront applicables à l'entretien de la bibliothèque existant près la chambre.

(1) 1. Les dépenses sont ordinaires ou extraordinaires. Les premières sont les frais de location, d'impression, d'achats de jetons, d'appointements d'employés ou salaires de gens de service, les frais de correspondance, etc. Elles sont autorisées par les chambres des notaires, seules chargées de l'administration, et dans la limite des crédits votés par l'assemblée générale. Les secondes, variables comme les circonstances qui peuvent les déterminer, consistent, par exemple, en frais de procès à soutenir sur des questions qui intéressent plutôt la compagnie entière qu'un seul de ses membres. Il ne saurait être ouvert de crédit à leur affectation par l'assemblée générale, qu'autant que les dépenses auront été faites, ou que le procès serait déjà engagé ou résolu par la chambre. En un mot, elles doivent être votées spécialement pour un cas certain, puisqu'elles sont fondées sur la nécessité et non pour un cas purement hypothétique. Conf., Rolland de Villargues, n° 60. — Si, les dépenses faites, il restait une somme sans emploi, Rolland de Villargues, eod., n° 61, enseigne que la chambre n'aurait pas le droit de l'employer à une dépense extraordinaire sans avoir, au préalable, l'avis de l'assemblée, elle ne le ferait, en tout cas, que sous sa responsabilité. Elle ne pourrait non plus la faire servir à l'acquisition d'immeubles, sans autorisation du gouvernement (Conf., MM. Dard, des Off., p. 202, et Rolland de Villargues, eod., n° 62), et même de l'assemblée générale.

2. D'après l'art. 22 de l'arrêté de l'an ii, la bourse commune ne devait pas excéder les dépenses nécessaires. L'ordonnance n'emploie pas les mêmes expressions, mais celles dont elle se sert sont à peu près équivalentes ; on a voulu, par là, empêcher le partage du bénéfice des études, source d'une juste émulation dans le notariat. — De cette limitation de la bourse commune aux dépenses nécessaires, il suit que l'assemblée générale chargée de voter les recettes est, par là même, investie du droit de voter les dépenses, c'est-à-dire de vérifier tant le passif que l'actif de la compagnie ; qu'en un mot le vote des dépenses de la bourse commune lui appartient, et que la chambre n'est chargée que de leur ordonnancement et de leur perception par l'intermédiaire du trésorier, mais non par celui des receveurs de l'enregistrement auxquels il est interdit de s'en charger (Déc. min. fin., 8 juill. 1823, et min. just., 8 juill. 1823 ; Délib. régie, 17 fév. 1829 ; Jurisp. not., art. 404. — Conf., Rolland de Villargues, v° Bourse com., n°s 28 et 29).

(2) 1. Les délibérations de l'assemblée générale dont il est parlé ici sont assimilées aux règlements que mentionne l'art. 23 : ils sont soumis les uns et les autres à l'approbation du ministre ; ce n'est que le rôle de répartition qui, aux termes du § 3 de l'art. 39, est soumis au premier président ou au procureur général. Rolland de Villargues, n° 37, dit que la communication au ministre n'a lieu qu'après l'homologation du premier président ; mais c'est là une erreur, car la répartition ne peut venir qu'après l'approbation du règlement. L'ordonnance ne fixe pas le délai dans lequel la force exécutoire sera donnée au rôle de répartition, et il semble que, tant qu'elle n'a pas lieu, les membres de la compagnie pourraient n'y voir qu'un simple projet et refuser leur cotisation (Conf., décis. min. de la just., 8 sept. 1843, D.P.45. 3.32 ; Contrà, Rolland de Villargues, eod., n° 35). Mais il serait mieux qu'ils la payassent, car ils ont voté la dépense, et il est possible d'ailleurs que le retard ne soit pas imputable à la compagnie. — Au reste, les membres qui croient avoir à se plaindre de la délibération doivent, ce semble, adresser leurs observations au procureur général chargé de la transmettre avec son avis au ministre ; c'est, soit au président, soit au procureur général, qu'ils doivent envoyer leurs griefs contre les rôles de répartition, lesquels peuvent être modifiés sur l'avis de ce magistrat par

notaires de l'arrondissement sera proposée par l'assemblée générale; le rôle en sera rendu exécutoire par le premier président, sur l'avis du procureur général (1).

DISPOSITIONS GÉNÉRALES.

40. L'arrêté du 2 nivôse an XII est abrogé. Néanmoins, les chambres actuellement en exercice sont maintenues.

Elles seront organisées conformément à la présente ordonnance, lors du renouvellement triennal qui aura lieu dans la première quinzaine du mois de mai prochain.

10-17 janvier 1843. — ORDONNANCE du Roi qui rend applicables et exécutoires, en Algérie, les lois, décrets et ordonnances qui régissent, en France, l'impôt et les droits de timbre (Bulletin, n° 10, 458).

Art. 1er. A partir du 1er mars 1843, seront applicables et exécutoires, en Algérie, les lois, décrets et ordonnances qui régissent actuellement, en France, l'impôt et les droits de timbre.

2. Les lois et ordonnances qui seraient rendues par la suite, en France, relativement aux droits de timbre, ne deviendront exécutoires, en Algérie, qu'en vertu de nos ordonnances spéciales.

24 juin 1843. — CIRCULAIRE de la chambre des notaires de Paris sur les formules à suivre pour les actes spécifiés au § 1, art. 2, de la loi du 24 juin 1843 (2).

Monsieur et cher confrère,

La loi sur la forme des actes notariés vient d'être promulguée le 21 de ce mois. Cette loi est un bienfait immense pour la société dont elle rassure les intérêts; elle est aussi d'une haute importance pour le notariat dont elle augmente, il est vrai, mais dont elle précise les obligations. — Ces obligations résultent des dispositions suivantes: « Art. 2. A l'avenir les actes notariés contenant donation entre-vifs, donation entre époux pendant le mariage, révocation de donation ou de testament, reconnaissance d'enfants naturels, et les procurations pour consentir ces divers actes seront reçus conjointement par deux notaires, ou par un notaire, en présence de deux témoins. La présence du notaire en second ou des deux témoins n'est requise qu'au moment de la lecture des actes par le notaire, et de la signature par les parties. Elle sera mentionnée, à peine de nullité. »

Hors ces cas où elle innove, la loi est purement interprétative dans le sens d'un usage universel, constant, immémorial.—Cet usage, alors qu'il reçoit une sanction solennelle, devient pour nous, s'il est possible, plus précieux encore; les formes anciennes sous lesquelles il s'est produit deviennent également plus respectables et plus sûres. Ces formes ne doivent donc subir de modifications que dans les actes que l'exception atteint; les changements doivent être restreints à ce qui est nécessaire pour l'exécution littérale de la loi; et pour ne pas altérer nos formes désormais consacrées, ces changements doivent, comme une exception, être placés en dehors et à la suite des actes que désigne le § 1er de l'art. 2.

Telle est l'opinion de la chambre. — Outre cet intérêt de principe qui l'a dirigée, elle

l'assemblée générale, et, en cas de refus, par le ministre, juge en dernier ressort de cet acte administratif. Mais une fois revêtue de l'ordonnance d'exécution, il semble que les difficultés auxquelles la perception peut donner lieu ne peuvent plus être portées devant les tribunaux. C'est ce qui a été décidé dans une espèce où le refus d'un notaire de payer sa cotisation était fondé sur ce que la délibération relative à la bourse commune devait être renouvelée tous les ans (Déc. min. just., 20 oct. 1834; *Jur. not.*, art. 3429).

2. Le règlement de l'assemblée générale et le rôle de répartition sont obligatoires tant qu'ils n'ont pas été renouvelés, et si, après un long temps et dans le cas où soit les dépenses, soit les recettes se seraient accrues, l'assemblée générale refusait de les modifier, le ministère public provoquerait avec succès les modifications devenues nécessaires au bien du service (*Conf.*, Rolland de Villargues, *eod.*, n° 43 *bis*).

3. Le recouvrement de la cotisation est effectué, comme on l'a dit, par le trésorier, et l'exécution en est poursuivie par le syndic de la chambre, en qui réside le droit d'agir dans l'intérêt du corps des notaires (Déc. min. just., 23 oct. 1834; *Jur. not.*, art. 3429). Cette exécution se poursuit soit en vertu de l'ordonnance du premier président, soit même sur assignation devant les tribunaux seuls compétents pour en connaître (Déc. min. just., 20 oct. 1834, *eod.*).

4. Le trésorier rend compte à la chambre et celle-ci à l'assemblée générale; c'est ce qui résulte de l'économie de l'ordonnance qui s'est bornée à reproduire les dispositions de l'art. 5 de l'arrêté de l'an II (*Conf.*, Rolland de Villargues, *eod.*, 63 et 64).

(1) Quoique la répartition doive se faire entre les notaires de l'arrondissement, elle peut être inégale dans les arrondissements où il existe des notaires de deux classes; elle est moindre pour ceux de la seconde que pour ceux de la première. C'est ce qu'on a vu dans le règlement des notaires de Paris, et il ne paraît pas que ces taxations proportionnelles aient été improuvées. — Qu'on soit suspendu ou non, il semble qu'on doit payer la cotisation tant qu'on appartient à la compagnie et encore bien qu'elle soit fixée eu égard au produit des actes; on ne paierait que suivant les actes qu'on aurait passés. — *Contrà*, Nouv. Denisart, v° *Bourse commune*; Rolland de Villargues, *eod.*, n. 25. — *V.* aussi, sur tout ce qui concerne la bourse commune, la *Jur. gén.* de MM. Dalloz, v° *Notaire*, n°s 662 et suiv.

(2) Cette circulaire sert comme de complément à l'analyse de la discussion de la loi du 24 juin 1843, que MM. Dalloz ont présentée avec tous les développements que comporte cette loi d'un intérêt si grave (*V.* D.P.1843.3.465).

trouve dans la position apparente de la mention prescrite par l'article 2 une garantie d'exécution de la loi. — Nous avons éprouvé souvent, et notamment depuis quelques années, combien l'uniformité d'action donnait de force, soit dans des questions d'intérêt général, soit dans des débats où l'intérêt particulier semble seul engagé.

La chambre propose donc et demande que chaque notaire veuille bien adopter les formules ci-après, qui lui paraissent les seules à prévoir pour répondre aux prescriptions nouvelles qui nous sont imposées. — Enfin, quelques notaires ont paru douter que les contrats de mariage, alors qu'ils contiennent des donations entre-vifs, dussent rester soumis aux formes ordinaires. — La discussion à la suite de laquelle la Chambre des députés a retranché les contrats de mariage de la catégorie exceptionnelle où le projet les avait placés, et le rapport si remarquable de la commission de la Chambre des pairs, ont été l'objet des plus sérieuses méditations. — Convaincue par l'étude de ces documents précieux, la chambre n'hésite pas à déclarer qu'elle entend la loi comme l'ont entendue les pouvoirs qui l'ont rendue, en ce sens que les contrats de mariage, même ceux contenant des donations entre-vifs, sont affranchis des formalités imposées aux actes spécifiés dans le deuxième paragraphe de l'art. 1ᵉʳ de la loi.

Je suis, etc. — Signé : CHAPELLIER, secrét.

FORMULES. — Pour les actes spécifiés au § 2 de l'art. 1ᵉʳ de la loi nouvelle, après ces mots : « *Et ont les parties signé avec les notaires, après lecture faite,* » on ajoutera la formule suivante : — *La lecture du présent acte par Mᵉ... notaire en premier, et la signature par les parties, ont eu lieu en présence de Mᵉ..., notaire en second.*

Si une ou plusieurs des parties ne savent ou ne peuvent signer, la formule sera ainsi rédigée : — *La lecture du présent acte par Mᵉ..., notaire en premier , la signature par celles des parties qui l'ont signé, et la déclaration de ne le savoir (ou de ne le pouvoir) par les autres parties, ont eu lieu en présence de Mᵉ..., notaire en second.*

Si l'acte est fait en présence de témoins, la formule sera rédigée comme il suit : — *La lecture du présent acte par Mᵉ..., notaire, et la signature par les parties, ont eu lieu en présence de deux témoins instrumentaires.*

Et si une ou plusieurs des parties ne savent ou ne peuvent signer, on dira : — *La lecture du présent acte par Mᵉ..., la signature par les parties qui l'ont signé, et la déclaration de ne le savoir (ou de ne le pouvoir) par les autres parties, ont eu lieu en présence des deux témoins instrumentaires.*

Quant à la forme des actes autres que ceux spécifiés au § 1ᵉʳ de l'art. 2 de la loi du 21 juin 1845, il n'y a lieu d'introduire AUCUN CHANGEMENT.

25 avril 1844. — LOI sur les patentes.

Nous ne rapportons pas cette loi fort étendue sur les patentes ; il suffit de savoir que celle du 18 mai 1850 assujettit les notaires à la patente, et que dès lors ils sont tenus d'acquitter le prix de la formule de la patente, sans que la nature de leur profession puisse leur donner droit à être exemptés.

En effet, aux termes de l'art. 26 de la loi du 25 avril 1844, le prix de la formule de patente fait partie de la contribution des patentes, et doit être acquitté en même temps que le premier douzième de cette contribution (Décret du conseil d'État, 18 nov. 1852).

26 oct. 1846. — RÈGLEMENT de la compagnie des notaires du département de la Seine, approuvé le 4 nov. 1846 par le ministre de la justice.

TITRE Iᵉʳ. — DE DIVERSES RÈGLES ET PROHIBITIONS A OBSERVER PAR LES NOTAIRES.

Art. Iᵉʳ. Les notaires ne doivent recevoir aucun dépôt ou consignation, pour obtenir des places ou emplois publics (24 et 27 fév. 1807) (1).

Art. 2. — § 1ᵉʳ. Il est interdit aux notaires de s'immiscer, directement ou indirectement, dans l'entreprise ou l'administration de toute bourse commune ou souscription relative au recrutement ou au remplacement, quand bien même il s'agirait d'un établissement autorisé.

§ 2. Aucun notaire ne doit permettre que son nom soit indiqué dans les affiches ou annonces relatives à ces entreprises, si les statuts et conditions de la bourse commune ou souscription n'ont été préalablement établis par acte notarié ou déposés pour minute à un notaire, et si les noms et demeures des fondateurs, directeurs ou administrateurs, ne se trouvent également indiqués dans ces affiches ou annonces.

§ 3. Aucun notaire ne doit également consentir à se rendre dépositaire séquestre des versements ou souscriptions, à moins que les statuts notariés ou déposés pour minutes ne spécifient sur quels mandats il devra effectuer les paiements, et par quels moyens sa décharge pourra s'opérer (10 avril 1823).

Art. 3. Les notaires, à moins qu'il ne leur soit justifié de l'autorisation requise, ne doivent recevoir aucun acte par lequel une société, agence ou compagnie, et même un simple individu, s'obligerait de quelque manière et sous quelque forme que ce soit, à faire remplacer un ou plusieurs jeunes gens appelés au service militaire. — Cette prohibition ne s'applique pas à un acte par lequel un individu contracterait l'engagement d'en

_____

(1) Ces chiffres indiquent la date des anciens statuts dans lesquels le nouvel article a été puisé.

remplacer personnellement un autre (9 oct. 1823 et 12 déc. 1844).

Art. 4. Les notaires doivent se refuser à mettre leurs signatures pour quelque motif que ce soit sur les actions émises en vertu d'actes de société (11 sept. 1838).

Art. 5. Tous les pactes et conventions ayant pour objet d'accorder à des tiers des remises sur les honoraires des notaires sont interdits à ces derniers, comme indignes de leur ministère et contraires aux règles de la discipline (22 nov. 1828).

Art. 6. Les notaires ne peuvent contracter entre eux ni avec des tiers aucune société pour l'exercice de leurs fonctions (10 sept. 1780).

Art. 7. — § 1er. Les notaires énonceront dans les actes, immédiatement après leur nom, le lieu de leur résidence, en indiquant ensuite, de la part des notaires hors Paris, le nom de leur canton et celui du département.

§ 2. Les notaires ne prendront aucun nom, surnom ou prénom autres que ceux sous lesquels ils auront obtenu leur nomination et prêté serment, à moins qu'ils n'aient obtenu l'autorisation légale d'un changement ou d'une addition (17 juin 1813).

Art. 8. Un notaire ne peut être substitué pour la réception d'un acte et la délivrance des grosses et expéditions que par un autre notaire ayant, ainsi que le notaire substitué, droit d'instrumenter dans le lieu où l'acte est reçu, à la condition, d'ailleurs, d'observer les dispositions suivantes prescrites par une décision de Leurs Excellences les ministres de la justice et des finances, du 11 nov. 1819, transmise à la chambre le 3 janv. 1828, portant :

1° Dans le cas où un notaire aura remplacé son confrère pour la rédaction d'un acte, cet acte contiendra la mention que la minute est restée au notaire suppléé, lequel demeurera responsable du préjudice de la substitution.

La minute sera portée à la fois au répertoire du notaire substitué et de celui du notaire substituant, avec mention par celui-ci que la minute est restée au notaire suppléé, et qu'elle sera enregistrée au bureau de l'enregistrement de ce dernier ;

2° En ce qui concerne la minute d'une décharge donnée personnellement à un notaire, à la suite d'un acte par lui reçu, cette quittance ou décharge, quoique signée par un autre notaire, restera en la garde du notaire dont elle opère la libération.

Cette quittance doit néanmoins être enregistrée au bureau de l'enregistrement du notaire qui l'a reçue, et être portée sur son répertoire, avec mention de la garde par l'autre notaire, sans qu'il soit besoin de l'inscrire sur le répertoire de celui-ci (11 déc. 1817 ; 2 déc. 1844 et 29 oct. 1846).

Art. 9. Un notaire ne peut, à raison de ses fonctions, se transporter hors de sa résidence à des époques périodiques, ni avoir un cabinet hors de la maison où est le siége de son étude (2 déc. 1844).

TITRE II. — DES ADJUDICATIONS D'IMMEUBLES.

Art. 10. — § 1er. Toutes les adjudications volontaires d'immeubles que les notaires sont chargés de faire à Paris auront lieu en la salle publique, établie à cet effet dans le local de la chambre, le mardi de chaque semaine, à midi.

§ 2. Les procès-verbaux établissant les conditions de l'enchère doivent toujours être signés par les vendeurs ou leurs fondés de procurations authentiques, et prêts à être communiqués dès le moment où la vente est annoncée par les placards et insertion dans les journaux, ou, au plus tard, quinzaine franche, compris le jour fixé pour l'adjudication. Les procès-verbaux devront indiquer la mise à prix.

S'il est apporté des modifications à l'enchère ou au cahier des charges, cette circonstance devra être publiquement annoncée avant la lecture de ces modifications.

§ 3. Aucun notaire ne peut procéder à la vente aux enchères des biens immeubles appartenant, en totalité ou en partie, à des mineurs ou interdits, sans l'accomplissement de toutes les formalités prescrites par la loi, encore bien que les parties majeures consentent à se porter fort des incapables, et lors même que la portion afférente à ceux-ci dans le prix doit rester ès-mains de l'adjudicataire jusqu'à l'époque de la ratification.

Cette disposition ne fait point obstacle à ce que les portions appartenant aux majeurs libres de leurs droits soient mises en vente par adjudication.

§ 4. Le rôle des adjudications qui auront lieu chaque mardi sera arrêté, le jeudi précédent, par l'un des syndics, sur la communication qui lui sera faite des procès-verbaux enregistrés. — Les adjudications auront lieu dans l'ordre du numéro de la communication, et il ne pourra être procédé qu'à celles comprises dans le rôle arrêté par le syndic.

§ 5. A chaque séance seront présents deux notaires non chargés de publications, l'un pris dans la première moitié du tableau et l'autre dans la deuxième moitié ; ils seront appelés à cet effet par les syndics dans l'ordre de réception ; ils auront le droit de prendre, avant l'ouverture des séances, communication des procès-verbaux, et ils devront se refuser formellement à l'introduction de toutes clauses contraires aux règlements et aux usages adoptés.

§ 6. L'agent de la compagnie prendra, sous les ordres des deux notaires assistants, les mesures nécessaires pour la police et la tenue des séances.

§ 7. Les notaires qui auront manqué d'assister à la séance pour laquelle ils auraient été convoqués seront tenus d'assister à la séance suivante sans recevoir le jeton de présence.

§ 8. Parmi les notaires appelés aux séances d'adjudication, il devra toujours se trouver un membre de la chambre.

§ 9. Les notaires appelés par les syndics et ceux des vendeurs devront être en habit noir.

§ 10. Les adjudications seront prononcées à l'extinction des feux.

§ 11. Les enchères pourront n'être que de 50 fr., et même au-dessous, tant que l'objet à vendre ne sera pas porté à 10,000 fr.; au-dessus de ces prix, elles seront au moins de 100 fr.

§ 12. Il ne sera reçu d'enchères que de la part d'avoués près la Cour royale de Paris et le tribunal de première instance de la Seine, et de notaires du ressort de la chambre.

§ 13. Un notaire ne devra enchérir qu'autant qu'il sera porteur d'un pouvoir spécial, signé de son client, et conforme au modèle déposé à la chambre.

§ 14. Toute enchère fictive est interdite.

§ 15. Les enchères seront reçues de vive voix; on ne constatera que la dernière de celles portées pendant la durée de chaque feu, lors des adjudications (25 prair. an XII ou 14 juin 1804 ; 13 thermidor an XII, ou 1ᵉʳ août 1804; 29 frim. an XIII ou 20 déc. 1804 ; 8 juin 1815; 6 juin et 10 oct. 1822; 26 juin 1823 ; 24 déc. 1840 et 2 déc. 1844).

Art. 11. — § 1ᵉʳ. Tout notaire commis par la justice pour procéder à la vente d'immeubles est tenu de communiquer à l'un de MM. les syndics le cahier des charges huit jours au moins avant l'adjudication.

Cette communication sera constatée sur la minute par le visa du syndic.

§ 2. Les ventes judiciaires d'immeubles renvoyées devant les notaires de Paris seront faites en la salle publique établie à la chambre, lorsqu'un autre lieu n'aura pas été désigné par le jugement ou arrêt ordonnant la vente.

Il en sera de même à l'égard des adjudications d'immeubles faites en vertu d'ordonnance royale par les notaires résidant à Paris.

§ 3. Les adjudications de baux d'immeubles appartenant à des établissements publics pourront aussi avoir lieu à la chambre.

Quant aux adjudications autres que celles énoncées au présent titre, elles ne pourront y être faites qu'avec l'autorisation spéciale de la chambre (20 déc. 1820 ; 10 oct. 1822 et 2 déc. 1844).

TITRE III. — DES ASSEMBLÉES GÉNÉRALES ET DE L'ÉLECTION DES MEMBRES DE LA CHAMBRE. — DES CONFÉRENCES GÉNÉRALES.

§ 1ᵉʳ. — *Des assemblées générales et de l'élection des membres de la chambre.*

Art. 12. Le bureau des assemblées générales se compose du président de la chambre, des trois syndics et du secrétaire de la chambre.

En cas d'absence ou d'empêchement du président, il est suppléé par un des membres du bureau d'après le rang de chacun d'eux (1ᵉʳ mars 1809 et 2 déc. 1844).

Art. 13. L'élection des membres de la chambre, en vertu de l'art. 25 de l'ordonnance royale du 4 janv. 1843, aura lieu dans les formes suivantes :

§ 1ᵉʳ. Le bureau pour l'élection des membres de la chambre de discipline est composé, outre le président et le secrétaire de la chambre, des trois plus anciens et des trois plus nouveaux notaires présents à l'assemblée, tous six remplissant les fonctions de scrutateurs.

§ 2. Les nominations se font par bulletins de liste, lors même que la durée des fonctions des divers membres à élire ne doit pas être égale.

§ 3. Les bulletins sont reçus par le président et jetés par lui dans une boîte close.

A mesure de la réception de ces bulletins, le président nomme à haute voix chaque notaire votant, et ce nom est noté à l'instant par trois scrutateurs au moins.

§ 4. Chaque scrutin reste ouvert une heure au moins; il est clos après avertissement public donné par le président.

Il n'est valable qu'autant que le nombre des votants a atteint celui prescrit par l'art. 24 de l'ordonnance précitée.

§ 5. Après la clôture, il est procédé, par le président, à la vérification du nombre des bulletins, et par les scrutateurs au nombre des votants par eux inscrits.

Si la quantité des bulletins se rapporte au nombre des votants portés sur la liste de deux des scrutateurs, le scrutin est de suite déclaré valable ; dans le cas contraire, il en est référé à l'assemblée avant de passer au dépouillement.

§ 6. Pour accélérer l'opération du dépouillement, le président peut former une ou deux sections supplémentaires du bureau et diviser les bulletins entre elles et le bureau principal.

Chaque section est composée de l'un des scrutateurs et de trois notaires désignés par le président.

L'appel des bulletins est fait au bureau principal par le président, et dans chaque section par le scrutateur qui en fait partie ; les votes sont inscrits à mesure de l'appel, par les autres membres du bureau ou de la section.

Si deux de ces listes présentent un résultat uniforme, le dépouillement est valable ; dans le cas contraire, on procède à un nouvel appel de bulletin.

Le résultat des dépouillements des sections est porté au bureau principal, qui en fait la réunion.

§ 7. Dans le dépouillement des scrutins ordinaires, le bureau principal et les membres des sections rayent des bulletins les noms portés au delà du nombre qu'ils doivent contenir. Ce retranchement s'opère sur les derniers noms inscrits.

Néanmoins, si le retranchement frappe sur un notaire faisant partie des deux premiers tiers de la compagnie, et que, par suite de cette suppression le bulletin ne porte pas le nombre de candidats requis dans ces deux premiers tiers, le nom de ce notaire est conservé, et le retranchement est effectué sur les noms des notaires du dernier tiers inscrits immédiatement avant le sien.

§ 8. Si quelque bulletin contient, hors des deux premiers tiers, un nombre de noms au delà de celui prescrit, le retranchement a lieu sur ces noms, quand même l'ensemble du bulletin n'excéderait pas le nombre total des membres à nommer.

§ 9. En cas de ballottage, tout bulletin est annulé de droit soit lorsqu'il contient un nombre de noms plus ou moins grand que celui des membres restant à nommer ou des noms qui ne sont pas portés sur la liste de ballottage, soit lorsque le votant n'a pas observé la proportion requise par les membres à élire dans les deux premiers tiers de la compagnie.

§ 10. Les bulletins qui présentent des difficultés non prévues sont mis de côté sans être compris dans le dépouillement, pour en être référé à l'assemblée avant la proclamation du résultat du scrutin.

§ 11. Le résultat de chaque scrutin est annoncé par le président, qui proclame de suite les membres élus.

§ 12. Nul, excepté dans le cas de ballottage, n'est proclamé membre de la chambre s'il n'a réuni la majorité des suffrages calculée sur le nombre de bulletins trouvés dans la boîte.

§ 13. Le ballottage ne peut avoir lieu qu'après deux scrutins, et dans le cas seulement où le second scrutin n'a produit aucune nomination.

§ 14. Pour procéder au ballottage, le bureau forme une liste de noms en nombre double de celui des membres restant à nommer.

Cette liste est composée des notaires ayant réuni le plus de suffrages au dernier tour de scrutin ; ils y sont classés dans l'ordre de la quantité de voix obtenues par chacun.

Néanmoins, si cette opération ne présente plus au ballottage parmi les notaires des deux premiers tiers de la compagnie un nombre double de celui des membres restant à élire dans ces deux premiers tiers, les notaires desdits deux premiers tiers, malgré l'infériorité des suffrages obtenus par eux sont portés sur la liste de ballottage jusqu'à concurrence de ce nombre, préférablement aux notaires du dernier tiers.

§ 15. Lorsque la durée des fonctions des membres élus ne doit pas être égale, les premiers nommés sont proclamés pour le temps le plus long.

§ 16. En cas d'égalité de voix entre deux candidats, dans le même scrutin, le plus ancien en exercice a la préférence.

§ 17. Le président est suppléé dans les différents actes relatifs aux élections, par le plus ancien des scrutateurs présents.

Les scrutateurs sont suppléés par d'autres notaires appelés, d'après l'ordre du tableau, alternativement dans les plus anciens et les plus nouveaux de ceux présents à l'assemblée.

§ 18. Toutes les difficultés qui peuvent s'élever au sujet de l'élection dans les cas non prévus sont vidées immédiatement par l'assemblée (Ordonnance royale du 4 janv. 1843 ; 29 nov. 1843 ; 6 déc. suivant ; 1er mai 1827 ; 29 oct. 1846).

Art. 14. — § 1er. Un membre de la chambre, quoique élu pour moins de trois ans n'est rééligible qu'un après sa sortie (1er mai 1810).

§ 2. — Des conférences générales.

Art. 15. Indépendamment des assemblées générales ordinaires et extraordinaires, il y aura des conférences périodiques des notaires du ressort et des notaires honoraires.

Ces conférences seront organisées par des délibérations de la chambre.

Elles seront consacrées à l'examen et à la discussion des questions de droit.

(15 brum. an XIII ; 20 déc. 1804 ; 30 juill. 1812 ; 1er juin 1820 et 6 déc 1833.)

TITRE IV. — DE LA BOURSE COMMUNE, DES DISTRIBUTIONS DE JETONS.

Art. 16. — § 1er. Par suite de la délibération de l'assemblée générale, rappelée plus bas, la bourse commune pour les dépenses de la chambre consiste aujourd'hui dans une cotisation individuelle et fixe.

§ 2. La cotisation annuelle est de 300 fr. pour chaque notaire résidant à Paris, et de 100 fr. pour chaque notaire résidant extra muros dans le ressort de la chambre.

§ 3. Cette cotisation doit être versée en quatre portions égales, de trimestre en trimestre, dans le premier mois du trimestre suivant, entre les mains du trésorier de la chambre, par émargement sur un état nominatif.

§ 4. Chaque récipiendaire, pour l'arrondissement de Paris, fournit une bourse de deux cent cinquante jetons, dont les deux cinquièmes sont applicables à l'entretien de la bibliothèque existant près de la chambre (10 sept. 1807).

Ce règlement de la bourse commune a été consacré par délibération de l'assemblée générale des notaires du ressort du 16 sept. 1807, homologuée par M. le président de la Cour d'appel, le 16 novembre suivant, sur les conclusions de M. le procureur général, et par une autre délibération de l'assemblée générale du 6 déc. 1842.

Art. 17. Il y a distribution de jetons à l'effigie du Roi, aux membres présents honoraires ou en exercice :

1° Lors des assemblées et conférences générales, le président, le doyen, et ceux des notaires honoraires qui ont été doyens, reçoivent chacun deux jetons ; tous les autres membres, un jeton ; et de plus, le président et le rapporteur des commissions nommées pour l'examen des questions de droit ont droit chacun à deux jetons par chaque rapport ; les autres membres de ces commissions à un jeton, le tout indépendamment de leur jeton de présence à la conférence générale ;

2° Lors des séances de la chambre, les officiers reçoivent chacun deux jetons, et les autres membres un jeton ;

3° Pour les séances d'adjudication, les notaires appelés par les syndics reçoivent chacun un jeton ;

4° Pour les convois et services anniversaires, chaque notaire qui aura assisté en costume reçoit un jeton (Ordonn. roy. du 4 janv. 1843 ; Délib., 6 nov. 1844 ; 1er mai 1809 ; 30 juill. 1812 ; 11 mars 1829 ; 6 déc. 1833 et 2 déc. 1844).

TITRE V.—Des notaires honoraires.

Art. 18. — § 1er. Les demandes faites par les notaires qui se retirent après vingt années d'exercice, à l'effet d'obtenir la qualité de notaires honoraires, doivent être adressées à la chambre.

§ 2. Le président nommera une commission de trois membres, chargés d'instruire sur cette demande.

§ 3. Lorsque, sur le rapport de la commission, la chambre sera d'avis de la prise en considération, une circulaire contenant l'indication des membres de la commission fera connaître la demande à tous les notaires en exercice ou honoraires, du ressort de la chambre.

Si l'avis de la chambre est contraire à la prise en considération, l'envoi de la circulaire n'aura lieu que sur la réquisition expresse du postulant, qui ne pourra la faire qu'un mois après cet avis.

§ 4. Pendant le mois qui suivra l'envoi de la circulaire, tous les membres de la compagnie doivent faire connaître à la commission les motifs qui pourraient faire rejeter la demande.

§ 5. Le mois expiré, sur un nouveau rapport de la commission, la chambre délibérera.

Si le résultat de la délibération est favorable, la proposition d'honorariat sera adressée, par l'intermédiaire de M. le procureur du Roi et de M. le procureur général, à M. le garde des sceaux, ministre de la justice, pour être soumise à Sa Majesté, le tout conformément à l'art. 29 de l'ordonnance du 4 janv. 1843.

§ 6. Les délibérations de la chambre dont il est question dans les §§ 3 et 5 qui précèdent seront prises au scrutin secret.

Le nombre des votes ne sera pas constaté au procès-verbal.

(1er déc. 1836 ; 6 déc. 1836 et 2 déc. 1844.)

Art. 19. — § 1er. La chambre de discipline connaîtra de toutes les plaintes qui pourraient être formées contre un notaire honoraire, et suivra à son égard la forme ordonnée pour les notaires en exercice.

§ 2. Si l'inculpation portée à la chambre contre un notaire honoraire paraît assez grave pour entraîner sa radiation, la chambre s'adjoindra, par la voie du sort, six notaires honoraires, qui auront voix délibérative ; quand l'avis émis par la majorité des membres de la chambre ainsi composée sera pour la radiation, l'expédition de la délibération qui contiendra cet avis sera adressée à M. le garde des sceaux, par l'intermédiaire de M. le procureur du Roi et de M. le procureur général (1er mai 1843 et 2 sept. 1844).

TITRE VI et dernier. — Disposition générale.

Art. 20 et dernier. Toutes les matières qui, d'après l'ordonn. roy. du 4 janv. 1843, forment l'objet des attributions de la chambre de discipline continueront, à être réglées, comme elles l'ont été jusqu'à ce jour, par les délibérations de cette chambre (29 oct. 1846).

---

27 avril 1847. — Règlement intérieur des notaires de Paris.

En cas de concurrence entre notaires pour la réception d'un acte, à qui appartiendra le droit de retenir la minute de cet acte ?

Un règlement intérieur de la chambre des notaires de Paris décide ces questions délicates : il présente, pour les cas les plus usuels, des règles qui pourront servir de guide aux chambres de discipline lorsqu'elles seront appelées à intervenir dans des circonstances semblables. Voici les dispositions de ce règlement qui semblent les plus utiles à connaître :

§ 2.—*Des droits respectifs des notaires, lorsque plusieurs sont appelés pour la réception des actes.*

Art. 31. Les actes ne peuvent être reçus par plus de deux notaires. — Lorsqu'il s'en présente un grand nombre, les deux plus anciens excluent les autres, sauf les exceptions expliquées aux art. 32, 33, 34 et 35 qui suivent (5 niv. an XIV ou 26 déc. 1805, et 20 nov. 1817).

32. Si deux notaires, ou un plus grand nombre, sont appelés par plusieurs parties ayant un même intérêt, l'acte est reçu par le plus ancien de ces notaires et le plus ancien de ceux appelés dans un intérêt différent, sauf l'exception portée au § 2 de l'art. 33 (5 niv. an XIV ou 26 déc. 1805).

33.—§ 1. Sont considérés comme ayant un même intérêt :

1° Plusieurs : vendeurs, — acquéreurs, — échangistes, — contre-échangistes, — donateurs, donataires,—cédants,—cessionnaires, —bailleurs, sous-bailleurs,—preneurs,—prêteurs, emprunteurs,—créanciers, débiteurs, —rendant compte, recevant compte ;

2° Plusieurs : héritiers à réserve, — héritiers non réservataires,—légataires et donataires universels, à titre universel et particulier,—et plusieurs exécuteurs testamentaires avec ou sans saisine ;

3° Le mari et la femme, sous quelque régime que leur union ait été contractée, ou séparés de biens par justice.

§ 2. Sont aussi considérés comme ayant un même intérêt : le nu propriétaire et l'usufruitier;—la veuve tutrice pourvue d'un conseil spécial par le mari, et ce conseil ; — le grevé de restitution et le tuteur à cette restitution ; — le mineur émancipé et le curateur à l'émancipation ; — une personne pourvue d'un conseil judiciaire et ce conseil ; mais, dans ces divers cas, la préférence appartient au notaire de l'usufruitier ;—de la veuve tutrice ; — du grevé ; — du mineur émancipé et de la personne pourvue d'un conseil judiciaire, lors même qu'il se trouve moins ancien que celui du nu propriétaire ; — du conseil à la tutelle ; — du tuteur à la restitution ; — du curateur à l'émancipation et du conseil judiciaire (2 déc. 1844).

34. Dans les inventaires, comptes, liquidations et partages de communauté, le notaire appelé par l'époux survivant, commun en biens ou en société d'acquêts, n'est jamais exclus par les notaires des autres parties ; il a droit de concourir à la réception de ces divers actes avec le plus ancien des notaires appelés, et il en conserve les minutes (2 déc. 1844).

35. Le notaire de l'enfant naturel ne pourra, quoique le plus ancien en réception, concourir aux inventaires, comptes, liquidations et partages et autres actes dans lesquels seront parties, soit des ascendants ou descendants légitimes, soit le conjoint survivant commun en biens ou en société d'acquêts, soit un exécuteur testamentaire, que dans le cas où ceux-ci n'auraient pas, par leur choix, complété le nombre de deux notaires pour la confection de ces actes (10 mai 1821).

36. Les minutes des actes où deux notaires auront été concurremment appelés appartiennent à l'ancien, quand même les actes auraient été dressés par le plus jeune, sauf : 1° les exceptions portées au tableau suivant d'après la nature de l'acte ; 2° et celles expliquées aux articles 34, 37 et 38.

Tableau des actes dont les minutes n'appartiennent pas de droit au notaire le plus ancien.

DÉNOMINATION DES ACTES.	INDICATION DES NOTAIRES auxquels les minutes appartiennent, quoique les plus nouveaux en réception.
Bail à ferme ou à loyer.	Notaire du bailleur.
Bail de bois.	— *idem.*
Bail de mines et carrières.	— *idem.*
Bail à rente ou à titre d'emphytéose.	— de l'acquéreur.
Bail à vie.	— du bailleur.
Cautionnement.	— du créancier.
Compte de bénéfice d'inventaire.	— du rendant compte.
Constitution de rente.	— du prêteur ou créancier.
Contrat de mariage.	— de la future épouse.
Donation.	— du donateur.
Echange avec soulte.	— de l'échangiste qui paie ou doit la soulte ; —les frais ne sont pas considérés comme soulte.
Garantie mobilière ou immobilière.	— du créancier.

DÉNOMINATION DES ACTES.	INDICATION DES NOTAIRES auxquels les minutes appartiennent, quoique les plus nouveaux en réception.
Inventaire et récolement, en conséquence de contrat ou articles de mariage............	Notaire de la future épouse.
Obligation lors même qu'elle contiendrait emploi ou subrogation...................	— du prêteur ou créancier.
Ouverture de crédit................	— du bailleur de fonds.
Prorogation..................	— du créancier.
Quittance, lorsqu'elle ne contient pas d'obligation de la somme qui sert au paiement.........	— de la partie qui fait le paiement.
Quittance avec subrogation, lorsqu'il existe une obligation séparée..................	— idem.
Quittance subrogative, lorsqu'il n'existe pas d'obligation séparée.................	— du bailleur de fonds subrogé.
Sous-bail....................	— du bailleur.
Titre nouvel..................	— du créancier.
Transport de rentes, créances et autres droits mobiliers, successifs ou autres.........	— du cessionnaire.
Transport de bail................	— idem.
Vente.....................	— de l'acquéreur.

(Règlements homologués par le parlement de Paris, le 13 mai 1684 ; procès-verbaux de la chambre, des 28 oct. 1725, 13 avril 1815, 22 nov. 1838 et 2 déc. 1844.)

37. Le notaire de l'enfant naturel qui concourt à la réception d'inventaires, comptes, liquidations, partages et autres actes avec le notaire appelé, soit par des ascendants ou descendants légitimes, soit par l'époux survivant, n'a pas droit de conserver les minutes, lors même qu'il est plus ancien (10 mai 1821 et 2 déc. 1844).

38. Dans tous les actes où le notaire de l'exécuteur testamentaire est en concours avec un autre notaire appelé par l'époux survivant commun en biens ou en société d'acquêts, par les héritiers, les donataires ou légataires universels, ou à titre universel, ou par l'enfant naturel, la minute appartient au notaire de ces derniers, encore qu'il soit moins ancien (2 déc. 1844).

39. Le droit d'ancienneté se détermine par l'époque de la réception définitive dans la compagnie, c'est-à-dire par la prestation de serment devant le tribunal civil de première instance, séant à Paris. — Si la prestation de serment a lieu par plusieurs notaires le même jour, l'ancienneté se règle entre eux dans l'ordre de leur présentation à la chambre. — Et, s'ils ont été présentés dans une même séance, ils prennent rang d'après l'époque de leur admission au grade de premier clerc. — Au surplus les droits actuellement acquis sont maintenus conformément au dernier tableau de la compagnie (13 oct. 1785 et 2 déc. 1844).

40. Seront seuls admis à procéder aux inventaires après décès (chacun dans l'ordre et selon les droits de préférence et de concurrence établis ci-dessus), les notaires appelés par : l'époux survivant, commun en biens ou en société d'acquêts, — l'héritier présomptif,—l'exécuteur testamentaire, avec ou sans saisine,—le curateur à l'enfant posthume,— l'enfant naturel reconnu,—les légataires et donataires universels ou à titre universel, soit en propriété, soit en usufruit, —le conseil à la tutelle nommé par le mari, —le tuteur à restitution, — le curateur à émancipation,—le conseil judiciaire,—l'État succédant en vertu de l'art. 768, C. civ., — et enfin, le curateur à la succession vacante. —Lorsqu'il existe des dispositions universelles et qu'il n'y a pas d'héritier à réserve, le notaire des héritiers du sang non réservataires est exclu, si le testament ou le titre de la disposition universelle est authentique, ou si (dans le cas d'un testament olographe ou mystique) l'envoi en possession est obtenu, à moins qu'il n'en ait été autrement ordonné par justice, lorsque le testament ou autre titre se trouve attaqué. — Au contraire, si l'envoi en possession n'a pas été obtenu, le notaire des héritiers non réservataires est admis au concours avec le notaire du légataire universel. — A l'égard des notaires appelés par : les légataires universels en concours avec des héritiers réservataires, — les légataires à titre universel,—les enfants naturels reconnus, — l'époux survivant succédant à défaut de parents au degré successible et d'enfants naturels, et l'État, ils seront admis à concourir, chacun selon son droit, avant la délivrance et l'envoi en possession prescrits par les articles 770, 773, 1004 et 1011, C. civ. — Si l'époux survivant assiste à l'inventaire sans être commun en biens ou en société d'acquêts, ou sans avoir une part

dans l'hérédité, il ne pourra y appeler son notaire. — Quant au notaire des créanciers, il n'a droit de procéder qu'autant que l'inventaire est fait à la seule requête desdits créanciers, sans époux survivant, héritiers ou autres successeurs ni exécuteurs testamentaires (11 mai 1681, — 20 août 1835, — 7 déc. 1835,—16 juin 1836 et 2 déc. 1844).

41. L'inventaire commencé par deux notaires et l'intitulé signé par les parties, aucun notaire ne pourra exclure ni l'un ni l'autre des deux premiers ; mais l'inventaire n'étant commencé que par un notaire, si, postérieurement à la signature de l'intitulé, une partie ayant droit en nommait un autre, il pourra y concourir : bien entendu qu'en ce cas, la minute demeurera toujours au premier, quoique plus jeune (10 mars 1715 et 2 déc. 1844).

42. Lorsque le mari et la femme nomment chacun son notaire pour la confection d'un acte, cet acte est reçu par ces deux notaires, et la minute reste au plus ancien, sauf l'exécution des art. 32 et 33 ci-dessus, dans le cas où d'autres parties intéressées appelleraient leurs notaires, et sans dérogation aux règles de préférence déterminées, selon la nature des actes, par le tableau inséré en l'art. 36 (17 oct. 1771,—31 oct. 1833,—14 fév. 1839 et 2 déc. 1844).

43. Le subrogé tuteur ne peut nommer un notaire pour concourir à un inventaire ; — mais dans tout autre acte, lorsque le subrogé tuteur remplace le tuteur et procède contradictoirement avec ce dernier, il a droit d'appeler un notaire (17 sept. 1812, — 25 oct. 1838 et 2 déc. 1844).

44. Les minutes : des contrats de ventes, — cessions, — transports, — donations, — obligations,— constitutions,— titres nouvels consentis au profit d'une personne pour l'usufruit et d'une autre personne pour la nue propriété, et généralement les minutes de tous les actes dans lesquels le nu propriétaire et l'usufruitier agissent conjointement (chacun d'eux ayant son notaire et les autres parties n'en appelant pas), appartiennent au notaire de l'usufruitier. — Pareillement les minutes des actes dans lesquels une veuve tutrice est pourvue d'un conseil spécial par son mari, un mineur émancipé, — un grevé de restitution ou une personne pourvue d'un conseil judiciaire agira avec l'assistance de son conseil à la tutelle, de son curateur, de son tuteur ou conseil judiciaire (chacun d'eux ayant son notaire et les autres parties n'en appelant pas), appartiennent au notaire de la veuve tutrice, — du mineur émancipé,— du grevé — et de la personne pourvue d'un conseil judiciaire. — Si les autres parties nomment un notaire, celui du nu propriétaire, — du conseil à la tutelle,—du curateur à l'émancipation,—du tuteur à la restitution

— et du conseil judiciaire, se trouvant alors exclus par l'art. 33 ci-dessus, le droit de conserver la minute se règle, dans ce cas, entre les deux notaires qui concourent à la réception de l'acte par les dispositions des art. 34, 36, 37 et 38 des présents statuts (24 sept. 1812,—16 nov. 1815 et 2 déc. 1844).

45. — § 1. Lorsque, par suite d'une collocation, ou en vertu d'une délégation ou d'une indication de paiement expresse et nominative, l'acquéreur d'un immeuble paiera son prix entre les mains des créanciers du vendeur, le notaire, ou le plus ancien des notaires des créanciers sera admis à concourir à la quittance, de préférence au notaire du vendeur, à moins que l'indication de paiement ou la délégation n'ait lieu par la quittance même. — Dans ce dernier cas, l'ancienneté décidera de la préférence entre les deux notaires. — Il en sera de même si le vendeur touche personnellement une partie du prix.

§ 2. Lorsqu'il n'y aura ni collation, ni indication de paiement, ni délégation expresse et nominative, le notaire du vendeur exclura le notaire des créanciers (1er sept. 1814 et 2 déc. 1844).

46. — § 1. Aucun notaire ne peut se prévaloir du choix ou de l'indication qui aurait été fait de sa personne (de quelque manière que ce soit) pour passer, à l'exclusion de ses confrères, appelés par les parties contractantes, les actes qui, aux termes des règlements, se trouveraient ne point lui appartenir. — Il en est de même pour la conservation des minutes.

§ 2. Lorsqu'un notaire est commis par justice pour procéder à un inventaire ou à tout autre acte (hors le cas prévu, art. 977, C. proc. civ.), cet acte est reçu par le notaire commis et par le plus ancien des notaires appelés par les parties (sauf l'exécution des dispositions particulières à l'époux survivant commun en biens, ou en société d'acquêts, aux enfants naturels et à l'exécuteur testamentaire), et la minute reste à celui de ces deux notaires qui y a droit d'après les règlements.

§ 3. La disposition contenue au paragraphe qui précède n'est pas applicable aux ventes renvoyées par justice devant notaire (30 janv. 1790, — 29 juillet 1760, — 28 mars 1712, — 16 juin 1764,—24 septembre 1818,— 29 juin 1837,—et 2 décembre 1844).

47.—§ 1. En cas de concours de deux notaires dans les comptes, liquidations et partages judiciaires, le droit d'être nommé pour y procéder appartient au notaire le plus ancien, sauf les exceptions contenues aux présents règlements.

§ 2. Néanmoins, lorsqu'un notaire déjà commis en justice vient à décéder ou à quitter ses fonctions, avant que l'opération ait été terminée ou même commencée, le droit d'être commis pour la même opération en remplacement de ce notaire passe à son successeur.

§ 3. En conséquence, les notaires qui, d'après les distinctions ci-dessus, ne se trouvent point appelés à être commis, doivent s'abstenir, lors même qu'ils seraient dépositaires de la minute de l'inventaire ou autres actes, de faire aucune demande ou sollicitation, directement ou indirectement, qui tendrait à obtenir des magistrats une décision contraire aux droits de leurs confrères.

§ 4. Les notaires ne doivent faire, ni faire faire aucune demande ni sollicitation à l'effet d'obtenir la nomination de deux notaires pour procéder aux partages et liquidations, contrairement aux dispositions formelles de l'art. 977, C. pr. civ. (20 déc. 1823, 16 juill. 1820, — et 2 déc. 1844).

48. Les règlements sur la garde des minutes ne souffrent pas d'exception, et la minute d'un acte doit être conservée par le notaire auquel les règlements l'attribuent, quoique l'acte soit rédigé en forme de procès-verbal, et par suite de sommations données pour comparaître dans l'étude de l'autre notaire coopérant à ce même acte (2 avril 1807).

49. Un notaire ne peut se prévaloir, ni du nombre des parties qui l'ont appelé, ni de la quotité de leurs intérêts, pour réclamer une exception aux règles ci-dessus établies sur le concours aux actes et sur la conservation des minutes (23 sept. 1696 et 2 déc. 1844).

50. Lorsque M. le président du tribunal veut bien ne pas user de la faculté de désigner d'office le notaire dépositaire d'un testament olographe, le dépôt de ce testament doit être confié au notaire qui le présente à M. le président. Dans le cas où ce testament est trouvé en procédant à l'inventaire, il doit être confié au notaire qui conserve la minute de l'inventaire. — Néanmoins, s'il existe plusieurs testaments ou codicilles olographes, et qu'ils ne soient pas présentés en même temps à M. le président du tribunal, ceux trouvés ultérieurement doivent être déposés au notaire déjà possesseur du premier testament (2 déc. 1844).

51. Les notaires sont tenus de déférer à la chambre tous différends qui peuvent s'élever entre eux sur des questions relatives à la réception et garde des minutes, à la préférence ou concurrence dans les inventaires, partages et autres actes (26 fév. 1835,—et 2 déc. 1844).

52. Les honoraires d'un acte appartiennent aux seuls notaires instrumentants appelés par les parties. En conséquence, il n'est dû aucun partage d'honoraires aux notaires qui, bien qu'appelés par les parties, n'ont pu concourir à l'acte en cette qualité, soit parce que le nombre des notaires était déjà complet, soit parce que l'acte se serait passé hors de leur ressort.

Toutes réclamations ou concessions contraires aux dispositions qui précèdent sont formellement interdites.

Les deux notaires instrumentaires partagent ces honoraires par moitié.

Par exception, lorsqu'un prêt est opéré par voie de transport, le notaire du cédant, à moins que ce dernier ne soit le véritable emprunteur, n'a droit qu'à des honoraires fixés comme s'il s'agissait d'une simple quittance.

Il en est de même pour le notaire du créancier remboursé, soit que le paiement ait lieu par quittance subrogative sans être précédé d'obligation, soit qu'il ait lieu par le même acte que l'obligation.

En cas de concurrence entre le notaire de l'emprunteur et celui du cédant ou du créancier remboursé, ce dernier doit signer en second dans l'acte, sauf le droit de préférence qui peut être invoqué contre lui en vertu de l'art. 45.

Tout usage contraire, notamment en ce qui concerne l'honoraire de prêt, est formellement aboli (Règlements homologués par le parlement de Paris, le 13 mai 1681, et procès-verbaux de la chambre, des 25 fév. 1819, 27 fév. 1823, 23 avril 1829, 2 déc. 1844, 8 oct. 1846 et 27 avril 1847).

53. Lorsqu'un acte contient des stipulations et conventions de diverses natures, le caractère qui prédomine sert de base pour déterminer les droits respectifs des notaires appelés à y concourir (2 déc. 1844).

Loi du 18 mai 1850. — TITRE VI. — SUR LES PATENTES.

Art. 22. L'art. 37 de la loi du 1er brum. an VII, sur les patentes, et l'art. 29 de la loi du 25 avril 1844 sont abrogés.

Ainsi, la mention de la patente dans les actes a été abrogée, parce qu'elle n'était d'aucune utilité à l'administration pour le recouvrement de l'impôt des patentes. Plutôt que d'encourir l'amende, on donnait une mention inexacte, et on laissait écouler des délais préjudiciables aux parties (V. plus haut la loi du 23 août 1796).

Lois des 10-18 juillet 1850, relative à la publicité des contrats de mariage (1).

ART. 1391, C. Nap.
(A placer à la fin de l'article actuel.)

Toutefois, si l'acte de célébration de mariage porte que les époux sont mariés sans contrat, la femme sera réputée, à l'égard des tiers, capable de contracter dans les termes

_____

(1) V. au Formulaire, v° Contrat de mariage, la formule de ces contrats et celle du certificat à délivrer.

du droit commun, à moins que, dans l'acte qui contiendra son engagement, elle n'ait déclaré avoir fait un contrat de mariage.

ART. 1394, C. Nap.

(A placer à la fin de l'article actuel.

Le notaire donnera lecture aux parties du dernier alinéa de l'art. 1391, ainsi que du dernier alinéa du présent article; mention de cette lecture sera faite dans le contrat, à peine de 10 fr. d'amende contre le notaire contrevenant.

Le notaire délivrera aux parties, au moment de la signature du contrat, un certificat sur papier libre et sans frais, énonçant ses noms et lieu de résidence, les noms, prénoms et qualités des futurs époux, ainsi que la date du contrat. Ce certificat indiquera qu'il doit être remis à l'officier de l'état civil avant la célébration du mariage.

---

22 fév.—4 mars 1851. — Loi relative aux contrats d'apprentissage (1).

V. au t. 1er, ce qui est dit du contrat d'apprentissage.

---

20 mars, 3 avril et 5 juin 1851. — Loi sur les ventes publiques volontaires de fruits et récoltes, pendants par racines, et des coupes de bois taillis (2).

Art. 1er. Les ventes publiques, volontaires, soit à terme, soit au comptant, de fruits et récoltes pendants par racines, et de coupes de bois taillis, seront faites en concurrence et aux choix des parties par les notaires, commissaires-priseurs, huissiers et greffiers de justice de paix, même dans le lieu de la résidence des commissaires-priseurs.

2. Pour l'exécution de la présente loi, et dans les trois mois de sa promulgation, il sera fait un tarif spécial dans la forme des règlements d'administration publique.

3. Toutes les dispositions contraires à la présente loi sont et demeurent abrogées.

5-8 nov. 1851. — DÉCRET contenant le tarif de

droits alloués aux officiers publics chargés de procéder à des ventes volontaires et aux enchères de fruits et récoltes pendants par racines ou de coupes de bois taillis.

Le Président de la République, sur le rapport du garde des sceaux, ministre de la justice; vu l'art. 2 de la loi du 5 juin 1851, sur les ventes publiques, volontaires de fruits et de récoltes pendants par racines, et des coupes de bois de taillis, lequel article est ainsi conçu : « Pour l'exécution de « la présente loi, et dans les trois mois de sa « promulgation, il sera fait un tarif spécial, « dans la forme de règlement d'admini-« stration publique; » le conseil d'Etat entendu, décrète :

Art. 1er. Il est alloué, pour tous droits d'honoraires, non compris les déboursés à l'officier public chargé de procéder à une vente volontaire et aux enchères de fruits et récoltes pendants par racines, ou de coupes de bois taillis, une remise sur le produit de la vente qui est fixée à deux pour cent jusqu'à dix mille francs, et à un quart pour cent sur l'excédant sans distinction entre les ventes faites au comptant et celles faites à terme. En cas d'adjudication par lots, consentie au nom du même vendeur, la remise proportionnelle établie au présent article est calculée sur le prix total des lots réunis. La remise ne peut, en aucun cas, être inférieure à six francs.

2. Lorsque l'officier public qui a procédé à une vente à terme est chargé d'opérer le recouvrement du prix, il a droit à une remise de un pour cent sur le montant des sommes par lui recouvrées.

3. S'il est requis expédition ou extrait de procès-verbaux de vente, il est alloué, outre le timbre, un franc pour chaque rôle de vingt-cinq lignes à la page et de quinze syllabes à la ligne.

4. Pour versement à la caisse des consignations, paiement des contributions ou assistance aux référés, s'il y a lieu, il est alloué : à Paris, Lyon, Bordeaux, Rouen, Toulouse et Marseille, quatre francs; partout ailleurs, trois francs.

---

(1) Cette loi restreint le domaine des notaires en augmentant celui des greffiers et des secrétaires de conseils de prud'hommes, et surtout en accordant pour honoraires 2 fr., quand, au contraire, il peut avoir été employé plus d'une vacation, soit à entendre les parties, soit à la rédaction de l'acte. Il sera donc prudent de distinguer les honoraires pour la rédaction de l'acte, du temps passé à entendre les parties, et de consigner dans l'acte le temps préalable, autrement MM. les notaires seraient exposés à recevoir 2 fr. pour un acte auquel ils auraient employé une journée entière.

Enfin, ils devront provisoirement refuser leur ministère quand le patron se trouverait frappé de l'une des dispositions mentionnées dans les articles 4, 5

et 6, ou si l'acte contenait des clauses contraires aux art. 9, sur la durée du travail, et 10, sur les devoirs religieux relatés dans la même loi.

Quant à l'enregistrement, la mention d'obligations ou de quittances mobilières obligerait à percevoir le droit applicable à ces sortes de contrats ; si elles ne se rattachaient pas entièrement à cet acte, de manière à n'en faire qu'une, ou, en d'autres termes, si elles n'étaient pas la conséquence directe, il y aurait lieu au droit fixe pour le bail d'apprentissage, outre les autres droits. *V.* ci-après le comment. des lois de l'enregistr., p. 363, art. 11, n° 54.

(2) *V.* au *Recueil pér.* de MM. Dalloz, 54, 4, 85, le rapport et la discussion de cette loi. — *V.* aussi *Jur. gén.,* v° *Ventes publiques de meubles.*

5. Toutes perceptions directes ou indirectes, autres que celles autorisées par le présent règlement, à quelque titre et sous quelque dénomination qu'elles aient lieu, sont formellement interdites. En cas de contravention, l'officier public pourra être suspendu ou destitué, sans préjudice de l'action en répétition de la partie lésée et des peines prononcées par la loi contre la concussion.

6. Il est également interdit aux officiers publics de faire aucun abonnement ou modification à raison des droits ci-dessus fixés, si ce n'est avec l'État et les établissements publics. Toute contravention sera punie d'une suspension de quinze jours à six mois. En cas de récidive, la destitution pourra être prononcée.

7. Le ministre de la justice est chargé, etc.

———

2 déc. 1852. — DÉCRET impérial relatif à la formule exécutoire des arrêts, jugements, mandats de justice, contrats et autres actes.

« LOUIS-NAPOLÉON, par la grâce de Dieu et la volonté nationale, Empereur des Français, à tous présents et à venir, salut. (*Copier l'arrêt, le jugement, le mandat de justice ou l'acte notarié.*)

28 mai-6 juin 1858. — LOI relative aux titres de noblesse, modificative de l'art. 259, C. pén. (1).

ARTICLE UNIQUE. — L'art. 259 du C. pén. est modifié ainsi qu'il suit :

Art. 259. Toute personne qui aura publiquement porté un costume, un uniforme ou une décoration qui ne lui appartiendrait pas, sera punie d'un emprisonnement de six mois à deux ans.

Sera puni d'une amende de 500 fr. à 10,000 fr., quiconque, sans droit et en vue de s'attribuer une distinction honorifique, aura publiquement pris un titre, changé, altéré ou modifié le nom que lui assignent les actes de l'état civil.

Le tribunal ordonnera la mention du jugement en marge des actes authentiques ou des actes de l'état civil dans lesquels le titre aura été pris indûment ou le nom altéré.

Dans tous les cas prévus par le présent article, le tribunal pourra ordonner l'insertion intégrale ou par extrait du jugement dans les journaux qu'il désignera.

Le tout aux frais du condamné.

19 juin 1858. — CIRCULAIRE du ministre de la justice relative à l'application de la loi ci-dessus du 28 mai 1858, qui modifie l'art. 259, C. pén.

Monsieur le procureur général, la loi du

28 mai 1858, qui modifie l'art. 259, C. pén., vient d'être promulguée (*Bulletin des lois* nᵒ 607). Cette loi rétablit, en la complétant, une disposition qui a existé dans nos Codes, de 1810 à 1832, et qui n'aurait jamais dû en être effacée. Elle a le double but de réprimer les entreprises et les usurpations d'une vanité coupable et de maintenir, aux titres légalement conférés ou glorieusement acquis, le respect et l'inviolabilité que le gouvernement de l'Empereur s'honore d'assurer à toute propriété légitime. Elle est, enfin, destinée à protéger l'intégrité de l'état civil, et à mettre un terme à la modification arbitraire et illicite des noms de famille.

Vous avez déjà compris qu'en présence des faits qu'une trop longue tolérance a laissés se produire, la loi nouvelle doit être appliquée avec autant de prudence que de fermeté. Sa force est moins aujourd'hui dans le nombre des condamnations qu'elle pourra entraîner que dans les principes qu'elle pose et dans les scrupules qu'elle est appelée à ranimer. J'aurai plus tard, en m'éclairant de l'expérience des faits, à vous tracer d'une manière générale les règles qui devront vous diriger.

Je dois, quant à présent, me borner à vous inviter à ne laisser intenter dans votre ressort aucune poursuite relative à des faits prévus par l'art. 259 rectifié, C. pén., sans avoir provoqué et reçu mes instructions spéciales. Je pourrai ainsi régulariser l'exécution de la loi sur tout le territoire de l'Empire, et vous aider à maintenir, dans tous les cas, aux poursuites qui seraient jugées nécessaires, le caractère protecteur et le but élevé qu'elles devront toujours avoir.

Il faut également s'attacher, dès à présent, à prévenir les abus que la loi du 28 mai dernier a voulu atteindre. Vous voudrez bien prendre et prescrire à vos substituts les mesures nécessaires pour que les Cours, les tribunaux, les officiers de l'état civil, les notaires et généralement tous les officiers publics n'attribuent désormais aux parties, dans les arrêts, les jugements et les actes authentiques ou officiels, que les titres et les noms qu'elles justifieront être en droit de porter (1).

Je vous prie, monsieur le procureur général, de m'accuser réception de cette circulaire et de me tenir au courant de tous les faits qui vous paraîtront intéresser l'exécution de la loi nouvelle. Je compte en cette circonstance, comme toujours, sur l'exactitude et la sagesse de votre concours.

———

22 août 1860. — DÉCRET IMPÉRIAL sur l'applica-

———

(1) V. *suprà* notre commentaire de la loi du 25 vent. an XI, nᵒˢ 574 et 575.

(1) V. le décret du 6 juill. 1810, art. 38 (*note de la circulaire*).

tion, en Savoie et dans l'arrondissement de Nice, des lois civiles, commerciales et de procédure civile qui régissent la France.

Art. 1er. Les lois civiles, commerciales et de procédure civile qui régissent la France sont, à dater du présent décret, exécutoires en Savoie et dans l'arrondissement de Nice.

2. Sont exceptées les dispositions relatives à la tenue des actes de l'état civil, aux formes du mariage, à l'usufruit légal des père et mère sur les biens de leurs enfants mineurs ; ces dispositions continueront d'être observées jusqu'au temps fixé par le sénatus-consulte du 12 juin 1860.

3. Les donations établies par contrats réguliers et sans fraude seront, quant à la révocabilité et à la réduction, régies par la loi sous l'empire de laquelle elles ont été constituées.

4. Les testaments déposés dans les archives de la Cour et des tribunaux y seront conservés, si les testateurs ne jugent à propos de les retirer avant leur décès. L'ouverture aura lieu, le cas échéant, conformément à l'art. 1007 du Code Napoléon. Les formes édictées pour les testaments mystiques seront appliquées aux testaments secrets, et le magistrat ordonnera le dépôt des testaments qu'il aura ouverts dans l'étude d'un notaire qu'il désignera.

5. Les actes contenant des dispositions à charge de rendre seront transcrits avant le 1er juillet 1861, conformément à l'art. 1069 du Code Napoléon. En cas de contravention, les art. 1070 et suivants du même Code recevront leur application.

Quant aux substitutions établies contrairement à la loi française, elles sont maintenues au profit de tous les appelés nés ou conçus lors de la promulgation du présent décret. Lorsqu'une substitution sera recueillie par un ou plusieurs des appelés dont il vient d'être parlé, elle profitera à tous les autres appelés, quelle que soit l'époque où leur existence aura commencé (Loi du 7 mai 1849, art. 9).

6. La loi du 23 mars 1855, sur la transcription hypothécaire, ne sera exécutoire que le 1er juillet 1861.

12. Un décret spécial statuera sur l'organisation des notaires, greffiers, avoués, huissiers et commissaires-priseurs.

1er déc. 1860.—DÉCRET IMPÉRIAL sur l'organisation des notaires dans le ressort de la Cour impériale de Chambéry.

ART. 1er. Le nombre et la résidence des notaires dans le ressort de la Cour impériale de Chambéry sont fixés ainsi qu'il suit :

Arrondissement d'Albertville.

Canton d'Albertville, quatre notaires à la résidence d'Albertville ; — Canton de Beaufort, deux notaires résidant à Beaufort ; — Canton de Grésy-sur-Isère, un notaire à Grésy et un notaire à Cléry-Fontenex ; — Canton d'Ugines, un notaire à Ugines et un notaire à Flumet.

Arrondissement de Chambéry.

Cantons Nord et Sud de Chambéry, huit notaires en résidence à Chambéry ; — Canton d'Aix-les-Bains, trois notaires à Aix-les-Bains ; — Canton d'Albens, deux notaires à Albens ; — Canton de Chamoux, deux notaires à Chamoux ; — Canton du Chatelard, deux notaires au Chatelard, un notaire au Noyer ; — Canton des Echelles, deux notaires aux Echelles ; — Canton de Motte-Servolex, un notaire à Motte-Servolex et un notaire au Bourget ; — Canton de Montmélian, deux notaires à Montmélian ; — Canton de Pont-de-Beauvoisin, deux notaires à Pont-de-Beauvoisin ; — Canton de la Rochette, deux notaires à la Rochette ; — Canton de Ruffieux, deux notaires à Ruffieux ; — Canton de Saint-Genix, deux notaires à Saint-Genix ; — Canton de Saint-Pierre d'Albigny, deux notaires à Saint-Pierre ; — Canton d'Yenne, deux notaires à Yenne.

Arrondissement de Moutiers.

Canton de Moutiers, quatre notaires à Moutiers ; — Canton d'Aime, deux notaires à Aime ; — Canton de Bourg-Saint-Maurice, deux notaires à Bourg-Saint-Maurice ;—Canton de Bozel, deux notaires à Bozel.

Arrondissement de Saint-Jean-de-Maurienne.

Canton de Saint-Jean, trois notaires à Saint-Jean-de-Maurienne et un notaire à Saint-Jean-d'Arves ; — Canton d'Aiguebelle, deux notaires à Aiguebelle ; — Canton de Lans-le-Bourg, un notaire à Lans-le-Bourg, un notaire à Termignon ; — Canton de la Chambre, un notaire à la Chambre et un notaire à Saint-Etienne-de-Cuines ; — Canton de Modane, deux notaires à Modane ; — Canton de Saint-Michel, deux notaires à Saint-Michel.

Arrondissement d'Annecy.

Canton d'Annecy Nord et Sud, six notaires à Annecy, un à Choisy, un à Gruffy ; — Canton de Faverges, deux notaires à Faverges ; Canton de Rumilly, trois notaires à Rumilly ; — Canton de Thônes, deux notaires à Thônes ; — Canton de Thorens, deux notaires à Thorens.

Arrondissement de Bonneville.

Canton de Bonneville, quatre notaires à Bonneville; — Canton de Cluses, deux notaires à Cluses; — Canton de la Roche, deux notaires à la Roche; — Canton de Saint-Gervais, un notaire à Saint-Gervais et un notaire à Chamonix; — Canton de Saint-Jeoire, un notaire à Saint-Jeoire et un notaire à Boége; — Canton de Sallanches, deux notaires à Sallanches; — Canton de Samoëns, deux notaires à Samoëns; Canton de Taninges, deux notaires à Taninges.

Arrondissement de Saint-Julien.

Canton de Saint-Julien, deux notaires à Saint-Julien, un notaire à Cruseilles, un notaire à Frangy, un notaire à Vulbens; —Canton d'Annemasse, deux notaires à Annemasse; —Canton de Reignier, deux notaires à Reignier; — Canton de Seyssel, un notaire à Seyssel, un à Challonges et un à Clarafond.

Arrondissement de Thonon.

Canton de Thonon, trois notaires à Thonon et un à Bellevaux; — Canton d'Abondance, un notaire à Abondance et un Chenevos;— Canton du Biot, un notaire au Biot, un notaire à Saint-Jean-d'Aulph; — Canton de Douvaine, un notaire à Douvaine et un notaire à Bons; — Canton d'Evian, deux notaires à Evian et un notaire à Lugrin.

2. La réduction des offices de notaires au nombre ci-dessus déterminé s'opérera par voie de déchéance, de démission, de destitution ou de décès.

3. Les notaires actuellement en fonctions sont institués dans les résidences qui leur ont été assignées par les décrets de nomination à la charge, 1° de prêter serment; 2° de verser dans le délai de deux mois, à dater du présent décret, le cautionnement exigé par la loi du 28 avril 1816; 3° de s'engager à payer, lorsqu'un office sera supprimé dans le canton où ils résident, la somme qui sera fixée sur l'avis du tribunal compétent, pour indemniser le titulaire de l'office supprimé ou ses ayants-droit.

Ces conditions accomplies, ils jouiront du bénéfice de l'art. 91 de la loi précitée du 28 avril 1816.

4. L'institution n'est pas accordée aux notaires actuellement suspendus. Ils recevront une indemnité dans la forme ci-dessus indiquée.

5. Les conditions de stage imposées par la loi du 25 ventôse an XI, pour l'exercice du notariat, ne seront pas exigées des candidats qui justifieront qu'avant la promulgation du présent décret ils avaient satisfait aux prescriptions de la loi sarde (édit du 23 juillet 1822, art. 5).

6. Les minutes déposées aux bureaux d'insinuation seront remises dans les mains des notaires désignés par l'autorité judiciaire.

7. Les notaires qui ont cessé leurs fonctions, ou leurs représentants, sont tenus, sous les peines édictées par l'art. 57 de la loi du 25 ventôse an XI, de remettre à ceux des notaires du canton agréés par le ministre de la justice les minutes, papiers et répertoires dont ils auraient la possession.

La remise sera faite dans le délai de deux mois, à dater du présent décret.

8. Les notaires détenteurs aujourd'hui des minutes et papiers des notaires qui ne sont plus en exercice en resteront dépositaires responsables.

9. Les copies d'actes et contrats déposées par les notaires dans les bureaux d'insinuation, en vertu des lois sur la matière, seront conservées dans les greffes des tribunaux.

5 déc. 1860. — DÉCRET IMPÉRIAL sur l'organisation des notaires dans le ressort du tribunal de première instance de Nice.

Art. 1er. Le nombre et la résidence des notaires dans le ressort du tribunal de première instance de Nice (Alpes-Maritimes) sont fixés ainsi qu'il suit:

Cantons Est et Ouest de Nice, huit notaires résidant à Nice; — Canton de Breil, deux notaires résidant à Breil et à Saorge; — Canton de Contes, deux notaires résidant à Contes; — Canton de Levens, deux notaires résidant à Levens et à Tourettes; —Canton de l'Escarène, deux notaires résidant à l'Escarène; — Canton de Menton, deux notaires résidant à Menton; — Canton de Saint-Martin-Lantosque, deux notaires résidant à Saint-Martin-Lantosque et à Roquebillière; Canton de Sospel, deux notaires résidant à Sospel; — Canton d'Utelle, deux notaires résidant à Lantosque et à Utelle; — Canton de Villefranche, deux notaires résidant à Villefranche; —Canton de Puget-Théniers, deux notaires résidant à Puget-Théniers; — Canton de Guillaumes, deux notaires résidant à Guillaumes et à Saint-Martin-d'Entrannes; — Canton de Villars, deux notaires résidant à Villars et à Touet-de-Breuil : — Canton de Roquesteron, deux notaires résidant à Roquesteron et à Gilette; — Canton de Saint-Sauveur, deux notaires résidant à Saint-Sauveur et à Valdeblore; — Canton de Saint-Etienne, deux notaires résidant à Saint-Etienne.

2. La réduction des offices des notaires au nombre ci-dessus déterminé s'opérera par voie de déchéance, de démission, de destitution ou de décès.

3. Les notaires actuellement en fonctions sont institués dans les résidences qui leur ont été assignées par les décrets de nomina-

tions à la charge : 1° de prêter serment ; 2° de verser dans le délai de deux mois, à dater du présent décret, le cautionnement exigé par la loi du 28 avril 1816 ; 3° de s'engager à payer, lorsqu'un office sera supprimé dans le canton où ils résident, la somme qui sera fixée, sur l'avis du tribunal compétent, pour indemniser le titulaire de l'office supprimé ou ses ayants droit.

Ces conditions accomplies, ils jouiront du bénéfice de l'art. 91 de la loi précitée du 28 avril 1816.

4. Les conditions de stage imposées, par la loi du 25 vent. an XI, pour l'exercice du notariat, ne seront pas exigées des candidats qui justifieront qu'avant la promulgation du présent décret ils avaient satisfait aux prescriptions de la loi sarde (édit du 23 juill. 1822, art. 5).

5. Les minutes déposées aux bureaux d'insinuation seront remises dans les mains des notaires désignés par l'autorité judiciaire.

6. Les notaires qui ont cessé leurs fonctions, ou leurs représentants, sont tenus, sous les peines édictées par l'art. 57 de la loi du 25 vent. an XI, de remettre à ceux des notaires du canton agréés par le ministre de la justice, les minutes, papiers et répertoires dont ils avaient la possession.

La remise sera faite dans le délai de deux mois à dater du présent décret.

7. Les notaires détenteurs aujourd'hui des minutes et papiers des notaires qui ne sont plus en exercice en resteront dépositaires responsables.

8. Les copies d'actes et contrats déposées par les notaires dans les bureaux d'insinuation, en vertu des lois sur la matière, seront conservées dans les greffes des tribunaux.

---

2 mai 1861. — Loi relative à la légalisation, par les juges de paix, des signatures des notaires et des officiers de l'état civil.

Art. 1er. Les juges de paix qui ne siégent pas au chef-lieu du ressort d'un tribunal de première instance sont autorisés à légaliser, concurremment avec le président du tribunal, les signatures des notaires qui résident dans leur canton et celles des officiers de l'état civil des communes qui en dépendent, soit en totalité, soit en partie.

2. Les notaires et les officiers de l'état civil déposeront leurs signatures et leurs paraphes au greffe de la justice de paix où la légalisation peut être donnée.

3. Il est alloué aux greffiers de justice de paix une rétribution de vingt-cinq centimes (0 fr. 25 c.) par chaque légalisation.

Néanmoins cette rétribution ne sera pas exigée, si l'acte, la copie ou l'extrait sont dispensés du timbre.

---

3 juill. 1861. — Loi sur les ventes publiques de marchandises en gros, autorisées ou ordonnées par la justice consulaire.

Art. 1er. Les tribunaux de commerce peuvent, après décès ou cessation de commerce, et dans tous les autres cas de nécessité dont l'appréciation leur est soumise, autoriser la vente aux enchères en gros des marchandises de toute espèce et de toute provenance.

L'autorisation est donnée sur requête ; un état détaillé des marchandises à vendre est joint à la requête.

Le tribunal constate par son jugement le fait qui donne lieu à la vente.

2. Les ventes autorisées en vertu de l'article précédent, ainsi que toutes celles qui sont autorisées ou ordonnées par la justice consulaire dans les divers cas prévus par le Code de commerce, sont faites par le ministère des courtiers.

Néanmoins, il appartient toujours au tribunal, ou au juge qui autorise ou ordonne la vente, de désigner, pour y procéder, une autre classe d'officiers publics ; dans ce cas, l'officier public, quel qu'il soit, est soumis aux dispositions qui régissent les courtiers, relativement aux formes, aux tarifs et à la responsabilité.

3. Les dispositions des articles 2 à 7 inclusivement de la loi du 28 mai 1858, sur les ventes publiques, sont applicables aux ventes autorisées ou ordonnées comme il est dit dans les deux articles qui précèdent.

FIN DU TABLEAU CHRONOLOGIQUE DES LOIS ET RÈGLEMENTS DU NOTARIAT.

COMMENTAIRE ABRÉGÉ

DES LOIS RELATIVES

AUX

DROITS D'ENREGISTREMENT, DE TIMBRE,

D'HYPOTHÈQUE, DE TRANSCRIPTION ET DE GREFFE,

PRÉSENTÉES SUIVANT L'ORDRE CHRONOLOGIQUE. *

1° LOIS RELATIVES AUX DROITS D'ENREGISTREMENT.

22 frim. an VII (12 déc. 1798). — LOI SUR L'ENREGISTREMENT (1).

TITRE Ier. — De l'enregistrement des droits et de leur application.

ART. 1er. Les droits d'enregistrement

---

* Pendant l'impression de ce *Commentaire*, M. Ed. Clerc a publié le *Traité de l'enregistrement, du timbre et des hypothèques* (2 vol. in-8°), formant la 2e partie du *Traité général du notariat et de l'enregistrement*. Nous renvoyons le lecteur à cet ouvrage, où sont examinées et résolues toutes les difficultés que soulève cette importante matière.

(1) — 1. L'enregistrement est une formalité qui consiste, pour certains actes, dans la copie littérale, sur un registre à ce destiné, et pour d'autres, dans la relation sommaire, aussi sur des registres spéciaux, des clauses qui en font le caractère légal. Tout acte présenté à la formalité doit acquitter un droit, s'il n'en est expressément affranchi. L'ensemble des droits ainsi perçus constitue l'impôt de l'enregistrement.

2. Les droits d'enregistrement, tels qu'ils sont établis par la législation qui nous régit aujourd'hui, réunissent sous une même dénomination ceux qui étaient connus, dans notre ancienne législation, sous le nom de droits de *contrôle*, *d'insinuation*, *de centième denier*, et encore sous d'autres dénominations particulières à certaines provinces.

Le *contrôle*, qui a son origine dans un édit de Henri III, du mois de juin 1581, mais qui cependant ne fut organisé d'une manière régulière que par l'édit du mois de mars 1693 et d'autres édits de 1699, 1708 et 1722, était une formalité commune à tous les actes civils, judiciaires et extrajudiciaires, ayant pour but de constater la date des actes. La formalité s'accomplissait de la même manière que l'enregistrement actuel au moyen de l'extrait de

ces actes sur un registre, et du paiement d'un droit, suivant le tarif établi.

L'*insinuation* fut d'abord introduite pour donner de la publicité aux donations et aux substitutions que les tiers avaient un grand intérêt à connaître (cette formalité, qui n'avait d'abord rien de bursal, s'est conservée jusqu'à la publication du C. Nap., qui l'a remplacée par la transcription). — Plus tard, et par l'édit de décembre 1705, appelé communément l'édit des *insinuations laïques*, on crut devoir astreindre à l'insinuation les actes translatifs de propriété, et on les assujettit au droit de *centième denier*, qui fut perçu par le greffier, à titre de salaire, mais qui n'empêchait pas que l'acte ne fût soumis au droit de contrôle, en cas qu'on voulût en faire usage en justice. V. *Encyclopédie*, v° *Contrôle*.

Le droit de *centième denier*, que déterminaient l'édit précité de 1703, la déclaration du 19 juillet 1704, l'édit du mois d'octobre 1705, l'édit d'août 1706, la déclaration du 20 août 1708 et plusieurs arrêts de règlement, s'appliquait, en outre, à toute espèce de mutation de propriété ou d'usufruit d'immeubles, de rentes foncières et de tout autre droit réel ou immobilier, opérée à titre gratuit ou onéreux, par succession ou autrement, avec titre ou sans titre, à l'exception, néanmoins, des successions directes et des donations faites en ligne directe par contrat de mariage, en faveur des enfants qui se mariaient.

Ainsi, rien n'échappait à cette législation fiscale, et, malgré tout, les lois sur la matière étaient d'une obscurité telle que la perception fut livrée à l'arbitraire des fermiers ou de seront perçus d'après les bases et sui- | vant les règles déterminées par la pré-

leurs préposés, et, comme le disait Malesherbes dans ses remontrances au roi, au nom de la Cour des aides, en 1775 : « Que celui qui payait ne pouvait jamais savoir ce qu'il devait, et que, souvent, le préposé ne le savait pas mieux. »

De là des abus sans nombre contre lesquels on s'élevait de toutes parts, lorsque l'Assemblée constituante, suivant l'inspiration de la Cour des aides, qui, qui 1775, avait dit : « Il est cependant nécessaire de venir au secours du peuple opprimé par cette monstrueuse régie, » décréta la loi des 5-19 déc. 1790, qui abolit les droits de *contróle*, d'*insinuation*, de *centième denier*, et constitua le droit de d'enregistrement, en y fondant les deux espèces de droits, les droits d'acte et les droits de mutation, qui étaient reconnus dans l'ancienne législation.

La loi des 5-19 déc. 1790 divisa les actes et titres soumis à la formalité en trois classes. Le droit de la première était proportionnel à la valeur des objets stipulés, il s'élevait depuis 4 sols jusqu'à 4 livres pour cent livres ; celui de la seconde était payé à raison des revenus présumés des contractants ; enfin, celui de la troisième consistait en une somme fixe depuis 5 sols jusqu'à 12 liv., suivant le degré d'utilité de l'acte soumis à la formalité. — Incomplète dans ses dispositions, la loi de 1790 fut suivie de celle des 29 sept.-9 oct. 1791, qui contenait plusieurs articles additionnels fixant certaines perceptions pour des cas non prévus par la loi de 1790.

Mais, disons-le, l'une et l'autre de ces lois se ressentaient des idées dominantes de l'époque. Essentiellement favorables aux contribuables, elles enlevèrent à l'administration le moyen le plus énergique de perception, et par cela même elles donnèrent un accès facile à la fraude, en diminuant, par suite, les recettes dans une proportion considérable.

On se ravisa bientôt. La loi du 9 pluv. an IV, qui eut pour objet principal de mettre les paiements qui se faisaient en assignats en proportion avec leur valeur réelle, présenta d'abord quelques considérations sur la nature et les avantages de l'impôt. Puis, cette loi ayant été rapportée par la création des mandats territoriaux qui remplacèrent les assignats dans la circulation, il devint instant de modifier les droits d'enregistrement qu'elle avait augmentés, eu égard à la dépréciation des signes servant à les acquitter. La loi du 14 therm. an IV y pourvut, et pénétrant plus avant dans la voie que celle de pluviôse avait ouverte, elle posa en principe la nécessité de rendre les droits d'enregistrement profitables au Trésor public, par une perception réelle, fixa divers tarifs autrement qu'ils ne l'avaient

encore été, et établit quelques règles d'évaluation.

3. Mais c'est surtout dans la loi du 9 vend. an VI que se manifesta de la manière la plus nette le retour aux anciennes maximes, dont la loi de 1790 avait eu principalement pour but de s'écarter. Le titre relatif à l'enregistrement, dans cette loi dont l'ensemble avait pour objet des dépenses générales ordinaires et extraordinaires de l'an VI, abrogeait explicitement ou implicitement plusieurs des principes que la loi de 1790 avait consacrés ; il modifiait encore les tarifs, traçait de nouvelles règles d'évaluation, établissait l'expertise, soumettait les mutations par acte sous seing privé à l'enregistrement dans un délai, atteignait les contre-lettres, créait les présomptions légales de mutation, posait, en un mot, sur divers points, les bases d'une législation complète et nouvelle que l'on se proposait déjà d'établir, dans un esprit tout autre que celui dont s'étaient inspirés les législateurs de 1790.

Cette législation a été, en effet, formulée dans la loi du 22 frim. an VII, qui, abrogeant toutes les lois antérieures sur l'enregistrement, est encore aujourd'hui le code de la matière.

Ce n'est pas à dire, cependant, que cette loi, si complète qu'on ait voulu la faire dans son premier jet, ait tout prévu et tout embrassé dans ses dispositions. L'expérience ne tarda pas à y signaler des lacunes qui furent comblées par la loi du 27 vent. an IX, laquelle expliqua, en outre, quelques points douteux, mais ne changea rien au tarif établi par la précédente. Pendant toute la durée de l'Empire, la perception de l'impôt fut régie par ces deux lois, que commentèrent par intervalle quelques avis du conseil d'Etat et quelques décrets du chef du Gouvernement.

4. Mais, à la Restauration, les besoins nés de l'occupation étrangère firent sentir la nécessité d'accroître les ressources du Trésor. Alors survint une loi nouvelle, celle du 28 avril 1816, fort complète en apparence, mais qui toutefois laissa subsister celle du 22 frim., parce qu'elle ne toucha pas aux bases de la perception posées par cette dernière, qu'elle n'y a dérogé qu'en quelques points seulement, et qu'en général elle s'est bornée à augmenter le tarif de droits, comme l'indique l'art. 37, pour l'acquit des charges extraordinaires qui pesaient alors sur l'Etat. — Remarquons, en passant, que, si ces charges ont disparu, l'impôt n'est pas moins perçu encore avec ses augmentations, parce que, comme on l'a fort bien dit, sur l'autorité de Coquille, *c'est une règle que l'impôt une fois mis en France ne se retranche jamais.*

sente (1).

2. Les droits d'enregistrement sont

D'autres lois ont été rendues ensuite qui n'ont pas eu, comme celle de 1816, le caractère de lois générales, mais qui se sont bornées à modifier d'une manière partielle le tarif de l'an VII et des lois postérieures. Telles sont les lois du 25 mars 1817 (art. 74 et suiv.); la loi du 15 mai 1818 (art. 73 et suiv.); la loi du 16 juin 1824 (art. 1ᵉʳ et suiv.); celle du 8 sept. 1830, relative aux prêts sur dépôts des marchandises; celle du 18 avril 1831 (art. 17 et suiv.); celle du 30 avril 1832 (art. 30 et suiv.); celle du 24 mai 1834, art. 11 et suiv.); celle du 18 juill. 1836 (art. 6); celle du 20 juill. 1837 (art. 12); celle du 15 mai 1850, qui modifie les droits d'enregistrement à l'égard de certains actes; celles du 18 mai 1850, sur les donations, les mutations de valeurs mobilières, les prescriptions, et du 14 août 1850, sur les obligations et quittances; la loi du 2 juill. 1852, relative à la perception des droits de mutation, par décès, des inscriptions de rente sur l'État; celle du 22 juin 1854, relative à l'enregistrement des cessions de contrats faits entre les sociétés de crédit foncier; celle du 5 mai 1855, qui fixe à 5 p. cent le taux des frais de régie dus à l'administration de l'enregistrement sur le montant des sommes qu'elle recouvre pour le compte des tiers; la loi du 23 juin 1857, qui établit un droit de transmission sur les actions et obligations des sociétés, compagnies et entreprises françaises et étrangères; et le décret 17 juill. 1857, portant règlement pour l'exécution de cette loi; la loi du 11 juin 1859, qui modifie les droits d'enregistrement à l'égard des marchés et traités reputés actes de commerce; le décret du 11 juin 1862, relatif à la perception du droit de transmission établi sur les actions et obligations des sociétés, compagnies et entreprises étrangères. V. infrà ces lois et décrets. Tel est l'ensemble de la législation fiscale. Mais, ainsi qu'on le voit, si la législation sur l'enregistrement se compose de ces diverses lois qui ont successivement modifié les tarifs, la base de l'impôt est toujours celle du 22 frim. an VII. C'est donc sur celle-ci principalement que portera notre commentaire, sauf à rejeter dans le commentaire des autres les points spéciaux qu'elles auraient réglementés (V. au surplus l'introduction au Diction. de l'enreg. de MM. Championnière et Rigaud, et l'historique de l'art. Enreg. dans la Jurisp. gén. de M. Dalloz).

(1) — 5. Les droits d'enregistrement sont des impôts; par cela même ils ont dû être expressément déterminés par le législateur et ne pourraient éprouver d'augmentation ou de diminution qu'en vertu d'une loi expresse, ou d'une ordonnance, dans le cas où le pouvoir réglementaire est autorisé à en établir.

5 bis. Les lois fiscales ne disposent que pour l'avenir, et n'ont pas d'effet rétroactif. Ce principe, proclamé d'une manière générale par l'art. 2, C. Nap., domine toute notre législation et s'applique aux lois d'impôt comme aux autres. — Ainsi, lorsqu'une transmission mobilière a été consentie sous une condition suspensive, s'il arrive que l'événement prévu se réalise sous l'empire d'une loi postérieure prescrivant la perception de décimes de guerre spéciaux, il n'y a pas lieu, la réalisation du contrat rétroagissant au jour où il a été conclu, de prélever ces décimes dans la liquidation des droits à percevoir (Trib. de la Seine, 3 mars 1860, D.ᴘ.60.3.72).

6. La perception des droits se détermine d'après la substance des actes et leur forme extrinsèque, abstraction faite des intentions secrètes des parties. C'est, en général, le sens littéral des mots qu'il faut prendre pour première base, dans la détermination des droits à percevoir. Par application de cette règle, qui modifie les conséquences de l'art. 1156, C. Nap., d'après lequel on doit, dans les conventions, rechercher quelle a été la commune intention des parties plutôt que de s'arrêter au sens littéral des termes, il a été décidé que le droit proportionnel devait être perçu sur deux actes sous seing privé que les parties disaient n'avoir été entre elles que de simples projets de vente, les termes des actes supposant une vente réelle (Cass., 23 fév. 1824, D.ᴀ.7.33).

7. Toutefois, s'il était manifeste, par quelque clause de l'acte soumis à la formalité, que l'intention des parties n'est pas celle que supposent certaines expressions contenues dans l'acte, le principe posé dans l'art. 1156, C. Nap., devrait prévaloir sur le sens littéral des termes. C'est ainsi qu'il a été reconnu que l'acte de vente sous seing privé, qu'un jugement a déclaré n'être qu'un simple projet qui n'a produit aucune mutation, n'est pas passible du droit proportionnel (Cass., 18 fév. 1829, D.ᴘ.29.1.152). Mais cette règle, dans l'application, sera souvent contredite.

7 bis. Il a été décidé aussi que les dispositions des actes doivent être appréciées, pour la perception des droits, d'après les effets qu'ils peuvent produire, plutôt que suivant le sens littéral des termes (Cir. rej., 14 déc. 1840, D.ᴘ.41.1.51. V. encore trib. de la Seine, 29 mars 1854, D.ᴘ.54.3.31). — Mais la qualification donnée aux actes par les parties contractantes doit être maintenue, même vis-à-vis de la régie de l'enregistrement, toutes les fois que les stipulations que contien-

fixes ou proportionnels, suivant la nature des actes et mutations qui y sont assujettis (1).

___

nent ces actes ne sont pas inconciliables avec leur qualification (Cir. rej., 22 fév. 1842, D.P.42.1.123).

7 *ter*. D'un autre côté, les droits d'enregistrement doivent être appliqués aux dispositions des actes d'après ce qu'elles sont, et non d'après ce qu'elles auraient dû être (Cass., 1er juin 1853, D.P.53.1.182; trib. de la Seine, 23 janv. 1857, D.P.57.3.28).

7 *quater*. Entre deux conventions différentes, pouvant également atteindre leur but, les parties ont le droit de choisir celle qui rend exigible le plus faible droit. C'est une faculté dont elles peuvent user très-légitimement, et qu'il ne faut pas confondre avec la fraude ou la dissimulation prohibée. Dumoulin, *Cout. de Paris*, gloss. 2, n° 19; Merlin, *Rép.*, v° *Fraude*; Henrion de Pansey, *Dissert. féod.*, v° *Droits seigneur.*, t. 1er, p. 631.

8. Dans tous les cas, il est de principe, en matière d'impôt, que les perceptions doivent être rigoureusement restreintes dans les limites fixées par la loi, et ne peuvent être étendues par voie d'interprétation. Le principe a été fréquemment appliqué. Ainsi, dans une espèce où il s'agissait du droit dont sont passibles les retours de partage, la Cour de cassation a expressément déclaré « qu'en matière d'impôt, on ne peut pas, par voie d'induction ou d'analogie, étendre d'un cas à un autre la disposition de la loi » (Cass., 27 juill. 1819, D.A.7.499), et dans une autre espèce où il s'agissait des déclarations à faire par les titulaires d'office pour assurer le privilége aux bailleurs de fonds du cautionnement, la même Cour a déclaré « qu'en matière d'impôt, plus qu'en toute autre matière, il n'est pas permis d'étendre ou de modifier, par voie d'induction ou d'analogie, le sens littéral de la loi » Cass., 4 déc. 1821, D.A.7.44); et la même doctrine se retrouve encore dans une foule d'autres arrêts, sinon dans les mêmes termes, du moins en termes équivalents. Mais la controverse sera fréquente aussi sur ce point.

9. L'application de la loi fiscale doit même être faite d'après les règles les plus rigoureuses de la logique et abstraction faite de toute circonstance ou considération particulière de la nature de celles qui, dans les matières ordinaires, déterminent quelquefois le juge à faire fléchir un texte incertain. Toutefois on a de tout temps admis que, dans le doute, le juge doit se prononcer contre le fisc en faveur du contribuable (V. *Jurisp. gén.*, l'historique du mot *Enregistrement*; V. aussi Domat, tit. 5, sect. 6, n° 18). — Dans l'opinion de Domat, cette doctrine n'est que l'ap-

plication de ce principe. *Actore enim non probante, qui convenitur, etsi nihil ipse præstat, obtinebit* (L. 4, C. de edendo).— Aujourd'hui, cette doctrine pourrait encore s'appuyer sur l'art. 1162, C. Nap., d'après lequel, « dans le doute, la convention s'interprète contre celui qui a stipulé et en faveur de celui qui a contracté l'obligation. » Car, ainsi que le disent MM. Championnière et Rigaud, t. 1, n° 37, « c'est par une espèce de convention entre l'Etat et les citoyens que les impôts sont établis: l'Etat est le créancier, les citoyens sont débiteurs. Si la loi constitutive de l'impôt n'explique pas clairement les droits qui sont dus, la faute en est au premier, *in cujus erat potestate legem apertiùs dicere.* » Mais on sent que pour que cette doctrine soit applicable il est nécessaire que l'incertitude sur le sens de la loi soit bien complète, et que le refus de perception ne dégénère pas en abus qui tendrait à annuler la perception de l'impôt.

9 *bis*. L'administration de l'enregistrement n'a point qualité pour discuter la validité des actes; elle doit, sauf le cas de fraude ou de simulation, les admettre tels qu'ils se présentent avec leur caractère et leurs effets apparents (Cass., 20 nov. 1844, D.P.45.1.34; trib. de Lyon, 4 fév. 1854, D.P.54.5.306; Cass., 15 fév. 1854, D.P.54.1.51). Mais il ne suit point de là que l'administration ne puisse pas rechercher le véritable caractère du contrat pour déterminer à quelle classe de convention il appartient, et quelles sont la nature et la quotité du droit auquel il est soumis (Cass., 24 avr. 1854, D.P.54.1.160). — Ainsi l'administration de l'enregistrement a qualité pour soutenir qu'une disposition testamentaire a le caractère d'une substitution et non celui d'un legs sous condition suspensive, pour en conclure l'existence de deux transmissions successives opérées l'une du testateur au grevé, l'autre du grevé aux appelés, et donnant dès lors ouverture à deux droits de mutation, lorsque les héritiers eux-mêmes ont exécuté la disposition comme substitution fidéicommissaire: on objecterait vainement qu'il n'est pas permis à la régie d'interpréter un acte dans un sens qui en entraînerait la nullité, pour en induire la perception d'un droit, sa prétention reposant, au contraire, sur la supposition du maintien de l'acte, tel que l'ont entendu et exécuté les héritiers (Cass., 11 déc. 1860, D.P.61.1.25). V. également Rej. 9 juill. 1861 D.P.61.1.322.)

(1)—10. Cette division de l'impôt en droits fixes et droits proportionnels se trouvait déjà, comme nous l'avons vu, dans la loi des 5-19

___

3. Le droit fixe s'applique aux actes, soit civils, soit judiciaires ou extrajudiciaires, qui ne contiennent ni obliga-

tion, ni libération, ni condamnation, collocation ou liquidation de sommes et valeurs, ni transmission de propriété, d'usufruit ou de jouissance de biens, meubles ou immeubles.

Il est perçu aux taux réglés par l'art. 68 de la présente (1).

4. Le droit proportionnel est établi pour les obligations, libérations, condamnations, collocations ou liquida-

---

déc. 1790. La loi de frimaire an VII l'a établie d'une manière plus précise. On y rencontre des droits fixes, des droits proportionnels, des exemptions. Tout acte présenté à la formalité doit nécessairement rentrer dans l'une de ces catégories : l'office du receveur auquel l'acte est soumis consiste à déterminer celle des catégories dans laquelle rentre cet acte.

11. Lorsqu'il est établi que l'acte doit être enregistré soit au droit fixe, soit au droit proportionnel, il reste à déterminer la somme que le contribuable doit payer.

12. S'il s'agit d'un droit fixe, la qualification même de ce droit indique que le montant ne varie pas, quelle que soit la valeur à l'occasion de laquelle l'acte a été passé. Ainsi, les acceptations de successions et les renonciations sont tarifées au droit fixe de 1 fr. par la loi de frimaire (art. 68, § I, 1° et 2°). Et dès lors, toute renonciation ou toute acceptation ne donnera lieu qu'à la perception de 1 fr., soit que l'acceptation ou la répudiation s'applique à une succession opulente, soit qu'elle ait pour objet une succession sans valeur.

13. Dans les droits proportionnels, au contaire, il en est autrement. Plusieurs causes font varier ces droits. La première, commune à tous les objets frappés d'un droit proportionnel, consiste dans la valeur de l'objet imposé. Le droit est établi dans le rapport d'une somme à 100 fr. : ainsi, 50 c., 1 fr., 2 fr. pour 100 fr., en sorte que le contribuable doit payer autant de fois 50 c., 1 fr., 2 fr., que l'objet imposé vaut de fois 100 fr. La seconde cause de variation qui s'applique à toutes les transmissions consiste dans la nature des choses transmises : ainsi, une mutation de biens meubles donne ouverture à un droit moins élevé qu'une mutation de biens immeubles.— La troisième cause, qui est particulière aux transmissions à titre gratuit, consiste dans le degré de parenté qui existe entre celui qui donne et celui qui reçoit. La quatrième enfin est établie pour certaines espèces de libéralités, comme les donations par contrat de mariage et les partages anticipés entre-vifs.

(1) — 14. Ces art. 3 et 4 ont été mis en action par les art. 68 et 69 de la même loi, qui fixent le tarif. C'est sous ces derniers articles que se placeront les observations de détail et l'examen des principales difficultés de la matière. Ceux qu'il s'agit maintenant

de commenter ont eu particulièrement pour but d'indiquer la règle d'après laquelle le législateur s'est déterminé pour établir le droit fixe ou le droit proportionnel. La loi s'est attachée à ce principe que tout ce qui n'oblige, ne libère, ni ne transmet, ne peut donner lieu au droit proportionnel, et, au contraire, que tout acte qui contient obligation, libération ou transmission de biens meubles ou immeubles, ne peut être enregistré au simple droit fixe. Les art. 3 et 4 de la loi de frimaire sont les expressions de cette règle, que les art. 68 et 69 ont ensuite appliquée.

15. Disons-le cependant, la règle posée par le législateur n'a pas été scrupuleusement obéie par lui-même. On remarquera, dans les dispositions du tarif auxquelles renvoient les art. 3 et 4, des actes frappés d'un droit proportionnel, bien qu'ils ne contiennent aucune transmission, comme, par exemple, les licitations ; et réciproquement, des actes qui sont soumis à un droit fixe seulement, quoiqu'ils soient manifestement libératoires, tels que la délivrance des legs. Cet oubli, par le législateur, des principes qu'il a lui-même formulés, tient aux modifications que les art. 68 et 69, portant le tarif, ont subies avant que la rédaction en ait été définitivement arrêtée. Toutefois, malgré ces disparates, les art. 3 et 4 n'en doivent pas moins être considérés comme énonçant une doctrine qui sert principalement de base à la loi.

16. Dans la pensée des législateurs, le droit fixe n'a été que la représentation du salaire de la formalité. Le caractère de la formalité étant le même pour tous les actes, on avait d'abord pensé qu'il n'y avait, généralement parlant, aucune raison de le faire payer plus cher pour un acte que pour un autre. En conséquence, on avait proposé d'établir un seul droit fixe pour tout acte ou toute stipulation qui ne donnerait pas ouverture au droit proportionnel. L'adoption de cette proposition aurait de beaucoup simplifié la perception, en tarissant la source des embarras sans nombre qu'avaient fait naître les distinctions du tarif de 1790. Mais il fut reconnu, lors de la discussion de la loi, qu'on ne pouvait admettre la proposition sans diminuer sensiblement les revenus du Trésor, et par suite, il fut établi un tarif combiné d'après l'importance attribuée aux actes non soumis au droit proportionnel. Ce tarif a été modifié par les lois ultérieures, notamment par celle du 28 avril 1816, qui y a introduit des dispo-

tions de sommes et valeurs, et pour toute transmission de propriété, d'usufruit ou de jouissance de biens meubles ou immeubles, soit entre-vifs, soit par décès.

Ces quotités sont fixées par l'art. 69 ci-après.

Il est assis sur les valeurs (1).

5. Il n'y a point de fractions de centime dans la liquidation du droit proportionnel. Lorsqu'une fraction de somme ne produit pas un centime de droit, le centime est perçu au profit de la République (2).

6. Cependant, le moindre droit à percevoir sur un acte donnant lieu au droit proportionnel, et sur une mutation de biens par décès, sera du montant de la quotité sous laquelle chaque acte ou mutation se trouve classé dans les art. 68 et 69, sauf les exceptions y mentionnées (3).

7. Les actes civils et extrajudiciaires sont enregistrés sur les minutes, brevets ou originaux.

Les actes judiciaires reçoivent cette formalité, soit sur les minutes, soit sur les expéditions, suivant les distinctions ci-après :

Ceux qui doivent être enregistrés sur les minutes sont : les procès-verbaux d'apposition, de reconnaissance et de levée de scellés, et ceux de nomination de tuteurs et curateurs ; les avis de parents, les émancipations, les actes de notoriété, les déclarations en matière

---

sitions et des classifications nouvelles, et a généralement élevé le droit ; mais il n'a pas été complétement remplacé.

17. Quant aux droits proportionnels, ils sont, par leur nature, bien autrement importants que les droits fixes. Ils ne sont pas seulement, comme ceux-ci, le salaire de la formalité ; ils sont, de plus, une contribution assise sur les valeurs : c'est une contribution qui, à vrai dire, constitue l'impôt de l'enregistrement.

18. L'art. 4, qui pose le principe constitutif des droits proportionnels, embrasse dans sa disposition les actes et les *mutations*. Par *droit de mutation*, la loi fiscale entend celui qui se perçoit sur les transmissions entre-vifs de biens immeubles en propriété, usufruit ou jouissance, et celui qui s'opère par décès, de toute espèce de biens (Cass., 13 janv. 1818, D.A.7.24). Et conséquemment, par *droit d'acte*, on doit entendre tout droit établi sur autre chose que la transmission entre-vifs de biens immeubles, ou la mutation, par décès, de toute espèce de biens. Des différences essentielles résultent, dans l'application, de cette distinction ; elles trouveront leur place dans le commentaire des articles suivants. Signalons seulement ici la plus importante, celle qui est comme la source de toutes les autres : c'est qu'à l'égard de la mutation, c'est sur son existence même, indépendamment de l'acte qui la constate, que le droit est établi, tellement qu'une convention même verbale peut servir de base à la perception (*V.* loi 27 ventôse an IX, article 4), tandis qu'à l'égard du droit d'acte, ce n'est pas sur la convention indépendamment de l'acte, c'est sur l'acte lui-même que le droit doit être perçu (Cass., 17 juin 1811, D.A.7.220). En sorte que la régie prouverait en vain l'existence d'une convention verbale, le droit

ne pourrait pas être perçu, si les parties ne présentaient pas volontairement l'acte par lequel cette convention serait constatée.

Toutefois la mention, dans des procès-verbaux de liquidation et partage, d'actes sous seing privé non enregistrés, émanés des cohéritiers présents à cette liquidation, équivaut à un usage public de ces actes dans le sens de la loi du 16 juin 1824, et les rend passibles du droit d'enregistrement (Cass., 30 avril 1850, D.P.50.1.245).—De même, un jugement portant condamnation de sommes ou valeurs mobilières est passible du droit de titre, indépendamment du droit de condamnation, quoiqu'il ait été rendu sur une convention purement verbale, si d'ailleurs cette convention était susceptible d'être établie par un titre enregistré : l'existence d'un acte écrit n'est pas nécessaire (Cass., 4 déc. 1854, D.P.55.1.58. Voy. aussi Req., 7 juin et 10 août 1842, D.P.48.1.126 et 223).

18 *bis*. La mention, dans une quittance, du remboursement d'une somme à valoir sur une créance plus importante, autorise le juge à ordonner une instruction pour arriver à la connaissance de cette créance, à l'effet de déterminer la somme qui doit être frappée du droit d'obligation : ce n'est pas là violer la règle qui, en matière fiscale, ne frappe les obligations du droit proportionnel que sur la preuve écrite des conventions donnant lieu à ces droits, le juge se bornant, en ce cas, à exiger la constatation du chiffre d'une créance restée indéterminée dans l'acte présenté à l'enregistrement (Rej., 31 août 1858, D.P. 58.1.361).

(1) *V.* la note 1 de la page 376.

(2)—19. Cet article a été modifié par l'art. 2 de la loi du 27 vent. an IX (*V.* cet article).

(3)—20. Modifié par l'art. 3 de la loi du 27 vent. an IX.

civile, les adoptions, tous actes contenant autorisation, acceptation, abstention, renonciation ou répudiation; les nominations d'experts et arbitres, les oppositions à levée de scellés par comparution personnelle, les cautionnements de personnes à représenter à justice, ceux de sommes déterminées ou non déterminées, les ordonnances et mandements d'assigner les opposants à scellés; tous procès-verbaux généralement quelconques des bureaux de paix, portant conciliation ou non-conciliation, défaut ou congé, remise ou ajournement; tous actes d'acquiescement, de dépôt et consignation, d'exclusion de tribunaux, d'affirmation de voyage, d'enchère et surenchère, de reprise d'instance, de communication de pièces avec ou sans déplacement, d'affirmation ou vérification de créances, d'opposition à délivrance de titres ou jugements, de procès-verbaux et rapports, de dépôts de bilans et de décharges; les certificats de toute nature et ordonnances sur requête; les jugements portant transmissions d'immeubles, et ceux par lesquels il est prononcé des condamnations sur des contraventions sujettes à l'enregistrement, sans énonciations de titres enregistrés.

Tous autres actes et jugements, soit préparatoires ou d'instruction, soit définitifs, ne sont soumis à l'enregistrement que sur les expéditions.

Ceux des actes de l'état civil qui sont assujettis à l'enregistrement par la présente, ne seront également enregistrés que sur les expéditions.

Les jugements de la police ordinaire, des tribunaux de police correctionnelle et des tribunaux criminels, ne sont de même soumis à l'enregistrement que sur les expéditions, lorsqu'il y a partie civile, et seulement pour les expéditions requises par elles ou autres intéressés (1).

8. Il n'est dû aucun droit d'enregistrement pour les extraits, copies ou expéditions des actes qui doivent être enregistrés sur les minutes ou originaux (2).

Quant à ceux des actes judiciaires qui ne sont assujettis à l'enregistrement que sur les expéditions, chaque expédition doit être enregistrée, savoir: la première, pour le droit proportionnel, s'il y a lieu, ou pour le droit fixe, si le jugement n'est pas passible du droit proportionnel; et chacune des autres, pour le droit fixe (3).

9. Lorsqu'un acte translatif de propriété ou d'usufruit comprend des meubles et immeubles, le droit d'enregistrement est perçu sur la totalité du prix, au taux réglé pour les immeubles, à moins qu'il ne soit stipulé un prix particulier pour les objets mobiliers, et qu'ils ne soient désignés et

---

(1)—21. Les distinctions de cet article se trouvent abrogées, en ce qui concerne les jugements et actes judiciaires, par l'art. 38 de la loi du 28 avril 1816, dont le premier alinéa porte : « Tous actes judiciaires en matière civile, tous jugements en matière criminelle, correctionnelle ou de police, seront, sans exception, soumis à l'enregistrement sur les minutes ou originaux. »

22. Dans la pratique, on mentionne littéralement la relation de l'enregistrement de l'acte auquel on fait des changements de détail par un autre acte, lorsqu'on veut éviter le paiement nouveau du même droit proportionnel. Le fisc averti enregistre alors au droit fixe, s'il y a lieu.

(2)—23. Le droit une fois perçu sur l'acte passé en minute ou sur l'original, le même droit ne pouvait plus être perçu sur les reproductions de ce titre. On aurait pu en conclure que les copies ou expéditions ne devaient plus être soumises qu'à un droit fixe; mais

la première disposition de l'article ci-dessus va plus loin, en ce qu'elle prononce un affranchissement absolu.

24. La régie avait d'abord fait une distinction et prétendu que cette exemption ne concernait que les extraits d'actes délivrés par les officiers publics qui avaient rédigé les originaux et en étaient dépositaires (Inst. gén., 23 mars 1833, n° 1422, § 4).—Mais un arrêt uniquement fondé sur le texte de l'article 8 condamna la distinction en jugeant que, lorsque l'extrait d'un exploit, déposé au greffe et au secrétariat des chambres, n'est autre que celui de l'exploit d'assignation signifié au défendeur et enregistré sur l'original, l'extrait, quoique dressé par un avoué, est exempt de l'enregistrement (Cass., 5 déc. 1812, D.P.33.1.401).

(3)—25. Ce second alinéa est sans objet depuis la modification introduite par l'art. 38 de la loi du 28 avril 1816, transcrit à la note 21.

estimés, article par article, dans le contrat (1).

10. Dans le cas de transmission de biens, la quittance donnée, ou l'obli-

(1)—26. Cet article est emprunté à la jurisprudence du centième denier, établie par un arrêt en forme de règlement du 18 juillet 1713. Il a pour objet d'empêcher la fraude que l'on pourrait faire en attribuant aux objets mobiliers une part plus grande que celle qui leur appartient réellement dans l'établissement du prix.

26 bis. Le but même de la loi indique qu'elle ne concerne que les ventes, car la fraude qu'elle a voulu prévenir n'est pas à craindre dans les actes qui ne comportent pas un prix. D'ailleurs le mot prix dont s'est servi le législateur dans l'art. 9 vient à l'appui de cette solution. Par suite, une donation de meubles et d'immeubles ne serait assujettie qu'aux droits fixés pour chaque nature de biens, sur l'évaluation en masse des uns et des autres (Délib., 1er juin 1837).

27. Pareillement, l'art. 9 ne s'applique pas, et par le même motif, à tout autre cas où il y aurait lieu de faire une ventilation pour l'établissement du droit. Ainsi, on a constamment reconnu que la disposition n'est pas applicable à la vente simultanée d'un immeuble et d'une rente ou d'une créance (Délib., 21 nov. 1808; 10 oct. 1821; 21 nov. 1821; 11 mai 1832; Inst. gén., 9 juin 1827; 1209, § 1er, et 5 juin 1853, n° 1537, sect. 2, § 52). Conf. Gabr. Demante, Exposition raisonnée des principes de l'enregistr., 2e édit., t. 1er, n° 268.

28. Ainsi, c'est particulièrement aux ventes simultanées de meubles et d'immeubles que l'art. 9 est applicable. V. comme application, Cass., 26 août 1844 (D.P.44.1.361), et 7 août 1855 (D.P.55.448). Mais s'y applique-t-il même au cas où l'acte de vente n'est pas soumis à la formalité et où la mutation n'est révélée que par la présentation d'un autre acte qui la mentionne? Il faut distinguer, selon M. Gabr. Demante (Expos. rais., t. 1er, n° 270), si l'énonciation d'une pareille vente est faite par une seule des parties, dans un acte qui ne fasse pas titre de la vente, par exemple, dans un commandement signifié à la requête du vendeur, la ventilation est admissible sans état estimatif, car on ne se trouve pas dans le cas prévu par l'art. 9, qui dispose à l'égard d'un acte translatif de propriété. Mais si l'administration arrive à prouver l'existence de l'acte instrumentaire de la vente simultanée, ou si l'énonciation d'une pareille vente se trouve dans un acte émanant des deux parties qui, par suite, puisse faire titre de ladite vente, il y a lieu d'appliquer l'art. 9 et de percevoir le droit immobilier sur le tout. V. en ce dernier sens, Cass., 25 nov. 1839 (D.P.40.1.34). — V. toutefois, en sens contraire, Dalloz, v° Enreg., n° 2965.

29. La jurisprudence a fait application de l'art. 9 aux cessions de droits successifs qui comprennent des droits mobiliers et des droits immobiliers (Délib., 5 juill. 1826; Inst. gén., 9 juin 1827, n° 1209; Cass., 5 mai 1817; 30 mai 1826; 7 janvier 1839, D.A.7.156; D.P. 26.1.290; 39.1.51; trib. d'Angoulême, 25 août 1845 (D.P.46.4.264); Cass., 15 juin 1847 (D.P.47.1.220). Conf. Gabr. Demante, Expos. rais., n° 269.—V. en sens contraire, Championnière et Rigaud, t. 4, n°s 3299 et suivants. V. aussi Dalloz, n° 2990, qui propose une distinction, selon que la vente a pour objet des droits certains et liquidés, ou, au contraire, des droits indéterminés).

30. À l'égard des objets mobiliers auxquels leur destination donne le caractère d'immeubles, on comprend que cette destination même leur rend applicable, lorsqu'ils sont vendus avec l'immeuble auquel ils sont attachés, le droit proportionnel fixé pour les ventes immobilières. Ainsi, dans le cas de vente d'un bien-fonds, avec les objets destinés à l'exploitation, ce droit est dû aussi bien sur le prix de l'immeuble par sa nature que sur celui qui est stipulé pour les objets d'exploitation (Inst. gén., 3 fruct. an XIII).

31. C'est par application de cette règle qu'il avait été d'abord jugé que les mécaniques, métiers et ustensiles d'une machine à vapeur, réputée immeuble qui en font corps avec elle, sont immeubles par destination, et qu'ainsi la vente de ces objets faite en même temps que celle de la machine doit être assujettie au droit de mutation immobilière, quand bien même ils seraient estimés article par article, et qu'un prix distinct serait stipulé pour leur transmission (Sol., 28 nov. 1828; Cass., 20 juin 1832, D.P.32. 1.407).

32. Mais il a été décidé, contrairement à cette solution, qu'en principe, l'administration n'a point à rechercher si les machines et ustensiles vendus avec un immeuble étaient réputés immeubles par destination, avant leur aliénation, ou même à l'époque de la vente; qu'elle doit n'avoir égard qu'à la volonté exprimée par le propriétaire, et aux dispositions de l'acte; que la volonté de rendre à ces objets leur nature mobilière est suffisamment établie par la stipulation d'un prix distinct et par l'estimation article par article, et que, dans ce cas, il n'est dû sur le prix desdits objets que le droit proportionnel pour la vente d'objets mobiliers (Cass., 23 avril 1833, D.P.33.1.201). — La régie, en prescrivant de se conformer à cet arrêt, a recommandé, dans le cas où l'énonciation d'un prix séparé, et l'estimation article par article, seraient présumées n'avoir été faites

gation consentie par le même acte, | pour tout ou partie du prix entre les

que pour frauder les droits du Trésor, de percevoir le droit de vente immobilière sur la totalité du prix (Inst. gén., 30 sept. 1834, n° 1437, § 15). *V.* aussi Gabr. Demante, *Expos. rais.*, t. 1ᵉʳ, nᵒˢ 282 et suiv.

32 *bis.* La Cour de cassation a décidé elle-même que la vente faite à la même personne, pour des prix distincts et par actes séparés par plusieurs jours d'intervalle, d'une usine et des ustensiles qui en sont l'accessoire, a pu être assujettie dans son intégralité au droit de vente immobilière, lorsqu'il apparaît que la vente n'a été scindée que pour frauder le droit du Trésor, et qu'en réalité il n'y a eu qu'une vente unique (Req., 18 nov. 1846, D.P.46.1.349). — Divers tribunaux se sont prononcés d'une manière plus absolue dans le sens de la solution retracée au n° 31. *V.* Trib. de Guingamp, 9 nov. 1841 (D.P.42.3.87); trib. de Pontoise, 8 déc. 1840 (D.P.41.3.204); trib. d'Etampes, 4 août 1846 (D.P.46.4.260); trib. de Lodève, 6 avril 1853 (D.P.54.3.15).—Et enfin la Cour de cassation a décidé plus récemment que le matériel et l'outillage nécessaires à l'exploitation d'un établissement industriel, et notamment de forges et hauts fourneaux, ont le caractère d'immeubles par destination, et que, par suite, l'adjudication qui en est faite, en même temps que celle de l'immeuble auquel ils sont attachés, est passible du droit de mutation immobilière, bien qu'ils aient été estimés article par article, et vendus pour un prix particulier (Rej., 15 déc. 1857, D.P.58.1.57).

33. D'ailleurs, les machines, décorations, partitions de musique et autres effets mobiliers d'un théâtre n'étant pas de même nature que les objets qui, aux termes de l'art. 524, C. Nap., sont déclarés immeubles par destination, la perception ne doit avoir lieu, à leur égard, qu'à raison des quotités réglées pour les meubles, à moins qu'ils ne soient pas estimés article par article, et à l'exception de ceux de ces objets qui rentreraient dans l'application de l'art. 525, C. Nap., comme ayant été attachés au fonds à perpétuelle demeure (Déc. min. fin., 4 mars 1806; Inst. gén., 22 fév. 1808, 366, n° 12).

34. Il en est ainsi de la vente par le même acte d'un immeuble et d'un fonds de commerce, moyennant un prix distinct pour chaque objet. Une telle vente donne lieu à la perception également distincte des droits de ventes immobilières et mobilières, sans qu'il soit besoin que les effets mobiliers composant le fonds soient estimés article par article, attendu que le mot *meubles*, d'après l'art. 533, C. Nap., ne s'entend pas de ce qui fait l'objet d'un commerce (Délib., 13 avril 1822).

35. La jurisprudence a suivi cette doctrine pour la vente d'achalandage attaché à une usine lorsqu'il est l'objet d'un prix distinct dans la vente de l'usine (Cass., 13 juill. 1840, D.P.40.1.258).

35 *bis.* Les transmissions de propriété constatées dans l'acte constitutif d'une société anonyme à soumettre à l'approbation du Gouvernement, s'opèrent en vertu de cet acte, et non en vertu du décret d'approbation; — Dès lors, quand elles comprennent à la fois des meubles et des immeubles, sans désignation d'un prix distinct, le droit de mutation immobilière est encouru, malgré la ventilation tardive faite dans l'acte de dépôt du décret (Req., 23 mai 1859, D.P.59.1.464).

36. La loi n'indique point le mode d'estimation; elle exige seulement la désignation de l'évaluation article par article. Cependant la nécessité de la désignation article par article n'existe qu'à l'égard des meubles susceptibles d'être détaillés et évalués de cette manière; elle cesserait si l'estimation ne pouvait être faite qu'à l'aide d'un travail long et dont les résultats seraient même incertains. Il en serait ainsi, spécialement, dans le cas d'une restitution ou cession de fruits de longues années dus par l'acquéreur au vendeur, abandonnés par ce dernier avec l'immeuble, et dont la supputation serait, sinon impossible, au moins très-difficile à faire (Cass., 21 oct. 1811, D.A.7.301).

37. La régie a étendu la nécessité de l'estimation article par article, en ce sens que, dans le cas d'une vente simultanée d'immeubles et de meubles, ceux-ci étant complexes, elle a perçu le droit proportionnel au taux fixé pour les immeubles, par le motif que les meubles n'avaient pas été décomposés de manière que chacun de leurs éléments fût estimé séparément. Ainsi, elle a pensé que, dans la vente d'un immeuble et d'un fonds de bétail, ce dernier objet devait être évalué par chacun des individus qui le composaient, et qu'il n'avait pas suffi de dire, par exemple, par évaluation en bloc, de chaque espèce d'animaux qui en faisaient partie, quatre bœufs, 700 fr., cinquante moutons, 400 fr., etc. (Délib., 15 avril 1836, D.P.37.5.66). Cette interprétation de la loi semble très-rigoureuse, et l'on peut très-raisonnablement soutenir qu'un troupeau de bœufs ou de moutons ne formant, en droit, qu'un article, il suffit, pour l'accomplissement de la formalité prescrite par l'art. 9, qu'il reçoive une seule et même estimation (*Conf.* Championnière et Rigaud, n° 3295).

38. C'est ainsi que la régie elle-même a reconnu que la condition de l'estimation article par article est suffisamment remplie lorsque s'agissant de matériaux formant une masse, lesquels sont vendus avec un immeuble, ces

contractants, ne peut être sujette à un | droit particulier d'enregistrement (1).

matériaux ont été l'objet d'un estimation intégrale ou de la stipulation d'un prix particulier (Sol., 29 sept. et 28 nov. 1838). *V.* dans le même sens trib. d'Alençon, 6 oct. 1841 (D.P.42.3.195). — Mais, d'après un arrêt de casssation, du 12 déc. 1842 (D.P.43.1.84), le droit de vente immobilière est exigible sur la totalité du prix d'une vente, cumulativement faite dans le même acte, d'une maison à usage d'hôtellerie et du mobilier d'exploitation, si ce mobilier n'a pas été estimé article par article, encore que la vente de chaque nature de biens ait eu lieu par deux dispositions distinctes et séparées, avec la désignation de prix distincts.

39. L'estimation article par article doit, d'après le texte de l'art. 9, être faite dans le contrat même. Toutefois, il est reçu en jurisprudence que l'estimation dans le contrat est valablement remplacée par l'existence d'un inventaire antérieur à la vente, et contenant l'estimation à laquelle on se réfère (Délib., 8 oct. 1823, 5 juill. 1826 ; Sol., 15 janvier 1830 ; Inst. gén., 3 juin 1839, 1320, § 10). Cela résulte aussi d'un arrêt de la Cour de cassation du 7 janv. 1839 (D.P.39.1.51).

40. Mais il a été décidé qu'un acte ou état sous seing privé contenant le détail et l'estimation, article par article, des meubles vendus cumulativement avec des immeubles, bien que présenté à la formalité en même temps que la vente, ne remplace pas, soit la désignation dans le contrat même, exigée par la loi, soit un inventaire authentique qui seul, d'après la jurisprudence, supplée à cette désignation (Délib., 6 fév. 1838). — *Contrà* Gabr. Demante, *Expos. rais.*, t. 1er, n° 267.

40 bis. Il a été aussi jugé que la vente comprenant des meubles et des immeubles pour un prix unique, est sujette pour le tout au droit de mutation immobilière, bien qu'une sentence arbitrale ait déterminé séparément la valeur des meubles et celle des immeubles (Trib. de Besançon, 27 mars 1848, D.P.48. 5.172) ; et que la cession de droits successifs mobiliers et immobiliers, faite sans désignation distincte de la valeur des droits mobiliers et sans stipulation d'un prix particulier pour ces mêmes droits, est passible du droit de cession immobilière sur la totalité du prix fixé, encore que le montant des objets mobiliers compris dans la cession soit établi par la production du testament authentique qui forme le titre du cédant (Cass., 2 août 1853, D.P.53.1.246).

41. On avait d'abord pensé que, si les objets mobiliers étaient estimés article par article, mais sans stipulation de prix particulier, le droit devait être perçu sur le prix total au taux fixé pour les immeubles, parce que la loi voulant qu'il soit stipulé un prix particulier pour les objets mobiliers, il ne suffirait pas qu'ils fussent désignés et estimés article par article dans le contrat (*Dict. de l'enreg.*, v° *Vente*, n° 534).

42. Mais il a été jugé que, du moment où l'acte de vente contient la désignation et l'estimation des meubles, article par article, le total des estimations équivaut à la stipulation d'un prix particulier pour le mobilier, lequel n'a pas besoin, dès lors, d'être distinctement exprimé (Trib. de Coutances, 24 juin 1837, D.P.38.4.131). Une solution de la régie a ordonné l'exécution de ce jugement (Solut., 6 oct. 1837).

La vente d'une maison à la condition de la démolir dans un délai déterminé, et avec réserve au vendeur du sol où elle est construite, ne donne lieu qu'au droit de vente de meubles (*V.* Dalloz, *Jur. gén.*, v° *Enreg.*, n° 2885 ; Gabr. Démante, *Expos. rais.*, t. 1er n° 277).

Il en est de même des récoltes pendantes par racines au moment de leur maturité (*Ibid.*, n°s 2843 et suiv.; C. Nap., 520, 521 et 528).

En un mot, lorsque des meubles sont devenus immeubles par destination, il faut que la preuve de les mobiliser résulte littéralement de l'acte et de l'intention non frauduleuse des parties, de telle sorte qu'il y aurait lieu, après avoir vendu la moitié détaillée des ustensiles d'une usine, à la condition de les enlever, à augmenter de 3 fr. 50 c. par 100 fr. cette perception faite à 2 p. 100, si postérieurement l'acquéreur devenait propriétaire par acquisition de l'autre moitié. La totalité du droit serait de 5 fr. 50 c. p. 100.

A l'égard des forêts, il faut que la coupe soit opérée pour que la vente ne donne lieu qu'à la perception à 2 p. 100, parce qu'aux termes de l'art. 521, C. Nap., les coupes de bois taillis ou futaie ne deviennent meubles qu'au fur et à mesure que les arbres en sont abattus.

Ainsi, la vente de la nue propriété d'une forêt avec réserve de la coupe au vendeur, qui vend plus tard au même acquéreur cette coupe déjà commencée, doit être enregistrée au droit de 5 fr. 50 c. p. 100 (Inst. de la régie, 1132, § 13).

(1) — 43. Les quittances et, généralement, les actes portant libération, ont été expressément soumis à un droit proportionnel (*V. infrà*, l'art. 69, § 2, n° 11, et notre *Commentaire*). L'article ci-dessus contient, à cet égard, une exception qui n'est d'ailleurs qu'un hommage rendu aux principes de la loi fiscale, aussi bien qu'à ceux de la loi civile. En effet, dans tout contrat commutatif où l'une des parties donne l'équivalent de ce qu'elle reçoit, il y a deux obligations principales, en ce sens qu'elles naissent l'une et l'autre en même

temps. C'est ce que la loi romaine expliquait nettement, lorsqu'en parlant de la vente elle disait *emptio-venditio*. Mais, bien que le droit français n'ait désigné le contrat que sous l'une de ces dénominations, il ne s'ensuit pas que le contrat ne comprenne pas les deux engagements dont il se compose. D'où il suit que, lorsque la loi fiscale tarife un contrat commutatif, elle embrasse nécessairement les obligations corrélatives dont il est formé, et qu'on ne pourrait considérer isolément sans détruire le contrat, puisqu'on ferait de chacune des stipulations une obligation sans cause.

44. Par exemple, lorsque la loi fiscale a tarifé la vente, elle a forcément compris dans le tarif, et l'obligation prise par le vendeur de livrer la chose, et celle prise par l'acquéreur de la payer. Le contrat est formé de cette double obligation, et soit que l'acquéreur paie comptant, soit qu'il s'oblige seulement à payer, son obligation est une condition nécessaire de l'acte, se confond avec lui et en est une partie intégrante. Tels sont les principes que confirme l'art. 10 ci-dessus (*V.* Dalloz, *Jur. gén.*, vᵒ *Enregistr.*, nᵒˢ 907 et suiv.; *V.* aussi Championnière et Rigaud, t. 2, nᵒ 1544).

45. Jugé, par suite, que la quittance ou obligation contenue dans l'acte de cession pour tout ou partie du prix, soit d'un office, soit des créances ou autres valeurs mobilières, ne donne point ouverture à un droit particulier d'enregistrement (Délib., 2 juin 1836; Instr. gén., 27 juin 1836, nᵒ 1514, D.ᴘ.37.3.34).

46. Il en est ainsi de la quittance du prix de vente insérée dans une déclaration de command, faite dans le délai fixé et réunissant, d'ailleurs, les autres conditions légales, parce que, dans ce cas, le paiement du prix est censé fait par l'acte de vente même, avec lequel la déclaration de command s'identifie pour ne former qu'un seul et même contrat (Déc. min. fin., 15 mars 1808; Instr. gén., 29 juin 1808, 386, nᵒ 15).

47. Mais l'art. 10 n'est applicable que dans le cas où l'acte ne présente qu'un véritable échange entre le vendeur et l'acheteur, l'un livrant la chose et l'autre acquittant le prix. Il en serait autrement si le paiement du prix était opéré par l'acquéreur entre les mains des créanciers du vendeur intervenant au contrat de vente : il y aurait alors une libération véritable du vendeur vis-à-vis du créancier, et cette libération rendrait exigible le droit de quittance, indépendamment de celui de vente (Trib. de Laon, 15 janv. 1833; trib. de Lyon, 10 août 1841, D.ᴘ.33.3.46).

48. Pareillement, si la quittance n'est pas contenue dans l'acte même de vente, la règle consacrée par l'art. 10 cesse d'être appli-

cable, et l'on rentre encore dans le principe de la libération proprement dite. Lorsque l'acquéreur ne paie pas comptant le prix, et qu'il s'oblige seulement à l'acquitter ultérieurement, c'est cette obligation qui forme l'équivalent de la transmission faite par le vendeur. Et, lorsque ensuite l'acquéreur remplit l'obligation qu'il avait prise, il se libère réellement et transmet au vendeur, relativement au prix, un droit nouveau que le contrat primitif ne lui avait pas donné (C. sup. de Bruxelles, 31 déc. 1816, D.ᴀ.7.60).

49. Par les mêmes motifs, l'exemption de droit dont jouit la quittance de tout ou partie du prix, lorsqu'elle est donnée par l'acte même de vente, ne doit pas être étendue au cas où, au lieu d'une quittance constatant une libération actuelle, l'acte ne mentionne que la délivrance au vendeur de billets souscrits par l'acquéreur, quand même ils seraient causés *valeur pour quittance du prix* de vente. En conséquence, l'acte postérieur qui établit le paiement de ces billets est passible du droit proportionnel de libération (Cass., 5 nov. 1834, D.ᴘ.38.1.264).

Pareillement, l'acte qui constate la remise au mari et à la femme d'une somme constituée en dot à l'un d'eux n'est point une décharge, quels que soient les termes employés dans l'acte. Il est dû un droit non pas fixe de décharge, mais de quittance à 25 cent. pour 100 (Inst., 1615, § 6; 1883, § 12; art. 1421, C. Nap.). *V.* encore diverses décisions indiquées dans la *Table de quinze ans* de Dalloz, vᵒ *Enregistr.*, nᵒˢ 215 et suiv.

Mais il pourrait y avoir lieu à un droit de décharge et à un autre de quittance, si l'acte contenait tout à la fois décharge pour le mandataire et quittance pour le débiteur (Inst. de la régie, nᵒ 1630, § 4). *V. Conf.*, Cass., 27 juillet 1846 (D.ᴘ.46.1.267). *V.* aussi Cass., 26 mars 1849 (D.ᴘ.49.1.128), et Dalloz, *Jur. gén.*, *loc. cit.*, nᵒ 920.

50. Certains contrats ont été exemptés du droit d'enregistrement ou soumis à un droit moindre que celui auquel ils seraient assujettis par leur nature; tels, par exemple, les inscriptions sur le grand-livre, leurs transferts et mutations exemptés par l'art. 75, § 3, nᵒ 3; les actes et procès-verbaux constatant les ventes de navires, soit totales, soit partielles, soumis au droit fixe de 1 fr. par l'art. 64 de la loi du 21 avril 1818 sur les douanes. — Il a été décidé que l'art. 10 n'était pas applicable dans ce cas, et que l'affranchissement prononcé par la loi ne concernant que les acquisitions ne devait pas être étendu aux quittances (Déc., 12 juill. 1824; Sol., 20 janv. 1837, D.ᴘ.38.3.1).

51. Les principes sur lesquels est fondée la règle que consacre l'art. 10 sont manifestement méconnus par ces décisions. Ce n'est

11. Mais lorsque, dans un acte quelconque, soit civil, soit judiciaire ou extrajudiciaire, il y a plusieurs dispositions indépendantes ou ne dérivant pas nécessairement les unes des autres, il est dû pour chacune d'elles, et selon son espèce, un droit particulier. La quotité en est déterminée par l'article de la présente, dans lequel la disposition se trouve classée ou auquel elle se rapporte (1).

12. La mutation d'un immeuble en

point par une faveur que cet article n'a pas soumis à un droit particulier la quittance contenue dans l'acte même de vente, c'est, encore une fois, parce qu'elle se confond dans la contrat, dont elle forme une partie intégrante et non distincte. Or, il en est ainsi de la quittance du prix d'un navire vendu, tout aussi bien que de la quittance du prix de tout autre objet. Et, dès lors, il n'y a pas de raison pour que le droit établi sur la vente ne comprenne pas à la fois et la transmission de l'objet vendu et la transmission du prix, dès qu'elles sont l'une et l'autre constatées par le même contrat (Dalloz, loct. cit., n° 923; V. aussi Campionnière et Rigaud, t. 4, n° 3778).

52. Mais, si la quittance était souscrite par un acte ultérieur, l'exemption dont le contrat ou la mutation aurait été l'objet de la part du législateur ne saurait plus exercer aucune influence sur la quittance. Ce serait là une libération véritable, et il n'y aurait aucun motif raisonnable d'écarter la perception du droit proportionnel auquel cet acte est spécialement tarifé (V. Championnière et Rigaud, loc. cit.).

Quant aux quittances de biens situés à l'étranger, l'enregistrement est d'un droit fixe (V. Dalloz, v° Enreg., n° 3249), si le droit proportionnel ne s'élève pas au-dessus de 10 fr. (V. Dict. de l'enreg., v° Biens, n° 72).

52 bis. La subrogation consentie par le créancier au profit du tiers qui le paye, comformément à l'art. 1250-1°, C. Nap., donne lieu à un droit proportionnel de transport; mais dans ce cas il n'est pas dû un second droit proportionnel de quittance. Cette application de l'art. 10 combiné avec l'art. 11 de la loi du 22 frim. an VII, n'est pas contestée. Mais la même exemption doit-elle être étendue au cas où la subrogation est consentie par le débiteur lui-même au profit du prêteur qui lui fournit les fonds servant au paiement, conformément à l'art. 1250-2° ? L'affirmative résulte d'un arrêt qui a décidé que cette subrogation donne ouverture au droit proportionnel de transport sur l'acte d'emprunt dressé entre le débiteur et le tiers, mais non pas à un second droit de quittance sur la quittance délivrée par le créancier payé (Cass., 19 janv. 1858, D.P.58.1.26 ; V. aussi trib. de Lyon, 11 janv. 1857, D.P.57. 3.68; trib de la Seine, 29 août 1857, D.P. 58.3.38). V. aussi Championnière et Rigaud, n° 1249.

(1)—53. De la règle que consacre cet ar-

ticle, on a conclu, par une juste réciprocité, que si, au contraire, les diverses dispositions renfermées dans le même acte sont dépendantes et dérivent nécessairement les unes des autres, il ne peut être exigé qu'un seul droit. Cette règle certaine, quoiqu'elle ne soit qu'implicitement comprise dans la loi, n'est d'ailleurs qu'un corollaire du principe reconnu en matière fiscale, qu'une même disposition ne peut donner ouverture qu'à un seul et même droit. — Quel est le droit qui, dans ce cas, doit être perçu? On admet généralement que c'est celui auquel donne lieu la stipulation principale. Mais il n'est pas toujours facile de discerner quel est, dans un contrat de nature complexe, la stipulation principale. Quelle règle d'interprétion doit être suivie ? Les auteurs ne sont point à cet égard parfaitement d'accord. V. Garnier, Rép. gén., n° 10219-1° ; Championnière et Rigaud, 106-108 ; Gabr. Demante, Expos. raisonn., n°s 72 et suiv.— Lorsqu'il paraît impossible de discerner quelle est la stipulation principale, MM. Championnière et Rigaud sont d'avis que la convention doit s'interpréter en faveur des contribuables. Mais nous pensons, avec M. Gabr. Demante (n° 78), que l'administration a le droit de percevoir le droit le plus élevé.

Il est possible que les dispositions dépendantes se trouvent dans des actes postérieurs; cette hypothèse est prévue par l'art. 68 ,§ 1, n° 6, de la présente loi (V. sous cet article).

54. Des applications très-nombreuses ont été faites de l'article ci-dessus et de la règle qui y est virtuellement comprise (V. le tableau de la jurisprudence sur ce point dans Dalloz, Jur. gén., v° Enregistr., n°s 368 et suiv. ; trib. de la Seine, 30 avril 1856, D.P. 56.3.62; trib. de Lyon, 11 janv. 1857, D.P. 57.3.68).

La base sur laquelle repose la jurisprudence peut être ainsi posée : pour qu'une disposition dérive nécessairement de la disposition principale, et ne soit point passible d'un droit particulier, il faut qu'elle tienne essentiellement à sa nature et à sa validité, en sorte qu'elle en soit une conséquence nécessaire et indispensable; qu'on ne puisse, en un mot, scinder les deux dispositions sans détruire la contexture même de l'acte (Trib. de la Seine, 30 avril 1856, D.P.56.3.62).

54 bis. Lorsqu'en donnant décharge d'un mandat donné pour la vente en détail d'un domaine, le propriétaire ratifie les ventes par-

propriété ou usufruit sera suffisamment établie, pour la demande du droit d'enregistrement et la poursuite du paiement contre le nouveau possesseur, soit par l'inscription de son nom au rôle de la contribution foncière, et des paiements par lui faits d'après ce rôle, soit par des baux par lui passés, ou enfin par des transactions ou autres actes constatant sa propriété ou son usufruit (1).

13. La jouissance, à titre de ferme ou de location, ou d'engagement, d'un immeuble, sera aussi suffisamment établie, pour la demande et la poursuite du paiement des droits des baux ou engagements non enregistrés par les actes qui la feront connaître, ou par des paiements de contributions imposées aux fermiers, locataires et détenteurs temporaires (2).

---

tielles faites par le mandataire, l'acte est passible, indépendamment du droit de décharge, d'autant de droits fixes de ratification qu'il y a de ventes ratifiées (Trib. de Marseille, 12 mai 1859, D.P.60.3.62).

34 ter. Il peut arriver que les parties, pour soustraire un acte au droit dont il est passible, cherchent à le déguiser sous l'apparence d'une condition apposée à un autre acte. C'est aux tribunaux qu'il appartient de déjouer la fraude. Il a été décidé à cet égard que l'acte par lequel l'époux, légataire de l'usufruit des immeubles de son conjoint prédécédé, déclare faire à ses enfants une donation comme condition de laquelle ceux-ci lui abandonnent la jouissance des mêmes biens, avec déclaration sur l'acte testamentaire resté secret que le legs doit être tenu pour exécuté, a pu, par une appréciation souveraine de faits, être considéré comme une combinaison frauduleuse tendant à dissimuler un legs sous l'apparence d'une condition apposée à une donation, et à le soustraire au droit de mutation; que, par suite, le droit de mutation demeure exigible sur la disposition testamentaire ainsi dissimulée; et qu'il n'y a pas lieu d'en déduire le droit perçu sur l'acte de donation, alors même qu'il serait déclaré que l'acte de donation n'était point sérieux, cette imputation équivalant à la restitution d'un droit légalement et définitivement perçu, restitution interdite par l'art. 60 de la loi du 22 frim. an VII (Req. 18 juill. 1860, D.P.61. 1.62).

55. On ne peut d'ailleurs syncoper la perception des droits d'un acte, c'est-à-dire percevoir ceux d'une disposition, et laisser en suspens ceux des autres dispositions. Cela résulte tant de l'article ci-dessus que de l'art. 57 de la présente loi (V. sous cet article).

(1, 2).—56. En principe, la loi du 22 frim. an VII n'avait point changé le système de la loi de 1790, qui consistait à ne percevoir le droit que sur les actes. Ainsi, nonobstant les termes des articles ci-dessus, on décidait que la régie, qui prouvait l'existence des circonstances qui y sont indiquées, n'avait pas encore rempli toutes les conditions voulues pour l'exigibilité du droit, même à l'égard des conventions prévues par les art. 12 et 13, si

elle ne prouvait pas aussi que la mutation, le bail ou l'engagement, avait été contracté par écrit (Exposé des motifs de la loi du 27 vent. an IX). Cette solution rendait à peu près sans résultat les dispositions des art. 12 et 13. La loi du 27 vent. an IX leur a donné toute leur valeur par son art. 4, qui porte : « Sont soumises aux dispositions des art. 22 et 38 de la loi du 22 frimaire (l'enregistrement dans les trois mois, à peine du double droit) les mutations entre-vifs de propriété ou d'usufruit de biens immeubles, lors même que les nouveaux possesseurs prétendraient qu'il n'existe pas de conventions écrites entre eux et les précédents propriétaires ou usufruitiers.—A défaut d'actes, il y sera suppléé par des déclarations détaillées et estimatives, dans les trois mois de l'entrée en possession, à peine d'un droit en sus. » Par là, on est revenu aux principes anciens, consacrés par une jurisprudence devenue maintenant sans objet, principes d'après lesquels, pour la perception du droit de centième denier, il n'était pas nécessaire qu'il existât un acte écrit; il suffisait qu'il y eût convention, s'il s'agissait d'une vente ou contrat équipollent, et mutation, s'il s'agissait d'une donation ou d'une succession (Cass., 9 oct. 1811, 16 nov. 1813, D.A.7.229 et 230). Par là aussi, les art. 12 et 13 ont reçu une force et une portée qu'ils n'avaient pas auparavant.

57. Ces articles supposent, comme on le voit, des mutations secrètes de trois espèces : celle de la propriété, celle de l'usufruit et celle de la jouissance à titre de ferme ou de location, ou d'engagement d'un immeuble; et à l'égard de cesdites transmissions, ils établissent des présomptions légales qu'ils font résulter de la possession, de l'inscription au rôle des contributions foncières et de paiement fait en conséquence, enfin d'actes autres que l'inscription constatant la propriété, l'usufruit ou la jouissance.

58. 1° Possession. — Le nouvel acquéreur dont le titre n'est pas indiqué ou produit, ne peut être poursuivi en paiement du droit, s'il n'est en possession depuis plus de trois mois (Cass., 17 vend. an XIII; 3 sept. 1806, D.A. 7.137; V. aussi Championnière et Rigaud, t. 2, nos 1661 et 1662). C'est ce que l'art. 4

de la loi du 27 vent. an IX exprime formellement en donnant au nouveau possesseur trois mois pour faire sa déclaration à partir de son entrée en possession.—Il a été jugé toutefois que l'aveu judiciaire d'une mutation verbale d'immeubles, non accompagnée de faits de possession, suffit pour autoriser la poursuite du droit et du double droit (Cass., 20 août 1839, D.P.39.1.353). — Mais cette décision est vivement critiquée par Championnière et Rigaud, *loc. cit.*, et dans le *Contrôleur*, n° 5588, où il est établi que la possession est la condition préalable de l'action, et que la régie ne peut être admise à faire valoir les autres moyens justificatifs de la mutation qu'après avoir prouvé l'entrée en jouissance.

59. C'est contre les *nouveaux* possesseurs que la loi fiscale autorise les poursuites Mais il ne faut pas conclure de l'expression *nouveaux* dont elle se sert, que la possession qu'elle exige soit la possession annale ou civile. Quelle que soit la durée de la possession, le possesseur est nouveau possesseur, tant que le titre de son acquisition n'a pas subi le droit (*V.* Championnière et Rigaud, n° 1663).

60. Le changement de possesseur ne suffit pas pour autoriser la demande du droit de mutation : c'est la transmission de la propriété ou de l'usufruit d'une tête sur une autre qui doit être constatée ; il faut prouver qu'un nouveau possesseur a succédé à un précédent propriétaire (Cass., 10 fév. 1813, D.A.7.226). *V.* aussi Dalloz, *Jur. gén.*, v° *Enregistr.*, n° 2077, et les décisions citées.

61. Mais comment la régie devra-t-elle faire preuve de l'existence et des droits du précédent propriétaire ? Il résulte d'un arrêt de la Cour de cassation que c'est par les moyens et les actes indiqués par l'art. 12 pour établir la propriété du nouveau possesseur (Cass., 14 vent. an XIII, D.A.7.233). *V. Contrà*, Championnière et Rigaud, n° 1667, et Dalloz, *loc. cit.*, n° 2078, qui pensent qu'à l'égard du précédent propriétaire, les tribunaux peuvent admettre toute justification qui leur paraît suffisante, sans être astreints à considérer comme tels les actes indiqués par l'art. 12.

62. 2° *Inscription au rôle de la contribution foncière.* — Lorsque la possession est accompagnée de l'inscription au rôle de la contribution foncière des noms du nouveau possesseur et de paiements faits en conséquence, la mutation secrète est suffisamment établie (Cass., 2 août 1809, D.A.7.236). *V.* aussi plusieurs autres décisions citées dans la *Jur. gén.* de Dalloz, *eod.*, n°s 2085 et suiv.— *Adde* Cass., 3 mars 1851 (D.P.51.1.20), et 31 janv. 1855 (D.P.55.1.121). — Mais l'inscription et les paiements faits en conséquence seraient insuffisants pour établir l'existence d'une mutation secrète, s'il était démontré que la cause de la prétendue mutation est le résultat d'une erreur des préposés (Cass., 21 fév. 1854, D.P.54.1.124). *V.* encore Dalloz, *loc. cit.*, n°s 2108 et suiv.

63. C'est à la régie qu'il incombe de prouver l'existence de l'inscription et des paiements faits en conséquence (Championnière et Rigaud, n° 1683).

64. D'après les mêmes auteurs (n° 1687), la seule inscription au rôle qui fasse légalement preuve d'une mutation secrète, est celle qui est faite conformément à la loi de frimaire sur la demande du nouvel inscrit ; et l'on peut voir dans ce sens une circulaire de l'administration, en date du 12 juin 1829 (D.P.33.3.37). Mais la jurisprudence constante de la Cour de cassation a établi que l'inscription au rôle d'office, et même à l'insu du nouvel inscrit suffit pour autoriser la demande du droit (Cass., 22 août 1821, D.A.7.240). — *V.* sur ce point le tableau de la jurisprudence présenté dans Dalloz, v° *Enreg.*, n°s 2103 et suiv.

65. Deux conditions sont exigées cumulativement par l'art. 12, savoir : l'inscription du nom au rôle, et les paiements faits par le nouveau possesseur d'après ce rôle. Mais, pour que les paiements viennent à l'appui de l'inscription, il est nécessaire qu'ils aient été faits par l'inscrit ou pour lui sciemment, c'est-à-dire en conséquence de l'inscription. La jurisprudence de la Cour de cassation a longtemps varié sur ce point, mais elle semble aujourd'hui fixée en ce sens (Cass., 31 janv. 1833, D.P.33.1.151). *V.* aussi Dalloz, n°s 2117 et suiv.

66. 3° *Actes constatant la propriété, l'usufruit ou la jouissance.* — Outre l'inscription au rôle, les juges sont autorisés à faire résulter la présomption d'une mutation de tout acte qui supposera nécessairement la qualité de propriétaire ou d'usufruitier. La disposition de l'art. 12, qui signale les «baux passés par le nouveau possesseur, les transactions ou autres actes constatant sa propriété ou son usufruit » est purement énonciative (Cass. 13 flor. an x, D.A.7.232). *Conf.* Cass. 23 nov. 1840, 2 fév. 1841, D.P.41.1.17 et 99, et 16 déc. 1856, D.P.57.1.168. *V.* aussi Gabr. Demante, *Expos. raisonn.*, t. 1er, n° 90 ; Dalloz, *Jur. gén.*, n°s 21, 24 et suiv.; *Table de quinze ans*, n°s 737 et suiv.

67. La loi n'a point tracé de règles pour apprécier la force probante des actes produits à l'effet d'établir la présomption de mutation : les juges ont, à cet égard, un pouvoir à peu près souverain. Aussi la jurisprudence présente-t-elle des décisions nombreuses, et qu'il serait difficile de concilier entre elles (*V.* Dalloz, *Jur. gén.*, v° *Enreg.*, n°s 2141 et suiv.). —Disons seulement que, d'après Championnière et Rigaud, n° 1696, la présomption ne

II.

25

TITRE II. — **Des valeurs sur lesquelles le droit proportionnel est assis, et de l'expertise** (1).

14. La valeur de la propriété, de l'usufruit et de la jouissance des biens

meubles, est déterminée, pour la liquidation et le paiement du droit proportionnel, ainsi qu'il suit (2), savoir :

1º Pour les baux et locations, *par le prix annuel exprimé, en y ajoutant les charges imposées au preneur* (3) ;

peut résulter que d'*actes*, c'est-à-dire d'écrits, car, disent ces auteurs, telle est la valeur de ce mot, dans la loi fiscale. La régie ne pourrait donc s'appuyer sur des faits, à moins que ce ne fût pour établir la possession. Le texte de la loi est précis sur ce point, et l'on ne saurait s'en écarter. *Conf.* Dalloz, *loc. cit.*, nᵒˢ 2146 et 2147.

67 *bis.* Le droit simple et le double droit sont exigibles sur une vente verbale, par cela seul qu'un acte quelconque (et particulièrement un jugement passé en force de chose jugée) en fait remonter l'existence à plus de trois ans : il n'est pas nécessaire que le fait de la prise de possession soit établi (Trib. de Napoléon-Vendée, 3 avril 1857, D.P.58.3.23).

67 *ter.* Le jugement qui déclare qu'un immeuble vendu par acte notarié à une seule personne, a été, dans la réalité, acquis en commun par celle-ci avec un autre individu en vertu d'une convention de société antérieure, mais n'ayant pas date certaine, autorise la régie à actionner ce dernier en paiement de droits de mutation, la présomption étant à son égard qu'il n'est devenu copropriétaire qu'en vertu d'une convention tenue secrète (Trib. de la Seine, 28 juill. 1860, D.P.60.3.87).

68. A l'égard des mutations à titre de bail que prévoit l'art. 13, les circonstances que signale cet article doivent aussi être déduites d'actes, et non de faits ; elles ne peuvent résulter d'un interrogatoire ou d'une prestation de serment (Championnière et Rigaud, nᵒ 3089). — Mais dans cette mesure, les présomptions qui peuvent établir l'existence d'un bail écrit sont laissées à l'appréciation du juge (Cass., 15 vénd. an XIV, D.A.7.267). *V.* encore Cass., 21 avr. 1846 (D.P.47.4.231, nᵒ 91) et autres décisions rapportées par Dalloz, *loc. cit.*, nᵒˢ 2166 et suiv.

68 *bis.* Les locations verbales ne sont pas sujettes au droit d'enregistrement, lors même que leur existence vient à être révélée par les énonciations d'actes qui mentionnent les conventions y relatives (Trib. de la Seine, 9 janv. 1858, D.P.58.3.63).

68 *ter.* La déclaration dans un acte authentique tel que le cahier des charges relatives à la vente d'un immeuble, de la durée et du chiffre du loyer d'un bail désigné comme location verbale, ne suffit pas par elle-même pour faire présumer l'existence d'un bail écrit non enregistré (Trib. de la Seine, 9 janv. 1858, précité).

69. L'énonciation d'un bail écrit ou la preuve de son existence ne rendent le droit exigible qu'autant qu'elles sont accompagnées d'une jouissance réelle, et que l'acte auquel la jouissance est rattachée est un titre obligatoire (Championnière et Rigaud, t. 4, nᵒˢ 3090 et 3091).

70. Les mêmes auteurs enseignent, nᵒ 3106, que la loi exigeant l'existence simultanée et actuelle d'un acte écrit et d'une jouissance, le droit de bail ne peut pas être exigé lorsque, le bail étant expiré, le fermier a cessé de jouir. Mais il a été jugé en sens contraire que la mention d'un bail, dans un inventaire de la succession du fermier, rend exigible le droit du bail, encore qu'il soit expiré (Cass., 6 mars 1822, D.A.7.224).

71. Après avoir parcouru les diverses présomptions établies par les art. 12 et 13, il reste à dire que ces articles sont évidemment comminatoires, quant au paiement des droits; et ainsi que l'individu contre lequel la présomption est élevée n'est point *ipso facto* débiteur envers le Trésor; il est seulement présumé débiteur, et la loi autorise la demande des droits comme une espèce de mise en demeure qui lui permet d'opposer à la présomption la preuve contraire, laquelle est laissée aussi à l'appréciation du juge (*V.* sur ce point Dalloz, *Jur. gén.*, vᵒ *Enregistr.*, nᵒˢ 2062, 2201 et suiv.

72. Lorsque l'existence d'une mutation est prouvée, c'est aux parties qu'il appartient d'en déclarer la nature ; et selon les circonstances les droits exigibles sont ceux de vente (Cass., 23 nov. 1827 et 24 juin 1822) ; de donation (Cass. 31 janv. 1814) ou même de mutation par décès (Cass., 11 avril 1815 et 18 nov. 1835, D.A.7.240.170 ; D.P.36.1.63).

(1, 2). — 73. Cette partie de la loi a pour objet d'organiser le principe exprimé dans l'art. 4 : « le droit proportionnel est assis sur les valeurs. » Elle comprend donc les règles de la liquidation du droit à percevoir ; et c'est là principalement qu'il faut les rechercher. Toutefois le tarif, c'est-à-dire l'art. 69 de la présente loi, contient sur le même sujet quelques dispositions éparses et particulières à certains contrats. Elles se placeront naturellement dans notre commentaire sur cet article.

L'article, *in principio*, règle, relativement à la liquidation, ce qui a rapport aux meubles.

(3) : — 74. Ce numéro pose les principes

2° Pour les créances à terme, leurs cessions et transports, et autres actes obligatoires, *par le capital exprimé dans l'acte, et qui en fait l'objet* (1) ;

---

d'évaluation, en ce qui concerne les baux des biens de cette nature. Ces principes étant les mêmes que ceux relatifs aux baux des biens immeubles, nos observations trouveront leur place sous l'article suivant qui s'occupe de ces derniers baux.

(1). — 75. Ce numéro statue d'une manière générale d'abord sur les créances à terme et tous autres actes obligatoires, et ensuite sur les cessions et transports de ces créances.

76. 1° *Créances à terme et autres actes obligatoires.* — Les actes obligatoires compris dans cette disposition sont tous ceux qui constituent l'obligation des sommes dont il sera question dans le commentaire de l'art. 69. Ce sont notamment les contrats, transactions, promesses de payer, arrêtés de comptes, billets, mandats, reconnaissances, billets à ordre, lettres de change, et autres effets négociables, obligations à la grosse, cautionnements, garanties et indemnités (*Conf.* Championnière et Rigaud, n° 3595. *V.* comme exemple, Cass., 6 avr. 1847 (D.P.47.4. 222, n° 62). *V.* aussi Dalloz, v° *Enregistr.*, n°s 4478 et suiv.

77. Pour tous ces actes, le capital exprimé dans l'acte ou la déclaration par les parties dont parle l'art. 12 (*V. infrà*), sont les seules bases légales sur lesquelles on puisse asseoir la perception. Ainsi, pour le paiement du droit proportionnel sur une créance quelconque, il faut s'arrêter au capital exprimé, quelle que soit la valeur intrinsèque de ce capital (Cass., 3 nov. 1807 (D.A.7.286). — En conséquence, le droit de mutation par décès doit, pour les créances même mauvaises ou douteuses faisant partie de la succession, être payé sur le capital exprimé dans l'acte constitutif de la créance, et non sur la déclaration estimative des parties (Cass. 24 avr. 1861, D.P.61.1.222).

78. C'est sur le *capital,* d'après le texte, que le droit doit être liquidé : de là il suit que le droit ne doit pas porter sur les intérêts (*Conf.* Championnière et Rigaud, n° 3596; Gabr. Demante, *Expos. raisonn.*, t. 1ᵉʳ, n° 418). Ainsi, le contrat de vente où l'acquéreur a souscrit des billets à ordre pour payer des intérêts à échoir du prix de vente ne donne pas lieu, sur le montant de ces billets, au droit d'obligation (Délib., c. d'admin., 29 mai 1819). Mais la régie perçoit tantôt un droit fixe, tantôt un droit proportionnel sur l'obligation du capital formé des intérêts échus convenus dans une obligation antérieure déjà enregistrée (Inst. gén. du 20 mars 1822. — *V.* Dalloz, v° *Enregistr.*, n° 1629).

78 *bis.* Lorsque dans une succession testa-mentaire, se trouvent des créances grevées d'une charge d'usufruit, la liquidation des droits de mutation doit s'opérer sur le capital sans distraction de cette charge d'usufruit (Cass., 4 août 1842 ; D.P.43.1.89). — *V.* aussi Dalloz, v° *Enregistr.*, n° 4546.

79. C'est sur le capital exprimé dans *l'acte* que la liquidation doit être effectuée. D'où la conséquence que c'est dans l'*acte* soumis à la formalité et non ailleurs, qu'il faut chercher le montant de l'obligation. Les promesses de prêter dont il sera parlé sous l'art. 69, § 3, n° 3, fournissent un exemple de l'application du principe. Lorsque ces promesses sont réalisées, c'est à l'acte qui constate la réalisation et non à celui qui contient la promesse qu'on se réfère pour la liquidation du droit ; et ce droit est perçu sur le capital exprimé dans l'acte de réalisation, quelles que soient les sommes énoncées dans l'acte qui en contient la promesse. Ainsi, lorsque dans un contrat de mariage le père s'engage à vendre aux tuteurs qui acceptent un immeuble déterminé pour un prix à fixer par le juge de paix ou des experts, les droits proportionnels de vente sont exigibles sur la déclaration du prix, et ils ne peuvent être restitués par la renonciation des futurs à la promesse de vente (Inst. de la régie, 1851, 918).

80. Enfin, le capital à considérer pour la liquidation du droit est celui qui fait *l'objet* de l'obligation ; d'où la conséquence que le droit ne doit être liquidé que sur ce qui reste dû, et est reconnu comme constituant la dette actuelle.

81. Si l'obligation était une obligation de faire, ou une obligation de donner, sans expression de valeur, l'art. 14 ne pourrait être appliqué. Les parties devraient faire alors la déclaration prescrite par l'art. 16 (*V.* cet article). Mais la régie ne pourrait, dans ce cas, ni dans tout autre ayant pour objet une mutation mobilière, provoquer l'expertise dont parle l'art. 17 pour faire constater l'insuffisance d'estimation, parce que la loi, ainsi que nous le verrons à l'article précité, n'accorde ce remède que pour les mutations d'*immeubles.* Toutefois, si l'insuffisance d'évaluation était démontrée par toute autre voie, le supplément de droit serait dû.

81 *bis.* Une créance consentie en France, entre personnes qui y sont domiciliées, et avec attribution de juridiction aux tribunaux français, pour son exécution, constitue une valeur française, passible du droit de mutation par décès, quoiqu'elle soit garantie par une hypothèque constituée sur des biens situés en pays étranger (Req., 20 janv. 1858, D.P.58.1.318).

25.

3° Pour les quittances et tous autres actes de libération, par le total des sommes ou capitaux dont le débiteur se trouve libéré (1) ;

82. 2° *Cessions et transports de créances.* —Les cessions de créances se liquident sur la même base que le droit de leur création. L'article ci-dessus comprend, en effet, l'un et l'autre objet dans la même disposition. Mais il faut remarquer que le capital sur lequel le droit doit être liquidé n'est pas le prix stipulé pour la cession, mais le capital de la créance cédée. Ainsi, la cession, moyennant 14,000 fr. d'une créance de 43,000 fr. donne ouverture au droit proportionnel sur cette dernière somme (Délib. 16 juin 1829). La loi a voulu prévenir, par là, le cas où le transfert de la créance se ferait à un prix inférieur au capital (Déc. min. fin., 6 germ. an VIII, n° 98).

83. Par suite, lorsqu'il y a lieu à la déclaration estimative dont parle l'art. 16, c'est le *nom de cession* que les parties doivent faire connaître.

84. Ces règles sont applicables à la cession d'une créance litigieuse (Délib., 2 oct. 1829), et même à la cession d'une créance sur un failli, sauf néanmoins, dans ce dernier cas, réduction du droit s'il était justifié que la créance fût diminuée par le résultat de la liquidation de la faillite (Délib., 25 sept. 1829). *V.* aussi Dalloz, *loc. cit.*, n° 4498.

85. Mais lorsqu'il n'y a pas lieu de craindre la dissimulation du prix de la cession, dissimulation d'ordinaire assez facile, et en vue de laquelle le législateur a pris pour base du droit à percevoir le capital de la créance cédé, il n'y a pas de motif pour ne pas revenir au principe général d'après lequel le droit des transmissions est liquidé sur le prix. Aussi a-t-il été reconnu que si la cession est faite en justice, c'est-à-dire, soit à la barre d'un tribunal, soit devant un notaire commis, le droit ne se liquide que sur le prix exprimé dans le procès-verbal d'adjudication (Sol., 8 déc. 1829; Inst. gén., 27 mars 1830, 1307, §1ᵉʳ; délib., 16 mai 1857, D.P.33.3.102. — *V.* n° 99).

Des cessions de parts dans les sociétés sont sujettes au droit de 2 fr. pour 100 comme ventes d'objets mobiliers, lorsque le capital n'est pas divisé en actions. Dans le cas contraire, ce droit est de 50 pour 100 (*V.* plus bas, l'art. 69, § 2, n° 6). *V.* encore Dalloz, *cod.*, nᵒˢ 4499 et suiv.

(1) — 86. Les difficultés principales, en cette matière, consistent à déterminer quels actes produisent libération. Ces difficultés sont examinées sous l'art. 69, § 2, n° 11. Il importe seulement ici de constater, avec le

4° Pour les marchés et traités, par le prix exprimé ou l'évaluation qui sera faite des objets qui en seront susceptibles (2) ;

5° Pour les ventes et autres transmis-

texte ci-dessus transcrit, que le droit de quittance ne peut être liquidé que sur les sommes à l'égard desquelles l'acte fait titre de libération.

87. Ainsi, il faut que la libération soit expresse. Sur quoi il faut remarquer, relativement aux intérêts, que l'art. 1908, C. Nap., d'après lequel la quittance du capital donnée sans réserve des intérêts en fait présumer le paiement et en opère la libération, ne serait pas applicable en cette matière. Il ne suffit pas d'une présomption de libération, il faut une stipulation expresse, telle que celle-ci : « tous les intérêts échus ont été payés ; » et dans ce cas, c'est sur le nombre d'années d'arrérages ou d'intérêts révolus depuis la date du titre, s'il s'élève à moins de cinq ans, ou sur cinq années, si le titre est de plus ancien, que la perception doit être assise (Déc. min. fin., 28 juin 1808; Inst. gén., 28 juill. 1808, 390, n° 11; Sol., 27 mars 1827; Inst. gén., 15 déc. 1827, 1229, § 9).

88. Cependant, comme on le voit par les décisions qui précèdent, c'est la libération seulement qui doit être expresse; et il n'est pas nécessaire que l'acte libératoire porte expressément le montant des sommes dont le débiteur est libéré. Ainsi, la quittance de tous intérêts échus rend le droit exigible dans la mesure qui vient d'être indiquée, quoique le montant des intérêts ne soit pas exprimé. Il en serait ainsi de la quittance dans laquelle le créancier reconnaîtrait avoir reçu ce qui lui était dû jusqu'à ce jour, ou tout ce qui lui était dû relativement à une affaire déterminée.

89. Seulement, dans ce cas, il y a lieu d'appliquer l'art. 16; c'est-à-dire que le receveur est autorisé à exiger, avant l'enregistrement, la déclaration prescrite par cet article (Trib. de Charleville, 30 déc. 1836, D.P. 38.3.200).

90. Du principe que le droit est déterminé par le total des sommes dont le débiteur est libéré, il résulte que c'est le montant de ces sommes et nullement le capital versé pour la libération qui doit être pris pour la base de la libération. Ainsi, si une créance de 11,000 fr. est payée avec 6,000 fr., c'est sur 11,000 fr. que le droit est exigible (Délib., 28 déc. 1834).

La libération d'une dette au moyen de la cession d'une rente sur l'Etat donne ouverture au droit de 25 cent. pour cent sur la somme quittancée, bien que le transfert en lui-même ne donne lieu à aucun droit (Inst. de la régie, 1481, § 6).

(2) — 91. La loi fiscale prévoit deux es-

sions à titre onéreux, *par le prix exprimé et le capital des charges qui peuvent ajouter au prix* (1);

6° Pour les créations de rentes, soit perpétuelles, soit viagères, ou de pensions, aussi à titre onéreux, *par le capital constitué et aliéné* (2);

7° Pour les cessions ou transports desdites rentes ou pensions, et pour leur amortissement ou rachat, *par le capital constitué, quel que soit le prix stipulé pour le transport ou l'amortissement* (3);

8° Pour les transmissions entre-vifs, à titre gratuit, et celles qui s'opèrent par

---

pèces de marchés ou traités : l'un qui est le marché-louage, tarifé par l'art. 69, § 5, n° 1; l'autre qui est le marché-vente, tarifé par l'art. 69, § 5, n° 1. La règle de liquidation contenue dans le texte qui vient d'être transcrit est commune à l'une et à l'autre espèce de marché.

92. Cette règle doit être entendue en ce sens que le prix exprimé est la base régulière de la perception; ce n'est qu'à défaut d'un prix exprimé qu'il y a lieu de recourir à l'évaluation indiquée par la loi.

93. Cette évaluation est la déclaration estimative dont parle l'art. 16, et que les parties doivent fournir lorsque les sommes et valeurs ne sont pas déterminées. Ainsi, la régie ne serait pas admise à y suppléer, ni à faire estimer les objets du contrat. « La loi, disent avec raison Championnière et Rigaud, t. 4, n° 3447, n'indique que deux sortes d'évaluation, celle qui émane des parties, et celle qui s'opère par expertise; cette dernière voie n'est établie que pour les immeubles; dès lors, il ne reste que la première. » Mais si le prix fixé dans un marché ne l'a été qu'approximativement, l'administration est fondée à répéter un supplément lorsqu'il est justifié ultérieurement que le prix a dépassé l'évaluation (Inst., 1862). Quant aux marchés pour l'exécution des routes départementales, ils sont enregistrés à un droit fixe, quel qu'en soit le prix (Inst., 1732, § 1er).

94. Les objets à évaluer sont ceux qui remplacent le prix; mais lorsque ces objets ne sont pas susceptibles d'une estimation, au moins approximative, il ne doit être perçu qu'un droit fixe. La loi de frimaire a fait elle-même une application de cette règle, en ne tarifant qu'à un droit fixe les promesses d'indemnité, lorsqu'elles sont « indéterminées et non susceptibles d'estimation. » (V. art. 68, § 1, n° 37. Conf. Championnière et Rigaud, t. 4, n° 3675).

(1) — 95. Il en est des transmissions comme des baux : les règles de liquidation relativement aux meubles sont, à quelques nuances près, les mêmes que relativement aux immeubles. On les trouvera donc sous l'article suivant.

Mais les ventes qui ont lieu en vertu de l'art. 841, C. Nap., ne donnent lieu qu'au droit de 50 c. pour 100 au lieu de 5 fr. 50 c. pour 100 sur les sommes à rembourser au vendeur, parce que le retrait est forcé, et

que l'exercice de ce droit n'est pas une nouvelle vente, mais le transport sur la tête des lignagers de l'achat fait par un étranger (Circul. de la régie, du 17 mess. an XII, n° 245, § 3).

(2) — 96. La liquidation par le capital aliéné ne concerne que les rentes constituées moyennant un capital en deniers ou valeurs équivalentes. V. pour celles qui sont constituées à titre gratuit, le n° 9, *infrà*; et quant à celles qui forment le prix d'une chose mobilière ou immobilière, leur influence sur la liquidation se rapporte à ce que nous avons à dire sur la transmission à titre onéreux (V. à l'article suivant).

97. La liquidation par le capital déterminé, établie par la disposition ci-dessus, doit être suivie, bien que ce capital soit stipulé remboursable en argent, ou en *grains*, à la volonté du prêteur, et que la valeur des grains excède, d'après les mercuriales, le capital en argent (Délib., 5 fév. 1830). V. aussi Dalloz, v° *Enregistr.*, n°s 4513 et suiv., et les décisions citées.

(3) — 98. Les cessions ou transports de rentes se liquident sur la même base que leur création, c'est-à-dire par le capital constitué. A cet égard, comme à l'égard des transports de créance dont nous avons parlé *suprà*, n° 82, le législateur s'écarte de la règle générale, d'après laquelle c'est le prix de l'aliénation qui sert de base à la perception; et il s'est déterminé par la même considération, la pensée de prévenir la fraude. Cependant, quant aux actions de la Banque de France, leur valeur se règle d'après le cours moyen de la Bourse, au jour de la cession ou à celui de la veille de ce jour, s'il n'y a pas eu de Bourse (V. Dalloz, v° *Enregistr.*, n° 4307). — En ce qui concerne les autres actions, V. *Jur. gén.*, eod., n°s 4503 et suiv. V. aussi, Loi, 23 juin 1857, art. 6 et suiv., et Gabr. Demante, *Expos. rais.*, n°s 507 et suiv.

99. Par cela même on conçoit que la mesure est sans objet lorsque la publicité de la vente ne permet pas de dissimuler le prix. Aussi a-t-il été décidé que la valeur d'une rente aliénée par vente forcée en justice, sur la tête d'un curateur à une succession vacante, est déterminée pour la liquidation du droit proportionnel, par le *prix exprimé* dans l'acte d'adjudication, et non par le *capital de la rente* (Cass., 1er avril 1816, D.A.7.86. — V. n° 85).

décès, *par la déclaration estimative des* | *parties, sans distraction des charges* (1);

100. Le transport d'une rente constituée donne lieu à la perception du droit sur le capital entier, et sans égard au prix de la cession, lors même que l'usufruit de cette rente aurait été réservé par le vendeur (Cass., 1ᵉʳ sept. 1806, D.A.7.285). — Mais *V.* trib. de Rouen, 12 juillet 1848 (D.P.48.5.160, n° 64).

101. C'est une question de savoir si, lorsque le transport a lieu à titre gratuit, l'évaluation par la déclaration estimative des parties doit être admise. Championnière et Rigaud se prononcent pour l'affirmative (*V.* t. 4, n° 3667). Mais la Cour de cassation s'est formellement prononcée en sens contraire, et a jugé, en conséquence, que le droit de mutation par décès doit être perçu, pour les rentes dépendant d'une succession, sur les capitaux constitués et non sur l'évaluation qui en est faite par l'héritier (Cass., 28 mess. an XIII; 4 mai 1807; D.A.7.285, 286. — *V.* le n° 8 de l'art. 14).

(1) — 102. Les arrêts indiqués au paragraphe précédent établissent que ce numéro de l'art. 14 est uniquement relatif aux meubles et objets mobiliers proprement dits, cas auquel il n'y a pas d'autre base à la perception que la déclaration estimative des parties; mais qu'il n'est pas applicable aux donations entre-vifs et aux mutations héréditaires de rentes, cas auquel le capital de la constitution, ou bien la fixation qu'on en fait d'après le taux de la rente, fournissent des bases certaines (*V.* n° 101).

102 *bis. Sans distraction des charges.* Ce principe de la non-distraction des charges, qui s'applique également aux donations entre-vifs et aux mutations par décès, qu'il s'agisse de meubles ou d'immeubles (*V.* l'art. 15-7°), est généralement critiqué, comme peu conforme à l'équité (*V.* Garnier, n° 13240; Le Gentil, *Dissert. jurid.*, t. 2, p. 315; Gabriel Demante, t. 2, n° 571).

102 *ter.* Mais les legs particuliers ne sont pas considérés comme charges de la succession, parce que la mutation, dans ce cas, se fait directement du testateur au légataire, et que les héritiers ou légataires universels ne sont considérés que comme des intermédiaires chargés de remettre au légataire les choses léguées par le testateur. Un avis du conseil d'État du 10 sept. 1808 (V. *infrà*, n° 493) a même décidé qu'il n'y avait pas à distinguer à cet égard selon que les choses léguées se trouvaient ou ne se trouvaient pas en nature dans la succession. De là il résulte que le montant des legs particuliers doit être déduit du montant de l'actif héréditaire pour le calcul du droit de mutation dû par le légataire universel ou par l'héritier. — Il en résulte

encore que si le légataire universel décède avant d'avoir fait la délivrance du legs particulier, la somme léguée doit, à la différence d'une simple charge, être distraite de sa succession pour le calcul du droit de mutation applicable à cette succession (Cass., 16 août 1859, D.P.59.1.337; Rej. 22 août 1859, D.P. 59.1.340). Et il en est ainsi alors même que le legs aurait été fait à terme (Cass., même arrêt, 16 août 1859). — Mais que faudrait-il décider si la somme d'argent léguée avait été déclarée exigible seulement au décès du légataire universel? Un arrêt a jugé que de tels legs constituent, pour le légataire universel, une simple charge qui, lors de l'ouverture de la succession, ne doit pas être déduite de l'actif de cette succession pour le calcul du droit de mutation par décès (Req. 20 janv. 1858, D.P.58.1.318). Mais il résulte d'autres arrêts qu'une telle disposition a le caractère, non d'une simple charge de la succession du légataire universel, mais d'un véritable legs de nue propriété; et que, par suite, la somme ainsi léguée est réputée ne pas faire partie de cette succession, dont elle doit dès lors être distraite pour le calcul du droit de mutation (Rej. 22 août 1859, D.P.59.1.340; 25 juin 1862, D.P.62.1.370).

La règle que le légataire universel ne doit le droit proportionnel que sur l'émolument réel qu'il trouve dans la succession, et déduction faite des legs, soit de sommes d'argent, soit de rentes viagères, est applicable à la perception des droits de mution sur les legs universels en usufruit (Trib. de Prades, 23 janv. 1858. D.P.59.3.20).

Un legs n'étant pas une dette de la succession, mais constituant une mutation directe entre le testateur et le légataire, alors même que la chose léguée n'existerait pas en nature dans la succession, et consisterait, par exemple, en une somme d'argent ou autre valeur mobilière, léguée par un testateur dont la succession est exclusivement immobilière, le droit de mutation dû à raison de ce legs doit être calculé d'après le degré de parenté du légataire, et non d'après celui de l'héritier qui doit l'acquitter. — Et il en est ainsi même pour le cas où le legs est mis à la charge d'un légataire particulier, au profit du légataire universel. — Et spécialement, lorsqu'un testateur lègue à sa sœur un immeuble composant la presque totalité de sa succession, à la charge de payer à son enfant naturel, institué légataire universel, une somme d'argent non existante dans la succession, le droit de mutation dû sur le legs de l'immeuble, eu égard au degré de parenté de la sœur légataire (6 fr. 50 c. pour 100), doit frapper cet immeuble, non pour le tout, mais déduction

9° Pour les rentes et pensions créées sans expression de capital, leurs transports et amortissements, *à raison d'un capital formé de vingt fois la rente perpétuelle, et de dix fois la rente viagère ou la pension, et quel que soit le prix stipulé*

pour le transport ou l'amortissement (1).

Il ne sera fait aucune distinction entre les rentes viagères et pensions créées sur une tête, et celles créées sur plusieurs têtes, quant à l'évaluation.

Les rentes et pensions stipulées paya-

---

faite de la somme à payer à l'enfant naturel, somme qui n'est soumise qu'au droit de mutation afférent à la parenté de cet enfant (1 pour 100) (Cass., 30 mars 1858, D.P.58.1.151).

102 *quater*. Il peut arriver qu'une donation entre-vifs ait pour objet une somme payable seulement au décès du donateur. D'après la jurisprudence qui avait prévalu à une certaine époque, une telle donation constituait une charge héréditaire dont le montant ne devait pas être défalqué de l'actif de la succession, même renfermant des valeurs mobilières, pour le calcul du droit de mutation dû par l'héritier (V. notamment Rej. 13 nov. 1860, D.P.60.1.480). Suivant cet arrêt, il n'y avait pas lieu non plus de déduire du droit à percevoir sur la déclaration de l'héritier, celui perçu sur la donation entre-vifs, à l'époque où elle a été faite : cette imputation serait une véritable restitution d'un droit régulièrement perçu, restitution prohibée par l'art. 60 de la loi du 22 frim. an VII. Et il devait en être ainsi, encore que l'héritier ait accepté la succession sous bénéfice d'inventaire, le droit de mutation par décès devant être calculé sans distraction des charges, quelle que soit la qualité de l'héritier. Mais depuis il a été jugé que la donation d'une somme d'argent exigible au décès du donateur, opère, au point de vue de la loi fiscale, dès l'époque même où elle a été faite, une mutation de propriété qui a pour effet de distraire cette somme du patrimoine du donateur, et de la retrancher de sa succession, dont elle est, dès lors, réputée ne point faire partie pour le calcul du droit de mutation (Cass., 30 juill. 1862, D.P.62.1.369).

102 *quinquiès*. La clause d'un acte de donation entre-vifs qui charge le donataire de payer de ses deniers une somme d'argent aux héritiers du donateur, à la mort de ce dernier, et dans la proportion de leurs droits héréditaires, renferme au profit des héritiers désignés une transmission par décès, assujettie au droit proportionnel, lors du décès du donateur, quoique le donataire ait acquitté le droit de mutation entre-vifs sur l'intégralité de la donation. ...Ici ne s'applique pas l'avis du conseil d'État, du 10 sept. 1808, qui dispose que, lorsque l'héritier ou le légataire universel, grevé de legs particuliers de sommes d'argent non existantes dans la succession, a acquitté le droit proportionnel sur l'intégralité de cette succession, le même droit n'est pas dû pour les legs, cet avis ne

concernant que le paiement des droits dus concurremment, et pour une même transmission (Cass., 21 mars 1860, D.P.60.1. 141).

102 *sexiès*. Les sommes d'argent dont le défunt n'avait que l'usufruit ne sont pas soumises au droit de mutation par décès, ces sommes étant réputées appartenir, non au défunt, mais à celui qui en a la nue propriété. Et peu importe que les sommes à remettre au nu propriétaire seraient prises dans les deniers de l'usufruitier décédé, qui aurait reçu, par exemple, pour se remplir de son usufruit, non de l'argent, mais des immeubles ou autres valeurs, faute de sommes d'argent dans les biens de l'auteur de la constitution d'usufruit : on objecterait vainement qu'en ce cas la somme d'argent, dont remise doit être faite au nu propriétaire, par suite de l'extinction de l'usufruit, constitue une charge de la succession de l'usufruitier, et ne doit pas, dès lors, en être distraite pour le calcul du droit de mutation (Cass., 6 déc. 1858, D.P.59.1.21).

(1) — 103. Cette disposition ne s'applique pas au cas où l'acte de donation exprime un capital. Alors c'est sur ce capital que le droit doit être perçu. La loi ne s'en explique pas formellement, mais cela s'induit de ce qu'elle n'a pas entendu faire prévaloir l'appréciation qu'elle indique sur les déclarations des parties; ce qui se manifeste par cette précision qui est faite, dans le texte, que la règle établie a lieu pour les rentes et pensions créées *sans expression de capital* (Conf., Champ. e Rig., t. 4, n° 3631).

104. Mais la stipulation d'un prix pour l'amortissement équivaut-elle à l'expression d'un capital? L'affirmative a été consacrée par l'administration (Délib., 30 déc. 1825,-28 juill. 1829 et 26 déc. 1834, D.P.35.3.35).

Mais la Cour de cassation a rejeté ce système en décidant que, malgré la stipulation d'un prix pour l'amortissement, le droit ne cesse pas d'être liquidé sur vingt fois la rente (Cass., 22 fév. 1832; *Conf.*, 22 fév. 1836; trib. de Bernay; Délib., 8 mai 1833, D.P.32. 1.107; 36.3.79; 33.3.79; trib. de la Seine, 13 avril 1842, D.P.42.4.161, et autres décisions citées par Dalloz, *loc. cit.*, n°s 4529 et 4530; Champ. et Rig., t. 4, n° 3633).

105. A l'égard des rentes payables en nature, dont la valeur devait, d'après la présente disposition, être déterminée sur les dernières mercuriales, la loi avait été modifiée

bles en nature seront évaluées aux mêmes capitaux, estimation préalablement
faite des objets, d'après les dernières
mercuriales du canton de la situation
des biens, à la date de l'acte, s'il s'agit
d'une rente créée pour aliénation d'immeubles, ou, dans tout autre cas, d'après
les dernières mercuriales du canton, où
l'acte aura été passé.

Il sera rapporté à l'appui de l'acte un
extrait certifié des mercuriales.

S'il est question d'objets dont les prix
ne puissent être réglés par les mercuriales, les parties en feront une déclaration estimative.

10° Pour les actes et jugements portant condamnation, collocation, liquidation ou transmission, *par le capital des
sommes et les intérêts liquidés* (1).

11° L'usufruit transmis à titre gratuit
s'évalue à la moitié de la valeur entière
de l'objet (2);

15. La valeur de la propriété, de l'u-

sufruit et de la jouissance des immeubles est déterminée, pour la liquidation
et le paiement du droit proportionnel,
ainsi qu'il suit (3), savoir :

1° Pour les baux à ferme ou à loyer,
les sous-baux, cessions et subrogations
de baux, *par le prix annuel exprimé, en
y ajoutant les charges imposées au preneur.*
Si le bail est stipulé payable en nature, il en sera fait une évaluation d'a-
près les dernières mercuriales du canton
de la situation des biens, à la date de
l'acte, à l'appui duquel il sera rapporté un extrait certifié des mercuriales.

Il en sera de même des baux à portion
de fruits, pour la part revenant au bailleur, dont la quotité sera préalablement
déclarée, et sur la valeur de laquelle le
droit d'enregistrement sera perçu.

S'il s'agit d'objets dont la valeur ne
puisse être constatée par les mercuriales,
les parties en feront une déclaration estimative (4).

---

d'abord par un décret du 26 avril 1808, et l'a
été définitivement ensuite par l'art. 75 de la
loi du 15 mai 1818, aux termes duquel « la
liquidation du droit proportionnel sera faite
d'après l'évaluation du montant des rentes,
résultant d'une année commune de la valeur
des grains et autres denrées, selon les mercuriales du marché le plus voisin. »

Quant aux rentes sur l'État, la donation
entre-vifs qui en est faite est à ce jour frappée
du droit proportionnel, lors même que l'inscription de la rente donnée existe depuis
plus d'un an sous le nom du donateur, et que
l'acte de donation en indique le numéro, la
date et le montant; elles y ont été soumises
par la loi du 18 mai 1850, de sorte que le
droit proportionnel est dû sur la valeur réelle,
d'après le cours moyen de la bourse au jour
de la donation. Précédemment le contraire
existait avec certaines conditions (V. Inst.,
n° 1852). — V. aussi Gabr. Demante, *Expos.
rais.*, n°° 451 et 452.

107. Mais le droit de titre, distinct et indépendant de celui de condamnation, ne doit
être liquidé que sur le capital de la dette et
non sur les intérêts qu'elle a produits (Délib.,
24 nov. 1824).

(1) — 107 *bis.* Lorsque le jugement de séparation de biens renferme l'indication du
montant des reprises de la femme, mais qu'un
acte postérieur de liquidation porte ces reprises à un chiffre plus élevé, la perception
du droit proportionnel faite lors de l'enregistrement du jugement, doit être rectifiée
d'après l'acte de liquidation (Trib. de la Seine,
4 juill. 1857, D.P.58.3.28).

(2) — 108. La règle de liquidation est ici
la même que celle du droit sur la propriété,
sauf l'évaluation qui consiste dans la moitié.
— Au reste, cette évaluation n'est admissible qu'autant qu'il s'agit d'un usufruit conféré,
soit à vie, soit pour 10 ans ou un plus long
temps. V. *infra*, n° 160.

108 *bis.* Le legs de la jouissance d'une
chose, et notamment d'une universalité, constitue un legs d'usufruit, passible du droit de
mutation exigible sur les transmissions d'usufruit par testament, et non un legs de jouissance de revenus à régler en prestation annuelle avec le légataire de la pleine propriété,
et ne donnant lieu à aucun droit spécial de
mutation. — Et il en est ainsi, alors même
que le testateur aurait recommandé au légataire de la propriété d'habiter un domaine
compris dans le legs, et de l'entretenir; cette
recommandation n'impliquant pas le droit du
légataire à la jouissance et à l'administration
de ce domaine, dès le jour du décès du donateur, mais pouvant se référer à l'époque
de l'extinction de l'usufruit et de sa réunion
à la nue propriété (Rej. 21 août 1861, D.P.
61.1.392).

(3 et 4) — 109. Cet article règle, relativement à la liquidation, ce qui a rapport aux
immeubles, et pose, dans les premiers numéros, le principe d'évaluation en ce qui concerne les baux. La présente disposition prévoit les baux à durée limitée.

110. A cet égard la liquidation avait été
diversement réglée par la loi de l'an VII et
par celle du 27 vent. an IX; mais elle a été
soumise à un principe uniforme pour les baux

2° Pour les baux à rente perpétuelle et ceux dont la durée est illimitée, *par un capital formé de vingt fois la rente ou le prix annuel, et les charges aussi annuelles, en y ajoutant également les autres charges*

à ferme ou à loyer des biens meubles ou immeubles, par l'art. 1er de la loi du 16 juin 1824, d'après lequel le droit doit être liquidé « sur le prix cumulé de toutes les années. »

111. Le prix, égal ou inégal, des années doit être cumulé, et, s'il est soumis à des conditions de variation, selon des circonstances futures et incertaines, on n'en doit pas moins prendre pour base celui qui est stipulé au jour de l'enregistrement (*Conf.*, Champ. et Rig., t. 4, n° 3528).

112. A l'égard de toute espèce de baux, le droit doit être liquidé sur le terme le plus long. Ainsi, lorsque le bail contient obligation de le renouveler à une certaine époque et pour un nombre d'années déterminé, le droit doit être liquidé sur le prix de ces années (Cass., 18 vend. an vii, D.A.7.217).

113. Pareillement, l'évaluation doit comprendre toutes les années, alors même que le bail porte des termes différents avec faculté de le faire cesser à des époques déterminées.

114. En ce qui concerne les baux payables en nature dont s'occupe le troisième paragraphe de la disposition ci-dessus, il faut remarquer que la règle d'évaluation, d'abord modifiée par le décret du 26 avril 1808, a été ensuite changée par l'art. 75 de la loi du 15 mai 1818, où il est dit : « ... la liquidation du droit proportionnel sera faite d'après l'évaluation du montant des actes ou du prix des baux résultant d'une année commune de la valeur des grains ou autres denrées, selon la mercuriale du marché le plus voisin. — On formera l'année commune d'après les quatorze dernières années antérieures à celle de l'ouverture du droit ; on retranchera les deux plus fortes et les deux plus faibles ; l'année commune sera établie sur les dix années restantes. »

115. Mais ni le décret de 1808, ni la loi de 1818 ne parlent des baux *à portion de fruits* que la disposition ci-dessus a distingués des baux payables en nature : il en résulte que cette espèce de baux demeure régie par le texte ci-dessus (Cass., 9 mai 1826, D.P.26.1. 298), et qu'ainsi la part revenant au bailleur et qui forme le prix doit être évaluée au moyen d'une double opération, savoir : une déclaration de la quotité, laquelle ne doit pas être accompagnée de l'estimation, et l'évaluation par les mercuriales (Championnière et Rigaud, 24, n° 3535). V. *Jur. gén.*, *loc. cit.*, n°s 4682 et suiv.

115 *bis*. A l'égard des baux emphytéotiques, V. les développements qui ont été

en *capital, et les deniers d'entrée, s'il en est stipulé* (1).

Les objets en nature s'évaluent comme ci-dessus.

3° Pour les baux à vie, sans distinction

---

présentés par Dalloz, v° *Enregistr.*, n°s 4618 et suiv. V. aussi *Table de quinze ans, eod. v°*, n°s 701 et suiv., et *infra*, n° 744.

116. Dans toute espèce de bail, les charges et deniers d'entrée doivent être ajoutés au prix. C'est ce qu'exprime la disposition ci-dessus à l'égard des baux qu'elle prévoit ; et la même précision se retrouve, à l'égard des autres baux, dans la disposition subséquente. Ainsi, lorsque le preneur aura été chargé de payer la contribution foncière, ou de faire les grosses réparations, ou de faire des journées de charrue pour le compte du bailleur, toutes ces obligations diverses ajoutent aux fermages, et doivent, par conséquent, entrer dans la supputation du prix de ferme (Trib. de Bordeaux, 26 août 1846 ; Cass., 16 août 1847, D.P.47.1.352, et autres décisions citées par Dalloz, *loc. cit.*, n°s 4629 et suiv. V. cependant, en ce qui concerne les contributions imposées au fermier, Championnière et Rigaud, t. 4, n° 3545).

117. Pareillement, s'il a été stipulé un denier d'entrée ou pot-de-vin, quoique ce genre de stipulation soit, en quelque sorte, en dehors de la convention. Il est vrai de dire, néanmoins, que c'est une charge imposée au preneur, laquelle tombe par conséquent dans les termes de la loi. Le législateur ne s'explique, il est vrai, à cet égard, qu'à l'occasion des baux à durée perpétuelle, viagère ou illimitée (V. *infra*, les n°s 2 et 3 du présent article) ; mais il n'en est pas moins certain que la règle est applicable à toute espèce de baux, et conséquemment à ceux dont il s'agit dans la disposition ci-dessus, quoique cette règle n'y soit pas mentionnée (Championnière et Rigaud, t. 4, n° 3548).

Quant à la résolution d'un bail, si elle est faite en vertu d'une condition du contrat, il n'y a lieu qu'à un droit fixe. Dans le cas contraire, le droit proportionnel est applicable, comme pour les baux, en prenant pour base le montant de toutes les années qui restaient à courir du bail résilié.

Sur le mode d'évaluation en ce qui concerne les transmissions héréditaires de baux emphytéotiques, V. Cass., 6 mars 1850 (D.P.50. 1.129) et autres décisions citées par Dalloz, *Jur. gén.*, v° *Enregistr.*, n°s 4639 et 4640.

(1) — 118. La base d'évaluation fixée à vingt fois la rente n'est applicable que lorsque le bail à rente est fait sans expression du capital ; mais si le capital est exprimé, attendu que le preneur ne serait tenu que de le rembourser, c'est ce capital qui forme le

de ceux faits sur une ou plusieurs têtes, par un capital formé de dix fois le prix et les charges annuelles, en y ajoutant de même le montant des deniers d'entrée et des autres charges, s'il s'en trouve d'exprimés (1).

Les objets en nature s'évaluent pareillement comme il est prescrit ci-dessus.

4° Pour les échanges, *par une évaluation qui doit être faite en capital, d'après le revenu annuel multiplié par vingt, sans distraction des charges* (2).

5° Pour les engagements, *par les prix et sommes pour lesquels ils sont faits* (3).

6° Pour les ventes, adjudications, cessions, rétrocessions, licitations et tous autres actes civils ou judiciaires portant translation de propriété ou d'usufruit à titre onéreux, *par le prix exprimé, en y ajoutant toutes les charges en capital, ou par une estimation d'experts, dans les cas autorisés par la présente* (4).

Si l'usufruit est réservé par le vendeur, il sera évalué à la moitié de tout ce qui forme le prix du contrat, et le droit sera perçu sur le total : mais il ne sera dû aucun autre droit pour la réunion de l'usufruit à la propriété : cependant, si elle s'opère par un acte de cession, et que le prix soit supérieur à l'évaluation qui en aura été faite pour régler le droit de la translation de la propriété, il est dû un droit, par supplément, sur ce qui se trouve excéder cette évaluation. Dans le cas contraire, l'acte de cession est enregistré pour le droit fixe (5).

---

prix sur lequel doit être établie la perception (Sol., 22 mess. an VIII). Pour le surplus, et notamment en ce qui concerne les charges, *V.* n° 116.

118 bis. Le mode d'évaluation prescrit par l'art. 151, n° 2, de la loi du 22 frim. an VII est applicable en Algérie comme en France, depuis l'ord. du 19 oct. 1841 (Cass., 19 nov. 1851, D.p.51.1.324).

(1)—119. On a considéré le bail pour une année et *ensuite pour autant qu'il plaira aux parties*, comme bail à vie (Solut., 22 pluv. an VIII) ; sauf, néanmoins, s'il est justifié, au moment de l'enregistrement du bail, d'une résiliation (Délib., 28 oct. 1814). Même quand on ne justifie pas d'une résiliation, la décision est rigoureuse : il n'est pas certain, en effet, que le droit réservé se réalisera.

120. Les bases de l'évaluation, à l'égard de ces baux, ne diffèrent pas de celles qui ont été fixées pour les baux compris dans le numéro précédent, si ce n'est en ce qui concerne le nombre d'années que l'on doit prendre pour le déterminer. *V.* en conséquence les explications qui précèdent.

(2)—121. Le complément de cette disposition se trouve dans l'art. 69, § 5, n° 3, qui, en tarifant les échanges d'immeubles à 2 p. 100, ajoute : « Le droit sera perçu sur la valeur d'une des parts, lorsqu'il n'y aura aucun retour. S'il y a retour, le droit sera payé à raison de.... sur la moindre portion, et comme pour vente sur le retour ou la plus-value. « De la combinaison de ces deux dispositions, il résulte que la valeur à considérer pour la liquidation du droit d'échange est seulement celle de l'une des parts, et que la valeur s'établit par vingt fois le revenu de la part sur laquelle le droit est liquidé (Championnière et Rigaud, t. 4, n° 3449).

121 bis. Le revenu, dont la valeur, multi-

pliée par 20, détermine le taux du droit d'enregistrement applicable aux échanges d'immeubles, doit être fixé sans distinction des impôts qui pèsent sur ce revenu (Cass., 16 août 1847, D.p.47.1.352).

121 ter. La règle est-elle la même lorsque l'échange est fait avec soulte ? *V.* à cet égard Dalloz, v° *Enregistr.*, n°s 4675 et suiv.

122. Lorsqu'un échange est reconnu frauduleux et cache une véritable vente, ou qu'il existe un prix indiqué, c'est ce prix qui doit alors servir de base au droit d'enregistrement.

(3) — 123. Lorsque l'engagement a pour objet d'éteindre le capital, c'est sur ce capital que le droit doit être perçu. Seulement, il peut arriver que le droit à percevoir étant excessif relativement à la valeur des fruits attribués par le contrat, l'administration accorde une modération des droits à raison des circonstances. C'est ainsi que, dans une espèce où l'engagement de 1200 fr. avait pour objet d'éteindre une créance de 6,222 fr., il fut décidé que le droit ne serait liquidé que sur la valeur des biens (Déc. min., 3 nov. 1830).

Lorsque l'engagement doit éteindre des intérêts seulement, c'est sur ces intérêts seuls que le droit doit être liquidé.

(4, 5)—124. Les règles, en cette matière, sont, à quelques nuances près, ainsi que nous l'avons dit, communes aux ventes de meubles et à celles d'immeubles, le droit des unes et des autres devant être liquidé *sur le prix exprimé.*

125. Lorsque le prix exprimé est fixé et consiste en argent payable au vendeur, le droit doit être liquidé sur la totalité de ce prix, et non pas seulement sur ce qui en reste dû au moment où l'acte est enregistré

7° Pour les transmissions de propriété entre-vifs, à titre gratuit, et celles qui

s'effectuent par décès, *par l'évaluation qui sera faite et portée à vingt fois le pro-*

(Cass., 8 frim. an XII, D.A.7.28). *V.* aussi Dalloz, v° *Enreg.*, n°⁵ 4397 et suiv.

. Il n'y a pas exception pour le cas où le prix a été déterminé, sauf à en fixer ultérieurement la quotité définitive. *V. eod.*, n°⁵ 4394 et suiv.

126. Lorsque le prix exprimé consiste en argent et en objets mobiliers, le droit doit être perçu sur le tout, car les objets mobiliers font partie du prix exprimé, et l'évaluation doit s'en faire par une déclaration estimative (Cass., 14 mai 1823, D.A.7.282).

126 *bis.* Comment la disposition de l'art. 15, n° 6, doit-elle être appliquée lorsque le prix consiste en rentes, en créances, en obligations de faire, etc.? — *V.* sur ce point les explications données par Dalloz, *loc. cit.*, n°⁵ 4404 et suiv.

127. Aux termes de la loi, les charges doivent être ajoutées au prix. On appelle charges ce que l'acquéreur est tenu de payer pour le vendeur ou à sa décharge. Lorsque le prix entier consiste en charges, c'est sur leur valeur en capital que le droit doit être perçu. Mais, en général, on peut dire que les charges imposées à la personne augmentent seules le prix et doivent seules, par conséquent, y être ajoutées; quant à celles qui portent sur la chose, elles en diminuent la valeur, et ne sauraient par suite être ajoutées au prix pour la liquidation du droit (Championnière et Rigaud, t. 4, n° 3223).

128. D'après cette distinction, il a été décidé que l'impôt foncier étant une charge inhérente au fonds, il ne doit pas être ajouté au prix pour la perception du droit de mutation (Cass., 4 vent. an X, D.A.7.275 ; trib. de la Seine, 9 juin 1841; Dalloz, *loc. cit.*, n° 4424; Championnière et Rigaud, t. 4, n° 3224).

129. Mais, s'il s'agissait de droits échus et exigibles à l'époque de la vente, l'obligation imposée à l'acquéreur de les payer en l'acquit du vendeur serait personnelle et augmenterait le prix (Cass., 19 mai 1819, D.A.7.277).

130. Pour les autres applications du même principe, *V.* Dalloz, v° *Enregistr.*, n°⁵ 4418 et suiv.; *Table de quinze ans, eod. v°*, n°⁵ 761 et suiv.—*V.* aussi Cass., 25 nov. 1857 (D.P.57.1.422).

131. Il arrive quelquefois dans les ventes que le vendeur se réserve l'usufruit de la chose vendue. Comment le droit devra-t-il être liquidé dans cette hypothèse? C'est ce que détermine le second paragraphe de la disposition ci-dessus transcrite. Il en résulte que le droit doit être perçu sur le prix stipulé dans le contrat, c'est-à-dire celui de la nue propriété (Cass., 25 niv. an XII ; 10 juill. 1810;

D.A.7.278,279) et sur l'usufruit évalué à la moitié de ce prix. Ainsi, en supposant que le prix porté au contrat pour la nue propriété soit de 10,000 fr., l'acquéreur sera tenu d'acquitter le droit sur une somme de 15,000 fr. —*V.* Dalloz, *Jur. gén., loc. cit.*, n°⁵ 4575 et suiv.

132. Mais cette disposition d'après laquelle, dans une vente avec réserve d'usufruit, la valeur de l'usufruit doit être ajoutée au prix de la nue propriété pour la liquidation du droit, ne s'applique pas aux ventes de *meubles,* parce que tout est de rigueur en matière d'impôt, et que dès que la loi n'a parlé que des *immeubles,* il ne faut pas l'étendre aux *meubles* (Déc. min., 11 août 1812). — *V.* aussi Dalloz, *eod.*, n°⁵ 4580 et suiv.

133. Lorsque la propriété a été démembrée, celui qui ne possède que la nue propriété devra y réunir un jour la jouissance ou l'usufruit, sans quoi ses droits seraient sans aucune valeur. La disposition ci-dessus statue dans la prévision de cette réunion future.

134. À cet égard, elle prévoit trois hypothèses : celle où la réunion s'opère sans acte ; celle où elle a lieu par un acte de cession moyennant un prix qui n'excède pas l'évaluation de l'usufruit qui a été faite lors de la transmission de la propriété; et enfin celle où le prix stipulé dans l'acte de cession est supérieur à l'évaluation qui a été faite pour régler le droit de translation de propriété.

Si l'on voulait ajourner le paiement du droit sur l'usufruit réservé jusqu'à la consolidation de l'usufruit à la nue propriété, il faudrait faire dans l'acte deux estimations : l'une pour la nue propriété léguée, et l'autre pour l'usufruit réservé jusqu'au décès du donateur dont le donateur serait héritier.

135. 1ʳᵉ *hypothèse.* — Lorsque la réunion de l'usufruit à la propriété s'opère sans acte, elle ne donne ouverture à aucun nouveau droit.

136. 2ᵉ *hypothèse.* — Lorsque la réunion s'opère par un acte de cession et moyennant un prix qui n'excède pas l'évaluation, elle donne ouverture à un droit fixe seulement que la loi de frimaire, art. 68, § 1, n° 42, avait porté à 1 fr., et qui a été élevé à 3 fr. par celle du 28 avril 1816, art. 14, 4°.

137. C'est aussi ce qui devrait être décidé si la réunion s'opérait par une donation (Championnière et Rigaud, t. 4, n° 3517).

138. Remarquons que, lorsqu'il y a cession, il faut, pour qu'elle ne donne lieu qu'à la perception d'un droit fixe, comme opérant réunion d'usufruit à la propriété, qu'au moment de la transmission, la nue propriété se trouve encore dans la main de l'acquéreur.

duit des biens, ou le prix des baux courants,
sans distraction des charges.

Il ne sera rien dû pour la réunion de

S'il s'en était déjà dépouillé, la cession de l'usufruit donnerait ouverture au droit proportionnel (Cass., 17 mars 1835, D.p.35.1. 201). *V.* Dalloz, vᵒ *Enreg.*, nᵒˢ 4593 et 4594.

139. Lorsque la vente a lieu à la fois tant de l'usufruit que de la propriété, à deux individus, savoir : à l'un de la propriété, à l'autre de l'usufruit, le droit de la vente doit être liquidé sur chacun des prix exprimés, sans aucune augmentation. A ce cas ne s'applique pas la disposition de l'art. 15, nᵒ 6 (Cass. 8 janv. 1822; 20 mars et 26 déc. 1826; 3 janv. 1827, D.A.7.159 , D.p.26.1.210; 27. 1.105; Championnière et Rigaud, t. 4, nᵒ 3486).

Quant au retour légal autorisé par l'art. 747, les droits de mutation sont les mêmes que ceux de la donation; mais si l'usufruit avait été réservé au donateur en faveur duquel le retour s'opérerait, le droit à payer ne serait plus que de la moitié de celui payé (Inst., 1818).

Si la condition de retour avait été écrite dans la donation, le droit serait un droit fixe, parce que le retour serait une condition, une exécution de la donation.

140. De là s'est élevée la question de savoir si, dans ce cas, la réunion de l'usufruit à la propriété ne devait pas donner lieu à l'application d'un nouveau droit de mutation au nu propriétaire. La Cour de cassation s'est montrée assez incertaine sur cette question. Après s'être prononcée pour l'affirmative (Cass., 25 nov. 1820, D.p.32.1.328), elle avait consacré la solution contraire et avait posé en principe que lorsque, en cas de vente de la nue propriété d'un immeuble avec réserve d'usufruit, un droit a été perçu par anticipation pour la réunion future de l'usufruit à la nue propriété, il n'est pas dû un nouveau droit, soit qu'elle s'opère au profit de l'acquéreur lui-même, soit qu'elle ait lieu en faveur de celui qui n'avait acquis que la nue propriété (Cass., 29 mai 1832; 12 août 1834; 11 août 1835, D.p. 32.1.328; 34.1.375; 35.1.400).

Mais la Cour de cassation a fini par revenir à sa première doctrine en décidant, par un arrêt récent, que lorsque l'usufruit a été vendu à l'un et la nue propriété à l'autre, la réunion qui s'opère à titre onéreux est passible d'un droit proportionnel (Cass., 27 août 1844, D.p. 44.1.353. *V.* aussi trib. de la Seine, 5 mai 1846, D.p.46.3.186 , et autres décisions citées par Dalloz, vᵒ *Enregistr.*, nᵒˢ 4601 et suiv., et *Table de quinze ans*, nᵒˢ 564 et suiv. *V.* en sens contraire de cette dernière solution, Championnière et Rigaud, t. 4, nᵒ 3519, et le *Contrôleur*, nᵒ 6991).

l'usufruit à la propriété, lorsque le droit d'enregistrement aura été acquitté sur la valeur entière de la propriété (1).

141. 3ᵉ *hypothèse.* — Lorsque la réunion s'opère au moyen d'une cession dont le prix est supérieur à l'évaluation qui a été faite pour régler le droit de translation de propriété, elle donne ouverture à un droit proportionnel.

142. La loi n'en a fixé nulle part la quotité, à la différence de ce qu'elle a fait pour la précédente hypothèse; mais comme il s'agit d'un excédant de prix sur un contrat dont la disposition ci-dessus transcrite a indiqué la nature, et que, d'un autre côté, la perception nouvelle n'est, aux termes de cette même disposition, qu'un supplément de droit, il est évident que c'est le droit du contrat prévu qui est à percevoir. Or, le contrat prévu est la vente.

143. Si la réunion s'opère sous l'empire de la loi du 28 avril 1816, dont l'art. 52 a élevé le droit de vente immobilière de 4 à 5 et demi pour 100, le droit à percevoir sur l'excédant devra être calculé d'après ce dernier taux (*Contrà*, Championnière et Rigaud, t. 4, nᵒ 3516).

(1) — 144. Dans les transmissions à titre onéreux, les biens sont évalués d'après leur valeur vénale, et la base de la liquidation est le prix exprimé. Dans la mutation à titre gratuit dont s'occupe la disposition ci-dessus, la loi a pris une autre base d'évaluation, c'est le revenu multiplié par vingt.

145. Toute perception sur un capital calculé autrement, même d'accord avec l'administration, serait irrégulière et devrait être réformée (Cass., 19 déc. 1809; 23 mars 1812 , D.A.7.288 et 289).

146. La base première de la liquidation du droit est la déclaration des parties ; elles ne sont tenues de produire les baux et actes que si leur évaluation est régulièrement attaquée.

147. Aucune circonstance ne peut enlever aux héritiers ou donataires le droit ou l'obligation de faire la déclaration des revenus (Cass., 18 et 19 nov. 1835, D.p.36.1.22, 23); et même, un jugement violerait la loi s'il condamnait un redevable à payer le montant d'une contrainte, si mieux il n'aimait faire la déclaration du revenu des biens héréditaires (Cass., 28 oct. 1809 et 27 mars 1811, D.A.7. 106 et 107).

147 *bis.* Dans l'évaluation, pour le calcul du droit de mutation, du revenu d'immeubles sur lesquels existent des arbres épars ou des bordures, on doit faire entrer la valeur des fruits et l'élagage de ces arbres ; mais il n'y a pas lieu de tenir compte de la valeur résultant de leur degré de croissance comme

8°. Pour les transmissions d'usufruit seulement, soit entre-vifs, soit à titre
(1) ... ...
à l'égard des bois taillis-et-futaies (Req.; 24 juill. 1860, D.p.60.1.336).

147 ter. Lorsque l'immeuble qu'il s'agit d'évaluer, à l'effet d'établir le droit à percevoir en cas de transmission par décès, ne donne aucun revenu (en ce qu'il consiste dans un terrain inculte et propre seulement à recevoir des constructions), on ne doit pas prendre le vingtième de sa valeur vénale comme expression invariable du produit qui, multiplié par vingt, détermine la valeur servant à l'assiette du droit ; ...ce produit doit être recherché dans tous les éléments de fait qui peuvent s'offrir aux experts (Trib. de la Seine, 11 juill. 1857, D.p.58.3.29).

147 quater. La cotisation annuelle pour l'entretien des travaux de desséchement de marais doit, lorsqu'elle est payée par les fermiers des immeubles qui sont l'objet de ces travaux, être considérée comme s'ajoutant aux prix des baux, et doit, dès lors, en cas de transmission par décès de ces immeubles, servir à l'évaluation du droit de mutation (Req., 9 avril 1862, D.p.62.1.539).

147 quinquies. Le droit de mutation par décès doit, lorsqu'au nombre des immeubles déclarés se trouve un domaine dont le revenu réel, au moment du décès, est inférieur à celui qu'aurait pu produire la mise en culture ordinaire de toutes les terres de ce domaine, être calculé d'après ce revenu réel, et non d'après le revenu hypothétique en même temps indiqué, alors, d'ailleurs, qu'il s'agit d'un domaine soumis à une exploitation unique (Cass., 7 nov. 1859, D.p.59.1.498).

148. La loi exige que la liquidation du droit des transmissions à titre gratuit soit faite sans distraction des charges qui grèvent l'hérédité ou l'objet donné. Mais elle n'a pas défini le mot charge. V. suprà, n° 127.

149. À défaut d'une définition légale, on tient qu'on ne peut comprendre sous la dénomination de charges que ce qui constitue une dette ou obligation personnelle du défunt et, par suite, de ses héritiers.

150. Ainsi, il n'y aurait pas lieu de déduire les rentes constituées avec hypothèques sur les fonds que l'acquéreur est tenu de servir (Cass., 9 vend. an XIII, D.A.7.277).

151. Il peut y avoir plus de difficulté quant aux rentes foncières, parce qu'elles sont inhérentes au fonds. Mais comme elles sont établies par les parties elles-mêmes, qu'elles ne sont point, comme la contribution foncière, une charge nécessaire de l'immeuble, il est dans l'esprit de la loi qu'elles ne soient point déduites pour la liquidation. Tel est le dernier état de la jurisprudence (Cass., 19 prair. an XI; 12 niv. an XII; 14 mess. an XIII.—

gratuit, soit par décès, par l'évaluation qui en sera portée à dix fois le produit des ... ...

Contrà, Cass., 4 vent. an X, D.A.7.279, 277, 278; Championnière et Rigaud, t. 4, n° 3405). V. aussi Dalloz, v° Enregistr., n°s 4426 et suiv.

153. La disposition ci-dessus transcrite prévoit également la réserve d'usufruit pour le cas d'une transmission à titre gratuit. Alors le donataire ou le légataire n'en doit pas moins, d'après une interprétation fiscale qui est très-contestable, acquitter le droit sur la valeur entière de l'immeuble : non pas que l'usufruit doive être considéré comme une charge dont la distraction ne puisse être faite, mais parce que la loi a voulu que dans ce cas le droit de mutation pour la réunion future de l'usufruit à la nue propriété fût perçu par anticipation sans attendre que cette réunion se fût opérée.

154. En effet, par ces expressions : lorsque le droit aura été acquitté, la disposition ci-dessus transcrite n'a pas, d'après la règle, entendu dire que le paiement du droit de mutation sur la valeur totale de l'immeuble serait facultatif. La loi a prévu seulement le cas d'une omission ou d'une erreur de la part du receveur. Mais, en principe, il y a nécessité pour celui auquel est transmise une nue propriété, d'acquitter, au moment même de la transmission, le droit de la valeur entière (Cass., 13 flor. an IX, 11 sept. 1811, D.A.7.107).

155. Mais lorsque les droits ont été acquittés sur la valeur entière, il n'est rien dû pour la réunion ultérieure de l'usufruit à la propriété (V. les nombreux arrêts cités par Dalloz, loc. cit., n°s 4550 et suiv., et Table de quinze ans, v° Enregistr.; n°s 565 et suiv.). Et il a été décidé qu'il en était ainsi, même dans l'hypothèse où l'usufruit aurait été donné ou légué séparément à l'un et la nue propriété à l'autre (Cass., 27 mai 1834, D.p. 34.1.255). Mais V. ce qui a été dit au § précédent pour le cas de vente, à l'occasion de la même hypothèse.

156. Au contraire, si le droit n'a pas été acquitté sur la valeur entière lors de la transmission de la nue propriété, la réunion ultérieure de l'usufruit donnerait incontestablement ouverture à un nouveau droit proportionnel (Cass., 2 août 1841, D.p.41.1.324).

157. La disposition ci-dessus transcrite implique cette solution ; mais ni cette disposition ni aucune autre ne fixent la quotité du droit à percevoir. Cependant on est conduit par l'analogie à décider, comme dans le cas de vente (V. suprà, § précédent), que la base de la perception ne serait autre que celle qui aurait dû être prise lors de l'enregistrement de la mutation primitive, et que le droit à

biens, ou le prix des baux courants, aussi sans distraction des charges (1).

Lorsque l'usufruitier qui aura acquitté le droit d'enregistrement pour son usufruit acquerra la nue propriété, il paiera le droit d'enregistrement sur sa valeur sans qu'il y ait lieu de joindre celle de l'usufruit (2).

payer serait le complément de celui qui aurait été perçu. Ainsi, le droit devrait être établi sur un multiple du revenu suffisant pour compléter vingt fois ce revenu. Par exemple, si le droit avait été liquidé sur dix fois le produit lors de la transmission de la propriété, il devrait l'être sur dix fois lors de la réunion ; s'il l'avait été sur quinze fois, il devrait l'être sur cinq fois (Championnière et Rigaud, t. 4, n° 3518 ; Dalloz, *loc. cit.*, n° 4558).

158. La loi ne prévoit que la consolidation de l'usufruit reposant sur des immeubles. Quant aux objets mobiliers, de même qu'elle a gardé le silence en ce qui concerne la constitution de l'usufruit, de même aussi, elle s'est abstenue de parler de la consolidation. Dans cette position, on décide que toute consolidation d'usufruit de biens meubles opérée par acte susceptible d'enregistrement ne rend pas exigible le droit dont nous venons de parler, mais donne seulement ouverture au droit fixe (Délib., 5 janv 1836 , D.P.3.38. 127 ; Championnière et Rigaud, t. 4, n° 3524). — *V.* plus bas la loi du 18 avril 1816, art. 44, n° 4. *V.* aussi Dalloz, *loc. cit.*, nᵒˢ 4565 et suiv.

159. Cependant, si la réunion s'opérait moyennant un nouveau prix il y aurait lieu à percevoir un droit de vente sur la somme représentative de la plus-value, soit que l'acte primitif consistât en une vente, soit qu'il consistât en une donation, puisque, dans l'un et l'autre cas, la plus-value serait acquise à titre onéreux.

(1-2) — 160. L'évaluation à dix fois le revenu suppose un usufruit qui puisse durer dix ans au plus ; mais lorsque l'existence du droit est limitée à un nombre d'années moindre, on ne se trouve plus dans la prévision de la loi. — Quelle doit donc être, dans cette dernière hypothèse, la base de l'évaluation? D'après les auteurs du *Dict. de l'Enregistr.*, il faudrait percevoir le droit de bail. Mais cette décision ne saurait être adoptée, car la durée limitée de l'usufruit n'en change pas la nature et ne le transforme pas en bail. Aussi, faut-il adopter de préférence la base proposée par Proudhon, *de l'Usuf.*, t. 2, p. 337, d'après lequel l'usufruit doit être estimé par la somme du revenu annuel des fonds pris autant de fois qu'on trouve d'années dans l'espace de temps pour lequel il a été

16. Si les sommes et valeurs ne sont pas déterminées dans un acte ou un jugement donnant lieu au droit proportionnel, les parties seront tenues d'y suppléer, avant l'enregistrement, par une déclaration estimative, certifiée et signée au pied de l'acte (3).

17. Si le prix énoncé dans un acte transmis (*V.* Dalloz, nᵒˢ 4536 et suiv. — *V.* cependant Championnière et Rigaud, t. 4, n° 3492, qui enseignent que, dans ce cas, il y a lieu de recourir à la déclaration estimative, avec le droit pour la régie de la rectifier au moyen de l'expertise).

161. Cette solution est applicable à l'usufruit des meubles.

162. Le deuxième paragraphe de la disposition ci-dessus transcrite prévoit un troisième cas de réunion d'usufruit à la propriété, celui qui résulte de l'acquisition de la nue propriété par l'usufruitier. Alors, si l'usufruit a déjà supporté l'impôt, l'acquisition ultérieure de la nue propriété ne peut être frappée d'un droit qui porte encore sur cet usufruit. Cela était de toute justice. C'est là la nue propriété seulement qui doit supporter le droit.

163. Et cela s'applique non-seulement au cas spécialement prévu par le texte de la loi, celui où l'usufruit a été acquis entre-vifs à titre gratuit ou par décès, mais encore à celui où l'acquisition en aurait été faite à titre onéreux bien que la loi ne s'explique pas sur ce cas (Délib., 20 germ. an XIII). Dans l'une et l'autre hypothèse, en effet, l'usufruitier n'ayant payé le droit de mutation que sur l'usufruit, il est juste qu'il le paie sur la nue propriété, lorsqu'il la réunit à l'usufruit. — V. Dalloz, vᵒ *Enregistr.*, nᵒˢ 4540 et suiv.

164. La base d'après laquelle devra être fixé le droit à percevoir sur la nue propriété, variera suivant le mode d'acquisition. Si elle est faite à titre onéreux, la base sera le prix exprimé : si elle a lieu par donation entre-vifs ou si l'usufruitier recueille la chose par décès, la perception devra être faite sur dix fois le revenu.

(3) — 165. Ce mode de liquidation a lieu dans tout acte ou jugement translatif, soit de biens meubles, soit de biens immeubles.

166. La nécessité de liquider le droit sur une déclaration estimative s'applique, non-seulement au cas où la totalité des sommes et valeurs est indéterminée, mais encore à celui où l'indétermination porte sur une partie du prix, par exemple, sur une charge (Cass., 24 juin 1811, D.A.7.289).

166 *bis*. Mais cette nécessité n'existe qu'en cas où les bases de la perception manquent d'une manière absolue. Ainsi, l'art. 16 est inapplicable, lorsque la convention détermine

translatif de propriété ou d'usufruit de biens immeubles, à titre onéreux, paraît inférieur à leur valeur vénale à l'époque de l'aliénation, par comparaison avec les fonds voisins de même nature, la

l'espèce et le prix des marchandises, ainsi que le maximum de la quantité à fournir. Dans ce cas, c'est sur le maximum que le droit doit être liquidé (Cass., 29 avr. 1851, D.P.51.1.123). V. aussi Dalloz, nᵒˢ 4651 et suiv.

167. La déclaration doit être faite par celle des parties qui présente l'acte à l'enregistrement, par un mandataire, par des notaires rédacteurs, par les greffiers et secrétaires qui ont reçu le montant des droits, par les avoués qui requièrent l'enregistrement du jugement et des actes de procédure (Championnière et Rigaud, t. 4, nᵒ 3267).

168. Et lorsqu'il y a lieu à la déclaration, la formalité doit être refusée jusqu'à ce que cette déclaration soit faite et signée (Délib., 24 mars 1824).

(1) — 169. L'expertise est un moyen offert à l'administration de parer à la dissimulation que devait naturellement produire la création de l'impôt sur la valeur des objets transmis ou sur le prix du contrat. Ce moyen a remplacé, dans la loi nouvelle, le droit de retrait qui existait dans l'ancienne législation, droit qui conférait au seigneur la faculté de retenir l'immeuble en payant le prix exprimé par l'acquéreur.

170. La loi n'accorde l'expertise que pour les biens immeubles. Le texte ci-dessus s'en explique formellement. Ainsi, quelle que soit la disproportion existante entre le prix exprimé dans le cas de vente des biens meubles et la valeur des objets vendus, c'est toujours le prix exprimé qui doit servir de base à la régie; elle ne pourrait pas recourir à l'expertise. Mais V. Dalloz, *loc. cit.*, nᵒ 4692.

170 *bis.* La réquisition de l'expertise s'applique aussi bien à l'usufruit ou à la nue propriété d'un immeuble, qu'à la pleine propriété. V. Dalloz, *Jur. gén.*, nᵒˢ 4696 et suiv., et *Table de quinze ans*, vᵒ *Enregistr.*, nᵒ 788.

170 *ter.* Qu'elles sont les conditions de l'expertise en matière d'échange? V. sur ce point Dalloz, nᵒˢ 4700 et suiv. et les décisions citées.

171. En principe, l'expertise ne peut être demandée que par la régie et dans son intérêt; ainsi l'acquéreur ne pourrait être admis à prouver par cette voie que le prix exprimé excède la valeur vénale de l'immeuble (Cass., 27 avril 1807, et 14 juin 1809, D.A.7.303, 298). V. Dalloz, nᵒˢ 4750 et suiv.

172. Cependant, il s'induit d'un arrêt de

régie pourra requérir une expertise, pourvu qu'elle en fasse la demande dans l'année à compter du jour de l'enregistrement du contrat (1).

18. La demande en expertise sera

la Cour de cassation (27 déc. 1820, D.A.7.299), que, dans un cas particulier, les nouveaux possesseurs pourraient avoir intérêt à faire ordonner l'expertise et y devraient être reçus : c'est celui où la régie voudrait se fonder sur des actes qui ne seraient pas par eux-mêmes démonstratifs du véritable revenu, ou même sur des baux courants dans des circonstances où la loi ne les admettrait pas comme règle unique d'évaluation.

173. Les tribunaux ne peuvent suppléer à l'expertise, soit en faisant eux-mêmes l'appréciation des biens, soit en substituant leurs calculs à ceux des experts (Cass., 7 mars 1808, 17 avril 1816, 28 mars 1831, D.A.7.304.305, D.P.31.1.86).

174. Les actes translatifs à titre onéreux dont parle l'article ci-dessus transcrit sont ceux que prévoit l'art. 15, nᵒ 6, c'est-à-dire les ventes, adjudications, cessions, rétrocessions, licitations et autres actes civils et judiciaires, portant translation de propriété à titre onéreux.

175. Cependant, malgré ce texte, il est reconnu généralement par les tribunaux que l'expertise n'est pas admissible en matière d'adjudication judiciaire (Bagnères, 11 août 1837, D.P.38.3.118; trib. de Saint-Girons, 7 déc. 1849, D.P.53.3.8; Cass., 26 nov. 1850, D.P.50.1.342; 3 juill. 1855, D.P.55.1.307. — *Contrà*, trib. de Mantes, 29 mai 1846 D.P.46.4.244; Championnière et Rigaud, t. 4, nᵒ 3275). En effet, le prix ne saurait être dissimulé dans les ventes publiques; la cause de l'expertise n'existe donc pas.

Mais le droit accordé à la régie de réclamer une expertise s'applique au contraire aux ventes publiques faites devant notaire, comme à toutes ventes volontaires (Trib. de Rouen, 15 mai 1851, D.P.54.1.194; Cass., 3 juill. 1855, D.P.55.1.307).

Pour divers autres cas d'expertises, V. Dalloz, vᵒ *Enregistr.*, nᵒˢ 4709 et suiv., et *Table de quinze ans*, eod. vᵒ, nᵒˢ 789 et suiv. — V. aussi, quant aux formalités préalables à la procédure en expertise, une instruction du 8 déc. 1840, rapportée *Jur. gén.*, *loc. cit.*, nᵒ 479.

176. L'objet de l'expertise est la valeur vénale de l'immeuble, c'est-à-dire le prix moyennant lequel il pourrait être vendu. Ainsi, les experts doivent constater cette valeur en capital, non le revenu (Cass., 23 mars 1812, D.A.7.309).

177. Toutefois, bien que la valeur doive être constatée en capital, il ne s'ensuit pas

faite au tribunal civil du département dans l'étendue duquel les biens sont situés, par une pétition portant nomination de l'expert de la nation.

L'expertise sera ordonnée dans la décade de la demande.

En cas de refus par la partie de nommer son expert sur la sommation qui lui aura été faite d'y satisfaire dans les trois jours, il lui en sera nommé un d'office par le tribunal.

Les experts, en cas de partage, appelleront un tiers expert ; s'ils ne peuvent en convenir, le juge de paix du canton de la situation des biens y pourvoira.

Le procès-verbal d'expertise sera rapporté, au plus tard dans le mois qui suivra la remise qui aura été faite aux experts de l'ordonnance du tribunal, ou dans le mois après l'appel d'un tiers expert.

Les frais de l'expertise seront à la charge de l'acquéreur, mais seulement lorsque l'estimation excédera d'un huitième au moins le prix énoncé au contrat.

L'acquéreur sera tenu, dans tous les cas, d'acquitter le droit sur le supplément d'estimation, s'il y a une plus-value constatée par le rapport des experts (1).

179. Il y aura également lieu à réqué-que les experts ne puissent rechercher cette valeur vénale à l'aide du revenu. (Cass., 18 brum. an XIV.)

478. La valeur vénale à constater est celle de l'immeuble à l'époque de l'aliénation, et l'on n'y doit comprendre que ce que le vendeur doit véritablement toucher. Ainsi quelle que soit la base de leur calcul, les experts doivent en déduire tout ce qui ne profiterait pas au vendeur (Cass., 7 mars 1833, D.P. 33.1.139). — Championnière et Rigaud, t. 4, n° 3286).

Pour opérer l'estimation d'un usufruit, suivant la régie, on doit évaluer séparément : 1° la valeur vénale de la propriété entière de l'immeuble ; 2° la valeur de l'usufruit suivant sa durée présumée : on déduit cette deuxième valeur de la première, et on obtient celle de la nue propriété de l'immeuble au jour de la vente (Inst., 1713, § 13). Et il n'y a pas lieu à restitution par la régie, lors même que la vente ou la donation aurait été postérieurement annulée en justice, pour vice dont le contrat aurait été entaché, si les droits ont été régulièrement perçus (Inst., 1498, § 3). V. du reste Dalloz, nᵒˢ 4829 et suiv.

478 bis. L'art. 17 de la loi du 22 frim. an VII, qui veut que la valeur vénale des biens transmis à titre onéreux soit appréciée par comparaison de ces biens avec les fonds voisins de même nature, laisse aux experts la faculté de choisir la base d'estimation que leur conscience leur suggère, sauf aux juges à l'apprécier, et elle leur permet, notamment, lorsqu'ils sont chargés d'estimer un domaine comprenant un certain nombre de parcelles, de prendre pour objet de leur estimation, non la valeur de chaque parcelle établie en la comparant aux parcelles voisines de même nature, mais la valeur du corps du domaine vendu en bloc. — En conséquence, si l'un des experts s'est arrêté au premier mode d'estimation et l'autre expert au second, le travail de ce second expert ne peut être annulé par le motif que la base en serait illégale : les juges n'ont le droit de l'écarter qu'en se fondant sur les circonstances de fait qui seraient de nature à en faire repousser l'adoption (Cass., 25 août 1862, D.P. 62.1.343).

(1)—179. Cet article 18 a été complété par l'art. 5 de la loi du 27 vent. an IX, qui porte : « Dans tous les cas où les frais de l'expertise autorisée par les art. 17 et 19 de la loi du 22 frim. tomberont à la charge du redevable, il y aura lieu au double droit d'enregistrement sur le supplément de l'estimation, » et par la loi du 15 nov. 1808, qui est ainsi conçue : — « Art. 1ᵉʳ. Lorsque, dans les cas prévus par les art. 17, 18 et 19 de la loi du 22 frim. an VII, il y aura lieu à expertise de biens immeubles situés dans le ressort de plusieurs tribunaux, la demande en sera portée au tribunal de première instance dans le ressort duquel se trouve le chef-lieu de l'exploitation, ou, à défaut de chef-lieu, la partie des biens qui présente le plus grand revenu d'après la matrice du rôle. — Ce même tribunal ordonnera l'expertise partout où elle sera jugée nécessaire, à la charge néanmoins de nommer pour experts des individus domiciliés dans le ressort des tribunaux de la situation des biens, et il prononcera sur leur rapport. — Les experts seront renvoyés, pour la prestation du serment, devant le juge de paix du canton où les biens sont situés. — Art. 2. Il n'est rien innové en ce qui concerne les expertises d'immeubles dont la mutation s'opère par décès, et dont la déclaration se fait au bureau dans l'arrondissement duquel ils sont situés. »

180. De ces textes il résulte que c'est au tribunal civil du département, aujourd'hui de l'arrondissement dans l'étendue duquel les biens sont situés, qu'appartiennent la connaissance et le jugement de la demande en expertise.

rir l'expertise des revenus des immeubles transmis en propriété ou usufruit à

181. Cette demande est faite à la requête de l'employé qui poursuit l'expertise, et au nom du directeur général. Sur les formes de cette demande, V. Dalloz, *Jur. gén.*, nᵒˢ 4799 et suiv.

Le délai pour requérir l'expertise des biens transmis par décès est de deux ans (Inst., 1490, § 2). Mais il ne suffit pas que la requête en expertise soit enregistrée dans l'année ou les deux ans (selon le cas) ; il y a prescription si l'assignation n'est pas enregistrée et signifiée dans les délais (Inst., 1451, § 10) ;

Il n'est plus nécessaire qu'un jugement ordonne l'expertise lorsque la partie à laquelle la requête en expertise a été signifiée y a acquiescé et, en conséquence, a notifié à l'administration le choix de son expert (Inst., 1528, § 4).

En ce qui concerne le délai de l'expertise pour les transmissions entre-vifs, V. Dalloz, nᵒˢ 4781 et suiv., et *Table de quinze ans*, nᵒˢ 797 et suiv.

182. Le tribunal doit ordonner l'expertise dans les dix jours de la demande, et d'après une jurisprudence constante, il ne peut surseoir sous aucun prétexte.

183. La régie doit notifier à la partie la requête et l'ordonnance qui l'a suivie ; mais il suffit que la première de ces deux pièces soit signifiée dans le délai (Cass., 21 fév. 1809, D.A.7.312).

184. La requête présentée par la régie doit contenir nomination d'un expert ; faute de nomination, le tribunal n'y pourrait suppléer, mais il pourrait refuser d'ordonner l'expertise.

185. Le tribunal pourrait, au contraire, suppléer à la nomination de l'expert par la partie, si celle-ci refusait de le nommer.

186. Les règles à suivre pour les récusations d'expert et les prestations de serment sont celles du droit commun. V. *Jur. gén.*, nᵒˢ 4815 et suiv.

187. En cas de partage, les experts doivent nommer un tiers expert : eux seuls ont qualité pour faire cette désignation, et c'est seulement lorsqu'ils ne peuvent en convenir que le juge de paix est appelé à la faire. Dans ce cas, ce magistrat est libre dans son choix. Ainsi, un tribunal ne pourrait obliger le juge de paix à choisir le tiers expert sur une liste d'experts désignés (Cass., 30 déc. 1822, D.A.314). V. aussi Cass., 16 avr. 1845 (D.P. 45.1.196). — Le tribunal ne pourrait lui-même nommer les tiers experts, au lieu de renvoyer cette nomination au juge de paix (Cass., 30 janv. 1849, D.P.49.1.37).

188. Aucune disposition des lois spéciales

tout autre titre qu'à titre onéreux, lorsque l'insuffisance dans l'évaluation ne

n'oblige le tiers expert à adopter, au lieu de l'estimation que ses propres lumières lui suggèrent, celles de l'un ou de l'autre des premiers experts (Cass., 18 août 1823, D.A. 7.305. *V.* aussi les autres décisions citées par Dalloz, vᵒ *Enregistr.*, nᵒ 4825. V. *eod.*, nᵒˢ 4827 et s.), pour ce qui concerne la procédure postérieure à la rédaction du procès-verbal d'expertise.

189. Les tribunaux sont, en matière d'enregistrement, obligés de suivre l'avis des experts, l'art. 323, C. proc., n'étant pas applicable en cette matière (Cass., 14 avril 1846, D.A.7.305 ; 28 mars 1831, D.P.31.1.86). V. comme application de ce principe, Cass., 17 déc. 1844 et 29 avril 1845 (D.P.45.1.46 et 215) ; 24 avr. 1850 (D.P.50.1.127) ; trib. de Château-Thierry, 31 juill. 1858 (D.P.58.3.63). Mais ils peuvent ordonner une expertise nouvelle lorsque le procès-verbal des premiers experts leur paraît défectueux ou insuffisant (*V.* les arrêts précités ; *adde* Cass., 24 juill. 1815, D.A.7.304 ; 28 mars 1831, D.P.31.1.86 ; 29 fév. 1832 ; 32.1.109, et autres arrêts cités *Jur. gén.*, nᵒˢ 4784 et suiv.).

189 bis. La règle qui déclare l'avis des experts obligatoire pour les juges ne leur permet pas de s'écarter de cet avis dans l'évaluation des loyers d'une maison, même pour déduire simplement de cette évaluation une certaine fraction à titre de non-valeurs (Cass., 7 nov. 1859, D.P.59.1.498).

190. Les frais de l'expertise sont de droit à la charge de la partie qui succombe ; mais il y a, d'après la doctrine contestable de la régie, une distinction à faire entre les mutations à titre onéreux et celles à titre gratuit. Pour les premières, les frais ne sont supportés par l'acquéreur qu'autant que l'estimation excède d'un huitième au moins le prix énoncé au contrat : c'est la disposition textuelle de l'article ci-dessus. Mais pour les transmissions qui s'opèrent à *titre gratuit*, soit par actes entre-vifs, soit par décès, quelque légère que soit la différence entre l'estimation des experts et celle donnée par les parties, l'existence d'un excédant dans l'évaluation d'un prix suffit pour faire retomber sur l'héritier ou le donataire les frais de l'expertise (Cass., 11 mai 1824, 9 mai 1826, D.A.7.306 ; D.P.26.1.278. V. aussi l'art. 39 de la présente loi). V. sur ce point les observations importantes de Dalloz, vᵒ *Enreg.*, nᵒˢ 4768 et suiv. V. aussi les arrêts cités dans la *Table de quinze ans*, nᵒˢ 816 et 817.

191. Dans tous les cas où les frais de l'expertise retombent à la charge du contribuable, il doit acquitter sur la plus-value constatée par les experts un supplément de droit que

pourra être établie par actes qui puissent faire le véritable revenu des biens (1).

TITRE III.—Des délais pour l'enregistrement des actes et déclarations.

20. Les délais pour faire enregistrer les actes publics sont, savoir :

De quatre jours, pour ceux des huis-siers et autres ayant pouvoir de faire des exploits et procès-verbaux ;

De dix jours, pour les actes des notaires qui résident dans la commune où le bureau d'enregistrement est établi(2) ;

De quinze jours, pour ceux des notaires qui n'y résident pas (3) ;

De vingt jours, pour les actes judi-

---

l'art. 5 de la loi du 27 vent. an ix, reproduit à la note 1, n° 179, porte au double. Le tribunal qui condamne la partie au paiement des frais ne peut se dispenser de la condamner en même temps au paiement du double droit (Cass., 2 oct. 1810, D.a.6.307) ;

Ainsi, si le résultat de l'expertise des biens compris dans une donation excède l'évaluation faite par les parties, elles doivent être condamnées aux frais de l'expertise (Inst., 1624).

(1)—192. Pour les transmissions à titre gratuit dont traite l'article ci-dessus, comme pour les ventes, dont il est question à l'art. 17, l'expertise n'est autorisée que pour les immeubles. Elle ne peut également être requise que par l'administration et dans son intérêt (Cass., 1ᵉʳ avril 1829).

193. Mais la régie n'est pas obligée de recourir à cette voie lorsqu'il existe des baux courants ou autres actes qui font connaître la véritable valeur du revenu (Cass., 7 germ. an xii ; 18 fév. 1807 ; 7 fév. 1821, D.a.7. 297.300). V. aussi les arrêts cités par Dalloz, loc. cit., n°ˢ 4725 et suiv.

194. Non-seulement l'administration n'est pas tenue de requérir l'expertise lorsqu'il existe des baux courants, mais encore elle ne peut la demander lorsque les parties produisent un bail régulier et faisant preuve de son existence à l'égard des tiers (Championnière et Rigaud, t. 4, n° 3425. V. aussi Cass., 18 août 1829, D.p.29.1.537).—Mais il ne suffirait point que les parties excipassent d'un bail verbal (V. Cass., 2 juin 1847 et 19 nov. 1850, D.p.47.1.244 ; 50.1.316, et autres arrêts cités par Dalloz, n° 4731) ou d'un bail expiré ou résilié (eod., Jur. gén., n°ˢ 4734 et s.).

195. Mais si, par des événements ou des conventions postérieures, le bail avait subi des changements tels qu'il ne fût plus suceptible de faire connaître, sans discussion, le véritable revenu du bien, il ne ferait pas obstacle à l'expertise (Cass., 9 vend. an xiii, D.a.7.287). V. à cet égard Dalloz, n°ˢ 4740 et 4741.

196. Les baux courants ne sont pas les seuls actes qui forment obstacle à l'expertise ; le même effet est produit par tous les actes qui peuvent faire connaître le revenu. Ainsi, à défaut de bail, une expertise faite deux ans avant le décès peut être prise pour base d'évaluation sans qu'il soit nécessaire de re-courir à une expertise nouvelle (Cass. 1ᵉʳ déc. 1835, D.p.36.1.68). Toutefois, les solutions fournies par la jurisprudence sont fort incertaines en ce qui concerne l'application du principe (V. Dalloz, v° Enregistr., n°ˢ 4743 et suiv. ; adde Cass., 26 fév. 1851, D.p.51. 1.163). Mais on peut dire avec Championnière et Rigaud, t. 4, n° 3436, qu'en thèse générale, les actes au moyen desquels l'administration peut se dispenser de l'expertise sont ceux qui, comme les baux, les quittances de loyer, les délégations de fermages et autres de même nature, ont pour effet de constater le revenu, mais non les estimations faites soit par les héritiers, soit par les tiers, dans un but quelconque.

Disons toutefois, à l'occasion de ces derniers actes, que lorsque l'expertise a lieu, ils peuvent être consultés par les experts, comme tous les actes, quels que soient leur objet et leur contenu, dès qu'ils sont susceptibles d'offrir une base à leur estimation.

197. En autorisant l'expertise pour les mutations à titre gratuit, la loi n'a point tracé de règles aux experts pour arriver à connaître le revenu qu'ils doivent constater, elle s'en remet dès lors à leurs lumières et à leur appréciation. Toutefois, l'administration a cherché à dicter des règles d'évaluation à l'égard de certains biens, notamment à l'égard des bois (15 déc. 1827, n° 1229). Mais ces instructions, qui doivent servir de règle aux employés pour l'évaluation préalable qu'ils doivent faire, afin de reconnaître s'il y a lieu de demander l'expertise, ne doivent être prises en considération ni par les tribunaux qui n'ont point d'évaluation à faire ni par les experts dont la mission est de constater le revenu tel qu'il résulte généralement ou d'une manière particulière, des circonstances (Conf., Championnière et Rigaud, t. 4, n° 3443). V. Dalloz, loc. cit., n°ˢ 4835 et suiv.

(2, 3)—198. Les délais prescrits par ces deux paragraphes pour l'enregistrement des actes publics ne s'appliquent qu'aux actes parfaits. Ainsi le délai, pour l'enregistrement d'un acte notarié, ne court que du jour où l'acte est devenu parfait par la signature du notaire (Trib. de Melun, 13 août 1834).

Lorsqu'un acte notarié porte deux dates, le délai de dix jours dans lequel le notaire qui l'a dressé doit le faire enregistrer ne court qu'à partir de la dernière date, si les stipulations ciaires soumis à l'enregistrement sur les minutes, et pour ceux dont il ne reste pas de minute au greffe, ou qui se délivrent en brevet ;

De vingt jours aussi, pour les actes des administrations centrales et municipales assujettis à la formalité de l'enregistrement.

énoncées sous cette date ont été considérées comme essentielles à la convention donnant lieu à la perception du droit.—Ainsi, en cas de vente faite par un mari d'un immeuble à lui propre, ou d'un immeuble de communauté, avec condition du concours de la femme, comme venderesse, à raison de ses droits hypothécaires, si la femme n'a signé qu'à une date postérieure à celle de la signature du mari et des acquéreurs, c'est à partir de cette date que court le délai de l'enregistrement, le consentement de la femme à la vente en formant un élément nécessaire, et la vente n'étant devenue parfaite que lorsque ce consentement est intervenu (Cass., 17 janv. 1860, D.P.60.1.79) ;

Mais lorsqu'un acte notarié renferme des conventions distinctes et indépendantes les unes des autres, par exemple, si un tel acte porte cession à plusieurs personnes de portions séparées d'une même créance, le délai court, contre chacune des parties intéressées, et notamment contre chacun des cessionnaires qui ont signé l'acte à des dates distinctes, à partir du jour où sa signature a rendu cet acte parfait et irrévocable à son égard, et non pas seulement à partir du jour où l'acte s'est trouvé revêtu de la signature de toutes les parties (Req., 21 janv. 1861, D.P.61.1.211).

Le notaire qui a porté un acte à son répertoire doit le faire enregistrer dans le délai. Il est passible du double droit et de l'amende après dix ou quinze jours, et il peut être poursuivi pour le paiement; car on ne porte au répertoire que les actes qui en ont le caractère, et qu'on veut mettre sous la protection de la publicité et de la loi.

199. Pareillement la décision de la loi ne s'applique qu'aux actes susceptibles d'enregistrement à raison des conventions qu'ils contiennent. Ainsi le délai prescrit par le législateur n'est d'aucune considération dans le cas où ce qui fait l'objet de l'acte n'est assujetti à aucun impôt, ou ne l'est que dans certaines circonstances et sous certaines conditions (Trib. de Lectoure, 19 juill. 1833). V. encore Cass., 20 juill. 1852 (D.P.52.1.224); décision du min. des fin., 22 janv. 1855, et Inst de la rég., 8 mars 1855 (D.P.56.5.180).

200. Il en est ainsi des actes qui, bien que rédigés par les notaires, n'ont cependant le caractère d'actes publics; tels sont les

21. Les testaments déposés chez les notaires, ou par eux reçus, seront enregistrés dans les trois mois du décès des testateurs, à la diligence des héritiers, donataires, légataires ou exécuteurs testamentaires (1).

22. Les actes qui, à l'avenir, seront faits sous signature privée, et qui por-

polices d'assurance que les notaires peuvent rédiger dans la forme d'actes sous seing privé (Championnière et Rigaud, t. 4, n° 3908) et les certificats de propriété (1er août 1824, Déc. min. fin).

(1)—201. L'obligation de faire enregistrer les testaments n'est pas imposée aux notaires, mais aux héritiers, donataires, etc. De là, la conséquence que les notaires ne peuvent refuser d'apporter la minute au bureau du receveur, sur la demande des parties trois mois après le décès.

202. L'art. 3 de la loi du 9 oct. 1791, additionnelle à celle des 5-19 déc. 1790, autorisait les préposés de la régie à contraindre les notaires à leur présenter les testaments par eux reçus, et que les parties intéressées n'avaient pas fait enregistrer dans les trois mois. D'après Championnière et Rigaud, t. 4, n° 3910, cette disposition que la loi de l'an vii n'a pas abrogée spécialement, doit encore être suivie aujourd'hui.

203. Les donations entre époux faites pendant le mariage ont le même caractère que les testaments proprement dits, et rentrent dans la disposition de l'art. 21, bien qu'elles n'y soient pas dénommées (Cass., 22 janv. 1838, D.P.38.1.113).

204. Mais on ne peut comprendre le testament olographe qui serait trouvé parmi les papiers du défunt, ou qui aurait été déposé chez un tiers. Un tel testament serait comme tout acte sous seing privé, pour l'enregistrement duquel la loi n'a fixé aucun délai passible de la formalité lorsqu'il en serait fait usage. (V. ci-après l'art. 23.)

L'administration avait reconnu, en conséquence, que les notaires peuvent recevoir en dépôt, sans enregistrement préalable, les testaments et pièces et pièces qui s'y trouvent renfermées, lorsque leur remise leur en est faite par ordonnance du juge en exécution de l'art. 1007 (Décis. 29 sept. 1807 ; Instr., 24 nov. 1807, n° 359). V. aussi trib. de Boulogne-sur-Mer, 28 mars 1856 (D.P.56.3.36). Mais V. en sens contraire, Cass., 7 avril 1849 (D.P.49. 1.204).

205. Quant aux actes de dépôt des testaments, s'il en était dressé, ce n'est pas l'art. 21 qui leur serait applicable, mais bien l'art. 20. Ainsi, ils devraient être enregistrés dans les dix ou quinze jours.

205 bis. Relativement aux actes ayant plu.

26.

feront transmission de propriété ou d'usufruit de biens immeubles, et les baux à ferme ou à loyer, sous-baux, cessions et subrogations de baux, et les engagements, aussi sous signature privée, de biens de même nature, seront enregistrés dans les trois mois de leur date (1).

« Pour ceux des actes de cette espèce (Cᵗ.) qui ont plusieurs dates, en quelque hypothèse que l'on se trouve placé, le délai doit être compté à partir de celle des deux dates où le contrat, apprécié d'après les règles du droit civil, doit être considéré comme parfait. »

Ainsi qu'il a été jugé que, dans le cas d'une adjudication au profit d'un adjudicataire absent, mais avec acceptation par un tiers, les délais de l'enregistrement couraient du jour de l'adjudication, et non pas du jour de la ratification par l'adjudicataire (Trib. de Montargis, 26 mars 1844). Il en faudrait dire autant d'une acquisition à titre de remploi d'un propre d'une femme. Le délai court à partir du jour de l'acquisition, et non pas de celui de la ratification, si l'acte était complet sans cette ratification et ne tenait pas le droit en suspens (V. Dalloz, vᵒ Enregistr., nᵒ 4999 et suiv.) sur ce dans les colonies françaises.

Pareillement, l'acte de vente des biens d'un mari avec garantie solidaire de la femme, signé à deux jours différents par les deux époux, est parfait par la signature du mari, en sorte que le double droit est encouru s'il a été présenté à l'enregistrement à partir du jour le plus éloigné de la signature de la femme (Trib. d'Evreux, 3 févr. 1841). V. encore Trib. de Pithiviers, 24 août 1854, et de Vendôme, 26 janv. 1856 (D. p. 56. 3. 22).

Au surplus, lorsqu'un acte notarié portant deux dates a été enregistré dans les dix ou quinze jours de la seconde, la régie ne peut réclamer le droit en sus, en soutenant que la seconde n'a été biffée qu'après par le notaire que pour se soustraire à cette peine. Elle doit s'inscrire en faux (Cass. 23 mars 1836, D. p. 36. 1. 274; Trib. d'Auxerre, 17 déc. 1845). Dans l'espèce, la première date avait été biffée avec les formalités voulues par la loi du 25 vent. an XI, sans contravention. (V. infra, nᵒ 338).

(1) — 206. Il s'agit, dans cette disposition, des mutations en propriété ou en jouissance qui sont constatées par des actes sous seing privé. Ces droits de mutation diffèrent essentiellement, ainsi que nous l'avons dit supra, art. 3 et 4, nᵒ 5, des droits d'actes. Aussi sont-ils soumis à des règles différentes. C'est ainsi que, tandis que les conventions frappées d'un droit d'acte ne sont soumises à aucun délai pour l'enregistrement, comme nous le verrons à l'article suivant, celles, au contraire, qui établissent une mutation ict sont faites

qui seront passés en pays étranger, ou dans les îles ou colonies françaises où l'enregistrement n'aurait pas encore été établi, le délai sera de six mois, s'ils sont faits en Europe; d'une année, si c'est en Amérique; et de deux années, si c'est en Asie ou en Afrique (2).

207. Il n'y a point de délai de rigueur (Cᵗ.) pour les actes sous seing privé, qui doivent, aux termes de l'article ci-dessus, être enregistrés dans les trois mois, sous une sanction pénale que prononce l'art. 38 (V. infra, cet article).

207. D'après cela, tout acte sous seing privé portant mutation, doit être enregistré dans les trois mois de sa date, qu'il soit ou qu'il ne soit pas produit en justice. Il ne peut être affranchi de cette formalité sous prétexte que l'on n'a pas prouvé son exécution, et qu'il n'est justifié ni par des extraits de rôle ni par des quittances ou des certificats du percepteur des contributions, que l'acquéreur est entré en possession des biens (Cass. 4 nov. an X, 28 août 1809 (D. A. — 320). V. aussi les autres arrêts analysés dans Dalloz, loc. cit. nᵒ 4980, et suiv.

208. Il en serait ainsi quand même l'acquéreur prétendrait que l'acte est simulé et non sérieux, la perception du droit se déterminant d'après la substance des actes et leurs formes extrinsèques, abstraction faite des intentions secrètes des parties (Cass. 23 fév. 1824, D. A. 7. 339) un seulement des droits. Ainsi, un seulement des droits.

209. La seule existence d'un acte suffit pour donner ouverture aux droits d'enregistrement, encore que l'acte soit susceptible d'être annulé pour vice radical (Cass. 3 vent. an VIII, D. A. 7. 339).

209 bis. Lorsqu'il paraît établi qu'un bail authentique rédigé postérieurement à l'entrée en jouissance (et, par exemple, trois ans après), n'est qu'une rédaction nouvelle et en forme notariée d'un bail sous seings privés qui n'a pas été soumis à l'enregistrement dans le délai, l'administration est fondée à percevoir le double droit de bail. — Peu importe que les parties aient désigné ce bail antérieur comme bail verbal (Trib. de Châlon-sur-Saône, 4 juillet 1861, D. p. 61. 3. 8).

(2) — 210. Quant aux actes sous seing privé passés dans les colonies françaises ou en pays étranger, que régit la seconde disposition de l'art. 22, ils doivent également être présentés à la formalité dans un délai déterminé à raison des distances (V. le délai dans le texte). D'ailleurs, c'est seulement aux actes de transmission de propriété, d'usufruit, de jouissance de biens immeubles situés en France, que cette disposition est applicable; et comme la disposition précédente, celle-ci fixe des délais seulement pour cette nature

pour l'enregistrement de tous autres actes que ceux mentionnés dans l'article précédent, qui seront faits sous signature privée, ou passés en pays étranger, et dans les îles et colonies françaises où l'enregistrement n'aurait pas encore de convention, et non pour celles qui sont frappées d'un droit d'acte.

211. En outre, relativement aux colonies, c'est pour celles où l'enregistrement n'est pas encore établi que la loi dispose. Quant à celles où l'enregistrement est établi, les délais et les bureaux sont déterminés par des ordonnances qui concernent le lieu où l'acte a été rédigé (1).

212. Cet article, rapproché du précédent, confirme nettement la distinction qui existe entre les droits d'acte et les droits de mutation. Les conventions atteintes d'un droit de cette dernière nature doivent être enregistrées dans un délai déterminé : nous venons de le voir. Les autres conventions ne sont soumises, d'après le présent article, à aucun délai : c'est seulement l'usage qu'on en veut faire, soit par acte public, soit en justice ou devant toute autre autorité constituée, qui en rend nécessaire l'enregistrement préalable.

213. Encore même faut-il que celui qui fait usage de l'acte s'en serve dans son intérêt personnel pour qu'il puisse être tenu du paiement des droits. Ainsi, un mari qui, procédant en justice au nom de sa femme, ferait usage d'actes sous seing privé non enregistrés, ne serait pas tenu des droits et amendes auxquels l'enregistrement de ces actes pourrait donner lieu (Cass., 6 nov. 1827, D.P.28.1.12; Championnière et Rigaud, t. 4, n° 3841). — V. aussi Dalloz, nos 4990 et 4991.

213 bis. La production en justice qui soumet certains actes à l'enregistrement, résulte suffisamment des énonciations d'un rapport d'expert et de celles du jugement intervenu, qui impliquent la discussion devant les experts et devant le tribunal de conventions écrites : il n'est pas nécessaire que la production de l'écrit soit formellement constatée (Req.; 8 fév. 1860, D.P.60.1.136).

213 ter. La production d'un acte devant un arbitre rapporteur désigné par jugement, et notamment par un jugement du tribunal de commerce, a le caractère d'une production en justice, dans le sens de l'art. 23 de la loi du 22 frim. an VII, alors même que l'instance à propos de laquelle a eu lieu ce renvoi n'aurait pas été suivie de jugement; en conséquence, une telle production rend exigible le droit d'enregistrement dont cet article frappe certains actes, et, par exemple, un acte de vente mobilière, lorsqu'ils sont

été établi; mais il ne pourra en être fait aucun usage, soit par acte public, soit en justice, ou devant toute autre autorité constituée, qu'ils n'aient été préalablement enregistrés (1).

24. Les délais pour l'enregistrement
(1) ....
produits en justice (Req.; 29 nov. 1858; D.P. 59.1.172).

213 quater. Le jugement qui décide qu'un acte produit en justice constitue un acte écrit, tombant sous l'application de l'art. 23 de la loi du 22 frim. an VII, renferme une appréciation de faits qui échappe au contrôle de la Cour de cassation (Req.; 29 nov. 1858, précité).

214. L'obligation de faire enregistrer préalablement à tout usage public les actes sous seing privé existe pour les communes et les établissements publics, comme pour les particuliers. Toutefois, la demande de l'approbation de ces actes par le préfet ou toute autre autorité, n'étant que le complément de l'acte, l'enregistrement n'est point exigé avant cette formalité (Déc. min. fin., 17 oct. 1809 ; Inst. gén.; 23 nov. 1809; n° 454).

215. Quant aux actes passés en pays étranger et dans les colonies françaises où l'enregistrement n'était pas établi, il avait été d'abord statué que ceux même qui avaient été passés dans la forme authentique, et dont il était fait usage en France, soit par acte public, soit en justice ou devant toute autre autorité constituée, devaient être enregistrés préalablement et acquitter les mêmes droits que s'ils eussent été passés en France (Déc. min. fin., 22 vent. an XII; Inst. gén., n° 216, 5 germ. an XII; Inst. gén.; n° 240; 30 mess. an XII).

216. Mais cette décision a été modifiée d'abord pour ceux de ces actes qui transfèrent la propriété ou l'usufruit d'immeubles situés en pays étranger, ou dans les colonies où l'enregistrement n'est pas établi, attendu que le droit proportionnel est un impôt qui ne peut atteindre les propriétés situées hors du territoire où il est en usage (Avis du cons. d'Etat, 6 vend. an XIV; app. le 10 brum. an XIV).

217. L'exception a été ensuite étendue aux actes portant mutation d'immeubles situés dans les colonies ou en pays étrangers, passés devant notaires ou autres officiers publics en France (Déc. min. fin., 4 fév. 1806; Circ.; 11 mars 1806; Av. cons. d'Etat, 15 nov. 1806, app. le 12 déc. suiv.).

218. Enfin, la même règle a été appliquée aux actes passés en forme authentique, seulement dans les colonies ou les pays étrangers, contenant obligation ou mutation d'objets mobiliers, lorsque les prêts et placements auront été faits, et les livraisons promises ou

des déclarations que les héritiers, donataires ou légataires auront à passer des biens à eux échus ou transmis par décès, sont, savoir :

De six mois, à compter du jour du décès, lorsque celui dont on recueille la succession est décédé en France (1);

De huit mois, s'il est décédé dans toute autre partie de l'Europe ;

D'une année, s'il est mort en Amérique :

Et de deux années, si c'est en Afrique ou en Asie.

Le délai de six mois ne courra que du jour de la mise en possession, pour la succession d'un absent, celle d'un condamné, si ses biens sont séquestrés, celle qui aurait été séquestrée pour toute autre cause, celle d'un défenseur de la patrie, s'il est mort en activité de service hors de son département, ou enfin celle qui serait recueillie par indivis avec la nation (2).

Si, avant les derniers six mois des délais fixés pour les déclarations des successions de personnes décédées hors de France, les héritiers prennent possession des biens, il ne restera d'autre dé-

---

effectuées en objets de ce pays, et stipulés payables dans les mêmes pays et dans les monnaies qui y ont cours (Avis et circulaire précités).

219. Au surplus, les exceptions résultant de ces diverses décisions ont été successivement révoquées par la loi du 28 avril 1846, art. 58, et reproduites avec quelque modification par celle du 16 juin 1824, art. 4 (V. *inf.* ces articles).

(1) — 220. L'hypothèse prévue par cette disposition est celle où le défunt est Français, mort en France, et ne laisse que des biens situés dans le territoire du royaume. L'obligation de déclarer dans les délais reçoit sa sanction de l'art. 39, d'après lequel le défaut de déclaration dans le délai entraîne un demi-droit en sus, à titre d'amende. L'héritier ou le légataire ne peut échapper au paiement de ce dernier droit sous aucun prétexte (Trib. de la Seine, 2 déc. 1840, D.P.41.3.92; trib. de Blois, 5 déc. 1848, D.P.49.5.173, et autres aussi cités par Dalloz, nᵒˢ 3185 et 4185), à moins pourtant qu'il n'ait été dans l'impossibilité d'agir (Dalloz, nᵒ 4187).

220 *bis*. Le recouvrement des droits de mutation dus sur la succession d'un commerçant décédé en état de faillite, doit être poursuivi contre ses héritiers et non contre le syndic de la faillite (Trib de la Seine, 29 mars 1862, D.P.62.3.87).

220 *ter*. Le légataire universel n'est relevé ni par la survenance d'une contestation entre lui et l'héritier à réserve, ni par la circonstance qu'il aurait à réclamer contre le chiffre de la demande de la régie, de l'obligation de passer dans le délai de la loi la déclaration de succession ; il n'appartient pas aux tribunaux de lui accorder un sursis pour faire cette déclaration (Trib. de la Seine, 23 nov. 1861, D.P.62.3.40).

221. C'est du jour du décès que court le délai de six mois, et non du jour de l'addition d'hérédité. C'est donc à partir de la première époque que peut être faite la perception de la régie, à peine du demi-droit en sus, si les héritiers ne satisfont pas à leur obligation (Cass., 12 pluv. an VIII et 9 germ. an XII).

Mais s'il s'agit des droits de succession d'un militaire en activité de service décédé hors de son département, le délai pour les payer ne court qu'à compter du jour où ce décès a été inscrit sur les registres de l'état civil de la commune de son domicile légal (Inst., 1900, § 3 ; V. *infra*, nᵒ 420).

222. L'héritier bénéficiaire doit passer la déclaration et acquitter les droits dans le même délai que l'héritier pur et simple (Cass., 18 niv. an XII, D.A.7.333) ; trib. de la Seine, 2 mai 1849 (D.P.49.5.171), et autres décisions citées par Dalloz, vᵒ *Enregistr.*, nᵒˢ 4019 et suiv. — Par suite, la renonciation ultérieure de cet héritier ne le dispense pas de faire la déclaration et d'acquitter les droits de mutation (Trib. de la Seine, 18 janv. 1861, D.P.61.3.48). — Il en est de même de l'héritier mineur (Jugement précité du trib. de la Seine, du 2 mai 1849, et autres décisions rapportées par Dalloz, nᵒˢ 4022 et suiv.).

223. Il en est ainsi des curateurs aux successions vacantes (Cass., 3 niv. an XIII, D.P. 7.332).

224. Toutefois, ce curateur ne peut être tenu de la déclaration des biens héréditaires, s'il prouve n'avoir jamais été nanti de deniers provenant de cette succession. En tout cas il ne pourrait être condamné au paiement du demi-droit en sus, faute d'avoir fait cette déclaration dans les six mois (C. sup. de Bruxelles, 4 nov. 1815, D.A.7.333). V. nᵒˢ 4025 et suiv.

225. Les délais dont il vient d'être parlé s'appliquent également au cas où le défunt est étranger et laisse des biens situés en France où il est décédé. Il n'y a d'exception qu'à l'égard des meubles et effets mobiliers à l'usage d'un ambassadeur décédé, lesquels ne sont assujettis ni à la déclaration, ni au paiement des droits (Inst. gén., nᵒ 1303, § 9 ; 29 déc. 1829 ; Championnière et Rigaud, t. 4, nᵒ 3863).

(2) — 226. Cette disposition a été modifiée,

lai à courir, pour passer déclaration, que celui de six mois, à compter du jour de la prise de possession.

25. Dans les délais fixés par les articles précédents pour l'enregistrement des actes et des déclarations, le jour de la date de l'acte, ou celui de l'ouverture de la succession, ne sera point compté (1).

Si le dernier jour du délai se trouve être un décadi ou un jour de fête nationale, ou s'il tombe dans les jours complémentaires, ces jours-là ne seront point comptés non plus (2).

TITRE IV. — Des bureaux où les actes et mutations doivent être enregistrés.

26. Les notaires ne pourront faire enregistrer leurs actes qu'aux bureaux dans l'arrondissement desquels ils résident.

Les huissiers et tous autres ayant pouvoir de faire des exploits, procès-verbaux ou rapports, feront enregistrer leurs actes, soit au bureau de leur résidence, soit au bureau du lieu où ils les auront faits.

Les greffiers et les secrétaires des administrations centrales et municipales feront enregistrer les actes qu'ils sont tenus de soumettre à cette formalité, aux bureaux dans l'arrondissement desquels ils exercent leurs fonctions.

Les actes sous signature privée, et ceux passés en pays étranger, pourront être enregistrés dans tous les bureaux indistinctement (3).

---

en ce qui concerne les successions d'absents, par l'art. 40 de la loi du 20 avril 1816, d'après lequel la déclaration doit être faite dans les six mois du jour de l'envoi en possession provisoire.

227. Ce qui a été interprété par la jurisprudence en ce sens que le délai commence à courir du jour du jugement qui a prononcé l'envoi en possession, et non pas seulement du jour de la réception de la caution prescrite par l'art. 120, C. civ., et 860, C. proc. (Cass., 9 nov. 1819 et 2 avril 1823, D.A.7.110 et 111; — Contrà, Championnière et Rigaud, t. 4, n° 3865).

228. Mais lorsque, pour une cause quelconque, les héritiers ne veulent pas ou ne peuvent pas profiter du jugement d'envoi en possession, il leur est loisible d'éviter le paiement des droits, en déclarant au receveur qu'ils renoncent au bénéfice du jugement (Championnière et Rigaud, loc. cit.).

(1) — 229. Le jour de la date de l'acte ne compte point; en cela, la loi est conforme à la règle dies à quo non computatur in termino; mais le dernier jour du délai fixé est compris dans le délai, et en cela, il y a exception, pour l'enregistrement, à la maxime dies termini non computatur in termino. — Ainsi, une vente immobilière du 30 nov. 1833, enregistrée le 1er mars seulement, est passible d'un double droit, le délai de trois mois étant expiré le dernier jour de février (Trib. de Mirecourt, 1er août 1834).

230. Ce jugement sert encore à faire connaître cette autre règle, que les délais déterminés par mois se comptent non par le nombre fixé de trente jours pour chaque mois, mais par l'espace de temps du quantième d'un mois au quantième correspondant du mois suivant. (V. encore Cass., 12 mars 1816, D.A.1.479).

(2) — 231. Depuis la loi du 18 germ. an x, relative à l'organisation des cultes, le dimanche a été substitué au décadi (Déc. min. fin., 10 mess. an x; Inst. gén., 290, n° 19; 1er fruc. an XIII). Quant aux jours complémentaires, ils n'existent plus.

232. Les bureaux des préposés de l'enregistrement doivent être fermés le dimanche et les jours de fête reconnus, Ascension, Assomption, Toussaint, Noël (Déc. min. fin., 29 juill. 1808; 1er juill. 1816; 9 mars 1839; Inst. gén., n° 433 et 730, 6 juin 1809 et 12 juill. 1816, D.P.39.3.47).

233. Le 1er janvier est aussi un jour férié (Avis cons. d'État, 13 mars 1810, app. le 20, D.A.9.605, n° 1). Il en était ainsi de la fête du roi (Déc. min. fin., 23 oct. 1817; Délib., 8 août 1834, D.P.34.3.82). Néanmoins, aucune loi ne déclarait fête nationale ou jour férié la fête du roi des Français (Déc. min. fin., 30 juin 1837). — Il en serait de même de la fête de l'Empereur (V. Dalloz, v° Enreg., n°s 4993 et suiv.).

(3) — 234. Il a été dérogé à cet article par l'art. 6 de la loi du 22 pluv. an VII, quant aux ventes aux enchères d'objets mobiliers qui doivent toujours être enregistrées au bureau du lieu où elles sont effectuées, quelle que soit la résidence de l'officier public.

Dans la pratique, la disposition de l'art. 26 s'applique suivant les circonstances dont voici les plus usuelles.

Les notaires près les Cours d'appel font enregistrer leurs inventaires dans les bureaux des lieux où ils ont instrumenté, et ils en font mention spéciale sur leurs répertoires.

Les autres, rédigés par deux notaires d'un ressort de bureaux différents, sont enregistrés en double minute dans le bureau d'où dépend le lieu où l'acte a été passé (Inst., n° 400, §1

27. Les mutations de propriété ou d'usufruit par décès seront enregistrées au bureau de la situation des biens.

Les héritiers donataires ou légataires, leurs tuteurs ou curateurs seront tenus d'en passer déclaration détaillée et de la signer sur le registre (1).

S'il s'agit d'une mutation, au même bureau.

Toutefois, s'il y a dans l'acte une disposition contraire, elle doit être suivie (Inst., 23 mars 1844, n° 1422).

Dans le cas où un notaire remplace un confrère, la minute qui reste au notaire suppléé doit être enregistrée au bureau de ce dernier notaire. Mais je suis... (vine de ... n° 1141 les valeurs...).

Le notaire chargé par le tribunal de recevoir les conventions des clients d'un confrère décédé et bien remettre les minutes au successeur doit les faire enregistrer au bureau de ses propres actes (Sol., 12 déc. 1839). La décharge donnée à un notaire auquel elle reste pour être annexée à l'acte dont elle le décharge doit être enregistrée au bureau du notaire qui l'a signée et portée sur son répertoire (Inst., n° 909).

Sur la tenue des bureaux, V. les explications données par Dalloz, loc. cit., n° 5076 et suiv.

234 bis. Un notaire n'est pas tenu de soumettre à la formalité de l'enregistrement dans le délai prescrit par la loi un acte signé par les parties contractantes, mais non par lui, encore qu'il ait inscrit cet acte sur son répertoire (Trib. de Châteauroux, 10 août 1857; D. P. 58, 3, 8). Seul... dans un cas semblable...

(1) 235. Cette disposition et celle du paragraphe précédent du même article sont relatives aux immeubles. Il en résulte que si les biens sont situés dans plusieurs arrondissements, il en doit être passé à chaque bureau une déclaration particulière à raison des biens compris dans son ressort (Cass. ch. réun., 7 août 1807, D. v. 499; V. aussi Dalloz, v° Enregistr., n° 4140).

236. Les biens immeubles situés en pays étranger ne sont pas passibles du droit de mutation, quoiqu'ils fassent partie de la succession d'un Français mort en France, et qu'ils soient dévolus à un héritier français et regnicole (Championnière et Rigaud, t. 4, n° 3868. V. aussi sup., art. 23, n° 5).

237. Toute personne qui n'a pas qualité suffisante pour passer une déclaration ne doit pas être admise à la faire (Inst. gén., 443, 26 juill. 1809).

238. La loi, en désignant ceux auxquels il incombe de faire la déclaration, n'a pas mentionné l'exécuteur testamentaire; il s'en suit qu'il n'est pas tenu de déclarer la succession (Dict. de l'Enregistrement, v° Exécution

titre, de biens meubles, la déclaration en sera faite au bureau dans l'arrondissement duquel ils se seront trouvés au décès de l'auteur de la succession (1).

Les rentes et les autres biens meubles sans assiette déterminée lors du décès, seront déclarés au bureau du domicile du décédé, et signée sur le registre de l'enregistrement.

(1) ...

testamentaire, n° 5; Championnière et Rigaud, t. 4, n° 3854).

239. Si la déclaration est faite par un fondé de pouvoir, sa qualité doit être établie; la procuration de lui certifiée demeure annexée au registre, et mention en est faite dans la déclaration. Si la procuration est sous seing privé, elle doit être sur papier timbré; mais l'enregistrement n'en doit pas être exigé (Ord. gén. de la régie, art. 38; Inst. gén., 26 juill. 1809, n° 443; J. Dalloz, loc. cit., n° 4460 et suiv. Jur. sur la succession. Ceux qui...

240. Toute déclaration doit être détaillée, et l'administration ne peut être tenue d'en recevoir dans une autre forme, même sous la réserve de la contredire ultérieurement (Cass., 16 janv. 1811, D. A. 7, 409). Il est indispensable qu'elle énonce, 1° les noms, prénoms, demeure et profession des héritiers, donataires et légataires; 2° ceux du décédé; 3° la date du décès; 4° le degré de parenté des héritiers; 5° le détail, article par article, des biens par nature, consistance et situation; 6° s'ils sont affermés ou non; 7° leur produit ou le prix des baux courants; 8° le capital de ce produit; 9° enfin la quotité et le montant du droit perçu (Inst. gén., 26 juill. 1809 et 3 janv. 1830, n°s 443 et 1318; V. Dalloz, Table de quinze ans, v. Enregistr., n°s 321 et 322; Jur. gén., eod. v°, n°s 4164 et suiv. Elle ne peut être faite par un acte extra-judiciaire signifié au receveur; les arrêts cités dans Dalloz, Jur. gén., n°s 4159 et suiv.

240 bis. La déclaration doit comprendre seulement les objets qui, au moment du décès, se trouvaient encore dans le patrimoine du défunt. Ainsi la régie de l'enregistrement n'est pas fondée à relever dans la déclaration des biens d'une succession, l'omission d'un bien que le défunt aurait promis de vendre, si l'existence de cette promesse consentie au profit d'un copropriétaire, a été depuis le décès reconnue par un jugement d'après des documents produits, encore bien que ce jugement n'en aurait pas fixé la date et aurait été rendu seulement sur conclusions d'avoué (Trib. de la Seine, 15 mars 1862, D. 62, 3, 88).

241. La déclaration et son enregistrement ne peuvent être remplacés par la présentation d'un partage à la formalité (Cass., 23 prair. an IX, D. A. 7, 334); ni par le versement fait au Trésor des droits dus pour la mutation

Les héritiers, légataires ou donataires, rapporteront, à l'appui de leurs déclarations de biens meubles, un inventaire ou état estimatif, article par article, par eux certifié, s'il n'a pas été fait par un officier public; cet inventaire sera déposé et annexé à la déclaration, qui sera reçue et signée sur le registre du receveur de l'enregistrement (1).

(Déc. min. fin. 18 mess. an XIII.) Cependant, le versement d'un à-compte a été considéré comme une déclaration partielle (Délib. 23 sept. 1831).

242. Quant aux mutations mobilières qui régissent les dernières dispositions de l'art. 27, la déclaration doit être faite au bureau dans l'arrondissement duquel les meubles se seront trouvés au décès de l'auteur de la succession. Ceux qui sont situés en pays étranger sont exempts du droit, car à leur égard, comme à l'égard des immeubles, le droit proportionnel est un impôt réel qui n'atteint que les propriétés situées dans le territoire sur lequel il est établi (Championnière et Rigaud, t. 4, n° 3078).

243. Il en est ainsi à l'égard des marchandises aussi bien qu'à l'égard de tout autre objet mobilier (Inst. gén. 31 oct. 1835, n° 1498, § 6).

244. S'il s'agit de rentes ou d'autres biens meubles sans assiette déterminée, la déclaration doit être faite au bureau du domicile du décédé. La déclaration d'une rente foncière ne pourrait, par suite, être faite au bureau de la situation des biens sur lesquels la rente est assise (Solution, 15 niv. an VIII).

245. Il en est des créances comme des meubles corporels; celles qui sont payables à l'étranger sont exemptes du droit (Trib. de Reims, 17 janv. 1835; Inst. gén. 31 oct. 1835, D.P.36.3.36). — Mais les lettres de change transmises par décès, sont passibles du droit proportionnel de mutation, comme ayant leur assiette en France, lorsqu'elles sont tirées sur une place française, même d'un pays étranger et par un étranger; et il en est ainsi, bien qu'au moment où s'est opérée la mutation, ces lettres de change n'eussent point encore été acceptées par les tirés (Cass. 29 nov. 1858, D.P.58.1.471).

246. Lorsque la créance est souscrite par un Français en France et hypothéquée sur des immeubles situés en France, les héritiers étrangers doivent le droit de mutation par décès (Cass. 16 juin, 10 nov. 1823, et 29 août 1827, D.A.7.101.102; D.P.37.1.447). Cette doctrine est contredite par Championnière et Rigaud, t. 4, n° 3871.

Il en est de même à l'égard de toutes va-

28. Les droits des actes et ceux des mutations par décès seront payés avant l'enregistrement, aux taux et quotités réglés par la présente.

Nul ne pourra en atténuer ni différer le paiement sous le prétexte de contestation sur la quotité, ni pour quelque

Toutefois, s'il s'agit d'une contraire, elle doit suivre [inst. 23]

leurs françaises dépendant de la succession d'un étranger domicilié en France (Trib. de Saint-Étienne, 7 mars 1849, D.P.49.5.151, et autres décisions citées par Dalloz, n°s 4147 et suiv.). — Mais les valeurs étrangères dépendant d'une succession ouverte en France, ne sont pas sujettes au droit de mutation (V. Cass. 23 janv. et 2 juill. 1849, D.P.49.1.42, 240, et autres décisions analysées dans la Table de quinze ans, n° 284 et suiv.). V. aussi Trib. de la Seine, 3 janv. 1857 (D.P.57.3.28). — Enfin, V. en ce qui concerne les rentes sur l'État, une inst. de la régie, du 13 juin 1854 (D.P.55.3.8) et une décision du min. des fin. du 26 mai 1853 (D.P.55.3.46).

Sur la tenue des bureaux

247. Les héritiers, légataires ou donataires doivent rapporter, à l'appui de leur déclaration de biens meubles, un inventaire ou état estimatif par eux certifié, s'il n'a pas été fait par un officier public. Cependant, s'ils ne savent pas écrire, et lorsqu'il n'existe pas d'ailleurs d'inventaire devant notaire, ils peuvent se dispenser de rapporter l'inventaire ou état estimatif. Seulement, la déclaration doit contenir alors le détail des objets mobiliers avec l'estimation pour chaque article. Le receveur atteste, par sa signature, la déclaration de la partie, portant qu'elle ne sait pas écrire (Inst. gén. 22 mai 1832, n° 1400, D.P.32.3.109).

248. S'il existe un inventaire authentique, les héritiers peuvent se borner à en faire mention dans leur déclaration en indiquant sa date et l'officier public qui l'a reçu (Déc. min. fin. 22 prair. an VII).

249. Si postérieurement à l'inventaire, mais avant la déclaration, le mobilier a été vendu aux enchères, les héritiers ne sont tenus du paiement des droits que sur l'estimation de l'inventaire, sans égard au prix de la vente (Délib. 15 janv. 1835; Cass. 23 fév. 1858, D.P.58.1.107; 10 mai 1858; D.P.58.1.203; Trib. de la Seine, 12 mai 1835, D.P.36.3.9). — La régie ne serait autorisée à réclamer la perception du droit sur la différence qu'autant qu'elle trouverait que le prix de l'inventaire est effectivement inférieure à la valeur réelle (Trib. de la Seine, 27 août 1858, D.P.58.3.62).

autre motif que ce soit, sauf à se pourvoir en restitution, s'il y a lieu (1).

29. Les droits des actes à enregistrer seront acquittés, savoir :

Par les notaires, *pour les actes passés devant eux* (2) ;

Par les huissiers et autres ayant pouvoir de faire des exploits et procès-verbaux, *pour ceux de leur ministère* ;

Par les greffiers, *pour les actes et jugements (sauf le cas prévu par l'art. 37 ci-après) qui doivent être enregistrés sur les*

---

(1)—250. Cet article consacre, en principe, le droit accordé à la régie de fixer préalablement le droit à percevoir sur les actes. « Cette mesure, disent Championnière et Rigaud, t. 4, n° 3806, dont il peut résulter de graves abus, a été prise dans l'intérêt du Trésor ; mais la règle qu'elle constitue aurait pu, sans nuire à cet intérêt bien entendu, recevoir quelques modifications, dans des cas particuliers. L'administration en reconnaît elle-même la nécessité, et le ministre accorde ordinairement, dans les successions considérables, l'autorisation d'enregistrer en débet, et un délai pour le paiement du droit. »

251. D'ailleurs, les communes ne sont pas plus dispensées que les particuliers du paiement des droits d'enregistrement immédiat des actes qui les concernent (Inst. gén., 1er juill. 1813, n° 642).

252. L'appel d'un jugement n'est pas suspensif de l'exigibilité du droit (Cass., 21 nov. 1827, D.P.28.1.27), et même à l'égard d'un jugement qui prononce l'adjudication d'un immeuble, par suite de saisie immobilière, l'enregistrement n'en peut être différé jusqu'à ce que la Cour d'appel ait statué (Av. cons. d'Ét., 18 oct. 1808, app. le 22, et Inst. gén., 28 avril 1809, n° 429, § 1).

(2)—253. C'est aux notaires qu'incombe l'obligation de faire enregistrer les actes qu'ils reçoivent et d'en acquitter le droit, d'après la disposition ci-dessus. De là résulte qu'ils sont débiteurs directs et personnels des droits dont leurs actes sont susceptibles (Cass., 1er mars 1825, D.P.25.1.178), et ils ne sauraient se soustraire au paiement en prétendant qu'ils n'en ont pas reçu le montant; car c'est à eux à l'exiger d'avance, en refusant leur ministère à ceux qui ne leur consignent pas (Trib. du Havre, 17 fév. 1848, D.P.48.5.155; Cass., 25 juill. 1827, Schmith).

Même avant la rédaction de l'acte, sans tenir compte de la promesse verbale que les parties en feraient, car elles savent bien qu'une fois l'acte signé par le notaire, il doit faire les avances à ses risques et périls.

La disposition de l'art. 29 ne reçoit d'exception qu'à l'égard des testaments (V. sup., 204. V. aussi infrà, nos 263 et suiv.). — Cependant, pour les testaments olographes, la régie, par une instruction de 1844, § 12, ordonne à ses employés d'exiger les droits qui les frappent, des notaires qui en sont

dépositaires, et qui, suivant elle, doivent les avances, quel qu'en soit le chiffre.

254. Mais il faut remarquer que les notaires ne sont tenus d'avancer que les droits dont l'acte qu'ils soumettent à la formalité est susceptible selon sa nature. Par suite, ils ne sont pas tenus des droits de mutation dont la preuve peut se tirer des actes par eux rédigés, mais dont ces actes ne forment pas le titre (Championnière et Rigaud, t. 4, n° 2895; Délib., 6 oct. 1815 et 11 fév. 1834, D.P.34.3.59; Cass., 12 fév. 1834, D.P.34.1.111).

255. Le notaire qui a apposé sa signature sur un acte passé par lui ne peut se dispenser de le faire enregistrer, sous prétexte que les parties ne lui ont pas fait l'avance des droits, car c'est à lui d'exiger cette avance.

256. La loi ne parle expressément que des actes à *enregistrer*. Il résulte de là que, lorsque l'acte est enregistré, on ne saurait plus s'adresser au notaire pour exiger de lui un supplément dont les parties seules désormais sont débitrices envers l'administration (Déc. min. fin., 7 juin 1808; Inst. gén., 29 juin 1808, n° 386, § 28).

Ainsi, un notaire rédacteur d'un acte de vente frappé d'une condition suspensive ne peut être responsable que du droit fixe d'enregistrement, et c'est aux parties que le fisc doit s'adresser pour le droit proportionnel à la condition suspensive inaccomplie, car il n'est alors qu'un supplément de perception, et le notaire n'est responsable que du droit dû au moment de la présentation de l'acte à la formalité (V. Dalloz, v° *Enregistr.*, loc. cit., n° 5103).

Quant aux actes non revêtus de la signature du notaire, à l'égard de la régie, ce ne sont plus des actes passés devant lui; elle ne peut l'astreindre au paiement du droit qu'autant qu'ils portent sa signature (Cass., 2 nov. 1807, Passemard. V. suprà, 198).

257. L'action qui appartient à la régie contre les officiers publics, rédacteurs des actes, ne préjudicie pas à celle qu'elle a de droit contre les parties; ce n'est, en quelque sorte, qu'un débiteur de plus que la loi lui a donné. Il n'en résulte pas novation dans la dette, et celui-là à qui l'acte profite seul ne saurait être dispensé des droits.

Ainsi, ce n'est qu'après avoir discuté le débiteur principal que la régie peut revenir contre l'officier public qui a mentionné dans ses actes un acte sous seing privé non enregistré, car l'art. 42 ci-après n'a pas dit que *minutes, aux termes de l'art. 7, de la présente, et ceux passés et reçus aux greffes; et pour les extraits, copies et expéditions qu'ils délivrent des jugements qui ne sont pas soumis à l'enregistrement sur les minutes;*

Par les secrétaires des administrations centrales et municipales, *pour les actes de ces administrations qui sont soumis à la formalité de l'enregistrement, sauf aussi le cas prévu par l'art. 37;*

Par les parties, *pour les actes sous signature privée, et ceux passés en pays étran-*

ger, qu'elles auront à faire enregistrer; pour les ordonnances sur requêtes ou mémoires, et les certificats qui leur sont immédiatement délivrés par les juges; et pour les actes et décisions qu'elles obtiennent des arbitres, si ceux-ci ne les ont pas fait enregistrer;

Et par les héritiers, légataires et donataires, leurs tuteurs et curateurs, et les exécuteurs testamentaires, *pour les testaments et autres actes de libéralité à cause de mort* (1).

30. Les officiers publics qui, aux

---

le droit en serait acquitté par lui, elle l'a seulement déclaré responsable. Or la caution ne peut jamais être privée du bénéfice de discussion, à moins d'une stipulation expresse (Cass., 3 juill. 1811; Inst. conf., 21 déc. 1842). — *V.* aussi trib. de Chaumont, 1er août 1844 (D.P.45.3.99).

258. Si l'amende et le double droit sont dus pour défaut d'enregistrement dans les délais, c'est à l'officier public que la régie doit s'adresser, car il est personnellement responsable; mais, si l'amende et le double droit n'étaient encourus que par la négligence de la partie, malgré les avertissements du notaire de lui remettre la somme suffisante, c'est sur elle que retomberait l'amende, parce que le mandataire ne peut être obligé à aucune avance (Trib. de Poitiers, 23 déc. 1840; *V.* Dalloz, n° 5109).

259. Les héritiers du notaire décédé doivent le paiement des droits que leur auteur aurait dû acquitter; c'est à leur défaut seulement qu'on doit s'adresser aux parties (V. Dalloz, *eod.*, n° 5100). Toutefois, quant aux doubles droits et aux amendes, ils ne sont à la charge des héritiers du notaire qu'autant que ce dernier a été condamné de son vivant, ou qu'il a souscrit une obligation (Déc. min. just. et fin., 11 brum. 26 frim. an xiv et 1er sept. 1807; Championnière et Rigaud, t. 4, n° 3898).

260. Le paiement des droits d'enregistrement peut, d'après la jurisprudence de la Cour de cassation, être poursuivi sur le cautionnement des officiers publics avant qu'ils aient cessé d'exercer les fonctions à raison desquelles ils l'ont fourni, ce cautionnement étant affecté au paiement des droits et amendes dont ces officiers publics sont débiteurs (Cass., 25 mars 1821, 25 juill. 1827, D.A.2.424, D.P.27.1.320). Toutefois, Championnière et Rigaud enseignent, t. 4, n° 3906, que la régie n'a point de privilège spécial sur le cautionnement, attendu que ni le Code civil ni aucune loi particulière ne le lui confèrent.

261. A partir du 1er janv. 1830, les rece-

veurs tenaient un carnet ou registre pour y inscrire, date par date, d'une part, les sommes consignées par des notaires pour les droits des actes qui ne pouvaient être enregistrés immédiatement, ainsi que celles payées après la formalité pour le complément des droits; et d'autre part, le montant des droits de ces actes, et les sommes remboursées aux notaires pour excédant de consignation (Circ. compt. gén. des fin., 14 déc. 1829, D.P.32.3.68).

262. Ce carnet a été remplacé, à partir du 1er janv. 1837, par un livre-journal servant de compte ouvert avec tous les officiers publics et ministériels, et contenant dix colonnes, savoir: 1° numéros d'ordre; 2° date des versements; 3° noms, qualités et demeures des officiers publics et ministériels; 4° nombre et date des actes déposés au bureau; 5° sommes versées à valoir sur les droits; 6° montant des droits d'enregistrement; 7° date du règlement avec l'officier public; 8° sommes payées pour complément de droits; 9° sommes payées pour excédant de consignation; 10° observations (Déc. min. fin. 24 sept. 1836; Inst. gén., 14 oct. 1836, n° 1523, D.P.37.3.90).

(1) — 263. C'est aux héritiers donataires et légataires qu'incombe la charge du droit d'enregistrement des testaments par lesquels ils sont appelés; par cela même, les notaires qui ont reçu ces testaments ou chez lesquels ils ont été déposés sont déchargés de ce droit.

264. D'ailleurs, l'héritier naturel qui se mettrait en possession des biens de la succession en vertu du droit qu'il tient de la loi pourrait être poursuivi à raison du droit d'enregistrement du testament fait par son auteur, testament dont l'exécution n'aurait pas été demandée (Cass., 24 oct. 1810, D.A. 7.42).

265. Il en serait autrement si l'héritier avait renoncé à la succession dans le délai de trois mois donné pour l'enregistrement (même arrêt; Championnière et Rigaud, t. 4, n° 3905).

termes des dispositions précédentes, auraient fait, pour les parties, l'avance des droits d'enregistrement, pourront prendre exécutoire, du juge de paix de leur canton, pour leur remboursement (1).

L'opposition qui serait formée contre cet exécutoire, ainsi que toutes les contestations qui s'élèveraient à cet égard, seront jugées conformément aux dispositions portées par l'art. 65 de la présente, relatif aux instances poursuivies au nom de la nation.

31. Les droits des actes civils et judi-

ciaires emportant obligation, libération ou translation de propriété ou d'usufruit de meubles ou immeubles, seront supportés par les débiteurs et nouveaux possesseurs; et ceux de tous les autres actes le seront par les parties auxquelles les actes profiteront, lorsque, dans ces divers cas, il n'aura pas été stipulé de dispositions contraires dans les actes (2).

32. Les droits des déclarations des mutations par décès seront payés par les héritiers, donataires ou légataires.

Les cohéritiers seront solidaires.

265 bis. Le légataire qui a renoncé à son legs ne peut être considéré comme l'ayant ultérieurement accepté que par l'effet d'actes authentiques ou privés émanés de lui; et spécialement la preuve de l'acceptation ne résulte pas du fait, par le légataire, de s'être laissé qualifier de légataire dans des instances où il avait le droit de figurer comme exécuteur testamentaire et où il n'a pris, dans ses propres actes, que cette dernière qualité; — En conséquence, cette renonciation conserve toute sa force, et l'administration de l'enregistrement n'est pas admise à réclamer le droit de mutation sur le legs qui en a été l'objet (Cass. 13 mars 1860, D.P.60.1.118; Rej. 13 mars 1860, D.P.60.1.120).

265 ter. La stipulation, dans un acte d'acquisition d'immeuble fait, en commun, par plusieurs, qu'au décès de chacun des acquéreurs, sa part accroîtra au survivant, jusqu'au dernier qui demeurera propriétaire de la totalité de l'immeuble, constitue, entre toutes les parties, non une transmission à titre gratuit par décès, mais un contrat essentiellement commutatif, aléatoire et à titre onéreux. — Par suite, elle donne lieu à chaque décès, non au droit de mutation par décès, mais bien à un droit de mutation à titre onéreux (Cass., 14 juin 1858, D.P.58.1. 252).

(1) 266. Les notaires peuvent, pour le paiement de leurs avances et honoraires, à raison d'actes qu'ils ont reçus, actionner, sur la seule représentation de ces actes, les parties qui ne justifient pas s'en être libérées, si d'ailleurs il n'y a pas prescription (Cass., 14 oct. 1811, D.A.10.434, nº 2), et ils ont, surtout pour l'avance des droits d'enregistrement des actes passés devant eux, contre chacune des parties, une action solidaire dont ils ne peuvent être privés, sous prétexte qu'ils auraient entendu limiter leur recours à l'une des parties, si cette renonciation à la solidarité ne résulte que de simples présomptions (Cass., 9 avr. 1850, D.P.1850.1.124).

267. Aux termes des art. 1999 et 2002, C. Nap., et de l'art. 30 de la loi du 22 frim. les

notaires ont une action directe et solidaire contre le vendeur et l'acquéreur, pour se rembourser des droits d'enregistrement qu'ils ont avancés à la charge de chacun d'eux (Cass. 26 juin 1820; 20 mai 1829, D.A.10. 436, nº 2). Mais V. Amiens, 28 déc. 1849 (D.P.52.2.2).

268. Les intérêts des avances faites par un notaire pour droits d'enregistrement ne lui sont dus qu'à compter de la demande judiciaire (Cass., 30 mars 1830; 11 nov. 1833; 7 juin 1837; 24 juin 1840, D.P.30.1.188, 34.1.36; 37.2.144, 40.1.259; trib. de Lombez, 18 mars 1842, D.P.46.3.128; nº 5112). On décide même que ces avances ne sont pas productives d'intérêts. V. Cass., 18 mars 1850 (D.P.50.1.101).

269. Un juge de paix peut délivrer un exécutoire pour le recouvrement des droits d'enregistrement et de timbre avancés par un notaire antérieurement à la loi du 22 frim. an VII, attendu qu'il est de principe, consacré par l'art. 1041, C. pr., que toute demande doit être introduite et instruite, conformément à la loi en vigueur au moment où elle est formée, et non pas suivant la loi qui existait au moment où le droit a pris naissance (Cass., 4 avril 1826, D.P.26.1.224; trib. de Lombez, 18 mars 1842, D.P.46. 3.28).

Pour obtenir un exécutoire, le notaire doit présenter sur une feuille timbrée une requête signée par lui, au juge de paix de son canton, qui énonce sa demande, la somme qu'il réclame et les pièces à l'appui; le juge de paix, après examen, met au bas de la requête l'exécutoire, le signe et le remet à son greffier, qui le fait enregistrer et en délivre au notaire une expédition en forme exécutoire.

Il est inutile d'ajouter que l'exécutoire peut comprendre, non-seulement les frais d'enregistrement et de papier minute, mais encore les autres frais avancés, par exemple, en cas de transcription ou d'inscription aux bureaux des hypothèques.

(2) 270. Cet article complète les art. 28

La nation aura action sur les revenus et 29 qui ont fait connaître les personnes qui doivent *acquitter* le droit, en indiquant celles des parties qui doivent le *supporter*. Il établit nettement la distinction entre l'action qui appartient au fisc et les obligations des parties entre elles. Ainsi, quant au fisc, les droits doivent être acquittés par celle des parties qui présente l'acte à la formalité (Arg. de l'art. 29), parce que le paiement devant toujours précéder l'enregistrement, il y a nécessité, pour la partie qui veut faire enregistrer un acte, d'en acquitter les droits, quand même ils ne seraient pas à sa charge, sauf son recours contre le véritable débiteur de ces droits. C'est ce débiteur que l'art. 31 a pour objet de faire connaître. V. comme application, Trib. d'Aix, 15 sept. 1846 (D.P. 47.4.229).

270 *bis*. Le droit d'enregistrement d'un acte qui renferme, par exemple, une vente mobilière, n'a été et dû être soumis à la formalité qu'à raison des difficultés élevées par l'une des parties sur son exécution, peuvent être mis à la charge de cette partie, à titre de dommages-intérêts; ici ne s'applique pas la règle suivant laquelle les droits des actes civils ou judiciaires doivent être acquittés et supportés par les débiteurs ou les nouveaux possesseurs ou par les parties auxquelles ces actes profitent (Req., 16 août 1860, D.P.60.1.493).

270 *ter*. Le droit d'enregistrement à percevoir sur un jugement, doit être avancé par la partie qui profite de la condamnation, et la même partie doit dès lors supporter, sans répétition contre la partie condamnée, le double droit encouru au cas d'enregistrement tardif, quoiqu'il s'agisse d'un jugement dont cette partie n'avait pas à poursuivre l'exécution, et, par exemple, d'une décision ordonnant sur opposition le maintien d'un précédent jugement par défaut déjà exécuté par provision.

...Ou alors même que la partie condamnée aurait pu, par suite de son admission à l'assistance judiciaire, remplir en temps utile, sans rien débourser, la formalité de l'enregistrement (Cass., 9 avr. 1861, D.P. 61.1.147).

271. De la distinction entre ceux qui doivent *acquitter* le droit et ceux qui doivent le *supporter*, on avait d'abord conclu que la régie ne pouvait jamais s'adresser qu'à la partie qui présentait l'acte; on renfermait ainsi son action dans les bornes de l'art. 29, et on voulait qu'elle ne pût se prévaloir de l'art. 31, par le motif que ce dernier article avait uniquement réglé les intérêts respectifs des parties (Cass., 15 niv. an XI, D.A.7.168). Mais la difficulté s'étant représentée dans une espèce où il s'agissait d'un acte de vente présenté par le vendeur, et dont la régie réclamait le droit à l'acquéreur, elle fut résolue en sens contraire, attendu que l'art. 12 autorisait les poursuites contre le nouveau possesseur, et qu'il n'y avait aucune injustice à s'adresser de prime abord à celui sur qui les droits devaient retomber en définitive (Cass., 26 oct. 1813, D.A.7.369; Championnière et Rigaud, t. 2, n° 3831). V. aussi d'autres arrêts cités par Dalloz, v° *Enregist.* n°s 3117 et suiv.; 3135 et suiv. — *Adde* Cass., 5 janv. 1853 (D.P.53.1.37); 26 juill. 1853 (D.P.53.1.256); 19 nov. et 11 déc. 1855 (D.P.56.1.28.305); 7 juill. 1856 (D.P.56.1.284).

271 *bis*. L'action en paiement des droits d'enregistrement auxquels un acte est soumis, peut être exercée contre toute partie qui a figuré dans cet acte, sauf le recours de cette partie contre celui qui doit définitivement supporter les droits (Cass., 10 mars 1858, D.P.58.1.106; 1er fév. 1859, D.P.59.1.94), alors même qu'il s'agirait d'actes dont l'enregistrement est purement facultatif (Cass., 10 mars 1858, précité). Ainsi en cas de présentation à l'enregistrement par les syndics d'une faillite, d'un acte de vente de marchandises, dont ces syndics entendent faire usage en justice, l'administration peut poursuivre le paiement du droit de mutation contre toutes les parties, bien que l'enregistrement d'un acte de cette nature ne soit point obligatoire (même arrêt).

271 *ter*. Si toutes les parties qui ont figuré dans un acte, sont indistinctement tenues envers le Trésor au paiement des droits d'enregistrement auquel cet acte donne ouverture, ce n'est là néanmoins qu'une obligation *in solidum*, et non une obligation solidaire. — Par suite, le recours de la régie contre l'une des parties pour faire compléter la perception insuffisamment opérée lors de la présentation de l'acte, n'a pas pour effet d'interrompre la prescription à l'égard des autres parties. — A défaut de la solidarité, la régie invoquerait vainement en ce cas le principe de l'indivisibilité de la créance du Trésor; cette indivisibilité, établie dans le seul but d'empêcher que la perception ne soit scindée sciemment lors de la présentation de l'acte, ne saurait être, d'ailleurs, qu'une indivisibilité *solutione*, dépourvue d'effet en ce qui concerne l'accomplissement de la prescription (Trib. de Lyon, 8 mars 1861, D.P.62.3.30).

271 *quater*. Toute partie assignée à un titre quelconque dans une instance, peut être poursuivie par la régie en paiement des droits exigibles sur le jugement intervenu, et cela sans distinction entre les droits relatifs aux chefs de décision qui la concernent et ceux relatifs aux chefs qui lui sont étran-

qu'ils se trouvent, pour le paiement des droits dont il faudrait poursuivre le recouvrement (1).

TITRE VI. — Des peines pour défaut d'enregistrement des actes et déclarations dans les délais, et de celles portées relativement aux omissions, aux fausses estimations et aux contre-lettres.

33. Les notaires qui n'auront pas fait enregistrer leurs actes dans les délais prescrits paieront personnellement, à titre d'amende et pour chaque contravention, une somme de cinquante francs, s'il s'agit d'un acte sujet au droit fixe, ou une somme égale au montant du droit, s'il s'agit d'un acte sujet au droit proportionnel, sans que, dans ce dernier cas, la peine puisse être au-dessous de cinquante francs.

gers. — Spécialement, l'individu qui a réussi à faire repousser la demande en revendication d'un brevet à lui cédé, ne peut refuser de payer les droits du jugement, même sur le chef qui condamne le cédant à des dommages-intérêts envers des commerçants avec lesquels il s'était associé pour l'exploitation du même brevet (Trib. de la Seine, 8 juin 1861, D.P.61.3.72).

272. Lorsque, dans une instance suivie contre l'acquéreur présumé d'un immeuble, pour le recouvrement des droits de mutation, l'acte même de vente est produit par le vendeur, la régie peut s'en prévaloir pour justifier ses poursuites contre l'acquéreur et déterminer la quotité du droit (Cass., 30 juin 1806, D.A.7.368).

273. La loi permet aux parties de déroger à la règle qu'elle trace en ce qui concerne les personnes qui doivent *supporter* les droits. Ainsi il pourrait être stipulé, par dérogation au texte de l'art. 31, que les droits d'enregistrement seront à la charge du vendeur ou du créancier. *V.* Caen, 9 juill. 1849 (D.P.52. 2.4) et les nombreuses décisions analysées par Dalloz, *loc. cit.*, nᵒˢ 5121 et suiv. Toutefois, si, dans cette hypothèse, l'acquéreur ou le débiteur étaient poursuivis en paiement du droit, ils ne pourraient se retrancher derrière la clause dérogatoire, parce que les clauses particulières sont étrangères à la régie, et que ce serait d'ailleurs un moyen facile de fraude. V. Dalloz, nᵒ 5140.

(1) — 274. Ce sont les héritiers, donataires ou légataires, qui doivent payer les droits des déclarations par décès; et le droit est dû par les légataires qui n'ont pas la saisine des biens, lors même qu'ils n'auraient fait valoir aucune demande en délivrance. Cette obligation pèse, ainsi que nous l'avons déjà dit, sur l'héritier bénéficiaire, sur le curateur à une succession vacante. V. *suprà*, nᵒˢ 222 et suiv.; *V.* aussi les nombreuses décisions citées par Dalloz, nᵒ 5153 et *Table de quinze ans*, nᵒˢ 895 et suiv.

275. Quand les héritiers sont mineurs, c'est leur tuteur qui demeure chargé de la déclaration, et il supporte personnellement la peine du demi-droit, s'il ne l'a pas faite dans le délai (V. *Table de quinze ans*, nᵒ 910).

Mais ce n'est qu'en sa qualité de tuteur, et non sur ses biens propres, qu'il peut être poursuivi pour le droit principal, à moins que, par son fait, il n'ait mis la régie dans l'impuissance de le recouvrer sur le mineur (Cass., 25 oct. 1808, D.A.7.333. V. Dalloz, nᵒˢ 4023 et 4024).

276. Les cohéritiers sont solidaires pour l'acquittement du droit; et la solidarité s'applique aux héritiers bénéficiaires (Cass., 12 juill. 1836, D.P.36.1.386); c'est la conséquence du principe que cette classe d'héritiers est soumise aux mêmes obligations que l'héritier pur et simple (Championnière et Rigaud, t. 4, nᵒ 3879).

277. Mais la solidarité ne pouvant jamais se suppléer, elle ne doit pas être étendue aux *légataires* ni aux *donataires*, dès que la loi n'a parlé que des *héritiers*. C'est d'ailleurs ce qui s'induit de l'avis du conseil d'Etat, du 21 sept. 1810 (D.A.7.357, nᵒ 2). *Conf.*, Caen, 18 mars 1846, D.P.49.2.116); trib. de la Seine, 6 déc. 1848 (D.P.49.5.160); 23 nov. 1861 (D.P.62.3.40). Elle ne s'applique même pas aux légataires universels ou à titre universel, soit entre eux, soit dans leurs rapports avec les héritiers légitimes (même jugement du 23 nov. 1861). Elle n'existe qu'entre les héritiers légitimes, d'où il suit encore qu'elle n'a pas lieu entre ceux-ci et les enfants naturels (Championnière et Rigaud, t. 4, nᵒ 3881; Gabr. Demante, *Expos. raisonn.*, t. 2, nᵒ 661).

277 *bis*. La solidarité n'existe pas, entre les cohéritiers eux-mêmes, pour l'acquit du droit de soulte (Trib. de Vassy, 11 mars 1847, D.P.47.3.176).

278. Outre l'action personnelle et solidaire que la loi accorde à la régie contre l'héritier, pour le recouvrement des droits de mutation par décès, le même art. 32 lui donne une action *réelle*, mais limitée, sur les revenus des biens à déclarer, en quelques mains qu'ils se trouvent.

Toutefois la faillite d'un commerçant déclarée avant son décès fait obstacle à ce que le Trésor public puisse exercer sur les revenus des biens, comme sur les biens eux-mêmes, qui appartenaient à ce commerçant avant sa faillite, le recouvrement des droits

Ils seront tenus, en outre, du paiement des droits, sauf leur recours contre les parties, pour ces droits seulement (1).

34. La peine contre un huissier ou autre ayant pouvoir de faire des exploits ou procès-verbaux est, pour un exploit

---

de mutation : la mainmise résultant de la déclaration de faillite constitue pour la masse un droit acquis antérieurement à la naissance du droit du Trésor, et dès lors préférable à celui-ci (Orléans, 9 juin 1860, D.P. 60.2.201).

279. Il s'était élevé de grandes difficultés pour savoir si cette action formait un droit de suite dont le tiers détenteur ne pût se garantir qu'en purgeant l'immeuble qui s'en trouvait grevé. La Cour de cassation l'avait ainsi pensé, et elle avait décidé que les revenus des biens, pour le paiement des droits de mutation par décès, pouvaient être saisis entre les mains du fermier, sans que celui-ci fût admis à opposer la compensation qui avait été faite, par le contrat de bail même, de son prix de ferme avec une créance qu'il avait contre la succession (Cass., 3 janv. 1809, D.A.7.376). Mais un avis du conseil d'Etat, du 21 sept. 1810 (D.A.7.357, n° 2), a autrement interprété l'art. 32. Cet avis décide que le droit de suite n'a lieu que contre les personnes dénommées dans cet article, c'est-à-dire contre les héritiers, donataires et légataires, soit pour les droits principaux, soit pour les droits en sus; qu'ainsi un tiers acquéreur est à l'abri de toutes poursuites de la part de la régie, sauf le droit appartenant à celle-ci, comme à tout autre créancier, de former des saisies-arrêts, ou de produire à l'ordre sur le prix des biens aliénés. Ainsi aujourd'hui, un fermier ne pourrait pas voir saisir ses récoltes pour le paiement des droits de mutation par décès (Déc. 13 oct. 1814), sauf pour la partie qui en appartiendrait à l'héritier (Championnière et Rigaud, t. 4, n° 3884). V. aussi Dalloz, v° Enreg., n°s 5166 et suiv.

280. Le droit de suite s'exerce non-seulement contre les héritiers, mais contre les légataires, soit à titre universel, soit à titre particulier. Les termes de l'avis du conseil d'Etat ne laissent aucun doute sur ce point. Il s'exerce également contre les simples légataires d'usufruit (Cass., 24 oct. 1814, D. A.7.377) ; mais l'usufruitier qui a été obligé de payer pour l'héritier a son recours, tel que de droit, contre lui.

281. Le droit de suite, tel qu'il est établi sur les revenus des biens à déclarer entre les mains des héritiers, donataires, légataires, ne constitue pas un privilége au profit de la régie qui lui donne un droit de préférence contre tous autres créanciers. Aucune loi n'ayant accordé un semblable privilége, le fisc reste, à cet égard, dans les termes du droit commun (Cass., 6 mai 1816, D.A.9. 71;

Amiens, 1er mars 1825, et autres décisions indiquées à la Table de quinze ans, v° Privilége, n°s 116 et suiv.— Adde Angers, 26 déc. 1835 ; Caen, 17 déc. 1855 (D.P.56.2.38.158); Cass., 23 et 24 juin 1857 (D.P.57.1.233 et suiv.); Orléans, 9 juin 1860 (D.P.60.2.201); Merlin, Rép., v° Priv., sect. 2, § 2, n° 7; Championnière et Rigaud, t. 4, n° 3887 ; Pont, Priv. et hyp., sous l'art. 2098 ; Dalloz, v° Enregistr., n° 5181. —Contra, Paris, 25 mai 1835, D.P.35.2.72. V. aussi les nombreuses décisions analysées dans la Table de quinze ans, loc. cit., n°s 113 et suiv; Troplong, Priv. et hyp., sur l'art. 2098, n° 97 ; Persil, Rég. hypoth., sur l'art. 2098, n° 24 ; Gabr. Demante, n°s 669 et suiv.

(1) —282. L'amende de 50 fr. a été réduite à 10 fr. par la loi du 16 juin 1824, dont l'art. 10, § 2, dispose que « outre les amendes fixes prononcées par la loi sur l'enregistrement, le timbre, etc., sont réduites, savoir : celles de 300 fr. à 50 fr.; celles de 100 fr. à 20 fr.; celles de 50 fr. à 10 fr.; et toutes celles au-dessous de 50 fr. à 5 fr. » Ainsi, d'après ce dernier article combiné avec l'art. 33 ci-dessus de la loi de frimaire, chaque contravention entraîne une amende de 10 fr., lorsque les actes ne sont passibles que du droit fixe.

283. Mais lorsqu'ils sont passibles du droit proportionnel, on a demandé si l'art. 33 ci-dessus avait été modifié par l'art. 10, § 2, de la loi du 16 juin 1824, qui parle des amendes fixes. Il avait été d'abord décidé que les modérations d'amendes accordées par ce dernier article ne sont pas applicables au double droit proportionnel, non plus qu'au minimum de ce double droit, lequel, en conséquence, devait être considéré comme maintenu à 50 fr. (Déc. min. fin., 9 juin 1825). Mais cette opinion a été rejetée par le tribunal de Grenoble (jug. du 9 mai 1827), et une délibération du 10 juill. 1827, puis une décision ministérielle du 28 janv. 1828, approuvant un avis du comité des finances du 3 du même mois, reconnurent qu'il y avait lieu d'exécuter le jugement du tribunal de Grenoble et d'abandonner la décision du 9 juin 1825. Ainsi, même à l'égard des actes entraînant le droit proportionnel, la peine est aujourd'hui d'une somme égale au montant du droit dû, sans préjudice de ce droit, et sans qu'elle puisse être au-dessous de l'amende de 10 fr. (Championnière et Rigaud, t. 4, n° 3917).

284. Lorsqu'un acte est sujet à la fois au droit fixe et au droit proportionnel, l'amende est d'une somme égale au droit proportion-

ou procès-verbal non présenté à l'enregistrement dans le délai, d'une somme de vingt-cinq francs, et, de plus, une somme équivalente au montant du droit de l'acte non enregistré. L'exploit ou procès-verbal non enregistré dans le délai est déclaré nul, et le contrevenant responsable de cette nullité envers la partie.

Ces dispositions, relativement aux exploits et procès-verbaux, ne s'étendent pas aux procès-verbaux de ventes de meubles et autres objets mobiliers, ni à tout autre acte du ministère des huissiers sujet au droit proportionnel. La peine pour ceux-ci sera d'une somme égale au montant du droit, sans qu'elle puisse être au-dessous de cinquante francs. Le contrevenant paiera, en outre, le droit dû pour l'acte, sauf son recours contre la partie pour ce droit seulement (1).

35. Les greffiers qui auront négligé de soumettre à l'enregistrement, dans le délai fixé, les actes qu'ils sont tenus de présenter à cette formalité, paieront personnellement, à titre d'amende, et pour chaque contravention, une somme égale au montant du droit.

Ils acquitteront en même temps le droit, sauf leur recours, pour ce droit seulement, contre la partie.

36. Les dispositions de l'article précédent s'appliquent également aux secrétaires des administrations centrales et municipales, pour chacun des actes qu'il leur est prescrit de faire enregistrer, s'ils ne les ont pas soumis à l'enregistrement dans le délai.

37. Il est néanmoins fait exception aux dispositions des deux articles précédents, quant aux jugements rendus à l'audience, qui doivent être enregistrés sur les minutes, et aux actes d'adjudication passés en séance publique, des administrations, lorsque les parties n'auront pas consigné aux mains des greffiers et des secrétaires, dans le délai prescrit pour l'enregistrement, le montant des droits fixés par la loi. Dans ce cas, le recouvrement en sera poursuivi contre les parties par les receveurs, et elles supporteront, en outre, la peine du droit en sus.

Pour cet effet, les greffiers et les secrétaires fourniront aux receveurs de l'enregistrement, dans la décade qui suivra l'expiration du délai, des extraits par eux certifiés des actes et jugements dont les droits ne leur auront pas été remis par les parties, à peine d'une amende de dix francs pour chaque décade de retard, et pour chaque acte et jugement, et d'être, en outre, personnellement contraints au paiement des doubles droits (2).

38. Les actes sous signature privée,

---

nel, sans y ajouter le droit fixe (Délib., C. d'adm., 2 août 1836, D.p.37.3.91), et il n'y a lieu d'appliquer une amende supérieure à 10 fr. que dans le cas où le droit proportionnel, sans y ajouter le droit fixe, dépasse cette somme (Instr. de la rég., 19 juill. 1859, D.p.59.3.72).

285. Les droits en sus et les amendes pour contravention en matière d'enregistrement doivent être acquittés préalablement à la formalité, comme le droit simple (Inst. gén., nº 1423, 10 mai 1833. — Contrà, Championnière et Rigaud, t. 4, nº 3319). Ainsi, lors même que les parties n'auraient rien consigné ès mains du notaire, après le lui avoir promis, et que le défaut de consignation serait la cause des droits en sus ou des amendes, ils sont à la charge du notaire. Il ne devait pas signer l'acte, le porter au répertoire, et il devait avertir les parties des suites de leur négligence.

(1) — 286. Deux peines sont prononcées pour défaut d'enregistrement en temps utile d'un exploit, l'amende et la nullité.

287. Quant à l'amende, elle a été réduite dans les termes de l'art. 10 de la loi du 16 juin 1824 (V. à la note précédente, nº 282), et n'est plus que de 5 fr., outre une somme équivalente au montant du droit, dans le cas prévu par le § 1ᵉʳ, et d'une somme égale au montant du droit, ou d'un minimum de 10 fr. dans le cas du § 2.

288. L'amende est encourue par l'huissier alors même que l'acte qu'il a négligé de faire enregistrer dans les quatre jours était susceptible de recevoir la formalité en débet ou même gratis (Trib. de Lavaur, 21 août 1806; Déc. min. fin., 2 déc. 1806).

(2)—291. V. loi 27 vent. an IX, art. 7 et 16; loi 28 avril 1816, art. 38; loi 15 mai 1818, art. 79, et pour l'amende, loi 16 juin 1824, art. 10).

La régie peut réclamer les droits de jugement, même de la partie qui a succombé... Et cela au cas de jugement par défaut comme au cas de jugement contradictoire... alors même que le jugement par défaut n'aurait pas été signifié dans les six mois de son obtention, la disposition de l'art. 156, C. proc., qui, en pareil cas, le répute non avenu, et ceux passés en pays étranger, dénommés dans l'art. 22, qui n'auront pas été enregistrés dans les délais déterminés, seront soumis au double droit d'enregistrement.

Il en sera de même pour les testaments non enregistrés dans le délai (1).

39. Les héritiers, donataires ou légataires qui n'auront pas fait, dans les délais prescrits, les déclarations des biens à eux transmis par décès, paieront, à titre d'amende, un demi-droit en sus du droit qui sera dû pour la mutation.

La peine pour les omissions qui seront reconnues avoir été faites dans les déclarations n'étant pas applicable aux matières d'enregistrement. 9.30. (Trib. d'Angoulême, 5 janv. 1858, D.p.58.3.30.)

(1)—292. Les droits d'actes ne sont exigibles, en principe ou, en d'autres termes, les parties ne sont tenues de présenter l'acte à l'enregistrement, que si elles en font usage, lorsque cet acte est fait sous seing privé. Mais, à l'égard des actes de la même nature, qui portent transmission de propriété, d'usufruit, etc., on a vu que l'art. 22, *sup.*, a établi une règle différente, en exigeant l'enregistrement dans les trois mois. L'art. 38 ci-dessus contient la sanction de cette disposition.

293. La loi des 5-19 décembre imposait aux parties l'obligation de déclarer les mutations opérées « par l'échéance des conditions attachées aux dispositions éventuelles. » Cette obligation existe encore aujourd'hui, car, bien que la loi de l'an VII ne l'ait pas imposée d'une manière expresse, elle résulte implicitement des art. 22 et 38.

294. Mais le droit n'étant dû que du jour où la condition s'est accomplie, c'est de ce jour seulement que courent les délais accordés pour le paiement (Championnière et Rigaud, t. 4, n° 3818).

295. L'acte ne doit pas moins être présenté à la formalité dans les trois mois de sa date, sauf à n'appliquer alors que le droit fixe et à percevoir ultérieurement le droit proportionnel à titre de supplément. Cela s'induit du texte de l'art. 22, d'après lequel les actes opérant mutation doivent être enregistrés dans les trois mois de leur date : or, l'existence de la condition ne change pas la date de l'acte, ni même celle de la transmission, lorsqu'elle se réalise (*Contrà*, Championnière et Rigaud, t. 4, n° 3819).

296. Le droit à payer en sus, à titre d'amende lorsque l'acte n'est pas présenté dans le délai, est le même que celui qui doit être acquitté à titre d'impôt ; c'est un double droit, porte l'art. 38. Mais ce double droit

rations sera d'un droit en sus de celui qui se trouvera dû pour les objets omis : il en sera de même pour les insuffisances constatées dans les estimations des biens déclarés.

Si l'insuffisance est établie par un rapport d'experts, les contrevenants paieront, en outre, les frais de l'expertise.

Les tuteurs et curateurs supporteront personnellement les peines ci-dessus, lorsqu'ils auront négligé de passer les déclarations dans les délais, ou qu'ils auront fait des omissions ou des estimations insuffisantes (2).

40. Toute contre-lettre faite sous si-

consiste-t-il dans le droit d'enregistrement augmenté du droit de transcription, ou dans le droit d'enregistrement seulement? La Cour de cassation s'est prononcée dans le premier sens ; elle a jugé, par conséquent, que le double droit doit être étendu au droit additionnel de un et demi pour cent perçu aujourd'hui, d'après la loi du 28 avril 1816, art. 54, en même temps que le droit de mutation sur tous les contrats qui sont de nature à être transcrits (Cass., 11 juill. et 21 nov. 1836, D.p. 36.1.312 et 452 ; *Conf.* délib., 3 juill. 1829). On ne peut disconvenir, toutefois, que cette solution rigoureuse n'est pas à l'abri de la critique. Les surtaxes de l'impôt ne pouvant jamais résulter que d'un texte précis de loi, il nous paraîtrait plus équitable de ne faire porter le double droit que sur le droit de mutation, puisqu'il ne peut être perçu qu'en vertu des dispositions de la loi de frimaire, la loi de 1816 n'ayant rien statué à cet égard, d'autant qu'il est déjà assez rigoureux de percevoir un droit de transcription pour une formalité qui n'est pas toujours indispensable (Championnière et Rigaud, t. 4, n° 3820).

(2) — 297. Cet article prévoit le retard, l'omission ou l'insuffisance d'évaluation dans la déclaration prescrite par les art. 24 et 27 (V. *sup.*). Tout retard dans les déclarations est puni d'un demi-droit qui se perçoit, à titre d'amende, en sus du droit principal.

298. L'omission se compose de ce qui, devant être déclaré, ne l'a pas été. Tous les objets de la succession doivent donc être déclarés, et c'est l'omission qui en serait faite dans la déclaration qui donne lieu, d'après l'article ci-dessus, à un droit en sus qui se trouverait dû pour l'objet omis.

298 bis. Les héritiers d'un fermier doivent comprendre dans la déclaration de succession les récoltes encore pendantes sur les racines au jour du décès, ces récoltes étant, à l'égard du fermier, considérées comme meubles (Trib. de Napoléon-Vendée, 22 déc. 1858, D.p.60.3.63).

II.

gnature privée, qui aurait pour objet une augmentation du prix stipulé dans un acte public, ou dans un acte sous

signature privée, précédemment enregistré, est déclarée nulle et de nul effet.

Néanmoins, lorsque l'existence en sera

---

299. Ces questions d'omission sont plutôt de fait que de droit. Mais il importe de dire qu'un héritier peut, sans s'exposer à l'amende du droit en sus, faire une déclaration approximative, en se réservant d'en faire une supplétive, en cas qu'il vienne à découvrir quelque objet inconnu, si, au terme fixé pour les déclarations, les forces de la succession n'étaient pas bien établies, soit que l'inventaire n'eût pas été achevé dans les six mois, soit qu'il n'eût fait connaître l'actif qu'imparfaitement (Cass., 26 nov. 1810, D.A.7.334).— Dans ce cas même, l'amende du demi-droit en sus ne serait pas encourue par l'héritier, faute d'avoir fait la déclaration supplétive dans les six mois de la première (Même arrêt; Championnière et Rigaud, t. 4, nº 3883).

299 bis. Une créance qui a été l'objet d'une délégation non acceptée, est réputée faire partie de la succession du délégant, et doit, dès lors, être comprise dans la déclaration de cette succession pour la perception du droit de mutation par décès. Et spécialement, les héritiers sont tenus de comprendre dans la déclaration de la succession, le prix encore dû d'un immeuble vendu par leur auteur, malgré la délégation que ce dernier en a faite aux créanciers inscrits, si cette délégation n'a pas été acceptée (Req., 17 fév. 1857, D.P.58.1.335).

299 ter. L'héritier doit comprendre dans sa déclaration, nonobstant leur extinction par confusion, les créances pour lesquelles il était débiteur du défunt (Trib. de Chartres, 25 mars 1859, D.P.59.3.80).

300. Il n'y a pas omission par cela seul qu'il y a erreur dans les contenances attribués aux immeubles, car l'héritier peut être de très-bonne foi, et ignorer la véritable mesure. Il suffit que tous les biens soient déclarés. C'est à la régie à s'enquérir de leur consistance et de leur valeur (Cass., 10 mai 1814, D.A.7.335). Il en serait de même de la désignation incomplète des biens, par exemple, si l'héritier n'en avait point donné les tenants et les aboutissants, ou s'il n'avait pas précisé le lieu de leur situation. Ce fait pourrait bien autoriser la régie à exiger une déclaration plus circonstanciée, mais il ne constituerait pas une omission, car la loi n'a tracé aucune règle pour l'indication des biens (Cass., 27 janv. 1823, D.A.7.335).

301. Les preuves des omissions peuvent, d'ailleurs, être faites par tous les actes capables d'en établir l'existence. A cet égard, la loi n'a pas déterminé quelle doit être la nature de ces actes; on rentre alors dans le droit commun (Championnière et Rigaud,

t. 4, nº 3874). Il a été jugé, en conséquence, que lorsque du rapprochement de la déclaration faite après décès et de l'inventaire dressé ultérieurement pour constater les forces de la succession, il résulte la preuve évidente d'une omission dans la déclaration faite au bureau de l'enregistrement, aucune preuve ne peut être admise contre les énonciations formelles de l'inventaire, sous prétexte de justifier que la différence qu'il présente avec la déclaration provient d'acquisitions postérieures à l'ouverture de la succession (Cass., 11 avril 1815, D.A.7.334). V. aussi trib. de Compiègne, 18 mai 1848 (D.P.48.5.165). — On décide même que la preuve des omissions ou insuffisances peut être faite soit par témoins (Trib. de Gourdon, 13 mai 1856, D.P.56.3.63), soit par commune renommée (Cass., 24 mars 1846, D.P. 46.1.321). — V. toutefois les observations de M. Dalloz sous ces deux dernières décisions.

301 bis. Les omissions ou insuffisances dans les déclarations de transmission à titre gratuit de biens meubles, opérées entre-vifs ou par décès, ne peuvent être établies par la preuve testimoniale : elles doivent résulter de faits et actes parvenus à la connaissance de la régie, tels que partages, transactions, inventaires, liquidations, répertoires de notaires, ou autres actes soumis à la formalité de l'enregistrement (Cass., 29 fév. 1860, D.P. 60.1.139).

301 ter. En matière de droit de mutation par décès, la preuve de l'extinction des créances dont les titres sont trouvés dans les papiers de la succession, est soumise aux règles du droit commun et ne peut être faite, dès lors, par témoins ou par présomptions sans commencement de preuve par écrit, pour les créances supérieures à 150 fr. (Cass., 19 mars 1862, D.P.62.1.223).

301 quater. Les registres d'une compagnie font foi contre les héritiers, jusqu'à preuve contraire, de la propriété et de la transmission des actions appartenant au défunt dans cette compagnie. Ainsi, lorsque les registres de la compagnie établissent que le défunt possédait un plus grand nombre d'actions que celles déclarées, et que ces actions ont été légalement recueillies par ses héritiers à titre de partage, il n'y a lieu de s'arrêter à l'allégation des héritiers que les actions non déclarées auraient été l'objet d'un transfert onéreux antérieurement au décès, si la preuve de l'existence d'un tel transfert n'est pas rapportée (Trib. de Cambrai, 22 déc. 1859, D.P.63.3.38).

constatée, il y aura lieu d'exiger, à titre d'amende, une somme triple du droit qui aurait eu lieu sur les sommes et valeurs ainsi stipulées (1).

302. Mais, quel que soit le genre de preuve adopté, il doit avoir pour résultat de démontrer l'omission au jour du décès (Trib. de la Seine, 8 mai 1833). — *V.* Dalloz, v° *Enregistrement,* n°⁵ 5055 et suiv.

302 *bis.* Un acte de transport-cession sous seing privé fait preuve suffisante, à l'égard de l'administration de l'enregistrement, qu'une créance non encore échue, qui n'a pas été comprise dans la déclaration de la succession du créancier, avait été cédée par celui-ci et ne pouvait dès lors figurer parmi les biens transmis à ses héritiers. Il en est ainsi dans le cas même où, avant le décès, le transport n'aurait pas encore été signifié au débiteur (Trib. de Béziers, 9 janv. 1861, D.P.61.3.63).

303. Quant à l'insuffisance d'évaluation des objets héréditaires, elle est punie, comme l'omission de quelques-uns de ces objets, d'un droit en sus. Nous avons vu, *sup.,* en parlant de l'expertise, comment se constatait cette insuffisance à l'égard des biens immeubles.

304. Mais, à l'égard des biens meubles, l'insuffisance est prouvée par les mêmes moyens que l'omission. Seulement la preuve doit constater une valeur plus grande au jour de l'ouverture de la succession (Championnière et Rigaud, t. 4, n° 3876). Ainsi, les estimations postérieures, les ventes et autres faits servant à déterminer le prix des objets déclarés, n'établiraient point une insuffisance, s'ils se rapportaient à une époque postérieure au décès (Trib. de la Seine, 15 janv. 1835; Délib., 12 mai 1835, D.P.36.3.9).

305. Les tuteurs ou curateurs doivent supporter personnellement, aux termes de la disposition finale de l'article ci-dessus, les peines prononcées pour retard, omissions ou insuffisance dans la déclaration. C'est une conséquence toute naturelle de la loi qui investit les tuteurs et curateurs des actions de leur pupille, et les met en leur lieu et place. La faute leur est donc personnelle lorsqu'ils négligent de faire la déclaration, ou bien lorsque celle qu'ils font est incomplète; ils doivent dès lors en porter personnellement la responsabilité. D'où il suit que non-seulement ils ne peuvent employer en frais de tutelle et curatelle la somme qu'ils ont payée pour le demi-droit ou le droit en sus, mais encore que la régie est sans action sur les biens de la succession pour le recouvrement de ce droit ou de ce demi-droit, si le tuteur et le curateur sont insolvables.

Enfin, aussitôt qu'une omission ou une insuffisance dans l'estimation a été constatée par un procès-verbal des employés de la régie, le double droit est encouru, et les débiteurs ne peuvent offrir de la rectifier en payant le droit (Déc. de la régie, du 1er vent. an VII). Mais s'ils se présentaient pour faire cette rectification avant la découverte et après les délais, M. Dalloz, v° *Enregistr.*, n° 5053, démontre que le double droit ne pourrait être exigé, parce que la loi ne punit que la fraude, et que la bonne foi des débiteurs se trouverait attestée par cette démarche. Depuis, cette opinion a reçu la sanction de la loi du 12 mai 1850 (art. 12).

305 *bis.* Lorsque le curateur d'une succession vacante, n'ayant pas de fonds disponibles pour faire une déclaration régulière et acquitter les droits, a fait connaître à l'administration, par acte extrajudiciaire, les valeurs composant la succession, et leur revenu, il y a lieu pour le tribunal d'ordonner que, faute par le curateur de faire la déclaration et de payer les droits dans un délai fixé, ces droits seront recouvrés sur la succession par voie d'exécution de la contrainte.—Mais, dans ce cas, l'inexécution de la formalité ne peut donner lieu à la perception du demi-droit en sus (Trib. de la Seine, 11 mai 1861, D.P.61.3.48).

(1) — 306. Cet article a eu pour objet de prévenir les dissimulations de prix. Aussi faut-il reconnaître que tout acte par lequel des parties de bonne foi consentent à l'augmentation d'un prix reconnu trop faible par elles ne peut être considéré comme une contre-lettre à laquelle l'article ci-dessus doive être appliqué. Il n'y a que les actes frauduleux qui soient de nature à être atteints par cette disposition : c'est pourquoi elle ne prononce d'amende que dans le cas où la contre-lettre est faite postérieurement à un acte précédemment enregistré (Championnière et Rigaud, t. 4, n° 3849).

307. Cependant toute contre-lettre faite en même temps que l'acte sous signature privée, et par conséquent avant l'enregistrement de cet acte, doit être atteinte par l'art. 40; car le mot *précédemment,* dont se sert cet article, se rapporte à la découverte, et non à la passation de la contre-lettre (Championnière et Rigaud, *loc. cit.*). — *V.* comme exemples, Cass., 3 août 1848 (D.P.48.1.184), et Trib. de Clermont-Ferrand, 15 mai 1855 (D.P. 56.3.16).

308. Mais, si la contre-lettre était faite ou découverte avant l'enregistrement de la vente, lors même que les délais de celle-ci seraient expirés, l'art. 40 ne serait pas applicable (Championnière et Rigaud, *loc. cit.*). Ainsi, l'on ne doit percevoir que le droit simple lorsqu'une contre-lettre, même postérieure à l'acte de vente, est soumise à l'enregistre-

TITRE VII. — **Des obligations des notaires, huissiers, greffiers, secrétaires, juges, arbitres, administrateurs et autres officiers ou fonctionnaires publics, des parties et des receveurs, indépendamment de celles imposées sous les titres précédents.**

41. Les notaires, huissiers, greffiers, et les secrétaires des administrations centrales et municipales, ne pourront délivrer en brevet, copie ou expédition, aucun acte soumis à l'enregistrement sur la minute ou l'original, ni faire aucun autre acte en conséquence, avant qu'il ait été enregistré, quand même le délai pour l'enregistrement ne serait pas encore expiré, à peine de cinquante francs d'amende (1), outre le paiement du droit.

ment en même temps que cet acte (Délib., 11 juin 1833).

309. Depuis le Code Napoléon, qui accorde aux contre-lettres leur effet entre les parties contractantes, sans distinguer celles qui portent augmentation du prix (C. N., 1321), on a demandé si l'article ci-dessus avait été abrogé en ce qu'il déclare nulles et de nul effet les contre-lettres ayant cet objet. La jurisprudence s'était prononcée dans le sens de la nullité (Cass., 13 fruct. an XI et 10 janv. 1809; Bruxelles, 25 mars 1812; Metz, 17 fév. 1819, D.A.10.674, n° 1, 675, n°s 1, 2). Mais la Cour de cassation, revenant sur cette jurisprudence, a consacré sur ce point la doctrine de Toullier, t. 8, n° 186 (Cass., 10 janv. 1819.—*V.* aussi Aix, 21 fév. 1832, D.A. 10.676, n° 1, D.P.32.2.135). *V.* encore Dalloz, n° 3060.

310. Lorsque l'existence d'une contre-lettre est constante, l'annulation qui en a été prononcée n'empêche pas la perception du triple droit (Cass., 13 nov. 1811, D.A.7.193).

310 *bis.* Il faut que l'existence de la contre-lettre soit constante. Elle peut être établie par tous les modes de preuve mis à la disposition de la régie pour la constatation de la fraude (Req., 29 déc. 1857, D.P.58.1.133). —Mais cette preuve ne peut être puisée par la régie dans une instance à laquelle la partie poursuivie en paiement du triple droit a été étrangère, et, par exemple, dans des déclarations faites par l'autre partie, au sujet de poursuites disciplinaires dirigées contre le notaire rédacteur de l'acte argué de simulation.—Et la preuve de la contre-lettre doit être considérée comme ayant pour unique base ces déclarations, bien que les juges les aient signalées comme étant d'accord avec plusieurs circonstances, mais sans les spécifier (Cass., 22 déc. 1858. D.P.59.1.228).

310 *ter.* Une contre-lettre contenant augmentation du prix porté dans un acte public ou privé n'est passible du triple droit qu'autant que le montant de cette augmentation est constaté... Et une telle constatation peut résulter de jugements où la régie n'a point été partie, et, par exemple, d'un jugement frappant d'une peine disciplinaire le notaire qui a reçu l'acte avec connaissance de la contre-lettre (Req., 29 déc. 1857, D.P. 58. 1.133).

310 *quater.* Une contre-lettre portant augmentation du prix fixé dans un acte de vente est passible de l'amende du triple droit établi par l'art. 40 de la loi du 22 frim. an VII, bien que cette augmentation ne soit entachée ni de dol ni de fraude, et que notamment il résulte de décisions judiciaires que le prix déclaré sur lequel la régie a perçu le droit, loin d'être inférieur au prix représentant la valeur vénale de l'immeuble, et seul réellement payé, lui était, au contraire, supérieure, les parties ayant cru devoir l'élever dans l'acte de vente au-dessus de ce prix réel (Req., 20 juill. 1859, D.P.59.1.324).

311. D'ailleurs, le triple droit doit être acquitté en entier et immédiatement par celui qui fait enregistrer l'acte pour le faire valoir, encore bien qu'il n'y ait pas concouru, sauf, s'il y a lieu, son recours contre qui de droit (Cass., 23 fév. 1836, D.P.36.1.135, et autres décisions rapportées par MM. Dalloz, *loc. cit.*, n° 5068. — *Adde* Caen, 9 juill. 1849, D.P.52.2.4).—*V.* cependant Championnière et Rigaud, t. 4, n° 3852.

Mais on ne peut considérer comme contre-lettre passible du triple droit : 1° l'acte par lequel l'acquéreur d'un immeuble sous faculté de réméré reconnaît que le prix de vente est inférieur à la valeur vénale des biens, et s'oblige à payer un supplément de prix si cet acte est présenté à l'enregistrement dans les trois mois (Délib., 24 août 1830) ; 2° ni l'acte sous seing privé par lequel un acquéreur, par acte public, reconnaissant l'insuffisance du prix, paie postérieurement un supplément (Délib., 26 nov. 1842).—*V.* encore solut. de la régie, 22 fév. 1854 (D.P.54.3.56). Il n'en est pas de même de l'aveu fait en justice d'avoir souscrit des billets pour le complément du prix réel d'une vente réalisée par un contrat où ce prix est dissimulé. Cet aveu équivaut à une contre-lettre et autorise la perception du triple droit (Inst. 1825, § 3). — *V.* aussi Cass., 3 août 1848 (D.P.48.1.484) et autres décisions rapportées par Dalloz, v° *Enreg.*, n° 5066.

(1) — 312. Réduit à 10 fr. par la loi du 16 juin 1824, art. 10.

Les notaires peuvent, sans encourir l'amen-

Sont exceptés les exploits et autres actes de cette nature qui se signifient à parties ou par affiches et proclamations, et les effets négociables compris sous l'art. 69, § 2, n° 6, de la présente.

A l'égard des jugements qui ne sont assujettis à l'enregistrement que sur les expéditions, il est défendu au greffier, sous les mêmes peines, d'en délivrer aucune, même par simple note ou extrait, aux parties ou autres intéressés, sans l'avoir fait enregistrer (1).

de, mentionner, dans un acte de partage comme dans un inventaire, des titres de créances avant que ces actes aient été enregistrés (Cass., 24 août 1818. — V. au t. 1, v° *Inventaire*, ce qui est dit à l'égard du timbre des billets mentionnés dans les inventaires). — Ou dans un compte de tutelle, un billet sous seing privé appartenant au mineur et provenant des fonds de la tutelle (Cass., 10 mai 1821). — Ou recevoir une procuration pour ratifier une adjudication consommée non enregistrée (Délib., 8 sept. 1832). — Ou énoncer, dans un acte de vente, la remise faite par le vendeur à l'acquéreur d'actes sous seing privé non enregistrés (Trib. de Rennes, 22 janv. 1834). — Ou mentionner dans un contrat de mariage un billet non enregistré faisant partie des apports de la future, parce qu'il est de l'essence d'un contrat de mariage de constater les apports des futurs (Délib. 13 oct. 1835). — Ou relater dans un contrat de vente des billets non enregistrés dont le montant est compensé avec le prix de la vente (Sol., 15 oct. 1835). — Ou énoncer dans un contrat de vente d'immeubles un bail sous seing privé de ces mêmes biens non enregistré, mais inutile pour la validité de la vente. (Trib. de Grenoble, 27 juill. 1836). — Ou recevoir l'acte d'endossement d'un billet à ordre avant l'enregistrement du billet (Trib. de Vendôme, 27 juin 1840, D.P.41.3.356). Et ils sont exempts de la formalité de l'enregistrement (V. plus bas, n°s 766; Inst., 1577, § 1).

312 *bis*. Mais la mention dans un inventaire ou dans un acte notarié portant liquidation et partage d'une succession, d'actes privés non enregistrés, ne peut avoir lieu sans assujettissement de ces actes à la formalité de l'enregistrement, qu'autant qu'elle n'est accompagnée d'aucune reconnaissance ou confirmation de droit ou de créances : elle rend, au contraire, l'enregistrement obligatoire, avec action solidaire contre le notaire duquel elle émane, et application au même notaire de l'amende édictée par la loi du 16 juin 1824, lorsque le débiteur concourt à cette mention, et que, notamment, ce débiteur est l'un des héritiers qui reconnaît dans le partage notarié la dette résultant de l'acte privé ainsi mentionné, et en impute le montant sur sa part héréditaire. On objecterait vainement qu'en ce cas la mention emporte seulement nécessité d'enregistrer la reconnaissance de dette qu'elle énonce, mais non l'acte privé qui

en est l'objet (Req. 28 mars 1859, D.p.59.1. 370).

La mention dans un acte de partage d'une reconnaissance de dette par acte sous seing privé non enregistré, avec énonciation que la somme est comprise dans le lot du copartageant qui en est le débiteur, rend exigible le droit d'obligation. Et le droit dû, dans ce cas, n'étant que le droit simple est soumis à la prescription, non de deux ans, mais de trente ans (Trib. de Lille, 5 juin 1858, D.P. 58.3.72).

Le notaire qui, après avoir inventorié des billets et reconnaissances sous seing privé, procède, avant l'enregistrement de ces actes, à la vente publique en bloc des créances dont ils sont les titres, contrevient aux art. 23 et 42 de la loi du 22 frim. an vii, alors même que le cahier des charges et procès-verbal d'adjudication ne feraient aucune mention de l'inventaire où se trouve le détail de ces billets et reconnaissances. — Et il peut, en outre, être poursuivi directement, sauf son recours en paiement des droits dont ces titres sont passibles (Trib. d'Yvetot, 17 juill. 1860, D.P.60.3.87).

La mention d'une police d'assurances non enregistrée, dans des actes authentiques faits en conséquence de cette police, rend le notaire qui a reçu ces actes passible de l'amende prononcée par l'art. 42 de la loi du 22 frim. an vii, malgré l'emploi d'expressions dubitatives semblant se référer à une assurance non encore faite, si la preuve de l'existence actuelle d'un contrat d'assurance résulte des actes mêmes qui le mentionnent, et si, par exemple, ces actes renferment, l'un la cession à l'une des parties de l'indemnité exigible en cas de sinistre, et l'autre l'acceptation de l'assureur (Cass., 5 juill. 1859, D.P. 59.1.298). V. aussi la *Table de quinze ans* de MM. Dalloz, v° *Enreg.*, n°s 836 et suiv.

(1) — 313. Cet article a été modifié par l'art. 56 de la loi du 28 avril 1816, qui dispose : « L'art. 41 de la loi du 22 frim. an vii, continuera d'être exécuté; néanmoins, à l'égard des actes que le même officier aurait reçus et dont le délai d'enregistrement ne serait pas encore expiré, il pourra en énoncer la date, avec la mention que ledit acte sera présenté à l'enregistrement en même temps que celui qui contient ladite mention; mais, dans aucun cas, l'enregistrement du second acte ne pourra être requis avant celui du premier, sous les peines de droit. »

42. Aucun notaire, huissier, greffier, secrétaire ou autre officier public, ne pourra faire ou rédiger un acte en vertu d'un acte sous signature privée, ou passé en pays étranger, l'annexer à ses minutes, ni le recevoir en dépôt, ni en délivrer extrait, copie ou expédition, s'il n'a été préalablement enregistré, à peine de cinquante francs d'amende, et de répondre personnellement du droit, sauf l'exception mentionnée dans l'article précédent (1).

314. Le paiement du droit dont parle l'art. 41, et qui doit être effectué indépendamment de l'amende, est celui de l'acte dont il est délivré brevet, copie ou expédition, ou en conséquence duquel il en est délivré un autre. Ainsi, c'est le droit des deux actes qui doit être acquitté. Cela est évident dans le cas où ils ont été reçus l'un et l'autre par le même officier public.

315. Mais, lorsque l'acte non enregistré a été reçu par un autre officier, il y a plus de difficulté. Le fisc en effet, disent Championnière et Rigaud, t. 4, nº 3921, ne peut perdre le droit de l'acte en vertu duquel on a instrumenté, puisque cet acte, étant notarié, doit être présenté à l'enregistrement par celui qui l'a reçu. Mais ces mots de l'article « outre le paiement du droit » doivent faire décider que le droit des deux actes doit être payé par le notaire qui a rédigé le second, sauf son recours contre celui qui a reçu le premier et ne l'a pas fait enregistrer.

316. Quant aux expressions acte en conséquence dont se sert l'art. 44, elles sont synonymes de celles-ci : acte en vertu, employées dans l'article suivant. Nous en expliquerons le sens sous ce dernier article.

(1)—317. L'art. 13 de la loi du 16 juin 1824 a dérogé à cette disposition. « Les notaires, porte cet article, pourront faire des actes en vertu et par suite d'actes sous seing privé non enregistrés, et les énoncer dans leurs actes, mais sous la condition que chacun de ces actes sous seing privé demeurera annexé à celui dans lequel il se trouvera mentionné; qu'il sera soumis avant lui à la formalité de l'enregistrement, et que les notaires seront personnellement responsables, non-seulement des droits d'enregistrement et de timbre, mais encore des amendes auxquelles les actes sous seing privé se trouveront assujettis.

« Il est dérogé, à cet égard seulement, à l'art. 42 de la loi du 12 déc. 1798 » (22 frim. an VII). Ainsi, la modification portée par ce dernier article ne s'étend pas aux annexes, dépôts, extraits ou copies d'actes sous seing privé, qui demeurent soumis à l'enregistrement préalable prescrit par l'art. 42 de la loi de frimaire (Championnière et Rigaud, t. 4, nº 3923).

318. Elle ne s'étend pas non plus aux autres officiers publics que les notaires : ceux-ci étant seuls nommés, ils sont aussi les seuls qui puissent en réclamer le bénéfice (Inst. gén., 23 juin 1824, nº 1136, § 13). Mais ils ne jouissent de ce bénéfice qu'à la condition de payer les droits d'enregistrement de l'acte sous seing privé, en même temps que le double droit et les amendes sur le timbre, s'il est écrit sur papier libre, et qu'il n'ait pas été enregistré dans les délais.

319. Ajoutons même que, s'il est permis aujourd'hui à un notaire de mentionner un sous seing privé non enregistré dans un acte authentique sans encourir l'amende, il lui est expressément défendu de l'annexer à sa minute, ou de le recevoir en dépôt, et d'en délivrer extrait, copie ou expédition, sans l'avoir préalablement fait enregistrer : l'art. 42 de la loi de frimaire doit continuer d'être exécuté à cet égard, car, en cette partie, l'art. 13 de celle de 1824 n'a pas dérogé; toutefois, il a été fait exception à l'égard des expéditions des testaments dont les testateurs sont vivants; elles peuvent être délivrées du vivant du testateur avant l'enregistrement de la minute, mais en mentionnant avant la signature du notaire qu'il ne pourra en être fait aucun usage légal avant que la minute en ait été soumise à la formalité de l'enregistrement (Déc. min. fin., 25 avril 1809).

319 bis. Le notaire qui a rédigé un acte en conséquence d'un sous seing privé non encore enregistré, peut, après l'enregistrement simultané de l'un et de l'autre, restituer aux parties le sous seing privé dont il a fait usage, à moins que ce ne soit une procuration. — On estimerait à tort que l'obligation imposée au notaire d'annexer à son acte le sous seing privé en vertu duquel il a agi, subsiste après la formalité de l'enregistrement simultané (Trib. de Châlon-sur-Saône, 31 déc. 1861, D.p.62.3.30).

319 ter. Lorsqu'il est fait usage dans un acte notarié d'actes privés non enregistrés, l'enregistrement auquel cet usage donne ouverture frappant l'acte privé lui-même, et non la clause qui en fait mention, la régie peut exiger la production de cet acte privé, et, faute par les parties de le produire, ou de justifier de l'impossibilité de le représenter, poursuivre, par voie de contrainte, le paiement d'une somme qu'elle évalue elle-même, sauf augmentation ou diminution lors de la présentation de l'acte (Req. 28 mars 1859, D.p.59.1.370).

319 quater. L'art. 42 de la loi du 22 frim. an VII, qui défend aux notaires, huissiers, greffiers ou autres officiers publics, sous la

43. Il est également défendu, sous la même peine de cinquante francs d'amende (1), à tout notaire ou greffier, de recevoir aucun acte en dépôt, sans dresser acte du dépôt (2).

Sont exceptés les testaments déposés chez les notaires par les testateurs.

44. Il sera fait mention, dans toutes les expéditions des actes publics, civils ou judiciaires, qui doivent être enregistrés sur les minutes, de la quittance des droits, par une transcription littérale et entière de cette quittance.

Pareille mention sera faite dans les

---

responsabilité et les peines résultant de cet article et de l'art. 10 de la loi du 16 juin 1824, de faire ou rédiger un acte en vertu d'un acte sous seing privé non enregistré, est applicable par cela seul que cet acte privé forme un des éléments de l'acte public, et quoiqu'elle n'en soit pas la cause unique et principale. — Et spécialement, la mention dans acte de vente notarié, de la quittance sous seing privé émanée d'un précédent vendeur, rend obligatoire l'enregistrement préalable de cette quittance, à peine, pour le notaire rédacteur de l'acte de vente, d'encourir la responsabilité du paiement des droits auxquels est assujettie la quittance ainsi mentionnée, et l'amende personnelle prononcée par la loi de 1824.1.119 (Cass. 17 fév. 1858, D.P.58.1.119).

320. Ce n'est qu'aux fonctionnaires publics que s'appliquent les art. 41 et 42 de la loi de frimaire : d'où la conséquence que s'il est présenté à la formalité un acte sous seing privé se référant à un acte antérieur non enregistré, les parties ne seront point passibles d'amende, comme le serait tout officier public à leur place, sauf à poursuivre le droit et double droit de l'acte dont il est mention, s'il est translatif de propriété, d'usufruit ou de jouissance de biens immeubles, et qu'il se soit écoulé plus de trois mois depuis sa date (Inst. gén., 4 juill. 1809, 436, n° 45 ; Championnière et Rigaud, t. 3, n° 3927).

321. La principale difficulté qu'a fait naître l'application des art. 41 et 42 de la loi de frimaire consiste dans l'interprétation des mots en conséquence et en vertu, qui y sont employés, et qui, ainsi que nous l'avons fait remarquer dans l'article précédent, sont synonymes. A cet égard la régie et les tribunaux ont été fréquemment appelés à se prononcer, et leurs solutions, fort divergentes, sont reproduites par Dalloz, v° Enregistr., n°s 5200 et suiv. Disons seulement ici que les expressions de la loi s'entendent de tout acte qui se réfère à un autre acte préexistant, quand même il ne le rappellerait pas d'une manière explicite, pourvu toutefois que la mention qui y est faite ne soit pas une mention pure et simple, mais qu'elle constitue l'usage, aux termes de l'art. 23, dont l'art. 42 est évidemment le complément et la sanction (Championnière et Rigaud, t. 4, n° 3925).— V. aussi, comme exemples, les nombreuses

décisions analysées dans la Table de quinze ans, v° Enreg., n°s 841 et suiv.—Adde, trib. de Castelnaudary, 15 nov. 1855 (D.P.56.3.23).

332. L'obligation de faire enregistrer les actes avant d'agir en conséquence ne peut s'entendre de ceux qui, par quelque disposition spéciale, sont affranchis de l'enregistrement. Ainsi ces derniers peuvent être reçus en dépôt ou relatés sans avoir été préalablement enregistrés (Déc. min., 4 sept. 1824 ; Championnière et Rigaud, t. 4, n° 3928).

332 bis. Lorsque les dépens n'ont pas été liquidés dans le jugement qui les adjuge, la taxe que le juge en fait ultérieurement forme un titre distinct du jugement, et dès lors n'est assujettie ni à l'enregistrement dans un délai déterminé ni à l'inscription sur le répertoire ; seulement elle doit être enregistrée avant qu'il en soit fait usage. Quand, au contraire, les dépens ont été liquidés dans le jugement, la taxe faite par le juge, ne constituant qu'un document d'ordre intérieur, n'est pas susceptible d'enregistrement (Solut. de la régie, 14 sept. 1857, D.P. 58.3.24).

332 ter. Les mémoires des entrepreneurs et architectes n'étant que de simples renseignements et non des actes sous seing privé soumis à l'enregistrement tant qu'ils n'ont pas été acceptés par les propriétaires, un huissier a pu, dans un procès-verbal constatant des offres réelles relatives au règlement du prix de travaux de construction, faire mention de mémoires en demande réglés seulement par les architectes, sans s'expliquer sur l'enregistrement desdites pièces (Trib. de la Seine, 24 janv. 1862, D.P.62.3.62).

(1)—323. Réduite à 10 fr. par la loi du 16 juin 1824, art. 10.

(2)—324. V. comme application une décision ministérielle du 19 juin 1846, analysée par Dalloz, v° Enreg., n° 5266. Mais la rédaction d'un acte de dépôt n'est pas nécessaire, lorsque le notaire rédacteur d'un inventaire reste dépositaire d'un acte sous seing privé, non enregistré, par le motif qu'il ne s'agit pas d'une pièce déposée pour être mise au rang des minutes, seul cas où l'on doive appliquer les dispositions des art. 42 et 43 (Délib., 3 mai 1826 et 18 déc. 1829, D.P.33.3.26 ; Trib. de Villefranche, 17 fév. 1837, D.P.37.3.139, et autres décisions citées par Dalloz, loc. cit., n° 5267).

minutes des actes publics, civils, judiciaires ou extrajudiciaires, qui se feront en vertu d'actes sous signature privée, ou passés en pays étranger, et qui sont soumis à l'enregistrement par la présente.

Chaque contravention sera punie par une amende de dix francs (1).

45. Les greffiers qui délivreront des secondes et subséquentes expéditions des actes et jugements assujettis au droit proportionnel, mais qui ne sont pas dans le cas d'être enregistrés sur les minutes, seront tenus de faire mention, dans chacune de ces expéditions, de la quittance du droit payé pour la première expédition, par une transcription littérale de cette quittance.

Ils feront également mention, sur la minute de chaque expédition délivrée, de la date de l'enregistrement et du droit payé.

Toute contravention à ces dispositions sera punie par une amende de dix francs (2).

46. Dans le cas de fausse mention d'enregistrement, soit dans une minute, soit dans une expédition, le délinquant sera poursuivi par la partie publique, sur la dénonciation du préposé de la régie, et condamné aux peines prononcées pour le faux (3).

47. Il est défendu aux juges et arbitres de rendre aucun jugement, et aux administrations centrales et municipales de prendre aucun arrêté en faveur de particuliers, sur des actes non enregistrés, à peine d'être personnellement responsables des droits.

48. Toutes les fois qu'une condamnation sera rendue ou qu'un arrêté sera pris sur un acte enregistré, le jugement, la sentence arbitrale ou l'arrêté en fera mention et énoncera le montant du droit payé, la date du paiement et le nom du bureau où il aura été acquitté : en cas d'omission, le receveur exigera le droit, si l'acte n'a pas été enregistré dans son bureau, sauf restitution dans le délai prescrit, s'il est ensuite justifié de l'enregistrement de l'acte sur lequel le jugement aura été prononcé, ou l'arrêté pris (4).

49. Les notaires, huissiers, greffiers,

***

(1) — 325. L'amende est réduite à 5 fr. (L., 16 juin 1824, art. 10, D.A.17, n° 3). — L'art. 44 ci-dessus a eu pour but d'organiser l'exécution des art. 41 et 42. Mais remarquons que le notaire remplit complétement l'obligation que cet article lui impose, lorsqu'en relatant un acte sous seing privé, il énonce le nom du bureau où cet acte a été enregistré, le folio et la case du registre où l'enregistrement a eu lieu, le nom du receveur et le montant des droits perçus, puisque par là les préposés de la régie sont mis à portée de vérifier si la formalité a été remplie régulièrement (Sol., 23 avril 1850, D.P.33. 3.42). V. encore Dalloz, loc. cit., n°s 5261 et suiv.

(2) — 326. L'amende n'est plus que de 5 fr. (L., 16 juin 1824, art. 10, D.A.7.17, n° 3). Il y a lieu de regarder la seconde disposition de l'art. 45 comme abrogée par l'art. 38 de la loi du 28 avril 1816 (Délib., 24 juill. 1824); et, quant à la première disposition, elle ne peut être que d'une application fort rare, relativement aux jugements rendus antérieurement à ladite loi du 28 avril 1816.

(3) — 327. Si le notaire qui a fait une fausse mention d'enregistrement est vivant, le receveur, après s'être procuré une copie certifiée ou collationnée en forme, ainsi que l'indique l'art. 56 ci-après, dressera procès-verbal du délit, et transmettra ce procès-verbal avec la copie certifiée à son directeur, qui dénoncera le tout au procureur impérial pour faire exécuter les dispositions de l'art. 46, sauf à ce magistrat à se faire représenter l'expédition dont la relation est arguée de faux. Lorsque l'arrêt aura été prononcé, le receveur enregistrera la minute de l'acte à la date courante, en tirant les droits pour mémoire. Il exprimera les causes de cet enregistrement sur son registre et dans sa relation sur l'acte, avec indication de la date de l'arrêt (Inst. gén. n° 263; 340, § 5, et 1537, actes, 2; 21 frim. an XIII; 17 sept. 1807; 5 juin 1837).

328. Si le notaire est décédé, l'action criminelle étant éteinte, aux termes de l'art. 7 de la loi du 3 brum. an IV, le receveur enregistrera l'acte comme il vient d'être dit, et fera mention de la date de décès du notaire sur son registre et sur la minute de l'acte. Il transcrira aussi, sur l'expédition représentée, la relation qu'il aura mise sur la minute, et la remettra aux contractants (Même inst.).

329. Le notaire qui écrit sur les expéditions de ses actes de fausses quittances de droit d'enregistrement commet un faux dans l'exercice de ses fonctions, selon l'art. 145, C. pén. (Cass., 20 avr. 1809 et 6 juill. 1826, D.P.26.1.104; Championnière et Rigaud, t. 4, n° 3931).

(4) — 330. V. sur cet article les explica-

et les secrétaires des administrations centrales et municipales, tiendront des répertoires à colonnes, sur lesquels ils inscriront, jour par jour, sans blanc ni interligne, et par ordre de numéros, savoir :

1° Les notaires, tous les actes et contrats qu'ils recevront, même ceux qui seront passés en brevet, à peine de dix francs d'amende pour chaque omission ;

2° Les huissiers, tous les actes et exploits de leur ministère, sous peine d'une amende de cinq francs pour chaque omission ;

3° Les greffiers, tous les actes et jugements qui, aux termes de la présente, doivent être enregistrés sur les minutes, à peine d'une amende de dix francs pour chaque omission ;

4° Et les secrétaires, tous les actes des administrations, qui doivent aussi être enregistrés sur les minutes, à peine d'une amende de dix francs pour chaque omission (1).

---

tions données par Dalloz, v° *Enregistr.*, nᵒˢ 4334 et suiv., 5785 et suiv. — Il faut remarquer que la disposition de l'art. 47 de la loi du 22 frim. an VII ne s'applique qu'aux cas où il s'agit d'intérêts privés ; il ne s'étend pas aux actes qui intéressent la vindicte publique. V. Dalloz, nᵒˢ 5789 et suiv. *Adde* C. cass., 31 mars 1848 (D.P.48.1.92). *V.* aussi *infrà*, loi du 28 avril 1816, art. 57.

(1) — 331. Le répertoire est une table chronologique des actes, mais qui a moins pour but de faciliter la recherche des fonctionnaires publics qui les ont reçus que de rendre la perception plus certaine et d'assurer une date aux actes.

332. L'obligation de tenir des répertoires avait été imposée aux notaires antérieurement à l'établissement du contrôle, « comme moyen, dit Guyot (v° *Répertoire*), d'empêcher les antidates et de prévenir la soustraction des actes. » Cette obligation a été étendue depuis aux huissiers, greffiers aux secrétaires des administrations centrales et municipales par la disposition ci-dessus ; aux commissaires-priseurs et aux courtiers de commerce, mais seulement pour les procès-verbaux de vente de meubles et de marchandises, et pour les actes faits en conséquence de ces ventes, par la loi du 16 juin 1824, art. 11.

333. Ces dispositions sont limitatives : ainsi tous les fonctionnaires publics auxquels la loi n'impose pas nominativement l'obligation de tenir un répertoire en sont dispensés ; de ce nombre sont, par conséquent, les gardes champêtres et forestiers pour les procès-verbaux qu'ils reçoivent. Mais, sous la dénomination d'huissiers, il faut comprendre tous ceux qui en remplissent les fonctions, tels que les gardes du commerce, les individus qui exploitent près des conseils de prud'hommes, et les porteurs de contraintes (Déc. min. fin., 20 juin 1819 ; Inst., 18 fév. 1808 et 5 juill. 1809).

334. Quant aux notaires, ils doivent porter au répertoire tous les actes qu'ils reçoivent, soit que ces actes aient été passés en brevet, soit qu'ils aient été faits en minute

(*V.* le texte ci-dessus), à l'exception seulement de ceux spécifiés par la loi (Cass., 4 avr. 1854, D.p.54.1.99).

334 bis. Les certificats de propriété destinés au retrait des fonds versés aux caisses d'épargne ne sont pas compris parmi les actes dont les notaires sont tenus de faire mention à leur répertoire (Trib. de Strasbourg, 1ᵉʳ déc. 1857, D.P.58.3.38).

334 ter. Lorsqu'un acte est rédigé en double minute, chacun des notaires détenteurs de l'une des minutes doit en faire l'inscription sur son répertoire ; et l'on estimerait à tort que cette obligation n'est imposée qu'à celui des notaires qui s'est chargé de la formalité de l'enregistrement (Trib. de Pithiviers, 26 nov. 1857, D.P.58.3.38).

335. L'obligation dont il s'agit s'étend aux copies d'actes et extraits collationnés qui sont soumis à l'enregistrement (Déc. min. fin., 9 prair. an XII et 18 avril 1809 ; Championnière et Rigaud, t. 4, n° 3936).

335 bis. D'après la jurisprudence, les actes notariés doivent être portés au répertoire le jour même de leur confection (Trib. de la Seine, 11 août 1841, D.p.42.3.86). — *V.* aussi Dalloz, v° *Enregistr.*, nᵒˢ 5296 et suiv. et les décisions citées.

336. Les actes reçus par un notaire comme substituant un de ses confrères doivent être portés à la fois sur le répertoire du notaire substitué et sur celui du substituant, avec mention que la minute est demeurée au notaire suppléé, et qu'elle sera enregistrée au bureau de ce dernier (Inst. gén., 11 nov. 1819). — Mais le notaire substitué par l'un de ses confrères pour la réception d'actes en brevet n'est pas tenu d'inscrire ces actes sur son répertoire. Cette obligation ne s'applique qu'aux actes reçus en minute (Sol. de la rég., 16 déc. 1843, D.p.45.4.302).

337. Les notaires doivent aussi inscrire sur leur répertoire les testaments qu'ils reçoivent, ou l'acte de suscription des testaments mystiques ou l'acte de dépôt des testaments olographes (Cass., 19 déc. 1808, D.A.7.347 ; Inst. gén., 2 août 1808, 9 sept. 1812 ; Déc. 29 fév. 1822 ; Sol., 2 et 24 sept.

50. Chaque article du répertoire contiendra : 1° son numéro; 2° la date de l'acte; 3° sa nature; 4° les noms et prénoms des parties et leur domicile; 5° l'indication des biens, leur situation et le prix, lorsqu'il s'agira d'actes qui auront pour objet la propriété, l'usufruit ou la jouissance de biens-fonds; 6° la relation de l'enregistrement (1).

51. Les notaires, huissiers, greffiers

1831 ; Trib. de la Seine, 11 août 1841, D.p. 42.3.86 ; 1er déc. 1841, D.p.42.3.143; Championnière et Rigaud, t. 4, n° 3934). Il en était ainsi sous l'ancienne jurisprudence, et la loi de frimaire ne contient aucune exception à cet égard. Mais, si les testateurs sont encore vivants, les notaires doivent se borner à indiquer la date du testament, et les nom, qualité et demeure du testateur, sans faire mention des dispositions que le testament renferme.

338. Quant aux inventaires et aux procès-verbaux qui exigent plusieurs séances, ils doivent être portés seulement à la date de la première vacation (Déc. min., 18 août 1812; Championnière et Rigaud, t. 4, n° 3938.

Cependant des notaires leur donnent au répertoire autant de mentions qu'il y a de vacations, mais ils ont soin de clore chaque vacation. Ils se fondent sur l'axiome *quod abundat non vitiat* (*V.* le décret du 1er nov. 1806).

Lorsqu'un acte contient plusieurs dates, l'administration préfère qu'il soit inscrit à la première, parce qu'après son inscription, le notaire est tenu de le représenter, et qu'il peut y avoir abus en l'inscrivant à la dernière date (délib., 11 nov. 1834), mais aucune loi n'assujettit les notaires à l'inscrire à une date plutôt qu'à l'autre; cependant la jurisprudence admet qu'il peut n'être inscrit qu'à la dernière date, parce qu'il est parfait seulement à cette date (Trib. de Fontainebleau, 13 août 1838). Dans la pratique, des notaires les inscrivent à la première et à la dernière date (V. *sup.*, n° 203).

339. Mais les certificats de vie que quelques notaires délivrent aux pensionnaires de l'Etat, et les certificats de propriété pour le transfert des inscriptions sur le grand-livre, ne doivent pas être répertoriés, parce que ces certificats sont dispensés de l'enregistrement.

340. A l'égard des huissiers, ils doivent aussi inscrire sur leur répertoire tous les exploits et autres actes de leur ministère (*V.* le texte ci-dessus).

341-347. Mais les protêts des effets de commerce que les huissiers sont appelés à rédiger concurremment avec les notaires (C. comm., 173) doivent-ils également être portés sur le répertoire? La négative résulte de l'art. 176, C. comm., d'après lequel ces protêts doivent être transcrits, jour par jour, par ordre de date, dans un registre particulier, coté, paraphé et tenu dans les formes prescrites pour les répertoires. A quoi bon, dès lors les mentionner par leur date sur le répertoire des actes ordinaires? — Il résulte d'une instruction générale que les protêts doivent être répertoriés par les notaires (Inst. gén., 9 mars 1809, n° 420, § 1er). Mais une instruction ultérieure porte que, comme peu de notaires ont l'occasion de faire des protêts, il serait inutile de contraindre ceux qui n'en font pas à tenir un registre particulier (Inst. gén., 26 sept. 1829, n° 1293, § 18; Championnière et Rigaud, t. 5, n° 3937). Il y a lieu d'admettre la même solution à l'égard des huissiers.— *V.* Dalloz, v° *Enreg.*, n°s 5283 et 5284.

346. Quant aux amendes de 10 fr., qui sont prononcées par trois des paragraphes de la disposition ci-dessus, elles sont aujourd'hui réduites à 5 fr. par la loi du 16 juin 1824, art. 10.

(1) — 348. Il avait été statué que le numéro d'ordre pouvait être écrit en chiffres, mais que la date des actes devait être en toutes lettres, et qu'en outre il était nécessaire que la relation de l'enregistrement fût littéralement transcrite (Déc. min., 5 mai 1807; Inst. gén., 18 fév. 1808, n° 363). Mais cette règle a été modifiée, et les notaires peuvent constater en chiffres la date de leurs actes, le montant des droits perçus, et la date de l'enregistrement (Inst. gén., 7 juin 1808, n° 382).

349. Le rapprochement de l'art. 50, qui veut que l'on mentionne la date de l'enregistrement de l'art. 49, qui exige l'inscription des actes jour par jour, a fait naître la question de savoir si les actes doivent être inscrits au répertoire le jour même de leur passation, ou si le vœu de la loi ne serait pas rempli, lorsque les actes se trouveraient sur le répertoire, par ordre de dates et de numéros. La rédaction de l'art. 49 et le but que s'est proposé cet article, qui est d'assurer une date aux actes, a fait résoudre la question dans le sens de l'inscription, le jour même de la passation de l'acte, ainsi qu'on l'a vu plus haut, n° 335 *bis*; la nécessité de mentionner la date de l'enregistrement, aux termes de l'art. 50, a paru n'avoir rien de contraire à cette solution, en ce qu'on peut se borner à laisser la colonne de l'enregistrement en blanc, sauf à la remplir après que l'acte a été soumis à la formalité (Cass., 5 fév. 1811, 4 déc. 1816, D.A.7.348; Championnière et Rigaud, t. 4, n° 3939). Disons

et les secrétaires des administrations centrales et municipales présenteront, tous les trois mois, leurs répertoires aux receveurs de l'enregistrement de leur résidence, qui les viseront et qui énonceront dans leur visa le nombre des actes inscrits. Cette présentation aura lieu, chaque année, dans la première décade de chacun des mois de nivôse, germinal, messidor et vendémiaire, à peine d'une amende de dix francs pour chaque décade de retard (1).

52. Indépendamment de la représentation ordonnée par l'article précédent, les notaires, huissiers, greffiers et secrétaires, seront tenus de communiquer leurs répertoires, à toute réquisition, aux préposés de l'enregistrement qui se présenteront chez eux pour les vérifier, à peine d'une amende de cinquante francs en cas de refus.

Le préposé, dans ce cas, requerra l'assistance d'un officier municipal, ou de l'agent, ou de l'adjoint de la commune du lieu, pour dresser, en sa présence, procès-verbal du refus qui lui aura été fait (2).

53. Les répertoires seront cotés et paraphés, savoir : ceux des notaires, huissiers et greffiers de la justice de paix, par le juge de paix de leur domicile; ceux des greffiers des tribunaux,

---

toutefois que la loi, en exigeant l'inscription *jour par jour*, n'a pas dit qu'elle serait faite *le jour même*, et cela prête un assez fort appui à la doctrine que l'inscription peut avoir lieu par ordre de date, d'autant plus que la loi aurait mis à la charge d'un officier ministériel une obligation qu'il lui serait quelquefois impossible d'exécuter, par exemple, lorsque le répertoire est entre les mains du receveur pour le visa trimestriel prescrit par l'art. 51, la vérification que le receveur doit faire exigeant quelquefois beaucoup de temps et entraînant, d'ailleurs, un délai nécessaire, lorsque le receveur reçoit ensemble tous les répertoires des fonctionnaires de son arrondissement.

(1)—350. Depuis la remise en vigueur du calendrier grégorien, c'est dans les dix premiers jours des mois de janvier, avril, juillet et octobre, que doit être faite la présentation au visa prescrit par le texte ci-dessus.

351. Il est dû une amende de 10 fr. (aujourd'hui de 5 fr.; L. 15 juin 1824, art. 10) pour chaque décade de retard. L'amende serait encourue quand même la décade ne serait pas encore expirée : ainsi une première amende serait due, si le répertoire n'était présenté au visa que le 11, et une seconde, s'il n'était présenté que le 21. Toutefois, si le dixième jour était un jour férié, la présentation pourrait, sans contravention, n'avoir lieu que le lendemain. (Sol., 2 sept. 1814).

Cependant une seule amende est exigible pour tout le temps durant lequel le répertoire n'a pas été présenté au visa du receveur, et on ne peut en réclamer une pour défaut de visa de chaque trimestre, lorsque la contravention n'a pas été constatée et l'amende exigée à l'échéance de chaque trimestre (Inst., 1458, § 10) (*V*. t. 1, p. 723, le tableau des amendes).

352. Ce sont les actes passés dans le trimestre échu qui doivent être soumis au *visa*, sous peine d'amende, au plus tard le 10 du mois qui commence le nouveau trimestre. Ainsi, le fonctionnaire qui fait viser le 10 janvier les actes reçus dans le trimestre d'octobre précédent ne devra pas être poursuivi, quoiqu'il n'ait pas présenté au visa les actes reçus depuis le 1er jusqu'au 10 janvier, qui seront inscrits sur un nouveau répertoire (Trib. de Thionville, 15 août 1827; Déc. min., 20 nov. 1817; Championnière et Rigaud, t. 4, n° 3940).

353. D'ailleurs, le notaire qui, dans le cours d'un trimestre, n'a reçu aucun acte, n'est pas pour cela dispensé de présenter son répertoire au visa.

354. Si un notaire change de domicile pendant le cours d'un trimestre, et qu'il aille s'établir dans la circonscription d'un autre bureau, les actes passés pendant ce trimestre devront être visés dans les deux bureaux. De même, si un notaire cède son office, son successeur, à la fin du trimestre, devra représenter au visa les actes rédigés par son prédécesseur aussi bien que ceux qu'il a reçus lui-même.

(2)—335. V. *inf.*, l'art. 54 et le commentaire. Quant à l'amende de 50 fr. prononcée par celui ci-dessus pour chaque refus constaté, elle est réduite à 10 fr. par la loi du 16 juin 1824, art. 10.

356. Le refus par le clerc d'un officier public, en l'absence de celui-ci, de communiquer le répertoire à un employé de l'enregistrement, constitue une infraction à l'art. 52 ci-dessus, passible d'amende (Trib. de Dieppe, 23 juill. 1844, D.P.45.4.224).

357. Ce refus est valablement constaté par un procès-verbal qui mentionne que le maire et l'adjoint, requis d'assister le préposé, ont déclaré en être empêchés (Délib., 1er mai 1829; Trib. de Saverne, 19 mars 1834; Championnière et Rigaud, t. 4, n° 3948). *V.* aussi Trib. de Rennes, 10 déc. 1844, D.P.45. 3.107).

par le président, et ceux des secrétaires des administrations, par le président de l'administration (1).

54. Les dépositaires des registres de l'état civil, ceux des rôles des contributions, et tous autres chargés des archives et dépôts de titres publics, seront tenus de les communiquer, sans déplacer, aux préposés de l'enregistrement, à toute réquisition, et de leur laisser prendre, sans frais, les renseignements, extraits et copies qui leur seront nécessaires pour les intérêts de la République, à peine de cinquante francs d'amende pour refus constaté par procès-verbal du préposé, qui se fera accompagner, ainsi qu'il est prescrit par l'article 52 ci-dessus, chez les détenteurs et dépositaires qui auront fait refus.

Ces dispositions s'appliquent aussi aux notaires, huissiers, greffiers et secrétaires d'administrations centrales et municipales, pour les actes dont ils sont dépositaires.

Sont exceptés les testaments et autres actes de libéralité à cause de mort, du vivant des testateurs.

Les communications ci-dessus ne pourront être exigées les jours de repos, et les séances, dans chaque autre jour, ne pourront durer plus de quatre heures, de la part des préposés, dans les dépôts où ils feront leurs recherches (2).

55. Les notices des actes de décès, qui, aux termes de l'art. 5 de la loi du 13 fruct. an VI, relatives à la célébration des décadis, doivent être remises, pour chaque décade, au chef-lieu du canton, par les officiers publics ou les agents de commune faisant fonctions d'officiers publics, seront transcrites sur un registre particulier tenu par les secrétaires des administrations municipales.

Ces secrétaires fourniront par quartier, aux receveurs de l'enregistrement de l'arrondissement, les relevés par eux certifiés, desdits actes de décès. Ils seront délivrés sur papier non timbré, et remis dans les mois de nivôse, germinal, messidor et vendémiaire, à peine d'une amende de trente francs pour chaque mois de retard. Ils en retire-

---

(1)—358. Aujourd'hui, les répertoires des notaires doivent être cotés et paraphés par le président de tribunal du lieu de leur résidence (L., 25 vent. an XI, art. 30).

359. La formalité exigée par l'art. 53 n'a rien de commun avec le visa périodique dont parle l'art. 51 : car le paraphe de l'autorité n'a d'autre objet que d'empêcher les suppressions ou les intercalations frauduleuses, tandis que le visa du receveur a pour but de vérifier si les lois sur l'enregistrement sont fidèlement observées. On avait cependant prétendu que l'art. 30 de la loi du 25 vent. an XI, qui renouvelle l'obligation imposée aux notaires de faire parapher leurs répertoires, n'ayant pas reproduit la même obligation de les présenter périodiquement au visa du receveur, cette dernière formalité devait être considérée comme abrogée ; mais ce système a été justement repoussé par la Cour de cassation (Cass., 24 avril 1809; 5 fév. 1811, D.A. 7.346 et 348).

360. Toutefois, il n'y a pas contravention passible d'amende lorsque les actes ont été répertoriés jour par jour, sans qu'au préalable le répertoire ait été coté et paraphé (Sol., 24 oct. 1834).

(2)—361. Mais ils ne peuvent étendre leurs investigations aux testaments ou actes de libéralité à cause de mort (V. le texte ci-dessus).

362. Ils seraient aussi sans droit pour exi-

ger l'ouverture d'un paquet cacheté, remis de confiance à un notaire, pour n'être ouvert qu'en présence du déposant, parce que ce n'est point comme officier public, mais à titre confidentiel, que le notaire a reçu le dépôt (Cass., 4 août 1811, D.A.7.52). V. encore dans le même sens, Douai, 29 déc. 1852, et Metz, 5 oct. 1853 (D.P.54.2.77 et 78) ; Cass., 14 avril 1854 (D.P.54.1.268).

363. Ce serait même violer la loi que d'admettre qu'un vérificateur pût faire le relevé sur le répertoire d'un notaire de tous les testaments inscrits. Il importe souvent beaucoup, disent Championnière et Rigaud, t. 4, n° 3945, à un testateur qu'on ignore qu'il a fait un testament, et le notaire, qui en est le dépositaire, violerait non-seulement un secret, mais encore la loi, en laissant prendre note d'un de ces testaments (Trib. de Falaise, 26 avril 1824).

364. Pour prévenir les abus qui pourraient résulter du pouvoir donné aux préposés d'exiger la communication des actes et pour garantir les officiers publics des vexations dont ils pourraient être l'objet, le législateur a voulu que les communications ne pussent être exigées le jour de repos, et que les séances, chaque autre jour, ne durassent pas plus de quatre heures de la part des préposés, dans les dépôts où ils feraient leurs recherches (V. le texte ci-dessus). V. encore Dalloz, v° Enreg., n°ˢ 5329 et suiv.).

ront récépissé, aussi sur papier non timbré (1).

56. Les receveurs de l'enregistrement ne pourront, sous aucun prétexte, lors même qu'il y aurait lieu à l'expertise, différer l'enregistrement des actes et mutations dont les droits auront été payés aux taux réglés par la présente (2).

Ils ne pourront non plus suspendre ou arrêter le cours des procédures, en retenant des actes ou exploits ; cependant, si un acte dont il n'y a pas de minute, ou un exploit, contient des renseignements dont la trace puisse être utile pour la découverte des droits dus, le receveur aura la faculté d'en tirer copie, et de la faire certifier conforme à l'original par l'officier qui l'aura présenté. En cas de refus, il pourra réserver l'acte pendant vingt-quatre heures seulement, pour s'en procurer une collation en forme, à ses frais, sauf répétition, s'il y a lieu.

Cette disposition est applicable aux actes sous signature privée qui seront présentés à l'enregistrement (3).

57. La quittance de l'enregistrement sera mise sur l'acte enregistré, ou sur l'extrait de la déclaration du nouveau possesseur.

Le receveur y exprimera en toutes lettres la date de l'enregistrement, le folio du registre, le numéro et la somme des droits perçus.

Lorsque l'acte renfermera plusieurs dispositions opérant chacune un droit particulier, le receveur les indiquera sommairement dans sa quittance, et y énoncera distinctement la quotité de chaque droit perçu, à peine d'une amende de dix francs (4) pour chaque omission (5).

---

(1) — 365. Pour l'amende, V. L., 16 juin 1824, art. 10.

(2) — 366. L'exécution littérale de cette disposition est matériellement impossible. Les préposés auxquels il est présenté plusieurs actes en même temps les notent sur leur carnet avec la consignation, et les enregistrent ensuite à cette date ; mais cette infraction aux règlements qui est dans la nécessité des choses peut avoir des inconvénients graves pour les notaires qui se confient à la foi du préposé, surtout s'il n'est pas d'une conduite irréprochable, s'il admet dans son cabinet des personnes suspectes. En effet, il peut ou omettre d'enregistrer, ou, ce qui est plus grave, égarer l'acte. S'il nie que l'acte lui a été remis, la responsabilité retombera sur l'officier ministériel qui n'aura point pris ses sûretés.

367. Il nous semble donc que ce dernier pourrait, en remettant ses actes, exiger un récépissé pour sa garantie, et que le préposé ne pourrait le refuser que par l'offre d'enregistrer sur-le-champ, car le législateur n'a pu vouloir imposer une confiance tellement illimitée dans les agents du Trésor, qu'on fût tenu de laisser en leurs mains des actes sur lesquels repose la fortune des familles, sans avoir la plus légère garantie contre leur négligence ou leur infidélité (V. Dalloz, v° Enregist., n° 5082).

(3) — 368. Hors le cas expressément prévu par cet article, le receveur ne peut pas retenir un acte, et dans le cas même où la retenue est autorisée, elle ne peut durer plus de vingt-quatre heures ; c'est donc à tort que la circulaire n° 1310 porte que, si les notaires ou les parties se refusent à payer le droit

d'enregistrement des actes qu'ils remettent au bureau, le receveur peut les retenir, pour exiger les droits des actes notariés et celui des actes sous seing privé translatifs d'immeubles, à l'expiration des délais (Cass., 18 germ. an v ; Championnière et Rigaud, t. 4, n° 3804).

369. Par suite, il a été reconnu qu'un receveur, après avoir enregistré des actes de notaire, dont les droits ne lui ont pas été payés en totalité, ne peut retenir ces actes jusqu'à ce que les droits soient soldés, attendu que le receveur aurait dû, aux termes de la loi (art. 28, sup.), exiger le paiement intégral avant l'enregistrement (Contrôleur, n° 2433 ; Championnière et Rigaud, loc. cit. —Contrà, Journ. de l'enreg., 10.225).

370. La remise de l'acte dans le délai utile pour l'enregistrement ne suffit pas pour mettre le redevable à l'abri de l'amende, il faut qu'elle soit accompagnée du paiement des droits (Cass., 21 flor. an VIII), car les receveurs ne peuvent ni les avancer ni accorder des délais.

(4) — 271. Réduite à 5 francs par la loi du 16 juin 1824, art. 10.

(5) — 372. La stricte observation de cet article a été prescrite par une instruction générale du 24 janv. 1832, n° 1393 (Championnière et Rigaud, t. 4, n° 3808, et le Contr., n° 2453).

373. Ainsi que le prescrit cet article, la mention de l'enregistrement doit être mise sur l'acte enregistré. Par suite, si le papier était tellement couvert d'écriture qu'il fût impossible d'y placer la quittance, le receveur pourrait y ajouter, aux frais des parties, une feuille de papier timbré (Sol., 25 fév. 1832).

58. Les receveurs de l'enregistrement ne pourront délivrer d'extraits de leurs registres que sur une ordonnance du juge de paix, lorsque ces extraits ne sont pas demandés par quelqu'une des parties contractantes ou leurs ayants cause.

Il leur sera payé un franc pour recherche de chaque année indiquée, et cinquante centimes par chaque extrait, outre le papier timbré : ils ne pourront rien exiger au delà (1).

59. Aucune autorité publique, ni la régie, ni ses préposés, ne peuvent accorder de remise ou de modération des droits établis par la présente et peines encourues, ni en suspendre ou faire suspendre le recouvrement, sans en devenir personnellement responsable (2).

TITRE VIII. — Des droits acquis et des prescriptions.

60. Tout droit d'enregistrement perçu régulièrement en conformité de la présente ne pourra être restitué, quels que soient les événements ultérieurs, sauf les cas prévus par la présente (3).

61. Il y a prescription pour la demande des droits, savoir :

1° Après deux années, à compter du

---

(1) — 374. L'art. 853, C. proc., qui autorise les dépositaires des registres publics à en délivrer extrait à tous requérants, sans ordonnance de justice, n'est point applicable aux registres relatifs à la perception des droits d'enregistrement, ces registres n'étant pas publics (Inst. gén., n° 456, § 64, 4 juill. 1809).

375. La régie avait prétendu que les extraits de ses registres devaient faire foi en justice, et jouissaient de l'authenticité comme émanés d'officiers publics compétents (C. Nap. 1317). Mais cette prétention a été rejetée par la Cour de cassation (16 juin 1807, D.A.6.351). Cette décision, disent Championnière et Rigaud, t. 5, n° 3814, est conforme aux principes constatés par la loi du 22 frim. an VII elle-même, puisqu'elle ne confie pas même aux employés du fisc le droit de dresser la copie collationnée des actes qui lui sont présentés V. l'art. 56, sup.). Toutefois, une instruction de la régie, n° 1590, § 16, porte que les extraits des registres des receveurs de l'enregistrement peuvent être écrits sur timbre de tout format, et qu'il peut être écrit plusieurs extraits les uns à la suite des autres sur la même feuille.

(2) — 376. La prohibition absolue de l'art. 59 a cessé dans l'usage pour le ministre des finances, en ce qui concerne seulement les droits en sus et les amendes, ainsi qu'il résulte de la décision suivante : « Art. 1er. Les particuliers qui se croiront fondés à réclamer près de nous soit des remises ou modérations d'amendes ou droits en sus et doubles droits, soit des prorogations de délai pour le paiement des sommes par eux dues au Trésor royal, pourront, toutes les fois qu'ils le jugeront convenable, et au lieu de nous les transmettre directement, déposer ou faire déposer leurs mémoires ou pétitions entre les mains du directeur de l'enregistrement du département où est situé le bureau de perception, en ayant soin cependant de ne rien changer à la forme de ces réclamations, qui devront énoncer que c'est au ministre des finances qu'elles sont adressées. — Art. 2. Des réclamations ainsi déposées seront transmises ensuite par les directeurs à l'administration avec leurs observations motivées, au plus tard dans la quinzaine qui suivra le jour du dépôt. — Art. 3. Aucun changement n'est apporté au mode de transmission des pétitions ou mémoires qui auraient pour objet des réclamations contre des perceptions de droits de timbre et de droits simples d'enregistrement » (Déc. min. fin., 10 oct. 1821 ; Inst. gén., n° 1002, 25 oct. 1821).

377. Pour l'exécution de cette décision, il a été prescrit de tenir dans chaque direction un sommier des pétitions, sur lequel les directeurs inscrivent par numéros et dates celles qui leur sont remises, avec l'indication du nom du réclamant et l'analyse succincte de l'objet du mémoire. Chaque article de ce sommier est successivement chargé de la demande de renseignements, qui doit être faite de suite, de l'envoi à l'administration dans la quizaine, de la décision rendue, et de sa transmission aux receveurs et aux parties (Même instruction).

377 bis. L'héritier ou légataire universel qui, après avoir obtenu remise de la peine fiscale encourue pour défaut de déclaration dans le délai, n'a pas satisfait à la condition à lui imposée de payer immédiatement le droit simple, est déchu du bénéfice de cette remise et peut être poursuivi de nouveau en paiement des droits en sus (Trib. de la Seine, 23 nov. 1861, D.p.62.3.40).

(3) — 378. Cette disposition offre, dans l'application, des difficultés graves et nombreuses qui tiennent à la trop grande généralité des termes dans lesquels elle est conçue. Le principe qu'elle pose est la non-restitution du droit, *quels que soient les événements ultérieurs*, principe absolu, sur l'inter-

jour de l'enregistrement, s'il s'agit d'un prétation duquel ont été rendues les décisions les plus divergentes.

379. Constatons d'abord que la loi se corrige elle-même en ajoutant : « sauf les cas prévus par la présente. » Toutefois, les exemples où l'exception est consacrée sont fort rares dans la loi de frimaire. Il en existe deux seulement ; 1° celui de l'art. 48, lorsqu'à défaut de mention de l'enregistrement d'un acte sur lequel un jugement a été prononcé, le droit ayant été exigé par le jugement, il est ultérieurement prouvé que l'acte était enregistré ; 2° le cas prévu par l'art. 69, § 3, n° 3, où le droit d'obligation ayant été perçu sur les délégations de prix stipulées dans un contrat pour acquitter des créances à terme envers un tiers, sans énonciation de titres enregistrés, il est plus tard justifié de l'enregistrement du titre. — A ces deux exceptions faites par la loi de frimaire elle-même, il convient d'en ajouter deux autres : d'abord, le cas où des droits de mutation ont été payés pour la succession d'un absent ; si l'absent reparaît, l'art. 40 de la loi du 28 avril 1816 veut que les droits perçus soient restitués, sauf la déduction de celui auquel aura donné lieu la jouissance des héritiers (*V.* cet article), et ensuite le cas qui fait l'objet de l'avis du conseil d'Etat, du 18-22 oct. 1808, dont nous parlerons tout à l'heure (*V.* n° 382), lorsqu'une adjudication d'immeuble en justice est ensuite annulée par les voies légales. Sauf ces quatre cas, le principe de la non-restitution établi par l'art. 60 reprend son empire.

380. Mais ce principe ne doit être appliqué que dans les termes où il est consacré. Ainsi, une première considération qui se présente, c'est qu'il n'a pu être dans l'intention du législateur de se prévaloir contre les contribuables d'un paiement qu'ils avaient fait de confiance et dans l'ignorance de la loi, pour leur refuser toute répétition, s'il venait à être découvert que le droit n'était pas dû. Aussi l'art. 60 ne dit-il pas : « Tout droit perçu ne pourra être restitué : » mais « Tout droit *régulièrement* perçu... » Il ne s'agit donc que de déterminer en quels cas la perception est *régulière* et s'oppose à la demande en restitution.

381. En principe, les vices d'un contrat ne sont point un obstacle à la perception du droit d'enregistrement, parce qu'il est possible que, malgré ces vices, l'acte reçoive son exécution, et que les parties ont d'ailleurs à s'imputer d'avoir fait des actes nuls. De là, il faut conclure que l'annulation d'un contrat, même pour vice radical, ne rend pas le droit restituable, puisque ce droit aura été perçu *régulièrement*. Ce point est résolu par un grand nombre d'arrêts, notamment par celui du 12 fév. 1822 rendu par la chambre

droit non perçu sur une disposition par civile de la Cour de cassation (V. Dalloz, v° *Enregistr.*, n°s 236 et suiv.). *Adde* en ce sens Garnier, *Rép. gén.*, v^{is} *Nullité, Résolution* et *Restitution*. V. cependant en sens contraire, du moins relativement aux actes frappés d'une nullité radicale, Championnière et Rigaud, t. 4, n°s 3934 et suiv. M. Gabr. Demante, après avoir soutenu dans sa 1re édition, que le droit n'est pas dû pour un acte entaché d'une nullité radicale, et que, s'il a été perçu, il doit être restitué, a adopté, dans sa 2e édition (n° 50), l'opinion opposée.

382. La solution qui précède se trouve modifiée, mais pour un seul cas, par l'avis précité du conseil d'Etat, du 18-22 oct. 1808, qui décide que le droit perçu sur une adjudication d'immeubles faite en justice doit être restitué, lorsque l'adjudication est annulée par les voies légales, et les motifs sur lesquels cet avis est fondé sont que l'art. 60 n'a eu pour but que d'empêcher l'annulation des actes par des collusions frauduleuses. — Il a été jugé que cet avis n'est applicable qu'au cas d'adjudication attaquée et annulée par la voie de l'appel (Cass., 24 nov. 1858, D.P.58.1.460 ; 26 nov. 1860, D.P.61.1.38) ; qu'ainsi il ne s'applique pas au cas où le jugement d'adjudication a été résolu par une cause qui lui est postérieure, et notamment par suite de folle enchère (Arrêt précité du 24 nov. 1858), ni au cas où l'adjudication a été annulée par voie d'action principale, comme ayant pour objet un immeuble n'appartenant pas à celui sur qui elle a été faite (Arrêt précité du 26 nov. 1860). — N'est pas restituable non plus le droit perçu sur le prix d'une revente émanée d'un fol enchérisseur, et résolue comme l'adjudication frappée de folle enchère (Arrêt précité du 24 nov. 1858).

383. Il y a lieu d'étendre l'exception consacrée par cet avis, pour les adjudications d'immeubles faites en justice, aux ventes d'immeubles appartenant à des mineurs faites devant notaires et annulées pour défaut de formalités. Et ce n'est point, à proprement parler, une extension de l'avis du conseil d'Etat, car on peut dire, jusqu'à un certain point, que les ventes de biens de mineurs, faites par l'ordre du tribunal, avec les mêmes formes, la même publicité que celles qui ont lieu à la barre, sont de véritables adjudications faites en justice, puisque le notaire n'est, en quelque sorte, que le délégué du juge et pour éviter des frais (*Contrà*, Cass., 13 prair. an IX, D.A.7.386). Mais cet arrêt, antérieur à l'avis du conseil d'Etat, ne saurait par cela même être pris en considération. *V.* encore en sens contraire plusieurs arrêts de la Cour de cassation rap-

ticulière dans un acte, ou d'un supplé- | ment de perception insuffisamment faite;

portés par Dalloz, vᵒ *Enregistr.*, nᵒˢ 5348 et suiv. *V.* aussi *eod.*, nᵒˢ 5351 et suiv., et *Table de quinze ans*, vᵒ *eod.*, nᵒˢ 924 et suiv., diverses décisions qui restreignent, même à l'égard des adjudications faites en justice, l'application de l'avis du conseil d'État précité.

384. Le principe si absolu de l'art. 60 et la nécessité de limiter l'avis du conseil d'État au seul cas qu'il a pour objet n'ont pas permis d'admettre la répétition du droit perçu sur un jugement contradictoire ou par défaut rendu en premier ressort, lorsque ce jugement est réformé sur l'opposition ou sur l'appel. Cette doctrine est consacrée par un si grand nombre d'arrêts (V. Dalloz, vᵒ *Enregistr.*, nᵒˢ 5352 et suiv.; *adde* Cass., 12 fév. 1850, D.P.50.1.184), qu'il y aurait témérité à tenter de la combattre (*V.* cependant Championnière et Rigaud, t. 4, nᵒ 3956).

385. Tout en reconnaissant la sévérité de cette jurisprudence, notamment en ce qui concerne l'annulation d'un contrat pour vice substantiel, cas auquel la collusion n'est guère plus à craindre que relativement aux adjudications d'immeubles faites en justice que prévoit l'avis de 1808, disons que ce reproche s'adresse moins à la jurisprudence elle-même qu'au législateur, car telle est la généralité de l'art. 60, que ce n'est qu'en forçant ses dispositions qu'on pourrait arriver à admettre l'action en répétition des droits acquittés sur un contrat annulé depuis, ou sur un jugement de première instance réformé sur l'opposition ou sur l'appel, puisqu'il est vrai de dire que le droit perçu, même sur un contrat vicié ou sur un jugement, l'a été *régulièrement* et sur un titre qui pourrait devenir irrévocable; qu'ainsi l'annulation du contrat ou la réformation du jugement ne sont que des *événements ultérieurs* qui ne sauraient être un motif de restitution (V. Dalloz, *loc. cit.*, nᵒˢ 5368 et suiv., et les arrêts cités). — D'ailleurs, un projet de loi avait été présenté sur cet objet; mais ce projet qui, du reste, était confirmatif de la jurisprudence de la Cour de cassation, a été retiré (*V.* Championnière et Rigaud, *loc. cit.*).

386. En reconnaissant qu'un droit n'est pas restituable, bien qu'il ait été perçu sur un contrat annulé depuis pour une cause de nullité radicale, il ne faut pas perdre de vue le principe posé par la loi elle-même, à savoir, que la perception doit être régulière, c'est-à-dire fondée sur un titre qui donne réellement ouverture au droit, à l'époque où la demande en a été faite. Si donc l'acte manquait de quelqu'une de ses conditions constitutives, par exemple, de la signature des parties ou de l'une d'elles, comme cet acte ne peut donner lieu à un droit d'enre-

gistrement, puisqu'il n'a pas d'existence légale, il faut en conclure que, si le droit avait été perçu, il l'aurait été, *irrégulièrement*, et qu'ainsi il serait sujet à restitution (*Conf.*, Gabr. Demante, *Expos. raisonn.*, nᵒ 48).

387. Le même raisonnement peut s'appliquer aux obligations conditionnelles. Si la condition est suspensive, le droit n'est dû qu'au moment de sa réalisation. Conséquemment, le droit qui aurait été perçu nonobstant la suspension devra être restitué dès qu'il sera devenu certain que la condition ne s'accomplira pas. Ainsi le droit perçu sur une donation contenue dans un contrat de mariage est restituable, si le mariage n'a pas lieu, parce que la perception du droit proportionnel n'a pu être que provisoire, dès que l'existence du contrat était suspendue par une condition qui ne s'est pas réalisée (Déc. min., 7 juin 1808).

388. Mais, si la condition est résolutoire, le droit pouvant être exigé à l'instant même où l'obligation est formée, il ne sera point restituable, quand même le contrat viendrait à se résoudre en vertu d'une clause expresse de l'acte, puisque tout droit *régulièrement* perçu ne peut être répété, quels que soient les *événements ultérieurs*; c'est par application de ce principe qu'il a été décidé que la révocation d'une donation pour survenance d'enfants n'opérerait pas la restitution des droits perçus sur la donation (Délib., 17 juill. 1824; Championnière et Rigaud, t. 4, nᵒˢ 3962 et suiv.).

388 bis. Soit qu'il s'agisse de nullité, absolue ou relative, soit de condition résolutoire, si le droit n'avait pas encore été perçu au moment où la nullité de l'acte est prononcée ou au moment où la condition résolutoire s'accomplit, il ne pourrait pas être ultérieurement exigé (Gabr. Demante, *Expos. raisonn.*, t. 1ᵉʳ, nᵒˢ 43 et suiv., 50 et 51).

389. Un héritier qui, avant de prendre qualité, acquitte le droit de mutation, seulement pour éviter la peine du demi-droit auquel il pourrait être condamné si la déclaration n'était point faite dans les six mois, pourra, s'il renonce, se faire restituer ce qu'il n'aura payé que provisoirement, parce que, par sa renonciation, il devient tout à fait étranger à la succession; il n'a pas été un seul moment débiteur du droit de mutation (*J. de l'Enregistr.*, art. 3843). — Mais *V.* Cass., 15 janv. 1850, D.P.50.1.12).

390. De même, si l'héritier s'était mis en possession et qu'il vînt à être dépouillé par la production d'un titre ignoré jusque-là, le principe de la restitution existerait, et il a été tacitement reconnu, par un arrêt de la Cour de cassation du 13 oct. 1814; toutefois

ou d'une fausse évaluation dans une déclaration, et pour la constater par voie d'expertise.

Les parties seront également non re-

cevables, après le même délai, pour toute demande en restitution de droits perçus.

2° Après trois années, aussi à compter

---

ce ne serait pas à la régie que devrait s'adresser l'héritier dépouillé, pour se faire rembourser les droits de mutation qu'il aurait payés, mais au légataire qui l'aurait évincé, et contre lequel il aurait garantie à cet égard, puisque ayant la possession des biens, il pourrait s'y faire maintenir tant qu'il n'aurait pas été rendu indemne par celui qui doit prendre sa place, et dont il a acquitté la dette (Dalloz, v° *Enregistr.*, n° 5408).

390 *bis*. Les droits acquittés par l'héritier testamentaire doivent-ils être restitués dans le cas où le testament vient à être annulé ? *V.* pour l'affirmative plusieurs décisions citées par Dalloz, *loc. cit.*, n° 5409, et pour la négative, Cass., 6 août 1849 (D.P.49.1.215).

390 *ter*. Le droit de mutation perçu sur l'intégralité d'une donation susceptible de réduction, et, par exemple, sur une donation universelle d'usufruit faite entre époux, et réductible par suite de survenance d'enfant, à la quotité déterminée par l'art. 1094 C. Nap., est régulièrement perçu, et, dès lors, n'est pas sujet à restitution, si à l'époque de la perception, la réduction n'avait été ni demandée par l'héritier réservataire, ni spontanément consentie ; — et la volonté d'opérer la réduction ne peut résulter de la procuration conférée par l'héritier réservataire à l'époux donataire de faire en son nom la déclaration de succession, alors que l'étendue de la déclaration à faire, quant à l'héritier, n'est pas déterminée dans cette procuration, et quelles que soient, d'ailleurs, les instructions verbales qui l'ont accompagnée, de telles instructions n'étant point opposables à l'administration de l'enregistrement (Req. 10 juill. 1860, D.P.60).

391. Les droits perçus sur des marchés passés avec le Gouvernement sont sujets à répétition lorsque ces marchés sont annulés par la volonté seule du ministre (Déc. min., 8 niv. an IX) ; par suite du même principe, la restitution des droits perçus sur la cession d'un office doit être ordonnée, si le successeur à l'emploi n'est pas agréé par le Gouvernement (Trib. de la Seine, 1er déc. 1847, D.P.48.5.161. *J. de l'Enregistr.*, art. 5845). Mais si, étant agréé ou nommé, il a été déclaré déchu du bénéfice de l'ordonnance de nomination, faute d'avoir prêté serment dans les deux mois de sa nomination, le droit perçu n'est pas sujet à restitution (Cass., 29 janv. 1851, D.P.51.1.96). *V.* aussi *Table de quinze ans*, *loc. cit.*, n°s 948 et suiv.).

392. Lorsque le droit de mutation a été

acquitté sur une évaluation exagérée, donnée par les parties aux biens déclarés, il est incontestable que celles-ci ont droit à une restitution proportionnelle du droit payé, si l'exagération est démontrée, car on ne peut pas dire que la perception ait été *régulière* (Solut., 29 germ. an VII). — Mais il a jugé que l'acte qualifié rectificatif dans lequel les parties déclarent que le prix mentionné dans un contrat de vente déjà soumis à l'enregistrement a été porté par erreur à un chiffre plus élevé que celui réellement dû, ne peut servir de base à une demande en restitution du droit proportionnel perçu sur la somme excédant ce chiffre, alors que les parties ne peuvent, à l'appui de leur allégation d'erreur matérielle, produire aucun acte authentique antérieur à la perception (Trib. de Vitry-le-Français, 25 août 1860, D.P.61.3.85).

393. Il y aurait également lieu, et par une raison semblable, à la répétition d'une portion de droit acquitté sur un prix de vente, si ce prix venait ultérieurement à être réduit par déficit de mesure dans l'immeuble aliéné (*J. de l'Enreg.*, art. 5504 ; 6 juill. 1813, Déc. min.), Mais, dans une promesse de vente, les droits perçus ne sont pas restituables, si, par la volonté des parties, la vente ne se réalise pas à cause de la renonciation à la promesse de vente (Inst., 1857, § 18). Il en est de même d'une donation annulée postérieurement en justice, et quel que soit le vice dont le contrat est entaché (Inst. 1498, § 2, 1857, § 11). V. Dalloz, *Jur. gén.*, v° *Enregistr.*, n°s 5447 et suiv.).

393 *bis*. Il est incontestable que les droits d'enregistrement payés par erreur de fait sont sujets à restitution. *V.* les délibérations et arrêts indiqués dans Dalloz, v° *Enregistr.*, n°s 5413 et suiv. — (*Adde* délib. du 8 oct. 1846, D.P.46.4.255).

393 *ter*. Les droits de mutation par décès payés par erreur à raison de fonds publics étrangers dépendant d'une succession non régie par la loi française, sont répétés à bon droit si l'extranéité du défunt vient à être prouvée dans le délai imparti par les demandes en restitution, alors même qu'il n'aurait été fait aucune réserve lors du paiement (Trib. de la Seine, 8 mai 1858, D.P.59.3.46). — Lorsque l'extranéité d'un individu dont la succession s'est ouverte en France est établie par sa production d'actes de l'état civil, c'est à l'administration, dans le cas où elle en fait l'allégation, à établir le fait d'un changement de nationalité autorisant la per-

du jour de l'enregistrement, s'il s'agit d'une omission de biens dans une déclaration faite après décès ;

3° Après cinq années, à compter du jour du décès, pour les successions non déclarées (1).

ception des droits de mutation par décès (Même jugement).

394. Au surplus, la condamnation de la régie à la restitution de droits indûment perçus n'entraîne jamais la condamnation au paiement des intérêts de la somme restituable à partir du jour de la demande. Le principe est reconnu par une longue suite d'arrêts (V. Dalloz, vᵒ Enregistr., nᵒ 5432. Adde Cass., 12 mai 1862, D.P.62.1.216 ; trib. de la Seine, 14 août 1858, D.P.59.3.7; trib. de Reims, 5 sept. 1862, D.P.62.3.78. —Contrà, Championnière et Rigaud, t. 4, nᵒ 4022).

394 bis. Sur le point de savoir si la compensation peut s'opérer entre un droit indûment perçu et un droit légalement exigible, V. MM. Dalloz, eod., nᵒˢ 5433 et suiv.

(1) — 395. Les prescriptions établies par les §§ 2 et 3 ci-dessus ont été étendues, savoir : pour la première à cinq années, et pour la seconde à dix ans, par l'art. 11 de la loi de finances du 18 mai 1850 (V. plus loin cette loi à sa date). Cette disposition établit plusieurs prescriptions particulières qui diffèrent entre elles par leur objet et par la durée de temps nécessaire à leur accomplissement. La prescription de deux ans s'applique aux actes et aux mutations entre-vifs, ainsi qu'à l'action en restitution à former par les parties contre la régie.

Les prescriptions de cinq et dix ans s'appliquent plus particulièrement aux droits de mutation par décès. — Ces prescriptions particulières constituent de véritables exceptions, et, suivant la règle que toutes les exceptions sont de droit étroit, elles ne doivent pas être étendues à d'autres cas que ceux pour lesquels elles sont créées. Pour ces divers cas que le législateur n'a pas prévus, ils rentrent sous l'empire du droit commun et sont régis conséquemment par la maxime du droit civil que toutes les actions qui ne sont pas limitées par des délais plus courts durent trente ans (C. Nap., 2262). La prescription trentenaire forme donc encore une prescription applicable en matière d'enregistrement.

396. PRESCRIPTION DE DEUX ANS. — Cette prescription, qu'établit le § 1ᵉʳ de l'art. 61, s'applique à quatre objets bien distincts : 1° au droit non perçu sur une disposition particulière ; 2° aux suppléments pour raison d'une perception insuffisante ; 3° à la constatation par voie d'expertise des fausses évaluations ; 4° enfin, aux demandes, de la part des contribuables, en restitution du trop-perçu.

397. 1° *Demande en paiement d'un droit*

non perçu sur une disposition particulière dans un acte. — Ceci est une dépendance naturelle de l'art. 11 ci-dessus, qui soumet à autant de droits particuliers les dispositions indépendantes dans un même acte. Ainsi, lorsqu'un receveur omet par ignorance ou par oubli, de percevoir quelque droit à raison de certaine disposition contenue dans un acte présenté à la formalité, il ne lui est accordé que deux ans pour réclamer le droit omis ; prescription renfermée à juste titre dans un délai fort court, parce qu'il ne faut pas que la partie qui s'est soumise à tout ce que la loi exigeait d'elle soit inquiétée longtemps après qu'elle a dû croire s'être acquittée de tous les droits dont l'acte était passible.

398. Mais il faut tenir compte, pour l'application de la prescription biennale à ce cas, de l'effet, quant à l'exigibilité du droit, des conditions suspensives et résolutoires (V. l'article précédent, nᵒˢ 10 et suiv.). Ainsi, lorsque dans un même acte il se trouve une disposition pure et simple, et une autre faite sous condition suspensive, comme le receveur ne peut percevoir sur celle-ci qu'un simple droit fixe, sauf à exiger le droit proportionnel lors de l'accomplissement de la condition, il s'ensuit qu'on ne pourrait opposer la prescription biennale, s'il s'était écoulé alors plus de deux ans depuis la présentation de l'acte à la formalité.

399. 2° *Supplément de perception insuffisamment faite.* — Le sens naturel de cette disposition, c'est que la prescription de deux ans doit s'appliquer à toute réclamation de la régie qui tendrait à soumettre un acte quelconque, ou une disposition dans un acte, à un droit d'enregistrement plus fort que celui qui aurait été perçu à raison de cet acte ou de cette disposition. Ainsi, l'acte présenté au receveur aura été enregistré à un droit fixe au lieu du droit proportionnel qu'il rendait exigible, ou bien à un droit proportionnel moindre que celui auquel il donnait ouverture, la régie n'aura, pour réclamer le supplément, que deux ans, après lesquels son action sera prescrite (Cass., 28 avril 1830, D.P.30.1.228).

400. L'obscurité de l'acte et la difficulté d'y découvrir la mutation qu'il opère ne seraient d'ailleurs un obstacle à la prescription. C'est précisément pour mettre un terme aux procès fondés sur une mauvaise interprétation des contrats que cette prescription a été établie (Championnière et Rigaud, t. 4, nᵒˢ 3, 986 ; Cass., 4 mai 1830, D.P.30.1.299).

Les prescriptions ci-dessus seront sus- | pendues par des demandes signifiées et

401. La demande d'un double droit dû à raison de la production tardive d'un acte à l'enregistrement est également sujette à la déchéance dont il s'agit ici. Ainsi, un acte contenant mutation de propriété immobilière est présenté à la formalité plus de trois mois après sa date, et le receveur n'exige que le droit simple ; si, plus de deux ans après, il forme une demande en paiement du double droit, sa réclamation devra être rejetée, parce qu'il s'agit bien évidemment d'une *demande en supplément de droit pour raison d'une perception insuffisamment faite*.

402. Il en est de même de la demande d'amende à percevoir dans le cas où un acte quelconque, présenté à l'enregistrement, fait mention d'un autre acte non enregistré et qui devait l'être. Un avis du conseil d'Etat, du 22 août 1810, interprétatif de l'art. 61 ci-dessus, avait décidé, en effet, que « toutes les fois que les receveurs de l'enregistrement sont à portée de découvrir, par des actes présentés à la formalité, des contraventions aux lois des 22 frim. et 22 pluv. an VII, sujettes à l'amende, ils doivent, *dans les deux ans* de la formalité donnée à l'acte, exercer des poursuites pour le recouvrement de *l'amende*, à peine de prescription. » Cette doctrine a été sanctionnée par l'art. 14 de la loi du 16 juin 1824 (*V.* cet article).

403. Une jurisprudence constante, attestée par un grand nombre d'arrêts, dont le dernier porte la date du 5 mars 1823, avait étendu la prescription biennale dans le cas dont il s'agit au numéro précédent aux *droits principaux* aussi bien qu'à l'amende, toutes les fois que la simple énonciation, dans un contrat, d'un acte non enregistré, avait suffi au receveur pour reconnaître la contravention sans recherche ultérieure.

404. Mais l'art. 14 précité de la loi du 16 juin 1824 ayant disposé que, « dans tous les cas, la prescription pour le recouvrement *des droits simples d'enregistrement et des droits de timbre*, qui auraient été dus indépendamment des amendes, restera réglée par les lois existantes, » il est survenu un changement complet dans la jurisprudence. L'opposition mise par cet article entre les droits principaux qu'il déclare sujets aux règles ordinaires de la prescription, et les amendes toujours prescriptibles par deux ans, a été considérée comme une manifestation claire, de la part du législateur, de l'idée de ne pas envelopper dans une même déchéance l'action pour le recouvrement des droits simples et celle pour le paiement des amendes. Ainsi, par exemple, si un acte non enregistré se trouve énoncé dans un autre présenté à la formalité, l'amende encourue par cette contravention se prescrira par deux ans et le droit d'enregistrement par

trente ans seulement, s'il ne s'agit d'aucun des cas exceptionnels prévus par l'art. 61 ci-dessus (Cass., 16 juin 1828 ; 20 avril 1836 ; 5 juin 1837 ; 22 avril 1839, D.P.28.1.279 ; 36.1.185 ; 37.1.433 ; 39.1.177 ; 1er fév. 1840 et autres arrêts cités par Dalloz, v° *Enreg.*, nos 5490 et 5491).

405. Cette jurisprudence est toutefois critiquée par Championnière et Rigaud, t. 4, n° 3984, et par le *Contrôleur*, art. 5464, 5682 et 5578. Mais on en peut rendre raison en disant que le législateur a pu se relâcher de la rigueur en matière de pénalité; que si le recouvrement des amendes n'était pas soumis à une prescription très-courte, elles pourraient s'accumuler à tel point, par la négligence ou l'ignorance même du contrevenant, qu'elles arriveraient à consommer sa ruine, tandis qu'il n'y a ni même danger, ni même injustice à reculer la prescription des droits principaux d'enregistrement, parce qu'ils forment une dette réelle que le débiteur ne peut jamais ignorer (Dalloz, *loc. cit.*, n° 5492). V. toutefois, Cass., 4 janv. 1854 (D.P.54.1.68).

406. Aux termes de l'art. 14, loi du 16 juin 1824, la prescription de deux ans applicable aux amendes de contravention ne court que *du jour où les préposés ont été mis à portée de constater la contravention, au vu de chaque acte soumis à l'enregistrement*, ou *du jour de la présentation du répertoire à leur visa*. — Ainsi le double droit auquel donne lieu une convention écrite produite au procès après avoir été qualifiée de convention verbale dans l'exploit introductif d'instance, est prescriptible par deux ans à dater de l'enregistrement du jugement qui en a révélé l'existence à l'administration (Cass., 27 déc. 1859, D.P.60.1.86).

407. Mais, lorsque de la présentation d'un acte à l'enregistrement, ou même des énonciations qu'il contient, ne résulte pas la preuve immédiate, et *sans recherche ultérieure*, de la contravention commise, la prescription ne peut courir, puisque l'art. 14 de la loi de 1824 veut que le *receveur soit mis à portée de connaître la contravention*, AU VU DE CHAQUE ACTE SOUMIS A L'ENREGISTREMENT. La jurisprudence avait déjà tracé cette règle pour l'interprétation de l'avis du conseil d'Etat, du 22 août 1810 (Cass., 29 juin 1813, D.A. 7.430). V. Conf. Cass., 23 avril 1853 (D.P.53. 1.154). V. aussi Cass., 31 juill. 1849 (D.P.49. 1.217) ; 3 mars 1851 (D.P.51.1.18) et autres arrêts analysés dans la *Table de quinze ans*, nos 1014 et suiv. — Ainsi, la présentation à la formalité de l'enregistrement de l'acte de vente d'un immeuble dont le vendeur serait devenu antérieurement propriétaire en vertu d'une mutation demeurée secrète, ne suffit

28.

enregistrées avant l'expiration des délais, mais elles seront acquises irrévoca-

pas, pour faire courir la prescription de l'amende et du droit en sus, à raison de cette mutation secrète, alors que la preuve de la contravention ne résulte d'aucun des termes de l'acte, et ne pourrait ainsi être obtenue qu'à l'aide de recherches ultérieures dans d'autres actes, — il en est de même de la soumission à l'enregistrement d'un jugement dans lequel l'une des parties figure comme propriétaire d'un immeuble dont la mutation à son profit n'a pas été déclarée, si le jugement ne renferme aucune énonciation de nature à faire connaître ce défaut de déclaration et à en permettre la constatation immédiate (Cass., 24 décem. 1860, D. P. 61. 1. 64). — De même, la mention de l'immeuble dans la déclaration de la succession de l'individu qui en était le propriétaire apparent, et la présentation à l'enregistrement d'un acte par lequel l'héritier donne à ferme ce même immeuble, ne sont pas, alors que l'immeuble est resté au rôle de la contribution foncière sous le nom du propriétaire originaire, des manifestations de la transmission susceptibles de faire courir la prescription de droits (Trib. de Mirande, 27 déc. 1860, D. P. 62. 3. 16).

408. Le deuxième alinéa de l'art. 14, loi du 16 juin 1824, applique encore la prescription de deux ans, à compter du jour où les contraventions auront été commises, et diverses actions qu'il détermine (V. le texte). Mais si une faut pas regarder cet article comme tellement limitatif qu'on n'en pût faire l'application à des amendes de contravention qui auraient un rapport direct avec l'enregistrement et dont le recouvrement serait placé dans les attributions de la régie. Ainsi, la prescription biennale devrait être admise contre la demande d'amende dirigée, en vertu de l'art. 11 de la loi du 21 avril an VII, contre un greffier qui aurait délivré l'expédition d'un jugement avant l'acquittement des droits de greffe. Les raisons qui ont déterminé le législateur dans l'art. 14 de la loi de 1824 subsistent également ici, et l'on doit croire que, si la nomenclature contenue dans ce dernier article n'est pas complète, c'est une pure omission plutôt que d'intention de créer des principes différents pour la prescription d'amendes de même nature (Motifs d'un arrêt de cass., du 13 germ. an XI; Dalloz, v° Enreg., n° 5504).

409. Toutefois la prescription biennale ne devrait pas être appliquée à la réclamation d'amende de contravention un greffier qui aurait exigé de plus forts droits de greffe que ceux réglés par la loi du 21 ventôse an VII, art. 23, car cette amende est la peine d'un délit, et doit être réglée par les lois criminelles.

410. 3° Toute demande pour fausse évaluation dans une déclaration, et pour la constater par voie d'expertise. — On a vu dans le commentaire des art. 16 et 17 qu'une déclaration devient nécessaire toutes les fois que les sommes et valeurs ne sont pas déterminées dans un acte ou un jugement donnant lieu au droit proportionnel, et que la régie peut contester cette déclaration, établir l'insuffisance de l'estimation qu'elle contient, et demander une expertise. La disposition dont il s'agit ici fait l'application de la prescription biennale, soit à la demande en expertise, soit à celle en supplément de droit pour fausse évaluation dûment constatée.

411. On pourrait croire qu'il existe une contradiction entre cette partie de l'art. 61 et de l'art. 17 précité, qui limite à une année la demande en expertise pour constater une fausse évaluation dans une déclaration lorsqu'il s'agit de vérifier si le prix inscrit dans un acte translatif de propriété ou d'usufruit de biens immeubles à titre onéreux est inférieur à la valeur vénale au moment de l'aliénation. Mais la jurisprudence a levé cette contradiction apparente en établissant que la prescription d'un an, fixée par l'art. 17, s'applique uniquement au cas où la mutation s'est opérée moyennant un prix énoncé dans le contrat, et la prescription de deux ans fixée par l'art. 61, à tous ceux où il s'agit de vérifier une déclaration donnée par les parties.

412. 4° Enfin, toutes les demandes en restitution de droits indûment payés. — Cette disposition s'applique à toute espèce de droits restituables, soit qu'il s'agisse de droits simples, soit qu'il s'agisse d'amende (Championnière et Rigaud, n° 3989). Il n'y a point de difficulté à cet égard. C'est seulement relativement au jour où la prescription commence dans ce cas que des doutes ont été élevés.

413. C'est, en général, à partir de l'enregistrement de l'acte que commence la prescription de deux ans. Nous disons en général, parce que, autrement, en ce qui concerne la restitution, il est des cas où le droit de répétition n'était pas ouvert à l'époque de l'enregistrement, la prescription ne peut courir, par cela même, d'après la règle : Contra non valentem agere non currit præscriptio. Ainsi, par exemple, les droits perçus sur des marchés passés avec le Gouvernement sont sujets à répétition, lorsque ces marchés sont annulés par la volonté seule du ministère (Déc. min., 8 niv. an X). De là il suit que la prescription ne peut courir contre la partie qui réclame, que du jour de l'annulation du marché, parce qu'il est incertain jusque là, si le droit avait été régulièrement perçu (Cass., 10 février 1819, D. A. 7. 436; 26 avril 1836, D. P. 36. 1. 209; Championnière et Rigaud,

blement, si les poursuites commencées || sont interrompues pendant une année

n° 4003). Cependant la règle *contrà non va-lentem*, etc., a été déclarée inapplicable en matière d'enregistrement, *V.* Cass., 24 juill. 1839 (D.p.39.1.359); Trib. de Verdun, 14 août 1847 (D.p.47.4.224); Cass., 12 fév. 1850 (D.p.50.1.484).

413 *bis.* La prescription biennale de la demande en restitution du droit de mutation perçu sur un traité de cession d'office dont le prix, diminué par le Gouvernement, ne se trouve passible de ce droit que jusqu'à concurrence du prix réduit, court à compter du premier traité sur lequel a été perçu le droit, et non à partir du second traité modifié selon les exigences de l'autorité (Cass., 22 mars 1859, D.p.59.1.412).

414. Les conditions qui suspendent la perception suspendent également la prescription ; ainsi l'action de la régie en paiement d'un droit sur une mutation éventuelle ne se prescrit que du jour de l'événement (Cass., 3 niv. an XIII).

415. Mais il y a plus de doute relativement à la demande en restitution du droit indûment perçu sur une disposition éventuelle, considérée comme actuelle. La jurisprudence a cependant établi que l'action en répétition prenant naissance dès le moment du paiement, puisque l'existence de la condition écarte toute dette du droit, c'est aussi de ce moment que la prescription commence à courir (Cass., 27 déc. 1830, D.p.31.1.25 ; 10 déc. 1838, D.p.39.1.13 ; *Sic*, Championnière et Rigaud, t. 4, n° 4004). Néanmoins, on peut dire que jusqu'à l'événement de la condition, le redevable n'avait aucun intérêt à répéter un droit qu'il avait volontairement acquitté, répétition qu'aurait d'ailleurs vraisemblablement repoussée la régie par l'exception que, dans le doute, si la condition s'accomplirait, la provision devait demeurer à celui qui se trouvait en possession (Dalloz, v° *Enregist.*, n° 5587).

416. Le jour auquel un acte est enregistré doit être compté dans le délai de deux ans, soit contre la régie lorsque, par exemple, elle requiert l'expertise (Cass., 12 oct. 1814), soit contre le contribuable lorsqu'il forme une demande en restitution (D.p.1.31.254), 1er août 1831). *Conf.* Trib. de Colmar, 14 janv. 1847 (D.p.47.4.224), et Trib. de Lyon, 15 déc. 1847 (D.p.48.5.163). — *Contrà*, Cass., 3 mai 1854 (D.p.54.1.324), et autres décisions indiquées dans Dalloz, *Table de quinze ans*, n° 1027. *V.* encore n° 1028.

417. PRESCRIPTION DE TROIS ET DE CINQ ANS. Elle est maintenant de cinq et dix ans, en vertu de la loi du 18 mai 1850, art. 12. La prescription de cinq ans s'applique à toute demande de droits pour omission de biens dans une déclaration faite après décès, et

celle de dix ans à la réclamation des droits sur les successions non déclarées. *V.* Trib. de Blois, 24 janv. 1855 (D.p.55.3.26).

418. Mais ce serait prendre la loi dans un sens trop littéral que d'appliquer la prescription de cinq ans exclusivement aux successions. On peut donner entre-vifs la moitié, le quart de ses biens présents aussi bien que tel ou tel immeuble désigné. Dans ce cas, une déclaration est nécessaire, et si elle renferme quelque omission, il y a même raison d'appliquer la prescription de cinq ans, quoique la déclaration ne soit pas *faite après décès*.

418 *bis.* Cette prescription n'est applicable que lorsque l'omission a le caractère d'une réticence ignorée de la régie (Cass., 14 août 1850, D.p.50.1.279).

419. La prescription de cinq ans court à compter du jour de l'enregistrement. Cela est évident, puisqu'elle est applicable aux *seules omissions* dans la *déclaration* (Cass., 3 mars 1851, D.p.51.1.19); et celle de dix ans, à compter du jour du décès, et non pas seulement à partir du jour où commence le délai accordé aux héritiers pour faire la déclaration de ce décès (Cass., 21 juill. 1851, D.p.51.1.201). Ici le législateur s'est exprimé en termes trop généraux ; et cette disposition, si restrictive en apparence, a été plus largement interprétée par la jurisprudence.

420. Le principe le plus général et le moins susceptible de controverse, à cet égard, c'est que la prescription ne court pas contre celui qui peut agir (*V.* toutefois, note 413, *in fine*). De là la conséquence que celle de dix ans ne peut être opposée, à l'égard d'une succession non déclarée, que lorsque la régie a eu une connaissance *légale* du décès : ainsi elle n'a point cours lorsque le décès n'a pas été inscrit sur les registres de l'état civil (Cass., 30 juin 1806, D.a.7.446); ainsi encore pour la succession non déclarée de militaires morts en activité de service, hors de leur département, la prescription de dix ans n'a cours qu'à *partir de la mise en possession de l'héritier* (à moins que le décès n'ait été connu de la régie auparavant) (Cass., 22 brum. an XIV, D.a.7.450); à l'égard des successions mises sous le séquestre, soit par suite de confiscation, soit pour cause d'indivision des droits des héritiers naturels avec ceux de l'Etat, la prescription demeure pareillement suspendue jusqu'à la levée définitive du séquestre et la mise en possession réelle des héritiers (Cass., flor. an x ; 22 déc. 1806 ; 11 mai 1807 ; 1er août 1808 ; 7 janv. 1818, D.a.7.454; 457; 456; 460). *V.* Dalloz, v° *Enregistr.*, n°s 5620 et suiv.

421. A l'égard des successions testamentaires, la prescription ne saurait courir que du jour où le testament a été connu de la

sans qu'il y ait d'instance devant les ju-

ges compétents, quand même le premier

---

régie, c'est-à-dire du jour où il a été présenté à la formalité (Déc. min., 11 oct. 1808). V. *Jur. gén., loc. cit.*, n° 5630.

422. Suivant l'art. 27 *sup.*, les déclarations de succession doivent être faites au bureau de la situation des biens, et nous avons dit, dans le commentaire de cet article, que si les biens sont situés dans plusieurs arrondissements, il doit être passé à chaque bureau une déclaration particulière. Il y a donc, aux yeux de la loi fiscale, autant de successions distinctes qu'il y a de bureaux différents devant lesquels les déclarations doivent être passées. Ces successions sont tellement étrangères entre elles que, si l'un des receveurs avait négligé d'agir dans les cinq ans depuis le décès, les droits de mutation seraient prescrits quant aux biens situés dans son ressort, tandis que ces mêmes droits seraient conservés, quant aux autres biens, par les poursuites faites par les autres receveurs (Cass., 7 août 1807, D.A,7,459).

423. Une autre conséquence à tirer de ces mêmes dispositions, c'est que s'il n'a point été fait de déclaration au bureau de la situation de plusieurs immeubles dépendant de l'hoirie, quoique le droit de mutation ait été acquitté sur d'autres immeubles *situés dans des arrondissements différents*, il n'y aura pas simple *omission* donnant lieu à la prescription triennale, mais absence totale de déclaration qui ne tombera que sous la prescription de cinq ans (Cass., 28 juin 1826, D.A.7.445).

424. PRESCRIPTION DE TRENTE ANS. Cette prescription, en matière d'enregistrement, n'est que le retour au droit commun pour tous les cas auxquels le texte de l'art. 61 ci-dessus n'est pas directement applicable (V. *sup.*, n° 1).— Par suite, comme la prescription biennale ne concerne que les omissions ou insuffisances de perception *sur un acte soumis à l'enregistrement*, et par extension, les amendes ou doubles droits résultant de contraventions que les préposés ont été à même de reconnaître à la présentation d'actes à la formalité, il y a lieu de décider que les droits des actes authentiques ou sous seing privé, translatifs ou non de propriété, *non présentés à l'enregistrement*, ne sont prescriptibles que par trente ans (Cass., 12 mai et 22 déc. 1806; 12 oct. 1808, D.A.7.463; 465).

Ainsi l'action en paiement du droit proportionnel, dont un acte d'ouverture de crédit, enregistré d'abord au droit fixe à défaut de mention de la réalisation du crédit, est devenu passible après cette réalisation, n'est soumise qu'à la prescription trentenaire, à partir du jour où la régie a eu connaissance du versement de la somme promise, notamment par l'enregistrement d'un commande-

ment de payer cette somme (Cass., 15 juill. 1851, D.51.1.225).

Ce principe est aujourd'hui constant (*V.* Dalloz, vᵒ *Enreg.*, nᵒˢ 5520 et suiv., et *Table de quinze ans, eod.* vᵒ, nᵒˢ 1043 et suiv. — *Contrà*, Championnière et Rigaud, *Enreg.*, nᵒ 3984).

425. Il en est ainsi, même dans le cas où un acte non enregistré se trouverait énoncé dans un autre acte soumis à la formalité, nonobstant que cette énonciation pût être regardée comme suffisante pour mettre le préposé en demeure de réclamer les droits de l'acte non enregistré. Ces droits ne tomberaient que sous la prescription de trente ans, parce que l'art. 14 de la loi du 16 juin 1824, comme nous l'avons déjà vu (V. *sup.*, nᵒˢ 10 et suiv.), ne déclare atteints, dans ce cas, par la prescription de deux ans, que l'amende, et fait réserve de l'action pour les droits principaux.

De plus la régie, par ses instructions, nᵒ 1577, § 13, et 1883, §§ 10 et 11, veut que son action en paiement des droits simples dure trente ans. Elle admet bien que la prescription du droit en sus est acquise lorsque deux ans se sont écoulés, à partir du jour où les préposés ont été mis à portée de constater la mutation sans avoir besoin de recourir à des recherches ultérieures; mais elle soutient que la mise à portée ne résulte pas suffisamment des actes de propriété du nouveau possesseur, lorsque surtout ces actes n'énoncent pas comment la propriété lui est provenue (*Conf.* Cass., 6 mai 1856; D.P.56.1.220).

425 *bis.* La présentation à la formalité de l'enregistrement d'un jugement constatant l'existence d'une convention écrite produite au cours du procès, n'équivaut pas à la présentation à l'enregistrement de l'acte lui-même, et, par suite, l'action en paiement du droit auquel cet acte est soumis reste soumise à la prescription de trente ans. (Rej., 27 déc. 1859, D.P.60.1.86).

425 *ter.* La prescription de l'action en paiement du droit exigible sur un acte non présenté à l'enregistrement est de trente ans, alors même que cet acte aurait été déguisé sous l'apparence d'un autre acte qui a été soumis à la formalité et qui était passible du même droit que l'acte demeuré secret; par suite, un acte de vente d'immeubles dissimulé à l'administration de l'enregistrement, reste, pendant trente ans, assujetti au droit de mutation immobilière, quoiqu'il ait été dissimulé sous la forme d'un bail emphytéotique présenté à l'enregistrement. Et il en est ainsi, encore que la régie, après avoir perçu par erreur sur le bail emphytéotique à elle déclaré le droit de bail ordinaire, au lieu de le frapper du droit de mutation im-

délai pour la prescription ne serait pas expiré (1).

62. La date des actes sous signature privée ne pourra cependant être opposée à la République pour prescription des droits et peines encourus, à moins

mobilière, se bornât à réclamer sur l'acte de vente, plus tard révélé, la différence entre les deux droits : on objecterait vainement que la demande constitue alors une simple action en perception supplémentaire, prescriptible par deux ans, conformément à la règle établie par l'art. 61 de la loi du 22 frim. an VII, cette demande n'en ayant pas moins pour objet un droit applicable à un acte non présenté à l'enregistrement (Cass., 1er fév. 1859, D.P.59.1.54).

426. En ce qui concerne les testaments, une distinction doit être admise entre le droit fixe auquel est soumis l'acte, et le droit proportionnel dont sont passibles les legs qui y sont contenus. Le droit fixe peut être réclamé pendant trente ans, aucune disposition de la loi ne le soumettant à une prescription plus courte, tandis que le droit proportionnel tombe sous la prescription de cinq ans, que l'art. 61 applique aux successions non déclarées, expression qui regarde les successions testamentaires comme les successions ab intestat.

427. Ce que nous venons de dire pour les testaments s'applique également aux contrats de mariage qui contiennent des dispositions soumises à l'événement du décès. Le droit fixe résultant du contrat de mariage comme contrat, ne sera atteint que par la prescription de trente ans ; au contraire, les dispositions y contenues seront prescriptibles par cinq ans. V. encore Dalloz, nos 5530 et suiv., et Table de quinze ans nos 1046 et suiv.

427 bis. Quel caractère doit avoir la possession nécessaire pour l'accomplissement de la prescription de trente ans? Sur ce point, V. Dalloz, vo Enreg., nos 3523 et suiv., et Cass. 21 fév. 1855 (D.P.55.1.129).

427 ter. La prescription trentenaire, applicable au droit de mutation à percevoir pour une transmission d'immeuble, non déclarée à l'enregistrement, ne court qu'à compter du jour où l'administration a été mise à même, par les présomptions ou par les actes que spécifie l'art. 12 de la loi du 22 frim. an VII, de connaître la mutation et de former son action : cette mise en demeure ne saurait résulter de la simple possession matérielle du nouveau possesseur. (Trib. d'Alais, 19 août 1857, D.P.58.3.7; Trib. de Mirande, 27 déc. 1860, D.P.62.3.46). — Par suite, la circonstance que le redevable peut, au moment où le droit lui est réclamé, fonder sa propriété sur une possession acquisitive de plus de trente ans, ne le dispense pas d'acquitter le droit de mutation dû à raison de l'acquisition verbale tenue secrète qui formait son

seul titre avant la prescription, si l'existence de cette vente est établie suffisamment par des présomptions graves ou par des aveux implicites résultant d'actes passés depuis moins de trente ans (Jug. précité du trib. de Mirande).

427 quater. Le jugement qui ordonne l'exécution d'une contrainte en matière d'enregistrement, présente les caractères d'un jugement de condamnation, qui n'est prescriptible que par trente ans; ici ne s'applique pas l'art. 61 de la loi du 22 frim. an VII (Cass., 16 mars 1858, D.P.58.1.119).

(1) — 428. Par ces expressions, les prescriptions ci-dessus, dont se sert le législateur, la dernière disposition de l'art. 61 se trouve limitée aux prescriptions de deux, de trois et de cinq ans établies par cet article : elle ne s'applique nullement à la prescription trentenaire dont nous venons de parler. Ainsi, la prescription de trente ans ne serait pas acquise par cela qu'il y aurait eu discontinuation de poursuites pendant un an : il suffirait, pour conserver le droit, que la demande fût signifiée avant l'expiration de trente années, sauf l'application des règles ordinaires de droit si la procédure se trouvait interrompue pendant trois ans, et que la péremption en étant demandée, la régie ne se trouvât plus à temps de renouveler son action (Cass., 22 vend. an IX, D.A.7.454). V. l'art. 12 de la loi du 18 mai 1850, et l'art. 11, même loi, qui prolonge à cinq ou dix ans le délai de trois et cinq ans.

429. Toutefois, comme l'art. 14 de la loi du 16 juin 1824 a étendu aux amendes sur le timbre les ventes de meubles, la loi concernant l'organisation du notariat, etc., la prescription biennale de l'art. 61 ci-dessus, il en résulte que, dans tous les cas, la prescription de l'amende en ces matières se trouvera acquise lorsqu'il y aura eu interruption de poursuites pendant un an, sans instance devant le tribunal compétent.

430. Il en est de même des poursuites dirigées pour le recouvrement des amendes encourues pour contravention aux lois portant établissement des droits de greffe (Cass., 25 germ. an XI et 16 brum. an XIII, D.A.7.481).

431. Il n'y a que les demandes signifiées et enregistrées avant l'expiration des délais qui arrêtent le cours des prescriptions établies par la loi fiscale. Aussi a-t-il été décidé qu'une requête d'expertise adressée par la régie au tribunal, dans l'année de la formalité donnée au contrat, mais signifiée au redevable postérieurement à l'expiration du

que ces actes n'aient acquis une date certaine par le décès de l'une des parties, ou autrement. (1)

délai, était tardive (Cass., 18 germ. an xiii, D.X.7.471).

Toutefois, une instruction de la régie n° 1467, § 13, porte qu'un itératif commandement fait dans l'année, à partir de la signification d'une contrainte, interrompt la prescription.

431 bis. Une demande administrative ne suffit pas pour interrompre la prescription. V. Dalloz, loc. cit., n°s 5610 et suiv.

432. En matière ordinaire, la demande signifiée en temps utile interrompt la prescription (C. Nap., art. 2244). Mais la loi fiscale exige de plus que la demande soit enregistrée avant l'expiration du délai (V. les décisions citées par Dalloz, Table de quinze ans, n° 1055). Remarquons seulement qu'en vertu de la règle que tout ce qui est exceptionnel est de droit étroit, que s'il s'agissait d'une action ayant pour objet un droit d'enregistrement ou tout autre, dont le recouvrement ne serait soumis à aucune des prescriptions particulières de l'art. 61 de la loi de frimaire, elle serait valablement interrompue par acte signifié quoique non enregistré avant l'expiration du délai (Déc. min. 11 et 30 vent.).

433. En outre, et afin qu'il ne dépende pas de la régie de prolonger indéfiniment les contestations, il faut, en cas d'interruption de poursuites, que l'instance soit introduite dans l'année devant les juges compétents. Et, d'après la jurisprudence, l'instance est censée commencée par l'opposition motivée du redevable à la contrainte, laquelle doit contenir, aux termes de l'art. 64 de la loi de frimaire, assignation à jour fixe devant le tribunal civil (Cass. 27 juill. 1813, D. X.7.474).

434. Une fois l'instance introduite, la prescription annale ne reçoit plus d'application : il n'y a plus que la péremption ordinaire de la procédure qui puisse la faire revivre (Cass., 23 germ. an xii; Bruxelles, 20 juill. 1824, D. X.7.481 473). et non lorsque cet régie est nulle.

435. La disposition ci-dessus introduit deux exceptions aux principes du droit civil. La première, que la prescription est acquise d'une manière irrévocable quand les poursuites commencées sont interrompues pendant un an, sans instance, quand même le premier délai pour la prescription ne serait pas expiré; et la seconde, qu'il faut que l'instance soit formée devant les juges compétents pour relever de la déchéance; tandis qu'aux termes de l'art. 2246 C. Nap., la citation en justice, donnée même devant un juge incompétent, interrompt la prescription, fixée par les art. 72, 73 et 74, C. proc. civ.

436. Mais, en matière d'enregistrement, comme en matière ordinaire, tous les actes de poursuites qui sont nuls pour défaut de forme sont censés non avenus, et n'arrêtent pas, par conséquent, le cours de la prescription (C. Nap. 2247). C'est un retour au principe du droit civil qui veut que l'interpellation faite à l'un des débiteurs solidaires ou sa reconnaissance interrompe la prescription contre tous les autres, même contre leurs héritiers » (C. Nap., 2249), doit également être suivi pour l'enregistrement (Cass. 7 août 1807, D. X.7.457).

437 bis. Le moyen tiré de ce que l'administration de l'enregistrement ne peut modifier, en cours d'instance, la demande résultant de la contrainte qu'elle a décernée, en réclamant, par exemple, par des conclusions nouvelles, un droit d'obligation, alors que la contrainte avait pour objet la perception d'un droit de cautionnement, ne peut être proposé pour la première fois devant la Cour de cassation (Cass. 24 mars 1862, D. r.62.1.217).

Il en est de même du moyen pris de ce que ces conclusions nouvelles auraient été posées après l'expiration du délai de deux années fixé par l'art. 61 de la loi du 22 juin an vii (Même arrêt).

(1) 438. C'est là un principe général de droit, dont l'application n'eût été contestée par personne, quand même il n'eût pas été rappelé par la loi de frimaire; le bon sens eût suffi à cet égard pour suppléer au silence de la loi positive. (V. aussi Championnière et Rigaud, t. 4, n° 3998).

(2) 439. La procédure relative aux instances entre la régie et les contribuables est tracée par ce titre dont les règles spéciales n'ont point été abrogées par le Code de procédure. Un avis du 1er juin 1807, du conseil d'État, a décidé que qu'il ne peut y avoir de doute sur ce que l'abrogation prononcée par l'art. 1041 C. proc. n'a eu pour objet que de déclarer qu'il n'y aurait désormais qu'une seule loi commune pour la procédure, et que l'on n'a entendu porter aucune atteinte aux formes de procédure, soit dans les affaires de la régie de l'enregistrement et des domaines, soit en toute matière pour laquelle il aurait été fait, par une loi spéciale, exception aux règles générales. Ainsi le Code de procédure ne peut être invoqué que dans les cas où la loi spéciale est insuffisante; mais dans ces cas il forme le droit commun et le supplément naturel de cette loi (Championnière et Rigaud, t. 4, n° 4013).

pourront s'élever relativement à la perception des droits d'enregistrement avant l'introduction des instances appartient à la régie (1).

64. Le premier acte de poursuite pour le recouvrement des droits d'enregistrement et le paiement des peines et amendes prononcées par la présente sera une contrainte; elle sera décernée par le receveur ou préposé de la régie; elle sera visée et déclarée exécutoire par le juge de paix du canton. — Tous solidaires ou sa reconnaissance interrompe la prescription contre tous les autres (1). Cette disposition n'attribue pas à l'administration une juridiction nécessaire, mais le droit de décider si l'impôt sera ou non demandé ou retenu. C'est un règlement intérieur qui n'oblige pas les contribuables, et ceux-ci sont toujours libres de s'adresser directement aux tribunaux par la voie que nous indiquerons bientôt (Championnière et Rigaud, t. 4, n° 4014; Dalloz, v° Enreg. n° 5646 et suiv.).

441. La contrainte doit, comme tout autre exploit, exposer clairement l'objet de la demande; mais la loi n'exige la transcription de l'extrait d'aucun acte (Cass., 8 juin 1812), ni même l'énonciation de l'acte sur lequel elle est fondée (Cass., 29 juill. 1812, D.A.7.400). D'ailleurs elle est toujours considérée comme provisoire et soumise à la condition d'ajouter ou de retrancher (Cass., 27 mars 1810). — V. aussi Championnière et Rigaud, t. 4, n° 4016, et Dalloz, v° cit., n° 5662 et 5663, quand même par personne, quand même...

442. Il n'est pas nécessaire que la contrainte contienne l'élection de domicile dans la commune du débiteur, ainsi que l'exige l'art. 384, C. proc. (Cass., 16 fév. 1831, D.A. 31.1.87). — Sur le mode de signification de la contrainte, V. Dalloz, loc. cit., n° 5656, et trib. de Louviers, 23 juill. 1842 (D.P. 42.4.159).

443. Les receveurs ou autres préposés (notamment les vérificateurs) ont qualité pour la décerner, et aucun délai n'est fixé à cet effet, autre que celui de l'action (Cass., 2 août 1808, D.A.7.398; Trib. de Toulouse, 22 janv. 1855, D.P.55.5.183).

443 bis. La contrainte décernée contre un étranger pour le paiement des droits d'enregistrement lui est valablement signifiée au domicile par lui élu en France, dans les actes de procédure (Trib. de la Seine, 8 août 1857, D.P.58.3.29).

444. Le juge de paix doit, à peine de nullité, viser la contrainte et la rendre exécutoire (Cass., 8 mars 1808; 8 mai 1809, D.A. 7.398 et 399); mais cette nullité est couverte par le silence de la partie adverse et ses défenses au fond (Cass., 18 mai 1809 et 14 nov. 1815, D.A.7.399).

bureau est établi, et elle sera signifiée (2). — ... par le décès de l'une...

L'exécution de la contrainte pourra être interrompue que par une opposition, formée par le redevable et motivée, avec assignation, à jour fixe, devant le tribunal civil du département. Dans ce cas, l'opposant sera tenu d'élire domicile dans la commune où siège le tribunal (3).

65. L'introduction et l'instruction des instances auront lieu devant les tribunaux. — ... suffit pas pour interrompre la prescription.

V. Dallog, loc. cit., n° 5615 et suiv.

La formalité à donner par le juge de paix doit être remplie, encore à peine de nullité, non-seulement sur l'original de la contrainte, mais encore sur les copies signifiées aux redevables. Son omission n'a pas même pour effet d'interrompre la prescription (Trib. de Chateaudun, 11 avril 1851, D.P.51.3.48; Conf. Trib. d'Issoire, 6 juill. 1854, D.P.55.3.59).

445. Lorsque la contrainte est devenue exécutoire par le visa du juge de paix, l'exécution en doit être poursuivie comme celle de tout jugement rendu en faveur du Trésor. Il avait même été jugé par deux décisions ministérielles qu'elle emporte hypothèque (Déc. min., 14 et 20 avril 1819), Mais la doctrine contraire a été formellement établie par la Cour de cassation (Cass., 28 janv. 1828, D.P.28.1.109; Championnière et Rigaud, t. 4, n° 4016).

446. L'opposition à une contrainte est la seule voie par laquelle les contribuables puissent introduire une instance. Ainsi, en cas de contestation sur la quotité ou l'exigibilité du droit, la partie doit attendre la contrainte pour s'y opposer et ne peut assigner directement l'administration (Cass., 7 mai 1806, D.A.7.392). Un des instances...

447. Les oppositions doivent être motivées à peine de nullité (Trib. de la Seine, 21 janv. 1839). V. Table de quinze ans, n° 996 et 997. — Ainsi l'opposition à une contrainte décernée à la régie est nulle lorsque le redevable n'y énonce aucun motif et se borne, par exemple, à alléguer que le droit réclamé n'est pas dû. Dès lors, la condamnation qui intervient après examen de la question du fond ne peut être considérée que comme décision par défaut (Trib. de Marseille, 19 fév. 1858, D.P. 58.3.54). — Mais la nullité de l'opposition ne rend pas non recevable à en former une nouvelle; il ne s'agit en conséquence que de régulariser la procédure (Championnière et Rigaud, t. 4, n° 4917).

448. L'opposition doit contenir assignation à jour fixe, c'est-à-dire dans les délais fixés par les art. 72, 73 et 74, C. proc. — soit

naux civils de département : la connaissance et la décision en sont interdites à toutes autres autorités constituées ou administratives (1).

L'instruction se fera par simples mémoires respectivement signifiés (2).

Il n'y aura d'autres frais à supporter pour la partie qui succombera que ceux du papier timbré, des significations et du droit d'enregistrement des jugements (3).

Les tribunaux accorderont, soit aux

---

(1) — 449. Cette disposition détermine la compétence des tribunaux. Il en résulte que les tribunaux civils sont seuls compétents. Ainsi les tribunaux de commerce ne pourraient statuer sur la demande formée par la régie contre le syndic d'une faillite en paiement du droit d'actes sous seing privé, contenant mutation d'immeubles et mentionnés parmi les effets du failli (Cass., 10 mai 1815, D.A.3.354). Pareillement, un tribunal correctionnel ne pourrait statuer sur les droits exigibles d'un garde champêtre qui n'a pas fait enregistrer les procès-verbaux constatant les délits dont le tribunal est saisi (Cass., 4 vent. an XII, D.A.7.391).

449 bis. En matière d'enregistrement, le tribunal compétent pour connaître de la validité d'une saisie-arrêt n'est pas celui du domicile du redevable, mais celui du bureau qui poursuit le recouvrement des droits (Orléans, 9 juin 1860, D.P.60.2.201).

450. Le tribunal seul doit juger et non le président statuant sur l'opposition du redevable (Cass., 6 août 1817, D.A.4.241).

451. Relativement aux demandes en restitution, c'est devant le tribunal de l'arrondissement du bureau où la perception a été faite que l'action doit être portée (Championnière et Rigaud, t. 4, n° 4018).

451 bis. L'opposition à une contrainte décernée par la régie de l'enregistrement ne peut être portée que devant le tribunal auquel ressortit le bureau duquel émane la contrainte (Trib. de la Seine, 10 fév. 1853, D.P.54.3.6). — V. aussi Dalloz, n°ˢ 5681 et suiv.

(2) 452. A cette disposition qui détermine le mode d'instruction, il convient d'ajouter l'art. 17 de la loi du 27 vent. an IX qui dispose : « L'instruction des instances que la régie aura à suivre pour toutes les perceptions qui lui sont confiées se fera par simples mémoires respectivement signifiés, sans plaidoiries. Les parties ne seront pas obligées d'employer le ministère d'avoués. » En outre, la détermination du mode d'instruction est complétée par la dernière disposition de l'art. 65 ci-dessus transcrit.

453. De l'ensemble de ces dispositions, il résulte que les mémoires doivent être respectivement signifiés, c'est-à-dire entre la régie et le redevable ; la signification faite au procureur impérial ne remplirait pas le vœu de la loi. Le jugement rendu sur mémoires non signifiés serait nul (Champion-

nière et Rigaud, t. 4, n° 4019 ; Cass., 26 avr. 1843, D.P.43.1.262 ; 3 juill. 1844, D.P.44.4.171). — Les pièces à l'appui des mémoires n'ont pas besoin d'être signifiées (Cass., 3 mars 1851, D.P.51.1.20 ; 7 août 1855, D.P.55.1.448 ; Rej. 13 mai 1860, D.P.60.1.118) ; mais elles doivent, à peine de nullité, être jointes à ces mémoires et déposées au greffe (Cass., 9 mars 1853, D.P.53.1.192 ; 31 janv. 1855, D.P.55.1.178. Rej. 13 mai 1860, précité).

454. L'interdiction des plaidoiries est absolue. Ni la régie, ni les parties ne peuvent faire plaider, à peine de nullité du jugement. Mais il est permis de faire prendre des conclusions par un avoué (Cass., 20 mai 1826, D.P.26.1.210). La loi se contente de dire, en effet, que les parties *ne seront pas obligées* d'employer le ministère des avoués. D'où la conséquence qu'elles ont la faculté de en constituer, pourvu seulement qu'il ne plaide pas la cause. — Toute défense orale, même des parties, est interdite à peine de nullité. V. Cass., 26 déc. 1853 (D.P.54.1.316) ; 29 nov. 1854 (D.P.55.1.59) et autres décisions analysées dans la *Table de quinze ans*, n°ˢ 982 et suiv.

455. Comme dans toute instruction par écrit, l'affaire doit être mise au rapport d'un des membres du tribunal (art. 95, C. proc.) ; le défaut de rapport entraînerait la nullité du jugement. V. *Table de quinze ans*, n°991. Mais V. Cass., 3 mars 1851 (D.P.51.1.20) et 23 mai 1853 (D.P.53.1.337). — V. encore Cass., 24 août 1857 (D.P.57.1.345). — Le jugement doit, en outre, constater, à peine de nullité, que le ministère public a été entendu. V. *Table de quinze ans*, n°ˢ 995 et s. — Sur les autres énonciations que doit renfermer le jugement, V. *eod.*, n°ˢ 997 et s. V. aussi Cass., 29 juill. 1857 (D.P.57.1.443), et Dalloz, *Jur. gén.*, v° *Enregistr.* n°ˢ 5758 et suiv.

(3) — 456. L'imputation des dépens se fait comme en matière ordinaire, et les tribunaux ont le même pouvoir. La Cour de cassation a même jugé que les dépens peuvent être compensés, lorsque la régie a succombé dans une partie de ses prétentions (Championnière et Rigaud, t. 4, n° 4022). Mais remarquons que le ministère des avoués étant simplement facultatif, ainsi que nous venons de le dire, il en résulte que la partie qui les emploie est seule obligée de les payer, et qu'elle ne saurait faire tomber les frais de

parties, soit aux préposés de la régie qui suivront les instances, les délais qu'ils leur demanderont pour produire leurs défenses : il ne pourra néanmoins être de plus de trois décades (1).

Les jugements seront rendus dans les trois mois, au plus tard, à compter de

l'introduction des instances, sur le rapport d'un juge, fait en audience publique, et sur les conclusions du commissaire du Directoire exécutif : ils seront sans appel, et ne pourront être attaqués que par voie de cassation (2).

66. Les frais de poursuite payés par

---

cette constitution dans la condamnation des dépens prononcée contre son adversaire.

(1) — 457. La loi a voulu non-seulement que l'instruction fût simple, mais aussi qu'elle fût courte. La disposition dont il s'agit ici répond à ce besoin. Toutefois, il a été reconnu que cette disposition est purement réglementaire, et que son inobservation n'entraîne point la nullité du jugement (Championnière et Rigaud, n° 4021).

(2) — 458. Les tribunaux, dans le même but d'accélérer la rentrée de l'impôt, doivent statuer dans les trois mois au plus tard, à compter de l'introduction de l'instance. Mais ce n'est encore ici qu'un vœu manifesté par la loi. Il ne saurait s'attacher aucune déchéance, aucune peine à l'infraction de cette disposition (Cass., 3 mars 1851, D.P.51.1.20).

458 bis. Le jugement rendu, en matière d'enregistrement, sur le rapport d'un juge suppléant qui ne pouvait concourir et n'a pas, en effet, concouru à ce jugement, avec voix délibérative, à raison de la présence d'un nombre de juges titulaires suffisant pour la validité de la décision, est nul (Cass., 13 août 1862, D.P.62.1.339).

459. Le législateur a encore ajouté à l'économie et à la célérité de la procédure en cette matière, en n'établissant qu'un seul degré de juridiction. Mais, bien que les jugements soient sans appel, et ne puissent être attaqués que par la voie de cassation, si les formes ordinaires ont été suivies par erreur, et que, l'affaire mal à propos portée devant la Cour impériale en appel, les parties aient défendu sans opposer le vice de la procédure, elles seraient plus tard non recevables à s'en prévaloir (Cass., 13 prair. an x, D.A.7.417).

460. En matière d'enregistrement, la Cour de cassation a constamment professé la doctrine qu'il lui appartenait d'apprécier, et les actes et les faits. Cette doctrine, qui résulte explicitement de plusieurs arrêts, et implicitement d'un grand nombre, a obtenu l'approbation de M. Merlin, Rép., v° Enreg., (Droit d'), p. 749 (V. aussi Dalloz, n°s 5832 et suiv.).

461. Du reste, la loi, en déclarant que les jugements rendus en matière d'enregistrement ne pourraient être attaqués que par la voie de cassation, n'a pas entendu interdire les autres voies de se pourvoir, telles que la tierce opposition, la requête civile et la prise

à partie (Cass., 14 mai 1811, D.P.7.420). Toutefois, les directeurs de l'enregistrement qui voudront se pourvoir par voie de requête civile ne pourront le faire qu'après un ordre spécial de l'administration (Inst., gén. n°606).

461 bis. Il faut observer que le second degré de juridiction peut être franchi, lorsque le procès entrepris avec la régie n'a plus pour objet immédiat le recouvrement de l'impôt. V. Dalloz, n°s 5820 et suiv. V. aussi Besançon, 20 déc. 1848 (D.P.49.2.248).

462. Le ministère public doit être entendu (V. ci-dessus, n° 455) ; mais il n'agit pas au nom du Trésor : ses conclusions doivent être orales.

462 bis. Les jugements par défaut, en matière d'enregistrement, sont susceptibles d'opposition (Trib. de la Seine, 28 avr. 1841, D.P.41.3.459, et autres décisions citées par Dalloz, n° 5838). Mais V. Cass., 2 fév. 1847 (D.P.47.1.151).

462 ter. L'action de la régie de l'enregistrement tendant à se faire admettre, par privilége ou au marc le franc, au passif de la faillite d'un commerçant décédé depuis la déclaration, pour le paiement des droits de mutation auxquels l'ouverture de la succession de celui-ci a donné naissance, est une action de droit commun, rentrant dans la compétence de la juridiction civile ordinaire, et ne pouvant, par suite, être introduite ni jugée dans les formes spéciales aux matières d'enregistrement (Trib. de la Seine, 29 mars 1862, D.P.62.3.87).

462 quater. En traçant des règles pour arrêter l'exécution d'une contrainte, la loi du 22 frim. an VII n'a pas dérogé aux principes généraux en matière de chose jugée ; en conséquence, après une première opposition définitivement écartée par un jugement, le redevable peut en former une seconde fondée sur une nouvelle cause (Trib. de Marseille, 12 juill. 1859, D.P.59.3.63).

462 quinquies. L'exécution des jugements obtenus par la régie peut être poursuivie sur tous les biens du redevable. Et même il a été jugé que l'acceptation sous bénéfice d'inventaire n'a pas pour effet de restreindre aux valeurs disponibles de la succession, à l'exclusion des biens personnels du redevable, le droit de la régie de poursuivre par voie de saisie le recouvrement des droits de mutation (Trib. de la Seine, 23 nov. 1861, D.P. 62.3.40).

les préposés de l'enregistrement, pour des articles tombés en non-valeur pour cause d'insolvabilité reconnue des parties condamnées, leur seront remboursés sur l'état qu'ils en rapporteront à l'appui de leurs comptes. L'état sera taxé sans frais par le tribunal civil du département, et appuyé de pièces justificatives (1).

TITRE X. — De la fixation des droits.

67. Les droits à percevoir pour l'enregistrement des actes et mutations sont

et demeurent fixés aux taux et quotités tarifés par les art. 68, 69 et suivants.

DROITS FIXES.

68. Les actes compris sous cet article seront enregistrés et les droits payés ainsi qu'il suit, savoir :

§ 1. *Actes sujets à un droit fixe de 1 fr.*

1° Les abstentions, répudiations et renonciations à successions, legs ou communautés, lorsqu'elles seront pures et simples, si elles ne sont pas faites en justice (2).

---

(1) — 463. L'insolvabilité absolue des redevables de droits de toute nature à recouvrer par l'administration est constatée par un certificat d'indigence, sans qu'il soit besoin d'un procès-verbal de carence (Circ., 28 pluv. an VIII).

Ce certificat est fourni sur une formule imprimée que le receveur remet au redevable, sans la remplir lui-même. A la suite de ce certificat, le receveur atteste, *sous sa responsabilité*, qu'il en a vérifié l'exactitude (Inst. gén., n° 1530, 30 nov. 1837).

(2) — 464. Par l'art. 8 de la loi de finances du 18 mai 1850, le moindre droit fixe d'enregistrement pour les actes civils et administratifs a été porté à 2 fr., à l'exception du droit sur les certificats de vie et de résidence.

1° La renonciation est tarifée à un droit fixe, parce que, de sa nature, elle n'est pas translative, comme l'avaient enseigné d'anciens auteurs, en se fondant sur ce que, en cas de renonciation, ceux qui acceptaient tenaient directement du renonçant la part qui leur accroissait. Mais ce principe n'avait pas prévalu ; on reconnut, au contraire, que ceux qui acceptaient tenaient la part qui leur accroissait par suite d'une renonciation aussi bien que leur portion personnelle, du bénéfice de la loi par voie de succession directe, et ne tenaient rien du renonçant qui n'avait jamais été propriétaire. La coutume de Paris avait tranché la question en ce sens par son art. 6, et c'est d'après le même principe que la renonciation n'est tarifée qu'à un droit fixe par la disposition ci-dessus ;

2° Cette disposition tarife en même temps les *abstentions* et *répudiations*, dénominations qui avaient leur signification lors de la promulgation de la loi de frimaire. Par *abstention*, on entendait la répudiation d'une hérédité faite en ligne collatérale ; les héritiers de cette ligne n'étaient pas héritiers nécessaires, et par conséquent il leur suffisait de *s'abstenir*. Le mot *renonciation* ne s'appliquait qu'aux héritiers de la ligne directe,

parce qu'étant héritiers nécessaires, ils ne pouvaient répudier cette qualité sans y *renoncer* formellement par acte authentique. Aujourd'hui que la doctrine des héritiers nécessaires est proscrite par le Code Nap. (art. 775), cette distinction est désormais sans objet. Il en est ainsi de la *répudiation*, qui n'est autre chose que la *renonciation*, ou qui, du moins, exprimait, en pays de droit écrit, la même idée que le mot *renonciation* dans les pays de coutume. Le Code Napoléon, en ramenant la France à l'unité de législation, a ainsi effacé cette distinction, et empruntant au droit coutumier, dont il s'est particulièrement inspiré, la dénomination qui y était reçue, il l'a adoptée d'une manière générale. Ainsi la disposition ci-dessus de l'art. 68 doit être prise aujourd'hui comme si le mot *renonciation* y figurait seul ;

3° La loi fiscale reconnaît deux modes différents de faire une renonciation : l'une qui se fait en justice, et l'autre qui est extrajudiciaire. La première de ces deux renonciations est seule tarifée par la disposition ci-dessus ; la seconde est comprise dans le n° 6 du 2e § du même article modifié quant à la quotité du droit, qui a été élevé à 3 fr. fixe par la loi du 28 avril 1816, art. 44, 10°. Mais on aurait pu croire que cette consécration d'un double mode de renonciation, qui a été aussi un emprunt à l'ancien droit, dans lequel l'abstention ou renonciation pouvait avoir lieu par acte notarié, ne devait plus être prise en considération en présence des Codes Napoléon et de procédure, d'après lesquels on ne peut plus renoncer qu'au greffe du tribunal dans l'arrondissement duquel la succession s'est ouverte (art. 784, C. Nap.; C. pr. civ. 997). C'est même ce que l'administration avait d'abord pensé. Mais il a été reconnu plus tard que, relativement aux successions et aux legs, il y a lieu d'admettre la renonciation faite devant notaire (Déc. min., 20 avril, et 7 mai 1808 ; Inst., 29 juin 1808) ; seulement, les deux manières de renoncer diffèrent entre elles, en ce que la renonciation par la voie du greffe produit son effet à l'égard

Il est dû un droit par chaque renonçant et pour chaque succession à laquelle on renonce ;

DROITS FIXES.

de tous, tandis que celle qui a lieu par-devant notaire n'a de force qu'entre les parties ;

4° C'est seulement lorsqu'elle est *pure et simple* que la renonciation est tarifée à un droit fixe par la loi fiscale ; et, en effet, c'est seulement alors que la renonciation n'a rien de translatif. Mais, il faut remarquer que ce caractère est parfaitement compatible avec la forme de l'acte notarié. Ainsi, lorsque la renonciation est gratuite et qu'elle profite indistinctement à tous les cohéritiers, elle est pure et simple, quelle que soit la forme et par conséquent elle ne donne ouverture qu'au droit fixe, quelque soit l'acte constatant.

5° Il en est autrement, et les dispositions ci-dessus cessent d'être applicables, si la renonciation est faite moyennant un prix. Dans ce cas, la renonciation que fait le cohéritier, même au profit de tous ses cohéritiers indistinctement, emporte acceptation de sa part, aux termes de l'art. 780, C. Nap. ; et cela amènerait logiquement à conclure que la régie est fondée à réclamer les droits de mutation par décès du renonçant, quand même la loi fiscale n'aurait pas exclusivement réservé le droit fixe pour les renonciations pures et simples (Championnière et Rigaud, t. 4, n° 522). — Il a été décidé, en ce sens, que la transaction contenant renonciation moyennant finance à un legs conditionnel constitue une acceptation de ce legs, qui, à l'aliénation, et autorise, par suite, la régie à réclamer les droits de mutation, dans le cas où la réalisation de la condition vient donner ouverture au legs (Trib. de Nîmes, 30 août 1859, D. p. 59.3.86).

6° La renonciation cesse encore d'être pure et simple, alors même qu'elle est gratuite, si elle est faite au profit d'un ou de plusieurs des cohéritiers. Dans ce cas, l'art. 780, C. Nap., dispose également que la renonciation emporte acceptation ; et la conséquence qui s'en induit, relativement au droit d'enregistrement, c'est que le renonçant, prétendu ayant été saisi de ce qui composait sa part dans les biens de la succession, en a nécessairement disposé, puisqu'il a voulu que cette part fût allouée à l'un ou plusieurs de ses cohéritiers. C'est alors le droit de donation qui est exigible (Championnière et Rigaud, t. 4, n° 523) ; V. aussi Dalloz, v° Enreg., n° 313 et suiv.

7° La renonciation peut n'avoir pour objet qu'une partie de la succession. Dans le système de l'administration, l'accroissement qui a lieu en faveur des cohéritiers donne ouverture au droit proportionnel, et il n'est pas même nécessaire que ces derniers acceptent

2° Les acceptations de successions, legs ou communautés, aussi lorsqu'elles sont pures et simples.

il suffit qu'ils prennent possession des choses auxquelles il a été renoncé (*Dict. de l'Enreg.*, v° *Renonciation*, n° 47. — *Contrà*, Championnière et Rigaud, t. 4, n° 527 et 529 ; V. aussi Dalloz, v° *Enreg.*, n° 320) (1)

8° Celui qui fait une renonciation conditionnelle ne renonçant pas en réalité, et faisant, au contraire, une acceptation implicite par suite de laquelle il est saisi jusqu'à l'événement de sa condition, on ne peut pas dire que sa renonciation soit pure et simple. Elle est nécessairement translative lorsque la condition vient à se réaliser, puisqu'il y a transmission à celui qui est appelé, et par cela même il y a ouverture au droit proportionnel (*Dict. de l'Enreg.*, v° *Droits successifs*, n° 39. — *Contrà*, Championnière et Rigaud, t. 1, n° 531).

9° Celui qui a accepté bénéficiairement ne peut plus renoncer. Par conséquent, sa renonciation ne le dispenserait pas du paiement des droits de succession (Cass. 1er fév. 1830, D. p. 30,1,401 ; trib. de Chartres, 5 août 1837, D. p. 38.4.128 ; Championnière et Rigaud, t. 1, n°s 537 et suiv.).

10° La disposition ci-dessus transcrite comprend la renonciation aux legs aussi bien que la renonciation aux successions. Le motif de la loi pour établir qu'un droit fixe était, même à cet égard, plus manifeste encore ; car non-seulement le légataire qui renonce est censé n'avoir jamais été légataire, mais encore il n'a pas été réellement. La disposition est caduque et les biens restent dans la succession non représentative, sed héréditario jure. V. Dalloz, n° 332 et suiv.

11° Mais pour les legs comme à l'égard des successions, la renonciation n'est tarifée au droit fixe que si elle est pure et simple. Ainsi la renonciation, même gratuite, mais au profit seulement de l'un de ceux qui auraient été appelés à recueillir les biens légués, de même que la renonciation moyennant un prix au profit de tous les successibles, ne sont pas des renonciations pures et simples bien que l'art. 780, C. Nap., ne prévoie ni l'une ni l'autre de ces hypothèses, et partant elles donnent ouverture au droit proportionnel (Championnière et Rigaud, t. 1, n°s 547 et suiv.).

12° Lorsque de deux légataires conjoints l'un renonce et donne ainsi lieu à l'accroissement dont il est parlé dans les art. 1044 et 1045, C. Nap., il faut dire qu'il n'y a pas transmission, car le légataire renonçant n'a rien acquis et ne l'a par conséquent rien transmettre. La renonciation n'est donc assujettie qu'au droit fixe. Il en est ainsi de la

Il est dû un droit par chaque acceptant et pour chaque succession (1);

3° Les acceptations de transports ou délégations de créances à terme, faites par actes séparés, lorsque le droit pro-

portionnel a été acquitté pour le transport ou la délégation.

Et celles qui se font dans les actes mêmes de délégation de créances aussi à terme (2);

---

renonciation faite par le grevé de substitution avant d'avoir accepté, pourvu toutefois que la substitution soit établie (Trib. de Condom, 17 juil. 1841) ;

13° De même que les renonciations dont nous avons parlé jusqu'ici, la renonciation à communauté n'est tarifée qu'à un droit fixé par le texte ci-dessus qui embrasse aussi dans ses termes cette espèce de renonciation. D'ailleurs, on pressent aisément les motifs de la loi : c'est que, dans aucune hypothèse, la renonciation à communauté ne transfère un nouveau droit au mari ou à ses héritiers; *V.* Dalloz, nᵒˢ 351 et suiv. ;

14° Mais si la renonciation était faite moyennant un prix, ou au profit de quelques héritiers seulement, elle ne serait plus pure et simple ; elle ne serait même plus une rénonciation, mais une acceptation, car il y a même raison de décider que pour les successions et les legs. Le droit proportionnel deviendrait donc exigible (*V.* nᵒ 5, 6° et 7°);

15° La communauté ne pouvant être acceptée partiellement, il s'ensuivrait qu'une acceptation partielle serait nulle et ne produirait aucun effet. La femme, loin d'avoir exprimé, par une acceptation de cette nature, l'intention d'accepter le tout, aurait manifesté une intention contraire. Par conséquent il n'y aurait pas transmission, et le droit fixe serait seul exigible (Championnière et Rigaud, t. 4, nᵒ 563);

16° La faculté de renoncer n'appartient qu'à la femme ou à ses héritiers, mais elle n'appartient pas au mari. La renonciation qui serait faite par ce dernier ne pourrait donc pas être opposée à la régie, qui serait fondée à y voir une abdication de propriété, et cela encore même que le mari renoncerait comme héritier testamentaire de sa femme (Cass., 9 mars 1842, D.ᴘ.42.147. — *V.* encore comme exemples divers les jugements et arrêts analysés dans la *Table de quinze ans* de Dalloz, vᵒ *Enreg.*, nᵒˢ 332 et suiv.

(1) — 465. Le numéro précédent contient une disposition semblable relativement à la renonciation. On avait conclu de ces dispositions que lorsque plusieurs cohéritiers donnent leur consentement, par un même acte, à l'exécution d'un testament, ou à la délivrance d'un legs, il devait être perçu autant de droits qu'il y a d'héritiers acquiesçants, parce que chaque héritier pouvant consentir à l'exécution du testament ou s'y opposer, l'adhésion qu'il y donne est un acte qui lui

est personnel et qui, dès lors, donne ouverture à un droit particulier. Mais cette doctrine a été rejetée, par le motif qu'avant d'avoir fait connaître s'ils acceptent la succession et s'il s'y renoncent, les héritiers sont étrangers entre eux, ce qui explique que pour l'acceptation ou les renonciations, ils sont assujettis à payer chacun un droit particulier pour chaque succession. Mais il n'en est pas de même après l'acceptation, car alors les cohéritiers sont liés par un intérêt commun et par l'accomplissement des formalités exigées d'eux en leur qualité d'héritiers, ils agissent réellement dans la même succession. Ainsi en quelque nombre qu'ils soient il ne doit être perçu qu'un seul droit pour les acquiescements donnés par le même acte à l'exécution du testament ou à la délivrance du legs (Délib. 10 août 1822 ; Championnière et Rigaud, t. 4, nᵒ 3744).

(2) — 466. 1° Par ces mots : *lorsque le droit proportionnel a été acquitté pour le transport ou les délégations,* il faut entendre tant le droit proportionnel payé pour une délégation de créance à terme, proprement dite, que le droit proportionnel acquitté pour le titre de la créance, s'il s'agit d'une délégation de prix stipulée dans un contrat (Cass., 5 sept. 1827; Inst. gén., nᵒ 1270, 6 mars 1829);

2° Aux termes de l'art. 1690, C. Nap., et de la loi de frimaire, la disposition par laquelle le débiteur d'une créance ou d'une rente transportée à un tiers déclare avoir le transport pour signifié est une acceptation de transport ou de délégation passible de 1 fr. (Délib., 17 avril 1822).

466 *bis.* La loi ne parle dans cette disposition que des acceptations de *délégation* ; elle ne parle pas des acceptations de *transport.* M. Dalloz (*Jur. gén.*, vᵒ *Enreg.*, nᵒ 1760) avait pensé qu'il y avait là dans la loi une omission évidente à laquelle on pourrait raisonnablement suppléer et qu'il y avait lieu d'étendre à l'acceptation de transport ce que la loi dit de l'acceptation de délégation. MM. Championnière et Rigaud (*Tr. du droit d'enreg.*, t. 2, nᵒ 1205) soutenaient, au contraire, que, dans le silence de la loi, l'acceptation de transport *dans l'acte* devait échapper au droit fixe. C'est cette dernière interprétation qui a prévalu. Il a été décidé, en effet, qu'en matière de cession de créance avec intervention du débiteur, l'acceptation du transport, faite par celui-ci dans l'acte même, est affranchie de tout droit (Solut. de la régie, 27 nov. 1860, D.ᴘ.61.3.46).

4° Les acquiescements purs et simples, quand ils ne sont point faits en justice (1);

5° Les actes de notoriété (2);

6° Les actes qui ne contiennent que l'exécution, le complément et la consommation d'actes antérieurs enregistrés (3);

7° Les actes refaits pour cause de nullité ou autre motif, sans aucun changement qui ajoute aux objets des conventions ou à leur valeur (4);

8° Les adjudications à la folle enchère, lorsque le prix n'est pas supérieur à celui de la précédente adjudication, si elle a été enregistrée (5);

9° Les adoptions (6);

10° Les attestations pures et simples;

11° Les avis de parents, autres que ceux contenant nomination de tuteurs et curateurs (7);

Mais il n'en est pas de même de la prorogation de délai accordée par le cessionnaire au débiteur, cette clause constituant une convention nouvelle indépendante du transport (Même solution).

(1)—467. Le tarif a été élevé à 2 fr. fixe par la loi du 28 avril 1816, art. 43, n° 1. — Ces sortes de consentements sont ceux qui ne forment point de contrat, soit parce que l'intention des parties n'est pas de se lier, soit parce qu'elles ne s'obligent ni à donner, ni à faire, ni à ne pas faire. On peut citer, comme exemple, le cas où un enfant consent à la donation que son père fait à l'un de ses autres enfants (Championnière et Rigaud, t. 1, n° 190).—V. encore sup., la note sur le n° 2 du présent article.

(2) — 468. Tarifés à 2 fr. par la loi du 28 avril 1816, art. 43, n° 2. — Mais sont exempts du timbre et de l'enregistrement les actes de notoriété et les procès-verbaux rédigés par les juges de paix pour constater la disparition des militaires et la privation des moyens d'existence de leurs veuves et orphelins (Déc. min. fin., 26 janv. 1824; Inst. gén., 6 mars 1824).

(3) — 469. Cette disposition, qui n'est que le complément de l'art. 11, sup. (V. la note sur cet article), prévoit l'hypothèse que nous avons signalée, loc. cit., celle où les dispositions dépendantes se trouvent dans des actes postérieurs à d'autres actes enregistrés. La règle consacrée par le texte ci-dessus est formelle; on peut la préciser en disant qu'un acte est l'exécution d'un autre, dans le sens de la loi fiscale, lorsque l'opération qu'il constate n'est, en définitive, que la conséquence légale du premier; il cesse d'être l'exécution lorsqu'il engendre une obligation, crée un droit, est, en un mot, le titre d'une convention. Tout consiste donc à rechercher, pour la solution de la question dans toutes les hypothèses où elle peut se présenter, où est en réalité le titre de la convention. Si le premier acte demeure le titre, et que par le second le débiteur ne consente que ce que le créancier pourrait faire sans ce consentement, c'est une exécution véritable, et le droit fixe seulement est ouvert; si le second acte est constitutif d'une obligation, il est primitif et originaire : ce n'est pas un acte d'exécution, et par conséquent il y a lieu à la perception d'un droit proportionnel déterminé par la nature de la convention que cet acte constate. Cela posé, toutes les difficultés, en cette matière, ne peuvent résider que dans l'application. V. à cet égard le tableau de la jurisprudence présenté dans Dalloz, v° Enreg., n°s 368 et suiv.; V. aussi Cass., 23 mai 1854 (D.P.54.1.195).

(4)—470. Tarifés à 2 fr. par la loi du 28 avril 1816, art. 43, n° 3.—Cette disposition consacre le principe qu'une disposition qui, dans un acte, a subi le droit proportionnel, ne peut plus, dans un nouvel acte, donner ouverture à ce droit et le principe plus général encore qu'une même disposition ne peut donner ouverture qu'à un seul droit (Championnière et Rigaud, t. 1, n° 946). Ainsi par exemple, l'acte qui, rédigé en vertu de l'art. 964, C. Nap., fait revivre une donation devenue nulle par survenance d'enfant et d'après l'art. 960 du même Code, est passible seulement du droit fixe de 2 fr. dès qu'il ne contient pas de nouvelle transmission (Délib., 16 fév. 1827).

(5) Tarifées à 3 fr. par la loi du 28 avril 1816, art. 41 n° 1.—Cette disposition étant exprimée en termes généraux, ne souffre pas d'exception pour le cas où le premier acquéreur aurait été mis en possession et aurait payé une portion de son prix (Cass., 10 déc. 1822, D.A.7.197. Mais V. Cass., 24 août 1853, D.P.53.1.231).— Si le prix est supérieur, V. infrà, art. 69, § 5, n° 1, et § 7, n° 1.

(6) V. la loi du 28 avril 1819, art. 48 et 49.

(7) — 471. Tarifés à 2 fr. par la loi du 28 avril 1816, art. 43, n° 4, et plus tard, à 4 fr. par la loi des finances du 19 juin 1845, art. 5. —V. Dalloz, Jur. gén., n°s 763 et suiv.

1° Remarquons que le texte ci-dessus doit être entendu en ce sens que c'est la réunion des différentes dispositions arrêtées dans l'intérêt du mineur qui est tarifée au droit fixe, parce que c'est cette réunion de dispositions qui constitue l'avis de parents. Ainsi, par exemple, la délibération du conseil de famille qui conserverait la tutelle à la mère et nom-

12° Les autorisations pures et simples (1);

13° Les bilans (2);

14° Les brevets d'apprentissage qui ne contiennent ni obligations de sommes et valeurs mobilières, ni quittance (3);

15° Les cautionnements de personnes à représenter en justice (4);

16° Les certifications de cautions et de cautionnements (5);

17° Les certificats purs et simples,

ceux de vie par chaque individu, et ceux de résidence;

18° Les collocations d'actes et pièces ou des extraits d'iceux, par quelque officier public qu'elles soient faites (6).

Le droit sera payé par chaque acte, pièce ou extrait collationné;

19° Les compromis qui ne contiennent aucune obligation de sommes et valeurs donnant lieu au droit proportionnel (7);

---

merait en même temps pour cotuteur le mari sous la puissance duquel elle va passer ne constituerait qu'un seul et même avis, et ne serait passible, à ce titre, que d'un droit fixe de 2 fr. (Déc. min. fin., 20 juin 1809);

2° C'est seulement à raison d'une disposition réellement indépendante de l'objet principal de l'acte qu'un second droit pourrait être perçu. Ainsi, par exemple, la délibération portant nomination d'un subrogé tuteur et désignation d'un notaire et de deux experts appréciateurs pour l'inventaire du mobilier donnerait lieu, dans son ensemble, à un seul droit fixe; mais la prestation de serment des experts devant le juge de paix qui préside le conseil de famille formerait une disposition indépendante sur laquelle un nouveau droit fixe devrait être perçu (Sol., 29 janv. 1825);

3° Du reste, le texte ci-dessus tarife seulement les avis de parents autres que ceux portant nomination de tuteurs et curateurs. En effet, les nominations de tuteurs et curateurs ont été spécialement prévues et tarifées par la loi fiscale. V. *infrà,* le § 2, n° 4, de ce même art. 68;

4° Par exception à la disposition ci-dessus, les délibérations des conseils de famille ayant pour objet d'autoriser les tuteurs à consentir à l'engagement volontaire des mineurs âgés de moins de vingt-cinq ans sont enregistrées et visées pour timbre *gratis* (Déc. min. fin., 9 nov. 1832; Inst. gén., 23 mars 1833, n° 1422, § 3).

(1) Tarifées à 2 fr. par la loi du 28 avril 1816, art. 43, n° 5.

(2)—Le bilan est une espèce d'inventaire qui contient l'état des dettes actives et passives du failli; de quelque manière qu'il soit rédigé, les créanciers qui y figurent ne peuvent jamais être dispensés de venir à la vérification de leurs créances. Ainsi le bilan ne donne pas un titre aux créanciers, et c'est par ce motif qu'il n'a été soumis qu'à un simple droit fixe. Mais remarquons qu'en tarifant le bilan, la loi embrasse l'acte dans son ensemble et par conséquent l'énonciation des dettes actives et passives qui en est une partie constitutive, et ne peut dès lors être soumise à un droit particulier

(Championnière et Rigaud, t. 2, n° 917). — Quant aux dépôts de bilan, V. *infrà,* § 2, n° 7, du présent article.

(3) — 472. La convention d'apprentissage est un contrat qui intervient entre celui qui s'engage à instruire une personne dans les principes d'un commerce ou de son art, et cette personne. Lorsque cette convention n'est pas pure et simple et qu'elle contient obligation de somme, le texte ci-dessus cesse d'être applicable; c'est alors par l'art. 69, § 2, n° 7, qu'elle est régie. V. la loi du 22 février 1851, analysée au t. 1er, tit. 8, art. 1er, v° *Brevet d'apprentissage.*

(4) — 473. Tarifés à 50 cent. pour 100fr. par la loi du 28 avril 1816, art. 50.—Les cautionnements ou soumissions de représenter à justice, *lorsqu'il n'y a pas de partie civile,* reçoivent la formalité en *débet* (Délib., 6 nov. 1822).

(5)—474. Tarifés à 2 fr. par la loi du 28 avril 1816, art. 43, n° 6. — Le *renfort* de caution est assimilé, pour la perception, au certificateur de caution, et il n'est dû que 2 francs pour une stipulation de cette nature (Sol., 21 juill. 1807; Délib., 23 avril 1823).

(6) — 475. Par exception à cette disposition, les copies collationnées, délivrées en exécution de la loi du 1er déc. 1790, concernant les biens domaniaux engagés, sont dispensées du timbre et de l'enregistrement, pourvu qu'il y soit fait mention expresse de leur destination pour les bureaux de la préfecture (Déc. min. fin., 5 sept. 1809).

(7) — 476. Tarifés à 3 fr. par la loi du 28 avril 1816, art. 44, n° 2. — Sur ce point, il importe de signaler la comparution volontaire devant le juge de paix autorisée par l'art. 7, C. proc. Si l'acte qui constate la comparution volontaire des parties est distinct du jugement, il ne constitue un compromis que lorsqu'il proroge la compétence ou la juridiction du juge de paix, et alors seulement il donne ouverture au droit de 3 fr. Que si les parties sont justiciables du juge de paix, aussi bien à raison de la matière qu'à raison de la personne, il n'est dû que 1 fr., parce qu'il n'y a pas de compromis, mais une sim-

20° Les connaissements ou reconnaissances de chargements par mer, et les lettres de voiture (1).

Il est dû un droit par chaque personne à qui les envois sont faits;

21° Les consentements purs et simples (2);

22° Les décharges également pures et simples, et les récépissés de pièces (3);

23° Les déclarations aussi pures et simples, en matière civile (4);

24° Les déclarations ou élections de command ou d'ami, lorsque la faculté d'élire un command a été réservée dans

---

ple comparution tenant lieu de citation. — Cet acte et le jugement peuvent n'être soumis qu'en même temps à l'enregistrement; mais lorsque la volonté des parties de proroger la compétence du juge de paix est constatée par le jugement même et dans son contexte, il n'y a pas lieu de percevoir, indépendamment du droit à raison de cette prorogation, un semblable droit pour le compromis, attendu que ces deux dispositions ne sont point indépendantes l'une de l'autre (Déc. min. just. et fin., 13 juin 1809; Inst. gén., 4 juill. 1809 et 19 mai 1824; 436, n° 3, et 1132, § 4).

(1) — 477. Les lettres de voiture sont seules restées tarifées à 1 fr. depuis la loi du 28 avril 1816. Cette loi a porté le droit pour les connaissements à 3 fr. *V.* art. 44, n° 6. *V.* aussi Championnière et Rigaud, t. 4, n° 3746, et Dalloz, v° *Enreg.*, n° 422.

(2) — 478. Tarifés à 2 fr. par la loi du 28 avril 1816, art. 43, n° 7.

(3) — 479. Tarifés à 2 fr. par la loi du 28 avr. 1816, art. 43, n° 8. — Il importe de bien discerner la décharge proprement dite que le texte ci-dessus tarife à un droit fixe de la quittance et des autres actes libératoires que la même loi tarife à un droit proportionnel, *V.* art. 69, § 2, n° 11. Ces divers actes ont entre eux une assez grande analogie par leur caractère, car la décharge est aussi bien que la quittance un acte libératoire, puisqu'elle éteint l'obligation de celui qui est déchargé. Pour plus de similitude encore, le texte ci-dessus n'ayant rien de restrictif, la décharge pourrait avoir pour objet des sommes d'argent, ce qui est plus particulièrement le propre de la quittance. Il y a cependant entre ces divers actes une différence essentielle qu'il importe de signaler et de ne pas méconnaître; elle consiste, sinon dans les caractères et l'objet des conventions, du moins dans leurs effets. La quittance, ainsi que nous le verrons au commentaire de l'art. 69, § 2, n° 11, est essentiellement translative, car elle suppose un paiement, c'est-à-dire une aliénation des deniers payés : au contraire, la décharge n'est nullement translative; elle relate seulement une libération sans transmission, et qui n'est que l'exécution d'un acte antérieur. C'est à ce titre qu'elle n'a été tarifée qu'à un droit fixe. Telle est la règle de la loi, et elle est importante à constater, en ce que, sans elle, il se-

rait facile à la régie d'absorber le droit de décharge dans celui de quittance, ou réciproquement au contribuable, celui de quittance dans celui de décharge. — Jugé que les récépissés de pièces qui accompagnent un projet de compte de tutelle donnent ouverture au droit de 2 fr. (Trib. de Loudéac, 30 août 1845, D.p.45.1.310).

(4) — 480. La loi du 28 avril 1816 a élevé le droit à celui de 2 francs pour les déclarations en matière civile et de commerce (art. 43, n° 9), et par là, elle a rétabli la différence qui existait déjà, sous le contrôle, entre ces actes et les certificats généralement assujettis au droit fixe de 1 fr., différence que n'avaient faite ni la loi de 1790 ni celle de l'an vii.

481. Il existe pourtant encore, mais par exception, des déclarations qui ne sont passibles que du droit de 1 franc. Ainsi celles faites par les rentiers qui ont perdu leurs extraits d'inscription devant le maire de la commune de leur domicile, et en présence de deux témoins attestant leur individualité (Déc. 3 mess. an xii; Inst. gén., 24 mess. an xii, n° 237); celles faites par les titulaires en faveur des bailleurs de fonds de leur cautionnement pour leur faire obtenir le privilège du second ordre (V. *inf.* le décret du 22 déc. 1812); la déclaration, dans une donation, pour tenir lieu, soit de l'état d'effets mobiliers, prescrit par l'art. 948, C. Nap., soit de l'état des dettes dont parle l'art. 1084 (Inst. gén., 19 oct. 1807, n° 351; Déc. min. fin., 7 juin 1808; Inst. gén., 29 juin 1808, 386, n° 9); enfin, les déclarations en matière de police correctionnelle ou criminelle, lesquelles n'étant pas indiquées dans le texte ci-dessus ni dans celui correspondant de la loi du 28 avril 1816, qui ne parlent que des déclarations en matière civile et de commerce, sont assujetties au droit fixe de 1 fr. en vertu du n° 48, *inf.*, du présent paragraphe.

482. Quoi qu'il en soit, c'est la déclaration *pure et simple* qui est tarifée au droit fixe. Mais, dès que la déclaration vient à présenter le caractère d'une transmission de biens meubles ou immeubles, d'une obligation, d'une libération ou de toute autre convention, elle n'est plus *pure et simple*, et le droit proportionnel est exigible selon la nature du contrat dont la déclaration tiendrait lieu. Nous rencontrerons des applica-

II.

29

l'acte d'adjudication ou le contrat de vente, et que la déclaration est faite par acte | public, et notifiée dans les vingt-quatre heures de l'adjudication ou du contrat (1);

---

tions du principe en traitant des droits proportionnels (V. *inf.* l'article suiv.).

(1) — 483. Tarifées à 3 fr. par la loi du 28 avr. 1816, art. 44; n° 3.

484. Dans toute vente volontaire ou judiciaire, celui qui se rend acquéreur peut déclarer qu'il achète pour lui ou pour un autre qu'il se réserve de nommer ultérieurement; l'acte postérieur dans lequel il fait connaître ce dernier s'appelle *déclaration de command* ou *élection d'ami*. La loi fiscale règle les effets de cette opération, relativement à la perception, dans plusieurs hypothèses. Le texte ci-dessus ne s'applique qu'au cas où la faculté d'élire a été réservée dans l'adjudication ou le contrat de vente, et où la déclaration est faite par acte public et notifiée dans les vingt-quatre heures. A l'égard des élections faites après les vingt-quatre heures et sans que la faculté en ait été réservée, V. pour les biens meubles l'art. suivant, § 5, n° 4, et pour les biens immeubles, le même article, § 7, n° 3. Le droit proportionnel a été déclaré exigible, dans ces derniers cas, pour prévenir la fraude que la déclaration de command aurait incontestablement facilitée.

485. Ainsi toute déclaration de command doit, pour éviter le droit proportionnel, avoir été réservée dans la vente, ou bien elle doit être faite et notifiée dans les vingt-quatre heures de l'adjudication ou du contrat de vente.

486. En ce qui concerne la réserve dans l'acte, remarquons qu'elle serait suppléée par la déclaration même de command. Ainsi, la déclaration de command comprise dans l'acte même d'adjudication et non précédée de réserves, ne donne point ouverture à un droit particulier; elle est même dispensée de toute notification, attendu qu'elle fait alors partie intégrante de la vente (Délib., 26 juin 1816; 5 mai 1821; 6 oct. 1826). Pareillement, il suffit que la réserve d'élire ami ait été stipulée au cahier des charges qui a précédé l'adjudication, attendu que ce cahier des charges ne forme qu'un seul et même acte avec l'adjudication (Trib. de Nancy, 30 mars 1819; Déc. min. fin., 25 juin 1819). V. aussi trib. de la Seine, 14 avril 1846 (D.P.46.4.235).

487. En ce qui concerne la déclaration de command, il ne suffit pas qu'elle soit faite dans les vingt-quatre heures de la vente, pour être affranchie du droit proportionnel, il faut encore qu'elle soit notifiée dans le même délai (Cass., 3 vent. an XI; 13 janv. 1806, D.A.178.7); et cette notification doit être faite, dans le délai, non pas au command élu, mais à la régie (Cass., 3 therm. an IX;

D.A.7.178). V. Dalloz, v° *Enregistr.*, n° 2610.

488. Par suite, le délai pour la notification à la régie court du *jour de la vente*, et non point seulement du jour de l'expiration du délai dans lequel la déclaration doit être enregistrée (Cass., 19 germ. an XII, D.A.7. 179). V. req., 7 nov. 1843 (D.P.44.1.133), et Dalloz, n° 2602 et suiv.

489. Le mode de la notification consiste à dénoncer purement et simplement au receveur que la déclaration de command a été faite conformément à la loi (Cass., 13 oct. 1806, D.A.7.178; Inst. gén., 7 sept. 1827, n° 1219, § 1er). Mais la simple présentation de la déclaration au receveur, lors même qu'il la constaterait par un certificat, serait insuffisante pour remplir le vœu de la loi (Inst. gén., 19 juill. 1834, n° 1458, § 5). V. Dalloz, n°s 2611 et s.

490. Il avait été statué que la notification pouvait être suppléée par la présentation au receveur dans les vingt-quatre heures, du répertoire sur lequel se trouvait inscrite la déclaration de command, et par le visa apposé pour constater cette présentation (Déc. min. fin., 17 fév. 1807; trib. de Vassy, 25 août 1833; trib. de Grenoble, 2 sept. 1837). Mais il a été reconnu qu'il n'existe qu'un seul cas où la notification formelle devienne superflue : c'est lorsque la déclaration est présentée à l'enregistrement, et admise à la formalité dans les vingt-quatres heures de l'adjudication ou du contrat, parce que cette formalité, ainsi remplie, équivaut à une notification par acte extrajudiciaire (Cass., 31 mai 1825, D.P.26.1.302; Inst. gén., 7 sept. 1827, n° 1219, § 1; Délib., 29 janv. 1836).

490 *bis*. La déclaration de command doit être notifiée à la régie dans les vingt-quatre heures, même lorsqu'elle est faite dans l'acte de vente (Cass., 11 janv. 1847, D.P.47.1.96; Dalloz, v° *Enreg.*, n° 2569).

491. Avant même que la faculté de présenter en même temps à l'enregistrement l'acte de vente et la déclaration de command faite en vertu de la réserve insérée au contrat résultât, du moins quand les deux actes sont faits devant le même officier public, de l'art. 56 de la loi du 28 avril 1816, il avait été reconnu qu'on pouvait agir ainsi, *dans tous les cas*, sans déroger à l'art. 41 de la loi du 22 frimaire, par le motif que la qualité d'acquéreur restant incertaine jusqu'à la déclaration, lorsque celle-ci a lieu dans l'intervalle déterminé par la loi, elle ne forme qu'un seul et même tout avec la vente dont elle fait réellement partie (Cass., 26 mess. an XIII; 13 brum. an XIV, D.A.7.337; 23 janv. 1809;

25° Les délivrances de legs pures et simples (1);

Déc. min. fin., 6 oct. 1807; Inst. gén., 27 oct. 1807, n° 357). Ainsi un notaire peut recevoir la déclaration de command par suite d'une adjudication en justice, et les deux actes peuvent être présentés *ensemble* à la formalité : mais il ne pourrait faire enregistrer cette déclaration avant l'adjudication (Délib., 7 fév. 1834. — *Contrà*, trib. de Montmorillon, 24 juill. 1838, D.P.39.3.155, et Inst. de la régie, du 22 juin 1846 (D.P.46.3.140).

491 *bis*. La déclaration de command ne jouit du bénéfice du droit fixe qu'autant qu'elle a été faite par acte authentique. Une déclaration de command sous seing privé rendrait le droit proportionnel exigible, alors même qu'elle aurait été notifiée à la régie dans les vingt-quatre heures (Délib. de la rég., 28 avril 1826; trib. de Clermont, 21 fév. 1845, D.P.45.4.219, et 29 août 1845, D.P. 46.4.236).—Mais la déclaration est réputée passée par acte public, lorsqu'elle a eu lieu par acte privé déposé dans le délai de vingt-quatre heures chez un notaire (Cass., 7 nov. 1843, D.P.44.1.133). *V.* aussi Dalloz, *loc. cit.*, n° 2583).

491 *ter*. La déclaration de command ne jouit du bénéfice du droit fixe qu'autant qu'elle a été faite par acte public, après réserve de la faculté d'élire dans l'acte d'acquisition, et qu'elle a été enregistrée ou notifiée dans les vingt-quatre heures de l'adjudication,.. faute de l'accomplissement de l'une de ces conditions, et spécialement de la seconde, la déclaration donne lieu au droit de revente de 5 et demi pour 100 (Trib. de Marseille, 19 fév. 1838, D.P.58,3.54.)

Sur les autres conditions de la déclaration de command, *V.* Dalloz, *eod.*, n°s 2585 et suiv., et *Table de quinze ans*, v° *Enreg.*, n°s 589 et suiv.

(1)—492. Tarifées à 2 fr. par la loi de 1816, art. 43, n° 8.—En principe, le droit proportionnel de libération est exigible, comme nous aurons occasion de l'établir sous l'article suivant, lorsque l'acte de libération opère aliénation. Tel n'est pas l'effet de la délivrance de legs, car, dès le décès du testateur, le légataire est investi de la propriété de la chose léguée : elle lui appartient, en sorte que l'héritier ne donne rien *de suo* lorsqu'il délivre le legs, il ne fait qu'accomplir un mandat. C'est par ce motif que les délivrances de legs ne sont tarifées qu'à un droit fixe par la loi fiscale.

493. Mais l'administration avait d'abord voulu limiter l'application de ce droit au seul cas où il s'agissait d'une chose existant en nature dans la succession. Au contraire, lorsque le legs consistait en une somme d'argent n'existant pas dans la succession, la régie estimait que l'exécuteur testamentaire ou l'héritier, en payant le legs de ses deniers, s'affranchissait d'une dette personnelle, parce qu'il employait pour cela, non ce qu'il avait trouvé effectivement dans la succession, mais les moyens qu'il en avait retirés, et, en conséquence, l'administration considérait la délivrance, dans ce cas, comme rendant exigible le droit proportionnel de quittance. Mais cette interprétation a été formellement proscrite par un avis du conseil d'État du 10 sept. 1808, dans lequel on lit « que la délivrance des legs particuliers, soit qu'ils consistent en effets réellement existants dans la succession, soit que les légataires universels ou les héritiers doivent les payer de leurs propres deniers, n'opèrent point de mutation de ces derniers aux légataires particuliers; que, dans ces deux cas, la loi ne regarde les héritiers ou légataires universels que comme simples intermédiaires entre le testateur, qui est censé donner lui-même, et les légataires particuliers qui reçoivent; — Que du système contraire il résulterait que le même objet serait en définitive assujetti à deux droits de mutation, ce qui n'est ni dans le texte ni dans l'esprit de la loi;—Qu'enfin on ne doit pas assimiler le legs particulier payé d'après la volonté du testateur à une dette de la succession. » En conséquence, une jurisprudence constante, à laquelle la régie s'est elle-même rangée, a posé en principe que le droit fixe était applicable aux délivrances de legs de somme, encore même qu'elles ne se trouvassent pas en nature dans la succession (Cass., 7 et 30 août 1826, 6 fév. 1827, D.P.26.1.442.443 ; 27.1.132; Championnière et Rigaud, t. 2, n° 1542; Inst. gén., 23 déc. 1826, n° 1204, §§ 2 et 3). *V.* aussi Dalloz, *loc. cit.*, n° 497 et suiv.

494. Il faut, d'ailleurs, pour que le droit fixe seulement soit exigible, que la délivrance soit pure et simple, c'est-à-dire que le légataire reçoive la chose même qui lui a été léguée. Il ne pourrait pas recevoir un objet différent, car ce ne serait plus alors une délivrance, mais bien une vente de la chose, ou une dation en paiement qui rendrait un autre droit exigible (Délib., 1er oct. 1835, D.P.36. 3.9).—Jugé, par exemple, qu'un droit de libération est exigible dans le cas où le légataire d'une rente sur l'État reçoit une somme d'argent (Trib. de la Seine, 12 fév. 1845, D.P.45.4.225). — De même, le légataire auquel le testateur fait don d'une somme à prélever, en espèces, sur le plus clair dans de sa succession, n'est pas réputé copropriétaire des valeurs héréditaires; par suite, l'abandon qui lui est fait, en paiement de son legs, de créances et d'immeubles de la succession, donne lieu à la perception du droit proportionnel de transmission (Trib. d'E-

29.

26° Les dépôts d'actes et pièces chez des officiers publics (1) ;

27° Les dépôts et consignations de sommes et effets mobiliers chez des officiers publics, lorsqu'ils n'opèrent pas la libération des déposants, et les décharges qu'en donnent les déposants ou leurs héritiers, lorsque la remise des objets déposés leur est faite (2) ;

28° Les désistements purs et simples (3) ;

29° Les devis d'ouvrages et entreprises qui ne contiennent aucune obligation de somme et valeur, ni quittance (4) ;

30° Les exploits, les significations, celles de cédules des juges de paix, les commandements, demandes, notifications, citations, offres ne faisant pas

---

vreux, 14 juin 1861, D.p.62.3.7). V. aussi Dalloz, n°s 503 et suiv. Nous reviendrons sur ce point à l'article suivant.

495. La disposition ci-dessus ne s'entend que des libéralités qui s'opèrent par le décès. Quant à la délivrance des sommes données entre-vifs, elle est soumise à d'autres règles que nous indiquerons en parlant des libéralités.

(1)—496. Tarifés à 2 fr. par la loi du 28 avril 1816, art. 43, n° 10.—Les dépôts faits aux greffes des tribunaux civils sont soumis à autant de fois le droit fixe qu'il y a de parties ayant un intérêt distinct (Cass., 30 mars 1852, D.p.52.1.110). — Contrà, trib. de Béthune, 6 janv. 1840 (D.p.41.3.96); trib. de la Seine, 30 déc. 1840 (D.p.41.3.242). V. aussi Dalloz, n°s 536 et suiv.

(2)—497. Tarifés à 2 fr. par la loi du 28 avril 1816, art. 43, n° 11.

498. L'application du droit fixe est une conséquence nécessaire de la nature même du contrat. Le dépôt ne transmet pas, en effet, la propriété de la chose déposée, et réciproquement, le dépositaire n'étant investi que *custodiæ causâ*, il ne s'opère pas non plus d'aliénation lorsque ce dernier rend sa chose au déposant. Il était donc naturel de ne soumettre qu'à un droit fixe le dépôt chez l'officier public, aussi bien que la décharge donnée par le déposant à la remise de l'objet déposé. V. comme exemple, Cass., 26 fév. 1850 (D.p.50.1.245). — Mais remarquons qu'il ne s'agit dans le texte ci-dessus que du dépôt de somme chez un *officier public.* Quant à celui qui serait fait chez de *simples particuliers*, comme il pourrait servir à déguiser le prêt, le législateur l'a assujetti à un droit proportionnel. V. à cet égard le commentaire de l'art. 69, § 3, n° 3.

499. Au surplus, ce ne sont pas seulement les notaires qui sont des officiers publics, dans le sens du texte ci-dessus : il faut encore comprendre, dans cette classe, les avoués (*Journal de l'Enreg.*, n° 4407); les consuls (*Ibid.*, n° 5040), les receveurs généraux et les receveurs particuliers (Championnière et Rigaud, t. 2, n° 829).

499 bis. Il faut que l'officier public agisse comme tel pour que le dépôt fait entre ses mains ne soit soumis qu'au droit fixe (Délib. de la rég., 30 janv. 18?0 et 8 déc. 1835).

Mais le dépôt d'une somme d'argent chez un notaire est présumé fait à ce notaire en sa qualité d'officier public, et par suite n'est passible que d'un droit fixe (Cass., 26 fév. 1850, D.p.50.1.245).—V. Dalloz, v° *Enreg.*, n°s 517 et suiv.

(3) — 500. Tarifés à 2 fr. par la loi du 28 avril 1816, art. 43, n° 12. — Le désistement offre quelque analogie avec la transaction, que la présente loi tarife à un droit fixe ou à un droit proportionnel suivant les circonstances (V. *inf.*, art. 69, § 3, n° 3). Mais elle en diffère en ce que la transaction intervenant toujours sur un droit douteux, implique nécessairement l'idée d'une concession réciproque de la part des parties. Le désistement, au contraire, ne présente rien de semblable. Ainsi, une action est intentée en revendication d'un immeuble ; ultérieurement le demandeur abandonne purement et simplement son action. C'est là un désistement, parce que l'une des parties ne reçoit ni ne retient rien, et qu'on ne s'oblige point envers elle. C'est l'acte que la loi fiscale tarife à un droit fixe de 2 fr. (Championnière et Rigaud, t. 1, n° 610; Dalloz, n°s 774 et suiv. V. aussi trib. de la Seine, 5 mai 1847, D.p.48.5.168.—V. toutefois, trib. de la Seine, 5 avril 1843 et 7 août 1844, *eod.*, et Cass., 29 avril 1850 (D.p.50.1.284).

(4)—501. On comprenait autrefois sous l'expression de devis et marchés « l'acte qui contient les clauses et conditions auxquelles l'entrepreneur d'un bâtiment et celui qui le fait construire se soumettent mutuellement. » La présente loi ne contredit point cette signification, mais elle a divisé et, elle tarife à un droit proportionnel, sous le nom de *marchés*, les devis qui contiennent obligation de sommes (V. à cet égard le commentaire sur l'art. 69, § 3, n° 1), et à un droit fixe, sous le nom de *devis*, ceux qui ne contiennent aucune obligation de sommes et valeurs ni quittance. C'est à cette dernière branche de la distinction que s'applique la disposition ci-dessus.

502. Remarquons que, lorsque les devis sont faits pour les travaux des routes royales, par les ingénieurs des ponts et chaussées, ils ne sont point sujets à l'enregistrement, mais qu'ils doivent être enregistrés, au contraire, lorsqu'ils sont rédigés et signés par des en-

titre au créancier et non acceptées, oppositions, sommations, procès-verbaux, assignations, protêts, interventions à protêt, protestations, publications et affiches, saisies, saisies-arrêts, séquestres, mainlevées, et généralement tous actes extrajudiciaires des huissiers ou de leur ministère qui ne peuvent donner lieu au droit proportionnel, sauf les exceptions mentionnées dans la présente.

Et aussi les exploits, significations et tous autres actes extrajudiciaires faits pour le recouvrement des contributions directes et indirectes, et de toutes autres sommes dues à la nation, même des contributions locales, mais seulement lorsque la somme principale excède vingt-cinq francs.

Il sera dû un droit pour chaque demandeur ou défendeur, en quelque nombre qu'ils soient, dans le même acte, excepté les copropriétaires et cohéritiers, les parents réunis, les cointéressés, les débiteurs ou créanciers associés ou solidaires, les séquestres, les experts et les témoins, qui ne seront comptés que pour une seule et même personne, soit en demandant, soit en défendant, dans le même original d'acte, lorsque leurs qualités y seront exprimées (1).

31° Les lettres missives qui ne con-

---

trepreneurs que les ingénieurs auraient commis à cet effet (Déc.-min. fin., 3 mess. an x; Inst. gén., 3 fruct. an xiii, 290, n° 25).

(1) — 503. Il n'y a plus de tarifs à 1 fr. que les exploits compris dans le n° 48 du présent paragraphe (V. *inf.*), les exploits relatifs aux procédures devant les juges de paix, jusques et y compris les jugements définitifs, et les exploits pour le recouvrement de contributions. Les droits pour les autres exploits sont gradués suivant le tribunal ou la Cour devant lequel il est procédé (V. L. 28 avril 1816, art. 43, n° 43, 44, n° 7, et 45, n° 1).

504. Les difficultés les plus sérieuses de la matière se présentent sur la question de savoir quand il y a lieu à la pluralité des droits par application de la 3e disposition du texte ci-dessus. A cet égard, la présente loi a emprunté son système, en le modifiant toutefois, à celle de 1790, d'après laquelle il était dû un droit pour chaque demandeur ou défendeur, sans que l'on pût en percevoir plus de cinq. Le principe de la loi de l'an vii est le même, avec cette seule différence qu'elle ne limite pas le nombre des droits à percevoir.

505. D'après cela, il est dû autant de droits qu'il y a de demandeurs contre une seule personne ou qu'il y a de défendeurs contre lesquels un seul particulier procède. S'il s'agit de plusieurs demandeurs et défendeurs, on doit exiger autant de droits qu'il se trouve de demandeurs, en multipliant leur nombre par celui des défendeurs. Si chaque demandeur ne poursuit pas contre le même nombre de défendeurs, la multiplication des droits se fait relativement à chaque partie, parce que, quand l'intérêt n'est pas commun, la demande de l'une des parties ne dérivant pas nécessairement de celle des autres, on doit les considérer toutes comme si elles étaient séparées et formées par autant d'actes distincts (Déc. min. just. et fin., 31 juill., 16 août et 30 sept. 1808; Sol., 26 août 1831). V. les exemples donnés par Dalloz, n° 425.

506. Cependant, lorsque les demandeurs ou les défendeurs sont liés entre eux par un intérêt qui motive suffisamment l'assignation par un même acte, il n'est dû qu'un seul droit: le texte ci-dessus est formel. Mais quand y a-t-il lieu de reconnaître l'existence de ce lien? C'est là que la difficulté commence. Le lien existe, sans aucun doute, entre les cohéritiers, les copropriétaires, les parents réunis, toutes qualifications indiquées par la loi.

507. Toutefois, à côté de ces qualifications, la loi parle des *cointéressés* qu'elle place sur la même ligne, sans indiquer en quel sens cette expression doit être prise. Dans le silence de la loi, un avis du comité des finances du conseil d'État du 31 mars 1824, réformant une délibération du conseil d'administration qui avait considéré comme *cointéressés* des acquéreurs liés entre eux par un intérêt *identique*, a déclaré que l'expression de *cointéressés* employée dans la loi doit être entendue d'individus *ayant un seul et même intérêt par sa nature indivisible*; et par suite, dans l'hypothèse d'une signification d'appel faite à la requête d'un héritier à 43 acquéreurs attaqués en délaissement de biens vendus par son auteur, cet avis a décidé qu'il devait être perçu 43 droits fixes. Depuis, cet avis a constamment servi de texte à la régie.

508. Mais cette interprétation a paru rigoureuse; la jurisprudence a admis, en principe, que des personnes qui agissent dans un même exploit pour l'exercice d'une action ayant le même but, bien que leurs droits soient distincts et divisibles, peuvent être considérées comme des cointéressés dans le sens du texte ci-dessus, et par suite que l'exploit ne doit être assujetti qu'à un seul droit fixe, comme si les divers cointéressés n'étaient qu'une seule et même personne (Cass., 2 juin 1831, D.P.32.1.255; 11 janv. 1842, D.P.42.1.9).

509. Disons-le cependant, la loi n'ayant pas déterminé les caractères auxquels on doit reconnaître la qualité de cointéressés, il devient difficile de poser un principe absolu.

tiennent ni obligation, ni quittance, ni aucune autre convention donnant lieu au droit proportionnel (1);

32° Les nominations d'experts ou arbitres (2);

33° Les prises de possession en vertu d'actes enregistrés (3);

34° Les prisées de meubles;

C'est donc particulièrement par les actes, par les faits et par toutes les circonstances de la cause, que les tribunaux devront se déterminer. Et ce pouvoir d'appréciation que consacre d'ailleurs l'arrêt de 1842, cité au numéro précédent, et dont les tribunaux et la régie elle-même n'ont pas manqué d'user, explique les variations que les décisions présentent sur ce point. V. les arrêts analysés dans Dalloz, nᵒˢ 335 et suiv. — Une jurisprudence aujourd'hui constante décide que les créanciers inscrits auxquels sont faites les notifications prescrites pour arriver à la purge ne sont pas des cointéressés dans le sens de l'art. 68, §§ 1 et 30, de la loi du 22 frim. an VII (Cass. 17 juin 1851, D.P.51.1. 237; 2 août 1853, D.P.53.1.301; ch. réun., 25 juin 1855, D.P.55.1.291).

(1) — 510. Tarifés à 2 fr. par la loi du 28 avril 1816, art. 43, nᵒ 14.

(2) — 511. Tarifés à 2 fr. pour les experts et à 3 fr. pour les arbitres par la loi du 28 avril 1816, art. 43, nᵒ 15, et 44, nᵒ 2.

(3) — 512. En principe, la perception du droit sur les contrats de vente a toujours lieu avant toute prise de possession; il en résulte que la prise de possession n'est plus que l'exécution ou la consommation d'un acte enregistré : c'est à ce titre qu'elle n'est assujettie qu'à un droit fixe.

(4) — 513. Tarifés à 2 fr. par la loi du 28 avril 1816, art. 43, nᵒ 16.

(5) — 514. Tarifés à 2 fr. par la loi du 28 avril 1816, art. 43, nᵒ 17.

515. Les pouvoirs et procurations dont il est question dans cette disposition sont le synonyme de mandat. Bien que le pouvoir diffère du mandat en ce que celui-ci oblige le mandataire qui l'accepte à le remplir, tandis que le pouvoir n'est que la faculté de faire une chose sans obligation, les deux mots sont souvent employés dans la pratique pour exprimer la même idée. Quant au mot procuration, il est absolument synonyme de mandat, depuis surtout que le Code Nap., dans son art. 1984, les réunit par cette expression : « le mandat ou procuration. » La procuration est donc un mandat, et les mêmes règles leur sont applicables tant en matière civile qu'en matière fiscale. C'est notamment la convention qui est tarifée par le texte ci-dessus.

516. Le mandat qui contient une stipula-

35° Les procès-verbaux et rapports d'employés, gardes, commissaires, séquestres, experts, arpenteurs et agents forestiers ou ruraux (4);

36° Les procurations et pouvoirs pour agir, ne contenant aucune stipulation ni clause donnant lieu au droit proportionnel (5);

tion donnant ouverture au droit proportionnel, dans le sens de ce texte, est celui dans lequel une clause étrangère au contrat de mandat se trouve insérée. Quant aux clauses qui tiennent à la nature du mandat, elles ne peuvent pas donner ouverture à un droit particulier, elles sont nécessairement comprises dans la détermination du droit fixe établi pour le contrat (Championnière et Rigaud, nᵒˢ 75 et 826). Il en est ainsi de l'obligation prise par le mandant de rembourser au mandataire ses frais et avances, et des obligations prises par le mandataire, soit qu'elles aient pour objet les avances ou les remises de fonds faites par le mandant, soit qu'elles aient pour objet les sommes par lui reçues pour le compte du mandant.

516 bis. Le mandat ne doit pas être confondu avec la simple recommandation, le conseil ou l'invitation. V. Dalloz, vᵒ Enrég., nᵒˢ 569 et suiv.

517. Le mandat doit être distingué du contrat qu'il a pour objet. Il est arrivé souvent que les deux choses ont été confondues, et, par exemple, que le droit d'obligation a été perçu sur le pouvoir de prêter, celui de vente sur le pouvoir de vendre, celui de quittance sur le pouvoir de rembourser. Il est clair, cependant, que ces divers pouvoirs ne contiennent que l'intention de contracter, intention révocable comme le contrat lui-même, et partant qu'ils n'offrent pas matière à la perception d'un droit proportionnel, à moins que l'acte ne cache, sous l'apparence d'une procuration, une convention expressément soumise au droit par la loi (Championnière et Rigaud, nᵒ 1906). V. aussi Dalloz, loc. cit., nᵒ 574, et les décisions citées.

518. Le mandat est gratuit de sa nature, mais il ne l'est pas essentiellement; il est, au contraire, très-compatible avec un salaire, et cela résulte de l'art. 1986, C. Nap., aux termes duquel le mandat n'est gratuit que s'il n'y a pas convention contraire. Le mandat salarié ne cesse donc pas nécessairement d'être un mandat; mais la stipulation d'un salaire lui donne la plus grande affinité avec d'autres contrats tels que le louage d'ouvrage ou le marché, tellement que l'administration les a confondus incessamment, et que, de l'ensemble de ses décisions sur la matière, il résulte que les procurations avec salaire donnent lieu au droit proportionnel soit de

37° Les promesses d'indemnités indéterminées et non susceptibles d'estimation (1);

38° Les ratifications pures et simples
d'actes en forme (2);

39° Les reconnaissances aussi pures

---

bail, si l'industrie ou les services du mandataire se trouvent engagés au profit du mandant, pour un temps déterminé plus ou moins
long, soit de marché, s'il s'agit de quelques
opérations ou d'une gestion confiée au mandataire (Déc. min. fin., 20 janv. 1818; Sol.,
8 déc. 1831).

519. Cependant il est certain que la
stipulation d'un prix n'est pas incompatible
avec le mandat, et, s'il peut y avoir mandat,
en droit civil, nonobstant cette stipulation,
il est clair qu'elle ne peut pas avoir pour
effet, en droit fiscal, d'exclure toujours et
nécessairement l'application du droit fixe
auquel le mandat est expressément tarifé.
Quelle est donc la règle à suivre pour discerner le mandat salarié du louage? A cet
égard, les anciens interprètes avaient distingué entre la somme promise comme l'équivalent du travail, et celle qui était accordée
pour récompenser et honorer un service.
La première était un prix, la seconde était
un honoraire; et celle-ci seule, compatible
avec l'idée du mandat en ce qu'elle n'était
jamais l'équivalent du service rendu, qui,
de sa nature, était inestimable, pouvait être
ajoutée au mandat, sans en changer le caractère. Mais comme il n'était pas facile de
déterminer si la somme stipulée était ou
non l'équivalent du travail, on imagina une
autre distinction prise dans la nature des
travaux. On distingua entre les arts mécaniques et les arts libéraux. Ceux-ci, étant trop
relevés, d'après les anciens auteurs, pour
qu'on pût jamais les apprécier à prix d'argent, la récompense qui était offerte à leur
occasion n'était qu'un honoraire, et, partant,
elle laissait subsister le caractère de mandat
dans le contrat où elle était stipulée. Au
contraire, les arts mécaniques pouvant toujours être appréciés, les anciens auteurs
considéraient comme un louage toute convention ayant pour objet la confection
moyennant un prix, de travaux de cette nature. Cette théorie qui avait passé dans notre ancienne jurisprudence française (V. Pothier, du Mandat, n° 26), a été admise également par quelques auteurs sous le Code
Nap. (V. Merlin, Rép., v° Notaire, § 6;
Troplong, du Louage, t. 3, n°s 791 à 812),
et elle a été appliquée aux matières fiscales
par Championnière et Rigaud, t. 2, n° 1487,
qui, toutefois, ne l'admettent que parce qu'il
leur a paru impossible d'en substituer une
plus rationnelle et de l'opposer à la régie,
qui, ainsi que nous l'avons dit, perçoit toujours le droit de bail ou celui de marché sur
tout mandat salarié.

520. Nous admettons, avec Championnière et Rigaud, que le système de la régie
est tout à fait arbitraire; mais il ne nous paraît pas impossible, comme à ces auteurs,
d'opposer à ce système une théorie plus
avouable par les idées actuelles, par la raison et par la loi, que la doctrine qu'ils ont
adoptée. Le mandat, tel que le définit la loi,
est l'acte par lequel une personne donne à
une autre le pouvoir de faire quelque chose
pour le mandant et en son nom (C. Nap.,
1984). Ainsi, voilà le trait caractéristique du
mandat : gratuit ou salarié, il implique l'idée
d'un pouvoir transmis à une autre personne
qui, lorsqu'elle accomplit sa mission, agit,
non pas pour elle et de son chef, mais pour
le mandant au nom de celui-ci. Le louage
d'ouvrage ne présente pas le même caractère. C'est un contrat par lequel l'une des
parties s'engage à faire quelque chose pour
l'autre moyennant un prix convenu entre elles
(C. Nap., 1710); et par là, il est clairement
établi que celui qui prend l'obligation fera la
chose en son propre nom, de son chef et en
vertu de sa capacité personnelle (Duvergier,
Cont. de Toullier, t. 4, n°s 267 et suiv.;
Zachariæ, t. 3, p. 34, note 1). Cela posé, il
sera toujours facile de déterminer le caractère de la convention en vertu de laquelle
une personne devra faire, moyennant un prix,
une chose pour une autre personne. Celle
qui agit le fait-elle en vertu de sa capacité
personnelle, c'est un louage; le fait-elle, au
contraire, pour la personne qui lui a donné
pouvoir et au nom même de celle-ci, c'est
un mandat. Sous l'influence de ces principes,
il sera aussi fort simple de déterminer le
tarif applicable (V. Dalloz, v° Enregistr.,
n°s 597 et suiv.

Au surplus, le mandat n'est assujetti qu'à
un droit fixe, quel que soit le nombre des
mandants ou des mandataires (Trib. de Sa-
venay, 27 août 1840, D.P.41.3.364). V. aussi
Dalloz, n°s 460 et suiv.

(1)—521. Tarifées à deux fr. par la loi du
28 avril 1816, art. 43, n° 18. — Quant aux
promesses d'indemnités déterminées, V. inf.,
art. 69, § 2, n° 8.

(2) — 522. La ratification est l'approbation d'un fait auquel nous n'avons pas contribué. Lorsque la ratification intervient, il y
a accomplissement de l'obligation prise par
celui qui s'est porté fort, lequel est, dès lors,
censé avoir agi en vertu d'un mandat; la ratification est donc l'équivalent d'une déclaration par laquelle le tiers attesterait que celui qui s'est engagé pour lui était son mandataire; et, par suite, elle ne forme qu'un

et simples ne contenant aucune obligation ni quittance (1) ;

40° Les résiliements purs et simples,

seul et même contrat avec l'acte ratifié, dont elle n'est que le complément. A ce titre, la ratification ne pouvait être soumise qu'à un droit fixe.

523. Mais c'est la ratification *pure et simple* qui est tarifée ainsi ; et par ratification pure et simple, il faut entendre seulement celle dans laquelle on se borne à confirmer l'acte ou le contrat fait par le mandataire ou par celui qui s'est porté fort. La ratification qui contiendrait des dispositions ou des obligations nouvelles, celle qui libérerait des contractants, ne serait plus pure et simple ; et, dès lors, il y aurait ouverture à un droit nouveau, celui auquel la convention nouvelle serait soumise par sa nature (*Journ. de l'Enreg.*, art. 740 et 1184).

524. La détermination du droit fixe n'est fondée même que sur la supposition que le droit proportionnel a été perçu sur l'acte ratifié. De là est née la question de savoir si, lorsque ce droit n'a pas été perçu, la régie est fondée à le réclamer sur l'acte ratifié. A cet égard, il faut distinguer : ou bien l'exigibilité du droit résulte de la comparaison des termes de la ratification avec les clauses de l'acte ratifié, et alors le droit incontestablement dû lors de la ratification ; ou bien l'exigibilité résulte exclusivement de l'acte ratifié sur lequel le droit n'a pas été perçu par erreur, et alors la ratification ne peut servir de base ni de prétexte à la perception (*Dict. Enreg.*, vᵒ *Ratification*, n° 11 ; Championnière et Rigaud, t. 1, nᵒˢ 216 et 218 ; Dalloz, *loc. cit.*, nᵒˢ 622 et suiv.).

525. Remarquons encore que le texte ci-dessus tarife au droit fixe les ratifications pures et simples *d'acte en forme.* Ces dernières expressions ont été la source de difficultés. Il est d'abord évident qu'on ne peut pas supposer que le législateur n'ait entendu parler que des actes réguliers en la forme et au fond (Trib. de Vervins, 28 janv. 1836). Mais quel est, dans le langage du droit fiscal, la signification de ces termes : *actes en forme* ? Selon Championnière et Rigaud, t. 1, n° 219, le législateur n'aurait entendu parler que des *actes notariés*, et, quant aux ratifications qui ont lieu d'actes sous seing privé ou de conventions légales, le législateur ne les aurait pas prévues. Au contraire, selon le *Dict. de l'Enregistr.*, vᵒ *Ratification*, n° 5, l'expression *acte en forme*, impliquerait l'idée d'un *acte qui a reçu la formalité de l'enregistrement*, appréciation hypothétique comme celle de Championnière et Rigaud, mais justifiée par ce motif décisif donné par le *Dictionnaire*, que, « sous tout autre rapport, lors même qu'un

faits par actes authentiques dans les vingt-quatre heures des actes résiliés (2) ;

acte ne serait pas en forme, il suffirait qu'il eût été enregistré pour que la ratification n'opérât que le droit de 1 fr. »

526. Toutefois la doctrine de Championnière et Rigaud subsiste en ce qui concerne les *conventions verbales.* Leur ratification n'a pas été prévue par la loi ; c'est ce que reconnaissent les auteurs du *Dictionnaire*, lorsqu'ils disent, *loc. cit.*, « que le mot *acte* s'entend toujours, dans cette matière, d'un écrit. » Quel serait donc le droit à percevoir sur la ratification d'une convention verbale ? « Il est évident, disent les mêmes auteurs, que ce ne serait pas le droit de la ratification, mais le droit de la convention, à moins que ce droit n'ait été payé sur une déclaration des parties, conformément à la loi du 27 vent. an IX, art. 4. » — Nous admettons bien qu'il en soit ainsi dans le cas où la convention verbale, si elle eût été rédigée par écrit, n'aurait pas donné lieu à la perception au moment où elle aurait été présentée à la formalité, parce qu'alors la ratification serait le titre de la convention. Mais il en devrait être autrement, si la convention était telle que, rédigée par écrit, elle eût donné lieu au droit proportionnel ; la ratification ne serait pas, dans ce cas, le titre de la convention (Dalloz, vᵒ *Enregistr.*, nᵒˢ 627 et suiv.)

La ratification ne donne lieu qu'à un seul droit fixe, quel que soit le nombre de ceux qui ratifient (*V.* Trib. de Dreux, 21 juill. 1841, D.P.42.3.40 ; Sol. de la régie, 8 oct. 1841, D.P.42.3.21)

Mais la ratification de plusieurs actes par un seul individu donne lieu à plusieurs droits, à moins que ces actes ne soient la suite les uns des autres (*V.* Cass., 20 fév. 1839, D.P.39.1.405 ; trib. de Laval, 10 déc. 1844, D.P.45.3.108 ; Dalloz, n° 468 et suiv.)

(1) — 527. Tarifées à 2 fr. par la loi du 28 avril 1816, art. 43, n° 19. — C'est l'acte par lequel on reconnaît purement et simplement devoir une somme d'argent. La disposition ci-dessus ne s'applique qu'à la reconnaissance qui ne contient aucune obligation ni quittance. Quant à celles qui portent en outre obligation ou libération, *V. inf.* art. 69, § 3, n° 3).

(2) — 528 Tarifés à 2 fr. par loi du 28 avril 1816, art. 43, n° 20.

529. Cette disposition est une dérogation au droit commun, d'après lequel, aussitôt que les parties ont donné leur consentement à une convention, il y a contrat parfait et lien de droit. Cette dérogation était toutefois admise universellement par l'ancienne jurisprudence.

41° Les rétractations et révocations (1);

42° Les réunions de l'usufruit à la propriété, lorsque la réunion s'opère par acte de cession, et qu'elle n'est pas faite pour un prix supérieur à celui sur lequel le droit a été perçu lors de l'aliénation de la propriété (2);

43° Les soumissions et enchères, hors celles faites en justice, sur des objets mis ou à mettre en adjudication ou en vente, ou sur des marchés à passer, lorsqu'elles seront faites par actes séparés de l'adjudication;

44° Des titres nouvels ou reconnaissance de rentes dont les contrats sont justifiés en forme (3);

45° Les transactions, en quelque matière que ce soit, qui ne contiennent aucune stipulation de somme et valeur, ni dispositions soumises par la présente loi à un plus fort droit d'enregistrement (4);

---

d'après laquelle la résolution opérée dans un *bref intervalle* était présumée faite *rebus integris*. Au milieu de la diversité des coutumes dont quelques-unes entendaient par *bref intervalle* le délai d'un an, d'autres celui de huit jours, d'autres celui de vingt-quatre heures, on avait pris ce dernier délai pour la règle générale, dans les pays dont la coutume ne contenait aucune disposition. C'est aussi celui qui a passé dans la loi de frimaire.

530. Mais si cette disposition était exceptionnelle dans l'ancien droit, à plus forte raison elle a ce caractère aujourd'hui que la loi civile n'autorise en aucune manière le désistement après la consommation de l'acte au préjudice des tiers. Dès lors, limitative comme toute disposition exceptionnelle, celle dont il s'agit ici devra être interprétée rigoureusement, de telle sorte que la résolution qui n'aurait pas lieu dans toutes les conditions déterminées par la loi ne pourrait pas, en principe, recevoir la formalité au simple droit fixe (Championnière et Rigaud t. 1, n°s 334 et 335).

531. Ces conditions sont au nombre de trois. Il faut d'abord que la résiliation soit faite dans les vingt-quatre heures de l'acte résilié. Ce délai s'entend des heures qui suivent l'instant où la signature est apposée au contrat résilié (Conf. Gabr. Demante, *Expos. raisonn.*, t. 1er, n° 154). Mais, si le contrat n'indiquait pas l'heure de la signature, la journée du lendemain devrait être laissée tout entière pour limite à la résiliation, car tant qu'il y a possibilité d'admettre que le délai n'est pas expiré, les parties doivent jouir du bénéfice de la loi (Championnière et Rigaud, t. 1, n°s 336 et 337). V. aussi Dalloz, v° *Enreg.*, n°s 484 et 485.

532. En second lieu, le résiliement doit être fait par acte authentique. C'est là une innovation qui a été déterminée sans doute par le danger des antidates. En ne consultant que le motif probable de la loi, il semblerait en résulter que l'acte même sous seing privé devrait obtenir le même effet, s'il se présentait dans des conditions telles que le danger de l'antidate fût également évité. Cependant le caractère exceptionnel de la loi ne permet pas d'admettre cette solution : elle ne parle que de l'acte authentique; l'acte authentique est donc seul efficace pour éviter le droit proportionnel sur la résiliation dans les vingt-quatre heures qu'il constate. V. cependant Dalloz, *loc. cit.*, n° 487.

533. Enfin, la résiliation doit être pure et simple, c'est-à-dire que, par l'effet de la résolution, les choses doivent être remises au même état où elles étaient avant l'acte résilié.

534. Lorsque la résiliation est opérée selon les conditions déterminées par la loi, elle a d'abord pour effet d'exempter l'acte qui le constate du droit proportionnel, et ensuite d'en affranchir également l'acte résilié (Championnière et Rigaud, t. 1, n° 352; Dalloz, *loc. cit.*, n° 490; Gabr. Demante, *Expos. raisonn.*, t. 1er, n°s 158 et suiv. —Contra, *Dict. de l'Enreg.*, v° *Mutation*, n°s 61 et 62; Cass., 9 avril 1844 (D.p.44.1.234).—Toutefois, si, au moment de résiliement, le droit avait été déjà perçu sur l'acte résilié, il ne devrait pas être restitué (Arg. art. 60 ci-dessus; Conf. Gabr. Demante, *Expos. rais.*, n° 155).

(1) — 535. Tarifées à 2 fr. par la loi du 28 avril 1816, art. 43, n° 21.

(2) — 536. Tarifées à 3 fr. par la loi du 28 avril 1816, art. 44, n° 4. — Pour le commentaire de cette disposition, V. *sup.*, celui de l'art. 45, n° 6.

(3) — 537. Tarifées à 3 fr. par la loi du 28 avril 1816, art. 44, n° 5. — La loi fiscale fait elle-même ici une application spéciale du principe qu'une convention qui, dans un acte, a subi le droit proportionnel, ne peut plus, dans un nouvel acte, donner ouverture à ce droit. Mais un acte qualifié *titre nouvel* n'est dans le cas d'être enregistré au droit fixe qu'autant qu'il a seulement pour objet de confirmer une obligation préexistant en vertu d'un titre en forme. Dès lors, toute stipulation qui n'était pas insérée dans le titre primordial est une nouvelle convention donnant lieu, selon sa nature, au droit proportionnel réglé par la loi (Av. com. fin., 29 sept. 1821). V. Dalloz, v° *Enreg.*, n°s 786 et suiv.

(4) — 538. Tarifées à 3 fr. par la loi du

46° Les actes (les cédules exceptées) et jugements préparatoires, interlocutoires ou d'instruction des juges de paix ; certificats d'individualité, procès-verbaux d'avis de parents, *visa* de pièces et poursuites préalables à l'exercice de la contrainte par corps ; les oppositions à levée de scellés, par comparence personnelle dans le procès-verbal ; les ordonnances et mandements d'assigner les opposants à scellés ; tous autres actes des juges de paix non classés dans les paragraphes et articles suivants, et leurs jugements définitifs portant condamnation de sommes dont le droit proportionnel ne s'élèverait pas à un franc ;

47° Tous les procès-verbaux des bureaux de paix desquels il ne résulte aucune disposition donnant lieu au droit proportionnel, ou dont le droit proportionnel ne s'élèverait pas à un franc ;

48° Les actes et jugements de la police ordinaire et des tribunaux de police correctionnelle et criminelle, soit entre parties, soit sur la poursuite du ministère public, avec partie civile, lorsqu'il n'y a pas condamnation de sommes et valeurs, ou dont le droit proportionnel ne s'élèverait pas à un franc, et les dépôts et décharges aux greffes desdits tribunaux, dans les mêmes cas où il y a partie civile ;

49° Les jugements qui seront rendus en matière de contributions soit directes, soit indirectes, ou pour autres sommes dues à la nation, ou pour contributions locales, quel que soit le montant des condamnations et de quelque autorité ou tribunal qu'émanent les jugements (1);

50° Des procès-verbaux de délits et contraventions aux règlements généraux de police ou d'impositions ;

51° Et généralement tous actes civils, judiciaires ou extrajudiciaires, qui ne se trouvent dénommés dans aucun des paragraphes suivants, ni dans aucun autre article de la présente, et qui ne peuvent donner lieu au droit proportionnel (2).

§ 2. — *Actes sujets à un droit fixe de 2 fr.*

1°. Les inventaires de meubles, objets mobiliers, titres et papiers.

Il est dû un droit pour chaque vacation (3).

_____

28 avril 1816, art. 44, n° 8. — Le droit fixe est déterminé pour la transaction, parce que, de sa nature, cette convention est purement déclarative ; mais elle peut contenir des stipulations libératoires, obligatoires ou translatives ; dans ce cas, il y a ouverture à un droit proportionnel. — Cette matière présente des difficultés sérieuses ; il en sera parlé *inf.* dans le commentaire de l'art. 69, § 3, n° 3.

(1) — 539. Ces jugements sont aujourd'hui soumis aux mêmes droits que ceux rendus entre particuliers (L. 28 avril 1816, art. 39).

(2) — 540. Les actes compris dans cette disposition de la loi sont tous ceux que l'on est convenu de qualifier *innommés.* Dans le sens de la loi fiscale, on entend par contrats *innommés* ceux qui ne sont mentionnés dans aucun tarif. Les contrats *nommés* sont ceux, au contraire, dont le droit est expressément déterminé par la loi. On voit par là que cette division se distingue absolument de celle qui était faite, en droit romain, entre les contrats nommés et les contrats innommés ; tellement que plusieurs contrats sont nommés dans le sens de la loi fiscale, qui n'ont pas de nom particulier dans le droit civil (Championnière et Rigaud, n°ˢ 57 et 5739). — D'ailleurs, la règle résultant de la disposition ci-dessus peut être formulée en ces termes : « Tout acte autre que ceux qui constituent obligation, libération, condamnation, collocation ou liquidation de sommes ou valeurs, ou transmission de propriété, d'usufruit ou de jouissance de biens meubles et immeubles, les seuls sujets au droit proportionnel, n'opère que le droit fixe d'un franc, s'il n'est pas nommément tarifé à un autre droit fixe. » Cette règle est fort simple, et chacun est à même d'en faire l'application. *V.* Toutefois à cet égard les développements présentés par Dalloz, v° *Enreg.*, n°ˢ 799 et suiv.

(3) — 541. La loi ne s'expliquant pas sur ce qu'il faut entendre par chaque vacation, des difficultés se sont élevées. La loi des 6-27 mars 1791 aurait bien fourni un élément de décision, car l'art. 8 de cette loi réglait la durée des vacations en ces termes : L'apposition des scellés étant un acte purement ministériel et conservatoire, il sera alloué au juge de paix deux livres *pour une vacation de trois heures*, et vingt sous pour toutes les vacations suivantes... Il en sera de même pour les vacations de reconnaissances et de levée de scellés. » Mais cette disposition était laissée de côté, et le texte de la loi de frimaire était interprété en ce sens que chaque séance, quelque longue qu'elle fût, formait une vacation et ne donnait ouverture qu'à un seul droit fixe.

542. Cependant il intervint un décret en

2° Les clôtures d'inventaires (1);

3° Les procès-verbaux d'opposition, de reconnaissance et de levée de scellés (2).

Il est dû un droit pour chaque vacation (3);

4° Les procès-verbaux de nomination de tuteurs et curateurs (4);

---

date du 10 brum. an xiv, qui statua sur la difficulté et posa en principe que ce n'était pas par séance que le droit devait être exigé, mais par vacation dont la plus longue durée était fixée à quatre heures.

543. Le décret du 16 fév. 1807, contenant le tarif des frais et dépens, fit renaître le doute en reproduisant par ses art. 1 et 168, quant à la durée des vacations, les dispositions de la loi de 1791. La régie pensa que, nonobstant le décret de l'an xiv, il fallait asseoir la perception sur les bases de celui de 1807 (Inst. gén., n° 406, 14 nov. 1808). Il est évident cependant que les deux décrets de l'an xiv et de 1807 n'étaient pas incompatibles : le premier n'était qu'une mesure fiscale, tandis que le second réglait les honoraires des officiers publics. Or, rien ne s'opposait à ce que ces honoraires fussent réglés sur des vacations de 3 heures, et les droits d'enregistrement, par vacation de 4. Aussi voulut-on, dans l'application, combiner les deux décrets, de manière que, dans le cas où le nombre d'heures employées dans une séance ne pouvait pas être exactement divisé par trois, comme, par exemple, lorsqu'il aurait été vaqué quatre, cinq, sept, huit, dix et onze heures, la perception fût déterminée d'après le nombre de vacations de 3 et de 4 heures compris dans celui des heures employées. Ainsi, en supposant une vacation de sept heures, on percevait le droit de deux vacations, l'une de trois et l'autre de quatre heures (*Dictionn. de l'Enreg.*, v° *Vacation*, n° 12).

544. Mais cette interprétation, qui admettait la supputation simultanée de vacation de trois et de quatre heures, a été repoussée par une délibération nouvelle qui, modifiant, sur un examen nouveau de la question, l'instruction du 14 nov. 1808, a mis en harmonie les divers textes de loi. Il résulte de cette délibération que, en règle générale, la vacation est de *trois heures*, et toute fraction d'une ou de deux heures doit être comptée pour une vacation ; néanmoins, les notaires peuvent faire des vacations de *quatre heures*, en vertu du décret du 10 brum. an iv, en ayant soin d'exprimer cette intention, dans l'inventaire ; dans l'un et l'autre cas, le nombre des vacations de trois ou de quatre heures doit être calculé par journée, pour la perception (Délib. C. d'adm., 25 mai 1830; Inst. gén., n° 1536, § 8, 27 sept. 1830).

545. En fixant le calcul des vacations *par journée*, cette délibération modifie encore à cet égard l'inst. de 1808, qui prescrivait aux

préposés « de s'assurer du nombre effectif d'heures écoulées pendant la durée de l'opération. » Sous ce rapport, la modification consacrée par la délibération nouvelle a paru sujette à critique (Championnière et Rigaud, t. 4, n° 3750. — V. aussi Dalloz, v° *Enreg.*, n° 447.

346. Quant aux inventaires dressés après faillite, ils ne doivent que le droit fixe de deux francs, quel que soit le nombre des vacations (Inst. de la régie, 1471, 1786, § 4). — V. aussi Délib. de la régie du 16 oct. 1846 (D.p. 47.4.210).

(1) 547. Cette disposition est maintenant sans objet, attendu que, d'après les art. 1456, C. Nap., et 943, C. proc., la clôture d'un inventaire ne fait pas un acte distinct de l'inventaire.

(2)—548. V. aussi la Délib. de la régie, du 16 oct. 1846, citée au n° 546. Par exception à cette disposition, sont susceptibles d'être visés pour timbre et enregistrés *en débet* les actes d'opposition et levée de scellés dans lesquels les juges de paix agissent d'office, ainsi qu'il est prescrit par l'art. 911, C. pr., après l'ouverture des successions échues à des héritiers absents et non représentés, ou à des mineurs qui n'ont ni tuteurs ni curateurs (Déc. min. fin., 29 fruct. an x et 1er prair. an xii; Inst. gén., n° 290, § 3, 3 fruct. an xii).

(3) — 549. V. *sup.* la note 3, n° 542.—Il a été dérogé à cette règle, en ce qui concerne les procès-verbaux d'opposition, de reconnaissance et de levée de scellés, et les inventaires dressés après faillite, par l'art. 11 de la loi du 24 mai 1834, duquel il résulte qu'il ne doit plus être perçu sur les procès-verbaux dont il s'agit qu'un seul droit fixe de 2 fr., quel que soit le nombre des vacations. V. Dalloz, n° 726.

(4)—550. La loi avait établi une différence entre ces procès-verbaux et les avis de parents autres que ceux contenant nomination de tuteurs et de curateurs tarifés à 1 fr. par le n° 11 du § précédent. Cette différence a disparu par l'effet de l'augmentation de droit dont ces derniers actes ont été l'objet par la loi du 28 avril 1816. Les avis de parents sont aujourd'hui tarifés au même taux que la nomination de tuteurs et de curateurs. Mais remarquons que c'est le procès-verbal de nomination que la loi frappe d'un droit. Ainsi, la nomination d'un tuteur dans un testament n'y donnerait pas lieu, comme étant de l'essence du testament et résultant de la faculté accordée par les art. 392, 397 et 398, Cod.

5° Les jugements de juges de paix portant renvoi ou décharge de demande, débouté d'opposition, validité de congé, expulsion, condamnation à réparation d'injures personnelles, et généralement tous ceux qui, contenant des dispositions définitives, ne donnent pas ouverture au droit proportionnel ;

6° Les ordonnances des juges des tribunaux civils rendues sur enquêtes ou mémoires, celles de référé, de compulsoire et d'injonction, celles portant permission de saisir-gager, revendiquer ou vendre, et celles des commissaires du Directoire exécutif dans les cas où la loi les autorise à en rendre ;

Les actes et jugements préparatoires ou d'instruction de ces tribunaux et des arbitres ;

Et les actes faits ou passés aux greffes des mêmes tribunaux portant acquiescement, dépôt, décharge, désaveu, exclusion de tribunaux, affirmation de voyage, opposition à remises de pièces, enchères, surenchères, renonciation à communauté, succession ou legs (*il est dû un droit par chaque renonçant*), reprise d'instance, communication de pièces sans déplacement, affirmation et vérification de créance, opposition à délivrance de jugement (1) ;

7° Les ordonnances sur requêtes ou mémoires, celle de réassigné, et tous actes et jugements préparatoires ou d'instruction des tribunaux de commerce,

Et les actes passés aux greffes des mêmes tribunaux, portant dépôt de bilan et registres, opposition à publication de séparation, dépôt de sommes et pièces, et tous autres actes conservatoires ou de formalité (2) ;

8° Les expéditions des ordonnances et procès-verbaux des officiers publics de l'état civil, contenant indication du jour ou prorogation de délai pour la tenue des assemblées préliminaires au mariage ou au divorce.

§ 3.—*Actes sujets à un droit fixe de 3 fr.*

1° Les contrats de mariage qui ne contiennent d'autres dispositions que des déclarations de la part des futurs, de ce qu'ils apportent eux-mêmes en mariage, et se constituent sans aucune stipulation avantageuse entre eux.

La reconnaissance y énoncée de la part du futur, d'avoir reçu la dot apportée par la future, ne donne pas lieu à un droit particulier.

Si les futurs sont dotés par leurs ascendants, ou s'il leur est fait des donations par des collatéraux ou autres personnes non parentes, par leur contrat de mariage, les droits, dans ces cas, sont perçus suivant la nature des biens, ainsi qu'ils sont réglés, dans les §§ 4, 6 et 8 de l'article suivant (3) ;

2° Les partages de biens meubles et

Nap. — Il en serait toutefois autrement de l'acte notarié par lequel un père, dans la vue de sa mort, choisit un tuteur à ses enfants et fixe l'indemnité à laquelle le tuteur aura droit pour peines et soins. Un tel acte rentre dans la prévision de la loi et donne ouverture au droit fixe de 2 fr. (Délib., 29 sept. 1835. *V.* sur cette délibération les observations de Dalloz, *loc. cit.*, n° 768.

(1)—554. Tarifés à 3 fr. et 5 fr. par la loi du 28 avril 1816, art. 44, n° 10, et 45, n° 6.

(2)—552. Tarifés à 3 fr. par la loi du 28 avril 1816, art. 44, n° 10.

(3)—553. Tarifés à 3 fr. par la loi du 28 avril 1816, art. 45, n° 2.

554. La loi distingue deux sortes de dispositions dans le contrat de mariage, celles qui sont relatives aux apports des futurs et celles qui contiennent des donations par des ascendants, collatéraux ou personnes non parentes. Relativement à ces dernières, *V.* les paragraphes de la loi auxquels renvoie le texte même ci-dessus. — Remarquons seulement que le droit fixe doit toujours être perçu, quels que soient les droits proportionnels auxquels les dispositions du contrat donnent ouverture (Déc. min. fin., 9 pluv. an VII).

555. En ce qui concerne les apports, il importe de remarquer que la loi est conçue d'une manière générale, et par suite, la déclaration d'apports, quel que soit celui des futurs qui la fait, est une disposition dépendante affranchie de tout droit particulier (Championnière et Rigaud, t. 4, n° 2839 ; Gabr. Demante, *Expos. rais.*, t. 2, n° 621). *V.* les observations développées dont cette disposition a été l'objet dans Dalloz, v° *Enregist.*, n°ˢ 887 et suiv.; 1274 et suiv.; 3357 et suiv. — *V.* aussi Cass., 7 avril 1856 (D.P. 56.1.207), et *Table de quinze ans*, v° *Enregist.*, n°ˢ 98, 137, 158 et suiv., 368 et suiv. — *V.* encore *infr.*, n° 697.

immeubles entre copropriétaires, à quelque titre que ce soit, pourvu qu'il en soit justifié (1).

S'il y a retour, le droit sur ce qui en

(1) — 556. *Qu'il en soit justifié.* Cet article n'oblige pas les parties à une justification par écrit. Elle peut être faite par toutes les voies légales.

L'acte qui contient les conventions des copartageants est, à l'égard des tiers intéressés, présumé inséré dans toutes ses dispositions jusqu'à preuve contraire.

Si les héritiers étaient obligés de prouver les droits de leurs auteurs sur tous les lots d'un partage, ils seraient tous transformés en ventes ou contrats sans nom, car cette justification serait presque toujours impraticable (*V.* au surplus Championnière, t. 3, p. 324). — *V.* aussi les principes exposés dans Dalloz, *loc. cit.*, nos 2623 et suiv. — *V.* également, comme exemple, Cass., 16 avril 1856 (D.P.56.2.156).

(2) — 557. Tarifés à 5 fr. par la loi du 28 avril 1816, art. 45, n° 5. — Le partage est un moyen de faire cesser l'indivision, laquelle est forcée, comme lorsqu'elle dérive des successions testamentaires ou légitimes, ou de quelque disposition de la loi, ou bien volontaire, comme lorsqu'elle résulte de la convention. Le partage qui fait cesser l'une ou l'autre de ces indivisions rentre dans la disposition du texte ci-dessus. Il est soumis à un droit fixe de 5 fr., s'il en est justifié.

Ce n'est là que l'application du principe que le partage n'a rien de translatif. Mais ce principe, contraire au droit romain, et qui a été introduit dans la jurisprudence française par les usages féodaux, et a été consacré par le Code Nap. (art. 883), n'a été pleinement adopté par la loi fiscale qu'en ce qui concerne le partage pur et simple (Championnière et Rigaud, t. 3, nos 2664 et 2664).

558. Au contraire, dans le système de la loi fiscale, le partage avec soulte est une convention translative jusqu'à concurrence de la soulte ; c'est pourquoi la disposition ci-dessus déclare que, s'il y a retour, le droit sur ce qui en est l'objet sera perçu au taux réglé pour les ventes, et l'on considère comme soulte la charge imposée à l'un des copartageants de payer une rente à l'autre pour rétablir l'inégalité résultant de ce que le lot de ce dernier, égal en capital à celui de son copartageant, est grevé d'un usufruit (Cass., 21 juill. 1851, D.P.51.1.201).

Le cohéritier qui, avant partage, se rend adjudicataire, sur licitation, d'un immeuble dépendant de la succession, est passible du droit de soulte, surtout en ce qui excède sa part dans le prix de l'adjudication de cet immeuble, isolément considéré, et non pas seulement sa part dans les biens composant la masse entière de la succession.

Il en est ainsi au cas où ce même acte d'adjudication comprend d'autres immeubles adjugés soit là d'autres cohéritiers, soit à des tiers (Cass., 6 nov. 1851, D.P.51.1.314, et 20 avril 1853 (D.P.53.1.139) ; Caen, 8 nov. 1847, D.P.47.4.216).

... Et encore, bien que le cohéritier adjudicataire ait exprimé l'intention, dans sa déclaration de command, d'imputer la totalité du prix de l'adjudication sur sa part héréditaire établie dans un acte de liquidation par lui représenté (Cass., 5 mars 1855, D.P.55.1. 95). *V.* aussi les arrêts analysés dans la *Table de quinze ans*, v° *Enreg.*, nos 303 et suiv.

Enfin, il importe peu que la soulte consiste en biens situés à l'étranger, ou qu'elle soit payée à l'aide du prix de ces mêmes biens vendus avant le partage, parce qu'en droit le prix de l'immeuble vendu représente cet immeuble (*V.* Championnière, t. 3, p. 339).

Le cohéritier adjudicataire ne peut être affranchi du paiement du droit proportionnel sur ce qui excède sa part dans le prix de l'immeuble qui lui a été adjugé qu'en présentant à l'enregistrement, en même temps que le procès-verbal d'adjudication, un acte de partage qui fasse entrer cet excédant dans son lot (Cass., 5 mars 1855, D.P.55.1.95, et autres arrêts indiqués dans la *Table de quinze ans*, *loc. cit.*, nos 315 et suiv.).

Lorsqu'un héritier est loti en biens ou en créances excédant ses droits, à la charge de payer les dettes au delà de sa part virile, il y a soulte, s'il doit conserver les objets qu'il reçoit excédant sa part, et payer les dettes de ses deniers. Il y a mandat, s'il a dû les vendre et payer avec le prix (*V.* Championnière, t. 5, p. 349). *V.* aussi Cass., 30 mai 1854, D.P.54.1.327), et Dalloz, v° *Enreg.*, nos 2683 et suiv.

V. à cet égard l'article suivant, § 5, n° 7, et § 7, n° 3. — Quant aux partages par licitation, *V.* le même article, § 5, n° 6, et § 7, n° 4.

Pour que le donataire à charge de payer les dettes du donateur puisse y être contraint par les créanciers de celui-ci, il faut qu'ils aient un titre ayant date certaine au moment du contrat, ou qu'il y ait eu dol et fraude (Caen, 15 janv. 1849, D.P.1850.2.202).

L'attribution faite à la femme, dans l'acte de partage de communauté, de biens situés en pays étranger, non pour composer ou compléter sa part de communauté, mais pour la remplir de ses reprises, par voie de prélèvement, n'a point le caractère d'une soulte,

3° Les prestations de serment des greffiers et huissiers des juges de paix, des gardes des douanes, gardes forestiers et gardes champêtres, pour entrer en fonctions (1);

4° Les actes de société qui ne portent ni obligation, ni délibération, ni trans-

et, dès lors, ne donne pas lieu à la perception du droit de soulte (Rej., 15 déc. 1858, D.p.59.1.16).

559. La loi civile ni la loi fiscale n'ont déterminé la forme particulière du partage; par suite, on doit appeler de ce nom tout acte ayant pour effet de faire cesser l'indivision, encore qu'il soit qualifié de vente, d'échange, de transaction ou de toute autre manière (Championnière et Rigaud, nᵒˢ 2700, 2704 et 2708; Dalloz, loc. cit., nᵒˢ 2635 et suiv.). — Mais un acte de partage est passible du droit proportionnel et non pas du droit fixe, lorsqu'il résulte du rapprochement de cet acte avec d'autres actes invoqués par la régie de l'enregistrement, que l'un des copartageants a reçu dans son lot des valeurs qui ne faisaient pas partie de l'actif à partager, et formaient ainsi le prix de la vente ou cession de sa part dans cet actif (Req., 13 mai 1862, D.p.62.1.421).

(1) — 560. Cette disposition n'est qu'une partie de celles qui ont été faites sur la même matière. Il y faut ajouter le § 6, n° 4, du présent article relatif aux prestations de serment des notaires, greffiers et huissiers près le tribunal, et l'art. 14 de la loi du 27 vent. an ix, ci-après.

(2) — 561. Tarifés à 5 fr. par la loi du 28 avril 1816, art. 43, n° 2.

562. La loi des 5-19 déc. 1790 assujettissait les sociétés au droit proportionnel, à raison des objets susceptibles d'évaluation (1ʳᵉ classe, 2ᵉ section, n° 7). La faveur due au commerce a fait réduire le tarif de ces sortes d'actes à un droit fixe, lors de la rédaction de la loi de frimaire.

563. Les conventions sociales ne doivent pas être considérées séparément de l'acte qui les constate. Ce sont ces conventions et non pas l'acte que la loi tarife au droit fixe. Ainsi les stipulations d'apport qui sont des conventions essentielles au contrat sont, comme telles, comprises dans l'application du droit fixe de 5 fr. (Championnière et Rigaud, t. 3, n° 2745).

Il en est de même de l'acte portant obligation par une religieuse de payer, pendant sa vie, à une communauté, une somme déterminée pour logement, nourriture et entretien, selon les règles de l'ordre. — Parce que (abstraction faite du but religieux, sans influence pour l'appréciation du caractère d'un acte civil), le contrat qui réunit plusieurs personnes pour vivre en commun est la première de toutes les associations, puisqu'elle

mission de biens meubles ou immeubles entre les associés ou autres personnes,

Et les actes de dissolution de société qui sont dans le même cas (2);

5° Les testaments et tous autres actes

établit une communauté d'intérêt presque aussi intime que celle de la famille (Sol. de la régie, du 19 mars 1851; D.p.51.3.48. — Contr., Cass., 7 nov. 1855 (D.p.55.1.436); et autres décisions indiquées dans la Table de quinze ans de Dalloz, vᵒ Enreg., nᵒˢ 709 et suiv.

564. Le caractère distinctif de la mise sociale est l'abandon que fait l'associé de la chose qu'il met en commun, sans libéralité et sans stipulation d'un équivalent. Mais toutes les fois qu'un des associés recevra, soit d'un autre associé, soit de la société elle-même, un équivalent consistant en autre chose que des droits, en échange de ce qu'il apporte au fonds social, cette transmission n'aura pas le caractère d'apport; elle sera passible d'un droit proportionnel déterminé par son espèce (Championnière et Rigaud, loc. cit., nᵒˢ 2750 et 2751). — Ainsi l'apport d'un immeuble en société, avec stipulation que cette société en paiera le prix, constitue, non une simple mise sociale, mais une véritable vente, et est, dès lors, passible du droit proportionnel de mutation et de transcription (Req., 20 nov. 1861, D.p.62.1.132).

565. Néanmoins, les avantages sociaux ne consistent pas uniquement dans des droits aux répartitions des dividendes; ils peuvent avoir objet des prélèvements avant partage. Ainsi, ce n'est point changer les caractères d'un acte de société que de convenir d'une répartition inégale, entre les associés, des bénéfices de la société, soit à titre de prélèvement pour indemnité ou traitement, soit dans toute autre forme (Déc. min., 30 juill. 1849).

Ainsi, l'apport fait par un associé à la société d'un fonds de commerce dont la valeur doit lui être remboursée en argent avec intérêts sur les premiers fonds provenant du placement des actions de la société constituée, non pas un apport social exempt du droit proportionnel, mais une cession mobilière passible du droit de 2 pour 100.

Encore qu'il serait stipulé que le remboursement pourra être fait en actions sociales, ce mode de paiement facultatif ne changeant pas le caractère de la convention (Cass., 30 janv. 1850, D.p.50.1.60).

Ainsi, si c'est un immeuble qui devienne la propriété de la société moyennant un prix payé de ses deniers, le droit proportionnel de mutation devient exigible à raison de 5 fr. 50 c. pour 100 (Inst., 1675, § 7, 1786, § 10, 1857, §§ 15 et 16).

de libéralité qui ne contiennent que des dispositions soumises à l'événement du décès, et les dispositions de même na-

ture qui sont faites par contrat de mariage entre les futurs ou par d'autres personnes.

---

565 bis. Une association qualifiée par les parties de société en commandite et dans laquelle se trouve un gérant responsable, un commanditaire, une raison sociale, et un siége social, ne peut être considérée comme une association en participation, mais présente tous les caractères d'une société en commandite formant un être moral, au profit duquel peut intervenir une mutation de propriété de la part du gérant ; — Par suite, si le gérant effectue dans cette société un apport d'immeubles qui soit une véritable vente, à raison, par exemple, de l'obligation pour la société de payer le prix de cet immeuble à lui ou à son vendeur, le droit de mutation est dû sur la totalité de ce prix, sans déduction de la part afférente à l'associé apporteur (Req. 20 nov. 1861, D.P.62.1. 131).

566. La stipulation que la chose commune appartiendra au survivant est inhérente à l'association et ne donne pas ouverture à un droit particulier (Championnière et Rigaud, t. 3, n°s 2501 et suiv., et 2769).

Mais le droit proportionnel est exigible au décès de l'associé, alors surtout que les associés survivants ont recueilli la part de l'associé décédé (Cass., 7 janv. 1850, D.P. 50.1.42).

Il en serait de même au fur et à mesure du décès de chacun des associés, si leur part devait se réunir à celles des associés survivants, lesquels devraient continuer à demeurer en société jusqu'au dernier (C., 19 nov. 1851, D.P.51.1.328). — Il a été jugé notamment que la clause d'un acte de société portant qu'en cas de décès de l'un des associés, la société continuera d'exister entre les autres associés qui conserveront tout l'actif social, à la charge de payer aux héritiers des associés prédécédés la part leur revenant dans cet actif, donne ouverture au droit proportionnel de vente; et qu'on objecterait vainement, soit que les associés survivants doivent être réputés devenus propriétaires de la part des prédécédés par l'effet d'une condition résolutoire qui rétroagit au jour de la constitution de la société; — Soit que la transmission s'opérerait, en tout cas, au profit, non des associés individuellement, mais de la société elle-même, et tomberait ainsi sous l'application de l'art. 68, § 3, n° 4, de la loi du 22 frim. an VII;—Soit enfin que la clause de survie dont il s'agit serait une disposition dépendante de l'acte constitutif de la société, et ne devrait, dès lors, être frappée d'aucun droit distinct, aux termes de l'art. 11 de la même loi (Req. 18 avr. 1859, D.P.59.1.310

et 311). — Toutefois la clause de l'acte constitutif d'une association autorisée comme société tontinière et divisée par actions, qui porte qu'au décès de chaque actionnaire, sa part, tant dans les revenus à échoir que dans la propriété éventuelle, restera et demeurera acquise aux associés survivants, emporte extinction du droit du prédécédé, et augmentation du droit des survivants, dans la propriété appartenant à l'être moral qui compose l'association, et n'a point, dès lors, le caractère d'une transmission s'opérant de l'associé prédécédé à la société: En conséquence, cette clause ne donne pas ouverture, lors de chaque décès, au droit de mutation par décès (Cass., 1er juin 1858, D.P.58.1.251). — V. d'autres décisions très-nombreuses dans la Table de quinze ans, v° Enreg., n° 532 et suiv.; ainsi que les développements et observations de la Jur. gén. de Dalloz, eod. v°, n° 5325 et suiv., 3548 et suiv.

Quant aux actes passés pour la constitution des associations ouvrières encouragées en exécution du décret du 5 juill. 1848, ils peuvent être enregistrés gratis, si une décision ministérielle les a admis à jouir du bénéfice de la loi du 15 nov. 1848 (Inst., 1826).

566 bis. L'apport à une société d'un capital en représentation duquel l'auteur de cet apport reçoit des actions sociales, mais avec stipulation qu'il prélèvera annuellement sur les bénéfices, par préférence aux actionnaires, l'intérêt de son capital, et une certaine somme pour l'amortissement au pair des actions à lui attribuées, sans aucune part dans le surplus des bénéfices, constitue un prêt passible du droit proportionnel d'obligation, et non un apport social soumis au droit fixe, une telle stipulation étant exclusive des chances de gain et de perte qui sont de l'essence de la société (Req. 30 juill. 1861, D.P.61.1.425).

566 ter. La stipulation, par un associé apportant au fonds social un immeuble d'une valeur déterminée au lieu d'argent, que la société prendra à sa charge les dettes dont cet immeuble est grevé ne transforme pas l'apport en une vente de portion d'immeuble passible d'un droit de 5 et 1/2 pour 100, alors qu'il est convenu en même temps que l'immeuble sera repris à l'expiration de la société par le même associé, sous réserve d'en payer la plus-value et de supporter seul les détériorations. — Mais cette stipulation rend exigible le droit d'obligation sur les sommes que la société s'engage à payer pour

Le droit pour ces dispositions par acte de mariage sera perçu indépendamment de celui du contrat (1) :

le dégrèvement de l'immeuble (Trib. de Nantes, 8 juin 1860, D.P.60.3.79).

566 *quater.* L'acte par lequel l'une des parties déclare vendre et l'autre acheter des biens meubles et immeubles, moyennant un prix payable éventuellement en actions d'une société industrielle à former entre les parties, et à laquelle devaient être apportés les biens vendus, constitue une vente passible du droit proportionnel de mutation, et non un apport social soumis à un droit fixe, si l'existence n'en était point subordonnée à la formation de cette société, la transmission qu'il renferme étant alors complétement distincte de l'apport réalisé par les acheteurs dans la société ultérieurement réalisée (Cass., 11 mai 1859, D.P.59.1.215).

566 *quinquies.* L'acte qui renferme les statuts d'une société anonyme est passible lors de sa présentation à l'enregistrement, et quoiqu'il n'ait point encore été approuvé, du droit fixe de 5 fr. établi pour les actes de société, et non du droit fixe de 2 fr. applicable aux actes innommés ;.... et le refus d'approbation est un événement postérieur, qui ne donne pas lieu à la restitution du droit (Req. 23 mai 1859, D.P.59.1 464).

566 *sexies.* L'obligation contractée dans l'acte constitutif d'une société en commandite, par la société, est réputée née à la date de cet acte, et non à celle du décret d'approbation, d'où il résulte que si la mention du paiement de l'obligation n'est faite que dans l'acte de dépôt du décret d'approbation, il y a lieu à la perception, non-seulement du droit de quittance, mais encore du droit d'obligation, l'acte d'obligation étant, en ce cas, réputé antérieur à l'acte de libération (Req. 23 mai 1859, précité).

567. La prorogation d'un acte de société, après son expiration, est une société nouvelle passible du droit de 5 fr. (Sol., 1er avril 1826.) Mais si la prorogation était convenue pendant la durée de la société, l'acte ne serait passible que d'un droit fixe, par application du n° 51, § 1er, du présent article (maintenant 2 fr.) (Championnière et Rigaud, t. 3, n°2785; MM. Dalloz, *loc. cit.*, n° 3545).

568. Aux termes de la disposition ci-dessus, il en est de l'acte de dissolution comme de celui de constitution d'une société. Ainsi, cet acte n'est passible que du droit fixe lorsqu'il ne contient ni obligation, ni libération, ni transmission de biens meubles ou immeubles, entre les associés ou autres personnes.

Quant aux dissolutions de sociétés ouvrières, elles peuvent aussi être enregistrées

6° Les unions et directions de créanciers.

Si elles portent obligation de sommes dé-

par les mêmes raisons que celles portées au n° 566 ci-dessus pour leur constitution.

568 *bis.* Le droit fixe de 5 fr. ne s'applique pas seulement à l'acte constitutif de la société, mais encore aux actes d'adhésion à cette société, parce qu'ils établissent pour ainsi dire une nouvelle société (*Conf.*, déc. du 28 frim. an VIII). Mais s'il s'agissait d'une société où les statuts permettraient des adhésions, il n'y aurait pas une nouvelle société, et le droit fixe d'un franc serait seul exigible, s'il n'y avait ni obligation ni libération (*V.* au surplus Dalloz, *Jur. gén.*, n° 3542).

C'est encore ce dernier droit qui serait applicable aux actes complémentaires d'une société formée à son origine d'une manière incomplète. Ainsi, l'émission de nouvelles actions dans une société par actions n'est pas une cession des biens de la société, si, dans l'acte de société, il a été convenu que le nombre d'actions pourrait être augmenté, mais le complément de l'exécution de l'acte de société (Délib., 17 mai 1823).

569. La dissolution de la société laisse le fonds social indivis, les associés deviennent communs. Mais il avait été établi, par une suite d'arrêts fortement motivés, que les mutations opérées, soit dans les communautés, soit dans les sociétés, par l'effet successif des apports et des partages, étaient affranchies de tout droit proportionnel (Cass., 26 déc. 1831, D.P.32.1.22 ; 14 janv. 1835 , D.P. 35.1.257 ; 17 août 1836 , D.P.38.1.91 ; Championnière et Rigaud, t. 3, n°s 2790 et suiv.). Cependant la Cour de cassation, revenant sur cette doctrine, a jugé que la mise en société d'un immeuble par un associé n'attribue aux autres associés aucun droit immédiat et spécial à la copropriété de l'immeuble ; d'où il suit que le partage qui s'en opère à la dissolution de la société n'est pas un partage entre copropriétaires, et que l'attribution à l'un des associés d'un immeuble apporté par un autre, pour le remplir de ses droits dans le fonds social, est une vente passible du droit proportionnel (Cass., 29 janv. 1840, D.P.40.1.112. — *V.* la critique de cet arrêt dans le *Contrôleur,* t. 21, n° 5660. *Adde* Cass., 9 nov. 1842 , D.P.43. 1.87 ; Cass., ch. réun., 6 juin 1842, D.P.42. 1.291; Cass., 24 av. 1847 , D.P.47.1.157.; Cass., 21 fév. 1853, D.P.53.1.52). *V.* Inst. de la régie, 1601, § 12, 1618, § 9, qui ordonne à ses préposés la perception du droit proportionnel. — *V.* aussi Dalloz, v° *Enreg.,* n°s 3585 et suiv.

(1) — 570. Tarifés à 5 fr. par la loi du 28 avril 1816, art. 45, n° 4.

erminées par les cointéressés envers un ou plusieurs d'entre eux, ou autres personnes chargées d'agir pour l'union, il sera perçu un droit particulier comme pour obligation (1);

7° Les expéditions des jugements des tribunaux civils, rendus en première instance ou sur appel portant acquiescement, acte d'affirmation, d'appel, de conversion d'opposition en saisie, débouté d'opposition, décharge et renvoi

de demande, déchéance d'appel, péremption d'instance, déclinatoire, entérinement de procès-verbaux et rapports, homologation d'actes d'union et atermoiements; injonction de procéder à l'inventaire, licitation, partage ou vente; mainlevée d'opposition ou de saisie, nullité de procédure, maintenue en possession, résolution de contrat ou de clause de contrat pour cause de nullité radicale, reconnaissance d'écriture; no-

---

571. Testaments. — Trois choses sont à distinguer pour la perception : le testament, qui est l'acte même qui contient l'expression de la volonté du testateur ; le legs, qui est la disposition par laquelle le testateur énonce la volonté de gratifier, et la mutation par décès, qui est la transmission qui s'opère du défunt au légataire. Le texte ci-dessus s'applique à la première de ces trois choses, c'est-à-dire au testament. Mais il faut, pour que la disposition soit applicable, que l'acte contienne libéralité. Ainsi l'acte de dernière volonté par lequel un père choisirait un tuteur à ses enfants ne serait pas un testament ; ce serait un acte innommé donnant lieu seulement au droit fixe de 1 fr. (Championnière et Rigaud, t. 3, n° 2388). — V. encore Dalloz, Jur. gén., v° Enreg., n°ˢ 4080 et suiv. Quant aux legs et aux mutations par décès, V. l'art. suivant (V. sup., n° 253).

572. Contrats de mariage. — Les donations par contrat de mariage, disent Championnière et Rigaud, t. 4, n° 2949, peuvent, à la différence des donations ordinaires, contenir soit des biens présents seulement, soit des biens à venir, soit à la fois des biens présents et à venir. Dans les trois cas, elles peuvent revêtir un caractère particulier, qui est celui de la donation à cause de mort ; elles prennent alors la dénomination d'institutions contractuelles, et leur effet est essentiellement subordonné à la survie du donataire. Ce sont les stipulations de cette espèce que le texte ci-dessus a entendu tarifer, après les testaments. L'application du droit fixe a lieu actuellement, sauf la perception du droit proportionnel au décès de l'instituant (Cass., 24 niv. an XIII, 8 déc. 1806, D.A.7.80.81). Pour le droit proportionnel, V. l'art. suiv. En ce qui concerne l'application de la disposition ci-dessus, V. les arrêts analysés dans la Table de quinze ans de Dalloz, v° Enreg., n°ˢ 384 et suiv. V. aussi la Jur. gén., n°ˢ 3837 et suiv. V. enfin trib. de Corbeil, 27 juin 1856 (D.P.56.3.46), et Cass., 24 nov. 1857 (D.P.57.1.425).

La loi tarife nommément le contrat de mariage ; il s'ensuit que les simples promesses de mariage ne constituant pas le contrat, ne

donneraient pas ouverture au droit fixe de 5 fr., fussent-elles souscrites devant notaire et par acte notarié. L'administration a reconnu que de tels actes rentrent dans la catégorie des actes innommés ; ils doivent être enregistrés au droit fixe de 1 fr. (Délib., 7 août 1822), aujourd'hui 2 fr.

Il semble que les contrats de mariage, soit authentiques, soit sous seing privé, constatant seulement des apports passés après la célébration devraient être enregistrés au droit fixe de deux fr., puisqu'ils sont radicalement nuls ; mais la régie perçoit le droit de 5 fr., parce que les droits sont établis sur les conventions et non pas sur la forme de ces conventions, et que le plus ou le moins de validité de ces actes ne saurait influer sur ces perceptions (V. Dalloz, Jur. gén., v° Enreg., n° 3360).

(1) 573. À cet égard, il faut soigneusement distinguer ce qui ne serait qu'énonciatif de ce qui aurait le caractère obligatoire, et aurait pour objet de faire le titre d'un engagement. Le droit particulier comme pour obligation dont parle la loi ne serait exigible que d'une convention qui présenterait ce dernier caractère. Au surplus, il n'y a lieu de percevoir qu'un seul droit fixe sur l'acte par lequel les créanciers d'un individu en déconfiture déclarent s'unir à l'effet d'approuver le cahier des charges d'après lequel les biens de leur débiteur doivent être vendus (Trib. d'Argentan, 11 août 1838). V. Dalloz, Jur. gén., v° Enreg., n°ˢ 724 et suiv.

Suivant la régie (Inst., 1713, § 15), les concordats ou atermoiements étant passibles du droit fixe (Inst., 147), il s'ensuit que les cautionnements renfermés dans ces actes ne doivent être assujettis qu'au droit fixe ; mais que l'acte par lequel le débiteur qui, après avoir suspendu ses paiements et fait abandon de ses biens pour être vendus en direction, est remis en possession de sa fortune par ses créanciers, doit être assujetti au droit proportionnel d'obligation sur les sommes que ce débiteur reconnaît devoir, et pour garantie desquelles il consent une affectation hypothécaire (Inst., 1504, § 3. V. inf., n° 575). V. aussi n° 590.

mination de commissaires, directeurs et séquestres; publication judiciaire de donation, bénéfice d'inventaire, rescision, soumission et exécution de jugement,

Et généralement tous jugements de ces tribunaux, ceux de commerce et d'arbitrage, contenant des dispositions définitives qui ne peuvent donner lieu au droit proportionnel, et dont le droit proportionnel ne s'élèverait pas à trois francs, et qui ne sont pas classés dans les autres paragraphes du présent article (1).

§ 4. — *Actes sujets à un droit fixe de 5 fr.*

1° Les abandonnements de biens, soit volontaires, soit forcés, pour être vendus en direction (2);

2° Les actes d'émancipation : *le droit est dû par chaque émancipé;*

3° Les déclarations et significations d'appel des jugements des juges de paix aux tribunaux civils.

§ 5. — *Actes sujets à un droit fixe de 10 fr.*

Les déclarations et significations d'appel des jugements des tribunaux civils, de commerce et d'arbitrage.

§ 6. — *Actes sujets à un droit fixe de 15 fr.*

1° Les actes de divorce;

2° Les jugements des tribunaux civils, portant interdiction, et ceux de séparation de biens entre mari et femme, lorsqu'ils ne portent point condamnation de sommes et valeurs, ou lorsque le droit proportionnel ne s'élèvera pas à 15 francs (3);

3° Le premier acte de recours au tribunal de cassation, soit par requête, mémoire ou déclaration, en matière civile, de police ou correctionnelle :

4° Les prestations de serment des notaires, des greffiers et huissiers des tribunaux civils, criminels, correctionnels et de commerce, et de tous employés salariés par la République, autres que ceux compris sous le § 3 ci-dessus, nombre 3, pour entrer en fonctions (4).

---

(1) 574. — Tarifés à 5, 10, 25, 50 et 100 fr., *sur les minutes,* s'ils sont en premier ressort, et selon les tribunaux et Cours d'où ils émanent, par la loi du 28 avril 1816, art. 45, nᵒˢ 5 et 6, 46, 47, 48 et 49. En ce qui concerne les jugements portant résolution pour nullité radicale, *V. inf.,* le commentaire sur l'art. 12, loi du 27 vent. an IX, qui a étendu le principe consacré par le texte ci-dessus.

574 bis. En cas d'annulation d'une vente pour cause de simulation ne constituant pas une nullité radicale et absolue, il y a lieu de percevoir le droit de rétrocession, alors surtout que la vente a reçu son exécution par l'engagement qu'a accepté le vendeur de prendre à sa charge une inscription judiciaire requise contre l'acquéreur à l'époque où il était propriétaire apparent (Trib. de la Seine, 29 nov. 1861, D.P.62.3.21).

(2) 575. — L'abandonnement de biens, à la différence de la dation en paiement, ne dépouille pas le débiteur de la propriété, mais seulement de la possession de ses biens. C'est pour cela qu'il ne donnait pas ouverture aux lods dans l'ancien droit (Guyot, *des Lods,* ch. 4, sect. 7). C'est aussi pour cela qu'il n'est soumis qu'à un droit fixe par la disposition ci-dessus. Aussi faut-il que le droit fixe seulement soit exigible, qu'il résulte de l'acte que les créanciers n'ont pas la faculté de disposer à leur gré des biens abandonnés, et qu'ils sont tenus de les faire vendre dans les formes indiquées, de quelque nature, d'ailleurs, que soient ces biens (Déc. min., 18 mai 1833. *V. sup.,* nᵒ 573). *V.* comme

exemples, trib. de Vassy, 25 août 1848 (D.r. 48.5.138); Cass., 15 avr. 1857 (D.P.57.1. 160). *V.* aussi Dalloz, *Jur. gén.,* vᵒ *Enreg.,* nᵒˢ 793 et suiv.

576. Cependant la disposition par laquelle le donataire ascendant, avant le partage des biens donnés, prélève une partie des biens en faveur de l'un ou de plusieurs de ses enfants, à la charge par ceux-ci d'acquitter les dettes qu'il lui sont personnelles, ou de le tenir quitte de ce qu'il doit lui-même, doit être considérée comme une dation en paiement passible du droit de mutation à titre onéreux (Inst., 1590, § 7).

(3) 577. Le jugement de séparation de biens qui se borne à autoriser la femme à poursuivre le recouvrement de sa dot et de ses reprises matrimoniales, sans prononcer contre le mari d'autre condamnation que celle des dépens, n'est point soumis au droit proportionnel, mais seulement au droit fixe de 15 fr. (Trib. de Tulle, 24 mai 1853, D.P.54.3.72; Cass., 14 fév. 1854, D.P. 54.1.79. — *Cont.,* trib. d'Epernay, 5 mai 1854, D.P.54.3.60).

(4) 577 bis. Cette disposition a été complétée, 1° par la loi du 27 vent. an IX, qui en a étendu l'application aux actes de prestation de serment des avoués, et 2° par le décret du 31 mai 1807, qui assimile la prestation de serment des avocats à celle des avoués, et l'a dès lors soumise, comme celle-ci, au droit fixe de 15 fr. *V.* à cet égard les explications données par Dalloz, *Jur. gén.,* vᵒ *Enreg.,* nᵒˢ 655 et suiv., 661 et suiv.

§ 7.—*Actes sujets à un droit fixe de 25 fr.*

Chaque expédition de jugement du tribunal de cassation, délivrée à partie.

DROITS PROPORTIONNELS.

69. Les actes et mutations compris sous cet article seront enregistrés, et les droits payés suivant les quotités ci-après, savoir :

§ 1. — *25 centimes par 100 francs.*

1° Les baux de pâturages et nourriture d'animaux.

Le droit sera perçu sur le prix cumulé des années du bail, savoir : à raison de vingt-cinq centimes par cent francs sur les deux premières années, et du demi-droit sur les années suivantes (1) ;

2° Les baux à cheptel et reconnaissance de bestiaux.

Le droit sera perçu sur le prix exprimé dans l'acte, ou, à défaut, d'après l'évaluation qui sera faite du bétail (2) ;

3° Les mutations qui s'effectueront par décès en propriété ou usufruit de biens meubles, en ligne directe (3).

§ 2.—*50 centimes par 100 francs.*

1° Les abandonnements pour fait d'assurance ou grosse aventure (4).

Le droit est perçu sur la valeur des objets abandonnés (5).

En temps de guerre, il n'est dû qu'un demi-droit (6) ;

2° Les actes et contrats d'assurance. *Le droit est dû sur la valeur de la prime.*

---

(1) — 578. Ce droit a été réduit à 20 c. pour 100 sur le prix cumulé de toutes les années par la loi du 16 juin 1824, art. 1er. — Le Code Napoléon parle d'un contrat improprement appelé cheptel, et qui se fait lorsqu'une ou plusieurs vaches sont données pour être logées et nourries. C'est ce contrat qui est tarifé sous le nom de bail de pâturage et nourriture d'animaux, par la disposition ci-dessus, modifiée, comme nous venons de le dire, par la loi de 1824 (Championnière et Rigaud, t. 4, n° 3112 ; Dalloz, *Jur. gén.*, v° *Enreg.*, n°s 2037 et suiv.).

(2) — 579. Le droit a été réduit à 20 c. pour 100 par la loi du 16 juin 1824, art. 1er.

580. Plusieurs espèces de cheptels sont reconnus par le Code Napoléon : le cheptel simple défini par l'art. 1804 ; le cheptel à moitié, dont parle l'art. 1818 ; le cheptel donné par le propriétaire à son fermier, ou cheptel de fer, dont il est question dans l'art. 1821 ; et le cheptel donné par le propriétaire au colon partiaire, qui est soumis aux règles du cheptel simple, sauf quelques dispositions particulières (art. 1827, 1828 et 1829). Sauf le cheptel à moitié, tous les autres sont compris dans le tarif ci-dessus sous la dénomination de baux à cheptel.

581. Quant au cheptel à moitié, il semblerait, au premier aperçu, qu'il y doit être compris aussi, puisque le Code Napoléon le range dans la classe des baux à cheptel et que le tarif ne distingue pas. Mais, aux termes de la loi civile, ce cheptel est *une société* dans laquelle chacun des contractants fournit la moitié des bestiaux qui demeurent communs pour le profit ou pour la perte (art. 1818). Or, comme *société*, le cheptel à moitié ne peut être soumis au tarif ci-dessus ; c'est la disposition de l'art. 68, § 3, n° 4, qui lui est

seule applicable (*V. sup.*, Championnière et Rigaud, t. 4, n° 3113).

582. Le bailleur, dans le cheptel, reste propriétaire des animaux, malgré l'estimation qui en est faite. Toutefois, si le contrat portait qu'à la fin du bail le preneur gardera les bestiaux moyennant le prix d'estimation, il n'y aurait pas cheptel, mais vente des animaux. *V.* Dalloz, *Jur. gén.*, v° *Enreg.*, n°s 2041 et suiv., et trib. d'Angoulême, 1er avril 1857 (D.P.57.3.66).

(3) — 583. Cette quotité de droit a été modifiée par l'art. 10 de la loi du 18 mai 1850, qui a soumis les transmissions de meubles par décès aux mêmes quotités de droit que les transmissions d'immeubles. — Relativement aux immeubles, *V. inf.*, § 3, n° 4. Ce droit n'est plus maintenant de 20 c. ; il est de 1 fr. par 100 comme pour les immeubles, fixé par la loi du 18 mai 1850 (*V.* cette loi à sa date).

(4) — 584. Tarifés à 1 pour 100 par la loi du 28 avril 1816, art. 51, n° 1. Le droit n'est pas exigible sur l'exploit de *signification* de l'abandonnement insuffisant pour transmettre la propriété à l'assureur ; il ne doit être perçu que sur l'acte *d'acceptation*, ou sur le jugement qui déclare l'abandonnement valable (Déc. min., 4 janv. 1819 ; Inst., 27 janv. 1819).

(5) — 585. Ce n'est pas sur la valeur des objets assurés, fixée par la police d'assurance ou par les titres et factures suivant les art. 332 et 339, C. comm., que doit être liquidé le droit proportionnel, mais sur la valeur des objets abandonnés (Déc. min., 29 déc. 1832 ; Inst., 23 mars 1833, n° 1422, § 1er ; Championnière et Rigaud, t. 4, n° 3252 ; Dalloz, *Jur. gén.*, v° *Enreg.*, n° 1580).

(6) — 586. Lorsqu'un acte d'abandonnement pour fait d'assurance maritime a été

30.

En temps de guerre, il n'y a lieu qu'au demi-droit (1);

3° Les adjudications au rabais et marchés pour constructions, réparations, entretien, approvisionnements et fournitures dont le prix doit être payé par le Trésor national, ou par les administrations centrales et municipales, ou par des établissements publics.

Le droit est dû sur la totalité du prix (2).

Et celles au rabais de la levée des contributions directes.

Le droit est assis sur la somme à laquelle s'élève la remise du percepteur, d'après le montant du rôle (3);

Les atermoiements entre débiteur et créancier.

Le droit est perçu sur les sommes que le débiteur s'oblige de payer (4);

5° Les baux ou conventions pour nourriture de personnes, lorsque les années sont limitées.

Le droit est dû sur le prix cumulé des années du bail ou de la convention; mais, si la durée est illimitée, l'acte sera assujetti au droit réglé par le paragraphe 5, nombre 2, ci-après.

S'il s'agit de baux de nourriture de mineurs, il ne sera perçu qu'un demi-droit ou vingt-cinq centimes par cent francs, sur le montant des années réunies (5);

6° Les billets à ordre, les cessions d'actions et coupons d'actions mobilières

---

passé en temps de guerre, et qu'il est enregistré en temps de paix, le droit doit être perçu d'après la loi en vigueur au moment de la formalité, mais suivant la quotité fixée pour le temps de guerre (Déc. min., 5 avr. 1823).

(1) — 587. Tarifé à 1 pour 100 par la loi du 28 avril 1816, art. 51, n° 2. Ce droit est exigible sur tous les contrats d'assurance, *quel qu'en soit l'objet*, tels que ceux relatifs à l'incendie ou à la grêle, et ce droit se règle sur le montant des assurances (Déc. min., 9 mai 1821, Instr., 983, 14 juin 1821, n° 2, Championnière et Rigaud, t. 2, n° 1387).— Il faut remarquer qu'aux termes de l'art. 5 de la loi du 16 juin 1824, les polices d'assurances *maritimes* ne sont, en principe, assujetties qu'au droit fixe d'un fr., et qu'elles ne donnent lieu au droit proportionnel de 1 pour 100 que lorsqu'il en est fait usage en justice (Dalloz, *Jur. gén.*, v° *Enreg.*, n°s 1571 et suiv.).

(2) — 588. Tarifé à 1 pour 100 par la loi du 28 avril 1816, art. 51, n° 3, et ensuite à 1 fr. fixe pour les marchés dont le prix est à la charge du Trésor, par la loi du 15 mai 1818, art. 73. *V.* sur ce point Dalloz, v° *Enreg.*, n°s 1992 et suiv.; et *Table de quinze ans*, *eod.* v°, n°s 193 et suiv. *V.* aussi Cass., 17 juin 1857 (D. P. 57. 1. 243).—Quant aux adjudications au rabais et marchés entre particuliers, *V.* le § suivant, n° 4, du présent article.

(3) — 589. Cette disposition est sans objet, d'après le mode actuel de recouvrement des contributions directes.

(4) — 590. Le droit est de 3 francs fixe pour tous les atermoiements après faillite (L., 24 mai 1834, art. 14, *V.* Dalloz, n°s 732 et s.; et trib. de Gien, 5 juin 1849 (D. P. 49. 5. 146).

(5) — 591. Le droit a été réduit à 20. pour 100 pour les baux à durée limitée par l'art. 1er de la loi du 16 juin 1824. Si le bail est fait pour une durée illimitée, le droit applicable est, aux termes de la disposition ci-

dessus, celui des baux de biens meubles établi par le n° 2 du § 5 du présent article, c'est-à-dire 2 pour 100.

592. La loi des 5-19 déc. 1790 n'avait tarifé que les baux à nourriture de personnes mineurs. La disposition ci-dessus s'étendait aux baux à nourriture des personnes autres que des mineurs seulement, elle établissait un tarif différent, suivant qu'il s'agissait de mineurs ou de non-mineurs. Le droit était de 25 c. pour 100 pour les baux à nourriture des premiers, tandis qu'il était de 50 c. pour 100 pour les baux à nourriture des seconds. Aujourd'hui ce droit est de 20 cent. pour 100, sans distinction, lorsque la durée du bail est limitée (L., 16 juin 1824, art. 1er).— Dans le cas où cette durée est illimitée, la loi du 22 frim. an VII reste applicable.—*V.* Dalloz, n°s 2013 et s.—*V.* aussi *Table de quinze ans*, v° *Enreg.*, n°s 708 et suiv.

593. Le bail à nourriture est un contrat onéreux qui doit essentiellement contenir la stipulation d'un prix; d'où il suit que toute convention pour nourriture de personnes dans laquelle celui qui s'engage à l'entretien ne reçoit rien n'est pas un bail à nourriture, mais une donation; elle donne donc ouverture au droit de ce dernier contrat lorsqu'elle en présente d'ailleurs les conditions constitutives. C'est ainsi que le droit de donation et non celui de bail à nourriture devra être perçu sur les actes par lesquels les parents s'engagent à nourrir, loger et entretenir des futurs époux et leur famille (Championnière et Rigaud, t. 2, n° 1502).

594. Mais si l'obligation de nourrir était consentie à la condition que les époux travailleraient gratuitement pour leurs parents, et qu'elle cessera par l'inexécution de cette condition, le droit de bail devrait être perçu, et, si cette obligation était dans un contrat de mariage une condition *sine quâ non* du contrat, elle devrait être enregistrée au droit

des compagnies et sociétés d'actionnaires, et tous autres effets négociables de particuliers ou de compagnies, à l'exception des lettres de change tirées de place en place.

Les effets négociables de cette nature pour-

fixe de 2 francs fixé par la loi du 18 mai 1850.

595. Lorsque l'obligation de nourrir dérive de la loi, l'acte par lequel on s'y oblige ne devrait donner lieu qu'à la perception du droit fixe (Gabr. Demante, *Expós. rais.*, t. 1er n° 377). L'administration ne perçoit en effet que ce droit sur les actes par lesquels des enfants se bornent à déclarer qu'ils se soumettent à remplir les obligations que leur impose le Code, en fournissant des aliments à leurs ascendants, sans détermination de sommes. Mais quant aux actes volontaires par lesquels des enfants s'obligent à payer *une somme convenue* pour les aliments de leurs père et mère, l'administration, les assimilant aux baux de nourriture de mineurs, perçoit le droit proportionnel de 20 cent. par 100 fr. sur le capital, au denier 10, de la pension stipulée (Déc. min. fin. 12 sept. 1809; *V.* Gabr. Demante, *loc. cit.*, sur cette décision).

596. Lorsque l'engagement de nourrir est pris moyennant une somme, une créance, ou une valeur mobilière, le contrat est un bail à nourriture. Mais, si l'obligation corrélative est une transmission immobilière cette transmission qualifie le contrat. L'acte devra donc être taxé comme mutation d'immeuble, sauf l'appréciation des circonstances, par exemple, s'il résultait, soit de la qualification donnée par les parties, soit des autres signes caractéristiques, qu'elles ont voulu faire un bail à nourriture (Championnière et Rigaud, t. 2, n° 1503). *V.* aussi Dalloz, n°s 2023 et s.; et trib. de la Seine, 22 janv. 1845 (D.P.45.4.214); trib. de Châlons-sur-Saône, 18 déc. 1856 (D.P.57.3.39).

(1) —597. Le billet à ordre dont le paiement est poursuivi au moyen d'une assignation doit être préalablement enregistré. La disposition ci-dessus ne s'applique qu'au cas de protêt (Inst. gén., 12 nov. 1814 et 13 sept. 1815, n° 548, § 1er, et n° 648).—Toutefois un huissier peut présenter simultanément à l'enregistrement les effets négociables, les protêts et les assignations données en conséquence (Cass., 19 nov. 1834, D.P.35.1.35).—*V.* aussi Dalloz, *Jur. gén.*, v° *Enreg.*, n°s 3624 et suiv. —Quant aux billets à ordre passés devant notaire, ils sont sujets à l'enregistrement dans le même délai que les autres actes reçus par les officiers publics (Cass., 10 fév. 1834; 28 janv. 1835, D.P.35.1.47, 35.1.124; et 29 juin 1835, D.P.35.1.342; Inst. gén., 19 juill. 1834, n° 1458, § 3). En est-il de même pour les

ront n'être présentés à l'enregistrement qu'avec les protêts qui en auront été faits (1);

7° Les brevets d'apprentissage, lorsqu'ils contiendront stipulation de sommes ou valeurs mobilières, payées ou non (2);

endossements par acte notarié? L'affirmative a été consacrée par la Cour de cassation (Cass., 13 juill. 1847, D.P.47.1.245) et admise par la régie (Inst. gén., 31 déc. 1847); mais plusieurs tribunaux se sont prononcés en sens contraire, *V.* trib. de Vendôme, 27 juin 1840 (D.P.41.3.356); trib. de Nevers, 16 fév. 1846 (D.P.46.4.241); trib. de Montélimart, 7 août 1847 (D.P.47.4.208). —Relativement aux lettres de change; *V. inf.*, L. du 28 avril 1816, art. 50.

L'ordre de payer à telle personne capital et intérêts, énoncé avec signature au dos d'un billet non négociable, mais sans indication d'une valeur fournie, ne constitue qu'une simple procuration passible seulement du droit fixe, et non un endossement irrégulier donnant lieu néanmoins comme cession à la perception du droit proportionnel (Trib. de la Seine, 9 mars 1861, D.P.61.3.63).

Pour ce qui est des cessions d'actions des compagnies, le droit de 50 pour 100 ne leur est applicable qu'autant qu'elles consistent dans des parties égales ou aliquotes du capital social composant l'ensemble des intérêts de tous les associés. Lorsque le capital social n'a pas été divisé en quotités de valeurs formant des actions oucoupons d'actions, la cession est passible du droit de vente mobilière, qui est de 2 p. 100. *V.* en ce sens trib. de Rennes, 3 fév. 1847 (D.P.47.4.226); Cass., 11 janv. 1843 (D.P.43.1.90); 23 mai 1853 (D.P.53.1.337), et les autres décisions analysées dans Dalloz v° *Enreg.*, n°s 1775 et s.; et dans la *Table de quinze ans, eod. v°*, n°s 659 et s.—*V.* aussi *eod. v°*, n°s 561 et s.

597 bis. Les cessions d'actions des compagnies et sociétés d'actionnaires ne sont passibles du droit de 50 cent. pour 100 fr. établi par l'art. 69, § 2, n° 6, de la loi du 22 frim. an VII, que lorsqu'elles ont lieu à titre onéreux : si elles sont faites à titre gratuit, et notamment par voie de donation entre-vifs, elles sont soumises au droit déterminé par l'art. 69, § 6, n° 1, de la même loi, et par les dispositions modificatives des lois des 21 avril 1832 et 18 mai 1850, c'est-à-dire entre grand-oncle et petit-neveu, au droit de 7 pour 100 (Rej. 23 mai 1859, D.P. 59.1.215).

(2) —598. Lorsque les brevets d'apprentissage ne contiennent par stipulation de sommes ou valeurs, ils sont tarifés à un simple droit fixe de 1 fr. V. *sup.* l'article précédent § 1er, n° 14. — Quant aux sommes

8° Les cautionnements de sommes et objets mobiliers, les garanties mobilières et les indemnités de même nature.

Le droit sera perçu indépendamment de celui de la disposition que le cautionnement, la garantie ou l'indemnité aura pour objet, mais sans pouvoir l'excéder (1).

Il ne sera perçu qu'un demi-droit pour

---

dont parle la disposition ci-dessus, ce sont celles qui forment le prix du contrat (Championnière et Rigaud, t. 2, n° 1490 ; Dalloz, *Jur. gén.*, v° *Enreg.*, n°ˢ 1965 et suiv.

(1)—599. Le cautionnement, la garantie et l'indemnité sont des sûretés et supposent une autre convention soit à exécuter, soit exécutée, ou un préjudice à réparer. Comme elles ont entre elles beaucoup de points communs, elles sont tarifées simultanément par la disposition ci-dessus.

600. *Cautionnement.* — Le cautionnement est un contrat par lequel quelqu'un s'oblige, pour un débiteur envers le créancier, à lui payer en tout ou en partie ce que le débiteur lui doit, en accédant à son obligation. Ainsi le cautionnement doit nécessairement être contracté par un autre que le débiteur ; d'où la conséquence que le droit de cautionnement ne peut être perçu sur un engagement souscrit par celui qui est obligé principalement (Délib., 4 nov. 1818. V. aussi comme exemple, trib. de Pithiviers, 28 janv. 1846 (D.P.47. 3.80), et la conséquence ultérieure, que l'obligation solidaire étant une obligation principale, ne peut être soumise au droit du cautionnement, dont elle diffère essentiellement (Championnière et Rigaud, t. 2, n° 1355 ; Dalloz, n°ˢ 1380 et suiv..)

601. Le cautionnement conventionnel peut être rédigé par actes sous seing privé, non double ; mais il doit porter la somme en toutes lettres, et la volonté de cautionner doit résulter clairement de l'acte, car le cautionnement ne se présume pas.

602. L'intervention du créancier est nécessaire en principe. Toutefois il a été décidé que la stipulation de cautionnement au profit d'un créancier absent est actuellement passible du droit proportionnel (Cass., 29 mai 1838. — *Contrà*, Championnière et Rigaud, t. 2, n°ˢ 1418 et suiv.). Mais l'intervention du débiteur n'est pas nécessaire pour l'exigibilité du droit. Sur les caractères du cautionnement au point de vue de l'enregistrement, V. Dalloz, *Jur. gén.*, v° *Enreg.*, n°ˢ 1402 et suiv.

603. Le cautionnement engendre une obligation actuelle, dont l'exécution seule est éventuelle, et n'empêche pas l'exigibilité du droit. Mais on peut cautionner conditionnellement une obligation pure et simple, et, dans ce cas, la question s'est élevée de savoir si un tel cautionnement est actuellement passible du droit proportionnel. L'administration se prononce pour l'affirmative, en se fondant sur ce que l'éventualité est de l'essence du cautionnement, ce qui n'a pas empêché le législateur de le frapper actuellement du droit (Inst. gén., 26 juin 1829, n° 1149). V. aussi Paris, 8 mars 1848 (D.P.48.5.138, n° 18). On peut répondre, toutefois, qu'il n'y a d'éventuel, dans le cautionnement, que l'exécution de l'engagement pris par la caution : il est incertain si elle paiera ou non, mais il est certain qu'elle est actuellement obligée. Or il n'en est pas ainsi du cautionnement donné sous une condition suspensive. C'est seulement à l'événement de la condition que la caution sera obligée (Championnière et Rigaud, t. 2, n° 1423 ; Dalloz, n°ˢ 1436 et s.). —Dans tous les cas, si l'obligation principale est soumise elle-même à une condition suspensive, le cautionnement qui est nécessairement alors conditionnel, puisque de sa nature il ne peut être contracté sous des conditions plus onéreuses que l'obligation principale, ne doit pas être soumis à la perception actuelle du droit. Ce droit sera suspendu comme celui de l'obligation elle-même (Délib., 27 déc. 1824).

604. Le cautionnement peut être donné par plusieurs personnes. Dans ce cas, si elles se rendent caution pour le tout, c'est-à-dire avec solidarité, il n'est dû qu'un seul droit (Délib., 23 avril et 20 déc. 1823) ; mais s'il y a division dans le cautionnement, si l'un s'oblige pour un objet et l'autre pour un autre, il y aura autant de droits exigibles qu'il y a de cautions : seulement ces perceptions devront être établies proportionnellement à la somme pour laquelle chaque caution s'oblige diversement ou séparément (*Dict. de l'Enregist.*, v° *Cautionnement* n° 26 ; Dalloz, *Jur. gén.*, v° *Enreg.*, n°ˢ 1381 et s.).

605. L'engagement solidaire pris par un associé commanditaire et la société dont il est membre, de payer à une précédente société une somme qu'il lui doit personnellement, avec la clause que cet associé n'agit que comme caution, en son nom personnel, et sans entendre s'immiscer en aucune manière dans les affaires de la société avec laquelle il s'oblige, ne donne ouverture qu'au droit d'obligation, et n'est pas passible, en même temps, du droit de cautionnement, l'obligé qualifié, en ce cas, de caution n'ayant, en réalité, cette qualité ni envers le créancier ni envers ses coobligés (Cass., 7 nov. 1859, D.P.59.1.493).

606. Le cautionnement ne donne lieu à aucun droit particulier, lorsqu'il est de la nature du contrat principal et en fait partie (Sol. de la régie, 23 mai 1845 ; Cass., 16

nov. 1846 , D.p.47.1.43 et 44 ; 28 déc. 1847, D.p.47.4.206, n° 18 bis). V. Dalloz, n°s 1442 et suiv.

607. L'intervention d'un tiers, dans un acte de vente, en qualité de covendeur, donne lieu au droit de cautionnement, si en réalité ce tiers est étranger à la propriété de la chose vendue (Trib. du Havre, 22 mars 1855, D.p.55.3.405); mais la garantie du vendeur n'est pas passible du droit proportionnel de cautionnement (Cass., 23 avril 1856, D.p.56.1.161).—V. d'autres exemples dans la Table de quinze ans de Dalloz, v° Enreg., n°s 140 et suiv.

607 bis. L'adjudicataire d'un immeuble qui, en vertu du cahier des charges, demeure en cas de déclaration de command solidairement obligé avec celui qu'il s'est substitué, doit être considéré comme une caution de ce dernier et non pas comme un coobligé. En conséquence, le droit proportionnel de cautionnement est exigible sur la convention par laquelle cette obligation a été stipulée (Cass., 10 nov. 1858, D.p.58.1.462).

607 ter. Dans un acte de constitution d'hypothèque sur un immeuble dont l'emprunteur ne possède que la nue propriété, la clause par laquelle l'usufruitier déclare renoncer à son droit vis-à-vis du prêteur renferme, non une renonciation à l'usufruit ni une cession de rang d'hypothèque, mais un véritable cautionnement de somme mobilière, donnant lieu à la perception du droit de 50 c. par 100 fr. (Trib. de Bernay, 24 avril 1861, D.p.62.3.70).

607 quater. Les cautionnements en immeubles fournis par les comptables publics sont compris parmi les cautionnements passibles du droit proportionnel... Il en est ainsi surtout dans le cas où ces immeubles appartiennent à un tiers (Lyon, 25 fév. 1858, D.p.58.3.55).

608. Garantie mobilière. — La garantie est l'engagement par lequel on garantit un fait, l'existence, la possession ou la jouissance d'une chose, le paiement d'une dette, l'accomplissement d'une obligation. Comme pour le cautionnement, le texte ci-dessus a établi pour la garantie un droit de 50 c. pour 100, sans que ce droit puisse excéder celui perçu sur la disposition que la garantie a pour objet.

609. Cette disposition ne peut s'entendre que des garanties conventionnelles, car les garanties de droit, même lorsqu'elles sont surabondamment stipulées dans le contrat, sont une conséquence de la convention ; elles en dépendent nécessairement et ne peuvent donner ouverture à un droit particulier (V. sup., l'art. 11 et le Commentaire).

610. Et même pour les garanties conventionnelles, il faut distinguer entre celle qui est stipulée par le contrat et celle qui est consentie postérieurement : la première est exemptée du droit; tandis que l'autre y est assujettie. Il est vrai que le texte ci-dessus ne fait pas cette distinction ; mais la loi établit le principe qu'une convention qui est dépendante d'une autre, qui en est une condition, n'est point passible d'un droit particulier d'enregistrement. Or, lorsque le prêteur, l'acquéreur, etc., exigent, dans le contrat, une garantie particulière, ils imposent une condition qui dérive de la condition principale, en est dépendante, et cette dernière seule doit être assujettie au droit (Dict. de l'Enreg., v° Garantie, n°s 17 et suiv.). Cette distinction est critiquée par Dalloz, Jur. gén., v° Enreg., qui enseigne que la garantie tarifée par la loi est uniquement celle qui suppose l'existence d'une autre convention à laquelle la garantie s'attache accessoirement, bien qu'elle soit cependant principale elle-même et forme une convention particulière.

611. Mais lorsque, après que le contrat est passé, l'obligé donne une garantie non convenue, non stipulée dans ce contrat, cette garantie conventionnelle est une disposition nouvelle ; elle est sujette au droit proportionnel par application du texte ci-dessus.

612. Ce texte tarife nommément la garantie mobilière, mais il laisse ignorer ce que le législateur a entendu par cette qualification. Elle est évidemment restrictive; elle comporte une distinction et est exclusive de la garantie immobilière.

613. Mais que doit-on entendre par la garantie mobilière ? Les contrats ne sont par eux-mêmes ni meubles ni immeubles. Cependant, on les qualifie par leur objet, on leur reconnaît généralement la nature mobilière ou la nature immobilière. Ainsi, on dit vente mobilière une vente qui a une chose meuble pour objet, et vente immobilière celle qui transmet des biens immobiliers. Il en est ainsi de la garantie, avec une modification inhérente à la nature même des choses; car la garantie n'a jamais pour objet une chose qui soit susceptible d'être meuble ou immeuble. Elle engendre seulement une obligation de faire, celle de repousser une action. C'est donc au caractère de cette action qu'il faut s'attacher, « car, ainsi que le disent Championnière et Rigaud, t. 2, n° 1382, dans les considérations que présente successivement à l'esprit l'analyse du contrat de garantie, c'est l'action à repousser qui, seule, est susceptible d'être mobilière ou immobilière. La garantie mobilière est donc le contrat dans lequel le garant s'oblige à mettre la garanti à l'abri d'une action mobilière. » V. cependant Dalloz, loc. cit., n°s 1482 et suiv.

614. On a fait rentrer dans la disposition ci-dessus l'affectation hypothécaire, par un

les cautionnements des comptables envers la République (1) ;

9° Les expéditions des jugements contradictoires ou par défaut, des juges de paix, des tribunaux civils, de commerce et d'arbitrage de la police ordinaire, de la police correctionnelle et des tribunaux criminels, portant condamnation, collocation ou liquidation de sommes et valeurs mobilières, intérêts et dépens entre particuliers, excepté les dommages-intérêts dont le droit proportionnel est fixé à deux pour cent, sous le paragraphe 5, nombre 8, ci-après (2).

---

tiers, d'immeubles pour garantie d'une obligation qui lui est étrangère (Délib., 18 vent. an x, 7 juin 1833, D.P.33.3.118; trib. de la Seine, 29 juin 1831 ; Cass., 10 août 1836 ; 7 août 1837, D.P.36.1.434; 37.1.443; trib. de Clermont-Ferrand, 29 mai 1855, D.P.55. 3.74; Inst. gén., 1528, § 2, et 1562, § 1 ; 24 déc. 1836 , 18 juin 1838. — *Cont.*, Championnière, t. 2, n° 1404 ; Dalloz, n°s 1517 et suiv.). *V.* aussi Gabr. Demante, *Expos. raisonn.* t. 1er, n° 477.

615. Et cela avait été décidé encore à l'égard de l'affectation hypothécaire consentie par le débiteur lui-même, dans un acte postérieur à l'obligation, et sans que l'hypothèque eût été promise dans l'acte constitutif de la dette (Sol., 16 juin 1833; Inst. gén., 1437, § 3, 30 sept. 1838).

616. Mais la jurisprudence a établi que le droit fixe seul est exigible dans ce cas (Cass., 20 fév. 1837 , D.P.37.1.134; trib. d'Aix, 12 janv. 1842, D.P.42.3.134 ; trib. de Marseille, 5 oct. 1855, D.P.56.3.19; Inst. gén., 1568, § 1, 7 juin 1837. *V.* aussi Championnière et Rigaud, *loc. cit.*; Dalloz, n°s 1506 et suiv.).

616 bis. Lorsqu'un commerçant ayant un associé commanditaire, fait une acquisition dans son intérêt personnel, la clause par laquelle, du consentement du commanditaire, il hypothèque en garantie du prix un immeuble de la société, donne lieu, sans préjudice du droit de vente, à la perception du droit de cautionnement de 50 c. par 100 fr. (Trib. de la Seine, 29 nov. 1861 , D.P.62. 3.15).

617. *Indemnité.* — L'indemnité est ce qui est donné à quelqu'un comme équivalent d'une chose qu'il est obligé d'abandonner, d'une perte qu'il a soufferte, d'un risque qu'il a couru ou d'un dommage qu'il a éprouvé.

618. Dans le sens de la loi fiscale, l'indemnité est l'acte ou le contrat par lequel on constate la dation de l'indemnité ou la promesse de donner, à ce titre, une somme déterminée ou susceptible de l'être (Championnière et Rigaud, t. 2, n° 1383. *V.* aussi Dalloz, *Jur. gén.*, v° *Enreg.*, n°s 1546 et suiv.).

619. Le droit de 50 c. pour 100 fr. ne concerne que l'indemnité stipulée dans un acte *spécial* ou celle consentie par un *tiers* ; mais lorsque la stipulation a lieu dans l'acte même, et entre les seules parties contractantes, pour le cas de l'inexécution des clauses de la convention, il n'est pas dû de droit particulier d'enregistrement (Inst. gén., 548, n° 6, 12 nov. 1811).

620. Le remboursement, en vertu des clauses d'un bail, par le propriétaire à son locataire, de la valeur des constructions que celui-ci a élevées, ne constitue pas une vente, mais seulement une indemnité passible du droit de 50 c. pour 100 fr. C'est une conséquence de l'art. 555, Code Nap. (Sol. 23 nov. 1830 ; L., 18 mars 1831 ; Inst. gén., 1354, § 3).

620 bis. Ce sont tout à la fois la promesse d'indemnité et la dation même de l'indemnité qui sont ici tarifées par la loi. *V.* Dalloz, *loc. cit.*, n°s 1563 et suiv. — Sur la différence qui existe, en droit fiscal, entre l'indemnité et les dommages-intérêts, *V.* encore Dalloz, *eod.*, n°s 1550 et suiv.

(1) 620 ter. Les revenus municipaux étant soumis aux mêmes règlements que les comptables envers l'État, ne doivent, comme ceux-ci, sur l'acte qui réalise leur cautionnement, que le droit de 25 cent., et non celui de 50 cent. (Trib. de Lyon, 25 fév. 1858, D.P.58.3.55).

(2) 620 quater. Le jugement qui condamne un héritier à rapporter à la succession, en nature ou jusqu'à concurrence des sommes touchées des débiteurs, diverses créances qu'il soutenait lui être personnelles, et dont le caractère de créances héréditaires a été, au contraire, déclaré par le tribunal, ne contient ni condamnation, ni collocation, ni liquidation de sommes, le chiffre de ces créances n'étant pas connu définitivement, non plus que les parts qui en seront attribuées à chacun des cohéritiers. Par suite, ce jugement n'est pas passible du droit établi par l'art. 69, § 2, n° 9, de la loi du 22 frim. an vii (Cass., 27 déc. 1859, D.P.60.1.9).

620 quinquies. Le jugement qui accorde à un héritier, en attendant l'achèvement de la liquidation de la succession, une provision sur le montant de ses droits, ne renferme ni collocation ni condamnation qui autorise la perception du droit de 50 cent. pour 100 (Trib. de la Seine, 8 août 1857, D.P.58.3.29).

620 sexies. En matière d'ordre, le droit de collocation de 50 cent. par 100 fr. n'est exigible que dans le cas de règlement judiciaire et non dans le cas de règlement amiable. Le règlement amiable donne lieu seulement à la perception du droit fixe de 1 fr. déterminé

Dans aucun cas, et pour aucun de ces jugements, le droit proportionnel ne pourra être au-dessous du droit fixe tel qu'il est réglé dans l'article précédent pour les jugements des divers tribunaux.

Lorsque le droit proportionnel aura été acquitté sur un jugement rendu par défaut, la perception sur le jugement contradictoire qui pourra intervenir n'aura lieu que sur le supplément des condamnations : il en sera de même des jugements rendus sur appel et des exécutoires.

S'il n'y a pas de supplément de condamnation, l'expédition sera enregistrée pour le droit fixe, qui sera toujours le moindre droit à percevoir.

Lorsqu'une condamnation sera rendue sur une demande non établie par un titre

par l'art. 88, § 5, n° 6, de la loi du 22 frim. an VII (Trib. de la Seine) 25 janv. 1862, D.P. 62.3.20; Trib. de Reims, 5 sept. 1862, D.P. 62.3.78).

620 *septies*. La collocation en sous-ordre, obtenue par un créancier du créancier colloqué, ne constitue pas, lorsqu'elle est faite dans le procès-verbal d'ordre lui-même, une disposition indépendante, et, par suite, ne donne pas ouverture à un droit particulier d'enregistrement (Solut. de la régie, 24 mai 1860, D.P.60.3.86).

620 *octies*. Aucun droit d'enregistrement ne doit être perçu sur la taxe des frais dans le cas d'adjudication d'immeubles, si cette taxe n'est mentionnée ni dans aucun acte préliminaire au jugement d'adjudication ni dans le jugement lui-même. Mais il en serait autrement si elle avait été énoncée, par exemple, dans le cahier des charges, dans un procès-verbal de dires et autres actes rédigés soit par les notaires, soit par les avoués. Le droit à percevoir, en pareil cas, est le droit fixe de 1 fr. lorsque la taxe est faite par le juge, en conformité de l'art. 701, C. proc., et celui de 50 c. pour 100, lorsqu'elle fait suite à un jugement de condamnation (Solut. de la régie du 14 sept. 1857, D.P.58.3.24).

(1)—621. Le droit n'est perçu que sur le capital prêté, et il ne doit pas porter sur le montant du profit maritime ajouté au capital, ce profit n'étant que l'intérêt de la somme prêtée, porté à un taux plus élevé à raison des chances auxquelles se soumet le bailleur de fonds (Sol. 1er déc. 1824; Championnière et Rigaud, t. 4, n° 3597).

(2)—622. Tous les actes soumis au droit de libération par la disposition générale de l'art. 4 de la présente loi (V. sup., cet article, et le Comm.), sont compris dans le texte ci-des-

enregistré et susceptible de l'être, le droit auquel l'objet de la demande aurait donné lieu, s'il avait été convenu par acte public, sera perçu indépendamment du droit dû pour l'acte ou le jugement qui aura prononcé la condamnation;

10° Les obligations à la grosse aventure, ou pour retour de voyage (1);

11° Les quittances, remboursements ou rachats de rentes ou redevances de toute nature; les retraits exercés en vertu de réméré, par actes publics, dans les délais stipulés, ou faits sous signature privée, et présentés à l'enregistrement avant l'expiration de ces délais, et tous autres actes et écrits portant libération de sommes et valeurs mobilières (2).

sus transcrit. Il comprend les quittances, remboursements ou rachats de rentes, les retraits et autres actes et écrits portant libération de sommes et valeurs mobilières. Il faut encore ajouter les ventes des effets et marchandises des faillis, faites par les syndics en vertu de l'art. 492, C. comm., non seulement aux enchères publiques, par l'entremise des courtiers, et à la Bourse, mais encore à l'amiable, que la loi du 24 mai 1834 a réduit à 50 c. p. 100 par son art. 13 (V. inf., n°s 712 et 730).

623. *Quittance.*—Ce droit est maintenant de 25 cent. pour 100, en vertu de l'art. 9 de la loi des 7-14 août 1850 (V. cette loi à sa date). La quittance proprement dite est un acte par lequel un créancier reconnaît avoir reçu la somme qui lui était due, et constate ainsi la libération du débiteur.

624. Tel est l'acte que la disposition ci-dessus tarife au droit proportionnel de 50 c. pour 100 fr. Mais cet acte, ainsi que nous l'avons fait remarquer, pourrait être très-facilement confondu avec la décharge, que la présente loi ne tarife qu'à un droit fixe (V. sup. art. 68, § 1, n° 22, et le Comm.), car la décharge est essentiellement libératoire, puisqu'elle a pour objet de constater la libération de celui qui est déchargé. Il y a cependant une différence essentielle entre la quittance et la décharge; c'est que la décharge, quoique libératoire de sa nature, ne constitue pas une aliénation de la part de celui qui la reçoit, ne transmet rien à celui qui la donne, et n'est en réalité qu'une exécution, dans le sens de la loi fiscale, d'un acte antérieur, tandis que la quittance, ou plutôt le paiement qu'elle constate, constitue au contraire, une véritable aliénation. Cela s'induit de l'art. 1238, C. Nap.,

§ 3. — 1 franc par 100 francs.

1° Les adjudications au rabais et mar-

chés, autres que ceux compris dans le paragraphe précédent, pour construc-

---

d'après lequel, « pour payer valablement, il faut être *propriétaire* de la chose donnée et capable de l'aliéner, » et c'est ce que Pothier avait énergiquement formulé en disant : « Lorsque l'obligation est de donner quelque chose, le paiement *est la donation et translation de la propriété de cette chose.* » Celui qui paie transmet donc réellement une chose qu'il n'avait pas transmise jusque-là, et réciproquement, le créancier qui donne quittance acquiert un droit nouveau dont la quittance est le titre. C'est en considération de cette transmission et de cette constitution d'un titre que le législateur a soumis la quittance à un droit proportionnel.

625. Ainsi, on peut poser comme règles fondamentales en cette matière que, pour qu'un acte rende exigible le droit proportionnel de quittance, il faut : 1° qu'il opère la transmission des deniers dont il constate le versement ; et 2° que cet acte fasse titre de la libération, et, en outre, qu'il fasse titre d'une obligation de sommes, et qu'il puisse être obtenu un jugement de condamnation sans qu'il y ait lieu à discussion.

626. Et c'est dans ce sens que le tribunal de Lons-le-Saulnier s'est prononcé le 25 fév. 1843, dans une espèce où la régie, après avoir exigé le droit de décharge, voulait encore celui de quittance à l'occasion de l'exécution d'un mandat (*V.* Championnière, n° 3, p. 3 ; Dalloz, v° *Enreg.*, n°s 862 et suiv.— Mais *V.* Cass., 27 juill. 1846 (D.P.46.1.267); trib. de Nancy, 10 mars 1847 (D.P.48.5.142); Dalloz, n° 976).

627. Par application de la première règle, il faut décider que le paiement fait par le mandataire ou le dépositaire de ce qui était la propriété du déposant ou du mandant ne donnerait pas ouverture au droit proportionnel de quittance. Il en serait toutefois autrement du remboursement fait par le mandant ou le déposant des avances qu'auraient faites le dépositaire ou le mandataire, ou du paiement d'honoraires, car la somme qu'ils recevraient à ce titre n'étant point leur propriété, il y aurait changement de main effectué par le paiement, et l'acte qui le constaterait rentrerait dans les conditions de la loi (Cass., 22 avril 1823, D.A.7.48; Championnière et Rigaud, t. 2, n° 1539; Dalloz, *Jur. gén.*, v° *Enreg.*, n°s 879 et suiv.— *V.* aussi Cass., 18 fév. 1833 (D.P.33.1.159); Cass., 4 août 1841 (D.P.41.1.317), et 2 janv. 1844 (D.P. 44.1.113).

628. Ainsi encore, le rapport à succession que fait un cohéritier de sommes par lui reçues de son auteur ne peut donner lieu au droit proportionnel de quittance, lors même

que ces sommes excèdent la portion de l'héritier qui fait le rapport, et que l'acte de partage porte quittance de l'excédant remis aux autres cohéritiers (Cass., 2 mai 1826, 26.1. 241). Cela ne doit s'entendre cependant que du rapport fait lors du partage. Mais, si le versement des sommes était fait après, la quittance qui en serait donnée ne saurait être affranchie du droit de libération, puisque cette disposition serait principale dans l'acte (Championnière et Rigaud, t. 2, n° 1549; Dalloz, n°s 896 et suiv.).

629. Par une disposition spéciale, qui n'est d'ailleurs qu'un hommage rendu aux principes de la loi civile et de la loi fiscale, le principe que la quittance translative donne ouverture au droit proportionnel de libération souffre exception à l'égard des actes commutatifs dans lesquels elle figure comme l'équivalent de l'obligation prise par le créancier qui donne quittance vis-à-vis du débiteur qui la reçoit (*V.* à cet égard l'art. 10 de la présente loi et notre Commentaire). — Mais le bénéfice de cette exception ne peut être invoqué lorsque la libération ne résulte pas réellement de l'acte commutatif. *V.* Dalloz, n°s 910 et suiv., 915 et suiv. *V.* aussi Cass., 12 mars 1844 (D.P.44.1.183) ; 26 mars 1849 (D.P.49.1.128) ; 14 mars 1854 (D.P.54. 1.132).

630. Comme nous l'avons dit au n° 3, ce n'est pas tout qu'un paiement soit translatif, il faut encore qu'il soit constaté par un acte faisant titre. De cette seconde règle, il résulte que le droit ne serait pas exigible à raison d'une quittance verbale. C'est d'un droit d'acte qu'il s'agit ici, et, comme cela a été établi sous l'art. 4 de la présente loi, les conventions verbales ne peuvent, à cet égard, servir de base au droit d'enregistrement.

631. Du reste, soit que l'écrit ait été fait sous seing privé, soit qu'il ait été passé pardevant notaire, il donne également ouverture au droit, car la loi n'a tracé aucune forme pour les quittances : seulement, s'il est notarié, la découverte qui en serait faite par l'administration après l'expiration des délais donnerait lieu à la perception aussi bien que la production volontaire qui en serait faite avant l'expiration des délais, tandis qu'au contraire, s'il était rédigé sous seing privé, il devrait être volontairement présenté par les parties, et la découverte qui en serait faite par la régie ne donnerait pas ouverture à la perception, puisque, à l'égard des actes sous seing privé, les parties sont toujours dans les délais, aux termes de l'art. 23 de la présente loi, et qu'il n'y a d'autre limite à cette règle que l'usage qu'on voudrait faire de l'acte,

tions, réparations et entretien, et tous | autres objets mobiliers susceptibles d'es-

soit par acte public, soit en justice, usage qui rend indispensable l'enregistrement préalable. (V. *sup.*, l'art. 23 et le Commentaire).

632. Que la quittance soit notariée ou faite sous seing privé, elle est nécessairement le titre de la libération, puisqu'elle a précisément pour objet de la constater. Elle se trouve donc dans toutes les conditions voulues pour l'exigibilité du droit. — Mais tous les écrits sous seing privé desquels on peut induire la preuve de l'existence d'une quittance ne sont pas des actes, et voilà pourquoi la disposition ci-dessus soumet au droit les *actes* et les *écrits*. Toutefois, pour les écrits comme pour les actes, la règle générale est applicable. Il faut qu'on y trouve le titre de la libération.

633. Quand donc les écrits peuvent-ils avoir l'effet des actes et devenir de véritables titres sous la forme de simples écrits? A cet égard, on peut poser comme règle que tout écrit qui ne libère que *sauf vérification* n'est pas un titre (Délib., 15 juin 1825). Il en est ainsi de l'extrait des livres d'un marchand, des registres et papiers domestiques, de l'écriture mise à la marge ou au dos d'un titre (Championnière et Rigaud, nᵒˢ 1585 et suiv.), à moins toutefois que le titre sur lequel se trouve l'écriture ne soit entre les mains du débiteur, et que l'écriture n'ait été mise par le créancier lui-même, cas auquel il y a preuve acquise et certaine de la libération (Dalloz, *Jur. gén.*, vᵒ *Enreg.*, nᵒˢ 932 et suiv.; *Contr.*, Championnière et Rigaud, t. 2, nᵒ 1588).

634. Toute énonciation de paiement n'est pas susceptible de faire titre par elle-même de la libération. Ainsi, il est évident que celle qui serait faite par un autre que le créancier ou qui ne serait pas approuvée de lui ne rendrait pas exigible le droit de quittance (Délib., 22 mai 1827). A plus forte raison en est-il ainsi lorsque l'énonciation émane du débiteur, qui ne peut évidemment pas se donner quittance à lui-même (Délib., 15 mai 1811). La déclaration même par le créancier d'avoir reçu le paiement ne ferait pas non plus titre de la libération pour le débiteur sans l'acceptation de celui-ci (Cass., 16 mars 1825, D.P.25.1.204; Sol., 11 mai 1830; Délib., 22 mai 1827). — Ainsi donc, en principe, pour que l'acte fasse titre de la libération, il faut que le débiteur et le créancier y soient présents ou parties. V. Dalloz, *loc. cit.*, nᵒˢ 941 et suiv., et les décisions citées.

635. En règle générale, le paiement doit être fait au créancier lui-même pour opérer la libération du débiteur (V. des applications de ce principe dans Dalloz, vᵒ *Enregistr.*, nᵒˢ 969 et suiv.); mais il n'est pas également indispensable qu'il soit fait par celui-ci personnellement (Art. 1236, C. Nap.). Lors-

qu'il est fait par un tiers, le paiement peut donner lieu à la subrogation qui est conventionnelle ou légale. Ni l'une ni l'autre n'ont été tarifées par la loi; et néanmoins, elles rendent exigible un droit proportionnel dont la quotité varie suivant que la subrogation présente les caractères d'un transport de créance, ou ceux d'une libération du débiteur pour lequel le tiers subrogé a payé. A cet égard, la régie a posé elle-même une règle de perception en décidant que le droit de transport est seul exigible lorsqu'un tiers non intéressé paie et se fait immédiatement subroger aux droits du créancier, du consentement du débiteur; et, au contraire, qu'il n'est dû que le droit de quittance, lorsque le tiers paie pour le débiteur en son absence et sans subrogation, ou lorsqu'un tiers intéressé dans la dette s'acquitte et se trouve ainsi subrogé par la seule force de la loi (Délib., 28 déc. 1832). La conséquence qui s'induit de là, c'est que la subrogation ne peut pas donner lieu à la fois à un droit de quittance et à un droit de transport, ce qui est évident, puisqu'elle ne peut pas être en même temps une délibération et une cession (Sol., 7 janv. 1833), et qu'en général la subrogation légale doit être considérée comme une libération donnant ouverture au droit de quittance, tandis que la subrogation conventionnelle constitue plus généralement une cession qui rend exigible le droit de transport. Il faut dire cependant que, relativement à la subrogation légale du moins la régie a tenté plusieurs fois de s'écarter, dans l'application, de la règle qu'elle a formulée elle-même. Mais la doctrine et la jurisprudence ont maintenu cette règle (Cass., 24 déc. 1839, 27 juin 1842; trib. de Nantes, 7 mars 1837; D.P.40.1.78; 42.1. 423; 38.3.1; Championnière et Rigaud, t. 2, nᵒˢ 1610 et suiv.; Dalloz, *loc. cit.*, nᵒˢ 981 et suiv.).

636. Ajoutons, en terminant sur les quittances, que, par exception au texte ci-dessus, il y a des quittances qui ne sont soumises qu'au droit fixe d'un franc, et d'autres qui sont exemptes de l'enregistrement. Ainsi, la quittance notariée par un particulier qui ne sait pas signer, et lorsqu'il s'agit d'une somme au-dessus de 150 francs pour fournitures faites à l'Etat, n'est passible que du droit fixe de 1 franc (Déc. min. fin., 20 janv. et 12 sept. 1835; Instr. gén., 1504, § 6, 10 fév. 1836). Quant à celles qui sont dispensées de l'enregistrement, ce sont, aux termes de l'art. 537, C. proc., celles des fournisseurs, ouvriers, maîtres de pension et autres de même nature, produites comme pièces justificatives d'un compte de gestion, sans qu'il y ait à distinguer entre les comptes judiciaires et ceux qui sont rendus à l'amiable

timation, faits entre particuliers, qui ne
ou devant notaires (Déc. min. fin., 22 sept.
1807; Inst. gén., 4 oct. 1807, nᵒ 346).

Quant aux actes constatant le remboursement des sommes versées à la caisse d'épargne, ils sont assujettis au droit fixe de 2 fr.,
comme renfermant une décharge (Inst. 1634,
§ 1; Délib. 18 déc. 1840, D.ᴘ.41.3.91).

Il n'en est pas de même de celles données
à la caisse des consignations, elles sont enregistrées gratis. Mais, si elles renferment des
dispositions étrangères à la caisse, telles que
mainlevées, subrogations, etc., ces dispositions subissent la perception suivant le tarif
(Inst., 1519, 1712). — Jugé aussi que l'acte
contenant décharge d'un prêt de vente déposé à la caisse des consignations, avec
mainlevée des inscriptions qui grevaient
l'immeuble vendu, donne ouverture au droit
de quittance, indépendamment du droit fixe
de décharge sur les sommes reçues, et que ce
droit est dû par les acquéreurs libérés, lors
même qu'ils ne sont point parties dans l'acte
(Trib. de Versailles, 8 juin 1847, D.ᴘ.48.5.
141).

637. *Remboursement de rente.* Il en est du
remboursement ou rachat de rente comme
des quittances. Dans les principes du Code,
la constitution de rente implique une obligation de prêt (Art. 1909, C. Nap.), obligation dont le remboursement ou le rachat
opère l'extinction, ce qui explique comment
l'acte qui constate ce remboursement a été
placé, par le texte ci-dessus, sur la même
ligne que la quittance. — Par cela même
l'acte ne peut donner ouverture au droit proportionnel que tout autant qu'il opère une
aliénation (Délib., 8 janv. 1823).

638. D'ailleurs, ce n'est pas seulement le
remboursement ou le rachat de rentes, mais
encore le rachat de redevance *de toute nature,* que le législateur a tarifé. Ainsi, le
texte de la loi serait applicable au rachat d'un
privilège de banalité purement conventionnelle (Délib., 9 mars 1838, D.ᴘ.38.3.195).

639. *Retrait de réméré.* Le rachat ou retrait de réméré n'est qu'une espèce de retrait conventionnel. Le droit de quittance
est exigé parce que l'exercice du rachat consisté dans le paiement du prix de la revente
opéré par acte séparé (Championnière et Rigaud, t. 3, nᵒ 2086).

640. Le retrait n'est pas affranchi du droit
de mutation, s'il n'a été réservé dans le contrat de vente, alors même que les parties
prétendraient qu'il a été verbalement convenu. — Mais il suffirait d'une réserve par
acte séparé et portant la même date que
l'acte de vente (Dalloz, *Jur. gén.,* vᵒ *Enreg.,*
nᵒˢ 2765 et 2766).

641. Le droit de mutation, et non pas
seulement celui de quittance, devient exigi-

ble, si le retrait est exercé tardivement. En
effet, après les délais, l'acquéreur devient
propriétaire incommutable, en sorte que le
retrait opère alors une véritable transmission (Championnière et Rigaud, t. 3, nᵒˢ 2095
et suiv.; Gabr. Demante, *Expos. raisonn.,*
t. 1ᵉʳ, nᵒ 168).

Il faut aussi que l'acte ait une date certaine avant l'expiration du réméré (Inst.,
1601, § 17).

642. Le délai légal, qui est de cinq ans,
ou le délai conventionnel, qui doit toujours
être réduit à cette durée, s'il la dépasse,
court du jour du contrat, si les parties n'ont
fixé un autre point de départ. Mais il court
du jour de l'accomplissement de la condition, si la vente est faite sous condition suspensive, ou du jour de la vente, si elle est
faite sous condition résolutoire. Le jour *à
quo* n'est pas compris dans le délai; mais il
y a lieu d'y compter celui de l'échéance (Délib., 16 nov. 1822). — *V.* au surplus *suprà*
art. 25, et le commentaire de cet article).

643. Les parties peuvent proroger les délais; mais cette prorogation produit des effets différents suivant qu'elle a lieu avant ou
après l'expiration du terme fixé par le contrat. Au premier cas, la convention nouvelle
est attachée à la vente et produit le même
effet que si elle avait été insérée au contrat;
ainsi le retrait ne serait encore possible que
du droit de quittance (Av. com. des fin., 13
janv. 1830); dans le second cas, comme le
droit de prorogation n'existe plus, et l'acheteur accordé au vendeur la faculté de racheter plus tard, il s'opère un nouveau contrat
qui constitue une promesse de vente unilatérale, sur laquelle le droit fixe seul est
exigible, mais dont la réalisation donne ouverture au droit de vente (Solut., 7 mai
1830; Championnière et Rigaud, t. 3,
nᵒˢ 2106 et suiv. — *V.* aussi Dalloz, *Jur. gén.,*
vᵒ *Enreg.,* nᵒˢ 2783 et suiv.; Gabr. Demante,
Expos. raisonn., nᵒˢ 173 et suiv.

643 *bis.* Lorsque le réméré est exercé par
un tiers cessionnaire de cette faculté, il
opère de fait une nouvelle mutation passible
du droit proportionnel de vente d'immeubles à 5 francs 50 cent. pour 100 (Instr.,
1504, § 17, et 1743, § 11). *V.* Dalloz, *loc.
cit.,* nᵒˢ 2774, 2777 et s. — Jugé que quand,
dans la vente à réméré, le retrait est exercé
par un autre que le vendeur, il s'opère au
profit de celui qui exerce ce retrait une
nouvelle mutation passible du droit proportionnel (Cass., 16 avril 1845, D.ᴘ.45.1.265).

643 *ter.* La stipulation de réméré n'est
compatible qu'avec la vente. Par suite, il a
été décidé que l'exercice de la faculté de retrait stipulé par le donateur pour le cas où
le donataire voudrait aliéner l'immeuble

livrer des marchandises, denrées ou autres objets mobiliers (1) ;

2° Les baux à ferme ou à loyer, d'une seule année ;

Ceux faits pour deux années.

Le droit sera perçu sur le prix cumulé des deux années.

Ceux d'un plus long temps, pourvu que leur durée soit limitée.

Le droit sera également perçu sur le prix cumulé, savoir : pour les deux premières années, à raison de un franc par cent francs, et, pour les autres années, sur le pied de vingt-cinq centimes par cent francs.

Et les sous-baux, subrogations, cessions et rétrocessions de baux.

Le droit sera liquidé et perçu sur les années à courir, comme il est établi pour les baux, savoir : à raison de un pour cent sur les deux premières années restant à courir, et de vingt-cinq centimes par cent francs pour les autres années.

Seront considérés, pour la liquidation et le paiement du droit, comme baux de neuf années, ceux faits pour trois, six ou neuf ans.

Les baux de biens de l'Etat sont assujettis aux mêmes droits (2) ;

---

donné, du vivant du donateur, est sujet au droit de vente (Trib. de Villeneuve, 29 mars 1848 ; D.P.48.5.147). — *V.* aussi Dalloz, n° 2767.

643 *quater.* L'exercice du réméré, dans le délai, porté au contrat, ne donne lieu à la perception du droit de 50 c. pour 100, que sur les sommes effectivement remboursées par le vendeur à l'acquéreur (Req., 26 août 1823 ; MM. Dalloz, n°s 2792, 2793 et s. — V. *inf.*, n° 761.

644. *Acte portant libération.* — Après avoir tarifié nommément les quittances, remboursements et retraits, le texte ci-dessus comprend la même règle et soumet au même droit par voie de disposition générale « tous autres actes et écrits portant libération de sommes et valeurs mobilières. » Il n'y aura lieu d'appliquer cette disposition que tout autant que le débiteur se trouvera pleinement libéré et de manière à ne pouvoir plus être contraint (Championnière et Rigaud, t. 2, n°s 1521 et suiv. et n° 1579 ; Dalloz, *loc. cit.*, n° 1009). — *V.* aussi les développements présentés par Dalloz, *eod. v°*, n°s 1014 et s.

(1) — 645. Le marché dont il est question dans cette disposition est une des trois espèces de louage d'ouvrage admises par le C. Nap. (Art. 1779). Ces trois espèces sont : 1° le louage des gens de travail qui s'engagent au service de quelqu'un ; 2° celui des voituriers, tant par terre que par eau, qui se chargent du transport des personnes et des marchandises ; 3° enfin celui des entrepreneurs d'ouvrages par suite de devis ou marchés. C'est le louage de cette dernière espèce que prévoit la disposition ci-dessus ; cela s'induit manifestement de sa rédaction même. Par suite, le droit de 1 pour 100 n'est applicable ni au louage de service ni à l'entreprise de transport (Championnière et Rigaud, t. 2, n°s 1469, 1470 et 1478). Ces conventions n'étant pas nommément tarifées par la loi, rentrent dans les classes des actes innommés et ne pouvant donner lieu qu'à

un droit fixe de 2 fr. (*V. sup.*, l'art. précédent, § 1er, n° 51 ; L., 18 mai 1850). — *V.* cependant Cass., 31 juill. 1854 (D.P.54. 1.312), et 6 fév. 1855 (D.P.55.1.434). — *V.* aussi pour d'autres exemples, les arrêts analysés dans la *Table de quinze ans*, de Dalloz, v° *Enregistr.*, n° 189 et s., et dans la *Jur. gén.*, *eod. v°*, n°s 1974 et s., 1986 et s.

646. Le droit de marché est un droit d'acte, non exigible, par conséquent, sur un marché verbal.

647. Lorsque l'approbation est nécessaire, le marché est suspendu jusqu'à l'approbation. Mais, si le prix seulement devait être fixé ultérieurement par expert, le contrat n'en serait pas moins parfait, et, par conséquent, le droit proportionnel exigible actuellement, à moins que l'on n'eût fait de la stipulation une condition expressément suspensive (Championnière et Rigaud, t. 1, 2, n° 1488).

648. Indépendamment du marché pour entreprise, dont il est question dans la disposition ci-dessus, la loi fiscale tarife le marché pour *fourniture. V.* à cet égard le § suiv. du présent article, n° 1.

(2) — 649. Le bail est un contrat par lequel l'une des parties s'oblige à faire jouir l'autre d'une chose pendant un certain temps, et moyennant un certain prix, que celle-ci s'oblige à lui payer. Le bail de biens meubles et celui de biens immeubles sont un même contrat ayant un même caractère distinctif et les mêmes éléments de perfection.

650. La loi de frimaire avait plusieurs catégories des diverses espèces de baux pour les assujettir à des droits proportionnels différents (*V.* le présent article, § 1, n°s 1 et 2, § 2, n° 5). La disposition ci-dessus concernait les baux à ferme ou à loyer d'une ou de deux années, ou d'un plus long temps, lorsque la durée en était limitée. Mais cette disposition, déjà modifiée par la loi du 27 vent. an IX, a été changée de nouveau par celle du 16 juin 1824, dont l'art. 1er, faisant cesser

3° Les contrats, transactions, promesses de payer, arrêtés de comptes, billets, mandats ; les transports, cessions et délégations de créances à terme ; les délégations de prix stipulées dans un contrat ;

pour acquitter des créances à terme envers un tiers, sans énonciation de titre enregistré, sauf, pour ce cas, la restitution dans le délai prescrit, s'il est justifié d'un titre précédemment enregistré ;

---

toutes ces distinctions, a réduit les baux dont il est question dans le texte ci-dessus, aussi bien que ceux dont parlent le § 1, nᵒˢ 1 et 2, et le § 2, nᵒ 5, à un droit de 20 c. pour 100 sur le prix cumulé de toutes les années.

Malgré le texte de ces lois, la régie perçoit tantôt le droit de 20 c., tantôt celui de 2 fr. pour 100 fr. suivant que les actes lui paraissent avoir le caractère de bail ou de vente de valeur mobilière. — Ainsi elle soumet au droit de 2 fr. pour 100, suivant une instruction nᵒ 1601, § 14, comme vente de récoltes, l'acte par lequel un propriétaire donne à bail le foin d'une prairie, à la condition que le preneur ne touchera pas aux haies et qu'il *aura fini* les récoltes le *premier août prochain*, enfin que le bail n'aura que quatre mois de durée, et même, si l'acte ne comprend que la vente du foin et du regain de l'année, en se conformant *pour les coupes* aux usages (Inst., 1743, § 17). Elle exige le même droit pour les baux portant droit d'exploiter, pendant un temps limité, les mines, carrières et tourbières ; elle les considère comme *vente de meubles* (Inst. 1796, § 27).

Au contraire, elle soumet au droit de 20 c. pour 100 les actes ayant pour objet l'usage de chevaux dans l'intérêt d'un relayeur et pour le service d'une diligence (Inst., 1562, § 2).

Et ceux qui renferment non-seulement la jouissance des foins et récoltes, mais encore le *droit de faire pâturer le bétail après l'enlèvement des coupes* (Inst. 1743, § 17, et 1601, § 14). — *V. sup.*, nᵒ 583.

651. Mais la loi du 15 juin 1824 n'a pas parlé, comme les lois de l'an VII et de l'an IX, des *sous-baux*, subrogations, *cessions et rétrocessions de baux* ; d'où la question de savoir si ces actes continuent d'être soumis aux droits réglés par ces deux lois et suivant les distinctions qu'elles établissent, sans pouvoir jouir de la réduction opérée par la loi de 1824. Toutefois ce serait s'arrêter à la lettre de la loi, sans vouloir pénétrer l'intention du législateur, que de décider l'affirmative. Ce qu'on a voulu, c'est favoriser l'agriculture et soulager la classe pauvre et laborieuse, en réduisant les droits sur les baux à ferme et à loyer ; c'est encore simplifier la perception en établissant un seul droit pour toutes les espèces de baux. Comment donc ces avantages pourraient-ils ne pas être étendus aux sous-baux ? Il est sans exemple que les sous-baux aient été jamais soumis à un droit différent des baux eux-mê-

mes, et, si la loi de 1824 a gardé le silence sur les premiers, c'est sans doute qu'elle a voulu être plus concise, puisqu'il est vrai de dire que des sous-baux ou des subrogations de baux sont des baux. — *Conf.* Dalloz, *Jur. gén.*, vᵒ *Enreg.*, nᵒ 3121. — *V.* aussi nᵒˢ 3127 et s.

651 *bis.* La loi de frimaire ne mentionne pas les cautionnements de baux. Mais la loi du 27 vent. an IX a tarifé, par son art. 9, le cautionnement des baux à ferme et à loyer, à la moitié seulement du droit principal auquel ces baux donnent lieu, c'est-à-dire à 10 c. pour 100. La loi du 16 juin 1824 a maintenu cette disposition par son art. 1ᵉʳ, et l'a étendue même aux baux de pâturage et nourriture des animaux, aux baux à cheptel ou reconnaissances de bestiaux, et aux baux pour nourriture de personnes.

651 *ter.* L'adjudication d'un service de nettoiement, d'enlèvement des boues et immondices des rues et places d'une ville, constitue soit un louage d'ouvrage, soit un louage de choses, selon que l'adjudicataire stipule un salaire à titre de rémunération de son travail, ou s'engage, au contraire, en considération des produits ou émoluments à réaliser successivement dans l'exploitation du droit qui lui est concédé, à payer lui-même à la caisse municipale une redevance périodique pendant la durée de sa concession : elle ne peut avoir le caractère d'une vente mobilière des boues et immondices, ces choses n'appartenant à personne, et l'adjudication conférant seulement à l'adjudicataire le droit exclusif de circuler à certaines heures avec ses voitures et ses agents dans les rues et places de la ville, à l'effet de s'approprier par l'occupation ces boues et immondices. — En conséquence, cette adjudication est passible du droit dû pour les marchés ou établi sur les baux, et non de celui de vente mobilière (Cass., 28 nov. 1860, D.P. 61.1.39 ; Rej. 28 nov. 1860, D.P. 61.1.40).

651 *quater.* L'acte par lequel le propriétaire d'une carrière à plâtre cède à un tiers pour un certain temps le droit de l'exploiter, constitue, quelle que soit la qualification que les parties lui ont donnée, non un bail, mais une vente mobilière passible du droit de 2 p. 100. — Toutefois, en ce qui concerne la concession de la jouissance du terrain dans lequel la carrière est ouverte, l'acte n'est passible que du droit de bail ; mais, dans ce cas, il n'y a pas lieu de tenir compte, pour la perception des deux droits distincts, de

les reconnaissances, celles de dépôt de sommes chez des particuliers, et tous autres actes ou écrits qui contiendront obligations de sommes, sans libéralité,

et sans que l'obligation soit le prix d'une transmission de meubles et immeubles non enregistrée (1) ;

4° Les mutations de biens immeubles,

---

la ventilation indiquée dans l'acte par les parties, s'il paraît évident qu'elle a eu pour but de frauder le Trésor, si elle peut d'ailleurs être rectifiée à l'aide d'actes antérieurs (Trib de la Seine, 11 janv. 1862, D.p.62. 3.71).

652. Une des questions les plus importantes de la matière a été de savoir si l'on devait exiger le droit sur les locations *verbales*, lorsque la preuve s'en trouvait acquise ; en d'autres termes, s'il fallait étendre aux simples transmissions de *jouissance* l'art. 4 de la loi du 27 vent. an IX, qui rend le droit proportionnel exigible sur les mutations de *propriété* ou *d'usufruit* de biens meubles, lors même que les nouveaux possesseurs prétendraient qu'il n'existe pas de conventions écrites entre eux et les précédents propriétaires ou usufruitiers. Après avoir d'abord penché pour l'affirmative, M. Merlin se prononça ensuite en sens contraire, et sa doctrine fut admise par un arrêt du 12 juin 1811 (D.A.7.220), suivi plus tard d'autres arrêts dans le même sens, et qui paraissent avoir fixé la jurisprudence d'une manière désormais invariable sur ce point (Championnière et Rigaud, t. 4, nos 3086 et suiv.).—V. aussi Dalloz, *Jur. gén.*, vo *Enreg.*, nos 127 et s., 3010.—V. encore sur la durée du bail et sur les éléments constitutifs de la convention, les développements présentés, *eod.*, nos 3037 et s., et 3072 et s., ainsi que les arrêts indiqués dans la *Table de quinze ans, eod. v°*, nos 695 et suiv.

(1) — 653. Ce droit a été réduit à 50 c. par 100, par la loi des 7-14 août 1850, art. 9 (*V. inf.*, cette loi). On a donné, dans la pratique, la dénomination du droit d'obligation à celui qui est établi par cette disposition spéciale du tarif, et cela sans doute à cause de la passation fréquente et journalière des actes qui y sont dénommés, et qui sont, en effet, infiniment plus nombreux que les autres. La loi fiscale ne présente pas de disposition qui ait donné lieu à plus de solutions.

654. *Observations générales.* Disons d'abord, par forme d'observations générales, et avant de passer aux diverses dénominations comprises dans le texte ci-dessus, que le droit d'obligation de sommes est un droit d'acte, et qu'ainsi aucune perception ne pourrait être établie sur une obligation verbale. A cet égard, les observations que nous avons faites relativement à la quittance (*V. sup.* le § précédent, no 11, et notre Comment., note 3, nos 630 et suiv.) trouvent ici une application complète.

655. Pareillement, les actes passibles du droit d'obligation sont ceux qui contiennent obligation, c'est-à-dire ceux qui forment titre et preuve complète, et en vertu desquels le créancier peut contraindre son débiteur à payer ou obtenir un jugement de condamnation sans qu'il y ait lieu à discussion (*V. sup.*, *loc. cit. V.* aussi Championnière, vol. sup., p. 3, qui cite un jugement conforme du tribunal de Lons-le-Saulnier du 25 fév. 1843). Mais c'est l'obligation civile, revêtue d'un titre dont l'exécution peut être poursuivie en justice, qui donne ouverture au droit de 12 pour 100. L'obligation purement morale résultant d'un écrit, l'intention de s'obliger d'après les règles de la délicatesse, ne rendraient pas ce droit exigible (Championnière et Rigaud, t. 2, no 867 ; Cass., 3 janv. 1827). *V.* également Dalloz, *Jur. gén.*, vo *Enreg.*, nos 1041 et suiv.

656. En principe, les obligations de sommes sont valables, bien que la cause n'en soit pas exprimée ; telle est la disposition formelle de l'art. 1132, C. Nap.; le droit serait donc exigible sur une pareille obligation qui, à défaut d'expression de cause, ferait présumer le prêt. Mais les effets de la condition suspensive, relativement à la perception du droit proportionnel, s'appliquent aux obligations de sommes. Le droit est suspendu par la condition ; et, en général, on peut dire qu'il y a éventualité suspensive, lorsque le débiteur met pour condition expresse au paiement de la dette qu'il reconnaît la possibilité de l'acquitter (Championnière et Rigaud, t. 2, no 939 ; Délib., 30 déc. 1823).

657. De même que le droit ne peut pas, en principe, être perçu sur une obligation de somme qui n'existe pas encore, de même aussi il n'y a pas lieu de l'exiger sur une obligation qui n'existe plus. Ainsi, le droit n'est pas dû toutes les fois que, par une cause quelconque, l'obligation reconnue se trouve éteinte, soit que l'on fasse enregistrer la quittance en même temps que l'acte d'obligation, soit que cette obligation s'éteigne par la dation en paiement d'immeubles ou de créances ou de toute autre chose. Dans ce dernier cas, c'est le droit de quittance ou celui de transport qui est exigible ; jamais celui d'obligation.

658. *Contrats, promesse de payer, billets, mandats.*—Ces dénominations diverses comprises dans le texte ci-dessus ont, dans le langage de la jurisprudence, une signification à peu près semblable, et ces conventions ne diffèrent entre elles que par leurs formes res-

pectives. En effet, le mot *contrat* est employé pour désigner d'une manière générale l'acte *notarié* qui contient l'obligation de payer une somme d'argent; cette dénomination, prise pour indiquer par abréviation, le contrat de prêt ou d'emprunt, a été employée dans ce sens par le tarif de 1699, et a été reproduite successivement dans les tarifs ultérieurs, dont aucun ne paraît lui avoir donné une signification différente.

659. Quant au *billet*, c'est-à-dire le billet simple, par opposition au billet à ordre et autres effets négociables, qui ont été spécialement tarifés (V. *sup.*, § 2-6"), cette expression n'a pas, au fond, une signification différente de celle du *contrat*. Cela s'induit de l'art. 1326, qui définit le *billet sous seing privé* « l'acte par lequel une seule personne s'engage envers l'autre à *lui payer une somme d'argent...* » (V. aussi Toullier, t. 12, n° 248). Ainsi l'expression *billet* ne diffère du mot *contrat* qu'à raison de la forme dans laquelle ils sont respectivement faits, le contrat étant l'acte notarié et le billet l'acte sous seing privé servant à constater l'obligation de sommes.

660. Pour la *promesse de payer*, c'est une expression qui, dans le droit, est synonyme de billet, et a absolument la même valeur, tellement que la loi les confond dans une même disposition lorsqu'elle dit à l'art. 1326 précité : « le billet ou la *promesse* sous seing privé. »

661. Enfin, le mandat, non pas le mandat procuration dont nous avons déjà parlé (V. *sup.*, art. 68, § 1, n° 36), mais le *mandat paiement* auquel se réfère la disposition ci-dessus, n'est, dans le langage du droit, que la lettre ou billet portant ordre ou autorisation de payer ou de compter à un tiers une certaine somme.

662. Par où on voit que sous des dénominations et des formes diverses, le contrat, la promesse de payer, le billet et le mandat sont, en définitive, une même convention tarifée par la loi. Il y a toutefois à indiquer quelques règles particulières à plusieurs de ces dénominations.

663. Relativement au *billet*, bien qu'il doive, aux termes de l'art. 1326, C. Nap. être écrit en entier de la main de celui qui le souscrit, ou du moins porter un bon ou approuvé de sa main, et contenant en toutes lettres la somme ou la quantité de la chose, le droit proportionnel ne serait pas moins exigible, quand même le billet non écrit du souscripteur ne porterait pas le bon ou approuvé, par la double raison que l'omission ne constitue pas une nullité de plein droit, puisque la loi ne la prononce pas, et que la régie ni les tiers n'étant astreints à faire vérifier l'écriture des actes sous seing privé,

tant que cette écriture n'est pas déniée, cette écriture est présumée émaner de la partie à laquelle l'acte l'attribue jusqu'à la dénégation et par conséquent à l'époque de la perception (Championnière et Rigaud, t. 2, n° 863), à moins, toutefois, que le créancier, reconnaissant que l'écriture n'est pas de la main de son débiteur, déclarât ne se servir du billet que comme d'un commencement de preuve par écrit (Mêmes aut., *loc. cit.*, n° 865). — V. aussi Dalloz, v° *Enreg.*, n°s 1122 et suiv.; Gabr. Demante, *Expos. rais.*, t. 1ᵉʳ, n° 412.

664. En ce qui concerne la *promesse de payer*, son identité avec le billet semblerait ne devoir rendre exigible le droit que sur les actes qui constatent ou supposent qu'une somme d'argent a été livrée. Ainsi, le billet dans lequel le souscripteur s'engage à rembourser constate ou suppose que ce souscripteur a reçu, et c'est à cause de l'obligation qu'il prend de rendre que la convention est frappée du droit d'obligation. Il semblerait, dès lors, par suite de l'analogie, que la promesse de prêter ne devrait pas rendre le droit exigible, si elle ne portait que sur une somme qu'on n'a pas touchée, mais qu'on touchera ou qu'on doit toucher, ou bien sur une somme qu'on n'a pas reçue ou qu'on ne doit pas recevoir (*Conf.* Championnière et Rigaud, t. 2, n° 221). Cependant cette doctrine n'a pas été suivie dans la pratique. Il a été décidé, au contraire, que l'acte par lequel une maison, tout en prêtant une somme d'argent à un individu, promet de payer les dettes contractées par celui-ci vis-à-vis d'un tiers, donne ouverture au droit d'obligation, non-seulement sur la somme prêtée, mais encore sur celle que la maison avait promis de payer à la décharge de l'emprunteur (Délib., 23 déc. 1828) ; et cette doctrine se trouve confirmée dans un arrêt de la Cour de cassation du 2 mars 1835 (D.,p.35,1,189). V. encore Cass., 6 avril 1847 (D.,p.47,4.222), et Dalloz, *loc. cit.*, n°s 1133 et suiv.

665. Pour le *mandat*, soit qu'il ait été accepté par le débiteur, soit qu'il n'ait pas été accepté, le droit d'obligation est exigible, parce que dans l'un et l'autre cas, il est un titre pour le porteur auquel il est délivré, et que le montant doit être payé, dans le premier cas, par celui sur qui le mandat a été tiré, et dans le second par le souscripteur qui a reçu les fonds du porteur. Mais le mandat qui n'exprimerait point de valeur reçue, par exemple celui qui serait causé *valeur en compte*, ne donnerait pas ouverture au droit proportionnel, car, dans ce cas, le mandat ne serait obligatoire pour personne; puisqu'il ne doit entrer en compte qu'autant qu'il sera payé, et l'on ne sait pas s'il constituera une créance au profit du souscripteur, ou s'il ne

fera que le libérer en balançant d'autres articles de son débit (Championnière et Rigaud, t. 2, n° 923; Dalloz, *Jur. gén.*, v° *Enreg.*, n° 1144).

666. *Transaction.*—La transaction est un contrat par lequel les parties terminent une contestation née ou préviennent une contestation à naître (art. 2044, C. Nap.). La loi fiscale a prévu cette convention qui y est l'objet de dispositions complexes. D'une part, l'art. 68, § 1er, n° 45 (V. *sup.*), a tarifé au droit fixe celles qui ne contiennent aucune stipulation de sommes et valeurs ni dispositions soumises par la loi à un droit plus fort d'enregistrement; d'une autre part, le texte ci-dessus, complétant en partie la réserve faite dans ce dernier article, assujettit au droit proportionnel les transactions qui contiennent obligations de sommes, sans libéralité, et sans que l'obligation soit le prix d'une transmission de meubles ou d'immeubles. — L'application de ces dispositions a donné lieu dans la pratique aux plus sérieuses difficultés.

667. En principe, la transaction est simplement déclarative; elle n'a rien de translatif, et c'est pour cela qu'elle a été tarifée d'une manière générale à un droit fixe par la disposition précitée de l'art. 68 de la présente loi. A la vérité, cet article contient une réserve pour le cas où la transaction renferme une stipulation de sommes ou valeurs, etc. Mais cette réserve n'a rien qui ne soit conforme au droit commun en matière de transaction : car supposons que l'une des parties ne consente à la transaction qu'au moyen de l'aliénation faite en sa faveur d'un objet litigieux, il est certain qu'il y a, quant à cet objet, une véritable mutation *ex novo titulo*, et par suite, cette mutation doit donner lieu à la perception d'un droit particulier d'enregistrement. On comprend ainsi que le texte ci-dessus n'est que le corollaire de l'art. 68, et qu'au moyen d'un exemple qu'il choisit, le législateur indique comment et en quel sens les transactions peuvent donner ouverture au droit proportionnel. — Sur la quotité des droits à percevoir, *V.* les explications données par Dalloz, *Jur. gén.*, v° *Enreg.*, n°s 1051 et suiv.

668. Ainsi, toute l'économie de la loi fiscale, dans ses rapports avec la transaction, est simple et facile; cette convention est tarifée à un droit fixe, parce qu'en principe et de sa nature, elle est simplement déclarative; mais elle peut, dans des circonstances données dont la disposition ci-dessus fournit un exemple, contenir des stipulations libératoires, obligatoires ou translatives, et alors elle donne ouverture au droit proportionnel de libération, d'obligation ou de transmission. Telle est, en deux mots, l'économie de la loi;

il ne paraissait pas possible qu'un doute sérieux s'élevât dans l'application.

669. Cependant il en a été tout autrement. Le système suivi par la régie, en cette matière, a consisté à prendre pour base de la perception le changement dans la possession. Ainsi elle a considéré comme rendant exigible le droit proportionnel toute transaction dans laquelle la chose litigieuse changeait de main; par exemple, une transaction entre un légataire universel saisi de plein droit à défaut d'héritiers à réserve, et les héritiers naturels, donne ouverture à ce droit si le premier renonce, par la transaction, aux effets du testament, parce qu'il y a transmission de lui aux héritiers naturels, des choses dont il était saisi, par suite du testament. Au contraire, le droit fixe seulement serait exigible, si la transaction n'amenait aucun changement dans l'état de possession. Un grand nombre de décisions ont consacré cette doctrine, et la Cour de cassation, secondant les exigences fiscales de l'administration, s'est pleinement rangée à cet avis (Cass., 15 fév. 1831; D.P.31.1.73; 19 nov. 1839, D.P.40.1.110; 26 juill. 1841, D.P.41.1.312; 21 mars 1842, D.P.42.1.159; 2 janv. 1844, D.P.44.1.113). *Adde* Cass., 22 avril 1845 (D.P.45.1.268); *id.*, 17 mars 1846 (D.P.46.1.147); trib. d'Arras, 12 mai 1846 (D.P.46.4.259); trib. de Vervins, 7 déc. 1860 (D.P.60.3.86).—Il a été jugé notamment que la transaction par laquelle un légataire universel, envoyé en possession, abandonne à un héritier non réservataire une portion de la succession, opère au profit de cet héritier une mutation passible du droit proportionnel de mutation à titre onéreux (Cass., 5 juin 1861, D.P.61.1.227); — Et que, de son côté, le légataire universel, — malgré l'abandon transactionnel qu'il a ainsi fait à l'héritier, demeure soumis au droit de mutation par décès sur l'intégralité de ce legs (même arrêt.—Mais la transaction ne donnerait pas ouverture au droit proportionnel si elle n'avait eu lieu qu'après un jugement prononçant la nullité du testament (Cass., 21 août 1848, D.P.48.1.220; trib. de Vervins, 7 déc. 1860, D.P.60.3.86).

670. Ce n'est pas tout, cette règle même n'a pas suffi à la régie; poussant plus avant son système, elle a pensé que, lorsque les héritiers ont élevé la prétention d'être seuls propriétaires de la succession, la transaction par laquelle ils abandonnent cette prétention ne peut être considérée que comme une cession de leurs droits, et que l'acte, dans ce cas, est passible du droit proportionnel et non du simple droit fixe (Délib., 12 juin 1829).—Au moyen de cette règle, qui, dans le système de la régie, n'exclurait pas celle qui est indiquée dans le numéro précédent, et qui la laisserait subsister, au contraire,

pour tous les cas où elle pourrait être utilement invoquée, l'administration en est venue à un système que l'on peut résumer ainsi : s'il y a changement dans l'état de possession des parties, le droit proportionnel est dû à raison des objets transmis au nouveau possesseur; s'il n'y a pas changement, le même droit est dû à raison de la prétention abandonnée, parce que l'autre partie abandonnant sa prétention, il y a, sinon cession de la chose, du moins cession de l'action tendant à l'obtenir. — Dans ce système, on conçoit que la disposition de l'art. 68, § 1er, n° 45, qui tarife expressément la transaction à un droit fixe, est comme si elle n'existait pas; car il n'y a pas de cas où la doctrine de la régie en puisse permettre l'application.

671. Mais il est évident que le système de la régie ne saurait se soutenir. D'abord, quant à la doctrine qui s'induit de la délibération du 12 juin 1829, elle avait été réfutée par avance dans un réquisitoire de Merlin, où on lit : « La loi ne voit dans la transaction sur des droits immobiliers que la fin d'un procès douteux; elle ne se permet pas de peser les prétentions dont les parties ont fait respectivement le sacrifice; elle ne se permet pas de dire : *Telle prétention était fondée*; *en y renonçant, celui qui la formait en a aliéné l'objet*; elle, le respecte religieusement et ne souffre pas qu'on le soulève. » — Depuis, la doctrine de la régie sur les *prétentions abandonnées* a été combattue de toutes parts (Championnière et Rigaud, t. 1, n° 644; Dalloz, *Jur. gén.*, v° *Enreg.*, n°s 1078 et suiv.; Gabr. Demante, *Expos. rais.*, t. 1er, n° 325; trib. de Gray, 13 mars 1835 (D.p.36.3.149); trib. de Nîmes, 8 mars 1843; et la régie semble y avoir elle-même renoncé, en donnant son acquiescement à un jugement contraire du tribunal de Cambrai, du 31 août 1842.

672. Et quant à la doctrine fondée sur le changement dans l'état de possession, doctrine à laquelle la jurisprudence de la Cour de cassation fournit un puissant appui, elle ne paraît pas plus admissible. La transaction est un contrat par lequel, ainsi que le dit la loi civile, les parties terminent une contestation née, ou préviennent une contestation à naître. Cette définition étant donnée, il importe peu que l'une des parties qui transigent soit un légataire en possession ou un héritier non réservataire. La possession du premier n'empêche pas qu'on se dispute la propriété; son droit apparent peut être bien ou mal fondé, et par conséquent litigieux. L'acte qui intervient entre eux est donc une transaction au point de vue de la loi civile, et s'il est tel, en droit civil, il ne saurait être différent, respectivement à la loi fiscale, d'autant plus que lorsque autrefois on s'efforçait de déterminer quels étaient, en droit

civil, les caractères de la transaction, c'était précisément pour arriver à résoudre des questions de droit fiscal. Ainsi, de ce que la transaction sur un fonds n'était pas *novus titulus*, mais seulement *cessatio controversiæ*, ou bien *tituli prætensi confessio*, d'Argentré et la plupart des feudistes avaient conclu que le droit de mutation n'était pas dû. Or, cette liaison intime que les feudistes ont établie en cette matière, entre les principes du droit civil et ceux de la loi fiscale, il n'est pas un texte, pas une autorité qui l'ait rompue sous l'empire de la loi nouvelle. Au contraire, de l'aveu de tous les auteurs, toute l'économie de la présente loi consiste dans la confirmation, sur ce point, des règles qui avaient anciennement prévalu (Merlin, *Répert*, v° *Transaction*, § 4, n° 6, et v° *Partage*, § 11, n° 4; Championnière et Rigaud, t. 1er, n°s 602 et suiv.; Gabr. Demante, *Expos. rais.*, t. 1er, n°s 319 et suiv.).

673. Il faut le dire toutefois, l'abandon fait par une des parties à celle avec laquelle elle transige est susceptible de déterminer la perception du droit proportionnel. Mais il faut que cet abandon porte sur un objet non litigieux. C'était là la grande distinction qui avait prévalu dans les anciens principes. On y tenait que la possession de la chose litigieuse était sans influence en ce qui concerne la détermination du droit à percevoir sur la transaction : mais que dès qu'il y avait abandon, de la part de l'une des parties, pour prix de la transaction, d'une chose non comprise dans le litige, il y avait, relativement à cette chose, une mutation de propriété qui rendait exigible un droit particulier. C'est aussi ce qui a été admis par les auteurs, sous l'empire de la loi nouvelle (*V.* les autorités citées au numéro précédent; *adde* Valette, *Rev. de lég. franç. et étrang.*, 10e année, t. 2, p. 216, et un arrêt de la Cour de cassation elle-même, rendu le 11 avril 1808, D.a. 7.145). *V.* aussi Cass., 11 juill. 1853 (D.p. 53.1.303), et 10 fév. 1857 (D.p.57.1.254).

674. En principe, c'est l'incertitude du droit qui constitue la transaction. Ainsi, dès l'instant que le droit serait certain, l'acte intervenu à son occasion serait en vain qualifié transaction; il n'en aurait pas le caractère; et réciproquement, si le droit était incertain, l'acte pourrait être qualifié de cession, de transport ou autrement; il ne constituerait, au fond, qu'une transaction.

Aussi la Cour de cassation a-t-elle, le 29 avril 1850 (D.p.50.1.284), rejeté les prétentions de la régie, qui exigeait, comme ayant le caractère d'une seconde rétrocession, 5 1/2 pour 100 au lieu de 1 pour 100 exigible pour les transactions portant stipulation de sommes dans une espèce où, après rétrocession d'un immeuble, en vertu d'une décision judiciaire, sur laquelle elle avait perçu un droit de rétrocession proportionné à la somme à restituer par le vendeur réintégré, le rétrocédant avait formé contre cette décision un pourvoi dont il s'était désisté (par suite d'une transaction) moyennant une nouvelle somme d'argent. — *V.* Dalloz, *loc. cit.*, n°s 1094 et suiv.

675. *Arrêté de compte.* — Le compte est un état des recettes et des dépenses faites par une personne, état présenté par cette personne elle-même dans le but d'établir sa situation comme débitrice ou créancière, vis-vis d'une autre personne à laquelle cet état est présenté. Ainsi, un compte suppose toujours une recette faite pour autrui ; et, par suite, l'on ne pourrait considérer comme compte l'acte par lequel un débiteur règlerait avec son créancier ce qu'il resterait lui devoir d'une dette précédemment établie (Délib., 20 avril 1822).—Mais jugé que le règlement entre un propriétaire et son fermier, par lequel celui-ci se reconnaît débiteur, pour fermages échus, d'une certaine somme qu'il s'engage à payer avec intérêts, constitue, même alors qu'il ne contient point de novation quant au principal de la créance, un arrêté de compte passible du droit proportionnel de 1 fr. p. 100, et non point une simple exécution d'actes antérieurs enregistrés (Cass., 23 mai 1854, D.P.54.1.195).

676. C'est seulement *l'arrêté de compte* contenant obligation de sommes qui est expressément tarifé par le texte ci-dessus. Mais il n'en faut pas conclure que ceux qui contiendraient quittance ou libération, et que la loi ne mentionne pas, ne doivent être soumis qu'au droit fixe. La loi pose, à l'égard des libérations, une règle générale que nous avons examinée au paragraphe précédent, n° 11, en assujettissant tous actes écrits *portant libération* au droit de 50 c. pour 100 (V. *sup.*, n° 644). D'où la conséquence que, lorsque les arrêtés de compte peuvent être compris au nombre de ces actes et écrits, ils rendent exigible le droit de libération, et c'est ce qui a été fréquemment décidé.

677. Mais de ce que la disposition ci-dessus n'assujettit au droit proportionnel que les *arrêtés de compte*, il s'ensuit qu'elle ne peut être appliquée aux simples projets de compte ; ce qui s'entend aussi bien des projets volontairement rendus par un comptable que la loi n'oblige point à rendre compte en justice, que de celui qui doit nécessairement précéder, d'après les art. 472, C. Nap., et 534, C. proc., le compte de tutelle rendu à l'amiable ou en justice (Délib. C. d'adm., 6 août 1823 ; 24 nov. 1826 ; 16 fév. 1827 ; Sol., 19 mai 1837, D.P.38.1.118 ; trib. de Loudéac, 30 août 1845 (D.P.45.4.236, n° 60 ; trib. de

Châteaudun, 2 juill. 1846 ; Dalloz, *Jur. gén.,* v° *Enreg.,* n°s 1153 et suiv.

678. Le compte étant l'état qui détermine la situation des parties, il s'ensuit que tout compte doit, en général, contenir le tableau des recettes et celui des dépenses faites par le rendant. Cet état se termine par une balance qui établit l'excédant de l'un des deux tableaux sur l'autre. La différence se nomme reliquat, et c'est sur ce reliquat seulement et à raison de ce reliquat que le droit proportionnel est perçu, d'après une interprétation générale, d'accord en cela avec les principes de l'ancienne législation (Cass., 8 mai 1826, D.P.26.1.276).

679. Ainsi, le droit proportionnel n'est pas exigible à raison des sommes qui figurent en recette ou en dépense, dans le compte, ni à raison des dettes actives ou passives qu'il mentionne.

680. Quant au reliquat, il peut être en faveur de l'oyant ou en faveur du rendant. Lorsque les recettes excèdent les dépenses, c'est le rendant qui est débiteur : le reliquat est en faveur de l'oyant. Dans ce cas, si le rendant paie immédiatement, c'est une exécution pure et simple du mandat qui ne donne ouverture à aucun droit proportionnel. Mais s'il ne le paie pas immédiatement, il se fait, dans sa position, un changement qui détermine le droit d'obligation : il devient débiteur de simple dépositaire qu'il était, et se rend par cela même applicable la disposition ci-dessus de la loi de frimaire.— Toutefois, il n'en est ainsi que dans le cas où l'arrêté de compte n'aurait été précédé d'aucun acte enregistré, ou d'aucune convention légale qui fût le principe et le titre de l'obligation. Cette règle, qui a été contestée par la régie (Inst. gén., 22 fév. 1808, n° 366, § 4), est établie aujourd'hui sur une jurisprudence constante (Cass., 10 déc. 1817 ; 1er avril 1822 ; 16 mai 1832 ; 18 fév. 1833 ; 11 déc. 1838, D.A.7.41.42, D.P.32.1.246 ; 33.4.159 ; 39.1.113) ; et cela est vrai, soit qu'il s'agisse d'un mandat légal, soit qu'il s'agisse d'un mandat conventionnel (Cass., 21 nov. 1832, D.P.33.1.87). La régie, du reste, a fait un premier pas vers cette doctrine dont elle a admis l'application pour les créances reconnues et liquidées lorsqu'elles sont mentionnées dans un acte précédemment enregistré (Inst. gén., 8 mai 1839, n° 1587). Mais elle maintient son ancienne solution relativement aux créances reconnues qui n'ont pas été mentionnées (Même inst.). Disons toutefois que la distinction ne trouve aucun appui dans les arrêts précités de la Cour de cassation, dont plusieurs, au contraire, la condamnent formellement. *V.* Dalloz, *Jur. gén.,* v° *Enreg.,* n°s 1171 et suiv.—*Adde* délib., 10 nov. 1846, D.P.47.3.375).

31.

681. Lorsque les dépenses excèdent les recettes, c'est l'oyant qui est débiteur; le reliquat est alors en faveur du rendant. Si l'oyant paye immédiatement, il y a un acte libératoire qui rend exigible le droit de quittance (Cass., 22 avril 1823, D.A.7.45). S'il ne paie pas immédiatement, le droit d'obligation est exigible sans difficulté lorsque l'arrêté de compte forme le titre de la dette. Mais il y a plus de doute lorsque l'arrêté de compte ne fait que constater la situation des parties et que le contrat originaire a été précédemment enregistré. Dans cette situation on peut dire que l'obligation du mandant n'est en définitive que la consommation du mandat qu'il avait donné, et que de même que le mandat est le titre du mandant pour exiger le paiement des recettes, de même aussi ce mandat est le titre du mandataire pour exiger le remboursement de ses avances (Conf. Championnière et Rigaud, t. 2, nᵒ 1046). Cependant cette doctrine a été rejetée. Et en effet, on peut répondre que, quand c'est le rendant compte qui solde un reliquat au moment de l'arrêté, c'est seulement par la considération qu'il ne fait qu'exécuter son mandat que le droit de libération n'est pas exigible en règle générale (V. le nᵒ qui précède). Mais la même considération ne se présente plus lorsque c'est l'oyant qui paie immédiatement; car on ne peut pas dire que l'oyant soit le mandataire du rendant: aussi a-t-on vu que le droit de libération est exigible lorsque l'oyant paie immédiatement le reliquat dont il est constitué débiteur. Or, la même différence qui existe entre le rendant et l'oyant, dans cette hypothèse, doit exister, et par le même motif, lorsque, au lieu d'un paiement actuel, il y a obligation de payer prise au moment de l'arrêté de compte. Le titre du mandataire est véritablement cet arrêté qui constate les avances qu'il a faites; et l'on est logiquement amené à dire que, si ces avances ne lui sont pas remboursées immédiatement, il en résulte une obligation sujette au droit proportionnel (V. Dict. de l'Enreg., vᵒ Compte, nᵒ 83; Cass., 23 mars 1812, D.A.7.54; Dalloz, Jur. gén., vᵒ Enreg., nᵒˢ 1497 et suiv.

682. Lorsque les recettes et les dépenses sont balancées, les parties se trouvent respectivement quittes. Mais il n'est dû aucun droit proportionnel, par le motif que la libération résulte nécessairement de restitutions, si le mandataire n'a payé qu'après avoir reçu ce qui alors n'est que l'exécution du mandat; ou de compensations, si le mandataire n'a reçu qu'après avoir payé, et la compensation dérivant de la loi ne donne pas ouverture au droit proportionnel (Cass., 1ᵉʳ mars 1836, Inst. gén. 1518, 23 déc. 1836, § 3, D.P.36.1.150; 37.3.129).

Dans la pratique, les notaires instruits évitent parfaitement le droit d'obligation ou de quittance, lorsqu'ils se présentent dans les arrêtés de comptes qu'ils dressent.

Ainsi, si les recettes excèdent les dépenses et que les débiteurs ne puissent immédiatement se libérer, ils stipulent des réserves d'examen ou autres par le créancier, sans acceptation de comptes, et réciproquement. Si, au contraire, le débiteur peut se libérer, ils font figurer immédiatement un paiement du reliquat, pour arriver à une balance exacte des recettes et dépenses. Ce mode est surtout mis en usage pour les comptes de tutelle qui reposent sur de faibles valeurs et donnent lieu à des honoraires peu élevés pour ceux qui en sont chargés. V. Dalloz, loc. cit., nᵒˢ 1202 et suiv.

683. Transport et cession de créance à terme. — Sous cette double dénomination, la loi tarife une seule et même convention; la vente appliquée aux droits incorporels, et particulièrement aux créances. En effet, les mots cession et transport sont absolument synonymes; ils signifient l'un et l'autre l'acte par lequel le propriétaire d'un droit transmet à un autre sa propriété, moyennant un prix consistant en une somme d'argent que ce dernier paie actuellement, ou qu'il s'oblige à payer.

684. La cession est parfaite entre les parties, et la propriété est acquise de droit au cessionnaire, à l'égard du cédant, dès qu'on est convenu de la chose et du prix, quoique le titre de l'obligation n'ait pas encore été remis au premier, et que le second n'ait pas reçu le prix. De là cette conséquence que, relativement à la perception du droit, il importe peu que le cessionnaire ne soit saisi à l'égard des tiers que par d'autres formalités exigées par la loi civile, telles que la signification au débiteur, ou son acceptation. Dès qu'il y a accord sur la chose et sur le prix, la cession existe, ce qui suffit pour rendre le droit exigible (Championnière et Rigaud, t. 2, nᵒ 1203).

685. Mais l'acceptation du cessionnaire est indispensable pour l'exigibilité du droit. Le contraire résulte néanmoins d'une décision du ministre des finances, du 3 mai 1820. Toutefois cette décision ne saurait être suivie, car il n'y a pas plus cession sans l'acceptation du cessionnaire, qu'il n'y a vente sans le consentement de l'acheteur (Championnière et Rigaud, loc. cit., nᵒ 1204).

Toutefois l'acceptation ne peut, sans contravention, être rédigée sur la même feuille que l'acte de transport (Inst., 1577, § 18), ou sur l'expédition, s'il a été fait par acte authentique. V. Dalloz, loc. cit., nᵒˢ 1730 et s. V. aussi comme exemples, les arrêts analysés dans la Table de quinze ans, vᵒ Enreg., nos 653 et s. — *Add.* trib. de Châlons-sur-Saône, 12 juin 1856 (D.P.57,3,27).

686. *Délégation.* — La disposition ci-dessus tarife deux espèces de délégations : 1° les délégations pures et simples de créances à terme; 2° les délégations de prix stipulées dans un contrat, pour acquitter une créance à terme envers un tiers. Mais la loi établit une distinction qu'il ne faut pas perdre de vue. Elle assujettit les *délégations de créances à terme* au droit; dans tous les cas, soit que le créancier ait un titre enregistré, soit qu'il n'en ait pas, tandis qu'elle ne soumet à aucun droit la délégation *non acceptée* du prix stipulé *dans un contrat,* à moins que le créancier n'ait un titre enregistré.

687. Relativement à la première de ces délégations, il importe de faire remarquer qu'on distingue la délégation parfaite et la délégation imparfaite. La délégation *parfaite* est celle qui s'opère par le concours; 1° de l'ancien débiteur qui donne à son créancier un autre débiteur à sa place, *et qui lui cède la créance qu'il a sur ce dernier;* 2° du débiteur délégué qui s'oblige envers le créancier délégataire, à la place de l'ancien débiteur; 3° du créancier délégataire qui, en conséquence de la cession qui lui est faite par son ancien débiteur, et de l'obligation que contracte envers lui le nouveau débiteur délégué, décharge le délégant. Cette délégation contient un transport de créance, accepté par le cessionnaire, nommément assujetti au droit de 1 p. 100 (Inst. gén., 200, n° 21, 3 fruct. an XIII). — La délégation est imparfaite à défaut de concours et d'acceptation de la part du délégataire.—*V.* les arrêts indiqués dans la *Table de quinze ans,* de Dalloz, *Jur. gén.,* v° *Enreg.,* nos 170 et s.

688. Mais on s'est demandé si les délégations de créances à terme acceptées ou non acceptées sont, dans tous les cas, sujettes au droit proportionnel. La jurisprudence de la régie a été contradictoire sur ce point. Toutefois on a fini par considérer que la délégation n'en porte pas moins de la part du délégant un dessaisissement actuel qui peut, sans aucune acceptation écrite, avoir sa pleine et entière exécution, et qu'en conséquence le droit était exigible. Cette solution ayant été consacrée par la Cour de cassation pour un acte *postérieur* à la vente en justice, des biens d'une succession acceptée sous bénéfice d'inventaire, par lequel l'héritier, pour se conformer à l'art. 806, C. Nap., avait délégué le prix de cette vente à divers créanciers non comparants et acceptants (Cass., 11 nov. 1822; 31 déc. 1823, D.A.7. 64.65), il a été posé en principe que les délégations de créances acceptées ou non acceptées sont, dans tous les cas, sujettes au droit proportionnel (Instr. gén., 1270 ; 6 mars

1829 ; *conf.* Dalloz, *Jur. gén.,* v° *Enreg.,* nos 1718 et s.); Gabr. Demante, *Expos. raisonn.,* t. 1er n° 428.—Cette doctrine est vivement combattue par Championnière et Rigaud, t. 2, nos 1167 et s.

689. En ce qui concerne la délégation de prix stipulée dans un contrat, faisons remarquer que ce n'est point, à proprement parler, la délégation, c'est le défaut d'énonciation de l'enregistrement du titre qui donne ouverture à la perception, parce que la délégation a l'effet de reconnaître la dette et de servir de titre au créancier, lors même qu'il ne serait pas présent au contrat (Instr. gén., 290, n° 21, 3. fruct. an XIII; Instr. gén., 1132, § 5; 19 mai 1824; Instr. gén., 1270; Sol., 6 et 9 oct. 1824; Championnière et Rigaud, t. 2, nos 1143 et suiv., Dalloz, nos 1664 et suiv.) — *V.* aussi Cass., 19 avr. 1843 (D.P.43.1.265), et 24 avr. 1854 (D.P. 54.1.160); trib. de Louhans, 13 déc. 1844 (D.P.45.4.220); Instr. de la rég., 30 déc. 1844 (D.P.45.4.220); trib. de Tarascon, 30 avr. 1846 (D.P.46.3.186).

690. Néanmoins, le droit de 1 p. 100 ne peut être exigé sur les déclarations de dettes contenues dans les donations entre-vifs, *faites avec partage,* par les père et mère, au profit de leurs enfants, conformément aux art. 1075 et 1076, C. Nap., bien que les copartageants soient chargés d'acquitter ces dettes, et qu'elles ne soient pas établies par des titres enregistrés (Cass., 21 juin 1832, D.P.32.1.331 ; Championnière et Rigaud, t. 2, n° 1151).

691. On avait pensé que le droit proportionnel (indépendamment de la circonstance du titre enregistré ou non) devait être acquitté, soit lorsque le tiers intervenant dans le contrat acceptait la délégation à son profit, soit lorsque cette acceptation était donnée par un acte postérieur au contrat; que même il n'était pas nécessaire, pour cette perception, que l'acceptation fût expresse; qu'il suffisait qu'elle résultât d'une quittance, d'un consentement à radiation d'inscription, ou de tout autre acte qui renfermât le consentement implicite du créancier à la délégation (Sol., 14 avr., 22 mai, 2 oct. 1824).— Mais il a été ultérieurement établi que : 1° lorsque le tiers délégataire intervient dans le contrat, s'il accepte purement et simplement la délégation, il n'est dû que le droit fixe de 1 fr. pour cette acceptation; s'il reçoit le paiement de la créance, le droit de quittance est exigible; 2° si l'acceptation de la délégation résulte explicitement ou implicitement d'un acte postérieur au contrat, il n'y a lieu de percevoir que le droit fixe de 1 fr., à moins toutefois que cet acte ne contienne paiement de la somme déléguée ; dans ce cas même, il ne serait dû, malgré la dou-

ble libération, qu'un seul droit de quittance (Cass., 5 sept. 1827, 2 avril 1828, D.P.28.1. 201; 21 juill. 1828, D.P.28.1.340; Sol., 28 nov. 1828; Instr. gén., 1370, 6 mars 1829).— V. Dalloz, Jur. gén., vᵒ Enreg., nᵒˢ 1672 et s.

692. Toutefois il importe d'observer que le droit proportionnel devient exigible toutes les fois qu'aucune délégation n'ayant été faite dans le contrat, le vendeur ou le donateur délègue, par acte postérieur, le prix de la vente ou une somme formant charge de la donation. Cette disposition, indépendante du contrat, ne peut plus être considérée comme une délégation du prix stipulé dans un contrat : c'est alors une délégation de créance à terme qui, acceptée ou non, est passible du droit portionnel (Cass., 26 mai 1834; trib. de la Seine, 18 janv. 1838, D.P.34.1.255; 38.4.109; Championnière et Rigaud, t. 2, nᵒ1457; Dalloz, eod. vᵒ nᵒˢ 1676 et s.).

693. Reconnaissances. — La reconnaissance est l'acte par lequel on reconnaît la vérité d'un fait ou d'une convention, ou par lequel on reconnaît avoir reçu des titres, des papiers ou des sommes d'argent, des valeurs que l'on s'oblige à rendre. Celle dont il s'agit dans la disposition ci-dessus est particulièrement l'acte par lequel on reconnaît devoir une somme d'argent. — V. Dalloz, eod. vᵒ nᵒˢ 1207 et suiv.

694. En général, le droit n'est pas exigible sur la reconnaissance à laquelle une des parties seule a comparu, parce que le droit d'obligation, comme, du reste, celui de toute convention, ne peut être perçu que sur un acte faisant titre de la dette (V. sup., le paragraphe précédent, nᵒ 11, et le Comm.). Or, pour qu'une reconnaissance fasse titre, il est indispensable qu'elle contienne la preuve du double consentement du débiteur et du créancier. Le principe a été formellement reconnu à l'égard de la reconnaissance du débiteur faite hors la présence du créancier dans un inventaire (Déc. min., 30 flor. an XIII), dans un acte de partage (7 nov. 1826, 25 avril 1827, D.P.27.1.37,246; Inst. gén., 1203, § 10, 20 mars 1827), dans une donation (Déc. min., 7 juin 1808; Championnière et Rigaud, t. 2, nᵒ 874; Délib., 4 oct. 1826), dans un contrat de mariage (Championnière et Rigaud, loc. cit., nᵒ 876; trib. de Strasbourg, 12 oct. 1820; trib. de la Seine, 23 fév. 1842, D.P.42.3.190, et autres décisions mentionnées dans la Table de quinze ans de Dalloz, vᵒ Enreg., nᵒˢ 158 et s. — Contrà, Délib., 30 août 1826). Mais ce principe a été écarté relativement aux reconnaissances contenues dans les testaments (Inst. gén., 1282, § 9, 28 juin 1829; Délib., 20 juill. 1838, D.P.39.3.106; Championnière et Rigaud, t. 2, nᵒˢ 883 et s.). Il n'y a pas toutefois, il faut le dire, de motif sérieux

pour décider, relativement aux testaments, autrement que relativement aux actes qui viennent d'être énumérés (Dalloz, Jur. gén., vᵒ Enreg., nᵒˢ 1244 et s.).

695. Dans l'hypothèse où la reconnaissance émane du créancier seul et sans l'intervention du débiteur, il est plus évident encore qu'elle ne saurait faire titre, nul ne pouvant se donner un titre à lui-même.

696. La présence et le concours des deux parties à l'acte ne suffirait même pas pour rendre le droit exigible : il faut, de plus, qu'elles aient eu l'une et l'autre l'intention de donner un titre à l'obligation (Délib., 25 nov. 1842, D.P.43.3.72). Ainsi, l'acte authentique qui contient dépôt de billets à ordre enregistrés constitue pour le créancier un titre différent de son titre originaire et donne ouverture au droit proportionnel, si le débiteur en a reconnu les signatures dans l'acte (Inst., 1857, § 9).

696 bis. Les déclarations et reconnaissances faites et acceptées dans un inventaire, en vue de constater les forces d'une succession ou d'une communauté, et non de créer un titre d'obligation, ne sont soumises à aucun droit d'enregistrement.—Ainsi la déclaration faite par un héritier, dans l'inventaire de la succession, qu'un emprunt contracté par le défunt, suivant acte authentique, l'a été pour le compte de cet héritier qui en a reçu directement les fonds, n'est pas soumise au droit d'obligation, une telle déclaration ayant pour objet de mettre l'emprunt mentionné à la charge de l'héritier, en déchargeant le passif de la succession dans les rapports des héritiers entre eux, et ne pouvant être considérée comme impliquant l'existence d'un prêt que le défunt aurait fait à son héritier des deniers par lui empruntés, et comme créant en faveur de la succession un titre d'obligation (Cass., 24 mars 1862, D.P.62.1.217).

697. Quant aux reconnaissances par des maris ou leurs héritiers elles sont expressément tarifées au droit fixe par l'art. 68 de la présente loi, § 3, nᵒ 4 (V. sup., nᵒ 555). Toutefois l'affranchissement du droit proportionnel ne s'applique pas au cas où la dote a été reçue par un autre que le futur, par exemple, le père ou tout autre parent qui s'oblige à la restitution (Sol., 18 vend. an IX; V. aussi Gabr. Demante, Expos. raisonn., t. 2, nᵒ 624).

698. Reconnaissances de dépôt. — Il s'agit ici du dépôt des sommes chez les particuliers. Le législateur s'écartant en cela des règles ordinaires du tarif, en matière de dépôt, lequel est généralement tarifé au droit fixe (art. 68, § 1ᵉʳ nᵒˢ 26 et 27), a appliqué à ce cas particulier le droit proportionnel d'obligation. Cette exception est fondée sur la facilité excessive qu'il y aurait eu à dissimuler,

sous l'apparence d'une reconnaissance de dépôt, les prêts et obligations de sommes, et partant à frauder la régie, si la loi eût admis pour le dépôt de sommes chez les particuliers, les bases posées pour les dépôts chez les officiers ministériels dont le caractère officiel exclut la possibilité de la fraude.

699. La présomption qui sert de base à la loi a fait élever la question de savoir si l'on pourrait, en prouvant que le dépôt reconnu ne cache pas un prêt, mais un véritable dépôt de sommes, être admis à ne payer que le droit fixe. D'après Championnière et Rigaud, t. 2, n° 830, il y aurait lieu de se prononcer affirmativement, attendu que les présomptions de la loi fiscale admettent généralement la preuve contraire, et qu'on ne voit pas pourquoi celle dont il s'agit ici la repousserait. Le texte de la loi résiste, à notre avis, à cette solution : quelle que soit la présomption sur laquelle ce texte est fondé, c'est le dépôt qu'il a nommément tarifé au droit proportionnel. Donc, prouver qu'il y a dépôt, c'est prouver que l'on est précisément dans l'hypothèse que la loi a prévue, dans celle qui rend applicable le tarif qu'elle a établi (Dalloz, loc. cit., n° 552.)—V. comme exemples de reconnaissance de dépôts, Trib. de la Seine, 19 fév. et 23 juin 1845 (D.p.46.4.238 ; 45.4.227).

700. D'ailleurs, la disposition ci-dessus, quoique relative aux dépôts faits chez les particuliers, serait applicable même au dépôt fait chez un notaire qui aurait agi comme simple particulier (Délib., 30 janv. 1829, 8 déc. 1835). Mais, s'il était présumable qu'il avait été fait en sa qualité d'officier public, l'acte et la décharge qui en aurait été la suite ne seraient sujets qu'au droit fixe (25 fév. 1830, D.p.30.1.245).

701. À l'occasion des dépôts chez les particuliers, la loi ne parle pas des décharges, comme elle l'a fait relativement aux autres dépôts. On en a conclu que la présomption qui a fait établir le droit proportionnel pour le dépôt même ne doit pas être étendue à la décharge, laquelle devrait, par conséquent, être soumise, comme toutes les décharges, au simple droit fixe (Championnière et Rigaud, t. 2, n° 1529). Il faut cependant reconnaître que si, dans la pensée de la loi, le dépôt chez un particulier ne constitue qu'un prêt déguisé, le complément naturel et nécessaire de cette supposition, c'est que la décharge de ce dépôt prétendu n'est au fond qu'une quittance. On n'est donc que conséquent en soumettant cette décharge au droit de libération (Délib., 19 mars 1833, D.p.33.3.89; Dict. de l'Enreg., v° Décharge, n° 50).

702. Bien que la loi n'ait tarifé que la reconnaissance de dépôt, il y aurait cependant lieu d'appliquer le tarif, si la preuve du dépôt était acquise autrement que par une reconnaissance, c'est-à-dire par un acte émané volontairement du dépositaire (Dalloz, eod., v° n° 559;—Cont. Championnière et Rigaud, t. 2, n° 832).

703. Obligation de sommes. — Après avoir énoncé les diverses dénominations que nous venons de parcourir, le texte ci-dessus tarife au même droit, par voie de disposition générale et complémentaire, tous actes et écrits qui contiendront obligation de sommes, sans libéralité et sans que l'obligation soit le prix d'une transmission de meubles ou d'immeubles non enregistrée. Remarquons sur cette disposition que, par son texte même, elle semble n'atteindre que le prêt qui, en effet, n'a pas été nommément tarifé par la loi. Par ces expressions, sans que l'obligation soit le prix, etc., elle exclut l'idée qu'elle soit applicable à toute obligation de somme dérivant d'un contrat synallagmatique ; et par celle-ci, sans libéralité, elle exclut l'idée qu'elle puisse s'appliquer aux contrats unilatéraux autres que le prêt, puisque tous les autres contrats unilatéraux, c'est-à-dire le cautionnement, le dépôt et le mandat, ont été nommément tarifés (Championnière et Rigaud, t. 2, n°s 802 et suiv.). Mais depuis la publication du Code Nap., qui, selon une jurisprudence constante, a voulu rendre obligatoire la promesse de prêter, on a fait rentrer aussi dans cette disposition de tarif, sous certaines conditions toutefois, les promesses de cette nature très-fréquentes dans le commerce, où elles sont connues sous la dénomination d'ouverture de crédit. La disposition qui vient d'être transcrite s'applique donc au prêt et aux promesses de prêter ou ouvertures de crédit. V. Dalloz, Jur. gén., v° Enreg., n°s 1303 et s.

704. Quant au prêt, on en distingue de deux espèces en droit civil, le prêt à usage ou commodat, et le prêt de consommation (art. 1875 et 1892, C. Nap.). Ce dernier prêt, qui peut avoir pour objet toutes choses qui se consomment par l'usage, peut être par cela même d'une somme d'argent. En ce qui concerne l'application de la loi fiscale, le prêt de consommation, dans ce dernier cas, ne présente aucune difficulté : il donne incontestablement ouverture au droit d'obligation. Mais lorsque le prêt de consommation a pour objet des choses matérielles autres que l'argent ou des valeurs qui en tiennent lieu, quelques auteurs ont pensé qu'il ne rentre dans aucune catégorie des contrats tarifés, et, en conséquence, qu'il n'est passible que du droit fixe de 1 fr. déterminé par l'art. 68, § 1, n° 51 (Championnière et Rigaud, t. 2, n° 804). La doctrine contraire a toutefois prévalu (Dict. de l'Enreg., v° Prêt, n°s 26, 27 et 28 ; Dalloz, loc. cit., n° 1318 ; Sol., 12 mai 1814; Délib., 10 mars 1828 ; D.p.33.3.28). —Relativement

en propriété ou usufruit, qui auront lieu par décès en ligne directe (1).

au prêt à usage ou commodat, au contraire, comme de sa nature il ne constitue point une transmission de valeurs, on soutient généralement qu'il ne donne ouverture à aucun autre droit que le droit fixe établi par l'art. 68, § 1, n° 51 (*Dict. de l'Enreg.*, loc. cit., n° 10, Dalloz, n° 1317; Championnière et Rigaud, n° 808). La régie a tenté cependant de faire prévaloir la doctrine contraire (Délib., 10 mars 1828, D.P.33.3.28).—Comme exemple de prêt soumis au droit d'obligation, *V.* trib. de Saint-Omer, 26 juin 1841 (D.P.41.3.551). —*V.* aussi inst. de la régie du 11 juillet 1853 (D.P.53.3.47).

Le prêt de consommation peut se faire sur nantissement ou sur dépôt. Une loi du 8 septembre 1830 a, par une exception faite en faveur du commerce, réduit à un droit fixe le prêt sur dépôt de marchandises; *V.* ci-après cette loi et notre Commentaire, n°ˢ 854 et suiv.

705. L'énonciation, dans l'acte constatant un paiement fait par un tiers non intéressé, que c'est à la demande et en présence du débiteur que le paiement a eu lieu, fait présumer un prêt avec convention tacite de subrogation, et autorise, dès lors, la perception du droit d'obligation à 1 pour 100 (Trib. de Béziers 11 mai 1858, D.P.59.3.7).

706. Relativement aux *promesses de payer*, ou *ouvertures de crédit*, elles consistent dans l'obligation que prend un négociant qui, relativement à cette convention, s'appelle crédité, de fournir à un autre, que l'on nomme crédité, des fonds ou des effets négociables jusqu'à concurrence d'une certaine somme, à la charge par le crédité d'en rembourser le montant avec intérêts. La faculté qui est accordée à celui-ci prend le nom de *crédit*. Ce contrat, qui forme un engagement réciproque, a été généralement considéré comme obligatoire depuis le Code Napoléon. En partant de là, la régie, sans trop s'occuper de déterminer le caractère propre de la convention, l'avait d'abord fait rentrer dans la disposition finale de l'art. 69, § 3, n° 3, que nous commentons ici, en la considérant comme donnant ouverture, au moment même de la formation, au droit d'obligation (Délib., 6 déc. 1833, D.P.34.3.28; 23 juill. 1835; 18 oct. 1832; Sol., D.P.33.3.15). Mais le caractère éventuel de la convention a fait admettre, comme une règle certaine en jurisprudence, que le droit n'était pas exigible, quant à présent; qu'il ne devait être perçu que lors de la réalisation et à raison des sommes dont le crédité aurait profité (Cass., 10 mai 1831, D.P.31.1.167; 9 mai 1832; D.P.32.1.348; 29 avril 1844. D.P.44.1.207; trib. de la Seine 23 déc. 1845, D.P.47.1.204). La régie s'est elle-même con-

§ 4. — 1 fr. 25 cent. par 100 fr.

1° Les donations entre-vifs, en pro-

formée à cette nouvelle doctrine (Délib., 27 avril et 3 juill. 1838; D.P.38.3.211). — Mais le droit proportionnel doit être immédiatement perçu, lorsque l'ouverture de crédit se trouve mélangée de stipulations qui lui donnent un effet actuel. *V.* les décisions analysées par Dalloz, *Jur. gén.*, v° Enreg., n° 1354, et *Table de quinze ans*, eod., v°, n°ˢ 448 et suiv. *V.* aussi cette même table, n°ˢ 207, 739 et 882.

706 *bis.* L'acte par lequel un associé commanditaire, menacé par les créanciers de la société, d'une action en paiement solidaire des dettes sociales pour immixtion dans les opérations de la société, s'engage à verser à la masse des créanciers, avec garantie hypothécaire et intérêts à 5 p. 100, une certaine somme remboursable sur le prix de vente des immeubles de la société et jusqu'à concurrence de ce prix, constitue, malgré cette clause de remboursement, une véritable obligation soumise au droit d'obligation, et non une simple promesse de prêt passible du droit fixe d'ouverture de crédit (Rej., 15 déc. 1858, D.P.59.1.493).

(1)—707. La loi du 16 juin 1824, art. 3, a appliqué cette quotité aux donations et partages d'ascendant en conformité des art. 1075 et 1076, C. Nap. Mais il faut que le partage et la donation aient lieu entre les enfants. Elle ne jouirait pas de la modération de cette loi si elle était faite par un ascendant entre son enfant unique, et les enfants de celui-ci (C., 12 mars 1849, D.1849.1.96); et autres décisions très-nombreuses indiquées par Dalloz, *Jur. gén.*, v° *Enreg.*, n° 3897 et suiv., et *Table de quinze ans*, eod., v°, n°ˢ 409, 412, 413 et 415).—Mais il existe des décisions en sens contraire. *V. Jur. gén.*, loc. cit., n° 3896, et *Table de quinze ans*, eod., n°ˢ 410, 411, 414 et 416. — Sur les autres caractères que doit présenter le partage d'ascendant pour jouir de la modération de droits établie par la loi de 1824, *V.* la *Jur. gén.* de Dalloz, loc. cit., n°ˢ 3909 et suiv., et la *Table de quinze ans*, eod., n°ˢ 447 et suiv. — *Adde* Cass., 10 déc. 1855 (D.P.56.1.163).—Il s'agit ici du droit de succession, c'est-à-dire de celui qui, dans la loi fiscale, frappe l'action de succéder à une personne, de prendre la place qu'elle laisse vide par son décès, et de la représenter dans tous ses biens, dans tous ses droits, et dans toutes les charges qui peuvent passer à un successeur. Les successions sont légitimes, testamentaires ou contractuelles. Ces trois modes sont compris dans le tarif sous la dénomination générale de *mutation par décès* (*V.* loi 28 avril 1816, art. 53).

708. D'après la loi de frimaire, les droits de mutation par décès, qui s'effectuent par

priété ou usufruit, de biens meubles, en ligne directe (1).

Il ne sera perçu que moitié droit, si elles sont faites par contrat de mariage aux futurs,

2° Les mutations en propriété ou usufruit de biens meubles, qui s'effectuent par décès, entre collatéraux et autres personnes non parentes, soit par succession, soit par testament ou autre acte de libéralité à cause de mort.

Il ne sera dû que moitié droit pour celles qui auront lieu entre époux.

§ 5. — 2 fr. par 100 fr.

1° Les adjudications, ventes, reventes, cessions, rétrocessions, marchés, traités et tous autres actes, soit civils, soit judiciaires, translatifs de propriété à titre onéreux de meubles, récoltes de l'année sur pied, coupe de bois taillis et de haute futaie, et autres objets mobiliers généralement quelconques, même les ventes de biens, de cette nature faites par la nation (2).

Les adjudications à la folle enchère de biens meubles sont assujetties au même

---

succession varient suivant la nature des biens transmis et la parenté existant entre le défunt et les héritiers. La présente disposition est exclusivement relative aux mutations de biens immeubles qui ont lieu par décès en ligne directe; mais la loi du 18 mai 1850 a assimilé, par son art. 10, les transmissions de meubles par décès aux transmissions d'immeubles, sous le rapport des quotités à percevoir (V. sup., § 1, 30). Les tarifs ultérieurs n'ont pas autrement modifié le droit établi par celui de l'an vii. — Relativement aux mutations en ligne collatérale ou entre personnes non parentes, V. ci-après la loi du 21 avril 1832, art. 33.

709. Dans la ligne directe ascendante ou descendante, la loi fiscale ne distingue pas les degrés. Les enfants légitimés par mariage subséquent sont appelés aux successions ouvertes depuis le mariage; mais ils sont étrangers à celles qui étaient ouvertes auparavant (Championnière et Rigaud, t. 4, nos 3315 et suiv.). Entre l'adoptant et l'adopté, les mutations sont en ligne directe (Cass., 2 déc. 1822; D.A.1.312). — Lorsqu'un individu est appelé à la fois comme ascendant et comme collatéral, le droit est déterminé pour chaque objet suivant le titre auquel il lui est dévolu (Championnière et Rigaud, n° 3321). Pour l'indication des cas où le droit de mutation pour décès est dû, V. Dalloz, Jur. gén., v° Enregistr., nos 3974 et suiv. et Table de quinze ans, eod. v° et suiv.

710. Le droit de mutation par décès s'applique aux successions ouvertes par la mort naturelle et par la mort civile; mais le droit successif n'est applicable qu'aux mutations opérées à titre successif (Cass., 27 niv. an xi, D.A.7.79; Championnière et Rigaud, t. 3, n° 2481). Relativement à l'absence et à la possession des héritiers présumptifs..., V. sup., l'art. 24 de la présente loi et le Comm. à la note.

(1) 711. Le tarif des donations a éprouvé de fréquentes variations dont on peut voir l'analyse et le tableau au Dict. de l'enregistr., v° Donation entre-vifs, nos 84 et suiv. V. aussi

Dalloz, loc. cit., nos 3648 et suiv. Aujourd'hui la quotité du droit varie suivant la nature mobilière ou immobilière de l'objet donné, et suivant le degré de parenté du donataire et du donateur. La disposition ci-dessus transcrite tarife la donation en ligne directe relativement aux biens meubles, par le § 6, n° 2, du même article de la présente loi (V. infra le Commentaire, dans lequel on trouvera des principes communs au texte ci-dessus).—Le tarif, à cet égard, est celui qui subsiste encore aujourd'hui.—En ce qui concerne les donations de biens meubles ou immeubles, en ligne collatérale et entre personnes non parentes, V. la loi du 28 avril 1816, art. 53 et 54, 33 de la loi du 21 avril 1832 et 10 de la loi du 18 mai 1850. Le droit établi par la disposition ci-dessus pour les meubles, a été d'abord réduit à 25 c. pour 100, lorsque les donations sont faites en conformité des art. 1073 et 1075 du C. Nap. (Loi 16 juin 1824, art. 3), mais il a été porté à 1 pour 100 par l'art. 10 de la loi du 18 mai 1850.

712. Toutefois, pour que ce droit d'un franc puisse être perçu dans les donations contenant partage, faites par les ascendants, il faut qu'elle ait lieu directement aux enfants. Ainsi, il ne serait pas applicable dans la donation faite aux petits-enfants du donateur du vivant de leur père, lors même qu'il serait intervenu dans l'acte et y aurait fait aussi le partage de ces biens (C. 21 juill. 1851, D.P. 51.1.201 (V. art. 5, L. 18 mai 1850); V. sup., n° 707.

(2) 713. La disposition ci-dessus a pour objet de tarifer la vente et toute convention, comme elle, translative à titre onéreux. Elle s'applique aux actes translatifs de biens meubles, et est complétée, relativement aux actes translatifs de biens immeubles, par le présent art., § 7, n° 1, qui reproduit toutes les dispositions comprises dans le texte ci-dessus. On remarquera, toutefois, que le droit proportionnel est nommément appliqué aux mutations d'immeubles en usufruit, et que la même disposition n'est pas répétée pour

droit, mais seulement sur ce qui excède le prix de la précédente adjudication si le droit en a été acquitté ;

les meubles dans le présent texte. Mais il ne faut tirer aucune conséquence de cette différence de rédaction que rien ne motive, d'autant que si l'on refusait d'appliquer le droit de 2 pour 100 aux transmissions d'usufruit de biens meubles, on ne voit pas quel autre droit proportionnel pourrait être substitué.

Le droit de 2 pour 100 a été réduit à 50 c. pour 100 pour les ventes de marchandises faites à la Bourse et aux enchères par les courtiers de commerce, par la loi du 15 mai 1818, § 7, art. 74 ; et ce même droit de 2 pour 100, qui était applicable aux ventes de navires français ou étrangers, aux termes d'une décision ministérielle du 18 germ. an x, a été réduit, pour cet objet, à 1 fr. fixe par la loi du 21 avril 1818 sur les douanes (V. *sup.* nº 624).

713 *bis.* Lorsqu'une mine est exploitée en société, les portions indivises des concessionnaires associés doivent être considérées non comme des portions de la propriété de la mine elle-même, mais comme de simples parts d'intérêts dans la société, et, par suite les cessions qui en sont faites, quelle que soit la qualification donnée par les parties aux actes qui les renferment, sont assujetties au droit de vente mobilière (Cass., 6 fév. 1860, D.P.60.1.88).

713 *ter.* Le procès-verbal constatant une offre de livrer à un prix indiqué comme convenu, ne peut être assimilé à un titre de vente donnant lieu à la perception du droit proportionnel, alors que ce prix est précisément contesté par l'autre partie, qui pour ce motif refuse l'offre de livraison (Trib. de la Seine, 29 juill. 1859, D.P.60.3.8).

714. Les règles relatives au contrat de vente s'appliquent, en général, aux ventes de meubles comme aux ventes d'immeubles : on les trouvera donc rappelées *inf.*, sous le § 7, nº 1. Bornons-nous à énoncer ici quelques particularités. Disons d'abord que la vente mobilière donne ouverture à un droit d'acte, et que, dès lors, le droit ne peut être perçu que sur un acte formant titre et volontairement soumis à l'enregistrement (Délib., 11 avril 1832; Sol., 19 fév. 1828; Cass., 8 oct. 1810; Championnière et Rigaud, t. 3, nºˢ 1812 et 1819; Dalloz, vº *Enreg.*, nºˢ 2805 et suiv., et les décisions citées).

714 *bis.* Lorsque des marchandises, au lieu d'être vendues en bloc, l'ont été au poids, au compte ou à la mesure, comme la vente n'est parfaite qu'après que les marchandises ont été pesées, comptées ou mesurées, M. Dalloz (vº *Enregistr.*, nº 2836) est d'avis que la perception du droit doit être suspendue jus-

qu'à cette époque.—M. Gabr. Demante (*Expos. rais.*, nº 261) pense, au contraire, que le droit est exigible immédiatement, parce que si, dans ce cas, il n'y a pas vente parfaite et transmission de la propriété jusqu'au pesage, comptage et mesurage, il y a du moins un marché, et que, d'après l'art. 69, § 5, 1º, le marché donne ouverture au droit tout aussi bien que la vente proprement dite.

715. Il arrivera quelquefois qu'une vente mobilière de sa nature doit cependant être regardée comme immobilière, relativement à la perception. Le principe admis à cet égard, c'est que toutes les fois que la vente des fruits ou accessoires d'un fonds, faite séparément de la vente du fonds lui-même, a pour objet de consommer une fraude au préjudice du fisc, en signalant deux ventes où il n'en existe réellement qu'une, le droit immobilier doit être appliqué, comme s'il n'y avait qu'un seul et même contrat : seulement, il faut dire qu'à défaut d'une règle tracée par la loi qui détermine quand la fraude peut être présumée, la présomption n'en doit pas être trop facilement admise (V. *sup.*, nº 42). — *V.* comme exemples, Cass., 10 nov. 1853 (D.P.54.1.362); 28 avril 1856 (D.P.56.1.202); trib. de la Seine, 7 mars 1857 (D.P.57.3.78); trib. de Dunkerque, 31 juill. 1857 (D.P.57.3.80), ainsi que les décisions indiquées dans la *Table de quinze ans* de M. Dalloz, vº *Enreg.*, nºˢ 621 et suiv.

Les constructions faites par une société pour l'installation, dans un bâtiment pris à bail, d'un moulin à vapeur breveté composant le fonds social, ne peuvent, pas plus que ce moulin, être considérées comme immeubles, alors d'ailleurs qu'elles n'y ont pas été établies à perpétuelle demeure. Dès lors, la cession de sa part dans de telles valeurs, consentie par un associé, au profit d'un autre associé ne peut donner lieu qu'au droit de cession mobilière de 2 pour 100 (Trib. de Moulins, 9 nov. 1859, D.P.60.3.72).

715 *bis.* La femme qui, ayant renoncé à la communauté, exerce ses reprises sur les biens de cette communauté, doit-elle le droit de mutation sur les biens ainsi repris par elle? Cette question dépend de la question de savoir si, dans ce cas, la femme exerce ses reprises à titre de créancière ou à titre de propriétaire. La jurisprudence a varié sur cette question. La Cour de cassation avait d'abord décidé que la femme renonçante exerce ses reprises à titre de créancière; et elle en avait conclu que le droit de mutation est dû (Cass., 22 nov. 1837, D.P.37.1.468; 28 août 1838, D.P.38.1.359). Mais, depuis,

cette Cour, ayant décidé par de nombreux arrêts que la femme renonçante exerce ses reprises à titre de propriétaire, avait été amenée par là à conclure qu'il n'est pas dû de droit proportionnel de mutation sur les biens ainsi repris (Cass., 10 juill. 1855, D.P. 55.1.251). Enfin, la Cour suprême est revenue à sa première doctrine, et d'après une jurisprudence qui paraît définitive, c'est bien comme créancière, et non pas comme propriétaire, que la femme renonçante exerce ses reprises (V. notamment Ch. réun., rej., 16 janv. 1858, D.P.58.1.5). Il a été jugé, en conséquence, que ces reprises constituent une véritable vente opérée au profit de la femme à titre de paiement, et passible du droit proportionnel de mutation (Cass., 3 août 1858, D.P.58.1.311 ; 24 août 1858, D.P. 58.1.350; 24 déc. 1860, D.P.61.1.23). V. aussi Gabr. Demante, t. 2, nᵒˢ 647 et suiv.

715 ter. Dans le cas où la communauté ayant été dissoute par le décès de la femme, ses héritiers ont renoncé, il est possible que les sommes auxquelles ont été liquidées les reprises qu'ils ont à exercer de son chef restent entre les mains du mari à titre d'usufruit, en vertu du contrat de mariage. Dans ce cas, le mari en reste propriétaire durant toute sa vie, et à son décès sa succession en est débitrice envers les héritiers de la femme. De là il résulte que ces sommes ne doivent pas être distraites de la succession du mari pour l'établissement du droit de mutation (Rej., 21 août 1861, D.P.61.1.392).

715 quater. Si la communauté est acceptée par la femme ou par ses héritiers, ses reprises ne sont pas soumises au droit de mutation, parce qu'elles constituent, dans cette hypothèse, l'une des opérations du partage avec lequel elles se confondent pour la perception du droit d'enregistrement (Cass., 3 août 1858, D.P.58.1.310).

716. Il avait paru que la convention par laquelle un officier public cède son office ne contenait la livraison d'aucun objet mobilier ou immobilier, et ne présentait ainsi qu'une simple obligation de somme tarifée par la loi à 1 pour 100; et cette perception avait été appliquée, par analogie, aux cessions de pratique et aux achalandages de marchands (Déc. min., 31 mai 1808; 28 août 1829, sol.). Mais un arrêt de cass. du 16 fév. 1831 a reconnu que, depuis la loi du 28 avr. 1816, dont l'art. 91 a accordé aux notaires, avoués, greffiers, etc., la faculté de présenter leurs successeurs à la nomination du roi, les offices sont la propriété des titulaires et font partie de leurs biens, d'où il suit qu'une étude, n'étant pas un immeuble, se trouve nécessairement classée sous l'expression d'effets mobiliers : ce qui rendait la cession de ces offices passible du droit de 2 pour 100, sauf la partie du prix représentative de la valeur des créances et recouvrements cédés avec l'office (Av. com. fin. app., 24; 8 juin 1831 ; Inst. gén., 1831, § 1 ; 20 sept. 1831). La loi du 21 avril 1832 a modifié cet état de choses en créant un nouveau droit à percevoir sur l'ordonnance de nomination ; mais cette loi a été elle-même reconnue insuffisante, et une autre loi des finances du 25 juin 1841 (V. inf.) a créé, pour les transmissions d'offices, un système de perception tenant à la fois de celui de la loi de 1832 et des règles communes en matière d'enregistrement. D'après l'art. 7 de la loi de 1841, le droit d'enregistrement est de 2 pour 100 du prix estimé dans l'acte de cession et du capital des charges qui peuvent ajouter au prix. On voit que cet article applique aux conventions de l'espèce le droit établi par l'art. 69, § 5, nᵒ 1, de la loi du 22 frim. an VII, pour les ventes d'objets mobiliers, et qu'il maintient la base de perception déterminée pour ces ventes par l'art. 14 de la même loi.

Aux termes de l'art. 6 de la loi du 25 juin 1841, « tout traité ou convention ayant pour objet, et la transmission à titre onéreux ou gratuit, en vertu de l'art. 91 de la loi du 28 avril 1816 d'un office, de la clientèle, des minutes, répertoires, recouvrements et autres objets en dépendant, devra être constaté par écrit et enregistré avant d'être produit à l'appui de la demande de nomination du successeur désigné, » Ce n'est là qu'une application de l'art. 23 de la loi du 22 frim. an VII (V. sup.). V. sur ce point Cass., 15 mai 1848 (D.P.48.1.91).

Au surplus, les dispositions de la loi de 1841 ont été commentées dans une instruction de la régie, du 15 juill. 1841 (D.P.41.3. 431), à laquelle nous renvoyons le lecteur. V. aussi les développements dont elles ont été l'objet dans Dalloz, vᵒ Enreg., nᵒˢ 1902 et suiv., ainsi que les arrêts rapportés dans la Table de quinze ans, eod. vᵒ, nᵒˢ 670 et suiv.

Sous l'empire de la loi du 31 avril 1832, on décidait que la vente d'un office ministériel, lorsqu'elle est subordonnée à la nomination du cessionnaire, n'est sous aucun rapport sujette au droit proportionnel, par le motif que, s'il est vrai, en principe général, que toute résolution conditionnelle d'un acte ne peut donner lieu à une restitution de droits perçus sur cet acte, alors qu'il est obligatoire et susceptible d'exécution au moment même du contrat, il n'en est pas moins vrai que toute stipulation soumise à une condition suspensive, qui ne permet aucune exécution avant un événement prévu et certain, ne contient pas d'obligation actuelle, passible du droit proportionnel (Cass., 24 ports et délégations qui en sont faits au même titre, et les baux de biens meubles faits pour un temps illimité (1) ;

3° Les échanges de biens immeubles (2).

Le droit sera perçu sur la valeur d'une des parts, lorsqu'il n'y aura aucun retour. S'il y a retour, le droit sera payé à raison de deux francs par cent francs, sur la

---

fév. 1835, D.P.35.1.322). — Cependant la régie percevait constamment le droit proportionnel nonobstant la condition suspensive. Si la nomination n'avait pas lieu, elle faisait la restitution sur la production de la lettre ou original, annonçant la décision du ministre, et des traités enregistrés (Inst., 1677). — Mais la restitution n'avait pas lieu si le successeur, présenté et nommé, avait été ensuite déclaré déchu du bénéfice de sa nomination, faute par lui d'avoir prêté serment dans les deux mois de sa nomination. — Ces principes ont été confirmés par la loi de 1841 (Art. 14). V. Dalloz, *loc. cit.*, nⁿˢ 1932 et suiv.

716 *bis.* La cession de la gérance d'un journal est passible du droit de cession mobilière, de 2 p. 100 (Trib. de la Seine, 17 déc. 1858, D.P.59.3.69).

717. La vente d'un manuscrit doit-elle être considérée comme une vente ordinaire et tarifée au droit de 2 pour 100? L'affirmative est enseignée par les auteurs du *Journ. de l'Enregistr.*, (Art. 4341) ; mais la faveur que méritent les œuvres littéraires, jointe au caractère des ventes de manuscrits, qui se classent plus justement parmi les *marchés* faits entre particuliers, il est question dans le numéro 1 du paragraphe 3 du présent article, semble devoir rendre applicable à ces conventions le droit de 1 pour 100 plutôt que celui de 2 pour 100.

717 *bis.* La cession du droit d'exploiter un brevet dans une localité déterminée et jusqu'à son extinction, quoique qualifiée par les parties de bail résiliable à la volonté du cessionnaire seulement, et consentie moyennant une redevance annuelle, est avec raison considérée comme vente passible du droit proportionnel de 2 p. 100 (Trib. de Bazas, 5 juill. 1859, D.P.60.3.62).

718. Relativement aux actes translatifs de propriété ou d'usufruit comprenant tout à la fois des meubles et des immeubles, V. *sup.*, l'art. 9 de la présente loi et notre Commentaire.

(1) — 718 *bis.* Lorsque la charge imposée au légataire universel de *nourrir* un parent désigné paraît, d'après l'exécution que celui-ci lui a donnée pendant un certain temps, avoir eu pour objet une fourniture d'aliments

---

moindre portion, et comme pour ventes sur le retour ou la plus-value (3) ;

4° Les élections ou déclarations de command ou d'ami, sur adjudication ou contrat de vente de biens meubles, lorsque l'élection est faite après les vingt-quatre heures, ou sans que la faculté d'élire un command ait été réservée dans l'acte d'adjudication ou le contrat de vente (4)

---

en nature, l'acte par lequel le légataire convient pour l'avenir de servir au bénéficiaire une pension annuelle, est avec raison considéré comme renfermant une novation, passible du droit de 2 pour 100 (Trib. de Lille, 21 juin 1861, D.P.61.3.71).

718 *ter.* L'acte portant donation d'une somme d'argent, à charge par le donataire de servir à un tiers une rente viagère dont les arrérages sont équivalents à l'intérêt légal de cette somme, constitue une donation et non un simple contrat de constitution de rente viagère, le donataire devant rester propriétaire du capital à l'extinction de la rente. — Et il en est ainsi quoique le revenu de la somme donnée soit, à cette dernière époque, affecté à une fondation perpétuelle, si cette fondation est de celles auxquelles l'établissement donataire est consacré. — Par suite, cet acte est passible du droit proportionnel de donation, et non du droit proportionnel de constitution de rente viagère (Req. 21 mai 1860, D.P.60.1.312).

718 *quater.* Mais la constitution de rente viagère faite par une compagnie en faveur de la veuve d'un de ses employés tué à son service, moyennant quoi la veuve déclare renoncer à l'exercice de toute action contre la compagnie, ne donne pas ouverture au droit de donation, mais seulement au droit d'indemnité de 2 p. 100. — Il en est ainsi, alors même que la rente a été déclarée incessible et insaisissable, cette stipulation ne pouvant avoir pour effet de donner le caractère de libéralité à un acte qui n'est que l'acquittement d'une dette sanctionnée par la loi civile (Solut. de la régie du 5 mai 1862, D.P. 62.3.62).

(2) — 719. Le droit est de 2 fr. 50 cent. pour 100, y compris le droit de transcription. *V.* la loi des 16 juin 1824, art. 2, et 24 mai 1834, art. 16 et 17, le tome 1, p. 403 et s. *V.* aussi Dalloz, *Jur. gén.*, vⁿ *Enreg.*, nⁿˢ 3181 et suiv., et *Table de quinze ans, cod.* rⁿ, nⁿˢ 483 et suiv.

(3) — 720. *V.* sur ce point l'art. 15, n° 4, de la présente loi, et notre Commentaire.

(4) — 721. A l'égard des élections de command faites et signifiées dans les vingt-quatre heures, *V. sup.* l'art. 68, § 1ᵉʳ, n° 24,

5° Les engagements de biens immeubles (1);

de la présente loi, et le Commentaire. Lorsque la déclaration est faite après les vingt-quatre heures sur vente ou adjudication de biens immeubles, le droit est de 4 pour 100 (V. inf., § 7, n° 3).

(1) — 722. L'engagement tarifé est celui qui opère une transmission de jouissance. Il y en a de plusieurs espèces : le premier est la convention par laquelle un débiteur met son créancier en jouissance d'un immeuble pour le payer du capital de sa dette ; le second est la convention par laquelle un débiteur transmet la jouissance à son créancier, pour tenir lieu d'intérêt de la dette ; le troisième enfin est le contrat pignoratif, par lequel le propriétaire d'un héritage le vend à son prêteur ou créancier, pour se procurer les deniers dont il a besoin, ou pour s'acquitter d'une dette, et le vend sous la condition de pouvoir la racheter pour le même prix pendant un certain temps, et après cette vente sous faculté de rachat, l'acquéreur loue ce même héritage à son vendeur, pour le même temps, moyennant une somme que celui-ci s'oblige de payer annuellement, et qui est ordinairement égale à l'intérêt du prix pour lequel l'héritage peut être racheté (Championnière et Rigaud, 1.-4, n°s 3119 et suiv.).

— 723. Le tarif des engagements d'immeubles comprend ces diverses espèces d'engagement (Championnière et Rigaud, loc. cit., 3123, 3124, 3136 et suiv.). En ce qui concerne le contrat pignoratif (V. Dalloz, v° Enregistr., n° 3158 et 3159 ; Cass., 8 nov. 1843, (D.P.44.1.29). L'antichrèse y est également comprise (V. Dalloz, Jur. gén., eod. v°, n° 3152 et suiv.; Cass., 25 janv. 1847, D.P.47.1.161 ; trib. de la Seine, 19 juill. 1850, D.P.50.3.80) ; mais non pas l'hypothèque (27 fév. 1822, délib.).

Ainsi, la cession faite par un débiteur à son créancier de la jouissance d'un immeuble, jusqu'au remboursement de la créance, alors même qu'elle ne règle pas le mode d'imputation des fruits, est un engagement d'immeubles à laquelle le tarif de l'engagement d'immeubles est applicable (Délib., 20 juin 1817).

Il en est de même de l'acte qui constate qu'une veuve retient, aux termes de son contrat de mariage, la jouissance des biens de son mari jusqu'au remboursement de ses reprises. Mais, s'il s'agit d'un acte portant que le vendeur restera en jouissance de l'immeuble engagé, qu'il paiera à l'acquéreur les intérêts du prix à 5 pour 100, et qu'au terme, à défaut de remboursement, il n'aura que le droit de vendre l'immeuble, en tenant compte à l'acquéreur, mutuellement de la différence dans les deux prix, l'administra-

tion le soumet au droit proportionnel de vente à réméré (Délib., 17 déc. 1833).

Ainsi il a été décidé que la convention par laquelle le débiteur d'une rente viagère donne au créancier de cette rente la jouissance pendant sa vie d'un domaine, pour le payer entièrement des arrérages de la rente, ne constitue pas le contrat d'antichrèse, quoique cette qualification lui soit donnée, mais un véritable usufruit ou bail à vie et que le droit proportionnel dû est celui de 5 1/2 pour 100 établi pour les constitutions d'usufruit sur des objets immobiliers, et non celui de 2 pour 100 établi pour les antichrèses (Cass., 16 fév. 1831). En effet, pour qu'il y eût antichrèse dans le sens de la loi, il faudrait que la remise du domaine eût pour objet la sûreté d'une dette dont le débiteur ne serait pas libéré par l'effet seul du contrat, parce que le domaine serait alors le gage de cette dette.

L'antichrèse présente avec le bail, comme avec la vente, soit pure et simple, soit à réméré, certains points d'analogie, mais elle s'en distingue également par des traits essentiels et caractéristiques ; par l'antichrèse, le créancier n'acquiert sur l'immeuble engagé que le droit d'en percevoir les fruits, et quant au fonds, quant à la chose même, il a un simple droit de rétention qui périt avec la possession de la chose, et ne lui donne alors aucune action contre les tiers. Par le bail, l'acquéreur acquiert, non pas le revenu, mais les bénéfices de l'exploitation, indépendamment des produits constitutifs du revenu, en d'autres termes, dans ce bail, l'objet de la convention consiste dans tous les fruits produits par la chose, déduction faite du prix de ferme ; dans l'engagement, c'est uniquement ce prix ou l'équivalent qui fait l'objet du contrat : en outre, dans le bail, il ne dépend ni du preneur, ni du bailleur de faire cesser la jouissance avant le terme convenu. Au contraire, dans l'antichrèse, les deux parties ont également ce droit, le débiteur en payant le créancier par sa seule volonté, lorsqu'il n'a pas renoncé à cette faculté ; enfin dans le bail, la durée est ordinairement limitée, tandis que, dans l'antichrèse, elle est, en général éventuelle, et a pour terme l'époque du remboursement, soit que le créancier se soit payé par ses mains en percevant les revenus, soit que le débiteur ait effectué le paiement. Ces différences, qui, en droit civil, caractérisent respectivement l'antichrèse et le bail, servent, en droit fiscal, à reconnaître quel est le droit applicable, de celui de bail ou de celui d'engagement d'immeuble, lorsqu'un acte translatif de jouissance est soumis à la formalité.

6° Les parts et portions acquises par licitation de biens meubles indivis (1);

7° Les retours de partages de biens meubles (2);

8° Les dommages-intérêts prononcés par les tribunaux criminels, correctionnels et de police (3).

§ 6. — 2 fr. 50 cent. par 100 fr.

1° Les donations entre-vifs, en propriété ou usufruit, de biens meubles par des collatéraux et autres personnes non parentes.

Il ne sera perçu que moitié droit, si elles sont faites par contrat de mariage aux futurs (4);

2° Les donations entre-vifs, en propriété ou usufruit, de biens immeubles en ligne directe.

Il ne sera perçu que moitié droit, si elles sont faites par contrat de mariage aux futurs (5);

Ainsi, il y a lieu de considérer comme antichrèse et non comme bail, malgré la qualification donnée à l'acte, la convention par laquelle un débiteur abandonne, d'abord pour seize ans, la jouissance d'un immeuble pour être quitte de sa dette, et néanmoins se réserve, par une clause particulière le droit de résilier le bail en s'acquittant de la dette, car la dernière clause détruit l'effet de la première, et, d'après les différences ci-dessus, le caractère d'antichrèse ; et, au contraire, on dira qu'il y a bail et non antichrèse dans l'acte par lequel une personne cède, pour six ans, la jouissance d'un immeuble, avec convention qu'à la fin de ce terme elle sera libérée de sa dette, tant en capital qu'en intérêts, car il n'y a dans la réalité qu'un bail dont le prix est payé d'avance (*V.* Dalloz, *loc. cit.*, n° 3169).

(1) — 724. Le texte ci-dessus est relatif aux parts acquises de biens meubles. Quant aux immeubles V. *inf.*, § 7, n° 4, et le Commentaire.

(2) — 725. Le droit est de 4 pour 100 pour le retour d'échange et de partage des biens immeubles, plus le droit de 1 1/2 pour 100 prescrit par l'art. 54 de la loi du 28 avril 1816 (V. *inf.*, § 7, n° 5).

Si, dans un acte d'échange, le revenu évalué par les parties des biens d'une part est supérieur au revenu des biens de l'autre, il est dû le droit de 5 fr. 50 c. p. 100 sur le capital au denier vingt de la différence, quoique aucun retour ne soit stipulé (Inst., 1697, § 2).

Le droit de soulte est encore dû sur les charges que l'un des échangistes prend l'engagement de payer en l'acquit de l'autre, lors même qu'il est énoncé que le revenu est égal de part et d'autre (Inst., 1336, § 6).

(3) — 726. Le droit a été porté au même taux pour les dommages-intérêts en matière civile (L. 27 vent. an IX, art. 11).

(4) — 727. La quotité du droit a été augmentée et graduée suivant le degré de parenté (L. 28 avr. 1816, art. 53, et L. 21 avr. 1832, art. 33).

727 *bis*. La dispense de rapport à la succession du père commun, consentie par des enfants au profit de l'un d'eux, relativement à une somme reçue par celui-ci à titre d'avancement d'hoirie, a le caractère d'une libéralité, et par suite, donne lieu à la perception d'un droit de mutation entre-vifs à titre gratuit en ligne collatérale (Trib. de Neufchâtel, 27 août 1857, D.P.58.3.8).

(5) — 728. Relativement aux donations entre-vifs en ligne directe de biens meubles, V. *sup.*, § 4, n° 1, et le Commentaire avec les indications qui y sont données. — Depuis la loi du 28 avril 1816 (art. 34), tous actes de nature à être transcrits parmi lesquels il faut surtout ranger les donations de biens immeubles, sont assujettis à un droit additionnel de 1 1/2 pour 100 qui se perçoit au moment où l'acte est présenté à la formalité de l'enregistrement (*V.*, pour l'historique de ce droit additionnel, Championnière et Rigaud, t. 3, n°ˢ 2183 et suiv.).

Le droit pour les donations aux époux par contrat de mariage par les collatéraux est actuellement de 4 fr. 50 c. p. 100 pour les meubles et immeubles, et de 6 fr. dans le même cas par les étrangers (L. 28 avr. 1816 et 21 avr. 1832).

729. La même loi a d'ailleurs renouvelé (art. 53) la dispense appliquée par la disposition ci-dessus aux donations entre-vifs par contrat de mariage. De là la question de savoir si l'exemption doit porter sur le droit de transcription. Quoique réunis, les deux droits ne cessent pas d'être distincts, et, puisque l'exemption ne porte que sur le premier, il n'y a pas lieu de l'étendre au second.

730. Le droit des donations entre-vifs est exigible au moment même du contrat; au contraire, celui de mutation, dont l'effet est suspendu pendant la vie de l'instituant, n'est dû qu'au jour du décès. De là il suit qu'il importe de discerner en quel cas il y a transmission actuelle, en quel cas il y a simple expectative. — D'après cela, il faut dire que la condition ne suspendant point l'exécution de l'obligation, une donation qui serait faite avec clause de retour en cas de prédécès du donataire ne ferait point obstacle à la perception actuelle du droit proportionnel (Cass., 12 niv. an XIII, 17 avril 1826, D.A.7.115);

3° Les transmissions de propriété ou d'usufruit de biens immeubles, qui s'effectuent par décès, entre époux (1).

§ 7. — 4 fr. par 100 fr.

1° Les adjudications, ventes, reventes, cessions, rétrocessions et tous autres actes civils et judiciaires translatifs de propriété ou d'usufruit de biens immeubles à titre onéreux.

Les adjudications à la folle enchère de biens de même nature sont assujetties au même droit, mais seulement sur ce qui excède le prix de la précédente adjudication, si le droit en a été acquitté.

La quotité du droit d'enregistrement des adjudications de domaines nationaux sera réglée par des lois particulières (2);

D.P.26.1.231, et autres décisions analysées par Dalloz, *Jur. gén.*, v° *Enreg.*, n°s 3777 et suiv., et *Table de quinze ans cod.* v°, n°s 355 et 383 et suiv.) ; au contraire, que la donation faite sous condition d'acquitter les dettes que le donateur laissera à son décès, n'offrant qu'une simple expectative au donataire, puisqu'il n'est pas certain si les dettes n'absorberont pas les choses données, suspend la perception du droit proportionnel (Cass., 14 juillet 1807, D.A.7.116 ; *V.* aussi Dalloz, *loc. cit.*, n°s 3780 et suiv., 3858 et suiv. ; *Table de quinze ans, eod,* n°s 383 et suiv.; trib. de Corbeil, 27 juin 1855 (D.P. 56.3.46).

731. Il en est ainsi de l'institution contractuelle, soit lorsqu'elle porte sur les biens à venir de l'instituant, soit lorsque, comprenant des biens présents, il n'a point été annexé à l'acte un état des dettes existantes au jour du contrat, l'institué ne pouvant réclamer, dans ce cas, que les biens trouvés en la possession du donateur, au moment de son décès, sous l'obligation d'acquitter toutes les dettes (Cass., 17 mai 1815, D.A.7.117. — La même solution devrait être admise encore que, dans ce dernier cas, l'état des dettes eût été annexé, car, dans toute institution contractuelle, une circonstance particulière s'oppose à la transmission actuelle et, partant, à la perception du droit proportionnel : c'est la condition de survie du gratifié. *V.* Dalloz, *Jur. gén., loc. cit.,* n°s 3852 et suiv., et *Table de quinze ans, v° eod.*, n° 385.

732. Du reste, il ne faut pas confondre avec la condition qui suspend l'*effet* de l'obligation celle qui ne fait qu'en retarder l'*exécution. Dies venit, sed non cedit,* disent les jurisconsultes. Conformément à cette distinction, la donation d'une somme d'argent exigible seulement au décès du donateur n'en est pas moins une véritable donation entre-vifs, puisque le donataire acquiert un droit actuel sur cette somme, droit transmissible à ses héritiers (Cass., 8 juill. 1822, D.A.7.116, et autres décisions indiquées, Dalloz, n°s 3785 et s., et *Table de quinze ans,* n°s 356 et s., 381 et suiv.). Il en est ainsi de la donation en avancement d'hoirie, quoi-

qu'elle soit sujette à rapport, ou susceptible de réduction : car elle n'en confère pas moins un droit actuel (Cass., 7 avr. 1823, D.A.7.118).

733. Cependant un acte de libéralité peut être réputé entre-vifs, sans que pour cela il donne immédiatement lieu à la perception du droit proportionnel. Cela arrive lorsque l'effet de cet acte se trouve suspendu par une condition casuelle ou mixte, mais sans aucune relation avec le décès, soit de l'instituant, soit de l'institué, par exemple si le donataire se marie dans un délai donné. Évidemment, une pareille donation ne saurait être passible, avant l'événement, d'aucun droit proportionnel, puisqu'elle peut devenir caduque, et que le droit de mutation ne doit jamais être que le prix d'une transmission réelle.

La donation d'une somme de..., à prendre sur les biens que le donateur laissera à son décès, ne donnerait lieu qu'au droit fixe comme donation éventuelle, sauf le droit proportionnel s'il y avait lieu au décès (Trib. de la Seine, 9 fév. 1848, D.P.48.5.145. — *V.* cependant, trib. de Corbeil, 27 juin 1856, cité au n° 930.)

En ce qui concerne les dons manuels, *V.* Dalloz, v° *Enreg.*, n°s 3673 et s., et la *Table de quinze ans, eod.* v°, 1, n°s 366 et s.— *Adde* trib. de Mamers, 25 janv. 1855 (D.P. 56.5.181) ; trib. d'Uzès, 24 fév. 1857 (D.P. 57.3.29).

(1) — 734. Tarifées à 3 pour 100 par la loi du 28 avril 1816, art. 35 (V. *inf.*).

734 *bis.* La clause d'un acte de partage d'ascendant portant, que « les enfants donataires n'entreront en jouissance qu'au décès des père et mère donateurs, » doit être considérée comme renfermant au profit de ces derniers une réserve d'usufruit, avec réversibilité en faveur du survivant..... Et cette stipulation de réversibilité constituant, non pas une simple condition du partage d'ascendant, mais une donation réciproque entre les époux donateurs, donne lieu à la perception d'un droit de mutation, lors du décès du premier mourant, sur la part d'usufruit acquise par le survivant (Cass. 24 janv. 1860, D.P.60.4.73).

(2)—735. Pour les mutations à titre onéreux de biens *meubles*, V. *sup.*, § 5, n° 1, et notre Commentaire.

736. La disposition ci-dessus, relative aux immeubles, place sur la même ligne, quant à la perception du droit, les transmissions de propriété et celles d'usufruit, et les assujettit au droit de 4 pour 100, auquel il faut aujourd'hui ajouter 1 1/2 pour 100 pour droit de transcription, conformément aux art. 52 et 54 de la loi du 28 avril 1816 (*V.* Dalloz, v° *Enreg.*, n°s 2263 et suiv.).

737. L'usufruit n'est pas toujours conféré à vie : il peut l'être pour un temps déterminé. Dans l'un comme dans l'autre cas, il est assujetti au même droit proportionnel, parce que l'usufruit s'estime, non point par sa durée, mais par l'étendue des droits qu'il confère. — V. Dalloz, *loc. cit.*, n° 1266 ; *Table de quinze ans*, *eod.* v°, n°s 568 et suiv.; trib. de Coutances, 4 avril 1857 (D.P.57.3. 87). — Quant aux droits d'usage et d'habitation, quoiqu'ils diffèrent essentiellement des droits d'usufruit, comme ils constituent des droits réels qui, considérés abstractivement de l'objet sur lequel ils sont établis, sont susceptibles d'une possession ou d'une quasi-possession, leur transmission doit également donner lieu au droit proportionnel de 2 ou de 4 pour 100, suivant que ces droits portent sur des meubles ou des immeubles (Délib., 23 oct. 1834, D.P.35.3.64; *Contrà*, Championnière et Rigaud, t. 3, n° 2591). La même solution doit être admise pour les concessions de servitudes, qui sont aussi des droits réels déclarés immeubles par l'art. 526, C. Nap. (Cass., 18 déc. 1811, D.A.7.207; Délib., 22 oct. 1807; Dalloz, *Jur. gén.*, v° *Enreg.*, n° 2269; *Contrà*, Championnière et Rigaud, t. 4, n°s 3583 et suiv.)

738. D'après le texte ci-dessus, *tous les actes civils ou judiciaires* qui contiennent une mutation d'immeubles à titre onéreux sont passibles du droit qu'il établit. Plusieurs actes doivent cependant être exceptés. Ainsi, les *échanges* (V. *sup.*, § 5, n° 3, et les lois des 16 juin 1824, art. 2, et 24 mai 1834, art. 16 et 17), *les retraits d'immeubles en vertu du réméré* (*sup.*, § 2, n° 11); *les acquisitions et échanges faits par l'État*, lesquels sont enregistrés gratis (V. *inf.*, art. 70, § 2, n° 15), *les acquisitions pour le compte du domaine extraordinaire*, qui sont assujetties à un droit fixe de 3 fr., et à pareil droit pour la transcription (Décret, 28 mars 1812), *les ventes de domaines nationaux*, soumis au droit de 2 pour 100 par les lois spéciales des 26 vend. an VII et 11 frim. an VIII, auxquelles renvoie le texte ci-dessus ; toutes les *acquisitions d'immeubles par les départements, communes, hospices*, et généralement *les établissements publics*, lesquelles sont enregistrées au droit fixe de 10 fr., mais seulement lorsque les immeubles acquis ont une destination d'utilité publique et ne doivent pas produire de revenu (L., 16 juin 1824, art. 7); les *délaissements de fonds que les propriétaires de marais sont obligés de faire pour se libérer de l'indemnité due par eux, en cas de dépossession*, lesquels ne sont passibles que du droit fixe de 1 fr. (L. 16 sept. 1807, relative au desséchement des marais, art. 21), enfin, *les actes translatifs de propriété, d'usufruit ou de jouissance des biens immeubles situés à l'étranger et dans les colonies où le droit d'enregistrement n'est pas établi lorsqu'on en fait usage en France*, lesquels ne sont assujettis qu'au droit fixe de 10 fr., sans que, dans aucun cas, le droit fixe puisse excéder le droit proportionnel qui serait dû s'il s'agissait de biens situés en France (L. 16 juin 1824, art. 4).

739. Ces exceptions indiquées, disons, en revenant aux principes de la matière, qu'en règle générale, les vices dont un acte est infecté ne font aucun obstacle à la perception du droit d'enregistrement. Toutefois il faut prendre garde de confondre un acte susceptible d'être annulé pour quelques vices de forme, et un acte qui manquerait de quelques-unes de ses conditions essentiellement constitutives (*V.* Dalloz, *Jur. gén.*, v° *Enreg.*, n°s 2349 et suiv.). Ainsi, relativement à la vente, trois choses sont nécessaires pour la perfection du contrat : la chose, le prix et le consentement; l'absence d'une seule de ces conditions ôte à l'acte le caractère de vente, ou fait qu'il n'existe pas du tout : le droit ne pourrait donc y être justement établi (Championnière et Rigaud, t. 3, n°s 1734 et suiv.; Gabr. Demante, *Expos. rais.*, t. 1er, n°s 127 et suiv.; Dalloz, *loc. cit.*, n°s 2281 et suiv., 2286 et suiv. — *V.* cependant Cass., 13 oct. 1806, D.A.7.257). En ce qui concerne la vente de la chose d'autrui, *V.* aussi Dalloz, *eod.* v°, n°s 2351 et suiv.

739 bis. Le droit de rétrocession est régulièrement perçu sur le jugement qui donne acte à une partie de sa renonciation à une donation, et ordonne, contradictoirement avec les autres parties, que les biens donnés seront compris dans la communauté dont ils dépendaient lors de la donation, bien qu'il ne constate pas, en même temps, que la rétrocession ait été acceptée.—En conséquence, l'arrêt qui infirme ce jugement, en se fondant sur ce défaut d'acceptation et sur la révocation ultérieure de la renonciation, ne soumet pas la régie à la restitution du droit (Rej., 2 août 1859, D.P.59.1.309).

739 ter. Lorsqu'une vente n'a été consentie que sous une condition suspensive, le droit de mutation est exigible seulement après l'accomplissement de la condition. — Ainsi, la vente d'un immeuble faite sous la réserve

en faveur de l'acheteur de l'accepter ou d'y renoncer pendant un certain délai (trois ans), durant lequel les présentes conventions demeureront suspendues, constitue une vente sous condition suspensive, et ne peut donner lieu, dès lors, à la perception du droit proportionnel, qu'après l'accomplissement de cette condition. Et il en est ainsi, alors même que l'ensemble des clauses de l'acte impliquerait l'existence d'une translation immédiate de propriété, la stipulation que les conventions qu'il renferme demeureront suspendues jusqu'à l'accomplissement de la condition exprimée, réagissant sur toutes les clauses de la vente et les subordonnant à la réalisation de cette condition (Civ. rej., 4 janv. 1858, D.P 58.1.37).

740. La production d'une contre-lettre pour attester que le contrat n'est point sérieux, ou toute autre preuve employée pour en démontrer la simulation, ne ferait pas obstacle à la perception du droit; la simulation est le fait des parties qui ne peuvent s'en créer un moyen contre le fisc, et, d'ailleurs, la régie ne juge des actes que par leur forme extrinsèque, et abstraction faite de leur validité, sauf la distinction qui vient d'être indiquée. — Toutefois, si les parties ne peuvent opposer à la régie la simulation de l'acte, celle-ci peut la rétorquer contre elles : par exemple, si les parties ont déguisé une vente sous la forme d'une donation, et en ont rédigé la contre-lettre, la régie pourra arguer de cette contre-lettre, si elle en a connaissance, pour réclamer le droit de vente au lieu de celui de donation, suivant son avantage.

La contre-lettre constatant qu'une vente, et, par exemple, une vente mobilière, antérieurement consentie, n'était pas sérieuse, donne ouverture au droit de rétrocession (Req., 20 juill. 1859, D.P.59.1.324).

740 bis. Le droit de mutation immobilière est attaché au fait même de la mutation, indépendamment de tout titre destiné à le constater (Cass., 11 avril 1854, D.P.54.1.192). —Par suite, l'action exercée contre un locataire par un individu se disant propriétaire de l'immeuble en vertu d'une vente verbale autorise la régie à réclamer le droit de mutation dû à raison de cette vente, alors même qu'à l'audience le demandeur aurait rétracté la déclaration indiquant sa qualité de propriétaire. — Sauf le cas où il y aurait preuve que la déclaration était le résultat d'une erreur de fait (Trib. de Châlons-sur-Marne, 16 mars 1860, D.P.61.3.40).

741. Une même mutation ne peut être assujettie deux fois au droit d'enregistrement. C'est par un corollaire de cette règle que la seconde disposition du texte ci-dessus déclare que les adjudications à la folle enchère ne sont assujetties au droit de mutation que sur ce qui excède le prix de la précédente adjudication, si le droit en a été acquitté (V. sur ce point Championnière et Rigaud, t. 3, nᵒˢ 2140 et suiv.; Dalloz, Jur. gén., vᵒ Enreg., nᵒˢ 2394 et suiv., et Table de quinze ans, eod. vᵒ nᵒˢ 458 et suiv. — V. aussi Jur. gén., nᵒˢ 2408 et suiv.). Mais, si le droit a été acquitté à raison d'une mutation secrète, l'acquéreur qui veut éviter le paiement d'un second droit en passant acte authentique de sa vente doit y faire mentionner littéralement et en entier la quittance qui lui a été donnée des droits qu'il a payés pour cette mutation, et, si c'est dans un autre bureau, il doit faire annexer sa quittance à l'acte, car, faute de justification, le droit serait perçu, sauf réclamation appuyée de pièces.

742. Aux termes de l'art. 1589, C. Nap., la promesse de vente vaut vente; elle est donc passible des mêmes droits (Championnière et Rigaud, t. 3, nᵒˢ 1757 et suiv.). Mais, si la promesse est faite avec arrhes, elle ne vaut pas vente; elle dégénère alors en une simple promesse résoluble à la volonté de l'une des parties (C. Nap., 1590). Si donc elle ne se réalise point, elle ne sera passible que du droit fixe (Sol., 2 sept. 1814; Championnière et Rigaud, t. 3, nᵒˢ 2050 et suiv.). Il en est ainsi de la promesse sous seing privé portant que celle des parties qui refusera de passer acte public dans un délai déterminé paiera à l'autre une somme d'argent à titre de dommages-intérêts (Sol., 20 mess. an x); et de la promesse faite par un débiteur à son créancier de lui vendre un immeuble désigné, dans le cas où il ne se libérerait pas avant lui, aux époques convenues (Sol., 27 mess. an xiii, et 21 nov. 1828; Délib., 23 août 1826; Sol., 11 fév. 1835; Championnière et Rigaud, t. 3, nᵒ 2071; V. sup., nᵒ 79).—Sur d'autres distinctions auxquelles doit donner lieu l'appréciation du caractère de la promesse de vente, V. Dalloz, loc. cit., nᵒˢ 2335 et suiv.; Gabr. Demante, Expos. raisonn., nᵒˢ 127 et suiv.—V. encore, relativement aux ventes conditionnelles, les mêmes auteurs, eod., nᵒˢ 2364 et suiv., et Table de quinze ans, eod. vᵒ, nᵒˢ 444 et suiv.— Enfin, à l'égard des adjudications, V. Dalloz, Jur. gén., vᵒ Enreg., nᵒˢ 2382 et suiv., et Table de quinze ans, eod. vᵒ, nᵒˢ 443 et suiv.; et en ce qui concerne les résolutions de contrat et rétrocessions, Jur. gén., nᵒˢ 2421 et suiv., et Table de quinze ans, nᵒˢ 597 et s.

742 bis. L'acquisition, par une société nouvelle, des immeubles ou valeurs dépendant d'une société dissoute, donne ouverture au droit proportionnel sur la totalité du prix de cette acquisition, sans distraction du montant des actions que les actionnaires de l'ancienne société auraient apportées dans la nouvelle (Rej., 15 déc. 1857, D.P.58.1.57).

II.

2° Les baux à rentes perpétuelles de biens immeubles, ceux à vie et ceux dont la durée est illimitée (1);

3° Les déclarations ou élections de command ou d'ami, par suite d'adjudications ou contrats de vente des biens

---

742 ter. Une ville à laquelle des terrains ont été cédés par l'État, même avec l'obligation de les vendre et d'en appliquer le prix à des travaux d'utilité générale ou locale, en devient propriétaire.—Lors donc que la ville cède ces terrains à un tiers, elle agit comme propriétaire et non comme mandataire de l'État; par suite. le droit à percevoir doit être de 5 fr. 50 c. p. 100 comme en matière de vente de biens communaux, et non de 2 p. 100 comme en matière de vente de biens domaniaux (Trib. de Marseille, 12 juill. 1859, D.ᴘ.59.3.63).

742 quater. La cession des droits d'un co-intéressé dans une mine concédée à plusieurs, sans qu'il soit établi par écrit que cette mine se trouvait exploitée en société lors de cette cession, doit être considérée comme ayant pour objet, non pas une action ou *intérêt* dans une société ou entreprise pour l'exploitation d'une mine, action déclarée meuble par l'art. 8 de la loi du 21 avril 1810, mais la copropriété de cette mine elle-même, et dès lors, elle constitue une cession d'immeuble, passible du droit proportionnel de mutation immobilière (Req., 18 juin 1862, D.ᴘ. 62.1.422).

742 quinquies. Les chemins de fer construits ou concédés par l'État sont une dépendance du domaine public, et ne sauraient, dès lors, appartenir aux compagnies concessionnaires qui n'en ont que l'exploitation. En conséquence, le droit de la compagnie, limité aux produits du chemin, constitue un droit purement mobilier, dont la cession est soumise au droit de mutation mobilière. Et, dans le cas où cette cession comprend également le solde d'un emprunt, non encore employé, à charge par la compagnie à laquelle elle est faite de rembourser le montant de cet emprunt, la clause renfermant cette charge est une disposition dérivant de la cession, et ne peut, dès lors, être assujettie au droit distinct de délégation (Cass., 15 mai 1861, D.ᴘ.61.1.225).

(1)—**743.** Ce texte est en quelque sorte une application des principes qui précèdent. Les baux à rente perpétuelle des biens immeubles contiennent une véritable aliénation de la propriété; ceux à vie et d'une durée illimitée équivalent à une transmission d'usufruit. Il était donc conséquent de les soumettre les uns et les autres au droit établi sur les transmissions de propriété ou d'usufruit.— En ce qui concerne les baux d'une durée limitée, V. sup., la note sous le n° 2 du § 3 du présent article.

744. La loi ne parle pas des baux emphytéotiques. Dans le silence qu'elle garde, on avait pensé que l'application du droit de mutation était impossible, d'autant plus qu'un tel contrat est essentiellement profitable à l'agriculture, et qu'ainsi il y avait lieu de ne pas le frapper d'un droit trop élevé. Telle était l'opinion des auteurs du *Journ. de l'Enregistrement,* et une décision de la régie, du 14 prair. an ᴠɪɪ, avait, en effet, consacré en principe que les baux emphytéotiques ne sont passibles que du droit imposé sur les baux ordinaires par le présent article, § 3 (*Conf.* trib. de Saint-Quentin, 29 mars 1837, D.ᴘ. 38.4.102).—Mais une jurisprudence récente s'est formée contre cette doctrine, en statuant que, dans l'état actuel de la législation et depuis la promulgation du Code Nap., l'effet propre et particulier du bail emphytéotique est d'opérer la translation et l'aliénation à temps de la propriété de l'immeuble donné à emphytéose, et qu'il y a lieu, dès lors, à la perception du droit de mutation de propriété immobilière (Cass., 1ᵉʳ avril 1840, D.ᴘ.40.1. 140; 24 juill. 1843, D.ᴘ.43.1.397; 18 mai 1847, D.ᴘ.47.1.176; 6 mars 1850, D.ᴘ.50.1.429; 23 fév. 1853, D.ᴘ.53.1.53; 26 avril 1853, D.ᴘ. 53.1.145; trib. de Lille, 3 mars 1849, D.ᴘ. 49.5.149). Cette jurisprudence nous paraît contraire aux principes, si ce n'est dans le cas où le bail emphytéotique a été fait à perpétuité (Championnière et Rigaud, t. 4, nᵒˢ 3070 et suiv.; Dalloz, vᵒ *Enreg.*, n° 3035). Alors, en effet, l'emphytéose rentre dans la catégorie des baux illimités, et comme eux, elle doit être soumise au droit de mutation. — Toutefois aucun arrêt n'a résolu la question de savoir comment doit être formé le capital sujet au droit. Il résulte du jugement du tribunal de Lille, précité, que, pour évaluer l'emphytéose, il faut multiplier par vingt le revenu de l'immeuble donné à bail, déduction faite de la redevance qui représente la valeur de la propriété du bailleur, et que, de même, pour déterminer la valeur de cette propriété du bailleur, si elle subissait une mutation gratuite, on devrait multiplier par vingt le chiffre de cette redevance. Mais Dalloz (*eod. vᵒ*, n° 4640) n'admet point ce mode d'évaluation d'une manière absolue. M. Gabr. Demante (*Expos. rais.*, t. 1ᵉʳ, n° 362) pense que la multiplication par dix doit être admise, comme en matière d'usufruit; car, dit-il, la durée temporaire est contre la nature du droit de propriété, et convient tout au contraire à l'essence de l'usufruit.

745. Suffit-il que la durée de la location ne soit pas fixée par le contrat pour que le bail soit considéré comme illimité? Non, car la durée des baux faits sans fixation de immeubles, autres que celles des domaines nationaux, si la déclaration est faite après les vingt-quatre heures de l'adjudication ou du contrat, ou lorsque la faculté d'élire un command n'y a pas été réservée (1);

terme est réglée par la loi ou par l'usage des lieux (art. 1758, C. Nap.). Mais le bail est illimité, lorsque chacune des parties ou l'une d'elles peut indéfiniment en proroger la durée (Cass., 7 déc. 1813. V. Dalloz, v° Enreg. n°s 3038 et suiv.).

(1)—746. Le droit de 1 1|2 p. 100 pour transcription doit être ajouté, aux termes de l'art. 54 de la loi du 28 avril 1816 (V. trib. du Havre, 20 nov. 1846, D.P.47.4.205). —Lorsqu'il s'agit d'une déclaration de command faite par suite de vente ou d'adjudication de biens meubles, le droit n'est que de 2 fr. p. 100 (V. sup., le § 5, n° 4, du présent article).— La déclaration de command enfin est affranchie du droit proportionnel, lorsqu'elle a été réservée dans le contrat et a été faite et notifiée dans les vingt-quatre heures. Elle ne donne alors ouverture qu'à un droit fixe (V. sup., art. 68, § 1er, n° 24, de la présente loi‡ et Comm.). V. aussi Dalloz, v° Enreg., n°s 2549 et s., et Table de quinze ans, eod. v°, n°s 589 et s.

(2)—746 bis. L'adjudication d'un immeuble dépendant d'une succession indivise, prononcée sur licitation au profit de l'un des héritiers, est passible du droit de 4 pour 100 sur la portion du prix qui excède la part de cet héritier dans l'immeuble adjugé, alors même que ce prix serait inférieur à la quotité des droits de l'adjudicataire dans l'ensemble de l'hérédité, à moins qu'il ne lui en soit fait attribution par un partage définitif produit à la régie de l'enregistrement en même temps que le jugement ou le procès-verbal d'ajudication.... Et ce droit est exigible, nonobstant la production d'un acte de liquidation, émané du notaire commis pour procéder au partage, mais contenant de la part des héritiers, la réserve de l'approuver ou de le contester ultérieurement, et non encore approuvé ni homologué lors de l'enregistrement de l'adjudication (Cass., 31 janv. 1860, D.P.60.1.82).

746 ter. L'acte intervenu entre associés, et par lequel l'un d'eux cède à l'autre sa part indivise dans l'immeuble qui fait l'objet de l'association, constitue, alors même qu'il ferait cesser complétement l'indivision, une vente et non une licitation équivalant à partage, s'il est établi que, lors de la formation de la société, l'immeuble n'a pas été transmis à cette société, mais est demeuré, pour des parts distinctes, la propriété personnelle de chaque associé. Et spécialement, lorsque

4° Les parts et portions indivises de biens immeubles acquises par licitation (2);

5° Les retours d'échanges et de partages de biens immeubles (3);

6° Les retraits exercés après l'expira-

l'acquéreur d'un immeuble a contracté, pour l'exploitation et la revente de cet immeuble, une société en participation, dont l'effet a été, non de rendre la société elle-même propriétaire de la chose qui en était l'objet, mais d'investir chaque associé de la propriété distincte de sa part, en ce que, notamment, ceux avec lesquels l'association a été formée se sont engagés à payer le prix de la portion qui leur était transmise, l'acte par lequel l'un des associés cède à l'autre, déjà cessionnaire des autres parts, la portion lui appartenant ainsi personnellement et distinctement, constitue une vente et non une licitation. Par suite, cet acte étant sujet à transcription, est passible du droit de 5 fr. 50 c. pour 100 fr., et non de celui de 4 pour 100 applicable aux licitations (Req. 2 mars 1858, D.P.58.1.319).

(3)—747. Le droit est de 2 pour 100 seulement sur les parts indivises de biens meubles et sur les retours d'échange ou de partage de biens de même nature (V. sup., § 5, n°s 6 et 7). — En principe, les partages de biens immeubles ne sont soumis qu'à un simple droit fixe, parce qu'ils ne sont pas translatifs, mais seulement déclaratifs de propriété, qu'ils se réfèrent à des actes antérieurs dont ils sont l'exécution et le complément (V. sup., le Comm. placé sous l'art. 68, § 9, n° 2, de la présente loi). Mais s'il n'était point justifié du titre antérieur de transmission, le partage serait soumis au droit proportionnel, non point comme partage, mais comme tenant lieu de l'acte non représenté.

748. C'est par suite de cette règle que les textes ci-dessus assujettissent au droit proportionnel les soultes de partage et les portions indivises acquises par licitation. La soulte que reçoit un copartageant est, en effet, la compensation, le prix de ce qu'il abandonne sur son lot: et pareillement, lorsqu'un copartageant se rend adjudicataire de l'immeuble licité, il est bien évident qu'il est acquéreur à titre singulier, et moyennant le prix de la licitation, des biens appartenant à chacun des communiers. V. aussi les explications données par Dalloz, v° Enreg., n°s 2667 et 2668.

748 bis. Le droit déterminé par la disposition ci-dessus pour les retours de partage ne s'appliquait pas aux soultes qui se produisent dans les partages d'ascendants (V. Dalloz, loc. cit., n°s 2669 et s., et Table de quinze

tion des délais convenus par les contrats de vente sous faculté de réméré (1).

§ 8. — 5 fr. pour 100 fr.

1° Les donations entre-vifs de biens

immeubles en propriété ou usufruit, par des collatéraux et autres personnes non parentes (2).

Il ne sera perçu que moitié droit, si elles

---

ans, v° Enreg., n°ˢ 425 et s. — Toutefois ce principe était susceptible de quelques restrictions (Dalloz, n°ˢ 2674 et s., *Table de quinze ans, cod.*, n°ˢ 428 et s.). Mais il n'en est plus ainsi depuis la loi du 15 mai 1850 (*V.* ci-après), dont l'art. 5 assimile les partages d'ascendants aux partages de succession, quant au droit de soulte. *V.* parmi les décisions rendues sous l'empire de cette loi, Cass., 24 déc. 1856 (D.ᴘ.57.1.204), trib. de Charleville, 20 août 1857 (D.ᴘ.57.3.86).

748 *ter.* Les sommes que, dans un acte de partage, et notamment dans un partage d'ascendant, quelques-uns des copartageants s'obligent à verser aux autres, pour compenser des inégalités de lots, ne sont pas passibles du droit de soulte, quand ceux qui en ont été chargés doivent les payer par voie de rapport de sommes d'argent à eux données en avancement d'hoirie. Et il n'importe que la remise de ces sommes n'ait pas lieu immédiatement, et soit, par exemple, différée jusqu'au décès de l'ascendant donateur, si les copartageants ne doivent entrer qu'à cette époque en jouissance de leurs lots, dont l'ascendant s'est réservé l'usufruit (Rej., 27 avril 1858, D.ᴘ.58.1.206).

749. Mais comment le droit doit-il être liquidé relativement aux portions acquises par suite de licitation ? On avait d'abord généralement pensé que la perception n'était que provisoire ; que, ne devant frapper que ce qui est réellement acquis par l'héritier au-delà de sa portion virile dans la masse entière de la succession, il pouvait arriver qu'un partage ultérieur attribuât à cet héritier, pour le remplir de ses droits, soit le prix total de l'adjudication faite à son profit, soit une portion de ce prix supérieure à celle qu'il avait dans les immeubles licités, et qui avait été déduite pour la perception sur l'acte de licitation. (Champ., et Rig., t. 3, n°ˢ 2730 et suiv.; Déc. min. fin., 30 avril 1821, 21 déc. 1829, 31 déc. 1833; Inst. gén., 1307, § 8, et 1451, § 3, 27 mars 1827, 2 avril 1834). — Mais la jurisprudence qui s'est formée depuis a établi que la perception faite lors de l'enregistrement des actes de licitation, sur ce qui, dans le prix de l'adjudication consentie à l'un des cohéritiers ou copropriétaires, excède sa portion virile dans les immeubles licités, est *définitive* et *irrévocable*, et que cette perception ne peut être sujette à restitution par l'événement *ultérieur* d'un partage (Cass., 14 nov. 1837, D.ᴘ.38.1.9; 31 oct. 1835, D. ᴘ.36.3.49, et Inst. gén., 1498, § 5, 18 juin

1838; Déc. min. fin., 23 mai 1835; trib. de la Seine, 23 juill. 1834 et 16 avril 1838; trib. de Rouen, 21 juin 1838, D.ᴘ.39.3.61). *V.* aussi Dalloz, *Jur. gén., loc. cit.*, n°ˢ 2746 et suiv.

750. Quant à la quotité du droit, il n'est dû que 4 p. 100 sur les parts et portions indivises de biens immeubles acquises par licitation, et sur les retours de partage entre cohéritiers, sauf la perception de 1 1/2 p. 100 pour la transcription, si cette formalité est ultérieurement requise (Cass., 27 juill. 1849; D.ᴀ.7.499; trib. de la Seine, 13 août 1834). Le droit de 4 p. 100 n'est applicable qu'aux cohéritiers, de telle sorte que l'étranger qui aurait acquis les parts et portions d'un copartageant payerait 5,50 sur la soulte à sa charge dans le partage avec les héritiers. Il en serait de même de l'acquisition qu'il ferait avant partage de la part des autres héritiers, parce qu'il ne serait pas possesseur à titre commun *ab initio* (Inst., 1837, § 15). *V.* Dalloz, *loc. cit.*, n°ˢ 2725 et 2726.

Comment le droit de portions acquises doit-il être déterminé dans le cas où la licitation, portant limitativement sur un objet particulier de la succession ou du fonds commun, laisse encore dans l'indivision une masse héréditaire ou commune? *V.* sur ce point Dalloz, *cod.* v°, n°ˢ 2725 et s. *V.* aussi *Table de quinze ans, v° Enreg.*, n°ˢ 503 et suiv.

750 *bis.* L'attribution qui, après la dissolution d'une communauté d'acquêts, est faite à l'époux survivant, en vertu du contrat de mariage, de la totalité de cette communauté, à la charge par lui de payer aux héritiers de l'époux prédécédé la somme à laquelle ont été fixées les reprises de ce dernier, ne peut être considérée comme un partage avec soulte, et ne donne pas, dès lors, ouverture au droit proportionnel de mutation (Req., 7 avril 1862, D.ᴘ.62.1.329).

(1) — 751. Tarifés au droit de 5 1/2 p. 100, y compris le droit de transcription (L. 28 avril 1816, art. 54). *V.* cependant Dalloz, *Jur. gén.,* v° *Enreg.*, n° 2763. Le droit n'est que de 1/2 p. 100 pour les retraits exercés dans le délai stipulé (*V.*, à cet égard, le commentaire qui accompagne le n° 11, § 2, du présent article).

(2) Il faut encore ajouter les donations faites même par les ascendants en ligne directe à un enfant seul, sans charge de partage, cas auquel ne peuvent s'appliquer les art. 1075 et 1076, C. Nap., ou la modération de la loi du 16 juin 1824.

sont faites par contrat de mariage aux futurs (1) ;

2° Les mutations de biens immeubles en propriété ou usufruit, qui s'effectuent par décès, entre collatéraux et personnes non parentes, soit par succession, soit par testament ou autre acte de libéralité à cause de mort (2).

TITRE XI.— Des actes qui doivent être enregistrés en débet ou gratis, et de ceux qui sont exempts de cette formalité.

70. Seront soumis à la formalité de l'enregistrement, et enregistrés en *débet* ou *gratis*, ou exempts de cette formalité, les actes ci-après, savoir :

§ 1. — A enregistrer en débet.

1° Les actes et procès-verbaux des juges de paix pour faits de police ;

2° Ceux faits à la requête des commis-saires du Directoire exécutif près les tribunaux ;

3° Ceux des commissaires de police (3) ;

4° Ceux des gardes établis par l'autorité publique pour délits ruraux et forestiers (4) ;

5° Les actes et jugements qui interviennent sur ces actes et procès-verbaux.

Il y aura lieu de suivre la rentrée des droits d'enregistrement de ces actes, procès-verbaux et jugements, contre les parties condamnées d'après les extraits des jugements qui seront fournis aux préposés de la régie par les greffiers.

§ 2. — A enregistrer gratis.

1° Les acquisitions et échanges faits par la République ; les partages de biens entre elle et des particuliers, et tous autres actes faits à ce sujet (5) ;

(1-2)—752. La quotité de ces droits a été augmentée et graduée suivant le degré de parenté entre les donateurs et les donataires, le défunt et les héritiers (L. 28 avril 1816, art. 53, et L. 21 avril 1832, art. 33). Ce droit est actuellement, en vertu de l'art. 33 de la loi du 21 avril 1832, savoir : par contrat de mariage, par des collatéraux, de 4 fr. 50 c. p. 100 fr., pour les meubles et immeubles, et hors contrat de mariage, par les mêmes, de 6 fr. 50 c. pour 100 également pour les meubles et immeubles ; — par des étrangers et par contrat de mariage, 6 fr. pour 100, et hors contrat de mariage, 9 fr. p. 100 aussi pour les meubles et immeubles (*V.* cette loi ci-après à sa date). *V.* aussi Dalloz, *Jur. gén.*, v° *Enreg.*, n°s 3651 et suiv.

(3) — 753. *V.* la loi du 25 mars 1817, art. 74, ci-après.

(4) —754. Cette disposition est confirmée par la loi du 25 mars 1817, art. 74. — Elle s'applique aux actes et procès-verbaux des gardes-pêche, qu'on assimile aux agents forestiers relativement aux formalités du timbre et de l'enregistrement de leurs actes et procès-verbaux (Instr., 21 mess. an x, et 16 therm. an xii). — Elle s'applique encore aux procès-verbaux des inspecteurs de la salubrité publique, lesquels sont compris dans les dénominations générales de *préposés* et *d'employés* dont se servent, soit l'art. 43, n° 6, de la loi du 23 avr. 1816, soit l'art. 74 de la loi du 25 mars 1817 (Cass., 22 juin 1842, D.p.42.1.393), ainsi qu'à divers autres procès-verbaux indiqués dans Dalloz, v° *Enreg.*, n°s 4865 et suiv. — *V.* aussi Cass., 4 juill. 1857 (D.P.57.1.378).

754 *bis.* Diverses lois postérieures à celle de frimaire ont appliqué l'enregistrement en débet à des actes autres que ceux mentionnés par cette loi. V., à cet égard, Dalloz, *loc. cit.*, n°s 4870 et suiv.

754 *ter.* Dans les affaires correctionnelles ou de police où il y a en cause une partie civile n'ayant pas justifié de son indigence, le ministère public a la faculté, lorsque les fonds consignés d'avance au greffe par cette partie se trouvent être insuffisants, de faire viser pour timbre et enregistrer *en débet* les actes, jugements et arrêts dont la signification doit avoir lieu à sa requête. Il remet à cet effet des réquisitions écrites au conservateur, pour servir de pièce justificative ; et celui-ci, après que les actes ont reçu la double formalité, fait immédiatement les diligences nécessaires pour recouvrer les droits sur la partie civile, en exécution des réserves qui ont dû être faites à cet égard. —Les greffiers ne doivent délivrer aux parties civiles non indigentes des expéditions des jugements et arrêts enregistrés *en débet* sur la réquisition ainsi faite par le ministère public, qu'après l'acquittement des droits de timbre et d'enregistrement (Déc. min. fin. 5 sept. 1861, D.p.62.3.32).

(5) — 755. Comme l'État ne peut se payer à lui-même, et que, dans les cas spécifiés et autres semblables, il serait tenu d'une partie des droits, le législateur a voulu que l'exemption profitât même aux particuliers, afin, sans doute, de les rendre plus faciles à accéder aux désirs du Gouvernement dans les transactions qu'il peut avoir intérêt à faire avec eux. Mais cette exception ne peut être

2° Les exploits, commandements, significations, sommations, établissements de garnison, saisies, saisies-arrêts et autres actes, tant en action qu'en défense, ayant pour objet le recouvrement des contributions directes et indirectes, et de toutes autres sommes dues à la République, à quelque titre et pour quelque objet que ce soit, même des contributions locales, lorsqu'il s'agira de cotes de vingt-cinq francs et au-dessous, ou de droits et créances non excédant en total la somme de vingt-cinq francs (1);

3° Les actes des huissiers et gendarmes, dans les cas spécifiés par le paragraphe suivant, nombre 9 (2).

étendue aux actes des communes ou des établissements publics, qui ne sont que de simples personnes privées dans tout ce qui tient au règlement de leurs intérêts (Cass., 18 nov. 1823, D.A.7.160).

576. Cependant l'attribution aux hospices, à défaut de réclamation par la famille, des biens laissés à leur décès par les enfants abandonnés qu'ils ont recueillis, ne donne pas lieu à la perception des droits de mutation, cette attribution étant faite à titre d'indemnité (Déc. min. fin. 23 juin 1858, D.P. 58.3.55).

757. Aux termes de la loi du 7 juill. 1833 sur l'expropriation pour utilité publique, les plans, procès-verbaux, certificats, significations, jugements, contrats, quittances et *autres actes faits* en vertu de la loi sur l'expropriation pour cause d'utilité publique, seront visés pour timbre et enregistrés *gratis* (L. 7 juill. 1832, art. 58 ; Inst. gén., 1448). Cette disposition a été reproduite par l'art. 58 de la loi du 3 mai 1841. Il en était, du reste, ainsi sous l'empire de la loi du 8 mars 1810, qui régissait les expropriations avant celles des 7 juill. 1833 et 3 mai 1841. Mais remarquons que l'art. 58 de ces dernières lois est général ; il ne fait aucune distinction entre les significations qui ont lieu à la requête de l'Etat ou des concessionnaires de l'Etat, et celles qui sont faites à la *requête des propriétaires* dont on poursuit l'expropriation. En conséquence, l'exemption des droits de timbre et d'enregistrement doit s'appliquer aux unes comme aux autres (Délib., 25 oct. 1836 ; Inst. gén., 1859, § 4, 7 juin 1837). Au surplus, *V.* les développements dont cette matière a été l'objet dans Dalloz, v° *Enreg.*, n°s 3308 et s.

758. Quant aux actes d'acquisition d'immeubles pour la confection soit d'un *canal*, soit d'un *chemin de fer*, ou pour toute autre entreprise de même nature concédée par le Gouvernement, et aux actes de procédure relatifs aux expropriations poursuivies par les concessionnaires subrogés aux droits de l'Etat, il avait été établi une distinction entre les concessions *temporaires*, qui seules avaient paru susceptibles d'être enregistrées *gratis*, et les concessions à *perpétuité*, qui restaient passibles des droits (Cons. d'Etat, 23 août 1829 ; Cass., 18 janv. 1831, D.P.31. 1.65). Mais d'après l'art. 65 de la loi du 7 juill. 1834, et l'article correspondant de la loi du 3 mai 1841, le bénéfice de l'art. 58 de cette loi doit être appliqué, *sans distinction,* aux actes de procédure et aux acquisitions de terrains faits par les particuliers concessionnaires de l'administration publique (Inst. gén., 28 janv. 1834, n° 1448). — *V.* encore Dalloz, *loc. cit.*, n°s 4882 et suiv.

758 *bis.* Lorsque l'Etat est appelé à supporter la moitié de la dépense relative à la prise en location d'un terrain particulier, conclu par une commune (la ville de Paris), pour faciliter, par exemple, l'exécution de travaux de grande voirie, cette commune ne doit acquitter le droit d'enregistrement que sur la moitié se trouvant à sa charge ; par suite, c'est à tort que l'administration réclamerait la totalité du droit, et que la commune soutiendrait n'être tenue qu'au paiement du droit fixe (Trib. de la Seine, 21 juill. 1860, D.P.60.3.63).

758 *ter.* La procuration par laquelle un propriétaire exproprié donne pouvoir à un tiers de traiter pour lui avec l'administration ou avec la compagnie qui exerce ses droits, n'est pas comprise parmi les actes auxquels l'art. 58 de la loi du 3 mai 1841 prescrit de donner l'enregistrement gratis (Trib. de Foix, 2 juin 1862, D.P.62.3.61).

758 *quater.* Les droits d'enregistrement perçus à l'occasion d'une acquisition amiable d'immeubles dont l'expropriation n'était pas encore consommée par l'arrêté du préfet, ne sont restituables, après cette expropriation, que relativement aux parcelles dont le sacrifice est déclaré nécessaire pour l'exécution des travaux, et non pour le surplus, encore même qu'il s'agirait de propriétés dont l'exproprié eût été en droit de requérir l'expropriation totale (Trib. de la Seine, 27 déc. 1861, D.P.62.3.21).

(1) — 759. L'exception a été étendue jusqu'aux cotes de 100 francs par la loi du 16 juin 1824, art. 6.

(2) — 760. C'est-à-dire pour tout ce qui a rapport à la police générale de sûreté et à la vindicte publique, ce qui comprend tous les actes de ces agents en matière criminelle, correctionnelle ou de police, notamment les notifications des mandats d'amener, d'arrêt ou de dépôt, faites par les gendarmes (Déc. min. fin., 20 frim. an XIII ; 5 avril 1808 ; Inst. gén., 3 fruct. an XIII, 29 juin et 30 sept. 1808, 19 nov. 1812).

§ 3. — *Exempts de la formalité d'enregistrement.*

1° Les actes du Corps législatif et ceux du directoire exécutif ;

2° Les actes d'administration publique non compris dans les articles précédents (1) ;

3° Les inscriptions sur le grand-livre de la dette publique, les transferts et mutations, les quittances des intérêts qui en sont payés, et tous les effets de la dette publique, inscrits ou à inscrire définitivement (2) ;

4° Les rescriptions, mandats et ordonnances de paiement sur les caisses nationales ; leurs endossements et acquits (3) ;

5° Les quittances des contributions, droits, créances et revenus payés à la nation ; celles pour charges locales, et celles des fonctionnaires et employés salariés par la République, pour leurs traitements et émoluments ;

6° Les ordonnances de décharge ou de réduction, remise ou modération d'imposition, les quittances y relatives, les rôles et extraits d'iceux ;

7° Les récépissés délivrés aux collecteurs, aux receveurs de deniers publics

---

Les copies collationnées délivrées en exécution de la loi du 1er déc. 1790, concernant les biens domaniaux engagés, pourvu qu'il soit fait mention expresse de leur destination pour les bureaux de la préfecture (Déc., 5 sept. 1809), et celles délivrées en conformité de l'art. 455, C. inst. crim., sont aussi dispensées du timbre et de l'enregistrement (Inst., 30 déc. 1844).

Il faut encore ajouter à ces différents actes ceux dressés pour la célébration de mariage des indigents, que la loi du 10 déc. 1850 en a exemptés, au vu d'un certificat d'indigence délivré par le juge de paix, et d'un extrait du rôle les communes portant qu'ils n'y sont pas imposés ou qu'ils paient moins de 10 fr. *V.* sur ce point Instr. du 13 juin 1834 (D.p.54.3.67) ;

Les quittances et décharges données à la caisse des dépôts et consignations, par les déposants, leurs créanciers ou héritiers (Arr. du min. des fin., 4 août 1836 ; Inst., 30 juill. 1844, D.p.45.3.4) ;

Les actes judiciaires relatifs aux instances en rectification de la liste des électeurs du tribunal de commerce (Instr., 5 fév. 1849, D.p.49.3.63), et divers autres actes indiqués par Dalloz, v° *Enreg.*, n°s 4887 et s., 4893 et suiv. et *Table de quinze ans*, eod. v°, n°s 55 et suiv.

760 *bis.* L'exemption de la formalité de l'enregistrement établie en faveur des actes d'administration publique ne s'applique pas aux actes des compagnies de chemin de fer, ces compagnies ne pouvant être assimilées à l'administration publique.—En conséquence, les agents et préposés d'un chemin de fer ne peuvent admis à prêter serment, sans avoir préalablement fait enregistrer les commissions à eux délivrées. — Et l'enregistrement doit avoir lieu avec acquit du droit, et non pas en débet, comme lorsqu'il s'agit des actes des gardes établis par l'autorité publique pour délits ruraux et forestiers, l'assimilation établie par les cahiers des charges des compagnies de chemin de fer, entre leurs agents et préposés assermentés et les gardes champêtre étant relative, non pas au paiement des droits sur les actes qui les concernent, mais seulement au pouvoir qui leur est déféré de constater, par des procès-verbaux, les crimes, délits et contraventions commis sur le chemin de fer (Req. 28 déc. 1859, D.p. 60.1.93).

(1) — 761. *V.* L., 15 mai 1818, art. 78 à 82. — Une décision du ministre des finances, du 19 germ. an XIII, assimile aux actes d'administration publique les procès-verbaux de récolement, en matière de vente de coupe de bois ; mais elle ne fait que *suspendre*, à leur égard, la formalité de l'enregistrement, pour les y assujettir dès l'instant où le droit peut être recouvré, soit sur les adjudicataires à qui profitent ces procès-verbaux de récolement, soit sur ceux-là mêmes dont la malversation y a donné lieu.

(2) — 762. D'où la conséquence que les héritiers n'étaient pas tenus de déclarer les rentes sur l'État se trouvant dans la succession (Cass., 28 janv. 1824 ; D.A.7.95). — *V.* la loi du 18 juill. 1836, art. 6.

Mais depuis elles ont été expressément soumises aux droits établis pour les successions par la loi du 18 mai 1850, de sorte qu'à ce jour, toutes les rentes sur l'État, transmises *héréditairement* ou *par donation entre-vifs, à titre gratuit,* ou recueillies dans une succession *ab intestat,* sont soumises comme toute autre valeur au droit de mutation par décès. *V.* au surplus Dalloz, *loc. cit.,* n°s 4926 et suiv. V. *sup.,* n° 105.

(3) — 763. Les obligations souscrites par les receveurs généraux sont comprises dans cette catégorie : elles peuvent donc être protestées, signifiées ou produites en justice, sans être enregistrées, mais les protêts sont sujets à la formalité et aux droits (Délib., 25 prair. an XIII ; Inst., 290, 3 fruct. an XII, n° 40).

et de contributions locales, et les comptes des recettes ou gestions publiques;

8° Les actes de naissance, sépulture et mariage, reçus par les officiers de l'état civil, et les extraits qui en sont délivrés (1);

9° Tous les actes et procès-verbaux (excepté ceux des huissiers et gendarmes, qui doivent être enregistrés, ainsi qu'il est dit au paragraphe précédent, nombre 4), et jugements concernant la police générale et de sûreté, et la vindicte publique;

10° Les cédules pour appeler au bureau de conciliation, sauf le droit de la signification (2);

11° Les légalisations de signatures d'officiers publics;

12° Les affirmations de procès-verbaux des employés, gardes et agents salariés par la République, faits dans l'exercice de leurs fonctions (3);

13° Les engagements, enrôlements, congés, certificats, cartouches, passe-ports, quittances de prêt et fourniture, billets d'étape, de subsistance et de logement, tant pour le service de terre que pour le service de mer, et tous autres actes de l'une et l'autre administration non compris dans les articles précédents.

Sont aussi exceptés de la formalité de l'enregistrement les rôles d'équipages et les engagements de matelots et gens de mer de la marine marchande et des armements en course;

14° Les passe-ports délivrés par l'administration publique;

15° Les lettres de change tirées de place en place; celles venant de l'étranger ou des colonies françaises; les endossements et acquits de ces effets, et les endossements et acquits de billets à ordre et autres effets négociables (4);

16° Les actes passés en forme authentique avant l'établissement de l'enregistrement dans l'ancien territoire de France, et ceux passés également en forme authentique, ou sous signature privée, dans les pays réunis, et qui y ont acquis une date certaine suivant les lois de ces pays, ainsi que les mutations qui se sont opérées par décès, avant la réunion desdits pays (5).

---

(1)—763 bis. L'exemption de la formalité de l'enregistrement accordée pour les actes de l'état civil ou extraits de ces actes profite, dans le cas où il s'agit d'extraits venant de l'étranger, aux traductions qui y sont annexées lors de leur production à l'officier de l'état civil; on prétendrait à tort que ces traductions sont soumises, comme actes innommés, au droit fixe de 2 fr. (Trib. de Strasbourg, 10 août 1857, D.P.59.3.63).

(2)—764. On avait d'abord pensé que cette exception ne comprenait pas les cédules tendant à citer en justice, et que celles-ci restaient assujetties au droit de 1 fr. (Déc. min. fin., 28 germ. an VII; Circ., 11 flor. an VII). Mais une loi du 28 therm. an VII a statué que: « les cédules délivrées par les juges de paix, pour citer soit devant la justice de paix, soit devant le bureau de conciliation, sont généralement exemptes de la formalité de l'enregistrement, sauf le droit sur la signification desdites cédules » (Circ., 27 therm. an VII).

(3) — 765. Cette exemption comprend les affirmations des procès-verbaux que rédigent les gardes ou agents nommés par des particuliers (Déc. min. fin., 9 mai 1809; Inst. gén., 5 juin 1809, 432, n° 1).

(4)—766. Les lettres de change sont aujourd'hui assujetties au droit de 25 c. p. 100 par la loi du 28 avril 1816, art. 50, V. sup., n° 312.

(5)—767. Cette exemption concernant les actes sous seing privé passés dans les pays réunis à la France, ayant acquis date certaine, est applicable, encore que ces actes soient produits en justice (Cass., 29 brum. an XII, D.A.7.28), pourvu, toutefois, que cette date certaine ait été acquise avant la réunion (Cass., 8 frim. an XII; 12 janv. 1814, D.A.7. 28.29).—La même exemption est applicable aux actes authentiques passés dans les colonies avant 1790, lors même qu'il serait fait usage de ces actes en France (Cass., 20 juin 1810, D.A.7.161). Elle n'a d'ailleurs été reconnue applicable aux actes authentiques des îles et des colonies françaises qu'en tant que la loi du 19 déc. 1790, ou la loi du 22 frim. an VII, auraient eu leur exécution, et pourvu que ces actes ne continssent point de transmission de propriété ou d'usufruit de biens immeubles situés en France (Inst. gén., 30 mess. an XII; Cass. 14 août 1813, D.A. 162.—Contra, Championnière et Rigaud, t. 4, n° 3928).—Pour quelques autres actes aussi exempts de la formalité, V. Dalloz, Jur. gén., v° Enreg., n° 4899 et suiv.

767 bis. Ne sont soumis à aucun droit d'enregistrement les dépôts de signature des notaires et des officiers de l'état civil (Inst. de la régie du 14 août 1861, D.r.64.3.86).

TITRE XII. — Des lois précédentes sur l'enregistrement et de l'exécution de la présente.

71. Il sera établi de nouvelles bases pour l'administration de l'enregistrement, par une loi particulière.

En attendant, les lois qui existent sur son organisation, sa manutention et ses frais de régie, continueront d'être exécutées (1).

72. La formalité de l'insinuation des donations entre-vifs continuera d'être donnée dans les bureaux de recette de l'enregistrement, dans les formes et sous les peines portées par les lois subsistantes jusqu'à ce qu'il en ait été autrement ordonné (2).

73. Toutes les lois rendues sur les droits d'enregistrement, et toutes dispo-

sitions d'autres lois y relatives, sont et demeurent abrogées pour l'avenir.

Elles continueront d'être exécutées à l'égard des actes faits et des mutations par décès effectuées avant la publication de la présente.

Les affaires actuellement en instance, seront suivies d'après les lois en vertu desquelles elles ont été intentées.

La présente sera exécutée à compter du jour de sa publication (3).

74. La présente résolution sera imprimée.

6 prair. an VII. — Loi qui ordonne la perception d'une subvention extraordinaire de guerre sur les droits d'enregistrement, de timbre, d'hypothèque, etc. (4).

Art. 1er. À compter du jour de la pu-

---

(1) —768. La première organisation postérieure à la présente loi résulte d'un arrêté des consuls du 3 complémentaire an ix, qui créa un directeur général et huit administrateurs. Le nombre des administrateurs a varié souvent; il se trouve aujourd'hui fixé à quatre, qui sont désignés, depuis l'ordonnance du 12 janv. 1831, sous la dénomination de sous-directeurs.

769. Les attributions du directeur général et des administrateurs ou sous-directeurs ont été déterminées tant par l'arrêt du 3 complémentaire an ix que par les ordonnances des 25 déc. 1816 et 3 janv. 1821.

770. — La direction et la surveillance du travail est répartie entre les quatre sous-directeurs, qui dirigent chacun une division, de la manière suivante, savoir : 1re *Division.* La surveillance et la suite du travail des employés de tout grade, les rapports sur les révocations et admissions à la retraite, sur les congés, les secours, etc.; fixation des débets de régie, application de la responsabilité encourue par les comptables et les employés supérieurs; la formation, par trimestre, des listes des employés qui ont acquis des droits à l'avancement. — 2e *Division.* Droits d'enregistrement sur les actes publics et s. s. p.; contraventions aux lois sur l'enregistrement et sur le notariat, au Code de commerce, etc. —3e *Division.* Enregistrement des actes administratifs et judiciaires, greffes et hypothèques; mutations par décès, timbre, amendes, frais de justice, surveillance de l'atelier général du timbre. — 4e *Division.* L'exécution des lois des 5 déc. 1814 et 27 avril 1825, relatives aux propriétaires dépossédés, les domaines et le mobilier de l'État, les biens séquestrés, les déshérences et épaves, les domaines engagés, les décomptes, les îles et

flots, les lais et relais de la mer, l'exécution du Code forestier et généralement toutes les affaires concernant le domaine de l'État et les anciennes listes civiles (Arrêté min. fin., 31 mai 1829; Inst. gén., 27 juin 1829; Circ., 22 fév. 1831). Lorsqu'une question de timbre se trouve jointe à une question d'enregistrement du ressort de la deuxième division, les deux questions doivent être soumises simultanément à cette division (Même circ.). Le directeur général et les quatre sous-directeurs forment le conseil d'administration. Le directeur général en a la présidence. En cas d'empêchement, il la délègue à l'un des administrateurs. Le ministre des finances appelle près de lui, dans les occasions où il le trouve convenable, le conseil d'administration. En cas d'absence du directeur général, le ministre des finances désigne celui des administrateurs qui en remplira les fonctions. (Ord., 3 janv. 1821).

771. Dans les départements, le personnel de l'administration est composé de 87 directeurs, de 100 inspecteurs de 1re ou de 2e classe, de 50 inspecteurs de 3e classe, de 130 vérificateurs et de 2,650 receveurs et conservateurs des hypothèques. Il y a en outre, dans chaque département, un premier commis de direction, nommé par l'administration, un garde-magasin du timbre : dans quelques-uns, un timbreur, et dans un plus petit nombre, un tourne-feuille.

(2) —772. L'insinuation établie par la déclaration du 17 fév. 1731, l'ordonnance du même mois et les lettres patentes du 3 juill. 1769 a été abolie par le Code Napoléon.

(3) 773. V. la loi du 27 vent. an ix, art. 1er.

(4) —774. Cette loi, présentée comme transitoire, a été maintenue par les lois annuelles

blication de la présente loi, il sera perçu au profit de la République, à titre de subvention extraordinaire de guerre, pour l'an VII, un décime par franc en sus des droits d'enregistrement, de timbre, hypothèque, droit de greffe, droits de voitures publiques, de garantie sur les matières d'or et d'argent, amendes et condamnations pécuniaires, ainsi que sur les droits de douane à l'importation, l'exportation et la navigation (1).

2. La subvention établie par la présente loi sera perçue en même temps que le principal, et par les mêmes préposés, sans donner lieu à aucune retenue pour ceux-ci : il en sera compté par un article séparé (2).

22 pluv. an VII. — Loi qui prescrit des formalités pour les ventes d'objets mobiliers.

Art. 1ᵉʳ. A compter du jour de la publication de la présente, les meubles, effets, marchandises, bois, fruits, récoltes et tous autres objets mobiliers, ne pourront être vendus publiquement et par enchères qu'en présence et par le ministère d'officiers publics ayant qualité pour y procéder.

2. Aucun officier public ne pourra procéder à une vente publique et par enchères d'objets mobiliers, qu'il n'en ait préalablement fait la déclaration au bureau de l'enregistrement dans l'arrondissement duquel la vente aura lieu (3).

3. La déclaration sera inscrite sur un registre qui sera tenu à cet effet, et elle sera datée. Elle contiendra les noms, qualités et domicile de l'officier, ceux du requérant, ceux de la personne dont le mobilier sera mis en vente, et l'indication de l'endroit où se fera la vente, et du jour de son ouverture. Elle sera signée par l'officier public, et il lui en sera fourni une copie, sans autres frais que le prix du papier timbré sur lequel cette copie sera délivrée.

de finances, par la même considération qui a fait survivre aux charges de l'Etat l'augmentation du tarif résultant de la loi du 28 avril 1816, à l'occasion desquelles cette loi avait été rendue. V. sup., dans notre Commentaire, l'historique des droits d'enregistrement, Note 1, sur la loi de frimaire, nº 5.

(1) — 775. La majeure partie des droits de timbre n'est plus sujette au décime pour franc d'après les lois du 28 avril 1816, art. 67, et 14 déc. 1830, art. 2. Mais la loi subsiste pour le surplus, et l'application relativement aux amendes a dû en être faite même à celles prononcées antérieurement à sa promulgation (Déc. min. fin., 20 fruct. an X; Inst. gén., 1ᵉʳ brum. an XI, nº 87). Les amendes attribuées aux communes sont assujetties au décime pour franc (Inst. gén., 24 vent. an X, nº 48), ainsi que les amendes de pêche (Inst. gén., 16 therm. an XII, nº 246); celles concernant la voirie et le roulage (Déc. min. fin., 21 oct. 1806; Inst. gén., 3 oct. 1807, nº 345). Il en est ainsi de toutes les perceptions relatives aux majorats (Inst. gén., 12 janv. 1809, nº 413), et des droits retenus par le secrétaire du conseil d'Etat sous le titre de *frais de greffe*, qu'il verse dans la caisse du receveur de l'enregistrement (L. 24 avril et 28 juin 1833; Inst. gén., 10 août 1833, nº 1433). Le décime doit même être perçu au profit du fisc, sur les amendes attribuées aux particuliers (Cass., 19 mars 1816, D.A.7.351). Mais il ne l'est pas sur les dommages-intérêts prononcés en même temps que les amendes (Circ. de la rég., 2 fruct. an VII), ni sur l'indemnité de 150 fr.

payable au défendeur en cassation, par suite du rejet du pourvoi (Circ. de la rég., 2 sept. 1809; Inst. gén., 5 juin 1837, 1537, sect. 3, nº 7).

(2) — 776. Les receveurs de l'enregistrement doivent donner quittance du décime, en le distinguant du droit principal (Circ. de la rég., 11 prair. an VII).

(3) S'il s'agissait de rentes ou créances, la formalité de la déclaration serait superflue, car elle n'a pour but que d'empêcher que les objets dont la transmission peut s'opérer par la tradition manuelle ne soient soustraits à la perception des droits (Inst., 1723, § 7). — Quelques exceptions résultent aussi de certaines dispositions législatives. *V.* Dalloz, *Jur. gén.*, vº Enreg., nᵒˢ 2927 et suiv. *V.* aussi les indications données *cod. v*º, nᵒˢ 2922 et suiv., sur le caractère des ventes publiques.

777. S'il doit être procédé dans plusieurs communes à la vente d'objets appartenant à la même succession, il y a lieu à déclaration *dans tous les bureaux* où la vente doit avoir lieu, afin que chaque receveur puisse veiller à l'exécution de la loi. — Toutefois, lorsqu'il devra être procédé *par un même procès-verbal* à une vente aux enchères d'objets appartenant à *la ville de Paris*, et situés dans plusieurs endroits dépendant de différents bureaux, la déclaration préalable pourra n'en être faite qu'au bureau des actes de la justice de paix dans l'arrondissement duquel se trouvera placé le premier des objets à vendre d'après l'affiche (Déc. min. fin., 14 déc. 1836). — La déclaration peut être faite par

Elle ne pourra servir que pour le mobilier de celui qui y sera dénommé.

4. Le registre sera en papier non timbré ; il sera coté et paraphé, sans frais, par le juge de paix dans l'arrondissement duquel sera le bureau d'enregistrement.

5. Les officiers publics transcriront, en tête de leurs procès-verbaux de vente, les copies de leurs déclarations.

Chaque objet adjugé sera porté de suite au procès-verbal ; le prix sera écrit en toutes lettres, et tiré hors ligne en chiffres.

Chaque séance sera close et signée par l'officier public et deux témoins domiciliés.

Lorsqu'une vente aura lieu par suite d'inventaire, il en sera fait mention au procès-verbal, avec indication de la date de l'inventaire, du nom du notaire qui y aura procédé, et de la quittance de l'enregistrement.

6. Les procès-verbaux de vente ne pourront être enregistrés qu'aux bureaux où les déclarations auront été faites.

Le droit d'enregistrement sera perçu sur le montant des sommes que contiendra cumulativement le procès-verbal des séances à enregistrer dans le délai prescrit par la loi sur l'enregistrement.

7. Les contraventions aux dispositions ci-dessus seront punies par les amendes ci-après, savoir :

De cent francs, contre tout officier public qui aurait procédé à une vente sans en avoir fait la déclaration ;

De 25 francs, pour défaut de transcription en tête du procès-verbal, de la déclaration faite au bureau d'enregistrement ;

De 100 francs, pour chaque article adjugé, et non porté au procès-verbal de vente, outre la restitution du droit ;

De 100 francs aussi, pour chaque altération de prix des articles adjugés faite dans le procès-verbal, indépendamment de la restitution du droit, et des peines de faux ;

Et de 15 francs pour chaque article dont le prix ne serait pas écrit en toutes lettres au procès-verbal.

Les autres contraventions que pourraient commettre les officiers publics contre les dispositions de la loi sur l'enregistrement seront punies par les amendes et restitutions qu'elle prononce.

L'amende qu'aura encourue tout citoyen pour contravention à l'art. 1er de la présente, en vendant ou faisant vendre publiquement et par enchères, sans le ministère d'un officier public, sera déterminée en raison de l'importance de la contravention ; elle ne pourra cependant être au-dessous de 50 francs, ni excéder 1,000 francs, outre les droits(1).

8. Les préposés de la régie de l'enregistrement sont autorisés à se transporter dans tous les lieux où se feront des ventes publiques et par enchères, et à s'y faire représenter les procès-verbaux de vente et les copies des déclarations préalables.

Ils dresseront des procès-verbaux des contraventions qu'ils auront reconnues et constatées ; ils pourront même requérir l'assistance d'un officier municipal, ou de l'agent, ou de l'adjoint de la commune ou de la municipalité où se fera la vente.

Les poursuites et instances auront lieu ainsi que de la manière prescrite par la loi du 22 frimaire dernier sur l'enregistrement.

La preuve testimoniale pourra être admise sur les ventes faites en contravention à la présente (2).

9. Sont dispensés de la déclaration ordonnée par l'art. 2 les officiers publics qui auront à procéder aux ventes du

un mandataire muni d'une procuration spéciale qui demeure annexée au registre (Inst. gén., 31 août 1808, n° 396).

(1) — 778. Ces amendes, excepté la dernière, ont été réduites par la loi du 16 juin 1824, art. 10. V. Dalloz, v° Enreg., n°s 2920 et suiv.

(2) — 779. Il résulte de cette disposition que deux sortes de procédure sont établies pour parvenir à constater les contraventions aux art. 1 et 2 de la présente loi, savoir : un procès-verbal dressé sur les lieux et au moment même où se commet la contravention, et, à défaut de procès, une enquête (Cass., 30 mars an x ; Inst. gén., 4 juill. 1810, D.A. 7.213, 5 juin 1837, m° 1537, sect. 2, § 212). — Sur toutes les dispositions qui précèdent, V. encore Dalloz, eod. v° n°s 2926 et suiv.

Cette loi a été complétée par celle du 25 juin 1841, qui prononce une amende de 50 à mobilier national et à celles des effets des monts-de-piété (1).

10. Toutes dispositions de lois contraires à la présente sont abrogées.

11. La présente résolution sera imprimée.

---

27 vent. an IX.—Loi relative à la perception des droits d'enregistrement.

Art. 1ᵉʳ. A compter du jour de la publication de la présente, les droits d'enregistrement seront liquidés et perçus suivant les fixations établies par la loi du 22 frim. an VII, et celles postérieures, quelle que soit la date ou l'époque des actes et mutations à enregistrer, sauf les modifications et changements ci-après (2).

2. La perception du droit proportionnel suivra les sommes et valeurs, de

---

3000 fr. contre ceux qui contreviendront à ces dispositions, et de plus la confiscation des marchandises mises en vente.

(1)—780. Il faut que ces derniers établissements soient légalement constitués, pour motiver la dispense de déclaration qui ne peut concerner les maisons de prêt ou autres établissements particuliers où se reçoivent des meubles en dépôt ou en gage (Circ., 1ᵉʳ vent. an VII, n° 1498; Inst. gén., 15 mai 1807, n° 326, § 5).—Sont également dispensées de la déclaration préalable, les ventes de mobilier communal (Même inst.); — Les ventes de mobilier des fabriques et des hospices auxquelles peuvent procéder soit les maires (Déc. min. fin., 16 avril 1811), soit les notaires (Sol., 5 juill. 1838; 17 nov. 1838); — Les adjudications de coupes de bois de la couronne, faites *devant notaires*, en présence des préfets ou de leurs délégués (Déc. min. fin., 14 sept. 1826); — Les ventes de prises maritimes et autres, faites par les commissaires de la marine ou autres agents ou administrateurs qui les remplacent (Déc. min. fin., 24 juin 1806 et 13 déc. 1808), et celles d'objets saisis par les préposés des douanes (Délib., 3 flor. an VII).

(2)—781. La règle que consacre cet article est contraire au principe de la non-rétroactivité des lois. Aussi n'existe-t-elle plus aujourd'hui que relativement aux droits d'actes. (L., 28 avril 1816, art. 59). Mais le principe que la loi formule ici a donné lieu aux controverses les plus sérieuses.

782. C'était autrefois une règle générale de perception qu'un tarif fait loi du jour de la promulgation, et que, dès lors, les droits doivent être perçus conformément à sa disposition, quoique les actes soient d'une date antérieure. La loi du 14 therm. an IV, et puis celle du 9 vend. an VI, firent passer cette maxime dans la législation nouvelle, du moins d'une manière partielle, la première relativement aux actes translatifs de propriété d'immeubles réels et aux retours d'échange de biens de même nature (art. 3), l'autre relativement aux donations entre-vifs et aux mutations par décès d'immeubles réels (art. 16). Le texte ci-dessus, disposant d'une manière absolue, a posé ensuite la règle dans toute la généralité d'un principe. — Sous l'empire de cette législation, la rétroactivité a été consacrée de la manière la plus expresse par la jurisprudence (Cass., 2 vent. an VII; 11 flor. an IX; 23 vent. an IX; 4 mess. an IX; 26 frim. an XIII; 4 niv. an X; D.A.7.21.22.23). La Cour de cassation est même allée jusqu'à dire, d'une manière absolue, que l'art. 2, C. Nap., n'était relatif qu'au droit privé, et ne pouvait recevoir d'application en matière d'enregistrement (Cass., 13 déc. 1809; 11 sept. 1811; D.A.7.23). La régie formulant mieux cette doctrine, à l'occasion de la loi du 18 avril 1831, dont l'art. 17 abrogeait plusieurs autres lois et décrets qui, à diverses époques, avaient exempté du droit proportionnel les actes d'acquisition et les dons et legs faits aux hospices et autres établissements publics, posa en principe, en faisant connaître cette loi à ses employés, que désormais, « *et conformément au principe établi par l'art. 1ᵉʳ de la loi du 27 vent. an IX* (le texte ci-dessus), les actes et legs dont il s'agit seraient soumis, *quelle que fût la date des actes et mutations*, aux mêmes droits proportionnels d'enregistrement et de transcription que les acquisitions, donations et legs au profit des particuliers » (Inst. gén., 27 avril 1831, n° 1362). Ainsi, la régie rétablissait l'ancienne règle de la ferme, et elle l'admettait comme un point incontestable, puisque la loi du 18 avril 1831 était absolument muette en ce qui concerne la rétroactivité.

783. Il s'en faut cependant que ce principe dût être admis dans la nouvelle législation. D'abord, les lois de l'an IV et de l'an VI, outre qu'elles ne l'avaient établi que partiellement, étaient peu décisives, car elles avaient été rendues à une époque où la non-rétroactivité n'avait pas été respectée, même en matière civile. Quant à la loi ci-dessus, la portée en est gravement atténuée par le commentaire qu'on en trouve dans l'exposé des motifs où M. Duchâtel prenait le soin d'expliquer « que cette disposition n'avait pour objet que de mettre fin à quelques procès qui pouvaient encore s'élever, quoique devenus rares, et dont la situation était douteuse, attendu l'incertitude des dates et des efforts de la fraude.» On peut donc dire qu'il n'y avait rien d'ab-

vingt en vingt francs inclusivement et sans fractions (1).

3. Il ne pourra être perçu moins de 25 centimes pour l'enregistrement des actes et mutations dont les sommes et valeurs ne produiraient pas 25 centimes de droit proportionnel (2).

4. Sont soumises aux dispositions des art. 22 et 38 de la loi du 22 frimaire les mutations entre-vifs de propriété ou d'usufruit de biens immeubles, lors même que les nouveaux possesseurs prétendraient qu'il n'existe pas de conventions écrites entre eux et les précédents propriétaires ou usufruitiers.

A défaut d'actes, il y sera suppléé par des déclarations détaillées et estimatives, dans les trois mois de l'entrée

---

solu dans ces diverses lois, et, au contraire, quand on en vient aux lois véritablement constitutives de l'enregistrement, on y trouve le principe de la non-rétroactivité formellement consacré (L. 5-19 déc. 1790, art. 21 ; L. 22 frim. an VII, art. 73, V. sup.). Aussi la Cour de Cassation est-elle revenue sur sa précédente jurisprudence. En effet, la régie persistait à soutenir que l'art. 17 de la loi du 18 avril 1831 était applicable aux hospices, alors même que l'acquisition faite par eux aurait eu lieu avant la promulgation de cette loi (Délib., C. adm. 30 déc. 1831). Mais la Cour de cassation, appelée à se prononcer sur la question, jugea formellement que les lois des 22 frim. an VII, 27 vent. an IX, et autres lois spéciales en matière d'enregistrement, ne sont applicables qu'aux cas qu'elles ont prévus ; qu'elles ne contiennent pas de dérogation expresse au principe absolu de la non-rétroactivité, et qu'ainsi la liquidation du droit de mutation, de même que celle de tous autres impôts, doit être faite conformément à la loi vivante à l'époque où le droit s'est ouvert et a été acquis au fisc (Cass., 4 fév. 1834, D.p.34.1.85) ; V. notre observation sur l'art. 17 de la loi du 18 avril 1831, ci-après, n° 857.

784. Cependant il faut reconnaître que cette décision est encore, en sens inverse de celles de 1809 et de 1811, trop absolue dans son expression, lorsqu'elle pose en principe que la liquidation du droit de mutation, de même que celle de tous autres impôts, doit être faite d'après la loi existante à l'époque où le droit s'est ouvert : La règle serait juste, si les lois subséquentes étaient revenues complétement au principe de la non-rétroactivité. Mais la loi de 1816, art. 59, qui a rétabli ce principe, a réservé, ainsi que nous l'avons dit, les droits d'actes qu'elle a laissés sous l'empire de la disposition ci-dessus. La doctrine posée par la Cour de cassation se trouve donc naturellement modifiée, du moins en ce qui concerne ces derniers droits, par l'art. 59 de la loi du 28 avril 1816, qui n'a pas cessé d'être en vigueur. Aussi la Cour de cassation s'est exprimée d'une manière plus exacte, lorsque, la question s'étant représentée, elle a déclaré que les lois de finances n'ont d'application rétroactive qu'autant qu'une disposition expresse l'a ordonné

(Cass., 31 mai 1836, D.r.36.1.378). C'est là qu'est l'expression la plus exacte de la règle, et, en définitive, elle énonce, pour le droit d'enregistrement, ce qui est vrai des matières ordinaires où il est constant que le principe posé dans l'art. 2, C. Nap., doit être entendu sous toute réserve du cas où il a pu convenir et il conviendrait au législateur d'y déroger Conf. Dalloz, Jur. gén., v° Enreg., n°s 135 et suiv. ; Champ. et Rig., t. 1er, n° 45 ; Av. cons. d'État, 24 déc. 1831).

(1)—785. Ainsi, tout capital sur lequel on doit liquider le droit sera porté à un multiple de vingt ; s'il est de 100 fr. 01 c., le droit sera perçu sur 120 fr.—Par la même raison, le droit ne peut pas être perçu sur une somme moindre que 20 fr. (Champ. et Rig., t. 4, n° 3151).

(2)—786. Suivant l'art. 6 de la loi du 22 frim. an VII (V. sup.), le moindre droit à percevoir sur un acte donnant lieu au droit proportionnel était le montant de la quotité sous laquelle il se trouvait classé dans le tarif, en sorte que le moindre capital était 100 fr. Le texte ci-dessus a eu pour objet de modifier cette disposition rigoureuse.

787. Le minimum de 25 c., établi par ce texte, n'a pas pour objet chaque disposition d'un seul acte, mais l'acte même dont toutes les dispositions n'offriraient pas une perception totale de 25 cent. Ainsi, un bail aux enchères et par lots peut ne donner ouverture, sur chaque lot, au taux de 20 c., p. 100 fr., qu'à 4 ou 8 c. de droit ; il suffit que la perception sur l'acte entier produise au moins 25 c. (Sol. 5 oct. 1825 ; Instr. gén., n° 1187, § 3, 31 mars 1826).

788. Mais le minimum du droit à percevoir sur les arrêts et jugements des Cours et tribunaux, et sur les procès-verbaux des bureaux de paix, est toujours le droit fixe auquel ils sont tarifés, suivant leur nature, lorsque le droit proportionnel réglé par série de 20 fr. qu'ils opéreraient ne s'élèverait pas à la somme produite par ce droit fixe. Sous ce rapport, le texte ci-dessus ne déroge pas à la loi du 22 frim. an VII, art. 68, § 2, n° 9 (Déc. min. fin., 24 mai 1808 ; Inst. gén., n° 386, § 1er, 29 juin 1808 ; Champ. et Rig., t. 4, n° 3153 ; Dalloz, Jur. gén., v° Enreg., n°s 4375 et suiv.).

en possession, à peine d'un droit en sus (1).

5. Dans tous les cas où les frais de l'expertise autorisée par les art. 17 et 19 de la loi du 22 frimaire tomberont à la charge du redevable, il y aura lieu au double droit d'enregistrement sur le supplément de l'estimation (2).

6. Les dispositions de la loi du 22 frimaire, relatives aux administrations civiles et aux tribunaux alors existants, sont applicables aux fonctionnaires civils et aux tribunaux qui les remplacent.

7. Les actes et procès-verbaux de vente de prises, et de navires ou bris de navires, faits par les officiers d'administration de la marine, seront soumis à l'enregistrement dans les vingt jours de leur date, sous la peine portée aux art. 35 et 36 de ladite loi du 22 frimaire.

L'art. 37 leur est applicable pour le cas qui y est prévu (3).

8. Le droit d'enregistrement des baux à ferme ou à loyer, et des sous-baux, subrogations, cessions et rétrocessions de baux, réglé par l'art. 69 de la loi du 22 frimaire, § 3, n° 2, à 1 fr. par 100 fr. sur le montant des deux premières années, et à 25 cent. par 100 fr. sur celui des autres années, est réduit à 75 cent. par 100 fr. sur le montant des années suivantes.

S'il est stipulé, pour une ou plusieurs années, un prix différent de celui des autres années du bail ou de la location, il sera formé un total du prix de toutes les années, et il sera divisé également, suivant leur nombre, pour la liquidation du droit (4).

9. Le droit d'enregistrement des cautionnements de baux à ferme ou à loyer sera de moitié de celui fixé par l'article précédent (5).

10. L'art. 69 de la loi du 22 frimaire, § 4, n° 1, et § 6, n° 2, est applicable aux démissions de biens en ligne directe (6).

11. Le droit proportionnel est porté à 2 pour cent sur le montant des dommages-intérêts en matière civile, ainsi qu'il est réglé par l'art. 69 de ladite loi, § 5, n° 8, pour les dommages-intérêts en matière criminelle, correctionnelle et de police (7).

12. Les jugements portant résolution de contrats de vente pour défaut de paiement quelconque sur le prix de l'acquisition, lorsque l'acquéreur ne sera point entré en jouissance, ne seront assujettis qu'au droit *fixe* d'enregistrement, tel qu'il est réglé par l'art. 68 de la loi du 22 frimaire, § 3, n° 7, pour les jugements portant résolution de contrats pour cause de *nullité radicale* (8).

13. La dernière disposition du n° 30

---

(1) — 789. Sur cette disposition, qui a eu pour but et pour résultat de rendre efficaces les dispositions des art. 12 et 13 de la loi du 22 frim. an VII, *V.* le commentaire de ces derniers articles.

(2) — 790. *V.* le commentaire de l'art. 18 de la loi de l'an VII, et plus haut le n° 181, et enfin une instruction conforme de la régie, n° 1490, § 2.

(3) — 791. Il en est ainsi des inventaires et récolements d'inventaires de cargaisons naufragées. Ces actes qui ont lieu devant le commissaire de la marine, ou toute autre autorité publique, doivent être écrits sur papier timbré et présentés à l'enregistrement dans les vingt jours de leur date (Déc. min. fin., 28 juin 1808; Inst. gén., n° 390, § 6, 28 juill. 1808).

(4) — 792. Cette disposition, qui modifie celle de la loi de frimaire, a été modifiée à son tour par la loi du 16 juin 1824, art. 1ᵉʳ, qui a réduit le droit à 20 c. pour 100 sur le prix cumulé de toutes les années. — Au surplus, V. *sup.*, le commentaire de l'art. 69, § 3, n° 2, de la loi de frimaire.

(5) — 793. *V.* la loi du 16 juin 1824, art. 1ᵉʳ.

(6) — 794. *V.* la loi du 16 juin 1824, art. 3.

(7) — 795. *V.* le commentaire de l'art. 69, § 5, n° 8, de la loi du 22 frim. an VII.

(8) — 796. Cet article étend le droit fixe appliqué aux seules résolutions de contrat pour nullité radicale, par la loi du 22 frim. an VII, art. 68, § 3, n° 7, et l'applique aux jugements portant résolution pour défaut de paiement quelconque sur le prix de l'acquisition. Cette disposition et celle de la loi de frimaire parlent également des *jugements* portant résolution; d'où la jurisprudence a conclu que la résolution *volontaire* resterait soumise au droit proportionnel, comme opérant une mutation nouvelle (1ᵉʳ frim. an IX, 19 germ. an XIII, 21 mars 1820, 24 avril 1822, 13 avril 1823, etc., D.A.7.185; 188; 189; 198; *V.* aussi dans ce sens Championnière et Rigaud, t. 1, n°ˢ 331 et 332). On peut dire, cependant, qu'il n'y a aucune raison solide de limiter la solution aux jugements qui prononcent la résolution sur la contestation des parties, d'autant que s'il ne leur est

du § 1er de l'art. 68 de la loi du 22 frimaire est applicable aux actes d'appel compris sous les §§ 4 et 5 du même article.

14. Les actes de prestations de serment sont soumis à l'enregistrement sur les minutes, dans les vingt jours de leur date, sous les obligations et peines portées aux art. 35 et 37 de ladite loi du 22 frimaire.

Ceux des avoués sont classés parmi les actes de cette nature compris sous le n° 4 du § 6 de l'art. 68. Ceux des gardes des barrières le sont sous le n° 3 du § 3 du même article (1).

15. Le droit d'enregistrement des significations d'avoué à avoué, dans le cours des instructions des procédures devant les tribunaux, est fixé à 25 cent. Ces actes seront enregistrés dans les quatre jours de leur date, à peine de 5 fr. d'amende pour chaque contravention, outre le paiement du droit (2).

16. Les présentations et les défauts, et congés faute de comparoir, défendre ou conclure, qui doivent se prendre au greffe, sont soumis à un droit fixe de 1 franc.

Ils s'enregistrent sur les minutes ou originaux.

Le délai pour l'enregistrement est le même que celui fixé par l'art. 20 de la loi du 22 frimaire pour les actes judiciaires ; et les art. 35 et 37 de ladite loi leur sont applicables (3).

17. L'instruction des instances que la régie aura à suivre pour toutes les perceptions qui lui sont confiées se fera par simples mémoires respectivement signifiés, sans plaidoiries. Les parties ne

---

pas permis de passer jugement d'accord, l'acquéreur qui n'aura rien à opposer à la demande en résolution s'en rapportera à la justice, qui sera ainsi forcée d'adjuger les conclusions du vendeur. On peut ajouter que, si la loi ne fait mention que des *jugements* et non des *actes*, c'est parce qu'on ne connaît en France, à proprement parler, aucune nullité de plein droit, c'est-à-dire que l'on ne doive faire reconnaître par les tribunaux, et parce qu'il arrive plus communément qu'on soit obligé d'y recourir pour faire prononcer la résolution d'un acte, qu'on ne l'obtienne des voies de conciliation (Dalloz, *Jur. gén.*, v° *Enreg.*, n° 2506 ; *V.* aussi Gabr. Demante, *Expos. raisonn.*, n°s 55 et suiv.).

797. Pour qu'il y ait lieu à l'exemption du droit proportionnel, conformément au texte ci-dessus, il faut la réunion de deux conditions : défaut de paiement quelconque sur le prix, et possession non encore prise par l'acquéreur.

798. Par suite, un simple à-compte payé sur le prix, quand même il n'y aurait pas encore eu d'entrée en jouissance, suffirait pour enlever au vendeur, au profit duquel le contrat serait ultérieurement résolu, le privilége de n'acquitter qu'un simple droit fixe sur le jugement de résolution (Cass., 18 nov. 1822, D.A.7.196).

799. Quant à l'entrée en jouissance qui exclurait, d'après la seconde condition, l'exemption du droit proportionnel, il paraît résulter de quelques arrêts de la Cour de cassation qu'elle ne s'entend pas seulement d'une mainmise réelle et manifestée par des actes, mais encore d'une possession tout incorporelle, d'une tradition feinte qui ne trans-

met aucune jouissance utile, et ne consiste dans aucun fait d'exécution susceptible de tomber sous les sens (27 frim. an xiv, 31 déc. 1823, D.A.7.197). Toutefois la question n'est pas décidée *in terminis* par ces arrêts ; la doctrine qu'on leur suppose ne s'induit que de quelques expressions relevées dans ces arrêts, d'ailleurs principalement motivés sur des actes de jouissance parfaitement caractérisés et qui faisaient obstacle à l'application de l'article ci-dessus. Mais, au fond, le texte de la loi a été généralement entendu, en doctrine, d'une entrée en jouissance *de fait*, et non pas seulement de droit, par le motif que, sans cela, c'eût été réduire la faveur de la loi au seul cas où il aurait été convenu que la délivrance de la chose vendue ne se ferait qu'à une certaine époque, et n'admettre ainsi l'exception faite par la loi à la règle que pour un cas qui se présente très-rarement (Dalloz, *loc. cit.*, n°s 2516 et suiv.; Championnière et Rigaud, t. 1, n°s 491 et suiv.). *V.* aussi Cass., 15 avr. 1846 (D.P.46.4.261) ; trib. d'Alais, 28 juin 1848 (D.P.48.5.170).

(1) — 800. *V.* à cet égard le commentaire de l'art. 68, § 3, n°, 3, et § 6, n° 4, de la loi du 22 frim. an vii.

(2) — 801. Tarifés à 50 c. et 1 fr. par la loi du 28 avril 1816, art. 41, n° 1, et art. 43.

(3) — 802. Les actes dont il s'agit ici appartenaient à l'ancienne procédure. La perception sur ces actes, qui avait été suspendue dans les tribunaux de commerce (Av. cons. d'État, 18 mess. an xii, app. le 24), s'est trouvée abolie, pour toutes les Cours et tribunaux, par le Code de procédure civile, qui n'admet point ces sortes d'actes.

seront point obligées d'employer le ministère des avoués (1).

18. Toutes dispositions contraires à la présente sont abrogées.

15 nov. 1808. — Loi relative aux demandes en expertises d'immeubles situés dans le ressort de plusieurs tribunaux (2).

22 déc. 1812. — Décret relatif aux déclarations à faire par les titulaires de cautionnements en faveur de leurs bailleurs de fonds, pour leur acquérir le privilége de second ordre.

Art. 1er. Les déclarations à faire, à l'avenir, par les titulaires de cautionnements en faveur de leurs bailleurs de fonds, pour leur faire acquérir le privilége du second ordre, seront conformes au modèle ci-annexé, passées devant notaires et légalisées par le président du tribunal de l'arrondissement.

2. Dans le cas où le versement à la caisse d'amortissement serait antérieur de plus de huit jours à la date de ces déclarations, elles ne seront valables qu'autant qu'elles seront accompagnées du certificat de non-opposition délivré par le greffier du tribunal du domicile des parties, dont il sera fait mention dans lesdites déclarations, lesquelles, au surplus, ne seront admissibles à la caisse d'amortissement, s'il y a des op-

positions à cette caisse, que sous la réserve de ces oppositions.

3. Le droit d'enregistrement de ces déclarations est fixé à 1 fr. (3)

4. Il n'est point dérogé par le présent décret, à celui du 28 août 1808, portant que : « Les prêteurs de fonds ne pourront exercer le privilége du second ordre qu'en représentant le certificat mentionné à l'art. 2 de ce décret, » à moins cependant que leur opposition ou la déclaration faite à leur profit ne soit consignée aux registres des oppositions et déclarations à la caisse d'amortissement : faute de quoi, ils ne pourront exercer de recours contre la caisse d'amortissement que comme les créanciers ordinaires, et en vertu des oppositions qu'ils auraient formées aux greffes des tribunaux indiqués par la loi.

Modèle de déclaration à passer par-devant notaire, par les titulaires des cautionnements, en faveur de leurs prêteurs de fonds, pour leur faire acquérir le privilége de second ordre.

Par-devant..., etc.,

fut présent (*mettre les noms, qualité et demeure*), lequel a, par ces présentes, déclaré que la somme de... qu'en comparant a versée à la caisse... pour la (*totalité ou partie*) du cautionnement au-

---

(1) — 803. Cette disposition complète l'art. 65, § 2, de la loi du 22 frim. an VII (V. *sup.*, le commentaire de cet article).

(2) — 804. *V.* le texte et le commentaire de cette loi, dans nos observations sur l'art. 18 de la loi du 22 frim. an VII.

(3) — 805. Aujourd'hui, ce droit est de 2 fr. en vertu de la loi du 18 mai 1850, qui a porté à ce chiffre tous les droits fixes de 1 fr. Cette disposition, la seule dont nous ayons à parler ici dans le décret ci-dessus, a donné lieu, quelque précise qu'elle soit, à des difficultés qui, d'ailleurs, paraissent aujourd'hui définitivement résolues. — En premier lieu, la régie avait voulu distinguer entre le cas où le titre du prêteur avait été préalablement enregistré, et celui où aucun titre n'avait été souscrit par le titulaire, ou du moins n'avait pas été soumis à la formalité. Dans le premier cas, le texte ci-dessus était applicable, selon la régie, parce que la déclaration n'était que le complément d'un acte d'emprunt déjà enregistré ; mais dans le second, il ne l'était pas, parce que la déclaration constituait alors une obligation au

profit du bailleur de fonds, et rendant dès lors exigible le droit de 1 p. 100, par application de la loi du 22 frim. an VII, art. 69, § 3, n° 3 (Conf. Déc. min. fin. 2 sept. 1816). La Cour de cassation a rejeté cette distinction, et a consacré, en principe, que les déclarations des titulaires de places sujettes à cautionnement, en faveur de leurs bailleurs de fonds ne sont jamais sujettes qu'au droit fixe (Cass., 4 déc. 1821, D.1.7. 45). La régie s'est rangée à cette doctrine (Inst. gén. 30 mars 1822 ; Sol. 30 oct. 1835, D.P.36.3.360), qui est encore combattue au *Dict. de l'Enregistr.*, v° *Cautionn.*, n° 135.

806. En outre, la disposition ci-dessus a été reconnue applicable à la déclaration faite par un fournisseur du Gouvernement lorsqu'elle n'a pour objet que de faire acquérir à celui qui aurait baillé les fonds du cautionnement le privilége du second ordre (Cass., 27 mai 1829, D.P.29.1.255).

807. Et à la déclaration faite par le titulaire du cautionnement d'un journal (Trib. de la Seine, 16 janv. 1841, D.P.41.3.37). V. Dalloz, *Jur. gén.*, v° *Enreg.*, n°s 643 et suiv.

quel il est assujetti en sadite qualité, appartient en capital et intérêts à M...(mettre *les noms, qualités et demeure*). ou à N... savoir : à N... jusqu'à la concurrence de la somme de..., et à N..., jusqu'à la concurrence de celle de...; pourquoi il requiert et consent que la présente déclaration soit inscrite sur les registres de la caisse d'amortissement, afin que ledit N... ait et acquière (*ou* lesdits N... aient et acquièrent) le privilége du second ordre sur ledit cautionnement, conformément aux dispositions de la loi du 25 nivôse an XIII, et du décret du 28 août 1808.

Dont acte, etc.

---

28 avril 1816. — EXTRAIT de la loi de finances contenant diverses dispositions sur l'enregistrement et le timbre.

TITRE VII. — § 1ᵉʳ. DROITS D'ENRE-GISTREMENT.

Art 43. Seront sujets au droit fixe de 2 fr. :

1° Les acquiescements purs et simples ;

2° Les actes de notoriété ;

3° Les actes refaits pour nullité ou autre motif, sans aucun changement qui ajoute aux objets des conventions ou à leur valeur ;

4° Les avis de parents ;

5° Les autorisations pures et simples ;

6° Les certificats de cautions et de cautionnements ;

7° Les consentements purs et simples ;

8° Les décharges également pures et simples, et les récépissés de pièces ;

9° Les déclarations aussi pures et simples en matière civile et de commerce ;

10° Les dépôts d'actes et pièces chez les officiers publics ;

11° Les dépôts et consignations de sommes et effets mobiliers chez les officiers publics, lorsqu'ils n'opèrent pas la libération des déposants, et les décharges qu'en donnent les déposants ou leurs

héritiers, lorsque la remise des objets déposés leur est faite ;

12° Les désistements purs et simples ;

13° Les exploits et autres actes du ministère des huissiers, qui ne peuvent donner lieu au droit proportionnel ;

Sont exceptés les exploits relatifs aux procédures devant les juges de paix, les prud'hommes, les Cours royales, la Cour de cassation et les Conseils de Sa Majesté, jusques et y compris les significations des jugements et arrêts définitifs, les déclarations d'appel ou de recours en cassation, les significations d'avoué à avoué, et les exploits ayant pour objet le recouvrement des contributions directes ou indirectes, publiques ou locales (1) ;

14° Les lettres missives qui ne contiennent ni obligation, ni quittance, ni aucune autre convention donnant lieu au droit proportionnel ;

15° Les nominations d'experts hors jugements ;

16° Les procès-verbaux et rapports d'employés, gardes, commissaires, séquestres, experts et arpenteurs ;

17° Les procurations et pouvoirs pour agir, ne contenant aucune stipulation ni clause donnant lieu au droit proportionnel ;

18° Les promesses d'indemnités indéterminées et non susceptibles d'estimation ;

19° Les reconnaissances pures et simples, ne contenant aucune obligation ni quittance ;

20° Les résiliements purs et simples faits par actes authentiques, dans les vingt-quatre heures des actes résiliés ;

21° Les rétractations et révocations ;

22° Les reconnaissances d'enfants naturels par acte de célébration de mariage.

44. Seront sujets au droit fixe de 3 fr. :

1° Les adjudications à la folle enchère, lorsque le prix n'est pas supérieur à celui de la précédente adjudication ;

2° Les compromis ou nominations d'arbitres qui ne contiennent aucune

---

(1) — 813. Bien que cet article ne parle que de *contributions*, l'expression qu'il contient embrasse les exploits faits pour le recouvrement de *toutes les sommes dues à l'Etat*, à quelque titre que ce soit, à l'égard desquels continuent d'être en vigueur les dispositions des art. 68, § 1ᵉʳ, n° 30, et 70, § 2, n° 2, de la loi du 22 frim. an VII (Av. co⁻ⁱⁱ. fin.; app. le 24 nov. 1821 ; Inst. gén., 13 déc. 1821, n° 1012, § 1).

obligation de sommes et valeurs donnant lieu au droit proportionnel;

3° Les déclarations ou élections de command et d'ami, lorsque la faculté d'élire un command a été réservée dans l'acte d'adjudication ou le contrat de vente, et que la déclaration est faite par acte public et notifiée dans les vingt-quatre heures de l'adjudication ou du contrat;

4° Les réunions de l'usufruit à la propriété, lorsque la réunion s'opère par acte de cession, et qu'elle n'est pas faite pour un prix supérieur à celui sur lequel le droit a été perçu lors de l'aliénation de la propriété (1);

5° Les titres nouvels et reconnaissances de rentes dont les contrats sont justifiés en forme;

6° Les connaissements ou reconnaissances de chargements par mer;

7° Les exploits et autres actes du ministère des huissiers relatifs aux procédures devant les Cours royales, jusques et y compris la signification des arrêts définitifs.

Sont exceptées les déclarations d'appel et les significations d'avoué à avoué;

8° Les transactions, en quelque matière que ce soit, qui ne contiennent aucune stipulation de sommes et valeurs, ni disposition soumise à un plus fort droit d'enregistrement;

9° Les significations d'avocat à avocat dans les instances à la Cour de cassation et aux Conseils de Sa Majesté.

45. Seront sujets au droit fixe de 5 fr. :

1° Les exploits et autres actes du ministère des huissiers relatifs aux procédures devant la Cour de cassation et les Conseils de Sa Majesté, jusques et y compris les significations d'arrêts définitifs.

Le premier acte de recours est excepté;

2° Les contrats de mariage et actes de formation ou de dissolution de société, actuellement soumis au droit fixe de 3 fr.;

3° Les partages de biens meubles et immeubles entre copropriétaires, à quelque titre que ce soit, pourvu qu'il en soit justifié;

4° Les testaments et tous autres actes de libéralité qui ne contiennent que des dispositions soumises à l'événement du décès, et les dispositions de même nature qui sont faites par contrat de mariage entre les futurs, ou par d'autres personnes;

5° Les reconnaissances d'enfants naturels autrement que par acte de mariage;

6° Les actes et jugements interlocutoires ou préparatoires des divorces.

48. Seront sujets au droit fixe de 50 fr. :

1° Les actes de tutelle officieuse;

2° Les jugements de première instance admettant une adoption ou prononçant un divorce.

50. Seront soumises au droit de vingt-cinq centimes par cent francs les lettres de change tirées de place en place, et celles venant de l'étranger ou des colonies françaises, lorsqu'elles sont protestées faute de paiement.

Elles pourront n'être présentées à l'enregistrement qu'avec l'assignation.

Dans le cas de protêt faute d'*acceptation*, les lettres de change devront être enregistrées seulement avant que la demande en remboursement ou en cautionnement puisse être formée contre les endosseurs ou le tireur (2).

Seront sujets au droit de cinquante

---

(1)—817. *V.* sur ce point le comment. de l'art. 18, 6°, de la loi du 22 frim. an VII, n°s 144 et suiv.

(2) — 818. La loi du 22 frim. an VII (art. 70, § 3, n° 15) avait affranchi, d'une manière indéfinie, de la formalité de l'enregistrement, les lettres de change, les endossements et acquits de ces effets, et les endossements et acquits *seulement* des billets à ordre et autres effets négociables; les billets eux-mêmes étaient soumis au droit de 50 cent. pour 100 (*V. sup.*, même loi, art. 69, § 2, n° 6).

819. Mais le texte ci-dessus a révoqué la

faveur accordée aux lettres de change; elles sont soumises au droit de 25 cent. pour 100 lorsqu'elles sont protestées faute de paiement ou d'acceptation. Donc, toute la différence qui existe actuellement entre les lettres de change et les autres effets négociables, c'est qu'elles sont passibles d'un droit proportionnel moindre, et que l'enregistrement peut en être différé jusqu'à l'assignation en paiement ou en garantie, tandis que les billets à ordre doivent être soumis à la formalité avec le protêt.

819 *bis*. Les lettres de change, même celles

centimes par cent francs les cautionnements de se représenter ou de représenter un tiers, en cas de mise en liberté
provisoire, soit en vertu d'un sauf-con-
duit dans les cas prévus par le Code de
procédure et par le Code de commerce,
soit en matière civile, soit en matière
correctionnelle ou criminelle.

51. Seront sujets au droit de 1 fr. par
cent francs :

1° Les abonnements pour fait d'assurance ou grosse aventure.

Le droit sera perçu sur la valeur des
objets abandonnés.

En temps de guerre, il ne sera dû
qu'un demi-droit;

2° Les actes et contrats d'assurance.

Le droit sera perçu sur la valeur de
la prime,

En temps de guerre, il n'y aura lieu
qu'au demi-droit (1);

3° Les adjudications au rabais et marchés pour constructions, réparations,
entretien, approvisionnements et fournitures dont le prix doit être payé par le
Trésor royal, ou par les administrations
locales, ou par des établissements publics (2).

52. Le droit d'enregistrement des ventes d'immeubles est fixé à 5 1/2 pour 100;
mais la formalité de la transcription au
bureau de la conservation des hypothèques ne donnera plus lieu à aucun droit
proportionnel (3).

---

qui portent stipulation d'intérêts et d'un
long terme de paiement, ne sont passibles,
lorsqu'elles sont présentées à l'enregistrement, que du droit de 25 cent. pour 100 fr.
Sauf le cas où des circonstances de fait, frauduleuses ou non, les font dégénérer en un
contrat différent (Inst., 11 déc. 1857, D.P.
58.3.39).

820. Du reste, l'exemption de la formalité
accordée aux endossements et acquits des
lettres de change, soit qu'ils résultent de la
mention du paiement insérée dans les protêts, soit qu'ils aient été mis sur les lettres
de change elles-mêmes, subsiste toujours
(Déc. min., 28 déc. 1821); ce qui s'étend
aux endossements et acquits de tous effets
négociables.

821. Mais l'aval mis au dos d'une lettre de
change doit-il être considéré comme un endossement? L'affirmative est enseignée par
les rédacteurs du Journ. de l'Enreg., art.
2379, et elle doit être adoptée (Dalloz, v° Enreg., loc. cit., n°° 3639 et suiv.). Mais il a été
décidé que le cautionnement d'une lettre de
change donne ouverture au droit de 25 cent.
pour 100, qui est celui de la lettre de change
(Délib., 28 mai 1833).

(1) — 822. Modifié, quant aux assurances
maritimes, par la loi du 16 juin 1824, art. 5
(V. du reste, sup., l'art. 69, § 2, n° 2, de la
la loi du 22 frim., et le Commentaire).

(2) — 823. Le droit proportionnel est réduit au droit de 1 fr. quand le prix est à la
charge du Trésor (L., 15 mai 1818, art. 73).

823 bis. Les marchés relatifs au premier
pavage des rues nouvellement ouvertes dans
la ville de Paris, ne jouissent pas de l'exemption du droit proportionnel d'enregistrement
établie par l'art. 73 de la loi du 15 mai 1818,
pour les adjudications et marchés dont le
prix doit être payé directement ou indirectement par le Trésor de l'Etat, les dépenses

de ce premier pavage étant à la charge exclusive de la ville de Paris, laquelle ne reçoit de subvention de l'Etat que pour l'entretien et non pour les frais de premier
pavage des rues et autres voies publiques
(Rej., 24 nov. 1858, D.P.58.1.444).

823 ter. L'exemption du droit proportionnel ne s'applique pas non plus aux marchés
relatifs à l'établissement, et même à l'entretien des trottoirs, les dépenses d'établissement n'étant supportées par l'Etat ni directement ni indirectement, mais se trouvant
réparties par la loi du 7 juin 1845, entre les
communes et les propriétaires riverains, sans
qu'il apparaisse que cette règle doive faire
exception à l'égard des trottoirs de la ville
de Paris, et les dépenses d'entretien constituant des dépenses purement locales et municipales auxquelles n'est point assujettie la
subvention allouée à la ville de Paris par le
Trésor, pour les seuls frais d'entretien des
chaussées ou du pavé proprement dit (Même
arrêt).

823 quater. Les baux des terrains pris à
location par la ville de Paris pour le dépôt de
matériaux destinés à l'entretien de son pavé,
ne sont passibles du droit fixe établi à l'égard
des marchés dont le prix doit être payé par
le Trésor, que pour la moitié à la charge de
l'Etat : ils sont soumis au droit proportionnel de 1 pour 100 jusqu'à concurrence de la
moitié à payer par la ville (Req., 1er juill.
1861, D.P.61.1.427).

(3)—824. Cette disposition a eu pour objet d'obliger les parties à faire transcrire,
mais elle a apporté deux changements à l'ancienne loi (celle du 21 vent. an VII, art. 15,
relativement à la transcription) : l'un en
rendant obligatoire le paiement du droit de
transcription qui, auparavant, n'était que
facultatif, et pour le cas seulement où les
parties faisaient transcrire; l'autre en con-
fondant le droit de transcription avec celui

33.

53. Les droits de donations entre-vifs et des mutations qui s'effectuent par décès, soit par succession, soit par testament ou autres actes de libéralité à cause de mort, de propriété ou d'usufruit de biens meubles et immeubles entre époux, en ligne collatérale et entre personnes non parentes, seront perçus selon les quotités ci-après :

Pour les biens *immeubles*,

D'un époux à un autre époux, par donation ou testament, trois francs par cent francs;

Des frères et sœurs à des frères et sœurs et descendants d'iceux, successions de neveux et nièces, petits-neveux et petites-nièces, dévolues à des oncles et tantes, grands-oncles et grandes-tantes, et autres parents au degré successible, cinq francs par cent francs;

Entre toutes autres personnes, sept francs par cent francs;

Pour les biens *meubles*,

Entre époux, 1 1/2 pour 100; entre frères, sœurs, oncles, tantes, neveux et nièces, et autres parents au degré successible, 2 1/2 pour 100;

Entre toutes autres personnes, 3 1/2 pour 100.

Lorsque l'époux survivant ou les enfants naturels sont appelés à la succession, à défaut de parents au degré successible, ils seront considérés, quant à la quotité des droits, comme personnes non parentes.

Lorsque les donations entre-vifs auront été faites par contrat de mariage aux futurs, il ne sera perçu que moitié du droit (1).

54. Dans tous les cas où les actes seront de nature à être transcrits au bureau des hypothèques, le droit sera augmenté de 1 1/2 pour 100, et la transcription ne donnera plus lieu à aucun droit proportionnel (2).

55. Il sera perçu, au profit du Trésor

---

d'enregistrement. *V.* Dalloz, *loc. cit.*, n°s 2263 et suiv.

825. Le droit des ventes immobilières étant un droit de mutation, celui de 5 1/2 pour 100 au lieu de 4 pour 100 ne s'applique qu'aux ventes survenues depuis la loi de 1816 (Cass. 13 janv. 1818, D. A 7, 24; Inst. gén., 30 mai 1818 (Championnière et Rigaud, t. 3, n° 1727. —*V.* aussi *inf.*, l'art. 59 de la présente loi).

826. L'expression, *ventes d'immeubles* que contient l'article ci-dessus comprend les ventes, cessions, rétrocessions, adjudications et autres actes civils translatifs de biens immeubles, à titre onéreux, qui étaient tarifés à 4 pour 100 par l'art. 69, § 7, n° 1, de la loi du 22 frim. an VII, et qui, ainsi, sont soumis aujourd'hui à celui de 5 1/2 pour 100 (Championnière et Rigaud, t. 3, n° 1728).—*V.* aussi Dalloz, *loc. cit.*, n°s 2266 et suiv., 2273 et suiv., et *supra*, le commentaire de l'art. 69, § 7, n° 1, de la loi du 22 frim. an VII.

(1)—827 La quotité du droit proportionnel a été augmentée et graduée suivant les différents degrés de parenté, pour les mutations en ligne collatérale et entre personnes non parentes (*V.* L. 21 avril 1832, art. 33). — Quant aux donations entre-vifs en ligne directe, *V.* L. 22 frim. an VII, art. 69, § 4, 1° et § 6, 2°.

827 bis. Il a été jugé que dans le cas où la libéralité, bien que faite en vue du mariage, l'a été par un acte antérieur au contrat de mariage, il n'y a pas lieu d'accorder aux parties la réduction de droit concernant les libéralités faites dans le contrat de mariage lui-même (Trib. de Muret, 18 juin 1858, D. P.

---

59. 3. 70). Mais ce point est contesté par les rédacteurs du *Contrôleur de l'Enregistrement*, t. 30, p. 422. Il leur paraît que dans ce cas, l'acte contenant la libéralité et le contrat de mariage doivent être considérés comme ne formant qu'un seul acte.

(2)—828. Selon Championnière et Rigaud, t. 3, n° 2184, cet article est une dépendance de celui qui précède, dont il ne doit pas être séparé : ainsi, il ne s'appliquerait qu'aux dispositions prévues par l'art. 53, dont il est la suite et le complément. Il en résulte que les *actes de nature à être transcrits* dont parlent les législateurs se réduisent aux donations d'immeubles entre époux, aux donations de même nature en ligne collatérale et entre personnes non parentes. Cette appréciation se justifie par cette circonstance que l'article ci-dessus faisait partie, dans le travail de la commission du budget, de l'art. 53 qu'il terminait (*Mon.* de 1846, p. 288); ces deux articles étant réunis en un seul, qui formait le 48° du projet, état de choses qui existait encore le 28 mars, jour où l'art. 48 du projet fut discuté et adopté (*Mon. Ibid.*, p. 374). — *V. Contra*, Dalloz, v° *Enreg.*, n° 3656.

829. Mais l'alinéa final de l'art. 53 ayant paru, par erreur, dans le *Bulletin des Lois*, sous la forme d'un article distinct portant le n° 54, l'administration s'en est emparée et en a fait l'application à d'autres actes que ceux auxquels il paraît se rapporter, c'est-à-dire aux dispositions qui, parmi celles qu'énumère l'art. 53, sont de nature à être transcrites. C'est ainsi qu'elle l'avait appli-

royal, un droit d'enregistrement suivant le tableau ci-après.

Aucune expédition desdites lettres-patentes ne pourra être délivrée, par le conseil du sceau des titres, que le droit d'enregistrement n'ait préalablement été payé (1).

56. L'art. 41 de la loi du 22 frimaire an VII continuera d'être exécuté : néanmoins, à l'égard des actes que le même officier aurait reçus, et dont le délai d'enregistrement ne serait pas encore expiré, il pourra en énoncer la date, avec la mention que ledit acte sera présenté à l'enregistrement en même temps que celui qui contient ladite mention; mais, dans aucun cas, l'enregistrement du second acte ne pourra être requis avant celui du premier, sous les peines de droit (2).

57. Lorsqu'après une sommation extrajudiciaire, ou une demande tendant à obtenir un paiement, une livraison, ou l'exécution de toute autre convention dont le titre n'aurait point été indiqué dans lesdits exploits, ou qu'on aura simplement énoncé comme verbal, on produira, en cours d'instance (3), des écrits, des billets, marchés, factures acceptées, lettres, ou tout autre titre émané du défendeur, qui n'auraient pas été enregistrés avant ladite demande ou sommation, le double droit sera dû, et pourra être exigé ou perçu lors de l'enregistrement du jugement intervenu (4).

58. Il ne pourra être fait usage, en justice, d'aucun acte passé en pays étranger ou dans les colonies, qu'il n'ait acquitté les mêmes droits que s'il avait été souscrit en France, et pour des biens

---

qué aux échanges (Inst. gén., 23 déc. 1816, n° 758, § 7) ; ce qui est aujourd'hui sans intérêt depuis que la loi du 16 juin 1824 a sanctionné cette décision par son art. 2, en ce sens que cet article a ordonné de percevoir le droit de 1 1/2 pour 100 fixé par l'article ci-dessus sur la valeur de l'une des parts. V. Dalloz, v° Enreg., n°s 3189 et suiv.

(1) — 830. Une loi du 21 avril 1833 a disposé que : « La remise de tout ou partie des droits de sceaux pour la délivrance des lettres de naturalité et des dispenses d'âge et de parenté pour mariage pourra être accordée par ordonnance du Roi, sur la proposition du garde des sceaux ministre de la justice, lorsque les impétrants auront dûment justifié qu'ils sont hors d'état d'acquitter les droits fixés par la loi du 28 avril 1816. » — Le droit d'enregistrement établi pour lesdites lettres par la même loi serait réduit proportionnellement à la remise prononcée sur le droit de sceau (V. aussi L. 15 mai 1818, art. 77, et 20 juill. 1837, art. 12).

(2) — 831. V. à cet égard notre commentaire sur l'art. 41 de la loi du 21 frim. an VII.

(3) — 832. Les mots en cours d'instance, dont se sert le législateur, doivent être ainsi entendus : après l'instance liée, c'est-à-dire après une sommation de payer, une demande ou assignation en justice, pour obtenir condamnation de paiement ; mais on ne peut regarder l'instance liée par la citation en conciliation, qui n'est que le préliminaire de la demande, et a pour but de prévenir l'action. Il n'est donc pas nécessaire que le titre sur lequel se base une demande soit présenté à l'enregistrement avant la citation en conciliation : il suffit qu'il le soit avant l'exploit d'assignation, pour n'être pas sujet

au double droit (Cass., 25 janv. 1827, D.P. 33.1.304 ; Inst. gén., 30 juin 1827, 1210, § 5). V. Dalloz, loc. cit., n° 5243).

(4) — 833. La peine du double droit pour les écrits sous seing privé produits en cours d'instance est limitée aux actes émanés du défendeur, et produits par le demandeur, qui aurait dissimulé, lors de l'introduction de la poursuite, le titre véritable qui pouvait lui servir de base ; mais elle ne peut atteindre le défendeur qui, n'ayant encore fait aucun usage, soit patent, soit déguisé, de son titre sous seing privé, le soumet à la formalité avant d'en exciper pour sa défense (Cass., 9 fév. 1832, D.P.32.1.75; Inst. gén., 29 juin 1832, 1401, § 1). V. Conf. Dalloz, v° Enreg., n° 5133.

833 bis. Le double droit dont l'art. 57 de la loi du 28 avril 1816 frappe tout acte non énoncé dans la demande et produit au cours de l'instance sans avoir été enregistré, est applicable même aux actes assujettis à l'enregistrement dans un certain délai, non encore expiré lors de leur production en justice (Req., 4 août 1859, D.P.59.1.421).

833 ter. Il y a production en cours d'instance du titre d'une convention énoncée comme verbale dans la demande, et, par suite, si l'acte n'est pas enregistré, le double droit est exigible conformément à l'art. 57 de la loi du 28 avril 1816, lorsque les plaidoiries ont eu lieu sur des notes qui reproduisent les clauses de cet acte, et qu'en outre, le même acte a été communiqué au tribunal, en chambre du conseil, avant la prononciation du jugement (Même arrêt).

833 quater. Le paiement du double droit exigible sur tout acte produit en cours d'instance, dans le cas prévu par l'art. 57 de la

situés dans le royaume; il en sera de même des mentions desdits actes dans les actes publics (1).

59. Les droits de mutation établis par la présente loi ne seront perçus que sur les mutations qui surviendront après sa publication; les lois antérieures s'appliqueront aux mutations effectuées jusqu'à ladite publication.

Quant aux actes, l'art. 1ᵉʳ de la loi du 27 vent. an IX continuera d'être exécuté (2).

72. Le paraphe qui doit précéder l'usage d'un registre sera enregistré moyennant un simple droit de un franc (3).

73. Les autres dispositions des lois, décrets et ordonnances, auxquelles il n'est pas dérogé par la présente loi, et qui régissent actuellement la perception des droits d'enregistrement, hypothèques, timbre, greffes, passe-ports, ports d'armes, et décime pour franc sur ceux de ces droits qui n'en sont pas affranchis, sont et demeurent maintenues.

25 mars 1817. — EXTRAIT de la loi sur les finances (4).

Art. 74. Les actes et procès-verbaux des huissiers, gendarmes, préposés, gardes champêtres et forestiers (autres que ceux des particuliers), et généralement tous actes et procès-verbaux concernant la police ordinaire, et qui ont pour objet la poursuite et la répression des délits et contraventions aux règlements généraux de police et d'impositions, seront visés pour timbre et enregistrés en débet, lorsqu'il n'y aura pas de partie civile poursuivante; sauf à suivre le recouvrement des droits contre les condamnés. — Seront également visées pour timbre et enregistrées en débet les déclarations d'appel de tous jugements rendus en matière de police correctionnelle lorsque l'appelant sera emprisonné.

75. Seront visés pour timbre et enregistrés gratis les actes de procédure et les jugements à la requête du ministère public, ayant pour objet : 1° de réparer les omissions et faire les rectifications sur les registres de l'état civil, d'actes qui intéressent les individus notoirement indigents; 2° de remplacer les registres de l'état civil perdus ou incendiés par les événements de la guerre, et de suppléer aux registres qui n'auraient pas été tenus (5).

15 mai 1818. — EXTRAIT de la loi sur les finances.

Art. 74. Le droit d'enregistrement des ventes d'objets mobiliers, fixé à *deux pour cent* par l'art. 69 de la loi du 22 frim. an VII, est réduit à *cinquante centimes par cent francs* pour les ventes publiques de marchandises qui, conformément au décret du 17 avril 1812, seront faites à la bourse, et aux enchères, par le ministère des courtiers de commerce, d'après l'autorisation du tribunal de commerce.

75. Pour les rentes et baux stipulés payables en quantité fixe de grains et de denrées dont la valeur est déterminée par les mercuriales, et pour les donations entre-vifs et les transmissions par décès de biens dont les baux sont également stipulés payables en quantité

---

loi du 28 avril 1816, peut être poursuivi solidairement contre toutes les parties qui ont figuré à cet acte, lorsqu'elles ont toutes participé à sa production (Même arrêt).

(1)—834. Cette disposition a été modifiée par la loi du 16 juin 1824, art. 4.

(2)—835. Cette disposition maintient, mais quant aux actes seulement, l'effet rétroactif qu'avait établi celle de la loi de ventôse à laquelle elle se réfère. Au surplus, quant au principe de la non-rétroactivité et à son application en matière fiscale, *V.* le commentaire de l'art. 1ᵉʳ de la loi du 27 vent. an IX.

(3)—836. Cet article est applicable au procès-verbal de cote et paraphe du livre-journal et du livre des inventaires désigné dans l'art. 10, C. comm. (Inst. gén., 29 avril 1816, 715); mais il en est autrement des procès-verbaux de cote et paraphe des registres de l'état civil, en exécution de l'art. 41, C. Nap. (Déc. min. fin., 16 déc. 1816; Inst. gén., 23 déc. 1816, 758, § 6), des registres tenus par les conservateurs des hypothèques, en exécution de l'art. 2291, C. Nap. (Mêmes déc. et inst.), et des registres tenus, en vertu de règlements de police, par les brocanteurs, logeurs, maîtres d'hôtels garnis et autres (Sol., 17 janv. 1834).

(4)—837. *V.* notre commentaire sur l'art. 70 de la loi du 22 frim. an VII.

(5)—838. *V.* la loi du 3 juill. 1846, art. 8.

fixe de grains et denrées dont la valeur est également déterminée par les mercuriales, la liquidation du droit proportionnel d'enregistrement sera faite d'après l'évaluation du montant des actes, ou du prix des baux résultant d'une année commune de la valeur des grains ou autres denrées, selon la mercuriale du marché le plus voisin.

On formera l'année commune d'après les quatorze dernières années antérieures à celle de l'ouverture du droit : on retranchera les deux plus fortes et les deux plus faibles ; l'année commune sera établie sur les dix années restantes (1).

77. Sont exemptes du droit proportionnel établi par l'art. 56 de la loi du 28 avril 1816, les lettres patentes de dispense pour mariage, délivrées aux personnes reconnues indigentes. Dans ce cas, la formalité de l'enregistrement sera donnée *gratis*.

Seront également enregistrés *gratis* les actes de reconnaissance d'enfants naturels appartenant à des individus notoirement indigents.

78. Demeurent assujettis au timbre et à l'enregistrement sur la minute, dans le délai de vingt jours, conformément aux lois existantes :

1° Les actes des autorités administratives et des établissements publics portant transmission de propriété, d'usufruit et jouissance ; les adjudications ou marchés de toute nature, aux enchères, au rabais ou sur soumission (2);

2° Les cautionnements relatifs à ces actes.

16 juin 1824.—Loi relative aux droits d'enregistrement et de timbre.

Art. 1er. Les baux à ferme ou à loyer des biens meubles et immeubles, les baux de paturage et nourriture d'animaux, les baux à cheptel ou reconnaissances de bestiaux, et les baux ou conventions pour nourriture de personnes, lorsque la durée sera limitée, ne seront désormais soumis qu'au droit de *vingt centimes par cent francs*, sur le prix cumulé de toutes les années.

Le droit de cautionnement de ces baux sera de moitié de celui fixé par le présent article (3).

2. Les droits sur ces échanges de biens immeubles sont modérés ainsi qu'il suit :

Les échanges d'immeubles ruraux ne paieront qu'*un franc* fixe pour tous droits d'enregistrement et de transcription, lorsque l'un des immeubles échangés sera contigu aux propriétés de celui des échangistes qui le recevra.

A l'égard de tous les autres échanges de biens immeubles, quelle que soit leur nature, le droit de *deux pour cent*, fixé par l'art. 69 de la loi du 12 déc. 1798 (22 frim. an VII), est réduit à *un pour cent*; il sera perçu, comme par le passé, sur la valeur d'une des parts seulement, et celui d'*un demi pour cent*, fixé par l'art. 54 de la loi du 28 avril 1816, n'aura lieu également que sur la valeur d'une des parts.

Dans tous les cas, le droit réglé par l'art. 52 de la même loi continuera d'être

---

(1) — 839. V. *sup*., L. du 22 frim. an VII, art. 15, 1°, et le Commentaire.

(2)—840. Les emprunts contractés par une commune, au moyen de souscriptions particulières directement versées dans la caisse municipale, contre la délivrance d'obligations nominatives ou au porteur, ont le caractère de prêts purs et simples, et non celui de marchés sur soumission.

Par suite, ces actes ne sont pas soumis au timbre et à l'enregistrement dans les vingt jours de leur date : il n'y a lieu qu'à la perception du droit exigible sur les obligations nominatives ou au porteur, qui ont consommé l'opération d'emprunt (Cass., 15 mai 1860, D.P.60.1.315).

(3) — 844. Cet article a établi une fixation unique pour toutes les conventions tarifées

par l'art. 69, § 1er, nos 1 et 2, § 2, n° 5, § 3, n° 2, de la loi du 22 frim. an VII, et par les art. 8 et 9 de la loi du 27 vent. an IX (V. *sup*., les textes indiqués).

841 *bis*. La concession accordée par l'autorité administrative à une entreprise de voitures publiques, dites omnibus, du droit de faire circuler ses voitures en stationnant sur la voie publique, moyennant un abonnement annuel à titre de redevance, est passible, comme bail, du droit de 20 cent. pour 100 (Trib. de la Seine, 19 juin 1857, D.P. 58. 3.30).

841 *ter*. La circonstance que deux jours seulement avant la signature du contrat de mariage, le père de la future, s'abstenant de toute libéralité dans le contrat, avait consenti à sa fille une pension alimentaire excé-

perçu sur le montant de la soulte ou de la plus-value (1).

3. Le droit d'enregistrement, fixé par les paragraphes 4 et 6 de l'art. 69 de la loi du 12 décembre 1798, pour les donations entre-vifs en ligne directe, à *un franc vingt-cinq centimes par cent francs sur les biens meubles, et à deux francs cinquante centimes sur les immeubles,* est réduit, en ce qui concerne les dona-

tions portant partage, faites par actes entre-vifs, conformément aux art. 1075 et 1076 du Code civil, par les père et mère ou autres ascendants, entre leurs enfants et descendants, au droit de *vingt-cinq centimes par cent francs sur les biens meubles, et d'un franc par cent francs sur les immeubles,* ainsi qu'il est réglé pour les successions en ligne directe (2).

Le droit d'un franc et demi pour cent,

---

dant les besoins de celle-ci et payable sa vie durant, autorise à considérer cette pension comme donation d'usufruit faite en vue du mariage, et non comme convention d'alimen ts soumise seulement au droit de 20 cent. par 100 fr. (Trib. de Muret, 18 juin 1858, D.p.59.3.70)

(1) — 842. Le droit des échanges a subi d'assez nombreuses variations. La loi de 1790 ne soumet les échanges qu'au droit de 1 pour 100. Lors de la discussion de la loi du 22 frimaire vii, on demanda, dans l'intérêt de l'agriculture, l'exemption de tout droit; mais l'État et les besoins du Trésor ne permirent pas d'accueillir la demande, et cette loi établit, sur les échanges, un droit moindre de moitié de celui à percevoir sur la vente, c'est-à-dire 2 pour 100.

843. En 1824, les temps étant plus prospères, l'attention du Gouvernement fut appelée de nouveau sur le même objet, et il en résulta la modération des droits établis par la disposition ci-dessus. Mais les agents du fisc réclamèrent et signalèrent l'injustice qui résultait de la disposition en ce que ceux à qui l'échange était le plus utile payaient le moins (*Dict. de l'Enregistr.*, v° *Échange*, n° 17). D'un autre côté, on parvenait aisément à remplir les conditions de l'exemption du droit proportionnel, en vendant, avant l'échange, une parcelle de l'immeuble à échanger, en sorte que cet immeuble se trouvait contigu aux propriétés de celui des échangistes qui le recevait; et cette opération fut vainement attaquée par la régie comme fraudant les droits du Trésor. Il fallut alors recourir au législateur.

844. C'est dans ces circonstances qu'a été rendue la loi du 24 mai 1834, qui, abrogeant, par les art. 16 et 17, la disposition ci-dessus relative aux immeubles ruraux contigus, a, par cela même, rendu sans application les solutions, 1° sur les échanges d'immeubles *contigus* contre des immeubles *non contigus* (Inst. gén., 23 mars 1825, 1156, § 4); 2° sur la distinction des terrains ou des maisons (Inst. gén., 23 déc. 1826, 1204, § 4; 3° sur le minimum du droit proportionnel à percevoir au-dessous de 1 fr. fixe (Inst. gén., 20 mars 1827, 125, § 7); 4° enfin, sur les *fraudes* em-

ployées pour créer une contiguité (Cass., 18 déc. 1828, D.p.29.1.68; Inst. gén., 24 mars 1829, 1273, § 8).

845. Dans l'état actuel des choses, et en rapprochant les diverses lois qui viennent d'être citées, et dont l'ensemble constitue le tarif des échanges, ces contrats se trouvent assujettis à deux droits différents: l'un sur l'échange proprement dit de 2 1/2 pour 100, y compris le droit de transcription; l'autre sur la soulte, le retour ou la plus-value, suivant le texte ci-dessus, par la loi du 28 avril 1816, art. 52, c'est-à-dire 5 1/2 pour 100 (Championnière et Rigaud, t. 3, n° 2467 et suiv.; Dalloz, v° *Enreg.*, n° 31 et suiv.).

(2) — 846-847. En principe, les partages dont il est question dans l'article ci-dessus, partages connus en droit sous le titre de démission de biens, emportent dessaisissement actuel lorsqu'ils ont lieu dans la forme des donations entre-vifs, avec ou sans réserve d'usufruit, et à ce titre ils auraient été passibles du droit de donation aux termes de l'art. 40, L. 27 vent. an xi. C'est donc par une faveur toute spéciale que le droit est réduit par la disposition ci-dessus, à celui que perçoit sur les successions en ligne directe.

L'application de cet article a été restreinte originairement dans les termes rigoureux des art. 1075 et 1076, C. Nap., c'est-à-dire au seul cas de *partage* et de *distribution* matérielle au moyen de formation et d'assignation de lots aux donataires (Sol., 22 sept. 1824, 142, oct. 1825, 5, avr. 1826, 13 oct. 1826 et 30 avr. 1830). Mais cette application a reçu, par la jurisprudence, une telle extension, qu'il en résulte presque la réduction, au taux fixé pour les successions en ligne directe, du droit d'enregistrement de toutes les donations d'ascendants. L'administration n'excepte elle-même du bénéfice de cette réduction que les donations en faveur d'un enfant unique (Sol., 22 sept. 1824; Trib. de la Seine, 30 janv. 1853; Cass., 13 août 1888, D.p.38.1.364), et les donations où l'attribution d'une quotité n'est pas déterminée pour chaque donataire. Encore même cette dernière exception a-t-elle été formellement condamnée par la Cour de cassation qui a jugé que la donation faite, le 7 août 1830, par le duc ajouté au droit d'enregistrement par l'art. 54 de la loi du 28 avril 1816, ne sera perçu, pour lesdites donations, que lorsque la transcription en sera requise au bureau des hypothèques (1).

4. Les actes translatifs de propriété, d'usufruit ou de jouissance de biens immeubles situés, soit en pays étranger, soit dans les colonies françaises, où le droit d'enregistrement n'est pas établi, ne seront soumis, à raison de cette transmission, qu'au droit fixe de *dix francs*, sans que, dans aucun cas, le droit fixe puisse excéder le droit proportionnel, qui serait dû s'il s'agissait de biens situés en France (2).

5. Les polices d'assurances maritimes ne seront assujetties qu'au droit fixé d'*un franc* pour enregistrement. Le paiement du droit proportionnel, fixé par l'art. 51 de la loi du 28 avril 1816, sera perçu seulement lorsqu'il sera fait usage de ces actes en justice (3).

7. Les départements, arrondissements, communes, hospices, séminaires, fabriques, congrégations religieuses, consistoires, et généralement tous les établissements publics légalement autorisés, paieront *dix francs* pour droit fixe d'enregistrement, et de transcription hypothécaire sur les actes d'acquisition qu'ils feront, et sur les donations ou legs qu'ils recueilleront, lorsque les immeubles acquis ou donnés devront recevoir une destination d'utilité publique, et ne pas produire de revenus, sans préjudice des exceptions déjà existantes en faveur de quelques-uns de ces établissements.

Le droit de *dix francs* fixé par le présent article sera réduit à *un franc* toutes les fois que la valeur des immeubles acquis ou donnés n'excédera pas 500 fr. en principal (4).

10. Les amendes progressives prononcées, dans certains cas, contre les fonctionnaires publics et les officiers ministériels, par les lois sur l'enregistrement et le dépôt des répertoires, sont réduites à une seule amende de *dix francs*, quelle que soit la durée du retard (5).

Toutes les amendes fixes prononcées par les lois sur l'enregistrement, le timbre, les ventes publiques de meubles et le notariat, ainsi que celles résultant du défaut de mention des patentes dans les actes, et du défaut de consignation des amendes d'appel, sont réduites, savoir : celles de *cinq cents francs*, à *cinquante francs*, celles de *cent francs*, à *vingt francs*, celles de *cinquante francs*, à *dix francs*, et toutes celles au-dessous de *cinquante francs*, à *cinq francs*.

11. Les dispositions des lois relatives à la tenue et au dépôt des répertoires sont applicables aux commissaires-priseurs et aux courtiers de commerce, mais seulement pour les procès-verbaux de ventes de meubles et de marchandises, et pour les actes faits en conséquence de ces ventes.

Les art. 41 et 42 de la loi du 12 déc. 1798 (22 frim. an VII) sur l'enregistrement sont applicables aux avoués, le tout sauf la réduction aux sommes fixées par l'article précédent des amendes prononcées par lesdites lois.

13. Les notaires pourront faire des actes en vertu et par suite d'actes sous

---

d'Orléans, à ses enfants, excepté l'aîné, de valeurs mobilières estimées 9,011,960 fr. et d'immeubles évalués en revenu 1,335,623 fr. bien qu'elle ne contînt *ni partage, ni lotissement, ni même indication de la part de chacun des donataires,* a dû n'être assujettie qu'au droit fixé par l'art. ci-dessus (Cass., 26 avr. 1836; D.P. 36.1.209).

848. Une donation faite à des petits-enfants, leurs père et mère encore vivants, ne serait pas considérée comme une démission de biens dans le sens de l'art. ci-dessus, parce que le partage de présuccession ne peut avoir lieu qu'au profit de ceux qui sont appelés directement à succéder. Cette donation doit donc payer le droit ordinaire des donations en ligne directe (Sol., 30 mai 1825). V. sup., n° 707. — V. aussi sur l'in-

terprétation de la disposition ci-dessus *Jur. gén.,* de Dalloz, v° *Enreg.,* n°s 3889 et suiv., et les décisions citées.

(1) *Voy.* la note sur l'art. 54 de la loi du 28 avr. 1816.

(2). — 849. Disposition qui modifie celle de l'art. 58 de la loi du 28 avril 1816 (V. sup.).

(3) — Ce droit est actuellement de 2 fr. (L. 18 mai 1850, art. 8).

(4) — 850. Cette disposition a été abrogée par la loi du 28 avr. 1834 (*inf.*).

(5) — Et on ne peut réclamer une pour défaut de visa de chaque trimestre, si la contravention n'a pas été constatée et l'amende exigée à l'échéance de chaque trimestre (Inst., 1458, § 10).

seing privé non enregistrés, et les énoncer dans leurs actes, mais sous la condition que chacun de ces actes sous seing privé demeurera annexé à celui dans lequel il se trouvera mentionné, qu'il sera soumis avant lui à la formalité de l'enregistrement, et que les notaires seront personnellement responsables, non-seulement des droits d'enregistrement et de timbre, mais encore des amendes auxquelles les actes sous seing privé se trouveront assujettis.

Il est dérogé, à cet égard seulement, à l'art. 42 de la loi du 12 déc. 1798 (22 frim. an VII) (1).

14. La prescription de deux ans, établie par le nombre premier de l'art. 64 de la loi du 12 déc. 1798, s'appliquera tant aux amendes de contraventions aux dispositions de ladite loi, qu'aux amendes pour contraventions aux lois sur les ventes de meubles. Elle courra du jour où les préposés auront été mis à portée de constater les contraventions, au vu de chaque acte soumis à l'enregistrement, ou du jour de la présentation des répertoires à leur visa.

Dans tous les cas, la prescription pour le recouvrement des droits simples d'enregistrement et des droits de timbre qui auraient été dus indépendamment des amendes restera réglée par les lois existantes.

L'action pour faire condamner aux amendes sera prescrite après deux ans, à compter du jour où les contraventions auront été commises, dans les cas déterminés :

1° Par l'art. 1er de la loi du 5 mai 1796 (16 flor. an IV), concernant le dépôt des répertoires ;

2° Par l'art. 37 de la loi du 22 oct. 1798 (1er brum. an VII), pour la mention à faire des patentes ;

3° Par la loi du 16 mars 1803 (25 vent. an XI), contenant organisation du notariat ;

4° Par l'art. 68 du Code de commerce, pour la publication des contrats de mariage des commerçants (2).

15. Toutes les dispositions qui précèdent seront applicables aux perceptions à faire et aux amendes encore dues au moment de la publication de la présente (3).

16. Il est accordé un délai de six mois, à compter de la publication de la présente loi, pour faire enregistrer et timbrer, sans droits en sus ni amendes, tous les actes, effets et registres qui, en contravention aux lois sur l'enregistrement et le timbre, n'auraient pas été soumis à ces deux formalités.

Le même délai de faveur est accordé pour faire la déclaration des biens transmis, soit par décès, soit entre-vifs, lorsqu'il n'existera pas de conventions écrites.

Les héritiers donataires ou légataires, et tous nouveaux possesseurs qui auraient fait des omissions ou des estimations insuffisantes dans leurs actes ou déclarations, seront admis à les réparer sans être soumis à aucune peine, pourvu qu'ils acquittent les droits simples et les frais dans le délai de six mois.

Le bénéfice résultant du précédent article ne pourra être réclamé que pour les contraventions existantes au jour de la promulgation de la présente loi.

_____

8 sept. 1830. — Loi relative au droit d'enregistrement des actes de prêts sur dépôts ou consignations de marchandises, fonds publics français et actions de compagnies d'industrie et de finance.

ARTICLE *unique.* Les actes de prêts sur dépôts ou consignations de marchandises, fonds publics français, et actions des compagnies d'industrie et de finance, dans le cas prévu par l'art. 95 du Code

_____

(1) — 851. *V.* à cet égard l'art. 42 de la loi du 22 frim. an VII et le Commentaire.

(2) — 852. Cet article n'a fait que sanctionner le principe établi par l'avis du conseil d'État du 18 août 1810. *V.* le Commentaire de l'art. 64 de la loi du 22 frim. an VII.

852 *bis.* La prescription de deux ans établie pour les contraventions des notaires relatives à leur profession qui sont énumérées dans la seconde partie de l'art. 14, L., 16

juin 1824, commence à courir du jour où la contravention a été commise, et non pas du jour où les préposés de l'enregistrement ont pu en avoir connaissance (Grenoble, 3 mars 1862, D.p.62.2.189).

(3) — 853. En ce qui concerne le principe de la non-rétroactivité et son application aux matières fiscales, *V. sup.*, le Commentaire de l'art. 1er de la loi du 27 vent. an IX.

le commerce, seront admis à l'enregistrement moyennant le droit fixe de deux
francs (1).

18 avril 1831. — EXTRAIT de la loi sur l'enregistrement des mutations concernant les communes
et établissements publics, etc.

Art. 17. Sont et demeurent abrogés
l'art. 7 de la loi du 15 juin 1824, et les
dispositions des lois, décrets et arrêts du
Gouvernement qui n'ont assujetti qu'au
droit fixe, pour l'enregistrement et la
transcription hypothécaire, les actes
d'acquisition et les donations et legs
faits au profit des départements, arrondissements, communes, hospices, séminaires, fabriques, congrégations, consistoires et autres établissements publics.

En conséquence, ces acquisitions, donations et legs seront soumis aux droits
proportionnels d'enregistrement et de
transcription établis par les lois existantes (2).

21 avril 1832. — EXTRAIT de la loi.

Art. 30. Le recours contre les arrêtés
du conseil de préfecture (*rendus sur les
réclamations en matière de contribution*) ne
sera soumis qu'au droit de timbre. Il
pourra être transmis au Gouvernement
par l'intermédiaire du préfet, sans frais.

33. Les droits d'enregistrement des
donations entre-vifs et des mutations par
décès, soit par successions, soit par testament ou autres actes de libéralité à
cause de mort, qui auront lieu à compter de la promulgation de la présente
loi, de biens meubles ou immeubles, en
ligne collatérale et entre personnes non
parentes, seront perçus selon les quotités établies ci-après ;

Entre frères et sœurs, oncles et tantes,
neveux et nièces,

Pour les donations entre-vifs par contrat de mariage,

Sur les meubles, deux francs pour
cent francs,

---

(1) — 854. Un décret du 15 janv. 1814
avait statué dans le même but en établissant
un droit fixe de 3 fr. L'effet de ce décret
avait cessé au 1er janv. 1815, et, quoique la
chambre de commerce de Paris eût demandé
que la disposition fût renouvelée, il n'avait
pas paru que cette demande dût être accueillie (Délib., 2 juin 1828). Mais la demande
ayant été reproduite, il est intervenu la loi
ci-dessus qui consacre une dérogation aux
dispositions de la loi fiscale en matière d'o-
bligations de sommes, lesquelles sont tarifées
à un droit proportionnel de 1 p. 100 (V.
sup., L. 22 frim. an VII, art. 69, § 3, n° 3).
Remarquons, toutefois, que, d'après la discussion dont cette loi a été précédée, la dérogation a été accordée au commerce à
cause de la détresse momentanée qu'il
éprouvait en raison des événements politiques qui venaient de s'accomplir.

855. Aussi la régie, en transmettant la loi
à ses préposés, établit-elle que la faveur de
cette loi étant restreinte au cas prévu par
l'art. 95, C. comm., elle n'était applicable
qu'aux emprunts faits sur dépôts par des
commerçants (Inst. gén., 10 sept. 1830; 14
déc. 1830, Sol.), et cette doctrine a été consacrée par la Cour de cassation (17 nov.
1834, 5 déc. 1837, D.P.35.1.27; 38.1.39).
V. Conf. Dalloz, v° Enreg., n° 1326. —
Cont., Championnière et Rigaud, t. 4, n°
3773.

856. On avait également conclu du caractère exceptionnel de la loi que la faveur en
devait être restreinte aux prêts sur dépôts

entre commerçants *domiciliés dans la même
ville* (Inst. gén., 10 fév. 1836, n° 1504, § 4).
Mais cette interprétation n'a pas prévalu, et
une jurisprudence à laquelle la régie a elle-
même acquiescé a établi que la loi était applicable, quels que fussent les domiciles respectifs du commerçant emprunteur et de celui qui prête (4 mai 1837, Sol., D.P.39.3.9).
— Adde, Cass., 26 mai 1843 (D.P.43.1.310).

856 bis. La disposition de faveur de la loi
du 8 sept. 1830, qui n'assujettit qu'à un
droit fixe les actes de prêt sur dépôt ou consignation de marchandises, ne peut être
étendue au cas de dépôt fait comme condition d'un renouvellement ou d'une continuation de prêt (Trib. de la Seine, 6 juin 1862,
D.P.62.3.88).

856 ter. Sur ce qu'il faut entendre par
marchandises dans le sens de la loi du 8
sept. 1830, V. Dalloz, loc. cit., nos 1335
et s., et Cass., 26 mai 1857 (D.P.57.1.246).
— En ce qui concerne les fonds publics et
actions des compagies, V. encore Dalloz,
eod., n° 1334; les décisions analysées dans
la *Table de quinze ans*, v° Enregistr., nos
104 et suiv.

(2) — 857. Cet article avait paru s'appliquer à tous legs dont les droits n'auraient
pas été acquittés lors de la publication, et
quelle que fût l'époque du décès du testateur
(Inst. gén., 27 avril 1831). Mais cinq arrêts
rendus par la Cour de cassation, le même
jour 4 fév. 1834, ont statué que d'après le
le principe de non-rétroactivité consacré par
l'art. 2, C. Nap., la liquidation des droits de

Sur les immeubles, quatre francs cinquante centimes pour cent francs ;

Pour les donations entre-vifs hors contrat de mariage et les mutations par décès,

Sur les meubles, trois francs pour cent francs ;

Sur les immeubles, six francs cinquante centimes pour cent francs ;

Entre grands-oncles et grandes-tantes, petits-neveux et petites-nièces, cousins germains,

Pour les donations entre-vifs par contrat de mariage,

Sur les meubles, deux francs cinquante centimes pour cent francs ;

Sur les immeubles, cinq francs pour cent francs ;

Pour les donations entre-vifs hors contrat de mariage et les mutations par décès,

Sur les meubles, quatre francs pour cent francs ;

Sur les immeubles, sept francs pour cent francs ;

Entre parents, au-delà du quatrième degré et jusqu'au douzième,

Pour les donations entre-vifs par contrat de mariage,

Sur les meubles, trois francs pour cent francs ;

Sur les immeubles, cinq francs cinquante centimes pour cent francs ;

Pour les donations entre-vifs hors contrat de mariage et les mutations par décès,

Sur les meubles, cinq francs pour cent francs ;

Sur les immeubles, huit francs pour cent francs ;

Entre personnes non parentes,

Pour les donations entre-vifs par contrat de mariage,

Sur les meubles, quatre francs pour cent francs ;

Sur les immeubles, six francs pour cent francs ;

Pour les donations entre-vifs hors contrat de mariage et les mutations par décès,

Sur les meubles, six francs pour cent francs ;

Sur les immeubles, neuf francs pour cent francs (1).

34. Les ordonnances portant nomination des notaires seront assujetties, à compter du jour de la promulgation de la présente loi, à un droit d'enregistrement de six pour cent sur le montant du cautionnement attaché à la fonction.

Ce droit sera perçu sur la première expédition de l'ordonnance, dans le mois de sa délivrance, sous peine d'un double droit. Les nouveaux titulaires ne pourront être admis au serment qu'en produisant ladite expédition revêtue de la formalité de l'enregistrement. En cas de délivrance d'une seconde ou de subséquentes expéditions, la relation de l'enregistrement y sera mentionnée, sans frais par le receveur du bureau où la formalité aura été donnée, et les droits acquittés. (2)

24 mai 1834.— EXTRAIT de la loi.

Art. 11. Les procès-verbaux d'opposition, de reconnaissance et de levée de scellés, et les inventaires dressés après faillite dans les cas prévus par les articles 449, 450 et 486 du Code de commerce (art. 455, 457, 479, L. 28 mai 1838), ne seront assujettis chacun qu'à un seul droit fixe d'enregistrement de deux francs, quel que soit le nombre des vacations.

12. Les ventes de meubles et mar-

---

succession doit être faite conformément à la loi existante à l'époque où le droit s'est ouvert, a été acquis au Trésor (Conf. Cass., 31 mai 1836, D.p.36.1.378 ; 21 mars 1834, Sol.; Inst. gén., 1454, 11 avril 1834) Ainsi s'est trouvé consacré le principe de la non-rétroactivité des lois en matière fiscale. V. à cet égard le Commentaire de l'art. 1er de la loi du 27 vent. an IX.

(1) 858. Les quotités ci-dessus qui ont modifié les divers tarifs antérieurs (V. sup., passim) comprennent le droit de transcrip-

tion de 1 1/2 p. 100 résultant de l'art. 54 de la loi du 28 avril 1816 (Inst. gén., 1399, n° 3, 30 avr. 1832).

(2) 859. D'après cette disposition, le droit qu'elle établit tient lieu de toute autre perception sur le prix des offices (Cass., 24 août 1835, D.p.35.1.426. V. aussi Cass., 26 avril 1836, D.p.36.1.276 ; Championnière et Rigaud, t. 2, nᵒˢ 1816 et suiv.).

Mais cette matière a été réglementée de nouveau par la loi du 25 juin 1841 rapportée ci-après. V. sup., n° 746.

chandises, qui seront faites conformément à l'art 492 du Code de commerce (art. 480, L. 28 mai 1838), ne seront assujetties qu'au droit proportionnel de cinquante centimes par cent francs.

13. Les procès-verbaux d'affirmation de créances, faits en exécution de l'art. 507 du Code de commerce (art. 497, L. 28 mai 1838), ne seront assujettis qu'à un seul droit fixe de trois francs, quel que soit le nombre des déclarations affirmatives.

14. Les concordats ou attermoiements consentis conformément aux art. 519 et suivants du Code de commerce (art. 507, L. 28 mai 1838), ne seront assujettis qu'au droit fixe de trois francs, quelle que soit la somme que le failli s'oblige de payer.

15. Les quittances de répartition données par les créanciers aux syndics ou au caissier de la faillite, en exécution de l'art. 561 du Code de commerce (art. 569, L. 28 mai 1838), ne seront sujettes qu'au droit fixe de deux francs, quel que soit le nombre d'émargements sur chaque état de répartition.

16. La disposition de l'art. 2 de la loi du 16 juin 1824, qui réduit à un franc fixe le droit d'enregistrement des échanges dans lesquels l'une des parties reçoit les biens qui lui sont contigus, est et demeure abrogée.

Ces échanges jouiront toutefois de la modération de droit introduite pour les échanges en général dans la seconde disposition du même article (1).

17. Les dispositions des art. 11, 12, 13, 14, 15 et 16 ci-dessus, seront exécutées seulement à compter du 1er janvier 1835.

18. A compter du jour de la publication de la présente loi, les actes de projet, faits par les notaires devront être enregistrés dans le même délai et seront assujettis au même droit d'enregistrement que ceux faits par les huissiers.

Aucun notaire ou huissier ne pourra protester un effet négociable ou de commerce non écrit sur papier du timbre prescrit, ou non visé pour timbre, sous peine de supporter personnellement une amende de vingt francs pour chaque

contravention; il sera tenu, en outre, d'avancer le droit de timbre et les amendes encourues dans les cas déterminés par les art. 19, 20, 21 et 22 ci-dessus, sauf son recours sur les contrevenants.

L'art. 13 de la loi du 16 juin 1824 est abrogé en ce qu'il peut contenir de contraire au présent article.

18 juill. 1836. — EXTRAIT de la loi.

Art. 6. A compter du 1er janvier 1837, les donations entre-vifs de rentes sur l'État ne seront exemptes du droit proportionnel d'enregistrement, en vertu du § 3, n° 3, de l'art. 70 de la loi du 22 frim. an VII, qu'autant que l'inscription de la rente donnée existera sous le nom du donateur ou de celui auquel il a succédé, depuis plus d'un an, et que l'acte de donation en indiquera le numéro, la date et le montant.

Le droit proportionnel sera perçu, si, lors de la donation, la rente donnée est déjà inscrite sous le nom du donataire, à moins qu'il ne soit énoncé dans l'acte et dûment justifié qu'elle était précédemment inscrite depuis plus d'un an sous celui du donateur.

Ce droit sera liquidé sur la valeur réelle de la rente, d'après le cours moyen de la Bourse de Paris, au jour de la donation (2).

25 juin 1841. — EXTRAIT du budget des recettes de l'exercice 1842.

Art. 6. A compter de la promulgation de la présente loi, tout traité ou convention ayant pour objet la transmission, à titre onéreux ou gratuit, en vertu de l'art. 91 de la loi du 28 avril 1816, d'un office, de la clientèle, des minutes, répertoires, recouvrements et autres objets en dépendant, devra être constaté par écrit et enregistré, avant d'être produit à l'appui de la demande de nomination du successeur désigné.

Les droits d'enregistrement seront perçus selon les bases et quotités ci-après indéterminées.

7. Pour les transmissions à titre onéreux, le droit d'enregistrement sera de

---

(1). — 860. V. à cet égard l'art. 2 de la loi du 16 juin 1824 et notre Commentaire.
(2) — 861. Cet article est abrogé par la loi du 18 mai 1850, art. 7, qui les soumet au droit fixe pour les donations, soit entre-vifs, soit par testament (V. cette loi à sa date).

2 p. 100 du prix exprimé dans l'acte de cession et du capital des charges qui pourront ajouter au prix.

8. Si la transmission de l'office et des objets en dépendant s'opère par suite de disposition gratuite entre-vifs ou à cause de mort, les droits établis pour les donations de biens meubles par les lois existantes seront perçus sur l'acte ou écrit constatant la libéralité d'après une évaluation en capital.

Dans aucun cas, le droit ne pourra être au-dessous de deux pour cent.

9. La perception aura lieu conformément à l'art. 7, lorsque l'office transmis par décès passera à l'un des héritiers; lorsqu'il passera à l'héritier unique du titulaire, le droit de deux pour cent sera perçu d'après une déclaration estimative de la valeur de l'office et des objets en dépendant.

Cette déclaration sera faite au bureau de l'enregistrement de la résidence du titulaire décédé. La quittance du receveur devra être jointe à l'appui de la demande de nomination du successeur.

Le droit acquitté sur cette déclaration ou sur le traité fait entre les cohéritiers sera imputé, jusqu'à due concurrence, sur celui que les héritiers auront à payer, lors de la déclaration de succession, sur la valeur estimative de l'office, d'après les quotités fixées, pour les biens meubles, par les lois en vigueur.

10. Le droit d'enregistrement de transmission des offices, déterminé par les art. 7, 8 et 9 ci-dessus, ne pourra dans aucun cas, être inférieur au dixième du cautionnement attaché à la fonction ou à l'emploi.

11. Lorsque l'évaluation donnée à un office pour la perception du droit d'enregistrement d'une transmission à titre gratuit, entre-vifs ou par décès, sera reconnue insuffisante, ou que la simulation du prix exprimé dans l'acte de cession à titre onéreux sera établie d'après des actes émanés des parties ou de l'autorité administrative ou judiciaire, il sera perçu, à titre d'amende, un droit en sus

de celui qui sera dû sur la différence de prix ou d'évaluation.

Les parties, leurs héritiers ou ayants cause sont solidaires pour le paiement de cette amende (1).

12. En cas de création nouvelle de charges ou d'offices, ou en cas de nomination de nouveaux titulaires sans présentation, par suite de destitution ou pour tout autre motif, les ordonnances qui y pourvoiront seront assujetties à un droit d'enregistrement de vingt pour cent sur le montant du cautionnement attaché à la fonction ou à l'emploi.

Toutefois, si les nouveaux titulaires sont soumis, comme condition de leur nomination, à payer une somme déterminée pour la valeur de l'office, le droit d'enregistrement de deux pour cent sera exigible sur cette somme, sauf l'application du minimum de perception établi à l'art. 10 ci-dessus. Ce droit devra être acquitté avant la prestation de serment du nouveau titulaire, sous peine du double droit.

13. En cas de suppression d'un titre d'office, lorsque, à défaut de traité, l'ordonnance qui prononcera l'extinction fixera une indemnité à payer au titulaire de l'office supprimé ou à ses héritiers, l'expédition de cette ordonnance devra être enregistrée dans le mois de la délivrance, sous peine du double droit.

Le droit de deux pour cent sera perçu sur le montant de l'indemnité.

14. Les droits perçus en vertu des articles qui précèdent seront sujets à restitution toutes les fois que la transmission n'aura pas été suivie d'effet.

S'il y a lieu seulement à réduction du prix, tout ce qui aura été perçu sur l'excédant sera également restitué.

La demande en restitution devra être faite conformément à l'art. 61 de la loi du 22 frim. an VII, dans le délai de deux ans à compter du jour de l'enregistrement du traité ou de la déclaration.

29-30 oct. 1841. — ORDONNANCE du Roi qui rend exécutoires en Algérie, sauf les exceptions et modifications y exprimées, les lois, décrets et or-

---

(1) — 862. Le double droit dont est passible le supplément de prix secrètement stipulé dans la vente d'un office est exigible, en raison de son caractère répressif, même

dans le cas où la dette de ce supplément de prix est déclarée nulle pour cause de simulation (Trib. de Rethel, 13 août 1858, D.p.59. 3.8.)

données qui régissent en France les droits d'enregistrement, de greffe et d'hypothèques (Bull., n° 9646).

Art. 1er. A partir du 1er janvier 1842, seront applicables et exécutoires en Algérie, sauf les exceptions et modifications ci-après, et celles qui résulteraient de l'exécution de notre ordonnance du 28 février 1841, art. 18, les lois, décrets et ordonnances qui régissent en France :

1° Les droits d'enregistrement;

2° Les droits de greffe;

3° Les droits d'hypothèques ;

4° Les obligations de notaires, huissiers, greffiers, commissaires-priseurs, et tous autres officiers publics et ministériels, en ce qui concerne la rédaction matérielle des actes et la tenue des répertoires.

2. Il ne sera perçu, pour les droits d'enregistrement, de greffe et d'hypothèques, que la moitié des droits, soit fixes, soit proportionnels, décime non compris, qui sont perçus en France, sans que, néanmoins, dans aucun cas, le minimum du droit perçu pour un même acte puisse être au-dessous de vingt-cinq centimes.

3. Les droits de greffe continueront à être perçus au profit du Trésor, conformément à l'art. 38 de notre ordonnance du 28 février 1841.

4. Les mutations de biens, meubles et immeubles, droits et créances, opérées par décès, ne sont assujetties à aucun droit, ni soumises à aucune déclaration.

5. Il est fait remise de toutes les amendes encourues jusqu'au jour de la publication de la présente ordonnance, pour contravention aux lois sur l'enregistrement, le greffe et les hypothèques.

6. Il est accordé jusqu'au 1er janvier 1842, pour faire enregistrer, sans droits en sus ni amendes, tous les actes qui n'auraient pas encore été soumis à la formalité.

Le même délai de faveur est accordé pour faire la déclaration des mutations entre-vifs d'immeubles, ou de droits immobiliers qui n'auraient pas encore été constatées par conventions écrites.

7. Les lois et ordonnances qui seraient rendues en France, relativement aux droits d'enregistrement, de greffe ou d'hypothèques, ne deviendront exécutoires en Algérie qu'en vertu d'ordonnances spéciales.

8. Toutes dispositions contraires à la présente ordonnance sont ou demeurent abrogées.

_____

24-26 mars 1848. — DÉCRET qui autorise l'établissement de sous-comptoirs de garantie dans les villes où un comptoir d'escompte existera (Bul., n° 160).

Art. 10. Tous actes qui auront pour objet de constituer les nantissements au profit des sous-comptoirs par voie de transport ou autrement, et d'établir leurs droits comme créanciers, seront enregistrés au droit fixe de 2 fr. 20 c. (1).

_____

20-22 fév. 1849. — Loi relative à l'application de l'impôt des mutations aux biens de main-morte (Bull., n° 4409).

Art. 1er. Il sera établi, à partir du 1er janvier 1849, sur les biens immeubles passibles de la contribution foncière, appartenant aux départements, communes, hospices, séminaires, fabriques, congrégations religieuses, consistoires, établissements de charité, bureaux de bienfaisance, sociétés anonymes, et tous établissements publics légalement autorisés, une taxe annuelle représentative des droits de transmission entre-vifs et par décès. Cette taxe sera calculée à raison de 62 cent. 1/2 pour franc du principal de la contribution foncière (2).

_____

(1) — 863. L'exception du droit proportionnel d'enregistrement, écrite dans l'art. 10 du décret du 24 mars 1848, en faveur des actes ayant pour objet de constituer les nantissements au profit des sous-comptoirs d'escompte, et d'établir leurs droits comme créanciers, n'est pas applicable aux actes passés avec les comptoirs d'escompte. En tous cas, cette exception est limitée aux garanties purement mobilières, et ne doit pas dès lors être étendue aux actes constitutifs d'hypothèques prises sur les immeubles appartenant aux débiteurs principaux ou aux cautions (Réf. 31 août 1838, D.P.58.1.361).

864. L'effet à ordre souscrit à un sous-comptoir par un commerçant auquel a été accordé un crédit moyennant affectation hypothécaire, et que le sous-comptoir, pour la réalisation du crédit, endosse au comptoir national, n'est passible que du droit fixe de 2 fr. (Trib. de la Seine, 5 mai 1860, D.P.60. 3.72).

(2) 865. La taxe annuelle des biens de main-morte, payée par les sociétés anonymes

2. Les formes prescrites pour l'assiette et le recouvrement de la contribution foncière seront suivies pour l'établissement et la perception de la nouvelle taxe.

3. La taxe annuelle établie par la présente loi sera à la charge du propriétaire seul, pendant la durée des baux actuels, nonobstant toutes stipulations contraires.

15-22 mai 1850. — EXTRAIT de la loi.

TITRE III. — SUR L'ENREGISTREMENT.

Art. 5. Conformément à l'art. 3 de la loi du 16 juin 1824, les donations portant partage, faites par actes entre-vifs par les père et mère ou autres ascendants, ne donneront ouverture qu'aux droits établis pour les successions en ligne directe : mais les règles de perception concernant les soultes de partage leur seront applicables, ainsi qu'aux partages testamentaires également autorisés par les art. 1075 et 1076 C. Nap.

6. Les actes renfermant soit la déclaration par le donataire ou ses représentants, soit la reconnaissance judiciaire d'un don manuel seront sujets au droit de donation (1).

7. Les mutations par décès et les transmissions entre-vifs à titre gratuit d'inscriptions sur le grand-livre de la dette publique seront soumises aux droits établis pour les successions ou les donations (2).

Il en sera de même des mutations par décès de fonds publics et d'actions de compagnie de sociétés d'industrie et de finances étrangers, dépendant d'une succession régie par la loi française, et des transmissions entre-vifs à

à raison des immeubles qu'elles possèdent, n'affranchit pas leurs actions industrielles, dans la proportion pour laquelle ces actions représentent l'actif immobilier, des droits de mutation exigibles des actionnaires en cas de transmission à titre gratuit entre-vifs ou par décès (Trib. de Carcassonne, 10 janv. 1860, D.P.61.3.23).

(1) — 866. L'avance d'une somme d'argent sur une institution contractuelle présente les caractères d'un don manuel. Et la reconnaissance de cette avance faite dans un inventaire, par l'institué, équivaut à une déclaration du don manuel, dans le sens de l'art. 6 de la loi du 15 mai 1850, et, par suite, rend exigible le droit de donation (Req. 13 août 1860, D.P.61.1.58).

867. L'énonciation dans l'acte liquidant une succession entre deux héritiers, que l'un d'eux a reçu de l'auteur commun des avantages égaux à ceux faits à l'autre dans son contrat de mariage, constitue une reconnaissance de dons manuels, rendant exigible sur un capital égal à celui des libéralités que renferme ce contrat de mariage, le droit de donation dont la perception est autorisée par l'art. 6 de la loi du 15 mai 1850 (Trib. de Bernay, 30 juill. 1861, D.P.61.3.85).

868. Le droit de mutation auquel donne lieu la déclaration d'un don manuel dans un acte constitue un droit d'acte, même depuis la loi du 15 mai 1850, qui, à la différence de la loi du 22 frim. an VII, se contente, pour l'exigibilité du droit, de la seule déclaration du donataire, sans nécessité du concours du donateur. Par suite, le droit de mutation n'est ouvert qu'autant que l'exis-

tence du don manuel résulte des déclarations de l'acte lui-même : il n'est pas permis aux juges de puiser la preuve du don manuel dans des documents extrinsèques, même tendant à établir qu'il a été dissimulé dans l'une des énonciations de cet acte. Et spécialement, en cas de déclaration faite, dans un contrat de mariage, par les futurs époux, qu'ils se constituent personnellement en dot les sommes d'argent ou valeurs mobilières par eux apportées en mariage, l'administration de l'enregistrement n'est pas recevable à offrir la preuve que cette déclaration n'est pas sincère et déguise l'existence d'un don manuel soumis, par l'effet de l'énonciation déguisée qui en a été faite, au droit de mutation (Cass., 23 nov. 1859, D.P.59.1.510).

869. Le droit de donation auquel un don manuel a été soumis par suite, soit de la déclaration qui en a été faite par le donataire, notamment, dans un inventaire, soit de la reconnaissance judiciaire de ce don, peut être mis, à titre de dépens, à la charge de la partie qui a rendu nécessaires ces déclarations et contestations judiciaires, en élevant contre le don manuel des contestations déclarées mal fondées. Et ce droit est virtuellement compris dans la condamnation aux dépens prononcée contre cette partie (Rej., 6 nov. 1860, D.P.60.1.488). *Contrà* Paris, 29 juill. 1859 (D.P.59.5.148).

(2) — 870. En ce qui concerne l'application de cette disposition, *V.* les décisions analysées dans la *Table de quinze ans* de Dalloz, v⁰ *Enreg.*, n⁰ˢ 74 et s. — *Adde* Cass., 8 déc. 1856 (D.P.57.1.100) et 12 août 1857 (D.P.57.1.340).

titre gratuit de ces mêmes valeurs au profit d'un Français (1).

Le capital servant à la liquidation du droit sera déterminé par le cours moyen de la Bourse au jour de la transmission.

S'il s'agit de valeurs non cotées à la Bourse, le capital sera déterminé par la déclaration estimative des parties, conformément à l'art. 14 de la loi du 22 frim. an VII, sauf l'application de la même loi, si l'estimation est reconnue insuffisante.

8. Le moindre droit fixe d'enregistrement pour les actes civils et administratifs est porté à 2 fr., à l'exception du droit sur les certificats de vie et de résidence, qui est maintenu au taux actuel.

9. Les actes et mutations qui auront acquis date certaine avant la promulgation de la présente loi, seront régis par les lois antérieures.

TITRE IV.

10. Les transmissions de biens meubles à titre gratuit entre-vifs, et celles qui s'effectuent par décès, seront assujetties aux diverses quotités de droit établies pour les transmissions d'immeubles de la même espèce.

11. Les prescriptions de trois et cinq années établies par les §§ 2 et 3 de l'art. 61 de la loi du 22 frim. an VII, pour la demande des droits concernant les omissions de biens dans les déclarations après décès et les successions non déclarées, sont étendues à cinq années pour la première, et à dix années pour la seconde.

12. Les héritiers, donataires ou légataires n'ayant pas encore acquis lesdites prescriptions de trois et cinq années, et qui, dans les trois mois de la promulgation de la présente loi, passeront la déclaration de biens n'ayant motivé aucune poursuite de l'administration de l'enregistrement, seront affranchis des droits en sus par eux encourus en payant les droits simples de mutation par décès.

---

(1) — 871. Le droit de mutation par décès établi par l'art. 7 de la loi du 15 mai 1850 sur les fonds publics étrangers dépendant d'une succession régie par la loi française, s'applique à des fonds publics étrangers qui, meubles de leur nature, ont été immobilisés,

27 juill.-1ᵉʳ août 1850.—DÉCRET pour l'exécution du titre 2 de la loi du 16 juillet 1850 sur le timbre des écrits périodiques et non périodiques.

Le président de la République :

Vu les art. 12, 13, 14, 20, 21 et 26 du tit. 2 de la loi du 16 juillet 1850, sur le timbre des écrits périodiques et non périodiques ;— Sur le rapport du ministre des finances,— Décrète :

Art. 1ᵉʳ. Il sera établi, pour l'exécution des art. 12, 13, 14 et 20 de la loi du 16 juillet 1850, des timbres de 6, 5, 4 cent., de 2 cent. 1/2, de 2 cent. et de 1 cent., indiquant dans l'écusson le montant du droit. Ces timbres seront conformes au dessin des timbres actuels, et le mot Seine sera inséré dans l'exergue de ceux destinés à l'atelier général à Paris.

Les timbres destinés à constater qu'il a été fait aux éditeurs la remise de 1 cent. autorisée par le second alinéa de l'art. 20 de la loi du 16 juillet, seront apposés à l'encre rouge.

L'administration de l'enregistrement et des domaines fera déposer aux greffes des Cours et des tribunaux des empreintes de ces nouveaux timbres sur papier filigrane.

Il sera dressé, sans frais, procès-verbal de chaque dépôt.

2. En attendant la confection de ces nouveaux timbres, l'administration emploiera, pour la perception des droits établis par la loi du 16 juillet, les timbres existants,

Savoir :

1° Dans les départements de la Seine et de Seine-et-Oise,

Pour le droit de 6 cent., le timbre ancien de cette quotité qui était appliqué aux journaux avant le décret du 4 mars 1848 ;

Pour le droit de 5 cent., le timbre de cette quotité servant pour les papiers destinés aux affiches ;

Pour le droit de 4 cent., l'ancien timbre de cette quotité appliqué aux journaux ;

et, par exemple, à une rente de ducats inscrite sur le grand-livre de Naples, comme dotation d'une commanderie (ou majorat) immobilisée par l'acte de fondation (Rej., 28 juill. 1862, D.P.62.1.371).

Et pour le droit de 1 cent. 1/2, le timbre de 1 cent. en usage pour les avis et annonces;

2° Dans les quatre-vingt-quatre autres départements,

Pour le droit de 5 cent., le timbre de cette quotité en usage pour les affiches;

Pour le droit de 2 cent. 1/2, le timbre actuel de la même quotité concernant les avis et annonces;

Pour les droits de 2 cent., de 1 cent. 1/2 et de 1 cent., le timbre de 1 cent. en usage pour les annonces. Ce dernier timbre sera appliqué deux fois sans la griffe, pour le droit de 2 cent.,; une seule fois avec la griffe, pour le droit de 1 cent. 1/2; et une seule fois sans la griffe, pour le droit de 1 cent.

3. Le timbre des papiers destinés à l'impression des journaux ou écrits que les éditeurs doivent remettre à la poste, ainsi que le prévoit l'art. 21 de la loi du 16 juillet, sera appliqué à droite et à l'angle supérieur de la feuille déployée.

Le timbre ne pourra être couvert d'impression.

La feuille devra être imprimée et pliée de manière que le timbre et l'indication du jour de la publication se trouvent sur la partie extérieure du dernier pli et complétement en évidence.

Les autres conditions à observer pour la remise à la poste des journaux ou écrits par les éditeurs qui voudront profiter de l'affranchissement, seront déterminées par des arrêtés du directeur de l'administration des postes.

Faute d'accomplissement de ces conditions, les journaux et écrits seront refusés aux bureaux de la poste.

4. Les propriétaires de journaux et écrits périodiques qui voudront réclamer le remboursement du droit de timbre afférent aux abonnements contractés avant la promulgation de la loi du 16 juillet, seront tenus de remettre, au plus tard, le 1ᵉʳ septembre prochain, au directeur de l'enregistrement du département, un relevé sommaire indiquant le nombre et la durée de ces abonnements, en distinguant les journaux ou écrits remis à la poste et ceux distribués aux frais de l'éditeur.

Si les propriétaires de journaux ne joignent pas à ce relevé les registres, feuilles et autres pièces servant à le justifier, ces pièces devront être communiquées, dans les bureaux du journal, au préposé de l'enregistrement chargé de les vérifier.

Le nombre et la durée des abonnements antérieurs à la publication de la loi du 16 juillet 1850 seront arrêtés pour chaque journal, sur le rapport du directeur du département, par l'administration de l'enregistrement, qui ordonnera successivement les remboursements autorisés par l'art. 26 de la loi du 16 juillet.

7-11 août 1850.—EXTRAIT de la loi (1).

Art. 9. A partir du 1ᵉʳ janvier 1851, les actes ou écrits tarifés au droit de 1 p. 100 par l'art. 69, § 3, n° 3, de la loi du 22 frim., an VII, ne seront sujets qu'au droit de 1/2 pour 100.

Le droit des actes ou écrits portant libération de sommes et valeurs mobilières, désignées au n° 11 du § 2 de l'art. 69 de la loi du 22 frim. an VII, est réduit à 25 cent. pour 100 fr. (2).

---

(1) — 872. Cette loi a eu pour but de favoriser le développement du crédit, particulièrement utile à l'agriculture; et la perte de six millions, qui en est résultée pour le Trésor, a dû profiter réellement aux emprunteurs en rendant les capitaux plus accessibles à la propriété.

(2) — 873. V. le *Rec. pér.* de Dalloz, 50. 4.185, dans lequel cette loi est rapportée avec ses motifs, dont voici le principal : « La propriété du sol est surchargée; l'impôt multiple qui pèse directement ou indirectement sur la terre, sous forme de contribution foncière, de droits de mutation, de droits d'obligation, d'hypothèque, de quittance, etc.,

la place, comparativement aux autres valeurs, dans un état de souffrance qui provoque depuis longtemps les méditations des hommes sérieux. Trois choses nuisent surtout au crédit du propriétaire qui veut emprunter : l'incertitude du gage qu'il offre en garantie, la lenteur et les frais de l'expropriation, la différence entre le revenu et l'intérêt qu'il faut servir. Le projet de loi sur la réforme hypothécaire est un grand pas; des mesures qui sont à l'étude pour diminuer l'impôt sont une preuve de sincérité et de persévérance du Gouvernement... Depuis 1832, l'impôt foncier s'est accru de plus de 40 millions. Cette augmentation est due à deux causes : au dé-

18-27 nov. et 10 déc. 1850. — EXTRAIT de la loi qui facilite le mariage des indigents et dispense du timbre et de l'enregistrement les actes qui sont nécessaires.

Art. 4. Les extraits des registres de l'état civil, les actes de notoriété, de consentement, de publications; les délibérations de conseil de famille, les certificats de libération du service militaire, les dispenses pour cause de parenté, d'alliance ou d'âge, les actes de reconnaissance des enfants naturels, les actes de procédure, les jugements et arrêts dont la production sera nécessaire dans les cas prévus par l'art. 1er, *seront visés pour timbre et enregistrés gratis*, lorsqu'il y aura lieu à enregistrement. Il ne sera perçu aucun droit de greffe ni aucun droit de sceau au profit du Trésor sur les minutes et originaux, ainsi que sur les copies ou expéditions qui en seraient passibles (1).

5. L'obligation du visa pour timbre n'est pas applicable aux publications civiles ni au certificat constatant la célébration civile du mariage.

6. Seront admises au bénéfice de la loi les personnes qui justifieront d'un certificat d'indigence à elles délivré par le commissaire de police, ou par le maire dans les communes où il n'existe pas de commissaire de police, sur le vu d'un extrait du rôle des contributions constatant que les parties intéressées paient moins de 10 francs, ou d'un certificat du percepteur de leur commune portant qu'elles ne sont pas imposées.

Le certificat d'indigence sera visé et approuvé par le juge de paix du canton. Il sera fait mention dans le visa de l'extrait des rôles ou du certificat négatif du percepteur.

7. Les actes, extraits, copies ou expéditions ainsi délivrés, mentionneront expressément qu'ils sont destinés à servir à la célébration d'un mariage entre indigents, à la légitimation ou au retrait de leurs enfants naturels déposés dans les hospices.

Ils ne pourront servir à autres fins sous peine de 25 fr. d'amende, outre le paiement des droits, contre ceux qui en auront fait usage, ou qui les auront indûment délivrés ou reçus.

8. Le certificat prescrit par l'art. 6 sera délivré en plusieurs originaux, lorsqu'il devra être produit à divers bureaux d'enregistrement. Il sera remis au bureau d'enregistrement, où les actes, extraits, copies ou expéditions devront être visés pour timbre et enregistrés gratis. Le receveur en fera mention dans le visa pour timbre et dans la relation de l'enregistrement.

8-16 juill. 1852. — EXTRAIT de la loi des finances.

TITRE IV.

Art. 26. Les droits de mutation par décès des inscriptions de rentes sur l'Etat, et les peines encourues en cas de retard ou d'omission de ces valeurs dans la déclaration des héritiers légataires ou donataires, ne seront soumis qu'à la prescription de trente ans.

---

veloppement successif de la matière imposable, qui, sans aucune surcharge pour les propriétaires, a procuré au Trésor environ 6 millions, et à l'accroissement immodéré des centimes additionnels votés, chaque année, par les départements et les communes. Mais quels que soient l'origine et le but de cet accroissement, chacun reconnaît que l'impôt est excessif, et qu'il comprime la production agricole; on ne peut contester qu'il est opportun et avantageux de le réduire.

« La portion revenant au Trésor comprend le principal, et 17 cent. additionnels applicables aux dépenses générales de l'Etat. En supprimant ces 17 cent., par conséquent, il est fait remise à la propriété foncière de 27,200,000 francs environ, qu'ils produisent chaque année.

« Ce mode de dégrèvement, étant le plus simple et même le seul praticable aujourd'hui, a l'avantage d'alléger la souffrance générale, et de profiter proportionnellement à tous les départements, à toutes les communes, à tous les contribuables. »

(1) — 873 *bis*. Le bénéfice de l'admission au visa pour timbre et à l'enregistrement gratis des pièces nécessaires pour la célébration du mariage d'un Français indigent, peut être réclamé même lorsque le mariage doit être célébré à l'étranger. Mais, dans ce cas, le certificat d'indigence à produire doit être demandé aux autorités françaises, c'est-à-dire au maire du dernier domicile de l'indigent en France ou du domicile des parents de celui-ci (Déc. min. fin. 3 sept. 1861, D.P. 62.3.48).

22 juin 1854. — Extrait de la loi des finances.

TITRE III.

Art. 23. La cession des contrats hypothécaires que les sociétés de crédit foncier de Marseille et de Nevers pourront être autorisées à consentir à la société de crédit foncier de France, à raison des avances qui leur seront faites par celles-ci, sera enregistrée au droit fixe de 2 fr.

5 mai 1855. — Extrait de la loi des finances.

TITRE III.

Art. 15. L'art. 9 de la loi du 7 août 1850 est abrogé. Les droits dont la réduction a été prononcée par cet article sont rétablis, à partir du 1ᵉʳ mai 1855, aux quotités fixées par la loi du 22 frimaire an VII.

16. Les frais de régie dus à l'administration de l'enregistrement et des domaines, sur le montant des sommes et des produits qu'elle recouvre pour le compte des tiers ou qui doivent leur être remis, seront prélevés et perçus au taux uniforme de cinq francs par cent francs, et à titre de frais d'administration et de perception.

9 juin 1857. — Loi qui soumet à un droit fixe d'enregistrement les adjudications et marchés de toute nature relatifs au travail dans les prisons.

Article unique. Sont soumis au droit fixe de deux francs, établi par l'art. 8 de la loi du 18 mai 1850, les adjudications et marchés de toute nature ayant pour objet le travail dans les prisons.

23 juin 1857. — Extrait de la loi des finances.

TITRE Iᵉʳ, § 2.

Art. 6. Indépendamment des droits établis par le titre II de la loi du 5 juin 1850, toute cession de titres ou promesses d'actions et d'obligations dans une société, compagnie ou entreprise quelconque, financière, industrielle, commerciale ou civile, quelle que soit la date de sa création, est assujettie, à partir du 1ᵉʳ juillet 1857, à un droit de transmission de 20 cent. par 100 fr. de la valeur négociée.

Ce droit, pour les titres au porteur, et pour ceux dont la transmission peut s'opérer sans un transfert sur les registres de la société, est converti en une taxe annuelle et obligatoire, de 12 cent. par 100 fr. du capital desdites actions et obligations, évalué par leur cours moyen pendant l'année précédente, et, à défaut de cours dans cette année, conformément aux règles établies par les lois sur l'enregistrement (1).

7. Le droit pour les titres nominatifs, dont la transmission ne peut s'opérer que par un transfert sur les registres de

(1) — 874. L'art. 6 de la loi du 23 juin 1857, qui frappe d'une taxe annuelle et obligatoire de 12 cent. par 100 fr. le capital des actions ou obligations dans une société, dont la transmission peut en être opérée sans un transfert sur les registres de la société, s'applique aux actions stipulées à ordre et aliénables par la voie de l'endossement, alors même que les statuts porteraient que les acquéreurs d'actions ne pourront exercer leurs droits d'actionnaires qu'après le visa de l'endossement par le comité d'administration, et sa transcription sur un registre (Req., 4 avr. 1860, D.P.60.1.260; V. aussi trib. de la Seine, 43 août 1859, D.P.60.3.8; 16 mars 1810, D.P.60.3.86; trib. de Mulhouse, 14 nov. 1861, D.P.62.3.15). — Il en est ainsi surtout dans le cas où aucun délai n'est imposé au cessionnaire pour l'accomplissement desdites formalités de visa et de transcription (Mêmes jugem. du trib. de la Seine des 13 août 1859 et 16 mars 1860). — Mais la décision par laquelle l'assemblée générale des actionnai-

res, modifiant en ce point les statuts de la société, supprime, à partir d'une époque déterminée, la faculté de transmettre les actions par voie d'endossement, fait cesser à partir de la même époque la perception de la taxe annuelle, encore bien que cette modification n'aurait pas encore reçu de publicité (Jugem. précité du trib. de Mulhouse, du 14 nov. 1861).

875. Le droit de 12 cent. par 100 fr. est seul exigible pour les cessions constatées par actes notariés, par actes sous seing privé ou par jugements, aussi bien que pour celles qui sont faites verbalement ou à la bourse (Req., 12 fév. 1861, D.P.61.1.221; trib. de la Seine, 20 août 1858, D.P.59.3.32; 23 juin 1860, D.P.60.3.61). — En conséquence, les cessions par actes notariés, d'actions soumises à la taxe annuelle, ne sont pas passibles, indépendamment de cette taxe, du droit proportionnel de 50 c. pour 100 fr., auquel l'art. 69, § 2, n° 6, de la loi du 22 frim. an VII, assujettit, en principe, les cessions

la société, est perçu, au moment du transfert, pour le compte du Trésor, par les sociétés, compagnies et entreprises, qui en sont constituées débitrices par le fait du transfert.

Le droit sur les titres mentionnés au § 2 de l'article précédent est payable par trimestre, et avancé par les sociétés, compagnies et entreprises, sauf recours contre les porteurs desdits titres.

A la fin de chaque trimestre, lesdites sociétés sont tenues de remettre au receveur de l'enregistrement du siège-social le relevé des transferts et des conversions, ainsi que l'état des actions et obligations soumises à la taxe annuelle (1).

8. Dans les sociétés qui admettent le titre au porteur, tout propriétaire d'actions et d'obligations a toujours la faculté de convertir ses titres au porteur en titres nominatifs, et réciproquement.

Dans l'un et l'autre cas, la conversion donne lieu à la perception du droit de transmission.

Néanmoins, pendant un délai de trois mois, à partir de la mise à exécution de la présente loi, la conversion des actions et obligations au porteur en actions et obligations nominatives, sera affranchie de tout droit.

9. Les actions et obligations émises par les sociétés, compagnies ou entreprises étrangères, sont soumises, en France, à des droits équivalents à ceux qui sont établis par la présente loi et par celle du 5 juin 1850, sur les valeurs françaises; elles ne pourront être cotées et négociées en France qu'en se soumettant à l'acquittement de ces droits.

Un règlement d'administration publique fixera le mode d'établissement et de perception de ces droits, dont l'assiette pourra reposer sur une quotité déterminée du capital social.

Le même règlement déterminera toutes les mesures nécessaires pour l'exécution de la présente loi.

10. Toute contravention aux précédentes dispositions, et à celles des règlements qui seront faits pour leur exécution, est punie d'une amende de 100 fr. à 5,000 fr., sans préjudice des peines portées par l'art. 39 de la loi du 22 frim. an VII, pour omission ou insuffisance de déclaration (2).

11. L'art. 15 de la loi du 5 juin 1850 est abrogé.

12. Est abrogé l'art. 1er de la loi du 6 prair. an VII, qui assujettit au timbre spécial les avis imprimés qui se crient et se distribuent dans les rues et lieux publics, ou que l'on fait circuler de toute autre manière.

---

d'actions dans les sociétés, et si, lors de l'acte de cession, la taxe annuelle se trouvait déjà acquittée, l'enregistrement de cet acte ne donne lieu qu'à la perception d'un droit fixe de 2 fr. (Req., 12 fév. 1861, précité; *V.* aussi trib. de la Seine, 20 août 1858, également précité). — Mais les mutations gratuites entre-vifs ou par décès de ces mêmes actions restent soumises aux droits proportionnels établis par la loi du 22 frim., an VII (Même jugem. du 20 août 1838).

876. La mise en liquidation d'une société par actions ne fait pas obstacle, contrairement à ce qui a lieu pour les droits de timbre, à la continuation de la perception, soit des droits de transmission relatifs au transfert des actions, soit de la taxe annuelle en laquelle ces droits peuvent être convertis. Cette perception ne cesse, pour les actions, qu'au jour du partage, et pour les obligations qu'au jour du paiement ou de la cloture de la liquidation (Trib. de la Seine, 13 août 1858, D.P.59.3.24).

(1) — 877. Les parts d'intérêt dans une société en commandite ne sont passibles du

droit de transmission, créé par la loi du 23 juin 1857, que lorsqu'elles sont constituées au moyen d'actions ou de titres individuels qui, étant d'abord soumis au timbre de proportionnalité, peuvent être négociés et mis en circulation; il en est autrement des parts d'intérêt dont le titre est dans l'acte de société lui-même et qui doivent par suite rester nécessairement en dehors du mouvement industriel. Dès lors, la société en commandite dont le capital est divisé en parts d'intérêt de cette dernière sorte, ne peut être tenue d'acquitter la taxe annuelle représentative du droit de transmission (Trib. de la Seine, 16 mars 1860; D.P.60.3.48).

(2) 878. La mise en liquidation d'une société par actions ne fait pas cesser l'obligation du gérant de fournir à l'administration les relevés trimestriels, états et déclarations devant servir de base à la perception du droit de transmission; par suite le gérant qui s'abstient, à partir de la liquidation, de la remise de ces documents, encourt l'amende édictée par l'art. 10 de la loi du 23 juin 1857 (Trib. de la Seine, 10 juin 1859, D.P.60.3.62).

13. L'art. 5 de la loi du 14 juillet 1855 continuera à recevoir son exécution pour l'exercice 1858, sauf en ce qui concerne le second décime établi sur les droits d'enregistrement.

17-28 juill. 1857. — DÉCRET IMPÉRIAL portant règlement pour l'exécution de la loi du 23 juin 1857, qui établit un droit de transmission sur les actions et obligations des sociétés, compagnies et entreprises françaises ou étrangères.

Art. 1ᵉʳ. Les compagnies, sociétés et entreprises dont les actions et obligations sont assujetties au droit de transmission établi par l'art. 6 de la loi du 23 juin 1857, seront tenues de faire, au bureau de l'enregistrement du lieu où elles auront le siége de leur principal établissement, une déclaration constatant : 1° l'objet, le siége et la durée de la société ou de l'entreprise ; 2° la date de l'acte constitutif et celle de l'enregistrement de cet acte ; 3° les noms des directeurs ou gérants ; 4° le nombre et le montant des titres émis, en distinguant les actions des obligations, et les titres nominatifs des titres au porteur. Cette déclaration devra être faite avant le 15 août prochain par les compagnies et entreprises existantes au jour de la promulgation de la loi du 23 juin 1857, et dans le mois de leur constitution définitive pour les sociétés, compagnies et entreprises, qui se formeront postérieurement. En cas de modifications dans la constitution sociale, de changements de siége, de remplacement du directeur ou gérant, d'émission de titres nouveaux, lesdites sociétés, compagnies et entreprises devront en faire la déclaration, dans le délai d'un mois, au bureau qui aura reçu la déclaration primitive.

2. Le droit de 20 centimes par cent francs, établi par les art. 6 et 8 de la loi du 23 juin 1857 sur les transferts des actions et obligations nominatives, ainsi que sur les conversions de titres, sera acquitté, conformément à l'art. 7 de la même loi, par les sociétés, compagnies et entreprises, au bureau de l'enregistrement du siége social, après l'expiration de chaque trimestre, et dans les vingt premiers jours du trimestre suivant. Le relevé des transferts et des conversions sera remis au receveur de l'enregistrement lors de chaque versement. Ce relevé énoncera : 1° la date de cha-que opération ; 2° les noms, prénoms et domicile du cédant et du cessionnaire ou du détenteur des titres convertis ; 3° la désignation et le nombre des actions et obligations transférées ou converties ; 4° le prix de chaque transfert ou la valeur des actions et obligations converties ; 5° le total, en toutes lettres, de la somme soumise au droit de vingt centimes par cent francs.

3. La valeur des actions et obligations converties sera établie, pour celles cotées à la Bourse, d'après le dernier cours moyen constaté avant le jour de la conversion, et, pour les autres, conformément à l'art. 16 de la loi du 22 frim. an VII. A l'égard des actions et obligations dont la conversion aura été opérée sans paiement de droits, en exécution du dernier paragraphe de l'art. 8 de la loi du 23 juin 1857, les sociétés, compagnies et entreprises remettront au receveur de l'enregistrement un état indicatif du nombre de ces titres dans les vingt jours qui suivront l'expiration du délai accordé pour la conversion gratuite.

4. Les transferts faits à titre de garantie, et n'emportant pas transmission de propriété, feront l'objet d'un état spécial joint au relevé trimestriel qui doit être remis au receveur de l'enregistrement, conformément à l'art. 2 du présent règlement. Il ne sera pas tenu compte de ces transferts dans la liquidation des droits.

5. Pour l'acquittement de la taxe établie sur les titres au porteur et ceux dont la transmission peut s'opérer sans un transfert sur les registres, les sociétés formeront un état distinct des actions et obligations de cette nature existantes au dernier jour de chacun des trimestres de janvier, avril, juillet et octobre, et elles le déposeront entre les mains du receveur de l'enregistrement du lieu de l'établissement. Cet état mentionnera le cours moyen, pendant l'année précédente, des actions et obligations cotées à la Bourse. A l'égard de celles non cotées dans le cours de cette année, il contiendra une déclaration estimative faite conformément à l'art. 16 de la loi du 22 frim. an VII. La taxe sera payée dans les vingt jours qui suivront l'expiration de chaque trimestre, et perçue, pour le trimestre entier, d'après la situa-

tion établie conformément au premier paragraphe du présent article. En ce qui concerne les compagnies qui seront créées, à l'avenir, après l'ouverture d'un trimestre, le droit ne sera liquidé, pour la première fois, que proportionnellement au nombre de jours écoulés depuis leur constitution.

6. Les états, relevés et déclarations qui seront fournis au receveur de l'enregistrement, conformément aux articles précédents, seront certifiés véritables par les directeurs ou gérants des sociétés, compagnies ou entreprises. Dans ces états, relevés et déclarations, comme pour la perception des droits, il ne sera fait aucune déduction des sommes restant à verser sur les actions et obligations non libérées.

7. Le cours moyen qui, suivant l'art. 6 de la loi du 23 juin 1857, doit servir de base à la perception de la taxe sur les titres au porteur, sera établi en divisant la somme des cours moyens de chacun des jours de l'année par le nombre de ces cours. A l'égard des valeurs cotées dans les Bourses des départements et à la Bourse de Paris, il sera tenu compte exclusivement des cotes de cette dernière Bourse pour la formation du cours moyen.

8. Les titres au porteur des sociétés nouvellement formées ne supporteront la taxe, dans le courant de la première année de leur constitution, que d'après une déclaration estimative, faite par ces sociétés, de la valeur de leurs titres, conformément à l'art. 16 de la loi du 22 frimaire an VII.

9. Les dépositaires des registres à souche et des registres de transferts et conversions de titres de sociétés, compagnies et entreprises, seront tenus de les communiquer sans déplacement, ainsi que toutes les pièces et documents relatifs auxdits transferts et conversions, aux préposés de l'enregistrement, à toute réquisition, et de leur laisser prendre, sans frais, les renseignements, extraits et copies qui seront nécessaires dans l'intérêt du Trésor public, à peine de l'amende prononcée par l'art. 10 de la loi du 23 juin 1857, pour chaque refus. Le refus de la société ou de ses agents sera établi, jusqu'à inscription de faux, par le procès-verbal du préposé, affirmé dans les vingt-quatre heures.

10. Pour l'exécution de l'art. 9 de la loi, les sociétés, compagnies ou entreprises étrangères qui ont été autorisées à faire coter leurs actions et obligations, soit à la Bourse de Paris, soit aux Bourses départementales, seront tenues, dans les deux mois de la promulgation de la loi, de désigner un représentant responsable en France, et de le faire agréer par le ministre des finances, sous peine de se voir retirer l'autorisation dont elles jouissent. Toute compagnie qui, à l'avenir, sera autorisée à faire coter ses titres en France, devra également faire agréer par le ministre des finances un représentant responsable. Les sociétés, compagnies et entreprises mentionnées aux deux paragraphes précédents remettront au ministre des finances une déclaration indiquant le nombre de leurs actions et obligations qui devra servir de base à l'impôt. Ce nombre sera fixé par le ministre des finances. Ces sociétés, compagnies et entreprises paieront, pour leurs actions et obligations soumises à l'impôt, une taxe annuelle et obligatoire de douze centimes par cent francs, conformément au paragraphe 2 de l'art. 6 de la loi du 23 juin 1857, sans faire aucune distinction entre les titres nominatifs et les titres au porteur. Les dispositions des art. 5 et 7 du présent règlement, relatives aux époques de paiement et à la fixation du cours moyen, seront applicables aux valeurs étrangères.

11. Le droit de timbre auquel sont assujetties les actions et obligations émises par les sociétés françaises sera acquitté par les sociétés, compagnies et entreprises étrangères dont les titres sont ou seront cotés en France. Ce droit sera établi sur la quotité du capital déclaré, conformément à l'art. 10 du présent règlement, et payé suivant le mode prescrit par les art. 22 et 31 de la loi du 5 juin 1850. Un avis officiel inséré au *Moniteur* équivaudra à l'apposition du timbre.

12. En cas d'infraction aux dispositions du présent règlement ou de retard, soit dans le paiement des droits, soit dans le dépôt des états, relevés et déclarations prescrits par les articles précédents, les sociétés, compagnies et entreprises seront passibles de l'amende prononcée par l'art. 10 de la loi du 23 juin 1857, sans préjudice des peines portées

par l'art. 39 de la loi du 22 frim. an VII, pour omission ou insuffisance de déclaration. En cas d'omission ou d'insuffisance dans les états, relevés et déclarations, la preuve en sera faite comme en matière d'enregistrement. Les dispositions du présent article seront applicables aux sociétés, compagnies ou entreprises étrangères et à leurs représentants.

11 juin 1859. — Loi portant fixation du budget général des dépenses et des recettes de l'exercice 1860.

Art. 22. Les marchés et traités réputés actes de commerce par les art. 632, 633 et 634, n° 1ᵉʳ, du Code de commerce faits ou passés sous signature privée, et donnant lieu au droit proportionnel suivant l'art. 69, § 3, n° 1, et § 5, n° 1, de la loi du 22 frim. an VII, seront enregistrés provisoirement moyennant un droit fixe de deux francs et les autres droits fixes auxquels leurs dispositions peuvent donner ouverture d'après les lois en vigueur. Les droits proportionnels édictés par ledit article seront perçus lorsqu'un jugement portant condamnation, liquidation, collocation ou reconnaissance interviendra sur ces marchés et traités, ou qu'un acte public sera fait ou rédigé en conséquence, mais seulement sur la partie du prix ou des sommes faisant l'objet soit de la condamnation, liquidation, collocation ou reconnaissance, soit des dispositions de l'acte public (1).

23. Dans le cas prévu par l'art. 57 de la loi du 28 avril 1816, le double droit, dû en vertu de cet article, sera réglé conformément aux dispositions de l'art. 22 de la présente loi, et pourra être perçu lors de l'enregistrement du jugement.

24. Les dispositions qui précèdent seront appliquées aux marchés et traités sur lesquels des demandes en justice ont été formées antérieurement à la présente loi, et qui n'auraient pas encore été enregistrés. Néanmoins, il ne sera perçu que les droits simples, si lesdits marchés et traités sont soumis à la formalité de l'enregistrement, dans le mois de la promulgation de la présente loi ou, au plus tard, en même temps que le jugement, s'il est rendu avant l'expiration de ce mois.

24 mars-1ᵉʳ avril 1860. — Décret impérial qui règle la remise des receveurs de l'enregistrement, du timbre et des domaines (*Bull.*, n° 7475).

Art. 1ᵉʳ. A compter du 1ᵉʳ janvier 1860, la remise des receveurs de l'enregistrement, du timbre et des domaines, sera réglée conformément au tarif ci-après, savoir :

Sur les premiers 20,000 fr. de la recette de l'année, 6 fr. p. 100.;

Sur les recettes :	p. 100
de 20,001 fr. à 60,000.	4 00
de 60,001 fr. à 130,000.	2 00
de 130,001 fr. à 300,000.	1 00
de 300,004 fr. à 700,000.	0 50
de 700,001 fr. à 2,000,000.	0 25
de 2,000,001 fr. et au-dessus.	0 10

2. Le minimum des remises annuelles est fixé à 1,200 francs.

11-18 janv. 1862. — Décret impérial relatif à la perception du droit de transmission établi sur les actions et obligations des sociétés, compagnies et entreprises étrangères (*Bull.*, n° 9832).

Art. 1ᵉʳ. Le droit de transmission établi par l'art. 9 de la loi du 23 juin 1857 et par l'art. 10 du décret du 17 juillet suivant, sur les actions et obligations des sociétés, compagnies et entreprises étrangères, est perçu de la manière suivante :

Pour les sociétés, compagnies et entreprises dont les titres sont cotés et circulent simultanément dans les places de commerce de l'étranger et à la Bourse de Paris, ou dans les Bourses départementales, la moitié du capital représenté par leurs actions et obligations est soumise à l'impôt;

Pour les sociétés, compagnies et entreprises dont il est notoire que les titres circulent particulièrement en France,

---

(1) — 879. Le bénéfice de la perception d'un simple droit fixe de 2 fr. accordé par cet article pour l'enregistrement des marchés commerciaux, s'applique même à ceux de ces marchés dans lesquels une seule des parties a fait acte de commerce (Trib. de la Seine, 29 nov. 1861, D.p.61.3.16). — Mais il résulte d'une circulaire du directeur général de l'enregistrement et des domaines qu'il est inapplicable aux actes unilatéraux, tels que billets et effets, qui sont réputés actes de commerce par les art. 632 et suiv. C.com. (Circ. dir. gén. enreg. et dom., 18 juin 1859; D.r. 59-3.71).

l'impôt est perçu sur le montant total de leurs actions et obligations.

2. Les représentants des sociétés devront fournir au ministre des finances une déclaration émanée des conseils d'administration desdites sociétés, faisant connaître l'importance du capital émis, tant en actions qu'en obligations. Cette déclaration doit être certifiée par le consul de France du lieu où est établi le siége de ladite société.

13-19 mai 1863.—Extrait de la loi.

Art. 11. Les dispositions de l'art. 7 de la loi du 15 mai 1850 sont applicables aux obligations des compagnies ou sociétés d'industrie et de finances étrangères.

2° LOIS SUR LE TIMBRE.

13 brum. an VII. — Loi sur le timbre.

TITRE Ier — *De l'établissement et de la fixation des droits* (1).

Art. 1er La contribution du timbre est établie sur tous les papiers destinés aux actes civils et judiciaires et aux écritures qui peuvent être produites en justice et y faire foi.

Il n'y a pas d'autres exceptions que celles *nommément* exprimées dans la présente.

2. Cette contribution est de deux sortes :

La première est le droit de timbre imposé et tarifé en raison de la dimension du papier dont il est fait usage.

La seconde est le droit de timbre créé pour les effets négociables ou de commerce, et gradué à raison des sommes à y exprimer, sans égard à la dimension du papier.

3. Les papiers destinés au timbre qui seront débités par la régie seront fabriqués dans les dimensions déterminées suivant le tableau ci-après :

DÉNOMINATIONS.	Dimensions en parties du mètre de la feuille déployée (supposée rognée).		
	Hauteur.	Largeur.	Superficie.
Grand registre.	0 4204	0 5946	0 2500
Grand papier.	0 3536	0 5000	0 1768
Moyen papier (moitié du grand registre). . . .	0 2997	0 4204	0 1250
Petit papier (moitié du grand papier). . . .	0 2500	0 3538	0 0884
Demi-feuille (moitié du petit papier).	0 2500	0 1766	0 0442
Effets de commerce (moitié de la demi-feuille du petit papier coupée en long).	0 0884	0 2500	0 0221

Ils porteront un filigrane particulier,

---

(1) — 879 *bis*. Le timbre est une marque imprimée ou apposée sur tous les papiers destinés aux actes civils et judiciaires, et aux écritures qui peuvent être produites en justice et y faire foi. L'impôt du timbre consiste dans l'emploi du papier timbré, exigé pour les actes.

880. L'origine du timbre remonte au règne de Justinien, dont la novelle 44 renferme même quelques dispositions que l'on retrouve dans notre loi fondamentale de la matière, entre autres : l'ordre aux tabellions de rédiger les originaux de leurs actes sur du papier en tête duquel serait marqué le nom de l'intendant des finances ; la défense d'altérer ces marques ; et la défense aux juges d'avoir égard aux actes écrits sur du papier non revêtu de la marque.

— 881. Établi en France sous le nom de *formule*, pendant le règne de Louis XIV, l'impôt du timbre ne fut d'abord qu'un simple droit fixe en raison de la dimension du papier ou parchemin. Il a reçu la dénomination de *timbre* d'un décret de l'Assemblée nationale du 12 déc. 1790, sanctionné le 18 fév. 1791, lequel établit la division en timbre fixe de dimension et timbre proportionnel, division conservée dans les lois subséquentes. — *V.* aussi l'historique présenté dans la *Jur. gén.* de Dalloz, v° *Enreg.*, n° 6059 et suiv.

882. La loi organique de l'impôt du timbre, et qu'il faut consulter encore aujourd'hui pour l'appréciation des droits, est celle du 13 brum. an VII, qui est, relativement au timbre, comme celle du 22 frim. an VII, relativement à l'enregistrement, la pierre angulaire de tout le système de perception des droits du timbre ; et les lois postérieures ne doivent être consultées que comme des lois spéciales qui ont interprété la loi du 13 brum. an VII, et y ont ajouté quelques dispositions nouvelles ou en ont abrogé certaines.

imprimé dans la pâte même, à la fabrication (1).

4. Il y aura des timbres particuliers pour les différentes sortes de papiers.

Les timbres pour le droit établi sur la dimension seront gravés pour être appliqués *en noir*.

Ceux pour le droit gradué en raison des sommes seront gravés pour être gravés *à sec*.

Chaque timbre portera distinctement son prix, et aura pour légende les mots RÉPUBLIQUE FRANÇAISE (2).

5. Les timbres pour le droit établi sur la dimension porteront, en outre, le nom du département où ils seront employés.

Cette distinction particulière n'aura pas lieu pour les timbres relatifs aux effets de commerce.

6. L'empreinte à apposer sur les papiers que fournira la régie sera appliquée au haut de la partie gauche de la feuille (non déployée), de la demi-feuille, et du papier pour effets de commerce.

7. Les citoyens qui voudront se servir de papiers autres que celui de la régie, ou de parchemin, seront admis à les faire timbrer avant que d'en faire usage.

On emploiera pour ce service les timbres relatifs, mais l'empreinte sera appliquée au haut du côté droit de la feuille.

Si les papiers ou le parchemin se trouvent être de dimensions différentes de celles des papiers de la régie, le timbre, quant au droit établi en raison de la dimension, sera payé au prix du format supérieur (3).

8. Le prix des papiers timbrés fournis par la régie, et les droits de timbre des papiers que les citoyens feront timbrer, sont fixés ainsi qu'il suit, savoir :

1° *Droit de timbre en raison de la dimension du papier.*

La feuille de *grand registre*, un franc cinquante centimes, ci : 1 fr. 50 c.
Celles de *grand papier*, un franc, ci : 1 00
Celle de *moyen papier*, soixante-quinze centimes, ci : 0 75
Celle de *petit papier*, cinquante centimes, ci : 0 50
Et la demi-feuille de ce *petit papier*, vingt-cinq centimes, ci : 0 25

Il n'y aura point de droit de timbre supérieur à un franc cinquante centimes, quelle que soit la dimension du papier, soit au-dessus du *grand registre*, soit au-dessous de la demi-feuille du *petit papier*.

2° *Droit de timbre gradué en raison des sommes.*

Ce droit est de cinquante centimes par mille francs, inclusivement et sans fraction, à quelques sommes que puissent monter les effets (4).

9. Il y aura cinq timbres pour le droit établi en raison de la dimension du papier.

Le nombre des timbres pour les effets de commerce et autres compris dans l'art. 14 ci-après sera de onze, savoir : le premier, de cinquante centimes ; le

(1) — 883. Cette disposition règle toujours la dimension de chaque espèce de papier, et n'a été changée ni par la loi du 28 avril 1816 (Inst. gén., n° 715, 20 avr. 1816) ni par celle du 2 juill. 1862 ; quant au *filigrane*, il a subi les mêmes variations que la légende.

(2) — 884. La forme du timbre a subi des variations nombreuses qu'il est sans intérêt d'indiquer et qui ont eu pour cause soit des changements politiques, soit des améliorations.

(3) — 885. Cette faculté est accordée seulement aux particuliers par l'article ci-dessus, et aux administrations publiques par l'art. 18 de la présente loi. Quant aux fonctionnaires publics, il leur est expressément enjoint, par ce même art. 18, de se servir du papier débité par la régie. — D'ailleurs, le timbre extraordinaire donne aussi lieu à

percevoir deux droits, l'un en raison de la dimension des papiers qu'on y soumet, l'autre, en raison des sommes (Championnière et Rigaud, t. 4, n° 4052). — Relativement à l'échange des papiers timbrés, V. Jur. gén., de MM. Dalloz, v° *Enregistr.*, n°s 6082 et s. V. aussi le décret du 25 juin 1860, ci-après, applicable aux nouveaux départements de la Savoie et à l'arrondissement de Nice, ainsi que les deux décrets des 3 juill. 1862, rapportés ci-après.

(4) — 886. *V.* pour les droits de timbre tels qu'ils sont aujourd'hui, à l'égard du timbre de dimension, la loi du 28 avr. 1816, art. 62, et la loi du 2 juill. 1862, art. 17, et à l'égard du timbre gradué en raison des sommes, la loi du 24 mai 1834, art. 18, et la loi du 20 juillet 1857, art. 16.

deuxième, d'un franc ; le troisième, de deux francs ; le quatrième, de trois francs ; le cinquième, de quatre francs ; le sixième, de cinq francs ; le septième, de six francs ; le huitième, de sept francs ; le neuvième, de huit francs ; le dixième, de neuf francs, et le onzième de dix francs (1).

10. Les papiers pour effets de mille francs et au-dessous seront timbrés avec l'empreinte de cinquante centimes.

Ceux pour effets de 1 à 2,000 francs, de 3 à 4,000, de 5 à 6,000, de 7 à 8,000, de 9 à 10,000, de 11 à 12,000, de 13 à 14,000, de 15 à 16,000, de 17 à 18,000, et de 19 à 20,000 francs inclusivement, seront frappés de timbres correspondants, 1, 2, 3, 4, 5, 6, 7, 8, 9 et 10 francs.

Et ceux pour effets de 2 à 3,000, de 4 à 5,000, de 6 à 7,000, de 8 à 9,000, de 10 à 11,000, de 12 à 13,000, de 14 à 15,000, de 16 à 17,000, et de 18 à 19,000 francs inclusivement, seront frappés de deux empreintes, savoir : ceux pour effets de 2 à 3,000 francs, avec l'empreinte d'un franc et celle de 50 centimes.

Ceux pour effets de 4 à 5,000 francs, avec l'empreinte de 2 francs et celle de 50 centimes.

Et ainsi de suite de 1,000 en 1,000, jusques et y compris les papiers pour effets de 18 à 19,000 francs, qui seront timbrés avec l'empreinte de 9 francs et celle de 50 centimes.

Lorsqu'il s'agira d'employer pour second timbre celui de 50 centimes, il sera appliqué du même côté que le timbre supérieur, et immédiatement au-dessous de celui-ci.

Indépendamment des timbres, il sera apposé, à l'extrémité de la partie du papier opposée aux timbres, une empreinte *en noir* qui indiquera la somme pour laquelle l'effet peut être tiré (2).

11. Les citoyens qui voudront faire des effets au-dessus de 20,000 francs seront tenus de présenter les papiers qu'ils y destineront au receveur de l'enregistrement, et de les faire *viser pour timbre* en payant le droit en raison de 50 centimes pour 1,000 francs sans fraction, ainsi qu'il est réglé par l'art. 8 de la présente (3).

TITRE II. — *De l'application des droits.*

12. Sont assujettis aux droits du timbre établi en raison de la dimension tous les papiers à employer pour les actes et écritures, soit publics, soit privés, savoir :

Les actes des notaires et les extraits, copies et expéditions qui en sont délivrés (4) ;

Les consultations, mémoires, observations et précis signés des hommes de loi et défenseurs officieux (5).

---

(1) — 887. *V.* la loi du 24 mai 1834, art. 18, et la loi du 20 juill. 1837, art. 16. V. aussi la loi du 5 juin 1850, à sa date. Il y a aujourd'hui deux timbres de plus pour les effets de commerce, cette dernière loi en ayant créé un pour les effets de 300 fr. et au-dessous et un autre pour les effets de 300 à 500 fr.

(2) — 888. L'indication de la somme pour laquelle l'effet peut être tiré n'est plus distincte ; elle est placée dans l'empreinte du timbre, en noir.

(3) — 889. Les seuls effets de commerce au-dessus de 20,000 fr. sont dans le cas du visa et du supplément de droit de timbre, que le tireur doit acquitter avant d'écrire et de signer l'effet. Le visa du receveur énonce la somme pour laquelle l'effet doit être tiré, le montant du supplément de droit et la date de la perception (Circulaire de la régie, n° 1419). *V.* L. 5 juin 1850, art. 1er, et décret 27 juill. 1850, art. 1er.

(4) — 890. Les actes des notaires délivrés en *brevet* peuvent être mis indifféremment sur papier de toute dimension, attendu qu'ils ne sont ni des extraits, ni des expéditions (Déc. min. fin., 12 vent. an VII ; Circulaire de la régie, n° 1566 ; 2 prair. an VII ; Championnière et Rigaud, t. 4, n° 4046). Quant aux expéditions, V. *infrà*, l'art. 19 de la présente loi. *V.* instr. de la régie, 24 juill. 1841 (D.P.41.3.521).

(5) — 891. D'après Championnière et Rigaud, t. 4, n° 4045, cette disposition ne doit pas être étendue à tous les cas. Il faudrait distinguer, quant aux consultations d'avocat, si elles sont susceptibles ou non d'être produites en justice, et ne les soumettre au timbre que dans le premier cas. La jurisprudence semble avoir confirmé cette doctrine ; mais, toutefois, elle a établi que, lorsque la consultation est susceptible d'être produite, elle est soumise à la formalité du timbre, indépendamment de la production en justice (Cass., 14 juin 1808, 6 fév. 1815, 8 janv. 1822 et 23 nov. 1824, D.A.7.520 ; 521 ; 522 ; 523). *V.* MM. Dalloz, *Jur. gén.*, v° *Enreg.*, n°s 6096 et suiv.

Les pétitions ou mémoires, même en forme de lettres, présentés au Directoire exécutif, aux ministres, à toutes autorités constituées, aux commissaires de la Trésorerie nationale, à ceux de la comptabilité nationale ; aux directeurs de la liquidation générale, et aux administrations et établissements publics ;

Les actes entre particuliers sous signatures privées, et le double des comptes de recette ou gestion particulière ;

Et généralement tous actes et écritures, extraits, copies et expéditions, soit publics, soit privés, devant ou pouvant faire titre, ou être produits pour obligation, décharge, justification, demande ou défense (1).

Les registres des notaires, huissiers et autres officiers publics et ministériels, et leurs répertoires (2).

Et généralement tous livres, registres et minutes de lettres qui sont de nature à être produits en justice et dans le cas d'y faire foi, ainsi que les extraits, copies et expéditions, qui sont délivrés desdits livres et registres (3).

13. Tout acte fait et passé en pays étranger, ou dans les îles et colonies françaises où le timbre n'aurait pas encore été établi, sera soumis au timbre avant qu'il puisse en être fait aucun usage en France, soit dans un acte public, soit dans une déclaration quelconque, soit devant une autorité judiciaire ou administrative (4) ;

14. Sont assujettis au droit du timbre en raison des sommes et valeurs les billets à ordre ou au porteur, les rescriptions, mandats, mandements, ordonnances et tous autres effets négociables ou de commerce, même les lettres de change tirées par seconde, troisième et *duplicata*, et ceux faits en France et payables chez l'étranger.

15. Les effets négociables venant de l'étranger ou des îles et colonies françaises où le timbre n'aurait pas encore été établi seront, avant qu'ils puissent être négociés, acceptés ou acquittés en France, soumis au timbre ou au *visa pour timbre*; et le droit sera payé d'après la quotité fixée par l'art. 8 de la présente (5).

TITRE III. — *Des actes et registres non soumis à la formalité du timbre.*

16. Sont exceptés du droit et de la formalité du timbre, savoir :

1° Les actes du Corps législatif et ceux du Directoire exécutif;

Les minutes de tous les actes, arrêtés, décisions et délibérations de l'administration publique en général, et de tous établissements publics, dans tous les cas où aucun de ces actes n'est sujet à l'enregistrement sur la minute et les extraits, copies et expéditions qui s'expédient ou se délivrent par une administration ou un fonctionnaire public, à une administration publique ou à un fonctionnaire public, lorsqu'il est fait mention de cette destination (6) ;

---

(1) — 892. La régie avait conclu de cette disposition que les lettres missives renfermant des engagements ou des reconnaissances de dettes et promesses de payer devaient être écrites sur papier timbré. Mais il a été reconnu par l'administration que ces lettres sont des écrits confidentiels que l'impôt ne peut atteindre qu'aux moment où ils cessent d'être confidentiels, c'est-à-dire lorsqu'on veut en faire usage par acte public ; qu'ainsi elles peuvent être écrites sur papier libre, l'art. 30 de la présente loi (V. *infr.* cet article) leur étant applicable (Délib., 30 mars 1822, 27 juill. 1827).

(2) — 893. Des chambres des notaires avaient demandé quels sont parmi ces registres qu'elles sont tenues d'avoir ceux qui sont soumis au timbre. Il a été répondu que deux seulement sont soumis à cette formalité : 1° celui sur lequel seraient inscrits des actes portant transmission d'usufruit et

de jouissance, et autres actes que l'art. 77 de la loi du 15 mai 1818 soumet au timbre ; 2° le registre de recette et de dépense du trésorier de la chambre (Déc. min. fin., 28 sept. 1829 ; Inst. gén., n° 1303, 29 déc. 1829, § 22), V., quant aux répertoires, une solution de la régie, du 3 sept. 1847 (D.P.47.4. 468).

(3) — 894. V. l'indication d'une foule d'actes assujettis au timbre, dans la *Jur. gén.*, de MM. Dalloz, *loc. cit.*, n°ˢ 6093 et suiv., et dans la *Table de quinze ans,* v° *Timbre,* n°ˢ 28 et suiv. — *Adde*, Circ. min. de l'int., 30 déc. 1854 (D.P.56.3.24).

(4) — 895. V. la loi du 5 juin 1850, art. 49.

(5) — 896. V. la loi du 5 juin 1850, art. 5, et délib. de la régie du 23 juill. 1850.

(6) — 897. V. la loi du 15 mai 1818, art. 80.

Les inscriptions sur le grand-livre de a dette nationale et les effets publics;

Tous les comptes rendus par des comptables publics;

Les doubles, autres que celui du comptable, de chaque compte de recette ou gestion particulière et privée;

Les quittances de traitements et émoluments des fonctionnaires et employés salariés par la République;

Les quittances ou récépissés délivrés aux collecteurs et receveurs de deniers publics; celles que les collecteurs des contributions directes peuvent délivrer aux contribuables; celles des contributions indirectes qui s'expédient sur les actes, et celles de toutes autres contributions qui se délivrent sur feuilles particulières, et qui n'excèdent pas dix francs;

Les quittances de secours payés aux indigents, et les indemnités pour incendies, inondations, épizooties et autres cas fortuits;

Toutes autres quittances, même celles entre particuliers, pour créances en sommes non excédant 10 francs, quand il ne s'agit pas d'un à-compte ou d'une quittance finale sur une plus forte somme;

Les engagements, enrôlements, congés, certificats, cartouches, passe-ports, quittances pour prêt et fournitures, billets d'étapes, de subsistances et de logement, et autres pièces ou écritures concernant les gens de guerre, tant pour le service de terre que pour le service de mer;

Les pétitions présentées au Corps législatif; celles qui ont pour objet des demandes de congés absolus et limités et de secours, et les pétitions des déportés et réfugiés des colonies, tendant à obtenir des certificats de résidence, passe-ports et passages pour retourner dans leur pays;

Les certificats d'indigence;

Les rôles qui sont fournis pour l'appel des causes;

Les actes de police générale et de vindicte publique, et ceux des commissaires du Directoire exécutif, non soumis à la formalité de l'enregistrement, et les copies de pièces de procédure criminelle qui doivent être délivrés sans frais;

2° Les registres de toutes les administrations publiques et des établissements publics pour ordre et administration générale;

Ceux des tribunaux, des accusateurs publics et des commissaires du Directoire exécutif, où il ne sera transcrit aucune minute d'actes soumis à la formalité de l'enregistrement;

Ceux des receveurs des contributions publiques, et autres préposés publics (1).

TITRE IV. — *Des obligations respectives des notaires, huissiers, greffiers, secrétaires des administrations, arbitres et experts, des diverses autorités publiques, des préposés de la régie et des citoyens, et des peines prononcées contre les contrevenants.*

17. Les notaires, huissiers, secrétaires des administrations centrales et municipales, et autres officiers et fonctionnaires publics, les arbitres et les avoués ou défenseurs officieux près des tribunaux, ne pourront employer, pour les actes qu'ils rédigeront et leurs copies et expéditions, d'autre papier que celui timbré du département où ils exercent leurs fonctions.

18. La faculté accordée par l'art. 7 de la présente aux citoyens qui voudront employer d'autre papier que celui fourni par la régie, en le faisant timbrer avant d'en faire usage, est interdite aux notaires, huissiers, greffiers, arbitres, avoués ou défenseurs officieux, et à tous autres officiers ou fonction-

(1) — 898. *V.* encore relativement aux actes exempts de la formalité du timbre, *Jur. gén.*, v° *Enregistr.*, n°s 6123 et suiv., et *Timbre*, n°s 34 et suiv., 126 et suiv.; *Table de quinze ans*, *eod.* v°, n°s 105 et suiv. — *Adde*, Instr. de la régie, 23 juin 1856 (D.P. 57.3.27).

899. Des récépissés que délivrent les receveurs généraux, des taxes annuelle auxquelles donnent lieu les brevets d'invention,

sont assujettis au droit de timbre lorsqu'ils sont inscrits sur feuilles particulières et qu'ils ont pour objet des sommes excédant 10 fr. — En conséquence, un notaire qui dresse un acte en suite d'un récépissé de ce genre rédigé sur papier non timbré doit, sous peine d'être déclaré en contravention, l'annexer à son acte pour être soumis avant lui à la formalité du timbre (Trib. de Dijon, 18 mai 1858, D.P.58.3.39).

naires publics ; ils seront tenus de se servir du papier timbré débité par la régie.

Les administrations publiques seulement conserveront cette faculté (1).

Les notaires et autres officiers publics pourront néanmoins faire timbrer, à l'extraordinaire, du parchemin, lorsqu'ils seront dans le cas d'en employer.

19. Les notaires, greffiers, arbitres et secrétaires des administrations, ne pourront employer, pour les expéditions qu'ils délivreront des actes retenus en minute, et de ceux déposés ou annexés, du papier timbré d'un format inférieur à celui appelé *moyen papier*, et dont le prix est fixé à 75 cent. la feuille par l'art. 8 de la présente. Ce prix sera aussi celui du timbre du parchemin que l'on voudra employer pour expédition, sans égard à la dimension, si toutefois elle est au-dessous de celle de ce papier.

Les huissiers et autres officiers publics ou ministériels ne pourront non plus employer de papier timbré d'une dimension inférieure à celle de moyen papier, pour les expéditions des procès-verbaux de vente de mobilier (2).

20. Les papiers employés à des expéditions ne pourront contenir, compensation faite d'une feuille à l'autre, savoir :

Plus de vingt-cinq lignes par page de moyen papier ;

Plus de trente lignes par page de grand papier ;

Et plus de trente-cinq lignes par page de grand registre (3).

21. L'empreinte du timbre ne pourra être couverte d'écriture ni altérée (4).

22. Le papier timbré qui aura été employé à un acte quelconque ne pourra plus servir pour un autre acte, quand même le premier n'aurait pas été achevé (5).

23. Il ne pourra être fait ni expédié

---

(1) — 900. Un arrêt de la Cour de cassation du 15 juill. 1806 (D.A.7.528), en décidant, contrairement à une circulaire du directeur général du 5 vend. an XI, que les contraintes lancées par les préposés de la régie peuvent être timbrées à l'extraordinaire, juge implicitement que ces préposés jouissent de la faculté accordée aux administrations publiques par la disposition ci-dessus (*Conf.*, Championnière et Rigaud, t. 4, nᵒ 4052).

(2) — 901. *V.* la loi du 28 avril 1816, art. 63.

(3) — 902. Les extraits et copies des actes notariés sont soumis à cette disposition comme les expéditions (Championnière et Rigaud, t. 4, nᵒ 4046). V. *Jur. gén.*, vᵒ de MM. Dalloz, vᵒ *Enregistr.*, nᵒˢ 6207 et suiv.; *adde* trib. de la Seine, 16 fév. 1841 (D.P.41.3. 381) ; Cass., 15 fév. 1844 (D.P.44.1.116).

(4) — 903. La pensée de la loi est ici d'empêcher la contrefaçon, qui eût été facile s'il eût été permis de couvrir l'empreinte d'écriture, puisqu'on n'aurait pu reconnaître sous cette écriture si l'empreinte était vraie ou fausse.

904. D'ailleurs, la disposition est relative au timbre sec comme au timbre noir, bien que le timbre sec n'ait été établi que par un arrêté du Gouvernement du 9 prair. an IX, c'est-à-dire deux ans après la promulgation de la présente loi. La doctrine contraire avait été consacrée par un jugement du tribunal de Vendôme du 22 janv. 1814, contre lequel la régie avait obtenu un arrêt d'admission le 4 juill. 1815, qui préjuge la question dans le sens que nous venons d'indiquer. C'est aussi dans ce sens qu'inclinent Championnière et Rigaud, t. 4, nᵒ 4058, mais non sans quelque hésitation.

905. La prohibition prononcée par la loi ne peut s'appliquer qu'à la face des empreintes ; ainsi, il n'y aurait pas de contravention dans le fait de couvrir le *verso*, soit d'écriture, soit de traits de plume (Déc. min. fin., 16 juin 1807). Cela est évident d'après le motif même qui a déterminé la disposition de la loi. *V.* nᵒ 886.

906. La jurisprudence de l'administration a établi quelques exceptions à la règle consacrée par l'article ci-dessus. Ainsi, d'après cette jurisprudence, il n'y a pas de contravention lorsque le timbre du papier employé au répertoire des notaires est ouvert par l'impression des colonnes (Déc. min. fin., 2 mai 1820), ou par les chiffres de la colonne des numéros d'ordre (Sol., 3 déc. 1834, D.P.35.3.63), ou par la date ou l'énonciation de la nature de l'acte (Sol., 3 avril 1835), ou par quelques chiffres ou lignes d'un tableau contenu dans une liquidation (Sol., 6 août 1832).

907. En cas de contravention à la disposition ci-dessus, il n'y a pas lieu d'exiger, indépendamment de l'amende, le droit de timbre, puisque ce droit a été acquitté (Trib. de Belfort, 30 août 1832; Championnière et Rigaud, t. 4, nᵒ 4058).

(5) — 908. Cette prohibition ne s'applique qu'à un acte *autre* que celui qui avait été commencé : ainsi, quand les premiers mots d'un acte ont été biffés, et que ce même acte a

deux actes à la suite l'un de l'autre sur la même feuille de papier timbré, nonobstant tout usage ou règlement contraire.

Sont exceptés : les ratifications des actes passés en l'absence des parties, les quittances de prix de ventes et celles de remboursement de contrats de constitution ou obligation ; les inventaires, procès-verbaux et autres actes qui ne peuvent être consommés dans un même jour et dans la même vacation ; les procès-verbaux (1) de reconnaissance et levée de scellés qu'on pourra faire à la suite du procès-verbal d'apposition, et les significations des huissiers, qui peuvent également être écrites à la suite des jugements et autres pièces dont il est délivré copie.

Il pourra aussi être donné plusieurs quittances sur une même feuille de papier, pour à-compte d'une seule et même créance, ou d'un seul terme de fermage et loyer.

Toutes autres quittances qui seront données sur une même feuille de papier timbré n'auront pas plus d'effet que si elles étaient sur papier non timbré (2).

24. Il est fait défense aux notaires, huissiers, greffiers, arbitres et experts, d'agir, aux juges de prononcer aucun jugement, et aux administrations publiques de rendre aucun arrêté sur un acte, registre ou effet de commerce, non écrit sur papier timbré du timbre prescrit, ou non visé pour timbre.

Aucun juge ou officier public ne pourra non plus coter et parapher un registre assujetti au timbre, si les feuilles n'en sont timbrées (3).

été recommencé sur la même feuille, il n'y a pas contravention (Déc. min. fin., 3 déc. 1816).

909. Mais il y a contravention dans le fait d'un acte rédigé après un autre acte inachevé, alors même que celui-ci contiendrait seulement quelques lignes raturées (Cass., 1er frim. an x, D.A.7.527; trib. de la Seine, 19 juill. 1838). Toutefois il faut que ces lignes portent indication de date, d'objet, de convention ou de faits constituant un acte quelconque commencé (Cass., 27 janv. 1836, D.P.36.1.169). V. aussi Jur. gén., loc. cit., nos 6250 et suiv., et les autorités citées.

(1) — 910. Il en est de même des adjudications devant notaires commis pour biens de mineurs, de copropriétaires, d'héritiers bénéficiaires, qui peuvent être rédigées sur la même feuille que le cahier des charges (Inst., 1667, §§ 1 et 2).

(2) — 911. Ce qui a déterminé le législateur à prohiber l'insertion de plusieurs actes dans une même feuille n'a pas été seulement la pensée d'augmenter l'impôt, mais encore l'intérêt des parties dont les conventions pourraient être compromises, si, dans une idée d'économie mal entendue, elles réuniraient, dans une même feuille de papier, des actes qui, par leur nature, doivent être séparés. Ainsi que le disent Championnière et Rigaud, t. 4, n° 460, « les exceptions que contient le même article prouvent que tel a été l'esprit de la loi ; si, d'un côté, un grand nombre d'actes ne peuvent, sans inconvénient, être rédigés à la suite l'un de l'autre, il devait être permis aux parties d'unir certains actes de manière que l'un ne puisse disparaître sans l'autre ; ainsi d'écrire la quittance à la suite de l'acte de vente, pour évi-

ter que le vendeur faisant disparaître la quittance, l'acheteur ne restât à sa merci. »

912. Quant aux exceptions, il faut remarquer qu'elles ne sont pas toutes nommément exprimées dans l'article ci-dessus. La jurisprudence a reconnu que la disposition de la loi sous ce rapport, est purement énonciative et non limitative. — Un décret du 15 juill. 1812 a, d'ailleurs, appliqué l'exception aux révocations de procurations et de testaments (V. le décret à sa date).

913. Sans entrer ici dans le détail des applications qui ont été faites (V. à cet égard Dalloz, Jur. gén., vos Enregistr., nos 6212 et suiv., et Timbre, nos 150 et suiv. Table de quinze ans, v° Timbre, nos 130 et suiv.), rappelons que la question la plus controversée a été celle de savoir si un notaire peut rédiger, sans contravention, à la suite d'un transport de créance, l'acte d'acceptation souscrit par le débiteur. Plusieurs tribunaux s'étaient prononcés pour l'affirmative; mais la régie s'étant pourvue contre l'un des jugements qui avaient admis cette solution, il est intervenu un arrêt de la Cour de cassation du 16 juill. 1838 (D.P.38.1.300), qui a formellement consacré la doctrine contraire. — Cont., Championnière et Rigaud, t. 4, n° 4061.

914. Le projet de compte de tutelle et l'arrêté de ce compte peuvent être écrits par le notaire, à la suite l'un de l'autre, sur la même feuille de papier timbré (Solut. de la régie, 7 juill. 1862, D.P.62.3.62).

(3) — 915. Il a été dérogé à cet article par l'art. 13 de la loi du 16 juin 1824, qui, en rendant les notaires responsables des droits et amendes de timbre auxquels peuvent donner lieu les actes sous seing privé

25. Il est également fait défense à tout receveur de l'enregistrement,

1° D'enregistrer aucun acte qui ne serait pas sur papier timbré du timbre prescrit, ou qui n'aurait pas été visé pour timbre ;

2° D'admettre à la formalité de l'enregistrement des protêts d'effets négociables, sans se faire représenter ces effets en bonne forme.

3° De délivrer patente aux citoyens dont les registres doivent être tenus en papier timbré, si ces registres ne leur sont préalablement représentés aussi en bonne forme.

Les citoyens seront, en conséquence, tenus d'en justifier (1).

26. Il est prononcé, par la présente, une amende, savoir :

1° De 15 fr. pour contravention, par les particuliers, aux dispositions de l'art. 21 ci-dessus ;

2° De 25 fr. pour contravention aux art. 20 et 21, par les officiers et fonctionnaires publics ;

3° De 30 fr., par chaque acte ou écrit sous signature privée, fait sur papier non timbré, ou en contravention aux art. 22 et 23 ;

4° De 50 fr., pour contravention à l'art. 19, de la part des officiers et fonctionnaires publics y dénommés ; et à l'art. 25, de la part des préposés à l'enregistrement ;

5° De 100 fr., pour chaque acte public ou expédition, écrit sur papier non timbré, et pour contravention aux art. 17,

18, 22, 23 et 24, par les officiers et fonctionnaires publics ;

6° Et du vingtième de la somme exprimée dans un effet négociable s'il est écrit sur papier non timbré, ou sur un papier timbré d'un timbre inférieur à celui qui aurait dû être employé, aux termes de la présente, et pour contravention aux art. 22 et 23.

L'amende sera de 30 fr., dans les mêmes cas, pour les effets au-dessous de 600 fr.

Les contrevenants, dans tous les cas ci-dessus, paieront, en outre, les droits de timbre (2).

27. Aucune personne ne pourra vendre ou distribuer du papier timbré qu'en vertu d'une commission de la régie, à peine d'une amende de 100 fr. pour la première fois, et 300 fr. en cas de récidive.

Le papier qui sera saisi chez ceux qui s'en permettront ainsi le commerce sera confisqué au profit de la République (3).

28. La peine contre ceux qui abuseraient des timbres pour habiller et vendre frauduleusement du papier timbré sera la même que celle qui est prononcée par le Code pénal contre les contrefacteurs des timbres (4).

29. Le timbre des quittances fournies à la République, ou délivrées en son nom, est à la charge des particuliers qui les donnent ou les reçoivent ; il en est de même pour autres actes entre la République et les citoyens (5).

---

en vertu desquels ils demeureront autorisés à agir sous la seule condition de les faire enregistrer et de les annexer, renferme implicitement l'autorisation pour ces officiers publics d'énoncer et d'annexer les actes non timbrés, ni visés pour timbre, en requérant cette dernière formalité (Sol., 8 janv. 1825 ; Instr. gén., 29 janv. 1825, n° 1166, § 15). — Toutefois la défense subsiste à l'égard des protêts.

(1) — 916. V. la loi du 1er mai 1822, art. 5.

(2) — 917. Le chiffre de ces amendes a été modifié par les lois subséquentes. V. la loi du 16 juin 1824, art. 10, et du 2 juill. 1862, art. 20, 21 et 22. — Quant à l'amende du vingtième, V. L. 16 juin 1824, art. 12, et L. 24 mai 1834, art. 19, 20 et 21.

918. Le fait d'un notaire d'avoir fait présenter au bureau des hypothèques une expédition rédigée sur une feuille au timbre de

1 fr. 25 c., dont les deux feuillets, après avoir été détachés, ont été réunis par un onglet, constitue une contravention à l'art. 19 de la loi du 13 brum. an VII, et donne lieu par suite à l'application de l'amende édictée par l'art. 26 de la même loi (Trib. de Sedan, 29 mars 1860, D.P. 61.3.23).

(3) — 919. L'amende de 100 fr. est réduite à 20 fr. par la loi du 16 juin 1824, art. 10. Quels sont les employés chargés du débit du papier timbré, et à quelles obligations sont-ils soumis ? V. à cet égard Dalloz, Jur. gén., v° Enreg., n°s 6076 et suiv. et Timbre, n° 3 ; Table de quinze ans, v° Timbre, n°s 26 et 27.

(4) — 920. V. C. pén., art. 140 et suiv.

(5) — 921. Lorsque les frais d'une expertise en matière de contributions directes ont été liquidés par le préfet à une somme excédant 10 fr., la quittance de ces frais donnée

30. Les écritures privées qui auraient été faites sur papier non timbré, sans contravention aux lois du timbre, quoique non comprises nommément dans les exceptions, ne pourront être produites en justice sans avoir été soumises au timbre extraordinaire ou au *visa pour timbre*, à peine d'une amende de 30 francs, outre le droit de timbre (1).

31. Les préposés de la régie sont autorisés à retenir les actes, registres ou effets en contravention à la loi du timbre, qui leur seront présentés, pour les joindre aux procès-verbaux qu'ils en rapporteront, à moins que les contrevenants ne consentent à signer lesdits procès-verbaux, ou à acquitter sur-le-champ l'amende encourue et le droit de timbre (2).

32. En cas de refus de la part des contrevenants de satisfaire aux dispositions de l'article précédent, les préposés de la régie leur feront signifier, dans les trois jours, les procès-verbaux qu'ils auront rapportés, avec assignation devant le tribunal civil du département.

L'instruction se fera ensuite sur simples mémoires respectivement signifiés.

Les jugements définitifs qui interviendront seront sans appel (3).

(Les art. 33, 34, 35 et 36 avaient pour objet des dispositions transitoires, sans aucune application actuelle).

Loi du 6 prairial an VII.

Art. 1er. Les avis imprimés, quel qu'en soit l'objet, qui se crient et se distribuent dans les rues et lieux publics, ou que l'on fait circuler de toute autre manière, seront assujettis au droit de timbre, à l'exception des adresses contenant la simple indication de domicile, ou le simple avis de changement (4).

2. Le droit établi par l'art. précédent sera de 5 cent. pour la feuille d'impression ordinaire, au-dessous de 30 décimètres carrés;

De 3 cent. pour la demi-feuille et au-dessous;

De 8 cent. pour la feuille de trente décimètres carrés et au-dessus, et de 4 c. pour la demi-feuille;

Sans qu'en aucun cas le droit puisse être moindre de 3 cent. pour chaque annonce ou avis (5).

---

sur le mandat délivré à l'expert, est sujette au timbre, comme toute quittance de frais dus à des particuliers (Trib. civ. de la Seine, 13 déc. 1859, D.P.59.3.86).

(1) — 922. L'amende n'est plus que de 5 fr. V. la loi du 16 juin 1824, art. 10.

(2) — 923. De cet article, disent Championnière et Rigaud, t. 4, n° 4065, il résulte que les préposés ne peuvent joindre à leurs procès-verbaux que les pièces en contravention qui leur sont présentées; mais il ne s'ensuit pas qu'ils ne puissent dresser procès-verbal et poursuivre l'amende que sur ces pièces; le plus grand nombre des contraventions leur échapperait alors, si la loi les obligeait d'attendre qu'on vînt leur présenter bénévolement des actes et registres en contravention. Les préposés ont le droit de rechercher les contraventions par tous les moyens licites, dans tous les dépôts publics, et les dépositaires sont obligés de communiquer les pièces sous peine de 10 fr. d'amende. A cet égard, l'art. 54 de la loi du 22 frim. an VII, quoique relatif à l'enregistrement, peut être invoqué par les préposés de la régie, quand ils recherchent des contraventions à la loi du timbre.

924. Mais un procès-verbal est de toute nécessité pour constater les contraventions aux lois sur le timbre, même depuis la loi du

28 avril 1816; la voie de contrainte, que l'art. 76 de cette loi a substituée aux assignations, n'est nullement exclusive des procès-verbaux, qui doivent, au contraire, servir de base aux contraintes (Cass., 26 fév. 1835, D.P.35.1.186; Inst. gén., 31 juill. 1835 et 5 juin 1837, n° 1490, § 14, et 1537, sect. 2, § 199).

925. Du reste, les préposés ne sont autorisés à retenir les actes en contravention à la loi du timbre que dans le cas où ils leur sont présentés; ils ne pourraient le faire, si ces actes n'étaient que joints *accidentellement* à un autre acte soumis à l'enregistrement (Cass., 14 avril 1807).

(3) — 926. Sur la constatation des contraventions aux lois du timbre, sur l'application des amendes et sur le mode de recouvrement, *V.* Dalloz, *Jur. gén.,* v° *Enreg.,* n°s 6256 et suiv., et *Timbre,* n°s 184 et suiv.; *Table de quinze ans,* v° *Timbre,* n°s 163 et suiv. et 181. *Adde,* Cass., 12 août 1856 (D.p.56.1.362). V. aussi *infra,* L. 28 avril 1816, art. 76, et L. 2 juill. 1862, art. 23. *V.* également la loi du 25 germ. an XI.

(4) — 927. Abrogé par l'art. 12 de la loi du 23 juin 1857.

(5) — 928. Abrogé par l'art. 66 de la loi du 28 avril 1816.

3. Les feuilles de supplément jointes aux journaux et papiers-nouvelles paieront le droit de timbre comme les journaux mêmes, et selon le tarif porté en la loi du 9 vendémiaire an VII (1).

4. Les contraventions aux dispositions de la présente seront punies, indépendamment de la restitution des droits fraudés, d'une amende de 25 fr. pour la première fois, de 50 fr. pour la deuxième, et de 100 fr. pour chacune des autres récidives (2).

5. Les lettres de voitures, connaissements, chartes-parties et polices d'assurances, seront inscrits à l'avenir sur du papier du timbre de 1 fr. (3).

6. A compter de la publication de la présente, les billets et obligations non négociables, et les mandats à terme ou de place en place, ne pourront être que sur papier du timbre proportionnel, comme il en est usé pour les billets à ordre, lettres de change et autres effets négociables, et sous la même peine (4).

7. La loi du 9 vendémiaire an VII continuera d'être exécutée selon sa forme et teneur dans toutes les dispositions auxquelles il n'est pas expressément dérogé par la présente.

21 déc. 1808. — Décret relatif à l'exemption du timbre accordée aux procurations des sous-officiers et soldats pour toucher leurs pensions.

Art. 1er. La procuration que les sous-officiers et soldats en retraite ou en réforme donneront, à l'effet de toucher pour eux, à la caisse du payeur, les arrérages qui leur sont dus, pourra être sur papier libre et exempte de toute espèce de droits.

2. Cette procuration sera donnée et signée par eux, en présence du maire de leur commune. Celui-ci certifiera les faits et sa signature sera légalisée par le préfet ou le sous-préfet ; si le sous-officier ou soldat ne sait pas signer, le maire certifiera que le militaire a réellement

déclaré en sa présence qu'il choisissait N..., N... pour ses procureurs fondés, à l'effet de toucher pour lui sa solde de retraite, et qu'il ne savait pas signer. La signature du maire sera légalisée, ainsi qu'il est dit ci-dessus.

15 juill. 1812.—Décret portant que les révocations de procurations et de testaments pourront être faites et expédiées sur la même feuille que ces actes.

Art. 1er. A dater de la publication du présent décret les révocations, soit des procurations, soit des testaments, jouiront de l'exception accordée par les premier et deuxième alinéa de l'art. 23 de la loi du 13 brumaire an VII sur le timbre.

2. En conséquence, elles pourront être faites et expédiées sur la même feuille que ces actes.

Extrait de la loi du **28 avril 1816.**

Du timbre et autres droits.

Art. 62. A compter de la promulgation de la présente loi, le droit du timbre ordinaire et extraordinaire pour les actes sera fixé ainsi qu'il suit :

Demi-feuilles de petit papier,	0 fr.	35
Feuilles *Idem,*	0	70
Feuilles de moyen papier,	1	25
Feuilles de grand papier,	1	50
Feuilles de dimensions supérieures,	2	00

63. Aucune expédition, copie ou extrait d'actes reçus par des notaires, greffiers, ou autres dépositaires publics, ne pourra être délivrée que sur papier d'un *franc vingt-cinq centimes.*

Il n'est point dérogé à ce qui a lieu pour les certificats de vie des rentiers et des pensionnaires ni l'état ou des administrations et établissements publics.

64. Les droits du timbre proportionnel sur les effets de commerce seront aug-

(1) — 929. Modifié par l'art. 2 de la loi du 14 déc. 1830.

(2) — 930. Modifié, quant à l'amende, par l'art. 69 de la loi du 28 avril 1816.

(3) — 931. La disposition avait été abrogée par un décret du 3 janv. 1809 (V. à sa date). Mais la matière a été reprise et régle-

menter dans le budjet des recettes pour 1843. — V. *inf.,* L. du 11 juin 1842, et l'ordonnance d'exécution rendue à la même date.

(4) — 932. V. L. 16 juin 1824, art. 12, et L., 24 mai 1834, art. 19. V. aussi Dalloz, *Jur. gén.,* v° *Enregistr.,* n°s 6270 et suiv., 6280 et suiv. et *Timbre,* n° 106.

mentés des deux cinquièmes du montant fixé par l'art. 10 de la loi du 13 brumaire an VII (1).

65. Toutes les affiches, quel qu'en soit l'objet, seront sur papier timbré, qui sera fourni par la régie, et dont le débit sera soumis aux mêmes règles que celui du papier timbré destiné aux actes.

Conformément à la loi du 28 juillet 1791, ce papier ne pourra être de couleur blanche; il portera le même filigrane que les autres papiers timbrés.

Le prix de la feuille portant vingt-cinq décimètres carrés de superficie sera de *dix centimes*, celui de la demi-feuille de *cinq centimes* (2).

66. Les avis et autres annonces, de quelque nature et espèce qu'ils soient, assujettis au timbre par la loi du 6 prairial an VII, qui ne sont pas destinés à être affichés, pourront être imprimés sur papier blanc.

Le prix de la feuille sera de *dix centimes*, celui de la demi-feuille de *cinq centimes*, et celui du quart de feuille de *deux centimes et demi*, celui du demi-quart, cartes et autres de plus petite dimension, sera d'*un centime*.

Le papier sera fourni par la régie; les cartes seront fournies par les particuliers, mais timbrées avant tout emploi.

67. La subvention du dixième ne sera point ajoutée aux droits de timbre énoncés aux cinq articles précédents.

68. Il est défendu aux imprimeurs de tirer aucun exemplaire desdites annonces, affiches ou avis sur papier non timbré, sous prétexte de les faire frapper d'un timbre extraordinaire. Une ordonnance déterminera l'époque à laquelle l'approvisionnement de la régie permettra de faire exécuter le présent article.

69. La contravention d'un imprimeur à ces dispositions sera punie d'une amende de *cinq cents francs*, sans préjudice du

droit de Sa Majesté de lui retirer sa commission.

Ceux qui seront convaincus d'avoir ainsi fait afficher et distribuer des imprimés non timbrés seront condamnés à une amende de *cent francs*.

Les afficheurs et distributeurs seront en outre condamnés aux peines de simple police déterminées par l'art. 474, C. pén.

L'amende sera solidaire et emportera contrainte par corps (3).

75. Seront *solidaires* pour le paiement des droits du timbre et des amendes :

Tous les signataires pour les actes synallagmatiques,

Les prêteurs et les emprunteurs pour les obligations,

Les créanciers et les débiteurs pour les quittances,

Les officiers ministériels qui auront reçu ou rédigé des actes énonçant des actes ou livres non timbrés.

76. Le recouvrement des droits de timbre et des amendes de contravention y relatives sera poursuivi par voie de contrainte, et, en cas d'oppositions, les instances seront instruites et jugées selon les formes prescrites par les lois des 22 frimaire an VII et 27 ventôse an IX sur l'enregistrement.

En cas de décès des contrevenants, lesdits droits et amendes seront dus par leurs successeurs, et jouiront, soit dans les successions, soit dans les faillites ou tous autres cas, du privilége des contributions directes.

EXTRAIT de la loi du **25 mars 1817.**

76. Les ouvrages périodiques relatifs aux sciences et aux arts, ne paraissant qu'une fois par mois ou à des intervalles plus éloignés, et contenant au moins deux feuilles d'impression, seront exempts de timbre.

Seront également exempts, les an-

---

(1) — 933. Les droits du timbre proportionnel ont été ramenés aux quotités de la loi du 13 brum. an VII par l'art. 17 de la loi du 24 mai 1834, sauf la réduction applicable aux nouveaux timbres créés par les lois postérieures. V. L., 20 juill. 1837, art. 16, et L. 5 juin 1850, art. 1er.

(2) — 934. D'abord modifiée par l'art. 77

de la loi du 25 mars 1817, la disposition qui obligeait à se servir du papier fourni par la régie a été totalement abrogée par la loi du 18 mai 1818, art. 76.

(3) — 935. L'amende de 500 fr. n'est plus que de 50, et celle de 100 n'est plus que de 20, aux termes de l'art. 10 de la loi du 16 juin 1824.

35.

nonces, prospectus et catalogues de librairie (1) dans aucun cas, être intéressés.

77. Les particuliers qui voudront se servir, pour affiches, avis ou annonces, d'autre papier que celui de l'administration de l'enregistrement, seront admis à le faire timbrer avant l'impression.

La contravention à la disposition de l'art. 65 de la loi du 28 avril 1816, qui défend de se servir, pour des affiches, de papier de couleur blanche, sera punie d'une amende de 100 fr., à la charge de l'imprimeur, qui sera toujours tenu d'indiquer son nom et sa demeure au bas de l'affiche (2).

EXTRAIT de la loi du **15 mai 1818.**

Art. 76. A compter du 1ᵉʳ juillet prochain, le papier pour affiches, avis ou annonces, ne sera plus fourni par la régie de l'enregistrement.

Conformément à l'art. 58 de la loi du 30 sept. 1797, les particuliers feront timbrer le papier dont ils voudront faire usage.

Ils acquitteront le droit réglé par les art. 65, 66, et 67 de la loi du 28 avril 1816.

Le papier sera présenté au timbre avant l'impression, sous les peines portées par l'art. 69 de cette dernière loi.

Néanmoins, la disposition de l'art. 77 de la loi du 25 mai 1817, qui défend de se servir, pour les affiches, de papier de couleur blanche, et qui prononce une amende de 100 fr. contre l'imprimeur, en cas de contravention, est et demeure maintenue (3).

78. Demeurent assujettis au timbre et à l'enregistrement sur la minute, dans le délai de vingt jours, conformément aux lois existantes :

1° Les actes des autorités administratives et des établissements publics,

portant transmission de propriété, d'usufruit et de jouissance; les adjudications ou marchés de toute nature, aux enchères, au rabais ou sur soumission;

2° Les cautionnements relatifs à ces actes.

80. Tous les actes, arrêtés et décisions des autorités administratives, non dénommés dans l'art. 78, sont exempts du timbre sur la minute et de l'enregistrement, tant sur la minute que sur l'expédition. Toutefois aucune expédition ne pourra être délivrée aux parties que sur papier timbré, si ce n'est à des individus indigents, et à la charge d'en faire mention dans l'expédition.

81. L'exemption prononcée par l'article précédent, est applicable aux actes des autorités administratives, antérieurs à la publication de la présente.

82. Il est fait remise des doubles droits et amendes encourus pour contraventions aux droits du timbre et de l'enregistrement, à raison d'actes dénommés dans ledit article, et antérieurs à ladite publication.

83. L'exemption du timbre portée en l'art. 76 de la loi du 25 mars 1817, en faveur des annonces, prospectus et catalogues de la librairie, est étendue aux annonces, prospectus et catalogues d'objets relatifs aux sciences et arts (4).

89. Indépendamment du droit de timbre auquel les journaux sont assujettis par la loi du 28 avril 1816, il continuera d'être perçu un centime et demi par feuille sur ceux imprimés à Paris, et un demi-centime sur ceux imprimés dans les départements.

Le produit de ce droit fera partie des recettes générales de l'État.

121. Les journaux ne seront assujettis à aucune autre taxe ou rétribution, sous quelque dénomination que ce puisse être (5).

---

(1) — 936. L'exemption a été étendue aux annonces, prospectus et catalogues d'objets relatifs aux sciences et arts (V. L. 15 mai 1818, art. 83.

(2) — 937. V. la loi du 15 mai 1818, art. 76. Quant à l'amende prononcée par la disposition ci-dessus, elle est réduite à 20 fr. par la loi du 16 juin 1824, art. 10.

(3) — 938. V. sup. la note sur l'art. 65 de la loi du 28 avril 1816.

(4) — 939. V. Dalloz, Jur. génér., Enregistr., nᵒˢ 6489 et 6490, Timbre, nᵒ 133 et suiv. V. aussi Table de quinze ans, vᵒ Timbre, nᵒˢ 79 et suiv.

(5) — 940. Abrogé par l'art. 2 de la loi du 14 déc. 1830. — V. aussi décr. 4 mars 1848, L. 16 juill. 1850; décr. 27 juill. 1853, 17 févr. et 28 mars, 1852, 2 mai 1861. — V. enfin Dalloz, Jurisprud. génér., nᵒ 382 et suiv., et Timbre, nᵒˢ 423 et suiv.; Table de quinze ans, vᵒ Timbre, nᵒˢ 94 et suiv.

EXTRAIT de la loi du 1er mai 1822.

Art. 6. Les lettres de change tirées par seconde, troisième ou quatrième, quoique écrites sur papier non timbré, être enregistrées dans le cas de protêt, sans qu'il y ait lieu au droit du timbre et à l'amende, pourvu que la première, écrite sur papier au timbre proportionnel, soit représentée conjointement au receveur de l'enregistrement. (1)

EXTRAIT de la loi du 16 juin 1824.

Art. 8. Le droit de timbre proportionnel, pour les effets, billets et obligations d'une somme de 500 fr. et au-dessous, est réduit à 35 cent. au lieu de 70. (2)

9. Le droit spécial des livres de commerce, fixé par l'art. 72 de la loi du 28 avril 1816 à 20 cent. par feuille de papier, petit ou moyen, est réduit à 5 cent. par feuille.

Le droit de 35 cent. ou 55 cent. par feuille, selon le format de papier de dimension supérieure, est réduit à 10 cent. par feuille, quelle que soit la dimension du papier. (3)

10. Toutes les amendes fixes prononcées par les lois sur l'enregistrement, le timbre, les ventes publiques de meubles et le notariat, ainsi que celles résultant du défaut de mention des patentes dans les actes, et du défaut de consignation des amendes d'appel, sont réduites, savoir : celles de 500 fr. à 50 fr.; celles de 100 fr. à 20 fr.; celles de 50 fr. à 10 fr.; et toutes celles au-dessous de 50 fr. à 5 fr.

12. L'amende fixe de 30 fr. prononcée par les art. 26 de la loi du 3 nov. 1798 (13 brumaire an VII), et 6 de la loi du 25 mai 1799 (6 prairial an VII), à l'égard des effets, billets et obligations au-dessous de 600 fr., écrits sur papier non timbré, est réduite au vingtième du montant de ces effets, sans qu'elle puisse néanmoins, dans aucun cas, être inférieure à 5 fr.

Lorsqu'un effet, un billet ou une obligation, aura été écrit sur du papier d'un timbre inférieur à celui qui aurait dû être employé, l'amende du vingtième, prononcée par lesdits articles, ne sera perçue que sur le montant de la somme excédant celle qui aurait pu être exprimée sans contravention dans le papier employé, mais sans qu'elle puisse, dans aucun cas, être inférieure à 5 fr.

Les effets, billets ou obligations écrits sur papier portant le timbre de dimension, ne seront assujettis à aucune amende, si ce n'est dans le cas d'insuffisance du prix du timbre, et dans la proportion ci-dessus fixée. (4)

13. Les notaires pourront faire des actes en vertu et par suite d'actes sous seing privé non enregistrés, et les énoncer dans leurs actes, mais sous la condition que chacun de ces actes sous seing privé demeurera annexé à celui dans lequel il se trouvera mentionné, qu'il sera soumis avant lui à la formalité de l'enregistrement, et que les notaires seront personnellement responsables, non-seulement des droits d'enregistrement et de timbre, mais encore des amendes auxquelles les actes sous seing privé se trouveront assujettis.

Il est dérogé, à cet égard seulement, à l'art. 41 de la loi du 12 déc. 1798 (22 frim. an VII). (5)

14. La prescription de deux ans, établie par le nombre premier de l'art. 61 de la loi du 12 déc. 1798, s'appliquera tant aux amendes de contravention aux dispositions de ladite loi qu'aux amendes pour contraventions aux lois sur le timbre et sur les ventes de meubles. Elle courra du jour où les préposés auront été mis à portée de constater les contraventions, au vu de chaque acte soumis à l'enregistrement, ou du jour

---

(1) — 941. Les receveurs doivent faire mention dans leur enregistrement, et dans la relation, que la production de la *première* lettre de change leur a été faite (Inst. gén. 8 mai 1822). Mais si la lettre de change par *première* et celle par *duplicata* ont circulé et ont été négociées *séparément*, chacune d'elles doit être écrite sur papier timbré, sous peine d'amende. V. L. 5 juin 1850, art. 10.

(2) — 942. V. la loi du 24 mai 1834, art. 18, la loi du 20 juill. 1837, art. 16 et la loi du 5 juin 1850, art. 1er.

(3) — 943. Ce droit n'existe plus aujourd'hui. V. la loi du 20 juill. 1837, art. 4.

(4) — 944. L'amende est portée à 6 pour 100. V. la loi du 24 mai 1834, art. 18 à 21.

(5) — 945. V. la loi du 24 mai 1834, art. 23. V. aussi la loi du 5 juin 1850, art. 49.

de la présentation des répertoires à leur visa.

15. Dans tous les cas, la prescription pour le recouvrement des droits simples d'enregistrement et des droits de timbre qui auraient été dus indépendamment des amendes sera réglée par les lois existantes (1).

16. Il est accordé un délai de six mois à compter de la publication de la présente loi, pour faire enregistrer et timbrer tous les actes, effets et registres qui, en contravention aux lois, sur l'enregistrement et le timbre, n'auraient pas été soumis à ces deux formalités.

14 déc. 1830. — Extrait de la loi sur la presse.

Art. 2. Le droit de timbre fixe ou de dimension sur les journaux ou écrits périodiques sera de 06 cent. pour chaque feuille de 30 décimètres carrés et au-dessus, et de 3 cent. pour chaque demi-feuille de 15 décimètres carrés et au-dessus. — Tout journal ou écrit périodique imprimé sur une demi-feuille de plus de 15 décimètres et de moins de 30 décimètres carrés paiera 1 cent. en sus pour chaque 5 décimètres carrés. — Il ne sera perçu aucune augmentation de droit pour fraction au-dessus de 5 décimètres carrés. — Il ne sera perçu aucun droit pour un supplément qui n'excédera pas 30 décimètres carrés et au-dessus. La loi du 13 vendém. an VI (relative au décime pour franc) est abrogée en ce qui concerne le droit de timbre sur les journaux ou feuilles périodiques.

Extrait de la loi du **21 avril 1832.**

Art. 28... Ne sont point assujetties au droit de timbre les réclamations (en matière de contributions directes) ayant pour objet une cote moindre de 30 fr.

34... Les expéditions des ordonnances de nomination (des avocats à la Cour de cassation, notaires, avoués, greffiers, huissiers, agents de change, courtiers et commissaires-priseurs), destinées aux parties, seront assujetties au timbre.

Extrait de la loi du **7 juill. 1833.**

Art. 58. Les plans, procès-verbaux, certificats, jugements, contrats, quittances et autres actes faits en vertu de la présente loi, seront visés pour timbre et enregistrés gratis, lorsqu'il y aura lieu à la formalité de l'enregistrement.

Extrait de la loi du **21 mai 1834.**

Art. 18. A compter du 1er janvier 1835, le droit proportionnel de timbre sur les lettres de change et billets à ordre, sur les billets et obligations non négociables, sera réduit ainsi qu'il suit :

A 25 cent. au lieu de 35 pour ceux de 500 fr. et au-dessous ;

A 50 cent. au lieu de 70 pour ceux au-dessus de 500 fr. jusqu'à 1,000 fr. ;

A 50 cent. par 1,000 fr. au lieu de 70 pour ceux au-dessus de 1,000.

Le décime pour franc ne sera point ajouté aux droits ainsi réduits (2).

19. L'amende due au cas de contravention aux lois sur le timbre proportionnel, par le souscripteur d'une lettre de change ou d'un billet à ordre, d'un billet ou obligation non négociable, et qui était fixée au vingtième (5 p. 100) du montant des sommes exprimées dans lesdits actes, est portée à 6 pour 100

---

(1) — 946. Jusqu'à la disposition ci-dessus, aucune loi relative au timbre n'avait statué sur la prescription : le deuxième paragraphe de cette disposition renvoyant aux lois existantes, il a été décidé, relativement aux droits de timbre, qu'ils ne se prescrivaient que par trente ans, soit pour le recouvrement, soit pour la restitution (Déc. min. fin., 12 sept. 1825 ; Inst. gén., 30 déc. 1825, n° 1180, § 10), et, relativement aux amendes, que la même prescription en régit le paiement et la restitution, la prescription plus courte dont parle l'article ci-dessus n'étant établie que pour l'action en paiement

d'une amende de timbre, et au seul cas où les préposés auraient été mis à portée, au vu d'un acte présenté à la formalité, de découvrir la contravention donnant lieu à cette amende (Mêmes Déc. et Inst. ; adde Cass., 11 nov. 1834, D.P.35.1.16). — V. aussi Championnière et Rigaud, t. 4, n° 4072. V. MM. Dalloz, Jur. gén., vᵢˢ Enreg., nᵒˢ 6197 et s., et Timbre, nᵒˢ 191 et suiv. ; Table de quinze ans, vᵒ Timbre, nᵒˢ 163 et suiv. ; adde, Cass., 2 janv. 1856 (D.P.56.1.65).

(2) — 947. V. L., 20 juill. 1837, art. 18 ; et L., 5 juin 1850, art. 1er.

du montant des sommes. L'acceptation d'une lettre de change qui n'aura pas été écrite sur papier du timbre prescrit, ou qui n'aura pas été visée pour timbre, sera soumise à une amende de même quotité, indépendamment de celle encourue par le souscripteur. A défaut d'accepteur, cette amende sera due par le premier endosseur.

Une amende semblable sera due par le premier endosseur d'un billet à ordre, et par le premier cessionnaire d'un billet ou obligation non négociable qui aura été souscrit en contravention aux lois du timbre.

20. Lorsqu'une lettre de change ou un billet à ordre venant, soit de l'étranger, soit des îles ou colonies, dans lesquelles le timbre ne serait pas encore établi, aura été accepté ou négocié en France, avant d'être soumis au timbre ou au visa sur timbre, l'accepteur et le premier endosseur résidant en France seront tenus chacun d'une amende de 6 pour cent du montant de l'effet (1).

21. Aucune des amendes prononcées par les art. 19 et 20 ci-dessus ne pourra être au-dessus de 5 fr.

Les contrevenants seront solidaires pour le paiement du droit et des amendes, sauf le recours de celui qui en aura fait l'avance, pour ce qui ne sera pas à sa charge personnelle.

22. Les dispositions des art. 19, 20 et 21 ci-dessus, concernant les accepteurs et endosseurs, et l'augmentation de la quotité de l'amende, ne seront applicables que lorsqu'il s'agira d'effets, billets ou obligations souscrits à partir du 1er janv. 1835; à l'égard de ceux qui auront été souscrits antérieurement, les dispositions pénales des lois actuellement en vigueur continueront d'être observées.

23. A compter du jour de la publication de la présente loi, les actes de protêts faits par les notaires devront être enregistrés dans le même délai, et se-

ront assujettis au même droit d'enregistrement que ceux faits par les huissiers.

Aucun notaire ou huissier ne pourra protester un effet négociable ou de commerce, non écrit sur papier du timbre prescrit, ou non visé pour timbre, sous peine de supporter personnellement une amende de 20 fr. pour chaque contravention; il sera tenu, en outre, d'avancer le droit de timbre et les amendes encourues dans les cas déterminés par les art. 19, 20, 21 et 22 ci-dessus, sauf son recours sur les contrevenants.

L'art. 13 de la loi du 16 juin 1824 est abrogé en ce qu'il peut contenir de contraire au présent article (2).

EXTRAIT de la loi du **28 juill. 1837.**

Art. 4. A dater du 1er janvier 1838, il sera ajouté 3 cent. additionnels au principal de la contribution des patentes pour tenir lieu du droit de timbre des livres de commerce qui en seront alors affranchis. Aucune partie de ces centimes additionnels n'entrera dans le calcul de la portion du droit des patentes qui est attribuée aux commerçants.

16. A compter du 1er janvier 1838, le droit proportionnel du timbre sur les lettres de change et billets à ordre, sur les billets et obligations non négociables d'une somme de 300 fr. et au-dessous, sera réduit à 15 cent. au lieu de 25 cent. (3).

Les amendes dues en cas de contravention seront perçues conformément aux art. 19, 20 et 21 de la loi du 24 mai 1834.

5-14 juin 1850. — Loi relative au timbre des effets de commerce, des bordereaux de commerce, des actions dans les sociétés, des obligations négociables des départements, communes, établissements publics et compagnies, et des polices d'assurances (4).

L'Assemblée nationale a adopté la loi dont la teneur suit :

---

(1) — 948. V. L. 5 juin 1850, art. 3 et 4.
(2) — 949. Par suite de cette disposition, la prohibition portée par l'art. 24 de la loi du 13 brum. an VII, qui avait cessé à l'égard des notaires, en vertu de l'art. 13 de la loi du 16 juin 1824, se trouve rétablie *seulement* en ce qui concerne les protêts, (Inst. gén., 1457, 2 juin 1834).

(3) — 950. V. L. 5 juill. 1850, art. 1er.
(4) — 951. Pour le rapport et la discussion dont cette loi a été précédée, V. le recueil périodique de Dalloz, D.p.1850.4, p. 114 et suiv. — V. t. 1er, où elle est rapportée pour ce qui concerne les inventaires.

TITRE IV.

CHAP. 1er. — Des effets de commerce.

Art. 1er. Le droit de timbre proportionnel sur les lettres de change, billets à ordre ou au porteur, mandats, et traites, et tous autres effets négociables ou de commerce, est fixé ainsi qu'il suit:

À 5 cent. pour les effets de 100 fr. et au-dessous;

À 10 cent. pour ceux au-dessus de 100 fr. jusqu'à 200 fr.;

À 15 cent. pour ceux au-dessus de 200 fr. jusqu'à 300 fr.;

À 20 cent. pour ceux au-dessus de 300 fr. jusqu'à 400 fr.;

À 25 cent. pour ceux au-dessus de 400 fr. jusqu'à 500 fr.;

A 50 cent. pour ceux au-dessus de 500 fr. jusqu'à 1,000 fr.;

A 1 fr. pour ceux au-dessus de 1,000 fr. jusqu'à 2,000 fr.;

A 1 fr. 50 cent. pour ceux au-dessus de 2,000 fr. jusqu'à 3,000 fr.;

A 2 fr. pour ceux au-dessus de 3,000 fr. jusqu'à 4,000 fr.;

Et ainsi de suite, en suivant la même progression et sans fraction (1).

2. Celui qui reçoit du souscripteur un effet non timbré conformément à l'art. 1er est tenu de le faire viser pour timbre dans les quinze jours de sa date, ou avant l'échéance, si cet effet a moins de quinze jours de date, et dans tous les cas avant toute négociation.

Ce visa pour timbre sera soumis à un droit de 15 cent. par 100 fr. ou fraction de 200 fr., qui s'ajoutera au montant de l'effet, nonobstant toute stipulation contraire (2).

3. Les effets venant soit de l'étranger, soit des îles ou des colonies dans lesquelles le timbre n'aurait pas encore été établi, et payables en France, seront, avant qu'ils puissent y être négociés, acceptés ou acquittés, soumis au

timbre, ou au visa pour timbre, et le droit sera payé d'après la quotité fixée par l'art. 1er (3).

7. Il est interdit à tous...

4. En cas de contravention aux articles précédents, le souscripteur, l'accepteur, le bénéficiaire ou premier endosseur de l'effet non timbré ou non visé pour timbre seront passibles chacun d'une amende de 6 p. 100.

À l'égard des effets compris en France... outre l'application, s'il y a lieu, du paragraphe précédent, le premier des endosseurs résidant en France, et, à défaut d'endossement en France, le porteur sera passible de l'amende de 6 p. 100.

Si la contravention ne consiste que dans l'emploi d'un timbre inférieur à celui qui devait être employé, l'amende ne portera que sur la somme pour laquelle le droit de timbre n'aura pas été payé...

5. Le porteur d'une lettre de change non timbrée, ou non visée pour timbre, conformément aux art. 1, 2 et 3, n'aura d'action, en cas de non-acceptation, que contre le tireur; en cas d'acceptation, il n'aura seulement action que contre l'accepteur et contre le tireur, si ce dernier ne justifie pas qu'il y avait provision à l'échéance.

Le porteur de tout autre effet sujet au timbre et non timbré, ou non visé pour timbre, conformément aux mêmes articles, n'aura d'action que contre le souscripteur...

Toutes stipulations contraires seront nulles... le porteur de tout effet de commerce sujet au timbre et non timbré...

6. Les contrevenants seront soumis solidairement au paiement du droit de timbre et des amendes prononcées par l'art. 4. Le porteur fera l'avance de droit et de ces amendes, sauf son recours contre ceux qui en seront passibles. Ce recours s'exercera devant la juridiction compétente pour connaître...

---

(1) — 952. V. Dalloz, Jur. gén., Enreg., nos 6281 et suiv., et Timbre, nos 106 et suiv. V. aussi délib. de la régie du 9 sept. 1854 (D. 1852.3.75). Les titres ou...

(2) — 953. V. pour l'exécution de cette disposition, les art. 19, 20 et 21 de la loi des 24 mai-11 juin 1859, ou le décret du 18 janv. 1860, rapportés ci-après...

plus Jur. gén., Enregistr., nos 6286 et suiv., et Timbre, nos 106 et suiv.

(3) — 954. Cette disposition est remplacée par l'art. 19 de la loi de finances des 24 mars-11 juin 1859, qui autorise l'acquittement du droit de timbre au moyen de l'apposition, sur les effets dont il s'agit, d'un timbre mobile que l'administration est autorisée à ven...

de l'action en remboursement de l'effet (1).

7. Il est interdit à toutes personnes, à toutes sociétés, à tous établissements publics, d'encaisser ou de faire encaisser pour leur compte ou pour le compte d'autrui, même sans leur acquit, des effets de commerce non timbrés ou non visés pour timbre, sous peine d'une amende de 6 p. 100 du montant des effets encaissés, s'il y a application.

8. Toute mention ou convention de retours sans frais, soit sur le titre, soit en dehors du titre, sera nulle, si elle est relative à des effets non timbrés ou non visés pour timbre.

9. Les dispositions de la présente loi sont applicables aux lettres de change, billets à ordre, ou autres effets souscrits en France et payables hors de France.

10. L'exemption du timbre accordée par l'art. 6 de la loi du 1er mai 1822 aux duplicata de lettre de change, est maintenue. Toutefois, si la première, timbrée ou visée pour timbre, n'est pas jointe à celle mise en circulation et destinée à recevoir les endossements, le timbre ou visa pour timbre devra toujours être apposé sur cette dernière, sous les peines prescrites par le présent loi n'justitie pas la qu'il y a provision.

11. Les dispositions des articles précédents ne seront applicables qu'aux effets souscrits à partir du 1er oct 1850.

Disposition transitoire.

12. Jusqu'au 1er oct. 1850, et vingt-quatre heures au moins avant l'échéance, le porteur de tout effet de commerce assujetti au timbre aura la faculté de le faire timbrer à l'extraordinaire ou viser pour timbre, sans amende.

Il ne sera dû que le droit fixé par la loi ancienne, l'avance de ce droit sera faite par le porteur, sauf son recours contre les divers obligés.

Toute contravention sera passible d'une amende de 6 p. 100 contre le porteur, outre les amendes prononcées par les lois anciennes contre le sou-

scripteur, l'accepteur et le premier endosseur.

Les effets assujettis au timbre et échus antérieurement à la promulgation de la présente loi seront admis, jusqu'au 1er août inclusivement, au visa pour timbre sans amende, et au droit fixé par la loi ancienne.

CHAP. II. — *Des bordereaux de commerce.*

13. À compter du 1er juillet 1850, les bordereaux et arrêtés des agents de change ou courtiers ne pourront être rédigés, sous peine d'une amende de 500 fr. contre l'agent de change ou le courtier contrevenant, que sur du papier au timbre de dimension ou timbré à l'extraordinaire, conformément à l'art. 6 de la loi du 1er juin 1842.

TITRE II.

CHAP. Ier. — *Actions dans les sociétés.*

14. Chaque titre ou certificat d'action, dans une société, compagnie ou entreprise quelconque, financière, commerciale, industrielle ou civile, que l'action soit d'une somme fixe ou d'une quotité, qu'elle soit libérée ou non libérée, émis à partir du 1er janv. 1851, sera assujetti au timbre proportionnel de 50 cent. p. 100 fr. du capital nominal pour les sociétés, compagnies ou entreprises dont la durée n'excédera pas dix ans, et 1 p. 100 pour celles dont la durée dépassera dix années.

À défaut du capital nominal, le droit se calculera sur le capital réel, dont la valeur sera déterminée d'après les règles établies par les lois sur l'enregistrement.

L'avance en sera faite par la compagnie, quels que soient les statuts.

La perception de ce droit proportionnel suivra les sommes et valeurs de 20 fr. en 20 fr. inclusivement et sans fractions.

15. Au moyen du droit établi par l'article précédent, les cessions de titre ou de certificat d'action seront exemptes de tout droit et de toute formalité d'enregistrement (1).

16. Les titres ou certificats d'actions

seront tirés d'un registre à souche; le timbre sera apposé sur la souche et le talon.

Le dépositaire du registre sera tenu de le communiquer aux préposés de l'enregistrement, selon le mode prescrit par l'art. 54 de la loi du 22 frim. an VII, et sous les peines y énoncées.

17. Le titre ou certificat d'action, délivré par suite de transfert ou de renouvellement, sera timbré à l'extraordinaire ou visé pour timbre gratis, si le titre ou certificat primitif a été timbré.

18. Toute société, compagnie ou entreprise qui sera convaincue d'avoir émis une action en contravention à l'art. 14 et au premier paragraphe de l'art. 16, sera passible d'une amende de 12 p. 100 du montant de cette action.

19. L'agent de change ou le courtier qui aura concouru à la cession ou au transfert d'un titre ou certificat d'action non timbré sera passible d'une amende de 10 p. 100 du montant de l'action.

20. Il est accordé un délai de six mois pour faire timbrer à l'extraordinaire ou viser pour timbre sans amende et au droit proportionnel de 5 cent. par 100 fr., conformément à l'art. 1ᵉʳ, les titres ou certificats d'actions qui auront été, en contravention aux lois existantes, délivrés antérieurement au 1ᵉʳ janv. 1851.

Le droit sera perçu sur la représentation du registre à souche, ou tout autre constatant la délivrance du certificat, et l'avance en sera faite par la compagnie, la société ou l'entreprise.

Le délai de six mois expiré, la société, la compagnie ou l'entreprise sera, en cas de contravention, passible de l'amende déterminée par l'art. 18.

L'avis officiel de l'acquittement du droit, inséré dans le *Moniteur*, équivaudra à l'apposition du timbre pour les titres ou certificats énoncés au premier paragraphe de cet article.

21. L'art. 17 ne sera pas applicable aux renouvellements des titres énoncés en l'art. 20. Ces renouvellements resteront assujettis au timbre déterminé par cet article, et les cessions de titres ainsi renouvelés au droit d'enregistrement fixé par les lois anciennes, s'il résulte du titre nouveau que le titre primitif avait été émis antérieurement au 1ᵉʳ janvier 1851.

22. Les sociétés, compagnies ou entreprises, pourront s'affranchir des obligations imposées par les art. 14 et 20, en contractant avec l'État un abonnement pour toute la durée de la société.

Le droit sera annuel, et de 5 cent. par 100 fr. du capital nominal de chaque action émise; à défaut de capital nominal, il sera de 5 cent. par 100 fr. du capital réel, dont la valeur devra être déterminée conformément au deuxième paragraphe de l'art. 14.

Le paiement du droit sera fait à la fin de chaque trimestre, au bureau d'enregistrement du lieu où se trouvera le siège de la société, de la compagnie ou de l'entreprise.

Même en cas d'abonnement, les art. 16 et 18 resteront applicables. Un règlement d'administration publique déterminera les formalités à suivre pour l'application du timbre sur les actions (1).

23. Chaque contravention aux dispositions de ce règlement sera passible d'une amende de 50 fr.

24. Seront dispensées du droit les sociétés, compagnies ou entreprises abonnées qui, depuis leur abonnement, se seront mises ou auront été mises en liquidation.

Celles qui, postérieurement à leur abonnement, n'auront, dans les deux dernières années, payé ni dividendes ni intérêts, seront aussi dispensées du droit, tant qu'il n'y aura pas de répartition de dividendes ou de paiement d'intérêts.

Jouiront de la même dispense les sociétés et compagnies qui, dans les deux dernières années antérieures à la promulgation de la présente loi, n'auront payé ni dividende ni intérêts, à la charge, toutefois, par elles de s'abonner dans les six mois qui suivront cette promulgation, et de payer le droit annuel à partir de la première répartition de dividendes ou du premier paiement d'intérêts.

25. Les dispositions des articles précédents ne s'appliquent pas aux actions dont la cession n'est parfaite, à l'égard

_____
(1) 957. *V.* Dalloz, *Jur. gén.*, vⁱˢ *Enreg.*, nᵒˢ 6311 et suiv., et *Timbre*, nᵒˢ 416 et suiv.; *Table de quinze ans*, vᵒ *Timbre*, nᵒ 170.

des tiers, qu'au moyen des conditions déterminées par l'art. 1690, C. civ., ni à celles qui ont été formellement dispensées par une disposition de loi.

26. Dans le cas de renouvellement d'une société ou compagnie constituée pour une durée n'excédant pas dix années, les certificats d'actions seront de nouveau soumis à la formalité du timbre, à moins que la société ou compagnie n'ait contracté un abonnement qui, dans ce cas, se trouvera prorogé pour la nouvelle durée de la société (1).

CHAP. II. — *Obligations négociables des départements, communes, établissements et compagnies.*

27. Les titres d'obligations souscrits à compter du 1er janvier 1851 par les départements, communes, établissements publics et compagnies, sous quelque dénomination que ce soit, dont la cession, pour être parfaite à l'égard des tiers, n'est pas soumise aux dispositions de l'art. 1690, C. civ., seront assujettis au timbre proportionnel de 1 p. 100 du montant du titre.

L'avance en sera faite par les départements, communes, établissements publics et compagnies.

La perception du droit suivra les sommes et valeurs de 20 fr. en 20 fr. inclusivement et sans fraction (2).

28. Les titres seront tirés d'un registre à souche.

Le dépositaire du registre sera tenu de le communiquer aux préposés de l'enregistrement, selon le mode prescrit par l'art. 54 de la loi du 22 frim. an VII, et sous les peines y énoncées.

29. Toute contravention à l'art. 27 et au premier paragraphe de l'art. 28 sera passible, contre les départements, communes, établissements publics et sociétés, d'une amende de 10 pour 100 du montant du titre.

30. Les départements, communes, établissements publics et compagnies auront un délai de six mois, à partir de la promulgation de la présente loi, pour faire timbrer à l'extraordinaire sans

amende, ou viser pour timbre, au droit fixé par les lois existantes, les titres compris dans l'art. 27 et souscrits antérieurement au 1er janv. 1851.

Ce délai expiré, les départements, communes, établissements publics et compagnies seront passibles de l'amende déterminée par l'art. 29.

31. Les départements, communes, établissements publics et compagnies pourront s'affranchir des obligations imposées par les art. 27 et 30, en contractant avec l'État un abonnement pour toute la durée des titres. Le droit sera annuel, et de 5 cent. par 100 fr. du montant de chaque titre.

Le paiement du droit sera fait à la fin de chaque trimestre au bureau d'enregistrement du lieu où les départements, communes, établissements publics et compagnies auront le siége de leur administration.

En cas d'abonnement, le dernier paragraphe de l'art. 22 et l'art. 28 seront applicables (3).

32. Les art. 15, 19, 23 et 25 sont applicables aux titres compris en l'art. 27.

TITRE III. — DES POLICES D'ASSURANCE.

SECT. Ire. *Des polices d'assurances autres que les assurances maritimes.*

33. A compter du 1er oct. 1850, tout contrat d'assurance, ainsi que toute convention postérieure contenant prolongation de l'assurance, augmentation dans la prime ou le capital assuré, sera rédigé sur papier d'un timbre de dimension, sous peine de 50 fr. d'amende contre l'assureur, sans aucun recours contre l'assuré. Si l'assuré en fait l'avance, il aura un recours contre l'assureur.

Lorsque la police contiendra une clause de tacite reconduction, elle sera en outre soumise au visa pour timbre dans le délai de cinq jours de sa date, sous la même peine de 50 fr. d'amende contre l'assureur. Le droit de visa sera le même que celui du timbre employé pour l'acte.

34. Les sociétés d'assurances mutuelles, les compagnies d'assurances à primes ou autres, sous quelque déno-

<hr>

(1) — 958. V. la loi du 23 juin 1857, art. 6 et suiv.

(2) — 959. V. instr. de la régie, 13 juin 1854 (D.P.55.3.45).

(3) — 960. V. L'instr. citée à la note précédente.

mination que ce soit, et tous assureurs à primes ou autres, seront tenus de faire, au bureau d'enregistrement du lieu où ils auront le siège de leur principal établissement, une déclaration constatant la nature des opérations, et les noms du directeur de la société ou du chef de l'établissement.

Cette déclaration sera faite avant le 1ᵉʳ oct. 1850 par les sociétés, compagnies et assureurs actuellement établis, et par les autres, avant de commencer leurs opérations.

Toute infraction aux dispositions de cet article, sera passible d'une amende de 1,000 fr.

35. Les sociétés, compagnies et assurances seront tenues d'avoir, au siège de l'établissement, un répertoire sommaire en un ou plusieurs volumes, non sujet au timbre, mais coté, paraphé et visé, soit par un des juges du tribunal de commerce, soit par le juge de paix, sur lequel ils porteront, par ordre de numéros, et dans les six mois de leur date, toutes les assurances faites, soit directement, soit par leurs agents, ainsi que les conventions qui prolongeront l'assurance, augmenteront la prime ou le capital assuré.

A l'égard des sociétés, compagnies et assureurs actuellement établis, le répertoire ne sera obligatoire que pour les opérations qui seront faites à compter du 1ᵉʳ oct. 1850. Ce répertoire sera soumis au visa des préposés de l'enregistrement, selon le mode indiqué par la loi du 22 frim. an VII.

Les préposés de l'enregistrement pourront exiger, au siège de l'établissement, la représentation: 1° des polices en cours d'exécution, ou renouvelées par tacite reconduction depuis au moins six mois; 2° de celles expirées depuis moins de deux mois.

36. Chaque contravention aux dispositions de l'article précédent sera passible d'une amende de 10 fr.

37. Les sociétés, compagnies d'assurances et tous autres assureurs contre l'incendie et contre la grêle, pourront s'affranchir des obligations imposées par l'art. 33, en contractant avec l'Etat un abonnement annuel, à raison de 2 cent. par 1,000 fr. du total des sommes assurées, d'après les polices ou contrats en cours d'exécution (1).

Les caisses départementales administrées gratuitement, ayant pour but d'indemniser ou de secourir les incendies au moyen de collectes, pourront aussi s'affranchir des mêmes obligations, en contractant avec l'Etat un abonnement annuel de 1 pour 100 du total des collectes de l'année.

Les compagnies et tous assureurs sur la vie pourront également s'affranchir de l'obligation imposée par l'art. 33, en contractant avec l'Etat un abonnement annuel de 2 fr. par 1,000 fr. du total des versements faits chaque année aux compagnies ou aux assureurs (2).

L'abonnement de l'année courante se calculera sur le chiffre total des opérations de l'année précédente. — Le paiement du droit sera fait par moitié et par semestre, au bureau de l'enregistrement du lieu où se trouvera le siège de l'établissement (3).

38. Les sociétés, compagnies ou assureurs qui, après avoir contracté un abonnement, voudront y renoncer, seront tenus de payer un droit de 35 cent. par chaque police en cours d'exécution, quels que soient la dimension du papier et le nombre des doubles.

39. Le pouvoir exécutif déterminera la forme du timbre qui, en cas d'abonnement, sera apposé, sans frais, sur le papier destiné aux polices d'assurances et aux feuilles de collectes (4).

Dispositions transitoires.

40. Les sociétés, compagnies d'assurances et tous autres assureurs seront tenus, dans le délai de six mois à partir de la promulgation de la présente loi, de faire timbrer à l'extraordinaire, ou viser pour timbre, les actes d'assurances en cours d'exécution, et antérieurs au

_____

(1-2-3) — 961. Les dispositions de cet article ont été étendues par la loi du 9 mai 1860 aux assurances contre la mortalité des bestiaux, la gelée, les inondations et autres risques agricoles. — V. Dalloz, *Jur. gén.*, v° *Timbre*, n°ˢ 92 et suiv., et *Table de quinze ans*, v° *Timbre*, n°ˢ 170 et suiv.

(4) — 962. V. *inf.*, le décret du 27 juill. 1850.

1er oct. 1850. Il sera perçu par police, quels que soient le nombre des doubles et la dimension du papier, un droit fixe de 35 cent., sans aucune amende. L'avance de ce droit sera faite par la société, la compagnie ou l'assureur, sauf recours, pour moitié, contre l'assuré.

Passé le délai de six mois, la société, la compagnie ou l'assureur, sera passible d'une amende de 10 fr. par chaque police d'assurances non timbrée.

41. Les sociétés, compagnies ou assureurs qui, pour l'année 1850, et dans les trois mois de la promulgation de la présente loi, contracteront avec l'État l'abonnement annuel autorisé par l'art. 37, seront affranchis du droit fixe par l'article précédent, et leurs polices seront timbrées sans frais, quel qu'en soit le format.

. . . annuel de 3 fr. par 1 000 f.

SECT. II. — Des polices d'assurances maritimes. (2)

42. À compter du 1er oct. 1850, tout contrat d'assurance maritime, ainsi que toute convention postérieure contenant prolongation de l'assurance, augmentation dans la prime ou dans le capital assuré, ou bien (en cas de police flottante) portant désignation d'une somme en risque ou d'une prime à payer, sera rédigé sur papier d'un timbre de dimension, sous peine de 50 fr. d'amende contre chacun des assureurs et assurés.

Les conventions postérieures énoncées dans le paragraphe précédent pourront être inscrites à la suite de la police, à la charge pour chacune d'un visa pour timbre au même droit que celui de la police. — Le visa devra être apposé dans les deux jours de la date des nouvelles conventions.

43. Les compagnies d'assurances maritimes seront tenues de faire, au bureau d'enregistrement du siège de leur établissement et à celui du siège de chaque agence, une déclaration constatant la nature des opérations et les noms du directeur et de l'agent de la compagnie.

Cette déclaration sera faite, pour les compagnies actuellement existantes, avant le 1er oct. 1850, et pour les autres avant de commencer leurs opérations.

Toute contravention aux dispositions de cet article sera passible d'une amende de 1,000 fr.

44. Les compagnies d'assurances maritimes seront tenues d'avoir dans chaque agence, un répertoire non sujet au timbre, mais coté, paraphé et visé, soit par un des juges du tribunal de commerce, soit par le juge de paix, sur lequel seront, dans les trois jours de leur date, portées par ordre de numéros les assurances qui auront été faites dans ladite agence sans intermédiaire de courtier ou de notaire, ainsi que les conventions qui prolongeront l'assurance, augmenteront la prime ou le capital assuré ou bien (en cas de police flottante) qui porteront la désignation d'une somme en risque ou d'une prime à payer.

À l'égard des compagnies actuellement existantes, le répertoire ne sera obligatoire que pour les opérations qui seront faites à compter du 1er oct. 1850. Ce répertoire sera soumis au visa des préposés de l'enregistrement, selon le mode indiqué par la loi du 22 frim. an VII, et toutes les fois qu'ils le requerront, la représentation des polices pourra être exigée au moment du visa.

45. Quiconque voudra faire des assurances maritimes autrement que par l'entremise des notaires ou courtiers sera tenu de se conformer à l'art. 43 et au premier paragraphe de l'art. 44.

Le répertoire des assureurs particuliers ne donnera lieu qu'au visa prescrit par l'art. 51 de la loi du 22 frim. an VII. La représentation des polices pourra être exigée lors du visa.

46. Chaque contravention à l'art. 44 et au deuxième paragraphe de l'art. 45 sera passible d'une amende de 10 fr. (1).

47. Le livre que les courtiers doivent tenir, conformément à l'art. 84 Cod. comm., sera assujetti au timbre de dimension (2).

(1) — 963. Ainsi les assureurs particuliers sont assujettis à deux obligations, celle du timbre et celle de la déclaration au bureau d'enregistrement.

(2) — 964. Art. 84, C. comm. Les agents de change et courtiers sont tenus d'avoir un livre revêtu des formes prescrites par l'art. 11. — Ils sont tenus de consigner dans ce livre, jour par jour et par ordre de dates, sans ratures, interlignes ni transpositions, et

Les notaires seront tenus, comme les courtiers, d'avoir un registre spécial et timbré sur lequel ils transcriront les polices des assurances faites par leur ministère (1).

Le livre des courtiers et le registre des notaires seront soumis au visa des préposés de l'enregistrement toutes les fois que ceux-ci le requerront.

Toute contravention aux dispositions de cet article emportera une amende de 50 fr.

48. Tout courtier ou notaire qui sera convaincu d'avoir rédigé une police d'assurance ou d'en avoir délivré une expédition ou un extrait sur papier non timbré, conformément à l'art. 42, encourra une amende de 500 fr., et, en cas de récidive, une amende de 1,000 fr., outre les peines disciplinaires prononcées par les lois spéciales.

TITRE IV.—DISPOSITIONS GÉNÉRALES.

49. Lorsqu'un effet, certificat d'action, titre, livre, bordereau, police d'assurance, ou tout autre acte sujet au timbre et non enregistré, sera mentionné dans un acte public, judiciaire ou extrajudiciaire, et ne devra pas être représenté au receveur lors de l'enregistrement de cet acte; l'officier public ou officier ministériel sera tenu de déclarer expressément dans l'acte si le titre est revêtu du timbre prescrit, et d'énoncer le montant du droit du timbre payé (2).

En cas d'omission, les notaires, avoués, greffiers, huissiers et autres officiers publics seront passibles d'une amende de 10 fr. par chaque contravention.

16 juill. 1850. — EXTRAIT de la loi sur le cautionnement des journaux et le timbre des écrits périodiques et non périodiques (3).

L'Assemblée nationale a adopté d'urgence la loi dont la teneur suit :

TITRE II. — DU TIMBRE.

12. A partir du 1ᵉʳ août prochain, les journaux ou écrits périodiques, ou les recueils périodiques de gravures ou lithographies politiques, de moins de dix feuilles de 25 à 32 décimètres carrés, ou de moins de cinq feuilles de 50 à 72 décimètres carrés, seront soumis à un droit de timbre.

Ce droit sera de 5 cent par feuille de 72 décimètres carrés et au-dessous, dans les départements de la Seine et de Seine-et-Oise, et de 2 cent. pour les journaux, gravures ou écrits périodiques publiés partout ailleurs.

13. Les écrits non périodiques traitant de matières politiques ou d'économie sociale qui ne sont pas actuellement en cours de publication, ou qui, antérieurement à la présente loi, ne sont pas tombés dans le domaine public, s'ils sont publiés en une ou deux livraisons ayant moins de trois feuilles d'impression de 25 à 32 décimètres carrés, seront soumis à un droit de timbre de 5 centimes.

Par chaque 10 décimètres carrés ou fraction en sus, il sera perçu un centime et demi.

Cette disposition est applicable aux écrits non périodiques publiés à l'étranger, lesquels seront, à l'importation, soumis aux droits de timbre fixés pour ceux publiés en France.

14. Tout roman-feuilleton publié dans un journal ou dans son supplément sera soumis à un timbre de un centime par numéro.

Ce droit ne sera que d'un demi-centime pour les journaux des départements autres que ceux de la Seine et de Seine-et-Oise.

15. Le timbre servira d'affranchissement au profit des éditeurs de journaux et écrits, savoir :

sans abréviations ni chiffres, toutes les conditions des ventes, achats, assurances, négociations, et en général de toutes les opérations faites par leur ministère.

(1) — 965. Il nous semble que ce registre n'est une obligation que pour les notaires exerçant dans les localités où il se fait des assurances. Toutefois, ajoute M. Sellier (*Comm.*, p. 47), il est prudent qu'ils sacrifient une feuille de papier timbré qu'ils feront viser, afin de n'être pas pris au dépourvu.

(2) — 966. Ainsi, le notaire qui, dans un inventaire, se contenterait de mentionner un billet, en constatant qu'il est écrit sur papier timbré, sans expliquer le chiffre du timbre, encourrait l'amende, V. Dalloz, *Jur. gén.*, vᵒ *Timbre*, nᵒˢ 168 et suiv.; *Table de quinze ans*, vᵒ *Timbre*, nᵒˢ 182 et suiv.

(3) — 967. V. *sup.*, p. 492, le décret des 27 juill.-1ᵉʳ août 1850 pour l'exécution du titre 2 de cette loi.

Celui de 5 cent. pour le transport et la distribution sur tout le territoire de la République ;

Celui de 2 cent. pour le transport des journaux et écrits périodiques dans l'intérieur du département (autre que ceux de la Seine et de Seine-et-Oise) où ils sont publiés, et des départements limitrophes.

Les journaux et écrits seront transportés et distribués par le service ordinaire de l'administration des postes.

16. Les journaux et écrits périodiques frappés du timbre de 2 cent. devront, pour être transportés et distribués hors des limites déterminées par le troisième paragraphe de l'article précédent, payer un supplément de prix de 3 cent.

Ce supplément de prix sera acquitté au bureau de poste du départ, et le journal sera frappé d'un timbre constatant l'acquittement de ce droit.

L'affranchissement résultant du timbre ne sera valable, pour les journaux et écrits périodiques, que pour le jour et pour le départ du lieu de leur publication.

Pour les autres écrits, il ne sera également valable que pour un seul transport, et le timbre sera maculé au départ par les soins de l'administration.

Toutefois les éditeurs de journaux ou écrits périodiques auront le droit d'envoyer en franchise à tout abonné, avec la feuille du jour, les numéros publiés depuis moins de trois mois.

18. Un supplément qui n'excédera pas 72 décimètres carrés, publié par les journaux qui paraissent plus de deux fois pas semaine, sera exempt de timbre, sous la condition qu'il sera uniquement consacré aux nouvelles politiques, aux débats de l'Assemblée nationale et des tribunaux, à la reproduction et la discussion des actes du Gouvernement.

Les suppléments du *Moniteur universel*, quel que soit leur nombre, seront exempts du timbre.

19. Quiconque, autre que l'éditeur, voudra faire transporter un journal ou écrit par la poste, sera tenu d'en payer l'affranchissement à raison de 5 cent. ou de 2 cent. par feuille, selon les cas prévus par la présente loi.

Le journal sera frappé, au départ, d'un timbre indiquant cet affranchissement.

A défaut de cet affranchissement, le journal sera, à l'arrivée, taxé comme lettre simple.

20. Une remise de 1 pour 100 sur le timbre sera accordée aux éditeurs de journaux et d'écrits périodiques pour déchets de maculature.

Il sera fait remise de 1 cent. par feuille du journal qui sera transportée et distribuée aux frais de l'éditeur dans l'intérieur de la ville, et en outre, à Paris, dans l'intérieur de la petite banlieue.

Les conditions à observer pour jouir de cette remise seront fixées par un arrêté du ministre des finances.

21. Un règlement déterminera le mode d'apposition du timbre sur les journaux ou écrits, la place où devra être indiqué le jour de leur publication, le mode de pliage, enfin les conditions à observer pour la remise à la poste des journaux ou écrits, par les éditeurs qui voudront profiter de l'affranchissement.

22. Les recueils et écrits périodiques qui étaient dispensés du timbre avant le décret du 4 mars 1848, continueront à jouir de cette exemption.

23. Les préposés de l'enregistrement, les officiers de police judiciaire et les agents de la force publique sont autorisés à saisir ceux de ces journaux ou écrits qui seraient en contravention, sauf à constater cette saisie par des procès-verbaux dont la signification sera faite aux contrevenants dans le délai de trois jours.

24. Pour les journaux, gravures ou écrits périodiques, chaque contravention aux dispositions de la présente loi sera punie, indépendamment de la restitution des droits frustrés, d'une amende de 50 fr. pour chaque feuille ou fraction de feuille non timbrée. L'amende sera de 100 fr. en cas de récidive.

Pour les autres écrits, chaque contravention sera punie, indépendamment de la restitution des droits frustrés, d'une amende égale au double desdits droits, sans que, dans aucun cas, cette amende puisse être moindre de 200 fr.

Les auteurs, éditeurs, gérants, imprimeurs et distributeurs desdits journaux ou écrits soumis au timbre, seront solidairement tenus de l'amende, sauf recours les uns contre les autres.

25. Le recouvrement des droits de timbre et des amendes de contraventions sera poursuivi, et les instances seront instruites et jugées conformément à l'art. 76 de la loi du 28 avril 1816.

Dispositions transitoires.

26. Le droit de timbre afférent aux abonnements contractés avant la promulgation de la présente loi sera remboursé aux propriétaires de journaux ou écrits périodiques.

Un règlement déterminera le délai et la forme des réclamations, ainsi que les justifications à produire.

Cette dépense sera imputée sur le crédit alloué au chap. 70 du budget de finances concernant les remboursements sur produits indirects et divers.

Un crédit supplémentaire de 35,000 fr. sur l'exercice 1850 est ouvert au ministre des finances pour l'exécution de la présente loi.

27. Il est accordé aux journaux actuellement existants, pour se conformer aux conditions imposées par les art. 3 et 4, un délai de deux mois, à partir du jour de la promulgation de la présente loi.

Le ministre des finances est autorisé à tenir compte aux éditeurs de journaux du prix du timbre pour les feuilles timbrées avant le décret du 4 mars 1848, et qui n'ont pas été employées.

28. Sont affranchis du cautionnement et du timbre tous journaux ou publications imprimés en France, en langues étrangères, mais destinés à être publiés et distribués dans les pays étrangers.

———

27 juill.-1ᵉʳ août 1850. — Décret pour l'exécution de la loi du 5 juin 1850, sur le timbre des effets de commerce, etc.

Le président de la République, — Vu la loi des 7-22 mars et 5 juin 1850; — Sur le rapport du ministre des finances, —Décrète :

Art. 1ᵉʳ. A partir du 1ᵉʳ oct. 1850, les papiers destinés aux lettres de change, billets à ordre ou au porteur, mandats, retraites et tous autres effets négociables ou de commerce, de sommes n'ex-

cédant pas 500 fr., seront marqués de timbres conformes aux modèles annexés au présent, et indiquant le montant des droits de timbre, tels qu'ils sont fixés par l'art. 1ᵉʳ de la loi des 7-22 mars et 5 juin 1850. Néanmoins, les papiers aux timbres proportionnels de 15 et 25 centimes existant actuellement dans les magasins et bureaux de l'enregistrement, pourront, à partir du 1ᵉʳ oct. 1850, être débités concurremment avec les papiers frappés des nouveaux timbres, pour être employés, savoir : ceux du timbre de 15 cent. pour les effets négociables de 200 à 300 fr., et ceux du timbre de 25 cent. pour les effets négociables de 400 à 500 fr. Il continuera d'être fait usage des timbres actuels pour les papiers destinés, soit aux effets négociables, soit aux billets et obligations non négociables de sommes au-dessus de 500 fr. jusqu'à 20,000 fr. Lorsqu'il s'agira de sommes supérieures à 20,000 fr., les papiers seront visés pour timbre au droit de 50 cent. par 1,000 fr. et sans fractions, conformément à l'art. 11 de la loi du 13 brum. an VII.

2. Des timbres semblables à ceux créés par l'article précédent et appliqués aux papiers de la débite seront employés pour les papiers destinés aux effets négociables, et présentés au timbrage à l'extraordinaire à l'atelier général, à Paris; mais l'exergue du timbre sec portera le mot : *Extraordinaire*, au lieu de l'indication du montant du droit.

3. Il sera créé six nouveaux types pour l'exécution des dispositions des titres 2 et 3 de la loi des 7-22 mars et 5 juin 1850. Ces types, conformes aux modèles ci-annexés, seront employés pour le timbrage, soit au comptant, soit pour abonnement des actions dans les sociétés, des obligations négociables des départements, communes, établissements publics d'assurances autres que les assurances maritimes.

4. Les actions dans les sociétés et les obligations négociables mentionnées dans l'article précédent ne pourront être timbrées au comptant qu'à l'atelier général du timbre de Paris, où elles seront frappées, à partir du 1ᵉʳ janv. 1851, d'un timbre noir et d'un timbre sec. Le timbre sec sera celui dont il est

fait usage pour les formules d'effets de commerce et de lettres de voiture.

Les sociétés, départements, communes, établissements publics et compagnies qui auront, dans les départements autres que celui de la Seine, à faire timbrer des actions et obligations, devront les remettre, en feuilles détachées et en payant comptant les droits au receveur du timbre extraordinaire, au chef-lieu de chaque département. Ces titres seront transmis, par la poste, à l'administration centrale de l'enregistrement, qui les fera timbrer sur la souche et le talon, conformément aux articles 16 et 28 de la loi, et les renverra immédiatement, ainsi qu'il est pratiqué pour les formules d'effets de commerce et de lettres de voiture, conformément à l'art. 6 de la loi du 11 juin 1842, portant fixation du budget des recettes pour l'exercice 1843, et à une ordonnance du même jour.

5. En cas d'abonnement pour les actions à émettre et les obligations à souscrire, à partir du 1er janv. 1851, des timbres spéciaux seront appliqués sur la souche et le talon de ces titres au chef-lieu du département où l'abonnement aura été souscrit, et la formalité sera donnée après la souscription de cet abonnement.

Ces timbres, au nombre de deux, ne différeront des autres types que par la légende, qui portera ces mots : *Action-abonnement*, ou ceux-ci : *Obligation-abonnement*.

Les papiers destinés aux polices d'assurances et aux feuilles de collecte seront également frappés, dans tous les chefs-lieux de département, et dans les cas prévus par les art. 37 et 39 de la loi, d'un timbre spécial d'abonnement, aussitôt que les bureaux du timbre extraordinaire en auront été pourvus.

En attendant, les polices dont les assureurs abonnés voudront faire usage pourront être visées pour timbre gratis, avec mention de l'existence et de la date de l'abonnement souscrit ; le timbre de l'abonnement sera uniforme pour les trois catégories d'assurance et portera pour légende : *Assurance-abonnement*.

6. Dans l'exergue des timbres d'abonnement qui seront destinés au département de la Seine, on placera le mot *Seine*. Pour les autres départements, la griffe portant le nom du département continuera d'être appliquée, conformément à l'art. 10 de l'arrêté du Gouvernement du 7 fruct. an x.

7. L'administration de l'enregistrement et des domaines fera déposer au greffe des Cours et tribunaux, des empreintes des nouveaux timbres, appliquées sur papier filigrané.

Il sera dressé, sans frais, procès-verbal de chaque dépôt.

8. Le ministre des finances est chargé de l'exécution du présent décret, qui sera inséré au *Bulletin des lois*.

—————

11-20 mars 1851. — Décret relatif au timbre des titres ou certificats d'actions émis en pays étranger par des sociétés ou compagnies créées et gérées à l'étranger et circulant en France.

Le président de la République, — Vu les art. 13 et 15 de la loi du 13 brum. an VII, — Sur le rapport, etc., — Décrète :

Art. 1er. Les titres ou certificats d'actions émis en pays étranger par des sociétés ou compagnies créées et gérées à l'étranger, et circulant en France, pourront, jusqu'au 1er juillet 1851, être admis au timbre extraordinaire à Paris, et au visa pour timbre dans les départements, sans amendes, nonobstant les preuves de contraventions antérieures au présent décret qu'ils pourraient présenter.

Le droit de timbre sera payé d'après la quotité fixée par l'art. 1er de la loi du 5 juin 1850.

—————

17-23 fév. 1852.—Extrait du décret organique sur la presse.

Chap. 2. — *Du timbre des journaux périodiques.*

6. Les journaux ou écrits périodiques et les recueils périodiques de gravures ou lithographies politiques de moins de dix feuilles de 25 à 32 décimètres carrés, ou de moins de cinq feuilles de 50 à 60 décimètres carrés, seront soumis à un droit de timbre.

Ce droit sera de 6 cent. par feuille de 72 décimètres carrés, et au-dessous, dans les départements de la Seine et de Seine-et-Oise, et de 3 cent. pour les journaux, gravures ou écrits périodiques publiés partout ailleurs.

Pour chaque fraction en sus de dix décimètres carrés et au-dessous, il sera perçu 1 cent. et demi dans les départements de la Seine et de Seine-et-Oise, 1 cent. partout ailleurs.

Les suppléments du journal officiel, quel que soit leur nombre, sont exempts de timbre.

7. Une remise de 1 fr. pour cent sur le timbre sera accordée aux éditeurs de journaux ou écrits périodiques pour déchets de maculature.

8. Les droits de timbre imposés par la présente loi seront applicables aux journaux et écrits périodiques publiés à l'étranger, sauf les conventions diplomatiques contraires.

Un règlement d'administration publique déterminera le mode de perception de ce droit.

9. Les écrits non périodiques traitant de matières politiques ou d'économie sociale qui ne sont pas actuellement en cours de publication, ou qui, antérieurement à la présente loi, ne sont pas tombés dans le domaine public, s'ils sont publiés en une ou plusieurs livraisons ayant moins de dix feuilles d'impression de 25 à 32 décimètres carrés, seront soumis à un droit de timbre de 5 cent. par feuille.

Il sera perçu 1 cent. 1/2 par chaque fraction en sus de dix décimètres carrés et au-dessous.

Cette disposition est applicable aux écrits non périodiques publiés à l'étranger. Ils seront, à l'importation, soumis aux droits de timbre fixés pour ceux publiés en France.

10. Les préposés de l'enregistrement, les officiers de police judiciaire et les agents de la force publique sont autorisés à saisir les journaux ou écrits qui seraient en contravention aux présentes dispositions sur le timbre.

Ils devront constater cette saisie par des procès-verbaux qui seront signifiés aux contrevenants dans le délai de trois jours.

11. Chaque contravention aux dispositions de la présente loi, pour les journaux, gravures ou écrits périodiques, sera punie, indépendamment de la restitution des droits frustrés, d'une amende de 50 fr. par feuille, ou fraction de feuille non timbrée. Elle sera de 100 fr. en cas de récidive. L'amende ne pourra, au total, dépasser le chiffre du cautionnement.

Pour les autres écrits, chaque contravention sera punie, indépendamment de la restitution des droits frustrés, d'une amende égale au double des droits.

Cette amende ne pourra, en aucun cas, être inférieure à 200 fr. ni dépasser un total de 50,000 fr.

12. Le recouvrement des droits de timbre et des amendes de contravention sera poursuivi, et les instances seront instruites et jugées conformément à l'art. 76 de la loi du 28 avril 1816.

13. En outre des droits de timbre fixés par la présente loi, les tarifs existant antérieurement à la loi du 16 juill. 1850, pour le transport par la poste des journaux ou autres écrits, sont remis en vigueur.

———

1ᵉʳ-20 mars 1852. — Décret relatif au timbre des journaux et écrits périodiques, et des écrits non périodiques traitant de matières politiques ou d'économie sociale, publiés à l'étranger et importés en France.

Louis-Napoléon, président, etc.; — Vu le décret organique sur la presse, du 17 fév. 1852, etc.;—Décrète :

Art. 1ᵉʳ. Les journaux et écrits périodiques et les écrits non périodiques traitant de matières politiques ou d'économie sociale, désignés dans les art. 8 et 9 du décret du 17 fév. 1852, publiés à l'étranger et importés en France par la voie de la poste, seront frappés par les agents de l'administration des postes d'un timbre spécial à date, portant, à l'encre rouge, le nom du bureau de poste par lequel ils seront entrés sur le territoire français.

Les droits de timbre exigibles, sauf conventions diplomatiques contraires, seront perçus par addition aux droits de poste.

2. Les expéditeurs, introducteurs ou destinataires d'écrits de ces catégories, adressés en France par une autre voie que celle de la poste, devront faire à un des bureaux de douane désignés pour l'importation des livres et écrits publiés à l'étranger, une déclaration des

quantité et dimension des écrits assujettis au timbre. L'exactitude de cette déclaration sera vérifiée par les vérificateurs inspecteurs de la librairie, ou, à défaut de ces agents, par les employés délégués à cet effet par les préfets.

Les écrits ainsi importés seront, après acquittement ou consignation des droits de douane, dirigés sous plombs et par acquits-à-caution, aux frais des déclarants, sur le chef-lieu du département le plus voisin ou de tout autre chef-lieu de département que les redevables auront indiqué, pour y recevoir l'application du timbre moyennant le paiement des droits dus.

3. A défaut de la déclaration exigée par l'article précédent, les écrits et imprimés passibles du timbre, qui seront importés en France, seront retenus, selon le cas, au bureau des douanes, ou à la préfecture; la saisie en sera opérée, conformément à l'art. 10 du décret du 17 fév. 1852, par les préposés de l'administration de l'enregistrement, et des poursuites seront exercées pour le recouvrement des droits de timbre, et, s'il y a lieu, des droits de douane, ainsi que des amendes contre les introducteurs ou distributeurs.

Les mêmes pénalités seront encourues, à défaut de décharge régulière et du rapport, dans les délais fixés, des acquits-à-caution délivrés en vertu de l'article précédent; le tout sans préjudice de l'action qui pourrait être intentée en vertu de l'art. 2 du décret du 17 fév. 1852.

28 mars-2 avril 1852. —DÉCRET qui exempte du droit de timbre les journaux et écrits périodiques et non périodiques, exclusivement relatifs aux lettres, aux sciences, aux arts et à l'agriculture.

Louis-Napoléon, président, etc.;—Vu le décret du 17 fév. 1852 sur la presse; — Considérant que, si des conditions restrictives ont dû être imposées à la presse politique, il convient au contraire de favoriser le développement des publications consacrées aux sciences et aux arts; — Sur le rapport du ministre des finances ;—Décrète :

Art. 1er. Sont exempts du droit de timbre, les journaux et écrits périodiques et non périodiques exclusivement relatifs aux lettres, aux sciences, aux arts et à l'agriculture.

2. Ceux de ces journaux ou écrits qui, même accidentellement, s'occuperaient de matières politiques ou d'économie sociale, seront considérés comme étant en contravention aux dispositions du décret du 17 fév. 1852, et seront passibles des peines établies par les art. 5 et 11 de ce décret.

8 juill. 1852.—EXTRAIT de la loi des finances.

TITRE IV.

Art. 29. Le droit de timbre fixé pour les lettres de gage de compagnies de crédit foncier à 50 c. par 1,000 fr., conformément à l'art. 1er de la loi du 5 juin 1850, pourra être perçu par voie d'abonnement annuel, à raison de 2 c. par 1,000 fr. du total des lettres de gage en circulation, suivant le mode réglé par l'art. 37 de la loi du 5 juin 1850.

7-23 avril 1853. — DÉCRET impérial relatif aux papiers timbrés.

Art. 1er. A partir du 1er nov. 1853, les papiers sujets au timbre et destinés à la débite, ainsi que les papiers présentés au timbre à l'extraordinaire, seront marqués de nouveaux timbres semblables aux modèles annexés au présent décret.

2. La griffe qui s'applique dans les départements autres que celui de la Seine, sur les papiers à timbrer à l'extraordinaire sera conservée.

3. Jusqu'au 1er juillet 1854, il pourra être fait usage des papiers frappés des timbres actuels. Les distributeurs de papiers timbrés ne devront, jusqu'à la même époque, débiter du papier frappé des nouveaux timbres qu'après l'entier épuisement des papiers au timbre actuel existant entre leurs mains.

4. Les officiers publics et les particuliers à qui il restera des papiers frappés des timbres de la débite supprimés par le présent décret, seront admis, dans le délai d'un mois, à partir du 1er juillet 1854, à les échanger contre la même quantité de papiers aux nouveaux timbres, du même prix.

Les formules imprimées sur papier de la débite, et dont il n'aura pas été fait usage, seront, dans le même délai, admises à l'échange comme papier blanc.

36.

5. Les porteurs de papiers timbrés à l'extraordinaire, quelle que soit la destination de ces papiers, seront admis, dans le délai de trois mois, à partir du 1ᵉʳ avril 1854, à les faire revêtir des timbres nouveaux ou à faire timbrer d'autres papiers en remplacement, le tout sans paiement de droits.

Dans les départements autres que celui de la Seine, les formules frappées des anciens timbres et destinées aux effets de commerce, aux bordereaux des agents de change et courtiers, aux lettres de voiture et aux connaissements, qui ne peuvent être timbrés qu'à l'atelier général du timbre, à Paris, devront être remises, avec les formules non timbrées destinées à les remplacer, au receveur du timbre du chef-lieu, pour être transmises à l'atelier général du timbre, qui renverra, sans frais, les formules revêtues des nouveaux timbres.

6. A compter du 1ᵉʳ juillet 1854, l'emploi des papiers au timbre supprimé donnera lieu aux peines et amendes établies par la loi pour réprimer l'usage du papier non revêtu du timbre prescrit.

7. Sont exceptés de cette disposition les imprimés de patente restés entre les mains des percepteurs des contributions directes, les registres de formalités hypothécaires, les expéditions des douanes, et autres formules imprimées pour le service des administrations publiques, ainsi que les formules frappées des timbres d'abonnement. Ces impressions pourront servir sans être assujetties à l'application des nouveaux timbres.

8. Les registres, quels qu'ils soient, y compris les registres à souches concernant les actions et obligations négociables, et les répertoires frappés des timbres actuels, pourront être employés jusqu'à épuisement, sans qu'il soit nécessaire de soumettre aux nouveaux timbres les feuilles ou formules de ces registres et répertoires dont il n'aura pas encore été fait usage au 1ᵉʳ juillet 1854.

9. L'administration de l'enregistrement et des domaines fera déposer aux greffes des Cours et tribunaux des empreintes des nouveaux timbres appliquées sur papier filigrané.

Il sera dressé, sans frais, procès-verbal de chaque dépôt.

23-27 juin 1857.—Loi de finances.

Art. 12. Est abrogé l'art. 1ᵉʳ de la loi du 6 prair. an VII, qui assujettit au timbre spécial les avis imprimés qui se crient et se distribuent dans les rues et lieux publics, ou que l'on fait circuler de toute autre manière.

17-28 juill. 1857. — DÉCRET impérial portant règlement pour l'exécution de la loi du 25 juin 1857, qui établit un droit de transmission sur les actions et obligations des sociétés, compagnies et entreprises françaises et étrangères.

Art. 11. Le droit de timbre auquel sont assujetties les actions et obligations émises par les sociétés françaises sera acquitté par les sociétés, compagnies et entreprises étrangères dont les titres sont ou seront cotés en France. Ce droit sera établi sur la quotité du capital déclaré, conformément à l'art. 10 du présent règlement, et payé suivant le mode prescrit par les art. 22 et 31 de la loi du 5 juin 1850. — Un avis officiel inséré au *Moniteur* équivaudra à l'apposition du timbre.

4-12 juin 1858.—Loi de finances.

Art. 12. Les formules de patente sont affranchies du droit de timbre établi par l'art. 26 de la loi du 25 avril 1844.

En remplacement de ce droit, il est ajouté quatre centimes additionnels au principal de la contribution des patentes.

24 mai-11 juin 1859.— Loi de finances.

Art. 19. Le droit de timbre auquel l'art. 3 de la loi du 5 juin 1850 assujettit les effets de commerce venant soit de l'étranger, soit des îles ou des colonies dans lesquelles le timbre n'aurait pas encore été établi, pourra être acquitté par l'apposition sur ces effets d'un timbre mobile que l'administration de l'enregistrement est autorisée à vendre et faire vendre.

La forme et les conditions d'emploi de ce timbre mobile seront déterminées par un règlement d'administration publique (1).

(1) — 969. V. le décret du 18 janv. 1860, qui suit. V. aussi Dalloz, *Jur. gén.*, v° *Timbre*, n° 108.

20. Seront considérés comme non timbrés :

1° Les effets mentionnés en l'art. 19, sur lesquels le timbre mobile aurait été apposé sans l'accomplissement des conditions prescrites par le règlement d'administration publique, ou sur lesquels aurait été apposé un timbre mobile ayant déjà servi ;

2° Les actes, pièces et écrits, autres que ceux mentionnés en l'art. 19, sur lesquels un timbre mobile aurait été indûment apposé.

En conséquence, toutes les dispositions pénales et autres des lois existantes concernant les actes, pièces et écrits non timbrés, pourront leur être appliquées.

21. Ceux qui auront sciemment employé, vendu ou tenté de vendre des timbres mobiles ayant déjà servi, seront poursuivis devant le tribunal correctionnel et punis d'une amende de cinquante francs à mille francs. En cas de récidive, la peine sera d'un emprisonnement de cinq jours à un mois, et l'amende sera doublée. ————

Il pourra être fait application de l'art. 463 du Code pénal.

——

18 janv. 1860. — DÉCRET impérial relatif aux timbres mobiles dont l'emploi est autorisé par la loi du 24 mai-11 juin 1859, pour les effets de commerce venant, soit de l'étranger, soit des îles ou des colonies dans lesquelles le timbre n'aurait pas encore été établi.

Art. 1er. Il sera établi, pour l'exécution des art. 19, 20 et 21 de la loi du 11 juin, des timbres mobiles dont le prix et l'emploi sont fixés, conformément à l'art. 1er de la loi du 5 juin 1850, ainsi qu'il suit :

A 0 fr. 05 c. pour les effets de 100 fr. et au-dessous ; à 0 fr. 10 c. pour ceux au-dessus de 100 fr. jusqu'à 200 fr. ; à 0 fr. 15 c. pour ceux au-dessus de 200 fr. jusqu'à 300 fr. ; à 0 fr. 20 c. pour ceux au-dessus de 300 fr. jusqu'à 400 fr. ; à 0 fr. 25 c. pour ceux au-dessus de 400 fr. jusqu'à 500 fr. ; à 0 fr. 50 c. pour ceux au-dessus de 500 fr. jusqu'à 1,000 fr. ; à 1 fr. pour ceux au-dessus de 1,000 fr. jusqu'à 2,000 fr. ; à 1 fr. 50 c. pour ceux au-dessus de 2,000 fr. jusqu'à 3,000 fr. ; à 2 fr. pour ceux au-dessus de 3,000 fr. jusqu'à 4,000 fr. ;

Et ainsi de suite, en suivant la même progression et sans fraction.

Ces timbres seront conformes au modèle annexé au présent décret.

2. Les timbres mobiles ne pourront être apposés sur les effets de plus de 20,000 fr. Ces effets continueront à être soumis au visa pour timbre, moyennant le paiement à raison de 0 fr. 50 c. par 1,000 fr., sans fraction, conformément aux art. 10 et 11 de la loi du 13 brum. an VII.

3. Le timbre mobile sera apposé, sur les effets pour lesquels l'emploi en est autorisé, avant tout usage de ces effets en France.

Il sera collé sur l'effet, savoir : avant les endossements, si l'effet n'a pas encore été négocié, et, s'il y a eu négociation, immédiatement après le dernier endossement souscrit en pays étranger.

Le signataire de l'acceptation, de l'aval, de l'endossement et de l'acquit, après avoir apposé le timbre, l'annulera immédiatement, en y inscrivant la date de l'apposition et sa signature.

4. L'administration de l'enregistrement et des domaines fera déposer au greffe des Cours et tribunaux des spécimens de timbres mobiles. Il sera dressé, sans frais, procès-verbal de chaque dépôt.

——

9 mai 1860. — LOI qui étend les dispositions de l'art. 37 de la loi du 5 juin 1850 aux assurances contre la mortalité des bestiaux, la gelée, les inondations et autres risques agricoles.

Art. unique. Les sociétés, compagnies et tous autres assureurs contre la mortalité des bestiaux, contre la gelée, les inondations et autres risques agricoles, pourront s'affranchir des obligations imposées par l'art. 33 de la loi du 5 juin 1850, en contractant avec l'État un abonnement annuel, à raison de 2 cent. par 1,000 fr., du total des sommes assurées d'après les polices ou contrats en cours d'exécution.

L'abonnement de l'année courante se calculera sur le chiffre total des opérations de l'année précédente.

——

25 juin 1860. — DÉCRET qui rend applicables au département de la Savoie, à celui de la Haute-Savoie et à l'arrondissement de Nice, les lois, décrets et ordonnances relatifs à la perception des droits de timbre.

Art. 1er. Les lois, décrets et ordonnances relatifs à la perception des droits de timbre seront appliqués, dans le département de la Savoie, dans celui de la Haute-Savoie et dans l'arrondissement de Nice, à partir de la publication du présent décret.

2. A dater du 1er août 1860, il ne pourra plus être fait usage que des papiers marqués du timbre impérial, sous les peines et amendes portées par la loi.

3. Tout détenteur de papiers frappés du timbre sarde sera admis pendant deux mois, à compter dudit jour, à les échanger contre des papiers au timbre impérial.

Cet échange s'opérera de manière que le Trésor français n'ait à faire aucun remboursement, et, dans le cas où, par le résultat de l'échange, le montant des droits des papiers rapportés se trouverait inférieur à celui des papiers au timbre impérial, les détenteurs devront payer l'excédant de l'appoint.

4. Les dispositions de l'art. précédent sont applicables aux papiers timbrés à l'extraordinaire au timbre sarde et que les détenteurs voudraient échanger contre des papiers de même nature au timbre impérial.

5. Conformément à l'art. 38 de la loi du 13 brum. an VII, l'administration de l'enregistrement et des domaines fera déposer aux greffes des Cours et tribunaux des départements de la Savoie, de la Haute-Savoie et de l'arrondissement de Nice, les empreintes des timbres impériaux appliqués sur papier filigrané.

Il sera dressé, sans frais, procès-verbal de chaque dépôt.

2 juill. 1860.—Décret impérial qui déclare applicables aux départements de la Savoie, de la Haute-Savoie et des Alpes-Maritimes, les lois, ordonnances et décrets relatifs à la presse, à l'imprimerie, à la librairie, à la propriété littéraire et au colportage.

Art. 1er. Les lois, ordonnances et décrets relatifs à la presse, à l'imprimerie, à la librairie, à la propriété littéraire et au colportage, sont applicables aux nouveaux départements de la Savoie, de la Haute-Savoie et des Alpes-Maritimes.

2. Les propriétaires de journaux ou écrits périodiques politiques actuelle-ment existants sont dispensés de l'autorisation exigée par l'art. 1er du décret organique sur la presse, du 17 février 1852 ; il leur est accordé un délai de six mois pour verser leur cautionnement.

3. Les dispositions du décret organique relatives au timbre des journaux et écrits périodiques ne seront exécutoires qu'à partir du 1er janvier 1861.

4. Un délai de trois mois est accordé aux imprimeurs typographes, lithographes, en taille-douce, et aux libraires, pour régulariser leur situation, conformément aux lois qui régissent la matière.

26-27 juill. 1860.— Loi de finances.

L'art. 20 de cette loi, après avoir autorisé, à partir du 1er janv. 1861, au profit des secrétaires des écoles de pharmacie, des secrétaires des écoles préparatoires de médecine et de pharmacie et des greffiers des justices de paix, la perception de 1 fr., tant pour chaque inscription des élèves stagiaires en pharmacie, que pour la délivrance des extraits de ces inscriptions, ajoute :

« Les registres destinés à recevoir ces inscriptions et les extraits de ces registres sont dispensés des formalités et des droits de timbre et d'enregistrement.»

2 mai 1861.— Loi qui exempte de timbre et de droits de poste les suppléments des journaux, lorsque ces suppléments sont exclusivement consacrés à la publication des débats législatifs.

Art. 1er. Sont exempts de timbre et de droits de poste les suppléments des journaux, lorsque ces suppléments sont exclusivement consacrés, soit à la publication des débats législatifs, reproduits par la sténographie ou par le compte rendu, conformément à l'art. 42 de la Constitution, soit à l'insertion des exposés des motifs de projets de lois ou de sénatus-consultes, des rapports de commissions et des documents officiels déposés au nom du Gouvernement sur le bureau du Sénat et du Corps législatif.

Pour jouir de l'exemption susénoncée, les suppléments doivent être publiés sur feuilles détachées du journal.

La même exemption s'appliquera aux suppléments des journaux non quotidiens des départements autres que ceux de la Seine et de Seine-et-Oise, publiés en dehors des conditions de périodicité déterminées par leur cautionnement et leur autorisation.

2. Sont exemptes de timbre toutes autres publications périodiques exclusivement consacrées aux matières indiquées dans l'art. 1er.

3. Il sera tenu compte aux ayants droit des perceptions qui pourraient être opérées, en vertu des lois en vigueur, pour les suppléments publiés à partir du 4 février 1861, dans les conditions prescrites par l'art. 1er ci-dessus.

2-3 juill. 1862. — Loi de finances.

Art. 17. A partir du 15 juillet 1862, le droit de timbre perçu à raison de la dimension du papier est fixée comme il suit :

Demi-feuille de petit papier. 0 f. 50 c.
Feuille de petit papier. . . . 1 00
Feuille de moyen papier. . . 1 50
Feuille de grand papier. . . 2 00
Feuille de grand registre. . 3 00

18. A partir de la même époque, la faculté d'abonnement établie par l'art. 37 de la loi du 5 juin 1850, au profit des sociétés, compagnies d'assurances et assureurs, s'exercera à raison de 3 cent. par 1,000 fr. du total des sommes assurées.

19. Les bordereaux et arrêtés des agents de change et courtiers seront assujettis au droit de timbre du total des sommes employées aux opérations qui y sont mentionnées.

Ce droit sera, savoir :
Pour les sommes de 10,000 fr. et au-dessous. . . . . 0 f. 50 c.
Pour les sommes au-dessus de 10,000 fr. 1 50

Le papier destiné à ces bordereaux et arrêtés sera fourni par les agents de change et courtiers, et timbré à l'extraordinaire, conformément à l'art. 6 de la loi du 11 juin 1842.

20. Les copies des exploits, celles des significations d'avoué à avoué et des significations de tous jugements, actes ou pièces, doivent être correctes, lisibles et sans abréviations.

Un règlement d'administration publique déterminera le nombre de lignes et de syllabes que devront contenir les copies.

Toute contravention aux dispositions du présent article et à celles du règlement d'administration publique est punie d'une amende de 25 francs.

21. Ceux qui, dans une intention frauduleuse, ont altéré, employé, vendu ou tenté de vendre des papiers timbrés ayant déjà servi, sont poursuivis devant le tribunal correctionnel et punis d'une amende de cinquante à mille francs. En cas de récidive, la peine est d'un emprisonnement de cinq jours à un mois, et l'amende est doublée.

Il peut être fait application de l'art. 463 du Code pénal.

22. L'amende est de cinquante francs pour chaque acte ou écrit sous signature privée sujet au timbre de dimension et fait sur papier non timbré.

23. Les préposés des douanes, des contributions indirectes et ceux des octrois ont, pour constater les contraventions au timbre des actes ou écrits sous signature privée, et pour saisir les pièces en contravention, les mêmes attributions que les préposés de l'enregistrement.

24. Les receveurs de l'enregistrement pourront suppléer à la formalité du visa, pour toute espèce de timbres de dimension, au moyen de l'apposition de timbres mobiles.

25. A partir du 1er janvier 1863, le droit de timbre auquel les warrants endossés séparément des récépissés sont soumis par l'art. 13 de la loi du 28 mai 1858, sur les négociations relatives aux marchandises déposées dans les magasins généraux, pourra être acquitté par l'apposition sur ces effets de timbres mobiles que l'administration de l'enregistrement est autorisée à vendre et à faire vendre.

26. Un règlement d'administration publique déterminera la forme et les conditions d'emploi des timbres mobiles créés en exécution de la présente loi.

Sont applicables à ces timbres les dispositions de l'art. 21 de la loi du 11 juin 1859.

27. Sont considérés comme non timbrés les actes ou écrits sur lesquels le timbre mobile aurait été apposé sans l'accomplissement des conditions prescrites par le règlement d'administration

publique ou sur lesquels aurait été apposé un timbre ayant déjà servi.

28. Sont maintenues toutes les exemptions et exceptions prononcées par les lois existantes.

Sont également maintenues toutes les dispositions des lois sur le timbre non contraires à la présente loi.

3 juill. 1862. — DÉCRET impérial pour l'exécution de l'art. 17 de la loi du 2 juill. 1862, relatif au droit de timbre perçu à raison de la dimension du papier.

Art. 1ᵉʳ. A partir du 15 juillet 1862, les timbres au prix de 1 fr. 50 c. et de 2 fr. actuellement employés pour le timbrage du grand papier et du papier de grand registre serviront à timbrer, savoir : celui de 1 fr. 50 c., le moyen papier, et celui de 2 fr., le grand papier.

Pour les autres papiers, il sera établi des timbres conformes au type actuel, qui indiqueront : pour la demi-feuille de petit papier, le droit de 0 fr. 50 c. au lieu de celui de 0 fr. 35 c.;

Pour la feuille de petit papier, le droit de 1 fr. au lieu de celui de 0 fr. 70 c., et pour la feuille de grand registre, le droit de 3 fr. au lieu de celui de 2 fr.

2. A partir de la même époque jusqu'à l'épuisement des papiers frappés des timbres actuellement en usage, l'administration de l'enregistrement et des domaines continuera à faire débiter les papiers, après y avoir fait apposer un contre-timbre indiquant l'augmentation des droits, savoir :

Pour les demi-feuilles de petit papier, 0 fr. 15 c. en sus ;

Pour les feuilles de petit papier, 0 fr. 30 c. en sus ;

Pour les feuilles de moyen papier, 0 fr. 25 c. en sus ;

Pour les feuilles de grand papier, 0 fr. 50 c. en sus ;

Et pour les feuilles de grand registre, 1 fr. en sus.

Ces contre-timbres, conformes au modèle ci-joint, seront appliqués au milieu de la partie supérieure de chaque feuille non déployée ou de chaque demi-feuille. Ils seront apposés, outre les timbres actuellement en usage, sur les papiers présentés au timbre extraordinaire.

3. Dans le cas où les contre-timbres ne pourraient pas être mis en activité,

au jour indiqué par la loi, dans quelque département de l'Empire, il y sera suppléé par un visa daté et signé du receveur de l'enregistrement, énonçant la quotité du supplément de droit dû, conformément à l'article précédent.

4. Dans les deux mois à partir du 15 juillet, les officiers publics et les particuliers seront admis à échanger les papiers de la débite restés sans emploi entre leurs mains contre des papiers portant les timbres ou contre-timbres établis par le présent décret.

Cet échange s'opérera de manière que le Trésor n'ait à faire aucun remboursement, et, dans le cas où le montant des droits des papiers rapportés se trouverait inférieur à celui des papiers donnés en échange, les détenteurs devront payer l'excédant ou l'appoint.

5. Les détenteurs de papiers soumis au timbre extraordinaire antérieurement au 15 juillet et non employés seront admis, dans le même délai, à les présenter à la formalité du contre-timbre, en acquittant les suppléments de droit.

6. Les registres des formalités hypothécaires seront contre-timbrés.

Néanmoins, les conservateurs autres que ceux établis au chef-lieu du département pourront remplacer ce contre-timbre par un visa pour supplément de droit.

7. L'administration de l'enregistrement et des domaines fera déposer aux greffes des Cours et tribunaux des empreintes des timbres et des contre-timbres établis par le présent décret.

Ces timbres seront apposés sur du papier *filigrané*, et le greffier constatera le dépôt par un procès-verbal dressé sans frais.

3 juill. 1862. — DÉCRET impérial qui établit, pour les bordereaux et arrêtés des agents de change et courtiers, des timbres indiquant le montant des droits fixés par l'art. 19 de la loi du 2 juill. 1862.

Art. 1ᵉʳ. Il sera établi, pour les bordereaux et arrêtés des agents de change et courtiers, des timbres indiquant le montant des droits fixés par l'art. 19 susvisé de la loi du 2 juillet 1862.

Ces timbres seront conformes aux modèles annexés au présent décret.

2. Dans les deux mois à partir de la promulgation de la loi susvisée, les agents

de change et les courtiers seront admis à faire timbrer, pour leurs bordereaux et arrêtés, des papiers en échange de ceux portant les timbres actuels, qui seront restés sans emploi dans leurs mains.

Cet échange s'opérera de manière que le Trésor n'ait à faire aucun remboursement; et, dans le cas où le montant des droits des papiers rapportés se trouverait inférieur à celui des papiers timbrés en échange, les détenteurs devront payer l'excédant ou l'appoint.

3. En attendant la confection des timbres établis par l'article 1er du présent décret, la formalité sera donnée au moyen des timbres servant au timbrage des papiers sujets au droit d'après la dimension, savoir :

Pour les sommes de 10,000 fr. et au-dessous, par l'application du timbre de 0 fr. 35 c. et du contre-timbre de 0 fr. 15 c., institué par notre décret de ce jour relatif au timbre de dimension ;

Pour les sommes au-dessus de 10,000 fr.. par l'application du timbre de 1 fr. 50 c., employé, aux termes du même décret, pour le timbrage du moyen papier.

4. L'administration de l'enregistrement et des domaines fera déposer aux greffes des Cours et tribunaux des empreintes des timbres établis par le présent décret.

Le greffier constatera le dépôt par un procès-verbal dressé sans frais.

---

29 oct.-10 déc. 1862.—DÉCRET impérial relatif aux timbres mobiles dont l'emploi est autorisé par les art. 24 et 25 de la loi du 2 juill. 1862.

Art. 1er. Il est établi, pour l'exécution de l'art. 24 de la loi du 2 juill. 1862, des timbres mobiles correspondant aux droits de timbre à percevoir à raison de la dimension du papier, tels qu'ils ont été fixés par l'art. 17 de cette loi.

Ces timbres seront conformes aux modèles annexés au présent décret.

Ils seront apposés et annulés immédiatement au moyen d'une griffe, soit par les receveurs de l'enregistrement, soit par les fonctionnaires désignés à cet effet par notre ministre des finances pour suppléer ces préposés.

2. L'administration de l'enregistrement et des domaines fera déposer aux greffes des Cours et tribunaux un spécimen des timbres mobiles établis par l'art. 1er ci-dessus.

Il sera dressé, sans frais, procès-verbal de ce dépôt.

3. Provisoirement les timbres mobiles employés en vertu de notre décret du 18 janv. 1860, pour timbrer les effets venant soit de l'étranger, soit des colonies où le timbre n'est pas établi, pourront, en exécution de la loi du 2 juill. 1862, être apposés sur les warrants endossés séparément des récépissés.

Le timbre mobile sera collé au dos du warrant par le premier endosseur, qui devra le placer au-dessus de l'endossement et l'annuler immédiatement en y inscrivant la date de l'apposition et sa signature.

13-19 mai 1863.—EXTRAIT de la loi de finances.

TITRE Ier. — § 2.

Art. 6. A dater du 1er juillet 1863, sont soumis à un droit de timbre de 0 fr. 50 cent. par cent francs ou fraction de cent francs du montant de leur valeur nominale, les titres de rentes, emprunts et autres effets publics des Gouvernements étrangers, quelle qu'ait été l'époque de leur création.

La valeur des monnaies étrangères en monnaies françaises sera fixée annuellement par un décret.

7. Aucune transmission des titres énoncés en l'article précédent ne peut avoir lieu avant que ces titres aient acquitté le droit du timbre.

En cas de contravention, le propriétaire du titre et l'agent de change ou tout autre officier public qui aura concouru à sa transmission seront passibles chacun d'une amende de dix pour cent de la valeur nominale de ce titre.

8. L'acquittement du droit de timbre établi par la présente loi sera constaté, soit au moyen du visa pour timbre, soit par l'apposition sur les titres de timbres mobiles que l'Administration de l'Enregistrement est autorisée à vendre et à faire vendre.

Un règlement d'administration publique déterminera la forme et les conditions d'emploi des timbres mobiles créés en exécution du paragraphe précédent.

Sont applicables à ces timbres les dispositions de l'art. 21 de la loi du 11 juin 1859.

9. Sont considérés comme non timbrés les titres sur les quels le timbre mobile aurait été apposé sans l'accomplissement des conditions prescrites par le règlement d'administration publique, ou sur lesquels aurait été apposé un timbre ayant déjà servi.

10. A partir du 1ᵉʳ juillet prochain, est réduit à vingt centimes le droit de timbre des récépissés que les compagnies de chemins de fer sont tenues de délivrer aux expéditeurs, lorsque ces derniers ne demandent pas de lettres de voiture.

Le récépissé énoncera la nature, le poids et la désignation des colis, les noms et l'adresse du destinataire, le prix total du transport et le délai dans lequel ce transport devra être effectué.

Un double du récépissé accompagnera l'expédition et sera remis au destinataire.

Toute expédition non accompagnée d'une lettre de voiture doit être constatée sur un registre à souche, timbré sur la souche et sur le talon, à peine d'une amende de cinquante francs.

Les préposés de l'enregistrement sont autorisés à prendre communication de ce registre, ainsi que de ceux mentionnés par l'art. 50 de l'ordonnance du 15 novembre 1846, et des pièces relatives aux transports qui y sont énoncés.

La communication aura lieu selon le mode prescrit par l'art. 54 de la loi du 22 frim. an VII, et sous les peines y portées.

3° LOIS RELATIVES AUX DROITS D'HYPOTHÈQUE ET DE TRANSCRIPTION.

21 vent. an VII. — EXTRAIT de la loi relative à l'organisation de la conservation des hypothèques (1).

TITRE Iᵉʳ. — DE LA CONSERVATION DES HYPOTHÈQUES.

CHAP. Iᵉʳ. — *Disposition générale.*

Art. 1ᵉʳ. La conservation des hypothèques est remise à la régie nationale de l'enregistrement : elle en confiera l'exécution aux receveurs de l'enregistrement dans les lieux et suivant les formes qui vont être ci-après déterminés.

CHAP. II. — *Établissement des bureaux des hypothèques.*

2. Il y aura un bureau de la conservation des hypothèques par chaque arrondissement de tribunal de police correctionnelle. Il sera placé dans la commune où siége le tribunal.— Si, dans le même arrondissement, le tribunal civil et le tribunal de police correctionnelle siégent dans deux communes différentes, le bureau sera placé dans la commune où siégera le tribunal civil.

CHAP. III. — *De l'institution des agents des hypothèques et de leurs fonctions.*

3. Les préposés de la régie à la conservation des hypothèques seront chargés : 1° de l'exécution des formalités civiles prescrites pour la conservation des hypothèques et la consolidation des mutations de propriétés immobilières ; 2° de la perception des droits établis au profit du Trésor public pour chacune de ces formalités.

CHAP. VI. — *Du traitement des préposés aux hypothèques.*

15. Le traitement des préposés à la conservation des hypothèques est réglé ainsi qu'il suit :

1° Ils auront, sur la recette des droits d'hypothèque jointe aux autres recettes dont ils sont chargés, les remises accordées sur les droits d'enregistrement et autres par le tarif compris en l'art. 9 de la loi du 14 août 1793.

2° Il leur sera payé par les requérants, pour les actes qu'ils délivreront

(1) — 970. Cette loi, dont nous reproduisons ici un extrait, est une suite toute naturelle de celle du 11 brum. an VII, qui pose les bases du nouveau régime hypothécaire. Elle organise ce régime en établissant des officiers chargés de tenir les registres destinés à donner de la publicité aux hypothèques et aux mutations d'immeubles que les tiers ont intérêt de connaître, et elle détermine les droits à payer à cette occasion. V. *Jur. gén.*, de Dalloz, vᵒ *Enreg.*, nᵒˢ 5911 et suiv.; et *Table de quinze ans*, vᵒ *Conservateur des hypothèques*, nᵒˢ 9 et suiv.

outre le papier timbré, les sommes énoncées au tarif suivant, savoir :

1° Pour l'inscription de chaque droit d'hypothèque ou privilége, quel que soit le nombre des créanciers, si la formalité est requise par le même bordereau . . . . » f. 50 c.

2° Pour la transcription de chaque acte de mutation, par rôle d'écriture contenant vingt-cinq lignes à la page et dix-huit syllabes à la ligne . . . . » 25

3° Pour chaque déclaration de changement de domicile . . . . » 25

4° Pour l'inscription de chaque notification de procès-verbaux d'affiches. . . . » 1 »

5° Pour chaque radiation d'inscription. . . . . » 50

6° Pour chaque extrait d'inscription, ou certificat qu'il n'en existe aucune. . . » 50

7° Pour les copies collationnées des actes déposés ou transcrits dans les bureaux des hypothèques, par chaque rôle de feuille de papier de vingt-cinq lignes à la page et dix-huit syllabes à la ligne (1). . . . . » 25

(1) 971. Le salaire établi par ce tarif a été modifié par un décret du 21 sept. 1810, dont voici les termes :

Art. 1er. Les salaires des conservateurs des hypothèques, pour les fonctions dont ils sont chargés, seront payés, à compter de la publication du présent décret, conformément au tableau ci-annexé.

2. Toutes les dispositions antérieures sont rapportées.

Suit le tableau comparatif des salaires dus aux conservateurs des hypothèques, suivant la loi du 21 vent. et de ceux accordés par le décret du 21 sept. 1810 :

FORMALITÉS POUR LESQUELLES IL EST DU DES SALAIRES AUX CONSERVATEURS.	SALAIRES d'après la loi du 21 vent. an VII.	d'après le décret du 21 sept. 1810.
	fr. c.	fr. c.
1. Pour l'enregistrement et la reconnaissance des dépôts d'actes de mutation pour être transcrits, ou de bordereaux pour être inscrits. .	» »	» 25
2. Pour l'inscription de chaque droit d'hypothèque ou de privilége, quel que soit le nombre des créanciers, si la formalité est requise par le même bordereau..	» 50	1 »
3. Pour chaque inscription faite d'office par le conservateur, en vertu d'un acte translatif de propriété soumis à la transcription.	» »	1 »
4. Pour chaque déclaration, soit de changement de domicile, soit de subrogation, soit de tous les deux par le même acte.	» 25	» 50
5. Pour chaque radiation d'inscription.	» 50	1 »
6. Pour chaque extrait d'inscription, ou certificat qu'il n'en existe aucune..	» 50	1 »

FORMALITÉS POUR LESQUELLES IL EST DU DES SALAIRES AUX CONSERVATEURS.	SALAIRES d'après la loi du 21 vent. an VII.	d'après le décret du 21 sept. 1810.
	fr. c.	fr. c.
7. Pour la transcription de chaque acte de mutation, par rôle d'écriture du conservateur, 25 lignes à la page et 18 syllabes à la ligne	» 25	1 »
8. Pour chaque certificat de non-transcription d'acte de mutation.	» »	1 »
9. Pour les copies collationnées des actes déposés ou transcrits dans les bureaux des hypothèques, par rôle d'écriture du conservateur, contenant 25 lignes à la page et 18 syllabes à la ligne.	» 25	1 »
10. Pour chaque duplicata de quittance..	» 20	» 25
11. Pour la transcription de chaque procès-verbal de saisie immobilière (C. pr. civ., art. 677), par rôle d'écriture du conservateur, contenant 25 lignes à la page et 18 syllabes à la ligne.	» 25	1 »
12. Pour l'enregistrement de la dénonciation de la saisie immobilière au saisi, et la mention qui en est faite en marge du registre (C. proc. civ., art. 681).	» »	1 »
13. Pour l'enregistrement de chaque exploit de notification de placards aux créanciers inscrits (C. pr. civ., art. 696), tenant lieu de l'inscription des exploits de notification des procès-verbaux d'affiches.	1 »	1 »
14. Pour l'acte du conservateur constatant son refus de transcription, en cas de précédente saisie (C. pr. civ., art. 679).	» »	1 »
15. Pour la radiation de la saisie immobilière (C. pr. civ., art. 696).	» »	1 »

CHAP. VII. — *Des registres destinés à recevoir les actes du nouveau régime hypothécaire.*

16. Les registres servant à recevoir les actes du nouveau régime hypothécaire seront en papier timbré; les préposés les feront coter et parapher, à chaque feuillet, par le président de l'administration municipale du lieu. Cette formalité sera remplie dans les trois jours de la présentation des registres et sans frais (1).

17. Les actes seront datés et consignés de suite, sans blanc, et jour par jour; ils seront numérotés, suivant le rang qu'ils tiendront dans les registres, et signés du préposé (2).

18. Outre les registres mentionnés en l'art. 16, les préposés tiendront un registre sur papier libre, dans lequel seront portés, par extrait, au fur et à mesure des actes, sous le nom de chaque grevé, et à la case qui lui sera destinée, les inscriptions à sa charge, les transcriptions, les radiations et les autres actes qui le concernent, ainsi que l'indication des registres où chacun de ces actes sera porté, et les numéros sous lesquels ils y seront consignés.

TITRE II. — DE LA PERCEPTION DES DROITS D'HYPOTHÈQUE.

CHAP. Iᵉʳ. — *De l'établissement des droits d'hypothèque.*

19. Il sera perçu, au profit du Trésor public, conformément à l'art. 62, tit. IV, de la loi du 9 vend. an VI, un droit sur l'inscription des créances hypothécaires, et sur la transcription des actes emportant mutation de propriétés immobilières.

CHAP. II. — *Du droit d'inscription.*

20. Le droit d'inscription des créances hypothécaires sera : 1° de 1 p. 2,000 du capital de chaque créance hypothécaire antérieure à la promulgation de la loi du 11 brumaire dernier; 2° de

1 p. 1,000 du capital des créances postérieures à ladite époque (3).

21. Il ne sera payé qu'un seul droit d'inscription pour chaque créance, quels que soient d'ailleurs le nombre des créanciers requérants et celui des débiteurs grevés.

22. S'il y a lieu à inscription d'une même créance dans plusieurs bureaux, le droit sera acquitté en totalité dans le premier bureau; il ne sera payé, pour chacune des autres inscriptions, que le simple salaire du préposé, sur la représentation de la quittance constatant le paiement entier du droit, lors de la première inscription.

En conséquence, le préposé dans le premier bureau sera tenu de délivrer à celui qui paiera le droit, indépendamment de la quittance au pied du bordereau d'inscription, autant de *duplicata* de ladite quittance qu'il lui en sera demandé.

Il sera payé au préposé 20 cent., pour chaque *duplicata*, outre le papier timbré (4).

23. L'inscription des créances appartenant à la république, aux hospices civils et aux autres établissements publics, sera faite sans avance du droit d'hypothèque et des salaires des préposés.

24. Toutes les fois que l'inscription aura lieu sans avance du droit et des salaires, le préposé sera tenu : 1° d'énoncer, tant sur les registres que sur le bordereau à remettre au requérant, que les droits et salaires sont dus; 2° d'en poursuivre le recouvrement sur les débiteurs, dans les deux décades, après la date de l'inscription.

Ces poursuites s'exerceront suivant les formes établies pour le recouvrement des droits d'enregistrement.

CHAP. III. — *Du droit de transcription* (5).

25. Le droit sur la transcription des actes emportant mutation de propriétés immobilières sera de 1 1/2 p. 100

---

(1) V. l'art. 2201, C. Nap.

(2) V. l'art. 2203, C. Nap.

(3) — 972. Il n'y a plus de distinction aujourd'hui entre les créances antérieures et les créances postérieures à la promulgation de la présente loi : elles sont les unes et les autres soumises à un droit d'inscription de

1 pour 100 par la loi du 28 avril 1816, art. 60.

(4) — 973. Maintenant 25 c. (V. *sup.*, le tableau des salaires).

(5) — 974. V. *inf.*, notre *Commentaire abrégé de la loi du 23 mars 1855 sur la transcription.*

u prix intégral desdites mutations, suivant qu'il aura été réglé à l'enregistrement (1).

26. Si le même acte donne lieu à transcription dans les bureaux, le droit sera acquitté ainsi qu'il est porté à l'art. 2 ci-dessus pour les inscriptions.

27. Hors les cas d'exception prononcés par la présente loi et par celle du 1 brumaire dernier, les droits et salaires dus pour les formalités hypothécaires seront payés d'avance par les requérants.

Les préposés en expédieront quittance au pied des actes et certificats par eux remis et délivrés; chaque somme y sera mentionnée séparément et en toutes lettres.

Loi du 6 messidor an VII.

Art. 1er. L'inscription indéfinie, qui a pour objet la conservation d'un simple droit d'hypothèque éventuelle, sans créance existante, n'est point sujette au droit proportionnel établi par les lois des 9 vendémiaire an VI et 21 ventôse an VII.

2. Si le droit éventuel qui a donné lieu à l'inscription indéfinie se convertit en créance réelle, le droit proportionnel est dû sur le capital de la créance.

3. L'enregistrement d'aucune transaction ou quittance de paiement de ladite créance ne peut être requis, que le droit proportionnel d'inscription n'ait été préalablement acquitté.

4. Les comptables publics, qui fournissent des cautionnements en immeubles, sont sujets à l'inscription hypothécaire.

5. L'inscription n'a lieu que jusqu'à concurrence de la valeur du cautionnement fourni, et sur les immeubles qui en sont l'objet.

Elle est indéfinie.

6. Les commissaires du Directoire exécutif près les administrations requièrent d'office les inscriptions indéfinies sur les comptables publics, ci-dessus désignés, sauf l'exception résultant de l'art. 6 de la loi du 21 ventôse an VII.

7. Les receveurs de l'enregistrement sur les lieux délivrent, sur récépissé, aux commissaires du Directoire exécutif, le papier timbré nécessaire pour la confection des bordereaux des inscriptions hypothécaires qu'ils sont chargés de requérir.

8. Les dispositions ci-dessus, ainsi que celles de la loi du 21 ventôse sur l'organisation de la conservation des hypothèques, sont applicables aux inscriptions faites en vertu de la loi du 11 brumaire dernier, et dont les droits et salaires n'auraient pas encore été acquittés, quelles que soient la nature et la date desdites inscriptions.

21 mars 1806. — Loi relative à la prescription des droits d'enregistrement des inscriptions et transcriptions hypothécaires.

Les dispositions de l'art. 61 de la loi du 22 frimaire an VII (2), concernant la prescription des droits d'enregistrement, seront, à compter de la publication de la présente loi, applicables aux perceptions des droits d'inscriptions et de transcriptions hypothécaires établis par les chapitres 2 et 3 du titre II de la loi du 21 vendémiaire an VII.

Loi du 28 avril 1816.

Art. 52. Le droit d'enregistrement des ventes d'immeubles est fixé à 5 1/2 p. 100; mais la formalité de la transcription au bureau de la conservation des hypothèques ne donnera plus lieu à aucun droit proportionnel.

54. Dans tous les cas où les actes seront de nature à être transcrits au bureau des hypothèques, le droit sera augmenté de 1 1/2 p. 100, et la transcription ne donnera plus lieu à aucun droit proportionnel (3).

---

(1) — 975. Ce droit de 1 fr. 50 c. p. 100 est maintenant perçu lors de l'enregistrement, aux termes des art. 52 et 54 de la loi du 28 avril 1816 (V. ces articles infra; V. cependant l'art. 61 de la même loi; V. encore loi du 16 juin 1824, art. 3). Pour l'indication des actes susceptibles ou non susceptibles de transcription, V. Dalloz, Jur. gén., v° Enreg., nos 5965 et s., et Table de

quinze ans, v° Transcription (droit de), nos 1 et suiv. — Adde trib. du Havre, 28 août 1856 (D.P.57.3.40) et trib. d'Abbeville, 12 juin 1855 (D.P.57.3.87). V. aussi infr., notre Comment. abrégé de la loi du 23 mars 1855 sur la transcription, art. 12.

(2) 976. V. cet article aux lois de l'enregistrement.

(3) — 977. Sur la question de savoir quels

60. Le droit d'inscription des créances hypothécaires sera de 1 p. 1,000, sans distinction des créances antérieures ou postérieures à la loi du 11 brumaire an VII (1).

La perception de ce droit suivra les sommes et les valeurs de 20 en 20 fr. inclusivement et sans fraction.

61. Les actes de transmission d'immeubles et droits immobiliers, susceptibles de transcription, ne seront assujettis à cette formalité que pour un droit fixe de 1 fr., outre le droit du conservateur, lorsque les droits en auront été acquittés de la manière prescrite par les art. 52 et 54 de la présente loi (2).

Loi du 16 juin 1824.

Voyez plus haut, page 519, cette loi

---

sont les actes de nature à être transcrits, V. Dalloz, *Jur. gén.*, vᵈ *Enreg*, nᵒˢ 5963 et suiv., et *Transcript. hyp.*, nᵒˢ 692 et suiv.

978. Le droit proportionnel de transcription est dû sur tout acte volontairement présenté à la formalité de la transcription, sans que l'administration de l'enregistrement ait à rechercher si cet acte renferme ou non une mutation de propriété ; — Et il en est ainsi, même depuis la loi du 23 mars 1855, cette loi n'assujettissant au droit fixe de 1 fr. que les actes devenus sujets à la transcription en vertu de ses dispositions, et non ceux qui en sont restés affranchis, et qui ne se trouvent transcrits que sur la réquisition volontaire des parties (Req. 9 août 1860, D.P.60.1.451 ; 20 nov. 1861, D.P.62.1.431).

979. L'adjudication sur licitation au profit d'un héritier bénéficiaire est sujette au droit de transcription, même depuis la loi du 23 mai 1855 (Cass., 26 fév. 1862, D.P.62.1. 182 ; 28 juill. 1862, D.P.62.1.371 ; trib. civ. de la Seine, 4 juill. 1857, D.P.58.3.7 ; 22 juill. 1859, D.P.60.3.59 ; 12 janv. 1861, D.P. 61.3.31 ; trib. civ. de Limoges, 6 juin 1860, D.P.61.3.16). — Et le droit de transcription, étant indivisible, doit, à la différence du droit de mutation, être perçu sur la totalité du prix (Trib. de la Seine, 22 juill. 1859, précité).

980. Le droit de transcription est exigible sur l'adjudication d'un immeuble indivis, au profit de plusieurs des copropriétaires entre lesquels l'indivision continue à subsister. — Et ce droit frappe la totalité du prix d'adjudication, et non pas seulement le prix des parts acquises par les copropriétaires restés

qui porte que le droit d'un franc et demi pour cent, ajouté au droit d'enregistrement, ne sera perçu pour les donations que lorsque la transcription en sera requise au bureau des hypothèques.

Loi du 18 avril 1831.

Voyez plus haut, page 523, cette loi qui abroge l'art. 7 de la loi du 15 juin 1824, qui n'avait assujetti qu'à un droit fixe pour la transcription certains actes en faveur d'établissements publics.

18-27 nov. et 10 déc. 1850. — Loi qui dispense du timbre les actes nécessaires pour le mariage des indigents. *Voy.* plus haut, cette loi, page 534.

---

dans l'indivision (Req. 18 mai 1858, D.P.58. 1.400 ; Cass., 13 août 1862, D.P.62.1.351).

(1) — 981. Cette disposition a fait cesser la distinction qu'avait établie l'art. 20 de la loi du 21 vent. an VII (V. *suprà* cet article et la note 5).

(2) — 982. Rapprochée des art. 52 et 54, la disposition ci-dessus suppose possible l'hypothèse où les droits de transcription n'auraient pas été acquittés lors de l'enregistrement. Le cas existait en effet dans la pensée du législateur. C'était, comme disent Championnière et Rigaud, t. 4, nᵒ 4030, le cas des échanges et celui des mutations en ligne directe. Quant à celui des échanges, il n'existe plus depuis que l'art. 2 de la loi du 16 juin 1824 a fait rentrer le droit de transcription dans celui de 2 1/2 p. 100, auquel le contrat est tarifé (V. le 1ᵉʳ article dans les lois sur l'enregistrement). Quant aux mutations en ligne directe, aucune loi n'a modifié ce qui concerne les donations ordinaires ; mais celles portant partage ne sont, aux termes de l'art. 3 de la loi du 16 juin 1824, *infrà*, soumises au droit de transcription que lorsque cette transcription est requise. A ce cas s'appliquerait donc le droit proportionnel qu'établit la disposition ci-dessus. Ajoutons-y les actes de mutation antérieurs à la présente loi et les actes qui, lors de leur enregistrement, n'ont point acquitté le droit de transcription ; tels que les licitations, etc. (Cass., 30 août 1826, 11 mars 1829, D.P.27.1.16 ; 29.1.175. — *Contr.*, sur ce dernier point, Championnière et Rigaud, t. 4, nᵒˢ 4031 et suiv.).

4° LOIS SUR LES GREFFES (Extraits utiles aux notaires).

Loi du 21 vent. an VII.

Les droits de greffe consistent :
Art. 2.....
2° Dans celui établi pour la rédaction et transcription des actes énoncés en l'art. 5 ci-après;
3° Dans le droit d'expédition des actes énoncés dans l'art. 7.
5. Les actes assujettis sur la minute au droit de rédaction et transcription sont les actes de voyage, de renonciation à une communauté de biens ou à succession, d'acceptation de succession sous bénéfice d'inventaire, de réception et soumission de caution, de déclaration affirmative de dépôt de bilan et pièces, d'enregistrement de société.
Il sera payé pour chacun de ces actes 1 fr. 25 c.
6. Les expéditions contiendront vingt lignes à la page et huit à dix syllabes à la ligne, compensation faite des unes avec les autres.
11. Le greffier ne pourra délivrer aucune expédition que les droits n'aient été acquittés, sous peine de restitution du droit et de 100 fr. d'amende, sauf, en cas de fraude et de malversation évidente, à être poursuivi devant les tribunaux, conformément aux lois.
14. Les greffiers ne pourront exiger aucun droit de recherche des actes faits dans l'année; mais lorsqu'il n'y aura pas d'expédition, il leur est attribué un droit de recherche qui demeure fixé à 50 centimes pour l'année qui leur sera indiquée; et dans le cas où il serait indiqué plusieurs années, et qu'ils seraient obligés d'en faire la recherche, ils ne percevront que 50 centimes pour la première, et 25 centimes pour chacune des autres.
Il leur est, en outre, attribué 25 centimes pour chaque légalisation d'actes des officiers publics.
19. Il est accordé aux greffiers une remise de 30 centimes pour chaque rôle d'expédition.
20. La remise de 30 centimes, accordée par l'article précédent, ne sera que de 2 décimes sur toutes les expéditions que les agents du Gouvernement demanderaient en son nom et pour soute-

nir ses droits; ils ne seront tenus, à cet égard, à aucune avance.

22 prair. an VII. — Loi additionnelle à celle du 21 vent. an VII.

Art. 2. Il sera payé 3 fr. pour le dépôt de l'exemplaire d'apposition d'affiches exigé par l'art. 5 de la loi du 11 brumaire, et pour celui de l'état des inscriptions hypothécaires.
Pour la rédaction des adjudications, 1 1/2 p. 100 sur les cinq premiers mille, et 25 centimes par 100 francs, sur ce qui excédera 5,000 francs.
4. Il est attribué aux greffiers, pour la communication à chaque créancier du procès-verbal d'ouverture d'ordre, de l'extrait des inscriptions et des titres et pièces qui auront été produits, un droit fixe de 75 centimes.

12 juill. 1808. — Décret concernant les droits de greffe.

Art. 1er. — Les actes assujettis sur la minute aux droits de greffe sont :
1° Acceptation de succession sous bénéfice d'inventaire; acte de voyage; consignation de sommes au greffe; dépôt de registre, répertoires et autres pièces; dépôt de signature et paraphe des notaires; procès-verbaux, actes et rapports faits ou rédigés par le greffier; publication de mariages et tous autres actes prescrits par les Codes.
Il ne sera perçu aucun droit de dépôt pour la remise au greffe desdits actes.
Renonciation à une communauté de biens ou à une succession.
Pour chacun de ces actes, il sera payé 1 fr. 25 c.
2. Le droit de rédaction, en cas de revente à la folle enchère, n'est dû que sur ce qui excède la première adjudication. Il n'est exigible, pour les licitations, que sur la valeur de la part acquise par le colicitant, s'il reste adjudicataire.

Loi du 23 juill. 1820.

Art. 2. Les droits attribués aux greffiers seront perçus par eux directement des parties; mais ils mentionneront, en toutes lettres, au pied de chaque acte, le montant des droits revenant au Trésor et la remise qui leur est attribuée par la loi (1).

---

24 mai-1er juin 1854. — Décret impérial portant fixation des émoluments attribués, en matière civile et commerciale, aux greffiers des tribunaux civils de première instance et aux greffiers des Cours impériales.

Napoléon, etc.; — Sur le rapport de notre ministre de la justice; — Vu les lois des 21 vent. et 22 prair. an VII (11 mars et 10 juin 1799) et le décret du 12 juillet 1808; — Vu l'arrêté du 8 mess. an VIII (27 juin 1800), et les art. 8 et 18 du décret du 30 janv. 1811; — Vu l'ordonn. du 9 oct. 1825 et l'arrêté du 8 avril 1848);—Vu les art. 1041 et 1042, C. proc.;—Notre conseil d'État entendu; —Avons décrété, etc.:

§ 1. — *Des émoluments des greffiers des tribunaux civils de première instance.*

Art. 1er. Les greffiers des tribunaux civils de première instance ont droit aux émoluments suivants :

1° Pour dépôt de copies collationnées des contrats translatifs de propriété, 3 fr.

2° Pour extrait à afficher, 1 fr.

Plus, pour chaque acquéreur en sus, lorsqu'il y a des lots distincts, 50 c.

3° Pour soumission de caution avec dépôt de pièces, déclaration affirmative, déclaration de surenchère ou de command, certificat relatif aux saisies-arrêts sur cautionnement et aux condamnations pour faits de charge, acceptation bénéficiaire, renonciation à communauté ou succession, 2 fr.

4° Pour bordereau ou mandement de collocation, certificat de propriété, 2 fr.

Si le montant du bordereau ou du mandement s'élève à 3,000 fr., ou si le certificat de propriété s'applique à un capital de pareille somme, l'émolument est de 3 fr.

5° Pour opérer le dépôt d'un testament olographe ou mystique, non compris le transport, s'il y a lieu, 6 fr.

6° Pour communication des pièces et des procès-verbaux ou états de colloca-

tion, dans les procédures d'ordre et de distribution par contribution, quel que soit le nombre des parties, si la somme principale à distribuer n'excède pas 10,000 fr., 5 fr.

Si elle dépasse ce chiffre, 10 fr.

L'allocation accordée par l'art. 4 de la loi du 22 prair. an VII est supprimée.

7° Pour tout acte, déclaration ou certificat fait ou transcrit au greffe, et qui donne lieu à un émolument particulier, quel que soit le nombre des parties, 1 fr. 50 c.

8° Pour communication, sans déplacement, de pièces dont le dépôt est constaté par un acte du greffe, 1 fr.

Dans les affaires où il y a constitution d'avoué, ce droit ne peut être perçu qu'une fois pour chaque avoué à qui la communication est faite, quel que soit le nombre des parties, et à la charge de justifier d'une réquisition écrite en marge de l'acte de dépôt.

9° Pour recherche des actes, jugements et ordonnances faits ou rendus depuis plus d'une année et dont il n'est pas demandé expédition :

Pour la première année indiquée, 50 cent.

Pour chacune des années suivantes, 25 cent.

(Loi du 21 ventôse, art. 3.)

10° Pour légalisation, 25 cent.

(Mêmes loi et article précités.)

11° Pour l'insertion au tableau placé dans l'auditoire de chaque extrait d'acte ou de jugement soumis à cette formalité, 50 cent.

12° Pour visa d'exploits, 25 cent.

13° Pour chaque bulletin de distribution et de remise de cause, 10 cent.

14° Pour la mention de chaque acte sur le répertoire prescrit par l'art. 49 de la loi du 22 frim. an VII, 10 cent.

2. Lorsque, dans l'exercice de leurs fonctions, les greffiers des tribunaux civils de première instance se transportent à plus de 5 kilomètres de leur résidence, ils reçoivent, pour frais de voyage, nourriture et séjour, une indemnité, par jour, de 8 fr.

---

(1) — 983. V. sur ces diverses dispositions, les explications données par Dalloz, *Jur. gén.,* v° *Enreg.,* n°s 5850 et suiv. V. aussi le décret du 24 mai 1854 ci-après, ainsi que la *Table de quinze ans,* v° *Greffier,* n° 1 et suiv. et la *Jur. gén.,* v° *Greffier,* n°s 34 et suiv., 135 et suiv. *Adde,* cass., 9 juin 1856 (D.P.56.1.233).

S'ils se transportent à plus de 2 myriamètres, l'indemnité par jour est de 10 fr.

3. Il est alloué aux greffiers des tribunaux de première instance, comme remboursement du papier timbré :

1° Pour chaque jugement rendu à la requête des parties, ceux de simple remise exceptés, 80 cent.

2° Pour chaque acte porté sur un registre timbré, 40 cent.

Et 3° pour chaque mention également portée sur un registre timbré, 15 cent. (1).

§ 2. — *Des greffiers des tribunaux civils qui exercent la juridiction commerciale.*

4. Les allocations établies par l'ordonnance des 9-12 octobre 1825 et l'arrêté modificatif du 8 avril 1848, au profit des greffiers des tribunaux de commerce, sont accordées aux greffiers des tribunaux civils de première instance qui exercent la juridiction commerciale ; néanmoins, ils n'ont droit à aucun émolument dans les cas prévus par l'art. 8 du présent tarif.

5. Les dispositions des art. 2, 3 et 4 du présent décret sont applicables aux greffiers des tribunaux civils qui exercent la juridiction commerciale ; mais l'allocation, à titre de remboursement du timbre employé aux feuilles d'audience, est fixée, pour chaque jugement, à 50 cent. (2).

§ 3. — *Des greffiers des Cours impériales.*

6. Les greffiers des Cours impériales ont droit aux émoluments suivants :

1° Pour tout acte fait ou transcrit au greffe, quel que soit le nombre des parties, 3 fr.

2° Pour chaque bulletin de distribution et de remise de cause, 20 cent.

3° Il leur est alloué une somme double de celle due aux greffiers des tribunaux de première instance pour les formalités prévues aux nᵒˢ 8, 9, 10, 11, 12 et 14 de l'art. 1ᵉʳ du présent décret.

7. Les greffiers des Cours impériales

ont droit aux allocations établies par l'art. 2 et l'art. 3 du présent décret. Leur remise, par chaque rôle d'expédition, est fixée à 40 cent., sans diminution des droits de l'Etat (3).

§ 4. — *Dispositions générales.*

8. Les greffiers n'ont droit à aucun émolument, 1° pour les minutes des arrêts, jugements et ordonnances, ou pour celles des actes et procès-verbaux reçus ou dressés par les magistrats avec leur assistance ; 2° pour les simples formalités qui n'exigent aucune écriture, ou dont il est seulement fait mention sommaire, soit sur les pièces produites, soit sur les registres du greffe, à l'exception du répertoire prescrit par la loi du 22 frim. an VII ; 3° pour l'accomplissement des obligations qui leur sont imposées, soit à l'effet de régulariser le service des greffes, soit dans un intérêt d'ordre public ou d'administration judiciaire.

9. Les greffiers doivent inscrire, au bas des expéditions qui leur sont demandées, le détail des déboursés et des droits auxquels chaque arrêt, jugement ou acte donne lieu.

A défaut d'expédition, ils doivent faire cette mention sur des états signés d'eux, et qu'ils remettent aux parties ou aux avoués. — Il leur est alloué, pour chaque état, un émolument de 10 cent.

Ils portent sur les registres dont la tenue est prescrite par la loi toutes les sommes qu'ils perçoivent.

Les déboursés et les émoluments sont inscrits sur des colonnes séparées.

10. Les greffiers ne peuvent écrire sur les minutes ou feuilles d'audience et sur les registres timbrés plus de trente lignes à la page, et de quinze à vingt syllabes à la ligne sur une feuille au timbre de 70 cent. ; de quarante lignes à la page et de vingt à vingt-cinq syllabes à la ligne, lorsque la feuille est au timbre de 1 fr. 25 c., et plus de cinquante lignes à la page et de vingt-cinq à trente syllabes à la ligne, lorsque la feuille est au timbre de 1 fr. 50 c. (4).

Toute contravention est constatée con-

---

(1) — 984. Modifié par le décret des 8-10 déc. 1862, art. 1.
(2) — 985. Modifié par le décret des 8-10 déc. 1862, art. 2.

(3) — 986. Modifié par le décret 8-10 déc. 1862, art. 1.
(4) — 987. Remplacé par le décret des 8-10 déc. 1862, art. 4.

formément à la loi du 13 brum. an VII et punie de l'amende prononcée par l'art. 12 de la loi du 16 juin 1824, sans préjudice des droits de timbre à la charge des contrevenants (1).

11. Les émoluments déterminés par le présent tarif sont indépendants des droits et remises fixés par les lois des 21 vent. et 22 prair. an VII, le décret du 12 juillet 1808 et tous décrets, lois, ordonnances et règlements d'administration publique postérieurement publiés.

L'ordonnance du 18 sept. 1833, concernant les expropriations pour cause d'utilité publique, et celle du 10 oct. 1841, sur les ventes judiciaires, continuent à être exécutées dans toutes leurs dispositions.

12. Il est interdit aux greffiers des Cours impériales et des tribunaux civils de première instance, ainsi qu'à leurs commis, de recevoir, sous quelque prétexte que ce soit, d'autres ou plus forts droits que ceux qui leur sont alloués par le présent décret; ils ne peuvent exiger ni recevoir aucun droit de prompte expédition.

Le contrevenant est, suivant la gravité des circonstances, destitué de son emploi et poursuivi, pour l'application des peines prononcées, soit par l'art. 23 de la loi du 21 vent. an VII, soit par l'art. 174, C. pén., sans préjudice de la restitution des sommes perçues et de tous dommages-intérêts, s'il y a lieu.

13. Le présent règlement sera exécutoire à partir du 1er juin 1854.

14. Notre garde des sceaux, ministre secrétaire d'État au département de la justice, est chargé de l'exécution du présent règlement qui sera inséré au *Bulletin des lois*.

8-10 déc. 1862. — Décret impérial concernant les allocations aux greffiers des Cours impériales, des tribunaux de première instance, des tribunaux de commerce et des justices de paix, ainsi qu'aux huissiers, à titre de remboursement du papier timbré.

Art. 1er. Il est alloué aux greffiers des Cours impériales et aux greffiers des tribunaux civils de première instance, comme remboursement du papier timbré :

1° Pour chaque arrêt ou jugement rendu à la requête des parties, ceux de simple remise exceptés. . . . 1 f. 00 c.

2° Pour chaque acte porté sur un registre timbré. 0 50

3° Pour chaque mention portée sur un registre timbré. . . 0 20

2. Les dispositions de l'article précédent sont applicables aux greffiers des tribunaux spéciaux de commerce et aux greffiers des tribunaux civils qui exercent la juridiction commerciale; mais l'allocation à titre de remboursement du timbre employé aux feuilles d'audience est fixée pour chaque jugement, ceux de simple remise exceptés, à 65 c.

3. Il est alloué aux greffiers des justices de paix, à titre de remboursement du papier timbré :

1° Pour chaque jugement porté sur la feuille d'audience, ceux de remise exceptés. . . . . 0 f. 65 c.

2° Pour chaque jugement de remise. 0 20

3° Pour procès-verbal de conciliation inscrit sur un registre timbré 0 20

4° Pour le procès-verbal sommaire constatant que les parties n'ont pu être conciliées. . 0 25

4. Les greffiers mentionnés au présent décret ne peuvent écrire, sur les minutes ou feuilles d'audience et sur les registres timbrés, plus de trente lignes à la page et de vingt syllabes à la ligne sur une feuille au timbre de 1 fr.; de quarante lignes à la page et de vingt-cinq syllabes à la ligne lorsque la feuille est au timbre de 1 fr. 50 c., et plus de cinquante lignes à la page et de trente syllabes à la ligne lorsque la feuille est au timbre de 2 fr.

Toute contravention est constatée conformément à la loi du 13 brum. an VII, et punie de l'amende prononcée par l'art. 12 de la loi du 16 juin 1824, sans préjudice des droits de timbre à la charge des contrevenants.

5. Il est alloué aux huissiers, comme remboursement du papier timbré du registre tenu en exécution de l'art. 176, C. comm. :

1° Pour protêt simple et intervention . . . . 0 f. 35 c.

2° Pour protêt de perquisition 0 50

(1) 988. Remplacé par le décret des 8-10 déc. 1862, art. 4.

FIN DU COMMENTAIRE ABRÉGÉ DES LOIS SUR L'ENREGISTREMENT, LE TIMBRE, ETC.

COMMENTAIRE ABRÉGÉ

DE LA LOI DU 23 MARS 1855,

SUR

LA TRANSCRIPTION EN MATIÈRE HYPOTHÉCAIRE.

Art. 1er. Sont transcrits au bureau des hypothèques de la situation des biens :

1° Tout acte entre-vifs translatif de propriété immobilière ou de droits réels susceptibles d'hypothèque ;

2° Tout acte portant renonciation à ces mêmes droits ;

3° Tout jugement qui déclare l'existence d'une convention verbale de la nature ci-dessus exprimée ;

4° Tout jugement d'adjudication autre que celui rendu sur licitation au profit d'un cohéritier ou d'un copartageant.

1. La *transcription*, que l'on peut définir la copie littérale d'un acte de transmission de propriété immobilière ou de ses démembrements sur un registre public tenu à cet effet par le conservateur des hypothèques, a pour objet de mettre les tiers à même de savoir quel est le véritable propriétaire d'un immeuble, et s'il est grevé de quelque charge réelle.

Le principe de cette utile formalité fut posé par l'art. 26 de la loi du 11 brum. an VII, qui portait : « Les actes translatifs de biens et droits susceptibles d'hypothèque doivent être transcrits sur les registres du bureau de la conservation des hypothèques dans l'arrondissement duquel les biens sont situés. Jusque-là ils ne peuvent être opposés aux tiers qui auraient contracté avec le vendeur et qui se seraient conformés aux dispositions de la présente. » — Le Code Napoléon s'est approprié ce principe dans le titre des *Donations entre-vifs et des testaments*. L'art. 939 exige, en effet, la transcription des actes contenant donation entre-vifs de biens susceptibles d'hypothèque, de l'acte d'acceptation de ces donations fait séparément, ainsi que de la notification de cette acceptation séparée, et l'art. 941 dispose que le défaut de transcription peut être opposé par toutes personnes ayant intérêt, excepté, toutefois, celles qui sont chargées de faire faire la transcription, ou leurs ayants cause et le donateur. D'un autre côté, l'art. 1069 soumet à la même formalité les dispositions par donation entre-vifs ou testament faites avec charge de conserver et de rendre à autrui les immeubles donnés ; et, d'après l'art. 1070, le défaut de transcription peut être opposé, soit par les créanciers du grevé de restitution, soit par ceux auxquels ce grevé aurait transmis les immeubles ou quelque droit sur ces immeubles. — Dans le titre *De la vente*, l'article 1583, en disant que ce contrat est parfait *entre les parties*, et la propriété acquise de droit à l'acheteur, *à l'égard du vendeur*, dès qu'on est convenu de la chose et du prix, semblait annoncer que la transcription serait aussi nécessaire pour rendre la vente opposable aux tiers. Mais, loin qu'aucune disposition ultérieure ait consacré cette nécessité, les deux seuls articles du titre des *Priviléges et hypothèques*, qui s'occupent de la transcription, ne la prescrivent, l'un (l'art. 2108) que comme moyen de conserver le privilége au profit du vendeur resté créancier du prix, et l'autre (l'art. 2181) que comme préparation de la formalité de la purge, et le Code a, du reste, franchement répudié, en matière de transmission de propriété immobilière à titre onéreux, le principe établi par la loi de brumaire, en disposant par son art. 2166 que les créanciers, ayant privilége ou hypothèque inscrite sur un immeuble, le suivent en quelques mains qu'il passe, pour être colloqués et payés suivant l'ordre de leurs créances ou inscriptions. — L'expérience a prouvé combien de graves périls fait courir aux acquéreurs et aux prêteurs un système qui ne fournit aucun moyen de connaître, soit le véritable propriétaire d'un immeuble, soit les charges réelles dont cet immeuble peut être grevé. C'est principalement dans le but de remédier à cet inconvénient qu'a été édictée la loi du 23 mai 1855. On verra, par le commentaire qui va suivre, que cette loi a non-seulement rendu au principe de la transcription la portée générale que lui avait donnée celle du 11 brum. an VII; mais est allée plus loin encore, en étendant la nécessité de la transcription, vis-à-vis des tiers, à des droits que l'art. 26 de la loi de brumaire n'y avait point soumis.

2. Le premier paragraphe de l'art. 1er de la loi du 23 mars 1855 exige la transcription de tout acte *entre-vifs* translatif de propriété immobilière ou de droits réels susceptibles d'hypothèque. Il faut remarquer tout d'abord que les actes entre-vifs sont les seuls pour lesquels cette formalité soit prescrite. La discussion de la loi au Corps législatif (séance du 13 janv. 1855, *Moniteur* du 15) ne permet pas de douter que les actes testamentaires n'y sont point assujettis. En effet, le légataire n'étant point partie au testament, il s'écoule nécessairement, à partir du décès, un temps plus ou moins long, pendant lequel il serait dans l'impossibilité absolue d'opérer la transcription, et l'on ne saurait, durant cet intervalle, ni laisser le droit de propriété suspendu, ni le faire reposer sur la tête de l'héritier au grand détriment du légataire. D'un autre côté, subordonner la validité d'un testament à l'accomplissement d'une formalité posthume, ne serait-ce pas violer le respect dû aux dernières volontés du défunt (Rapport de M. de Belleyme au Corps législatif; Troplong, *Comment.* de la loi du 23 mars 1855, n° 37)?

3. En outre, la transcription ne s'applique qu'aux actes translatifs de propriété ou de droits réels. Il était inutile d'y soumettre les actes purement *déclaratifs*, tels que les jugements et les partages, qui supposent ou un titre antérieur, lequel aura dû lui-même être transcrit, s'il était susceptible de cette formalité, ou un droit préexistant, contre les conséquences duquel les tiers peuvent se garantir par d'autres moyens que la transcription (Code Nap., 882; Troplong, *loc. cit.*, n° 45; Dalloz, *Jur. gén.*, v° *Transcr. hyp.*, n°s 48 et suiv.).

4. Au nombre des actes translatifs de propriété dont parle l'article 1er, figure tout d'abord la vente. Mais que dire de la promesse de vente? Il faut distinguer entre la promesse unilatérale de vente et la promesse synallagmatique, c'est-à-dire accompagnée de la promesse d'acheter. S'il s'agit d'une promesse unilatérale, on décide généralement que c'est seulement à partir du contrat qui contient la réalisation de la vente ou du jugement qui en tient lieu, et non à partir du jour de la promesse primitive, que l'acquéreur est propriétaire (Troplong, *Vente*, n°s 114 et suiv.; Marcadé, t. 6, p. 163).— D'où il suit que la vente, qui aurait été faite par le promettant, avant cette réalisation, à un tiers de bonne foi, serait valable, et que, dans ce cas, la promesse antérieure devrait se résoudre en dommages-intérêts. — Dès

lors, il n'y a pas lieu de faire transcrire la promesse unilatérale de vente, puisqu'elle ne serait pas translative de propriété, et que, conséquemment, la transcription ne ferait pas obstacle, dans l'hypothèse prévue, à la validité de la vente faite postérieurement à un tiers (Troplong, *Transcript.*, n° 52; Rivière et Huguet, *Quest. sur la transcript.*, n° 53; Gauthier, *Résumé de doct. et de jurispr. sur la transcript.*, n° 19; Flandin, *de la Transcript.*, n° 64; Dalloz, v° *Transcrip. hyp.*, n° 81). — *Contrà* Mourlon, *Rev. prat.*, t. 2, p. 193, n° 39.

En ce qui concerne la promesse de vente synallagmatique, la question est plus délicate. Quelques auteurs, expliquant l'art. 1589, C. Nap., par la discussion à laquelle il a donné lieu au conseil d'Etat, soutiennent qu'une telle promesse de vente n'est pas translative de propriété, et que l'acquéreur n'est saisi que par la réalisation (Toullier, t. 9, n° 92; Troplong, *Vente*, t. 1, n°s 130 et suiv.; Marcadé, t. 6, p. 165). Dans ce système, on doit décider que la promesse synallagmatique, comme la promesse unilatérale, ne peut être transcrite utilement (Troplong, *Transcript.*, n° 52; Dalloz, v° *Transcr. hyp.*, n° 83). — Mais l'opinion contraire, celle qui s'appuie sur l'art. 1589 pour donner à la promesse synallagmatique tous les effets de la vente, compte un plus grand nombre de partisans (Duranton, t. 16, n° 51; Favard de Langlade, *Rép.*, v° *Vente*, § 4; Rolland de Villargues, *Rép.*, v° *Promesse de vente*, n° 13; Duvergier, *Vente*, t. 1, n° 124; Mourlon, *Rev. prat.*, t. 1, p. 518 et s.; Gauthier, *loc. cit.*; Flandin, n° 68). Si l'on se range à cette opinion, qui nous semble en effet la plus exacte, on doit décider que la promesse synallagmatique de vente est assujettie à la transcription. — Du reste, il ne faut pas confondre avec une simple promesse de vendre la vente sous seing privé, contenant engagement de la part des contractants d'en passer plus tard un acte notarié. C'est là une vente parfaite et qui doit être transcrite (Troplong, *Transcript.*, n° 53; Dalloz, v°s *Transcr. hyp.*, n° 83, et *Vente*, n° 320).

5. La vente ne cesse pas d'être soumise à la formalité, bien qu'elle soit conditionnelle. En effet, si elle est soumise à une condition résolutoire, l'acquéreur est propriétaire du jour même du contrat, sauf l'événement de la condition. Si la condition est suspensive, la vente n'existe, à la vérité, qu'autant que l'événement qui forme la condition vient à s'accomplir; mais la condition une fois réalisée a un effet rétroactif et fait remonter le droit de propriété de l'acquéreur au jour du contrat. Dans l'intervalle qui s'écoule entre la vente et l'événement de la condition, l'acquéreur peut consentir des aliénations subordonnées elles-mêmes dans leurs effets à

cet événement, et il est nécessaire que la transcription révèle cette situation aux tiers (Troplong, n° 54; Rivière et Huguet, *Quest.*, n° 106; Mourlon, *Rev. prat.*, t. 1, p. 87, n° 14; Gauthier, *Résumé de la doctrine*, etc., n° 25; Bressolles, *Explic. des règles sur la transcript.*, n° 28; Flandin, n° 87; Dalloz, v° *Transcr. hyp.*, n°s 90 et 91).

6. La cession que l'acquéreur sans condition suspensive fait, avant l'accomplissement de la condition, du droit résultant pour lui du contrat, doit elle-même être transcrite, car elle constitue bien un acte translatif d'un droit de propriété immobilière (Mourlon, *Rev. prat.*, t. 1, p. 68 et suiv.; Gauthier, *Résumé de doctrine*, etc., n° 27; — *Contrà*, Rivière et Huguet, *Quest. sur la transcript.*, n°s 107 et suiv.).

7. La vente faite par une personne qui agit officieusement pour une autre sans mandat, est valable lorsqu'elle a reçu la ratification du propriétaire, et cette ratification rétroagit au jour de l'acte consenti par le gérant. Il suit de là que la vente, qui est ici l'acte translatif de propriété, et la ratification, qui lui donne effet, doivent être l'une et l'autre transcrites pour mettre l'acquéreur et ses ayants droit à l'abri des prétentions de ceux auxquels le propriétaire aurait concédé des droits réels avant la ratification, et qui n'auraient pas eux-mêmes déjà fait transcrire leur contrat (Troplong, n° 55). — Mais à quel moment, dans ce cas, la vente doit-elle être transcrite? M. Troplong (n° 128) enseigne qu'elle doit l'être immédiatement, en vue de la rétroactivité que produira la ratification, comme dans le cas de vente conditionnelle. Nous croyons, avec M. Flandin (n°s 125 et suiv.), qu'il faut distinguer. Si c'est au nom de l'acquéreur que le *negotiorum gestor* a agi, le contrat devra être transcrit immédiatement, afin de garantir l'acquéreur éventuel contre les droits que le vendeur pourrait constituer ultérieurement à des tiers sur l'immeuble (*Conf.*, Mourlon, *Rev. prat.*, t. 1, p. 215, n° 28, et p. 502, n° 32; Gauthier, n° 36). Si le *negotiorum gestor* a agi au nom du vendeur, la transcription qui serait faite avant la ratification serait inefficace, parce qu'elle n'a transmis à l'acquéreur aucun droit, mais une simple expectative, qu'il ne peut convertir dès à présent en un titre translatif, lequel peut seul servir de base à la transcription. — Mais il ne suffirait pas de faire transcrire l'acte de ratification, alors même qu'il rappellerait exactement les énonciations substantielles et toutes les conditions de l'acte de vente (Gauthier, n° 37; — *Contrà*, Rivière et Huguet, n°s 57 et suiv.; Mourlon, *Rev. prat.*, t. 1, p. 505).

8. On ne saurait douter que la transcription ne soit nécessaire à l'égard de la vente alternative de deux immeubles, l'événement qui détermine celui de ces immeubles sur lequel le droit de l'acquéreur sera définitivement assis, faisant remonter ce droit au jour du contrat (Mourlon, *loc. cit.*, p. 517; Gauthier, n° 32; Flandin, n°s 105 et suiv.; Dalloz, v° *Transcr. hyp.*, n°s 96 et 97).

9. Une vente sujette à rescision n'en doit pas moins être transcrite, lorsqu'elle est entachée d'une nullité purement relative, car cette nullité peut n'être jamais proposée, et l'exécution volontaire ou la prescription de l'action en rescision peuvent assurer plus tard la validité de la vente. Que si une ratification expresse intervient, il ne sera point nécessaire de la transcrire, parce qu'elle n'a pas plus de portée que l'exécution volontaire ou la prescription (*V.* en ce sens Troplong, n° 131; Flandin, n°s 115 et 116; Dalloz, v° *Transcr. hyp.*, n°s 98 et suiv.).

10. La clause de réméré étant une condition résolutoire, l'acte par lequel le vendeur, qui a stipulé une telle clause, exerce le rachat dans le délai fixé, n'est pas un acte translatif, et conséquemment ne doit pas être transcrit (Troplong, n° 245; — *Contrà*, Dalloz, v° *Transc. hyp.*, n° 90); mais il y a lieu, au contraire, de transcrire l'acte de résolution qui intervient entre les contractants après le délai, parce qu'il a le caractère d'une revente (Lesenne, *Comment. théor. et prat. de la loi sur la transcript.*, n°s 8 et 9).

11. La loi exigeant la transcription de *tout acte* translatif de propriété, sans distinction de forme, on doit admettre que, dans le cas où la vente a été conclue par correspondance, l'acheteur est saisi, vis-à-vis des tiers, par la transcription de la lettre du vendeur renfermant tout à la fois l'acceptation de la proposition d'achat moyennant un prix indiqué, et la désignation suffisante de l'immeuble vendu (Mourlon, *Rev. prat.*, t. 1, p. 212 et suiv.; Gauthier, n° 41; Flandin, n° 80 et suiv.; Dalloz, v° *Transcr. hyp.* n° 89).

12. Quant à la vente verbale ou dont le titre est adiré, elle ne saurait être transcrite, tant que l'existence n'en a pas été déclarée par un jugement (*V. infrà*, n° 36). On a proposé à la vérité de suppléer à la transcription du titre par une mention, sur le registre des transcriptions, de la déclaration, affirmée par l'acquéreur, de l'existence de la vente, ainsi que de toutes les énonciations que les tiers ont intérêt à connaître, en subordonnant du reste l'effet de cette mention, vis-à-vis de ces derniers, à la condition que l'acquéreur ferait ensuite reconnaître en justice, avec tous les intéressés, l'existence et la validité de la vente (Mourlon, *loc. cit.*, p. 163 et suiv.); mais ce mode de procéder ne nous semble pas compatible avec l'économie de la loi nouvelle (*Conf.*, Gauthier, n° 40; Flandin, n°s 78 et 79; Dalloz, v° *Transcr. hyp.*, n° 88).

13. Il n'y a pas lieu de transcrire l'acte

par lequel l'acquéreur, ayant à redouter une action en résolution ou en rescision, consent à la résolution de la vente pour prévenir un procès, car ce n'est point là un acte translatif. Mais il en serait autrement, si la résolution amiable intervenait sans qu'il existât aucune des causes pour lesquelles elle pourrait être demandée devant les tribunaux ; ce ne serait alors autre chose qu'une rétrocession (Troplong, n° 244 ; Mourlon, *Revue prat.*, t. 2, p. 199 et suiv. ; Flandin, n°ˢ 221 et suiv. ; Gauthier, n° 48). Dans ce cas, la transcription serait nécessaire, encore bien que la vente n'aurait pas été elle-même transcrite (Mourlon, *loc. cit.*, p. 205 ; Flandin, n° 222. — *Contrà*, Troplong, *loc. cit.*).

14. Parmi les actes translatifs de propriété soumis à la transcription, il faut comprendre la cession, soit de l'action en nullité ou en rescision d'une vente (Mourlon, *Rev. prat.*, t. 1, p. 75 et suiv.), soit d'un droit de réméré (Mourlon, *eod.* ; Troplong, n°ˢ 59 et suiv.), car cette cession n'est en réalité qu'une translation de l'immeuble, objet de la vente, avec certaines chances ou sous certaine condition. Lorsque la rescision ou la nullité aura été prononcée par les tribunaux, lorsque le réméré aura été exercé par le cessionnaire, c'est bien en vertu de la cession que ce dernier se trouvera propriétaire de l'immeuble.

Mais la cession de l'action résolutoire cesserait d'avoir besoin d'être transcrite, si elle n'avait été consentie qu'accessoirement au transport du prix de la vente. Dans ce cas, en effet, comme dans celui de toute cession de créance, il suffit au cessionnaire, pour être saisi à l'égard des tiers, de remplir les formalités prescrites par l'art. 1690, C. Nap. (Mourlon, *loc. cit.*, p. 77 ; Gauthier, n° 49).

15. La cession qu'un cohéritier fait à un étranger de ses droits dans une succession composée de meubles et d'immeubles, doit être transcrite, comme renfermant une transmission éventuelle de propriété immobilière. Si le lot qui écherra au cessionnaire comprend des immeubles, ne sera-ce pas en vertu de la cession que les immeubles seront réputés, par l'effet rétroactif du partage, lui avoir appartenu dès le jour même de l'ouverture de la succession (Troplong, n° 58 ; Mourlon, *Rev. prat.*, t. 2, p. 197 ; Flandin, n° 206 ; Dalloz, v° *Transcr. hyp.*, n° 151).

Il faut en dire autant de la cession de droits successifs qu'un héritier consent à l'un de ses cohéritiers, si elle laisse subsister l'indivision entre les autres, parce qu'une telle cession a le caractère d'une vente et non d'un partage. Au contraire, la cession ne doit pas être soumise à la formalité, lorsque, faisant cesser complétement l'indivision, elle constitue un véritable partage, c'est-à-dire un acte déclaratif et non translatif de propriété (Rivière et François, *Explic. de la loi sur la transcription*, n°ˢ 17 et suiv. ; Rivière et Huguet, *Quest.*, n°ˢ 92 et 93 ; Troplong, n° 50 ; Flandin, n°ˢ 196 et suiv. ; Dalloz, v° *Transcr. hyp.*, n°ˢ 146 et 150).

16. On doit voir un acte translatif dans la cession d'une action en revendication d'un immeuble, car lorsque cette action aura été accueillie par la justice, ce ne sera pas par l'effet du jugement, qui est purement déclaratif, mais par l'effet de la cession que le cessionnaire se trouvera propriétaire de l'immeuble. Cette cession doit donc être transcrite (Troplong, n° 56).

17. Il est évident que la cession de biens judiciaire n'est pas assujettie à la transcription, puisque, aux termes de l'art. 1269, C. Nap., elle ne confère point aux créanciers la propriété des biens abandonnés, et équivaut seulement pour eux à un mandat de faire vendre ces biens à leur profit et d'en percevoir les revenus (Rivière et Huguet, n° 39 ; Mourlon, *Rev. prat.*, t. 3, p. 192 et suiv. ; Flandin, n° 169 ; Dalloz, n° 357). — Quant à la cession de biens volontaire, elle peut, suivant les stipulations qui en règlent les effets, revêtir le caractère d'un acte translatif de propriété, comme si l'abandon que le débiteur fait de ses immeubles à ses créanciers doit le libérer à forfait envers ceux-ci, et constitue par là une véritable dation en paiement, et alors il y a lieu de la faire transcrire (Rivière et Huguet, n° 40 ; Mourlon, *loc. cit.*, p. 196 ; Flandin, n° 171 ; Dalloz, n° 131).

18. La dation en paiement est, en effet, l'équipollent d'une vente, et elle entraîne la nécessité de la transcription toutes les fois qu'elle a des immeubles pour objet. Telle est celle par laquelle, après la séparation de biens, des immeubles personnels au mari sont abandonnés à la femme en acquittement de sa dot ou de ses reprises (Rivière et François, n° 6 ; Troplong, n° 61 ; Mourlon, *Rev. prat.*, t. 2, p. 354 ; Flandin, n° 176 ; Dalloz, n° 127).

19. D'après M. Troplong (n° 62), le prélèvement que l'un des époux fait sur les immeubles de la communauté pour se remplir de ses reprises, doit aussi donner lieu à la transcription, parce que c'est comme créancier et à titre de dation en paiement que cet époux reçoit les immeubles. Mais d'autres auteurs font la distinction suivante, qui nous semble fondée : si c'est par le mari ou par la femme acceptante que des immeubles de la communauté sont prélevés, la transcription n'est pas nécessaire, car, en pareil cas, le prélèvement est un des éléments du partage de la communauté, et il n'est, comme celui-ci, que purement déclaratif d'un droit préexistant. Si c'est au profit de la femme renonçante que le prélèvement s'opère, il y a lieu à transcription, dans le système, qui a

définitivement prévalu en jurisprudence (Cass., 16 janv. 1858, D.p.58.1.5), d'après lequel le droit de reprise s'exerce à titre de créance, parce qu'alors il est vrai de dire que le prélèvement a le caractère d'une dation en paiement (*V.* en ce sens Rivière et Huguet, n° 31; Mourlon, *Rev. prat.*, t. 2, p. 355 et suiv.; Lesenne, n° 15; Gauthier, n° 72; Flandin, n° 294; Dalloz, v° *Transcr. hyp.*, n°ˢ 178 et suiv.).

20. La clause d'ameublissement, par laquelle l'un des époux fait entrer des immeubles déterminés dans la communauté, opère certainement une mutation de propriété, et, à ce titre, elle paraît devoir donner lieu à la transcription. M. Troplong (n°ˢ 64 et suiv.), dit à ce propos que la communauté est loin d'avoir intérêt à ce que cette formalité soit remplie, car elle aurait à supporter, sans indemnité, les dommages-intérêts dont l'époux qui a fait l'ameublissement serait passible envers les créanciers dont il repousserait, à la faveur de la transcription, l'action réelle. Mais cette opinion est combattue par MM. Mourlon (*Rev. prat.*, t. 2, p. 373, n° 49); Rivière et Huguet (*Quest.*, n° 38); Flandin (n°ˢ 275 et suiv.); et Dalloz, v° *Transcr. hyp.*, n°ˢ 169 et 170, qui soutiennent que, dans ce cas, l'époux auteur de l'ameublissement, étant tenu de la garantie envers la communauté, en cas d'éviction, doit supporter les dommages-intérêts qu'elle est obligée de payer pour conserver l'immeuble.

21. Dans le cas où le mari achète un immeuble pour servir de remploi à la femme, l'acceptation que celle-ci fait de ce remploi a-t-elle besoin d'être transcrite, comme l'acte d'acquisition lui-même? A cet égard, une distinction est nécessaire. Si l'acquisition a été faite par le maire au nom et pour le compte de sa femme, l'acceptation rétroagit au jour même du contrat; la femme est réputée avoir elle-même acquis directement du vendeur, sans que la propriété ait résidé un seul instant sur la tête du mari, qui n'a agi que comme *negotiorum gestor*; il suffit donc de la transcription du contrat de vente (Mourlon, *Rev. prat.*, t. 3, p. 49 et suiv., n° 74; Rivière et Huguet, *Quest.*, n°ˢ 37 et 38; Flandin, n°ˢ 275 et suiv.; Dalloz, v° *Transcr. hyp.*, n°ˢ 168 et suiv. — *Contrà* Flandin, n°ˢ 303 et suiv.; Dalloz, n° 190).

Mais si c'est en son nom personnel que le mari a acheté, en se bornant à déclarer que l'acquisition était faite avec les deniers provenant de l'aliénation d'un propre de la femme, et pour tenir lieu de remploi à celle-ci, la transcription de l'acceptation est nécessaire, dans le système suivant lequel il s'opère, dans ce cas, deux mutations successives, l'une du vendeur au mari, l'autre du mari à la femme (Toullier, t. 12, n° 362; Duranton, t. 14, n° 393; Rodière et Pont, *Contr. de*

mar., n° 511; Troplong, *eod.*, n° 4135; Marcadé, t. 5, p. 473; Dalloz, *Jur. gén.*, v° *Contr. de mar.*, n° 1435). Cette transcription est, au contraire, inutile, si l'on décide que l'acceptation ultérieure de la femme fait remonter son droit de propriété au jour même du contrat d'acquisition, tout aussi bien que dans le cas où le mari aurait acheté pour elle et en son nom (Pothier, *Communauté*, n° 200; d'Aguesseau, *Plaid.*, 27; Mourlon, *Rev. prat.*, t. 3, p. 57 et s.; Gauthier, n° 76; Flandin, n°ˢ 307 et suiv.). Mais la première opinion nous paraît préférable; elle a été, en quelque sorte, consacrée dans la discussion dont l'art. 1435, C. Nap., fut l'objet au conseil d'Etat (*V.* Locré, t. 13, p. 195).

22. Le contrat de société qui renferme la stipulation d'apports immobiliers, a incontestablement le caractère d'acte translatif de propriété, et doit conséquemment être transcrit (Troplong, n° 63; Gauthier, *Résumé*, etc., n° 61; Mourlon, *Rev. prat.*, t. 2, p. 379, n° 52; Flandin, n° 266; Dalloz, v° *Transcript. hyp.*, n° 160). — *Contrà* Sellier, *Comm. de la loi du 23 mars 1855*, n° 123.

23. Doit-on considérer comme soumis à la transmission l'acte par lequel l'un des héritiers exerce le retrait successoral? Il faut d'abord reconnaître que la transcription est inutile dans le cas où le retrait produit les effets du partage, en ce qu'il fait complétement cesser l'indivision, comme lorsque le retrayant est l'unique héritier de celui qui a cédé ses droits successifs (Troplong, n° 248). Mais en dehors de cette hypothèse, bien que le retrayant soit réputé avoir directement acquis de l'héritier vendeur les droits qui font l'objet du retrait, et qu'il prenne seulement la place du cessionnaire, il semble que la transcription de l'acte de retrait est nécessaire pour faire connaître aux tiers le véritable acheteur (Troplong, n° 247; *Contrà*, Rivière et Huguet, n° 49; Mourlon, *Rev. prat.*, t. 3, p. 184 et suiv.; Flandin, n°ˢ 238 et suiv.; Dalloz, v° *Transcr. hyp.*, n° 209). —

24. Il convient, par la même raison, de soumettre à la formalité l'acte qui constate l'exercice du retrait litigieux ayant pour objet un immeuble qui a donné lieu à un procès et qui vient à être vendu par le possesseur pendant le litige (Troplong, n°ˢ 249 et 250; — *Contrà*, Rivière et Huguet, n° 50; Gauthier, n° 79; Flandin, n° 262; Dalloz, n° 219).

25. Mais le retrait d'indivision autorisé en faveur de la femme par l'art. 1408, C. Nap., est affranchi de la transcription: il n'a pas le caractère d'acte translatif, car le droit de propriété de la femme sur l'immeuble qu'elle reprend remonte rétroactivement à la date de l'acquisition faite par le mari, qui doit être réputé n'avoir agi que comme son *negotiorum gestor* (Mourlon, *Rev. prat.*, t. 3,

p. 186 et suiv.; Gauthier, n° 81; Flandin, n° 244; Dalloz, v° *Transcr. hyp.*, n° 217).

26. On s'est demandé si la transaction doit être transcrite. A cet égard, il faut distinguer. La transaction renferme-t-elle un abandon d'immeubles qui n'étaient l'objet d'aucune contestation entre les parties, elle est évidemment translative de propriété et sujette à la transcription. Ne contient-elle, au contraire, qu'une renonciation à la propriété d'immeubles litigieux, elle a simplement le caractère d'une reconnaissance d'un droit préexistant, mais douteux ; elle est purement déclarative de propriété, et dès lors ne doit pas être transcrite (Rivière et Huguet, n°s 19 et suiv., 70 et suiv.; Troplong, n°s 69 et s.; Gauthier, n°s 82 et suiv.; Flandin, n°s 329 et 332; Dalloz, v° *Transcr. hyp.*, n°s 196 et 200). *Contrà*, Mourlon, *Rev. prat.*, t. 3, p. 324, qui, assimilant la transcription à la renonciation dont parle le § 2 de l'art. 1er de la loi nouvelle, pense qu'il y a lieu de la transcrire dans tous les cas.

27. Pour les donations entre-vifs, qui sont des actes translatifs de propriété au premier chef, la loi du 23 mars 1855 n'a eu qu'à maintenir (*V.* l'art. 11) les dispositions du Code Napoléon qui les avaient déjà soumises à la nécessité de la transcription.

28. Mais que faut-il dire de l'institution contractuelle? Sous le Code, on a toujours décidé qu'il n'était pas nécessaire de la transcrire, parce qu'elle n'a pour but, comme le testament, que de transmettre la propriété après décès (*V.* Pau, 2 janv. 1827, D. p. 29. 2.164; Grenier, *Donat. et test.*, n° 430; Delvincourt, t. 2, p. 444, note 1; Toullier, t. 5, n° 843; Poujol, *Donat. et test.*, art. 941, n° 3; Coin-Delisle, *Donat. et test.*, n° 18; Troplong, *eod.*, t. 3, n° 1169, et t. 4, n° 2347 et suiv., et 2372; Dalloz, *Jur. gén.*, v° *Dispos. entre-vifs et test.*, n° 2057). La solution doit-elle être différente sous la loi nouvelle? Oui, selon quelques auteurs (Duvergier, notes sur la loi du 23 mars 1855, art. 1er; Arm. Bonnet, *Disp. par contr. de mar.*, t. 2, n°s 686 et suiv.; Flandin, n°s 700, et suiv.), qui se fondent sur ce que l'institution contractuelle, bien qu'elle ne soit pas irrévocable d'une manière absolue, n'en confère pas moins un droit actuel à l'institué, puisqu'elle fait perdre à l'instituant celui de disposer à titre gratuit des biens qui en font l'objet. Mais on répond, avec raison, que l'instituant ne se dépouille point en réalité, puisqu'il continue à garder la chose, à l'administrer, et qu'il conserve le droit de l'aliéner à titre onéreux; que le seul avantage que l'institution contractuelle transmet à l'institué, c'est l'expectative d'une chose qui lui est donnée en vue de la mort de l'instituant, et qu'une institution à cause de mort n'est pas plus sujette à transcription sous la loi

nouvelle que sous le Code (Lesenne, *Commentaire de la loi de 1855*, n° 60 ; Gauthier, *eod.*, n° 56; Rivière et Huguet, n°s 427 et suiv.; Lemarcis, *Comment. de la loi de 1855*, p. 50 et suiv.; Troplong, n°s 74 et suiv.)

29. Cette formalité n'est pas non plus applicable, soit aux donations par contrat de mariage, à titre de gain de survie, parce qu'elles participent plutôt de la donation à cause de mort que de la donation entre-vifs (Rivière et Huguet, n° 430 ; Gauthier, *eod.*, n° 57; — *Contrà*, Duvergier, *loc. cit.*), soit aux donations entre époux faites pendant le mariage, parce qu'elles sont essentiellement révocables (Troplong, n° 79 ; Lesenne, n° 5; Rivière et Huguet, *loc. cit.* ; Gauthier, n° 59; — *Contrà*, Duvergier, *eod.*).

30. Doit-on ranger parmi les actes entre-vifs translatifs de propriété que notre article soumet à la formalité de la transcription, les actes administratifs dans lesquels l'État contracte comme personne civile, tels qu'une vente en la forme administrative? M. Troplong, n° 80, enseigne la négative. La transcription, dit-il, est un acte de méfiance de la part du nouveau propriétaire contre son vendeur. Or, cette méfiance ne peut exister vis-à-vis de l'État; on ne peut craindre que l'État, ayant vendu un terrain à un citoyen, vende ensuite ce même terrain à un autre. Mais les termes absolus de loi ne permettent pas, selon nous, d'adopter cette opinion. Du reste, si la bonne foi de l'administration ne peut être suspectée, la transcription est encore utile pour prévenir les conséquences d'un oubli, ou même de l'ignorance d'un agent de l'administration relativement à l'existence de certains droits réels, ou enfin pour purger ceux qui pourraient exister du chef d'un précédent propriétaire (Mourlon, *Rev. prat.*, t. 4, p. 112 et s.; Lesenne, n° 1 ; Gauthier, *eod.*, n° 119; Flandin, n° 340; Dalloz, v° *Transcr. hyp.*, n° 230).

31. On a vu que la loi nouvelle assujettit à la transcription, non-seulement les actes translatifs de propriété, mais encore les actes translatifs de droits réels susceptibles d'hypothèques. Ces derniers actes sont particulièrement ceux qui ont pour objet le droit d'usufruit, le droit d'emphytéose et le droit de superficie (Troplong, n° 82; Mourlon, *Rev. prat.*, t. 1, p. 104; Flandin, n° 352; Dalloz; v° *Transcr. hyp.*, n° 235).

32. Suivant MM. Rivière et Huguet, n°s 143 et suiv., le contrat de mariage, soit sous le régime de la communauté réduite aux acquêts, soit sous le régime exclusif de communauté, soit sous le régime dotal, doit être transcrit toutes les fois qu'il renferme un apport d'immeubles de la part de la femme, parce qu'il a pour objet de faire acquérir à la communauté sous le premier régime, et au

mari sous les deux autres, la jouissance de ces immeubles, et qu'il est, dès lors, translatif d'usufruit. — Mais c'est là une doctrine trop absolue. D'abord, si les fruits des propres des époux tombent dans la communauté, ce n'est pas parce que celle-ci en est usufruitière, mais à cause de l'association qui unit les époux et parce que les fruits font partie de l'apport de chaque associé. Il ne peut donc être question de transcription dans ce cas (Troplong, n° 84). — Sous le régime exclusif de communauté, comme sous le régime dotal, le mari, quoique usufruitier de la dot, est tenu de toutes les dettes antérieures de la femme ; dès lors, ici encore la transcription serait sans objet (Troplong, n°s 85 et suiv.). Toutefois il n'en est ainsi, sous le régime dotal, qu'autant que le contrat renferme une constitution de dot universelle ou universelle. Lorsque la constitution est faite à titre particulier, le mari doit être considéré comme un acheteur, et la transcription lui est utile pour soustraire son droit d'usufruit aux poursuites des créanciers de la femme antérieurs au mariage (même auteur, n° 88). M. Gauthier, n° 64, restreint cette solution au cas où l'immeuble constitué en dot à la femme est estimé dans le contrat, avec déclaration que l'estimation en transporte la propriété au mari (C. Nap., 1552) ; et il se fonde sur ce que le droit de jouissance du mari sur l'immeuble de la femme n'est pas un véritable droit d'usufruit, mais seulement un droit subordonné à celui de cette dernière.

33. Au reste, lorsque la transcription du contrat de mariage est nécessaire, il suffit de présenter à la formalité la partie du contrat renfermant la clause qui y est soumise (Rivière et Huguet, n° 147 ; Troplong, n° 89 ; Gauthier, n° 65).

34. Le § 2 de l'art. 1er de la loi du 23 mars 1855, exige la transcription de tout acte contenant, non plus transmission de droits réels susceptibles d'hypothèque, mais renonciation à ces mêmes droits. — Au surplus, cette disposition n'est applicable qu'aux renonciations qui ont elles-mêmes un caractère translatif, c'est-à-dire à celles par lesquelles on se dépouille d'un droit réel en faveur d'un tiers, et non aux renonciations purement extinctives du droit, c'est-à-dire par l'effet desquelles le droit est réputé n'avoir jamais appartenu au renonçant (Rivière et François, n° 13 ; Rivière et Huguet, n° 65 et s. ; Troplong, n°s 94 et suiv. ; Gauthier, n° 103 ; Flandin, n°s 436 et 438 ; Dalloz, n° 291). — Par exemple, il est nécessaire de transcrire la renonciation de l'usufruitier à son droit d'usufruit, parce qu'elle fait passer le droit aux fruits de la tête de l'usufruitier sur celle du nu propriétaire. Mais la renonciation à une succession ou à la communauté n'est pas

sujette à la transcription, parce que l'héritier ou la femme qui renoncent sont censés n'avoir jamais eu aucun droit sur la succession ou sur la communauté, et par conséquent n'ont pu rien transmettre. — Toutefois la renonciation à une succession ou à un legs serait translative et conséquemment assujettie à la transcription, si elle était faite expressément en faveur d'un ou de quelques-uns des cohéritiers du renonçant (Rivière et Huguet, n°s 76 et suiv. ; Lesenne, n° 29 ; Troplong, n° 95 ; Gauthier, n° 106 ; Flandin, n° 445 ; Dalloz, v° Transcr. hyp., n° 300). Si elle était faite en faveur de tous, elle ne devrait pas être transcrite ; car, mettant fin à l'indivision, elle aurait le caractère d'un partage, et l'on sait qu'un acte de cette nature n'est pas sujet à la formalité (V. supra, n° 15).

35. La transcription est encore inapplicable à toute renonciation qui n'est que la reconnaissance déclarative du droit d'un tiers, comme la renonciation à une prescription acquise, à une action en nullité ou en revendication (Troplong, n°s 96 et suiv. ; Gauthier, n° 108 ; Mourlon, Rev. prat., t. 6, p. 393, n° 125 ; Flandin, n° 459 ; Dalloz, v° Transcr. hyp., n° 307).

36. L'art. 1er range encore, par son § 3, au nombre des actes soumis à la formalité de la transcription, les jugements qui déclarent l'existence d'une convention verbale de la nature de celles qui doivent être transcrites, lorsqu'elles sont constatées par écrit. En effet, ces jugements tiennent lieu de l'acte qui, dans ce dernier cas, doit être présenté à la formalité ; il est, dès lors, logique qu'ils y soient présentés eux-mêmes.

37. D'après le § 4 du même article, il y a lieu aussi de transcrire tout jugement d'adjudication autre que celui rendu sur licitation, au profit d'un cohéritier ou d'un copartageant.

Cette disposition est fondée sur ce que, par exception à la règle suivant laquelle les jugements sont des actes purement déclaratifs de droits préexistants (V. supra, n° 3), les jugements d'adjudication, qui font l'office d'un acte de vente, sont translatifs de propriété. L'art. 1er excepte, avec raison, les jugements d'adjudication rendus sur licitation au profit d'un cohéritier ou d'un copartageant ; car ils ont tout le caractère d'un partage (V. supra eod., et n°s 15 et 34).

38. De ce que le § 4 de l'art. 1er restreint l'exception à ces derniers jugements, s'ensuit-il qu'il y ait lieu de transcrire même le jugement d'adjudication rendu sur surenchère, au profit de l'acquéreur primitif, et qu'ainsi, l'art. 2189, C. Nap., qui dispense de publier ces jugements, se trouve abrogé ? M. Mourlon, dans l'Appendice sur la transcription, n° 335, avait admis l'affirmative. Mais dans la Rev. prat. (t. 4, p. 336, n° 78), il a adopté l'opinion contraire qui est suivie

par la majorité des auteurs (Rivière et Huguet, nᵒˢ 115 et suiv.; Troplong, nᵒ 101; Gauthier, nᵒˢ 113 et 114; Flandin, nᵒ 561; Dalloz, vᵒ *Transcr. hyp.*, nᵒ 366). D'un côté, l'abrogation d'une disposition aussi formelle que celle de l'art. 2189 ne saurait s'induire du seul silence de la loi de 1855; et, d'autre part, la transcription du jugement dont nous parlons serait sans utilité, puisque ce jugement ne fait que confirmer une acquisition dont le titre a déja été transcrit.

39. On doit aussi reconnaître, malgré le silence de la loi sur ce point, que la nécessité de la transcription ne saurait s'appliquer au jugement portant adjudication, au profit de l'héritier bénéficiaire, des biens de la succession; car ce jugement ne fait encore que corroborer un droit préexistant, celui que l'héritier bénéficiaire tient de sa qualité même d'héritier, et l'adjudication n'a d'autre effet que de fixer la somme dont ce dernier est comptable envers les créanciers du défunt (Troplong, nᵒ 102; Gauthier, nᵒ 115).

40. La disposition du § 4 de notre article ne saurait non plus atteindre les jugements d'expropriation pour cause d'utilité publique. La formalité de la transcription serait incompatible avec la législation spéciale qui régit cette matière, et suivant laquelle le jugement d'expropriation affranchit l'immeuble de toute action réelle en revendication (L. 3 mai 1841, art. 6 et 15; — Cabantous, *Revue crit.*, juill. 1855, p. 98 et suiv.; Rivière et Huguet, nᵒ 353; Troplong, nᵒ 103). — *Contrà*, Flandin, nᵒˢ 599 et suiv.; Dalloz, vᵒ *Transcr. hyp.*, nᵒ 380. — M. Mourlon, qui avait d'abord adopté la première opinion dans l'*Appendice*, nᵒ 335, est revenu à la dernière dans la *Rev. prat.*, t. 4, p. 379, nᵒ 88.

41. Il n'est pas besoin d'ajouter que la décision doit être la même à l'égard des traités amiables qui tiennent lieu de jugement d'expropriation pour cause d'utilité publique (Mêmes auteurs).

42. Enfin, MM. Rivière et François, nᵒ 17, font remarquer avec raison que le jugement d'envoi en possession des biens d'un absent est encore au nombre de ceux qui ne doivent pas être transcrits, parce que, l'envoi en possession étant fondé sur la présomption de décès de l'absent, la transmission a lieu, dans ce cas, à titre héréditaire; *Conf.* Gauthier, nᵒ 116.

. Art. 2. Sont également transcrits :

1ᵒ Tout acte constitutif d'antichrèse, de servitude, d'usage et d'habitation ;

2ᵒ Tout acte portant renonciation à ces mêmes droits ;

3ᵒ Tout jugement qui en déclare l'existence en vertu d'une convention verbale ;

4ᵒ Les baux d'une durée de plus de dix-huit années ;

5ᵒ Tout acte ou jugement constatant même pour bail de moindre durée, quittance ou cession d'une somme équivalente à trois années de loyers ou fermages non échus.

43. La loi du 11 brum. an VII n'avait prescrit la formalité de la transcription qu'à l'égard des actes translatifs de propriété et de droits réels susceptibles d'hypothèque. Celle du 23 mars 1855 est allée plus loin. Elle étend, par son art. 2, la nécessité de la transcription aux actes translatifs des démembrements de la propriété, qui, bien qu'ils ne soient pas susceptibles d'hypothèque, constituent des charges de nature à altérer la valeur des immeubles qui en sont l'objet, et dont il importe, dès lors, que les tiers aient connaissance.

44. Une première remarque à faire, c'est que les dispositions de l'art. 2 ne s'appliquent évidemment, comme celles de l'art. 1ᵉʳ, qu'aux actes entre-vifs. Il a été formellement déclaré, lors de la discussion de la loi nouvelle (séance du 13 janv. 1855), que le principe posé dans l'art. 1ᵉʳ devait réfléchir sur l'art. 2. *V.* aussi Troplong, nᵒ 108; Dalloz, vᵒ *Transcr. hyp.*, nᵒ 270.

45. C'est une question qui ne laisse pas d'être délicate, que celle de savoir si la constitution d'un droit de servitude, d'usage ou d'habitation doit être transcrite, lorsqu'elle est faite à titre gratuit. Le doute naît de l'art. 11, aux termes duquel il n'est pas dérogé aux dispositions du Code Napoléon relatives aux actes de donation. Le Code n'ayant point soumis à la transcription les donations de droits non susceptibles d'hypothèque, il semble rationnel de conclure que de tels droits échappent à cette formalité même sous la loi nouvelle. Mais, dans la réalité, ce n'est pas déroger au Code Napoléon que d'assujettir à la transcription des actes qu'à la vérité ce Code n'y avait pas soumis, mais qu'il n'en avait pas non plus affranchis expressément; et cette extension, commandée par la logique, l'est aussi par la généralité des termes de notre article, qui ne distingue nullement entre les constitutions à titre onéreux et les constitutions à titre gratuit (Rivière et Huguet, nᵒˢ 431 et suiv.; Troplong, nᵒˢ 110 et suiv.; Mourlon, *Appendice*, nᵒ 334; Flandin, nᵒˢ 679 et suiv.; Dalloz, vᵒ *Transcr. hyp.*, nᵒ 272).

46. Il est certain qu'aucun acte n'est à transcrire dans le cas où une servitude se trouve établie, en vertu de la loi, par le seul fait de la division des héritages, comme la servitude résultant de la destination du père de famille (Rivière et François, nᵒ 38; Le-

senne, n° 50; Flandin, n° 411; Dalloz, v°
Transcr. hyp., n°s 278 et 279; Gauthier, n°
96), ou lorsqu'une servitude a été acquise
par la prescription (Lesenne, n° 51; Rivière
et François, n° 39; Flandin, n° 427; Dalloz,
n° 285).

47. La publicité des baux était une mesure
réclamée depuis longtemps. La loi nouvelle
l'a prescrite, mais en la limitant aux baux
d'une durée de plus de 18 années. Ceux-là
seulement ont paru présenter le caractère
d'un démembrement de la propriété, et devoir, à ce titre, être portés à la connaissance
des tiers.

Mais faut-il assimiler à un bail de plus de
plus de 18 ans celui qui assure au preneur
une jouissance excédant ce nombre d'années, au moyen d'un renouvellement fait
avant son expiration pour une période qui
ne dépasse pas 18 ans? M. Troplong, n° 117,
répond négativement, et il donne pour motifs que la loi ne prévoit point d'hypothèse
de baux successivement renouvelés et dont
chacun ne dépasse pas le maximum fixé; il
estime qu'en l'absence d'une disposition qui,
à l'imitation de l'art. 1430, C. Nap., ait fixé
un délai dans lequel le renouvellement devrait avoir lieu, un tel bail peut être opposé
aux tiers, malgré le défaut de transcription,
tant qu'il n'est pas prouvé que c'est par
fraude, et pour soustraire un bail d'une durée excessive à la règle de la transcription,
que ce bail a été fictivement fractionné en
baux successifs dont aucun ne dépasse la durée légale (V. aussi en ce sens Flandin, n°
504; Dalloz, v° Transcr. hyp., n°s 331 et 332).
Mais nous croyons qu'il est plus exact de décider, avec MM. Gauthier, n° 98, et Mourlon,
Rev. prat., t. 7, p. 150, n°s 144 et suiv., qu'en
aucun cas un preneur dont le titre n'est pas
transcrit ne peut prolonger sa jouissance au
delà de 18 ans; que l'intention importe peu,
et que le fait seul est à considérer.

48. Les cessions de bail et les sous-loca-
tions n'ont pas besoin d'être transcrites,
pour quelque durée qu'elles aient été consenties, car cette durée ne peut légalement
excéder celle du bail, lequel a dû être lui-
même transcrit. Toutefois il en serait autrement si le propriétaire était intervenu dans
l'acte de cession ou de sous-location pour
accepter le nouveau preneur, auquel il aurait
été assuré une jouissance de plus de dix-
huit années (Troplong, n°s 118 et suiv.; Rivière et Huguet, n°s 150 et suiv.; Flandin,
n°s 511 et suiv.; Gauthier, n° 101; Dalloz,
v° Transcr. hyp., n° 335).

49. Le § 4 de l'art. 2 assujettissant à la
transcription tous les baux en général dont
la durée excède 18 ans, cette formalité s'applique aux baux à colonage partiaire comme
aux baux en argent (Rivière et François, n°
28; Rivière et Huguet, n° 148; Troplong,

n° 121; Mourlon, Rev. prat., t. 7, p. 149,
n° 141; Flandin, n° 509; Dalloz, n° 333).

50. La loi a mis encore au nombre des
charges qui, diminuant la valeur des immeubles, doivent être révélées au tiers, les paiements anticipés et les cessions de loyers ou
fermages, lorsqu'ils sont d'une somme équivalente à trois années de loyers ou fermages non échus. Le § 5 de notre article soumet à la transcription tout acte ou jugement
qui constate ces paiements ou cessions, dans
le cas même où les baux sont d'une durée
inférieure à 18 ans. —Cette disposition n'enlève point, du reste, aux créanciers le droit
de demander la nullité d'une quittance ou
d'une cession de loyers ou fermages d'une
somme moindre même que trois années,
toutes les fois que l'acte aura été fait en fraude de leurs droits (Rivière et François, n°
30; Flandin, n° 535; Dalloz, n° 348; Lesenne, 54).

51. Avant de passer à l'explication des articles suivants, qui traitent des effets de la
transcription, il convient d'examiner en
quelle forme, en quel lieu et à la requête de
quelles personnes la transcription doit être
opérée.

Et d'abord, en ce qui concerne la forme,
on a vu déjà, n° 1, par la définition que
nous avons donnée de la transcription, que
cette formalité consiste dans la copie littérale
du titre sur un registre tenu par le conservateur des hypothèques. Cette copie doit être
intégrale. Cependant, lorsqu'un seul et
même acte contient plusieurs conventions
distinctes, chaque intéressé n'est tenu de
faire transcrire que la partie de l'acte relative aux immeubles ou droits réels dont il
lui importe d'être saisi à l'égard des tiers
(Rivière et François, n°s 33; Lesenne, n°
84; Troplong, n°s 89, 124 et 125; Flandin,
n° 356; Dalloz, n° 417). V. sup., n° 33.

51 bis. Un acte de société constatant les
apports immobiliers du gérant, doit être
transcrit en entier et non pas seulement par
extrait même littéral de la disposition de
l'acte relative à ces apports, lorsqu'il est déclaré que les autres dispositions forment avec
elle un tout indivisible que les tiers ont intérêt à connaître dans toutes ses énonciations
(Cass., 28 mai 1862, D.p.62.1.228).

52. La nécessité de la transcription ne
s'étend pas aux pièces annexées à l'acte
que l'on soumet à la formalité, telles que les
procurations des parties représentées par
des mandataires, les délibérations de conseil de famille ou les jugements qui autorisent l'aliénation des biens d'un mineur ou
des immeubles dotaux d'une femme mariée
(Merlin, Quest. de droit, v° Transcript., § 4,
p. 474 et 475; Rivière et François n° 32;
Troplong, n°s 126 et suiv.; Mourlon Rev.

prat., t. 1, p. 215 ; Gauthier, n° 212). — *V. suprà,* nᵒˢ 7 et 9.

53. En général, le conservateur des hypothèques est tenu de transcrire les actes tels qu'ils lui sont présentés, et il ne lui appartient pas d'apprécier si ces actes sont ou ne sont pas de nature à être transcrits (C. Nap., 2199 ; Cass., 11 mars 1829, D.p.29.1.175 ; Rivière et Huguet, n° 167 ; Lesenne, n° 84). Mais cette règle souffre exception à l'égard des actes sous seing privé non enregistrés : les droits de transcription devant s'acquitter en même temps que les droits d'enregistrement, le conservateur refuserait avec raison d'opérer une transcription dont les droits ne seraient pas payés (Rivière et François, n° 31 ; Rivière et Huguet, n° 168 ; Troplong, n° 136 ; Lesenne, n° 85 ; Flandin, n° 792 ; Dalloz, vᵒ *Transcr. hyp.*, n° 427 ; Arg. avis du cons. d'Et., 12 flor. an xiii).

54. Du reste, un acte sous seing privé que le conservateur aurait transcrit malgré son défaut d'enregistrement, n'en serait pas moins opposable aux tiers. La date certaine de l'acte n'est pas à considérer en pareil cas, puisque la transcription détermine seule la préférence (Rivière et Huguet, n° 169 ; Troplong, n° 137 ; Flandin, n° 793 ; Dalloz, vᵒ *Transcr. hyp* , n° 428 ; *V.* aussi Caen, 1ᵉʳ mai 1858, D.p.58.2.161).

54 *bis.* Le conservateur des hypothèques a qualité pour contester la régularité d'une transcription requise de lui, et notamment pour exiger la transcription intégrale d'un acte, et se refuser à transcrire par extrait l'une de ses dispositions (Cass., 28 mai 1862, D.p.62.1.228). — En tout cas, le moyen tiré du défaut de qualité du conservateur, en pareille matière, ne peut être proposé pour la première fois devant la Cour de cassation (Même arrêt).

55. Lorsque la transcription est incomplète ou qu'elle présente soit des omissions, soit des inexactitudes, elle n'est point pour cela nécessairement nulle. L'absence d'une disposition qui prononce cette nullité permet de décider que la transcription ne peut être annulée qu'autant qu'elle est de nature à nuire aux tiers, et seulement sur la demande de ceux auxquels elle porte préjudice (Troplong, n° 191 ; Gauthier, n° 208; Flandin, n° 799 ; Mourlon, *Rev. prat.*, t. 7, p. 161 ; Dalloz, vᵒ *Transcr. hyp.,* n° 433).

56. Quant au lieu où doit se faire la transcription, il ne saurait y avoir de doute. L'art. 1ᵉʳ de la loi du 23 mars 1855 désigne expressément le bureau de la situation des biens. — Si les immeubles qui font l'objet du contrat sont situés dans des arrondissements différents, il faut transcrire au bureau de chacun de ces arrondissements. Ces transcriptions distinctes sont nécessaires spécialement dans le cas d'échange de deux immeubles qui ne sont pas situés dans le ressort du même bureau (Lesenne, n° 83 ; Troplong, nᵒˢ 133 et 134).

57. Maintenant, quelles sont les personnes qui ont le droit de requérir la transcription ? Quelles sont celles qui sont chargées, sous leur propre responsabilité, de faire opérer cette formalité ? A cet égard, la loi nouvelle garde un silence absolu, d'où il faut conclure qu'elle s'en est référée aux principes qui régissent la transcription des donations. — Ainsi, la transcription peut être requise non-seulement par celui qui a aliéné et par celui au profit duquel a eu lieu l'aliénation ou par leurs successeurs universels, mais encore par toute personne intéressée, et, par exemple, par les successeurs à titre particulier et les créanciers de l'acquéreur (C. Nap., 1166 ; Rivière et François, *Appendice,* n° 11 ; Rivière et Huguet, n° 157).

58. La transcription n'étant qu'une mesure conservatoire, pour l'accomplissement de laquelle aucune capacité n'est nécessaire, on doit reconnaître le droit de la requérir à la femme mariée et au mineur, même non émancipé (Arg., art. 940, C. Nap.). — Quant aux maris et tuteurs, ce n'est pas seulement un droit qu'ils ont à cet égard ; ils sont obligés, sous leur responsabilité personnelle, de faire opérer la transcription dans l'intérêt de la femme ou des mineurs (Arg., même article et art. 942 ; Rivière et François, *loc. cit.*, nᵒˢ 12 et 13; Rivière et Huguet, nᵒˢ 157 et 158; Flandin, nᵒˢ 812 et 813, 818; Dalloz, vᵒ *Transcr. hyp.,* nᵒˢ 445 et 449). — Toutefois le mari n'est pas tenu de remplir cette formalité lorsqu'il n'a pas l'administration des biens de sa femme (Rivière et François, n° 15 ; Rivière et Huguet, n° 158; — *Contrà,* Flandin, n° 733 ; Dalloz, n° 446). — Comme les curateurs ne sont pas chargés de l'administration, la transcription n'est également que facultative pour eux (Rivière et François, n° 17 ; Rivière et Huguet, *loc. cit.*). — *V.* du reste, sur ces divers points et sur quelques autres qui s'y rattachent, Dalloz, vᵢˢ *Enreg., Dispos. entrevifs,* nᵒˢ 1582 et suiv., et *Transcrip. hypoth.,* nᵒˢ 443 et suiv.

59. L'obligation de faire transcrire ne saurait peser sur le mandataire chargé d'acheter, à moins qu'il n'ait aussi reçu le mandat de payer, car la prudence commande à l'acquéreur de ne payer qu'après qu'il a été saisi vis-à-vis des tiers par la transcription (Rivière et Huguet, nᵒˢ 160 et 161 ; Flandin, nᵒˢ 820 et 821 ; Dalloz, vᵒ *Transcr. hyp.,* nᵒˢ 451 et 452).

60. Cette obligation n'est pas non plus imposée au notaire qui a reçu l'acte à transcrire (Rivière et François, n° 14 ; Rivière et Huguet, n° 162 ; Troplong, n° 138 ; Flandin, n° 822 ; Dalloz, vᵒ *Transc. hyp.,* n° 453. *V.* aussi *infrà* le *Traité de la responsabilité des notaires,*

n°⁵ 136 et suiv., et les autorités citées), ni à l'avoué qui a obtenu le jugement assujetti à la transcription (Troplong, n° 141 ; arg. à contrar., art. 4 de la loi du 23 mars 1855) ; — à moins qu'il ne résulte des circonstances que le notaire ou l'avoué a été chargé de surveiller les suites nécessaires de l'affaire (Troplong, n°⁵ 140 et 141 ; Dalloz, v° Responsabilité, n°⁵ 371 et s.; 454 et s.).

Art. 3. Jusqu'à la transcription, les droits résultant des actes et jugements énoncés aux articles précédents, ne peuvent être opposés aux tiers qui ont des droits sur l'immeuble et qui les ont conservés en se conformant aux lois.

Les baux qui n'ont point été transcrits ne peuvent jamais leur être opposés pour une durée de plus de dix-huit ans.

61. Cette disposition apporte une dérogation très-grave aux principes du Code Napoléon. Ce n'est plus la date certaine qui rend les actes translatifs de propriété ou de droits réels, etc., opposables aux tiers ; c'est la transcription seule. Jusqu'à la transcription, celui qui a transmis ces droits conserve, vis-à-vis des tiers, la faculté d'en disposer de nouveau. Mais entre les parties contractantes et leurs ayants cause, rien n'est changé à la règle fondamentale de notre droit, suivant laquelle la convention est parfaite par le seul consentement.

Ainsi, le défaut de transcription ne peut être opposé ni par les parties, ni par leurs ayants cause, tels que les héritiers et successeurs à titre universel ; il ne peut l'être que par des tiers qui ont des droits sur l'immeuble et qui les ont conservés en se conformant aux lois.

62. Mais quels sont ces tiers? Il est d'abord certain qu'on ne peut appliquer cette qualification aux simples créanciers chirographaires, car ils n'ont pas de droits sur l'immeuble, et c'est précisément pour les exclure que ces derniers mots, qui ne figuraient pas dans le projet de loi, ont été plus tard ajoutés (Rapport de M. de Belleyme; Rivière et Huguet, n° 473). Un acquéreur qui n'a pas fait transcrire peut donc valablement revendiquer l'immeuble que des créanciers chirographaires de son vendeur auraient saisi postérieurement à son acquisition (Rivière et Huguet, n° 174; Troplong, n° 147 ; Flandin, n° 848; Dalloz, v° Transcr. hyp., n° 469).

63. En serait-il de même si le vendeur avait été déclaré en faillite avant que l'acheteur eût fait transcrire son contrat? La négative se fonde avec raison sur ce que le jugement déclaratif de la faillite a investi les créanciers chirographaires d'un droit réel, en affectant exclusivement l'actif du failli au paiement de leurs créances. — V. en ce sens MM. Troplong, n°⁵ 148 et suiv., et Mourlon, Appendice, n° 379. — Contrà, MM. Rivière et Huguet, n° 194; Flandin, t. 2, n° 856 ; Dalloz, n°⁵ 475 et suiv., qui estiment que l'acquéreur peut faire transcrire utilement son contrat tant que les syndics n'auront pas pris dans l'intérêt de la masse l'hypothèque qui résulte du jugement de déclaration et qui, aux termes de l'art. 490, C. comm., doit être inscrite.

64. Au nombre des tiers dont parle notre article, il faut certainement ranger les créanciers hypothécaires (Rivière et Huguet, n° 174; arg. Troplong, n°⁵ 146 et suiv.; Flandin, t. 2, n° 847; Dalloz, v° Transcr. hyp., n° 468). Mais suit-il de là qu'une vente d'immeubles ne puisse prévaloir contre la saisie de ces mêmes immeubles pratiquée à la requête d'un créancier hypothécaire, alors qu'elle n'a été transcrite qu'après la transcription de la saisie ? L'affirmative compte de nombreux partisans, et elle a été admise notamment par un arrêt de la Cour de Caen, du 1ᵉʳ mai 1858 (D.P. 58.2.161), et par un autre arrêt de la Cour de Besançon, du 29 nov. 1858 (D.P.59.2.32). Mais l'opinion contraire se défend par de plus puissantes raisons, que M. Dalloz a développées de la manière suivante dans la note dont il a accompagné cet arrêt.

« L'art. 3 de la loi du 23 mars 1855 est ainsi conçu : « Jusqu'à la transcription, les droits résultant des actes et jugements énoncés aux articles précédents (ce sont les actes d'aliénation, les actes constitutifs de droits réels, etc.) ne peuvent être opposés aux tiers *qui ont des droits sur l'immeuble et qui les ont conservés en se conformant aux lois.* » Or il s'agit de savoir si ces dernières expressions doivent s'appliquer au créancier saisissant qui se trouve en concours avec un acquéreur, lorsque la transcription du procès-verbal de saisie a précédé celle de l'acte de vente; il s'agit de savoir si ce créancier saisissant est dans le sens de l'art. 3 précité, un *tiers* ayant des droits sur l'immeuble et les ayant conservés en se conformant aux lois.

« Plusieurs auteurs font à cet égard une distinction entre le créancier simplement chirographaire et le créancier hypothécaire. Ils n'admettent pas que la saisie opérée par le premier puisse jamais prévaloir contre l'aliénation consentie par le propriétaire avant ou après la saisie, mais avant la transcription du procès-verbal, alors même que l'acte d'aliénation aurait été transcrit le dernier. Ce créancier saisissant, disent-ils, n'a sur l'immeuble aucun droit réel, il n'est pas du nombre des *tiers* dont parle l'art. 3 de la loi de 1855. Ainsi de deux choses l'une : ou l'acte de vente est postérieur à la transcription du procès-verbal de saisie, ou il est antérieur. Dans le premier cas, il est sans effet à l'égard du saisissant, aux termes de l'art. 686, C. pr.; dans le second cas, au contraire, il est parfaitement valable et doit recevoir son entière exécution. Mais il en est autrement du créancier hypothécaire. Celui-là a un droit réel sur l'immeuble; il est bien véritablement un de ces tiers au profit desquels dispose l'art. 3 de la loi de 1855; par conséquent il est fondé, en vertu de cet article, à prétendre que la vente faite par le propriétaire avant la transcription du procès-verbal, mais qui n'a été transcrite que postérieurement, ne peut lui être opposée. C'est en ce sens que se prononce notre arrêt et que s'est également prononcé le tribunal d'Altkirch dans deux jugements, l'un de 1856 et l'autre du 18 mai 1858 (D.P.58.3.61). Cette doctrine est soutenue aussi par MM. Mourlon, Revue pratique de dr. franç., t. 1, p. 472 et suiv.; Huguet, dans une consultation insérée dans la Revue pratique, t. 4, p. 524; Godoffre, dans le Journ. des avoués, t. 82, p. 80, art. 2385, et t. 83, p. 346, art. 3022. Telle paraît être aussi l'opinion de M. Troplong, dans son Comment. de la loi sur la transcript., nᵒ 146. Ce savant magistrat, à la vérité, n'examine pas la question relative au créancier hypothécaire; il se borne à soutenir que la vente même non transcrite peut toujours être opposée aux créanciers chirographaires; mais la manière dont il s'exprime sur ce sujet laisse deviner que, dans sa pensée, la saisie opérée par les créanciers hypothécaires devrait l'emporter, si elle avait été transcrite la première. « Ce bien n'est plus leur gage, dit-il en parlant des créanciers chirographaires, puisqu'il a été aliéné en vertu de la liberté qu'ils en avaient laissée à leur débiteur; ils n'ont pas le droit de le saisir, puisque leur débiteur s'en est pleinement dessaisi faute par eux d'avoir retenu un droit réel sur la chose. »

« Cette distinction entre le créancier chirographaire et le créancier hypothécaire, quant aux effets de la saisie vis-à-vis de l'acquéreur, a été vivement combattue par d'autres jurisconsultes. Elle l'a été notamment, dans la Jurispr. des Cours imp. de Caen et de Rouen, par M. Léon Bidard, l'un des rédacteurs en chef de ce recueil, qui a cru devoir placer à la suite de l'arrêt que nous recueillons, quelques observations critiques.— Et d'abord, dit-on, l'art. 686, C. pr., qui reconnaît au propriétaire saisi le droit d'aliéner utilement son immeuble jusqu'à la transcription de la saisie, ne fait aucune distinction; il dispose aussi bien pour le cas où le saisissant est un créancier hypothécaire que pour le cas où il est simplement créancier chirographaire. Ainsi, dans la première hypothèse, comme dans la seconde, la vente faite après la saisie, mais avant la transcription du procès-verbal, produit tout son effet et la saisie est réputée non avenue; toute différence entre les deux cas, c'est que dans le premier, le saisissant conserve son droit hypothécaire et la faculté de surenchérir d'un dixième, tandis que dans le second il reste simple chirographaire et n'a pas même la ressource de la surenchère. — Tel est le droit qui résulte de l'art. 686, C. pr. Il s'agit de savoir si la loi du 23 mars 1855 y a dérogé et a introduit sur le point qui nous occupe un droit nouveau. Les jurisconsultes dont nous exposons l'opinion ne le pensent pas. Selon eux, la loi de 1855 n'a nullement songé à la lutte qui pourrait s'engager entre un créancier saisissant et un acquéreur; à cet égard elle a maintenu la règle établie par l'art. 686, C. pr., et laissé à cet article toute sa force. »

« La loi du 23 mars 1855, dit M. L. Bidard, a simplement organisé un système de publicité et a accordé la préférence à celui qui, le premier, en a rempli les formalités; mais elle n'a pas fait de la transcription une des conditions essentielles, constitutives, du contrat de vente; elle n'a pas frappé d'une nullité radicale, absolue, la vente qui n'a pas été transcrite. Non : la vente est, comme auparavant, parfaite par le seul consentement du vendeur et de l'acheteur, elle existe : seulement, jusqu'à la transcription, elle ne peut être opposée aux tiers qui ont des droits sur l'immeuble et qui les ont conservés en se conformant aux lois (art. 3). C'est-à-dire que, par exemple, en cas de deux ventes d'un même immeuble, l'acquéreur qui le premier a fait transcrire son titre, est préféré et reste propriétaire, par le seul motif qu'il a acquis et conservé un droit sur l'immeuble, et que par conséquent l'autre vente ne peut lui être opposée. C'est-à-dire encore qu'une hypothèque peut être valablement inscrite même après la vente, mais avant la transcription de cette vente; que l'immeuble reste alors grevé de cette hypothèque; que l'acquéreur est soumis à l'action hypothécaire du créancier du vendeur et au droit de surenchère qui en est la suite, et qu'il ne pourrait opposer à ce créancier le paiement qu'il aurait fait de son prix; ce qui n'empêche pas que la vente ne soit parfaitement valable, car autrement il faudrait en arriver à dire que, dans aucun cas, un immeuble ne pourrait être aliéné par le propriétaire sans le consentement des créanciers inscrits. — La loi du 23 mars 1855 n'a donc apporté aucune modification à la nature de l'hypothèque ni aux droits du créancier qui en est armé. Elle lui a seulement permis d'inscrire utilement jusqu'à la transcription de l'acte de vente, et, par suite, il ne peut, par cela seul qu'il a inscrit son hypothèque sur un immeuble, arguer de nullité la vente de cet immeuble consentie par son débiteur, et transcrite postérieurement à l'inscription hypothécaire. — Reste donc à examiner si une saisie dirigée par un créancier hypothécaire peut, en vertu de la loi de 1855, changer le caractère des droits de ce créancier et les augmenter de façon à lui permettre de considérer comme nulle une vente qui a été consentie par son débiteur avant, mais qui n'a été transcrite qu'après la transcription de la saisie, et si cette même loi a modifié les caractères et les effets de la saisie immobilière. — Or, l'art. 3 de la loi du 23 mars 1855 porte simplement que jusqu'à sa transcription un acte de vente, pour ne parler que de l'espèce qui nous occupe, *ne peut être opposé aux tiers qui ont des droits sur l'immeuble et qui les ont conservés en se conformant aux lois*; et il n'y a rien là qui implique l'idée que l'on puisse ranger parmi les tiers le créancier hypothécaire qui a fait diriger et transcrire une saisie immobilière, pour lui accorder plus de droit que ne lui en donne son droit hypothécaire....... »

« Ainsi d'après l'opinion que nous exposons, il est bien vrai que le créancier hypothécaire inscrit a sur l'immeuble un droit réel et que la vente non transcrite avant son inscription ne pourra lui être opposée, mais en ce sens seulement que cette vente ne portera aucune atteinte à son droit hypothécaire, et qu'ainsi il pourra faire saisir l'immeuble entre les mains de tout tiers détenteur, le faire vendre et se faire payer sur le prix. Mais là s'arrête son droit; il ne va pas jusqu'à mettre obstacle à la disponibilité de l'immeuble entre les mains du débiteur; celui-ci peut donc le vendre, même après la saisie opérée par le créancier hypothécaire, et pourvu que la vente ait date certaine antérieure à la transcription du procès-verbal, elle produira tous ses effets, sauf le droit du créancier hypothécaire sur le prix et sauf le droit qu'il a aussi de surenchérir du dixième. C'est en ce sens que s'est prononcé un jugement du tribunal de Dôle, du 10 mars 1858 (D.P.58. 3.61).

« Les deux systèmes qui précèdent ne sont pas les seuls qui aient été proposés sur notre question. Il s'en est produit un troisième, qui efface, comme le second, toute distinction entre les créanciers hypothécaires et les créanciers chirographaires, mais pour arriver à un résultat tout opposé. D'après ce troisième système (qui a été soutenu par M. Bertaud, professeur à la faculté de droit de Caen), entre un acquéreur et un créancier saisissant, même simple chirographaire, la préférence est due à celui qui le premier a fait transcrire.—Le créancier chirographaire dont la saisie a été transcrite, dit-on, devient

un tiers; il acquiert à son profit et au profit de tous les créanciers inscrits, le droit de poursuivre la conversion en deniers du gage commun ; et si la transcription ne lui assure aucun droit de préférence à l'encontre même des autres créanciers chirographaires, elle l'abrite du moins contre les conséquences de toute vente volontaire ultérieure. Il obtient la garantie *réelle* que le prix de l'immeuble sera affecté au paiement des dettes du saisi. — Si ce système était repoussé, ajoute-t-on, s'il était admis que l'acquéreur doit être préféré, lors même qu'il a fait transcrire le dernier, on arriverait, dans certains cas, à un singulier résultat. Supposons, en effet, qu'un même immeuble soit l'objet d'une saisie et de deux ventes successives : l'une antérieure à la transcription du procès-verbal, mais non transcrite ; l'autre postérieure à la transcription du procès-verbal, mais transcrite. Dans cette hypothèse, la première vente sera préférée à la saisie, mais elle cédera le pas à la seconde vente ; d'un autre côté cependant, la seconde vente ne sera point opposable au saisi. Comment sortir de cette difficulté, et auquel de ces trois intérêts accorder la préférence ?

« Tels sont les trois systèmes. Examinons d'abord le dernier.

« M. Bertauld soutient que le créancier chirographaire dont la saisie a été transcrite devient un tiers, qu'il acquiert un droit réel par l'effet de cette transcription. C'est admettre que jusqu'à la transcription il n'était pas un tiers, mais seulement l'ayant cause du saisi, et qu'il n'avait pas un droit réel. Tel est, du reste, le sentiment général, et nulle contestation ne s'élève sur ce point. Déjà M. Mourlon avait soutenu dans la *Revue pratique* (t. 1, p. 474) que la transcription du procès-verbal de saisie a pour effet de transformer le droit du créancier saisissant en un droit réel. Après avoir dit que la saisie ne confère point aux créanciers chirographaires, sur les biens du saisi, un droit qui leur soit propre, un droit indépendant du sien, il ajoute : « Il est vrai qu'en la pratiquant ils manifestent implicitement l'intention où ils sont de lui retirer les pouvoirs qu'il tient d'eux ; mais cette révocation tacite, bien qu'elle lui ait été dénoncée, devient nulle et non avenue à l'égard des tiers, tant qu'elle n'a pas été rendue publique par la transcription. Ce n'est qu'à partir de ce moment que leur droit se sépare du sien pour constituer à part un droit réel *sui generis*, que la loi met à l'abri des actes par lesquels il pourrait tenter de l'anéantir. Alors, mais alors seulement, ils deviennent des *tiers*. » Quelle conséquence va tirer de là M. Mourlon quant à la question qui nous occupe ? Il formule ainsi sa conclusion : « D'où la règle suivante : les aliénations qui ont acquis date certaine, soit ayant, soit même après une saisie, mais antérieurement à la transcription, sont opposables aux créanciers saisissants, comme au saisi lui-même. » C'est tout simplement la disposition de l'art. 686, C. pr. M. Bertauld, lui, va plus loin : de ce principe que la transcription du procès-verbal transforme le droit du saisissant en droit réel, il tire cette conclusion, que la saisie transcrite doit prévaloir contre la vente antérieure, mais non transcrite.

« Est-il bien vrai que la transcription du procès-verbal de saisie ait l'effet que lui attribuent MM. Mourlon et Bertauld, qu'elle convertisse le droit du saisissant en un droit réel ? Nous aurions quelque peine à l'admettre. Nous concevons parfaitement qu'un droit qui par lui-même est réel reçoive de la transcription le complément dont il a besoin, pour être opposable aux tiers ; mais que la transcription, qui n'est qu'une formalité, ait la puissance de changer la nature d'un droit, de convertir un droit personnel en un droit réel, cela n'entre pas facilement dans notre esprit. Admettons cependant que cela soit juridiquement exact. Nous dirons alors à M. Bertauld : Pour qu'il en soit ainsi, pour que la transcription du procès-verbal produise un pareil effet, une condition est nécessaire : c'est que cette transcription ait pu être utilement faite. Or, nous soutenons que, du moment où il existait une vente, même non transcrite, la transcription de la saisie n'a pu être utilement faite. Supposons, en effet, qu'au moment de la saisie la vente existât déjà. Cette vente était non avenue vis-à-vis des tiers, mais elle était parfaitement valable à l'égard du vendeur et de ses ayants cause. Ainsi, vis-à-vis des créanciers du vendeur, qui ne sont que ses ayants cause, l'immeuble avait cessé d'être dans son patrimoine. La saisie qu'ils en ont faite ensuite a donc été dès le principe radicalement nulle, comme s'appliquant à un objet sur lequel ils n'avaient aucune action. Or, quel effet peut produire la transcription d'une telle saisie ? Elle n'en peut évidemment produire aucun. La transcription n'a pas la puissance de donner la vie à un acte mort-né. Supposons maintenant que la saisie ait précédé la vente. Tant qu'elle n'était pas transcrite, elle n'enlevait pas au saisi le droit de vendre, aux termes de l'art. 686, C. pr. Si donc il a vendu, la vente, même non transcrite, a eu pour effet immédiat de dépouiller le vendeur et ses ayants cause, par conséquent le créancier saisissant, puisque, de l'aveu de tout le monde et de M. Bertauld lui-même, la saisie par elle seule ne confère point au saisissant un droit privatif et indépendant du droit du saisi, puisqu'elle n'en fait pas un tiers. La saisie a donc été frappée de mort par cette vente, son objet lui a échappé ; dès lors la transcription n'a pu lui rendre ultérieurement la vie qu'elle a perdue.

« Examinons maintenant la difficulté qui pourrait naître du conflit d'une saisie transcrite avec deux ventes successives dont la dernière, postérieure à la transcription du procès-verbal, aurait seule été transcrite. Il semble, suivant M. Bertauld, qu'on se trouve alors enfermé dans un cercle vicieux et que chacun des trois actes qui se trouvent en présence ne soit un moment victorieux de l'un des deux autres que pour être immédiatement vaincu par le troisième. Mais la difficulté est purement imaginaire. D'après ce que nous venons de dire, il faut éliminer l'un des éléments de la lutte, c'est-à-dire la saisie. Elle tombe en présence de la vente, même non transcrite, qui a été faite avant la transcription du procès-verbal. Dès lors la lutte s'établit seulement entre les deux ventes, et c'est la première transcrite qui l'emporte.

« Nous pensons donc que, lorsque l'art. 3 de la loi du 23 mars 1855 dit que, jusqu'à la transcription, les droits résultant des actes et jugements énoncés aux articles précédents ne peuvent être opposés aux TIERS *qui ont des droits sur l'immeuble et qui les ont conservés en se conformant aux lois*, ces dernières expressions ne peuvent, en aucun cas, être appliquées aux créanciers chirographaires saisissants, quelle que soit d'ailleurs la date de la transcription du procès-verbal. Et ce qui doit nous confirmer encore dans cette opinion, c'est l'explication qui a été donnée sur ce sujet lors de l'élaboration de la loi de 1855. M. de Belleyme (Adolphe), dans le rapport qu'il fut chargé de présenter, au nom de la commission du corps législatif, sur le projet de loi, s'est exprimé dans les termes suivants : « Par ces mots : *aux tiers qui ont des droits sur l'immeuble*, on a voulu écarter la prétention des créanciers chirographaires qui auraient pu vouloir opposer le défaut de transcription. Ce droit leur est refusé par le projet de loi. » Ce commentaire paraît décisif. Sur ce point, au surplus, les auteurs sont généralement d'accord. V. Troplong, *Comment. de la loi sur la transcrip.*, n° 146 ; Mourlon, *Rev. prat.*, t. 4, p. 472 et suiv. ; Rivière et Huguet, *Quest. théor. et prat. sur la transcrip.*, n° 174 ; L. Bidard et Godoffre, *loc. supr. cit.* V. aussi un jugement du tribunal civil de Nancy, du 8 déc. 1856 (D.P. 58.3.61).

« Reste à examiner maintenant quel est, entre les deux premiers systèmes que nous avons précédemment exposés, celui qui doit être adopté de préférence. Nous croyons que c'est le second, celui qui fait prévaloir la vente sur la saisie faite par le créancier hypothécaire, lors même que celle-ci a été la première transcrite. Indépendamment des raisons qui ont été développées plus haut et auxquelles nous renvoyons, le motif qui nous détermine, c'est que, s'il est incontestable que le créancier hypothécaire a sur l'immeuble un droit réel, ce n'est pas néanmoins en vertu de ce droit qu'il a procédé à la saisie. L'hypothèque n'est utile que vis-à-vis des autres créanciers, contre lesquels elle donne le droit de préférence, et vis-à-vis des tiers contre lesquels elle donne le droit de suite. Mais vis-à-vis du débiteur lui-même, tant que l'immeuble reste dans ses biens, elle n'ajoute rien aux droits qui résultent de la simple qualité de créancier. Le créancier hypothécaire n'a pas besoin pour saisir de faire appel à son droit réel, à son droit spécial ; et lorsqu'il saisit, ce n'est pas comme créancier hypothécaire, c'est comme simple créancier. Si donc il survient une vente avant la transcription du procès-verbal, sa saisie tombe comme tomberait celle d'un créancier chirographaire ; seulement il conserve et peut exercer contre l'acquéreur tous les droits inhérents à son hypothèque. — Ainsi, pour en revenir à l'art. 3 de la loi du 23 mars 1855, le créancier hypothécaire est bien *un tiers ayant des droits sur l'immeuble et les ayant conservés en se conformant aux lois ;.* mais ces droits quels sont-ils ? C'est l'hypothèque et les droits qui en dépendent : ce n'est pas le droit de poursuivre et de mener à fin la vente, droit qui est distinct et indépendant de l'hypothèque. »

On pourrait, à la rigueur, objecter contre cette interprétation, que la disposition de l'art. 3, qui déclare d'une manière absolue que jusqu'à la transcription les actes translatifs de propriété, etc., *ne peuvent être opposés* aux tiers ayant des droits sur l'immeuble, ne permet pas de reconnaître à ces actes certains effets vis-à-vis de ces tiers, et a entendu décider qu'ils seraient réputés non avenus à leur égard. On pourrait ajouter que maintenir, à l'encontre du créancier hypothécaire saisissant, une vente non transcrite, c'est, dans la réalité, rendre cette vente opposable à ce créancier, puisque, si elle lui laisse son droit réel, elle lui fait perdre le moyen le plus direct et le plus avantageux d'exercer ce droit ; qu'il n'est pas permis de scinder la qualité du créancier et de le considérer comme créancier ordinaire relativement au droit de saisie, pour ne faire commencer sa qualité de créancier hypothécaire qu'au moment où doit s'exercer son droit de préférence ou son droit de suite. — Mais ces objections sont plus spécieuses que solides. Du moment où la vente non transcrite n'enlève pas au créancier hypothécaire saisissant son droit réel sur l'immeuble, il ne saurait être fondé à la repousser.

La doctrine exposée dans la dissertation qui précède a reçu l'adhésion de M. Flandin, *De la transcript.,* nos 851 et suiv. Et elle a été consacrée par deux arrêts : l'un de la Cour d'Angers du 1er déc. 1858 (D.P.59.2.31) ; l'autre de la Cour de cassation rendu dans la même affaire (Req. 13 juin 1860, D.P.60.1.352).

65. Le défaut de transcription ne peut être opposé par celui qui n'a pas lui-même un titre transcrit. Ainsi, entre deux acquéreurs qui n'ont pas transcrit leurs contrats, la préférence appartient au premier en date. D'un autre côté, celui qui possède un immeuble sans titre ne peut, pour repousser l'action en revendication du propriétaire, exciper du défaut de transcription du contrat de ce dernier, tant qu'il n'a pas acquis par la prescription un droit sur cet immeuble (Troplong, nos 151 et 152 ; Gauthier, n° 194 ; Flandin, n° 862 ; Dalloz, v° *Transc. hyp.,* n° 481).

66. Quant à celui qui aurait acheté un immeuble *à non domino,* soit avant l'action en revendication du véritable propriétaire, soit pendant l'instance, il ne pourrait opposer à celui-ci le défaut de transcription, encore bien qu'il aurait fait lui-même transcrire son titre, car cette transcription ne peut avoir pour effet de lui donner un droit de propriété que n'a jamais eu son vendeur (Rivière et Huguet, nos 208 et suiv.; Troplong, n° 160 ; Flandin, t. 2, n° 898 ; Dalloz, v° *Transcr. hyp.,* n° 502).

67. Mais l'individu qui, pendant l'instance en revendication engagée par un acquéreur contre son vendeur, achète lui-même de ce dernier l'immeuble litigieux, peut fort bien opposer au revendiquant le défaut de son titre, s'il a fait lui-même transcrire le sien (Troplong; nos 161 et 162 ; Gauthier, n° 196 ; Flandin, t. 2, n° 900 ; Dalloz, n° 503).

68. Ceux qui étaient chargés de faire opérer pour autrui une transcription ne sont pas recevables à se prévaloir, dans son propre intérêt, du défaut de cette transcription (Arg., art. 941, Cod. Nap.), et l'on doit décider de même à l'égard de leurs ayants cause (Troplong, n° 186).

69. La mauvaise foi de celui qui a fait transcrire peut enlever toute efficacité à la transcription ; et, par exemple, lorsqu'un immeuble a été vendu deux fois par le même propriétaire, le second acquéreur ne saurait se prévaloir de la priorité de la transcription, s'il a participé à la fraude. — Mais il ne peut être considéré comme complice de la fraude, par cela seul qu'il aura connu, en traitant, l'existence de la première vente non transcrite ; il faudrait de plus que le premier acheteur eût été victime d'une manœuvre concertée par le vendeur de complicité avec le second acheteur (Troplong, n° 190 ; Rivière et Huguet, n° 187 ; Lesenne, n° 81 ; Flandin, t. 2, nos 878 et suiv.; Dalloz, n° 491). — Il a été jugé que la règle suivant laquelle, entre deux acquéreurs successifs d'un même immeuble, la priorité est déterminée par la date respective de la transcription de l'une

et l'autre acquisition, sans égard pour les dates de ces acquisitions elles-mêmes, reçoit exception lorsque l'acquéreur porteur de l'acte le plus récent, mais transcrit le premier, avait connaissance de la vente antérieure, et s'est rendu l'instigateur et le complice du stellionat commis par le vendeur (Req., 8 déc. 1858, D.P.59.1.184).

70. Le donataire qui a fait transcrire son contrat est-il autorisé à opposer le défaut de transcription à un donataire ou à un acquéreur antérieur ? La question est controversée. Pour l'affirmative, on fait remarquer qu'un donataire est un tiers relativement à un autre donataire ou à un acquéreur, et que la loi ne distingue pas, à l'égard des tiers qui ont des droits sur l'immeuble, s'ils les ont acquis à titre gratuit ou à titre onéreux (Rivière et François, n° 45 ; Rivière et Huguet, n°ˢ 177 et suiv.; Lesenne, 69 ; Flandin, t. 2, n°ˢ 868 et suiv.; Dalloz, n°ˢ 486 et suiv.). En faveur de la négative, on dit que, d'après les principes du Code Napoléon (art. 1072 et rapport au Tribunat, sur l'art. 941), les donataires sont au nombre de ceux qui ne peuvent opposer le défaut de transcription d'une donation antérieure, et que cette doctrine doit encore être suivie sous la loi nouvelle, puisqu'elle déclare, par son art. 11, ne point déroger aux dispositions du Code Napoléon en ce qui concerne la transcription des donations. On ajoute que le donataire est encore moins fondé à opposer le défaut de transcription à un acquéreur, puisqu'il lutte pour gagner, tandis que celui-ci lutte pour ne point perdre, et que d'ailleurs l'acheteur aurait toujours l'action paulienne contre le donataire pour faire tomber une donation faite en fraude de ses droits (Troplong, n°ˢ 154 et suiv. Cette dernière opinion nous paraît la plus exacte.

71. Il a été jugé avec raison que, dans le cas de reventes successives par des acquéreurs qui n'ont pas transcrit, les précédents vendeurs ou les tiers qui auraient acquis de ceux-ci des droits sur l'immeuble ne peuvent opposer au dernier acquéreur dont le titre a été transcrit, le défaut de transcription des ventes intermédiaires. Qu'importe à ces vendeurs ou à ces tiers que la transcription soit opérée par le dernier acquéreur ou par les précédents, du moment que leur négligence à transcrire eux-mêmes les rend non recevables à se plaindre (Cass., 13 brum. an XIV; D.P.6.1.46 ; 13 déc. 1813 ; D.P.14.1.90 ; 14 janv. 1818 ; D.P.18.1.91 ; Troplong, n° 165 ; Flandin, De la Transcript., t. 2, n° 887 ; Dalloz, v° Transcr. hyp., n° 493).

72. Celui qui a acquis un immeuble d'un mineur, et dont l'acquisition a été ratifiée par le vendeur devenu majeur, peut-il, en faisant transcrire son contrat après cette ratification, l'emporter sur un autre acquéreur

dont le contrat a été passé depuis la majorité du vendeur, mais n'a pas été transcrit ? Oui, sans doute, puisque son titre a été validé et rendu public avant que le second acquéreur se fût mis en règle (Troplong, n°ˢ 174 et suiv.).

73. Il est certain que celui qui se prétend propriétaire en vertu de la possession trentenaire n'a pas à justifier de la transcription de son titre, car ce n'est pas ce titre, mais sa possession qu'il invoquerait pour repousser la revendication qui serait exercée contre lui (Rivière et François, n° 53 ; Troplong, n° 182 ; Gauthier, n° 123).—Mais il n'en est pas de même de celui qui invoque la prescription de dix ou vingt ans, c'est-à-dire une prescription qui suppose nécessairement un titre. Il est bien vrai que c'est moins ce titre que sa possession qui le rend propriétaire ; mais il est vrai aussi que ce titre est le fondement de la prescription, et l'on ne comprendrait pas qu'un titre émané d'un faux propriétaire pût être opposé au revendiquant malgré son défaut de transcription, alors que la transcription serait indispensable pour qu'un titre émané du propriétaire véritable fût opposable à ce dernier. On peut, du reste, argumenter en ce sens de l'art. 25 de la loi du 11 brum. an VII et de l'art. 2180, C. Nap. (Troplong, n°ˢ 177 et suiv. — Contrà, Humbert, Rev. crit., 1855, p. 485 ; Rivière et François, n° 39 ; Rivière et Huguet, n°ˢ 239 et suiv.).

74. Entre deux acheteurs successifs qui plaident au possessoire sans que l'un d'eux ait possédé personnellement pendant un an, c'est celui qui a fait transcrire le premier son titre, qui est en droit de joindre la possession de son auteur à la sienne pour compléter la possession annale. Cette solution, consacrée sous la loi de l'an VII (V. Cass., 12 fruct. an X ; Merlin, Quest. de droit, v° Compét., § 11), doit être admise également sous la nouvelle loi (Conf., Rivière et François, n° 55 ; Rivière et Huguet, n°ˢ 247 et suiv.; Troplong, n° 185 ; Gauthier, n° 128 ; Flandin, t. 2, n° 918 ; Dalloz, n° 517).

75. Lorsque deux titres sont opposés l'un à l'autre, c'est le premier transcrit qui l'emporte. Mais qu'arrivera-t-il si ces deux titres ont été soumis à la formalité le même jour ?—D'après l'art. 2200, C. Nap., dont une instruction de la direction générale de l'enregistrement, relative à l'exécution de la loi du 23 mars 1855, a rappelé les dispositions, les conservateurs sont tenus d'inscrire sur un registre spécial, jour par jour et suivant l'ordre numérique, la remise des pièces à transcrire, d'en donner au requérant une reconnaissance sur papier timbré, et d'opérer les transcriptions d'après cet ordre numérique. Il semble naturel, pour trancher la question de priorité, de s'en rapporter au registre

dont il s'agit, ainsi d'ailleurs que l'art. 679, C. pr., le prescrit pour un cas analogue. Suivant quelques auteurs, les mentions de ce registre pourraient être combattues par des présomptions qu'il appartiendrait aux tribunaux d'apprécier, et, dans le doute, la préférence devrait être donnée au contrat le plus ancien, et dans le cas où les contrats porteraient la même date, à celle des parties qui aurait été mis en possession (Troplong, n° 192 et suiv.; Rivière et Huguet, n° 204). — Mais M. Gauthier, n° 131, répond avec raison que le conservateur sera évidemment plus à même que tout autre de décider la question, et que son appréciation sera toujours moins incertaine que celle que le juge voudrait tirer des circonstances, contrairement à l'ordre numérique indiqué par le registre (V. aussi Flandin, t. 2, n° 920 ; Dalloz, n° 519.)

76. La transcription, destinée uniquement à donner de la publicité aux actes, ne saurait avoir pour effet d'ajouter à leur validité. En conséquence, elle n'empêche point qu'un acte dont la simulation a été reconnue par les tribunaux ne soit inopposable aux tiers (Cass., 19 niv. an XII et 17 prair. an XIII; Merlin, *Quest. de droit*, v° *Expropr. forc.*, § 11 ; Troplong, n° 187); que des créanciers ne puissent attaquer la donation entre-vifs faite par leur débiteur en fraude de leurs droits (Nîmes, 20 frim. an XIV ; D.P.6.2.117); que la vente faite par le saisi, au mépris de l'art. 686, C. pr., ne soit sans effet vis-à-vis de l'adjudicataire (Troplong, n° 189), etc.

77. Les incapables ne peuvent être relevés du défaut de transcription, même dans le cas d'insolvabilité de leurs administrateurs. S'il n'en était ainsi, il n'y aurait plus de sécurité pour les tiers (Rivière et François, n° 58 ; Troplong, n° 196; Flandin, *de la Transcript.*, t. 2, n° 870; Dalloz, v° *Transcr. hypoth.*, n° 490).

78. Nous venons d'examiner les effets de la transcription au point de vue des actes qui supposent une transmission de propriété ou de droits réels, et tout ce que nous en avons dit s'applique aux jugements qui déclarent l'existence de conventions verbales de la même nature. — Il nous reste à parler de ces effets relativement aux baux à longs termes et aux quittances de fermage.

D'après le second paragraphe de l'art. 3, les baux ne peuvent être opposés aux tiers, c'est-à-dire aux créanciers hypothécaires et aux acquéreurs du bailleur, pour une durée de plus de dix-huit ans. Quant au défaut de transcription des cessions et quittances de loyers ou fermages non échus, la loi ne dit point qu'il rende ces cessions et quittances simplement réductibles à trois années ; d'où l'on conclut avec raison qu'il en emporte la nullité radicale vis-à-vis des tiers (Troplong, n° 209 ; Gauthier, n° 185; Flandin, t. 2, n° 1278; Dalloz, n° 648).

79. Maintenant on se demande s'il suffit qu'un bail de plus de dix-huit ans et une quittance constatant un paiement anticipé aient été transcrits, pour qu'ils puissent être opposés, non-seulement aux créanciers inscrits postérieurement à cette transcription, mais aussi aux créanciers déjà inscrits au moment où le bail ou la quittance ont été consentis. Dans le sens de l'affirmative, on dit que si le bail ne pouvait pas être opposé aux créanciers inscrits antérieurement à la transcription, on paralyserait le droit d'administration du propriétaire d'une manière nuisible aux intérêts de l'agriculture, et qu'il en résulterait qu'un propriétaire grevé d'une hypothèque légale ne pourrait consentir un bail de plus de dix-huit ans (Rivière et Huguet, n° 219 et suiv.; Pont, *Rev. crit.*, t. 10, p. 402 et suiv.). Mais on répond victorieusement qu'il est impossible d'admettre que la loi, en même temps qu'elle exigeait que les tiers, avant de contracter avec le débiteur, fussent avertis d'une charge qui pouvait diminuer sensiblement la valeur de leur gage, ait permis que, dès le lendemain même du jour où ils auraient traité, le débiteur pût leur causer le préjudice contre lequel elle avait voulu les garantir ; que, si le propriétaire dont l'immeuble est grevé se trouve privé de la faculté de faire un bail de plus de dix-huit ans, on ne peut pas dire que son droit d'administration soit paralysé, parce qu'un bail qui excède cette durée sort évidemment des limites d'une simple administration (Duvergier, sur l'art. 3 ; Troplong, n° 201 ; Mourlon, *Appendice*, n° 350 ; Gauthier, n° 187; Flandin, t. 2, n° 1281 ; Dalloz, n° 632).

80. Lorsqu'un bail de plus de dix-huit ans n'a pas été transcrit, quel est le point de départ de la période de dix-huit ans pour laquelle il doit produire ses effets vis-à-vis des tiers ? La question doit être examinée successivement au point de vue de l'acquéreur et des créanciers inscrits.

En ce qui concerne l'acquéreur, on doit prendre pour règle l'art. 1429, C. Nap., et décider que le bail ne recevra son effet que pendant la fin de la période de dix-huit ans, qui courra au moment de la transcription de la vente. V. Conf. Troplong, n° 203 ; Lesenne, n° 73; Pont, *Rev. crit.*, t. 10, p. 407 et suiv.; Flandin, t. 2, n° 1267 et 1268; Dalloz, n° 640). — *Contrà*, Mourlon, *Appendice*, n° 348 ; Rivière et Huguet, n° 232 et suiv., qui soutiennent, le premier, que la période de dix-huit ans, pendant laquelle le bail peut être opposé à l'acquéreur, court du jour de la transcription de vente, et les autres, que c'est le jour

38.

même de la vente qui doit être le point de départ de cette période.

84. A l'égard des créanciers hypothécaires, ce point de départ est le jour du commandement tendant à saisie immobilière, et non celui de l'inscription de l'hypothèque, car malgré l'inscription, le débiteur conserve le droit de louer son immeuble et de renouveler les baux antérieurs, tandis qu'il n'a plus la même liberté à partir du commandement (C. pr., art. 684; Troplong, n° 205; Flandin, t. 2, n° 1270; Dalloz, n° 641).

82. Ceci s'applique aussi aux quittances de loyers de trois ans et plus, payés par anticipation. Ainsi, à partir du commandement de payer fait par les créanciers inscrits au propriétaire de la chose et tendant à saisie, le locataire ne pourra opposer des paiements de trois ans faits par avance, si sa quittance n'est pas transcrite (Troplong, n° 210 ; V. aussi Flandin, t. 2, n° 1282; Dalloz, n° 653).

83. Dans le cas où un immeuble est loué successivement à deux personnes pour plus de dix-huit ans, le bail transcrit l'emporte sur celui qui ne l'est pas. Telle est l'opinion de MM. Troplong (n° 207) et Flandin (t. 2, n° 1272), qui toutefois en donnent une raison différente. Selon M. Troplong, c'est parce que le preneur a un droit réel sur la chose et est au nombre des tiers dont parl l'art. 3. Selon M. Flandin, c'est parce que la disposition qui soumet à la transcription les baux de plus de dix-huit ans doit être entendue avec tous les effets qu'a attachés au défaut de transcription l'art. 3 de la loi pour les autres actes assujettis à la même formalité. — Mais quand un bail de plus de dix-huit ans est en concours avec un bail de moins de dix-huit ans, la transcription du premier ne saurait lui faire donner la préférence sur le second, qui n'a pas été transcrit, puisque la transcription n'est point exigée à l'égard des baux de dix-huit ans et au-dessous (Troplong, n° 208 ; Flandin, t. 2, n° 1273).

Art. 4. Tout jugement prononçant la résolution, nullité ou rescision d'un acte transcrit, doit, dans le mois à dater du jour où il a acquis l'autorité de la chose jugée, être mentionné en marge de la transcription faite sur le registre.

L'avoué qui a obtenu le jugement est tenu, sous peine de cent francs d'amende, de faire opérer cette mention, en remettant un bordereau rédigé et signé par lui au conservateur, qui lui en donne récépissé.

84. Si les tiers ont intérêt à connaître les actes qui renferment une mutation ou la création d'une charge de nature à diminuer d'une manière sensible la valeur de la propriété, ils ne sont pas moins intéressés à être avertis de la résolution, de la nullité ou de la rescision dont ces actes peuvent être ultérieurement frappés. Si ces causes de dépossession n'étaient pas portées à leur connaissance, la transcription pourrait leur être plus nuisible qu'avantageuse. La loi veut en conséquence que tout jugement qui prononce la résolution, la nullité ou la rescision d'un acte transcrit, soit lui-même rendu public au moyen d'une mention en marge de la transcription faite sur le registre du conservateur, et que cette mention soit opérée par les soins de l'avoué qui a obtenu le jugement. Elle ne pouvait prescrire cette formalité à la partie en faveur de laquelle le jugement est rendu, car les jugements n'étant que déclaratifs, comme on l'a vu plus haut (n° 3), peuvent être opposés aux tiers par le bénéficiaire, indépendamment de toute publicité; elle en a fait une obligation de l'office de l'avoué, dont elle stimule la diligence en édictant contre lui, pour les cas d'omission, la peine de 100 fr. d'amende.

85. Il faut remarquer que la mention prescrite par notre article est nécessaire dans le cas où un jugement déclare une résolution qui s'est opérée de plein droit, aussi bien que dans celui où la résolution résulte du jugement même: il y a dans les deux hypothèses une égale nécessité d'avertir les tiers (Troplong, n° 214 ; Bressolles, Expl. de la loi du 21 mai 1858, n° 64; Mourlon, Exam. crit., Append., n° 363; Flandin, de la Transcript., n° 613; Dalloz, v° Transcr. hyp., n° 387 ; — Contra, Rivière et Huguet, n° 260).

86. Les auteurs s'accordent à reconnaître que l'art. 4 est applicable même aux jugements portant résolution, nullité ou rescision d'actes à titre gratuit, nonobstant la volonté exprimée par le législateur, dans l'art. 11, de ne déroger en rien aux dispositions du Code Napoléon relatives à la transcription des donations. En effet, le Code ne s'étant point occupé de la publicité de tels jugements, ce n'est pas y déroger que d'ordonner cette publicité, qui n'est que le complément des dispositions qui exigeraient déjà la transcription des donations (Rivière et Huguet, n° 259; Mourlon, Appendice, n° 363; Troplong, n° 247; Gauthier, n° 237; Flandin, n° 628; Dalloz, n° 393).

87. L'art. 958, C. Nap., qui exige qu'un extrait de la demande en révocation d'une donation pour cause d'ingratitude soit inscrit en marge de la transcription prescrite par l'art. 939, ne met pas non plus obstacle à la mention du jugement ordonné par notre article: ce sont là deux formalités distinctes et dont la seconde complète encore la première (Troplong, n° 219; Gauthier, n° 238;

— Contrà, Rivière et Huguet, n° 261 ; Flandin, n° 622 ; Dalloz, n° 392).

88. Bien que le rapport et la réduction des donations ne rentrent pas littéralement dans les prévisions de l'art. 4, on doit étendre la nécessité de la mention au jugement qui les prononce ; car, dans la réalité, ils opèrent la résolution, soit totale, soit partielle, de la donation (Troplong, n° 216 ; Mourlon, *Appendice*, n° 363 ; Flandin, n° 629 ; Dalloz, n° 396. — *Contrà*, Rivière et Huguet, n° 260).

89. La solution doit être la même à l'égard du jugement qui prononce, sur la demande des créanciers, la révocation d'une aliénation faite par le débiteur en fraude de leurs droits (Troplong, n° 220 ; Gauthier, n° 240 ; Flandin, n° 630 ; Dalloz, n° 397 ; — *Contrà* Rivière et Huguet, n° 269).

90. Parmi les jugements dont il doit être fait mention en marge de la transcription opérée sur le registre, il faut encore comprendre, 1° celui qui, dans le cas où l'exercice du réméré a donné lieu à une instance judiciaire, consacre le droit de rachat du vendeur ; — 2° celui qui admet un cohéritier à exercer le retrait successoral, toutes les fois que des immeubles font partie de la succession ; — 3° celui qui autorise le retrait litigieux, quand le procès a pour objet la propriété d'un immeuble vendu par le possesseur pendant l'instance (Troplong, n°ˢ 245, 246 et 249). Pour ce dernier jugement, il serait même prudent de faire opérer une transcription complète, car le retrait qu'autorise ce jugement renferme une mutation au profit d'un acquéreur autre que celui dont le titre a été déjà transcrit (Troplong, n° 249).

91. Quant au jugement d'adjudication sur folle enchère, ce n'est pas sa mention, mais sa transcription qui doit être opérée, car il fait plus que résoudre la première vente ; il fait acquérir la propriété à un nouvel adjudicataire et constitue essentiellement un acte translatif (Troplong, n° 221 ; Gauthier, n° 244 ; Bressolles, n°ˢ 33 et 36 ; Mourlon, *Rev. prat.*, t. 4, p. 378, n° 86 ; Flandin, n° 582 ; Dalloz, n° 371).

92. MM. Rivière et Huguet (*Quest.*, n°ˢ 262 et suiv.) pensent que le jugement qui déclare un usufruitier déchu de son droit d'usufruit pour abus de jouissance, n'est pas du nombre de ceux dont il doit être fait mention, parce qu'on peut considérer cette déchéance moins comme une *résolution* que comme une *déchéance*; mais nous croyons qu'il faut moins s'attacher au caractère de la déchéance qu'à son résultat, et que puisqu'elle dépouille l'usufruitier de son droit pour le faire rentrer dans les mains du nu propriétaire, elle entraîne une mutation dont il importe essentiellement aux tiers d'être informés. Nous pensons même, avec MM. Flandin (n°ˢ 618 et suiv.), et Dalloz (n°ˢ

389 et 390) qu'il ne suffit pas dans ce cas de mentionner le jugement en marge, mais qu'il faut le faire transcrire en entier, parce que, comme le dit Proudhon (*Usufr.*, n° 2476), la déchéance, dans ce cas, ne peut avoir, à l'égard des créanciers, que l'effet d'un transport, ou d'une mutation, de propriété entre le débiteur déchu et le propriétaire rentré en jouissance.

93. Bien que le contrat dont le jugement prononce la résolution, la nullité ou la rescision, ait été suivi d'autres transmissions successives du même immeuble, et par suite de plusieurs transcriptions, il suffit que la mention soit faite en marge de la transcription de ce contrat : il n'est pas nécessaire qu'elle soit opérée aussi en marge des transcriptions des actes ultérieurs (Troplong, n° 222 ; Gauthier, n° 247 ; Flandin, n° 636 ; Dalloz, n° 399. — *V.* cependant Lesenne, n° 91).

94. Si le contrat annulé n'avait pas été transcrit, quoique sujet à la transcription, il serait évidemment impossible de faire la mention prescrite par l'art. 4, et il n'y aurait pas lieu d'y suppléer par quelque autre mode de publicité ; car, ainsi que cela résulte des termes mêmes de cet article, ce n'est que dans le cas où les actes ont été transcrits qu'il est nécessaire de révéler aux tiers le jugement qui les a annulés (Troplong, n° 223 ; Gauthier, n° 246 ; Flandin, n° 639 ; Dalloz, n° 400).

95. Aux termes de notre article, la mention doit être faite dans le mois du jour où le jugement a acquis l'autorité de la chose jugée ; c'est-à-dire du jour où le jugement a cessé d'être attaquable par les voies ordinaires, celles de l'opposition et de l'appel ; et, s'il est en dernier ressort, du jour de sa prononciation. — Si le jugement est attaqué par les voies extraordinaires, celles de la requête civile et du pourvoi en cassation, et qu'il vienne à être annulé, il n'y aura pas lieu d'opérer une nouvelle mention : la partie intéressée aura seulement le droit de faire rayer la mention d'une décision qui n'existe plus (Rivière et Huguet, n°ˢ 271 et suiv.; Troplong, n° 231 ; Gauthier, n° 249 ; Flandin, n° 643 ; Dalloz, n° 402). — *V.* toutefois Mourlon, *Exam. crit. et append.*, n° 366, qui distingue, mais à tort selon nous, entre le cas où le jugement est cassé, et le cas où il est rétracté sur requête civile.

96. L'omission de la mention n'empêche point que le jugement, que son caractère déclaratif a fait affranchir de la transcription, ne soit opposable aux tiers : ceux-ci ne peuvent donc se prévaloir de cette omission (Exposé des motifs de la loi du 23 mars 1835 ; Rivière et François, n°ˢ 63 et suiv.; Rivière et Huguet, n°ˢ 303 et suiv.; Troplong, n°ˢ 223 et suiv.; Mourlon, n° 367. — *Contrà*, Duvergier, sur l'art. 4.)

97. L'avoué auquel est imposée l'obliga-

tion de faire opérer la mention est celui de première instance, si le jugement est en dernier ressort ou qu'il n'ait pas été frappé d'appel; c'est l'avoué près la Cour, si la nullité, la rescision ou la résolution est prononcée en appel, soit par confirmation, soit par infirmation de la décision des premiers juges (Rivière et François, nᵒˢ 73 et suiv.; Rivière et Huguet, nᵒˢ 276 et suiv.; Lemarcis, p. 27; Troplong, nᵒˢ 235 et 236; Flandin, nᵒˢ 648 et 649; Dalloz, nᵒ 404). On invoque à tort l'art. 472, C. pr., pour soutenir que, dans le cas de confirmation, c'est l'avoué de première instance qui est tenu de remplir la formalité (Mourlon, *Append.*, nᵒ 368 *bis*). Il faut remarquer qu'il ne s'agit pas ici de l'exécution du jugement, mais d'une simple mention de ce jugement ainsi que de l'arrêt confirmatif, et que l'avoué près la Cour est le mieux à même de faire opérer cette mention en temps utile.

98. Qu'arrivera-t-il si l'avoué décède, se démet de ses fonctions ou est destitué avant l'expiration du délai prescrit pour la mention et avant d'avoir fait opérer cette mention? Il faut distinguer. S'agit-il de démission, l'avoué est passible de l'amende, car il n'a pu, par son fait volontaire, empêcher l'accomplissement d'une formalité aussi importante. S'agit-il de destitution ou de décès, l'amende ne saurait être encourue, puisque le fait de l'avoué n'a été pour rien dans l'abréviation du délai sur lequel il avait dû compter pour faire la mention (Rivière et Huguet, nᵒˢ 282 et s.; Flandin, nᵒ 654; Dalloz, nᵒ 408; Mourlon, nᵒ 368; Troplong, nᵒ 238). — Quant au successeur de l'avoué démissionnaire destitué ou décédé, il ne saurait, quoique entrant en fonctions avant l'expiration du délai, être, dans aucun cas, passible de l'amende. Il a pu, en effet, ignorer et le jugement et le délai qui courait (Troplong, nᵒ 237; Gauthier, nᵒ 257; Flandin, nᵒ 655; Dalloz, nᵒ 409).

98 *bis*. L'avoué qui, dans le mois à dater de la prononciation d'un jugement déclarant résolue une vente qui a été l'objet d'une transcription, a négligé de faire opérer, en marge de cette transcription, la mention exigée par l'art. 4 de la loi du 23 mars 1855, est passible de l'amende édictée par cet article, même dans le cas où il a fait transcrire avant l'expiration dudit délai le jugement de résolution (Trib. civ. de la Flèche, 2 juill. 1860, D.P.61.3.34).

99. L'avoué qui a négligé de faire la mention prescrite par l'art. 4 peut-il être soumis, indépendamment de l'amende prononcée par cet article, à une action en dommages-intérêts de la part des tiers auxquels l'ignorance du jugement de nullité ou de résolution aura été nuisible? Les auteurs se prononcent généralement pour la négative (Rivière et François, nᵒ 70; Rivière et Huguet, nᵒ 310;

Lesenne, nᵒ 98; Mourlon, nᵒ 367; Troplong, nᵒ 240; Gauthier, nᵒ 253; Flandin, nᵒ 611; Dalloz, nᵒ 385); et c'est, selon nous, à bon droit. La formalité de la mention n'entre pas dans le ministère ordinaire de l'avoué. C'est par une disposition spéciale et exceptionnelle que la loi l'a chargé de l'accomplir, et une disposition de cette nature ne saurait avoir d'autre sanction que celle que la loi y a elle-même attachée.

100. Dans le silence de la loi sur la forme du bordereau qui doit servir à opérer la mention, il faut reconnaître que l'avoué a une grande latitude pour la rédaction de ce bordereau. Il suffit qu'il n'y omette rien de ce qui est nécessaire pour avertir les tiers. Ainsi, le bordereau devra contenir l'énonciation des noms, prénoms et domicile des parties, la désignation exacte des immeubles qui ont fait l'objet du litige, la date des jugements et arrêts, et un résumé fidèle du dispositif de la décision mentionnée (Rivière et François, nᵒ 68; Troplong, nᵒ 241). Mais l'omission de quelqu'une de ces énonciations ne sera pas une cause de nullité, si par l'ensemble de la mention les tiers ont dû être suffisamment renseignés (Gauthier, nᵒ 258). — Il n'est pas besoin de dire que la mention inscrite par le conservateur en marge de la transcription doit reproduire toutes les énonciations du bordereau déposé par l'avoué.

101. C'est évidemment la partie contre laquelle a été rendu le jugement qui doit supporter les frais du bordereau et de la mention: ces frais doivent entrer dans la condamnation aux dépens, et, du reste, pour prévenir toute difficulté, l'avoué demandeur peut conclure à ce que cette condamnation les comprenne (Troplong, nᵒ 260).

Art. 5. Le conservateur, lorsqu'il en est requis, délivre, sous sa responsabilité, l'état spécial ou général des transcriptions et mentions prescrites par les articles précédents.

102. Dans les états qui leur sont demandés en vertu de cet article, les conservateurs doivent délivrer les copies et non de simples extraits ou relevés des actes transcrits et des mentions inscrites en marge des transcriptions (Instr. de l'enreg., nᵒ 2051; Gauthier, nᵒ 262). Mais les requérants ont le droit de désigner la transcription ou les transcriptions dont ils désirent avoir la copie, en excluant toutes les autres qui concernent le même immeuble (Rapport de M. de Belleyme; Troplong, nᵒˢ 251 et 253; Dalloz, vᵒ *Transcr. hyp.*, nᵒ 656; Flandin, t. 2, nᵒ 1287; *V.* aussi Caen, 26 déc. 1848, D.P.49.2.48; Orléans, 2 déc. 1858, et sur pourvoi Req. 26 juill. 1859, D.P.59.1.469).

103. Conformément à la règle générale,

les réquisitions adressées au conservateur doivent être faites par écrit et sur papier timbré. Si le requérant ne sait pas écrire, le conservateur énonce, en tête des copies délivrées, les termes dans lesquels la demande lui a été faite verbalement (Déc., 6 janv. 1811, sur l'exécution de l'art. 2196, C. Nap.; Circ. 17 janv. 1811; Troplong, n° 254; Dalloz, n° 664).

104. Notre article rappelle le principe de la responsabilité des conservateurs, posé d'une manière générale par l'art. 2197, C. Nap. Mais il ne reproduit pas, et l'on ne saurait appliquer ici par analogie la disposition exceptionnelle de l'art. 2198 qui, en matière d'inscription sur transcription, affranchit les tiers des conséquences des omissions commises par le conservateur dans les certificats qu'il délivre. Lorsqu'une transcription a été omise dans l'état délivré à un tiers, la propriété n'est pas pour cela dégrevée à l'égard de ce tiers du droit qui a motivé cette transcription; mais le tiers a un recours contre le conservateur à raison du préjudice que cette omission a pu lui causer (Rivière et Huguet, *Quest.*, n° 314; Troplong, n° 257; Gauthier, n° 265; Flandin, t. 2, n° 1308; Dalloz, n° 666).

105. En tout cas, il est certain que le conservateur ne peut être déclaré responsable que des omissions qui sont le résultat de sa faute personnelle, et qu'il ne saurait être soumis à aucun recours pour celles qui proviennent de fausses désignations, soit dans l'acte même qui a été transcrit, soit dans le bordereau déposé par l'avoué en conformité de l'art. 4, soit dans les réquisitions (Troplong, n° 158).

Art. 6. A partir de la transcription, les créanciers privilégiés ou ayant hypothèque, aux termes des art. 2123, 2127 et 2128 du Code Napoléon, ne peuvent prendre utilement inscription sur le précédent propriétaire.

Néanmoins, le vendeur ou le copartageant peuvent utilement inscrire les priviléges à eux conférés par les art. 2108 et 2109 du Code Napoléon, dans les quarante-cinq jours de l'acte de vente ou de partage, nonobstant toute transcription d'actes faite dans ce délai.

Les articles 834 et 835 du Code de procédure civile sont abrogés.

106. Cet article a apporté une grave modification à notre système hypothécaire, tel qu'il résultait des dispositions du Code Napoléon, combinées avec les art. 844 du Code de procédure civile. Désormais, comme sous la loi de l'an VII, la transcription n'est plus une simple mise en demeure aux créanciers

hypothécaires de faire inscrire leur hypothèque dans la quinzaine, elle arrête immédiatement le cours des inscriptions.

D'après la législation antérieure à la loi de 1855, une différence existait sous le rapport du délai pour prendre inscription entre l'hypothèse d'une vente volontaire et celle d'une vente forcée. C'était seulement lorsqu'un immeuble était vendu volontairement que le cours des inscriptions durait jusqu'à l'expiration de la quinzaine de la transcription; quand il était vendu par expropriation, la faculté de prendre inscription cessait à partir de l'adjudication même. — Aujourd'hui, les deux hypothèses sont régies par le même principe : dans tous les cas, et de quelque manière que l'aliénation ait été faite, les créanciers hypothécaires peuvent prendre inscription jusqu'à ce que l'aliénation de l'immeuble hypothéqué ait été transcrite, mais jusque là seulement.

107. Il résulte encore de l'abrogation des art. 834 et 835, C. pr., que le légataire particulier d'un immeuble, au lieu d'être tenu, pour purger sa propriété, de transcrire son titre et d'attendre la quinzaine à partir de la transcription, voit cesser le cours des inscriptions dès le jour même du décès du testateur, puisque, les transmissions à cause de mort n'étant pas assujetties à la transcription, il est saisi à partir de ce décès, même vis-à-vis des tiers (Troplong, n° 273).

108. Dans le cas de ventes successives du même immeuble, la transcription du dernier contrat suffit pour purger les priviléges et hypothèques qui peuvent exister sur l'immeuble du chef des précédents vendeurs. On objecterait vainement, avec M. Ducruet, *Études sur la transcription*, p. 15, n° 14, que les acquéreurs intermédiaires qui n'ont pas transcrit n'ont eu qu'un droit relatif sur la chose, et que le vendeur originaire, qui n'a pas été dessaisi, à défaut de la transcription de la vente qu'il a effectuée, a pu dès lors conférer des droits réels à des tiers auxquels la transcription d'une vente ultérieure du même immeuble n'a pas suffisamment fait connaître l'acte aux termes duquel il avait lui-même cessé d'être propriétaire. On ne saurait davantage prétendre, comme le fait M. Troplong, n°s 167 et suiv., qu'il faut distinguer si la transcription contient l'indication des précédents vendeurs, et qu'elle ne produit d'effet qu'à cette condition, toutes les fois que les tiers qui ont traité de bonne foi avec l'ancien propriétaire ont été mis, en l'absence de cette indication, dans l'impossibilité de vérifier l'existence de la mutation. D'un côté la loi veut d'une manière absolue que la transcription purge à l'instant même tous les droits qui n'ont pas été antérieurement rendus publics, et, d'un autre côté, si l'acquéreur qui n'a pas transcrit n'a relati-

vement aux tiers, qu'une propriété imparfaite, il a au moins, à leur égard, du chef
de son vendeur, les pouvoirs d'un mandataire, d'un *procurator in rem suam*, pour
transférer au nouvel acquéreur un droit de
propriété que la transcription du dernier contrat vient consolider. (Rivière et Huguet, n°s
336 et suiv.; Mourlon, n° 373; Gauthier, n°
145; Flandin, *de la Transcript.*, t. 2, n° 889;
Dalloz, n°s 493 et 495).

109. L'art. 6, en se référant aux art. 2123,
2127 et 2128, C. Nap., indique que sa disposition n'est pas applicable aux hypothèques
légales, c'est-à-dire à celles qui sont dispensées d'inscription. La transcription n'opère
donc pas la purge de ces hypothèques, laquelle continue à être régie par les art. 2193
et suiv., C. Nap. — Il existe toutefois certaines hypothèques légales qui ne sont pas affranchies de la formalité de l'inscription,
comme l'hypothèque du légataire sur les
biens de la succession, celle de l'État sur les
biens des comptables, celles-là tombent sous
l'application de l'art. 6, qui ne contient pas
une énumération limitative, et qui n'est
qu'un corollaire de l'art. 3, suivant lequel,
comme on l'a vu, les actes transcrits sont
opposables à tous ceux qui, ayant des droits
à l'époque de la transcription, ne les ont pas
conservés conformément à la loi. (Troplong,
n°s 270 et 271; Rivière et Huguet, n° 330;
Rivière et François; *Expl.*, etc., n° 97; Mourlon, *Comment.*, etc., *Append.*, n° 389; Pont,
Privil. et hyp., n° 1120; Flandin, t. 2, n°
1008; Dalloz, n° 525).

110. A l'exemple de l'art. 834, C. pr. civ.,
l'art. 17 de la loi du 3 mai 1841, sur l'expropriation pour cause d'utilité publique, dispose que les créanciers ont quinze jours,
après la transcription du jugement d'expropriation, pour inscrire leurs priviléges ou
hypothèques. Cette disposition tombe-t-elle
elle-même sous l'abrogation prononcée par
notre article? Évidemment non, car, ainsi que
nous l'avons fait remarquer déjà, n° 40, la
loi de 1841 forme une législation spéciale à
laquelle la nouvelle loi sur la transcription
n'a pas entendu toucher; et, du reste, on ne
peut dire que l'art. 17 précité renferme une
disposition contraire à l'économie de cette
dernière loi, car, dans la matière de l'expropriation pour cause d'utilité publique, le déplacement de la propriété est opéré, à la différence de ce qui a lieu dans les autres matières, par le jugement même du tribunal, et
non par la transcription, laquelle n'a que
l'importance d'une formalité tendant à la
purge (Cabantous, *Rev. crit.*, 1855, p. 100 et
suiv.; Rivière et François, n°s 105 *bis*;
Troplong, n° 274). — V. toutefois Flandin,
n°s 599 et suiv.; Dalloz, n° 380.

111. On demande quel sera l'effet de la
transcription relativement à une inscription
prise le même jour. — Dans l'impossibilité où
l'on se trouve ici de consulter l'ordre numérique des registres du conservateur, puisque ce
ne sont pas les mêmes registres qui contiennent
les transcriptions et les inscriptions, MM. Rivière et Huguet, (*Quest.*; n° 202) considèrent
la question comme insoluble. Cependant elle
peut se présenter, et il faut bien qu'elle reçoive
une solution. Or, nous croyons, comme M.
Gauthier, n° 159, qu'en pareil cas le doute
doit se trancher en faveur de l'inscription. Il
ne faut pas perdre de vue, en effet, qu'il s'a-
git ici d'une forclusion, qui doit être appliquée d'une manière restrictive, et il faut remarquer, en outre, que l'acquéreur qui aurait payé son prix avant de connaître le résultat de la transcription aurait encouru le
reproche d'imprudence et mériterait moins
de faveur que le créancier. *Conf.* Fœns, *Précis sur la transcript.*; n° 54; Sellier, *Comment. de la loi*, etc.; n° 225; Ducruet, *Études
sur la transcript.*; n° 14 *bis*. — Mais cette
solution est repoussée par M. Flandin (t. 2,
n° 925).

112. La loi nouvelle n'a pas voulu et n'a
pas dû vouloir que la transcription eût pour
effet immédiat de purger le privilége, soit
du vendeur, soit du copartageant. En effet,
l'inscription de ce privilége ne pouvant
avoir lieu que sur la production du contrat
enregistré et expédié, et conséquemment
qu'après un certain intervalle à partir de la
date du contrat, il peut facilement arriver
que, durant cet intervalle, l'acquéreur ou les
copartageants aliènent l'immeuble qui a fait
l'objet de ce même contrat, et que le nouveau propriétaire fasse transcrire son titre
avant que le privilége du vendeur originaire
ou du copartageant ait pu être inscrit; de
telle sorte que, si la transcription devait ici
produire son effet ordinaire, ce vendeur ou
ce copartageant se verrait dépouillé de son
privilége sans qu'il eût dépendu de lui de le
conserver. Un tel résultat n'était pas admissible. Aussi l'art. 6 accorde-t-il au vendeur
et au copartageant un délai de quarante-cinq
jours à partir de l'acte de vente ou de partage, pour faire inscrire leur privilége, nonobstant toute transcription d'actes faite
dans ce délai.

113. Il importe de remarquer que le vendeur ou le copartageant qui n'aurait pas pris
inscription dans les quarante-cinq jours, ne
serait forclos qu'autant que pendant ce délai
il serait survenu une aliénation suivie de
transcription. Si des choses étaient encore
entières, le privilége continuerait à pouvoir
être inscrit (Troplong, n° 279; Rivière et
Huguet, *Quest.*, n° 365; Rivière et François,
Explic., etc.; n°s 114 et 116). — *Contra*
Flandin, *de la Transcript.*, t. 2, n° 1095;
Dalloz, v° *Transcr. hyp.*, n° 550.

114. D'un autre côté, et par application de

l'art. 2108, C. Nap., auquel la loi nouvelle n'a point dérogé, le vendeur n'a pas besoin de prendre inscription, lorsque l'acquéreur a fait transcrire son contrat; cette transcription, qui donne lieu à l'inscription d'office, suffisant pour conserver son privilége (discours de M. Rouher au Corps législatif, séance du 17 janv. 1855; Rivière et Huguet, n° 332; Troplong, n° 280; Flandin, t. 2, n° 1097; Dalloz, n° 556).

Il Mais on doit décider aujourd'hui, comme on le faisait avant la loi de 1855, que, dans le cas de deux ventes successives d'un immeuble, la transcription faite par le second acquéreur ne conserve pas le privilége du premier vendeur qui n'a pas pris inscription, lors même que le deuxième contrat mentionnerait le premier et la créance du vendeur originaire. Le privilége du vendeur ne se conserve que par la transcription du contrat qui lui donne naissance (Pont, *Priv. et hyp.*, n° 265; Gauthier, n° 168).

115. Dans le cas où le vendeur a, pendant le délai légal, pris inscription après une revente transcrite, le sous-acquéreur est tenu, pour purger, de lui faire les notifications prescrites par les art. 2183 et 2184, C. Nap. On sait que l'art. 835, C. pr., qui dispensait l'acheteur de faire ces notifications aux créanciers inscrits postérieurement à la transcription, est abrogé.

116. Le délai de quarante-cinq jours n'est accordé au vendeur et au copartageant pour prendre inscription, qu'en vue des garantir contre les effets d'une transcription opérée avant qu'ils eussent pu inscrire leur privilége. Dès lors, ils ne jouissent point de ce délai dans toutes autres hypothèses où ils sont menacés de perdre leur privilége par suite d'un événement subit et imprévu, comme, par exemple, dans le cas de déclaration de faillite de l'acheteur ou d'acceptation de sa succession sous bénéfice d'inventaire (Troplong, n° 382; Mourlon, n° 379; Rivière et Huguet, n° 370).

117. Faisons remarquer que le copartageant qui, faute d'inscrire son privilége dans les quarante-cinq jours, a perdu le droit de l'exercer vis-à-vis de l'acquéreur de l'un de ses copartageants qui a fait transcrire son contrat pendant ce même délai, n'en conserve pas moins son droit de préférence à l'égard des autres créanciers du vendeur, s'il a pris inscription avant l'expiration du délai de soixante jours fixé par l'art. 2109, C. Nap. (Pont, *Priv. et hyp.*, n° 318; Gauthier, n° 173). — *Contra* Flandin, t. 2, n° 1111.

118. Il paraît certain que l'exception introduite en faveur du vendeur et du copartageant ne saurait être étendue aux autres priviléges. Toutefois, la disposition de notre article n'est pas sans influence sur quelques-

uns de ces derniers. — Par exemple, on sait que le privilége des architectes et ouvriers se conserve par une double inscription, l'une prise avant le commencement des travaux, l'autre après leur achèvement. Si l'aliénation et la transcription ont lieu après la première inscription et avant la réception des travaux, l'acheteur se trouvant prévenu de l'existence du privilége du constructeur, il suffit, pour la conservation de ce privilége, que le constructeur fasse procéder à la réception des travaux dans les six mois fixés par l'art. 2103, C. Nap., soit qu'il les eût achevés au moment de l'aliénation, soit qu'ils ne fussent alors exécutés qu'en partie. Mais si les travaux étaient déjà reçus au moment de la transcription, le constructeur se trouverait dans la situation commune à tous les créanciers. Étant en mesure de prendre sa seconde inscription, il perdrait son privilége faute de l'avoir fait inscrire avant cette seconde transcription (Rivière et Huguet, n° 318 et 8; Troplong, n° 284 et suiv.; Mourlon, n° 384 et suiv.). — Néanmoins, quelques auteurs admettent que si la transcription avait été faite immédiatement après la réception des travaux, les juges devraient apprécier le délai nécessaire pour faire inscrire le procès-verbal de réception avant de prononcer l'extinction du privilége (Rivière et Huguet, Mourlon, *loc. cit.*; Gauthier, n° 177).

119. A l'égard du privilége de la séparation des patrimoines qui n'emporte aucun droit de suite à l'égard des tiers acquéreurs, n'est pas un véritable privilége, on décide qu'il peut encore être inscrit après la transcription, tant que les six mois accordés par l'art. 2111, C. Nap., à partir de l'ouverture de la succession, ne sont pas expirés (Rivière et Huguet, n° 123 et suiv.; Troplong, n° 288; Mourlon, n° 388; Pont, *Priv. et hyp.*, n° 314; Dalloz, n° 574).

120. Enfin, quant aux priviléges généraux, il faut remarquer que ce n'est qu'autant que, d'après le Code Napoléon, une inscription est nécessaire pour les conserver, que cette inscription doit être prise avant la transcription. Au reste, cette inscription ne leur est nécessaire que pour exercer le droit de suite; ils n'en ont pas besoin pour conserver le droit de se faire colloquer par préférence dans l'ordre distributif du prix de l'aliénation (Pont, *Priv. et hyp.*, n° 313; Troplong, n° 283; Rivière et Huguet, *Quest.*, n° 318; Flandin, t. 2, n° 1028; Dalloz, n° 565).

Art. 7. L'action résolutoire établie par l'article 1654 du Code Napoléon ne peut être exercée, après l'extinction du privilége du vendeur, au préjudice des tiers qui ont acquis des droits sur l'immeuble du chef de l'acquéreur, et qui se sont conformés aux lois pour les conserver.

121. D'après les principes du Code Napoléon, l'action résolutoire, que l'art. 1654 accorde au vendeur non payé, pouvait s'exercer sans aucune condition de publicité, même après l'extinction du privilége destiné aussi à garantir le paiement du prix. De là un grand péril pour les sous-acquéreurs et les créanciers hypothécaires de l'acquéreur primitif. Les auteurs de la loi du 23 mars 1855 ont voulu prévenir ce péril, qui préoccupait depuis longtemps les esprits, et contre lequel déjà divers remèdes avaient été proposés lors des discussions de l'Assemblée législative sur la réforme hypothécaire. Tel a été le but de l'art. 7, qui veut que l'action résolutoire ne puisse être exercée, après l'extinction du privilége du vendeur, au préjudice des tiers qui ont acquis des droits sur l'immeuble du chef de l'acquéreur et qui les ont conservés en se conformant aux prescriptions de la loi. D'après cette disposition, l'action résolutoire est entièrement subordonnée au privilége, vis-à-vis de tous ceux auxquels des droits réels ont été transmis par l'acquéreur, et elle ne peut atteindre ces derniers qu'autant qu'elle leur a été révélée par la publicité à laquelle le privilége est soumis.

122. Il faut remarquer, du reste, que l'extinction du privilége entraîne l'anéantissement de l'action résolutoire, de quelque manière que cette extinction ait lieu, et non point seulement dans le cas où le vendeur aurait perdu son privilége faute de l'avoir fait inscrire dans le délai fixé par l'art. 6. Cette interprétation se fonde, d'une part, sur la généralité des termes de l'art. 7, et, d'autre part, sur les explications données, en 1850, à l'Assemblée législative par M. Rouher, au sujet d'une proposition dont cet article n'est que la reproduction (Troplong, n° 391 ; Rivière et Huguet, Quest., n°^s 362 et 363 ; Rivière et François, Expl., etc., n°^s 112 et 113 ; Flandin, de la Transcript., t. 2, n° 1172 ; Dalloz, v° Transcript. hyp., n° 595). — Contrà Mourlon, Exam. crit., Append., n° 376.

123. Mais la publicité n'est exigée pour conserver le droit de résolution que relativement aux tiers nantis de droits réels : ce droit survit au privilége, vis-à-vis de l'acheteur, de ses héritiers et autres ayants cause à titre universel et de ses créanciers chirographaires (Troplong, n° 290 ; Rivière et Huguet, n° 354 ; Flandin, t. 2, n° 1171 ; Dalloz, n° 594).

124. On a agité la question de savoir si le vendeur qui n'a pas fait inscrire son privilége avant la faillite de l'acheteur, n'a pas perdu son privilége dans le sens de l'art. 7 de la loi nouvelle, et n'est pas, conséquemment, déchu du droit d'exercer l'action résolutoire contre les créanciers de cet acheteur. La négative a été admise par un arrêt de la Cour de Bordeaux, du 15 juill. 1857 (D.P. 57. 2.185). Cet arrêt donne pour motif de sa solution que, si la faillite met obstacle à l'extinction du privilége, elle ne le purge pas ; qu'il pourra plus tard être inscrit d'office, dans le cas où le syndic ferait transcrire le contrat ; qu'il produira alors tout son effet, et que, par suite, on ne saurait dire qu'il est éteint dans le sens de l'art. 7. Dalloz a critiqué cette décision en ces termes dans la note dont il l'a accompagnée :

« L'art. 448, C. comm., condamne à l'inertie tout privilége qui n'a pas été inscrit avant le jugement déclaratif de la faillite (V. Jur. gén., v° Faillite, n° 333), et l'on ne comprendrait pas que l'action résolutoire dont l'existence se lie indissolublement, d'après les principes de la loi nouvelle, à l'existence du privilége, pût s'exercer au moment où le privilége a perdu son efficacité ; on ne comprendrait pas que cette action, qui dans la pensée, soit de M. Rouher, lors des débats législatifs de 1850, soit des auteurs de la loi de 1855, ne devait être opposable aux tiers qu'autant qu'elle se serait retrempée dans la publicité exigée pour le privilége, produisît tous ses effets à un moment où le privilége ne peut plus être rendu public. On ne saurait d'ailleurs, comme le dit M. Troplong, loc. cit., n° 295, p. 338, « faire une situation à part à l'action résolutoire dans la matière des faillites, lorsqu'il est certain que cette action appartient au droit civil ; qu'elle a jusqu'à présent coexisté avec le privilége, en vertu des dispositions du Code Napoléon, et que, ce Code étant modifié en ce qui la concerne par la loi de 1855, il est impossible de ne pas faire réagir cette loi sur le Code de commerce. » — V. Conf., M. Mourlon, Appendice sur la transcription, n° 379.

« MM. Rivière et Huguet, qui, dans leurs Questions sur la transcription, n°^s 373 et s., se prononcent, comme la Cour de Bordeaux, pour la conservation de l'action résolutoire, nonobstant le défaut d'inscription avant la faillite de l'acheteur, admettent, contrairement à l'arrêt de cette Cour, que, dans ce cas, le privilége est perdu ; mais ils prétendent que le droit de résolution lui survit, et ils se fondent sur cette seule raison que les créanciers d'une faillite ne sont que des chirographaires, dans l'intérêt desquels n'a pas été édicté l'art. 7, qui suppose des tiers ayant acquis des droits sur l'immeuble du chef de l'acquéreur. Mais, d'un côté, il est certain que les créanciers d'une faillite peuvent avoir acquis et conservé légalement des droits sur l'immeuble antérieurement à cette faillite, comme cela se rencontrait dans l'espèce de l'arrêt qu'on recueille, et, d'un autre côté, ne peut-on pas dire que les créanciers, même chirographaires, auxquels la chose a été remise pour l'administrer et s'en faire payer ensuite, ont acquis sur cette chose un de ces droits de saisine que la loi protége ? Vainement soutient-on que ces créanciers ne se trouvent dans le cas de l'art. 7 qu'à partir de l'inscription, que les syndics doivent requérir, dans l'intérêt de la masse, de l'hypothèque attachée au jugement déclaratif de la faillite (MM. Rivière et Huguet, *eod.*, n° 375). C'est ce jugement même qui arrête et fixe irrévocablement les droits des créanciers ; l'inscription qui peut être prise plus tard n'ajoute rien à ces droits, elle n'a pour objet que de les conserver tels qu'ils se sont trouvés au moment de la déclaration de la faillite (*V.* M. Troplong, *ubi suprà*, sous l'art. 3 de la loi du 23 mars, n° 149).

« Mais la Cour de Bordeaux a transporté encore le débat sur un autre terrain. Raisonnant elle-même dans l'hypothèse où le vendeur aurait perdu son privilége, elle persiste à lui reconnaître néanmoins le droit d'exercer l'action résolutoire contre les créanciers de l'acheteur, non plus en argumentant de l'état de faillite de ce dernier et en considérant ses créanciers comme de simples chirographaires, mais en s'arrêtant à cette idée générale que les créanciers, *même inscrits*, de l'acheteur, ne peuvent être considérés comme des *tiers* par rapport au vendeur, du moins tant que la vente n'est pas transcrite ; d'où elle conclut que, jusqu'à cette transcription, ils ne peuvent invoquer le bénéfice de l'art. 7 de la loi de 1855, qui ne dispose qu'en faveur des *tiers* ayant acquis des droits sur l'immeuble. Voici, du reste, en deux mots, l'enchaînement de déductions à l'aide duquel la Cour de Bordeaux arrive à cette conséquence : Les effets de la transcription doivent être envisagés par rapport à ceux qui tiennent leurs droits du vendeur, et par rapport à ceux qui les tiennent de l'acheteur. A l'égard des premiers, il résulte de l'art. 3 de la loi que le dessaisissement du vendeur n'a lieu que du moment de la transcription de la vente ; Ce sont alors des tiers ayant des droits qui leur sont propres. Quant aux seconds, ils ne sauraient avoir plus de droits que l'acheteur, tant que la vente n'a pas été transcrite ; ils sont sous l'empire de la maxime *Resoluto jure dantis, resolvitur jus accipientis*. Le vendeur, jusque-là, n'est pas dessaisi à leur égard, et, par conséquent ils ne sauraient se dire des tiers. Ils sont, dès lors, passibles des mêmes actions que l'acquéreur, et doivent notamment rester soumis à l'exercice de l'action résolutoire.

« Ce raisonnement nous paraît reposer sur une double confusion. D'abord, on ne saurait placer l'interprétation de l'art. 7 de

la loi nouvelle sous l'influence des principes établis par l'art. 3. Ce sont là deux dispositions complétement indépendantes l'une de l'autre, et traçant chacune des règles qui appartiennent à des ordres d'idées essentiellement distincts. En déterminant les effets de la transcription des actes translatifs de propriété par rapport aux tiers, l'art. 3 ne saurait nullement réagir sur la disposition de l'art. 7, qui n'a trait qu'aux conditions d'exercice de l'action résolutoire de la part du vendeur, et qui ne fait nullement varier ces conditions, selon que la vente a été transcrite ou qu'elle ne l'a pas été. Tout ce que ce dernier article exige, pour que le vendeur puisse exercer le droit de résolution, c'est qu'il ait conservé son privilége, et l'on doit conclure de là que, si ce privilége a été inscrit, même après la transcription du contrat, les tiers qui tiennent leurs droits de l'acquéreur pourront être atteints par l'action résolutoire (*V.* en ce sens M. Lesenne, *Commentaire de la loi du 23 mars 1855*, n° 126). Au reste, c'est d'autant plus à tort que l'arrêt de la Cour de Bordeaux refuse aux créanciers inscrits de l'acheteur la qualité de tiers, et, par suite, le droit de repousser l'action résolutoire, dans le cas où il n'y a pas eu transcription, sur le motif que le vendeur n'est pas *dessaisi* à leur égard, que ce dernier ne peut pas plus se prévaloir du défaut de transcription vis-à-vis d'eux que vis-à-vis de l'acheteur, parce qu'ils sont ses ayants cause comme celui-ci.

« Cela nous amène à observer qu'on ne saurait ici, comme le fait cet arrêt (et c'est là la seconde confusion que nous lui reprochons), prendre le mot *tiers* dans le sens absolu qu'il comporte ordinairement. Il n'est pas douteux qu'en thèse générale, les créanciers, même hypothécaires, de l'acquéreur, ne sont, comme lui, que les ayants cause du vendeur, ainsi que nous venons de le dire, et que les actions dont l'acquéreur est passible de la part du vendeur leur sont également opposables. C'est en vertu de ce principe que, d'après le Code Napoléon, l'action résolutoire pouvait atteindre ces créanciers et les autres ayants droit de l'acquéreur, même après l'extinction du privilége. Mais tel est précisément l'inconvénient que l'art. 7 de la loi du 23 mars a eu pour objet de prévenir, et ce serait enlever toute portée à cet article que de le déclarer inapplicable à ceux qui tiennent leurs droits de l'acquéreur, sous le prétexte qu'ils ne sont pas des tiers. Les termes mêmes de l'art. 7 résistent énergiquement à cette interprétation, puisqu'il qualifie justement de tiers ceux qui ont acquis des droits sur l'immeuble du chef de l'acquéreur. Dès lors, tout ce que l'on peut dire, c'est que cette qualification a été détournée ici de son sens juridique, comme elle l'a été également dans l'art. 3. *V.* sur ce point l'observation de M. Troplong, art. 3, n° 144.» — *V.* toutefois en sens contraire M. Gauthier, n° 225, qui paraît approuver l'arrêt précité de la Cour de Bordeaux.

Sur le pourvoi dirigé contre cet arrêt, il a été décidé, par un arrêt de rejet, que l'art. 7 de la loi du 23 mars 1855 suppose une perte complète, absolue et ineffaçable du privilége; qu'ainsi la nullité dont l'inscription du privilége du vendeur se trouve frappée relativement aux créanciers du failli, lorsqu'elle a été prise après la déclaration de faillite de l'acheteur, laissant subsister ce privilége à l'égard du failli, des tiers détenteurs et des créanciers postérieurs à la faillite, ne l'éteint pas dans le sens de l'art. 7 de la loi de 1855, et que, par suite, le vendeur conserve son action résolutoire qu'il peut exercer même au préjudice des créanciers de la faillite de l'acheteur (Cass., 1er mai 1860, D.P.60.1.236).

123 *bis.* Suivant un autre arrêt, en cas de faillite de l'acheteur, le vendeur, s'il a fait opérer, ne fût-ce que dans les dix jours qui ont précédé, la transcription de la vente et l'inscription de son privilége, peut exercer contre les créanciers l'action résolutoire pour défaut de paiement du prix. Et ceux-ci ne pourraient s'y opposer comme ayant sur l'immeuble des droits acquis du chef de leur débiteur, qu'autant qu'antérieurement à l'accomplissement des formalités destinées à assurer la conservation du privilége, le syndic aurait pris, dans l'intérêt de la masse, l'inscription prescrite par l'art. 490, C. comm. (Riom, 1er juin 1859, D.P.59.2.124). Mais cet arrêt, conforme à l'opinion de MM. Rivière et Huguet (*Quest.*, n°s 373 et suiv.), est critiqué par Dalloz, dans les annotations qui accompagnent cet arrêt (*V.* aussi *Jur. gén.*, v° *Transc. hyp.*, n°s 608 et 609), et par M. Flandin, *De la Transcript.*, t. 2, n° 1493.

124. L'art. 7 ne s'applique point à l'hypothèse d'une vente forcée de l'immeuble, hypothèse régie par l'art. 717, C. pr., aux termes duquel le vendeur perd son action résolutoire, lorsque, sommé de déclarer son intention, il n'a pas notifié sa demande avant l'adjudication, sans perdre pour cela son privilége, qu'il peut inscrire jusqu'à la transcription du jugement d'adjudication. Dans ce cas, le privilége survit exceptionnellement à l'action résolutoire (Troplong, n° 297; Flandin, t. 2, n° 1210; Dalloz, n° 622).

125. Quoique l'art. 7 ne s'occupe taxativement que de l'action résolutoire établie par l'art. 1654, C. Nap., au profit du vendeur non payé, on doit étendre sa disposition à l'action en résolution d'un échange pour défaut de paiement de la soulte, car l'art. 1707, C. Nap., soumet l'échange aux règles de la vente, autant que la nature des choses le

comporte, et le coéchangiste ayant un privilége et une action résolutoire pour la garantie du paiement de la soulte qui lui est due, il est logique d'établir entre ces deux droits, comme le dit M. Troplong, n° 299, la même solidarité d'existence qu'entre les droits identiques qui naissent de la vente. — *Conf.* Gauthier, n° 229; Flandin, t. 2, n° 1217; Dalloz, n° 626.—*Contra,* Rivière et François, n° 117; Rivière et Huguet, n°s 354 et suiv.

126. Mais l'action en révocation d'une donation pour inexécution des charges est régie par d'autres principes. D'un côté, l'art. 7 n'a évidemment point entendu s'occuper de cette action, et d'ailleurs il ne pouvait en subordonner l'exercice à la conservation d'un privilége qui n'existe pas en matière de donation (Rivière et Huguet, n°s 354 et suiv.; Troplong, n° 300; Mourlon, *Exam. crit.*, etc., *Append.*, n° 152; Flandin, t. 2, n°s 1224 et suiv.; Dalloz, v°s *Priv. et hyp.*, n° 434, et *Transcr. hyp.*, n° 629). — *Contra* Pont, *Priv. et hyp.*, n° 188.

126 *bis.* Notre article ne prononce de déchéance qu'à l'égard de l'action résolutoire qui résulte de l'art. 1654, C. Nap., c'est-à-dire de celle que la loi, en l'absence de toute stipulation, accorde au vendeur qui n'est pas payé du prix : s'ensuit-il qu'il soit inapplicable au cas où il a été stipulé, en vertu de l'art. 1656, que la résolution résulterait de plein droit du défaut de paiement dans le délai convenu ? Non, sans doute, car ce dernier article n'est que l'application à un cas spécial de la règle générale consacrée par le premier (Troplong, n°s 304 et suiv.; Gauthier, n° 228; Flandin, t. 2, n° 1210).

Art. 8. Si la veuve, le mineur devenu majeur, l'interdit relevé de l'interdiction, leurs héritiers ou ayants cause, n'ont pas pris inscription dans l'année qui suit la dissolution du mariage ou la cessation de la tutelle, leur hypothèque ne date, à l'égard des tiers, que du jour des inscriptions prises ultérieurement.

127. On a vu, sous l'art. 6, n° 109, que la loi nouvelle maintient la dispense d'inscription en faveur de l'hypothèque légale des incapables. Mais il est logique que cette dispense cesse avec l'incapacité qui la motive. C'est ce que prescrit l'art. 8, qui apporte par là au système du Code Napoléon une modification fort sage, et que déjà de bons esprits avaient proposée en 1851, lors de la discussion de la réforme hypothécaire. Ainsi, d'après cet article, la veuve, le mineur devenu majeur, l'interdit relevé de l'interdiction, leurs héritiers ou ayants cause sont tenus de faire inscrire leur hypothèque dans l'année qui suit la dissolution du mariage ou la ces-

ation de la tutelle ; sans quoi elle ne datera plus, à l'égard des tiers, que du jour des inscriptions prises ultérieurement.

128. Notre article ne fait courir le délai d'un an, pour la femme, que du jour de la dissolution du mariage : la séparation de biens ne suffit donc pas pour faire cesser la dispense d'inscription qui lui est accordée (Troplong, n° 308).

129. A l'égard du mineur, le délai court dès la fin de la tutelle, soit qu'elle cesse par la majorité du mineur, soit qu'elle cesse par son décès. On objecterait vainemnet que de ces mots de l'art. 8 « le mineur devenu majeur », il résulte que l'obligation de prendre inscription n'est imposée que dans le cas où la tutelle prend fin par la majorité du pupille. Evidemment, telle n'a pas été l'intention de la loi, qui n'a pu vouloir traiter les héritiers du mineur plus favorablement que celui dont ils prennent la place (Troplong, n° 310; Rivière et François, n° 121).

130. Si un incapable meurt avant l'expiration du délai d'un an à partir de la dissolution du mariage ou de la cessation de la tutelle, laissant des héritiers mineurs ou des interdits, ce délai continue à courir contre ces derniers, sauf leur recours contre le tuteur qui aurait négligé de prendre l'inscription (Rivière et Huguet, n° 380; Troplong, n° 311).

131. En parlant de la cessation de la tutelle, la loi entend évidemment désigner la cessation de l'incapacité. Si donc les fonctions du tuteur viennent à prendre fin par son décès, ou si la tutelle cesse par l'émancipation du mineur, le délai ne courra point contre celui-ci ou contre l'interdit, parce que l'état d'incapacité subsistera encore (Rivière et François, n° 120 et 122; Gauthier, n° 153 et 154).

132. Une transcription faite dans l'année de la cessation de l'incapacité n'enlève point à la veuve, au mineur devenu majeur et à l'interdit le droit de s'inscrire tant que cette année n'est pas expirée (Troplong, n° 313; Rivière et Huguet, Quest., n° 328; Flandin, t. 2, n° 1011; Dalloz, n° 527). — Mais, à défaut d'inscription dans l'année, leur hypothèque est définitivement purgée par cette transcription et ne peut plus être inscrite. Il n'est pas nécessaire que l'acquéreur remplisse les formalités de la purge, parce qu'il résulte de l'art. 8 que le défaut d'inscription dans l'année efface à son égard l'hypothèque des incapables (Troplong, n° 314 et suiv.; Rivière et François, Expl., etc., n° 127; Rivière et Huguet, n° 329; Flandin, t. 2, n° 1012 et suiv.; Dalloz, n° 528).

Mais si, au lieu de se borner à faire transcrire son contrat, l'acquéreur commence dans l'année même la procédure de la purge établie par l'art. 2194, C. Nap., il ne saurait plus se plaindre de ce que les incapables s'inscrivent après l'expiration de l'année et dans les délais propres à cette procédure (Troplong, n° 314 et suiv.; Pont, Priv. et hyp., n° 833; Bressolles, Exposé, etc., n° 99-4°). — Contrà; Flandin, t. 2, n° 1014; Dalloz, n° 529.

133. Lorsque les incapables que notre article a en vue ont pris inscription dans l'année, le tiers détenteur est tenu de purger, non plus, comme le remarque M. Troplong, n° 318, d'après la procédure de l'art. 2194, mais d'après le mode indiqué par la loi pour les hypothèques inscrites.

133 bis. L'art. 8 semble disposer seulement, en ce qui concerne la femme, pour le cas où le mariage a été dissous par le prédécès du mari. Si la veuve, dit-il. Mais il a été jugé que l'obligation imposée par cet article à la veuve ou à ses héritiers d'inscrire l'hypothèque légale qui lui appartient dans l'année qui suit la dissolution du mariage s'applique également aux héritiers de la femme qui a prédécédé son mari (Bourges, 20 août 1859, D.P.60.2.80; Bordeaux, 12 mars 1860, D.P.61.2.67). Conf., Flandin, t. 2, n° 1017; Dalloz, n° 534).

133 ter. Il est possible que les héritiers de la femme prédécédée soient en état de minorité; on admet généralement que le délai qui leur est accordé pour inscrire l'hypothèque légale de la femme n'est pas prorogé par l'effet de cette circonstance. (V. notamment dans ses motifs, l'arrêt de Bordeaux précité). On a prétendu toutefois qu'il en devait être autrement dans le cas où les héritiers de la femme sont ses enfants, placés sous la tutelle légale de leur père, débiteur de la dot, et sur les biens duquel l'inscription doit être prise (Pont, Priv. et hyp., n° 809; Nicollet, Rev. crit., année 1858, t. 13). Mais cette doctrine a été repoussée par deux arrêts de Grenoble du 29 avril 1858 (D.P.61.2.68) et 26 février 1862 (D.P.63.2.68). Elle est combattue également par MM. Mourlon, De la Transcript., n° 866 à 872; Flandin, t. 2, n° 1018; Dalloz, 535.

Art. 9. Dans le cas où les femmes peuvent céder leur hypothèque légale ou y renoncer, cette cession ou cette renonciation doit être faite par acte authentique, et les cessionnaires n'en sont saisis, à l'égard des tiers, que par l'inscription de cette hypothèque prise à leur profit ou par la mention de la subrogation en marge de l'inscription préexistante.

Les dates des inscriptions ou mentions déterminent l'ordre dans lequel ceux qui ont obtenu des cessions ou re-

nonciations exercent les droits hypothécaires de la femme.

134. Par cette disposition, la loi nouvelle
consacre encore une amélioration qui avait
été proposée, en 1851, à l'Assemblée législative, lors de la discussion de la réforme hypothécaire. Il est juste que la femme qui cède
son hypothèque légale ou qui y renonce
trouve dans l'authenticité de l'acte, dans les
formes dont il est entouré, dans les conseils
de l'officier public qui le reçoit, une garantie
contre sa faiblesse et son inexpérience. D'un
autre côté, l'immunité de la non-publicité de
l'hypothèque légale ayant été accordée à la
femme à raison uniquement de sa dépendance et de sa capacité incomplète, ne saurait profiter à d'autres qu'elle; le cessionnaire de cette hypothèque doit donc être soumis à l'obligation de la faire inscrire; et, si
elle l'a été déjà, il est nécessaire qu'une mention de la cession ou subrogation, faite en
marge de l'inscription préexistante, avertisse
ceux à qui la femme céderait encore ultérieurement la même hypothèque, de l'existence d'un droit préférable au leur.

135. Quand, dans notre article, la loi parle
de la cession que la femme fait de son hypothèque légale, entend-elle indiquer simplement la cession de l'antériorité du rang hypothécaire de la femme, ou bien veut-elle
désigner la cession de l'hypothèque elle-
même, détachée de la créance qu'elle est destinée à garantir? La dernière interprétation
semble seule conciliable avec les termes très-
positifs de l'art. 9. Cependant la première
est fortement soutenue par M. Benech, *Du
nantissement appliqué aux droits de la
femme sur les biens de son mari*; nos 18 et s.
Mais elle est repoussée avec raison par
MM. Rivière et Huguet, n° 384; Mourlon,
n° 392, et Troplong, nos 327 et suiv. — Seulement il faut reconnaître, avec MM. Rivière
et Huguet, *eod.*, que la simple cession d'antériorité du rang serait elle-même soumise à
la disposition de l'art. 9, par identité de raison. — *Conf.*, Troplong, n° 333.

136. Cette disposition s'applique-t-elle
aussi à la cession de la créance même de la
femme contre son mari, cession qui emporte
virtuellement avec elle transmission de l'hypothèque qui garantit la créance? MM. Rivière et Huguet, n° 393, ne le pensent point.
Suivant eux, quelles que soient les garanties
qui entourent une obligation, la cession de
cette obligation ne doit être régie que par les
lois faites pour les cessions de créance en
général. La loi nouvelle ne s'occupant pas
du transport des créances, celui à qui une
créance hypothécaire est cédée n'a, pour
être saisi à l'égard des tiers, qu'à se conformer aux prescriptions du Code Napoléon
(art. 1690). Investi du droit principal, il

jouit, par une conséquence nécessaire, de
tous les droits accessoires qui garantissent
l'obligation, sans avoir aucune formalité spéciale à remplir (*Conf.*, Rivière et François,
n° 137; Bressolles, n° 100). — Cette opinion
est victorieusement combattue par M. Troplong, n° 336. Comme le fait remarquer l'il-
lustre magistrat, l'économie de la loi nouvelle
est incompatible avec un système d'après
lequel des tiers qui n'auraient de rang que
par l'hypothèque de la femme jouiraient cependant de cette hypothèque sans la promul-
guer par l'inscription. Le texte de l'art. 9 est
loin d'autoriser une semblable interprétation. Si l'on va au fond des choses, ne doit-
on pas reconnaître que la cession faite par
une femme au créancier de son mari de ses
droits, créances et reprises, n'est en définitive qu'une cession de son hypothèque pour
être utilement payé? (*Conf.*, Mourlon, *Exam.
crit.*, *Append.*, n° 392; Ducruet, *Étud. sur
la transcript.*, n° 40; Flandin, t. 2, nos 1535
et 1536; Dalloz, n° 788).

137. L'obligation solidaire du mari et de la
femme, avec affectation hypothécaire de la
part du mari, emporte renonciation implicite
de la part de la femme à son hypothèque légale (Cass., 8 août 1854, D.p.55-1.337).
Cette hypothèse est donc régie par notre article. *Conf.*, Rivière et Huguet, n° 387.

138. On peut se demander si le mandat
donné par la femme à l'effet de subroger à
son hypothèque légale ou d'y renoncer, doit
nécessairement être lui-même authentique,
comme l'acte de subrogation ou de renonciation, ou s'il suffit qu'il soit consenti par acte
sous seing privé. On sait que la jurisprudence décide généralement que le mandat
pour constituer une hypothèque peut être
conféré par acte sous seing privé, et les raisons de décider sont les mêmes dans notre
hypothèse. V. Dalloz, v° *Priviléges et hypothèques*, n° 1263, et les autorités citées. —
Adde en sens contraire, MM. Rivière et Huguet, nos 401 et 402.

139. La généralité des expressions de l'art.
9 doit faire admettre que sa disposition s'applique aussi bien aux cessions et renonciations consenties par la femme devenue veuve
qu'à celles qui ont lieu avant la dissolution
du mariage (Rivière et Huguet, n° 405; Troplong, n° 337; Flandin, t. 2, n° 1557; Dalloz, n° 789).

140. Notre article veut que lorsqu'une
femme a cédé son hypothèque successivement à plusieurs créanciers, ceux-ci soient
colloqués dans l'ordre de leurs inscriptions
ou des mentions par eux requises en marge
de l'inscription préexistante. Mais comment
régler le rang des cessionnaires qui ont
fait accomplir le même jour la formalité de
la mention? On doit évidemment appliquer
ici l'art. 2147, C. Nap., et faire venir ces ces-

sionnaires en concurrence l'un avec l'autre (Troplong, n° 339; Flandin, t. 2, n° 1569).

141. Lorsque la subrogation dans l'hypothèque légale d'une femme mariée est consentie à propos d'une créance garantie en même temps par une hypothèque conventionnelle, on peut requérir cumulativement l'inscription de cette dernière hypothèque et celle de l'hypothèque légale, pourvu que cette inscription unique contienne, pour chacun des droits inscrits, les indications prescrites par le Code Napoléon, c'est-à-dire celles qui sont énumérées dans l'art. 2148 en ce qui concerne l'hypothèque conventionnelle, et celles qui sont énumérées dans l'art. 2153, en ce qui concerne l'hypothèque légale (Troplong, n° 343; Flandin, t. 2, n° 1562; Dalloz, n° 793).

142. L'art. 9 ne parle que de l'hypothèque légale de la femme mariée. Dès lors, les cessions que tout autre créancier ferait de son hypothèque n'ont pas besoin d'être mentionnées en marge de l'inscription du cédant, pour être opposables à des cessionnaires postérieurs (Troplong, n° 344; Rivière et Huguet, n°s 408 et suiv.; Mourlon, *Exam. crit., Append.*, n° 396; Flandin, t. 2, n° 1574; Dalloz, n° 796). — *Contrà*, Ducruet, *Étude sur la transcr.*, n° 41).

Art. 10. La présente loi est exécutoire à partir du 1er janvier 1856.

Art. 11. Les articles 1, 2, 3, 4 et 9 ci-dessus ne sont pas applicables aux actes ayant acquis date certaine et aux jugements rendus avant le 1er janvier 1856.

Leur effet est réglé par la législation sous l'empire de laquelle ils sont intervenus.

Les jugements prononçant la résolution, nullité ou rescision d'un acte non transcrit, mais ayant date certaine avant la même époque, doivent être transcrits conformément à l'article 4 de la présente loi.

Le vendeur, dont le privilége serait éteint au moment où la présente loi deviendra exécutoire, pourra conserver vis-à-vis des tiers l'action résolutoire qui lui appartient, aux termes de l'article 1654 du C. de Napoléon, en faisant inscrire son action au bureau des hypothèques, dans le délai de six mois à partir de la même époque.

L'inscription exigée par l'article 8 doit être prise dans l'année à compter du jour où la loi est exécutoire : à défaut d'inscription dans ce délai, l'hypothèque légale ne prend rang que du jour où elle est ultérieurement inscrite.

Il n'est point dérogé aux dispositions du Code Napoléon relatives à la transcription des actes portant donation ou contenant des dispositions à charge de rendre : elles continueront à recevoir leur exécution.

143. La loi nouvelle veut que ses dispositions relatives à la transcription des actes énoncés dans les art. 1 et 2, aux effets de cette transcription (art. 3) et aux mentions prescrites par l'art. 4, ne soient pas applicables aux actes ayant acquis date certaine avant le 1er janv. 1856. Mais doit-on considérer comme antérieur au 1er janv. 1856 un contrat fait avant cette époque et affecté d'un vice qui n'est effacé que par une confirmation postérieure? Oui, sans doute, un contrat annulable n'en existe pas moins; l'acte confirmatif rétroagit au jour de ce contrat. Il n'y a donc pas lieu à la transcription (Troplong, n° 350; Rivière et Huguet, n° 414; Gauthier, n° 271; Flandin, t. 2, n° 1476; Dalloz, n° 751. — Il faut en dire autant de la ratification (Gauthier, n° 272; — *Contrà*, Rivière et Huguet, n° 413; Flandin, t. 2, n° 1477; Dalloz, n° 752).

144. L'art. 6 n'étant pas au nombre de ceux que l'art. 11 déclare inapplicables aux actes antérieurs au 1er janv. 1856, on doit décider que les créanciers ayant des priviléges ou des hypothèques non dispensés d'inscription ne pourront plus, bien que ces priviléges et hypothèques leur soient acquis avant le 1er janv. 1856, les faire inscrire utilement, à partir du jour même de la transcription, sans être admis à réclamer le délai de quinzaine des art. 834 et 835, C. pr., prononcée par l'art. 6, a eu un effet immédiat du jour même où la loi est devenue exécutoire (Rivière et François, n°145; Gauthier, n° 270; Flandin, t. 2, n° 1491; Dalloz, n° 764).

Il en est ainsi du moins lorsque la transcription a eu lieu postérieurement au 1er janv. 1856 (Rivière et Huguet, n°416; Troplong, n° 354). Mais si elle a été opérée avant cette époque, les effets en doivent être régis par la législation alors en vigueur. En conséquence, si le délai de quinzaine que l'art. 834, C. pr., accordait aux créanciers du vendeur pour prendre inscription, n'était pas expiré le 1er janv. 1856, ces créanciers ont pu encore inscrire leurs priviléges ou hypothèques pendant le nombre de jours qui restaient à cette date pour compléter la quinzaine (Troplong, n° 353; Flandin, t. 2, n° 1493; Dalloz, n° 765).

145. On a vu qu'aux termes de l'art. 8, la veuve, le mineur devenu majeur et l'interdit relevé de l'interdiction, sont tenus de faire inscrire leur hypothèque légale dans l'année

de la dissolution du mariage ou de la cessation de la tutelle. Il résulte de l'art. 11 que cette obligation leur est imposée, alors même que l'hypothèque a pris naissance avant le 1ᵉʳ janv. 1856, et bien que le mariage ait été dissous ou que la tutelle ait cessé avant la même époque. Mais, en pareil cas, la loi leur accorde pour l'accomplissement de ses prescriptions un délai qui devait naturellement être d'une année, à partir du jour où la loi est exécutoire, puisque, pour l'avenir, le délai donné aux incapables, devenus capables, pour prendre inscription, est d'une année à compter de la cessation de l'incapacité.

146. La nécessité de l'inscription dans l'année à compter du jour où la loi est exécutoire, pèse-t-elle sur celui auquel une hypothèque légale a été cédée avant le 1ᵉʳ janvier 1856 ? Oui, sans doute, car le cessionnaire est l'ayant cause du cédant et doit, dès lors, remplir la formalité imposée à ce dernier (Troplong, n° 358 ; Flandin, t. 2, n° 1516 ; Trib. de Dôle, 20 mai 1857, D.P. 57.3.36 ; — *Contrà* Paris, 8 janv. 1859, D.P. 59.2.65). — Mais la cession n'a pas besoin d'être mentionnée en marge de l'inscription, parce que cette mention n'est requise que par l'art. 9, lequel, d'après notre art. 11, n'est pas applicable aux actes antérieurs au 1ᵉʳ janv. 1856 (Troplong, *eod.*).

147. Il faut remarquer aussi que les cessions d'hypothèques légales consenties avant le 1ᵉʳ janv. 1856 ne sont pas soumises à la formalité de la transcription ; elles sont assimilées aux autres actes antérieurs à cette date du 1ᵉʳ janv. (Troplong, n° 357).

148. L'art. 11 ordonne de transcrire, conformément à l'art. 4, les jugements qui prononcent la résolution, la nullité ou la rescision d'un acte non transcrit, mais ayant date certaine avant le 1ᵉʳ janv. 1856, lorsque ces jugements ont été rendus depuis la promulgation de la loi nouvelle. — Cette transcription du jugement remplace la mention que prescrit l'art. 4 et qui, dans ce cas, est impossible. — Si, toutefois, le contrat antérieur au 1ᵉʳ janv. 1856, quoique dispensé de la transcription pour la translation de la propriété, avait été, dans le fait, transcrit, pour arriver, par exemple, à la purge des hypothèques, il y aurait lieu de mentionner en marge de la transcription, selon le vœu de l'art. 4, le jugement prononçant la nullité ou la rescision de ce contrat (Troplong, n° 360).

149. D'après le même auteur, n° 361, bien que la transcription soit en général la copie intégrale de l'acte transcrit, et que le § 3 de l'art. 11 dise que les jugements de nullité ou de résolution seront transcrits dans les cas qu'il prévoit, une copie intégrale n'est pas ici nécessaire, parce que les mots « conformément à l'art. 4 de la présente loi » montrent que la forme réglée par cet article doit

être, autant que possible, observée. L'avoué, dit M. Troplong, rédigera un bordereau dans lequel il indiquera les faits essentiels, avec moins de brièveté seulement qu'à l'ordinaire, parce qu'il n'y aura pas d'acte d'acquisition déjà transcrit, et auquel on puisse se référer. C'est ce bordereau, et non le jugement, qui sera transcrit sur les registres. — Pour nous, il nous semble plus prudent, en présence des termes de notre article, d'opérer la transcription selon le mode ordinaire, c'est-à-dire au moyen d'une copie littérale.

149 *bis*. La mention sur les registres du conservateur du jugement prononçant la résolution d'une vente n'est suffisante que dans le cas où la vente a déjà été transcrite et où il s'agit de faire connaître en marge la circonstance de la résolution. Mais, dans le cas où la transcription de l'acte de vente n'a pas eu lieu, il y a nécessité de faire transcrire le jugement de résolution ; et l'avoué qui a obtenu ce jugement encourt l'amende de 100 fr. s'il se borne à faire faire une simple mention par production de bordereau (Trib. civ. de Vouziers, 11 avril 1861, D.P.62.3.23).

150. La loi nouvelle qui, ainsi qu'on l'a vu par l'art. 7, subordonne l'existence de l'action résolutoire du vendeur à la conservation de son privilége, n'a pas voulu cependant que le vendeur qui, avant le moment où elle est devenue exécutoire, avait, à la vérité, perdu son privilége, mais devait compter sur son action en résolution, fût désormais privé de cette action. Elle lui a permis, par l'art. 11, de la conserver vis-à-vis des tiers, à la condition seulement de la faire inscrire dans le délai de six mois à partir du 1ᵉʳ janv. 1856.

151. Un jugement du tribunal d'Evreux du 14 nov. 1856 (D.P.57.3.43) a décidé que le vendeur d'un immeuble, par acte antérieur au 1ᵉʳ janv. 1856, époque à partir de laquelle la loi du 23 mars 1855 est devenue exécutoire, est déchu de son privilége et de son action résolutoire, s'il ne les a pas fait inscrire l'un et l'autre dans le délai de six mois à partir de cette date. « Cette décision, dit Dalloz, *loc. cit.*, *ad notam*, nous paraît inexacte en ce qu'elle subordonne d'une manière absolue et dans tous les cas la conservation de l'action résolutoire dérivant de contrats de vente antérieurs au 1ᵉʳ janv. 1856, à la nécessité de l'inscription, soit du privilége, soit de l'action résolutoire, dans le délai de six mois fixé par l'art. 11 de la loi du 23 mars 1855. En effet, cet article se borne à prescrire l'inscription de l'action résolutoire dans ce délai, aux vendeurs dont le privilége s'est trouvé éteint au 1ᵉʳ janv. 1856. A l'égard de ceux qui, à cette date, n'avaient pas perdu leur privilége par l'effet d'une revente suivie d'une transcription, la loi de 1855 n'a apporté aucune modification à la

gislation antérieure. Ces vendeurs continuent à conserver, indépendamment de toute
inscription, leur privilége et l'action résolu-
oire qui y est attachée, tant qu'il n'est in-
ervenu aucune revente transcrite, et c'est
seulement pour n'être pas exposés à les per-
re par l'effet d'une telle revente qu'ils doivent faire inscrire, non leur action résolu-
oire, mais leur privilége, et non dans un dé-
ai de six mois, mais seulement assez tôt
pour prévenir ce résultat. » — Cette critique
nous semble parfaitement fondée.

151 *bis*. Le dernier paragraphe de l'art. 11
déclare qu'il n'est pas dérogé aux dispositions
du Code Napoléon relatives à la transcription
des actes portant donation ou contenant des
dispositions à charge de rendre. Nous avons
déjà signalé la portée de cette réserve. *V.*
suprà, n° 27.

Art. 12. Jusqu'à ce qu'une loi spéciale
détermine les droits à percevoir, la transcription des actes ou jugements qui n'é-
taient pas soumis à cette formalité avant
la présente loi est faite moyennant le
droit fixe d'un franc.

152. Il résulte de cette disposition que les
ventes d'immeubles, tarifées par l'art. 52 de
la loi du 28 avril 1816 au droit de cinq et
demi pour cent (1), restent assujetties à ce
droit, qui embrasse le droit de mutation et le
droit de transcription, et que tout acte qui,
sous l'empire du Code Napoléon, étant de

nature à être transcrit, subissait un droit
d'un et demi pour cent, outre le droit d'enregistrement, continue également à être soumis au même droit : dans ces deux cas, le
conservateur opérant la transcription perçoit un droit fixe d'un franc. Mais tout acte
qui n'est soumis à la transcription que par
application de la loi du 23 mars 1855 ne
donne pas ouverture au droit proportionnel
d'un et demi pour cent, et ne paie qu'un droit
fixe d'un franc, outre le salaire du conservateur. Cette dernière règle s'applique notamment aux baux (Troplong, n° 385).

153. Ajoutons, en terminant, que, depuis
la promulgation de la loi du 23 mars 1855, le
salaire attribué aux conservateurs pour la
transcription des actes qui étaient déjà assujettis à cette formalité par la législation précédente, a été réduit de moitié. Un décret
du 24 nov. 1855 a fixé ce salaire à 50 centimes au lieu d'un franc par rôle de vingt-
cinq lignes à la page et de dix-huit syllabes
à la ligne. Du reste, cette réduction ne frappe
pas les conservateurs et s'applique à la moitié du salaire d'un franc qui était perçue
pour le compte du trésor public, en exécution de l'art. 1er d'une ordonnance du 8 mai
1816, qui est abrogée par le même décret du
24 nov. 1855.

154. La transcription d'un acte contenant
vente, au profit d'un seul acquéreur, par
plusieurs vendeurs non solidaires, d'immeubles différents et moyennant des prix distincts, donne lieu à autant de droits fixes de
1 fr. qu'il y a de vendeurs (Instr. 3 fév. 1862,
n° 2210. § 2, D.p.62.3.32).

---

(1) V. *suprà*.

FIN DU TRAITÉ ABRÉGÉ DE LA LOI DU 23 MARS 1855.

DE LA RESPONSABILITÉ DES NOTAIRES,

Par M. Ch. VERGÉ,

Avocat, Docteur en droit.

---

§ 1er. — *Généralités. — Principe et étendue de la responsabilité des notaires.*

1. La responsabilité est la conséquence naturelle de la liberté de l'homme; dès que l'homme est libre d'agir, qu'il se trouve dans les conditions d'âge et de santé d'esprit déterminées par la loi, il devient responsable de ses actions aussitôt qu'elles sont de nature à porter préjudice aux intérêts de la société et à ceux des individus. Le bien doit être sa règle morale et légale; dès qu'il l'oublie, il encourt, dans certains cas, à titre de satisfaction due à la société, une réparation pénale lorsque ces actes ont pris le caractère d'un crime, d'un délit ou d'une contravention; dans d'autres cas, la réparation est simplement civile et pécuniaire, soit qu'il s'agisse d'un acte qualifié dans les limites ci-dessus, soit qu'il s'agisse d'un acte qui ne tombe pas sous l'atteinte de la loi pénale, mais qui, cependant, est de nature à porter et porte en effet préjudice à autrui.

2. — Le Code Napoléon a consacré de la manière la plus formelle le principe de la responsabilité civile. L'art. 1382 porte : « Tout fait quelconque de l'homme, qui cause à autrui un dommage, oblige celui par la faute duquel il est arrivé à le réparer. » L'art. 1383 ajoute : « Chacun est responsable du dommage qu'il a causé non-seulement par son fait, mais encore par sa négligence ou par son imprudence. » Et poussant plus loin le principe de la responsabilité, les art. 1384, 1385, 1386, rendent encore responsable du dommage que l'on cause non-seulement par son propre fait, mais par celui des personnes dont on doit répondre, ou des choses que l'on a sous sa garde. Telle est la règle générale, règle incontestable dans l'ordre légal comme dans l'ordre moral, et qui, chaque jour, reçoit de nombreuses applications dans les circonstances les plus diverses. Cette règle est-elle applicable aux officiers ministériels dont nous nous occupons, aux notaires ?

3. — La négative ne saurait être douteuse; la loi spéciale déroge dans tous les cas à la loi générale, *in toto jure generi per speciem derogatur et illud potissimum habetur quod ad speciem directum est. L. 80 ff. Reg. jur.* — D'Aguesseau dit encore : « Il faut, dans chaque genre d'affaires, consulter la loi qui lui est propre : autrement tout deviendrait incertain, si l'on voulait pour ainsi dire dépayser les principes » (t. 8, p. 483) ; c'est une notion élémentaire qui ne paraît pas susceptible de difficultés sérieuses. Mais, si le droit commun n'est pas applicable aux notaires, ce qu'on s'accorde généralement à reconnaître, ainsi qu'on le verra ci-après, trouverons-nous dans le droit spécial qui les concerne des éléments suffisants pour régler leur responsabilité dans les différents modes d'exercice de leurs fonctions, et quels seront-ils ?

4. — Sans remonter jusqu'au droit romain, qui, par la loi 6 au Code *magistratibus conveniendis*, autorise un recours contre le *scribe* auteur d'une appréciation inexacte et incomplète dans l'inventaire des biens d'un

mineur, et qui par la loi 29, Cod. *de testamentis*, déclare coupables de faux les tabellions convaincus d'avoir omis dans une intention frauduleuse les formalités nécessaires à la validité des testaments, on trouve dans les documents de l'ancienne jurisprudence et les opinions des anciens auteurs la preuve irrécusable de nombreux cas de responsabilité infligée au notaire. On peut consulter sur ce point Louet, lett. N, somm. 9 ; Henrys, t. 1, liv. 2, ch. 4, quest. 27 ; Jousse, *Just. civ.*, t. 2, p. 404. Un auteur spécial, Ferrière, dit dans son ouvrage, le *Parfait notaire*, liv. 1er, ch. 17: « Un notaire est toujours tenu des dommages et intérêts qu'il a causés à un des contractants, lorsqu'il y a dol de sa part, ou une lourde faute, parce que la lourde faute est comparée au dol. »

5. — Dans le droit moderne, la loi du 6 oct. 1791, sans formuler d'une manière positive la responsabilité des notaires, la suppose d'une manière implicite, puisque, par l'art. 16, sect. 2, tit. 1, elle leur ordonne de déposer, à titre de *garantie des faits de leurs fonctions*, un fonds de *responsabilité* en deniers, et de le verser dans la caisse des receveurs de districts. Mais il ne suffisait pas, en ordonnant le dépôt d'un cautionnement, de consacrer l'efficacité du recours: il était encore nécessaire de préciser les conditions de ce recours, et c'est ce qui a été fait par les art. 6 et 68 de la loi du 25 vent. an XI sur le notariat, et dans un esprit que révèlent les paroles suivantes du rapport par le tribun Favard de Langlade : « Le projet, disait-il, défère aux tribunaux la connaissance des destitutions, suspensions, condamnations d'amende et dommages-intérêts, auxquels les notaires se trouvent exposés *dans les cas prévus par la loi*. Il n'était pas possible de leur donner une sauvegarde plus rassurante contre toute espèce d'arbitraire...» « Quelque *rigoureuse*, ajoutait-il encore, que puisse paraître la responsabilité des notaires, l'intérêt de la société l'exigeait : il fallait donner aux citoyens cette garantie contre l'ignorance ou l'infidélité des notaires. » Peut-être les dispositions de cette loi sur la responsabilité des notaires sont-elles incomplètes, et, par leur extrême concision, ont-elles préparé les hésitations et les contradictions de la jurisprudence : mais, telles qu'elles sont, elles constituent, sur l'ancien état de choses, une amélioration notable. Les articles précités sont ainsi conçus: Art. 6. « Il est défendu à tout notaire d'instrumenter hors de son ressort, à peine d'être suspendu de ses fonctions pendant trois mois, d'être destitué en cas de récidive, et de tous *dommages-intérêts*...» Art. 68; « Tout acte fait en contravention aux dispositions contenues aux articles 6, 8, 9, 10, 14, 20, 52, 64, 65, 66 et 67, est nul, s'il n'est pas revêtu de la signa-

ture de toutes les parties ; et lorsque l'acte sera revêtu de la signature de toutes les parties contractantes, il ne vaudra que comme écrit sous signature privée, sauf, dans les deux cas, s'il y a lieu, les dommages-intérêts contre le notaire contrevenant. »

6. — La loi de ventôse a donc décrété la responsabilité des notaires ; mais lorsque le Code Nap., postérieur à la loi de ventôse, a été promulgué, ses dispositions ont-elles dû se substituer à celles de la loi de ventôse? L'affirmative a été soutenue ; mais la Cour de cassation , par arrêt du 27 nov. 1837 (D.P.37.1.465), a repoussé ce système et elle a clairement signalé les différences qui existent entre ces deux natures de responsabilité. D'après l'art. 68 de la loi du 26 ventôse an XI, les notaires ne sont pas de plein droit et d'une manière absolue responsables des nullités ayant pour cause les ommissions ou irrégularités qu'ils commettent lors de la rédaction de leurs actes ; l'article précité ne les assujettit à des dommages-intérêts que *s'il y a lieu*. Aussi la déclaration de nullité d'un acte n'entraîne pas nécessairement la responsabilité du notaire qui a commis cette nullité. Les dommages-intérêts et leur quotité dépendent de la nature et de la gravité de l'omission ou de l'irrégularité reprochées aux notaires ; ils sont subordonnés à l'appréciation équitable des tribunaux, tandis que, d'après les termes absolus des art. 1382 et 1383, la responsabilité est absolue, et, dès qu'un préjudice est causé, il est dû réparation. Le principe de la loi de ventôse est reproduit dans les art. 71, 132 et 1031 du Code de procédure, d'après lesquels les huissiers et les avoués ne sont responsables de leurs actes que suivant l'exigence des cas.

7. — Reconnaissons cependant qu'un arrêt de la Cour de cassation du 1er juin 1840 (D.P. 41.1.209) semble revenir sur la doctrine qui précède, la Cour ayant décidé dans cette espèce, où les circonstances des faits paraissent avoir exercé une grande influence, que, lorsqu'un notaire, au lieu de *recevoir* un acte dans le sens de la loi, se borne à signer cet acte et à en retenir la minute qui lui a été remise, rédigée à l'avance par les parties hors de sa présence, il devient responsable du préjudice qui peut résulter pour un des contractants de l'inexactitude et de la fausseté des énonciations contenues dans l'acte et qu'il aurait pu vérifier s'il avait rempli ses devoirs en présidant aux stipulations.

8. — Et dans ce cas, le notaire doit une entière réparation du dommage causé, suivant les règles du droit commun, sans qu'il puisse en être affranchi, soit sous le prétexte que l'acte lui avait été remis tout préparé par un de ses collègues, partie intéressée dans le contrat, soit sous le prétexte que l'inac-

complissement des prescriptions de la loi n'avait pas été la cause du dommage, et l'arrêt qui se borne à condamner le notaire aux dépens du procès pour tous dommages-intérêts ne pourrait échapper à la cassation (Cass., 1ᵉʳ juin 1840, eod.).

9. — Malgré ce document isolé, il est permis de persister dans l'opinion d'après laquelle les notaires ne sont pas responsables *dans tous les cas*, mais seulement *s'il y a lieu*. V. toutefois Dalloz, *Jur. gén.*, vᵒ *Responsabilité*, nᵒ 304.

10. — De cette distinction, il résulte comme première conséquence que l'existence et la constatation du préjudice ne doivent pas en entraîner nécessairement la réparation. Ainsi encore l'indemnité peut être inférieure au préjudice, s'il n'y a pas eu fraude de la part du notaire; Caen, 24 mai 1836 (D.P.40. 2.102). Un autre arrêt de la même Cour, à la date du 27 août 1827 (D.P.28.2.86), décide qu'un notaire ne doit pas être condamné à indemniser un légataire de la totalité des avantages que lui fait perdre la nullité d'un testament provenant de l'insuffisance des expressions dont il s'est servi, sans qu'il y ait dol ni même impéritie absolue de sa part, pour constater que le testateur interpellé de signer avait déclaré de sa propre bouche ne pouvoir le faire, ni constater la cause de l'empêchement. Et les juges du fond ont un pouvoir souverain pour déterminer la quotité des dommages-intérêts encourus (*Conf.*, Cass., 12 avril 1843, D.P.43.1.212; Caen, 24 mai 1836, D.P.40.2.102). Dans d'autres cas les suites du préjudice sont supportées par le notaire et la partie, si le tort peut leur être imputé. La responsabilité du notaire enfin peut se résumer en une condamnation aux dépens (*Conf.*, Cass., 27 nov. 1837, D.P.37.1.465; Lyon, 18 janv. 1832, D.P.32.2.179). — *Voy.* encore Cass., 14 mai 1822 (D.P.23.1.94); 27 juill. 1825 (D.P. 25.1.384); 20 janv. 1841 (D.P.41.1.211), et Dalloz, *loc. cit.*, nᵒˢ 310 et suiv., 316 et suiv., ainsi que les arrêts cités par eux.

10 *bis.* Il faut remarquer encore que la responsabilité du notaire ne peut être engagée lorsque le dommage a été causé par le fait même des parties (*V.* Bourges, 28 août 1832, D.P.34.2.74; Riom, 8 déc. 1846, D.P. 47.2.56; Cass., 17 juin 1856, D.P.56.1.462), ou si ces dernières se sont rendues complices de la faute par lui commise (Cass., 24 mars 1855, D.P.55.1.326; 28 juill. 1856, D.P.56. 1.323). *V.* aussi Nîmes, 14 fév. 1813 (D.P. 14.2.51); Cass., 30 nov. 1830 (Dalloz, vᵒ *Resp.*, nᵒ 318-4ᵒ); Riom, 8 déc. 1847 (D.P. 48.2.77). *V.* également Cass., 19 janv. 1832 (D.P.32.1.320); 8 mai 1854 (D.P.54.1.446), et Dalloz, *loc. cit.*, nᵒ 321.

Dans le cas où un acte authentique, nul en la forme, est en même temps déclaré nul pour les motifs touchant au fond, l'officier public, rédacteur de l'acte, doit être déchargé de toute responsabilité, sauf à être condamné aux frais concernant la constatation des vices qui lui sont imputables. — Par suite, lorsqu'un acte authentique est attaqué par des moyens touchant à la fois à la forme et au fond et qu'un recours en responsabilité est exercé par le défendeur contre l'officier public (un notaire) qui a rédigé l'acte, il y a lieu, au cas où les nullités de forme sont admises, d'examiner, pour la solution de la question de responsabilité, si l'acte pouvait, sans ces vices, être reconnu valable au fond (Bordeaux, 8 mai 1860, D.P.60.2.129).

10 *ter.* Les notaires sont tenus de prêter leur ministère aux parties qui le requièrent (L. 25 vent., art. 3). En conséquence le refus de déférer à cette réquisition les oblige à réparer le préjudice qui peut en être résulté (Riom, 28 fév. 1825, D.P.25.2.244; Limoges, 4 juin 1840; Dalloz, nᵒ 328; Rolland, nᵒ 13). Mais cette obligation n'existe que pour les actes licites qui rentrent dans leurs attributions, et ils seraient également responsables s'ils prêtaient leur ministère pour donner authenticité à un acte contraire à la loi ou aux bonnes mœurs (Rennes, 14 fév. 1842, Dalloz, nᵒ 329).

11. — Dans les explications qui précèdent, on a eu surtout en vue la responsabilité des notaires telle qu'elle est établie par les art. 3, 6, 16, 18 et 68 de la loi de ventôse. Le Code Nap. s'occupe encore de certaines infractions particulières qui doivent faire prononcer contre les notaires des dommages-intérêts au profit des parties. L'art. 1397 du Code Nap. porte que, dans tous les cas où des changements et contre-lettres modifieront les dispositions d'un contrat de mariage, le notaire ne pourra, à peine des dommages-intérêts des parties, et sous plus grande peine, s'il y a lieu, délivrer ni grosses ni expéditions du contrat de mariage, sans transcrire à la suite le changement ou la contre-lettre.

12. — L'art. 1597 du même Code interdit aux notaires de devenir cessionnaires des procès, droits et actions litigieux qui sont de la compétence du tribunal dans le ressort duquel ils exercent leurs fonctions, à peine de nullité et des dépens, dommages-intérêts.

13. — En matière de contrainte par corps et d'après l'art. 2063 du Code Nap., il est défendu à tous notaires et greffiers de recevoir les actes dans lesquels elle serait stipulée, et à tous Français de consentir pareils actes, encore qu'ils eussent été passés en pays étranger; le tout à peine de nullité, dépens, dommages-intérêts.

14. — Deux articles du Code de commerce imposent aux notaires des obligations égale-

ment sanctionnées par la menace des dommages-intérêts. Aux termes de l'art. 63, le notaire qui a reçu le contrat de mariage d'un commerçant est tenu de remplir les formalités de l'art. 67, relatives à la transmission de ce contrat, aux greffes et chambres désignés par l'art. 872 du Code de procédure civile, sous peine de cent francs d'amende, et même de destitution et de responsabilité envers les créanciers, s'il est prouvé que l'omission soit la suite d'une collusion.

15. — D'après l'art. 176 du même Code, les notaires et les huissiers sont tenus, à peine de destitution, dépens, dommages-intérêts envers les parties, de laisser copie exacte des protêts et de les inscrire en entier, jour par jour, et par ordre de date... Ces différentes dispositions, inspirées par l'importance des devoirs des notaires, leur indiquent clairement les obligations qu'ils doivent remplir et les dangers auxquels ils s'exposent par leur négligence à les remplir.

§ 2.—*Des causes de la responsabilité.*

16. Il ne suffisait pas de rappeler la règle générale qui impose à chaque homme la responsabilité de ses œuvres et de montrer quelle est la source de la responsabilité civile des notaires; il importe encore de montrer sous quelles formes et dans quelles circonstances se manifeste le préjudice dont les parties peuvent avoir à se plaindre, et dans quelles proportions elles ont droit à une réparation. Il devient dès lors nécessaire de rechercher quels sont les différents devoirs et les obligations des notaires.

§ 3. — *Devoirs moraux des notaires;*
des conseils.

17. — On comprend, sans être initié à la pratique des affaires, combien sont graves et importantes pour la société les fonctions des notaires : leur office s'interpose dans les actes les plus solennels de la vie; ils reçoivent les conventions qui doivent servir de règle aux associations conjugales ; le mourant dépose en leurs mains le témoignage de ses dernières volontés. Au milieu du conflit et de l'échange continuel et si actif des intérêts de la vie civile, ils donnent de la fixité aux sociétés, aux ventes, aux donations; ils sont, en un mot, les ministres de la juridiction gracieuse, comme les magistrats sont les ministres de la juridiction contentieuse. Et, sous le double rapport de la probité et des lumières, ils ne sauraient présenter trop de garanties; toutefois l'absence de cette perspicacité, de ces scrupules instinctifs, qui vont au-devant des dangers et les signalent aux parties, des conseils donnés de bonne foi ne sauraient, ainsi qu'on le verra ci-après, constituer un principe de responsabilité; l'accomplissement des devoirs moraux ne trouve pas sa sanction dans la loi positive; il est assuré par la satisfaction de la conscience et le suffrage des gens de bien.

Sur les obligations morales des notaires, on peut consulter un arrêt de cassation du 22 déc. 1840, et arrêt de Rouen, du 21 janv. 1841 (D.P.41.1.12). La doctrine que ces arrêts constate est préférable à celle d'un jugement du tribunal de la Seine, du 25 janv. 1842 (D.P.42.3.142), qui pose en principe que la mission des notaires ne consiste pas seulement à donner aux actes qu'ils reçoivent le caractère d'authenticité, mais encore à veiller aux intérêts de leurs clients et à leur faire comprendre la portée des engagements qu'ils contractent; qu'en conséquence, le notaire dans l'étude duquel un client étranger aux affaires apporte des fonds pour effectuer un placement hypothécaire avec subrogation dans une hypothèque de vendeur engage sa responsabilité, s'il laisse l'emprunteur se saisir des fonds avant l'accomplissement des formalités nécessaires pour obtenir la subrogation, et sans insister auprès de son client sur les conséquences de son imprudence. Un pareil système ne tendrait à rien moins qu'à mettre le client sous la tutelle de son notaire, et à donner à celui-ci la direction de toutes ses affaires et de tous ses intérêts. — Cependant la jurisprudence, il faut bien le reconnaître, tend à le consacrer, en décidant que les notaires doivent leurs conseils aux parties, et sont tenus de veiller à l'observation des formalités dont l'absence pourrait compromettre les intérêts de ces parties, et que leur responsabilité est d'autant plus grande à cet égard que les contractants sont des gens illettrés (*V.* Paris, 27 août 1852, D.P.54.2.75, et les autres arrêts très-nombreux cités par Dalloz, v° *Respons.*, n° 360).—Mais cette jurisprudence est justement critiquée par MM. Dalloz, *eod.*, n° 362, qui ne voient une cause de responsabilité dans le silence du notaire que dans le cas où les circonstances sont telles que ce silence doive être considéré comme une faute grave. *V.* à l'appui de cette dernière opinion, Paris, 16 août 1832 (D.P.32.2.208), et 27 nov. 1834 (D.P.35.2.15); Lyon, 31 mai 1844 (D.P. 45.4.461).

§ 4. — *Dans quel cas les notaires seront-ils*
responsables ?

18. La première cause de responsabilité pour les notaires vient du dol et de la fraude pratiqués par eux. Bien que M. Chardon, *Tr. du dol*, t. 1er, p. 4, envisage le *dol* et la *fraude* comme deux choses distinctes, en définissant le *dol* l'art de tromper la personne qu'on dépouille, et la *fraude*, celui de violer les droits en trompant les magistrats ou les tiers sur la forme des actes, nous avons peine à admettre cette distinction : nous préférons la défi-

nition de Merlin, *Rép.*, au mot *Dol*, qui, en parlant de ce mot, remarque qu'il se dit en général des fraudes, des surprises, des ruses qu'on met en usage pour tromper quelqu'un. *Labeo definivit dolum : omnem calliditatem, fallaciam, machinationem ad circumveniendum, fallendum, decipiendum alterum, adhibitam.* L. 1, § 2. ff. *de dolo.*

19. — D'après l'art. 1116, le dol n'est une cause de nullité que quand les manœuvres ont été pratiquées *par l'une des parties*, sauf à la partie trompée à poursuivre le tiers en dommages-intérêts. Mais les auteurs sont unanimes à reconnaître qu'il y a deux exceptions à cette règle, et que non-seulement l'action en dommages-intérêts est fondée, mais aussi que la nullité peut être demandée, d'abord quand il y a eu collusion, complicité, c'est-à-dire connaissance de manœuvres non révélées à la partie (*Conf.* Pothier, *des Oblig.*, nº 32; Toullier, nº 93; Delvincourt, t. 2, p. 463, notes; Chardon, *du Dol*, p. 18; Duranton, *Cours de dr. franç.*, nºˢ 176 et suiv.; Dalloz, 1ʳᵉ édit., t. 10, p. 454, nº 8; Rolland de Villargues, *Rép. du not.*, vº *Dol*, nºˢ 17, 18, 19). En second lieu, s'il arrive que l'erreur causée par le dol a été le motif déterminant du contrat, la nullité pourra être demandée pour erreur (*Conf.* Toullier, *Dr. civ. fr.*, nº 94; Delvincourt, t. 2, p. 463, notes; Chardon, *du Dol*, p. 19; Dalloz, *loc. cit.*, p. 454, nº 9).

20. — De là, cette double conséquence applicable au cas de dol ou de fraude pratiquée par un notaire, c'est qu'il est toujours passible de dommages-intérêts, et que sans la présence de l'une des deux conditions précitées, l'acte dont la conclusion a été préparée par la fraude peut être annulé, sauf, bien entendu, l'application des règles générales en matière de preuve du dol (art. 1116, C. Nap.).

En second lieu, ils seront responsables de leur faute; mais dans quelles limites? L'ancienne jurisprudence, imitant en cela les errements du droit romain (*V.* notamment L. 49, § 1, ff. *ad L. Aquilam*), avait généralement admis la doctrine des trois fautes, la faute lourde, la faute légère et la faute très-légère. Pothier était partisan de ce système, combattu par Lebrun. Le Code Nap. ne paraît pas s'être prononcé sur ce point, et c'est à la doctrine à éclaircir la question et à présenter quelques notions générales.

21. — La faute lourde se distingue du dol, en ce qu'elle ne suppose pas l'intention de nuire et un dommage causé sciemment et volontairement; elle suppose seulement la connaissance du danger auquel est exposée la chose qui nous est confiée, et la négligence des soins qui le préviendraient aisément. Elle consiste à ne point voir et ne point prévenir ce que tout individu aurait vu et prévenu,

non intelligere quod omnes intelligunt (L. 213, § *ult.*; L. 223, ff. *De verb. signif.*). Elle est moralement répréhensible en ce qu'elle dénote une complète insouciance des intérêts d'autrui, alors qu'on se trouve chargé d'y veiller, et, à raison de cela, elle est assimilée au dol (L. 29, pro., ff. *Mandati*).

Ainsi, lorsque des rentes sur l'État ont été léguées avec prohibition de les aliéner avant l'extinction totale des charges imposées au légataire, le notaire détenteur du testament qui délivre le certificat de propriété exigé par la loi, sans y mentionner la défense d'aliéner, s'expose à des dommages-intérêts, à raison de l'aliénation qui serait faite ultérieurement desdites rentes (Bordeaux, 6 mars 1844, D.P. 1845, table, colonne 462).

La faute légère comprend tout ce qui n'est pas faute lourde. Elle s'étend jusqu'aux dernières limites de l'imputabilité, et au delà il n'y a plus que cas fortuit.

22. — La troisième espèce, c'est-à-dire la faute très-légère, *levissima culpa*, est-elle encore admise? nous ne le pensons pas. La généralité des auteurs (bien que M. Proudhon, *Traité des droits d'usufruit, d'usage et d'habitation*, t. 3, *in fine*, soit d'un avis contraire) la repousse, et c'est le sentiment de M. Dhautuille, *Rev. de lég.*, 1ʳᵉ série, 2, p. 274. « Il n'y a, dit ce jurisconsulte, que deux degrés de faute, et lorsqu'on dit faute simplement, *culpa*, cela s'entend de la faute légère, parce que la faute lourde est comprise dans l'expression de *dol*. Nous n'entendons point dire que toutes les fautes du même degré soient égales entre elles : elles peuvent être plus ou moins lourdes, plus ou moins légères; mais sitôt qu'elles appartiennent à un même degré, il devient inutile de les distinguer en jurisprudence. »

23. — « Observons, ajoute M. Dauthuille, qu'une faute légère de sa nature peut être considérée comme une faute lourde, à raison de la personne à laquelle elle est imputée : c'est dans le cas où cette personne n'en commet point ordinairement de semblables dans l'administration de ses propres affaires; c'est qu'il y a quelque chose de moralement mauvais à négliger les affaires dont on est chargé pour autrui plus que les siennes propres (L. 32, ff. *De dépos.*). Mais, par contre, la faute lourde ne peut jamais être considérée comme légère : car où trouver un individu qui commette *habituellement* dans l'administration de ses affaires cette sorte de faute que tout le monde sait éviter? »

24. — M. Pagès, *de la Responsabilité des notaires*, p. 135, sans s'expliquer formellement sur la distinction des fautes d'après les principes actuels du droit civil, pense qu'on ne peut pas admettre que toute faute qui entraîne la nullité d'un acte soit par cela même une faute grave, et que toute distinction à cet

gard soit inutile et superflue. « Une telle opinion, suivant lui, ne serait pas admissible, parce qu'elle serait contraire à toutes les règles de la justice et de l'équité : c'est en elle-même et non dans ses conséquences que la faute doit être considérée respectivement au notaire, et sous ce point de vue, il n'est pas possible de ne pas admettre une distinction proclamée par la raison et par l'équité, et consacrée par le législateur lui-même dans l'art. 68 de la loi de ventôse et dans les mots : *s'il y a lieu*. Ainsi les juges doivent examiner le caractère de la faute qui entraîne la nullité, pour apprécier équitablement la question de dommages-intérêts réclamés contre les notaires. Ils deviennent alors de véritables jurés, dont la décision, quand elle est en dernier ressort, échappe à la censure de la Cour de cassation. Les circonstances particulières de chaque espèce qui leur est soumise devant nécessairement influer sur leur jugement, il est difficile de poser des règles générales applicables. »

25. Si l'on consulte les différents auteurs qui se sont occupés de la matière et ont cherché à déterminer le caractère et l'étendue des fautes, on les trouve plus ou moins sévères pour le notariat. Toullier, *Droit civ.*, *fr.*, t. 5, dit : « Il n'y a point d'imprudence plus caractérisée et moins excusable, que de s'engager à faire des actes d'où dépendent le repos et la fortune des familles, sans avoir les connaissances de son état, sans être doué de la présence d'esprit nécessaire pour observer les formes prescrites. »

M. Dalloz, v° *Responsabilité*, n° 306, pense que la responsabilité du notaire ne s'arrête pas au dol et à la faute grave; que l'étendue de cette responsabilité varie suivant les circonstances, et que particulièrement les notaires répondent des défauts de forme, non-seulement lorsqu'ils proviennent d'une faute proprement dite, mais encore lorsqu'ils sont le résultat de leur impéritie.

26. Moins sévère, Massé, *Parfait notaire*, c. 17, estime que « les peines doivent être proportionnées aux délits, et elles seraient hors de toute proportion, si une simple inadvertance pouvait entraîner une condamnation telle qu'elle dût ruiner le notaire auquel elle serait échappée. On sent donc que ces sortes de causes sont toujours un peu abandonnées à l'équité et à la conscience des juges. Aussi les dispositions de la loi, qui prescrivent des formalités, à peine de tous dommages-intérêts, ajoutent ordinairement ces mots : *s'il y a lieu*; ce qui peut s'entendre non-seulement si l'omission a causé un dommage, mais encore s'il y a véritablement lieu d'appliquer la peine. »

27. De même, sous l'empire de l'ancien droit, bien que, dans la déclaration du 29 sept. 1722, il fût dit, par l'article 3, « que les notaires demeureraient responsables des dommages-intérêts que les parties pourraient souffrir par la nullité de leurs actes, » cependant la rigueur de cette disposition était atténuée dans la pratique, et Ferrière, dans son *Dictionnaire de droit et de pratique*, v° *Not.*, dictionnaire qui présente le résumé de la jurisprudence de l'époque, disait : « Les notaires ne sont point responsables des nullités qu'ils ont causées par impéritie dans les actes qu'ils ont passés. *V.* Louet et son *Comm.*, *lettre N*, ch. 9 ; et le *Commentateur* d'Henrys, t. 1, liv. 2, ch. 4, quest. 27. A l'égard des dommages-intérêts qu'ils auraient causés par dol et par lourde faute, qui est en droit comparée au dol, ils sont toujours tenus des dommages-intérêts causés par ce moyen à l'un des contractants. »

28. Quelques documents empruntés à la jurisprudence montreront quelles sont les règles actuellement suivies par les tribunaux. La Cour de Lyon, par un arrêt du 18 janvier 1832 (32.2.179), avait décidé que le notaire n'était responsable que de sa faute lourde; la Cour de cassation, par arrêt du 27 nov. 1837 (D.P.37.1.465), a repoussé cette doctrine. *V.* aussi Cass., 14 mai 1822 (D.P. 23.1.94). De même la Cour de Bourges, par arrêt du 28 juillet 1829 (D.P.33.2.113), a rendu les notaires responsables de la nullité de leurs actes, lorsque ces nullités doivent être attribuées à leur *négligence*. Il n'est pas nécessaire, pour donner lieu à la responsabilité qu'il y ait dol ou fraude de leur part.

29. Le tribunal de la Seine a décidé, par jugement du 26 août 1838 (D.P.39.3.105), qu'il y avait lieu de condamner à des dommages-intérêts, le notaire qui, sans avoir vérifié préalablement les titres de propriété et la situation hypothécaire de l'emprunteur, a reçu l'acte de prêt fait frauduleusement et sans pouvoir écrit par un tiers porteur des deniers du prêteur à une personne insolvable.

Le notaire avait, dans l'espèce, à se reprocher le défaut de pouvoir du prétendu mandataire du prêteur; le défaut de justification des titres de propriété affectés à la garantie, l'insuffisance de la désignation de la nature des immeubles donnés en hypothèque, et enfin la non-représentation d'un état d'inscription ou d'un certificat de non-inscription.

30. Cependant il a été depuis jugé par un autre arrêt que le notaire chargé de dresser la quittance du prix d'une vente antérieurement passée devant un autre notaire n'est pas tenu de vérifier l'exactitude des qualités prises par le vendeur dans l'acte, et par exemple, dans le cas où le bien dépend d'une succession, de rechercher s'il n'existe pas d'autres héritiers que ceux qui ont con-

couru à l'aliénation ou dont l'existence lui a été déclarée.

Par suite, ce notaire n'est pas responsable envers l'acheteur qui a payé intégralement son prix de la nullité partielle de la vente prononcée sur la poursuite des cohéritiers qui y sont demeurés étrangers (Lyon, 12 mars 1847, D.P.1847.2.78).

L'inobservation des formalités d'affiches et d'insertion prescrites par les art. 960, 961 et 962, C. proc., de la part du notaire commis pour procéder à une vente sur conversion de saisie en vente volontaire, constitue une faute lourde, qui le rend responsable des suites de la nullité de l'adjudication (Colmar, 4 juin 1830, D.P.30.2.187).

Le notaire qui a négocié un acte d'emprunt, au profit d'une personne dont il connaissait l'insolvabilité, et qui a inséré dans l'acte des déclarations fausses, sachant qu'elles étaient fausses, faites par l'emprunteur sur l'état de sa fortune, a pu valablement être déclaré responsable du préjudice souffert par le prêteur, sur le motif que le notaire avait commis une faute lourde équivalente au dol, sans que l'arrêt qui le décide ainsi, par appréciation des faits, tombe sous la censure de la Cour de cassation (Cass., 15 déc. 1841, D.P.42.1.25).

Le notaire qui a rédigé et n'a pas déposé le contrat de mariage d'un commerçant est en faute, bien que le futur ait pris au contrat la qualification d'ouvrier et ne se trouve pas en effet porté au rôle des patentes, si cette qualité de commerçant lui appartient en réalité, et surtout si elle ressort des termes mêmes des conventions matrimoniales (Trib. civ. d'Avesnes, 3 nov. 1860, D.P.62.3.16).

30 bis. Le notaire chargé par jugement de la liquidation d'une succession ne peut être déclaré responsable de l'erreur de fait et de calcul qui s'est glissée dans son procès-verbal, alors que ce procès-verbal a été ultérieurement homologué par jugement passé en force de chose jugée, sans que ladite erreur ait été rectifiée, soit par les parties ou leurs avoués, soit par les magistrats (Pau, 30 avril 1860, D.P.61.2.14).

§ 5. — De l'erreur de droit.

31. On ne saurait imputer au notaire l'erreur qu'il peut commettre en donnant à telle ou telle question controversée une solution erronée; il ne fait en cela que partager l'incertitude des tribunaux et des auteurs (*Conf.*, Dalloz, vᵒ *Responsabilité*, nᵒ 393). C'est donc avec raison qu'un arrêt a décidé que le notaire ne répond pas d'une nullité dépendant d'un point de droit non encore fixé à l'époque de la rédaction de l'acte, alors surtout que la partie a été avertie de l'irrégularité en temps utile pour pouvoir la réparer (Toulouse, 9 juill. 1859, D.P.59.2.201).

Ce fut surtout dans les premiers temps qui ont suivi la promulgation de nos Codes, alors que beaucoup de questions se présentaient sans précédents et partageaient les meilleurs esprits, que l'erreur de droit dut être accueillie avec indulgence par les tribunaux; la jurisprudence témoigne de cette indulgence. Ainsi il a été jugé, par arrêt de la Cour royale de Riom, en 1818 et 1824 : 1ᵒ que le notaire qui a reçu un contrat de mariage nul, à raison de ce qu'il s'est fait assister de témoins parents au degré prohibé des parties contractantes, peut néanmoins être déchargé de toute responsabilité, si le contrat remonte à une époque rapprochée de l'émission du Code Napoléon; en ce qu'alors il existait, sur la nécessité de l'assistance de deux témoins aux contrats de mariage, diversité d'opinion et de jurisprudence (Riom, 20 nov. 1818 et 28 mai 1824, D.A,10.651, nᵒ 3 ; 652, nᵒ 4);

2ᵒ Par la Cour de Limoges, le 21 mars 1846, qu'un notaire n'est pas responsable de la nullité d'un contrat de mariage résultant de l'observation d'un usage constant dans le pays, et dont l'illégalité a été controversée entre les tribunaux, tel que la non-comparution à ce contrat de la future encore mineure pour laquelle ses père et mère se sont portés forts (D.P.1847.2.36);

3ᵒ Ainsi encore, un notaire n'est pas responsable de la nullité d'un acte (un testament) résultant de la solution fautive qu'il a donnée à un point de droit controversé sous l'ancienne comme sous la nouvelle jurisprudence, tel que celui de savoir si l'incapacité d'instrumenter, produit à son égard par l'affinité, a cessé par le décès sans postérité de la personne de qui venait cette affinité... En pareil cas, il peut toutefois être condamné, au moins en partie, aux frais du procès que son erreur a fait naître (Bordeaux, 14 mars 1843, D.P.43.3.177). Un notaire n'est pas responsable d'une nullité commise dans un acte par lui reçu, alors qu'il y avait controverse sur la légalité ou l'illégalité du système qu'il a adopté (Agen, 16 août 1856, et Douai, 2 janv. 1837, D.P.38.2.161).

32. Ainsi il n'est pas responsable de la nullité d'un testament mystique résultant de ce que l'acte de souscription, reçu à la campagne, n'a été signé que par quatre témoins au lieu de l'être par les six témoins présents à l'acte, alors qu'à cette époque il y avait controverse sur le point de savoir si la signature de six témoins était acquise (Agen, 16 août 1836, D.P.38.2.161); *V.* encore Douai, 28 juin 1843 (D.P.44.2.41); Dijon, 12 août 1845 (D.P.48.2.105).

Cependant il a été jugé qu'il est responsable, bien que la faute provienne d'une erreur de droit soutenue par plusieurs autorités doctrinales (Poitiers, 30 juin 1847, D.P.

1847.2.190).—Décidé aussi qu'en cas d'annulation d'un testament pour cause d'alliance, au degré prohibé, entre l'un des témoins et le légataire, le notaire doit être déclaré responsable, malgré la croyance où il aurait été que l'alliance avait été rompue par le décès, survenu avant la rédaction du testament, du conjoint qui la produisait..., alors surtout que des doutes lui avaient été exprimés sur la capacité de ce témoin par le légataire, qui en proposait un autre (Agen, 22 nov. 1853, D.P.55.2.107).

33. Le notaire n'est pas responsable de la nullité d'un testament passé devant lui, résultant de ce qu'il y est nommé exécuteur testamentaire salarié, alors qu'il y avait controverse sur ce point.

34. ... Toutefois l'insertion d'une clause pareille, susceptible de faire naître des contestations est, de la part du notaire, une imprudence qui doit au moins le rendre passible des frais du procès (Douai, 2 janv. 1837, D.P.38.2.161).

35. Mais il n'en serait plus de même, s'il s'agissait d'une irrégularité résultant de ce qu'un officier ministériel aurait négligé de se conformer à une jurisprudence généralement adoptée. On dirait en vain qu'il ne doit pas répondre d'une erreur de droit (Aix, 8 fév. 1838, D.P.38.2.148). Bien que cette espèce se rapporte à un avoué, le principe qu'elle consacre s'étend également au notaire.

36. La doctrine et la jurisprudence ont essayé de préciser la responsabilité des notaires au sujet de la validité de leurs actes, en établissant une distinction entre les formalités intrinsèques et les formalités extrinsèques, et en les déchargeant des premières pour ne faire peser sur eux que les suites des secondes. Pour appuyer cette distinction, on a raisonné comme le fait la Cour d'Orléans dans un arrêt du 26 janvier 1839 (D.P.39.2.86). On a dit que les notaires n'avaient reçu de la loi que le pouvoir de conférer le caractère de l'authenticité aux actes ou conventions auxquels les parties veulent ou doivent donner la forme authentique; que, par corrélation à ce droit, ils ont l'obligation de revêtir les actes des formes qui en assurent la régularité et la validité; qu'il faut distinguer ce qui tient à la substance même de la convention, de ce qui n'est relatif qu'à la forme probante et aux parties extrinsèques de l'acte; que, quant aux formes extrinsèques, le notaire chargé de leur accomplissement est nécessairement responsable des erreurs provenant de son fait que contient l'acte dans sa forme, et lui ôtent la force probante qu'il devait lui donner; qu'ici son impéritie lui est imputable, parce qu'il a manqué à la mission spéciale que la loi lui a confiée, parce qu'il y a ignorance de ce que le notaire doit savoir; mais

que, quant aux vices intrinsèques de l'acte, à la nullité de la convention en elle-même, le notaire n'a pas mission de la loi pour les prévenir, puisqu'il est contraint de prêter son ministère à toute partie qui le requiert; que, sans doute, les notaires ont l'obligation morale d'avertir les parties des vices qui peuvent exister dans une convention intervenue entre elles, mais qu'il ne saurait résulter de là que si, de bonne foi, ils errent sur l'efficacité d'une convention qu'ils sont chargés de constater, on doive les rendre responsables de toutes les erreurs qui tiennent au fond même de l'obligation; qu'ainsi entendue, la responsabilité des notaires ferait peser sur ceux-ci des obligations qui n'atteignent pas, dans les cas analogues, les autres personnes exerçant les professions libérales, parce que, quant aux vices du fond, l'erreur de droit retombe d'abord et principalement sur la partie, qui ne peut dès lors reporter sur le notaire les résultats d'une erreur qui est la sienne et qui lui est imputable, car l'ignorance d'une loi générale n'accuse personne.

37. Il nous semble difficile de souscrire à un pareil système, et cela pour plusieurs raisons. D'abord, comment distinguer dans tous les cas les formalités intrinsèques des formalités extrinsèques? Quelle sera la règle en cette matière? En second lieu, ne répugne-t-il pas à la dignité même du notariat de se constituer les agents passifs et silencieux des parties qui jugent convenable de s'adresser à eux? Oui, les notaires sont obligés de prêter leur ministère dès qu'ils en sont requis, mais à la condition que les actes qu'on leur demande seront conformes à la loi, et nous ne pensons pas qu'ils puissent décliner toute responsabilité au sujet des actes intrinsèquement irréguliers, illégaux, parce que extrinsèquement l'acte serait revêtu de toutes les formalités exigées par la loi. On peut encore consulter, dans le sens de la doctrine de la Cour d'Orléans, un arrêt de cassation du 22 décembre 1840 (D.P.41.42). Cet arrêt décide que les notaires ne sont pas responsables des nullités *intrinsèques* ou tenant au fond du droit, dans les actes par eux reçus, et que l'on doit considérer comme une formalité *intrinsèque* celle qui a pour objet la désignation spéciale des immeubles hypothéqués dans un acte de constitution d'hypothèque, de telle sorte que le notaire agissant de bonne foi et non en qualité de mandataire n'est pas responsable de l'omission de cette formalité, alors du moins que l'acte a été rédigé à titre de constitution d'hypothèque générale, dans la supposition erronée que le constituant, qui se portait caution hypothécaire, pouvait se soumettre à l'effet d'un jugement emportant hypothèque générale contre le débiteur principal. *V.* encore, en ce

sens, Douai, 29 mai 1810 (D.p.10.2.124);
Riom, 28 juill. 1829 (D.p.30.2.60); Nancy,
13 nov. 1856 (D.p.58.2.113); Augan, *Cours
de notariat*, p. 80; Rolland de Villargues,
Rép., n° 34; Massé, *Parfait notaire*, liv. 1,
ch. 17.

La Cour de Nancy, par arrêt du 2 février
1838 (D.p.38.2.26), repousse la distinction et
décide que le notaire est responsable d'une
formalité intrinsèque, comme d'une formalité extrinsèque. On peut argumenter dans
le même sens d'un arrêt de la Cour de Douai,
du 28 juin 1843 (D.p.44.2.41), et notre solution est en outre formellement admise par
M. Dalloz, v° *Responsab.*, n°s 387 et 388.

Il ne sera pas sans utilité, après avoir examiné les principes généraux, de suivre l'application qui en a été faite par la jurisprudence aux actes qui rentrent le plus habituellement dans le ministère des notaires.

38. *Donations.*—En matière de donation,
il a été jugé par arrêt de la Cour de cassation du 27 mars 1839 (D.p.39.111), que le
notaire qui a omis d'exprimer dans un acte
de donation l'acceptation des donataires,
quoiqu'il soit constant que ceux-ci s'étaient
présentés devant lui dans l'intention d'accepter et de faire un acte valable et complet,
doit être déclaré responsable de la nullité
résultant du défaut d'acceptation, comme
coupable de négligence et d'impéritie. *V.*
aussi Cass. 12 avril 1843 (D.p.43.1.213), et
19 août 1845 (D.p.45.1.378).

38 *bis*. Le notaire qui a reçu un acte de
donation entre-vifs est responsable de la nullité résultant de ce qu'elle a été acceptée
par un mandataire porteur d'une procuration
sous seing privé (Bordeaux, 22 mai 1861;
D.p.64.2.196).

39. Cependant un notaire ne peut être déclaré responsable de la nullité d'un acte provenant du fait des parties. Et spécialement
il ne saurait répondre de la nullité d'un don
mutuel fait entre époux, contrairement à l'article 1037, C. Nap. (Bourges, 28 août 1832,
D.p.34.2.74).

Le donateur à titre onéreux, dont la libéralité est attaquée par le donataire comme
ayant été acceptée en vertu d'une procuration entachée d'une nullité de forme, ayant
à s'imputer de n'avoir pas vérifié la validité
de cet acte, n'est pas fondé à recourir en
responsabilité contre le rédacteur de la
procuration (Bourges, 22 janv. 1851, D.p.51.
2.194).

40. Le notaire n'est pas responsable de la
nullité d'une donation dans laquelle l'un de
ses alliés au degré prohibé reçoit un avantage, alors que cette alliance était connue des
parties; que, pour éviter la nullité, il avait
fait venir un second notaire, lequel a refusé
de signer; qu'enfin et plus tard, les parties
ont refait, mais irrégulièrement encore, l'acte

devant un autre notaire... Seulement, et
pour toute responsabilité, il peut être condamné à supporter les frais de l'acte par lui
reçu, et les dépens de l'instance, en ce qui
le concerne (Nancy, 2 février 1838, D.p.38.
2.26).

41. Mais il est responsable de la nullité
résultant du défaut d'acceptation par les donataires d'une donation contenue dans un
partage d'ascendant (Même arrêt).

42. Ainsi encore, le notaire rédacteur
d'un acte de donation, nul à défaut d'acceptation du donataire, est responsable des
suites de cette omission, alors surtout que
le donataire, homme d'ailleurs illettré, était
présent au contrat avec l'intention évidente
d'accepter la donation (Rennes, 20 mars
1841, D.p.41.2.233).

Mais le notaire n'est pas responsable de la
nullité qui résulte de l'insuffisance de la mention portée dans la loi du 21 juin 1843, qui
veut une mention spéciale de la présence des
témoins à la lecture d'une donation et à sa
signature, par le motif qu'il s'agit d'une loi
nouvelle dont l'application présente encore
des incertitudes dans la pratique du notariat
(Dijon, 12 août 1847, D.p.1848.2.103).

Il semble qu'aujourd'hui il en serait autrement, parce que la loi de 1843 n'est plus une
nouvelle loi.

42 *bis*. Le notaire rédacteur d'un acte de
donation est responsable de la nullité dont
cette donation a été frappée comme acceptée
au nom de donataires qui ne figuraient pas
à la donation par d'autres donataires qui y
étaient présents. — Mais la responsabilité ne
peut être invoquée que par les donataires à
l'égard desquels la donation a été annulée;
—... sauf l'action en responsabilité réservée aux autres donataires, s'ils venaient à
souffrir de l'annulation partielle de la donation, en ce que, par exemple, elle les a replacés, avec les héritiers du donateur, dans
un état d'indivision qui peut compromettre
les aliénations par eux faites et les exposer à
des recours en dommages-intérêts de la part
des tiers détenteurs (Bordeaux, 3 août 1856,
D.p.59.2.119).

43. *Testaments.* —C'est surtout en matière
de testament que la responsabilité des notaires est plus étroite et plus fréquente. On
verra, dans les décisions qui sont rapportées
plus bas, à quels soins et à quelles précautions ils doivent recourir, et dans l'intérêt de
leurs clients et pour se préserver de tout recours de leur part. Il est de principe d'abord
que c'est aux notaires à s'assurer de la capacité des témoins appelés aux actes, et spécialement aux testaments qu'ils reçoivent (Conf.,
Dalloz, v° *Responsabilité*, n°s 410 et 431).

Ainsi, il suffit qu'il soit reconnu en fait
qu'un notaire a dû connaître l'incapacité,
pour parenté avec l'un des légataires, d'un

témoin appelé à un testament, pour qu'il y ait faute de sa part, en ce qu'il a admis ce témoin, et que par suite il soit responsable de la nullité qui en est résultée (Cass., 15 janv. 1835, D.P.35.1.156).

Et lorsqu'il ne connaît pas la capacité d'un témoin, il doit s'en assurer, lors même qu'il serait présenté par le testateur. Ainsi, la nullité d'un testament, résultant de la parenté d'un témoin avec l'un des légataires, rend le notaire responsable, s'il n'a pas pris toutes les précautions nécessaires pour s'assurer de la capacité du témoin, encore bien que celui-ci ait été présenté par le testateur et non par le notaire (Nîmes, 7 nov. 1848, D.P.49. 2.18; Grenoble, 6 août 1846, D.P.47.2.178; Cass., 7 juill. 1847, D.P.47.1.268; et Riom, 8 juin 1844, D.P.45.2.28), si la parenté a été révélée pendant la rédaction du testament.

Cependant il a été jugé qu'un notaire n'est pas responsable de la nullité d'un testament prononcée pour cause de parenté ou d'alliance d'un des témoins avec l'un des légataires, lorsque ces témoins ont été appelés par le testateur, alors même que ce notaire ne les aurait pas interpellés sur leur identité (Metz, 30 avril 1833, D.P.33.2.217; Toulouse, 23 juillet 1838, et Douai, 9 déc. 1846, D.P.47.2.177. V. également Cass., 9 août 1843, D.P.43.1.438). Mais nous croyons que le devoir du notaire l'oblige, lorsqu'il ne connaît pas complètement la filiation des parties, de les interpeller sur le point de savoir si elles sont parentes et à quel degré, avec consignation dans l'acte de l'interpellation et de la réponse. V. Conf., Riom (D.P.45.2.18); Nîmes, 7 nov. 1848 (D.P.49.2.18); Douai, 2 juillet 1851 (D.P.53.2.126); Dalloz, v° Responsabilité, nos 412 et 442. V. aussi infrà, no 53.

Enfin le notaire rédacteur de l'acte d'une donation consentie par une femme mariée avec l'assistance de son mari, et qui, après avoir commencé cet acte en présence de celui-ci, l'a parachevé par sa propre signature dans un moment où le mari était momentanément sorti, en terminant la formule de l'acte par la déclaration qu'il est signé par toutes les parties, est responsable de la nullité de cet acte demeuré non signé par le mari de la donatrice (Ch. civ., Cass., 5 mai 1846, D.P.46.4.447; 19 août 1845, D.P.45. 1.378).

44. On doit regarder comme une faute ou négligence grave donnant lieu à la responsabilité le fait par un notaire d'avoir, dans une ville populeuse, laissé participer comme témoin instrumentaire à la confection d'un testament authentique un homme repris de justice (Limoges, 22 janv. 1838, D.P.38.2.114). V. aussi Cass., 8 janv. 1851 (D.P.54.5.660),

et diverses décisions indiquées par Dalloz, loc. cit., nos 434 et suiv.

44 bis. Quelques arrêts ont limité la responsabilité du notaire, à raison de la nullité d'un testament, au cas où cet officier public est coupable de dol ou de fraude ou de faute grossière équipollente à dol (V. Nîmes, 13 nov. 1856, D.P.58.2.113, et autres arrêts cités par Dalloz, Jur. gén., loc. cit., n° 428). Mais cette restriction ne saurait être admise, et, en général, la jurisprudence ne s'y est pas arrêtée, ainsi que le font remarquer ces auteurs, eod.

45. — Lorsqu'un notaire, à raison de l'état mental d'une personne qui se propose de tester, a refusé son ministère ou s'est abstenu de clore l'acte par sa signature, le légataire ou les autres parties intéressées à exercer une action en dommages-intérêts peuvent l'exercer contre le notaire qui, par dol, par fraude ou dessein de nuire, a refusé de signer ou de clore le testament (Bordeaux, 3 août 1841, D.P.42.2.13).

46. — Si la nullité de forme qui vicie un testament suppose ou une extrême impéritie de la part du notaire ou une négligence inexcusable, il doit être responsable des suites de cette nullité. Spécialement un notaire est responsable de la nullité résultant du défaut de mention, dans l'acte, de la lecture d'un testament faite au testateur en présence de témoins (Grenoble, 13 juill. 1831, D.P.32. 2.32).

47. — Le notaire rédacteur d'un testament, déclaré nul à raison de l'inobservation d'une formalité prescrite par la loi du 25 vent. an XI, pour la validité des actes notariés en général, telle que l'approbation spéciale des renvois mis à la fin de l'acte, peut être déclaré non responsable de la nullité, lorsque le testament a été passé à une époque où l'application de la loi de ventôse à la rédaction des testaments était controversée (Lyon, 18 janv. 1832, D.P.32.2.179). V. ce qui a été dit suprà, nos 31 et suiv. Le notaire est responsable de la nullité d'un testament prononcée pour omission de la mention de lecture en présence des témoins, surtout lorsqu'il en a connu le vice à une époque où il était encore temps de le corriger (Caen, 2 déc. 1835, D.P.40.2.102).

48. — L'omission de la date dans un testament authentique rend le notaire ou ses héritiers responsables de la validité de la disposition annulée pour cause de cette omission (Rouen, 24 juill. 1828, D.P.29.2. 191). Le notaire rédacteur d'un testament annulé à raison de la surcharge du nom d'un témoin est passible de dommages-intérêts envers les légataires (Toulouse, 29 avr. 1826, D.P.29.2.5). — Les vices de forme de l'acte de suscription d'un testament mystique engagent la responsabilité du notaire

qui a reçu cet acte (Bordeaux, 16 juin 1834, Dalloz, *loc. cit.*, n° 429-5°).

49. — La responsabilité du notaire qui a reçu un testament, déclaré nul pour défaut de formalité, peut se borner aux frais et dépens qui ont eu lieu, s'il paraît que le légataire lui-même n'a pas été étranger à l'inobservation des formalités (Caen, 15 janv. 1823, S.24.2.269). — *V.* aussi dans le même ordre d'idées, Douai, 2 juill. 1851 (D.P.53. 2.126); Metz, 23 mars 1852 (D.P.54.2.116), et autres décisions analysées par Dalloz, v° *Responsab.*, n°s 438 et suiv.

50. — Le notaire rédacteur d'un testament annulé parce que l'un des témoins instrumentaires ne comprenait pas la langue dans laquelle il a été rédigé n'est point passible des dommages-intérêts envers les légataires, alors surtout que les témoins ont été produits par le testateur (Metz, 30 avr. 1833, D.P.33.2.217).

51. — Le notaire rédacteur d'un testament, annulé pour cause de parenté de l'un des témoins avec un légataire, peut être admis à prouver que le fait reproché ne provient ni de son imprudence, ni de sa négligence, et qu'il est personnel au testateur (Douai, 29 août 1838, D.P.39.2.71).

52. — Un notaire qui a négligé de s'assurer de l'âge des témoins instrumentaires qui ont concouru à un testament, et qui, par erreur, a admis parmi eux un mineur (âgé de seize ans), est responsable de la nullité du testament... Toutefois cette responsabilité est atténuée par les circonstances que le témoin incapable a été appelé par le légataire; que son apparence extérieure prêtait à l'erreur; enfin que c'est par la faute du légataire que le testament n'a pas été recommencé (Caen, 31 mai 1842, D.P.42.2.200).

53. — La Cour de Lyon avait jugé, le 3 janv. précédent (42.2.133), que le notaire qui reçoit un testament est responsable de l'incapacité des témoins instrumentaires, alors surtout qu'elle résulte de leur parenté avec l'un des légataires et qu'il a négligé de les interpeller à cet égard;... et cette responsabilité n'est pas affaiblie par la circonstance que les témoins ont été convoqués par le testateur lui-même. V. *suprà*, n° 43.

54. — *Contrat de mariage.* — En matière de contrat de mariage, le notaire qui termine un contrat de mariage par ces mots: *et ont les futurs et les parents déclaré ne savoir signer, à la réserve des soussignés* (des témoins), ne fait pas une suffisante mention de la signature des témoins... et il y a là omission constituant de sa part une faute grave qui le rend responsable des suites de la nullité du contrat (Paris, 25 mai 1826, D.P.27.2.114). *V.* aussi Colmar, 16 mars 1813 (D.P.14.2.20); Riom, 20 nov. 1818

(D.P.20.2.33), et 28 mai 1824 (D.P.2.825); Dalloz *loc. cit.*, n°s 339 et suiv.

55. — *Société.* — Le notaire qui, dans l'extrait de l'acte d'une société commerciale, publié conformément à l'art. 42, C. comm., a omis d'annoncer la clause restrictive de la signature sociale, est responsable des obligations plus étendues, dont la société s'est trouvée, contre son vœu, chargée envers les tiers qui ont contracté avec les associés, dans l'ignorance de cette clause, surtout que le notaire ne prouve pas que les engagements souscrits par les associés au delà de leur pouvoir ont tourné au profit de la société (Douai, 21 nov. 1840, D.P.41.2.67).

55 *bis.* — *Procuration.* L'art. 13 de la loi du 25 vent. an XI exige, dans le but de prévenir les fraudes que les procurations des contractants soient annexées à la minute des actes passés par les notaires, à peine d'amende. Le notaire qui méconnaît cette prescription engage sa responsabilité (Rolland de Villargues, n° 60; Dalloz, v° *Responsab.*, n° 413). *V.* toutefois Alger, 17 avr. 1833 (D.P.34.2.16), et Bourges, 22 janv. 1851 (D.P.51.2.194).

55 *ter.* — *Inventaire.* En matière d'inventaire, le notaire qui, dans un pareil acte, néglige de coter et parapher des inscriptions de rente sur l'État, et facilite ainsi leur aliénation par celui au nom de qui elles étaient portées, mais qui n'en était qu'usufruitier, commet une faute lourde qui le soumet à réparer le préjudice éprouvé par les héritiers, encore bien que ceux-ci n'aient point formé opposition au Trésor. Il y a plus: le notaire qui a figuré dans un inventaire, comme représentant un militaire absent, est tenu envers celui-ci des suites de la négligence du notaire dressant l'inventaire, s'il a omis d'informer l'absent de l'omission, par exemple des inscriptions de rente, de leur défaut de cote et de paraphe, et l'a mis ainsi dans l'impossibilité de prendre les mesures nécessaires pour la conservation de ces inscriptions (Paris, 7 nov. 1839, D.P.40.2.59).

55 *quater.* — *Inscription hypothécaire.* Un notaire est responsable de la nullité d'une inscription hypothécaire résultant, par exemple, du défaut de mention de l'acte constitutif de l'hypothèque, s'il a pris cette inscription ou s'il avait mission de la prendre, comme ayant conseillé et reçu l'acte portant stipulation d'hypothèque (Nîmes, 27 juin 1849, D.P.1850.1.266). V. *inf.*, n°s 94 et s., 135 et 136.

56. — *Constitution de rente.* — En matière de constitution de rente, le notaire devant qui une constitution de rente a été consentie n'est point responsable de l'insuffisance des garanties déclarées au crédi-rentier par l'emprunteur, lorsque le crédi-rentier ne justifie pas que le notaire a agi comme

son mandataire et non pas seulement comme rédacteur de l'acte, si d'ailleurs l'acte est régulier et quant à la forme, et quant aux énonciations de la propriété, et quant aux inscriptions hypothécaires offertes comme sûretés (Caen, 6 juill. 1835, D.p.40.2.103).

Pour ce qui est relatif aux placements d'argent, *V.* ci-après, n°s 70 et suiv.

§ 6. — De l'individualité des parties,

57. — L'art. 11 de la loi du 25 ventôse an XI prescrit impérieusement aux notaires, dans le cas où ils ne connaîtraient pas le nom, l'état et la demeure des parties, de se les faire attester dans l'acte par deux citoyens connus d'eux, ayant les mêmes qualités que celles requises pour être témoin instrumentaire.

58. — L'omission de ces précautions relatives à l'individualité des parties entraîne une responsabilité sévère pour les notaires. Il a été jugé que, lorsque, par suite de la négligence du notaire à s'assurer de l'individualité des parties contractantes, son acte se trouve entaché de faux par supposition de personnes, cet officier est responsable du dommage qui peut en résulter pour les tiers qui ont traité sur la foi de cet acte (Cass., 29 déc. 1828, D.p.29.1.83; *V.* aussi Riom, 11 janv. 1859, D.p.59.2.132).

Ainsi, un notaire est responsable des effets de la nullité d'une procuration lorsqu'il a fait attester l'individualité de l'auteur de cette procuration par deux individus, dont l'un logeait dans un hôtel garni, dont l'autre était sans domicile connu, et qui n'ont pu être retrouvés (Paris, 29 janv. 1847; D.p. 47.4.425. *V.* encore Amiens, 24 juill. 1823; Caen, 24 mai 1836 (D.p.40.2.102).

58 *bis.* La loi de ventôse n'imposant au notaire que l'obligation de s'assurer des *noms* des parties, ils ne sont pas responsables de la vérité des *prénoms* de celles-ci. Sur ce point ils peuvent s'en rapporter à la déclaration des contractants (Cass., 8 janv. 1823, D.p.23.1.41).

59. — Lorsqu'un notaire ne connaît pas les parties ou l'une d'elles, il est tenu de se faire attester par deux citoyens les. noms, l'état et demeure de ces parties, et il suit de là que celui qui, dans une obligation pour prêt reçue par lui, a négligé de se faire certifier l'individualité de l'emprunteur à lui inconnu, et qui n'a pas offert de prouver que l'emprunteur eût été amené dans son étude par le prêteur qui eût déclaré le connaître, a pu justement être déclaré responsable du préjudice résultant pour ce dernier de la supposition de personne commise par l'emprunteur... Et quoique le notaire ait offert de prouver que les parties s'étaient rendues ensemble dans son étude, qu'elles s'étaient

rendues, après l'acte, dans un café, et qu'enfin il n'avait jamais vu l'emprunteur, ces faits ont pu être déclarés non pertinents (Cass., 17 mars 1828, D.p.28.1.177). Il résulte du motif de l'arrêt que la responsabilité du notaire cesserait, s'il justifiait que la partie qui a souffert un dommage a certifié elle-même l'individualité de la personne avec laquelle elle a contracté, ou qu'elle a dispensé le notaire de procéder à cette attestation ; la loi de ventôse ne comporte pas cette distinction ; ses prescriptions sont d'ordre public, et le notaire ne peut se dispenser de les observer en s'excusant sur l'assentiment d'une partie. *V.* cependant Dalloz, v° *Responsab.*, n° 403. *V.* aussi Cass., 4 avr. 1831 (D.p. 31.1.155).

60. — Le notaire alléguerait vainement, pour excuser sa négligence, que l'autre partie avait dû lui inspirer toute confiance. Si l'acte passé est une vente, par exemple, et que la personne supposée soit le vendeur, les tiers qui auraient réacheté de l'acquéreur, s'ils sont évincés par suite de la supposition de personne, peuvent considérer la négligence du notaire comme cause du dommage qu'ils éprouvent, et, par suite, exercer contre lui une action en dommages-intérêts (Cass., 29 déc. 1828, D.p.29.1.83). C'est aussi l'opinion d'Augan, *Cours de not.*, t. 1er, p. 124, n° 6.

C'est au notaire, et non à l'acquéreur, qu'est imposée l'obligation de prouver que celui-ci connaissait la supposition de personne (Cass., 4 avril 1831, D.p.31.1.155).

61. — Mais, quoique le notaire qui néglige de faire certifier l'individualité d'une partie à lui inconnue commette une faute grave, des suites de laquelle il peut être déclaré garant, cependant cette responsabilité ne peut être prononcée que lorsqu'il est prouvé que la négligence du notaire est la cause, sinon unique, au moins principale, du préjudice causé (Angers, 19 janv. 1828, D.p.28.2.83). Cette réserve ne saurait être contestée; elle est de toute justice.

61 *bis.*—Enfin, ce n'est pas seulement à raison de ses fonctions qu'un notaire peut être rendu responsable, il peut encore l'être pour des actes officieux, si la part qu'il y a prise a porté préjudice à autrui, aux termes de l'art. 1382, C. Nap. Ainsi le notaire qui, même officieusement, consent à rédiger un billet sous seing privé négociable, sans connaître le souscripteur ni le porteur, est responsable, envers le tiers qui a accepté ce billet sur la foi de son écriture, du préjudice résultant de la fausseté des signatures que ce souscripteur et ce porteur y ont apposées (C. de cass., 20 janv. 1852, D.p.52.1.59).

Dans l'espèce, il s'agissait d'une traite de 750 fr. que le notaire Boissonnet avait rédigée en présence du souscripteur et du tiré qu'il ne connaissait pas. Cette décision est rigoureuse, mais elle est conforme à la lettre de la loi.

§ 7. — De la capacité des parties.

62. — On s'est demandé si le notaire, obligé de connaître ou de se faire attester l'individualité des parties, était également responsable de leur capacité ou de leur qualité. Sous ce double rapport, les auteurs et la jurisprudence se prononcent pour la négative (V. nᵒ 64).

63. — M. Rolland de Villargues, Rép., vᵒ Resp. des not., nᵒ 54, se range à cette opinion. Il pense qu'il est de règle que chacun doit connaître la capacité de celui avec qui il contracte. Nemo debet esse ignarus conditionis ejus cum quo contrahit. C'est donc aux contractants à s'assurer de cette capacité, et s'ils négligent ce soin, ils doivent s'imputer les conséquences de leur négligence. La loi impose aux notaires l'obligation de se faire certifier l'individualité des parties quand elles ne leur sont pas connues. Ils sont responsables de cette individualité; mais autre chose est la capacité civile, et l'on ne peut, sans ajouter arbitrairement aux obligations des notaires, leur imposer celle de connaître cette capacité, ce qui leur serait le plus souvent impossible. C'est aussi l'opinion de Ferrière, Parf. not., liv. 1ᵉʳ, ch. 17; de Fouquet, Biblioth. du barreau, 1809, 2ᵉ part., p. 43; de Pagès, de la Resp. des not., p. 114, et de Dalloz, vᵒ Responsabilité, nᵒ 406. Un arrêt de la Cour d'Alger, du 17 avril 1833 (D.P.34.2.16), s'est aussi prononcé dans le même sens; on peut voir encore Metz, 30 mars 1833 (D.P.34.2.201); Douai, 28 juin 1843 (D.P.44.2.41); Arg. Bordeaux, 5 août 1841 (D.P.42.2.12).

64. — Peut-être, cependant, la solution est-elle susceptible de quelques réserves en ce qui concerne la capacité. On ne comprendrait pas, par exemple, s'il s'agissait d'un interdit dont le nom doit être porté sur le tableau placé dans les études de notaires, qu'un notaire ou tout autre officier ministériel pût consentir à instrumenter pour lui.

C'est d'après cette connaissance de la capacité des personnes qu'il a été jugé que le notaire rédacteur de la procuration donnée par un individu dont il connaissait l'état d'imbécillité notoire est responsable de la nullité de cet acte et de toutes ses conséquences.

Dans l'espèce, il s'agissait d'une procuration qui avait servi à contracter un emprunt antérieurement à l'interdiction, et qui n'avait pas profité au mandant (Aix, 23 avril 1847, D.P.47.2.188).

Ainsi, le tableau portant les noms des interdits que les notaires doivent tenir exposé dans leurs études ne les relève pas de la responsabilité, lorsque, comme ici, l'imbécillité est notoire. Cette décision est rigoureuse, mais elle est nécessaire contre les abus.

65. Quant à la qualité des parties, le notaire pourra-t-il accepter toutes les déclarations sans se rendre coupable d'une grande légèreté? Nous ne le pensons pas, et même il serait dangereux, dans l'intérêt des notaires, de ne pas appeler leur attention sur les cas particuliers qui peuvent se rencontrer en pareille matière.

65 bis. — Il a été jugé que le notaire n'est pas tenu de se faire attester par les parties contractantes leur position au point de vue de leur état civil (Orléans, 24 juill. 1856, D.P.57.2.17). Mais la Cour de cassation a consacré avec plus de raison, selon nous, la doctrine contraire (Cass., 11 août 1857, D.P. 58.1.135).

§ 8. — De la responsabilité des notaires dans les cas où ils agissent comme mandataires des parties.

66. — Il arrive quelquefois que les notaires sortent de leur caractère d'officiers publics pour descendre au rôle de simples mandataires des parties. C'est alors que se présentent pour eux de nouvelles obligations, une responsabilité plus étroite et dont les conséquences sont d'autant plus désastreuses que le rôle de mandataire pris par les notaires se dessine plus habituellement à l'occasion des placements de fonds.

67. — A quels caractères pourra-t-on reconnaître que le notaire, au lieu de se borner à recevoir les conventions des parties et à leur donner l'authenticité, conséquence légale de son intervention, est devenu le mandataire ou le negotiorum gestor de l'une des parties qui se sont présentées devant lui? Cette question n'est pas sans difficulté. Il suffira, pour s'en convaincre, de se reporter aux nombreuses décisions émanées des tribunaux et qui seront successivement analysées et discutées après l'exposé des principes généraux qui régissent la matière.

68. — D'abord, il faut se garder de confondre les avis ou conseils donnés par le notaire avec le negotiorum gestio. « Si je vous ai écrit dans une lettre, dit Pothier, Traité des oblig., nᵒ 401, qu'un homme qui vous demandait de l'argent à emprunter était solvable, on ne peut prendre cela pour un cautionnement, car j'ai pu en cela n'avoir d'autre intention que de certifier ce que je croyais, et non pas de m'obliger. » — Lorsqu'on donne une opinion consciencieuse, on ne pourrait, sans injustice, être rendu garant d'une erreur involontaire. C'est à celui qui demande le conseil à bien choisir celui à qui il s'adresse et à peser les avis qui lui sont donnés. Il y a plus: les avis ou conseils rentrent dans les devoirs moraux du notaire, qui doit

éclairer les parties sur les conséquences de leurs actes, leur demander des renseignements, si ceux qu'il a ne lui semblent pas suffisants, éclairer leurs conventions du flambeau de son expérience et d'une pratique constante des affaires. M. Pagès, *de la Responsabilité des notaires*, 162, résume clairement les caractères distinctifs de ces deux cas d'une nature si différente et dont les conséquences sont si opposées : « Il faut soigneusement distinguer, dit-il, avec les anciens commentateurs, le mandat proprement dit, du simple conseil : le premier suppose l'intention de s'obliger ; le second, au contraire, éloigne toute idée d'obligation conventionnelle ; il laisse la liberté entière de faire ou de ne pas faire ce qui est conseillé, et celui qui reçoit le conseil ne s'attend pas naturellement à ce qu'on réponde de ses suites, à moins cependant qu'il n'y ait dol ou fraude : *consilii non fraudulenti nulla est obligatio* (L. 47, ff. *De reg. jur.* ; Vinnius, 1. 3, 1. 27, Com., § 3 ; Heineccius, *Recit.*, 962 ; Domat, *Lois civ.*, t. 15, sect. 2, 13).

69. — Cette règle peut souffrir une exception dans le cas où le conseil est suivi d'exhortations telles qu'elles déterminent la volonté, et que sans elles on n'eût pas conclu l'affaire conseillée. Les *Institutes*, tit. *De mandat.*, § 6, citent précisément l'exemple où l'on aurait conseillé de prêter de l'argent à une personne déterminée ; dans cette hypothèse, disent les commentateurs, il semble que celui qui a donné le conseil ait offert sa garantie personnelle en faveur de la personne désignée, et que le prêteur ait plutôt suivi sa foi que celle de cette personne. Mais on comprend que ce conseil doit avoir un caractère particulier et déterminant, et que celui qui a simplement affirmé la solvabilité de l'emprunteur ne puisse être légalement obligé » (Vinnius, *Comm.*, § 6). V. *Conf.* Troplong, *Mandat*, n° 15 ; Dalloz, vⁱˢ *Mandat*, n°ˢ 12 et suiv., et *Resp.*, n°ˢ 357.

70.—Cette doctrine nous paraît fondée en raison, et quoique formulée d'une manière générale dans les principes du droit romain, elle peut recevoir son application aux notaires. Ainsi, dit encore M. Pagès, *loc. cit.* : « En appliquant les règles de droit aux placements de fonds, il faut décider que lorsque le prêteur a été présent à l'acte; qu'il a connu ou pu connaître par lui-même la position de l'emprunteur, et que le notaire n'a fait que rédiger l'acte qui constate les conventions des parties, aucun recours ne saurait l'atteindre. Il peut se faire, et il arrive même assez souvent qu'il est consulté sur la solidité du placement ou qu'il l'indique lui-même comme bon. Mais un conseil donné de bonne foi ne saurait raisonnablement l'obliger, et, si le prêteur éprouve plus tard quelque difficulté à obtenir son rembourse-

ment, il est lui-même la cause principale du préjudice qu'il éprouve. »

71. — Suivant nous, et pour préciser davantage la responsabilité du notaire en matière de prêt, on peut faire rentrer dans les trois hypothèses qui suivent les circonstances qui accompagnent d'habitude les opérations de cette nature.

72. — Dans le premier cas, un notaire est requis par deux parties de donner l'authenticité à des conventions qu'elles ont précédemment arrêtées, et de constater un prêt que l'une d'elles a fait à l'autre avec une affectation hypothécaire.

73.—Dans le second, un notaire reçoit de son client la mission de lui chercher un placement pour une somme déterminée ; le notaire lui indique un emprunteur avec lequel il le met en rapport, et lorsque le prêteur et l'emprunteur se sont entendus sur les conditions du contrat, le notaire rédige l'acte.

74. — Dans le troisième, un notaire reçoit d'une personne le mandat de lui placer une somme quelconque sur hypothèque : le mandat est exécuté par le notaire, qui, sans consulter son mandant, a seul le choix de l'emprunteur et veille seul aux garanties à exiger, puis verse les fonds entre les mains d'un tiers, qui s'oblige envers le prêteur.

75. — Quelle sera, sur la responsabilité du notaire, l'influence de ces diverses hypothèses?

76.—Au premier cas, la responsabilité du notaire n'est évidemment engagée qu'autant que l'acte constatant le prêt serait entaché d'une nullité de forme, et cela, bien que les droits du prêteur fussent compromis par suite de l'inobservation des formalités requises pour la validité de l'inscription ou bien pour la remise immédiate des fonds à l'emprunteur avant l'accomplissement des conditions nécessaires pour obtenir la subrogation promise. Le notaire, ici, n'a, dans aucun cas, l'obligation étroite de surveiller, sous peine de dommages-intérêts, l'exécution des conventions auxquelles il a donné l'authenticité. *Conf.* Dalloz, v° *Respons.*, n° 362.—*V.* aussi *sup.*, n° 37.

77. — Il y a plus : dans le cas actuel, le notaire irait au delà des obligations qui lui sont imposées, s'il entrait dans l'examen et la critique des conventions qui lui sont présentées. Ainsi, il a été décidé 1° que le notaire qui s'est borné à passer acte d'un placement hypothécaire n'est pas responsable des suites de ce placement, dans le cas surtout où le prêteur est assez éclairé pour s'assurer de la solidité des garanties offertes (Lyon, 31 mai 1844, D.P.45.4.461 ; *eod.*, 29 mai 1844, décision analogue ; *V.* aussi Paris, 16 août 1832, D.P.32.2.208 ; et 27 nov. 1834, D.P.35.2.15 ; anal. Bruxelles, 7 avril 1857, D.P.57.2.223) ;

2° Que, par cela seul que les opérations faites par un prêteur avec un spéculateur sur des achats de propriété immobilière se sont passées dans l'étude d'un notaire, ainsi que les actes d'emprunt, il ne s'ensuit pas que ce notaire puisse être déclaré passible du défaut de solidité des placements, s'il n'est justifié qu'il n'ait accepté ni mandat, ni gestion d'affaires, et si sa bonne foi est reconnue, si, d'ailleurs, le prêteur a connu les chances aléatoires qu'il courait et a reçu des primes et des intérêts anticipés (Douai, 29 déc. 1845, D.p.46.2.24). *Voy.* encore dans le même sens, Caen, 9 avril 1839 (D.p.39.2.199) et 2 fév. 1857 (D.p.57.2.151); Cass., 2 juin 1847 (D.p. 47.1.208). — *Contrà* Cass., 23 nov. 1843 (Dalloz, v° *Respons.*, n° 358) et 3 août 1858 (D.p.58.1.374); Paris, 27 août 1852 (D.p.54. 2.75).

78. — Les principes seront-ils différents parce que le notaire aura indiqué l'emprunteur au prêteur?

79. — La solution paraît toujours devoir être la même, si le notaire s'est borné à mettre l'emprunteur et le prêteur en rapport, et si, d'autre part, les parties ont arrêté elles-mêmes les bases du contrat sans charger l'officier ministériel du soin de prendre toutes les précautions nécessaires pour assurer les droits du prêteur. *Conf.* Paris, 22 mai 1832 (D.p.32.2.130).

80. — La thèse change, si le notaire s'est constitué l'homme d'affaires du prêteur; s'il s'est engagé à trouver le placement des sommes qui lui ont été confiées; alors la nature de sa responsabilité se modifie et s'étend. Comme notaire, il encourt la responsabilité spéciale indiquée dans la première hypothèse et relative à la rédaction de l'acte reçu par lui, et, de plus, comme mandataire du prêteur, il répond des suites de son administration. S'il arrive que, par négligence ou par impéritie, il laisse l'emprunteur toucher le montant du prêt avant d'avoir rempli toutes les formalités nécessaires pour assurer l'efficacité de l'hypothèque, il s'expose à une action en dommages-intérêts, non par suite des droits du notariat, mais à raison de l'action du mandat.

81. — Dans la théorie, comme on peut le concevoir, ces différentes hypothèses se distinguent facilement les unes des autres : le seul embarras consiste à préciser, quand, en fait, le notaire a dépassé les bornes de ses fonctions publiques pour se constituer le mandataire de son client; et ce point, entièrement livré à l'appréciation des magistrats, a donné lieu aux nombreuses solutions qui seront rapportées ci-après.

82. — A la date du 25 août 1831, la Cour de cassation a décidé (D.p.31.1.340) que, tout en déclarant qu'un notaire et un tiers auxquels un prêteur s'était adressé pour avoir des renseignements sur la solvabilité de l'emprunteur, avaient agi avec *une imprudence blâmable* en présentant cet emprunteur comme solvable, quoiqu'il ne le fût pas, et que, sans leurs assertions, le prêt n'aurait point eu lieu, les juges peuvent cependant ne pas condamner le notaire et le tiers à réparer la perte qu'a éprouvée le prêteur par suite de l'insolvabilité du débiteur, ou du moins ne les condamner qu'aux frais de l'instance pour tous dommages-intérêts, s'ils reconnaissent en même temps que *la principale cause, la véritable cause* du dommage éprouvé par le prêteur a été sa propre imprudence.

83. — Jugé de même par arrêt de la Cour de Paris, du 22 mai 1832 (D.p.32.2.130), que le notaire auquel l'un de ses clients s'est adressé pour faire un placement d'argent, n'est pas garant de la solidité du placement, en telle sorte qu'il doive répondre de l'insuffisance de la valeur de l'immeuble offert en hypothèque, si, d'ailleurs, il s'est borné à une simple indication de ce placement, sans se constituer mandataire du prêteur, et sans se charger du soin de prendre les renseignements nécessaires sur la solvabilité de l'emprunteur.

84. — La même Cour a encore décidé, par arrêt du 16 août suivant (D.p.32.2.208), que le notaire par les conseils duquel un prêt ou placement de fonds a eu lieu n'est pas, à raison de ces simples conseils, responsable de la solidité du placement, lorsque d'ailleurs il n'a ni agi dans l'opération comme mandataire du prêteur, ni reçu aucun salaire à l'occasion du prêt. — Il y a plus : l'arrêt ajoute que la négligence ou omission d'un notaire devant lequel est passé un acte de prêt, de faire connaître au prêteur la position de l'emprunteur connue de lui, n'entraîne non plus contre le notaire aucune responsabilité à raison des suites dommageables du prêt.

85. — Jugé de même encore que le notaire par les conseils duquel un créancier a accepté l'offre d'une hypothèque qui lui était faite par le débiteur, n'est point responsable du défaut de solidité de cette hypothèque à raison de l'existence de plusieurs créances antérieurement inscrites, lorsque d'ailleurs il n'avait pas reçu mission de s'assurer, soit de la valeur des biens donnés en hypothèque, soit des charges qui pouvaient les grever (Paris, 26 janv. 1833, D.p.34.2.142).

86. — Jugé aussi que le défaut par un notaire qui a reçu un contrat d'hypothèque, d'avoir exigé du débiteur la justification de son droit de propriété, ne constitue pas une faute grave qui rende le notaire responsable, envers le créancier, de l'inefficacité de l'hypothèque par suite de la résolution de la vente ultérieurement prononcée pour défaut de paiement du prix...., si d'ailleurs le notaire n'a pas été le conseil du créancier (Paris, 27 nov. 1834, D.p.35.2.15).

87.—Le notaire qui a opéré pour un de ses clients un placement hypothécaire qu'il avait conseillé, n'est pas responsable du défaut de collocation utile à l'ordre ouvert sur le prix des biens vendus, s'il prouve qu'à l'époque du prêt, la valeur de ces biens était, d'après l'opinion commune, suffisante pour satisfaire au remboursement des sommes prêtées (Bordeaux, 9 déc. 1841, D.p.42.2.184).

88. — Le notaire qui, dans un acte constitutif d'hypothèque, au lieu de désigner les biens hypothéqués, s'est borné à mentionner que le débiteur « a hypothéqué tous les biens qui seront désignés plus tard dans le bordereau d'inscription », a pu être déclaré non responsable envers les créanciers de la nullité de cette hypothèque, pour défaut de désignation, s'il est établi que les *parties* n'attachaient que peu d'importance à la constitution d'hypothèque et n'avaient pu ni voulu donner cette désignation (Cass., 4 déc. 1843, D.p.44.1.70).

Mais le notaire qui a *incité* et engagé son client dans un placement dépourvu de solidité, à raison de l'insuffisance, connue de lui, des garanties hypothécaires, est responsable du préjudice souffert par ce client (Cass., 29 déc. 1847, D.p.48.1.55). — *Conf.* Toulouse, 30 mai 1829 (D.p.30.2.181); Rennes, 9 juill. 1834 (D.p.38.2.226); Douai, 22 déc. 1840 (D.p.41.2.139); Cass., 19 mars 1845 (D.p.45.1.185) et 22 avril 1856 (D.p.56.1.247); Bordeaux, 20 juin 1853 (D.p.54.2.113); Metz, 19 déc. 1855 (D.p.57.2.287).

De même, le notaire qui a proposé un placement hypothécaire à un de ses clients et qui ne l'a point averti que les biens affectés à son hypothèque étaient advenus à l'emprunteur par une donation non transcrite, est responsable envers ce client du préjudice que peut lui causer la disparition de son gage. — Mais il n'encourt, à cet égard, aucune responsabilité s'il n'a été que le rédacteur passif de conventions qui avaient été arrêtées d'avance entre les parties (Paris, 2 mai 1860, D.p.61.2.65).

89.—Les principes ne sont plus les mêmes et la responsabilité est encourue lorsque le notaire, ainsi qu'on l'a dit ci-dessus, ne se borne pas à donner un conseil en indiquant un placement, mais se charge, pour un capitaliste, de la mission spéciale de lui trouver un placement. Dans ces circonstances, le notaire, non plus comme notaire, non plus en vertu de la loi de ventôse an XI, mais comme mandataire ou comme *negotiorum gestor* et en vertu des principes généraux du Code Napoléon en matière de mandat et de quasi-contrat de gestion d'affaires, devient responsable du préjudice qu'il cause par sa faute, sa négligence, sa légèreté, soit dans l'appréciation de la solvabilité de l'emprunteur, soit dans celle des garanties hypothécaires qu'il présente. Il est juste et conforme à tous les principes légaux qu'il soit tenu de dédommager du préjudice dont il est l'auteur, toutes les fois que ce préjudice dérive de son fait, soit qu'il y ait faute, soit à plus forte raison qu'il y ait dol ou fraude. Les tribunaux ont, en cette matière, un pouvoir souverain d'appréciation.

90.—Jugé ainsi que le notaire qui a négocié lui-même un prêt dans l'intérêt d'un de ses clients peut être réputé avoir agi comme *mandataire*, et, en conséquence, être déclaré, selon les circonstances, responsable du préjudice qu'éprouve son client, par suite des fautes qu'il a commises dans l'exécution du mandat (Rennes, 9 juill. 1834, D.p.38.2.226).

Le notaire auquel des fonds ont été confiés pour en faire le placement est responsable, en qualité de mandataire, de la nullité du prêt pour cause de minorité de l'emprunteur (Cass., 19 juin 1850, D.p.50.1.308).

Le notaire qui fait faire un placement à un de ses clients dont il est l'homme d'affaires habituel, le notaire exclusif et le *negotiorum gestor*, est responsable envers le client du dommage qu'il lui cause par un manque de soins ou du défaut d'attention.— Peu importe que le prêteur ait comparu personnellement dans l'acte, si sa comparution ne le rendait point habile à connaître ni l'emprunteur, ni sa situation financière, ni la valeur de ses biens et leur situation hypothécaire. (Toulouse, 8 février 1861, D.p.61.2.110).

91. — Le notaire, soit qu'il s'interpose spontanément pour faire un placement hypothécaire, soit qu'il l'effectue sans la participation du prêteur, est responsable de l'inefficacité du placement, alors surtout que chargé en même temps de liquider la fortune de l'emprunteur, à l'extinction des dettes duquel il a même appliqué les fonds prêtés, il ne devait pas ignorer l'insuffisance des biens hypothéqués (Paris, 28 fév. 1842, D.p.42.2.141).

Lorsque, dans un acte constitutif d'hypothèque, le créancier qui n'a jamais été en relation avec le débiteur, s'en est rapporté au notaire rédacteur du contrat, pour toutes les stipulations à faire et pour toutes les mesures nécessaires à la conservation de sa créance, le notaire constitué par cela même mandataire de son client, est responsable des fautes ou négligences commises dans l'accomplissement de ce mandat, et qui ont eu pour résultat d'entraîner la perte de la créance (Cass., 7 déc. 1847, D.p.48.1.300).

92. — Le notaire, chargé de placer des fonds par un de ses clients avec subrogation

hypothécaire, est responsable de l'insolvabilité de l'emprunteur, s'il lui a remis directement les fonds sans attendre que les formalités hypothécaires aient été régularisées (Trib. de la Seine, 25 janv. 1842, D.P.42. 3.148).

Le notaire qui, en vertu d'un mandat salarié, fait un placement hypothécaire, est responsable et du capital et des intérêts non payés au prêteur, bien que la vente de l'immeuble hypothéqué ait été faite après la révolution de février, pour un prix inférieur de deux cinquièmes au-dessous de sa valeur au temps du prêt (Paris, 21 mai 1851, D.P.51. 2.209).

Le notaire qui, chargé de liquider une succession, place chez un banquier, sans l'autorisation des héritiers, les fonds provenant de la vente des immeubles, en devient personnellement responsable au cas de faillite du banquier ;... alors surtout que ces fonds ont été par lui versés sous son nom et portés par son ordre à son compte courant, sans aucune indication de leur provenance (Rennes, 28 juin 1860, D.P.61.2.81).

93. — Le notaire qui a négocié un acte d'emprunt au profit d'une personne dont il connaissait l'insolvabilité, et qui a inséré dans l'acte des déclarations fausses, sachant qu'elles étaient fausses, faites par l'emprunteur sur l'état de sa fortune, a pu valablement être déclaré responsable du préjudice souffert par le prêteur, sur le motif que ce notaire avait commis une faute lourde, équipollente à dol, sans que l'arrêt qui le décide ainsi par appréciation des faits, tombe sous la censure de la Cour de cassation (Cass., 15 déc. 1841, D.P.42.1.25 et 29 déc. 1847, D.P. 48.1.55; Paris, 28 fév. 1842, D.P.42.2.141; Orléans, 17 juin 1852, D.P.54.2.358); — ou sans dresser à l'instant même la quittance subrogatoire, laquelle ne l'a été que quelques jours après (Orléans, 10 janv. 1850, D.P.51. 2.124).

94. — On doit regarder comme ayant accepté un mandat spécial, à l'effet d'opérer un placement bon et solide, le notaire qui, sans mettre le prêteur en rapport avec l'emprunteur, traite lui-même des conditions de prêt, remplit les formalités de signification de l'acte, prend inscription, élit domicile en son étude, reçoit et paie les intérêts, reste dépositaire de la grosse du titre et la remet à un avoué de son choix pour les poursuites à diriger (Paris, 18 fév. 1842, D.P.42.2.70).

95. — Dans ces circonstances, si lors de l'ouverture de l'ordre, la créance n'est pas payée, il y a faute lourde de la part du notaire de n'avoir pas examiné plus soigneusement la valeur de l'immeuble hypothéqué et de n'avoir pas empêché le prêteur de consentir une antériorité d'inscription au profit d'un autre créancier, client de son étude :

cette faute le rend responsable de toutes les suites du placement, alors même qu'aucun acte de mauvaise foi ne peut lui être reproché. — Même arrêt.

96. — Et cette responsabilité ne peut être écartée sous prétexte que le prêteur n'est pas en mesure de le subroger dans ses droits et actions faute d'avoir renouvelé, comme il le devait, son inscription en temps utile, bien que cette péremption provienne du créancier lui-même : cette circonstance ne saurait décharger le notaire, s'il est prouvé que la créance ne serait pas venue utilement, au cas même où l'inscription eût été valablement conservée. — Même arrêt.

97. — C'est en vain que pour combattre cette dernière décision, on alléguerait que l'inscription n'aurait pas donné au prêteur le moyen de se faire colloquer utilement à l'ordre ouvert sur le prix de l'immeuble hypothéqué. Une pareille raison ne saurait être considérée comme décisive. Le droit conféré par l'hypothèque au créancier ne consiste pas simplement à demander la collocation à l'ordre ; il entraîne encore la faculté de former une surenchère si, suivant lui, le bien vendu n'a pas été porté à sa juste valeur ; et dès lors, comme il en a été fait la remarque, celui qui, par sa négligence, a laissé périr l'hypothèque entre ses mains, devient non recevable à exercer aucun recours contre la caution qu'il ne peut plus subroger dans l'intégrité de ses droits. Les termes généraux employés par l'art. 2037 du Code Nap., ne laissent aucun doute sur l'intention du législateur, et cette intention doit surtout être respectée lorsqu'il s'agit d'une action en responsabilité.

98. — Un notaire qui a agi comme un mandataire salarié est responsable du préjudice causé par suite de la faute lourde commise dans l'exécution de l'affaire dont l'a chargé un de ses clients, qui l'avait investi de toute sa confiance. Et spécialement lorsqu'un individu, homme illettré, qui s'était rendu acquéreur d'un immeuble sous son nom, mais pour le compte d'un tiers (fait constaté par une contre-lettre), voulant, dix-huit mois après cette acquisition simulée et par suite d'un accord avec le prête-nom, devenir acquéreur véritable, a confié à son notaire le soin de régulariser cette transmission de propriété, si le notaire, supposant qu'il suffisait d'annuler la contre-lettre pour faire que la propriété n'eût jamais résidé sur la tête du tiers vendeur, a conseillé aux parties de faire cette annulation et à l'acquéreur de se libérer de son prix avant la quinzaine de la transcription ; ce notaire est responsable des suites de l'inscription prise pendant ce délai par un créancier de ce tiers. Et il peut être déclaré responsable de la totalité du préjudice souffert par son

client, encore bien que l'acte d'annulation de la contre-lettre eût été rédigé sous seing privé par son maître clerc, puis déposé au rang de ses minutes, si d'ailleurs il en a reçu les honoraires ou salaires. En pareil cas, il est réputé agir comme mandataire salarié (Cass., 23 nov. 1843, D.P.44.1.5).

99. —... Il est aussi responsable des suites du procès engagé, d'après son conseil, par l'acquéreur, afin de faire prononcer la nullité de l'inscription hypothécaire, conseil fondé sur la même supposition, que l'annulation de la contre-lettre n'avait pu permettre qu'un créancier du vendeur pût ensuite légalement prendre inscription. — Même arrêt. — Voy. dans le même sens, Paris, 4 déc. 1855 (D.P.56.2.74) ; Cass., 13 nov. 1848 (D.P.48.1.249) et 14 janv. 1856 (D.P.56.1.456).

100. — Quant à la preuve de l'existence du mandat dont excipe le prêteur contre le notaire, elle s'établit de différentes manières. Dans le cas où il s'agit d'une procuration par acte authentique ou d'un mandat sous seing privé, la preuve s'administre facilement ; elle est dans le titre et se manifeste par la production de ce titre. M. Pagès, De la Responsabilité des notaires, p. 184, croit que, s'il est verbal, la preuve par témoins n'en peut être faite que conformément aux règles tracées au titre des contrats et des obligations conventionnelles en général (C. Nap., 1985), c'est-à-dire que la preuve ne peut être reçue au-dessus de 150 francs que s'il existe un commencement de preuve par écrit. Conf., Dalloz, v° Responsab., n° 373. — Jugé ainsi que celui qui allègue qu'un notaire s'est chargé de régulariser une vente dont le contrat a été reçu par lui, et l'actionne comme responsable de l'omission d'avoir retiré un état d'inscription hypothécaire et d'avoir ainsi compromis la sûreté de paiement du prix, ne peut être admis à prouver par témoins l'existence du mandat que ce notaire aurait accepté (Lyon, 18 juill. 1845, D.P.45.2.111, et Cass., 2 juin 1847, D.P.47.1.208). — Un arrêt de Toulouse du 30 mai 1829 (D.P.30.2.181) donne un exemple des circonstances dont on peut faire résulter le mandat.

« Attendu, porte cet arrêt, que des divers faits constants de la cause, et notamment des qualités respectives des parties, de la circonstance que la demoiselle Chrestien était étrangère à la ville de Toulouse, de l'avis inséré dans un journal, des détails convenus par Ollier, de ses entrevues avec la demoiselle Chrestien, de l'absence de tous rapports entre celle-ci et le sieur Juan, du choix fait du domicile d'Ollier pour les paiements à faire à la demoiselle Chrestien, du soin pris par ledit Ollier de faire procéder aux inscriptions hypothécaires, de l'élection de domicile faite chez lui, il résulte que la demoiselle Chrestien avait donné et que le sieur Ollier avait reçu le mandat de placer par bonne hypothèque une somme de.... »

101. — « S'il y a mandat tacite, ajoute le même auteur, et c'est celui qu'on invoque ordinairement contre les notaires en matière de placement, la preuve en est tout entière dans les circonstances de la cause : les juges ont le droit de les apprécier pour en induire un mandat donné par le prêteur et accepté par le notaire qui a rédigé l'acte d'obligation ; cette appréciation est dans leur domaine, et la Cour de cassation a reconnu leur droit souverain à cet égard, dans un arrêt du 7 mars 1842 (D.P.42.1.138).

102. — Mais est-ce à dire pour cela, comme le fait observer M. Pagès, que des circonstances insignifiantes ou de peu de valeur suffiront pour amener les tribunaux à reconnaître un mandat tacite ? Peut-on l'induire de l'ignorance des parties en matière de placement, du versement antérieur de fonds chez le notaire, de l'élection de domicile en son étude pour les suites de l'acte, de l'intervention du notaire entre un prêteur et un emprunteur, qui jusqu'à la signature de l'acte étaient étrangers l'un à l'autre ? Ces circonstances sont par elles-mêmes, et sans le concours d'autres faits, insuffisantes pour motiver l'existence d'un mandat tacite, qui, en général, doit se révéler par d'autres titres. Si, en l'absence de son client, le notaire avait placé des sommes à lui appartenant, ou s'il l'avait déterminé par des promesses ou des instances à prêter à une personne dont il lui aurait garanti la solvabilité, ou s'était chargé seul et personnellement de prendre des précautions et renseignements nécessaires, le notaire deviendrait alors negotiorum gestor ou caution, et par suite responsable à l'un ou à l'autre de ces deux titres. Hors de là, le notaire est un simple conseil, et tant qu'il est de bonne foi, ses avis ne peuvent fournir contre lui un principe de responsabilité. Conf., Dalloz, loc. cit., n° 374. Cependant, comme le font remarquer ces auteurs, la jurisprudence reconnaît assez facilement dans des circonstances moins significatives l'existence du mandat. V. Rennes, 9 juill. 1834 (D.P.38.2.226) ; Cass., 3 déc. 1835 (D.P.36.1.17); Paris, 28 fév. 1842 (D.P.42.2.144); Besançon, 2 juin 1843 (D.P.43.2.194); Cass., 7 mars 1842 (D.P.42.1.138); Poitiers, 30 juin 1847 (D.P.47.2.190); Douai, 12 juin 1850 (D.P.55.2.216); Cass., 3 août 1847 (D.P.47.1.300); 19 juin 1850 (D.P.50.1.308); 22 mars 1852 (D.P.52.1.282); 14 fév. 1855 (D.P.55.1.170); 14 janv. 1856 (D.P.56.1.456) ; Douai, 22 nov. 1854 (D.P.57.2.42).

102 bis. — Quant à la gestion d'affaires, comme elle repose uniquement sur des faits, elle peut toujours être prouvée par témoins

40.

(Cass., 19 mars 1845, D.P.45.1.186; Bordeaux, 20 juin 1853, D.P.54.2.113; Metz, 19 déc. 1855, D.P.57.5.287; Dalloz, vᵒ *Responsabilité*, nᵒ 381).

103.— Il se rencontre, comme on l'a déjà fait observer, des cas autres que celui du prêt, où le notaire agit comme mandataire, ou est considéré comme tel. Ainsi, il a été jugé que le notaire entre les mains duquel a été remis le prix d'une vente passée devant lui, et qui paie ce prix à des créanciers du vendeur, peut être réputé avoir fait en cela acte de *mandataire* ou de *negotiorum gestor*, vis-à-vis de l'acquéreur, bien que l'acte de vente soit muet sur l'existence de ce mandat; en telle sorte que si les paiements n'ont pas eu lieu selon l'ordre des inscriptions, il doive garantir l'acquéreur des poursuites ultérieures des créanciers premiers inscrits non payés (Cass., 22 juin 1836, D.P.36.1.399).

103 *bis.* Le notaire, liquidateur d'une succession, entre les mains duquel ont été laissées diverses valeurs souscrites en paiement du prix d'un immeuble dépendant de ladite succession, est responsable des suites du défaut de recouvrement ou de protêt à l'échéance d'un effet compris dans ce paiement, alors surtout qu'il a fait le recouvrement des autres valeurs, et a réparti les sommes en provenant entre tous les héritiers (Trib. civ. de Mâcon, 5 avril 1859, D.P.59.3.69).

103 *ter.* Le notaire régulièrement déchargé des recouvrements d'une succession qu'il avait été appelé à liquider, ne répond de la péremption, postérieurement survenue, d'une créance dont le titre est demeuré entre ses mains, qu'autant qu'il est établi qu'il avait mission d'en poursuivre le paiement ou de provoquer du débiteur un titre nouveau (Trib. civ. de Montargis, 11 janv. 1858, D.P. 59.3 8).

103 *quater.* Le notaire déclaré responsable de la nullité de la vente d'un bien dotal faite sans remploi du prix, faute d'avoir vérifié l'existence dans le contrat de mariage de la condition de remploi, bien qu'il ait accepté le mandat de faire cette vérification, peut n'être condamné qu'à la réparation partielle du préjudice causé à l'acquéreur, en considération de la possibilité que ce dernier avait aussi de prendre personnellement connaissance du contrat de mariage, et de l'imprudence qu'il a commise en négligeant cette précaution (Req., 31 mars 1862, D.P.62. 1.330).

§ 9. — *Les notaires considérés comme dépositaires.*

104.— Chaque jour, les notaires sont appelés à recevoir de la confiance de leurs clients des sommes considérables; on s'est demandé quelle devait être leur position lorsqu'ils se refusaient à les restituer, et de quelle sanction la loi armait les justes réclamations de leurs clients. Deux systèmes s'étaient produits : l'un consistait à déclarer le notaire qui avait détourné des fonds à lui confiés pour un placement, contraignable par corps en vertu des art. 52 et 408, C. pén., comme tenu de *restitution* dans le sens de ce dernier article. Telle est la doctrine de deux arrêts de la Cour de Paris, l'un du 6 janv. 1832, l'autre du 16 nov. 1833 (D.P. 32. 2.120; 34.2.29). D'après l'autre système, ce n'est plus en vertu des articles précités du Code pénal, mais par application de l'art. 2050, nᵒ 7, C. Nap., que le notaire est passible de la contrainte par corps pour la restitution de ces mêmes sommes, si, au lieu d'en faire le placement, il en dispose dans son propre intérêt. Dans ce dernier cas, on considère les fonds remis au notaire comme lui ayant été confiés par suite de ses fonctions. Suivant l'un et l'autre système, le client a la ressource de la contrainte par corps. La seule différence consiste en ce qu'il résulte du second, que le créancier dépositaire a un *privilége* sur le cautionnement du notaire (Loi du 25 vent. an xi, art. 33), tandis que, dans le premier système, au contraire, ce privilége n'existe pas. D'après le dernier état de la jurisprudence, ce dernier système a prévalu. Conf. Dalloz, vᵒ *Contr. par corps*, nᵒ 225. C'est sous son empire qu'ont été rendues les décisions que nous reproduisons.

La Cour de Paris, revenant sur la jurisprudence consacrée par les arrêts précités des 6 janv. 1832 et 16 nov. 1833, a décidé, à la date du 26 janv. 1835 (Sirey, 35.2.100), que le notaire est passible de la contrainte par corps pour la restitution des sommes à lui remises pour en opérer le placement, si, au lieu d'en faire le placement, il en dispose dans son propre intérêt. — Peu importerait que le notaire eût souscrit au profit de son client, qui l'aurait acceptée, une obligation personnelle du montant des sommes reçues : un tel acte ne peut être considéré que comme une reconnaissance de la dette; il n'opère ni novation, ni décharge de la responsabilité du notaire.

105. — Dans un second arrêt du 31 juillet de la même année (D.P.36.2.81), il y a cette restriction : la responsabilité a lieu, s'il est reconnu que la remise des fonds entre les mains du notaire a été déterminée par la confiance qu'inspiraient ses fonctions.

106. — Un arrêt de Bourges, du 11 déc. 1839 (D.P.40.2.206), déclare que le notaire est contraignable par corps pour la restitution des sommes qu'il a touchées pour ses clients, lors même que, par suite de l'impossibilité où il s'est trouvé de leur rembourser ces sommes à leur demande, il s'est obligé

par contrat à leur en payer les intérêts : cette circonstance ne saurait faire considérer le notaire comme un simple emprunteur.

107. — Le notaire est contraignable par corps pour la restitution des sommes qui lui ont été remises ou laissées par ses clients, afin d'en faire un usage déterminé. Le § 7 de l'art. 2060, C. Nap., s'entend des sommes reçues *des* clients eux-mêmes comme de celles reçues *pour* eux (Douai, 29 mai 1839, S.40.2.150). *V.* encore dans le même sens Angers, 25 août 1847 (D.P.47.2.204) ; Orléans, 22 juill. 1843 (D.P.43.4.150) ; Cass., 6 mars 1855 (D.P.55.1.107) ; Colmar, 29 juill. 1856 (D.P.57.5.84), et autres arrêts cités par Dalloz, *loc. cit. V.* aussi Troplong, *Contr. par corps,* nos 178 et suiv.; *Contrà,* Coin-Delisle, *eod.*, n° 26, p. 21.

108. — Le notaire entre les mains duquel les fonds destinés à un prêt dont il a passé le contrat ont été déposés, pour n'être remis qu'après l'accomplissement des formalités nécessaires pour assurer la garantie hypothécaire stipulée dans l'acte, et qui remet les fonds à l'emprunteur avant d'avoir pris inscription sur les biens hypothéqués, est responsable envers le prêteur du préjudice causé à ce dernier par l'inefficacité des inscriptions tardivement prises (Paris, 5 mars 1836,D.P.36.2.65).

109.—Jugé de même par arrêt de la Cour de cassation du 3 déc. 1835 (D.P.36.1.17). D'après cet arrêt, cette responsabilité subsiste contre le notaire, lors même qu'il serait mentionné au contrat que la somme prêtée a été comptée *à la vue des parties.*

Jugé que le notaire qui se charge de recevoir, pour le compte de son client, des capitaux avec indication d'emploi, est un véritable *mandataire,* tenu de rendre compte, et non un *simple dépositaire,* qui doive en être cru sur sa déclaration pour le fait de l'emploi ou de la restitution des sommes reçues (Paris, 18 janv. 1834, D.P.34.2.93).

110.—Le notaire entre les mains duquel des sommes empruntées par un client ont été laissées pour un emploi déterminé, tel que le paiement de certains créanciers indiqués par le client, et d'ailleurs sans autre honoraire pour le notaire que celui auquel peuvent donner lieu les actes de son ministère relatifs à cette opération, ne peut être considéré ni comme *dépositaire,* ni comme un *mandataire salarié,* dans le sens de l'art. 408, C. pén.; il ne peut, en conséquence, être poursuivi par voie correctionnelle, à défaut de représentation des sommes qui lui ont été confiées : il n'est passible que d'une simple action civile (Cass., 10 fév. 1832, D.P. 32.1.186). *V.* aussi Paris, 18 janv. 1834 (D.P. 34.2.63); Dalloz, vis *Notaire,* n° 352, et *Dépôt,* n° 11.

Mais le notaire qui, chargé de recevoir le prix d'une vente, remet ce prix, sans en retirer quittance, à une servante du vendeur qui le détourne à son profit, est responsable de ce détournement vis-à-vis de l'acheteur forcé de payer une seconde fois, encore que le versement des fonds aurait eu lieu en présence du mandataire de cet acheteur.— Il objecterait vainement que, simple dépositaire des fonds, il n'avait point à en surveiller la destination, et que c'était au mandataire présent au paiement à requérir quittance (Cass., 13 nov. 1848, D.P.48.1.249).

110 *bis.* Le notaire qui se trouve dans l'impossibilité de représenter un titre confié à sa garde comme annexe d'une minute, par suite de la disparition de ce titre, est responsable de cette perte vis-à-vis des intéressés. Ceux-ci sont fondés à exiger de lui, même par corps, le rétablissement de ce titre dans le lieu affecté à son dépôt, ou, à défaut de ce faire, soit un acte équivalent, soit une indemnité, qui tienne lieu de la chose perdue (Colmar, 17 déc. 1861, D.P.62.2.42).

§ 10.—*De la responsabilité des notaires par rapport aux actes de leurs clercs.*

111.—Il est un principe général consacré par l'art. 1384, C. Nap., d'après lequel on est responsable non-seulement du dommage que l'on cause par son propre fait, mais encore de celui qui est causé par le fait des personnes dont on doit répondre; les maîtres sont responsables du dommage causé par leurs préposés dans les fonctions auxquelles ils les ont employés. De là la responsabilité des notaires à l'égard de leurs clercs pour les actes dans lesquels ceux-ci ont agi comme représentants ou comme auxiliaires de leurs patrons. — Rolland de Villargues, *Rép. du not.*, v° *Clercs,* n° 4, estime que les deniers remis à un clerc pour acquitter les droits d'enregistrement, les pièces qui lui sont confiées pour la rédaction d'un acte, sont censés l'avoir été au notaire lui-même. Mais ces deux hypothèses ne sont pas limitatives; elles sont simplement énonciatives, et les cas dans lesquels la responsabilité du notaire est mise en jeu par les faits de ses clercs sont très-nombreux. Un arrêt de la Cour de cassation, du 2 déc. 1824 (D.P.25.1.20), décide qu'un notaire peut être déclaré responsable du déficit des sommes reçues par ses clercs, au-dessus de simples expéditionnaires, dans son étude, en son absence, notamment par une association de remplacement militaire annoncée publiquement et qui avait déjà eu lieu de la même manière les années précédentes chez le même notaire. Dans un tel cas, le notaire est réputé avoir donné *mandat tacite* à ses clercs pour agir en son nom pendant son absence ; du moins, l'arrêt qui le décide n'est pas susceptible de cassation.

112.—M. Rolland de Villargues, qui rapporte cet arrêt dans son *Rép. du not.*, v^is *Respons. des not.*, n° 32, et *Clerc*, n° 13, ajoute : « Toutefois les clercs ne sont considérés comme les préposés du notaire que dans les choses qui se rattachent directement et nécessairement à l'exercice de leur emploi, et là se borne la responsabilité du notaire. Ainsi, comme on vient de le voir plus haut, les deniers remis à un clerc pour payer les droits d'enregistrement sont censés payés au notaire. Il en est de même des titres et papiers confiés à un clerc pour dresser un acte. Mais le notaire n'est point garant ni du dépôt d'argent fait à son clerc, ni de l'exécution d'un mandat à lui confié, à moins qu'il ne fût prouvé que le dépôt a été fait au clerc, et que la procuration lui a été donnée du consentement formel du notaire et sur son indication. *V.* à ce sujet un projet de règlement dressé en 1784 par les doyens et le syndic des notaires de Paris, sur la demande du parlement et par suite de son arrêt du 22 mars 1784. » La distinction faite par M. Rolland de Villargues ne saurait présenter de difficulté, et la responsabilité du notaire, à raison des faits de ses clercs, n'existe que dans les choses qui se rattachent directement et nécessairement à l'exercice de leur emploi. *Conf.* Dalloz, v^is *Notaires*, n° 107, et *Respons.*, n° 685.

113. Il a été jugé, dans le même sens, que les paiements faits dans les mains du premier clerc d'un notaire sont valables, s'il est constant que ce premier clerc suppléait habituellement son patron dans la gestion d'affaires dont celui-ci était chargé (Cass., 4 août 1836 ; D.P.36.1.69). — Un notaire est responsable des sommes remises dans son étude par un prêteur de fonds au clerc qui a dressé l'acte (Trib. de la Seine, 29 nov. 1834, D.P. 35.3.12 ; 28 mai et 14 juill. 1841; D.P.41.3. 561 et 562).

114. Mais le maître clerc d'une étude de notaire, lorsqu'il partage en fait l'exploitation de l'office avant d'en devenir l'acquéreur, et concourt à la direction et à la conclusion des affaires plus que ne le comporte la qualité de clerc, est responsable des fautes par lui commises ; conséquemment, il est tenu, à l'égard du client pour le compte duquel il a, en qualité de mandataire verbal, fait un placement désavantageux, de la perte tant du capital imprudemment placé que des intérêts que ce capital devait produire (Rennes, 4 juin 1851 ; D.P.52.2.178). Mais *V.* Dalloz, v° *Mandat*, n°s 303 et suiv.; et Paris, 10 nov. 1842 (Dalloz, *cod.*, n° 194-4°).

115. Le notaire peut encore être déclaré responsable de l'exécution d'un mandat donné à l'un de ses clercs, s'il est établi que le clerc n'était qu'un prête-nom et que le mandat a été réellement confié au notaire. Dans ce cas, il est de toute justice d'exonérer le clerc

et de faire retomber la responsabilité sur le notaire. Tel est le principe consacré par un arrêt de la Cour d'Orléans, du 7 janv. 1842 (D.P.43.2.85).

116. Il a encore été jugé que le notaire qui, sous le nom de ses clercs, a reçu mandat d'opérer un placement hypothécaire et l'effectue sans prendre les précautions convenables, devient responsable de l'insolvabilité du débiteur, alors surtout que le mandant n'a pas pu apprécier par les termes de l'obligation la situation de l'immeuble affecté à la garantie hypothécaire (Paris, 25 juin 1840).

116 *bis.* Le notaire, ne devant pas s'en rapporter à ses clercs pour la rédaction des actes passés dans son étude, répond seul des inexactitudes commises dans les énonciations de ses actes, et ne peut par suite exercer un recours en garantie, ni contre le clerc auteur de ces inexactitudes, ni contre le principal clerc au contrôle duquel elles ont échappé. — Spécialement, dans le cas où le bordereau envoyé au conservateur pour l'inscription à prendre en vertu d'un acte passé dans l'étude, contenait une transposition des noms du créancier et du débiteur, qui a amené une inscription sans objet, c'est sur le notaire exclusivement, et non sur le principal clerc, chargé de revoir et de parapher le bordereau, que doit peser la responsabilité (Tribunal de Joigny, 17 mars 1859 ; D.P. 59.3.46).

§ 11. *Du notaire en second.*

117. Avant la loi du 21 juin 1843, sur la forme des actes notariés, il était essentiel de rechercher quelles étaient les obligations légales du notaire en second relativement à sa présence aux actes qu'il signait, pour déterminer l'étendue de sa responsabilité par rapport à ces actes. De bons esprits, s'appuyant sur les art. 9 et 10 de la loi du 25 vent. an xi, s'étaient prononcés pour la nécessité de l'assistance des deux notaires aux actes par eux signés et malgré l'usage consacré par l'ancienne et la nouvelle jurisprudence; malgré l'opinion de Carnot, Rolland de Villargues, Duranton, Massé, Locré, Augan, de Vatimesnil et plusieurs autres, MM. Favard de Langlade, *Rép.*, t. 1, p. 66; et Toullier avaient protesté contre un pareil usage et signalé ses inconvénients. De plus, des arrêts de cassation des 11 nov. 1835 et 7 mai 1839 (D.P.35.1.408.39.1.185), revenant sur une précédente jurisprudence, exigeaient la présence réelle des deux notaires à peine de nullité des actes. Une semblable incertitude pouvait jeter la plus grave perturbation dans les affaires, et cette considération amena la loi du 21 juin 1843 sur la forme des actes notariés, d'après laquelle l'usage antérieur est consacré, et le notaire en second n'est pas

tenu, en règle générale, d'assister à la réception des actes auxquels il appose sa signature, excepté quand il s'agit de quelques actes solennels déterminés par loi. Par suite, la responsabilité qui était la conséquence immédiate de la nécessité de la présence, a disparu, si ce n'est dans les cas ci-dessus indiqués; car il est évident que si les notaires sont dispensés d'assister à la réception des actes ordinaires, qu'ils signent cependant, et qu'ils sont tenus de signer, comme notaires en second, sans recevoir d'émoluments, ils ne peuvent engager leur responsabilité à raison d'actes qu'ils n'ont pas suivis et qui se sont consommés hors de leur présence.

118. Cependant on s'est demandé ce qui arriverait si l'acte contenait une condition contraire à l'ordre public et aux bonnes mœurs. Dans ce cas le notaire en second serait-il responsable? Rolland de Villargues, Rép., v° Resp. des not., n° 180, ne le pense pas. Il croit que, dans l'usage, le notaire en second qui contre-signe dans son étude ne prend pas la connaissance de l'acte. Son opinion est formellement contredite par le rapport de M. Franck-Carré, à la Chambre des pairs, sur la loi, quant à la forme des actes notariés qui sont spécifiés dans l'art. 2, ainsi conçu : « A l'avenir les actes notariés contenant donation entre-vifs, donation entre époux pendant le mariage, révocation de donation ou de testament, reconnaissance d'enfants naturels et les procurations pour consentir ces divers actes seront, à peine de nullité, reçus conjointement par deux notaires ou par un notaire en présence de deux témoins. — La présence du notaire en second ou des deux témoins n'est requise qu'au moment de la lecture des actes par le notaire et de la signature par les parties. Elle est mentionnée à peine de nullité. » Toutefois l'opinion de M. Rolland est partagée par MM. Dalloz, v° Respons., n° 447.

119. Il a été jugé que, si la signature d'un second notaire n'a été donnée que surabondamment et quoiqu'elle fût complétement inutile à la validité de l'acte, dans ce cas il n'est encouru par lui aucune espèce de responsabilité (Paris, 25 janv. 1834).

120. Mais si le second notaire a coopéré à la rédaction de l'acte sur l'invitation de l'une des parties, sa responsabilité est engagée, bien que sa présence ne soit pas nécessaire pour la validité de l'acte. Par sa négligence il a fait défaut à la confiance de son client. C'est l'opinion de Garnier-Deschênes dans son Dict. du not.; de Pagès, de la Responsabilité des not., p. 215 et de Dalloz, v° Respons., n° 446.

121. On s'est demandé si, dans le cas où l'acte est passé conjointement par deux notaires, parce que tel est le vœu de la loi, il

y avait lieu à les condamner solidairement aux dommages-intérêts qui sont dus aux parties.

122. La jurisprudence de la Cour de cassation se prononce pour l'affirmative. V. les arrêts des 29 fév. et 8 nov. 1836 (D.p.36.1. 131 et 411); 12 juill. et 7 août 1837 (D.p.37. 1.448 et 457); 29 janv. 1840. Ces arrêts reconnaissaient que, si la solidarité doit être expressément stipulée dans les contrats, il ne peut pas en être de même dans les cas où la même solidarité dérive soit de la nature elle-même de l'obligation, soit du délit ou quasi-délit de l'obligé. C'est encore l'avis de Merlin, Questions de droit, v° Solidarité, p. 11 ; de MM. Massé et Vergé sur Zachariæ, Droit civil français, t. 3, p. 348, note 5; de Duvergier sur Toullier, t. 11, p. 123, note a, et de Dalloz, loc. cit., n°s 245 et suiv., et 449. — Toullier, cod., n°s 151 et suiv., et Duranton, t. 2, n° 194, sont d'une opinion contraire.

123. M. Pagès, de la Resp. des not., p. 241 et 242, se range à l'opinion de la Cour de cassation, et il ajoute que, par suite, la même solidarité peut s'appliquer aux dépens de l'instance, lorsqu'ils sont expressément adjugés à titre de dommages-intérêts; mais il n'en serait pas de même si les dépens n'étaient pas adjugés à titre de dommages-intérêts : la loi n'autorisant pas à leur égard la solidarité en matière civile, elle ne saurait être prononcée par ces tribunaux.

124. Un notaire en second ne peut être déchargé de toute responsabilité à l'égard des tiers, par cela que, conformément à l'usage suivi, il n'a pas assisté à la passation de l'acte.

125. Il suffit qu'il soit reconnu qu'il résulte des faits et documents de la cause qu'un notaire en second a commis une faute en souscrivant un acte de confiance, pour qu'il ait pu être condamné à réparer le préjudice causé sans qu'il soit nécessaire que l'arrêt mentionne qu'il y a eu de sa part faute grave.

Et, en pareil cas, le notaire en second a pu être déclaré sans droit pour agir en garantie contre un tiers qui avait aussi contribué à la faute qui a donné lieu à ce préjudice (Cass., 11 nov. 1835, D.p.35.1.408).

§ 12. — De la responsabilité des notaires entre eux en cas de violation de résidence.

126. Le notaire qui contrevient aux règles relatives à l'obligation de sa résidence, telle qu'elle a été fixée par le Gouvernement (art. 4, loi de vent. an xi), et qui, n'attendant pas la réquisition des parties, se transporte à jour fixe, par exemple tous les jours de marché, dans telle ou telle localité voi-

sine de sa résidence légale, un tel notaire est-il passible de dommages-intérêts envers le notaire de cette commune, pour le préjudice qu'il peut causer par cette espèce de concurrence?

127. La jurisprudence s'était d'abord prononcée pour la négative. Un arrêt de la Cour royale de Metz, du 21 juill. 1818 (D.A.10. 424, n° 2), décide qu'une pareille question de résidence est tout entière de haute police et d'administration publique ; qu'elle est exclusivement de la juridiction du garde des sceaux, auquel il appartient de l'examiner et de la résoudre dans l'intérêt public...; qu'elle ne saurait, sous aucun rapport, donner lieu à une action privée de la part d'un notaire du même canton, sous le prétexte que cette infraction engendrerait un tort personnel et des pertes réelles dans l'exercice de ses propres fonctions...

128. Mais cette jurisprudence isolée n'a pas été suivie ; depuis, de nombreux arrêts se sont prononcés en sens contraire. Ainsi on peut consulter notamment Riom, 18 mai 1833 (D.P.34.2.14); Rouen, 26 juin 1837 (D.P.38.2.8); Lyon, 30 août 1838 (D.P.39.2. 129); Cass., 15 juill. 1840 (D.P.40.1.246) et 11 janv. 1841 (D.P.41.1.78) ; Riom, 12 mars 1844 (D.P.44.2.197); Grenoble, 2 mars 1850 (D.P.52.2.119). L'arrêt de cassation du 15 juill. 1840, porte : « Attendu que l'art. 1382, C. Nap., accorde, sans distinction de cas et de personnes, une action en réparation des dommages éprouvés par le fait d'autrui, et qu'un notaire qui se transporte habituellement hors du lieu de sa résidence pour exercer son ministère, sans y avoir été préalablement appelé par les parties, cause par ce fait aux autres notaires du même canton un préjudice dont l'appréciation appartient à l'autorité judiciaire... C'est dans l'intérêt de l'ordre public que le ministre de la justice est appelé à examiner si un notaire a déserté sa résidence entièrement ou assez souvent ou assez longtemps pour pouvoir être considéré comme démissionnaire.

129. — L'arrêt de cassation du 11 janv. 1841 (D.P.41.1.68) repousse la fin de non-recevoir que plusieurs Cours avaient admise en ajournant la demande en dommages-intérêts jusqu'à ce que le ministre de la justice eût statué sur la violation de résidence.

130. — M. Pagès, de la Respons. des not., p. 223, pense qu'il faut qu'il y ait habitude pour donner lieu à l'action en dommages-intérêts ; que quelques faits isolés ne suffiraient point. Les circonstances doivent avoir, en cette matière, une grande influence, et c'est aux tribunaux à les constater suivant les occurrences de chaque espèce.

131. — La réquisition préalable du notaire par les parties ne se constate pas par des formes particulières ; il suffit que le juge

l'établisse en fait. Cependant M. Pagès, de la Respons. des not., p. 225, estime avec raison que le notaire appelé dans une autre résidence que la sienne agirait prudemment en mentionnant dans l'acte la réquisition des parties. — Conf. Dalloz, v° Respons., n° 331. — V. encore, sur la preuve de l'infraction, Grenoble, 2 mars 1850 (D.P.52.2.119), et trib. de Villefranche, 29 mars 1838 (D.P.39. 3.47).

§ 13.—*De la responsabilité du notaire à raison de l'enregistrement des actes.*

132.—Relativement à l'enregistrement des actes, la responsabilité du notaire était déterminée par l'art. 42 de la loi du 22 frim. an VII, qui était ainsi conçu : « Aucun notaire ne pourra faire ou rédiger un acte en vertu d'un acte sous signature privée ou passé en pays étranger, l'annexer à ses minutes, ni le recevoir en dépôt, ni en délivrer extrait, copie ou expédition, s'il n'a été préalablement enregistré, à peine de 50 fr. d'amende et de répondre personnellement du droit. » Depuis, cette disposition a été modifiée par l'art. 13 de la loi du 16 juin 1824, qui porte que « les notaires pourront faire des actes en vertu et par suite d'actes sous seing privé non enregistrés, et les énoncer dans leurs actes, mais sous la condition que chacun de ces actes sous seing privé demeurera annexé à celui dans lequel il se trouvera mentionné, qu'il sera soumis avec lui à la formalité de l'enregistrement et que les notaires seront personnellement responsables, non-seulement des droits d'enregistrement et de timbre, mais encore des amendes auxquelles les actes se trouveront assujettis. » — V. sup., le Comment. abrégé des lois de l'enreg., p. 422, et Dalloz, v° Enreg., n°s 5097 et s.

Il est bien entendu, pour la responsabilité du notaire au regard du paiement des droits de l'acte non enregistré, qu'il ne s'agit pas de la simple énonciation d'un acte sous seing privé ; il faut encore qu'il soit la cause déterminante de l'acte public (Déc. min., 6 nov. 1822).

133.—Championnière et Rigaud, dans leur *Traité des droits de l'enreg.*, t. 4, p. 869, reconnaissent que si, en principe, le notaire est tenu d'acquitter les droits d'enregistrement dus sur les actes qu'il reçoit, il y a cette différence entre les actes de son ministère et les actes sous seing privé qui peuvent leur servir de base, que, pour les premiers, le notaire est débiteur direct et personnel du droit (art. 29 de la loi du 22 frim. an VII), et que, pour les actes sous seing privé, le notaire n'est plus débiteur primitif et direct, mais seulement responsable après discussion de la partie débitrice (Cass., 3 juill. 1841, D.A.7. 365).

134.—Cependant la responsabilité imposée

au notaire, par les lois précitées, doit se concilier avec les intérêts de ses clients, et il serait mal venu à décliner la responsabilité d'un acte qu'il n'aurait point revêtu de sa signature sous le prétexte qu'on ne lui aurait pas consigné le montant des droits, surtout s'il ne prouvait point et même s'il n'articulait pas qu'il eût exigé cette consignation (Nîmes, 14 fév. 1813, D.P.14.2.51 ; Bourges, 29 avril 1823).—*V.* aussi Dalloz, vº *Respons.*, nº 366.

§ 14.—*Des notaires dans leurs rapports avec les conservateurs des hypothèques.*

135.—Il est arrivé, dans les relations fréquentes qui unissent les notaires et les conservateurs des hypothèques, qu'une erreur commune a pu leur être reprochée, et les tribunaux leur ont alors imposé une responsabilité qui les a également frappés.

Ainsi, un arrêt de Lyon, du 13 avril 1832 (D.P.32.2.168), tout en déclarant que les notaires sont responsables du préjudice causé par la radiation d'une inscription qui a été indûment faite par suite d'une erreur dans leurs actes, relativement au numéro d'une autre inscription dont la radiation était consentie, ajoute que, dans ce cas, les conservateurs sont solidairement responsables avec eux, lorsqu'ils ont pu, par la simple lecture en son entier de l'acte produit, reconnaître l'erreur et ne point consommer la radiation de l'hypothèque, en prenant des informations auprès des parties.... Cependant il y a atténuation de cette responsabilité pour le conservateur des hypothèques et le notaire, lorsque le bénéficiaire de l'inscription, quoique présent à l'acte, n'a pas relevé l'erreur commise.

Il y a encore solidarité entre le notaire et le conservateur des hypothèques, lorsque, par suite d'une erreur commise dans la désignation du numéro d'une inscription par un notaire rédacteur d'un acte de quittance et de mainlevée, une inscription prise pour sûreté du paiement d'une rente viagère autre que celle dont les parties entendaient donner mainlevée, a été radiée par le conservateur. La faute qui a causé le préjudice résultant de cette radiation peut alors être déclarée commune tant au notaire qu'au conservateur et à la partie elle-même : au notaire, en ce qu'il avait sous les yeux toutes les pièces propres à le prémunir contre l'erreur ; au conservateur, en ce qu'il aurait pu reconnaître l'erreur par la seule lecture de l'acte ; à la partie, en ce que, ne s'agissant pas d'un vice de forme ou de locution dans l'acte, il eût été facile d'apercevoir ou d'apprécier une erreur portant uniquement sur la désignation du numéro d'inscription (Cass., 19 avril 1836, D.P.36.1.183).

§ 15. — *De la transcription des actes et de l'inscription des hypothèques.*

136. — Parmi les obligations imposées au notaire ne figure pas celle de les faire transcrire quand les parties ne leur en ont pas donné le mandat, parce que cette formalité n'est pas indispensable à leur validité et qu'elle en est indépendante ; qu'elle n'est nécessaire que vis-à-vis des tiers, mais qu'elle n'est pas inhérente et essentielle à l'existence des actes ; qu'elle peut avoir lieu longtemps après la confection des actes par les soins de toute personne ; que, par conséquent, étant purement volontaire, elle ne peut être considérée comme se rattachant nécessairement à leurs fonctions. *V.* ci-dessus le commentaire abrégé de la loi du 23 mars 1855, sur la transcription en matière hypothécaire, nº 60.—Aussi a-t-il été décidé : 1º que les notaires ne sont pas tenus de remplir les formalités extrinsèques des actes qu'ils reçoivent, telles que la transcription du contrat ou l'inscription de l'hypothèque de garantie.

Par suite, l'omission de ces formalités, lorsqu'ils n'ont pas accepté le mandat de les accomplir, ne peut engager leur responsabilité (Cass., 14 juill. 1847, D.P.47.1.350).

2º Qu'ils ne sont pas tenus de faire transcrire les contrats de vente passés en leur étude, et par suite, qu'ils ne sont pas responsables du défaut d'accomplissement de cette formalité, s'ils n'ont pas reçu des parties la mission spéciale de la remplir (Paris, 28 juill. 1851, D.P.52.1.145 ; Riom, 7 déc. 1848, D.P. 49.2.55 ; Lyon, 13 août 1852, D.P.53.2.94; Rouen, 24 nov. 1852, D.P.54.2.75; Cass., 14 fév. 1855, D.P.55.1.170).

Et cela encore bien que, depuis, ils auraient reçu le contrat par lequel le donateur affecte hypothécairement à un tiers les biens compris dans la donation non transcrite, si aucune intention frauduleuse ne peut leur être reprochée (Même arrêt de la Cour de Riom. — *V.* encore Rennes, 19 mai 1845, D.P.45.4.461);

3º La preuve du mandat donné à un notaire de faire transcrire une donation immobilière contenue dans un contrat de mariage, ne peut résulter ni du droit de transcription qu'il a payé en faisant enregistrer ce contrat, ni du dépôt qu'il en a fait au greffe, conformément aux art. 67 et 68, C. comm. (Même arrêt de Rouen, 24 nov. 1852).

Mais le notaire qui reçoit un acte est tenu, lorsqu'il a accepté le mandat spécial d'en assurer l'exécution, de surveiller l'accomplissement des conditions nécessaires à la conservation des droits des parties, et notamment d'opérer le renouvellement d'une inscription hypothécaire prise en vertu de cet acte.

..... Et la preuve de l'acceptation d'un tel mandat peut résulter de l'exécution qu'il a reçue de la part du notaire, et, par exemple, de la réquisition, même tardive, que ce notaire resté détenteur de la grosse de l'acte a faite du renouvellement de l'inscription originairement prise ;.... surtout si l'acte imposait au détenteur de la grosse l'obligation de veiller à la conservation de la créance qui en faisait l'objet (Cass. 19 mars 1856, D.P. 57.1.156). — V. aussi Cass., 14 fév. 1855 (D.P.55.1.170) ; Paris, 13 juin 1854 (D.P.55. 2.252) et Douai, 25 août 1855 (D.P.57.2.42); Dalloz, vᵒ *Respons.*, nᵒ 371.

4ᵒ Le notaire n'est pas responsable de l'erreur commise dans l'orthographe du nom d'une partie, s'il a rédigé un acte sur un modèle produit par les parties où se trouvait la même erreur, bien que la partie ait régulièrement signé son nom au bas de l'acte. Par suite, il n'est pas responsable de la nullité de l'inscription hypothécaire prise en vertu du bordereau où cette erreur se trouvait reproduite (Riom, 8 déc. 1846, D.P.47.2.56).

136 *bis.*—Ajoutons que le notaire ne saurait être tenu de remplir les formalités de la purge des immeubles transmis par des actes passés dans son étude (Paris, 26 juin 1852, D.P.53.2.94).

§ 16. — *De la suite des actes.*

137. — La responsabilité du notaire ne cesse pas avec ses fonctions et par le cours régulier des actes auxquels il a prêté son ministère. Il est tenu envers les parties pour lesquelles il a instrumenté, de leur faire délivrer, par son successeur, expédition des actes passés devant lui, et il peut être déclaré responsable des dommages résultant pour les parties du défaut de délivrance des expéditions par son successeur, sauf son recours contre celui-ci. Telle est la décision consacrée par un arrêt de la Cour royale de Bourges, du 17 juin 1829 (D.P.3.2.163).

138.—Deux autres questions, qui se rattachent à la précédente, sont également résolues par le même arrêt. En premier lieu, les chambres des notaires ne sont soumises à aucune responsabilité, relativement aux minutes d'actes déposés dans une de leurs salles, lorsque ce dépôt n'a pas eu lieu par leur ordre et n'a été effectué que par quelques notaires dans leur intérêt particulier.

139.—La seconde question est celle-ci : si, à la cessation de ses fonctions, un notaire a fait remise de ses minutes à un ou plusieurs autres notaires et que ceux-ci en aient opéré le déplacement, les notaires sont garants envers lui, par le fait de ce déplacement, des dommages-intérêts auxquels il est condamné envers les parties, par suite de la non-représentation des minutes. On dirait vainement qu'aucun état des minutes n'a été dressé, et

qu'il n'en a été fourni aucun récépissé lors de la remise.

140.—Le notaire encore en exercice est, à plus forte raison, tenu de délivrer une expédition régulière des actes par lui reçus (*V.* comme sanction de ce principe, Riom, 28 fév. 1825, D.P.25.2.214) ; cependant, le préjudice qu'il cause à ses clients par le retard dans la délivrance, ou par l'irrégularité de l'expédition, doit être réel pour donner lieu à une réparation.

141.—C'est en ce sens que la Cour de cassation a jugé, par arrêt du 19 janv. 1832 (D.P.32.1.320), que quoique l'erreur commise par un notaire dans l'expédition du cahier des charges, erreur consistant en ce que, par exemple, la vente imposerait une obligation qui n'était pas dans le cahier des charges, ait donné lieu, entre les acquéreurs, à des difficultés par suite desquelles ils ont transigé, néanmoins, le notaire qui, par suite de cette erreur, a été actionné en responsabilité par les parties transigeantes, a pu et dû, si l'erreur est déclarée n'avoir eu aucune influence sur la transaction, être déchargé de toute responsabilité.

L'erreur commise par un notaire dans l'expédition du cahier des charges, en ce qu'il y aurait à tort inséré une obligation qui n'existait réellement pas, ne peut, si elle n'a été commise de mauvaise foi, donner lieu à une action en responsabilité contre ce notaire. *V.* aussi Cass., 30 nov. 1830 ; Riom, 8 déc. 1846 (D.P.47.2.56); Cass., 17 juin 1856 (D.P.56.1.462).

141 *bis.* — Le notaire est responsable des frais d'une saisie immobilière annulée pour vice de forme de l'acte notarié qui a servi de base à cette saisie. Mais sa responsabilité cesse si le créancier avait, outre ce titre, d'autres titres réguliers pour la même créance, dont il a négligé de se servir, par exemple, en ne produisant pas à un ordre ouvert sur son débiteur (Riom, 8 déc. 1847, D.P. 48.2.77).

Mais si, au contraire, le client d'un notaire ne produisait pas à un ordre, parce que la sommation de produire ne lui aurait pas été remise par son notaire dans l'étude duquel ce dernier avait fait élection de domicile dans l'acte passé devant lui et dans l'inscription prise, ce notaire serait responsable du défaut de paiement de la somme prêtée (Montpellier, 12 janv. 1852 ; *Jurispr. du not.*, art. 1068). *V.* Paris, 18 fév. 1842 (D.P.42.2.70).

§ 17. — *De l'action en responsabilité au regard du successeur et des héritiers.*

142. — L'action en responsabilité qu'une partie veut exercer contre un notaire ne s'étend pas à son successeur, à moins que,

par son fait personnel, celui-ci n'ait aggravé le tort dont son prédécesseur est l'auteur primitif et principal, comme cela a eu lieu dans une espèce (Bauzain c. Milet et Soydée) jugée, le 24 janv. 1845, par la première chambre de la Cour de Paris, où l'ancien notaire et son successeur ont été condamnés solidairement à la réparation du préjudice causé à leur client. Cependant, le successeur s'était simplement borné à assurer la solvabilité du débiteur, et avait obtenu par là du créancier des prorogations successives. — Mais, sauf le cas où le concours du successeur à la faute ou à la négligence est évident, sa responsabilité ne saurait être engagée quant aux héritiers du notaire.

143. — L'ancienne jurisprudence avait admis un tempérament équitable que l'on ne rencontre plus dans le droit nouveau. M. Pagès, de la Respons. des not., p. 242, constate qu'on admettait autrefois que les héritiers du notaire ne pouvaient être recherchés que pour des faits dont il aurait été tenu de son vivant, et au cas qu'ils en eussent profité, ou que l'instance eût été commencée du vivant du notaire. C'était là, dit-il, l'opinion commune, confirmée par arrêt du parlement de Paris, du 5 sept. 1758 (Conf. Jussieux de Montuel, Inst. fac. sur les conv., p. 66; Ferrière, Dict. de droit, v° Not.). Des raisons évidentes d'équité venaient à l'appui de ce système. Comment admettre, après le décès d'un notaire, une action en responsabilité contre ses héritiers? Quels moyens ceux-ci avaient-ils de se défendre? Pouvaient-ils, en acceptant la succession de leur auteur sur la simple connaissance des charges apparentes et déterminées, se douter de l'énorme responsabilité qui résultait pour eux de la série d'actes passés par celui qu'ils représentent? Malgré ces considérations, M. Rolland de Villargues, Rép. du not., v° Respons., n° 106, estime avec raison qu'en présence de l'art. 2, C. inst. crim., les héritiers d'un notaire sont tenus des dommages-intérêts qui peuvent être réclamés à raison de sa faute ou de son dol. Conf. Toullier, t. 8, n° 75, et Dalloz, v° Responsabilité, n° 322 ; Douai, 1er juill. 1816; Cass., 27 juill. 1825 (D.P.25.1.384). Seulement, les tribunaux, dans leur appréciation éclairée, se montreront plus faciles sur les moyens de justification, et moins rigoureux dans la fixation de l'indemnité (Dalloz, loc. cit., n° 324; Angers, 9 mars 1825, D.P.26. 2.174).

Mais s'il s'agissait de la représentation d'une minute, les héritiers n'en seraient pas tenus, si le titulaire actuel avait pris possession de l'étude sans inventaire ni récépissé des minutes. Ainsi, il a été jugé que le notaire qui prend possession, sans inventaire ni récépissé, des répertoires et minutes de son prédécesseur, est responsable de la perte ou non-représentation des minutes qui manquent, quoique répertoriées, et par suite il peut être condamné à des dommages-intérêts (Angers, 23 juin 1847, D.p.47.2.137).

§ 18. — Du tribunal compétent et de la durée de l'action.

144. — D'après l'art. 53 de la loi du 25 ventôse, l'action en responsabilité dirigée contre un notaire doit être portée devant le tribunal civil de sa résidence, quel que soit le tribunal qui ait statué sur la contestation principale. — Telle est l'opinion de Chauveau sur Carré (Lois de la proc. civ., art. 181, Quest. 771 bis, § 1er); de Boitard, t. 2, p. 96 ; Berriat-Saint-Prix, p. 84 ; Pigeau, Comm., t. 1er, p. 405 ; Boncenne, t. 3, p. 402 ; Thomine-Desmazures, t. 1er, p. 337 ; Favard de Langlade, t. 2, p. 465; Dalloz, v° Compét. civ., n° 209. V. dans ce sens un arrêt de Bordeaux, du 27 juin 1839 (D.P.40.5.69).

145. — C'est par suite du même principe que la Cour de cassation décide, par une jurisprudence constante, que l'action en dommages-intérêts ne peut être portée devant un tribunal d'exception; qu'ainsi l'action en garantie pour nullité de protêt contre le notaire rédacteur de l'acte ne peut être portée devant les juges de commerce incidemment à la demande récursoire contre l'endosseur (Cass., 16 mai 1816, 30 nov. 1843, 19 juill. 1814, 2 juin et 20 juill. 1815, 2 janv. 1816, 2 juin 1817; D.A.3.249; 363 ; 365; 6.721). V. aussi Dalloz, v° Respons., n°s 771 et suiv.

146. — La durée de l'action est celle de toutes les actions auxquelles la loi n'assigne pas une durée particulière, celle de trente ans. Seulement les auteurs sont divisés sur le point de savoir si cette action commence à courir du jour où la faute a été commise, ou bien seulement du jour où cette faute est découverte et se fait sentir par ses résultats. M. Pagès, de la Respons. des not., p. 248, se prononce pour cette dernière opinion, « parce que, dit-il, l'action n'est ouverte que lorsque le dommage existe, que lorsque la contravention ou la faute du notaire deviennent préjudiciables aux parties. » Cette opinion, combattue par les auteurs du Dictionnaire du notariat, nous semble plus conforme aux véritables principes de la responsabilité civile. Et si, dans le droit nouveau, la prescription d'un délit commence à courir du jour où il a été commis et non plus, comme autrefois, seulement du jour où il a été constaté, ce n'est là qu'un principe du droit criminel et qui, comme le fait remarquer M. Pagès, loc. cit., est sans influence en matière civile.

146 bis. — Lorsque la responsabilité est encourue pour nullité d'un acte, l'action n'est ouverte qu'après le jugement prononçant la

nullité (Poitiers, 2 fév. 1825, D.p.25.2.166 ; Rolland de Villargues, n° 112 ; Dalloz, v° *Responsabilité*, n° 326).

147. — Quant à la preuve du préjudice, à l'occasion duquel des dommages-intérêts sont réclamés, elle est imposée au demandeur ; il faut, pour qu'une partie puisse obtenir des dommages-intérêts contre un notaire, qu'elle prouve que le préjudice par elle éprouvé est le résultat de l'acte reproché au notaire ; ainsi, il ne suffirait pas qu'un faux eût été commis par la négligence de celui-ci, si le demandeur en dommages-intérêts ne prouvait pas que l'acte faux a été la cause immédiate de l'erreur qui lui est dommageable (Toulouse, 24 août 1824). *V.* aussi Dalloz, *loc. cit.*, n° 383, et les arrêts cités par cet auteur.

FIN DU TRAITÉ ABRÉGÉ DE LA RESPONSABILITÉ DES NOTAIRES.

TABLE SOMMAIRE DES MATIÈRES.

IIᵉ PARTIE.

COMMENTAIRE ABRÉGÉ DE LA LOI CONTENANT ORGANISATION DU NOTARIAT.

TRAITÉ ABRÉGÉ DE LA DISCIPLINE ET DES CHAMBRES DE NOTAIRES.

TABLEAU CHRONOLOGIQUE DES LOIS ET RÈGLEMENTS PRINCIPAUX RELATIFS AU NOTARIAT.

COMMENTAIRE ABRÉGÉ, PAR ORDRE CHRONOLOGIQUE, DES LOIS RELATIVES AUX DROITS D'ENREGISTREMENT, DE TIMBRE, D'HYPOTHÈQUE, DE TRANSCRIPTION ET DE GREFFE.

COMMENTAIRE ABRÉGÉ DE LA LOI DU 23 MARS 1855, SUR LA TRANSCRIPTION EN MATIÈRE HYPOTHÉCAIRE.

TRAITÉ ABRÉGÉ DE LA RESPONSABILITÉ DES NOTAIRES.

FIN DE LA TABLE SOMMAIRE.

TABLE ALPHABÉTIQUE

DES MATIÈRES

CONTENUES TANT DANS LA PREMIÈRE QUE DANS LA DEUXIÈME PARTIE.

NOTA. — Le chiffre le plus noir indique le volume : les autres chiffres désignent la page ou, lorsqu'ils sont précédés de la lettre *n*, précisent le numéro.

41.

Formule du certificat à délivrer par les notaires lorsqu'ils ont dressé un contrat de mariage.

« Je soussigné..., notaire à...

certifie que... M. (nom et prénom), demeurant à   , fils de... et de..., demeurant à..., et demoiselle (noms et prénoms), demeurant à   fille de... (noms et prénoms des père et mère), ont dressé devant moi, cejourd'hui, les conditions civiles de leur union, et je leur ai remis le présent certificat, conformément à la loi du 40 juillet 1850, après en avoir fait mention sur le contrat de mariage, et en leur déclarant qu'il devait être remis à l'officier de l'état civil, avant la célébration du mariage.

Fait à... le... 48

F

Femme (administration), **1**.443. — V. *Ratification*.

—mariée.—V. *Qualités des parties* Incapable.

Féodalité, **2**.276 ;—défense d'employer des expressions qui les rappellent, **2**.90, n. 574.

Fete légale, **2**.13, n. 58.

Fidéicommis.—V. *Substitution.* .

Filiation naturelle.—V. *Parenté*.

Fin de l'acte, mention des signatures, **2**.75, n. 460 ;—renvoi, **2**.78 n. 477.

Foi, acte notarié fait foi, **2**.95, n. 598 ;—sous quelles conditions, **2**.96, n. 613 ;—entre quelles personnes, **2**.98, n. 629.

—due aux expéditions, **2**.114, n. 726 ;—aux grosses, **2**.112, n. 743 ; et 113, n. 747.

Fonctionnaire.—V. *Notaire*.

—public, **2**.424, art. 44, n. 313.

Fonctions continuelles, **2**.330.

Fonds de commerce. — V. *Contrat de mariage, Vente de fonds de commerce*.

Formule exécutoire, **1**.3 ; **2**.430, art. 25, n. 890 et s.; **2**.272 ;—en quoi elle consiste. **2** 430, n. 894 et s.;—dispositions transitoires, **2**.430, n. 897, 898;—rectification, **2**.432, n. 908 et s.;—grosse, **2**.433, n. 926, 932 ; **2**.368.

Fournitures.—V. *Marché*.

Frais de vente, **1**.334, n. 126 ; — paiement, **2**.334 ;—enregistrement, **2**-442, n. 456.—V. *Honoraires*.

Franc et quitte, **1**.417, n. 132.

Franc. — V. *Tableau de conversion*.

Français, **2**.458, n. 1063 ;—de naissance, de naturalisation, de réintégration, *eod.*, et 459, n. 1066 et 1067.

Fruits. — V. *Adjudication de fruits, Vente à l'amiable de fruits et récoltes*.

G

Gage, **1**.226 ;—formule, enregistrement, *eod.*—V. *Antichrèse*.

Gain de survie —V. *Transcription*.

Garantie (transport), **1**.252.

—de contenance, **1**.294.

—désistement de, **1**.97.

Garde des minutes, remplacement, suppression d'un notaire, **2**.203, art. 54, n. 4281 et s.;—droit illégal, **2**.325.

—gardienne, **2**.264.

Garde-notes, **2**.1, n. 4, et 9, n° 38.

Garde-scel, **2**.1, n. 4.

Grand-livre.—V. *Dette publique*.

Gratis, enregistrement, **2**.504, § 2.

Greffe, extraits de la loi du 21 vent. an VII, qui établit les droits de greffe, **2**.575 ;—de la loi du 22 prair. an VII, additionnelle à celle qui précède, **2**. 575 ;—du décret du 12 juill. 4808, concernant les droits de greffe, *eod.*;—de la loi du 23 juill. 4820, *eod.*;—du décret du 24 mai 4854, portant fixation des émoluments attribués, en matière civile et commerciale, aux greffiers des tribunaux civils de première instance et aux greffiers des Cours impériales, **2**.576.

Loi du 10 décembre 4862, sur les allocations des greffiers et des huissiers, **2**.578.

Greffier, **2**.10, n. 43 ; 44, n. 46 ; 23, n. 125 et s.; **2**.240, art. 60 ;—enregistrement, **2**.420, art. 44, et 424, n. 313 et s.—V. *Greffe, Vente publique de meubles*.

Grosse, 2.10, n. 39 ; extrait en forme de grosse, **1**. 3 ;—4re grosse, **1**.3 ;—leur nature, **2**.108, n, 703 ; 112, n. 730 ;—quels actes sont grossoyés, **2**.112,

n. 732 ;—à qui les grosses sont délivrées, *eod.*, n. 737 ;—elles le sont par le possesseur de la minute, **2**.113, n. 739 ;—leurs formes, *eod.*, n. 744 ; —leurs effets, *eod.*, n. 745 ;—foi qui leur est due, *eod.*, n. 747 ;—elles sont seules délivrées en forme exécutoire, **2**.130. n. 890 ;—intitulé, formule, *eod.*, n. 894 ; — mention de délivrance de la 4re grosse, **2**.131, art. 26, n. 905 ;—2e grosse, *eod.*;—anciens dépôts de minute, **2**. 214, n. 1334.— V. *Formule exécutoire, Perte d'actes, Procès-verbal de délivrance, Seconde grosse*.

H

Habitation.—V. *Transcription*.

Héritiers, enregistrement, **2**.411, n. 263 ; 412, n. 274 et s.; **2**.522, art. 16. — V. *Certificat de propriété, Qualité des parties*.

Héritage (désistement d'), **1**.97.

Heure indue, **2**.13, n. 58.

Homologation.—V. *Partage*.

Honoraires, **2**.484, art. 54, n. 4200 et s.;—espèces diverses, **2**.185, n. 4204 ;—qui doit les payer ? **2**.191, n. 4230 ;—avis de la chambre, **2**. 191, n. 4226 ; — action et compétence, **2**.195, n. 4239 ;—preuve de paiement, **2**.197, n. 4246 ;—défense aux notaires de se faire souscrire des promesses, **2**.266 ; — expéditions délivrées aux préposés, **2**.300 ; — taxe, avis préalable, **2**.324 ;—vente de fruits et récoltes, perception excessive, destitution. **1**.459, art. 5.—V. *Certificat de vie, Partage, Vente publique de meubles*.

Extrait du décret du 16 février 1807 applicable aux notaires.

Art. 58.—§ 2. Il sera alloué à l'huissier ou autre officier qui procédera à la vente, pour la rédaction de l'original du placard qui doit être affiché.

A Paris.	4 f. » c.
Dans les villes où il y a un tribunal de première instance.	4 »
Dans les autres villes et cantons ruraux..	4 »

§ 3.—Pour chacun des placards, s'ils sont manuscrits,

A Paris.	» 50 c.
Dans les villes où il y a un tribunal de première instance.	» 50
Dans les autres villes et cantons ruraux.	» 50

§ 4.—Et s'ils sont imprimés, l'officier qui procédera à la vente en sera remboursé sur les quittances de l'imprimeur et de l'afficheur.

Art. 42.—§ 1. Pour la vacation de l'huissier ou autre officier qui aura procédé à la vente, pour faire taxer ses frais par le juge sur la minute de son procès-verbal (art. 657, C. proc.).

A Paris.	3 f. » c.
Dans les villes où il y a un tribunal de première instance.	2 »
Dans les autres villes et cantons ruraux.	4 50

§ 2.—Et pour consigner les deniers provenant de la vente.

A Paris.	3 f. » c.
Dans les villes où il y a un tribunal de première instance.	2 »
Dans les autres villes et cantons ruraux.	4 50

Art. 105.—§ 1. Pour l'extrait pareil à celui prescrit par l'art. 682, qui doit être inséré dans un journal (art. 683).

§ 2. Il sera passé autant de droits à l'avoué qu'il y aura eu d'insertions prescrites par le Code.

A Paris. . . . . 2 f. » c.
Dans le ressort.. . . . . 1 50 c.

§ 3. — Pour faire légaliser la signature de l'imprimeur par le maire, s'il y a lieu,

A Paris. . . . . 2 f. » c.
Dans le ressort. 1 50

Art. 106. — § 1. Pour l'extrait de la saisie immobilière, qui doit être imprimé et placardé, et qui servira d'original, et ne pourra être grossoyé (art. 696).

A Paris . . . . 6 f. » c.
Dans le ressort. 5 50

§ 2. — Il ne sera passé qu'un droit à l'avoué, attendu qu'aux termes de l'art. 703 il ne doit entrer en en taxe qu'une seule impression de placards, et que les additions, lors des appositions subséquentes, doivent être manuscrites.

Art. 107. — Vacation pour se faire délivrer l'extrait des inscriptions (art. 692),

A Paris. . . . . 6 f. » c.
Dans le ressort. 4 50

Art. 166. — (art. 204, 204, 205, 224 et 225.) Il sera taxé aux dépositaires qui devront représenter les pièces de comparaison en vérification d'écriture ou arguées de faux, en inscription de faux incident, indépendamment de leurs frais de voyage, par chaque vacation de trois heures devant le juge-commissaire ou le greffier, savoir :

1° Aux greffiers.

1° Des Cours d'appel. . . . . . . 12 f. » c.
2° De justice criminelle. . . . . . 12 »
3° Des tribunaux de première instance. . . . . 10 »

2° Aux notaires.

1° De Paris . . . . 9 f. » c.
2° Des départements. 6 75

3° Aux avoués.

1° Des Cours d'appel. . . . . 8 f. » c
2° Des tribunaux de première instance . . . . 6 »

4° Aux huissiers.

1° De Paris. . . . . 5 f. » c.
2° Des départements. . . . . 4 »
5° Aux autres fonctionnaires publics ou autres particuliers, s'ils le requièrent. . . . . . . 6 f. »

Extrait du décret du 16 février 1807, spécial aux notaires.

Art. 168. — Il sera taxé aux notaires, pour tous les actes indiqués par le Code Nap. et par le Code de procédure,

Pour chaque vacation de trois heures,
1° Aux compulsoires faits en leur étude (art. 849, C. proc.) ;
2° Devant le juge, en cas que le transport devant lui ait été requis (art. 852, C. proc.) ;
3° A tout acte respectueux et formel, pour demander le conseil du père et de la mère, ou celui des aïeuls ou aïeules, à l'effet de contracter mariage (art. 151, 152, 153 et 154, C. Nap.) ;
4°. . . . . 5°. . . . .
6° Aux inventaires après décès (art. 941 et s., C. proc.) ;
7° En référé devant le président du tribunal, s'il s'élève des difficultés ou s'il est formé des réquisi-

tions pour l'administration de la communauté, ou de la succession ou pour tous autres objets (art. 944, C. proc.) ;
8° A tous les procès-verbaux qu'ils dresseront en tous autres cas, et dans lesquels ils seront tenus de constater le temps qu'ils y auront employé (art. 977, 978, etc.) ;
9° Au greffe, pour y déposer la minute du procès-verbal des difficultés élevées dans les partages, contenant les dires des parties (art. 977),

A Paris. . . . . 9 fr. » c.
Dans les villes où il y a un tribunal de première instance. . . . . 6 »
Partout ailleurs. . . . . 4 »

Art. 169. — Dans tous les cas où il est alloué des vacations aux notaires, il ne leur sera rien passé pour les minutes de leurs procès-verbaux.

Art. 170. — § 1. Quand les notaires seront obligés de se transporter à plus d'un myriamètre de leur résidence, indépendamment de leur journée, il leur sera alloué pour tous frais de voyage et nourriture, par chaque myriamètre, un cinquième de leurs vacations, et autant pour le retour.

§ 2. Et par journée, qui sera comptée à raison de cinq myriamètres, aussi pour l'aller et le retour, quatre vacations.

Art. 171. — Il sera passé aux notaires, pour la formation des comptes que les copartageants peuvent se devoir de la masse générale de la succession, des lots et des fournissements à faire à chacun des copartageants, une somme correspondante au nombre des vacations que le juge arbitrera avoir été employées à la confection de l'opération.

Art. 172. — Les remises accordées aux avoués sur les prix des ventes d'immeubles seront allouées aux notaires dans les cas où les tribunaux renverront des ventes d'immeubles par devant eux, mais sans distinction de celles dont le prix n'excédera pas 2,000 fr. ; et au moyen de cette remise, ils ne pourront rien exiger pour les minutes de leurs procès-verbaux de publication et d'adjudication. — V. la loi du 10 oct. 1844 à sa date.

Art. 173. — Tous les autres actes du ministère des notaires, notamment les partages et ventes volontaires qui auront lieu par-devant eux, seront taxés par le président du tribunal de première instance de leur arrondissement, suivant leur nature et les difficultés que leur rédaction aura présentées, et sur les renseignements qui leur seront fournis pour les notaires et les parties.

Art. 174. — Les expéditions de tous les actes reçus par les notaires, y compris celles des inventaires et de tous procès-verbaux, contiendront vingt-cinq lignes à la page et quinze syllabes à la ligne, et leur seront payées par chaque rôle,

A Paris. . . . . 3 fr. » c.
Dans les villes où il y a tribunal de première instance. . . . . 2 »
Partout ailleurs 1 50

Art. 175. — Les notaires seront tenus de prendre à leur chambre de discipline, et de faire afficher dans leurs études l'extrait des jugements qui ont prononcé des interdictions contre les particuliers, ou qui leur auront nommé des conseils, sans qu'il soit besoin de leur signifier les jugements (art. 504, C. Nap.).

2° *Décret du 16 fév. 1807, qui rend commun à plusieurs Cours d'appel et tribunaux le tarif des frais et dépens de ceux de Paris, et en fixe la réduction pour les autres.*

Art. 1er. Le tarif des frais et dépens en la Cour d'appel de Paris, décrété cejourd'hui, est rendu commun aux Cours d'appel de Lyon, Bordeaux et Rouen.

Toutes les sommes portées en ce tarif sont réduites d'*un dixième* pour la taxe des frais et dépens dans les autres Cours d'appel.

Art. 2. Le tarif des frais et dépens décrété pour le tribunal de première instance et pour les justices de paix établis à Paris est rendu commun aux tribunaux de première instance et pour les justices de paix établis à Lyon, Bordeaux et Rouen.

Toutes les sommes portées en ce tarif seront réduites d'un dixième dans la taxe des frais et dépens pour les tribunaux de première instance et pour les justices de paix établis dans les villes dont la population excède trente mille âmes.

Art. 3. Dans tous les autres tribunaux de première instance et justices de paix de l'Empire, le tarif des frais et dépens sera le même que celui décrété pour les tribunaux de première instance et les justices de paix du ressort de la Cour d'appel de Paris, autres que ceux établis dans cette capitale.

Art. 4. Le tarif des frais de taxe, décrété également cejourd'hui, pour le ressort de la Cour d'appel de Paris, est aussi déclaré commun à tout l'Empire ; en conséquence, dans tous les chefs-lieux de Cours d'appel, les droits de taxe seront perçus comme dans le ressort de la Cour d'appel de Paris.

Art. 5. Notre grand juge est chargé, etc.

Honorariat, **2**.354, art 29, note 5 ; — donne voix consultative, **2**.355, art. 30, note 1.

Hospice, enregistrement, **2**.524, art. 7.—V. *Bail, Louage.*

Huissier. **2**.11, n. 47 et 48 ; 23, art. 7, n. 120 et s. — V. *Vente publique de meubles.*

Hypothèque, caractère, **1**.62 ; — acte constitutif, **1**.63 ; — cession de rang, **1**.85 ; — formules, **1**.86 ; — enregistrement, **1**.87 ; — hypothèque, **1**.494 ; — sa nature, *eod.*, n. 73 ; — quels biens en sont susceptibles, 495, n. 80 ; — capacité pour hypothèque, **1**.495 ; — désignation des biens, **1**.497 ; — forme de l'hypothèque, 498, n. 115 ; — établissement des droits de propriété de l'emprunteur. *eod.*, n. 119 ; — subrogation à l'hypothèque légale, *eod.*, n. 121 ; — assurance contre l'incendie, **1**.200 ; — promesse d'emploi, **1**.204 ; — réserve de concurrence, **1**.202 ; — état civil des emprunteurs, **1**.202 ; déclaration des hypothèques et stellionat, *eod.*, n. 178 ; — élection de domicile, **1**.203 ; — stipulations diverses, **1**.204 ; — responsabilité des notaires, **1**.205 ; — formules diverses, **1**.207 ; — actes à mettre en suite d'une obligation, **1**.246 ; — affectations hypothécaires, **1**.227 ;—translation d'hypothèque, **1**.228 ; — Formalités hypothécaires, **1**.342 ; — V. *Transcription.*

— (droits d'), loi du 21 vent. an VII sur l'organisation de la conservation hypothécaire, **2**.570 ; — du 6 mess. an VII, **2**.573 ; — du 24 mars 1806, du 28 avril 1816, *eod.* ; — du 16 juin 1824, du 18 avril 1831, **2**.574. — Loi du 18 avril 1831 et 18 novembre 1850, **2**.574.

— conventionnelle, **1**.64 ; — formules, **1**.76. — V. *Transcription.*

— judiciaire, **1**.79.

— légale, **1**.65 ; — formule, **1**.81 ; — subrogation, **1**.198 ; — purge, **1**.343. — V. *Transcription.*

I

Ignorance. — V. *Responsabilité des notaires.*

Illisibilité. **2**.58, n. 343 ; **2**.87, n. 555.

Impôt. — V. *Algérie.*

— de guerre, **2**.505.

Imprimerie. — V. *Vente d'ustensiles d'imprimerie.*

Incapacité ; elle résulte de l'intérêt que le notaire ou une partie ont dans un acte, **2**.24, art. 8, n. 132 et s. — V. *Transcription.*

— relative, **2**.13, n. 64.

— des parties, *eod.*, n. 60 et s.

Incendie. — V. *Assurances, Minutes.*

Incidents. — V. *Chambre de discipline.*

Incompatibilité de fonctions, **1**.23, art. 7 ; **2**.246, art 66, n. 1358 ; — sous-préfet, **2**.286 ; — conseil de préfecture, **2**.294 ;—contrôleur des contributions, **2**.295 ; — directeur des postes, **2**.296 ; — secrétaire de prud'hommes, **2**.297 ; — adjoint, *eod.*, — avocat, **2**.305 ; — commissaire-priseur, **2**.314 et 322.

Inconduite notaire, **2**.42, n. 238.

Indication de paiement. — V. *Délégation.*

Individualité des parties. — V. *Responsabilité des notaires.*

Initiales, **2**.72, n. 426 ; **2**.77, n. 472 et 473.

Inscription hypothécaire, **1**.64 ;—formules, **1**.76 ; —frais, **1**.83 ; — mainlevée, **1**.87. — V. *Transcription.*

Inscription sur le grand-livre, **2**.503, n. 762.

Inscription de faux, **2**.42, n. 240 ; — suspend l'exécution, **2**.400, n. 648 et 650.

Insinuation **2**.505, n. 772.

Insolvabilité, enregistrement, **2**.444, art. 66, n. 463.

Instance. — V. *Désistement.*

Institution contractuelle. — V. *Donation par trat de mariage, Transcription.*

— fiduciaire. — V. *Substitution.*

Justitution du notariat, 21 et s.

Interdit. — V. *Transcription, Tableau, Incapables.*

Intérêt, jour à quo, **2**.412, n. 268 ; **1**.755. — V. *Tableau, Cautionnement.*

— commercial, **1**.219, n. 6 ; — escompte, *eod.*

Intérêt personnel, **2**.25, n. 135 et s.

Interlignes, **2**.84, n. 505 et s ; **2**.86, n. 538 et s.

Interprète, **2**.57, n. 329 ; 66, n. 390 et s. ; — serment, **2**.68, n. 395.

Intervalles, **2**.59, n. 352.

Inventaire, **1**.574 ; — **2**.265, 268 ; — cas où il y a lieu d'en dresser, délai, **1**.574 ; — à la requête de qui ? **1**.576 ; — absents, **1**.577, n. 20 ; — formalités, **1**.578 ; — mode de procéder, **1**.580 ; — choix du notaire, **1**.584 ; — formules diverses, **1**.585 ; — enregistrement, **1**.607 ; **2**.460, §§ 2 ; 10 ;— comptable, **2**.257, — vacation, **2**.296 ; — décès des princes, **2**.320. — V. *Dépouillement, Extrait.*

— en matière criminelle, **2**.266.

Ivresse, **2**.43, n. 62. — V. *Enchères.*

J

Jour férié, **2**.43, n. 58.

Juge, **2**.23, art. 7, n. 122, 124, s.

— de paix, ne doit pas empiéter sur les fonctions de notaire, **2**.10, n. 45. — V. *Scellés, Légalisation.*

— suppléant, **2**.23, n. 124.

Jugement, enregistrement, **2**.420, art. 44, et 421,

Monnaies, **2**.282 ; — décimales, **2** 92, n. 584 ;—conversion, **1**.735. — V. *Tableau de conversion*.

Moralité, **2** .227, n. 42 ; — **2**.329.

Modération de droits. — V. *Enregistrement*.

Mutation, droit fixe, **2**.444, art. 67 et s. ; — droit proportionnel, **2**.467, art. 69 ; —par décès **2**.467, n. 583 ; — immeubles, **2**.488, n. 707 et s.; — à titre onéreux, **2**.489, § 5 ; — **2**.495, § 7. — V. *Enregistrement*.

N

Nantissement.— V.*Antichrèse* et *Gage*.

Nice (annexion de), **2**.369.

Noblesse, expressions qui la rappellent, **2**.90, n. 574 et s.; — **2**.276, 300, 368.

Nom, témoins, **2**.52, n. 309 ; — supprimé, **2**.90, n. 573 ; — des notaires, **2**.300 ; — rectification, aspirant, **2**.329. — V. *Parties*.

Nombre des notaires, **2**.444, n. 982 ; **2**.265.

Nomination. notaires, **2**.476, n.1466 ; — tuteur, **1**.443 ; — **2**.447, § 44.; — de conseil de tutelle, **1**.443. — V. *Arbitrage, Chambres de notaires, Expertise*.

Notaires ; ils sont fonctionnaires publics, **2**.2, n. 6 ; — mais non officiers ministériels proprement dits, **2**.4, n. 47 ; — ils reçoivent les actes et contrats ; 5, n. 22 ; — leurs attributions dérivent de la loi du 25 ventôse an XI, *eod*.; — ou d'autres lois et d'usages, **2**.40, n. 40 et s. ; — elles sont exclusives, **2**.4, n. 46 et s. ; — conflit avec les juges de paix, **2**.40, n. 45 ; — font-ils partie de l'ordre judiciaire ? *eod*., n. 44 ; — ils sont institués à vie, **2**. 44, n. 52 ; — mais en Algérie ils sont révocables, *eod*.; — ils sont tenus de prêter leur ministère lorsqu'ils en sont requis, **2**.44, n. 53;—à moins d'empêchement légitime, 42, n. 55 ; — exemples, n. 55 et s.; — ils doivent résider au lieu qui leur est fixé, à peine d'être réputés démissionnaires, **2**.45, art.4, n. 68 et s.; — il doivent exercer dans leur ressort, **2**.20, art. 5, n. 98 ; — à peine de suspension, destitution, dommages-intérêts pour nullité des actes, **2**.24, art. 6, n, 406 et s.; — leurs fonctions sont incompatibles avec certaines autres, **2**.22, art. 7 ; — ils ne peuvent recevoir des actes pour leurs parents ou alliés jusqu'au degré d'oncle ou de neveu, ou dans lesquels,'soit leurs parents, soit eux-mêmes, sont intéressés, **2** 24, art. 8, n. 432 et s. ;—discrétion, limites, **2**.35, n. 207 et s.; —deux notaires parents ou alliés au degré prohibé ne peuvent concourir à l'acte, **2**.45, n. 255 et s.; ils ne peuvent admettre comme témoins leurs parents ou alliés, **2**.45, — ni les parents et alliés des parties, *eod*, n. 237 ; — ni leurs clers, **2**.46, n. 264 ; — ni leurs serviteurs, *eod*., n. 272 ; — ils ne sont pas tenus d'écrire eux-mêmes, **2**.56, n. 323 et s., — ils doivent garder minutes des actes qu'ils reçoivent et des dépôts, **2**.404, art. 20 ; — même quand ils sont suppléés, **2** 408, n. 704 ; — ils délivrent des grosses et expéditions des actes dont ils sont posseseurs ou qui leur sont déposés, *eod*., art. 24, n. 703 et s.;—ils ne peuvent se dessaisir de leurs minutes qu'à certaines conditions, **2**.449, art.22, n. 798; ni les communiquer sinon à qui de droit, **2**.422, art. 23, n. 822 ; — leur nombre est limité, **2**.444, art. 34, n. 982 ; — classes, *eod*.; — patente, **2**. 446, n. 4040; — cautionnement, *eod*., n. 4044 ; — ils doivent jouir des droits de citoyen, **2**.456, art. 35, n. 4062 et s.; — avoir satisfait à la conscription, 460. n. 4070 ; — être âgés de 25 ans, *eod*., n. 4074; — justifier du temps de travail prescrit, 464, n. 4075 ;—nomination, **2**.476, art. 45, n.

4466 ;—serment, 477,'art. 47, n. 4472et s.;—leurs devoirs, soit envers le public, **2**.482, art. 49; —soit entre eux, **2**.484, n. 4488 et s.;—suspendus, destitués ou remplacés, ils doivent cesser d'exercer, **2**. 498, art. 62, n. 4254 et s.; — rang entre eux, **2**. 245, art. 64, n. 4356 ; — ne peuvent s'associer, **2**.266 ; — il leur est défendu d'instrumenter pour leurs enfants, gendres, pupilles, cousins germains, et de prendre pour témoins les parents de ceux-ci, **2**.265 ; — dispositions du Code Napoléon qui les concernent, **2**.290 ; — du Code de procédure, **2**. 296 ; — ils ont un recours solidaire pour les droits qu'ils ont payés, **2**.442, n. 266 ; — enregistrement, **2**.421, art. 44, n. 313 et s.; — **2**.444, art. 33. — V. *Algérie, Hypothèque, Nom, Responsabilité, Vente publique de meubles*.

Notaires anciens, **2**.202, art. 54et s., n. 4280 et s.; — minutes, répertoires, recouvrements, *eod*., n. 4280 et s.; — ceux en exercice sont maintenus, **2**.245, art. 62 et s., n. 4354 et s.; — ils doivent se faire confirmer, **2**.245, art. 64, n. 4356 ; — dans quel délai ? 246, art. 65, n. 4357 ; — option en cas de fonctions incompatibles, *eod*., art. 66, n. 4358, 4359.

Notaire certificateur, **2**.247, n. 4264 ; — **2**.296. — honoraire. — V. *Honorariat*. — en second, **2**.37, n. 245 et s.; 40, n. 226 ; —**2**. 265 et 267 ; — présence réelle, *eod*.; — circulaire sur la loi du 24 juin 4843, **2**.357. — V. *Responsabilité des notaires*.

Notaires de Paris, nombre, **2**.286.

Notaires de la Savoie et de Nice (décret sur), **2**. 369.

Notariat, historique, **2**.4 ; — loi d'organisation, *eod*.; — loi de 4794 et de l'an XI, **2**.268, 275 et s., mise en exécution de la loi del'an XI, **2**.285. — V. *Amende*.

Notoriété, **1**.57 ; — formules, **1**.58; — enregistrement, **1**.64.

Nourriture. — V. *Bail à nourriture*.

Numération décimale, **2**.92, n. 584. — des espèces, **2**.323.

Nullité, indivisibilité, **2**.37, n. 244.

O

Obligations ; acception de ce mot dans le notariat, **1**.487 ; — **2**.3, n. 8 ; — formules diverses, **2** 207 ; — prorogation, **1**.247 ; — enregistrement, **1**.245 ; **2**.654 et s., **2**.480, n. 663.

Office, **1**.469 et 427 ; — droit de propriété et de transmission. *eod*., n. 4 ; — à qui appartient le droit de présentation ? *eod*., n. 9 ; — des traités de cession d'office, **1**.470 ; — de l'exécution de ces traités, **1**.473 ;—droits de vendeur, *eod*.; — pièces à produire pour être nommé, **1**.474 ; — formules, 475 ; — enregistrement, **1**.477 ;—prix de cession, **2**.314 ; — production, traité, **2**.327. — V. *Contrat de mariage, Réduction, Suppression*.

Officier ministériel, **2**.4, n. 47 ; —enregistrement, **2**.420 et s.

Offres réelles, consignation, **2**.452.

Omission, enregistrement, **2**.447, n. 298 et s.

Opposition. — V. *Contrainte, Discipline, Mainlevée, Désistement*. — à délivrance, **2**.460, 6°. — à remise de pièces, **2**.460, 6°. — à scellés, **2**.458, 46°.

Option, action, **1**.338, n. 473. — V. *Notaires anciens*.

Or et argent, contrôle, **2**.280.

Ordonnance du juge, **2**.460, 6° et 7°.

FORMULE DE RÉCLAMATION.

M. Al. T....., notaire à....., canton de Pont-d'Ain (Ain) à M. LE DIRECTEUR *de l'enregistrement et des domaines, à Paris.*

Monsieur le directeur,

A l'honneur de vous exposer, M. Al. T....., notaire à....., que par acte reçu le......, M. Georges Dérognat, négociant, demeurant à....., a vendu à M. François Guy, juif, demeurant à....., tous les droits immobiliers qui lui appartenaient dans la succession de Charles Dérognat, son père, et qui sont indivis avec ses autres frères.

Le prix de cette vente, fixé à la somme de........, a été payé.

Cet acte, présenté à l'enregistrement, en a reçu la formalité suivant le droit de 5 fr. 50 c. par 400 fr. outre le décime.

Mais par exploit de l'huissier Mermet de Pont-d'Ain, M. Benoît Dérognat, général, demeurant en son château, à Ville, l'un des héritiers de M. Charles Dérognat, agissant tant pour lui que pour M. son frère, François-Joseph Dérognat, officier supérieur demeurant à Boury, a déclaré au sieur Guy qu'il voulait user du bénéfice de l'article 841 du Code Napoléon, et il lui a fait sommation de se trouver en notre étude le..... pour y consentir cette rétrocession.

En vertu de cette sommation, le sieur Guy a, par acte à la date du.. ....., rétrocédé à M. le général Dérognat, les droits immobiliers sans exception compris dans la vente précitée, moyennant pareille somme de....., quittancée dans le même acte.

Soumise à la formalité de l'enregistrement, cette vente a été frappée du même droit que l'acte précité en faveur du sieur Guy, tandis qu'il ne pouvait lui être fait l'application que de celui de 50 c. par 400 fr., ainsi que le prescrit l'instruction de la régie du 9 thermidor an XII dont M. le receveur a méconnu le texte ainsi que les principes de l'art. 841 du Code Napoléon.

Dans l'espoir fondé que vous voudrez bien, monsieur le Directeur, ordonner la restitution à mon profit, de la somme de..... perçue sur cet acte contrairement à l'instruction précitée.

J'ai l'honneur d'être, etc.

Et je joins à l'appui de ma réclamation les copies sur papier libre des actes susénoncés.

Nota. La requête doit être écrite sur papier timbré et les copies sur papier libre ; elle doit précéder toute demande en justice. — Dans les chefs-lieux où existe un directeur d'enregistrement pour le département, on peut, avant la fin du mois pendant lequel la perception a été exigée, faire valoir auprès de lui verbalement les raisons contre la perception, et s'il y a lieu, il en ordonne la restitution avant la clôture des registres du mois. — Lorsque les réclamations ne portent que sur de petites valeurs, on se contente d'en prendre note et d'appeler sur elles l'attention du vérificateur lorsqu'il fait son inspection trimest.ielle.— V. *Enregistrement.*

FIN DE LA TABLE GÉNÉRALE ET ALPHABÉTIQUE DES MATIÈRES.

www.ingramcontent.com/pod-product-compliance
Lightning Source LLC
Chambersburg PA
CBHW031451210326
41599CB00016B/2185